Die große Geschichte
der Musik

Kurt Pahlen

Die große Geschichte der Musik

in Zusammenarbeit mit
Rosmarie König

Cormoran

Mit 660 Abbildungen

Zeittafel von Rosmarie König

Register von Hans-Joachim Schmidt

Umschlaggestaltung Jørge Schmidt, München

1998 Sonderausgabe für Cormoran Verlag,
in der Verlagshaus Goethestraße GmbH & Co KG, München

ISBN: 3-517-07996-0

erweiterte und völlig neu überarbeitete Sonderausgabe des
1991 im Südwest Verlag erschienenen Buches:
Die großen Epochen der abendländischen Musik

Printed in Germany
Satz: Franzis-Druck GmbH, München
Druck und Bindung: Uhl, Radolfzell

Inhalt

Gedanken in die Vergangenheit

Vor unvorsellbaren Zeiten ertönte eine gewaltige Stimme im Weltraum: „Es werde Licht!" Und es ward Licht, das von unzähligen Sonnen ausstrahlte. Mit dem Licht erwachte sein Zwillingsbruder Klang. Die Wissenschaftler sprechen häufig vom „Urknall", mit dem alles begonnen habe, einer gewaltigen Explosion, wohl Licht und Klang zugleich, die Uranfang des Weltalls gewesen sei. Wer aber hatte die Materie geschaffen, die da in Millionen Stücke zerbarst und Himmelskörper bildete, riesige und winzige, und sie kreisen hieß nach Gesetzen, die plötzlich da waren und ihre Gültigkeit nicht verlieren werden, bis einmal die gleiche Stimme des Anbeginns ein Ende befehlen wird? Mit dem „Urknall", mit dem Machtwort einer höchsten Gewalt trat der Klang ins Leben, nicht chaotisch wild, sondern, auch er, nach ehernen Gesetzen und abhängig von einer Bewegung, ohne die er nicht existieren könnte. Kein Mensch vermag es, den Weg vom „Urknall" zur Musik, zu „unserer", der abendländischen Musik nachzuzeichnen, diese Jahrmillionen, Jahrmilliarden, von der Entstehung des Klanges bis zur Schöpfung eines Lebewesens, das ihn wahrzunehmen vermochte. Von da bis zum Augenblick, da der Klang zum Lebenselement von Wesen wurde, die ihn zu zähmen, zu verwenden lernten. Tierarten müssen es gewesen sein, die in stetiger Aufwärtsentwicklung lernten, sich des Klanges zu bedienen, vielleicht um aus ihm ein Bindeglied untereinander zu schaffen, die Grundlage einer höheren Gemeinschaft. Dann erst kam der Mensch. Er schuf allmählich den Klang, kam von einfachsten Lebensäußerungen zur Musik, der er in seinem Leben stets höher werdende Aufgaben zuwies. Bis sie, unmerklich, zur Kunst wurde. Dazu mußte er imstande sein, zweierlei miteinander zu verbinden: die aus unbekannten Räumen stammende Inspiration und das irdische Können.

Linke Seite: Der Andromedanebel, die uns benachbarte Milchstraße.
Unten: Michelangelos Vision von der „Erschaffung der Welt" in der Sixtinischen Kapelle zu Rom, der Heimstätte großer Musik.

Vor einiger Zeit schlug ein kluger Philosoph vor, der heutige Mensch solle sich anstatt an unfaßbare Zeiträume zu denken, vorstellen, das Leben unserer Erde betrage nicht Millionen oder gar Milliarden von Jahren, sondern nur, ganz schlicht und einfach, ein einziges Kalenderjahr von 365 Tagen. In diesen überschaubaren Zeitbegriff ordne man nun die geschichtlichen Räume ein. Wir wissen nicht genau, wann die ersten Lebewesen erschienen, es ist für unser Buch auch recht unwichtig, ob das im Juni oder im September der Fall war. Wichtiger hingegen ist, daß der Mensch am 31. Dezember „auf die Welt kam", am letzten Tage des Jahres. Doch beginnt damit keineswegs die historische, die Zeit seiner Geschichte! Deren Anfang fällt in die letzten zwanzig Minuten des Jahres, auf das wir Jahrmillionen reduziert haben. Wollen wir nun noch einen Schritt weitergehen und untersuchen, wann der Zeitraum der Musikgeschichte einsetzte, so kommen wir zu einer Spanne von ganz wenigen Minuten.

Die Kenntnis anderer Künste reicht weiter zurück: Die Höhlenzeichnungen von Altamira, die ältesten Schriften aus alten Kulturen, diese Zeugnisse sind vier-, fünf-, sechsmal älter als die früheste Kunde uns zugänglicher Musik, aber auch sie verweist immer auf den winzigen Raum der letzten Jahresminuten. Im Leser mag diese Feststellung ein zwiespältiges Gefühl hervorrufen: jenes des Unwichtigen, angesichts so kurzer Maße für menschliche Sensibilität und gemeinschaftsbildende Intelligenz, andererseits des Stolzes, in so kurzer Frist solche gigantische Leistungen hervorgebracht zu haben. Vielleicht auch noch eines gesunden, leicht neiderfüllten Seitenblicks auf Fische, Bienen, Ameisen, deren „Musikalität" die unsere wahrscheinlich um die vielfache Zeitspanne übertrifft.

Ein Buch über die Geschichte der Musik kann erst bei den frühesten geschichtlich belegten Tatsachen einsetzen. Könnte man der Existenz der Musik nachforschen, so müßten wir bis an die Uranfänge des Weltraums zurückgehen, in unvorstellbare Zeiten. Auf den 1. Januar jenes Jahres, in das wir alles zusammengedrängt haben. Der „Urknall", von dem wir sprachen und von dem wir glauben, er habe das Licht und den Klang freigesetzt, muß uns als Erreger aller akustischen Phänomene gelten. Goethe spricht (im „Faust") von der Sonne, die „nach alter Weise" töne. Das Wort von den „Sphärenklängen" ist zwar wahrscheinlich eine dichterische Metapher und wird es bleiben, bis wir eines Tages seine Wahrheit entdecken werden. Vor einem Jahrhundert hörte auch niemand die Tausende von Rundfunkwellen, die heute unsichtbar das fernste Bergtal erfüllen! Von der Musik der Tiere, von der wir sprachen, hören wir nichts: Die „Wellenlängen" dürften zu verschieden sein. Ein altes englisches Volkslied sagt, die Welt „sei voll Musik". Und so ist es zweifellos. Die Musik, die wir nicht wahrnehmen, und die Musik, die verklang, ohne daß wir sie hätten festhalten, aufzeichnen, bewahren können, übersteigt jene, die wir „besitzen", um ein Vielfaches. Die Erklärung ist höchst einfach. Um Musik über den Zeitpunkt ihres Erklingens hinaus erhalten zu können, gibt es drei Wege. Die mündliche Überlieferung, die während Jahrtausenden das einzige Mittel darstellte, reicht selten weiter zurück als wenige Jahrhunderte. Die Volkslieder, die mehr als fünf Jahrhunderte ohne irgendwelche Hilfsmittel in

Gottes Hauch erschafft die Welt (aus einer Handschrift des 11. Jahrhunderts). Dieser Hauch wird Klang im Schall eines Instruments („Doppelaulos"), das im alten Griechenland, kaum jedoch noch im frühen Mittelalter des Abendlandes gespielt wurde. Es ähnelt einer Doppelflöte oder Doppeloboe.

die Vergangenheit zurückreichen, gehören zu den Seltenheiten. Die schriftliche Aufzeichnung konnte gerade während des letzen Jahrtausends wirksam werden, da vorherige Versuche nur selten entziffert werden können. Die dritte Art aber, die alle früheren Probleme im Nu löste, die elektrische „Aufzeichnung" vollendet eben ihr erstes Jahrhundert.

So muß also Musikgeschichte ein ziemlich neues Wissensgebiet sein. Nicht nur in ihrer Existenz als Wissensgebiet – kaum viel mehr als zweihundert Jahre alt –, nein, auch in Bezug auf die zu studierende Materie. Wir wissen heute, welche hohe Bedeutung die Musik in vielen alten Kulturen aufwies, wir lesen über China, Japan, Indien, Persien, über die Juden und Griechen, die Mayas und andere Urvölker Amerikas, wir ahnen ihre tiefe Bedeutung bei den Iren, den Kelten, den Wikingern, den Phöniziern, vielleicht bei den „Atlantern", deren Erdteil bei einem Katastrophenbeben im Meer versank, aber wir haben, trotz mancher blumenreichen Schilderung, keine Ahnung, wie sie geklungen haben mag. Es geschieht also mit voller Absicht, daß unser Buch sich mit der Musik nur eines Weltteils beschäftigen soll, mit der Musik des Abendlandes. Dessen Grenzen im Zeitlichen wie im Geographischen zu umreißen, ist weniger leicht, als man denken sollte. Das Christentum allein genügt zur Abgrenzung, auch im Ideologischen, nicht, aber es stellt in manchem Zweifelsfall einen Wegweiser dar. Das Abendland mit Europa gleichzusetzen, erweist sich bald als irrig; gewiß war in mittelalterlichen Jahrhunderten der Kernpunkt des Abendlandes die Keimzelle Europa, aber manche Großraumbildung neuerer Zeiten – Österreich-Ungarn, Rußland, das britische Empire – ging über den Begriff des Abendlandes hinaus. Für uns soll „Abendland" kein geographischer Begriff sein, sondern ein geistiger, vor allem ein kultureller und natürlich, dem Charakter unseres Buches gemäß, ein musikalischer. Man übertreibt nicht, wenn man gerade die Musik als einen einigenden Faktor des Abendlandes betrachtet, eine Grundsäule seiner Kultur.

Die Geschichte der Musik war bis vor kurzem eine Geschichte der europäischen, ja der abendländischen Musik. Erst in jüngerer Zeit bezieht ein guter Musikbetrachter viele weitere Erdteile in sein klingendes Weltbild ein. Die musikalische Vorherrschaft Europas ist – wenn sie, objektiv besehen, je existierte – an einem

Endpunkt angelangt, vielleicht an einem Wendepunkt, an dem sie sich zum ersten Mal über die ganze Erde hinaus verbreitet und so, nach jahrhundertelangem Blühen im eigenen Kulturkreis, einen kaum je erwarteten Welttriumph feiert.

Unser Buch versucht, jenen Zeitraum von annähernd zweitausend Jahren herauszuleuchten aus dem Nebel der Zeiten, in dem das Abendland sich im Erbe früherer Kulturzentren zu seiner glanzvollen Mittelpunktstellung und Hauptrolle aufschwingen konnte dank einer außerordentlichen Konzentration geistiger Kräfte, idealistischen Strebens und humanistischer Gesinnung.

Wandern die Kulturzentren, wohl in Verbindung mit Machtballungen, unaufhörlich von Ost nach West? „Ex oriente lux" sagten schon die Alten, das Licht komme aus Osten. Befanden sich die Kulturmittelpunkte, deren Erben wir sind, vor Tausenden von Jahren im fernen Osten? Wanderten sie im Lauf der Zeiten über Asien hinweg in den mittleren und nahen Orient und von dort in den Süden Europas, auf alle Küsten des Mittelmeeres, das im Verlauf langer Epochen vielleicht mehr Kulturen kommen und gehen, aufblühen und zusammenbrechen sah als die meisten anderen Zonen der Erde? Wie schön wäre es, diesen Gedanken an Hand der Musik nachweisen zu können. Aber von der Musik jener Völker wissen wir so gut wie nichts mehr, bis sie das Mittelmeer überschritt und sich nördlich davon einen Erdteil eroberte, das später so genannte Abendland. Es wurde, in wundervollem Blühen, Ballungszentrum, Kraftquelle für beinahe zweitausend Jahre Kultur und Musik. Stehen wir vor dem Ende dieser Epoche, dämmert der „Untergang des Abendlandes" herauf, wie Oswald Spengler es in seinem vielzitierten Buch annimmt? Oder dreht das Rad der Kulturen sich weiter? Von Europas bahnbrechenden und wegweisenden Leistungen in der tönenden Welt der Musik soll unser Buch handeln. Nichts Bedeutendes auf der Welt beruht auf „Urzeugung", man ist immer „irgend jemandes Sohn", wie Caron de Beaumarchais es schön ausgedrückt hat. Jeder steht, ohne es selbst zu wissen, auf den Schultern eines Vorgängers. So auch Europas Kultur und Musik, wie wir versuchen werden zu zeigen. Es mag wichtig sein, daß man etwas erbt von seinen Vätern, aber noch wichtiger ist, was man daraus macht. Die Kultur des Abendlandes verdankt den früheren, längst versunkenen Kulturen viel. Was sie aus diesem Erbe zu machen verstand, soll zum Teil – dem musikalischen Teil – in diesem Buch stehen.

Keine übliche Musikgeschichte soll dieses Buch sein. Es soll nicht vom Menschen ausgehen, so sehr sein Verfasser dessen überragende Bedeutung in allem anerkennt, so tief er Größe zu verehren weiß, Pioniergeist, Genie, Aufopferung bewundert. Er möchte hier jenen geheimnisvollen Strömungen nachgehen, von denen getragen der Mensch erst seinen entscheidenden Beitrag zum Geistesbild der Zeit leisten kann. In diesen Strömungen, zu deren Ursprung vorzudringen so außerordentlich schwierig ist, fließen tausend Gedanken und Ideen, Bestrebungen, Pläne, Träume zusammen; in ihnen zwingt eine unsichtbare, doch gewaltige Macht alles in eine gemeinsame Richtung, und so entsteht das, was während einiger Zeit den Grundgeist der Epoche bestimmt. Man hat es den „Zeitgeist" genannt, und so umstritten dieser Begriff in geistigen Polemiken jüngerer Zeit auch sein mag, es gibt keinen anderen, der in knappster Einfachheit plastisch und anschaulich etwas zweifellos Vorhandenes und schwer zu Definierendes auszudrücken vermöchte. Schon Victor Hugo hat vor über anderthalb Jahrhunderten formuliert: „Nichts ist so stark wie eine Idee, deren Zeit gekommen ist." Knapper hätte dieser Grundsatz nicht ausgesprochen werden können. Längst nicht alle Ideen vermögen den Gang der Geschichte zu beeinflussen, nur solche, „deren Zeit" gekommen ist. Nur die im „Trend" liegen, wie wir es heute, ungleich weniger schön, ausdrücken würden. Der Wind des Zeitgeistes muß in ihren Rücken blasen, muß sie auf seinen Schwingen forttragen, muß aus ihrer oft ätherischen Substanz ein brausendes Schwungrad zimmern. Dann überrennen sie alle Hindernisse, fegen alle Gegnerschaft vom Platz und halten nicht ein, bis sie für kurz oder lang die Zeitgeschichte anführen und lenken. Sie bilden einen Stil, der mehr ist als alle Moden, sie werden zum Symbol einer Epoche. Diesen Strömen, diesen Epochen wollen wir nachgehen – und so vielleicht entdecken, wie alle Zeiterscheinungen sich dann in diesen großen übergeordneten Begriff einordnen lassen, als Bestandteil oder als Gegenkraft, so wie es in unserer zweipoligen Welt nicht anders sein kann.

Darüber, was eine „Epoche" ausmacht, kann man verschiedener Meinung sein. Ob man „Renaissance" und „Barock" verschmilzt, wie viele italienische Betrachter es tun, ob man den Ausklang der feudalistischen Zeit als „Rokoko" bezeichnet oder ihrer vor allem musikalischen Charakteristik wegen „Klassik" nennt, ob – besonders in der Musik – der Jugendstil eine selbständige Epoche darstellt oder letzten Endes ein Bestandteil des Expressionismus ist und ob man für die einander völlig widersprechenden Strömungen des 20. Jahrhunderts einen Sammelnamen zur „Epoche" erheben will, darüber werden Autor und Leser nicht immer gleicher Meinung sein. Dem Verfasser kommt es vor allem auf eines an, verständlich zu bleiben, so daß jeder Mensch sein Buch mit Vergnügen lesen kann und keine Vorkenntnisse musiktechnischer Art benötigt, den entwickelten Gedankengängen ohne zu große Mühe folgen zu können. Es entspricht dies seinem lebenslang vertretenen und geäußerten Standpunkt: Musik – Musikverständnis und Musikliebe – für alle.

Vorgezogene Bilanz

Sicher ist es unüblich, dem Leser – anstatt ihm zum Ende eines Buches vielleicht ein kurzes Resümee des Gelesenen zu bieten – zu Beginn aufzuzeigen, was ihn auf dem langen Weg, der ihm bevorsteht, erwartet. In unserem Fall aber läßt sich eine solche Ausnahme wohl begründen. Dieses Buch beschäftigt sich mit dem Abendland und seiner Musik. Es könnte leicht den Eindruck erwecken, als unterschätze es deren Grundlagen in außereuropäischen Kulturen, wovon natürlich keine Rede sein kann. Zudem glaubt der Verfasser, es könne reizvoll für den Leser sein zu ahnen, was ihn erwartet, vielleicht den richtigen Standpunkt von vorneherein einnehmen zu können, von dem aus der dann die im Buch geschilderten Ereignisse aus bester Perspektive betrachten wird.

DAS ERBE DER ANTIKE

Folgendes war – in großen Zügen, die alle Einzelheiten, Umwege, Seitenstraßen vermeiden müssen, um sich nicht zu einem Buch im Buch zu entwickeln –, was Europa von seinen unmittelbaren Vorläufern in Kleinasien, in arabischen Landen, im Judentum und in Griechenland an Musik erbte:

1. eine überaus reichhaltige, recht verschieden klingende TONWELT, die unterschiedliche Grade der Organisation aufwies. In den meisten Fällen lagen ihr akustische, mathematische Erkenntnisse zugrunde, in denen einige Völker (wie die Ägypter und Griechen) sehr weit fortgeschritten waren. Allen gemeinsam war ihnen die sicher schon sehr früh erfolgte Unterteilung des gesamten Klangraums in Oktaven, die das einfachste Schwingungsverhältnis (von 1:2) aufweisen und wahrscheinlich dem menschlichen Gehör angeboren sind; dies schon allein durch die Tatsache, daß Männer und Frauen, die unisono (im Einklang) singen, dies de facto in Oktaven tun. Das Wort „Oktave", vom lateinischen „octo" = acht genommen, ist späteren europäischen Ursprungs, wie im entsprechenden Kapitel des Buches erklärt werden wird. Es handelt sich, einfach ausgedrückt, um die Wiederholung des gleichen Tones auf einer höheren (oder tieferen) Ebene, so daß das Ohr praktisch keinen „Tonabstand", keine Tondifferenz wahrnimmt. Über die Unterteilung der Oktave waren sich die Kulturen nicht einig. Die Tonstufen der Araber, die etwa Dritteltönen bei uns entsprechen, und die noch kleineren, fast vierteltönigen der Inder könnten aus sehr alten, jedenfalls vorchristlichen Zeiten stammen. Doch darf ihr Einfluß auf die abendländische Musik als äußerst gering angesehen werden, außer in Randgebieten: die Musik einiger Balkanvölker, die Klänge Andalusiens (nicht nur der dort lebenden Zigeuner) sowie manches aus Sizilien weisen Einflüsse aus jenen Gegenden auf. In den tonalen Grundlagen muß das Abendland vor allem als Erbe Griechenlands verstanden werden.

2. Das Abendland erbte eine hohe ethische Auffassung von der Musik, der in vielen Kulturen göttlicher Ursprung zugeschrieben wurde. Bei hochentwickelten Völkern zeigt sich allerdings eine Unterteilung des musikalischen Geschehens in verschiedene Formen, die wir – mit moderneren Begriffen – Hofmusik, Kirchenmusik, Unterhaltungsmusik nennen würden. Ob es „Volksmusik" in unserer Auffassung gab, ist ebensowenig festzustellen, wie während der ersten Jahrhunderte im Abendland.

3. Weiterhin blieb eine – noch rudimentäre – NOTENSCHRIFT, die völlig zu entziffern uns bis heute nicht gelungen ist. Sie verwendete bereits die beiden möglichen Wege: Buchstaben (bei der griechischen Vokalmusik) und Hieroglyphen (bei der griechischen Instrumentalmusik). Die Zahl der insgesamt erhaltenen Dokumente ist gering: zwei Apollo gewidmete Hymnen in Delphi aus dem zweiten vorchristlichen Jahrhundert, eine Melodie auf dem Grabmal des Seikilos aus dem zweiten oder ersten Jahrhundert, frühchristliche Hymnen mit griechischer Notenschrift aus Ägyptens drittem Jahrhundert (unserer Zeitrechnung) und wenig mehr.

4. Es gab eine beträchtliche Zahl WISSCHENSCHAFTLICHER BÜCHER, die engste Zusammenhänge der Musik mit der Philosophie und der Mathematik aufweisen. Der griechische Denker und Wissenschaftler Pythagoras aus Samos, der im sechsten vorchristlichen Jahrhundert lebte, eine durch seine Bedeutung fast legendäre Gestalt, ist mit der Errechnung von Schwingungszahlen zu einer Art Erzvater der Musik geworden, dessen Lehren bis heute volle Gültigkeit besitzen. Der große Philosoph Platon (427-347 v. Chr.) ging in seinen Büchern auf musikalische Fragen ein, schrieb über deren Zusammenhänge mit der Politik, der Erziehung, der Charakterbildung, die uns noch heute interessieren (oder interessieren sollten).

5. In Griechenland gab es einige INSTRUMENTE, die zu Vorbildern abendländischer werden sollten. So vor allem die Kithara, eine größere, kastenförmige Leier oder Handharfe, sowie der Aulos, ein Blasinstrument mehrheitlich mit zwei Röhren, das man am ehesten als eine Art Doppel-Oboe bezeichnen könnte. Daneben

gab es in allen Kulturen eine lange Reihe von Schlaginstrumenten, die sich im Lauf der Geschichte kaum wesentlich verändert haben.

6. Die Antike vererbte den Gedanken an FESTSPIELE, die mit Wettbewerben verbunden sein konnten, am bekanntesten wohl bei den Olympischen Spielen der Griechen, bei denen zu athletischen und sportlichen Darbietungen auch oft solche kultureller Art gehörten, etwa instrumentale Vorführungen, vielleicht auch Theateraufführungen mit Musik.

7. Weiterhin gab es die Idee der Vereinigung GRÖSSERER KLANGMASSEN, wie wir sie einem syrischen Relief entnehmen, auf dem eine bedeutende Anzahl von Blechbläsern vereinigt zu sein scheint. Es dürfte sich um eine Art Militärkapelle gehandelt haben. Sehr ähnlichen Ursprungs dürfte das in der Bibel verzeichnete Spiel der „Trompeten von Jericho" der jüdischen Truppen gewesen sein, das mit seiner Gewalt Mauern zum Einsturz brachte und so die Erstürmung einer Festung möglich machte. Was in den Chroniken als wunderähnlich verzeichnet steht, gilt heute vielfach als wissenschaftlich durchaus begründbar.

Oben: Das Mittelalter suchte seine Musiktheorie auf den Tonberechnungen des griechischen Gelehrten Pythagoras aufzubauen, die mit der christlichen Lehre in Übereinstimmung zu bringen waren. Mittelalterlicher Holzschnitt.
Unten: Griechische Instrumente wurden zu Vorbildern für abendländische Bauarten, so z. B. die Kithara auf diesem Vasenbild aus der Zeit 500 v. Chr., das eine Musikunterrichtsszene wiedergibt.

DIE LEISTUNG DES ABENDLANDES

Im folgenden sei kurz vorweggenommen, was das Abendland aus diesem Erbe machte und was es aus Eigenem hinzufügte.

1. Das TONARTEN-SYSTEM des alten Griechenland wird völlig um- und neugestaltet. An die Stelle der Idee, daß jede Tonleiter gleichzeitig Tongeschlecht und Tonart ist, setzt das Mittelalter die Auffassung, daß es nur zwei Tongeschlechter gebe (sie werden später Dur und Moll heißen) und daß alle Tonleitern einem dieser beiden

Tongeschlechter angehören müssen, also Dur- oder Moll-Tonleitern sein müssen. Als einziges Neutrum in diesem bipolaren System gilt die (kaum mehr als theoretisch existierende) „chromatische Tonleiter", welche die Totalität aller existierenden Töne umschließt. Alle Dur-Tonleitern weisen die genau gleiche Struktur auf, und dasselbe trifft bei den Moll-Tonleitern zu. Die beiden dann entstandenen Tongeschlechter weisen verschiedene Merkmale oder Charakteristika auf. Die Struktur der Dur-Tonleiter – vielleicht als Folge ihrer ersten zwei aufeinanderfolgenden „Ganztonschritte" – wird eher als kräftig, optimistisch, lebensfreudig, positiven Stimmungen zugeneigt empfunden, während die in mittel- und nordeuropäischen Regionen viel seltenere Moll-Tonleiter als weicher, melancholischer, nachdenklicher gilt. Wollte man die von uns zitierte Bipolarität zu Hilfe nehmen, die wohl auf allen Gebieten das Grundprinzip des Lebens ausmacht (man denke z. B. nur an Mann–Weib, Tag–Nacht, stark–schwach, positiv–negativ usw.), so fiele es nicht schwer, hier den Kontrast Dur–Moll einzuordnen, ein Gefühl, das viele Jahrhunderte des abendländischen Musizierens beherrschte.

2. Die erstmalige vollständige Errechnung und Verwertung einer praktisch verwertbaren TONWELT, als deren Baustein der (sehr irreführend so genannte) „Halbton" angenommen wurde. Die auf diese Art entstehenden Tonstufen bilden eine Halbton-Leiter, eine „chromatische Skala", deren Ton-zu-Ton-Abstände, genannt „Intervalle", nach mathematisch-physikalischen Gesetzen nicht völlig gleich groß sind. Sie gleich groß zu machen, war ein erklärtes Ziel der abendländischen Musiktheorie, die das zu ihrem restlosen theoretischen wie praktischen Funktionieren brauchte. Diese „Einebnung", „Gleichmachung" der Intervalle, die im Volkslied sicherlich längst, wenn nicht von Anfang an vollzogen war, gelang wahrscheinlich erstmals den Arabern (sie wurde im 13. Jahrhundert von arabischen Gelehrten an spanischen Universitäten gelehrt), allgemeingültig für das Abendland wurde sie von Andreas Werckmeister festgelegt, am Ende des 17. Jahrhunderts. Nichtsdestoweniger ist diese „gleichschwebende Temperatur" ein Diskussionspunkt bis heute. Wir werden darauf zurückkommen.

3. Die ENTWICKLUNG DER MEHRSTIMMIGKEIT. Sie gilt als eine der wichtigsten Errungenschaften der abendländischen Musik. Als nahezu sicher dünkt uns heute die Existenz von Mehrklängen in der Antike. Diese konnten wahrscheinlich ein Gefühl von „Harmonie" hervorrufen, sind aber mit der mittelalterlichen Polyphonie Europas, ungefähr vom Jahre 1000 angefangen, nicht wesensverwandt. Wohl ist einigen Forschern, Walter Wiora unter ihnen, der Nachweis geglückt, daß es in einigen außereuropäischen Gebieten – so auf Südseeinseln, im Amazonasgebiet Brasiliens und in Peru, in verschiedenen Regionen Afrikas – rudimentäre Polyphonie gibt, von der man vielleicht bis in entfernte Zeiten zurückgehen könnte – aber hier handelt es sich wohl um eher vereinzelte Mehrklänge, um eine Art Heterophonie, die in fast zufälliger Form hie und da einem einzelnen Ton oder einer kurzen Reihe von Tönen einen Nebenklang beimischt. Die abendländische Polyphonie hingegen stellt ein ganz neues, ganz bewußt angesteuertes und entwickeltes System dar, das mit einer teil-

Linke Seite: Antikes Mosaik mit Wandermusikanten (Neapel, Museo Nazionale).
Rechts: Das gesamte Tonmaterial des Abendlandes, 12 Töne in gleichmäßigen (halbtönigen) Intervallen. Die beiden oberen Reihen sind klanglich identisch. Die unterste Zeile zeigt: die „einfachste" Dur-Tonleiter, C-Dur, ferner die „einfachste" Moll-Tonleiter, a-Moll.

weisen Umorientierung des Gehörs verbunden ist. Dementsprechend sind die Regeln, die mit der Mehrstimmigkeit auftauchen und diese zu einer ungeahnten Form der Musik ausbauen, eine Erfindung des Abendlandes (KONTRAPUNKT).

4. Noch eine weitere neue Musikart muß zumindest weitgehend dem Abendland zugeschrieben werden: die HARMONIE. Darunter versteht man den Zusammenklang, der sich aus dem gleichzeitigen Ertönen mehrerer Klänge ergibt. So wie die Polyphonie, so erfordert auch die Harmonie die Bildung oder Erweckung einer neuen Dimension im menschlichen Gehör. Harmonie ist das „Zusammenhören" einzelner Klänge oder Töne, deren Verschmelzung zur Einheit auf auditivem Wege. Die Harmonie ist, wie wir sehen werden, eine Folgeerscheinung der Polyphonie. Doch sei hier gleich ein Vorbehalt angebracht: Es ist nicht ganz ausgeschlossen, daß der Weg zur Mehrstimmigkeit in der Volksmusik diese Entwicklung nicht durchgemacht haben muß, doch davon später.

5. DIE ENTWICKLUNG MUSIKALISCHER FORMEN. Ein wenig kühn könnte man sie mit der Entstehung von Spezies, Arten organischen Lebens, vergleichen: Am Anfang war der Einzeller, aus dem dann in riesigen Zeiträumen die Tierarten und schließlich der Mensch erwuchsen. Natürlich hat in der Musik der Werdegang vom einfachsten Lied bis zur riesigen Sinfonie und komplizierten Oper sich in einem Bruchteil jener Zeiträume abgespielt. Aber auch in der Musik muß alles mit einer Urform begonnen haben, einem einzelnen Ton vielleicht, oder einer Folge von zwei oder drei Tönen. Von den musikalischen Formen des Altertums wissen wir sehr wenig. Haben die Gesänge der vorchristlichen Völker eine bestimmte „Form" überhaupt gehabt? Oder waren sie eher deklamatorisch-rezitativisch, so daß also nur der Text, das Wort, das ihnen wahrscheinlich damals schon zugrunde lag, ihren Ablauf bestimmte? Das Abendland aber entwickelt Formen, die immer komplizierter werden: Dazu schafft es noch Motive, Themen, Melodien, wie diese Bausteine heißen werden. Deren verschiedenartige Zusammensetzung, Aneinanderreihung, Verknüpfung ergibt unterschiedliche Formen. Von der einfachen dreiteiligen Form, wie sie in der frühesten Hofmusik zu finden sein wird – die Wiederholung einer Melodie nach dem Einschub eines Mittelteils –, bis zu „Entwicklungen", verschiedenartigen „Verknüpfungen" eines Themas ergeben sich im Verlauf der abendländischen Jahrhunderte immer neue Formen, die Europas Musik eine staunenswerte Vielfalt verleihen.

6. Die VOLLENDUNG DER NOTENSCHRIFT. An ihr wurde jahrhundertelang gearbeitet. Viel Geist und Verstand mußte auf diese Erfindung verwendet werden. Wenn sich auch gegen die abendländische Notenschrift Einwände erheben lassen, so kann doch über ihre Tauglichkeit kein Zweifel bestehen – daher ihre weltweite Verbreitung. Daß sie nicht nur die Vorzüge unseres Musiksystems spiegelt, sondern auch dessen Schwächen (vor allem den Grundfehler, den später entdeckten Tönen wie fis, b usw. keinen selbständigen Namen und keinen eigenen Platz anzuweisen), ist historisch völlig begreiflich und ist durch jahrhundertelangen Gebrauch gewissermaßen sanktioniert. Trotzdem bemüht sich das 20. Jahrhundert im Zug seiner völligen Erneuerung aller musikalischen Grundbegriffe auch um eine zusätzliche neue Notenschrift.

7. Die Vielzahl der INSTRUMENTE, die jene des Altertums weit übertreffen. Jede einzelne Gruppe – die Blas-, die Saiten-, die Schlaginstrumente – hat eine große Reihe neuartiger und sehr differenzierter Klangkörper hervorgebracht, die sowohl einzeln verwendet als auch zu größeren und größten Klangkörpern zusammengesetzt werden können. Damit eine solche Zusammenfassung mehrerer und vieler Instrumente einen Sinn bekommt, besteht der Wunsch, jedem einzelnen Klangträger einen ganz spezifischen Klang zu geben. Dadurch erhält das Zusammenspiel vieler solcher individueller Klangquellen den Sinn eines „vielfarbigen" Hörerlebnisses. Dem Abendland wird es vorbehalten bleiben, zu den drei traditionellen, sicher seit uralten Zeiten verwendeten Klangquellen der schwingenden Saite, des schwingenden Luftraumes und des schwingenden Festmaterials eine vierte dazu zu erfinden: den mit Hilfe von Elektrizität und Elektronik ins Leben gerufen „absoluten", nicht materialgebundenen Sinus-Ton.

Vieles andere wird im Lauf des Buches berührt werden: die soziale Stellung der Musik und der Musiker in den verschiedenen Gesellschaften, die veränderliche Aufgabenstellung der Musik in der Gesellschaft verschiedener Zeiten, die Stellung der Musik zu den Machtquellen und den materiellen Gütern jeder Epoche und vieles weitere. Durchziehen wir nun die einzelnen Zeitalter der abendländischen, unserer Musik, und versuchen wir ihren Sinn zu verstehen.

Die Musik des Christentums

Unter den schmucklosen Gewölben frühchristlicher Betstellen knien Mönche im ersten Morgenlicht. In tiefster Inbrunst lassen sie ihre Gesänge durch den hallenden Raum fallen. Festungsartige Mauern umgeben ihn, denn Bollwerken gleich erheben sich neue Kapellen in einer noch weitgehend heidnischen Umgebung. Kämpfer sind sie, die hier mit glühenden Seelen knien, weltvergessen und nur ihrem Glauben zugetan, den durch die Welt zu tragen sie sich selbst und ihrem Oberen in Rom auf dem Thron Christi gelobt haben. Ihre Waffe ist das Wort, das Wort ihres Gottes, verkündet durch seinen Sohn, der zur Erlösung der Menschheit den Kreuzestod gestorben war. Viele Menschen schon hatten dieses Wort aufgenommen und zum Leitsatz ihres Lebens gemacht, hatten dem Machtstreben, dem Profitdenken abgeschworen, das seit langem die Welt zu beherrschen schien und

das in den letzten Jahrhunderten mit dem Zug der römischen Legionäre überall fester verwurzelt schien als je zuvor. Ein neuer, seit langen Zeiten nicht mehr gekannter Idealismus hatte begonnen, die Welt zu erleuchten. Wer die neue Lehre annahm, für den verloren die irdischen Güter ihre Bedeutung.

Wo das Wort nicht ausreichte, um Menschen zu überzeugen, die lange im Irrglauben irdischer Güter verharrt hatten, kam den Priestern der neuen Lehre die starke Waffe der Musik zu Hilfe, die tiefer in die Seelen drang als alles andere. Seitdem die ersten Christen sich an geheimen Stätten zusammenfanden, um ihre umstürzende Erkenntnis, ihren revolutionären Glauben hoffnungsfroh zu künden, waren Jahre und Jahrzehnte vergangen. „In hoc signo vinces", „In diesem Zeichen wirst du siegen": Die Prophezeiung schien wahr zu werden, die Verbreitung dieser Religion war nicht aufzuhalten. Aus den Katakomben Roms war der neue Glaube hinausgetreten in eine feindliche Umwelt, hatte Seele um Seele erobert, war Staatsreligion geworden. Und seine Verbreitung über die Welt zur verpflichtenden Aufgabe jedes Gläubigen. Die Mission war heiligstes Anliegen jedes Christen. Drei Waffen waren ihm in diesem Kampf gegeben: der eigene Glaube, das Wort, die Musik. Kein echter Christ durfte oder konnte daran glauben, daß mit Gewalt Herzen zu erobern, mit Feuer und Schwert Seelen zu gewinnen seien.

Die Mönche in der stillen Kapelle, die durch dicke Mauern von einer noch vielfach unverständigen, feindlichen Umwelt geschützt ist, singen bei Kerzenschein neue Gesänge voll Glauben, Liebe und Hoffnung. Sie sind aus vielen Teilen des jungen Abendlandes zusammengeströmt, nicht wenige wohl auch aus den weiten Räumen um das Mittelmeer, aus den Landen auch, in denen Jesus wandelte, den sie spöttisch den „König der Juden" genannt und der viel mehr gewesen war, als menschliche Erhöhung ihm je zusprechen konnte: der Erlöser der Welt. Das Volk, dem er entstammte, war tief gespalten worden durch sein Leben, seinen Tod. Die ihn erkannten, seine Jünger und viele andere, die ihn

Links: Chorsingende Mönche (Frati in corpo), Holzschnitt von Urs Graf um 1510. Es wäre interessant zu untersuchen, ob die Zahl 9 der Singenden Zufall ist; die Zahl 3 und ihre Vielfachen, besonders 9 und 18, scheinen, noch aus dem Altertum, mystische Bedeutung besessen zu haben.

gesehen, gehört, sein Sterben erlebt hatten, folgten ihm nach, erkannten in ihm den lang verheißenen Messias. Sie bekehrten sich zu ihm und seinem Glauben. Eine lange Zeit stiller Revolution hatte eingesetzt und wird Jahrhunderte hindurch nicht mehr zum Stillstand kommen.

Frühchristliche Gesänge

Jede echte Revolution braucht Musik. Die Herzen mitzureißen, die Seelen zu erheben, Ängste zu überwinden, Hoffnungen zu säen: Jenseits aller flammenden Worte war dazu die Musik geschaffen, die in geheimste Herzkammern dringt, wohin nichts, nichts sonst reicht. Das Christentum war eine Revolution und sollte es, nach der Erkenntnis ihrer echten Vertreter, immer wieder sein. Wer Liebe und Bruderschaft an die Stelle von Gewalt und Macht setzen will, ist ein größerer Revolutionär als jemand, der einer sozialen Klasse Verbesserungen zu schaffen sucht. Musik im Marschschritt revolutionärer Heere, Musik mit dem Hämmern aufrührerischer Parolen zu schaffen ist leichter, als Musik zu finden, die es, innig und glaubensstark, vermag, die höchsten Ideale der Menschheit, Liebe und Brüderlichkeit, in die Herzen zu senken, zu verankern. Das neue Christentum mußte für seine Revolution eine solche Musik finden oder schaffen, um sie im bald weltweiten Kampf einzusetzen, der zu seinem Sieg führen sollte. Viele der frühen Christen erinnerten sich an Musik, die bei ihnen in der alten Heimat erklungen war; Tempelmusik aus Jerusalem, deren Gläubigkeit aus ähnlichen Tiefen stammte wie jene, die sie nun besingen wollten. Es waren starke Gesänge, von geheimnisvoll mystischer Kraft getragen, erhaben, eindringlich. Nicht wenige der Worte behielten ihre Gültigkeit, wenn die frühen Christen solche ihnen so vertrauten Gesänge nun zum Lob ihres neuen Glaubens anstimmten. Ihr Gott war ja der gleiche geblieben, ihr unsichtbarer, einziger, allmächtiger Gott, der über Himmel und Erde herrschte und keine anderen Götter neben sich duldete. Die gleichen Gebote hatte er an die Menschen erlassen, auf daß sie in seinen Spuren wandeln, dem Bösen abschwören, dem Guten zur Herrschaft in der Welt verhelfen könnten. Nur wo vom Messias die Rede war, konnten sie, die Glücklichen, die Worte der Sehnsucht in solche des jubelnden Erlebnisses wandeln: „Halleluja!" Dieses hebräische Dankeswort an den Höchsten verblieb im Gesang der jungen Christenheit. So eng waren Altes und Neues in den Formen zu Beginn verbunden. Noch vieles wurde übernommen: die Einstimmigkeit, die nun einen neuen Sinn erhielt; der Ausschluß aller Instrumente und der Ausschluß der Frauen vom liturgischen Gebet und Gesang, wie einst in Jerusalem.
Die Worte des Christentums werden bald vereinheitlicht (bevor sie durch die Spaltung zwischen Rom und Byzanz bewußt in zwei verschiedene Liturgien zerrissen werden), doch wie sollte man ein gleiches mit der Musik tun? Immer wieder gibt es Einigungsversuche, aber sie können lange Zeit hindurch keine völlige Einheit des christlichen Gesanges erreichen. Um nur die wichtigsten Zweige zu nennen, müssen wir die römische Liturgie erwähnen, die mailändische oder „ambrosianische", die „gallische" aus Europas Westen, die spanische, die wieder in „visigotische" (westgotische) und die stark verbreitete „mozarabische" zerfällt, die süditalienische, manchmal auch „beneventanische" genannt. Ferner müßte, soll die Aufzählung frühchristlicher Gesänge annähernd vollzählig werden, der schon erwähnten byzantinischen Liturgie gedacht werden, der syrischen, der koptischen und weiterer „östlicher" Strömungen, aus denen sich die heute stark und mit herrlichem Klang lebenden russisch-orthodoxen und griechisch-orthodoxen Liturgien entwickelten. Eine reiche Vielfalt von Klängen also, die wir als prächtige Blüten an einem einzigen starken Stamm begrüßen können, deren Verschiedenheit aber auch manches Problem in der jungen Kirche auslöst.
Eine Episode, aus frühchristlichen Tagen überliefert, bietet dem Leser vielleicht ein besseres Bild als technische Erklärungen:
Im Jahr 596 sandte Papst Gregor der Große, aus dessen Leben und Werk noch viel zu berichten sein wird, den Benediktinerabt Augustinus mit ungefähr 40 Mönchen nach Norden, um vor allem England zu christianisieren. Die frommen Männer überquerten die Alpen und lebten eine Zeitlang in Gallien, bevor sie sich zur Überquerung des Ärmelkanals anschickten. Auf dem Zug durch das weite heutige Frankreich erlebten sie verwirrende Dinge: In manchem Kloster, in mancher Kapelle oder Kapitelkirche nahmen sie an Gottesdiensten teil, konnten aber nur zum kleinen Teil in die heiligen Gesänge einstimmen; denn die klangen vielfach anders, als sie es aus Rom gewöhnt waren. Die Teile der Messe wiesen eine andere Reihenfolge auf, waren auch textlich zum Teil abweichend, ganz zu schweigen von der Musik, die ihnen völlig unbekannt schien. Sie zogen weiter und gelangten 597 nach England, um ihr missionarisches Werk zu beginnen. Doch nun zögerten sie. Sollten sie die römische Liturgie verbreiten, so wie sie es in der Schola Cantorum gelernt hatten, jenem römischen Institut, das – von früheren Päpsten (Silvester I. 314–335) geplant – von Gregor besonders gefördert und zum Mittelpunkt der christlichen Musik gemacht werden sollte? Oder waren Abweichungen erlaubt, um dem Charakter einzelner Stämme und Völker entgegenzukommen? Augustinus schrieb an das Oberhaupt, an Papst Gregor in Rom. Dieser antwortete: „Wenn ihr – in der römischen Liturgie aufgewachsen – etwa in der gallischen oder irgendeiner anderen Liturgie etwas findet, was dem allmächtigen Gott mehr gefallen könnte, dann wählt es mit Sorgfalt aus und unterrichtet es in England!" Dieser Bescheid – dem Augustinus übrigens nicht folgte – beweist mehreres, nämlich daß Gregor selbst immer noch am Suchen dessen war, was „dem allmächtigen Gott am besten gefallen könnte", und daß er nicht daran dachte, die römische Liturgie zur allein anwendbaren zu erklären.
Immer wieder bedauern wir, daß von den Reisenden im damaligen Europa nur wenig über Musik berichtet wurde. Von der tiefen Mystik des Gregorianischen Gesanges zeigt sich mancher beeindruckt; doch über Gesänge und Tänze aus ländlichen Gegenden, die es in

beachtlichem Ausmaß gegeben haben muß, gibt es keine Berichte. So fehlen uns wichtige Bindeglieder, aus denen etwa die Entstehung von Minnesang und Troubadourlied erklärt werden könnte. Was und wie musizierten um das Jahr 1000 die nicht sonderlich geachteten Spielleute, die, des gefährlichen Wanderlebens und Kriegsdienstes müde, sich in größeren Orten niedergelassen hatten? In diesen Bereichen hat sich die Musik außerhalb der Klöster entwickelt. Sicher gab es auch einfache Versuche mit Mehrstimmigkeit, nicht zuletzt durch die Entstehung neuer Lebensbereiche.
Die Kirchenmusik des ersten christlichen Jahrtausends spiegelt den Zustand der Priesterschaft wider, der mächtigsten „Klasse" für lange Zeit. Die beginnende Hofmusik muß das Abbild des entstehenden Adels geboten haben. Die Volksmusik entsprach dem Bauerntum, das der niedrigste Stand war. Wie schade, daß wir über Musik dieser beiden letzten „Klassen" kaum informiert sind.
die beherrschende Gesellschaftsgruppe der frühchristlichen Jahrhunderte ist also die Priesterschaft. Sie ist von Anfang an ein ausnahmslos männliches Reservat. Ihr Motto: „Das Weib schweige in der Kirche." Es schweige nicht nur im Kirchenrat und in allen durch diesen beherrschten, auch weltlichen Gremien, es schweige genauso beim Gesang. Ließe sich das Teilnahmeverbot der Frau in öffentlichen, in politischen, in Glaubensfragen allenfalls durch die Tatsache erklären, daß in jener Zeit die Frau in bewußter geistiger Unmündigkeit gehalten wurde, so ist ihr Ausschluß von der Musik weit weniger begreiflich. Ihre natürliche Neigung und Fähigkeit zu musischer, besonders musikalischer Betätigung kann auch damals nicht unbemerkt geblieben sein. Ihre Fernhaltung von diesem Zweig des Lebens kann nur klar definierte politische Ursachen gehabt haben: Es galt eine reine Männergesellschaft aufzubauen, in der die Frau zwar keineswegs verachtet, wohl aber von jedem Führungsanspruch ausgeschlossen sein sollte. Die Kirche berief sich auf zwei Annahmen: unbewußt auf ihre Wurzeln im Judentum, das in der Führung von Staat und Religion dem gleichen Prinzip gefolgt war. Zweitens darauf, daß harte Kampfzeiten, wie sie dem jungen Christentum in der Umbildung der Welt bevorstanden, nur von Männerhirnen, Männercharakteren, Männerkräften gemeistert werden könnten. Die Musik zählte zu den wichtigsten Lebenselementen des neuen Glaubens, sie war Waffe und Charakterschulung, Gottesdienst und Gemeinschaftsbekenntnis, sie mußte in männlichen Händen, in männlichen Kehlen bleiben.

Das einstimmige Singen

Auch das einstimmige Singen ist Glaubenssache mehr als technische Notwendigkeit. Jede Zivilisation, jede Kultur schafft sich gezwungenermaßen zur Befriedigung ihrer Urbedürfnisse früher oder später die dazu unbedingt notwendigen Erfindungen und Entdeckungen. In der christlichen Welt war alles bewußt monolithisch, einheitlich im Glauben, einheitlich in der Führung. Der absolute, absolutistische Monotheismus prägte das junge Christentum, so wie er lange Zeit hindurch das absolute, absolutistische Judentum geprägt hatte. Aus der Religion Moses' und Abrahams erwuchs die Religion Jesu, das Alte Testament wurde im Neuen fortgesetzt, die altjüdische Tempelmusik wahrscheinlich in der christlichen Liturgie. Die Juden hatten stets einstimmig gesungen. So zerstritten sie auch in anderen Fragen sein mochten, so einstimmig erklang der Gesang in ihren Tempeln. Einstimmigkeit – oder Homophonie mit einem wissenschaftlichen Ausdruck, der dem Griechischen entnommen ist und „eine Stimme" bedeutet – heißt nicht etwa Sologesang, sondern zeigt an, daß es nur eine einzige Melodie zur gleichen Zeit geben kann und der Gedanke einer „Begleitung" durch Gegenstimmen unbekannt ist. Tausend Menschen, die eine einzige Melodie zur gleichen Zeit anstimmen, singen homophon, einstimmig. Aber zwei, die zur gleichen Zeit Verschiedenes anstimmen, musizieren zweistimmig, was die erste Stufe der Polyphonie, der Mehrstimmigkeit, bedeutet. Kehren wir noch einmal in die frühe, graue Morgenstunde in der frühchristlichen Kapelle zurück: Zehn, zwanzig Mönche erheben ihre Stimmen zu Gott. Sie haben ihre irdischen Namen abgelegt und andere angenommen, um auch den letzten Rest ihrer irdischen Identität abzustreifen, als gläubige Menge ohne jeden individuellen Zug wollen sie Gott preisen und danken. Und so kann ihr Gesang wie ihr Gebet nur einstimmig sein, einstimmig im wahrsten Sinn des Wortes, gleichförmig wie ihrer aller Glaube es ist. Ein nüchterner Beobachter wird uns entgegnen, daß ein anderes Musizieren als das einstimmige in jener Zeit unmöglich gewesen sei, da es die Polyphonie noch gar nicht gab. Unserer Meinung nach ist dieses Argument nicht stichhaltig: Wäre das Christentum keine so monolithische Religion gewesen, hätte es in seinem damaligen Urzustand – der stets der reinste ist – stärkere individualistische Regungen zugelassen, so wäre die Polyphonie eben um einige Jahrhunderte früher erfunden worden! Der christliche Gesang – wir werden ihn bald „gregorianisch" nennen – ist unbegleitet. Jedes Instrument ist in seinen frühesten Pflegestätten streng verpönt. Auch dieses Verbot ist vom Judentum übernommen und bedeutet vor allem die Vermeidung aller Sinnlichkeit im Gottesdienst. Die

Links: Dieser Holzschnitt von 1527 zeigt einen Mönch mit gambenähnlicher Viola. (Aus Fanti „Triompho die Fortuna".) Rechte Seite: Eines der wenigen Bilder von Ambrosius, Bischof von Mailand (339–397), dem in der frühchristlichen Musik eine entscheidende Bedeutung zukam. Man darf in ihm den großen Vorläufer Papst Gregors annehmen, und viel aus dessen Gesangbuch (dem „gregorianischen Gesang") müßte seiner Herkunft nach „Ambrosianischer Gesang" heißen. (Bild am gotischen Hochaltar von Rabenden im Chiemgau, um 1512).

Identifikation des sinnlichen Klanges mit dem von Instrumenten ist interessant. Zwar werden erst viel, viel später ganze Familien von Instrumenten die Form des weiblichen Körpers annehmen – die Gamben, die Violen (aus denen auch Violinen und Violoncelli sowie Kontrabässe stammen) –, doch besteht eine anscheinend uralte Ideenverbindung zwischen Sinnlichkeit und Instrumentalklang. Die Sinnlichkeit aber bleibt aus dem Gottesdienst aufs strengste ausgeschlossen. Wer im sinnlichen Klang mancher Frauenstimme ebenfalls ein gewichtiges Argument für den Ausschluß der Frauen aus der jüdischen und christlichen Liturgie sieht, irrt sicher nicht. Die Sinnlichkeit des Instrumentalklangs scheint uns weniger offen zutage zu liegen, aber sie galt den frühchristlichen Jahrhunderten als Tatsache. Sie schien die Gedanken des Gläubigen vom Gottesdienst abzulenken und war infolgedessen bis spät ins Mittelalter hinein verboten. Erst bei den weitreichenden Umwälzungen zu Beginn des zweiten Jahrtausends wird die Kirche in diesem Punkt weichen müssen, jedoch aus rein technischen Gründen: Zur Begleitung des im Anfang äußerst schwierigen mehrstimmigen Gesangs mußten instrumentale Klangstützen zugelassen werden, um ein reines Singen zu gewährleisten. Doch so weit sind wir noch lange nicht.

Der Ambrosianische Gesang

Der erste bedeutende Würdenträger, der sich intensiv mit Fragen der christlichen Liturgie beschäftigte, war Ambrosius, fast ein Vierteljahrhundert (374–397) Bischof von Mailand. Ihm sind frühe Ordnungen der vielfachen Gesänge zu danken, die zu jener Zeit Eingang in die Kirche gefunden hatten. Der „Ambrosianische Gesang", der lange das Rückgrat der Liturgie in Oberitalien und weit darüber hinaus bildete, darf als wertvolle Vorstufe zu den Reformen Papst Gregors angesehen werden. Ambrosius verpflanzte mancherlei orientalisches Musikgut nach Europa, verfaßte selbst viele Hymnen und gehört zu den wichtigsten Musikergestalten nicht nur seiner Zeit, sondern der christlichen Kirchenmusik überhaupt. Der große Kirchenlehrer Augustinus (354–430) berichtet in seinen berühmten „Confessiones" viel über Ambrosius, der ihn getauft hatte. Genannt sei der Kirchenlehrer Hilarius de Poitiers (um 315–367), der sich um einen Ausgleich der verschiedenen „westlichen" Liturgien untereinander und mit „östlichen", vor allem der byzantinischen, bemühte. Zum wichtigsten Musikgelehrten jener Zeit wurde Boethius (um 480–524), der sehr jung das fünfbändige Werk „De institutione musicae" veröffentlichte, in dem er einen weitreichenden Überblick über die Kenntnisse des damaligen Wissens bietet und die Musik mit Mathematik, Physik, Astronomie, Philosophie in Verbindung setzt. In seiner Musiktheorie – der ersten mittelalterlichen und europäischen – entwickelt er bewußt eine „christliche" Lehre, die auf der griechischen aufbaut. Boethius reiht je zwei antike Tetrachorde aneinander, so daß aus dieser griechischen Keimzelle der Tonleitern – mit je vier aufeinanderfolgenden Tönen – eine neue, achttönige Folge entsteht. Vom mazedonisch-griechischen Gelehrten Ptolemäus übernahm er die mathematisch-pyhsikalischen Grundlagen der Töne, die dadurch im christlichen Mittelalter an ihre frühere Existenz ohne Schwierigkeit anknüpfen konnten. Die Musiktheorie des Mittelalters wird auf jener des Altertums aufbauen. Die frühchristliche Musik war von jener Hochblüte Griechenlands nicht weit entfernt. Erst als die Lehren der Tongeschlechter Dur und Moll, der Tonarten usw., entwickelt werden, löst Europas Musik sich gänzlich von der des klassischen Altertums.

Die Epoche, bei deren Betrachtung wir gerade weilen, könnte – wie wohl die meisten anderen auch – verschiedene Namen tragen. Wir haben sie die „Musik des Christentums" genannt, also „christliches Zeitalter", weil alles Musikalische, das wir aus jener Epoche kennen, aus dem Wesen des Christentums sprießt, auf dem Boden des Christentums wächst und nur diesem einzigen Ziel der Verherrlichung Gottes gewidmet ist. Es ginge auch an, dieses Zeitalter als „Gregorianische Epoche" zu bezeichnen, nach jenem großen Papst und Musikgelehrten, der Strömungen der Musik zu ordnen, zu vereinheitlichen suchte und mit dessen Namen viel musikalischer Fortschritt verbunden erscheint. Schließlich wäre auch die Bezeichnung „Epoche der Romanik" nicht von der Hand zu weisen, im gleichen Sinn, in dem wir später von „Gotik" und „Renaissance" sprechen werden, von „Barock" und „Rokoko". Die Romanik jedoch wird zumeist nur für wenige Jahrhunderte eingesetzt, die der Gotik unmittelbar vorausgehen. Wir aber haben es hier, in diesem Kapitel, mit einem vollen Jahrtausend zu tun, das erst an seinem Ende „romanisch" wird. Das wohl einzige Wort, das diesen ganzen ungeheuren Zeitraum zusammenfassen kann, ist die Bezeichnung „christlich". Es war ein christ-

Das berühmteste Bild von Papst Gregor dem Großen, der 604 in Rom starb; ihm ist die Vereinheitlichung des aus vielen Quellen stammenden Gesangs der katholischen Kirche zu verdanken, dessen Gültigkeit bis heute nicht verblaßt ist. Die auf Gregors Schulter hockende Taube symbolisiert den Heiligen Geist, der den Papst bei seiner Arbeit inspirierte.
Rechte Seite: Ein sehr frühes Notenblatt des Gregorianischen Chorals, dessen Tradition bis heute ungebrochen in der katholischen Kirche und besonders im Benediktinerorden lebt. Er ist einstimmig, kennt keinen „Takt" im späteren Sinn und trägt seine (sehr genauen) Vortragsvorschriften unsichtbar in sich.

liches Jahrtausend, wobei dieses Wort mehr im Sinne der Lebenshaltung, der inneren Einstellung gemeint ist als einer bestimmten Religionsausübung. Es hat auch in späteren Jahrhunderten noch christliche Musik gegeben – wer würde dem Mozartschen Requiem, Verdis Totenmesse, Bruckners Te Deum und vielem anderen diesen Namen verweigern? –, aber die geistige Grundhaltung der Epoche war längst ins Weltliche übergegangen, „christlich" war eine zusätzliche Bezeichnung geworden ohne die tiefe Bedeutung, die ursprünglich diesem Wort innewohnte. Die Taten, auch die Untaten jener und späterer Zeiten geschahen, so unfaßbar es klingt, im Namen Gottes.

Gregor der Große, Papst von 590 bis zu seinem Tod im Jahr 604, glaubte noch fest an die Heiligkeit der Musik als Geschenk Gottes an die irrende Menschheit. Was immer er für die Musik tat – und es war viel –, tat er um Gottes willen; auch um der Menschen willen, aber vor allem, um sie zu besseren Christen zu machen. Kein weltliches Streben ist in seinem Werk zu finden. Diesen Satz sollte der Leser sich merken, denn in späteren Zeiten wird dies nur noch selten von einem Jünger der Musik gesagt werden können.

Der Gregorianische Choral

Gregor und seine zahlreichen Mitarbeiter gingen an das umfangreiche Werk einer Vereinheitlichung des liturgischen Gesangs. Er wollte nach Möglichkeit den christlichen Gottesdienst, soweit der Glaube reichte, auch musikalisch zu einer Einheit machen, die es jedem Christen ermöglichte, wo immer er sich aufhielt in dem nun schon ziemlich groß gewordenen christlichen Abendland, der heiligen Handlung teilhaftig zu werden. Daß dies nur teilweise gelingen konnte, war klar; zu weit klafften schon die zahlreichen Liturgien auseinander, zu tief war die Kluft zwischen Ost- und Westkirche aufgerissen. Was Gregor an „Einheitsgesängen" festlegen konnte, steht in seinem „Antiphonarium Gregorianum", das für viele Jahrhunderte mit goldener Kette am Altar der Peterskirche zu Rom befestigt wurde. Dessen Inhalt erhielt von der Welt den Namen „Gregorianischer Gesang" und gehört zu den schönsten, reinsten, entmaterialisierten Musikäußerungen der menschlichen Geschichte, voll Mystik und tiefer Gläubigkeit. Sie soll aus vollem Herzen quellen, muß aber doch mit hohem Kunstverstand wiedergegeben werden. Mit vollendeterer Musik hätte das Abendland nicht in die Geschichte der Musik eintreten können.

Erstaunlicher aber als dies erscheint uns die Tatsache, daß unsere Zeit, die materialistischste, inhumanste, gottfernste, die es vielleicht überhaupt gegeben hat, dem Gregorianischen Gesang erneutes Verständnis, ja viel tätige Liebe entgegenbringt. Paul Hindemith (1895–1963) schreibt 1952 in seinem in New York erschienenen Werk „A composers World" folgende, für einen einstigen Revolutionär, ein Enfant terrible der Musik erstaunliche Zeilen: „Nehmen wir eine der reichen gregorianischen Melodien, wie sie zu Ostern oder Pfingsten gesungen werden. Jeder Musiker von einigem Geschmack wird sie zweifellos als die überzeugendsten, vollkommensten einstimmigen Kompositionen ansehen, die je erdacht worden sind. Um ihre überwältigende Ausdruckskraft voll zu erfassen, darf man sich nicht darauf beschränken, sie nur zu lesen oder zu hören. Man muß am Singen dieser melodischen Wunderwerke teilnehmen, wenn man spüren will, wie sie die singende Gruppe zu einer geistigen Einheit zusammenschweißen, unabhängig von den individualistischen Antrieben eines Dirigenten und nur vom erhabenen Geist und der technischen Vollkommenheit der Struktur geleitet ..." So und ähnlich haben viele der bedeutendsten Musiker aller Zeiten gedacht. Die Wirkung von Kunstwerken über die gewaltige Distanz von annähernd anderthalbtausend Jahren ist bemerkenswert und selten. Besonders interessant aber wird Hindemiths Äußerung durch den Hinweis auf die gemeinschaftsbildende Kraft, die der Musik innewohnen kann. Menschen „zusammenschweißen", ihre Individualität aufgehen lassen in das Gefühl der Gemeinschaft (die nicht mit Masse zu verwechseln ist): Das kann in besonderen Augenblicken der Geschichte eine große Aufgabe der Kunst sein.

Kaum je ist dies klarer erkannt worden als in der Epoche des jungen Christentums. Und kaum eine andere der Weltreligionen ist so eng mit Musik verbunden gewesen wie dieses. Keiner seiner Diener begann seinen Tag ohne das Stärkungsmittel des heiligen Gesanges, keiner beschloß ihn ohne den Tröstungsgesang seines Glaubens. In unzähligen Mönchszellen schrieben namenlose Insassen an alten oder neuen Melodien im Geist Gregors, ihres Oberhirten, arbeiteten an Traktaten über musikalische Fragen. In der von Gregor mit neuem Leben erfüllten Schola Cantorum vertieften sich Brüder in die immer vollkommenere Ausführung des bald nur noch nach ihm benannten Gesangs. Auf allen Wegen Europas trugen Mönche ihn hinaus zu den letzten Vorposten des Glaubens, um mit seiner Kraft Herzen zu gewinnen für die neue Lehre, für die Erlösung der Menschheit. Doch, zumeist unbemerkt

vom „Fußvolk" des Glaubens, vollzog sich in den höheren und höchsten Rängen der sich immer mehr herausbildenden Hierarchie der Kirche Diskussion über Diskussion betreffend Fragen der Eingliederung von Melodien, Stilen, Interpretationsarten in den Gottesdienst. Kein Konzil, auf dessen Tagesordnung nicht auch mindestens eine Frage zur Liturgie stand. Manche päpstliche Bulle beschäftigt sich mit Problemen der Verbindung zwischen Musik und Glauben. Die Zulassung der Mehrstimmigkeit im Kirchengesang wird ebenso Leidenschaften hervorrufen wie die Erlaubnis einer Mitwirkung von Frauen in den geistlichen Gesängen. Hart wird auch der Kampf um die (dann notwendig gewordene) Verwendung von Instrumenten im Gottesdienst werden. Immer wieder wird es sich zeigen, daß auch in der Kirche, wie in allen menschlichen Institutionen, Reformer und Neuerer konservativen Elementen gegenüberstehen, die beide Recht und Vernunft auf ihrer Seite, in diesem Fall sich sogar beide von Gott erleuchtet wähnen. Von der großartigen Entwicklung der Kirchenmusik im zweiten Jahrtausend nach der Geburt Jesu wird unser Buch viel zu berichten haben, wenngleich sie dann nur noch ein Zweig des großen Baumes der Musik im Abendland, nicht mehr ihr Stamm sein wird.

Auf einem der Höhepunkte wird 1903 der bedeutende Papst Leo XIII. (1810–1903) einen Bannstrahl gegen diese Entwicklung schleudern und nicht weniger verkünden als die Alleingültigkeit des Gregorianischen Gesangs. An ihm, wie an den Grundsätzen des Glaubens, sei in aller Ewigkeit nicht zu rütteln. Welche ungeheure Wandlung dann, nur sechzig Jahre später, als das in vieler Hinsicht geradezu revolutionäre Zweite Vatikanische Konzil (1962–1965) umwälzende Reformen beschloß, die einschneidend auch auf musikalisches Gebiet übergriffen und unter anderem der Schaffung und Wiedergabe von Kirchengesängen in den Sprachen aller Völker freie Bahn ließen. Hier war der äußerste Gegenpol zum Gregorianischen Gesang erreicht. Der Kampf um die Neuerungen war hart, führte sogar, natürlich nicht nur der Musik wegen, zu Spaltungserscheinungen. Die Anhänger der Reformen sahen hier den Weg zur Öffnung beschritten, der zur Annäherung der Massen an die Kirche führen könnte; die Gegner bedauerten den Verlust der Universalität der Kirche, die nicht zuletzt im weltweit lateinisch gesungenen Gregorianischen Gesang verkörpert schien. Als fast tausend Jahre nach Gregor die „reformierte" protestantische Kirche ins Leben trat – unser Buch wird davon zu berichten haben –, bestand ihr Gegensatz zum traditionellen Glauben unter anderem auch in der völlig verschiedenen Einstellung zum Kirchengesang: Gregorianischer Gesang auf der einen, volkstümlicher Kirchenchoral auf der anderen Seite, höchstgeschulte Gesangskunst gegen ungeübten Massengesang. Was Hindemith „technische Vollkommenheit" des Gregorianischen Gesangs nennt, schließt tatsächlich eine nur durch lange Übung, härteste Disziplin und völlige Versenkung erreichbare meisterliche Vollendung ein, die sonst in unserer Zeit eigentlich nur dem spezialisierten Professionalismus auf vielen Gebieten offensteht. Man darf den Gregorianischen Gesang eine Lebensaufgabe nennen.

Lebensaufgabe wurde die Musik auch zahlreichen Mönchen, von denen heute nur noch ein Bruchteil ge-

Oben: Titelblatt des „Notkerschen Psalmenbuchs" aus dem Kloster St. Gallen, einer der ältesten bebilderten Notenhandschriften. Ein Bild des immer wieder zitierten biblischen Königs David schmückt sie, der hier eine siebensaitige Kithara spielt. Um ihn vier Musiker mit damals gebräuchlichen Instrumenten: links oben eine Fidel (Gige, später Geige), rechts oben eine (waagrecht gespielte) Kithara, rechts unten eine Harfe oder Lyra, links wohl eine Art Hackbrett. Unten: Zwei alte englische Orgeln. Links: Orgel aus Winchester um die Mitte des 10. Jahrhunderts. Rechts: Ein Instrument aus Belvoir Castle, 13. Jahrhundert. Die Fortschritte sind deutlich erkennbar, auch die Luftzufuhr ist wesentlich vereinfacht.

nannt wird. Weltliches Streben lag ihnen fern, ihre wissenschaftlichen Errungenschaften, ihre künstlerischen Leistungen gehörten nicht ihnen, sondern ihrem Orden und darüber hinaus „der Kirche", also Gott. Und doch sind einige Pflegestätten bekannt geworden, so das Kloster St. Gallen, das im ausgehenden Jahrtausend einige der bedeutendsten Musiker des damaligen Christentums aufwies. Notker Balbulus (um 840–912) ist zu nennen, der zielbewußte Schritte auf dem langwierigen, schweren Wege zu einer allgemeingültigen Notenschrift tat. Und Notker Labeo (950–1022), der Werke griechischer Musiktheoretiker übersetzte – so des Aristoteles – und frühe abendländische Kenntnisse der Musiktheorie und -praxis in althochdeutscher Sprache niederlegte. Besonders interessierte ihn der Orgelbau, ein Zeichen dafür, daß die sich langsam entwickelnde Mehrstimmigkeit dem „stützenden" Instrumentalklang steigende Bedeutung zugestand. Schon waren erste Orgeln aus dem Orient – wo dieses Instrument seit seiner tausend Jahre zurückliegenden Erfindung durch Ktesibios in Alexandrien stets verwendet worden war – in das Abendland gelangt. Kaiser Konstantinus Kopronymos hatte im Jahr 757 dem Frankenkönig Pippin dem Jüngeren ein solches Instrument geschenkt, dessen Kunde sich allerdings schon früher durch Schriften des Kaisers Julian Apostata, Cassiodors und des heiligen Augustin unter den Gebildeten, d. h. vor allem musikkundigen Mönchen, verbreitet hatte.

Einem der beiden Notker wird die heute noch gesungene Hymne „Media vita" (deutsch zumeist in der Lutherschen Übersetzung „Mitten wir im Leben sind...") zugeschrieben. Ihre Herkunft aus gregorianischer Überlieferung ist unzweifelhaft, aber darüber hinaus enthält sie Elemente, die einer besonderen Beachtung wert scheinen: Sie könnten dem – völlig unbekannten – Volkslied jener Zeit entstammen. Sie enthält eine Periodisierung, die gregorianischen Melodien abgeht, in ihr tauchen Ahnungen von Metrum, Rhythmus, Takt auf, die der Gregorianische Gesang noch nicht kennt und auch nicht braucht, ohne die es aber – wenigstens im Abendland – kaum Volksmusik gegeben haben dürfte. Wie verlockend wäre es, diese Entwicklungslinie zu verfolgen, das allmähliche Auftauchen von Volksmusik im Abendland zu beschreiben, ihre Annäherung an die Kunstmusik – und umgekehrt –, ihre steigende Bedeutung in Minnesänger- und Meistersingertagen, ihr Gang durch die Jahrhunderte des beginnenden Abendlandes! Aber das völlige Fehlen von Quellen erlaubt es nicht. Erst das zweite Jahrtausend wird Material liefern, um sich dieses so wichtigen Zweiges der Musik annehmen zu können.

Die Entwicklung der Notenschrift

Schrift ist die Grundlage jeder Kultur. Mag das Alltagsleben des primitiven Menschen und seiner Gemeinschaft notfalls auch ohne schriftliche Aufzeichnungen funktionieren, so wird diese sofort unerläßlich, wo Erinnerungen zu bewahren sind. Nur geschichtslose Völker könnten die Schrift entbehren. Die Notenschrift ist eine Abart der Wort- oder Lautschrift. Sie wurde geschaffen, um Musik aufzuzeichnen. Ein kühnes Unterfangen, das wohl lange als unausführbar galt. Die Definition der Musik in den Lexika der Kulturvölker nannte sie stets eine „flüchtige Kunst", die, kaum erklungen, sofort wieder verweht war und durch nichts zurückgehalten und aufbewahrt werden konnte. Wir lächeln heute über solche Aussagen. Längst ist der Klang „gebändigt" worden: Wir vermögen ihn festzuhalten, ihn zu wiederholen sooft wir wollen, auch ihn zu manipulieren in jeder uns beliebigen Weise. Heute erscheint uns das Aufschreiben eines Klangs, die Herstellung eines Notenbildes fast schwieriger als die elektrisch-elektronische „Aufzeichnung" des gleichen Originals.

„Was man schwarz auf weiß besitzt, kann man getrost nach Hause tragen", läßt Goethe (in „Faust I") den „Schüler" sagen. Als das Wissen so stark anwuchs, daß selbst der Klügste nur noch Bruchteile davon im Kopf behalten konnte, erfand man die Schrift. Und als die Zahl der Melodien so groß wurde, daß das beste Musikergedächtnis überfordert war, begann man sich mit der Erfindung einer Notenschrift zu befassen. Wieder ist es so: Die Notwendigkeit bringt die Erfindung hervor, das dringende Erfordernis führt zu Entdeckung.

Es gab viele Völker des Altertums, die wir der Überlieferung nach für besonders „musisch", „musikalisch", „musikliebend", „musikbegabt" halten dürfen. Asiatische sind unter ihnen, arabische, vielleicht indianische, keltische. Bei den Hebräern galten Poesie und Musik als hohes Attribut der Herrschenden, wie wir aus der Geschichte von David und Salomon wissen. Und doch ist von keinem dieser Völker eine Notenschrift überliefert worden. Musik war noch von der mündlichen Verbreitung abhängig, von Vater zu Sohn bei der zahlenmäßig noch beschränkten Gilde der Musiker, von Generation zu Generation beim Volk.

Doch es ist denkbar, daß schon in jenen „Urzeiten" – wenn wir die Musikgeschichte zur Grundlage nehmen – Versuche in dieser Richtung gemacht wurden. Vielleicht hatten auch die phönizischen Tempelsänger einen Dirigenten oder Leiter, der auf den Gedanken kam, einige der längeren oder schwierigeren Gesänge „aufzuzeichnen". Es dürfte wirklich ein „Zeichnen" gewesen sein, denn anderes ist kaum denkbar. Vielleicht trug er auf einem Papyrus etwa die Melodielinie ein, die jeder Gesang aufwies: einen ansteigenden Strich, wenn die Melodie sich hob, einen waagrechten, wenn sie ausgehalten wurde, einen absteigenden, wenn sie fiel.

Die Neumen

Aus diesen Zeichen entstanden die ersten „Tonbilder". In Griechenland, auf dessen engem Boden dann in vielerlei Beziehung die Kultur der „alten Welt" ihre stärkste Konzentration, ihren höchsten Ausdruck fand, experimentierte man sicherlich viel, um einer immer dringender werdenden Musikschrift auf die Spur zu kommen. Diese Art erster Aufzeichnungen nannte man nun folgerichtig „Neumen", was etwa „Wink", „Gebärde" bedeutete. Die wenigen Zeichen, die uns aus Griechenland überliefert sind, gehen zurück auf antike Akzentzeichen, die sich über Phönizien bis nach Ägypten und Indien nachweisen lassen.

Sie entwickelten sich im Lauf von Jahrhunderten, die teils vor, teils nach dem Beginn der neuen Zeitrechnung liegen. Begierig griffen die ersten christlichen Musiktheoretiker sie auf, entwickelten sie zu einer echten „Schrift" weiter, da sie nicht mehr die Aufzeichnung einzelner Töne darstellten, sondern verschiedenen Tonkombinationen Form verliehen. Noch gab es vor Ambrosius und Gregor keine Möglichkeit, regionale Entwicklungen innerhalb der jungen Christenheit zu vereinheitlichen. Die Neumen, die etwa im Kloster St. Gallen verwendet wurden, wichen von den „aquitanischen" ab, diejenigen, die im gallischen, westgotischen, fränkischen Raum üblich waren, von den langobardischen aus der Lombardei, den mozarabischen aus Spanien. Und doch gab es einige Grundformen, die wir dem Leser zeigen können, um ihm einen Begriff jener ersten Notenzeichen zu geben. Sie glichen Hieroglyphen; wer sie mit mo-

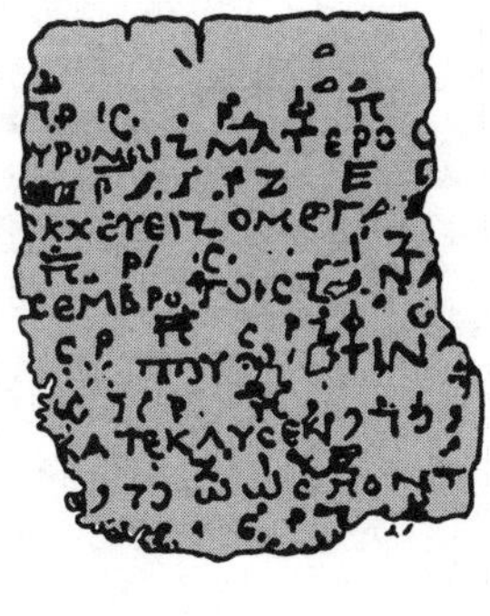

Sah so die älteste Notenschrift der Welt aus? Im alten Griechenland wurden musikalische Interpretationszeichen (Neumen) über einzelne Textsilben gesetzt, und das frühe Mittelalter Europas übernahm die Grundzüge dieser Praxis ...

dernen stenographischen Zeichen vergleichen wollte, hätte so unrecht nicht.
Als Grundformen galten die Symbole für den kurzen und den langen Ton. In moderner Notenschrift würden wir ungefähr sagen: für die Viertel- oder Achtelnote und für die halbe oder ganze Note. Die kurze Note hieß lateinisch *Punctum* – also „Punkt" – und bestand, wie der Name sagt, aus einem Punkt, der rund oder viereckig sein konnte. Die lange Note wurde *Virga* genannt, was Strich, Stock, Rute bedeutet. Diese Grundformen wurden verschiedenartig miteinander kombiniert. Es gab den *Bipunctum* (wörtlich Zweipunkt). Standen sie auf gleicher Höhe, so verlangten sie die Wiederholung des gleichen, kurzen Tones, stand der zweite Ton höher, so stieg die Melodie an, stand er tiefer, so fiel sie. Entsprechend gab es die *Bivirga* (Zwei-Virga oder Doppel-Virga), zwei aufeinanderfolgende lange Noten, die *Trivirga* mit drei aufeinanderfolgenden Strichen, deren Höhe genau wie bei den Punkten die Bewegung der Melodie angab. Neben diesen einfachsten Grundzeichen benützte man Kombinationen, die von den Eingeweihten verstanden wurden. An eine allgemeine Verbreitung war ohnedies nicht gedacht. Wissen bedeutete noch weit ins christliche Abendland hinein das Privileg der herrschenden Klasse: hier also der Priesterschaft.
Mit diesen Neumen wurden die frühchristlichen Gesänge aufgezeichnet. Wer diese Gesänge beherrschte, fand in ihnen ein völlig ausreichendes Mittel, sie sofort ins Gedächtnis zu rufen. Doch man mußte sie kennen. Dem Nichteingeweihten blieben sie unklar. Das aber machte sie für eine Verallgemeinerung, eine „Demokratisierung", wie wir heute sagen würden, untauglich. Denn die Notenschrift sollte zwei Grundbedingungen erfüllen: Sie mußte klar und anschaulich sein. Mit anderen Worten: eindeutig und bildhaft. Die Neumen erfüllten bestenfalls die zweite. Eine gewisse Anschaulichkeit oder Bildhaftigkeit konnte ihnen nicht abgesprochen werden. Man sah, ob eine Melodie stieg oder fiel, ob sie einförmig oder bewegt verlief. Aber niemand

Unten: Handschrift aus dem 10. Jahrhundert aus dem Kloster St. Gallen (genannt der „Tropus Tutilos"), deren Neumen als Fortsetzung der griechischen Notierung aufzufassen sind.
Rechte Seite: Eines der ältesten Notenmanuskripte, das deutsche Petruslied (9. Jh.), zeigt die einfachen Neumen über dem Text.

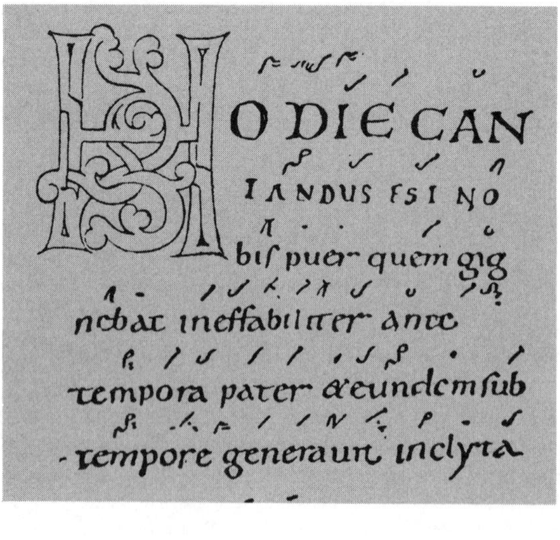

konnte den Zeichen entnehmen, um wieviel Tonschritte die Melodie auf- oder abwärts ging, ob es zwei, drei, vier oder mehr waren. Ohne diese Kenntnisse aber ist das Notenbild für den Nichtkenner der Melodie wertlos. Es fehlte die Eindeutigkeit der Melodie.
Dieser Sache kam man auf dem zweiten möglichen Wege näher. Es lag nahe, daß Völker, welche eine Buchstabenschrift entwickelt hatten, diese Zeichen auch auf die Musik zu übertragen suchten. Das war vor allem in Griechenland der Fall. Es gibt Forscher, die dieser Art der Notenschrift sogar das ältere Entstehungsdatum gegenüber den Neumen zuweisen. Mit Hilfe der inzwischen den Gebildeten aller Kulturvölker geläufigen Buchstaben bekamen die Töne Namen. Die werdenden abendländischen Tonleitern hatten sieben Töne, vom Grundton bis zur Wiederholung desselben Klanges im folgenden Oktavabschnitt, wie schon das Wort „octava", die Achte, aussagt. Es war logisch, diese sieben Tonstufen A-B-C-D-E-F-G zu nennen. Wer diese „Leiter" spielt, erkennt sofort, daß sie wesentlich von den späteren, den heutigen abweicht. Es würde zu weit führen, hier zu erklären, wann und warum die Verschiebung eintrat, die den früher dritten Ton an die erste Stelle beförderte und den Ausgangspunkt unseres Musiksystems auf das C legte. Auch die vielen Stadien, die die Buchstaben-Tonschrift durchlief, nur annähernd aufzuzeichnen, würde den Rahmen unseres Buches sprengen. Es geht uns hier nicht um Musiktheorie noch deren recht verworrene Geschichte. Es geht uns darum aufzuzeigen, wie jeder Stufe gesellschaftlicher Entwicklung eine Veränderung in der lebendigen Musik entspricht.
Die Buchstabentonschrift vermittelte zwar viel Klarheit, wenn der Sinn jedes Buchstabens in der Musik festlag, aber sie war nicht anschaulich, erfüllte also jene andere Forderung an eine perfekte Notenschrift nicht, von der wir sprachen. Man las etwa – wir übertragen es ins Heutige, um möglichst klar zu sein – die Tonfolge C-F-A. Das schien klar, aber es war nicht ersichtlich, ob die Melodie vom C zum F stieg oder vielleicht auf das C das tiefere F folgte, was die Melodie gerade umkehrte. Viele Versuche wurden jahrhundertelang gemacht, um der sich immer weiter ausbreitenden Musik im Abendland eine theoretische Stütze zu verleihen. Immer mehr Menschen benötigten eine Notationsmöglichkeit. Die Zahl der Melodien im kirchlichen Gebrauch wuchs stark an. Gegen Ende des ersten Jahrtausends wurden Versuche gemacht, die zu einem ganz neuen musikalischen Prinzip zu führen schienen, das die Gemüter erhitzte: die Mehrstimmigkeit. Wie aber könnte Mehrstimmigkeit zum Prinzip erhoben, verbreitet werden, wenn es keine Möglichkeit gab, sie aufzuzeichnen? Der Ruf nach einer allgemeinverständlichen, weit umher gültigen Notenschrift, einer verhältnismäßig leicht erlernbaren Notation wurde immer dringender.
Doch bevor wir uns von Neumen und anderen frühen Aufzeichnungen der Musik verabschieden, wollen wir sie dem Leser bildhaft vor Augen führen. Zuerst an einem Beispiel aus dem 9. Jahrhundert, dem sogenannten Petruslied, dessen Manuskript in München aufbewahrt wird. Es könnte sich um das älteste deutsche Lied handeln, das zur musikalischen Interpretation mit Neumen versehen ist, die oberhalb des Textes laufen und so die Intonation jeder Silbe angeben:

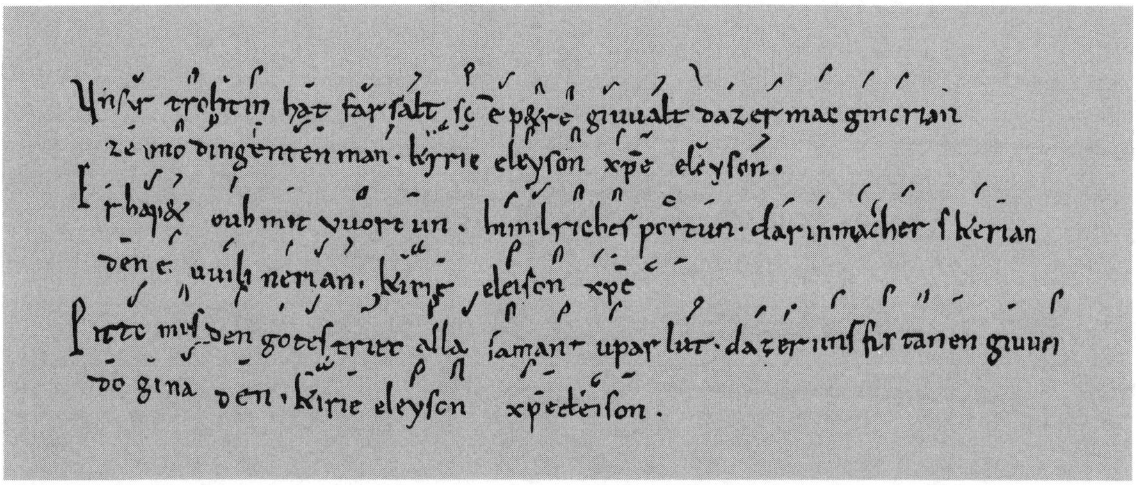

Nach diesem sozusagen „praktischen“ Beispiel noch ein klein wenig Theorie: eine Zusammenstellung der gebräuchlichsten Neumen mit ihren damals üblichen (lateinischen) Namen. Auf die rechte Seite unserer Zeichnung setzen wir die nächste Stufe der Notenschrift. Zwei bis drei Jahrhunderte werden dann seit der reinen Neumenschrift vergangen sein. Die fortschreitende Polyphonie oder Mehrstimmigkeit wird dann gebieterisch verlangt haben, nicht nur Tonhöhen, sondern auch Tondauern aufzuzeichnen. Diese nächste Stufe wird unter dem Namen „Mensuralnotation“ in die Geschichte eingehen, ein Wort, das klar vom lateinischen „mensurabilis“, meßbar, abgeleitet ist. In ihr haben die „Noten“ – das Abbild der Töne – verschiedene feste Formen angenommen, je nach ihrer Dauer:

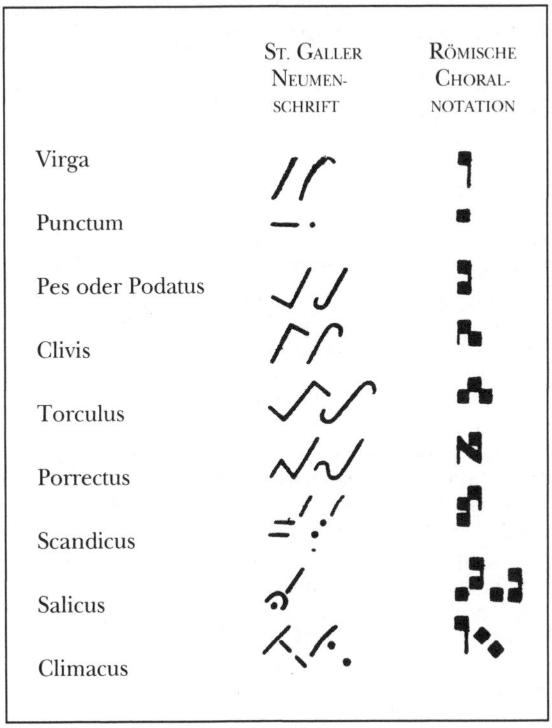

Punkte, Punkte mit senkrechten Strichen daran usw. Der Gregorianische Gesang, dessen Rhythmus kein äußerlicher, sondern ein innerlicher war, konnte mit Neumen auskommen. Die Zeitdauern der einzelnen Noten sind in dieser Form des Gesangs nicht genau festzulegen, sie stehen auch nicht in mathematisch meßbarem Verhältnis zueinander, so wie dies bei der Musik des zweiten Jahrtausends der Fall sein wird. Unsere heutige Einteilung sieht bekanntlich vor, daß die „ganze Note“ die doppelte Zeitdauer der „halben“ einnimmt, diese wieder die doppelte der „Viertel“ usw. Gewiß kennt auch unsere Musik vielerlei Flexibilität, aber der Zeitwert der Noten ist doch genau festgelegt, auch wenn er durch wechselndes Tempo, durch Fermaten und ähnliches modifiziert werden kann. Beim Gregorianischen Gesang aber kommt jede Notendauer aus der Silbe, auf die sie gesungen wird. Das kann keinen „mathematischen“ Rhythmus ergeben. Für eventuell irgendwo vorhandene Instrumentalmusik – es gibt kein erhaltenes Beispiel aus den frühen Jahrhunderten – wurde die Neumenschrift sicher nicht angewendet, es war eine reine „Gebärdensprache“ der Vokalmusik, deren Wiedergabe flexibler als die der Instrumentalmusik ist, da sie in engstem Zusammenhang mit dem Atem steht. Der Rhythmus des Gregorianischen Gesanges war ein Rhythmus der Sprache, des Verses. Wer ihn sich vorstellen will, denke an einen guten Rezitator, bei dem jeder Laut, jede Silbe, jedes Wort, jeder Gedanke einen Eigenrhythmus gewinnt. Oder an einen Sprechchor, der anderen Regeln gehorcht als ein Gesangschor.

Der Gang der Entwicklung ist klar. Je mehr Musik es gibt, desto dringender wird die Notwendigkeit, sie aufzuzeichnen, um sie zu bewahren. Und je weiter die Notenschrift fortschreitet, umso mehr Musik gibt es, die für die Nachwelt erhalten bleibt, um so genauer wird auch unsere Kenntnis der Musikgeschichte. Viele Jahrhunderte lang hatte die Kirche an ihren aus dem strengen Glauben abgeleiteten Prinzipien festgehalten: der absoluten Einstimmigkeit ihrer Musik, dem Verbot des weiblichen Gesanges im Gottesdienst und jeglicher Form von Instrumentalklang. Doch noch vor Ende des ersten Jahrtausends geraten diese Prinzipien ins Wanken. Sie werden in päpstlichen Bullen erörtert, auf Konzilen beraten. Aber nicht einmal die Kirche, die

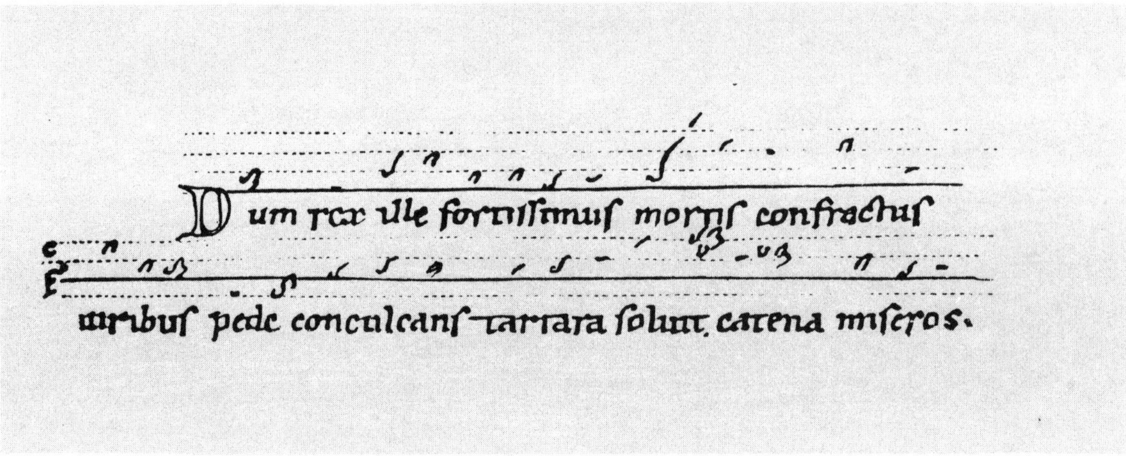

gewaltige, machtvollste Institution über lange Zeiträume hinweg, kann sich Strömungen widersetzen, die oftmals aus unscheinbaren, ja unbekannten Keimen geboren, durch unergründliche Motive angefacht, zur Sturzflut anwachsen. Hier ist der Augenblick gekommen, zum zweiten Mal in diesem Buch auf ein Wort von Victor Hugo hinzuweisen, das uns durch viele Kapitel leiten wird: „Nichts ist so stark wie eine Idee, deren Zeit gekommen ist."

Die Idee, deren Zeit nun gekommen scheint, ist die Mehrstimmigkeit. Sie gebiert, nachdem die Musik nun jahrhundertelang noch durch eine Art Nabelschnur mit der Alten Welt verbunden war, zwei Erscheinungen, die nicht mehr mit dem Morgenland verbunden sind, sondern ganz allein der Geistigkeit und dem Gefühl des Abendlandes entstammen: die Gleichzeitigkeit mehrerer Melodielinien und der Zusammenklang von Tönen. Die erste Erscheinung führt zum neuen Prinzip des Kontrapunkts, das die Mehrstimmigkeit oder Polyphonie leitet. Die zweite zur Harmonie.

Oben: Ein weiterer Fortschritt sind die Notenlinien, hier vier, zur Fixierung von Tonhöhen. Die Noten zeigen noch die Form der „Hufnagel-Neumen" (um 1100, „Hymnenkodex" des Klosters Einsiedeln, Schweiz).
Unten: Notenschrift aus dem 15. Jahrhundert, Hufnagel-Neumen auf vier Notenlinien ohne rhythmische Angaben.
Rechte Seite: Späte Neumen mit Verdeutlichung in früher Choralnotation.

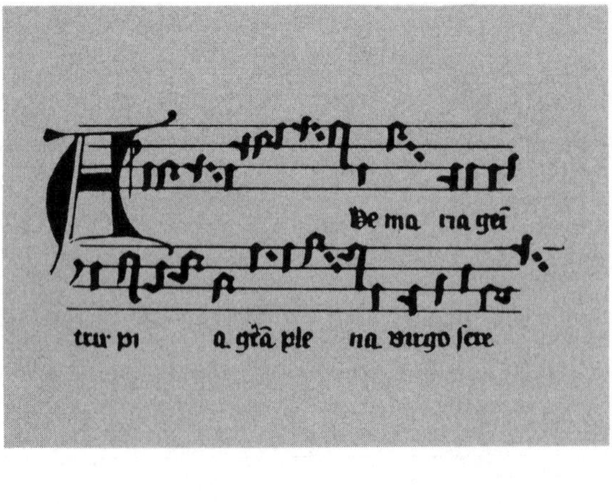

Die Notenlinien

Im Zeitalter des Übergangs – von der Einstimmigkeit zur Mehrstimmigkeit, von Neumen und Buchstabenschrift zu fortgeschritteneren Notationsmethoden – ist noch von einigen bedeutenden Musikern zu berichten. Dem flandrischen Mönch Hucbald kommt große Bedeutung zu. Er wurde vermutlich um 840 geboren, um 880 zum Priester geweiht, lebte im Kloster St. Amand bei Tournai (an der Schelde im heutigen Belgien) und starb dort zwischen 930 und 932. Hucbald ging in seinen grundlegenden musikwissenschaftlichen Arbeiten immer noch von griechischen Lehren aus, wie Boethius sie im Abendland bekannt gemacht hatte. Er erfand dann eine eigene Buchstabenschrift, und als auch diese ihn nicht völlig befriedigte, hatte er eine damals völlig neue und, wie sich herausstellte, bahnbrechende Idee: Er zog waagrechte Linien, um Tonhöhen zu fixieren. Vom heutigen Stand aus gesehen, war dies ein verhältnismäßig kleiner Schritt, aber oft ist ein kleiner Schritt der Beginn eines großen Sprungs. Eine einzelne Linie schuf nur eine Trennungsmöglichkeit zwischen „hohen" und „tiefen" Noten. Aber erst die etwas später erfolgte Ziehung einer zweiten Linie schuf so etwas wie ein Maß. Schrittweise näherte man sich dem endgültigen Liniensystem. Dann kam Guido von Arezzo, ein Mönch aus der Toskana, der von ungefähr 992 bis etwa 1050 lebte. Seine und die folgenden Zeiten sahen in ihm nicht weniger als einen „Patriarchen der Musik", einen „Erfinder der Notenschrift", den Schöpfer des lateinischen Notenalphabets Do-re-mi-fa-sol-la-si, das heute noch in einem wesentlichen Teil der Welt, vor allem in allen lateinischen Ländern, angewendet wird. Zeitweise ging die Verehrung für den zweifellos hochbedeutenden Mann so weit, daß man ihm dazu noch die Erfindung des Klaviers, des Kontrapunkts, ja schließlich der Musik selbst zuschrieb. Die Reaktion blieb nicht aus; neuere Zeiten sprachen ihm diese Erfindungen wieder ab, bis man in ihm kaum mehr als einen guten praktischen Musiker sehen wollte, der Erkenntnisse seiner Zeit gut zu verwerten wußte. Die Wahrheit dürfte in der Mitte liegen. Guido hat genug Verdienste, um als bedeutender Bahnbrecher fortzuleben, als eine der wichtigsten Gestalten der großen Wende um das Jahr 1000.

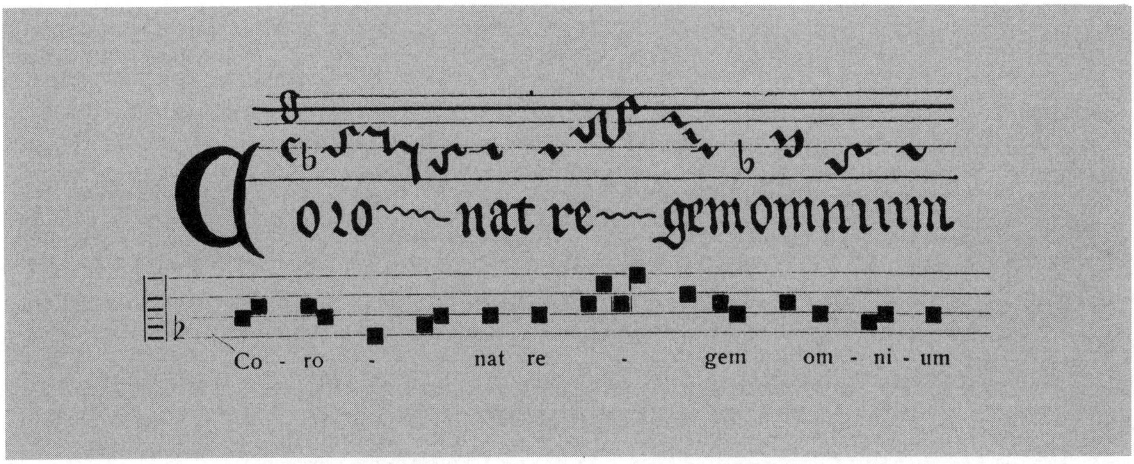

Er vermehrte die Zahl der Notenlinien, gelangte bis zu ihrer vier, also schon nahe an die fünf, mit deren Hilfe das anbrechende Jahrtausend musizieren wird. Auch versah er sie mit verschiedenen Farben und zog die Linien im Terzabstand, also für den „übernächsten" Ton, um es einfach auszudrücken. Das ermöglichte die einfache Schreibart, daß auf jeder Linie und in jedem Zwischenraum je ein Ton Platz hatte, sowie es dann bis zum heutigen Tag der Fall ist. Der Weg zu einer sehr klaren Notenschrift schien offen.

Die neuen Töne

Da geschah etwas, was nicht vorauszusehen gewesen war. Es stürzte die damaligen Musiktheoretiker in eine schwierige Lage. Wahrscheinlich darf man ihnen keinen Vorwurf machen, denn das Problem trat wohl zuerst nahezu unscheinbar auf. Daß es zur Lawine werden könnte, war zu Beginn kaum zu erkennen. Es tauchten nämlich neue Töne auf, mit den sieben „ursprünglichen" – noch von Griechenland her „diatonisch" genannten – war es nicht mehr getan. Was war zu tun, da der Raum innerhalb der Notenschrift verteilt war? Verteilt war ebenfalls der Tonraum bei den nun aufkommenden Orgeln: Die sieben festgelegten Töne besetzten ihren Platz und ließen den Neuankömmlingen keinen freien Zwischenraum. Die ganze Sache begann möglicherweise an der vorletzten Stelle der einfachsten Tonleiter. Das abendländische Gehör verlangte hier immer gebieterischer einen Ton, der in den letzten „leitete" (und der später auch wirklich der „Leitton" genannt wurde). Dort stand, wenn die Tonleiter mit C begann, der Ton B. Näherte man seinen Klang – und das könnte im zeitgenössischen Volkslied vielleicht schon der Fall gewesen sein – dem unmittelbar folgenden höheren C an, so spaltete man diesen Ton B: in ein etwas tieferes und in ein etwas höheres B. Man nannte zuerst das eine „B durus", das andere „B mollis", also lateinisch „hartes" und „weiches B", und glaubte, es sei der Fall erledigt, wenn man die beiden mit kleinen Vorzeichen unterschiede. In Wirklichkeit aber war man „neuen" Tönen auf die Spur gekommen, nichts Geringerem als der Ergänzung des Tonmaterials bis zu seiner natürlichen Aufrundung zu zwölf Tönen oder Noten. Um das zu verstehen, genügt es zu wissen, daß die vorher vorhandenen sieben Töne keineswegs gleiche Abstände voneinander aufwiesen. Es gab „große" Intervalle (die man später „Ganztöne" nennen wird, als Abkürzung des klareren Begriffes „Ganztonschritt" oder „Ganzton-Intervall") und „kleine", die etwa die Hälfte der „großen" maßen und daher später den Namen „Halbtöne" (besser „Halbtonschritte" oder „Halbton-Intervalle") erhielten. Schon die griechischen „Tetrachorde", Grundsteine der abendländischen Tonleitern (italienisch: Skalen), kannten diese beiden Klassen von Tonabständen oder Intervallen. Wieso kam eigentlich so lange niemand auf den Gedanken, daß der kleinere Abstand so etwas wie ein Grundintervall sein müßte, das überall vorhanden sei, auch wenn es beim Bau der ersten Leitern nur ausnahmsweise verwendet wurde? Man hätte sich manches ersparen können.

Als nun diese „neuen" Töne auftauchten, gab es keine einfache Lösungsmöglichkeit für dieses Problem. Man hätte, um eine Ideallösung zu versuchen, die weit fortgeschrittenen Versuche der Notenschrift annullieren müssen. Zu einem so heroischen Versuch aber schien niemand gewillt, vielleicht wurde er in seiner ganzen Tragweite auch nicht erkannt. Ebensowenig wurden die Tastaturen der Orgeln ungültig erklärt und statt siebentönig nun zwölftönig gebaut. Dagegen erfand die Musiktheorie eine Lösung, die in den folgenden Jahrhunderten zu einem perfekten System ausgebaut wurde. Man müßte es großartig nennen, wenn es nicht von Anfang an falsch wäre und auf falschen Voraussetzungen beruhte. Es geht nämlich von der Annahme aus, ein Klang, ein Ton könnte nach Belieben „erhöht" und „erniedrigt" werden. Was ist ein Klang? Die Folge einer bestimmten Anzahl von Schwingungen, die im Bereich unseres Gehörs liegen. (Es gibt Schwingungszahlen, die der menschlichen Wahrnehmung nicht als Klang zugänglich sind.) Jede Schwingungszahl bringt also, unter der Voraussetzung, in unserem Hörbereich zu liegen, einen ganz bestimmten Klang oder Ton hervor. 440 Schwingungen in der Sekunde erzeugen einen Klang, aber schon 441 einen anderen. Keinem Mathematiker könnte es einfallen, 5 als eine „erhöhte 4" oder 87 als eine „erniedrigte 88" anzusehen. Die Musiktheorie des ausgehenden Mittelalters aber beging diese „Erbsünde", die Millionen von Musikstudenten geisti-

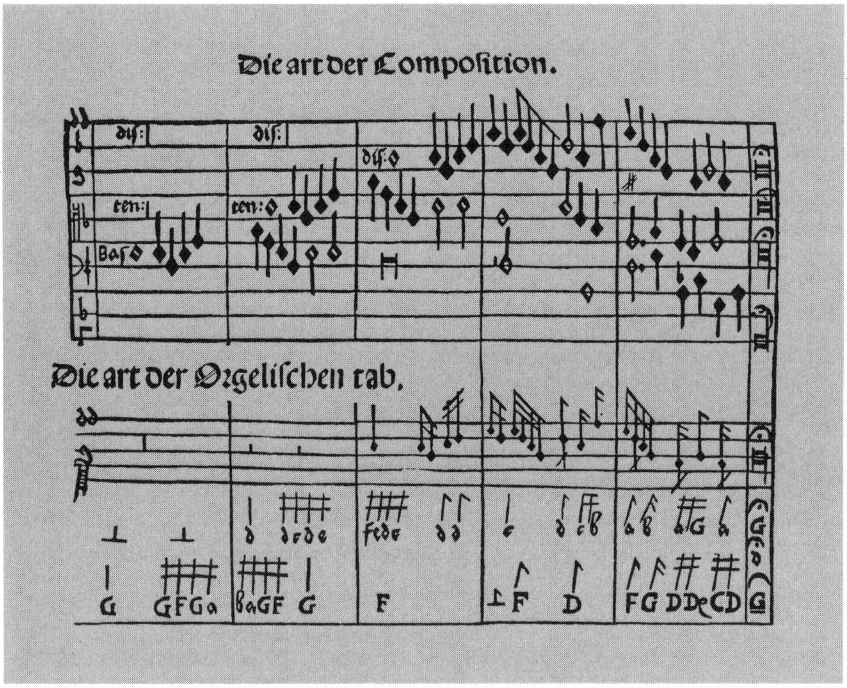

Notenbild aus dem Jahr 1528. Martin Agricola (1486–1556), Komponist und Musikschriftsteller aus dem Luther-Kreis, veröffentlichte in seiner „Musica instrumentalis" diese Notenschrift: oben auf zehn Notenlinien die Singstimmen, unten in „orgelischer Tabulatur" die Begleitung, wie sie auf der Orgel oder auf der Laute ausgeführt werden konnte.

ge Akrobatik abverlangte bis zum heutigen Tag. Denn die Theorie erfand die „Erhöhung" des Tones durch Voransetzung eines Kreuzes (♯), die „Erniedrigung" des Tones durch ein B (♭), ging aber in ihrem Irrtum noch weiter und erfand das „Doppelkreuz" (♯♯ oder ×) und das Doppel-B (♭♭), also die „doppelte Erhöhung" und die „doppelte Erniedrigung". Aus der ersteren wurde z. B. das Fis nochmals um einen Halbton erhöht, wodurch ein Fisis erreicht wurde – das aber nichts anderes ist als ein G. Die „doppelte Erniedrigung" machte etwa aus einem Ges ein Geses; dieses aber ist identisch mit dem F. Auf diese sinnlos komplizierte Weise erstand ein Tonsystem, das in sich „perfekt" ist, worauf alle theoretisch veranlagten Gemüter sehr stolz sind. Daß die musikalische Praxis aber völlig unnötigerweise kompliziert wurde, berührt die Theoretiker wenig.
Und auf der Orgel, so wie auf den später entstehenden anderen Tasteninstrumenten? Da wurde für die neugefundenen Töne so etwas wie ein zweiter Ring eingerichtet. Die „erbeingesessenen" Tasten wollten – durchaus menschlich – nichts von ihrem Besitzstand abgeben, und so blieb nichts anderes übrig, als hinter ihnen eine zweite Reihe kleinerer Tasten unterzubringen und sie farblich von den „Haupttönen" abzuheben: Man machte sie weiß, wenn diese schwarz waren, und schwarz, wenn die Haupttöne dann im 18. und 19. Jahrhundert weiß wurden. Wieviel Musikstudierenden wurde durch diese willkürliche Lösung der Eindruck vermittelt, die „Haupttöne" C,D,E,F,G,A,H seien „wichtiger" als die anderen, kleineren, im Hintergrund befindlichen Tasten? Es hat nicht an Versuchen gefehlt, diese „Erbsünde" der mittelalterlichen Musiktheorie gutzumachen, die zwölf existierenden Halbtöne etwa mit den Ziffern 1 bis 12 zu bezeichnen, aber allzuviel Notenpapier ist seit Jahrhunderten in der alten Form beschrieben und bedruckt worden ... Daß die Elektronik dann von der Mitte des 20. Jahrhunderts an dieser Erbsünde nicht mehr unterliegt, wird im letzten Teil unseres Buches erklärt werden.

Singen mit Silben

Guido von Arezzos neue Notenlehre beruhte natürlich auch auf dem alten System. Zu dessen Erlernung war ihm, dem Kirchenmusikpraktiker, ein glänzender Gedanke gekommen, von dem er wohl kaum ahnte, wie weltweit er sich verbreiten würde. Es gab eine Melodie, mit deren Anstimmen vor dem eigentlichen Gottesdienst, sozusagen zum „Einsingen", den Sängerknaben oder Chorknaben, die immer noch die hohen Chorstimmen stellten, da Frauengesang nicht erlaubt war, die Gunst des heiligen Johannes erbeten wurde, um die Kehlen vor Heiserkeit und Erkältung zu schützen. Dieses Liedchen

wies eine musikalische Besonderheit oder Eigentümlichkeit auf: Jedes Teilstück, jede Phrase begann um einen Ton höher als die vorangehende (was in unserem Tonbeispiel durch einen kleinen senkrechten Strich angedeutet wird). Sang man nun nur die erste Note jeder Phrase, so ergab dies eine sechsstufige Tonleiter, der zur Vollständigkeit einer Gesamtskala nur ein siebenter, letzter Ton fehlte. Guido ließ seine Knaben nun die jeweils erste Silbe jedes Teilstücks mit der dazu gehörigen Note singen. Diese Silben lauten: *Ut (queant laxis), Re(-sonare fibris), Mi(-ra gestorum), Fa(-muli tuorum), Sol(-ve poluti), La(-bii reatum).* Die Tonleiter lautete nun also, auf diese Silben gesungen: *Ut, Re, Mi, Fa, Sol, La.* Unwillkürlich ergänzte wohl schon das damalige Gehör einen siebenten Ton, der in den achten führte, bei dem eine neue Skala beginnen konnte. Rasch war auch der Name des siebenten Tones gefunden: Man nahm das *„S“* von Sancte und *„I“* von Ioannes und machte daraus *Si.* Die Namen dieser Töne schrieb Guido sich auf die Innenfläche der Hand, auf die Kuppen der Finger und andere Stellen, und nun brauchte er nur mit der anderen Hand auf diese beschrifteten Stellen zu zeigen, und schon sangen seine Chorknaben den gewünschten Ton. Die *Solmisation* war geboren, ein rasches Mittel zum Notenlernen mit gleichzeitiger Intonation (vorausgeschickt sei, daß mehrere Methoden des 20. Jahrhunderts wieder zu ganz ähnlichen Hilfsmitteln greifen, so *Tonic Solfa* aus England und *Tonika-Do* aus Deutschland).
Die erste Silbe, *Ut,* erwies sich wegen des fast geschlossenen Mundes als ungünstig für das Singen. Sie wurde (außer in Frankreich, das heute noch an ihr festhält) durch das frei erfundene *Do* ersetzt. Die Tonleiter *Do-Re-Mi-Fa-Sol-La-Si-(Do)* war geboren und gilt bis heute in allen Ländern, deren Sprachen aus dem Lateinischen abgeleitet sind: Italien, Frankreich, Spanien, Portugal, Lateinamerika.
Guidos Entdeckung verbreitete sich schnell, die „Guidonische Hand“ war lange im Gebrauch. Der Papst zeigte sich interessiert und lud den bescheidenen Mönch aus Arezzo zweimal zu sich; es heißt, er selbst habe nach dessen Anweisungen Notenlesen gelernt.
Guidos wahrscheinlich bedeutende Verdienste um die nun an vielen Stellen gleichzeitig aufflackernde Mehrstimmigkeit sollen in einem späteren Kapitel besprochen werden. Bevor wir uns mit dieser in jeder Hinsicht „neuen Zeit“ beschäftigen, heißt es von der „alten“ Abschied zu nehmen. In ihr konnten wir leider nur von einer einzigen Art Musik berichten: von jener der christlichen Kirche. Von sicherlich vielen Strömungen, die es gleichzeitig im werdenden Abendland gab, gibt es weder Bericht noch Zeugnis, auf denen eine „Geschichte“ aufgebaut werden könnte. Und so erscheint uns das erste christliche Jahrtausend als ein Zeitalter des Kreuzes. Musik Gottes war es, die uns entgegenschallte, als wir die Jahrhunderte durcheilten. Wo blieb die der Menschen? Es muß sie gegeben haben. Es muß Volksmusik gegeben haben, denn es gibt kein Volk ohne Musik. Es muß auch andere Musik gegeben haben, etwa die der zahllosen Kriegsscharen, die erobernd, plündernd, sengend durch das Abendland zogen und sich auf ihren Zügen sicherlich von Musik begleiten ließen, von „klingendem Spiel“, wie es eines Tages verharmlosend heißen wird, also von Trommeln

Neumen des Guido von Arezzo.

und Bläsern. Mit manchen dieser musikalischen Äußerungen werden wir uns in den kommenden Kapiteln treffen und dann vielleicht Rückschlüsse auf Vergangenes ziehen können; hier aber, vor Ende des ersten Jahrtausends, sind sie noch zu schwach, um gegenüber Gottes Musik in Kirchen und Klöstern bestehen oder gar auffallen zu können. Die Chroniken werden immer von den Führenden jeder Epoche geschrieben. Und diese Führung liegt noch eindeutig in den Händen der Kirche, des hierarchisch immer stärker gegliederten Klerus. In Mönchszellen wird die Geschichte zwar nicht gemacht, aber geschrieben, und das erstere ist ohne das zweite beinahe wertlos.
Doch nun wird die außerkirchliche Musik so stark werden, daß man sie nicht mehr überhören kann. Zugleich wird das Wissen der Zeit, von der Kirche aus dem Altertum gerettet, bewahrt und vermehrt, heraustreten aus Bischofssitzen, Konzilen, Klöstern, und in die neuen Städte Einzug halten, in Bürgerhäuser, die sich der kulturellen Aufgabe ihrer Klasse bewußt werden. Die Gesellschaft wird pluralistischer, und mit ihr wird es die Musik. Wir werden von nun an mehreren Strömungen zugleich folgen müssen. Zur Musik der Kirche tritt die Musik des Rittertums, das berufen ist, Europas junge Kultur gegen schwere Bedrohungen aus Norden, Osten, Süden zu verteidigen. Dazu kommt die Musik des Bürgertums, dem im zweiten Jahrtausend eine führende Rolle zugedacht ist, nachdem sie aus der „Schirmherrschaft“ (oder „Bevormundung“, wie man es auch nennen könnte) der Kirche und des Feudalismus herausgetreten sein wird.
Das Bild, das wir entwerfen und genauer beobachten können als zuvor, wird bunter. Jedes Zeitalter hat die Musik, die seiner Gesellschaft entspricht. Je vielfältiger die Gesellschaft, desto vielstimmiger ihre Musik. Nicht in einem technisch-musikalischen Sinn, wie hier zu Beginn der Mehrstimmigkeit vielleicht angenommen werden könnte, sondern im viel einfacheren einer Zählung der Musikgattungen, die dem Zeitalter ihren klingenden Stempel aufdrücken. Neben die Kirchenmusik wird nun diejenige aus dem Volk stammende der Ritterschaft treten und die Bürgermusik der Städte. Später kommt die Musik der Theater und Konzertsäle dazu, die Musik der Jugendzusammenkünfte in unseren Tagen, die Musik der Massenmedien ... Es wird, etwa zu Ende des zweiten Jahrtausends, nicht mehr möglich sein, „die Musik“ zu schildern: Es gibt ein halbes, ein ganzes Dutzend von musikalischen Äußerungen, denen ein gewissenhafter Betrachter nachgehen muß.

Vom Volkslied zum Minnesang

Durch annähernd tausend Jahre haben wir die Musik verfolgt, die der frühmittelalterliche, der christliche Mensch des entstehenden Abendlandes für Gott schuf. Er pflegte sie mit Inbrunst, er erhob sie bewußt zur Tradition. Sie sollte nie mehr verklingen, solange die Menschheit an diesen Gott der Liebe, des Kreuzestodes und der Erlösung glaubte.
Nun ist es an der Zeit, von jener anderen Musik zu sprechen, die der Mensch für den Menschen, für sich selbst schuf. Hier versagen die Quellen. Die da Musik machten, waren fast durchwegs des Schreibens und Lesens unkundig. Diejenigen aber, die dieses wichtigen Kulturmittels mächtig waren, hatten nicht das mindeste Interesse, „heidnische" Bräuche, gottferne Äußerungen zu verzeichnen und damit weiterzugeben, was ihrer Lebensauffassung entgegenlief.
Es gab wohl niemals ein Volk ohne Musik. Primitive Stämme können ohne vollausgebildete Sprache leben, vielleicht ohne plastisches Bilden in Ton und Farbe, kaum ohne Tanz und keineswegs ohne Musik. Beide, Tanz und Musik, sind die elementarsten Ausdrucksmöglichkeiten der Menschen seit Anbeginn. Die ursprüngliche, spontane Musik aber stammt aus dem Gefühl. Wer sich mit dem Schauer der Ehrfurcht, dem Zittern der Angst, dem Glück des Vertrauens an jenes unsichtbare Wesen wendet, das der Mensch „Gott" nennt, dem gestaltet sich Bitten, Flehen, Anruf zu Gesang. Wer liebt, drückt das überströmende Gefühl aus vollem Herzen mit Musik aus, wenn ihm Worte nicht mehr ausdrucksvoll genug dünken. Wo Worte enden, beginnt das Reich der Musik, lautet ein wahres Wort. Die überwältigende Pracht des alljährlich neu ersehnten, immer wieder wie ein Wunder hereinbrechenden Frühlings öffnet dem Menschen alle Schleusen des Gesangs. Jede Lebensfreude findet schönsten Ausdruck, jeder Schmerz lindernden Trost, wenn sie sich in Musik äußern. Und wer Mut braucht, um sich in einem bevorstehenden Kampf zu bewähren, ruft sie zu Hilfe.
Musik – ein vager Begriff, wenn wir an die Unzahl der Formen und Klänge denken, mit denen sie sich weltweit äußert. Wenn in einem alten deutschen Volkslied der Kuckuck und der Esel darüber streiten, wer von ihnen schöner sänge, so steckt Humor in einer an sich ernsten Frage: Gibt es einen einheitlichen Maßstab für Schönheit? Natürlich gibt es ihn nicht, und das ist gut so. In seiner Oper „Il campiello" drückt Ermanno Wolf-Ferrari es so aus: „Schön ist nicht, was gefällt; schön ist, was man lieb hat..."

Zwei Musiker aus dem 9. Jahrhundert, links mit einem Psalterium, rechts mit einer dreisaitigen Crwth oder Chrotta.

Musik der Germanen

Römer, die aus ihrem hochzivilisierten Weltreich in die noch weitum von tiefen Wäldern bestandenen Länder nördlich der Alpen reisten, nannten den Gesang der dortigen Völker „barbarisch", doch dieser Ausdruck diente ihnen zur Bezeichnung von allem, was außerhalb ihres Vaterlandes lag. Cäsar fand die Lieder der Helvetier „rauh und mißtönend", Julian Apostata, der 357 bei Straßburg über die Alemannen siegte, verglich die am Rhein gehörten Volksgesänge mit „Rabengekrächze" und dem „Schreien wilder Vögel". Ein Zeuge aus der Zeit des Papstes Gregor verallgemeinerte um 600 diese Urteile für alle von ihm besuchten Stämme Mittel- und Nordeuropas.
Doch nicht alle Berichte erschöpften sich in negativen Urteilen. Es gibt auch Zeugen anderer Meinung, und es sind namhafte unter ihnen. Das Buch des hochgebildeten Tacitus über die Germanen wurde zur wichtigsten Quelle für deren Geschichte um das Jahr 100 unserer Zeitrechnung. Er berichtet auch über die Musik dieses Volkes, erwähnt Lieder zu Ehren der Gottheiten Tuisko und Mannus sowie einen Schlachtgesang, den er „Barditus" nennt, mit einem Wort also, das auffallende Ähnlichkeit mit dem Namen der Sängerkaste besitzt, der Barden, zu deren großer Bedeutung in weiten Teilen Nordeuropas wir bald kommen werden. Ein späterer Chronist, Venantius Fortunatus, schrieb ungefähr im Jahr 609 einen lateinischen Vers, aus dem einiges Interessante zu entnehmen ist. Auf deutsch heißt es etwa: „Der Römer spielt die Lyra, der

Barbar die Harfe, der Grieche besingt die Taten des Achill, die Chrotta gibt die der Britannier wieder."
Hier ist eine Gegenüberstellung von Völkern aus der hochkultivierten „alten" Welt – der Römer und Griechen – mit solchen des „barbarischen" Nordens versucht, mit Kelten und Bewohnern der Britischen Inseln. Diesen letzteren werden zwei Instrumente zugeteilt, die Harfe und die Chrotta, von denen wir tatsächlich wissen, daß sie in Nord- und Mitteleuropa gebraucht wurden, lange bevor der Aufschwung des Instrumentalwesens im Abendland begann. Den Anstoß zur Bereicherung dieser von der Kirche völlig vernachlässigten Musik gab sicherlich die Invasion der Araber über die Meerenge von Gibraltar im Jahr 711.
Vor nicht langer Zeit neigte die Musikwissenschaft zur Annahme, alle irgendwie klangreinen und kunstvollen Instrumente, die in Europa verwendet wurden, stammten aus dem Orient, vor allem aus der persisch-arabischen Sphäre, seien über mehrere „Brückenköpfe" (Byzanz, Sizilien, Gibraltar) ins Abendland gelangt, hingegen glauben wir heute an einen wesentlich stärkeren Anteil der Kelten an dieser Entwicklung. Heute würde es niemandem einfallen, dieses uralte Volk zu den „Barbaren" zu zählen, von denen die mittelmeerischen Chronisten so oft sprachen. Vergessen wir aber nicht, daß schon bei den Griechen ursprünglich als „Barbar" jeder bezeichnet wurde, der fremd war.
Ein Römer berichtete über einen Gesang, den er „Barditus" nannte. Es könnte sein, daß er ihn von den Barden vorgetragen hörte und ihm den in seinem Vaterland verständlichen Namen gab. Die Geschichte der Barden beginnt weit in vorchristlichen Zeiten. Diese Dichter und Sänger wirkten hochangesehen vor allem in England, Schottland und Irland, doch finden wir Spuren ihrer Tätigkeit in Gallien und anderen Orten des Festlands. Sie erfüllten wichtige Aufgaben in der Gemeinschaft, galten als Bewahrer der Tradition, als Chronisten. Sie pflegten das überlieferte Wissen, das Andenken an große Gestalten der Gemeinschaft und ihre Taten, sie übermittelten Nachrichten oft über weite Distanzen, sie riefen das Volk zu Versammlungen, in denen wichtige Angelegenheiten zur Sprache gebracht wurden. Kein Wunder, daß die Römer nach ihrem siegreichen Einfall das Bardentum verbieten wollten und seine Vertreter als gefährliche Widerstandsgruppe betrachteten.

Instrumente des Nordens

Ähnliche Bedeutung wie den Barden in Europas Nordwesten kam den Skalden in Skandinavien zu. Sie können bis weit in frühchristliche Jahrhunderte zurückverfolgt werden. Die vielen überlieferten Heldenepen rund um die Nordmeere dürften, vermutlich nicht selten nach wahren Begebenheiten, von diesen Skalden gedichtet und meist auch in Musik gesetzt worden sein. Barden wie Skalden waren Poeten und Musiker zugleich. Sie rezitierten oder sie sangen zum Klang ihrer Instrumente. Auf alten Bildern sind sie oft mit der keltischen Chrotta zu sehen, dem vermutlich ältesten Saiteninstrument des Abendlandes. Diese Chrotta stammt aus einer Zeit, bevor sich die aus Arabien kommenden Lauten und Gitarren im 8. Jahrhundert von Spanien aus verbreiten. Das erhärtet die heute vielfach vertretene Ansicht, die europäische Kultur stamme aus einer Mischung von Morgenland und nordländischen Elementen. Zu den letzteren gehören auf musikalischem Gebiet auch die ein wenig rätselhaften Luren, die aus skandinavischem wie norddeutschem Boden gegraben wurden: älteste bronzene Blasinstrumente in gewundener, altertümlichen Hörnern ähnlicher Form. Auffälligerweise wurden sie stets paarweise gefunden, und man müßte eigentlich vermuten, daß dies eine Mehrstimmigkeit im Gebrauch andeutet – welche andere Erklärung könnte dieses Phänomen sonst haben?
Die Musik des europäischen Nordens reicht mit Sicherheit weit vor seine Christianisierung zurück. Auf keinen Fall jedoch erreicht die Kultur dieses heidnischen Europas das Alter der östlichen Kulturen, sei dies nun im Nahen oder im Fernen Osten; diese gehen dem Abendland um Jahrhunderte, wenn nicht Jahrtausende voraus. Kultur bedeutet auch Musik – Musik bedeutet Instrumente, wenn auch die Vokalmusik der instrumentalen Musik stets vorausgeht.
Dies alles ist Vorgeschichte. Musikgeschichte dürfen wir eigentlich erst die vagen Daten aus christlicher Frühzeit nennen. Dazu hier noch einige Begebenheiten aus jener Zeit: Im Jahr 496 erbat der Frankenkönig Chlodwig vom Herrscher der Ostgoten in Rom einen „erfahrenen Zitherspieler", sicherlich um seine Hofmusik klangvoller zu gestalten und junge Musiker in dieser Kunst zu unterweisen. Was Chlodwig unter „Zither" verstand, ist strittig. Sie könnte mit jener kleinen Harfe identisch sein, jenem dreieckigen, leicht tragbaren Instrument mit verschiedener Saitenzahl, das Venantius Fortunatus in seinem Distichon angesprochen hatte und das wir auf mittelalterlichen Abbildungen so oft in den Händen der Minnesänger finden werden. Es wird in der Literatur ebenso Harfe genannt wie Leier, wobei dieses Wort von der griechischen Lyra stammt, das vielleicht als Fremdwort von den Römern übernommen wurde.
In Mitteleuropa finden sich schon im 8. Jahrhundert große und saitenreiche Harfen. Ein Manuskript aus St. Blasien im südlichen Schwarzwald zeigt eine „cythara teutonica", also eine „deutsche Zither", die wir dem Anblick nach als Harfe bezeichnen würden. Sie weist einen viereckigen Rahmen auf, in den zwanzig Saiten, zu je vier gebündelt, gespannt sind. Aus späteren Bildern und Funden ist deutlich zu entnehmen, wie früh schon der Hang zur besonders schönen Ausgestaltung der Instrumente auftaucht, ein klarer Beweis für die soziale Bedeutung, die das Mittelalter der Musik zuwies.

Lieder und Sagen

Mit den Instrumenten kamen – aus Süden wie aus Norden – Sagen und Legenden in den heute Mitteleuropa genannten Raum. Angesichts der Bedeutung, die sie für Minnesänger und Troubadours haben werden, wollen wir uns ein wenig mit den ältesten und fesselndsten befassen. Da steht wohl die Kunde vom Gral in besonderem Licht. Sie ist, trotz ihrer christlichen Verbrämung, in ihrem Kern älter als das Christentum. Aber in diesem gewann sie besondere Bedeutung, da sie zum Symbol einer Glaubensfestung wurde, aus der erwählte Ritter „in die Welt" zogen, um für das Recht zu kämpfen und wahrhaft christliche Taten zu setzen. Die mittelalterliche Literatur ist voll von Berichten

über die wundersame Burg, die Gralsburg, in deren Mittelpunkt ein geheiligter Gegenstand aufbewahrt wurde, dessen Gegenwart und Anblick den Rittern überirdische Kräfte verlieh.
Neuere Forschungen haben bei der Suche nach jenem Gralstempel – der in Legenden manchmal mit König Artus' Tafelrunde verschmolzen erscheint – eine überraschende Wendung ergeben. Vermutlich hat es, verstreut über weite Landstriche Europas, mehrere solche Glaubensburgen gegeben. Ihr Geheimnis blieb gut bewahrt, denn dies gehörte zu den strengen Gelübden ihrer Ritter. Wolfram von Eschenbach hat darüber eines seiner berühmtesten Epen geschrieben; erst heute verstärkt sich die Annahme, dies sei erst in zweiter Linie eine Dichtung, in erster jedoch ein Geschichtsbuch gewesen.
Den Kelten verdanken wir die Kunde von manchem wundersamen Ereignis früher abendländischer Zeiten. Barden werden von Tristan und Isolde gesungen haben, von ihrer tragischen, durch einen Zaubertrank zur Ekstase gesteigerten Liebe, die nur im Tod ihre wahre Erfüllung finden konnte. Aus ihren Händen ging die legendäre Erzählung in die der Minnesänger über, von denen wir bald erzählen werden. Sie wurde zum Symbol für unentrinnbare Liebesverkettung und ist es bis heute geblieben.
Das Abendland erhält seinen Sagenschatz aus vielen Quellen. Zu den südlichen der Griechen, deren Stärke mit ihrem Vordringen in die kälteren, düstereren Regionen fühlbar abnimmt, gesellt sich viel Nordisches. Von den Wikingern wissen wir heute, daß diese kühnen Seefahrer, die Amerika vierhundert Jahre vor Kolumbus betraten, dieses und andere Ereignisse in Wort und Ton besangen. Wenig blieb von den Worten, nichts von den Tönen. Ihre Brüder, die starken Normannen, ursprünglich Herren über Skandinavien und Island, später in weiten Zügen tief nach Italien vorgestoßen, wo an ihrem sizilianischen Hof sich Nordisches mit Arabischem wohl seltsam verbunden haben muß, schufen rund um ihre Taten Berichte und Dichtungen. Manches hielt sich über ein Jahrtausend in Volkspoesie und Volksmusik. So die Mär von einem normannischen Anführer, Tankred mit Namen, italianisiert zu Tancredi. Von ihm erzählt der große italienische Epiker Torquato Tasso (1544–1595) in seinem aus sehr alten Quellen stammenden „Gerusalemme liberata" (Das befreite Jerusalem) und erhält so die Erinnerung an bedeutende Geschehnisse, die dann zum Vorwurf von Dramen, Romanen, Opern werden, so von Rossinis „Tancredi" als der vielleicht bedeutendsten Vertonung des Stoffes. Ein Land voll Dichtung und Musik muß Spanien schon im frühen Mittelalter genannt werden. An seinen zahlreichen Königs- und Fürstenhöfen gehörten Deklamation und Tonkunst zum beliebtesten, selbstverständlichen Zeitvertreib. Hier wie überall in ähnlichen Fällen muß eine gesunde Grundlage in der Volksmusik angenommen werden, doch sie ist geradeso verklungen und verschollen wie jede andere aus dem ersten Jahrtausend des Abendlandes. Um 1140 entstand das Heldenepos „Poema del Cid" oder „Cantar de mío Cid", ein wertvolles Werk über die nur langsam vorankommende, mit vielen blutigen Episoden durchsetzte *Reconquista,* die christliche Wiedereroberung der seit dem Arabereinfall von 711 besetzten spanischen Region. In ihm ist vom heldenhaften Don Rodrigo die Rede, einer der frühen Kriegergestalten des Abendlandes im Kampf gegen Invasionen Andersgläubiger aus vielen Himmelsrichtungen. Hier mag die Kirche das Ihre dazu getan haben, um solche Mär lebendig zu halten. Doch wer stützte die Sagen, die sich in früher Zeit um Liebesabenteuer und andere sehr unkirchliche Themen rankten? Wer erhielt die Geschichte von Beowulf lebendig, dem Gälenfürsten auf den Britischen Inseln, der das Meerungeheuer Grendel siegreich bekämpft und dann lange und weise regiert? Es ist das früheste altenglisch verfaßte Heldenepos, das vermutlich im 10. Jahrhundert nach Quellen aus dem 8. niedergeschrieben worden ist. Hier wirken bereits Kräfte, die aus dem Volk stammen müssen, Barden und Skalden zuerst, die ihre Kunst eines Tages an Vertreter der jungen Ritterschaft weitergeben werden, an Troubadours und Minnesänger, die nun in unser Blickfeld treten werden. Gemischten Ursprungs dürfte die weit aus des Abendlandes Osten stammende Sage von Rußlands Fürsten Igor sein, der die Polowzer bekämpfte, ein gegen Ende des 12. Jahrhunderts aus den unendlichen Steppen Asiens aufgebrochener Reiterstamm. Wer erinnerte sich heute Attilas, des „Etzel" im Nibelungenlied, wäre es nicht durch diese volkstümlich gewordene dichterische Schilderung, an deren Verbreitung die Musik wesentlichen Anteil gehabt haben dürfte?

Eine neue Zeit

Der Anbruch der neuen Zeit, die ihre Schwerpunkte aus Mönchszellen, Altarräumen, umfriedeten Klosterbauten heraus – also auch aus dem inneren und äußeren Frieden, der in diesem Wort steckt – in die „Welt"

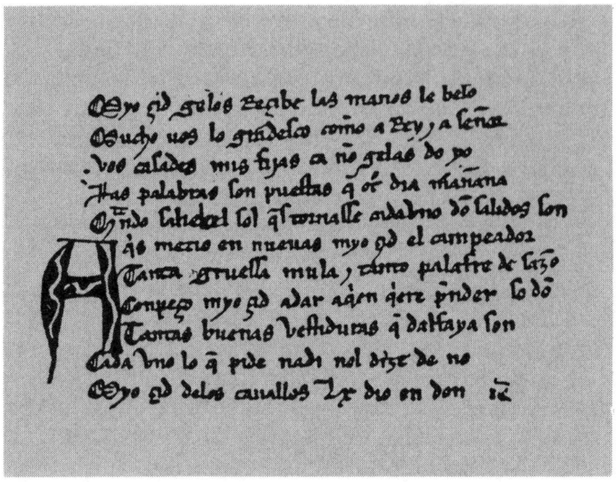

Oben: „Der Cid" ist das spanische Nationalepos; diese aus dem Jahr 1307 stammende Handschrift hat zu ungezählten Vertonungen Anlaß gegeben. Don Rodrigo, il mio Cid, war ein Held der „Reconquista", der Wiedereroberung der Pyrenäenhalbinsel aus arabischer Hand nach jahrhundertelanger Besetzung.

verlegt, gestaltet das Menschenleben um. Die Augen werden geöffnet, die zuvor nur nach innen schauten. Sie entdecken die Schönheit der Natur, des Menschen, die Welt.
Diese neuen Gefühle, die, in Wahrheit wohl uralt, durch alle Kulturen gingen, nun aber durch den strengen Druck des Christentums in den Hintergrund gedrängt worden waren, brachen nun wieder auf oder wurden, wo sie nie verschüttet gewesen waren, aufs neue sichtbar und lebendig. Hätten wir nur Volkslieder aus den frühesten Zeiten des Abendlandes, es wären ohne Zweifel selbst in christlichen Ländern viel „heidnische" darunter, wenn auch dieses „Heidentum" völlig unbewußt war.
Nun trat eine leichtere Lebensauffassung hervor, die den kirchlichen Zwang aufzulockern begann. Mit ihr zog die Romantik ins Herz der Menschen, ins Leben der Völker. Wer im Winter vom Frühling träumt, in der Einsamkeit von der Liebe, ist ein Romantiker. Niemand nannte es noch so, aber es war doch die erste romantische Regung im Abendland. Und, wenn auch tausend Jahre später eine ganze Epoche nach ihr heißen wird, so sei doch hier schon festgehalten, daß es von nun an kein Zeitalter mehr geben wird, in dem romantisches Empfinden sich nicht immer wieder jedem Zeitstil einpassen, ihn ein wenig färben wird, oftmals kaum merklich und doch vorhanden.
Die Epoche der „ritterlichen Poesie und Musik", von der nun zu sprechen sein wird, ist ein romantisches Zeitalter. Das bedeutet: ein subjektives, ein gefühlsbetontes, ein dichterisches im wahrsten Sinn des Wortes. Die Mönche der vorangegangenen Zeit hatten „Gottes Wahrheit" verkündet und nichts als sie. Die Minnesänger und Troubadours schenken dem Wort „Wahrheit" nur geringe Bedeutung; ihr eigenes Gefühl feilt an der Wahrheit – wenn es sie überhaupt in objektivem Sinn gibt – und gestaltet sie zum einzig Erstrebenswerten: zur Schönheit.
Ist darum der Mönch, auch wenn er Choräle erfand und sang, im Grunde ein Chronist, der Minnesänger aber ein Künstler? Das Wort „Kunst" taucht zum ersten Male in Europas Leben auf. Es wird im Lauf der kommenden Jahrhunderte immer wichtiger werden, bis die Neuzeit dem „Künstler" einen bevorzugten Rang in ihrem Gefühl, manchmal sogar in ihrer Gesellschaftsordnung einräumen wird. Was zeichnet den Künstler aus? Vielleicht ist es die Gestaltungskraft. Vielleicht müssen noch Erfindungsgabe und Ausdruckskraft, Persönlichkeit und Phantasie hinzutreten. Das sind Fragen, mit denen unser Buch sich des öfteren auseinanderzusetzen haben wird.

Troubadours und Minnesänger

Unter den Rittern, die durch das Land ziehen, die in Burgen brüderliche Aufnahme erwarten, die in Fürsten- und Königshöfen gern gesehene Gäste sind, befinden sich jene, die man die ersten „Künstler" des Abendlandes nennen könnte: Jene Ritter, die aus eigenen oder fremden Taten Gedichte und Lieder zu schmieden wissen, die sie bei festlichen Anlässen wie an stillen Abenden in eingeschneiten Burgen vortrugen. Bald wird man sie als eigenen Stand anerkennen. Bald erhalten sie einen Namen, der vielleicht vom spanischen „trovare" abgeleitet ist, das „dichten" bedeutet, ein poetisches Gestalten, das auch die Verschmelzung mit der artverwandten Musik einschließt. So entsteht das spanische Wort „Trovador", das bei den Provenzalen Südfrankreichs zu „Troubadour", in Nordfrankreich zu „Trouvère", in Italien zu „Trovatore" wird. Im deutschen Sprachgebiet aber werden diese Vertreter der neuen Kunst, Ritter und nicht wenige Bürger, die sich zu ihnen gesellen, wozu vor allem die aufblühenden Städte Gelegenheit bieten, „Minnesänger" genannt, ein im Ganzen treffender Ausdruck, denn die „Minne" ist ihr Lieblingsthema hier wie dort. Dem heutigen Leser mag „Minne" als gleichbedeutend mit „Liebe" erscheinen, aber da gab es wesentliche Unterschiede. Unter Minne verstand der Dichter und Sänger des 12. und 13. Jahrhunderts die Verehrung einer hochgestellten und im allgemeinen „unerreichbaren" Frau höchster Tugenden. Erst folgende Generationen von Troubadours werden die Unterschiede zwischen Minne und der alltäglicheren Liebe einebnen. Je weiter die Epoche sich von einstigen kirchlichen Bindungen entfernt, desto stärker wird der Zug zu immer sinnlicheren Gesängen. Ein weiterer Faktor ist noch zu betrachten: Neben Kirche und Kloster, neben Ritterburg und Fürstenhof ersteht, ungeplant und fast wie von selbst, die Stadt mit ihren Bürgern, Ständen und Zünften. „Volkslied" und „Volkstanz", die wahrscheinlich in ihren ältesten Formen gleichbedeutend mit „Bauernliedern" und „Bauerntänzen" waren, halten Einzug, Musik und Poesie blühen auf.
Natürlich sangen immer noch die Mönche in den Klöstern ihre heiligen Gesänge. Vielleicht waren schon hier wie dort weitere „Stimmen" zum einstimmigen Gregorianischen Gesang hinzugetreten, aber das Singen und Sagen, das in Burg und Stadt zur „Kunst" heranwuchs, war hier immer noch Gottesdienst. Man darf bei der Betrachtung einer historischen Zeit nie außer acht lassen, wieviel Gleichzeitiges, nur schwer in eine Einheit zu Denkendes in jedem Augenblick lebendig ist. Was geschieht alles zugleich auf der Erde, selbst in einem Kulturbereich, der einem späteren Betrachter das Bild einer gewissen Einheit bieten wird und das noch lange nicht „die Welt" bedeutet! Böses und Gutes, Schönes und Häßliches, Idealistisches und Realistisches und Materialistisches, Egoistisches und Altruistisches, Niederreißendes und Aufbauendes.
Ein großer Aufbruch geht durch das Abendland. Noch gibt es kaum eine „Dokumentation", die alles gleichzeitig berücksichtigen könnte, was wir aufzählten. Nur voll ausgebildete Gesellschaften besitzen Geschichtsschreiber, Chronisten, Darsteller der eigenen Epoche. So wie die Malerei zum Beispiel sich veränderte – zur frommen

Darstellung von Jesus, Maria, biblischen Geschichten wurde langsam die Natur, die Umwelt einbezogen – geschah es auch mit der Musik und Poesie. Minnesang und Troubadourlied standen am Anfang noch dem Kirchengesang recht nahe. Kein Liebeslied begann, ohne daß zuerst der heiligen Mutter Gottes Verehrung ausgedrückt wurde, bevor der Dichter und Sänger zur Verehrung einer irdischen Frau überzugehen wagte.

Oben: Zahllose Miniaturen, Bilder, Zeichnungen, Holzschnitte (hier aus dem 15. Jahrhundert) zeigen „Sittenbilder" des ausgehenden Mittelalters. Badefreuden mit kulinarischen und vor allem musikalischen Genüssen spielen dabei eine große Rolle.

Drei Themenkreise sind es vor allem, die nun durch Troubadours und Minnesänger in den Vordergrund gebracht werden: Gottesdienst, Herrendienst, Frauendienst. Immer noch ist Gott das verehrungswürdige Wesen, das Glück und Ungemach, Gnade und Gerechtigkeit in der Welt verteilt. Um Gott würdig zu dienen, ersinnt die Ritterkaste ein irdisches Ziel: die Eroberung des „Heiligen Grabes" im muselmanischen Jerusalem. Zur höchsten weltlichen Aufgabe werden die als gottgefällig erachteten, ja von der Religion geradezu geforderten Kämpfe um die Urstätten der Christenheit. Während langer Jahrhunderte war kein Priester auf diesen Gedanken gekommen, zu dessen Verwirklichung es auch kein reales Mittel gab. Nun verbündete sich die neue Machtschicht, der feudale Adel, mit der Kirche, die seine Waffen segnete (und so gegen die Lehre ihres Gründers verstieß, dem jede Form der Gewalt fernlag). Manches der Troubadourlyrik zugerechnete Lied ist ein Kreuzfahrergesang, ein Kampflied aus den Schlachten im Heiligen Land und den zahlreichen Abenteuern, die „zu Hause" gierig aufgenommen wurden.
Ein weiteres, kaum kleineres Thema für die Poesie der Zeit liefert das neu in die Welt gekommene der Männertreue, des über allem Irdischen stehenden Freundschaftsbündnisses. Es durchschneidet die Hierarchie der Adelsgesellschaft, läßt Verbindungen auf Tod und Leben unter Kameraden, aber auch unter Lehnsherr und Lehnsmann, zwischen Hoch und Niedrig zu. Ein Freundschaftspakt zweier Männer ist untrennbar bis zum Tod und allen anderen Abmachungen unter Menschen vorrangig. Nur Gott kann ihn scheiden, kein Mensch, selbst der König nicht.
Vom dritten großen Thema der Zeit, vom Minnedienst, von der Verehrung der „hehren", „hohen" Frau, haben wir schon gesprochen. Er wird im Verlauf der Zeit immer irdischer, immer menschlicher. Eines Tages werden Minne und Geschlechtsliebe einander gleichgesetzt werden, das große Mißverständnis um diese Begriffe setzt ein und wird sich vergrößern bis zum heutigen Tag.

Musik und Poesie in Nationalsprachen

Der Mönch predigte und musizierte in einer neutralen Sprache, die um jene Zeit zum täglichen Gespräch kaum noch verwendet wurde: lateinisch. Das schuf der Kirche ihre internationale Ausstrahlung, aber es trennte zugleich die „Gebildeten" vom „Volk". Es war längst nicht mehr die Sprache der römischen Klassiker, Caesars, Vergils, Ovids. Das sogenannte Vulgärlatein machte die Runde, und die wandernden Bettelmönche vermischten es mit volkstümlichen Ausdrücken aus allen Ländern, durch die sie streiften. „Nationalsprachen" waren im Entstehen: Altdeutsch, Altfranzösisch, Altenglisch. In das frühe Spanisch mischten sich arabische Worte in großer Zahl, das Sprachengewirr um das europäische Jahr 1000 war nicht gering. Nur wo zwei gebildete Herren sich trafen – sie gehörten sicher beide dem hohen Klerus an –, verstand man einander noch im schönen, alten Latein.
Bei den Troubadours und Minnesängern finden sich nur noch selten lateinische Gesänge, obwohl es hie und da lateinische Worte in den Text der Umgangssprache gemischt gibt. Musikalisch aber bietet das Lied der neuen Ritterklasse etwas ganz Neues. Mit dem Kirchengesang, dem Gregorianischen Choral und der sich eben entwickelnden Mehrstimmigkeit hat es nichts zu tun. Die große Frage nach seiner Herkunft kann nur unter Zuhilfenahme logischer Schlüsse beantwortet werden. Es muß angenommen werden, daß die frühesten Melodien der Troubadours auf der Volksmusik ihrer Zeit und ihrer Landschaften beruhten.
Der Kirchengesang kannte, auch im Gregorianischen Choral, keinerlei Periodisierung im Sinn gleichmäßiger Phrasen. Er war lediglich, wie wir sahen, nach dem Sprachrhythmus aufgebaut, er war eine ausdrucksvolle Deklamation, die keine bestimmte Zahl von Hebungen und Senkungen kannte. So stark auch ein „innerer" Rhythmus vorhanden sein mochte, so unmöglich war es doch, nach dem Anhören einer der (zumeist langen) Phrasen sich im Gehör eine zweite, dazugehörige Phrase selbst erfinden zu können. Das aber ist beim Volkslied der Fall, ebenso in Europas großer Kunstmusikepoche, vom Barock bis weit ins 20. Jahrhundert. Die klare Gliederung, die „Periodizität" der Melodie ist für die europäische Volksmusik charakteristisch. Sie zeigt sich in den meisten Fällen in einer geraden Zahl von Betonungen, von Hebungen; sie geht, wie von selbst, in die überaus klare Gliederung des Kunstliedes über, in die Melodiebildung der Klassik, also bei Haydn und Mozart in der zweiten Hälfte des 18. Jahrhunderts.

Troubadours und Minnesänger musizieren schon weitgehend in einer wohl periodisierten Gliederung der Melodie, während die gleichzeitig aus dem Gregorianischen Gesang stammende Kirchenmusik noch völlig dem alten, aus Asien kommenden Prinzip des Sprechgesangs, der Gliederung nach Silben und ihrem inneren „Wert" folgt. Der „ritterliche" Gesang (so wollen wir ihn seinem Ursprung nach nennen, und zwar beiderseits der ungefähren Nord-Süd-Grenze des Rheins zwischen dem provenzalischen, nordfranzösischen, nordspanischen und dem deutschen Sprachraum) weist bereits in seinem frühesten Stadium, im ausgehenden 11. Jahrhundert, die phrasenhaft gegliederte Periodizität auf, die symmetrischen Hebungen, die abgerundeten Perioden und die mehr oder weniger genauen Wiederholungen. Die zwei-, vier- und achttaktigen Bausteine, die für die Musik des Abendlandes so charakteristisch sein werden, sind in der frühesten abendländischen Kunstmusik also bereits vorhanden. Woher könnten die ritterlichen Sänger jener Zeit sie gehabt haben, wenn nicht aus der Volksmusik?
Beweis dafür sind zwei Lieder aus der Zeit der Troubadours und Minnesänger: In provenzalischer Sprache, in der nahezu alle Troubadours dichteten und sangen, das Lied *(canzó)* von Raimbaud de Vaqueiras „Kalenda maya", das zu den berühmtesten Melodien der Zeit gehört, und in mittelhochdeutscher Sprache eine Melodie Walthers von der Vogelweide, des namhaftesten Minnesängers. Beide Lieder sind um 1200 entstanden und zeigen so viele gemeinsame Züge, daß man von einem einheitlichen Stil sprechen kann, der sich über weite Teile des Abendlandes erstreckt: Die Gliederung der Melodie in viertaktige Perioden ist im Text vorgebildet; hier ist also der musikalische Aufbau der europäischen Musik bis ins 20. Jahrhundert vorgegeben, der zumeist in zwei-, vier- und achttaktigen Perioden erfolgt. Die deutsche und englische Sprache achten darauf, daß textliche Betonungen stets mit musikalischen zusammenfallen; hierfür ein ganz einfaches Beispiel. Im Satz „Ich liebe meine Mutter" fallen die sprachlichen Betonungen ganz natürlich auf *lie, mei* und *Mut.* Und an diese Betonungen halten sich meist auch die Komponisten und die Volkslieder; jede andere Betonung wird als falsch oder zumindest ungewohnt empfunden. Nicht so die lateinischen Völker. Italiener, Spanier, Portugiesen, Franzosen nehmen die musikalischen Betonungen nicht so streng. Einer guten Melodieführung zuliebe opfern sie manchmal die sinngemäße Betonung. Hier liegt ein Ansatzpunkt für die künftigen Unterschiede in den verschiedenen Gruppen der nationalen Musikformen. Wichtiger aber ist hier, daß die abendländische Musik Übereinstimmungen aufweist, die seit ihrem Beginn vorhanden sind. Zu den wichtigsten gehört die „Periodenbildung" im Aufbau von Melodien; sie zeigt sich in den beiden Liedern sehr deutlich. Dabei spielt der „Takt" keine Rolle; auch er entsteht, wie die periodisch gegliederte Melodie, in der wichtigen Umbruchszeit der europäischen Musik um das Jahr 1000. Der Gregorianische Gesang kennt beides nicht und bezieht seine Strukturen und Schönheiten aus der morgenländischen Musik. Von einer abendländischen Musik kann eigentlich erst gesprochen werden, wenn – gegenüber dem lange alleinherrschenden Gregorianischen Gesang – gegliederte Melodien und gegliederte Rhythmen (Anfänge des Takts) erkennbar werden. Raimbaud de Vaqueiras in der Provence wie Walther von der Vogelweide im süddeutsch-österreichischen Raum dichten und singen um 1200 in annähernd gleichen poetischen und musikalischen Bahnen. Beide sind sehr volkstümlich, sicher nicht zuletzt, weil ihre rhythmisierten, periodisierten Verse und Melodien dem Volksgesang sehr ähnlich sind. Beide pflegen den Endreim, was ihre Poesie deutlich von der früheren der Barden und Skalden abhebt. Diese brauchten Alliteration und Stabreim, den gleichen Anfangslaut mehrerer Worte.
Die Minnesänger und Troubadours aber reimen, wie es abendländische Dichter seit damals gerne taten: die zweite auf die erste, die vierte auf die dritte Zeile oder die dritte auf die erste, die vierte auf die zweite, oft auch noch innerhalb der Zeilen. Die beiden Beispiele, provenzalisch jenes von Rambaut, mittelhochdeutsch das von Walther, zeigen dies auch dem dieser Sprachen unkundigen Leser.

Romanik und Gotik

Die nun hinter uns liegende Epoche der kirchlichen Vormachtstellung, des Gregorianischen Gesanges, der klösterlichen Kultur wird zumeist als „romanische" bezeichnet. Den musikalischen Äußerungen des ersten christlichen Jahrtausends entsprachen die wuchtige Bauweise, die Rundbögen der Fenster und Portale. Alles in ihr drückte die tiefe Gläubigkeit aus, die den Lebensinhalt des Menschen bildete. Die „romanische" Kirche symbolisiert ein geschlossenes, von irdischen Wandlungen unberührtes, begrenztes Weltbild, das still im Schoß der Allmacht ruht. „Die das Abendland unter dem weiten Bogen des Glaubens zusammenschließende Stimmung drückt sich in wunderbarer Weise in dieser Kunst der runden Bögen aus, welche auch die baulichen Massen in gewaltigem plastischen Willen zusammenzwang. Selten hat sich eine geistige Bewegung so klar und eindeutig, so feierlich und groß in der Kunst gespiegelt, wie in der Zeit der hohen Romanik", schreibt Hermann Leicht („Kunstgeschichte der Welt", Zürich 1945). Nun treten wir aus der Epoche der Rundbögen heraus, aus einer Architektur, die Gottes Gegenwart nie in Zweifel stellte. Musikalisch drückt dieses vertrauensvolle Weltbild sich im machtvollen und zugleich mystischen Gesang der Mönche und Priester aus, im Gregorianischen Gesang, in dem es weder textliche noch musikalische Fragezeichen gibt, nur Gewißheiten, keine Zweifel.
Das Zeitalter, das auf das „romanische" folgen wird, ist das „gotische". Den unruhigen Zacken, den unregelmäßigen Verzierungen, den Spitzbögen, den filigranen, weit in den Himmel weisenden hohen Türmen gotischer Kathedralen, der Auflösung massiver Mauern in eine Mehrzahl von Linien wird eine neue Art von Musik entsprechen müssen. Jedem derart tiefgreifenden Wechsel in den plastischen Ausdrucksformen entspricht ein veränderter Lebensstil. Ihn gilt es in jeder neuen Epoche aufzusuchen. Darin liegt der Weg zum Kunstverständnis wie zum tieferen Begreifen historischer Entwicklungen. Der „Stil" eines Zeitalters drückt sich auf allen menschlichen Gebieten und in seltsamem Gleichklang aus. Die Bauweise zeigt ihn so klar wie die Denkart, die Mode ebenso wie der Gottes-

glaube, und alle Künste spiegeln ihn, als gehorchten sie einem gemeinsamen Befehl. Mag sein, daß die Wortkünste, wie Poesie, Prosa, Drama, den anderen ein wenig vorauseilen, da sie durch die Sprache größere Bedeutung aufweisen als plastische Künste und Musik, die erst ihren „Stoff", ihre Materie den neuen Gegebenheiten anpassen müssen. Es ist jedoch undenkbar, daß eine Zeit zugleich etwa eine klassizistische Bildhauerei und eine romantische Musik aufwiese, ein barockes Theater und eine impressionistische Malerei. Jede Zeit hat ihren Stil, ihren Ausdruck, ihr Merkmal. Es gibt Epochen, die einander ähneln. Wer diesem Phänomen nachgeht, kommt zu oft seltsamen Ergebnissen. Zwischen zwei in ihrer Kunstäußerung ähnlichen Epochen muß es einen inneren, auf den ersten Blick unsichtbaren Zusammenhang geben. Ihn aufzuspüren macht klüger, schafft Erkenntnisse, die über eine geistige Genugtuung hinaus sogar nützlich sein können.

Rund um die Jahrtausendwende befindet das Abendland sich in einer unverkennbaren Aufbruchsstimmung. Zu den Neuerungen, die dem sich wandelnden Zeitgeist entspringen, gehört auch das Verhältnis des Menschen zur Kunst. Das Mittelalter beachtete es nicht, denn dem Mönch liegt es fern. Das Theater, das er an Kirchentüren, in Klosterhöfen spielte, diente der Erbauung, der Bekehrung, der Andacht. Und den gleichen Sinn hatten die religiöse Malerei, die frommen Verse, die weltabgekehrten Gesänge. Kunst bedeutete jedoch: Ehrgeiz in der Richtung auf Vollkommenheit zu entwickeln, dem Ideal der Schönheit näherzurücken. Wer allerdings die Geschichte der Künste als stetigen Aufstieg zu höchster Vollendung hin nachweisen wollte, verkennte den wahren Sinn der Kunst. Nicht um „Fortschritt" geht es ihr, sondern um das Entdecken immer neuer Wege für immer mehr Menschen zu einem fernen Ideal. „Kann es einen Aufstieg in der

Links: Das mittelalterliche, vor allem religiöse Theater war keineswegs „primitiv". Hier ein Mysterienspiel in einer (ungenannten) Stadt: die Bühne ist auf drei Ebenen verteilt, was Simultanszenen erlaubte, aber auch pausenlose Folgen von dramatischen Auftritten. Eine Fülle von Gestalten, oft sogar das Publikum selbst, konnte einbezogen werden, was packende Darstellungen der Geburts- und Sterbeszenen Christi erlaubte, also Weihnachts- und Osterspiele. Viele heute wieder gespielte theatralische Aktionen wurzeln im Mittelalter („Jedermann", „Der verlorene Sohn" usw.).
Rechte Seite: Spielleute an einem mittelalterlichen Fürstenhof mit zwei langen Trompeten (wie Verdi sie 1871 für seine „Aida" bauen ließ), einer kleinen Trommel und einem Dudelsack alter Form. Die Trompeten sind mit Fähnchen geschmückt, die das Wappen des Dienstherrn tragen.

Malerei über Giotto hinaus überhaupt geben?" So fragt mit Recht der bedeutende österreichische Kunstgelehrte Gustav Glück. Übertragen wir diesen Gedanken auf musikalisches Gebiet: Kann es einen Aufstieg über den Gregorianischen Gesang hinaus überhaupt geben? Bedeutet Bach einen Fortschritt gegenüber Palestrina und dieser über Guillaume de Machaut? Mozart gegenüber Bach, Beethoven gegenüber Mozart? Der Weg der Vollendung in der Kunst geht nicht über eine Stufenleiter, die von irgendwelchen Anfängen durch alle Zeitalter verläuft. Ein Meister in irgendeiner Kunst ist nicht der, welcher „größer" ist als seine Vorläufer. Es ist jener, der genau jenen Klang, jene Wortgestaltung, jene Zeichnung und Farbgebung aufzuspüren weiß, die seiner Epoche entspricht und die dabei dauernde Werte enthält.

Zu den ersten „Künstlern" des Abendlandes gehören die Troubadours, Trouvères und Minnesänger. Das schöne Wort des namhaften Komponisten Franz Schmidt trifft auf sie zu: „Alle Kunst kommt aus dem Volk." Jedenfalls scheint in der Zeit des 11., 12., 13. und 14. Jahrhunderts ein lebendiger Zusammenhang zwischen Volksmusik und Kunstmusik bestanden zu haben, wenigstens soweit wir unter Kunstmusik jene der blühenden Ritterzeit nehmen wollen. Doch auch zwei weitere musikalische Äußerungen jener Epoche weisen diese Verwandtschaft auf: die sich prächtig entfaltende „Hofmusik" und die noch in bescheidenen Anfängen steckende Musik der Zünfte und Bürgergruppen in den Städten. Nicht aber die Musik der Kirche, die weiter auf eigenen Bahnen verläuft und den Zusammenhang mit volkstümlichem Empfinden nur sehr selten und ausnahmsweise sucht.

Das Verhältnis zwischen Volksmusik und Kunstmusik ist für die Betrachtung eines Zeitalters wichtiger als man glaubt. Vielleicht können wir uns diese Frage verbildlichen in zwei Strömen, die in gleicher Richtung durch ein weites, fruchtbares Land fließen. Es gibt Epochen, in denen sie sich einander nähern, ja fast in einen einzigen Wasserlauf zusammenströmen, und andere, in denen sie sich weit voneinander entfernen. Bedeuten die Zeiten der Annäherung „positive" Zeitläufe, die des völligen, hoffnungslos scheinenden Auseinanderstrebens „negative" im Sinn einer Entwicklung der Gesamtkultur?

Wir haben diesem auf die Romanik („Die Musik des Christentums") folgenden Kapitel keinen schlagwortartigen Titel gegeben. Es soll einer Übergangsepoche gewidmet sein. Das Zeitalter des Rittertums, das in seinem Mittelpunkt steht, ist kaum stilbildend gewesen im Sinn von Christentum oder Romanik, wie später Gotik, Renaissance, Barock usw. Aber wir könnten und möchten dieses Kapitel nicht missen, denn hier tritt uns zum ersten Mal, wenn auch erst in ihren Anfängen, die abendländische Gesellschaft entgegen, wie sie dann tausend Jahre lang das Bild vieler Epochen bilden wird.

Der Troubadour ist in erster Linie ein Improvisator. Er erzählt. Seine Deklamation erhebt sich, je stärker ihn der Gegenstand interessiert, in die Sphäre des Gesangs, der vielleicht erst allmählich Form annimmt, zum Lied wird. Die Melodien sind zum kleinen Teil erhalten, die deklamatorischen Teile seines Vortrags natürlich nicht. Vielleicht ähnelten sie der dramatischen Rezitation, die, Jahrhunderte später, zur Oper führen wird und im Rezitativ der (etwa mozartischen) Opern noch bis ins 19. Jahrhundert lebt. Möglicherweise haben wir es hier mit einer „Erlebniskunst" zu tun: Sie erwächst in Inhalt und zuerst auch in der Form aus unmittelbar Selbsterlebtem, das im Inneren des Troubadours Gestalt annimmt, oft im Augenblick der Wiedergabe. Erst später wird es, soweit es im Gedächtnis haften geblieben, in eine dauerhafte poetisch-musikalische Form gegossen.

Schafft aber der Troubadour, der Trouvère, der Minnesänger diese Formen oder hat er sie irgendwo vorgebildet gefunden? Es wären verschiedene Wege denkbar: Die Barden oder Skalden nördlicher Landstriche Europas könnten manches geschaffen und überliefert haben, das kaum mehr auffindbar sein dürfte. Vielleicht waren sie mehr als Chronisten, Mahner, Seher: Dichter und Komponisten? Möglicherweise übernahmen die Minnesänger einiges aus Volkspoesie und Volkslied, wie wir schon andeuteten. Als in den frühen mittelalterlichen Jahrhunderten im Gefolge der zahllosen blutigen und gewaltsamen Auseinandersetzungen eine „Adelsklasse" entstand und über ihr ein Feudalwesen, müßten auch kulturelle Zeugnisse der neuen Schicht ins Leben getreten sein: Hofmusik. War es „veredelte" Volksmusik? Wurden Bauerntänze mit mehr Würde, Pathos, Formbewußtsein, verfeinertem Sinn für Eleganz und Erotik ausgeführt, um so „Hoftänze" zu werden? Wurden dichterisch, musikalisch begabte junge Menschen aus dem Bauern-, dem Landsknechtsstand an den Hof geholt, um geeignete Lieder für das neugeschaffene Zeremoniell, für Feste, Mußestunden, hohe Gäste zu schaffen?

Vorläufig könnte man das Troubadourwesen als vielleicht früheste romantische Kunstrichtung des Abendlandes bezeichnen. In seinen Anfängen ist es mit Bewegung gleichbedeutend. Der Troubadour kann nur reisend, „fahrend" gedacht werden, wobei fahren in jenen Tagen reiten bedeutet. Auf dem Rücken des Pferdes die Pfade vieler Länder bereisen, immer neue Städte und Dörfer und Burgen mit ihren Menschen verschiedener Sprache, vielfältiger Trachten, unterschiedlicher Denkarten kennenlernen, die nur in den reinsten Gefühlen, der Liebe und dem Haß, einander völlig gleich werden. Wer rastet, der rostet: Der Minnesänger darf nicht rasten, wenn er nicht will, daß sei-

ne Phantasie rostet. Er muß sich immer von neuem entzünden können an der Schönheit der Welt, der Fülle des Lebens, der Anmut einer Frau. Denn aus diesem Entbrennen schafft er Neues, das die Menschen entzücken kann, zu denen er kommt.
Solche Bewegungen sollten nicht alt werden, selbst das glühendste Feuer verglimmt zuletzt, brennt herab, verlischt. Die Welt der Troubadours und Minnesänger durchlebt immerhin fünf, sechs, sieben blühende Generationen, selbst in ihren Abstieg mischen sich leuchtende Gestalten, rufen noch einmal Glanzzeiten herauf, als die Mehrzahl der Burgen, zu denen sie einst auszogen, längst in Trümmern liegt und die bereits mächtig gewordenen Städte den „fahrenden Rittern" den Eintritt in Standestracht und mit Waffen höhnisch verbieten.

Der erste Troubadour?

Wo alles begann? Es ist schwer zu bestimmen; eine Idee, die dem Zeitgeist entspringt, flackert oft gleichzeitig an vielen Stellen, in vielen Hirnen und Herzen auf. Der früheste Name, die ersten überlieferten Lieder gehören Herzog Wilhelm IX. von Aquitanien, der von 1071 bis 1126 lebte. Aquitanien war eine der vier Provinzen, in die die römischen Herrscher Gallien geteilt hatten, das Land zwischen den Pyrenäen und der Garonne. Viele Völker waren hier durchgezogen, manche waren seßhaft geworden und hatten ihre Reiche errichtet: nach den Römern 419 die Westgoten, 507 die Franken, von 769 bis 877 gehörte es als Königtum zum karolingischen Reich, wurde viel später zu England, 1453 endgültig zu Frankreich geschlagen. Dementsprechend vielfältig waren auch die Bestandteile seiner Kultur: Hier, in der Provence, die vielen als eigentliche Wiege des Troubadourwesens gilt. Provenzalisch ist die Sprache früher Lieder, provenzalisch die Begriffe dieser Kunst. So auch die Bezeichnung „Troubadour" und der Name des ständigen, im Rang tieferen Begleiters, des „ménestrel" (oder in vielen Landstrichen anglisiert „minstrel"), der in deutschen Gauen dann „Spielmann" heißen wird: ein Instrumentalist auf Leier, Fidel, Harfe, ein geschickter Reimeschmied vielleicht, ein formsicherer Bearbeiter der Melodien seines Herrn, wenn dieser, wie es vorzukommen pflegte, nur die Inspiration, nicht das notwendige Können eines Dichters und Komponisten besaß.
Dichtung und Musik gehörten zusammen, im Lied des Troubadours und des Minnesängers waren sie untrennbar verbunden. Damit ist aber nicht unbedingt gesagt, daß sie im Kopf des gleichen Mannes – von weiblichen Liedschöpfern ist nur äußerst selten und ausnahmsweise die Rede – entstanden sein müssen. Von „geistigem Eigentum" sprach noch niemand, vom „künstlerischen Schaffen" nahm niemand Notiz, nur das Ergebnis wurde (einem winzigen Kreis) bekannt, die Entstehung gelangte nie an die Öffentlichkeit. Nur den berühmtesten der Sänger gestand man ihre Lieder zu.

Das soziale Umfeld

So leben im Umkreis eines hohen Herrn, der Poesie und Musik liebt, zeitweise ganze Gruppen von Liedschöpfern. Das Bild, das Richard Wagner in seinem „Tannhäuser" zeichnet, vom Sängerkrieg auf der thüringischen Wartburg, kann als lebendiger Eindruck aus der Geschichte gelten (wobei diesem genialen Schöpfer selbstverständlich künstlerische Freiheiten zugestanden werden müssen). Die Minnesängergruppe, die am Hof des Landgrafen lebt und schafft, entspricht weitgehend der Wirklichkeit, die überraschende Rückkehr Tannhäusers wird zu einem großen Fest ausgestaltet, das natürlich mit einem sängerischen Wettkampf gefeiert wird.
Doch nicht alle Troubadours leben an festem Wohnsitz, bei einem Schirmherrn oder auf eigener Burg, die zumeist einem Höheren und Mächtigeren in Gau oder Land „zinspflichtig" ist sowie selbstverständlich „wehrdienstpflichtig" im Fall eines Krieges.
Im übrigen aber ist jeder dieser Ritter frei, umherzuziehen nach Belieben. Von diesem Recht machen vor allem die „Künstler" unter ihnen reichen Gebrauch. Einerseits benötigen sie stets neue Eindrücke, um ihr Künstlertum zu fördern, um „auf den Pfaden des Lebens zu lernen". Andererseits aber ist in ihnen der Ehrgeiz erwacht, das von ihnen Geschaffene zur Geltung zu bringen, vorzuführen und den Beifall einzuheimsen, den sie immer mehr als notwendigen Teil ihres Lebens empfinden.
Und so reiten viele von Burg zu Burg, von Turnier zu Fest, von Wettkampf zu Heerbann. Der Ritter singt von Fahrten und Kämpfen, ruft zum Kreuzzug ins Heilige Land, berichtet von Liebe und Treue und Tod. Auf mancher Burg bleibt er länger, wird zu Gast über den unwirtlichen Winter gebeten. Klingender Lohn wird dem singenden Gast wohl nur im feudalen Schloß. Dort kann es auch vorkommen, daß dessen reicher Herr ihm ein Lehen übergibt, die Herrschaft über einige Dörfer, sowie einen klingenden Titel, den er seinen Erben hinterlassen darf. Mancher Bürgerliche, mancher Abenteurer wird so geadelt, zur Belohnung für Dichtung und Lied. Die junge Kunst wird an vielen Orten hoch geehrt, mehr als wir uns heute vorstellen können.
Bei ritterlichen Turnieren, die immer häufiger in nahezu allen Ländern gefeiert werden, begnügt der Sieger sich oft mit einer vollendet schönen Rose, die ihm von einem ebenso schönen Edelfräulein, das unter den höchsten Gästen sitzt, von seinem erhöhten Platz aus zum Roß hinabgereicht wird.
War es so romantisch? Das Leben, auch das des Troubadours, kannte manche andere Seite. Auf den Straßen ritten nicht nur Troubadours, sah man Rosse oder Sänften der großen Herren, die Wagenzüge der ersten Kaufleute, die Höfe und Städte mit Dingen der anspruchsvolleren Lebenshaltung zu versorgen begannen, die Boten der Kirchenfürsten, die mit diplomatischen Geleitbriefen ausgestatteten Botschafter der Könige und Fürsten. Da zogen halbverwilderte Reste von Heerhaufen, die aus irgendeinem Krieg übriggeblieben und vergessen worden waren und längst auf keiner Lohnliste mehr standen, Landsknechte, Mitläufer, Abenteurer, bereit, einen neuen Kriegsherrn zu finden oder sich ansonsten mehr oder weniger rechtschaffen durchs Leben zu schlagen und nur höchst ungern gewillt, einer regelrechten, regelmäßigen Beschäftigung in einer Stadt nachzugehen.
Auch Bettelmönchen begegnet man auf den Straßen, „Laienbrüdern", „aus der Kutte Gesprungenen", ver-

Die sagenumwobene Geschichte des „Sängerkriegs" auf der Wartburg, die auf das Jahr 1207 zurückgehen soll. Das Blatt der Manesseschen Handschrift zeigt die meisten Protagonisten: oben den Landgrafen von Thüringen und die (später heiliggesprochene) Elisabeth, unten eine Reihe prominenter Teilnehmer, die Minnesänger Walther von der Vogelweide, Wolfram von Eschenbach, Reinmar den Alten, Heinrich von Ofterdingen.

wahrlost auch sie, wenn auch friedlicher gestimmt als jene einstigen Soldaten. Auch sie singen, ihre Lieder bilden ein seltsames Gemisch aus lateinischem Kirchengesang, den sie einst erlernten, und Selbstgeschaffenem. Sie kehren in allen Herbergen ein, bringen für Speis und Trank ein frommes, längst zur hohlen Formel erstarrtes Gebet, das um so länger wird, desto tiefer die anderen Gäste in die Tasche gegriffen haben. Zur vorgerückten Stunde und nach viel Alkoholgenuß werden ihre Gesänge dann frecher, freier, zotiger. Es sind „Vagantenlieder", wie sie insgeheim die Runde machen. Ihre Texte sind seltsam gemischt aus herabgekommenem Latein und früher deutscher Vulgärsprache. Diese von den Franzosen „Goliardenlieder" genannte Lyrik erreicht manchmal überraschend starken Ausdruck und fügt ein weiteres Bild in das große Mosaik einer zerrissenen, bewegten Zeit. Eine bedeutende Sammlung solcher Gedichte wurde übrigens in der Neuzeit im bayerischen Kloster Benediktbeuern gefunden und von Carl Orff 1937 kongenial in Musik gesetzt („Carmina burana").
Die immer noch starke Macht der Kirche, der stark aufstrebende Ritterstand, die sich dessen waffengeübter Macht bedienende weltliche Herrscherschicht der Kaiser, Könige und Fürsten, die sich rasch bildenden und eine gewisse Sicherheit und Aufstiegsmöglichkeiten bietenden Städte, die leibeigenen, von einer Unterdrückung in die nächste geratenden Bauern, die umherziehenden, verwilderten Haufen Ausgestoßener und „Aussteiger" aus nahezu allen Gruppen: So muß das Sozialbild des Abendlandes nach Ablauf des ersten christlichen Jahrtausends ausgesehen haben.

Die Musik des Rittertums

Folgen wir der Musik des Rittertums, die nun für einige Zeit die Führung zu übernehmen scheint. Die Musik dieser Klasse ist vor allem unter drei Namen in die Geschichte eingegangen: Wir sprechen vom Lied der Troubadours, einem Begriff, der rund um die Pyrenäen entstanden sein dürfte: im südlichen Frankreich – der Langue d'Oc – und nördlichen Spanien. Ihm eng verwandt ist die Poesie und das Lied der Langue d'Oil aus nördlicheren Gegenden Frankreichs, die Lyrik der Trouvères und der aus dem deutschsprachigen Raum stammende Minnesang. Diese weltliche Lyrik wird im Norden geradeso gedeihen wie im Osten bis an die Grenzen der christlichen Kultur, sie wird mit den Kreuzzügen bis weit in den Orient getragen werden. Gerade hier wird sie viele Anregungen in sich aufnehmen, denn hier begegnet sie einer anderen Kultur, der muselmanischen, arabischen, von deren Fülle sie manches lernen, ihren Formenreichtum wie ihren Erlebensumkreis stark erweitern kann.
Ursprünglich gehörten die Themen der ritterlichen Kunst vor allem drei „Kreisen" zu, die wir schon erwähnten: Gottesdienst, Frauendienst, Herrendienst. Vereinfacht ausgedrückt: Gott, Frau, Freund oder Glaube, Liebe, Treue. Die religiösen Lieder drücken eine immer noch zur Grundlage des Lebens gemachte Gläubigkeit aus. Das Kreuz bleibt noch lange das Symbol der Weltordnung, die dem Christenmenschen als einzig denkbare erscheint. Das Lob der Frau wird durch die edle, hochgestellte Dame versinnbildlicht,

ein Idealwesen voll Tugend und fast engelhaften Eigenschaften. Ihre Gegenwart verschönt das Leben, macht es lebenswert, für sie zu sterben kann die höchste Wonne bedeuten. Nichts hingegen gilt die körperliche Leidenschaft, ja sie ist verwerflich, wenn sie nicht durch Seelengemeinschaft, durch geistiges Zueinanderstreben veredelt wird. Zwei große Schilderer der Ritterzeit – allerdings aus viel späteren Tagen – haben diesen tiefen Sinn der Neuzeit nahezubringen vermocht: der Spanier Miguel de Cervantes (1547–1616), der in seinem genialen „Don Quijote" des grotesken „Ritters von der traurigen Gestalt" Verehrung für Dulcinea schildert, ein sehr gewöhnliches Bauernmädchen, das er in seiner Phantasie zu einem Edelfräulein erhebt, dem er seine „Taten" widmet und das er in seiner letzten Stunde mit beinahe heiliger Inbrunst von ferne grüßt. Und der Deutsche Richard Wagner (1813–1883), dessen „Tannhäuser" nur aus dieser Auffassung verständlich wird, da zwischen dem sinnlichen Venus-Erlebnis und der reinen Liebe Elisabeths ein unüberbrückbarer Abgrund klafft.
Das dritte Thema der ritterlichen Kunst ist der „Herrendienst". Er umschließt das Lob der Vasallentreue, der unverbrüchlichen Männerfreundschaft, der bedingungslosen Kameradschaft. Der Troubadour lebt, trotz seiner Frauenverehrung, in einer Männerwelt. Der Ruf eines Gefährten in Not reißt ihn unweigerlich und unverzüglich aus jeder Verpflichtung, sogar aus höfischer, von der Seite der Gattin, aus der Schar der Kinder. Auf der Mannestreue, auf dem „Herrendienst" beruht letzten Endes die Macht seiner Klasse, beruht die Epoche. Allein aus Mitteleuropa sind zweitausend Melodien und mehr als fünftausend Gedichte erhalten. Die meisten finden sich in berühmt gewordenen Handschriften, die heute den Stolz von Museen bilden: die Jenaer, die Kolmarer, die aus Österreich stammende Ebenseer Handschrift, die reichhaltige Sammlung aus Weingarten im Bodenseeraum und die wohl prächtigste von allen: die Manessesche Handschrift, die Lieder von 140 Minnesängern sowie 138 Abbildungen enthält; die Anzahl von insgesamt 7000 Liedstrophen zeigt an, daß wir es bei dieser ritterlichen Kunst mehr mit erzählenden, also epischen, und nicht mit lyrischen Dichtungen zu tun haben, die im allgemeinen kürzer gehalten sind. Das schöne Buch geht („liederbuoch" heißt es im Mittelhochdeutschen) auf den Zürcher Ritter Rüdiger Manesse zurück, der 1304 starb. Es befand sich

von 1657 an in Paris und wird seit 1888 in Heidelberg aufbewahrt, weshalb es bisweilen auch den Namen der „Großen Heidelberger Liederhandschrift" führt.
Ein ähnlich großartiges Dokument besitzen die Spanier in den „Cantigas de Santa Maria", einer Sammlung von über 400 Liedern, die ungefähr gleichzeitig mit jener des schweizerischen Ritters Manesse, also in der zweiten Hälfte des 13. Jahrhunderts, dem letzten Höhepunkt der ritterlichen Kunst, vom kastilischen König Alfonso X., genannt *el Sabio* (der Weise), zusammengetragen wurde. Ein größerer Kreis von Helfern muß ihm dabei zur Seite gestanden haben, unter denen sich auch glänzende Illustratoren befanden, denn die *cantigas* – altes spanisches Wort für das heutige *canto* (Lied, Gesang) – sind reich bebildert. Eine Reihe von ihnen scheint aus der Feder des Königs selbst zu stammen, der von 1221 bis 1284 lebte.
Dichten und Komponieren galt zu jener Zeit als adelige, ja königliche Beschäftigung. Manche der frühen Troubadours und Minnesänger stammten aus den höchsten Kreisen. Wilhelm IX. von Aquitanien haben wir schon genannt. Wenzeslaus II. war König von Böhmen; Thinaut IV. König des 905 gegründeten, 1285 vorübergehend französisch gewordenen nordspanischen Navarra; Fürst Wizlaw III. kam aus Rügen, der Ostseeinsel, die damals vor allem von Slawen und jenen Rugiern bewohnt war, die ihr den Namen gaben. Seine Lieder zeichneten sich besonders durch eindrucksvolle Naturschilderungen aus, wie sie einem meerumbrandeten Eiland wohl anstehen. Geradezu volkstümlich wird der Fürst in seinen Liebesliedern.
In den erwähnten „Cantigas de Santa Maria" erfahren wir viel über die Instrumente des damaligen Abendlandes. Zahlreiche von ihnen sind abgebildet. Alfonso, unglücklich als Monarch, aber hochbedeutend als Kulturförderer und -anreger, reformierte bereits 1254 den

Linke Seite: Notenschrift eines spanischen „Trobadors".
Oben: Die ritterlichen Turniere, die zu den wichtigsten Festlichkeiten der Troubadour- oder Minnesängerzeiten gehörten, waren von Musik begleitet. Hinter oder zu Seiten seines kämpfenden Herrn haben dessen Spielleute Aufstellung genommen, der eine mit Pfeife und Trommel, der andere mit Trompete (13. Jahrhundert).
Unten: Um 1480 entstand diese Turnierszene des „Mittelalterlichen Handbuchs": „Vorbereitung zu einem deutschen Gestech." Auch hier fehlt der Trompete blasende Musiker nicht.

Lehrplan der Universität Salamanca, in den er die Musik unter ihre wichtigsten Lehrfächer einführte.
Von Richard I., König von England (1157–1199), wird ein historisches Erlebnis noch heute erzählt, das eng

mit der Musik und dem Minnesängerwesen zusammenhängt. 1189 gekrönt und seiner Tapferkeit wegen bald mit dem Beinahmen „lionheart" (Löwenherz) bedacht, begab Richard sich mit der „Blüte der abendländischen Ritterschaft" (wie es die Geschichtsbücher ausdrücken) auf den dritten Kreuzzug ins Heilige Land. Bei dem langen Heimritt durch den Balkan und die Donau aufwärts fiel er in die Hände seines Erzfeindes, des Herzogs Leopold V. von Österreich, der ihn in der Wachauer Festung Dürnstein gefangensetzte. Die Sage berichtet nun, sein getreuer Spielmann oder *minstrel* Blondel de Nesle habe ihn allnächtlich gesucht, wobei er vor den Burgen im Tal des Donaudurchbruchs, wo er ihn mit Recht vermutete, Lieder anstimmte, an denen der König ihn erkennen mußte, sobald er ihn hörte. Als Blondel endlich aus den Mauern der Festung Dürnstein die zweite Strophe eines Liedes entgegenscholl, dessen erste er eben gesungen hatte, eilte er nach England, und der König konnte durch die Zahlung eines Lösegelds befreit werden.

Genauere Kenntnis von Gestalten und Werken aus ritterlicher Musikzeit ist nicht in unmittelbaren Aufzeichnungen zu uns gelangt. Zwar besitzen wir zahlreiche Gedichte und einige Melodien in noch sehr rudimentärer Notenschrift aus Minnesängertagen, aber das meiste verdanken wir doch der darauffolgenden Musikepoche der bürgerlichen Meistersinger, die in Troubadours und Minnesängern ihre wahren künstlerischen Vorläufer sahen. Viele Lieder mögen bis zu ihrer Niederschrift im 15. und 16. Jahrhundert schon beträchtlich „umgesungen" oder „zersungen" worden sein. Trotzdem müssen wir den Meistersingern sehr dankbar sein für diese Überlieferung alten Kulturgutes. Einige Worte wären aber vielleicht noch zu den Abbildungen zu bemerken, die aus alten Tagen bis zu uns gekommen sind. An eine Porträtähnlichkeit ist kaum zu denken. Es ist auch nicht so wichtig zu wissen, wie Alfons X., Wolfram von Eschenbach, der Wolkensteiner und andere Minnesänger wirklich ausgesehen haben mögen. Ihre Art des Vortrags aber möchten wir uns heute gerne vorstellen. Nach den Chroniken muß der Spielmann recht nahe bei seinem Herrn gestanden haben, während er dessen Gesänge auf dem Instrument begleitete und sicherlich auch zwischen den einzelnen Strophen Interludien (Zwischenspiele) einlegte. Auf vielen Bildern spielt der Troubadour selbst ein Instrument, zumeist die kleine Harfe oder Leier. Es mag Minnesänger gegeben haben, die dies wirklich selbst vermochten, aber in der Mehrzahl der Fälle dürfte der Spielmann oder *minstrel* diese „Begleitung" ausgeführt haben. Daß er trotzdem auf den meisten Abbildungen nicht erscheint, entspricht dem Zug der Zeit: Nur die Hauptperson wird gezeigt; dafür diese gewissermaßen in Über-Lebensgröße und mit allen Attributen ihrer Stellung und ihres Ranges. Nebengestalten aber, und zu diesen gehört wohl auch der Spielmann (so ungerecht dies in vielen Fällen sein mag), werden fortgelassen oder erscheinen klein und nicht individualisiert im Hintergrund oder am Bildrand. Nicht nur Leier und Harfe sind „ritterliche" Instrumente. Auf einem alten Bild ist ein Minnesänger abgebildet, und darunter steht der Name, der von seinem Instrument abgeleitet ist: Reinmar der Vidiller. Unschwer ist in dieser frühen Form die „Fidel" zu erkennen, auch das früh-französische *vielle*, die spanische *vihuela* (die in manchen Gegenden für die Gitarre gebraucht wird), die italienische *viola* sind eng verwandt. Es handelte sich damals um ein Streichinstrument, und dies wirft Fragen auf. Wie hat ein Sänger gleichzeitig ein geigenähnliches Instrument spielen können, besonders da er es nicht, wie heute, seitlich an den Hals gedrückt, sondern vor die Brust hielt, so daß der Körper des Instruments von vorne an den Hals gepreßt wurde? Es widerspricht allen physischen Regeln des Gesangs, da es den Atem behindert. Sollte man annehmen, der Troubadour- und Minnegesang habe auf Stimmstärke keinen entscheidenden Wert gelegt und sei eher dem wohlpointierten Sprechgesang ähnlich gewesen, wie er dem intimeren Rahmen einer kleinen Burggesellschaft entsprochen habe? Andererseits hören wir aber von Auftritten der ritterlichen Musiker bei Turnieren und Festen im Freien, in denen ein solcher kammermusikalischer Vortrag kaum in Frage kommen konnte. Doch es wäre auch denkbar, daß die Stimmqualität durch die Wichtigkeit der schöpferischen Begabung in den Schatten gestellt wurde. Eine poetische Ader, das Feingefühl für Melodie und Rhythmus waren für die Geltung des Troubadours und Minnesängers wesentlicher als seine

Unten: Bildnis von „Reinmar dem Fidler", einem vielgenannten Minnesänger.
Rechte Seite: Das berühmte spanische Buch „Carcel de amor" (Kerker der Liebe), das 1547 erschien, zeigt eine musikalische Szene auf dem Titelblatt: einen „Trobador" (Troubadour) mit seinem (in jeder Beziehung) „begleitenden" Spielmann, spanisch „juglar" genannt.

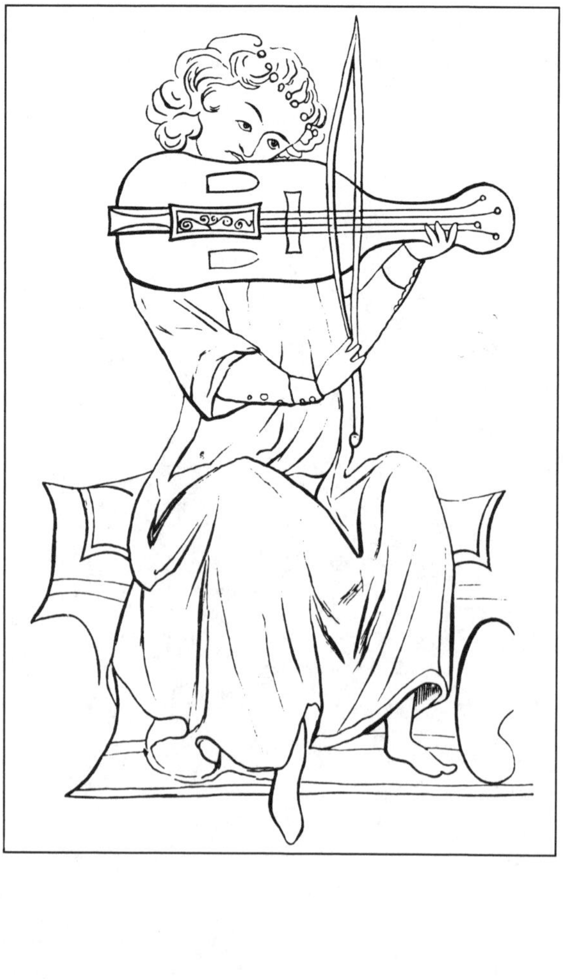

rein stimmlichen Fähigkeiten. Und unter diesen galt wohl die Sinngebung, die Innigkeit des Gefühls, die Inhaltsübermittlung mehr als die bloße Kraft.

HERKUNFT UND LIEDTYPEN

Daß immer wieder die große Frage nach dem Ursprung des ritterlichen Gesanges auftaucht, ist erklärlich. Seine Ursprungslandschaft rund um die Pyrenäen, vor allem in der Provence, hat manchen Forscher dort nach uralten Quellen suchen lassen, aber es verhält sich auf der spanischen wie auf der französischen Seite nicht anders als im übrigen Abendland: Genauer Kenntnis auf dem Gebiet der Kirchenmusik stehen kaum Dokumente der weltlichen Liedkunst zur Seite, aus der die frühesten Troubadours ihre Weisen hätten schöpfen können. Eine kurze Zeit hindurch ging man der 1922 von Julián Ribeiro aufgestellten Theorie eines arabischen Einflusses nach, aber Higinio Anglés hat sie widerlegt.

Fest steht, daß die ritterliche Liedkunst gegen Ende des 11. Jahrhunderts in Südfrankreich begann. Ein Jahrhundert später wurde sie von den Trouvères in Nordfrankreich und im deutschsprachigen Raum von den Minnesängern weitergeführt.

Das ritterliche Lied, d.h. die weltliche Lyrik und Liedkunst, entfaltete sich parallel zum geistlichen Lied im gesamten Südfrankreich vor allem in der Provence und in Aquitanien (das auch im Bereich der geistlichen Musik führend war, z.B. das Organum in St. Martial). Bei den neuen Liedern wurden vorerst gleiche oder ähnliche Melodien wie bei den Kirchengesängen verwendet. Daneben entwickelten sich im Lauf der Jahrzehnte viele neue textliche und musikalische Formen, die sich später manchmal vermischten.

Die älteste Vortragsform ist der LITANEITYPUS. Hier gibt es z.B. das „erzählende Heldenlied", „Chanson de Geste", evt. mit der auf Assonanz beruhenden „Laissenstrophe". Dann folgen der SEQUENZTYPUS und der HYMNENTYPUS mit verschiedenen Variationsmöglichkeiten. Es schließt sich der RONDELTYPUS an, der eine Liedform mit Refrain darstellt. Variationsmöglichkeiten sind hier Ballade, Virelai und Rondeau.

Bei den Troubadours wird der Hymnentypus bevorzugt, die späteren Trouvères benutzen vorwiegend Litanei-, Sequenz- und Rondeltypen. Die Melodien bewegen sich im Rahmen der Kirchentonarten.

Vom Inhalt her ergeben sich folgende Liedtypen: CHANSON (Kanzone, Lied), das Liebeslied, meist voll unerfüllter Sehnsucht; ALBA, das Tagelied: Der neue Tag trennt die Liebenden. Die PASTORELA wird bei der sogenannten niedrigen Minne angewendet, d.h., wenn ein Ritter ein Bauernmädchen liebt. SIRVENTES sind politische, soziale, moralische Lieder; CHANSON DE CROISADE ist das Kreuzfahrerlied; LAMENTATION oder PLANCH das Trauerlied für einen verstorbenen Dienstherren o.ä. Sehr beliebt sind die BALLADES, die Tanzlieder. Von den Troubadours sind aus der Zeit von 1100 bis 1300 die Texte von etwa 2600 Liedern erhalten. Bei etwa 450 Liedern kennt man die Namen ihrer Schöpfer und 300 Melodien. Interessanterweise sind darunter auch zwanzig dichtende Frauen. Die Dichtung der nordfranzösischen Trouvères beginnt etwa ab 1150. Sie steht stark unter dem Einfluß der Kunst der südlichen Troubadours. Eine Vermittlerrolle spielt dabei wieder Aquitanien. Am Hof von Champagne in Troyes entstand das berühmte „Regelbuch über die Liebe" von Andreas Capellanus. Hier lebte auch Chrétien de Troyes, der Begründer der Trouvèreskunst.

Die Liedarten wurden meist von den Troubadours aus dem Süden übernommen. Dazu kamen aber auch neue Lieder, die sich aus einer regionalen volkstümlichen Tradition entwickelt hatten, wie z.B. CHANSON A TOILE, in dem ein nähendes Mädchen (gleich ob hoher oder niederer Herkunft) besungen wird.

Von den Trouvèresliedern sind etwa 2000 Melodien bekannt. Zwischen diesen Melodien und denen der Troubadours besteht, wie schon angedeutet, ein enger Zusammenhang, wie auch im mittleren Europa der deutsche Minnesang und die mittelalterliche englische Liedkunst solche Melodien übernommen haben. Vielfach wurden später diesen Melodien auch wieder geistliche Texte unterlegt.

Für die Liedkunst der Troubadours, Trouvères und später auch für die Minnesänger galten strenge Regeln. Silbenzählung und Reim galten als unumstößlich. Um 1140 dichtet Marcabru, einer der frühesten provenzalischen Sänger: „Dirai vos senes dop*tansa*/D'aquest vers la comen*sansa*/Li mot fan de ver sem*blansa*..." Eines der bekanntesten Lieder jener Epoche ist das Lob von Frühling und Liebe, das der hochinteressante Raimbaud de Vaqueiras (1155–1207) dichtete und komponierte, der vom armen Spielmann aus der Vaucluse in Südfrankreich aufstieg zum Ritter und zuletzt Besitzer von Burg und Land: „Kalenda *maya*/Ni fuels de *faya*/Ni chanz d'auzelh/Ni flors de *glaya*..." Und eine der berühmten „Cantigas" des Königs Alfonso X. von Kastilien und Leon, des „Weisen", der zugleich ein Künstler war, beginnt so: „Rosa das *rosas*/E fror das *frores*/Dona das *donas*/Sennor das *sennores*..." Die Anordnung der Reime ist nicht immer die gleiche, wie in diesen drei Beispielen leicht zu entdecken ist. Sie wird es auch in späteren Zeiten nicht sein, ja es werden immer neue Reimformen entwickelt werden. Das von Marcabru verwendete Schema wäre A-A-A, bei dreizeiliger Strophe; Raimbaud reimt A-A-B-A in vier Zeilen, Alfonso A-B-A-B. Alle drei Reimarten werden in der späteren abendländischen Lyrik weiterentwickelt und zum Gerüst unsterblicher Verse werden.

Die Minnesänger nannten ihre Strophen „Stollen"; zwei davon, die einander gleich sein sollten, hießen

„Bar". Um das Lied abschließen zu können – oft erst nach vielen Strophen und manchem Bar –, bedurfte es eines „Abgesangs", der dem Stollen ähnlich, aber von eigenem Schluß gekrönt sein sollte. Bei den deutschsprachigen Minnesängern findet sich oft das Wort „leich" im Sinn von „Lied"; es stammt vom (ursprünglich keltischen) Lai und dem daraus entstandenen englischen Lay, das auch nach Frankreich drang und seit der Mitte des 12. Jahrhunderts verschieden verwendet wird, stets aber Musikalisches bedeutet, das mit Poetischem eng verwandt ist, wie Melodie, Lied, Vers.
Mit diesen Angaben sei angedeutet, wie die ursprünglich „freie" Kunst der Troubadours sich im Lauf der Zeit Regeln gab, Gesetze, wie schließlich jede Kunst sie braucht, um als solche anerkannt zu werden. Und so bildet auch die ritterliche Musik Formen und Normen heraus, deren sich spätere Generationen schon wie selbstverständlich bedienen.

Zentren der französischen Liedkunst

Zu den ältesten Pflegestätten dieser Kunst muß die Stadt Limoges gezählt werden. Sie gehörte zum Königreich Burgund, nach 1246 zum Hause Anjou. Hier versammelten sich, möglicherweise vom Ende des 11. Jahrhunderts an, viele bekannte Namen aus den Kreisen von Dichtung und Musik. Im nahen Toulouse steht eine der ältesten Kathedralen des heutigen Frankreich. In Chroniken wird von „Blumenspielen" berichtet, die vor ihren Toren veranstaltet wurden. Diese für die frühe Ritterzeit sehr charakteristische Art von Festen ist aus den geistlichen Spielen hervorgegangen, den „Mysterien", mit deren Hilfe die Kirche es versucht hatte, die Geschichten aus der Bibel anschaulich zu machen und in denen die Musik seit jeher eine bedeutende Rolle spielte.
Zur gleichen Zeit herrschte auch südlich der Pyrenäen, in Katalonien wie im Königreich Aragón (deutsch meist Aragonien), eine wahre musikalische Hochblüte. Am Hof zu Zaragoza (Saragossa) und in der Stadt lebten im 12. Jahrhundert nicht weniger als 600, in einem damaligen Verzeichnis namentlich aufgeführte Musiker. Viele waren Spanier, aber nicht wenige kamen aus England, Frankreich, Flandern, Italien, Deutschland. Sie gehörten der sich eben bildenden Kaste der Berufsmusiker an, die als Organisten, Kirchensänger, Hofmusikanten Beschäftigung fanden und allmählich ein bürgerliches Gegengewicht gegen die ritterlichen Troubadours zu bilden begannen. Doch auch Troubadours lebten in Saragossa oder ließen sich zeitweise hier nieder, angezogen von der ungewöhnlichen Musikbegeisterung der Einwohner und der Förderung, welche die Könige ihr angedeihen ließen. So Betran de Born, der wohl streitbarste unter den provenzalischen Troubadours (um 1140–etwa 1215), sowie Guiraut de Borneil (1175–1220), der später nach Barcelona wanderte, in die damals schon glanzvolle Hauptstadt des von starker eigener Kultur geprägten Katalonien. Hier wurde er als „Meister der Troubadours" gefeiert und gelangte zu ungewöhnlicher Volkstümlichkeit. Unter seinen nur wenigen erhaltenen Melodien findet sich ein Lied, das heute noch als katalanisches Volkslied („El pare i la mare") bekannt ist. Wieder taucht die Frage auf, ob diese Weise bereits vor Guiraut im Volksmund existierte und von ihm nur bearbeitet wurde oder ob er sie so schuf, daß daraus ein Volkslied werden konnte?
Den namhaftesten Troubadours ist der Provenzale Peire Vidal zuzurechnen, der auf seinen Wanderungen zwischen 1175 und 1205 in Barcelona wie in Saragossa Aufenthalt nahm, ein echter, dem Bürgerstand entstammender Abenteurer, der 48 Lieder, davon 13 mit hinzugefügten Noten, hinterließ. Nicht minder bekannt scheint unter den provenzalischen Troubadours jener nur mit dem Namen Marcabru genannte, von uns schon erwähnte „Liedermacher" gewesen zu sein, der als einer der Ältesten der Bewegung gelten kann. Er könnte kurz nach 1100 geboren sein, nach dem Jahr 1150 erlischt seine Spur. Er hinterließ 43 Lieder, darunter das Kreuzfahrerlied „Pax in nomine Domini" in lateinischer Sprache, das er anläßlich der Wiedereroberung der Mittelmeerstadt Almería von den Arabern an den siegreichen kastilischen König Alfonso VII. richtete, jedoch kein einziges echtes Liebeslied.
Guiraut Riquier, im französischen Narbonne um das Jahr 1230 geboren, lebte viele Jahre als Gast und Mitarbeiter des kastilischen Königs Alfonso des Weisen, von dem wir erzählten. An seinen Brotherrn richtete er 1274 den Vorschlag, die Stellung der zahlreichen am Hof befindlichen Musiker zu organisieren und auch in ihren Bezügen zu regeln. Von den Jahrmarktsgauklern aufwärts über die „jongleurs", die Spielleute, die „ménéstrels" (minstrels) genannten fahrenden Musikanten, die Troubadours, die dichteten und komponierten, bis zu der höchsten Klasse der „doctores de trobar", die unter den Troubadours als größte Könner und prominenteste Künstler galten. Guiraut Riquier ist 1298 gestorben. Aus seiner Feder stammen 48 Lieder, teils reine Troubadourlyrik, teils mit Anklängen an den Gregorianischen Gesang. Bemerkenswert erscheint, daß er vermutlich einer der ersten war, der auf seinen Manuskripten das Jahr, manchmal sogar Tag und Stunde der Niederschrift vermerkte. Als letzten möchten wir aus diesen frühen provenzalischen Troubadours Bernart de Ventadorn nennen. Er wurde 1130 im gleichnamigen Schloß geboren, aber keineswegs als Sproß der adeligen Familie. Sein Vater war Kriegsknecht, seine Mutter Magd der Vizekönige von Ventadorn, die sich des musikalisch ungewöhnlich begabten Kindes annahmen. Von 1153 bis 1155 weilte er am Hof Eleonores von Aquitanien und Heinrichs II. von England. Hier traf er mit dem berühmten Dichter und Begründer der Trouvèreskunst, Chrétien de Troyes, zusammen, dem Verfasser der Romane um den Königshof von Artus. In seinen bezaubernden Liedern ist die Sprache Provenzalisch, aber eine gewisse Verwandtschaft mit spanischer Folklore scheint vorhanden. Hier wird der Zusammenhang mit der Volksmusik besonders deutlich. Bernarts bekannteste Melodie, das sogenannte „Lerchenlied", gehört zu den meistgesungenen Weisen des Mittelalters und wird von Dichtern aller Zungen immer wieder zitiert. Trotzdem ist aus seinem Leben so gut wie nichts überliefert. Nach seinem Dienst am Hof Raimonds V. von Toulouse trat er in ein Kloster ein. Er starb um 1195. Thibaut IV., Graf von Champagne und Brie, König des nordspanischen Navarra (1201–1231), zählt zu den Trouvères. Von ihm sind nicht weniger als 541 Gedichte und 410 Melodien überliefert, die höchste Zahl, die von einem Schaf-

fenden jener Epoche vorhanden ist. Ihn rühmt noch Dante im Jahr 1305, und es gibt Zeugnisse dafür, daß seine Lieder noch bis weit ins 14. Jahrhundert in Frankreich und Italien gesungen wurden. Die Kunst der Trouvères konzentrierte sich vor allem auf die Höfe Karls von Anjou, Leonores von Poitiers und Heinrichs von der Normandie. Den Trouvères muß auch Richard I. von England zugerechnet werden, jener „Löwenherz", von dessen Gefangenschaft im niederösterreichischen Dürnstein und „sängerischer" Befreiung wir erzählten. Die Namen vieler anderer Dichter und Sänger aus dem nördlicheren Frankreich sagen uns heute nichts mehr. Erst von einem der letzten, Adam de la Halle (oder Hale), wird zu berichten sein.

Die deutschen Minnesänger

Die Epoche der deutschen Minnesänger erstreckt sich vom 12. bis ins 15. Jahrhundert, also über annähernd zehn Generationen. Es versteht sich von selbst, daß die Bewegung in so langen Zeiträumen grundlegende Veränderungen durchgemacht hat. Vielleicht könnte man ihren Ablauf in drei große Abschnitte teilen. Der erste ist jener der frei umherziehenden Ritter; während des zweiten siedeln die Minnesänger sich zumeist an Fürstenhöfen an; im Verlauf des dritten verfällt das Rittertum und mit ihm die seiner Darstellung gewidmete Kunst. Dann wird das Minnesängertum immer stärker mit bürgerlichen Poeten und Musikern durchsetzt, die in schöner Gemeinschaft aufblühende Stadt schafft neue Ideale. Die Burgen zerfallen, die Ritter sind nicht mehr der entscheidende Faktor in Schlachten und Kriegen. Die Kunst geht aus ihren Händen in die der städtischen Bürger über.

Dietmar von Aist und „der von Kürenberg" gehören zu den frühesten Namen des Minnesängertums, ohne daß über ihr Leben und Wirken Wesentliches bekannt wäre. Heinrich von Veldeke muß zu Ende des 12. Jahrhunderts gewirkt haben, wird als Autor des riesigen, 135 000 Verse umfassenden „Eneide"-Romans überliefert und scheint sich, trotz vermutlich lothringischer Abkunft, „romanisch" orientiert zu haben. Mit der zunehmenden Niederlassung der Minnesänger (und Spielleute) an Fürstenhöfen erfährt der bis dahin nicht hoch geachtete Stand eine bedeutende soziale Aufwertung. Nun nehmen Minnesänger nicht nur an Festen der adeligen Oberschicht teil, auch wenn sie selbst dem kleinsten Landadel oder nicht selten dem Bürger- oder Bauernstand entstammen, sie werden zu deren Mittelpunkt.

Andere deutsche Minnesänger jener Zeit stehen deutlicher vor uns. Friedrich von Hausen (gest. 1190, während Barbarossas Kreuzzug) ist durch fünfzehn in der Weingartner und der Manesseschen Handschrift überlieferte Lieder im Gedächtnis geblieben. Er lebte längere Zeit am Hof des Mainzer Erzbischofs, nahm 1189 am dritten Kreuzzug des Kaisers Friedrich I. teil und fiel in der Schlacht bei Philomelium in Kleinasien. An Hartmann von Aue sei erinnert, dessen genaue Lebensdaten im Dunkel liegen (um 1160 bis etwa 1215) und der neben Minne- und Kreuzfahrerliedern die Legende vom „armen Heinrich" niederschrieb – dem schwerkranken Ritter, der durch das selbstlose Opfer eines Mädchens gerettet wird –, sowie sich mit dem Sagenkreis um König Artus und dem Gral beschäftigte. Die Lieder des Heinrich von Morungen (um 1155 geboren, 1222 in einem Leipziger Kloster gestorben) zählen viele Kenner zu den bedeutendsten des mittelhochdeutschen Minnesangs. Von einem Heinrich von Melk, der ungefähr zur gleichen Zeit lebte und Lieder schuf, weiß man nur noch, daß er ein scharfer Beobachter seiner Zeit war, der die Welt („Frau Welt", wie Walther von der Vogelweide sie bald nennen wird) trotz der Schönheit seiner Wachauer Heimat überaus düster betrachtete.

Als unbestritten größter der deutschen Minnesänger galt bereits im Mittelalter Walther von der Vogelweide, ein „Lyriker von Goethescher Größe" (so bezeichnete ihn Hans Engel in seinem Werk „Musik der Völker und Zeiten", 1952), ein bedeutender Komponist, von dem wir mehr als 130 (möglicherweise sogar 180) Gedichte, doch nur ein Dutzend Melodien besitzen. Vermutlich ist er um 1170 geboren, höchstwahrscheinlich in Österreich, wo verschiedene Orte als möglicher Geburtsort gelten: Nach neuester Forschung das malerische Waldviertel zwischen der Donau und der heutigen tschechischen Grenze, vielleicht aber auch Südtirol oder verschiedene Orte unweit Wiens. Etwa zwanzigjährig finden wir ihn dort am Babenbergerhof, in einer „Dichterschule", wo der aus dem Elsaß stammende frühe Minnesänger Reinmar von Hagenau sein Lehrer gewesen sein soll. Sein Leben lang hat er immer wieder betont, „zu Wien singen und sagen gelernt" zu haben. Er muß viel umhergewandert sein, vom Schicksal nicht geschont. In einem Rückblick auf sein Leben erwähnt er, mehrmals im Dienst hoher Herren gestanden, aber auch häufig Not gelitten und vielerlei Unsicherheit gekannt zu haben – „von der Seine bis zur Mur", wie er hinzusetzt: zwischen dem nördlichen Frankreich also bis an die Südgrenzen des deutschsprachigen Österreich. Trotz des berühmten „Palästina-Liedes" scheint er nie in den Orient gekommen zu sein. Um 1220, also etwa fünfzigjährig, enthebt Kaiser Friedrich II. ihn endlich der Sorge um das tägliche Brot und verleiht ihm ein Lehen, was ihm auch den Weg in die Oberschicht ebnet, der er ursprünglich nicht angehörte. Er soll im Jahr 1228 in Würzburg verstorben sein.

Die erhaltenen Lieder zeigen Walther von der Vogelweide sehr volksnah, ja fast volkstümlich in den Mädchen- und Liebesliedern. Das höfische Frauenideal bleibt ihm eher fremd, er besingt viel lieber das zärtliche Mädchen aus dem Volk. „Nicht um irgendeines außerhalb der Liebe liegenden ritterlichen Zweckes stimmt er seine Leier, er singt wirklich um der Liebe willen." Ritterlicher gibt er sich in „Kaiser Friedrichs Tod", dem Volkslied besonders nahe steht er in „Mir hat ein Lied von Franken" und „Unter den Linden".

Zweihundert Jahre später galt er den Meistersingern als verehrungswürdiger „Meister der Nachtigallen", nach einem schönen Wort seines Dichterkollegen Gottfried von Straßburg. Dann entdeckte ihn die deutsche Romantik des 19. Jahrhunderts durch Ludwig Uhland neu. Richard Wagner bringt ihn nicht nur im „Tannhäuser" auf die Bühne, sondern erwähnt ihn besonders liebevoll in den „Meistersingern von Nürnberg": Auf ihn beruft sich (im Jahre 1550 etwa) der Junker und „Amateur-Sänger" Walther von Stolzing, der um die Aufnahme in die Meistersingergilde ansucht: In einem „alten Buch" Walther von der Vogelweides habe er dichten und singen gelernt. Seit bald acht-

hundert Jahren fehlt es nicht an Huldigungen für ihn, möge er nun beim legendären Sängertreffen auf der Wartburg „gewonnen" haben oder nicht, eine Version, die Wagner übrigens bekanntlich nicht übernimmt.
Wolfram von Eschenbach war Walthers Zeitgenosse. Er soll um 1165 zur Welt gekommen sein, und sein mutmaßlicher Geburtsort Eschenbach in der Nähe des fränkischen Ansbach nennt sich heute stolz „Wolframs Eschenbach". Sein Leben und Werk liegen heute verhältnismäßig klar vor uns. Er durchwanderte Bayern, weite Teile Österreichs und Thüringens, wo er von 1202 an fünfzehn Jahre am Eisenacher Hof lebte. So wäre seine Teilnahme am Sängerfest auf der Wartburg durchaus möglich, falls dieses Treffen wirklich im Jahr 1207 stattgefunden hat. Wolfram, durch seine Feder als einer der großen Epiker der deutschen Sprache beglaubigt, war nach neueren Untersuchungen auch ein ebenso genauer wie inspirierter Historiker. Ob er in unser Buch gehört, ist eine andere Frage. Wenn er überhaupt Beziehungen zur Musik besaß, so dürften sie sehr lose gewesen sein. Aber er war ein gewaltiger Anreger musikalischer Werke: er war es, der einen Schwanenritter „Lohengrin" nannte, der die „Perceval"-Darstellung Chrétiens de Troyes aus ihrer fast mönchischen Umwelt löste und in einen Ritterroman wandelte, der gleichzeitig als Erziehungs-, als Entwicklungsroman angesprochen werden kann. Wolfram scheint ein bedeutender Entdecker älterer Stoffe gewesen zu sein, und es ist wahrscheinlich, daß manches Ereignis viel früherer Jahrhunderte erst durch seine dichterisch-historischen Fassungen neues Leben erlangte, das bis in unsere Zeit währt. Wagner hätte seinen heute auf allen großen Musiktheatern gespielten „Parsifal" ohne ihn nicht schreiben können.
Zu den Stoffen, die in Minnesängerzeiten aus der Vergangenheit in die lebendige Dichtkunst zurückgeholt wurden, gehört ganz besonders die keltische Legende von der tödlichen Leidenschaft Tristans und Isoldes. Es dürfte kaum eine Sage geben, die so oft mit Musik verbunden, durch Musik vertieft wurde wie diese. Daß sie ein Lieblingsthema der Troubadours und Minnesänger wurde, ist nicht verwunderlich. Vielleicht gab es einen „Ur-Tristan", der aufzeichnete, was sich irgendwann irgendwo zwischen Irland, Wales (damals Cornwall genannt) und der französischen Bretagne zugetragen haben muß: Daß nämlich zwei Menschen aus höchsten Adelskreisen einander so rettungslos in Liebe verfallen, daß sie in ihrer Leidenschaft alle menschlichen und gesellschaftlichen Gebote außer acht lassen und nicht einmal der Tod ihre Verstrickung lösen kann, da aus ihrem Grab zwei Pflanzen sprießen, die einander fest umklammern. Wir wissen von einem ersten Versroman aus Trouvères-Zeiten, Chrétien de Troyes soll ihn um 1160 verfaßt haben. Und um dieselbe Zeit schrieb der Trouvère Béroul ein Tristan-Epos für den englischen Hof. Zwischen 1160 und 1170 entstand ein ausgedehntes Gedicht von Thomas de Bretagne, das nur teilweise erhalten blieb. Doch konnte es rekonstruiert werden, da eine norwegische Übersetzung aus dem Jahr 1226 aufgefunden wurde. Um 1170 schuf Marie de France eine ritterliche Versnovelle über dieses Thema. Sie scheint eine in England ansässige Dichterin gewesen zu sein, die allerdings vom Festland stammte. Sie schildert Tristan, und das macht ihre Fassung auch

Oben: Eine frühe, seltsame Darstellung der Legende von Tristan und Isolde (aus der Staatsbibliothek München). König Marke findet „in der Minnegrotte" seine Gattin und seinen besten Ritter schlafen, aber mit einem Schwert zwischen ihnen, was im Mittelalter ein Symbol für geschlechtliche Abstinenz bedeutete.
Rechte Seite: Heinrich von Meißen, genannt „Frauenlob", um 1300, später Troubadour, umgeben von musizierenden Frauen. Das Bild (aus der Manesseschen Handschrift) zeigt verschiedene, schon beachtenswert entwickelte Instrumente.

in anderer Sicht interessant für uns, nicht nur als ritterlichen Helden und leidenschaftlichen Liebhaber, sondern auch als Dichter und Sänger. Der Überlieferung nach ist Tristan beides auch gewesen. In München wird eine Handschrift aus dem 13. Jahrhundert aufbewahrt, in der Tristan mit einer kleinen dreieckigen Harfe abgebildet ist, und im Epos des Gottfried von Straßburg, auf das wir gleich zu sprechen kommen werden, wird erzählt, Tristan habe auf diesem Instrument „Grund- und rasche Wechselnoten" geschlagen, worunter der heutige Musiker sich allerdings nicht viel vorstellen kann. Die möglicherweise früheste deutsche Tristandichtung geht auf Eilhart von Oberg zurück und stammt ungefähr aus dem Jahr 1190. Um die gleiche Zeit erschien ein „Volksbuch", das folgenden kuriosen Titel führt: „Eine wunderliche und fast lustige Historie von Herrn Tristan und der schönen Isolde, eines Königs von Irland Tochter. Was sie für große Freude miteinander gehabt haben und wie dieselbe Freude gar trauriglich zu Ende gebracht wurde: sehr lieblich zu lesen!" Dann erschien, um 1210, jene Bearbeitung der Tristansage, die nicht nur für Wagner entscheidend wurde, sondern wohl als die wertvollste gelten darf: die Gottfrieds von Straßburg. Er soll aus alter elsässischer Familie gestammt haben, aber weder ritterlicher noch adeliger Abkunft gewesen sein. Möglicherweise war er Stadtschreiber von Straßburg. Er arbeitete an seinem Roman „Tristan und Isolt" im ersten Jahrzehnt des 13. Jahrhunderts, vollendete aber sein Werk nicht. Wir wissen weder, wann er zur Welt kam, noch wann er starb. Zwei spätere Minnesänger, Ulrich von Türheim und Heinrich von Freiberg, haben noch im gleichen Jahrhundert versucht, Gottfrieds Dichtung zu vollenden, ohne seine Tiefe und Ausdruckskraft zu erreichen.
Damit ist die dritte, die letzte Epoche des Minnesangs angebrochen. Ihr gehören unter vielen an: Nithart (Neithart) von Reuenthal, Ulrich von Lichtenstein, Konrad von Würzburg, Reinmar von Zweter. In ihren Dichtungen verstärkt sich die volkstümliche Note und verkleinert sich der ritterliche Anteil, auf dem das Minnesängerwesen einst aufgebaut war. Immer mehr „Bürgerliche", also Stadtbewohner, drängen zur Kunst-

ausübung, und ihre Themenwahl wendet sich schrittweise vom hohen Pathos der ritterlichen Ideale zur schlichteren Lebensform der beginnenden „Mittelklasse“. Immer seltener wird die „edle Dame“ von „hoher Herkunft und unerreichbarer Tugend“ besungen, um so mehr hingegen das Mädchen aus dem Volk, das nicht aus der Ferne verehrt und als Gelübde auf den Lippen getragen werden will, sondern begehrt und treu geliebt. Auch der „Herrendienst“ verliert an hochtönenden Phrasen, so sehr kameradschaftlicher Zusammenhalt auch immer noch hochgehalten wird, allerdings mehr im Zeichen des Lebens als in dem des früher ununterbrochen lauernden Todes. Selbst das dritte Ideal – eigentlich das erste – des Minnesangs verblaßt allmählich: der Gottesdienst. Je sicherer der Mensch sich in der Welt fühlt, desto weniger vordringlich wird sein Gebet zu Gott. Man betet immer noch, aber die verzehrende Inbrunst der Gebete läßt nach.
Als „letzten Trouvère“ bezeichnete sich Adam de la Halle nicht ohne Stolz. Die Welt nannte ihn, viel prosaischer und unfreundlicher, den „Buckligen von Arras“. In dieser nordfranzösischen Stadt kam er zur Welt, doch das genaue Datum steht nicht fest: Es könnte 1237 lauten. Er wurde – wahrscheinlich 1271 – Ménéstrel des Grafen Robert II. von Artois, ging mit seinem Herrn an den Hof des sizilianischen Königs Karl von Anjou in Neapel, wo er 1287 (oder auch erst um 1306) starb. Er setzte sich mit dem gerade aufkommenden und überall Aufsehen erregenden mehrstimmigen Stil auseinander, schrieb dreistimmige „motets“, die als „Motetten“ eine wichtige Form der Polyphonie darstellen werden. Viele *canzons* aus seiner Feder blieben erhalten, wie man nach einem provenzalischen Wort

die Lieder der Minnesänger bezeichnete. Doch als seine Hauptwerke würden wir heute seine „jeux“ bezeichnen, seine „Spiele“: einfache Theaterstücke mit eingelegten, volkstümlichen Musikstücken.
Diese Spiele setzen auf weltliche Art die schon seit Jahrhunderten gepflegten geistlichen Komödien fort, jene einfachen, überaus sinnfälligen und stark mit Symbolen befrachteten Theaterstücke, mit denen die Kirche versuchte, ihre moralischen Grundsätze wirksamer als durch Kanzelpredigten zu verbreiten. Adam de la Halle schuf „Le jeu de Robert et Marion“, das als früher Vorläufer der Oper gelten darf und recht deutlich auf das volkstümliche Singspiel hinweist, und hier wiederum durch sein Thema auf das Singspiel des elfjährigen Mozart „Bastien und Bastienne“.
Halb noch Minnesänger, halb schon Meistersinger war Heinrich von Meißen (?–1318), der unter dem selbstgewählten Namen „Frauenlob“ wirkte und sein Leben in Mainz beschloß. Sein Grab ist noch im Dom zu sehen. Er könnte, wie sein Name besagt, im sächsischen Meißen zu Hause gewesen sein. Von dort aus besuchte er mehrere norddeutsche Fürsten, wie Waldemar von Brandenburg und Wizlaw von Rügen, die den ritterlichen Künsten nahestanden. In Mainz dann dürfte er mit französischer Dichtung und Musik in Verbindung gekommen sein. Er erwarb weite Popularität, besonders unter dem weiblichen Teil der Bevölkerung, den er besang und feierte. Ein endloser Zug weinender Frauen soll auch bei seiner Beerdigung dem Sarg gefolgt sein. Auf einem Bild der Manesseschen Handschrift sieht man im Mittelpunkt „Frauenlob“, der hingebungsvoll geigt. Die Gruppe der ihn Umgebenden scheint nicht aus Zuhörern sondern durchwegs aus Mitwirkenden gebildet, wobei hier verschiedenartige Instrumente angedeutet sind. Hat sich die früher so „einsame“ Kunst der Minnesänger bereits in ein Gruppenmusizieren umgebildet, das fast unbemerkt in die bürgerliche Musikpflege der kommenden Jahrhunderte übergehen wird?

Ende der ritterlichen Liedkunst

Das 14. Jahrhundert neigt sich seinem Ende zu. Zweihundert Jahre lang zogen Troubadours, Trouvères und Minnesänger über die Straßen Europas.
Hier und dort gibt es noch Ritter nach altem Schlag inmitten der Troubadours, Trouvères und Minnesänger, die immer mehr verbürgerlichen. Oswald von Wolkenstein! Er kam auf einer Burg in Südtirol zur Welt und verließ jung die Heimat, um mit Lied und Waffe Freunde und Kämpfe zu finden. Oswald von Wolkenstein führte den Tiroler Adel zum Kampf gegen Kaiser Friedrich III., er durchstreifte Europa und weite Teile Kleinasiens vermutlich bis zum Schwarzen Meer und nach Persien. Er wurde von der Sippschaft eines schönen Edelfräuleins, bei dem er zu lange verweilte, überfallen und lange in dunklen, feuchten und kalten Burgverliesen gefangengehalten. Später trat er in den Dienst des Kaisers Sigismund, nahm mit ihm am Konstanzer Konzil (1414–1418) teil und war anderthalb Jahrzehnte später eine vielbeachtete Persönlichkeit auf dem Konzil von Basel. Als Vorsteher der kaiserlichen Kanzlei kam er nach Rom. Wolkenstein „verlor ein Auge und lernte zehn Sprachen“, wie er von sich selbst sagte. Mit deut-

schen Reiseliedern („Ich rühme viel Heidelberg oben, droben auf dem Berg") wurde er allgemein bekannt. Es heißt, er habe alles, was er besang, selbst erlebt. Aus unzähligen Abenteuern und Erlebnissen heimgekehrt, starb er 1445 auf seiner verfallenden Burg. Da war die Ritterzeit, der er sich stolz zurechnete, schon verblaßt und nur noch ein Schatten ihrer selbst. Seine Gestalt, von der wehmütigen Tragik verdämmernder Epochen umschwebt, hat viele spätere Schriftsteller, Dichter, Komponisten immer wieder gefesselt, Cesar Bresgen, ein hervorragender österreichischer Musiker, hat ihn inmitten eines prallen Zeitbildes zum Helden einer Oper gemacht („Der Wolkensteiner").

Die Musik dieses späten Minnesängers bietet dem Laien wie dem Fachmann viel Interessantes. Auch er kam mit der neuen Polyphonie in Berührung, die als grundlegende abendländische Errungenschaft uns bald beschäftigen wird. Und obwohl diese sich Bahn brechende Mehrstimmigkeit eigentlich der im Prinzip einstimmigen Musik der Troubadours und Minnesänger zuwiderlief, beschäftigten sich doch einige der geistig regsamsten unter ihnen mit ihr. Vom Wolkensteiner gibt es zwei- oder sogar dreistimmige Kanons und Gesänge, die zu den frühesten Beispielen der Polyphonie zählen. In dieser Form ist seine lustige Wirtshausszene „Herr Wirt, uns dürstet also sehr" abgefaßt; sein Lied „Wach auff, myn hort", das im Lochhamer wie im Rostocker Liederbuch aufgezeichnet ist, hatte ursprünglich eine die Hauptmelodie umspielende Oberstimme. Noch ist der Kontrapunkt ein wenig derb und unbeholfen, aber er ist ja auch sehr neu. Es bleibt bemerkenswert, daß ein letzter Troubadour sich einem Musikstil nähert, der seinen ursprünglichen Prinzipien völlig entgegengesetzt ist, und eine neue Richtung einschlägt, von der die ritterliche Kunst nichts ahnen konnte.

Unter den späten Minnesängern sei noch Hugo von Montfort genannt, der von 1357 bis 1423 lebte und sehr populär war. Er brachte es zu hohem politischem und militärischem Stand, war österreichischer Kriegshauptmann und Landeshauptmann der Steiermark. In seinen Werken aber werden Verarmung, ja Verfall des alten höfischen Stils sichtbar, der ein Jahrhundert zuvor noch auf imposanter Höhe stand.

Das Ende der ritterlichen Musik ist traurig wie wohl jedes Ende einer Epoche, wehmütig wie ein Sonnenuntergang, auch wenn seine Farben noch einmal leuchtend erglühen. Das Neue dringt unaufhaltsam vor, setzt sich bewußt in Gegensatz zum Vergehenden.

Dem Troubadour winkt ein düsteres Schicksal. Wer nicht in den festen Dienst eines Fürsten oder Königs übertreten kann, wer nicht über genügend eigene Mittel verfügt, muß eine Deklassierung in Kauf nehmen, bei der die Musik, die Poesie dann kaum noch eine Rolle spielen können. Eine Polarisierung findet statt, wie sie stets in Endzeiten sich herausbildet: Die „Mittelschicht" wird gespalten und verschwindet als solche; einige Tüchtige steigen auf, die Mehrzahl sinkt in die breite Masse der Untersten. Aber jedes Ende ist auch ein Anfang. Irgendwo wächst, während eine früher führende Schicht sich auflöst, eine neue „Klasse", eine neue Lebensform heran und tritt eines Tages ins Licht der Geschichte. Es wäre vielleicht übertrieben zu sagen, diese soziale Entwicklung ließe sich an den Künsten ablesen, aber etwas Wahres ist doch daran: Denn jede soziale Umschichtung spiegelt sich in den Künsten. Sie sind der getreue Spiegel der Gesellschaft. Wer die Kunst in ihrem tiefsten Wesen zu interpretieren weiß, hat ein wichtiges Stück Sozialgeschichte gelernt.

Sozialer Aufstieg der Spielleute

Dem Spielmann, dem *Minstrel* oder *ménéstrel*, ergeht es oft besser als seinem einstigen Herrn. Er kann ebenfalls in den festen Dienst eines Fürsten oder Königs treten, deren Hofstaat sich ständig vergrößert; dort stehen ihm verschiedene Tätigkeiten offen, denn er bringt aus seiner früheren Stellung zumeist eine Reihe von Fähigkeiten mit, zu denen der Ritter sich nie herabgelassen hatte. Es kann sogar vorkommen, daß seine musikalische Tätigkeit nun in geregelter Form fortgesetzt werden kann. Denn die Hofmusik wird in den kommenden Zeiten einen gewaltigen Aufschwung nehmen. Die festangestellten Musiker, die zur Zeit der sogenannten

Links oben: Oswald von Wolkenstein, der Südtiroler Minnesänger, eine der fesselndsten Gestalten seiner Zeit.

Wiener Klassik beim Fürsten Esterházy in Eisenstadt oder am Mannheimer Hof des Kurfürsten Karl Theodor im Orchester und bei der Kammermusik beschäftigt waren, müssen als Urenkel jener Spielleute gelten, die durch den Niedergang des Troubadourwesens Jahrhunderte zuvor brotlos geworden waren und sich nach anderen Existenzmöglichkeiten umsehen mußten.
Diese Spielleute, wohl längst des Umherziehens auf staubigen Straßen müde, überdrüssig vielleicht auch der undankbaren Stellung, in der sie ihrem Herrn die unerläßlichen künstlerischen Hilfeleistungen zur Verfügung stellten, während er es war, der den Ruhm und alle materiellen Vorteile für sich in Anspruch nahm, durften in den Dienst der Städte übertreten, wo sie ein bescheidenes, aber sicheres Leben aufbauen konnten, eine Familie gründen, einer Zunft angehören, bei der vielleicht sogar Unterstützung in Notzeiten zu haben war. Die Stadt braucht „Pfeifer und Trommler" für Ratsempfänge und kleinere Festlichkeiten, Turmbläser zum Verkünden der Mittagspause und des Feierabends, Fidler für Serenaden und Tanzvergnügungen. Die Spielleute, die im Dienst des Ritters nur ein einziges, höchstens zwei Instrumente beherrschen mußten, stellen sich rasch auf die neuen Anforderungen um. Guten Musikern, wie sie es zumeist sind, fällt es nicht schwer, neue Instrumente zu lernen, da sie die Grundidee aller längst begriffen haben. Die Zeit der Spezialisierungen ist noch weit, in unsichtbarer Ferne. Sie müssen sich auch schnell daran gewöhnen, nun nicht mehr Einzelgänger zu sein, allein auf sich selbst und ihren Herrn gestellt, sondern in Gemeinschaftsbegriffen zu denken, ohne die eine wirksame Organisation der neuen Städte undenkbar ist. Die in den städtischen Dienst übergetretenen Musiker lernen rasch, sich so zusammenzuschließen, wie andere „Stände" es längst in sogenannten „Zünften" getan haben. In Wien etwa bildet sich bereits 1288 unter den Musikern die „Nikolai-Brüderschaft". Sie wird von einem amtlich eingesetzten „Musikantenvogt" geleitet, der ein wenig später den Titel „Spielgraf" erhält und in der Hierarchie des Kaiserstaates eine überraschend hohe Stellung einnimmt. Ähnliches geht in Straßburg vor sich, wo die Vereinigung der Musiker sich „Bruderschaft der Kronen" nennt und selbst ihren „Pfeiferkönig" wählen darf. In Paris ernennt 1295 König Philipp IV. einen „Roi de ménéstriers", einen „König der Spielleute", der an die „spielberechtigten" Mitglieder der Zunft Patente ausstellte. Wie hatten die Zeiten sich gewandelt! 1288, 1295... da zogen noch viele Troubadours und Minnesänger mit ihren Spielleuten durch Europa und sangen noch „frei", und doch gab es bereits Musikerorganisationen, mit allerhöchster Duldung, ja Unterstützung. Gab es Kontakte zwischen beiden Gruppen, oder gingen sie einander aus dem Weg?

Der deutsche Kaiser Karl IV. ernannte 1355 einen gewissen „Johann den Fidler" zum „Rex omnium histrionum", wodurch dieser Mann zum Oberhaupt einer sehr bunt zusammengewürfelten Schar wurde; in ihr waren nicht nur die Schauspieler vertreten – mit deren Tätigkeit heute das lateinische Wort „histriones" noch manchmal in Verbindung gebracht wird –, sondern auch Spielleute, Schausteller, Gaukler, Taschenspieler, Zauberkünstler, Bärenführer, Spaßmacher aller Art, Musikanten. Vor kurzem waren sie „Fahrende" gewesen, Vaganten, Goliarden, Prügelknaben der Gesellschaft, Hanswurste der Jahrmärkte, Freiwild der Obrigkeit. Der Zug zur Seßhaftigkeit wurde stärker, und selbst die, welche ihr Brot auch weiterhin im Umherziehen verdienten, taten dies immer häufiger beschützt durch eine Organisation im Rücken und mit einem Berufspatent in der Hand. „Sozialer Aufstieg" war die große Parole.
Dieser war eng mit den größeren Anforderungen verbunden, die eine neue Gesellschaft im Tausch gegen ihren Schutz stellte. Der aus der anbrechenden Zeit erwachsenden Mehrstimmigkeit ist mit dem einfachen Spiel früherer Jahrhunderte nicht mehr beizukommen. Sie ist nur mit wesentlich gesteigerten technischen, handwerklichen Mitteln zu meistern. Von der Mehrzahl der Spielleute, der *ménéstrels*, hatten ihre ritterlichen Herren, die Troubadours, nicht viel mehr erwartet, als daß sie „geschickt" seien, den Minnesang mit ihren Instrumenten stützen und höchstens ein wenig verzieren könnten. Nur die Besten erfanden eigene Weisen, legten Ausdruck in ihre Improvisationen. Nun, in einer städtischen Kapelle, in einer Musikgruppe des Heeres wurden „Kenntnisse" zur Pflicht, wie Notenlesen, gewandtes Erfinden von Gegenstimmen oder Kontrapunkten, Beherrschung musikalischer Formen. Die „Hofkapelle" benötigt zudem auch Sänger, denen sich ein völlig neues Feld öffnet. Der erstehende weltliche Gesang weicht grundlegend vom religiösen, geistlichen der Kirche ab, steht in modernen Sprachen (während die Kirche auch weiterhin nur lateinisch singt), sucht Stimmungen und Nuancen, die zu den neuen höfischen Texten passen. Über den Kapellsänger geht häufig der Weg aufwärts zum höchsten Rang, den die kommenden Jahrhunderte auf musikalischem Gebiet zu vergeben haben: dem des „Kapell-Meisters". Bei ihm mußten noch schöpferische Fähigkeiten zu den interpretatorischen hinzutreten; der Leiter einer fürstlichen, einer Hofkapelle muß „komponieren" können, muß eigene Melodien und ganze „Werke" finden, erfinden: „zusammensetzen", was das lateinische *componere* bedeutet. Die Kirche, die bis vor

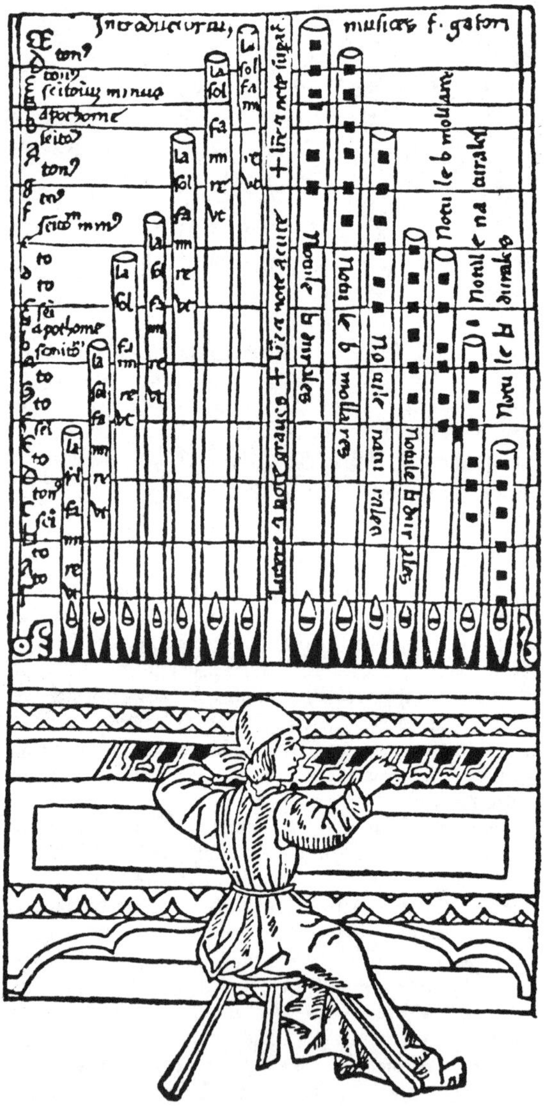

Ein Organist im ausgehenden 15. Jahrhundert. Von Wichtigkeit ist die überdimensionierte „Tabulatur", wie sie das Mittelalter fast als eine Art Geheimwissenschaft entwickelt hat. Im Prinzip verzeichnet sie keine Noten, sondern Griffe, gewissermaßen Fingersätze.

kurzem die Orgel im Gottesdienst verpönt hatte, öffnete sich nun ihrem Gebrauch; es gab viel interne Kämpfe deswegen, Vorteile waren, wie so oft, gegen Nachteile abzuwägen: Dogmatisches unterlag gegen praktische Notwendigkeit. Der „sinnliche Instrumentalklang" wurde in Kauf genommen, da mehrstimmiges Singen ohne tatkräftige Unterstützung der Orgel im Anfang kaum möglich schien. Die Kirche brauchte also Organisten, ein neuer Beruf war entstanden. Das Orgelspiel wird innerhalb weniger Generationen hohe Meisterschaft verlangen.
Sehr schnell verändert sich die Musikerschar in ungeahnter Weise, bleibt aber doch eine große Einheit, ja zum ersten Mal erwächst so etwas wie eine Demokratie aus den bunten Haufen. Hier geht es nach der Fähigkeit. Geburt und Beziehungen vermögen wenig auszurichten. Die Fähigsten werden Kapellmeister an einem Hof, oft hochangesehen, ja berühmt, vom Fürsten geehrt und beschenkt. Von ihnen berichten die Chroniken, viele gehen in die Musikgeschichte ein. Die weniger Befähigten, zu denen allerdings auch oft Hochbefähigte gehören, deren Wesen und Charakter ihnen den Aufstieg unmöglich macht, sind froh, wenn sie an Höfen oder in Städten als Musiker oder Chorsänger ein bescheidenes Dasein fristen, ihre Familien ernähren können und in Kriegs- oder anderen Notzeiten nicht mehr zu den ersten Opfern gehören, wie es ihnen, ihren Vätern und Großvätern noch geschah. In kaum einem anderen Stand ist die Vererbung so deutlich ausgeprägt: Die (männlichen) Kinder der Musiker werden wieder Musiker, das ist während des ganzen Mittelalters die Regel, bis zur Familie der Bachs hin, bis zu den Stamitz, Benda, Puccini, die schon weit in die Neuzeit reichen. Vielleicht vererbt sich – bei oberflächlicher Betrachtung scheint es so – kein Talent so sehr und über mehrere Generationen hin wie das musikalische. Viel spricht für die Natürlichkeit dieser Nachfolge, auch abgesehen von der direkten Vererbung des Talents. Der Sohn schaut dem Vater von frühester Jugend an beim häuslichen Üben, bald auch bei öffentlichem Spiel zu; er schult, ohne es zu merken, sein Gehör in der Kinderzeit und stärkt sein Gedächtnis für Melodien, deren er seit jugendlichen Tagen eine wahre Unzahl im Kopf behalten kann. Musik regt die Phantasie an, der Musikersprößling findet höchste Freude daran, selbst zu „erfinden", Neues zu versuchen, er muß deshalb noch lange kein „Wunderkind" sein (von denen es übrigens viel mehr gegeben haben muß, als die Geschichte berichtet).
Und was gibt es, im Lauf kurzer Frist, für eine Vielzahl Instrumente! Solche, die heute noch gespielt werden, wie Gitarren, Harfen, Geigen oder Fideln, Dudelsäcke, Posaunen, Trommeln, Pauken, sie alle mit verschiedenen, von den heutigen manchmal beträchtlich abweichenden Formen. Daneben solche, die nach einiger Zeit aus dem Musikleben verschwanden, aber hie und da heute nachgebaut und von Spielgruppen gerne verwendet werden: Zinken (leicht gekrümmte Trompeten aus Holz oder Elfenbein mit Grifflöchern), Serpente (schlangenförmig gewundenes tiefes Blasinstrument), Psalter (zitherähnliches Instrument mit wenigen Saiten, dessen Name vom lateinischen *psalterium* abgeleitet ist), Hackbretter (trapezförmiges Saiteninstrument, dem Psalter ähnlich, aber wie Zither und Zigeunerzymbal mit Schlegeln gespielt), Trumscheite (schmale, längliche, sehr große Streichinstrumente mit zumeist nur einer, manchmal auch zwei oder drei Saiten).
In Archiven der Stadt Bern hat sich eine Soldliste der dort im Jahr 1426 angestellten Musiker erhalten. Es waren drei „Pfeifer", also Flötisten, Spieler der Traversflöten, aus denen die heutigen Querflöten wurden, zwei Trompeter und ein Organist. Aber sie bildeten nur den festen Grundstock, zu dem bei festlicheren Gelegenheiten andere, fallweise entlohnte Musiker traten, Spieler fast aller oben erwähnten Instrumente. Im ganzen ist der Beruf eines „Musikus", wenn auch nicht so angesehen wie der des Stadtschreibers, Goldschmieds, Ratsherrn, doch keineswegs ein mindergeachteter oder gar trauriger. Ein Scherzkanon aus jenen Zeiten spiegelt deutlich die Lebenseinstellung jener

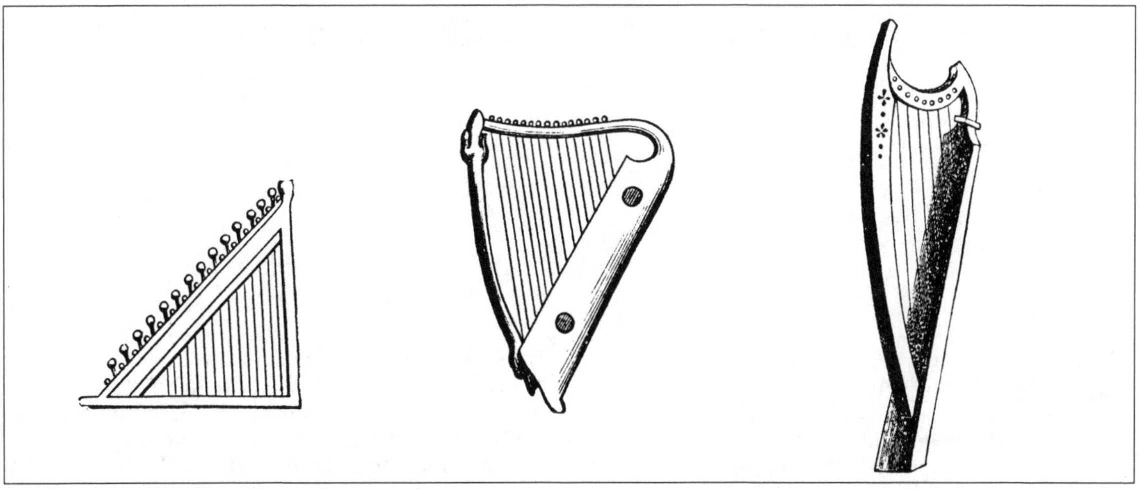

Zunft; heute noch wird gesungen: „Himmel und Erde müssen vergeh'n, aber die Musici, aber die Musici, aber die Musici bleiben besteh'n ..." So stark ist der Glaube an die eigene Zukunft. Oder ist es Selbstironie, die hier zum Ausdruck kommt?

Da sind wir schon mitten in der Stadt. Noch ziehen vereinzelte Minnesänger und Troubadours übers Land, aber ihr Untergang ist nicht mehr aufzuhalten. Niemals schließt eine neue Epoche sich faltenlos, streng getrennt an die vorangegangene an. Die kommende ist längst im Schatten der früheren vorhanden und wartet, bis ihre Stunde kommt. Dann sind Denken und Fühlen langer Generationenreihen müde, einstige Ideale alltäglich geworden. Und die neuen Ideale, das neue Fühlen und Denken sind so angewachsen, daß sie wie von selbst die Führung übernehmen können. Immer wieder ist an Victor Hugos so glänzend formulierten Satz zu denken: „Nichts ist so mächtig wie eine Idee, deren Zeit gekommen ist."

Troubadours und Minnesänger singen noch ihre letzten Weisen, doch zugleich erklingen erste Gemeinschaftslieder bei geselligen Zusammenkünften der Städter, formen musikbegeisterte Bürger sich zu einer frühen Art von Gesangsvereinen, bilden eine eigene Zunft, die bald als Meistersingerei kulturelle Bedeutung erlangen wird. In den Kirchen erklingt die tausendjährige Musik zu Ehren Gottes in volltönenden, nun mehrstimmigen Kompositionen, die den Gregorianischen Gesang langsam ablösen. Drei Musikarten ganz verschiedener Art gleichzeitig. Kaum jemand achtet damals auf dieses Zusammentreffen. Erst im späteren Rückblick wird sich seine Bedeutung enthüllen. Hier zeigen sich der geistige Reichtum und die schöpferische Kraft des Abendlandes, die seinen stolzesten Besitz bilden.

Oben: Harfen aus drei Jahrhunderten: Links die dreieckige des 9., in der Mitte die des 12. Jahrhunderts (die zumeist 15 Saiten aufwies und als Lieblingsinstrument der Minnesänger und Troubadours gilt), rechts eine Form des 14. Jahrhunderts, wie wir sie noch bei ritterlichen Sängern und ihren Spielleuten (oder „Minstrels") finden. Rechts: Pfeifer und Trommler stellten nicht nur die Musik der Soldaten, sondern auch die Tanzmusik, wie dieser deutsche Holzschnitt aus dem 15. Jahrhundert zeigt.

Die Anfänge der Mehrstimmigkeit

Woher kommt sie „plötzlich", diese POLYPHONIE oder Mehrstimmigkeit? In jeder Betrachtung der abendländischen Musikgeschichte nimmt der rätselhafte Beginn der Polyphonie, das Erwachen der Mehrstimmigkeit einen gewichtigen Raum ein. Es wird kein Zweifel daran gelassen, daß hier – grob geschätzt um das Jahr 1000 – etwas gänzlich Neues in das Hörerlebnis des europäischen Menschen tritt. Aber es wird kaum je irgendwo der Versuch gemacht, diesen Umsturz zu erklären, seine Ursachen und Beweggründe offenzulegen. Wir wollen es versuchen – selbst auf die Gefahr des Scheiterns hin.
Im ersten Jahrtausend nach Christi Geburt wurde einstimmig musiziert. Einstimmig war die aus dem Orient übernommene Musik, selbst zur Zeit ihrer höchsten Blüte scheinen Griechenland und Ägypten, Persien und der ferne Osten nie anders als *homophon*, einstimmig musiziert zu haben. Walter Wiora, einer der besten Kenner weltweiter Volksmusik, erwähnt trotzdem (in seinem Buch „Die vier Weltalter der Musik" von 1961) die Tatsache, daß neben der Polyphonie zumindest ähnliche Bildungen in der Musik einzelner Völkerstämme hie und da aufgetaucht seien. Er spricht von „Stimmgewirr", „Stimmgedränge", von Melodien, die nach längerem einstimmigen Singen zu Seitenbewegungen auseinandertreten und sogar Gegenbewegungen ausführen, bevor sie wieder in strengen Einklang zurückfließen. Er zitiert Quarten- und Quintenparallelen (die trotz ihres sozusagen automatischen Ablaufs, der unserer Idee der freien Mehrstimmigkeit widerspricht, doch irgendwie als Polyphonie gelten müssen), die von den Indios der Amazonas-Urwälder gesungen werden, bringt aus Afrika, aus der Südsee, aus Bali, Algerien und dem Kaukasus seltsame Beispiele von „nebeneinander erklingenden" Tonfolgen, die man vielleicht mehrstimmig, sicher jedoch „heterophon" nennen kann. Nun gibt es aber für dieses griechische Wort keine genaue Definition. Als *heterophon* – wörtlich etwa: verschieden klingend – muß man es bezeichnen, wenn zwei Menschen die gleiche Melodie anstimmen, sie aber nicht genau im Kopf haben, so daß Abweichungen entstehen. Der große Musikgelehrte Curt Sachs meint, die Heterophonie erinnere an den zwanglosen Gang von Leuten, die in der gleichen Richtung schreiten ohne sich, wie marschierende Soldaten, um völligen Gleichschritt zu bemühen.
So weit man gesucht und geforscht hat, nichts wurde gefunden, was auf eine frühere Existenz von mehrstimmiger Musik auf unserer Erde schließen ließe. Trotzdem raten wir zur Vorsicht: Natürlich kann es in einer früheren Menschheitsepoche manches gegeben haben, von dem wir heute, in begreiflichem, wenn auch unentschuldbarem Überlegenheitsgefühl annehmen, das Abendland sei sein Schöpfer. Europa musizierte tausend Jahre lang einstimmig. Aus der Tradition, die wir erwähnten, aber vor allem wohl, weil seine Gesellschaftsstruktur anderes nicht verlangte oder vertrug. Die Kirchenmusik, der Gregorianische Gesang, durfte nicht anders als einstimmig ablaufen, um auch so die Gleichheit aller vor Gott sinnfällig zu zeigen. Dem Singen des Troubadours war Mehrstimmigkeit aus dem ungeheuer einfachen Grund fremd, weil es sich um eine völlig individuelle, individualistische Kunst handelte. Allenfalls könnte vielleicht die „Begleitung", die zumeist der Spielmann auf seinem Instrument dazu vollführte, Ansatzpunkte zur Heterophonie, ja zur Polyphonie enthalten haben. Aber diese Idee – wenn sie existierte – war noch zu schwach, zu unbedeutend, um Beachtung zu finden, um Ausgangspunkt eines neuen Gedankens zu werden.

Warum hat die Flöte dieser griechischen Spielerin (470 v. Chr.) zwei Schallrohre? Bedeutet dies eine Art „Heterophonie", bei der sich eine Gegenstimme um einen anhaltenden Grundton rankt? Kannte das Altertum schon eine Mehrstimmigkeit?
Rechte Seite: Musikalische Szene im späten Mittelalter.

Wir besitzen keine gültigen Zeugnisse aus den Musikkulturen, die der abendländischen Epoche vorausgingen. So viel auch von Musik in außereuropäischen, vorchristlichen Schriften die Rede ist, den Klang selbst kann uns keine vermitteln; nichts holt das einmal Verklungene zurück. Schon bei Plato (in den *Nomoi*, VII, 812 D) lesen wir, seine griechischen Landsleute hätten „Abweichungen von der strengen Einstimmigkeit" gekannt, aber es ist nahezu sicher, daß es sich hier um *Heterophonie*, nicht aber um „echte" *Polyphonie* gehandelt habe.

Entstehung der Mehrstimmigkeit

Mehrstimmigkeit entsteht nicht, wenn zwei oder hundert Personen gleichzeitig dasselbe singen oder spielen; nicht um die Zahl der Ausführenden handelt es sich, sondern nur um das, was sie gleichzeitig singen oder spielen. Schon aus dem Gesang zweier Menschen, die die gleiche Melodie nicht gleichzeitig, sondern mit kleinem Zeitabstand singen, kann Polyphonie entstehen. Das ist der Fall in der einfachsten Form der Mehrstimmigkeit, dem Kanon, der heute zum Element der musikalischen Früherziehung geworden ist, seinerzeit aber, vor vielen hundert Jahren, ein wichtiger Baustein der Mehrstimmigkeit war. Dieser waren in ihrem gewaltigen Aufstieg während langer Zeit kaum Grenzen gesetzt. Dem zweistimmigen Gesang der ersten Epoche folgte die Drei-, die Vierstimmigkeit. Damit waren die Grenzen des menschlichen Hörens wohl erreicht, wenn nicht sogar überschritten. Wer vermag drei oder vier verschiedene Melodien gleichzeitig beim Hören zu verfolgen? Es bedarf selbst heute, nach bald tausend Jahren Polyphonie, eines ausnehmend guten Gehörs dazu. Trotzdem schritt die Musik weiter. Unter klarer Mißachtung der „Durchhörbarkeit" eines Werkes, also um rein klanglicher Genugtuung willen, schrieb sie fünf-, sechs-, neun-, sechzehnstimmig. Aus dem Salzburger Dom wurde eine Messe zu 48 Stimmen bekannt...

Zur Erklärung der „echten" Polyphonie muß aber noch ein wesentlicher Faktor erwähnt werden. In der deutschen Volksmusik etwa – aber auch in der anderer Länder – ist der zweistimmige Gesang etwas völlig Natürliches: Die tiefere Stimme begleitet die höhere im Abstand der bestklingenden Intervalle, der Terz oder der Sext. Nun ist es aber sehr fraglich, ob so strikte Parallelbewegungen der Stimmen tatsächlich als polyphone, als vielstimmige Bildungen anzusehen sind. Denn die beiden so geführten Stimmen wachsen zur Einheit zusammen, vermischen sich im Gehör zu einer einzigen Melodie: Zur echten Polyphonie – das griechische Wort bedeutet nichts anderes als „viele Stimmen", wobei „Stimme" auch Weise, Melodie bezeichnet. Polyphonie gibt es also auch in der instrumentalen Musik, in jeder Art von Musik. In einem Streichquartett ist der Hörer ebenso angehalten, den Ablauf verschiedener Melodien im Gehör gleichzeitig zu entwirren und wieder zur Einheit zusammenzufassen, wie bei einem Gesangsquartett.

Die Polyphonie begann recht einfach. Eine Stimme verblieb auf dem Anfangston, während die andere eine Melodie erfand. Oder beide bewegten sich in gleicher Richtung, aber in paralleler Form. Dabei wurden in der frühesten Zeit parallele Quinten oder Quarten

bevorzugt, die nach den mathematischen Grundlagen der Musik beste Zusammenklänge ergeben, aber dem Gehör der letzten Jahrhunderte zu harten Dissonanzen geworden sind.

Die Mehrstimmigkeit ist also ein neues Kompositionsprinzip gewesen. Anstatt eine einzige, möglichst ausdrucksvolle Melodie zu erfinden und zu singen, bemüht sich der Komponist der Polyphonie, zur Melodie eine „Gegenstimme" zu formen. Sie erhält den Namen Kontrapunkt, vom lateinischen *punctum contra punctum:* Man setzte jedem „Punkt", jedem Ton der Melodie einen Punkt in der Gegenstimme entgegen. Zu den Lehrfächern höherer musikalischer Anstalten zählt heute das Studium des Kontrapunkts. Es setzt voraus, daß der polyphone Musiker in erster Linie „horizontal" zu hören lernen muß. Was bedeutet das? Zwei Melodielinien, die zu Papier gebracht werden, bewegen sich natürlich – wie jede Schrift des Abendlandes – horizontal von links nach rechts. Es geht darum, mit dem Gehör Melodielinien zu folgen, nicht Einzeltönen. Erst Jahrhunderte später lernt das Abendland „vertikal" zu hören: den Zusammenklang mehrerer Töne zu erfassen, die sogenannte Harmonie. Und in der Musikgeschichte wird es interessant sein zu erkennen, welches Zeitalter eher die Mehrstimmigkeit, dem Kontrapunkt zuneigte (Gotik und Barock!) und welches der Harmonie (Klassik und Romantik!).

Mehrstimmigkeit setzt ein neues Hören voraus. Das neue Hören setzt ein neues Denken und Fühlen voraus, ein neues Lebensgefühl. Wo liegt der tiefste Grund zu einer so einschneidenden Veränderung? Ein so entscheidender Wandel ist keine Zufallserscheinung. In den Gesellschaftsstrukturen des Abendlandes müssen wesentliche Verschiebungen vorgegangen sein. Während der ersten Jahrhunderte unserer Zeitrechnung besteht die kulturtragende Schicht Europas aus einem einzigen massiven Block: der Kirche. Ihre Arbeit wird zwar immer wieder gestört, bedroht, an vielen Punkten vernichtet durch die kaum je aussetzenden Kämpfe nach Invasionen aus vielen Richtungen, durch Völkerwanderungen und Bedrohungen im Zeichen mannigfacher Religionen und Glaubensbekenntnisse. Aber selbst die immer wieder auftretenden Zersplitterungen in den eigenen Reihen zerschlugen den Glauben nicht. Das Christentum, als große Einheit genommen, überlebte. Dieser monolithische Glauben drückte sich in der absoluten Einstimmigkeit seiner Musik aus. Den trotz seiner Vielfalt stets unbedingt einstimmigen Gesang des Glaubens konnten dogmatische Unterschiede nicht antasten: Es gab einen einzigen Gott, der seinen einzigen Sohn auf die Welt geschickt und mit dem einzigen Heiligen Geist die Welt erlöst hatte. Die in inbrünstigem, keinem spaltenden Gedanken offenen Glauben angestimmten Gesänge waren der Ausdruck des Ewigen, des Lebens ohne Tod. Anders als einstimmig, monolithisch, weltabgewandt und himmelgerichtet können wir sie uns nicht vorstellen.

Gegen Ende des ersten Jahrtausends aber macht der unbedeutende, nur auf Gott ausgerichtete Mensch eine bedeutende Entdeckung: die Welt. Sie rüttelt keineswegs an seinem Gottesglauben. Im Gegenteil: ist nicht die ganze Welt Gottes Werk? Also auch ihre Schönheit, ihr Frühling, ihr Grün in Wald und Feld, ihre singenden Bäche und Vögel, ihre Wolken und Winde, die sich um sie als Mittelpunkt drehenden Gestirne? Aus den festungsartigen Kapellen der frühen Zeit wachsen nun immer größere, stolzere Kirchen. Prächtig müssen sie sein, denn wie anders könnte der Mensch einem Gott danken, der die Welt so prächtig geschaffen und eingerichtet hat? Die Mönche waren alle gleich vor Ihm, auf gleiche Weise dienten sie Ihm, sangen Sein Lob. Die Menschen der sich entwickelnden Städte unterschieden sich von Anfang an, denn jeder erbrachte andere Leistungen, um Ihm zu huldigen. Das hatten auch die Mönche in kleinerem Rahmen schon getan, aber ihre Gewandung war die gleiche geblieben, ob sie in ihrer Zelle an einer schönen Handschrift arbeiteten oder ob sie in der Küche für alle Mitbrüder das kärgliche Mahl bereiteten. Die Stadt aber beginnt äußerliche Unterschiede zu schaffen. Der Fürst in seinem Schloß geht in Seide und Brokat einher, trägt goldenes Geschmeide und reitet edle Rosse. Sein die Stadt verwaltender Beamter sucht es ihm nachzutun an Prunk und Hoheit, ohne einen letzten, deutlich sichtbaren Unterschied verwischen zu wollen. Eine Stufenleiter beginnt sich herauszubilden, ganz von selbst und folgerichtig: nach „Wichtigkeit" und Vermögen. Das letztere ist ein neuer Begriff innerhalb der christlichen Gemeinschaft. Nicht etwa, daß es Reichtum und Armut nicht seit langem, wohl seit jeher, gegeben hätte! Dies sind bereits im Alten Testament selbstverständliche Begriffe. Aber die Gemeinschaft der Mönche hielt lange Jahrhunderte an der materiellen Gleichheit der Brüder fest. Vermögen war ihnen ein unbekannter Begriff, aller Besitz war Gemeingut und einzig und allein zu Gottes höherer Ehre da. Mit dem Erstarken einer Klassengesellschaft wurde alles anders. Der Mächtigere ließ den weniger Starken für sich arbeiten, wurde auf dessen Kosten vermögend, reich, „mit irdischen Gütern gesegnet", wie ein völlig irreführender Ausdruck lautet. Das „Berufsleben", das sich nun herauszubilden begann, trug zur Differenzierung unter den Menschen wesentlich bei: Jede Leistung wurde verschieden bewertet, im Gegensatz zum mönchischen, aber auch zum bäuerlichen Leben.

Die Gesellschaft und die Städte

Wie hätte eine solche Gesellschaft auf die Dauer mit einstimmiger Musik ihr Auslangen gefunden? Nicht daß diese zu „primitiv" gewesen wäre! Wer den Gregorianischen Gesang so nennen wollte, der irrte sehr. Auch wer ein Minnesängerlied Walthers von der Vogelweide für „primitiv" hielte, versteht diese Kunst nicht. Hier handelt es sich um anderes. Die frühere Gesellschaft, die wir monolithisch nannten – wir hätten auch angesichts einer vorhandenen Hauptströmung von „einheitlich" sprechen können –, konnte sich musikalisch nur einstimmig ausdrücken. Sie besaß einen alles beherrschenden Mittelpunkt: den Glauben. Die Gesellschaft, die sich gegen Ende des ersten Jahrtausends im Abendland herauszubilden beginnt, löst allmählich diesen Mittelpunkt in eine Reihe von Idealen auf. Sie heißen etwa Glaube, Minne, Kameradschaft bei den Troubadours. In den Städten könnte man sie Glaube, Arbeit, Gemeinschaft nennen, in der Feudalschicht Glaube, Macht, Herrschaft. Der Glaube ist überall noch an der Spitze, er hält das Abendland zusammen, dessen einzelne Bestandteile sich nur noch in ihm miteinander ein wenig verbunden fühlen, wenn es auch immer fraglicher wird, wieweit die Gebete des Kaisers mit jenen des Bürgers oder des Bauern übereinstimmen.

Eine pluralistische Gesellschaft findet es immer schwieriger, sich in der Kunst auf einen engen Weg beschränken zu lassen. Ihre Stile wechseln häufig; vielerlei, oft Entgegengesetztes, ringt um die Vorherrschaft. Die Gesellschaft des Jahres 1200 erlebt die Gleichzeitigkeit, von der wir sprachen, im Musikalischen: Gregorianischer Gesang in den Kirchen, doch auch erste Experimente der Mehrstimmigkeit, letzte Troubadours und Minnesänger, Schlösser mit feudaler Hofmusik, ländliche Gemeinden mit Volksliedern und Volkstänzen, aufblühende Städte mit Gemeinschaftsmusik und Weiterentwicklung der Mehrstimmigkeit, die ihrer Struktur ideal zu entsprechen scheint.

Diesen Städten wollen wir uns nun zuwenden, denn in ihnen wird die Polyphonie ihre höchste Blüte erleben. Hier arbeiten die Städte eng mit der Kirche zusammen. Auf allen Gebieten: Die Bürgerschaft muß es sein, die den alten Wunsch der Kirche nach einem größeren, schöneren, das heißt Gottes würdigeren Haus zu erfüllen hat. Mit religiösen Bildern werden die Patrizier-, die Rathäuser der wachsenden Städte verziert. In der jungen „bürgerlichen" Literatur, dem Gedicht wie dem Roman, ist der Glaube immer noch führend gegenwärtig, alles menschliche Gefühl und Geschehen ruht noch in Gott, wenn auch die Zahl der „gottlosen" Schriften auffallend anwächst. Und die geistliche Vorherrschaft bleibt auch der Musik des Bürgertums noch lang bewahrt.

Die Bürger sitzen gern nach des Tages Arbeit beisammen im „Rat" und besprechen unter den „wichtigsten", den einflußreichsten Bewohnern der Stadt die Zukunft ihres Gemeinwesens. In diesen ersten Jahrhunderten der städtischen Blüte zeichnet das Bürgertum sich, wie jede neue Klasse, die an die Macht kommt, durch Reichtum der Gedanken, durch Kühnheit der Entschlüsse, durch Selbstlosigkeit des Handelns aus.

Viel gibt es im jungen Gemeinwesen zu ordnen, zu organisieren, rein Materielles wie Sicherheit und Hygie-

ne, Beleuchtung, Wachdienst, Nachtwächterwesen, Befestigung, aber auch manches, das ans Ideelle grenzt, ja sich tief auf dieses Gebiet begibt. Die Bürgerschaft beschließt den Bau einer Kathedrale, die hoch über die Dächer der Stadt ragen soll, ein Symbol der nie verleugneten Unterwerfung der Bürger unter die Hand Gottes, aber auch der eigenen Stärke, der Macht, des Reichtums, zu dem man in verhältnismäßig kurzer Zeit gekommen ist. Sie werden den Dom bauen, kühn und glanzvoll. Doch sie wissen – und darin liegt ihre wahre Größe –, daß keiner von ihnen ihn je wird mit seinen eigenen Augen betrachten, sich an ihm wird freuen können: Die Augen der Kinder, nein, wahrscheinlich die Augen der Enkel werden ihn fertig erblicken, und es wird ein großer Tag sein. In ihren kühnen Gedanken hören sie schon die Orgel machtvoll durch den riesigen Raum klingen, Chöre ihr machtvolles „Halleluja" anstimmen zu Ehren Gottes, aber auch zum Ruhm der Stadt, aller Städte rings im Abendland, der Gemeinschaft aller Bürger überall, die durch Glauben und Arbeit – *ora et labora* – die höchste Stufe des menschlichen Zusammenlebens erreicht haben.
Und so vielfältig, wie ihre Gesellschaft ist, soll auch ihre Musik sein. Wie die Kathedrale soll sie sich vom festen Fundament aus erheben, reich gestaltet wie die geschmückten Wände ihres Bauwerks, aufwärts, verzweigt und verästelt in Gottes ersehnte Nähe.
Eine solche Musik aber, würdig in einem gewaltigen Dom zu erklingen, muß Stimmen haben, viele machtvolle Stimmen, die gemeinsam in die Höhe streben, sich umeinander ranken zu immer neuen Höhepunkten. Mehrstimmigkeit mag es schon lange in Ansätzen gegeben haben, die ersten Versuche – wir werden von ihnen sprechen – gehen bis ins 9. Jahrhundert zurück. Aber wiederum müssen wir der Worte Victor Hugos gedenken: Die Zeit mußte reifen, der geschichtliche Augenblick kommen, in dem eine neue soziale Konstellation dem schon Vorgeahnten, von weitblickenden Pionieren Erträumten den Durchbruch zur glanzvollen Wirklichkeit ebnen wird. Die Bürger fühlen die Bedeutung ihrer Entschlüsse, besonders derjenigen, die in die Zukunft weisen. „Neu" ist das große Wort, das sie alle beseelt. Sie ahnen, daß mit ihnen eine neue Zeit angebrochen ist. Die Maler fühlen es, die Dichter, die Musiker, die Baumeister. Die massive, befestigungsartige Bauweise der dicken Mauern, der fensterarmen Wände befriedigt sie nicht mehr. Die gewaltigen Quader scheinen nun wie von selbst aufzubrechen, farbenfrohe hohe Fenster lassen das Licht der Welt in die bis dahin düsteren Räume. Türme laufen nun spitz zu, streben hinaus, weisen hinauf in unendliche Fernen. Ein neuer umstürzender Stil kündigt sich an. Möglicherweise war es der italienische Renaissanceautor Giorgio Vasari, der ihn als „gotico" bezeichnete und damit den Begriff „Gotik" schuf. Keineswegs tat er dies in lobendem Sinn, denn er leitete das Wort von den Goten ab, die dem italienischen Kulturmenschen nie etwas anderes als barbarische, d. h. fremde Invasoren bedeutet hatten. Lange Zeit hindurch stand der Begriff „Gotik" für „nicht antik", unübersichtlich, verworren, sogar größenwahnsinnig; in der Gotik schien den ersten Betrachtern nichts mehr von der stillen Größe wahrer Schönheit vorhanden zu sein, die seit den Tagen Griechenlands Wahrzeichen echter Kunst gewesen war. Erst viel später wurde die Gotik als wertvoll, neu, bahnbrechend erkannt. Sie brach die beengenden Flächen auf, strebte aus dem Kreis heraus, der zwar Vollendung in sich bedeuten kann, aber auch Begrenzung in sich selbst. Sie belebte jeden Bogen, der bis dahin gerundet in sich selbst ruhte, durch den Zug der Höhe, sie gab jeder so entstehenden Spitze die Bedeutung menschlicher Sehnsucht. Nach der in sich ruhenden Andacht der Romanik, welche die ersten großen Sakralbauten gekennzeichnet hatte, verkörperte die Gotik das Streben nach Höherem, die Unruhe des suchenden Geistes. Der feierliche, ja lastende Ernst, die weltabgewandte Düsterkeit, die im romanischen Bau zum Ausdruck kam, verwandelte sich in Bewegung. Eine Kunst des Lichts bricht an.
Nicht anders verfuhr die Malerei. Dem seine Gottessehnsucht malenden Mönch kam es nicht auf „Genauigkeit" an, er malte keine „Wirklichkeit", sondern seine innere Schau, die nur ihm sichtbaren Bilder seiner Seele. „Realismus" war kein Postulat, Mystik kennt keine Proportionen. Ihn interessierte nicht, daß Euklid um das Jahr 300 v. Chr. genau beschrieben hatte, wie ein Abbild sinngemäß der wahren Beobachtung des Menschenauges anzupassen sei, daß also die Regeln der Perspektive längst gefunden waren. Nun aber, im großen Frühlingsanbruch des abendländischen Geistes um das Jahr 1000, begnügen sich die zunehmend „bürgerlichen" Maler nicht mehr mit der früheren, gewissermaßen nur nach innen gewendeten Sicht. Giotto setzt nach fast 1600 Jahren Euklids Wahrnehmungen in die Wirklichkeit um und öffnet der abendländischen Malerei die neue Welt perspektivischer Schau. Es sind die Bildwerke einer neuen Kunst, die der zunehmend kunstbegeisterte Bürger in sein Heim und in die Säle festlicher, öffentlicher Zusammenkünfte trägt.

Orgel (mit zwei großen Blasbälgen) und Chorsänger, Mainz, 1511.

Die frühe Polyphonie

Im selben Maß und in der gleichen Richtung erfahren Kleidung, Innenausstattung der Häuser, Geselligkeit bedeutende Änderungen. Ein neues Denken bewirkt und bewegt dies alles. Ist es da verwunderlich, daß auch ein neues Hören sich Bahn bricht? Spätestens seit 900 sind Versuche neuer Musik festzustellen, was damals soviel bedeutet wie mehrstimmiger. Man fügte einer bestehenden Melodielinie, die sehr bezeichnend *Cantus firmus*, der feste, feststehende, unveränderliche Gesang heißt, eine „Gegenstimme" hinzu, die – wie wir bereits sahen – Kontrapunkt heißt, weil jeder Note (punctum) des *Cantus firmus* eine gleichzeitig erklingende Gegennote entgegengesetzt wurde. Die Versuche begannen wohl damit, daß sich *Cantus firmus* und Kontrapunkt parallel bewegten. Diese Art des zweistimmigen Singens und Musizierens wurde *Organum* genannt, auch den Begriff *Diaphonie* finden wir in frühen Traktaten. Eine andere Art, zur Mehrstimmigkeit zu gelangen, finden wir in Versuchen, bei denen die eine Stimme auf dem gemeinsamen Anfangston stehenblieb und die andere ihre Melodie abwickelte.
Von der frühesten Polyphonie spricht (in seinem Werk „Musica enchiriadis", einem Handbuch der Musik) der Mönch Hucbaldus oder Hucbald von Amand, ein flandrischer Mönch und Musiktheoretiker, der von etwa 840 bis 930 oder 931 lebte. Auch sein Zeitgenosse, der irische, in Frankreich niedergelassene Mönch und Philosoph Johannes Scotus, der unter dem Pseudonym Erigena schrieb, behandelt die frühe Mehrstimmigkeit. Wir erwähnten schon, daß die ersten Theoretiker Parallelbewegungen nur in Quinten und Quarten zuließen, gerade im Gegensatz zum späteren mitteleuropäischen Musikempfinden, das den Terzen- und Sextenparallelen zustrebt, nicht nur im Volkslied, sondern auch bei manchem Großmeister der Romantik wie Brahms u. a. Wie es zu dieser „Umstellung" kam, gehört auf ein viel späteres Blatt; hier sei nur darauf hingewiesen und die Frage nach dem Warum gestellt. Sie ist schwer zu beantworten. Vielleicht trifft es zu, daß die ersten Versuche mit mehrstimmiger Musik von Mönchen gemacht wurden, die natürlich jeder sinnlichen Wirkung der Musik aus dem Weg gehen mußten. Die Quinten- und Quartenparallelen klingen nüchtern und hart, Sexten und Terzen aber dürften seit jeher im Zusammenklang ein wohliges, angenehmes, sinnliches Gefühl hervorgerufen haben.
Auf der gegenüberliegenden Seite findet der Leser eine Orientierung über die frühen Versuche der Mehr-

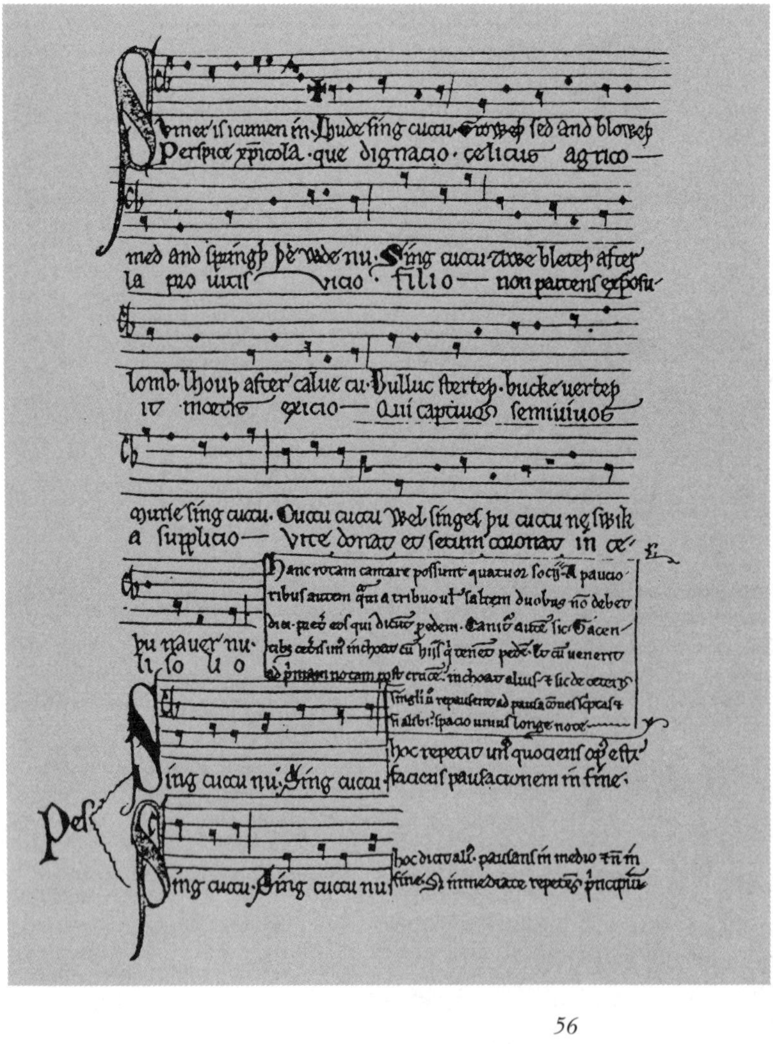

Es bedeutete eine gewaltige Überraschung für die Musikwissenschaft, als – vor nicht allzulanger Zeit – ein englisches Musikmanuskript aus dem Jahr 1226 gefunden wurde, das einen perfekten vierstimmigen Kanon (noch dazu mit zwei „freien" Ostinatostimmen) darstellte; der „Sommerkanon" wird im British Museum aufbewahrt.

stimmigkeit. Die Beispiele sind leicht auf einem Tasteninstrument nachzuspielen und vermitteln einen klanglichen Eindruck der Musik um das Jahr 1000 und von der allmählichen Entwicklung der Mehrstimmigkeit oder Polyphonie.
Alle diese frühen Beispiele eines neuen Musikprinzips sind von Mönchen entwickelt worden. Nur Geistliche diskutieren die entstehenden Theorien, nur die im Klosterfrieden lebenden Kirchendiener hatten Zeit und Muße, sich mit solchen Fragen auseinanderzusetzen und über ihre Verträglichkeit mit der Theologie nachzudenken. Wer also behauptet, die Mehrstimmigkeit sei im Schoße der Kirche entstanden, irrt nicht. Doch ohne den entscheidenden Anstoß aus der „Welt", ohne den Wandel der Lebensbedingungen, der „draußen" vor sich ging, hätte dieser Gedanke niemals seinen Siegeszug antreten können. Die Kirche schuf die Theorie, war allenfalls geneigt, sie im Kirchengesang auszuprobieren. Zur Durchsetzung völlig neuer Prinzipien aber einer ganz neuartigen Musik konnte es ohne starke weltliche Impulse nicht kommen. Er ist schwer zu beweisen, aber wir möchten den Satz wagen, daß die neue Mehrstimmigkeit ihren wahren Nährboden in der bürgerlichen Kultur der städtischen Gesellschaft fand. Ohne die bürgerliche Kultur hätte es kaum jemals eine echte Hochblüte der Polyphonie gegeben. Wie machtvoll die neue Idee sich Bahn brach, dafür sei noch ein Beispiel gegeben, das zum Nachdenken herausfordert. Das Beispiel stammt aus England. Hier sind bereits Kunstwille und Kunstverstand am Werk. Im Süden des Landes fand man den „Sommerkanon", dessen Ursprung Gelehrte in den Beginn des 13. Jahrhunderts versetzen. Das Kanonsingen, heute jedem Kind vertraut, ist eine musikalische Form, mit der wie durch einen Zauberschlüssel das Reich der Polyphonie geöffnet wird. Zwar führen alle Stimmen das gleiche aus, aber die Zeitverschiebung, die zeitlichen Abstände, die zwischen einzelne „Einsätze" gelegt werden, wandeln die Einstimmigkeit in Mehrstimmigkeit. Bei diesem altenglischen Kanon singen nicht nur vier Stimmen oder Stimmgruppen die Melodie mit dem Text „Sumer is icumen in"; es gesellen sich noch zwei „freie" Stimmen hinzu und bereichern die Polyphonie. Woher kommt diese schon recht anspruchsvolle Art des mehrstimmigen Singens? Sie deutet darauf hin, daß Ähnliches bereits seit geraumer Zeit gepflegt worden sein muß. Gibt es Quellen vielleicht volkstümlicher Musik, die wir nicht kennen? Die einfache Melodik des „Sommerkanons" läßt auf solchen Ursprung schließen. Könnte die Mehrstimmigkeit im „Volk" gefunden, erfunden worden und ihre Theorie dann in den Klöstern festgelegt worden sein?
Nur noch eine kurze Spanne Zeit, und die himmelstrebenden gotischen Kathedralen werden seltsame – oder gar nicht so seltsame, sondern selbstverständliche – Parallelen zum mehrstimmigen Gesang aufweisen: das Ineinanderfließen vieler Linien, die Fülle von Einzelheiten, die in einem Ganzen aufgehen, der Ausdruck strebender Unruhe, die beinahe zwanghafte Notwendigkeit, höchste geistige und seelische Anspannung walten zu lassen, um allem ungleich gerecht werden zu können, was Phantasie und Können eines schöpferischen Menschen hier zu Ehren Gottes und zur Freude der Menschen gestaltet hat.

So begann die Mehrstimmigkeit des Abendlandes mit Beispielen von Hucbald (um 900) und Guido von Arezzo (um 1000).

Organum oder *Diaphonie* in Quintenparallelen („einträchtig zwiefacher Gesang"):

Organum oder *Diaphonie* in Quartenparallelen:

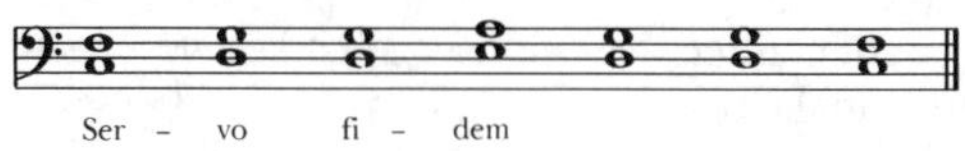

Etwas später Ausbruch aus der strengen Parallelität der Stimmen, die gegen Schluß zusammenrücken und stufenweise in den Einklang münden:

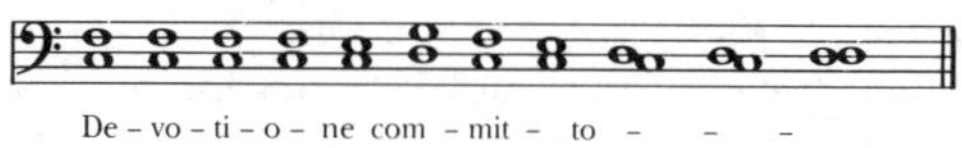

Daraus entstehende freiere Behandlung der Intervalle:

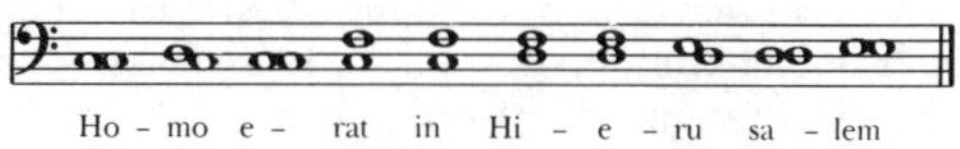

Die Terz, vielleicht aufgrund der immer stärkere Beachtung findenden Volksmusik, setzt sich als führendes Intervall der Mehrstimmigkeit durch:

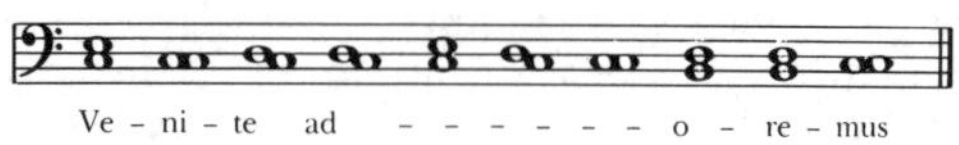

Ein typisches Beispiel Hucbalds, das im Unisono beginnt und endet:

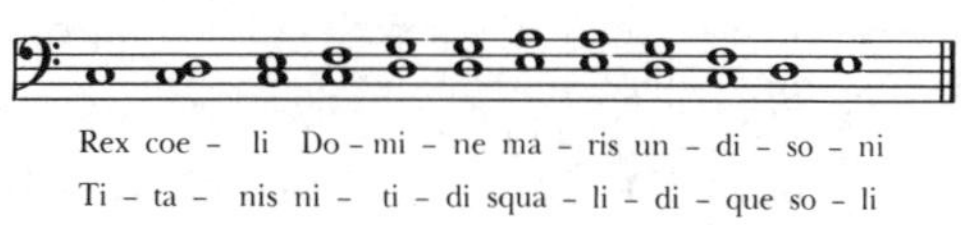

Der bisher auf die Quart beschränkte Tonraum erweitert sich zur Quint:

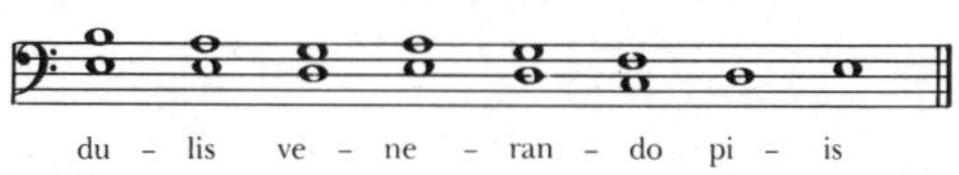

Die Zeit des musiktechnischen Fortschritts

Jede Epoche erfindet oder entdeckt, was sie zur Verwirklichung ihrer Ideen braucht. Während der frühchristlichen Jahrhunderte machte die Notenschrift nur langsame Fortschritte, da deren Musik mit den bestehenden Notationsmöglichkeiten durchaus genügend dargestellt werden konnte. Der Gregorianische Gesang war jenen, die ihn ausführten, genügend vertraut, um aus wenigen schriftlichen Andeutungen eine Fülle von Melodien erkennen und ins Bewußtsein jener zurückrufen zu können, die sich mit ihm befaßten. Jede neue Generation von Novizen, die sich in der von Papst Gregor gegründeten Schola Cantorum und ihren örtlichen Zweigstellen in die Musik der Kirche einweihen ließen, erhielten von erfahrenen Chorleitern die notwendigen Kenntnisse. So genügten die Neumen, jene Hieroglyphen, vollständig, die mehr Gedächtnisstütze als Notenschrift waren. Nur sehr allmählich erfolgte der Übergang zu den sogenannten CHORALNOTEN, jenen runden oder viereckigen Punkten, die einen Fortschritt bedeuteten, da mit ihrer Hilfe jedem Klang nun eine Figur zugeordnet werden konnte. Der nächste Schritt mußte sein, mit Hilfe von Zeichen die Tonhöhe festzulegen. Es mußten Höhen bestimmt werden, von denen aus Distanzen, Tonabstände gemessen werden konnten. Versuche hierzu gab es unzählige, an zahllosen Orten des Abendlandes. Sie bilden ein kompliziertes Studiengebiet, sind aber für unser Buch von minderem Interesse, so fesselnd sie im einzelnen sein mögen. Um Höhen zu messen, bedarf es eines Höhenmessers, eines Maßstabes. Irgendwann zog irgendwo ein Mönch versuchsweise eine waagrechte Linie und setzte deren Höhe in Beziehung zu einer Tonhöhe. Aus der einen Linie wurden zwei, und damit war ein Maß gegeben. Mit Hilfe weiterer waagrechter, paralleler Linien wurde die Notation immer klarer und eindeutiger.

Die Musik besitzt, selbst in ihrer einfachsten „einstimmigen" Form, zwei Dimensionen: die Tonhöhe und die Tondauer. Der Fixierung der Tonhöhen war man mit der Ziehung mehrerer Linien immerhin sehr nahegekommen; die Erfindung der Notenschlüssel beseitigte weitere Unklarheiten und gab dem mehrere Oktaven umfassenden Tonmaterial die Möglichkeit einer Aufzeichnung. Doch als die Mehrstimmigkeit sich zu entwickeln begann, rückte die Notwendigkeit einer auch die Tondauer umfassenden Notenschrift gebieterisch näher. Denn nach Überwindung der Frühstadien wie Organum und Diaphonie entwickelte die Polyphonie ihr Grundprinzip: Zwischen Cantus firmus und Kontrapunkt sollten möglichst starke Kontraste in Tonhöhen, aber auch Tondauern bestehen, damit dem Ohr das Verfolgen beider zur gleichen Zeit erleichtert würde. Der *Cantus firmus* war in den Anfangszeiten zumeist eine „gregorianische" Melodie. Der Kontrapunkt, die Gegenstimme, wurde melodisch wie rhythmisch zur echten Gegenstimme, zur Gegenmelodie wie zum Gegenrhythmus. Es wurde dringend notwendig, neben der Fixierung der Tonhöhen nun zu jener der Tondauern zu gelangen, also die Notenschrift so zu vervollkommnen, daß sie beide Grundelemente der Musik in möglichst einfacher Form niederzulegen lernte.

DAS ZEITMASS

Musik ist etwas Lebendiges, Interpretation von Musikwerken etwas weitgehend Persönliches, von den verschiedenen menschlichen Temperamenten Abhängiges. Dem konnte nur Relativität Rechnung tragen. Die Zeichen für die Dauer einer Note konnten nur wechselseitig in einem Abhängigkeitsverhältnis stehen, nicht aber absolut zum Zeitmaß. Die Tonhöhen waren nun relativ fixiert: War der eine Ton etwa mit C bezeichnet, so konnte jener auf der folgenden Linie nur E heißen, aber die Wahl des Platzes für den ersten Ton wurde dem Musiker in jedem Fall überlassen. Und nun tat die MENSURALNOTATION das gleiche in bezug auf die Zeitdauer der Noten. Schon der aus dem Lateinischen genommene Namen besagt es: *mensurabilis* bedeutet meßbar. Er bedeutet aber nicht, die Grundeinheit sei z. B. eine Sekunde oder eine halbe Sekunde lang. Sondern nur, sie sei doppelt so lang wie der nächstkleine-

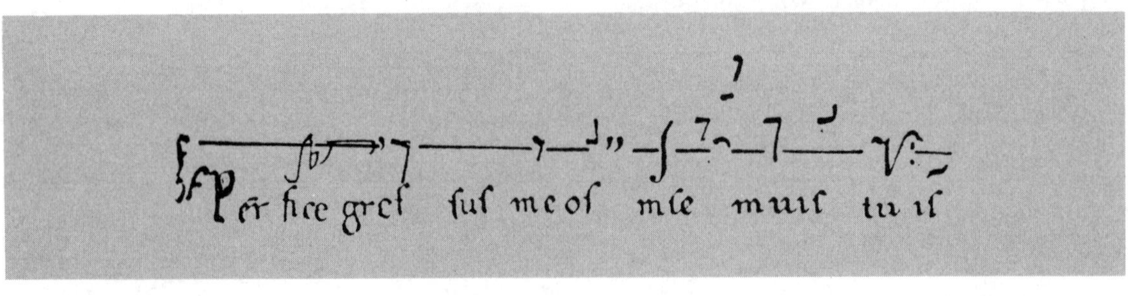

re Wert, und dieser doppelt so lang wie der ihm vorangehende. Wie lange jeder von ihnen zu nehmen sei, bleibt einer Angabe in Worten überlassen, wie sie als „Tempobezeichnung" über jedem Musikstück stehen sollte. Mit ihrer Hilfe wurde ein ungefähres Maß geschaffen. Sehr schnell, Schnell, Gehend, Ruhig, Langsam, Sehr langsam. Oder in italienischer Sprache, die sehr bald – mit dem Anbruch der italienischen Vorherrschaft in der Musik – zur Umgangssprache der Musiker im ganzen Abendland wird: Presto, Allegro, Andante, Adagio, Largo. Dieses System funktionierte sehr lange; die Musik war einfach, entwickelte eine überschaubare Menge von Grundtypen, mit denen jeder Komponist und jeder Ausführende sich rasch vertraut machen konnte, so daß eine Tempoangabe in vielen Fällen überhaupt nicht notwendig war. Man erkannte an der Art der Melodiebildung das ihr adäquate Zeitmaß, die ihr gemäße Geschwindigkeit.
So entstanden Zusätze zu den Choralnoten. Zusätze, die zur Höhe der Note auch noch ihre Dauer angaben. Franco von Köln, ein hochgelehrter Musiker des 13. Jahrhunderts, nannte vier solcher Grundwerte der Mensuralmusik:

die *duplex longa* oder *maxima* (doppeltlange oder längste Note)

die *longa* (lange Note)

■ die *brevis* (kurze Note)

◆ die *semibrevis* (Hälfte der kurzen Note)

In diesen Zeichen sehen wir bereits die Vorläufer der „modernen" Notenschrift. Die Umwandlung der eckigen in die spätere runde Form der Noten bedeutet keine umwälzende Neuerung. Wesentlicher wird es, daß die längsten Werte verschwinden und eine ganze Reihe immer kürzerer hinzukommen werden (*Minima, Semiminima*).
Da wir nun schon bei diesem Thema sind, wollen wir es noch ein klein wenig weiter in die Zukunft verfolgen. Und da wäre von einem interessanten Phänomen zu sprechen. Die Teilung jedes Notenwertes erfolgte in den ersten Zeiten nicht nach dem Prinzip der Halbierung, die uns heute so selbstverständlich erscheint. Die „normale" Teilung erfolgte nicht in zwei, sondern in drei kleinere, gleichmäßige Einheiten: Man sprach von „tempus perfectus", und sein Zeichen war ein Kreis (⊙), das „vollendetste", göttliche Zeichen. Waltete über dem Prinzip des Drei-Takts (das auf diese Art geschaffen wird) noch das alte theologische Grundgesetz der Dreieinigkeit, Dreifaltigkeit, der seit undenklichen Zeiten bestehende Begriff der Zahl 3 als „heiliger Zahl" (der noch in Mozarts „Zauberflöte" 1791 eine entscheidende Rolle spielen wird)? Die Mensuralnotation ließ später auch die Teilung in zwei kleinere Einheiten anstelle der vorher allein verwendeten drei gelten, das TEMPUS IMPERFECTUS, aus dem unser Zwei-Takt wurde. Es wurde mit einem Halbkreis symbolisiert: (C), galt

Linke Seite: Neumen aus dem 10. Jahrhundert mit einer Notenlinie und frühem Schlüssel.
Rechts: Die genaue zeitliche Festlegung von Notenwerten wurde erst zu Beethovens Zeit möglich, als dessen Freund J. N. Mälzel das „Metronom" erfand.

also zuerst sichtbar weniger als der „perfekte", der vollendete Drei-Takt.
Greifen wir noch einmal etwas vor. Die Fixierung von Zeitdauern erfolgte durch die Mensuralnotation lediglich relativ, nicht absolut. Die Dauer eines Tones konnte nicht absolut gemessen werden – z. B. durch die Aussage, eine *maxima* habe die Dauer einer Sekunde –, sie stand nur relativ fest, weil sie die doppelte oder dreifache des nächstkleineren Wertes sein sollte, der *longa*. Man kam der vom Komponisten gewünschten Zeitdauer näher, wenn man dazu wußte, das Werk sei im langsamen oder im raschen Zeitmaß zu interpretieren. Doch einige Jahrhunderte später machten Forscher und Erfinder sich daran, der Geschwindigkeit in der tönenden Kunst eine „absolute" Basis zu geben. Das „richtige Zeitmaß" wurde nicht nur für den Komponisten eine wichtige Frage, der sich mit Recht wünschte, mit seinen Werken so vor das Publikum zu gelangen, wie er sie sich vorstellte; es führte auch zu heftigen Diskussionen und Kämpfen unter den Interpreten, von denen jeder glaubte, im Besitz der alleinseligmachenden Wahrheit zu sein. Ein Kantor Stöckel soll wertvolle Vorarbeiten geleistet, der holländische Mechaniker D. N. Winkel soll der Erfindung die letzte Funktionstüchtigkeit gegeben haben. Der Name dieser Erfindung, nämlich „Metronom", ist unlösbar mit dem Instrumentenmacher aus Regensburg Johann Nepomuk Mälzel oder Mälzl (1772–1838) verbunden, der lange Zeit in Wien lebte und dort mit Beethoven befreundet war. Sein Apparat, ein kleiner pyramidenförmiger Holzkasten, in dem ein Pendel über einer Skala hin- und herging und dabei ein gleichmäßiges, gut vernehmbares Ticken ertönen ließ, erlaubte die genaue Fixierung der Geschwindigkeit eines Musikwerkes. Man mußte nur das Pendel auf eine bestimmte, vom Komponisten vorzuschreibende Ziffer einstellen, um die Geschwindigkeit gewissermaßen als Pulsschlag zu fühlen, und ihr folgen. Die Bezeichnung, die vom Komponisten über das Musikstück gesetzt wurde, konnte lauten: M. M. ♩ = 78. Die Buchstaben, später zumeist fortgelassen, besagten: Mälzels Metronom. Auf dessen Skala mußte das Gewicht auf den Punkt 78 eingestellt und in Schwingung versetzt werden, um das „richtige" Tempo anzugeben.
Bekanntlich hat Beethoven sich über diesen Apparat, den mancher Musiker als „Zwangsjacke" empfand, lustig gemacht; er schrieb einen Scherzkanon („Ta ta ta ta ... lieber, lieber Mälzl") und verwendete ihn, rein instrumental, als Hauptthema des zweiten, scherzoartigen Satzes seiner achten Sinfonie. Die Romantiker schätzten uhrwerkartige Tempi wie die neue Erfindung gering, ihr starres Tempo schien ihnen gefähr-

lich für den freien Fluß der Musik, der gewissermaßen ihr Lebenselement war. Unser Jahrhundert hingegen sah im Metronom ein durchaus nützliches Hilfsmittel, um die Wünsche des Komponisten bezüglich der Geschwindigkeit kennenzulernen. Kluge Interpreten aber entnahmen dem Apparat – der sich formell wandelte und zur Form der Taschenuhr gelangte – kaum mehr als die immerhin wichtige Grundeinstellung. In der elektronischen Musik ist die Tempofrage auf völlig andere und zeitgemäß „maschinelle" Art gelöst: Die Länge jeder Note wird in Sekunden angegeben – mit allen Problemen, die eine solche Lösung mit sich bringt und von denen gegen Ende unseres Buches die Rede sein soll.

Von der Mensuralnotation zur neuzeitlichen Notenschrift

Zu den Grundwerten der Mensuralnotation

Maxima Longa Brevis Semibrevis

treten im Lauf der Zeit kürzere, kleinere hinzu,

Minima Semiminima

schwinden aber nach und nach die längsten. Sie vollziehen einen Wechsel der Farbe, bevorzugen unausgefüllte Notenköpfe für die längeren Werte, belassen aber den kleineren die ursprüngliche Zeichnung.

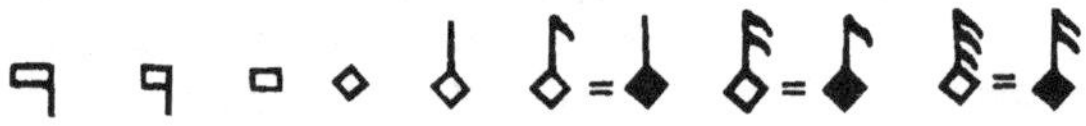

Maxima Longa Brevis Semibrevis Minima Semiminima Fusa Semifusa

Schließlich werden die eckigen Farben durch runde ersetzt, deren es dann sieben gibt. Die Vier-Viertelnote, die längste unseres Systems und auch „ganze Note" genannt, entsteht aus der seinerzeitigen Semibrevis der Mensuralnotation. Die frühere Minima wird zur „halben Note", die Semiminima zur „Viertelnote". In der Praxis wird sie häufig zur grundlegenden Note, nämlich dann, wenn sie als Zähleinheit verwendet wird: Stets dann, wenn die vor dem Werk stehende Taktbezeichnung im Nenner eine 4 aufweist.

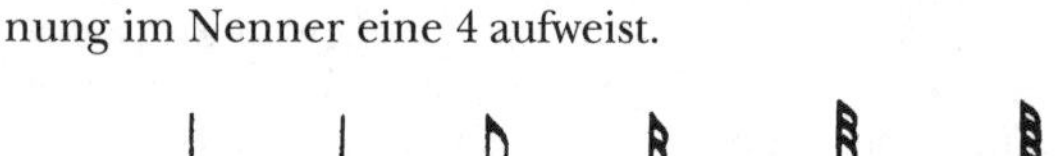

Ganze Halbe Viertel Achtel Sechzehntel Zweiunddreißigstel Vierundsechzigstel

Die Notenschlüssel

Späteren Zeiten blieben die letzten Vervollkommnungen der modernen Notenschrift vorbehalten: die Erfindung von Notenschlüssel und Taktstrich. Der Notenschlüssel ist wirklich, was sein Name besagt, er ist so notwendig wie ein Schlüssel zu einem verschlossenen Gemach. Die Zahl der in unserem System der fünf Linien (Pentagramm mit seinem griechischen Namen) unterzubringenden Töne ist sehr klein: fünf auf den Linien, vier in den Zwischenräumen, einer oberhalb der höchsten, einer unterhalb der untersten Linie – das ergibt elf Noten. Eine äußerst geringe Zahl, die nur wenig mehr als anderthalb Oktaven Tonraum deckt. Jede menschliche Stimme reicht etwa an die zwei, viele Instrumente reichen über drei, ja vier Oktaven. Um dies alles in unserer Notenschrift unterbringen zu können, mußte es möglich gemacht werden, den Tonraum als solchen in seiner schriftlichen Wiedergabe zu verschieben. Er mußte einmal tiefe, einmal mittlere, einmal hohe Töne wiedergeben können. Man erfand, einfach, aber genial, eine Zahl von „Schlüsseln", die mit ihrer Position zu Anfang des Pentagramms angaben, welche Region durch ihre Stellung abgedeckt werden sollte. Es sei hier nicht im einzelnen besprochen, wie viele und welche Schlüssel ins Leben gerufen wurden. Es gab ihrer insgesamt an die zehn! Da erging es aber der Praxis geradeso wie bei der sich ständig vermehrenden Zahl von Linien: Das Zuviel schuf Schwierigkeiten, eine Reduktion drängte sich auf. Der Klavierspieler kennt nur zwei: den Violinschlüssel für die rechte, den Baßschlüssel für die linke Hand. Der Geiger wie der Block- und Querflötenspieler, der Oboist findet sich mit einem einzigen, dem Violinschlüssel, ab, ebenso der Klarinettist, dem aber dafür durch die seinem Instrument unerläßliche Transposition, d. h. die Übertragung in eine andere Tonart, eine andere Schwierigkeit erwächst. Die heute noch gebräuchlichen Schlüssel sind Violin- und Baßschlüssel, daneben der Altschlüssel für Bratsche und Altposaune, dazu der Tenorschlüssel für Violoncello, Fagott, Kontrabaß und Posaune.

Der Taktstrich, der den Fluß einer Melodie gliedert, wäre an sich nicht unerläßlich nötig, aber er hat sich als sehr praktisch erwiesen.

Die karolingische Renaissance

Viele Entwicklungen erfolgten – rund gesagt – um die Jahrtausendwende. Erste Vorboten sind allerdings schon recht früh anzusetzen. Wie wohl stets finden wir die großen „Aufbruchszeitalter" der Künste auch hier in enger Verbindung mit bedeutenden geistigen Strömungen, mit wichtigen politischen Entwicklungen und zukunftsweisenden Persönlichkeiten. Auch in der Musikgeschichte müßte die Epoche und das Aachener Umfeld Kaiser Karls des Großen (742–814) als besonders bedeutungsvolle Epoche hervorgehoben werden. Hier treten, wie kaum irgendwo, Kirche und Hof in enge Verbindung. Die Hochblüte des Geistes, die sich besonders glänzend auf musikalischem Gebiet äußert, wird nicht selten als „karolingische Renaissance" bezeichnet. Aachen wurde für längere Zeit zu einer der wichtigsten Städte, in denen nördliches Musikgut mit südlichem zusammenströmte und so der abendländische Gedanke entscheidend gefördert wurde. In den bedeutsamen Königskrönungen, deren heute noch beim alljährlichen Karlsfest gedacht wird, erklangen die sogenannten „Karolingischen Akklamationen", die Weltliches zutiefst mit Geistlichem verbinden. Diese Glanzzeit zeigt sich nicht nur in den musischen Neigungen und Fähigkeiten Kaiser Karls selbst, der bei Sitzungen seiner „Akademie" den Sachwalter des biblischen Königs David spielte und sogar gern in dessen Gestalt und Maske auf-

Oben: Kaiser Karl der Große (Büstenreliquiar von 1350). Unten: Die Gewinnung von temperierten Tönen aus natürlichen Klängen hat lange vor Pythagoras schon die frühesten Musiktheoretiker und Physiker beschäftigt. In einem Holzschnitt aus „Theorica musicae" von Franchino Gafori in Mailand (1492) wird solches „Abstimmen" gezeigt.

trat, sondern auch in der Gründung einer *Schola palatina,* der vom Kaiser die Aufgabe einer höchsten Pflege der Gesangskunst übertragen wurde. Besonders interessant aber ist Kaiser Karls Pflege altgermanischer Heldenlieder, deren Ursprung nicht fern dem Volksgesang gelegen haben dürfte. Ging es diesem großen Herrscher um eine Annäherung aller sozialen Schichten in der Musik? Suchte er Brücken zu schlagen zwischen den musikalischen Äußerungen der drei staatserhaltenden Klassen: dem Priestertum, dem Adel und dem Volk?

Als Mitarbeiter, ja fast als Anreger, jedenfalls als Verwirklicher des Bildungsprogramms Karls des Großen begegnen wir dem bedeutenden Musiker, Mönch und Lehrer Alkuin oder Alcuinus (um 735–804), dessen Schriften und Unterrichtspraxis weit in die Zukunft weisen und als Liberalisierung der bis dahin streng theologischen Grundsätze auf musikalischem Gebiet gelten dürfen.

Bald nach dem Ende des ersten christlichen Jahrtausends stand eine abendländische Musiktheorie in großen Umrissen fest. Die Notenschrift war von kaum geahnter Klarheit – was nicht hinderte, daß sie während weiterer Jahrhunderte immer noch weiter vervollkommnet werden sollte –, und das Musiksystem der zwölf „Halbtöne" war vollendet und damit zu einer theoretischen Abrundung von bewundernswerter Vollendung gelangt.

Doch kaum je führte die Theorie einer Kunst so weit in die Irre, wie jene der Musik. Mittelalterliche, zumeist geistliche Theoretiker schufen sie, zahllose Neuerer bauten an ihrem Werk weiter. Das Studium der Musik wurde so kompliziert, daß nur eine jahrelange Vertiefung ihr Erlernen möglich machen konnte. Hätte man seinerzeit den festzulegenden Klängen statt der Notennamen Ziffern zugeteilt, wie einfach wäre alles geworden! Die heutige Wirklichkeit aber sieht anders aus.

Die temperierte Stimmung

Die theoretisch so glänzend beschlagenen Musikgelehrten des Abendlandes um das Jahr 1000 hätten eigentlich nichts anderes tun müssen, als ihren Blick nach Arabien zu wenden, das ihnen (auch) in diesem Belang weit voraus war. Die Araber saßen noch in großen Teilen Spaniens. Ihre weit mehr geistige als militärische Herrschaft drückte sich in „Weisheitsschulen" aus, frühen Universitäten (wie man sie nennen könnte), in denen mancherlei gelehrt wurde, wovon das Abendland noch nichts wußte. Die europäischen Musiktheoretiker kannten den hochbedeutenden Abu Nasr Mohammed al-Farabi nicht, der von 872 bis 950 lebte, einen im persischen Farab geborenen Philosophen und Musikwissenschaftler, den ein sehr genaues Studium der griechischen Musik sowie eigene Erkenntnisse zu außerordentlich fortschrittlichen Ergebnissen geführt hatten. Die Zeit der Kreuzzüge war sicherlich auch nicht geeignet, Positives bei den „Heiden" zu suchen. Und so horchte Europas Musiktheorie erst auf, als viel später Gerardo di Cremona (1114–1187) die al-Farabischen Lehren in eigener Weiterführung verkündete und damit in der (wieder christlich gewordenen) Weisheitsschule von Toledo Aufsehen erregte. Es ging um die „gleichschwebende Temperatur", also um die Angleichung oder Gleichmachung der Halbtöne innerhalb des Tonsystems. Um die Beseitigung des „pythagoräischen Kommas", das zwar dem menschlichen Ohr kaum wahrnehmbar war, aber die Theorie stets ärgerte. Dieser auf Samos geborene große griechische Philosoph und Wissenschaftler Pythagoras, der um 500 v. Chr. lebte, stellte fest, daß es bei der Tonfestlegung durch Schwingungszahlen eine winzige Differenz gab, je nachdem man etwa nach Oktaven oder nach Quinten maß. Stellte man sieben Oktaven zwölf Quinten entgegen, so ergab dies nicht genau den gleichen Ton, sondern eine Abweichung, ein „Komma", von 524,288: 531,441 oder, leichter faßbar (wenn auch mathematisch nicht haargenau) 80/81.

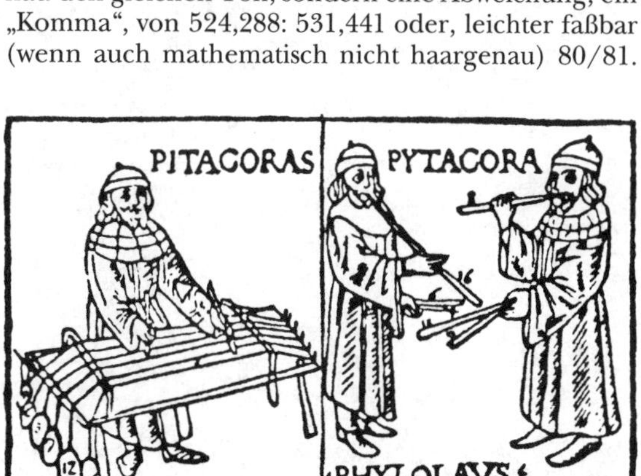

Die Beseitigung dieses Kommas (griechisch: Abschnitt) beschäftigte die Theoretiker immer wieder, ja es interessierte auch die Musiker, die mit den Fortschritten des Instrumentenbaus eine immer reinere Stimmung anstrebten. Al-Farabi, Gerardo di Cremona, Andreas Werckmeister (1645 –1706) waren nur drei der Theoretiker, die sich mit dieser Frage beschäftigten. Werckmeister liefert Johann Sebastian Bach, seinem Zeitgenossen, an dessen absolut perfektem Gehör niemand zweifeln kann, das theoretische Rüstzeug der „gleichschwebenden Stimmung", das ihn befähigt, ein bedeutendes Klavierwerk („Das wohltemperierte Klavier") zu schreiben, das Stücke in jeder Dur- und Moll-Tonart enthält, also die völlige Gleichheit der Halbtöne voraussetzt. Und doch gibt es selbst heute noch Streit um diese „Gleichmachung", die ja tatsächlich der mathematischen Reinheit widerspricht, aber eine praktisch brauchbare Lösung bietet: Während die Pianisten mit ihr einverstanden sind, einverstanden sein müssen (da sie nur eine einzige Taste etwa für Fis und Ges haben), behaupten immer wieder namhafte Geiger, sie griffen diese beiden Töne verschieden.

Genug der Theorie. In Aufbruchszeiten, wie den von uns hier erreichten, wird die Theorie besonders aktiv und lebendig, denn sie will umwälzenden Neuerungen ein „solides" Fundament liefern. In diesem besonderen Fall kommt noch hinzu, daß die Musiktheorie – wie alle Theorie der damaligen Zeit – in den Händen von Mönchen liegt, die nicht nur in der Abgeschiedenheit ihrer Klosterzellen über genügend Zeit zum Forschen und Nachdenken verfügen, sondern durch die gemeinsamen täglichen Gesänge auch stets mit der lebendigen Musikausübung in enger Verbindung stehen. Ein Idealzustand, den man in kommenden Zeiten kaum noch einmal wird finden können. Um das Jahr 1000 gibt es also eine weitgehende Übereinstimmung zwischen Theorie und Praxis, während in den folgenden Jahrhunderten bis zum heutigen Tag oft von Streit und entgegengesetzten Ansichten wird die Rede sein müssen.

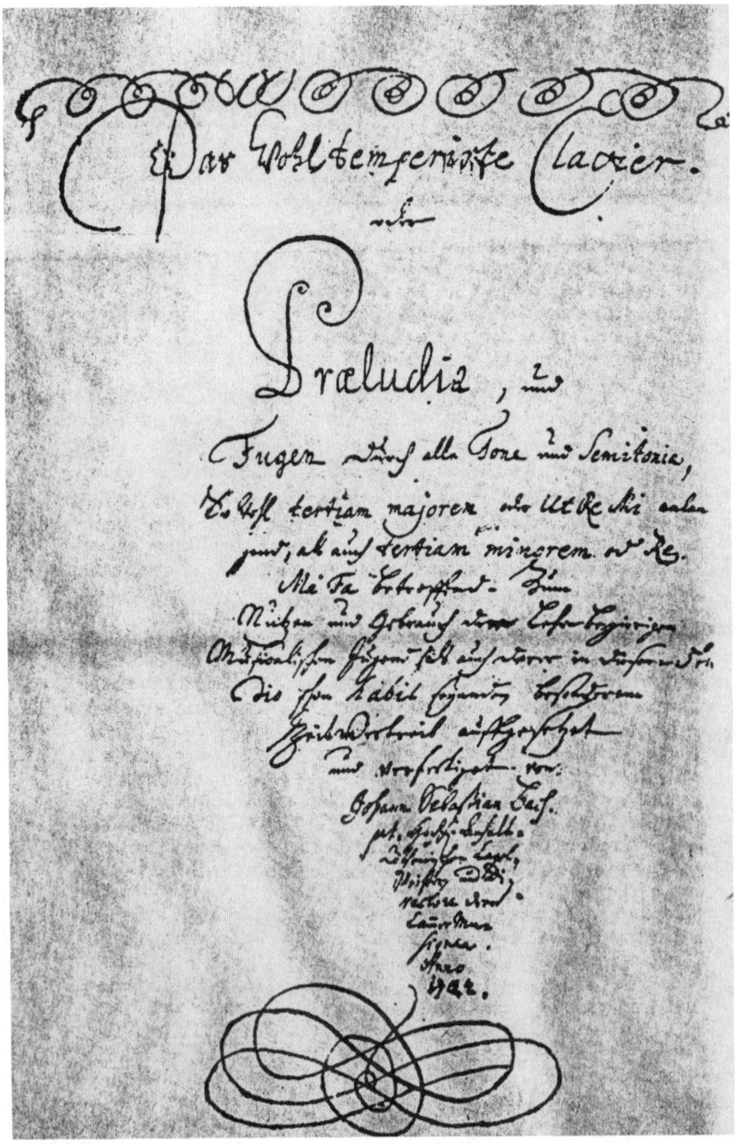
Das Wohltemperirte Clavier.
oder
Præludia, und
Fugen durch alle Tone und Semitonia,
Johann Sebastian Bach.
Anno 1722.

Links: Die erste praktische Bestätigung der kurz vorher durch Andreas Werckmeister erzielten „temperierten Stimmung" war Johann Sebastians Bachs „Wohltemperiertes Klavier" ein Band von Kompositionen (je einem Präludium und einer Fuge) „durch alle Toni und Semitonia", also alle zwölf Halbtöne unseres Tonsystems. Hiermit wurde bewiesen, daß alle Dur-Tonleitern einander völlig gleichen – also austauschbar sind – und ebenso alle Moll-Tonleitern. Ein wesentlicher Fortschritt für die musikalische Praxis war erzielt, die Theorie allerdings war nur notgedrungen einverstanden, denn mathematisch ging die „Gleichmacherei" nicht völlig auf. Es gibt bis heute Musiker – Streicher vor allem – die „Fis" und „Ges" (um nur ein Beispiel zu nennen) nicht als den gleichen Ton zu hören und zu spielen behaupten; wie können sie sich dann aber von einem Tasteninstrument begleiten lassen, auf dem diese beiden zwangsweise der gleiche Ton sind?
Rechte Seite: Orgel mit Blasbalg aus dem 13. Jahrhundert.

Ausblick auf neue Regionen – die frühe Mehrstimmigkeit

Eine so aufregende, neuartige Form des Musizierens wie die Polyphonie, die Mehrstimmigkeit sie darstellte, beherrschte die Literatur der damaligen Zeit weitgehend. Die Theoretiker versuchten überall, die Lücken zu schließen, die es in ihren Lehren noch gab. Die Musiker ließen ihrem Erfindungstrieb freien Lauf, wie selten zuvor. Wir beobachteten die ersten Versuche, Quintenparallelen, Quartenparallelen, Versuche mit einer liegenden Stimme, über der eine andere sich bewegte. Verpönt war der „Fauxbourdon" mit parallelen Sexten und Terzen, denen durchwegs noch viel Starres anhaftete. Es war nur natürlich, daß das Streben nach immer weitergehender Unabhängigkeit der einzelnen Stimmen ging. Mehrstimmigkeit konnte nur dann ihren tiefsten Sinn erfüllen, wenn eine größtmögliche Freiheit jeder einzelnen Stimme gewährleistet war. Das Bild mag kühn erscheinen, läßt sich aber begründen: Der Gregorianische Gesang könnte als Verkörperung eines höchst autoritären Prinzips gelten, in dem jeder Ausführende in voller Gleichheit mit allen anderen dem Ziele zustrebt. In der Mehrstimmigkeit aber wird ein demokratischer Weg geöffnet, in dem jeder nach seiner individuellen Fähigkeit eine eigene Rolle spielen kann, die zuletzt doch einem einheitlichen Ziel zustrebt, das alle beseelt. Wäre es denkbar, daß die Polyphonie aus einem frühen demokratischen Gefühl entspringt, das erstmals im Abendland fühlbar wird? Die Gesellschaft ist seit Jahrhunderten immer pluralistischer geworden. Die Kirche vermag sie nicht mehr im früheren Maße zu einen. Die neuen Städte fördern ein immer spezialisierteres Zusammenleben, öffnen dem Individualismus Tür und Tor, stellen dem Menschen wachsende Aufgaben, die neben dem Dienst an Gott steigende Bedeutung erlangen.

Und so entsteht nun die Mehrstimmigkeit. Mehrere Stimmen werden sich gleichzeitig entwickeln, aufwärts streben, Höhepunkte setzen. Doch diese Entwicklung wird zu einem weiteren neuen Prinzip führen, das ungeahnte Anregungen für Jahrhunderte bieten wird, zur Harmonie.

Gehen wir einigen Spuren nach, die uns in die Anfänge der Polyphonie führen. In der *langue d'oc* liegt die alte Stadt Limoges (wo wir ein Zentrum der ritterlichen Musik entdeckt hatten). Im dortigen Kloster St. Martial haben sich wertvolle Manuskripte gefunden, die auf sehr frühe Versuche hinweisen, in religiösen Gesängen früheste Mehrstimmigkeit einzuführen. Ähnliches ist aus Winchester in England zu berichten. Das dort entdeckte TROPARIUM (Aufzeichnung bestimmter liturgischer Gesänge, der sogenannten TROPEN) ist eine Sammlung zweistimmiger Gesänge aus der Zeit um das

Jahr 1000. Sie enthalten die Hauptmelodie, den *cantus* FIRMUS, durchwegs als Unterstimme – im Gegensatz zur späteren Praxis, in der die „Melodie" stets in der Oberstimme liegen wird –, die „Begleitstimme", den Kontrapunkt (der oft noch fast als bloße Umspielung, Verzierung des *cantus firmus* gelten kann) hingegen darüber, in der Oberstimme. Winchester ist auch sonst für die Musikgeschichte jener Frühzeit interessant. So ist dort in der alten Kathedrale eine riesige Orgel bezeugt, die von zwei Mönchen bedient werden mußte, wie in frühen Quellen steht. Dabei handelt es sich nicht um die Luftzufuhr, die stets von Hilfskräften durch Betätigen von Blasbälgen besorgt wurde. Da die Tasten in jenen Zeiten noch äußerst breit und nur durch „Schlagen" zum Klingen zu bringen waren – noch bis zum Ende des Mittelalters und teilweise darüber hinaus wird der Ausdruck „die Orgel schlagen" geläufig bleiben –, können wir vielleicht annehmen, jeder der Spieler habe eine der beiden Stimmen gespielt, der Linkssitzende den CANTUS FIRMUS, der rechte den Kontrapunkt, so wie beide in dem etwa gleichzeitigen „Winchester-Tropar" verzeichnet sind.

Die Notre-Dame-Epoche

Jede Epoche bildet einen Mittelpunkt heraus, ein geistiges und materielles Zentrum, von dem aus der Einfluß über die „ganze Welt" ausströmt. Die frühchristlichen Jahrhunderte werden am ehesten durch Rom repräsentiert, als Mittelpunkt der ritterlichen Musik gilt die Provence. Die frühe Polyphonie kristallisiert sich in Paris. In einem kleinen Gotteshaus im Herzen der

Stadt, aus dem ein wenig später die strahlende Kathedrale Notre-Dame im neuen gotischen Stil hervorgehen wird, finden wir im 12. Jahrhundert den ersten Großmeister der Mehrstimmigkeit: Leoninus. Seine genauen Lebensdaten sind unbekannt geblieben; nicht so sein „Liber organi" (Orgelbuch), eine Sammlung zweistimmiger Gesänge für die Messe und die Stundengottesdienste während des ganzen Kirchenjahres. Leoninus hatte für diesen Zweck gregorianische Melodien mit einer Begleit- oder Gegenstimme versehen, den *cantus firmus* also mit einem höhergelegenen Discantus, wie er es nennt und was hier soviel wie Kontrapunkt bedeutet. Trotz der außerordentlich einfachen, ja zeitweise primitiven Technik, die er dabei anwendet, hat seine Musik eine starke Ausdruckskraft. Liegt hier nicht eine beachtenswerte Parallelität zur damaligen „primitiven" Malerei vor? Spüren wir nicht eine auffallende Verwandtschaft Leonins mit Giotto, dem späteren Meistermaler? Wir müssen uns in jene ferne Epoche versetzen, um die mächtige mystische Kraft zu spüren, die Maler wie Musiker beseelt haben muß. In einigen Werken ging Leonin (der seinen Namen nach Gelehrtenart und Mönchesbrauch zumeist in Leoninus wandelte) über die Zweistimmigkeit hinaus. Es gibt dreistimmige Gesänge von ihm, bei denen der *cantus firmus* sowohl in der Unterstimme wie in der mittleren liegen kann, ja ausnahmsweise sogar schon in der höchsten, wie es später Brauch wird.
Auch von Leonins größtem Nachfolger Perotin, auch Perotinus, genannt „der Große", besitzen wir keine Lebensdaten. Er scheint nicht nur das geistige Oberhaupt der von der Musikgeschichte „Notre-Dame-Schule" genannten Epoche gewesen zu sein, er gehört zu den bedeutendsten Musikern der zweitausendjährigen Geschichte der abendländischen Musik. Seine Werke wirken auch heute, nach langem Vergessen und Verkennen, nach der unbegreiflichen Verbannung in die Archive, von neuem stark, lebendig, ergreifend, ja visionär. Aus den Klängen der Notre-Dame-Schule spricht uns eine herbe Kraft an, die man zutiefst unsinnlich, asketisch, bis ins Innerste gläubig nennen kann. Diese Musik ist eine anspruchsvolle Kunst geworden, vor allem für den Gottesdienst gedacht.
Mit Perotinus, also ungefähr um 1200, hat die Mehrstimmigkeit zum ersten Mal vierstimmige Gesänge hervorgebracht. Sie bewegen sich alle im Bereich hoher Männerstimmen, da das Mittelalter vor allem die hellen klaren Klänge liebte, im Gegensatz zu späteren Jahrhunderten. Bei der Einteilung in vier Stimmen wird es längere Zeit bleiben. Sie ist naturgegeben, denn sowohl die Männerstimmen wie die Frauen- und Kinderstimmen lassen sich ohne Schwierigkeiten in hohe und tiefe Gruppen trennen. Da sogar noch das Konzil von Châlons im Jahr 650 das Verbot des Frauensingens in der Kirche bestätigt hatte, sahen die Kirchenchöre bei Einführung der Polyphonie sich genötigt, an Stelle der Frauenstimmen Kinderstimmen zuzuziehen, um einen breiteren Tonraum für Unterteilungen verfügbar zu haben. Bei zweistimmigen Gesängen genügten die Männerstimmen wohl, bei vierstimmigen hingegen war es angeraten, hohe Stimmen hinzuzufügen. Das ergab eine hohe und eine tiefe Knabenstimme, eine hohe und eine tiefe Männerstimme. So war die viele Jahrhunderte lang überwiegende Form des vierstimmigen Gesangs geschaffen. Im Prinzip änderte sich auch nichts, als hohe und tiefe Frauenstimmen, Soprane und Altstimmen, die Rollen der Knabenstimmen übernahmen. Die Bedeutung der Notre-Dame-Epoche bzw. der Notre-Dame-Schule zeigte sich vor allem in der Entfaltung der Mehrstimmigkeit, die eine Loslösung von der Gregorianik zur Folge hatte. Weiterhin fiel in diese Epoche die Entstehung der Motette. Dabei wurden Melodien rhythmisch gegliedert und der Oberstimme syllabisch (silbenmässig) ein Text unterlegt.

Ars Antiqua

Die Notre-Dame-Epoche leitet unmittelbar in die Epoche der Ars antiqua über. Sie umschließt die erste Blüte der Mehrstimmigkeit, die ihren Ausgang von Nordfrankreich und von der Notre-Dame-Schule in Paris aus genommen hatte.
Die Abgrenzung der beiden Epochen voneinander ist schwierig, da sie die gleichen Gattungen pflegen und weiterentwickeln wie die Mensuralnotation und die bereits genannte Motette.
Die Motette, eine wichtige literarische wie musikalische Gattung, wurde primär im geistlichen Rahmen aufgeführt, gleichsam als Ausschmückung des Gottesdienstes, da sie nicht zum liturgischen Teil gehörte. Bald wurde jedoch ihre Form auch für weltliche Texte benutzt. Solche Motetten wurden meist von Solisten gesungen und von Instrumenten begleitet. Da die Lieder der Trouvères bekannt und sehr beliebt waren, wurden auch von ihnen Melodien und Refrains in geistliche wie weltliche Motetten eingearbeitet. Da die Mehrstimmigkeit gerade ihren ersten Höhepunkt hatte, drängte sich auch in der Form der Motette die Polyphonie in den Vordergrund.

Die Orgel

Während der ersten christlichen Jahrhunderte war der Mönch durch Tradition und lange Schulung instand gesetzt worden, gregorianische, also einstimmige Melodien in vollster Reinheit wiederzugeben. Die Polyphonie stellte ihn nun vor neue Aufgaben, die musikalisch wie geistig nicht von einem Tag zum anderen zu bewältigen waren. Um eine relativ schnelle Anpassung zu ermöglichen, blieb nichts anderes übrig, als die Orgel zur instrumentalen Stütze zu machen. Nur mit ihrer Hilfe muß es anfänglich möglich gewesen sein, sich in die mehrstimmige Musik „einzuhören".
Bei diesem Instrument handelt es sich keineswegs um eine neue Erfindung. Die Orgel wurde um 170 v. Chr. von Ktesibios in Alexandrien erfunden, wobei die Panpfeife oder Panflöte als Vorbild gedient haben soll. Die frühesten Orgeln wurden mit Wasserkraft betrieben, aber es gibt in sehr alten Erwähnungen – zum Beispiel den talmudischen des Judentums – ein Blasbalgin-

Rechts: Motiv aus dem Holzschnittzyklus „Die musizierenden Frauen“ von Tobias Stimmer aus dem 16. Jahrhundert.

strument, das „Magrepha“ hieß und einer kleinen Orgel geglichen haben dürfte. Neapel bewahrt in einem Museum eine gewaltige „Hydraulis“ auf, eine Wasserorgel aus spätklassischer Zeit, die aus Pompeji stammt, jener Stadt bei Neapel, die im Jahr 79 von der glühenden Asche des Vesuvs verschüttet wurde. Die Geschichte dieses Instruments, das griechisch *organon*, lateinisch *organum* hieß – zu deutsch also nichts anderes als „Werkzeug“ –, ist lang und überaus reichhaltig an verschiedenen Modellen. Wollte man die Entwicklung der Menschheit bildhaft darstellen, so könnte man, neben vielen anderen Möglichkeiten, den Weg von der Panflöte bis zu den gigantischen elektronischen Orgeln unserer Zeit nachvollziehen. In jüngerer Zeit wird Heron von Alexandrien eine immer größere Rolle in der Geschichte der Orgel beigemessen, einem bedeutenden Mathematiker und Erfinder, um dessen Lebenszeit heftig gestritten wird. Früher brachte man ihn mit Ktesibios in Verbindung, zeitweise galt er als dessen Schüler, während er gegenwärtig manchmal in das zweite christliche Jahrhundert verlegt wird. Jedenfalls übten seine Schriften während der geistigen Vorherrschaft Griechenlands, Roms und sogar Arabiens starken Einfluß aus, der noch bis in die italienische Renaissance nachzuweisen ist, d. h. während annähernd anderthalb Jahrtausenden! Immer wieder haben bedeutende Gelehrte über die Orgel berichtet: im vierten christlichen Jahrhundert der Kaiser Julian Apostata, im sechsten der römische Schriftsteller Cassiodor, der heilige Augustin. Aber das Abendland nahm dieses Instrument kaum zur Kenntnis. Wer hätte dies auch tun sollen? Die Kirche verpönte es, ließ es in ihrem Gottesdienst nicht zu. Eine organisierte Volksmusik gab es nicht. Auf Kriegszügen, wo manchmal anfeuernde Blas- und Schlagzeuggruppen eingesetzt wurden, war es schwer mitzuführen. Es war also ein ungewohntes, wenn auch kein unbekanntes Geschenk, das im Jahr 757 der byzantinische Kaiser Konstantin V. Kopronymus dem Frankenkönig Pippin dem Jüngeren in Form einer besonders schön gearbeiteten und wahrscheinlich ungewöhnlich klangvollen Orgel übersandte. Daß die Orgel nur wenig später durch die Einführung der polyphonen Musik aktuelle Bedeutung erlangen sollte, ahnte zu jenem Zeitpunkt allerdings mit Sicherheit noch niemand.

Die Epoche der Ars nova

Von 1214 angefangen, nach der siegreichen Schlacht König Philipps II. August bei Bouvines gegen den deutschen Kaiser Otto IV. von Braunschweig, stieg Frankreich zur Führungsmacht des Abendlandes empor. Paris wird zum glänzenden Mittelpunkt der Kultur in weitem Umkreis, sein immer strahlender Hof zieht Künstler aus ganz Europa in seinen Bann und wird um Vorbild für große und kleine, ja sogar ganz kleine Fürsten im ganzen Erdteil. Die neuen Anregungen, die hier ans Tageslicht treten, fallen auf einen so fruchtbaren wie vorbereiteten Boden. Auf musikalischem Gebiet hat die Notre-Dame-Schule, von der wir sprachen, den Weg zu einer großartigen Entwicklung freigelegt. Die neue Mehrstimmigkeit steht, trotz der bewundernswerten Leistungen Leonins und Perotins, erst an den Anfängen einer unvorhersehbaren, gewaltigen Bahn.
Der Notre-Dame-Epoche folgte die Zeit der Ars antiqua, die etwa von 1240 bis 1320 einzuordnen ist. Ihr schließt sich die Ars nova an, die etwa bis 1380 dauern wird. Diese Epoche gibt sich gerade so neu, umstürzend, revolutionär und kühn, wie es auch der Baustil der Zeit war. Dem gab zwar, ungefähr zwei Jahrhunderte später, der früheste Kunstgeschichtsschreiber, der Prophet der Renaissance Giorgio Vasari (1511–1574), den wenig schmeichelhaften Namen „gotisch", und das bedeutete für ihn, den kultivierten Italiener, soviel wie „barbarisch", denn die Goten hatten mehr als ein Jahrtausend zuvor Rom geplündert und verwüstet. Die Welt brauchte aber nicht allzu lange, um aus „gotisch" einen Ehrennamen zu machen, denn sie hatte längst begonnen, die Kathedralen, die auf französischem (und spanischem) Boden erstanden (Chartres 1194, Reims 1211, Amiens 1220, Beauvais 1225, nach Vorbildern in Cluny, St. Denis, Paris, Laon u. a.), als bewundernswerte Meisterleistungen zu betrachten. Die Parallele zwischen gotischer Baukunst und der musikalischen Mehrstimmigkeit ist so auffallend und so faszinierend, daß die geistigen Zusammenhänge leicht abzulesen sind und aus ihnen ein Bild der Zeit zu rekonstruieren ist.

Die Kunst des Lichts

Spätestens mit der Gotik begann eine „Kunst des Lichts" (Jacques Le Goff). Ein Streben zur Höhe, zu den Höhen wird fühlbar. Dunkle Räume beginnen aufzubrechen, werden im wahrsten Sinn des Wortes vom Licht durchflutet. So werden Dinge sichtbar, die zuvor im Schatten waren: Altarbilder, Verzierungen, Reliquien. Es ist ein Sichineinanderschlingen von Linien, ein Knüpfen und wieder Lösen, ein Spiel mit Gestalten, die aufwärts zu streben scheinen, eng miteinander verbunden, auf hundert Wegen zu einem einzigen Ziel: Gott. Der feierliche, oft lastende Ernst, die Weltabgewandtheit, die im romanischen Bau oft großartig, ja überwältigend zum Ausdruck kam, verwandelt sich in Beweglichkeit, in Hoffnungsfreude.
Und so klingt die Polyphonie, die ihre erste, starre Etappe überwunden hat. Die Melodielinien sind geschmeidiger geworden, ihre Verschlingungen elastischer, ihr Streben menschlicher. Ein Zug zur Höhe zeichnet auch sie aus. Der Tonumfang ist angewachsen, der Zusammenklang fülliger geworden, wo er vorher oft asketisch wirkte. Auch in der Malerei gehen große Dinge vor sich: Die Perspektive, früheren Heiligenbildern noch fremd, wird zum unerläßlichen Maßstab des Bildes. Doch wo man oft leichtfertig von „Fortschritt", von „neuer Kunst", spricht, sollte man eher von verändertem Lebensstil reden. Der romanische Bau, die Einstimmigkeit, die perspektivelose Malerei verkörperten ein früheres, ein anderes Leben, in sich nicht weniger reich und vollkommen, Abbild einer völlig anderen Welt und Zeit.
Philippe de Vitry (1291–1361) hat die Idee der Ars nova, der „neuen Kunst", verkündet. Er hat unter diesem Titel einen Traktat veröffentlicht, der fast als Lehrbuch der Polyphonie gelten darf. Er stammte aus einem Dorf der Champagne, dessen Namen er nach damaligem Brauch dem seinen hinzugefügt hatte: Vitry. Seine Laufbahn führte ihn als Dichter, Musiker, Gelehrter und Staatsmann über den Hofdienst in den Rang eines Bischofs von Meaux, einer Ortschaft nahe von Paris, wo eben eine fünfschiffige gotische Kathedrale ihrer Vollendung entgegenging. Es ist bedauerlich, daß keine klingenden Werke aus seiner Hand erhalten blieben.

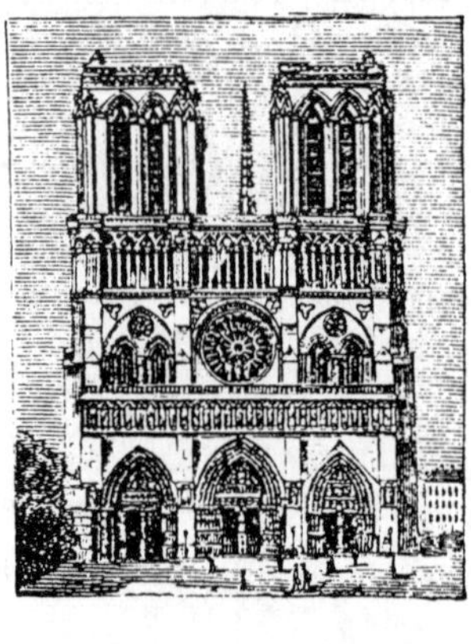

Die Kathedrale Notre-Dame in Paris, 1163 begonnen, um 1225 zum großen Teil vollendet, war Sitz der frühen Mehrstimmigkeit (mit Leoninus und Perotinus), also von höchster Bedeutung in der Musikgeschichte.

Sie scheinen ergreifend gewesen zu sein, denn einer der illustren Dichter seiner Zeit, Francesco Petrarca, schrieb ihm einen begeisterten Huldigungsbrief, als er seine Musik gehört hatte. Und selbst die Madrigal- und Motettenkomposition des Renaissance-Florenz wird sich noch auf ihn berufen. Er war ein Meister hohen Könnens und eine stärkste Persönlichkeit gewesen.

Die Ars nova eroberte die zeitgenössische Musikwelt und entfachte in ganz Europa einen wahren Sturm der Begeisterung. Selten dürfte eine revolutionäre Neuerung so rasch und endgültig vorgedrungen sein und so vollständig alles Vorherige verdrängt haben. Die Zeit der Polyphonie war gekommen. In der weltlichen Musik fand sie kaum Widerstände. Sie brachte der Hofmusik die glänzenden Möglichkeiten, nach der diese begehrte. Sie gestaltete die aufblühende Gesellschaftsmusik reicher, vielfältiger, abwechslungsreicher. Nur auf geistlichem Gebiet stieß sie auf Widerspruch. Ihr Vorkämpfer Philippe de Vitry war zwar selbst ein hoher Kirchenfürst geworden, aber das konnte den in Avignon residierenden Papst Johannes XXII. nicht daran hindern, in einer Bulle unter Androhung des Kirchenbannes die Entfernung der Polyphonie aus der Liturgie zu fordern. Es war dies ein Bekenntnis zum Gregorianischen Gesang, der, einem Glaubenssatz gleich, nie einem Zweifel unterworfen werden dürfe. Solche Bekenntnisse zum grundlegenden Gesang des Christentums werden sich im Lauf späterer Jahrhunderte mehrmals wiederholen, aber sie werden, außer in den orthodoxen Gemeinschaften der Kirche, keine Wirkung ausüben. Die Ars nova bewirkte auf verschiedenen Gebieten tiefergreifende Neuerungen. Das System der Mensuralnotation, d. h. das Notieren der Noten in den verschiedensten rhythmischen Gliederungen, wurde wesentlich erweitert und verbessert. Daraus ergab sich wiederum eine Vielzahl von verschiedenen Kompositionsarten, die vorher gar nicht möglich gewesen waren. Dies wirkte sich vor allem auf die Struktur der Motette aus. Sie wandelte sich von einer mehr oder weniger bedeutsamen Ausschmückung des Gottesdienstes zu einer hochspezialisierten öffentlichen Kunstform, deren Themen Liebe, Politik, Soziales, Zeitgeschehen und anderes umfaßten. Für etwa 150 Jahre lang blieb die Motette die Musikgattung für hohe Festlichkeiten religiöser und weltlicher Art.

Auch der Kantilenensatz, das mehrstimmige Lied, erfuhr vor allem Neuerungen in seinen Refrainformen wie Ballade, Rondeau und Virelai.

Die Kompositionstechnik unter dem Einfluß der Ars nova entwickelte immer umfangreichere und bedeutendere Werke. Immer kunstvollere auch, denn die Mehrstimmigkeit war ohne „Kunst" nicht mehr auszuüben. „Kunst kommt von Können", lautet ein sehr altes Wort (dem ein neuzeitlicher Komponist, wahrscheinlich Mahler, das ebenso wahre „Kunst kommt von Müssen" gegenübergestellt hat). Wer irgendeine menschliche Tätigkeit meisterhaft beherrscht und ausübt, wer also höchstes Können besitzt, hat den halben Weg zum „Künstler" zurückgelegt. Den anderen halben ebnet die Inspiration, meinen wir. Doch noch eine weitere Komponente wird zumeist für das Künstlertum als unerläßlich angesehen, die Wirkung auf andere Menschen. Der Mönch als Sänger Gregorianischer Choräle gilt, bei aller möglichen Meisterschaft, kaum als Künstler, weil der Sinn seines Singens nicht die Wirkung auf Menschen ist. Ob der Troubadour ein Künstler ist, könnte Stoff einer Diskussion sein. Sobald die musikalischen Fertigkeiten immer mehr mit „Publikumswirkung" verbunden wurden und zudem mit immer stärker werdenden materiellen Hintergedanken, rückt der Gedanke der Kunst immer näher. Die Komponisten der Ars nova nehmen diesen Rang zweifellos ein. Sie sind, trotz weltlicher oder geistlicher Stellungen und Berufe, vor allem und immer mehr „Musiker", besitzen auf dem Gebiet der Musik ein hohes handwerkliches Können, ohne das ein Stil wie der polyphone nicht mehr bewältigt werden kann. Außerdem zeichnen sie sich durch deutlich zum Ausdruck kommende Inspiration aus, durch den „Einfall", der zu fast allen Zeiten das auslösende Moment für jedes Werk, die Initialzündung darstellt. Musiker sein wird zum Beruf, dem ebenso viele Voraussetzungen zugrunde liegen wie jedem anderen auch. Künstler sein aber wird zur Berufung.

Fünf Jahre vor jener päpstlichen Bulle war ein dreistimmiges kirchenmusikalisches Werk erschienen, die „Messe von Tournai". Ihr zweifellos hochbedeutender Komponist kann kaum mehr festgestellt werden. Man schrieb es Guillaume de Machault (oder Machaut) zu, dem wohl größten Meister der französischen Ars nova – wir werden bald von einer italienischen, genauso genannten Strömung zu sprechen haben –, doch läßt die Reife dieses Werkes es unwahrscheinlich erscheinen, daß ein Jüngling es geschrieben habe. Auch Guillaume stammte, wie Philippe de Vitry, aus der Champagne; er wird vermutlich zwischen 1300 und 1305 im Ardennendorf Machaut oder Machault geboren worden sein, war also bei Erscheinen dieser Messe fünfzehn bis zwanzig Jahre alt. Seine Laufbahn verlief ebenfalls ähnlich der Philippes. Er nahm 1327 die geistlichen Weihen – die den beinahe selbstverständlichen Schlußpunkt nach den Studien der begabten jungen Männer jener Zeit bildeten – und trat in den Dienst hoher Herren. Wir finden ihn beim Herzog Johann von Luxemburg, beim Grafen Johann von der Normandie. Spuren seiner Wanderungen weisen nach Prag, Paris, Schlesien, Litauen, Königsberg, dann soll er 1330 in Italien gewesen sein, 1331 Polen, Ungarn und Österreich bereist, 1332 vielleicht in Deutschland und Flandern geweilt haben. Der einflußreiche König Johann von Böhmen schätzte ihn so hoch, daß er ihn durch den Papst mit Gütern belehnen ließ. Schließlich trat der längst als glänzender Musiker bekannte Kleriker in den Dienst König Karls IV. von Frankreich. So verwundert es nicht, daß wir unter seinen Schöpfungen geistliche wie weltliche Kompositionen finden. Für die Paläste schuf er Lieder in vielerlei Form: Rundgesänge, die „virelai" genannt wurden (was noch mit dem minnesängerischen „lai" = „laich" = Lied zu tun hat), auch *rondeau* oder *rondo*, bei ihm manchmal *chanson balladée*, in denen Sologesang mit Gruppenrefrain abwechselten. Reste von Troubadourskunst, ja von Volksliedern scheinen in seiner Melodik auf. Doch seine tiefgehende und zeitenüberdauernde Bedeutung verdankt Guillaume de Machault vor allem seinen geistlichen Kompositionen. Im Jahre 1365, in einem für die damalige Zeit hohen oder wenigstens „vorgerückten" Alter, schuf er die erste vierstimmige Messe, die uns erhalten blieb, und damit den über Jahrhunderte gültigen Werktypus. In dieser heute noch

Gastmahl mit Musikbegleitung, aus dem „lehrhaften Gedicht über Liebe und Glück", das Guillaume de Machault (um 1350) verfaßt (und eventuell vertont) hat.

stark wirkenden „Messe de Notre-Dame" ist die Freizügigkeit und melodische Kraft der einzelnen Stimmen ebenso zu bewundern wie ihre Zusammenfassung zu einem gemeinsamen Klangbild. Diese Musik steht zwischen Mittelalter und Renaissance, wirkt herb wie ein Holzschnitt und hat doch viel mystische Innigkeit in sich, erscheint uns zugleich fern und vertraut, vereint Glauben und Pracht, verherrlicht Gott und betont zugleich den Menschen als Absender dieser Botschaft.
Guillaume de Machault zeigt in seinen Kompositionen technische Neuerungen auf, nach den neuen Regeln der Ars nova. Er rückt den *cantus firmus*, der in der vorherigen Dreistimmigkeit als Unter- oder Mittelstimme verwendet wurde, in die oberste der nunmehr vier Lagen. Ob hierzu rein akustische Erwägungen bestimmend sind, ist schwer zu sagen. Je größer die Zahl von Stimmen, desto schwieriger wird es, solche aus tieferen Regionen wahrzunehmen. Der *cantus firmus* der frühen Polyphonie wird nun immer mehr zur „Melodie" der neuen Zeit. Mindestens ebenso wichtig aber ist Guillaumes geistige Einstellung zur Musik. Von ihm ist der Satz überliefert, daß Worte und Melodie verfälsche, wer anders als aus dem Empfinden schaffe. Was bei einem Minnesänger sich von selbst verstanden hätte, läßt bei einem Vertreter der Ars nova aufhorchen. Gab es denn damals Komponisten, die anders als aus dem Gefühl, dem Empfinden schufen? Aus dem Verstand also, aus Überlegung, die einer Berechnung gleichkommt? Eine solche Trennung zwischen „Gefühlsmusik" und „berechneter Musik" (manchmal auch abfällig „Papiermusik" genannt) wird uns im Verlauf der Musikgeschichte noch öfter begegnen. Guillaume de Machault nahm gegen jede Form der „Verstandeskunst" Stellung. Was er selbst schrieb, stammt aus dem Gefühl, aus der Inspiration, aus heißem Herzen, verbunden mit hoher Kunstfertigkeit. Viele Zeitgenossen und noch mehr Nachfahren haben ihm in bewundernden Zeugnissen gehuldigt. Er starb 1377 in Reims.
Das Übergreifen der Polyphonie auf Italien fällt mit dem Beginn einer neuen Epoche des abendländischen Geistes zusammen, die man als „Renaissance" bezeichnet und die als eine der großartigsten Epochen gewertet wird. Hier befreite „mittelalterliches" Denken und Fühlen sich endgültig von letzten Fesseln, die ihm noch anhafteten.

Der Beginn der Renaissance

Das zweite Jahrtausend befreite den Menschen von vielen Fesseln, die er im ersten getragen hatte. Vor allem lockerten sich die Fesseln des Glaubens. Hörte man einen Vertreter dieses Glaubens, so vernähme man, der Mensch könne nie freier leben als eingebettet in den Schoß eben dieses Glaubens. Viele Menschen aber fühlten sich eingeengt: Geistig, weil nur innerhalb des Glaubens geforscht werden durfte; ästhetisch, weil nichts außerhalb des Glaubens als „schön" gelten durfte; moralisch, weil nichts außerhalb des Glaubens „gut" sein konnte. Er gewähre jede Freiheit, sagte der Glaube des frühen Mittelalters, außer der, an ihm zu rütteln oder an ihm zu zweifeln. Um das Jahr 1000 war das Gefühl der Unfreiheit stärker als jenes der Freiheit der Gläubigen. Und wie immer in einem solchen Fall bemächtigte sich der Zeit starke Unruhe, und der Ruf nach revolutionären Veränderungen wurde immer lauter.

Als ersten revolutionären Ausbruch empfinden wir die Gotik, der in der Musik die Mehrstimmigkeit entspricht. Wir haben sie von ihren Anfängen an verfolgt. Sie mußte, wie jede Neuerung, den Kinderschuhen einer engen Doktrin entwachsen. Nun war es soweit, sie mußte sich Ideale geben, die neu und erstrebenswert waren. Wann und wo war die Menschheit am glücklichsten gewesen? Die gebildeten Kreise des 13. und 14. Jahrhunderts meinten: im Griechenland des „goldenen Zeitalters". Und da sie diese Zeit wiederzubeleben versuchten, nannten sie sich die Männer der „Renaissance", denn was sie anstrebten, war eine Wiedergeburt. Dieses Ideal erfüllte Geist, Körper und Seele. So groß war die Begeisterung, daß sie sich bald nicht mehr damit begnügten, die Heimkehr der Kultur in die goldene Epoche Griechenlands zu erstreben, sondern ein eigenes Zeitalter ins Leben riefen, in dem der Humanismus und die Künste das Zepter führen sollten. Herrscherin über all diesem aber sollte „die Schönheit" sein. Die Renaissance war natürlich kein Paradies. Sie war ein durchaus menschliches Zeitalter, mit allen Kontrasten einer menschlichen Gesellschaft, allem Widerstreit, allen Nöten, die es seit jeher gegeben hatte. Aber sie öffnete einer nicht geringen Zahl von Menschen neue Ausblicke, neue Hoffnungen, neue Träume, ein neues Glücksgefühl der Kultur, neue Wege den Künsten. Die neue Epoche wäre auf dem Gebiet der Musik nie ohne die neue Errungenschaft der Polyphonie denkbar gewesen, in der Malerei nie ohne die Perspektive. Und mit der Oper wird die Renaissance eine neue Form, ein Gesamtkunstwerk schaffen, von dem kein früheres Zeitalter auch nur träumen konnte.

Die Entwicklung der Mehrstimmigkeit nimmt eine lange Zeitspanne ein. Ihr erstes Auftreten erfolgte noch in der Romanik. Die Gotik konnte ihre Revolution nicht ohne die Polyphonie durchführen, denn diese war das musikalische Gegenstück zu ihrem baulichen Drang nach Vielfalt, nach Höhe. Der Mehrstimmigkeit war ein so neues, nie gedachtes und nie versuchtes Prinzip, daß der abendländische Mensch Jahrhunderte brauchte, bis er es voll in sich aufgenommen hatte.

Nun verfolgte das Ohr nicht mehr eine einzige Melodie, sondern mehrere zur gleichen Zeit. Es war immer noch ein strikt „lineares" Hören, das nur im Zeitablauf zu verfolgen war. Erst einige Jahrhunderte später wird die zweite Revolution der abendländischen Musik erfolgen: die Entstehung der „Harmonie", des „vertikalen" Zusammenklangs an Knotenpunkten der verschiedenen Melodien. Dann wird man, lange nach dem Beginn der geschichtlichen „Neuzeit", alle jene Elemente entwickelt haben, auf denen die zeitlich wie gefühlsmäßig uns nahestehenden Epochen aufbauen werden können: „Barock", „Rokoko", „Klassik", „Romantik", „Impressionismus", „Expressionismus" und weitere Strömungen des 20. Jahrhunderts.

In der Renaissance gelangt die von der Gotik ins Leben gerufene Polyphonie auf ihren strahlenden Höhepunkt. Diese Entwicklung wird durch Regeln festgehalten, die man unter dem Namen „Kontrapunkt" zusammenfaßt. Es ist möglich, daß der bedeutende, höchstwahrscheinlich normannische Theoretiker Johannes de Muris (um 1290–etwa 1350) in enger Verbindung mit Philippe de Vitry diesen Begriff schuf. Zu den grundlegenden „Fächern" des modernen Musikstudiums gehören die Lehre vom Kontrapunkt, die den gleichzeitigen, linearen Ablauf von „Stimmen" regelt, und die Harmonielehre, die sich mit dem gleichzeitigen, verschmelzenden Erklingen von Tönen, der Bildung von „Harmonien" befaßt. Diese zweite Umwälzung in der abendländischen Musik, die Wendung von der Mehrstimmigkeit zur Harmonie wird erst einige Jahrhunderte später erfolgen, sie bildet gewissermaßen das musikalische Ende der Renaissance. Dann wird die einstimmige Melodie hervortreten – die fachmännisch „Monodie" heißen wird –, die der „Harmonie" als Stütze bedarf, um künstlerisch vollständig zu sein.

In der Zeit der französischen und später der italienischen Ars nova, müssen wir die vielfältige Entwicklung der linearen, der vielstimmigen, der kontrapunktischen Musik betrachten. Natürlich werden wir auch sie in Beziehung zum sozialen, politischen Leben jener Zeit setzen, um ihre historische Folgerichtigkeit verstehen zu können.

Die Gesellschaft entwickelt sich zu einem reichhaltigen Pluralismus. Die Spitze bildet das feudale Fürstentum in seinen Palästen und Schlössern. Darunter gibt es eine recht breite Schicht des Kleinadels in sehr verschiedener wirtschaftlicher Situation und Machtstellung. Immer noch bedeutend ist die Kirche, innerhalb derer es aber ebenfalls starke Abstufungen gibt. Wie auf weltlicher Seite steht den „Kirchenfürsten" mit durchaus feudalem Gebaren ein breites „Fußvolk" von Klerikern und Laienbrüdern gegenüber, deren Rang und gesellschaftliche Stellung unbedeutend sind. In starkem Aufstieg befindet sich das „Bürgertum" der Städte. Diese geschlossenste aller sozialen Schichten wird sich in den letzten Jahrhunderten des Mittelalters als wahre Stoßtruppe der Kultur erweisen, zumal sie sich an ihrem oberen Rand gern und erfolgreich mit dem Kleinadel zusammentun wird.
Der höchsten Schicht dieser Pyramide, den Kaisern, Königen, Päpsten, Herzögen, Fürsten, Kardinälen und Erzbischöfen, fällt in der Neuordnung der Kultur eine wichtige Rolle zu, nämlich die des Mäzens. Sie berufen namhafte Künstler in ihre Paläste, zuerst vielleicht nur aus Prestigegründen, später aber in steigendem Kunstverständnis. Sie genießen es immer mehr, wenn wichtige Werke an ihrem Hof entstehen und von hier in die Welt ausstrahlen. Neben mancher politisch mächtigen Persönlichkeit, für die der von ihr ausgehaltene Künstler lediglich ein weiteres Zeugnis ihrer eigenen Weltgeltung darstellt, finden sich immer mehr „echte" Mäzene, die sich nicht nur für die Werke aufrichtig interessieren, sondern auch eine echte Beziehung, ja nicht selten eine Freundschaft mit dem Künstler suchen, die für beide Teile anregend und in höherem Sinn vorteilhaft sein kann. Von vielen solchen Freundschaften wird unser Buch zu berichten haben, von der Renaissance angefangen bis in unsere Zeit.

Ars nova in Italien

Weit liegen nun, zu Anfang der Renaissance, die primitiven, oft plumpen Anfänge der Polyphonie hinter uns! Wo sind Organum, Discantus, Diaphonie, Fauxbourdon geblieben, das starre Fortschreiten in gleichbleibenden Intervallen und das kaum weniger unflexible Verharren einer Stimme auf dem gleichen Ton während des stufenweisen Fortstrebens einer anderen! In der Entwicklung mehrerer Generationen, seit der frühgotischen Notre-Dame-Schule bis in die fortgeschrittene Ars nova, wurde viel Steifes, Gefesseltes, Unfreies in der Stimmenführung überwunden. Vielleicht hatte der Mönch in seiner Zelle dieses Unfreie nie gefühlt, denn mühelos schwang sein mit hohen Dingen beschäftigter Geist sich über alle Mauern und Einengungen. Doch die Vertreter der anderen Klassen sehnten sich zusehends danach, die Wände, die das irdische Leben begrenzten, hinauszuschieben, dem Licht der Welt Einlaß zu geben. In seiner Art war der Gregorianische Gesang so vollendet wie das vollendetste Musikwerk späterer Zeiten, denn er suchte mit reinstem Willen und edelstem Streben den Weg zu Gott. Die Musik aber, die nun zum Klangspiegel des späteren Mittelalters wird, sucht nur noch teilweise den Weg zu Gott. Sie will den Weg zu den Herzen und Sinnen der Menschen bahnen. Darum war der Gregorianische Gesang „groß" wie jeder Weg zu Gott. Die nachfolgende Musik aber, die den Menschen zum Vorbild nahm, konnte niemals größer werden als der Mensch. Doch auch hier war echte Größe zu erreichen als Ziel für die Betätigung reinsten Willens und edelsten Strebens.
Italien war berufen, den neuen Geist der aus Paris kommenden Ars nova strahlenden Höhepunkten zuzuführen. Mühelos bettet die neue Musik der Renaissance sich in den breiten Strom künstlerischer Erneuerung, der mächtig durch die Apenninenhalbinsel braust, Renaissance und Humanismus schaffen ein neues Zeitalter, krönen das nun gar nicht mehr dunkle Mittelalter, führen in eine neue Epoche, deren unendliche Weite allen Träumen offenzustehen scheint. Wo bricht die Renaissance mächtiger auf als in Florenz? Hier leben Dichter von unübertrefflichem Rang eines Dante Alighieri, Petrarca, Boccaccio: hier malen Uccello und Botticelli, Masaccio und Fra Angelico da Fiesole und Fra Filippo; hier meißeln aus Stein und Marmor Luca della Robbia und Verrocchio, hier krönt mit einer wundervollen Kuppel der Meisterarchitekt Brunelleschi den Dom der Stadt, der im Cinquecento dann eine neue unfaßbare Hochblüte beschieden sein wird mit den Namen Leonardo da Vinci, Raffaello Santi, Michelangelo Buonarroti. Nichts war natürlicher, als daß auch die Musik sich mit vielen bedeutenden Meistern diesem künstlerischen Glanz einfügte.

Das Madrigal

Es war ebenfalls in Florenz, wo sich im 14. Jahrhundert eine Gruppe von Musikern zusammenfand und sich den Namen Ars nova gab. Das einigende Band der italienischen Modernistengruppe bildet das Madrigal, eine vielgestaltige Liedform, die Ernstes wie Heiteres auszudrücken vermag, Humoristisches wie Tragisches, Lyrisches wie Episches, in der Aphoristisches Platz findet wie Tänzerisches. Es wird 1313 erstmals erwähnt als eine lyrisch musikalische Form in italienischer Sprache. Als Vorläufer des Madrigals gelten gewisse Schäferlieder, die bei den provenzalischen Troubadours „pastorela" genannt wurden, bei den nordfranzösischen Trouvères „pastourelle". Aber ein grundlegender Unterschied ist vorhanden. Die Vorformen wurden einstimmig gesungen. Sie stammten aus jener „ritterlichen" Epoche von Troubadours und Minnesängern, denen wir ein eigenes Kapitel widmeten. Das Madrigal aber ist mehrstimmig, ist eines der Lieblingsprodukte der Hochpolyphonie. Verse und Musik stammen nicht mehr von einem einzigen Künstler. Es tritt eine Trennung zwischen Dichter und Komponist ein. Die wichtigsten Dichter des Madrigals sind Petrarca, Boccaccio, Sacchetti und Soldenieri.
Dem Konponisten steht von nun an eine kaum noch zu überblickende Vielzahl von Gedichten zur Verfügung. Zuerst die seiner poetisierenden Zeitgenossen, aber auch die Fülle der verstorbenen, deren Werke in steigendem Maße bewahrt und verbreitet werden. Die Geschichte der Vokalmusik wird nun zur Geschichte der Zusammenarbeit zwischen Dichter und Musiker. Besonders gelungene Verse werden Dutzende von Malen vertont. So wird es im Lied sein – dessen Vorläufer das Madrigal wohl darstellt –, aber auch in den größeren Formen: Oratorium und Oper.

Die Zusammenarbeit zwischen Poet und Komponist kann auf vielerlei Weise erfolgen. Beide müssen einander nicht begegnen, den vielleicht einzigen Kontakt stellen die Verse her. Aber es kann auch zur unmittelbaren Zusammenarbeit kommen. Das älteste Beispiel hierfür sind vielleicht der große Dante und sein Musikerfreund Pietro Casella (um 1250 bis gegen 1300). So eng empfand der Poet diese Freundschaft, daß er Casella in seiner „Divina Comedia", der „Göttlichen Komödie", einem der frühesten Meisterwerke der abendländischen Dichtung, auftreten läßt und ihn sogar als seinen „Meister" bezeichnet. Es gibt aus der frühen Madrigalzeit eine ganze Reihe solcher Verbindungen zwischen Dichter und Musiker. Doch bald wird die Entstehung dieser frühen Gesangsstücke auf indirektem Weg erfolgen. Der Komponist wird aus dem bald unerschöpflich werdenden dichterischen Schatz aller Sprachen und vieler Jahrhunderte das auswählen können, was ihn zu Melodien anregt.

Zu Beginn war das Madrigal meist ein kurzes Gedicht aus sieben bis dreizehn Elfsilblern im Versmaß des Jambus (kurz, lang oder unbetont, betont). Es drückte vor allem Natur- oder Seelenstimmungen aus. Die Musik ging kunstvoll mit dem Gedicht um, erweiterte es gewöhnlich durch zahlreiche Wiederholungen von Worten, Satzteilen oder ganzen Sätzen, um zu einem ausgedehnteren Klanggebilde zu kommen. Wir wissen nicht genau, ob der Madrigalgesang zuerst rein vokal ertönte – was man den „mehrstimmigen *A-cappella*-Stil" nennen wird – oder ob ein gemischter Vortrag aus Gesang und Instrumentalmusik die früheste Etappe bildete. Der Ausdruck „a cappella", der heute noch gebraucht wird, um einen rein vokalen, also unbegleiteten Gesang zu bezeichnen, stammt vom italienischen „alla cappella", was soviel wie „auf Art des Kirchengesanges" bedeutet, und Kirchengesang war immer noch unbegleitet, ein reiner Klang der Stimmen.

Verwunderlich an dieser frühen Madrigalzeit mag das neue Verhältnis zwischen Text und Musik erscheinen. Ihm wird im Verlauf der Geschichte der Vokalmusik stets eine besondere Bedeutung zukommen. Bei jeder Form von Vokalmusik, mit oder ohne Begleitung, wird stets die Frage im Vordergrund stehen, was wichtiger ist, der Text oder die Musik. Auch die Oper muß sich von Anfang an damit auseinandersetzen, wie auch das Kunstlied. Beim Gesang der Troubadours und Minnesänger wäre eine Analyse dieses Verhältnisses interessant gewesen, das Streben nach einem Ausgleich wäre in vielen Fällen nachweisbar gewesen. Doch beim Madrigal erhält die Musik ein deutliches Übergewicht. Die kunstvolle Führung der einzelnen Stimmen verursacht dauernde Verlagerungen, Verzerrungen des Textes. Nur ganz selten verlaufen die Stimmen im rhythmischen Gleichmaß, so daß ihr Text der gleiche und dadurch verständlich sein könnte. An allen anderen Stellen aber weicht die Rhythmik stark voneinander ab, was musikalisch reizvoll, der Verständlichkeit des Textes aber so abträglich ist, daß weitgehend von vorneherein auf sie verzichtet werden muß. Wie konnten Dichter – und gar bedeutende Dichter – sich mit solcher Behandlung ihrer Texte einverstanden erklären? Da gibt es nur eine denkbare Erklärung: Sie stellten das neuentstehende Kunstwerk über die Wichtigkeit des eigenen Anteils. Von einer materiellen Entschädigung oder Beteiligung des Dichters kann keine Rede sein, bis dahin dauert es noch Jahrhunderte.

Drei Namen aus früher Madrigalzeit seien noch erwähnt. Giovanni da Cascia, so genannt nach seinem Geburtsort, einer Vorstadt von Florenz, kam um 1270

Oben: Dante Alighieri (1265–1321), war als großer Dichter auch Anreger zahlreicher musikalischer Werke in allen Jahrhunderten. Unten: Das (natürlich fiktive) Beisammensein der drei Dichterfürsten Dante, Boccaccio und Petrarca – deren Verse und Stücke auch in der Musikgeschichte eine bedeutende Rolle spielen – auf einem Kupferstich von Baccio Baldini, 2. Hälfte des 15. Jahrhunderts.

zur Welt und ging nach langem Wirken dort im Jahr 1329 nach Verona, wo er bis 1351 im Hofdienst stand. Wann und wo er starb, ist ungewiß. Dreißig seiner Madrigale sind erhalten. Weniger noch wissen wir von Jacopo da Bologna. Die von ihm hinterlassenen Werke machen den Eindruck hohen Könnens. Neben Madrigalen schrieb er sogenannte *caccie* und *ballate*, zwei damals überaus beliebte Musikformen. Die erste bezeichnet einen Kanon: la *caccia* heißt (italienisch) „die Jagd" – und jagt in einem Kanon nicht wirklich die zweite Stimme die erste, die dritte die zweite, ohne sie allerdings jemals einzuholen? Später nahm das Wort „Ballade" den Sinn einer längeren, eventuell musikalischen Erzählung an. Im 14. Jahrhundert aber ist die Herkunft vom (italienischen) *ballare*, tanzen, noch klar erkennbar, die *ballata* war ein Tanzlied. Beide Formen wiesen übrigens enge Beziehungen zu Volkspoesie und -musik auf. Sie konnten vokal oder instrumental sowie aus beidem gemischt sein. Die letzte Nachricht, die wir von Jacopo da Bologna besitzen, stammt aus dem Jahr 1350. Er war also da Cascias Zeitgenosse, Zeitgenosse aber auch der vorletzten Troubadourgeneration.

Ein klein wenig später wirkte ein dritter bedeutender Vertreter der italienischen Ars nova, die ihren Mittelpunkt wohl in Florenz hatte. Francesco Landino oder Landini, oft wegen seiner angeborenen Blindheit „il Cieco" genannt, kam in Fiesole, nahe bei Florenz, im Jahr 1325 zur Welt. Der Malerberuf seines Vaters war ihm von vorneherein verschlossen, um so feiner bildete sich frühzeitig sein Gehör aus. Er wurde zu einem der berühmtesten Meister auf der Orgel, der Laute, Gitarre und Flöte. Aufsehen erregte er mit einem selbst entworfenen Instrument, das er wegen des ungemein schönen Klanges „Serena serenorum" (ein Tasteninstrument), Erhabene unter den Erhabenen, nannte. Lange Jahre wirkte Landino an der San-Lorenzo-Kirche in Florenz. Er war vermutlich der erste einer auffallend langen Reihe blinder, hervorragender Orgelvirtuosen wie Konrad Paumann (im 15. Jh.), Francisco Salinas und Antonio de Cabezón (im 16. Jh.), die auch als Komponisten Bedeutendes leisteten. Von Landino gibt es 91 zweistimmige und 47 dreistimmige *ballate*, vielstimmige Madrigale, aber auch einstimmige Gesänge. Der König von Zypern lud ihn zu sich und krönte ihn in feierlicher Zeremonie mit einem goldenen Lorbeerkranz zum „Fürsten der Musik", einem Titel, der in der Folge manchem anderen Künstler verliehen wurde, so zweihundert Jahre später dem großen Orlando di Lasso.

Bevor wir uns weiter der Renaissance und dem kraftvollen Blühen aller Künste im heutigen Italien und mancher anderen Region zuwenden, einer der größten Epochen des Abendlandes, sei ein anderes Kapitel eingeschoben. Es handelt von einer „kleinen" Epoche, wenn ihre Erscheinungen sich auch weit über das Abendland hin und über eine beträchtliche Zeitspanne ausdehnen. Aber sie darf chronologisch wie stilistisch nicht fehlen, und sie birgt auch menschlich genug Liebens- und Bewahrenswertes, um hier ihren Platz zu finden. Es ist die mitteleuropäische Bewegung der „Meistersinger", die man vielleicht als erste rein bürgerliche Strömung in der Geschichte der Musik bezeichnen könnte. Sie ist zwar religiös beeinflußt, wie noch alle Kunst des Mittelalters es war. Doch sie ist rein städtisch, besitzt keine Verbindungen mehr zu Hof und Adel, was im Italien der Renaissance immer noch selbstverständlich ist, und läßt sich auch heute noch als Vorbild bürgerlicher Musikliebe voll nachempfinden.

Gartenfest in einem der Palazzi auf den Inseln Venedigs. Holzschnitt aus dem 15. Jahrhundert.

Mitteleuropas Städte und ihre Meistersinger

Der biblische König David – im Alten Testament als Psalmendichter und Sänger gepriesen – wird für das abendländische Mittelalter geradezu eine musikalische Symbolfigur, am stärksten für die Meistersinger, die in ihm ihr Idol erblicken, ihn auf ihren Fahnen führen, Urkunden mit seinem Bild ausgeben.

Der Meistersang war eine Liedkunst, die von bürgerlichen Singschulen gepflegt wurde. Diese Singschulen wurden von zunftmäßig organisierten Handwerksmeistern gegründet. Die Bürger der aufstrebenden Städte sahen darin eine Parallele zu der an den Fürstenhöfen praktizierten Musik. Blütezeit der Singschulen war im 15. und 16. Jahrhundert. Zentren der Meistersinger waren die Städte Mainz, Nürnberg und Straßburg. Doch gab es Singschulen in ganz Mitteleuropa bis ins damalige Ostpreußen, Schlesien und Mähren.

Die Meistersinger trafen sich am Sonntag in den Singschulen oder in der Kirche, um hier die neueste Liedkomposition eines ihrer Mitglieder zu beurteilen. Dabei galten strenge Regeln und Satzungen, festgelegt in der *Tabulatur.* Das Meisterlied hatte eine dreiteilige Form, die vom Minnesang übernommen worden war. Ein Vers (achtsilbig) entsprach einem Melodiegerüst von zwei Takten mit gleichmäßigen Vierteln. Dieses Gerüst konnte man gleichsam durch Koloraturen erweitern. Dadurch entstanden oft recht künstliche Gebilde. Wer ein Meisterlied vortrug, wurde von „Merkern“ streng kontrolliert hinsichtlich der zahlreichen Regeln, die es zu beachten galt. Wer mehr als sieben Fehler beging, hatte „versungen“ und mußte aufhören. Richard Wagner, der für sein Werk „Die Meistersinger von Nürnberg“ eingehende historische Studien betrieben hatte, läßt sich sehr ironisch-amüsant darüber aus.

Die Leitfigur der Meistersinger war der biblische König David, der mit der kleinen Harfe in der Hand auf ihren Fahnen zu sehen war, fast wie ein Minnesänger gewandet, der eben ein Liebeslied anstimmen will. Sie fühlten sich als bürgerliche Nachfolger der ritterlichen Minnesänger, und das ist eigentlich das Erstaunlichste an ihnen. Denn Minnesang bedeutete Freizügigkeit, Ungebundenheit, Improvisation, höchste Entfaltung der Phantasie. Die Meistersingerei aber sollte wegen ihrer oft doktrinären Auffassung der Kunst, ihrer Regelsucht, die an Pedanterie grenzte, oft in das kritische Kreuzfeuer späterer „romantischer“ Jahrhunderte geraten.

Dennoch liegt in der Meistersingerei manches Liebenswerte und sogar Wertvolle, das nach Anerkennung verlangt. Hier äußert sich der bürgerliche Hang zum Bewahren, der Zug zur Tradition. Die Erhaltung der meisten Troubadourgesänge ist den bürgerlichen Nachfahren zu danken. Sie haben die meisten der von uns genannten Liedersammlungen aus Minnesängertagen aufgezeichnet. Und wahrscheinlich gilt das gleiche von den frühesten Volkslieder-Sammlungen, so etwa dem „Lochamer“ oder „Lochheimer Liederbuch“, das um 1450 in Nürnberg entstanden und nach seinem ersten Besitzer Wolflein von Locham (oder Lochheim) benannt ist.

Die erste „Schule“ der Meistersinger – so nannten sie selbst Lokale und Vereinigungen ihrer Zünfte – wurde in Mainz gegründet, etwa in der ersten Hälfte des 14. Jahrhunderts. Unter ihren Gründungsmitgliedern befand sich Heinrich von Meißen, den wir als „Frauenlob“ unter den letzten Minnesängern fanden. So ergibt sich eine Brücke zwischen den letzten Troubadours und den frühen künstlerischen Vereinigungen der Bürger in den Städten. Die nächsten Gründungen erfolgten in Nürnberg, Frankfurt, Straßburg, Würzburg, Ulm, Augsburg, Colmar, Regensburg, Zwickau, Prag, Freiburg, Danzig und Breslau und bald darauf in wohl Dutzenden anderer Städte im mitteleuropäischen Raum. Spuren eines französischen Vorläufers führen nach Toulouse, wo im Jahr 1323 einige Musikbeflissene sich zur „Fröhlichen Gesellschaft der sieben Troubadours“ zusammenschlossen. Doch trotz dieses Namens glich ihr Bund weit eher einer bürgerlichen Meistersingerzunft als den im Titel genannten ritterlichen Vorläufern. Und das von ihnen alljährlich veranstaltete „Turnier“ wird mit jenen der Minnesänger weniger gemein gehabt haben als mit den bald anbrechenden „Musiktagen“ oder „Sängertreffen“, wie die Meistersinger sie ins Leben rufen werden.

Daß jede Bewegung versucht, die eigene Vergangenheit zu verklären, versteht sich von selbst. Nicht anders ist es bei den Meistersingern. Selbst Johann Christoph Wagenseil, der in der Geschichte und dem Wesen der Meistersingerei bewandert war wie kein zweiter – er gab 1697 in Altdorf sein Hauptwerk „Von der Meistersän-

Oben: Hans Sachs, „Schuhmacher und Poet" aus Nürnberg, um 1550 Oberhaupt der dortigen Meistersinger.
Rechte Seite: Die wichtigsten Melodien der Meistersinger erhielten Namen. Hier die „Lilienweise" des Nürnberger Hans Vogel, auf einem Manuskript ihres Autors.

ger holdseliger Kunst" heraus –, erzählt aus den Frühzeiten dieser Bewegung Dinge, die zweifellos in das Gebiet der Legende, der Sage, ja der Märchen gehören. Tatsache ist, daß es im 14. und 15. Jahrhundert in zahllosen Städten, die über ganz Deutschland verteilt sind, im Westen weit bis nach Frankreich, im Osten über manches slawische Gebiet reichen, wo das Deutschtum nur in der oberen Schicht vertreten war, die Singschulen der Meistersinger gab. Ferner, daß Kaiser Karl IV. den Meistersingern 1378 das Wappenrecht verbriefte. Jeder Schule stand ein gewählter Obmann vor, dem verschiedene Sachwalter zur Seite standen, wie in jedem späteren Verein. In der bunten Geschichte dieser Institution gibt es mancherlei zu lesen. So etwa, daß in Colmar die Schuhmacher, in Ulm die Weber im Meistergesang führend waren, daß dem Sieger in einem „Haupt- und Wettsingen" eine goldene Kette um den Hals gehängt wurde, auf deren Münze das Bild König Davids prangte. Übereinstimmend wird berichtet, daß den Titel „Meister" nur erhielt, wer einen neuen „Ton" fand, das heißt, wer ein völlig neues Lied schuf. Gutes Dichten, guter Gesang allein genügten nicht. Wir lesen aber auch in mancher Chronik aus alten Tagen, daß es über diesen Bestimmungen zu heftigen Zerwürfnissen kam. Die Nörgler behaupteten, das „neue Lied" müsse nur neu sein, nach seiner „Schönheit" werde nicht gefragt. Dadurch stehe die Verstandesarbeit höher im Kurs als die echte Inspiration oder Kreativität. Ein Vorwurf, an dem sich in den Jahrhunderten seit damals nichts geändert hat.

Hans Sachs

Es wäre ziemlich sinnlos, Namen aus jenen „Schulen" aufzuzählen. Es sind ihrer Hunderte überliefert. Doch ist ihr Glanz, so sie ihn außerhalb eines engen, sehr lokalen Rahmens überhaupt besaßen, längst verblaßt oder ganz erloschen. Nur jenes echten Meisters soll gedacht sein: Hans Sachs. Er nannte sich bescheiden einen „Schuhmacher und Poet dazu". Er kam in Nürnberg am 5. November 1494 zur Welt. Sein Vater, ein Schneider, wollte ebenfalls einen Handwerker aus ihm machen, aber ihm doch ein wenig „höhere Bildung" auf den Weg geben. Er schickte ihn auf eine „Lateinschule", wo er mit vierzehn Jahren eine Art mittleren Abschluß erreichte. Dann kam er zu einem Schuster in die Lehre, und nach deren Beendigung ging er, wie üblich, auf die Wanderschaft. Mit neunzehn Jahren scheint der Drang zur Dichtkunst übermächtig in ihm geworden zu sein. Über München kehrte er heim, blieb zwar Schuster, verfaßte aber – und nicht nur in seiner Freizeit – Gedichte, Theaterstücke, Fastnachtsschwänke. Er schlug sich 1525 begeistert auf die Seite der Reformation seines Zeitgenossen Martin Luther. Darüber entzweite er sich mit den Behörden Nürnbergs, die vorläufig dem alten Glauben treu blieben. Sie erteilten Sachs ein Schreibverbot. Bald jedoch brach sich die neue Lehre auch in Franken Bahn, der Umschwung trug Sachs noch größere Popularität ein, eine Fülle seiner Werke drang ins Volk. Er heiratete nach dem Tod seiner ersten Gattin, die sein Leben vierzig Jahre lang begleitet hatte, ein zweites Mal und erreichte ein hohes Alter. Als er, der lange Oberhaupt der Meistersinger seiner Stadt gewesen war, in der Nacht vom 19. auf den 20. Januar 1576 starb, hinterließ er über 4200 Prosastücke, 100 Dramen und Komödien, 1000 Fabeln, Hunderte von Fastnachtsschwänken und mehr als 6000 Lieder, worunter nach altem Sprachgebrauch Gedichte zu verstehen sind. Sachs war auch Musiker. Es gibt allerdings viel weniger Kompositionen aus seiner Feder, und nur ein Bruchteil hat sich erhalten. Sein Anteil am frühen protestantischen Kirchengesang ist bemerkenswert. So hat er viele weltliche Lieder durch Umdichtung zu geistlichen gemacht („O Jesulein zart, von göttlicher Art", „Christum vom Himmel ruf ich an", „O Gott Vater, du hast gewollt", „Wach auf in Gottes Namen" usw.), das sehr bekannt gewordene „Warum betrübst du dich, mein Herz?" selbst gedichtet. Der eindrucksvolle Chor aus dem letzten Bild der Oper „Die Meistersinger von Nürnberg" („Wach auf, es nahet gen den Tag, ich hör singen im grünen Hag ein wonnigliche Nachtigall, ihr Stimm durchdringet Berg und Tal ...") stammt textlich von Hans Sachs und wurde von Wagner nicht nur in mittelalterlichem Geist vertont, sondern auch von einer Hymne auf Luther zu einem Jubelchor auf den aufgehenden Morgen umgestaltet. Hans Sachs ist, seltener Vorzug bei einem Volksdichter, zweimal zum „Helden" von Opern geworden: 1840 gestaltete Albert Lortzing das deutsche Singspiel „Hans Sachs", 1868 Richard Wagner seine Oper „Die Meistersinger von Nürnberg", deren unbestrittene Hauptrolle der historische Meistersinger darstellt.
Mit seiner Volkstümlichkeit konnte und kann es kein anderer Dichter-Musiker seines Kreises aufnehmen. Immerhin verdienen Hans Folz (etwa 1440–1513), sei-

nes Zeichens „Barbier und Wundarzt", sowie Hans Rosenblüt (auch Rosenplüt), Schmied und Büchsenmacher, Erwähnung. Auch von ihnen gibt es Gedichte sowie Fastnachtsschwänke, die sicherlich mit Liedern ausgeschmückt gespielt wurden. Ihre Themen sind der sie umgebenden Welt entnommen, so dem Gegensatz zwischen Rittern und Bürgern, Begebenheiten aus den Türkenkriegen zum Beispiel, von den Kreuzzügen, wobei die „Ungläubigen" noch recht hart angepackt werden. Noch steht Europa ja der schlimmste Türkeneinfall bevor, und erst dann macht sich eine mildernde Stimmung gegen die Krieger des Korans bemerkbar, wie in Lessings „Nathan der Weise" und Mozarts „Entführung aus dem Serail".

Die Meistersingerei klang mit dem 16. Jahrhundert aus. Hans Sachs bildet einen letzten, späten Höhepunkt. Danach werden die „Schulen" vollends zu Vereinen, deren Hauptaufgabe längst nicht mehr schöpferisch, sondern vor allem interpretatorischer Art ist. Der Grundstein zu einem Chorwesen wird da gelegt, das in späteren Zeiten große soziale wie künstlerische Bedeutung erlangen soll.

Im Grunde genommen war die Meistersingerei ein liebevoll gepflegter Anachronismus. Während rundum im Abendland die mehrstimmige Musik sich in glänzendster Weise entfaltete, in Italien das Madrigal blühte und von dort aus weithin ausstrahlte, in Frankreich die polyphone *chanson* gesungen wurde, in Deutschlands Musikerkreisen das vielstimmige Gesellschaftslied, das von hervorragenden Berufsmusikern geschaffen wurde, und dies alles zusammen dem Zeitstil seinen „echten" Stempel aufdrückte, verharrte der Meistergesang in alten Ausdrucksformen, war ein getreuer Nachfolger der Minnesängerzeit und musizierte einstimmig. Es war eigentlich das Volkslied, das vom Land in die Stadt gedrungen war und hier akzeptiert wurde. Allerdings nur in künstlerischer Verfeinerung, die gelegentlich in künstliche abglitt.

Die letzte „Singschule" Nürnbergs bestand bis 1770. In Ulm versammelten sich die wenigen übriggebliebenen Meistersinger zum letzten Mal am 21. Oktober 1839 und übergaben dem Gesangsverein „Liederkranz" ihre Gemälde, ihre Singbücher, die Kreidetafeln der einst so gefürchteten „Merker". Und vor allem: ihre Tabulatur, längst eine tote Reliquie. Ein „letzter Meistersinger" starb 1876 in Memmingen; es war der Wirt des Gasthauses „Zum Ochsen", dem sein Festhalten an alten Bräuchen viele Gäste ins Haus gelockt hatte.

Die Entwicklung der Instrumente

Unsere heutige, trotz ihrer unmusischen Grundhaltung und materialistischen Einstellung so tausendfach musikdurchklungene Welt vermittelt den Eindruck, daß Vokal- und Instrumentalmusik einander ungefähr die Waage halten. In der Musikausübung des frühmittelalterlichen Abendlandes aber überwog die menschliche Stimme in so entscheidender Weise, daß man meint, eine Musikgeschichte jener ersten zehn christlichen Jahrhunderte fast ausschließlich als solche der Vokalmusik schreiben zu können.

Doch der Schein trügt. Aus dem Kirchenraum waren die Instrumente zwar verbannt. Der Gregorianische Gesang, Erbe der altjüdischen Tempelmusik und enger Verwandter frühchristlicher Musik im östlichen Mittelmeerraum bis weit nach Rußland hinein, stand (und steht) jeder instrumentalen Begleitung ablehnend gegenüber, da er ihr eine „Verunreinigung" seiner nur auf Religiöses ausgerichteten Absichten, eine sinnliche Wirkung zuschrieb. Wir, die wir heute in jeder anderen Musik um die hundertfältigen Möglichkeiten des Instrumentalklangs wissen – so um die geradezu „himmlischen" Klänge zarter Streichinstrumente in hohen Lagen, wie Wagner sie in „Lohengrin", Verdi im Finale der „Aida", Tschajkowskij in der sechsten Sinfonie, Bruckner mehrfach verwendet –, fragen uns, ob nicht möglicherweise die ungenügenden Feinstimmungsmöglichkeiten früher Zeiten das ihrige zu dieser Verbannung beigetragen haben. Außerhalb des kirchlichen, klösterlichen Bereichs aber hat es Instrumente gegeben, sicherlich verschiedener Art und schon in allen Grundtypen: der klingenden Luft in Blasinstrumenten, des schwingenden Metalls oder Holzes, der klingenden Saite oder des schwingenden Fells. Volksmusik ist ohne Instrumente nicht denkbar, denn zu ihr gehört, seit Urzeiten, der Tanz. Und mag er auch in primitivster Weise mit dem rhythmischen Klatschen der Hände, dem rhythmischen Stampfen der Füße begonnen haben, so war der Weg zur Verwendung von Instrumenten doch kurz und natürlich.

Der Tanz besitzt eine tiefe und magische Bedeutung in der Geschichte, wahrscheinlich auch der Vorgeschichte der Menschheit. Doch weisen Phänomene gerade des 20. Jahrhunderts wie Jazz, Rock, Pop in unzähligen Varianten auf gewisse Urkräfte rhythmisch getriebener Bewegung hin, die zu denken geben sollten. Und wer einmal Gelegenheit fand, die Wirkung von instrumentaler Tanzmusik in fremden Kulturen zu beobachten, wird ihre Mystik, ihre Magie nie mehr vergessen können, ob es sich um die tranceähnlichen Zustände in den „macumbas" der Schwarzen Brasiliens, um die „Wiedererweckungen" aus todesähnlichen Zuständen durch Flötenklänge bei den Hochlandindianern Perus und Boliviens handelt, um die „steel bands" der Karibik oder um die Tempeltänze des Fernen Ostens. Ist es vielleicht gerade diese Bewußtlosigkeit, welche die monotheistischen Religionen fürchten?

In solchen Tänzen spiegelt sich nicht mehr Freude und Daseinslust. Sie werden zum Dialog mit überirdischen Mächten, mit Dämonen, mit Göttern, zum Weg ins eigene Innere, zum starken Betäubungsmittel für seelischen und körperlichen Schmerz, zur Stärkung des Widerstandswillens gegen irdische Not, gegen Gewalt und Unterdrückung. Die Wissenschaft unserer Zeit hat mit der vertieften Seelenforschung vieles davon dem abendländischen Empfinden aufgehellt und zu erklären getrachtet. Künstler haben versucht, es für uns Abendländer fühlbar zu machen, wenige so großartig wie Strawinsky in seinem „Sacre du printemps".

Um die Entwicklung der Instrumente in der menschlichen Gesellschaft zu schildern, bedarf es umfang-

reicher Bücher (der bedeutende Forscher Curt Sachs hat sie, unter manchen anderen, geschrieben). Für das unsere müssen wir uns mit viel engeren Feststellungen begnügen, da hier lediglich vom Abendland die Rede sein soll.

Frühe Erkenntnisse zur Instrumentalmusik schöpfen wir aus den „Cantigas" des Königs Alfonso X. „el Sabio" (der Weise) von Kastilien und León sowie aus der „Manesseschen Handschrift". Beide unterrichten uns in Wort und Bild über das Musikleben der Troubadour- und Minnesänger-Zeit. Da gibt es TROMMELN in verschiedenster Ausführung. Kaum ein zweites Instrument dürfte rund um die Erde in so vielfachen Formen und Spielweisen vertreten sein wie dieses. Auf mancher Abbildung aus jenen Tagen sehen wir flache Trommeln (zumeist mit den lateinischen Namen *taborium* oder *taborinum* bezeichnet), solche mit zylindrischem Mittelstück zwischen den beiden gespannten Fellen oder auch Trommeln mit nur einem Fell. Sie werden durchwegs von Spielleuten gehandhabt, nicht vom Sänger selbst, und sind, wenn überhaupt, nur bei Rand- oder Nebenfiguren sichtbar. Das mag ihrem sozialen, nicht ihrem musikalischen Rang entsprechen, wie wir bei den ein wenig späteren „Trommlern und Pfeifern" der Militärkapellen und den ersten „Stadtmusikanten" noch werden beobachten können.

Die Lieblingsinstrumente der Minnesänger waren zweifellos HARFEN, LEIERN, ZITHERN, aber gelegentlich auch Streichinstrumente unter verschiedenem Namen. Die Zupfinstrumente, trotz so verschiedener Namen nahe miteinander verwandt, ruhen in der linken Hand des Spielers; sie verfügen über eine begrenzte Zahl von Saiten, die ein Dutzend nicht wesentlich überschritten haben wird. Ihre „Begleitung", himmelweit entfernt von jener, die wir bei einem modernen Liederabend vom Pianisten als selbstverständlich erwarten, dürfte, nur bei Pausen in der Melodie, aus wenigen Tönen bestanden haben.

Europas Mittelalter entwickelte auch schon Streichinstrumente, deren ferne Wiege im persisch-arabischen Raum liegt. Aus dem spätlateinischen Wort *fides*, das Saite bedeutet, entstand *fidula* und schließlich, verdeutscht, FIDEL, FIEDEL. Da man gelegentlich auch *vidula* schrieb, liegt ein Zusammenhang mit *vihuela* nahe, einem vielgebrauchten spanischen Wort für gitarren- und lautenähnliche Instrumente; vielleicht auch mit *viola*, dem Stammwort für eine große künftige Familie, der VIOLINE, VIOLA, VIOLONCELLO zuzurechnen sind.

Selbst in der instrumentenfeindlichen Kirche von damals finden wir ein instrumentales Hilfsgerät, wenn es um die Unterweisung von Chorknaben und Kapellsängern geht. Hier tritt zumeist ein MONOCHORD in Funktion, das damals wohl die Aufgabe hatte, die wir später der Stimmgabel zuwiesen: die Garantie der reinen Stimmung. Das Monochord stellt wohl den ältesten aller bewußt hergestellten Tonerzeuger dar, dessen Bedeutung nicht so sehr auf künstlerischem als auf wissenschaftlichem Gebiet lag. Denn mit Hilfe der genau zu messenden Schwingungen der einzelnen Saite maßen schon die Chinesen vor mehr als 5000 Jahren Tonhöhen und Intervalle.

ZIMBELN, in alter Form zumeist „Cymbeln" geschrieben, und vielerlei Glöckchen, im lateinischen *tintinnabulum* genannt, bereicherten mit ihrem hellen Klang

Oben: „Singende Mädchen", Ausschnitt aus einem Holzschnitt von Hans Burgkmair (16. Jahrhundert).
Linke Seite: „Musizierende Gesellschaft", Holzschnitt von Conrad von Sichem (16. Jahrhundert).

das frühe Instrumentarium. Auch deren Ursprung weist weit zurück in die antike Welt. Die rein musikalische Verwendung ist beschränkt, da sie eine genaue Stimmung nicht zulassen. Blasinstrumente mancherlei Art beleben die Musik des frühen Abendlandes. Zu einer Sonderstellung brachten es die TROMPETER, deren Instrumente sehr oft KLARINE genannt wurden. „Klarin-Blasen" galt als besondere Kunst. Diejenigen, die sie beherrschten, standen zumeist im Dienst hoher Herren. Gemeinsam mit PAUKERN, die ihre großen Instrumente seitlich am Pferdekörper befestigten und mit stoffumwundenen Schlegeln spielten, zogen sie hoch zu Roß allen Formationen voraus, Herolden gleich und kaum weniger geachtet. Von den Trompeten hing ein Wimpel mit dem Wappen ihres Herrn. Sie bekleideten den Rang von Offizieren, und das war ihren buntbetreßten Uniformen leicht anzusehen. Lange Zeit hindurch hatten im „Römischen Reich Deutscher Nation" nur sehr hohe und privilegierte Fürsten das Recht auf solch „klingendes Spiel". Der steigende Machtanspruch der Städte zeigt sich auch darin, daß sie sich vom Kaiser, der ihr „Schirmherr" war, ein solches Recht auf eigene Trompeter, Stadttrompeter, einräumen ließen. Vielleicht war Augsburg die erste deutsche Stadt, der eine solche Ehre zuteil wurde: Kaiser Sigismund erteilte ihr 1426 das entsprechende Privileg.

Das war etwas wesentlich anderes als die gewöhnlichen Turmbläser, die nachgerade jede größere Stadt seit langer Zeit mit dem Verkünden der Stunden, der Mittagsruhe und des Feierabends beauftragte. Aber auch dieser anfangs recht einfache Brauch erfuhr mit zunehmender Entwicklung manche Ausgestaltung. Der frühere einzelne Turmbläser, der zu noch fast nachtschlafender Zeit die Bürger jäh aus dem Schlummer geblasen hatte, wich einer Bläsergruppe, die mit einem kleinen Choral oder einem anderen Musikstück besinnlicher, fast religiöser Art diese Pflicht auf angenehmere Weise erfüllte. Die älteren Formen der Instrumente, die zugleich als ZINKEN und SERPENTE feinerer Stimmung kaum fähig waren, wurden allmählich durch HÖRNER und POSAUNEN ersetzt, die am Beginn einer glanzvollen Laufbahn standen, weicher und voller klangen als ihre Vorläufer und recht gut aufeinander und auf die führenden Trompeten abgestimmt werden konnten. Es gab den „Weckruf" am Morgen – poetischer Vorläufer der fürchterlichen Fabriksirenen –, ein „Mittagsspiel", das den Mann aus der Werkstätte zur dampfenden Suppenschüssel rief, und schließlich ein kleines „Feierabendkonzert", das die Familien zum Verweilen auf dem Platz vor der Kirche oder dem Stadtturm lud. Aber es gab auch ein „Alarmblasen" im Fall eines Feuers oder gar beim Heranrücken einer feindlichen Kriegsmacht, vor der es alle notwendigen Vorkehrungen zu treffen galt. Das spätere Mittelalter bringt ein bis dahin wenig beachtetes Instrument zu Ehren: die LAUTE. Sie war schon vor Jahrhunderten mit Invasionen fremder Völker nach Europa gekommen, am nachdrücklichsten beim Einfall der Araber in die Iberische Halbinsel im Jahr 711. Von diesem Volk empfing sie auch ihren Namen. Aus dem arabischen *al oud* wurde, nahezu unverändert, das spanische *laud*, gesprochen la-ud mit Betonung auf dem U. Die Franzosen übernahmen es als LUTH, die Italiener sprechen von *liuto*, die Deutschen machten Laute daraus. Deren wahrscheinlich ältestes noch erhaltenes Stück, ein wahres Prachtexemplar, wurde in Córdoba um 960 gebaut und besteht aus reinem Elfenbein. Spätere Lauten stammen aus verschiedenen Teilen Europas, vor allem des Südens; einige besonders kunstvolle aus der französischen Benediktinerabtei Cluny (im Departement Saône-et-Loire). Vom Ende des 14. Jahrhunderts angefangen, steigt die Laute zum führenden höfischen und Saloninstrument auf, wird zum virtuosen Solisten, zum anschmiegsamen Lied- und Madrigalbegleiter, zum wichtigen Bestandteil der überall entstehenden „Kammermusik". Auch in die ersten Oratorien- und Opernorchester findet sie Eingang. Monteverdi wird sie führend noch zu Anfang des 17. Jahrhunderts verwenden. Die Laute genießt das Privileg, ihre Weisen in einer eigens für sie geschaffenen Notenschrift aufgezeichnet zu finden, der sogenannten „Lauten-Tabulatur", die nicht Tonhöhen angibt, sondern Handgriffe. Neben der Laute haben die Araber auch die GITARRE mitgebracht. Sie stand lange im Schatten der feineren, klangreicheren, als edler geltenden Laute. In frühen Orchestern hatte sie oft ihren Platz neben der Laute, doch als Solist in den Renaissancepalästen wird sie lange kaum beachtet. Schließlich müssen beide Instrumente aus den stetig wachsenden Ensembles ausscheiden. Die größeren Konzerträume, die sich unaufhörlich vergrößernden Orchester machen Laute und Gitarre immer weniger hörbar. Wie sollen sie neben der steigenden Zahl von Streichern und vor allem neben den Bläsern bestehen können? Doch sie erleben als Solisten, in Palästen und großbürgerlichen Salons noch mehrere Glanzzeiten. Die Gitarre wird zum populär-

Linke Seite und oben: Drei Motive aus dem Holzschnittzyklus „Die musizierenden Frauen“ von Tobias Stimmer aus dem 16. Jahrhundert: Gambe, Laute und Pfeife (aus der Familie der Schalmeien).

sten aller Volksinstrumente. Wir kennen sie heute als „klassische“ Gitarre, als Interpretin eigens für sie geschriebener Stücke aus Meisterhand; als „Flamenco-Gitarre“ der ein eigenes Genre bildenden andalusischen Volksmusik arabischer Herkunft, sowie als Begleitinstrument des Volksgesangs zahlreicher Länder der Welt, mit Zugang zu fast allen Typen der Unterhaltungsmusik. Sie hat im Lauf ihrer vielhundertjährigen, abendländischen Geschichte eine ungewöhnlich große Zahl von Wandlungen durchgemacht. Der um 1300 verfaßte Traktat des Johannes de Grocheo („Theoria“) kennt bereits die „Quitarra saracena“, ein gitarrenähnliches Instrument „sarazenischen“, also arabischen und südeuropäischen Ursprungs. In dieser latinisierten sprachlichen Form *quitarra* steckt noch deutlich das griechische Wort *kitara* oder *kitharis*, das schon bei Homer für ein Saiteninstrument steht. Ein gitarren- oder lautenähnliches Instrument erwähnt Sebastian Virdung („Musica getutscht ...“) 1511, ein bayerischer Priester und Mitglied der Heidelberger Kapelle: Er nennt es „Quintern“. Ist dies eine mißverstandene „Verdeutschung“ von *kitara* oder *quitarra*, oder deutet es eine Quintenstimmung an, die jener der heutigen Streichinstrumente glich? In vielen Teilen Europas gab es bis vor nicht allzulanger Zeit verschiedene Besaitung und Stimmung für die vielen Gitarrenarten. Dann setzte sich das einheitliche sechssaitige Instrument durch,

Unten: Zur besten Dokumentation über alle Arten spätmittelalterlicher Instrumente gehören die glänzenden Blätter „Kayser Maximilians I. Triumph“ von Hans Burgkmair. Hier die Blechbläser und der Pauker aus dem Zug.

Rechte Seite oben: Eine Rad- oder Bauernleier, ein mittelalterliches, heute gern wieder nachgebautes Instrument, das eine Kombination zwischen Saiten- und Tastenmechanik besitzt und durch Drehen eines hölzernen Rades immer in Klang gehalten wird.
Rechte Seite unten: Zwei Lautentabulaturen völlig verschiedener Art: links aus dem „Codex Bakfark", rechts aus „Musica getutscht" von Sebastian Virdung (Basel 1511).

Oben links: Blick in die Werkstatt eines Lautenbauers oder, nach internationaler Bezeichnung, „luthiers". Hier wurden auch andere Instrumente hergestellt, doch in erster Linie Lauten (deren Namen in allen Sprachen ähnlich klingen, da sie vom arabischen „al-oud" stammen).
Mitte: Ein mittelalterliches Trumscheit (15. Jahrhundert), auch Marientrompete genannt, ein mannshohes, ein- bis dreisaitiges Instrument aus Holz, das mit starkem Bogen gestrichen wird und viele Jahrhunderte hindurch (vom 12. Jahrhundert angefangen) verwendet wurde. Man findet es auf Bildern oder kirchlichen Reliefs nicht selten in der Hand von Engeln.
Rechts: Harfe und Laute im Zusammenspiel (16. Jahrhundert).

das in Quarten gestimmt ist, mit einer Terz in der Mitte. Ausnahmen gibt es selbst heute noch: Der bedeutende spanische Virtuose Narciso Yepes zieht in seinen Konzerten eine zehnsaitige Gitarre vor.

Zu Ende des Mittelalters schieben sich immer entschiedener die Streichinstrumente in den Vordergrund. Die Kunstmusik wird ohne sie nicht mehr auskommen. Die Verfeinerung dieser Klangerreger gehört zu den glänzendsten Zeugnissen abendländischer Kulturentwicklung. Die Musiker der Gotik dagegen spielten – etwa im 13. und im 14. Jahrhundert – das TRUMSCHEIT. Der Name wird von althochdeutsch trumme, Trompete, abgeleitet, seit dem 14. Jahrhundert auch Marientrompete genannt. Vermutlich slawischen Ursprungs, ist es einem Monochord ähnlich. Das etwa 2 m hohe Instrument hat einen aus drei keilförmigen Brettern zusammengesetzten Schallkasten, einen relativ kurzen Hals und ein bis drei Saiten. Mittels eines Bogens wurden nur Flageolett-Töne gespielt, die wegen ihres trompetenartigen Klangs den Namen bestimmten. Auf alten Bildern oder in Kirchenwände gemeißelt befindet sich das Instrument vor allem in den Händen von Engeln. Wird es von Menschen gespielt, dann viel häufiger von Frauen als von Männern. Das Trumscheit hielt sich als Trompetenersatz vor allem in Nonnenklöstern bis ins 18. Jahrhundert. Dann ist noch ein weiterer Vorläufer unserer Streichinstrumente zu erwähnen, bevor wir auf deren eigentliche Entwicklung kommen. Da gab es die DREHLEIER, die unter mindestens zehn verschiedenen Namen auftrat: Bauern- oder Bettlerleier, Weiberleier, auch ORGANISTRUM dort, wo Lateinisch noch verstanden wurde. Sie verband

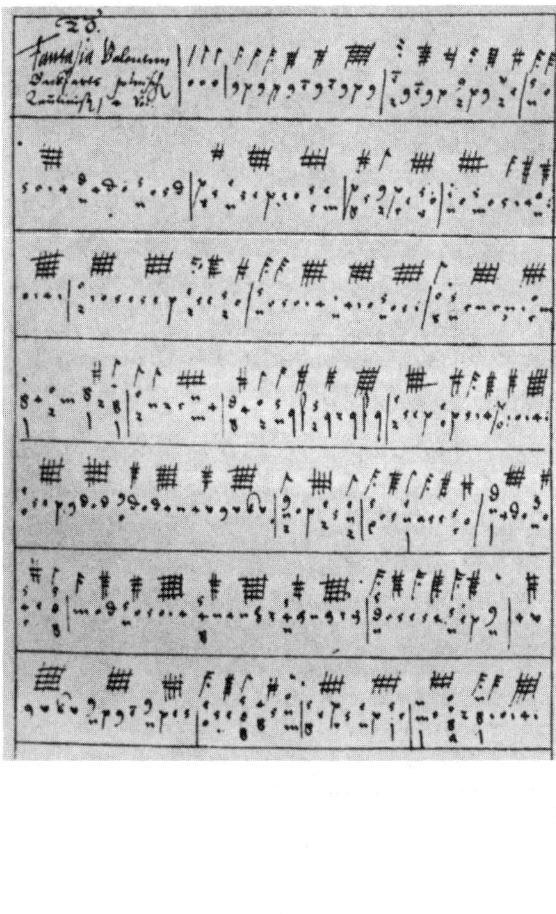

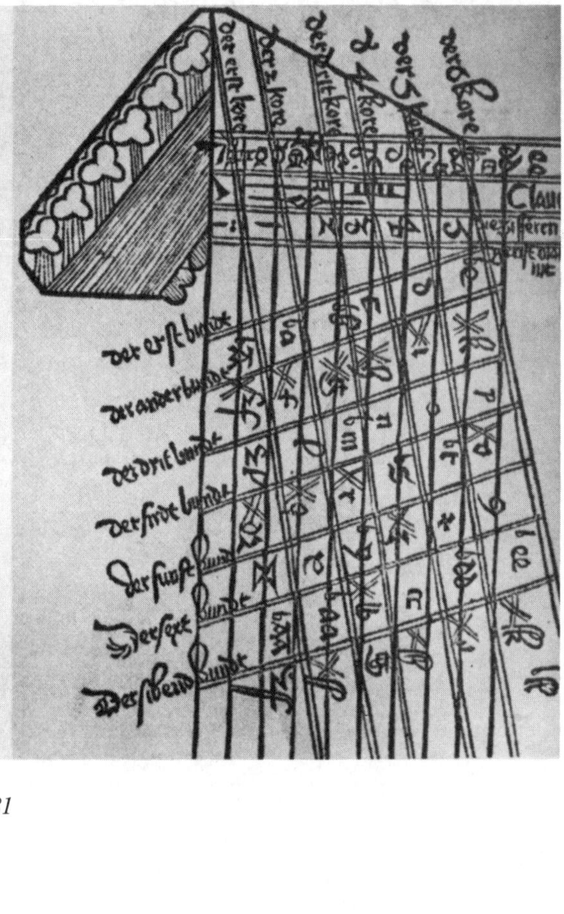

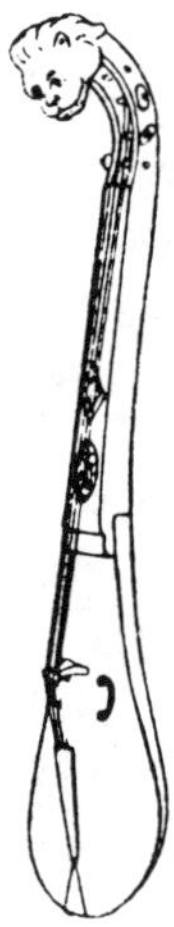

Gige
(Bellini), um 1500

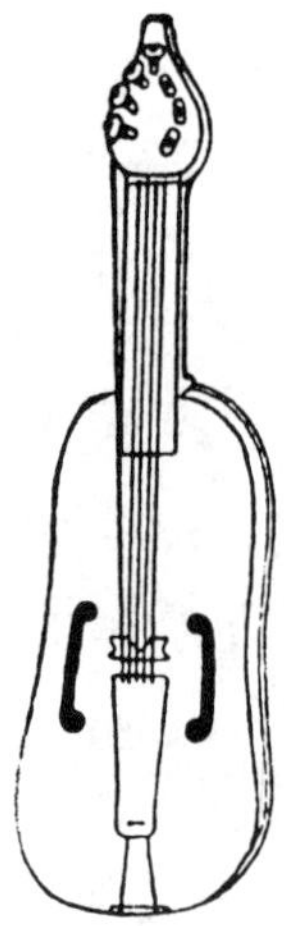

Fidel
(Verrocchio), um 1480

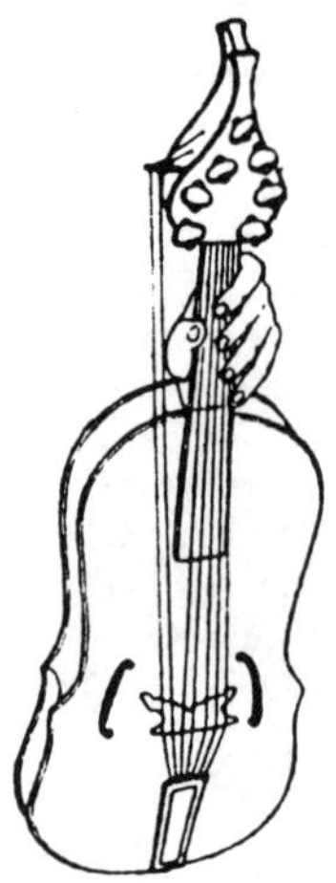

Lira da braccio
(Carpaccio), um 1510

Viola da gamba
(Baldung Grien), um 1510

Vier Ahnen unserer heutigen Streichinstrumente (nach Curt Sachs, dem bedeutendsten Instrumentenforscher des 20. Jahrhunderts). Alle vier hier abgebildeten Instrumente stammen aus Werkstätten berühmter Meister (in Klammern angegeben). Man beachte, daß die Fidel und Gige hier verschiedene Formen aufweisen: Bei der Gige geht der Hals ohne Absatz in den Körper über.

Streichinstrumente mit Tastenmechanik und einem hölzernen Rad, das mit Hilfe einer Kurbel die Saiten in ständiger Bewegung hielt. Die Drehleiter gehört zu den heute manchmal nachgebauten alten Instrumenten. Ihr äußerst charakteristischer, wenn auch nach romantischer Ansicht keineswegs „schöner" Klang dient zum Beispiel dem mit alter Musik vertrauten Wiener Sänger Eberhard Kummer, sich zur Wiedergabe des „Nibelungenliedes" zu begleiten. Tausend Jahre Musik erscheinen ausgelöscht, eine ferne Welt ersteht vor unserem inneren Auge. Wir aber haben diese tausend Jahre nachzuzeichnen, die Streichinstrumente bis zu Stradivari und Amati und über sie hinaus bis zum heutigen Tag zu verfolgen, da sechzigköpfige Streicherensembles in so wundervoller Ausgeglichenheit zu spielen verstehen, als bewege sie eine einzige Hand.

Eine Saite zu zupfen, ist ein uralter Gedanke. Aber auch das feinfühlige Streichen einer Saite dürfte älter sein, als wir gemeinhin annehmen. Die Entwicklung mußte lange Zeiträume durchschritten haben, bevor die ersten Instrumente dieser Art ins Abendland vordrangen, vermutlich über die enge Meerstraße an den Säulen des Herkules im Süden Spaniens. Hier entstand durch die arabische Invasion eines der frühesten Gebiete hoher Musikkultur auf abendländischem Boden. Um das Jahr 1000 finden wir hier unter vielerlei Saiteninstrumenten bereits bogengestrichene in Gebrauch. Wenn auch der Name *vihuela* in erster Linie eine Reihe von Zupfinstrumenten bezeichnet, so ist doch eine Verbindung zur *viela* gegeben und von dort zur französischen *vielle,* zur deutschen FIDEL oder FIEDEL. Die ersten Instrumente dieser bogengestrichenen Art wurden bald mit mehr als einer einzigen Saite bezogen. Gestrichen wurde jedoch nur eine davon, während die anderen, meist unter dem Griffbrett verlaufenden, nur dem „Mitschwingen" dienten, einer oft verwendeten Klangverstärkung, die auch „Bordun-Effekt" genannt wird.

Von der *vielle* ging es zur VIOLA, mit der eine eigene künstlerische Entwicklung einsetzte. Es entstand eine ganze „Familie", die in ihrer Glanzzeit in Barock und Klassik viele wichtige Mitglieder zählte. Da gab es die *viola da braccio,* aus der die heutige Viola wurde. Ihr deutscher Name Bratsche ist eine an sich unsinnige Übernahme eines Namensteils, des Wortes *braccio,* also Arm, in unserer Sprache. Es gab die heute noch für alte Musik verwendete *viola d'amore,* deren Ursprung angeblich in Indien zu suchen ist. Sie durchlief mehrere Etappen (viola bastarda, lyra viola), besaß im Stadium ihrer höchsten Entwicklung fünf bis sieben Spielsaiten und bis zur doppelten Zahl von Resonanzsaiten, die ihr einen besonders weichen, süßen, eben einen „Liebesklang" verliehen, den unter anderen Johann Sebastian Bach besonders schätzte.

Bach spielte auch die *viola pomposa* gern, die noch bei Haydn, im Rokoko, ihre Rolle haben wird. Joseph Haydn komponierte eine Fülle von Stücken für seinen Brotherrn, den Fürsten Esterházy, einen Musikliebhaber und sehr guten Spieler des BARYTONS. Dessen ursprünglicher Name lautete *viola baritono* (mit der Betonung auf dem i). Das ließe auf eine Verwandtschaft mit der männlichen Stimmlage schließen, die italienisch baritono heißt. Diese Erklärung scheint keinesfalls sinnlos, aber die Forscher neigen doch eher zur Auffassung, es handle sich bei diesem Namen wieder-

Werkstatt eines Instrumentenbauers zu Ende des 17. Jahrhunderts. An der Wand ein Serpent, ein Blasinstrument in Form einer Schlange (daher der Name), das schon im Aussterben war.

um um eine Verballhornung aus dem italienischen Wort *bordone.* Dieses bedeutet, wie früher beim gleichbedeutenden Wort *bordun* erwähnt, das „Mitschwingen", also auch „Mitklingen" von tieferen Saiten. Tatsächlich besaß das Baryton 6 oder 7 zu streichende Saiten, aber 9 bis 24 mitschwingende *bordone*-Saiten.
In der Geschichte der Tasteninstrumente ist natürlich längst von der ORGEL die Rede gewesen, bei der die lange Entwicklung, schon in vorchristlicher Zeit, begann. Das HACKBRETT taucht wahrscheinlich im 9. Jahrhundert auf. Es ist ein breiter Holzkasten mit Resonanzlöchern in der oberen Decke, über die Saiten gespannt werden. Zuerst waren es wohl wenige, später dann genügend viele, um den Tonumfang auf vier Oktaven auszudehnen. Die Verwandtschaft zur Zither ist offenkundig, aber das Hackbrett wird mit zwei Holzklöppeln geschlagen, während die Zither bekanntlich gezupft wird. Dem Hackbrett, das auch Cymbal oder Cymbala, englisch Dulcimer, genannt wird, sagt man verschiedenen Ursprung nach: Einerseits soll das Instrument aus Arabien stammen, andererseits südosteuropäischer, also balkanischer Herkunft sein.
Durch Hinzufügen von Tasten zum Hackbrett wurde die große Entwicklung eingeleitet, die über die wichtigen Etappen von CEMBALO, CLAVICHORD, SPINETT zum KLAVIER führte. Es gibt im nahen mittelmeerischen wie fernen asiatischen Umkreis seit dem Altertum Instrumente, die man als Vorläufer des Cembalos betrachten kann; ihre Namen (wie *Kin, Tsche, Sabekka, Nebel,* SAMBUCA usw.) sagen nicht fachlich gebildeten Lesern kaum etwas. Wichtiger sind die Bezeichnungen, die im Abendland angewendet wurden: Da finden wir das CLAVICYMBAL, das eben eine Verbindung von *clavis* (Taste) mit *cymbal* (aufgereihte Saiten, Psalterium) darstellt und zur Zeit seines stärksten Gebrauchs, also vom 15. bis ins 18. Jahrhundert, von den Italienern *clavicembalo,* von den Franzosen *clavecin,* von den Spaniern *clave,* in England *harpsichord* oder *virginal* genannt wurde. Während dieser langen Epoche ist ungewöhnlich viel mit Instrumenten dieser Art experimentiert worden, die meisten Musiker und Theoretiker ahnten die große Bedeutung, die ein so komplettes, mehrere Oktaven überspannendes Klangwerkzeug für die Entwicklung der Kunst haben würde.
Die Saiten des CEMBALOS werden von einem Kiel gezupft, wobei eine echte Nuancierung der Stärke und des Anschlags nicht möglich ist. Immerhin gibt es „Züge" (Register), mit denen solche Schattierungen möglich werden. Auch die spätere Anbringung eines weiteren Manuals ergibt variable klangliche Möglichkeiten, die sowohl im Solo-Spiel wie auch bei der Verwendung als Generalbaß-Instrument wichtig sein können. Mit dem Generalbaß werden wir uns bald beschäftigen müssen, denn er bildet die Grundlage der Barockmusik: eine Baß-Stimme, zumeist mit hinzugefügten, Harmonien anzeigenden Ziffern.
Jeder Cembalist mußte in alten Zeiten auch ein verständnisvoller Techniker sein, denn er mußte sein Instrument „bekielen" können, da der Gebrauch die Instrumente rasch abnützte. Und im Gegensatz zum modernen Klavier mußte er auch in der Lage sein, sein Instrument vor jedem Gebrauch gut stimmen zu können (bis heute), manchmal mehrmals während eines Konzerts – genau wie bei einem Streichinstrument oder der Gitarre, Laute, Mandoline, Zither.
Neben dem „tonstarren" Cembalo spielte das CLAVICHORD eine bedeutende Rolle. Es konnte in der Tonstärke durch Verschiedenheit des Anschlags modifiziert werden. Auch in der Stimmung war das Clavichord viel feiner zu handhaben als das Cembalo. Seine Tongebung erfolgte durch Metallzungen, die gegen

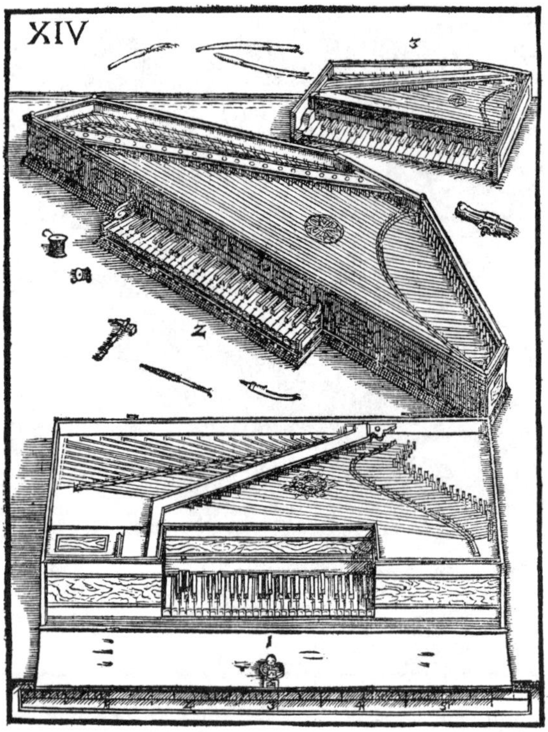

Oben: Spinette oder Virginale, wie sie des Michael Praetorius' „Syntagma musicum" 1619 angibt.
Rechte Seite: Eine Szene aus „Kayser Maximilians I. Triumph". Am „Regal" (Orgel) der berühmte Meister Paul Hofhaimer, seit 1480 Organist des Erzherzogs Sigismund in Innsbruck. Hinter ihm ein anderes seiner Instrumente.

die Saiten schlugen. Der Ton war viel schwächer als der des Cembalos. Die „alten" Komponisten – die der Renaissance, des Barock und Rokoko bis Haydn und Mozart – bevorzugten den zarten Klang, der überaus rein gestimmt werden konnte und für die kleinen Musikräume vollkommen ausreichte. Erst Beethoven wird, der Dramatik seiner Kompositionen wegen, stark klingende Instrumente vorziehen, gerade so wie der Orchesterklang bei ihm von der noblen Feinheit zur wachsenden Lautstärke, zu eben jenem „rauschenden" Spiel übergeht, ohne das die romantische Musik des 19. Jahrhunderts nicht denkbar wäre. Doch dann wurden alle vorherigen Formen durch das HAMMERKLAVIER ersetzt, von dessen Erfindung in Florenz (durch Cristofori) und dessen praktischer Verwertung (durch Silbermann in Dresden) wir sprechen werden.
Die Verwendung des Cembalos hat eigentlich nie ganz aufgehört. Mit ihm begleiten wir, zumeist durch ein tiefes Streichinstrument verstärkt, die Rezitative der klassischen Opern, also bei Pergolesi, Cimarosa, Mozart und zahllosen anderen. Und unsere Zeit ist, nach längerer Gleichgültigkeit in diesen Fragen, teilweise zur Verwendung authentischer Instrumente beim Spiel alter Musik zurückgekehrt. Wenn es auch verständlich war, daß das 19. Jahrhundert mit seiner feinsten Nuancierung im Orchesterklang die „Stufendynamik" – die Unmöglichkeit des *crescendo* und *diminuendo*, wodurch nur die einzige Stufe von piano zu forte übrigblieb – als unbefriedigend ansah, so bevorzugen wir heute doch oft den originalen Klang, der uns einen Teil der Werktreue bedeutet, um die wir uns so sehr bemühen.
Mit den Fortschritten der weltlichen Tasteninstrumente gingen die der zumeist für geistliche Musik verwendeten Orgel nicht immer in gleichem Schritt. Die älteren Orgeln des 12. und 13. Jahrhunderts waren noch äußerst schwerfällig in Spiel und Klang, besaßen nur wenige, sehr breite Tasten, die mit den Fäusten geschlagen werden mußten. Lange Zeit hieß es darum nicht, man spiele die Orgel, sondern man schlage sie. Von einem echten Spiel war noch keine Rede. Die Aufgabe der endlich im Kirchenraum zugelassenen Orgel bestand im wesentlichen darin, die Stimmen der Sänger von Abschnitt zu Abschnitt zu stützen und so Intonationstrübungen bei mehrstimmigem Gesang zu verhüten. Vom 14. Jahrhundert an wurden die Tasten schmaler, so daß eine größere Zahl von Tönen untergebracht werden konnte. Zugleich wurde auch die Tongebung beweglicher, vom Anschlag der Taste bis zum Erklingen verging immer weniger Zeit. Zu dieser Zeit gab es in Halberstadt eine Orgel, die 22 Töne aufwies: 14 „diatonische" (der Tonleiter angepaßte) und acht „chromatische" (also halbtönige, zwischen die diatonischen „Ganztöne" eingeschoben). Das ergibt bereits fast den gesamten endgültigen Zustand unseres Tonsystems, das bekanntlich zwölf Töne pro Oktave aufweist. In stetigem Fortschritt entwickelte sich die Orgel dann zur „Königin der Instrumente", wie sie, nicht nur von Dichtern, oft genannt wurde. Ein berühmter deutscher Orgelbauer, Conrad Rothenburger, schuf 1475 ein bedeutendes Instrument für die Nürnberger Barfüßerkirche, 1493 ein noch größeres für Bamberg, untrügliche Beweise dafür, daß um jene Zeit die musikalische Entwicklung Europas in einigen Teilen schon recht weit vorangeschritten war und nicht minder dafür, daß auch das technische Können einen erstaunlich hohen Stand hatte. Die restlose Hingabe, der glühende Eifer, den Liebe und Ehrgeiz anspornten, brachten Leistungen zuwege, die auf manchem Gebiet unschlagbar blieben. Auf dem des Orgelbaus, des Orgelspiels, der Orgelkomposition wurden Höhepunkte gesetzt, die heute noch bewundernswert sind. Das kleine Nördlingen, damals Freie Reichsstadt, in Bayern gelegen, besaß im Jahr 1466 urkundlich drei wertvolle Instrumente.
Zu den Manualen und Registern, die bereits hohen technischen Stand aufwiesen, war das Pedal erfunden worden. Deutschland und Italien streiten um den Ursprung dieser wichtigen Neuerung, die es erlaubt, mit den Füßen nicht nur Klangverstärkungen zu erzielen, sondern ganze, in tiefer Lage wuchtig hervortretende Melodien zu spielen. Die Reformation, die im politischen und religiösen Bild Mitteleuropas so tiefe Einschnitte und Abgrenzungen hinterließ, wirkte sich im Musikalischen nur unbedeutend aus. Katholische wie evangelische Städte erwarben für ihre Gotteshäuser technisch immer vollkommenere Instrumente, die einer ständig wachsenden Zahl von Organisten immer großartigere Entfaltungsmöglichkeiten boten. Es sind nahezu durchwegs auch schaffende Künstler, ohne daß dieser Tatsache besondere Erwähnung getan würde. Jede Gemeinde erwartete von ihrem Organisten eine beachtliche kompositorische Fähigkeit, die sich zu-

mindest in reichhaltigen Improvisationen äußern mußte. Und von der Improvisation zur Komposition ist oft ein nur kleiner Schritt.

Neben Deutschland, wo besonders Nürnberg eine hervorragende und weithin Aufsehen erregende Pflegestätte der Orgel wurde, spielte Italien auch in dieser Kunst eine führende Rolle; bald folgten die Niederlande und später vor allem Frankreich. Um 1490 gingen von San Marco in Venedig wegweisende Impulse aus: Auf einer zweiten Empore, der ersten gerade gegenüber, wurde eine weitere Orgel angebracht und Platz für ein Chor- und Bläserensemble geschaffen. So konnten zwei Meisterorganisten (über die während längerer Zeiten Venedig in nicht abreißender Kette verfügen wird) in geistvollem Zusammen- und Wechselspiel überwältigende Wirkungen erzielen, die die Menschen von nah und fern in gewaltigen Mengen anzogen. Von den Konzerten Frescobaldis wird glaubhaft überliefert, sie hätten mit dreißigtausend Hörern den Petersdom bis zum letzten Platz gefüllt.

Um den Orgelton auch außerhalb der Kirchen anwenden und so dem steigenden Interesse am vielseitigen Klang des Instruments entgegenkommen zu können, erfand man drei kleinere Varianten der Orgel: Das POSITIV und das REGAL sind sozusagen Zimmerorgeln, die im allgemeinen kein Pedal und eine beschränkte Stimmenzahl aufweisen; auch das PORTATIV war eine verkleinerte Orgel, die sogar um den Hals getragen werden konnte. In den frühen Hofkapellen spielten diese Instrumente eine wichtige Rolle. Sie konnten bei festlichen Anlässen in jedem Saal gespielt, bei Festzügen mitgeführt werden. So zeigt eines der schönsten Blätter des „Triumphzugs Maximilians I." (siehe Abbildung) den damals hochberühmten Paul Hofhaymer an einer solchen kleineren, aber prunkvoll ausgestatteten Orgel hoch auf einem rollenden Wagen.

Die Instrumentalmusik hat zu Ende des sogenannten Mittelalters den vorherigen weiten Vorsprung der Vokalmusik aufgeholt. Sie kann deren größte Manifestationen ebenbürtig „begleiten", aber nun auch selbständig wirken. In Barock und „Klassik", denen wir uns nähern, wird sie es überzeugend beweisen, besonders wenn bald die glänzende Entwicklung der Streichinstrumente den Aufstieg vollenden wird.

Das Theater im frühen Abendland

Auch das Theater ist, wie Musik und Tanz, fast so alt wie die Menschheit. Sich verkleiden, vorübergehend eine andere Identität annehmen, tun und sprechen dürfen, was im täglichen Leben verwehrt ist, den schönen Schein flüchtig an die Stelle des oft häßlichen Seins rücken können. Wer wollte das nicht?

Theater hat viele Formen. Im Grunde jedoch drei große Linien: Wort-Theater, Musik-Theater, Tanz-Theater. In unserer Zeit wäre wohl noch das Licht-Theater (André Heller) hinzuzufügen. Theater ist so vielseitig wie das Leben selbst. Es reicht von primitiver Pantomime bis zum Gesamtkunstwerk (Richard Wagner), von der Volksposse zum edelsten Gedankendrama.

Das mittelalterliche Theater bietet dem Betrachter ein weites und buntes Bild, „so voller Leben und Widerspruch wie die Jahrhunderte, die es begleitet", drückt Margot Berthold es in ihrer „Weltgeschichte des Theaters" aus. Wir finden geistliches, Hof- und Volkstheater, kirchliche und weltliche Spiele. Narren- und Hanswurst-Theater, Passions- und Mysterienspiele, Erbauungs- und Unterhaltungstheater, Spiel auf festen Brettern in eigenen Gebäuden, auf umherziehenden Wagen, auf räumlich getrennten Schauplätzen, die der Zuschauer wie einzelne Stationen eines Kalvarienberges abschreitet. Alles das und noch viel mehr ist „Theater". Und das meiste davon steht in engem Zusammenhang mit Musik, vieles auch mit Tanz, also wiederum mit Musik.

Und wie bei der Musik läßt sich auch beim frühesten Theater nach der Zeitenwende darüber diskutieren, ob die Anfänge im Volk oder im jungen Glauben lagen. Die Kirche stand dem Theater offiziell während längerer Zeit feindlich gegenüber. Zweifellos zum Teil auch deshalb, weil sie es für „heidnisch" hielt und in ihm Kräfte und Ideen spürte, die ihren eigenen zuwiderliefen oder -laufen konnten. Als sie aber erkannte, daß sie klüger daran täte, sich eine so starke, in der Tradition verwurzelte Bewegung nutzbar zu machen, stellte sie sich selbst an deren Spitze. Sie schuf ein „christliches" Theater in volkstümlichem Stil und bald auch in volkstümlicher Sprache, als ihre lateinischen „Schulkomödien" die Menge nicht erreichten. Hatte sie nicht eine Fülle von Themen anzubieten, so spannend, erregend und lehrreich wie die weltlichen Heldendarstellungen? Steckten im Alten Testament nicht heroische Geschehnisse, göttliche Botschaften, im Neuen Testament nicht bewegende Geschichten von Märtyrern und Heiligen genug, um durch ihre Darstellung Menschen zur Betrachtung und zum Glauben zu führen?

Der Mitwirkung der Musik waren keine Grenzen gesetzt. Der Ablauf konnte Gregorianische Gesänge einbauen, konnte frühe Weihnachts- und Osterlieder aufbieten, zur Untermalung der wunderbaren Geschichte des Erlösers, es gab Marienlieder und solche zu Ehren vieler Heiliger. Die große Frage besteht darin, ob die Kirche unter besonderen Umständen die Verwendung von Volksliedern zuließ. Gab es doch im Volksmund Gesänge, deren Sinn sich mit der Kirche durchaus in Einklang bringen ließ: Solche, die Gott um Verschonung vor Krieg und Pest anflehten, um Heilung von Krankheiten und um einen sanften Tod. Die von Menschenliebe und Barmherzigkeit handelten. Hochwillkommen konnte auch die Mitwirkung von Instrumenten sein. Wenn etwa in einem biblischen Spiel die Mauern von Jericho durch den Schall der israelitischen Trompeten zum Einsturz gebracht wurden oder wenn der „Jüngste Tag" heraufbeschworen wurde durch den Schall der Posaunen.

Bald nach 900 komponierte der im Kloster St. Gallen lebende Mönch Tutilo (oder Tuotilo) einen „Tropus", wie man die Ausschmückung Gregorianischer Gesänge nannte, der als Weihnachtslied gelten kann; auf dessen Grundlage wurde wenig später das älteste der erhaltenen geistlichen Spiele gestaltet. Etwa zur gleichen Zeit verwandelten die Mönche im französischen Kloster Limoges den Ostergottesdienst in eine theatralische Handlung mit der an diesen Feiertagen bereits traditionellen Musik. Der heilige Ethelwolf, Bischof von Winchester, schuf ein Osterspiel, dessen Handlung von einem Männerchor mit gregorianischen Weisen umrahmt war und in dem ein Halleluja von den „drei Marien" angestimmt wurde. Waren es Frauen, die da sangen? Sofern die „Vorstellungen" im Freien stattfanden, wäre eher an eine solche Möglichkeit zu denken. Im Kirchenraum war dies nicht möglich. Knabenstimmen ersetzten hier den verbotenen Frauengesang, oder aber drei (vielleicht höhere, also tenorsingende) Männerstimmen wurden dafür herangezogen. Wir werden bald – bei weltlicher Opernmusik – von solcher Unempfindlichkeit gegenüber der Geschlechtertrennung im Gesang zu reden haben.

Der Gedanke des Osterspiels setzt sich schnell durch. Zwischen dem 11. und 15. Jahrhundert werden nicht weniger als 130 Spiele dieser Art allein in Mitteleuropa aufgeführt (K. Young hat es in einer Oxforder Publikation 1933 nachgewiesen). Zu den bedeutendsten zählten jene von Tours, die 1180 ins Leben gerufen wurden, von Klosterneuburg bei Wien, die 1204 begannen, von Benediktbeuern in Oberbayern, von St. Gallen, aus dem schweizerischen Kloster Muri im Aargau. Im katalanischen Elche erhält sich ein Stück

um Tod und Himmelfahrt der Jungfrau Maria, das bis 1226 zurückverfolgt werden kann und das heute noch mit großer Inbrunst gespielt wird.
Um diese Zeit waren solche Spiele nicht mehr auf die Kirche allein beschränkt. Und selbst bei deren Aufführungen war keineswegs die lateinische Sprache vorherrschend geblieben. Viele Gesänge weisen Ähnlichkeiten mit jenen der Troubadours und Minnesänger auf. Sie weisen auch deren Sprachen auf. Von einer seltsamen Mischform wird aus dem bayerischen Tegernsee berichtet. Dort wurden zu Ende des 12. Jahrhunderts Szenen der Apokalypse gespielt, wobei der Text mittelhochdeutsch gesprochen wurde, während die Gesänge lateinisch erklangen. Den Abschluß bildete zu brausendem Orgelklang und feierlichem Glockengeläute ein von allen Anwesenden intoniertes *Te Deum*.
Das Theater breitete sich, als die Kirche einmal auf diese Linie eingeschwenkt war, rasch und mit großer Popularität aus. Es lag ja in irgendeiner Form allen Völkern im Blut. Erinnern wir uns nur an die Berichte lateinischer Chronisten, die aus den ersten Jahrhunderten des künftigen Abendlandes berichteten: Die Zeremonien der germanischen, gallischen, keltischen Völker wiesen zumeist dramatischen, theatralischen Charakter auf, es waren nicht nur Tänze oder Gesänge, sondern deren Gestaltung. Und Gestaltung ist stets ein Element des Theaters.

„Der Tod" ist die im mittelalterlichen Theater meistgebrauchte Gestalt. In einem tanzartigen Reigen oder Zug – dem „Totentanz" – geleitet er seine Opfer aus dieser Welt. („Totentanz", 1515, nach Nicolaus Manuel Deutsch)

So flossen diese urdramatischen Darstellungen der Vorzeit zum Teil noch in das mittelalterliche Theater ein, das wir zu Minnesängerzeiten überall blühen sehen und das im Süden oft sogar von Troubadours gestaltet worden sein dürfte. Daß das früheste Singspiel Europas vom „letzten Troubadour", Adam de la Halle, aus dem Ende des 13. Jahrhunderts stammt, haben wir erwähnt. Einen engen Zusammenhang zwischen Minnesängertum und frühem Musiktheater bildeten die im bayerisch-österreichischen Raum überlieferten „Neidhartspiele". Sie stellten den Minnesänger Neidhart (auch Neithart oder Nithart) von Reuenthal in den Mittelpunkt einer theatralischen Handlung und erzählten in volkstümlicher Weise von seinem Werdegang und Schicksal: Wie er aus dem Dienst des Bayernherzogs Otto II. ausbrach, hernach in Wien den Weg zur Volkspoesie fand, wie er zum Verherrlicher des Dorflebens wurde, seiner Bewohner und, viel mehr noch, seiner Bewohnerinnen. Daß sein Stil trotz dieses Themas stets ein wenig höfisch bleibt, erhöht vielleicht noch den Reiz des Ganzen. Seine Lieder bilden eine gute Mischung zwischen Volkstum und Minnesängerwesen, wie sie in damaligen Zeiten wohl öfter vorhanden gewesen sein muß, als die meisten musikgeschichtlichen Studien annehmen oder verzeichnen.
Das mittelalterliche Theater wird zum Zeitspiegel, so wie jedes Theater dies sein muß. In ihm lassen sich die Kreuzzüge ablesen, die Notzeiten, die Pestjahre, die gewaltsamen Unterdrückungen unter weltlichen und geistlichen Potentaten, die völlige Rechtlosigkeit der untersten Stände. Aber auf dem Höhepunkt von Bitternis und Verfolgung, von Not und Folter nähert das weltliche

Theater sich dem geistlichen: Nur Gott kann Erlösung und Rettung bringen, da keine irdische Macht sich der Armen annimmt. Da steigt dann die alte Sequenz des *Dies irae* aus Mönchs- und Laienkehlen, jene ursprünglich gregorianische Weise, die vom Franziskanerpater Tommaso da Celano erstmals niedergeschrieben, vielleicht sogar komponiert wurde, wenn sie nicht viel ältere Vorläufer besaß, die als Symbol der Todesangst schon jahrhundertelang im Bewußtsein der Massen lebten. Die Melodie ist bis in die Neuzeit in manchem Werk der Kunstmusik verwendet worden, so etwa von Berlioz 1830 in seiner „Phantastischen Sinfonie“, mehrmals bei Liszt usw.

Das geistliche Theater des Mittelalters wird von einer Reihe feststehender Figuren belebt, die bekanntesten sind Tod und Teufel. Die Majestät des Todes bleibt stets unangetastet. Wo er zu singen hat, geschieht dies in so ruhiger wie unerbittlicher Form. Noch Schuberts „Der Tod und das Mädchen“ entstammt dieser Sphäre. Wie oft ist der Tod als Anführer eines Totenreigens, eines Totentanzes geschildert worden! Der Spätromantiker Camille Saint-Saëns hat 1875 in seinem „Danse macabre“ eine sinfonische Dichtung geschaffen, in der das Klappern des hölzernen Xylophons das Knöcherne des Totengerippes hörbar macht. Den Teufel, der unter

Oben: Das bayerische Oberammergau unterhält eine alte Tradition des Passionsspiels, der Theatralisierung von Tod und Auferstehung Jesu.
Links: Die französische Zeitschrift „Le Monde Illustré“ brachte 1880 diese Abbildung einer Szene dieses Oberammergauer Passionsspiels. Bemerkenswert ist besonders die starke musikalische Untermalung.
Rechte Seite: Zu den eindrucksvollsten Szenen mittelalterlicher Mysterienspiele oder Passionen gehört stets die Kreuzigung Jesu.

vielen Namen wie Satanas, Beelzebub, Mephisto, Luzifer auftrat, galt es, gefährlich zu schildern, und das war musikalisch viel schwieriger. Trotzdem ist die Zahl seiner Darstellungen so hoch, daß sie statistisch kaum noch zu erfassen wäre. Daß Mephisto zuletzt in jeder Gegenüberstellung mit Gott unterliegen mußte, war klar, aber gerade dieses Wechselspiel zu zeigen, ihn von Weltmacht zu Ohnmacht zu schleudern, das war ein faszinierendes, ergiebiges theatralisches Thema, das uns in ungezählten Dichtungen und Dramen, vor allem aber musikalischen Werken entgegentritt, bis hin zu den Opern „Faust“ (Gounod), „Mefistofele“ (Boito), „Dr. Faust“ (Busoni).

„Im Namen des Teufels“ feierte das Mittelalter berüchtigte Feste, zu denen die Kirche während einiger Tage im Jahr ihre Gotteshäuser dem unheiligsten Treiben zur Verfügung stellte. So wurde in Notre-Dame von Paris das „Eselsfest“ gefeiert, bei dem der Teufel in Tiergestalt die johlende, betrunkene Menge zu Orgien und wüsten Ausschreitungen führte. Geistliche Lieder wurden in obszönsten Parodien gesungen, alles verspottet und lächerlich gemacht, was während der restlichen 360 Tage des Jahres als geheiligt galt. Dieses „Fest“ wurde in eine theatralische Form gegossen, bei der die gleichen Figuren in Verzerrung mitwirkten, wie das Volk sie aus dem geistlichen Theater her wohl kannte. Es ist nicht schwer, hier einen Vorläufer des Karnevals zu sehen, dessen frühestes Auftreten kaum noch festzustellen ist. Auch hier zeigt es sich wieder: Der Mensch stellt zugleich Bild und Zerrbild dar, Ideal und Parodie, Verzerrung, will bauen und niederreißen, anbeten und verhöhnen.

Das Interesse am mittelalterlichen Theater hat sich im 20. Jahrhundert auffallend verstärkt. Keineswegs theoretisch, sondern in einer wahren Fülle von Neubelebungen und Aufführungen. Mysterien- und Passionsspiele, Volksstücke, Fastnachtsschwänke beleben mit oft erfrischendem Hauch die Theaterszene in Städten und bei Festspielen. Oberammergau hat durch sein Laienspiel von Tod und Auferstehung Jesu Weltgeltung erlangt. Das schweizerische Kloster Einsiedeln stellt „Das große Welttheater“ des Spaniers Calderón de la Barca als ergreifende Schau der damals wie heute den Menschen bewegenden Fragen dar. Zu Salzburgs „Jedermann“ drängen seit über siebzig Jahren allsommerlich gewaltige Menschenmassen, um das „Spiel vom Sterben des reichen Mannes“ mitzuerleben. Hier sind, in der meisterlichen Neugestaltung des Wiener Dichters Hugo von Hofmannsthal, alte Quellen aus England und aus der Feder von Hans Sachs wieder lebendig geworden. Zahlreiche Figuren des mittelalterlichen Theaters stehen vor dem Publikum einer so ganz anders gearteten Zeit: der „Mammon“, dessen Macht in der langen Zwischenzeit nur noch erschreckender geworden ist, die „guten Werke“, als wertvolles Gepäck des Menschen auf der Waage des Jüngsten Gerichts, der Glaube, der Teufel, der Tod, die verführerische „Buhlschaft“, die den Menschen nur zu oft von seinen wahren Aufgaben ablenkt. Uns interessiert hier in erster Linie die starke Verwendung der Musik in diesem (und wohl jedem anderen) Mysterienspiel. In zweifellos richtiger Erfassung wird der Musik hier stärkste Bedeutung zugemessen. Musik leichter, sorglos fröhlicher Art erklingt beim Gastmahl des „reichen Mannes“, unsichtbare Chöre geben dem vielfach ins Mystische gleitenden Spiel die Stimmung zwischen Realität und Vision, die majestätischen Orgelklänge, die auf dem Höhepunkt wie die Botschaft einer jenseitigen Welt wirken, die geradezu musikalisch abgetönten „Jedermann!“-Rufe aus weiter, gespenstischer Ferne, die Posaunenchöre von irgendwo aus der Dämmerung, als bräche der Jüngste Tag an: Diese Musik gehört zum Theater, formt es zur höheren Einheit.

Die Epoche des großen Aufbruchs: Humanismus und Renaissance

Tausend Jahre abendländischen Kulturwerdens liegen hinter uns. Das Abendland hat sich aus dem verfallenden Römischen Reich freigemacht und in christlichem Geist ein neues Weltbild geschaffen. Ein beschränktes Weltbild, das aber durch seinen Schirmherrn alle irdischen Grenzen sprengte: Gott. Es war Gottes Welt und er ihr „A und O", ihr Anfang und ihr Ende. Und doch wurde dieses Weltbild dem Menschen zu eng. Jahrhundertelang hatte sein Leben einzig und allein in Gott geruht. Eine innere Unrast, die ewig in uns lebende Unrast bestimmte den Menschen aufzubrechen zu neuen Horizonten, zu neuen Ufern, die immer noch an Gottes Gestaden liegen, aber zu denen zu gelangen der Mensch seine neu entdeckten Schwingen regen muß.

Aus der Anonymität der Klöster tritt der Mensch zu eigenem individuellem Tun, zu eigener Verantwortung heraus, wird sich seiner geistigen Fähigkeiten bewußt, die er vor allen anderen Wesen dieser Erde von Gott empfangen hat. Von Gott! Denn niemand kann etwas auf der Erde empfangen, das nicht vom Vater im Himmel gesendet ist. Und von ihm, vom Menschengeschlecht, vom Menschen, vom *homo sapiens* nimmt die neue, das Abendland überspannende Kulturepoche ihren Namen. Der Humanismus erwacht überall, wo Menschen streben und um Ideale kämpfen. Erziehung zu höheren Zielen, Förderung geistiger Werte, Verehrung künstlerischen Schaffens lauten die ins Leben tretenden Parolen des Humanismus. Und viele Menschen, die seinen Ruf verstehen, folgen ihm so begeistert, wie ihre Ahnen der Parole „Gott" folgten, einst, als das Abendland geboren worden war.

Der Humanismus berief sich auf ein fernes, „klassisches" Ideal, eine Epoche hoher menschlicher Tugenden an den „Küsten des Lichts" (Peter Bamm), den sonnigen Ufern des blauen Mittelmeers. Menschentum in freier Entfaltung des Geistes: eine wundervolle Utopie, die einst herrliche Blüten trieb. Jacob Burckhardt hat im 19. Jahrhundert, als diese Zeit längst vorbei und zu einer Idealepoche erhoben worden war, die ursprünglich rein geistigen Bestrebungen des Humanismus in ihren künstlerischen Auswirkungen ein wenig veräusserlicht „Renaissance" genannt. Sie folgt auf Romanik und Gotik als nunmehr drittes Zeitalter abendländischer Geistes- und Kulturgeschichte.

Die Bildungsideale des Humanismus gestalten das Abendland um, führen es auf einen Gipfel. Sie fördern die Verantwortung des Menschen für den Menschen und für die Erde, die ihm anvertraut ist. Sie entwickeln im Menschen Fähigkeiten, die in dieser Form und Stärke lange nicht mehr gefordert worden waren: Fähigkeiten geistiger und charakterlicher Natur, moralische, ethische Gaben, seelische Größe, Sinn für lebenswerte Aufgaben. Auf ihnen soll die Gesellschaft beruhen. Und weil zur Erfüllung so vielfacher Pflichten auch körperliche Kräfte und gute Gesundheit notwendig sind, ist auch deren Pflege notwendig. Die menschlichen Tätigkeiten innerhalb der neuen Gesellschaft vervielfältigen sich, Geschicklichkeiten und Neigungen werden zu Berufen ausgebildet. Im Bürgertum erwächst die bisher breiteste Schicht oder „Klasse", die das Abendland bis dahin gekannt hat.

Es liegt in der Natur dieser Entwicklung, daß auch die Künste eine vorher unbekannte Breite erreichen und daß dies eine stetige Vertiefung nach sich zieht. Das freie Spiel der Kräfte, dem das Bürgertum von Anfang an huldigt, entwickelt die schon im Rittertum, nicht im Klerus, vorhandene Freude am Wettbewerb, der allerdings dann immer mehr zur Notwendigkeit, schließlich zur Überlebenschance wird, wodurch die Freude in Sorge umschlägt und materielle Bestrebungen den früheren Idealismus überwuchern und völlig zu ersticken drohen.

In seinen frühen Stadien entwickelt das Bürgertum so viel Schwung und Begeisterung wie jede heraufkommende Klasse. Es kann sie in den Städten ausleben, wo das Dasein von vorneherein mehr Abwechslungen bietet, als sie der Mönch in seiner Abgeschlossenheit, der Ritter in seinen winterlichen Einsamkeiten zu überwinden und positiv zu gestalten hatte. Jetzt, da unser Buch nach einigen notwendigen Abschweifungen und Ergänzungen zu den in stets wachsenden Städten gepflegten Künsten zurückkehren kann, hat das Bürgertum seine ersten Kampfzeiten hinter sich, genießt eine festgefügte Gemeinschaft, die ohne Aufgabe der Individualität zu großen Leistungen berufen scheint.

Der Buchdruck

An dem Punkt, an dem Humanismus und Renaissance ihre Schwingen zu regen beginnen, steht eine der bahnbrechenden Erfindungen des menschlichen Geistes: die der „beweglichen Lettern", des Buchdrucks, durch Johannes Gutenberg in Mainz. Wozu hätte der Priester eine solche Erfindung machen sollen? Er hatte Zeit und Muße, ein Leben lang an einem Werk zu schaffen, darüber Gedanken auszutauschen mit den wenigen Brüdern, die sich für den Gegenstand interessierten, und das fertige Werk so oft abzuschreiben, wie es nötig wurde. Warum hätte der Ritter den Buchdruck erfinden sollen? Hätte er etwa ein paar Bücher auf seine Troubadour- und Turnierfahrten mitgenommen? Erst wächst

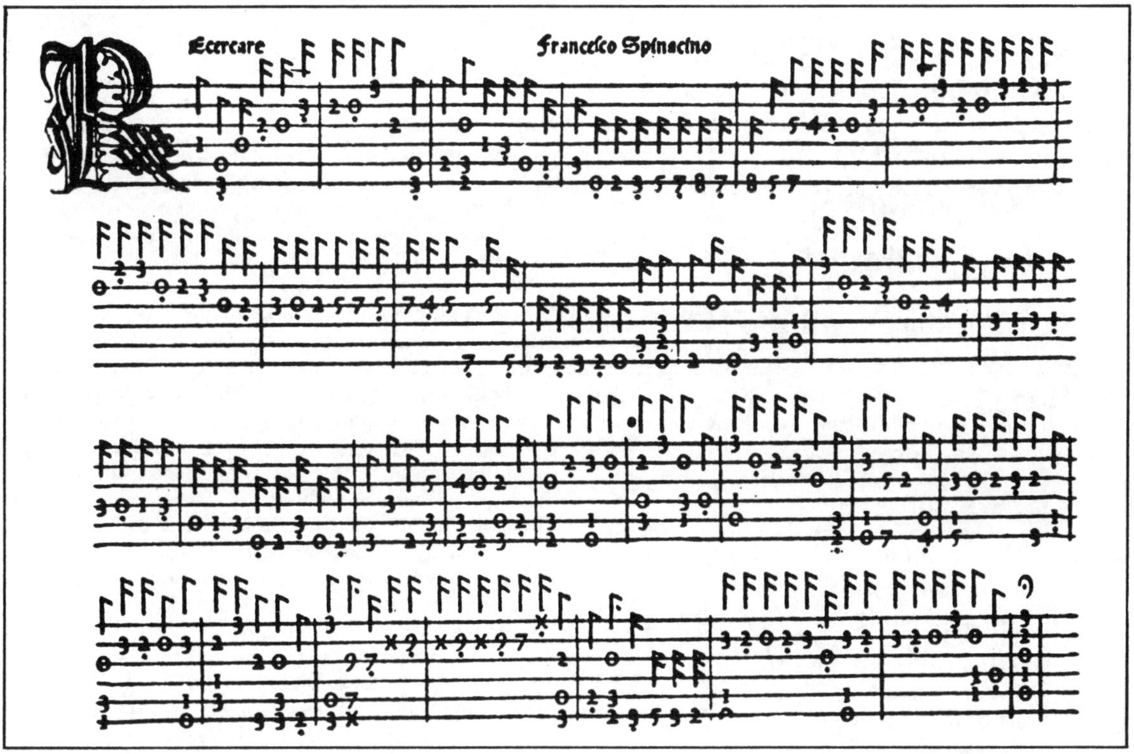

Oben: Um 1500 begann Ottaviano dei Petrucci in Venedig mit dem Druck von Noten. 1507 erschien diese Lautentabulatur des Francesco Spinacino.
Unten: Blick in die mittelalterliche Werkstatt des Druckers Josse Bade in Paris, 1520.

des Bürgers Wissen so stark an, daß es bald einer Bibliothek bedürfen wird, es zu speichern, und immer erneuerter Forschung, um es weiter zu entwickeln. Jede Epoche erfindet, was sie zu ihrem Fortschritt braucht. Es war eine Revolution des Geistes. Was einem eng begrenzten Kreis von Menschen zugänglich war – sie mußten nicht nur die damals noch seltene Kunst des Lesens beherrschen, sondern auch über Freiheit und Freizeit verfügen, um in schwer leserlichen, unhandlichen Folianten und Manuskripten zu blättern –, übertrug sich nun auf eine täglich breiter werdende Menge. Kultur, jahrhundertelanges Privileg der Kirche und ihrer Diener sowie einiger Schreiber an Fürstenhöfen, konnte nun Allgemeingut einer wachsenden Gesellschaftsschicht werden, des Bürgertums, das sehr bald begann, seine Kinder „Bildung" zu lehren. Ein frühmittelalterlicher Dichter – und es gab sie! –, ja selbst noch ein Troubadour oder Minnesänger nach der Jahrtausendwende konnte seine Werke nur in einer Handvoll oft abgeschriebener Kopien verteilen. Nun aber konnte er zu einer hundert- oder tausendfachen Anzahl von Lesern gelangen. Es war ein stolzes Gefühl. Eigentlich hätte man von diesem Jahr an die Neuzeit datieren müssen, anstatt von jener höchst problematischen „Entdeckung Amerikas".
Dem Druck von Büchern folgte unmittelbar der Notendruck. Etwa ein halbes Jahrhundert nach Gutenbergs Erfindung, im Jahr 1498, erhielt Ottaviano dei Petrucci vom venezianischen Senat das Privileg, seine Erfindung der Vervielfältigung von Musikwerken bekanntzumachen und auszunützen. Von hier an datiert eine neue Ära der Musikgeschichte. Langwierige Versuche waren auch Petruccis letztem Schritt vorausgegangen. Der Notendruck erhöhte mit einem Schlag die

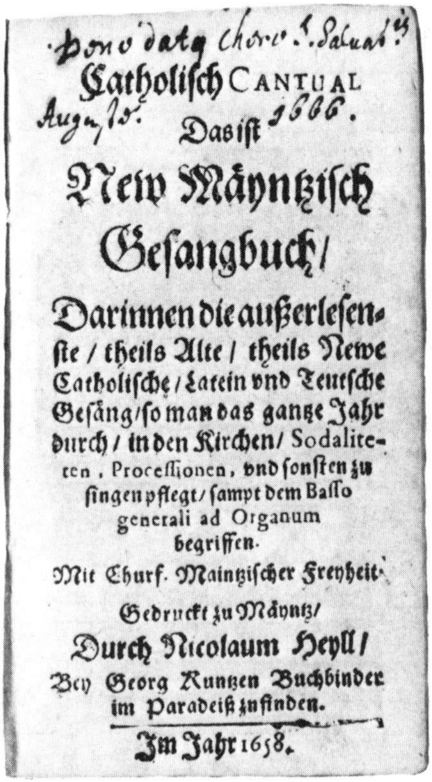

Catholisch Cantual
Das ist
New Mäyntzisch
Gesangbuch /
Darinnen die außerlesenste / theils Alte / theils Newe
Catholische / Latein vnd Teutsche
Gesäng / so man das gantze Jahr
durch / in den Kirchen / Sodaliteten, Processionen, vnd sonsten zu
singen pflegt / sampt dem Basso
generali ad Organum
begriffen.
Mit Churf. Maintzischer Freyheit.
Gedruckt zu Mäyntz /
Durch Nicolaum Heyll /
Bey Georg Kuntzen Buchbinder
im Paradeiß zufinden.
Im Jahr 1658.

Zahl der „Amateure" in der Musik, da er die Kenntnis zahlreicher Werke ermöglichte, die kaum bekannt waren oder nur von Berufsmusikern gepflegt wurden. Er eliminierte, wenn auch noch nicht gänzlich, die beträchtliche Fehlerquelle, die in ungenauen Abschriften bestanden hatte. Er vervielfachte die Zahl und Geschwindigkeit, mit der neue Werke sich verbreiten konnten. Er verringerte möglicherweise die Gefahr, ein starkes Talent, ein Genie könne durch Aufenthalt in entlegenen Landschaften oder durch das Fehlen sozialer Kontakte unerkannt bleiben. Zu diesen ideellen Folgen gesellten sich materielle, die ebenfalls der Welt des Bürgertums entsprachen: Durch die Möglichkeit unbegrenzter Verbreitung begehrter Werke öffnete sich eine beträchtliche Gewinnquelle, die so beträchtlich wurde, daß später zu deren Schutz neue Gesetze, ja Begriffe – wie „Autorenschutz, Autorenrecht" – geschaffen werden mußten. Die ersten Notendrucke wies die Lautenliteratur auf, was bei der Beliebtheit dieses Instruments im 16. Jahrhundert niemanden verwunderte. Die frühesten Ausgaben, heute von unschätzbarem Wert, verließen kurz nach 1500 die vorerst in Italien stehenden, bald aber auf ganz Europa übergreifenden Notendruckpressen. Erste Liederbücher mit großen Auflagen hingegen dürften für die reformierten Gemeinden Deutschlands gedruckt worden sein. Dreieinhalb Jahrhunderte später muß des Walzerkönigs Johann Strauß „An der schönen blauen Donau" hunderttausend Abzüge erleben, um das Interesse eines einzigen Jahres und einer einzigen Stadt, nämlich Paris, nicht Wien, zu befriedigen. Von dort zu den Millionenauflagen einiger „Hits" des 20. Jahrhunderts brauchte es dann nur noch ein weiteres Jahrhundert.

2 Erster Theil
Gnad / daß wir drein werden auffgenommen.
2.
Gleich wie im Himmel / so geschech dein
Will auff Erd;
Schaff daß er allzeit hie / wie dort / erfüllet werd.
HErr / vnser täglich Brodt thu vns
an heut verleyhen;
Vnd laß dasselbig vns an Leib
vnd Seel gedeyen.
3.
Vergeb vns vnsre Schuld / vnd alle
vngebühr;
Wie vnsern Schuldnern auch die
Schuld vergeben wir.
Daß in Versuchung vns nicht
führst / wir allzusamen
Dich bitten; sondern vns erlöst
vom Vbel / Amen.
IV. Das

Das Vatter vnser. 9
IV.
Das Vatter vnser / auff ein
andere weiß.
O Vatter vnser / der du bist Im Himmel /
so dein Wohnung ist. Geheiligt werd dein
höchster Nahm Von vnß denn Menschen alle-
sam. Zukomme vns dein ewig Reich / Nehm
B v vns

Oben und unten: Ein 1658 in Mainz gedrucktes Liederbuch mit lateinischen und deutschen Gesängen für das gesamte Kirchenjahr.

Wir haben die musikgeschichtliche Entwicklung des fortgeschrittenen Mittelalters mit der französischen und italienischen Ars nova abgerundet. Beide brachten Erregendes, die noch junge Polyphonie versprach Umstürzendes. Wenden wir uns nun prinzipiellen Fragen zu, bevor es historisch weitergehen soll.
Jedes bedeutende Kunstwerk hat seinen Stil; er ist das Charakteristische an ihm. Betrachtet man ihn genauer, so entdeckt man, daß er aus mehreren einzelnen Elementen zusammengesetzt ist, die in verschiedenen Proportionen gemischt sind. Die Grundelemente kann man (wie Hermann Leicht es in seiner „Kunstgeschichte der Welt“ getan hat) als Zeitstil, Persönlichkeitsstil, Nationalstil bezeichnen. In unseren bisherigen Betrachtungen haben besonders die beiden erstgenannten Elemente eine entscheidende Rolle gespielt. Der Zeitstil, der in unerklärlicher, aber nicht zu leugnender Weise allem gleichzeitigen Kunstgeschehen der Welt seinen Stempel aufdrückt (aber auch in allen anderen Bereichen wirksam ist, wie der Kleidung, der Bauweise, dem Gesellschaftsleben, dem Denken, der Stellung zur Obrigkeit, ja zu Gott usw.), und der Persönlichkeitsstil, der in jedem Werk von einiger Bedeutung wirksam werden muß. Man erkennt bei der Betrachtung eines Kunstwerks irgendwelcher Art die Zeit und den Künstler. Im Abendland gingen die Völker lange Zeit hindurch in anderen politischen Systemen auf, als es dann nach der Entwicklung der Nationalstaaten der Fall wurde. Als diese sich aber immer klarer herausbildeten, trat in den Künsten der dritte Faktor, das dritte Element entscheidend hinzu, der Nationalstil. Vielleicht war er in Spuren immer vorhanden gewesen. Doch erst als im Abendland der nationale Gedanke den religiösen als kulturellen Grundzug zu übersteigen begann, zeigt die Kunst jenen auffallenden Nationalstil, der bei vielen Meisterwerken entscheidend zur Gesamtwirkung beitrug. (Ohne vorgreifen zu wollen, seien hier zur vorläufigen Orientierung nur genannt: Smetanas „Moldau“, Mussorgskijs „Boris Godunow“, Griegs „Peer Gynt“, Sibelius' „Finlandia“, Chopins Mazurken, Manuel de Fallas „Sombrero de tres picos“, Debussys „Pelléas et Mélisande“ unter zahllosen anderen Werken.)
In welcher Proportion diese drei Grundelemente sich zu einem Meisterwerk mischen, ist eine hochinteressante, nur von Fall zu Fall beantwortbare Frage. Wir werden des öfteren darauf zurückzukommen haben. Der Persönlichkeitsstil eines Künstlers enthüllt sich dem Betrachter – sei er ein „Hörer“ bei Musik oder ein „Seher“ der Malerei oder ein „Leser“ bei Literatur – erst bei näherer Kenntnis, ja Vertrautheit, während der Zeitstil unmittelbarer erkennbar ist – allerdings auch erst nach einiger Zeit. Denn niemand überblickt die Strömungen seiner eigenen Zeit in ihrer ganzen Breite. Orlando di Lasso hätte wohl nie von sich gesagt, er sei ein Renaissancemusiker, weder Bach noch Vivaldi hätten sich für Barockkomponisten ausgegeben, obwohl diese Epoche zu ihrer Zeit bereits seit langem in jenem Zeichen stand. Das ist klar: Die heute verwendeten Bezeichnungen der Epochen waren zu ihren Zeiten entweder unbekannt oder sie wurden von Gegnern erfunden und darum ungern zitiert.
Die Abgrenzung der Stilepochen kann in keinem Fall mit voller Klarheit und Schärfe erfolgen. *Panta rhei* sagten schon die Griechen: Alles ist immer im Fluß.

Der Mensch wird zum Mass

Es mag dem heutigen Beobachter auffallen, daß bei den bildenden Künstlern der Name „Renaissance“ wesentlich öfter auftritt als bei der Musik. Erst nach der Mitte des 20. Jahrhunderts ist „Renaissancemusik“ überhaupt ein öfter gebrauchtes Wort geworden. Lange Zeit waren die Kunstfreunde der Meinung, die Renaissance sei vor allem oder sogar ausschließlich eine Bewegung der Maler und Bildhauer gewesen. Heute wissen wir, daß ihr starke Strömungen der Musik zuzurechnen sind. Natürlich haben es die bildenden Künste leichter, dem Ideengut ihrer Geschichte bis ins klassische Altertum, ja oft noch viel weiter zurück zu folgen, denn die Zeugnisse aus Tausenden von Jahren liegen vor. Leichter haben es auch Dichtung und Philosophie, Architektur und Mode, leichter die politische und militärische Geschichte, denn alles dies steht unserer vielwissenden Zeit zur Verfügung. Erkennbare Vorbilder weisen bis tief in die Vergangenheit zurück. Nur der Musik fehlen solche Anknüpfungspunkte. Schon die griechische Musik, die römische Tonkunst vor der Zeitenwende sind ein Streitobjekt für Gelehrte, aber kein tönender Begriff für Liebhaber. Es ist unmöglich, irgendeinen Leitklang aus der Vergangenheit vor unser Ohr zu rufen. Für die meisten Regionen des Abendlandes (und natürlich für die weitere Welt) wissen wir nicht, welche musikalischen Klänge dort bis weit ins Mittelalter hinein ertönt haben mögen.
Man kann die Epoche der Renaissance mit verschiedenen Beinamen schmücken (wobei allerdings jene der Gewalt und der Intrigen keinen „Schmuck“ bedeuten). Man müßte sie vor allem das Zeitalter der Kontraste nennen. Die menschliche Gesellschaft vervielfältigt sich rasch und schafft dabei krasse Gegensätze. Schärfer als zuvor teilt sie sich in Gebildete und Ungebildete, Feinsinnige und Rohe, Reichste und Ärmste, Freie und Unterdrückte, Herrschende und Versklavte. Der Riß zwischen den Extremen verläuft nicht nur zwischen den Klassen, er geht oftmals mitten durch einen Berufsstand hindurch. So durch jenen der Musiker. Es scheiden sich die „Großen“ von den „Kleinen“, die Führenden von den Unbedeutenden, die Berühmten von den Namenlosen, die „im Licht“ von denen „im Schatten“ (wie Bertolt Brecht im 20. Jahrhundert immer noch die Menschen geschieden hat).
Die „Großen“ erleben einen oft sagenhaft anmutenden Aufstieg, sie erreichen die Höhen des Lebens an der Seite kunstverständiger Fürsten, die sie mit Gold und Aufmerksamkeiten überhäufen, die „Kleinen“ leben wie zu Spielmannszeiten im Unsicheren, heute ein wenig ruhiger, morgen und übermorgen in Zufallsstellungen, die in jeder Stunde gekündigt werden können, sie gehören zur untersten Klasse der Stadtbewohner, wenn sie seßhaft werden. Sie verwünschen ihren Stand, von dem sie doch nicht loskommen können oder wollen. In Polen etwa sind die den hohen Herrschaften Aufspielenden vorwiegend Juden, die Verachtetsten des dortigen Feudalsystems. Während der Stunden ihres Singens, Spielens und Tanzens fliegt ihnen wenigstens hier und da ein freundlicher Blick zu, bevor sie wieder zurückkehren müssen in ihr „Stettel“, in ihr Ghetto, in dem sie nie ihres Lebens sicher sind. In den Städten Europas werden die *musici* in stei-

gendem Maß gebraucht, da das Leben immer geselliger wird und die harte Tagesarbeit durch fröhliche Stunden in der Gemeinschaft aufgelockert werden soll. Aber es gibt einfach zu viele, die sich „der Musik ergeben", wie es in alten Liedern heißt. Die Zunft der Musiker, von der wir sprechen, ist groß, aber sie wird noch lange um eine würdige Existenz kämpfen müssen.

In der Zeit der Renaissance kam vermutlich der Begriff des „Genies" in bezug auf den Menschen auf. Das sehr selbstbewußte Zeitalter war unbewußt auf der Suche nach dem Gottesmenschen. War der Mensch nach Gottes Ebenbild geschaffen – was der „Renaissancemensch", der an Rang und Bildung nur zur Oberklasse gehören konnte, für sich und seinesgleichen gelten ließ –, so war es denkbar, daß ab und zu ein Mensch gottähnlicher sein könnte als die anderen. Das heißt vor allem schöpfungsfähiger, schöpfungsbewußter. Einen solchen Menschen, ein solches Genie zu entdecken, regt die Phantasie der Renaissance an, die hier eine Art höheren Wesens zu entdecken glaubt. Das Genie gilt als eine sich deutlich vom Mittelmaß abhebende Erscheinung, die mit seltenen, oft auch seltsamen, skurrilen, schließlich sogar krankhaft erscheinenden Zügen ausgestattet zu sein pflegt. Die Entdeckung eines Genies wird dem Renaissancemenschen zur vornehmen Aufgabe, zu deren Erfüllung er einer besonders feinfühligen Innenwelt bedarf. Denn es gilt, Übermenschliches aufzuspüren, zu verstehen, herauszuheben aus dem Alltag. So wird der Renaissancemensch, der sich selbst als Mitglied einer hochstehenden Elite betrachtet, zur Pflege des Genies aufgerufen. Seine Erziehung, Bildung, feine Empfindsamkeit und sein Kunstgeschmack machen es ihm möglich, das Subtile, das Sublime zu begreifen, das Genialische vom nur Talentvollen zu trennen, in seine Welt zu holen und dort zu immer höheren Schöpfungen zu begeistern. Es hat unter den Renaissancemenschen Verbrecher gegeben und Mörder, Intriganten und Wortbrüchige, Charakterlose und Feiglinge, aber kaum einen, der dem Genie die ihm zustehende Verehrung verweigert hätte. Von Gunst und Verständnis der herrschenden Schicht getragen, setzt der schöpferische Mensch, das schaffende Genie zu einem Höhenflug ohnegleichen an.

Unten: Michelangelo verewigte im Geist der Renaissance das Ideal des Menschen als „Ebenbild Gottes" in der Szene der Erschaffung des Adam in seinem Deckenfresko der Sixtinischen Kapelle in Rom. Rechte Seite: Florenz, die blühende Renaissancestadt, mit dem Dom in der Mitte: Wiege der „Camerata", der harmoniebegleitenden Melodie und damit der Oper.

Europas Anfänge entstiegen dem Mittelmeer. Griechische Tradition und Christentum vereinten sich mit den Resten des römischen Imperiums. Vom Nordmeer her kamen andere, sehr alte Kulturen nach Süden gewandert, die Mischungen ergaben immer neue Kulturgebiete, bildeten immer neue Sprachen, schufen immer neues Streben nach Kunst. Geht der Zug von Kulturen und Künsten, so wie jener der Gestirne in unserer Sicht, unaufhörlich von Ost nach West, von Sonnenaufgang zu Sonnenuntergang? Zu Italien und Deutschland, seit langem kultur- und kunstschaffend, hat sich schon seit Jahrhunderten auch Frankreich gesellt. Und nun ruft die vorschreitende Renaissance neue, dem Atlantik zugewandte Völker unter die führenden des Erdteils. Die große Stunde der Niederlande, Englands und Spaniens bricht an.

Aber: Darf man die Renaissance überhaupt mit nationalen Maßstäben messen? Ist das Abendland, vor allem in damaliger Zeit, nicht übernational im besten Sinn des Wortes? Hier ist ein Geist am Werk, der Sprachen und Grenzen verwischt und der sich in seinen besten Stunden als Einheit versteht. Viel Trennung und Unglück wird noch über das Abendland kommen, aber in seinen erlesensten Köpfen und Herzen wird der Ruf nach einer großen Einheit nie mehr verhallen.

Die Kunst in den Niederlanden

Die Niederlande, weitgehend identifiziert mit den flämischen Regionen – die heute zwischen Holland, dem erst 1830 gegründeten Belgien und dem nordöstlichen Frankreich aufgeteilt sind –, durchlaufen im 15. und 16. Jahrhundert eine im Verhältnis zu ihrer räumlichen Enge fast unglaubliche Periode des Geistes, der Kultur und der Künste. Getragen von einer breiten Schicht von Großbürgern, die mit wirtschaftlicher Vision und unermüdlicher Aufbauarbeit ein Gemeinwesen hohen Ranges zu schaffen wußte, öffnete sich den Künsten ein Feld seltener Fruchtbarkeit. Flämische Malerei wird zum Weltbegriff. Und die niederländische Musik wird nicht minder tonangebend im ganzen Kontinent, Symbol für eine reiche Phase prächtigen Blühens.

Mit den Niederländern tritt die Polyphonie in die entscheidende Phase ihrer Entwicklung. Diese Meister machen aus dem Kontrapunkt ein wahres Wundergebäude, denn sie verstehen es, der lange Zeit hindurch recht theoretischen, manchmal starren Konstruktion der einzelnen Linien Geschmeidigkeit zu verleihen, warmes Leben, Gefühl. Bei ihnen entwickelt die Mehrstimmigkeit sich zu einer Äußerung höchsten Kunstverstandes. Im Gesang der Troubadours und Minnesänger konnten noch inspirierte Amateure mitwirken, ja die Grenze zwischen dem Laien und dem hochgeschulten Musiker war nicht überall und immer erkennbar. Damals war der Einfall das wichtigste Element, die Technik wohl vor allem ein wertvoller Zusatz, ohne den zwar ein wahrhaft gutes und dauerhaftes Werk kaum entstehen konnte, der aber vielleicht vom treuen Spielmann beigebracht wurde, ohne daß

dies das Ansehen des Troubadours geschmälert hätte. Nun aber ist die Musik, wie alle anderen Künste auch, eine Frage hohen Könnens, ausgeprägter Professionalität geworden. Kein bedeutendes Werk konnte entstehen, wo nicht Einfall und Technik zusammentrafen. Was bei der Notre-Dame-Schule Leonins und Perotins erste Vollendung gezeigt hatte, ist nun zu einer vollen Eroberung der neuen Dimension geworden. Das mittelalterliche Ohr hat sich an das gleichzeitige Hören mehrerer Melodien, mehrerer horizontaler Linien und Entwicklungen gewöhnt. Die Vorherrschaft der kontrapunktischen Polyphonie wird dreihundert Jahre währen. Bei den großen Holländern stehen wir ziemlich genau in der Mitte dieser Epoche. Um 1600 wird es abermals einen vollständigen Umschwung geben. An den Schnittpunkten, den Verzahnungsstellen der Melodielinien wachsen die Knoten so eng zusammen, daß sie als Einheit empfunden werden. Zum horizontalen Hören tritt das vertikale. Doch bis dahin wird noch viel geschehen. Nur aus heutiger Sicht kann eine solche Betrachtung überhaupt auftauchen. Sollte die Behauptung stimmen, daß die abendländische Entwicklung sich in Rhythmen von dreihundert Jahren vollzog? Auch 1900 wird ein gewaltiger Einschnitt sein, doch das „Neue", das mit ihm in Erscheinung trat, ist auch voraussichtlich im Jahr 2000 noch nicht definiert. Von einer wirklich „nationalen" Kunst läßt sich bei den Niederländern noch nicht sprechen. Wer bis in die letzten Einzelheiten dringt, könnte vielleicht bei den großen Malern, Graphikern und Musikern von echten Renaissancekünstlern sprechen und trotzdem kleine unterschiedliche Merkmale finden, die, wenn auch nicht auf „Niederländer" und „Italiener", so doch auf Menschen und Künstler aus dem nördlichen und südlichen Lebensbereich schließen ließen. Jahrhunderte abendländischen Lebens haben nun einmal einen solchen Unterschied entstehen lassen, sei er rassisch oder klimatisch bedingt, geschichtlich gewachsen oder von Anfang an da gewesen. Als man Verdi, fast ein halbes Jahrtausend später, fragte, ob er sich vorstellen könnte, (Wagners) „Tristan und Isolde" geschrieben zu haben, soll er geantwortet haben – und der Ausspruch enthält in einem Satz seine Hochachtung für dieses Werk und zugleich den unüberwindbaren Abgrund zwischen ihm und dem Meister aus dem Norden –: „Wie sollte ich unter unserem Himmel ein solches Werk schaffen?"
Wir tun gut daran, auch die Niederländer, die nun an uns vorbeiziehen werden, als Renaissancemenschen zu betrachten. Diese Bewegung überspannt das ganze Abendland. Man fühlt, denkt, lebt in den niederländischen Städten kaum anders als in den besonnteren des Südens, wenn es auch in den Äußerungen verbaler wie künstlerischer Art Unterschiede geben mag. Vielleicht fehlt den nordischen Menschen der Überschwang, das Ausbrechen-Können, vielleicht überwiegt bei ihnen das Gemessene, tiefer Durchdachte. Aber wer das überreiche Kunstleben des Abendlandes in der Renaissance betrachtet, wird über die engen Verbindungen staunen, die damals die Beziehungen zwischen einzelnen Regionen kennzeichneten. Flämische Musiker, holländische Meister werden nach Süden ziehen, und ihre Kunst wird sich nahtlos mit jener Italiens vermählen.
Die führende Gestalt der älteren niederländischen Schule war Guillaume Dufay (um 1400–1474). Er wan-

derte aus seiner Heimat Chimay im musikalisch anscheinend besonders fruchtbaren, heute belgischen Hainaut – zu deutsch Hennegau – über das bedeutende religiöse und musikalische Zentrum Cambrai, wo er wohl seine wichtigsten Studien machte, nach Süden, an den mächtigen Fürstenhof der Malatesta in Rimini und Pesaro. Dort scheint er von 1420 an etwa sechs Jahre gewirkt zu haben, bevor er für kurze Zeit in die Heimat zurückkehrte. Doch schon 1428 zieht er wieder südwärts und wird für ungefähr fünf Jahre Kapellsänger am päpstlichen Hof in Rom. Sein ziemlich weitgehend erforschtes Leben weist auf allen diesen Etappen wichtige Kompositionen auf. Doch zog es Dufay (der auch gelegentlich „du Fay" genannt wird) in seinen späteren Jahren in die Heimat zurück. Nach seinem Aufenthalt in Savoyen lebt er von 1445 bis zu seinem Tod (1474) in Cambrai, wo er seine berühmtesten Werke schuf. Mehr als 200 sind erhalten geblieben, von denen viele eine Vorliebe für die Verwendung jener Intervalle zeigen, die der Theorie nach verpönt waren, die sich aber langsam – und vielleicht nicht zuletzt durch volkstümliche Einflüsse – durchzusetzen begannen: die Terz und die Sext. Denn neben Messen, einem Magnificat, geistlichen und weltlichen Motetten schrieb er auch Balladen, Rondeaus und Chansons. Er verwendete gelegentlich volkstümliche, auch banale Melodien als *cantus firmus,* als „feste oder feststehende Melodie" in einem mehrstimmigen Geflecht, das beliebig variiert werden konnte unter strenger Beibehaltung des *cantus firmus.* Sein „L'homme armé" ist heute noch populär. Der Kirche allerdings war ein solcher Gebrauch von Volksmelodien als *cantus firmus* nicht recht. Der Konflikt wird sich in den nächsten Generationen zuspitzen und im Konzil von Trient (1545–1563) zu einem zentralen Streitpunkt werden. Dufay schrieb für die Einweihung des Doms zu Florenz eine großartige Motette (worunter man eine mehrstimmige, zumeist unbegleitete Bearbeitung von Psalmversen oder anderen biblischen Texten verstand; doch im Lauf mehrerer Jahrhunderte nahm das Wort auch andere Bedeutung an), für sein eigenes Begräbnis ein ergreifendes *Ave Regina,* einen Mariengesang „Gegrüßt seist du, Himmelskönigin".
Dufays Zeitgenosse Gilles Binchois (um 1400 bis 1460), der wahrscheinlich aus Mons im Hennegau stammte,

Links: Der letzte Großmeister der niederländischen (oder flämischen) Hochpolyphonie war Jan Pieterszoon Sweelinck, der in Amsterdam als geradezu legendärer Organist der Alten Kirche tätig war und zu dem Musiker aus dem ganzen Abendland pilgerten.
Rechte Seite: Ein in Amsterdam signiertes Manuskript Sweelincks.

gelangte in seinem ungewöhnlich bewegten Leben nach Paris, wo er in den Dienst des dort lebenden Herzogs von Suffolk trat; es war die Zeit der Besetzung weiter Teile Frankreichs durch England, dessen führende Staatsleute gern in Paris residierten. Hernach kam Binchois an den glanzvollen burgundischen Hof Philipps des Guten, wo zeitweise auch Dufay wirkte. Das Hauptgewicht der Werke Binchois' liegt, obwohl er geistlichen Standes und einmal Chorleiter an der Kathedrale von Mons war, auf weltlichen Liedern, die teils mehrstimmig mit Instrumentalbegleitung, teils rein vokal gehalten sind.

Zu Dufays Schülern in Cambrai zählte das musikalische Oberhaupt der folgenden niederländischen Generation, Johannes Ockeghem oder Okeghem, deutsch manchmal Ockenheim, der von etwa 1425 bis 1496 oder 1497 lebte und von dem, trotz seines weitverbreiteten Ruhmes, kein einziges Manuskript erhalten blieb. Er wurde Chorknabe in Antwerpen, Kapellsänger und später Hofmusiker König Karls VII. in Paris, jenes schwächlichen, aber musikalischen französischen Herrschers, den eines Tages ein seltsames Bauernmädchen, Jeanne d'Arc aus Domrémy in Lothringen, Schillers „Jungfrau von Orléans", aus tiefster Schmach gerettet und in Reims gekrönt hatte. Ockeghem scheint eine Zeitlang in Spanien gewirkt zu haben, bevor er nach Frankreich zurückkehrte und nach weit über dreißigjähriger Tätigkeit als „Kapellmeister" im alten Bischofssitz Tours starb. „Meister" einer Kapelle: Das war der höchste Titel des damaligen Musiklebens, zu dessen Erlangung auch die Fähigkeit zur Komposition gehörte. Die „Kapelle" umfaßte Sänger wie Instrumentalisten. Mehr als dreißigköpfige Ensembles wurden bereits zu den bedeutenden gerechnet, die frühesten zählten wenig mehr als ein Dutzend Mitglieder. Sechzehn Messen Ockeghems blieben erhal-

ten, viele Motetten und Lieder sowie ein 36stimmiges „Deo Gratias", ein Dankgesang an Gott, der als Kanon in vier Gruppen zu je neun Stimmen gearbeitet ist.
Konnte die Musik – die Kunst im allgemeinen – in jener Zeit „national" eingestellt oder gefärbt sein? Es war ausgeschlossen. Jeder der von uns nun genannten Meister lebte und wanderte in vielen Teilen des Abendlandes. Er mußte mit seinen Kompositionen in Holland, England, Frankreich, Burgund, Spanien, Italien, Deutschland Bewunderung und Entzücken auslösen, mußte überall mit einheimischen Meistern in Wettbewerb treten. Eine andere als eine übernationale Musik wäre dazu nicht imstande gewesen. Bei jedem der von uns betrachteten Musiker jener fernen Jahrhunderte gibt es nur zwei der drei bestehenden Stile: den Zeitstil, der durch die Hochpolyphonie deutlich spürbar wird, und den Persönlichkeitsstil, den zu erkennen eine zumeist sehr schwere Aufgabe darstellt. Man muß ein bemerkenswert gebildeter Musiker sein, um ein Werk Dufays von einem Ockeghems zu unterscheiden. Dessen bekannteste Werke kommen aus der A-CAPELLA-Musik: vielstimmige Chöre, deren Stimmführungen beträchtliche Anforderungen an Ausführende und Zuhörende stellen. Es war wohl eine Zeit, die viel mehr Ruhe und Muße zum Erarbeiten geistiger und künstlerischer Werte besaß, als wir uns heute vorstellen können. Und so wurden Männer wie Ockeghem in den gebildeten Kreisen des Abendlandes tief verehrt. Ockeghems Grabinschrift verfaßte kein Geringerer als Erasmus von Rotterdam, einer der größten Humanisten seiner Zeit und einer der bedeutendsten Denker bis heute.
Josquin Després, auch Deprez und Des Prés genannt (um 1440 bis 1521 oder 1524), führt die nächste niederländische Generation hervorragender Musiker an, von Ockeghem gerade soweit entfernt wie dieser von Dufay. Auch er dürfte aus dem Hennegau stammen, vielleicht aus der Condé im heutigen Nordfrankreich. Er kam sehr jung als Kapellsänger nach St. Quentin, ging aber schon zwanzigjährig in gleicher Eigenschaft an den Hof der Sforza nach Mailand, war von 1486 bis 1499 Mitglied der päpstlichen Kapelle in Rom und hierauf von 1501 bis 1505 Kapellmeister am Hof zu Ferrara. An seinem Lebensabend kehrte er, mit dem allseits anerkannten Titel „Fürst der Musik", heim nach Condé-sur-l'Escaut, wo er musikalischer Leiter an der Kathedrale wurde. Die Herrscher Deutschlands, Burgunds und Frankreichs hatten ihm in ihren Ländern eine letzte Heimstätte mit ehrenvollem Wirkungskreis bieten wollen, doch Josquin scheint ein stilleres, bescheideneres Alter vorgezogen zu haben. Von seinem Werk sind drei Bücher mit Messen erhalten, dazu Motetten, Chansons, Gesänge in vielen Sprachen – er komponierte flämische, französische, italienische Texte sowie in lateinischer Sprache einen Teil von Vergils „Aeneis" – und eine Fanfare zur Krönung des französischen Königs Ludwig XII. Eine seiner Messen zählte zu den ersten Werken, die der Musikverleger und Notendrucker Ottaviano dei Petrucci in Venedig herausgab.
Sehr wenig wissen wir von einem der fruchtbarsten Meister jener Schule: von Clemens non Papa, der Jacob Clemens oder Jacques Clément hieß, um 1510 als Niederländer oder Flame geboren wurde, in Ypern und Dixmuiden, zwei heute belgischen westflandrischen Städten, wirkte und zwischen 1556 und 1558, wahrscheinlich eher 1556, in letzterer Stadt starb. Über den ihm selbst zugeschriebenen Beinamen „non Papa" ist viel gerätselt worden. Vermutlich wollte er sich damit von dem zur gleichen Zeit in Ypern lebenden Dichter Jacobus Papa unterscheiden. Die Frage ist an sich unwichtig und nur darum erwähnenswert, weil hier ein namhafter Künstler nicht unter seinem Namen, sondern einem Pseudonym in die Musikgeschichte einging. Auch Humor und Volkstümlichkeit zeichnen diesen überragenden Komponisten aus. Er gab vier Bände niederländischer Volksmelodien heraus (*Souterliedekens*), denen viel Wissenswertes über die Volksmusik jener Zeit zu entnehmen ist. Wo er aber ernst wird, in seinen Mariengesängen, Klageweisen, Weihnachtsmotetten, erreicht er kompositorische Höhen, die ihn als Großmeister der Polyphonie ausweisen.
Der letzte der weltbedeutenden Niederländer, Jan Pieterszoon Sweelinck, gilt in seiner Heimat als eine Art musikalischer Stammvater, so wie Bach ihn für die Deutschen darstellt. Er kommt, wie Bach, aus einer Musikerfamilie und wurde im Mai 1562 im niederländischen Deventer geboren. Den ersten Musikunterricht erhielt er von seinem Vater, der bis zu seinem Tod 1573 Organist an der Oude Kerk in Amsterdam war. Bereits 1580 wurde ihm als Nachfolger seines Vaters das Organistenamt an dieser Kirche übertragen. Sein Leben lang blieb er deren berühmter, ja legendärer Organist. Er starb 1621 in Amsterdam. Zu seinen Lebzeiten pilgerten aus ganz Europa junge Musiker zu ihm; zu den berühmtesten gehört der Deutsche Heinrich Schütz, über den Sweelincks Einfluß noch bis zu Johann Sebastian Bach in der deutschen Orgelkunst spürbar sein wird. Der Niederländer war in der Variationskunst wie in der Orgelfuge bahnbrechend, seine Phantasien und Toccaten gelten als Vorbild für mehrere Generationen. Neben geistlichen Werken schrieb er aber auch französische *chansons* und italienische Madrigale.

Die Hochblüte Spaniens und Englands

Spanien erlebt in der Zeit der Hochrenaissance seine politische, geistige und künstlerische Hochblüte, wie sie in solcher Konzentration nur selten zu verzeichnen ist. Das Reich, in dem „die Sonne nicht untergeht", beherrscht einen großen Teil der Erde. Seine Maler – El Greco, Velázquez, Murillo, Zurbarán – stehen ihren italienischen Zeitgenossen und den bedeutendsten Flamen um nichts nach, die Literatur und das Theater bringen Meisterwerke hervor, des Miguel Cervantes' „Don Quijote" gehört zu den illustren Schöpfungen der Weltdichtung. Wie sollte da die Musik sich nicht auf gleiche Höhe schwingen, zumal sie von den habsburgischen Herrschern, die kaum weniger musisch veranlagt scheinen als ihre mitteleuropäischen Vettern, verständnisvoll gefördert wurde? Werden die fruchtbarsten Musikepochen des Abendlandes aufgezählt, so darf das Spanien des 16. Jahrhunderts nicht fehlen.

Unter den Tonschöpfern dieses Landes ist Juan del Encina (1468–1529) als einer der frühesten jener Blütezeit zu nennen. Die vorhergegangene große Zeit unter Alfonso X. dem Weisen war untergegangen, als die Epoche der Troubadours verklang. Juan del Encina steht immer noch mit der Musik des Adels in enger Verbindung, schafft mit dem „Cancionero del Palacio", dem 550 Melodien umfassenden Liederbuch der Paläste, eine höfische Sammlung, in der auch 75 seiner eigenen Weisen zu finden sind. Für den mächtigen Herzog von Alba, in dessen Diensten er stand, komponierte er viel Kammermusik, in einfacher Mehrstimmigkeit, für vorwiegend „alte" Instrumente. Nach damaligem Brauch wirkte Encina zeitweilig auch für die Kirche.

Die erste spanische Lautentabulatur wird gedruckt

Luís Milán (um 1500 bis nach 1561) erscheint, obwohl man wenig von ihm weiß, als bedeutender Meister. Er lebte und wirkte vorwiegend am prunkvollen Hof zu Valencia. Einige Kompositionen widmete er dem König João III. von Portugal, einem großen Kunstliebhaber seiner Zeit. Milán, der selbst ein hervorragender Vihuelaspieler war, veröffentlichte als Hauptwerk das „Libro de música de vihuela de mano, intitulado El Maestro", in Valencia 1535–1536 erschienen. Dieses Buch enthält spanische, portugiesische und italienische Lieder und instrumentale Stücke. Hier wird Musikunterricht erteilt, die Stimmung der verschiedenen Saiteninstrumente eingehend besprochen, die Tonarten werden erklärt. Es ist die erste in Spanien gedruckte Lautentabulatur, d. h. ein Notendruck für die damals vielgespielte *vihuela,* die auch Vorgängerin der Gitarre ist.

Luís de Narváez (nach 1500 bis nach 1555) war Gitarrist am Madrider Hof. Er komponierte 1538 Instrumentalvariationen, kunstvolle Veränderungen eines gegebenen Themas. Die Musikgeschichte betrachtet ihn darum als einen der Erfinder dieser später so wichtigen Musikgattung. Von 1548 an reist Narváez, der ein in Granada geborener Andalusier war, mit seinem königlichen Herrn drei Jahre lang durch Flandern, Deutschland und Italien; seine Werke waren ihm vorausgeeilt, so daß er überall ehrenvoll empfangen wurde. In seiner 1543 in Lyon erschienenen Liedersammlung stehen verschiedene seiner Kompositionen unter dem latinisierten Namen Ludovicus Narvays. Über seinen Tod gibt es weder Dokumente noch irgendwelche Angaben. Viele Kenner jener uns zeitlich wie geographisch fernen Epoche, die auch musikalisch im heutigen abendländischen Musikleben nur ausnahmsweise vertreten ist, bezeichnen Antonio de Cabezón (um 1510–1566) als den größten spanischen Musiker der Renaissance. Felipe Pedrell nennt ihn, als er um die Wende zum 20. Jahrhundert nach den großen Gestalten der hispanischen Vergangenheit sucht, um seinen Zeitgenossen würdige Vorbilder zu geben, „den spanischen Bach des 16. Jahrhunderts". Was von diesem in einem Vorort von Burgos blind geborenen Meister erhalten blieb, rechtfertigt diese hohe Meinung vollauf. Mit 18 Jahren wurde Cabezón Hoforganist Karls V. und behielt diese Stellung auch unter Philipp II. bei, den er auf Reisen bis in die unter spanische Herrschaft geratenen Niederlande begleitete. In den hochkultivierten Musikzentren beider Länder erregte er als Organist wie als Komponist Aufsehen und Bewunderung. Er soll besonders durch seine großartigen Improvisationen Anregungen gegeben haben, doch nahm auch er seinerseits manche Einflüsse seiner Zeitgenossen in anderen Ländern auf und verarbeitete sie zu bedeutenden Werken, die er Schülern und Vertrauten diktieren mußte. Sie erschienen erst nach seinem Tod. Cabezón starb in Madrid am 26. März 1566.

Kaum geringer ist Cristóbal de Morales zu werten, der zu den berühmtesten Meistern des 16. Jahrhunderts zählt. Er wurde ebenfalls in Andalusien, in Sevilla, um 1500 geboren, studierte in seiner Vaterstadt und war von 1526 an einige Jahre lang Kapellmeister an der bedeutenden Kathedrale von Avila. 1535 ging er nach Rom und wurde päpstlicher Kapellsänger. Ob die Begrüßungsmusik, die Karl V. 1536 im Vatikan empfing, von Morales stammte, ist nicht mehr festzustellen, aber als Papst und Kaiser sich 1538 in Nizza wieder trafen, stammte die Willkommensmusik zweifellos von ihm. Dies ist um so bemerkenswerter, weil sowohl Karl V. als auch Franz I. von Frankreich zur Feier des ersehnten Friedensschlusses ihre eigenen Hofmusiken samt Kapellmeistern und Komponisten mitgebracht hatten. Nach mehr als zehnjähriger Tätigkeit in Italien kehrte Morales, als eine Bewerbung um ein Amt am Hof des Cosimo de' Medici anscheinend fehlgeschlagen war, nach Spanien zurück, wo er Kapellmeister an der Kathedrale von Toledo wurde. Er verließ diesen Posten fünf Jahre später, um nach Andalusien heimzukehren. Dann trat er in den Dienst des Herzogs von Arcos, um in dessen musikfreundlichem Palast in Marchena bei Sevilla zu wirken. Endlich wurde er 1551 musikalischer Leiter der Kathedrale von Málaga. Seine zahlreichen Werke bilden bis heute einen wichtigen Bestandteil des kirchenmusikalischen Repertoires in Spanien, doch erklingen seine Messen und Orgelstücke auch in anderen Teilen der Welt.

Francisco Guerrero (1528–1599) wurde Morales' Nachfolger in Málaga und war dann von 1552 bis an sein Lebensende Kapellmeister der Kathedrale von Sevilla. Hier entstanden auch seine wichtigsten Werke. Sie fanden bei den Mächtigen seiner Zeit starke Beachtung, kaiserliche und päpstliche Handschreiben bestätigen seine weitverbreitete Geltung, die durch mehrfache Zwischenfälle in seinem Amt kaum getrübt werden konnten. Er hinterließ, neben vieler geistlicher Musik voll tiefer Innigkeit und bedeutendem Können einen Reisebericht aus dem Heiligen Land, in das er 1588 gepilgert war.

Blick auf das mittelalterliche Toledo in Spanien. An der Kathedrale wirkte Cristóbal de Morales nach seiner Rückkehr aus Italien als Kapellmeister. Holzschnitt aus dem Jahr 1585.

Tomás Luís de Victoria

Auch für die spanischen Meister jener Zeit gilt, was für die Holländer festzustellen war und für die Engländer gelten wird: Bei ihren Werken kann von einem Nationalstil noch keine Rede sein. Die enge Verflechtung der wichtigsten Länder und Völker des Abendlandes hatte auch in Renaissance und Barock einen einheitlichen, übernationalen Stil geschaffen, der in allen wichtigen Musikländern der gleiche war. Am deutlichsten war dies beim Spanier Tomás Luís de Victoria (auch Ludovico da Vittoria genannt) zu spüren, den Spanien und Italien für sich beanspruchen. Der um 1548 im spanischen Avila geborene, 1611 in Madrid gestorbene Meister wurde zehnjährig Chorknabe an der Kathedrale seiner Heimatstadt. Doch schon 1565 war er in Rom, wo er am Collegium Germanicum studierte (das vom spanischen König Philipp II. und dem Kardinal-Erzbischof von Augsburg unterstützt wurde) und am Collegium Romanum, an dem auch die Söhne Palestrinas studierten. 1571 wurde er hier Musiklehrer als Nachfolger Palestrinas. Von der Musik Palestrinas war Victoria so stark beeinflußt, daß manches seiner Frühwerke kaum von jenen des berühmten Meisters zu unterscheiden ist. Er bekleidete in Rom viele und vielerlei geistliche und musikalische Stellungen, die durchwegs von wichtigen Kompositionen gekennzeichnet sind. In einem Widmungsexemplar von Messen an den spanischen König Philipp II. spricht Victoria 1583 erstmals von Heimkehr. Der Monarch erfüllt seinen Wunsch. Victoria erhält eine Kaplanstelle in Madrid, das vor zwei Jahrzehnten Hauptstadt Spaniens geworden ist. Von ungefähr 1587 an dient er der Kaiserwitwe Maria, die nach dem Tod Maximilians II. Prag verlassen hatte und in ihr Vaterland zurückgekehrt war, als Kapellmeister und musikalischer Leiter in ihrer kleinen Hofhaltung. Er lehnte Angebote, an die Kathedralen von Sevilla (als Nachfolger von Francisco Guerrero) und Saragossa zu gehen, ab. Nach dem Tod seiner Wohltäterin reiste er nach Rom. In Italien aber war in den letzten Jahren des 16. Jahrhunderts ein völlig neuer Wind zu spüren, der die vorherige Musikwelt der Hochpolyphonie schwer erschütterte. Von Florenz ausgehend, gab es an vielen Stellen Versuche mit einem neuen, „harmonischen" Stil, der zur völligen Umwälzung führte. 1594 starben die beiden Großmeister der Mehrstimmigkeit, Palestrina und Orlando di Lasso, und im gleichen Jahr trat die Camerata Fiorentina mit dem ersten Experiment eines Musikdramas hervor, das innerhalb weniger Jahrzehnte als „Oper" ungeahnte Popularität erringen sollte. Es ist denkbar, daß Victoria, der persönlich und musikalisch Palestrina anhing, im damaligen Italien nicht mehr die Genugtuung und Freude von einst finden konnte. Und so verbringt er seine letzten Lebensjahre wieder in der Heimat, sieht seinen internationalen Ruhm wachsen und sucht deshalb aus seinen Werken durch Verkauf in vielen Ländern Gewinn zu ziehen. Seine wichtigsten Kompositionen liegen auf dem Gebiet der Liturgie. Er gehört zu den größten Meistern katholischer Kirchenmusik aller Zeiten. Er starb in Madrid am 27. August 1611. Seine Grabstätte ist nicht erhalten geblieben.

Musik in England

Neben der blühenden Kunst Italiens, neben einem beträchtlichen Aufschwung des deutschen Musikwesens, an der Seite der führenden Holländer, der mächtigen Spanier, tritt im Konzert des 15. und 16. Jahrhunderts England mit musikalischen Leistungen auf, welche die Landesgrenzen weit hinter sich ließen und zum Bau einer abendländischen Musikkultur entscheidend beitrugen. Ein englischer Musikwissenschaftler, William Henry Hadow, hat (in „Collected Essays") gemeint, das perikleische Athen, das London der ersten Elisabeth, das Wien der klassischen Periode Haydns und Mozarts müßten als die „größten Perioden der Tonkunst" bezeichnet werden; doch gegen dieses Verdikt wäre vieles einzuwenden. Nicht wegen der Zeiten, die er aufzählt – obwohl wir von der Musik Athens zu Lebzeiten des Perikles sehr wenig wissen –, sondern um derer willen, die er nicht nennt. Hat es in den 2000 Jahren europäischer Musikgeschichte nicht noch mehrere andere „große" Zeiten gegeben? Spaniens „goldenes" 16. Jahrhundert, die Glanzzeit der niederländischen Polyphonie (mit Dufay, Okeghem, Sweelinck, Lasso) und die umwälzende Epoche Italiens um 1600 mit letzter Polyphonie und beginnender Oper? Den Aufbruch der slawischen Musik im 19. Jahrhundert? Italiens letzte Belcanto-Zeit (mit Rossini, Donizetti, Bellini, Cherubini, Spontini), die deutsche Romantik und das französische Musikschaffen zwischen 1880 und dem Ersten Weltkrieg (Massenet, Debussy, Dukas, Ravel)? Ein gewaltiger Aufstieg führte England unter Königin Elisabeth I. auf den Weg der weltbeherrschenden Großmacht. Künste und Wissenschaften erblühten. Für die Literatur stehe nur ein einziger Name, Shakespeare, der im gleichen Jahr starb wie sein Zeitgenosse Cervantes, 1616.

Neben einer ungewöhnlich reichen Architektur blühte vor allem die Musik. Heute, um die Wende zum 21. Jahrhundert, sind einige der damaligen Meister wieder in das Blickfeld des internationalen Musiklebens gerückt, nachdem sie manches Jahrhundert lang vom Staub der Geschichte verschüttet, ja begraben schienen. Es bedeutet keinen Vorwurf, wenn wir feststellen, daß weder die Barockzeit noch Klassik und Romantik sich ernsthaft mit „alter" Musik befaßt hätten. Vielleicht waren diese Epochen von so viel eigener Schöpferkraft durchpulst, daß keine Energien für „retrospektive" Betrachtungen, für Rückblicke in ferne Zeiten freiblieben. Heute spielen viele Faktoren zusammen – die riesige Ausweitung des Musiklebens, die durch Rundfunk und Schallplatte geweckten Interessen nach immer Neuem, die Kenntnisse historischer Zeiten, die Gründung zahlloser Spielgruppen und Laienensembles, die sich an technisch, wenn auch nicht musikalisch einfacheren Werken erfreuen –, um riesige Schätze „alter" Musik, vor 1600 geschaffene Kompositionen neu zu entdecken. John Dunstable (nach 1380–1453) eröffnete den Reigen der britischen Meister. Viele Stationen sei-

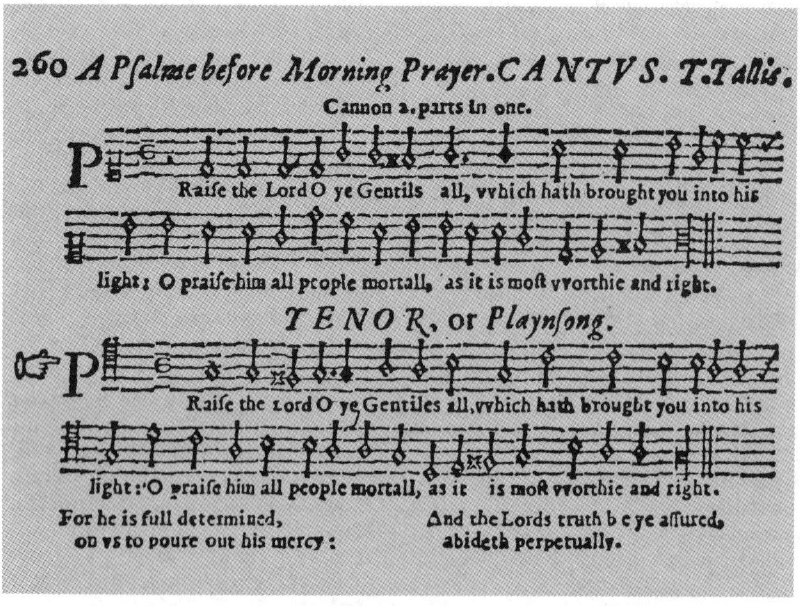

Oben: Thomas Tallis, Mitschöpfer einer Liturgie in englischer Sprache, der sich auch als Komponist, Organist und Musikverleger einen Namen machte. Anonymer Kupferstich um 1700.
Links: „Ein Psalm vor dem Morgengebet" von Thomas Tallis. Als Kanon komponiert, aber choralmäßig zu interpretieren.
Rechte Seite: Titelblatt der Erstausgabe (1597) der Lieder und Airs von John Dowland.

nes Lebens liegen völlig im Dunkel. Zahlreiche seiner Manuskripte wurden in Modena, Bologna und Rom gefunden, einige auch in Frankreich. Bedeutet das eine Anwesenheit an diesen Orten? Mehrere seiner Lieder stehen in den berühmten „Trienter Kodizes", die um 1460 in dieser Südtiroler Stadt wahrscheinlich durch einen Sekretär Kaiser Friedrichs III. zusammengestellt wurden. Nur sehr bekannte Melodien fanden hier Aufnahme, so daß Dunstable sich wohl in weiten Teilen Europas großer Beliebtheit erfreut haben muß. Ihre anmutig schlichte Melodik läßt auf Vertrautheit mit einer möglicherweise hochentwickelten Volksmusik schließen, die ja schon zweihundert Jahre zuvor ein kleines Meisterstück wie den „Sommer-Kanon" hervorgebracht hatte. Viel wird in musikgeschichtlich interessierten Kreisen darüber diskutiert, ob und wie die englische und die niederländische Schule einander beeinflußt haben und beide wiederum auf die französische Ars nova hinweisen könnten. Von Dunstable sind etwa 60 Kompositionen erhalten geblieben, zweifellos nicht mehr als ein Bruchteil seines Schaffens.

Die Virginalisten

William Byrd (1543–1623) nimmt in mancher Beziehung eine Sonderstellung ein. Er machte sich schon früh einen bedeutenden Namen, so daß Elisabeth I. ihn 1569 in die königliche Kapelle berief, um mit Thomas Tallis (um 1505–1585) deren Leitung zu teilen. Er blieb seinem katholischen Glauben treu, selbst als dessen Anhänger von den Begründern des Anglikanismus verfolgt wurden. Byrds Stellung, von der Monarchin gestützt, war unangreifbar. Dafür komponierte er ihr zuliebe eine Reihe von geistlichen Liedern, Anthems, und Chören, die zu den schönsten der neueren Liturgie gehören. Er beherrschte alle Stilarten mit gleicher Meisterschaft. Seine polyphonen Messen – je eine für drei, vier und fünf Stimmen – zählen zur besten Kirchenmusik des 16. Jahrhunderts, seine Madrigale dürfen den anmutigsten Italiens an die Seite gestellt werden, für das Cembalo und das typisch englische Spinett, Virginal genannt, schrieb er virtuose Stücke, in denen es bei durchaus kontrapunktischer Technik doch schon zu „harmonischen" Bildungen, zu vertikalen Zusammenklängen kommt.

Zu den besten Virginalisten gehören, neben Byrd, wohl vor allem Morley und Dowland. In einer Zeit, die den „Nur-Virtuosen" noch nicht kannte, wurde von jedem Instrumentalisten das eigene Werk gefordert. Thomas Morley (1557–1602) Schüler von Byrd, war ein Freund Shakespeares und vertonte viele seiner Sonette, auch lieferte dieser ihm ideale Vorlagen zu Madrigalen. Dies war nicht nur seine, sondern die Lieblingsform des Zeitalters, wie wir schon in Italien sahen. Morley schrieb sogar eine Lobeshymne auf das Madrigal, das er die „entzückendste und wertvollste Kunstform" nennt. Die von ihm 1594 herausgegebenen „Madrigalls to four voyces" stellen die erste derartige Sammlung in England dar. 1601 ließ er ihr „The Triumphs of Oriana" folgen, zu deren Inhalt beizutragen er 26 Komponisten aufgefordert hatte. Jeder durfte das von ihm zu vertonende Gedicht frei wählen, doch die Endzeile mußte für alle die gleiche sein: eine Huldigung an die „fair Oriana", an die Königin, die hier mit einer berühmten Gestalt der

englischen Literatur (aus „Amadis of Gaul") verglichen wurde. Sein berühmtestes Werk ist das „First Book of Balletts to five voyces", erschienen 1595. Canzonen, Airs folgten. Auch geistliche Werke erschienen in Druck, wie z. B. „The Whole Book of Psalms, With Their Wanted Tunes" (um 1599). Außerdem schrieb er eine hervorragende Musiklehre bis zur Kompositionstechnik, mit vielen Beispielen.

John Dowland (1562–1626), von Geburt Ire, ging in jungen Jahren als Page des englischen Gesandten nach Paris, studierte in Oxford Musik, wo er (gemeinsam mit Morley) als „baccalaureus musicus" abschloß, einem frühen Musikdoktorat, bereiste Deutschland und Italien, wurde 1595 Freund des genialen Madrigalisten Luca Marenzio in Venedig, dem er 1597 im Vorwort seines „First Booke of Songes or Ayres" begeistert huldigt. Von 1598 bis 1606 wirkte er als königlicher Lautenist am dänischen Hof zu Helsingör. Die Laute, mehr noch als das Virginal, war sein Hauptinstrument. Chroniken nennen ihn manchmal „den besten Lautenspieler Europas". Für dieses Instrument verfaßte er 1605 eine Sammlung von Pavanen, die damals in allen Palästen getanzt wurden, ohne daß ihr Ursprung bekannt gewesen wäre. Diese Beliebtheit verhalf der Pavane dazu, im 16. Jahrhundert in der Suite Aufnahme zu finden, zumeist als deren Anfangsstück, auf das der schnellere „Nachtanz" der Gagliarde oder des Saltarello folgte. Stammt der Name der Pavana oder Pavane von der Stadt Padova (Padua), ist er also eine *danza padovana*, ein „paduanischer Tanz", was zu *danza pavana* abgeschliffen wurde, oder kommt der Name vom italienischen *pavone*, dem spanischen *pavo*, dem Pfau, dessen selbstgefällige und gespreizte Bewegungen in diesem Tanz ihre Nachahmung gefunden haben könnten?

Dowland kehrte 1609 endgültig nach England zurück und wurde 1612 Lautenist am königlichen Hof. Von seinen 87 erhaltenen Liedern stehen gelegentlich noch einige auf Programmen „alter“ Musik, am häufigsten wohl „From silent Night, flow my Tears“. Sie sind ungewöhnlich ausdrucksvoll, ihre Lautenbegleitung wunderschön. Norman Lloyd nennt sie mit Recht „Juwelen der Musikgeschichte“.

John Bull (1562 oder 1563–1628) trat mit neun Jahren als Chorknabe in die königliche Kapelle ein, wurde 1582 zum Organisten in Hereford ernannt, 1591 war er in London Kapellorganist sowie „Doktor der Musik“ in Oxford, wo er fünf Jahre zuvor „Baccalaureus“ der Musik geworden war. Die Königin empfahl ihn 1596 als Professor am neugegründeten Gresham College in London, wo er elf Jahre blieb und nur zurücktrat, um zu heiraten: Die Statuten dieses Instituts ließen nur ledige Professoren zu. 1613 verließ Bull England und begab sich auf den Kontinent, wo er bereits Jahre früher gereist war. Er ließ sich in Brüssel nieder und trat in den musikalischen Dienst des (habsburgischen) Erzherzogs Albrecht. 1623 ging Bull als Organist an die Kathedrale von Antwerpen und blieb hier bis zu seinem Tod. Er hinterließ ungefähr 150 (erhaltene) Werke, vor allem Virginalmusik, die auch auf Scheidt und Sweelinck einen gewissen Einfluß ausübten.

Manches wäre über Orlando Gibbons (1583–1625) zu erzählen, zehntes Kind aus einer Musikerfamilie, dreizehnjährig Chorsänger im traditionsreichen King's College in Cambridge, seit 1605 Organist an der königlichen Kapelle in London. Im Jahr 1623 wird Gibbons Organist der Westminster-Kathedrale. Als Komponist war er äußerst vielseitig, er gilt als der bedeutendste Musikschöpfer Englands zwischen Byrd und dem genialen Purcell, von dem bald die Rede sein wird.

Oben: Porträt von John Bull, gemalt um 1580.
Unten: Die Westminster-Abbey in London, in der seit Purcell viele bedeutende Komponisten wirkten und in deren „Poet's Corner“ die größten Künstler Englands beerdigt sind (so auch Händel). Aus der „Panoramischen Sicht Londons“, 1749.

Er schuf sowohl Kirchenmusik wie Madrigale, Virginalmusik und Phantasien. Seine Tänze (Allemanden, Couranten, Pavanen, Gagliarden oder Gallarden) wurden sehr bekannt. Besonders interessant für die künftige Entwicklung sind seine „Masques“, Bühnenstücke mit Musik, eine englische Vorform der damals gerade in Italien entstehenden Oper.

Die Hochpolyphonie

Ganz Europa ist ein einheitliches Kulturgebiet. Humanismus und Renaissance hatten die abendländische Geistigkeit und ihre Künstler unter dem Zeichen gemeinsamer Ideale vereinigt. Jeder Scheitelpunkt bedeutet zugleich einen Wendepunkt. Der Höhepunkt der Renaissance, den wir hier erreicht haben, wirkt noch lange auf neue Generationen, die, ohne es zu merken, zu anderen Formen streben und vorstoßen. Die feudalen Oberschichten, die Herren der Paläste, die persönlichen Mäzene der Künstler wandeln sich von völlig ungebundenen Individuen zu Trägern eines Systems, das Europa immer mehr in die Fesseln einer Weltordnung zwingt, deren stärkste Triebkraft das Geld wird. Geld muß „verwaltet" werden, angelegt, budgetiert, verteilt, bewahrt. Dazu wird ein „Apparat" notwendig, eine Bürokratie, die alles, auch Kunst, allmählich nur noch mit eigener Brille zu sehen imstande ist. Immer öfter bekommt der Künstler es mit Beamten zu tun und nicht, wie früher, mit einem machtvollen Herrn, der nach eigener Vorliebe fördert oder verwirft. Immer stärker bildet sich ein „Markt" heraus, der alles in seine Einflußsphäre zieht, auch die Leistungen der Künstler. Ist er dem Künstler gegenüber „gerechter", als es die Willkür des Renaissancefürsten war? Der Markt ist breiter, mehr Meinungen steuern ihn, mehr Ansichten beeinflussen ihn. Aber er ist – und rasch lernen es die Interessierten – manipulierbar in höherem Grad, als der „Herr" von früher es war.

Doch noch stehen wir in der Renaissance, erleben ihre größte Zeit. Ihr Glanz drückt sich in den schönsten Bauten des Abendlandes aus, die Malerei schafft Wunderwerke, die Bildhauerei Statuen, die selbst vor denen des griechischen Altertums nicht verblassen müssen. In der Literatur zeigt sich das Bewußtsein der Persönlichkeit, immer neue Werke steigern den Weltsinn, singen Hymnen auf die Natur, rufen ein neues Lebensgefühl hervor, das sich unendlich weit von dem des frühen Mittelalters entfernt.

Die Renaissance hat auch musikalisch einen gewaltigen Höhepunkt erreicht. Es versteht sich von selbst, daß die Mehrstimmigkeit klanglicher Höhepunkte fähig ist, die der Einstimmigkeit verschlossen bleiben mußten. Als es gegen Ende des ersten christlichen Jahrtausends zu ersten recht zaghaften Versuchen kam, einer bestehenden Melodie eine Mit- oder Gegenstimme beizugeben, ahnte niemand, zu welchen gewaltigen Höhen des Klangs diese Entwicklung führen könnte. Dem Gregorianischen Choral lag jede Klangpracht, jeder Prunk fern. Nun, ein Jahrtausend später, wäre das Abendland ohne Prunk, ohne Gepränge und Pracht nicht mehr zu denken gewesen. Und die Musik konnte sie so glanzvoll bejubeln wie die Türme und Bögen der Baumeister, die leuchtenden Farben und glänzend gruppierten Figuren der Bilder, die schwungvollen Sätze und die täglich reicher werdende Sprache der Dichter.

Mit Hilfe dieser Mehrstimmigkeit, deren Ausmaße eine ununterbrochene Steigerung erlebt haben, läßt sich alles ausdrücken, was die Welt des ausgehenden Mittelalters, der strahlend beginnenden Neuzeit ausmacht, Gott und die Welt. Die Kirchenmusik hat die Wandlung der Kirche mitgemacht. Sie ist in einer immer prunkvoller werdenden Welt immer prächtiger geworden. Selbst die makabersten „Feste", wie die Verbrennung der Ketzer durch die Inquisition, ist von Hoheit und Glanz umflossen, so daß dem „Volk" kein anderer Gedanke vorschweben kann, als daß hier eine gottgefällige Handlung vor sich gehe. Jedes Erscheinen eines Bischofs in „seiner" Kirche, in der er eine Messe zu zelebrieren hat, hat den Pomp eines Staatsaktes. Wie sollten solche Szenen mit dem „einfachen" einstimmigen, ganz nach innen gewendeten Gregorianischen Choral begleitet werden? Die Polyphonie hat es gelernt, klangliche Höhepunkte höchsten Glanzes herauszuarbeiten, die Schar der Gläubigen mit überwältigender Klangfülle zu beeindrucken. Auch die Musik – wie alles andere – steht größtenteils im Dienst der Kirche. Die Komponisten der Epoche sind zwar nicht mehr durchwegs Kleriker, aber ein namhafter Teil ihrer Werke ist immer noch der religiösen, wenn nicht sogar der liturgischen Welt zuzuordnen. Bei einigen von ihnen ist die Bindung so

Eine „capella" im 16. Jahrhundert: Sängerknaben und Instrumentalisten, in der Mitte der „Kapell-Meister" vor der Partitur (aus Hermann Finck, „Practica musica", Wittenberg 1556).

eng, wie es Jahrhunderte zuvor selbstverständlich war. Doch die weltliche Musik hat entscheidende Fortschritte getan. Zu ihren Mäzenen gehören nicht nur Könige und Fürsten, sondern manchmal auch Päpste und Kardinäle, die dann nicht mehr so streng danach fragen, ob ihre Schützlinge auf dem Gebiet der Theologie so gut beschlagen sind wie auf dem der Musik.
Musikzentren weltlicher Art sind überall in Europa erstanden, jeder Fürstensitz wird Ort festlicher Zusammenkünfte mit guter Musik. Es sind keine „Konzerte" im heutigen Sinn, denn sie spielen sich nur ausnahmsweise vor Zuhörern ab und niemals vor „Publikum", jener anonymen Masse, die ihre Teilnahme durch einen Geldbetrag erkauft. Solche Musikabende stehen in zahlreichen Abbildungen vor uns, in kunstvollen Stichen, auf denen oft die besondere Stimmung eingefangen erscheint, die hier herrschte. Das Äußere war nicht weniger gepflegt als es wahrscheinlich der Inhalt, die Musik, war.

Die Künste sind international

Ein reger Austausch von Künstlern kennzeichnet die Renaissance. Nationale Standpunkte spielen keine Rolle. Deutsche Organisten, Lautenisten, Kapellmeister, die zudem durchwegs Komponisten und natürlich gute Improvisatoren auf Clavecin, Cembalo, Spinett sind, gastieren in allen Nachbarländern. Nicht im heutigen Sinn, also nicht für einen oder zwei Abende, ihre Besuche dauern Wochen, Monate, vielleicht Jahre. Und in dieser Zeit fügen sie sich in das heimische Musikleben ein, lehren und lernen zugleich. Spanische Künstler reisen mit ihrem König, dessen „Gefolge" sie angehören, wenn der Monarch an anderen Höfen Besuche macht und seine Anwesenheit eine einzige Kette von Festen darstellt, bei denen die Musik eine bedeutende Rolle spielt.
Die musikalischen Formen sind übernational, werden im Norden ebenso gepflegt wie im Süden, im Westen wie im Osten. Das Abendland hat seine größte politische und kulturelle Ausdehnung erlangt. Es reicht von Skandinavien bis Sizilien, umspannt Spanien und Portugal als Vollmitglieder, hingegen den tieferen Balkan nur teilweise. Dort blieben noch lange – vielfach bis heute – die Reste jahrhundertelanger Türkenherrschaft spürbar. Die west-östliche Ausdehnung reicht von der Atlantikküste bis tief nach Rußland hinein, wo Moskau – nicht zuletzt durch musikalische Kontakte – stets versucht, den Anschluß an Europa nicht zu verlieren, und 1703 St. Petersburg ganz im abendländischen Geist gegründet werden wird. An Polens Zugehörigkeit gibt es keinen Zweifel, schon sein nie ins Wanken geratener römischer Katholizismus bestimmte es dazu.
Um jene Zeit erstand der in sich ziemlich festgefügten abendländischen Kultur ein neues und mit der Zeit schweres Problem: die riesige, wenn auch umstrittene Ausdehnung dieses Begriffes auf andere, gewaltsam in Besitz genommene, grundlegend verschiedene Erdteile. Spanien, Portugal, Holland, Frankreich, England dringen in den amerikanischen Kontinent ein, vernichten dessen alte Kulturen und suchen ihre eigene an deren Stelle zu setzen. Ihre Kirchen gleichen den europäischen weitgehend („Kolonialbarock"), in den Häusern der neuen Oberschicht werden die Lebensgewohnheiten des Abendlandes weitergeführt, die Musik ihrer Salons entspricht genau jener von Madrid, Lissabon, Amsterdam, Paris, London. Die Komponisten der „Neuen Welt" schreiben – ganz gleich, ob sie Eingeborene, Mischlinge oder Weiße sind – so wie ihre Vorbilder in Europa. An einigen Punkten Asiens, bald auch Afrikas und Australiens spielt sich ein ähnlicher Prozeß ab. Jahrhundertelange Entwicklungen beginnen. Steht an ihrem Ende die Ausdehnung der alten abendländischen Kultur oder etwas Neues, das mit jener kaum mehr als die äußeren Formen gemein haben wird? Kann Kultur sich so fern dem Ursprung in annähernd gleicher Weise entfalten? Fragen, die uns, besonders bei der Betrachtung des 20. Jahrhunderts, beschäftigen werden.
Wir sahen flämische Musiker nach Italien wandern, bald werden auch Deutsche diesen Weg nehmen. Mehrere Beweggründe veranlassen sie dazu. Italien hat, seit frühesten christlichen Tagen, den Ruf des führenden Musiklandes besessen und zu wahren gewußt. Ein Nimbus älterer Kultur umgibt es: Wer könnte sich mit mehr Berechtigung „Erbe Hellas'" nennen? Hinzu kommen, oft unbewußt, Motive ganz anderer Art: die Sehnsucht des Nordländers aus kälteren Gegenden nach der „ewigen Sonne" des Südens, die nicht nur weich die Glieder löst, sondern der Seele freundlichere Aufnahmefähigkeit, dem Zusammenleben herzlichere Umgangsformen verleiht. Im Italien der Renaissance glaubt der nordische Mensch jenes Band zu alten Kulturen zu finden, nach denen er sich sehnt, nach einer geistigen Tradition, die weit hinter das Abendland zurückführt. Auf Europas Straßen, sicherer geworden seit Minnesängertagen und gesäumt von vielen glänzenden Städten und Kulturzentren, wandern abendländische Musiker, stets auf der Suche nach neuen Horizonten, nach Verständnis für ihre Werke, nach Geborgenheit, das ihrem Schaffen günstig ist, nach jenem Glück, auf das der Renaissancemensch Anspruch zu haben glaubt in dieser Welt.

Ein Niederländer in Venedig

Des Flamen Adrian Willaert (gegen 1490–1562) Geschichte kann als Beispiel gelten. Er kam wahrscheinlich im alten, heute belgischen Brügge zur Welt, ging jung nach Paris, wo er die Rechte studieren wollte, aber zur Musik überging. Französisch sind seine ersten Chansons. Nach kurzer Heimkehr bricht er wiederum auf, scheint von 1515 an in Rom geweilt zu haben, aber erst von 1522 an besitzen wir genauere Daten über ihn. Da wirkte er am kunstliebenden Hof des Herzogs Alfonso I. d'Este in Ferrara. Ohne die Verbindung zu diesem hohen Hause je ganz abreißen zu lassen, geht Willaert 1525 nach Mailand als Sänger in die Kapelle des Erzbischofs, der ein Sohn des Herzogs ist, und am 12. Dezember 1527 erfolgt seine Ernennung für das höchste Amt, das Europas Musikleben in damaliger Zeit wohl zu vergeben hat, er wird Kapellmeister an der Markuskirche zu Venedig. Volle dreieinhalb Jahrzehnte wirkte Willaert nun an dieser Stätte, zuletzt krankheitshalber mit einem Assistenten. Er besuchte zweimal die Heimat, konnte sich aber nicht mehr zu einer endgültigen Rückkehr entschließen. Er war zuletzt – wenn man dieses Wort damals anwenden kann – wahrhaft weltberühmt. Die Musiker des gesamten

Die Markuskirche in Venedig, Hochburg der polyphonen Musik durch Jahrhunderte. Eine Berufung zum Kapellmeister sowie zu einem der beiden Organisten (an den beiden einander gegenüber auf verschiedenen Emporen postierten Orgeln) gehörte zu den begehrtesten musikalischen Ämtern; zu ihren Inhabern zählten u. a. Monteverdi, die Gabrielis, Merulo, Willaert und viele andere Großmeister.

Abendlandes verehrten ihn, zumal er auch als Musikgelehrter einen bedeutenden Ruf genoß. Der große Theoretiker Gioseffo Zarlino (1517–1590) war sein Schüler, der von seinem Meister stets als einem „neuen Pythagoras“ sprach. Seine überaus zahlreichen Kompositionen waren schon zu seinen Lebzeiten weit verbreitet, es sind Messen, Motetten, Madrigale, Psalmen, Instrumentalstücke usw. Willaert nützte die Doppelchörigkeit der Markuskirche meisterhaft aus und schuf, in vollendeter Hochpolyphonie, prachtvolle Klanggemälde, die alles Wissen und Können seiner Zeit zusammenfassen und deutlich in die Zukunft weisen: Das heraufdämmernde Dur-Moll-System setzt sich allmählich durch, die neuen Tongeschlechter und Tonarten ersetzen die alten Kirchentöne – der entscheidende Schritt von der Polyphonie zur Homophonie, vom Kontrapunkt zur Harmonie beginnt sich, vorsichtig noch, abzuzeichnen. Vielleicht war es auch diese Modernität, die Willaert in Venedig zurückhielt. Ungleich so vielen seiner Landsleute, die sich in Italiens Städten nur vorübergehend aufhielten und aus der ihnen hier entgegenströmenden Fülle von Musik zu lernen suchten, was ihnen daheim in Antwerpen oder Amsterdam, in Cambrai oder Gent, mit Heimischem vermischt, nützlich werden konnte, sah Willaert den tieferen Sinn seines Verbleibens: An diesem Mittelpunkt der Musik mitzuwirken an der Eroberung einer wahrhaft neuen modernen Kunst. Die letzten Jahrzehnte des 16., die ersten des 17. Jahrhunderts sind voll Unruhe, aber erfüllt von einer lebenskräftigen Aufbruchsstimmung

Dazu war Venedig gerade die rechte Stadt. Der Ort, an dem wichtige Entscheidungen auf allen Gebieten fielen. Die „Königin der Meere“ war nicht nur der volkreichste Hafen des Abendlandes, sie war auch die bunteste, belebteste, fesselndste, abenteuerlichste Stadt, besaß den regsten Schiffverkehr mit der ganzen Welt, die farbigste Völkermischung, das lebhafteste Gesellschaftstreiben, ein kaum zu stillendes Unterhaltungsbedürfnis, den größten, wenn auch nicht immer solidesten Reichtum. Willaert lebte sich völlig ein, so daß ihn niemand mehr für einen „ultramontano“ hielt, für einen Mann „von jenseits der Berge“. Niemand mehr nannte ihn bei seinem hier schwer aussprechbaren Namen, er war Adriano Flamengo, „der Flame“, und sehr bald nur noch „maestro Adriano“, zu dem die Musiker aus ganz Europa pilgerten.

Mit Willaert begann die größte Musikzeit der Markuskirche. Er gilt als der Begründer der berühmten „venezianischen Schule“. Ob er tatsächlich der erste war, der die gewaltigen Möglichkeiten der „Doppelchörigkeit“, des Doppelorgel-Spiels in der Markuskirche zur Entfaltung brachte, ist nicht mehr nachzuweisen. Aber daß er sie voll auszunützen verstand, wie wohl kaum einer vor ihm, steht fest. Das Wechselspiel zweier Musikgruppen, Sänger und Instrumentalisten neben je einer der großen Orgeln, führte die Mehrstimmigkeit auf höchste Höhen, erlaubte die damals so beliebten Echowirkungen, erhob Achtstimmigkeit zur natürlichen Norm, da jede der beiden Gruppen vierstimmig musizierte, und gestaltete in den Tuttiwirkungen, dem brausenden Zusammenklang aller, eine sonst nirgends zu erzielende Wucht, Kraft und Klangpracht.

Die beiden einander nahe gegenüberliegenden Orgeln „konzertierten“ miteinander. Hier entstand vielleicht der später in der Musik so wichtige Begriff, der ursprünglich *(concertare)* „verabreden“, „in Übereinstimmung bringen“ bedeutet, eventuell nach einem Wettkampf, einer Gegenüberstellung. Alle diese Sinngebungen enthält das Wort *concerto.* Zwei Gruppen, zwei Spieler wetteifern innerhalb eines gemeinsamen Rahmens, nach einer einzuhaltenden, vorher festgelegten Vereinbarung. Bereits in der unmittelbar auf die Renaissance folgenden Barockepoche wird *il concerto* in mannigfacher Form große Wichtigkeit erlangen: als *concerto grosso,* wenn zwei Gruppen miteinander wetteifern in gemeinsamem Spiel, als „Solokonzert“, wenn ein einzelnes Instrument, ein „Solist“ der Gruppe des Orchesters gegenübersteht. Die Anfänge dieses Begriffs *concerto* könnten durchaus in der Doppelorgel von San Marco liegen und vielleicht zum Teil bei Adriano, dem zum Venezianer gewordenen Flamen Adrian Willaert.

Philipp de Monte, (1521–1603), ein hochberühmter flämischer Komponist, Hofkapellmeister in Wien und Prag, Zeitgenosse von Palestrina und Orlando di Lasso.

Musikalische Schilderung und frühe Chromatik

Zu Willaerts Schülern gehörte sein Landsmann Cyprian von Rore, der sich in Italien Cipriano de Rore nennt. 1516 in Antwerpen (oder einem kleinen Dorf in Flandern) geboren, wanderte auch er nach Süden und trat als Kapellsänger in den Chor der Markuskirche ein, den Willaert dirigierte. Von 1547 an war er durch ungefähr zehn Jahre Leiter der Hofmusik zu Ferrara. Hier verstärkte sich sein Ruhm, der wohl mit den 1542 geschriebenen Madrigalen begonnen hatte. 1558 und 1559 trat er Reisen in die Heimat an, wobei er zuletzt ein Angebot Margaretes von Parma annahm, die Statthalterin der Niederlande war, und so blieb Rore in Brüssel. Über einen kurzen Aufenthalt in Paris gelangt er nach Parma. Hier starb er im August oder September 1565 hochangesehen. Er hinterließ ein reiches geistliches und ein noch bedeutenderes weltliches Werk, in dem vor allem die Madrigale einen hohen Platz innehaben, da er mit ihnen neue Wege beschritt. Er versuchte, mit rein vokalen Mitteln tonmalerische Wirkungen zu erzielen, klangmalerisch zu komponieren. So nennt man die „Schilderung" in Tönen, die – um ein späteres Wort zu gebrauchen – „Programm-Musik". In ihr versucht der Komponist, Musik nicht als „absolute" Klangdarstellung zu erfinden, sondern mit einem nichtmusikalischen Begriff in Beziehung zu setzen, nämlich mit der Schilderung eines Naturphänomens wie des Windes, der Wellen, des Gewitters oder seelischer Zustände wie Liebe, Haß, Wut usw. Je „plastischer" diese Klangmalerei gelingt, desto höher gilt sie dem „Programm-Musiker", dessen Ideale denen des „absoluten" Musikers zumeist diametral entgegengesetzt sein können. Bis zu Wagners Tonmalereien oder Debussys impressionistischen Klängen erwartet uns noch ein weiter Weg. Aber die Anfänge liegen in der Renaissancemusik. Und noch eine musikalische Erscheinung taucht hier auf: frühe Chromatik, wie sie uns in den Madrigalen Luca Marenzios und Gesualdos überraschend entgegentreten wird. Hierher gehört auch Cipriano de Rore, der auch aus diesem Grunde Bedeutung gewinnt. Vom Wert seiner Madrigale wußte der große Monteverdi dankbar zu sprechen, der sich mehrmals als Cipriano de Rores geistigen Nachfolger bezeichnete.

Einem dritten Großmeister jener Epoche ist die Forschung erst spät gerecht geworden, obwohl Philipp de Montes (1521–1603) Ruhm schon zu Lebzeiten dem Palestrinas, ja sogar dem Orlando di Lassos nicht wesentlich nachstand. So bekam er durch Jahrhunderte einen zumeist kurzen Vermerk in Fachbüchern, aber interessante Funde haben dann einiges von seiner wahren Bedeutung enthüllt. Er stammte aus Mecheln (nahe bei Antwerpen), wanderte früh nach Italien, weilte in Neapel, wo er wahrscheinlich mit der Hofmusik des spanischen Königs Philipp II. in Berührung kam, zu dessen Riesenreich damals weite Teile Süditaliens gehörten. Er scheint diesen Herrscher nach England begleitet zu haben, wo, wahrscheinlich unter Klängen Montes, die glanzvolle Fürstenhochzeit mit Maria Tudor gefeiert wurde. Im September 1555 weilt Monte abermals in Italien, vorwiegend in Rom. 1568 beginnt die letzte, wichtigste Etappe seines Lebens, er wird als Kapellmeister nach Wien an den Hof Maximilians II. gerufen, eines der musikliebendsten Monarchen der Geschichte. Zwar wird er 1572 Schatzmeister, 1577 Kanonikus an der Kathedrale zu Cambrai, aber er scheint diese Tätigkeiten nie ausgeübt zu haben; sie waren wohl nur ein Zeichen des Wohlwollens und der Anerkennung, die seine Brotherren ihm schrankenlos entgegenbrachten. Auf Maximilian war nun Rudolf II. gefolgt, der 1581 in Prag den Orden vom Goldenen Vlies erhielt; dabei wurde in der dortigen Königsburg auf dem Hradschin eine Messe für drei Chöre mit Orgel und Orchester unter Montes Leitung aufgeführt. Er begleitete Rudolf auch zum Reichstag nach Augsburg, wo er bei diesem Anlaß sein „Te Deum" mit Orgel erklingen ließ. 1593 ging er zum Reichstag nach Regensburg, wo zwei Großmeister jener Zeit einander (zum letzten Mal) begegnet sein sollen: Philipp de Monte und Orlando di Lasso. In der Schaffensweise dürften Lasso und Monte weitgehend übereingestimmt haben. Beide gehören zu den produktivsten Meistern nicht nur ihrer Zeit, sondern der Musikgeschichte. Monte hinterließ mehr als 1200 Madrigale, dazu Chansons, Messen und Motetten. Die Auswahl seiner Texte belegt eine weitreichende Bildung, eine ungewöhnliche Vielseitigkeit. Philipp de Monte war ein echter Humanist. Zu den von ihm vertonten Dichtern gehören alle namhaften seiner Zeit, aber auch mit besonderer Vorliebe die bereits klassischen Petrarca und Boccaccio. Am 15. Januar 1603 machte Monte sein Testament, am 4. Juli dieses Jahres starb er in Prag, wo er seinem Wunsch gemäß beerdigt wurde. Die Widmungen seiner Madrigal- und Motettensammlung an viele der höchsten Persönlichkeiten Europas zeugen von seinem Ruhm. Am Aufbau und der Meisterschaft der beiden wichtigsten Hofkapellen Mitteleuropas, in Wien und in Prag, hat Philipp de Monte höchste Verdienste.

Zu dem schon früher von uns genannten Gioseffo Zarlino (1517–1590) wären, um seiner Bedeutung als Komponist und Theoretiker gerecht zu werden, noch einige Kenntnisse beizutragen. Zwanzigjährig trat er in den Franziskanerorden ein und studierte neben Musik auch Griechisch, Hebräisch, Philosophie, Mathematik, Astronomie und Chemie. Er wurde Nachfolger seines Mitschülers Cipriano de Rore als Kapellmeister der Markuskirche. Seine Kompositionen waren hochgeschätzt. Dennoch sind es vor allem die theoretischen Schriften, die Zarlinos Nachruhm begründeten: Sie galten anderthalb Jahrhunderte lang, bis zu Rameaus „Traité de l'harmonie" im Jahr 1722, als wichtigste Leitfaden des musikalischen Wissens. In seinen „Institutioni harmoniche" finden sich die zu Renaissancezeiten gültigen Kenntnisse aufgezeichnet. Der niederländische spätere Großmeister Sweelinck war in Venedig sein Schüler.

Heute noch gern gesungen, tauchen immer wieder Madrigale von Jacob Arcadelt auf. Als Zeit seiner Geburt kommen die Jahre zwischen 1500 und 1514 in Betracht. 1519 wurde er Kapellmeister der Julianischen Kapelle in Rom, wohin er jedenfalls recht jung aus seiner wahrscheinlich flämischen, vielleicht flandrischen Heimat gewandert sein muß. Das päpstliche Kapellregister nennt ihn „Jacobus Flandrus", wobei allerdings der Begriff „Flandern" auch als Synonym für die Niederlande im allgemeinen gelten kann. Ebenso unbekannt sind Ort und Zeit seines Todes. Das Register der französischen Hofkapelle führt ihn 1562 noch auf, 1572 nicht mehr. 1557 erschienen in Paris drei Messen, auf deren Titelblatt Arcadelt Kapellmeister des Kardinals von Lothringen, Charles de Lorraine, genannt wird. Er wird auch „Königlich französischer Hofmusiker" betitelt, was er zur Regierungszeit Karls IX. gewesen sein dürfte. Arcadelt gehörte zu den glänzendsten Madrigalkomponisten, seine erste Sammlung solcher Stücke soll mehr als vierzig Auflagen erlebt haben, was nicht nur für seine Schreibweise, sondern auch für eine große Intensität des damaligen Musiklebens spricht. In einem seiner schönsten Madrigale *(„Il bianco e dolce cigno cantando more")* besingt er den sterbenden Schwan, der sich nach einem stummen Leben in seiner Todesstunde dem Menschen mit einer süßen Melodie vernehmbar macht; eine uralte Legende, die immer wieder als musikalisches Motiv auftaucht, von Arcadelt und anderen Madrigalisten bis hin zu Saint-Saëns und Sibelius.

Die deutschen Meister der Polyphonie

Von den deutschen Musikern dieses so vielseitigen 16. Jahrhunderts soll jetzt die Rede sein. Ihr Zeichen war, genau wie jenes ihrer Gefährten in anderen Ländern, die Mehrstimmigkeit. Enge Kontakte verknüpften sie in einem Europa ohne trennende politische oder gar geistige und künstlerische Grenzen mit Holland, Lothringen, Burgund, Frankreich. Wien trat durch die enge Verwandtschaft der Dynastien mit Madrid in nahe Verbindung. Auch die Deutschen zog es nach Süden, Herrscher wie Musiker. Und wenn die Musiker in der materiellen Lage waren, über die Alpen nach Italien pilgern zu können, so taten sie es. Doch dies scheint, besonders bei den kleinen Existenzen der nord- und mitteldeutschen protestantischen Kantoren und Organisten, viel seltener der Fall gewesen zu sein als in den viel reicheren Niederlanden.

Daß es auf deutschem Boden neben der „internationalen" Kunst der Polyphonie die lokale oder „nationale" der die liedmäßige Einstimmigkeit pflegenden „Meistersinger" gab, haben wir in einem eigenen Kapitel erzählt. Hier war eine liebenswerte Eigentümlichkeit am Werk, ein anachronistisches Festhalten an der Tradition des Minnesangs, der gegen sein Ende selbst schon anachronistisch geworden war und musikalisch ein wenig gegen den Hauptstrom seiner Zeit lebte.

Die grausamen Religionskämpfe, die um jene Zeit Deutschland spalten, finden auch in der Musik ihren Niederschlag, so wie sie es begreiflicherweise auf allen Gebieten des Lebens tun. Seit der Reformationsbewegung im frühen 16. Jahrhundert gibt es zwar „katholische" und „protestantische" Musiker mit recht verschiedenen Tätigkeitsgebieten und auch unterschiedlichen Kompositionsformen, aber es fehlt nie an oft bedeutenden Persönlichkeiten, die es verstehen, die Trennung zu überwinden und an der Einheit einer „christlichen" Musik festzuhalten. Viele Werke werden auf beiden Seiten der Trennungslinie gesungen, Briefe über musikalische Fragen gehen zwischen Gelehrten beider Lager hin und her, zwischen musikliebenden Fürsten, die bei der Anstellung von Musikern zuerst nach dem Können und dann erst nach dem Glaubensbekenntnis fragen. Man kann sagen, daß die Religionskriege, die Europa zerrissen und in die in vergangenen Jahrhunderten vergessen geglaubter Barbarei zurückrissen, in der Musikwelt kaum stattgefunden hätten.

Bis an den Rand dieser schwierigen Zeit führt uns das fesselnde Leben eines Mannes, der sich zwar selbst oft als „tedesco", als Deutschen, bezeichnete, der aber noch zu jenen wahrhaft internationalen Künstlern gerechnet werden muß, von denen wir schon mehrfach sprachen: Heinrich Isaac (um 1450 bis 1517). Vermutlich stammte er aus Brügge, war jung nach Italien gekommen, wo er mit etwa dreißig Jahren am prunkvollen Hof Lorenzo de Medicis tätig war. Vorher scheint er viele Städte besucht und vielleicht eine Zeitlang im kunstbeflissenen Ferrara gewirkt zu haben. 1484 tritt er beim musikbegeisterten deutschen Kaiser Maximilian I., der in Innsbruck residierte, in Dienst. Isaac hat hier ein musikalisches Zentrum von weithin ausstrahlender Bedeutung geschaffen. Eine wundervolle graphische Darstellung, entworfen 1512 und im Zeitraum von 1516 bis 1519 durch siebzehn der berühmtesten Holzschneidekünstler ausgeführt, zeigt das Hofleben und darin die überragende Stellung, die hier der Musik zukam. (Siehe S. 85, 108/109.) Seit den schon sehr fernen Tagen der „Cantigas de Santa Maria" des kastilischen Königs Alfonso X. des Weisen hat es keine ähnliche Bilddokumentation von Musikszenen und Instrumenten gegeben wie diesen „Triumphzug Maximilians". Da sieht man Querpfeifen (Flöten), Schalmeien, Posaunen, Krummhörner, Trommeln, sieht „Bomharte", ein heute seit langem ausgestorbenes Blasinstrument aus Holz, das in verschiedenen Größen bis hin zu einem drei Meter langen Großbaßpommer gebaut wurde; da gibt es Orgeln aller Art, Portative, Positive, Regale, große und kleine Lauten, Harfen, Fideln, Trompeten, Pauken. Die Musiker sind mit ihren Instrumenten auf mächtigen Wagen postiert, die man sich von schön geschmückten, kräftigen Pferden gezogen denken muß, in sinnvolle Gruppen geordnet wie bei festähnlichen Anlässen des höfischen Musiklebens. Manche Musiker besitzen Porträtähnlichkeit und sind auch namentlich aufgeführt, so der berühmte Organist Paul Hofhaimer. Heinrich Isaac befindet sich nicht unter ihnen, er war beträchtliche Zeit vorher aus Innsbruck geschieden. Ob das bekannt gewordene, heute als „Volkslied" gesungene „Innsbruck, ich muß dich lassen", zu dem Kaiser Maximilian selbst die Worte verfaßt haben soll, seinen Abschiedsgesang darstellte? Seine letzten Jahre verbringt Isaac – nun oft als „Arrigo Tedesco", als Heinrich der Deutsche, bezeichnet – abwechselnd in Mitteleuropa und in Italien. In Florenz schreibt er populär gewordene Karnevalslieder. 1494 beruft ihn abermals Maximilian zum Hofkomponisten, doch nun nach Augsburg, wo er jetzt residiert. Von 1497 bis 1500 wirkt Isaac am damals bemerkenswerten Hof zu Torgau an der Elbe, 1507 gibt es Spuren seines Wirkens in Konstanz: Dort gibt der Kirchenrat eine seiner Motettensammlungen *(Choralis Constantinus)* heraus, und der durchreisende Staatsmann und politische Schriftsteller Machiavelli berichtet von einem Besuch bei ihm. Von 1514 an lebt er in Florenz, aber nicht als Musiker, sondern als diplomatischer Vertreter des habsburgischen

Ein weiteres Bild aus dem prächtigen „Triumphzug Maximilians", dieser wichtigen Quelle der Musik um 1500: Der von zwei Elchen gezogene Wagen vereinigt eine Gruppe von Saiteninstrumenten: Lauten und Gamben. Zwei Dinge fallen auf: die reiche Gewandung der Musiker, die entweder den oberen Ständen zugerechnet wurden oder, falls es sich (wie im Falle des Organisten Hofhaimer) um Porträts lebender Personen handelt, tatsächlich diesem angehörten. Zweitens: daß der rechtssitzende der beiden Gambisten sein Instrument mit der rechten Hand hält und mit der linken streicht, also umgekehrt als gewöhnlich. Ist es das Porträt eines bekannten, linkshändigen Gambisten oder eine „Freiheit" des darstellenden Künstlers (wie die Haltung der bogenführenden Hand des Engels auf dem Isenheimer Altar des Matthias Grünewald)?

Reiches. Seine Kompositionen machen in ganz Europa die Runde, er gilt als einer der größten Meister seiner Zeit. In Florenz, der Vaterstadt seiner Gattin, ist er 1517 gestorben, anscheinend ohne je seine nordische Heimat wiedergesehen zu haben.

Drei schöne Lieder blieben aus der Feder Adams von Fulda (um 1445–1505) erhalten, der Kapellmeister beim Kurfürsten Friedrich dem Weisen in Torgau war, in Passau, Würzburg und Augsburg wirkte und sich bemühte, einen spätgotischen Musikstil zu pflegen, mit dem sich vielleicht die deutschen Kantoreien vor der Überflutung durch die Hochpolyphonie aus den Niederlanden und Italien bewahren könnten. In diesem Vorhaben unterstützte ihn eine Zeitlang der gleichaltrige Heinrich Finck (1445–1527), von dem hochbegabte Lieder erhalten blieben. Vermutlich stammte er aus Polen und war gegen sein Lebensende Hofkapellmeister Kaiser Ferdinands I. in Wien, wo er noch achtzigjährig hochgeehrt wirkte. Eine siebenstimmige Messe *(Missa in summis)* zeigt ihn 1511 auf die vorherrschende Kunst der Niederländer eingeschwenkt, seine überlieferten 22 Hymnen erweisen ihn als Meister des Kontrapunkts, so etwa, wenn er den oft verwendeten alten Pfingsthymnus *Veni creator spiritus* (den noch vierhundert Jahre später, im Jahr 1910, Gustav Mahler zum Hauptthema des ersten Teils seiner eindrucksvollen achten Sinfonie nimmt) mit der Sequenz *Veni sancte* eindrucksvoll verbindet.

Deutsche Liedkunst

Die deutschen Komponisten zeigen eine besondere Vorliebe für das Lied. Könnte man hier vielleicht doch von einem „Nationalstil" sprechen? Die Komponisten bewegen sich damit auf der traditionellen Linie, die von den Minnesängern über die Meistersinger zu ihnen und später weiter bis zu den genialen Schöpfungen Schuberts führt, dem Begründer des modernen Kunstlieds in seiner vorher unbekannten Verbindung von Text, Melodie und Soloinstrument.
Im 15. und 16. Jahrhundert ist eine wahre Hochblüte des Liedes zu verzeichnen. Die deutschen Komponisten tun sich hier besonders hervor, wenngleich die Liedkunst auch in anderen Teilen Europas blüht. Wer hat damals vollendetere Lieder geschaffen als der übernationale Flame Orlando di Lasso? Die Deutschen lieben es, Volkslieder mehrstimmig zu setzen, wodurch sie sich Kunstliedern annähern. Der zu manchen Zeiten so gefährlich aufgerissene Graben zwischen Volks- und Kunstmusik scheint damals kaum vorhanden zu sein. Um 1460 erschien in Nürnberg das schon früher erwähnte „Lochamer (oder Lochheimer) Liederbuch", das eine Fülle von Weisen aus Minnesängertagen enthält, die inzwischen in den Volksmund übergegangen waren. Zu den ältesten der bis heute gesungenen zählten „Es taget vor dem Walde", „Ach Elslein, liebes Elselein", „Es steht ein' Lind in jenem Tal". Zu ihren damaligen „Bearbeitern" gehören zahllose deutsche Musiker, die nur noch in alten Spezialwerken über das „Gesellschaftslied" vorkommen: So nannte 1848 der um diese Gattung hochverdiente Hoffmann von Fallersleben jenes ins Künstlerische, „Gesellschaftliche" erhobene Volkslied, das auch soziale Bedeutung im Wunsch nach Ausgleich der „Klassen" besaß. Vergessene Namen, tausend verklungene Melodien, unbekannte Schicksale. Greifen wir nur eines heraus, sicherlich nicht das bedeutendste. In Ofen, Teil des späteren Budapest, wirkte als Hofkapellmeister Thomas Stoltzer (1450–1526) – über dessen Neigungen zum Protestantismus übrigens viel gemunkelt wurde – und komponierte sowohl Messen wie (deutsche) Lieder. Sein König, Ludwig von Ungarn, scheint seinen Hofstaat, zumindest seine Hofkapelle, auf den entscheidenden Feldzug mitgenommen zu haben, der in der Schlacht von Mohács gipfelte. An diesem Tag endete das freie Ungarn durch den Sieg der Türken, die dann bis vor die Tore Wiens rückten, und das Leben Stoltzers, der, wahrscheinlich auf der Flucht, in der Donau ertrank.
Vielgesungene Melodien schuf der in Basel geborene Ludwig Senfl (um 1486–1543), von dem mehr als 250 Lieder erhalten blieben. Er war ein Schüler Isaacs, beherrschte die Techniken der Hochpolyphonie geradeso wie die deutsche Kompositionsweise, die öfter in recht volkstümlicher, gerne humoristischer, manchmal derber Art auch einstimmiges Liedgut förderte. Er war, wie sein Lehrer, eine Zeitlang Mitglied der Augsburger Hofkapelle. Nach 1523 wirkte er in München bei Herzog Wilhelm. Von dessen katholischem Hof aus war er in ständiger Briefverbindung mit dem protestantischen Herzog Albrecht von Preußen und mit Luther, der ihn um Psalmenvertonungen bittet und zum Gedankenaustausch über musikalische Fragen ermuntert. 1530 heiratet Senfl eine Protestantin, was einen Verzicht auf seinen geistlichen Stand bedeutet, aber nicht auf sein katholisches Bekenntnis. Seit 1540 gibt es keine Nachrichten mehr über ihn, was angesichts der Tatsache, daß er zu den angesehensten Musikern seiner Zeit gehörte, verwunderlich erscheint. Auch auf sein Todesdatum in den ersten Monaten des Jahres 1543 kann nur aus dem Dokument eines Hausverkaufs seiner Gattin geschlossen werden.
Der große mitteleuropäische, deutschsprachige Raum mit den ausgedehnten Randgebieten, im Osten bis weit nach Polen und Rußland, im Nordosten über das ganze Baltikum bis an die Pforten Sankt Petersburgs, im Nordwesten bis Flandern, im Westen über Elsaß und Lothringen hinaus, im Süden über die Alpen und auf dem Balkan bis Siebenbürgen, Kroatien und Slowenien war ein gewaltiges Kulturgebiet, in zahlreiche Einzelregionen aufgeteilt. Im allgemeinen herrschte im Norden der Protestantismus vor, im Süden der Katholizismus, aber die religiöse Landkarte zeigt, wie die politische, ein sehr zerrissenes Bild. Wandernde Musiker, deren es stets zahlreiche gab, die auf der Suche nach einer besseren Anstellung waren, durchquerten heute protestantisches, morgen katholisches Gebiet. Wenn sie im allgemeinen südlichere Höfe vorzogen, so lag dies weniger am Glauben als an deren prächtigerer Lebenshaltung, von der auch der Kleine profitieren konnte, wenn er geschickt war, und an einer gewissen liberalen Lebensauffassung, die dort vorherrschte.

Deutsche Kantoren

Im nördlichen, protestantischen Gebiet wuchs bald nach der Reformation eine besondere Kaste von Musikern heran. Wir werden in Johann Sebastian Bach ihren sicher größten Exponenten kennenlernen. Tausende von Kantoren sind hier zu finden, die tüchtige Orgelspieler sein müssen, einen kleinen Laienchor zu leiten verstehen – der hier „gemischt" zu sein pflegt, also Frauenstimmen einschließt im Gegensatz zu den reinen Männer-Knaben-Chören der katholischen Gemeinwesen – und mit Gelegenheitskompositionen den Gottesdienst auszuschmücken wissen. Zu ihrem Repertoire gehören vor allem Kirchenlieder, die von der gesamten Gemeinde gesungen werden. Sie sind schnell zu erlernen. Außerdem verfügt der Protestantismus bald über umfangreiche Gesangbücher, deren Grundstock von Luther selbst und seinen Mitarbeitern gelegt wurde. Zumeist wird für diese Kantoren das Wort „bescheiden" gebraucht, das viel über diesen Stand aussagt. Keineswegs Negatives, denn echte Bescheidenheit ist eine der wahren Tugenden des Menschen. Sie bedeutet keinen Abstrich in der Qualität. Wie viele wahrhaft hervorragende Musiker mag es unter diesen Kantoren gegeben haben, die weit über die protestantischen Gegenden verteilt in vorbildlicher Weise für schöne Kirchenmusik sorgten und daneben noch, viele Stunden in der Woche, um die Erziehung der Kinder bemüht waren! Hut ab aber vor ihrem „handwerklichen" Können, ihrem tiefen Berufsernst, ihrer Lebensauffassung, die erfüllt war von Religiosität und Streben nach dem ethischen und moralischen Nutzen der Gemeinschaft!
Daß die südlicheren Musiker es zu unvergleichlich größerem Glanz bringen konnten, ist unbestreitbar. Nicht nur die Hofhaltungen, in denen sie wirkten, wa-

ren prunkvoller, auch in rein kirchlichen Stellungen waren die Mittel zumeist reichhaltiger. „Zuerst errichten die Menschen Gebäude, doch dann formen die Gebäude die Menschen, die in ihnen leben und wirken", hat der weise Winston Churchill (dem Sinn nach) einmal gesagt. Die katholische Kirche hat Kathedralen errichtet, die von Goldaltären und herrlichen Kunstwerken strotzen, hat selbst in einfachere Landkirchen Schönheit in Form von Bildern, Statuen, Vitraux gebracht und jedes einzelne Stück, das ihrem Glauben zugehört, verziert und ausgestaltet. Nun beeinflußt diese oft überwältigende äußere Schönheit den Menschen, der hier eintritt und seinen Gott sucht. Der Himmel ist hier voller Engel, die wundervolle Instrumente spielen, und über allem schwebt der Gekreuzigte, der das Elend der Erde hinter sich gelassen hat und von seinem Vater und allen Heiligen in Pomp und Herrlichkeit empfangen wird.
Die protestantische Kirchenmusik wird sich im Verlauf der Jahrhunderte von der katholischen entfernen, so gleich auch der Erlösungsgedanke sein mag, der beide beseelt. Das Leben des Kantors ist harte Pflichterfüllung, die in sich selbst zur Freude werden soll. Das des katholischen Musikers wird oft zum ehrgeizigen Leistungsdruck, um auf einer irdischen Stufenleiter emporzuklettern, von der er manchmal irrtümlich annimmt, sie führe zu Gott. Der Kantor und der katholische Musiker müssen, wo sie Werke für ihren Glauben schaffen, von echter Inbrunst erfüllt sein, damit sie ihnen gelingen. Ist dies der Fall, dann wird ihr Inhalt so übermächtig, daß die Form sich ihm weitgehend anpaßt. Und da zeigt sich dann, daß sie beide – Bach wie Palestrina, Brahms wie Bruckner – dem gleichen Gott dienen.

Italienische Musiker der Renaissance

Die weltlichen Musiker der Renaissancezeit kennen einen ähnlichen Zwiespalt in ihren äußerlichen Möglichkeiten. Der Prunk der Fürstenhöfe in Italien, in Wien, Prag, München, Madrid, Lissabon ist nun einmal funkelnder als der in den „reformierten" Teilen Europas. Der Ruhm liegt näher, ist greifbarer, greifbarer auch der materielle Wohlstand, der bis zu beträchtlichem Reichtum führen kann.
Viel von diesem äußeren Glanz liegt auf den Komponisten Italiens, denen wir uns nun, auf dem Höhepunkt der Renaissance, zuwenden. Die höfische Kunst erreicht ihren strahlenden Gipfel, die Salons der Paläste voll prächtiger Bilder und packender Skulpturen hallen von meisterlichen Versen wider, lebensfrohe Musik erklingt. Kommt die neue Empfindsamkeit vom Zustrom neuen Blutes, vom Großbürgertum, das sich unmerklich in den Adel gemischt, sich vielfach mit ihm verschwägert hat und durch die Zufuhr frischen, unverbrauchten Lebens der ein wenig dekadent, müde gewordenen Klasse neuen Glauben an die Zukunft einflößen konnte? So wurde aus der rückwärtsgewandten, von fern Vergangenem träumenden Schau nach Hellas' sorglosen Gestaden ein Gegenwartsglaube, ein Zukunftsdrang, der zu neuen, noch im Nebel des Unbekannten schlummernden Ufern aufzubrechen bereit war.
Wir können keine Geschichte der Renaissancemusik schreiben, kein Zehntel, kein Hundertstel ihrer großen Gestalten hier vorüberziehen lassen, so verlockend dieser Gedanke auch wäre. Wichtiger als ihre Einzelheiten zu registrieren, erscheint uns auch hier die Erfassung ihres Geistes. Führende Musiker wie die beiden Gabrieli, Andrea der Onkel und Giovanni der Neffe, Giovanni Gastoldi, Marc' Antonio Ingegneri – durchwegs Meister des 16. Jahrhunderts – können kaum mehr als genannt werden. Sie waren, zumeist hauptamtlich, in kirchlichen, hohen Stellungen tätig, spielen aber in der Geschichte des Madrigals äußerst wichtige Rollen, Gastoldi auch in jener der Madrigalkomödien, einer der Vorstufen der Oper.

Musikalische Szene aus dem italienischen Quattrocento: Ein Lautenist spielt inmitten einer eleganten Gesellschaft. Holzschnitt aus der zweiten Hälfte des 15. Jahrhunderts.

Luca Marenzio (um 1553–1599) galt vielen Zeitgenossen als *il più dolce cigno d'Italia*, der „süßeste Schwan Italiens", eine Metapher, der wir schon früher begegneten und die typisch für die Renaissance ist, da sie die antike Legende vom süßen Gesang des sterbenden Schwans lebendig hält. Andere nannten Marenzio einfach *il divino*, den „Göttlichen"– eine Bezeichnung, die vor wenigen hundert Jahren noch undenkbar gewesen wäre. Trotz der glühenden Verehrung vieler Kunstliebhaber erfuhr Marenzio aber auch die Gegnerschaft anderer: Er war (wie man heute sagen würde) ein „Moderner". Schon als junger Mensch wurde er bereits 1572 Kapellmeister des Erzbischofs Madruzzo in Trient, eines lebenslustigen Kirchenfürsten, der beim Konzil von Trient (1545–1563) ein wichtiges Wort in der brennenden Frage der Kirchenmusik führte (und von Hans Pfitzner darum, unter seinem Tiroler Namen „Madruscht" in die Oper „Palestrina" aufgenommen wurde). Nach dessen Tod wanderte Marenzio südwärts und war bei vielen hohen Herren tätig, vor allem in Rom, Ferrara und Mantua, veröffentlichte Aufsehen erregende Madrigale, war Leiter von Kapellen, aber auch vielbegehrter Sänger. 1588 weilte er für etwa ein Jahr in Florenz, von 1591 bis 1595 war er Kapellmeister des Kardinals Aldobrandini in Rom. Von hier aus wurde er an den polnischen Hof von König Sigismund in Krakau, der damaligen Hauptstadt, berufen. Er scheint für einen kürzeren Aufenthalt nach Rom zurückgekehrt zu sein – wo er den Besuch des ihn hochverehrenden, bedeutenden englischen Komponisten John Dowland empfing – und starb dort am 22. August 1599 in den Gärten der Villa Medici. Er hinterließ etwa 500 Madrigale, 80 Villanellen (worunter man eher volkstümliche, meist dreistimmige, aber deutlich auf eine einzige Melodie zustrebende, oft tanzartige Lieder verstand) und wenig anderes. Sein Stil ist durch dramatische Deklamation gekennzeichnet, wodurch er der *Camerata fiorentina* naherückt, die zu „Erfindern" der Oper werden. Dem fast maßlosen Übergewicht der Musik über den Text wird nun allmählich ein Ende bereitet, Marenzios größter Nachfolger Monteverdi wird das ideale Gleichgewicht finden oder wieder finden, von dem wir bei der Besprechung der jungen Musikdramatik viel werden sagen müssen.

Auf dem Gebiet kühner Neuerungen wurde Marenzio noch von einem seiner Zeitgenossen übertroffen: von Gesualdo, Fürst von Venosa (um 1560–1613), sicherlich einer der abenteuerlichsten Gestalten der Musikgeschichte. Er ermordete nicht nur seine Gattin, als er sie bei einer Untreue ertappte, sondern auch seine kleine Tochter, an deren ehelicher Geburt er zweifelte. Gesualdo verließ das heimatliche Neapel und zog sich auf das süditalienische Schloß seiner Familie zurück. In ungewöhnlichem Grad widmete er sein Leben der Musik. 1594 heiratete er die Herzogstochter Eleonara d'Este, wurde ein Freund des großen Dichters Torquato Tasso und veröffentlichte vier Madrigalbücher. Doch die ganze Neuartigkeit und Kühnheit seiner Musik trat erst in seinen letzten Lebensjahren zutage. Sein oft stürmisch ausbrechendes Wesen spiegelt sich in den oft ebenso wild aufbrausenden Klängen seiner reifen Werke. Heute noch staunt der Musikkenner über die Unabhängigkeit dieses Genies, das in vielen seiner Madrigale nicht nur die Chromatik Chopins und Wagners vorauszuahnen scheint, sondern auch den Klangzauber Debussys sowie Ahnungen von der Auflösung der Tonalität nach 1900. Die krassen, sich zuweilen erst nach längerem Verlauf gleichsam widerstrebend auflösenden Spannungsharmonien scheinen ein Echo bewegter Vorgänge in der Seele dieses echten Renaissancemenschen, eine „Antithese von schwelgerischer Erotik und flagellantischer Todessehnsucht" (Hans F. Redlich). Ein schillernder Außenseiter der Musik, aber unleugbar einer ihrer interessantesten Anbeter.

In Venedigs Markuskirche folgen bedeutende Musiker aufeinander. Hier arbeitete Andrea Gabrieli (um 1510 bis 1586), den wir erwähnten. Der Senat beauftragte ihn 1574, die Festmesse für die Königskrönung Heinrichs III. von Frankreich zu schaffen, mit der die Lagunenstadt den befreundeten Herrscher feierte. Zu Andrea Gabrielis Füßen saßen nicht wenige Meister der folgenden Generation, und man darf dieses literarische Bild durchaus wörtlich nehmen, denn die Schüler ließen sich gern auf den Stufen der Orgelempore nieder, von wo aus sie die Hände wie die Pedalarbeit des

Die Peterskirche in Rom, lange Jahrhunderte hindurch auch Mittelpunkt und richtungsweisender Leuchtturm der christlichen Musik.

Meisters gut beobachten konnten. Zu ihnen gehörte Gabrielis eigener Neffe Giovanni (1557–1613), der ein ebenso bedeutender Organist und ein größerer Komponist wurde als sein Onkel. Giovanni Gabrieli bekleidete von 1575 bis 1579 einen Posten in der Münchner Hofmusik und wurde 1584 Nachfolger des hervorragenden Claudio Merulo (1533–1604) an der ersten Orgel von San Marco. Auch zu ihm strömten junge Musiker aus halb Europa, unter ihnen der spätere Großmeister der ersten deutschen Barockgeneration, Heinrich Schütz. Für eine Hochzeit in der Familie der Fugger in Augsburg komponierte Giovanni Gabrieli den ersten Teil seiner *Sacrae Symphoniae*, leistete aber der Einladung, sie persönlich zu leiten, keine Folge. Auch die Aufforderung von Heinrich Schütz, ihn in seinem Dresdner Wirkungskreis zu besuchen, lehnte er ab.

Der Weg von Süden nach Norden war ungleich schwächer begangen als der umgekehrte. Wie vielen glänzenden Musikern Hollands, Deutschlands, Polens, Skandinaviens werden wir im Laufe der kommenden Zeiten auf den Straßen begegnen, die nach Italien führen: Händel, Hasse, Gluck, Mozart, Mysliveček, Weber, Meyerbeer, Liszt, Wagner, Nicolai, Tschajkowskij, Brahms sind nur einige wenige, rein zufällig ausgewählte davon. Italien galt als das „Mutterland" der Musik, italienisch als die „Muttersprache", die Musiksprache weltweit. In Italien hoffte jeder junge Musiker lernen zu können, was ihm zu seinem Beruf noch fehlte. Im Lauf der Zeit wurde Roms Petersdom zum musikalischen Rivalen der Markuskirche in Venedig. Seinen Ruhm festigte unter anderem ein Künstler, der unter den Organisten seiner – und aller – Zeiten einen geradezu legendären Ruf genoß: Girolamo Frescobaldi (um 1583–1643). Zu seinen Konzerten sollen, übereinstimmenden Berichten zufolge, dreißigtausend Hörer unter der nach Michelangelos Entwürfen soeben errichteten Riesenkuppel zusammengeströmt sein. Etwa 35 Jahre lang spielte Frescobaldi hier, ein wahrer Herrscher im Reich der Klänge. Sein kompositorisches Werk umspannt Geistliches wie Weltliches, Phantasien, Madrigale, Cembalo- und natürlich vor allem Orgelstücke.

Frankreich in der Renaissance

Auf dem Höhepunkt der Renaissance noch einen Blick nach Frankreich. Hier war, nach dem schon fernen ersten Aufbruch der Polyphonie, nach der neue Horizonte anvisierenden Ars nova Machaults und Philippe de Vitrys die richtunggebende Strömung nach Italien abgedriftet, in die Niederlande, die mit dem Aufblühen der Renaissance ihre große Stunde der Künste hatten. Doch wollen wir eines französischen Meisters gedenken, der ihnen beiden, Holländern wie Italienern, wahrlich kein unwürdiger Zeitgenosse war, ja an Originalität manchen von ihnen übertraf. Clément Jannequins (auch Janequin geschrieben) scheint zwischen 1472 und 1475 geboren und um 1559 gestorben zu sein; ob er aus Châtellerault stammt, einem Städtchen im westfranzösischen Departement Vienne, ist nicht beweisbar; daß er in Paris den größten Teil seines ärmlichen und nach außen unbedeutenden Lebens verbrachte und dort starb, steht fest, wenn auch nur durch die negative Beweisführung, daß es nach diesem Datum kein Lebenszeichen mehr von ihm gibt. Er pflegte in erster Linie die *chanson* in französischer Sprache, seine lateinischen Werke sind unerheblich. Die *chanson* hat mit dem heutigen Begriff *la chanson*, das Chanson, nichts zu tun. Während dieses eher ein Begriff der „leichten" Musik ist, mit dem volkstümlichen *couplet* verwandt, auch mit dem aus dem Englischen stammenden *song*, bezeichnete die *chanson* altfranzösische, erzählende Lieder – *chansons de geste* war ein Heldenlied –, Troubadourgesänge, dann aber auch mehrstimmige Chorlieder der Renaissance, die den Charakter epischer Erzählungen annehmen konnten, vergleichbar vielleicht den deutschen Balladen, als diese ihren ursprünglichen Sinn von Tanzliedern abstreiften, und vergleichbar den italienischen *canzone* oder *canzonette*. Mit Hilfe der *chanson* begannen französische Komponisten Ereignisse zu schildern, zuerst vor allem „heldische", kriegerische, dramatische, dann aber solche verschiedenster Art. Sie waren, dem Stil der Zeit entsprechend, mehrstimmig, aber diese Verbindung war nicht recht glücklich. Denn eine Erzählung will in erster Linie verstanden werden, sonst hat sie keinen Sinn. Und so gehört die *chanson* sehr bald zu jenen Musikformen, die sich immer mehr von der Polyphonie abwendet. Um ihren Text verständlich werden zu lassen, darf ihn nur eine einzige Stimme bringen oder alle gemeinsam: Wir befinden uns auf dem Weg zur Homophonie, zur Einstimmigkeit mit harmonischer Begleitung; und das ein halbes Jahrhundert vor der Zeit, in der es zum großen Stilwandel kommen wird! Jannequin war ein Vorläufer, ein Prophet: daher auch die geringe Beachtung, die ihm zuteil wurde. Er blieb ein Einzelgänger; wie bei Gesualdo fragen wir uns auch bei ihm, wie er zu einer so absolut persönlichen Schreibweise gelangen konnte, während rings um ihn ganz andere Ausdrucksformen in hoher Blüte standen. In unserem Gang durch die Jahrhunderte wird es immer wieder solche rätselhaften Gestalten geben, bei denen verstandesmäßige Erklärungen versagen. Ihre Zeit kommt – oder sie kommt nicht. Ein Ehrenplatz erwartet sie in späterer Zeit oder das völlige Vergessensein. Jannequin war ein Tonmaler, als es diesen Begriff nur sehr vage gab und er nur im Italienischen gelegentlich zu finden war. Jannequin entwickelte voll Genuß die Möglichkeit, alles nur Erdenkbare musikalisch zu „schildern". Er ist ein augenzwinkernder Beobachter, ein realistischer Programm-Musiker des 16. Jahrhunderts, einer Epoche also, der solche Art musikalischen Erzählens, ernst oder heiter, witzig und parodistisch oft, sonst recht fremd war. Er ahmt den Vogelgesang nach, der wohl das nächstliegende musikalische Motiv bildet: Wir werden es ungezählte Male in der Musikgeschichte wiederfinden, bei Vivaldi und Beethoven in stilisierter Form, wissenschaftlich mit Akribie bei Olivier Messiaen im 20. Jahrhundert, super-naturalistisch bei Respighi, der gar nicht mehr nachahmt, sondern eine Schallplatte mit dem Gesang einer echten Nachtigall verwendet. Jannequin malt mit viel Spottlust eine schwatzende Damengesellschaft, wobei er die hierfür besonders geeignete Mehrstimmigkeit urkomisch einsetzt. Er schildert eine königliche Jagd so lebendig, daß man die Reiter auf geschmückten Pferden wirklich den Waldsaum entlang galoppieren zu sehen meint. Er findet originelle Klänge für den typischen Marktlärm, der Musikerohren des öfteren angeregt (oder aufgeregt) hat: Völlig vergessen ein deutscher Komponist namens Nikolaus Zangius, der im 16. Jahrhundert ein A-cappella-Chorstück „Der Kölner Markt" schrieb. Am naturalistischsten malt Jannequins Schlachten und schafft mit rein vokalen Mitteln äußerst originelle Klangbilder. Da gibt es eine „Belagerung von Metz" *(„Le siège de Metz")*, eine „Einnahme von Boulogne" *(„La prise de Boulogne")* und die vielleicht berühmteste, „Schlacht" oder „Krieg" (*„Bataille"* oder *„Guerre"*) genannte, erst später „Schlacht bei Marignano" betitelte und drastisch dargestellte Schilderung des schicksalsschweren Zusammenstoßes des französischen Königs Franz I. mit den Schweizer Söldnern des Herzogs von Mailand im Jahr 1515 beim oberitalienischen Marignano, das heute Melegnano heißt. An deren Ende brechen die geschlagenen Schweizer in den Klageruf aus: „Toute frelore, bigott!" Mit einiger Phantasie und Kenntnissen des Schweizerdeutschen läßt der Ausruf sich entschlüsseln: „Alles verloren, bei Gott!"

Die Zeit der großen Blüte: Die Hochrenaissance

Man mag von der Idee, die geistige Entwicklung des Abendlandes – und damit auch die der Musik – ließe sich in große Perioden von je dreihundert Jahren einteilen, etwas halten oder nicht: Gewisse Tatsachen scheinen für sie zu sprechen. Dreihundert Jahre, zehn Generationen, vielleicht ist dies ein dem Menschen nicht leicht erkennbares Maß für die Umbildung seiner Lebensgrundlagen, seiner Denkungsweisen. Wir nähern uns mit unseren Betrachtungen dem Jahr 1600. Es bringt – hier etwas früher, dort etwas später – das Ende der Renaissance, den Beginn einer neuen Epoche, die wir als „Barock" bezeichnen werden. In der Musik tritt ein gänzlich neues Hörgefühl ins Leben: ein „vertikales" Hören statt des bisherigen „horizontalen", ein Simultanhören verschiedener Klänge, das ein Gefühl der „Harmonie" auslöst. Das führt ganz von selbst zu einer Neubewertung der Begriffe „Konsonanz" und „Dissonanz", also des, vereinfacht ausgedrückt, „guten" und „schlechten" Zusammenklangs verschiedener Töne, der „beruhigenden" und „erregenden" Wirkungen, die davon ausgehen, welche „Intervalle", Tonabstände, man innerhalb der möglichen „Akkorde" kombiniert. Wer Sehen und Hören des Menschen als unumstößliche, unveränderliche Tatsachen im menschlichen Leben hinstellt, irrt bestimmt. Dies sind veränderliche Begriffe. Licht ist wohl Licht und Klang ist Klang, daran ist nicht zu rütteln. Aber die menschlichen Reaktionen auf Licht und Klang können sich im Lauf der Zeit ändern, verschieben. Als um das Jahr 1000 der abendländische Mensch begann, zur Melodie eines CANTUS FIRMUS, einer einstimmigen Weise, eine „Gegenstimme", einen Kontrapunkt, wahrzunehmen, entstand etwas Neues, an das er sich gewöhnen mußte. Die Polyphonie, die so entstand, brauchte Generationen, um Allgemeingut zu werden. Um 1300 erwacht das erste Kulturbedürfnis der Städte mit neuen Formen und Instrumenten, die Gesellschaftsmusik blühte auf. Und nun, um 1600, tritt die Musik in eine neue Dimension. Wieder braucht es Generationen, bis das neue vertikale Hören das vorhergehende waagrechte Hören verändert haben wird. Es muß und wird kein völliger „Ersatz" sein, geradesowenig wie beim vorhergehenden Umbruch das Neue einfach an die Stelle des Alten trat: Während an manchen Stellen „mehrstimmige" Gesänge ertönen, leben das Volkslied ebenso wie der Gregorianische Gesang unverändert einstimmig fort. Sie schließen einander keineswegs aus. Die Welt der Musik ist reicher geworden, das ist alles. Und um 1600 wird sie abermals reicher. Die Polyphonie, der Kontrapunkt werden nicht etwa ungültig oder unmöglich: Immer wieder wird es Komponisten geben, die diesen Stil bei bestimmten Werken bevorzugen, während andere (oder die gleichen bei anderen Werken) anders empfinden und darum in Harmonien schreiben. Bei Johann Sebastian Bach etwa wird dies sehr deutlich werden: Er kann nicht nur beides, er fühlt beides, jedes zu seiner Zeit und für einen bestimmten Zweck.

Giovanni Pierluigi da Palestrina

Die Hochrenaissance bedeutet unseren Abschied von der Polyphonie. Bau- und Malstile werden noch den Begriff der „Spätrenaissance" anfügen, in der sich die plastischen Künste fast unmerklich ins Barock wandeln werden. Auch in der Musik stehen nun einige letzte, höchste Gipfel vor uns, geniale Renaissancekünstler, die ebensogut der (musikalisch kaum klar definierbaren) Spätrenaissance zugerechnet werden können wie dem Frühbarock. Ein Italiener, ein Flame, ein Spanier. Das Geburtsdatum Giovanni Pierluigis steht trotz eifrigster Bemühungen nicht fest. Daß er aus dem romnahen Städtchen Palestrina stammt, ist höchst wahrscheinlich, denn man nannte ihn zu Lebzeiten „da Palestrina". 1537 wird in der römischen Kirche Santa Maria Maggiore ein Sängerknabe Giovanni da Palestrina geführt – ist es der spätere Meister? Dann könnte er um

Linke Seite: Papst Pius IV. segnet Giovanni Pierluigi Palestrina, der ihm die „Missa Papae Marcelli" überreicht hat, sein Meisterwerk, das er zum Gedenken seines verstorbenen Gönners, des Papstes Marcellus, schrieb. Rechts: Zeitgenössische Darstellung des Trientiner Konzils der katholischen Kirche. Es tagte 17 Jahre lang; auf seiner Traktandenliste stand die Frage der Musik in der Liturgie. Eine Gruppe von Kardinälen wollte zur Alleinherrschaft des Gregorianischen Gesangs zurückkehren, wodurch die Unverrückbarkeit der Glaubenssätze durch alle Zeiten symbolisiert werden sollte. Andere verteidigten den Gebrauch neuerer, polyphoner Werke, deren Großartigkeit nichts zu wünschen übrig ließ und so als würdiger Gottesdienst angesehen werden konnte.

1525 geboren sein. Ältere Angaben schwankten zwischen 1514 und 1519; heute nehmen wir an, er sei zwischen dem Februar 1525 und spätestens Januar 1526 auf die Welt gekommen. Er war, wie es heißt, noch nicht zwanzig Jahre alt, als man ihn zum Organisten der Hauptkirche von Palestrina machte. Papst Julius III. berief den jungen Musiker zu sich. Palestrina widmete ihm sein erstes größeres Werk. Der folgende Papst, Marcellus II., zeigte sich ungewöhnlich kunstverständig, führte mit Michelangelo Fachgespräche, diskutierte mit Homer-Übersetzern und war besonders der Musik sehr zugetan. Glänzende Zeiten schienen für Palestrina anzubrechen, aber der Papst starb nach nur dreiwöchiger Amtszeit. Sein Nachfolger aber, Paul IV., rückschrittlich in vieler Beziehung, erneuerte ein längst vergessenes Dekret, nach dem im Dienst des Vatikans keine verheirateten Männer tätig sein durften. Palestrina, der seit 1547 in glücklicher Ehe lebte, wurde entlassen. Der Posten eines Organisten in der Kirche San Giovanni di Laterano und später in Santa Maria Maggiore war nur ein unzulänglicher Ersatz für den herben Verlust. Auch weltliche Tätigkeiten, wie das Kapellmeisteramt im Palast des Kardinals Hippolyto d'Este, entschädigten den Musiker nicht. Einem Ruf Kaiser Maximilians II. von Österreich folgte er nicht, angeblich wegen des zu niedrigen finanziellen Angebots. 1545 begann in Trient ein Konzil der Kirche, auf dessen Agenda wichtige Fragen des Glaubens standen, nicht zuletzt auch musikalische. Es dauerte bis 1562, bis endlich die umstrittene Frage der Musik im Gottesdienst auf die Tagesordnung kam. Eine Gruppe von Kardinälen scheint rundweg ein Verbot der polyphonen Musik und die Rückkehr zur Alleinherrschaft des Gregorianischen Gesangs gefordert zu haben. Die Gründe, die sie für ein so radikales Vorgehen ins Treffen führten, waren unleugbare Mißstände, die sich eingeschlichen hatten. Die Verwendung profaner Melodien in der Messe, oft genug sogar solcher, die im Volk mit ganz anderen, oft obszönen Texten gesungen wurden, die durch komplizierte Polyphonie hervorgerufene Unklarheit der Texte und anderes. Doch die Forderung der Kardinäle drang nicht durch, und als die Frage einige Zeit später weiterverfolgt werden sollte, hatten die Gemüter sich auffallend beruhigt. Die Geschichte läßt uns hier im Stich, aber sie wurde durch eine Legende ersetzt, die seit langem aus dem Leben Palestrinas nicht mehr fortzudenken ist (und die Hans Pfitzner 1917 zur wertvollen Oper „Palestrina" gestaltet hat): Es heißt, daß eine andere Gruppe von Kardinälen sich angesichts der tödlichen Gefahr, die der polyphonen Kirchenmusik drohte, an Palestrina gewendet habe, er möge durch ein Meisterwerk in diesem Stil beweisen, daß die Mehrstimmigkeit sehr wohl imstande sei, kirchenwürdige, tiefgläubige Werke hervorzubringen. Und die Legende erzählt, Palestrina sei von Engeln und den Meistern der Hochpolyphonie, die von seiner verstorbenen Gattin geführt wurden, des Nachts besucht worden. Sie hätten ihm ein wunderbares Werk vorgesungen, das er nur noch mit fliegender Feder mitzuschreiben brauchte. Diese Messe gibt es. Ihre Entstehung mag weniger mystisch und romantisch vor sich gegangen sein als die Legende es will, aber die „Missa Papae Marcelli" – Palestrinas verstorbenem Gönner zugeeignet – überzeugte Freund und Feind; sie gilt bis heute als eines der schönsten Dokumente der Hochpolyphonie, der Klangwelt der Hochrenaissance. Sie dürfte um 1560 entstanden sein, und als weltlichen Würdenträger nennt sie Spaniens König Philipp II. Nach fünfzehn Jahren soll Papst Pius V. Palestrina in den Dienst des Vatikans zurückgerufen haben. Nach einer anderen Lesart aber zog er sich gegen Ende seines Lebens in den Dienst des Doms seiner Heimatstadt Palestrina zurück. Er starb am 2. Februar 1594 in Rom.

Dies war ein Schicksalsjahr für die Musik. Es mag für Rationalisten Zufall sein, Resultat vielfacher körperlicher und seelischer Zustände, wenn der Tod einen Menschen abberuft. Aber die Tatsache, daß die beiden größten Hochpolyphoniker, Palestrina und Orlando di Lasso, im gleichen Jahr 1594 sterben, in dem der bald siegreiche neue Stil der Monodie, der harmoniebegleiteten Melodie, seinen sichtbaren Einzug mit der ersten Oper der Geschichte hält, hat Symbolcharakter.

Orlando di Lasso, einer der berühmtesten, erfolgreichsten, weitestgereisten und vielseitigsten Komponisten aller Zeiten, jahrzehntelanger Leiter der Münchner Hofkapelle, von Maximilian II. geadelt.

Ein Spanier in Rom

Bevor wir Orlando di Lassos überreiches, faszinierendes Leben an uns vorbeiziehen lassen, seien noch einige nachtragende Worte über den Spanier Tomás Luís de Victoria gesagt, von dem im Abschnitt über die musikalische Blütezeit Spaniens berichtet wurde (S. 99). Er gehört, nicht nur wegen seiner Zugehörigkeit zum Palestrinakreis in Rom und wegen seiner Freundschaft mit dessen Söhnen, in diesen Umkreis. Viele geistige Fäden verknüpfen die beiden Meister und ihre Wirkungskreise, die zeitweise geographisch so weit voneinander getrennt erscheinen. In Rom knüpfte er auch manche Beziehung zu jungen Musikern aus dem Norden an, so zum Flamen Jacobus de Kerle, der im Musikdisput des Konzils von Trient eine wichtige Rolle als Verteidiger der Polyphonie spielen sollte (und nach Meinung einiger Forscher statt Palestrina deren wahrer „Retter" gewesen sein könnte). Ein frühes Werk mit dem spanischen Originaltitel „Primicias de mi ingenio" (Erste Früchte meiner Phantasie) widmete Victoria „als Dank für große Wohltaten", wie die Zueignung lautet, dem deutschen Kirchenfürsten Truchseß von Waldburg, der neben dem spanischen Herrscher Protektor des *Collegium Germanicum* war. Die Frühreife Victorias (der in Italien bald begann, sich Vitoria oder Vittoria zu schreiben) wird in einer Motettensammlung aus dem Jahr 1572 dokumentiert, die von dem wenig mehr als zwanzigjährigen Musiker stammt und die schon zwei seiner berühmtesten Stücke enthält: „O vos omnes" und „Vere languores".

Erst nach seinem Tod erkannte man den Reichtum seiner Werke: 20 Messen, 44 Motetten, 34 Hymnen und viele andere liturgische Kompositionen. Sie alle atmen tiefsten, ja mystischen Glauben von solcher Reinheit, wie er nur Auserwählten zuteil wurde. Victoria nannte die Musik „einen Teil der Ewigkeit" und „unabhängig von der Existenz des Menschen". Doch habe der Mensch die Verpflichtung, ein ihm verliehenes musikalisches Talent zu pflegen und der Menschheit dienstbar zu machen. Hier reichen vielleicht die größten Schöpfer sakraler Musik – Leoninus, Guillaume de Machault, Victoria, Palestrina, Bach, Bruckner – einander über Jahrhunderte die Hände.

Orlando di Lasso

Mit einem „Fürsten der Musik" wollen wir die Renaissance beschließen: mit Orlando di Lasso. Dies ist die gebräuchlichste Form seines Namens, er kommt aber auch als Rolandus Lassus, Orlando Lassus und in anderen Formen vor. Die Zeitgenossen hielten ihn für den vielseitigsten, umfassendsten, ja genialsten Musiker der Epoche. Sein Ruhm war im ganzen Abendland unbestritten. Doch sein Geburtsdatum und nahezu alles Wichtige aus seiner Jugend liegt im Dunkel. Alle Möglichkeiten zwischen 1520 und 1532 wurden für seinen Eintritt in die Welt angenommen. Heute nimmt man eher das letztgenannte Datum an. Als Geburtsort gilt Mons im Hennegau, im heutigen Belgien. Der durchreisende Vizekönig von Sizilien, Fernando Gonzaga – aus dem Herzogsgeschlecht von Mantua, das zum Förderer Monteverdis wurde – soll den Halbwüchsigen seiner schönen Stimme wegen mitgenommen und mit ihm Frankreich und Oberitalien bereist haben, bevor er eine Zeitlang in Sizilien blieb. 1553 ist er Kirchenkapellmeister in Rom. Er fährt nach England, hält sich in Antwerpen auf und folgt dem Ruf Herzog Albrechts V. nach München, das sich immer entschiedener zum Mittelpunkt seines Lebens wandeln wird. Die ihm dort unterstellte Hofkapelle macht er zu einem der besten Klangkörper der damaligen Welt. Hier erlebt er eine Glanzzeit, von der manches Gemälde des Meisters inmitten seiner Musiker zeugt. Er korrespondiert mit Künstlern, Staatsleuten, Gelehrten in vielen Ländern und benützt dazu in nahezu gleicher Vollendung die lateinische, französische, deutsche, italienische, englische und flämische Sprache. Seine Stellung ist so hoch angesehen, daß er ein Edelfräulein heiraten kann. Seine schöpferische Phantasie muß ununterbrochen gearbeitet haben, denn sein Gesamtwerk umfaßt die ungeheure Menge von annähernd zweitausend Kompositionen. Orlando schreibt Geistliches wie Weltliches, beherrscht den polyphonen Stil so meisterlich wie er zum glanzvollen Bahnbrecher der neuen Monodie wird, die sich eben ankündigt. Er hat Sinn für Lyrik, Dramatik, Epik, Humor, ist gleich beschlagen in der Instrumental- wie in der Vokalmusik. Seine religiösen Kompositionen dienten schon damals den katholischen wie den evangelischen Bekenntnissen. Es gibt an die 1200 Motetten aus seiner Feder, ferner Madrigale, Messen, Passionsmusiken, deutsche und französische Lieder. Gegen 1580 war der Gipfelpunkt in Lassos ruhmreichem Leben erreicht. Von den hohen Widmungsträgern, denen er seine gedruckten Werke zuschickt, ist der weite Kreis seiner Beziehungen abzulesen. Aber während seine Musik im ganzen Abendland erklingt, entschwindet er selbst allmählich aus allen Berichten und Chroniken. 1585 unternimmt er noch eine Wallfahrt nach Loreto. In Verona und Ferrara hat er vermutlich frühe monodische Kompositionen gehört, die ihn lebhaft interessiert haben müssen, da er um diese Zeit bereits mit Vertretern des neuen Stils in Deutschland zusammengekommen war, vor allem mit durchreisenden italienischen Musikern. Kam er 1593 noch auf dem Regensburger Reichstag mit dem alten Philipp de Monte zusammen? In München mit Viadana, einem der Herolde der „neuen", der „harmonischen" Musik? Bis vor kurzem enthielten die Berichte über Orlando di Lasso zuletzt nur ganz wenig. Man munkelte von seiner „Weltabkehr", von einem Verfall seiner geistigen Kräfte, seinem Hang zur Mystik, der sich in weiten Wallfahrten ausgedrückt haben soll, von unheilbarer Schwermut. Neuere Untersuchungen scheinen zwar einen Schlaganfall mit körperlichen wie geistigen Folgen zu bestätigen, meinen aber, Orlando di Lasso habe sein Alter noch zu genießen verstanden. Im Lauf seines triumphalen Lebens hatte er materielle Güter in bemerkenswerter Zahl anzuhäufen verstanden. Er besaß Sommerhäuser rund um München sowie in der Stadt selbst zwei bequeme Residenzen an dem heutigen „Platzl". Im Jahr 1593 äußert er sich in einer Widmung abfällig über die allzu große Produktivität der jungen Musiker, die „beschnitten werden müßte wie ein Weinstock". Bezieht sich das auf die zahllosen Madrigale und Motetten der nächsten, der Monteverdi-Generation? Er hat mit der Welt abgeschlossen, denn er nennt diese seine Motetten sehr bewußt „die letzten". Er starb am 14. Juni 1594 in München, in einer Zeit, in der die ersten Opernexperimente in Florenz stattfanden.

Teil des Titelbildes von Orlando di Lassos „Patrocinium musices". Einige Instrumente sind deutlich erkennbar: Gambe (Kniegeige), Laute, Zinken (Holzblasinstrumente, manchmal lederüberzogen, flötenähnlich), Posaunen. Mehrere Sänger sind zu sehen, darunter zwei Chorknaben. Rechts vorne, am einmanualigen, tragbaren Clavicord der Kapellmeister.

Die Epoche des Barock

Wenige Jahrhunderte zuvor hatte man einen neuen Stil als „gotisch" bezeichnet, und allmählich war aus dem ursprünglichen Schmähwort ein Ehrentitel geworden. Nun wird sich beim Begriff „Barock" etwas Ähnliches ereignen. Wenn wir dem Wort ein wenig nachgehen, gelangen wir zu merkwürdigen, sicherlich überraschenden Entdeckungen. Im Lateinischen bezeichnete VERRUCA, aus dem das italienische *barrocco* wie das deutsche „Barock" abgeleitet sind, etwas „Abnormales", Absonderliches, sei es körperlicher Art wie etwa ein Höcker, ein entstellender Buckel, ein monströser Auswuchs, oder geistiger Art wie Verrücktheit, Verstiegenheit, Krankhaftigkeit – auf jeden Fall etwas Negatives. Im 16. Jahrhundert finden wir auf der Iberischen Halbinsel im Spanischen das Wort *barrueco*, im Portugiesischen das Wort *berrueco*; in beiden Sprachen wird damit eine unregelmäßige, also minderwertige Perle bezeichnet. Dieser von den Indienfahrern gebrauchte Begriff wurde in den allgemeinen Sprachgebrauch übernommen und nahm die Bedeutung von „wertlos", „wenig wertvoll", „unregelmäßig", auch „eckig" oder sogar „störend unharmonisch" an. Auch moderne Lexika übersetzen diese Worte immer noch als „Bruchperle", unregelmäßig geformte Perle. In genau dieser Bedeutung steht auch das ins Französische übernommene Wort *barroque* 1694 im maßgebenden „Dictionnaire de l'Académie Française".
In seiner berühmten Streitschrift zur prinzipiellen Frage einer französischen Oper („Lettres sur la musique française") nennt Jean Jacques Rousseau die italienische Oper „barock", was nichts mit dem heutigen Begriff zu tun hat, sondern was im Sinn von „ungewöhnlich", „seltsam" gemeint war. Im Jahr 1757, ein Jahr nach Mozarts Geburt, als das, was wir heute als Barockepoche bezeichnen, bereits vorbei und ins Rokoko, die musikalische „Klassik", übergegangen war, ist im französischen Wörterbuch von A. J. Pernety („Dictionnaire portatif de peinture, sculpture et gravure") sinngemäß zu lesen: „Barock heißt nicht den Regeln der Vernunft, der Proportionen folgen, sondern der Willkür." Und weiter: „... was dem barocken Geschmack folgt, widerspricht dem guten Geschmack ..."
Im 19. Jahrhundert beginnt dann die Umkehrung der Bewertung dieses Stiles. Es waren wohl vor allem deutsche Betrachter, die das Wort „Barock" aus seinem Aschenbrödeldasein erlösten. Man entdeckte, daß „alle großen geistigen Wandlungen von großen Stiländerungen begleitet sein müssen", wie Hermann Leicht es in seiner „Kunstgeschichte der Welt" ausdrückt, die allerdings aus dem vorgerückten 19. Jahrhundert entstammt. Jacob Burckhardt, einer der tiefsten Kenner der Renaissance, sieht 1855 im Barock noch eine „Dekadenz der Renaissance" und sagt, die barocke Architektur spreche zwar noch „die Sprache der Renaissancekunst", aber in einem „wilden Dialekt". Doch zwanzig Jahre später ist er offen genug, um einzugestehen, daß er seine Meinung revidiert habe und nun von Tag zu Tag größere Achtung vor dem Barock empfinde. Im Jahr 1888 unterscheidet Heinrich Wölfflin in seinem Werk „Renaissance und Barock" sehr klar zwischen diesen beiden Kunstrichtungen, was einer endgültigen Anerkennung des Barock gleichkommt.
Das 20. Jahrhundert wird als die Epoche der „Wiederentdeckung des Barock" in die Geschichte eingehen. Gerade auf musikalischem Gebiet sind die Ergebnisse dieses Gesinnungswandels, der auch einer des Gefühls sein muß, verblüffend. Die bei Burckhardt und Wölfflein aufgetauchten Erkenntnisse führten im 20. Jahrhundert zu einer intensiven Beschäftigung mit dem Barock in allen seinen Erscheinungsformen. Um dem heutigen Leser, der sicherlich mit viel Barockmusik vertraut ist, auch eine theoretische Grundlage dieses Begriffs zu geben, seien hier die Meinungen zweier Fachleute zur Diskussion gestellt, die sich auf verschiedene Aspekte dieses Begriffs beziehen.
Karl Scheffler, ein Mann der bildenden Künste („Verwandlungen des Barock"), schreibt: „Der barocken Form ist ein Hang zum Affekt eigen. Zumeist kündigt sie die letzte Periode eines langen Stilablaufs an, sie ist eine Alterserscheinung ... Allgemein läßt sich sagen, daß alle barocke Form mit einer Unruhe des Gemüts zusammenhängt, die vom Sachlichen und Dinghaften abschweift. Eine solche Unruhe ist immer dort, wo Völker und Individuen dunkel fühlen, daß sie nicht mehr allzuviel Zeit vor sich haben ... Im Barock vereinigen sich heftige Gegensätze: Ein Weltschmerz, wie er angesichts des nahenden Alters einer Kultur in jedem Zeitgenossen nagt, steht hart neben einem Genußwillen, der Produkt einer Resignation ist. Beides, Weltschmerz und Genußwille, sollen in der Kunst gewaltsam abreagiert werden ... Das Barocke neigt, was das Klassische nie tut, dem Wollüstigen zu, sei es im Erotischen, im Spirituellen oder in beidem zugleich. Damit hängt eine Neigung zum Rauschhaften zusammen. Alle Insuffizienz berauscht sich gern. Und hieraus ergibt sich sodann, daß der Barock gern in Szene setzt und alles auf eine Schaubühne hebt. Von dort herab prahlt dann die Form: einmal mit dem Kolossalen, ein andermal mit dem Zierlichen. Barockzeiten lieben das Festliche und waren darum stets dem Theater günstig ... Die Oper ist ein Gebilde barocker Kunstgesinnung und Formvermischung ..."

Als zweiter sei Egon Friedell zitiert, einer der geistreichsten Kulturbetrachter unseres Jahrhunderts, der in „Kulturgeschichte der Neuzeit" so formuliert: „Das Wesen des Barocks ist, kurz gesagt, die Alleinherrschaft des rechnenden, analysierenden, organisierenden Verstandes, der das aber nicht wahrhaben will und sich daher in tausend abenteuerliche Masken und künstliche Verkleidungen flüchtet: Die klare, sichtende, überschauende Intelligenz, die sich, des trockenen Tones satt, einen wilden Formen- und Farbenrausch antrinkt; Rationalismus, der sich als bunteste, vielfältigste Sinnlichkeit kostümiert..."

Dem heutigen Kunstliebhaber steht der Barock besonders nahe, „barocke Städte" (wie Prag, Salzburg, Wien, München, Würzburg, um nur ein paar aus der Fülle herauszugreifen) sind überaus beliebte Reiseziele, woraus sich zumindest schließen läßt, Barock sei eine überaus sinnenfällige, leicht erfaßbare Epoche gewesen, die sich auch dem kunstungebildeten Durchschnittsmenschen des 20. Jahrhunderts relativ einfach erschlösse. Wer tiefer blickt, erkennt, wie falsch eine solche Annahme ist. Die Vorliebe des 20. Jahrhunderts für das 17. ist eine Tatsache, deren Beweggründe zu untersuchen sehr interessant ist. Dabei handelt es sich um keine „historische" Vorliebe, also keine Bewunderung auf Distanz, zu der besonders tiefes Verständnis nötig wäre. Viele heutige Menschen empfinden eine Barockkirche, eine Barockmusik als so lebendig, als wären sie in unserer Zeit geschaffen worden. Nur ein klein wenig Neid mischt sich in diese Freude und Bewunderung, als handle es sich bei dieser Kunst um etwas, das wir gerne selbst produzierten, woran uns aber die Lebensumstände der „modernen" Zeit hinderten, ein an sich absurder Gedanke, der aber weit verbreitet erscheint.

Von allen Kunstbetrachtungen hat die der Musik wahrscheinlich als letzte das Wort „Barock" zu verwenden begonnen. Hans-Joachim Moser verwendet 1922 bereits nicht nur das Wort „Barock", sondern teilt es sogar schon in Früh- und Hochbarock, während Guido Adler, jahrzehntelang Ordinarius in Wien, es noch 1924 in seinem „Handbuch der Musikgeschichte" ignoriert, obwohl Curt Sachs, lange Zeit wenig beachtet, bereits eine Stilepoche so benennen wollte. Das tat Robert Haas in Ernst Bückens „Handbuch der Musikwissenschaften", als er 1928 dem von ihm verfaßten Band dieses Werkes den Titel „Musik des Barocks" gab. Doch obwohl zu jener Zeit die Musik als Kunst wie als Wissenschaft bereits in das Zeitalter der engen internationalen Verbindungen und Verknüpfungen getreten war, dauerte es nochmals Jahrzehnte, bis auch die anderen Sprachen des Abendlandes den Begriff „Barock" aufnahmen und verwendeten.

Der Generalbass

Ohne sie „barock" zu nennen, wußten die Meister der Klassik, das heißt jene der zweiten Hälfte des 18. Jahrhunderts, einiges von ihren Vorläufern. Wollten sie ihr musikalisches Können „disziplinieren", so griffen sie zu Kanons und Fugen. Auch Mozart übte sich darin, ja er verwendete den „strengen Stil" gelegentlich in einer Komposition, so in der „Feuer- und Wasserprobe" der „Zauberflöte". Und zu ihrer musikalischen Ausbildung benötigten Haydn und seine Gefährten aus der Zeit der Klassik noch jene Technik, die man im deutschsprachigen Raum als „Generalbaß" bezeichnete. Auch der Begriff „Bezifferter Baß" war gebräuchlich, die Italiener sprachen vom *basso continuo* oder nur *continuo*.

Paläste und Gärten hallten im Wien der Barock- und Rokokozeit von Musik wider. Der Stich zeigt einen Saal im Schloß Belvedere, dahinter die Stadt mit Stephanskirche (Mitte) und der Karlskirche (links).

Als Lehrstoff findet sich der Generalbaß auch noch in den Konservatorien des 19. Jahrhunderts. Erst gegen Ende des 20. Jahrhunderts schaffen ihn manche Lehranstalten ab, obwohl seine mathematische Folgerichtigkeit ihn immer noch nützlich für jeden Musiker macht, wenn auch nicht mehr so sehr als Kompositionsmittel, denn als Schärfung des musikalischen Vorstellungsvermögens.
Unter „Generalbaß" versteht man eine Art musikalischer Kurzschrift. Eine Ziffer, die unter oder über eine Baßnote gesetzt wird, also zu einer Note der Melodielinie des Basses gehört, gibt die Harmonie an, die über dieser Note errichtet werden soll. Der Cembalo- und Orgelspieler versteht beim Anblick solcher Ziffern sofort, welcher Akkord an dieser Stelle zu erklingen hat. Ziffern in Klang umzusetzen, war die Lehre des „Generalbasses". Dies ist eine selbstverständliche Folge der vertikalen Verschmelzung der Töne zu einem Mehrklang, einem Akkord. Und, wir erwähnten es mehrmals im Verlauf der letzten Kapitel, rund um das Jahr 1600 begann die Musik, dem neuen Prinzip der Akkorde zu huldigen, sie entwickelte Harmonien, d. h. gleichzeitige Zusammenklänge, die in ein komplettes System geordnet wurden. Diese Nummern sind im Prinzip überaus einfach zu verstehen und in Klang umzusetzen. Nehmen wir an, die Baßnote, die zur Grundlage der Harmonie werden soll, sei C. Eine zu diesem C gesetzte (arabische) 3 kann nichts anderes bedeuten als den dritten Ton, die Terz, also E. Denn in einer auf C beginnenden C-Dur-Tonleiter ist E der dritte Ton, die Terz. Stehen unter dem C zwei Ziffern übereinander: etwa $^{5}_{3}$, so muß der Spieler zum C zwei Noten greifen: das E, das wir bereits besprachen, und den 5. Ton, die Quint, die G ist. Wir haben auf diese Art, mit einem Buchstaben und zwei Ziffern, angegeben, daß hier ein kompletter C-Dur-Dreiklang zu spielen ist. Natürlich ist das nicht mehr als ein ganz primitiver Einstieg in dieses Fach der Musiktheorie, die auch die Lehre vom Generalbaß bis in die äußersten Komplikationen durchgebildet hat. Orgelspieler müssen auch heute noch „Generalbaß" studieren, viele ihrer Stücke weisen noch jene Ziffern und Zeichen auf, die im 17. Jahrhundert ihren Höhepunkt erreicht hatten. Auch die Cembalisten sollten diese Lehre beherrschen, auch wenn ihr Tätigkeitsgebiet während des 19. Jahrhunderts nahezu auf Null zusammengeschrumpft ist: Die wachsende Größe der Orchester ließ den zirpenden Klang ihres Instruments untergehen; nur noch zur Begleitung der Rezitative von Opern der Barockzeit wurden sie gebraucht. Bis beinahe über Nacht die zweite Hälfte des 20. Jahrhunderts Tausende von kleinen Orchestern, sogenannte Kammerorchester, entstehen ließ, Barockorchester von weniger als zwanzig Spielern, die vom Cembalo aus zusammengehalten werden müssen. Und damit hörte der Generalbaß auf, Museumsstück zu sein. Man entdeckte neu, daß in den toten Ziffern und Zeichen Leben stecken kann, ja daß mit ihrer Hilfe der Phantasie ein viel größerer Spielraum geboten wird als mit der normalen Notenschrift. Und gegenwärtig ist es gerade diese, die um ihre Existenz kämpfen muß, da die moderne Musik der heutigen Avantgarde versucht, mit neuer Notation eine völlig andere Art des Musizierens zu erschließen. Nichts kann so veralten, daß es nicht plötzlich wieder modern werden könnte.

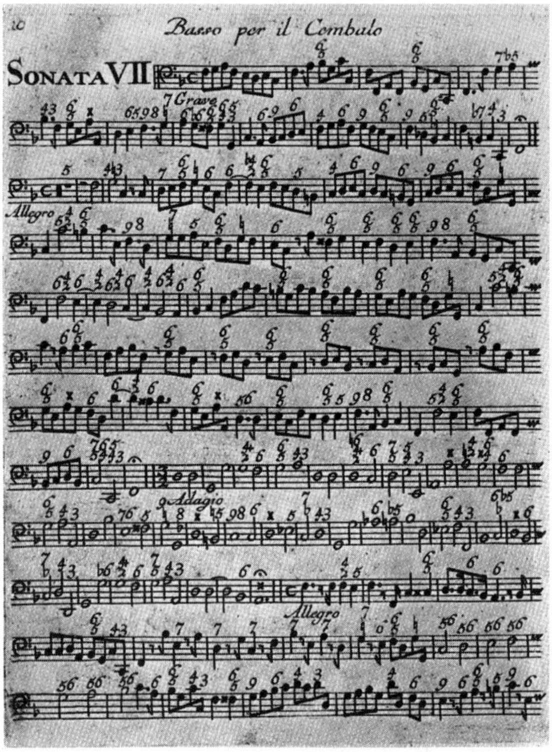

Die Generalbaßstimme (basso continuo) einer Sonate von Arcangelo Corelli. Sie wird auf dem Cembalo ausgeführt, während alle anderen Instrumente Streichinstrumente sind. Die Ziffern über den Noten geben die Akkorde (Harmonien) an, die der Cembalist zur Klangfüllung des Ensembles auszuführen hat.

Als man begann, den Begriff „Barock" auch auf die Musik auszudehnen, ersetzte man ein technisches Merkmal durch ein geistiges. Der Generalbaß war eine Art, Kompositionen zu notieren. Barock aber ist eine Geisteshaltung, eine Lebensform, also unvergleichlich mehr. Das barocke Zeitalter war, was immer seine Betrachter finden und sagen mochten, eine starke, schöpferische Periode des Abendlandes. Die Barockmusik erweist sich als selbständige Epoche mit unüberhörbaren Stilmerkmalen. Zu ihnen gehört Feierlichkeit, Festlichkeit, als betonten hier neue Klassen ihre Macht oder der Mensch seine Würde. Zu ihnen gehört ein dynamisches Element, das manchmal schon beinahe motorisch klingt, ein rastloses Vorwärtsdrängen.
Ist die Ekstase des Barocken, die so oft durchbricht, Verstellung (wie Friedell meint), ist sie Kostüm, Maske? Kann eine Epoche sich ein Jahrhundert lang verstellen? Bei Michelangelo und Monteverdi, den überragenden Stammvätern des Barock, sind die Monumentalität und das orgiastische Funkeln der Sinnlichkeit kein Willensakt, also keine Verstellung. Sie sind Lebenselement, tiefstes Wesen. Das Auge des abendländischen Menschen hat in den bildenden Künsten dieses Zeitalters eine wahre Explosion in Farbe und Form erlebt. Ihr steht ein nicht minder gewaltiger Aufbruch innerhalb der Musik zur Seite.

Differenzierung der Klangfarbe

Die Musik des abendländischen Menschen war während des ersten Jahrtausends mit nur zwei Grundelementen zu erfassen: Sie besaß Melodie und Rhythmus. Beide Elemente erfuhren allmählich eine Ausgestaltung. Die Melodie (des Gregorianischen Gesangs) wurde reichhaltiger, der Rhythmus vielseitiger, bewegter. Um das Jahr 1000 kam ein neues Element hinzu: die Mehrstimmigkeit. Nun tritt, um 1600, mit der neuen Harmonie abermals ein neues Element hinzu, die Klangfarbe. Sie ist im Grund nichts Neues. Jede menschliche Stimme, jedes Instrument, jeder Klangerzeuger hat seine ganz spezifische, charakteristische Klangfarbe. Wenn ein kleines Kind „Onkel Theodor" und die „Frau Müller" am Telefon erkennt, so beweist dies nur, daß ihre Stimmen an der Klangfarbe leicht erkennbar sind. Eine Fidula hatte schon im Mittelalter anders geklungen als ein Serpent; den Reiz der Orgel hatte es seit jeher ausgemacht, daß ein Instrument imstande war, eine Reihe von anderen klanglich nachzuahmen. Doch in der musikalischen Komposition hatte die Klangfarbe bisher keine Rolle gespielt. Ein „hohes" Instrument konnte jederzeit durch ein anderes seiner Tonlage ersetzt werden – eine Flöte durch eine Geige –, ein tiefes ebenso: ein Fagott durch ein Horn etwa. Im Barock beginnt nun langsam eine größere Differenzierung nach Klangfarben einzusetzen. Noch wird dies kaum merkbar, und erst zweihundert Jahre später wird die Klangfarbe zum echten Kompositionselement. Kein Instrument wird dann mehr ersetzbar sein, denn seine Klangfarbe gehört zur Komposition wie Melodie, Harmonie, Kontrapunkt, Rhythmus.
Die Entwicklung beginnt hier. Die satte Sinnlichkeit des großen Streicherensembles tritt erstmalig im Barock zutage. Die Klangqualität wird gesteigert, und bald danach tritt die Klangdifferenzierung deutlicher hervor. Beide sind aus den Fortschritten der Zivilisation zu erklären. Wie hatte sich der Geschmack verfeinert, seit die Einfuhr von Gewürzen und Spezereien Europas Küche neue Wege wies! Wie vielfältig, abwechslungsreich, bunt war die Kleidung geworden, seit die Lockerung der kirchlichen Bande, die erhöhte Lebensfreude der Ästhetik und Mode ungeahnte Möglichkeiten erschlossen! In diese allgemeine Entwicklung stimmen die Instrumente sich ein. Die technischen Fortschritte ermöglichen eine reinere Stimmung, das anspruchsvoller werdende Ohr verlangt immer ausdrucksvolleren Klang.

Instrumente der Barockzeit

Wir begingen einen großen Irrtum, hielten wir den Instrumentenbau um 1500 für einen eher unausgebildeten Zweig des Handwerks. Zitieren wir ein fast unbekanntes Dekret der gräflichen Obrigkeit von Sevilla aus dem Jahr 1502. Hier wird bei der Ablegung der obligatorischen Meisterprüfung die Vorlage einer kleinen Orgel, eines Cembalos, einer Laute und einer Gitarre verlangt. Ist hier, im siebenhundert Jahre lang von den Arabern regierten Andalusien, deren überlegene Musikausübung spürbar? Doch bald regt sich auch anderswo, vor allem im mächtig aufstrebenden Italien, der Wunsch nach verbesserten Instrumenten. Der derbe, nur unrein zu stimmende Klang der früheren paßte schlecht zu den verfeinerten Sitten der Renaissancehöfe. Instrumente ohne sinnlichen, die Erotik aufreizenden Klang hätten dem Leben der Oberschicht nicht entsprochen. Wieder einmal schafft eine Gesellschaft sich die für ihr Leben notwendigen Einrichtungen.
Aus dem Handwerk wird Kunst. Die Saiteninstrumente nehmen den größten Aufschwung. Während heute die Zupfinstrumente – die man mit den Streichinstrumenten zur Gruppe der Saiteninstrumente rechnet – im sinfonischen Orchester nahezu keine Rolle mehr spielen können, da sie in den großen Konzertsälen und Opernhäusern sowie neben 80 oder 100 „Kollegen" anderer Gruppen klanglich zu zart sind, besaßen sie in der Barockzeit neben ihrer solistischen Tätigkeit auch als Mitglieder von Ensembles große Bedeutung.
Es gab vielerlei Lauten, die man gerade als Lieblingsinstrumente der Renaissance bezeichnen kann. Ohne sie war ein Salon des 15. Jahrhunderts kaum denkbar. Die Laute begleitete gesungene Madrigale, wirkte aber auch in der damaligen Kammermusik führend mit. Es gab sie in verschiedenen Größen und Tonlagen: als Diskant- oder Sopranlaute, Altlaute, Tenor- und Baßlaute. Zu ihrer Notation verwendete man nicht die übliche Notenschrift, die sonst für alle Instrumente – außer gelegentlich den Orgeln – gebraucht wurde, sondern sogenannte „Lauten-Tabulaturen", die nicht Tonhöhen, sondern Griffe verzeichneten. Von der äußeren Ausstattung der Lauten soll hier nicht viel gesagt sein: Viele Lautenspieler trachteten danach, ihr Instrument so

Vignette aus einer Lautentabulatur von P. Phalèse (1547). Um die Laute im Mittelpunkt gruppieren sich eine Gambenart, eine Harfe, Quer- und Blockflöten, ein hornartiges Instrument und andere.

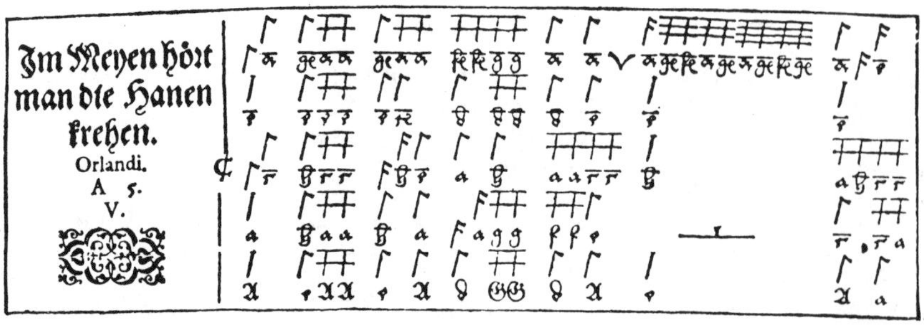

Orgeltabulatur aus dem 16. Jahrhundert. Ein fünfstimmiges Lied von Orlando di Lasso wird hier melodisch mit Tonbuchstaben, rhythmisch mit Zeichen für jede Stimme geschrieben und diese beiden übereinander gesetzt. So ergibt sich schon eine Art Partiturform.

reich wie möglich zu verzieren; elfenbeinerne Einlegearbeiten kamen in verschiedensten Formen und Symbolen vor, Verzierungen, auch Malereien wurden angebracht. Und das Lautenband (das noch Schubert dreihundert Jahre später besingt) gehörte, in hunderterlei Ausführung – zumeist bestickt –, unbedingt zum Instrument.

Gemeinsam war allen Lauten der runde Rücken, der die Italiener veranlaßte, manchmal von *testuggino* oder *tartaruga* (Schildkröte) zu sprechen, sowie der geknickte, fast im rechten Winkel scharf nach hinten gebogene Wirbelkasten. Die größten, also auch klangtiefsten Lauten, die Baßlauten, hießen THEORBEN und CHITARRONE. Die ersteren wurden auch „Paduanische Theorben" genannt, die zweiten „Römische Theorben"; es waren große Instrumente, äußerst prächtig ausgestaltet, mit zwei parallel verlaufenden, aber verschieden langen Hälsen. Unter ihren zumeist sechs Griffsaiten verlief eine große Anzahl Bordun-Saiten, die ohne berührt zu werden mitschwangen und so den Klang bereicherten. Die Theorbe (italienisch *tiorba*) hat den größeren Körper, aber den kürzeren (Doppel-)Hals, die Chitarrone umgekehrt den kleineren Körper, aber sehr langen Hals. Als Lautenart muß die MANDOLA (in Spanien *mandora* durch die in Andalusien gebräuchliche Wandlung des l in r) angesehen werden, die einen großen Körper hat, einen leichtgeschwungenen Hals und ungefähr ein Dutzend Saiten. Eine Lautenart ist ebenso die COLASCIONE, die Nachfolgerin einer wahrscheinlich direkt aus dem Orient in das Renaissance-Italien gebrachten Langhals-Laute namens TANBUR, mit nur wenigen Saiten und kleinem Körper.

Die GITARRE, heute weltweit gespieltes Volksinstrument, in ihren recht verschiedenen Verwendungsbereichen der „klassischen", der „folkloristischen", der „spanischen", der „Pop-" und „Rockgitarre", war im Barock ein wichtiges Element der Kunstmusik. Ihr Name stammt, wie schon ausgeführt, deutlich von der griechischen *kithara* her. Auf ihrer ersten abendländischen Station, in Spanien, nannte man sie lange Zeit *vihuela*, was allerdings ein Sammelname für verschiedene Saiteninstrumente gewesen zu sein scheint. Das Merkmal aller Gitarrenarten sind die beiden flachen Böden sowie das Fehlen von Bordunsaiten unter ihren zumeist sechs Spielsaiten (deren Anzahl im Lauf der Jahrhunderte mehrmals überschritten wurde und auch heute von einigen berühmten Virtuosen nicht immer eingehalten wird), die in Quarten gestimmt sind, von einer großen Terz zwischen der vierten und fünften Saite unterbrochen: E-A-D-G-H-E.

Aus „Urzeiten" des Abendlandes stammt die keltische CHROTTA, die es, wie erwähnt, bereits um das Jahr 600 gegeben haben muß, die es aber um 1800 in vereinzelten Gebieten Frankreichs (Bretagne) und Englands (Wales, Irland) immer noch gab. Sie war unter vielen Namen und Schreibweisen bekannt (*Crwth, Crewth, Crouth*), hatte anfangs nur drei, später fünf oder sechs Saiten, war der Leier ähnlich, oval und mehreckig. Etwas später finden wir im Abendland frühe Streichinstrumente, an denen uns die Namen auffallen: *giga*, woraus unser Wort GEIGE gekommen sein dürfte, und FIDEL oder FIEDEL, was schließlich über *Vielle, Viela* zu *Viola* wurde, dem Stamminstrument unserer Familie der VIOLEN. Ein Dekret des Bürgermeisters von Bologna nennt zum ersten Mal die Viola mit diesem Namen.

Doch armselig nehmen sich FIDEL und GIGE des Nordens neben den immer prächtiger werdenden VIOLEN des Südens aus. Die werden nun in verschiedensten Größen gebaut, mit unterschiedlicher Zahl der Saiten, mit und ohne jene nicht anzuspielenden, sondern nur von selbst mitschwingenden Bordunsaiten, die den Klang so eigenartig bereichern. Die VIOLA DA BRACCIO ruht im Arm *(braccio)* des Spielers, die VIOLA DA GAMBA steht, wesentlich größer, von den Beinen (*gambe*) gehalten auf dem Boden. Die Feinheit des Klangs stellt beträchtliche Anforderungen an die Erbauer.

Ganze Familien widmen sich dieser Kunst, vom Vater erbt sie der Sohn und gibt seine Erkenntnisse weiter an den Enkel. Bald gibt es ganze Geigenbauerstädte, Ortschaften, in denen die schönsten, besten, bald berühmten Instrumente gebaut werden: Cremona und Brescia in Oberitalien, aber auch Mittenwald unweit von Innsbruck. In Cremona war die Familie Amati zu Hause. Andrea Amati (um 1525–1611) hatte sein Können vielleicht bei Gasparo da Salò gelernt, in jenem Städtchen an den Ufern des Gardasees, nach dem er sich nannte und der vielleicht als der früheste der großen Geigenbauer oder *luthiers* gelten kann. Im Anfang war der Lautenbau noch wichtiger als jener der Streichinstrumente. Daher nannten sich die ersten Meister *luthiers*, von Laute abgeleitet. Doch schon in Cremona wurden die Violen in ihrer Vielfalt der Formen die gesuchtesten Instrumente, wenn auch jeder der bedeutenden Geigenbauer weiterhin Lauten, Gitarren und Harfen herstellte. Auf Andrea Amati folgten seine Söhne Antonio und Girolamo; der Enkel Nicola Amati (1596–1684) sollte der Berühmteste der Familie werden. Aus seiner Schule ging der vielleicht meistgenannte *luthier* hervor, Antonio Stradivari (1644–1737), legendärer Schöpfer von Saiteninstrumenten unschätzbaren Wertes. Zu Nicola Amatis Schülern gehörte auch Andrea Guarneri (1626–1698), der selbst zum Begründer einer Dynastie von Geigenbauern wurde. Sie gipfelte in Giuseppe Antonio, genannt Guarneri del Gesù (1698–1744).

Die hohe Kunst des Geigenbaus, die eigentlich eine Kunst des Bauens aller Saiteninstrumente war, scheint vom Gardasee aus auch in nördliche Richtungen ausgestrahlt zu haben, wo sich am Alpenrand bedeutende Zentren bildeten. Von einem ihrer frühesten Vertreter, Kaspar, der sich nach seinem Tiroler Geburtsort „Tiefenbrucker" nannte, wissen wir kaum mehr, als daß er um 1514 geboren ist und in Lyon 1571 starb. Doch war auch er bereits Sohn einer Familie, die sich mit Lautenbau beschäftigte und die, gerade wie Kaspar später, ihren Namen auf alle erdenkliche Arten schrieb: Tiefenbrugger, Tuiffenbrugger, Dieffoprughar, Duiffoprogcar usw. Besonders bedeutend für den Instrumentenbau wurden Mittenwald und Absam bei Innsbruck, von wo Jakob Steiner oder Stainer (1621–1683) stammte, der in Cremona das Handwerk gelernt haben soll. Er geriet, trotz der hohen Wertschätzung, die alle Kreise bis zum Kaiser ihm zollten, in Armut.
Ein weiterer Mittelpunkt der Geigenbauer wurde Mittenwald, wo insbesondere die Familie Klotz während mehrerer Generationen großen Ruf genoß.

Dokumente der Geigenbauerkunst. Links oben die Wappen der drei wohl berühmtesten „Luthiers": Amati, Guarneri, Stradivari. Rechts einige der kleinen Zettel, die bedeutende Geigenbauer als Echtheitszertifikat in das Innere ihrer Instrumente klebten. Links unten das Gildezeichen der Geigenmacher in Klingenthal aus dem 19. Jahrhundert, mit einem viel älteren Lautenbild in der Mitte.

Mit solchen Instrumenten reinsten Klangs müssen die Barockorchester betörend geklungen haben, auch wenn sie zum Teil noch aus Amateuren, aus *dilettanti*, bestanden. Und da ungefähr gleichzeitig auch andere Instrumente technische Vervollkommnungen erfuhren, von denen frühere Generationen kaum geträumt hatten, erwuchs ein neues Klangbild, mit dem sich der Barockmensch schnell vertraut machte. Er gewöhnte sich an den Klang von Block- und Querflöte, von Oboe und Fagott, von Horn, Trompete und Posaune so sehr, daß er begann, bestimmte Melodien mit bestimmten Instrumenten zu identifizieren. Die Klangfarbe begann zu einem Element der Komposition zu werden.

Der Stil des Barock

Die Renaissance hatte ihre stärksten Kräfte aus der Rückbesinnung, der Sehnsucht nach der besonnten Vergangenheit antiken Lebens gezogen. Dem Barock aber haftet nichts Rückschauendes mehr an. Mit der Renaissance war das abendländische Mittelalter zu Ende gegangen, „als die Päpste Humanisten wurden und der Vatikan sich in das größte Museum griechischer und römischer Altertümer verwandelte" (Hendrik van Loon). Der Barock bildet keine Gegenströmung zur Renaissance, er löst die klassizistischen Linien dieses Stils nicht auf, er verleiht ihnen einen sinnlicheren Schwung, er belädt sie mit Zierat, mit Figuren, mit Sym-

bolen, ja er überlädt sie manchmal sogar. So füllt sich auch die Barockmusik mit Schnörkeln und zahllosen Verzierungen, die so stereotyp werden, daß die Notenschrift eigene Zeichen für sie schafft (über deren genaue Ausdeutung spätere Zeiten in Streit geraten werden). Es gibt weitere Analogien zwischen Architektur und Musik, so wie dies zu allen Zeiten, oft sehr auffallend, festzustellen ist. Den Himmelfahrten und Verklärungen als Deckenausschmückung und Malerei in den Kuppeln der barocken Kirchen entsprechen zum Beispiel sehr genau die zum Himmel jauchzenden vielstimmigen Hallelujas der geistlichen Musik, die für solche Räume geschaffen sind.

Und doch werden uns nicht in erster Linie die geistigen Bauten durch die Barockmusik geleiten, obwohl deren Rolle immer noch gewaltig bleibt, sondern die Paläste. Der Mensch hatte sich zu Beginn der Gotik als ein völlig unbedeutendes Nichts empfunden, ein armseliges Wesen ohne Bedeutung in Gottes unendlicher Schöpfung. Nun aber fühlt er sich in deren Mittelpunkt gerückt, ins Zentrum des Alls. Ist er nicht Gottes Ebenbild? Hat er nicht von seinem Schöpfer Schöpferkraft geerbt? Reicht der große, gestaltende Mensch nicht an die Gottheit heran? In den Huldigungen an solche übermenschlichen Gestalten, gleich ob Michelangelo oder Ludwig XIV., schleicht sich der Begriff des „Gottmenschen" ein. Ein solcher „Gottmensch" erbaut das Schloß Versailles und hat nichts dagegen, sich „Roi soleil", den „Sonnenkönig", nennen zu lassen. Alle Fürsten seiner Zeit ahmen ihn nach, seine Kleidung, seine Gepflogenheiten, sein Schloß, seine Gärten – großzügig oder lächerlich, je nach ihrer Macht, ihrem Geschmack, ihrer Persönlichkeit. Der „heroische" Mensch – und jeder Barockherrscher oder -feldherr will es sein, auch wenn er persönlich ein Feigling ist – ist gewissermaßen immer in „Pose". Auch manches Musikwerk der Zeit, von mittelmäßigen Komponisten geschaffen, ist „in Pose". So ist es auch bei den Kunstwerken, so bei der Musik. Und so wird es gerade in der Barockmusik eine Überfülle von Komponisten und Werken geben, bei denen es genau zuzuhören gilt, um den Unterschied festzustellen.

Unten: Szene aus der frühen französischen Oper „Alceste" von Lully auf einen Text von Quinault, 1674. Die französische Oper war die zweite, die sich – nach der italienischen – als ständige Institution etablieren konnte. Lully wurde zu ihrem berühmten Gründer. Rechte Seite: Das Opernhaus am Salvatorplatz in München nach dem Umbau durch die Brüder Mauro, 1685. Kupferstich von Michael Wening.

Barock und Theater stehen einander so nahe wie es nur denkbar sein kann – auch Barock und Oper, die ja nur eine Art des Theaters ist, nämlich die kompletteste. Die Barockzeit ist insgesamt eine glanzvolle, mit verblüffenden technischen Neuerungen ausgestattete Theaterepoche. Das äußert sich nicht nur in den Theatern. Das Theater greift auch ins Leben über. Zum Theater wird das Zeremoniell der Hofhaltung, jeder Schritt, jede Verbeugung wird choreographisch ausgestaltet. Theater ist insbesondere der Tanz, bei dem nichts mehr dem Zufall, der spontanen Bewegungsfreude, der improvisierten Bewegung überlassen bleibt, sondern sich immer so abspielt, als sei der Tänzer, auch im intimen Salon, von Publikum umgeben. Zum Theater wird das Liebesspiel, als gäbe es dazu ein vorgeschriebenes Text- und Gebärdenbuch, zum Theater die Mode, zum Schauplatz der Garten mit seinen kunstvollen und genau berechneten Anlagen, zum Spektakel der Ausritt, zum Theaterdialog die Konversation an der Tafel. Und im Theater selbst! Da wird nicht nur auf der Bühne gespielt, auch die Anordnung der Gäste im Zuschauerraum, ihr Einzug, ihre Begrüßung, ihr Abgang sind in das große Zeremoniell, in die Vorstellung einbezogen. Die höchstgestellten unter ihnen werden, den Göttern und Helden auf der Bühne gleich, im Text angesprochen, Bühne und Saal huldigen ihnen, als wäre es ein Teil der Handlung, in ihrer Apotheose gipfelt alles. Alles wird und ist Theater.

Doch gibt es auch anderes. Die Grenze, die sich herausbildet, ist in erster Linie religiös bedingt. Neben dem Katholizismus, der in der Gegenreformation mit ungeheurer Wucht zur Abwehr, dann zum Gegenangriff angetreten ist, hat sich im Norden des Erdteils die Reformation etabliert, eine andere Art des Denkens, die nicht mehr auszurotten ist. Sie schafft neue Kunstformen, die sich weit von jenen des Südens entfernen. Nicht so sehr die Formen klaffen auseinander, das Wesen ist es, das sich auf verschiedenen Bahnen weiterentwickelt. Der Protestantismus insbesondere kann sich mit dem Bild des „großen Menschen" nicht befreunden, so wenig wie mit der Idee eines Papstes als „göttlichem Stellvertreter", auch nicht mit der Verherrlichung des Menschen im Kunstwerk, nicht mit seiner Lobpreisung in der Oper. Diese Kunstform selbst steht dem Protestantismus als „Gesamtkunstwerk" fern, sie „ist ihm aus seiner Stellung zu Kult und Sakrament unannehmbar" (Hans Sedlmayr). Wahrscheinlich liegt hier der tiefste Grund dafür, daß Johann Sebastian Bach, der überzeugte Lutheraner, nie an eine Oper dachte.

Der barocke Stil ist, wo immer er rein auftritt – also vor allem im Süden Europas –, Ausdruck einer feudalen, absolutistischen Lebensweise und Gesellschaftsordnung. Alles wird ins Großzügige, Großartige transponiert. Architektur, Malerei, Dichtung, Musik atmen Pomp und Glanz. Dem setzt der Protestantismus eine einfachere Komponente entgegen, ein stilleres, aber vielleicht innigeres, mehr nach innen gewendetes Wesen. So steht Rembrandt neben Rubens, Brueghel neben Velázquez, aber auch Schütz neben Monteverdi, Bach neben Vivaldi. Und doch können wir heute keine Abgründe zwischen diesen einander gegenübergestellten Meistern bemerken, keine unüberbrückbaren Meere zwischen der protestantischen und der katholischen Welt innerhalb des barocken Christentums. Zu viele Verbindungslinien laufen zwischen Süd und Nord, zwischen den geistigen Vertretern beider Richtungen. Besonders in der Musik wird es ein leichtes sein, das nachzuweisen. Bachs „Matthäuspassion" und Brahms' „Deutsches Requiem" überschreiten mühelos die konfessionellen Grenzen, Mozart und Haydn sind in protestantischen Bereichen geradeso zu Hause wie in den Kirchen ihres eigenen Glaubens. Die Grundidee des christlichen Abendlandes ist nie an konfessionellen Unterschieden gescheitert. Und besonders Musik besitzt die Fähigkeit zu binden, wie kaum etwas anderes. Barockmusik, Barockkunst sind nicht nur monumental und großräumig, sondern auch, in fast geheimnisvoller, unergründlicher, unmeßbarer Weise, innerlich belebt und tief dramatisch. „Barockes Leben strömt und ruht", findet Werner Hager und setzt es mit diesen Worten in bewußte Beziehung zu jenen schönen, die Conrad Ferdinand Meyer für seinen „Römischen Brunnen" fand. Das Strömen muß nicht die tobende Bewegung des Wildbachs haben, auch der breit dahinziehende Fluß ist davon erfüllt, mag er dem Betrachter am Ufer auch ein nahezu unbewegtes Bild darbieten.

So schildern Rubens, Van Dyck, Rembrandt selten Zustände, viel öfter hingegen bewegtes Leben. El Greco ist Dramatiker durch und durch; Poussin und Lorrain gelten nur oberflächlichen Beschauern als dekorative Figuren- und Landschaftsmaler, und Berninis Gestalten sind leidenschaftlich bewegter Marmor. Wo beginnt die Barockepoche? Mitten in der Renaissance, müßte die Antwort lauten, so daß Kunstwerke beiden Stilen zugerechnet werden können. Gerade in Italien, der Großmacht in der damaligen Kunst, ist ein Trennungsstrich zwischen Renaissance und Barock kaum auszumachen. Es wäre denkbar, in der Betrachtung der Künste keine Abgrenzung vorzunehmen und jene gigantische Aufbruchszeit des abendländischen Geistes, der man in diesem Fall mehr als zweihundert Jahre Blütezeit zubilligen müßte, mit beiden Namen zu bezeichnen.

Barockkunst als Auftrag

Barockkunst ist zum größten Teil Auftragswerk. So hatte es schon die Renaissance gehandhabt, und so wird es noch im folgenden Rokoko sein. Die Künstler sind Angestellte eines großen Herrn der Kirche oder der Welt, zwischen denen es kaum noch Unterschiede gibt, oder sie lassen sich, fast schon als „Freischaffende", für einzelne Werke oder für eine bestimmte Zeitspanne verpflichten. Für diese Mäzene malen, bildhauern, dichten, komponieren sie. Die Romantik, die noch ein bis zwei Jahrhunderte voraus liegt, wird gegen ein derartiges Schaffen vehementen Einspruch erheben, wird es künstlerische Abhängigkeit, geistige Sklaverei nennen, wird behaupten, wahre Kunst entstünde nur aus völliger Ungebundenheit, durch frei aus der Seele strömende, niemand anderen als den Künstler – und vielleicht seine Muse – inspirierende Phantasie, die sich so wenig steuern ließe wie der Ausbruch eines Vulkans. Doch so sehr dies für das 19. Jahrhundert zutreffen wird, so unleugbar ist, daß eine kaum übersehbare Menge von Meisterwerken ihren Ursprung dem Auftrag verdankte. Jede Epoche denkt und fühlt anders, auch im geheimnisvollsten aller irdischen Phänomene, dem künstlerischen Schaffen.

Diese Frage ist wichtiger, als man im ersten Augenblick denken mag. Der Künstler, der den Auftraggeber eines Werkes kennt und damit wohl auch die Bestimmung, die sein Werk finden wird, kann es diesen Gegebenheiten anpassen. Was hier für die bildende Kunst galt, ist ebenso für die Musik bedeutungsvoll. Ein Bildhauer wird ein wesentlich anderes Werk für den Treppenaufgang einer ihm bekannten Villa schaffen als für den monumentalen Platz in einer Großstadt. Ein Komponist wird ein völlig anderes Werk für die Geburtstagsfeier in kleinem Rahmen eines Freundes schaffen als zur öffentlichen Festspielaufführung vor Tausenden von Hörern. In Renaissance- und Barockzeit kannten Künstler und Publikum einander weitgehend persönlich. Der Wiener Kunstgelehrte Gustav Glück hat diese Beziehung studiert und Folgerungen daraus gezogen: „Niemals vorher haben die Maler bei der Aufstellung ihrer Werke... so viel Rücksicht auf die Lichtführung, die Beleuchtung genommen, niemals sie so sehr ihrer Umgebung angepaßt... Im Barockstil sind diese Dinge vorbedacht, und wenn der Künstler nicht für einen bestimmten Platz arbeitet, so sieht er doch wenigstens in einer generellen Weise den zukünftigen Standort seines Werkes voraus... Der Katalog der Galerie Karls I. von England, wohl des größten Sammlers der Barockzeit, versäumt zumeist nicht zu bemerken, ob ein Werk in der richtigen Beleuchtung hängt..."

Der Komponist schuf für bestimmte Menschen, die er sich leibhaftig vorstellen konnte, nicht wie heute, da er durch Verbreitung in den Massenmedien sein Publikum überhaupt nicht kennen kann. Seine Musik war für bestimmte Räume, oftmals für bestimmte Menschen bestimmt. Corelli und Albinoni wußten genau, wie sie den Sälen, in denen sie ihre Werke vorführen sollten, die bestmögliche akustische Wirkung abgewinnen konnten. Und Haydn wird sich bei jedem neuen Werk die Wirkung auf einzelne seiner Eisenstädter Hörer recht plastisch vorgestellt haben. Die wesentlich vergrößerten Dimensionen des Musiklebens im 19., dessen völlige Anonymisierung durch die Massenmedien im 20. Jahrhundert üben einen gewaltigen Einfluß auf den Stil der dann entstehenden Kompositionen aus, wovon noch ausführlich zu reden sein wird.

Die Epoche der Harmonie

Die Bedeutung des Wortes Harmonie geht weit über das musikalische Gebiet hinaus. Es ist ein so umfassender, weiträumiger Begriff wie wenige andere. Die Wurzel des Wortes kommt aus dem Griechischen, abgeleitet von Harmonia, Wohlordnung, Ebenmaß, Übereinstimmung. In einer zweipoligen Welt wie der unseren ist es klar, daß es, gewissermaßen als Ergänzung, neben der Harmonie auch deren Gegenteil geben muß: die „Disharmonie". Menschen können in Harmonie leben, Völker, aber auch Pflanzen, Tiere, chemische Elemente, ebenso Töne und Klänge. Der Begriff Harmonie beinhaltet unausgesprochen eine Gleichzeitigkeit. Man kann zwar eine Harmonie zwischen Menschen feststellen, die einander niemals begegneten, deren Ansichten aber weitgehend übereinstimmen. Doch wird man von zwei Personen, die in verschiedenen Jahrhunderten lebten, kaum dasselbe tun, auch wenn sie eine solche Affinität aufweisen sollten. Harmonie setzt Gleichzeitigkeit voraus, vor allem in der Musik. In der abendländischen Musik taucht der Begriff erst dann auf, als Töne nicht nur in waagrechter Form aneinandergereiht wurden, also aufeinanderfolgend erklangen, sondern zu einem gleichzeitigen Erklingen gebracht wurden.

Man stellte fest, daß es zwei Gruppen von Harmonien gab: konsonierende und, ihr Gegenteil, dissonierende: sich gut vertragende und sich schlecht vertragende. Eigentlich hätte man nur die ersteren Harmonien nennen dürfen, dem alten Sinn dieses Wortes gemäß. Aber dieses Thema erweckte heftige Kontroversen, und so setzte man fest, alle Zusammenklänge als Harmonien zu betrachten, doch innerhalb dieser die grundlegende Unterscheidung der guten Zusammenklänge (Konsonanzen) und der schlechten Zusammenklänge (Dissonanzen) zu treffen. Was aber waren gute, was schlechte Zusammenklänge? Trat da nicht persönliche Auffassung, individueller Geschmack zu sehr ins Spiel? Der Diskussionen war kein Ende, ja ist es, genau genommen, bis heute nicht, sofern das 20. Jahrhundert den Unterschied zwischen Konsonanzen und Dissonanzen nicht überhaupt aufzuheben versucht.

Zu Beginn der Mehrstimmigkeit pflegten alle gleichzeitig erklungenen Melodien sich auf der gleichen Note zu vereinigen. Doch dann kam es dazu, daß zum Abschluß neben dem Grundton auch dessen Quinte erklingen durfte; später bei einem dreistimmigen Stück, Grundton, Terz und Quinte, das, was wir bald als Dreiklang oder einfachen Akkord erkennen werden. Diese Töne wurden dann nicht mehr einzeln wahrgenommen, sondern eben als Mehrklang, der, unter gewissen Umständen, zur Einheit zusammengewachsen war.

Der nächste Schritt zur „Harmonie" wird erfolgt sein, als dieses Zusammenwachsen mehrerer Töne zu einem als Einheit empfundenen Gesamtklang an jedem Einschnitt erfolgte, bei Phrasenenden. Gegen Schluß des 16. Jahrhunderts hörte der Renaissancemensch zweifellos noch kontrapunktisch, konnte also verschiedene Melodielinien innerhalb der hochentwickelten Polyphonie im Geist verfolgen, aber er hörte auch harmonisch, wo der gute Zusammenklang zweier und dreier Töne eine Konsonanz, eine Harmonie ergab. Etwa um 1600 brach das harmonische Zeitalter an. Der Begriff Harmonie wurde zur neuen musikalischen Grundlage. Die Mehrstimmigkeit trat zurück, behielt aber während der Barockzeit noch starke Positionen. Es gibt kaum eine größere Komposition dieser Epoche, in der nicht eine Fuge vorkäme. Bei Johann Sebastian Bach, dem kunstvollsten Techniker dieser Periode, sogar Doppel-, ja Tripelfugen. Aber die Hochblüte der Polyphonie ist trotzdem zu Ende. In der darauffolgenden Klassik, dem musikalischen Rokoko, wird sie nur noch eine untergeordnete Rolle spielen, während die Harmonie ihrem Höhepunkt entgegenstrebt, der ins romantische 19. Jahrhundert zu verlegen ist.

Lehrbücher über die Harmonien entstanden in rascher Folge. Lehrbücher des Kontrapunkts, der Polyphonie, hatte es in viel geringerem Maß gegeben, wohl vor allem, weil deren Anfänge noch weit in die Zeit vor Entdeckung des Buch- und Notendrucks fielen. Die Harmonie hingegen entsteht, als schon breitere Schichten die Kunst des Lesens beherrschen und auch die Musik auf viel breiterer Basis steht als noch ein oder zwei Jahrhunderte zuvor. Zarlino und Rameau verfaßten erste Lehrbücher der Harmonie. Sie begruben endgültig die Kirchentonarten, die ein Jahrtausend lang die abendländische Musik beherrscht und deutlich ihre fernen Wurzeln noch im griechischen Tonsystem hatten. Aus der Praxis war die zweigeschlechtliche Musikwelt hervorgewachsen, das Dur-Moll-System, das wesentlich einfacher ist als die griechischen Tonleitern und die aus ihnen entstandenen Kirchentonarten des Mittelalters. Alles wurde musizierend geboren, die Theorie hatte sich nachträglich immer eifrig bemüht, das so Geschaffene durch Regeln zu untermauern. Es ist dies überhaupt der normale Weg der musikalischen Entwicklung, und wahrscheinlich gilt dies genauso für alle anderen Künste auch. Wohin es führt, wenn einmal der umgekehrte Weg eingeschlagen wird, also die Theorie etwas erfindet und später die Praxis es in klingendes Leben umsetzen soll, werden wir im 20. Jahrhundert erleben, bei Arnold Schönbergs Zwölftontheorie oder Dodekaphonie.

Die Harmonielehre gibt jedem Mehrklang, jedem Akkord seine Bedeutung, stellt Verwandtschaften her und weist auf mögliche, Modulationen genannte Beziehungen. Sie baut ein wahrhaft bewundernswertes System auf, dessen Studium mehrere Jahre dauert.

Konsonanz und Dissonanz

Eines der Hauptanliegen jedes Harmonie-Unterrichts besteht in der Erläuterung des Begriffes und der Handhabung von Konsonanzen und Dissonanzen. Über die Berechtigung ihrer Existenz wurde damals – und bis ins 20. Jahrhundert – nicht einmal diskutiert. War nicht die ganze Welt zweipolig? Die Dissonanzen waren das Salz, das Gewürz der Musik, ohne die sie rasch eintönig und reizlos würde. Die Konsonanz konnte und sollte ohne die Dissonanz nicht bestehen. Die Dissonanz brachte der ruhigen Konsonanz die Spannung, die Unruhe, die belebend, an-, ja sogar aufregend wirken konnte. Gibt es ein Leben ohne Unruhe, ohne Spannung? Ebensowenig gibt es Musik ohne Dissonanz. Aber diese ersten Regeln und Gesetze über Zusammenklänge setzten eines unbedingt voraus: Die Konsonanz bildete die Regel, die Dissonanz die Ausnahme. Selbst das dissonanzenreichste Musikstück sollte am Ende in einer Konsonanz schließen, die Dissonanz sich auflösen. Entspannt sollte der Hörer entlassen werden. Erst als die Zeiten viel, viel unruhiger, die Probleme immer unlösbarer werden sollten (also: um 1900), wird diese Grundregel in Frage gestellt, gewaltsam entmachtet. Im Barock ist davon keine Rede. Jede Dissonanz muß aufgelöst, in eine Konsonanz überführt werden. So lautet das Gesetz, unter dem die Harmonie um 1600 antritt.

Die neue Harmonie arbeitet mit Akkorden, von denen jeder einzelne seine Bedeutung besitzt. Sie erscheint also auf den ersten Blick als statisches Prinzip. Doch dieser Schein trügt. Wäre er richtig, er könnte niemals im Barock, dieser dynamischen Epoche, Geltung erlangen. Das wahre harmonische Empfinden betrachtet nicht etwa jeden Akkord für sich allein. Die Bestimmung seiner Struktur mag ihre Wichtigkeit haben, sie bekommt ihren wahren Sinn jedoch erst in der Verbindung der gesamten Akkordkette. Damit fügt sich jeder Akkord in eine Entwicklung ein, die dem Statischen widerspricht, stets dynamisch, als Bewegungsablauf verstanden werden muß, ja bis zur höchsten Dramatik gehen kann. Wer behauptet, der Barock sei eine in Bewegung, in Schwung geratene Renaissance, hätte so unrecht nicht. Daraus ergibt sich, daß der Harmonie Spannungskräfte innewohnen. Die richtig verstandene Harmonielehre – sie wird leider oft ohne Erkenntnis dieses Prinzips gelehrt – analysiert den dynamischen Prozeß einer Komposition im Sinn ihrer unaufhörlich fortschreitenden, ineinanderfließenden Akkorde. Jeder einzelne, so wichtig und spannungsreich er in sich sein mag, erhält seine wahre Bedeutung erst als Glied einer Kette, als logisches, wenn auch manchmal überraschendes Fortschreiten von einem Vorgänger her zu einem Nachfolger hin, in ununterbrochenem Zusammenhang.

Die Barockmusik wird von ihrem Ablauf, ihrer Dynamik her zu erfassen sein. Das entgegengesetzte Extrem wird der Impressionismus erreichen, ein größerer Gegensatz als der zwischen der Musik Bachs und Debussys ist kaum denkbar. Doch die Dynamik des Barock schließt selbstverständlich geruhsame, stille, nachdenkliche, schwermütige Stücke keineswegs aus. Deren Kontrast zu den fast motorisch ablaufenden bildet einen wichtigen Reiz dieses Stils. Unter motorisch – dies sei dem heutigen Leser ganz besonders eingeprägt – darf nicht der Fabriklärm unserer hektischen Zeit verstanden werden. Der natürlichste Motor ist das Herz. Nehmen wir sein Pochen, heute ruhig und gleichmäßig, morgen erregt durch starke Gefühle, als Triebfeder der Barockmusik. So dynamisch war jenes Zeitalter, daß seine schwächeren Kompositionen – und die gab es natürlich wie in allen Zeiten – oft wie bloßer Leerlauf anmuten. Hier ist die Bewegung nachgeahmt ohne innere Notwendigkeit, als liefe ein Mensch, der längst sein Ziel aus den Augen verloren hat, im Kreis. Die bedeutenden Werke aber erhalten durch ihre echte Dynamik, die eben der des menschlichen Herzens vergleichbar ist, ihr bewegendes Element. Vielleicht liegt hier der Schlüssel zur Affinität der beiden chronologisch weit auseinanderliegenden Zeitalter: des Barock und unserer Zeit. Denn die Dynamik – oft auseinanderstrebender, zentrifugaler Kräfte – ist auch unser Zeichen.

Heutige Beobachter wundern sich manchmal über die Häufigkeit und Härte, mit denen die Dissonanz in der Barockmusik zutage trat. Sie ist zwar in vielen Fällen noch eine Folge linearer Entwicklungen, verschiedener Melodielinien, die gleichzeitig abrollen. Sie werden durch die unerbittliche Konsequenz des Kontrapunkts hervorgerufen, den wir in Gotik und Hochpolyphonie am Werk sahen, bei Machault, Dufay, Ockeghem, nicht aber bei der Harmonie, die eben erst ihre zukunftsträchtige Entwicklung beginnt. Es wäre interessant, das Verhältnis jeder der großen Epochen zur Dissonanz zu untersuchen. Liegt hier vielleicht eine tiefere Bedeutung verborgen? Spiegeln sich die Dissonanzen des Lebens in jenen der Musik? Auf die Barockmusik, die eine gesunde Dosis von Dissonanzen enthält, wird die Klassik folgen, in der diese Zahl auffallend abnehmen wird. Die Romantik wird sie wieder vermehren; und diese Steigerung kann nicht mehr abreißen bis zum 20. Jahrhundert, in dem die Dissonanz so übermächtig wird, daß vom alten elastischen Gleichgewicht zwischen Konsonanzen und Dissonanzen zeitweise nichts mehr übrigbleiben wird, daß neue Theorien versuchen werden, diese elementare Zweiteilung überhaupt zu beseitigen. Die Harmonielehre instituierte die Begriffe Konsonanz und Dissonanz. Sie ging von der Bedeutung der lateinischen Wurzeln aus: Konsonanz hieß Zusammenklang, Dissonanz Auseinanderklang, Gegenklang. Vielleicht liegt schon im Namen eine Art Bewertung: Die Konsonanz läßt etwas Positives, die Dissonanz etwas Negatives erwarten. Tatsächlich stellt die Harmonielehre für die Konsonanz keine Gebote auf, sie kann unbegrenzt verwendet werden. Die Dissonanz hingegen unterliegt Regeln. Sie darf nicht frei eingeführt werden, also nicht plötzlich da sein, sondern muß vorbereitet werden. Dementsprechend darf sie auch nicht einfach „verschwinden", sie muß „aufgelöst", also in eine Konsonanz übergeführt werden. Woraus sich automatisch ergibt, daß eine Komposition weder mit einer Dissonanz beginnen noch enden dürfe. Es wird Aufsehen erregen, wenn im Jahr 1800 Beethoven seine erste Sinfonie mit einem dissonierenden Akkord einleiten wird. Das könnte dem heutigen Betrachter als Signal gelten: Die Zeit der Klassik ist zu Ende, ein neues Zeitalter beginnt.

Von der Idee, Konsonanz sei etwas Schönes, Dissonanz etwas Häßliches, kam die Musik recht bald ab, diese Ansicht war unhaltbar. Auch der Gedanke, die Konsonanz sei das Normale, die Dissonanz etwas Unnormales, ist nicht zu vertreten. Beide zusammen, Konsonanz und Dissonanz, machen das Wesen der Musik aus, so wie Ruhe und Spannung das Leben ausmachen. Jeder der beiden Faktoren hat seinen Sinn und seine Bedeutung. Bei einem Klassiker, einem der ausgewogensten Komponisten aller Zeiten, wollen wir uns ein besonders prägnantes Beispiel holen, bei Joseph Haydn. In seinem Oratorium „Die Schöpfung" malt er zuerst das Chaos (von dem die Bibel vor Erschaffung der Welt erzählt): Er tut es mit Dissonanzen, die er (für seine Zeit) geradezu häuft. Wie anders sollte er das Chaos schildern? Und dann, auf die Worte „Und es ward Licht!" läßt er mit dem gewaltigsten, explosionsartigen Knall urplötzlich das erste Licht die Finsternis durchdringen: Ein strahlender, überwältigender C-Dur-Akkord bricht herein, besiegt und verscheucht mit einem einzigen Schlag die Dissonanzen. Wollte man die Bedeutung und Stellung der Dissonanz an der Schwelle zwischen Klassik und Romantik knapp und klar erläutern, es genügten die kurzen Minuten Musik rund um diesen Akkord in Haydns Oratorium.

Absolute Musik

Vom Beginn des Barockzeitalters bis zum Ende der Klassik dehnt sich noch ein weiter, etwa zweihundert Jahre langer Weg. Zwischen dem Beginn des Barock mit seiner absoluten Musik und dem tonmalenden, schildernden romantischen Tonbereich liegen Welten. Die Instrumentalmusik des Barock gehört zur absolutesten Musik, die es überhaupt gibt. Das mag auf den ersten Blick als Einschränkung erscheinen, doch kann davon keine Rede sein. Wir haben von vereinzelten Ausnahmen gesprochen, etwa von Jannequin, der in Tönen erzählte, malte, für den Musik noch einen weiteren Zweck hatte, als Musik zu sein. Wir werden, besonders im 19. Jahrhundert, diese Frage des öfteren anschneiden, wenn zeitweise die „Programm-Musik" die absolute fast verdrängen wird. Aber niemals kann es uns einfallen, die eine Gattung für höherwertiger als die andere zu halten.

Die Barockepoche musiziert fast immer absolut. Der logische, perfekte, vollendete musikalische Ablauf der Meisterwerke wird keinen Augenblick lang von schildernden, tonmalerischen Rücksichten aus dem Gleichgewicht gebracht oder auch nur beeinflußt. Trotzdem wird gerade das Barockzeitalter jenes sein, dem die Gestaltung der Oper obliegt. Ist Oper nicht von selbst Tonmalerei, Schilderung von Seelenzuständen und äußeren Vorkommnissen? Davon wird zu reden sein, wenn wir die Betrachtung dieser faszinierenden Kunstart aufnehmen.

Verweilen wir noch ein wenig bei der Betrachtung des 17. Jahrhunderts, an dessen Schwelle wir nun stehen. Daß das Abendland um 1600 in eine Etappe großer geistiger Umwälzungen tritt, bezweifelt kein Beobachter der Geschichte und der Kultur. Wenn auch frühere Meinungen, hier „löse sich das Dunkel des Mittelalters in die Helle des modernen Denkens" (Armand Hiebner), uns in dieser Form unhaltbar scheinen (da sie den vorangegangenen zwei bis drei Jahrhunderten nicht gerecht werden), enthalten sie doch einen wahren Kern. Das 17. Jahrhundert ist ein Aufbruchszeitalter, eine Zeitenwende des abendländischen Geistes. Es streift die Fesseln der Scholastik ab, die sich zu eng mit der Theologie verbunden hatte, und es öffnet sich dem Experiment der Naturwissenschaft, die in unbekannte, phantastische Regionen vorstößt. Es ist das Jahrhundert Bacons, Descartes', Galileis, Keplers. Die menschliche Unrast drängt zu neuen Erkenntnissen, das Wissen erlebt ein ungeheures Aufblühen, da ihm keine religiösen Schranken mehr gesetzt sind. Der gedankliche Vorstoß ins All beginnt, dem dreihundert Jahre später der konkrete folgen wird. Pascal, Spinoza, Leibniz formen ein neues Denken, Harvey entdeckt die Zirkulation des Blutes, die zum Symbol aller lebenbedeutenden Bewegung wird, Leeuwenhoek blickt zum ersten Mal durch ein Mikroskop, das ihm wahre Wunderdinge offenbart, Newton formuliert das Gesetz der Schwerkraft. Mathematik, Chemie, Physik, Astronomie, Anatomie bewegen sich kühn vorwärts. Wie berauscht von den unbegrenzten Möglichkeiten, die sich überall auftun, folgen ihnen die Künstler.

Die Musik entdeckte, auf dem Höhepunkt der Polyphonie angelangt, eine neue Dimension. Nach der großartigen horizontalen Entwicklung der parallel fortschreitenden Melodielinien folgt nun die Epoche, die eine neue vertikale Dimension öffnet und beide Prinzipien miteinander zu verknüpfen versteht.

Der Barock ruft nach großer Gestaltung. Seine Architektur strebt nach einheitlicher Formung weiter Räume, die Malerei zieht die Unendlichkeit des Lichts in vorher ungekanntem Maß in die Sphäre ihrer Darstellung, die Dichtung liebt die ausgedehnte, wortmächtige Form: Alles strebt zum Monumentalen. Der Gedanke der Einheit erhebt sich über den der Vielfalt. Und so klingt auch die Musik des Zeitalters. Seit den schon fernen Tagen romanischer Baukunst und Gregorianischen Gesangs ist ein so ausgeprägter Zug zur Vereinheitlichung geistiger Horizonte nicht mehr zu spüren gewesen. Die Renaissance war eine ruhende, ruhige Epoche gewesen; ihre ungewöhnliche geistige Beweglichkeit war Glück, tiefste Befriedigung, denn ihr Ideal bestand in der Rückkehr zum seelischen Gleichgewicht der Antike, das sie als unumstößliche Tatsache ansah. Der Barock hingegen sucht (wie Jacob Burckhardt es ausgedrückt hat) „in allem Affekt und Bewegung". Virtuoses fesselt ihn, Bravour imponiert ihm. Er „bevorzugt nicht die gerade oder einfach geschwungene Linie, also nicht den kurzen Weg, sondern die vielfach geschwungene Linie, die Umwege sucht" (Karl Scheffler). Überträgt man diesen Gedanken auf die Musik, so stößt man auf Form und Klang des Barock.

Stand in den vielen abendländischen Jahrhunderten, die unser Buch schon durchlaufen hat, eindeutig die Vokalmusik im Vordergrund, so erleben wir nun im Barock das Gleichgewicht zwischen ihr und der Instrumentalmusik. Es war selbstverständlich, daß diese längere Zeit benötigte, um sich auf die Höhe der Vokalmusik zu schwingen: Der Mensch trug seit jeher das perfekteste aller Instrumente, seine Stimme, in sich, zur Vervollkommnung der Instrumentalmusik aber mußte er viele Etappen technischen Fortschritts bewältigen. Auch bei der Gegenüberstellung geistlicher und weltlicher Werke dürfte ein annähernder Gleichstand eingetreten sein, nachdem es einige Jahrhunderte zuvor noch ein erdrückendes Übergewicht auf religiösem Gebiet gegeben hatte.

Soweit Geistesströmungen und Kunststile sich in die engen Schranken von Jahreszahlen pressen lassen, wollen wir der musikalischen Barockepoche die anderthalb Jahrhunderte zwischen 1600 und 1750 zuweisen. Hinzuzufügen wäre, daß manche Regionen Europas hier nicht völlig übereinstimmend vorgehen. Italien etwa rechnet die von uns angegebene Zeitspanne, zumindest an ihrem Beginn, noch unter die Spätrenaissance, wobei mehr die plastischen Künste als die Musik gemeint sind. Doch Namen und Bezeichnungen von Epochen bedeuten nicht mehr als die Aufrichtung von Orientierungsmarken im riesigen Meer der abendländischen Geistesentwicklung.

Der Vormarsch der Instrumentalmusik führt zur Geburt einer Fülle neuer Formen. Die fortschreitende Technik in der Bauweise und Handhabung der Instrumente bringt die Möglichkeit länger dauernder Formen von einzelnen Werken mit sich. So werden die zahlreichen Tänze, die sich in Palästen, Schlössern und Salons reger Förderung erfreuen, immer mehr zu größeren Einheiten zusammengebunden, die sich SUITEN oder auch PARTITEN oder ORDRES nennen. Die Bindungsmittel sind einfach und recht äußerlich: die gleiche Tonart, die Abwechslung zwischen einem langsamen (Schreit-) und einem schnellen (Spring-)Tanz, vielleicht noch ein kleines musikalisches Merkmal, ein Motiv, das allen gemeinsam sein könnte. Trotzdem ist ein Zug zur Einheit unverkennbar. Die Tanzmusik gibt ihren deutlichen Charakter nach und nach auf: Solche Suiten werden immer häufiger zu Konzertstücken.

INTRADA, SINFONIA, OUVERTÜRE

Die dramatischen Formen – Oper und Oratorium – fördern von Anfang an die Entstehung von Instrumentalstücken, die als Einleitungen zu solchen abendfüllenden Darstellungen gespielt werden können. Es entsteht, was als INTRADA, SINFONIA und schließlich OUVERTÜRE bezeichnet wird. (In Italien heißt die Opernouvertüre bis heute Sinfonia.) Es gibt sie meist dreiteilig, aber mit verschiedener Anordnung. In Italien setzt sich die Formel Schnel–Langsam–Schnell durch, in Frankreich gerade die umgekehrte: Langsam–Schnell –Langsam. Vielleicht hat dies mit dem Volkscharakter zu tun, vielleicht mit dem Ablauf, der Zeremonie, die einer Aufführung vorauszugehen pflegt: Die französische Art ist zweifellos die feierlichere, die pompösere. Wir müssen uns vorstellen, wie der französische König sein Hoftheater zu betreten pflegt, würdevoll, langsam schreitend, während der Hofstaat in tiefer Verbeugung verharrt. Da sind langsame, festliche Klänge sehr wohl am Platz, während raschere, belebtere Musikstücke wohl eher dem ausgelassenen Treiben entsprechen, das uns aus Italiens Theatern überliefert wird und das sich nur langsam beruhigen läßt.

Die dreiteilige Form will noch besprochen sein. Sie wird in jener Zeit zu einem Grundprinzip der Musik, nachdem sie es in anderen Künsten schon ist. Die Zahl 3 hat uralte mystische Bedeutung, wir können ihre oftmals geradezu heilige Einwirkung oft beobachten. Bald werden wir ihre Gewichtigkeit klar vor Augen geführt bekommen: in Mozarts „Zauberflöte" mit ihren Anspielungen auf den Freimaurerkult und dessen Beziehungen zum altägyptischen Götterwesen. Auch im christlichen Glauben spielt diese Zahl eine bedeutende Rolle. Und nun werden wir ihr in der Musik im Aufbau der Formen begegnen. Ihr ist vor allem jene Form verpflichtet, deren Anfänge im Barock liegen und die später in Klassik und Romantik größte Bedeutung erlangen wird: die sogenannte Sonatenform.

DIE SONATENFORM

Die Sonatenform gewinnt nicht nur in der Sonate Bedeutung, sondern in allen Werken, die auf der Grundlage dieser Gestaltungsweise geschrieben sind. Beginnen wir bei der größten Variante, der Sinfonie, die im Grund eine Sonate für Orchester genannt werden kann; dann beruhen alle Arten der Kammermusik auf der Sonatenform, ebenso das Concerto. Vom Concerto oder KONZERT (wie wir es nennen, trotz der Doppelbedeutung, die dieser Begriff dadurch erhält) gibt es zwei Hauptformen, die beide dem Barock entstammen: das CONCERTO GROSSO, das zwei Ensembles, ein größeres und ein kleineres, einander klanglich gegenüberstellt, und das SOLOKONZERT, für einen Solisten (gleichgültig welchen Instruments) mit Begleitung eines Orchesters. Alle diese Kompositionen sind in Sonatenform aufgebaut. Sie sind mehrsätzig, das heißt, sie bestehen aus mehreren, voneinander unabhängigen Teilen. Zumeist sind es drei: ein schneller erster, ein langsamer zweiter und ein schneller dritter Satz. In Sonatenform aber ist von diesen dreien fast immer nur der erste abgefaßt. Dessen drei Teile gehen ineinander über, die Andeutung einer Trennung besteht nur nach dem ersten Teil und wird durch ein Wiederholungszeichen markiert. Dieser erste Teil wird Exposition genannt. In ihm werden die beiden Themen, die das Material des Satzes darstellen, vorgestellt, bekannt gemacht. Damit diese Themen im Gedächtnis des Hörers haften, verlangt der Komponist ihre sofortige Wiederholung. Danach folgt der zweite Teil, genannt Durchführung. Hier werden die beiden Themen verarbeitet, wofür es viele Mittel gibt: rhythmische Veränderungen, melodische Varianten, Verlängerungen, Verkürzungen usw. Dies ist der dramatischste Teil der Sonatenform. Auf ihn folgt die Wiederkehr des ersten, die sogenannte Reprise, in der beide Themen in ihrer ursprünglichen Form und Reihenfolge wiederholt werden (mit nur einer kleinen tonartlichen Variante für das zweite Thema). Gewisse Regeln oder zumindest Normen gibt es auch für die Bildung der beiden Themen eines Sonatensatzes: Das erste soll kräftig, energisch, bestimmt, markant, sozusagen männlich klingen, das zweite weicher, lyrischer, sozusagen weiblich. Die Form der anderen beiden Sätze, des zweiten und dritten also, darf zwar auch die einer Sonate sein, doch ist dies selten. Zumeist steht an zweiter Stelle eine Liedform: eine einfache zwei- oder dreiteilige Form ohne Durchführung, sehr melodisch, vielleicht mit nachdenklichem oder etwas traurigem Charakter. Der dritte Satz ist sehr bewegt, rollt meist in Form eines Rondos ab, meist fröhlich und unbeschwert. Seine Bauart ist einfach und hat, wie das Wort besagt, mit „rund" zu tun (im Französischen heißt rond rund, im Italienischen ronda die Runde; Beete mit Rundungen in Parkanlagen werden „Rondeau" genannt, was im Französischen genauso ausgesprochen wird wie die musikalische Form). Diese Rundung besteht darin, daß ein Thema immer wiederkehrt, nachdem ein anderes dazwischengeschoben wurde. Ob es nur ein einziges eingeschobenes Thema gibt (z. B. 1. Thema – 2. Thema – 1. Thema – 2. Thema – 1. Thema) oder mehrere (z. B. 1-2-1-3-1-2-1), ändert nichts an der Tatsache, daß es sich um ein Rondo handelt. Die Formenlehre, ein Teilgebiet oder Fach der Musiktheorie, beziffert die Themen übrigens nicht, sondern charakterisiert sie mit den Buchstaben des Alphabets. Das einfache Rondo bezeichnet man mit A-B-A-B-A; das zweitgenannte A-B-A-C-A-B-A. Wir sind mit unserem kleinen Formenlehrgang der Chronologie ein wenig vorausgeeilt. Die vollentwickelte Sonatenform wird erst zu Ende des Barock vor uns stehen und dort geradezu den Einstieg in die Klassik bezeichnen, zu deren Lieblingsform sie wird. Doch wir wollten dem Leser hier schon einen Einblick in die musikalischen Formen der nächsten Kapitel geben und ihm vor allem den starken Formwillen aufzeigen, der ein ganz wesentliches Merkmal des Barock bildet. Der Barock will eigentlich immer formen, der bloße Gedanke an etwas Ungeformtes, Chaotisches verursacht ihm Widerwillen und Angst. Das Wohlgeformte ist seine Welt, eine Welt der Ordnung, des Vorhersehbaren.

Zu Beginn des Barocks haben wir es mit auffallend vielen Tänzen zu tun, die den damaligen Komponisten beschäftigen. Wollten wir es mit Begriffen aus unserer heutigen Musikwelt ausdrücken, so müßten wir sagen, in der Barockmusik wurden Formen der U-Musik (Unterhaltungsmusik) in die E-Musik (ernste Musik) übernommen. Tänze aus Gotik und Renaissance wurden so bearbeitet, daß sie künstlerisch bestehen und zur größeren Einheit der Suite gebündelt werden konnten. Heute kommen solche Dinge gelegentlich vor, typisches Beispiel dafür ist George Gershwins „Rhapsody in blue". In damaliger Zeit war so etwas alltäglich. Daraus geht etwas sehr Wichtiges hervor: U- und E-Musik lagen viel näher beisammen, als dies heute der Fall ist. Die große Kluft, die heute Unterhaltungs- und Kunstmusik trennt, war zu jener Zeit nicht vorhanden oder nur ein kleiner Graben, den zu überschreiten keinerlei Schwierigkeiten verursachte. Wir wollten aus dieser Tatsache keine Folgerungen ziehen; überlassen wir solche Betrachtung der heutigen Zeit, in der sich dieser Kontrast zu einem gefährlichen Konfliktstoff steigern und für

Zur Musik gehört der Tanz, zum Tanz die Musik. Höfische Szene aus dem 18. Jahrhundert. Kupferstich von Daniel Chodowiecki.

den Musikliebhaber zu einer wahren Zerreißprobe werden kann. Im Barock besteht diese Gefahr nicht. Wie auf dem Gebiet der Instrumente bietet die Barockepoche auch auf dem der musikalischen Formen eine bis dahin unbekannte Fülle. Manches Alte überlebt, vor allem jene polyphonen Formen, die seit der Gotik ihre starke Kraft erwiesen haben, wie der einfache Kanon und die kompliziertere Fuge. Dazu zahlreiche Tänze verschiedensten Ursprungs, was sowohl in sozialer wie in nationaler Bedeutung zu verstehen ist. Viel Neues kommt dazu und mischt sich mit dem Alten, wie es in jedem Aufbruchszeitalter zu sein pflegt. Italien, das zumindest seit der Renaissance die Führungsrolle in der Musik des Abendlandes übernommen hat – wobei es starke Einflüsse aus dem flämisch-niederländischen Gebiet und aus Spanien aufnahm und verarbeitete –, ist dem Norden zur Zeit des Barock um eine Spur voraus. Es bekennt sich zur „Monodie", der harmoniebegleitenden Melodie, zur „Homophonie", der Einstimmigkeit auf Akkordgrundlage, während nördlich der Alpen, vor allem in protestantischen Gebieten, Kanons, Fugen, Toccaten, Passacaglien noch recht kräftig fortleben. Dort wird gegen Ende des Barock ein Großmeister erscheinen, der geradezu ein Symbol für die Fuge und die Hochpolyphonie sein und bis heute mit diesen, zu seiner Zeit schon fast „veralteten" Formen identifiziert werden wird: Johann Sebastian Bach. Wir werden dieses Phänomen zu besprechen haben, aber auch darauf hinweisen müssen, daß Bachs eigene Söhne stilistisch in Opposition zu ihm traten und bei allem Respekt vor ihm, seine Musik als einen „alten Zopf" bezeichneten. Dennoch werden diese polyphonen Formen nicht verschwinden oder historische Relikte bleiben, im Gegenteil. Sie werden von den Klassikern nicht nur zu Schulungszwecken für strenge musikalische Logik verwendet, sondern wo immer strenge Formen angebracht sind. Auch das 20. Jahrhundert verleugnet sie keineswegs, wie wir sehen werden; es klammert sich teilweise an diese Formen zur Bekämpfung der überalteten, aus dem 19. Jahrhundert überkommenen und immer noch unausrottbaren Romantik.

Suite und Tänze im Barock

Die Suite ist älter als die Barockepoche. Aber gerade an ihr erweist sich die erneuernde Kraft des Barock. Sie macht endgültig aus einer Reihe einzelner, loser Tanzformen die kompositorisch größere, ein wenig anspruchsvollere Form der Suite. In ihr kann der Barock, seinem inneren Wesen gemäß, allerlei Kontraste miteinander vereinigen. Da stehen Hoftänze neben Volkstänzen, Deutsches neben Französischem, Englisches neben Spanischem und Italienischem. Alles findet Platz nebeneinander. Der Barock weiß den Reiz der Vielfalt, die Kraft der Gegensätze zu schätzen. Kommt der Name „Suite" aus dem Französischen oder aus dem Englischen? Zumeist nimmt man das erstere an; doch die Franzosen wenden diesen Namen erst später an, vorher sprechen sie von ORDRE, was zwar auch „Folge" heißen kann, aber meist „Ordnung" bedeutet, „Anordnung". Die Deutschen verwenden seltener die Worte „Suite" und „Ordre", sie erfinden auch keine eigene Bezeichnung, sondern sprechen vorzugsweise von PARTITA oder auch Partie, womit sie sicher eine Anleihe im Italienischen gemacht haben, so wie es bei Fuga, Sonata, Concerto, Sinfonia geschah. Bei Johann Sebastian Bach, der wahrlich nicht der Schulmeister war, als der er manchmal hingestellt wurde, finden wir so ziemlich alle Namen in Gebrauch für annähernd die gleiche Form: Partita, Suite, aber sogar Sonate und Ouvertüre konnten dasselbe bedeuten. Im Verlauf des Barock klärten die Begriffe sich, bei Bachs Tod (1750) am Ende der Barockepoche hat sich in der internationalen Musikwelt das Wort „Suite" weitgehend durchgesetzt. So heißt in Zukunft eine Folge von Stücken, die auf irgendeine Weise – inhaltlich, thematisch, tonartlich, herkunftsmäßig – zusammenhängen. Allerdings handelt es sich dann nicht mehr ausschließlich um Tanzstücke, es können auch Werke anderen Inhalts, gewissermaßen als Ruhepunkte, dazwischengeschaltet werden.

Im Mittelalter band man – so könnte der Ursprung der Suite erklärt werden – zwei kontrastierende Tänze aneinander: die feierliche, getragene PAVANE und die frohe, rasche, manchmal übermütige GAGLIARDE. Für die Herkunft der ersteren hat man verschiedene Erklärungen: Die italienische Stadt Padova (Padua) oder ihre dem gespreizten Wesen des Pfaus (italienisch *pavone*) vergleichbare Tanzart könnten den Namen bestimmt haben. Für die geographische Erklärung spräche, daß der Tanz ursprünglich auch „Padovana" hieß. Für das Wort Gagliarda, Galliarda, Gaillarde gibt es kaum eine Erklärung. Ein Zusammenhang mit dem alten Sprachstamm *gagliardo, gallardo,* der im Spanischen wie Italienischen heute soviel wie mutig, stolz, aufrecht besagt, ist kaum von der Hand zu weisen. Dieses Paar Pavana–Gagliarda ist wiederum der Nachfolger von frühen Renaissancetänzen, ja möglicherweise von solchen, die schon in gotischer Zeit getanzt wurden und verschiedene Namen führten: BASSE-DANCE der erste, NACHTANZ zumeist der andere. Der erste stand in geradem Takt und wurde langsam geschritten, weshalb er und ähnliche Tänze auch „Schreittänze" genannt wurden. Mit ihm kontrastierte der zweite, der lebhaften Charakters war, in dreiteiligem Takt stand und viele Hüpfer oder Sprünge enthielt (weshalb er zu den „Springtänzen" gezählt wurde). Zu Anfang des 17. Jahrhunderts, d. h. zu Beginn der Barockepoche, wurde die Pavane immer mehr durch die schlichtere, weniger feierliche, auch volkstümlichere ALLEMANDE ersetzt; die mehr gelaufene als gesprungene COURANTE trat an die Stelle der Gagliarde oder Galliarde. Daß der Name Allemande mit einem deutschen Ursprung zusammenhängt, scheint klar (die Alemannen sind ein germanischer Stamm, in der heutigen französischen wie spanischen Bezeichnung für Deutschland ist dieses Wort vorhanden). Eine Schrift aus dem 16. Jahrhundert nennt diesen Tanz bereits sehr alt; bei Michael Praetorius gibt es um 1600 eine Beschreibung, nach der die Allemande ein „deutsches Liedlein oder Tänzlein" genannt wird, das aber „nicht so fertig und hurtig, sondern etwas schwermütiger und langsamer" sei. Als Gesellschafts- und Hoftanz hingegen weisen die Spuren nach England und an den Hof Heinrichs VIII.

Im Barock und Rokoko ist nicht nur der Adel musik- und tanzbesessen, sondern nicht weniger auch der erstarkende Mittelstand. (Kupferstich von Daniel Chodowiecki)

Die COURANTE kommt von dem italienisch-französisch-spanischen Wort für „laufen“. Immer noch folgten bei höfischen Tanzvergnügen ein langsamer und ein schneller Tanz aufeinander, auch wenn ihre Namen und Kleinigkeiten in ihrer Ausführung sich im Lauf der Zeit und der Moden veränderten. Thematische Zusammenhänge zwischen beiden sind kaum zu finden, jedoch standen sie in der gleichen Tonart.

1611 finden wir bei Paul Peurl, einem namhaften Organisten im oberösterreichischen Steyr, vier Tänze zu einer Einheit zusammengefaßt: „Paduan, Intrada, Dantz und Galliarda“, 1617 komponiert Johann Hermann Schein in Leipzig fünfsätzige Suiten: „Padouane, Galliarde, Courante, Allemande, Tripla“, wie der Titel verspricht. Der letzte Name ist wohl die sehr ungewohnte Bezeichnung für einen „dreiteiligen“ Takt oder vielleicht eine dreiteilige Form. Zugleich mit diesen frühesten Suitendrucken verstärken sich die Bestrebungen, innerhalb dieser an sich „losen“ Form engere Bindungen und Zusammenhänge zu schaffen.

Im Lauf des 17. Jahrhunderts kamen neue Tänze in die Suite, vor allem die SARABANDE und die GIGUE, die gemeinsam mit Allemande und Courante zum Grundtypus der Suite wurden. Über den Ursprung der Sarabande wurden abenteuerliche Versionen verbreitet: Sie sei von Seefahrern und Piraten aus ihrer karibischen Heimat nach Spanien gebracht, dort aber von weltlichen wie geistlichen Behörden entsetzt zurückgewiesen und als unmoralisch abgestempelt worden. Die beiden Großen der Weltliteratur um 1600, Shakespeare und Cervantes, zitieren sie: der Spanier in verschiedenen Werken, der Engländer 1598 in „Much Ado about Nothing“ (Viel Lärm um Nichts). Sie galt als spanischer Volkstanz sehr freizügigen Charakters und wurde zumeist „Zarabanda“ geschrieben. Wie sie an den französischen Königshof Ludwigs XIII. kam, ist unklar. Hier erscheint sie völlig umgestaltet: vornehm, ernst, kunstvoll, ein langsamer Hoftanz in gemessenem Dreitakt und mit einer Drehung auf dem zweiten Taktteil. Ist das überhaupt noch der gleiche Tanz? Ihre musikalische Substanz muß die Komponisten so gefesselt haben, daß sie ihr in der französischen Form einen festen Platz in der Suite einräumten, zumeist den dritten, zwischen den beiden bewegten und vor dem Schlußsatz, für den nun meist die GIGUE verwendet wird. Auch deren Ursprung liegt im Dunkel und wird durch Legenden ausgeschmückt. Auf jeden Fall scheint sie aus England zu stammen und dort, wie die Sarabande, ein Volkstanz gewesen zu sein. Deutsche Erklärungen, der Name stamme von *giga*, dem Urwort der Geige, sind weniger glaubhaft als die heute übliche Ableitung aus dem englischen Wort *„jig“*, das ebenfalls bei Shakespeare – im gleichen Werk – als Name eines bewegten Tanzes genannt wird, der ausdrücklich als „heiß und hastig“ beschrieben wird, also schon dadurch eher aus dem Volk als aus den Palästen stammen dürfte. Es fällt auf, daß es um jene Zeit nicht nur das soziale Absinken von Tänzen (und Moden) gibt, sondern vielleicht ebenso oft den Aufstieg. Dieser Aufstieg muß bei der Gigue schon sehr weit zurückliegen, denn bei ihrer Aufnahme in die Suite weist sie oft eine sehr kunstvolle Kompositionsart auf, die sie als Volkstanz sicher nicht hatte. Wir finden in der Gigue kanonische Bildungen, ja beinahe fugenartige Ansätze. So steht sie bereits in englischen Lauten- und Virginalbüchern aus dem 16. Jahrhundert. Wie und wann sie auf den Kontinent übergriff, ist unbekannt. Hier war möglicherweise Johann Jakob Froberger (1616–1667) der erste, der sie pflegte und der sie als Schlußsatz in eine seiner Suiten des Jahres 1649 aufnahm. Von hier an finden wir das Grundschema dieser Musikform gegeben: Allemande, Courante, Sarabande, Gigue. Daß diese Kompositionen immer häufiger ihren Tanzcharakter verloren und zu Konzertstücken wurden, sei hier schon erwähnt, obwohl es sich erst im späteren Verlauf des Barock ereignete.

Eine ganze Reihe neuer Musikstücke fand um jene Zeit als Tänze oder Konzertstücke Aufnahme in die Suite. Nennen wir zuerst die GAVOTTE. Ihr wird ländlicher Ursprung nachgesagt, sie soll ein Tanz aus der Umgebung der französischen Stadt Gap (im Departement Hautes-Alpes) gewesen sein, deren Bewohner sich „gavots“ nennen. Sie steht in geradem Takt und enthielt viele Sprünge, die wohl bei ihrem Aufstieg zum Hoftanz entfielen. In der Suite kommt sie oft als dreiteilige Komposition vom Typus A-B-A vor. Der Mittelteil (B) trägt einen dudelsackähnlichen Charakter und wird auch zumeist mit dem Wort MUSETTE bezeichnet, dem französischen Wort für dieses Instrument. Der PASSEPIED ist ein weiterer Spätankömmling im Gefüge der erweiterten Suite. Es soll sich hier um einen Volkstanz im $\frac{3}{8}$-Takt handeln, der um die Mitte des 17. Jahrhunderts aus der Bretagne an den französischen Hof kam und dort einige seiner Charakteristika beibehielt: die gleitenden Schritte sowie das häufige Kreuzen oder Überkreuz-Stellen der Füße, von dem der Tanz seinen Namen erhielt. Wenig ist über den Ursprung der (oder des) BRANLE bekannt, obwohl dieser Tanz in Frankreich eine tief ins Volkstümliche reichende Tradition vom Beginn des 16. Jahrhunderts bis zu Ludwig XIV. aufweist. Sein Name soll angeblich vom französischen *branler* kommen, das wanken oder schwanken bedeutet. Die BOURRÉE, ursprünglich ein froher ländlicher Tanz, stammt laut Rousseau aus der Auvergne. Ob sie im Takt der die Weintrauben mit den Füßen zerstampfenden Bauern getanzt wurde, ist schwer nachzuweisen, aber durchaus denkbar. Sie soll vor 1600 Hoftanz geworden sein, schließlich Gesellschaftstanz und Teil der Suite, die zu Barockzeiten Tänze verschiedenster Art und Herkunft aufzunehmen bereit schien. Der Bourrée verwandt könnte der RIGAUDON sein, der, vielleicht ländlichen Ursprungs, am Hof Ludwigs XIII. aufgetaucht sein soll. Stammt er aus der Provence, aus England (wo es um 1700 einen fröhlichen, *rigadoon* genannten Tanz gab, dem man eine Herkunft aus der *hornpipe*, die vor allem von Seeleuten getanzt wurde, nachsagt) oder aus Italien? Für alle diese Annahmen scheint es Anhaltspunkte zu geben.

Eine besondere Rolle in der Tanz- wie in der Musikgeschichte spielt das MENUETT. Von ihm wird in der Epoche des Rokoko – der musikalischen Klassik – ausführlich die Rede sein, denn zu deren Symbol ist es geradezu geworden. Was wäre der Hof Ludwigs XIV. ohne das Menuett gewesen? Die am Versailler Hof gebräuchliche Suite bestand im übrigen – ganz anders als die in der frühen Kunstmusik verankerte – aus Branle, Courante, Gavotte und Menuett.

Je mehr Tänze in die Suite aufgenommen wurden, desto schwieriger wurde es, ihr einen einheitlichen Rahmen zu geben. Daher versuchten die Komponisten immer häufiger, dies durch Einleitungs- und Schlußstücke zu tun, die als solche erkennbar waren und keinen Tanzcharakter trugen. Die ersteren hießen zumeist INTRADA, auch Intrata oder Entrata, und stellten eine Art Ouvertüre dar: Eine Aufforderung an die Gesellschaft, die Tanzlustigen nunmehr auf das Parkett zu entsenden, wo sie Aufstellung zum ersten Tanz nehmen sollten. Ganz ähnlich wird es bei den großen Bällen des Bürgertums im 19. Jahrhundert zugehen, was zu den kunstvollen, langsamen und musikalischen Einleitungen der Walzer führt, wie sie hauptsächlich von der Strauß-Dynastie gepflegt wurden: Kettenwalzer oder Walzerketten, die aus einem halben Dutzend und mehr einzelner Tänze bestehen und eine Art von Suiten ergeben. Waren die Tänze vorbei, so deutete ein ruhigeres Schlußstück das Ende an. Im Zeitalter der Walzer wird es dann eine CODA sein, ein Epilog, der die Tänzer gewissermaßen auf ihre Plätze zurückgeleitete und Bewegung wie Spannung abklingen ließ.

In der Suite können Anfangs- und Schlußteil in den kunstreichen und anspruchsvollen Formen von CHACONNE und PASSACAGLIA erscheinen. Damit wird ein deutlicher Schritt von der Unterhaltungs-, damals zumeist Gesellschaftsmusik genannt, zur Kunstmusik getan, denn nicht jeder Komponist von Tänzen war imstande, gute Chaconnes und Passacaglien zu schreiben. Beides waren Formen, deren Anfänge über den Beginn des Barockzeitalters zurückgehen. Beide Arten gab es vor allem für Laute und Orgel, zwei Instrumente, die über markante Baßtöne verfügen. Tatsächlich bildet eine einprägsame Baßmelodie die Grundlage beider, eine Baßfigur, die während des ganzen Stückes unverändert wiederholt wird und über deren Grundlage die anderen Stimmen Variationen entwickeln. Es sind deutlich polyphone Formen, die erst mit dem Ausklang des Barockzeitalters ihre Bedeutung verlieren werden. Eine der berühmtesten Chaconnes stammt aus der „Partita d-Moll für Violine allein" von Johann Sebastian Bach. In ihr ist längst nichts mehr von jenen Merkmalen zu spüren, die man der Chaconne um 1600 zuschrieb. Damals soll sie ein wilder, ausgelassener Volkstanz gewesen sein, der aus Westindien, von den Karibischen Inseln, nach Spanien eingeführt wurde. Frankreich soll die Chaconne dann übernommen, aber zum Hoftanz verfeinert haben. Die CHACONNE ist ein getragenes Stück im Dreivierteltakt, dessen (sozusagen) Rückgrat durch eine achttaktige Baßformel – *Ostinato* (der Hartnäckige) genannt – gebildet wird. Ihr verwandt ist die PASSACAGLIA, die ihren Namen wahrscheinlich aus dem frühen spanischen *Passacalle* italianisiert hat, was soviel wie „durch die Straßen schlendern" bedeutet. Vielleicht konnte damit auch eine Art SERENADE gemeint sein, ein Liebeslied vor den Fenstern einer Schönen, von einem Saiteninstrument begleitet, das sich auf eine kurze, immer wiederholte Begleitformel stützte.

DIE TOCCATA

Schließlich muß die TOCCATA hier erwähnt werden, die nach Anfängen im 15. Jahrhundert sich allmählich in ein freies Spielstück verwandelte und zumeist auf der Orgel frei improvisiert wurde. Besonders gelungene wurden dann wohl aus dem Gedächtnis aufgeschrieben. Im Barock gelangte diese Form, oft als Vorspiel zu einer Fuge verwendet, zur höchsten Entwicklung. Als ihr Merkmal kann gelten, daß stets einige feierliche, ausgehaltene Akkorde mit raschen Läufen und reich verzierten Passagen abwechseln. Italien dürfte auch hier vorausgegangen sein (die beiden Gabrieli, Merulo, Frescobaldi), deutsche Orgelmeister (Froberger, Buxtehude, Pachelbel) übernahmen die interessante Form, und Bach führte sie auf ihren Höhepunkt. Seine Orgel-Toccata in d-Moll gehört zu den großartigsten Werken der Zeit. Kein Wunder, daß moderne Bearbeiter es immer wieder versuchen, dieses Werk für den Wunderapparat des zeitgenössischen Sinfonieorchesters umzuschreiben. Es enthält so viele Klangfarben, daß wir der Barockepoche auch in dieser Hinsicht unsere Bewunderung nicht versagen können.

Im Barock wird zu den beiden traditionellen Mächten, die wie selbstverständlich auch das Musikleben verkörperten und anführten – der Kirche und den Fürsten –, allmählich eine dritte Kraft spürbar: die Städte. Langsam dämmert die Zeit der von den Städten gegründeten und verwalteten „Institutionen" herauf, die eine geordnete Förderung und Verwaltung der Künste und besonders der Musik als ihre Pflicht erachten. Davon wird oft in unserem Buch die Rede sein, denn es bedeutet eine Umschichtung, eine Neuordnung des Musiklebens. Konzerte entstehen, bei denen es keine standesgemäße Auswahl der Hörenden mehr gibt, sondern bei denen der Kauf einer Eintrittskarte jedem Menschen freisteht, sofern er über die nötigen Geldmittel verfügt. Wir stehen am Beginn des Kapitalismus, wir stehen auch am Beginn einer Demokratisierung des Lebens. Beides soll für die Musik der nächsten Jahrhunderte von entscheidender Wichtigkeit werden.

Die Meister der Barockzeit sind, wie große Kunstschaffende seit einem halben Jahrtausend, Angestellte der herrschenden Mächte. Immer noch suchen Kaiser und Könige, Fürsten und kleinere Landesherren die talentiertesten Künstler an ihren Hofstaat zu binden. Nicht anders handelt die Kirche. Johann Sebastian Bach wechselt von fürstlichen zu kirchlichen Anstellungen. Der Unterschied ist kaum spürbar; das meiste hängt vom Wohlwollen oder der Bösartigkeit des unmittelbar Vorgesetzten ab. Die Kirche behält besonders in Italien ihre kulturelle Machtposition noch lange bei. Im Leben der italienischen Barockmeister spielen Papst, Kardinäle, Erzbischöfe auch weiterhin führende Rollen; in ihren Palästen häufen sich die Bilder und Skulpturen aus illustren Händen, erklingt herrliche Musik von eigenen Orchestern und namhaften Virtuosen. Der Protestantismus im Norden Europas kann und will damit nicht konkurrieren; aber er trägt wesentlich zu der langsam einsetzenden „Demokratisierung" der Kunst bei. Zuerst fördert er den Laiengesang im Gottesdienst, in den die Frauen geradeso einbezogen sind wie die Männer, dann wird er von vielen Städten mit der Pflege der Musik in der Kirche wie in der Gemeinschaft betraut. Überall entstehen Laienchöre, Musikschulen, musizierende Liebhabergruppen, die soweit wie möglich vom Organisten oder Kantor der Kirchengemeinde betreut werden und damit zu dessen Tätigkeitsgebiet gehören. Tüchtige Kantoren saßen in zahllosen

Städten und Städtchen Norddeutschlands und gestalteten das reiche Musikleben jener Region. Mancher von ihnen hat es im Ruf der Nachwelt zu denkwürdigen Leistungen gebracht. Die Liste der Kantoreien ist imposant. Das Wort, ursprünglich im katholischen Gebiet ebenso gebraucht, erhielt bei der Reformation eine neue, erweiterte Bedeutung. Die dann in den evangelischen Ländern zu wahren Mittelpunkten des Musiklebens aufsteigenden Kantoreien leisteten bedeutende Arbeit in der Pflege der Musik und in deren Unterricht, der weitgehend zum allgemeinen Schulunterricht gehörte. Bach war längere Zeit in Leipzig Musiklehrer und Schullehrer zugleich, und neben ihm wirkten, oft in kleinsten Gemeinschaften, hochqualifizierte Musiker, denen – im Gegensatz zu ihren südlichen Kollegen – der Ruhm der Welt, der Glanz und Reichtum unbekannt blieben. Wer weiß heute noch etwas von den Kantoreien von Torgau, die 1526 gegründet wurden, von jenen – zum Beispiel – in Oschatz, Delitzsch, Großenhain in Sachsen, von Friedland in Mecklenburg? In katholischen Ländern blieb das alte Wort „Kapelle“ *(cappella)* gültig, in reformierten Gegenden wurde dieses allmählich durch „Kantorei“ ersetzt. Bevor dieses Wort sich völlig durchgesetzt hat, finden sich andere Bezeichnungen, wie „Brüderschaften“, „Kurrende-Sänger“, „Kalanden“.

Mit der Renaissance war die musikalische Vorherrschaft auf Italien übergegangen. Aus dem gesamten Abendland trieb es namhafte Musiker wie auch Studenten dieser Kunst in die Schulen der glänzenden und doch mit alter Tradition ausgestatteten Städte, in die Paläste der Adelsfamilien, in deren großem Bedienstetenstab zumeist irgendein mehr oder weniger mit Musik verbundenes Plätzchen frei war, auf die Orgelempore ihrer ehrwürdigen Kirchen. Viele Niederländer gab es unter ihnen. In ihrem kleinen Land, das durch den wachsenden Welthandel Bedeutung gewonnen hatte, war die Polyphonie entwickelt worden wie sonst kaum irgendwo. Doch im 16. Jahrhundert zeigten sich in Italien die ersten Anzeichen einer „modernen“ Musik, ein neues Zeitalter, der Triumph der „Harmonie“ tauchte am Horizont auf. Auch Spanier und Franzosen zog es nach Italien, wo es Neues zu erleben, zu lernen gab. Italienisch wurde zur Sprache der Musik. Jeder Komponist, jeder Kapellmeister rundum im weiten Abendland bediente sich ihrer. Selbst dort, wo die Barockmusik nach Übersee greift – sie besitzt schon im 17. Jahrhundert, von Europa unbeachtet, starke Zentren in Brasilien, Peru und Mexiko –, herrscht mit gleichem Stil auch die gleiche Sprache der Musik. Begriffe wie Grave, Adagio, Andante, Allegro, Presto sind über alle Grenzen und Meere verständlich, bedeuten überall dasselbe. Das in Verfall geratende Latein wird wenigstens auf einem Teilgebiet durch eine neue Weltsprache ersetzt. So wird es über die Barockzeit hinaus bleiben, praktisch bis heute. Es dauert noch lange, bis Richard Wagner im „Lohengrin“ (1850) die italienischen Bezeichnungen durch deutsche ersetzen wird. Doch die großen Sinfoniker nichtitalienischer Herkunft – Brahms, Tschajkowskij, Dvořák – werden das Italienische bis zum Jahrhundertende beibehalten. Nur die Franzosen bilden gelegentlich eine Ausnahme, schon Couperin vertraut auf die wachsende Weltgeltung seiner von Versailles ausstrahlenden Muttersprache.

Die Barockepoche präsentiert sich als abendländisches Zeitalter von besonderer Geschlossenheit. Die Oberschicht aller Länder diktiert den Lebensstil, sie liebt die gleiche Form der Poesie, des Romans, des Theaters, der Malerei, der Musik, sie baut ihre Paläste im gleichem Stil, wobei nur klimatische, keine stilistischen Unterschiede fühlbar werden, sie kleidet sich überall gleich, wobei nur Spanien am strengen Schwarz seiner Renaissance festhält, unter Frankreichs Führung aber im 17. Jahrhundert Pomp und Glanz sich durchzusetzen beginnen. Übertreibungen des Barock führen in den hohlen, sehr äußerlichen Manierismus – wie zum Beispiel die schwülstige Dichtung Gongoras in Spanien, der pathetische Dramenstil des (Wiener) italienischen Hofdichters Metastasio. Doch die reine Linie der Kunst wird sich nach ungefähr zweihundert Jahren Aufstieg, Höhepunkt und Abklingen (bei den bildenden Künsten als Frühbarock, Hochbarock, Spätbarock bezeichnet) in das hellere, leichtere, frohere Rokoko auflösen, das in der Musik den Ehrennamen „Klassik“ erhält.

Musikalisch ausgeformter Initialbuchstabe aus „Newes ABC-Büechlein“, Augsburg 1627. Kupferstich von Lukas Kilian.

Von der Palastmusik zum heutigen Musikleben

Neben dem „bürgerlichen" Musizieren der „Meistersinger" in der Renaissance lebte, in immer glanzvollerer Weise, die höfische Musik weiter. Der im Palast heimisch gewordene Troubadour war längst Berufsmusiker. Als Angestellter hoher Herren sorgte er für deren musikalische Unterhaltung. Drei oder vier seinesgleichen ergaben eine recht einfache „Kapelle", spielten zur Tafel auf, bildeten die Grundlage der Tanzvergnügungen, empfingen bedeutende Gäste, waren unumgänglich bei Hochzeiten, Taufen, Todesfällen.

Die Hofkapellen

So wie die abendländischen Fürstenhöfe in friedlichen Wettstreit treten, um im Bau ihrer Schlösser, in der Anlage ihrer Gärten, im Glanz ihrer Feste das Bestmögliche, das weitumher staunend Gepriesene zu bieten, so geschieht es immer mehr auch mit den eigenen Kapellen. Musiker und Sänger in vorläufig bescheidener Zahl, aber mit bedeutendem Können unterstehen einem „Kapell-Meister", der sorgfältig unter den besten Musikern ausgesucht wird. Oft bedeutet eine solche Stellung die Ausgangsbasis für weiterreichende Bekanntheit und sich verbreitenden Ruhm einzelner Musiker oder ganzer Kapellen. An „Nachruhm" denkt wohl noch kaum jemand.
Das Orchester der polnischen Könige, die Hofkapelle von Krakau, gilt als eines der frühesten namhaften Ensembles des Abendlandes, wenn nicht sogar als das früheste. Sie entstand um das Jahr 1400. Die dänische Hofkapelle in Kopenhagen wurde 1448 ins Leben gerufen, 1526 die des schwedischen Königs in Stockholm. Die älteste Hofkapelle auf deutschem Boden dürfte die in Dresden gewesen sein, die 1548 ihre Tätigkeit aufnahm. Auf sie folgte 1563 die Hofkapelle in Mecklenburg und kurz darauf jene in Weimar. Die zu Ende jenes Jahrhunderts blühende Münchner Hofkapelle wurde bereits bei Orlando di Lasso genannt. Höchst beachtenswert muß die von Kaiser Maximilian I. in Innsbruck gegründete Kapelle gewesen sein, die später mit dem Hof nach Augsburg und schließlich nach Wien verlegt wurde.
Weitere Aufgaben erwuchsen den Hofkapellen aus der immer lebhafteren Theatertätigkeit an den abendländischen Höfen. Um 1600 kommt es zu den ersten Opernaufführungen, die durchwegs in Palästen stattfinden. Vorher schon hat es Sprechstücke mit Musikeinlagen, Allegorien, Frühformen des Balletts gegeben, die ohne musikalische Begleitung undenkbar waren. Vierzig Jahre lang werden die Opern ausschließlich in Palästen, also vor geladenem Publikum, gespielt, bis 1637 ein venezianischer Impresario auf den kühnen Gedanken kommt, das neue „dramma per musica" einem allgemeinen Publikum im öffentlichen Theater vorzuführen, womit eine neue Epoche des Musiktheaters beginnt.
Nicht viel später wird der Gedanke des nun öffentlich zugänglichen Musiktheaters auf das Konzertwesen übertragen. Das Bürgertum der Städte steht in einer fast ununterbrochenen Blüte. Kriegerische Zerstörungen richteten längst nicht mehr die Verwüstungen an, die mittelalterlichen Gemeinwesen so oft die völlige materielle und geistige Vernichtung brachten. Die Pestzeiten, die besonders in den Städten des Mittelalters als tödliche Gefahr drohten, können ihnen seit dem Beginn der Neuzeit nicht mehr so viel anhaben. Mit den Städten erlebt das Bürgertum einen kontinuierlichen Aufstieg, der sich in Kulturinstituten besonders deutlich zeigt, in Universitäten, Theatern, Festspielen. In London gründet der englische Geiger John Banister 1672 eine Konzertreihe, deren Besuch gegen Bezahlung einer bestimmten Summe für den ganzen Zyklus gestattet war. Das Unternehmen erlebte nur sieben Spielzeiten, aber ein Anfang war gemacht. Es folgte Paris mit der Gründung der *Concerts spirituels* durch Anne Danican Philidor, eine ältere Verwandte des damals bekannten Komponisten und Schauspielers François André Danican Philidor. Diese Konzertreihe soll an kirchlichen Feiertagen die Theatervorstellungen ersetzen und fand im Schweizersaal der Tuilerien statt. Sie erwarb bald einen internationalen Namen. Mozart spielte dort bei seinem zweiten Pariser Besuch, am 18. Juni 1778, wobei er die Uraufführung seiner D-Dur-Sinfonie (KV 297) selbst leitete. Längst war die Konzertreihe zur ständigen Einrichtung geworden, und es lag nahe, daß sie in mehreren Städten nachgeahmt wurde. Neben jenen von Berlin und Wien sei vor allem der 1781 ins Leben gerufenen, nachmals so berühmten „Gewandhaus-Konzerte" in Leipzig gedacht, die auf dem Gebiet des öffentlichen Musizierens manche grundlegende Neuerung einführten. Ihr Gründer, Johann Adam Hiller (1728–1804), leitete zuvor das *Collegium musicum* dieser Stadt, das unter anderen mit Bach und Telemann in engster Verbindung gestanden hatte und als Vorstufe zum öffentlichen Konzertwesen betrachtet werden muß.
Das *Collegium musicum* der Barockzeit war eine Vereinigung von Sängern und Instrumentalisten, in Italien oft unter dem Namen „Camerata" aktiv, die aus Freude musizierten, also *dilettanti* oder *Amateure* waren, also Liebhaber. Bei ihren Musikabenden gab es anfangs überhaupt nur Mitwirkende. Allmählich erhielten ver-

einzelte Hörer Zutritt, auch Freunde oder Verwandte der Musizierenden, so daß sich aus deren steigender Zahl ein Publikum zu bilden begann. Die Abende wurden ausgestaltet: Man schrieb Programme, bewirtete die Gäste während einer Pause im vier- und fünfstündigen Programm mit Erfrischungen, man zog sich festlicher an, man gewöhnte sich daran, besonders gelungene Darbietungen mit Applaus zu belohnen. Die Zahl der Hörer wuchs ständig. Waren sie zunächst in der Minderzahl gewesen, so veränderte dieses Verhältnis sich bald. Das wiederum beeinflußte die Stellung der Musiker. Sie achteten auf ihr Publikum, wählten wirkungsvolle Stücke, ließen nicht selten dem eigentlichen Vortrag eine heimlich abgehaltene Probe vorausgehen. Die Hörer fühlten sich in steigendem Maße für die Existenz und das Wohlergehen dieser Vereinigungen, die ihnen Freude bereiteten, verantwortlich und halfen ihnen mit materiellen Zuwendungen. Als diese kleinen Zirkel des *Collegium musicum* dann immer wichtigere Aufgaben erhielten, als an die Stelle der Amateure allmählich immer mehr Berufsmusiker traten, als die mitwirkenden Ensembles zum großen sinfonischen Orchester heranwuchsen, da waren die Tage der privaten Mäzene gezählt; die Konzertvereinigungen wurden zu wohlorganisierten Körperschaften und erreichten es im 19. Jahrhundert von den öffentlichen Stellen, der Stadt und dem Staat, als notwendiger kultureller Besitz des Gemeinwesens anerkannt zu werden, was ihnen mehr Sicherheit verlieh.

Damit aber vergrößert sich der Abstand zwischen Ausführenden und Zuhörern. Das Musizieren in der Gemeinschaft, das die Triebfeder des *Collegium musicum* gewesen war, geht im Konzert nach und nach verloren. Dadurch erlischt, nur wenige Mahner weisen darauf hin, die schönste Eigenschaft der Musik, ihre gemeinschaftsbildende Kraft, bis sie nahezu gänzlich verschwindet. In der Klassik und weitgehend auch in der Romantik wird das Verhältnis zwischen ausübenden Musikern und zuhörendem Publikum immer ungünstiger für die Ausübenden. Laienvereinigungen, wie Gesangschöre und sonntäglicher Kirchengesang in den reformierten Gotteshäusern, können diese Verschiebung nicht ausgleichen. Erst das 20. Jahrhundert wird ganz überraschend dieser Entwicklung Einhalt gebieten und ähnlichem „Zusammenspiel" zusteuern, wie das Barockzeitalter es gekannt hatte.

Je vollkommener die Notenschrift wurde, desto genauer konnten Komponisten ihre Werke zu Papier bringen. Trotzdem sollte dieser so heiß angestrebte Zustand Schöpfern wie Nachschöpfern, Komponisten wie Interpreten nicht nur reine Freude bringen. Bis weit in die Anfänge der Polyphonie hin konnten beide gleichgesetzt werden: Der Dichter und Komponist eines Troubadourliedes war zugleich sein Interpret. Er bedurfte

„Das Konzert" zeigt höfisches Publikum, das einem Sänger, begleitet von Cembalo, Violen und Gambe, zuhört. Kupferstich von Daniel Chodowiecki.

einer genauen Niederschrift kaum, eine kleine Gedächtnisstütze genügte. Die Mehrstimmigkeit änderte das grundlegend. Die Bestrebungen um ein immer genaueres Notenbild vervielfachten sich, Erfindung folgte auf Erfindung. Die Barockmusik ist bereits imstande, im Notenbild die genauen Vorstellungen des Komponisten niederzulegen; doch tut sie es nicht bis zur äußersten Konsequenz – sie läßt der Interpretation einen Freiraum. Denn in den letzten beiden Jahrhunderten ist der Interpret bedeutsamer geworden. Zwar ist er vom heutigen Virtuosentum noch sehr weit entfernt, aber es besteht kein Zweifel, daß er sich zwischen das Werk und den Hörer zu schieben begonnen hat. Das ergibt keineswegs eine negative Beurteilung der musikalischen Interpretation an sich. Sie bleibt, bis zur Mitte des 20. Jahrhunderts, eine unabdingbare Notwendigkeit des Musiklebens. Erst die elektronische Musik beseitigt sie, aber es ist immer noch eine große Frage, ob hier ein Vor- oder Nachteil zutage tritt.
Barockmusik und Generalbaß gehören zu einer Epoche. Der Generalbaß ist, wie wir erklärten, eine Art musikalischer Stenographie – nur für Kenner lesbar und ausführbar.

Kadenz und Improvisation

Mit dem Erlöschen der Generalbaßepoche zu Ende des 18. Jahrhunderts verliert der Interpret freien „Spielraum“. Von nun an muß er exakt dem Wortlaut des Werkes folgen, das vom Komponisten bis in die letzten Einzelheiten festgelegt wurde. Doch das widerspricht dem Geist der Epoche geradeso wie dem Temperament des Künstlers aller Zeiten. Und so verbleibt nicht nur das Orgelspiel als Domäne des Generalbasses. Die neu entstehenden festen Formen (wie Sonate oder Concerto) legen in ihre genau ausgeführten musikalischen Abläufe eine besondere Stelle ein, an der jeder Interpret für eine kurze, aber wichtige Zeitspanne seiner Phantasie die Zügel schießen lassen kann, die sogenannte Kadenz. In einem präzis von der Theorie festgelegten Zeitpunkt, knapp vor Ende des ersten, seltener auch des zweiten Satzes, unterbricht der Interpret den ihm vorgeschriebenen Text und ergeht sich in einer kleinen Phantasie, die zumeist mit ihren Anfangsnoten an das Hauptthema des Satzes anknüpft. Doch mit diesen wenigen und kurzen Augenblicken der „Freiheit“ ist dem schöpferisch begabten Interpreten zu wenig Genüge getan. So entstehen, im Gegenzug zu immer festeren Formen, neuartige Entwicklungsmöglichkeiten für konzertierende Künstler auf Tasten- oder Saiteninstrumenten, die Improvisationen. Sie können völlig frei gestaltet oder auch thematisch gelenkt werden. Von den größten Organisten verlangt man, daß sie inmitten der Ausführung von Toccaten, Suiten, Kirchensonaten usw. zu einer freien Phantasie ansetzen und sie viele Minuten lang in erfindungsreichster, technisch vollendetster Form durchführen. Ähnliches erwartet die Klassik und die beginnende Romantik später nicht nur auf der Orgel, sondern immer mehr auf den sich entwickelnden Tasteninstrumenten leichterer Art, wie Cembalo, Klavichord und vor allem dem Hammerklavier, auf dem Beethoven sich als der genialste Improvisator erwiesen haben soll. Die Frage bleibt offen, ob eine Improvisation mit vorgegebenem Thema oder eine völlig freie schwieriger und damit höher zu bewerten sei. Als Thema kommt irgendeine Melodie in Betracht, die dem konzertierenden Künstler kurz vor Beginn seines Spiels gegeben oder zugerufen wird. Die Improvisation über das gegebene Thema entzückte die Hörer langer Zeitläufe, es spielt noch um die Mitte des 19. Jahrhunderts, etwa bei Franz Liszt, eine sehr große Rolle.
Die musikalische Interpretation bleibt bis zum heutigen Tag ein Problem. Ob Pianist, ob Dirigent – der Begriff „Werktreue“ ist jeweils undefinierbar. Wir werden ihm des öfteren Betrachtungen widmen müssen. Ist das genaue Abspielen der Noten ohne eigene Zugabe aus dem Fundus der Gefühle und Auffassungen des Interpreten möglich und wünschenswert? Das heutige Musikleben steht noch weitgehend unter dem Einfluß der letzten vollendeten Stilepoche, der Romantik. Der Romantik aber war das allzu genaue Notenspiel suspekt, denn es schien die Phantasie des Interpreten einzuschränken. Die entgegengesetzte Art der Interpretation, der allzu freie Umgang mit der Vorlage, stößt naturgemäß auf den Widerspruch eines rationalistischen Zeitalters, wie es das unsere in weiten Bereichen ist. Die Barockepoche, eine von vielen Extremen und Gegensätzen gezeichnete Zeit, entwickelt auch in der Frage der künstlerischen Wiedergabe beide denkbaren Pole: die buchstäbliche „treue“ Wiedergabe von Meisterwerken auf der einen, das freie Improvisieren und Phantasieren auf der anderen Seite. Bach und Händel waren großartige Improvisatoren, vor allem auf der Orgel. Der Ruhm des ersteren beruht auf seiner Meisterschaft im Orgelspiel, bei dem er keinen Konkurrenten im weiten Europa zu scheuen brauchte, außer – vielleicht – Händel. Mozarts Ruf als Wunderkind beruhte nicht so sehr auf seinen frühen Kompositionen, sondern auf seinen grandiosen Fähigkeiten als Interpret und besonders als Improvisator über ein im Augenblick gegebenes Thema, aus dem er eine glänzende „Phantasie“ zu entwickeln wußte.
Es ist stets der Wunsch der Menge, also auch des Publikums, verblüfft zu werden. Und so gingen die Sänger in den Musiktheatern, die Geiger, Gambisten, Flötisten, Lautenspieler in den Konzerten immer mehr darauf aus, durch technische Bravour und ihre Anwendung bei öffentlichen Darbietungen das Publikum zu überraschen. Der Zwiespalt zwischen echter Kunst und äußerlichem Virtuosentum wurde spürbar. Technik an sich ist nichts Verdammenswertes, im Gegenteil. Ihr Fehlen hindert den Interpreten unweigerlich an der Erfüllung seiner Aufgabe. Aber wo die Technik Selbstzweck wird, steht sie der Kunst im Wege. Die Sucht, immer virtuosere Kadenzen zu spielen, so daß oft eine störende Diskrepanz zwischen dem Werk selbst und der, meist von der Hand des interpretierenden Virtuosen hinzugefügten, Kadenz entstand, brachte diesen Einschub in die Sonatenform so in Verruf, daß Beethoven begann, selbst diesen vorher improvisierten Teil der Komposition genau auszuschreiben und zu verbieten, seine Klavierkonzerte mit anderen Kadenzen zu spielen als mit seinen eigenen. Rossini wird wenige Jahre später beim Anhören der Kadenzen einer Sängerin in einem seiner Werke ironisch ausrufen: „Ganz reizend! Von wem ist das?“ Und wird von da an alle Kadenzen seiner Opern Note für Note niederschreiben. Das 19. und 20. Jahrhundert stehen der Improvisation mißtrauisch gegenüber. Die Zeit, in der et-

wa zweite Konzertteile eines Virtuosen keine bestimmten Werke mehr aufweisen, sondern der freien Improvisation gewidmet sind, ist seit vielen Generationen verklungen und vergessen.
Man kann die Musik des Barockzeitalters nicht verstehen, wenn man ihrem Klang nicht auf die Spur zu kommen sucht. Hier werden zwei neue Entdeckungen gemacht: die „Harmonie" und die „Klangfarbe". Der Entwicklung der Harmonie haben wir viele Seiten gewidmet, denn sie ist ein umstürzendes Ereignis der Musikgeschichte. Kaum weniger bedeutend ist die Entdeckung der Klangfarbe. Um sie zu begreifen, haben wir einen kurzen Ausflug in das Gebiet der Instrumentenkunde gemacht (Seite 121 ff.); doch haben wir es damit noch nicht erschöpft. Im Barock entsteht sozusagen das gesamte Instrumentarium der neueren Zeit. Der rauschende und berauschende Klang der Barockorchester beruhte zum guten Teil auf den wundervoll „singenden" Saiteninstrumenten, doch keineswegs nur darin.

Die Violen der Barockzeit

Die große Zeit der Violen beginnt. Zu Anfang waren sie zumeist sechssaitig gespielte Instrumente, also beinahe Gitarren, die gestrichen wurden. Auch die Stimmung war ähnlich: in Quarten, mit einer Terz dazwischen, die allerdings bei den Violen genau in der Mitte lag, also zwischen der dritten und vierten Saite. Bald wurden die Violen in zwei Arten gebaut: als *viola da braccio* und als *viola da gamba*, also als „Arm-Viola" und als „Bein-Viola", was sich auf die Haltung des Instruments beim Spielen bezog und sich bis heute nicht verändert hat: Die *viola da braccio* wurde im linken Arm waagrecht vom Körper weg gehalten (wenn auch noch nicht unter das Kinn geklemmt), die *viola da gamba* auf den Boden gestellt und von den Knien festgehalten. Im deutschen Sprachraum verkürzte man die Namen bald: Die Arm-Viola, *viola da braccio*, wurde zur Bratsche (wobei man einfach das italienische Wort *braccio*, ausgesprochen „bratscho", zum Hauptwort erhob, zur ein wenig „verdeutschten" Bratsche); ähnlich erging es der Bein-Viola, für die man das wichtigere Wort „viola" fortließ und *gamba* verdeutscht zur Gambe machte. Die Viola oder Bratsche wurde zur Stammutter einer ganzen Familie von Streichinstrumenten: Verkleinert wurde sie zur Violine, vergrößert zum Violoncello, ins Gigantische verwandelt zum Kontrabass. Das Violoncello (fälschlich, aber so beharrlich, daß jeder Widerstand zwecklos scheint, „Cello" genannt, was von der ursprünglichen Wortbedeutung „kleine Baßgeige" nur die Verkleinerung „kleine" übrigläßt) verdrängte gegen Ende des Barock die im Klang und in der auf den Boden gestützten, kniegehaltenen Spielweise ähnliche Gambe. Heute bauen wir dieses schöne, mehr als zwei Jahrhunderte fast nur noch in Museen zu findende Instrument nach, um alte Musik so stilgerecht wie möglich spielen zu können. Durch zwei Merkmale unterscheiden sich Gambe und Violoncello vor allem: Die Gambe hat, wenn man so sagen kann, abfallende Schultern, der Hals mündet in allmählichem Übergang in den Körper, während das Violoncello einen in sich abgeschlossenen, oben wie unten abgerundeten Körper aufweist, aus dem der Hals schlank herauswächst. Der Gambist führt den Bogen mit der nach

Frühe Baßviola, Mittelding zwischen Violoncello und Kontrabaß. (aus Johann Christoph Weigel: „Musicalisches Theatrum")

oben geöffneten Hand, während beim Cellisten (wie beim Geister und Bratschisten) der Handrücken nach oben weist. Der Kontrabassist hingegen hält auch heute noch den Bogen zumeist nach der alten Art, wie ein Gambenspieler.
Bach, der sich lebhaft für den Instrumentenbau interessierte, scheint die Anregung zu einer Viola pomposa genannten Variante gegeben zu haben, die in Quinten gestimmt und eine besonders leicht ansprechende hohe Lage zu erreichen imstande war. Sie klang eher wie ein kleines Violoncello denn wie eine große oder gar „pompöse" Viola. Bach bezeichnete sie auch stets als *violoncello piccolo*; wer den Namen *pomposa* für sie erfand, ist kaum noch festzustellen. Ferner gab es eine Viola d'amore, zu deren Verbreitung ebenfalls Bach sich einsetzte (es gibt sie heute noch). Sie wurde vermutlich im 17. Jahrhundert in England als Alt-Gambe gebaut, wobei Spuren auf indische Vorbilder hinzuweisen scheinen. Nicht nur aus diesem Grund haben einige Forscher Zweifel am überlieferten Namen einer „Liebesgeige" gehegt: Da in damaliger Zeit die geographischen und ethnischen Begriffe noch recht unsicher in der Bevölkerung verankert waren, könnte man diese Viola als *viola dei mori*, als Viola der Mohren, der Araber,

der „Dunklen" bezeichnet haben, was irgendwann zur schöneren Bezeichnungen d'amore, der „Liebesviola", umgeändert wurde. Im Grund aber war sie keine Viola, sondern eine Gambe. Sie besaß 5–7 Spielsaiten und etwa 14 Resonanzsaiten, wie man die Bordunsaiten ihrer Funktion wegen auch nennt. Gerne gespielt wurde im Spätbarock die *viola di bordone*, die auch *viola di bardone* genannt und im deutschen Sprachgebiet zu BARYTON wurde. Dieses wunderschöne, leider längst ausgestorbene und heute nur ganz selten nachgebaute Instrument mit den prächtigen Verzierungen und dem reichen Klang interessiert uns gegenwärtig vor allem, weil Haydn für seinen Brotherrn, den Fürsten Esterházy, mehr als 150 Barytonstücke komponierte.

Im Werkkatalog eines anderen klassischen Großmeisters finden wir ein Instrument namens ARPEGGIONE, Schubert schrieb für diese Art Streichgitarre, die wie ein Violoncello gespielt wurde, eine von Klavier begleitete Sonate in a-Moll (D 821), deren Wiedergabe einander heute die Bratscher und die Cellisten streitig machen.

FLÖTEN UND OBOEN

Trotz dieser fast überwältigenden Fülle von Saiteninstrumenten im Barockzeitalter wäre es falsch, den riesigen Fortschritt der Blasinstrumente außer acht zu lassen. Wie viele Flötenarten gab es, wo die moderne Praxis sich im Orchester mit einer einzigen zufrieden gibt und nur noch deren Verkleinerung, das PICCOLO, für besondere Wirkungen zu Hilfe nimmt! Da fand man nicht nur die QUERFLÖTE, die sich vom 18. Jahrhundert an dann nur noch einfach „Flöte" nennen wird, da sie eben die einzige Überlebende aus einer einst ansehnlichen Familie war. Im Barock hieß sie *flauto traverso*, eingedeutscht Traversflöte, übersetzt Querflöte, was auf die Haltung anspielt, in der sie gespielt wird. Sie besaß mehrere Stimmungen, die sich auch im Klang deutlich abhoben: die ALTFLÖTE mit den Grundstimmungen G, F oder Es von dunklem, geheimnisvoll traurigem Ton; die sogenannte „LIEBESFLÖTE", italienisch *flauto d'amore*, die nach kurzer Verwendung im 18. Jahrhundert ausstarb und sich durch besonders weichen Klang auszeichnete. Sie ist kaum je nachgebaut worden, während die Altflöte in einer Meisterpartitur des 20. Jahrhunderts, in Strawinskys „Sacre du Printemps" (1913), vom Komponisten gewünscht wird. Zu den älteren Flötenarten gehörten die „Schweizerpfeifen" oder „Schweizerflöten", die eigentlich stets gemeint waren, wenn in frühen Chroniken von „Pfeifern und Trommlern" die Rede war. Sie gingen aus der Kunstmusik zu militärischer Verwendung über, wo man ihnen heute noch in einer späteren Variante begegnen kann. Es war eine kleine, nur eine Oktave umfassende Querflöte, die vielleicht auch aus Arabien oder Persien stammte und von den Schweizer Söldnern gemeinsam mit kleinen Trommeln in vielen Heeren Europas gespielt wurde. Die Querflöte war damals aus Holz und brachte aus dem Mittelalter eine mangelhafte Stimmung mit. Im 17. Jahrhundert wurde sie durch genauere Bohrung und das Anbringen von „Klappen" zu einem klangschönen und im Zusammenspiel gut verwendbaren Instrument, das sich rasch einen Platz in der Musik der Paläste eroberte. Friedrich II. pflegte sie an seinem Potsdamer Hof mit Vorliebe und hielt den hervorragendsten Flötisten seiner Zeit, Johann Joachim Quantz (1697–1773), in seinem Palast. Quantz hinterließ nicht nur eine Reihe ausgezeichneter Kompositionen für dieses Instrument, teils als Solist, teils in geistreichen Kombinationen, sondern vor allem auch ein heute noch gültiges Lehrbuch: „Versuch einer Anweisung die Flöte traversière zu spielen" (1753). Drei Jahre später veröffentlichte Mozarts Vater, Leopold, eine Violinschule, die ebenfalls ein heute noch höchst beachtenswertes Werk darstellt. Die derzeit im Orchester verwendete Piccoloflöte, „kleine Flöte", *flauto piccolo*, stammt aus dem Ende des 18. Jahrhunderts, zählt also nicht mehr unter die Instrumente des Barock. Sie hatte allerdings einen barocken Vorläufer, das FLAGEOLETT, eine kleine Schnabelflöte mit sechs Grifflöchern, für die noch Bach und Händel gelegentlich schrieben. Eine bevorzugte Stellung nahm jenes Blasinstrument ein, das noch im Barock verschwand, zweihundert Jahre lang vergessen war und plötzlich im 20. Jahrhundert machtvoll in eine zweite Existenz trat (die vielleicht dem englischen Musikforscher Arnold Dolmetsch zu verdanken ist): die BLOCKFLÖTE. Sie besitzt unter allen Instrumenten einen besonders ehrwürdigen Rang, wovon allerdings die Mehrheit ihrer heutigen Millionen von Spielern kaum noch etwas ahnen dürfte. Ihre Geschichte, Jahrtausende alt, reicht weit in prähistorische Zeiten zurück. Doch erst die Barockepoche brachte die Blockflöte zu höchster Entfaltung und größten künstlerischen Aufgaben. Ihr Name findet sich im Mittelalter als „Plockflöte" vorgebildet, wahrscheinlich eine Anspielung auf den „Plock" (oder später Block), der in das Mundstück eingebaut ist und einen Kanal freiläßt für den Blaswind oder die Atemluft. In der Zeit ihrer stärksten Verbreitung – die ungefähr mit dem Barock zusammenfällt – baute man die Blockflöte in nicht weniger als neun verschiedenen Größen und Klangbereichen, von denen bei ihrer Wiedergeburt vier (in den natürlichen Stimmlagen des Menschen) übrigblieben: Sopran-, Alt-, Tenor-, Baßflöten, gelegentlich auch noch eine fünfte, ganz hohe. Die lateinischen Länder nennen dieses Instrument, das in unserer Zeit eng mit der musikalischen Erziehung und Früherziehung zusammenhängt, aber auch zur Wiedergabe alter, also barocker Musik gern herangezogen wird, die „süße" Flöte: *Flûte douce* die Franzosen, *flauto dolce* die Italiener, *flauta dulce* die Spanier. Bach liebte die Blockflöte besonders und mischte ihren Klang mit dem weiterer „weichklingender" Instrumente wie der Gambe, der Viola d'amore, der Theorbe, der Laute und anderer. Es gehört eine üppige Klangphantasie dazu, sich ein solches Ensemble vorstellen zu können. Zum Glück gibt es heute Musiker, die sich dafür einsetzen, mit nachgebauten Instrumenten einen Abglanz jener Klangwelt hervorzuzaubern, sei es in Bachs Kantate 106 („Gottes Zeit") oder in einem Kammermusikwerk aus dem 17. oder 18. Jahrhundert.

Viel wäre über die OBOE und ihre Verwendung im Barock zu berichten. Sie geht auf ein griechisches Instrument namens *Kalamos* zurück (was Blatt oder Rohr bedeutet). Daraus wurde in Rom *calamus*, in Frankreich und Burgund *chalumeau* und aus diesem in deutschen Ländern das liebliche Wort „Schalmei". In wie vielen alten Erzählungen kommen schalmeiblasende Hirten vor! Interessant: Die Hirten des abendländischen Mittelalters scheinen öfter Schalmei, also einen

Musikant mit einem Vorläufer der Altblockflöte (aus „The Genteel Companion", London 1685).

Oboe-Vorläufer, geblasen zu haben als die näherliegende (Block-)Flöte! Im 17. Jahrhundert wurde der Schalmeienklang veredelt, als man begann, das Doppelrohrblatt, das seinen charakteristischen Ton hervorbrachte, direkt anzublasen. Dann begannen die Franzosen von „hohem Holz" zu sprechen, von *haut bois*, woraus, beinahe völlig gleich lautend, unser Wort OBOE wurde. Wo immer wir im Barock hinsehen, hinhören, überwältigt uns seine Vielfalt, sein Zug in die Breite, seine Fülle, sein Überschwang, der eine Geisteshaltung ist, eine Sehnsucht, die alle Grenzen übersteigen will. Von jedem Grundtyp eines Instruments gab es eine Reihe von Abarten, Variationen. Während der größere Bruder der alten Schalmei, der in Gotik und Frührenaissance vielgespielte BOMHART – auch *bombardo* oder *bombardon* genannt, verdeutscht manchmal POMMER – wegen seiner rauhen und eher ungenauen Klangweise in der Ära feineren Musizierens nicht überleben konnte, entwickelten sich im Barock verschiedene Oboenarten von edlem Klang: die Jagdoboe *(oboe da caccia)*, die durch das leicht zur Seite gedrehte Anblasrohr das Spiel auf dem Rücken des Pferdes ermöglicht. Diese Oboenart ergab den Ausgangspunkt des in der Sinfonik und Oper des 19. Jahrhunderts besonders ausdrucksvoll verwendeten ENGLISCHHORNS, das immer wieder zum Träger bedeutendster Soli wurde: so, um nur einige wenige Beispiele zu nennen, bei Rossini („Wilhelm Tell"), Berlioz („Symphonie fantastique"), Wagner („Tristan und Isolde", 3. Akt), Dvořák (Sinfonie „Aus der Neuen Welt"), Sibelius („Der Schwan von Tuonela"). Zur gleichen Familie gehört auch die OBOE D'AMORE, die um 1720 in Frankreich vermutlich aus der MUSETTE entwickelt wurde, einer Schalmei mit mehreren gleichzeitig erklingenden Tönen, wie außer ihr nur beim DUDELSACK möglich; sie legte den ein wenig schnarrenden Klang ab, als sie ein birnenförmiges Schallstück bekam, und zeichnete sich dann durch überaus weiche, berückende Tongebung aus, was ihr den in der Instrumentenkunde mehrfach gebrauchten Beinamen „d'amore" eintrug. Auch in der Geschichte dieser Liebesoboe muß wiederum Johann Sebastian Bach hervorgehoben werden, der mit feinstem Klangsinn immer wieder besondere Einsatzmöglichkeiten für die Klangquellen seiner Zeit suchte. Er fand sie für die Oboe d'amore vor allem im „Weihnachtsoratorium". Daß sie nach seinem Tod, also in der zweiten Hälfte des 18. Jahrhunderts, bald verschwand, ist bedauerlich. Vielleicht hat ihr Ende mit der wachsenden Rationalisierungssucht des modernen Menschen zu tun, der alles maschinenartig „normen" möchte. Doch haben (mindestens) zwei bedeutende Komponisten des 20. Jahrhunderts das kaum noch vorhandene Instrument einzusetzen versucht: Richard Strauss und Maurice Ravel.

KLARINEN UND TROMPETEN

Auch Blechblasinstrumente kamen im Barockorchester vor. Doch weist dieser Sektor gegenüber der späteren Entwicklung die größten Unterschiede auf. Vermutlich waren alle Blechblasinstrumente klanglich schwächer als die heutigen. Die Ensembles des Barockzeitalters besaßen wahrscheinlich eine dem heutigen sinfonischen Orchester vergleichbare Klangfülle und -vielfalt, keineswegs aber dessen Dynamik. Die Zahl der Mitwirkenden war wesentlich niedriger, viele der Instrumente klanglich viel zarter als die heute verwendeten, so daß der Klang heutiger Trompeten oder Posaunen das klangliche Gleichgewicht – Grundlage jedes Ensemblespiels – empfindlich gestört, wenn nicht unmöglich gemacht hätte. Doch nicht nur die Dynamik der Blechblasinstrumente war geringer als die der heutigen, auch deren klanglicher Umfang, die Anzahl der zu spielenden Töne war kleiner: Vor allem die Hörner konnten nur „Naturtöne" blasen, zur späteren kompletten Chromatik fehlten ihnen die Klappen oder Ventile, mit denen sie erst das 19. Jahrhundert ausstattete. (Noch Beethoven wird in seiner neunten Sinfonie die Hörner nicht so einsetzen können, wie er es zweifellos gern getan hätte, da sie nicht über die nötigen Töne verfügten; so werden die Retuschen erklärlich und vertretbar, die Gustav Mahler in dieser Meisterpartitur vornahm, was zu heftigen Kontroversen führte.) Die Hörner vermochten zu Bachs Zeiten nur die Noten der „Naturleiter" zu spielen, wodurch ihre Verwendbarkeit wesentlich geringer war als die heutige. Ähnlich entwickelte sich die Trompete, die ebenfalls erst gegen 1830 zum vollen Umfang der kompletten chromatischen Tonleiter kam. Die Geschichte der Trompete allerdings ist sehr alt, während langer Zeiten vermischte sie sich mit jener des Horns. Die hellklingenden BAROCKTROMPETEN – manchmal sogar „Bach-Trompeten" genannt – hießen eigentlich *clarino*, verdeutscht gelegentlich KLARINE. „Klarin-Blasen" wurde als eine besondere Kunst hoch geschätzt. Das

20. Jahrhundert, auf seiner (durchaus gesunden) Suche nach den Originalklängen früherer Zeiten, baut diese kleineren, klanglich beweglicheren Instrumente wieder nach (hauptsächlich für die Wiedergabe damaliger Werke und für Virtuosenleistungen heutiger Solisten); sie waren längst vergessen, denn auch die Trompete war aus früherer Vielfalt in „moderne" Uniformierung gepreßt worden. Die Posaune, deren Name wahrscheinlich aus dem altrömischen, lateinischen „buccina" oder „busina" abgeleitet ist, womit große Blechblasinstrumente bezeichnet wurden, kam im Orchester des 17. und 18. Jahrhunderts seltener vor. Möglicherweise empfand man ihren mächtigen Klang als Hindernis. Doch gab es besondere BAROCKPOSAUNEN (die diesen Namen allerdings erst in unserer Zeit erhielten) mit wesentlich engeren Maßen oder „Mensuren" und weicherem, beweglicherem Ton. Auch dieses Instrument erhielt wie nahezu alle hier besprochenen verschiedene Ausführungen, Tonlagen, Varianten, so daß man auch bei den Posaunen von einem „Chor" oder „Stimmwerk" sprach. Unter diesen Bezeichnungen faßte man in Gruppen zusammen, was nach Spielart und Spieltechnik zusammengehörte und sich nur durch Größe und dadurch verschiedene Klanghöhe unterschied. Beispiele dafür sind die Streichinstrumente Violine, Bratsche, Violoncello, Kontrabaß sowie die früher erwähnten Blockflöten, die ebenfalls einen „Chor" bilden.

Oben: Posaunist (Darstellung aus Johann Christoph Weigel: „Musicalisches Theatrum").
Rechte Seite: „Am Spinett". Kupferstich von Daniel Chodowiecki.

DIE TASTENINSTRUMENTE

Die Rolle der Tasteninstrumente erreicht im Barock ebenfalls einen Höhepunkt, der sich in einer Fülle von Erscheinungen ausdrückt. Um wie viel kleiner ist dieses Feld in neueren Zeiten geworden! Natürlich gab es zu Bachs Zeit nichts, was mit einem modernen Konzertflügel höchster Klasse auch nur entfernt zu vergleichen wäre; aber der damalige Musiker hatte fast ein halbes Dutzend Möglichkeiten, für jede Art der Wiedergabe, des Ensembles, des Werkes, des Raumes usw. das genau entsprechende Instrument auszuwählen. Es würde zu weit führen, hier die Genealogie der Tasteninstrumente seit ihrem Auftauchen in der (vorchristlichen) Wasserorgel nochmals nachzuzeichnen, zumal ihre Anfänge in einem viel früheren Kapitel erwähnt wurden. Verfolgen wir also nur die Entwicklungslinien, die von der Renaissance über die Barockzeit schließlich bis zum modernen Klavier führen.
Da gab es das CLAVICHORD, das ursprünglich klein und tragbar war. Sein Name kommt aus dem Griechisch-Lateinischen mit ungeklärter Bedeutung; der erste Teil scheint auf „Taste" hinzuweisen, der zweite bedeutet „Saite". An den hinteren Enden der fortlaufend aufgereihten Tasten befanden sich die Metallzungen (Tangenten), die durch das Anschlagen der Tasten gegen die Saiten gedrückt oder geschlagen wurden. Diese kamen dadurch in Schwingung und zum Klingen. Der Tonraum des Clavichords umfaßte drei bis vier Oktaven, was ungefähr der Hälfte moderner Klaviere entspricht. Schwächeres oder stärkeres Anschlagen der Tasten konnte verschiedene Stärkegrade des Spiels erzielen, ganz im Gegensatz zum tonstarren CEMBALO, bei dem die Saiten mit Hilfe eines Dorns bzw. Federkiels oder „Anreißers" eben angerissen wurden, wobei die Stärke des Anschlags der Taste sich nicht auf die Saite übertragen ließ. Der Tonumfang des Cembalos übertraf jenen des Clavichords beträchtlich. Durch Verwendung mehrerer Manuale (Tastenreihen), die mit Hilfe von Registerzügen auch miteinander gekoppelt werden konnten, ermöglichte man doch Schattierungen in der Klangstärke und der Tongebung, wenn auch nicht in unbeschränktem Maß. Trotz der klanglich weniger ausdrucksvollen Spielart siegte das Cembalo über das Clavichord. Es wurde zum solistischen Instrument, zum Begleiter von Gesangs- und Instrumentalsolisten, zum Kammermusiker, zum Instrument für generalbaßartig notierte Opernrezitative. Der Name *cembalo* stellt eine Abkürzung der ursprünglichen Bezeichnung *clavicembalo* dar, einer Zusammensetzung des früher erwähnten Wortes *clavi* mit *cimbal*. Unter *cimbal* – nebenbei gesagt, dem Stammwort von „Zimbel", „Zimbal", „Cimbalon" usw. (Worten, die im Lauf der Zeiten und bei verschiedenen Völkern unterschiedliche Instrumente bezeichneten) – verstand man das mittelalterliche HACKBRETT, eine Art mittelalterliche Zither, die vielleicht von den Arabern ins Abendland gebracht worden war. Also ergab sich gemäß der Wort-

kombination die Verbindung ausgebreiteter Saiten, die mit Hilfe von Tasten angespielt werden konnten. Anstatt *clavicembalo* kommen gelegentlich die Bezeichnungen *gravicembalo* und KLAVIZYMBEL vor, auch unter dem Namen KIELFLÜGEL verstand man in deutschen Landen ein Cembalo. Die Engländer sprachen von *harpsichord* und verwendeten das Wort *virginal* für ein kleineres Instrument, das anderswo meist SPINETT genannt wurde. Dieses Wort könnte sicherlich vom italienischen Wort für „Dorn", *spina*, kommen, so daß die Technik des Anreißens zur Tonerzeugung diesen Namen hervorgebracht hätte. Aber ein noch sehr primitives, bereits 1511 erwähntes Instrument dieser (Cembalo-)Art wurde nach seinem italienischen Erbauer, dem Venezianer Giovanni Spinetus, benannt, so daß dies vermutlich die Ableitung ist. Vom *virginal* glaubt der wohl beste Instrumentenkenner, der Musikwissenschaftler Curt Sachs, es habe seinen Namen vom lateinischen Wort *virga* erhalten, das soviel wie Stab oder „Docke" bedeutet und sich auf die Hebevorrichtung des Mechanismus beziehe, mit der das Instrument gespielt wurde. Dieser Name sei bereits im Jahr 1463 nachweisbar, wodurch andere, „poetischere" Erklärungen von selbst hinfällig würden: Man versuchte den Namen als Huldigung an die „jungfräuliche Königin" Elisabeth I. von England hinzustellen, da *virgo* das lateinische Wort für „Jungfrau" ist. Elisabeth aber regierte von 1558 bis 1603, und wenn auch ihre Rolle in der Musikgeschichte keineswegs geschmälert werden soll, ist es doch sicher, daß das *virginal* seinen Namen von *virga* nicht von *virgo* bekommen hat.

Zu Beginn des 18. Jahrhunderts, mit dem heraufkommenden Barock, erfand der florentinische Instrumentenbauer Bartolomeo Cristofori (1655–1731) das KLAVIER. Seit 1698 war er am Hof tätig und ab 1716 Konservator der prächtigen Instrumentensammlung Ferdinandos von Medici. Ein tragisches Schicksal hinderte ihn, seine bahnbrechende Neuerung der Hammermechanik auszuwerten, ja auch nur gebührend bekanntzumachen. Diese Rolle übernahm dann, mit einigen Ergänzungen und beträchtlichem geschäftlichem Erfolg, der Dresdener Orgel- und Cembalobauer Gottfried Silbermann (1683–1753), mit dem auch Johann Sebastian Bach in enger Verbindung stand. So wurde er einer der ersten, der auf dem neuen *gravicembalo col piano e forte* spielte. Diesen Namen hatte der Erfinder Cristofori seinem anscheinend in langjähriger, schwerer Arbeit konstruierten Instrument auf seine künftig so glorreiche Laufbahn mitgegeben. In ihm kam zum Ausdruck, was den Fortschritt gegenüber allen Vorgängern ausmachte: Es war ein großes Cembalo, auf dem leise und laut gespielt werden konnte. Es vereinigte die Vorzüge des Clavichords mit denen des Cembalos und konnte je nach Stärke des Anschlags einen leisen oder lauten Klang hervorbringen. Aus der langen italienischen Bezeichnung wurde nördlich der Alpen die kuriose Wortbildung „Pianoforte" und schließlich, nicht sehr sinnvoll, aber einfach, „Piano". Auf dem Weg zum modernen Klavier durchlief die neue Erfindung die Etappe des HAMMERKLAVIERS, das bei Beethoven entscheidend eingesetzt wird und das anschließend verschiedene technische Neuerungen zur hohen Perfektion von heute führten. Der moderne Name FLÜGEL aber ist viel älter als das Instrument, das wir heute mit ihm verbinden. Im Barock stellte man manchmal den langen Körper des Instruments senkrecht; dadurch entstand eine Art „Flügel", so daß „Flügel-Clavier" ein gebräuchliches Wort wurde, häufiger allerdings noch (und sehr anschaulich) wurde die Bezeichnung „Giraffen-Klavier" verwendet.

Die Klangwelt erreicht im Barock einen ersten, für den damaligen Musikfreund sicherlich berauschenden Höhepunkt. Die Spielfreude, die schon in der Renaissance spürbar wird, gestaltet sich zu einem echten Merkmal der Epoche. Bringt sie die neuen Klangmöglichkeiten hervor oder werden die neuen Klangmöglichkeiten zum Anstoß für die überströmende Musizierfreude? Es dürfte einen Zusammenhang zwischen der Spielfreude und den zahllosen Verzierungen geben, die in der Barockmusik so deutlich zutage treten. Das spielerische Ornament prägt sich in der Dichtung wie in der Malerei aus. Es entartet, wie wir schon feststellten, bei Übertreibungen in den Manierismus, aber es bringt in der Musik eine nie gekannte Fülle von Verzierungen hervor: Mordent, Triller, Pralltriller, Vorschlag, Doppelschlag sind nur einige der gebräuchlichsten. Es gibt so viele Verzierungen, die auch Auszierungen, Ornamente, Manieren heißen könnten, daß man fast von einer eigenen Wissenschaft sprechen müßte, über die bei den Fachleuten die verschieden-

Musizierende Freundesgruppe im Übergang von Barock zu Rokoko, als die Musizierlust der Ober- und Mittelklasse ein selten gesehenes Ausmaß erreichte.

sten Meinungen bestehen. Es gibt Verzierungen, die vom Komponisten, zumeist mit kleineren Noten, in der Niederschrift eines Werkes notiert werden. Der wahre Barockmusiker aber bedarf solcher Angaben gar nicht: Er improvisiert Auszierungen, auch wo sie nicht vom Komponisten ausdrücklich gefordert werden. Ein Barockwerk so zu spielen oder zu singen, wie es der genaue Wortlaut in der Partitur niederzulegen scheint, ist nicht genug. Hier beginnt bei der Barockmusik eigentlich erst die Aufgabe des Interpreten. Erst das Belcanto wiederholt die überreiche Ornamentik und Verzierungspraxis des Barock, das diese charakteristische Eigenart allerdings mindestens ebenso sehr auf die Instrumentalmusik ausdehnt. Liegt hier „nur" der Spieltrieb, die musikantische Lust und Freude vor, oder sollte man nach tieferem Sinn suchen? Kommt die Freude an der weitschweifigen Verzierung aus einer – teilweise unbewußten – Auflehnung gegen eine starke Dogmatik, die noch aus dem Mittelalter stammt? Gegen sie macht sich im Barock bald überall die Suche nach gefühlsmäßigen Lebensinhalten bemerkbar. Andreas Liess, ein ausgezeichneter Kenner des Barock, spricht von dieser Epoche als dem „Ringen um den ersehnten Ausgleich der beiden Extreme", also des Verstandes und des Gefühls. Ihn wird aber erst die nächste große Epoche, die musikalische Klassik, erreichen. Wir stehen am Beginn einer von starken Kontrasten geprägten, ja fast zerrissenen Ära, die es trotzdem verstand, nach außen das Bild großer Einheit zu bieten. Die scharfen Gegensätze im Politischen wie im Religiösen beruhen auf entgegengesetzten Lebensauffassungen, die hier zusammenprallen. Bezeichnend dafür ist, daß zwei in der Zukunft sehr mächtige Bünde zu jener Zeit bereits auftauchen, um völlig entgegengesetzte Ideale zu verfechten: die Jesuiten und die Freimaurer, die Anführer der Gegenreformation und die begeisterten Vorkämpfer einer humanistischen, liberalen, idealistischen, freidenkenden Welt. Niemand glaube, daß solche Spannungen und Kontraste sich nicht auch in den Künsten ausdrückten. Strenge Formen auf der einen Seite, freie Improvisationen, unbegrenzte Phantasie auf der anderen. In der Musik: Kanons, geradezu mathematische Fugen, eisern daherschreitende Passacaglien, unverrückbare Ostinati auf der einen, verspielte Rondos, träumerische Airs auf der anderen Seite. Und trotzdem ein überraschend einheitlicher Kunstwille, der das Barock zu einer der großen Fortschrittsepochen des Abendlands formt.

Das Zeitalter der Melodie bricht an

Natürlich gibt es, wissenschaftlich gesehen, eine solche Epoche nicht. Die Melodie ist eine Kette aufeinanderfolgender Töne, das bedarf keiner Erläuterung. Aber nicht jede Reihe aufeinanderfolgender Töne ist eine Melodie. Die Töne müssen nicht nur zusammenpassen, sie müssen eine organische Einheit bilden, also Leben besitzen. Und da jedes Leben Rhythmus besitzt, liegt in jeder Melodie ein Rhythmus. Ein Rhythmus wiederum kennt Aufstieg und Abstieg, betonte und unbetonte Elemente. Dies alles muß eine Melodie in sich schließen, um eine solche zu sein.

Definition der Melodie

Das Wort „Melodie" stammt aus dem Griechischen, wo es ungefähr mit „gesungener Weise" gleichbedeutend ist. Seine Wurzel ist der Begriff *melos*, der ursprünglich keine musikalische Bedeutung besitzt, sondern dem feingegliederten menschlichen oder tierischen Körper entspricht. Homer und Hesiod haben beide das Wort *melos* musisch gedeutet, musikalisch als Tonfolge, Tonreihe, Singweise verwendet. Vielleicht ist etwas von der feinen Gliederung, der subtilen Organisation in den Begriff eingeflossen, das alles Lebendige erfüllt. Endgültig mit musikalischem Sinn behaftet geht dann das Wort „Melodie" in alle europäischen Sprachen über. Die Melodie wird zu einem der musikalischen Grundelemente, als die man im allgemeinen Harmonie, Rhythmus, Klangfarbe erkennt. Zeitweise wird die Melodie sogar als deren Höchstes verehrt, etwa wenn der sehr sachkundige (wenn auch als Kritiker umstrittene) Eduard Hanslick sie „die Grundgestalt musikalischer Schönheit" nennt, der Beethoven-Zeitgenosse Anton Reicha „die Sprache des Gefühls", und nahezu alle romantischen Künstler laufen gegen Jean-Philipp Rameau Sturm, der – in Barocktagen – die Melodie kaum als eigenständiges Element der Musik anerkennt, da sie „ihre ganze Kraft nur aus der Harmonie" beziehe. Der überzeugte Harmoniker Rameau läßt die Melodie also nur als deren Folgeerscheinung gelten. Andere Theoretiker heben die Dynamik der Melodie hervor und setzen sie in engsten Zusammenhang mit dem Rhythmus. Es ist auch nicht zu leugnen, daß die allermeisten Melodien latent Harmonien enthalten. Folglich bestehen zwischen den drei Hauptelementen der abendländischen Musik – Melodie, Harmonie, Rhythmus – enge Zusammenhänge. Welches das „ursprünglich" erste sei, ist eine kaum zu beantwortende Frage, wenngleich in heutiger Zeit möglicherweise nicht wenige für den Rhythmus plädieren würden.

Gibt es eine vollgültige Definition der Melodie? Vielleicht ist sie gerade so schwer zu geben wie eine klare, knappe, eindeutige Erklärung des Rhythmus. Denn mit „Aneinanderreihung von Tönen" ist es natürlich nicht getan. Die Melodie stellt ein endliches, begrenztes Gebilde dar. Sie weist eine innere Gliederung auf, und sie bringt im Menschen eine doppelte Wirkung hervor, eine verstandesgemäße und eine gefühlsmäßige, ästhetische. Damit aber ist eine wahre Definition der Melodie noch lange nicht gegeben. Da dieses Buch keine Musiktheorie sein soll, sondern ein Lesebuch für den Musikliebhaber, der sich gerne Gedanken macht, lassen wir es dabei bewenden. Und doch müssen wir – wenn auch etwas verfrüht – auf etwas hinweisen: Richard Wagner hat, insbesondere im Zusammenhang mit seinem „Tristan", den Begriff einer „unendlichen Melodie" geprägt, also ein Wort geschaffen, das unserer Auffassung des Wortes „Melodie" grundlegend widerspricht. Absichtlich haben wir die Melodie als endliches, begrenztes Gebilde bezeichnet. Gibt es also auch eine unendliche Melodie? Wenn wir über Wagner sprechen werden, muß diese seltsame Frage uns beschäftigen. Für die nun folgenden Kapitel – des Barock, der Klassik, der Frühromantik – werden unsere Definitionen der Melodie ausreichen. Wir treten in die zweifellos melodisch stärksten Zeitalter der abendländischen Musikgeschichte ein.

Das verlangt eine noch eingehendere Beschäftigung mit diesem Begriff. Die Melodie ist uralt. Alle Völker müssen sie, wenn auch in unterschiedlicher Art, gekannt haben. Der Gesang eines Indios im Amazonas-Urwald mag uns keinen melodischen Eindruck machen, aber für ihn drückt die Bildung zumeist nur dreitöniger Folgen eine melodische Absicht aus. Die Harmonie, die der Indio nicht kennt, kann teilweise aus dem Verstand kommen, die Melodie stammt aus dem Gefühl. Erst das 20. Jahrhundert wird versuchen, Melodie zu „konstruieren", über das Ergebnis werden wir sprechen. Vielleicht spiegelt die Melodie, klarer und unmittelbarer als alles andere, den Gemütszustand einer Gesellschaft, ja eines Zeitalters wider.

Die Melodie des Abendlandes muß, um als solche empfunden zu werden, eine gewisse minimale Länge aufweisen. Die erwähnte dreitönige „Melodie" des Indios ist, schon aus diesem Grund, für uns keine Melodie.

Aufeinanderfolgen nur weniger Töne werden in unserer Musik als Motiv oder Thema bezeichnet, die durchaus eine konstruktive Aufgabe erfüllen können, wenn sie zum Bau eines Musikstücks verwendet werden. Bei ihnen spielt, anders als bei der Melodie, die ästhetische Seite eine geringere Rolle: Prägnanz, leichte Erkennbarkeit sind ihre Haupttugenden. Mehrere Motive – die man als den kleinsten musikalischen Baustein bezeichnen kann – können aneinandergereiht eine Melodie ergeben, vielleicht aber bilden sie ein Thema. Der Unterschied zwischen beiden Begriffen ist folgender: Die Melodie besitzt jene melodische Kraft, von der wir sprachen, sie stellt ein abgerundetes, in sich geschlossenes Gebilde dar. Das Thema hingegen muß vor allem bei jedem Auftauchen im Verlauf eines Werkes charakteristisch und gut erkennbar sein. Die Symmetrie, die wir von einer Melodie erwarten, haftet dem Motiv nicht an. Die „klassische" Melodie, die im Barock eine entscheidende Entwicklung durchmacht, um in der Klassik ihren unbestrittenen Höhepunkt zu erreichen, gleicht den Wellen des Meeres: Sie besitzt eine ansteigende Phase, auf die unweigerlich eine entsprechende absteigende folgt. Ihre Bewegung kann nur schwach oder aber auch deutlicher und stärker ausgeprägt sein. Wollen wir auf unseren Lehranstalten die Idee der Melodie erklären, so verwenden wir hierzu meistens Beispiele aus den Werken Haydns und Mozarts. Hier liegen geradezu Wunderwerke an Symmetrie und Ausdruck vor, an Gleichgewicht, Ausgewogenheit, innerer Spannung, Wohlklang. Sie bestehen aus zwei Phrasen oder Perioden, die einander ergänzen; vernimmt man die erste, ist es nicht schwer, sich die zweite vorzustellen, da sie die Ergänzung, die Rundung, der Abschluß der ersten sein muß.

Den Weg zu dem hier gezeigten Idealzustand der Melodie beginnt in der Renaissance, nimmt im Barock deutliche Formen an und gipfelt im Rokoko, der musikalischen Klassik. Das Barockzeitalter ist eine dynamische Epoche, daher kann seine Melodie noch nicht jene ebenmäßige, in sich ruhende und ausgeglichene sein, wie wir ihr auf dem Höhepunkt der Klassik begegnen werden. Auf die Klassik wird die Romantik folgen, auch sie wieder ein besonders unruhiges Zeitalter, dessen Unrast sich im Geist des Menschen ausdrückt. Nur in jenem halben Jahrhundert, das wir der musikalischen Klassik zuweisen, jener Epoche zwischen Barock und Romantik, wird die Melodie ihre „Modellform" entwickeln. Das bedeutet keineswegs eine ästhetische Wertung. Wenn wir jedoch den Grundtypus der Melodie im abendländischen Sinn aufstellen wollen, sind die uns nächstliegenden Beispiele in der Musik der Klassiker zu suchen. Kein Zeitalter hat so nach Symmetrie verlangt, so liebevoll das Bild einer ausgeglichenen Geistes- und Gefühlswelt angestrebt wie das der Klassik. Hier wird auch klar, wie eng Melodie und Harmonie zusammenhängen können. Das Ohr des Hörers beginnt in Barocktagen, zu jeder Melodie unbewußt die „dazugehörende" Harmonie zu empfinden, auch wenn sie nicht ausgeführt wird. Diese Entwicklung liegt unter anderem im Volkslied begründet: Jeder begleitende Gitarrenspieler wird zu einer ihm vielleicht sogar unbekannten Volksliedmelodie die richtigen Harmonien oder Akkorde von selbst finden, also jede Melodie sofort durch die in ihr vorhandene Harmonik stützen.

Das Übergreifen der Melodie

Die Melodie hat den abendländischen Menschen von Anfang an begleitet. Sie war im Gregorianischen Gesang gegenwärtig, wenn viele ihrer charakteristischen Merkmale vor anderthalb Jahrtausenden damals auch noch nicht vorhanden waren: die „Endlichkeit", die „Rundung", die „Begrenztheit", die „Symmetrie". Die Phrasen des Gregorianischen Gesangs als „Melodien" zu bezeichnen, ist deshalb fragwürdig und kaum aufrechtzuerhalten. „Tonfolgen" sagt zu wenig aus, „Phrasen" könnten eben das rechte Bild ergeben, zumal mit diesem Wort nicht nur Musikalisches, sondern auch Sprachliches ausgedrückt wird. Der Hang zur Melodie im wirklich abendländischen Sinn erwacht beim Minnesänger, beim Troubadour (wenngleich angenommen werden muß, daß das Volkslied zuvor da war und diese erste weltliche Kunstmusik des Abendlands beeinflußte). Daraus könnte man den Schluß ziehen, daß die Kirchenmusik des sich langsam verbreitenden Christentums ihrem geistigen Ursprung nach in die „alte Welt" gehöre und mit ihren dort erworbenen Kenntnissen zum Aufbau der abendländischen Musik beigetragen habe. Nach der Epoche der ersten Volks-, der ritterlichen und der frühen höfischen Musik wird die Melodie nicht mehr aus Europas Musikbewußtsein verschwinden. Erst das alles in Frage stellende 20. Jahrhundert wird versuchen, diesem Begriff seinen überkommenen Sinn zu nehmen und durch anderes zu ersetzen.

Auch polyphone Epochen haben die Melodie gekannt. Ja, sie machen die Melodie zum Baustein ihrer mehrstimmigen Konstruktionen. Das bedeutet, daß die Melodie ihre Vorherrschaft als solche einbüßt, gerade wie ein Baustein innerhalb eines Gebäudes. Das Ohr hat in der Polyphonie ein Gewebe, ein Knäuel von melodischen Entwicklungen zu verfolgen, so daß die Konzentration auf eine einzelne nahezu unmöglich gemacht wird. Das melodische Gefühl tritt gegenüber dem mehrstimmigen Erfassen zurück. Ein praktisches Beispiel dazu: Jeder Kanon besitzt eine Melodie, doch die des allbekannten „Frère Jacques" (des „Bruder Jakob", wie er deutsch zumeist gesungen wird) tritt von der zweiten Phrase an, dem zweiten „Einsatz", ein wenig zurück, beim dritten noch mehr, da das Ohr dann versucht, alle Stimmen gleichzeitig wahrzunehmen, was der Grundidee einer Melodie eigentlich widerspricht. Die Melodien des Barock sind oft zu kurz, um sie als solche zu verstehen. Für sie wäre der Begriff des Themas, ja sogar des Motivs angemessener. In der frühen Oper des 17. Jahrhunderts wird man vergeblich nach Melodien im klassischen Sinn suchen, obwohl der Gesang sich in langen Phrasen ergeht, die durchwegs ausdrucksvoll verlaufen. Hier haben Komponisten ein „dramatisches Rezitativ" geschaffen, eine Art Sprechgesang, der in durchaus melodischer Art abläuft, ohne sich zur geschlossenen Melodie zu erheben. Melodisch wird hier gleichbedeutend mit ausdrucksstark, mit leicht sangbar, aber ist nicht gleichzusetzen mit Melodie. Diese beiden Attribute fließen später in das Konzept der klassischen Melodie ein, die ausdrucksstark und leicht sangbar sein muß, dazu noch abgerundet wie ein Gedicht und ebenso übersichtlich gegliedert.

Der musikalische Umschwung zu Ende des 16. Jahrhunderts ist eine Reaktion gegen die immer kompliziertere Musik der Hochpolyphonie. Da hatte es Tonstücke mit zwanzig-, dreißigstimmigen Tongeflechten gegeben, ja die sogenannte „Benevoli-Messe“, die im Salzburger Dom gefunden wurde (und gar nicht von Benevoli stammt), weist sogar 48 Stimmen auf, was nicht etwa auf 48 Mitwirkende hindeutet, sondern auf 48 sich gleichzeitig entwickelnde Melodien. Musik also, der kein Hörer mehr folgen konnte und die ihren Sinn nur auf dem Papier preisgab (weshalb ihre Kritiker auch von „Papiermusik“ sprachen). So war dieser Umschwung auch eine Reaktion auf die Unterdrückung der Melodie in der langen Zeit der Mehrstimmigkeit. So lesen wir in einem damals aufsehenerregenden Traktat aus dem Jahr 1607: „... Wenn mir einer sagen will, daß es nicht mit einer einzigen Singstimme und einem Baßfundament genug sei, weil sich in dieser Art die alten Motetten und Madrigale voll Kontrapunkten und Fugen nicht ausführen ließen, so antworte ich ihm, daß solche Musik bei uns nicht mehr gepflegt wird, da sie den Text verwirrt und verstümmelt, wie es besonders in den langen und komplizierten Fugen geschieht. Wir spielen diese Art Musik nicht mehr, weil wir an ihr kein rechtes Vergnügen mehr finden ...“ Das schrieb ein damaliger „Moderner“, Agostino Agazzarri (1578–1640), gegen die polyphone Musik, die bis vor kurzem das Abendland beherrscht hatte und auch im Barock noch zahlreiche Anhänger besaß.

Agazzarri schrieb dies gerade in dem Jahr, in dem der erste Klassiker der Oper mit seinem frühesten Werk an die Öffentlichkeit trat und so in der Praxis untermauerte, was Agazzarri in Worten ausgedrückt hatte: Claudio Monteverdi vollzieht 1607 in seinem Musikdrama „Orfeo“ die Absage an die Mehrstimmigkeit und die Hinwendung zur Monodie, zur Alleinherrschaft einer einzigen Gesangslinie, die aus dem dramatischen Rezitativ bald zur echten Melodie gelangen wird. In seinem nächsten Bühnenwerk „Arianna“ (zu deutsch „Ariadne“) des Jahres 1608 steht das berühmt gewordene „Lamento“ (Klagegesang), in dem der Weg bereits angedeutet wird. Hier besitzt die Melodie schon die Phrasierung, die Hebungen und Senkungen, das tiefe Ein- und Ausatmen, das Aufblühen und wieder in sich Zusammensinken, mit denen sie auf ihren Höhepunkten im ausgehenden 18. Jahrhundert als klassisch bezeichnet und verehrt werden wird. In diesem Gesang, der mit den ergreifenden Worten *Lasciatemi morire* (Laßt mich sterben) beginnt, liegt der Anfang des Zeitalters der Melodie.

L'ORFEO
FAVOLA IN MVSICA
DA CLAVDIO MONTEVERDI
RAPPRESENTATA IN MANTOVA
l'Anno 1607. & nouamente data in luce.
AL SERENISSIMO SIGNOR
D. FRANCESCO GONZAGA
Prencipe di Mantoua, & di Monferrato, &c.
In Venetia Appresso Ricciardo Amadino.
. M D C IX.

Nach vielversprechenden Versuchen gelang Claudio Monteverdi 1607 der erste heute noch gespielte Opernklassiker „Orfeo“, noch „Musikalische Fabel“ genannt und dem Herzog von Mantua gewidmet, in dessen Palast die Uraufführung stattfand.

Die Einheit des Stils

Im Barock, dessen Betrachtung uns nun für einige Zeit beschäftigen soll, ist die Einheitlichkeit des Stils weitgehend gewahrt. Der Zeitstil liegt den Werken der Epoche zugrunde; zwar gibt es, wie immer und überall, Andeutungen des Persönlichkeitsstils; aber man muß ein sehr guter Musikkenner sein, um jedes Werk etwa Telemanns von jedem Johann Sebastian Bachs sozusagen „auf den ersten Klang“ unterscheiden zu können. Vom Nationalstil gibt es noch keine Spur. Man komponiert in Warschau wie in Lissabon, in Stockholm wie in Venedig. Gibt es Andeutungen dafür, daß Melodie und Harmonie dem sonnigen Süden entstammen, während Kontrapunkt und Polyphonie eher mit dem rauhen Norden zu identifizieren seien? Standen die Regionen Europas einander in bezug auf Musikstile jemals so entgegengesetzt gegenüber? Wir würden die Frage verneinen. In einer Zeit, in der ein so starker Wandertrieb die Künstler, vor allem die Musiker, ergriffen hatte wie im abendländischen Mittelalter und dem Beginn der Neuzeit, kann von nationalen Eigentümlichkeiten ihrer Werke kaum gesprochen werden. Im Barock nimmt diese Reiselust nicht ab. Sie erfaßte Hunderte von unbekannten Musikern, die zu einer nicht nur im Barock wichtigen Erkenntnis gekommen waren: Man kann die Welt nur „erobern“, wenn man in einem ausstrahlungsfähigen Zentrum lebt. Händel hätte sie nicht erobert, wäre er in Halle geblieben, Beethoven nicht, hätte sein Weg ihn vom unbedeutenden Bonn nicht nach Wien geführt. Es wäre leicht, zahllose andere Beispiele anzuführen. Nur von einem Machtzentrum aus kann Wirkung erzielt werden. In der Barockzeit liegen die wichtigen Städte vornehmlich im Süden, wenn auch Paris, London, München, Wien vielbeachtete Kunstmetropolen sind. Wichtiger aber sind Rom, Florenz, Mailand, Bologna, Venedig, Neapel, besonders wenn es um Musik geht. Dorthin ergießt sich ein ununterbrochener Strom anerkannter oder angehender Meister. Wer irgendwie kann, verläßt die „Randgebiete“, sei es, um bei einem Großmeister höchstes Können zu erwerben, sei es, um von einem solchen Zentrum aus auf sich aufmerksam machen zu können. Wen ein ungnädiges Schicksal in einem politisch und damit auch künstlerisch unbedeutenden Gebiet zur Welt kommen ließ, den sehen wir, wenn er nur die richtige Unterstützung, das wahre Verständnis findet, auf dem Wege in größere oder kleinere Musikzentren, von denen aus das „Glück zu machen" oder eben „die Welt" zu erobern ist. Zum Ruhm, zur Geltung, zur Anerkennung strebt im 17. Jahrhundert alles. Wahrscheinlich war in der gesamten Geschichte des Abendlands, ja der Welt, nur das Zeitalter und der Umkreis der frühen christlichen Kirche von diesem Streben frei gewesen. Schon der Troubadour kannte den Ehrgeiz. Und je freieres Denken sich entwickelt, desto stärker wird die natürliche Triebfeder des Ehrgeizes. „Erfolg" wird zum großen Schlagwort, denn Erfolg bedeutet auch Geld und sehr oft sogar Liebe (oder was fälschlicherweise dafür gehalten wird). Auch die Musikgeschichte führt zur Spaltung zwischen Erfolgreichen und Erfolglosen. Gewiß, sie hat genug Korrekturen angebracht zwischen solchen, die „Tagesruhm" genießen, sich zu ihrer Zeit durchzusetzen verstanden, und anderen, denen die Abwägung objektiver Werte erst nachträglich Anerkennung zumessen konnte. Aber was geschah mit jenen, die nie die Möglichkeit erhielten, auch nur eine einzige Probe ihrer Fähigkeiten an wichtigem Ort erkennen lassen zu können? Das ewige Vergessen ist ihr Los.

Es gab Menschen, die dieses Schicksal fast freiwillig auf sich nahmen: die glücklich waren, in kleinstem Kreise Gutes wirken zu können. Selbst Johann Sebastian Bach war hin- und hergerissen zwischen seinem Leitspruch: „Gott zu ehren, den Nächsten zu lehren", den er als Triebfeder seines gesamten Wirkens aufstellte, und dem Streben, von den Mächtigen der Welt, etwa dem Preußenkönig, eingeladen und anerkannt zu werden. Wie menschlich, wie irdisch, wie rührend! Nicht alle großen Meister sind so große Menschen, daß sie auf die Anerkennung ihres Genies verzichten könnten.

Ginge man die Wege nach, auf welchen die Musiker des Barock hauptsächlich zogen, man könnte wahrscheinlich feststellen, daß sie vorwiegend von Norden nach Süden weisen. Das war schon in der Gotik der Fall, in der Ars nova, in der Notre-Dame-Zeit, in der Renaissance. Nun, im Barock, blüht in Italien bereits die Melodie, während im Norden der sehr verstandesbetonte Kontrapunkt noch das Denken der Musiker weitgehend beherrscht. Treibt vielleicht die – oft nicht eingestandene – Sehnsucht nach der Melodie, nach dem *affetuoso*, dem Gefühlsmäßigen, Innigen, Zärtlichen, Leidenschaftlichen, das im Süden zum Stil geworden ist, viele nordische Musiker dorthin? Fragen über Fragen, über die nachzudenken sich lohnt, auch wenn nie eindeutige Antworten zu finden sein werden.

In der Melodie schwingt und singt die Seele. Sie gelingt nur Begnadeten. Der Rhythmus kann Erlebnis bedeuten, die Harmonie Spannung, die Melodie aber zum tönenden Universum, zum klingenden Abbild vollendeter Schönheit werden. Von allen Elementen der Musik führt sie zum reinsten Glück.

Nahezu gleichzeitig mit der Oper blüht das Konzertwesen auf: Hier spielt ein über zwanzigköpfiges Orchester (rechts, erhöht) 1706 im Rathaus zu Bologna.

Die Entstehung der Oper

Ihre Geburtsstadt heißt Florenz, ihre Geburtszeit fällt in die letzten Jahre des 16. Jahrhunderts, ihre Eltern heißen Drama und Musik. Als Geburtshelfer müssen die Musiker Jacopo Peri, Giulio Caccini, Vincenzo Galilei angesehen werden, der Dichter Ottavio Rinuccini, die Edelleute Giovanni Bardi und Jacopo Corsi. In der Taufe erhält sie verschiedene Namen, *Dramma per musica, Favola in musica, Melodramma,* nur nicht jenen, der ihr endgültig bleiben wird: *Opera,* OPER.
Das Musiktheater ist sehr alt. Besäßen wir Zeugnisse über die Formen der Musik im Altertum oder gar der vorgeschichtlichen Zeiträume, so wären sicher Ansätze zu einem Musiktheater darin zu finden. Schon den primitiven Menschen zog es zur Verkleidung, zur Maskierung, zum Spiel – den Urquellen jeglichen Theaters –, und die Musik war ihm etwas Vertrautes. Im Mittelalter erwähnten wir einige theatralische Formen, die recht gut als Vorläufer des späteren Musiktheaters angenommen werden können. Die Renaissance, die sich aus Liebe zur Antike die Wiederbelebung von deren künstlerischen Formen vornahm, glaubte im griechischen Theater so etwas wie ein Gesamtkunstwerk erblicken zu dürfen: Sie nahm an, zu den berühmten Dramen eines Aischylos, Sophokles, Euripides, zu den Komödien des Aristophanes habe es nicht nur Begleitmusiken gegeben, sondern zum mindesten Teile dieser Werke seien von Chören gesungen worden, andere getanzt. Auch Sologesangs-Einlagen hätten vielleicht darin Platz gefunden. Und so nahm sie sich vor, die ersehnte Wiederbelebung dieser wahrhaft „goldenen" Ära mit allen jenen Kenntnissen und Errungenschaften der Künste auszustatten, die sie selbst besaß.
Im Florenz der Renaissance, das wohl über mehr illustre Geister verfügte als jede andere Stadt des Abendlands, tat sich eine Gruppe hervorragender Männer im Dienst der Antike zusammen und nannte sich CAMERATA FIORENTINA. Sie bestand aus führenden Männern der Gesellschaft, Aristokraten und Künstlern, Wissenschaftlern und hochgebildeten Bürgern. Ihr Traum, ihr Wunsch galt der Wiedererweckung einer glorreichen Vergangenheit. Sie konnten auch nicht im entferntesten ahnen, daß sie anstelle einer altgriechischen Kunstform eine völlig neue Kunstgattung schaffen würden, die zur umstrittensten, glühendst geliebten, polemisch bekämpften, meistgenannten der kommenden Musikzeiten werden sollte.
Diesen Superlativen müssen unmittelbar nüchterne Zahlen folgen, wie der Leser des 20. Jahrhunderts sie schätzt. Die Oper, die weitaus kostspieligste aller Kunstformen, besitzt heute an die tausend Spielstätten rund um die Erde. Räumen wir jeder nur einen verhältnismäßig bescheidenen Fassungsraum von durchschnittlich tausend Hörern ein, so ergibt sich eine tägliche Ziffer von einer Million opernbegeisterter Zeitgenossen. Eine solche Rechnung hätte zu Beginn des 20. Jahrhunderts noch eine gewisse Berechtigung gehabt (wenngleich wahrscheinlich nicht einmal ein Zehntel der Opernliebhaber die physische und materielle Möglichkeit hatte, Vorstellungen beizuwohnen). Heute aber ist sie weit überholt durch das Auftauchen und die zunehmende Herrschaft der Massenmedien (Tonträger, Schallplatte, Rundfunk, Fernsehen, Videokassette, Bildplatte usw.), die einem relativ hohen Prozentsatz der Menschen zugänglich sind. Sie multiplizieren die Zahl der Opernbegeisterten mit einem zwar unbekannten, aber keinesfalls unter zehn liegenden Faktor. Es gibt Kenner, die ihn mit weit über 100 veranschlagen und glaubhaft versichern, eine denkwürdige Opernvorstellung mit Verbreitung über Rundfunk und Fernsehen könne mit einem Potential von mehr als 50 Millionen Teilnehmern auf der ganzen Erde rechnen.
Mißt man gar die Anteilnahme des Publikums an der Leidenschaftlichkeit der Rezeption, so muß man eingestehen, daß der Oper seit nunmehr vierhundert Jahren eine Sonderstellung im Musikleben gebührt. Doch kehren wir zu nüchternen Zahlen, zur Statistik zurück: Überblickt der Opernfreund heute das anscheinend so weite Feld seiner Neigung, so wird er mit Staunen bemerken, daß das Repertoire des gegenwärtigen Musiktheaters sich in fast unglaublich engen Grenzen hält. Wollten wir die Werke aufzählen, die dem „Opernfan" aus der vierhundertjährigen Geschichte vertraut sind, so kämen wir auf etwa zweihundert, vielleicht dreihundert. In letzterer Anzahl dürften schon lokale, nationale Werke eingeschlossen sein, also Opern, die über die Landes- oder Sprachgrenzen ihres Entstehungsgebietes selten oder nie hinausgelangen: polnische Opern in Polen, bulgarische in Bulgarien, portugiesische in Portugal, brasilianische in Brasilien und wie schwierig es selbst die deutschsprachigen Opern fern ihrer Heimat haben, zeige eine verkürzte Liste: Lortzing, Nicolai, Cornelius, Hugo Wolf, Pfitzner.
Halten wir dieser Ziffer der zweihundert Opern eine andere entgegen: die der in vierhundert Jahren zumindest einmal aufgeführten – nicht etwa aller komponierten Opern, die sich nicht feststellen läßt, da man nie erfahren wird, wie viele solcher Werke, an denen die Liebe, ja das Herzblut ihrer Schöpfer hing, in Schreibtischladen, in Theaterarchiven vermoderten. Nein, aufgeführte Werke, die einmal das trügerische Rampenlicht erblickten. Eine verläßliche Statistik nennt die ungeheure Zahl von 59000.

Liegt hier ein Grund zu Stolz und Freude über diese Lebenskraft eines Genres, dem seine – nicht wenigen – Verächter und Feinde schon unzählige Male ein baldiges Ende voraussagten? Oder eher ein Grund zum Nachdenken, warum nur ein so geringer Teil – ein halbes Prozent! – der Werke am Leben blieb? Enthielte nur jede zehnte Oper eine einzige zu Herzen gehende, schöne Melodie, so gäbe es, allein auf diesem Gebiet, mehr als fünftausend verlorene Melodien.

Das neue Musiktheater

Ein Dokument berichtet recht anschaulich über die frühen Jahre der Oper. Es stammt aus der Hand des Giovanni Battista Doni, der 1594 (dem vermutlichen Geburtsjahr der Oper) in Florenz zur Welt kam, dort Professor für „alte Musik" wurde (worunter man die der Griechen und Römer verstand) und 1647 starb. Die uns hier interessierenden Teile daraus lauten: „Zu allen Zeiten verband man dramatische Handlungen mit Musik... doch der Zeitpunkt, zu dem man begann, ganze Dramen zu singen, statt zu sprechen, steht mir noch genau im Gedächtnis; es wurde durch die Einführung des ‚rezitativischen Stils' möglich, der heute allgemein anerkannt und von vielen Musikern angewendet wird. Er findet mehr Beifall als die früheren Madrigale, die niemals dem Wort gerecht wurden. Dieser Rezitativ-Stil entstand in Florenz um 1600. In dieser Stadt lebte damals Signore Giovanni Bardi, Graf von Vernio (der später in den Dienst des Papstes Clemens VIII. seligen Andenkens berufen, von diesem hochgeschätzt und zum Kammerherrn ernannt wurde). Er war ein Edelmann von hohen Tugenden und lebte für die Liebe zum Altertum und zur Musik. Er hatte diese Kunst in Theorie und Praxis studiert und komponierte auch sehr geschickt. Bardis Haus war stets der Mittelpunkt fruchtbarer Studien, eine Art blühender Akademie. Hier versammelten sich die jungen Edelmänner, um ihre Mußezeit mit künstlerischen Übungen und gelehrten Gesprächen zu nützen. Besonders häufig unterhielten sie sich über musikalische Fragen und suchten sich klar zu werden, wie man die so gelobte und angesehene, aber zusammen mit anderen wertvollen Gütern unter dem Ansturm der Barbaren (die Westgoten unter Alarich zerstörten Rom im 5. und 6. Jahrhundert) seit Jahrhunderten verschwundene Musik des Altertums wiederbeleben könne. Man war darin einig, daß die gegenwärtige Musik dem Ausdruck der Worte überhaupt keine Rechnung trage, also auch keine Entwicklung von Gedanken zuließe, so daß Mittel gefunden werden müßten, eine Hauptmelodie eindringlich hervorzuheben, durch welche die Verse nicht verstümmelt und die Dichtung klar verständlich würde. Unter den Musikern stand damals Vincenzo Galilei (1520–1591), Vater des berühmten Astronomen Galileo Galilei, in besonderem Ansehen... Unter anderem verfaßte er jene bekannte Abhandlung über die Mängel der heutigen Musik. Er war der erste, der Gesänge für eine Stimme komponierte, so die leidenschaftliche Klage des Grafen Ugolino aus der Feder Dantes (in seiner ‚Divina Commedia') und der sie mit einer Gruppe von Violen sehr eindrucksvoll vortrug. Der Erfolg veranlaßte Galilei, im gleichen Stil Abschnitte aus den Klagegesängen des Propheten Jeremias zu vertonen... Zum Kreis um Bardi gehörte damals auch Giulio Caccini aus Rom, ein junger, aber schon meisterlicher Sänger. Er fühlte sich zur neuen Musikart hingezogen und komponierte viele Stücke mit Begleitung eines Instruments, zumeist einer Theorbe... Im rezitativischen Stil wurde Jacopo Peri sein Konkurrent, auch er ein gewandter Komponist, berühmter Sänger und Cembalist. In der Liebe zur Musik fand Graf Bardi einen Nachfolger in Jacopo Corsi, der sich für alle künstlerischen Belange einsetzte und sein Haus zu einer Herberge der Musen und einem Versammlungsort ihrer Anhänger machte. Mit ihm war Ottavio Rinuccini eng befreundet, ein ausgezeichnet befähigter Dichter. Und da Dichtung und Musik Geschwister sind und zusammengehören, ergab sich von selbst die Gelegenheit, die beiden Künste zu vereinen. Das erste Drama, das in diesem neu gefundenen Musikstil geschaffen wurde, war ‚Dafne', ein Hirtenstück von Rinuccini; es wurde im Hause Corsi mit Musik sowohl von Peri wie von Caccini unter beträchtlichem Interesse der ganzen Stadt aufgeführt. Später wurden noch weitere Stücke gespielt, so vor allem mit fürstlichem Aufwand die ‚Euridice', gedichtet von Rinuccini und in Musik gesetzt von Peri, der, nachdem er in der ‚Dafne' bereits den Apollo gesungen hatte, nun auch hier einige Rollen übernahm. Einige Stücke von Caccini wurden hinzugefügt. Das geschah im Jahre 1600 bei der Hochzeit Maria de Medicis mit dem französischen König Heinrich IV. in Florenz..."

Die Partitur der hier erwähnten „Dafne" ist verlorengegangen, hingegen blieb, als erstes Dokument der neuen Gattung „Oper", die der genannten „Euridice" erhalten. Das neue Musiktheater war geboren. Es unterschied sich grundlegend nicht nur von seinem vermeintlichen Vorbild, der griechischen Tragödie, sondern auch von einigen vorausgegangenen Versuchen, mit denen das Abendland sich gelegentlich auf die Suche nach einem neuen Musiktheater begeben hatte, von Adam de la Halles Liederspiel „Le Jeu de Robin et Marion" (13. Jh.), den geistlichen Mysterienspielen, den *Masques* und den *Ballets de la reine* am französischen Hof des 16. Jahrhunderts, von dem 1585 in Vicenza aufgeführten Drama „Oedipus" mit Musikeinlagen von Andrea Gabrieli und manchem anderen.

Die Väter der Oper

Dem zitierten Dokument zufolge müßte man Vincenzo Galilei in vorderster Reihe der Operngründer nennen. Auf jeden Fall gehört er zu ihren hervorragendsten Propheten. Sein Tod im Jahr 1591 ließ ihn die ersehnte und im Geist erschaute Kunstform nicht mehr erleben. So gelten Giulio Caccini (um 1550–1618) und Jacopo Peri (1561–1633) als die frühesten Komponisten, Ottavio Rinuccini (1563–1621) als der erste Dichter der Operngeschichte. Dem Kreis der Camerata Fiorentina stand zeitweise auch Emilio de' Cavalieri (um 1550–1602) nahe, der zum Begründer des Oratoriums und vor allem in Rom tätig wurde. Oper und Oratorium waren in ihren Anfängen eng miteinander verwandt. Es gab zwischen ihnen erst einen Unterschied, als die eine sich für eine „weltliche", die andere für eine „geistliche" Laufbahn entschied, die eine auf eine Bühne strebte, die andere sich im Kirchenraum entfaltete. Cavalieri führte seine „Rappresentazione di Anima e di Corpo" erstmals

Titelblatt zu „Dialog zwischen alter und neuer Musik", ein Werk des Mitbegründers der Oper Vincenzo Galilei.

im römischen *Oratorio della Vallicella* auf, woher der Name ORATORIUM für die gesamte Kunstgattung verblieb. Man schrieb das Jahr 1600, das gleiche, aus dem auch die älteste erhaltene Oper stammt. Beide verdanken ihre Entstehung dem Aufkommen des neuen „rezitativischen" Stils: einer Art Sprechgesang, der jede Silbe jedes Wortes deutlich zum Verständnis der Hörer bringen wollte, einstimmig vorgetragen wurde und sparsam von einem harmonisch geführten Orchester untermalt, also von Akkorden der neuen Harmonien gestützt wurde. Auch den Ausdruck *stile rappresentativo* findet man oft für diese Rezitativform der ersten Opern; er besagt, daß dieser Stil besonders für die Darstellung, die szenische Aufführung *(rappresentazione)* geeignet sei. Oper und *stile recitativo* gehören unlöslich zusammen. Innerhalb des „alten", des mehrstimmigen Stils wäre die Entstehung von Oper und Oratorium unmöglich gewesen, denn die Polyphonie erlaubt, wie schon Doni in dem zitierten Buch schreibt, keinerlei Wortdeutlichkeit, also genaugenommen keine dramatische Handlung, die ja auf dem Text beruht und diesen deutlich und möglichst ausdrucksvoll untermalt zur Geltung bringen soll. Die mehrstimmige Epoche ging zu Ende, als die Homophonie, die begleitete Einstimmigkeit, die Möglichkeit eines wortdeutlichen Sprechgesangs schuf. Oder war es umgekehrt? Brachte der neu heraufkommende einstimmige Gesangsstil den alten, in vielen Jahrhunderten überlebten polyphonen Stil zum Verschwinden? Nichts ist so mächtig wie eine Idee, deren Zeit gekommen ist: Immer wieder, bei jedem einschneidenden Stilwechsel, beim Sieg jeder neuen Epoche muß man an dieses kluge Wort Victor Hugos denken. Die Zeit war reif für das Musiktheater im neuen dramatischen, rezitativischen Musikstil.

Doch nicht alle Musiker des ausgehenden 16. Jahrhunderts akzeptierten ohne Murren diesen grundlegenden Wandel. Orazio Vecchi (1550–1605) war einer dieser Konservativen, ein angesehener, technisch sehr versierter Komponist, Domkapellmeister und Hofmusiker in seiner Heimatstadt Modena. Dort brachte er 1594 die *commedia armonica* „L' Anfiparnasso" zur Aufführung, um seine Neigung zu den „modernen" Bestrebungen des Musiktheaters zu zeigen; es wurde ein schönes Werk, aber keine Oper. Denn während die genau gleichzeitig in Florenz erscheinenden Werke Peris und Caccinis den neuen einstimmigen Stil, den *stile recitativo*, anwendeten, verblieb Vecchi bei der Polyphonie: Er faßte Reden und Gegenreden der handelnden Personen nicht etwa im Einzelgesang ab, sondern jeweils in vier- oder fünfstimmigen Ensembles, was die neue Idee unwirksam machte, ja ad absurdum führte. Man könnte dieses Stück wohl eine „Madrigalkomödie" nennen, nicht aber eine frühe Oper. Sehr interessant hingegen dünkt uns das Vorwort, das Vecchi dem „L' Anfiparnasso" vorausgeschickt hat. Hier interpretiert er merkwürdig genau die Idee seiner fortschrittlichen florentinischen Kollegen. Er vergleicht sehr geistreich die Malerei der Zeit mit den Vorstellungen der Camerata: Einige wichtige Figuren müßten im Vordergrund stehen, der weiträumige Hintergrund jedoch mit weniger bedeutenden Gestalten angefüllt werden, deren Aufgabe darin bestehe, die erforderliche Stimmung zu schaffen und das Umfeld abzustecken. Es ist dies sehr genau der Grundgedanke des neuen Musiktheaters bis zum heutigen Tag.

Die Erfindung einer Kunstgattung dürfte einmalig gewesen sein. Alle anderen wuchsen organisch, oft über lange Zeiträume: das Lied, die Motette, das Madrigal, der Kanon, die Fuge, die Suite, die Sonate, das Concerto oder Konzert, die Sinfonie, die Ouvertüre. Die Oper aber wurde erfunden. Dadurch hat sie ein Geburtsdatum, als das man 1594 annehmen kann, das Jahr, in dem vermutlich die „Dafne" aufgeführt wurde, oder aber 1600, von dem die erste erhaltene Oper „Euridice" datiert. Von der Geburtsstätte haben wir genug gesprochen (und den Zeugen Doni sprechen lassen). Doch nun kommt das Merkwürdige: Die „Erfinder" der Oper hatten keine Ahnung, eine Erfindung gemacht zu haben. Es erging ihnen wie einst Kolumbus, der auszog, um einen neuen Weg zu etwas Altbekanntem zu suchen und beim historischen Jubelschrei „Tierra!" seiner Mannschaft auch fest überzeugt war, sein Ziel erreicht zu haben. So nannte er die Gegend „Westindien", die Bewohner „Indianer", und er selbst erhielt den Titel „Almirante de las Indias". Auch die Männer der Camerata Fiorentina dachten lange Zeit, die „echte" griechische Tragödie wiedergefunden zu haben, jenen

Links: Die erste Seite der frühesten erhaltenen Oper, „Euridice" von Giulio Caccini (1600). Die obere Zeile bringt die rezitativisch geführten Singstimmen, die untere die instrumentale Baßstimme, nach der ein Cembalist die Harmonien in Akkorden auszuführen hat. Die Singstimme ist hier im Sopranschlüssel notiert, der das C auf der ersten Linie schreibt; die Unterstimme im heute noch gebrauchten Baßschlüssel (mit dem F auf der vierten Linie). Rechte Seite: Claudio Monteverdi im Porträt eines unbekannten Malers.

Gipfelpunkt des Welttheaters, den sie sich als „Gesamtkunstwerk" vorstellten (um einen 1600 noch lange nicht existierenden Ausdruck Richard Wagners zu verwenden). Ob wiedergeborenes antikes Theater oder neuerfundenes Wort-Ton-Drama, das Verlangen nach einem künsteverbindenden Schauspiel auf der Grundlage einer ethisch-moralisch fundierten, zutiefst humanistischen Weltanschauung waren im Renaissance-Italien weit verbreitet. Die Verwirklichung dieses Traums löste Befriedigung aus, ja Freude und Jubel. Doch man täusche sich nicht: Was hier ins Leben getreten war, befand sich unendlich fern vom Geschmack des Volkes, der Allgemeinheit. Es war eine Kunstform für feingebildete Ästheten, für weltfremde Idealisten. Ein weiter Weg lag vor ihr, wenn sie sich jemals der Gunst des allgemeinen Publikums erfreuen wollte.

Claudio Monteverdi

Die neue Kunstgattung wird dieses Abenteuer auf sich nehmen, wird angegriffen werden wie keine andere, wird Stürme erleben, aber auch Triumphe, wie keine zweite sie je gekannt hat. Man stellt sie prinzipiell in Frage, lehnt sie als unmöglich ab, weil das durchlaufende Singen, in Augenblicken starker Gefühlsbewegungen durchaus begründbar, in Alltagssituationen aber jeder Logik Hohn spräche. Als ob es in der Kunst jemals auf Logik angekommen wäre! Man hat sie Vereinigung aller Künste gepriesen, ihre Verschmelzung von Wort und Ton zeitweise ideal gefunden, aber Puristen haben sie eine Verderberin reiner Prinzipien gescholten. Sie hat sich um das alles nicht gekümmert, hat hochgestelzte Artistik wie erniedrigende Banalität überlebt, hat ihrer Feinde gespottet, ihre Theoretiker desavouiert, aber ihre Anhänger immer wieder belohnt in der fürstlichsten Art, in der Menschen belohnt werden können: mit Sternstunden des Erlebens.

Zwei Meilensteine stehen auf dem frühen Weg der Oper. Der erste bestand im Erscheinen eines gewaltigen Meisters, eines wahren Patriarchen, gerade im Augenblick, in dem sie noch ihre wahre Bahn suchte: Claudio Monteverdi konnte sie, wenige Jahre nach ihrer Entstehung, nach seinem Ideal formen, konnte ihr 1607 in Mantua einen hochkünstlerischen Anspruch geben, den zu leugnen schwer, zu bezweifeln unmöglich war. Das zweite Ereignis war äußerlicher Art: Es wies die Oper in die Richtung, in der sie aus Palästen und höfischem Zeremoniell ausbrechen und in die gefährliche, aber berauschende Freiheit des öffentlichen Theaters gelangen sollte. Die knapp vierzigjährige Kunstgattung Oper bezog in Venedig 1637 zum ersten Mal eine richtige Bühne, vor der sich allabendlich das bunte Volk der Lagunenstadt in seiner ganzen Vielfalt versammelte. Diese Bühne lag nahe der Kirche San Cassiano und führte daher, wie bei den vielen Theatern Venedigs üblich, diesen Namen. Mit diesem ersten öffentlichen Auftreten, noch dazu auf einer echten Volksbühne in einem belebten Stadtviertel, begann für die Oper die bewegte, abenteuerliche, ja romanhafte Etappe, die in einer bis dahin ungekannten Stärke alle sozialen Schichten erregen sollte. Das bunte Spektrum ihrer Besucher machte hundert Arten des Verstehens oder Mißverstehens möglich; es ließ das neuartige Musiktheater, mehr als jemals irgendeine andere Kunstform, zum erregten Tagesgespräch Venedigs – und ein wenig später fast aller großen und kleineren Städte des Abendlandes – werden, von den Familienräumen des Landesherrn über die Boudoirs der Liebenden bis zum Gemüsestand des Marktes.

Claudio Monteverdi, 1567 in der Geigenbauerstadt Cremona geboren (wo er am 15. Mai dieses Jahres getauft wurde, also knapp vor diesem Datum geboren sein wird), lernte als Sängerknabe Geige und Orgel zu spielen. Ein bedeutender Musiker, Marco Antonio Ingegneri (um 1547–1592), entdeckte das ungewöhnliche Talent des Knaben und unterwies den Frühreifen in der Komposition. So schrieb Monteverdi als Sechzehnjähriger geistliche Madrigale von hoher Vollendung (die er seinem Meister widmete), bald darauf weltliche Canzonetten und dann immer größere und bedeutsamere Werke, die noch durchwegs im traditionellen Stil der Mehrstimmigkeit gearbeitet sind, in der sogenannten *prima prattica* (der ersten Praxis), wie man die Polyphonie nannte, als neben ihr die *seconda prattica* (die zweite Praxis) auftauchte, der neue Gedanke der rezitativischen MONODIE (Einzel- oder Sologesang mit harmonischer Begleitung in Akkorden, die zumeist im Generalbaß notiert werden), die rasch die Musikwelt erobern wird. Von 1587 angefangen, wendet Monteverdi sich dem weltlichen Madrigal zu, und es ist fesselnd zu verfolgen, wie er vom traditionellen fünfstimmigen Typus allmählich, aber deutlich, der „neuen Musik" zustrebt, die in den Köpfen der meisten in Italien tätigen Komponisten bereits rumort und ihren Weg sucht.

In großen Zügen läßt Monteverdis Schaffen sich in drei große Gebiete einteilen: das Madrigal, das schon manche Wendung durchgemacht hat, das in vielerlei Formen vorliegt und nun auch noch der Wandlung zur melodischen Einstimmigkeit, zur MONODIE und HOMOPHONIE offensteht. Die geistliche Komposition, in der Reste der Polyphonie sich am längsten halten können; und schließlich das Theater, das Musikdrama, dessen Zeit gerade anbricht. Und es ist unmöglich zu sagen, auf welchem dieser drei Gebiete Monteverdis genialste Leistungen liegen. Dabei ist leider sein dramatisches Werk nur zum kleinen Teil uns erhalten geblieben: „Orfeo", „Il Ritorno d'Ulisse" und „L'Incoronazione di Poppea" sind die einzigen seiner Opern, die wir kennen, wobei die erste mit dem Entstehungsjahr 1607 noch aus seiner Tätigkeit im Schloß von Mantua stammt, die beiden letzten aber um dreieinhalb Jahrzehnte jünger sind und während seiner letzten Zeit als Kapellmeister an der Markuskirche Venedigs erschienen. Dazwischen aber klafft eine riesige Lücke, die vor allem vermutlich durch den Brand des Schlosses der Fürsten Gonzaga in Mantua entstanden ist. Von ungefähr zehn weiteren Bühnenwerken Monteverdis, die in diese bedauernswerte Leere fallen, kennen wir nur die Titel, manchmal Teile des Librettos oder, wie im Fall der 1608 komponierten und aufgeführten Oper „Arianna", ein musikalisches Teilstück: Hier das berühmt gewordene *Lamento*, den Klagegesang der Ariadne: *Lasciatemi morire*, dem Monteverdi später verschiedene Formen gab, da er diese Melodie anscheinend besonders liebte. Es ist auch

viel geistliche Musik Monteverdis verlorengegangen. Wir besitzen vor allem die Messe „In illo tempo" sowie die wundervolle Marien-Vesper, die beide vom Komponisten 1610 gemeinsam herausgegeben und dem Papst Paul V. gewidmet wurden. Am vollständigsten ist das Werk dieses Meisters, das zu den bahnbrechendsten der Musikgeschichte gehört, an seinen Madrigalen abzulesen. Deren wichtigste hat er in „Madrigalbüchern" gesammelt und in acht Bänden fortlaufend von 1587 bis 1638 herausgegeben. Wenn er selbst es dabei nicht allzu genau mit der Chronologie nimmt – für ihn waren künstlerische Gründe die einzig maßgebenden, und an Studien durch die Nachwelt dachte er kaum –, läßt sich doch in diesen Bänden sein innerer Werdegang ablesen, ähnlich wie wir es bei Beethoven zweihundert Jahre später an Hand seiner Klaviersonaten vermögen.

DER HOF VON MANTUA

Um das Jahr 1590 holt der musikliebende Herzog Vincenzo I. Gonzaga von Mantua Monteverdi in seinen Palast; zuerst als Violaspieler, was wohl die Beherrschung aller Streichinstrumente der Violenfamilie voraussetzt. Später wird er *cantore*, was vermutlich mehr als Sänger bedeutete; schließlich 1602 wird er zum Kapellmeister befördert, nachdem er seinen Herzog bereits auf mehrere Reisen begleitet hatte. 1599 ging es nach Flandern, wo die alte „niederländische Schule" immer noch in hoher Achtung bei allen europäischen Musikern stand. Doch vielleicht war es gerade hier, wo Monteverdi die Notwendigkeit eines Stilwechsels besonders deutlich gespürt hat. Der Kontrapunkt schien am Ende, die Mehrstimmigkeit, in deren dichtem Geflecht der Text unterging, hatte der „neuen Zeit" nichts mehr zu sagen. Monteverdi nahm sehr bewußt Stellung für das Neue, für die *seconda prattica*, für die Harmonie und gegen den

Kontrapunkt, für die Monodie und gegen die Polyphonie. Auf diesem Weg wird er nun viele Jahre kämpfend fortschreiten, bis die modernen Prinzipien – nicht zuletzt durch seine Werke – endgültig durchgesetzt sein werden. 1603 erschien sein viertes, 1605 sein fünftes Madrigalbuch. Diesem letzteren gab er ein stark beachtetes, viel zitiertes Geleitwort mit auf den Weg. Ein Kanonikus aus Bologna, Giovanni Maria Artusi, hatte sich in einigen Schriften (deren wichtigste wohl die zweibändige „L'Artusi ovvero delle imperfezzioni della moderna musica" aus den Jahren 1600–1603 war) heftig gegen Monteverdi und die von ihm vertretene „moderne Musik" ausgesprochen. Zur Erwiderung an diesen Kritiker, aber weit darüber hinaus als künstlerisches Glaubensbekenntnis, hat Monteverdi zur Feder gegriffen. Als echter Renaissancemensch geht er auf die griechische Antike zurück, beruft sich auf Platons grundlegendes Werk „Der Staat". Aber gerade diese Zeugenschaft macht Monteverdis Beweisführung zweifelhaft: Platon stand nie vor einem Dilemma, wie es hier abgehandelt wird, hatte nie zwischen *prima* und *seconda prattica* zu entscheiden, die einander schroff gegenüberstanden. Außer seinen wohl immer gültigen Grundsätzen in bezug auf die für das Individuum wie für das Gemeinwesen lebenswichtige Musikerziehung kann Griechenlands großer Denker kaum als Zeuge in einer abendländischen Musikstil-Frage herangezogen werden. Monteverdi polemisiert eigentlich gar nicht, ihm geht es um Wichtigeres als um die Diskussion mit einem Gegner, der eine offenkundig ungültig gewordene Sache vertrat. Was Monteverdi anstrebte, war ein Aufruf zur Besinnung: Er warnt, er mahnt seine Gefährten, die jungen Musiker seiner revolutionären Zeit, den dornenreichen Weg durch die alten Techniken, die *prima prattica*, nicht zu scheuen, diese Etappe einer vollständigen Ausbildung nicht zu überspringen, um zur *seconda prattica* vorzustoßen. Er stellt fest, daß nur, wer das Alte kenne und verstehe, das Recht besitze, es hinter sich zu lassen, zu verwerfen, zu Neuem zu schreiten, von dem man ehrlich überzeugt sei. Monteverdi meint, das nun modern gewordene „Affetuoso"-Komponieren, die gefühlsbetonte Art des Schaffens erfordere viel weniger Regeln als der abgetane Kontrapunkt; der neue rezitativische Sprechgesang scheine also leicht und verlocke so den angehenden Musiker, aber „der moderne Komponist dürfe seine Werke einzig und allein auf der Grundlage der Wahrheit schreiben ..." Ein beherzigenswerter Satz für alle Zeiten.

Was allerdings ist die Wahrheit? Hat nicht jede Zeit die ihre? Jeder schöpferische Mensch die seine? Jener Artusi verfocht zu spät die Glaubenssätze einer vergangenen Zeit. Monteverdi ahnte die neue Welt, die unaufhaltsam heraufdämmerte, deren Sieg nicht mehr

Unten: Alter Stadtplan von Mantua, in dessen Herzogspalast Monteverdi Kapellmeister war und seine beiden ersten Opern („Orfeo", „Arianna") uraufführte.
Rechte Seite oben: Torquato Tasso, der illustre italienische Dichter, dessen Verse von den größten Musikern seiner und späterer Zeit vertont wurden.
Rechte Seite unten: Das Personenverzeichnis der frühen Oper „Euridice" in der Vertonung von Jacopo Peri (1600).

aufzuhalten war. Zu ihren Anführern gehörte er, aber es ist kein Triumphlied, das er anstimmt. Monteverdi hat den Lauf der Zeiten erkannt, die ewige Ablösung einer Epoche durch die nächste, einer Generation durch die folgende, eines untergehenden Tages durch die Morgendämmerung des jungen, neuen.

Das Jahr 1611 bringt den nie ganz geklärten Abbruch der Beziehungen Monteverdis zum Hof von Mantua, den er in die große Musikgeschichte gehoben hatte. Vielleicht trug der plötzliche Tod des Herzogs Vincenzo I. und seiner Gattin an der Cholera dazu bei. Ob deren Nachfolger tatsächlich dem so verdienten Hofkapellmeister eine Pension oder Rente aussetzte, wie manchmal behauptet wird (und wie erst anderthalb Jahrhunderte später Haydn sie von den Fürsten Esterházy empfangen wird), ist unklar. Monteverdi geht für mehr als ein Jahr in seine Geburtsstadt Cremona zurück. Doch der Aufstieg zu neuer Höhe läßt nicht lange auf sich warten. Monteverdi wird eingeladen, am 19. August 1613 ein Probekonzert in der Markuskirche von Venedig zu geben. Der Verlauf läßt keinen Zweifel aufkommen, der richtige Mann ist für diesen wahrscheinlich höchsten und begehrtesten Posten innerhalb der abendländischen Musik gefunden. Die Kirchenkapelle weist zwanzig Instrumentalisten und dreißig Sänger auf, bei festlichen Gelegenheiten sind Verstärkungen denkbar. Kein Wunder, daß Monteverdi sich in den folgenden Jahren vornehmlich dem geistlichen Schaffen zuwendet und (wie er es selbst in einem Brief ausdrückt) das Theater ein wenig vernachlässigt. Den späteren Musiker mag es immerhin verwundern, daß im Barock seine Vorgänger mit absoluter Selbstverständlichkeit beide Kompositionsarten gleichzeitig pflegen konnten und auch durften, allerdings wohl eher im katholischen als im protestantischen Teil Europas: Ein Opern komponierender Johann Sebastian Bach wäre für uns schwer vorstellbar. Sein jüngster Sohn Johann Christian wird dann alle Genres pflegen, aber da war er bereits zum Katholizismus übergetreten.

Die Madrigalbücher

In Venedig entsteht 1614 das sechste, 1619 das siebente und schließlich 1638 das achte und letzte der Madrigalbücher Monteverdis. Dieses enthält im ersten Teil „kriegerische", im zweiten Liebesmadrigale und führt daher den Titel „Madrigali guerreri ed amorosi". Die beiden wichtigsten darin enthaltenen Stücke jedoch stammen aus viel früheren Zeiten: „Il ballo delle ingrate" (etwa: Tanz der undankbaren Frauen) wurde 1608 komponiert, in Mantua zur Zeit des „Orfeo" und der „Arianna". Der Text stammt vom bereits öfter genannten Ottavio Rinuccini, der an der Wiege der Oper gestanden, nun fünf Jahre in Paris am Hof geweilt und dort sicher mit dem blühenden *Ballet de cour* sowie den aus England eingeführten *Masques* enge Kontakte gepflegt hatte, musikdramatische Frühformen, die nahe an die Oper heranführen und ihr wichtige Bewegungselemente vermitteln. Aus dem Jahr 1624 stammt „Il combattimento di Tancredi e Clorinda" (Der Kampf Tankreds mit Clorinda) auf den berühmten Text aus dem 1575 vollendeten „Gerusalemme liberata" (Befreites Jerusalem) des Torquato Tasso; es war im venezianischen Palast Mocenigo als dramatische Szene in Theaterform erstmalig gespielt worden. Hier ist der Begriff eines Madrigals im weitesten Sinn gefaßt, aber auch von einer Oper zu sprechen, mag diskutabel sein: Die beiden Sänger und das begleitende Instrumentalensemble bleiben unsichtbar, während zwei Darsteller auf der Bühne die Handlung pantomimisch vorführen und den tragischen Kampf des Kreuzritters mit dem Sarazenen darstellen, der sich zu spät als die insgeheim

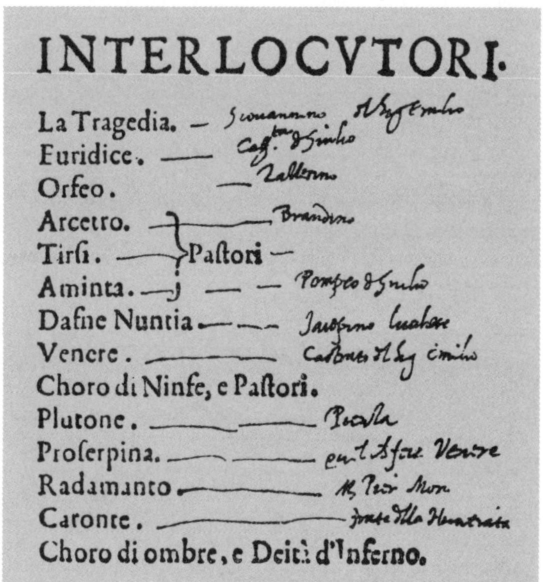
INTERLOCVTORI.

La Tragedia.
Euridice.
Orfeo.
Arcetro.
Tirsi. Pastori
Aminta.
Dafne Nuntia
Venere.
Choro di Ninfe, e Pastori.
Plutone.
Proserpina.
Radamanto
Caronte.
Choro di ombre, e Deità d'Inferno.

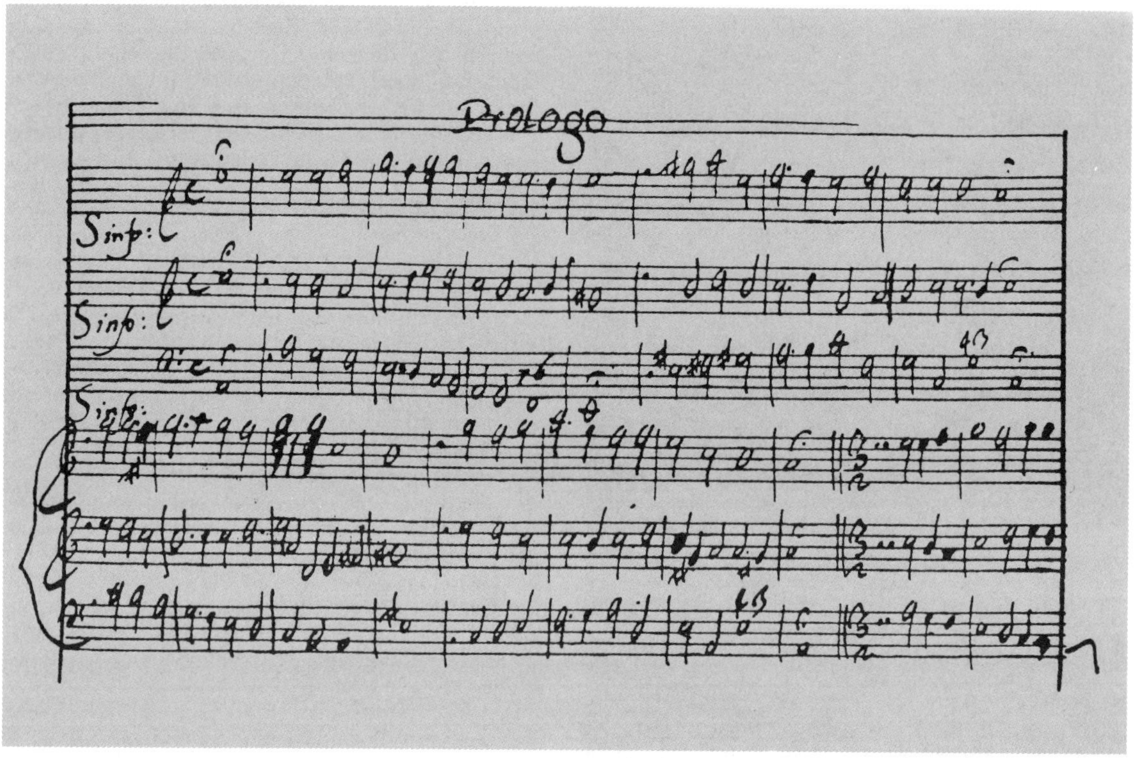

Oben: Zu Monteverdis letzten, schon in Venedig und für öffentliche Theater komponierten Opern gehört „l'Incoronazione di Poppea" (1642). Hier das dreistimmige Manuskript der Ouvertüre (Prologo).
Rechte Seite: Orpheus besänftigt durch seine Musik die wilden Tiere, die ihm den Weg in die Unterwelt verwehren wollen, wo er seine verstorbene Gattin Eurydike suchen will. Das Instrument in seinen Händen dürfte eine Art Viola darstellen, bei der vor allem das nach Lautenart nach hinten gebogene Griffbrett auffällt. Fassadenmalerei von Heinrich Teufel (1566/67, nach Stichen von Virgil Solis) im Hof von Schloß Ambras bei Innsbruck.

längst geliebte Orientalin erweist, die nun ihrer Verletzung erliegt, nicht aber ohne von ihrem Überwinder die Taufe erlangt zu haben.
Monteverdis Leben, nach außen so glänzend und voller Erfolge, weist viel Schmerz und tiefen Kummer auf. Noch in den jungen Tagen der Operntriumphe von Mantua starb seine Gattin Claudia, und er blieb bis an sein Lebensende allein. Ein schwerer Schlag muß der Brand und die Plünderung Mantuas im Jahr 1630 gewesen sein, denen unersetzliche Manuskripte Monteverdis zum Opfer fielen. Sein Sohn Massimiliano, der Arzt geworden war, fiel unter undurchsichtigen Anschuldigungen in die Hände der gefürchteten Inquisition. Nur mit stärkstem Einsatz seiner Person und seines Ruhms gelang es dem verängstigten Vater, seinen Sohn vor dem Feuertod zu retten. Venedig wurde von einer Pestepidemie heimgesucht, die zwar den Meister verschonte, aber innerhalb eines Jahres vierzigtausend Opfer forderte. Im Alter soll Monteverdi die Priesterweihe genommen und sich tief ins eigene Innere zurückgezogen haben. Doch selbst diese letzte Etappe seines schöpferischen Lebens zeigt ihn im Vollbesitz seiner künstlerischen Inspiration. Er weist der jungen Oper, zu deren Sieg er dreißig Jahre zuvor entscheidend beigetragen hatte, den Weg in die glanzvolle Zukunft. Er wird zum wichtigsten Bindeglied zwischen dem bis dahin alleinherrschenden aristokratischen Musikdrama und der künftigen „Volksoper", dem musikalischen Schauspiel, das alle Klassen in seinen Bann zieht. 1637 eröffnete das erste Musiktheater der Welt, San Cassiano, seine Pforten in Venedig. Es tat dies mit einem Werk zweier seiner Schüler, und den Meister interessierte das Experiment trotz keineswegs eindeutigem Erfolg so stark, daß er sich bereit erklärte, für nicht weniger als vier venezianische Bühnen je ein Werk zu schaffen. Zwei davon blieben erhalten und sind bis heute am Leben – oder, genauer gesagt, nach langem Vergessen im 20. Jahrhundert aus ferner Vergangenheit zu neuem Leben erweckt. Es sind „Il Ritorno d'Ulisse in Patria" (Die Heimkehr des Odysseus in sein Vaterland) und „L'Incoronazione di Poppea" (Die Krönung der Poppea). Monteverdis Phantasie konnte sich, wie schon die Titel besagen, nicht von der klassischen Antike losreißen. Wollten wir diese beiden Opern in ein Schema bringen, so müßten wir die erste dem „Abenteuergenre" zuteilen, die zweite dem der „politischen Intrige". Beide stellen keine geringeren Meisterwerke dar, als der „Orfeo" (und sicherlich die „Arianna") es gewesen war, aber Monteverdis Stil hat in einer langen und exemplarischen Laufbahn die naturgegebenen und zeitbedingten Fortschritte gemacht (wobei Fortschritt im wahren Sinne des Wortes gebraucht werden soll: nicht als Aufwärtsentwicklung, sondern als ein Weiterschreiten). Die Musik dieser beiden späten Opern – „Ulisse" wurde 1640 komponiert, „Poppea" 1642 – ist ungleich bewegter, man könnte sagen lei-

denschaftlicher als die der Frühwerke. Diese stärkere Akzentuierung der äußeren und inneren Dramatik erhielt den Namen *stile* oder *genere concitato.*
Zwei Errungenschaften sind es vor allem, die, neben dem Genie seiner Erfindungskraft, Monteverdi eine Prophetenrolle in der Musikgeschichte zuweisen. Zum einen, den neuen Gedanken einer dramatischen Musik endgültig Bahn gebrochen zu haben, zum Begründer des wahren Musikdramas geworden zu sein. Er erhob das Wort auf die Höhe der Musik, ließ es nicht nur Vorwand, Stütze der Musik sein, deren Bedeutung er aber keineswegs schmälerte. Musik und Wort stehen bei ihm in vollem Einklang, ergänzen einander in ausgewogenstem Gleichgewicht, das zum Idealbild der Oper wird. Deren gesamte Geschichte muß stets eine Gratwanderung darstellen; immer wieder erfolgt ein Absinken, oft ein Absturz auf eine der beiden Seiten, zum Text, zum Drama, zum Verstand oder zur Musik, zum Gefühl, zur Sinnlichkeit. Das eine Extrem führt zur melodielosen Deklamation, das andere zur sinnlosen Melodie, beide kommen in der Operngeschichte vor und werden uns beschäftigen. Sie bilden einen immerwährenden Konflikt, den die so schwierige Nachfolge des Gründervaters Monteverdi fast von selbst ins Leben gerufen hat. Die „Reformatoren" des Genres – Gluck und Wagner vor allem – werden sich dazu berufen fühlen, das verlorene Gleichgewicht immer wieder herzustellen, die Oper nicht in die Hände der „Nur-Dramatiker", aber schon gar nicht in die der „Nur-Musiker" fallen zu lassen.
Im achten Madrigalbuch, seinem letzten (ein neuntes wurde postum aus seinem Nachlaß zusammengestellt), fügt Monteverdi den Musikstücken nochmals eine theoretische Abhandlung hinzu, so wie er es im fünften bereits getan hatte. Das Buch jedoch, das er einem unbekannt gebliebenen Empfänger in einem Brief des Jahres 1633 versprach und das die *seconda prattica,* seinen Stil also und dessen Grundlagen, behandeln sollte, hat er nie geschrieben. Aber er hat sich doch des öfteren auch theoretisch über seine künstlerischen Gedanken und Absichten ausgelassen.

Eine zweite weit vorausweisende Tat Monteverdis waren die Neuerungen seiner Instrumentation. Zählt man die Väter des modernen Orchesters auf, so muß chronologisch Monteverdi auf dem ersten Platz stehen, lange bevor Stamitz und Beethoven, Berlioz, Liszt, Wagner, Debussy, Mahler, Ravel, Richard Strauss, Strawinsky die Reihe fortsetzen. Er war der erste Meister, der sein Orchester nicht mehr vom Zufall bestimmen ließ, sondern bereits in einer Art von Partitur seine Klangwünsche sehr genau zum Ausdruck brachte. Im „Orfeo" will er folgende Instrumente zum Klingen bringen: 2 Gravicembali (Cembali), 2 Contrabassi di Viola (Kontrabässe), 10 Viole da braccio (Bratschen), 1 Arpa doppia (Doppelharfe), 2 Violini piccoli alla francesa (kleine Geigen französischer Bauart), 2 Chitarroni (große Lauten), 2 Organi di legno (Positive oder Portative, kleine Orgeln), 3 Bassi da gamba (Gamben), 4 Tromboni (Posaunen), 1 Regale (tragbare Orgel), 2 Cornetti (Kornette oder Trompeten), 1 Flautino (kleine Flöte), 1 Clarino (Trompete), 3 Trombe sordine (Trompete mit Dämpfer), zu denen noch weitere Flöten, große Zithern und Harfen treten können. Von diesem ungewöhnlich großen Ensemble macht Monteverdi in einer Form Gebrauch, die weit in die Zukunft weist: Für jede Szene wählt er eine bestimmte Gruppe von Instrumenten aus, die ihm nach ihrer Klangfarbe zu deren Untermalung tauglich zu sein scheint. Orpheus wird von einer Harfe begleitet, die Hirten von kleinen Flöten und Geigen; die Blechbläser malen die Düsternis der Unterwelt. Alles stimmt mit einer recht seltsamen Erkenntnis Monteverdis überein, daß die Musik keine Kunst für sich darstelle, sondern eine Ausdruckskraft.
Kurz vor seinem Tod zog es Monteverdi noch einmal zu den Städten seines Beginns: in die Geburtsstadt Cremona, in die Stadt seines großen Durchbruchs, Mantua. Dann starb er, den seine Zeitgenossen längst verehrten und nicht ohne tiefen Sinn den „Michelangelo der Musik" nannten, in Venedig am 29. November 1643. Er wurde unter gewaltiger Anteilnahme aller Kreise in der Frari-Kirche beerdigt.

Oratorium und Kantate

Zur gleichen Zeit, als in Florenz die Oper entstand, wurde Rom zur Wiege einer anderen großen und wichtigen Musikform, des ORATORIUMS, das als kaum minder bezeichnend für die Barockepoche gelten kann. Auch seine Wurzeln liegen im mittelalterlichen Theater, vor allem in dessen geistlichen Manifestationen, den Mysterienspielen etwa. Im Gegensatz zur Oper aber, die von einer Erneuerung antiker, vorchristlicher Kunst träumte, war das Oratorium von Anfang an eine betont christliche Kunstform. Man kann sogar annehmen, daß hier die katholische Kirche sehr bewußt seine starke Waffe für ihre Gegenreformation suchte und fand. Doch das Oratorium erwies sich als so wirkungsvoll im Glauben, so menschlich in seiner Handlung, so läuternd in seinen Zielen, daß es bald über die Konfessionen hinausgriff und zum allgemein christlichen Spiel wurde. Die frühesten Spielstätten der Oper waren Paläste, die des Oratoriums Kirchen. Ein Sakralraum war es auch, der dem Genre zum Namen verhalf. Unter „Oratorium" verstand man (vom lateinischen *orare*, beten, abgeleitet) einen Betraum. In solchen Räumen, die vielen nicht nur italienischen Kirchen des 16. Jahrhunderts angegliedert waren, gestalteten die Priester um jene Zeit geistliche Spiele, die zumeist *laudi* oder *laude* genannt wurden. Ursprünglich waren das religiöse Lieder wie z. B. der „Sonnengesang" des heiligen Franziskus von Assisi, dann ging man auf einfache Handlungen aus der Bibel oder die Darstellung allegorischer Figuren über, in denen abstrakte Begriffe wie „die Liebe", „der Neid", „der Geiz", „die Milde", „die Habsucht", „die Sinnlichkeit" personifiziert und den Gläubigen der Sieg der Moral, des Guten über das Böse sinnfällig vor Augen geführt wurde. Zu den meistbesuchten Oratorien Roms gehörte jenes der Kirche Santa Maria in Vallicella, das durch den heiligen Filippo Neri (1515–1595) ins Leben gerufen worden war. Viel Volk strömte zu den *laudi spirituali*, die hier vorgeführt wurden. Man ging ins „Oratorium". Ähnlich wie im späten Mittelalter der Name des Zarzuela-Palastes bei Madrid zur Bezeichnung der dort ins Leben getretenen spanischen Singspielform der *Zarzuela* verwendet wurde, so begann man in Rom um 1600 die in den Oratorien mancher Kirchen stattfindenden geistlichen Spiele als „Oratorien" zu bezeichnen. Neben Santa Maria in Vallicella fand vor allem jenes des Santissimo Crocifisso di San Marcello starken Zulauf, weitere waren über ganz Rom, aber auch einige andere Städte Italiens verteilt.

Wie die Oper nahm auch das Oratorium sich vor, seine Betrachter durch die Darstellung anteilheischender Gestalten und dramatischer Vorkommnisse zu fesseln. Was die Oper allerdings aus Sage und Mythologie nahm, gewann das Oratorium aus den beiden Büchern der Bibel, dem Alten wie dem Neuen Testament. Aber das Oratorium sah – vielleicht machte es dies aus der räumlichen Not – von vorneherein von einer theatermäßig dargestellten Handlung ab. Trotzdem dürfen wir uns die ersten Oratorien nicht als völlig statische Abläufe darstellen. Es gab „Auftritte" der handelnden Personen, angedeutete Bewegungen, szenische Effekte wie Blitz und Donner, ein Erdbeben, den brennenden Dornbusch, den Kindermord von Bethlehem und vieles andere, was den Gläubigen aus der Heiligen Schrift wohl vor Augen stand.

Der heilige Franziskus predigt den Vögeln, Fresko von Cimabue aus dem Jahr 1278 in Assisi.

DER UNTERSCHIED ZWISCHEN OPER UND ORATORIUM

Die Grenzen zwischen Oper und Oratorium sind nicht immer klar und scharf zu ziehen. Es liegen zahllose Werke vor, denen man eine zumindest mittlere Stellung zwischen den beiden Gattungen zubilligen kann. Am Beispiel Händelscher Werke wird dies deutlich werden. Jedoch gibt es Unterschiede, die das Wesen beider Gattungen hervortreten lassen. Lange Selbstgespräche, nachdenkliche Monologe über abstrakte Fragen, Anrufungen höherer Mächte, Bestaunen von Wundern, epische Erzählungen: Dies alles paßt eher ins Oratorium als in die Oper. Kontemplation weist auf das Oratorium, Aktion auf die Oper, so könnte man den grundlegenden Unterschied wohl fassen, wenn er überhaupt besteht. Es gibt genug Werke, bei denen die Zuweisung zu einem der beiden Genres schwierig ist. Bei Händel etwa, der uns bald beschäftigen soll, ist gelegentlich kaum eine entscheidende Zuordnung möglich. Sind Bachs „Passionen" nicht vollendete Dramen, obwohl ihr Komponist wohl kaum je an theatralische Aufführungen gedacht haben mag? Ein wichtiger, ja entscheidender Punkt allerdings spricht für die konzertante, oratorienmäßige Aufführung: die Präsenz Jesu. Sein Nichterscheinen auf einer abendländischen, christlichen Bühne ist seit den Anfängen des europäischen Theaters eine (wahrscheinlich ungeschriebene) Selbstverständlichkeit. Wo ein Operntext sie trotzdem verlangt – wie z. B. in einer Oper Massenets –, wird sie durch die Inszenierung vermieden: Im Augenblick, da Jesus auf die Bühne kommen soll, verdeckt die Menge seine Gestalt, und Sekunden später fällt der Vorhang. Hingegen steht der die Jesusgestalt verkörpernde Sänger in zahllosen Oratorien, modern gewandet, auf dem Konzertpodium, ohne selbst beim orthodoxesten Hörer Anstoß zu erregen.

Die Rolle des Chors, in den meisten frühen Opern eher unbedeutend gegenüber dem Solistenanteil, wächst im Oratorium zu beträchtlichem Ausmaß, ja nicht selten zu fundamentaler Wichtigkeit. Seine Aufgabe vervielfacht sich: Er kann, wie in der Oper, dramatische Aufgaben übernehmen, also in die Handlung integriert sein, er kann aber ebenso betrachtende Gedanken ausdrücken; er kann schließlich Choräle anstimmen, wie die Menge sie in den Kirchen singt. Für alle drei Verwendungsarten bieten Bachs Oratorien großartige Beispiele.

Die Monodie, einstimmige Melodik auf harmonischer Grundlage, deren „Sieg" über die Polyphonie um 1600 die Oper ermöglichte, ist im Oratorium nur beschränkt denkbar. So ergibt sich die interessante Tatsache, daß das Oratorium der letzte Vertreter der Mehrstimmigkeit in der Musik des 17. Jahrhunderts wird und während des gesamten Verlaufs der musikalischen Stile bis in die modernsten Zeiten bleibt. Denn die Verwendung von Chören, so sehr sie sich „einstimmig" (mit einer einzigen führenden Melodie und Akkorde bildenden „Begleitstimmen") gebärden mögen, führt doch immer wieder zur Verwendung polyphoner Gebilde, sei es in Form von Kanons und Fugen, sei es in freien Formen. Und es gibt wohl keinen Komponisten, der es nicht begrüßen würde, seine Beschlagenheit im „alten" Stil zu erweisen, auch wenn sein Werk in der Hauptsache dem „neuen" zuzuschreiben ist. Also, um mit Monteverdis Worten zu sprechen: die *prima prattica* dort anzuwenden, wo sie der Dramatik gebührenden Ausdruck verleihen kann, mag auch das gesamte übrige Werk eindeutig in der *seconda prattica* geschrieben sein. So bringt das Oratorium beinahe immer eine stilistische Vielfalt: Die Solisten befleißigen sich des dramatischen Rezitativs, des *genere concitato* sogar, wo es geboten erscheint. Die Chöre aber weisen oftmals polyphone Strukturen auf, besonders dort, wo ein vielfach wiederholter Text dessen unbedingte Wortdeutlichkeit nicht absolut notwendig macht.

Die Oper hat vielerlei Möglichkeiten, auf das Publikum zu wirken: Text, Handlung, Musik, Beleuchtung, Kostüme, Dekorationen. Das Oratorium aber hat nur zwei: Text und Musik. Um so eindringlicher müssen beide gestaltet werden, denn vor dem inneren Auge des Hörers soll alles das erstehen, was seiner Phantasie überlassen bleibt. Um die größtmögliche Wirkung aus den Chören herauszuholen, wendet der Musiker hier alle Formen an, die sich im Lauf von Jahrhunderten als wirkungsvoll erwiesen haben: von dem schlichten Lied mit einer einzigen führenden Melodie auf der Grundlage harmonisch geführter Begleitstimmen bis zum dramatischen Chor in seiner strengsten Form, der vielstimmigen Fuge, in der zwar der Text oft unverständlich, die Bewegung aber aufs höchste gesteigert wird.

Wir haben die Oper die charakteristische Kunstform des Barock genannt, Kirchenbauten und Altären, Palästen und Madonnenfiguren vergleichbar – ihr das Oratorium an die Seite zu stellen, ist nichts als ein Akt der Gerechtigkeit. Die Oper mag die spektakulärste Form sein, das Oratorium darf dafür zu mancher Zeit und bei manchem Komponisten die innerlichere Form genannt werden.

Die Kantate

So wie uns in der Operngeschichte sehr bald neben „abendfüllenden" Werken auch kleinere Stücke begegnen werden – *Intermezzi, Vaudevilles,* Singspiele, einaktige Formen –, so schafft sich das Oratorium neben seiner „großen", zumeist mehrteiligen Form auch kleinere Werke, mit weniger Rollen, eventuell ohne Chor, mit geringerer Dauer, einfacherer Handlung, vielleicht sogar nur Ausdruck eines einzigen Gedankens. Solche kleineren Werke für Gesang und Orchester werden in vielen Fällen als Kantate bezeichnet. Sie kann, gerade wie das Oratorium, geistlichen wie weltlichen, epischen wie dramatischen Inhalts sein, kann instrumental bis zur Stärke eines kompletten Orchesters gehen oder aber nur von der Orgel begleitet werden. Man spricht von Solo-Kantate, wenn der Gesangspart nur von einem einzigen Interpreten (oder sehr wenigen, jedenfalls ohne Chor) ausgeführt wird. Auch die Kantate ist, wie Oper und Oratorium, italienischen Ursprungs. Hier ist sie zu Beginn öfter weltlich als geistlich (als die sie manchmal den Beinamen *cantata da chiesa*, Kirchenkantate, erhält), während sie im protestantischen Norden vorwiegend zu einem Teil der Kirchenmusik wird. Johann Sebastian Bach hat fünf vollständige Jahrgänge von Kantaten für alle Sonn- und Feiertage komponiert, also mehrere hundert, von denen etwa 200 noch erhalten sind. Manche sind sozusagen rund um einen im protestantischen Gottesdienst gesungenen Choral geschrieben. Die Bezeichnung Kantate kommt aus dem Italienischen; hier bedeutet *cantata* ein Gesangsstück, im Gegensatz zur *sonata*, einem Spielstück instrumentaler Art.

Die Kantate verzichtet auf den „Erzähler", der in vielen Oratorien die Einheitlichkeit des textlichen Ablaufs gewährleistet. Die Italiener nennen ihn *testo* oder *storico*, was wörtlich Text und Historiker heißt. Der Sinn des Wortes *testo* wird auf den „Textleser", „Textsprecher" ausgedehnt, einer wichtigen Gestalt, die es in der Oper natürlich nicht gibt, denn auf der Bühne kann alles dargestellt, gezeigt werden, während im Oratorium ein erklärender Text oft nötig wird. Im gleichen Sinn wird *storicus* oder *historicus* gebraucht: Einer, der die Geschichte erzählt und in dessen Rede dann eben die Musikstücke eingefügt werden. In den Passionen – die der Form wie dem Inhalt nach in das große Gebiet des Oratoriums gehören – heißt der Sprecher (der in rezitativischer, nicht selten dramatisch überhöhter Form singt) „Evangelist", da er den Text der Evangelien (Matthäus, Markus, Lukas, Johannes) zum Vortrag bringt. Seine Rolle bildet sozusagen das „Skelett" des Oratoriums, das dieses zusammenhält. Die Kantate verzichtet auf die Mittlerfigur, sie bedarf ihrer nicht, da sie meistens ihrer Kürze wegen nur eine einzige Situation, einen einzigen Gedanken schildert. Wir haben die Mischformen erwähnt, die zwischen Oper und Oratorium denkbar sind. Sie reichen bis ins 20. Jahrhundert, in dem Strawinskys „Oedipus Rex" ein besonders deutliches Beispiel dafür darstellt. Auch bei Oratorium und Kantate gibt es Zwischenformen, unscharfe Abgrenzungen. Im allgemeinen bedeutet das Oratorium die größere, zeitlich längere Form, was auch wiederum einen ausgedehnteren Inhalt einschließt. Die Übergänge zwischen einzelnen Genres der Musik verwischen sich oft, erlauben Interpretationsversuche, die besonders das Interesse unserer Zeit herausfordern. Opern eher statischen Inhalts, die auf der Bühne vielleicht durch eine schwache Dramatik wenig Erfolg verheißen, können einer guten Musik zuliebe konzertant gespielt werden. Mit praller Handlung gefüllte Oratorien oder Kantaten lassen manchmal eine theatralische Wiedergabe zu, um ihre Wirkung zu verstärken.

Die Geschichte der Oper und des Oratoriums verläuft auffallend parallel. Zur gleichen Zeit – um 1600 – erscheinen die ersten Werke, die nach vielfachen Versuchen und Vorformen die beiden Genres definieren. Das bahnbrechende Werk der Oratoriengattung hieß „Rappresentazione di anima e di corpo", eine symbolistische Handlung über das (schwierige) Verhältnis zwischen Seele und Körper, also ein Thema, das sich von vornherein einer opernmäßigen Bearbeitung entzieht: Es stammt von Emilio de Cavalieri (1550–1602), einem römischen Edelmann, der nie Berufsmusiker wurde und sich nur aus Leidenschaft in der Kunst betätigte, allerdings mit größtem Erfolg. Die „Rap-

Unten: Bachs „Weihnachtsoratorium", das in den beiden Hauptkirchen von Leipzig (Nikolai- und Thomaskirche) im Jahr 1734 aufgeführt wurde.
Rechte Seite: Erstdruck des berühmten „Stabat mater" für Frauenstimmen des jungverstorbenen G. B. Pergolesi.

ORATORIUM,
Welches
Die heilige Weyhnacht
über
In beyden
Haupt-Kirchen
zu Leipzig
musiciret wurde.
ANNO 1734.

Am 1sten Heil. Weyhnacht-Feyertage,
Frühe zu St. Nicolai und Nachmittage zu St. Thomæ.

Tutti.

Jauchzet! frohlocket! auf! preiset die Tage,
Rühmet, was heute der Höchste gethan,
Lasset das Zagen, verbannet die Klage,
Stimmet voll Jauchzen und Fröhlichkeit an:
Dienet dem Höchsten mit herrlichen Chören
Laßt uns den Nahmen des Höchsten verehren.
Da Capo.

presentazione" erklang 1600 zum ersten Mal im Oratorio Santa Maria in Vallicella zu Rom, das wir erwähnten, nahezu gleichzeitig mit „Euridice", der frühesten erhaltenen Oper, die in Florenz aufgeführt wurde. Cavalieri stand der Camerata Fiorentina nahe, lebte einige Jahre in dieser Stadt und komponierte dort 1589 mehrere *Intermezzi*, Zwischenaktmusiken für die Theateraufführung anläßlich der prunkvollen Hochzeit von Ferdinand di Medici und Christina von Lothringen. 1590 schrieb er Musik für Hirtenkomödien, die am Hof aufgeführt wurden. Im Jahr seiner wichtigen Rappresentazione-Aufführung in Rom scheint er in Florenz in der Premiere der „Euridice" mitgewirkt zu haben, er vertonte auch den „Dialog zwischen Juno und Minerva" des namhaften Dichters Giovanni Battista Guarini (1538–1612), der in die Frühgeschichte der Oper gehört. Aus seiner Feder stammt das Libretto zum Schäferspiel „Il pastor fido" (Der treue Schäfer), das von vielen Barockkomponisten, darunter von Händel, vertont wurde. Dann schrieb er noch verschiedene Werke für das römische Oratorium und verstarb 1612 in Venedig.

Frühe Komponisten des Oratoriums

Die Tätigkeit Cavalieris auf dem Gebiet des Oratoriums entspricht wohl am ehesten der von Peri und Caccini für die Oper. Die Rolle eines Monteverdi des Oratoriums aber gebührt möglicherweise Giacomo Carissimi (1605–1674). Schon mit ungefähr 40 Jahren wird er zu den berühmtesten Musikern seiner Generation gezählt, sein Durchbruch dürfte mit dem Oratorium „Jephte" erfolgt sein. Seine Werke zeigen auch im Oratorium eine starke Tendenz zum Weltlichen, der ebenfalls seine bedeutenden Zeitgenossen Stefano Landi (um 1590–1639) sowie Luigi Rossi (1598–1653) huldigten. Nach einer kurzen Tätigkeit in Assisi wurde er Kapellmeister an der San-Apollinare-Kirche in Rom, wo er von 1630 bis zu seinem Tod tätig war. Zu seinen zahlreichen Schülern gehören auch ausländische Meister, die später berühmt wurden: der Deutsche Johann Kaspar Kerll und der Franzose Marc Antoine Charpentier (aus dessen Werken das festliche Signet der Eurovision genommen wurde). Die schwedische Königin Maria Christina wohnte 1656 der Aufführung von Carissimis „Historia di Abramo e Isacco" bei und überreichte ihm eine goldene Halskette mit den Insignien der von ihr in Stockholm gegründeten Akademie der Künste und Wissenschaften. Ein Pariser Reisender aus der Barockzeit erzählt in einem Buch über die zeitgenössische italienische Musik von den Aufführungen alttestamentarischer Historien Carissimis unter seiner persönlichen Leitung an Freitagnachmittagen der Fastenzeit im *Oratorio del Crocifisso*. Die Zahl der Werke Carissimis muß sehr groß gewesen sein, erhalten aber sind nur sechzehn Oratorien, zahlreiche Kantaten, mehrere Messen und Sacri concerti (Kirchenkonzerte). Trotz der Verschiedenheit der Stile hat Carissimi die große Linie Palestrina–Victoria fortgesetzt. Er gab sie wiederum der nächsten bedeutenden Generation weiter, der vor allem Marc' Antonio Cesti und Alessandro Scarlatti angehörten. Wir werden beiden, vornehmlich in der Operngeschichte, wieder begegnen.

In der Musikgeschichte des Barock gibt es eine Fülle von Meistern, deren wichtigstes oder sogar einziges Lebenselement die Oper darstellt. Sie finden in ihr nicht nur volle künstlerische Befriedigung und ausfüllende Beschäftigung, sondern zumeist auch ein ausreichendes Einkommen, wenn nicht viel mehr. Die Oper ist das Musikgebiet, auf dem am meisten Geld umgesetzt wird. Wer möglichst viel davon in eigene Taschen leiten konnte, hatte ein gutes Leben. Wer dazu nicht in der Lage war, dem blieb meist ein bescheidenes Dasein. Komponisten, die sich ausschließlich dem Oratorium widmen, werden selten anzutreffen sein. Die meisten Komponisten betätigen sich vor allem auf dem Gebiet der Oper, des öfteren aber auch der entstehenden Kammermusik, des *Concerto* oder anderer Formen, die im Barock ihre starke Entfaltung erleben. Oratorienkomponisten sind meist Kapellmeister oder Organisten, die im Dienst der Kirche stehen und so für den eigenen Gebrauch Werke schaffen wollen oder müssen. Das Oratorium war niemals eine „Welt für sich", wie die Oper sie seit ihrer Gründung bis heute vielen Musikern zu bieten wußte. Aber es gewährte ein reiches Tätigkeitsgebiet, denn zu den geistlichen und weltlichen Stoffen, die ihm offenstehen, gewinnt es eine Reihe von benachbarten Möglichkeiten, die viel älteren Ursprungs sind, aber nun gewissermaßen mit den Oratorien vereinigt werden.

Die Messe

Da ist vor allem die Messe, die richtig verstanden an Dramatik nichts zu wünschen übrigläßt. Ist sie doch das Neuerleben von Tod und Auferstehung Jesu Christi in symbolischen Handlungen, die im frühchristlichen Mittelalter, aus jüdischen Tempelfesten abgeleitet, feste

Gestalt annahmen. Ihre Teile heißen Introitus, Kyrie, Gloria, Graduale, Credo, Offertorium, Sanctus, Benedictus, Agnus Dei, Communio und Responsorien. Eine Auswahl aus diesen Teilen bildet die gesungene Messe *(Missa cantata)* beziehungsweise das größere, festlichere Hochamt *(Missa solemnis)*. Wir haben bereits im 13. und 14. Jahrhundert von den frühesten musikalischen Messen gesprochen, als die Mehrstimmigkeit in ihren Anfängen steckte und die Kirchenmusik dadurch neue Höhepunkte anstrebte, die zwar noch mit dem Gregorianischen Gesang verwandt waren, aber neue Stilelemente einbezog. Da die Aufführungsbedingungen der (musikalischen) Messe denen des Oratoriums ähneln, war es naheliegend, sie als ein verwandtes Genre zu betrachten. Die Chöre, die sich zu Konzertabenden mit Orchester und Gesangssolisten entschließen, beziehen diese kirchliche Kompositionsform in ihre Arbeiten ein. Natürlich geschieht dies auch mit der Totenmesse, die zumeist (nach ihrem ersten Textwort) REQUIEM genannt wird: *Requiem aeternam*, die ewige Ruhe: Sie ist es, um die wir Gott für die Toten bitten. Auch das Requiem ist ein Oratorium im Sinn der musikalischen Form: Es schließt allerdings einige in der Messe nicht vorhandene Teile ein (*Requiem aeternam, Dies irae* sowie kleine Veränderungen im Agnus Dei, mit dem das Werk abschließt), umfaßt jedoch ebenso Chöre, Orchester und Solisten. Es würde zu weit führen, hier eine Aufzählung auch nur der bedeutendsten Requiem-Komponisten zu geben oder gar jener, die sich an der Messe inspirierten.

Daß es oftmals der *Dies-irae*-Teil des Requiems ist, der die Musiker zu höchster Entfaltung von Dramatik und Dynamik treibt, versteht sich leicht: Hier gilt es, den Tag des Schreckens, des „Jüngsten Gerichts" zu schildern. Große Maler haben vor diesem Thema nicht haltgemacht: Das Aufspringen der Gräber inmitten eines entsetzlichen Erdbebens, vom Himmel stürzende Sterne, überall ausbrechende Feuersbrünste geben ein Bild des Grauens, wie es furchtbarer nicht gedacht werden kann. Dichter haben alle ihre Phantasie aufgeboten, um die Apokalypse zu erahnen. Dem Musiker stehen Klänge zur Verfügung, die im Lauf der Jahrhunderte immer härter, schriller, dissonanter, erschreckender werden. Doch die Worte des Requiems bleiben nicht im Entsetzen stehen. Sein Ende schildert in unendlichem Frieden die ewige Ruhe, das Paradies, das Gott auch dem reuigen Sünder verheißen hat.

Bis zum heutigen Tag haben Oratorium und Kantate nichts von ihrer Bedeutung eingebüßt. Nur der musikalische Stil hat sich oftmals geändert: Er war gotisch, spiegelte die Renaissance, wurde barock, „klassisch", romantisch und fühlte sich imstande, mit den Klängen des 20. Jahrhunderts das Heilige auszudrücken, das heute so unerreichbar weit entschwunden scheint.

Das „Jüngste Gericht", der „Jüngste Tag", der Untergang der Welt (hier in der großartigen Darstellung von Hans Memling) hat viele Musiker zur oratorienhaften Vertonung inspiriert: jedes Requiem enthält das „Dies irae", das diesen Schreckenstag schildert.

Wandlungen der Barockoper

Niemals erhebt sich ein geistiger Gipfel aus einem kulturellen Nichts. Gerade wie die höchsten Berge der Welt aus tausendmetrigen Massiven hervorbrechen und diese dann nur krönen, so entstammen auch die großen Meister der Kunst niemals einer tief unter ihnen liegenden Umwelt, sondern imposanten Bergzügen hohen Niveaus. Und nur wer diese zu überragen vermag, kann zu den illustren, den genialen Schöpfernaturen gezählt werden.

Auch Monteverdi ist keine einsame Spitze, die ihre Wurzel tief im Tal suchen muß. Ihn umgeben bedeutende Musiker, ein imposantes Bergmassiv aus unangefochtenen Meistern, über die hinauszuwachsen ihm bestimmt war. Peri und Caccini gehören zu ihnen, von deren entscheidender Rolle bei der „Erfindung" der Oper wir sprachen. Marco da Gagliano (1582–1643) wäre zu nennen, der den Namen seines bei Florenz gelegenen Heimatortes annahm. Der Höhepunkt seiner Laufbahn fällt mit Monteverdis zweiter Oper „Arianna" zusammen, also in das Jahr 1608, und in die gleiche Stadt, Mantua. Dort führte er seine vom Herzog Francesco Gonzaga bestellte Oper „Dafne" auf. Es spricht für diesen Hof, im gleichen Jahr zwei Opern in Auftrag gegeben und aufgeführt zu haben. Sie scheinen beide mit größtem Pomp ausgestattet worden zu sein. Das Barocktheater konnte sich an Aufwand nicht genugtun. Raffiniert konstruierte Maschinen standen an Möglichkeiten dem heutigen Bühnenapparat kaum nach. Lebensechte Gewitter, Meeresstürme, jagende Wolken, brennende Städte, in der Luft schwebende, vom Himmel herabsteigende Götter-, Engel-, Phantasiegestalten gehörten ganz selbstverständlich dazu.

Die ersten großen Sängergestalten beginnen sich aus der Menge zu lösen. Die Titelrolle in Mantua war Catarina Martinelli anvertraut, die in den Chroniken schon manchmal mit „Primadonna" bezeichnet wird, einem Titel, der damals allerdings noch nichts anderes bedeutete, als was in seinem Namen liegt: die „erste Frau", erste Sängerin eines Ensembles. Daß sie hervorragend singen mußte, versteht sich in einer Epoche hohen Kunstverstands von selbst. Erste Primadonnen der Operngeschichte waren die genannte Martinelli, die Römerin Vittoria Archilei, Adriana Basile, Leonora Baroni, war des Komponisten Caccini Tochter Francesca, die auch zur wohl ersten Komponistin der Musikgeschichte wurde. Von den darauffolgenden zweiten und dritten Sängergenerationen wird später einiges Interessantes zu erzählen sein. Nicht nur Musikalisches. Die damaligen Primadonnen begannen neben Operngeschichte auch Sitten- und Skandalgeschichte zu schreiben. Doch müssen sie wahre Königinnen des Gesangs gewesen sein, die Cuzzoni, Mara, Todi, Bordoni, Grisi, Pasta, Malibran, Henriette Sontag, und nicht zuletzt, Jenny Lind.

Etwas von den musikalischen Unarten, die bald im Opernwesen einreißen sollten, muß es schon 1608 gegeben haben, denn im Druck seiner „Dafne" läßt Gagliano den Noten in einem Vorwort recht ernste Ermahnungen an die Sänger vorausgehen: Sie sollten keine überflüssigen Verzierungen anbringen (*gruppi, trilli, passaggi, esclamazioni*, also ungefähre Umspielungen einer Note, Triller, eingelegte Läufe und Koloraturen, Ausrufe), sich zudem einer deutlichen Aussprache befleißigen, um den Text verständlich zu machen. Diese Forderungen machen klar, daß Gagliano die gleichen Ideale verfolgte wie sein Zeitgenosse Monteverdi und wie dieser den Grundsätzen der Camerata Fiorentina verpflichtet ist.

Die nächste Generation weist auch wieder eine Reihe bedeutender Meister auf. Schnell hat sich die Opernkomposition an die erste Stelle des barocken Musikschaffens gesetzt. Wer Ruhm und eine von der Welt geachtete, gut bezahlte Position haben wollte, strebte der Opernwelt zu.

(Pier-) Francesco Cavalli (1602–1676), geboren im lombardischen Crema, galt als das Oberhaupt der Oper in Venedig. Seinen ursprünglichen Namen Bruni änderte er, als er vom Aristokraten Federico Cavalli entdeckt und gefördert wurde, in den seines Gönners. Er sang sehr früh in der Kapelle des Dogen, die von Monteverdi in der Markuskirche geleitet wurde. Über die Posten eines zweiten, dann des ersten Organisten wurde er dort zum Kapellmeister. Schon 1637, als das Teatro San Cassiano begann, musikalische Bühnenstücke zu spielen, interessierte er sich für das neue Genre, das mit kirchenmusikalischer Betätigung durchaus in Einklang zu bringen war. Im Lauf seines Lebens schrieb Cavalli 41 Opern, die in der Themenwahl jenen der Pionierzeit gleichen, also Stoffe aus der griechischen und altrömischen Geschichte und Mythologie aufgreifen. Der Geist der Renaissance beherrscht noch einige Zeit lang die *opera seria*, die ernste Oper, die bald in der *opera buffa*, der komischen Oper, eine Rivalin in der Volksgunst erhalten wird. Schließlich wird noch eine Zwischenform geschaffen werden, die *opera semiseria*, die „halbernste" Oper, die manchmal auch *dramma giocoso* heißen wird, das „heitere, scherzhafte Drama", ein für unsere Begriffe seltsam klingender Name, der erst verständlich wird, wenn wir bedenken, daß im Italienischen *dramma* keineswegs genau mit unserem Wort „Drama" übereinstimmt, sondern darüber hinausgehend „Schauspiel" im allgemeinen bedeutet. Es sei daran erinnert, daß diese Namen über zwei bedeutenden späteren Partituren stehen: Mozarts „Don Giovanni" und Puccinis „Turandot".

Gliederung der Oper

Musikalisch ist in der seit Monteverdi verstrichenen Zeit eine Veränderung vor sich gegangen. Die beim Patriarchen noch durchgehaltene Form des dramatischen Rezitativs wird beim Nachfolger durch gelegentliche ariose Stellen durchbrochen, in denen bereits die künftige Arie vorausgeahnt werden kann. Ist dies eine Konzession an das Publikum, das Melodien hören möchte, eingängige Stücke, in denen die Sänger ihre vokalen und technischen Fähigkeiten voll einsetzen können – wie Gagliano sie warnend beschrieb –, oder wird so nur eine stärkere Gliederung der Opernform angestrebt?
Die so ins Leben tretende und vorläufig noch völlig organisch zu verbindende Trennung oder Spaltung zweier sich auseinander entwickelnder Elemente wird rasch und deutlich zu einer gefährlichen Zweiteilung im Gefüge der Oper. Die Spaltung erweist sich als ernst: In Zukunft – und für mehr als ein Jahrhundert, über Mozart hinaus – wird die Oper „wichtige" Teile enthalten und „unwichtige". Der Unterschied liegt nicht etwa im Dramatischen (was allenfalls verständlich sein könnte), sondern im Musikalischen. „Wichtig" werden die geschlossenen Nummern sein, die Arien, Duette, Ensembles, „unwichtig" hingegen die Rezitative, der eilige Sprechgesang, der fast zur Formelhaftigkeit herabsinkt, nur der Handlung gewidmet ist, nicht dem Hörgenuß, und über den die Sänger möglichst rasch hinwegzukommen trachten, zumal sie das Interesse eines musikbeflissenen Publikums erlahmen fühlen. Als sollte die „Unwichtigkeit" dieser Partien auch äußerlich zum Ausdruck kommen, wird ihnen die Orchestergrundlage entzogen – was in Wirklichkeit geschieht, um dem Text größtmögliche Deutlichkeit zu geben –, und die Rezitative werden nur mit einem Tasteninstrument begleitet, zumeist dem Cembalo, dem sich höchstens noch ein tiefes Streichinstrument, eine Gambe oder ein Violoncello, zur Unterstreichung der Harmonielinie zugesellt, des Generalbasses. Stärker kann man die „Unwichtigkeit" dieser beträchtlichen Partien nicht hervorheben als mit der Feststellung, daß es vielbeschäftigte Komponisten geben wird, die zur Fertigung der Rezitative Helfer heranziehen, fortgeschrittene Schüler, unbekannte Musiker, die aus dieser Tätigkeit ein Handwerk gemacht hatten. Noch Mozart, den man wahrlich nicht als mit Aufträgen überhäuften Meister wird nennen können, überläßt, als er über der Oper „La Clemenza di Tito" in Zeitnot gerät, die Rezitative seinem Schüler Süßmayr. Es ergibt sich in der Musik die gleiche Situation, die wir von vielen berühmten Malern der gleichen Zeit kennen: Die unwichtigeren Gestalten und Bilddetails ihrer Gemälde überlassen sie der Werkstatt. Folgeerscheinungen der sich entwickelnden Marktwirtschaft, des Kapitalismus, der jeder Arbeitsstunde einen genau bestimmten Wert zumißt, auch der des Künstlers, und der bei einem namhaften eben höher liegt als bei einem namenlosen.
Noch muß man die Oper als rein italienische Gattung bezeichnen, aber diese musikalische Zweiteilung zwischen geschlossenen Nummern und Rezitativen wird von den anderen Nationen prinzipiell nicht übernommen. Sowohl die Franzosen wie die Deutschen ersetzen das Rezitativ durch gesprochenen Dialog. Sie empfinden den Sprechgesang als unnatürlich, während die Italiener, schon von ihrer klanglich höheren Sprache her, gerade umgekehrt empfinden. Mozarts deutsche Opern, Beethovens „Fidelio", Weber und Lortzing unterbrechen den Fluß ihrer Musik immer wieder mit gesprochenen Szenen und Dialogen, und noch Bizets „Carmen" enthält in ihrer französischen Originalfassung (1875) gesprochene Verbindungstexte. So bleibt diese Art des Rezitativs ein italienisches Stilmerkmal.
Und doch zerbrechen sich recht früh schon einige Komponisten den Kopf, wie diese krasse Zweiteilung zu überwinden wäre. Und sie finden eine „mittlere" Ausdrucksform zwischen dem Rezitativ – das dann den Namen *recitativo secco*, trockenes Rezitativ (da es nur sehr dünn begleitet wird) bekommt – und der Arie: ein *recitativo accompagnato*, ein voll vom Orchester begleitetes Rezitativ. Im Grund war diese Neuerung eine Rückkehr zum Alten: Den frühesten Opernstil Peris, Caccinis, Monteverdis könnte man als durchlaufendes Rezitativsingen bezeichnen; er bestand aus einem ins Ausdrucksvolle erhobenen Sprechgesang, der allerdings – schon seinen Stoffen gemäß – nie ins Banale oder auch nur Gewohnheitsmäßige absank. Eine Art melodischen Sprechsingens, ein Deklamieren auf hoher Ausdrucks- und Gefühlsebene könnte man die Entstehungsphase der Oper nennen. Erst als das Publikum – das es in den Versuchen der Camerata Fiorentina und auch im Palast von Mantua noch nicht gab – seinen unüberhörbaren Ruf nach Melodie vernehmen ließ, wurde die Arie geboren. Sie erforderte viel mehr Zeit als der vorherige Deklamationsstil. Was im Rezitativ in einer Minute zu sagen war, benötigte dreimal, sechsmal soviel Zeit in der Arie. Und so mußte die Handlung, die in einer Arie nahezu stillstand, hernach in schnellen Rezitativen wieder vorwärtsgetrieben werden. Um diesen krassen Gegensatz ein wenig auszugleichen, einzuebnen, wurde das „begleitete Rezitativ" geschaffen: Man griff, vielleicht ohne es zu ahnen, auf die Frühzeit zurück, deklamierte wieder ausdrucksvoll und begleitete, wie einst, mit dem vollen Orchester. Zumeist führte dieses *recitativo accompagnato* direkt in eine Arie, wobei sich dann eben kein so schroffer Gegensatz ergab, wie vorher beim Aneinanderreihen von Secco-Rezitativ und Arie. Cavalli – kehren wir zu ihm zurück – durchlief die Straße zum Ruhm schnell und anscheinend ohne harte Rückschläge. Im Jahr 1660 berief der Kardinal Mazarin, wesentlicher Mitschöpfer des Absolutismus Ludwigs XIV. und der Vormachtstellung Frankreichs, ihn nach Paris, um die geradezu märchenhaften Hochzeitsfeierlichkeiten seines Herrn mit der spanischen Infantin Maria Teresa durch eine Oper zu verschönern. Zur Aufführung dieses „Ercole amante" (Der liebende Herkules) kam es allerdings erst viel später, da das eigens hierfür erbaute Theater in den Tuilerien nicht fertiggestellt werden konnte. Zum Ersatz spielte man eine andere Oper Cavallis, „Serse" (Xerxes), im Karyatidensaal des Louvre, wobei allerdings die eingelegte Ballettmusik von Lully den stärksten Erfolg errang. Das gleiche geschah, als endlich die Hochzeitsoper doch noch in Paris erklang. Der künstlerische Tanz war inzwischen in der Gunst der

Franzosen noch weiter vorgerückt, und ihr nationaler Chauvinismus – mit dem in kommenden Jahrhunderten noch viele Künstler, so Wagner und Verdi, bittere Erfahrungen machen sollten – ließ sie vergessen, daß auch „ihr" Lully einmal ein kleiner Lulli aus Florenz gewesen war. Enttäuscht kehrte Cavalli nach Italien zurück, wo in Venedig noch weitere fünf seiner Opern mit dem gewohnten Jubel empfangen wurden, bevor er sich ganz der geistlichen Musik zuwendete. Zuletzt komponierte er ein REQUIEM für das eigene Begräbnis, das am 18. Januar 1676 unter stärkster Anteilnahme aller Kreise stattfand. Ein Werk, das noch spätere Zeiten als „gewaltig" empfanden und das wohl auch uns noch tief beeindrucken würde.

Seinen bedeutendsten Zeitgenossen glaubt man in Marc' Antonio Cesti (1623–1669) zu erblicken. Er hieß ursprünglich Pietro Cesti, nahm den Namen Antonio bei seinem Eintritt in den Franziskanerorden an, die Herkunft des Namens Marco blieb unklar, so wie es lange Zeit auch sein Geburtsort war. Heute wissen wir, daß er aus Arezzo stammte. Später wohnte er vermutlich in Venedig, wo 1649 seine erste Oper „Orontea", 1651 sein „Cesare amante" erklangen. Damit begann eine Schaffensflut, die wir bei manchem Barockkomponisten finden. Ihr Ergebnis waren weit über hundert Opern (von denen nur elf erhalten blieben), geistliche Werke, Kantaten, Motetten. Viele entsprangen Aufträgen für festliche Kompositionen zu Fürstenhochzeiten oder anderen Staatsakten. Das spricht sowohl für Cestis feierlichen Stil wie auch für seinen Ruhm. Von 1652 an war er einige Jahre lang im Dienst des Erzherzogs Ferdinand Carl in Innsbruck tätig, trat dann in die Kapelle des Papstes in Rom ein und ging 1666 als Vizekapellmeister an den Wiener Hof, wo ihn sein größter Triumph erwartete, die überaus festliche, pompöse Uraufführung seiner Oper „Il Pomo d'oro" (Der goldene Apfel). Nach überlieferten Stichen und Berichten muß dies eine der glanzvollsten, prächtigsten Premieren der Operngeschichte gewesen sein. Cestis Musik neigt zu leichterer Faßlichkeit als jene Cavallis, seine melodiösen Liebesduette wurden geradezu volkstümlich, und in vielen seiner Opern fehlen auch heitere Szenen keineswegs. In heute noch vielgesungenen Sammlungen „alter" Arien und Lieder finden sich stets Melodien Cestis. Die Wandlung des Musiktheaters vom rezitativischen Drama Monteverdis zur melodisch angelegten Oper Scarlattis und seiner „neapolitanischen Schule" hat begonnen, die erste in ihrer vierhundertjährigen Geschichte, aber wahrlich nicht die letzte. Der Tod ereilte Cesti in Florenz, die Beisetzung erfolgte auf seinen Wunsch in der Heimatstadt Arezzo.

ALESSANDRO SCARLATTI

Als nächster Schwerpunkt der Opernentwicklung ist nun Süditalien zu nennen, wo sich bedeutende Zentren in Palermo und vor allem in Neapel bilden.

Alessandro Scarlatti (1660–1725) stammte aus Palermo, studierte in Neapel bei Provenzale und möglicherweise dann noch in Rom bei Carissimi. Mit zwei bereits 1679 (in Rom, beziehungsweise Bologna) uraufgeführten Opern begann ein nahezu unüberschaubares, riesiges Lebenswerk, das 115 Opern – von Scarlatti durchwegs noch als „Musikdramen", *dramma per musica*, be-

Festessen oder Theaterszene: eine prunkhafte Operndekoration von Giuseppe Galli-Bibiena, in der auch das Bankett zur Fürstenhochzeit in Wien 1722 stattfand.

Alessandro Scarlatti, der Vater des großen Cembalomeisters Domenico, war das geistige und musikalische Oberhaupt der neapolitanischen Opernschule, der viele bedeutende italienische Meister des 17. Jahrhunderts zuzurechnen sind.

zeichnet –, kaum weniger Oratorien, noch mehr Kantaten, dazu *Concerti*, Sinfonien, Suiten, Kammermusik umfaßt. An einzelnen Arien, Madrigalen und anderen Gesangsstücken aus seiner Feder gibt es eine nicht mehr feststellbare Menge. In den – angeblich sechshundert – Kantaten gibt es eine Mehrzahl von solchen, in denen die Begleitung nur in der Technik des *basso continuo* ausgeführt ist, also jener musikalischen Kurzschrift der bezifferten Bässe. Bei einer kleineren Gruppe ist die Begleitung hingegen voll ausgeführt. Wäre es denkbar, daß diese vielleicht Laien zugedacht waren, während die anderen für erfahrene Berufsmusiker bestimmt waren, denen die Ausführung des Generalbasses keinerlei Schwierigkeiten bereitete? Zu Scarlattis Werken gehört noch eine ebenfalls ungewöhnliche Menge von Kirchenmusik: 20 Messen, 200 Psalmen und anderes.

Scarlattis Neuerungen

Im allgemeinen macht man die „neapolitanische Schule" für den Niedergang des dramatischen Teils der Oper, für das rasch aufblühende Überwuchern der vielfach verzierten, mit Koloraturen „geschmückten" Gesangsteile verantwortlich. In Scarlattis Werken jedoch ist davon keine Rede. Hingegen muß man die Entstehung der Da-capo-Arie ihm ebenso zuschreiben wie die Schaffung des früher erwähnten *recitativo accompagnato* als Zwischenform zwischen dem *recitativo secco* und der Arie. Unter „Da-capo-Arie" versteht man die Anwendung der einfachen dreiteiligen Liedform, die es ansatzweise bereits seit Jahrhunderten, vielleicht seit Minnesängertagen gibt, auf die Arie: Einem ersten Teil von regelmäßig symmetrischer Gliederung folgt ein zweiter, in Rhythmus, Tonart und Text verschiedener, an dessen Ende der erste wiederholt wird, also *da capo*, noch einmal von vorne, gesungen wird.

Kann man von einer „Schule" sprechen, wenn man die in Neapel zu jener Zeit versammelten und Alessandro Scarlatti in vieler Hinsicht als ihren Mittelpunkt anerkennenden Musiker betrachtet? Die Bezeichnung „Schule" besagt ja nicht unbedingt, daß sie seine persönliche Unterweisung genossen haben, seine Kompositionsschüler gewesen sein müssen. Vielleicht lag hier eine der *Camerata Fiorentina* ähnliche Gruppierung vor, in der allerdings weniger vom Ideellen, Philosophischen, Weltanschaulichen als vom handfesten Technisch-Praktischen die Rede gewesen sein dürfte. Für sie waren Renaissanceträume wohl schon ferne Erinnerung. Ein einziges Jahrhundert hatte für solchen Sinneswandel ausgereicht. Zu Scarlattis persönlichen Schülern dürfen die Italiener Francesco Durante (1684–1755) und Nicola Logroscino (1698–1765?) sowie der Deutsche Johann Adolf Hasse (1699–1783) gehört haben. Vor allem aber wohl sein eigener Sohn, der nachmalig nicht minder als der Vater berühmte Domenico Scarlatti, der zum Cembalomeister eines Jahrhunderts wurde und der in einem anderen Kapitel besprochen werden wird.

Von 1684 war Alessandro Scarlatti, mit einer kurzen Unterbrechung im Jahr 1688, bis 1703 Hofkapellmeister in Neapel. Sein kompositorisches Werk breitete sich nun immer weiter aus. Seine Oper „Pirro e Demetrio" wurde 1696 in Braunschweig gegeben, zuerst von einer italienischen Truppe, vier Jahre später bei den noch seltenen deutschen Opernversuchen in dieser Sprache. Eine englische Übersetzung folgt, und die Oper wird von 1708 bis 1717 insgesamt 61mal in London gespielt, 1711 auch in Dublin. Oratorien Scarlattis erklangen in Wien, Lyon und anderen Städten Europas. Von 1703 bis 1708 weilte Scarlatti im Kirchenstaat, wo es vorübergehend der geistlichen Macht gelungen war, die Oper „aus sittlichen Gründen" zu unterdrücken. Sofort stellte Scarlatti sich auf andere Gebiete um: Er schrieb in Rom Kirchenmusik, die vorwiegend in der Basilika Santa Maria Maggiore gespielt und gesungen wurde, wo Scarlatti zuerst Vizekapellmeister, seit 1707 Kapellmeister war. Nachdem sein Versuch, später in Venedig Fuß zu fassen mißlungen war, wurde er 1708 nochmals Leiter der königlichen Kapelle von Neapel. Gegen Ende seines Lebens, jedenfalls von 1717–1722, finden wir Scarlatti wieder in Rom, wo inzwischen die Oper zu neuem Glanz erstanden war. Zuletzt kehre er nach Neapel heim, wo der große Joachim Quantz, Flötist Friedrichs II. von Preußen, ihn 1725 besuchte. Scarlatti starb dort am 22. Oktober 1725.

Von den vielen musikalischen Errungenschaften, die man mit einiger Sicherheit Alessandro Scarlatti zuschreibt, haben wir das *recitativo accompagnato* und die Da-capo-Arie erwähnt, zwei Neuerungen von starker Bedeutung in der Geschichte der Oper. Erfindungen werden selten aus dem Nichts gemacht, in den allermeisten Fällen handelt es sich um Verbesserungen, Entwicklungen aus bereits Bestehendem, Bekanntem. So war das „begleitende Rezitativ" in gewissem Sinn eine Rückkehr zum Stil der Gründerväter. Woraus diese zu Beginn noch ihre Opern aufgebaut hatten, bevor der Zug zum Ariosen sich verstärkte und die Arie geboren wurde, das erhielt nun die neue Bedeutung eines Bindeglieds zwischen dem „trockenen" Rezitativ, dem *recitativo secco* und eben diesen Arien. So sollte der Bruch innerhalb des Operngefüges notdürftig überbrückt werden. Die Da-capo-Arie aber lag in der allgemeinen Tendenz des Barock, in seinem Zug zur Symmetrie. Er ist in allen Kunstwerken der Zeit nachzuweisen. Jedes Barockgebäude kann „seitenverkehrt" abgebildet werden, ohne dadurch einen anderen Anblick zu bieten. Diese symmetrische Grundidee, die in der plastischen Dimension Kongruenz zwischen links und rechts bedeutet, wird in den Künsten des zeitlichen Ablaufs – Poesie, Musik – zur Analogie zwischen Beginn und Ende. Die Musiktheorie, die gewohnt ist, Tonwerke mit Hilfe einer Buchstabenschrift zu analysieren, drückt die Da-capo-Arie folgerichtig A-B-A aus.

Die Ouvertüre

Die Symmetrie wird nun von der Arie auch auf andere musikalische Formen übertragen. Vielleicht hat Scarlatti wirklich seinen Teil dazu beigetragen; doch diese Entwicklung war so folgerichtig im Barock, daß sie zu jener Zeit verwirklicht werden mußte. Am deutlichsten wird der Schritt bei der Einleitung, dem Vorspiel, das wohl seit jeher einer Aufführung vorausgeschickt wurde. Die Franzosen (und mit ihnen viele Völker Europas) werden von „Ouvertüre" sprechen, die Italiener von „Sinfonie", *sinfonia* – bevor dieses Wort in der „Mannheimer Schule" und der „Wiener Klassik" eine andere Bedeutung annehmen wird. Man schickte dem zu erwartenden Spiel – das ein Ballett oder Schauspiel, ein höfisches Feststück oder eine Jahrmarktskomödie, ein geistliches Drama oder ein Liedspiel sein konnte – ein „Signal" voraus, dessen Aufgabe darin bestand, das Publikum auf den nahenden Beginn aufmerksam zu machen. Dazu waren einige Trompetenstöße bestens geeignet, da sie den auf dem Platz oder im Theater gewöhnlich herrschenden Lärm am ehesten übertönen konnten und zudem noch einfach und billig waren. Doch bald genügte eine so primitive „Einleitung" dem Autor wie dem Publikum nicht mehr. Besonders bei Aufführungen vor höheren Ständen erwartete man eine festlichere Einleitung. Die Fanfaren wurden zu längeren Musikstücken ausgebaut, die Komponisten trachteten, ihr Können gleich von Anfang an unter Beweis zu stellen: Man versuchte es mit – gespielten oder gesungenen – Madrigalen, mit kunstvollen Instrumentalformen wie Fugen. Fast zweihundert Jahre später wird Mozart seiner Volksoper „Die Zauberflöte" noch eine an ältere Zeiten erinnernde Ouvertüre vorausschicken: Bläserfanfaren – die allerdings hier auch eine symbolische Bedeutung besitzen und auf das Freimaurerritual hinweisen, das in der Oper von entscheidender Wichtigkeit ist – und anschließend einen fugierten Satz des übrigen Orchesters.
Die Barockoper bildete die Ouvertüre oder *sinfonia* in ihrem Symmetriebedürfnis dreiteilig aus, wenn auch nicht gleich nach dem Arienschema A-B-A. Sie schuf zwei Formen, denen man die Namen „Italienische Ouvertüre" und „Französische Ouvertüre" gab. Ganz korrekt müßte man von „Italienischer Sinfonia" und „Französischer Ouvertüre" sprechen. Sie unterscheiden sich grundlegend, obwohl beide dreiteilig waren. Die lebhaften Italiener zogen das Schema Schnell–Langsam–Schnell vor, die feierlicheren, zeremonielleren Franzosen das entgegengesetzte: Langsam–Schnell–Langsam. In Italien war die Barockoper zwar immer noch weitgehend ein „Kind der Paläste", aber der volkstümliche Anteil an ihr wuchs von Tag zu Tag. Damit kam immer mehr Komik in die Werke, immer mehr Bewegung. Das Volk liebte es, einen Theaterabend mit bewegter, froher, ja fröhlicher Musik zu beginnen. Der langsame zweite Teil der *sinfonia* blieb oft recht kurz, und im dritten, dem wiederum schnellen, wurde das Spiel vorbereitet, das sich beim Heben des Vorhang den Beschauern bieten sollte. In Paris hingegen, in einem der Hoftheater, die die königliche Familie mit ihrem Besuch beehrte, wurde deren feierlichem Hereinschreiten durch den langsamen Ouvertüren-Beginn Rechnung getragen. Erst dann, wenn sie ihre Plätze eingenommen hatte, konnten bewegtere Klänge ertönen, die aber nie die Lustigkeit der italienischen erreichten. Dem untrüglichen Symmetriebewußtsein der barocken Bourbonenherrscher wurde im abermals langsamen, feierlichen dritten Teil Rechnung getragen. Daß diesem Wunsch nach Gleichgewicht, Ebenmäßigkeit am besten mit der Form A-B-A zu genügen war, brachte diese Vorspiele von Opern, Oratorien, Balletten unweigerlich dazu, in vielen Fällen eben die Form der Da-capo-Arie zu übernehmen.
Die italienische *sinfonia* – die der französischen ein wenig vorausgeht – soll erstmals von Scarlatti in seiner Oper „Dal Mal il Bene" (etwa: Aus Bösem kann auch Gutes werden) aus dem Jahr 1687 angewendet worden sein. In den zwei Generationen seit Beginn des Opernspiels hat sich auch auf dem Gebiet des Vorspiels vieles verändert. Monteverdis „Arianna" scheint bei der Uraufführung in Mantua 1608 sich mit einem dreimaligen Trompetensignal begnügt zu haben. Im gleichen Jahr und an gleicher Stelle soll allerdings Marco da Gagliano für seine „Dafne" bereits eine „Sinfonia" gefordert haben. Allerdings kam es damals und auch noch ein wenig später häufig vor, daß Ouvertüre und Oper keineswegs fest zusammengehörten: Man konnte für eine Aufführung kurzfristig irgendein Musikstück – manchmal nicht einmal vom gleichen Komponisten – zur Einleitung wählen. (So tat es Rossini noch, zu Anfang des 19. Jahrhunderts, des öfteren, wenn auch stets mit einer Ouvertüre eigener Komposition, die allerdings schon bekannt sein konnte.) Die Geschichte der Ouvertüre ist recht bunt und beginnt weit in der musikalischen Vergangenheit. Dem ersten Oratorium, Emilio de' Cavalieris „Rappresentazione", soll ein „vokal und instrumental reich besetztes Madrigal" (Hans Engel) vorangegangen sein. Die Vielfalt der Opernvorspiele bleibt bis in die Neuzeit vorhanden. Im 19. Jahrhundert wird der Zwiespalt eines inhaltlichen Zusammenhangs der Ouvertüre mit dem nachfolgenden Werk auftreten: Ist die Ouvertüre „nur" eine musikalisch möglichst wertvolle Einleitung oder soll sie thematisch und stimmungsmäßig dessen wichtigste Aspekte vorwegnehmen, oder soll sie gar nur die Stimmung der ersten Szene vorbereiten, in die sie unmittelbar mündet? Erst der „Verismus" um die Wende zum 20. Jahrhundert wird der Ouvertüre Bedeutung absprechen: Mascagnis „Cavalleria rusticana" wird sie durch ein in sie eingelegtes Lied gewissermaßen in die

Handlung einbeziehen, Leoncavallo in seinem „Bajazzo" zu einem gesungenen, das Programm des Verismus verkündenden Prolog verwandeln, Richard Strauss in „Salome" und „Elektra", Puccini in „La Bohème" und „Tosca" völlig auf sie verzichten.

Veränderungen im Orchester

Schließlich gibt es in der neapolitanischen Barockoper, die natürlich mit denen Venedigs, Roms usw. eng verwandt ist, wichtige Veränderungen im Orchester. Monteverdi hatte für seine Werke ein Instrumentarium gefordert, das zwei Generationen später kaum noch im Gebrauch war. Ob Scarlatti, ob einige seiner Zeitgenossen, alle strebten zu wesentlicher Vereinfachung des Klangs. In Scarlattis Oper „Tigrane", die 1715 in Neapel uraufgeführt wurde, besteht das Instrumentarium aus fünf geteilten Streichern (ersten und zweiten Violinen, Bratschen, Celli und Kontrabässen) sowie je zwei Oboen, Fagotten und Hörnern – interessanterweise genau das Orchester, das die Mannheimer Schule mit ihrem Beginn der „klassischen" Sinfonie und das der erste Klassiker Haydn verwenden wird. Die Zusammensetzung muß sich wohl inzwischen bewährt haben. Auch Mozart wird sie verwenden. Erst bei Beethoven beginnt dann das (erneute) Wachstum des Orchesters. Die Säle werden größer, neue soziale Schichten werden – als Folge der Französischen Revolution – in Konzerte und Opernhäuser drängen. Das Musikleben geht seiner riesigen Verbreitung in der modernen Welt entgegen. Wer allerdings Oper und Oratorium im Italien der Barockepoche beobachtet, erstaunt über die breite Grundlage der Kunstmusik. Vor allem die Oper ist Angelegenheit des ganzen Volkes, von Kaiser, König, Papst und Kardinal bis zur Marktfrau. Ja gerade diese tut ihre Meinung viel lautstärker kund, als die Oberen es zumeist tun. Wer macht den Erfolg eines Werkes? Die Lautstarken, rein instinktiv Miterlebenden und spontan Reagierenden oder die Verständigen, Abwägenden, Analysierenden? Eine bange Frage, die in jeder Art Kunstgeschichte eigentlich zuoberst stehen sollte.

Vertreter der Neapolitanischen Schule

Zu den meistgenannten und vielaufgeführten Mitgliedern der Neapolitanischen Schule gehören Francesco Durante, dessen Hauptgewicht auf geistlicher Musik liegt; Francesco Feo (um 1685–1761), dessen ansprechende Melodien oft durch zu kunstvolle Bearbeitung nicht zur vollen Geltung kommen; Nicola Porpora (1686–1768), der im Alter nach Wien zog und dort Gesangsunterricht erteilte, wobei ihm der Jüngling Joseph Haydn am Cembalo assistierte und anstelle eines Lohnes Lektionen in Belcanto, Komposition und Italienisch erhielt, für die er bald glänzende Verwendung haben sollte; Leonardo Leo (1694–1747), in dessen Opern zu lernen wäre, daß selbst das Secco-Rezitativ ausdrucksvoll behandelt werden kann, was bei den meisten seiner Zeitgenossen schon abhanden kommt. Leonardo Vinci (um 1696–1730) soll mit 34 Jahren gestorben sein; er komponierte „Komödien", ein nicht sonderlich geachtetes Genre, bis er zur Oper überging und auf diesem Gebiet starke Erfolge erzielte. Er wirkte in Rom und vor allem in Neapel, wo Pergolesi sein Schüler wurde. In seinem Werk finden sich nicht wenige Vertonungen von Texten Pietro Metastasios, dem wichtigsten Librettisten des Spätbarock, dem wir noch begegnen werden. Vinci soll einer Frauenaffäre wegen – oder wegen vieler – vergiftet worden sein.

Eine gewaltsame Todesart scheint in jener Zeit keine große Seltenheit gewesen zu sein, auch bei Musikern nicht, denen, da sie zumeist auch Sänger waren, starke sinnliche Macht über das schöne Geschlecht beigemessen wurde. Dies soll besonders beim legendär gewordenen Alessandro Stradella (1644–1682) der Fall gewesen sein, der zur Hauptgestalt von Romanen und Titelfigur einer romantischen Oper von Friedrich von Flotow, dem „Martha"-Komponisten wurde. Seine schöne Stimme soll alle Frauen betört haben. Ein venezianischer Senator, dessen Geliebte er entführte, sandte dem flüchtigen Paar gedungene Mörder nach, die aber, bezwungen vom herrlichen Gesang und den schönen – teilweise noch heute gesungenen – Melodien Stradellas, von ihrem Vorhaben Abstand nahmen, bis endlich doch ein rächender Dolch – wenn auch in einer anderen Affäre – seinem Leben ein Ende setzte. Sein zweifellos sehr bewegtes Leben erbrachte, trotz seiner Kürze, mehr als 20 Sinfonien, ein Dutzend Opern, viele Oratorien und geistliche Werke, deren Echtheit allerdings in einigen Fällen bezweifelt wird. Die Arie „O del mio dolce ardor", seine meistgesungene Melodie, stammt mit ziemlicher Sicherheit von ihm, der zu Lebzeiten nicht selten mit dem ehrenden Titel „Der Apoll Italiens" bezeichnet wurde.

Die nachhaltigste Wirkung aller „Neapolitaner" ging, mit Ausnahme vielleicht der beiden Scarlatti, Vater und Sohn, vom jungverstorbenen Giovanni Battista

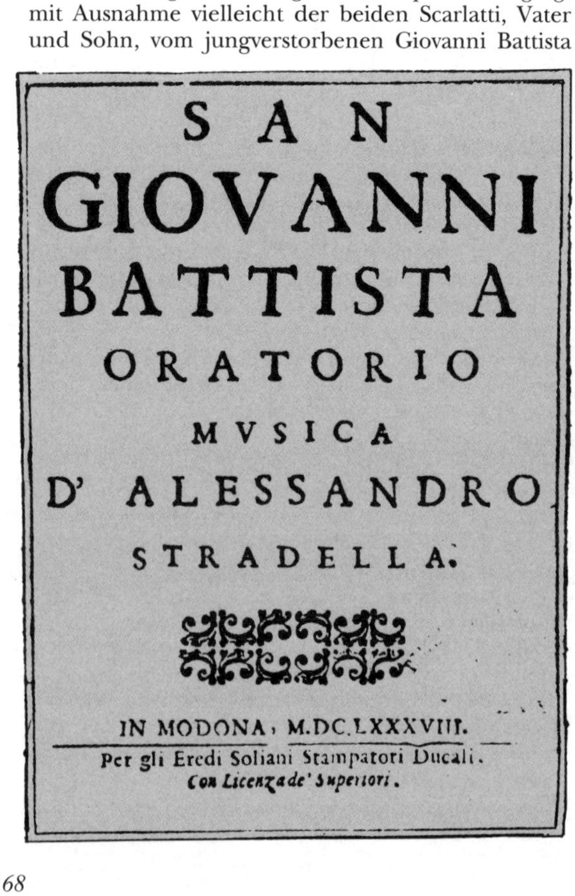

SAN
GIOVANNI
BATTISTA
ORATORIO
MVSICA
D' ALESSANDRO
STRADELLA.

IN MODONA, M.DC.LXXXVIII.
Per gli Eredi Soliani Stampatori Ducali.
Con Licenza de' Superiori.

Oben: Giovanni-Battista (oder Giambattista) Pergolesi hinterließ bei seinem überaus frühen Tod eine Reihe bedeutender Werke für Bühne, Oratorium und Konzert.
Linke Seite: Titelblatt des 1638 gedruckten Oratoriums „Johannes der Täufer" von Alessandro Scarlatti.

Pergolesi (1710–1736) aus. Die Eltern nahmen beim Umzug von Pergola nach Jesi (wo ihr Sohn geboren wurde) den Namen Pergolesi – „die aus Pergola" – an, den Giovanni Battista dann berühmt machte, obwohl er nur 26 Jahre lebte. Er studierte in Neapel, wahrscheinlich bei Durante und Feo, debütierte mit einem biblischen Drama und mehreren Opern. Für die Beerdigung der Opfer eines Erdbebens schrieb er eine Messe, die Aufsehen erregte. Sein Nachruhm, der bis heute unverblaßt anhält, beruht einmal auf der *opera buffa* „La Serva Padrona" (Die Magd als Herrin), die als INTERMEZZO 1733 zwischen zwei Akte der ernsten Oper „Il Prigionero superbo" (Der stolze Gefangene) eingeschoben wurde, zum anderen auf dem schönen „Stabat mater" für zwei Frauenstimmen, einem geistlichen Werk von starkem Ausdruck. „La Serva Padrona" wurde bald zum Musterbeispiel einer komischen Oper, hundertmal nachgeahmt und 1752 in Paris heftig umstritten. Viele Lieder Pergolesis haben sich erhalten: „Se tu m'ami", „Tre giorni son che Nina" und andere. Hingegen sprechen neuere Forschungen ihm die Urheberschaft an sechs Kammerkonzerten ab, die zweihundert Jahre lang unter seinem Namen gespielt wurden. Sie stammen auch nicht von Händel, wie dann vermutet wurde, und nicht von Carlo Ricciotti, der sie entdeckte und (im Haag) herausgab, sondern brachten einen völlig neuen Namen in die Musikgeschichte: Unico Wilhelm von Wassenaar (1692–1766) scheint ihr Komponist gewesen zu sein, ein holländischer Edelmann, der sein musikalisches Schaffen vielleicht um seiner hohen Posten und Ämter willen verheimlichen wollte. Doch auch ohne diese sechs bezaubernden Musikstücke bleibt genug Kammermusik Pergolesis zu bewundern, auch Psalmen, Motetten, Kantaten, Konzerte für Violine und Flöte, Sonaten usw. Er starb nach einem meteorhaften Aufstieg und einer kaum faßbaren Fülle von Werken am 17. März 1736 in Pozzuoli bei Neapel. Im 20. Jahrhundert schuf Igor Strawinsky, ein glühender Verfechter italienischer Musik, unter dem Namen „Pulcinella" ein sehr verbreitetes Ballett aus Melodien Pergolesis.

Zu den letzten Vertretern der so lange bestimmenden Neapolitanischen Schule gehören Niccolò Jommelli (1714–1774), Tommaso Traetta (1727–1779) und Johann Adolf Hasse (1699–1783), zwei Italiener und ein Deutscher, der übrigens noch Mozart begegnen und von ihm bewundert werden wird. Jommellis zahlreiche Opern greifen schon vielfach über Neapel hinaus, ihr Komponist selbst wirkte nicht weniger als 17 Jahre, von 1753 bis 1770, am Hof des Herzogs Karl Eugen von Württemberg in Stuttgart, wie auch in Mannheim, wo er Einflüsse der französischen Oper, vor allem Rameaus aufnahm. In Ludwigsburg traf er 1763 den siebenjährigen Mozart, der – ohne noch von Oper eine Ahnung zu haben – sich von Jommellis Kunst beeindruckt zeigte. Dieser ließ sich später in Neapel nieder, konnte aber die Erfolge seiner früheren Jahre nicht mehr wiederholen. Die Zeiten hatten sich geändert. Jetzt bevorzugte das Publikum einen „leichteren", melodischeren Gesangsstil mit besonderer Betonung auf sängerischer Virtuosität. Die Glucksche Opernreform gegen die etwas oberflächlich gewordenen Neapolitaner wird nicht mehr lange auf sich warten lassen. Tommaso Traettas erste Opern entstanden in Neapel, wohin er zu Studienzwecken aus seiner apulischen Heimat gekommen war, 1758 ging er nach Parma, 1765 nach Venedig, 1768 auf Einladung der Zarin Katharina der Großen nach St. Petersburg, das in der Folgezeit immer wieder bedeutende italienische Musiker (Paesiello, Cimarosa) als Opernleiter und -komponisten berufen wird. Das Klima machte ihm zu schaffen, 1775 kehrte er in die Heimat zurück, zuerst nach Neapel, schließlich endgültig nach Venedig, wo er starb. Auch sein Leben bezeugt die Verbreitung der Oper.

Zu den berühmtesten Opernschöpfern seiner Zeit zählt man Johann Adolf Hasse und rechnet ihn zu den „Neapolitanern", obwohl er in Bergedorf bei Hamburg das Licht der Welt erblickte. Fasziniert von Opernmelodik und Belcanto studierte er bei Alessandro Scarlatti und Porpora und heiratete überdies eine italienische Primadonna, Faustina Bordoni. Als er Leiter der italienischen Oper in Dresden wurde, erblühte das dortige Theater durch seine und ihre Kunst zu einem der führenden Häuser Europas. Hier lebte er dreißig Jahre lang, ging 1763 nach Wien, wo er seinen wichtigsten Librettisten Metastasio fand, und verbrachte seinen Lebensabend von 1773 an in Venedig, wo ihm nahezu alle namhaften Musiker einen Besuch abstatteten, um ihm ihre Verehrung auszudrücken. Er hinterließ 56 Opern, viel Kirchenmusik aller Art und Instrumentalstücke.

Noch rüttelt niemand an der Vorherrschaft der italienischen Oper. Jedoch nicht nur das Ausschwärmen dieser Kunstgattung in alle wichtigen Städte und Länder des Abendlands erweitert sie zur übernationalen Kunstform, in einzelnen Ländern regt sich der Versuch, eine „nationale" Oper zu schaffen. Von beidem soll nun im folgenden Kapitel die Rede sein.

Die Oper erobert die Welt

Nur zwanzig Jahre, nachdem die *Camerata Fiorentina* ihre bahnbrechenden Versuche gemacht hatte, nur ein Dutzend Jahre nach dem ersten Opernwerk von überzeitlicher Bedeutung – Monteverdis „Orfeo" – kam die Vorform der Oper, das junge *dramma per musica,* diese *favola in musica,* wie die frühesten Namen der neuen Musikform lauteten, über die Alpen nach Norden. Auf Einladung des Fürsterzbischofs von Salzburg fand das erste Gastspiel im Kreis der hohen Aristokratie in Salzburg statt, wo um 1619 im (heute noch bei den Festspielen gebrauchten) „Steintheater" des Schlosses Hellbrunn gespielt wurde, einem malerischen Freiluftplatz, der dem lebenslustigen und kunstfreundlichen Fürsterzbischof von Salzburg für manche exquisite Kunstdarbietung diente. Wenig später soll ein Operngastspiel im Krakauer Schloß des mächtigen polnischen Fürsten Stanislaw Lubomirski stattgefunden haben. Und 1628 gibt es eine Aufführung der Oper „Galatea" (eines unbekannten, wahrscheinlich italienischen Komponisten) im Königspalast zu Warschau.

Um die gleiche Zeit ist von einem Versuch ein wenig anderer Art aus Sachsen zu berichten. In Dresden wollte Kurfürst Johann Georg I. die Hochzeit seiner Tochter mit schöner Begleitmusik ausstatten. Sein Hofmusiker Heinrich Schütz muß ihm von den frühesten Opernversuchen erzählt haben, und so entsandte der Monarch seinen Kapellmeister, der in Venedig bei Giovanni Gabrieli studiert hatte, nochmals dorthin, um Näheres über die neue Form, die sich zu feierlichen Gelegenheiten besonders zu eignen schien, zu erfahren. Zugleich beauftragte er seinen in Deutschland bekannten Hofdichter Martin Opitz damit, den „Daphne"-Text von Rinuccini ins Deutsche zu übertragen, um als Grundlage für eine von Schütz zu empfehlende, vielleicht gleich mitzubringende venezianische Oper zu dienen. Wie es dann dazu kam, den von Opitz verfaßten deutschen Text nicht in einer aus Italien importierten Vertonung zu spielen, sondern Schütz mit einer Neukomposition zu betrauen, ist nicht genau bekannt. Jedenfalls entstand so, mit Opitz und Schütz als Verfasser, die erste deutsche Oper, ja wahrscheinlich die erste nichtitalie-

nische Oper der Geschichte. Die „Pastoral Tragicomoedia von der „Daphne“ ging im Schloß Torgau am 15. April 1627 in Szene. Es blieb ein einmaliges Ereignis, aber es ist nicht ausgeschlossen, daß ähnliche Versuche auch an anderen Fürstenhöfen Deutschlands stattfanden. Der Weg zu einer deutschen Oper ist noch weit. Immerhin wissen wir, daß in Nürnberg 1644 ein volkstümlicher Versuch in der Landessprache gemacht wurde. Von Sigmund Stadens damals aufgeführtem, am ehesten als Singspiel anzusprechendem „Seelewig“ führt ein Weg zu dem wichtigen Hamburger Opernversuch und schließlich in das „Wiener Nationalsingspiel“, dessen Hauptvertreter Mozarts „Entführung aus dem Serail“ und die „Zauberflöte“ sind.

Die Oper ist italienisch

Hier wird die Frage der Sprache akut, der Übersetzungen auch, die jahrhundertelang bis heute den Opernsachverständigen wie den Liebhaber beschäftigen. Was im Schauspiel – etwa von Shakespeare und Lope de Vega – längst mit Erfolg praktiziert wird, stellt in der Oper ein echtes Problem dar. Mochte dieses Vorgehen bei der *opera seria*, der „ernsten“ Oper, denkbar erscheinen, so erwuchsen bei der ein wenig später aufkommenden *opera buffa*, der Lustspieloper, ernsthafte Schwierigkeiten. Da gab es die überaus schnell zu singenden *Secco*-Rezitative, deren Sprachduktus zwar dem Italienischen, aber dem keiner anderen Sprache angemessen ist – ferner die Notwendigkeit einer völligen Übereinstimmung der textlichen Pointen mit ihrem musikalischen Ausdruck in beiden Sprachen.
Während dieses Problem hie und da in Deutschland aufkommt und Frankreich sich Gedanken über eine mögliche Nationaloper macht, die natürliche in der Nationalsprache gepflegt werden müßte, spielt Europa weiter in italienischer Sprache. Alle Höfe öffnen sich dem Genre, aber die meisten übernehmen die italienische Oper, so wie sie in Neapel, in Venedig, in Rom, in Parma, Mantua und einem Dutzend weiterer Städte gespielt wird. In allen wichtigen Zentren Europas bilden sich „Italienische Theater“, die vom Impresario über die Textdichter und Komponisten bis zum technischen Personal, den Musikern, Sängern und Tänzern ausschließlich ihre eigenen Landsleute beschäftigen. Anderthalb bis zwei Jahrhunderte lang wird dies in Wien, München, Dresden, Paris, London, Stockholm, Prag, Warschau, St. Petersburg und vielen anderen Orten der Fall sein.
In mancher Stadt wird es zu Rivalitäten kommen, zu Kämpfen, die nicht nur im Theater und auf dem Papier der Zeitungen und der Flugblätter stattfinden werden. In Paris wird der Streit auch manchmal handgreiflich ausgetragen. Doch entsteht 1671 eine eigene französische Oper. Aber auch das bedeutet noch keineswegs die Verdrängung der Italiener. Bis in die Mitte des 19. Jahrhunderts wird es in Paris nebeneinander eine französische und eine italienische Oper geben. Und nicht viel anders geht es in Wien zu.
Dorthin übersiedelten zwei bedeutende Italiener der Neapolitanischen Schule: Antonio Dragli und Antonio Caldara. Am überaus musikbegeisterten Habsburgerhof fanden sie glänzende Aufnahme und ein dankbares Tätigkeitsfeld. Draghi (um 1635–1700) bekam Gelegenheit, seine Oper „La Monarchia latina trionfante„ (Die siegreiche lateinische Monarchie, wohl als Anspielung auf das römische Kaiserreich deutscher Nation) zugleich mit dem Festspiel Cestis „Il Pomo d'oro“ aufzuführen, von dem wir sprachen. 1682 wurde er

Linke Seite: Die heute „Steintheater“ genannte und noch bespielte Freiluftbühne im Park des Schlosses Hellbrunn bei Salzburg, wo vermutlich um 1619 das erste Gastspiel einer italienischen Operntruppe nördlich der Alpen stattfand.
Rechts: Vom deutschen Barockdichter Martin Opitz (1597–1639) stammte der Text zur frühesten deutschen Oper, „Daphne“ (1627), deren Partitur verlorenging.

Hofkapellmeister und blieb es auch bis zu seinem Tod. In seiner Wiener Zeit hat er mehr als 170 Opern geschaffen, dazu Oratorien, Kantaten, Kirchenmusik. Seine Werke sind von ungleicher Qualität: Oft wirft er sie recht oberflächlich aufs Papier, wobei er nebensächlichere Teile nur andeutet, bei wichtigen Festaufführungen am Hof aber erreicht er hohes Niveau, besonders auch durch enge Zusammenarbeit mit dem Librettisten (Nicolo Minato) und dem Bühnenbildner (Ludovico Burnacini).
Mit Antonio Caldara (1670–1736) festigt sich der italienische Einfluß in Wien – und damit im süddeutschen Raum – noch weiter. Caldara zählt maßgebend zu der venezianischen Schule, jenem Spätbarock, das sowohl in der Oper, fast stärker aber noch in der Instrumentalmusik Großartiges hervorbrachte. Bevor Caldara 1712 und später endgültig im Januar 1716 nach Wien gekommen war, hatte er längst in vielen Städten des Südens eine intensive Tätigkeit ausgeübt, vor allem in seiner Heimatstadt Venedig, dann in Bologna, Mantua und Rom. Später soll er eine Zeitlang in Madrid gewirkt haben. In Wien traf er auf den Hofkapellmeister Johann Joseph Fux, der in der Musikgeschichte Wiens eine hervorragende Rolle spielte und von dem Andreas Liess so schön sagt, er habe „ein deutsches Herz und eine italienische Kunstgesinnung" besessen. Caldara wurde sein Vizekapellmeister, und eine gute Kameradschaft verband die beiden Männer ein Leben lang. Fux erkannte neidlos das hohe Können des Italieners an, der hoch in der Gunst des Kaisers stand. Karl VI. war einer jener hochmusikalischen Habsburger, der, „wäre er nicht Kaiser gewesen, einen glänzenden Kapellmeister abgegeben hätte", wie es hieß. Er dirigierte mehrfach die Werke Caldaras, während dieser in Prag 1723 für den erkrankten Fux bei der Aufführung von dessen Festoper „Costanza e Fortezza" einsprang. Caldara hinterließ 37 Opern, 29 Oratorien, mehr als 100 Kirchenkompositionen (darunter acht- und mehrstimmige Messen sowie ein sechzehnstimmiges *Crucifixus*), mehr als 100 Kammermusikwerke, dazu Madrigale und Kantaten. Man könnte Caldaras Oratorien als Vorstufe zu jenen Händels betrachten, seine Instrumentalwerke als den Weg zur „Wiener Klassik" sehen, denn Wagenseil und Gluck müssen mit ihm in unmittelbarem Kontakt gestanden haben; Haydn ist vier Jahre alt, als Caldara 1736 in Wien stirbt, er müßte unbedingt mit dessen Werken im Kinderchor zu St. Stephan in Berührung gekommen sein.
Wenn Wien in der folgenden Epoche des Rokoko als „Stadt der Musik" schlechthin bezeichnet werden wird, so liegen die Wurzeln für eine solche Ausnahmestellung in früherer Zeit. Bereits Hoch- und Spätbarock versammeln in der Hauptstadt des Habsburgerreiches glänzende Musiker, die hier besondere Förderung genießen und höchste Stellungen einnehmen. Daß sie in erster Linie aus Italien kommen, versteht sich bei der damaligen Konstellation von selbst. Trotzdem sollte man den Zuzug aus dem Kronland Böhmen nicht vergessen, dessen Musikalität ihm schon längst den Ehrennamen eines „Konservatoriums Europas" eingetragen hatte. Nun lieferte es gewissermaßen den Unterbau des Wiener Musiklebens: die Orchestermusiker, die in immer größerer Zahl gebraucht und angestellt wurden. Sie wurden nicht berühmt, aber jene, die berühmt wurden, wären es manchmal nicht ohne sie geworden.
Wien hallte schon damals von Musik wider. Ein musisches Herrscherhaus umgab sich wie von selbst mit einer musischen Aristokratie und einem musischen Großbürgertum. Und diese Kreise spendeten dem „Volk" Freiluftkonzerte im Sommer, Ballvergnügungen im Winter, denen manchmal – wir werden es mit Verblüffung bei Johann Strauß sehen, dem letzten Er-

Oben: Das alte Hoftheater in Wien, in dem zu Zeiten der Klassik viel Oper gespielt wurde.
Unten und rechte Seite: Figuren der venezianischen Commedia dell' arte, dem überaus populären Volkstheater, das im 17. Jahrhundert viele Elemente der werdenden Opera buffa lieh.

ben der großen Wiener Musikzeit – einige „künstlerische" Werke vorangehen. Viel volkstümliche Musik gab es bei allen Arten von Festen, an denen Wien schon immer reich war.
Für die höhere Gesellschaft gab es Musik über Musik. Die nahezu täglich spielende Oper war ein Sammelplatz sowohl musikalischer wie gesellschaftlicher Art. Sie war – keinem Menschen fiel dies auf, da es als völlig normal galt – italienisch. Italiener saßen überall, wo es um Oper ging. Vater Mozart wird sich bitter darüber beklagen, da er fest überzeugt ist, diese „italienische Partei" verhindere die Wiener Karriere seines Sohnes. Der Hof gab für die Oper Unsummen aus. Und nicht, wie vielleicht anderswo, aus Prestige-, aus Repräsentationsgründen, sondern aus wirklicher Musikliebe. Natürlich gab es noch weit und breit kein Parlament, keinen Stadtrat, der solche „Verschwendung" kritisieren könnte. Trotzdem bemühte gerade dieser Hof sich, die Vorstellungen einem ungewöhnlich breiten Kreis zu öffnen. Neben den ziemlich exklusiven Darbietungen im Hoftheater gab es nicht wenige unter freiem Himmel, so in der „Alten Favorita" (dem späteren Augarten, einem Schloßpark, den künftig Joseph II. „seinen Wienern" als prächtige Erholungsstätte zur Verfügung stellen wird), der „Neuen Favorita" (dem späteren „Theresianum") und nicht zuletzt in den Schlössern Schönbrunn und Laxenburg.
Die Oper hatte ihr erstes Jahrhundert hinter sich gebracht, und ihre Entwicklung war stürmisch verlaufen. Aus dem Musikdrama der florentinischen und einiger weniger anderer Paläste – wie jenem der Fürsten Gonzaga in Mantua – war das ernste, von Geschichte und Legende gezeichnete, ein wenig gravitätische, feierliche Schauspiel in die öffentlichen Theater geraten. Es war, als würde ein aristokratisches Edelfräulein plötzlich in die Volksschule geschickt; dort lehrt es seine neuen Kameradinnen bedeutend weniger als es selbst von ihnen lernt. Die Oper kam besonders in Venedig, wo die ersten Versuche stattfanden, mit anderen Formen des Theaters zusammen, etwa mit der *Commedia dell' arte*, deren Lustspielfiguren Harlekin, Colombine, Pantalone äußerst populär waren. Vereinfacht kann man sich den Werdegang der Oper im öffentlichen Theater vielleicht so vorstellen: Zuerst, als der Impresario entdeckt, daß das neue Genre nur eine wählerischere Schicht seines Publikums anspricht, versucht er das allgemeine Interesse dadurch zu heben, daß er zwischen die Akte der ernsten Oper ein heiteres Intermezzo einfügt. Solche Einschübe waren keine Seltenheit. Die Anziehungskraft stieg, aber das Problem blieb, zumal viele Besucher das Theater erst zum Beginn des Intermezzos betraten und es nach diesem wieder verließen, bevor die Oper weiterging.

Die Oper und das Volk

Tragödie und Komödie miteinander zu verschmelzen tat not, um der Kunstgattung Oper die Verbreitung und Volkstümlichkeit zu sichern, die sie für ihr künftiges Leben brauchte. Es widersprach nicht einmal ihrem Grundprinzip, der Wiedererweckung des altgriechischen Theaters. Hatten die Bewohner des klassischen Altertums etwa keine Lustspiele, Possen, Farcen gekannt? Sie hatten, und so gründlich, wie es heute noch bei den Stücken des Aristophanes leicht nachzuweisen ist! Warum also keine heitere Oper? Wir sahen, wie *opere buffe*, komische Opern, ins Leben gerufen wurden und sofort starke Erfolge errangen. Auch ernste und heitere Elemente konnten gemeinsam zu Opernstoffen verarbeitet werden und erhielten den Namen *opera semiseria*, die „halbernste" Oper.
Die Popularisierung der Oper ging dann sehr rasch vor sich. Theater auf Theater wurde gebaut. Der Bedarf an Werken stieg steil an. Und da zu jener Zeit der Gedanke an ein „Repertoire" noch außer Reichweite lag, Wiederaufnahmen besonders erfolgreicher Werke sehr selten waren, mußte (um moderne Begriffe zu verwenden) die Produktion auf ein Maximum eingestellt werden. Die fast 60000 Opernwerke, die einmal gespielt werden, sind vermutlich zu einem großen Teil im ersten Viertel der Operngeschichte, im 17. Jahrhundert, entstanden. Die meisten Opern waren „Handwerk" – dem unsere Achtung nicht versagt sei –, nur weniges zeigte sich inspiriert, nur vereinzeltes wertvoll. Meisterwerke waren selten. Was gehört bei einem Opernwerk nicht alles zu dieser Bewertung! Die Herkunft von einem ungewöhnlichen musikalischen Talent reicht nicht aus; der Text muß von adäquater Güte sein, muß zudem interessant, packend, mitreißend genannt werden können. Und erst, wenn ein solches Werk auch fesselnd und virtuos zu singende Rollen enthält, wird es dem breiten Publikum als „Meisterwerk" ins Bewußtsein dringen.

Die Stars

Dazu kommt, daß die Rolle des Interpreten eine unverhältnismäßig große Bedeutung erlangt. Die Wichtigkeit des Darstellers – Sänger oder Schauspieler –

Links: Galavorstellung in der prunkvollen Oper von Neapel um 1750. Große Dekorationen auf der Bühne, ein starkes Orchester auf ebener Erde vor der Bühne, Hofzeremoniell im Zuschauerraum. Rechte Seite: Festliche Oper auch in Deutschland: In Dresden erklingt am 13. September 1719 die Oper „Teofane" des italienischen Komponisten Antonio Lotti zur Feier einer Prinzenhochzeit.

übersteigt bald die des Werkes. Man geht die Catalani, die Pasta, die Schröder-Devrient hören, den Caffarelli, den Rubini, den Tamberlick, und nicht die Opern, die sie interpretieren. Die Gesangsstars des 17. und 18. Jahrhunderts waren die Primadonnen, die *primi uomini*, die besten Kastraten. Ihre Geschichte überwuchert die der Komponisten, der Librettisten. Sie sind es, die letzten Endes über den Erfolg einer Oper entscheiden. Kein Wunder, daß ihre Honorare, ihre Gagen bald die aller anderen weit übersteigen, denn die Stars füllen die Kassen der Unternehmen, die längst aus Kulturinstituten zu Wirtschaftsbetrieben geworden sind.
Doch ihr Status drückt sich nicht nur im Materiellen aus. Die großen Opernsänger gewinnen Einfluß auf den künstlerischen Teil der Produktion. Sie „wünschten" sich Rollen, in denen sie mit einer Besonderheit glänzen konnten. Man willfahrte ihnen, da hier ihre Interessen mit denen der Produzenten zusammentrafen. Es entstanden Machwerke, die nur zu sehr auf Eigenheiten der Stars ausgingen, ob sie in das künstlerische Konzept paßten oder nicht. Aber auch der Wille oder die Willkür der Stars haben ihre Grenzen. Denn über ihnen steht die absolute Majestät, das Publikum. Zwischen den Künstlern und dem Publikum spielt eine seltsame Beziehung, die eine psychologische, soziologische Untersuchung wert wäre. Das Publikum wird zur freundlichen oder feindlichen Masse, die auf nirgends verbriefte Rechte pocht und sich zum Schiedsrichter über das Kunstgeschehen berufen fühlt. Die Masse wird zur Tyrannin, aber es ergeht ihr wie vielen politischen Diktatoren, deren Macht man im Verlauf der Zeit, die sie am Ruder sind, zu spüren aufhört, bis man aus irgendeinem Grund sich veranlaßt fühlt, ihnen zu widersprechen. Immerhin, ein einziger vermag diese Macht manchmal zu steuern, und ihm unterwirft sich auch die Masse gern: dem großen Magier, dem Künstler mit höchster Ausstrahlung.
Wir haben die Anfänge der Opernkunst durchwandert. Es waren die Zeiten, in denen sich das Publikum erst zu formen begann. Im Kunstleben der Renaissance und des Frühbarock entschied die Meinung weniger großer Herren. Sie beherbergten die Kunst, gestalteten ihre Paläste zu Bildergalerien aus, spielten Oper in ihrem eigenen Hoftheater, bestimmten durch ihre Angestellten, die in diesem Fall Hofkapellmeister, Hofkomponist, Hofmusikus hießen, die Werke, die gegeben werden sollten, die Künstler, die darin aufzutreten hatten. Wir besitzen nicht wenige alte Gemälde oder Stiche, die Vorstellungen in Hoftheatern damaliger Zeiten zeigen. Da beginnt die Vorstellung, die *rappresentazione*, schon lange vor dem zu spielenden Stück: Bereits der Einzug der Gäste, zuletzt der königlichen oder fürstlichen Familie, stellt ein Spektakel für sich dar. Und wie in einem Theaterstück ist alles genau geregelt. Die ranghöchsten Persönlichkeiten sitzen auf erhöhten Plätzen dem Orchester und der Bühne zunächst im Parkett gegenüber, dessen Stühle in Ornamentform, genau nach Rang und Stellung der sie einnehmenden Damen und Herren, geordnet sind. Daß dadurch die bescheideneren Besucher dahinter in ihrer Sicht stark beeinträchtigt werden, scheint niemanden zu stören. Ganz anders geht es bei „gewöhnlichen" Vorstellungen zu, und die dort allmählich einreißenden Zustände füllen manche Seite der Sittengeschichte. Das Parkett kennt noch keine Sitzreihen, es ist leer: Man erwartet, daß jeder Besucher für seine eigene Bequemlichkeit sorgt. Damen der Gesellschaft ließen sich von ihren Dienern auf eleganten Sofas in

den Raum tragen; Männer, die sich allabendlich hier zu treffen pflegten, ließen sich Kartentische und dazu gehörige Stühle aufstellen. Sie frönten dem Spiel, nicht etwa nur während der Pausen, sondern oft während langer Strecken der Vorstellung – bis die Einleitungsakkorde einer beliebten Arie ihre Aufmerksamkeit für kurze Zeit auf die Bühne lenkten. In den Logen aber ... der Leser möge sich das dort herrschende Treiben mit einiger Phantasie selbst vorstellen.

Doch wir wollen die Zeit nicht schlechter machen, als sie war. Die Mehrheit der Besucher waren sicher echte Musikliebhaber, die um der Werke willen, guter Sänger wegen in die Oper gingen, die sich in die Textbücher und die manchmal bereits gedruckten Noten vertieften. Die Wachsflecken auf solchen alten Drucken legen ein beredtes Zeugnis dafür ab. Es gab nämlich kaum Beleuchtung im Theater, außer in den Foyers und Gesellschaftsräumen. Theatersäle alter Zeiten erglänzten im Licht Hunderter von Kerzen. So ist es auch erklärlich, daß im 17., 18. und auch noch 19. Jahrhundert viele Theater auf diese Weise in Brand gerieten und viele Besucher in den Tod rissen. Es gibt unter den italienischen Theatern – aber auch anderswo – kaum eines, das nicht einmal oder öfter ein Raub der Flammen war und dann wieder aufgebaut wurde. Vom wohl schlimmsten Theaterbrand werden wir später berichten. Ein Besuch in der Oper war in alten Zeiten zweifellos gefährlicher als heute.

Das Orchester der Barockoper nahm noch nicht im „Graben" Platz, wie heute die Vertiefung vor der Bühne, in der die Musiker weitgehend verdeckt spielen, allgemein genannt wird. Es saß auf der Höhe der Parkettreihen, vom Publikum durch eine Wand oder Absperrung getrennt. Es gab natürlich noch keinen Dirigenten im modernen Sinn, zumeist hielt der inmitten der Spieler postierte Cembalist das Instrumentalensemble zusammen und sorgte für engen Kontakt zur Bühne. Oder der erste Geiger übernahm diese Aufgabe. Bei festlichen Aufführungen aber wurde das zumeist kleine Orchester wesentlich verstärkt. Der vierzehnjährige Mozart wird bei der Aufführung seines „Mitridate" siebzig Musiker dirigieren. Da wird es zumeist notwendig, daß ein „Taktschläger" in Funktion tritt, der damals wirklich nichts ist als eben ein Taktschläger. Er übt seine Funktion mit Hilfe eines schweren Stabes aus, den er genau im gewünschten Takt auf die Erde stößt. Er gab also noch keine visuellen Zeichen, wie spätere Dirigenten, sondern akustische. Das Publikum muß diese Stöße in weitem Umkreis vernommen haben. Wir wüßten es nicht oder würden es nicht glauben, wenn die Chroniken nicht glaubhaft versicherten, daß im Jahre 1687 der berühmte Jean-Baptiste Lully sich bei solchem Taktschlagen in Paris mit dem schweren Stab eine Wunde am Fuß beigebracht hätte, an deren Folgen (vermutlich Blutvergiftung) er starb. Heute kommt es gar nicht so selten vor, daß Dirigenten während ihrer Tätigkeit einen tödlichen Herzinfarkt erleiden. Aber schon damals gab es, wie man sieht, ein Berufsrisiko bei dieser für viele schönsten Betätigung der Welt.

Die barocke Instrumentalmusik in Italien

Schon früher stellten wir fest: In jedem Kunstwerk fließen drei Grundfaktoren zusammen, die seinen Inhalt wie seine Form bestimmen: der Zeitgeist, die Persönlichkeit des Schöpfers und der Nationalstil, der es einer bestimmten Landschaft zuweist. Im Barock sind vorerst nur die ersten beiden Merkmale entwickelt. Der Nationalstil wird erst viel später, in der zweiten Hälfte des 19. Jahrhunderts, fühlbar werden. Der Zeitgeist zwingt alle Erscheinungen einer Epoche im gleichen „Stil" zusammen, trennt den Ablauf der Geschichte in bestimmte Epochen, sondert Romanik von Gotik, Renaissance und Barock von Rokoko und Klassik, diese von Romantik und so fort. Aber der Zeitgeist gewährt dem einzelnen Künstler genügend Freiraum, um seine Persönlichkeit innerhalb des Werks zum Ausdruck zu bringen. Gerade die barocken Züge der Zeit, mit der wir uns gegenwärtig beschäftigen, sind so stark, daß selbst der Laie bei einiger Übung Bauweise, Malerei und Musik dieser Epoche erkennen kann. Doch nur bei den bedeutendsten Meistern wird der Persönlichkeitsstil stark genug sein, um das Werk seinem Schöpfer zuweisen zu können.

Der Barockmusik haftet, wie der gleichzeitigen Malerei und Bauweise, ein stark sinnlicher Zug an. Dazu trägt in nicht geringem Maße das opulente, reichbesetzte Streichensemble bei, das so recht zum Abbild barocker Sinnlichkeit wurde. Nicht nur die Masse der Instrumente ist es, die zum Ausdruck üppiger Sinnlichkeit und lebensfrohen Genusses wird, es ist auch der Ton jeder einzelnen Violine, jeder Bratsche und Gambe, jeder Laute und Theorbe, deren Klang aus den besten Werkstätten stammte, die es jemals auf der Welt gab.

Die neue Harmonie hat sich durchgesetzt, die vollgriffigen Akkorde, die zu Ende des 16. Jahrhunderts die manchmal noch mittelalterlich herben Kontrapunkte ablösen. Die Kirchentonarten verschwinden fast völlig, jene noch aus Griechenland stammenden Tetrachorde und Tonleitern, mit denen das Abendland nun mehr als ein Jahrtausend lang musiziert hatte. Das harmonische System wird nun durch dreihundert Jahre den neuzeitlichen Menschen begleiten. Die moderne Harmonie gewöhnt ihn an die Reduktion der Tongeschlechter von einstmals mindestens zehn auf nunmehr nur zwei: Dur und Moll. Sie gewöhnt ihn auch an die Vereinheitlichung aller Dur- und aller Molltonleitern in zwei große Gruppen und an die dadurch bedingte Austauschbarkeit, die alle Tonwerke unbeschränkt transponierbar macht. Sie schafft das Leitton-Gefühl, das die früheren Systeme nicht kannten. Es ist jenes unwiderstehliche Streben, das den Menschen auf der letzten Stufe einer Tonleiter, dem siebenten Ton, befällt und ihn in den um einen Halbton höher gelegenen Oktavton treibt. Sein Gehör, sein Gefühl werden „geleitet", diesen Halbtonschritt zu vollziehen, um eine Tonleiter – jede Tonleiter – oder eine Melodie abzurunden. Dieses Leiten des siebenten Tons in der Richtung zum achten, zum Abschlußton, der zugleich ein erster, ein neuer Anfangston ist, besitzt hohe musikalische, aber kaum geringere psychologische Bedeutung. Vielleicht vermittelt er dem Menschen der Barockepoche jenes Gefühl der festen Verankerung, der Sicherheit, die er seinem Leben geben will, der Folgerichtigkeit, der Bestimmtheit, die ihm als Symbol seiner Zeit erscheinen.

Ein starkes Formgefühl leitet den Barockmenschen. Mögen seine Bögen in der Architektur wie in der Dichtung, Malerei und Musik noch so schwungvoll weit geführt sein, seine Verzierungen immer wieder die strengen Linien auflockern – am Fundament seiner Bauten darf nicht gerüttelt werden. Über dem Persönlichen steht immer noch die Sache, über der Leidenschaft deren Beherrschung. So viel Autobiographisches, zumeist unbewußt, auch immer in das Werk einfließen mag, es sprengt um intimer Bekenntnisse willen nie den von höherer – irdischer oder überirdischer – Macht gesteckten Rahmen. Das Bewußtsein der Form ist fundamental für den Barockmenschen. Hier ist eine Gesellschaftsklasse am Werk, deren Grundlagen fest gefügt, unantastbar, letzten Endes gottgegeben erscheinen. Nicht das folgende Rokoko, erst die Romantik wird dieses Gefühl aufzulösen imstande sein. Auf diesem festen Boden hat die Barockkunst ihre Lebensform gebaut. Es wäre falsch, diese Grundregeln als Zwang zu verstehen. Sie bilden das feste Gerüst, das vor dem Absturz in das gefürchtete Chaos zu schützen vermag. Diese Überzeugung klingt aus jeder musikalischen Phrase der Barockzeit.

Das Blühen der Musik in jener Zeit beruht auf dem Wirken einer unübersehbaren Menge guter, sehr guter, hervorragender bis genialer Musiker in nahezu allen Ländern des Abendlands. Sie auch nur annähernd aufzuzählen, wäre selbst als Aufgabe eines Lexikons undurchführbar. Denn das Zeitalter schätzt, liebt, pflegt Musik in hohem Maß, holt aber nur einen kleinen Teil ihrer Vertreter ins Licht der Öffentlichkeit. Niemand fragt die zahllosen Schulgesangslehrer, Organisten, Leiter von dörflichen Kapellen nach ihren Daten und Werken und schon gar nicht nach ihren Ansichten. Selten äußern sie erklärende Worte zu ihrer Kunst im Vorwort eines Buchs oder in Briefen an vertraute Personen. Niemand interessiert sich für ihre Werke, deren Aufführungen und Erfolge. Niemand auch führt Buch über ihre Reisen, Begegnungen oder gar ihr Privatleben. Nur in den seltensten Fällen rafft sich jemand auf, Daten oder Dokumente über einen Meister zu sammeln, um sie vor dem Vergessen zu erretten. Bach wird wenigstens in Johann Nikolaus Forkel ein halbes Jahrhundert nach seinem Tod einen Chronisten finden, aber das Wissen über die meisten seiner unmittelbaren Gefährten, ganz zu schweigen von den Vorgängern, ist diesem Vergessen anheimgefallen, wohl für immer.

Das Konservatorium

Beginnen wir unseren Streifzug durch die Instrumentalmusik im Barockzeitalter in Italien, ihrem Mutterland. Hier blüht sie neben der Oper, neben dem Oratorium und erklimmt in knappen zwei Generationen seit ihrem Beginn bewundernswerte Höhen. Die Vorbedingungen müssen vorhanden gewesen sein: die Instrumente, die Räume, das Publikum. Von den Instrumenten wissen wir, daß klangvollere nie gebaut wurden. Die Räume fanden sich in Palästen und Schlössern, aber auch immer mehr in öffentlichen Gebäuden wie Rathäusern und „Konservatorien". Wer unter dieser Bezeichnung damals schon eine Musiklehranstalt vermutet, irrt. Zwar wurde hier auch Musik gelehrt, aber es war trotz der Intensität, mit der dies geschah, eine Nebenbeschäftigung. Denn was hier konserviert wurde, war nicht Musik, sondern es waren Waisenkinder. Ein Konservatorium war ein Waisenhaus. Da die Gesellschaft, der dies oblag – eine städtische Institution –, fand, diese Kinder sollten wenigstens einen Teil der für sie aufgewendeten Gelder zurückerstatten, „abverdienen", wurden in den Anstalten Chöre und Orchester gebildet, die ausgezeichnete Leistungen erbrachten, wie immer und überall, wo man sich fachkundig mit musikalischer Früherziehung (dies der heutige Name solcher Tätigkeit) beschäftigt. Die spielenden und singenden Kinder aus den Konservatorien erzielten, wo immer sie auftraten, starke Erfolge und trugen zur Verbreitung der von ihnen gepflegten Kunstmusik viel bei. Das war auch in England zu Ende des 17. Jahrhunderts so, denn nicht wenige von den Werken Purcells wurden bei solchen Gelegenheiten uraufgeführt. Nun, im Barock, wird diese „Jugendmusik" in den italienischen Städten aufgenommen und auf ungeahnte Höhepunkte geführt. Manches heute von den besten Streich- oder Kammerorchestern der Welt gespielte Stück aus dem „settecento" – dem italienischen 18. Jahrhundert – erklang zuerst in den Waisenhäusern oder ähnlichen Anstalten, wie aus der Biographie manches Meisters hervorgeht. Denn offenbar verschmähte es keiner der damaligen *maestri*, mit diesen gut geschulten Kindern und Jugendlichen zu musizieren. Nur ein Bruchteil der zahlreichen Barockmusiker kann hier Erwähnung finden. Ihre Anzahl ist zu groß

„Galakonzert in Venedig": Auf den drei Rängen links sind Choristen und Instrumentalisten mit Geigen, Bratschen und Bässen postiert. Gemälde von Francesco Guardi (1712–1793).

„Das Konzert", auch „Musiker am Hof des Herzogs von Modena" genannt. Gemälde von Antonio Domenico Gabbiani um 1700.

und unsere Kenntnis dieser Epoche zu gering. Unserer Zeit, vor allem der zweiten Hälfte des 20. Jahrhunderts, blieb es vorbehalten, der bis dahin manchmal geradezu als „museal" betrachteten Ära neues Leben einzuflößen. Gewiß, Bach und Händel waren nördlich, Vivaldi und Corelli südlich der Alpen lebendig geblieben, wenn auch nur mit Ausschnitten ihrer Werke und wohl vor allem eher verstandes- als gefühlsmäßig. Was den großen Umschwung in der Bewertung der Barockmusik veranlaßte und zu einer völlig neuen Stellung breiter Kreise zur Musik des 17. und 18. Jahrhunderts führte, ist nicht leicht zu untersuchen. Hier fließen zahlreiche Faktoren ineinander, solche rein musikalischer Art verbinden sich mit soziologischen, rationale mit nostalgischen. Sehnt eine postromantische Zeit sich nach der Klarheit des Barock, um dem drohenden Chaos zu entgehen? Wollen die Überlebenden zweier Weltkriege geistig in eine „heile", geordnete Welt zurückkehren, die Wirrnis vergessen, die an den Abgrund der Welt geführt hat? Die lichtvolle Klassik muß nicht aufgewertet werden, ihre Werte haben die dunkelste Zeit ohne jede Beschädigung überstanden. Ihre Vorläufer will man erkennen, um vielleicht ihren Weg noch einmal beschreiten zu können im Versuch, ein zweites Mal nicht mehr abzugleiten in rein äußerliche Errungenschaften, rein materialistische Fortschritte.

Musiker im italienischen Norden

Auch bei der Betrachtung der Instrumentalmusik – gerade wie in der Oper – müssen wir dem Herzogspalast von Mantua eine führende Rolle zuerkennen. Hier und in den alten Kirchen der Stadt wirkten Musiker, die viel Neues schufen. Einer von ihnen war der nahezu vergessene Giovanni Giacomo Gastoldi (um 1550–1622). Er wurde 1582 Kapellmeister am Hof zu Mantua, komponierte dort u. a. *Baletti di cantare, sonare e ballare,* also Stücke (Ballette) zum Singen, Spielen und Tanzen, wie sie damals gerne in die Pausen größerer Werke eingelegt wurden. Einige davon haben sich bis heute erhalten, ohne Licht in das Leben dieses Komponisten bringen zu können. Er versteht unter *balletti* nicht so sehr wirkliche Tänze, sondern Nachfolger einstiger Tanzmelodien und -lieder, die größtenteils bereits den neuen Stil, die Einstimmigkeit, zeigen. Ein Weg führt von ihnen zum Madrigal und zur Madrigalkomödie, die zu Ende des 16. Jahrhunderts in Mode kam und von einigen Forschern als Vorstufe zur Oper betrachtet wird. Gastoldi und Monteverdi wirkten zeitweise beide in Mantua, musikalische Verbindungen wären also durchaus natürlich, über persönliche wissen wir nichts. Gastoldi, der auch *Canzonette* und *Madrigale* schrieb, muß in der Frühgeschichte des instrumentalen *Concerto* genannt werden, dem in den kommenden Jahrhunderten besondere Bedeutung zukommen wird.

Von besonderem Interesse dürfte die Gestalt Salomone Rossis (um 1570– etwa 1630) sein, dessen Lebensdaten weitgehend unbekannt sind, der aber in Mantuas Musikgeschichte eine ungewöhnliche Rolle spielte und dort mit Monteverdi in Verbindung stand. Er zeichnete seine Werke stets mit dem Beinamen „il Ebreo", der Jude, einerseits vielleicht, um sich von mehreren anderen Musikern namens Rossi zu unterscheiden, vor allem aber eher zur Betonung seiner Abstammung, der übrigens auch sein wohl wichtigstes Werk zuzuschreiben ist, eine Sammlung hebräischer Psalmen, die er

1623 zweisprachig in Druck gab. „Schir Haschirim ascher li Schlomoh" lautet der hebräische, „Salmi e cantici ebraici" (Hebräische Psalmen und Lieder) der italienische Titel. Rossi nahm am Hof der Fürsten Gonzaga eine besondere Stellung ein. Damit wird eine Frage von allgemeiner Bedeutung aufgeworfen: die Stellung der Juden in der abendländischen Musikgeschichte. Salomone Rossi „il Ebreo" war von seinem Fürsten davon befreit worden, die den Juden im Mittelalter vielfach vorgeschriebene Kleiderordnung einzuhalten. Er scheint ein Instrumentalensemble aus jüdischen Musikern dirigiert zu haben, das – so wie Schauspieltruppen der gleichen Herkunft – am Hof angestellt und hochgeschätzt war. Blättert man die Musikgeschichte der letzten vier oder fünf abendländischen Jahrhunderte durch, so findet man eine überdurchschnittliche Beteiligung der Juden als Interpreten, aber eine Unterbeteiligung bei den Schaffenden. Vielleicht wäre dieser Frage in größerem Rahmen nachzugehen, unter Einbeziehung einer anderen vielfach unterdrückten Volksgruppe, nämlich der Frauen. Denn mehr noch als die Juden fehlen die Frauen in der Liste der großen Musikschöpfer (wie der bedeutendsten Maler, im Unterschied zur Literatur, in der das Verhältnis zwar auch nicht ausgewogen, aber wesentlich gleichmäßiger ist). Eine solche Untersuchung erbrächte bemerkenswerte Resultate. Die große Mehrheit der Juden in der Musikgeschichte müßte wohl dem Lager derer, die sich angepaßt haben oder so fühlen, zugerechnet werden (Mendelssohn, Meyerbeer, Offenbach, Mahler); in Salomone Rossi „il Ebro" aber liegt das seltene Beispiel eines in seiner Religionsgemeinschaft verwurzelten Juden vor, der im vollen Bewußtsein seiner Abstammung das Gemeinsame mit der christlichen Umwelt suchte. Rossi war jahrzehntelang als Geiger auch im herzoglichen Orchester tätig, es gilt als wahrscheinlich, daß er bei den festlichen Aufführungen von Monteverdis „Orfeo" (1607) und „Arianna" (1608) mitwirkte. Seine Schwester (oder Gattin?) wird als Sängerin in einem der *Intermezzi* genannt, die das Theaterstück des damals berühmten Dichters Giambattista Guarini begleiteten und das von Rossi komponiert worden sein könnte. Gemeinsam mit anderen Komponisten, wie es damals üblich war, schrieb er die Musik zu einem biblischen Drama („Maddalena"), wobei sein Anteil vor allem in einer Ballettmusik bestanden haben soll. Auch Monteverdi scheint zu den Mitarbeitern gehört zu haben. Das Werk erklang 1617. Rossis wichtigste Werke liegen, neben den genannten Psalmen, dem Versuch also, altjüdische Tempelmusik in zeitgenössischer Form dem Musikleben zuzuführen, auf dem Gebiet der Instrumentalmusik, auf dem er neue Bahnen beschritt. Möglicherweise war er der erste, der die bald weit verbreitete Form der TRISONATE für zwei Violinen und *basso continuo* (Cembalo) pflegte. Mehrere von ihm herausgegebene Bände enthalten „Sinfonie e gagliarde" und „Varie sonate, sinfonie, gagliarde, brandi e corrente"; es sind also SUITEN, das Wort *Sinfonie* wird noch nicht im späteren Sinn gebraucht, sondern bezeichnet ein mehrstimmiges Kammermusikwerk. Die genannten Tänze sind in unserer Beschreibung der Suite vorgekommen, *brandi* steht hier für *branles, corrente* ist das italienische Wort für die zumeist französisch genannte *Courante.*

Giovanni Legrenzi (1626–1690) war Organist in Bergamo, wurde dann Kirchenkapellmeister in Ferrara, bevor er 1672 nach Venedig ging, wo er zuerst Direktor des Armenwaisenhauses *(Conservatorio dei mendicanti)* und 1685 Kapellmeister der Markuskirche wurde. Neben siebzehn Opern schrieb er eine Fülle von Kirchen- sowie von Kammermusik für Stimmen und Instrumente. Sie muß seinerzeit sehr bekannt gewesen sein, denn Bach schätzte den ihm persönlich unbekannten südlichen Kollegen so sehr, daß er eines von dessen Themen in einer eigenen Orgelfuge verarbeitet.

ARCANGELO CORELLI

In Arcangelo Corelli (1653–1713) begegnen wir einem der Großmeister aller Zeiten. Er kam in Fusignano (nahe bei Ravenna) zur Welt, studierte in Bologna und ließ sich, nachdem er siebzehnjährig Mitglied der berühmten *Accademia filarmonica* geworden war (eine Auszeichnung, die der vierzehnjährige Mozart genau ein Jahrhundert später, 1770, erfahren wird), in Rom nieder. Dort widmete er sein erstes veröffentlichtes Werk der früheren Königin Christine von Schweden, die dem Thron entsagt hatte, um als Katholikin in der „Ewigen Stadt" leben zu können. 1687 wird Corelli Musikmeister des Kardinals Benedetto Panfili, dem er sein Opus 2, wiederum eine Sonatensammlung für drei Instrumente (Triosonaten), zueignete. Zwei Jahre später holt ihn der Kardinal Ottoboni, der spätere Papst Alexander VIII., in seinen Palast, in dem ein vollbesetztes, zeitweise auf angeblich 150 Streicher aufgestocktes Orchester tätig ist, das Corelli nun leitet und für dessen Klangfülle er stets komponiert. Ein namhafter österreichischer Musiker, der Organist Paul Peurl aus Steyr, erlebte solche Konzerte und schilderte seinen tiefen Eindruck im Vorwort einer Sammlung von Instrumentalstücken („Auserlesener mit Ernst und Lust gemengter Instrumentalmusik erste Versamblung"), die er 1701 in Passau drucken ließ. Darin spricht er auch in ehrlicher Überwältigung vom CONCERTO GROSSO, das er zum ersten Mal hört, jenes Instrumentalkonzert, bei dem eine kleine Gruppe von Solisten (bei Corelli ist es zumeist die Triobesetzung von zwei Geigen und Cembalo) dem Gesamtensemble gegenübertritt. Lange Zeit hindurch schrieb man Giuseppe Torelli (1658–1709) die Erfindung des Concerto grosso zu, heute neigt man eher dazu, diesen Ruhmestitel Corelli zuzuweisen. Doch könnte beiden der schon 1681 verstorbene Alessandro Stradella zuvorgekommen sein. Ob Corelli diese Kompositionen Stradellas gekannt hat, ist nicht mehr festzustellen. Er erhob das Concerto grosso, das ganz Europa eroberte, zu seiner Lieblingsform. Die letzten zwölf Werke dieser Art gehören zum Schönsten, was die Barockmusik hervorgebracht hat, insbesondere wohl das ergreifende „Weihnachtskonzert" *(Concerto di natale).* Corelli pflegte nahezu alle Formen der Instrumental- und Kammermusik, so die „Kirchensonate" *(Sonata da chiesa)*, in der sich, nach altem kirchenmusikalischem Brauch, kontrapunktische und fugierte Teile hielten, und die „Kammersonate" *(Sonata da camera)*, die sich formal der Suite nähert.
Der Ruhm, der Corelli durch weite Teile seines Lebens begleitete, läßt die großen Lücken in seiner Biographie doppelt bedauern. Um 1671 kam er nach Rom, wo er

den Hauptteil seines Lebens verbrachte. Ob er Ende der siebziger Jahre eine Reise nach Deutschland unternommen und dabei in München, Heidelberg, Ansbach, Hannover, Düsseldorf usw. geweilt und auch als glänzender Geigenvirtuose konzertiert habe, konnte nie bewiesen werden, ebensowenig wie eine Fahrt nach Paris, wo er Lully begegnet sein und sich sogar musikalisch mit ihm gemessen haben soll. 1681 tritt auch er, wie viele bedeutende Musiker seiner Zeit, in Verbindung mit der großen Mäzenin Christine von Schweden, die im römischen Palast Riario einen glänzenden künstlerischen und geistigen Kreis um sich versammelte. Den Höhepunkt in Corellis Leben bildeten die Jahre, die er im Palast des Kardinals Ottoboni, eines Neffen des Papstes, verbrachte, wo unter unvorstellbarer Prachtentfaltung regelmäßig Musikabende – die legendär gewordenen Montagskonzerte – abgehalten wurden, die Corelli leitete. Dort scheint er ein glänzendes Orchester gehabt zu haben, dem Dutzende, ja an Galaabenden 150 Streicher angehört haben sollen. Vermutlich spielte er, der Virtuose, zahlreiche Soli selbst und brachte auch immer wieder eigene Werke zu Gehör. Damals muß Rom der Mittelpunkt der Instrumentalmusik nicht nur Italiens gewesen sein. Es ist nicht mehr festzustellen, wie viele der Renaissance- und Barockpaläste der kirchlichen und weltlichen Würdenträger von sagenhaftem Reichtum ihr eigenes Musikensemble beherbergten. Corelli war ein überall gefeierter Künstler. Trotzdem hat niemand seine Fahrten, seine Auftritte, ja kaum seine Werke verzeichnet. Was über die Jahrhunderte weitergegeben wurde, waren vor allem Anekdoten, die seine Gestalt in ein manchmal eigenartiges Licht rücken. Er soll seine beträchtlichen Einnahmen in eine prächtige Bildersammlung gesteckt haben, so daß ihm kaum das Nötigste zum Leben verblieb – aber niemand hat diese Schätze je gesehen, und bei seinem Tod (am 8. Januar 1713 in Rom) waren sie verschwunden. Er soll ein Sonderling gewesen sein und sein Alter in Trübsinn verbracht haben. Hier kann ein Körnchen Wahrheit liegen – doch welcher bis ins tiefste Innere mit seinen Werken beschäftigte Künstler ist nicht zuweilen ein „Sonderling"? Corellis Stellung war bis zuletzt glanzvoll, Schüler aus aller Welt drängten sich zu seinem Unterricht, in seine Nähe. Corellis Werke erklangen an allen musikalischen Stätten des Abendlands. Und auch heute klingen sie stets ruhig, vertrauensvoll, klar, gottvertrauend und weltüberlegen, als gäbe es keine Nachtgespenster, keine Dämonen, gegen die dieser „Erzengel" (das be-

Links: Porträt von Arcangelo Corelli, dem illustren italienischen Barockmeister, der hier, wie damals üblich, mit seiner Geburtsstadt Fusignano (bei Ravenna) identifiziert wird. Rechte Seite: 1751 (fünf Jahre vor jener von Vater Leopold Mozart) erschien in London die Violinschule des berühmten italienischen Geigers F. Geminiani: „The art of playing on the violin". Hier das Titelblatt der ersten französischen Ausgabe, die den Titel auf „L'Art du Violon" verkürzt.

deutet sein Vorname Arcangelo) hätte kämpfen müssen. Einen Geringeren hätte wohl Papst Clemens XI. nicht im Pantheon beerdigen lassen, nahe dem Grab Raffaels, der dort seit fast zwei Jahrhunderten ruhte.

Weitere Barockmeister Italiens

Zu den Violinvirtuosen der ersten Generation gehört, neben Corelli, auch Giuseppe Torelli (1658–1709). Im heimatlichen Verona zeigte er als Kind eine starke Neigung zur Malerei, während ein Bruder sich zur Musik entschloß. Doch es kam umgekehrt. Giuseppe studierte in Bologna, in dessen Akademie er 1684 aufgenommen wurde, vierzehn Jahre nach Corelli. Nach einigen Jahren geigerischer Tätigkeit in einem Kirchenorchester reiste er 1695 nach Wien, um dort ein eigenes Oratorium zur Aufführung zu bringen. 1696 wirkte er als Konzertmeister, was aber damals oft auch Kapellmeister bedeutete, beim Markgrafen von Ansbach, das zu den wichtigsten Musikstätten des Barock zählte. Er kehrte 1701 nach Bologna zurück, wo er am 8. Februar 1709 starb. In die Geschichte ging er als Erfinder einiger musikalischer Formen ein, vor allem des Solokonzerts, das er hauptsächlich als Violinkonzert entwickelte. Unter *concerto* verstand man (wie wir in einem viel früheren Kapitel auseinandersetzten) die Gegenüberstellung zweier Klangkörper, dessen einer stets das Orchester war; der andere – wir sahen es eben bei Corelli – konnte eine kleine Gruppe von Instrumenten sein oder eben, wie Torelli es versuchte, ein einzelner Solist. Torelli versuchte es mit der Geige, doch folgten sehr bald andere Instrumente – das Violoncello, die Flöte, die Oboe, das Cembalo –, schließlich konnte jedes als „Solist“ auftreten mit dem Orchester als Begleitung. Besteht die kleine Klangmasse aus mehreren Instrumenten, so spricht man von „Concerto grosso“, besteht sie nur aus einem einzigen Solisten, so wird vom „Solokonzert“ gesprochen, vom *concerto* schlechthin. In der Partitur, der Klangaufzeichnung, die dem Musiker ein komplettes Bild des Werkes gibt, wird der Teil des oder der Solisten stets mit *solo* oder *soli* bezeichnet, der Orchesterteil mit *tutti* (alle).

Tommaso Albinoni (1671–1750) aus Venedig gehört zu jenen Barockmeistern, die sich in unserer Zeit besonderer Wertschätzung erfreuen. Er verbrachte den größten Teil seines Lebens in der Heimatstadt. Einmal reiste er nach München, wo eine Festoper seiner Komposition aufgeführt wurde, eines seiner fast fünfzig Bühnenwerke, die heute vergessen sind. Viel hingegen aus seinen Kammer- und Orchesterwerken findet immer wieder den Weg zurück ins Musikleben. Bach schätzte den Zeitgenossen (der im gleichen Jahr sterben sollte wie er selbst) besonders hoch ein. Mehrere seiner Themen verarbeitete Bach zu berühmten Fugen u. ä. Albinoni verbrachte seine letzten Jahre in völliger Zurückgezogenheit, bis er am 17. Januar 1750 starb.

Unter dem Namen Marcello gibt es zwei wichtige Komponisten des italienischen Barock: Alessandro Marcello (1669–1747) hinterließ neben vieler anderer schöner Musik ein Oboenkonzert von besonderer Feinheit, das lange seinem berühmten Bruder Benedetto Marcello (1686–1739) zugeschrieben wurde. Bach erwies auch hier wieder seine Bewunderung für die italienische Musik seiner Zeit und gestaltete es zu einem Cembalowerk um. Leider sind nur sehr wenige von Alessandros Kompositionen auf die Nachwelt gekommen. Von seinem Bruder Benedetto Marcello ist weit mehr erhalten. Auch er war vielseitig tätig, Jurist, Mitglied des „Rats der Vierzig“ in seiner Vaterstadt Venedig, hoher Beamter in Venedig, Pola, Brescia, wo er am 25. Juli 1739, schon lange an Schwindsucht erkrankt, starb. Wertvolle Sonaten, Concerti grossi, Madrigale finden sich in seinem Nachlaß, dazu eine „Estro poetico-armonico“ betitelte Sammlung von Bearbeitungen alter Psalmen. Ein ganz besonderes Werk entstammt seiner Feder, die auch scharf satirisch sein konnte: die Parodie „Il teatro alla moda“. Darin werden die Zustände des damaligen Musiktheaters gegeißelt, das sich durch die Unsitten und Äußerlichkeiten der Neapolitanischen Schule bereits auf einer künstlerisch absteigenden Linie befand, ohne es zu merken, ja im Gegenteil in der Meinung, die Kunstform blühe wie noch nie zuvor. Trotz seines bitterbösen Buchs schrieb Benedetto Marcello mehrere Opern und einige Oratorien.

Francesco Geminiani (getauft 1687–1762) war Schüler Corellis auf der Geige und Alessandro Scarlattis in der Komposition. Nach Anfängen in seiner Vaterstadt Lucca und in Neapel eroberte er als Violinvirtuose weite Teile Europas und ließ sich schließlich in London nieder. Hier soll er mit der Cembalobegleitung Händels konzertiert und bei dessen Entzweiung mit dem König als erfolgreicher Vermittler gewirkt haben. Im Dezember 1731 begann er einen Zyklus von sehr erfolgreichen Abonnements-Konzerten auf Subskription, ein wichtiger Markstein in der Frühgeschichte des öffentlichen Konzerts. Um 1740 muß seine Violinschule

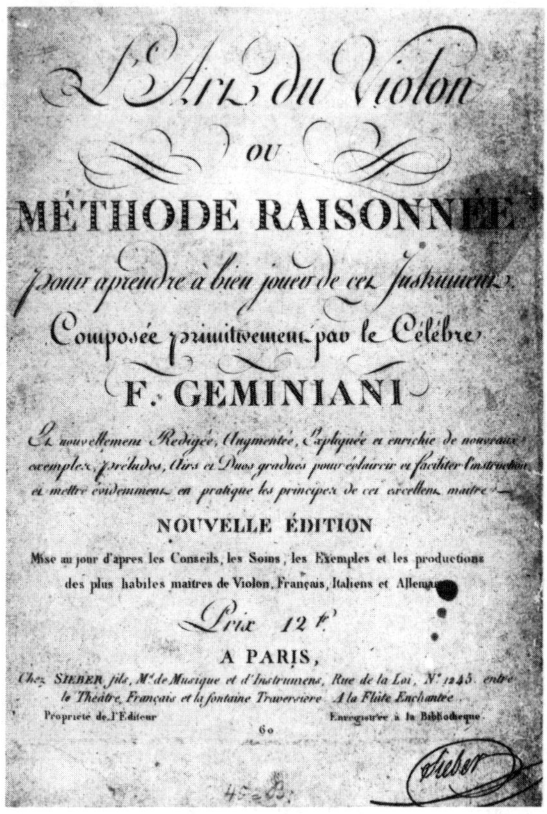
L'Art du Violon
ou
MÉTHODE RAISONNÉE
pour apprendre à bien jouer de cet Instrument.
Composée primitivement par le Célèbre
F. GEMINIANI
Et nouvellement Redigée, Augmentée, Expliquée et enrichie de nouveaux exemples, préludes, Airs et Duos gradués pour éclaircir et faciliter l'instruction et mettre évidemment en pratique les principes de cet excellent maitre.
NOUVELLE ÉDITION
Mise au jour d'apres les Conseils, les Soins, les Exemples et les productions des plus habiles maitres de Violon, Français, Italiens et Allemands
Prix 12 f.
A PARIS,
Chez SIEBER fils, Md de Musique et d'Instrumens, Rue de la Loi, N.o 1245. entre le Théâtre Français et la fontaine Traversiere A la Flûte Enchantée.
Proprieté de l'Editeur
Enregistrée à la Bibliotheque
60
Sieber

Oben: Porträt Geminianis. Crayonstich nach einer Zeichnung von ungefähr 1730, vermutlich aus Dublin.
Unten: Giuseppe Tartini, bedeutender italienischer Komponist, Geigenvirtuose und Entdecker der „Kombinationstöne". Kupferstich von Jungwirth (der den Vornamen zu „Joseph" verdeutscht).
Rechte Seite: Eines der sehr seltenen Porträts Antonio Vivaldis, des venezianischen Großmeisters.

erschienen sein, die er bei einem längeren zweiten Aufenthalt in Paris (1749–1755) auch in französischer Sprache herausgab. Die letzten Lebensjahre verbringt er in Dublin, wo er am 17. September 1762 stirbt. Von dem großen Vermögen, das er in seiner Virtuosenlaufbahn ansammeln konnte, war nichts mehr vorhanden. Geminiani stand im Ruf eines grenzenlosen Verschwenders und soll einmal sogar mit knapper Not der Schuldhaft entgangen sein. Doch sein Werk konnte dadurch nicht betroffen werden. Es besteht aus Violinsonaten, Concerti grossi, zahlreichen Kammermusik- und Instrumentalstücken. Seine Violinschule blieb in Gebrauch, auch als Vater Mozart die seine etwa ein Vierteljahrhundert später herausbrachte.
Leben und Wirken des Giuseppe Tartini (1692–1770) läßt sich als eher dürftige, auf reine Fakten gestützte Aufzählung schildern, aber auch – ohne wahrscheinlich viel von der historischen Wahrheit aufzugeben – als Abenteuerroman erzählen. Der in Pirano am Golf von Triest Geborene studierte teils in seiner Vaterstadt, teils in Padua Theologie, Philosophie, Literatur, stand kurz vor der Priesterweihe, hörte im Dogenpalast Venedigs Veracini spielen und änderte darauf brüsk den Lauf seines Lebens. Eine heimliche Ehe zog ihm den Zorn hochgestellter Personen zu, was zu Verkleidung, Flucht, Verfolgung und schließlich zum Untertauchen in einem Kloster führte. Hier, bei den Franziskanern in Assisi, fand er den Meister, der ihm den Weg zur Kunst wies. Es war der 1684 in Böhmen geborene Bohuslav Černohorský oder Czernohorsky, der anscheinend 1710 nach Italien wanderte, die geistlichen Weihen nahm, zuerst in Padua, dann in Assisi als Organist wirkte und Tartini nicht nur in Musiktheorie, sondern auch im Geigenspiel unterrichtet haben soll. Da in Italien niemand seinen tschechischen Namen auszusprechen wußte, nannte man ihn einfach *„il padre boemo"*, den „böhmischen Pater".
In Assisi soll sich jenes Ereignis abgespielt haben, das mit Tartinis Ruhm unlösbar verbunden ist. Dr. Charles Burney, ein englischer Musikforscher und -schriftsteller (1726–1814), Autor der ersten englischen Musikgeschichte, erzählt 1771 in „The Present State of Music in France and Italy" die damals schon legendäre Geschichte vom Teufel, der dem jungen Tartini im Traum erschienen sei, wobei er ihm eine wunderschöne Sonate auf der Geige vorgespielt habe. Der junge Italiener habe heftig um rasches Erwachen gekämpft, um die Melodie festzuhalten, solange er sich ihrer noch erinnerte. Aber dies gelang ihm nur höchst unvollkommen, während er in tiefer Niedergeschlagenheit die Musik zu Papier brachte. Er nannte sie „Teufelssonate" oder eines langen Trillers wegen, der ihn an eine charakteristische Stelle seines Traums erinnerte, „Teufelstrillersonate"; sie wurde zu seinem beliebtesten Zugstück.

Im Kloster gelang Tartini 1714 auch eine wichtige Entdeckung: daß zwei gleichzeitig klingende Töne einen dritten hervorbringen, dessen Höhe genau in der Mitte ihrer beiden Schwingungszahlen liegt. Er hatte die „Kombinationstöne" gefunden (erst im 19. Jahrhundert durch den Physiker Hermann Helmholtz wissenschaftlich nachgewiesen). Diese Entdeckung wurde ihm, da er sie erst 1754 veröffentlichte, viele Jahre später streitig gemacht, aber die Nachwelt hat sie ihm doch sehr eindeutig zugesprochen. Im Jahr 1721 wurde Tartini Kapellmeister in Padua, wo er intensiv zu unterrichten begann. Die weltberühmte „Tartini-Schule", 1727 oder 1728 gegründet, zieht noch fast ein Jahrhundert lang junge Geiger aus ganz Europa in ihren Bann. Tartini beschäftigte sich nun viel mit musiktheoretischen Problemen, die ihn in arge Fehden verwickelten. Die Barockepoche, der sein Stil unverändert angehörte, war dem Ende zu gegangen. Als er am 26. Februar 1770 in Padua starb, war der Rokokomeister und „Vater der Klassik" Joseph Haydn 38 Jahre alt. Seit zehn Jahren war dieser beim Fürsten Esterházy und Schöpfer des Stils der kommenden „Wiener Klassik". Mozart ist vierzehn Jahre alt und hat die welterobernden Fahrten seiner Kindheit längst abgeschlossen. Zu Ende des Todesjahres des italienischen Meisters wird Beethoven geboren, der eines – noch fernen – Tages die Musik aus ihrer Rokokoepoche in die Romantik überführen wird. So kam es, daß die Werke Tartinis vergessen und verloren schienen, bis die Wiederbelebung des Barock sie in

das Bewußtsein unseres Jahrhunderts brachte. Es sind fast ausschließlich instrumentale Stücke, mehr als 125 Violinkonzerte, ungefähr 150 Violinsonaten, 50 Triosonaten und viel sonstige Kammermusik.

Pietro Locatelli (1695–1764) gehört seiner Geburt in Bergamo, seines Studiums bei Corelli in Rom und mancher seiner Stileigentümlichkeiten wegen zu den italienischen Barockmeistern, aber er verbrachte den weitaus größten Teil seines Lebens nördlich der Alpen, von 1729 an in Amsterdam, wo er 35 Jahre später starb. Auch er war, wie so viele seiner Zeitgenossen, ein hervorragender Geigenvirtuose; eine französisch geschriebene Amsterdamer Zeitung nennt ihn „einen der größten Geiger Europas". Ihm wird manchmal die Ausweitung der spielbaren Region auf diesem Instrument bis in hohe und höchste Lagen zugeschrieben. Locatelli unternahm weite Konzertreisen, war 1725 Kammervirtuose des Prinzen von Hessen-Darmstadt an dessen Sitz zu Mantua, dann begleitete er den Kurfürsten von Sachsen auf vielen Fahrten, war mit August dem Starken in Berlin, wo er vor dem König Friedrich Wilhelm I. spielte. Er komponierte fast ausschließlich Instrumentalwerke und Kammermusik.

Antonio Vivaldi

Obwohl noch viele Meister des italienischen Barock unbesprochen bleiben müssen, wollen wir zuletzt zu jenem kommen, dem die spätere Nachwelt den ersten Rang zugewiesen hat.

Antonio Vivaldi (1678–1741) steht heute unter den Großmeistern aller Länder und Zeiten. Erst im 20. Jahrhundert gelang es, Geburts- und Sterbedatum ausfindig zu machen, wobei es keine geringe Überraschung hervorrief, als man entdeckte, daß ihn, den Uritaliener, der stets in der Heimat wirkte, der Tod in Wien ereilte. Daß er Venezianer war, stand seit langem fest, aber den Geburtstag festzustellen, war für die Forschung eine langwierige Arbeit.

Am 4. März 1678 wurde dem Barbier Giovanni Battista Vivaldi dieser Sohn geboren, der sehr jung in seine Fußstapfen treten sollte, denn Vater Vivaldi war ein ausgezeichneter Geiger, der 1685 in das Orchester der Markuskirche aufgenommen wurde. Er bestimmte seinen Sohn, den er bei Legrenzi in Orgel und Theorie ausbilden ließ, hauptberuflich zum Geistlichen. Er wurde 1703 zum Priester geweiht, konnte diesen Beruf aber, angeblich eines angeborenen Leidens wegen, von dem er selbst berichtet, nie wirklich ausüben. Immerhin galt er sein Leben lang als *„il prete rosso"*, der rothaarige Priester. Der Titel eines „Kapellmeisters des Herzogs Philipp von Hessen" besagt nicht, daß er in Deutschland tätig gewesen wäre, denn der Herzog war auch Statthalter in Mantua. 1716 wurde er Lehrer, später Direktor des venezianischen Mädchenwaisenhauses *Ospedale della Pietà*. Hier erzog er anscheinend einen Chor und ein Orchester, die höchsten Anforderungen genügen konnten, nämlich seinen eigenen Werken, von denen sicherlich manches hier zum ersten Mal erklang. Ahnten diese Mädchen, welche Meistermusik sie da spielten und sangen? Doch finden wir Vivaldi an anderen Musikstätten Italiens ebenso. Er dirigierte eine oder zwei seiner Opern 1724 vor dem Papst in Rom. In den wenigen Briefen, die von seiner

Hand erhalten blieben, ist von Reisen in zahlreiche italienische Städte die Rede. Er scheint sie hauptsächlich als Leiter, als Impresario einer Operntruppe unternommen zu haben. Wir wissen, daß ihm und seinen Künstlern einmal der Eintritt in die Stadt Ferrara vom dortigen Kardinal verwehrt wurde. Doch war dies wohl kaum mehr als ein damals vielzitierter, aber kleiner Zwischenfall in einer glänzenden Karriere.
Vivaldis Opern – heute der vergessene Teil seines Schaffens – wurden im In- wie im Ausland viel gespielt. In Prag und Dresden, beides Städte eines hochstehenden Musiklebens, wurden sie neben seiner Instrumentalmusik überaus geschätzt. Immer wieder kehrte Vivaldi nach Venedig zurück, um seine Tätigkeit am Waisenhaus fortzusetzen. Venedig, neben Neapel und Rom, war musikerfüllter Wohnsitz vieler führender Künstler der Welt. Die Gebiete des Musiklebens waren nicht getrennt wie im 19. und 20. Jahrhundert. Oper, Konzert, Kirchenmusik lagen oft in den gleichen Händen, waren durch die gleichen Komponisten und Kapellmeister miteinander verbunden. Derselbe Meister konnte heute eine seiner Opern in einem der mindestens zehn Musiktheater der Stadt aufführen, morgen in der Markus- oder einer anderen der hundert Kirchen ein Konzert geben, übermorgen in einem der zahlreichen Paläste seine Instrumentalwerke vor erlesener Hörerschaft zu Gehör bringen.
Vivaldi schrieb einen glänzenden Orchestersatz, vor allem für Streichorchester, breitflächig, farbenprächtig, raumfüllend: Worte und Begriffe, die aus der Malerei genommen und sinngemäß ins Musikalische übertragen werden können. Zwischen den Malern und Bildhauern der Renaissance und des Barock in Italien und ihren musizierenden Zeitgenossen oder Nachkommen bestehen enge geistige Zusammenhänge. In Vivaldis Musik liegt viel Malerisches, ob er *concitato* schreibt, „erregt", oder besinnlich, lyrisch, empfindsam, wie das deutsche Spätbarock im Übergang zum Rokoko es auszudrücken liebt. Wie lebendig sind seine Concerti grossi geblieben! Die immer wieder freudig gespielten und beglückt angehörten „Vier Jahreszeiten" („Le quattro stagioni dell'anno") in ihrer tonmalerischen Meisterschaft und trotzdem vollendeten Form; der „Estro armonico", das „Cimento dell'armonia e dell'invenzione", die „Stravaganza (deren Titel soviel wie „Seltsamkeit", „Wunderlichkeit" bedeutet), insgesamt 48 Konzerte, geordnet zu viermal zwölf in Opus 3, 4, 7 und 8. Dazu 24 Sonaten für eine oder zwei Geigen mit beziffertem Baß (*basso continuo*) Opus 1 und 2, sowie eine Fülle weiterer Instrumental- und Kammermusik.
Wieder muß Johann Sebastian Bach als besonderer Verehrer Vivaldis genannt werden. Der Deutsche hat mehrere Violinkonzerte Vivaldis in Cembalokonzerte umgewandelt und in Leipzig durch sein Collegium musicum zum Erklingen gebracht. Von Vivaldis 38 Opern ist kaum je eine mehr gespielt. Solche Zahlen sind bei barocken Meistern allerdings mit Vorsicht aufzunehmen, da der Verlust von Manuskripten nie auszuschließen ist, andererseits besteht auch die Gefahr, daß manches Werk, das in unsignierter Kopie aufgefunden wird, nicht dem Komponisten zugeschrieben wird, von dem es in Wirklichkeit stammt.
Trotz des reichen Schaffens und der öffentlichen Tätigkeit scheint, nach jüngsten Erkenntnissen, Vivaldis Position in den dreißiger Jahren Einbußen erlitten zu haben. In den Sommer 1740 fällt der Verkauf zahlreicher Manuskripte. Brauchte er Geld für den vielleicht geplanten Umzug nach Wien? Sollte ein Bruch mit seiner Vaterstadt vorbereitet werden? Wir wissen heute, daß Vivaldis sterbliche Überreste am 28. Juli 1741 im Wiener Stephansdom eingesegnet wurden. Anschließend muß er auf einem unbekannt gebliebenen Wiener Friedhof beerdigt worden sein. Armselig, wie es heißt – genau wie ein halbes Jahrhundert später Mozart. Beide waren von ihrer eigenen Zeit ein wenig in den Hintergrund gerückt, wenn auch nicht ganz vergessen worden. Von Vivaldi gibt es nur zwei glaubwürdige Bilder, von Mozart gar nur eines.

Padre Martini

Die letzten Worte dieses Kapitels sollen einem Musiker gehören, für den es kaum einen voll zutreffenden Titel geben könnte: „Padre Martini", der Pater Giovanni Battista Martini (1706–1784). Nicht die Kompositionen sind es, die ihm Bedeutung für die Nachwelt verleihen, obwohl auch auf diesem Gebiet genug von ihm erhalten ist. Er war auch kein Virtuose, kein Kapellmeister von Ruf. Er war ein Musikkenner, wie es nur wenige gegeben haben dürfte, ein Theoretiker, der aber niemals starren Regeln zu folgen riet, er war ein Forscher und Sammler, ein Sachverständiger von europäischem Ruf. Als Leiter der hochberühmten Akademie in seiner Heimatstadt Bologna war er die unumstrittene Autorität auf allen Gebieten der Musik. Gab es irgendwo in Europa eine Streitfrage: Padre Martini war die natürliche Autorität, sie zu entscheiden. Glaubte ein junger (oder auch älterer) Komponist noch zusätzlich Kenntnisse erwerben zu müssen, sein Weg führte ihn zu Padre Martini in Bologna. Wurde in irgendeiner Stadt Europas die Anstellung eines Musikers auf höchstem Platz erwogen, ein paar Zeilen von der Hand des Padre Martini klärten die Situation. Er stand mit Europas Musikwelt in enger Verbindung, und der Umfang seiner Korrespondenz läßt sich kaum abschätzen. Sie ging in viele Länder und zu führenden Persönlichkeiten des Musiklebens. Unter ihnen waren Rameau und Grétry in Paris, Quantz in Berlin, Metastasio in Wien, Antonio Soler in Madrid. Zu seinen Schülern zählten Bertoni, Sarti, Jommelli, der jüngste Bach-Sohn Johann Christian und Mozart auf seiner ersten Italienreise. Seine Unterweisung umspannte die alte Lehre, den Kontrapunkt als Weg zur Polyphonie, und die neue des Generalbasses, der Homophonie, der akkordgestützten Melodie. Er unterwies seine Zeitgenossen, beide zu verstehen und im gegebenen Fall anwenden zu können. In seiner Kompositionslehre „Il giovane compositore" (Der junge Komponist) schreibt er, der alte mehrstimmige Stil, der auf dem Kontrapunkt beruht, sei „die Grundlage des neuen, das Fundament aller Stile". Bezeichnend, wenn auch nicht überraschend, ist seine Hochachtung für Johann Sebastian Bach, den viele für rettungslos antiquiert hielten. Martini schreibt: „Es wäre sinnlos, die einzigartigen Verdienste des Herrn Bach zu beschreiben, denn sie sind allzu bekannt und bewundert, nicht nur in Deutschland, sondern auch in ganz Italien. Ich sage nur, daß ich es für schwierig halte, einen Meister zu finden, der ihn überträfe..."

Oper, Oper überall

Ihre ersten Schritte wagt die später so mächtige französische Oper 1671, als die italienische bereits in ihre dritte Generation getreten war. Die englische noch später und mit einem einzigen Genie, Henry Purcell, bei dessen jähem Tod das Genre für lange Zeit ausstarb. Die spanische Oper unternimmt zwar recht früh interessante Versuche zur Schaffung eines Musiktheaters, aber es wird keine Oper daraus, sondern jene typische spanische Form, die dem Singspiel, der Operette, dem Vaudeville nahesteht und sich *zarzuela* nennen wird. Nahezu unbekannt geblieben sind die Daten über die ersten Schritte der Oper in Polen. Als Kronprinz hatte Wladyslaw 1624 und 1625 in Florenz mehrere der frühesten Opern gehört – „La Liberazione di Ruggiero dall'isola d'Alcina" (Die Befreiung Ruggieros – Rolands – von der Insel der Alcina), von Francesca Caccini, „La Regina Sant'Orsola" (Die heilige Königin Ursula), von Marco da Gagliano – und war so entzückt, daß er, 1632 König von Polen geworden, das erste Stockwerk seines Warschauer Palastes zu einem Theater umbauen ließ. Dessen Eröffnung erfolgte 1633 mit der Oper „La fama reale" eines längst vergessenen polnischen Komponisten namens Piotr Elert, natürlich in italienischer Sprache und für geladenes Publikum. In der gleichen Form folgten acht weitere Opern, mit deren Komposition der italienische Hofkapellmeister Marco Scacchi († 1681) beauftragt wurde, der von 1623 bis 1649 am polnischen Hof, zuletzt als oberster musikalischer Leiter, tätig war, bevor er in seine italienische Heimat zurückkehrte und vermutlich in Viterbo starb. Wie in Warschau ging die Entwicklung der Oper in allen Hof- und Residenzstädten Europas vor sich. Zuerst vereinzelte Gastspiele italienischer Operntruppen, dann Gründung eines eigenen Musiktheaters in oder nahe dem Herrscherpalast, selbstverständlich als italienisches Unternehmen, dessen Oberhaupt („Impresario") zumeist nur theoretisch von einem „Intendanten" abhing, der dem Impresario die Wünsche seines Herrn zu übermitteln hatte. Erst später, zumeist viel später, tauchte der Gedanke einer nationalen Oper auf. Dies allerdings konnte Erfolg nur dort haben, wo es auch eine nationale Musik gab: Das beschränkte sich auf Italien, Spanien, England, Frankreich, Deutschland. Erst im 19. Jahrhundert treten andere Länder – Rußland, Polen, Böhmen, Ungarn, Skandinavien – in deren Kreis; im 20. Jahrhundert dann Nord- und Südamerika, Australien, Kanada, Japan, Korea usw.

Oper in Deutschland

Die frühen Opernhäuser Europas sind unlösbar mit der obersten Gesellschaftsschicht verbunden. Oper ist die große Mode des 17. und 18. Jahrhunderts, ist ein Symbol für die hohe Kultur eines Hofes. An ihrem Niveau ist der Grad der gesellschaftlichen Vollendung abzulesen. Der Ruf nach der Volksoper aber kommt aus dem Bürgertum, das nicht verstehen will, warum es keinen Teil am Opernleben haben soll. Ganz von selbst erwacht dabei die Frage nach der Sprache. Warum sollte es keine Oper in deutscher, französischer, spanischer, englischer Sprache geben? Die Oper in heimischer Sprache wird zu einer politischen Frage. Ein besonders gutes Beispiel für die Entwicklung der Bürgeroper, der „Volksoper", bietet Hamburg, das damit eine Pioniertat auf deutschem Boden vollbrachte. Die von den Verheerungen des Dreißigjährigen Krieges verschonte El-

Das Marientheater, die Petersburger Oper im 19. und 20. Jh. Auf dem Platz stehen große öffentliche Öfen von wohl nur sehr begrenzter Wirksamkeit. Zeitgenössisches Bild.

bestadt zählte um die Mitte des 17. Jahrhunderts ungefähr 40 000 Einwohner. Das war etwa ein Zehntel Venedigs, dessen buntgemischte Bevölkerung jedoch politisch geringere Macht besaß, als das „Venedig des Nordens", wie Hamburg gerne genannt wurde. Die Stadt stand in regem Handelsverkehr mit den wichtigsten europäischen und sogar überseeischen Städten, gerade wie Venedig. Deren glanzvolles Leben war in mancher Beziehung zum Vorbild Hamburgs geworden, so verschieden sie auch in Temperament und Charakter sein mochten, und wohl besonders, als 1677 der Hamburgische Senat den Bau eines Opernhauses am Gänsemarkt beschloß. Heftig wendete sich die Geistlichkeit gegen diesen Plan, da sie die Oper, durch Berichte gewarnt, für unmoralisch hielt. Doch Bürgerschaft und Senat fechten den Streit durch, siegen – und so kommt es am 2. Januar 1678 zur Eröffnung des Hauses, das man sich recht bescheiden vorstellen muß, mit „Adam und Eva oder Der erschaffene, gefallene und wieder aufgerichtete Mensch". Gewiß ein erbaulicher Stoff, dem die Kirche zustimmen konnte, dazu in deutscher Sprache, denn man machte ja Bürgeroper. Die Musik stammte von Kapellmeister Johann Theile, der aus Holstein der unruhigen Verhältnisse wegen geflohen war und nun im Aufbau des Hamburger Musiktheaters – des ersten im deutschen Sprachraum – eine führende Rolle übernahm. Das Orchester, das ihm zur Verfügung stand, darf für jene Zeit als höchst respektabel bezeichnet werden: Es bestand aus 59 Musikern, die teilweise heute noch gebräuchliche Instrumente spielten, teilweise aber noch alte, die über kurze Zeit verschwanden, wie Panflöten, Baßtraversen, Oboen d'amore, Schalmeien, Kornette, Theorben. In einer Chronik der Hamburger Oper erzählt Joachim E. Wenzel mehr vom reizvollen Klang dieses Ensembles und von der Schwierigkeit des Experiments, die vor allem im Fehlen eines Repertoires bestand. Jedes aufzuführende Werk mußte erst, Text wie Musik, eigens geschrieben werden, was durch die dem Hause verbundenen Kapellmeister geschah, die für jede neue Oper 50 Reichstaler erhielten. Theile schuf drei, aber andere wie Johann Wolfgang Franck, Johann Philipp Förtsch, Nikolaus Adam Strungk schufen mehr als zehn solcher Werke. Von 1694 an finden wir berühmte Namen in den Listen der Mitarbeiter: Vier Opern steuert der junge Händel bei, der hier seine Musikerlaufbahn beginnt, und fünfzehn weitere sendet er, inzwischen bekannt geworden, aus London. Telemann, einer der bedeutendsten Meister im Musikleben Hamburgs, bringt 28 seiner Bühnenstücke hier zur Uraufführung. Zu den interessantesten Leitern des Theaters gehört Johann Sigmund Kusser (getauft 1660–1727), der sich gelegentlich auch Cousser schrieb. Der in Preßburg, dem heutigen Bratislava Geborene hatte in Paris dem großen Lully viel abgeschaut, so daß nach seiner Übersiedelung nach Hamburg der gestrenge Kritiker Johann Mattheson ihn in seinem Werk „Der vollkommene Kapellmeister" geradezu als Musterbeispiel hinstellen konnte. Den unsteten Geist hielt es aber nur zwei Jahre in Hamburg.

Seine Hamburger Nachfolge hatte Reinhard Keiser (getauft 1674–1739) übernommen, ein Schüler der Leipziger Thomasschule, der mit einer Oper am Hof von Braunschweig-Wolfenbüttel debütierte, bevor er nach Hamburg ging, wo er am Theater und bei den Konzerten von 1697 bis 1717 sehr erfolgreich tätig war. Unter seinen über hundert Bühnenwerken gibt es nicht nur klassische Stoffe („Orpheus", „Die wunderbar errettete Iphigenie"), die vermutlich erstmalig deutsch vertont wurden, sondern auch aktuelle und volksnahe, wie „Störtebeker und Goedje Michel" (mit dem legendären Freibeuter Klaus Störtebeker im Mittelpunkt, der 1401 in Hamburg hingerichtet worden war). „Die Leipziger Messe" (deren buntes Getriebe den Rahmen für eine fröhliche Handlung bietet) sowie „Der Hamburger Jahrmarkt" und „Die Hamburger Schlachtzeit", deren überaus derbe Texte vom Senat verboten und durch weniger anstößige ersetzt wurden, die dann eine Aufführung ermöglichten. Vielleicht liegt hier der erste Eingriff der Zensur in das Operngeschehen; bei den meisten späteren werden – so etwa bei „Rigoletto" und „Maskenball" Verdis – politische Bedenken im Vordergrund stehen, nicht moralische.

Links: Eines der ältesten Opernhäuser Deutschlands: das Theater am Gänsemarkt in Hamburg, um 1680.
Rechte Seite oben: Die Berliner „Oper Unter den Linden", Hofoper, seit 1918 Staatsoper, 1741 von G. W. von Knobelsdorff erbaut (Seitenansicht, rechts die Hedwigskirche).
Rechte Seite unten: Der berühmte Flötenmeister Joachim Quantz, Lehrer Friedrich II. am Hof in Potsdam.

Immer wieder gerät die Oper in die Einflußsphäre der Politik. Das ist nur natürlich, denn sie ist Theater, und das Theater steht seit dem hellenischen Altertum, wenn nicht viel länger schon, in engem Zusammenhang mit Welt- oder Lokalgeschehen. Frei davon dürfte nur die Gründergeneration der Oper gewesen sein, die idealistische Camerata Fiorentina. Aber kaum entdeckte man, daß Festaufführungen von Opern sich besser als alles andere eignen, Fürstenhochzeiten, Siegesfeiern, Friedensschlüsse besonders glanzvoll zu gestalten, begann ein politisches Element in diese an sich so unpolitische Kunstgattung zu dringen.
Ein wenig politisch angehaucht könnte man auch die Operngründung im Berlin des Preußenkönigs Friedrich II. nennen. Denn hier spielt das Machtstreben eines ehrgeizigen jungen Staates, eines in die alte Spitzengruppe der eingesessenen europäischen Dynastien strebenden Herrscherhauses eine treibende Rolle. Die „Parvenü"-Stadt Berlin sollte durch die Opernpflege kulturell aufgewertet werden. Doch wäre es höchst ungerecht, die wahre Musikliebe des preußischen Königs außer acht zu lassen. Er spielte, unter der Anleitung des in seinem Schloß lebenden Johann Joachim Quantz (1697–1773), des berühmtesten Flötisten der Epoche, selbst ausgezeichnet dieses Instrument, verbrachte mit Kammermusik seine sicherlich glücklichsten Stunden und war als einer der ganz wenigen Großen imstande, das Genie Bachs zu erkennen, den er mit allen Ehren zu sich lud und dem er sogar ein eigenes Thema zur Verarbeitung in einem kompositorischen Werk vorschlagen konnte (aus dem der Thomaskantor sein „Musikalisches Opfer" gestaltete). Er beauftragte, den berühmten Architekten Georg Wenzeslaus von Knobelsdorff, in der Prunkstraße „Unter den Linden" ein Opernhaus zu errichten, das sich unter den Theatern nördlich der Alpen wahrhaft sehen lassen konnte. Es wurde am 7. Dezember 1742 überaus festlich eingeweiht, wozu ein italienisch komponiertes Werk des deutschen Hofka-

pellmeisters Karl Heinrich Graun (um 1703–1759) diente, „Cesare e Cleopatra". Die Grauns waren eine Musikerfamilie. Die beiden Brüder des Hofkapellmeisters waren August Friedrich Graun, lebenslang Domkantor in Merseburg, und Johann Gottlieb Graun, Konzertmeister im Berliner Hoforchester und Komponist von 100 Sinfonien und guter Kammermusik. Der König hatte sich Graun aus Braunschweig geholt, wo er für den Hof sowohl italienische wie deutsche Opern schaffen mußte. In Berlin aber sollte vorerst nur italienisch gesungen werden, wofür Sänger aus Italien engagiert wurden. In gewissem Sinn lag auch hier wieder ein Politikum, ein außen- wie innenpolitisches. Einerseits galt es zu beweisen, daß das junge Preußen eine gesellschaftliche Elite besaß, die mit der anderer europäischer Hauptstädte ruhig in Wettbewerb treten konnte, andererseits sollte diese Hofoper deutlich von der Bürgeroper Hamburgs abgegrenzt werden. Graun vertonte einige Texte seines Monarchen. So „Silla" – einen Stoff, den wenige Jahre später Mozart, ebenfalls in italienischer Sprache, aber mit anderen Versen in Musik setzen wird (Geschichte des römischen Feldherrn und Politikers Sulla) – und „Montezuma", eine auffallend ehrliche Schilderung des Dramas um den unglücklichen Aztekenherrscher und den Völkermord der Spanier an den Mexikanern. Wichtiger als Grauns heute vergessene Opern sind seine Oratorien, Kantaten und anderen geistlichen Werke, so „Der Tod Jesu", seit der Uraufführung im Jahr 1755 durch weit mehr als ein Jahrhundert alljährlich am Karfreitag in Berlin zu hören, sowie das „Tedeum" aus dem Jahr 1756.

Friedrich II. verstand auch einen der bedeutendsten damaligen deutschen Opernfachleute, der den italienischen Stil beherrschte, wenigstens zeitweise als Komponisten für sein Operntheater zu gewinnen: Johann Adolf Hasse (1699–1783). Der aus Bergedorf bei Hamburg stammende Meister war in Braunschweig tätig, wo er die einzige deutsche Oper unter seinen ungefähr 80 Bühnenwerken schrieb („Antiochus", 1721). Dann ging er nach Neapel, wurde Schüler Porporas und Alessandro Scarlattis, heiratete die gefeierte Primadonna Faustina Bordoni in Venedig und bereiste mit ihr jahrelang ganz Italien, Frankreich, England, kam nach Wien und feierte dann in Dresden besondere Triumphe. Zumeist traten sie gemeinsam auf: er als Dirigent eigener Werke, seine Gattin in deren Spitzenrollen. Hasses Ruhm verbreitete sich in ganz Europa. Aus London soll das Paar sich zwar wegen der übermächtigen Konkurrenz des Händelschen Opernunternehmens zurückgezogen haben, aber das vermochte seinem europäischen Namen nicht zu schaden. Seine Empfehlungen werden Mozart vor allem in Italien viele Tore öffnen. Leider verbrannten 1760 zahlreiche Manuskripte Hasses bei der Beschießung Dresdens im Siebenjährigen Krieg zwischen Österreich und Preußen. Sein Leben erlosch in Venedig, wo das Paar seinen Lebensabend verbrachte.

Oper in Österreich

In Wien war Hasse mit Pietro Metastasio (1698–1782) zusammengetroffen, dem Dichter, der wie kein zweiter die Oper des Barock verkörpert. Mindestens zwei Generationen von Komponisten hielten den gebürti-

gen Römer, der ganz im Renaissancegeist seinen eigentlichen Namen Trapassi in Metastasio gräzisiert hatte, für die höchste Vollendung auf dem Gebiet des Opernlibrettos. Man müßte ihn einen Renaissancepoeten mit starkem Barockeinschlag nennen, einen letzten Nachfahren von Torquato Tasso, Giordano Bruno, des Spaniers Luís de Góngora, des Engländers John Milton. Seine Sprache ist monumental, bildkräftig, hochklingend, seine Phrasen zeugen, wenn auch oft „kühn", für unsere Begriffe schwülstig, doch von starkem Formgefühl und berechnetem Wohlklang. 1730 wurde er Hofdichter in Wien – eine hohe Position, die traditionsgemäß mit Italienern besetzt wurde. Noch Mozart wird in Lorenzo da Ponte, einem italienischen Hofdichter in Wien, seinen besten Librettisten finden. Es ist kaum überblickbar, was Metastasio an Operntexten, Festspielen, Oratorien, Kantaten dichtete. Manches davon ist mehr als ein dutzendmal in Musik gesetzt worden, von „Artaserse" wurden 107 Vertonungen bekannt, und Hasse brüstete sich, mehr als 50 Libretti Metastasios komponiert zu haben. Pergolesi schrieb seine „Olimpiada", Gluck seine „L'Innocenza giustificata", Haydn seine „L'Isola disabitata" auf Texte Metastasios. Mozart legt seinem geistlichen Oratorium „La Betulia liberata" (1771) und seiner Oper „Il Re pastore" (1775) Metastasio-Texte zugrunde und kehrt in seiner letzten italienischen Oper „La Clemenza di Tito" (1791) nochmals – allerdings eher auftragsgemäß als freudig – zu ihm zurück. Und doch hat Mozart, völlig freiwillig, auf Metastasios Texte eine Reihe bedeutender Konzertarien geschrieben.

Obwohl Metastasios Name nach seinem Tod überraschend schnell an Glanz einbüßte, greift Rossini in „Semiramide" – 1823 – nochmals auf seine Verse zurück. Heute erinnert eine Wiener Straßentafel wohl nur noch den Kenner an den verblichenen Ruhm dieses einst so gefeierten Künstlers.

Oper in Frankreich

Aufregender als der Beginn des Opernspiels in Deutschland verlief der Vorstoß des neuen Musiktheaters nach Frankreich. Robert Cambert (1628–1677) war vermutlich der erste, der musikalische Bühnenwerke in französischer Sprache schrieb („Pomone", 1671). Er wurde von einem genialen italienischen Eindringling in den Schatten gestellt, der sich vom florentinischen Müllerssohn und Küchenjungen Giovanni Battista Lulli in den Pariser Königlichen Kapellmeister Jean-Baptiste Lully (1632–1687) verwandelte, den späteren Leiter des glänzenden Orchesters *Les violins du roi* und Direktor der *Académie royale de musique*, einer Vorläuferin der *Grande Opéra*. Er hatte daheim nur ein wenig tanzen und die Laute spielen gelernt, bevor er mit elf Jahren als Page in ein nobles Pariser Haus kam. Er muß dort schnelle Fortschritte gemacht haben, denn mit zwanzig Jahren wird er Geiger im Orchester der Prinzessin von Orléans. Bald darauf erregt er mit einem neuen Genre, den *Ballets du cour*, Aufsehen, in denen er mit dem großen Dramatiker Molière zusammenarbeitet und als Komponist, Schauspieler und Tänzer mitwirkt. Immer stärker wird die Gunst Ludwigs XIV. in seiner meteorhaften Laufbahn spürbar. Er wird Musikmeister der königlichen Familie. 1672 löst er Pierre Perrin in der Leitung der drei Jahre zuvor gegründeten Oper ab und erreicht, daß allen anderen Theatern untersagt wird, musikalische Schauspiele zu geben. Nun geht sein Ehrgeiz darauf aus, eine echte französische Nationaloper zu schaffen. Gemeinsam mit dem bedeutenden Librettisten Philippe Quinault (1635–1688) bringt er am 27. April 1683 „Cadmus et Hermione" zur Aufführung, worin der Typus des von ihm erwünschten Genres bereits klar wird. Er neigt deutlich zur Verschmelzung von Musik und Tanz, Oper und Ballett, und er findet nur das szenisch Großartige würdig der großartigsten Dynastie der Welt: „Les Fêtes de l'Amour et de

Linke Seite: Viele deutschsprachige Komponisten traten in enge Verbindung mit der italienischen Oper (Händel, Mozart, Nicolai usw.), aber wohl keiner verband sich ihr so endgültig wie Johann Adolf Hasse, der die italienische Primadonna Faustina Bordoni heiratete und die letzten zehn Jahre in Venedig lebte.
Rechts: Jean-Baptiste Lully, der als Begründer der französischen Oper gelten darf. Kupferstich um 1687.

Bacchus", „Alceste", „Thesee", „Proserpine", „Roland", „Armide", „Acis et Galathée" und viele andere Werke bilden eine ununterbrochene Kette von Triumphen. Aus der „Musik-Akademie" übersiedeln die Opernschauspiele – und von solchen muß man sprechen – in den königlichen Palast von Versailles, wo sie über ein halbes Jahrhundert bleiben und den Stolz dieses prunkvollsten Hofes der westlichen Welt bilden werden. Ein großes Orchester, die besten Sänger des Landes und einige Ausländer, die bereit sind, französisch zu singen, brillante Tanzszenen in feenhaften Ausstattungen: Italiens Vormachtstellung auf dem Gebiet der Oper geriete ins Wanken, stünde das nationale Opernschaffen auf gleicher Höhe. Lullys Macht wächst fast grenzenlos, Adel und ein großes Vermögen fallen ihm zu. Doch sein Ende ist so grotesk wie sein Anfang es war: Der berühmte Meister – wir erzählten es schon – stieß sich mit dem schweren Taktstock ein solches Loch in den Fuß, daß er am 22. März 1687 an Blutvergiftung starb. Seinen Millionennachlaß erbten wohltätige Institutionen, Frankreich aber hatte eine nationale Opernkunst, die nicht mehr aus der Geschichte verschwinden sollte. Charakteristisch gegenüber der italienischen sind vor allem die Form der Ouvertüre (Langsam–Schnell–Langsam anstelle des italienischen Schnell–Langsam–Schnell), die in ihrer französischen Spielart gravitätischer, pompö-

Links: Die erste Seite der Lully-Oper „Armide" im Druck, geschmückt mit dem Bühnenbild des ersten Akts: ein mit Triumphbogen geschmückter Platz. Rechte Seite: Das Pariser Opernmuseum bewahrt diesen Stich auf, der eine Ballettszene in Versailles aus dem Jahr 1745 zeigt: „Die Prinzessin von Navarra" von Jean-Philippe Rameau. Vor der Bühne ist das vielköpfige Orchester teilweise im Bild. Rameau und seine Zeitgenossen pflegten die damals äußerst beliebte Ballett-Oper.

ser, feierlicher wirkt, so wie die bald für obligatorisch erklärte Mitwirkung des Balletts. Tatsächlich existieren Dekrete – bis heute nie widerrufene –, die allen Werken, die im Opernhaus gespielt werden, die Verwendung eines in die Handlung integrierten Balletts vorschreiben. Auch dem Repertoire der wenig später ins Leben tretenden OPÉRA COMIQUE werden Vorschriften gemacht: Sie darf keine durchkomponierten Werke spielen, sondern ausschließlich solche, die Musik und Prosa mischen.

Unter Lullys Nachfolgern ragt, neben André Campra (1660–1744), seinem Schüler André Destouches (1672–1749), vor allem Jean-Philippe Rameau (1683–1764) hervor, der zu den wichtigsten Musikern Frankreichs und seiner Zeit gehört. Seine 1722 publizierte Harmonielehre („Traité de l'harmonie réduite à ses principes naturels") stellt, trotz vieler gegen sie erhobener Einwände, die unter anderem auch von Bach kamen, ein grundlegendes Werk dar. In ihm wird theoretisch vieles festgelegt, was die Komponisten seit langem unbewußt verwendeten: die Harmonie, die auf Dreiklängen aufgebaut ist und aus der Obertonreihe gewonnen wird, die Beziehung der Akkorde auf einen tonalen Ausgangspunkt, die Tonartenverwandtschaften und die aus ihnen entstehenden Modulationen. Auf Grund der Beachtung, die überall diesem Werk gezollt wurde, übersiedelte Rameau nach Paris, wo er nach der Veröffentlichung eines zweiten theoretischen Werks („Nouveau système de musique théorique") einen Mäzen fand, der ihn zum Kapellmeister seines Hausorchesters machte und mit der Welt der Oper in Verbindung brachte. So begann Rameaus Laufbahn als Komponist erst mit 50 Jahren. Seine früheren Werke – Kantaten und Motetten sowie Cembalostücke – verblassen gegenüber den dramatischen Werken, denen er sich nun widmet. Manche seiner Opern – etwa „Les Indes galantes", „Castor et Pollux", „Pygmalion", „Anacréon" – sind bis heute unvergessen. Andere Bühnenwerke, darunter Ballette, erleben gelegentlich Wiederbelebungsversuche. 1745 erklang in Versailles Voltaires „La Princesse de Navarre" mit Tanzeinlagen Rameaus und im gleichen Jahr in einem Pariser Theater das Opernballett „Platée", das viel heitere Elemente enthält. 1752 fiel ein an sich unbedeutender Funken in das Pulverfaß Paris, dem bereits die vorrevolutionäre Unruhe auch im künstlerischen Leben anzumerken war. Das Gastspiel einer italienischen Buffo-Truppe mit Pergolesis „Serva Padrona" brachte die Opernwelt zum Sieden. Zuerst Pamphlete, Zeitungspolemiken, dann Skandale im

Oben links: Jean-Jacques Rousseau, Philosoph, Schriftsteller, militanter Freigeist und – entgegen seiner ursprünglichen Einstellung – Pionier der französischen Lustspieloper.
Oben rechts: Jean-Philippe Rameau, der bedeutende Komponist und Musiktheoretiker („Traité de l'harmonie", 1722).
Rechte Seite: Henry Purcell nebst seiner Unterschrift.

Theater und schließlich mehrere Straßenschlachten führten zum „Krieg" der Buffonisten – Anhänger der italienischen Oper, Feinde einer französischen Opéra bouffe oder comique, ja im Grunde der ganzen französischen „gekünstelten" Oper – gegen die Antibuffonisten, die eine (erst zu schaffende) französische Lustspieloper für durchaus möglich hielten. Der „Krieg" entzweite alles, König und Königin kämpften auf entgegengesetzten Seiten, denn die Mätresse des Königs, Madame Pompadour, unterstützte ihn, so daß die Königin sich der anderen Partei zugesellen mußte. Rousseau, der bedeutende Schweizer Naturphilosoph, der in seinen „Confessions" (Bekenntnissen) die erregte Stimmung jener Tage anschaulich schilderte, war ein begeisterter Buffonist; er erhielt Todesdrohungen, eine Haft in der Bastille schien ihm sicher. Endlich, 1754, endete der Kampf mit der Ausweisung der italienischen Truppe, aber deren Triumphe ließen sich nicht mehr ungeschehen machen.

Rousseau aber sorgte für eine große Überraschung: Er komponierte ein kleines musikalisches Bühnenstück in französischer Sprache! Natürlich keine *tragédie lyrique,* wie man die feierlichen Opern zu nennen pflegte, die er nach wie vor als unnatürlich ablehnte. Er schrieb, obwohl er eigentlich gar kein Komponist war, unter dem Eindruck der „Serva Padrona" ein Singspiel, eine Dorfkomödie mit Musik, die ganz seinem Wahlspruch „Zurück zur Natur" entsprach. So wurde er zum Schöpfer einer neuen Gattung, der OPÉRA COMIQUE, die eine Reihe von Spielarten umschließen wird: die *Operette,* die *bouffes,* das *vaudeville.* Vielleicht sogar das Filmlustspiel und das Musical des 20. Jahrhunderts. Das „musikalische Spiel" Rousseaus heißt „Le Devin du village" (Der Dorfzauberer) und ist ein kleines, anspruchsloses, aber sehr nettes Nichts, das so recht in seine Zeit, das anbrechende Rokoko mit seinen Schäferspielen, paßte, eine Pseudo-Volkskunst, von der die Oberschicht viel begeisterter war als das dargestellte „Volk". Mozart leistete bekanntlich ebenfalls einen Beitrag zu diesem Genre und wählte dafür den genau gleichen Text wie Rousseau: „Bastien und Bastienne."

Rameau überlebte die Buffonisten und Rousseaus kleine Spieloper, die Ausweisung der italienischen Komödianten im Jahr 1754 und die Rückkehr der Ruhe im Pariser Musikleben, dem seine Macht ungebrochen standgehalten hatte. Doch gingen immer mehr Anekdoten über den etwas wunderlich gewordenen alten Mann um. Dem Priester, der ihm dann die Sterbesakramente spendete, soll er mit letzter Kraft zugeflüstert haben: „Sie singen entsetzlich falsch, *monsieur le curé!"*, bevor er am gleichen Tag, dem 12. September 1764, starb.

Oper in England

Wiederum ganz anders verlief die Frühgeschichte der Oper in England. London, eine der führenden Musikstädte des Abendlandes, zumindest seit den Tagen der Hochpolyphonie und der Blüte der Virginalisten und Madrigalisten, vergnügte sich in zahlreichen Theatern bei Werken von Shakespeare und Ben Jonson, die, wie wir heute wissen, mit sehr viel Musikeinlagen geboten wurden.
Sehr beliebt war auch eine andere Musikart, die man durchaus als Vorläufer der Oper ansprechen darf: die *Masques,* die ursprünglich aus Frankreich kamen und ihren dortigen Namen beibehielten, der das gleichlautende englische *Masks* verdrängte. Das waren bunte Schauspiele zumeist allegorischen oder mythologischen Inhalts, deren Szenarien reich ausgestattet, deren Interpreten durchwegs maskiert und die von viel Musik begleitet waren.
Daneben gab es recht früh die ersten Spuren der italienischen Oper. Wir haben immer wieder von zahlreichen namhaften Italienern gesprochen, die bei ihren Tourneen durch ganz Europa, sei es als Geigenvirtuosen, als Instrumentalkomponisten, als Sänger und Leiter früher Opernensembles für kürzere oder längere Zeit in London Station machten, vielleicht sogar dort verblieben, auf jeden Fall aber dem Musikleben starke Impulse mitteilten. Der immer noch starke Puritanismus mit seinen strengen Sittenauffassungen wehrte sich lange gegen den Gedanken einer englischen Oper. Und so mag es gekommen sein, daß diese nicht etwa, wie anderswo, langsam und zögernd ins Leben trat, sondern mit einem überragenden Genie plötzlich da war!

Henry Purcell

Henry Purcell (1659–1695) erweist sich in den wenigen Jahren seines Erdendaseins als Großmeister seltenen Formats. Er stammt aus einer Musikerfamilie, war bis 1673 Chorknabe bei der königlichen Kapelle und anschließend Aufseher der königlichen Instrumentensammlung.
In dieser Zeit hat er vermutlich bei dem namhaften John Blow studiert. Bald begann er Bühnenmusiken für Londoner Theater zu schreiben. Unter den nahezu fünfzig Musiken sind vor allem viele für Shakespeares Dramen. Noch scheint er an keine durchgängige Vertonung gedacht zu haben, also an keine Oper. Es waren Vorspiele, eingelegte Lieder und Chöre, auch verbindende Instrumentalstücke.
Doch 1689 entschloß er sich zu einer echten Oper, und es wurde eine der großartigen der Geschichte: „Dido and Aeneas". Um ihr ganz gerecht zu werden, kann nur Monteverdi zum Vergleich herangezogen werden. Zwar ist Purcells Stil um ein halbes Jahrhundert moderner, aber die wundervolle Arie der Dido (mit dem vorangehenden Accompagnato-Rezitativ) *„When I am laid in earth"* steht doch der Klage der Arianna Monteverdis *„Lasciatemi morire"* überraschend nahe. Wenn zweieinhalb Jahrhunderte später der Erneuerer der englischen Oper, Benjamin Britten, sagen wird: „Bei Purcell lernte ich, wie großartig dramatischer Gesang in englischer Sprache sein kann", so sind die Quellen bei dieser Oper zu suchen, welche die tragische Geschichte der sagenhaften Königin von Karthago und ihrer Liebe zu dem trojanischen Helden erzählt, so wie sie in Vergils hochpoetischer Darstellung zu einem Lieblingsthema der Renaissance wurde. Den Text ließ Purcell von dem sehr berühmten englischen Dichter Nahum Tate schreiben.
Obwohl beide Künstler weit bekannt waren, wurde „Dido and Aeneas" in keinem der Londoner Theater aufgeführt, sondern in einer privaten Mädchenschule der „höheren Gesellschaft", die das Werk möglicherweise sogar bestellt hatte und es nun, mit sicher aufopfernden, aber vielleicht doch nur laienhaft guten Kräften zur Aufführung brachte.
Es war übrigens nicht der erste Versuch eines englischen Musikers, in einem Werk des Musiktheaters den Text völlig singen statt sprechen zu lassen, also eine Oper zu schaffen: Purcells Lehrer John Blow vollendete 1687, zwei Jahre zuvor, ein solches Stück, „Venus and Adonis", an dem er ganze sieben Jahre gearbeitet hatte. Der geringe Erfolg schmälert Blows Verdienst um eine englische Oper keineswegs. Sein Werk war eine Pioniertat, und vielleicht hat sein Schüler Purcell hier die Anregung zu seinem Meisterwerk empfangen. Purcell, von dessen äußeren Lebensumständen wir bedauerlich wenig wissen, folgte seinem Lehrer als Organist

der Westminster-Abtei. Seine letzten Jahre bringen eine Fülle von Kompositionen aller Art hervor, wobei Instrumental- und Vokalmusik einander etwa die Waage halten, was Menge und Wert anbelangt.
Vielleicht waren es die Schwierigkeiten der Theater, die ihn davon abhielten, auf dem Gebiet der Oper weiterzuarbeiten. Er kehrte zur Schauspielmusik zurück, die sicher keine Opernsänger erforderte. 1690 entsteht „Amphitryon", 1691 „King Arthur", 1693 die wunderschöne „Fairy Queen" nach Shakespeares „Sommernachtstraum", der in unserer Zeit endlich auch als Musikwerk Purcells dem Vergessen entrissen wird. Weiter gibt es ungefähr 40 kirchliche Hymnen (englisch: *Anthems*), Stücke für Kammerorchester, Kammermusik, Suiten für Harpsichord (Cembalo), Lieder für Solostimmen und für Chor. Er war in vielem ein sehr unabhängiger Neuerer: So, wenn er in seiner „Phantasie über eine Note" die Bratsche stets auf dem gleichen Ton hält, während die übrigen Instrumente, vier an der Zahl, sie so umspielen, daß die Harmonien ununterbrochen neue Deutungen und Bedeutungen aufweisen. Oder wenn im „King Arthur" ein Baß mit „vor Frost bebender Stimme" singen soll, ein naturalistischer Effekt, den man sich erst Jahrhunderte später vorstellen kann. Die Notation, mit der Purcell dies andeutet – eine Wellenlinie über den Noten –, könnte vollends aus unserer Zeit stammen. Ergreifend sind viele seiner Lieder, in denen er den anderthalb Jahrhunderte späteren Schubert vorausgeahnt zu haben scheint.
1683 wurde Purcell zum Hofkomponisten ernannt, eine hohe Ehre für einen Vierundzwanzigjährigen (der seine bedeutendsten Werke noch nicht geschrieben hatte). Er starb am 21. November 1695 in Westminster. Von Reisen ist in seinem kurzen Leben nichts bekannt, ebensowenig von Zusammentreffen mit den großen Musikern seiner Zeit. Doch muß er in England einen sehr guten Namen gehabt haben, denn der König ließ ihn – als ersten Komponisten – in der Westminster-Abtei bestatten. Dorthin wird ihm zwei Generationen später Händel folgen.
Es war, als ging mit Henry Purcells Tod das musikalische Licht Englands aus. Wohl selten dürfte mit dem Ende eines einzigen Komponisten das musikalische Panorama eines Landes sich so einschneidend verändert haben. Mit Purcell endete auch die hochbarocke Musik auf der Insel. England verfiel in ein zweihundertjähriges Tief des Musikschaffens, aus dem keine Oper, keine Sinfonie in die musikalische Weltliteratur drang. Wesentlich freundlicher sieht die Bilanz aus, wenn man Händel, von dessen Englandaufenthalt wir bald hören werden, zu den Komponisten dieses Landes zählt. Der Deutsche mit der italienischen Opernschulung aber war nur Wahlengländer und wurde recht alt, bevor er in seiner neuen Sprache große Werke zu schaffen begann. Das Fehlen wichtiger eigener Komponisten hat die Welt zu bedauerlichen Fehlschlüssen verleitet: Man hat England im 19. Jahrhundert zu einem *land without music* gestempelt, einem „Land ohne Musik", wovon nun wahrlich in keinem Augenblick die Rede sein kann. London blieb stets – und das ist seit nunmehr sieben Jahrhunderten fast ohne Unterbrechung so – eine Musikstadt, mit tiefer Neigung in den kultivierten Schichten, mit Begeisterung in den volkstümlicheren. Von einem Land ohne eigenes Opernschaffen kann man jedoch reden. Nach Purcells Tod stößt die italienische Oper hier entscheidend vor: Sie macht aus dem London des 18. (wie auch des 19. und 20.) Jahrhunderts eine ihrer Hochburgen. Wir haben von einer großen Zahl italienischer Barockmeister gesprochen, die entweder für längere Zeit ihren Wohnsitz in London aufschlugen oder häufig Englandreisen unternahmen. Gelang es ihnen, den legitimen Wunsch nach einem englischen Musiktheater völlig zu verdrängen? Im Gegenteil. Man suchte nur um so bestimmter ein natürliches Gegengewicht zur italienischen, zur internationalen Oper, geradeso wie es die Franzosen in ihren *bouffes, vaudevilles* und Operetten gefunden hatten, die Spanier in ihren *zarzuelas*, die Wiener im Singspiel, für das der damalige Regent Joseph II. ihnen sogar ein eigenes Theater zur Verfügung stellte. Sie taten es wie alle anderen auch mit Betonung der lokalen, der nationalen, der volkstümlichen Züge. Die italienische Oper machte es ihnen im Grund leicht: Immer noch hing sie an ihren Idealen der längst überwundenen Renaissance, stellte Figuren auf die Bühne, die in mittleren oder gar unteren Schichten niemanden interessierten, spielte in mythologischen, legendären Zeiten, von denen die meisten nie etwas gehört hatten, lebte von einem Zier- oder Kunstgesang, der nichts Natürliches mehr an sich hatte und höchstens Kennern lieblich in den Ohren klang. Dies aufzugeben, war keine große Forderung. Das Land besaß in alter Tradition volkstümliche Balladen, die mit ihren aktuellen Inhalten das englische Leben seit dem Mittelalter begleitet hatten. Da gab es Gestalten aus Englands Geschichte, aber selten die Herrscher, eher vielbesungene Volkshelden wie Robin Hood. Schon daraus geht hervor, daß solche Komödien nicht eben obrigkeitsfreundlich waren. In nicht wenigen wurden Adel und Regierung scharf aufs Korn genommen. Es lag nahe, aus solchen Balladen ganze Theaterstücke zusammenzustellen, deren Erfolg durch die Verwendung populärer Melodien von vorneherein gesichert war.
Das erste derartige Bühnenwerk dürfte „The gentle shepherd" gewesen sein, 1725 vom schottischen Poeten Allan Ramsey gedichtet und mit bekannten schottischen Balladen unterlegt. Es muß eine ganze Reihe ähnlicher Stücke gegeben haben, bevor 1728 „The Beggar's Opera" auftauchte, die „Bettleroper", die gewaltiges Aufsehen hervorrief. Ironie, Karikatur, bösartige Persiflage begannen schon beim Titel: In einer Zeit, in der Opern stets unter Herrschern und führenden Persönlichkeiten der Gesellschaft spielten, war eine Bettleroper ein Unding. Dieser Titel war sogar noch eine „Abkürzung" – in Wahrheit hätte das Werk heißen müssen: „Bettler-, Verbrecher- und Hurenoper", denn das genau war sie, stets vorausgesetzt, man will sie überhaupt als Oper anerkennen. Doch dieses Werk vollbringt ein kleines Kunststück: Es enthält Musik im barocken Stil, es ist nicht nur dramatisch die Parodie einer Barockoper, die Bettleroper ist es auch musikalisch. Dazu muß sie deren Stil nachahmen. Die fünfzig Melodien, die in dem Werk vorkommen, bestehen zum Teil aus englischen, irischen, schottischen Volksliedern und Balladen, ein wenig barock „verfremdet" (wie wir heute sagen würden), zum Teil sind sie aber von einem sehr guten Musiker komponiert, der seine Laufbahn als Barockmusiker begonnen hatte. Doch sprechen wir zuerst

vom Textdichter, dessen Verse die Grundlage des witzigen, frechen, oft revolutionären Librettos bilden.
Er hieß John Gay (1685–1732), kam aus Devonshire und war dank guter Beziehungen (und unleugbarer Begabung) schnell erfolgreich als Poet. Gipfel seiner Laufbahn war 1728 „The Beggar's Opera", die „Bettleroper", in der er vielerlei aufs Korn nahm: die herrschenden politischen Zustände, die anscheinend weitverbreitete Korruption, die italienische Oper, wie er sie in Händels Werken verkörpert fand und über die das Volk sich längst lustig zu machen begonnen hatte. Der ungeheure Erfolg bewog ihn, auf dieser Bahn fortzuschreiten, aber er hatte seine hohen Protektoren begreiflicherweise verloren. Sein nächstes Stück „Polly", Fortsetzung der „Bettleroper", wurde verboten, bevor es auf die Bühne kam, und von seinem letzten Werk „Achilles in petticoats" (Achilles in Unterwäsche), ist nichts mehr bekannt geworden. Ob es wahr ist, daß er seine letzten Jahre in Schwermut verbrachte, ist nicht nachzuprüfen. Interessanter war jedenfalls der Komponist. Aus dem in Berlin geborenen Johann Christoph Pepusch (1667–1752) wurde 1700 in London der englische Musiker John Christopher Pepush, der im englischen Musikleben eine wesentliche Rolle spielen sollte. Er interessierte sich für die italienische Oper, die sich hier niederzulassen begann und wenige Jahre später durch Händel glanzvoll vertreten wurde. Pepusch begründete mit Freunden die *Academy of Ancient Music* im Jahr 1710. Er wurde Doktor der Musik in Oxford (1713), Musikdirektor zuerst eines Herzogs, der auch in Händels Biographie eine Rolle spielt, dann eines Theaters, für welches er Musik zu *Masques* schrieb, wurde durch Heirat reich, schiffte sich nach Westindien ein, angeblich um dort eine Akademie zu gründen, erlitt anscheinend Schiffbruch, kehrte zurück und pflegte dann jenes bequeme bürgerliche Leben, das er in seinem erfolgreichsten Werk angreifen wollte, in der „Bettleroper". Für deren Partitur bot er vielerlei auf: eigene Kompositionen, eine Händel-Arie (die parodiert wird), Stücke anderer Komponisten, Volkslieder. Die künstlerischen Auswirkungen dieser wahrhaften Sensation werden im Kapitel Händel nachzulesen sein, denn selten trifft das Wort so genau zu wie hier: Des einen Freud ist des anderen Leid. Händels italienisches Opernunternehmen ging in Konkurs, da nicht nur das Volk die Parodie Pepuschas sehen wollte (von etwas, das es im Original gar nicht kannte), sondern auch die Oberschicht, die der barocken Götter und Helden ein wenig müde war. Pepusch, kaum sonderlich fromm, endete seine Tage als Organist in Londoner Kirchen.

Die Balladen blühten weiter in England, und die Seefahrt bis zu den fernsten Küsten der Erde verhalf einer besonderen Art zur Blüte: den *Sea-shanties*, Seemannsliedern, die auf allen Seglern angestimmt und in den Hafenkneipen begeistert mitgesungen wurden. Immer wieder kam es vor, daß einige der populärsten (und textlich gerade noch vertretbaren) Lieder Aufnahme in Bühnenstücke fanden, die im weitesten Sinn als Musiktheater bezeichnet werden konnten. So konnte man Sea-shanties in Zusammenhang mit Musik von Purcell hören, von dem sehr guten John Eccles (1650–1735), der als Leiter der *Queen's Band* viele *Masques* schrieb und hochangesehen war. Selbst Thomas Arne (1710–1778), den man eventuell Englands besten Musiker des 18. Jahrhunderts nennen muß, verschmähte es nicht, derartige volkstümliche Bühnenstücke zu verfassen. Sein Nachruhm allerdings beruht auf der prächtigen Hymne seines Königs und seines Landes („*God save our noble King*"), die so stolz, majestätisch, prunkvoll und ohne Überheblichkeit feierlich ist, daß sie von mehreren Völkern übernommen wurde: von den Deutschen als „Heil dir im Siegeskranz", von den Russen als Zarenhymne, von den Schweizern als „Rufst

Die völlig parodistisch gehaltene Schlußszene aus der „Bettleroper" von Pepush und Gay. Vermutliche Darstellung nach der Uraufführung in London, 1728. Ein „reitender Bote" des Königs bringt dem Schwerverbrecher Begnadigung und Erhebung in den Adelsstand.

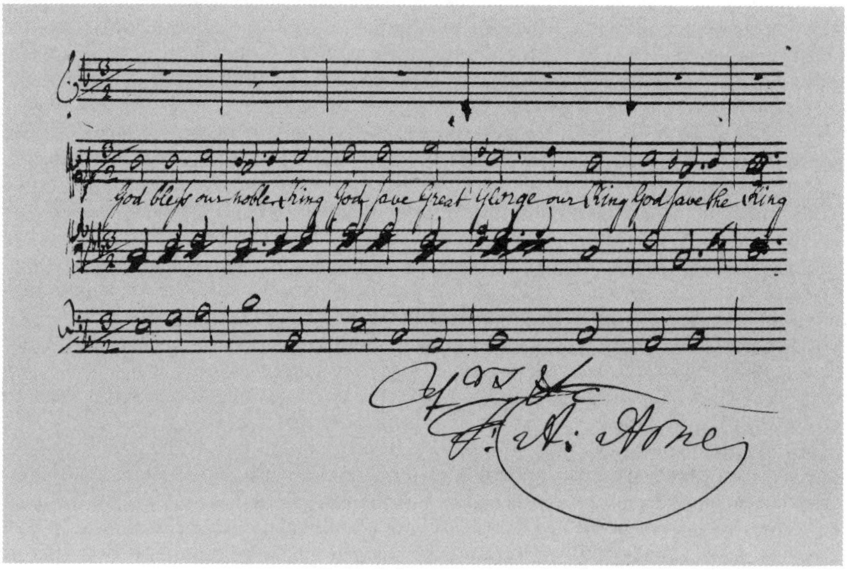

Links: Die Urschrift der englischen Nationalhymne, der ältesten und einer der schönsten heute noch gebrauchten der Welt: „God save our noble King", von Thomas Arne (um 1740).
Unten: Titelblatt des dritten Teils der Theaterstücke von Lope de Vega, gedruckt 1613 in Madrid. Viele dieser Stücke wurden im Laufe der Zeit von Komponisten in Opern verwandelt.
Rechte Seite: Der spanische Dichter Calderón de la Barca. Mit Tirso de Molina, Lope de Vega und Miguel de Cervantes verkörpert er die literarische Hochblüte des spanischen Weltreiches.

du, mein Vaterland". Doch Arne sei hier auch als Komponist von mehr als dreißig Opern, mehreren Sinfonien und Oratorien genannt. Die ernsten Bühnenwerke, einige nach Dramen Shakespeares, sind vergessen, aber seine Volksoper „Love in a village" begründete ein lokales Genre, das viele weiterführten. Unter anderen jener Stephen Storace, der zu Mozarts Freundeskreis gehörte, während seine Schwester „Nancy" eine von dessen Lieblingssängerinnen und auch die erste Susanna in „Le Nozze di Figaro" war.
Wir sehen, daß England auch nach dem Tod Purcells ein Land blieb, in dem viel Musik getrieben wurde. Was erlosch, war seine internationale Bedeutung als Ursprungsland bedeutender Kompositionen und seine Ausstrahlung über Europa.

Oper in Spanien

Recht ähnlich, trotz der abgrundtiefen Unterschiede in Charakter und Mentalität der beiden Länder, verlief die Frühgeschichte der Oper in Spanien. Beide Länder, England wie Spanien, haben in der Renaissance und im Barock musikalische Glanzzeiten durchlebt, beide fallen anschließend in eine lange, zweihundertjährige Periode geringerer musikalischer Weltgeltung, aus der sie gegen Ende des 19. und im 20. Jahrhundert glänzend auferstehen.
Am Beispiel Spaniens kann man deutlich den Entstehungsprozeß der heißumkämpften Musikform „Oper" verfolgen: Wie sie sich aus volkstümlichen Liederspielen und kirchlichen Mysterien – hier *autos sacramentales* genannt – entwickelte und schließlich durch Anstöße aus dem Ausland von der Oberschicht in deren Paläste geholt wird. Im Jahr 1629 hören wir von einer am Königshof Philipps IV. dargestellten musikalischen Komödie, deren (verlorengegangene) Musik einer Oper bereits nahegekommen sein wird: „La Selva sin amor" (Der Wald ohne Liebe). Der Text stammt von Lope de Vega (1562–1635), einem der größten spanischen Dramatiker, der an die tausend bewunderte Stücke schrieb. Dessen kaum weniger berühmter Nachfolger, Calderón de la Barca (1600–1681), tat einen weiteren Schritt zu einem musikalischen Nationaltheater. Er verfaßte Texte zu kleinen Komödien, die mit viel Musik im Sommerpalast der Könige, dem *Palacio de la Zarzuela*, aufgeführt wurden. Der Name ist leicht erklärlich und stammt von den Sträuchern, die den Bau üppig umgaben: *zarzuela* ist die Brombeere. Die künstlerischen Feste, die dort ge-

TERCERA PARTE
DE LAS COMEDIAS
DE LOPE DE VEGA, Y OTROS AVTORES, con sus loas, y entremeses, las quales Comedias van en la segunda oja

Dedicadas a don Luys Ferrer y Cardona, del Abito de Santiago, Coadjutor en el oficio de Portantvezes de General, Gouernador desta ciudad y Reyno, y señor de la Baronia de Sot.

CON LICENCIA,
En Madrid, En casa de Miguel Serrano de Vargas, Año, 1613.
A costa de Miguel Martinez,
Vendese en la calle mayor, en las gradas de san Felipe,

feiert wurden, erhielten demnach die volkstümliche Bezeichnung *fiestas de la zarzuela* (Feste in der Zarzuela), wovon schließlich, um die kleinen Bühnenstücke mit Musik zu kennzeichnen, nur das letzte Wort übrigblieb; sie wurden eben zu ZARZUELAS. Diese Zarzuelas wurden eines der Genres des entstehenden Musiktheaters, verwandt der italienischen *opera buffa* (wenn auch stets mit gesprochenem Verbindungstext anstelle der in Italien gebräuchlichen Rezitative), verwandt dem Vaudeville, der Posse, der Operette, in manchen Stücken ernsterer Art sogar der Oper.

Von der Musik jener ersten Zarzuelas besitzen wir so gut wie nichts, von den frühen Komponisten wissen wir wenig. Ein einziger verblieb im Gedächtnis, Juan Hidalgo († 1685), der seit 1631 als Harfenspieler der königlichen Kapelle geführt wird und mit vielen Bühnenwerken Erfolg hatte: Das Genre, dessen Name Zarzuela sich durchzusetzen begann, muß damals großen Zulauf gehabt haben. Mehr als hundert spanische Komponisten jener Zeit widmeten sich ihm.

Dann aber begann auch hier die Invasion der Italiener. In anderen Ländern verlief der Prozeß eher in umgekehrter Form: Zuerst kamen die Italiener mit dem in ihrem Land entstandenen Musiktheater, und erst dann gelüstete es die Poeten und Musiker des Gastlandes, etwas Eigenes auf diesem Gebiet zu versuchen. In Spanien, wohl auch durch die engen Verbindungen mit Italien in Sprache und Kultur (wobei gerade in Renaissance- und Barockzeiten nicht selten in Madrid ein entscheidender Ausstrahlungspunkt lag), scheint das lokale Experiment des neuen Musiktheaters zeitlich bereits mit dem Entstehen der Oper in Florenz, Mantua, Venedig zusammengefallen zu sein. Adel und Bürgertum empfingen, wie überall, die italienische Oper mit offenen Armen. Madrid bekam bald ein italienisches Operntheater, von wo aus Gastspiele in andere Regionen des Landes unternommen wurden, so etwa nach Asturien. Ein zweites Zentrum bildet sich in der katalanischen Hauptstadt Barcelona, deren enge Beziehungen besonders nach Neapel und Sizilien sich in einer fast ununterbrochenen intensiven Opernpflege bis zum heutigen Tag auswirken werden.

DER KASTRAT FARINELLI

Mit den italienischen Sängern kam die Kunst des BELCANTO nach Spanien und verhexte das dortige Publikum wie wohl überall. Mit ihm aber kam ein seltsamer Mann, Carlo Broschi, der weltberühmte Farinelli (1705–1782). Von seinem legendären Leben muß gesprochen werden, denn es spielt von der Operngeschichte auch auf andere Gebiete hinein, die uns interessieren. Farinelli war einer jener Kastratensänger, die man einerseits als zutiefst bedauernswerte Menschen einstufen muß, deren Geschichte aber so voll von Triumphen, Schätzen, Ehrungen ist wie die kaum einer anderen Berufsgruppe. Wann jene Unsitte begonnen hatte, ist schwer festzustellen. Eines Tages entdeckte ein Stimmsachverständiger, wie es sie in Italien zur Zeit des Belcanto gab, daß ein Sängerknabe, der vor Erreichung der Pubertät und dem damit verbundenen Stimmwechsel oder -bruch kastriert wurde, die erreichte Geläufigkeit und Stimmtechnik, ja sogar das schöne Material, über das er gebot, nicht nur behielt,

sondern bis zu unwahrscheinlichen Graden der Virtuosität steigern konnte. Die Stimme änderte sich nicht mehr, wurde also nicht tiefer, ein Knabensopran blieb ein Sopran, ein Knabenalt ein Alt, aber das Volumen der Stimme konnte, wenn der Körper normal wuchs, gewaltiges Ausmaß erreichen. Und so begann die unselige Praxis der Knabenkastration, mit der kein heutiger Mensch sich identifizieren könnte, die aber von der musikalischen Gesellschaft des Spätbarock fast wie etwas Natürliches gefeiert wurde, wenn ihr Resultat die verblüffenden Folgen zeitigte, die alle am Geschäft Beteiligten erwarteten: die Eltern, die Theaterleiter, die Komponisten. Auch die letzteren, denn viele Komponisten erwarteten sich von der Mitwirkung eines oder mehrerer der berühmten Kastraten eine beträchtliche Steigerung der Einnahmen.

Farinelli eroberte die Opernstädte Italiens, wurde in Wien umjubelt, trat in London siegreich in dem Theater auf, das als Gegenunternehmen zu Händels Oper gegründet worden war. Während dieses Gastspiels erreichte ihn eine Einladung aus Madrid, der er Folge leistete. Sie bezog sich aber nicht nur auf die Oper, sondern, eher sogar dringender, auf den König. Ein wahrhaft königliches Honorar wurde vereinbart, Farinelli war es so gewöhnt. Aber seine Überraschung war groß, als er in Madrid erfuhr, er solle gar nicht öffentlich auftreten, sondern zu Nachtstunden dem seit langem geistesgestörten, depressiven und unzugänglichen König in dessen Privatgemächern Lieder und Arien vorsingen. Als er sich dazu bereit erklärte, wuchs seine Überraschung noch: Er sollte den König nicht zu Gesicht bekommen, sondern in einem Nebengemach singen. Nur die Königin und einige wenige Eingeweihte waren zugegen. Wer mochte die Königin in dieser öffentlich nie diskutierten Frage beraten haben? Hatte der Leibarzt der königlichen Familie so moderne Ansichten? Der seit

Oben: Der weltberühmte (Kastraten-)Sänger Farinelli – eigentlich Carlo Broschi –, der alle Opernhäuser Europas füllte und den spanischen König Philipp IV. von seiner Melancholie heilte. Kupferstich, 1735.
Rechte Seite oben: Domenico Scarlatti, Sohn des Opernkomponisten Alessandro Scarlatti, Begründer und Meister des virtuosen Cembalospiels, Komponist von über 500 Stücken für dieses Instrument.
Rechte Seite unten: „Das Menuett" von John Zoffany gibt die für das Rokoko sehr typische Szene einer Tanzlektion wieder. Mit dem Unterricht in diesem beliebtesten aller Hoftänze wurde schon im Kindesalter begonnen.

Jahren völlig von jedem menschlichen Kontakt ausgeschlossene Monarch, trübsinnig und melancholisch, lebte auf unter den Klängen der Musik, lauschte aufmerksam der „schönsten Stimme der Welt". Von nun an sang Farinelli allnächtlich, beinahe schon im ersten Morgengrauen, für Philipp IV. Dieser kam soweit zu sich, daß er einige Stunden lang Regierungsgeschäfte erledigen wollte und konnte. Seitdem gilt diese „Klangheilung" als einer der deutlichsten Beweise für die Wirksamkeit der Musiktherapie, die im 20. Jahrhundert besondere Bedeutung bei der Behandlung psychischer und geistiger, ja sogar physischer Erkrankungen bekommen hat. Farinelli nutzte seinen wachsenden Einfluß und wurde zu einer politisch einflußreichen Gestalt am Madrider Hof. Er behielt diese Stellung auch unter Ferdinand VI. bei. Erst Karl III. entließ ihn, mit viel Ehren und Geld, in die Heimat. In Bologna baute Farinelli sich ein Schloß, das keinem Herzogspalast nachstand, und starb dort mit 77 Jahren. Seine Kunst wurde legendär. Sein Legato, sein *messa di voce*– Feinheiten des echten Belcanto-Stils – wurden sprichwörtlich in ihrer höchsten Vollkommenheit. Die großen Kastraten – Caffarelli, Senesino, Marchesi, Farinelli – lösten Begeisterungsstürme in Europas Theatern aus, aber sie waren der Schreck der Impresarii. Sie übertrafen die Launen der Primadonnen um ein Vielfaches, sie rächten sich gewissermaßen für das, was man ihnen angetan hatte.

Domenico Scarlatti

Ein weiterer italienischer Musiker lebt um jene Zeit in Spanien. Nicht weniger als 28 Jahre lang hatte Domenico Scarlatti (1685–1757) seinen Wohnsitz in Madrid. Er stammte aus Neapel, das sein Vater Alessandro Scarlatti zum Mittelpunkt des Opernlebens gemacht hatte. Und so begann auch er Opern zu schreiben. Seine stärkste Begabung aber lag auf dem Gebiet der Tasteninstrumente, auf dem er bald begann, ungewöhnliche Fertigkeiten zu entwickeln. Der römische Kardinal Ottoboni, von dem wir als Mäzen Corellis sprachen, lud Scarlatti 1709 zu einem Wettspiel mit Händel ein. Der erwies sich zwar als der größere Organist, gestand aber neidlos zu, auf dem Cembalo sich vor dem Italiener beugen zu müssen. Mit seinen Kompositionen für dieses Instrument ist Scarlatti dann auch zum wahren Großmeister herangereift. Die mehr als 550 Sonaten, die er schuf, stellen nicht nur blendende Virtuosenstücke dar, sie gehören auch ihres hohen musikalischen Gehalts wegen zum ständigen Repertoire des Cembalisten. Dazu sind sie noch für die formale Entwicklung der späteren klassischen Sonatenform von Bedeutung. An technischen Feinheiten sind Scarlattis Stücke unerschöpflich, und so ist es nicht verwunderlich, daß sie heute noch in zahlreichen Konzerten auftauchen, sei es auf dem Cembalo, sei es – von Puristen und Stilkennern abgelehnt – auf dem modernen Flügel.

Scarlatti wurde, nachdem er 1709 in den Dienst der in Rom niedergelassenen Königinwitwe Maria Casimira von Polen und 1715 als Kapellmeister in die Julianische Kapelle des Petersdoms trat, 1720 nach Lissabon berufen, um die junge portugiesische Infantin Maria Barbara in Musik zu unterweisen. Als diese 1729 durch Heirat Thronerbin, dann Königin von Spanien wurde, nahm sie ihren Meister mit nach Madrid, wo er fast ohne Unterbrechung bis an sein Lebensende blieb. 1725 kehrte er kurz nach Neapel zurück. 1740 oder 1741 gab er zwei Konzerte in Dublin, wo fast gleichzeitig sein Freund Händel seinen „Messias" uraufführte. 1685 war ein fruchtbares Jahr der Musikgeschichte: Bach, Händel und Scarlatti wurden geboren. Der erste starb 1750, der zweite 1759, der dritte 1757. Bach in Leipzig, der Deutsche Händel in England, der Italiener Scarlatti in Madrid. Musiker sein bedeutete, auch im Barock, ein unstetes Leben, von dem niemand wußte, wohin es ihn führen würde.

Scarlattis Musik blieb italienisch. Aber ein hübsches Wort des nordamerikanischen Musikforschers Gilbert Chase meint, es ließe sich aus seinen Stücken ein reizendes Album „Spanischer Tänze" zusammenstellen. Wo Scarlatti etwa, dem Brauch der Zeit nach, „Menuett" vorschrieb, handelt es sich in Wahrheit um eine spanische, also aragonesische *Jota.* Die ist auch ein Stück im Dreiertakt, aber wesentlich schneller als das Menuett. Die Jota ist ein Volkstanz, das Menuett ein

Hoftanz. Dessen große Zeit bricht nun an, das 18. ist sein Jahrhundert. Darum gehört es zum Rokoko wie kaum ein anderes Musikstück. Daß es auch in Opernwerke übernommen wird, ist nur selbstverständlich. Jede Zeit liebt es, sich selbst abzubilden, wenn auch zuweilen in anderem, historisierendem Gewand. In Mozarts „Don Giovanni" tanzen die Gäste aus der Oberschicht Menuett, während die Bauern gleichzeitig, zur Musik eines zweiten Orchesters, einen schnelleren, gestampfteren Tanz ebenfalls im Dreivierteltakt durch den Saal drehen: eine Art Ländler, der wenige Jahre darauf das Menuett ablösen wird, nach der Französischen Revolution.

Das spanische Opernkapitel der Frühzeit ist beendet. Es war kurz. Spanien war nie ein Opernland. Nach den erwähnten Anfängen verfiel hier die Gattung, der Name tauchte hier erst gegen Ende des 19. Jahrhunderts auf. Und trotzdem lebte das Musiktheater, oft in überschäumendem Maße: als Zarzuela. Doch da wir hier von der spanischen Musik des Spätbarock sprechen, wollen wir auch der anderen Gattungen gedenken. Domenico Scarlatti hinterließ einen Schüler: Antonio Soler (1729–1783), den die Spanier zumeist den „Padre Soler" nennen, da er im Priestergewand von 1752 an im Escorial Orgel spielte und bis zu seinem Tod auch als Kapellmeister tätig war.

Von Europa ziemlich unbeachtet gab es in diesem düsteren, strengsten aller Königspaläste nordwestlich von Madrid ein reiches Musikleben, das vor allem auf geistlichem Gebiet eine Fülle hervorragender Stücke hervorbrachte. Auch die Kammermusik wurde eifrig gepflegt. Auf beiden Gebieten gelangen Soler und manchem anderen wertvolle Werke, die man nicht mehr als reinen Barockstil bezeichnen kann. Trotz der geradezu mönchischen Lebenseinstellung des Escorials und seiner Bewohner war der Zeitgeist des Rokoko doch so mächtig, daß er auch hier fühlbar wurde, tausend Meilen von den Zentren entfernt, in denen wir bald seinen Ursprung suchen werden.

Barock in Mitteleuropa

Nördlich der Alpen standen die Musiker der Renaissance und des nachfolgenden Barock im Bann ihrer italienischen Kollegen. Nicht anders verlief die Geschichte auf dem Gebiet der Architektur, der Malerei. So großartige und weitgehend selbständige Werke sie vollbrachten, von Italien kamen die Anregungen, dort wurden die neuen Wege betreten. Der Austausch zwischen Süden und Norden ist weiterhin rege, aber der Strom fließt immer noch ein wenig stärker von Süden nach Norden als umgekehrt. Und immer noch wandern junge Musiker aus Deutschland, Österreich, Böhmen, auch aus Frankreich, den Niederlanden, England und Osteuropa gerne nach Italiens Städten, die vor Musik förmlich überquellen. Sie saugen in sich auf, was nur möglich ist, lernen den einstimmig monodischen Stil, den Generalbaß, die neuen Harmonien, die Verbindungen der Akkorde, das Rezitativ und die Arie, das *Buffa-* und das *Seriagenre*, die dreiteiligen Instrumentalformen, bei deren Entwicklung zur klassischen Sonate und Sinfonie sie bald selbst tatkräftig Hand anlegen werden.

Schütz, Schein, Scheidt

Nicht nur als Schüler Italiens, sondern als Mittler zwischen den beiden Musikkulturen im Süden und im Norden muß Heinrich Schütz (1585–1672) gelten. Er ist der herausragende deutsche Musiker seiner Zeit. Doch neben ihm wirken bedeutende Meister, denen die Barockmusik Deutschlands Außerordentliches zu verdanken hat. Von Schütz und seinen beiden namhaftesten nördlichen Zeitgenossen spricht man gern als von den „drei Sch", denn alle drei Namen beginnen mit Sch; zudem sind alle drei aus Mitteldeutschland, Thüringen und Sachsen, was wieder einmal die Aufmerksamkeit auf diesen deutschen Stamm lenkt, dem in der Musikgeschichte des öfteren eine besondere Rolle zufiel, neben Bayern zeitweise die wichtigste. Die drei Meister wurden in drei aufeinanderfolgenden Jahren geboren: Heinrich Schütz am 8. Oktober 1585 in Köstritz bei Gera; Johann Hermann Schein am 20. Januar 1586 in Grünhain (damals Grünhayn) bei Meißen; Samuel Scheidt anfangs November 1587 in Halle.
Den dreizehnjährigen Heinrich Schütz entdeckt der Landgraf Moritz von Hessen-Kassel als auffallendes musikalisches Talent und nimmt ihn 1599 in seine Residenzstadt Kassel. Zehn Jahre später zieht es ihn, inzwischen Student der Jurisprudenz, endgültig zur Musik und damit nach Italien, wo er in Venedig Schüler Giovanni Gabrielis wird. Dort lernt er nicht nur die Hochpolyphonie auf ihrem Höhepunkt kennen, er kommt auch mit den modernen Strömungen in Berührung, lernt die junge Oper kennen und ihre dramatisch-rezitativische Tonsprache. Als Gabrieli stirbt, rüstet Schütz 1613 zur Heimfahrt, wird noch im gleichen Jahr zweiter Hoforganist in Kassel, wechselt aber 1617 nach Dresden über, wo man ihm den Hofkapellmeisterposten anvertraut. Er ahnt als Dreißigjähriger nicht, daß er hier seine endgültige Wirkungsstätte gefunden hat, von der er sich nur auf einigen Reisen und unter den Einwirkungen des Dreißigjährigen Krieges (1618–1648) für kürzere Zeiten entfernen wird. Seine ersten Kompositionen entstehen, Psalmen, die Auferstehungshistorie, *Cantiones sacrae, Symphoniae sacrae.* Zur Hochzeitsfeier der älteren Kurfürstentochter soll in Torgau zum ersten Mal eine Oper in deutscher Sprache erklingen. Man denkt daran, Peris „Dafne" dafür zu wählen und den berühmten Dichter Martin Opitz (1597–1639) mit der Übersetzung des Rinuccini-Textes zu betrauen. Doch aus irgendeinem Grund fand die Aufführung der Musik Peris nicht statt, sondern Schütz wurde kurzfristig aufgefordert, den neuen, nachgedichteten Text Opitz' in Musik zu setzen. Damit wurde er zum ersten Opernkomponisten in deutscher Sprache, ohne allerdings unmittelbare Nachfolger zu finden. Im nächsten Jahr, 1628, fuhr er nochmals nach Venedig, wo ihn die reife Meisterschaft Monteverdis überwältigt. Nach mehreren Einladungen und Reisen nach Kopenhagen kehrt er nach Dresden zurück. Die Dresdener Hofkapelle muß wegen der Kriegsfolgen bis zur Bedeutungslosigkeit abgebaut werden. Hunger und Elend wüten in der Stadt. Doch die Schaffenskraft Schütz' scheint mit zunehmendem Alter noch zu wachsen. Er rückt zwar von der Oper ab, als verstünde sogar er sie als Domäne Italiens, aber er legt die Bestrebungen der deutschen Musik sinnvoll und mit wertvollen Werken auf die anderen Gebiete: Kirchenmusik und Kammermusik. Zur ersten gehört nun das Oratorium, in dem er bahnbrechend wirkt, und zur zweiten zählen auch die Formen der Orchestermusik. Im Jahr 1650, wir befinden uns ein Jahrhundert vor Bach und Händel, in der Epoche des Frühbarock, vervollständigt er, nach zwei Bänden aus den Jahren 1629 und 1647, die *Symphoniae sacrae,* die „Geistlichen Sinfonien", die vielstimmige Kammermusikwerke sind. In den sechziger Jahren arbeitet er am bedeutenden Weihnachtsoratorium, beendet 1664 die Lukas-, 1665 die Johannes-, 1666 die Matthäuspassion, die geistige Nähe und Verwandtschaft zu Bach ist auffallend. 1667 entsteht der „150. Psalm", 1668 das „Deutsche Te deum", 1671 – in seinem 86. Lebensjahr – der „119. Psalm" und das „Deutsche Magnificat". Ein Ehrenplatz gebührt wohl

den „Sieben Worten Jesu am Kreuz", in denen sich möglicherweise der tiefe Schmerz um Zerstörung und Verfall Deutschlands durch den langen Krieg am erschütterndsten ausspricht. Hier greift Schütz noch weiter voraus. Er ist nicht nur der Vorläufer Bachs und seiner Zeitgenossen, er übermittelt seine Gedanken bis zum Ende der Klassik, auf Haydn, der im ausgehenden 18. Jahrhundert das gleiche Thema aufgreift. Die Trauer über das Wüten von Kriegen aber wird bis weit ins 20. Jahrhundert nie verstummen: Honegger, Richard Strauss, Benjamin Britten, Luigi Nono sind ergreifende Beispiele.

Die beiden Weggefährten waren lange vor Schütz dahingegangen. Johann Hermann Schein (1586–1630) wurde 1615 Kapellmeister am Weimarer Hof, zog diesem Posten aber – ähnlich wie Bach es später tun wird – das Kantorat der Leipziger Thomaskirche vor, das er bereits 1616 übernahm. Als er 1630 auf dem Totenbett lag, besuchte ihn sein Freund Schütz und komponierte dann eine Kantate auf den frühen Tod des Gefährten. Schein pflegte neben der geistlichen Komposition vor allem das weltliche Lied, dem er manche neue Seite auf dem langen Wege bis Schubert abgewann. Das frühe „Venus-Kränzlein", vor allem aber die „Waldliederlein" zeigen zwar Einflüsse des italienischen Madrigals, entwickeln aber die führende Melodie zu großer Freiheit und einem Gefühlsausdruck, den frühere Werke dieser Art noch nicht hatten.

Samuel Scheidt (1587–1654) schließlich studierte beim großen Sweelinck in Amsterdam, wurde 1609 Organist und Kapellmeister in Halle. Er gilt als einer der bedeutendsten deutschen Organisten. Von ihm empfing die Musikpflege der protestantischen Kirche wesentliche Anregungen, da er die Choralbegleitungen in neuartiger Form durchführte. Sein reiches Kompositionswerk, das aus ungefähr 700 Nummern besteht, verteilt sich etwa gleichmäßig auf Vokales wie Instrumentales. Es gibt darunter Psalmen, Toccaten, Choräle mit Variationen, Phantasien, Messen, Hymnen, aber auch Lieder und Tänze sowie „70 Sinfonien auf Konzertmanier", worunter mehrstimmige Kammermusikwerke zu verstehen sind.

Deutsche Orgelmeister

Deutschlands 17. Jahrhundert muß als die große Zeit der Orgelkunst verstanden sein. Doch die Ansicht, es handle sich dabei um eine stete Aufwärtsentwicklung, die schließlich in Bach und Händel ihren Höhepunkt hätte, ergäbe ein schiefes Bild. Jeder der Meister, die hier betrachtet werden sollen, stellt in sich einen Höhepunkt dar, jeder auf seine Art, wobei eine weitere Vervollkommnung kaum denkbar schien.

Johann Jakob Froberger (1616–1667) war Frescobaldis Schüler in Rom von 1637 bis 1641 und erhielt dann, wie man ihm schon zugesagt hatte, die Stelle eines Hoforganisten in Wien. Er unternahm Gastspielreisen nach Brüssel, Paris und London. Ihm wird von einigen Autoren die schon früher erwähnte endgültige Reihenfolge der Suitensätze zugeschrieben: Allemande, Courante, Sarabande, Gigue, sowie eine gewisse Urheberschaft an der Klaviersuite. Zu seinen besten Werken gehören Stücke für Orgel wie für Cembalo. Seine Zeitgenossen scheinen ihn besonders verehrt zu ha-

Heinrich Schütz, der herausragende deutsche Barockmeister in kriegsdurchtobter Zeit.

ben, da sie ihn als Mittler zwischen englischer, französischer, italienischer und deutscher Art des Komponierens für Tasteninstrumente empfanden. Erhalten sind 25 Toccaten, 18 Capriccios, 14 Ricercari (eine Art Vorform der Fuge), 30 Suiten, dazu Phantasien und Canzonen. Beim Tod Kaiser Ferdinand III. im Jahr 1657 soll Froberger sich, von manchem enttäuscht oder gar verbittert, auf das französische Schloß der Herzogin von Württemberg in Héricourt bei Montbéliard zurückgezogen haben, wo er zehn Jahre später starb.

Johann Kaspar Kerll (1627–1693), in alten Manuskripten auch Keerl, Kerl, Kherl oder sogar (italienisch) Cherle geschrieben, kam aus Sachsen als junger Mann nach Wien, von wo Kaiser Ferdinand III. auch ihn nach Rom schickte, um bei Frescobaldi und Carissimi zu studieren. Bei der Krönung Leopolds I. soll er als Organist wie als Komponist einer Messe in Wien 1658 solches Aufsehen erregt haben, daß er in den Adelsstand erhoben wurde. Von 1656 bis 1674 war er Hofkapellmeister in München, seit 1677 dann als Domorganist zu St. Stephan abermals in Wien, und zuletzt lebte er wieder in München. Dort liegt er begraben, auf dem Stein wird er als „Kurfürstlicher Hofkapellmeister" bezeichnet. Sein Werk umspannt, wie damals üblich, Vokal- und Instrumentalwerke geistlicher und weltlicher Art, darunter ein Requiem auf den Tod Kaiser Leopolds I. sowie einige Opern.

Georg Muffat (1653–1704), zumindest mütterlicherseits französischer Abstammung, vermutlich in Mégève (Savoyen) geboren, aber im Lauf seines Lebens vornehmlich im Elsaß in engen Kontakt zu Deutschtum und deutscher Musik gekommen, studierte in Paris und Rom, wurde Organist in Straßburg, 1678 in Salzburg

und schließlich in Passau, wo er starb. Er gab wichtige Kompositionen für Tasteninstrumente heraus, lernte von Corelli den großzügigen Klang der *Concerti grossi* und galt europaweit lange als „Haupt der katholischen Orgelspieler".

Johann Pachelbel (1653–1706) wechselte seine Organistenposten häufig (Wien, Eisenach, Erfurt, Stuttgart, Gotha), bis er an der Nürnberger Sebalduskirche im Jahr 1695 seßhaft wurde und in den ihm noch verbleibenden Jahren hier eine wahre organistische Glanzepoche heraufführte, die zumeist als „Nürnberger Stil" anerkannt wird. Er war in den siebziger Jahren Gehilfe und Stellvertreter Kerlls in Wien gewesen, ging aber in seiner weiteren Entwicklung über seinen Lehrmeister hinaus und wurde zum Bahnbrecher vieler Neuerungen im Orgelspiel wie in der Fugenkomposition. Seine Toccaten, Präludien und Phantasien haben bis zum heutigen Tag nicht aufgehört, die Organisten zu fesseln.

Johann Adam Reinken (1623–1722) war als Organist in Hamburg eine fast legendäre Gestalt. Bach, wie wir hören werden, wird zu ihm pilgern. Ihn noch gehört zu haben, der bis in biblisches Alter über seine Orgel herrschte, war ein Ruhmesblatt für unzählige Musiker seiner Zeit.

Auch Dietrich Buxtehude (1637–1707) übte Eindruck und Einfluß auf Bach aus. Seine Herkunft war lange umstritten, sowohl Dänemark wie Südschweden wurden als seine Geburtsstätten angegeben, doch scheint er nach neuesten Erkenntnissen im holsteinischen Oldesloe daheimgewesen zu sein. Zum Ausstrahlungspunkt seiner großartigen Orgelkunst wurde Lübeck, in dessen Marienkirche er Nachfolger seines Schwiegervaters Franz Tunder (1614–1667) wurde. Dieser war ebenfalls hervorragender Organist und „Enkelschüler" Frescobaldis, auf den sich die Mehrzahl der deutschen Orgelspieler berufen konnte. Unter diesen muß von einer uns seltsam anmutenden Gewohnheit gesprochen werden. Der Nachfolger, den sie selbst wählen durften, mußte eine ihrer Töchter heiraten. Wer nach einem Niedergang der organistischen Fähigkeiten oder einem Sittenzerfall in diesem Stand sucht, findet keines von beiden. Es gab glänzende Organisten und gute Ehen.

Johann Rosenmüller (1619–1684) genoß einen bedeutenden Ruf. Leipzig war sein Studienort, dort wurde er an der Thomasschule angestellt, 1651 als Organist der Nicolaikirche, und sollte eben zum Thomaskantor gewählt werden, als schwere moralische Vorwürfe gegen ihn erhoben wurden. Er mußte Leipzig verlassen, ging nach Hamburg und schließlich nach Venedig, wo er sich den besten Organisten ebenbürtig gezeigt haben soll. Aber er blieb nicht. Er folgte einer Berufung in das damals musikalisch bedeutende Wolfenbüttel, wo die Herzöge von Braunschweig residierten. Manches in Rosenmüllers Biographie bleibt zu klären, so die Dauer seines italienischen Aufenthalts, einer Zeit, in der er einige seiner schönsten Vespermusiken komponiert hat.

Johann Philipp Krieger (1649–1725) gilt in seiner Zeit als einer der namhaftesten deutschen Musiker. Er ist von besonderer Seßhaftigkeit. Nicht weniger als vierzig Jahre lang wirkt er in Weißenfels in der Nähe von Halle, das seinerzeit ein kleines Kulturzentrum in Sachsen-Anhalt war. Johann Philipp Krieger hinterließ Berge von Musik. Während Bach fünf komplette Jahrgänge von Kantaten verfasste – eine für jeden Sonn- und Feiertag, insgesamt also ungefähr 325 – und es von Buxtehude ungefähr 400 gab, nennt ein verläßliches

Verzeichnis die Namen von nicht weniger als 2000 Kantaten Kriegers, von denen allerdings nur etwa 80 erhalten blieben. Jede davon besteht aus einem Einleitungs- und einem Schlußchor sowie mehreren Solostücken in der Mitte. Triosonaten und Suiten (die er „Partien" nennt, nach französischem Vorbild) ergänzen ein imposantes Lebenswerk.

Die kleinen Residenzen

Vielleicht wären Weißenfels und Wolfenbüttel die Stichwörter, um einiges über die kleinen Residenzen zu sagen, die mit Bedeutung in der Musikgeschichte Deutschlands auftauchen und dem heutigen Leser wohl erst ein wenig nahegebracht werden müssen. Ob die beiden genannten, ob Ansbach, Greiz, Rudolstadt, Bayreuth (das nicht erst mit Wagners Festspielhaus weltbekannt wurde), ob Köthen (damals Cöthen, langjähriger Aufenthaltsort Bachs) oder ein gutes weiteres Dutzend heutiger kleiner Städte weitab vom modernen Musikleben: Sie alle hatten ihre kulturelle Bedeutung, vor allem zumeist in der Dichtung und der Musik. Vielleicht bewirkte die Begrenzung der Möglichkeiten keine Einengung der Schaffenskraft, der Gestaltungsfreude, sondern, ganz im Gegenteil, eine wachsende Verinnerlichung. So gelangen manchen Künstlern Schöpfungen von bleibendem Wert. Und die Verbindungen ringsum in die „große Welt" waren nicht wesentlich langsamer oder schwieriger als von anderswo, so daß die Musiker in den genannten Residenzstädtchen recht gut auf dem laufenden waren über die Neuerungen und „modernen Stile", die eben in Neapel oder Venedig, vielleicht auch in Holland und Frankreich aufgetaucht waren. Johann Philipp Krieger war einer der vielen dieses Familiennamens, der weitum in Deutschland geehrt und geachtet war. Er ist aber wohl der einzige, der mit der Oper in Berührung trat: Weißenfels hatte etwa von 1650 bis 1736 ein Theater, das – der genannten Hamburger Bühne gleich – nur deutsche Opern spielte. Darunter gab es auch solche von Krieger, aber leider ist keine von ihnen erhalten geblieben. Es scheint sich mehr um Singspiele gehandelt zu haben, wie aus den überlieferten

Linke Seite: Allegorie auf die Freundschaft zwischen den beiden norddeutschen Barockmeistern Dietrich Buxtehude (mit Notenblatt) und Johann Adam Reinken (oder Reincken). Gemälde von Johannes Voorhout, 1674.
Unten: Entwürfe für das „Comödienhaus" in Zweibrücken von Johann Christian Mannlich, 1785.

Oben: Adam Krieger, der jungverstorbene Orgelmeister und bedeutende Liedschöpfer des Barock.
Rechte Seite: Titelblatt zu einer der „Tafelmusiken" Telemans, die Stücke mehrerer zeitgenössischer Komponisten enthalten.

Textbüchern und vielen Arien zu ersehen ist, die ebenfalls erhalten blieben. Für diese letzteren wäre das Wort „Lied" wohl angemessener, aber Krieger nennt sie „Arien" (oder in der französischen Form AIR), womit er anscheinend einer damaligen Praxis folgt. Vielleicht war Heinrich Albert (1604–1651) der erste, der eine solche „Arien" betitelte Liedersammlung herausgab (1638).

Der schon erwähnte Musiker und Musikschriftsteller Johann Mattheson (1681–1764), der in vieler Hinsicht geradezu als der musikalische Chronist seiner Zeit gelten kann, war kein überragender Komponist, wenn auch vielseitig in der Wahl seiner Formen. Seine zahlreichen Schriften aber bieten ein lebendiges Bild des damaligen Musiklebens. Hier einige seiner Titel: „Das neu eröffnete Orchester" (1713), „Das beschützte Orchester" (1717), „Die exemplarische Orchesterprobe" (1719), „Der brauchbare Virtuos" (1720), „Das forschende Orchester" (1721), „Critica musica" (1722), „Der musikalische Patriot" (1724), „Der Kern melodischer Wissenschaft" (1737), „Der vollkommene Kapellmeister" (1739). 1740 kam dann seine „Grundlage einer Ehrenpforte" heraus, die als Gerüst eines Musiklexikons zu verstehen ist. Wie kaum ein zweiter Musikforscher hat Mattheson sich mit der Entwicklung des Orchesters auseinandergesetzt, dessen musikalische wie soziale Bedeutung erkannt und zum ersten Mal die überragende Wichtigkeit des Kapellmeisters im künftigen Musikleben vorausgeahnt. Er setzt dessen notwendige Tugenden auseinander, bespricht die Probenarbeit mit akribischer Genauigkeit und fügt manche Einzelheit ein, die heute noch von Interesse sein kann.

Der Briefwechsel, den Mattheson führen mußte, um etwa die Daten für seine „Ehrenpforte" zusammenzutragen, war in einem Zeitalter, das noch keine Archive kannte, eine fast erdrückende Aufgabe. Sie brachte ihn zwar in Verbindung mit mancher fesselnden Persönlichkeit, aber es ist klar, daß eine solche Veröffentlichung des Lebens, der Werke, der Verdienste der tüchtigsten Kapellmeister, Komponisten, Musikgelehrten, Tonkünstler usw. (wenn auch nur im deutschen Raum) vielerlei Reibungen, Eifersüchteleien, ja Zerwürfnisse mit sich bringen mußte. So etwa mit dem hochberühmten Johann Joseph Fux in Wien, von dem bald die Rede sein wird, der die Anfrage Matthesons recht schroff mit der Feststellung beantwortete, seine Leistungen und Werke aufzuzählen sei „wider die Modestia" und im übrigen genüge es wohl, daß er „würdig geschätzt werde, Kaiser Karls VI. erster Kapellmeister zu heißen". Da Mattheson ein streitbarer Geist war, finden wir bei ihm manche Polemik um theoretische Fragen, in denen er stets den „modernen" Standpunkt einnahm, so gegen die alten „Kirchentöne", die im Grund noch Reste mittelalterlichen Musizierens waren, und für die volle Herrschaft des „temperierten Systems", worin er sich mit seinem Zeitgenossen Bach traf, der allerdings nicht nur theoretisch dafür eintrat, sondern in seinem „Wohltemperierten Klavier" dessen praktische Anwendbarkeit überzeugend bewies.

Georg Philipp Telemann

Von einem weiteren Zeitgenossen, einem der bedeutendsten deutschen Spätbarockmeister, muß ausführlich gesprochen werden: von Georg Philipp Telemann (1681–1767). Selten schwankt das Bild eines schöpferischen Künstlers zwischen solchen Extremen wie bei ihm. Zu seinen Lebzeiten gehörte er nicht nur zur Spitze der angesehensten deutschen Musiker, er war für viele Beobachter sowie für eine Fülle ausübender Musikliebhaber geradezu der Inbegriff der Epoche. Tatsächlich wird der Geist des Barock in seinem Werk fühlbar wie bei wenigen. Er schrieb mit zwölf Jahren seine erste Oper, wurde mit 23 Organist der Leipziger Neuen Kirche mit dem Auftrag, monatlich zwei Kompositionen für die Thomaskirche zu schaffen, wo damals noch der ausgezeichnete Johann Kuhnau (1660–1722) Bachs Vorläufer war. Auf dem Weg aus seiner Heimatstadt Magdeburg nach Leipzig hatte Telemann eine wichtige Begegnung mit dem um vier Jahre jüngeren Händel in dessen Geburtsort Halle. Vielleicht war es dieses Gespräch, das Telemann zur Aufgabe eines juristischen Studiums veranlaßte, gerade wie Händel es zur fast gleichen Zeit tat: Beide wollten nur noch Musiker werden, und sie wurden die beiden namhaftesten unter den Deutschen ihrer Zeit. Als 1742 ein Leipziger Blatt eine Aufzählung der berühmtesten Musiker vornimmt, steht Telemann an erster, Händel (der längst Engländer geworden war) an zweiter Stelle; Bach hingegen erst an siebenter.

Telemann gründete in Leipzig unter dem heute gern wieder verwendeten lateinischen Namen *Collegium musicum* eine studentische Musikgruppe zur Pflege der Kammer- und Orchestermusik, wobei auch vokale Werke eingeschlossen werden konnten. Hierauf folgten vier Jahre im thüringischen Eisenach, wo Telemann sich mit der stark aufkommenden Kantatenform auseinandersetzte. Aber erst nach 1700 wird es Brauch, Kantaten in Zyklen zusammenzufassen und sie dem Jahresrhythmus der Kirche anzupassen. Viel dazu trug der Hamburger Pfarrer Erdmann Neumeister als Textdichter bei. Der erste Komponist eines solchen Kantaten-Jahrgangs oder Jahreszyklus war (der früher erwähnte) Johann Philipp Krieger in seiner Weißenfelser Zeit gewesen. Ihm folgte Philipp Heinrich Erlebach (1657–1714) in Rudolstadt, sodann Telemann in Eisenach und schließlich Johann Sebastian Bach in Weimar.

1712 ging Telemann nach Frankfurt am Main, 1721 als städtischer Musikdirektor nach Hamburg, das unter ihm im Konzertwesen (und mit Keiser in der Oper) eine wahre musikalische Hochblüte erlebte. Er stand jahrelang, wenn auch fast immer nur schriftlich wegen der räumlichen Entfernung, mit Bach in freundschaftlicher Beziehung und wurde Pate von dessen Sohn Philipp Emanuel. Als er 1722 das Angebot ausschlug, als Thomaskantor nach Leipzig zurückzukehren, erhielt Bach diese angesehene Stelle. Telemann blieb in Hamburg, wo er am 25. Juni 1767, hochbetagt und allseits verehrt, starb. Händel war acht Jahre, Bach gar siebzehn Jahre früher vorausgegangen.

Die Zahl von Telemanns Werken übersteigt vorstellbares Maß: Es sollen um 2000 sein, nach anderer Zählart noch mehr, je nachdem, ob jedes einzelne Stück oder nur die Gesamtheit der Zyklen gewertet wird. Erwähnt seien ungefähr 40 Opern, von denen manchmal der vergnügliche „Pimpinone" zu hören ist, der jedoch vermutlich nicht von Telemann allein komponiert wurde. Unter diesen vor allem für Hamburg, Bayreuth und Eisenach geschaffenen Opern gibt es die (vielleicht erste) Vertonung des „Don Quijote"-Themas.

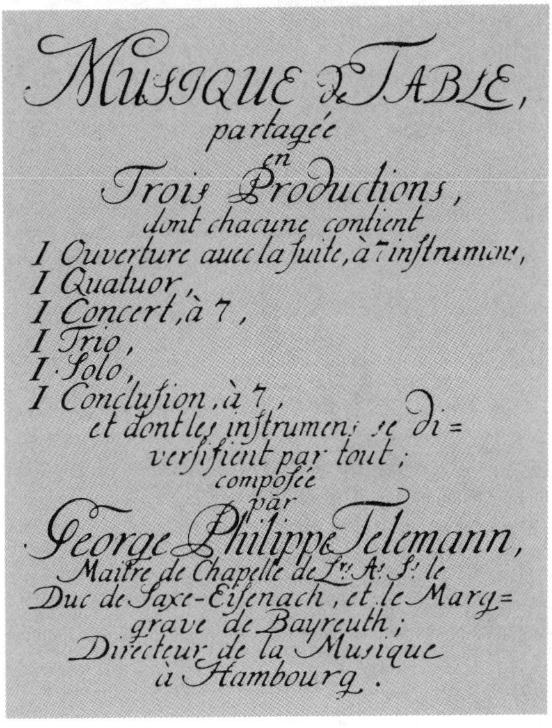
Musique de Table,
partagée
en
Trois Productions,
dont chacune contient
1 Ouverture avec la suite, à 7 instrumens,
1 Quatuor,
1 Concert, à 7,
1 Trio,
1 Solo,
1 Conclusion, à 7,
et dont les instrumens se di=
versifient par tout;
composée
par
George Philippe Telemann,
Maître de Chapelle de S.r A: S: le
Duc de Saxe-Eisenach, et le Marg=
grave de Bayreuth;
Directeur de la Musique
à Hambourg.

Es gibt kaum eine Kompositionsgattung, in der Telemann nicht tätig gewesen wäre, woraus gerechterweise schon der Schluß gezogen werden kann, daß er nicht ausschließlich Meisterwerke schuf. Er beherrschte den alten polyphonen Stil so vollendet wie den neuen, aus Italien gekommenen rezitativischen. Er nahm auch gern Einflüsse anderer Kulturregionen auf: französische, italienische, polnische usw. Es gibt von ihm zwölf vollständige Jahrgänge (für alle Sonn- und kirchlichen Feiertage) von Motetten und Kantaten, 44 Passionen, an die 600 Orchestersuiten, 33 „hamburgische Kapitän-Musiken" (in denen je eine Ouvertüre und ein Gesangsstück zusammengeschlossen sind), Oratorien, Serenaden, eine unübersehbare Menge von Kammermusik aller Art und Besetzung.

Bevor wir nun nach Betrachtung des protestantischen Nordens wieder in südlichere Gefilde des Lebens und der Musik wandern wollen, nach Bayern, Böhmen und dem vielfältigen Österreich mit Schwerpunkt in Wien, in den Bereich des Katholizismus, sei hier eines seltsamen Böhmen gedacht, der auf der Schwelle des Barock zur Klassik steht und im deutschsprachigen Musikraum eine außerordentlich segensreiche Tätigkeit ausübte, die lange nahezu vergessen war. Johann Dismans Zelenka (1679–1745). Er gehört in die lange Reihe „böhmischer Musikanten", die es lohnen würde, einmal aufzuzählen, bis in unsere Zeit! Böhmen war ein kleines Land, zu klein, um die Fülle der musikalischen Begabungen zu fassen und unterzubringen, die auf seinem Gebiet heranwuchsen: die Mysliveček, Cernohorský, Wanhal, Zelenka, Benda, Stamitz, Reicha, Wenzel Müller, denen die heimische tschechische Erde zu eng wurde und die sich einen Platz und Namen in der übrigen Musikwelt erobern mußten.

Zelenkas Name ist eng mit Dresden und Wien verbunden, zwei der großen Musikstädte der Barockzeit. Er scheint in Prag studiert zu haben, bevor er 1710 als Kontrabassist in der sächsischen Hofkapelle in Dresden tätig wurde. Von hier schickte man ihn 1716 nach Wien, um bei Hofkapellmeister Fux seine Kenntnisse, vor allem in der Komposition, zu vervollständigen. Fux selbst, dem wir als bescheidenem, aber überaus fähigem Meister des Hochbarock mehrmals begegnet sind, sorgte dafür, daß Zelenka weiter nach Italien ging, damit er „alles machen lerne und nicht bloß nach meiner Maniera" (Art). In Venedig dürfte Zelenka Schüler Lottis geworden sein. 1717 kehrte er nach Wien zurück, 1719 nach Dresden. Zur böhmischen Königskrönung Karls VI. fuhr er 1723 nach Prag, wo er sein „Melodrama de Sancto Wenceslao" aufführte, ein bedeutendes Werk um den böhmischen Nationalheiligen. Eine Kapellmeisterstelle wurde Zelenka in Dresden nicht angeboten, die vakante Stelle erhielt Hasse. Seine Stärke lag wohl auf dem Gebiet der Kammermusik, in deren Zeichen er auch seit der Mitte des 20. Jahrhunderts seine Auferstehung feierte.

Der barocke Süden

In Wien, wohin damals alle südlichen Wege führten, trieb die Barockepoche einige ihrer schönsten Blüten. Sie gestaltete ganze Städte – Wien, Prag, Salzburg, um nur drei der bedeutendsten zu nennen, zu denen noch unzählige Kleinodien bayerischer Kirchen- und Profanbauten treten – und verlieh den in ihrem Umkreis lebenden Menschen ein „barockes" Lebensgefühl, das sich sowohl von dem der Renaissance in Italien und dem des protestantischen Nordens wesentlich unterschied. Hier schwelgte die Musik geradezu in diesem kraftvollen, üppigen, lebensfrohen Barock, das sich nach der Befreiung von der lähmenden Türkenangst und inmitten eines allgemeinen wirtschaftlichen Aufschwungs frei entfalten konnte.

Hier ging das Kaiserhaus mit tätigem Beispiel voran. Unter den vielen hochmusikalischen Habsburgern zeichnete sich Leopold I. besonders aus. Er spielte nicht nur verschiedene Instrumente, „accompagnierte" (wie man das Cembalospiel in Theater und Orchester nannte) und dirigierte, komponierte, und dies nicht nur in italienischer Sprache, die überwiegende Hofsprache war, sondern auch deutsch und sogar im „Wiener Dialekt". Dies war um so erstaunlicher, als seine Biographen sich sogar wunderten, daß der Kaiser „so gut deutsch sprach", zumal diese Sprache in Wien „fast in fremden Landen" sei. Die Musikalität einer langen Reihe von Kaisern aus dem Hause Habsburg macht die Anekdote glaubhaft, die in bezug auf mehrere von ihnen verbreitet ist: Einer ihrer Musikmeister habe einmal überwältigt ausgerufen: „Wie schade, daß Eure Majestät Kaiser sind! Sie hätten einen glänzenden Kapellmeister abgegeben!"

Leopold I. feierte seine Hochzeit 1667 mit monatelangen Festlichkeiten, unter denen die von uns erwähnte Oper „Il Pomo d'oro" (Der goldene Apfel) von Marc' Antonio Cesti, ein echtes, prunkvolles Barockschauspiel, den Höhepunkt bildete. Doch zugleich förderte dieser Kaiser auch deutschsprachige Singspiele und Oratorien: Ein Jahrhundert später wird einer der Nachfolger, Joseph II., dem „deutschen Nationalsingspiel" ein eigenes Theater weihen (und damit Mozarts „Entführung aus dem Serail" entstehen lassen).

Cesti war Vizekapellmeister am Wiener Hof. Aber über ihm stand der Erste Kapellmeister, dem wir bereits mehrfach begegneten: Johann Joseph Fux (1660–1741), ein Österreicher aus der Steiermark, ein echter Barockmensch und überaus streng in seinen musikalischen

Auffassungen. Der Bauernsohn wurde 1696 Organist im Schottenkolleg zu Wien und erhielt schon 1698 den Titel „Hofkomponist". Eine echte „Stellung" war allerdings damit nicht verbunden, wie es neunzig Jahre später bei Mozarts Ernennung schmerzlich klar werden wird. Fux war von 1705 bis 1715 Kapellmeister am Wiener Stephansdom, bekam 1713 den Posten des Vizekapellmeisters, 1715 den des Ersten Kapellmeisters am Wiener Kaiserhof. Den Höhepunkt seiner langen Laufbahn bildete sicherlich die festliche Aufführung der Oper „Costanza e Fortezza", die er zur Feier der Prager Krönung seines Herrn, des Kaisers Karl VI., zum böhmischen König komponiert hatte und die dessen Wahlspruch „Standhaftigkeit und Stärke" im Titel trug. Er schrieb insgesamt 18 Opern, an die 200 Kirchenwerke,

Oben: Kaiser Leopold I. war ein ausgezeichneter Musiker und Förderer dieser Kunst.
Links: Festliche Barockoper: Zur Vermählung Leopolds I. wird in Wien Marc' Antonio Cestis „Il Pomo d'oro" (1667) mit allem erdenklichen Pomp aufgeführt.
Rechte Seite: Der Barockmeister Heinrich Ignaz Franz Biber, dessen zahlreiche Violinwerke häufige Umstimmung der Saiten (scordatura) erfordert und der wahrscheinlich der Komponist der 53stimmigen, früher Benevoli zugeschriebenen Salzburger „Domweihmesse" war.

darunter 50 Messen, 3 Requiems, 10 Oratorien, dazu Vespern und Psalmen, ferner Dutzende von Suiten und viel Kammermusik.

Doch kaum um dieser Werke willen wird Fux' Name noch heute an Universitäten und Akademien genannt, sondern wegen seines Kontrapunkt-Lehrbuchs „Gradus ad Parnassum", das 1725 erschien. Unter diesem „Weg zum Parnaß", also zum künstlerischen Gipfel, versteht Fux „die vollendete Kenntnis des Kontrapunkts, des Grundsteins der alten polyphonen Musik." Mehr als ein Jahrhundert war vergangen, seit die neue Homophonie, die Monodie, die rezitativische Art des Komponierens in Melodien und akkordgestützten Harmonien von Italien aus die Welt erobert hatte! Gerade drei Jahre vor dem Werk des Wiener Ersten Hofkapellmeisters war die „Harmonielehre" („Traité de l'harmonie") des Franzosen Rameau erschienen, ein schnell über ganz Europa verbreitetes Lehrbuch, das der neuen Richtung Rechnung trug. Wollte Fux das Rad der Zeit zurückdrehen? War er altmodisch oder war ihm, der sich in allen Stilen bewegen mußte, der neue Stil als Irrweg erschienen? Das ist kaum anzunehmen, es beweist nur, daß im 17. Jahrhundert, zu dem dieses Werk geistig gehört, wie zu allen Umbruchzeiten Altes und Neues unmittelbar nebeneinander leben und von verschiedenen Menschengruppen befolgt und verteidigt werden. Geht das Alte dann allmählich restlos unter? Oder fließt, was positiv ist, breit genug, um den Stil einer neuen Epoche auf ihm zu entwickeln? Zur Zeit Fux' war der schroffe Gegensatz zwischen Polyphonie und harmonischem Denken schon viel milder geworden, bestand mehr in der Theorie als in der Praxis. In den Kontrapunkt hatten sich harmonische Bildungen eingeschlichen, mancher linear erreichte Zusammenklang hatte einen harmonischen Sinn erhalten, und umgekehrt tat der Statik, die in den frühen Akkordverbindungen herrschte, ein wenig Bewegung, wie sie dem guten Kontrapunkt innewohnte, nur gut. Ohne Verschmelzung dieser beiden entgegengesetzt scheinenden, in Wahrheit aber doch eng verbundenen Prinzipien wäre der Gipfelpunkt des Barock bei Bach und Händel undenkbar. Fux hätte jedoch kaum ein Vertreter der alten Musik sein können, wenn sein Brotherr Kaiser Karl VI. es nicht ebenfalls gewesen wäre. Auch dieser Monarch war ein hervorragender Musiker, der es sich nicht nehmen ließ, die Oper „Elisa" seines Hofkapellmeisters einmal persönlich zu dirigieren. Das war sicherlich mehr als eine musikalische Geste. Da bekannte sich ein Herrscher wohl nicht nur zur Person seines ranghöchsten Musikers, sondern ebenso zu seiner musikalischen Auffassung.

Eines halbvergessenen Musikers aus dem österreichisch-bayerischen Raum sei zuletzt noch in diesem Kapitel gedacht, denn er war ein kühner, einfallsreicher Pionier; ein inspirierter Komponist und einer der bedeutendsten Geiger Mitteleuropas zu seiner Zeit: Heinrich Ignaz Franz Biber, geadelt „von Bibern" (1644–1704). Doch seine Virtuosität soll uns hier weniger interessieren, auch seine Tätigkeit an mehreren Höfen nur erwähnt werden. Vielmehr erscheinen wichtig die Verwendung der hohen Lagen auf der Violine, an die man sich vorher kaum wagte, die ausgeprägte Doppelgriff-Technik und die weitgehende Anwendung der *Scordatura,* die dann bis über Paganini hin-

aus und im Gitarrenspiel bis heute verwendet wird. *Scordare,* von *discordare,* bedeutet italienisch „verstimmen": So bezeichnet man als *Scordatura* jede andere als die „normale" Stimmung eines Saiteninstruments. Biber – vor allem in seinen hochbeachtlichen „Rosenkranzsonaten" („Verherrlichung von fünfzehn Mysterien aus dem Leben Marias"), denen zumeist noch die „Schutzengelsonate" in Form einer Passacaglia hinzugefügt wird – stimmt für jedes dieser Stücke die Geige anders, um Mehrfachgriffe zu erleichtern.

Die Barockepoche tritt langsam von der Bühne ab. Eine „neue Zeit" bereitet sich vor, die von der späteren Geschichts- und Kunstbetrachtung den Namen „Rokoko" erhalten und in der Musik den illustren Ehrennamen einer „Klassik" tragen wird. Beim Tod des Hofkapellmeisters Fux ist Haydn, der ihr erster wahrhaft klassischer Repräsentant sein wird, neun Jahre alt, Mozart noch nicht geboren. Bach auf dem Höhepunkt seines Schaffens, das noch überwiegend zum Barock gehört. Die „Mannheimer Schule" geht an ihre „Revolution" der Orchestertechnik, die neue Formen möglich machen wird.

Barock am Hof des Sonnenkönigs

Als Spätbarock kann man am ehesten die kulturgeschichtliche Epoche bezeichnen, die sich während der letzten Lebensjahre des „Sonnenkönigs" Ludwig XIV. (1643–1715) und nach seinem Tod immer deutlicher ausprägt und fast unbemerkt ins Rokoko übergeht. Bei einer Geistesströmung, die fast fünf Generationen beherrscht, fast anderthalb Jahrhunderte lang Gültigkeit über die gesamte abendländische Welt behält, ist eine reiche innere Entwicklung selbstverständlich. Man spricht gern von Früh-, Hoch- und Spätbarock, doch diese Abstufungen und Unterscheidungen sind geographisch, zeitlich oder individuell kaum konsequent durchzuführen, im Querschnitt durch einen bestimmten Augenblick scheint die eine Region „voraus", die andere „zurück" zu sein, das Leben manches der Meister sowohl der Musik wie der anderen Künste durchläuft zwei oder gar alle dieser Etappen.

In Frankreich vollzieht sich der Übergang vom Barock ins Rokoko am frühesten. Oft muß man sehr genau hinblicken oder zuhören, um ihn überhaupt wahrzunehmen. Wo einige künftige Beobachter noch vom Spätbarock sprechen, empfinden andere die Merkmale des kommenden Rokoko bereits deutlich. Es hängt wohl vor allem davon ab, ob wir den Geist oder die Formen deutlicher ins Auge oder Ohr fassen. Manches zeigt schon den neuen Rokoko-Geist, kommt aber noch in einer barocken Form daher. Anderes ist schon zur rokokoartigen Form vorgedrungen, steht aber geistig noch dem Barock nahe. Ja, es gibt die Meinung kluger Beobachter, man sollte das Rokoko nicht als eigene Geistesströmung verstehen, sondern als letzte Etappe des Barock, als Spätbarock oder späten Spätbarock. In der Musik aber empfinden wir diesen Unterschied zwischen Barock und Rokoko doch klar und deutlich. Haydn und Mozart, die klar umrissenen Vertreter des Rokoko, kann man nicht dem Barock zurechnen. Vieles an diesem Rokoko, es heißt offiziell die „Wiener Klassik", wird uns dem Barock geradezu entgegengesetzt erscheinen.

Lautenspieler im Barock.

Frankreich auf dem Weg zum Rokoko

In Frankreich vollzieht der Übergang sich am frühesten. Das *Grand siècle* – die Franzosen sprechen von groß, wo die Spanier in bezug auf das ihre von golden gesprochen hatten –, das Jahrhundert, das die Regierungszeiten des dreizehnten und vierzehnten Ludwig umspannte, bringt dem zur mächtigsten Nation Europas aufsteigenden Frankreich mit dem Bau von Versailles den strahlenden Mittelpunkt des Reiches, auf den bald gebannt alle anderen großen und kleinen Staatenlenker des Abendlandes bewundernd und nachahmend blicken werden. Frankreich erlebt die Hochblüte der Literatur, der Wissenschaften, der bildenden Künste einschließlich der Architektur und nicht zuletzt des Musiklebens. Die völlige Identifikation der gesamten Nation mit ihrem Monarchen, *L'etat c'est moi*, der Staat bin ich, symbolisiert ein klingendes Jahrhundert, in dem gleichermaßen die Oper wie die Instrumentalmusik, die Musik der Kirchen wie der Salons in Blüte stehen.

Die Laute hatte, wie in fast allen Musikzentren des vorangegangenen Jahrhunderts, Paläste wie Bürgerhäuser beherrscht, ob sie nun Madrigale, ob Flötensoli begleitete oder als immer kunstvoller beherrschtes Virtuoseninstrument glänzte. Sie eignete sich auch vorzüglich zum Spiel der vielen Tänze, die als Sarabande, Gigue, Bourrée, Gavotte, Menuett Frankreichs Beitrag zur Suite bedeuten. Zwar war der Ursprung einiger davon kaum einwandfrei festzustellen, doch ihre besonders liebevolle Pflege in Paris läßt sie alle zumindest als „Wahlfranzosen" erscheinen.

Neben die Lautenmusik trat die Kunst des *clavecins*, des Cembalos. Zuerst sind es wohl vor allem die Organisten, die sich dem feineren Instrument der Paläste und wohlhabenden Bürgerhäuser zuwenden, bis daraus eine Spezialisierung entsteht, die rasch eine eigene Literatur ins Leben ruft, eigene Virtuosen hervorbringt. Champion de Chambonnières (1602–1672) wird zum ersten Hofcembalisten oder Hofclavecinisten des Sonnenkönigs. Er gestaltet das Spiel verzierungsreich und damit „barockartig"; ihm kommt in der Entwicklung der Suite eine wichtige Rolle zu, er muß wohl gemeinsam mit dem zumeist dafür genannten Deutschen Froberger als Begründer der endgültigen Form – Allemande, Courante, Sarabande, Gigue – genannt werden.

Die Familie der Couperin

Es wird erzählt, daß eines Tages ein Souper Chambonnières' auf überraschende Weise unterbrochen wurde. Einige Musiker aus der ländlichen Umgebung brachten ihm ein Ständchen, von dem Chambonnières so entzückt war, daß er sie nach ihren Namen fragte. Es waren drei Brüder Couperin: Louis (1630–1665), François (1631–1698) und Charles (1638–1679). Der Hofclavecinist erbot sich, ihrer außergewöhnlichen Begabung den Weg nach Paris zu ebnen. So beginnt, vermutlich im Jahr 1653, die Geschichte einer Musikerfamilie, wie sie ähnlich verblüffend und vielseitig nur bei den Thüringer Bachs bekannt geworden ist. Louis und François wurden Organisten an bedeutenden Kirchen. An der gleichen Saint-Gervais wirkte dann François' Sohn Nicolas, seine Tochter Marguerite-Louise wurde eine gefeierte Sängerin und Cembalistin am Königshof, eine weitere Tochter, Marie-Anne, wollte die Orgel nur zum Lob Gottes ertönen lassen und zog sich in ein Kloster zurück.

Charles' Sohn wurde zum bedeutendsten der „Dynastie": François Couperin, genannt *le grand* (1668–1733). Der Beiname sollte ihn angeblich nur von gleichnamigen Verwandten und Nachfahren unterscheiden, aber dafür hätte „der Jüngere" oder ein ähnlicher Zusatz wohl genügt. In Wirklichkeit drückt „der Große", sonst nur Herrschern und oftmals erst von der Geschichte zugesprochen, die Ehrfurcht aus, die eine obrigkeitsgläubige Epoche allem, was über die Masse hinausragte, entgegenbrachte, und gar erst, wenn es mit dem strahlenden Absolutismus von Versailles in irgendeiner Beziehung stand. François wurde am 10. November 1668 in Paris geboren, 17 Jahre vor Bach, vor Händel und vor dem ihm etwas ähnelnden Domenico Scarlatti. Er erhielt Unterricht von seinem Vater und wurde siebzehnjährig Organist von Saint-Gervais, wie fast alle Couperin. Er stellte sich 1693 einem Orgelwettbewerb bei Hof, errang die Aufmerksamkeit Ludwigs XIV., der zu seinen Gunsten entschied. Als er auch noch zum offiziellen Hofmusiker bestellt und Musiklehrer des Dauphins wurde, schien nichts mehr unerreichbar. Viel später, als er 1726 einige Jugendwerke im Druck erscheinen ließ, gesteht er der überraschten Welt, diese frühen Kompositionen bereits früher veröffentlicht zu haben, allerdings unter einem italienischen Pseudonym, da sich sonst niemand für sie interessiert hätte. Im übrigen seien immer noch die gleichen Meister seine Idole: Corelli und Lully.

In den Werken Couperins glitzert und funkelt das Cembalo wie niemals zuvor. Er liebt es, außermusikalische Bilder in Musik zu setzen, wird also zum Vorläufer der romantischen Klaviermusik, die gerne außermusikalische Programme vertont. Und doch bleibt seine Musik stets absolut, hält sich an strenge, barocke Formen, die selbst die eingehendste Schilderung nicht sprengt. Barockmusik ist stets absolute Musik, auch dort, wo sie tonmalerisch wird.

François Couperin, genannt „le grand", das bedeutendste Mitglied der französischen Musikerfamilie, Hoforganist des Sonnenkönigs, Cembalomeister mit eigenem Stil.

Couperin malt in Tönen, aber diese fügen sich in formal untadelige Gebilde von absoluter Klarheit und Bestimmtheit. Hat er Werke seines Landsmannes Jannequin gekannt, der vor zweihundert Jahren in seinen musikalischen Porträts und Schlachtenbildern eine ähnliche Freude am Detail, eine ähnliche Ironie an den Tag legte? Ob er Frauen in Musik nachbildet („Die Schöne", „Die Fleißige", „Die Gefährliche", „Die Geheimnisvolle"), wobei angeblich, ohne es zu ahnen, sehr bekannte Damen der Gesellschaft ihm „Modell saßen", ob er den Vögeln lauscht („Die verliebte Nachtigall", „Die siegreiche Nachtigall"), ob er eine Wallfahrt schildert („Die Pilgerinnen"), ob er Persönlichkeiten des öffentlichen Lebens aufs Korn nimmt, das Läuten der Glocken einfängt, gaukelnden Schmetterlingen oder anderen kleinen Naturwundern seine Huldigung darbringt, immer findet er einen völlig entsprechenden musikalischen Ausdruck, der den dichterischen Inhalt in eine absolute Form bringt. Wiederum ungefähr zweihundert Jahre später wird Frankreich abermals einen „musikalischen Maler", einen „malenden Musiker" hervorbringen: Claude Debussy. Aber für dessen Impressionismus gibt es keine „absoluten" Formen mehr, wenn es auch völlig falsch wäre, ihn „formlos" zu nennen. Barock und Impressionismus: Das steht einander gegenüber, unvereinbar, extrem, als denkbar größter Gegensatz.

Couperins Technik des Instruments ist so überzeugend wie seine Lust an der Verzierung mißreißend. Gerade diese Triller, Vorschläge, raschen Ornamente oder

„Manieren“, die Einzeltöne zärtlich umspielen, werden den Weg vom doch ein wenig starren Barock in das liebliche Rokoko bekränzen. Couperin komponiert nicht nur so, er spielt nicht nur so, er läßt sich auch theoretisch über seine Ideen aus: 1717 veröffentlicht er den Traktat „L'art de toucher le clavecin“ (Die Kunst des Cembalospiels), an dem kein Virtuose Europas vorbeigehen kann. Für seinen alternden König komponiert er „Concerts royaux“ und läßt ihre eigenartig verhaltene Schönheit im Palast erklingen, in dem eine Ära zu Ende geht. Seine Musik erfüllt, hoch bewundert, ganz Europa. Er wirkt in stärkerem oder geringerem Maß auf alle Zeitgenossen ein, ja weit ins Rokoko voraus. Sein Einfluß auf Bach ist stärker, als zumeist betont wird, nicht nur dessen „Französische Suiten“ beweisen es. Sie sind in manchem einander nahe, ohne es zu ahnen: So treten beide für die damals noch ungebräuchliche Verwendung der Daumen beim Spiel von Tasteninstrumenten ein. Couperins künstlerisches Ziel ist eine Verschmelzung der französischen Suite mit der italienischen Sonate. Er denkt universal wie sein König. Beide haben den Wunsch, das Abendland in seiner höchsten Kultur zu einen – freilich unter französischer Führung. Couperin starb in Paris, achtzehn Jahre nach Ludwig XIV., am 12. September 1733, wiederum genau 17 Jahre vor Bach, so daß ihrer beider Leben die gleiche Dauer aufwies, nämlich 65 Jahre.

Frankreich glaubte fest daran, den vorher offenkundigen Vorsprung Italiens auf dem Gebiet der Künste und vor allem auf dem der Musik aufgeholt zu haben, vielleicht mit einer gewissen Berechtigung, wenn derartige Dinge überhaupt meßbar wären. Frankreich hatte eine eigene Oper, die überall zur „Königin des Jahrhunderts“ geworden war. Hier sei eine kleine Abschweifung gestattet. Bekanntlich lautet eine der oft gestellten Fragen, warum es unter den hundert oder mehr „größten“ Musikern der Geschichte keine einzige oder kaum eine Frau gäbe. Eine schwer zu beantwortende Frage. Im Frankreich der Ludwige spielten, wie man weiß, legitime und illegitime Bewohnerinnen von Versailles eine bedeutende Rolle. Unter ihnen befand sich, allerdings längst vergessen, eine Komponistin, Elisabeth-Claude Jacquet de la Guerre (um 1664–1729), cembaolspielendes Wunderkind. Etwa zwanzigjährig schrieb die Dame ein vielgespieltes, verschollenes Ballett, 1694 die Oper „Céphale et Procris“, die fast dreihundert Jahre später (1989 in St. Etienne) wieder aufgenommen wurde, sowie sehr gute Cembalo- und Kammermusik. Gibt es einen Zusammenhang zwischen der sozialen Aufwertung der politischen Bedeutung der Frau und dem Zutagetreten ihres künstlerischen Schöpfertums? Vielleicht werden wir im Verlauf unseres Buches – etwa bei Clara Wieck – auf dieses Problem zurückkommen.

Frankreich hatte nun auch, im Zusammenhang mit der eigenen Opernkunst, seine eigenen Sänger ausgebildet. Mozart allerdings, der davon doch einiges verstand, meinte wenige Jahrzehnte später, die Franzosen schrien so fürchterlich, daß man es gar nicht mehr singen nennen könne. Frankreich war in der Kunst der Tasteninstrumente zu internationaler Geltung aufgestiegen: Seine Cembalisten, seine Organisten sind überall hoch angesehen. Zu den namhaftesten zählt Louis Marchand (1669–1732), der mit Konzerten auf beiden Instrumenten weite Reisen unternahm. Auf einer von ihnen widerfuhr ihm das Mißgeschick, das zu erwähnen kein Buch über das Musikleben im Barock unterläßt. Er befand sich 1717 zugleich mit Bach in

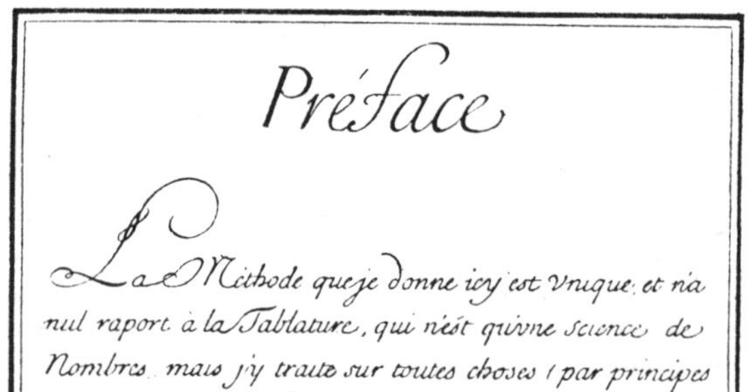
Préface

La Méthode que je donne icy est unique, et n'a nul raport à la Tablature, qui n'est qu'une science de Nombres, mais j'y traite sur toutes choses (par principes demontrés) du beau Toucher du Clavecin. J'y crois même donner des Notions assés claires (du goût qui convient à cet instrument) pour etre aprouvé des habiles, et aider ceux qui aspirent à le devenir. Comme il y a une grande distance de la Grammaire à la Déclamation; il y en a aussi une infinie entre la Tablature, et la façon de bien-joüer. Je ne dois donc point craindre que les gens éclairez s'y méprenent; je dois seulement exhorter les autres à la docilité, et à se dépoüiller des préventions qu'ils pourroient avoir. Au moins les dois-je assurer tous, que ces principes sont absolument nécessaires pour parvenir à bien executer mes Pièces.

Linke Seite oben: Jacques Hotteterre, Zeitgenosse Bachs und Händels, einer der frühesten französischen Flötenvirtuosen.

Linke Seite unten: Vorwort zu François Couperins „L'art de toucher le clavecin" (Cembaloschule, Erstausgabe 1716, hier die Ausgabe von 1717).
Oben: Der Sitzplan des königlichen Orchesters (Musique du Roi) im Großen Theater zu Versailles. Da bei jedem Platz der Name des Spielers steht, der 1773 im Amt war, erkennen wir die Zusammenstellung, welche dieses Elite-Ensemble aufwies, genau.
Links: Louis Marchand, namhafter französischer Organist, der ein Zusammentreffen mit Bach und damit ein vereinbartes Wettspiel in Dresden zu vermeiden wußte.

Dresden, wo er soeben am Hof starke Erfolge errungen hatte. Musikfreunde bemühten sich, ein „Wettspiel" der beiden Meister zu veranstalten. Doch am vereinbarten Tag erschien Marchand nicht, er soll die Stadt kurz zuvor heimlich verlassen haben. Händel hatte sich bekanntlich einem Wettspiel mit Domenico Scarlatti gestellt. Waren solche Kämpfe sinnvoll? Entschieden sie irgend etwas? Fänden sie heute statt, spräche man von „Weltmeisterschaften".
Frankreichs bedeutendster Komponist für Kirchenmusik des Barock ist der heute unvermutet der Vergessenheit entrissene Marc Antoine Charpentier (1634–1704). Er studierte bei Carissimi in Rom, wurde bei der Heimkehr Kapellmeister des Jesuitenordens und versuchte, die Oratorien seines Meisters in Paris einzuführen. Dann schrieb er selbst ein geistliches Werk „Le Reniement de Saint Pierre" (Die Verleugnung Petri), das jederzeit eine Aufführung wert wäre. Auch seine „Histoires Sacrées" (Heilige Geschichten) sind bemerkenswert. 1684 lud der Hof ihn ein, trotz seiner nie verleugneten Gegnerschaft zu Lully, seine

Oper „Médée“ aufzuführen. Deren Libretto stammt von Thomas Corneille, dem um zwanzig Jahre jüngeren Bruder des großen Pierre Corneille. Im Gegensatz zu Lully macht Charpentier sehr genaue Angaben zur Instrumentierung seiner Werke; die wirkungsvollen Wechselspiele zwischen großem und kleinem Orchester, die wechselnden Klangfarben von Block- und Querflöten sind genau vorgeschrieben, was damals noch äußerst selten ist. Daß das pompöse Signet der Eurovisionssendungen – der Zusammenschaltung mehrerer Fernsehsender Europas zwecks gemeinsamer Ausstrahlung besonderer Programme – einem *Tedeum* Charpentiers entstammt (der übrigens nicht mit seinem viel späteren, romantischen Namensvetter Gustave Charpentier, dem „Louise“-Komponisten, verwechselt werden darf), sei vermerkt. Dreier französischer Komponisten sei noch gedacht, die versuchten, der übermächtigen italienischen Violinschule entgegenzutreten. Jean-Baptiste Anet (1676–1755) gab drei Bände mit Violinsonaten heraus sowie ein wirklich originelles Werk: „Duette für zwei Dudelsäcke“. Schwungvoller sind die Sonaten des François Francoeur (1698–1787), der wie Anet einer der „Violons du Roi“ war und viele hohe Stellungen in Paris bekleidetet. Wie ein Roman liest sich die Biographie Jean Marie Leclairs (1697–1764), dem zweimal im Leben reiche Mäzene zu einer glänzenden Laufbahn verhalfen. Seine Konzerte in vielen Ländern wurden stets umjubelt. In seiner Oper „Scilla et Glaucus“ schrieb er für sich selbst ein großes Violinsolo, das er von der Bühne herab spielte. Er fiel in seinem eigenen Garten einem nie geklärten Mordanschlag zum Opfer.

Im damaligen Paris war die Opernkunst auf ihrem Höhepunkt angelangt, was äußere Aufmachung, Ausstattung, Prunk, Luxus anbelangt. Der Kulturgeschichtler Egon Friedell schildert: „Man sah auf der Bühne die Zwietracht auf ihrem Drachenwagen und Pallas Athene in ihrer Eulenkutsche durch die Lüfte schweben, Jupiter und Apoll in den Wolken thronen, das Schiff des Paris durch Wogen und Wetter steuern. Die Unterwelt spie Geister und Ungeheuer aus ihrem roten Rachen. Pferde und Büffel, Elefanten und Kamele zogen vorüber, Truppenkörper von oft vielen hundert Menschen defilierten, lieferten Gefechte, beschossen Festungen; der Himmel mit Sonne und Mond, Sternen und farbigen Kometen spielte fast ununterbrochen mit, Bernini, der Meister aller dieser Künste, zeigte einmal die Engelsburg und davor den rauschenden Tiber mit Kähnen und Menschen: plötzlich riß der Damm, der den Fluß vom Zuschauerraum trennte, und die Wellen stürzten dem Publikum mit solcher Wucht entgegen, daß es entsetzt die Flucht ergriff. Aber Bernini hatte alles so genau berechnet, daß das Wasser vor der ersten Reihe haltmachte. Ein andermal brachte er einen glänzenden Karnevalszug auf die Bühne, an der Spitze Maskierte mit Fackeln: ein Teil der Kulissen geriet in Brand, alles begann davonzulaufen, aber auf ein Zeichen verloschen die Flammen, und die Bühne verwandelte sich in einen blühenden Garten, in dem ein feister Esel ruhig graste ...“

Oben: Opernaufführung in den Gärten von Versailles; vor der Bühne ein bereits auffallend großes Orchester. Links: 1667 wird in Wien die bedeutende Barockoper „Il Pomo d'oro“ von M. A. Cesti uraufgeführt. Die Maschinerie des Barocktheaters war außerordentlich entwickelt. Hier gibt es außer dem Spektakel auf der Erde noch ein ebenso kunstvolles in den Lüften.

Johann Sebastian Bach

Warum ein Eigenname als Überschrift eines Kapitels? Bedeutet das eine Änderung der Betrachtungsweise? Kaum. Da unsere Kenntnisse vom Leben und Schaffen der großen Meister immer genauer werden, liegt es nahe, jenen, welchen die Musikgeschichte wertvolle, entscheidende Werke verdankt, ausführlichere Besprechungen zu widmen. Neben den Zeitstil tritt nun der Persönlichkeitsstil, der aus Charakter und Schicksal abgeleitet werden kann. Noch fehlt weitgehend die dritte Stilkomponente, der Nationalstil, der erst im 19. Jahrhundert für die Analyse musikalischer Werke eine Rolle spielen wird.

Bei jedem Schöpfungsakt, von der Zeugung eines sterblichen Lebewesens bis zum Entwurf eines unsterblichen Meisterwerks, geschieht ein Wunder. Etwas Neues tritt ins Dasein und beginnt eine eigene Existenz zu entwickeln. So muß es Anna Magdalena, Bachs zweite Gattin, gefühlt haben, denn sie fand nach seinem Tod die schönsten Worte, die einem verstorbenen Künstler zuteil werden können: „Solche Musik war nicht in der Welt, bevor er sie schuf."

Wir werden uns jetzt, durch genauere Zeitdokumente dazu befähigt, verstärkt der Persönlichkeit der großen Komponisten zuwenden. Ohne auch nur einen Augenblick den Zeitgeist außer acht zu lassen, werden wir versuchen aufzuzeichnen, wie sie lebten, was sie erlitten und was sie an Freuden genießen durften. Ob sie Achtung fanden oder verkannt blieben, ob sie erfolgreich waren oder zum Scheitern verurteilt. Alles dies wird den Wert des von ihnen Geschaffenen nicht beeinträchtigen, höchstens den äußeren Gang ihres Lebens beeinflussen. Es soll auch gezeigt werden, wie sie arbeiteten: ob unter Schmerzen und Opfern oder mit nachtwandlerischer Leichtigkeit wie unter einem höheren Diktat. Schon daraus wird klar, daß es verschiedene, völlig entgegengesetzte Arten von Schöpfernaturen gibt. Da sind die, welche um jeden Pinselstrich, jeden Vers, jede Note ringen müssen, und die anderen, denen ein gütiges, wenn auch gefährliches Schicksal die Qual des Schaffens erspart und das beseligende Glück des problemlosen Gelingens schenkt. Gefährlich, denn es kann den weniger tief Veranlagten zur Oberflächlichkeit verleiten, zu lächelndem Aufspüren des Massengeschmacks. Jeder Schaffende, der uns begegnen wird, ist von jedem anderen durch Charakter, Temperament, Lebenseinstellung völlig verschieden. Den „Typus" des Komponisten gibt es sowenig wie den des Dichters oder Malers, wie eben kein Mensch dem anderen gleicht. Für den einen ist Schaffen Freude, höchste Lust, für den zweiten Kampf, Spannung, höchste Willenskonzentration, für den dritten tiefes Leid, unerträgliche Qual, die an den Rand der Verzweiflung führt, nicht selten sogar über ihn hinaus in den Absturz, den Tod, den Wahnsinn. Einer benötigt sinnliche Eindrücke, um schaffen zu können – wie Reisen, Abenteuer, Liebe, fesselnde menschliche Kontakte. Der andere schafft ohne jede erkennbare äußere Anregung. Bei dem einen handelt es sich um einen freien Willensakt, der stets von der Klarheit der Gedanken beherrscht wird, beim anderen um ein Versinken in Trance. Künstlerisches Schaffen kennt, wie das Schöpfertum Gottes, von dem es ein winziger, auf den Menschen übertragbarer Teil ist, wie das Walten der Natur keine Erklärung, keine Begründung. Wir können es nur aufzeigen, besprechen und zu schildern suchen. Aber, wie Thomas Mann so schön gesagt hat „das Wort kann die sinnliche Schönheit nur preisen, nicht wiedergeben" (aus „Der Tod in Venedig").

Das musikalische Umfeld

Als Johann Sebastian Bach zum selbständigen Schaffen erwuchs, war im abendländischen Musikleben die letzte Generation der Barockzeit am Wirken. Überall hatte sich die *seconda prattica* durchgesetzt, wie die Italiener die um 1600 aufgekommene Harmonie nannten. Doch in deutschen Kantoreien war die *prima prattica* noch längst nicht verschwunden, es wurde noch der Kontrapunkt gepflegt, in Fugenart musiziert. Der Generalbaß oder *basso continuo* war zum allgemein akzeptierten Rüstzeug jeder Musik geworden, denn er konnte Grundlage aller Musik sein. Weitblickende Musiker – und Bach wird einer der prophetischsten sein – erblicken von fern die Möglichkeit, anscheinend Entgegengesetztes zu vereinen. Der Kontrapunkt schließt ja die Harmonie keineswegs aus. Und die Melodie, für viele Menschen höchste Verkörperung der Musik, schwebt, richtig geführt, über einem polyphonen Geflecht gerade so ruhig und sicher wie über einer Kette von harmonischen Akkorden.

Johann Sebastian Bach (1685–1750) lernte es wie von selbst, das von den Vätern ererbte Musikgut mit den neuen Zielen in Einklang zu bringen. „Von den Vätern ererbt" ist bei Bach keine leere Metapher. Seit Generationen musizieren „die Bachs" im mitteldeutschen Thüringen, so daß ihr Name längst zum Synonym für „Musiker" geworden war. Sie waren Mitglieder und Leiter der Stadt- oder Dorfmusiken, waren Organisten und musikunterweisende Lehrer, die natürlich selbst imstande sein mußten, für den Sonntag eine neue Kantate zu schreiben und Choräle so zu begleiten, daß die Gemeinde ohne Schwierigkeit in den Gesang einstimmen

konnte. Sie machten Musik, wie andere Schuhe machten, Hufeisen, Kleider oder Brot. Keinem wäre es eingefallen, seine Tätigkeit für „höher" zu halten als die des Nachbarn. Hans Sachsens Geist lebte noch in ihnen. „Gott zu ehren, den Nächsten zu lehren", das war ihre selbstgewählte Aufgabe. Und sie wird es auch bei Johann Sebastian noch sein, dem größten von ihnen. Auf seine Musikersöhne allerdings wird er dieses tiefe Ethos nur noch teilweise vererben können.
Von den vier Säulen, auf denen das barocke Musikerleben ruhte, stand die Oper im nördlichen Europa auf schwachem Grund. Bei Bach wird sie überhaupt keine Rolle spielen. Von Bedeutung bleiben die drei anderen: Haus und Schule, die man als Einheit empfinden kann, die Kirche und der Palast. Daß das im südlichen Europa und Frankreich entstandene Musiktheater Bach nie fesseln konnte, ist weniger der Tatsache zuzuschreiben, daß es an seinen Wirkungsstätten zumeist keine Oper gab, als seiner eigenen Lebenseinstellung, seinem Charakter, seiner Weltanschauung. Hätte es ihn zur Oper gezogen, er hätte den Weg zu ihr so leicht gefunden wie Händel, sein unmittelbarer Zeitgenosse und Landsmann, oder wie später sein eigener, jüngster Musikersohn Johann Christian. Wer aber daraus folgerte, Bach sei ein „undramatischer" Komponist gewesen, irrt. Seine „Passionen" belegen es deutlich. Denn hier wird, ohne Dekorationen und Kostüme und Masken, oftmals der höchste Grad von Dynamik und Dramatik erreicht, der Musik innewohnen kann. Selbst rein instrumentale Werke von seiner Hand führen die innere Bewegung, die der Barockmusik in starken Werken eignet, zu höchsten Spannungen.
In Mitteldeutschland, wo sich Bachs Leben beinahe völlig abspielt, verheilten soeben die tiefen Narben, die der Dreißigjährige Krieg geschlagen hatte. In Dichtung und Musik klingt das durchgemachte Leid noch lange fort. Es ist eine „langsame" Zeit, eine schwerblütige Region. Nichts von italienischer Lebhaftigkeit, von südländischer Leichtlebigkeit haftet ihr an. Aber sie hat Zeit zu innerer Reifung, zur Besinnung auf wahre Werte. Die Reformation hatte das ihre dazu beigetragen. Luther selbst „war blind für Farbe und Fülle der bildenden Künste. Sein feines Ohr aber horchte auf die innere Musik der Worte, der Seelen und der Dinge. Das Lied diente seinem Kampf, frisch und hart, wie nun einmal der Kampf sein mußte gegen die ‚Welt voll von Teufeln'. Und Frau Musica blieb dem Reformator treu durch alle Zeiten. Von daher stammt die besonders bedeutungsvolle Verbindung der deutschen Musik mit dem Protestantismus", wie Veit Valentin es in seiner „Weltgeschichte" erklärt.
Johann Sebastian Bach stammt aus einer Welt ohne das Fernweh der Renaissance, ohne den Prunk des Barock; eine stille Welt ohne Pathos und den Schwulst, der manchmal barocke Kunstäußerungen befällt, eine Welt im Dienst des Nächsten und seines Glaubens, zur Ehre Gottes, in Demut und Hingabe an die Aufgabe, die jedem Menschen in der Welt auferlegt ist. Bach lebt einfacher, schlichter, bescheidener als seine berühmten Zeitgenossen in anderen Ländern (und mancher im eigenen Land). Der Zeitgeist, der über allem waltet, gestaltet seinen Stil so „barock" wie den Lullys oder Pergolesis, macht ihn in mancher Beziehung dem Domenico Scarlattis und Couperins verwandt. Doch wenn Corelli in Venedigs Palästen über 150 Streicher gebietet, die Hofmusik in Versailles mit den klangvollsten Instrumenten musiziert, begnügt Bach sich, in fast unvorstellbarer Weise, mit den bescheidensten Mitteln: Heute würden wir seinen Chor, sein Orchester in der Leipziger Thomaskirche als geradezu armselig bezeichnen. Doch die Wirkung, die von ihm ausging, war dazu bestimmt, in ferne Jahrhunderte auszustrahlen, dauerhafter zu sein als der Glanz neapolitanischer Opernvorstellungen und der 1400 Fontänen, die in den Gärten von Versailles sprangen.

Ein verkannter Künstler?

Die Frage, ob Bach in seiner Zeit zu den verkannten Künstlern zählt, ist schwer zu beantworten. Zitieren wir „Das beschützte Orchester" des bedeutendsten deutschen Zeitchronisten der Musik, Johann Mattheson: „Ich habe von dem berühmten Organisten zu Weimar, Herrn Johann Sebastian Bach, Sachen gesehen, die gewiß so beschaffen sind, daß man den Mann hoch estimieren muß." Das wurde 1717 geschrieben, als der „hoch zu estimierende Mann" erst 32 Jahre zählte und seine wichtigsten Werke noch gar nicht in Angriff genommen hatte. Da wird er bereits als „berühmter Organist" aufgeführt, eine Beurteilung, die ihn sein Leben lang begleitete. Seinen Kompositionen hingegen scheint die Mitwelt mit viel weniger Verständnis und Bewunderung gegenübergestanden zu haben. Es heißt, eine (nicht mehr auffindbare) Leipziger Zeitschrift habe im Jahr 1740 eine Liste der namhaftesten deutschen Musikschöpfer jener Zeit aufgestellt und darin Telemann an die erste, den längst in England wirkenden und dort eingebürgerten Händel an die zweite, Bach aber nur an die siebente Stelle ihrer Aufzählung gesetzt.

Bei allen möglichen (und notwendigen) Vorbehalten gegen solche „Ranglisten" spiegelt sich hier doch die Position wider, die Bach in seiner Umwelt einnahm. Seine Werke galten als ausgesprochen schwer. Sie lösten Bewunderung und Ablehnung zugleich aus. Ein merkwürdig zerrissener Standpunkt, den heute zwar nicht mehr die Musikverständigen einnehmen, wohl aber noch weite Teile eines unkundigen Publikums, das über der Schwere der Werke selten zu deren Größe vorzudringen vermag. Hier helfen nur souveräne Aufführungen, die über dem klaren Hervorheben des geistigen Gehalts die technischen Schwierigkeiten vergessen machen.

Doch wir wollen die ominöse Rangliste der Leipziger Zeitschrift nicht veröffentlichen, ohne ihr Gegenstück, gewissermaßen ihre Fortsetzung zu erwähnen. Genau zwei Jahrhunderte später, 1940 also, veranstaltet ein bedeutendes New Yorker Presseorgan eine ähnliche Umfrage. Amerikanisch großzügig konsultiert sie hundert Musiker und einige tausend Liebhaber, welche Komponisten aller Zeiten und aller Länder – also unvergleichlich weiter gestreut als seinerzeit in Leipzig, wo es nur um deutsche Zeitgenossen ging – sie für die bedeutendsten hielten und in welcher Reihenfolge. Das Publikum votierte für seinen Liebling Beethoven an erster, für Bach an zweiter Stelle. Die Musiker drehten diesen Urteilsspruch um und setzten Bach an erste Stelle der Komponisten aller Zeiten und Länder. Der Aufstieg Bachs ist staunenswert – und gibt zu denken. Worauf mag er zurückzuführen sein? Woher kommt die

Linke Seite: Johann Sebastian Bach auf einem der wenigen authentischen Portraits. Rechte Seite: Erste Seite von Bachs Partiturhandschrift der „Matthäuspassion" (1729).

einstimmige Verehrung, die Bach inmitten eines so zerrissenen Jahrhunderts wie des 20. genießt? Vielleicht gerade darin, daß seine Sicherheit und Ruhe, seine von keinem Zweifel angenagte Kunstauffassung unserer Epoche als fernes Ideal erscheint? Ist Bach „zeitlos"? Bedeutet dies, daß einer seiner vielfachen Facetten jedem Jahrhundert etwas zu sagen hat? Bewundern wir, die Anbeter der „Leistung", seine unermüdliche Arbeitskraft, sein in jeder Hinsicht vollendetes Können? Steht er uns als Zeuge einer Zeit nahe, die aus irgendwelchen (wahrscheinlich schwer zu definierenden) Gründen die unsere besonders zu fesseln vermag? Sehnt unsere Epoche sich nach jener Tiefe, vielleicht nach der Mystik, die er und seine Werke oftmals kennzeichnen? Staunen wir über das restlose Ineinanderfließen von Kunst und Wissenschaft, von Gefühl und Verstand, von Inspiration und Gedankenarbeit, die wir bei ihm verkörpert finden?

Der Aufstieg vom ortsverehrten Kantor in die höchsten Ränge der Musikgeschichte erfolgte nicht an einem Tag, nicht in wenigen Jahren. Er begann in der ihm unmittelbar folgenden Generation, verstärkte sich in der zweiten. Mozart liebte es, sich in Fugen zu üben, und da stieß er unweigerlich auf Bach, neben Händel sein barockes Vorbild. Ähnlich dachte Beethoven, von dem das schöne Wort stammt, jener „sollte nicht Bach heißen, sondern Meer". Einen entscheidenden Anstoß zur Wiederbelebung Bachscher Werke muß man in der kühnen Tat Mendelssohns erblicken, der, in der stürmischen Aufbruchsphase der Romantik, 1829 in Leipzig die seit genau hundert Jahren vergessene, verschollene Partitur der „Matthäuspassion" entdeckte und zu triumphaler Aufführung brachte. Schumann konnte dann Bach zum „Erzvater der Musik" ausrufen und (im „Damenkonversationslexikon") schreiben: „Wie groß und reich stach sein inneres Leben gegen das äußere ab! Nicht allein Fleiß war es, der ihn hinaushob über alle Schwierigkeiten der musikalischen Kombinationen, sondern angestammtes Genie des Scharfsinnes. Was wir Nachkömmlinge für Wunderbares in der Verflechtung der Töne gefunden zu haben meinen, liegt schon in ihm angesponnen und oft ausgewickelt. Zu dieser vollkommenen Beherrschung des Physischen kommt nun auch noch der Gedanke, der Geist, der seinen Werken innewohnt. Dieser war durch und durch Mann. Daher finden wir in ihm nichts Halbes, sondern alles ganz, für ewige Zeiten geschrieben. Dieser Geist schuf aber nicht einseitig, sondern reich, ja üppig. Wie das höhere Genie meistens auch das fruchtbarere ist, so hat er uns eine Sammlung von Kunstwerken hinterlassen, deren bloß äußerer Umfang in Erstaunen setzt."

Um die Wende zum 20. Jahrhundert meint Max Reger, dessen Musik deutlich auf zahlreiche barocke Vorbilder zurückgeht, Bach bedeute für ihn „Anfang und Ende aller Musik".

Hans von Bülow, einer der frühen genialen Dirigenten (der Wagners „Tristan und Isolde" sowie „Die Meistersinger von Nürnberg" aus der Taufe hob und tief der Romantik verpflichtet war), nennt Bachs „Wohltemperiertes Klavier" das „Alte Testament", dem Beethovens Klaviersonaten das „Neue" hinzugefügt hätten. Kein anderer Komponist – wohl ausgenommen Mozart – hat durch Jahrhunderte von verschiedensten Schulen, entgegengesetzte Richtungen, menschlichen Charakteren aller Art so viel Lobendes, ja Hymnisches erfahren wie Bach. Nach dem Tod, versteht sich!

Höhepunkt und Wegweiser zugleich

Johann Sebastian Bach stand auf einem Scheitelpunkt der Musikgeschichte. Einerseits führte er das tönende Weltbild Palestrinas auf einen weiteren Gipfel. Andererseits wurden neue Harmonik und Generalbaß zu Pfeilern seines Werkes. Er faßte die große Vergangenheit zusammen, war Erbe von Notre-Dame, Gotik und Hochpolyphonie. Zugleich wurde er Wegweiser in nahe und fernere Zukunft. Natürlich konnte es vorkommen, daß Zeitgenossen bei aller Wertschätzung seines Könnens die Seherrolle nicht erkannten, die ihm zufiel, die ihn für veraltet hielten, für „unmodern", schon in eigener Zeit. Aus dem Mund seiner eigenen Söhne soll jenes Wort vom „alten Zopf" gefallen sein, als den sie die Musik ihres Vaters manchmal betrachteten.

Als Bach seine gewaltigen Fugen schrieb, stand diese strenge Musikform nicht mehr im Mittelpunkt des Tonschaffens, wie noch wenige Generationen zuvor. Seine Versenkung in Polyphonie und Kontrapunkt bedeutete einen unbewußten Abschied, einen letzten, fernen Gruß an das Mittelalter, an die hohe Gotik mächtiger Kathedralen. Wie jene aus Stein, so erhoben die seinen – aus Fugen gebaut – sich in türmenden Klängen: aufstrebende, in unendliche Höhen ragende Bollwerke des Glaubens an Gott und sein Ebenbild, den Menschen. Die Fugentechnik, die Fugenkunst erreichte nach jahrhundertelanger Entwicklung bei Bach ihren Höhepunkt. Nirgends wurde die Mehrstimmigkeit fließender geführt, die Steigerung zielbewußter angelegt als bei ihm. Beim Ertönen eines dieser Wunderwerke aus der Orgel wölbt sich ein Dom zu unseren Häupten, dessen Säulen und Pfeiler zum Himmel ragen. Und nicht mehr Töne sind es, die uns umfließen, sondern klanggewordener Glaube, unabdingbar, felsenfest, wie ihn zuletzt das Mittelalter besaß.

Betrachten wir das Werk, das Bach hinterließ – mehr als sechzig dicke Folianten in der Gesamtausgabe –, dann überwältigt uns die Menge wie die Vielfalt des Geschaffenen, das neben täglicher harter Arbeit in sogenannten Mußestunden entstanden sein muß. Hier steht Geistliches neben Weltlichem, Riesiges (wie etwa die Passionen mit Spieldauern von fünf, sechs Stunden) neben Kleinstem (wie Liedern, zweistimmigen Inventionen, Kanons, Präludien), Vokales neben Instrumentalem, schlichte Tanzweisen neben kompliziertesten Formen wie Passacaglien, Toccaten, Chaconnen; Humorvolles (wie die Kantate auf den soeben aufkommenden und sofort übertriebenen Kult des Kaffeegenusses, Scherzweisen auf die „Obrigkeit" usw.) neben Tiefernstem, freischöpferisch Künstlerisches neben berechnet Lehrhaftem, für sonn- und feiertägliche Kirchendienste nach Maß gearbeitete Kantaten, Choräle, Orgelstücke neben in offenkundig freier Phantasie hingeworfenen Werken für alle Arten von Instrumenten, die er liebte oder die von ihm Neues erwarteten. Er schrieb Suiten in verschiedenstem Stil („Englische", „Französische"), ein „Konzert in italienischem Stil", eine „Chromatische Phantasie und Fuge", mit der er seiner und der nächsten Zeit weit vorauseilte, er lieferte auf dem Cembalo den praktischen kompositorischen

Orgelprospekt.
Holzschnitt aus „Organigraphie"
von Michael Prätorius.
Beispiel einer barocken Orgel,
wie Bach sie spielte.

Beweis dafür, daß die „Temperierung" der Stimmung, die Unterteilung der Oktave in zwölf gleich weit auseinanderliegende Halbtöne eine völlig brauchbare Grundlage für das musikalische Schaffen bildete.
Man hat Bach oft als Vertreter der „absoluten" Musik hingestellt, als Gegensatz zur „schildernden", „malenden", zur Programm-Musik, als einen Meister also, bei dem kein außermusikalischer Inhalt den Ablauf eines Werkes bestimmt und dieser Inhalt eben nur die Musik selbst ist, bei deren Hören keinerlei bildhafte Assoziationen die Aufmerksamkeit des Hörers ablenken sollen. Selbst ein Filmwerk des 20. Jahrhunderts

scheint dies voll zu bestätigen: Walt Disney, genialer Filmzeichner, und Leopold Stokowski, klangsensibler Dirigent, versuchten in „Phantasie" berühmte Musikstücke bildnerisch nachzuempfinden und sie so einer breiten Menge nahezubringen. Beim Erklingen von Bachs „Toccata und Fuge in d-Moll" zeigt die Leinwand ausschließlich ein phantastisches Spiel von Formen und Farben, die niemals deutbare Gestalt annehmen. Es läßt sich zwar darüber streiten, ob nicht selbst diese Deutung als „malerisch", als „Programm" angesehen werden kann, aber sie setzt doch einen deutlichen Gegensatz zu den Bildern, mit denen etwa Werke von Beethoven, Schubert, Mussorgskij usw. ausgestattet sind. Die Antwort auf die Frage nach der musikalischen „Absolutheit" Bachs ist nicht leicht zu beantworten – wie ja wohl keine auf ihn bezügliche. Es gibt genug Stellen in seiner Musik, bei denen man von Tonmalerei sprechen kann. So, wenn in der „Matthäuspassion" das Erdbeben und das Zerreißen des Vorhangs im Tempel realistisch vom Orchestertremolo untermalt werden. Auch Seufzer und Klagen finden bei Bach häufig einen nachahmenden, geradezu „naturalistischen" Klang. Sein Geist ist in allem zu vielseitig, um in enge Regeln gefaßt zu werden.

Das politische Umfeld

Hingegen ist Bachs Umwelt mit wenigen Worten zu schildern. Deutschland war zerrissen, verarmt, hundert kleine, oft winzige „Länder" wurden von Fürsten, Kurfürsten, Herzögen, Markgrafen regiert. So unbedeutend sie auf dem politischen Schachbrett sein mochten, so viel Mühe gaben sich einige von ihnen, ihre Residenzen zu Stätten der Kultur auszubauen. Sie unterhielten eine „Hofkapelle", manchmal ein „Hoftheater", beschäftigten in ihrer Hofkirche einen „Hoforganisten", vielleicht einen „Hofkapellmeister", eine „Hofkantorei" mit einem „Hofkantor" an der Spitze einer kleinen Schar von „Hofsängern" und „Hofsängerknaben". Trotz der Titel waren es bescheidene Existenzen, die gerade ihr Auskommen fanden und ihre Pflicht erfüllten. An Ruhm, an eine „Eroberung der Welt" konnten sie von Celle, Wolfenbüttel, Greiz, von Anhalt und hundert anderen Orten nicht denken. Wer von Anfang an solche Träume hegte, mußte so bald wie möglich aus dieser „kleinen" Welt ausbrechen – wie Händel es tat und Hasse –, um die „große" zu erreichen.
Deutschland besaß um 1700 eine ungewöhnliche Zahl ausgezeichneter Musiker. Gipfel wie Händel und Bach – ebenso wie Corelli, Vivaldi, Couperin, Pergolesi, Scarlatti – wachsen nicht aus Tiefebenen empor. Sie recken sich aufwärts aus sehr ansehnlichen Massiven, die aus den Scharen ungezählter namenloser Musiker gebildet wurden. Bachs Genie ist das Ergebnis jener Musik, die eine unüberschaubare Menge guter, sehr guter, teilweise hervorragender Organisten, Kantoren, Kapellmeister, Komponisten an Hunderten von Orten des deutschen Sprachraums hervorbrachten.

Die Familie

Johann Sebastian Bach wurde am 21. März 1685 in Eisenach geboren, einer kleinen thüringischen Residenzstadt am Fuß der Wartburg, die in unserem Buch bereits einmal vorkam: Sie gilt als Austragungsort des legendären Minnesänger-Wettstreits im Juli 1207, sie ist auch der Ort, wo Luther im Jahr 1521 das Neue Testament ins Deutsche übersetzte. Die Familie Bach, seit Jahrhunderten in dieser Region ansässig, stellt als Musikantensippe einen völlig ungewöhnlichen Fall musischer Vererbung dar. Ihre Mitglieder, Brüder, Söhne, Enkel, Neffen, Großneffen, auch Mädchen, die allerdings bei Betrachtung der musikalischen Berufsfähigkeiten nicht zählten, saßen verstreut in Dörfern und Städtchen, pflegten die kirchliche wie die weltliche Musik, waren beliebt und angesehen. Johann Sebastian entstammte der vierten Generation Bachscher Musiker. Unter den zwanzig Kindern, die er zusammen mit seinen beiden Gattinnen – er heiratete fast unmittelbar nach dem Tod der ersten ein zweites Mal – in die Welt setzen wird, gibt es vier weitere glänzende Musiker, die es zu Rang und Namen brachten. Dann allerdings reißt die Kette jäh und plötzlich ab. Die musikalische Substanz scheint erschöpft: ein interessanter Fall für die Vererbungsforscher.
Bachs Jugend steht bereits ganz im Zeichen der Musik. Die Gespräche im Elternhaus, die täglichen Beschäftigungen kreisen um sie, die so selbstverständlich ist, daß sie gar nicht auffällt. Ihren Höhepunkt bilden wohl die „Familientage", zu denen die vielen Bachs aus näherer und weiterer Umgebung zusammenkommen. Da wird gesungen und musiziert, es gibt Teilnehmer genug, um Chor und Orchester zu bilden; Kanons werden erfunden und improvisiert, Motive und Themen, die man einander zuwirft wie andernorts Spielbälle, sofort zu Quodlibets zusammengestellt, zu Scherzgedichten fröhliche Melodien gesucht. Des Abends ein nachdenklicheres Lied, ein Dank an Gott.
Daß auch Johann Sebastian in früher Kindheit Geige und Cembalo spielte, verwunderte niemanden. Als er neun Jahre alt war, starb die Mutter, Monate später der Vater, der Eisenacher Stadtmusikus Ambrosius Bach. Der Knabe kam in das Haus seines ältesten Bruders Johann Christoph im nahegelegenen Ohrdruf. Hier lernt er weiter. Mit fünfzehn Jahren kann er als fertig ausgebildeter Musiker gelten, der nun auch die Orgel bemerkenswert beherrscht. Sie interessiert ihn besonders, da sie an Klangfülle, Kombinations- und Improvisationsmöglichkeiten alle anderen Instrumente weit übertrifft. Improvisieren aber ist damals schon das halbe Leben eines Musikers und besonders das des jungen Johann Sebastian Bach.
Bevor er nun eine feste Stellung sucht, wandert er, dem Brauch der Zeit gemäß, ein wenig durchs Land. Ihn zieht es weiter als üblich, im April 1700 finden wir ihn im dreihundert Kilometer entfernten Lüneburg, wo er in der Michaelis-Schule Aufnahme findet und sich im Chor betätigt. Er kommt in das benachbarte Celle, wo im Barockpalais zeitgenössische französische Orchestermusik gepflegt wird. Er schreibt viele dieser hübschen Stücke für sich ab. Sie gefallen ihm gut, und er fühlt, daß ein Musiker vielseitig sein müsse, um vorwärtszukommen. Er wandert weiter nach Hamburg, wo er den neunzigjährigen Johann Adam Reinken an der Orgel hört und vielleicht mit Schrecken, merkt, was ihm noch alles fehlt. Wie reich und weit ist doch das Feld der Musik! Dabei bemerkt er das eben in Blüte stehende Musiktheater am Gänsemarkt überhaupt nicht.

Das Berufsleben

Er ist achtzehn Jahre alt, als er seinen ersten Schritt ins Berufsleben tut. Er wird Geiger im Orchester eines der beiden Herzöge in Weimar, doch noch im gleichen Jahr, 1703, vertauscht er diesen Posten mit dem eines Organisten in dem thüringischen Städtchen Arnstadt. Ein ihm wohl unbewußter Lebensrhythmus scheint sich bereits abzuzeichnen, der ihn zwischen weltlichen und kirchlichen Stellungen wird abwechseln lassen – wenn auch in recht ungleichmäßigen Abständen. Nach zweijähriger Tätigkeit an der winzigen Arnstädter Orgel erbittet er Urlaub zu Studienzwecken: Die musikalische Reise, die einer wahren Pilgerfahrt gleicht, führt ihn bis in die alte Hansestadt Lübeck, wo der berühmte Meister Dietrich Buxtehude zu den „Abendmusiken" in der Marienkirche stattliche Hörerzahlen um sich schart. Bach fühlt sich in eine Wunderwelt versetzt: Nie hat er eine solche Orgel, einen solchen Musiker vernommen. Als er sich endlich losreißen kann, hat er die ihm gesetzte Frist weit überschritten. Die Kirchenbehörde liest ihm ordentlich die Leviten. Nun nicht nur wegen der viel zu späten Rückkehr, sondern sie kramt auch gleich andere Vorwürfe hervor: Er liebe kühne Harmonien, die in den Choralvorspielen die „Gläubigen verwirren", anstatt auf den Choreinsatz vorbereiten, und er habe mehrmals „eine fremde Jungfer" auf die Orgelempore mitgenommen. Was sollte er wegen der „kühnen Harmonien" einwenden? Er hat sie sein Leben lang verwendet, und sie bilden das Staunen aller Sachverständigen. Die „fremde Jungfer", seine Cousine Maria Barbara, hat er geheiratet, und es wurde eine überaus glückliche Ehe. Doch ihres Bleibens in Arnstadt war nicht länger.

Erste Seite der Partiturhandschrift von Bachs „Weihnachtsoratorium".

Ein kurzes Zwischenspiel führt ihn nach einem Probespiel in das (ebenfalls thüringische) Mühlhausen, das er aber unleidlicher Zustände in der dortigen religiösen Gemeinschaft wegen rasch wieder verläßt. So ging er Ende 1708 abermals nach Weimar, dieses Mal als Cembalist und Geiger. Er wird es zum Hoforganisten und schließlich zum Konzertmeister des regierenden Fürsten bringen. Ein arbeitsreiches Jahrzehnt liegt vor ihm. Die Zeit, die ihm neben den Diensten bleibt, ist knapp, aber er wird sie gut nützen. Der junge Herzog Ernst August liebt die Orchestermusik, wie sie nun überall nach italienischem Vorbild gepflegt wird. Und so schreibt Bach in Weimar 16 Cembalo-(Klavier)Konzerte, ein Konzert für vier Cembali, vier Orgelkonzerte. Aber vieles davon darf nicht unter seine eigenständigen Kompositionen gezählt werden: Es waren Bearbeitungen oder Umarbeitungen hauptsächlich italienischer Originale, wozu er mit besonderer Begeisterung Violinwerke Vivaldis und Albinonis, ein Oboenkonzert Alessandro Marcellos, aber gelegentlich auch Musik Telemanns heranzog, mit dem ihn gute Freundschaft verband. Bei der Geburt Carl Philipp Emanuels, eines der vier Musikersöhne Bachs, wurde Telemann Taufpate, was diesem Kind ein halbes Jahrhundert später dazu verhalf, des Paten hohe Hamburger Stellung als Nachfolger zu erben.
Besonders reichhaltig war Bachs Tätigkeit hier auch auf dem Gebiet der Kantate, die sich seit Beginn des Jahrhunderts in einer wesentlichen Umgestaltung befand. 1704 hatte der bedeutende Prediger Erdmann Neumeister, zuerst in Sorau, dann in Hamburg, begonnen, Kantatentexte nach Art italienischer Konzertarien zu schaffen, also in dramatischer Zweiteilung: mit einem vorangehenden freien Rezitativ und anschließend der formal streng gebundenen Arie. Und er hatte, scharf angegriffen im eigenen Land, diese Neuerung in mehreren Schriften verteidigt. Zu vielen deutschen Komponisten, die nach der modernen Form griffen, gehörte auch Bach, der eine Reihe von Kantaten auf Texte Neumeisters sowie des in Weimar wirkenden Geistlichen Salomo Franck komponierte, so „Gleich wie der Regen und Schnee vom Himmel fällt“, „Ich weiß, daß mein Erlöser lebt“, „Nun komm, der Heiden Heiland“, „Der Himmel lacht, die Erde jubilieret“, „Wachet, betet, seid bereit“, „Herz und Mund und Tat und Leben“.

Der Orgelvirtuose

Sein Ruhm als Organist wuchs stetig an. Und so ging er in Weimar daran, ein „Orgelbüchlein“ als Lehrbuch und Beispielsammlung zu verfassen, das er aber leider nicht vollendete. Im Titel erklärt er den Sinn der Schrift: „... worin einem anfangenden Organisten Anleitung gegeben wird, auf allerhand Art einen Choral durchzuführen, auch sich im Pedalstudium zu habilitieren ...“ und er endet mit seinem Lieblingssatz: „Dem höchsten Gott allein zu Ehren, dem Nächsten, drauß sich zu belehren.“ Von einem Besuch Halles wird erzählt, wo Händels Lehrer Friedrich Wilhelm Zachau soeben gestorben war und eine prächtige neue Orgel mit 63 „klingenden Stimmen“ gebaut wurde. Der Wunsch der Gemeinde, Bach dorthin verpflichten zu können, ging aber nicht in Erfüllung. Zu einem Besuch, den sein Fürst in Weißenfels abstattete, komponierte Bach eine fröhliche Jagd-Kantate („Was mir behagt“) und eröffnete damit eine Reihe von ungefähr zwanzig weltlichen Werken dieser Art, die neben dem gewaltigen Block der geistlichen Kantaten zwar nicht zahlenmäßig, aber musikalisch durchaus bestehen können.
Immer wichtiger wird Bachs Betätigung als Lehrer. Er bestand darauf, seine Schüler in der Praxis mehrerer Instrumente zu unterweisen, während sie strengen Kontrapunkt und Komposition studierten, wobei das letztere Fach allerdings fast ausschließlich aus praktischen Übungen und nicht aus theoretischen Unterweisungen bestand. Wirklich hatten die Schüler am Orgelspiel wie an den Werken ihres Meisters die besten Beispiele. Die Kraft und Fertigkeit seiner Hände wie seiner Füße im Pedalspiel, das nach Aussage von Zeitgenossen so virtuos war, wie das der meisten großen Organisten mit den Händen, grenzte ans Unglaubliche. So wird es auch begreiflich, daß der schon erwähnte französische Cembalist und Orgelspieler Louis Marchand es 1717 vorzug, einem in Dresden vereinbarten Wettspiel mit Johann Sebastian Bach durch „nächtliche Flucht“ aus dem Weg zu gehen.

Die Zeit in Köthen

Ende Oktober 1717 erneuerte Bach ein anscheinend schon vorher erfolglos gestelltes Gesuch um Entlassung aus dem weimarischen Hofdienst, wo sich im Lauf der Zeit Vorkommnisse ereignet hatten, die ihn sehr kränkten. Doch auch dieses Mal wollte der Herzog dieser Bitte nicht nachkommen und ließ, als Bach energischer wurde, seinen „Untertan“ in Arrest werfen. Dort soll Bach am Orgelbüchlein gearbeitet haben. Als er nach vier Wochen freikam, fuhr er mit seiner Familie unverzüglich nach Cöthen, das seine Orthographie längst in Köthen verwandelte und im früher selbständigen deutschen Land Anhalt liegt, an Elbe und Saale sowie am Nordrand des Harzes. Dorthin hatte er einen Ruf erhalten, der ihn zum Hofkapellmeister und Direktor der fürstlichen Kammermusiken im Schloß der Hauptstadt eines der anhaltischen Fürstentümer machte. Hier entstand in den nächsten sechs Jahren ein großer Teil von Bachs Meisterwerken: so die „Sechs Brandenburgischen Konzerte“, die für den Sohn des Großen Kurfürsten, Christian Ludwig von Brandenburg in Berlin, komponiert wurden, die Violinkonzerte, das Doppelkonzert für zwei Geigen sowie das früher schon erwähnte „Wohltemperierte Klavier“, zu dessen Erklärung und Bedeutung einiges gesagt werden muß. Etwa dreißig Jahre zuvor, 1691, hatte der Organist und Musiktheoretiker Andreas Werckmeister (1645–1706) in einer aufsehenerregenden Schrift „Musikalische Temperatur oder deutlicher und wahrer mathematischer Unterricht, wie man ein Clavier wohltemperiert stimmen kann“ die „gleichschwebende Temperatur“ für alle Instrumente gefordert. Das bedeutete die damals noch weitgehend unbekannte Einteilung der Oktave in zwölf gleiche Tonschritte. Jahrhunderte vorher hatten die Araber (die in al-Farabi um das Jahr 950 einen überragenden Musikgelehrten besaßen) ein ähnliches System vorgeschlagen, aber Europa hatte kaum davon Kenntnis erhalten oder genommen. Mit der „Temperierung“ oder „Wohltemperierung“, die Werckmeister nun anwenden wollte, wurde zwar den physikali-

Oben: Seite aus der Partitur des 5. Brandenburgischen Konzerts in Bachs Originalhandschrift.

Unten: Beginn des C-Dur-Präludiums in Bachs Handschrift des „Wohltemperierten Klaviers".

schen Schwingungszahlen der Töne ein wenig Gewalt angetan, aber dem praktischen Musizieren ein entscheidender Dienst geleistet. Die nunmehr einander völlig gleichenden Dur- und Moll-Tonleitern konnten ohne die mindeste Veränderung miteinander vertauscht, eine durch jede andere ersetzt werden.

Die Musiker spalteten sich in zwei Lager: Auf der einen Seite standen die Konservativen. Sie nahmen in Kauf, daß es bei der Ausübung der Musik schwere, nicht lösbare Probleme gab, daß namentlich jeder Spieler eines Saiteninstruments CIS und DES, DIS und ES unterschied, daß eine wahrhafte Gleichstimmung des Orchesters ein unerfüllbarer Traum bleiben mußte. Denn mathematisch, wissenschaftlich gab (und gibt) es diese Differenzen, darüber besteht kein Zweifel. Sich an sie zu klammern aber bedeutete, Schranken im Musikleben zu akzeptieren, die Musikausübung nur mit Vorbehalten in breitere Volksmassen dringen zu lassen. Es zeugt von Bachs aufgeschlossenem Geist, daß er Werckmeisters Idee nicht nur begrüßte, sondern es sich energisch angelegen sein ließ, sie praktisch als durchführbar und höchst wünschenswert nachzuweisen. Bis dahin waren die Komponisten den „schwierigen" Tonarten – also jenen, die mehr als drei Kreuze oder Be verwenden müssen – sorgsam aus dem Wege gegangen, sie hatten also die im Quinten- beziehungsweise Quartenzirkel „fernsten" nicht verwendet. Bach nahm sich vor, die aufgrund der „Temperierung" völlig gleichgewordenen Tonleitern praktisch auch völlig gleichmäßig anzuwenden. Er komponierte für jede theoretisch mögliche Tonart, sowohl in Dur wie in Moll, ein Musikstück, eine lückenlose Reihe – ein Beweis, der seine Wirkung nicht verfehlte. Die 24 Musikstücke sind Doppelwerke: Jede Tonart ist durch ein Präludium und eine Fuge vertreten. Über den eigentlich theoretischen Zweck hinaus wurden es Meisterwerke von hoher Inspiration. Bach war stets mehr Künstler als Theoretiker, mehr Komponist als Pädagoge. Sagen wir besser: Er war alles dies in seltenem Maß, aber wo es vielleicht einen Zwiespalt hätte geben können, da überwog immer das Schöpferische.

Viel Kammermusik entsteht in Köthen, denn der junge Fürst Leopold liebt die Musik nicht nur, „er versteht sie auch", wie Bach sich ausdrückt. Dessen Werk bereichert sich also mit zahlreichen Stücken für Violine, Violoncello, Flöte, Cembalo, für die damals vielgespielte Viola da gamba und die von Bach selbst erfundene Viola pomposa, einem Mittelding zwischen Bratsche und Cello. Von Bedeutung wurde Bachs erste Begegnung mit dem Passionsstoff, wozu er den Text des heiligen Johannes wählte. Nur für sein Lieblingsinstrument, die Orgel, verlief der Köthener Aufenthalt unergiebig. An diesem calvinistischen Hof gab es kaum Kirchenmusik, wie Luther sie für seine Gemeinden stets zu schaffen bemüht war. Im übrigen war das kleine Städtchen, in dessen Mitte das geräumige und überaus musikliebende Schloß inmitten eines prächtigen Parks lag, eine wahre Idylle. Ruhiger konnten die Tage kaum hinfließen als hier. Dazu gab es mehrere willkommene Unterbrechungen, wenn der Fürst eine Reise antrat und dazu einige seiner besten Musiker mitnahm, vor allem den Hofkapellmeister Bach mit dem tragbaren Cembalo.

Die glückliche Köthener Zeit wurde durch den frühen Tod von Bachs Gattin im Jahr 1720 schmerzlich zerrissen. Seine Trauer war tief, denn so war auch die gegenseitige Liebe gewesen. Aber Bach war kein Mensch, der lange allein bleiben konnte. Die Kinder brauchten eine Mutter, das Haus eine ordnende Hand. Vielleicht brauchte Bach auch eine Gefährtin für die vielen Stunden des Schaffens: ein stilles Wesen, das dabeisaß und dessen gewohnte Nähe Ruhe ausstrahlte und unbedingtes Vertrauen in das, was da seinen Händen entströmte. Unter den vielen Möglichkeiten weiblicher Inspiration im Leben der großen Meister war dies sicher die einfachste, unmittelbarste, aber sicher nicht die unwichtigste. So heiratete Bach im Dezember 1721 die Musikertochter Anna Magdalena Wilcken aus Weißenfels. Und es wurde wiederum eine gute, verständniserfüllte, glückliche Ehe. Welche Stürme und Gewitter, welche Kämpfe und Schlachten, wieviel Höhen und Tiefen, Zerwürfnisse und Versöhnungen gibt es in anderen Künstlerleben! Ist es Bachs Charakter, der übrigens von neueren Beobachtern als gar nicht so ruhig und ausgeglichen gewertet wird, wie man lange annahm, oder ist es die Zeit, die dem Leidenschaftlichen viel weniger Spielraum gab, als es spätere Epochen tun werden? In Anna Magdalena fand Bach eine in musikalischen Fragen bewanderte und mit Geschmack ausgezeichnete Gefährtin. Das Heim war und blieb sein Hort und Stützpunkt, von dessen sicherer Schanze aus es sich leichter kämpfen ließ. Es war stets von Kinderlärm erfüllt. Zu den sieben Kindern aus erster Ehe trafen nun dreizehn aus der zweiten. Ob Anna Magdalena viel Zeit fand, den schöpferischen Stunden ihres Gatten still beizuwohnen? Trotzdem muß sie eine ideale Künstlerfrau gewesen sein; aber diesen Begriff gab es damals wohl ebensowenig wie den des Künstlers.

Die Arbeit in Leipzig

Verhandlungen im großen Hamburg zerschlagen sich, die begehrte Organistenstelle wird anderweitig vergeben. Bach sehnt sich zur Orgel zurück, von der er nun seit Jahren getrennt ist. Am 26. März 1723 nimmt er einen ersten Kontakt zur Musikstadt Leipzig auf. Er leitet dort seine „Johannespassion" und bringt Gespräche über eine dortige Anstellung zum guten Abschluß. Am 1. Juni 1723 bezieht er den letzten Posten seines Lebens, der zugleich der nach außen hin wichtigste wird. Feierlich eingeführt, wird er Kantor, also musikalischer Oberleiter an der Thomaskirche in Leipzig, einem Gotteshaus von bedeutender Tradition, an dessen Musikbetrieb noch einige andere Kirchen der Stadt angeschlossen sind. Zugleich untersteht ihm, sicher nicht zur reinen Freude, der Musikunterricht an der angegliederten Knabenschule, deren Chor zur Mitwirkung im Gottesdienst herangezogen wird.

Doch was sich aus der Köthener Ferne so begehrenswert ausnahm, erweist sich bald als Quelle mancher Sorge. Bach ist mit der ihm vorgesetzten und anscheinend kleinlichen, spießbürgerlichen Behörde in vielem verschiedener Meinung. Zudem, während viele Meister seines Ranges in Italien und Frankreich, ja sogar in Deutschland selbst längst alle Sorgen um die reine Existenz weit hinter sich gelassen haben, drücken ihn, wie manchem Dokument zu entnehmen ist und wie Bach selbst es etwa in Briefen an seinen einstigen Wandergefährten Georg Erdmann mitteilt, materielle Sorgen, die kaum anders als beschämend zu bezeichnen sind. Wenn er wenigstens künstlerisch frei schalten könnte! Doch er muß um jeden Chorsänger, jeden Musiker, die er zu Aufführungen benötigt, hart kämpfen. Sind das die so renommierten Ensembles der Thomaskirche? Noch 1730 bittet Bach den Rat der Stadt, den Chor auf zwölf Mitglieder aufbauen zu dürfen, wobei einige davon laut seiner Eingabe sogar „tüchtige Schüler“ sein dürften! Und sein Orchester wünscht er sich mit 18 bis 20 Mitgliedern, darunter fünf Bläser und einen Pauker – bescheidener geht es wohl nicht mehr. Man kann nur mit Wehmut an die unvergleichlich reicheren Mittel denken, mit denen Corelli in Venedig (mit 150 Streichern!), Händel in London (400 Sänger!) ans Werk gehen können. Aber hier liegt vielleicht auch das Bewundernswerte an Bach, wie er ungeachtet dieser Enge mit seinen Werken den Weg in die Weite findet. Jede Beschränkung wird für ihn zum Anreiz, jede Schranke zum Sprungbrett, jede Fessel gibt Riesenkraft.

Im März 1729 leitet Bach in Köthen, mit dem seine Beziehungen nie abgerissen sind, die Trauermusik für den verstorbenen Fürsten, der ihm ein wahrer Freund geblieben war. Heimgekehrt erlebt er einen Tag, der, mehr für die Musikgeschichte als für Bach selbst, nur als „schwarz“, „rabenschwarz“ bezeichnet werden kann: Am Karfreitag erklingt unter seiner Leitung in St. Thomas zum ersten Mal seine eben fertiggestellte „Matthäuspassion“ und erweckt keinerlei Aufmerksamkeit. Die allerdings mit weit über vier Stunden Dauer den Rahmen üblicher Werke sprengende Musik scheint die Gläubigen nur ermüdet zu haben. Bach bemerkt es schweigend, nimmt die Partitur unter den Arm und verschließt sie so fest, daß es hundert Jahre dauern wird, bis ein Prinz (mit Namen Felix Mendelssohn Bartholdy) dieses Dornröschen nach langem Schlaf wachküssen wird. Es ist kaum zu befürchten, daß es noch einmal in einen Schlaf verfallen könnte, der es dem Bewußtsein der Menschheit entzieht.

Die Leidensgeschichte Christi war eines der wichtigsten Themen des mittelalterlichen geistlichen Theaters. Von hier aus vollzog sich die Übernahme in die um 1600 neue Kunstform des Oratoriums fast von selbst. Die protestantische Kirche sah hier auch den gegebenen Augenblick des tiefsten In-sich-Gehens des Christen. Und so findet sich in ihrem Wirkungsbereich die stärkste Neigung zu dramatischer und musikalischer Darstellung der Passionsgeschichte vom Letzten Abendmahl bis zum Kreuzestod.

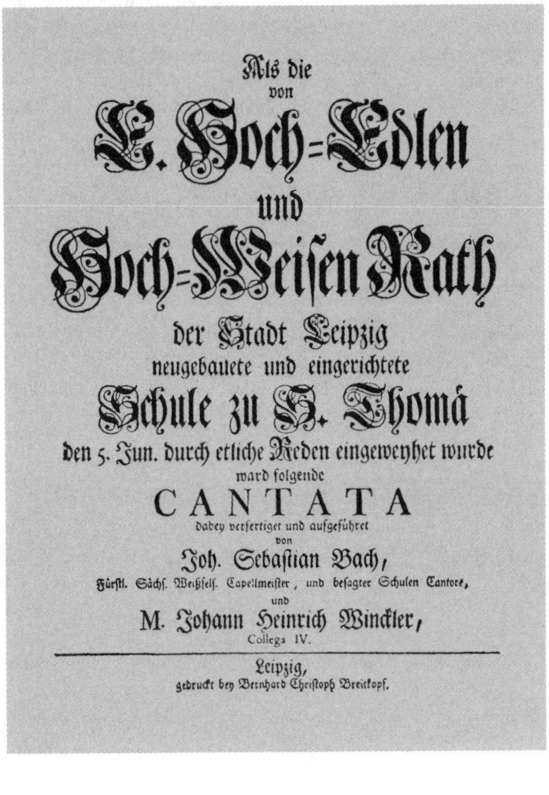

Als die
von
E. Hoch-Edlen
und
Hoch-Weisen Rath
der Stadt Leipzig
neugebauete und eingerichtete
Schule zu S. Thomä
den 5. Jun. durch etliche Reden eingeweyhet wurde
ward folgende
CANTATA
dabey verfertiget und aufgeführet
von
Joh. Sebastian Bach,
Fürstl. Sächs. Weißfels. Capellmeister, und besagter Schulen Cantore,
und
M. Johann Heinrich Winckler,
Collega IV.

Leipzig,
gedruckt bey Bernhard Christoph Breitkopf.

Oben: Thomaskirche und -schule in Leipzig. Stich aus dem Jahr 1723 bei Amtsantritt Bachs an seiner letzten Wirkungsstätte. Unten: Das Titelblatt der Kantate, die Bach bei seiner Amtseinsetzung am 5. Juni 1723 dem „Hoch-Edlen und Hoch-Weisen Rat“ der Stadt Leipzig widmete.

Noch im gleichen Jahr 1729 bedankt Bach sich persönlich in Weißenfels, ebenfalls im ehemaligen Sachsen-Anhalt unweit Halles gelegen, für die Verleihung des Titels eines „Fürstlichen Hofkapellmeisters“, der eine bloße Auszeichnung ohne Stellung bedeutet. Er selbst bleibt in Leipzig, wo seine Tätigkeit, wiederum im Jahr 1729, eine willkommene Aufwertung erfuhr: Telemann hatte ein *Collegium musicum* gegründet, eine Vereinigung von Musikliebhabern, die gern im Verein mit Berufssängern und -instrumentalisten spielten und sangen. Das Niveau war hoch, das Interesse an neuer Musik lebhaft. Als Telemann nach Hamburg ging, hinterließ er seinem Freund diese wahre Kulturstätte, zu deren Blühen er so viel Eigenes beitragen konnte.

Viel Freude erlebte Bach an seinen heranwachsenden Musikersöhnen. Wilhelm Friedemann lädt den Vater mehrmals nach Dresden ein, wo er Organist der Sophienkirche ist. Carl Philipp Emanuel amtiert als Hofmusikus im Dienst des Preußenkönigs Friedrich II., der zweifellos stärksten Herrscherpersönlichkeit der Zeit und glänzender Musikkenner dazu. Auf des Sohnes Vorschlag erhielt Bach eine ehrenvolle Einladung nach

Berlin und Potsdam, wo sein Gastgeber sich nicht nur als aufrichtiger Bewunderer seines Gastes erweist, sondern diesem auch ein eigenes Thema präsentieren kann mit der Bitte, es gelegentlich ausarbeiten zu wollen. Es steht jetzt im „Musikalischen Opfer", einem bedeutenden Instrumentalwerk Bachs. König und Musiker verstehen einander vorzüglich, sie sitzen gemeinsam stundenlang am Cembalo und an der Orgel. Wer diese Tage für den Höhepunkt in Bachs Leben hält, könnte recht haben. Es ist nicht der Glanz, der den Thomaskantor hier umgibt, es ist das tiefe Verständnis eines ungewöhnlichen Menschen, das höhere Auszeichnung bedeutet als Titel und Ehrungen.

VOKAL- UND INSTRUMENTALMUSIK

In Leipzig setzt Bach das kaum überblickbare Kantatenwerk fort. Er vollendet es mit einer Gesamtzahl von 198, die zwar von manchen anderen deutschen Kantoren übertroffen wird, aber sicher nicht an Vielfalt, Tiefe und Meisterschaft. Zu diesen geistlichen Kantaten treten auch weitere weltliche wie: „Der zufriedengestellte Aeolus", „Weichet nur, betrübte Schatten", „Streit zwischen Phöbus und Pan", die humoristische, im Dialekt geschriebene Bauernkantate „Mer han en neue Oberkeet" (Wir haben eine neue Obrigkeit), die schon erwähnte „Kaffeekantate", welche die ersten europäischen Genießer dieses morgenländischen Tranks verspottet.
1733 beginnt Bach die Arbeit an seiner „Messe in h-Moll", zu deren Vollendung er fünf Jahre braucht. Wer die großartigsten musikalischen Messen der Weltliteratur aufzählt, wird das Bach'sche Werk neben die Messen Haydns, Mozarts, Beethovens, Schuberts, Cherubinis, Gounods, Dvořaks stellen, unter denen er der einzige Protestant war. Wie schön, daß die Musik in sich keine konfessionellen Grenzen kennt! Viel kürzer war die Arbeitszeit am „Weihnachtsoratorium", das 1734 begonnen, 1735 vollendet wird. Neben einem „Osteroratorium" (das weitgehend mit der Kantate „Kommt, eilet und laufet" identisch ist) und einem „Himmelfahrtsoratorium" (das mit der Kantate „Lobet Gott" eng verwandt ist) soll Bach, neben den Werken auf die Texte des Johannes und des Matthäus, noch eine dritte Passionsmusik geschaffen haben, nach den Worten des heiligen Markus, aber sie konnte nie aufgefunden werden. Auch Bachs lateinische Motetten sind verlorengegangen, fünf deutsche sind Bach mit Wahrscheinlichkeit zuzuschreiben: es sind fünf- bis achtstimmige Chorstücke ohne Begleitung, Musik stärkster Ausdruckskraft.
Wenn Bach auch in Leipzig keine ständige Betätigung als Organist fand, so stammen doch viele seiner größten Werke für die „Königin der Instrumente" aus dieser Zeit, in der er auch frühere Kompositionen, seiner Gewohnheit gemäß, um- und neubearbeitete. Schließlich sei noch seine Mitwirkung am „Gesangbuch Schemellis" erwähnt; der Schloßkantor von Zeitz, einem damals ebenfalls sächsisch-anhaltischen Städtchen nahe Halle, Georg Christian Schemelli, gab 1736 ein Sammelwerk von fast tausend Gesängen heraus, für das er um Bachs Mitarbeit bat. Man nimmt an, daß mindestens 24 dieser Lieder Kompositionen Bachs sind und weitere 70 seine Bearbeitungen von Melodien unbekannten Ursprungs. Nicht weniger reich als das vokale Werk ist Bachs in Leipzig entstandene Instrumentalmusik. Die Suite, auf dem Höhepunkt ihrer Pflege in ganz Europa, bot unzählige Möglichkeiten. Zu den „Französischen Suiten", die möglicherweise bereits in Weimar oder Köthen entstanden waren (und die so von seinen Schülern und Freunden erst nach seinem Tod genannt wurden, da sie sich in Geist, Charme und Eleganz den Pariser „Ordres" näherten), traten nun, noch zuletzt in Köthen oder schon in Leipzig, sechs „Englische Suiten". Sie sollen diesen Namen allerdings nur der Tatsache verdanken, daß ein reicher Engländer sie bei Bach bestellte. Hierher gehören schließlich die „Partiten" genannten Stücke, die man am ehesten „Deutsche Suiten" nennen könnte. Von 1726 bis 1730 ließ Bach alljährlich eine Partita erscheinen und gab sie unter Hinzufügung einer sechsten 1731 gemeinsam unter dem Titel „Clavierübung, bestehend in Präludien, Allemanden, Cou-

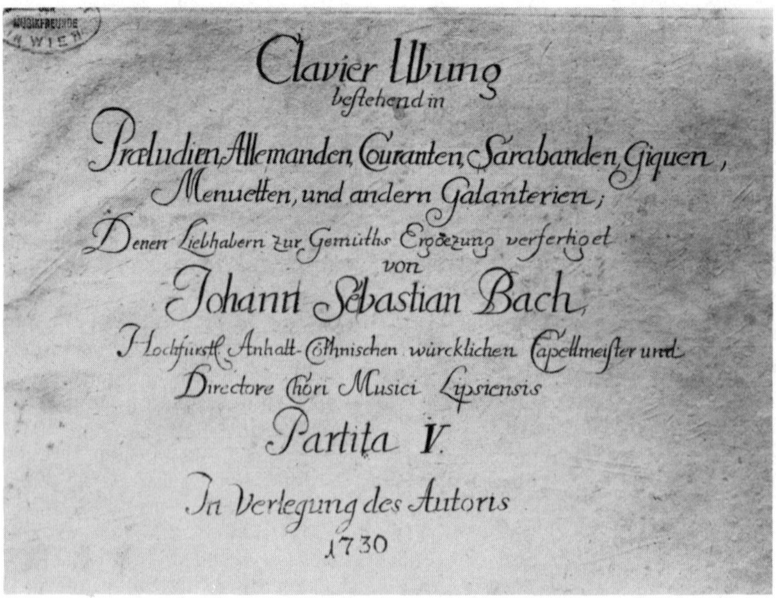
Clavier Übung
bestehend in
Præludien, Allemanden, Couranten, Sarabanden, Giquen,
Menuetten, und andern Galanterien;
Denen Liebhabern zur Gemüths Ergoetzung verfertiget
von
Johann Sebastian Bach,
Hochfürstl. Anhalt-Cöthnischen würcklichen Capellmeister und
Directore Chori Musici Lipsiensis
Partita V.
In Verlegung des Autoris
1730

Links: Titelblatt von Bachs „Klavierübung", 1730 im Selbstverlag herausgegeben.

ranten, Sarabanden, Giguen, Menuetten und anderen Galanterien, den Liebhabern zur Gemütsergötzung verfolgt" heraus. Den Namen „Klavierübung" übernahm Bach dabei von seinem Leipziger Amtsvorgänger Johann Kuhnau (1660–1722), der 1689 und 1695 zwei Werke unter dieser Bezeichnung hatte erscheinen lassen. Sie schien Bach zu gefallen, denn er verwendete sie noch weitere drei Male und faßte darunter stets wichtige Kompositionen verschiedener Art zusammen. Die erwähnte erste Partita aus dem Jahr 1726 war als erstes Werk Bachs im Druck erschienen. Bach war damals bereits 41 Jahre alt! Der Druck von musikalischen Werken lag, nicht anders als es bei literarischen der Fall war, in erster Linie beim Autor selbst, falls nicht ein Landesherr ihm dieses „Geschäft" abnahm. Denn ein solches, im neueren Sinn des Wortes, war es sehr selten. Sicherlich aber ein unberechenbares Risiko, das nur ungewöhnlich populäre Musiker mit weitgestreutem Schülerkreis oder ausreichendem Vermögen gefahrlos auf sich nehmen konnten. Nichts zeigt so offen Bachs wahre materielle Situation wie diese Tatsache.

Als Bach 1735 eine neue „Clavierübung" erscheinen lassen wollte, fand sich in der Person des Nürnberger Druckers und Notenstechers Christoph Weigel (des Jüngeren) ein Verleger. In diesem Band steht das „Concert im italienischen gusto", das als „Italienisches Konzert" berühmt wurde. In der dritten „Clavierübung" aus dem Jahr 1739 stehen die großartigen Orgelchoräle, die der selbst verehrungswürdige Bach-Verehrer und -kenner Albert Schweitzer, „der Arzt von Lambarene", Bachs „musikgewordenes Dogma" genannt hat. Unmittelbar folgten, vielleicht durch einen Irrtum des Verlegers, vier kleine Duos für Cembalo. Die vierte „Clavierübung" (1742) schließt vor allem die „Goldberg-Variationen" ein. Deren Thema hatte ihm einst der Cembalist Johann Theophilus Goldberg gegeben, der Schüler zuerst des Sohnes Wilhelm Friedemann, hernach Bachs selbst gewesen und nun „Vorspieler" beim livländischen Gesandten am sächsischen Hof war. Dieser litt an Schlaflosigkeit, und sein Cembalist mußte allnächtlich viele Stunden spielen, wobei er begreiflicherweise sanfte, zarte Musik bevorzugte. Solche erbat er wahrscheinlich von Bach, der wie immer gerne half. Der Freiherr von Kayserling revanchiert sich sehr nobel: Der Goldbecher mit hundert Louis d'or war das höchste Honorar, das Bach in seinem Leben erhielt. Diese „Goldberg-Variationen" wie das „Italienische Konzert" wurden offenbar für zweimanualiges Cembalo geschaffen, also das größere der beiden Tasteninstrumente, die damals, um 1730, in Gebrauch standen.

Aus den in Leipzig komponierten Instrumentalwerken seien noch das „Tripelkonzert für Cembalo, Flöte und Violine", eine „Phantasie in c-Moll" für Cembalo sowie der 1744 erschienene zweite Band des „Wohltemperierten Klaviers", 22 Jahre nach dem ersten, erwähnt, doch auch dies ist wiederum nur eine verhältnismäßig kleine Auswahl aus einer an Fülle und Reichtum der Formen kaum überblickbaren Menge von Kompositionen.

Die „Kunst der Fuge"

Ende Mai 1749, mit 64 Jahren, erleidet Bach einen Schlaganfall, nach dem seine Sehkraft rasch abzunehmen beginnt. Doch er sitzt mit großer Anstrengung täglich noch mehrere Stunden an einem Werk, das höchste Konzentration erfordert: „Kunst der Fuge". Viel ist um diese Komposition gerätselt worden, denn in ihrer skizzenartigen Niederschrift findet sich kein Wort über mögliche Arten der Interpretation, keinerlei Angaben für die zu verwendenden Instrumente. Hat Bach dies erst nach Vollendung entscheiden wollen? Oder sollte das Werk als höchste Abstraktion gedacht sein, als reines Studienwerk zur Ergründung kompliziertester kontrapunktischer Formen? Zahlreiche Musiker jedoch haben immer wieder versucht, oft in diametral entgegengesetzter Auffassung, dieses wahre Rätselstück durch Bearbeitungen öffentlichen Aufführungen zugänglich zu machen. Sicher ist nur, daß in ihm Weisheit und Genie eines über seine, über alle Zeiten hinausragenden Meisters enthalten sind, dem die Mathematik, ja wahrscheinlich Mystik und Magie, so nahe standen wie die Musik und die Astronomie. Es ist behauptet worden, es habe sich in seinem Nachlaß ein Buch gefunden, das sich mit Zahlenmystik befaßt und in dem Zusammenhänge zwischen Gesetzmäßigkeiten der Musik und der Bahnen von Himmelskörpern offengelegt werden. Kommt bei Bach ein damals (und heute noch) von vielen Geheimnissen geprägtes Weltbild zum Klingen? Wäre es so, es bedeutete, wie alles in Bachs Leben, nur ein weiteres Streben zu Gott, dem Planeten, Sonne und Sterne gerade so untertan sein müssen wie Töne, Melodien, Gegenstimmen und Akkorde.

Keine Phrase, keine Floskel war es bei ihm, wenn er an den Anfang seiner Kompositionen „J. J. (Jesu Juva, Hilf Jesus!) setzte und an deren Ende „S. D. G." (Soli Deo Gloria, Gott allein die Ehre!), es kam ihm stets aus dem Herzen. Für ihn gab es Zweifel und Qualen nicht, die so manchen schaffenden Künstler ängstigten. Er wußte, wie es in seiner 160. Kantate steht, daß sein „Erlöser lebt" und daß „Er zu allen kommt, die ihn rufen", wie der Prophet Johannes der Täufer (Jochanaan) es in der „Salome" von Richard Strauss so schön ausdrückt.

Anfang 1750 führte der eben in Leipzig weilende berühmte englische Augenchirurg John Taylor an Bach zwei Operationen aus. Es trat zwar keine Besserung ein, aber dem Verfall des Augenlichts wurde doch Einhalt geboten. Und am 18. Juli geschah das Wunder, um das Bach in seiner tiefen Gläubigkeit wohl gefleht hatte: Er konnte plötzlich wieder sehen. Sofort nahm er die Arbeit an der „Kunst der Fuge" auf, die er mit großen Schwierigkeiten zuletzt zu diktieren versucht hatte. Er kam bis zu einem Stück, in dem er seinen eigenen Namen B-A-C-H in Notenwerten als „Contrasubjekt" (was wir heute als „Kontrapunkt" bezeichnen) verwendete. Da traf ihn, am 28. Juli 1750 in den Abendstunden, ein zweiter Schlaganfall, der seinen Kopf leblos auf das Notenpapier fallen ließ.

Legionen von Musikern haben seitdem diese vier musikalischen Noten B-A-C-H symbolhaft in eigene Werke verarbeitet: in bedeutende oder unbedeutende. Das ist gleichgültig, denn auch die Huldigung des Bescheidensten zählt.

Georg Friedrich Händel

Händels Musik: Das ist Pomp und Strahlen, leuchtender Klang, wie ihn sonst nur die Italiener erfanden; das ist die ganze Großzügigkeit, Großartigkeit des barocken Stils, seine Freude an der Monumentalität, an der weitgeschwungenen Verzierung, am Spiel als Lebenselement.
Solange Händel in Deutschland lebte, unterzeichnete er mit „Haendel". In England, seinem endgültigen Aufenthalt und Land seiner Adoption, lautete seine Unterschrift naturgemäß „George Frederic Handel". Wir hätten die Originalfassung „Haendel" vorgezogen – die übrigens auch für die meisten anderen Sprachen klanglich etwa die richtige Aussprache ergeben hätte –, doch das riesig angewachsene Schrifttum, vor allem in deutscher Sprache, hat sich auf „Händel" geeinigt.
Händel und Bach, innerhalb weniger Wochen und in benachbarten deutschen Landschaften zur Welt gekommen, lernten einander in ihrem verhältnismäßig langen Leben, Bach erreichte 65 Jahre und 4 Monate, Händel 74 Jahre und 2 Monate – bei einer damaligen durchschnittlichen Lebenserwartung, die unter 50 Jahren lag –, niemals kennen. Das mutet uns erstaunlich an,

auch wenn wir bedenken, daß Reisen noch nicht so einfach und selbstverständlich war wie heute und daß es noch keine Tagungen, Kongresse, Symposien, Musikfeste gab, bei denen heutzutage Musiker sich treffen können. Bachs und Händels Wege kreuzten sich mehrfach oder gingen knapp aneinander vorbei. Händel und Domenico Scarlatti spielten, wie wir sahen, auf Cembalo und Orgel im wahrsten Sinn „um die Wette". Wie wäre ein solcher „Wettbewerb" zwischen allen drei Großen im Jahr 1685 Geborenen ausgegangen? Es war Bachs und Händels Schicksal, nach ihrem Tod unzählige Male gemeinsam genannt zu werden. Und doch ist wenig Ähnliches an ihnen festzustellen, außer, daß sie Barockmeister waren, Vertreter eines gemeinsamen Zeitalters, das auch der Musik seinen Stil aufgedrückt hatte. Mit ihrer Generation jedoch ging die Barockepoche zu Ende, die in der Musik ungefähr fünf Geschlechterfolgen des Abendlands beherrscht hatte. Akzeptiert man die Einteilung in Früh-, Hoch- und Spätbarock, die vor allem in den bildenden Künsten oft vorgeschlagen, in der Musik aber bedeutend weniger klar wird, so gehören diese beiden Meister mit ihren parallelen, sonst aber ganz unähnlichen Existenzen dem späten Barock an und stehen an der Grenze zu dessen Auflösung in das leichtere, liebenswürdigere, spielerische Rokoko.

Die Antipoden

Händels Leben stellt in fast allen Belangen das gerade Gegenteil von dem Bachs dar. Es bedeutet weltweiten, völlig unbestrittenen Ruhm, glanzvolle, weit ausstrahlende Erfolge auf Szenarien, die im Mittelpunkt des politischen Lebens stehen, Umgang mit vielen Großen seiner Zeit, glänzende materielle Lage, die allerdings mehrmals durch rasch überwundene Zusammenbrüche getrübt wird, unbeschränkte künstlerische Möglichkeiten. Mit dem Betrag, den eine einzige Festaufführung Händelscher Opern oder Oratorien verschlang, mußte Bach wohl ein Jahr mit seiner Kantorei auskommen. Händels Leben umschließt dramatische Ereignisse ohne Zahl, erregende Zwischenfälle, heftige Polemiken, gnadenlose Konkurrenzkämpfe, von denen Bachs Existenz in diesem Ausmaß nicht einmal etwas ahnte. Alles – Charakter, Laufbahn, Temperament, Schicksal der beiden Meister – war verschieden wie Tag und Nacht. In Bachs Familie gab es nur Musiker, in der Händels keinen einzigen. Bachs Musikerberuf stand frühzeitig fest, war etwas Selbstverständliches, der Händels mußte gegen heftigen Familienwiderstand als etwas Unvorstellbares hart erkämpft werden. Bachs

Werdegang führt zu Beginn in kleine, stille Kirchen seiner mitteldeutschen Heimat, Händel stürzt sich gleich in das damals virulente Opernleben Hamburgs und in das weltbedeutende Italiens. Bach wirkt an unbedeutenden, weit vom Weltgeschehen abliegenden Fürstenhöfen inmitten idyllischer Residenzstädtchen, die wie von Spitzweg gemalt erscheinen; Händel erlebt die turbulenten, lärmenden Weltstädte mit ihrem verwirrenden Hafengetriebe, wie das von Canaletto gemalte Venedig, das mittelmeerisch belebte Neapel, das mächtig aufsteigende London, das zur neuen Kapitale des Abendlands wird. Bach trifft nur höchst selten und ausnahmsweise mit zeitbestimmenden und interessanten Menschen zusammen, die Begegnung mit dem Preußenkönig bleibt eine einmalige lichtvolle Episode. Händel aber pflegt mit manchem von ihnen vertrauten Umgang.

Georg Friedrich Händel kam am 23. Februar 1685 im sächsischen Halle an der Saale zur Welt, übrigens einem Teil Deutschlands, aus dem eine überraschend große Zahl namhafter Musiker ihren Weg in die Welt nahm. Mit vier Jahren regt sich sein musikalisches Interesse. Eine (viel spätere) Zeichnung zeigt den kleinen Jungen, der sich nachts heimlich zum Cembalo stiehlt, um Töne zusammenzusetzen. Dem Vater, der es aus eigener Kraft zum „Wundarzt" und „kurfürstlich brandenburgischen Leibchirurgen" gebracht hat, erscheint der Musikerberuf, den sein Sohn wählen will, als sozialer Abstieg. Er konnte freilich nicht ahnen, daß sein widerspenstiger Sohn eines Tages mit Hilfe der Musik mehr Ehren, Ruhm und Geld erwerben würde, als ihm nahezu jeder „bürgerliche" Beruf eingetragen hätte. Doch der Wille des Jünglings war schon damals unbeugsam. Das Studium der geliebten tönenden Kunst wird ihm gestattet, wenn er gleichzeitig die juristische Fakultät besucht. Noch ehe dieser Beschluß in die Tat umgesetzt werden sollte, starb der Vater; doch der Sohn hielt sich an das gegebene Versprechen, allerdings nur für ein einziges Jahr. 1703, mit achtzehn Jahren, fällt er seine endgültige Entscheidung. Seine musikalischen Vorstudien ermöglichen es ihm, als Cembalist und Organist nach Hamburg zu gehen, wo er sich völlig dem Theater verschreibt: ganz im Gegensatz zu Bach, der damals ebenfalls in Hamburg weilt und sich nur für die Kirchenmusik interessiert. Händel kommt im Opernhaus am Gänsemarkt unter, wo seine Erstlinge „Almira" und „Nero" uraufgeführt werden, ein vielversprechender Anfang. Mit dem mehrfach genannten Johann Mattheson, der sich ein wahres Richteramt über das deutsche Musikleben anzumaßen scheint, gerät Händel in

Linke Seite: Händels Geburtshaus in Halle, eine komfortable Bürgerresidenz.
Rechts: Händel mit jungen Musikern in Hamburg beim Spiel mit Flöte, Violine und Theorbe. Französischer Stich, betitelt „L'aimable Accord".

offenen Konflikt, der bis zum Duell gedeiht. Dann umarmt Händel, so spontan wie hitzig, den Gegner zur Versöhnung. Doch schon damals erscheint es nicht ratsam, einer Gegenpartei Händels anzugehören.
Er wandert, genau wie der gleichaltrige Bach, nach Lübeck, um den großen Buxtehude an der Orgel zu erleben. Er könnte sogar dessen Nachfolger werden, aber er geht auf die Bedingung einer Verehelichung mit der Tochter des Titulars nicht ein. Zu machtvoll zog es ihn zur Oper. Um auf diesem hart umkämpften Gebiet nach vorn zu kommen, gab es nur einen Weg, nämlich nach Italien. Während Bach sich zur gleichen Zeit in die kleinbürgerliche Enge eines deutschen Städtchens findet, erlebt Händel das berauschende Theaterleben Roms, Venedigs, Neapels.
Er schließt, knapp zwanzig Jahre alt, Freundschaft mit Corelli, Antonio Lotti, Agostino Steffani, Alessandro Scarlatti, den großen Musikern des italienischen Barock. Er erfährt die stolze Genugtuung, von den Berühmten kameradschaftlich aufgenommen, geschätzt zu werden, seine eigenen Werke neben denen der Gefeierten bestehen zu sehen. Mit Domenico Scarlatti, Alessandro Scarlattis Sohn, reist er in Italien umher, betätigt sich an der Orgel wie auf dem Cembalo, manchmal im „Wettkampf" mit diesem Freund, der bereits als einer der großen Virtuosen der Zeit gilt. Im Historischen Archiv der Stadt Rom wird ein Mitteilungs- oder Zeitungsblatt bewahrt, in dem unter dem Datum „April 1707" zu lesen steht: „In unserer Stadt ist ein Sachse angekommen, ein ausgezeichneter Cembalist und Komponist, der heute seine Geschicklichkeit unter Beweis gestellt hat, als er die Orgel von San Giovanni di Laterano spielte und alle in Begeisterung versetzte." Dieser „Sassone" war Händel. Zwanzig Jahre später wird diese Bezeichnung Händel ganz allgemein in Italien begleiten. Den Italienern war der Name „Händel" zu schwierig zum Aussprechen. Doch später wird er berühmt genug geworden sein, um ihn an die Stelle von „Sassone" zu setzen, zumal es auch andere Sachsen gab, die so genannt werden wollten. Mit der Kantate „Lucrezia", den beiden Oratorien „La Resurrezione" (Die Auferstehung) und „Il Trionfo del tempo e del disinganno" (Der Sieg der Zeit und der Enttäuschung) sowie der Oper „Rodrigo" errang Händel in anspruchsvollen Theatern Erfolg und Beliebtheit. Trotzdem betrachtete er Italien nur als vorübergehende Etappe, aus der er in eine der führenden Stellungen Deutschlands zu kommen hoffte. Mit der Oper „Agrippina" verabschiedete er sich zum Jahresende 1709 von Venedig.

Hannover und London

Im Jahr 1710, mit 25 Jahren, wird Händel Hofkapellmeister in Hannover. Sein Gehalt beträgt, es klingt unglaublich, fast das Zwanzigfache dessen, was Bach zur gleichen Zeit am Weimarer Hof erhält. Reisen führen ihn in die Vaterstadt Halle, nach Düsseldorf und schließlich nach London. Hier entdeckt er mit Verwunderung, daß das Opernleben der großen Stadt seit Purcells frühem Tod eigenartig verwaist erscheint. Zugleich spürt er das starke Interesse, das vor allem die breite Oberschicht dieses demokratischen Gemeinwesens den Werken des italienischen Hochbarock entgegenbringt. Er wird Queen Ann vorgestellt. Der Direktor ihres Musiktheaters, Aaron Hill, schlägt Händel einen Opernstoff vor, an dessen Vertonung er sofort geht: „Rinaldo", in nur 14 Tagen geschrieben oder teilweise aus früheren Eigenkompositionen zusammengestellt, findet stürmischen Beifall und weckt Händels natürlichen Wunsch, der von der anderen Seite ebenso erwidert wird, sich in London niederzulassen.

Oben: Händel, der Deutsche, der zum italienischen Opernkomponisten, zum führenden Musiker Englands und Begründer des neueren weltlichen Oratoriums wurde.
Rechte Seite: Das Drury Lane gehörte – neben dem Haymarket- und dem Covent-Garden-Theater – zu den führenden Bühnen Londons zu Händels Zeiten.

Doch die Pflicht ruft ihn nach Hannover zurück, wo er die Palastkonzerte leitet, nun aber das Fehlen einer ständigen Oper schmerzlich vermerkt. Ein früher Hannoveraner Versuch war im Jahr 1696 gescheitert und nicht wiederholt worden. Im Frühsommer 1711 aus England zurückgekehrt, erbittet er schon wenige Monate später von neuem Urlaub und befindet sich anfangs 1712 wieder in London. Sein Aufenthalt ist begrenzt, und so nützt er ihn bis zum äußersten. Er ist, wieder im Gegensatz zu Bach, eine Eroberernatur, und er will England erobern. Die beiden Opern „Il Pastor fido" (Der treue Schäfer, auf einen berühmten, oft vertonten Text Metastasios) und „Teseo" (Theseus) bringen ihn dem ersehnten Ziel nicht viel näher, aber das „Tedeum", das er zur Feier des Utrechter Friedensschlusses (der den „Spanischen Erbfolgekrieg" beendete) komponiert und in der St.-Pauls-Kathedrale selbst dirigiert, bringt den ersehnten Durchbruch. Die Königin setzt ihm eine hohe Rente aus, der Herzog von Burlington stellt ihm seinen Palast als Wohnung zur Verfügung, die höchsten Kreise ehren und feiern ihn. Längst ist die Frist zur Heimkehr abgelaufen, aber Händel weilt immer noch höchst beschäftigt in Lon-

don. Hier befand er sich, ohne seine Handlungsweise beschönigen zu wollen, in bester Gesellschaft: Auch Bach und später Mozart überschreiten ihre Beurlaubung so gründlich, daß ihre Obrigkeiten kaum anders reagieren können, als sie es wirklich auch tun: mit der sofortigen oder baldigen Entlassung. Bei Bach ist es ein kleiner Kirchenrat, bei Mozart ein Fürsterzbischof, bei Händel der Kurfürst von Hannover. Der ist, nicht ganz zu Unrecht, gekränkt und erbost über seinen Untertanen, dem er ja nur Gutes erwiesen hat. Doch während er vielleicht noch überlegt, was er tun könne, spielt das Schicksal einen seiner überraschenden Trümpfe aus: Der hannoversche Kurfürst wird, als Queen Ann stirbt, ihr Nachfolger als König von England.
Bei der Ankunft des neuen Herrschers in der Stadt, in der sich sein unbotmäßiger Untertan inzwischen recht gut eingerichtet hat, geschieht zunächst gar nichts. Georg I. ist klug genug, den „Fall" nicht aufzurollen. Über die Aussöhnung der beiden Männer gibt es unterschiedliche Lesarten: Zuerst soll der ebenfalls in London niedergelassene italienische Meister Francesco Geminiani (1687–1762) eine Annäherung versucht haben. Bekannter hingegen ist die Erzählung, Händel habe für eine Themsefahrt des Königs auf dessen Wunsch hin die „Wassermusik" komponiert und diese prunkvoll prächtige Musik selbst von einem nahe dem königlichen Schiff dahingleitenden Boot geleitet, womit der Rückkehr in die Gunst Georgs I. nichts mehr im Wege stand. Die Versöhnung fand statt, Händel besuchte mit „seinem" König sogar Hannover und machte einen Abstecher zu seiner Mutter nach Halle. Historisch ist, daß er in Hannover eine Passion schrieb, sein letztes deutschsprachiges Werk (unter den verhältnismäßig wenigen dieser Art). Eines Tages wird der italienische Opernkomponist Händel ein englischsprachiger Oratorienmeister werden.

Händels Opern in England

Nach der Rückkehr von dieser Fahrt nimmt Händel eine Einladung des Herzogs von Chandos auf dessen Schloß Cannons an, wo viel Musik getrieben wird. Händel bleibt drei Jahre dort und schreibt zwei „Chandos-Te Deum", zwölf „Chandos-Anthems" (Kantaten- oder psalmartige Kompositionen), das weltliche Oratorium „Acis and Galatea" und das erste geistliche Oratorium in englsicher Sprache: „Esther". Im Jahr 1719 wird die Royal Academy of Music gegründet, ein italienisches Operntheater, das von der hohen Aristokratie unterhalten wird. Händel wird die Leitung übertragen. Um die besten Kräfte zu engagieren, eilt er auf den Kontinent, zuerst nach Dresden, wo eben eine Reihe italienischer Sänger höchsten Ranges zu einem Opernfestspiel versammelt sind. 1720 erfolgt dann die Eröffnung der neuen Oper im Haymarket-Theatre mit „Numitore" des heute vergessenen, damals vorübergehend in London weilenden Italieners Giovanni Porta (um 1690–1755). Hierauf ließ er seinen eigenen „Radamisto" folgen, der ihm einen starken Erfolg eintrug. Nun kam Händels gewaltige Schaffenskraft voll zum Ausbruch. 1721 folgen zwei neue Opern („Muzio Scevola", „Floridante"), 1723 ebenfalls zwei („Ottone", „Flavio"). Doch machten sich allmählich im Londoner Opernleben Spaltungen bemerkbar, die sich bald zu wahren Kämpfen auswuchsen. Ob es stimmt, daß die Liebhaber gern einen „echten" Italiener an der Spitze gesehen hätten anstelle eines „italianisierten Deutschen", ist nicht nachzuprüfen. Wo immer es Erfolg gibt, fehlt auch der Neid nicht, und in das Lob für einen Künstler mischen sich stets kritische Stimmen, und sei es auch nur, um dessen Größe nicht anerkennen und über eigene Kleinheit setzen zu müssen.
Ein Konkurrenzunternehmen berief den namhaften Italiener Giovanni Battista Bononcini (1670–1747), der sich mit „Griselda" 1722 als sehr ernstzunehmender Rivale Händels auswies. Es kam zu einem echten Wettstreit (ähnlich jenem, der sich mehr als ein halbes Jahrhundert später in Paris zwischen Gluck und Piccini, vor allem aber zwischen deren militanten Anhängern abspielen wird), der sich jedoch glücklicherweise auf die Theater beschränkte und nicht, wie später in Paris, auf der Straße mit billigsten Pamphleten ausgetragen wurde. Bononcini führte „Farbace", „Erminia", „Calpurnia", „Astianatte" auf. Händel setzte ihnen „Giulio Cesare", „Tamerlano", „Rodelinda", „Scipione", „Alessandro" entgegen. Schließlich verblaßte Bononcinis Stern. In einem Konzert soll er ein Madrigal des hochbedeutenden Venezianers Antonio Lotti (1667–1740) als eigene Komposition vorgestellt haben. Über sein weiteres Leben ist kaum noch etwas bekannt. Händel verdoppelte nun seine Anstrengungen noch. Zu den 16 Opern, die er bis 1723 geschrieben hatte, fügt er alljährlich zwei bis drei neue hinzu. Die meisten gehören dem italienischen Typus der *opera seria* an, der „ernsten Oper" im Geist der Neapolitanischen Schule Alessandro Scarlattis. Sie sind pompös, festlich, enthalten zahlreiche, stark verzierungsgeschmückte Arien, pathetische Konflikte, hochtönende Worte und gestenreiches Spiel, wie das Hochbarock sie den mythologischen und legendären Gestalten der Antike zuzuweisen pflegte. Barock waren auch die Bräuche im Opernbetrieb, wobei man dieses Wort getrost in seiner ursprünglichen Bedeutung von „seltsam", „bizarr", vielleicht sogar „grotesk" nehmen darf. Libretti wurden oftmals nicht nur einem Komponisten zur Vertonung übergeben, sondern zwei oder dreien. Entweder, um so

drei Opern zu erhalten, die miteinander in Wettbewerb treten konnten, oder drei verschiedene Komponisten schufen je einen Akt der neuen Oper. So entstanden die damals beliebten *pasticci*, die „Pasteten" (sogar der Knabe Mozart wird sich noch an einer zu beteiligen haben). Alles war auf Rivalität gestellt, doch waren die Kampfbedingungen beinahe niemals fair. Es galt nur, den Konkurrenten aus dem Feld zu schlagen, um alles Geld, allen Ruhm für sich selbst vereinnahmen zu können. Die „freie Marktwirtschaft", deren höchste Ausbildung wohl in London vor sich gegangen sein dürfte, hatte sich schnell auch des Musiklebens bemächtigt. Am schlimmsten trieb sie ihr Wesen oder Unwesen mit den Sängern.

Die Konkurrenz der „Bettleroper"

Händel hatte sich vom Engagement der berühmten Primadonnen Faustina Bordoni und Francesca Cuzzani ein wahres Stimmenfest versprochen, insgeheim aber wohl auch einen starken Nervenkitzel für das Publikum. Alles schien nach Wunsch zu gehen, aber zum Fest der schönen Stimmen kam es nicht mehr. An jenem 6. Juni 1727 fielen die beiden Primadonnen, lautstark in Erregung versetzt durch randalierende Anhängergruppen, sofort übereinander her. Doch nicht nur die Vorstellung mußte abgebrochen werden. Das Ende des Unternehmens war da! Zu einer neuen Spielzeit kam es nicht, weil inzwischen, am 29. Januar 1728, ein schwer zu klassifizierendes, aber um so leichter allgemein verständliches Werk über die Bühne eines nahegelegenen Theaters gegangen war, das sich sofort in ein einmaliges Zugstück verwandelte: „The Beggar's Opera" (Die Bettleroper) von Pepusch und Gay. War das eine Oper? Nein, zumindest nicht im herkömmlichen, im barocken Sinn. Aber die Parodie einer Oper! Die Parodie der Oper als Gattung schlechthin. Da wurde alles ins Absurde verkehrt: Statt Heroen und Göttern standen Bettler, Dirnen und Banditen auf der Bühne. Sie sangen nach ihrer Weise, Lieder, *songs*, Moritaten, Balladen in volkstümlicher Art, aber keineswegs schlecht, im Gegenteil! Das Stück war vor allem auch eine soziale Parodie. Die „Bettleroper" zeigte die herrschende Korruption, machte die oberste Klasse lächerlich, wies auf die Hohlheit der bestehenden „Gesellschaft" hin. Sie machte Figuren aus dem niedersten Volk „opernfähig", war äußerst bitter und amüsant zugleich. Sie führte das Musiktheater der Zeit, wie die Italiener und Händel es verstanden, ad absurdum. Wer die „Beggar's Opera" gesehen hatte (und die Angehörigen aller Stände strömten ins Theater, um sie zu erleben), ging nicht mehr in die Opern des Haymarket und Covent Garden. Sie waren, wie jetzt viele erkannten, längst zur Schablone geworden, die Textbücher uninteressant. Immer triumphierte zuletzt die Tugend, die Götter des Olymp griffen ein, in einem feierlichen Schlußbild wurde die beste aller Welten gezeigt, was für die Oberschicht natürlich ihre eigene bedeutete. Um so lustiger war es, wenn gegen Ende der „Bettleroper" der größte Bösewicht vom drohenden Galgen gerettet und durch einen „reitenden Boten des Königs" begnadigt, in den erblichen Adelsstand erhoben und mit einer glänzenden Lebensrente ausgestattet wird. Diese Satire traf die Gesellschaft wie die Oper mitten ins Herz.

Die „Bettleroper" war eine Niederlage für die Gesellschaft, die aber genug Widerstandskraft, vielleicht Größe besaß, sie zu verwinden; dazu war es eine Niederlage für die italienische Barockoper, die einzige, die England seit Purcells Zeiten kannte. Es war eine Niederlage für ihr gekünsteltes Gehabe, ihr großspuriges Wesen, die Unechtheit ihrer Problemstellungen. Aber auch sie hatte ihre inneren Kräfte, die in diesem Fall vor allem aus der Stärke der Händelschen Musik kamen, hatte noch einigen Lebensgeist in sich. Und Händel war nicht der Mann, der sich geschlagen gab. Er wußte eine starke Gruppe wichtiger Anhänger hinter sich. Händel war am 13. Februar 1726 englischer Staatsbürger geworden, und die Kette der Ehrungen riß nicht ab. Er reist nach Italien, um erfolgreiche Werke und aufsehenerregende Sänger für einen Neubeginn nach London zu holen. Er nimmt keine der ihm überall angebotenen und oft verlockenden Positionen an, die ihm erreichbar werden. Als echte Kämpfernatur will er dort siegen, wo er unterlegen war – vorübergehend, wie er fest überzeugt war. Und so eröffnet er am 2. Dezember 1729 eine neue Londoner Spielzeit unter dem Namen *New Royal Academy*. Wieder komponiert er Werk auf Werk, zwei, drei in jedem Jahr. Er kämpft nun nicht mehr gegen Widersacher, er ringt um ein Publikum, das der *opera seria* in immer größeren Mengen die Gefolgschaft kündigt. Er rennt gegen die Zeit an, die erbarmungslos fortschreitet, und fühlt mit jedem Tage mehr, daß er diesen Krieg nicht gewinnen kann.

Die Oratorien

Immer öfter unterbricht er nun die Reihe seiner Opern, deren Zahl bald fünfzig erreichen wird, und schiebt Oratorien ein. Seit jungen Tagen hat er diese Form nicht mehr gepflegt, nun beginnt sie ihm innerlich näher denn je zu rücken. Er findet ihre innere Dramatik echter und stärker als die sehr äußerliche der barocken *seria*, deren kaum veränderte Situation, Probleme und Lösungen sich überlebt haben. „Esther" ersteht in einer Neufassung, auf „Debora" folgen „Athalia" und „Das Alexanderfest". Sie sind nicht nur ein Wechsel in der Kunstform, sie sind eine Entscheidung zugunsten der englischen Sprache. Allenthalben in Europa vollzieht sich die Wendung zu den Nationalsprachen in der Musik, und damit entstehen nationale Kunstströmungen, deren wichtigste musikalische Schöpfungen ein Jahrhundert später die nationalen Opern bilden werden. Purcells prächtiges Wort von der „Schönheit dramatischen Gesangs in englischer Sprache", auf das sich beinahe drei Jahrhunderte später Benjamin Britten voller Überzeugung berufen wird, findet bereits in den Oratorien Händels seine Bestätigung.
Am 13. April 1737 erleidet der erst Zweiundfünfzigjährige einen Schlaganfall. Überarbeitung, finanzielle Sorgen im Zusammenhang mit dem schlechten Geschäftsgang seines Opernunternehmens und nicht zuletzt das Auftauchen eines neuen Rivalen, der ihm das Opernzepter in London streitig machen will, tragen zu diesem Zusammenbruch bei. Es ist der berühmte Johann Adolph Hasse (1699–1783), ein Deutscher wie er selbst, der sich der italienischen Oper verschrieben hatte und sie mit größtem Erfolg an den Hofopern in Dresden und Wien vertreten wird, ein Mann der Nea-

politanischen Schule Alessandro Scarlattis und ein wahrer Meister des Belcanto, dem er durch seine Gattin, die gefeierte Faustina Hasse-Bordoni, besonders nahestand. Von seinen an die sechzig durchwegs italienischen Opern ist die gegen Händel in England geschriebene, „Artaserse", eine der besten.

Um Händels gewaltige Konstitution wieder in früherer Stärke herzustellen, wird ihm ein Kuraufenthalt in Aachen empfohlen. Dort warnen die Ärzte vor zu häufigen und langen Bädern. Händel verlacht sie, nimmt dreimal soviel wie erlaubt und wird gesund. Seine halbseitige Lähmung verschwindet völlig, geheilt kehrt er nach London zurück. Doch nur noch vereinzelte Opern entspringen seiner Phantasie: „Serse" (Xerxes) mit dem so berühmt gewordenen, wunderschönen „Largo" (*Ombra mai fù*) und „Deidamia" zählen zu seinen besten. Doch sein Hauptinteresse gehört bereits dem Oratorium: „Saul" (1739), „Israel in Ägypten" (1739), die „Cäcilienode" (1739) beweisen, daß der Strom seiner Inspiration um nichts geringer geworden ist. 1740 schreibt er ein italienisches Oratorium: „L'Allegro, il Pensieroso ed il Moderato" (Der Frohmütige, der Nachdenkliche und der Gemäßigte) nach einer Dichtung des großen Nationaldichters John Milton, was die Vertonung in italienischer Sprache noch verwunderlicher macht. Ein Jahr später, 1741, gelingt ihm mit dem „Messias" (nach Worten der Heiligen Schrift) eines der Meisterwerke des Genres, das bereits bei seiner 1742 in der irländischen Hauptstadt Dublin erfolgten Uraufführung die Menschen mitriß. Als es zum

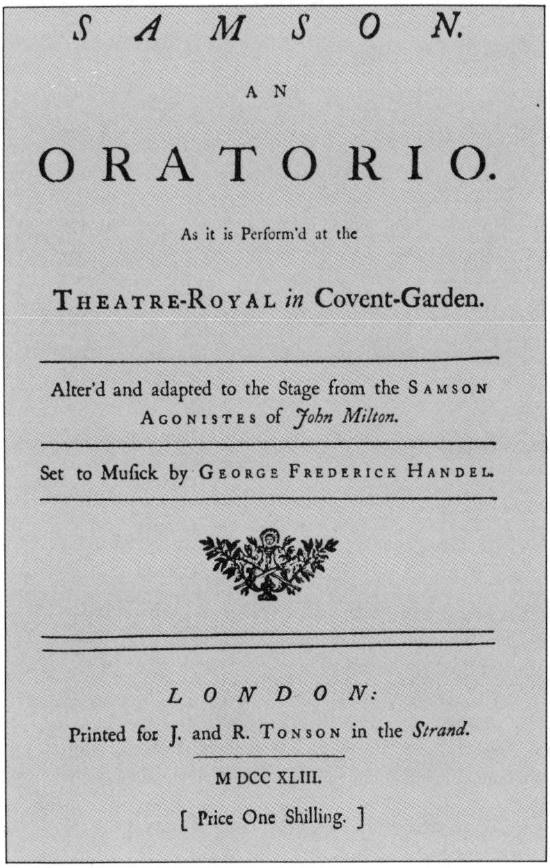

S A M S O N.

A N

ORATORIO.

As it is Perform'd at the

THEATRE-ROYAL *in* Covent-Garden.

Alter'd and adapted to the Stage from the SAMSON AGONISTES of *John Milton.*

Set to Musick by GEORGE FREDERICK HANDEL.

LONDON:

Printed for J. and R. TONSON in the *Strand.*

M DCC XLIII.

[Price One Shilling.]

Oben: Stich Hogarths aus dem Jahr 1731. Karikatur des seine Kapelle dirigierenden Händel.
Unten: Titelblatt des Erstdrucks von Händels Oratorium „Samson", London, 1743.

ersten Erklingen in London kam, erhob sich der König im Augenblick, da die Chöre das machtvolle Halleluja anstimmten. Mit ihm erhob sich das gesamte Publikum von den Sitzen und lauschte diesem gewaltigen Triumphgesang stehend und voll Ergriffenheit; es ist bis heute so Brauch in England.

Unmittelbar auf den „Messias" folgte der kaum schwächere „Samson"; 1743 „Semele", 1744 „Herakles" und „Belsazar", 1746 „Judas Makkabäus" und „Joseph", 1747 „Joshua" und „Alexander Balus", 1748 „Theodora" und „Salomo", 1752 der gewaltige „Jephta". Mit diesen Werken erringt Händel, zum längst unbestrittenen Ruhm in der Musikwelt, die begeisterte Dankbarkeit und Anhänglichkeit des musikliebenden Volkes. Denn zu den Aufführungen der Oratorien strömen auch zahllose Menschen der bürgerlichen Mittelschicht und sogar des Volkes in die Kirchen. Die Mitwirkung mächtiger Laienchöre, gelegentlich von vielen Hunderten von Sängern, hilft zur Verankerung dieser Musik, die sich um allgemeinverständliche, nachzuvollziehende Texte rankt, in den breiten Massen. Man jubelt Händel auf den Straßen zu, wo er sich nur zeigt, man huldigt ihm in den sommerlichen Gärten von Vauxhall, wo Freiluftkonzerte große Publikumsmengen anziehen. Gluck erlebt in seinen jüngeren Tagen Händel in London an Orgel und Cembalo und hat diesen Eindruck vom Großmeister der ihm vorangegangenen Generation nie mehr vergessen können.

Die Instrumentalmusik

In den letzten Lebensjahren verstärkt sich Händels Neigung zur Instrumentalmusik wesentlich. Er komponiert eine Fülle von Werken, die bis heute im Repertoire von Solisten und Ensembles einen festen Platz einnehmen. Da sind die *Concerti grossi*, monumental in der Anlage, üppig im Klang. Soli von zarter Ausdrucksgewalt heben sich wundervoll von stürmischen Tutti-Stellen ab. Die meisten dieser Werke sind an einem einzigen Tag entstanden, die Spontaneität ist in jedem Ton zu spüren. Man sollte auch nie vergessen, daß zu Barockzeiten die geschriebene Partitur kaum mehr als eine Skizze darstellte und die Ausführung besonders des Cembalos und anderer Soloinstrumente der Phantasie des Spielers überlassen blieb. Unter den Soloinstrumenten liebt Händel neben der Geige vor allem die Oboe. Wollen wir eine Gegenüberstellung mit Bach in diesem Punkt versuchen, so könnte dieser als der polyphonere bezeichnet werden, während Händel viele seiner stärksten Wirkungen aus der Homophonie zieht. Seine Italienaufenthalte, seine Kenntnisse der wohl gesamten Musik, die im damaligen Abendland geschrieben wurde, haben seinen eigenen Stil zweifellos beeinflußt. Er repräsentiert eine Generation, die es in der Verschmelzung der beiden Grundprinzipien der Musik auf einen Höhepunkt gebracht hat. Die nächste Generation, Gluck, Haydn, einige Bach-Söhne, wird dann eindeutig der Homophonie zuneigen, den Kontrapunkt verlassen, den Übergang zum Rokoko aufzeigen.

Zu Händels berühmtesten Orchesterwerken gehören die bereits erwähnte „Wassermusik“ und deren Gegenstück, die „Feuerwerksmusik“. Wollte man einem Laien den Zugang zu Händels Musik, ja sogar zur „echtesten“ Musik des Hochbarock in möglichster Kürze und Konzentration vermitteln, so müßte man es wohl mit diesen Werken versuchen. In ihnen liegt die Großartigkeit der Epoche, das stolze Gefühl menschlichen Triumphs, das Bewußtsein höchsten Könnens. Händel hat Instrumentalmusik in vielen Formen gepflegt, hat Suiten geschrieben, Konzerte für vielerlei Solisten, als deren glänzendste vielleicht die Orgelkonzerte gelten können, zwei bedeutende Doppelkonzerte (für zwei Orchester), eine bezaubernde „Hornpipe“ (für ein Vauxhall-Konzert), zwölf „Concerti grossi“ für Streichorchester. Dazu sehr viel Musik für Einzelinstrumente; über hundert Cembalostücke, zahlreiche Sonaten (für Oboe, Violine, Blockflöte und Querflöte, die Händel manchmal als *german flute* bezeichnet).

Im Gegensatz wiederum zu Bach kann Händel kaum noch als musikalischer „Angestellter“ bezeichnet werden. Die imposante Position, die er sich in zäher Arbeit und unermüdlichem Schaffen erringen konnte, weist schon auf jene Beethovens voraus. Auch Mozart war freilich niemandes Diener, aber er war es nur, weil ihm niemand eine Stellung bot; Beethoven aber, weil er völlig unfähig war, ein Angestelltendasein zu führen. So ähnlich können wir uns auch Händel vorstellen. Wie später Beethoven, wies auch er wahrscheinlich Angebote von festen Stellungen beinahe schroff zurück. Seines hohen Wertes voll bewußt oder in Erkenntnis der

unleugbaren Tatsache, zu regelmäßigem Dienst unfähig zu sein, offen sein zu müssen für den Sturmwind der Inspiration, der zu jedem Augenblick sofortige Tat erforderte?

So ist bei beiden, Händel wie Beethoven, die Zahl der Auftragswerke verhältnismäßig gering. Was noch kurz zuvor die Norm war, das Schaffen im Auftrag – bei Malern, Dichtern, Musikern –, was in Renaissance und auch im Barock ungezählte Meisterwerke hervorgebracht hatte, wird nun immer weniger geschätzt, sinkt in der Romantik eines Tages zu einem beinahe minderen Genre herab. Bei Händel aber entstammen einige glänzende Werke noch solchen Aufträgen. Als die Engländer ihren Erbfeind Frankreich 1743 bei Dettingen in Unterfranken entscheidend besiegten, war es klar, daß nur Händel beauftragt werden konnte, die Siegesmusik zu schreiben. Er tat es sogar zweifach: mit dem „Dettinger Te Deum" und dem „Dettinger Anthem", die beide erstmals in London am 27. November 1743 in Anwesenheit des Hofes erklangen. Beschwingt durch diesen Triumph organisierte der Komponist für die Fastenzeit 1744 einen Zyklus von zwölf Oratorienaufführungen seiner Werke und unter seiner persönlichen Leitung. Die riesigen Chormassen, die er dazu in der Westminsterabtei dirigierte, überstiegen wahrscheinlich alles, was im damaligen Abendland an Gewalt und Großartigkeit des Klanges geboten werden konnte. Vielleicht hat sich ähnliches erst wieder 1910 ereignet, als Gustav Mahlers achte Sinfonie, die „Sinfonie der Tausend", in München uraufgeführt wurde.

Im Jahr 1751 wiederholt Händel die Aachener Badekur, die ihn vierzehn Jahre zuvor geheilt hatte. Doch nun neigt seine titanische Kraft sich ihrem Ende zu. Nun rafft er sich nur noch mühsam zu öffentlichen Konzerten auf. Sein Augenlicht nimmt stark ab, und hier wird sein Leben dem seines größten Zeitgenossen, Bach, wieder vergleichbar, Händel wird dreimal operiert, wobei er, der sonst Schmerzen mit Willenskraft überwand,

Linke Seite: Händels Autograph der ersten Baßarie aus dem „Messias". Die Notenzeile unter der Singstimme zeigt die im Barock zur Ausgestaltung der Harmonien übliche Bezifferung für das Cembalo.
Oben: Die Gärten von Vauxhall dienten London zweihundert Jahre lang als Freiluft-Konzertstätte. Hier ein Stich von 1744.
Rechts: Letzte Zeilen von Händels Testament, geschrieben am 1. Juni 1750 in seinem Londoner Haus.

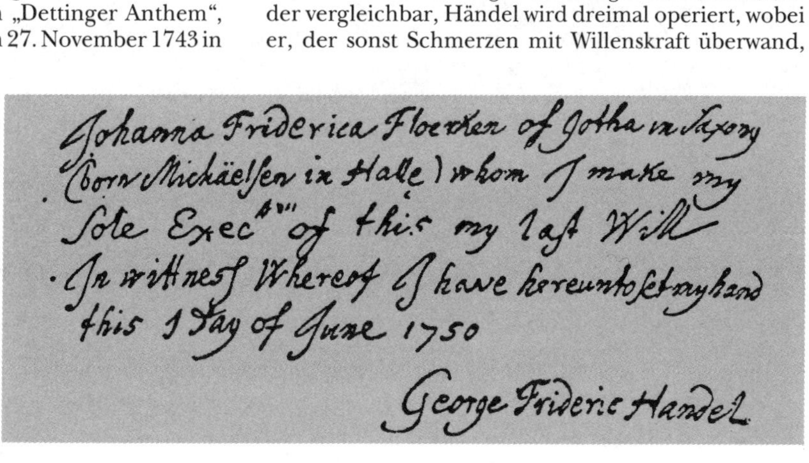

Johanna Friderica Floercken of Gotha in Saxony
(born Michaëlsen in Halle) whom I make my
Sole Exec^trix of this my last Will
In witness Whereof I have hereunto set my hand
this 1 Day of June 1750

George Frideric Handel

sehr litt. Erst der dritte Eingriff, durch den königlichen Leibarzt Bramfield, schien nach der Durchbohrung des Auges (ohne Narkose), eine Besserung anzubahnen. Doch bald tritt ein Rückfall ein, der endgültig ist. Händel versucht – wie Bach – sein Werk weiterzuführen, indem er diktiert. Er nimmt einen ehemaligen Schüler in sein (lebenslang frauenloses) Haus. Doch mehr als zu Korrekturen früherer Werke reicht die Möglichkeit dieser Zusammenarbeit nicht. Tiefe Depressionen sind die Folge. Immerhin kommt es 1757 zur Aufführung von „The Triumph of Time and Truth" (Der Sieg der Zeit und der Wahrheit), einer Umarbeitung von „Il Trionfo del Tempo" aus dem Jahr 1708, mit einigen Ergänzungen, die der Mitarbeiter doch erfassen und durchführen konnte. Noch 1758 erscheint Händel ab und zu in Konzerten, am 30. März 1759 leitet er sogar persönlich noch einmal seinen „Messias", erleidet aber unmittelbar darauf einen höchst gefährlichen Schwächeanfall.

Es wird erzählt, Händel habe einmal gewünscht, an einem Karfreitag zu sterben. Das wurde ihm zuteil, so wie schließlich alles, was er im Leben angestrebt hatte. Noch bevor die Nacht des Karfreitags, des 13. April 1759, in den Morgen des „glorreichen Sabbath" überging, starb Händel in seinem Londoner Heim. Man beerdigte ihn unter höchsten Ehren am 20. April im *Poet's Corner* der Westminster-Abtei, wo sehr viele illustre Persönlichkeiten Großbritanniens zur letzten Ruhe gebettet werden.

Hier ging mehr als ein Mensch zu Grabe, hier erlosch die musikalische Epoche des Barock. Bach war ihm um neun Jahre vorausgegangen. Telemann folgte ihm 1767. Bei Händels Tod war Haydn bereits 27 Jahre alt, Johann Christian Bach, der jüngste und schon am weitesten vom Barock entfernte Bach-Sohn, war 24, Mozart drei Jahre alt. Die „neue Zeit" war angebrochen, das lieblichere, leichtergeschürzte, lächelnde Rokoko, das dem Lauten, Pompösen aus dem Weg ging, dem Pathetischen mißtraute, das sich von der mystischen Erfassung des Göttlichen entfernte, das jeder Dogmatik abhold war. Bei Betrachtung anderer Lebensäußerungen mag das Rokoko vielleicht als nicht sonderlich groß dastehen. In der Musik aber war es ihm beschieden, eine der größten aller Epochen zu werden, bei deren Erwägung späteren Generationen nichts anderes übrigblieb, als voller Hochachtung von Klassik zu sprechen.

Das Ehrengrab Händels im „Poet's Corner" der Westminster Abbey in London, wo England seine bedeutendsten Künstler zu beerdigen pflegte.

Der Übergang ins Rokoko

Voltaire, einer der umfassendsten Geister der „Aufklärung", die dem Rokoko zugerechnet werden kann, hat von seiner eigenen Zeit als vom *siècle des petitesses* gesprochen, vom „Jahrhundert der Kleinheiten", der Kleinigkeiten. Natürlich tut er seiner Zeit damit unrecht. Besonders auf dem Gebiet der Musik ist dieses Wort leicht zu widerlegen. Das 18. Jahrhundert ist, in seiner zweiten wie in seiner eben besprochenen ersten Hälfte, nun wahrlich keine „kleine" Zeit: Hier leben Gluck, Haydn, Mozart, Cimarosa, Beethoven, und andere folgen – um nur das zu erwähnen, was einem bei diesem Jahrhundert zuerst einfällt. Hätte Voltaire, der 1778 starb, nur elf Jahre länger gelebt, das Wort von den Kleinheiten wäre ihm angesichts der Französischen Revolution im Hals steckengeblieben.

Mehrere Generationen lang ist die Epoche des Barock an uns vorbeigezogen. In der Musik umspannt sie die Zeit von ungefähr 1600 bis etwa 1750, von Monteverdi bis Bach und Händel. In den anderen Künsten mag die zeitliche Bestimmung ein wenig frühere Daten nennen: Die Musik ist fast immer die letzte, welche auf neue Richtungen einschwenkt. Vielleicht sind ihre Regeln am schwersten zu ändern.

Das Barock entstammte der Renaissance, wobei es sehr fließende Übergänge gab, bei denen oft klare Abgrenzungen unmöglich waren. Seine verhältnismäßig lange Herrschaft – fünf Generationen – legt nahe, es zu unterteilen, wie es gelegentlich geschieht: Früh-, Hoch-, Spätbarock, eine Unterscheidung, der wir in der Musik nur schwer etwas abgewinnen können. Fließend ist der Übergang nun auch wieder vom Barock zum Rokoko, aber es gibt Merkmale, die eine Unterscheidung hier doch leichter machen. Da wäre vor allem das Verschwinden der strengen Formen, des Kanons und der Fuge, der Chaconne und der Passacaglia, die im Rokoko kaum noch vorkommen. Da ist der schmiegsamere Orchesterklang, der nun erstmals auftretende Übergang von laut zu leise und umgekehrt, also die sich rasch einbürgernden *crescendi* (langsam lauter werdend) und *diminuendi* (langsam leiser werdend) im Ensemblespiel, die zur Entwicklung der Rokokomusik unumgänglich notwendig sind. Man spricht vom „Mannheimer Crescendo" und wir werden uns genau damit befassen müssen. Denn wo die Barockmusik noch mit einer Art Blocksystem arbeitet, wo also hart neben einem FORTE vom TUTTI (also allen Ausführenden) gespielten Stück unmittelbar ein anderes, PIANO auszuführendes und darum zumeist nur von einem Teil des Ensembles gespieltes Stück steht, auf einen starken Teil also ohne Übergang und unmittelbar ein leises Teilstück folgt, lernt das Rokoko in der Musikstadt Mannheim, vor allem unter Johann Stamitz, die Kunst der feinen Übergänge. Ohne diese Übergänge wäre alle neuere Musik undenkbar, bei Beethoven unmöglich; sie werden bei ihm stets ein Ausdruck stärkster innerer Anteilnahme, sei es in dem ausbrechenden Revolutionssturm der Egmont-Ouvertüre, sei es im spannungsgeladenen Schritt in das Finale der fünften Sinfonie, die als Siegesmarsch den vorherigen Kampf beschließt.

Die Zeit des (musikalischen) Rokoko ist kurz, sie umfaßt zwei Generationen. Man könnte auch sagen: Ein einziger Meister durchmißt das gesamte Rokoko mit seiner langen Schaffensperiode: Joseph Haydn. Das Rokoko beginnt um 1750 und endet nach der Französischen Revolution, also gegen 1800. Keine andere der großen Epochen in der Musikgeschichte des Abendlands ist so kurz wie das Rokoko. Das hat aber nicht nur mit dem Musikstil selbst zu tun, sondern ebenso mit den Menschen, die ihn pflegen. Das menschliche Leben wird nun immer „schneller", es beschleunigt sich im Individuellen wie im Kollektiven, bis es im 20. Jahrhundert ins Rasen gerät. Es ist die beinahe unfaßbare Steigerung vom Wanderburschen zur Postkutsche, zur Eisenbahn, zum Auto, zum Flugzeug, zur Weltraumrakete.

In der Zeit der vier- oder achtspännigen Kutsche steht das Rokoko. Vieles ist noch geruhsam, wir werden es etwa an Haydns früher Musik sehr deutlich spüren. Doch Mozart scheint etwas von der bald einsetzenden Entwicklung vorauszuahnen: Bei aller „himmlischen" Ausgewogenheit steckt in manchem seiner schnellsten Sätze schon etwas von der inneren Unrast, welche das Zeitalter der kommenden Revolution und der Romantik zutreiben wird. Unter der stillen, oft so friedlich klingenden Musik des Rokoko liegen Spannungen verborgen, die fast mit jedem Tag weiter auseinanderstreben. Es ist ein Problemzeitalter wie wenige. Doch die Kunst spiegelt, wie stets und bis zum Augenblick des gesellschaftlichen Zusammenbruchs, den Zustand der herrschenden, der oberen sozialen Klasse und Schicht. Bewußt oder unbewußt schreibt der Musiker, der Dichter, malt der Maler, gestaltet der Bildhauer sein Werk für dessen „Empfänger". Solange das Volk nicht Empfänger der Kunst ist, kann es zu seiner Gestaltung auch nichts beitragen. Es kommt gar nicht auf diesen Gedanken, denn es hat, besonders in Dichtung und Musik, seine eigene Kunst. Während Stamitz, Haydn, Gluck, Mozart, Beethoven in die Musikgeschichte einziehen, werden die tausend Volkslieder der Epoche nirgends aufgezeichnet. Erst die Romantik wird damit beginnen. Trotzdem steht gerade das Rokoko der Volkskunst gar nicht so fern, wie man glauben könnte. Die hohe Ge-

Aufnahmeszeremonie in einer Wiener Freimaurerloge, wie Mozart sie mit großer Wahrscheinlichkeit erlebte. Das Bild, um 1784 von Ignaz Unterberger gemalt, beweist, wie wenig geheim ein solcher „Geheimbund" war.
Rechte Seite: Rocaille – Muschelform, Sinnbild des Rokoko.

sellschaft „spielt" Volk, wie wir sehen werden. Haydn, Mozart, Beethoven wird es Freude machen, Volkslieder aufzugreifen und zu Eigenem zu verarbeiten.

Der Aufbruch der Zeit

Geschichtskundige betrachten die zweite Hälfte des 18. Jahrhunderts als eine gärende, gefahrenumwitterte, äußerst kritische Zeit, in deren Innerem es brodelt und auf einen Ausbruch hinarbeitet. Tanzt diese feingewandete, graziöse, tändelnde, vor allem an ihr Amüsement denkende Gesellschaft auf einem Vulkan? Man merkt es ihren Tänzen, ihren Liedern, ihrer Hinneigung zu Spiel und Musik nicht an. Denn sie ahnt es nicht, daß der Grund, auf dem sie sich bewegt, nicht mehr der feste früherer Zeiten ist. Gefährlicher Zündstoff beginnt sich unterirdisch zu sammeln, die ewigen Fragen nach gut und böse, nach reich und arm, nach Beteiligung oder Fernhaltung von den wichtigen politischen und sozialen Entscheidungen werden drängend. Kaum hat die alte Kirche, nicht ohne beträchtlichen Schaden aller Art, den Ansturm der Reformation mühsam zurückgeschlagen, mit Hilfe der grausamen Gegenreformation einen großen Teil ihrer Macht und ihres Reichtums behalten können, da ersteht ihr eine neue, vielleicht ebenso tödliche Gefahr, das Freimaurertum. Es ist eine Bewegung, die ihre Anhänger nicht im Volk sucht – wie die Reformation –, sondern sich an die gebildeten, aufgeklärten, zum Teil wissenschaftlich führenden, kulturell aktiven Kreise wendet, also von vorneherein ungleich gefährlicher für die Machthaber ist, zu denen in vielen Ländern durch engste Verbindungen die katholische Kirche gehört. Noch gefährlicher wird die „Freimaurerei" dadurch, daß sie keineswegs die Macht anstrebt, sondern durch kritische Einwirkung auf die Geister die Herrschaft von innen heraus umgestalten möchte. Wir werden von dieser Bewegung noch sprechen müssen, denn interessanterweise gehören ihr in Österreich die bedeutendsten Musiker an, Haydn und vor allem Mozart. Das macht diese beiden aber nicht zu Rebellen, nicht einmal zu Oppositionellen, keineswegs zu Freidenkern. Beide sind in hohem Maß religionsergeben, es macht sie aber zu gerecht denkenden und sozial fühlenden Menschen.

Wieder einmal müssen wir bei der Betrachtung einer neuen Kulturperiode von der Erklärung ihres Namens ausgehen. Das war bei „Gotik" der Fall und bei „Barock". Der Begriff „Renaissance" bietet keine Probleme, wenn festgestellt ist, daß diese eine „Wiedergeburt" der klassischen Antike sein soll. Der Begriff „Rokoko" geht, darin stimmen die meisten Wissenschaftler überein, auf das französische *rocaille* zurück, das im Deutschen zwar nur einen Haufen kleiner Steine, aber als *genre rocaille* einen „Muschelstil" bezeichnet. Doch gerade das, die

Muschel, ist der Rokokomalerei (und -baukunst) liebstes Symbol. „Rocaille" kann auch Muschelriff bedeuten, und ein solches ist voll bizarrer und doch zierlicher Windungen, voll anscheinender Regellosigkeit, die doch geheimen Naturgesetzen und einer tiefen Harmonie entsprechen. Oder war das Wort „Rokoko" am Ende nichts als eine Spielerei? So wie alles an diesem Zeitalter spielerisch war – oder so aussah? Und so kam es, zum Nachteil der Kunstrichtung, die sich so nannte oder so genannt wurde, daß man sich unter ihren Produkten stets nur etwas Niedliches vorstellen konnte, etwas Zierliches, mehr Ornament als Kunst, mehr Spiel als tiefen Sinn. Doch gerade in der Musik wird klar, wie wenig die äußere Bezeichnung den Kern trifft. Mozart – ein Rokokomusiker? Nein – und doch ja. Denn unzählige seiner Werke – auch die herrlichsten – stimmen mit den Grundprinzipien dieser Zeit und dieser Kunst überein. Wollte man etwas Typisches aus der Rokokomusik vorführen, es könnte kaum besser geschehen als mit einer Serenade, einem Divertimento, einem Menuett Mozarts. Denn in jedem Stil wirken Meister und Stümper, in jedem Stil läßt Höchstes sich so aussagen wie Seichtes.

Nicht so einmütig wie in der (trotzdem immer noch zweifelhaften) Ableitung des Namens sind die Kunsthistoriker in der Erklärung des Rokoko als Stil. In den Lexika finden wir folgende Formulierungen: „... eine graziöse Spätphase des Barock", „... die Vollendung des Barock in einer verfeinerten, das Zierliche bevorzugenden Weise", „... die Auflösung der Wucht des Barocks in spielerische Anmut", also das Rokoko als eine Art Endphase des Barock verstanden, eine Auflösungsform dieses Stils. Aber es gibt auch die entgegengesetzte Meinung: das Rokoko als Widerspruch, als scharfer Kontrast, ja als Revolution gegen den Barockstil.

Das Rokoko ist ein Zeitalter, dem die Aristokratie voll ihren Stempel aufdrückt. Die Aristokratie überwog im Einfluß auf die Barockepoche, aber bei der Betrachtung Bachs und seiner Welt entdeckten wir doch auch starke bürgerliche Einflüsse. Die treten zur Seite – bei den Musikern des Rokoko werden sie nur gelegentlich eine Rolle spielen, aber sie erhalten sich ihre potentielle Kraft, als ahnten sie ihren baldigen Aufstieg –, und das aristokratische, feudale Element herrscht uneingeschränkt. Seine Normen und Lebensauffassungen bilden das Modell der Künste. Adelig wird man geboren, nur selten erfolgen „Erhebungen in den Adelsstand" aus den Reihen der Bürger, Beamten, Geistlichen, Soldaten und Künstler. Alle Stände arbeiteten für die Aristokratie, die als einziger Stand nicht arbeitete. Ihre Aufgabe war es, den Herrscher zu „umgeben", nach außen das Bild seines Reiches, seines Glanzes darzustellen. Für diese Oberschicht schufen die Architekten und die Gartenbaumeister, die Bildhauer, Maler, Dichter, Musiker, die in ihren Diensten standen, aber unbewußt auch jene, die nicht in ihren Diensten Platz fanden. Denn wie anders hätten die unbedeutenderen Künstler schaffen können als im gleichen höfischen, aristokratischen Stil, der für das ganze Land, das ganze Abendland maßgebend war? Der Geschmack Weniger diktierte den allgemeinen Geschmack. Selbst Menschen mit anderen Idealen – wie die erwähnten Freimaurer – unterwarfen sich in Dingen des Geschmacks dem herrschenden Stil. Dieser entsprach dem Hofleben, dem Treiben in den Palästen, den Sitten und Gewohnheiten einer Oberschicht, die seit Jahrhunderten kaum anderes tat als „sich gut zu benehmen", gut anzuziehen, nach immer neuen Freuden und Vergnügungen Ausschau zu halten, „Gutes zu tun", ohne sich wahrhaft anzustrengen, „der Welt ein Vorbild zu sein", wie sie glaubte. Sie tat es – und das ist wichtig – mit reinem Gewissen, denn sie wußte es nicht anders.

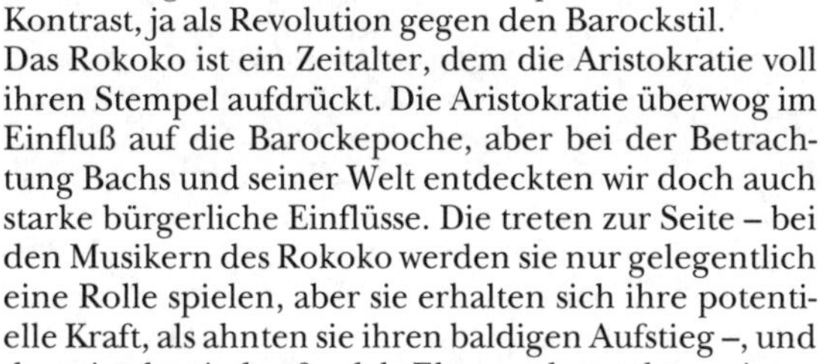

Das Spiel der Aristokratie

Das Rokoko ist die Zeit der Spiele und Tänze. Immer wieder tritt beides auf seinen Bildern in Erscheinung. Zumeist sind es Schäferspiele, die da mit Grazie und Eleganz, mit Freundlichkeit und Erotik zu sehen sind. Aber die Schäfer, die spielen, tanzen und kosen, sind keine Schäfer, sondern verkleidete Höflinge, sorglose Aristokraten und Edeldamen. Und der Grund, auf dem sie sich bewegen, ist gar keine wirkliche Wiese, keine Waldlichtung, sondern der kunstvoll geschnittene Rasen eines Schlosses. Ist denn wirklich nichts echt im Rokoko? Wie könnte die Spitze seiner Musik dann zur Klassik werden? Wir wollen hier nicht untersuchen, was „echt" und „unecht", was „wahr" und „unwahr" ist; das sind Probleme der Philosophie. Lehrt uns Lessings „Ringparabel" (in „Nathan der Weise") nicht unwiderlegbar, daß als echt gelten muß, als wahr, was von einem reinen Herzen so gefühlt, so empfunden wird? Die Musik der großen Meister des Rokoko ist wahr und echt, auch wenn sie für eine Gesellschaft geschaffen wurde, die „spielt".

Die Gesellschaft tanzt. Sie tanzt vor allem den ziseliertesten Tanz, den das Abendland je hatte: das Menuett. Daß sie diesen stilsichersten aller Tänze auf schwankendem Boden, auf einem Vulkan tanzt, weiß und merkt und versteht sie nicht. Denn sonst spürte sie, daß eine neue Zeit heraufdämmert.

Viele und bedeutende Musiker waren unmittelbar bei dieser Oberschicht angestellt. Sie waren Mitglieder der Palastorchester, waren Musiklehrer der jungen Generation. Sie komponierten für die Konzerte im Schloß, für die Tanzfeste, für das kleine Privattheater, für die Kammermusik, die in den intimeren Räumen gepflegt wurde. Selten wurde ihnen ein Thema vorgeschrieben: bei Geburtstagen, bei hohem Besuch, bei Hochzeiten. Wer nicht „bei Hof" oder in Palästen angestellt war, konnte Musiker in kirchlichen Diensten sein. Sowohl die katholische wie die protestantische Kirche besaßen ihre wichtigen musikalischen Einrichtungen, Orchester, Chöre und ihre Leiter – ein wichtiger Zweig des Berufsmusikertums. Dann gab es die Theater, von denen ein beträchtlicher Teil der Musik gewidmet war.

Oben: Schäferspiel im Rokoko. Kupferstich.
Rechte Seite: Konzert in den Tagen Haydns und Mozarts. Stich nach einem zeitgenössischen Gemälde.

Diese Posten galten als viel weniger sicher als die Tätigkeit bei Hof, im Palast oder in der Kirche. Denn die Theater hingen natürlich von der Gunst des Publikums ab, außer wenn es sich um Hoftheater handelte. Allmählich entwickelte sich im Rokoko das „Konzert", von dem in unserem Buch noch oft die Rede sein wird: die öffentliche musikalische Veranstaltung, im Anfang zumeist *accademia*, Akademie, genannt. Wir werden sehen, wie im Rokoko, mit tatkräftiger Unterstützung der Aristokratie, die ersten Konzertzyklen in mehreren Städten entstehen, somit also das öffentliche Musikleben, das bald als „bürgerliche" Institution gelten wird. Die Welt des Rokoko war zweigeteilt: in „oben" und „unten". Um mit Bertolt Brecht zu sprechen: „Die im Licht und die im Dunkel" („Dreigroschenoper"). Aber wann war das nicht? Zwischen beiden Bereichen lag ein Abgrund, den zu übersteigen selten gelang – am ehesten vielleicht einem Musiker. Nahezu alle bedeutenden Komponisten und Kapellmeister des Rokoko – wie auch anderer Zeiten – stammten von „unten", überwanden die Barriere dank ihrer Kunst und wurden, oft sogar freudig, oben eingelassen, ja sogar in vieler Hinsicht ausgezeichnet. Gibt es nicht zu denken, daß nahezu alle bedeutenden Musiker aus dem „Volk" kamen, Kinder bescheidener oder armer Familien waren? Spricht sich hier nur die Begabung aus? Und neigt diese in so auffallendem Maß zu den sozial Benachteiligten? Kaum. Es ist eher so, daß ein musikalisch begabter Aristokrat – und deren gab es viele – gar nicht auf den Gedanken verfiel, Musiker zu werden. Er wurde „Liebhaber", *dilettante*, Amateur, wurde Mäzen, Förderer, Sponsor, um ein moderneres Wort anzuwenden. Vermutlich nahm er schon das Studium nicht so ernst wie der Sohn seines Dieners, der einmal von diesem Können leben mußte.

Die Kleidung der herrschenden Schicht war ähnlich der in der Barockzeit. Zwar waren die Perücken zierlicher, aber alles hatte nur einen Sinn, nämlich den einer Maskierung, eines Verhüllens des Altwerdens, das irgendwie nicht in die Zeit paßte. Die war ganz auf Scherz, Bonmot, Caprice, Spiel, Tändeln, amouröse, anzügliche, geistreiche Konversation eingestellt, auf ununterbrochene Unterhaltung, nach deren „Moral" man nicht fragte. Die Musiker trugen Livrée, sie saßen an der „Gesindetafel" und hatten ein striktes Reglement einzuhalten, das ihnen den Umgang mit der Herrschaft, mit den eigenen Vorgesetzten, Kleidung bei jeder sich bietenden Gelegenheit, dazu die Frisur genau vorschrieb. Als Haydn seine Engagements in Böhmen und in Eisenstadt antritt, muß er einen derartigen Vertrag unterzeichnen. Daß dieser bald gegenstandslos sein wird und sich zwischen dem Fürsten Esterházy und seinem Kapellmeister ein Zustand des Vertrauens, ja der Vertraulichkeit, fast der Freundschaft herausbilden wird, ist eine andere Sache. Das bewirkt die persönliche, geniale Leistung des Musikers und das Verständnis seines Brotherrn, das zur offenen Bewunderung wird.

Die Kunst – noch eine Sache des Adels

Die Kunst gehörte dem Adel. Der lud zum Kunstgenuß in seine Paläste, der ließ seine eigenen Musiker dabei auftreten, vergab Kompositionsaufträge, lud zu Uraufführungen, honorierte die mitwirkenden, nicht palasteigenen Musiker in großzügiger Weise, er gewährte Stipendien oder gar – wie im Fall Beethovens – eine lebenslängliche, bedingungslose Rente, er sicherte den Druck neuer Werke durch Subskription, er stellte einen wesentlichen, wenn nicht den Hauptteil der Schüler, die bei nahmhaften Meistern studierten.

Gluck war „kaiserlich österreichischer Hofkomponisteur" und wurde geadelt. Stolz nennt er sich „Ritter von Gluck" und „Chevalier". Mozart hätte das gleiche beanspruchen können, da ihn als Jüngling ein vom Papst erteilter Orden dazu berechtigte. Er tat es nicht, und ihn während seines Lebens in Wien zu adeln, fiel nicht einmal Joseph II. ein, der ihm wohlwollte. Wahrscheinlich legte gerade dieser liberale Toleranz-Kaiser keinen Wert auf solche Äußerlichkeiten. Haydn zu adeln, hätte den Fürsten Esterházy kaum mehr als ein Wort beim Kaiser gekostet. Wir wissen nicht, warum er es nicht sagte. Beethoven wurde Ehrenbürger von Wien, aber nicht geadelt. Wie hätte er, der Demokrat und Republikaner, bei einer Erhebung in den Adelsstand reagiert? Brüsk ablehnend, wie er bei vielen Gelegenheiten war? Oder hätte er akzeptiert, vielleicht nur aus dem einzigen Grund, daß ihm die ersehnte Heirat mit einer seiner aristokratischen Schülerinnen – eine der Schwestern Brunswick, Giulietta Guicciardi – nun möglich wäre? Wie wäre sein Leben dann verlaufen? Eine nicht ganz uninteressante Gedankenspielerei.

Mitten in diesem fast idyllischen Rokokozeitalter bricht am 14. Juli 1789 der Sturm auf die Bastille los, die das Pariser Volk dann als Symbol einer verhaßten Herrschaft dem Erdboden gleichmacht. Ein Erdbeben geht durch ganz Europa. Und selbst in Ländern, die wenig oder überhaupt nicht erschüttert werden, ist anschließend nichts mehr so wie zuvor. Welches sind die unmittelbaren Folgen der Französischen Revolution auf musikalischem Gebiet? Diese Frage wird nun des öfteren in unseren Betrachtungen auftauchen. Nur wenig erwähnenswert sind die Werke, die das Ereignis als solches feiern. In Wien, dem wir, dank seiner Klassik, uns nun zuwenden, gibt es sie überhaupt nicht bis zu Beethovens dritter Sinfonie (die dem Volkshelden Napoleon gewidmet war, bevor der Komponist später diese Zueignung wütend anullierte) und seinem „Fidelio", beide etwa anderthalb Jahrzehnte später. Doch vergessen wir nicht, daß Haydn, der wohl treueste und ergebenste Fürstendiener von allen, schon zu Ende dieses Jahrhunderts an seine beiden „Volksoratorien" ging, an „Die Schöpfung" und „Die Jahreszeiten", die von einem neuen Geist erfüllt sind, vom Gedanken, der vielleicht (unausgesprochen) „Musik für alle" lauten könnte. Gewiß, er hat die Vorbilder hierzu in London beim Hören der gewaltigen Händelschen Chor-Orchester-Werke erlebt, aber die Einführung so „demokratischer" Musikformen auf dem Kontinent war doch sein Werk. Und ihm verdankt es wohl letzten Endes Beethoven, daß er eines Tages wird singen können: „Alle Menschen werden Brüder..." Die musikalisch aber vielleicht wichtigste Folge der politisch so bewegten Zeit wird sein, daß das Menuett, höchster Ausdruck des Rokoko, rasch „sang- und klanglos" im wahrsten Sinne des Wortes, verschwinden und anderen Musikformen Platz machen muß: Scherzo, Deutscher Tanz, Ländler werden das Menuett ablösen, bis die große Zeit eines anderen, neuen Tanzes anbrechen wird, eines Tanzes der Verbrüderung, der wirbelnden Ekstase, des „kleinen Mannes" wie des „großen" – die Zeit des Walzers.

Die führende Gesellschaftsschicht war aristokratisch, also waren es auch die Lebensformen und die Künste. Die Formen der Kunst waren aristokratische: Die Bauten, die Gärten, die Bilder, die Statuen, die Tänze, die Kleidung, die Bräuche, das Zeremoniell der Zusammenkünfte, alles atmete, wie immer, den Geist der herrschenden Klasse. Die Literatur sprach mit ihren Redewendungen, ihre Figuren schmückten die Bildleinwand, die Musik drückte ihre Eleganz aus, die graziösen Bewegungen ihrer öffentlichen Erscheinung. Die von der Oberschicht festgelegte und gewissenhaft beobachtete Etikette enthielt Regeln für alle Situationen. Auch die Musik folgt ihnen, spiegelt die aristokratischen Normen, ihr Gleichgewicht, ihr Verhalten. Sie legte höchstes Gewicht auf die Form. Viele ihrer Stücke sind inhaltsleer, sind reines Geklimper aneinandergereihter, aber genau nach der Regel gesetzter Töne. Wo aber ein Meister dieser untadeligen Form auch einen wertvollen Inhalt zu geben weiß, entsteht aus diesem Gleichgewicht von Form und Inhalt Meisterliches. Das Rokoko ist die Zeit höchster Formvollendung. Nichts geschieht ohne genaue Beobachtung der Form. Jeder Besucher eines Palastes kennt die Regeln präzis. Er weiß genau, wie er einen Festsaal zu betreten hat, an dessen anderem Ende die Respektsperson steht; weiß, wie viele Schritte er zu tun hat, bevor er zur nächsten zeremoniösen Verneigung ansetzt, kennt die Formel der Ansprache, die der König, der Fürst, der Graf ihm gönnen wird, hat seine Antwort längst parat. Er weiß, wie viele Schritte er dann im Rückwärtsgehen wird zurücklegen und wie viele Verneigungen sie unterbrechen müssen, wenn er nach stattgefundener Audienz den Saal wieder verläßt. Alles ist geregelt, wie sollte die Musik dieses Zeitalters es nicht auch sein? Die Musik des Rokoko lebt das Zeremoniell in allen Äußerungen, jeder Takt ist genau bemessen und bestimmt, fügt sich zwanglos in ein Ganzes, rundet es ab.

Die Epoche der Wiener Klassik

Der Begriff „Klassik" leitet sich ab von jener Epoche Griechenlands im 5. und 4. vorchristlichen Jahrhundert, deren Höhepunkt man als „Perikleische Zeit" bezeichnet. Sie erhielt ihren Namen nach dem Athener Staatsmann und Bauherrn Perikles, der zum Symbol der Blüte seiner Heimat im Geistigen, Baulichen wie im Politischen wurde. Die Geschichtsschreibung hat alle nach ihrer Meinung größten Epochen – Zeiten der Blüte, des Fortschritts, der Kultur – in den Rang einer „Klassik" erhoben. Die Musikgeschichte hat dieses ehrenvolle Wort jener Epoche verliehen, die im Wien des letzten Viertels des 18. Jahrhunderts, von ungefähr 1775 bis nach 1800, währte. Wodurch aber zeichnet Klassik sich aus? Durch harmonische Gesetzmäßigkeit, durch Gleichgewicht zwischen Form und Inhalt eines Kunstwerks, durch Ausgewogenheit von Geistigkeit und Sinnlichkeit, durch ideale Wahrung der Proportionen, durch restloses Ineinanderfügen verschiedener Teile, die zur Einheit zusammenwachsen.
Für die „musikalische Klassik" gilt also der erwähnte Zeitraum von 1770 oder 1780 bis 1800, namentlich in Wien. Diese klassische Epoche erhielt den Namen „Wiener Klassik". Keiner ihrer großen Meister, Haydn, Mozart, Beethoven, stammte aus Wien, doch alle lebten dort, und diese Stadt wurde gewissermaßen zur Wiege ihrer Werke. Wichtig ist dabei zu wissen, daß diese Wiener Klassik weitgehend mit der Rokokomusik identisch ist. Wir jedoch wollen einen kleinen Unterschied machen. Alles musikalische Geschehen der Zeit soll hier unter „Rokoko" verzeichnet werden, nur bei Haydn und Mozart sowie beim jungen Beethoven (bis etwa zu seinem dreißigsten Lebensjahr) soll der Begriff der „Klassik" ins Spiel gebracht werden.
Zu den Merkmalen einer Klassik gehören auch eine anscheinend mühelos erreichte Schönheit, lichtvolle Transparenz, vollendete und dadurch unmerklich gewordene technische Meisterschaft. Wer würde dies den schönsten Werken der Wiener Klassik nicht zuschreiben? Trotzdem wollen wir hier einen sehr gewichtigen Einwand erheben. Nur Vergleichbares kann miteinander verglichen werden, in Wettbewerb treten. Genaue Maßstäbe fehlen in der Kunst ohnedies, da es Messungen (wie in Sport oder Wissenschaft) nicht gibt. Es wäre kaum denkbar, etwa zwei Spitzenwerke der Klassik gegeneinander abzuwägen, zu behaupten, Mozarts „Jupitersinfonie" sei „größer", bedeutender als Haydns „Oxfordsinfonie". Noch unmöglicher aber wird eine solche Bewertung bei Werken verschiedener Epochen. Da gibt es kaum noch einen Vergleichspunkt, der objektiv zu Rate gezogen werden könnte. Der Vergleich zwischen Monteverdis „Orfeo" (Renaissance), Händels „Julius Caesar" (Barock), Mozarts „Don Giovanni" (Rokoko oder Klassik), Wagners „Tristan und Isolde" (Romantik), Bizets „Carmen" (Realismus), Mussorgskijs „Boris Godunow" (Naturalismus), Debussys „Pelléas et Mélisande" (Impressionismus), Richard Strauss' „Salome" (Expressionismus, Jugendstil) ist schlicht absurd und indiskutabel. Nun bezeichnet das Wort Klassik aber zweifellos einen Gipfel. Die Folgerung liegt nahe, alles Vorhergehende bedeute einen „Aufstieg" zu diesem Gipfel hin, alles Spätere einen Abstieg – diesem Gedanken wollen wir entgegentreten. Ihn zu verfolgen, hieße die Barockmusik abzuwerten und ebenso die nachfolgende Romantik. Wer eine ältere Musikgeschichte durchblättert, findet, daß hier der Begriff „Vorklassik" gebraucht wird und jene Komponisten bezeichnet, die knapp vor Haydn und Mozart ihre Höhepunkte erreichten. Es sind teils spätbarocke, teils bereits Rokokomeister (Stamitz, Benda, Monn, Wagenseil usw.). Mit dem Ausdruck „Vorklassiker" werden sie abgewertet zu bloßen Wegbereitern, was in vielen Fällen ungerecht scheint.
Rein objektiv mag der Begriff Vorklassik seine Berechtigung haben: Da entwickelt Johann Christian Bach sein „singendes Allegro", das zu Mozart führen wird, da entstehen, beinahe greifbar, Elemente der Sonatenform, wie Haydn und Mozart sie auf ihren Höhepunkt bringen werden usw. Aber die Werke, die sie schaffen, sind keineswegs nur die von Vorläufern, es ist in sich vollgültige Musik. Lassen wir ihnen den Namen von Rokokomusikern, die in engster Verwandtschaft zur Klassik stehen.
Moderne Rundfunkanstalten haben die ungeheure Menge von Musik, deren „Verwaltung" da plötzlich im 20. Jahrhundert über sie hereinbrach, weil sie es allen Hörern rechttun wollten, in verschiedene Abteilungen gegliedert. Dinge und Menschen voneinander abzugrenzen, ist stets fragwürdig, es bleiben Randgebiete, die zu Krisenzonen werden. Klammern wir im Augenblick „Blasmusik" und „Folklore" aus (die ebenfalls ihre Einteilungsprobleme haben), sehen wir die Abteilung „Klassik" an, auf die wir uns früher ein wenig kritisch wegen des Namens bezogen. Sie steht zumeist einer anderen gegenüber, die den Titel „Unterhaltungsmusik" führt. Im Rokoko war ein sehr großer Teil aller „Kunstmusik" – wenn nicht sogar der größte – unleugbar das, was wir heute als „Unterhaltungsmusik" bezeichnen würden. Damals galt (unbewußt) des Cervantes' kluges Wort, „die Menschen auf gesunde Weise zu unterhalten, ist eine der wichtigsten Aufgaben". Was anderes wollte der Fürst Esterházy in Eisenstadt, wenn er

Carl Philipp Emanuel, der „Berliner" oder „Hamburger" Bach, der zweitälteste der vier Musikersöhne J. S. Bachs.

die von ihm am höchsten geschätzten Gäste zu einem Konzert Haydns in seinen Palast lud? Die Rokokomeister fühlten sich besonders wohl in einer Musikform, die sie aus der alten Suite entwickelten und DIVERTIMENTO nannten, was schlicht und einfach „Unterhaltung", „Vergnügen" heißt. Wohin mit einem solchen lockeren, leichten, sommerabendhaften Divertimento in den Rundfunkanstalten, besonders wenn die Werke aus so illustren Händen wie denen Haydns und Mozarts stammen? Sähen die beiden, daß man sie, auch mit diesem Teil ihres Schaffens, in die Abteilung der „ernsten Musik" verbannt, sie wären sicher gekränkt – denn man unterschätzt ihre Unterhaltungsgabe –, oder sie würden sich totlachen, wenn sie es nicht schon wären. Lernen wir daraus, daß es sehr ernste Unterhaltungsmusik geben kann; denn alles, was mit echtem Können und höherer Inspiration geschaffen wird, soll uns als ernst gelten, auch wenn es noch so unterhaltend ist...

GALANTER STIL UND EMPFINDSAMKEIT

Der Mensch weiß meist nicht, in welcher „Zeit" er lebt. Meist gibt es den Begriff, der seine Epoche dereinst in der Geschichte repräsentieren wird, zu seinen Lebzeiten noch gar nicht. Vivaldi und Bach haben das Wort Barock nie gehört – außer vielleicht in einem ganz anderen Sinn. Ebenso erging es Haydn und Mozart, die sicherlich nichts von Rokoko oder gar Klassik gehört hatten. Eine Ausnahme bilden dann allerdings die Romantiker. Sie waren sich ihrer romantischen Kunst- und Lebenseinstellung sehr wohl bewußt. Doch tauchen für Rokoko heute noch manchmal Bezeichnungen auf, die von jenen Meistern selbst geprägt worden sein dürften. Man spricht von galantem, von empfindsamem Stil. Das Wort „galant", dem wir heute die Bedeutung einer ausnehmend höflichen und feinen Art der Frauenbehandlung seitens des Mannes beimessen, war um 1750 beinahe gleichbedeutend mit „elegant". Es kommt vom französischen *galant,* das sogar soviel wie „stattlich", aber auch „modern" bedeuten konnte. So sah sich das Rokoko. Es könnte der Bach-Sohn Carl Philipp Emanuel gewesen sein, der in seinem weithin berühmten Lehrbuch für das Klavierspiel diesen Ausdruck erstmals musikalisch verwendete: Genau für das, was er im Leben bedeutete, eine elegante, leicht dahinfließende Kompositionsart ohne Ecken und Kanten, ohne Fugen im doppelten Sinn des Wortes, für alles das, was wir bald als Stilmerkmale des Rokoko finden. Bezeichnend ist auch das Wort von der „Empfindsamkeit", das erstmals zur gleichen Zeit auftaucht. Und möglicherweise ist C. Ph. E. Bach (der vielleicht bedeutendste der Bach-Söhne) auch dessen Schöpfer oder zumindest erster Verbreiter im musikalischen Sinn. Wir sind gewohnt, den Begriff der „Empfindsamkeit" eher mit der Romantik zu identifizieren, doch brauchen wir nur an die langsamen Sonaten- und Sinfoniesätze der Klassik zu denken, um sofort zu verstehen, daß mit diesem Wort eben gerade das Gegenteil zur barocken Motorik wie zum „galanten" Dahinsprudeln in unterhaltsamer Weise, wie das Rokoko es brachte, charakterisiert werden sollte. Wer übrigens bei Carl Philipp Emanuel einen leisen Hauch der späteren Romantik spürt, hat sicher nicht unrecht. Und der erste Große, der die Empfindsamkeit zu einem (schmerzlichen) Lebensprinzip erheben wird, Beethoven, wächst unmittelbar aus Rokoko und Klassik heraus in die Romantik.

DIE VERÄNDERUNG DER MUSIKALISCHEN FORMEN

Mit dem Rokoko geht das Generalbaßzeitalter endgültig zu Ende. Die bezifferte Baßlinie, aus der ein gewandter, in diesem (vor allem barocken) Stil versierter Musiker selbst die Klänge gestalten mußte, die vom Komponisten gewünscht wurden, und sie möglichst kunstvoll nach eigenem Ermessen miteinander verknüpfen sollte, verschwand allmählich aus dem Musikleben. Mit Ausnahme der Organisten, die sich selbst heute noch gelegentlich dieser musikalischen Kurzschrift bedienen, haben die Musiker seit der Klassik diese Wissenschaft nur noch studienhalber aufgenommen. Ebenso wie das Cembalo verschwand auch die „musikalische Stenographie", deren sich sein Spieler bediente. Heute, da wir die Rezitative alter Opern – vor allem Mozarts – wieder stilgerecht wiederzugeben trachten, ist auch das Cembalo erneut zu Ehren gekommen, doch kann der moderne Cembalist auch ohne den Generalbaß sein Auslangen finden, da die gewünschten Akkorde nicht mehr in Ziffern, sondern in Noten ausgeschrieben vor ihm liegen.

Im Rokoko verschwindet noch ein Grundmerkmal früherer Zeiten: die Polyphonie oder Mehrstimmigkeit. Sie macht der akkordbegleiteten oder harmoniegestützten Melodie Platz. Die Polyphonie könnte als die „geistigere" Musikart bezeichnet werden, ein Stil, bei dem das bewußte Hören eine wichtige Rolle spielt; demgegenüber kann man die homophone Musik als die „sinnlichere" bezeichnen. Es fällt nicht schwer, sich auch diesen Kontrast als im Lebensstil begründet vorzustellen. Die „leichtere" Lebensart des Rokoko, die scheinbare Sorglosigkeit, die dem Hang zum Schönen viel Raum und Zeit läßt, ist ohne Sinnlichkeit als Triebkraft nicht denkbar. Man darf diese sich allerdings nicht oder nicht nur als sexuelle Kraft vorstellen, es ist dies eine Bedeutung, die ihr wohl erst in zweiter Linie zukommt. Sinnlichkeit ist die Freude an allen sinnlichen Eindrücken, die uns Natur oder Menschenwerk vermitteln kann. Das Rokoko ist von einer starken Sinnlichkeit geprägt, die jedoch durch die herrschende, allgemein akzeptierte „Sitte", durch die (allerdings mehr gepredigte als befolgte) Ethik, durch die (schon arg durchlöcherte) Moral im Zaum gehalten wird. So klingt auch die Musik der Zeit. Die in Melodie und Harmonie angedeutete Sinnlichkeit wird durch die strikt eingehaltenen Formen gemäßigt, gebändigt.

Schiller, ein Zeitgenosse Mozarts, war künstlerisch von diesem weit entfernt. Mit dem Rokoko verbindet ihn und den jungen Goethe des „Werther" und des „Götz von Berlichingen" wenig. Sie gehörten, mit manchem anderen jungen Deutschen jener Zeit, zum „Sturm und Drang", der viele Züge des kommenden revolutionären Zeitalters und der Romantik vorausnahm. Trotzdem hat Schiller seine eigene Zeit, deren Lebensstil vom Rokoko geprägt ist, erkannt wie wenige. Von ihm stammt das berühmte Wort vom „ernsten Leben" und der „heiteren Kunst", das im Prolog zur „Wallenstein"-Trilogie steht. Und in den „Briefen über die ästhetische Erziehung des Menschen" stehen die Sätze: „Mit dem Guten, dem Vollkommenen ist es dem Menschen ernst, aber mit der Schönheit spielt er ... Der Mensch spielt nur, wo er in voller Bedeutung Mensch ist, und er ist nur da ganz Mensch, wo er spielt..." Im Rokoko spielt der Mensch, wie vielleicht nie zuvor im Abendland. Zum Spielen gehört innere Ruhe, zum Gut-Spielen Konzentration und Überlegenheit. Merkwürdig, daß die auf einem Vulkan lebende und tanzende Gesellschaft des Rokoko gerade diese Eigenschaften besessen haben soll. Es war die letzte Epoche vor dem Ausbruch des gewaltigen Sturms. Man muß sehr genau in deren Musik hineinhören, um doch das ferne Donnergrollen des hinter dem Horizont aufziehenden Gewitters wahrzunehmen, wo der erste Eindruck nur von Spiel, Leichtigkeit, sinnlicher Freude, Sehnsucht nach Schönheit und Lebensgenuß zu sprechen scheint.

In Mozarts Geburtsjahr 1756 malte Tiepolo „Das Menuett", ein Tanz, der für die Rokoko-Epoche Symbolcharakter hat.

Die Tonwelt von Rokoko und Wiener Klassik

Der Absolutismus regiert die Stunde. Er kann hier durch Menschlichkeit eines Monarchen, dort durch beginnenden Parlamentarismus, an einem dritten Ort durch Nachlässigkeit gemildert auftreten, aber er wird – bis zur Französischen Revolution – nirgends außer Kraft gesetzt. Die feudalen Dynastien stoßen mehrmals gewaltsam aufeinander und entfesseln Kriege, obwohl sie längst miteinander verwandt und verschwägert sind. In der zweiten Hälfte des 18. Jahrhunderts gab es den englisch-französischen Kolonialkrieg, den Siebenjährigen Krieg Preußens gegen Österreich, den spanisch-englischen Krieg, den russisch-türkischen Krieg, den Bayerischen Erbfolgekrieg (in dem es allerdings zu keiner einzigen Schlacht kam), einen letzten Türkenkrieg Österreichs auf dem Balkan. In keinem von ihnen wurde eines der absolutistischen Regimes des Abendlands ernsthaft gefährdet, die feudalistische Ordnung wirklich bedroht, kein Gesellschaftsleben, aber auch kein Kulturleben nennenswert durchbrochen.

Diese hier knapp gerafften historischen Daten wahren eine enge Beziehung zu den Künsten, zur Musik, wie Weltereignisse es stets tun. Die Musik des Rokoko ist die feudale Musik des Absolutismus. Der Klarheit im Aufbau der Gesellschaft entspricht die Klarheit der von ihr gepflegten musikalischen Formen. Beide sind übersichtlich, überschaubar, in klare Teilstücke gegliedert, die man dort Klassen, Gruppen, Sektoren, Gemeinschaften nennen kann, hier Motive, Themen, Melodien. Die musikalische Form der Klassik entspricht weitgehend dem Zeremoniell der aristokratischen Gesellschaft: Jede Bewegung, jeder Schritt, jede Verbeugung ist so fein, so unspürbar genau, so selbstverständlich geregelt und bemessen wie der Ablauf einer Sonate.

Die Dissonanz in der Klassik

Die Musik des Rokoko und der Klassik ist also eine regelgebundene Musik, in der Symmetrie und Proportionen herrschen. In dieser Musik weiß man meist, wie es weitergeht. Wer die erste Periode einer Mozartschen Melodie gehört hat, kann ziemlich klar voraussehen, wie die zweite sein wird. Das ist keineswegs ein Armutszeugnis, vermindert den Wert nicht. Ganz im Gegenteil, zu erwägen wäre, ob nicht gerade dies einen Weg zur Vollendung öffnen könnte. Es ist auch klar, daß ein solches ebenmäßiges Gebäude – ob aus Baumaterial oder Tönen – nicht durch unregelmäßige, harte Dissonanzen gestört, um seine vollendete Schönheit gebracht werden könnte. Dies ist eine grundlegende Frage, die man jeder wichtigen Epoche der Musikgeschichte eigentlich stellen müßte. Es gibt keine Musik ohne Dissonanz, denn ohne sie wäre die Musik spannungslos, langweilig – wie eine Speise ohne Würze, ein Leben ohne innere oder äußere Erregung. Gäbe es die Dissonanz nicht, so bemerkten wir die Konsonanz nicht, so wie wir wahrscheinlich das Gute nicht kennen würden, wenn es kein Böses gäbe. Die Existenz der Dissonanz wird nicht angezweifelt, ebensowenig wie die Notwendigkeit ihrer Verwendung. Nur, in welchem Maße darf, soll, muß sie verwendet werden? Da findet jedes Zeitalter seine eigene Lösung. Im Barock finden wir die Dissonanz zahlreich und oft in harter Weise vertreten; sollte das einen Zusammenhang mit dem damaligen Lied haben, das von einer „Welt voll Teufeln" singt? Zuletzt werden sie alle besiegt, unser Ende soll „in Gott" sein. Die Polyphonie führt leicht und von selbst

Trommler mit Blockflöte, Figur aus Meißner Porzellan von 1740.

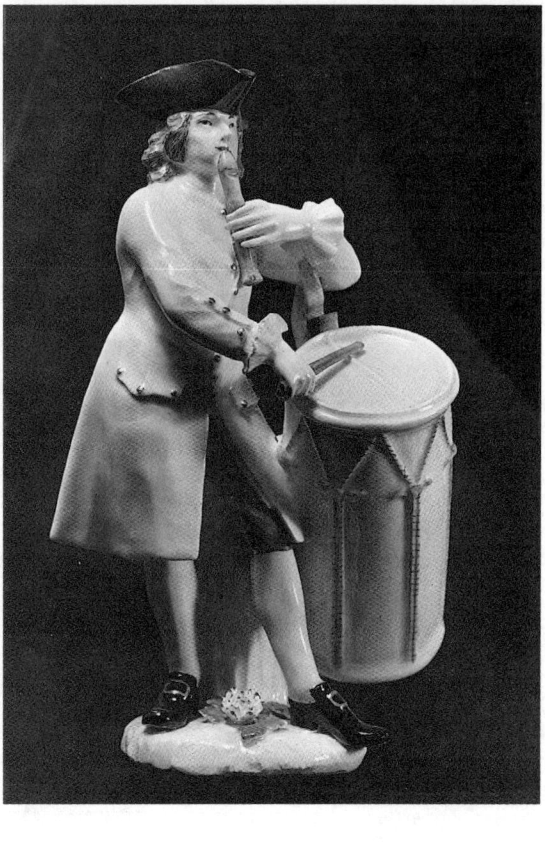

zur Dissonanz, denn sie entwickelt jede Melodielinie für sich, so daß im Zusammenleben mehrerer von ihnen sehr harte Reibungen entstehen müssen, wenn das Augenmerk des Komponisten auf die Rundung und Vollendung jeder einzelnen Stimme gerichtet ist. Im Zeitalter der Harmonie hingegen entspringt die Dissonanz anderen Motiven; nämlich dem bewußten Streben nach Ausdruck. In Rokoko und Klassik ist die Zahl der Dissonanzen wesentlich kleiner. Die Dissonanz ist jedoch nicht nur ein musikalischer Begriff; sie spiegelt den Geistes- und Seelenzustand einer Zeit. Das erkannte bereits ein chinesischer Musiktheoretiker vor ungefähr 5000 Jahren. Er nannte die Musik eines wirren Zeitalters unruhig. Unruhe kann auf rhythmische Weise entstehen, aber ebenso durch Häufung von Dissonanzen. Und wieder entdecken wir, daß Rokoko und Klassik eine überraschend ruhige Zeit bildeten.
Die Antwort dieser Epoche auf die von uns gestellte Frage könnte etwa so die Stellungnahme des Rokoko, der Klassik ausdrücken: „Ich erkenne die Dissonanz natürlich an, ich halte sie sogar für notwendig und begrüßenswert, aber ich unterwerfe sie, genau wie die Konsonanz, strengen Regeln. In meinem System darf es nichts außerhalb der Regeln geben. Ich bringe sie den jungen, angehenden Musikern bei, aber lasse sie sofort erkennen, daß die Dissonanz nur vorübergehend, ein Ausnahmezustand sein kann, der sich zuletzt in eine Konsonanz auflösen muß." So ist die Dissonanz des Rokoko eine recht zahme Konstruktion, eine milde Würze, die nur ein sanft prickelndes Gefühl hinterläßt und den Geschmack erhöht. Im Rokoko muß alles berechenbar, vorauszusehen, ja vorausbestimmt sein im Leben der Oberschicht, zu dem die Musik als ständiger Begleiter gehört.
Trotzdem ist für das Genie – das politische wie das künstlerische – auch dieser Epoche genügend Freiraum vorhanden, um sich zu manifestieren. Man vertiefe sich in die Lebensgeschichte ihrer führenden Persönlichkeiten, ihrer Außenseiter und Rebellen. Und man folge genauer, als man es für gewöhnlich zu tun pflegt, Mozarts musikalischen Spuren, höre sein „Dissonanzen-Quartett" sowie andere ungefähr gleichzeitig erschienene Kammermusik, seinen „Don Giovanni" mit der geradezu tonmalerischen Höllenfahrt. Man höre den grandiosen, dissonanzengeladenen Anfang von Haydns „Schöpfung", in den erst der Donnerschlag „Und es ward Licht!" Beruhigung und Ordnung bringt. Die aber heißen musikalisch: strahlendstes, leuchtendstes C-Dur. Auch Haydn und Mozart sind, bei allem Genie, Kinder ihrer Zeit – und nur so frei, wie die Zeit es erlaubt.
Von Beethovens ganz anderer Einschätzung der Dissonanz wird ausführlich zu sprechen sein. Aber der ist auch kein Rokokomensch mehr. Inzwischen ist die Französische Revolution durch das Abendland gebraust.

Melodik, Harmonik und Rhythmik in Rokoko und Wiener Klassik

Man kann die Melodie, auf die einfachste Formel gebracht, eine geordnete, überschaubare, leicht zu singende, also dem Volkslied angenäherte, leicht auch mit einer einfachen Harmonie zu unterlegende Tonfolge nennen, die unseren Schönheitssinn und unser Gefühl anspricht. Die Barockmusik arbeitete vor allem mit kürzeren Formeln, die man Motive oder Themen nennen kann, das Rokoko aber schafft die klassische Melodie, die, der Feudalzeit entsprechend, Ebenmaß, Symmetrie, Eleganz besitzt, also Einprägsamkeit, die wahrscheinlich für die meisten musikliebenden Laien das wichtigste Merkmal der Musik darstellt.

Die klassische Melodie ist stets ein zusammengesetztes Gebilde: Sie hat zwei symmetrische Teile, die einander ergänzen und oft als Frage und Antwort bezeichnet werden, zwei Begriffen der Sprache, die recht genau in Musik umgesetzt erscheinen. Der erste Teil, auch Vordersatz genannt, kann als Frage verstanden werden, der zweite (Nachsatz) als Antwort. Demgemäß kann die erste Phrase fragend enden oder zumindest ein Offenbleiben ausdrücken, die zweite Phrase schließt ab. Man kann die Melodie auch mit dem Weg eines Wanderers vergleichen, der mit der ersten Phrase einen Aussichtshügel ersteigt, um mit der zweiten wieder den Heimweg anzutreten. Keinen hohen Berg darf man sich vorstellen, kein Gebirge, keine Schneegipfel: Das Rokoko ist ihnen nicht freundlich gesinnt. Schroffe Zinnen widersprechen seinem Sinn für ruhiges Ebenmaß. Und diesem soll die Melodie entsprechen. Sie ist also angenehm, leicht faßlich, übersichtlich, wohltuend. Sie enthält latent ein harmonisches Fundament, das meist nur aus wenigen Grundakkorden besteht und das, wenn es fehlt, vom Gehör zugefügt wird. Wenn sie vorzeitig abgebrochen wird, ergänzt das musikalische Gefühl sofort und ohne Schwierigkeit eine mögliche Fortsetzung. Es ist, wie vorher bereits angedeutet, eine Musik, bei der man fühlt, wie es weitergeht, wenn man den Anfang gehört hat.

Über Harmonie sind unzählige Bücher geschrieben worden. Es gibt eine Fülle theoretischer Regeln und Erkenntnisse. Bei der Melodie kann es die nicht geben. Bei der Harmonie spielt der Verstand eine bedeutende Rolle, das Wissen, das Können sind notwendig. Die Melodie ist ein Produkt des Gefühls, der Phantasie. Harmonien lassen sich weitgehend konstruieren, die Melodie entspringt nur der Inspiration. Sie ist spontan, ein lebendiger Organismus (was die Harmonie natürlich auch sein soll), und sie soll schön sein, womit die Frage an Ästhetik und damit an die Philosophie rührt. Denn darüber, was schön ist, haben die Menschen sich noch nie einigen können. Die beste Lösung fand ein Musiker (Ermanno Wolf-Ferrari), der in seiner Oper „Il campiello" schrieb, schön sei nicht, „was allen gefiele, sondern das, was man liebe..." Dies kann auch für die Melodie gelten.

Das Wort „Melodie" wird aus dem griechischen *melos* abgeleitet, das gleichbedeutend mit „Lied", „Gesang" ist. Der Ursprung der Melodie scheint im Vokalen zu liegen. Vielleicht war für die alten Völker eine Melodie nur im Gesang, im Lied möglich. Die Entwicklung der abendländischen Instrumentalmusik hat erreicht, daß wir den Begriff auf alle Musik auszudehnen gelernt haben. „Wann allerdings eine Folge von Tönen als ‚Melodie' angesprochen werden kann, darüber gehen die Ansichten sehr weit auseinander. Eine formalanalytische Untersuchung kann darüber nicht entscheiden. Nirgends offenbart sich das innerste Geheimnis der Musik deutlicher als im Wesen der Melodie..." (R. Tschierpe, „Kleines Musiklexikon" 1946). Hier ist das innerste Wesen der Musik angesprochen, das zugleich ein Geheimnis genannt wird. Ein Geheimnis, wie Schönheit es ist und Liebe. Beidem steht die Musik, so empfinden wir es, nahe. So kommen wir dem Gedanken der Melodie näher, wenn wir bei Dichtern nachschlagen – nicht bei Wissenschaftlern. E.T.A. Hoffmann ist ein vielseitiges Genie, Dichter, Musiker, Maler der anbrechenden Romantik: „Das Erste und Vorzüglichste in der Musik, welches mit wunderbarer Zauberkraft das menschliche Gemüt ergreift, ist die Melodie", schreibt er aus vollem Herzen. Vielleicht kommt der Melodie am nächsten, wer seine Gedanken auf Poesie und bildende Kunst ausdehnt. Ist Goethes „Über allen Wipfeln ist Ruh..." nicht eine vollendete Melodie?

Motiv – Thema – Melodie

Das Barock setzte seine Werke aus Motiven und Themen zusammen, kleinen Bauteilen also, die einer Entwicklung, Verarbeitung, Gestaltung bedürfen, um zu Werkträgern zu werden. Das Rokoko, die Klassik bevorzugen die bereits voll entwickelte, gerundete, gestaltete Melodie, die ohne den Umweg über den Verstand ihre Wirkung unmittelbar im Gemüt des Hörers findet. Natürlich setzt auch die Melodie sich aus Motiven zusammen, doch werden diese erst später oder gar nicht wahrgenommen, da der Eindruck der Melodie als Gesamtheit so stark sein kann, daß analytische Gedanken erst später oder gar nicht auftauchen. In der Melodie ist die Verschmelzung der Motive so voll gelungen, so lückenlos geglückt, daß eine große neue Einheit entstand. Das Motiv könnte mit dem Wort der Sprache verglichen werden, die Melodie mit dem zum Satz gerundeten Gedanken, eine Melodienfolge gar mit einem Gedicht.

Ein Motiv folgt keiner Regel, außer jener der Kürze und der Prägnanz. Es ist ein Baustein. Wer kann vom Baustein auf das Aussehen des Gebäudes schließen, das mit seiner Hilfe erbaut wird? Länger, definierter, charakteristischer ist das Thema, das seinerseits natürlich aus Motiven besteht. Das Thema ist eine ausgeprägte, melodische Bildung, die nicht in sich gerundet und abgeschlossen sein muß. Es stellt das Kompositionsmaterial des Musikers dar. Ein Motiv oder ein Thema kann erfunden, sozusagen konstruiert werden.

Beide verlangen Logik, Entwicklungsmöglichkeiten, damit sie möglichst kunstvoll verarbeitet werden können. Von ganz anderer Art ist die Melodie. Sie ist in sich ebenmäßig, abgerundet, wohlgestaltet „schön" – und entspricht etwa dem höfischen, dem aristokratischen Zeremoniell. In einen Thronsaal rennt oder schlendert man nicht, man schreitet: eine bestimmte Zahl von Schritten, dann eine Verbeugung, dann wieder eine analoge Zahl von Schritten usw. So ist die klassische, die Rokoko-Melodie gegliedert. Vier Takte als Grundelement, ein kleiner Halt, vier weitere Schritte oder Takte: insgesamt acht Takte. Oftmals, um das Zeremoniell zu verlängern, eine Wiederholung dieser acht Takte, eventuell mit einem deutlicheren Abschluß. Die melodischen Schritte innerhalb der Melodie haben sowenig Bedeutung wie der Takt, in dem sie steht: Es ist gleichgültig, ob es ein gerader Takt ist oder ein ungerader. Der Sechsertakt etwa, $\frac{6}{8}$, ist ein gerader Takt, man denke sich ihn immer als zweimal drei, niemals als dreimal zwei! Untenstehend sind drei typische (und dazu vermutlich geläufige) Beispiele solcher Melodiebildungen:

1. Haydns letzter Satz aus der Londoner Sinfonie (Nr. 104): zwei Phrasen zu je vier Takten.
2. Mozarts letzter Satz aus der „Kleinen Nachtmusik", (KV 525): zwei Phrasen zu je vier Takten. Der Auftakte wegen beginnt die Zählung beim eigentlichen Phrasenanfang in den Takten 2 und 5: Auftakte zählen niemals mit!
3. Das Menuett aus Mozarts Oper „Don Giovanni", das, wie alle Menuette, im Dreivierteltakt steht: zwei Phrasen zu je vier Takten, Gesamtmelodie also acht Takte.

Man kann bei den Melodien aller Rokokomusiker, beziehungsweise aller Klassiker, die Probe aufs Exempel machen und beim Hören die Takte mitzählen, was nicht schwerfällt, da die Gliederung der Melodie überaus deutlich ist.

Aus Joseph Haydns Londoner Sinfonie (Nr. 104)

Aus Mozarts „Kleiner Nachtmusik" (KV 525)

Aus Mozarts Oper „Don Giovanni", Menuett

Haydns Beispiel belegt noch etwas anderes: Die Viertaktigkeit ist von Melodien im Volkslied vorgebildet, bevor die Melodie des Rokoko und der Klassik sie zu ihrem Baumaterial macht. Sie kommt in Europas Kunstmusik schon lange vor 1750 vor und ist in der Barockzeit unzählige Male nachweisbar. Geht man weiter zurück, so bemerken wir ihre Anfänge bei den Minnesängern und Troubadours, also durchschnittlich ein halbes Jahrtausend zuvor. Wir nahmen an, daß diese frühe weltliche Musik des Abendlandes in engem Zusammenhang mit der schon bestehenden Volksmusik entstand. So müßten wir uns vorstellen, daß die Grundmelodie unseres Erdteils geradtaktig war. Dem muß nicht widersprechen, daß die erste Taktbezeichnung, die das Abendland kannte, der Kreis mit Punkt war (⊙), der drei Zählzeiten beinhaltete. Vielleicht stand hier die Idee der magischen oder heiligen Zahl Drei dem Symmetriegefühl weiter Teile des Abendlandes gegenüber, das sich bei allen Bewegungen in einer geraden Zahl ausdrückte.

Dieses Symmetriegefühl zeigt sich im 18. Jahrhundert noch stärker ausgeprägt als zu anderen Zeiten. Doch wie immer war da gleichzeitig auch ein Hang zum Gegenteil. Den ebenmäßig angelegten Schloßgärten trat die aufkommende Mode der englischen Gärten entgegen, die gerade aus der Unregelmäßigkeit ihren Reiz zogen: Da wurden gewundene Bäche angelegt mit Brücken an unvermuteten Stellen, Rasen gemischt mit Wald, kleine Vergnügungstempel, Felsengrotten, Baumgruppen, Buschwerk, als sei alles natürlich gewachsen und entstanden, obwohl dies alles höchst künstlich hergestellt wurde. Man spielte Natürlichkeit, konstruierte Natur; die Schäfer, die keine waren, tanzten auf einer natürlichen Waldlichtung, die keine solche war, sie machten einander „natürliche" Liebeserklärungen, über die echte Schäfer gelacht hätten, wären sie ihnen je zu Ohren gekommen. Denn was diese Jünger Rousseaus sagten, wie sie tanzten und einander erotisch umschwärmten, war von Natur weit entfernt, war bewußtes Suchen von Schönheit und Ebenmaß, war – vielleicht auf falschem Wege – Streben nach höchster Kunst, die der Natur gleich wäre.

Und so ist die Musik, das Klingen der buntbebänderten Lauten, Flöten und Geigen hier nichts anderes als im Palast: Kunstmusik. Und ihre Tänze waren Kunsttänze wie diejenigen auf dem glänzenden Parkett der Säle in den Palästen.

„Zurück zur Natur"

Volksnah waren in der Klassik alle drei Elemente der Kunstmusik: die Melodie, die Harmonie und die Rhythmik. Die Melodie erfüllte das erste Gebot der Volksmusik: sie soll leicht faßlich, leicht wiederzugeben sein. Die Melodie der Klassik war so einfach, wie sie es seit Minnesängertagen nicht mehr gewesen war – und wie sie es bis heute in der Kunstmusik nie mehr sein wird (wodurch dann die immer schlimmere Spaltung zwischen Kunst- und Volksmusik, vor allem aber auch zwischen Kunst- und Unterhaltungsmusik entstehen wird). Das ist eine Tatsache, die nicht zu bestreiten ist, und bei der nur die psychologische, die soziale Begründung der Untersuchung wohl wert wäre. Gerade die „unnatürlichste" Epoche, das Rokoko, bringt die natürlichste Musik hervor? Sollte die Naturparole (des entsetzlich unnatürlichen) Rousseau stärker den Zeitgeist bestimmt haben als die Königsschlösser und Adelspaläste der Oberschicht? Rousseaus Aufruf „Zurück zur Natur" war mehr als ein Schlagwort. Er war auf dem Höhepunkt des Gekünstelten eine Kampfansage der Natur, ein Vorbote der Großen Revolution, die als unklare Forderung schon in Herzen und Gehirnen drängte. Goethe spricht von der Zeit, die um ungefähr 1770 einsetzt – es ist genau der Zeitpunkt, zu dem wir den Beginn von 20 bis 30 Jahren Klassik ansetzten –, als von einer Epoche der „Gärung aller Begriffe". Weiter Goethe, Zeitgenosse Haydns, Mozarts und Beethovens, zudem der überlegenste Beobachter der Zeit: „Es war vorzüglichen, denkenden und fühlenden Geistern ein Licht aufgegangen, daß die unmittelbare originelle Ansicht der Natur und ein darauf begründetes Handeln das Beste sei, was der Mensch sich wünschen könne, und nicht schwer zu erlangen ..."

Wir stehen also bei der Betrachtung von Rokoko und Klassik vor dem (schwierigen) Fall einer im Grund gespaltenen Epoche. Man kann einwenden, alle Epochen seien dies in ihren Randgebieten: Da sei stets der Kontrast zweier aufeinanderfolgender Zeitläufe lebendig, nämlich der Geist des Abtretenden und die Ahnung des Kommenden. So wäre das Rokoko die Auflösung des Barock und die Ahnung der Romantik. Tatsächlich finden sich bereits in den siebziger Jahren Regungen aus künftigen Welten: Da taucht die „Sturm- und Drang-Zeit" auf, lange vor der Französischen Revolution; da erklären einige überseeische Kolonien, aus einem Geist der Gerechtigkeit und einer Grundhaltung der geradlinigen Einfachheit und Anständigkeit, die Unabhängigkeit Amerikas; da schreibt Goethe seinen „Werther", in dem Gefühl alles ist und die Etikette vor dem Ansturm des Herzens zerbricht. Hier gewinnt das Wort „Empfindsamkeit" in der Musik eine steigende Bedeutung. Es kann einen neuen Inhalt bilden, aber nicht die von der Oberschicht festgehaltene Form des Rokoko, der „Klassik" zerstören. Dazu bedarf es dann stärkerer Waffen, wie der Französischen Revolution, der Entmachtung und weitgehenden Vernichtung jener aristokratischen Oberschicht, die im Rokoko ihre ureigenste Lebensform geschaffen hatte.

Vielleicht wurde aus dem Rokoko die Klassik überhaupt erst, als aus der Tiefe der Ruf nach Natur, nach Natürlichkeit, nach Echtem, Tiefem, Wahrem immer deutlicher erscholl und von einigen Genies wahrgenommen wurde. Im Rokoko gab es, wie zu allen Zeiten, viel Unechtes, Gekünsteltes, Vergoldetes, das sich wie echtes Gold ausnahm. Aber dann kam das echte Gold und zog alle Schichten in seinen Bann. Haydn, Mozart, Beethoven waren kaum einer Klasse zuzurechnen. Wer dies versucht, betreibt unlautere Geschichtsschreibung. Sie schrieben den Stil ihrer Zeit – kein Mensch kann etwas anderes tun –, aber ihre tiefe Menschlichkeit (ohne die sie keine echten Genies wären) ließ sie allen Schichten verständlich werden. Daß dies nicht immer sofort, noch zu ihren Lebzeiten geschah, ist eine andere Sache. Aber es geschah, sonst wären sie heute nicht, was sie sind: Leitgestalten der Musikgeschichte. Haydn gelangte im Alter zur geradezu volkstümlichen Form des Oratoriums, in der er die wahrhaft populären Werke „Die Jahreszeiten" und „Die Schöpfung" schrieb.

Mozart gab mit Liebhaberorchestern Konzerte im Wiener Augarten, bei denen das Bürgertum stark vertreten war. Die Musik beider wurzelte im Rokoko. Doch das Genie kann sich in jedem Stil aussprechen, welcher der wirklich echte Stil seiner Epoche ist. Er wird unbewußt dazu beitragen, ihn Neuem zu öffnen.
In der Klassik wächst die Musik über einen bloßen Spiegel gesellschaftlicher Zustände hinaus. Sie erreicht geistige Größe, seelische Tiefe, charaktervolle Schönheit wie nur in „Sternstunden der Menschheit" (nach der schönen Wortprägung Stefan Zweigs). Sie ist vollendeter als ihre Epoche. Dazu trägt in erster Linie die Melodie bei; die ist einfach und natürlich, wohltuend symmetrisch, kann lieblich, anmutig, elegant bis edel sein und ist allen Menschen über die Empfindung verständlich.

Die Harmonie

Geradeso schlicht natürlich, so gerundet und geschlossen, so problemlos, berechenbar, ohne Schwierigkeit verständlich wie die Melodik des Rokoko und der Klassik erweist sich auch deren Harmonie. Melodie ist die Aneinanderreihung von (fast immer verschiedenen) Tönen, einer Perlenkette vergleichbar. Für die Melodie gibt es nur wenige Regeln, sie bleibt weitgehend eine Sache des Gefühls, des Geschmacks, der Ästhetik. Harmonie ist das gleichzeitige Erklingen mehrerer Töne. Sie kann durch Regeln weitgehend festgelegt werden, wenn eine letzte Entscheidung auch hier nur dem Ohr zukommt. Die Theoretiker streiten, ob man bereits den Zusammenklang von nur zwei Tönen als Harmonie bezeichnen soll. Wie man es nennt, ist schließlich gleichgültig. Das Wesentliche bleibt, daß mit der Gleichzeitigkeit zweier Töne etwas Neues in das menschliche Gefühl tritt: die Idee eines Zusammenklangs, eines Miteinanders von Klängen. Beginnen wir also unseren kleinen Streifzug durch die Grundlagen der Harmonie getrost mit dem Zweiklang. Zwei gleichzeitig erklingende Töne bilden ein Intervall, man bezeichnet ihren Abstand. Jedes dieser Intervalle hat einen Namen, nämlich seine Zahl in der Reihe, vom Lateinischen. Von einem Ton zum nächsten ist es eine Sekunde weit, ein zweiter also. Der Schritt vom ersten zum übernächsten, dritten Ton heißt folgerichtig Terz (der dritte). Es folgen ganz logisch die Quarte, Quinte, Sexte, Septime, Oktave. Schlagen wir sie an, also jeweils den ersten Ton mit dem zweiten, den ersten mit dem dritten usw. Wir werden wahrnehmen, daß diese Zusammenklänge nicht „qualitativ" identisch sind. Es gibt „bessere" und „schlechtere" Zusammenklänge. Doch in diesen Bezeichnungen liegt bereits die ganze Relativität der menschlichen Empfindungen. Ein heutiger Musiker wird sehr wahrscheinlich eine solche Entscheidung überhaupt nicht zulassen. Die Atonalität des 20. Jahrhunderts hat sie aufzuheben gesucht. Wieweit dies möglich war und ist, wird gegen Ende unseres Buches untersucht werden müssen. Für das 18. Jahrhundert gab es noch sehr klare Unterscheidungen zwischen „besseren" und „schlechteren" Zusammenklängen, zwischen Konsonanzen und Dissonanzen. Mit dieser grundlegenden Unterscheidung arbeitet jede Harmonielehre. Und jeder Zusammenklang verschiedener Töne ergibt das eine oder das andere. Es ist nicht nötig, die Begriffe Konsonanz und Dissonanz nochmals ausführlich zu erläutern. Konsonanz ist das „zueinander Passende", die problemlose Übereinstimmung. In der Musik: das Gutklingende. Also ist die Dissonanz das Gegenteil: etwas Spannungserregendes, Auseinanderstrebendes, etwas nur als Übergangsstadium Geduldetes, zur Auflösung Drängendes. Der Gegensatz ist fundamental. Konsonanzen können unbegrenzt verwendet, Dissonanzen müssen dosiert werden. In der richtigen Dosierung, nicht in einem Verbot liegt der Sinn der Dissonanz. Der Musiker lernt mit der Dissonanz zu arbeiten. Da es in diesem Bereich beinahe unzählige Möglichkeiten gibt, wird der Umgang mit der Dissonanz besonders reizvoll.
Doch im Rokoko sind die Möglichkeiten, mit der Dissonanz umzugehen, noch gering. Es gibt Regeln dafür, wie sie „eingeführt" wird, und Regeln, wie sie „aufgelöst", also in eine Konsonanz übergeführt werden muß. Schon die wichtigste Harmonielehre jenes Jahrhunderts, von Rameau aus dem Jahr 1722, gibt sie an. Sie werden befolgt, weil sie dem Hören und dem Gefühl des Zeitalters entsprechen. Nur Genies rütteln an Gesetzen. Haydn und Mozart werden es tun, vom späteren Beethoven ganz zu schweigen.
Die Lehre von der Harmonie weitet die von den Intervallen um einen dritten, eventuell vierten Ton aus. (Das 19. Jahrhundert fügt dann einen fünften, das 20. Jahrhundert weitere hinzu.) Die Grundlage der Harmonie bilden die Dreiklänge, auch Akkorde genannt. Der einfachste Dreiklang oder Akkord ist jener, den man durch die Hinzufügung eines dritten und eines fünften Tones – also der Terz und der Quinte – zum Grundton konstruiert. Geschieht dieser Aufbau auf dem Ton C, so ergibt sich C-E-G. Eigentlich sollten wir, zur besseren Anschaulichkeit schreiben:

5	G	(Quinte)
3	E	(Terz)
1	C	(Grundton)

Unser Ohr bestätigt sofort, daß dies eine wohlklingende Harmonie ist, ein „konsonanter Akkord". Gehen wir die Tonleiter aufwärts: C, D, E, F, G, A, H, C – und errichten wir auf jedem dieser Töne einen Dreiklang genau wie früher, also unter Hinzufügung einer Terz und einer Quinte zum Grundton, so ergeben sich folgende Akkorde:

G	A	H	C	D	E	F	G
E	F	G	A	H	C	D	E
C	D	E	F	G	A	H	C

Beim Anspielen dieser Akkorde bemerken wir, daß sie recht verschiedenartig klingen, nicht nur „höher" bei jedem neuen Grundton, sondern daß ihre Struktur unmöglich die gleiche sein kann. Die sieben Töne, die wir als Grundlage gewählt haben, wahren untereinander nicht die gleichen Distanzen – eine Folge des unregelmäßigen Werdens unseres Musiksystems im Mittelalter (worüber wir gesprochen haben). Sechs der hier verzeichneten Dreiklänge oder Akkorde (man beachte, daß der letzte, achte, dem ersten gleich ist, also nicht zweimal gezählt wird) empfinden wir „angenehm“, also konsonant. Nur bei einem ist dies weniger oder gar nicht der Fall: bei dem siebenten (H-D-F), er kommt uns merkwürdig „eng“ vor, er erweckt vielleicht sogar den Wunsch, verändert zu werden. Er ist dissonant. Die übrigen sechs können von einem „guten“ Gehör ebenfalls als nicht durchwegs gleich erkannt werden: Der erste, vierte und fünfte Dreiklang ähneln einander völlig, ebenso der zweite, dritte und sechste. Ohne weiter in die Harmonielehre einzudringen, sei nur gesagt, daß die drei erstgenannten sogenannte Dur-Akkorde, die zweitgenannten sogenannte Moll-Akkorde sind. Vergleicht man ihren Klang mit dem der anderen Gruppe, wird der unbefangene Hörer die erste Gruppe (der Dur-Akkorde, also derer auf C,F,G) als freudiger, optimistischer, heller empfinden, die der zweiten Gruppe (also der Moll-Akkorde auf D,E,A) als trauriger, melancholischer, sanfter, dunkler. Beide Tongeschlechter, Dur wie Moll, bilden gemeinsam die Grundlage der abendländischen Kunstmusik von ungefähr 1600 an, seit dem Barock über das Rokoko in die Romantik und weitgehend bis in unsere Zeit. In der mitteleuropäischen Volksmusik dürfte seit jeher das Dur-Tongeschlecht jenes in Moll überwogen haben. Dieses aber überwiegt in den östlichen, vor allem slawischen Regionen.

Die Melodie ist Selbstzweck, die Harmonie nicht. Auch die Harmonie kann zu hoher Bedeutung kommen, wir werden ihre überwältigende Entwicklung im romantischen 19. Jahrhundert zu besprechen haben. Aber im Rokoko steht sie noch gewissermaßen im Dienst der Melodie. Diese wird von ihr untermauert, gestützt. Beide bilden eine Einheit. Der Hörer ergänzt, ohne sich darüber klar zu werden, jede Melodie durch die „dazu gehörige“ Harmonie. Einem begleitenden Gitarristen etwa fallen die passenden Akkorde zu der eben erklingenden Melodie „von selbst“ ein, sie sind „selbstverständlich“, folgerichtig. Große Überraschungen bleiben im allgemeinen aus, ob es sich um Volksmusik oder Kunstmusik aus dem Rokoko handelt. Das soll nicht etwa bedeuten, daß diese Musik „monoton“ sei (außer bei mittelmäßigen oder schlechten Komponisten, wo sie es aber stets und zu jeder Zeit ist). Es ist nur eine Folge der Konsequenz, des Symmetriegefühls, der Regelhaftigkeit eines Zeitalters – oder wenigstens seiner Oberschicht, die im wahrsten Sinn des Wortes „den Ton angibt“.

Die Rokokomusik ist weitgehend auf konsonanten Akkorden aufgebaut, Dissonanzen bilden die Ausnahme, verleihen einen Augenblick der Spannung, bevor die Rückkehr zur Konsonanz, die Auflösung der Dissonanz, wieder den breiten Fluß der Musik fortsetzt. Härtere Dissonanzen kommen in der reinen Instrumentalmusik selten vor. Hier haben wir es nahezu durchwegs mit absoluter Musik zu tun. Der Leser wird sich vielleicht erinnern, daß in einem viel früheren, noch das Mittelalter besprechenden Kapitel die beiden Musikarten erwähnt wurden, in die sich diese Kunst teilen läßt: die absolute und die schildernde, die Programm-Musik. Diese letztere ist einfacher zu erklären, als die absolute Musik. Sie besitzt einen erkennbaren, zumeist als solchen deklarierten Inhalt. Der kann vom Kuckucksruf bis zum Tosen moderner Maschinen gehen. Gibt es doch so gut wie nichts, was Musik nicht „beschreiben“ könnte!

Die absolute Musik hingegen malt nicht, schildert nicht, beschreibt nicht. Sie ist „nur“ Musik, will nichts anderes sein. Die Programm-Musik kann sich begreiflicherweise wenig an Regeln halten, an ein Konstruktionsschema, an einen vorgegebenen Ablauf: Sie muß ja in erster Linie getreu abbilden, schildern, und so werden die Formen eben dem Inhalt angepaßt. Die absolute Musik jedoch folgt dem vorgefaßten Formenplan, nichts zwingt sie, von ihm abzuweichen. Das Rokoko, formenbewußt wie kaum eine andere Zeit, wird natürlich zur Epoche der absoluten Musik. Eine Sonate, ein Quartett, eine Sinfonie Haydns oder Mozarts folgen dem rein musikalischen Schema, das für solche Formen gültig ist. Zu Rokoko und Klassik gehört die absolute Musik. Die Schönheit, Ruhe, Ausgeglichenheit, der Schwung einer Melodie gehören zu ihnen geradeso wie der natürliche Fluß der Harmonie mit den eingestreuten Spannungen und Entspannungen der wenigen und nie zu scharfen Dissonanzen. Um dieses Bild abzurunden, bleibt die Betrachtung des dritten Grundelements der Musik, des Rhythmus.

Der Rhythmus

Der Rhythmus ist ein Grundelement nicht nur der Musik, sondern des Lebens in seiner ganzen Fülle. Jede Bewegung – von jener der Sterne bis zu der von Mikroben – vollzieht sich in Rhythmen. Der Gang alles Lebendigen ist gigantischen Rhythmen unterworfen, und höchstwahrscheinlich gibt es im gesamten Universum nichts, was nicht „lebendig“ wäre. Da also alles Leben Bewegung ist, ein Werden und Vergehen, ein Sich-Verändern, ohne das wir uns, außer Gott, nichts vorstellen können, so besitzt alles Lebendige seinen Rhythmus. Vom Lebensrhythmus ist der musikalische Rhythmus ein Teil. Und wie jener reichen seine Möglichkeiten vom Einfachsten bis zum Kompliziertesten. So reich die Spielarten der Musik in Melodie und Harmonie sind, die Vielfalt der Rhythmen reicht ins Unvorstellbare. Mit so unermeßlichen Grundbedingungen muß vielleicht – eines Tages, wenn der Mensch es je können sollte – die Musik des Weltalls bestimmt werden. Für die irdische, menschliche Musik muß aus der Unbegrenztheit der Rhythmen ein gewisses, immer noch sehr weit gespanntes Maß erfaßbarer, anwendbarer Rhythmen gefiltert werden.

„Musikalische Rhythmik“ wird bereits in Schulen unterrichtet. Aber eine einfache, möglichst schon dem Kind verständliche Definition des Begriffs „Rhythmus“ zu geben, gehört zu den schwersten Aufgaben. Jeder Mensch glaubt zu wissen, was Rhythmus ist, viele ahnen sogar das Wichtigste, daß er mit „Takt“ an sich nichts zu tun hat, aber man kann es schwer in Worte fassen. Der Rhythmus ist, aufs äußerste vereinfacht, die feste Ordnung im zeitlichen Ablauf der Musik. Wie es einfache Melodien gibt und komplizierte, einfache Harmonien und komplizierte, so gibt es auch einfache Rhythmen und komplizierte. Das Rokoko bevorzugt die einfachen, wie es sich nach außen überhaupt gern einfach gibt. Seine Rhythmen sind leicht nachvollziehbar, natürlich, ohne primitiv zu wirken; sie sind abwechslungsreich ohne Künstelei. Liegt der Wert des

Rokoko, der Sinn der Klassik darin, hohe Ziele mit kluger Selbstbescheidung zu erreichen?
Die Klassik sucht keine Erschütterung in ihrer Kunst, die vor allem dem Vergnügen gilt. Ein tieferes Erlebnis mag einem Musikstück zugrunde liegen, aber es muß in der Öffentlichkeit unbemerkt bleiben. Das Wesentliche ist: Das Rokoko weint nicht vor Zeugen, es zeigt seine innerste Bewegung nicht an, es äußert keine Leidenschaften, demaskiert sich nie vor dem „Publikum". Es „spielt" immer, wahrt die Formen, verliert nie die Haltung.
Das Rokoko liebt den Tanz wie kaum etwas anderes. Viele seiner Musikstücke sind also in Tanzrhythmen gehalten. Das Menuett steht im Vordergrund, sein sehr langsamer Dreiertakt bildet geradezu das Symbol der Epoche. Die Rhythmen können bei jedem Menuett anders sein, aber sie fügen sich ganz natürlich in den Takt ein. Das Menuett hat seinen führenden Rang im Wettbewerb mit zahlreichen anderen Tänzen erobert, die wir bei der Suite des Barock einzeln besprochen haben: die Gavotte, Sarabande, Courante, Pavane, Allemande, Gigue, Bourrée usw. Das Menuett ist zum aristokratischen, zum höfischen Tanz schlechthin geworden. Richtig getanzt, spiegelt es eine Lebensauffassung wider, es beweist Phantasie und Geschicklichkeit, Geschmack und Kunstfertigkeit einer sozialen Klasse, die den Menschen von der Wiege an daran gewöhnt, dazu erzieht, Vorbild zu sein, oder was sie selbst eben dafür hält.
Das Rokoko kennt beide Taktarten, die sich im Lauf der Jahrhunderte im Abendland als Grundlage der Musik herausgebildet haben: den „geraden" und den „ungeraden" Takt. Es kennt eine Fülle von Rhythmen, die sich allerdings durchwegs, wie bereits erwähnt, durch betonte Einfachheit auszeichnen. Die Zeit, in der Mitteleuropas Musik rhythmische „Probleme" bieten wird, liegt noch in weiter Ferne. Viele Partituren des 20. Jahrhunderts hätten selbst die besten Musiker des Rokoko vor unlösbare Aufgaben gestellt.

Vermutlich haben schon in alter Zeit die Griechen im Fünfertakt getanzt, baskische Volksliedsänger im Siebenertakt ihr Volksgut gepflegt. Aber die Oberschicht ganz Europas tanzte Menuett im langsamen Dreiertakt. An der Entwicklung dieser Taktart ließe sich geradezu eine Kulturgeschichte und nicht wenig politische Geschichte ablesen. Vom derben Bauerntanz (wie Brueghel ihn gemalt hat) „aufwärts" zum salonbeherrschenden Menuett, und später, mit der Französischen Revolution, in jähem Absturz zurück in die „Gewöhnlichkeit", zum „Deutschen", zum „Ländler", schließlich zum immer rascheren Walzer, der einer neuen, langen Epoche der weitgehenden Klassenverbrüderung vorstehen wird: „Seid umschlungen, Millionen!" Von dessen Begeisterung wird das 20. Jahrhundert nichts mehr wissen wollen. Nahezu alle seine Tänze, vom Ragtime bis zum Free-, zum New Jazz, beruhen auf aggressiven Marschrhythmen und akzentverlagernden Synkopen, die von der jahrhundertealten Entwicklung nichts wissen, da sie aus völlig anderen Bereichen kommen.
Die rhythmische Welt des Rokoko öffnet sich auch fremdländischen Tänzen, die eine begrüßenswerte Neuerung in ihr etwas steriles Bild bringen. Da die Türkengefahr vorüber ist, beginnen die Künste sich mit den Todfeinden von gestern zu befassen. Wir werden bald – nicht nur in Mozarts „Entführung aus dem Serail" – sehen, wie sich das Bild der vor kurzem noch so bedrohlichen Invasoren zu wandeln anfängt. Bald öffnen in Wien „Caféhäuser" ihre Pforten, in denen das aus dem Morgenland importierte Getränk mit Hingabe geschlürft wird; oder eine gefangenengenommene Musikkapelle gefällt durch ihre bunte Gewandung, mehr aber noch durch ihr klingendes Spiel den Wienern so gut, daß sie nicht nur auf öffentlichen Plätzen konzertieren muß, sondern daß ihre Rhythmen und einige ihrer Instrumente in die westliche Kunstmusik übernommen werden. Die sind nicht nur bei Mozart zu finden (in der „Entführung aus dem Serail", in einer berühmten Klaviersonate usw.), sondern auch in vielen anderen Werken treffen wir bald das Modewort *alle turca*, nach türkischer Art. Doch war dies nur ein weiterer Zug in dem wachsenden Bestreben, fremde oder gar „exotische" Musik in die westliche Klänge zu integrieren. Die meisten der am Kaiserhof lebenden Aristokraten besaßen Güter und Schlösser weit über das ganze Gebiet der Donaumonarchie verstreut, in Böhmen und Polen, in Ungarn und Slowenien, in Südslawien wie in Oberitalien. Dort kamen sie mit der Musik vieler Völker in Berührung und hörten es gern, wenn „ihr" Wiener Kapellmeister dann solche Klänge und Rhythmen verarbeitete und in ihre Feste einfließen ließ. So gab es bald *alla polacca, all'ongharese*, wenn die Anklänge eben polnischen oder ungarischen Ursprungs waren und sich gut mit dem überall gepflegten klassischen Stil verschmelzen ließen. Eines noch fernen Tages – es wird erst um die Mitte des 19. Jahrhunderts sein – wird das Interesse an der Volksmusik dann so stark werden, daß man keinen Einbau in die Kunstmusik mehr versuchen, sondern die Eigengültigkeit fremder Musikkulturen erkennen wird.

Linke Seite: Balletfigurine „Paysanne galante" – in Wirklichkeit eher eine Aristokratin als eine Bäuerin.
Oben: Im Schloßtheater der Fürsten Esterházy zu Eisenstadt erklang 1775 die Oper „L'Incontro improvviso" von Haydn. Vorn links am Cembalo dirigiert der Komponist.

Im Rokoko aber ist Originaltreue noch viel weniger wichtig als die Anpassungsfähigkeit solcher Musik an die eigene Welt, wobei sehr viel Charakteristisches natürlich verlorengehen muß, da manche Tonsysteme (etwa aus dem Balkan) und zu komplizierte Rhythmen der Rokokomusik zu ferne stehen oder mit abendländischen Tonzeichen überhaupt nicht aufgezeichnet werden können. Aber schon die bloßen Anklänge erfreuen die „Gesellschaft" herzlich.
Trotz ihrer Einfachheit wäre es falsch, die Rhythmik von Rokoko und Klassik als simpel abzutun. Sie ist durchsichtig, wie es auch Melodik und Harmonik sind, leicht nachzuvollziehen für die, welche in dieser Epoche geboren wurden und lebten. Heute wird über den „echten" Mozart-Stil viel diskutiert, und die Meinungen weichen weit voneinander ab, wodurch nur wieder bewiesen wird, daß die Kunst jeder Epoche nur den in ihr Lebenden selbstverständlich zu sein pflegt. Oder ist dies nur in normalen Zeiten so, und gibt es Epochen, in denen die Mehrzahl der Menschen mit der zeitgenössischen Kunst ihre ehrliche Mühe hat? Und handelt es sich bei solchen um Zeiten der Krise, der lebensbedrohenden Gefahren, des Über- oder gar des Untergangs? So einfach (für unser Gehör) ist die Rhythmik des Rokoko, daß selbst kleine Anomalien starke Wirkungen erzielen: eine SYNKOPE etwa, also die Verlagerung einer natürlichen Betonung auf den nächsten, unbetonten Taktteil (was im 20. Jahrhundert als Stilmittel der „schwarzen" Musik durch den Jazz in breitem Ausmaß nach Europa kommen wird), oder SFORZATO-Schläge auf jeden beliebigen Taktteil, also unerwartete Betonungen, die auf verschiedene Weise (sf, sfz,) in den Noten verlangt werden. Kleine Reizmittel, die das an sich gleichmäßig und lieblich dahinfließende Klingen eines Rokokowerks auflockern, ein klein wenig spannender gestalten, interessant machen wollen. Dem guten Beobachter wird es auffallen, wie von hier an in fast ununterbrochenem Anstieg bis in unsere Zeit diese Reizmittel sich verstärken und häufen werden. Bis sie schließlich so überwiegen werden, daß sie die eigentliche Substanz des Kunst-, des Musikwerks übertönen, unwichtig machen werden: Ein absurder Zustand, der das Symptom schwerer gesellschaftlicher und menschlicher Erkrankung sein wird...
Der anscheinend nach außen hin monotone Ablauf der Rokokomusik trügt: Diese Musik besitzt ein starkes Innenleben. Nur ihr äußeres Gewand ist im Notenbild eingefangen. Zur Erfassung ihres Innenlebens gibt es keine Notenschrift. Es ist auch schwer lernbar. Der heutige Interpret bedarf eines überaus sensiblen Einfühlungsvermögens, um Melodik, Harmonik, Rhythmus des Rokoko und der Klassik ganz aus dem Geist jener Epoche wiedergeben zu können, die von der unseren so diametral verschieden ist oder zu sein scheint.

Die musikalischen Formen in Rokoko und Wiener Klassik

Vielgestaltig sind die Triebfedern der Kunst. Eine Befragung könnte die verschiedensten Antworten ergeben. Der Künstler des Rokoko hätte über das Ziel seines Strebens sicherlich eine längere Zeit hindurch nachdenken müssen. Sollte er die Unterhaltung angeben? Sie spielte in seinem Schaffen eine bedeutende Rolle – natürlich nicht die gewöhnliche Unterhaltung, der die Bürger frönten. Unterhaltung, das konnte auch Höheres bedeuten, Witz und Geist haben, Charme und Eleganz. Immer neue Formen davon auszudenken, das mochte einem Künstler wohl zustehen, war eine würdige Aufgabe, konnte eine Rolle höheren Gesellschaftslebens bedeuten. Unterhaltung erwarteten seine Brotherren und Auftraggeber von ihm. Die obere Gesellschaft des Rokoko dachte nur selten an Gott – Voltaire und seine nicht geringe Anhängerschaft leugneten ohnehin seine Existenz –, an materiellen Gütern besaß sie so viel, daß sie an Geld nicht denken mußte: Ihr Leben war Unterhaltung, nur manchmal kurz unterbrochen durch ein interessantes neues Buch, das ein wenig Nachdenken erforderte.
Die Mehrzahl der Dichter, Musiker, Maler des Rokoko war in diesem Bestreben nach guter Unterhaltung voll ausgelastet. Sicherlich wollten auch die Größten unter ihnen oftmals nichts anderes erzielen: Dies ließe sich an Hunderten von Werken Haydns und Mozarts nachweisen. Aber diese Größten (und sicherlich mancher andere, ungerechterweise halb Vergessene) hatten tief in ihrem Innern einen Wunsch, der den nach Unterhaltung übertraf, den Wunsch nach Schönheit. Es soll uns nicht irreführen, daß wir dieses Wort in ihrem Vokabular, in ihren Briefen oder Tagebüchern nicht finden. Kann der Mensch ein Ideal haben, von dem er nie spricht? Das Schönheitsideal dieser Zeit ist so tief verwurzelt, daß es als selbstverständlich gilt und niemals genannt werden muß. Der Kulturphilosoph Arnold Hauser nannte in seiner lesenswerten „Sozialgeschichte der Kunst und Literatur" das Rokoko „die letzte Phase einer Gesellschaftskultur, in der das Schönheitsprinzip unbeschränkt herrscht, der letzte Stil, in dem ‚schön' und ‚künstlerisch' gleichbedeutend sind".
Natürlich stößt auch diese Definition, wie schon manche, der wir begegneten oder die wir wagten, auf die Unfaßbarkeit des Begriffes der Schönheit. Doch es läßt sich nicht leugnen, daß jede Zeit ihren eigenen Begriff davon hat, haben muß, wenn sie in grenzenlosem Materialismus und reinem Nutzdenken nicht rettungslos versinken will.
Die Welt des Rokoko und seiner Musik übernimmt manche ihrer Grundlagen aus früheren Zeiten, das ist bei allen Epochen der Fall, sogar bei solchen, die nicht durch Evolution, sondern durch Revolution an die Macht kommen. Als die spätbarocke Epoche um die Mitte des 18. Jahrhunderts in die des Rokoko überging, mischten sich ganz neue Akzente in das künstlerische Geschehen. Die liebliche Melodie ersetzte den oft wuchtigen Kontrapunkt. Lebensfreude ersetzte viel mittelalterlich Mystisches, das noch in Spuren vorhanden war. Aus der manchmal ein wenig marmornen Kühle der barocken Großartigkeit klingt nun immer häufiger ein Ton des Affekts, wie die Zeit selbst ihn gerne nennt, der Empfindsamkeit, des Gefühls. Die oft beinahe unerbittliche dynamische Bewegung des Barock hellt sich auf, wird menschlicher, irdischer, vom Herzen und seinen Regungen gefärbter. Die wuchtigen, imposanten Linien lockern sich in Verzierungen auf, in filigrane Verfeinerungen, Spielereien, Zärtlichkeiten, denen irgend jemand irgendwann einmal den nahezu lautmalerischen Namen „Rokoko" gab.

Die Formen des Rokoko

Leichter ist die Melodie des Rokoko gegenüber dem barocken Thema geworden, leichter die Dreiklangs-Harmonik des Rokoko gegenüber dem Bedeutung heischenden Kontrapunkt des Barock. Und leichter, einfacher, zugänglicher steht die musikalische Formwelt des Rokoko vor uns, wenn wir sie mit der geistigeren, oft wuchtigeren des Barock vergleichen. Das Rokoko wirft alle Berechnung über Bord, und ohne das Requisit des Verstandes konnten ja Kanons und Fugen des Barock nicht entstehen, die Doppel-, Tripel-, Quadrupelfugen mit ihren ausgeklügelten Gegenbewegungen, Umkehrungen, Krebsgängen und anderen Kunststücken. Also nimmt die Zahl dieser musikalischen Formen im Rokoko schnell ab. Auch die Suite in ihrer alten, barocken Zusammensetzung (Allemande, Courante, Sarabande, Gigue) verschwindet, wenn auch der Gedanke, verschiedene Stücke zu einer losen Einheit zu verbinden, in den Divertimenti, Kassationen, Serenaden usw. fortlebt. Stark rückgängig sind auch die vokalen Formen, die im Barock mehrheitlich auf strenger Mehrstimmigkeit aufgebaut waren: die Motette, die (geistliche und weltliche) Kantate, das (ebenfalls geistliche oder weltliche) Oratorium barocker Prägung.
Menuette, die früher gelegentlich die barocke Suite integrierten, werden nun, wie wir schon sahen, auch musikalisch zum Haupttanz der Zeit. Alle Rokoko-Komponisten versuchen sich immer wieder an ihm, sei es als Einzelschöpfung, sei es als Bestandteil eines mehrsätzigen Werks. Als typisches Musikstück des Rokoko muß die Serenade erwähnt werden. Ihr Name be-

deutet nichts anderes als Abendmusik, erst allmählich wird sie zu einer Art Ständchen. Die Zahl der sie zusammensetzenden Sätze bleibt ganz dem Komponisten überlassen. Mozart gibt seiner herrlichen, für eine bestimmte Gelegenheit geschriebenen „Haffner-Serenade" acht Sätze. Ebenso ist es mit der Wahl der Formen, die der Komponist in die Serenade einbetten will. Da gibt es vom Marsch bis zum Kontretanz alles Erdenkliche. In der Mischung rascher und langsamer Sätze, tänzerischer, lyrischer, lustiger Teile steht die Serenade (wie übrigens auch das Divertimento) der Sinfonie des Rokoko näher als der Suite des Barock, aus dem sie letzten Endes entstanden ist.

Dem Namen nach kommen alle diese Formen aus Italien: Italienisch ist sowohl Serenade (von *la sera*, der Abend), Divertimento (vom gleichlautenden Wort für Unterhaltung), Kassation (ursprünglich *cassazione*, was soviel wie Abschied bedeutet, also den Sinn eines Schlußstücks haben konnte, wie Kehraus oder „Rausschmeißer" in der deutschen Volksmusik, eventuell aber auch von *cassa* abgeleitet werden kann, dem italienischen Wort für „große Trommel", die bei solchen Stücken den Auftakt gegeben haben soll). Italienischen Ursprungs sind die drei wichtigsten Musikformen des Rokoko: die SONATE (von *sonare* oder *suonare*, ein Spielstück für irgendein Instrument), die SINFONIE (von *sinfonia*, der Zusammenklang, ursprünglich aus dem Griechischen, wo das Wort *symphonia* heißt, was zur ebenso oft verwendeten deutschen Schreibweise Symphonie führte) und das CONCERTO oder verdeutscht KONZERT (ein Wort, auf dessen mehrfache Bedeutung bereits im Barock-Kapitel hingewiesen wurde).

Serenade, Divertimento, Kassation gehören zur Unterhaltungsmusik der damaligen Zeit. Wohin gehören sie heute? Ebenfalls dorthin, wir müssen uns nur abgewöhnen, in der Unterhaltungsmusik prinzipiell etwas Minderwertiges, nur Angenehmes, vielleicht Liebenswürdiges, Einschmeichelndes, leicht Betäubendes zu sehen. Meisterhände vermochten es damals, Unterhaltungsmusik ebenso meisterlich zu schaffen, daß wir sie wie selbstverständlich unter Kunstmusik einreihen. Würden wir diese Frage einmal sehr genau durch alle Zeitalter untersuchen, so könnten wir entdecken, daß dies immer so war. Kommt es in der Kunst stets mehr auf das Wie an als auf das Was?

Alle bisher von uns besprochenen Musikepochen haben das LIED gepflegt. Die frühesten Lieder auf abendländischem Boden dürften, vom einfachen Volk gesungen, Zeitgenossen des Gregorianischen Gesangs gewesen sein. Dann traten sie bei den Minnesängern und Troubadours aus ihrem Aschenbrödeldasein, aus ihrer Anonymität heraus, wir finden sie später bei den Meistersingern, als einfachste Madrigalform in der Renaissance. Zahllose Lieder schrieb das Barock, wir finden sie, geistlich wie weltlich, bei Bach. Sie spielen auch im Rokoko eine Rolle und sind, als Chanson in Frankreich, als Canzona oder Canzonetta in Italien, eine recht internationale Musikform. Was liegt näher, als seine Gedanken und Träume, Wünsche und Hoffnungen in einer gesungenen Melodie auszudrücken? Und, da es nicht immer allen Menschen ganz leichtfällt, ohne instrumentale Stütze rein zu singen, wurden die Melodien mit begleitenden Stimmen versehen, die sie, im heutigen Sprachgebrauch, erst zu „wahren" Liedern

Ein hamburgisches Aquarell um 1740 zeigt von der Hand eines unbekannten Malers eine der im Sommer sehr beliebten „festlichen Abendmusiken" auf einem Platz der Stadt. Ausführende waren die „Collegium musicum" genannten barocken Musikergruppen.

machten. Die Begleitstimmen gingen zu Anfang kaum über eine stützende Funktion hinaus. Mit einer mitziehenden Melodiestimme oder einem liegenden Akkord, vielleicht mit einer melodischen Gegenstimme, erfüllten sie ihre Funktion vollständig. Welche potentiellen Ausdrucksmöglichkeiten in einem solchen Lied lagen, das sollten erst, mehr als ein Jahrhundert nach dem Rokoko, die Romantik und ganz im besonderen Schubert entdecken.

Die Sonatenform

Zur weitaus wichtigsten Musikform des Rokoko und der Klassik wurde die Sonate. Unter diesem Namen verstehen wir nicht nur bestimmte Kompositionen, die nach feststehenden Regeln geschrieben werden, sondern auch die Form selbst neben ihren Regeln. Man spricht von einer Sonatenform, wenn ein Musikstück die Regeln erfüllt, die sich im 18. Jahrhundert herausbildeten. Das Rokoko mit seiner sich schnell entwickelnden Orchestertechnik sah sich in der Lage, längere Musikformen auszubilden. Die Erfindung des an- und abschwellenden Ensembleklangs – das „Mannheimer Crescendo" – ermöglichte Musikstücke, die über die bis dahin üblichen kurzen, kaum mehr als dreiminütigen Sätze weit hinausragen.

Im Barock konnten einzelne Musikstücke keine längere Dauer haben, da sie sonst zu monoton geworden wären. Daher ergab sich der Zusammenschluß in Suiten, die es in der Gesamtheit ihrer Sätze selten über eine Gesamtdauer von einer Viertelstunde brachten. Die neuen Abwechslungsmöglichkeiten und klanglichen Nuancierungen ermöglichten die Schaffung längerer Musikstücke. Allerdings mußten neue Möglichkeiten gefunden werden, das verwendete Material – die Themen und Melodien – intensiver auszunützen. Das wiederum konnte nur durch Verarbeitung geschehen – „thematische Arbeit", wie man es später nennen wird –, ähnlich jener, die Barockkomponisten bereits im zweiten Teil der Fuge versucht hatten. Ein Thema verarbeiten, das konnte auseinandernehmen, zerstückeln, neu zusammensetzen, verkleinern, vergrößern in den Notenwerten, variieren in der Melodik, verändern in der Harmonie oder dem Rhythmus, umkehren bedeuten. Die neue Sonatenform entwickelte sich wahrscheinlich aus der früheren Fugenform: Die drei Hauptteile wurden in ihrer Funktion übernommen. Das Stück beginnt mit der Exposition, der Vorstellung des Themas bzw. der Themen. Hierauf folgt die Durchführung, der soeben erläuterte Teil der freien Gestaltung, und als drittem begegnen wir der Reprise, der Wiederholung oder Wiederaufnahme des Themas bzw. der Themen in ursprünglicher Form. Und wie die Fuge oftmals einen bestätigenden Schlußteil namens Coda (Anhängsel, Schwanz) besitzt, so geht auch der Sonatensatz selten ohne Coda zu Ende. Diese kann sich mit ein paar Schlußakkorden begnügen, sie kann aber auch nochmals ein wenig thematisches Material bringen. Ein so zusammengesetztes Musikstück, das zwei Themen besitzt, nennt man einen Sonatensatz. Und der ist der erste einer mehrsätzigen Form der Sonate. Die frühesten Sonaten, die wir etwa bei Domenico Scarlatti (1685–1757) oder seinem Landsmann Giovanni Battista Sammartini (um 1701–1775) finden, sind zumeist noch einthematig, infolgedessen recht kurz und mit bescheidenem Durchführungsteil. Wer hat der Sonate das zweite Thema gegeben? Vielleicht war es Sammartini selbst, dessen Einfluß auf die kommende Generation, auf Haydn etwa, unleugbar existiert, auch wenn keine direkten Beziehungen nachweisbar sind. Vielleicht waren es die „Mannheimer", Johann Stamitz (1717–1757) oder Franz Xaver Richter (1709–1789)? Vielleicht die bedeutenden Wiener Vorklassiker (besser Rokokomeister) Georg Christoph Wagenseil (1715–1777) oder Georg Matthias Monn (1717–1750)? Oder waren es die Bach-Söhne Carl Philipp Emanuel (1714–1788) und Johann Christian (1735–1782)? Sie alle standen an der Wiege der klassischen Sonatenform. Der eine fühlte vielleicht als erster, daß eine Form mit so bedeutenden Entwicklungsmöglichkeiten ein zweites Thema, den Dualismus und Kontrast zweier Themen brauchte, um ihre ganze Wirksamkeit zu erreichen. Ein anderer trug vielleicht den Gedanken des Gegensatzes der beiden Themen bei, wie es rasch der Brauch wurde: ein erstes, starkes, bewegtes, vielleicht dramatisches Thema, dem ein zweites, lyrisches, gefühlvolles, weiches, stilleres Thema gegenüberstand. Wieder ein anderer der genannten Komponisten fand, daß beide Themen nicht in der gleichen Tonart erscheinen dürften. Das erste Thema mußte in der Grundtonart stehen, aber das zweite sollte, des Kontrasts wegen, in einer anderen, allerdings nahe verwandten Tonart stehen, in der Dominante, der fünften Stufe, oder – wenn eines der beiden Themen in Moll stand – in der Parallel-Tonart (z. B. a-Moll zu C-Dur, e-Moll zu G-Dur). Und wieder ein anderer meinte, in der Reprise dürfte diese Regel dann nicht gelten, denn so nahe dem Ende sollte das Stück nicht mehr aus seiner Grundtonart herausgehen. So blieben dann beide Themen in der Grundtonart, wodurch ein starkes Schlußgefühl erreicht wurde. Auf diese Weise

Zwei der Meister der „Mannheimer Schule", der entscheidende Fortschritte in der Orchestertechnik zu danken sind: Franz Xaver Richter (oben) und Johann Stamitz, der als Kapellmeister in Mannheim wirkte (rechte Seite).

trugen wohl viele Komponisten zur Entstehung der Sonatenform bei, bevor diese bei Haydn und Mozart ihre technische und künstlerische Vollendung fand.
Nach dem Schema dieser Sonatenform mit allen ihren Regeln wird der erste Satz einer mehrsätzigen oder mehrteiligen Sonate komponiert. In ihren Anfängen weist die Sonate drei Sätze auf. Die dreiteilige Form liegt dem Abendland zumindest seit Renaissancetagen nahe; sie entspricht der Symmetrie, die gerade diese Epoche als Idealbild der griechischen Klassik anstrebte und nach der sie Kirchen wie Paläste von höchstem Ebenmaß baute und Bilder malte, die bei aller Vielfalt von wunderbarer Einheit waren. Diese dreiteilige Musikform war schon in der Ouvertüre der Renaissance zu beobachten, der französischen mit ihrem Schema Langsam–Schnell–Langsam, und der italienischen, umgekehrt angeordneten, Schnell–Langsam–Schnell. Dieser letzteren entspricht die Sonate: Nach dem ersten Sonatensatz, der nahezu immer in raschem Tempo dahinfließt, folgt ein zweiter, langsamerer, gefühlvoller, zumeist mit einprägsamer Melodie. Zuletzt folgt ein dritter Satz, sehr bewegt, der schnellste der drei, für gewöhnlich sehr gutgelaunt, fröhlich, ja oft übermütig. Ein frohes Ende, das die italienische Oper *lieto fine* nennen wird und der Film *happy end.*
Das Rokoko empfindet die Sonate noch nicht als dramatische Form, so wie später bei Beethoven. Das Rokoko spielt, aber es kämpft ungern und selten. So sind die Sonaten Haydns und Mozarts kaum als Dramen zu bezeichnen. In ihnen spielt der Rokokomensch Kampf und Krieg, aber es ist höchstens ein Turnier, in dem zuletzt der Sieger dem Besiegten die Hand reicht und sie gemeinsam den Kampfplatz verlassen. Doch die Idee des Einander-Gegenüberstehens ist geboren, des Wettkampfs, des Kräftemessens. Bald kommt Beethoven, dessen Charakter das Spiel in Ernst verwandeln wird.
Vom Rokoko angefangen, beginnen alle Kunstformen zu wachsen. Man nimmt sich Zeit, Goethes, Schillers, Gottfried August Bürgers lange Balladen zu lesen oder ihrer Rezitation zu lauschen. Die Malerei wendet sich von der Miniatur ab zum großflächigen, erzählenden Bild. Und die Musik schafft mit den auf der Sonate beruhenden Formen der SINFONIE und des KONZERTS den Beginn einer Entwicklung immer längerer Musikwerke, die ihren Höhepunkt im 19. Jahrhundert finden werden. Noch im Rokoko erfahren diese Formen eine wichtige Ausdehnung: Sie werden aus drei- zu viersätzigen Gebilden. Nicht etwa, daß das Rokoko der Symmetrie mit weniger Verständnis gegenüberstünde als das vorangegangene barocke Zeitalter. Ganz im Gegenteil. Seine Eleganz, seine Lebensart erwächst geradezu aus der Symmetrie, dem Ebenmaß, der Ausgewogenheit. Aber seltsame, ja beinahe komische äußere Umstände veranlaßten die Komponisten des Rokoko, zwischen den zweiten und den dritten Satz ihrer zyklischen Kompositionen (Sonate, Sinfonie, Konzert, Streichquartett) ein „leichtes" Musikstück einzulegen, ein „Erholungsstück", ein Stück zum Plaudern, zum Hin- und Hergehen. Bei aller Musikliebe seiner Gäste konnte der Fürst Esterházy kaum erwarten, daß diese, besonders nach einem üppigen Souper, ein längeres Konzert ohne Anwandlung von Müdigkeit überstünden, selbst wenn es sich dabei um Werke von Haydn handelte und um die Vorträge eines der besten Orchester der damaligen Welt. Eine dreisätzige Sinfonie war vielleicht eine zu große Anforderung an das Publikum. Hatte der Fürst mit seinem Kapellmeister über dieses „Problem" gesprochen? Eines Abends überraschte Haydn seine aristokratischen Zuhörer damit, daß er nach dem zweiten Satz der Sinfonie nicht das Finale, den dritten Satz, dirigierte, sondern ein Menuett einlegte. Alle Gesichter hellten sich auf, man war in seinem Element, und begeistert applaudierten alle erlauchten Zuhörer, als die letzten Klänge verhauchten. (Denn damals und noch recht lange danach applaudierte das Publikum nach jedem einzelnen Satz eines zyklischen Werks, niemand bangte um dessen „künstlerische Einheit", und der Komponist hatte noch den Vorteil, genau zu wissen, welcher der Sätze seinem Publikum besser und welcher weniger gut gefallen hatte.) Seit damals, um 1760, hat die Sinfonie vier Sätze an Stelle der früheren drei.
Erst das 19. Jahrhundert wird die Sinfonie weiter ausdehnen. In Beethovens „Neunter" werden Gesangsteile für Solisten und Chor eingebaut, wird allmählich mit Satzzahl und Satzanordnung recht frei umgegangen, kann (in Tschajkowskijs letzter Sinfonie, der „Pathétique") ein tieftragisches Stück an das Ende rücken usw. Als Beethoven, dreißigjährig (1800), die Sinfonieform aus den Händen seiner klassischen Vorgänger Haydn und Mozart übernimmt, ist die Zeit der absoluten Musik abgelaufen; die Romantik komponiert bereits, ohne es noch zu deklarieren, ja vielleicht ohne es zu wissen, programmatisch, tonmalerisch, schildernd. Beethoven erscheinen zwei Themen für die große Form, die er Sonate, Sinfonie, Konzert, Streichquartett zu geben plant, zu wenig. Er fügt ein drittes hinzu, dem er allerdings weniger Platz, manchmal auch weniger Bedeutung einräumt als den beiden traditionellen. Man spricht daher, wenn solche Werke analysiert werden, zumeist von einer „Schlußgruppe" anstatt von einem dritten Thema. Geben wir hier noch das Schema eines Sonatensatzes, also der Sonatenform, wie wir sie bei Beethoven finden werden. Die Exposition erfolgt mit zwei Themen, von denen das erste in der Grundtonart, das zweite in der Dominan-

te (auf der Quinte) steht. In der folgenden Durchführung gibt es keinerlei Regel. Der Komponist verarbeitet seine Themen, eventuell auch nur eines davon, er führt sie gegeneinander, moduliert bis in ferne Tonarten und ist völlig frei in dem, was er mit ihnen „anstellen" will. Es ist der Teil, in welchem er seinem dramatischen Talent am ehesten freie Bahn geben kann. In der anschließenden Reprise sind ihm die Hände durch die Regeln gebunden: Das erste Thema erklingt wie in der Exposition, das zweite zwar auch wörtlich, aber in die Grundtonart versetzt (oder transponiert, wie der Fachausdruck lautet). Und in eben dieser Haupttonart schließt die Coda mehr oder weniger ausführlich das Stück ab:

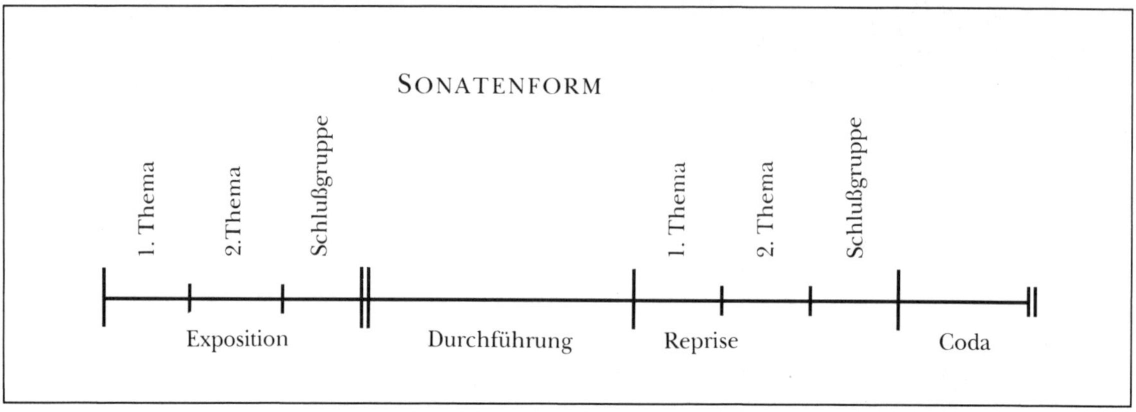

Vielleicht will ein Leser genau wissen, wie es mit der Tonartenfrage in der „erweiterten" Sonatenform steht, die unser Beispiel zeigt: Sowohl das zweite Thema wie die Schlußgruppe stehen bei der Exposition auf der fünften Stufe, der Dominante, bei der Reprise aber in der Grundtonart.

Das genau gleiche Schema gilt für alle mit der Sonate verwandten Formen. Für die Sonate selbst, möge sie nun für ein einzelnes oder mehrere Instrumente geschrieben sein, für die Sinfonie, die im Grund nichts anderes als eine Sonate für Orchester ist, für alle Kammermusikwerke, so für das im Rokoko gebräuchlichste, das Streichqartett, und für das Konzert oder Concerto. Von ihm sprachen wir schon im Kapitel über Barock. Sein damals wichtigster Zweig, das Concerto grosso – also die Gegenüberstellung eines kleinen und eines großen Ensembles –, wird im Rokoko kaum noch gepflegt. Einen um so größeren Aufschwung erlebt das Solistenkonzert oder Solokonzert, in dem ein Virtuose (irgendeines Instruments, das von Flöte bis Kontrabaß, von Harfe bis Tuba oder Fagott reichen kann) mit dem Orchester konzertiert.

Diese Formen machten – mit Ausnahme des Solokonzerts – den Wandel von der Drei- zur Viersätzigkeit mit, die mit dem Einschub des Menuetts so genau dem Geschmack des Rokoko entsprach. Interessant bleibt nur, daß diese Form auch am Ende dieser Epoche, in der durch die Französische Revolution heraufgeführten Romantik vorherrschend blieb, auch wenn sie selbstverständlich mit neuem Geist erfüllt werden mußte.

Viersätzig wurde die Sonate selbst, gleichgültig, ob es sich um ein Werk für nur ein Instrument handelt – hier handelte es sich nahezu immer um ein Tasteninstrument, Cembalo zuerst, später Hammerklavier – oder um das Zusammenspiel eines anderen Instruments mit ihm: Violinsonate, Flötensonate, Cellosonate usw. Je größer die Zahl mitwirkender Instrumente, desto größer natürlich die Möglichkeiten klanglicher Abwechslung. Je mehr es von diesen gab, um so freier konnte die Form gehandhabt werden. Dann bestand die Möglichkeit, die Einzelteile der Sonatenform auf die Partner zu verteilen: Das erste Thema konnte beispielsweise von der Geige gespielt, vom Tasteninstrument „begleitet" werden, das zweite etwa von diesem allein gebracht werden, wobei die Geige schwieg oder sich in untergeordneter Untermalung erging.

Trio und Quartett

Zur beliebten Form wuchs das Trio heran, dessen gebräuchlichste Besetzung Violine, Violoncello, Cembalo war. Ganz besonders dominierte die Sonatenform in der meistverwendeten Zusammensetzung der Kammermusik, im Streichquartett. Dieses wurde so üblich, daß schon der bloße Name Quartett die Zusammensetzung von zwei Geigen, Bratsche und Violoncello bedeutete. Die hier festgelegte Vielstimmigkeit entsprach zugleich den Grundregeln der Harmonielehre: Sämtliche Schulbeispiele zur Erlernung dieses im Rokoko voll durchgesetzten Stils waren vierstimmig gehalten. Das war nichts Neues, denn bereits in Renaissance und Barock war die Vokalmusik, nach Versuchen der Madrigalzeit mit verschiedenartiger Stimmenzahl, schließlich auf die Vierstimmigkeit gekommen. Diese entsprach nur dem natürlichen Zustand der menschlichen Stimmen: hohe und tiefe Frauenstimme, hohe und tiefe Männerstimme, oder in der Fachsprache: Sopran, Alt, Tenor und Baß. So war die Polyphonie, nach Experimenten und Exzessen, die bis zu zehn, zwanzig, dreißig, ja achtundvierzig Stimmen (Melodien, nicht

Ausführenden!) gingen, bei der natürlichen Vierstimmigkeit gelandet, in der etwa auch Bach die Mehrzahl seiner Fugen und polyphonen Chorsätze schrieb. Die neue Harmonielehre hatte die Vierstimmigkeit übernommen. Nun galt zwar nicht mehr der Baß als führende Stimme, über der sich das Flechtwerk dreier höherer ausbreitete, sondern die Melodie, die Oberstimme war zur absolut führenden geworden, aber sie ruhte auf dem Fundament des Basses, und die beiden „Mittelstimmen" füllten den Tonraum zwischen Melodie und Baß aus. Das Quartett aus vier verwandten Instrumenten stellt damit die ideale Erfüllung logischer Stimmführung sowie die mögliche Ergänzung der Harmonien zur Vierstimmigkeit dar. Man nennt Haydn den „Vater des Streichquartetts", es ist jedoch schwer nachzuweisen, ob der Gedanke tatsächlich von ihm stammte. Es gab im Übergang vom Barock zum Rokoko eine solche Fülle von Musikern, die den Zeitenwechsel wohl spürten und darangingen, ihm durch Neues Rechnung zu tragen, daß es unmöglich ist festzustellen, wer was zum ersten Mal vorschlug, ausprobierte, tat oder erdachte. Daß Haydn zum ersten großen Ausstrahlungspunkt wurde, ist erwiesen. Dazu trugen seine überall angesehene, bewunderte Persönlichkeit, seine weithin sichtbare Stellung entscheidend bei.

Man hat das Streichquartett mehr als ein Jahrhundert lang als die Krone der Kammermusik betrachtet. Es sind in dieser Form bestimmt Zehntausende von Werken geschrieben worden. Selbst ein heutiger Lehrer, der auf eine gründliche musikalische Ausbildung seiner Kompositionsschüler Wert legt, wird ihnen die Aufgabe stellen, ein Streichquartett zu schreiben. An ihm zeigt sich die Souveränität der Stimmführung, das Gefühl für Harmonie, das irgendwie doch noch alte Prinzipien des Kontrapunkts gleichzeitig bedenkt. In ihm kann satzweise die Beherrschung der verschiedensten Formen erprobt werden: im ersten Satz die der Sonate, im zweiten die vielleicht in Liedform zusammengefaßte Gabe lyrischer Erfindung, im dritten Satz die dreiteilige Form, wie sie sich in Tanz oder Scherzo erweisen kann, und im vierten eine Art Rondo, wie die Klassiker es sich zum frohen Ausklang zurechtgelegt hatten. Man sage nicht, ein romantischer, ein impressionistischer, ein moderner Komponist könne auf alles dies verzichten, ganz im Gegenteil! Je vielfältiger die Mittel und Möglichkeiten werden, um so unerläßlicher sind das Können, das solide Handwerk, die genaue Kenntnis des Guten, ja des Großen aus der Vergangenheit. Viel später wird in unseren Überlegungen davon noch die Rede sein müssen. Doch hier, wo wir von Klassikern sprechen werden, muß die Vorbildhaftigkeit ihres Schaffens deutlich unterstrichen sein.

Das Konzert

Gesamtaufbau und Verwendung des Sonatensatzes als erstem der Teilstücke des zyklischen Gesamtwerks gilt schließlich – neben Sonate, Sinfonie und allen Formen der Kammermusik – auch für das KONZERT. Hier kompliziert sich die Form des Sonatensatzes ein wenig. Denn hier verschmelzen nicht, wie etwa in der Sonate für Violine und Klavier, zwei Klangelemente möglichst dicht zur Einheit. Hier stehen zwei Klangelemente oder Klangkomplexe einander gegenüber, „bekämpfen" einander geradezu, um erst ganz zuletzt in eine gemeinsame Apotheose zu münden: die des Solisten und die des Orchesters. Welche der Themen jeweils welchem der beiden Klangträger zugewiesen werden, bleibt allein dem Komponisten überlassen. Zumeist zieht er eine Art Doppel-Exposition vor: Er bringt jedes seiner Themen einmal vom Solisten und nochmals vom Orchester, in beliebiger Reihenfolge.

Wie kaum eine andere Musikform – die Oper ausgenommen – entspricht das Konzert der Spielfreude der Epoche. Es ist unter allen aufgezählten Formen auch diejenige, die der Phantasie des ausführenden Solisten den weitesten Spielraum gewährt. Kurz vor dem Ende des ersten, des eigentlichen Sonatensatzes legen die Komponisten einen Halt ein, das Orchester spielt einen sogenannten Quart-Sext-Akkord (der trotz seines hochtrabenden Namens nichts anderes ist als die Umkehrung eines gewöhnlichen Dreiklangs), und der Solist beginnt mit der Kadenz. In manchen Werken schreibt auch der zweite Satz eine Kadenz vor, im ersten ist sie allerdings im Rokokozeitalter geradezu obligatorisch. Das Wort Kadenz (auch dies wieder aus dem Italienischen, von *cadenza* hergeleitet, das in seiner ursprünglichen Bedeutung – von „Fall" – nur auf Umwegen zur späteren musikalischen Bedeutung geführt werden kann) besitzt einen Doppelsinn, der hier erwähnt sei: Einmal bezeichnet es eine Akkordfolge, die den Abschluß eines Musikstücks (oder eines seiner Teile) in deutlicher Weise markiert. Zum anderen ist es das freie Phantasieren (wenn auch mit möglichst deutlichen Anspielungen auf die im Werk vorkommenden Themen) des Solisten, während das Orchester schweigt, bis ein langer Triller des Soloinstruments das Zeichen zum Wiedereintritt des Orchesters gibt. Die Kadenz ist begreiflicherweise der Tummelplatz für alles Können des Solisten, oft so sehr, daß hier gelegentlich eine Gefahr für die Einheitlichkeit des Werkes entstand. Kadenzen gab es damals übrigens nicht nur in Instrumentalwerken. Sie lagen derartig im Geist der Epoche verankert, daß auch die Sänger in der Oper sie einführten, zumeist – analog dem Konzert – kurz vor dem Ende einer kunstvollen Arie. Im Rokoko und in der Klassik blieb die Kadenz allein dem Solisten überlassen, oft war er selbst ihr Autor, oder er ließ sie sich von einem sachverständigen Musiker „nach Maß" anfertigen, kaum anders als ein besonders gut sitzendes, aufsehenerregendes Kleidungsstück. Erst die Romantik wird mit diesem Wildwuchs aufräumen, und die Komponisten werden die von ihnen gewünschten Kadenzen selbst zu Papier bringen.

Die anderen das Werk ergänzenden Sätze unterliegen weniger strengen Regeln als der erste, die eigentliche Sonate, die dem Ganzen ihren Namen gab. Der zweite Satz weist zumeist den Charakter eines LIEDES auf. Dessen üblichste Form sind A-B oder A-B-A, die „zweiteilige" oder „dreiteilige Liedform" genannt. Im ersten Fall sind zwei Melodien vorhanden (A und B), die nacheinander zu Wort kommen. Im anderen Fall wird nach der zweiten Melodie die erste wiederholt. Doch das Rokoko wäre nicht das Rokoko, wenn es an solchen allzu einfachen Formen nicht Verzierungen, Schnörkel,

Veränderungen anzubringen suchte. Und so kann jedes der Themen Variationen durchlaufen, die an sich auch noch durchaus einfach gehalten sind, aber doch belebend wirken. Bei einigen Komponisten erreicht diese Form schon damals und besonders zu Ausgang des Jahrhunderts und in der Romantik – bei Beethoven vor allem – beachtliche Ausmaße. Die Variationenform unterliegt natürlich auch, wie alles, dem Zeitgeist. Aber neben dem Zeitstil spielt hier der Persönlichkeitsstil eine ganz besondere Rolle. An seinen Variationen erkennt man den Charakter eines Komponisten. Je grüblerischer er ist, desto komplizierter werden seine Variationen, ja sie führen oft zu völliger Umgestaltung seiner Themen. Wir werden es bei Beethoven, später bei Brahms besonders deutlich beobachten können. Hier aber, bei Mozart etwa, bleibt die Variation etwas „Spielerisches", mehr das Äußerliche, die Form Betreffende, als Sinn und Inhalt der Themen.
Von dem dritten Satz ist alles Wesentliche schon bekannt: Er beginnt als Menuett in die Musikgeschichte einzutreten, bleibt ein Menuett, solange dieser Tanz seinen gesellschaftlichen, politischen Sinn behält. Er wird später in andere Formen umgestaltet werden, zumeist unter der Bezeichnung Scherzo. Man hat sich daran gewöhnt, im dritten Satz von Sonaten, Sinfonien und von Kammermusik einen Tanzrhythmus zu finden. Ein gutes Stück Sozialgeschichte wird an den dritten Sätzen solcher Werke abzulesen sein. Der letzte Satz schließlich wird ganz logisch zu einem frohen Finale ausgestaltet. Der Sinn der Rokokomusik war Unterhaltung, und unterhaltsam sollten also ihre Werke ausklingen. Was an Tiefsinn in einem solchen Werk vorhanden sein mochte, hatte seinen Platz im ersten und eventuell im zweiten Satz. Auf keinen Fall im letzten! Hier fand das Rokoko eine Form, die dem sehr vergnüglich Rechnung trug: das Rondo. Es kommt in allen romanischen Sprachen vor, hat vielerlei Bedeutungen, hängt aber stets mit „rund" in irgendeiner Art zusammen. Es ist tatsächlich eine runde Form, das Rondo des Rokoko: Ein Thema, dessen Charakter betont leicht, froh, bewegt sein soll, kehrt mehrmals wieder, nachdem andere Themen dazwischengeschoben wurden. Wollen wir auch diese Form (wie die Musikwissenschaft es tut) mit Buchstaben erklären, so können wir ihr diese Formeln zuweisen: A-B-A-C-A, A-B-A-B-A-C-A, A-B-A-C-A-D-A usw. Es besteht auch die Möglichkeit, gelegentlich einmal die Wiederholung des „Hauptthemas" A auszulassen, um den Hörer nicht damit zu überfüttern: A-B-A-C-D-A oder irgendwie sonst. Das Hauptthema A muß auch keineswegs stets in der genau gleichen Form gebracht werden; auch hier gibt es die Möglichkeit leichter Variationen: A-B-A_1-C-A_2-B-A, wobei die dem A hinzugefügten Ziffern Variationen bedeuten. Insgesamt eine recht freie, im ganzen aber doch einer Regel gehorchende Form, die nicht nur das Rokoko sehr liebte und die sogar die Stürme der Revolution überlebte.
Fassen wir hier bildhaft den Bau einer Sonate zusammen (der sinngemäß ebenso für die Sinfonie, die Kammermusik, das Konzert gilt): Mit der verschiedenen Größe der einzelnen Teile oder Sätze soll annäherungsweise ihre Dauer angedeutet werden. Diese Angaben sind allerdings als sehr relativ zu nehmen, denn sie unterliegen der Eingebung und dem Charakter des Komponisten.

1. Satz (Sonate)	2. Satz (Lied)	3. Satz (Tanz)	4. Satz (Rondo)

Oben: Schema der „Sonate" (Sonate, Sinfonie, Kammermusikformen) nach Einführung eines tanzartigen Satzes um 1760. Im Lauf der Zeit erfuhren die hier angedeuteten Dimensionen, ja selbst die Reihenfolge manche Veränderungen, zunächst als „Ausnahmen" (Beethovens Neunte!)
Links: Ein musikalisches Dokument aus Zürich: Die „Gesellschaft ab dem Music-Saal" gibt ein Konzert. Neben dem Cembalo sind zu sehen: 2 Violinen, 2 Flöten, 2 Waldhörner und ein Cello.

Musik im Übergang vom Barock zum Rokoko

Dieses Kapitel könnte auch mit „Väter und Söhne“, dem Romantitel von Iwan Turgenjew aus dem Jahr 1862, überschrieben sein. Wie so oft in Übergangszeiten bricht auch hier der uralte und stets schwelende Generationenkonflikt auf. Alessandro Scarlatti und seine barocke Neapolitanische Opernschule finden in seinem Sohn Domenico keinen Nachfolger, sondern einen eigenständigen Musiker auf den neuen Bahnen des galanten, des empfindsamen, des Rokoko-Stils. So modern – besser gesagt: zeitlos – uns heute Johann Sebastian Bach anmutet, so altmodisch war er für seine Söhne, die trotz äußerer Schulung bei ihrem Vater innerlich der „neuen Zeit“ angehörten. Nur zwei Beispiele für eine Situation, die immer wiederkehrt, im Übergang von Barock zu Rokoko jedoch besonders deutlich zutage tritt.

Domenico Scarlatti

Er wurde 1685, im gleichen Jahr mit Bach und Händel, geboren, ist sieben Jahre nach Bach, zwei vor Händel gestorben, also ein Zeitgenosse Bachs und Händels; doch unterscheidet er sich grundlegend von den beiden deutschen Meistern. Hier läßt sich beweisen, daß die großen (und kleineren) Stilveränderungen nicht überall parallel verlaufen. Während nördlich der Alpen Bach und Händel – nebst einigen Dutzenden weiterer namhafter Musiker – das Panier des Barock noch hochhalten, diese Epoche in der klingenden Kunst gewissermaßen erst auf ihren höchsten, wenn auch letzten Gipfel führen, ist in südlicheren Breiten bereits eine neue Zeit angebrochen. Hinzu kommt allerdings auch, daß Italien das strenge deutsche Barockgefühl nie so bestimmend werden ließ, wie es im Norden war. Im Süden lebte der alte Renaissancegeist weiter, den man in seinen Äußerungen leicht mit denen des Barock gleichsetzen oder verwechseln konnte. Und da die Renaissance sich schon seit längerem ihrem Ende zuneigte, war der Weg ins Rokoko leichter begehbar als vom Gipfel eines Bach und Händel her. Im Hause seines Vaters erlernte Domenico Scarlatti alle technischen Fertigkeiten der Musik, mit 16 Jahren wurde er Organist in seiner Vaterstadt Neapel, brach aber, noch nicht zwanzigjährig, nordwärts auf. „Mein Sohn ist ein Adler, dem die Schwingen mächtig gewachsen sind“, schreibt der Vater an Ferdinand Medici, „und ich will seinen Flug nicht behindern.“ Domenico gelangte nach Rom, wo er 1709 Kapellmeister im Palast der früheren polnischen Königin Maria Casimira wurde. Für ihr Theater setzte er die Komposition von Opern fort, denen er sich schon zu Hause erfolgreich gewidmet hatte. Er freundete sich mit Händel an, der aufregende Lehr- und Wanderjahre in Italien ebenfalls mit Opernerfolgen krönt. Die beiden Kameraden treten, von der Öffentlichkeit angeregt, in einen durchaus friedlichen Wettbewerb, in dem – wir erwähnten es schon – Domenico neidlos im „Sassone“, dem Sachsen, den stärkeren Organisten, dieser aber ebenso neidlos im Neapolitaner den unübertrefflichen Cembalisten anerkennt. Doch hat Domenico Scarlatti seinen endgültigen Lebensweg noch nicht gewählt. Er ist von 1715 bis 1719 in Rom am Petersdom tätig, für den er viel Kirchenmusik schreibt, zudem komponiert er weiter Opern, wie es der Brauch der Zeit in Italien gebietet. Darunter findet sich die erste bekanntgewordene Vertonung von Shakespeares damals schon hundertjährigem „Hamlet“. 1719 reist der ewig Unruhige nach London, wo die Freundschaft mit Händel erneuert wird. 1721 finden wir ihn an einem entgegengesetzten Punkt Europas: in Lissabon, wo er am Hof Cembalist und Lehrmeister der Königsfamilie wird. Zugleich wendet er sich immer mehr von der Opernwelt ab und der reinen Instrumentalmusik zu, die überall im Abendland in gewaltigem Aufschwung steht. Das Cembalo, das er wie kaum ein zweiter beherrscht, wird der Mittelpunkt seines Lebens und Schaffens. Mehr als 550 Werke für dieses Instrument sind von ihm erhalten. Die meisten nennt er „Sonate“, aber die von uns im letzten Kapitel besprochene, voll ausgebildete Sonatenform ist bei ihm nur in ersten Ansätzen vorhanden. Er versteht unter Sonate eben noch einfach ein Spielstück, ein Klangspiel nach schlichten Regeln. Die meisten dieser seiner Stücke sind einsätzig und haben nur ein einziges Thema. Doch gibt es gelegentlich bei ihm auch zweisätzige Stücke, und es kommt vor, daß ein solcher Satz bereits mit dem Kontrast zweier Themen operiert, so daß es sich doch rechtfertigt, Domenico Scarlatti unter die Anreger, ja Frühmeister der klassischen Sonate einzureihen. Wie immer seine Stücke gebaut und benannt sein mögen (viele betitelt er einfach *esercizio*, Übung), sie sind voll Witz und Geist, wie das bald überall anbrechende Rokoko sie in seiner Kunst lieben und pflegen wird. Melodien, feingeschwungene, ziselierte, klar gegliederte Melodien treten an die Stelle der barocken Themen und werden nicht mehr von Kontrapunkten, sondern von oft schon überraschend „modernen“ Harmonien begleitet. 1725 unternimmt Domenico Scarlatti eine Reise in die Heimat, wo der zum „Italiener“ gewordene deutsche Opernkomponist Johann Adolph Hasse ihn bewundernd hört. Als seine portugiesische Schülerin, die junge Infantin Maria Barbara, 1729 den Prinzen von Asturien heiratet, lädt sie ihren verehrten Meister nicht nur zu Konzerten bei den Feierlichkeiten, sondern veranlaßt ihn, sich an ihrem Madrider Hof niederzulassen. Hier erscheint 1738 die einzige zu des Autors Lebzeiten gedruckte Sammlung seiner Cembalostücke („30 Esercizi per Clavicembalo"). 1740 oder 1741 scheint Scarlatti eine Fahrt nach Dublin gemacht zu haben, wo er möglicherweise noch einmal seinen Freund Händel traf, der hier eben seinen „Messias" vorstellte. Über die letzten, in Madrid verbrachten Lebensjahre breitet sich ein seltsames Dunkel. Wie bei manchem anderen berühmten Musiker gibt es auch über Domenico Scarlattis Ende Gerüchte und Legenden, deren Wahrheitsgehalt nicht mehr nachzuprüfen ist. Doch ist er bis heute von zweifacher Bedeutung als Virtuose, der sowohl in der Geschichte des Cembalos wie in der des Hammerklaviers einen wichtigen Platz einnimmt, und als Komponist, der als früher Rokoko-Meister wie als Mitbegründer der Sonatenform vielleicht sogar schon ein erster Frühklassiker genannt werden kann.

Luigi Boccherini

Auch Luigi Boccherini (1743–1805) könnte man als Vorklassiker betrachten, ein Italiener, der ein halbes Jahrhundert nach Scarlatti dessen Lebensweg wiederholte. Er steht bereits auf voller Höhe des Rokoko, schreibt im empfindsam-galanten Zeitstil und spielt auch in der Geschichte der Musikformen eine Rolle. Zur selben Zeit, in der Haydn in Eisenstadt den Grundstock zum Streichquartett legt, experimentiert Boccherini in Madrid mit einem fünfstimmigen Streicherensemble, zu dem er, selbst glänzender Cellist, zu zwei Geigen und einer Bratsche zwei Celli (statt einem bei Haydn) heranzieht und so das Streichquintett ins Leben ruft, dem jedoch gegenüber dem Quartett eine geringere Verbreitung bestimmt sein wird. Boccherinis Werke allerdings sind wahrhaft prächtig im Klang; das kleine Übergewicht der tiefen Stimmen verleiht ihnen eine üppige Sonorität in der Baßregion, bei der dem Hörer möglicherweise das in Gebäuden immer noch gegenwärtige „dunkle", barocke Spanien und die düsteren Farben seiner großen Maler vor das innere Auge treten können. Vom heimatlichen Lucca – in dem damals schon Mitglieder der Familie Puccini als Domkapellmeister wirkten und ein Jahrhundert später der berühmteste, Giacomo, zur Welt kommen wird – kommt Boccherini nach Rom und Paris. Hier ist er Solist der in ganz Europa gerühmten *Concerts spirituels*, einem der frühen Konzertzyklen von annähernd moderner Organisation, mit denen ein wenig später auch Mozarts Name verbunden sein wird. Von 1785 an lebt er in Madrid, wo er nun bis an sein Ende eine wechselvolle Existenz führt. Vom Hof bald gefördert, bald vernachlässigt, sieht er dann seine Hauptaufgabe darin, für den fernen König Friedrich Wilhelm II. von Preußen zu komponieren, der ein großer Musikliebhaber und ein guter Cellist war. Der Titel eines „königlichen Hofkomponisten" schmückt viele Ausgaben seiner Werke. Doch der Tod dieses Mäzens im Jahr 1797 stürzt Boccherini wieder in Unsicherheit. Eine neue Verbindung zu Frankreich erweckt Hoffnung. Der Botschafter des jungen Kaiserreichs nimmt im Namen Lucien Bonapartes, eines kunstliebenden Bruders Napoleons, die Widmung eines Werkes an und überbringt einen namhaften Geldbetrag. Doch die Beziehungen der beiden Länder verschlechtern sich schnell, und der nun in Madrid sehr vereinsamte Boccherini findet keine Möglichkeit mehr, das Land zu verlassen. Es dauert lange, bis Jahrzehnte nach seinem Tod einige seiner zahlreichen Werke als Meisterstücke von Rokoko und Klassik anerkannt werden: einige Cellokonzerte, mehrere Streichquintette. Viel bleibt noch zu entdecken. 1927 repatriierte die Stadt Lucca die sterblichen Überreste ihres nun in seiner Größe anerkannten Sohnes.

Oben: Luigi Boccherini, hochbedeutender italienischer Meister, lebte hauptsächlich in Madrid, zuletzt in ärmlichen Verhältnissen. Er war Schöpfer schöner Kammermusik, vor allem von neuartigen Streichquintetten.
Rechte Seite: Wilhelm Friedemann, der älteste der (überlebenden) Bach-Söhne, glänzend begabter Musiker, aber unsteter Charakter, Vorläufer der Romantik, genialer Improvisator auf Cembalo, Klavier und Orgel.

Die Bach-Söhne

Vier Bach-Söhne gehören in die Zeit des Übergangs vom Barock ins Rokoko. Als ihr Vater 1750 die blindgewordenen Augen für immer schloß, konnte er das beruhigende Gefühl ins Grab mitnehmen, er habe ihnen das denkbar beste Können mit auf den Weg gegeben, dazu eine Lebensauffassung, innerhalb derer sie stets, wie er es getan, „Gott zu Ehren, den Nächsten zu belehren" Musik machen konnten. Daß sie mehr hätten wollen können als das, auf diesen Gedanken dürfte er kaum gekommen sein. Empfand er ein wenig Angst, wie sie sich in den neuen Zeiten bewähren würden, die er heraufkommen fühlte? Er erlebte ihre Anfänge noch und war hoch befriedigt. Die drei Ältesten brachten es zu angesehenen Stellungen, machten

ihrem Vater Ehre und Freude. Den völligen Abfall von allen Bachschen Prinzipien, der den – allerdings triumphalen – Lebensweg des Jüngsten zeichnen sollte, hat der Vater nicht mehr erlebt.
Wilhelm Friedemann Bach (1710–1784) wurde Organist in Dresden, von 1747 bis 1764 in Halle. Dann ging in dem über Fünfzigährigen unvermutet ein seltsamer Wandel vor. Der hochgeschätzte Musikdirektor, von dessen genialen Zügen allerdings nur wenige wissen, legt plötzlich sein Amt nieder (wohl auch aufgrund seiner bewußt gelebten Extravaganzen) und schließt sich von der Welt ab, wird „sonderlich", wie die Zeitgenossen meinen. Welche tiefgehenden Gründe mögen ihn zu dieser wahren Selbstaufgabe veranlaßt haben? Heute würden wir sie wohl im übermächtigen Vaterbild sehen, dem nahe zu kommen er verzweifelt. 1771 rafft er sich noch einmal auf, bewirbt sich mit einem Probespiel um das Organistenamt an Braunschweigs Hauptkirche. Seine turmhohe Überlegenheit wird dem letzten Kirchgänger offenbar, aber er bekommt die Stelle nicht. Ignoranz, Intrigen oder die Scheu vor diesem „eigenartigen", hochfahrenden Mann, mit dem ein verständnisvolles Auskommen schwer scheint? Er geht nach Berlin und wird von einigen wenigen musikverständigen Personen notdürftig unterstützt: von Nikolaus Forkel, der 1802 die erste wichtige Biographie Bachs schrieb, von der Prinzessin Amalie, Schwester Friedrichs des Großen, vor allem aber von Sara Levi, einer Großtante des späteren romantischen Meisters Felix Mendelssohn Bartholdy, die bis ans Ende seine treue Schülerin blieb und fest an ihn glaubte, so schwer er es ihr auch machte. Denn er tat nicht wenig Unerklärliches: Er veräußerte vieles aus seines Vaters Nachlaß, so daß es unwiederbringlich in alle Winde verstreut wurde. Auch gab er mehrere Kompositionen seines Vaters als eigene Werke heraus. Kann man äußerste Notlage als Rechtfertigung ins Treffen führen? Oder wirkt sich, für den Psychologen erkennbar, das krankhafte Verhältnis zum überragenden Vater aus? Er, dessen Werke in manchem Augenblick hohe und höchste Meisterschaft erkennen lassen, sehnt sich danach, so zu komponieren, wie sein Vater es tat – und eignet sich dessen Werk an in einem Akt der Rebellion. Vielleicht machte er den Vater für sein eigenes Scheitern verantwortlich. Wilhelm Friedemann Bach muß zu den tragischen Musikern der Geschichte gezählt werden. Sein Leben und sein Charakter sind in einem sehr bekannt gewordenen Roman von E. Brachvogel und in einer auf diesem beruhenden Oper von Paul Graener völlig verzeichnet worden. Doch ganz unerkannt blieb er nicht. Im damals erscheinenden „Magazin der Musik" steht folgender Nachruf auf ihn zu lesen: „Der Sohn des unsterblichen Sebastians, ist im Alter von 74 Jahren an einer völligen Entkräftung gestorben. Deutschland hat an ihm seinen ersten Orgelspieler und die musikalische Welt überhaupt einen Mann verloren, dessen Verlust unersetzlich ist." Es hätte den wunderlichen Mann wohl gefreut, wäre nicht auch hier noch der immer wiederkehrende Hinweis auf den großen Vater gewesen.
Wie ruhig dagegen verlief das Leben Carl Philipp Emanuels, des zweiten der Söhne des Thomaskantors (1714–1788)! Der damals schon hochangesehene Telemann wurde sein Taufpate, und noch sehr jung trat er als Cembalist in den Dienst des preußischen Hofes.

Seine Kompositionen, deutlich vom französischen Rokoko beeinflußt, das in Berlin und Potsdam tonangebend war, fanden starke Beachtung. Der denkwürdige Besuch, zu dem er 1747 im Auftrag Friedrichs des Großen seinen Vater einlud, bildete nicht nur einen der seltenen Höhepunkte in dessen Leben, sondern bedeutete auch für den Sohn einen fühlbaren Zuwachs an Prestige. Mit seiner 1753 veröffentlichten Schrift „Versuch über die wahre Art, das Clavier zu spielen" wurde er zum Begründer der neuzeitlichen Klaviertechnik, auf der Haydn aufbauen konnte und die über Vater Leopold Mozart noch für den kleinen Wolfgang wichtig werden sollte. Carl Philipp Emanuel erzielte auch wichtige Fortschritte in der Sonatenform. Als 1767 beim Tod Telemanns dessen Stellung als Musikdirektor der Hamburger Kirchen vakant wurde, berief man ihn, der in seinen Werken erwiesen hatte, daß er den „alten" Musikstil, die Mehrstimmigkeit des Barock, geradeso beherrschte wie den „neuen", melodisch einstimmigen mit harmonischer, akkordischer Begleitung des Rokoko. Er hat eine kaum übersehbare Menge von Kompositionen geschaffen, darunter mehrere Hunderte für das „Clavier", 22 Passionen, Oratorien, Oden, Lieder, die seinerzeit in hohem Ansehen standen, heute aber stark verblaßt sind. Von der inneren Zerrissenheit und selbstquälerischen Lebenseinstellung seines älteren Bruders Friedemann war er nicht angekränkelt. Materielle Notlagen hat er nie erlebt. Warum verkaufte aber auch er Teile der väterlichen Manuskripte aus dem Nachlaß?
Die beiden anderen Söhne Bachs stammen aus dessen zweiter Ehe. Johann Christoph Friedrich (1732–1795) führte als wohlbestallter Musikdirektor am kleinen Hof zu Bückeburg das geruhsamste Leben von allen. Immerhin ließ sich dort 1771 Johann Gottfried Herder nieder, ein geistig bedeutender Theologe, Geschichtsphilosoph und Dichter, führendes Mitglied der „Sturm

Oben: Johann Christian, der jüngste Bach-Sohn, war der vielseitigste, aber am meisten der Tradition entfernteste: Domorganist in Mailand, Musikmeister der Königin von England, bewundertes Vorbild Mozarts.
Rechte Seite: Das Mannheimer Schloß, von etwa 1750 bis 1780 Sitz eines der besten Orchester der Welt, dessen Neuerungen („Mannheimer Crescendo") die Grundlage für die „Wiener Klassik" bildete.

und-Drang-Bewegung", von einigem Einfluß auf Goethe und ein wahrer Vorkämpfer auf dem Gebiet des Volkslieds. Mit Herder schrieb Johann Christoph Friedrich Oratorien, Kantaten sowie die Oper „Brutus", deren Partitur verlorenging.
Das bewegteste Schicksal traf den jüngsten Sohn Johann Christian Bach (1735–1782), der beim Tod des Vaters gerade fünfzehn Jahre alt war. Doch vielleicht traf ihn das Schicksal gar nicht, sondern er erwählte es bewußt und freiwillig. Von den Möglichkeiten der Vererbung wissen wir viel zuwenig. Ein „Abenteurer" in Bachs Familie? Doch Johann Christian kann fast so bezeichnet werden, zumindest von der Warte der mitteldeutschen protestantischen Kantoren aus betrachtet. Er träumte, wohl als einziger der Familie, von Glanz, Ruhm, Reichtum. Und so überstieg er Schranken, die sich bis dahin wie gottgegeben vor den Bachs zu erheben schienen. Er wanderte nach Italien, trat vom ererbten Protestantismus Luthers zum Katholizismus über, wurde Domorganist in Mailand und stürzte sich ins italienische Opernleben, dem kein Bach je nahegekommen war. Dann ging er nach London, trat in die Dienste der englischen Könige (die wiederum einer anderen Spielart des Christenglaubens angehörten) und gründete mit dem angesehenen deutschen Gambenvirtuosen Karl Friedrich Abel einen aufsehenerregenden Konzertzyklus, die „Abel-Bach-Konzerte". Er feierte wahre Triumphe als Cembalist wie als Komponist. Der achtjährige Mozart, der in Englands Hauptstadt sein Schüler wurde, war hingerissen; er fand in ihm ein lange Zeit gültiges Idol, virtuos, vielseitig, weltgewandt, einfallsreich in allen Belangen – einen wahren Vertreter des galanten und empfindsamen Stils, den zu erlernen und zu beherrschen er selbst strebte. Sie trafen viel später noch einmal zusammen, im August 1778 in Paris. Da war Mozart kein Wunderkind mehr, sondern ein 22jähriger junger Mann, der nun den Stil des Rokoko meisterte wie selten jemand. Johann Christian Bach war auch nicht mehr derselbe. Nur noch ein Abglanz einstigen Strahlens lag über ihm, ein unerklärlicher, unaufhaltsamer Abstieg hatte für ihn begonnen. Schulden, Fehlschläge, die Wankelmütigkeit des Publikums, das sich immer wieder neuen Sensationen zuwenden wollte, brachten ihn früh ins Grab. Seinen Tod kommentiert der 26jährige Mozart in einem Brief an den Vater mit einem einzigen Satz: „Sie werden wohl wissen, daß der Engländer Bach gestorben ist? Schade für die musikalische Welt!" Von der einstigen knabenhaften Begeisterung war nichts mehr zu spüren. „Der Engländer Bach", schreibt Mozart. Die Musikgeschichte pflegt ihn entweder den „Londoner" oder den „Mailänder Bach" zu nennen. Auch die anderen Söhne des Thomaskantors haben Beinamen erhalten: Carl Philipp Emanuel wird als „Berliner" oder „Hamburger" bezeichnet, Johann Christoph Friedrich natürlich als „Bückeburger", auch wenn heute viele nicht wissen, wo diese einstige Residenz liegt. Nur für Friedemann gibt es keine geographische Benennung, und ihn als den Vagabunden zu charakterisieren, als der er viele Jahrzehnte galt, weigern wir uns ganz entschieden. In seiner Musik, der zweifellos wertvollsten von allen Bach-Söhnen, klingt an mancher Stelle ein romantischer Unterton auf, schmerzlich, ein wenig aufrührerisch vielleicht, und gänzlich isoliert in jener Zeit. Liegt es daran, daß er, als einziger, nicht für die Gesellschaft schrieb, sondern als deren Außenseiter, Aussteiger, wie man es heute nennen würde?

Die Mannheimer Neuerungen

Große Dinge spielten sich – wir haben es schon mehr als einmal angedeutet – im Mannheim des frühen Rokoko ab. Hier wurde der uns heute selbstverständliche Gedanke des von einem ganzen Ensemble auszuführenden Crescendo und Diminuendo erstmals in die Tat umgesetzt, vielleicht sogar geboren. Die Barockmusik vollzog ihre dynamischen Wechsel zwischen forte und piano in einer Art „Stufen-" oder „Treppentechnik": Wollte der Komponist ein forte erzielen, so ordnete er eben das Spiel einer größeren Zahl von Ausführenden an. Zu einer weiteren Steigerung mußten weitere Spieler mitwirken. So gab es kein allmähliches An- und Abschwellen der Spielstärke, sondern eben nur eine plötzliche Veränderung, als steige man auf einer Treppe eine Stufe auf- oder abwärts. Man hat gelegentlich auch von „Terrassen-Dynamik" gesprochen, was genau dasselbe bedeutet. Mit einem Soloinstrument hingegen war das An- und Abschwellen des Tons längst eine Selbstverständlichkeit. Und nun hatten auch die Tasteninstrumente, nach langer Herrschaft des nur eine einzige Tonstärke hervorbringenden Cembalos, die Möglichkeit einer allmählichen dynamischen Veränderung entdeckt: In den ersten Jahren des 18. Jahrhunderts hatte Bartolomeo Cristofori das *gravicembalo col piano e forte* (auch Clavicembalo) konstruiert, und die Dresdener Instrumentenbauerfamilie Silbermann, Freunde Bachs, hatte es in Umlauf gebracht. Es lag gewissermaßen in der Luft, daß nun endlich auch ein Ensemble, ein ganzes Orchester vielleicht, die Art entdecken könnte, wie alle Spieler gemeinsam den Klang vom pianissimo ins fortissimo zu steigern und ihn ebenso wieder abschwellen zu lassen vermöchten. Die „Mannheimer" versuchten es unter der Leitung von Johann Stamitz; und so erreichten sie das sogenannte „Mannheimer Crescendo", ohne das eine moderne Orchestertechnik schlichtweg undenkbar wäre.

Johann Stamitz (1717–1757) entstammte einer deutschböhmischen Musikerfamilie, jener Art, bei deren erster musikalischer Begegnung Mozart hingerissen ausrufen wird: „Das sind halt böhmische Musikanten!" Stamitz, von seinen tschechischen Landsleuten heute noch „Stamiče" geschrieben, entwickelte sich vom glänzenden Geiger zum genialen Orchesterleiter, wirkte 1742 bei der Kaiserkrönung Karls VII. in Frankfurt am Main mit und wurde ein Jahr später vom kunstsinnigen pfälzischen Kurfürsten Karl Theodor als Kammermusicus an dessen Mannheimer Hof berufen. In überraschend kurzer Frist machte er das ihm anvertraute Orchester zu einem der führenden Europas, dessen sensationelles Crescendo und Decrescendo oder Diminuendo Musiker und Liebhaber von weither zu hören kamen. Auch sein Ruf als Komponist war bedeutend. Viele seiner ungefähr 50 Sinfonien wurden in den Pariser *Concerts spirituels* gespielt. Sie zeigen auffallende Ansätze zur entstehenden Sonatenform.

Er unterrichtete einen Violinschüler, Carlo Giuseppe Toeschi (1731–1788), der vorher bei Giovanni Battista Sammartini in Mailand studiert hatte, zweifellos einem der frühen Anreger der Sonatenform. Stamitz könnte solche Ideen der Italiener von Toeschi erfahren, sie interessiert aufgegriffen und weiterentwickelt haben. Die Musikwissenschaft, lange Zeit hindurch nahezu nur nördlich der Alpen gepflegt und (recht einseitig) entwickelt, hat von Sammartini erst spät und sicherlich ungenügend Notiz genommen. Die späteren italienischen Musikforscher taten genau das gleiche, also in diesem Fall entgegengesetzte: Sie überbewerteten das Eigene zum Nachteil des „Fremden". Musik aber kennt keine Grenzen, und der Chauvinismus führt nur in die Irre. Was wir von Sammartini wissen und besitzen, läßt ihn als einen der wichtigsten Vorläufer in der Geschichte der Sonate erscheinen. Bedeutet das aber, daß nicht Johann Stamitz das gleiche Attribut zuerkannt werden soll? Schöpferische Menschen wissen oftmals längst nicht mehr, wann und wo irgendeine Anregung in ihren Geist fiel wie ein vom Wind hergewehtes Samenkorn, und durch welche geheimnisvollen Kanäle sie den Weg zum Licht fand. Wie jämmerlich kleinlich wäre es in zahllosen solcher Fälle, von „Plagiat" zu reden oder an eine solche Möglichkeit überhaupt zu denken!

Die „Mannheimer Schule" starb mit dem frühen Tod von Johann Stamitz nicht aus. Franz Xaver Richter (1709–1789) und Ignaz Jakob Holzbauer (1711–1783) übernahmen die Führung. Auch Richter stammte aus Böhmen, dem in früheren Jahrhunderten oft „das Konservatorium Europas" genannten Land am Ufer der Moldau. Seine mehr als 70 Sinfonien strahlen prächtige Melodien aus, sie sind harmonisch reichhaltig und dürfen sich neben den parallel entstandenen Jugendwerken Haydns getrost hören lassen. Holzbauer kam aus Wien, wo er Kapellmeister am Hoftheater gewesen war, besuchte Italien, führte dort mehrere Opern auf, wurde 1750 als Kapellmeister nach Stuttgart und 1753 nach Mannheim berufen, wo er auch verblieb, als 1778 der Hof nach München verlegt wurde und Mannheim einen beträchtlichen Teil seiner Bedeutung verlor. Holzbauers Name steht in der Frühgeschichte der deutschen Oper auf beachtetem Platz, da sein 1776 in Mannheim uraufgeführter „Günther von Schwarzburg" sich lange auf den Spielplänen hielt. Doch auch sein Beitrag zur neuen Instrumentalmusik war bedeutend: mehr als 60 Sinfonien, ferner Konzerte, Sonaten, Kammermusik.

Zu den seinerzeit tonangebenden Mannheimer Musikern gehören Christian Cannabich (1731–1798) und sein Sohn Carl (1764–1806), die gute Freunde von Mozart waren. Eine besondere Erwähnung gebührt Franz Danzi (1763–1826), einem ganz hervorragenden Musiker. In vielen seiner schönen Kammermusikwerke ist bereits eine Ahnung der Romantik zu spüren, er zeigt sich in manchem Beethoven verwandt, dessen Zeitgenosse er war. Sein persönlicher enger Kontakt zu Carl Maria von Weber war für beide vorteilhaft. Die Bedeutung seiner Kompositionen wird erst weit über ein Jahrhundert später in ganzem Umfang erkannt. Das harte Los so manches Komponisten im Zeitenwandel wird bei ihm deutlich: Den einen zu „konservativ", den anderen zu „modern", wird gerade die wahre Bedeutung nicht erkannt, nämlich Mittler zu sein, nahtlos hinüberzuführen in eine neue, wesentlich veränderte Welt. Danzis Kammermusik, voran vielleicht die meisterhaften Bläserquintette, gehört zum Besten ihrer Art.

Die „Berliner Schule"

Neben der „Mannheimer Schule" in Süddeutschland gab es im Norden ebenfalls eine bedeutende, die „Berliner Schule". Hier wirkten vor allem die Angehörigen zweier Musikerfamilien: der Graun und der (aus Böhmen gekommenen) Benda. Die 1742 eingeweihte, von dem großen Architekten Georg Wenzeslaus von Knobelsdorff erbaute Hofoper in der Prunkstraße „Unter den Linden" wurde zu einer der wichtigen Pflegestätten des Musiktheaters außerhalb Italiens. Hier war vor allem der jüngste Graun-Bruder Karl Heinrich (1703/04–1759) tätig, dessen Schaffen sich auf die Gebiete der Oper wie der geistlichen Musik erstreckte. 1755 komponierte er die von König Friedrich II. französisch gedichtete Oper „Montezuma", die in unserer Zeit eine vielbeachtete Wiederkehr erlebte, und im gleichen Jahr das Oratorium (oder die „Passions-Kantante") „Der Tod Jesu", ein Werk, das es zu größter Popularität brachte und durch alljährliche Osteraufführungen während mehr als anderthalb Jahrhunderten zu einer Berliner Tradition wurde. Bei seinem Erscheinen war Bach gerade fünf Jahre tot, Händel lebte noch. Da ist es erstaunlich, um wieviel näher Grauns Musik dem Rokoko steht, um wieviel ferner dem durch diese beiden Meister vertretenenen Hochbarock. Dessen Ablösung ging an manchen Stellen Europas – in Italien, in Frankreich, aber auch in Berlin – rascher vor sich als anderswo.

Aus der Musikerfamilie der Benda, die von der Moldau an die Spree wanderte, müssen drei Brüder genannt werden. Franz (1709–1786) wirkte in Warschau und Rheinsberg, bevor er 1771 königlicher Konzertmeister in Berlin wurde. Johann Wenzel (1713–1752), der zu jung starb, um sich voll entfalten zu können, und Georg (1722–1795), der wohl bedeutendste, der in Gotha, Hamburg und Wien tätig war, und dann in Berlin den Höhepunkt seiner Laufbahn erreichte. Beim Vergleich des barocken und des Rokoko-Musiklebens mit jenem späterer Zeiten bis zum heutigen Tag fällt wahrscheinlich zuerst auf, daß seinerzeit nahezu alle Musiker, ganz gleich in welcher Art sie sich hauptberuflich betätigten – ob als Organist, Geiger, Cembalist, Kapellsänger usw. –, komponierten oder wenigstens als „Gelegenheitskomponist" gelten konnten. Jeder von ihnen war imstande, im damaligen Stil ein Musikwerk zu schaffen, das zumindest verwendbar war, also alle Merkmale handwerklichen Könnens aufwies. Folglich war es unmöglich, mehr als einen winzigen Teil dieser Flut zu registrieren, geschweige denn gar weiterzugeben, zu verbreiten. Viel Gutes mag damals untergegangen sein, ohne den engen Kreis seiner Entstehung je durchbrochen zu haben. Von Georg Benda aber blieb einiges übrig. Nicht nur, weil seine Stellung als hochangesehener königlicher Konzertmeister Friedrichs II. eine deutschlandweite Ausstrahlung besaß – durch die frankophile Einstellung des Berliner Hofs sogar zeitweise eine internationale –, sondern auch, weil Georg Benda ausgezeichnet und neuartig komponierte. Er gilt als der Erfinder des „Melodrams", des gesprochenen, rhythmisch festgelegten Textes über dramatischer Orchesterbegleitung. Möglicherweise war Rousseau mit seinem Monodrama „Pygmalion" (1770) vorausgegangen (das Benda nicht unbedingt gekannt haben muß). Mit seinen ebenfalls Monodram genannten Werken „Ariadne auf Naxos" und „Medea" (beide 1775) öffnete Benda den deutschen Komponisten ein interessantes, neues Feld, auf das ihm, neben vielen anderen, vor allem Beethoven in seinem „Fidelio" und Weber in der Wolfsschlucht-Szene des „Freischütz" nachfolgten. Im 20. Jahrhundert wurde, vielleicht initiiert durch Arnold Schönbergs „Pierrot lunaire" (1912), auf dem Gebiet der engen Zusammenarbeit zwischen der nichtgesungenen, jedoch musikalisch geführten Stimme und der Instrumentalmusik verschiedenster Art sehr viel experimentiert. Bendas damals neuer Versuch – der möglicherweise uralte Vorläufer in Asien, Griechenland und bei den Kelten hat – erregte starke Aufmerksamkeit. Er zeigt auch, daß man sich nördlich der Alpen über die ein wenig festgefahrene italienische Form der Oper kritische Gedanken machte. Bald werden diese zu Glucks Reformen führen.

Die Vorklassiker

Vom Salzburg jener Zeit muß einiges erzählt werden. In seinen prachtvollen Kirchen wie am fürsterzbischöflichen Hof herrschte ein beträchtliches Musikleben. Bevor der leuchtendste Stern, Mozart, über der alten Salzachstadt aufging, um die Musikwelt auf seine Geburtsstätte aufmerksam zu machen, bestimmen drei Namen deren musikalisches Treiben: Adlgasser, Haydn, Mozart. Aber dieser Haydn war nicht der große „Vater der Klassik", sondern dessen Bruder Michael, und Mozart nicht der „Götterliebling" Wolfgang Amadeus, sondern dessen Vater Leopold.
Cajetan Adlgasser (1729–1777) war seit 1751 Salzburger Domorganist, ein angesehener, ganz seinem Beruf hingegebener, guter Musiker, den der Tod an seinem Instrument überraschte. Als Kuriosum sei von einer „Schuloper" berichtet, die am 12. März 1767 in Salzburg uraufgeführt wurde: Den dritten Akt schrieb Adlgasser, den zweiten Michael Haydn, den ersten der gerade elfjährige Wolfgang Amadeus Mozart („Die Schuldigkeit des ersten Gebots"). Leopold Mozart (1719–1787) muß einer der interessantesten Musiker seiner Zeit gewesen sein. Er wanderte 1737 aus seiner Vaterstadt Augsburg nach Salzburg, wo er 1743 Geiger im fürsterzbischöflichen Orchester, 1757 Hofkomponist und 1763 Vizekapellmeister bei Hof wurde. Er schuf sich als Komponist einen guten Namen, seine Divertimenti „Die Schlittenfahrt" und „Bauernhochzeit" werden noch heute von Jugendorchestern gern gespielt, zwei seiner Cembalostücke („Der Morgen" und „Der Abend") wurden lange Zeit hindurch zu Tagesanfang und -ende auf dem „Hornwerk" – einer Art Spieluhr oder Glockenspiel – der Festung Hohensalzburg gespielt und bei günstigem Wind in der Stadt vernommen. Sein bedeutendstes Werk ist der im Geburtsjahr seines Sohnes Wolfgang (1756) erschienene „Versuch einer gründlichen Violinschule", in dem die gesamte Kenntnis um die Streichinstrumente nebst praktischer Vermittlung des Könnens der größten, vor allem italienischen Virtuosen enthalten ist. Leopold Mozart war mehr als Musiker, ein universell gebildeter, zugleich philosophisch wie praktisch denkender Mann „von Welt", der den illustren Geistern seiner Zeit gut und gern als vollwertiger Gesprächspartner dienen konnte. Die Persönlichkeit Leopold Mozarts muß im Salzburger Musikleben von höchster Bedeutung gewesen sein.
Neben ihm war hier Michael Haydn (1737–1806) tätig, der um fünf Jahre jüngere Bruder des „großen Haydn". War es gerade das, was ihn bedrückte, was seine hohen Gaben nie völlig zur Entwicklung kommen ließ? Michael Haydn, der neben seinem Bruder Kapellknabe am Stephansdom in Wien gewesen war, kam über Großwardein (Ungarn) 1763 nach Salzburg, wo er „Hofmusicus und Concertmeister" im fürsterzbischöflichen Dienst wurde, 1781 dann, als Wolfgang Amadeus Mozart aus dem Dienst gejagt wurde, dessen Nachfolger als Hof- und Domorganist. Genug der Ehren, sollte man denken. Auch seine Kompositionstätigkeit brachte ihm Genugtuungen und kaum weniger seine Lehrtätigkeit, die sich auf so namhafte Schüler wie Carl Maria von Weber und den späteren Beethoven-Freund und Verleger Anton Diabelli erstreckte. Unter seinen 46 Sinfonien wurde eine sogar durch den gewiß sachkundigen Köchel Mozart zugeschrieben, was bestimmt für die hohe Qualität seiner zahlreichen Werke spricht. Und doch liegt es wie eine leise Tragik über diesem Leben, das sich trotz beruflicher Erfolge, eines glücklichen Heims und guter Freunde immer mehr dem Untergang durch den Alkohol genähert zu haben scheint.

Linke Seite: Johann Christian Cannabich, Konzertmeister in Mannheim, Komponist, Freund der Familie Mozart. Kupferstich 1779. Rechts: Kupferstich der Stadt Salzburg um 1740. Alte Musikstadt, Geburtsort Mozarts (1756), damals regiert von einem Fürsterzbischof, erst 1805 zu Österreich geschlagen.

Als er einmal Auftragskompositionen aus diesem Grund nicht rechtzeitig fertigstellen konnte, sprang, ohne es jemals zu verraten, der um zwanzig Jahre jüngere Mozart ein. Eine Fülle von Werken – Oratorien, eine Oper, Chöre, Lieder, Konzerte, Kammermusik, Orgelstücke, Tänze usw. – legt eine Beschäftigung mit diesem Musiker nahe, der sein Leben lang und bis heute im Schatten des Bruders, eines „Großen", blieb.
Im unmittelbaren Übergang zur Wiener Klassik lebt in dieser Stadt eine Generation von Musikern, deren objektive Betrachtung ebenfalls schwerfällt: Auch sie wird fast nie an ihren Werken gemessen, sondern an „Größeren", die auf sie folgen.
Georg Christoph Wagenseil (1715–1777) war Musiklehrer Kaiserin Maria Theresias und ihrer zahlreichen Töchter – Vorläufer Glucks –, Hofkomponist seit 1739 und ein namhafter Organist. In seinen längst vergessenen Opern deutet manches auf Glucks nicht mehr ferne „Reform". In der Sonatenform gelangen Wagenseil Fortschritte, die für die Klassiker wichtig werden. Das letzte Lebensjahrzehnt dieses seinerzeit hochangesehenen Musikers verlief in schwerer Krankheit und zunehmender Not, vor allem aber in wachsender, zuletzt völliger Einsamkeit.
Mathias Georg Monn (1717–1750) ist nur 33 Jahre alt geworden. Wenn trotzdem sein Name und sein Werk zu den wichtigsten Vorboten der Klassik gezählt werden, so muß es sich um Ungewöhnliches in hohem Maß handeln. Dabei weiß man so gut wie nichts von ihm: In Wien geboren, in Wien gestorben, einige Jahre lang – vielleicht ab 1738 – Organist an der eben erbauten herrlichen Karlskirche, in der sicher nicht Wiens prominenteste Orgel war; lungenkrank, wahrscheinlich einige Jahre vor seinem Tod schon arbeitsunfähig. Und doch die Kraft zu einem bewundernswerten Werk: Messen, Motetten, Lieder, Sinfonien, Konzerte, Quartette, Fugen und vieles andere. Doch selbst das sagt noch nichts Entscheidendes aus. In seinen Sinfonien erlebt, wer sich die Mühe nimmt, sie durchzusehen (aufgeführt werden sie wohl seit seinen Zeiten nicht mehr, und wer weiß, ob damals?) eine gewaltige Überraschung: Da findet sich in einer D-Dur-Sinfonie aus dem Jahr 1740 ein Menuett zwischen den langsamen und den Schlußsatz geschoben; und eine G-Dur-Sinfonie von 1749 erweitert den ersten Satz durch ein eigenständiges zweites Thema, das sogar im Durchführungsteil gemeinsam mit dem ersten echte Bedeutung erlangt. Beide Werke liegen weit vor Haydns Sinfonien, in denen diese Neuerungen Gesetz werden. Hat Monn sie erfunden? Waren es Versuche, Ahnungen künftiger Entwicklung? Müssen diese einschneidenden, entscheidenden Änderungen der Sonatenform nicht Monn zugeschrieben werden, diesem seltsamen Propheten, von dem selbst namhafte Lexika nichts wissen und der dem weiten Publikum stets verborgen blieb?

Wien im Vorfeld der Klassik

In Wien muß noch an Johann Georg Albrechtsberger und Johann Schenk gedacht werden. Beide haben allerdings mehr Bedeutung im Hinblick auf ihren größten Schüler, Beethoven, denn als wichtige Komponisten. Albrechtsberger (1736–1809) wurde 1772 Hoforganist und 1792 Kapellmeister am Stephansdom. 1794 kam Beethoven, der seinen Unterricht dem Haydns bei weitem vorzog, zu ihm. Albrechtsberger war, wie fast alle Musiker seiner Zeit, kompositorisch unermüdlich tätig, doch nichts blieb von seinen Sinfonien, Bühnenmusiken, 42 Streichquartetten, 26 Messen. Von Schenk (1753–1836) aber überlebt ein reizendes Singspiel: „Der Dorfbarbier", zudem der Ruhm, von Beethoven oft heimlich über Fragen der Harmonie konsultiert worden zu sein. Wien besaß um jene Zeit eine Fülle von talentierten Musikern. Unser nächstes Kapitel wird das Phänomen zu erklären suchen. Sie alle, auch die eben von uns genannten, waren Angestellte, sei es einer adeligen Familie, eines Theaters oder einer Kirche. Nun aber soll von einem Musiker Wiens die Rede sein, auf den alles dies nicht zutraf.
Johann Baptist Vanhal (1739–1813), den man und der sich auch Wanhall, Vanhall, van Hal und ähnlich nannte und schrieb. Ihm gelang etwas, worum sein Zeitgenosse Mozart vergeblich kämpfte und was selbst dem wahrlich berühmten Beethoven schlaflose Nächte bereitete: als „freier Künstler" zu leben. Das bedeutet bereits, daß Vanhal an Ansehen und Beliebtheit keineswegs hinter diesen zweien zurückstand, die ihn übrigens beide außerordentlich schätzten. Mozart dirigierte eines seiner Konzerte 1777 in Augsburg, Haydn eine seiner Sinfonien 1778 im Sommerschloß Esterháza, seine zahlreichen Kompositionen (weit mehr als 100 Sinfonien, ebenso viele Quartette, Kirchenmusik, Klaviermusik) wurden größtenteils sofort gedruckt, da sie sich sehr gut verkauften. Bald werden wir von Mozart hören, dem ein Verleger nahelegt, „populär zu schreiben, da ich sonst nichts mehr von Dir drucken kann..." Die Schüler drängten sich zu ihm, während Mozart nie mehr als zwei oder drei hatte. Einen besonders begabten, Ignaz Pleyel, trat er sogar Haydn ab. Nein, an Erfolg mangelte es diesem „böhmischen Musikanten", diesem Erzmusikanten wirklich nicht, der seine überfüllte Heimat an der Moldau verlassen hatte – wo er aus einer leibeigenen Bauernfamilie stammte – und den Weg nach Wien suchte, wo damals anscheinend für solche „zugereisten" Musiker genau wie für die einheimischen der Himmel voller Geigen hing. Er fand mächtige Gönner, weilte um 1770 zwei Jahre in Italien, erkrankte eine Zeitlang an „religiös motivierter Geistesverwirrung" (Milan Poštolka), lehnte eine Berufung als Hofkapellmeister nach Dresden ab, zog sich auf die Güter des Grafen Erdödy in Kroatien zurück und komponierte dort zahlreiche Werke für Kirchenmusik. Um 1780 tauchte er genesen wieder in Wien auf. Der namhafte Sänger O'Kelly, ein Freund Mozarts, erzählt von einem beinahe unglaublichen Streichquartett, das er in Wien erlebte: Haydn, Mozart, Dittersdorf und Vanhal musizierten miteinander, gelegentlich soll auch Paesiello mitgewirkt haben, der an Weltgeltung (neben Haydn) wahrscheinlich der berühmteste der Runde war.
Sie musizierten auch im Hause des Leopold Anton Koželuch (1747–1818), natürlich ebenfalls eines „böhmischen Musikanten", der es in Wien zu Vermögen und Ansehen gebracht hatte und, wie in einer Wiener Chronik verzeichnet, seit ungefähr 1785 „in dem ganzen musikalischen Europa rühmlichst bekannt" war, vor allem als äußerst melodiöser Komponist, dessen Werke in Deutschland, England, Frankreich,

Schottland, Italien verlegt wurden, dann als sehr gesuchter Lehrer – vornehmlich für Gesang – und schließlich als Pianist und kaiserlicher Hofkapellmeister. Was an (harmlosen und nicht immer ganz harmlosen) Intrigen zwischen Haydn, Mozart und anderen Musikern, wie Koželuch, gespielt wurde, geht aus Chroniken der Zeit hervor und wäre amüsant zu verfolgen. Für Mozart und Beethoven war Koželuch geradezu ein Schimpfwort, aber sie konnten nicht leugnen, daß der überaus Beliebte auf dem Klavier leider ein ernstzunehmender Rivale war, daß seine Kompositionen weit öfter gespielt wurden und daß seine soziale Stellung beneidenswert war. Der einzige, der ihn schätzte, war Schubert, und nicht nur aus seiner sprichwörtlichen Gutmütigkeit: In Koželuchs Musik finden sich, neben dem allgemeinen galanten und empfindsamen Stil des Rokoko, einige Wendungen, die bereits auf das Heraufdämmern einer Romantik deuten. Sollte Beethoven nicht bemerkt haben, daß sich bei Koželuch jene langsamen Einleitungen zu Sinfonien finden, die er selbst dann fast zur Norm erheben wird? Oder liebt er vielleicht leichtschaffende Menschen überhaupt nicht und macht nur bei Mozart eine Ausnahme?

Florian Gaßmann (1729–1744) verdient hier eine Erwähnung, auch er ein „böhmischer Musikant" – von denen der „leichten" Musik reden wir hier gar nicht –, der vermutlich beim berühmten Padre Martini in Bologna studierte, für Venedig Opern schrieb, 1763 nach Wien ging, wo er auch Salieris Lehrer wurde. Gaßmann gründete 1771 die „Tonkünstler-Sozietät", den ersten Zusammenschluß von Musikern mit sozialen Zielen. Deren Eröffnungskonzert am 29.3.1772 soll die möglicherweise früheste „Akademie" (Konzert) in Wien gewesen sein. Andere Städte (wie London, Paris, Leipzig) waren da bereits um einiges vorausgegangen.

Der letzte, von dem in diesem Kapitel die Rede sein soll, darf nicht zu den Vorläufern gezählt werden, nicht zu den „Kleinmeistern", die sich in allen Künsten rund um die „Großen" gruppieren lassen (nachdem sie in ihrer eigenen Zeit diese oft an Geltung übertroffen haben). Er selbst ist ein unbestrittener Meister, und wer ihn zu den Vorklassikern rechnet, irrt wohl nicht. Auf jeden Fall gebührt ihm ein Platz in deren Nähe.

Es ist der mit genialen Zügen ausgestattete, in vielem höchst ungewöhnliche und in manchem tragisch umwitterte Karl Ditters, der zu „Ditters von Dittersdorf" geadelt wurde (1739–1799). Ein Zeitgenosse Glucks wie Haydns und Mozarts, die er alle gut kannte. Er wurde mit zwölf Jahren Kammerknabe beim Prinzen von Sachsen-Hildburghausen in dessen Wiener Palais, wo er viel musizierte. Eine Begegnung mit Pergolesis „La Serva Padrona" trieb ihn zur Lustspieloper, auf der ihm in späterer Zeit sein stärkster, heute noch anhaltender Bühnenerfolg zuteil wurde: „Doktor und Apotheker". Während 26 Jahren war er Kapellmeister des Fürstbischofs von Breslau auf dessen Besitz Johannisberg. Für gelegentliche Aufenthalte in Wien schrieb er Oratorien sowie das genannte Singspiel, das ungleich erfolgreicher war als Mozarts gleichzeitig komponierter „Figaro". Nun verdichteten sich die Beziehungen zu seiner Vaterstadt Wien wesentlich. Mit Haydn schloß Dittersdorf enge Freundschaft. Seine Werke erklangen des öfteren in Eisenstadt und Esterháza. Die erwähnte Quartettrunde fand sich zusammen, die wir als legen-

Karl Ditters von Dittersdorf, bedeutender Komponist der Klassik, den wohl nur sein eigener introvertierter Charakter an der Erreichung hoher Positionen hinderte.

däres Kuriosum erwähnten: Mozart, Haydn, Dittersdorf, Vanhal, manchmal Paesiello. Am 12. Februar 1797 kam es zu einer neuerlichen Aufführung des „Doktor und Apotheker", die sich während einiger Augenblicke in höchste Feierlichkeit wandelte: An diesem Abend erklang zu Ehren des anwesenden Kaisers Franz I. die schlicht „Kaiserlied" genannte spätere Nationalhymne Österreichs (sowie mehrerer anderer Staaten), die Haydn für diese Gelegenheit geschaffen hatte: „Gott erhalte, Gott beschütze unsern Kaiser, unser Land..." Dittersdorf reiste 1789 auf Einladung des preußischen Königs nach Berlin, wo er sechs Streichquintette (nach dem Vorbild Boccherinis, also mit zwei Violoncelli) komponierte. So sehr dies alles nach Erfolg und Ruhm aussieht, war Dittersdorf doch ein weitgehend mit sich selbst zerfallener Mensch, der, wie wir heute sagen würden, an schweren Minderwertigkeitskomplexen litt. Er schlug mehrere Male bedeutende Stellungen aus, die ihm angeboten wurden, so 1774 die eines Wiener Hofkapellmeisters. Seine letzten Jahre bestätigten seinen kritischen Gemütszustand. Von Gicht geplagt, verbrachte er sie völlig zurückgezogen auf dem Gut eines ihm wohlgesinnten Mäzens, des Barons Ignaz von Stillfried im böhmischen Rothlhotta. Er starb, von der Welt fast vergessen, zwei Tage nachdem er das Diktat seiner interessanten Lebenserinnerungen beendet hatte. Es verblieben der Nachwelt mehr als 100 Sinfonien im reinsten Rokokostil und mit prächtigen Einzelheiten, Konzerte, Kammermusik, Oratorien, Messen, Kantaten, mehr als 40 Bühnenwerke, vor allem Singspiele und komische Opern. Vieles davon reicht ziemlich nahe an die Werke der Großmeister heran, denen wir uns nun bald zuwenden werden.

Der Schauplatz der Wiener Klassik

Bewundernd als Klassik bezeichnet, hat die Epoche der Musikgeschichte im letzten Drittel oder Viertel des 18. Jahrhunderts einen geographischen Beinamen erhalten: Wiener Klassik. Es gab Ähnliches bereits mehrmals in unseren Betrachtungen: die frühe „Pariser Notre-Dame-Schule", die „Flämische" oder „Venezianische Polyphonie", die „Florentinische Camerata", die „Neapolitanische Opernschule", aber diese Begriffe sind nie aus den Fachstudien in das breite Publikums- oder gar Volksbewußtsein gedrungen. Ganz anders verhält es sich mit dieser einmaligen Klassiker-Periode, die alle Welt in Gedanken mit Wien verknüpft. Sofern man Wien als ihr geistiges und seelisches Zentrum, als den Ausstrahlungspunkt ihrer Kunst, vielleicht auch als den künstlerischen und sozialen Nährboden verstehen will, aus dem diese überaus glanzvolle Epoche der Tonkunst erwachsen konnte, muß diese Benennung anerkannt werden. Hingegen sei festgehalten, daß keiner der sogenannten Wiener Klassiker – Gluck, Haydn, Mozart, der junge Beethoven – im nüchtern-materiellen Sinn des Wortes ein Wiener war, also keiner von ihnen in Wien zur Welt kam oder auch nur aufwuchs (mit Ausnahme Haydns, der seine Knabenjahre im Sängerknabenkonvikt verbrachte, ziemlich abgeschlossen von der ihn umgebenden Stadt oder „Welt").

Wir werden es bald hören: Gluck stammte aus der Pfalz, Haydn aus dem südlichsten Niederösterreich, wo die deutsche Sprache sich schon mit dem Slawischen zu mischen beginnt, Mozart aus Salzburg, Beethoven vom Rhein. Und die Mehrzahl der vielen Zeitgenossen, die das Bergmassiv bildeten, aus dem die Schneegipfel der Klassiker in das blaue Firmament wachsen konnten – wir sahen es eben –, aus Böhmen. Sie alle kamen in Wien zusammen, lebten hier, wirkten hier und starben hier: Gluck im Jahr 1787, Mozart 1791, Haydn 1809, Beethoven 1827.

Stellte man die Todesdaten der bedeutendsten Menschen nach geographischen Gesichtspunkten zusammen, so ergäbe sich vielleicht ein interessanter Kulturführer. Die Anhäufung solcher Zahlen in einer bestimmten Stadt oder Region zur annähernd gleichen Zeit müßte von selbst die überragende Bedeutung dieses Orts zu jener Zeit aussagen. In unserem Fall starben die vier Klassiker in Wien und wurden dort beerdigt. Das ergab mit den Gräbern vieler noch folgender Romantiker einen Ehrenfriedhof, wie ihn keine andere Stadt der Welt aufzuweisen hat, und der Wiens vielumstrittenen, letzten Endes aber wohl im tiefsten Sinn berechtigten Beinamen einer „Stadt der Musik" glänzend bestätigt.

Die Herrschenden als Mäzene

Unter mehreren musikliebenden Herrschergeschlechtern der europäischen Geschichte des späten Mittelalters ragten bereits die Habsburger stets als Förderer und Schirmherren der Tonkunst hervor. Ihre Residenzen Innsbruck und Prag, vor allem aber ihre endgültige Kaiserstadt Wien wurden zu den wichtigsten Musikstädten des Erdteils. Dabei beschränkten sie sich nicht auf ein mehr oder weniger verständnisvolles Mäzenatentum. Viele von ihnen beteiligten sich aktiv am Musikleben, sangen, spielten Instrumente, dirigierten und komponierten. Wer ihre Partituren in der Wiener Nationalbibliothek durchblättert, ist von Inspiration wie Können dieser Männer ehrlich überrascht. Man sollte vielleicht einen Augenblick im Nachdenken über die Tatsache verharren, daß musikalische Begabung quer durch alle Stände und Klassen verteilt ist. Und daß sie, wie kaum etwas anderes, Menschen aus den gegensätzlichsten Schichten einander nahezubringen vermag. Unter den Musikern, die unser letztes Kapitel aus Wiens Vorklassik aufzählte, waren Söhne von Bauern, Kutschern, Dienern, die es zu angesehenen Hofstellungen brachten, die dann im „Protokoll" über manchem Hochgeborenen rangierten.

Der Ort, an dem sich die geistigen Kräfte einer Epoche in besonderem Maße konzentrieren und ihre Ausstrahlung über die Welt möglich wird, bleibt nicht dem Zufall überlassen. Hier muß eine Reihe wichtiger Faktoren zusammenströmen und wirksam werden. Das Mäzenatentum der Oberschicht allein genügt nicht. Gerade im Fall Wiens zur Zeit der Klassik spielt viel anderes mit. Die Wirksamkeit der geographischen Komponente ist nicht zu übersehen. Wien war das Zentrum eines Vielvölkerstaats von einmaligem Ausmaß. Neunzehn Völker und Volksgruppen gehörten der Habsburger Monarchie an; und mochte auch wenig Ethnisches und nichts Politisches die Galizier um Lemberg mit den Oberitalienern am Gardasee verbinden, die Tiroler mit den Siebenbürgern, die Tschechen mit den Ungarn, eines war für sie alle bedeutungsvoll: Wien als Kernpunkt, als Kulturstätte, als Zentrum von Theater-, Vergnügungs-, Musik-, Gesellschaftsleben, wo alle einander verstanden in einer „wienerischen" Sprache, in die zahllose Worte aus allen anderen Idiomen der Monarchie eingeflossen waren. Während die Oberschicht italienische und französische Ausdrücke einfließen ließ, tat „das Volk" ein gleiches mit böhmischen, kroatischen, ungarischen. Das kosmopolitische Wien untermauert dies besonders im Musikalischen: In der Hofoper wurde italienisch gesungen, in den Vorstadtbühnen wienerisches Deutsch, in den Palästen der Aristokratie spielten hauseigene Orchester, in denen viele Musiker tschechische Ausdrücke in Umlauf setzten. Wien war Schnittpunkt wichtiger Handelsstraßen vom Balkan, vom kosmopolitischen Venedig, von Westen nach Osten wie zwischen Süden und Norden. Wien war größter Hafen am wichtigsten Fluß Europas, Schmelztiegel abendländischer Menschen und Kulturen, die zu friedlichem Zusammenleben zu bringen Hauptaufgabe der Herrschenden war. In ihrem Reich war die Vielfalt ein Problem, die Musik eines der stärksten Bindemittel, für das es keine Grenzen gab. Hier erwuchs nicht nur ein Zentrum der Macht, sondern ebenso ein Sitz der Kultur und der Künste, deren Kraft die Regierenden tiefer vertrauten als den Waffen und der Diplomatie. Nur mit deren Hilfe konnte es auf die Dauer gelingen, das Abendland über alle nationalen Grenzen hinweg zur ersehnten Einheit zusammenzuschweißen. Das war ein Glaubenssatz, der wohl nicht in den Regierungserklärungen und den Richtlinien an die Statthalter im Riesenreich enthalten war, aber der tief in der Persönlichkeit jedes weitblickenden Staatsmanns eingegraben war.

Musik bei Grossbürgertum und Volk

Die Lage im Herzen Europas hätte ebensowenig genügt, Wien zur „Stadt der Musik" zu erheben, wie die landschaftliche Schönheit der Wälder, Hügel, Täler rundumher oder wie die alte Geschichte. Sicher auch nicht der Zauber der engen Gäßchen, die schönen Fassaden barocker Paläste, die malerischen Plätze und duftenden Gärten, die zum träumerischen Schlendern einladen, haben Gluck, Haydn, Mozart, Beethoven nach Wien gezogen. Eher das kaum in Worte zu fassende Gefühl, hier sei „die Musik zuhause", während sie an vielen anderen Orten der Welt nur „gemacht", gepflegt wurde. Hier ertönten Gesang und Instrumentenklang einfach überall und immer. Wiens Handwerker gingen singend an ihr Tagewerk, in allen Adels- wie Bürgerhäusern wurde der jungen Generation von früh an Musikunterricht durch namhafte Lehrer erteilt, es wurde in Musiktheatern eifrig geprobt und in unzähligen Stuben, Mansarden und Kämmerlein, aber auch in Wirtshäusern, die um diese Zeit ein wenig stiller waren, Neues komponiert, bearbeitet, instrumentiert, ausprobiert. An Nachmittagen ließen Kaiserin Maria Theresia oder Kaiser Joseph II. „Musik aufmarschieren", zur allgemeinen „Gaudi" (was, den Wienern sicherlich unbekannt, vom lateinischen Gaudium, Spaß, Unterhaltung herkam). Der Bevölkerung konnte man tatsächlich nachsagen, sie hätte ohne manches angeblich Notwendige leben können, aber nicht ohne Musik. Mozart wird Konzerte mit Liebhaberorchestern im Augarten leiten, einem prächtigen Sommerspazierweg der Wiener, wenn diese Konzerte auch nicht so volkstümlich sein werden wie Händels Auftritte im Londoner Vauxhall. Und der Abend gehörte vollends der Musik. Vom Hoftheater bis zu den kleinen Weinschänken mitten in den Rebbergen an den Hängen des Wienerwalds klang Musik, wenn auch recht verschiedene. Vielleicht taten sich auch ein paar Musikanten zusammen, um diese Abende beim Genuß des „Heurigen" gemütlicher und schöner zu machen – einige Jahrzehnte später werden die Brüder Josef und Johann

Kaiserin Maria Theresia (1717–1780), auch Königin von Ungarn und Böhmen mit langer Regierungszeit und vielfachen – allerdings meist ungewollten – Kontakten zur Musik.

Schrammel daraus eine Institution machen, zu der sie ein recht eigenartiges Ensemble zusammenstellen: zwei Geigen, Gitarre, Ziehharmonika, Kontrabaß und das „picksüße Hölzel", eine hochgestimmte Klarinette. Die Palastorchester sind in Funktion getreten, sie spielen Tanzmusik, also Menuette in der Hauptsache, gelegentlich auch, in den Tanzpausen, andere Stücke – an manchen Abenden aber auch Konzerte. Bekannt sind die Annoncen damaliger Wiener Zeitungen, man suche in einem der Paläste „einen Kammerdiener, der geschickt die Flöte spielt", in einem anderen einen Koch, der mit der Bratsche, eventuell dem Fagott umzugehen wisse. Denn am Abend verwandelten sich alle Palastbewohner, vom Fürsten oder Grafen bis zum letzten Diener, in Orchestermitglieder. Wer dies für einen Ausdruck der Eitelkeit des Hausherrn hält, irrt in den meisten Fällen. Gewiß war er stolz auf „sein" Orchester, aber er war bereit, mit einem der hinteren Plätze vorliebzunehmen, wenn er die Geige oder das Cello nicht so gut zu handhaben wußte wie einer seiner Diener. Zu „dirigieren" gab es ohnedies nichts, denn im Rokoko spielten die Orchester noch unter der Anleitung des Cembalisten, der meist mitten im Ensemble saß.

Das rege Musikleben beim Adel, dem zahllose berühmt gewordene Kompositionen als Auftragswerke entsprangen, griff auf das wohlhabende Großbürgertum über. Auch in dessen Häusern wurde eifrig musiziert, Kammermusik gespielt, und mancher Komponist ging dort als Lehrer oder Freund ein und aus. In der Liste der Schüler Haydns, Mozarts, Glucks, Beethovens finden sich, neben Namen aus der Aristokratie, auch solche aus dem Bürgerstand. Die Uraufführung von „Bastien und Bastienne" des zwölfjährigen Mozart findet

im Haus des Arztes Dr. Mesmer statt, das allerdings einem kleinen Palais gleicht.
In einer solchen durch und durch musikalischen Stadt konnten die Musiker, einheimische wie „zugereiste" (wie die Wiener Bezeichnung dafür lautet), auf gute Lebensbedingungen hoffen, mit ein wenig Glück auf einträgliche Stellungen, auf Erfolg und Wohlstand. Viele hatten schon adelige Mäzene gefunden, die sie der Sorge um das tägliche Brot enthoben, waren in einem der vielen Theater untergekommen, wo die Popularität winkte, oder hatten in einer der zahlreichen Kirchen Arbeit gefunden, wo man neben den Gottesdiensten und den extra zu bezahlenden Hochzeiten und Begräbnissen noch bequem Schüler unterrichten konnte! Kapellmeister bei einem Fürsten, das war anzustreben. Eine solche Tätigkeit führte einen zwar zumeist fort von Wien, dorthin, wo die reichen Besitzungen und das Hauptschloß des Brotherrn lagen, aber wenn man sich auszeichnete und sein Vertrauen erwarb, standen viele Wienfahrten bevor, waren Einladungen dorthin zu erwarten, um etwa eine eigene Oper aufzuführen. Das geruhsamere Leben auf dem Lande schuf außerdem angenehme Ruhe zum Schaffen, Muße zu ruhiger Arbeit, die man in der belebten Stadt Wien kaum fand. Den meisten Wienern enthielten die Possen und Komödien ihrer Vorstadttheater genug Musik. Sie kam in Liedern und Couplets zu Wort, in eingelegten Tänzen und nicht selten sogar in Zwischenaktmusiken. Das muntere Stegreifspiel einiger volkstümlicher Komiker war zumeist viel unterhaltender als die Mehrzahl der Stoffe, in denen sich die Singspiele ergingen. Bis die deutschsprachige Oper ein tragfähiges Publikum aufweisen wird, muß noch viel Zeit vergehen. Auch Beethovens „Fidelio" wird daran noch nichts ändern. Musiktheater heißt: italienische Oper. 1791 wird einer ihrer berühmtesten Vertreter, Domenico Cimarosa, nach Wien kommen, und da wird es sich zeigen, welcher Begeisterung das ganze Volk fähig ist, Adel wie Kleinbürger. Gar nicht zu reden vom Empfang für Rossini im Jahr 1822.

Keine Grenzen zwischen Unterhaltung und Kunst

Eine sehr bemerkenswerte Tatsache erleichterte das Leben so vieler Musiker im damaligen Wien: Die Schranken zwischen den heute so scharf getrennten Genres der „Kunst"- und der „Volksmusik" bzw. „Unterhaltungsmusik" existierten kaum. Grenzüberschreitungen gab es viele. Da wird in einem Vorstadttheater eine populär gewordene italienische Opernarie amüsant parodiert, was ja doch voraussetzt, daß die Mehrzahl der Besucher sie kennt; da werden volkstümliche Melodien in sinfonische Werke aufgenommen. Der Höhepunkt dieser Entwicklung wird wenige Jahrzehnte später erreicht werden, wenn der „Walzerkönig" Johann Strauß vor seine von zehntausend Menschen besuchten Bälle einen Konzertteil schiebt, in dem er „ernste" Musik zu Gehör bringt, darunter auch die schwierigste und modernste, wie einmal Teile aus Wagners Oper „Tristan und Isolde", die soeben von der Hofoper als unspielbar zurückgewiesen worden war.
Die Klassiker konnten auch anders. Wer nicht nur ihre großen, weltbedeutenden Werke sieht, sondern sich auch mit den kleineren befaßt, entdeckt Tänze, Märsche, Scherzlieder in großer Zahl. In Wien erklangen, im Gegensatz etwa zu Frankreich, mehr Melodien als politische Schlagworte, mehr Lieder als aufrührerische Parolen. Nicht etwa, weil diese letzteren verboten gewesen wären. Revolutionen lassen sich auf längere Zeit nicht verbieten oder unterdrücken. In Wien wurde die in Paris gewaltsam unterdrückte Komödie „Die Hochzeit des Figaro" zwar in Musik gesetzt, aber einem Hofdichter fiel es nicht schwer, ihr dabei alle Giftzähne zu ziehen, mit denen französische Zustände angeprangert wurden, die in Wien ohnedies niemanden interessierten. Der Gedanke an eine Revolution war im Wien des Rokoko und der Klassik unbekannt, ja in höchstem Grad unpopulär. An der Donau gab es ungleich mehr Berührungspunkte zwischen „oben" und „unten" als an der Seine. Und nicht zuletzt war es die Musik, die solche Brücken baute.

Marie Antoinette, die spätere Königin von Frankreich und ihre beiden Brüder Ferdinand und Maximilian von Habsburg tanzen im Schloßpark von Schönbrunn, der Wiener Sommerresidenz des Kaiserhauses, Menuett (um 1765).

Gluck oder die umstrittene Reform der Oper

Wahrscheinlich im Dörfchen Erasbach in der bayerischen Pfalz (Oberpfalz) kam Christoph Willibald Gluck – später geadelt als „Ritter von Gluck“ – am 2. Juli 1714 zur Welt, weit entfernt von allen musikalischen Zentren, in einer Umwelt, die von musikalischen Betätigungen wohl nicht viel ahnte und den künstlerischen Neigungen des Kindes und des Heranwachsenden auch kaum Nahrung bieten konnte. Hier liegt wieder eine deutliche Bestätigung des Satzes aus dem vorangegangenen Kapitel, daß es reiner Zufall sei, wo ein Genie geboren würde, ein Spiel unbekannter Mächte, die vielleicht beobachten möchten, ob und wie dieses Genie sich dann auf den Platz durchkämpft, der ihm möglicherweise bestimmt ist. Gluck entläuft, von der rätselhaften Kraft getrieben, die dem Genie innewohnen muß, mit 17 Jahren dem väterlichen Försterhaus, schlägt sich nach Prag durch, wo er zuerst Mathematik und Logik studiert und dann erst Musik, und findet 1735 den Weg in das Wiener Palais Lobkowitz, das ihn als Sänger und Cellist in die fürstliche Kapelle einreiht. Von dort nimmt ihn dann ein italienischer Aristokrat in sein Mailänder Orchester. Hier lernt er genau das kennen, was ihn zu seiner späteren Aufgabe führen wird: Wesen und Betrieb der italienischen Oper. Zuerst macht er eifrig mit. Von Giovanni Battista Sammartini wird er zum Komponisten ausgebildet, erringt Erfolge mit den heute vergessenen „Artaserse“, „Demofoonte“, „Sofonisba“, „Ippolito“ und geht 1745 an das Haymarket-Theater in London. Stets überzeugter Vertreter der italienischen Opernkunst, finden wir ihn in den folgenden Jahren an der Spitze zahlreicher Wanderbühnen, die in den italienischen Theatern von London, Hamburg, Kopenhagen, Prag, Wien gastieren. Doch inmitten des bunten Treibens, das ihn begreiflicherweise fasziniert, erwachen in seiner – im Grund doch deutschen – Seele erste Bedenken: War das, was er nun und noch dazu erfolgreich tat, die Erfüllung seiner Träume, die Befriedigung seines künstlerischen Gewissens? Keines der beiden Genres, zu deren Verbreitung er beitrug, war von einem höheren Standpunkt – nennen wir ihn: künstlerische Ethik oder Moral – zu rechtfertigen.

Die *Opera seria*, die „ernste Oper“, die nun über ein Jahrhundert lang große Ideale verkündete und Helden der Antike neben griechischen und römischen Göttern auf die Bühne stellte, war längst versteinert, ihre Gestalten erschienen starr und blutleer wie Puppen, Marionetten, Statuen, die niemanden angingen oder gar interessierten. Ihre pathetischen, noch ganz im Barock befangenen Gesten und Worte waren unnatürlich im höchsten Grad; der Gesang, den sie allerdings glänzend beherrschten, war gekünstelt und dachte nur an Virtuosität, Blendwerk, Wirkung.

Die „heitere Oper“, *Opera buffa*, hatte ihre Situationen, Scherze, Typen seit langem verbraucht, die unglaubwürdigen Verwechslungen, die dümmsten Verkleidungen, die typischen Zerrbilder, die Karikaturen ergaben statt Menschen: den geldgierigen Vormund, den listigen Diener, das verschlagene Kammermädchen, die lächerliche Naive, den betrogenen Betrüger, den lächerlichen Tölpel. In beiden Spielarten der Oper herrschte die Unnatürlichkeit, über die nur jene hinwegzublicken vermochten, denen der Ziergesang alles bedeutete und die sich noch freuen konnten, wenn einer seiner Vertreter eine neue Art von Triller, Koloraturen, Fiorituren und anderen Kunststücken ersonnen hatte und vorführen konnte, als einziger, bis alle anderen so schnell wie möglich gelernt hatten, es nachzuahmen.

Glucks vermutliches Geburtshaus im Dörfchen Weidenwang bei Erasbach in der (bayerischen) Oberpfalz.

Links: Christoph Willibald, geadelt zum „Ritter von Gluck". Zeitgenössischer Kupferstich. Rechte Seite: Ein berühmtes Manuskript Glucks: Der Beginn der Arie „Ach, ich habe sie verloren" aus der ersten Reformoper „Orpheus und Euridice", in der französischen (Pariser) Fassung: „J'ai perdu mon Euridice".

Zurück zu Monteverdi

Das konnte Glucks Welt nicht sein. Er träumte von einer Oper „edler Einfalt und stiller Größe" (wie das klassische Ideal es verlangen wird), einer Oper der tiefen Leidenschaften, der urmenschlichen Gefühle, der wahrhaft tragischen, von feindlichem Schicksal geschaffenen Konflikte erschütternder Größe, von Lebewesen aus Fleisch und Blut auf der Szene. Das bedeutete vor allem eine tiefgehende Wandlung im Einsatz des Gesangs, der sich von Künstlichkeit zu Menschlichkeit wandeln, wieder lernen mußte, echte Gefühle auszudrücken, statt Verblüffung zu erregen. Daß er zur Erfüllung dieser hohen Aufgabe zu den Urvätern zurückkehren mußte, zur Florentiner Camerata und vor allem zu Monteverdi, war Gluck bald klar. Und noch eines steht deutlich vor ihm: Ohne einen geeigneten literarischen Mitarbeiter von völlig gleicher künstlerischer Auffassung war die gewaltige Revolution – die „Reform", wie die Geschichte sie nennen wird – nicht in die Wege zu leiten. Die Gründer und ihr erster Großmeister Monteverdi hatten fest an die echte dramatische Kraft des Musiktheaters geglaubt, hatten ergreifende Worte zu bewegender Musik gesellt, wohlweislich auf ein gesundes Gleichgewicht zwischen beiden bedacht. Sie waren – und das war wohl das Entscheidende gewesen – vom Wort ausgegangen, das die Grundlage bilden mußte. Für sie hatte der Satz gegolten: *Prima le parole, poi la musica* " (Zuerst die Worte, dann die Musik), der inzwischen längst in sein Gegenteil verkehrt worden war.

Gluck ließ sich 1750 in Wien nieder. An musikalischer Betätigung mangelte es hier nicht. Doch der Verwirklichung seiner großen Idee kam er noch lange nicht näher. Er komponierte zwar Oper über Oper, dazu fran-

zösische Singspiele wie „L'Ivrogne corrigé" (Der geheilte Trunkenbold), „Le Cadi dupé" (Der betrogene Kadi), „La Rencontre imprévue" (Die unvermutete Begegnung, deutsch meist als „Die Pilgrime von Mekka" bekannt), nette, eher harmlos-komische Stücke, die nichts von Glucks wahrer Begabung verraten. Am ehesten kann dies vielleicht das Ballett auf den Don-Juan-Stoff unter dem Titel „Le Festin de pierre" (sinngemäß: „Der steinere Gast"), in dem es Vorahnungen von Mozarts „Don Giovanni"-Oper gibt. Insgesamt kaum genug, um Glucks Andenken lange fortleben zu lassen oder ihn eines Tages gar einen Klassiker zu nennen.

Dann ändert sich alles. Äußerlich betrachtet war es ein Zufall: Ein genial und vielseitig begabter Italiener, Raniero di Calzabigi, genau gleichaltrig mit Gluck, in Livorno geboren, Abenteurer in Frauen- und Finanzangelegenheiten, Ministerialbeamter in Neapel, in unklare Affären, auch solche krimineller Art verwickelt, nach Paris geflohen, wo sein Plan, gemeinsam mit Casanova eine Staatslotterie zu gründen, scheitert und ihn nach Wien gelangen läßt, wo er es gleichzeitig versteht, den Staatskanzler und mächtigsten Mann Österreichs, Fürst Wenzel Kaunitz, für große Finanzprojekte zu interessieren, wie dem Hoftheaterintendanten Graf Giacomo Durazzo gute Verbesserungsvorschläge für Ballett und Oper zu unterbreiten. Der stellt ihm Gluck vor, und ein fesselndes Stück Geschichte des Operntheaters beginnt.

Die neue Oper

Am 5. Oktober 1762 – eines der wichtigen Daten der Operngeschichte – erklang Calzabigi-Glucks erste gemeinsame Oper „Orfeo ed Euridice" im Wiener Hofburg-Theater, der kaiserlichen Oper, die damals noch in einem Seitentrakt der Hofburg, des Stadtschlosses, untergebracht war. Die Oper wurde, wenn auch nicht gerade am ersten Abend, ein beträchtlicher Erfolg. Echte Gefühle wurden darin in einfacher musikalischer Form besungen, die uralte Legende vom griechischen Musiker, der um seine geliebte, soeben von einer Schlange getötete Gattin so erschütternd trauert, daß die Götter für ein einziges Mal das eherne Gesetz des Todes außer Kraft setzen und dem Unglücklichen gestatten, Euridice aus dem Totenreich zurückzuholen, – unter einer einzigen, allerdings unmenschlichen Bedingung, er dürfe sie während der ganzen Rettungsaktion nicht anblicken. Die Bedingung erweist sich als unerfüllbar – zum Ausgang des tausendmal dramatisierten, erzählten, gesungenen, getanzten, verfilmten Dramas gibt es verschiedene Versionen: die tragische des endgültigen Todes der Euridice, die glückliche der trotzdem erfolgenden Wiedervereinigung der Liebenden. Jede Epoche hat sozusagen die ihre gewählt. Bei Calzabigi gilt das Happy-End: Amor verkündet den versöhnlichen Beschluß der Götter, nicht anders wie es jeder Deus ex machina in einer Barockoper getan hätte. Und sogar mit Koloraturen! War das ein Rückfall in durch Gluck überwunden Geglaubtes? War es eine Konzession an den noch offenkundig an Früherem hängenden Publikumsgeschmack? War es parodistisch gemeint? Oder „gehörte" es einfach zu einem Gott (den es ja eigentlich bei Calzabigi-Gluck nicht mehr geben sollte)?

Um so weniger, als die übrige Musik ein Musterbeispiel der neuen Einfachheit und Schönheit war. Die Szene in den paradiesischen Feldern des Elysiums gehört zu den ergreifendsten der Operngeschichte. Die Arie des Orpheus (*Che farò senza Euridice*) erklingt ungezählte Male bis zum heutigen Tag. Die Tänze (die als Ballett-Einlagen in jeder Oper obligatorisch waren) sind als Abwehrgesten der Furien gegen den in die Unterwelt eindringenden Orpheus sehr sinngemäß in die Handlung integriert und wirken nicht mehr aufgepfropft wie sonst üblich. Den Chören kommt in altgriechischer Manier hohe Bedeutung zu. So entstand ein weitgehend einheitliches Kunstwerk von hoher Ethik und menschlicher Größe, dem – mit Ausnahme der letzten Szenen – nichts mehr von der üblichen Opernroutine anhaftete. Wieweit das damalige Wiener Publikum Sinn und Wert dieser Reform verstand, ist kaum festzustellen. Der Erfolg war steigend, zuletzt beträchtlich. Allerdings hatte der vorsichtige Intendant der Oper allabendlich eine sehr seichte französische Komödie vorausgehen lassen.

Mit „Alceste" schreiten beide Autoren fest auf dem eingeschlagenen Weg fort. Sie unterstreichen das mit einer Erklärung: In der Widmung dieser Oper an den Großherzog Leopold von Toscana schreibt Gluck: „Als ich ‚Alceste' zu komponieren begann, war es mein Wunsch, restlos alle jene Mißbräuche auszumerzen, die infolge der Eitelkeit der Sänger und der allzu großen Gefälligkeit der Komponisten sich eingeschlichen haben, die seit langer Zeit die italienische Oper entstellen und so aus dem erhabensten und schönsten Schauspiel das lächerlichste und langweiligste machten. Ich trachte, die Musik auf ihre wahre Aufgabe zu beschränken: der Dichtung zu dienen, den Ausdruck und die Situation zu unterstreichen, ohne die Handlung zu unterbrechen oder durch überflüssige Verzierungen zu hemmen. Ich meine, daß die Musik die gleiche Aufgabe besitzt wie etwa die Farben oder der gut verteilte Kontrast von Licht und Schatten bei einem fehlerfreien und richtig angelegten Bild, der Belebung der Gestalten zu dienen, ohne die Umrisse zu verzerren. Ich habe versucht, alle jene Mißbräuche zu beseitigen, gegen die seit langem der gute Geschmack und die Vernunft vergeblich ankämpfen ..." In diesen prinzipiellen Erklärungen – die uns vielleicht besonders interessieren, weil Mozart nahezu gleichzeitig eine genau entgegengesetzte Meinung äußert: Der Text müsse „in jedem Augenblick der getreue Diener der Musik sein" – ist das Wesen der Opernreform ausgedrückt, zu der Gluck und Calzabigi ausgezogen sind.

Die Premiere der „Alceste" fand in einem besonders feierlichen Rahmen statt. Mit ihr wurde das wegen der Hoftrauer um Kaiser Franz I. lange geschlossene Theater feierlich am 26. Dezember 1767 wiedereröffnet. Doch die Aufnahme blieb geteilt. In den „Wöchentlichen Nachrichten und Anmerkungen, die Musik betreffend", die der namhafte Komponist und Kapellmeister Johann Adam Hiller – leider nur von 1766 bis 1770 – in Wien herausgab, lesen wir, es handle sich um „ein ernsthaftes Singspiel ohne Kastraten, eine Musik ohne Solfeggien, oder, wie ich es lieber nennen möchte, ohne Gurgelei, ein welsches Gedicht ohne Schwulst", wozu einige kleine Erläuterungen angebracht scheinen: Hiller verwendet das Wort Singspiel gleichbedeutend mit Oper (was bei deutschen Autoren vorkommt), er nennt „Solfeggien", die eigentlich Singübungen sind, im Sinne von Koloraturen, Läufen und Trillern (Gurgelei), die er nicht sehr schätzt, er setzt „welsch", wie damals üblich, mit „italienisch" gleich, und auch für ihn ist die italienische Oper zweifellos in ein gefährliches Fahrwasser geraten, das des „Schwulstes", so daß er sich mit Gluck im Urteil trifft.

Ganz anders aber Vater Leopold Mozart! Für den ist von nun an Glucks Oper nur „die traurige Alceste", und das bezieht sich nicht etwa auf den wirklich traurigen, tragischen Inhalt... Der Volksmund ist Leopold Mozart viel näher als Hiller. Eine zeitgenössische Chronik stellt fest, die Mehrheit des Wiener Publikums fände, es gehe auf der Bühne einfach zu wenig vor, die neue Oper gleiche einer „Seelenmesse", die den Eintrittspreis von zwei Gulden niemals wert sei, und die Tränen, die sie hervorrufe, stammten aus der Langeweile...

Ein drittes Mal versuchen es Dichter und Komponist. „Paride ed Elena" entsteht, ein freundlicheres, ja heiteres Bild der antiken Welt. Was noch an barocken Stilelementen in Glucks Musik vorhanden sein mochte, war nun überwunden. Die Uraufführung, wieder im Wiener Burgtheater, fand am 3. November 1770 statt. Die Anteilnahme der Opernfreunde scheint gestiegen, es finden viele Wiederholungen statt. Hat sich das Publikum an diese – nur bei Gluck zu findende – Art der Oper gewöhnt oder versöhnt es die etwas bewegtere Handlung? Im Grunde genommen ist diese Komödie gar nicht so weit von den italienischen der Zeit entfernt, denn „Paride ed Elena" konnte 1777 in Neapel aufgeführt werden. Wenn Glucks Werk dort aber nicht als Fremdkörper empfunden wurde, war es vielleicht doch nicht so weit von dem von ihm so heftig bekämpften Operntypus entfernt? Nun hat er sich dem Rokoko geöffnet, dem seine Wiener Zeitgenossen schon seit längerem huldigen. Sie nennen es nicht so, denn der Ausdruck ist noch unbekannt, man spricht von galantem Stil und fügt, wie wir sahen, manchmal das Wort empfindsam hinzu. Mozart, mehr als vierzig Jahre jünger als Gluck, aber nun durch seine unglaubliche Frühreife doch in der gleichen Zeit tätig, hat nie wirklich dem Barock angehört. Und doch weist der fast gleichzeitig mit Glucks „Paride ed Elena" uraufgeführte „Mitridate" noch in mancher Beziehung, schon durch seinen im Metastasio-Stil gehaltenen Text, der sehr äußerlich auf psychologisch unfundierten Leidenschaftsexzessen basiert, noch stark zur typisch italienischen Barockoper, in der den Italienern restlos ebenbürtig zu sein der junge Salzburger beweisen wollte.

Am weitesten fortgeschritten auf dieser Entwicklungslinie vom Barock zum Rokoko scheint unter den künftigen Klassikern Haydn zu sein, der in jenem Jahr 1770 in Eisenstadt wirkt, also in einer nur von ihm selbst bestimmten musikalischen Umwelt, und ungefähr bei seiner Oper „Le Pescatrici" (Die Fischerinnen, nach Goldoni) angelangt ist. Haydn, dem Geburtsdatum nach zwischen Gluck und Mozart stehend, war nie ein Barock-Komponist, während Gluck natürlich aus diesem Stil kommt und Mozart, je nach Gelegenheit, ihn gelegentlich noch in seiner Jugend verwendet, sicherlich aber mehr um zu beweisen, daß er ihn beherrsche, als aus Neigung.

Trotz letzter Barockelemente in Glucks dritter Reformoper muß „Paride ed Elena" als recht modern in damaliger Zeit bezeichnet werden. Auch diesem Werk setzt Gluck in der Druckausgabe ein programmatisches Vorwort voran, das dem Herzog von Braganza zugedacht ist. Er wiederholt, ja verstärkt seine Einwände gegen die Oper Neapels, Italiens, des Barock, unterstreicht sein Streben nach Natürlichkeit, in dem er sehr weit geht (so daß man beinahe eine Prophezeiung des über ein Jahrhundert vorausliegenden Realismus oder gar Naturalismus zu vernehmen meint): „Ich glaube, daß der Gesang in der Oper Stellvertreter der Dialoge im Schauspiel zu sein hat, und so muß ich in der Gestaltung der (H)Elena die angeborene Rauheit ihres (spartanischen) Volkstums zum Ausdruck bringen, wobei ich meinte, in der Tonsprache sogar bis zum Trivialen herabsteigen zu dürfen. Wenn man die Wahrheit will, muß man sich dem Gegenstand voll anpassen, und die größten Schönheiten der Melodie und Harmonie werden zu Fehlern, wenn sie am falschen Platz stehen..." Meint man bei solchen Sätzen nicht Verdi bei der Komposition seines „Macbeth", Alban Berg bei der seines „Wozzeck" zu hören?

Wiens Stellung zu Glucks Neuerungen blieb, trotz des verstärkten Besuchs, geteilt. Gluck selbst fühlte sich, trotz des Zuspruchs einiger Weitblickender, im ganzen nicht verstanden oder sogar mißverstanden. Er wollte einen letzten Schritt wagen und die italienische Sprache selbst aus seinen Werken verbannen. Sie schien ihm nun zu „süß", zu melodisch und so der Belcanto-Mentalität zu sehr entgegenkommend. Er erinnerte sich, daß bei einem Besuch in Paris die französischen Opernbestrebungen Lullys und Rameaus ihn stark beeindruckt, ja ihm fast den Eindruck von bundesgenossenhafter Verwandtschaft gemacht hatten. Wie so oft kam es auch jetzt bei Gluck zur schicksalsstarken Entscheidung im Augenblick seines noch undeutlichen Ahnens. Er lernte in Wien den französischen Gesandtschaftsattaché Bailli du Roullet kennen, einen

Handschriftliche Partiturseite Glucks aus (der zweiten Reformoper) „Alceste", deren Vorwort Gluck zu einer programmatischen Erklärung gestaltete. Auch diese Oper erklang zuerst (italienisch) in Wien (1767) im erlebte später in französischer Sprache in Paris ihre zweite Premiere bei einem „Wettkampf" zwischen Gluck und Piccini.

hochkultivierten Theaterkenner und Schriftsteller, der zudem ein Anhänger der Gluckschen Reformpläne war. Zu dieser glückhaften Begegnung trat als entscheidender Faktor die große Politik: Glucks „kleine" Schülerin Marie Antoinette, die ihrem Lehrer aufrichtig zugetan war, vermählte sich – im Zug der so meisterlich gehandhabten Heiratspolitik der Habsburger – mit dem Dauphin von Frankreich, dem künftigen König Ludwig XIV.

Gluck in Paris

Gluck streckte seine Fühler nach Paris aus. Zuerst veröffentlichte du Roullet einen Artikel im „Mercure de France". Darin erzählte er vom Werk, das er soeben mit Gluck zu beenden im Begriff stand: eine „Iphigénie en Aulide" – nicht nach Goethe, wie der gebildete Leser annehmen könnte (die war noch nicht geschrieben), sondern nach dem französischen Klassiker Jean Racine, der voll und ganz dem Barock zugehört hatte. Ein wenig später greift der Komponist zur Feder und verkündet durch das gleiche Blatt, wieviel er Racine und du Roullet verdanke und wie er nun, mit den Ideengängen Rousseaus, den Wunsch hege, „eine für alle Nationen geeignete Musik zu schaffen, welche die lächerliche Unterscheidung in ‚nationale Stile' verschwinden lassen könnte". Ein kühner Gedanke, der gerade in Frankreich auf nicht viel Gegenliebe gestoßen sein dürfte, wo man eben erst um eine nationale Identität in der Musik rang. Doch die Dauphine erinnerte sich ihres Lehrmeisters und lud ihn nach Paris.
Damit beginnt die wichtigste Etappe im Leben Glucks, der gegen Ende November 1773 in Paris ankam. Marie Antoinette setzte die Aufführung der „Iphigénie en Aulide" durch, ohne zu ahnen, in welches nichtmusikalische Wespennest sie damit stach. Ein Kampf brach los, in dem zuerst Madame Dubarry, die selbstherrliche Mätresse des alternden Königs Ludwig XV., eine heftig ablehnende Stellung bezog, aus der wie ein Flächenbrand im trockenen Gelände rasch ein veritabler „Krieg" ausbrach, der Frankreich jahrelang in zwei Heerlager spaltete und zu Schlachten im Theater, in den Zeitungen, auf den Straßen führte. Ähnliches hatte Paris schon zwanzig Jahre früher erlebt, als „Buffonisten" und „Antibuffonisten" sich anläßlich der ganz harmlosen „Serva Padrona" Pergolesis die Schädel einschlugen. Nun zog die Gluck feindlich gesinnte Partei einen sehr guten italienischen Meister nach Paris. Niccolò Piccini (1728–1800), in Bari geboren, der Neapolitanischen Schule zugehörig, aber – das war möglich – ein aufrichtiger Bewunderer Glucks, den er nun bekämpfen und wenn möglich von der Überlegenheit der guten alten Oper überzeugen sollte. Meere von Tinte fließen über diesen Konflikt. Drei Wochen nach der Premiere des Gluckschen Werkes – die am 19. April 1774 stattfand – starb König Ludwig XV.; die Dubarry (heute gleich der Pompadour fast legendäre Operettengestalt) zog sich von der politischen Bühne zurück, aber inzwischen war „ganz Paris" bereit, sich im Kampf um eine Opernreform (wen hatte die vorher interes-

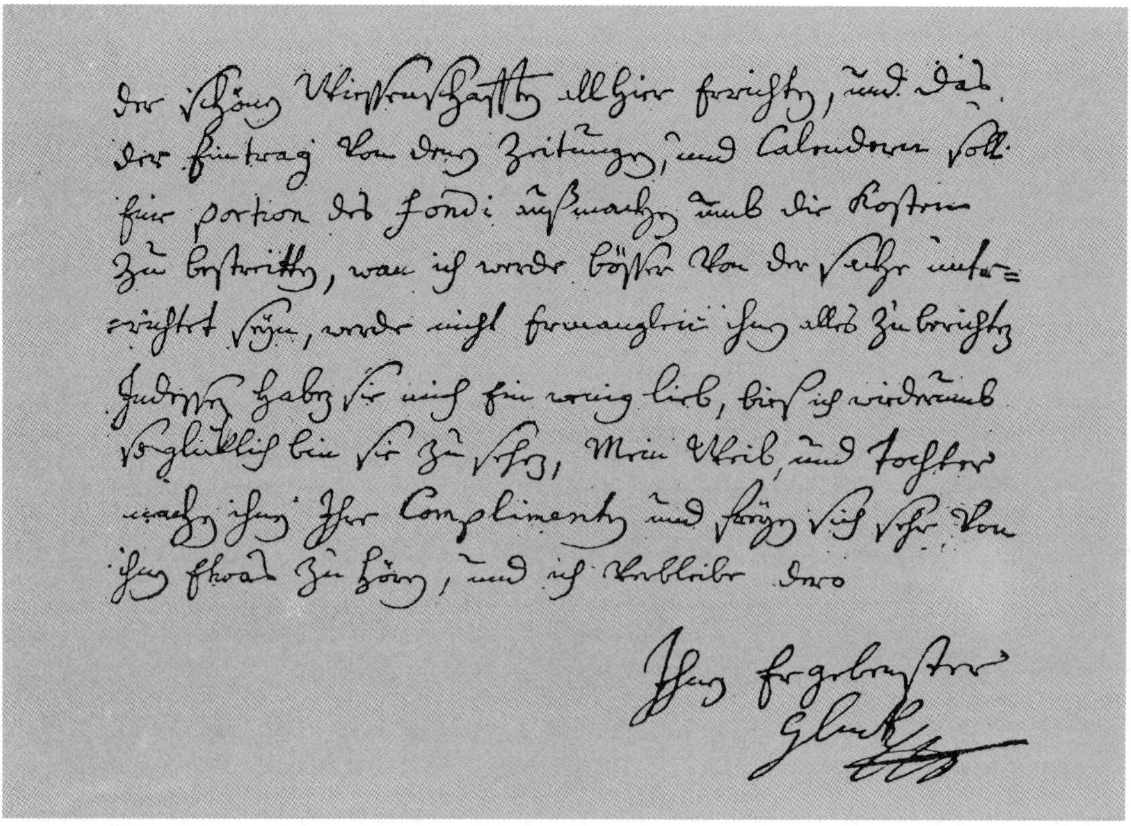

Schluß eines Briefes Glucks an den deutschen Dichter Klopstock, datiert vom 24. Juni 1774 in Wien. Klopstocks Beziehungen zur Musik waren sehr eng; mit Gluck verband ihn eine künstlerische und persönliche Freundschaft.

siert?) zu engagieren. Wer Näheres darüber nachlesen will – es gehört nur zum geringsten Teil in den Bereich der Musik und viel mehr in den der gesellschaftlichen Intrigen, des Klatsches und der Sensationsgier –, blättere in der kuriosen „Correspondance littéraire, philosophique et critique", in der Baron Melchior Grimm – der kurz zuvor des kleinen Mozart begeisterter Propagandist in Frankreichs Hauptstadt gewesen war – einen sehr anschaulichen und höchst ironischen Bericht liefert.

Der Premierentag der „Iphigénie en Aulide" ergab für Gluck auf jeden Fall einen unbestrittenen Durchbruch, für die Operngeschichte ein bedeutendes Datum. Er ermutigte den Komponisten, sofort an die Bearbeitung seiner „Reformopern" für Pariser Aufführungen zu gehen. Im „Orfeo", der nun zu „Orphée et Euridice" wurde, war nicht nur der italienische Text ins Französische zu übertragen, Gluck nahm auch eine Reihe von Veränderungen vor, die aus heutiger Sicht nicht unbedingt notwendig erscheinen, nicht einmal als vorteilhaft. Die Rolle des Orpheus war in der „Wiener Fassung" für Alt-Stimme komponiert, was aber damals keineswegs eine Frauenstimme bedeuten mußte. Viel öfter sangen Kastraten diese Rollen, unter denen es „Sopranisten" wie „Altisten" gab. In der „Pariser Fassung" schrieb Gluck diese Rolle für einen Tenor um. Das erforderte Transpositionen in allen Ensemblestücken. Gluck nimmt verschiedene Stücke aus früheren Werken in diese „Pariser Fassung" auf, die dort am 2. August 1774 stattfindet und überaus gut gefällt. Der Komponist widmet den sofort erscheinenden Druck der nunmehrigen Königin Marie Antoinette von Frankreich. Mitte Oktober kehrt Gluck „heim", was nun Wien bedeutet. Er erhält dort den Titel „Kaiserlich-königlicher Hofkomponist" mit einem Gehalt von 2000 Gulden im Jahr. In den folgenden Jahren finden wir Gluck, nun eine europäische Berühmtheit, abwechselnd in Wien und Paris. Am 23. April 1776 findet unter seiner Leitung an der „Académie royal" die Erstaufführung der nun ebenfalls ins Französische übertragenen „Alceste" statt, Mitte Mai erfolgt die Heimreise. Doch schon ein Jahr später unternimmt Gluck die Reise wieder, kommt am 29. Mai 1777 in der Seinestadt an, wo am 23. September seine Oper „Armida" zum ersten Mal erklingt und den ein wenig eingeschlafenen Kampf neu belebt. Ein ungewöhnlich harter Winter mit unpassierbaren Straßen hält Gluck in Paris zurück, wo er am 27. Januar 1778 es sich nicht nehmen läßt, der Premiere des „Roland" aus der Feder seines „Gegners" Piccini beizuwohnen, an der er viel zu loben fand. Von Ende Februar bis Anfang November 1778 bleibt Gluck nun in Wien. Es ist genau die Zeit, in der sein junger (ihm damals noch unbekannter) Salzburger Kollege Mozart in Paris weilt, wo er nahezu erfolglos und unbekannt bleibt und den Tod seiner Mutter nicht verhindern kann, worüber ihm der Vater aus der Ferne und später persönlich noch lange Vorwürfe machen wird.

Die Pariser Oper hoffte seit längerem, Gluck und Piccini zur Vertonung des gleichen Librettos zu bringen, was dann eine direkte Gegenüberstellung der beiden erlaubt hätte. Dabei verfuhr sie aber nicht etwa offen, sondern versuchte ihre Absicht vor beiden geheimzuhalten. Beim „Roland" war Gluck, als er rechtzeitig von dem Plan erfuhr, zurückgetreten. Nun, bei „Iphigénie en Tauride" (wieder nicht nach Goethe, sondern unter Verwertung des griechischen Originals von Euripides durch Nicolas François Guillard) war es umgekehrt. Piccini erfuhr die Wahrheit und trat zurück. Vielleicht waren beide Meister ein wenig zu höflich. Das Ergebnis wäre interessant gewesen. Allerdings war die Stimmung so erregt, daß keiner der beiden sich oder den Rivalen der tobenden Menge aussetzen wollte.

Am 18. Mai 1779 setzt die Uraufführung von Glucks „Iphigénie en Tauride" mit glänzendem Erfolg den Schlußpunkt hinter die Pariser Jahre. In der Opéra steht seit dem 14. März 1778 die meisterhafte Büste des Wiener Meisters, die der berühmte Jean-Antoine Houdon auf Wunsch des Königs geschaffen hatte. Alle anderen hier in Marmor Gemeißelten waren Franzosen – Lully, Rameau, Quinault –, und so ist es naheliegend, wenn auch nicht vertretbar, daß die Franzosen Gluck oft für einen Landsmann ansehen.

Gluck war erfolgreich im Leben. Als „Sieger von Paris" kehrte er Ende Oktober 1779 endgültig nach Wien zurück. Er hatte in Paris seinen ersten Schlaganfall erlitten, dem Anfang Juni 1781 ein stärkerer zweiter folgte. Die Heilbäder von Baden bei Wien bringen Linderung. Gluck bezieht im gutbürgerlichen Wiener Bezirk Wieden ein eigenes Haus, das allerdings, die Gerechtigkeit gebietet die Feststellung, mit dem Geld seiner sehr wohlhabenden Gattin gekauft ist, wo ihn viel Prominenz aus der ganzen Welt besucht. Auch Mozart, mit Gattin Constanze, der es lange nicht so weit gebracht hat wie „der große Gluck". Dieser stirbt am 15. November 1787; es ist fast genau der Tag, an dem Mozart von seiner „Don Giovani"-Premiere aus Prag zurückkehrt. Vier Wochen später gewährt ihm der Kaiser den durch Glucks Tod vakant gewordenen Rang eines „Hofcompositeurs", der aber den absteigenden Gang seines Lebens nicht aufhalten kann. Beethoven wird sich auf Glucks „Opernreform" berufen, und der hochbedeutende Cherubini in Paris wird seine Grundsätze getreulich weiterverfolgen. Ansonsten aber? Es gab zwar einen Sieger Gluck, aber es gab merkwürdigerweise keine Besiegten. Wer etwa glaubte, die italienische Oper habe hier eine Lektion erhalten, irrt. Paesiello und Cimarosa regierten auf den Opernbühnen Europas, beide „Neapolitaner" in Geist und Technik. Dann folgten Rossini, Donizetti, Bellini, die Trilogie der genialen Belcantisten, die komponierten, als hätte es Gluck nie gegeben. Das tat auch Mozart. Natürlich bewunderte er das Können, wie er wahres Können stets anerkannte. Aber daß seine Textbücher im Lauf der Zeit (etwas) besser wurden, das verdankte er eher Lorenzo da Ponte als einer reformatorischen Überlegung, die ihn nie bedrückte. Gluck hat zwar kein einziges dramatisches Werk in seiner Muttersprache geschrieben, aber auf dem Gebiet der deutschen Oper wird Glucks Reform Früchte tragen: bei Weber, bei Marscher, vor allem jedoch bei Wagner, den es, vielleicht, ohne Gluck nicht gäbe. Glucks Revolution errang nur einen Teilerfolg, und so erging es ihr wie vielen Revolutionen: Sie mußte, da sie nicht weltweit diktieren konnte, nach und nach, beinahe unmerklich, ihre kleinen Errungenschaften preisgeben, sofern diese nicht schon im neuen Alltag selbstverständlich geworden waren – oder von folgenden Revolutionen weitergetragen, überholt, durchgesetzt werden konnten.

Joseph Haydn

Vielerorts, bei unzähligen Menschen bedurfte es des „Haydn-Jahres 1982", um das unsinnige Bild des „Papa Haydn" als eines geruhsamen, altväterlich konservativen Komponisten im bequemen und ergebenen Fürstendienst gründlich umzustürzen und durch das wahre eines fortschrittlichen, auf ununterbrochener Suche nach neuen Klängen vielseitig interessierten, genialen Musikers zu ersetzen, um in ihm, der oft nur als Wegbereiter Mozarts und Beethovens betrachtet wurde, den eigenständigen Großmeister jener kurzen, aber bedeutungsvollen Epoche zu erkennen, die vom Stil her als Rokoko bezeichnet wird, ihrer beglückenden Vollendung wegen aber den ehrenvollen Beinamen einer Klassik erhielt.

Seine Leistungen, so neuartig auch vieles an ihnen sein mochte, konnten sich ohne bittere Kämpfe durchsetzen. Er komponierte im Rahmen einer feudalen, aber ungewöhnlich liberalen, aufgeschlossenen Gesellschaft, die in diesem Punkt keine Vorurteile kannte und das Genie förderte, wo sie es erkannte. Er war oft von großzügigen Menschen umgeben, die es als ihre Aufgabe – die Aufgabe der herrschenden Klasse – erachteten, fortschrittlichen Geistern Bahn zu brechen, auf ihrem Weg in die Zukunft hindernde Steine aus dem Weg zu räumen, über die „gewöhnliche" Menschen nur zu leicht stolpern. Dieser Glücksfall ließ die späteren Beobachter nur zu leicht übersehen – besonders am Beispiel von Beethoven gemessen, dem Meister der titanischen Kämpfe –, wie neu vieles von dem war, was Haydn schuf, und zu gering achten, daß er in einem Alter, in dem andere Schöpfernaturen zumeist nur noch wiederholen, was sie ein Leben lang getan hatten, in Regionen vorstieß, in denen wir frühe Spuren der Romantik erkennen können.

Für das lange, schöpferische Leben des Joseph Haydn (1732–1809) war die Klassik, genau genommen, zu kurz. Er wurde lange vor ihr geboren, und er überlebte sie um etliche Jahre. Bei seiner Geburt stand Europa noch im Barock, bei seinem Tod begann die Romantik. Letztere wird in seinem Spätwerk fühlbar werden: Hierher gehörten die freiere Behandlung der Dissonanzen und die erweiterten musikalischen Formen, die längeren Sinfonien vor allem. Um diese Zeit – es ist inzwischen 1790 und später geworden – komponierte er nicht mehr ausschließlich für die kleine Oberschicht an Fürstenhöfen. Durch seine Reisen nach England und durch die sich anbahnende Demokratisierung des Musiklebens in Wien war er mit neuen Publikumsschichten in Berührung gekommen, die sein Denken stärker beeinflußten, als er wohl selbst merkte.

Kindheit und Jugend

Joseph Haydn wurde in der Nacht vom 31. März auf den 1. April 1733 im niederösterreichischen Dorf Rohrau an der Leitha, im „Viertel unter dem Wienerwald" nahe der ungarischen Grenze, geboren. Der Vater ist „bürgerlicher Wagnermeister und Marktrichter" in einer bäuer-

Das kleine, bäuerliche Geburtshaus Joseph Haydns im niederösterreichischen Dorf Rhorau an der Leitha.

lichen Umwelt, die Mutter bis zur Eheschließung „herrschaftliche Köchin" im Schloß des Grafen Harrach. Viel Musik bildet den Rahmen der frühen Kinderjahre, die Eltern sind sehr musikalisch, Harfenklang und Gesang durchziehen das Haus, österreichisches Liedgut verschmilzt mit der reichen ungarischen Folklore, gelegentlich fließt Slawisches ein, das auch nicht weit entfernt beheimatet ist. In Joseph Haydns überreichem Lebenswerk wird für alle drei Elemente Platz sein.
Sechsjährig kommt Joseph zum Schullehrer Johann Matthias Franck ins nahe Städtchen Hainburg an der Donau. Dort hört ihn 1739 der durchreisende Wiener Domkapellmeister Georg Reutter singen und holt ihn ein Jahr später in die Reichshauptstadt, wo er Sängerknabe am Stephansdom wird und neun Jahre bleibt, so daß er noch einige Zeit gemeinsam mit Bruder Michael dort zu finden sein wird. Bei einem Konzert der Buben im neuen Sommerschloß Schönbrunn fällt Haydn der Kaiserin zum ersten Mal auf, doch noch nicht musikalisch, sondern nur durch übermütiges Benehmen, was ihm, nach gesundem habsburgischem Erziehungsprinzip, eine kleine Tracht Prügel einträgt. Der Stimmbruch tritt bei ihm spät, erst im 16. Lebensjahr, ein. Haydn scheidet aus dem Konvikt und sieht sich vor die erste große Frage seines Lebens gestellt: Soll er heim nach Rohrau, das ihm eigentlich fast fremd geworden ist und wo es vorbei wäre mit der intensiven musikalischen Beschäftigung, die sein alles geworden ist, oder irgendwie in Wien bleiben, um Musiker zu werden? Die Entscheidung fällt nicht schwer. Ein Tenorist der Michaelerkirche, Johann Michael Spangler, nimmt den Jungen in die ärmliche Behausung auf, die er mit seiner Familie teilt. Von Bezahlung kann keine Rede sein, denn Haydns „Einnahmen" setzen sich aus Trinkgeldern beim Geigenspiel zu Vorstadttänzen und Aushilfsdiensten in Kirchenchören zusammen. Jeden freien Augenblick plagt er sich mit dem Lehrbuch des berühmten Hofkapellmeisters Fux, das neu ist, Haydn aber doch schon, soweit er es überhaupt versteht, verstaubt anmutet. Der Junge empfindet den strengen Kontrapunkt, den Fux predigt, als überholt, hängt dem neuen galanten Stil an, der das Gefühl in den Vordergrund stellt. Trotzdem zwingt er sich, alle Aufgaben des Buches zu lösen, und zeigt sie einmal seinem Lehrer aus der Konviktzeit, dem Domkapellmeister Reutter. Und der lächelt und fragt ihn nur, warum er sechzehnstimmig schreibe, bevor er es zweistimmig beherrsche. So erzählt der dann berühmt gewordene Haydn selbst seinem ersten Biographen Georg August Griesinger, dem wir viel Wissen über die Anfänge des späteren Meisters verdanken. Auf seinen harten Wegen begegnet er dem namhaften italienischen Komponisten und Gesangsmeister Nicola Porpora (1686–1768), der sich in Wien niedergelassen und mit einer Belcanto-Schule großen Erfolg hat. Der temperamentvolle Südländer setzt Haydn zur Begleitung seiner Schüler ans Cembalo und erteilt ihm, statt einer Bezahlung, als Gegenleistung Unterricht in Gesang und italienischer Sprache. Er räumt ihm ein Bett ein, für das Haydn Kammerdienertätigkeiten ausüben muß. Aber er lernt alle wichtigen italienischen Opern kennen und kann bald selbst jedem Sänger wertvolle Ratschläge geben. Dies wird er im Leben gut zu verwerten wissen. 1755 finden wir ihn an der Orgel in der Kirche der Barmherzigen-Brüder-Kongregation, sowie in der Privatkapelle des Grafen Haugwitz, gelegentlich auch als Aushilfssänger im Stephansdom, wo er so viele Stunden seiner Kindheit verbracht hatte. Ein recht gewöhnliches Musikerleben scheint sich anzubahnen. Dazu gehört auch, daß er 1756 den Klavierunterricht zweier Friseurstöchter Keller übernimmt, wohl auch, daß er sich in die eine verliebt. Doch die hat ihr Leben längst dem Himmel geweiht und tritt bald in ein Kloster ein. Die ältere hingegen, Maria Anna, weiß ihn von Vorteilen und Freuden des Ehestands zu überzeugen. In diesen müssen sie aber 1760 heimlich treten, denn ein Jahr zuvor hat Haydn den Kapellmeisterposten auf dem böhmischen Schloß des Grafen Morzin angetreten und sich im Anstellungsvertrag zur Ehelosigkeit verpflichtet. Der „Bund" zwischen Haydn und Maria Anna sollte vierzig Jahre währen. Als Beispiel einer Ehehölle ist er in die Musikgeschichte eingegangen.
Da es sich um ein wichtiges Problem handelt – das Genie und seine Gefährtin –, soll hier trotz des längst von unzähligen Autoren gefällten Urteils eine Verteidigung der Angeklagten, Maria Anna Haydn, geborene Keller, versucht werden: Bei der Verlobung verband sich die Tochter eines „bürgerlichen Gewerbetreibenden mit eigenem Haus" mit einem stellungslosen „Gelegenheitsmusiker" sozial weit unter ihr. Dann begann dieser Musiker aufzusteigen, unaufhörlich, verblüffend. Er kam in die „große Welt". Nach kurzem Aufenthalt in Böhmen kam er bereits 1761 als zweiter Kapellmeister zum Fürsten Esterházy nach Eisenstadt, in einen der großartigsten Paläste der Monarchie, wurde ein gefeierter Komponist, ging mit Prinzessinnen und reizvollen Sängerinnen um, war bald ein liebenswürdiger, witziger, kluger Künstler, dem alle Herzen zuflogen. Maria Anna aber blieb „unten". Traf sie eine Schuld daran, nicht zur Gefährtin eines Genies geschaffen oder herangezogen worden zu sein? Sie kämpfte mit ihren Waffen: weinte, tobte, zerriß seine Manuskripte, in denen sie – jeder moderne Psychologe kann es erklären – „den Feind", die böse Welt, die stärkeren Rivalinnen verkörpert sah. Sie verblühte rasch und wurde zur reizlosen, alternden, überaus gewöhnlichen Frau, während Haydn sich stetig und in jeder Hinsicht von ihr entfernte.

Eisenstadt und Esterháza

Die Übersiedlung von Lukavec bei Pilsen nach Eisenstadt erfolgte am 1. Mai 1761. Die riesigen Ländereien der Esterházy reichten bis weit in die ungarische Pußta hinein; 1766 bezogen sie die Sommerresidenz: Schloß Esterháza, soeben nach Versailler Vorbild am Neusiedler See prachtvoll erbaut. Hier verbrachte Jahr für Jahr die Familie, eine der angesehensten und reichsten Europas, den Sommer. Da reiste alles mit, was zur Hofhaltung gehörte, auch das Orchester, das sich unter Haydns Leitung in fast dreißig Jahren zu einem der besten Klangkörper der damaligen Musikwelt entwickeln sollte. In Esterháza gab es auch ein entzückendes Theater, in dem viel Oper gespielt wurde.
Schon ein Jahr nach Haydns Amtsantritt erlosch das Leben des Fürsten Paul Anton, der ihn verpflichtet hatte. Doch sein Nachfolger, Nikolaus „der Prächtige", erwies sich bald als nicht nur ebenso großzügig in allen Belangen der Kunst, sondern als besonderer Förderer

Links: Das Sommerpalais der Fürsten Esterházy in Esterháza (Ungarn), unweit ihrer ständigen Residenz, des Schlosses in Eisenstadt (heute Hauptstadt des österreichischen Bundeslandes Burgenland).
Rechte Seite: Handschriftliche Partiturseite Haydns aus der Sinfonie No. 94.

Haydns. Zwischen Fürst und Kapellmeister entspann sich fast eine Freundschaft, zumindest eine enge musikalische Kameradschaft. Für Nikolaus komponierte Haydn Hunderte von Baryton-Stücken, da dieses schön klingende, dem Cello ähnliche, leider längst ungebräuchliche Instrument das Lieblingsinstrument des Fürsten war, das er selbst meisterhaft beherrschte. Haydn begleitete ihn meist selbst auf dem Cembalo dazu. Trotz der Arbeit mit Orchester und Opernsängern fand Haydn immer wieder Zeit zu komponieren. Die Zahl seiner Sinfonien, erst beim Grafen Morzin 1759 begonnen, überstieg 1764 das erste Viertelhundert. Die frühesten, noch mit kleiner Orchesterbesetzung und von kurzer Dauer, werden in vielerlei Beziehung ausgestaltet, aber es ist schwierig zu entscheiden, was Haydns eigener Erfindung und was den zahlreichen Vorbildern aus allen Richtungen – Italien, Wien, Mannheim – zu verdanken ist. In Paris erfolgt der erste Druck von Haydns Werken, 1765 findet sich der erste Hinweis auf die Komposition von Streichquartetten, die rasch zu einer überragenden Form der Kammermusik werden. Haydns Aufstieg geht beinahe sichtbar vor sich. Die Werke Haydns strahlen, dank der ihnen innewohnenden Leuchtkraft, aber auch durch die doch regen Verbindungen der damaligen Musikwelt, sehr schnell auf alle Zentren aus.

Am 23. September 1766 erwähnen die „Wöchentlichen Nachrichten", eine Leipziger Musikzeitschrift, Haydns Namen in ehrendster Weise, und am 18. Oktober des gleichen Jahres stehen im „Wienerischen Diarium" folgende Worte: „... der Liebling der Nation, dessen sanfter Charakter sich jedem seiner Stücke eindrücket... Sein Satz hat Schönheit, Ordnung, Reinigkeit, eine feine und edle Einfalt..." Haydn, vor sechs, sieben Jahren noch unbekannt, ist nun „Liebling der Nation" und erntet für seine Werke eine ebenso kluge wie überschwengliche Beurteilung!

In den ersten Augusttagen des Jahres 1768 suchte eine Feuersbrunst Eisenstadt heim. Unter den vielen Geschädigten war auch Haydn, doch der Fürst zögerte keinen Augenblick, ihm beim sofortigen Wiederaufbau seines Wohnhauses und dem Ersatz der verlorenen Gegenstände großzügige Hilfe zu gewähren. Unersetzlich allerdings blieben die Verluste an Manuskripten. Haydn war besonders in jener Zeit von einer fast ungeheuren Schaffenskraft. Das Leben verlief gleichmäßig: die Winter in Eisenstadt, die Sommer im kürzlich eingeweihten Esterháza, einige kleine Fahrten zu „Kunstzwecken", wie man es damals nannte: zu Aufführungen eigener Werke, zum Dirigieren von Konzerten oder Opernaufführungen nach Wien oder in das noch näher gelegene Preßburg (das heute Bratislava heißt und Grenzstadt zwischen Österreich, Ungarn und der heutigen Slowakei ist). Es blieb Zeit, Sinfonien, Konzerte, Kammermusik, Sonaten, Divertimenti, Menuette, Märsche, Kantaten und Messen zu komponieren. Auch Opern entstehen: „La Canterina" (1767), „Lo Speziale" (1768), „Le Pescatrici" (1770), „L'Infedeltà delusa" (1773), „L'Incontro improvviso" (1775), „Il mondo della luna" (1777), „La vera Costanza" (1779), „L'Isola disabitata" (1779), „La Fedeltà premiata" (1780), „Orlando Paladino" (1782), „Armida" (1783), „L'Anima del filosofo" (1791). Fast alle erblicken das Rampenlicht in einem Schloß der Esterházys, dessen Opernensemble, selbstverständlich, aus Italienern besteht. Haydn ist ihr respektierter Chef. Wie gut, daß er Porporas Diener und Schüler war!

Haydns Opern waren, natürlich, Gelegenheitsarbeiten. Sie sollten Sommerabende in der Puszta verschönern, wie ein Ball oder das meist anschließende Feuerwerk. Aber manches Haydnsche Bühnenwerk ist trotzdem ein kleines Meisterstück, obwohl es nie gelang, sie auf dem modernen Musiktheater wirklich heimisch zu machen. Woran liegt es? Sind die meisten texte zu naiv? An der Musik kann es nicht liegen, denn die ist oft so gut wie die besten Sinfonien oder Quartette, die im ständigen Repertoire stehen. Doch der Erfolg der Opern war schon damals gering. Nach den Premieren in Esterháza oder Eisenstadt kam es nur bei wenigen zu anderweitigen Aufführungen. So wurde „La Fedeltà premiata" ganze zweimal im Wiener Kärntnertortheater nachgespielt, „L'Isola disabitata" ein einziges Mal, „La vera Costanza" ebenso, und dies erst 1790 in einem Vorstadttheater. Auch frühere deutsch komponierte Singspiele Haydns (Der krumme Teufel, 1751, Der neue krumme Teufel, 1758) sind überhaupt nie über kleinste Wiener Vorstadtbühnen hinausgekommen – doch unsere Zeit in ihrer Entdeckerfreude versucht sich immer wieder auch an Haydns Musiktheater. Dramatisch war er aber nur in seinen Orchesterwerken und Oratorien.

Auch Schüler finden den Weg nach Eisenstadt. 1772

übergibt ein aristokratischer Gönner den damals vierzehnjährigen Ignaz Pleyel Haydn zum Unterricht. Aus dem begabten Jungen wird einer der namhaftesten Klaviervirtuosen seiner Zeit sowie ein bemerkenswerter Komponist. Pleyel, unternehmungslustig wie wenige, wird zudem ein wichtiger Verleger und Besitzer einer weltbekannten Klavierfabrik in Paris. Zwanzig Jahre später treffen sie in London wieder zusammen, doch aus der vom Impresario beabsichtigten, „zugkräftigen" Rivalität wird eine herzliche Erneuerung der alten Freundschaft.

1773 schreibt Haydn seine fünfzigste Sinfonie. Mit „Il Ritorno di Tobia" (Die Heimkehr des Tobias) wendet er sich dem Oratorium zu. Das Werk erklingt am 2. und 4. April 1775 in Eisenstadt. Der im gleichen Jahr hier zu Gast weilende Erzherzog Ferdinand hört mit Entzücken eine Oper Haydns und veranlaßt, daß ihm 1776 ein Opernauftrag des Kaiserhauses erteilt werde. Aber trotz dieser allerhöchsten Protektion kommt „La vera Costanza" nie in die Wiener Hofoper.

Doch auf andere Weise war Haydn in Wien zu hören. Das Kärntnertortheater legt in ein französisches Lustspiel eine bei ihm bestellte Bühnenmusik ein: Er komponiert eine viersätzige Sinfonie und läßt je einen Satz zu Anfang, in den beiden Pausen und am Schluß spielen. In Haydns Werkverzeichnis steht diese Musik als das, was sie wirklich ist, als Sinfonie, und sie führt den italienischen Namen „Il Distratto" (Der Zerstreute). Die Beinamen sehr vieler Haydn-Sinfonien sind rätselhaft. Meist entdeckt man jedoch, daß man mit den Erklärungsversuchen viel zu hoch gegriffen hat. Ein paar sehr tiefe Töne des Fagotts genügen zum Beispiel, dem gesamten Werk den Untertitel „Der Bär" zu geben.

Der Herausgeber eines biographischen Lexikons, „Das gelehrte Österreich", wendet sich an Haydn mit dem Ersuchen um eine Selbstbeschreibung von Leben und Werk. Am 6. Juli 1776 erfüllt der Komponist, von Esterháza aus, diesen Wunsch. Seine Zeilen sind, seinem Charakter entsprechend, von größter Bescheidenheit. Unter den Werken erwähnt er zuerst die Opern, dann das Oratorium, erwähnt ein „Stabat mater", über das der berühmte Johann Adolph Hasse seine höchste Anerkennung ausgedrückt habe. Danach findet er einige bittere Worte gegen „die Berliner", denen „zu gefallen er nicht das Glück habe". Allerdings hätten diese ansonsten so vernünftigen Leute „kein Medium" – im Sinn von Maß oder mittlerer Linie –, „da sie mich in einer Wochenschrift bis an die Sterne erheben, in der andern 60 Klafter tief in die Erde schlagen, und dieses alles ohne begründetes Warum..." Die knappe Autobiographie schließt mit Worten, die in Sinn und Wortlaut von Bach stammen könnten: „Mein größter Ehr-

geiz besteht nur darin, vor aller Welt, so wie ich es bin, als ein rechtschaffender Mann angesehen zu werden. Alle Lobeserhebungen widme ich Gott dem Allmächtigen, welchem ich alleinig für solche zu danken habe. Mein Wunsch sei nur dieser, weder meinen Nächsten, noch meinen gnädigsten Fürsten, viel weniger noch meinen barmherzigen Gott zu beleidigen."

Intermezzo

1779 taucht in der Personalliste der in Eisenstadt engagierten Musiker der Name Polzelli erstmals auf. Der Ehegatte wird als Geiger angestellt, die Frau, Luigia mit Vornamen, ist Sängerin im Opernensemble. Und in Haydns Leben wird von diesem Augenblick an der Name Polzelli eine sehr bedeutende, wenn auch keineswegs eindeutige Rolle spielen. Er verliebt sich in die „schlanke, äußerst graziöse Neapolitanerin mit den schwarzen Augen unter den langen Wimpern, dem dunkelbraunen, weichen, glänzenden Haar", wie sie geschildert wird. Haydn ist knapp 47, Luigia 20 Jahre alt, ihr Gatte viel, viel älter als Haydn. Verliebte sich auch Luigia in ihren *maestro*? Es ist schwer zu sagen. Als recht mittelmäßige Sängerin hatte sie sicher allen Grund, sich mit ihm „gut" zu stellen. In den folgenden Jahren wird der Fürst regelmäßig ihre wie ihres Gatten Leistungen zu bemängeln haben und es vielleicht nicht ganz verstehen, warum sein hochgeschätzter Kapellmeister beide hält. Dokumente über diese „Liebe" gibt es erst viel später, denn so lange sie einander nahe sind, müssen Luigia und Haydn ja keine Briefe wechseln. Von Heirat kann natürlich keine Rede sein: Haydn ist frommer Katholik, seine Ehe, so wenig von ihr übrig sein mochte, war „heilig". Immerhin hat er Luigia mit Geld unterstützt, ihr auch eine größere Rente aus seinem Erbe zugesagt. Dieser Punkt spielt in den erhaltenen späteren Briefen – 1791, von der ersten Englandreise Haydns – die Hauptrolle, von Liebe ist mit keinem Wort, keiner Anspielung die Rede. Aus Angst, die Briefe könnten in falsche Hände geraten? Oder weil längst kein Gefühl mehr hinter den Worten stand, die väterlich mild und gütig sein wollen. Immer noch scheint Luigia, deren kränklicher Mann längst nicht mehr fähig ist, in der Esterházyschen Kapelle zu musizieren, an eine festere Verbindung mit Haydn zu denken, der sie einmal mit den Worten vertröstet, dazu müßten sich erst „vier Augen schließen". Es ist klar, was gemeint ist: die Polzellis und die der Maria Anna Haydn, die immer noch lebt. Blicken wir ein wenig voraus: Als Haydn 1809 starb, erhielt Luigia, der in weiteren Briefen die versprochene Rente immer mehr gekürzt worden war, nichts. 1779 bricht im Sommerschloß Esterháza ein Brand aus, wobei der Redoutensaal und das Theater vernichtet werden und wahrscheinlich wieder einige Manuskripte Haydns verlorengegangen sein werden. Doch Haydns Ruhm steigt unaufhörlich, ganz Europa spielt seine Orchester-, seine Kammermusikwerke. Selbst in überseeischen Kolonien wird an den wenigen Orten, an denen Musik getrieben wird, vieles von ihm bekannt, wovon er selbst nie etwas ahnte. Er wird auch nicht erfahren, daß dabei sein Name stets mit dem (späteren) Doktortitel aus Oxford geschmückt wird: Dr. Haydn. In den beiden Pariser Konzertzyklen, den *Concerts spirituels* und den *Concerts de la Loge Olympique*, kommen seine Werke immer wieder aufs Programm. Aus dem fernen Spanien treffen Huldigungen ein, von dem bedeutenden italienischen Komponisten Luigi Boccherini (von dem wir sprachen) und dem spanischen Dichter Tomás de Yriarte, der in einem überschwenglichen Gedicht das Lob von Haydns Kammermusik singt.

Kirchen- und Kammermusik

Eine sehr wichtige Botschaft aus dem Land hinter den Pyrenäen kommt aus der alten Hafenstadt Cádiz, wo seit langer, langer Zeit an jedem Karfreitag in der Kirche „de la Santa Cueva" (der heiligen Grotte oder Höhle) ein besonderer Gottesdienst stattfindet.
Die dortigen Mönche bitten 1781 den großen Meister Haydn, hierfür ein Werk zu komponieren, das sich in den Ablauf ihrer Zeremonie füge. 1785 entstehen „Die sieben Worte des Erlösers am Kreuz", ein Streicherwerk, das den Augenblick des Todes Jesu schildert. Haydn selbst hat dieses Werk (das später unter Hinzufügung von Chören zu einer Kantate umgestaltet wurde) nie an jenem weihevollen Ort vernommen. Aber hundert Jahre später wurde es für einen spanischen Knaben, der an der Hand seiner Mutter den Gottesdienst besuchte, zum entscheidenden Erlebnis seiner glänzenden Musikerlaufbahn: Manuel de Falla wiederholte bis an sein Lebensende (1946), in jenem Werk Haydns habe er gespürt, wie Musik sein müsse: „Keine Note zu viel, keine zu wenig". Haydn war ein Klassiker geworden.
Am 15. Oktober 1779 wird das erstaunlich schnell wiederaufgebaute Schloßtheater von Esterháza mit Haydns „La Fedeltà premiata" wiedereröffnet. 1782 hat die Zahl der Sinfonien Haydns 70 erreicht. Im Herbst wird „Orlando Paladino" uraufgeführt, seine wahrscheinlich dramatisch stärkste Oper. Mit der „Mariazellermesse" vergrößert er die beträchtliche Zahl seiner geistlichen Werke. Die „Paukenmesse" wird folgen, die „Heiligmesse", die „Nelsonmesse", die „Theresienmesse", die „Schöpfungsmesse", die „Harmoniemesse", vorangegangen waren die „Große Orgelmesse", die „Nikolai-", die „Cäcilien-", die „Kleine Orgelmesse" – eine unerschöpfliche Fundgrube für alle Kirchen der Welt. Dabei war hier nicht einmal eine textliche Retusche nötig, wie im Fall der Messen Schuberts, der das Credo *unam sanctam catholicam et apostolicam ecclesiam* stets ausließ. Haydn glaubte nicht nur an Gott, sondern auch an die Kirche. Mozart wird letzteres weniger, Beethoven noch weniger und Schubert wird es gar nicht mehr tun.
Im Jahr 1781 widmet Haydn dem russischen Großfürsten Paul sechs Streichquartette (die „russischen"). Kurz darauf möchte der preußische König Friedrich Wilhelm II. ebenfalls sechs („preußische") erhalten. Haydn gehört zu den letzten Meistern, die im Auftrag die große Mehrzahl ihrer Werke schreiben. Dabei wollen wir unter Auftrag alles verstehen, was das Werk von vorneherein mit einem bestimmten Empfänger verknüpft. Der kann, wie im Fall Haydns, natürlich das eigene Orchester sein, für dessen Konzerte es gilt, nahezu wöchentlich ein neues Werk zu schaffen, aber auch die Liebhabereien einzelner Persönlichkeiten kann Haydn berücksichtigen. Er weiß, daß der Graf Soundso den Klang der Oboe liebt, daß der Baron von X. Cello spielt und ihn daher ein Solo dieses Instruments

Autograph Haydns aus einer seiner Messe-Kompositionen.

besonders interessiert. Kleine persönliche Wünsche zu erfüllen und doch ein Meisterwerk zu schaffen, darin liegt wohl eines der Geheimnisse von Haydns Größe. Von diesem Schaffen im Auftrag (und oft „nach Maß") lebt die Musik des Rokoko. Wie himmelweit scheint Beethovens Auffassung zu liegen, Musik, wie jede Kunst, dürfe nur aus gebieterischer, innerer Notwendigkeit, aus blitzähnlicher Inspiration erstehen! Und doch sind es nur noch zwei, drei Jahrzehnte bis dahin.

Haydn und Mozart

Am 12. Februar 1785 ereignet sich das von der Musikgeschichte häufig zitierte hervorgehobene Treffen zwischen Haydn und Mozart. Haydn hatte wieder einmal eine seiner häufigen Fahrten nach Wien angetreten, bei Mozart weilte sein Vater Leopold aus Salzburg zu Besuch, und der Sohn hatte, wie öfter, zu einem „Musikabend" eingeladen, bei dem einige der (nicht sehr zahlreichen Wiener) Freunde zu Gast gekommen waren. Leopold und Wolfgang wußten sehr genau, wen sie da in dem Esterházyschen Kapellmeister vor sich hatten. Aber daß an diesem Abend Haydn zu Vater Leopold wörtlich sagen sollte: „Ich sage Ihnen vor Gott und als ein ehrlicher Mann, daß ich Ihren Sohn für den größten Komponisten anerkenne, von dem ich je gehört. Er hat Geschmack und die gründlichsten Kenntnisse der Komposition!", das konnte niemand ahnen. Es blieb Leopold Mozarts erhebendster Augenblick, der Stolz seines Alters. Das rechtfertigte die Opfer ohne Zahl, die mühsamen Reisen über Tausende und Abertausende von Kilometern, die er mit seinem Kind unternommen hatte, die Tausende von Stunden, in denen er ihn in allem unterwiesen hatte, was ein Kind der damaligen Zeit nur lernen mußte, um seinem Genie freie Bahn zu schaffen. Leopolds Leben war also nicht umsonst gewesen, obwohl es oft, gerade in jüngster Zeit, so ausgesehen hatte.

Im gleichen Jahr tritt Haydn in die Wiener Freimaurerloge „Zur Eintracht" ein. Er tat es nicht seinen neuen Freunden Mozart zuliebe, die beide solchen Vereinigungen angehörten, sondern im Bestreben, zum „Fortschritt" der Welt beitragen zu können. Zudem war damals von dem zeitweise verhängnisvoll verhärteten Feindschaftszustand zwischen den Freimaurern und der katholischen Kirche, besonders deren militantestem Flügel, den Jesuiten, keine Rede. Sonst wären wohl Leopold Mozart und Haydn nie diesem sogenannten Geheimbund beigetreten. Wie liberal war eigentlich jene als absolutistisch gebrandmarkte Welt! Die jungen „Vereinigten Staaten von Nordamerika" gaben sich die freiheitlichste aller Verfassungen, die Französische Revolution handelte aus Idealismus, bevor sie in den schlimmsten Materialismus abstürzte. Doch nicht nur im Großen: Haydn, loyaler Untertan der Habsburger, komponierte 1786 eine (nur teilweise erhaltene) Trauerkantate auf den Tod des Preußenkönigs Friedrich II., der Maria Theresias Kriegsfeind gewesen war. Der soeben schimpflich aus dem Salzburger Hofdienst entlassene Wolfgang Amadeus Mozart erhält vom Kaiser einen ehrenvollen Kompositionsauftrag. Der junge Demokrat und Republikaner Ludwig van Beethoven wird von Wiens höchsten Kreisen verehrt und gefördert...

In Wien kommt Haydn noch mit vielen anderen Musikern zusammen. Er spielt, wir sahen es, Quartett mit Dittersdorf und Vanhal, wobei Mozart oft mit von der Partie ist. Haydn ist es gewohnt, der angesehenste überall zu sein, doch niemand merkt es ihm an. Vom König von Neapel erreicht ihn wieder eine Einladung nach Italien, zum Dank für Stücke, die er für dessen Lieblingsinstrument komponiert hatte: die *Lira orga-*

Links: Haydn auf der Rückreise von London, 1792, also im Alter von 60 Jahren. Rechte Seite: Ankündigung eines Konzerts in Wien für den 8. Januar 1796. Die Ausführenden: Haydn als Dirigent, der seit vier Jahren hier niedergelassene „Bethofen" als Pianist, drei Sänger.

nizzata, eine bogengestrichene, längst vergessene Art der Lyra. Wieder muß er ablehnen – eine zwei- bis dreitägige Fahrt nach Wien ist eben doch etwas anderes als eine im eigenen Wagen kaum zu bewältigende Reise nach Neapel. In Wien kennt er alle, die Vanhal, Krommer, Gyrowetz, Dittersdorf, die das dichte Musikleben dieser Stadt ausmachten. Er wußte natürlich sehr genau, daß Mozart ihr weitaus Größter war, und es schmerzte ihn, den Freund nicht in einer sicheren Stellung zu wissen. Es fand eben nicht jeder einen Fürsten Esterházy, muß er – dankbar und gottergeben, wie er war – gedacht haben.

Da starb 1790 in seinem Wiener Palais Fürst Nikolaus „der Prächtige". Der auf ihn folgende Herr, Fürst Anton, löst die berühmt gewordene Kapelle auf. Aber er kennt den Rang seines Kapellmeisters gut genug, um ihm – ein vielleicht einmaliger oder wenigstens erstmaliger Fall – den Titel eines „Fürstlich Esterházyschen Hofkapellmeisters" zu belassen und eine großzügige Pension dazu. Sie ermöglicht es Haydn, endgültig seine Wohnung nach Wien zu verlegen, was er im Herbst 1790 auch tut.

Von vielen Seiten liegen ehrenvolle Einladungen zu Gastspielen, kürzeren und auch längeren, ja dauernden Tätigkeiten vor. Haydn ist erst 58 Jahre alt, sehr rüstig und in voller Schaffenskraft. Er lehnt alles ab, außer den Vertrag, den der Londoner Konzertunternehmer Salomon ihm unterbreitet. Und am 15. Dezember, noch des gleichen Jahres 1790, verabschiedet er sich von den Wiener Freunden, insbesondere von Mozart, der traurig zurückbleibt. Haydn beruhigt den merkwürdig erregten jungen Kollegen. Man solle sich um ihn keine Sorgen machen, er werde mit Gottes Hilfe diese (seine erste!) Auslandsreise gut überstehen, froh zum Freunde heimkehren, für den etwas in England zu erreichen er sich bemühen wolle. Auf seine „Weltunerfahrenheit" und Sprachenunkenntnis angesprochen, sagte er das nicht stolz, sondern zuversichtlich gemeinte Wort: „Meine Sprache versteht die Welt!", was sich einzig und allein auf die Musik bezog.

Haydn in London

Am 1. Januar 1791 trifft Haydn in Dover, am 2. in London ein, wo John Peter Salomon, ein in Bonn geborener Geiger und geschätzter Kammermusiker, sich als Organisator von sehr erfolgreichen Konzertreihen niedergelassen und für den von ihm hochverehrten Haydn alles bestens vorbereitet hatte. Der erlebt eine geschäftige Weltstadt, die ihn achtungsvoll empfängt und ihre Zuneigung von Konzert zu Konzert steigert. Seine zwölf nach ihrem Bestimmungsort „Londoner Sinfonien" genannten Werke stellen den letzten Fortschritt dar, öffnen klangliche und formale Ausblicke. Sie bilden, gemeinsam mit den letzten drei Sinfonien Mozarts, die im Sommer 1788 entstanden waren, den höchsten Gipfel der klassischen Sinfonik. Haydns Besuch bringt dem Londoner Musikleben, rege schon zu Zeiten des nun seit mehr als dreißig Jahre toten Händel, einen geradezu sichtbaren Aufschwung. Neben den „Salomon-Konzerten", die auf die früheren Abel-Bach-Konzerte folgten, von denen wir hörten, entstand ein Konkurrenz-Zyklus, der den namhaften Ignaz Pleyel an seine Spitze berief. Des einstigen Haydn-Schülers erster Londoner Weg führte ihn zu seinem alten Meister, den er verehrungsvoll umarmte.

Haydns Briefe an die Freunde in Wien geben interessante Aufschlüsse über vielerlei Dinge: das gesellschaftliche Leben, die Gewohnheiten eines sich stolz nach eigenen Grundsätzen entfaltenden und doch in Weltbegriffen denkenden Volkes, die in vielen Kreisen angeborene Musikliebe, die sich besonders in einer großartigen Händel-Pflege zu äußern schien. Haydn erwähnt auch gern, welche der Sätze seiner Sinfonien dem Publikum am besten gefallen hätten. Es war leicht festzustellen, denn damals war der Applaus nach jedem Satz eine Selbstverständlichkeit. Von einer Einheit zyklischer Werke kann erst beim über dreißigjährigen Beethoven, also bereits im 19. Jahrhundert, die Rede sein. Vielleicht täten wir heute gut daran, alle vorherigen Werke, also sämtliche Sonaten, Sinfonien, Konzerte, Serenaden, Divertimenti Haydns und Mozarts, satzweise mit Applaus zu belohnen – ganz ehrlich nach dem Grad unserer Zufriedenheit und Begeisterung – und alle Gedanken an die künstlerische oder gedankliche Einheit zyklischer Werke für die Zeit der Romantik aufzubewahren.

Am 8. Juli 1791 wird Joseph Haydns Ehrendoktor der Universität Oxford, eine traditionelle aber doch seltene Ehrung (die sich ungefähr ein Jahrhundert später bei Dvořák an gleicher Stelle und bei Bruckner in Wien wiederholte, wenn wir nur den österreichischen Kulturkreis in Betracht ziehen). Alles verläuft zu Haydns vollster Zufriedenheit, er ist glücklich und genießt so recht seine Sorglosigkeit, die mit den ersten dreißig Jahren seines Lebens deutlich kontrastiert. Er genießt, warum nicht, seinen Weltruhm. Vorsichtig drückt er sich fast nur in Briefen an die „liebe Polzelli" aus: Vielleicht will er durch übergroße Zurückhaltung verhindern, daß sie größere Geldforderungen an ihn stellt.

Um so heftiger trifft ihn die gegen Jahresende eintreffende Nachricht vom Tod Mozarts. Als sie einander „Adieu" sagten, trübte vielleicht der Gedanke, der alternde Haydn könne die weite Reise nicht überstehen, ihre Stimmung. Nun war der um 24 Jahre jüngere Mozart dahingegangen, und Haydn hatte nichts mehr für ihn tun können. Wie hatte er doch an einen Freund geschrieben: „... könnte ich jedem Musikfreund, besonders aber den Großen, die unnachahmlichen Arbeiten Mozarts so tief und mit einem solchen musikalischen Verstand, mit einer so großen Empfindung in die Seele prägen, als ich sie begreife, so würden die Nationen wetteifern, ein solches Kleinod in ihren Ringmauern zu besitzen..." Niemand wetteiferte; fast unbeachtet von der näheren oder gar weiteren Umwelt hatte Mozart am 5. Dezember 1791 in Wien seinen Geist ausgehaucht. Der letzte Satz des zitierten Haydn-Briefes lautete übrigens: „... ich habe den Mann zu lieb!" Warum, so muß man eigentlich fragen, hat Haydn in Dutzenden von Londoner Konzerten kein einziges Werk Mozarts aufgeführt?

Vom 17. Februar bis 18. Mai 1792 dirigierte Haydn weitere zwölf Salomon-Konzerte. Der Erfolg bleibt ihm treu, die Einnahmen fließen so reichlich, daß es ihn zur Bemerkung in einem Brief veranlaßt, dies sei „nur in England möglich". Er verweigert sich auch anderen Künstlern nicht, die ihn zur Teilnahme an ihren Konzerten bitten. Ende Juni, die Saison ist zu Ende gegangen, macht er sich auf die Heimreise. Am Rhein macht er in Bonn Station und lernt dort bei einem Ausflug nach Bad Godesberg durch Vermittlung des österreichischen Gesandten Ferdinand von Waldstein einen jungen Musikus kennen, der ihm eigene Kompositionen vorlegt. Haydn, vielleicht überzeugt, vielleicht auch nur höflich, wie es seine Art ist, äußert Zustimmung und läßt die Bemerkung einfließen, er würde den Jüngling, sollte der Weg ihn einmal nach Wien führen, unter seine Fittiche nehmen. Stefan Zweig hätte diesen Augenblick unter die „Sternstunden" einreihen können. Was für den berühmten Meister eine unbedeutende Episode schien, wurde für den Jungen zum entscheidenden Wendepunkt seines Lebens. Der Name des Jünglings lautete Ludwig van Beethoven.

Die zweite Englandreise

Am 24. Juli 1792 trifft Haydn im hochsommerlichen Wien ein und wird schon zwei Tage später bei einem Konzert im Augarten Mittelpunkt stürmischer Ovationen. Ganz Wien ist durch Presseberichte und mündli-

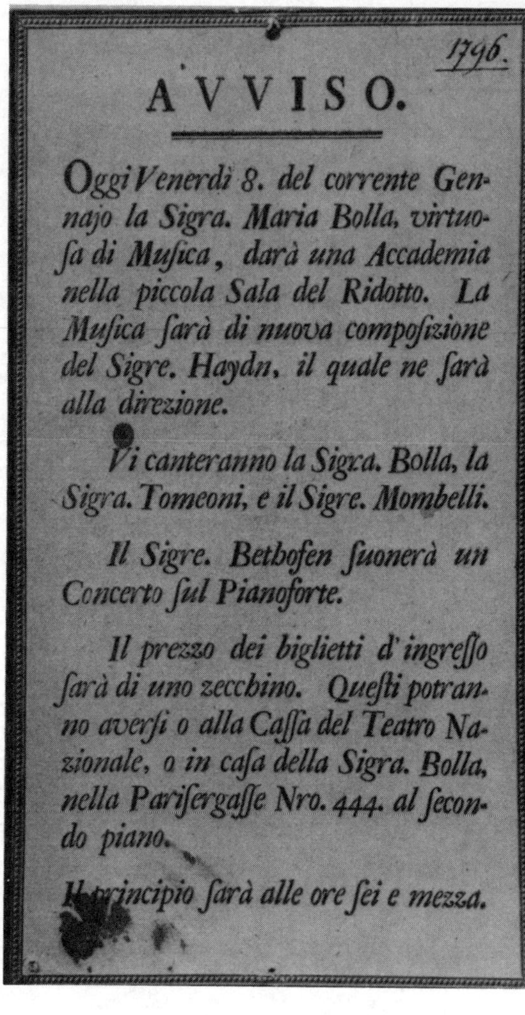

che Verbreitung über die Londoner Triumphe informiert und feiert den Herold österreichischer Musik im Ausland. Im darauffolgenden Jahr erwirbt Haydn ein eigenes Haus in der Vorstadt Gumpendorf. Da er umfangreiche Umbauten vornehmen will, verschiebt sich der Einzug um geraume Zeit. Salomon fragt wegen einer neuerlichen Englandtournee an. Am 19. Januar 1794 bricht der Meister wieder auf. In seinem Gepäck hat er weitere Sinfonien, sechs neue Quartette, Klavierwerke, Bläserdivertimenti (darunter den „Choral St. Antonii", über den 80 Jahre später Brahms schöne Variationen schreiben wird). Drei Tage nachdem Haydn Wien verlassen hat, stirbt Fürst Anton von Esterházy. Der nächste Schloßherr Nikolaus II. und seine Gattin Hermenegild gehören zu Haydns glühendsten Verehrern und wünschen nichts sehnlicher als die Rückkehr des Meisters nach Eisenstadt. Doch Haydn kann trotz der gegenseitig so herzlichen Freundschaftsgefühle kein Versprechen auf eine Wiederkehr in frühere Verhältnisse mehr machen. Es scheint ihm nun unmöglich, wieder Angestellter zu sein, Pflichten und Zeiteinteilungen erfüllen zu müssen, und seien sie auch noch so locker und weit von jedem Zwang. Doch werden in herzlichem Ton Versprechungen für regelmäßige Besuche Haydns in Eisenstadt und Esterháza gemacht. Alles das liegt ein wenig fern, denn Haydn, am 4. Februar 1794 in London angekommen, nimmt seine Konzerte bereits am 10. auf. Nach dem letzten Auftritt am 12. Mai und der Unterzeichnung eines neuen Vertrags für die Herbstsaison begibt Haydn sich auf eine Fahrt durch England, während der er ein Tagebuch mit oft recht kuriosen Eintragungen verfaßt. Er besucht den Kriegshafen Portsmouth, wo ein erbeutetes französisches Schiff liegt, die Isle of Wight, die Kathedrale von Winchester (in der er bedauert, daß ein so großartiger Bau nicht „seiner" Konfession gehöre), das Schloß von Hampton Court, den schönen Strand von Bath, Bristol, Waverley und manches mehr.

Zu Anfang 1795 wird klar, daß Salomon seine Konzertreihe nicht fortführen will. An ihre Stelle traten unmittelbar die alle vierzehn Tage abgehaltenen *Opera Concerts* im King's Theatre. Sie wurden von dem berühmten italienischen Geiger Giovanni Battista Viotti geleitet, der bekannte Künstler verpflichtete, in erster Linie Haydn. Den Grundstock bildete ein sechzigköpfiges Orchester, dessen Konzertmeister Wilhelm Cramer war, ein Mannheimer, der bei Stamitz und Cannabich studiert und der Hofkapelle seiner Vaterstadt angehört hatte, bevor er nach London ging. Dies ist vielleicht der Augenblick, von der Bedeutung des Konzertmeisters zu sprechen, damals und heute. Auch heute ist diese noch sehr groß: Stimmführer der ersten Geigen, ja aller Streicher, Verantwortlicher für die Orchesterstimmung, Ausführender der in sinfonischen Werken vorkommenden Violin-Soli. In den Zeiten des Barock und der Klassik aber ging seine Mitwirkung noch weiter, da die des Kapellmeisters keineswegs an jene des heutigen Dirigenten herankam. Da der Kapellmeister noch zumeist mit dem Cembalisten identisch war, mußte praktisch der „Konzertmeister" eben das sein, was sein Name besagt: ein Leiter oder zumindest Mit-Leiter des Konzerts. Er spielte oft stehend, nicht nur bei seinen Soli. Er unterstützte mit Zeichen seines gut sichtbar erhobenen Bogens die Kopf- oder Handbewegungen des Kapellmeisters am Cembalo. In Eisenstadt hatte Haydn kaum die Hälfte der Musiker unter seiner Leitung gehabt, wie sie jetzt das Londoner Orchester aufwies. Es war klar, daß diese neue Klangfülle eine größere Differenzierung der Gruppen und Instrumente ermöglichte. Es war ein gewaltiger Schritt zur rasch fortschreitenden Entwicklung eines Klangfarben-Gefühls. In Haydns Kompositionen dieser Spätzeit, die mit den Londoner Reisen einsetzt, ist dies ganz besonders fühlbar. Es sind die ersten Anklänge für das moderne Orchester.

Haydn wirkt bei vielen privaten Veranstaltungen mit, die zumeist zu seinen Ehren in Schlössern und Palästen veranstaltet werden und ein hohes Zeugnis für das aristokratische Kulturleben im abendländischen Rokoko ablegen. Er komponiert die letzten „Londoner" Sinfonien, die zugleich die letzten seines Lebens sind. Sie tragen die Bezeichnungen 102., 103. („mit dem Paukenwirbel") und 104. („Salomon"). Das Königspaar, das Haydn sehr schätzt, möchte ihn zu einer Niederlassung in England bewegen, doch Haydn erklärt, durch tiefe Dankbarkeit an das Haus Esterházy gebunden zu sein. Haydn soll später geäußert haben, daß er sicherlich seiner Weigerung wegen nie vom König beschenkt worden sei.

Rückkehr nach Wien

Am 15. August 1795 tritt Haydn die Heimfahrt an. Heim: Das ist nicht mehr Eisenstadt, von dem er vor über dreißig Jahren gesagt hatte, da wünsche er „zu leben und zu sterben". Nun ist es Wien, wo er Ende August 1795 ankommt. Der junge, sicherlich längst seinem Gedächtnis entschwundene Musiker aus dem Rheinland ist da. Aber aus dem geplanten Unterricht wird nicht viel. Der junge Meister ist dem Musiklehrer wohl längst entwachsen, wahrscheinlich auch zu ungeduldig, zu sehr auf Selbständigkeit erpicht. Als Haydn ihm nahelegt, beim Druck seiner ersten Kompositionen den Zusatz „Schüler Haydns" unter den Namen zu setzen, lehnt Beethoven ziemlich schroff ab. Immerhin widmet er seine ersten drei Klaviersonaten Joseph Haydn und tritt am 18. Dezember 1795 gemeinsam mit ihm in einem Konzert auf. Drei Wochen später, am 8. Januar 1796, laden die beiden noch zu einem Konzert, doch dann gibt es nicht mehr viel Gemeinsamkeiten, denn Beethoven hat andere Lehrer erwählt. Den Sommer verbringt Haydn überaus angenehm in Eisenstadt, wo er am 13. September 1796 die „Paukenmesse" aufführt, die er am zweiten Weihnachtsfeiertag in der Wiener Piaristenkirche wiederholt.

Im Januar 1797 komponiert Haydn die berühmtesten sechzehn Takte seines Lebens. In umdüsterter Zeit – Napoleon steht mit seinen Truppen tief im Land – entsteht das „Kaiserlied", das „Gott erhalte, Gott beschütze unsern Kaiser, unser Land!" das eines Tages Österreichs Hymne, dann das „Deutschlandlied", Hymne des Deutschen Reiches, des „Dritten", und, reduziert auf seine dritte Strophe, der Bundesrepublik Deutschland werden sollte. Dieser erhabene Melodie erklang am 12. Februar 1797 zum ersten Mal feierlich im Burgtheater zum Geburtstag von Franz I.; Haydn verarbeitete die sich schnell verbreitende Melodie im sogenannten „Kaiserquartett".

„Die Schöpfung“

Seit seiner Heimkehr aus London beschäftigt Haydn der Gedanke, seinem Land mit einem großen Oratorium etwas Ähnliches zu bieten, wie Händel es den Engländern geschenkt hatte. Das Idealbild einer „demokratischen“ Kunst stand vor seiner Seele, seit er die zehntausendköpfige Volksmenge dem Gesang der vielhundertköpfigen Sänger- und Musikerschar lauschend erlebt hatte. Er muß über diesen Gedanken eingehend mit Gottfried van Swieten gesprochen haben, einer feinsinnigen, zutiefst musischen Persönlichkeit des damaligen Wien, der Miltons berühmtes „Verlorenes Paradies“ ins Deutsche übersetzt, Mozart zu einer Bearbeitung von Händels „Messias“ gebracht und mit Beethoven freundschaftlichen Umgang hatte. Swieten, holländischer Abstammung und Direktor der Wiener Hofbibliothek, begeisterte sich für die Idee und brachte in kurzer Frist ein „Patronatskomitée“ zusammen. Zwölf Männer des österreichischen Hochadels, natürlich mit Esterházy an der Spitze der anderen, die in Beethovens Biographie eine rühmliche Rolle spielen werden, überreichten Haydn ein Honorar von 500 Gulden, damit er sich völlig ungestört der großen Aufgabe hingeben könne. Swieten verfaßte das Textbuch, das auf der Erschaffungsgeschichte der Welt beruht, wie die Bibel sie schildert. Haydn stürzte sich, begeistert wie selten, in die Arbeit, die vermutlich das ganze Jahr 1797 ausgefüllt hat. Am 6. April kann Haydn einem der Gönner, dem Fürsten Schwarzenberg, die Vollendung des großen Werks melden. In dessen prächtigem Wiener Palast wurde die Uraufführung vorbereitet. Auch hier, wie bei den bedeutendsten Werken Mozarts und später Beethovens, ist die Vorbereitungszeit unfaßbar kurz. „Die Schöpfung“ erklingt zweimal, am 29. und 30. April 1798, beide Male vor geladenen Gästen. Zum ersten Mal öffentlich, wie es Haydns sehnlichster Wunsch war, im Hofburg-Theater am 19. März 1799. Vor beiden Auditorien war der Erfolg überwältigend. Die Verbreitung des Werks ging mit Windeseile vor sich, bald gab es keine bedeutende Stadt Europas, in der Haydns Meisterwerk noch nicht erklungen war. Sein Ruhm, in Fachkreisen und bei echten Musikliebhabern seit Jahrzehnten unbestritten, erreichte nun Dimensionen echter Volkstümlichkeit.

Die Bedeutung der „Schöpfung“ war (und ist) gewaltig. Nicht zuletzt dank ihrer holte „das Konzert“ beträchtliche Anteile des riesigen Vorsprungs auf, den das Opernwesen bis dahin gehabt hatte. Zwar wurde dies im Ursprungsland des Musiktheaters noch lange nicht fühlbar, doch im Norden und Westen Europas eroberten Sinfonik und Oratorium breite Publikumsschichten, förderten den Bau geräumiger Konzerthallen und das Interesse an Komponisten dieser Gattungen. Schon

Die öffentliche Uraufführung von Haydns Oratorium „Die Schöpfung“ im Wiener Hofburgtheater am 19. März 1799. Der Komponist wird in dieser Ankündigung mit seinem (englischen) Doktortitel der Musik und als „Hochfürstlich-Esterházyscher Kapellmeister“ genannt.

Heute Dienstag den 19ten März 1799.
wird in dem K. K. Hoftheater nächst der Burg
aufgeführt:

Die Schöpfung.

Ein Oratorium
in Musik gesetzt
von Herrn Joseph Haydn, Doktor der Tonkunst, und hochfürstlich-Esterhäzyschen Kapellmeister.

Nichts kann für Haydn schmeichelhafter seyn, als der Beyfall des Publikums. Den zu verdienen hat er sich stäts eifrigst bestrebt, und ihn bereits oft, und mehr, als er es sich versprechen durfte, zu erwerben das Glück gehabt. Nun hoffet er zwar für das hier angekündigte Werk diejenige Gesinnung, die er zu seinem innigen Troste und Danke bis jetzt erfahren hat, ebenfalls zu finden; doch wünscht er noch, daß auf den Fall, wo zur Aeusserung des Beyfalls sich etwann die Gelegenheit ergäbe, ihm gestattet seyn möge, denselben wohl als ein höchstschätzbares Merkmahl der Zufriedenheit, nicht aber als einen Befehl zur Wiederhohlung irgend eines Stückes anzusehen, weil sonst die genaue Verbindung der einzelnen Theile, aus deren ununterbrochenen Folge die Wirkung des Ganzen entspringen soll, nothwendig zerstöret, und dadurch das Vergnügen, dessen Erwartung ein vielleicht zu günstiger Ruf bey dem Publikum erwecket hat, merklich vermindert werden müßte.

Der Anfang ist um 7 Uhr.

Die Eintrittspreise sind wie gewöhnlich.

Die Worte werden bey der Kassa gratis ausgegeben.

„Die Schöpfung" hätte in Wien nicht in so kurzer Zeit zur Aufführung kommen können, wenn es nicht sangesfreudige und musikkundige Laien in beträchtlicher Zahl gegeben hätte. Es ist keine Studie darüber erhalten, aber es besteht kein Zweifel, daß sich in diesen frühen Chören Musikliebhaber aus allen Klassen zusammenfanden, von Angehörigen der hohen Mäzene bis zu den enthusiastischen Mitgliedern von Bürgerfamilien. Ein Dutzend Jahre noch, und in Wien wird (mit Beethoven als Gründungsmitglied) die „Gesellschaft der Musikfreunde" ins Leben gerufen werden, zu deren ersten Taten die Schaffung eines Konzertchors gehören wird.
In der „Schöpfung" gelingt Haydn ein gewaltiges Weltbild, das in verhältnismäßig einfache Musik gefaßt ist. Hier steht die Schlichtheit klassischer Melodien von vollendeter Schönheit neben gefühlsbetonten Harmonien romantischer Tonmalerei. Haydn „umspannt in seinem Werk den ganzen Kosmos, und dennoch malt er auch die kleinen Dinge: das Murmeln des Baches, die Lieblichkeit der Pflanzen, die Bewegung der Tiere. Wie er die Gegensätze meistert, wie er Himmlisches und Irdisches schildert, das ist unnachahmlich und einmalig", sagt der Haydn-Forscher Leopold Nowak. Der Übergang aus dem anfänglichen „Chaos" in lichterstrahlende Weltordnung durch Gottes Donnerwort: Das geriet zu einem der größten und ergreifendsten Augenblicke der abendländischen Musik. Wie da mit den Worten „Und es ward Licht!" wirre, dissonanzenreich ausgedrückte Klangnebel sich in einen überwältigenden C-Dur-Dreiklang lösen, bleibt dem unvergeßlich, der es gehört hat. Und das Großartige an dieser Musik ist wahrscheinlich, wie einfach sie ist. Hier wird schlichtes Volksempfinden eins mit höchster Kunst.
„Die Schöpfung" ist ein tiefreligiöses Werk, nicht nur vom Stoff her. In jedem Takt dieser Musik wird Haydns Gläubigkeit fühlbar. Es wäre gar nicht notwendig, daß er selbst es uns geschildert hat: „Nie war ich so fromm, als bei der Komposition der ‚Schöpfung'. Täglich fiel ich auf die Knie und bat Gott, daß er mich stärke für mein Werk." Haydn ist nicht der einzige der großen Meister, der seine Kraft und Eingebung aus der Frömmigkeit schöpft. Eine diesbezügliche Untersuchung würde Interessantes zutage fördern. Bach bat Gott um Unterstützung bei jedem größeren Werk. Händel, wohl weniger gläubig, dankte Gott für das Gelingen seiner Werke. Liszt war ein tiefgläubiger Mensch. Tschajkowskij verschmähte Gebete keineswegs, wenn er auch die kluge Erklärung dafür gab: „Gott braucht unsere Gebete nicht – aber wir brauchen sie." Dvořák und Bruckner fielen wohl, wie Haydn, auf

Oben: Scherenschnitt Haydns von Lavater.
Links: Titelblatt der ersten gedruckten Ausgabe des Oratoriums „Die Jahreszeiten" (Leipzig, 1801).
Rechte Seite: Scherzhafte Visitenkarte des alten Haydn, die er an gute Freunde verteilte.

die Knie, um für ein Werk zu beten. Auch der zerrissene Mahler muß gebetet haben, wenn auch sein Gott unfaßbar in der Natur lebte und sich in keine Lehre pressen ließ. Manuel de Falla war, in einer unreligiösen Zeit, ein unwandelbar religiöser Mensch. Es hat keinen Sinn, die Aufzählung fortzusetzen: Die Mehrzahl aller Schaffenden glaubt an den „Einfall", an die „Inspiration". – Woher könnte dieser „Funke" kommen, wenn nicht von einer höheren Macht, einer außerirdischen Kraft, vor der alles menschliche Wissen und Können verblaßt?

Haydn dankt dem lieben Gott für die „Schöpfung". Zu den schon bestehenden neun seiner Messen komponiert er zwei weitere hinzu. Eine davon wird dem englischen Seehelden Lord Nelson gewidmet, der nach Eisenstadt zu Besuch kommt. Dort verbringt Haydn nun wieder mehr Zeit, fühlt sich wohl und glücklich wie einst. Er leitet wieder sein altes, völlig neu aufgebautes Orchester, dessen Chef er noch immer ist. In der Ankündigung der „Schöpfung" stand auf den Plakaten: „Doktor der Tonkunst und Hochfürstlich-Esterházyscher Kapellmeister". Das waren zwei Titel, auf die man stolz sein konnte. Er hat auch einen Stellvertreter, der trotz seiner Jugend schon namhaft ist: Johann Nepomuk Hummel (1778–1837), einst Wunderkind fast Mozartschen Ausmaßes, nun ein glänzender Pianist und vielgespielter Komponist, der es aber nie unterließ, in jedes von ihm geleitete Konzert ein Werk Haydns aufzunehmen.

Der schafft unermüdlich weiter. Es entstehen Streichquartette für den Grafen Erdödy, für den Fürsten Lobkowitz, und Haydn sieht mit innerster Genugtuung, wie diese von ihm vor langer Zeit geschaffene Kunstform in alle kunstliebenden Häuser Europas Eingang gefunden hat. Verlage treten an ihn heran, seine „gesammelten Werke" herauszubringen. Mit Breitkopf und Härtel vereinbart er, mit den Klavierstücken zu beginnen. Dem ersten Band (insgesamt werden es zwölf im Zeitraum von sieben Jahren werden) setzt er diese Worte voran: „Den Wunsch mehrerer Musikfreunde, eine vollständige Ausgabe meiner Klavierkompositionen zu besitzen, erkenne ich mit Vergnügen als ein schmeichelhaftes Zeugnis des Beifalls, und ich werde gern dafür sorgen, daß in diese Sammlung nichts aufgenommen werde, was bisher unrechtmäßig meinen Namen geführt hat, oder was, als frühere Jugendarbeit, nicht verdienen möchte, darin aufbewahrt zu werden. Erlauben es mein zunehmendes Alter und meine Geschäfte, so werde ich den Wunsch der Herausgeber, diese Sammlung den Besitzern durch einige neuere Arbeiten noch angenehmer zu machen, gern erfüllen. Wien, den 20. Dezember 1799."

Eine neue Zeit

Das neue Jahrhundert zieht herauf. Die „Welt" erlebt gewaltige Veränderungen. Niemand bemerkt es wohl auf den Straßen Wiens und in seinen Adelspalästen. Die Französische Revolution ist vorübergebraust, ein neuer Kontinent, Amerika, erstanden, der sich nach republikanischen und demokratischen Grundsätzen regieren will. Nach Tausenden von Jahren menschlicher Geschichte sind zum ersten Mal die „Rechte" dieses Menschen formuliert, postuliert worden; von nun an weiß wenigstens jeder, der sie übertritt, daß er ein Unrecht begeht. Das ist wenig, aber doch mehr als nichts. Feudalismus und Absolutismus, unbeschränkte Herrscher des 18. Jahrhunderts, sind alt und müde geworden. Haydn ist, ohne es wohl zu ahnen, neuen Ideen vorangegangen, als er ein „Volksoratorium" schuf, das zwar diesen Namen nicht führt, aber verdient. Wie hätte, ohne den Vorgang der „Schöpfung", Beethoven – im „Fidelio" wie in der neunten Sinfonie – die Menschen als „Brüder" ansprechen können? Im Grund sind sie, Haydn und Beethoven, einander viel näher als sie glauben. Sie kleiden sich verschieden: Haydn mit der in den Oberschichten Österreichs und Deutschlands immer noch gebräuchlichen Rokoko-Perücke; Beethoven trägt sein wirres Haar schon frei, wie es nach dem Vorbild der französischen Revolutionäre die Jugend ganz Europas tut. Haydn wahrt im Umgang, im Briefwechsel, in der Komposition die traditionellen Formen, selbst dort, wo er neuen Ideen folgt, wie in der „Schöpfung"; Beethoven hingegen geht darauf aus, neue zu schaffen, freiere, nur noch dem Ausdruck verpflichtete. Und doch: Irgend etwas Undefinierbares verbindet sie. Vielleicht ist es nur der Glaube an die Kunst, die Hingabe an die Musik.

Haydn dirigiert seine „Schöpfung" am 8. März 1800 in Budapest. Tage später stirbt, kaum bemerkt, nie erwähnt, Maria Anna, die, laut dem seinerzeitigen Brief Haydns, seiner Verbindung mit Luigia Polzelli noch im Wege stand; denn Luigias Gatte hatte längst schon das Zeitliche gesegnet. Haydn steckt in einem neuen Werk, das ihn voll beschäftigt. Aber auch sonst hätte er an diese späte Vereinigung nicht mehr gedacht. Am 4. Februar 1801 lüftet die Leipziger „Allgemeine musikalische Zeitung" den Schleier, der – unter zahllosen Gerüchten in Wiener Musikkreisen – über neue Pläne Haydns gebreitet ist: Die Vollendung eines neuen Oratoriums „Die Jahreszeiten" steht bevor. Es erlebt seine Uraufführung am 24. April 1801, wiederum im Palais Schwarzenberg auf dem „Mehlmarkt" im Herzen Wiens. Und wird, wieder unter der persönlichen Leitung des Komponisten, am 27. April und 1. Mai wiederholt. Am 24. Mai findet eine Aufführung im kaiserlichen Palast statt, bei der die Kaiserin selbst das Sopransolo übernommen hat, ebenso bei der „Schöpfung" am nächsten Abend. Dann erfolgt am 29. Mai 1801 die erste öffentliche Aufführung, wobei sich die Verehrung für Haydn in endlosen Ovationen entlädt. Unter den Hörern befindet sich Johann Nepomuk Mälzel, ein deutscher Instrumentenbauer und Erfinder, der viel mit mechanischen Musikappara-

ten experimentierte (ORCHESTRION, PANHARMONICON), im METRONOM einen sehr brauchbaren Musikzeitmesser schuf (den allerdings sein Freund Beethoven in einem Kanon und in der achten Sinfonie gutmütig verspottete) und der die „Jahreszeiten" auf Tonwalze aufnahm, die er mehrmals öffentlich – als Sensation und Vorläufer einer ungeahnten Entwicklung – abspielte.
Den Text zu diesem zweiten großen Oratorium schrieb, nach einem englischen Gedicht (oder „Lehrwerk", wie man heute sagen würde) von James Thomson, wiederum Gottfried van Swieten, dem aber damit kein ebenso geschlossenes Werk gelang wie in der „Schöpfung". Man müßte eher von einer Reihe verschiedenartig gelungener Bilder oder Szenen sprechen. Haydn gestand, daß ihm dadurch die Arbeit erschwert wurde, doch fließt seine Musik auch hier lieblich dahin, wird gelegentlich dramatisch und umschließt viel reizvolle Tonmalerei. Fast mehr noch als in der „Schöpfung" ist das volkstümliche, im besten Sinn naive Empfinden des Hörers angesprochen, ohne daß künstlerische Konzessionen gemacht werden. Die monatelange Konzentration strengte den Komponisten mehr an als gewöhnlich, worüber einer seiner frühen Biographen anschaulich berichtet: „Er wurde kurz nach Beendigung von einem Kopffieber befallen. Damals schilderte er es als seine größte Marter, daß seine Phantasie unaufhörlich mit Noten und Musik beschäftigt sei." Im Sommer ist er wieder genesen, Bruder Michael kommt aus Salzburg zu Besuch, gemeinsam fahren sie nach Eisenstadt. Zu Ende dieses Jahres 1801 erklingen die rasch populär gewordenen „Jahreszeiten" mehrmals. Der 70. Geburtstag im Jahr 1802 bringt zahllose Ehrungen und Feiern, Glückwünsche aus aller Welt, Freundschaftsbeweise, aber auch Bitten um neue Werke. Haydn soll an ein neues Oratorium gedacht haben („Das Jüngste Gericht"), aber seine Kräfte reichen nicht mehr zur Ausführung.
1803 verleiht die Stadt Wien ihm die große goldene „Salvatormedaille", die höchste Auszeichnung „für Bürgerliche". Es gibt manchen Abschied, wie von Eisenstadt, wo er zum letzten Mal einen Spätsommer verbringt. Er schreibt das letzte Streichquartett (für den Grafen Fries), vollendet es aber nicht mehr. Zum letzten Mal dirigiert er am 26. Dezember bei einer Wohltätigkeitsveranstaltung im Redoutensaal der Hofburg, wobei seine „Sieben Worte des Erlösers am Kreuz" erklingen. Der Besucherstrom reißt nicht ab, Maler und Bildhauer sind darunter, die den Meister der Nachwelt im Porträt überliefern wollen. Auch der junge Carl Maria von Weber trifft mit seinem Vater ein, doch Haydn ist nicht mehr in der Lage, Schüler zu übernehmen. Der künftige „Freischütz"-Komponist geht dann zu Bruder Michael nach Salzburg in die Lehre.
Die körperlichen Kräfte schwinden, die geistigen, schöpferischen bleiben erhalten, wenn die Spannkraft auch nur noch für kürzere Werke ausreicht. Auf Visitenkarten läßt Haydn den Beginn einer eben komponierten Melodie setzen: „Hin ist alle meine Kraft, alt und schwach bin ich." Die Beschäftigung mit Volksliedern vieler Nationen bereitet ihm, wie zur selben Zeit auch Beethoven und anderen Musikern, viel Freude. Es ist ein Zug der „Romantik", die überall fühlbar wird. Cherubini, der weltberühmte Komponist und Direktor des Pariser Konservatoriums, überbringt Haydn die Ehrenmitgliedschaft dieser angesehenen Institution. Am 72. Geburtstag erfolgt die Ernennung zum Ehrenbürger von Wien. Haydn geht mit Hilfe seines treuen Dieners und Notenkopisten Johann Elssler (dem Vater der später berühmten Tänzerin Fanny Elssler) daran, ein „Verzeichnis aller derjenigen Kompositionen, welche ich mich beiläufig erinnere von meinem 18. bis in das 73. Jahr verfertigt zu haben", anzulegen. Es enthält 118 Sinfonien, zwölf italienische und sechs deutsche Opern oder Singspiele, fünf Marionetten-Opern, vier Oratorien, ein „Stabat mater", mehr als 150 Stücke für das erwähnte Instrument Baryton, 83 Streichquartette, 365 schottische Lieder, 20 Divertimenti, 21 Streichtrios, drei Flötentrios, elf Konzerte für verschiedene Soloinstrumente mit Orchester, zwei Märsche, sechs Duette für Violine und Viola, 14 Messen, zwölf kleinere geistliche Tonwerke, vier weltliche Chöre, 18 Divertimenti für Cembalo, 48 Klaviersonaten, 43 Lieder, 40 Kanons, weitere Gesänge zu mehreren Stimmen.
Am 27. März 1808 erlebt Haydn einen der größten Tage seines Lebens: Im Festsaal der Alten Universität dirigiert Hofkapellmeister Salieri vor einem Parkett höchster Würdenträger, glänzendster Namen und bedeutendster Künstler die „Schöpfung". Der Komponist wird von einer fürstlichen Kutsche ins Konzert gefahren, auf einem geschmückten Thronsessel in den Saal getragen, wo er von einem Tusch des Orchesters und brausendem Jubel mit Tücherschwenken des Publikums empfangen wird. Viele Beobachter haben Bewegendes über dieses letzte Erscheinen Haydns vor der Öffentlichkeit überliefert. Im Herbst dieses Jahres kehrt Sigismund Neukomm, Lieblingsschüler aus früheren Zeiten, aus St. Petersburg heim, wo er Kapellmeister an der kaiserlichen Oper war. Er bleibt nun bei Haydn bis zu dessen Tod.
Am 7. Februar 1809 verfaßt Haydn sein endgültiges Testament. Wieder wird Wien in diesem Jahr von den Franzosen besetzt, und einmal klopft ein napoleonischer Offizier an seine Tür und bittet, ihm die Arie „Mit Würd' und Hoheit angetan" aus der „Schöpfung" vorsingen zu dürfen. Am 31. Mai 1809 stirbt Haydn, wenig vor ein Uhr früh, in seinem Gumpendorfer Haus, wo er die letzten zwölf Jahre seines Lebens verbrachte. Von dort aus bewegte sich am nächsten Tag, dem 1. Juni, der Trauerzug zur Gumpendorfer Pfarrkirche und dann auf den Friedhof „vor der Hundsturmer Linie". Es herrschte Kriegszustand, die Aristokratie hatte vor dem Einzug der fremden Truppen die Flucht auf ihre Güter angetreten, die weit herum in den Ländern der Monarchie lagen. Die Bevölkerung wagte angesichts der feindlichen Soldaten kaum auszugehen. Viele Freunde erfuhren erst Tage später von Haydns Tod. Am 15. Juni wurde dann in der Innenstadt, in der altehrwürdigen Schottenkirche, ein feierlicher Gottesdienst abgehalten. Die Stadtmiliz stand Spalier, französische Soldaten waren auf ausdrücklichen Befehl Napoleons zur Ehrenbezeigung abkommandiert. Auf Haydns letzten Wunsch erklang Mozarts (längst von Süßmayr ergänztes) „Requiem". Fünf Jahre später wurde auf dem Grab ein Stein enthüllt, auf dem seine Melodie zu den Worten des Horaz „Non omnis moriar" (Ich werde nicht völlig sterben) in einer Kanonfassung von Neukomm eingemeißelt ist. Doch bereits am 7. November 1820 wurden Haydns sterbliche Überreste nach Eisenstadt überführt und in der dortigen Bergkirche beigesetzt.

Wolfgang Amadeus Mozart

Ebenso klar wie Haydns Charakter und Leben vor uns zu liegen scheinen (eine unbezweifelbare Wahrheit gibt es oft nicht einmal für den vertrautesten Menschen), ebenso viele Fragen und Zweifel werfen die seines Freundes Mozart auf. Constanze, die Gefährtin seiner letzten neun Lebensjahre, hat viel später ihren zweiten Gatten, den dänischen Diplomaten Georg Nikolaus von Nissen, dazu bewogen, eine der frühesten Mozart-Biographien zu schreiben. So verdienstvoll dieses Unternehmen war, so nahe liegt der Verdacht, daß hier manches verändert wurde. Welches Gedächtnis ist nach langer Zeit noch imstande, sich genau an Einzelheiten zu erinnern? Das der stets ein wenig kopflosen Constanze sicher nicht. Zudem wollte sie sich vielleicht auch nicht genau erinnern. Inzwischen war ihr wohl die ganze Bedeutung des Mannes aufgegangen, an dessen Seite das Schicksal sie recht ahnungslos geführt hatte und dem nun Gutes zu tun sie wenigstens nach seinem Tod sich anzustrengen bemüht sein wollte. Im Alltagsleben war er ja gar kein „großer Mann" gewesen! Ein kluger, aufgeweckter, „lieber Kerl", hinter dem das Genie oft schwer zu erkennen war. Er spielte mit dem gar nicht so wenigen Geld, das er verdiente und nicht halten konnte, bis er tief in Schulden steckte, er spielte mit der Liebe und fand in Constanze, die Briefe bezeugen es eindeutig, eine ideale Gespielin. Und er spielte mit der Musik, warf großartige Stücke in Stundenfrist aufs Papier, hortete Meisterwerke im Kopf, bis er endlich einmal Zeit und Lust fand, sie niederzuschreiben, vollendete Auftragswerke einen Tag vor der Uraufführung, einfach weil er zu spät begonnen oder die Aufgabe nicht ernst genommen hatte. Das Wort „leichtsinnig", das sich dem Betrachter beinahe aufdrängt, trifft das Wesentliche nicht. Es fiel ihm wohl alles einfach zu leicht, so daß er beinahe spielerisch leisten konnte, was andere Herzblut und aufs höchste angespannte Kräfte, bis zur Erschöpfung verausgabte Energien kostete. Dieses „Anders-Sein" entrückte sein Innenleben der zeitgenössischen und späteren Erkenntnis, denn was an ihm sichtbar war, blieb eigentlich immer nur eine ihm selbst unbewußte Maske, die etwas unendlich Geheimnisvolles verschleierte und verbarg: sein unfaßbares Genie. Tausend Bücher, Theaterstücke, Filme haben ihn nie wirklich erfassen können, immer nur Teile seines Wesens klargelegt. Ein „Liebling der Götter", wie er im Rückblick genannt wurde? Deren Merkmal ist der frühe Tod, wie alte Völker glaubten – vielleicht auch der sonnige Weg, auf dem sie durchs Leben gehen. So gesehen war Mozart ein Liebling der Götter. Ging ihm ein Schmerz jemals so nahe, daß er an ihm zu verzweifeln fürchten mußte? Die größte Bestätigung, die einzige, deren es überhaupt bedarf, ist sein Schaffen: Nur ein Liebling der Götter kann so begnadet sein.

Am 21. September 1747 heiratete der 1719 in Augsburg geborene und nun seit acht Jahren in Salzburg niedergelassene Geiger und Vizekapellmeister am fürsterzbischöflichen Hof, Leopold Mozart, die bildhübsche, um ein Jahr jüngere Anna Maria Pertl aus St. Gilgen am nahen Wolfgangsee, in der Dorfkirche zu Aigen, einer Vorstadt von Salzburg am anderen Ufer der Salzach. Sieben Kinder entsprossen dieser Ehe, aber nur zwei überlebten die frühesten Jahre: „das Nannerl" und Johannes Chrysostomos Wolfgangus Theophilus, viereinhalb Jahre jünger als die Schwester Maria Anna Walburga Ignatia. In der Taufurkunde vom 28. Januar 1756 steht des Knaben letzter Vorname vom griechischen Theophilus ins deutsche Gottlieb gewandelt, und er selbst wird ihn bald ins französische Amadé, ins lateinische Amadeus, ins italienische Amadeo übersetzen. Er wird neben „Wolfgang" der einzige von ihm im

„Nach dem lieben Gott kommt gleich der Papa!" Leopold Mozart war die prägende Persönlichkeit im Leben seines Sohnes Wolfgang.

Leben verwendete. Wolfgang hieß ein Heiliger des 10. Jahrhunderts, ein Mönch im (schweizerischen) Einsiedeln, Bischof von Regensburg und Schutzpatron von Oberösterreich, wo er am idyllischen Ufer des heute seinen Namen tragenden Sees eine Kirche gründete. Mit diesen einzigen beiden Namen, Wolfgang und Amadeus, zog eines der unbegreiflichsten Wunder durch sein kurzes, knapp 36jähriges Erdenleben.
Die Taufurkunde gibt auch an, daß der Knabe am Vortag, dem 27. Januar 1756 um 8 Uhr abends, zur Welt kam. Taufpate war „der ehrenwerte Herr Johann Gottlieb Pegmayr, Senator und Kaufmann hierorts". Von ihm kam also der Name „Gottlieb". Das Geburtshaus steht noch, ein festes, vierstöckiges Gebäude in der Salzburger Innenstadt, in der Getreidegasse, die auf der einen Seite bis zum felsigen Absturz des Mönchsbergs, auf der anderen bis in die Nähe der Residenz geht, wo Vater Leopold und bald auch Sohn Wolfgang Amadeus ihre Tätigkeit ausüben werden.
Gemeinsam werden die Geschwister erzogen, ihre geistigen, aber noch viel mehr ihre musikalischen Fähigkeiten verblüffen den Vater, der ein gottesfürchtiger Mann von starkem Verantwortungsgefühl ist. Sehr bald erkennt er, daß ihm der Himmel „ein wahres Wunder ins Haus geschickt" hat (wie er an einen Freund schreibt), und ein gläubiger Christ benutzt das Wort „Wunder" nicht leichtfertig.
Im Geburtsjahr von Wolfgang Amadeus erschien Leopolds berühmt gewordene Violinschule. Sie enthält neben den praktischen Unterweisungen eine Fülle von Gedanken und Bemerkungen, die den Autor als ungewöhnlich gebildeten, ja bedeutenden Mann ausweisen. Mit drei Jahren folgt Wolfgang aufmerksam dem Unterricht der Schwester, bald setzt er sich selbst ans Cembalo und grübelt über „gute" und „schlechte" Zusammenklänge, wenn es ihm gelingt, zwei Töne gleichzeitig anzuschlagen. Er beginnt, die Welt hinter den Tönen zu erahnen, das wahre Zauberreich der Musik, das sich den meisten Menschen niemals öffnet. Im Notenbuch, das der Vater für Nannerl anlegt, steht von seiner Hand eingetragen: „Dieses Menuet hat d. Wolfgangerl im 4. Jahr gelernt." Am 1. September 1760 tritt der Viereinhalbjährige erstmals vor ein Publikum, ohne die mindeste Scheu zu zeigen

Die ersten Reisen

Ein Jahr später faßt Leopold Mozart dann den Entschluß, seine Kinder „der Welt" vorzuführen. Er hält dies – neben dem üblichen Vaterstolz, der sicherlich auch mitspielt – für eine ihm von Gott übertragene Aufgabe. Die erste „Kunstreise" führt nach München, die nächstgelegene Großstadt, d. h. der nächstgelegene wichtige Hof. Kurfürst Maximilian ist so verblüfft, wie es in den nächsten Jahren alle hohen Herrschaften sein werden, die den Besuch der Mozarts erhalten. Die nächste Fahrt führt in die entgegengesetzte Richtung. Über Linz – wo am 1. Oktober 1762 konzertiert wird – nach Wien, wo Kaiserin Maria Theresia die Salzburger Musikerfamilie zweimal herzlich empfängt. Aus Wien hören wir von der ersten Krankheit Wolfgangs: Scharlach oder Knotenrose? Immerhin kann der Knabe im November einige Konzerte in Adelspalästen geben, wobei des Staunens kein Ende ist und jedesmal eine gut gefüllte Börse mit Goldstücken oder ein wertvolles Schmuckstück in die Hände des Vaters gleitet. Von Wien ein Abstecher nach Preßburg; nahe von hier lebt Haydn, aber der ist noch nicht so berühmt, daß er Vater Mozart als besuchenswürdig erscheint. Über den Jahreswechsel befinden sie sich auf der in Etappen zurückgelegten Heimfahrt.
In den freien Stunden, wenn weder Musik noch andere Fächer unter des Vaters Anleitung zu studieren sind, kennt Wolfgang keine liebere Beschäftigung als Komponieren. 1762 sind vier Klavierstücke entstanden, die eines noch fernen Tages – 70 Jahre nach Mozarts Tod – ihre Numerierung als No. 2, 3, 4 und 5 im Verzeichnis des Ludwig Ritter von Köchel empfangen werden, der sich der Lebensaufgabe unterzieht, Mozarts Werke zu ordnen („Köchelverzeichnis", abgekürzt KV). Vater Leopold hat nach den überwältigenden Erfolgen von München und Wien den Entschluß gefaßt, nun auf

Früh übt sich, was ein Meister werden will: Komposition des sechsjährigen Mozart, mit Anmerkungen des Vaters.

„große Fahrt" zu gehen. Daß Eltern und Kinder allerdings ohne Unterbrechung dreieinhalb Jahre unterwegs sein würden, das ahnte niemand, wohl nicht einmal Leopold selbst. Hätte er es sonst vielleicht unterlassen? Der in seiner Erziehungsarbeit bewundernswerte Vater, der es vermochte, allein alle genialen Fähigkeiten in seinem Sohn zu entwickeln und zu höchster Meisterschaft zu bringen, hat seinen Kindern im zartesten Alter Strapazen zugemutet, die kaum ein Erwachsener schadlos überstanden hätte: unbequeme Reisewagen, schlechte, im Winter aufgeweichte Straßen, unbequeme Gasthöfe, unregelmäßige Ernährung. Dazu jeden oder fast jeden Tag das Anlegen der Galakleidung, die Besuche bei den örtlichen Potentaten, Probespiel in kalten Sälen, vier-, fünf- und mehrstündige Konzerte bis in die Nacht. Hier wird zweifellos der Grund gelegt zu überraschend vielen Erkrankungen verschiedenster Art. Nicht nur der Körper wird überanstrengt. Was verlangen seine Hörer nicht alles von seinem Geist! Da sie an ein solches Wunder kaum glauben können, „prüfen" sie es gründlich und in jedem Palast, in jeder Stadt von neuem: Wolfgang muß mit verdeckter Klaviatur spielen, Stücke in viele Tonarten versetzen – also transponieren –, eine ihm zugerufene Melodie sofort mit ansprechenden Bässen spielen, bekannte Tonstücke improvisatorisch variieren. Er lacht nur dazu, scheint selbst immer Schwierigeres zu verlangen. Er ist fröhlich, spitzbübisch, versetzt alle in heiterste Laune. Woher kommen diese unbegreiflichen Fähigkeiten?

Am 9. Juni 1763 ging die Fahrt los. Hoch bepackt stand der Wagen am „Alten Markt" und sammelte die Fahrgäste ein, ganz nahe dem Wohnhaus der Mozarts in der Getreidegasse. Freunde und Nachbarn umdrängten die Reisenden, wünschten Glück für das gewaltige Abenteuer, dessen Ziele sie sich nicht einmal vorstellen konnten. Am 12. Juni erreichen die vier Mozarts München, werden schon am nächsten Tag vom Kurfürsten empfangen. Am 22. geht es weiter nach Augsburg, wo innerhalb einer Woche drei Konzerte gegeben werden. Wolfgang spielt Cembalo, aber auch Geige, die er schon erlernt hat, das Nannerl singt und spielt mit dem Bruder vierhändig, in einigen Stücken fügt Leopold sein Violinspiel hinzu. Dann geht es über Ulm, Ludwigsburg, Bruchsal nach Schwetzingen, in dessen bezauberndem Schloß sie am 18. Juli vor dem Kurfürsten Karl Theodor von der Pfalz auftreten, einem der musikverständigsten Landesherren seiner Zeit. Dann folgen vier Konzerte in Frankfurt am Main, bei denen ein vierzehnjähriger Bürgersohn im Publikum sitzt, der bis an sein Lebensende den „siebenjährigen Kavalier mit dem kleinen Degen an der Seite" nicht vergessen wird, der so prächtig Klavier spielte: Goethe.

Weiter geht die Fahrt über Koblenz, Bonn, Köln, Aachen ins Niederländische hinein nach Lüttich, Löwen und Brüssel, und schließlich nach Paris.

Am 24. Dezember 1763 konzertieren sie vor dem Hof in Versailles, wo sie auch am Neujahrstag 1764 zur Tafel geladen werden. In Paris wird das erste Notenheft Wolfgangs gedruckt: Sonaten für Klavier und Geige (im Köchelverzeichnis später die Nummern 6, 7, 8, 9). Auf Rat des zum guten Freund gewordenen Barons Friedrich Melchior Grimm, der sich von Anfang an als sehr wirkungsvoller Beschützer der Mozarts hier erwies, wo er selbst eine bedeutende Rolle im geistigen und gesellschaftlichen Leben spielte, widmet Wolfgang den Band der Prinzessin Victoire de France.

Die Fahrt nach London

Vater Leopold wird zum Chronisten der Reise. Er berichtet oft und recht ausführlich in die Heimat, wo vor allem der Freund Lorenz Hagenauer über die Fahrten, Konzerte und Triumphe der Mozarts unterrichtet wird, so daß für Verbreitung der Nachrichten in Salzburg gesorgt ist. Leopold fügt den Konzertnachrichten, der Aufzählung der hohen und höchsten Persönlichkeiten, die sie „kennenzulernen die Ehre haben", den Sätzen, daß mit Gottes Hilfe das Befinden aller gut sei, manche persönliche Beobachtung hinzu: über Gehenkte, die z. B. kleiner Diebstähle wegen hingerichtet wurden, was er richtig findet, da sonst bald niemand mehr sicher sei. Die Weiterreise bringt sie am 23. April 1764 nach London.

Frühe Skizzen in einem Notenbüchlein des achtjährigen Wolfgang.

Am 27. April und 19. Mai finden für sie Empfänge am Hof Georgs III. statt. Am 5. und 29. Juni gibt es öffentliche Konzerte, am 25. Oktober abermals ein Vorspiel beim König. Wolfgang lernt hier den jüngsten Sohn des vor 14 Jahren verstorbenen Thomaskantors Johann Sebastian Bach kennen: Johann Christian, der in London eine glänzende musikalische Tätigkeit entfaltet. Für einige Jahre hat der Knabe Wolfgang sein menschliches wie künstlerisches Ideal gefunden. Der blendende galante Stil Johann Christians, reinstes Rokoko, virtuos ohne Oberflächlichkeit, empfindsam ohne Schwerfälligkeit: Das schwebt dem Knaben nun vor, zumal es dem vom Vater Erlernten nur zur vollsten Bestätigung wird. Mit verdoppeltem Eifer geht der Knabe nun an immer neue Kompositionen, die ihm mit unfaßbarer Leichtigkeit aus der Feder fließen: weitere Sonaten, die mit Violine oder Flöte, manche auch mit Cello gespielt werden können (KV 10, 11, 12, 13, 14, 15), dann hält der knapp Neunjährige sich für reif genug, eine Sinfonie zu versuchen. Sie ist dreisätzig, steht in Es-Dur – keine leichte Tonart – und erklingt erstmals in London am 21. Februar 1765. Wolfgang wirkt bei vielen öffentlichen Veranstaltungen mit, er spielt in vielen Adelshäusern. Doch der Vater, dem natürlich alles „Geschäftliche" obliegt, zeigt ein ernstes Gesicht. Das große Abenteuer, auf das er sich da mit seiner gesamten Familie eingelassen hat, kostet viel. Und so finden wir in Londoner Blättern Anzeigen, Wolfgang werde sich an bestimmten Tagen in seinem Gasthof „vor Interessenten produzieren", natürlich „gegen ein mäßiges Entgelt". Wird Wolfgang da zur Schau gestellt wie ein seltenes Tier? Die „Interessenten" – wir wissen leider nichts Näheres über diese Art der Veranstaltung – verlangen sicherlich musikalische Kunststücke zu hören, Improvisationen über mitgebrachte Themen, vielleicht sogar Reminiszenzen an den „alten Stil", Fuge und Kontrapunkt, die noch vereinzelte Anhänger haben. Auch sie bringen Wolfgang nicht aus der Fassung, auch davon hat der Vater ihm erzählt und als aus dem Barock stammender Mann beigebracht. Der ist übrigens stets dabei, nimmt die Honorare entgegen, die nur allzu oft aus Schmuckstücken, Tabatièren oder anderen schwer zu veräußernden Stücken bestehen. Er erkennt, wie er nach Salzburg schreibt, daß auf solchen „Kunstreisen" keine Reichtümer zu sammeln seien und daß er beinahe einen zweiten Wagen mieten muß, um die Geschenke heimzubringen, die Wolfgang Spaß machen, aber kaum realen Gewinn bedeuten. Doch eisern hält Leopold durch. Das unerschütterliche Gefühl seiner „Aufgabe" erfüllt ihn nebst dem begreiflichen Wunsch, sein Kind so berühmt zu machen, daß ihm später die guten Postenangebote von Fürstenhöfen in Europa nur so zufliegen würden. Gerade in diesem Punkt aber hat Leopold sich, schlimmer als in allen anderen, gründlich geirrt.

Am 1. August 1765 ziehen sie weiter: über Dover, Calais, Lille (wo Wolfgang erkrankt), Gent, Antwerpen, Rotterdam nach Den Haag, wo der Statthalter der Niederlande sie zu einem Konzert lädt. Unmittelbar danach erkranken beide Kinder schwer, Wolfgang sogar lebensgefährlich. War es Typhus oder Gelenkrheumatismus? Wolfgang liegt während der Monate Oktober und November mit beängstigenden Symptomen im Bett. Erst Ende Januar 1786 kann der nunmehr Zehnjährige im Haag und in Amsterdam konzertieren. In den Stunden, die nicht den Empfängen, Konzerten, Aufwartungen gewidmet sind, sitzt der Knabe beim flackernden Kerzenschein im dunklen holländischen Winter und schreibt Noten. Er gibt weitere Konzerte in Amsterdam, spielt dann in Utrecht und auf den Orgeln von Gent, Antwerpen und Haarlem.

Am 10. Mai 1766 sind die Mozarts wieder in Paris, dann geht es über Dijon und Lyon nach Genf, wo der Katholik Leopold einen ängstlichen Bogen um den alten kranken Freidenker Jean-Jacques Rousseau macht, der nicht an Wunder glaubt, aber Wolfgang gern hören würde. Dann gibt es ein Konzert in Lausanne am 14. September 1766, bevor der Weg über Bern nach Zürich weiterführt. Hier gibt es zwei öffentliche Konzerte in einem Saal neben der Frauenmünsterkirche und einen „Kunstabend" im Haus des bedeutenden Gelehrten Salomon Geßner, der sich mit Vater und Sohn Mozart herzlich anfreundet. Über Winterthur und Schaffhausen gelangen sie nach Donaueschingen, wo der musikliebende Fürst von Fürstenberg die Kinder, vor allem Wolfgang, nicht weniger als neunmal konzertieren läßt. Über Ulm und Augsburg geht es zu einem Orgelwettstreit nach Biberach und schließlich nach München. So nahe sie nun schon der Heimat sind, zuerst muß hier noch ein Konzert absolviert werden. Am 30. November 1766 rollte dann der Wagen endlich, endlich in Salzburg ein. Dreieinhalb Jahre sind vergangen, eine ungeheure Spanne im Leben eines Kindes. Berühmt kehrte Wolfgang heim, „ganz Europa" spricht von ihm, wie der Vater immer wieder in alle Gespräche einfließen läßt. Doch der nun fast Elfjährige ist so lustig und natürlich geblieben, wie er es bei der Abreise war, er erzählt Vergnügliches von der Reise, heitere Zwischenfälle, Spitzbübereien. Konzerte, Erfolge erwähnt er kaum, nur auf Befragen, sie sind wie eine alltägliche Beigabe zu den Erlebnissen, die er unterhaltend und interessant findet. Während der Vater gleich wieder zum Dienst in die fürsterzbischöfliche Residenz eilt – sehr wohl dürfte ihm bei dem überlangen Urlaub nicht gewesen sein, doch sein Brotherr läßt Gnade vor Recht gehen –, hat Wolfgang Zeit, die unterwegs beschriebenen Notenblätter zu ordnen: ein in Paris entstandenes „Kyrie", eine in London verfaßte Motette auf einen englischen Text („God is our refuge"), eine Sinfonie in B-Dur (KV 22), die in Amsterdam gespielt worden war, eine im Haag vollendete Sopranarie („Conservate fedele", KV 23), Variationen über holländische Lieder zum Selbstgebrauch in dortigen Konzerten, einen köstlichen Spaß, den er (oder der Vater) „Gallimatias musicum" nennt, ein Quodlibet, in dem jede Stimme eine andere Weise anstimmt und sich doch alles zur Einheit fügt.

Mit elf Jahren wird er aufgefordert, den ersten Akt einer „Schuloper" (Die Schuldigkeit des Ersten Gebots) zu schreiben. Michael Haydn sollte den zweiten, der Domorganist Cajetan Adlgasser den dritten Akt komponieren, eine ehrenvolle Aufgabe, deren er sich glänzend entledigt. Zwei Monate nach deren Aufführung (am 12. März 1767) kann Wolfgang bereits am 13. Mai ein neues Werk vorlegen: die lateinische Komödie „Apollo et Hyacinthus". Einen nicht versiegenden Strom von Musik vermag das Kind zu gestalten: drei Klavierkonzerte (bei denen, wie damals durchaus üblich, auch fremde Themen verarbeitet werden), einige so-

genannte „Kirchensonaten" für zwei Violinen, Baßinstrument und Orgel, eine Kantate mit dem recht unkindlichen Namen „Grabmusik", die er einige Jahre später mit einem Schlußchor versehen wird.
Eine neue Reise erfolgt, nachdem sie kaum zehn Monate daheim waren, und es ist eigentlich unverständlich, daß der Landesherr seinem Vizekapellmeister und ersten Geiger Leopold Mozart derart viele und lange Abwesenheiten gestattet. Nun, nach der „Weltreise" – was die vorige Fahrt in der Ansicht der Zeit durchaus gewesen sein mag – erkannte Leopold mit wachsender Besorgnis die Enge Salzburgs, vor der er seinen genialen Sohn unbedingt bewahren wollte. Konkreter als bei der großen Fahrt scheint ihm nun dieses Mal ein bestimmtes Ziel vor Augen zu treten: Wien, die Musikstadt, in der es eines baldigen Tages seinem Sohn leicht werden sollte, eine hohe und angesehene Stellung zu erhalten. Am 11. September 1767 reisen die Mozarts aus den Toren Salzburgs hinaus, über Lambach, Linz und Melk – wo Wolfgang auf der herrlichen Stiftsorgel spielt – nach Wien. Doch bevor sie hier noch etwas unternehmen können, müssen sie vor einer Pockenepidemie in das mährische Olmütz (Olomouc) flüchten. Trotz aller Vorsicht erkranken beide Kinder, Nannerl ist inzwischen sechzehn Jahre alt geworden. Wolfgang liegt neun Tage fast völlig erblindet darnieder. Sein Gastgeber, der Domdechant Graf Podstatzky, der die Krankheit nicht fürchtet, nimmt sich des Genesenden rührend an: Kartenkunststücke unterhalten Wolfgang besonders, und zum Erstarken und um den Organismus wieder voll funktionstüchtig zu machen, läßt er dem Knaben Fechtunterricht erteilen.

Die erste Oper

Inzwischen ist die Epidemie abgeflaut, Anfang Januar 1768 kann man nach Wien zurückkehren. Hier erscheint es dem Vater am wichtigsten, für Wolfgang eine *scrittura* zu erhalten, einen Opernauftrag, der ihn über Nacht unter die führenden Theaterkomponisten einreihen sollte. Der Plan scheint zu gelingen, der Kontakt mit dem Hoftheater ist schnell hergestellt, Giuseppe Affligio, der (natürlich italienische) Intendant, erteilt den Auftrag. Er gibt ihm einen Stoff Goldonis, dessen reizende Komödien zahlreichen italienischen Komponisten Stoff und Gelegenheit zu amüsanten Opern liefern. Der Theaterdichter Marco Coltellini hatte bereits die Verse geschmiedet, der zwölfjährige Mozart brauchte nur noch an die Arbeit zu gehen. Leopold war felsenfest davon überzeugt, daß er dies meisterhaft erledigen werde. Es scheint auch so. Der Knabe schreibt Arien, Duette, Ensembles zu dieser „La Finta Semplice" (Die sich verstellende Einfalt, Die vorgetäuschte Naive). Alles fällt ihm leicht wie immer, er kann technisch einfach alles. Nach Fertigstellung des ersten Akts scheinen die Sänger, die das Werk aus der Taufe heben sollen, entzückt. Aber nach Beendigung der 558 Partiturseiten – Vater Leopold hat sie genau gezählt – wird es auf einmal sehr still. Affligio schiebt das Premierendatum immer weiter hinaus, bis klar wird, daß er an eine Aufführung überhaupt nicht mehr denkt. Leopold tobt, schreibt empörte Briefe, wendet sich an den Kaiser. Doch er stößt an eine Wand, die Gegengruppe scheint zu stark. Die Angelegenheit bleibt – bis zum heutigen Tag – undurchsichtig. Gab es die „italienische Partei", von der Leopold nun bis an sein Lebensende als von den Todfeinden seines Sohnes sprechen und schreiben wird, wirklich? Hatte sie sich verschworen, keinen Nichtitaliener in Wien oder anderen wichtigen Städten Europas stark werden zu lassen? Affligio war, wie sich herausstellte, kein vollendeter Ehrenmann, aber war Mozart ein vollendeter Opernkomponist? Sollte Leopolds aufdringliche Art, seinen Sohn überall als das größte Genie zu bezeichnen (womit er, wie wir heute wissen, recht hatte), Wolfgang mehr geschadet als genützt haben? „La Finta Semplice" wurde nicht in Wien, sondern ein Jahr später in Salzburg uraufgeführt.

Der Wiener Arzt Franz Anton Mesmer, vieldiskutierter Entdecker des Magnetismus zu Heilzwecken. In seinem Wiener Palais findet die Premiere von Mozarts „Bastien und Bastienne" statt, und Mozart parodiert ihn viel später in „Così fan tutte".

Für die schmerzende Enttäuschung wurden den Mozarts in Wien zwei allerdings kleinere Genugtuungen zuteil. Der vielgenannte Arzt Dr. Franz Anton Mesmer, der als einer der Vorläufer der „Naturheilkunde" genannt werden muß, bestellte für eines der in seinem Wiener Palais und Garten abgehaltenen Feste eine kleine Spieloper, für die der ursprünglich französische Stoff von „Bastien und Bastienne" gewählt wurde. Die Uraufführung des reizenden Werks fand im Oktober 1768 vor zahlreichen und verständigen Gästen statt. Die zweite Freude bestand in der Komposition und Leitung einer von der Waisenhauskirche (die dem Kaiserhaus nahestand) bestellten Messe, die am 7. Dezember 1768 starken Eindruck auslöste. So endete das bittere Jahr doch noch versöhnlich. Mit zwei neuen Sinfonien (KV 45 und 48), einer weiteren Messe (KV 49), geistlichen Kompositionen und Liedern im Gepäck kamen die Mozarts am 5. Januar 1769 nach Salzburg zurück.

Ein ruhiges, ganz dem Lernen und Schaffen gewidmetes Jahr liegt vor Wolfgang. Am 1. Mai erklingt „La Finta Semplice", viel weniger glanzvoll, als sie es sich für Wien erträumt hatten, und ohne jeden materiellen Gewinn, wie Leopold übel vermerkt. Auch die anderen Kompositionen bringen keine klingende Münze ins Haus, weder die kurze Messe KV 65, noch eine Arie mit Rezitativ, ja nicht einmal die 39 Menuette für den Salzburger Karneval. Im Sommer schreibt Wolfgang Serenaden und unterhaltsame sieben- und achtsätzige Orchesterwerke, die er *Cassazioni* nennt, fröhliche, sonnige Musik, in der manchmal ein inniger Gedanke aufblitzt: Der Mozart der Reifezeit kündigt sich an. Dazu treten die „Dominicus-Messe", ein Offertorium, ein Tedeum, viel Kirchenmusik also, mit der er im frommen Salzburg wohlvertraut ist. Könnte sie eines Tages Wolfgangs Broterwerb bilden? Doch der Vater findet seinen Sohn zu genial für Salzburg. Nun macht der Fürsterzbischof ihn am 27. November 1769 zum Konzertmeister der Hofkapelle. Zwar ohne Gehalt, aber es ist doch ein erstaunlicher Posten für den noch nicht Vierzehnjährigen.

Doch Vater Leopold begnügt sich nicht. Ja er sieht in den Salzburger Erfolgen fast eine Gefahr. Hinaus muß sein Sohn, hinaus, wo der große Pulsschlag der Musikwelt geht. Und so tritt er abermals vor seinen Brotherrn und bittet, dieses Mal auch im Namen seines nun ebenfalls in der Residenz angestellten Sohnes, um Urlaub. Und wieder, es ist erstaunlich, wird er ihm gewährt. So brechen Vater und Sohn, dieses Mal allein, am 13. Dezember 1769 auf, mitten im Alpenwinter. Es ist, als habe Leopold Eile, da er nun überzeugt ist, das Richtige zu tun. Am 10. Januar 1770 gibt es ein Konzert in der Philharmonischen Gesellschaft zu Mantua. Sie bleiben zwei Monate lang in Mailand, wo Wolfgang beim österreichischen Statthalter der Lombardei spielt und auch ein öffentliches Konzert gibt. Mit einem Opernauftrag für das *Teatro Ducale* reisen sie weiter. Leopold ist vorsichtig geworden: Diese Mailänder *scrittura* darf einfach nicht mißlingen. Und so reisen sie von hier nach Bologna, wo Italiens berühmtester Lehrmeister lebt, der große Padre Giambattista Martini, eine der höchsten Autoritäten des Abendlands. Auf dem Weg zu ihm schreibt Wolfgang sein erstes Streichquartett (KV 80). Gern hätte er dem fast legendären Mann etwas Opernhaftes mitgebracht, aber er hat keinen Text. Padre Martini begrüßt ihn überaus freundlich und bestellt ihn zu eingehenderem Studium für den Sommer. Zwei Tage später, am 26. März 1770, gibt Wolfgang ein Konzert im Palast des Grafen Pallavicini, der zum wertvollen Mäzen des Knaben wird. Am 29. reisen sie weiter nach Florenz, wo Wolfgang Amadeus am 2. April fünf Stunden lang am toskanischen Hof seine Künste zeigen muß. In Rom hört Mozart das berühmte „Miserere" von Gregorio Allegri (1584–1652), eine neunstimmige Komposition von ziemlicher Länge, deren Verbreitung außerhalb des Vatikans unter Strafe der Exkommunizierung verboten ist. Wolfgang wünscht sich sehnlich, es kennenzulernen. Nachdem er das Werk gehört hat, läuft er sofort in den Gasthof und schreibt es aus dem Gedächtnis fehlerfrei in allen neun Stimmen nieder.

Am 5. Mai 1770 setzen Vater und Sohn die Fahrt über Capua nach Neapel fort, wo Wolfgang zwischen Besuchen in Portici, Pozzuoli und Pompeji am 28. Mai ein Konzert gibt. Er schreibt launige Briefe nach Haus, die selten einen „vernünftigen" Satz enthalten, er gefällt sich in unsinnigsten Wortbildungen, an denen ihn vielleicht manchmal nur der Klang reizt.

Am 26. Juni sind sie wieder in Rom, wo Papst Clemens XIV. Wolfgang zum „Ritter vom Goldenen Sporn" ernennt, was ihm das Recht verleiht, sich „Cavaliere" zu nennen; er hat es, außer in humoristischen Briefen, nie getan (während Gluck diese gleiche Auszeichnung sehr ernst nahm). Er dankt dem Papst, wie so üblich, in einer Privataudienz am 8. Juli 1770. Am 20. meldet er sich wie vereinbart bei Padre Martini in Bologna. Zugleich beginnt er sich mit dem Textbuch zu befassen, auf das er seine große Opera seria „Mitridate, Re di Ponto", den Opernauftrag für Mailand, schreiben soll.

Der Padre Martini kommt aus dem Staunen über seinen „Schüler" nicht heraus: So stellt er ihn bereits am 9. Oktober 1770 der Philharmonischen Akademie seiner Stadt vor, die einen altehrwürdigen Ruf genießt. Wolfgang muß, in strenger Klausur, eine Reihe von Aufgaben lösen, die den namhaftesten Musikern Kopfzerbrechen verursachen könnten, für ihn aber eine vergnügliche Spielerei darstellen. Er beendet die Arbeiten lange vor der festgelegten Zeit. Mit Zeichen aufrichtiger Bewunderung wird er in die Bologneser Akademie aufgenommen, „Vollmitglied" einer der angesehensten Musikgesellschaften der damaligen Welt.

Auf diesen Triumph folgt ein zweiter. Am 26. Dezember geht im herzoglichen Opernhaus von Mailand seine „große Oper" mit außerordentlichem Erfolg in Szene. Schon bei den von ihm geleiteten Proben verbreitet sich eine glänzende Stimmung, die sich in der Stadt herumspricht. Ein vorausgehendes Konzert im Palast des Grafen Firmian erweckt wiederum das Erstaunen eines mu-

Linke Seite: 1777 wird Mozart mit dem ihm verliehenen päpstlichen „Orden vom Goldenen Sporn" porträtiert. Das Original ging verloren. Die hier gezeigte Kopie wurde für Padre Martini angefertigt. Oben: Padre Giambattista Martini in Bologna war die höchste musikalische Autorität des 18. Jahrhunderts. Der vierzehnjährige Mozart verblüffte ihn durch sein Können.

sikgewohnten Publikums. Man müßte eigentlich den 26. Dezember 1770 als einen der Höhepunkte in Mozarts Leben einstufen: Der noch nicht Fünfzehnjährige steht vor einem siebzigköpfigen Orchester und wird stürmisch gefeiert. „Mitridate, Re di Ponto" stammt vom berühmten Barockdichter Metastasio. Stoff und Bearbeitung liegen Mozart nicht so recht, aber er kann sich ohne Schwierigkeiten in ältere Musikzeiten versetzen und trotz seines durchaus rokokohaften Naturells in „alten Formen" komponieren. Man merkt es erst viel später, bei seinen reifen Opern – vom „Idomeneo", von der „Entführung" angefangen bis zur „Zauberflöte" –, daß er bei dieser Arbeit vermutlich nicht besonders glücklich war, außer darüber, daß er glänzend alles Technische beherrscht. „Mitridate" wurde eine gute, weitgehend der damaligen *Opera seria* nachempfundene, wenn nicht unbewußt abgeschaute Oper, die Mozart in den Rang eines sehr beachtenswerten Mitglieds der Neapolitanischen Schule versetzte. Mehr konnte man nicht erwarten. Mozarts Unsterblichkeit zu begründen, war diese Oper nicht geeignet. Der Vater ist hochbefriedigt: Wenn nur „die Italiener" in Wien dies bald erführen! Ein ganz klein wenig ärgert es ihn, daß die beiden wichtigsten Opernstädte, Neapel und Venedig, nicht mitzogen und dem so meteorhaft aufgetauchten jungen Meister ihrerseits keine Aufträge erteilten. Immerhin, Lissabon hat bei einem Kopisten eine Abschrift der Oper bestellt: Wolfgang teilt dies der Schwester mit, als er ihr von der erfolgreichen Premiere – 17 Tage später – berichtet. Woher weiß er das? Vom Kopisten! Seltsame Bräuche, wird der heutige Theaterkenner erschreckt sagen. Aber so geht es damals zu: Jede Bühne kann jedes ihr genehme Stück abschreiben lassen und aufführen, ohne Vertrag mit dem Autor und natürlich ohne jede Zahlung an ihn! Geld bringen nur die Premieren ein. Hier liegt auch die Triebkraft für die massenhafte Opernproduktion der damaligen Welt.

Die Jahreswende bringt weiterhin Angenehmes: Am 4. Januar ein erfolgreiches Konzert bei Graf Firmian in Mailand, am nächsten Tag die Ernennung Wolfgangs zum Ehrenkapellmeister der Akademie von Verona, am 4. März die Ausfertigung eines neuen Opernvertrags für Mailand, am nächsten Tag ein Konzert in Venedig. Und dann endlich die Heimkehr nach Salzburg, wo sie am 28. März 1771 ankommen. Aber, so unglaubhaft es klingen mag, nach viereinhalb Monaten Dienst in Salzburg brechen sie schon wieder auf, zum zweiten Mal nach Italien. Wieder ziehen Innsbruck, Brixen, Bozen, Trient, Rovereto, Verona und Brescia vorüber. Kurz nach der Ankunft in Mailand besuchen sie einen der berühmtesten Musiker jener Zeit: den Deutschen Johann Adolf Hasse, der längst zum „italienischen" Opernschöpfer geworden ist. Er nimmt die Reisenden herzlich auf, aber einer seiner viel später zutage gekommenen Briefe läßt uns einen doch unerwarteten Einblick tun: „Der junge Mozart ist für sein Alter sicher ein Wunder, und ich liebe ihn wirklich unendlich. Der Vater ist, soweit ich sehe, ewig und mit allem unzufrieden. Darüber wird inzwischen auch hier geklagt. Er vergöttert seinen Sohn etwas zu sehr und tut was möglich ist, ihn zu verderben. Aber ich habe von dem natürlichen Sinn des Jungen eine so gute Meinung, daß ich hoffe, er wird sich trotz der Schmeicheleien des Vaters nicht verderben lassen, sondern ein wackerer Mensch werden ..."

Mozart Vater und Sohn sind wieder in Mailand, und die festliche Aufführung der *Serenata teatrale* „Ascanio in Alba" wird zur Vermählung des Erzherzogs Ferdinand vorbereitet. Sie wendet sich, wie alle derartigen Festspiele jener Zeit, zuletzt direkt an die Gefeierten, hier herrschen noch barocke Bräuche. Wieder schreibt Wolfgang also ein Werk, das ihm eigentlich „nicht liegt", auch wenn er dessen Stil beherrscht. Der Vater berichtet nach Salzburg stolz, daß der Sohn auch diese Aufgabe wieder einmal leicht erledigt. Und der setzt eine Nachschrift an den Brief: „Ich bin gesund, gott lob und danck. Viell kan ich nicht schreiben, erstens: weiß ich nicht was: zweytens: thun mir so die Finger von schreiben wehe ... ich pfeif oft meinen pfif, und kein mensch giebt mir antwort. Itz fehlen nur 2 Arien von der serenata hernach bin ich fertig ... ich hab keinen Lust mehr auf Salzburg, ich förchte, ich möchte auch närrisch werden." Interessant ist der letzte Satz: keine Lust mehr auf Salzburg, das ihn verrückt zu machen drohe. Wir werden uns dieser Worte noch zu erinnern haben. Nach dem Erfolg der *Serenata* (am 17. Oktober 1771) beginnen die Mozarts – ohne sich zu beeilen, wie immer – die Heimreise und kommen um den 16. Dezember in Salzburg an, wo sie die Stadt in tiefer Trauer um den Fürsterzbischof Sigismund finden, der soeben gestorben ist. Der Auftrag, eine Festoper zur Einsetzung des neuen Landesherrn, Hieronymus Graf Colloredo, zu schreiben, ergeht sofort an Mozart. Es soll „Il Sogno di Scipione" (Der Traum des Scipio) werden, ein barocker Text des Wiener illustren Hofdichters Pietro

Metastasio, der, vierundsiebzigjährig und weltberühmt, gar nicht bemerkt hat, daß er längst unmodern, hoffnungslos veraltet ist. Mozart macht tapfer – zum dritten Mal – barocke Musik, denn sein untrügliches Gefühl sagt ihm, daß eine andere Art zu diesem Text unmöglich wäre. Es ist nur interessant, welche Kluft zwischen diesen drei Theaterwerken und der zahllosen anderen Musik, vor allem Sinfonien und Kammermusik, besteht, die er im gleichen Zeitraum komponiert. Die Aufführung der Oper erfolgt Anfang Mai, ohne hohe Wellen zu werfen; Salzburg ist auch kein Meer, bestenfalls ein stiller (wenn auch sehr schöner) See, dessen Wolfgang, da er alle Winkel kennt, längst überdrüssig ist. Doch die Stadt tut wieder etwas für ihn: Er wird am 9. August endlich besoldeter Konzertmeister der Hofkapelle. Auch das macht den Mozarts keinen Eindruck. Und gleich wieder bittet der Vater um Urlaub, der ihm abermals gewährt wird. Am 24. Oktober 1772 sitzen Vater und Sohn im Reisewagen nach Mailand. Dort hat Mozart wieder eine neue Oper aufzuführen: „Lucio Silla", die am 26. Dezember in Szene geht. Wieder Barock, wieder – wenn auch nur als Bearbeiter – Metastasio. Seine Konzerte im Mailänder Palast haben den gewohnten Erfolg. An seinen Sinfonien – 1773 sind es wiederum sieben – kann man seinen Reifeprozeß ablesen. Sie sind verblüffend durch die Leichtigkeit der Schreibweise, vor allem aber wohl in der immer erstaunlicheren Meisterschaft der Melodie. Schon beim Kind bestand kein Zweifel daran und in den späteren Jahren wird es völlig klar, daß trotz aller Spannung seiner Harmonien, aller Lebendigkeit seiner Rhythmen doch seine höchste Begnadung in der Melodie liegt.

Mozart aber scheint keine ernsten Gedanken zu hegen. Die Briefe dieser Jahre zeigen ihn auf dem Gipfel der Unsinnigkeiten, Wortverdrehungen, Späße, die man in seiner Heimat ein reines „Geblödel" nennt: „Der Wolfgangerl" (von dem der Vater gerade im Brief nach Hause erzählt hat) „hat nicht Zeit zu schreiben, denn der hat nichts zu tun, er gehet im Zimmer herum, wie der Hund voll Flöhen", und „Nun sind wir schon zu botzen (Bozen), schon? erst! mich hungert, mich durst, mich schläffert, ich bin faul, ich bin aber gesund. Zu Hall haben wir daß Stift gesehen, ich habe dort auf der orgel gespielt ... lebe wohl, schreibe mir was neues, botzen dieses Sauloch ..."

Suche nach einer adäquaten Stellung

Und wieder beeilen Vater und Sohn sich keineswegs, um zu ihrem Salzburger Dienst zu kommen. Am 17. Januar 1773 dirigiert Wolfgang in der Mailänder Theatinerkirche seine Motette „Exultate, jubilate", ein beglückendes Meisterstück, das er wenige Tage zuvor komponiert hat: Er hat ein Juwel von überirdischer Reinheit und prächtiger Sangbarkeit geschaffen. Der Vater „entschuldigt" dem Brotherrn gegenüber ihr längeres Verweilen mit einer (dieses Mal erfundenen) Krankheit des Sohnes und einer (auch nicht stichhaltigen) Notensuche für das Salzburger Hoforchester; in Wahrheit verzögert er die Heimfahrt, da sich in Florenz endlich die für ihn wichtigste Aussicht zeigt: Am Hof des Großherzogs der Toskana könnte Wolfgang vielleicht ... Doch sehr schnell zerschlagen sich die Verhandlungen für die ersehnte Anstellung. Und so sind sie am 13. März 1773 wieder daheim.

Leopold läßt in seinen Bemühungen nicht nach. Im Juli schon – nur vier Monate waren sie in Salzburg – fahren sie schnell nach Wien. Irgend jemand hat von einer Anstellung Wolfgangs bei Hof gesprochen. Leopold, der schon so vielen auf die Nerven geht, „bettelt" nun in der Hofburg, natürlich vergebens. Warum bleiben sie trotzdem zwei Monate in Wien? Bei der Rückkehr ist der Landesherr immer noch nicht verstimmt. Immerhin läßt er seine Herren Vizekapellmeister und Konzertmeister wissen, daß in Zukunft unbegrenzte Urlaube nicht mehr möglich seien, daß er aber Wolfgang die Erlaubnis zum Reisen erteilen werde, sooft dieser den Opernauftrag eines Hoftheaters vorweisen könne. Der Fall tritt früher ein als erwartet, und Graf Colloredo hält sein Wort. Wolfgang soll für München eine „Karnevalsoper" schreiben. Endlich ein Lustspiel! Der Text zu „La Finta Giardiniera„ (Die Gärtnerin aus Liebe) stammt vom so vielgenannten Gluck-Librettisten Raniero di Calzabigi, ist aber, von den Reformideen weit entfernt, ein nettes Lustspiel der herkömmlichen Buffa-Art. Wolfgang kann sich, vielleicht zum allerersten Mal, in jener Richtung ausleben, die als eine der Hauptfacetten in ihm steckt: Mit „Humor"ist sie allerdings nicht ausreichend beschrieben.

Heinrich Eduard Jacob, der ausgezeichnete Mozart-Biograph, hat sie das „Faunisch-Clowneske" genannt. Es erklärt manches Seltsame seiner Briefe, und es bringt ihm die grenzenlose Verehrung des großen Dichters, Musikers und Malers E. T. A. Hoffmann, des Meisters von Skurrilem, Groteskem und Gespenstischem in der deutschen Kunst. „La Finta Giardiniera", ein harmloses Lustspiel, gefiel in München am 13. Januar 1775 ungemein. Ein Poet ist anwesend, Daniel Schubart: „... Genieflammen zucken da und dort, aber es ist noch nicht das stille Altarfeuer, das in Weihrauchswolken gen Himmel steigt, den Göttern ein lieblicher Geruch. Wenn Mozart nicht eine im Gewächshaus ge-

triebene Pflanze ist, so muß er einer der größten Komponisten werden, die jemals gelebt haben ..."
Mozart war, trotz der unbeschreiblichen Bevormundung durch den Vater, keine Treibhauspflanze, ist mit 19 Jahren ein vollkommenes Genie. Doch das „stille Altarfeuer" wird es bei ihm nie geben, auch „Jupitersinfonie" und „Zauberflöte" sind genaugenommen noch „Jugendwerke", voll Schwung und Begeisterung, wie sie eigentlich der „Stürmer und Dränger" Schubart sich nur wünschen konnte. Auch das Nannerl, nun eine vollendete junge Dame, war zur Premiere des Bruders nach München gekommen, aber Mozart fährt nicht mir ihr heim, er bringt es einfach nicht über sich. Erst am 6. März fährt er ab. Wieder ist „Salzburg" nicht böse, es führt bereits am 23. April 1775 seine soeben vollendete Oper „Il Re Pastore" (Der Hirtenkönig) auf. Wieder ein Metastasio-Text, den viele Betrachter „blutleer" schelten, der aber vielleicht „nur" barock ist. Doch er besitzt, was Mozart stets inspiriert: klingende Verse, eine edle Sprache. Neuere Aufführungen lassen tiefere Werte darin entdecken, als das dazwischenliegende romantische Jahrhundert erkannte.
Groß ist die Flut der Werke. Zwar brachte das Jahr 1774 „nur" drei Sinfonien (im Gegensatz zu sechs und sieben vorhergehender Jahre), doch auch ein Fagottkonzert, zwei- und vierhändige Klaviersonaten, eine Orchesterserenade und viel Kirchenmusik, die zumeist die Frucht längerer Aufenthalte in Salzburg ist, wo sein Freund Michael Haydn als Domkapellmeister ihn sicherlich oft um neue Stücke angeht. 1775 gibt es fünf Violinkonzerte, ein Bläser-Divertimento, Sonaten, Märsche, eine Serenade.
Doch nach über zwei Jahren Aufenthalt in Salzburg richtet am 28. August 1777 Wolfgang ein unterwürfiges, ganz im verlangten Hofstil abgefaßtes Schreiben an den Fürsterzbischof. Er bittet nicht um Urlaub, son-

Linke Seite: Pietro Metastasio (1698–1782). Seit 1730 kaiserlicher Hofdichter in Wien. Seine Opernlibretti wurden von vielen Komponisten seiner Zeit vertont und an den wichtigsten Bühnen Europas aufgeführt.
Rechts: Der Salzburger Fürsterzbischof Hieronymus Joseph Graf von Colloredo, der vielumstrittene Brotgeber von Leopold Mozart und dessen Sohn Wolfgang.

dern um Entlassung. Allerdings erinnert er seinen Herrn daran, daß dieser beim letzten Urlaubsgesuch bemerkte, Wolfgang habe in Salzburg nichts zu erwarten und tue besser daran, sein Glück andernorts zu suchen. Graf Colloredo knirscht da wohl mit den Zähnen, als er das liest. Und antwortet – so lautet seine Notiz auf dem Akte –, daß er, wie das Evangelium es vorschreibt, Vater und Sohn die Erlaubnis gebe, „ihr Glück weiter zu suchen". Nicht nur dem Sohn, der darum gebeten hatte, nein, auch dem Vater, der daran gar nicht dachte! Seine Kündigung wurde gnädigst rückgängig gemacht, sie hätte Leopold in schwere Verlegenheit gestürzt. Wohin hätte er gehen können? Vier Mäuler waren zu stopfen, zwei Erwachsene, zwei „Kinder", die eigentlich längst hätten selbständig sein müssen: eine sechsundzwanzigjährige Tochter, die ganz gegen den Brauch der Zeit unverheiratet geblieben war, und ein einundzwanzigjähriger Sohn, an dessen Fähigkeit, sich durchs Leben zu bringen, Vater Leopold allen Grund hatte zu zweifeln.

Die Reise mit der Mutter

Am 23. September 1777 verlassen sie Salzburg, Wolfgang, der überaus Aufgeweckte, Raschdenkende, Spitzbübische, auf musikalischem Gebiet Unschlagbare, und die gute Frau Mama, still, von edlen Gefühlen, wenn auch einfachster Ausdrucksweise, die an der Seite ihres charakterfesten Gatten sich nie zur Persönlichkeit entfalten konnte und genauso lebensfremd war wie ihr Sohn –, und noch viel weltungewandter als er. Nach einigen kleineren Konzerten in München fahren sie nach Augsburg, wo eine Verwandte, Maria Anna Thekla Mozart, Leopolds Nichte, Wolfgangs Cousine, „das Bäsle", sie erwartet und mit einer Herzlichkeit in die Arme schließt, die sie verblüfft. Das Bäsle ist zweieinhalb Jahre jünger als Wolfgang und von einer Freizügigkeit der Sprache und wohl auch des Benehmens, das der Vetter sofort nachzuahmen sucht. Oder ist er es (was durchaus ebenso anzunehmen ist), bei dem sich plötzlich eine ihm selbst verborgene oder unterdrückte Seite seines Wesens öffnet und übermächtig hervortritt, weil sie gereizt wird? Von „Liebe" zu reden wäre unsinnig, es ist nicht einmal eine Kameradschaft, denn von gemeinsamen Interessen ist – außer dem „Blödeln", dem übermütigen Spaßmachen, dem tollen Über-die-Stränge-Schlagen – keine Rede. Das Bäsle hat keine Ahnung, mit wem sie ihre ausgelassenen Spiele treibt. Lust an Phantasie jeglicher Art? Jedenfalls trafen sich zwei Halbwüchsige, die sich austoben mußten. Zumindest verbal, von anderem wissen wir nichts. Die Briefe sind erhalten und haben dem strahlenden Geniebild Mozarts eine grelle Rückseite angefügt, die wir nur verstehen können, wenn wir lernen, daß Genie des Künstlers mit Charakter oder Größe des Menschen keinen notwendigen Zusammenhang besitzen muß. Für den Musiker Mozart bleibt die Bäsle-Episode ohne Nachwirkungen, vielleicht mußte seine Vielfältigkeit einmal auch durch eine solche Erfahrung gehen. Des Bäsles späterer Lebensweg geht uns hier ja nichts mehr an. Das lustige, lebensfrohe, durchaus sympathische Geschöpf wurde nie wieder in die Kultur- oder Weltgeschichte gezogen, in die sie sich durch Zufall verirrt hatte. Sie wurde in bewegtem Leben die Gefährtin eines Geistlichen, dem sie viele Kinder gebar.

Rechts: Mozart schmückte einen seiner (kaum abdruckfähigen) Briefe an das Augsburger „Bäsle" mit deren Bild, dem Zusatz „Engel" und einem Gedicht, das er allerdings mit geringfügigen Änderungen von irgendwo abgeschrieben hatte. Rechte Seite: Das Schloß des Mannheimer Kurfürsten, des theater- und musikliebenden Karl Theodor. Das Orchester war vermutlich das erste, das mit kollektivem An- und Abschwellen spielte (Mannheimer Crescendo).

Station in Mannheim

Mozart aber ging, fast geradewegs, in ein nächstes, ganz anderes, ungleich tieferes Abenteuer – soweit es überhaupt möglich erscheint, bei Mozart von „tiefen" Erlebnissen zu sprechen. Wenn es sie gab, so lagen sie wohl auf rein musikalischem Gebiet. Das neue Abenteuer liegt halbwegs auf diesem Gebiet. Die Liebe tritt in Mannheim, ihrer nächsten Station, an den einundzwanzigjährigen Salzburger heran, in der Gestalt der jungen, aber schon hervorragenden Sängerin Aloysia Weber, der Sachverständige – nicht nur er – eine glänzende Karriere voraussagen. Mozart entflammt (wie er es öfter sein wird), schmiedet sogar Heiratspläne, die ihm so dringend erscheinen, daß er den Vater in Salzburg schriftlich um Erlaubnis bittet. Völlig bestürzt erhält er dessen sofort eintreffendes Donnerwetter, wie er es bisher noch nie erfahren hat. Hat man ihn dazu zur denkbar größten Musikerlaufbahn herangebildet, sein Genie in alle Richtungen entwickelt, daß er sich jetzt an die Rockschöße einer Sängerin hefte, für sie Arien komponieren, sie auf dem Cembalo begleiten dürfe, wo und wie sie es gerade wünsche? Der Brief bebt förmlich vor Empörung: Fort, sofort weg von Mannheim! Auf nach Paris, dem wahren Ziel der Reise!
Doch Wolfgang ist, wie immer, kaum aus einer Stadt fortzubringen, in der es ihm aus irgendeinem Grund besonders gefällt. Es muß nicht nur Aloysia gewesen sein, von der es übrigens gar nicht sicher ist, ob und wieweit sie Mozarts Liebe erwiderte. Der glänzende Cembalist, der „geschickte" Komponist sagten ihr zu, waren ihr nützlich, sehr willkommen, denn sie erhielt aus seiner Feder einige große Konzertarien, über die ihre Konkurrentinnen eben nicht verfügten. Gab es mehr? Doch, in Mannheim gab es für Mozart viel mehr: das beste Orchester, das er – zumindest seit seinen Kindertagen in London und Paris – je gehört hatte. Das Orchester, das zum ersten Mal ein vollendetes Crescendo und Diminuendo im Tutti ausführen konnte! Zudem eine Reihe von Musikerfreunden des Vaters, so Johann Christian Cannabich, der Konzertmeister dieses wundervollen Ensembles war. In seinem Haus wird viel musiziert, über Musik diskutiert, Wolfgang genießt in vollen Zügen. Er wird bewundert, er komponiert, erlebt eine der glücklichsten Zeiten seines Lebens.

Erfolglos in Paris

Leopold muß noch mehr donnern, bis für Wolfgang nach vielen Konzerten und einer letzten Soirée im Hause Cannabich am 14. März 1778 die Abschiedsstunde schlägt. Mozart hofft, nur kurz von Aloysia getrennt zu bleiben, aber immer noch kommt, wie in Kindertagen „nach dem lieben Gott gleich der Papa". Oder sogar vor ihm? Schweren Herzens reist Wolfgang mit seiner Mutter nach Paris, um die Erfahrung der ersten Liebe seines Lebens reicher. Doch Paris, das ihm noch in so guter Erinnerung steht, erinnert sich seiner überhaupt nicht mehr. Hat er noch nicht gelernt, wie vergänglich alles auf Erden ist und am vergänglichsten das Gedächtnis der Menschen? Vierzehn Jahre scheinen eine Ewigkeit für eine Weltstadt. Und für manchen, der sich des einzigartigen Wunderkinds von einst noch entsinnt, bedeutet der nun erwachsene Salzburger nicht mehr als hundert andere, die hier „ihr Glück" versuchen. Noch in Mannheim hatten die Freunde ihm große Chancen in Paris vorgegaukelt: große Operntheater, Konzertzyklen, wie die *Concerts spirituels*, die *Académie des amateurs*, Dutzende privater Salons. Fünf Louis d'ors erhielte man für jede kleine Sinfonie, die gespielt würde, drei für eine Serie von zwölf Lektionen an Private. Ein wahres Schlaraffenland.

Doch nun steht Mozart auf den belebten Straßen, sucht Häuser von einst, wo er überschwenglich gefeiert worden war. Alles erscheint seltsam verändert. Fruchtlose Gespräche, fast erniedrigende Verhandlungen. Endlich ein kleiner Lichtblick: Der berühmte Tänzer und Choreograph Jean-Georges Noverre braucht Musik für sein Ballett „Les petits riens", das am 11. Juni gegeben werden soll. Wie zumeist steht nur kurze Arbeitszeit zur Verfügung, doch es wird ein reizendes Stück. Bemerkt jemand die meisterliche Musik? Auf der Bühne ist so viel Grazie und Schönheit versammelt, daß die Musik beinahe untergeht. Eine Woche später wird seine D-Dur-Sinfonie (KV 297) in den *Concerts spirituels* gespielt, aber wieder findet sich kaum ein Widerhall. Wolfgang fühlt, daß er hier zu nichts kommen kann. Der Salzburger ist der höflichen Aalglätte nicht gewachsen. Zudem beginnt die Mutter zu kränkeln. Das schlechte Quartier – früher wohnte man bei Fürsten und Grafen –, das mangelhafte Essen, die ungenügende Pflege, die Einsamkeit in der fremden Stadt, das Heimweh verschlechterten ihren Zustand schnell. Am 3. Juli 1778 stirbt sie und wird am nächsten Tag auf dem Friedhof von St. Eustache begraben. Wolfgang ist so verzweifelt, daß er vollends den Kopf verliert. Er wagt es dem Vater nicht in voller Schwere mitzuteilen, schreibt, sie sei krank, bereitet behutsam auf das Schlimmste vor. Zugleich aber sendet er dem besten Freund des Hauses, Abbé Joseph Bullinger in Salzburg, einen langen Brief mit der vollen Wahrheit und der Bitte: „Erhalten Sie mir meinen Vater, sprechen Sie ihm Mut zu, daß er es nicht gar zu schwer und hart nimmt, wenn er das Ärgste erfährt..." Handelt Wolfgang falsch? Man kann es ihm kaum vorwerfen. Doch Leopold ist außer sich, als er die Wahrheit erfährt, überhäuft seinen Sohn mit schwersten Beschuldigungen, klagt ihn an, die Mutter vernachlässigt, nicht alles Mögliche zu ihrer Rettung

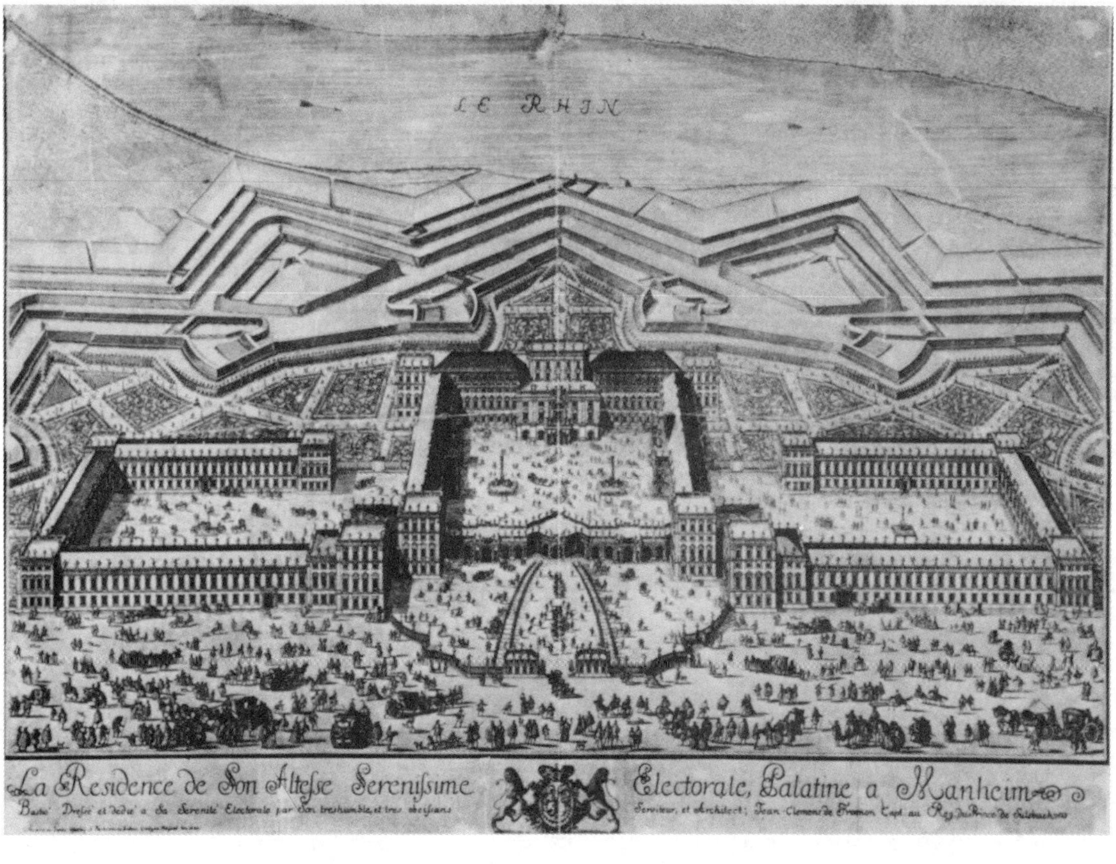

getan zu haben. Lange wird es nicht mehr – wenn überhaupt – zum alten Einvernehmen zwischen Vater und Sohn kommen.
Wolfgang aber, man kann es in vielen Situationen seines Lebens feststellen, überwindet sehr schnell alles Unangenehme oder Schmerzliche. Fast so schnell und anscheinend gründlich, daß man ihn für ein wenig gefühllos halten könnte. Schon am 9. Juli, die Mutter ruht erst fünf Tage in fremder Erde, schreibt er einen neuerlichen Brief an den Vater, in dem er sich des sehr langen und breiten über musikalische Fragen ausläßt, von einer Begegnung mit Piccini erzählt, von der Höflichkeit, mit der sie einander behandeln, und dann fortfährt: „Wenn ich eine Opera zu machen bekomme, so werde ich genug Verdruß bekommen – das würde ich aber nicht viel achten, denn ich bin es schon gewohnt... wenn nur die verfluchte französische Sprache nicht so hundsföttisch zur Musik wäre! Das ist was Elendes – die deutsche ist noch göttlich dagegen. Und dann erst die Sänger und Sängerinnen – man sollte sie nicht so nennen, denn sie singen nicht, sondern sie schreien, heulen – und zwar aus vollem Hals, aus der Nase und Gurgel..."
Er erhält keinen Opernauftrag, die Sorge wegen der Sänger ist unnötig. Auf dringende Vorstellungen des Vaters – wie konnte er selbst es vergessen? – wendet er sich an Baron Grimm, den großen Wohltäter von einst. Aber dessen Interesse oder Einfluß scheint geschwunden, er kann oder will dem Jüngling keinen Weg mehr bahnen wie damals dem Wunderkind. Er gesteht dem Vater: „Er ist zu treuherzig, zu wenig tatkräftig, allzu leichtgläubig, zu unbewandert in den Mitteln, die zum Erfolg führen könnten. Um hier durchzudringen, muß man schlau sein, unternehmungslustig, waghalsig. Ich wünschte ihm für sein Fortkommen halb so viel Talent, aber doppelt so viel Gewandtheit, dann wäre ich nicht besorgt um ihn..." Genauer ist Mozart selten charakterisiert worden.
Am 26. September 1778 stellt er den sinnlos gewordenen Kampf ein. In Straßburg gibt er drei Konzerte, dann fährt er nach Mannheim weiter. Doch nur wenige der Freunde sind noch anwesend: Der Hof ist in der Zwischenzeit nach München verlegt worden, mit ihm die Oper und mit dieser auch Aloysia. Natürlich fährt er sofort nach München, doch das Wiedersehen ist eine einzige Enttäuschung. Die Legende will von einem heftigen Auftritt zwischen den einstigen „Liebesleuten" wissen. Die junge Sängerin, in steilem Aufstieg begriffen, weist den immer erfolgloseren Musiker kühl ab. Mozarts erste Liebe ist hoffnungslos gescheitert. Er überreicht der pfälzischen Kurfürstin einige neue Violinsonaten, erhält eine angemessene Belohnung dafür und tritt die Heimreise an. Aber plötzlich, in diesem Augenblick steht das Bäsle da und steigt mit ihm in den Wagen. Es ist nicht anzunehmen, daß die beiden auf der ganzen Fahrt auch nur einen einzigen vernünftigen Satz miteinander gewechselt haben.

Hof- und Domorganist in Salzburg

Die Heimkehr ist bitter. Der Vater rechnet dem Sohn jeden Fehler vor, den er in Paris begangen habe – nicht zuletzt das Unglück mit der Mutter, aber kaum weniger die Erfolglosigkeit. Nur zwei Tage später gibt es eine große Überraschung: Wolfgang wird zum Hof- und Domorganisten ernannt. Er bekommt 450 Gulden im Jahr dafür, ein nicht hohes, aber keineswegs zu verachtendes Gehalt. Und doch freut es ihn nicht. Er ist innerlich fertig mit Salzburg. Er denkt an die Musiker in Italien, an deren freies, glänzendes Leben, die hohen Einkünfte, die umjubelten Opernvorstellungen. Was soll er noch in Salzburg? Aber wohin könnte er sonst gehen?
Im Juni erklingt in der Wallfahrtskirche Maria Plain, wunderschön auf einem Hügel über den Dächern von Salzburg gelegen, Wolfgangs „Krönungsmesse", in der von Enttäuschung und Bitternis nichts zu spüren ist. Es ist seltsam, wie wenig von dem äußeren Leben der schöpferischen Menschen in ihre Werke einzufließen pflegt. Es ist falsch zu glauben, einer traurigen Stimmung des Genies müsse unbedingt ein trauriges Werk entstammen und umgekehrt. Das Problem wird uns noch bei Beethoven und Schubert beschäftigen. Die Zahl der Werke dieses Jahres 1779 ist besonders groß: zwei Sinfonien, die herrliche Konzertante Sinfonie für Violine und Viola, ein Konzert für zwei Klaviere, eine Serenade, mehrere Märsche, ein Divertimento, mehrere Sonaten und Kirchensonaten, viel geistliche Musik, das Singspiel „Zaide", die Bühnenmusik zum Drama „Thamos, König von Ägypten" usw. Es sieht so aus, als wäre Mozarts Schicksal entschieden: Er wird ein beliebter, in Fachkreisen hochgeschätzter Musiker in einer kleinen Residenzstadt.
Doch plötzlich verändert eine Nachricht seine Lage: München bestellt bei ihm für den nächsten Karneval eine Oper. Graf Colloredo hält wieder Wort. Wolfgang, nun von neuem sein Angestellter, darf reisen. Der Text ist wiederum barock: Der Salzburger Geistliche und Dichter Giambattista Varesco hat ihn verfaßt. Die griechische Sage vom Kreterkönig Idomeneus liegt der Oper zugrunde. Am 5. November 1780 reist Mozart aus Salzburg ab. Er scheint von der neuen Oper sehr wenig oder gar nichts im Gepäck mitzuführen. Der Vater zeigte sich schon Tage zuvor aufs höchste besorgt und ermahnte ihn. Mozarts Antwort ist berühmt geworden, sie erhellte eine fast unglaubliche Situation: „Machen der Herr Papa sich keine Sorgen! Komponiert ist die Oper längst, ich muß sie nur noch niederschreiben..." Die riesige, „längst komponierte" Partitur fließt ihm in München leicht aus der Feder, wie immer. Am 29. dieses Monats November 1780 stirbt Kaiserin Maria Theresia in Wien, viele Menschen in Europa halten für kurz oder länger den Atem an. Mozart schreibt und ahnt nicht im mindesten, daß dieses Ereignis auf entscheidende Weise in sein Leben eingreifen wird. Am 1. Dezember beginnen die Proben. Mehrere der alten Mannheimer Freunde sind dabei, die Schwestern Wendling singen die weiblichen Hauptrollen, der leider schon merklich alternde Anton Raaff die Titelpartie. Unzufrieden ist Mozart nur mit einem jungen, unerfahrenen Kastraten, der den Idamante singen soll. Er mag diese „künstlichen" Stimmen nicht – wie er gegen alles Gekünstelte stets eine Abneigung hat –, aber italienisches Opernspiel ist ohne diese Stimmgattung undenkbar, die jedoch ihren Höhepunkt bereits überschritten hat.
„Idomeneo" erklingt am 29. Januar 1781, zwei Tage nach Wolfgangs 25. Geburtstag, und bringt ihm einen großen, ja begeisterten Erfolg, den Vater und Schwester stolz miterleben. Von höchster Warte aus betrachtet, ist

dieses Stück das erste völlig reife, großartige Bühnenwerk Mozarts. Leopold muß das spüren. Gedankenvoll fährt er heim, das Nannerl umsorgt ihn wie stets. Wolfgang aber stürzt sich in das lustige Münchener Leben, das er nun im Karneval besonders unterhaltend findet. So schlägt er die immer dringender werdenden Rufe nach Rückkehr in den Wind. Sorglosigkeit war schon immer eine seiner hervorstechendsten Eigenschaften. Er zieht die Heimreise immer weit hinaus. Dann kommen die Rückrufe nicht mehr vom besorgten Vater, sondern von seinen Vorgesetzten, doch auch ihnen legt er keine besondere Bedeutung bei. Dann wird aus den Aufforderungen ein Befehl: Er habe sich sofort aufzumachen, aber nicht mehr nach Salzburg, sondern gleich nach Wien, wo die Großen des Habsburgerreiches sich versammeln, um dem neuen Kaiser Joseph II. ihre Huldigung darzubringen. Jeder bringt mit, worauf er besonders stolz ist: Fürsterzbischof Colloredo von Salzburg seine Hofkapelle. Wolfgang gehört zum musikalischen Hofstaat, er hat sich jetzt nicht in München zu vergnügen, sondern in Wien anwesend zu sein.
Schweren Herzens und mißmutig macht er sich endlich auf den Weg. Unterwegs hellen seine Gedanken sich bereits auf: Er plant eigene Konzerte in Wien, ja er rechnet bereits aus, wieviel sie ihm ungefähr werden einbringen können. Um so bitterer ist die Ankunft. Graf Arco, der ranghöchste Beamte des Landesherrn, bedeutet ihm, daß von eigener Tätigkeit keine Rede sein könne, er sei im Dienst. Die Spannung wächst schnell, Mozart selbst hat in Briefen die Unterredung geschildert, die er mit dem Landesherrn und mit Arco führt. Sein Ton ist, nicht nur für die damalige Zeit, ungemein frech. Vermutlich hat er es auf das abgesehen, was dann tatsächlich geschieht: Er wird hinausgeworfen. Daß sich der Graf zu einem Fußtritt hinreißen läßt, zeigt die Erregung der Szene. Mozart schwört dem entsetzten Vater in Salzburg, er werde es Arco „in der gleichen Münze heimzahlen", wenn er ihn irgendwo – außer an „heiligem Ort" – „erwische". Der Vater ist außer sich, es ist verständlich, rät zum Einlenken, aber inzwischen ist längst alles geschehen. Wolfgang steht auf der Straße, plötzlich allein und reichlich hilflos. Dann erwacht sein Trotz. Er wird es ihnen allen schon zeigen! Warum sollte er es nicht als „freier Künstler" schaffen? Das Wort existiert damals noch nicht, und Menschen, die ohne irgendeine Anstellung als Musiker sich gut durchbrächten, gibt es auch nur ganz wenige: Der berühmte Gluck vielleicht – denkt Wolfgang –, aber der hatte zum Ruhm dazu noch eine reiche Frau geheiratet. Es dauert nicht lange, bis Wolfgang seine Sorglosigkeit wiedererlangt hat. Wien, welche herrliche Stadt! Voll von Adelspalästen, wo die Musik eine ganz große Rolle spielt. Er kannte sie, hatte vor zwanzig Jahren dort gespielt, hatte goldene Tabatièren, Brillantnadeln, Geld eingeheimst, warum sollte es nicht wieder so werden?

Wien und „Die Entführung aus dem Serail"

Am 2. Mai 1781 verläßt Mozart das Haus, in dem er mit allen Salzburger Musikern untergebracht war, und sucht ein Zimmer, in das er vorläufig ziehen kann. Er findet es ausgerechnet im Haus der Familie Weber.

Längsschnitt durch das Alte Residenztheater (sogenanntes Cuvilliés-Theather) in München mit Sicht auf einen Teil der Maschinerie, mittels derer die Bühne zu heben und zu senken war. Kupferstich von Valerian Funck, 1771.

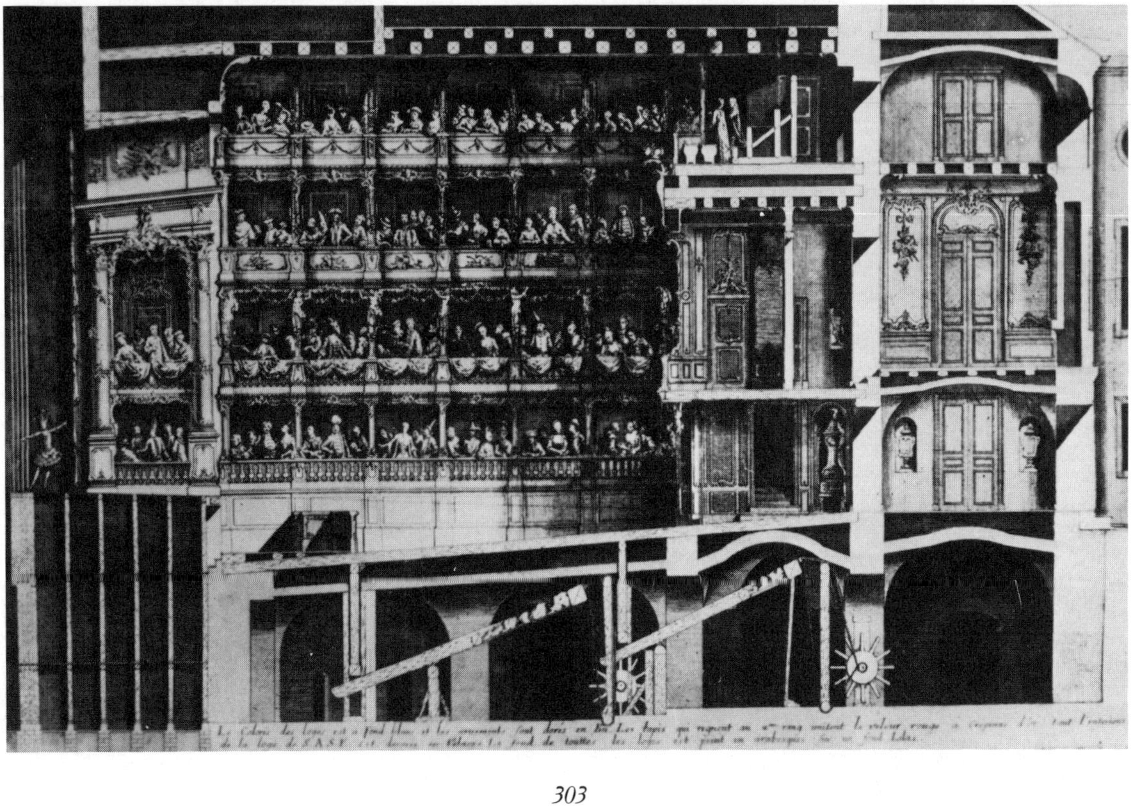

Das vielleicht einzige authentische Bild von Constanze, der von der Nachwelt oft schnöde behandelten Gattin Mozarts.

Dort vermietet die Mutter Aloysias, drei Schwestern seiner einstigen Angebeteten wohnen noch dort. Wie nett! Und eine davon, Constanze, nimmt sich seiner besonders an. Daß der Vater wilde Briefe schreibt, versteht Wolfgang nicht recht. Was hat er nur gegen „die Weberischen"? Er hat sehr viel gegen die Familie: Die Mutter trinkt, der Ruf des Hauses ist angeschlagen. Doch alle Warnungen kommen zu spät, wie so oft in den Beziehungen zwischen Vater und Sohn Mozart.
Mozarts Anfänge sind erfreulich. Er spielt beim Erzherzog Maximilian, im Hause Auernhammer, dessen Tochter seine Schülerin ist. Und er bekommt am 28. Juni einen kaiserlichen Kompositionsauftrag! Ist er nicht gerade erst – sieben Wochen sind vergangen – durch einen Fußtritt schimpflich aus fürstlichem Dienst geflogen? Weiß der Kaiser dies nicht, interessiert es ihn nicht? Er will „Die Entführung aus dem Serail" vertont haben und kennt diesen jungen Mozart, der nun in seiner Residenzstadt lebt, als vorzüglichen Musikus. Dem Kaiser liegt das „National-Singspiel" am Herzen, das er vor zwei oder drei Jahren gegründet hat. Auch das „Volk" sollte seine Oper haben! Das Volk sollte an allem Schönen und Guten teilhaben, so wünschte es Joseph II., diese seltsame Gestalt auf dem Wiener Kaiserthron, über den heutige Meinungen so völlig auseinandergehen. Er wollte der italienischen Hofoper der oberen Gesellschaft eine deutsche Volksoper entgegensetzen. Ein interessantes Experiment, das begreiflicherweise an verschiedenen Kinderkrankheiten litt. Immerhin überlebte es einige Jahre, brachte mehrere beachtenswerte Werke heraus, deren weitaus bedeutendstes allerdings Mozarts „Entführung" wurde, die am 16. Juli 1782 erstmals und unter einmütigem Jubel in Szene ging. Mozart hatte kurz zuvor einen Zyklus von Konzerten mit Liebhaberorchester, also Amateuren, begonnen, die in den schönen Anlagen des vom Kaiser „seinen Wienern" freigegebenen Augartens stattfanden. Und bei einem Klavier-Wettspiel mit dem italienischen Virtuosen und Komponisten Muzio Clementi hatte er eine glänzende Figur gemacht. Der Kaiser kommentiert mit ihm nahestehenden Musikern diesen friedlichen Kunstkampf zweier Meister und beweist, daß seine Musikalität keineswegs eine angelernte, äußerliche ist. Mozart berichtet dem Vater, Clementi spiele gut, besonders Terzen-Passagen, aber er habe keine Spur von Geschmack und Empfindung, so daß er ein bloßer „Mechanikus" sei.
Auch das Jahr 1782 beginnt freundlich. Die mittlere der Weber-Töchter, Constanze, hat sich dem einsamen Mieter immer mehr lieb und vertraut gemacht. Sie ist dem Unselbständigen nützlich, dazu froh und ebenso zu Späßen aufgelegt wie er selbst. Sie legt ihm seit Monaten nahe zu heiraten. Nun – mit einer kleinen Erpressung, bei der ihr zwei Personen ein wenig behilflich sind, erreicht sie es: Mozart heiratet sie, obwohl er vor kurzem noch dem Vater geschrieben hat, er denke gar nicht an Derartiges. Im letzten Moment gesteht er ihm die Wahrheit, vielleicht absichtlich so spät, daß die erwartete böse und ablehnende Antwort gar nicht mehr rechtzeitig eintreffen konnte. Was ist nicht alles über diese Ehe geschrieben und gesprochen worden! Constanze war, laut dem Urteil der Nachwelt, leichtsinnig, unwirtschaftlich, oberflächlich, eines Genies unwürdig. Wer ist eine würdige Gefährtin für ein Genie? Welche Wundereigenschaften hätte sie besitzen sollen? Es gab bedeutende Frauen, die ein Genie zum Ehemann hatten. Waren diese Ehen etwa besser? Sie waren genauso wie andere Ehen auch. Höchstens gingen ihre Zerwürfnisse tiefer, waren subtiler, aber ebenso unrettbar hoffnungslos. Nehmen wir an, Constanze sei wirklich dies alles gewesen, was man ihr nachsagt – es liegt uns fern, es zu leugnen. Doch alle Einwände werden mühelos entkräftet: Die beiden wurden glücklich. Sie blieben es, zehn Jahre lang, zärtlich, verliebt, im Einklang den Dingen des Lebens gegenüber. Von wie vielen musikalischen Genies, von wie vielen Menschen kann man dasselbe sagen? Wer darf behaupten, Constanze sei nicht die „richtige" Frau für Mozart gewesen? Man lese nur die Briefe, die er ihr – bis ganz kurze Zeit vor seinem Tod – schrieb!
Mit dieser „Entführung aus dem Auge Gottes" – so hieß das Haus, aus dem Mozart Constanze holte, um sie zum Traualtar zu bringen – ging eine andere Entführung Hand in Hand, und beider weibliche Hauptperson hieß Constanze: Die „Entführung aus dem Serail". Der kaiserliche Auftrag zu einem deutschen Singspiel erfüllte Mozart mit großer Freude. Als Text gab man ihm ein mehrfach aufgeführtes Lustspiel dieses Titels (genau: „Belmont und Constanze oder eine Verführung aus dem Serail") des deutschen, heute völlig vergessenen Christoph Friedrich Bretzner. Ein Wiener Dichter, Gottlieb Stephanie der Jüngere, machte aus dem Lustspiel ein Libretto und brachte dies Mozart stückweise. Eine Türkenoper! Die gerade in Europa her-

aufziehende „Aufklärung", die alle Dogmatik bekämpfte, Vernunft, Toleranz, Menschenwürde propagierte, fand in Lessings „Nathan der Weise" einen großartigen Höhepunkt. Nicht viele Menschen der Zeit kannten den Dichter und sein Werk, kannten die „Ringparabel", in der die Überlegenheit einer Religion über die anderen aufgehoben wurde, aber der Gedanke lag in der Luft. Hie und da erinnerte sich jemand, daß die Kreuzfahrer im Orient vor 600 oder 700 Jahren auf eine viel höhere Zivilisation und Kultur gestoßen waren, als ihre eigene es war. Das Bild des „Muselmanns" begann sich zu ändern. In Mozarts Oper vollends ist der „Edle" ein Türke, dem allerdings in Gestalt seines Haremswächters ein Türke jener Art zur Seite steht, wie das Abendland sie gefürchtet hatte: entsetzlich grausam, zu jeder Schandtat bereit. Aber der edle „Selim Bassa" siegte, entließ die in seiner Gewalt befindlichen Europäer unversehrt in die Heimat, obwohl unter ihnen der Sohn eines Todfeindes war, der ihn einst um alles im Leben gebracht hatte – Braut, Heimat, Vermögen –, und die Frau, die er selbst liebt und die in seinen Harem zu zwingen ihm keinerlei Schwierigkeiten bereiten würde. Dieser Selim spricht bei Mozart – er spricht stets und singt nicht eine einzige Note – einen besonders schönen Satz: Man solle sich einen Menschen, den man mit Wohltun nicht überzeugen und gewinnen könne, vom Halse halten.
Dieses deutsche Singspiel Mozarts ging am 16. Juli 1782 erstmals in Szene, der Erfolg war durchschlagend. Dabei war die Konkurrenz gar nicht gering: J. Umlaufs Oper „Bergknappen" (mit denen das „Nationalsingspiel" 1778 eröffnet worden war), F. Asplmayers „Kinder der Natur", Dittersdorfs „Doktor und Apotheker", J. Schenks „Dorfbarbier", Wenzel Müllers „Neues Sonntagskind", „Schwestern von Prag", „Teufelsmühle", Joseph Weigls „Schweizerfamilie", F. Wranitzkys „Oberon", A. Gyrowetz' „Augenarzt". Doch Goethe, der das neue Genre aufmerksam beobachtete, da er selbst Pläne auf diesem Gebiet hatte, erkannte richtig: „Alle Bemühungen waren verloren, die ‚Entführung' schlug alles nieder", wie er vierzig Jahre später an seinen musikalischen Vertrauensmann Zelter erinnernd schrieb.
Der Kaiser war als Musiker entzückt; doch: „Gewaltig viele Noten, mein lieber Mozart!", soll er dem Komponisten beim Verlassen des Theaters gesagt haben. Der soll ihm, wie die (recht unglaubwürdige) Anekdote erzählt, geantwortet haben: „Gerade so viele wie notwendig sind, Eure Majestät!" Beide hätten recht gehabt. Die „Entführung" ist viel, viel mehr geworden als ein Singspiel der damaligen Art. Ihre Rollen stehen denen der italienischen Oper an Effekt und Schwierigkeit kaum nach. Um jedoch mit den Mitteln der Oper das auszudrücken, was Mozart sagen wollte, war die „Entführung" genau richtig.
Am 1. August 1782 schickt Wolfgang einen besonders gehaltvollen Brief nach Salzburg. Zuerst erzählt er von der Hochzeit, der Rührung, die beide vor dem Altar zu Tränen verleitet und die sogar den Priester ergriffen habe. Wie Constanze darauf brenne, baldigst ihrem verehrten Schwiegerpapa ihre ergebenste Aufwartung zu machen und ihrer Schwägerin innigste Freundschaft anzutragen. Dann geht das Schreiben zur Musik über. Wolfgang legt einen Marsch bei und erklärt genau, wie dieser in die Haffner-Serenade einzulegen sei. Er erwähnt noch, daß die „Entführung" am Vortag wieder in Szene gegangen sei, diesesmal auf besonderen Wunsch Glucks, bei dem er am nächsten Tag speisen werde. Ein Jahr nach seiner so beschämenden Entlassung aus dem salzburgischen Hofdienst müßte Vater Leopold ihn eigentlich glücklich nennen, besitze er doch, wie er den Brief abschließt, ein „gutdenkendes, rechtschaffenes, tugendhaftes und gefälliges Weib".
Mozart macht mit Constanze die Antrittsvisite beim berühmten Gluck. Sie schätzen einander ungemein und ahnen nicht einmal, wie weit sie in ihren Auffassungen über das Musiktheater auseinanderliegen. Soeben erst hat Mozart in einem Brief an den Vater (vom 13. Oktober 1781) wieder einmal klar ausgesprochen, daß „bei einer Oper die Poesie schlechterdings der Musik gehorsame Tochter" zu sein habe. Und Gluck hat einige 15 Jahre Jahre zuvor seine Revolution, seine „Reform der Oper" genau im entgegengesetzten Geist begonnen. Zudem, welche unbedeutenden, oft läppischen Texte war Mozart zu vertonen bereit, und wie hoch stellte Gluck seine Anforderungen an Dramatik, Ethik, Moral des Musiktheaters! Zwei Großmeister der gleichen Zeit. Oder waren die 40 Jahre, um die Gluck älter war, ausschlaggebend? Kaum. Mozart war ein echtes Kind des Rokoko, aber mancher tiefe Gedanke der Aufklärung streifte auch ihn und gab seiner Musik eine ernst-tragische Färbung. Als er ein paar Jahre später seinen „Don Giovanni" schaffen wird, ist Gluck eben gestorben. Da hätten sie sich vielleicht einander nahe gefühlt. In Gluck hatte noch viel Barockes und schon manches Romantische gelebt.
Im Jahr 1783 mehren sich die Konzerte Mozarts. Manche veranstaltet er selbst und legt dafür Subskriptionslisten auf, in die sich viele der höchstgestellten Persönlichkeiten Wiens eintragen. Am 11. März wirkt er in einer „Akademie" der einst geliebten Aloysia mit, die ja jetzt seine Schwägerin geworden ist. Zwölf Tage später jubelt ihm das überfüllte Hoftheater zu. Sollte sein Ausbruch in das freie Künstlerleben von endgültigem Erfolg gekrönt sein? Am 17. Juni kommt das erste Kind zur Welt, aber der Bub lebt nur wenige Wochen. Von nun an wird Constanze nahezu alljährlich ein Kind gebären. Es war der Brauch der Zeit und die natürliche Folge der leidenschaftlichen Verliebtheit des Elternpaares. Es war auch der „Mechanismus" der Natur, um die Art zu erhalten, denn nur wenige Neugeborene gelangten ins Dasein der Erwachsenen.

Besuch der Mozarts beim Vater

Ende Juli 1783 steigen Wolfgang und Constanze in den Reisewagen und treten die wohl schwerste Fahrt an, nach Salzburg. Die Wiener Gäste sind überströmend herzlich, Constanze – entgegen der geheimen Furcht Leopolds – wohlgesittet und bescheiden. Sie übernimmt in der c-Moll-Messe, die Wolfgang für die Peterskirche komponiert hat, das Sopransolo und scheint es recht gut ausgeführt zu haben. Aber des Schwiegervaters Herz schmilzt nicht, und die frostige Stimmung überträgt sich sogar auf das Verhältnis der beiden jungen Frauen. Drei Monate halten Wolfgang und Constanze es aus, dann treten sie die Heimreise an, machen einige Tage beim Grafen Thun in Linz Station, wo Mozart auf Wunsch des Hausherrn eine Sinfonie schreibt und sie gleich selbst dirigiert. Sie führt den Namen ihrer Entstehungsstadt (KV 425) und ist, als wäre es das Einfachste der Welt, wahrscheinlich an einem einzigen Tag entstanden. Am 10. November ist das Ehepaar wieder daheim, am 22. Dezember spielt Wolfgang in einem Konzert der „Tonkünstler-Sozietät", die kurz zuvor Haydns Aufnahme die lächerlichsten bürokratischen Hindernisse in den Weg gelegt hatte (wovon Mozart sicher nichts wußte). Er wirkt ohne Honorar mit, da es sich um einen wohltätigen Zweck handelt; doch wären Einnahmen seinem Haushalt recht gelegen gekommen. Kompositionen bringen zumeist nichts ein, außer Opernaufträge, deren letzter „Die Entführung aus dem Serail" war, und das war bald zwei Jahre her. Von Sparen und Haushalten wußten Wolfgang und Constanze nichts. Man muß ihnen allerdings zubilligen, daß selten Einnahmen über den täglichen Verbrauch hinaus ins Haus kamen. Von einer festen Anstellung schien Wolfgang weiter entfernt als je. Wahrscheinlich suchte er sie gar nicht. Es lag ihm nicht, jemandes Diener zu sein, gleichgeordnet „Kollegen", die er an Begabung himmelweit übertraf, und Stundenpläne einhalten zu müssen, die ihn manchmal im Augenblick schönster Inspiration lähmten. Es blieb, um zu einer gewissen Stabilität zu gelangen, nur die Möglichkeit der Aufnahme von Schülern. Dies war eine der Lebensbedingungen so vieler Wiener Musiker, daß man es als selbstverständlich ansah. Aber was Wenzel Müller und Wranitzki, Schenk und vielen anderen mühelos gelang, wurde bei Mozart zum Problem. Manchmal bat er Freunde – es ist in Briefen nachzulesen –, sie sollten „ausstreuen, er akzeptiere Scholaren". Doch der Erfolg war äußerst gering, und die Schüler blieben für gewöhnlich nicht lange bei ihm. Der Grund ist einfach. Mozart war besonders für Anfänger und Minderbegabte kein guter Lehrer. Seine eigenen Genieblitze konnte er kaum weitergeben; sie waren nicht in Regeln zu fassen. Das Alltägliche zu unterrichten, langweilte ihn zweifellos, das taten andere sicher mit mehr Hingabe. Zudem war er „zerstreut". Doch was dem Schüler „zerstreut" vorkam, war in Wirklichkeit höchste Konzentration. Allerdings nicht auf das, was der Schüler eben erwartete. Der neben ihm sitzende Meister weilte in ganz anderen Gefilden, er komponierte im Geist und hatte es aufgegeben, dem Spiel des „Scholaren" zuzuhören.

Am 9. Februar 1784 beginnt Mozart, seine schon stattliche Zahl von Werken – er hat eben seinen 28. Geburtstag gefeiert – in ein „Thematisches Verzeichnis" einzutragen. Plötzlich bricht eine wahre Flut von Konzerten über ihn herein. Innerhalb von nur sechs Wochen sind es ihrer 22, die durchwegs viel Publikum anlocken. Wolfgang und Constanze jubeln, ein neuer Höhepunkt des freien Künstlerdaseins ist erreicht. Am 23. August dieses Jahres 1784 heiratet, kaum mehr erwartet, Schwester Nannerl einen älteren Witwer mit vielen Kindern, in der kleinen Kirche von St. Gilgen am Wolfgangsee, dem Heimatort der Mutter Mozart, die nun schon sechs Jahre lang auf einem Pariser Friedhof ruht. Vater Leopold, nun ganz allein, hat viel Zeit nachzudenken. Trotz der guten Nachrichten aus Wien glaubt er nicht an die Möglichkeit einer solchen Existenzform. Er wird recht behalten, aber den Zusammenbruch glücklicherweise nicht mehr erleben.

Die Freimaurer

Am 14. Dezember 1784 tritt Wolfgang der Freimaurerloge „Zur Wohltätigkeit" bei. Das ist kein beliebiger „Verein", keine Stammtischrunde, aber das Freimaurertum war auch kein Bund von Umstürzlern. Ihm gehörten die besten Köpfe jedes Landes an, integere Menschen, die uneigennützigsten Idealisten. Das Ziel des Bundes war nun einmal unerschütterlich die „Herrschaft der Fähigsten", der Sieg des Rechts, die ethische und moralische Größe jedes Individuums. Im damaligen Wien war diese Vereinigung zu einer bedeutenden Stellung gelangt. Viele der führenden Männer des Reiches gehörten zu den Freimaurern, auch Mitglieder des Kaiserhauses. Wohltätigkeit, also soziales Empfinden, Duldsamkeit, also Toleranz (die zur obersten Richtlinie Kaiser Josephs II. geworden war) und Verschwiegenheit waren die Anforderungen, die beim Eintritt in die „Loge" gestellt wurden. Auf sie mußte Mozart wohl schwören, als seine Aufnahme erfolgte. Dies Grundsätze wird er in sein letztes Bühnenwerk, „Die Zauberflöte", einarbeiten. Der Großmeister der Wiener Logen, Ignaz von Born, wird sich in dieser Oper in den „großen Weisen" Sarastro verwandeln.

Die Frage, ob Mozart ein „politischer Mensch" war oder nicht, ist tausendmal aufgeworfen worden. Bei Betrachtung seines Lebens und Schaffens würde man auf den ersten Blick mit einem entschiedenen „Nein" antworten. Die oft als Gegenbeweis angeführte Oper „Die Hochzeit des Figaro" beweist gerade, wie völlig „unpolitisch" Mozart dieses ursprünglich politisch so brisante Thema anging. Doch die Mitgliedschaft bei den Freimaurern bringt die These vom „unpolitischen" Mozart zu Fall, denn sie setzt sein Interesse an bewegenden Fragen der Gegenwart und Zukunft voraus. Die Freiheit des menschlichen Willens, die Suche nach der Gerechtigkeit, die vernünftigste Regierungsform, das erreichbare Glück der menschlichen Gesellschaft, der höhere Sinn des Daseins – durchwegs politische Fragen – müssen ihn beschäftigt haben, denn sie bildeten den Stoff der Zusammenkünfte einer „Loge". Er war deren regelmäßiger und sicher anteilnehmender Besucher. Für die Freimaurer waren diese Jahre von entscheidender Bedeutung. Vermutlich ging von hier die Urheberschaft der großartigen Verfassung der Vereinigten Staaten von Nordamerika aus, die wie ein Fanal über alle Staaten der Welt leuchtete, deren Bürger sich unterdrückt fühlten. Die Freimaurer arbeiteten für die Befreiung Südamerikas, Latein- oder Indoamerikas aus dem Joch Spaniens und Portugals. Für Frankreich war vermutlich längst ein Modell entworfen, das den bestehenden Ungerechtigkeiten und Willkürakten der Mächtigen ein Ende setzen sollte. Daß die Revolution diese Pläne dann hinwegfegen und alles in einem Meer von Blut und Terror enden würde, konnten die Freimaurer nicht ahnen. Nein, unpolitisch waren sie nicht, und wer sich zu ihren Idealen bekannte, war notgedrungen ein „politischer" Mensch, denn die Lage der Gesellschaft interessierte ihn, und an ihrer Verbesserung zu arbeiten war er bereit. Mozarts Zugehörigkeit mochte sich in allererster Linie auf die Musik beziehen, wie alles in seinem Leben sich auf Musik bezog. Für „seine Loge" komponierte er, spielte er, gestaltete er musikalische Feierstunden. Aber es besteht kaum ein Zweifel darüber, daß ihre Ideale auch die seinen waren.

Am 11. Februar 1785 erwidert Leopold den Besuch Wolfgangs und Constanzes. Er beobachtet aufmerksam und sichtlich befriedigt die rege Konzerttätigkeit seines Sohnes. Bei einer Akademie in der eigenen Wohnung erfolgt jenes historische Treffen der beiden Mozarts mit Haydn. Dessen (schon früher zitierter) Ausspruch, Wolfgang sei der „größte Komponist", den er kenne, wärmt das von mancher Enttäuschung arg ausgekühlte Vaterherz. Vater Leopold wohnt noch einem sehr erfolgreichen Konzert im Hoftheater bei, hört in der „Tonkünstler-Sozietät" die Uraufführung der Kantate „Davidde penitente" und fährt am 25. April wieder heim, ein klein wenig ausgesöhnt mit dem Schicksal und sogar mit seiner Schwiegertochter, die ihm eine bessere Hausfrau zu sein scheint, als er befürchtet hatte. Er, der gläubige, ja praktizierende Katholik hatte sich sogar von seinem Sohn zum Eintritt in die Freimaurerloge überreden lassen.

Lorenzo da Ponte

Unter den vielen neuen Werken, die Mozart in das eigene Verzeichnis eintragen kann (wobei er stets ein paar vergißt), finden sich sechs Streichquartette, die er Haydn mit einer schönen Widmung überreicht, ferner eine Reihe von Kompositionen, die für die Freimaurerloge geschaffen wurden: die Kantaten „Dir, Seele des Weltalls" und „Maurerfreude", die „Maurerische Trauermusik" sowie das „Gesellenlied". Der Name Goethe taucht auf, dessen „Veilchen" Mozart zu seinem bekanntesten Lied vertont, und – als Textdichter des „Davidde penitente" (des „büßenden David") – der Name des italienischen Hofdichters im Wiener Kaiserpalast, Lorenzo da Ponte (1749–1838). Da dieser seltsame Mann in Mozarts Leben eine außerordentliche Bedeutung erlangen wird, sei er bereits hier dem Leser vorgestellt. Er hieß nicht Lorenzo da Ponte, sondern Emmanuele Conegliano, stammte aus Ceneda in Venetien und hatte als Junge vom Bischof dieser Diözese, Lorenzo da Ponte, gemeinsam mit dem jüdischen Vater und mehreren Geschwistern die Taufe empfangen. Dem hohen Würdenträger entging Intelligenz und rhetorische Begabung des Knaben keineswegs, und so gab er ihm, wie bei solchen Fällen durchaus üblich, seinen eigenen Namen im neuen Leben, das er nun beginnen sollte. Er bestimmte ihn auch im Zug der glänzend absolvierten Studien zum geistlichen Stand, und der junge Lorenzo nahm die niederen Weihen, wurde Abbé und ging in einer Soutane. Das hinderte ihn nicht, mit Casanova in Venedig die tollsten Streiche zu vollführen, aber es hindert die Justiz daran, ihn mit seinem Kumpan in das berüchtigte Staatsgefängnis „unter die Bleidächer" zu stecken. Er wurde „nur" des Landes verwiesen, stattete sich mit guten Empfehlungsbriefen aus und wurde Hofdichter Josephs II. in Wien. Dort verlebte der gewandte und hochbegabte Mann an der Seite eines Kaisers, der Leistung über alles schätzte sowie klug, „aufgeklärt" und tolerant war, die beste Zeit seines sehr langen Lebens. Zu Höhepunkten wurden die drei Opern, die er mit Mozart schuf („Le Nozze di Figaro", „Don Giovanni", „Così fan tutte"). Sie wurden es allerdings erst durch die Geschichte, denn zu ihrer Zeit gab es, mit anderen Komponisten, viel stärkere Erfolge da Pontes. Bald nach Mozarts Tod wurde er, von Josephs Nachfolger, aus Wien ausgewiesen, und dies blieb sein Schicksal überall in Europa, wo er sich niederließ. Zuletzt überquerte er mit seiner viel jüngeren Frau den Ozean, ließ sich in New York nieder und konnte dort noch – 1825 – das erste Operngastspiel begrüßen.

Der 29jährige Mozart. Silhouette von H. Löschenkohl.

Dieser Hofdichter – natürlich ein Italiener, da die Hoftheater in Wien italienisch spielten und sangen – stand eines Morgens in der „Antichambre" des Schlosses und wartete, wie üblich, mit anderen hohen Beamten auf den Kaiser. Joseph II. verwickelte ihn, nachdem er wohl beim Hofjäger Hasen und beim Hofgärtner Rosen für die Abendtafel angeordnet hatte, in ein Gespräch von höherem Format, auf das er sich stets freute. Die Rede kam dabei auf eine neue Oper, die für das Hoftheater zu schaffen wäre, und auf den begabten Mozart, der einmal wieder einen Auftrag erhalten sollte. Dieser, begreiflicherweise hocherfreut, schlug da Ponte das Theaterstück des Franzosen Caron de Beaumarchais „Le Mariage de Figaro" vor. Das war wirklich lustig, mit glänzenden Theaterfiguren und schlagkräftigen Situationen ausgestattet. Zuerst dürfte da Ponte zusammengezuckt sein. Das war doch ein wildes Revolutionsstück! Doch Joseph II., dem künstlerische Verbote ohnedies höchst zuwider waren und der in diesem Fall nur seinem Schwager, dem König von Frankreich, zuliebe gehandelt hatte, stellte keine weiteren Fragen. Er verließ sich auf da Ponte. Dieser arbeitete um, Mozart vertonte, mit einer Lust wie selten, die zu „Nozze di Figaro" gewordene Komödie. Jeder Takt zeugt hier von

seinem Genie, es wurde eine Meisterpartitur höchsten Ranges. Trotzdem fand das Stück am 1. Mai 1786 im Hofburgtheater Wiens nur eine sehr laue Aufnahme. Die nur wenige Wochen später dort uraufgeführte „Cosa rara" des Spaniers Vicente Martín y Soler wurde ungleich stärker bejubelt und an die zehnmal so oft gespielt wie Mozarts Stück. Nahezu alle Chronisten der letzten beiden Jahrhunderte äußern immer wieder den gleichen Verdacht, an dessen Entstehen Vater Leopold in Salzburg nicht ganz schuldlos ist: Die „Italiener", angeführt wahrscheinlich vom Hofkapellmeister Antonio Salieri, hätten das Werk „absichtlich schlecht gesungen und so zu Fall gebracht."
Mozart selbst trug „Le Nozze di Figaro" als am 29. April 1786 vollendet in sein Verzeichnis ein, zwei Tage vor der Premiere! Man weiß, daß der Komponist nicht etwa nur unbedeutende Kleinigkeiten zuletzt noch änderte oder hinzufügte, sondern ganze Teile und Stücke. „Figaro" ist ein schwieriges Werk, selbst nach heutigen, viel höheren Ansprüchen. Wie hätte man damals, da es sich um ein völlig neues, noch nie gespieltes und nur in handschriftlichen Noten vorliegendes Werk handelte, mit zwei Probentagen eine auch nur „anständige" Leistung zustandebringen können? Wie hätte man die szenischen Abläufe, die gerade hier grundlegend wichtig sind, ohne eine Vielfalt von Proben auch nur annähernd zum Funktionieren bringen sollen? Die „Figaro"-Premiere kann nicht anders als künstlerisch unbefriedigend ausgefallen sein. Warum erwähnt Mozart nichts davon in seinen Briefen, warum widerspricht er dem Vater nicht, als dieser „Rivalen" für das Scheitern verantwortlich macht? Man müßte mehr über damalige Theatergepflogenheiten wissen, um sagen zu können, alles wäre anders gekommen, hätte Mozart seine Partitur rechtzeitig vollendet, nicht für den Premierentermin, sondern für gewissenhafte Vorbereitung. Er wird diesen Fehler immer wieder begehen. Liegt ihm so wenig am Erfolg oder an der Wiedergabe seiner Werke? Nur wenige Monate werden vergehen, und wir werden vor einer „Wiedergutmachung" stehen, die uns nach den eben gezogenen Schlüssen überraschen wird.
Mozart hegt wieder einmal Reisepläne. Langes Verweilen am gleichen Ort war ihm stets lästig gewesen. Einige auswärtige Erfolge konnten außerdem seiner Wiener Stellung nur guttun. Er schreibt an den Vater, nicht nur weil er es seit jeher gewohnt ist, den Vater zuerst von allem wissen zu lassen, sondern auch weil er dieses Mal eine dringende Bitte damit verbindet. Leopold solle doch inzwischen die beiden Kinder zu sich nehmen. Die Antwort Leopolds ist ungewöhnlich grob. Selbst an Nannerl schreibt er, er denke gar nicht daran, Kinder zu hüten, das sei eine „Zumutung". Wolfgang erwägt nun nicht, die Fahrt vielleicht allein anzutreten, sondern er sagt sie einfach ab. Immerhin hält

Linke Seite: Aus Mozarts Autograph der Oper „Le Nozze di Figaro“, Finale des II. Aktes.
Rechts: Das Plakat der Wiener Uraufführung von Mozarts Oper „Le Nozze di Figaro“ am 1. Mai 1786. Der Textdichter Lorenzo da Ponte ist darauf überhaupt nicht erwähnt.

er die angeknüpften Kontakte in London aufrecht, erbittet einen Kompositionsauftrag und schlägt vor, eine Subskriptionsliste aufzulegen, so daß er ein anderes Mal bereits bei der Abreise auf ein festes Publikum zählen dürfe. Wieder überschätzt er das Gedächtnis der Menschen: Zwanzig Jahre sind vergangen, seit er als Wunderkind England bezaubert hatte.
Der „Figaro“ schleppt sich nur mühsam dahin. Inzwischen haben nicht nur Salieris neue Werke Erfolg, in Wien liebt man auch Giuseppe Gazzaniga und Vicente Righini, sie werden mit verschiedenen Werken gefeiert. Sie waren ausgezeichnete Komponisten, hatten Einfälle und Witz, wußten für Stimmen dankbare Melodien zu schreiben. Nur mit Mozart darf man sie nicht vergleichen. Für ihn muß es eine fortwährende Kränkung gewesen sein, immer wieder mit jenen verglichen zu werden. Wohl nur wenige Kenner schätzen seine Überlegenheit, das Publikum bewies jeden Tag, daß es seine Rivalen vorzog.

Die Rettung aus Prag

Da kam ein Brief aus Prag. Seine dortigen guten Freunde berichten vom unbeschreiblichen Jubel um den „Figaro“ und laden ihn ein, persönlich den Dank einer ganzen Stadt entgegenzunehmen. Das letzte Geld wird zusammengekratzt, und am 8. Januar 1787, bei Schnee und Eis, fahren Wolfgang und Constanze nordwärts. Am 17. wohnen sie, von Jubelrufen umbraust, einer glänzenden Aufführung bei, am 19. gibt Wolfgang ein Konzert, aus dessen Erlös ihm viel übrig bleibt, am 20. dirigiert er seine Oper und wird mit Ovationen überschüttet. Auf der Heimfahrt hat Mozart einen Auftrag in der Tasche, er soll – natürlich wieder mit da Ponte – bereits für den Herbst dieses Jahres 1787 eine neue Oper komponieren. Und so steht dieses Jahr ganz unter dem Zeichen Prags. Die alte Stadt an der Moldau, politisches und kulturelles Zentrum in vielen Jahrhunderten, ist immer noch eine bedeutende Metropole, eigenartig gemischt aus Deutschen, Tschechen und Juden, musikbesessen und überströmend von Talenten. Wenn jemand die Stadt suchte, die sich mit Fug und Recht „Mozartstadt“ nennen dürfte, so käme für diesen Ehrentitel nur Prag in Frage. Was hat Salzburg für ihn getan? Er wurde dort geboren, aber er war der Stadt überdrüssig, bevor das Schicksal ihn aus ihr – und so zufällig wie gewaltsam – stieß. Wien? Es beherbergte ihn, und wahrlich mehr schlecht als recht, zehn Jahre lang. Kein Vorwurf an beide Städte, man ist im nachhinein immer klüger. Außerdem kommt alles, wie es kommen muß. Doch „Mozartstadt“ kann nur Prag sein.
Am 28. Mai 1787 stirbt in Salzburg Vater Leopold, die entscheidende Kraft im Leben seines Sohnes. Wie selten ein Vater hat er über Leben und Werden seines Sohnes gewacht. Ob er dabei alles richtig gemacht hatte? Wer wollte das entscheiden! Bewundernswürdig scheint es uns in jedem Fall. Wolfgang wußte von der Krankheit des langsam verfallenden Mannes. Am 4. April hatte er ihm einen ganz ungewöhnlichen Brief geschrieben, einen wahren Exkurs über den Tod, der „genauso zu nehmen der wahre Endzweck unseres Lebens ist. So habe ich mich seit ein paar Jahren mit diesem wahren, besten Freund des Menschen so bekannt gemacht, daß sein Bild nicht allein nichts Schreckendes mehr für mich hat, sondern recht viel Beruhigendes und Tröstendes! Und ich danke meinem Gott, daß er mir das Glück gegönnt hat, mir die Gelegenheit – Sie verstehen mich – zu verschaffen, ihn als den Schlüssel zu unserer wahren Glückseligkeit kennen zu lernen. Ich lege mich nie zu Bette ohne zu bedenken, daß ich vielleicht (so jung ich bin) den anderen Tag nicht mehr sein werde ...“
Wolfgang ist sicherlich traurig, als er die Nachricht empfängt. Aber er faßt sich schnell. Sein Brief an die

Links: Das Prager „Ständetheater" (Gräflich Nostitz'sches Theater, heute nach dem tschechischen Nationaldichter Kajetan-Tyl-Theater genannt) erlebte Sternstunden mit den triumphalen Aufführungen von Mozarts „Figaro" und der Uraufführung seines „Don Giovanni".

Rechte Seite: Sieben Monate nach der glanzvollen Prager Premiere wurde Mozarts „Don Giovanni" in Wien im Hoftheater gespielt, wobei dieser Name nur als Untertitel galt, der Haupttitel aber „Il Dissoluto punito" (Der bestrafte Bösewicht) lautete.

Schwester nach St. Gilgen ist auffallend nüchtern und stellt fest, daß sich für ihn eine Reise nach Salzburg wegen der Hinterlassenschaft des Vaters sicher nicht lohnen würde. Und als gerade in diesen Tagen der Vogel stirbt, der im Käfig gehalten wurde, verfaßt Mozart ein „Gedicht" auf ihn – den Vogel. Hat er sich damit eine schwere Last von der Seele geschrieben? Oder geht er nach jedem Schlag, den er erhält, sehr schnell zu seiner Tagesordnung über? Die Tagesordnung, die für ihn gültig ist, heißt ausschließlich Musik. In seinen Kompositionen aus jenen Tagen ist von Schmerz nichts zu spüren. Es entsteht Werk auf Werk in unfaßbarem Drängen, darunter einiges vom Heitersten, das er je geschrieben hat. So am 14. Juni das „Dorfmusikanten-Sextett", genannt „Ein musikalischer Spaß", und Anfang August die „Kleine Nachtmusik".

Mit besonderer Freude arbeitet er sicherlich an der neuen Oper für Prag. Lorenzo da Ponte liefert ihm einen Text zur alten „Don Juan"-Legende, bei dem er viel Theaterwirksames zusammenträgt, wenngleich man ihm den Vorwurf nicht ersparen kann, er habe einiges Gute – so die berühmt gewordene „Registerarie" des Leporello – völlig von anderen Autoren „übernommen". Es gab in damaliger Zeit keinen rechtlichen Schutz geistigen Eigentums, der Begriff des Plagiats war unbekannt. War ein solches Vorgehen auch moralisch einwandfrei? Da Ponte nimmt auch ansonsten, vor allem an der Hauptfigur des alten Stoffes, charakterliche Änderungen vor. Der legendäre Frauenverführer aus dem geistig noch mittelalterlichen Sevilla wird von den früheren Bearbeitern als verabscheuungswürdigstes Scheusal gezeigt: ein skrupelloser Zyniker, Lügner, Betrüger, Vergewaltiger, Mörder, Gottesfrevler. Da Ponte – er ist allerdings nicht der erste mit dieser Auffassung – zeigt ihn zwar mit diesen negativen Eigenschaften, verleiht ihm aber gleichzeitig die Aura eines Helden, einer beeindruckenden Persönlichkeit. Er möchte ihn sogar als unwiderstehlich zeigen, aber in diesem Punkt scheitert der Held kläglich. Drei Episoden, die in ihrer Gesamtheit den Großteil der Handlung ausmachen, führen Don Juan oder Don Giovanni mit drei Frauen zusammen. Zu erwarten wären drei glänzende Siege des großen Verführers, doch genau das Gegenteil erfolgt. Was nützen die prachtvollen Gewänder, was der elegant geschwungene Degen, die reiche Dienerschaft im prächtigen Palais, die hochmütige Haltung, das Ausspielen der sieghaften Persönlichkeit, wenn die Handlung nichts als klägliche Niederlagen zeigt? Doch übrig bleibt ein grandioses Opernwerk, für bedeutendste Geister „die Oper aller Opern", für Hermann Hesse „das letzte von Menschen gemachte Vollkommene".

Prag macht die Kränkung vieler Jahre gut, die sein geliebter Gast, der „berühmte Kapellmeister" Mozart, rund in der Welt erfahren hat. Anfang Oktober 1787 fahren Mozart und Constanze wieder in die böhmische Hauptstadt. Am 15. dirigiert Mozart dort eine Festaufführung seines „Figaro", am 29. Oktober 1787 geht „Don Giovanni" erstmals über die Bühne des „Ständetheaters", das später auch „Graf Nostitz'sches Theater" genannt wurde und heute „Kajetan-Tyl-Theater" (nach einem bedeutenden tschechischen Lyriker des 19. Jahrhunderts) heißt. Die Ovationen, die den „Figaro" begleiteten, wiederholten sich in herzlichster Weise, vom dreimaligen Tusch des Orchesters angefangen, mit dem Mozart beim Betreten des Theaters begrüßt wird und in den das Publikum einstimmt, bis zum Schlußjubel, der nach Ende der Aufführung die Lichter noch lange nicht verlöschen läßt.

Prag scheint sich auch gewissenhafter vorbereitet zu haben als das Hoftheater zu Wien anläßlich des „Figaro". Doch Mozart vermerkt selbst, er habe „Don Giovanni" erst am 28. Oktober vollendet, einen Tag vor der Premiere! Eine weitverbreitete Anekdote berichtet sogar, er habe die Ouvertüre des Werkes erst im Morgengrauen des Premierentages niedergeschrieben. Man habe schnell die Orchesterstimmen ausgeschrieben und dies gerade noch rechtzeitig und mit nasser Tinte ins Theater gebracht! Mozart – auch dies eine Anekdote – habe sich nach der Ouvertüre lächelnd an das Orchester gewendet und leise festgestellt, es seien „viele Noten unter die Pulte gefallen". Und wie viele waren falsch? Es ist unvorstellbar. Die Sänger jedenfalls scheinen ausgezeichnet gewesen zu sein. Ein zweiundzwanzigjähriger Interpret (Luigi Bassi), von dem Mozart und das Publikum hingerissen waren, käme heute wohl schwerlich an die Rolle des Don Giovanni.

Die Geldnot bleibt

Glücklich wie selten seit Kindheitstagen kehrt Mozart nach Wien zurück, wo ihn eine freudige Nachricht erwartet. Am 7. Dezember ernennt ihn der Kaiser zum

„kaiserlichen Kammermusikus". Aber rasch erkennt er, daß dies nur ein leerer Titel ist ohne Wirkungskreis, und daß sein Sold nur 800 Gulden jährlich beträgt, gegenüber 2000, die der eben verstorbene Gluck bezog – der sie zudem gar nicht benötigte, während er selbst in immer größere Schwierigkeiten gerät. Immer häufiger wird er sich in Zukunft an den befreundeten Kaufmann und „Logenbruder" Michael Puchberg wenden mit der Bitte um Hilfe. Dieser Teil von Mozarts Korrespondenz dürfte der traurigste, niederdrückendste sein: Seine Bettelbriefe, die oft in dramatischen Tönen abgefaßt sind, das Flehen um hundert, um zweihundert Gulden, die bestimmt zu einem baldigen Datum zurückbezahlt würden ... und des Kaufmanns lakonische Anmerkung am Ende dieser Briefe: 20 Gulden übersandt, 10 Gulden.
Die Schulden in allen umliegenden Läden wachsen; bei Puchberg und anderen sind es bald Hunderte, zuletzt Tausende. Mozarts Verarmung bildet ein viel zu bekanntes Kapitel, als daß man es übergehen könnte. Es sei mit einigen Überlegungen gestreift.
Summiert man die Einnahmen Mozarts während der letzten Wiener Jahre, so könnte sich eine Ziffer ergeben, die für ein bescheidenes Leben ausgereicht hätte. Doch gerade ein solches lag Mozart (und Constanze) nicht. Er hatte als Knabe viel zu guten Einblick in den Prunk der oberen Stände Europas gehabt, hatte jahrelang daran teilgehabt, als er auf den Wunderkindfahrten von Palast zu Palast „herumgereicht" wurde. Daher kam auch teilweise sein lähmendes Gefühl unerträglicher Enge im Elternhaus in Salzburg. Doch es steht heute fest, daß Mozart nicht nur gern gut aß und trank, sich teuer kleidete und im Mieten von Wagen großzügig war: Er war auch, und das könnte entscheidend gewesen sein, ein Spieler. Selbst in den letzten, sehr mager gewordenen Jahren, stand ein Billard in seiner Wohnung, auf dem er mit Freunden um Geld, anscheinend recht viel Geld, spielte. Vermutlich verlor er fast immer. Ein Gehirn, das ununterbrochen Musik denkt, dauernd neue Werke im Kopf entwirft, dessen Gedanken in herrlichen Melodien schwelgen, ein solcher Mensch kann unmöglich aufmerksam und gut Karten spielen. Merkten die Freunde das nicht, hinderten sie ihn nicht daran, zu verlieren und immer wieder zu verlieren? Es gab sogar einen „Freund" – Anton Stadler, dem Mozart das herrlichste Klarinettenquintett der Welt widmete –, der es fertigbrachte, aus Mozarts Tasche mehr als 500 Gulden herauszulocken, die nie mehr einzubringen waren. Das spricht weder für Mozart noch gegen ihn. Es bezeugt seine völlige Ahnungslosigkeit in Geldfragen.
Die öffentlichen Auftritte nehmen ab, an Schülern bleiben immer weniger. Die Kompositionen verkaufen sich schlecht. Sein Verleger Hoffmeister ermahnt ihn: „Schreib populärer, sonst kann ich nichts mehr von dir drucken und bezahlen!" Und das in Hamburg von C. F. Cramer herausgegebene „Magazin der Musik" stellt fest: „Koželuchs Arbeiten erhalten sich und fin-

den allenthalben Eingang, dahingegen Mozarts Werke durchgehend nicht ganz so gefallen...!" So unbedeutend solche Kleinigkeiten uns heute gegenüber dem titanischen Nachlaß Mozarts auch erscheinen, sie müssen ihn gekränkt haben. Hat er mit seiner „Stanzi" derartiges besprochen? Oder eher versucht, ihr die kleinen Fehlschläge zu verbergen? Trug sie seine Sorgen mit ihm? Wußte sie von den Bettelbriefen, die er schrieb? Constanze wird in der kommenden Zeit mehrmals zu Kuraufenthalten nach Baden fahren, das wenige Kilometer südlich vor den Toren Wiens liegt. Die Briefe gehen nahezu täglich in beiden Richtungen, aber in denen Mozarts sucht man vergeblich eine Anspielung auf Sorgen und Ernst der Lage. Nur einmal erwähnt er, vergeblich auf einen Mann gewartet zu haben, dessen Nichtkommen ihn in eine unangenehme Lage bringe. Daneben aber stehen Zärtlichkeiten, Scherze, Dummheiten wie immer. Heute wissen wir, daß jener Mann ein Wucherer war, bei dem Mozart mehrmals Geld zu enormen Zinsen lieh. Constanze wußte es auch. Hätte sie nicht auf den Kuraufenthalt verzichten und heimkehren können, um ihrem besorgten Gatten wenigstens moralisch beizustehen? Sie brauchte die Bäder wohl wirklich, eine Entbindung nach der anderen muß ihren Organismus angegriffen haben. Daß Mozart in Wahrheit kränker war als sie, das ahnten beide nicht. Constanze überlebte ihren Mann um 51 Jahre.

Am 7. Mai 1788 wird „Don Giovanni" in Wien gespielt, der Erfolg ist unvergleichlich schwächer als in Prag. Dachte Mozart nie daran, lieber in Prag (das eine recht ansehnliche Stadt war, wenn es auch nicht die Bedeutung Wiens erreichte) der Erste zu sein als in Wien der Zweite, nein der Dritte, Vierte, Fünfte? Woran liegt es, daß Mozarts Opern in Wien kaum mehr als Achtungserfolge erringen, die schlimmsten Erfolge, die es geben kann, da sie aus dem Verstand, statt aus dem Herzen kommen? Denkt Mozart an Prag, wo er beim ersten Dirigieren des Orchesters entzückt ausgerufen hatte: „Das sind halt böhmische Musikanten!", erfüllt das Wiener Hoftheater auf Wunsch des Kaisers nicht mehr als seine Pflicht, wenn es eine Oper Mozarts spielt? Sind dies nicht vielleicht haltlose Beschuldigungen, die sich im Lauf von mehr als zweihundert Jahren in den Chroniken festgesetzt haben? Wie viele Meisterwerke auch anderer Genies sind im Lauf der Geschichte verkannt oder abgelehnt worden!

Die letzten Sinfonien und „Così fan tutte"

In den Sommer 1788 fällt die Komposition von Mozarts drei letzten und größten Sinfonien. Sie fallen zeitlich mit dem Tod seiner Tochter Theresia zusammen. Die erste davon (Es-Dur, KV 543) vollendet er drei Tage vor deren Sterben. Unmittelbar an den Schlußstrich dieses Werkes setzt Mozart die berühmten ersten Takte der Sinfonie in g-Moll (KV 550); vier Wochen später beginnt er die letzte seines Schaffens, die sogenannte „Jupiter-Sinfonie" (KV 551), ein an Grazie, Schönheit, rokokohafter Eleganz kaum zu überbietendes Stück, bei dessen Erklingen jedermann auf einen vollendet glücklichen, sorglosen, heiteren Komponisten schließen könnte. Größer kann der Kontrast zwischen Realität und dem aus ihr entspringenden Kunstwerk nicht mehr sein. Mozart hat, wenn er komponiert (und das tut er beinahe immer), die Brücken zur Wirklichkeit abgebrochen und horcht nur auf seine inneren Stimmen. Mögen ringsum Kinder sterben, Kriege die Welt verwüsten, Menschen gefoltert werden, Hungersnöte toben – das Genie schafft unbeirrt alles, was ihm von Gott oder der Natur auferlegt ist zu schaffen. Ein kluges Buch (Eric Blom) spricht bei Mozart von der „Gefühllosigkeit des Genies". An dieser Ge-

Der Beginn von Mozarts letzter Sinfonie, der „Jupiter-Sinfonie" (1788), in Mozarts Handschrift, aber mit fremden Textzusätzen.

fühllosigkeit, dieser vermeintlichen „Grausamkeit" trägt das Genie keine Schuld, sowenig wie es je ein Verschulden der Natur oder Gottes geben kann.

Im Frühling 1789 benützt Mozart die Reise eines seiner Schüler, des Fürsten Carl Lichnowsky, zu einem neuen Ausbruchsversuch. Sie fahren in eleganter Kutsche über Prag nach Dresden, wo Mozart am 13. April ein Konzert gibt und tags darauf am Hof spielt. Am 15. tritt er zu einem Wettspiel gegen den namhaften Organisten Johann Wilhelm Häßler an und schneidet glänzend ab. Am 22. April spielt er auf Johann Sebastian Bachs Orgel in der Thomaskirche in Leipzig. Er will nach Potsdam aufbrechen, aber sein Reisegefährte hat in bester Absicht noch ein weiteres Leipziger Konzert abgemacht, das er wohl oder übel absolvieren muß. Es bringt, wie alle, viel Applaus und ein wenig Geld. Er aber benötigt jetzt etwas ganz anderes: eine Stellung, eine bedeutende höfische Stellung, wo er in der Sonne eines mächtigen Mäzens alle seine Fähigkeiten entfalten und dabei reich und berühmt werden kann. Der preußische König Friedrich Wilhelm II., Nachfolger des „Musikkönigs" Friedrich II., könnte vielleicht einen solchen Posten freihaben. Wieder hat sich die Legende dieser Episode aus Mozarts Leben bemächtigt; sie erzählt, wie der König tatsächlich Mozart eine glänzende Stellung angeboten habe, der aber erwidert hätte: „Soll ich denn meinen guten Kaiser verlassen?" So hat es Mozarts frühester Biograph Franz Niemetschek geschildert, und alle, alle haben es übernommen. Sicher ist dies nicht wahr. Wie gerne hätte Mozart eine solche Einladung angenommen! Zur Dankbarkeit „seinem" Kaiser gegenüber hatte er wenig Veranlassung: ein schlechtbezahlter Titel und zwei Opernaufträge in acht Jahren – wenig genug!

Über Prag kehrt Mozart am 4. Juni heim. Voraus hat er einen glühenden Liebesbrief an sein „liebstes, bestes, teuerstes Weibchen" geschickt, in dem er zuerst recht sachlich berichtet: Daß er mit wenig Geld zurückkehre, daß 100 Friedrichs d'or nicht 900 (wie sie anscheinend geglaubt hatten), sondern nur 700 Gulden seien, daß Lichnowsky so viel zu tun habe, daß Mozart sich oft allein verköstigen müsse „in dem teuren Ort Potsdam". Ungefähr in der gleichen Zeit unterhält Kaiser Joseph sich wieder einmal mit seinem Hofdichter da Ponte. Er erzählt ihm von einer Wette zweier seiner Offiziere um die Treue ihrer Verlobten, die infolgedessen auf die Probe gestellt werden soll. Das gäbe doch eine entzückende Komödie mit Musik! Beide denken sofort an Mozart, der nur zu gerne einwilligt. Es wird „Così fan tutte" daraus, die Opera buffa, die überall auf der Welt unter ihrem italienischen Originaltitel gespielt wird; Mozarts umstrittenste Oper, deren oft als „unmöglich" angesehener Text bis vor kurzem immer wieder verändert, ja sogar nicht selten durch ganz andere Libretti ersetzt wurde, bis erst unsere Zeit erkennt, welche abgefeimte Bösartigkeit, welche dämonische Zerstörungssucht hinter den – von da Ponte meisterlich geformten – Versen verborgen stecken. Eine ganz andere Frage drängt sich auf: Hat Mozart erkannt und durchschaut, was er da mit herrlichster Musik vertonte? Lyrische Stücke von edler Melodie („*Un' aura amorosa*") sind von Mozart her wahre Juwele echter Liebesempfindung, von da Ponte aber ursprünglich als Bestandteile der infamen „Komödie" gedacht, die da zwei angeblich liebende Männer mit ihren Bräuten spielen, nur um einer Wette willen. Ein groteskes, ein blendend ersonnenes, aber doppelbödiges Textbuch, das da Pontes Geist nahelag, aber Mozart gänzlich fremd gewesen sein muß, so daß sehr wohl die Frage auftauchen kann, ob er es überhaupt in seinen möglichen Hintergründen und Abwegigkeiten erkannte. Die Komposition damaliger Opern ging jedoch meist anders vor sich als heute: Der Textdichter übermittelte dem Komponisten nur selten das ganze Libretto, er sandte ihm jedes Bruchstück, das er eben fertiggestellt hatte. So gewann man gewiß viel Zeit, aber von einer gegenseitigen echten Ergänzung zwischen Libretto und Musik konnte kaum die Rede sein. Auch dies war einer der Punkte, die der Reformator Gluck an der italienischen Oper seiner Zeit heftig kritisierte. Was da Ponte und Mozart schufen, war eine italienische Oper reinsten „neapolitanischen" Stils, wenn möglich noch „italienischer" als „Figaro" und „Don Giovanni". Zudem war Mozart bei allen Charakterschwächen, die er gehabt haben mochte, eines bestimmt nicht: nämlich hinterhältig, heuchlerisch. Er konnte Gefühle nicht vortäuschen, spielen. Das Libretto zu „Così fan tutte" lag ihm vermutlich überhaupt nicht, denn es ist eine einzige Heuchelei über weite Strecken, bis vielleicht im Verlauf ihrer Eroberungsversuche die jungen Männer selbst Feuer fangen und so ihre Liebesbeteuerungen echt werden. Ein psychologisch kompliziertes Stück. Es ist nicht verwunderlich, daß ein solches Werk zwiespältige Aufnahme fand. Von der Musik waren allerdings alle Kenner vom ersten Augenblick an begeistert. Am Silvesterabend des Jahres 1789 lädt Mozart die beiden damals wohl besten Freunde, Haydn und Puchberg, in sein Haus, um ihnen Teile aus der neuen Oper vorzuspielen. Er kennt die Sänger, die ihm bei der Premiere zur Verfügung stehen würden, und hat deutlich versucht, seinem alten Grundsatz zu folgen, den er zwölf Jahre zuvor einmal seinem Vater in einem Brief so angedeutet hatte: „Ich liebe es, wenn die Arie einem Sänger so akkurat angemessen sei wie ein gut gemachtes Kleid." Bei der Kurzlebigkeit damaliger Opern war es klar, daß der Komponist sein Werk zuerst einmal den Mitwirkenden der Uraufführung möglichst „genau auf den Leib" schrieb. Es gibt gerade bei Mozart klare Beispiele dafür, wie etwa die „Marternarie" der Constanze in der „Entführung", die der „geläufigen Gurgel" der ersten Interpretin angepaßt war. Als die Zuhörer dieser Soirée im Hause Mozarts sich auf den Heimweg machen, ist das Jahr 1790 angebrochen. Es beginnt freundlich: „Figaro" wird wieder aufgenommen und weist etwas bessere Besucherzahlen auf, für den 26. Januar steht „Così fan tutte" auf dem Programm des Hoftheaters. Aber auch diese Oper wird wieder zu keinem echten Erfolg. Der Kaiser ist erkrankt und kann der Aufführung des Werkes, bei dem ihm das Verdienst der Entstehung zukommt, nicht beiwohnen. Sein Tod am 20. Februar 1790 nimmt der Neuheit die Chance, sich allmählich durchzusetzen: Hoftrauer hält die Theater der weiten Monarchie lange geschlossen. Im fernen Bonn veranlaßt der Tod des „Toleranzkaisers", dem manche freiheitliche Maßnahme zu danken war, den zwanzigjährigen Ludwig van Beethoven zur Komposition einer Trauerkantate (aus der er später in Wien eine Melodie in das Finale seiner Oper „Fidelio" übernimmt). Mozart aber nimmt so gut wie nie auf Tagesereignisse Bezug. Ihn interessiert im

Augenblick, neben den „gewohnten" Formen, die Bearbeitung Händelscher Oratorien, was wahrscheinlich seinem Freund Haydn nicht entgeht und diesen vielleicht darin bestärkt, selbst nach der zweiten Heimkehr aus England der Frage des „Volksoratoriums" nahezutreten. Im Verlauf des Sommers 1790 treffen bei Mozart Nachrichten über vermehrte Aufführungen seiner Opern in deutschen Ländern ein. Aber an seiner schwierigen materiellen Lage ändert sich nichts.
Im September trifft der König von Neapel zu einem Staatsbesuch in Wien ein, wo der neue Kaiser Leopold II. ihn empfängt. Zu Ehren des Gastes erklingen Opern von Salieri und Joseph Weigl, stolz wird Haydn vorgestellt und vom Monarchen in sein Land geladen (was er allerdings im Augenblick nicht annehmen kann). An Mozart denkt niemand. Heute mag uns das wundern, damals aber war es völlig normal, da hier nur die anerkannte Hierarchie zur Geltung kam. Ein musikverständigerer Herrscher hätte allerdings die Möglichkeit gehabt, die Rangordnung zu durchbrechen, doch Leopold fand alles schlecht, was sein Vorgänger getan hatte, sicherlich auch die Tatsache, daß er Mozart gelegentlich mit Aufträgen bedachte. Nun mußte Leopold im weiten Habsburgerreich alles in „Unordnung" Geratene wieder zurechtbiegen... Mozart aber scheint doch so etwas wie einen Affront empfunden zu haben. Und wieder beschließt er, sein Glück in anderen Städten zu suchen. In Frankfurt am Main steht die glanzvolle Kaiserkrönung Leopolds II. bevor. Der erwartete Zustrom zahlreicher Menschen aus hohen und höchsten Kreisen mußte Gelegenheit zu Kontakten und Konzerten bieten. Unter Aufgebot seiner buchstäblich allerletzten, zum Teil geborgten Mittel reist Mozart am 23. September 1790 in die Krönungsstadt und gibt dort am 15. Oktober ein Konzert, über das er Constanze in einem Brief berichtet, es sei „von Seiten der Ehre herrlich, aber in Betreff des Geldes mager ausgefallen". Die Rückreise bringt einige Lichtblicke: Mozart spielt am kurfürstlichen Hof zu Mainz, er besucht im Mannheimer Theater eine Aufführung seines „Figaro", er läßt sich auf einem Empfang des Königs von Neapel in München hören, wozu er nur vermerkt, es sei doch traurig, daß dieser Herrscher ihn nicht in Wien habe hören können. Kurz nach der Heimkehr meldet sich Freund Haydn, allerdings nur, um sich zu verabschieden. Er folgt einer Einladung nach London. Sie nehmen herzlichen Abschied. Keiner ahnt, daß sie einander nicht mehr sehen werden.

Schikaneders Zauberposse

Das Jahr 1791 bricht an. Am 4. März spielt Mozart öffentlich, ohne auch hier zu ahnen, daß es zum letzten Mal sein wird. In diesen Tagen klopft ein alter Bekannter und Logenbruder an seine Tür, Emanuel Schikaneder, Schauspieler, Sänger, gegenwärtig Leiter des vorstädtischen, aber höchst beachtlichen Theaters auf der Wieden, einem gleich südlich hinter der Stadtmauer beginnenden Vorort Wiens. Er fragt an, ob Mozart die Musik zu einer „Zauberposse" schreiben wolle, an deren Text er soeben jetzt arbeite. Mozart besinnt sich nicht lange und sagt zu. Da kam er, was ihn sicherlich freute, in enge Verbindung mit dem Wiener Volkstheater, das ein lebhaftes Dasein „jenseits der

Oben: Emanuel Schikaneder, zeitweise äußerst erfolgreicher Theaterleiter, Komödienautor, Schauspieler, Sänger, Textverfasser der „Zauberflöte", Darsteller des Papageno in der Wiener Uraufführung.
Rechte Seite: Theaterzettel der „Zauberflöte"-Premiere in Wien (Theater auf der Wieden) am 30. September 1791.

Mauern" führte: Schikaneders Bühne im Süden, das „Freihaustheater", das nicht wenige hochbedeutende Stücke nach Wien gebracht hatte, erfreute sich oft regen Zuspruchs, auch von seiten der „Gebildeten", die solche Abende gelegentlich viel amüsanter fanden als die italienischen Vorstellungen des Hoftheaters in der Innenstadt. Die Hauptkünstler dieser Volksbühnen waren überaus populär.
Schikaneder dichtete also eine „Zauberposse", wie das Genre hieß, in dem Gestalten aus Feen- und Zauberwelt sich in irdische Angelegenheiten mischten. Das Schema, dem er folgte, war recht gewöhnlich: Eine gute Fee, ein böser Zauberer, der die Tochter der Fee entführt, dazu lustige Volkstypen wie ein „Vogelmensch", der eigentlich alles falsch macht und doch sein Ziel erreicht. Mozart komponierte mit Lust und Laune, sooft er von Schikaneder wieder eine Szene erhielt. Die Musik floß ihm mit größter Leichtigkeit aus der Feder. Und deutsch, ja sogar mit ein wenig österreichischem Einschlag konnte er komponieren! Sein künstlerischer Traum ging zur italienischen Oper, aber sein Herz verlangte auch nach dem, was es nun zu schreiben galt, durch sein Genie veredelte Wiener Volksmusik. Er war schon recht weit im ersten Akt vorgeschritten, Juni 1791, Constanze ist wieder schwanger und kränklich dazu. Da stürzt Schikaneder höchst erregt in Mozarts Woh-

nung. Er kommt soeben von einer Premiere im Konkurrenztheater Marinellis, der genau die gleichen Motive gebracht hatte, die er für seine eigene Zauberposse verarbeiten wollte. Mozart solle sofort mit der Arbeit aufhören. Doch der hatte schon zu viel daran komponiert. Immerhin erklärte er sich einverstanden, zu warten, bis Schikaneder etwas Neues eingefallen war. Doch ändern würde er nichts! Es war wohl das meiste bis zum ersten Finale fertig. Mozart ließ alles vorige stehen und komponierte auf der neuen Grundlage weiter: eine böse Fee, ein guter, ja höchst weiser Zauberer. Und als neue Grundidee der „Zauberflöte" das Freimaurertum mit seinen Riten, Satzungen, Idealen, von denen damals ganz Wien, ja weite Teile Europas sprachen. Der weise „Zauberer" Sarastro, das war natürlich der stadtbekannte Ignaz von Born, Großmeister der Freimaurer. Eine Zauberposse, aber doch mit hochaktuellen Anspielungen, das konnte nicht schiefgehen und unterschied sich zudem vorteilhaft von allen ähnlichen, bis dahin gespielten Werken dieser Art.
Constanze geht nach Baden zur Kur. Mozart zieht zu Schikaneder, um das Werk zu vollenden. Dort schreibt er am liebsten in einem Gartenpavillon (der heute als „Zauberflötenhäuschen" auf dem Gelände des Salzburger Mozarteums steht), wo ihn auch heller Gläserklang und übermütiges Frauengelächter nicht stören, woran es bei Schikaneder, dem soeben eine Gattin durchgebrannt ist, nie gefehlt haben soll. Die Arbeit geht auch flott von der Hand, und man muß äußerst genau hinhören, um den durch die Umstellung verursachten Bruch überhaupt zu bemerken. Außerdem schreiben die beiden, Schikaneder wie Mozart, eine fröhliche Unterhaltung für ein paar Spätsommerabende in einem Wiener Vorstadttheater. Wer konnte auch nur im entferntesten daran denken, daß diese „Zauberflöte" zweihundert Jahre später nach Hunderttausenden von Aufführungen in der Welt die meistgespielte aller Opern sein würde?
Am 26. Juli 1791 kommt im Hause Mozarts das sechste Kind zur Welt: Franz Xaver Wolfgang, der später Musiklehrer und Chorleiter im galizischen, damals österreichischen Lemberg (heute Lwow in der Republik Ukraine) wurde und 1844, der Welt völlig unbekannt, starb. In jenen Tagen erschien bei Mozarts ein „Herr in Grau" (wie Constanze ihn bezeichnete) und bestellte ein Requiem, ohne seinen oder seines Auftraggebers Namen zu nennen. Später stellte sich heraus, daß es sich um den völlig harmlosen Boten eines ebenso harmlosen, jedoch leicht größenwahnsinnigen Musikamateurs handelte, der sich gern mit fremden Federn schmückte und Werke bekannter Komponisten unter seinem Namen aufführte. In Mozarts Phantasie aber nahm die Episode makabre Dimensionen an. Er meinte, der Tod selbst habe an seine Tür geklopft.
Noch fehlt einiges zur Vollendung der „Zauberflöte", da trifft aus Prag eilige Botschaft ein: Für den 6. September – man schrieb etwa Mitte Juli – sei eine Festoper zur böhmischen Königskrönung Leopolds II. zu komponieren. Der Auftrag, der von den „böhmischen Ständen" und nicht vom Kaiserhof ausging, mußte längst beschlossen gewesen sein; wem war er zugedacht? Kam Mozart nur durch dessen Absage zu diesem Auftrag? Der Text war vorgeschrieben: der hochbarocke „Titus" des Metastasio. Eine Ablehnung war undenkbar, trotz aller Bedenken: 200 Gulden – ungefähr ein Zwanzigstel von Mozarts Gesamtschulden zu jener Zeit – und Prag! Er sprang von der „Zauberflöte" zum „Titus" („La Clemenza di Tito", die Güte, Milde, Großmut des römischen Imperators Titus) – der größte Sprung, der denkbar war: von Deutsch zu Italienisch, von Zauberposse zu Opera seria, von volkstümlichen Gestalten zu historischen Figuren.
Mozart arbeitete am Werk so schnell, daß er mit Constanze und seinem Schüler Franz Xaver Süßmayr (der die Secco-Rezitative schreiben sollte, wie es bei italienischen Meistern Brauch war) Mitte August den Wagen nach Prag besteigen konnte. Dort mußte weiter hart gearbeitet werden: Die Rollen waren den Sängern anzupassen, die des Sextus, für Tenor gedacht, mußte für Sopran umgeschrieben werden; Süßmayr bemühte sich, die Rezitative lebendig zu gestalten, trotz der Formelhaftigkeit, zu der dieser Opernstil längst erstarrt war. Die Premiere ging vorbei, ohne Glanz und Jubel, die Kaiserin sprach laut und vernehmlich von einer *„porcheria tedesca"*, einer „deutschen Schweinerei", Mozart eilte sofort zurück nach Wien, wo die letzten Teile zur „Zauberflöte" geschrieben werden mußten. Noch fehlte der Priestermarsch und, wie gewöhnlich, die Ouvertüre, die wieder erst zwei Tage vor der Premiere fertig wurde. Die Premiere aber, am 30. September 1791, wurde zum großen Triumph. Das übervolle Haus zeigte sich entzückt, jubelte, erzwang Wiederholungen, feierte Schikaneder dreifach: als Direktor, als Textdichter und als Papageno. Nicht zu Unrecht. Er hatte es verstanden, im Schaffen Mozarts eine neue Ader von echtem Gold hervortreten zu lassen; er schuf die textliche Grundlage zu mehr als einem Dutzend von dessen mitreißendsten Melodien. Und er muß, als jugendlicher

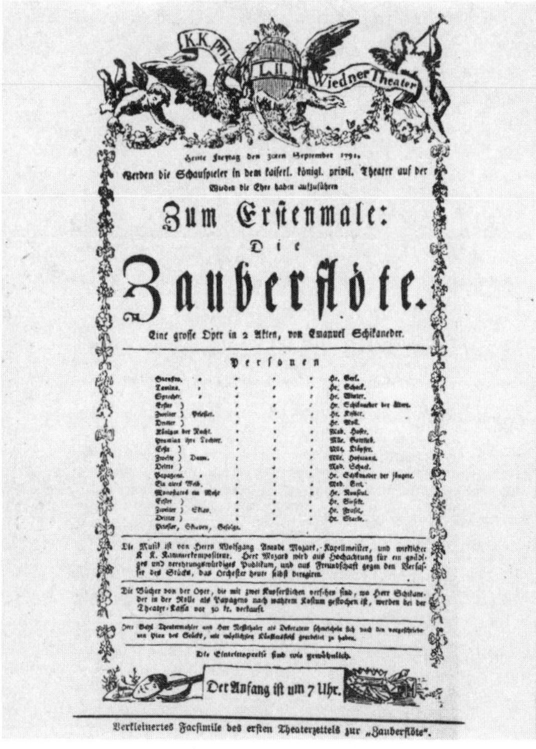
K.K. priv. Wiedner Theater
L. II.
Heute Freytag den 30ten September 1791.
Werden die Schauspieler in dem kaiserl. königl. privil. Theater auf der Wieden die Ehre haben aufzuführen
Zum Erstenmale:
Die
Zauberflöte.
Eine grosse Oper in 2 Akten, von Emanuel Schikaneder.

Personen

Sarastro.	Hr. Gerl.
Tamino.	Hr. Schack.
Sprecher.	Hr. Winter.
Erster)	Hr. Schikaneder der ältere.
Zweiter) Priester.	Hr. Kistler.
Dritter)	Hr. Moll.
Königinn der Nacht.	Mad. Hofer.
Pamina ihre Tochter.	Mlle. Gottlieb.
Erste)	Mlle. Klöpfer.
Zweite) Dame.	Mlle. Hofmann.
Dritte)	Mad. Schack.
Papageno.	Hr. Schikaneder der jüngere.
Ein altes Weib.	Mad. Gerl.
Monostatos ein Mohr	Hr. Nouseul.
Erster)	Hr. Giesecke.
Zweiter) Sklav.	Hr. Frasel.
Dritter)	Hr. Starke.
Priester, Sklaven, Gefolge.	

Die Musik ist von Herrn Wolfgang Amade Mozart, Kapellmeister, und wirklicher K. K. Kammerkompositeur. Herr Mozard wird aus Hochachtung für ein gnädiges und verehrungswürdiges Publikum, und aus Freundschaft gegen den Verfasser des Stücks, das Orchester heute selbst dirigiren.

Die Bücher von der Oper, die mit zwey Kupferstichen versehen sind, wo Herr Schikaneder in der Rolle als Papageno nach wahrem Kostum gestochen ist, werden bei der Theater-Kassa vor 30 kr. verkauft.

Herr Gayl Theatermahler und Herr Nesslthaler als Dekorateur schmeicheln sich nach dem vorgeschriebenen Plan des Stücks, mit möglichsten Künstlersfleiß gearbeitet zu haben.

Die Eintrittspreise sind wie gewöhnlich.

Der Anfang ist um 7 Uhr.

Verkleinertes Facsimile des ersten Theaterzettels zur „Zauberflöte".

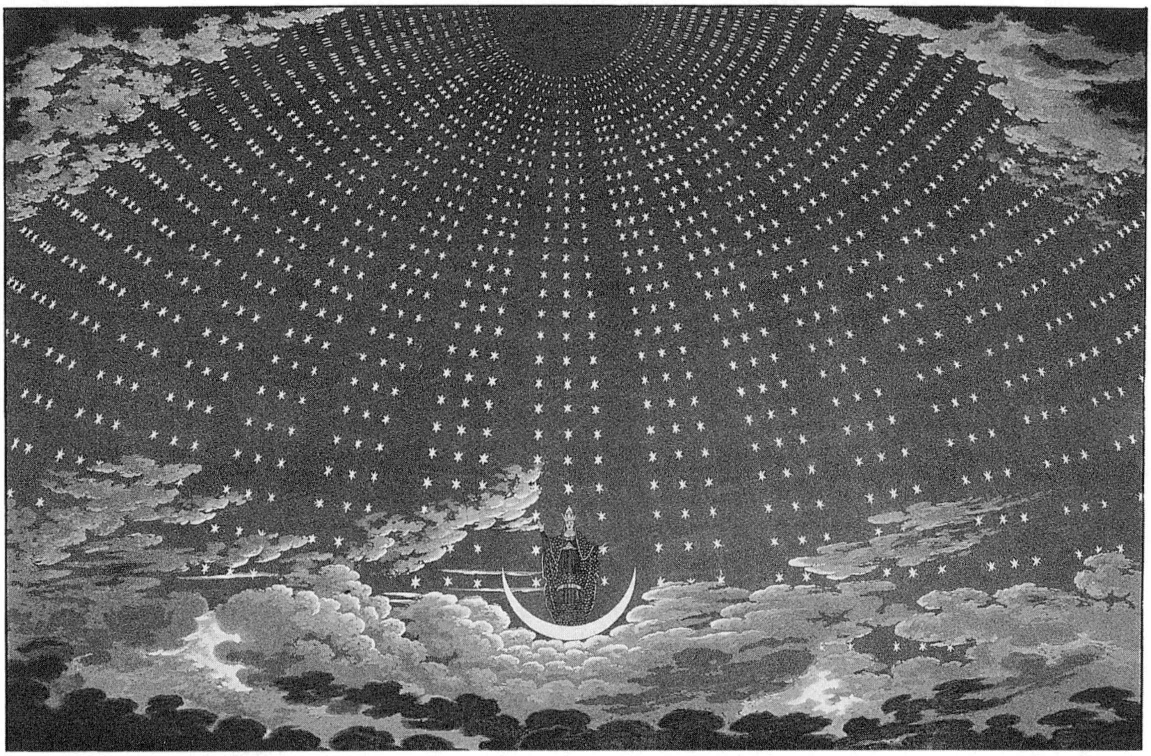

Heldendarsteller längst unglaubwürdig, ein glänzender Komiker gewesen sein.

Abend für Abend herrscht im Theater auf der Wieden beste Stimmung. Mozart ist glücklich, wenn er ab und zu sich selbst ans Cembalo setzt, wenn er die Ovationen des Publikums empfängt, wenn er Schikaneder, der auf der Bühne so tut, als spielte er das Glockenspiel selbst, mit einigen Akkorden des Cembalos zur Unzeit in Verlegenheit bringt. Psychologen späterer Epochen haben darin einen „Racheakt" Mozarts gegen seinen Mitautor sehen wollen. Warum suchen sie nur so viel, wo alles klar und einfach liegt? Mozart war sein Leben lang ein lustiger Vogel, ein Spitzbub, und das war nun wirklich ein hübscher Spaß.

Als Goethe die „Zauberflöte" (in Frankfurt) hörte, begeisterte er sich so, daß er an einen „zweiten Teil" dieses Werkes dachte. Doch dann fiel ihm ein, daß Mozart tot war: Kein anderer hätte jedoch ein solches Wagnis unternehmen dürfen. Am 14. Oktober schreibt Mozart an seine Stanzi, die wieder in Baden weilt, daß am nächsten Abend Antonio Salieri und seine Freundin, die bekannte Sängerin Catarina Cavalieri – trotz dieses Namens eine Urwienerin – zur „Zauberflöte" kommen wollten. Sie saßen dann, wie Mozart sofort freudig berichtet, in einer Loge beisammen, wobei der prominenteste Musiker Wiens sich nicht enthalten konnte, seinem Entzücken immer wieder laut Ausdruck zu verleihen: „Eine Opera, würdig bei der größten Festivität vor dem größten Monarchen aufzuführen!"

Mozart erkrankt

Gegen Mitte Oktober geht die heimgekehrte Constanze mit Mozart im Prater spazieren. Er fühlt sich müde und abgespannt, so als sei er vergiftet worden, wie er sagt. Er meint es kaum wörtlich, aber bald wird es eine ungeheure Bedeutung erlangen. Er wird bettlägerig, sein Zustand verschlechtert sich. Doch Mitte November erhebt er sich, schleppt sich mühsam zur Freimaurerloge, wo er für die eben diese Loge neu komponierte Kantate „Laut verkünde unsere Freude“ (KV 623) dirigiert. In den darauffolgenden Tagen läßt er sich die Skizzen zum „Requiem“ auf die Bettdecke legen und arbeitet daran. Als Freunde kommen, singt er mit ihnen einige Stellen daraus. Am 4. Dezember ist sein Zustand hoffnungslos geworden. Als Constanze in seine verlöschenden Züge blickt, ergreift sie Panik, und sie flieht mit den beiden Kindern. Nur ihre jüngste Schwester Sophie bleibt bei dem Sterbenden, der gegen 1 Uhr morgens des 5. Dezember 1791 seinen letzten Atemzug tut. Am 6., einem kalten, regnerischen Wintertag, wird seine Leiche im Stephansdom eingesegnet; rasch zerstiebt dann die Gruppe der Freunde, Constanze liegt in Fieberphantasien zu Bett. Und einsam trabt ein armseliges Gespann hinaus, weit hinaus auf den St. Marxer Friedhof – den heutigen „Zentralfriedhof“ –, und fremde Hände senken einen namenlosen Körper in ein Armengrab, dessen Lage schnell vergessen ist. Es gibt kein Grab Mozarts.

Wie war das alles möglich? Wo waren die, die ihn verehrten, deren es doch immerhin eine ganze Reihe gab? Wo Puchberg, Jacquin, Lange, wo Aloysia, Sophie, wo Salieri und die anderen „Kollegen“, wo die Verleger seiner Werke, wo die Freimaurer, wo ein Vertreter des Kaiserhauses, dessen „Hofkompositeur“ der Verstorbene doch immerhin war? Fand sich niemand in Wien bereit, Mozart ein eigenes Grab zu spenden? Doch entweder stellte sich diese Frage niemand, oder sie wurde zu bald von einer anderen übertönt: Woran starb Mozart? Constanze hatte, ohne die Folgen zu ahnen, von Mozarts Verdacht gesprochen. Die Suche nach den angeblichen Mördern begann bald. Salieri! Hatten „die Italiener“ nicht Mozarts künstlerisches Leben stets verbittert? Kein Anhaltspunkt konnte gefunden werden. Mozarts Hausarzt Dr. Siegmund Barisani, einer der engen Freunde des Meisters, war 1787 – fast gleichzeitig mit Mozarts Vater – verstorben. Dr. Nikolaus Closset hatte seine Stelle eingenommen. Als er die tödliche Gefahr erkannte – wenn auch wahrscheinlich mit falscher Diagnose –, zog er seinen Kollegen Dr. Matthias von Sallaba zur Konsultation hinzu, und der erkannte ebenfalls die Hoffnungslosigkeit des Falles: Arme und Beine schwollen stark an, aber kein Ausschlag war festzustellen, was das auf dem Totenschein vermerkte „hitzige Frieselfieber“ ebenso unglaubwürdig macht wie die Gehirnhautentzündung, an die die Ärzte ebenfalls dachten, die durch Mozarts klares Bewußtsein bis zum Ende unwahrscheinlich wird. Von einem Scharlach war eine unausgeheilte Nephritis (Nierenentzündung) zurückgeblieben (so nimmt H. E. Jacob auf Grund vieler Symptome an), so daß Mozart an Albuminurie gestorben sei. Doch des „Falles“ Mozart bemächtigten sich die Literatur und die Musik. Der große russische Dichter Alexander Puschkin machte ein Versdrama daraus, das in der ganzen Welt gelesen wurde. Der russische Komponist Nikolaj Rimskij-Korsakow vertonte es, und diese Oper „Mozart und Salieri“ wird seit ihrem Erscheinen im Jahr 1898 immer wieder hervorgeholt. Längst wird die Vergiftungstheorie von allen ernsthaften Mozartforschern abgelehnt. Aber der Gedanke an eine solche Tragödie in den Rängen der Genies ist zu fesselnd. In den siebziger Jahren des 20. Jahrhunderts erschien ein Theaterstück mit diesem Thema, das bald darauf in einen äußerst erfolgreichen Film umgewandelt wurde: „Amadeus“. Und wie immer man beide beurteilen will, fest steht, daß Mozarts Name nie zuvor eine so ungeheure Publizität erfahren hatte.

Die Wahrheit über Mozarts Tod wird nie mehr an den Tag kommen können. So bleibt als einzige unverrückbare Wahrheit sein Werk. Das steht *Come scoglio* (wie es in „Così fan tutte“ heißt), wie ein Felsen in der Brandung, wie ein Leuchtturm im Chaos der Zeiten.

Linke Seite oben: Eine der schönsten Inszenierungen der „Zauberflöte“ war wohl die des großen Architekten und Malers Karl Friedrich Schinkel in Berlin (1825). Hier der Auftritt der Königin der Nacht, der „sternflammenden Königin“ auf der Mondsichel.
Linke Seite unten: Schikaneder als Papageno in der Uraufführung von 1791.
Rechts: Die letzten Noten von Mozarts Hand. Auf dem Totenbett arbeitete Mozart am „Lacrimosa“ seines „Requiems“. Sein Schüler Süßmayr war ausersehen, das Werk zu vollenden.

Beethoven und der Aufbruch in eine neue Zeit

Anscheinend ist das Rokoko die kürzeste aller Musikepochen in zweitausend Jahren Geschichte. Ein halbes Jahrhundert, knapp zwei Generationen, währt die Herrschaft des „galanten Stils", wie das Rokoko bei seiner Geburt in Frankreich genannt wurde. Dieser Stil begann mit der Musik Couperins in Paris. Er wird theoretisch untermauert durch Rameaus Ersatz der kontrapunktgeladenen Polyphonie durch die akkordbegleitete Harmonie, der großflächigen Barockthemen durch graziöse Melodien, die sich wie von selbst in kleine, ebenmäßige Phrasen auffaserten. Aus Mitteleuropas alter Musikkultur erwuchsen die führenden Gestalten dieser Richtung, deren Spitzen sich in die Höhen einer Klassik erhoben. Die Französische Revolution entzieht dieser Epoche die Lebensgrundlage. Und was sich aus einem wirren Jahrzehnt voll Umsturz, Blut und Tränen losringt, steht unter neuen, anderen Sternen. Mozart stirbt 1791, ohne noch zu ahnen, welche Umwälzungen der Welt, seiner Welt bevorstehen. Haydn überlebt bis 1809, aber weder in Wien noch in London hat sich die umstürzende Kraft einer neuen Gesellschaftsschicht bis dahin durchsetzen können. Er trägt die Perücke des Rokoko bis zum letzten Tag, auch wenn seine beiden letzten großen Werke, die Volksoratorien „Die Schöpfung" und „Die Jahreszeiten", sich innerlich wie äußerlich bereits aus dem Rokoko lösen. Mozarts wie Haydns Nachfolger wird Ludwig van Beethoven. Der große Einschnitt in der neueren Geschichte des Abendlands, die Französische Revolution, geht mitten durch sein Leben und Schaffen. Es mag seltsam klingen, aber an ihrer Haartracht hätte man, ohne von ihnen noch eine Note vernommen zu haben, die Hauptmerkmale der drei großen Epochen der Musik unterscheiden können: Bach, der Barockmeister, trug eine Allongeperücke; Mozart, der Rokokokünstler, benützt die viel kleinere, nur noch die Überlegenheit der „höheren" Klasse signalisierende, in der Andeutung eines Zopfes endende „Stutz"-Perücke; Beethoven schließlich, der Herold der Romantik, läßt, zumindest von 1800 an, seine ungebärdigen Haare frei im Wind flattern. Und geradeso verschieden sind sie in ihrer Musik. Die barocke Kunst ging fast nahtlos in die des Rokoko über. Es war, als nähme das behäbigere Barock einige Kilo an Gewicht ab, um in die zierlicheren Gewänder des Rokoko zu schlüpfen. Und diese verwandeln sich, unter Aufgabe von Grazie und Eleganz, in die bodenständige, irdische Festigkeit des bürgerlichen Äußeren der Romantik, der nur das kühne Stürmer- und Drängertum der Jugend im weit offenen Hemd und „Schillerkragen" den Anflug von Schwung und Begeisterung gibt.

Die Musik der großen Klassiker bewahrte das Rokoko davor, in der Mittelmäßigkeit, in der Banalität, in reinen Formkunststücken zu versinken. Ganz ähnlich erging es dieser Kunstströmung auch in der Malerei. Wer Gegenstücke zur Wiener Klassik sucht, findet sie am ehesten in Frankreich: Boucher, Fragonard, Watteau waren die Vertreter einer verfeinerten Lebenskunst, deren Göttinnen Genuß und Schönheit hießen.

Von einem Blick ins Innere der Menschen ist keine Rede. Das muß keine Oberflächlichkeit bedeuten; vielleicht eine Diskretion, wie sie dem Rokoko angeboren ist. Wie schon erwähnt, erlebt, leidet, weint der Mensch des Rokoko sicherlich genauso wie der anderer Epochen, aber er läßt es nicht an die Oberfläche dringen, zeigt es nicht außerhalb seiner intimsten Sphäre. Auch in seiner Kunst nicht. Und doch erkennt, wer ihr ganz nahe kommt, das Vorhandensein tiefster Gefühle. Wer wollte sie der Musik Haydns und Mozarts absprechen? Doch die Form ist so vollendet, daß man genau beobachten muß, wenn man jenseits von ihr in die Tiefe blicken oder hören will. Ein solches Versteckspiel aber kennt die Romantik nicht mehr. Ganz im Gegenteil. Sie will das Innerste bloßlegen, auch wenn sie dazu die Form zertrümmern muß, die alle Gefühle ins Innerste verbannte. Der Brief, der intime Brief – an eine Bruderseele, an ein verschwistertes Gemüt gerichtet –, wird zu einer Lieblingsform der Mitteilung. Immer öfter schreibt der Dichter nicht mehr in dritter Person, sondern in der Ich-Form. Es ist kein Exhibitionsdrang, der ihn dahin führt, sondern der innige Wunsch nach Mitteilung, die Suche nach einer verwandten Seele: „Es sucht der Bruder seine Brüder", wird es im „Fidelio" Beethovens heißen, und das ist mehr als die Ansprache eines Ministers im Namen seines Königs. Die Seele und ihr unendliches Strömen, ihr Miterleben des Kosmos wie der Bruderseele soll offen liegen, damit jeder Mensch fühle und wisse, daß er nicht allein sei im Spiel unendlicher Mächte: Das ist Romantik. Eine neue Ära beginnt, eine neue Welt wird sichtbar.

„Befreiung" lautet das große Wort, das die Französische Revolution ins Spiel bringt. Befreit werden soll der dritte, der unterdrückte Stand der Armen und Rechtlosen. So wird die Bastille gestürmt, die eine böse und herzlose Macht repräsentiert. Befreit die Kunst aus strengen Banden der Form, aus enggefaßten Regeln. Befreit die Gefühle, die von Fesseln gebunden sich nicht ans Licht wagten. Daß eine so maßlose, grenzenlose Befreiung nur ins Chaos, in die Anarchie, in die Entfesselung finsterster Triebe und Gewalten führen konnte, wurde den machtlos gewordenen gesunden Elementen erst klar, als es zu spät war, als sie

Der Sturm auf die Bastille am 14. Juli 1789 veränderte nicht nur die sozialen Zustände in Frankreich, tatsächlich setzt im 19. Jahrhundert für das ganze Abendland eine neue Zeit ein.

ein winziges Häuflein geworden waren, das gegen eine Sturmflut ankämpfen wollte. Nur wer nicht unmittelbar in der Richtung des Sturmes stand, konnte aufrecht bleiben, konnte seine Linie verfolgen, die von der Bahn des Orkans nicht unmittelbar berührt wurde. Den Weg ins Neuland wiesen die, welche fern von Bastille, Conciergerie, Kongreß und Guillotine die neuen Ideale nie aus den Augen verloren. Den musikalischen Weg in eine neue Welt wies Beethoven.

Die Vorgänger Beethovens

Seine Vorgänger sind in weitem Umfeld zu suchen. Natürlich sind hier die Wiener Musiker die ersten, Haydn und vor allem Mozart, den der junge Mann aus Bonn glühend verehrt und der ihm bis ans Lebensende Vorbild sein wird, so weit auch sein eigener Weg ihn einmal von der Klassik wegführt. Doch auch jenseits des Rheins sind Vorbilder zu finden: im Frankreich der Revolution vor allem. Es ist kein Zufall, daß der Stoff, der Urtext zu Beethovens einziger Oper „Fidelio" aus Frankreich stammt. Wichtiger ist, daß die dort aufgekommene Art der „Rettungs-", der „Befreiungsopern" bei „Fidelio" Pate gestanden hat.
Der Pariser Komponist, der uns am nächsten zu Beethoven führt, ist der Belgier André Ernest Modeste Grétry (1741–1813), der sich Mitte der sechziger Jahre in Frankreichs Hauptstadt niederließ. Er machte sich über die Kunstform „Oper" Gedanken, die jenen Glucks durchaus ähnlich sind. Vor allem geißelt er die in Italien herrschenden Zustände und schreibt in seinen Werken die „Natürlichkeit" auf die Fahne. Als seine beste Oper gilt wohl „Richard Coeur-de-Lion" über das Leben des englischen Königs Richard Löwenherz, der einer der führenden Troubadours des 12. Jahrhunderts war. Eine der Hauptmelodien kommt nicht weniger als neunmal vor, und ihre Verwendung ist durchaus als leitmotivisch im späteren, Wagnerschen Sinn anzusprechen. Trotz der wichtigen Rolle, die Grétry in der ernsten Oper spielte, ist er mit heiteren Werken zum größten Erfolg gekommen. Die Revolutionsopern überlebten die Revolution selten, fast nie. Die Stürme der Begeisterung, die sie während einiger weniger Jahre in Frankreich hervorriefen, galten dem Volksaufstand, den Barrikadenkämpfen, der „Abrechnung" mit den Mächtigen, die sie schilderten, aber kaum den Melodien oder Harmonien, mit denen sie geschildert wurden. Die Komik aber blieb: Der Bürger lachte im Prinzip über dieselben Dinge, die auch den Aristokraten ein Lächeln entlockt hatten. Allenfalls, daß der Humor ein wenig gröber werden mußte, wenn er den unteren Ständen, die eben erst mit Kultur in Kontakt kamen, gefallen sollte. Die musikalischen Lustspiele Grétrys – „Les deux Avares" (Die beiden Geizhälse), „L'Amant jaloux" (Der eifersüchtige Liebhaber), „La double Épreuve" (Die doppelte Probe) – sind attraktive, musikalisch sehr gut gemachte, doch textlich leicht verstaubte Werke. Wo Grétry aber ernst wird, in der Oper die hohe Kunst sucht, die vor zweihundert Jahren die Gründer und der erste Prophet Monteverdi in ihr sahen, dort behält sein Name Gültigkeit über die Zeiten hinweg.
Auch bei Luigi Cherubini (1760–1842) ist dies besonders der Fall, dem Meister, der Beethoven in einer Weise verbunden ist, wie sie bei dem großen Einsamen in Wien zu den Seltenheiten gehört. Er ist Italiener, ein Florentiner, ließ sich (1787) in Paris nieder, wurde 1795 Inspektor des Konservatoriums, 1821 dessen Direktor und starb hochbetagt in diesem Amt. Seine Stellung im französischen Musikleben war nicht selten stark von der Politik beeinflußt, wie es eben die unruhigen Zeiten von Revolution, Konsulat, Empire, Restauration, Wiederkehr der Bourbonen mit sich brachten. Doch unter keinem Regime zeigte er sich bereit, Konzessionen zu machen. Nicht zuletzt deshalb hat ihn Beethoven grenzenlos verehrt, wie – außer dem verstorbenen Mozart – niemanden sonst. Cherubini war ein Anhänger Glucks und seiner Opernideen. Wenn heute „Fidelio" als eines der bedeutendsten Werke in der Gluck-Nachfolge gelten kann, so wäre es gar nicht abwegig, dessen Stammbaum nicht direkt von Gluck her, sondern auf dem Umweg über Cherubini zu rekonstruieren. In mehreren überaus herzlichen Briefen drückt Beethoven Cherubini seine große Verehrung aus, sieht in ihm den Meister der Stimmführung, der großen Oper schlechthin, möchte am liebsten, gäbe es die weite Entfernung Wien–Paris nicht, bei ihm in die Lehre gehen. Wie viele der Opern Cherubinis im praktischen Opernleben von heute eine Rolle spielen, hat mit ihrem künstlerischen Rang nichts zu tun. Wann und wo immer sie er-

klingen, ist ihnen die Hochachtung der besten Musiker gewiß. „Démophoon", „Lodoiska", „Médée" (1797), „Les deux Journées" (deutsch meist als „Der Wasserträger", 1800), „Anacréon" (1803), „Faniska" (1806), „Les Abencérages" (1813), „Ali-Baba" (1833). Das sind nur einige der wichtigsten Titel aus dem Opernschaffen Cherubinis, das italienische, französische und ein deutsches Werk umfaßt. Beethovens einziges Bühnenwerk „Fidelio" geht sehr deutlich auf Grétry und vor allem Cherubini zurück, viel mehr als auf Mozart, geschweige denn gar Haydn. Auf instrumentalem Gebiet aber verdankt Beethoven seinem Idol Mozart, aber auch Haydn, viel. Ein grundlegender Zug aber trennt ihn von diesen Meistern: Die Leichtigkeit von deren Schaffen steht in fast schmerzlichem Gegensatz zu dem schweren Ringen, unter dem Beethovens Musik zumeist geboren wurde. Die ersten Jahre – in Bonn und später in Wien – spiegeln Beethovens Werke trotz dieser Schwierigkeit die letzte Lieblichkeit und Grazie des Rokoko. Von 1800 an aber wird er immer mehr zum Herold einer völlig neuen Musik: der Musik als romantischem Ausdruck, als Botschaft an die mitmenschlichen Brüder oder die brüderlichen Mitmenschen, als Verkündung der Menschenrechte, der Freiheit, der hohen Ideale. Beim reifen Beethoven ist Musik nicht mehr „nur" Musik, wie sie es im Rokoko noch war. Sie erhält einen neuen, anderen Sinn, wird Sprachrohr von Vorstellungen und Gedanken.

Die Familie Beethoven

Im Jahr 1733 wurde Beethovens Großvater Lodewijk van Beethoven – 1712 im flämischen Mecheln geboren und Kapellsänger in Lüttich – von Kurfürst Clemens August von Köln an seine Bonner Hofmusik engagiert. Sein Sohn Johann, Tenorist in der kurfürstlichen Kapelle, heiratete 1767 die Witwe Maria Magdalena Leym, geborene Keverich. Aus der Ehe stammen sieben Kinder, von denen drei Söhne am Leben bleiben: Ludwig, Carl, Johann. Der älteste, Ludwig (der sich den Brüdern zeitlebens und manchmal in geradezu diktatorischer Weise überlegen fühlen wird), wurde am 17. Dezember 1770 in Bonn getauft, woraus man den Vortag, den 16. Dezember, als Geburtsdatum annehmen kann. Dokumentarische Angaben über Beethovens Geburtstag existieren nicht. Der Großvater, nach dem der Junge Ludwig heißt, starb als Kölner Hofkapellmeister, als der Knabe drei Jahre alt war. Der Vater, nur Tenorist der gleichen Kapelle, begann mit dem Musikunterricht seines Söhnchens, als dieser, vierjährig, besondere Merkmale von Begabung zeigte. Am 26. März 1778 erschien das Kind ihm reif genug, um es als Pianist dem heimischen Publikum vorzustellen. Offenbar hat er dabei das Vorbild Mozarts vor Augen, dessen Wunderkindzeit noch allgemein Gesprächsstoff war. Und so gibt er den eben achtjährigen Ludwig auf Plakaten und Programmen als sechsjährig aus. Der „Irrtum" des Vaters setzt sich im Bewußtsein des Kindes fort und läßt ihn sich bis weit in den Wiener Aufenthalt hinein für zwei Jahre jünger halten, als er tatsächlich ist.

Rechtzeitig erkennt der Vater, über dessen Charakterschwäche und zunehmende Trunksucht die Musikgeschichte Übles zu berichten weiß, daß seine Kräfte für eine weitere Ausbildung des verblüffend Frühreifen nicht ausreichen. Er gibt ihn dem ausgezeichneten Musiker Christian Neefe (1748–1798) in die Lehre, der sich zwei Jahre zuvor in Bonn niedergelassen hatte. Der erschließt ihm, was damals keineswegs selbstverständlich ist, die Welt Bachs als Musterbeispiel streng logischen Musikdenkens. Im „Magazin der Musik", das K. F. Cramer in jenen Jahren in Hamburg herausgab, macht Neefe 1783 auf die ungewöhnliche Begabung seines Schützlings aufmerksam und ruft Mäzene dazu auf, dem Dreizehnjährigen den Weg in die Welt zu bahnen, da hierzu die Mittel der Familie nicht ausreichten. Dem Aufruf ist keine Wirkung beschieden, und es wird noch einige Jahre dauern, bis der junge Beethoven den „Weg ins Freie", den ersehnten Pfad aus provinzieller Enge finden wird.

Schöne Freundschaften zeichnen die Jugend Beethovens – so mit der Familie Breuning, mit Franz Wegeler und dem Grafen Waldstein –, die ein Leben lang anhalten und in entscheidenden Augenblicken von hoher Bedeutung werden sollen. Beethoven interessiert sich nicht nur für Musik. „Es gibt für mich keine Abhandlung", legt er in seinen Skizzenbüchern nieder, „die sobald zu gelehrt für mich wäre. Ohne im mindesten Anspruch auf eigentliche Gelehrsamkeit zu machen, habe ich mich doch bestrebt von Kindheit an, den Sinn der Bessern und Weisen jedes Zeitalters zu fassen. Schade für einen Künstler, der es nicht für Schuldigkeit hält, es hierin wenigstens so weit zu bringen."

Wie anders verläuft – nicht nur im rein Musikalischen – die Jugend Beethovens verglichen mit jener Mozarts! Es sind nicht nur die vierzehn Jahre Altersunterschied, die sich auswirken, sie sind von Anfang an verschiedene Charaktere. Der intuitive Musiker Mozart und der denkende Musiker Beethoven: Diese Klassifizierung reicht nicht aus und umfaßt nur Bruchteile, nicht das Ganze. In Beethovens Denken und Fühlen spiegeln sich die unruhigen Zeiten, in denen er aufwächst. Er steht der Aufklärung nahe, die in den Jahren seines Reifens zur beherrschenden Geistesrichtung der gebilde-

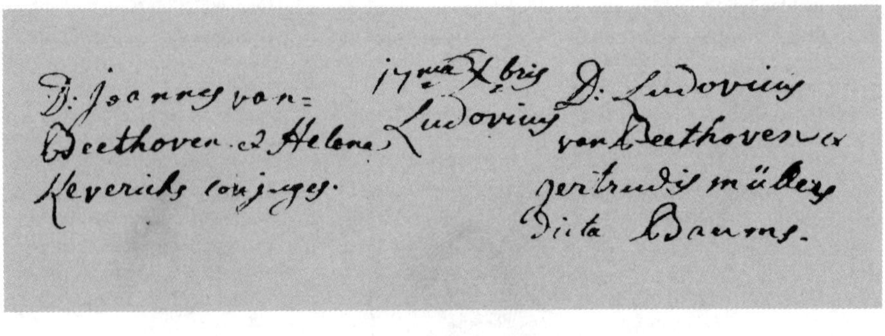

Links: Eintragung der Taufe Beethovens am 17. Dezember 1770 ins Kirchenregister der Pfarre St. Remigius in Bonn.
Rechte Seite: Christian Gottlob Neefe, der Bonner Lehrer Beethovens, Hoforganist und Theaterleiter, der sich vergeblich bemühte, seinem Schützling die Möglichkeit einer Reise in die große Musikwelt zu verschaffen.

ten Schichten wird. Die Französische Revolution, zu deren Beginn Mozart stirbt, wirkt auf Beethoven stark ein, ihr verdankt er sein Eintreten für Gedankenfreiheit, für Demokratie, für Sittlichkeit als höchsten Maßstab. Er schwärmt für die „Stürmer und Dränger", erhebt Schiller zu seinem Idol, dessen Tyrannenhaß er teilt und dessen musikalischer Bruder und Partner zu werden er träumt. Er glaubt an die Naturwissenschaften als den Weg zu letzten, auch philosophischen Erkenntnissen. Daraus fließt seine übermächtige Liebe zur Natur selbst, in der er Gott erkennt. „Das moralische Gesetz in mir, der gestirnte Himmel über mir", diese Worte Kants werden sein Leitspruch fürs Leben.

So ist auch die Musik für ihn etwas anderes als für Haydn und Mozart. Sie erhält neben dem rein Musikalischen noch eine weitere Bedeutung: Sie wird Aussage, Ausdruck außermusikalischer Gedanken und Gefühle, Träume, Ziele und Ideale. Es hängt damit zusammen, daß seine frühesten Werke nicht die fast unglaubliche Perfektion der Mozartschen aufweisen, der ein wahres „Wunderkind" war, ein fertiger Musiker von Anfang an, während solche Worte Beethoven nicht zu charakterisieren vermögen. Doch stammen aus seinen Bonner Jahren vor 1792 doch einige Kompositionen, die aufhorchen lassen und denen im Lauf seiner späteren Entwicklung Bedeutung zukommt. Für sich allein genommen, hätten sie allerdings für Nachruhm kaum ausgereicht. Doch bei welch geringem Prozentsatz großer Schöpfernaturen hätten die vor dem 20. oder sogar 25. Lebensjahr entstandenen Werke dazu genügt?

Höchst bemerkenswert scheinen hingegen Beethovens frühe Leistungen als Pianist und Improvisator gewesen zu sein. Seine Phantasien auf dem Hammerklavier dürften jener Mozarts kaum nachgestanden haben, ja sie könnten an Gedankentiefe und Ausdruckskraft alles Dagewesene – oder Bekanntgewordene – übertroffen haben. Drei erste Klaviersonaten widmete er dem Kurfürsten Maximilian Friedrich, seinem Köln-Bonner Landesherrn. Als dieser starb, wurde 1784 ein Habsburger sein Nachfolger, wodurch Beethoven in erste Kontakte zu Österreich und Wien gerät, zur „großen" Welt, die einmal die seine werden wird. Maximilian Franz, ein Sohn Maria Theresias, kommt an den Rhein. 1784 schon wird der erst vierzehnjährige Beethoven zweiter Hoforganist in Bonn. Bald werden Reisepläne erwogen, vor allem wohl vom Grafen Waldstein genährt, einem österreichischen Musikkenner, der in Beethovens Kreis getreten ist. Häusliche Schwierigkeiten aber vereiteln alles, immer häufiger und energischer muß der junge Musiker für den Vater einspringen, der kaum noch fähig ist, dem Haushalt vorzustehen, muß moralische und materielle Stütze der Mutter sein und sich um die kleineren Brüder kümmern.

Doch 1787 ist es dann soweit. Beethoven tritt eine Reise nach Süden an, wo nach Ansicht seiner Freunde und Betreuer die „Musikwelt" zwar nicht auf ihn warte, aber ihn sicherlich zu empfangen bereit sei. Ein merkwürdiger Schleier liegt über dieser Fahrt; er wird wohl kaum je noch gelüftet werden können. War Wien das Ziel? Sollte der junge Rheinländer Mozart vorspielen? Es gibt Legenden, die berichten, er habe beides erreicht, ja Mozart habe begeistert einen Nachbarn herbeigerufen, um ihm dieses verblüffende Talent zu zeigen, „von dem die Welt noch viel vernehmen werde". Es gibt jedoch kein einziges glaubwürdiges Zeugnis für dieses Zusammentreffen.

Die Reise des Jahres 1787 ist nicht mehr nachzuzeichnen. Fest steht nur, durch schriftliche Zeugnisse erhärtet, daß Beethoven, sehr bald, wahrscheinlich irgendwo in Süddeutschland, die Nachricht von der schweren Erkrankung seiner Mutter erhielt und keinen Augenblick zögerte, sofort heimzufahren. Er traf seine „beste Freundin" (wie er sie in einem Brief vom September dieses Jahres nennt) noch am Leben an. Ihr Tod am 17. Juli 1787 bedeutete für ihn den schwersten Schlag seiner jungen Jahre.

Die Lage der Familie wird immer bedrohlicher. Schließlich ernennt die Behörde im Jahr 1789 Beethoven anstelle des verfallenden Vaters zum Vormund seiner Brüder. Es kommen bittere Zeiten für den immer noch von einem Ausbruch in die Weite träumenden Musiker. Wenige Lichtblicke hellen das Grau seines Alltags auf: eine Fahrt der Hofkapelle, bei der Waldstein, der als Gast mit von der Partie ist, Beethoven zu einem Abstecher nach Aschaffenburg überredet, um den dort lebenden namhaften Komponisten, Johann Franz Xaver Sterkel (1750–1817) zu besuchen. Der zeigt sich von Kompositionen des Gastes wie von dessen Klavierspiel stark beeindruckt, aber auch Beethoven erkennt in Sterkels Musik jene schmerzlose Ablösung vom Rokoko und Hinwendung zur kommenden, gefühlsbetonten Romantik, die er selbst sucht.

Da kommt Joseph Haydn, der weitaus berühmteste unter den Instrumentalkomponisten der Zeit, auf der Rückreise von seiner triumphalen ersten Englandfahrt durch Bonn, und Waldstein kann ein Treffen seines Schützlings Beethovens mit dem illustren Gast in der Godesberger „Redoute" herbeiführen. Es war Mitte Juli 1792, eine Sternstunde der Musikgeschichte. Nicht,

Links: Ursprung oder Folge einer Legende? So soll im Frühjahr 1787 der 17jährige Beethoven Mozart in seiner Wiener Wohnung vorgespielt haben; und dieser rief die Nachbarn und Freunde zusammen mit dem begeisterten Urteil: „Von diesem da wird die Welt noch viel hören!" Es gibt keinen glaubwürdigen Beweis für Beethovens frühe Wienreise und viel weniger noch für ein Vorspiel bei Mozart. Aber das romantische 19. Jahrhundert schuf sogar ein recht bekanntgewordenes Bild davon.
Rechte Seite: Aus der Bonner Jugendzeit gibt es kein Bild Beethovens. Aus den ersten Wiener Jahren stammt ein Gemälde von Gandolph Ernst Steinhauser von Treuberg, nach dem (etwa um 1800) dieser Stich von C. F. Riedl hergestellt worden sein dürfte.

weil die Bekanntschaft mit Haydn Beethovens Entwicklung erkennbar beeinflußt hätte, wohl aber, weil dessen aufmunternde Worte dem jungen Musiker endlich und endgültig den Weg in die „große" Welt ebneten. Vielleicht zeigte Beethoven dem Gast seine „Kantate auf den Tod Kaiser Josephs II." (aus der er später eine besonders schöne Melodie in die Oper „Fidelio" übernehmen wird). Erkennt Haydn das Talent des jungen Mannes, oder ist Höflichkeit im Spiel: Der Meister ermuntert zu einem Besuch Wiens, bei dem er sich selbst Beethovens musikalisch annehmen würde. Nun handelt Waldstein. Mit einer Freundesrunde bringt er die nötigen Geldmittel auf, die zurückbleibende Familie wird versorgt. Er steuert Empfehlungsbriefe an die höchststehenden Familien Wiens bei und schenkt Beethoven zur Reise ein Stammbuch, auf dessen erster Seite jene Zeilen zu lesen sind, die von einer geradezu prophetischen Vision Zeugnis ablegen: „... Durch ununterbrochenen Fleiß erhalten Sie: Mozarts Geist aus Haydns Händen". Hier verbindet der feinsinnige Waldstein zum ersten Mal (und lange, bevor es üblich wird) die drei Namen, die im Bewußtsein der Nachwelt zum Inbegriff der Wiener Klassik werden sollen: Haydn, Mozart (der Monate vorher gestorben war) und Beethoven.

Beethoven in Wien

War es Mozarts Geist (der durch dessen frühen Tod verwaist war, wie Waldstein im gleichen Schriftstück meint), den Beethoven in Wien empfing? Er wird zum Ausdruck eines neuen Geistes, zum Herold der Romantik, deren freiere Formen die des sterbenden Rokoko ersetzen werden, eine Entwicklung, die sich in manchem Mozartwerk schon vorausahnen ließ. So setzt Beethoven tatsächlich fort, was Mozart begonnen. Daß er aber diese Erbschaft aus Haydns Händen empfangen sollte, blieb ein frommer Wunsch Waldsteins. Aber das ändert nichts an der großen Prophezeiung, die er seinem Schützling mitgab, als dieser im Herbst 1792 nun endgültig nach Süden fuhr. Der Ankunftstag in Wien ist unbekannt, es muß gegen Jahresende 1792 gewesen sein, als sein Wagen in die große Stadt an der Donau einrollte, die Musikmetropole – Traum und Ziel ungezählter Künstler. Er sucht Haydn auf, es kommt zu einigen Unterrichtsstunden, sie wirken sogar gemeinsam in Konzerten, wobei Beethoven sich anscheinend einmal weigert, auf den Ankündigungen „Schüler Haydns" genannt zu werden. Es dürfte niemals zu einem echten Vertrauensverhältnis gekommen sein, vielleicht fühlte der stolze, im Grund rebellische Beethoven sich beeinflußt, bevormundet, möglicherweise hielt er des Meisters Stil für „veraltet" – was dieser wenig später mit seinen „Volksoratorien" glänzend widerlegen wird – und ersehnt eine „modernere" Auffassung, eine Lockerung der Form, eine freiere Dissonanzenbehandlung. Er sucht andere Lehrer auf, den Singspielschöpfer Johann Schenk, den Domkapellmeister Johann Georg Albrechtsberger, den Hofkapellmeister Antonio Salieri. Wahrscheinlich will er gar nichts anderes lernen als die restlose Beherrschung des „Handwerks". Albrechtsberger sagt allerdings zu einem anderen seiner Zöglinge über Beethoven: „Ach, hör mir mit dem auf! Der hat nichts gelernt und wird nie etwas Ordentliches machen ..." Er hat sich wohl geirrt. Oder erschien alles, was dieser Vertreter einer neuen, jungen, revolutionären Generation schrieb, als nichts Ordentliches?
Beethovens äußeres Leben ist plötzlich, in größtem Gegensatz zu den engen Bonner Jahren, in beinahe unfaßbaren Glanz getaucht. Waldsteins Empfehlungen haben mühelos die Paläste der Großen geöffnet, der junge Musiker wird überall zu Gast gebeten, konzertiert vor geladenen Gästen, erwirbt Schüler und Schülerinnen aus höchsten Kreisen, erlebt, daß seine Kompositionen sofort auf Grund von Subskriptionen in Druck gehen und verbreitet werden, daß in seinen öffentlichen „Akademien" kein Stuhl leer bleibt. Wer seine in den neunziger Jahren entstandenen Porträts betrachtet, traut seinen Augen nicht: Ein nach der letzten Mode gekleideter junger Herr blickt aus ihnen, das Liebkind der Aristokratie, ein „Salonlöwe", ein anerkannter, gefeierter Künstler.
In Bonn ist am 18. Dezember 1792, kurz nach des Sohnes Abreise, der Vater gestorben. Beethoven nimmt sich vor, die Brüder, sobald es möglich wird, nach Wien zu holen, um besser für sie sorgen zu können. Vorläufig tut dies, auf sein Ansuchen, der Kölner Hof, der auch

ihm – auf Vorschlag Haydns – eine Unterstützung gewährt, die er sehr bald nicht mehr brauchen wird. Er ist so fleißig, wie Waldstein es gewünscht hatte! 1794 entstehen das Bläseroktett sowie eine Reihe von Werken für und mit Klavier, was bei Beethovens Meisterschaft auf diesem Instrument nicht verwunderlich ist: ein Klavierkonzert in B-Dur (später im Druck als „zweites" bezeichnet), drei Klaviertrios, drei Klaviersonaten, Lieder, darunter „Adelaide". Bei Beethoven beginnt die bald selbstverständliche Gewohnheit, Werke zu numerieren und diese Zahlen mit dem Vorwort „opus" (lateinisch: Werk) zu bezeichnen, meist in der abgekürzten Form „op.". Wo dies vom Komponisten selbst getan wird, können die Zahlen uns einen guten chronologischen Überblick über sein Schaffen geben. Manchmal aber – und besonders bei Beethoven – numeriert der Verleger die Werke in der Reihenfolge nicht des Entstehens, sondern des Drucks, der Herausgabe, was ein verzerrtes Bild geben kann. In Wien beginnt 1795 der renommierte Verlag Artaria, Beethovens Kompositionen zu veröffentlichen; es werden im Lauf der Jahre andere Verleger hinzukommen, aber kaum einer, mit dem sich der Komponist nicht überwerfen wird.

Das äußere Bild darf nicht täuschen: Beethoven ist und bleibt ein schwieriger Mensch, der leicht nicht nur mit anderen Menschen, auch mit sich selbst zerfällt, der von Zweifeln aller Art geplagt wird, von Mißtrauen oft den Treuesten gegenüber, von Verzweiflungsanfällen über das eigene Schaffen. Man erkennt es beim bloßen Betrachten von Manuskripten: Die Mozarts sind an „Sauberkeit" nicht zu überbieten, selten ist eine Note, noch seltener eine Phrase ausgebessert, man sieht förmlich das nachtwandlerische Schaffen, das hier am Werk ist, das Niederschreiben aus dem Kopf, in dem alles längst geformt ist. Beethovens Manuskripte aber enthüllen den Kampf, den hier ein Komponist mit der Materie vollführt, das schwere Ringen um jeden Ton, um jeden Akkord; man kann geradezu von einem Schlachtfeld sprechen, dem Beethovens Entwürfe gleichen. Schubert soll, als er ein Manuskript des von ihm hochverehrten Beethoven sah, ausgerufen haben: „Wenn das Komponieren so mühsam ist, möchte ich nicht komponieren ..." (denn er gehört, wie Mozart, zu den „nachtwandlerischen" Schöpfernaturen). Beethoven komponierte am Klavier, wobei er Zeit und Umwelt vergaß. Selbst geduldige Nachbarn hielten es manchmal nicht mehr aus, besonders wenn der „Höllenlärm" (wie sie sagten) gegen zwei Uhr morgens begann und stundenlang weiterging – die fast endlose Liste von Beethovens Wiener Wohnungen beweist es. Nirgendwo war seines Bleibens lange.

Seine oft dunklen Seelenzustände toben sich in den Schaffensstunden hemmungslos aus. Sie sind nicht nur Laien, den gewöhnlichen Sterblichen, unmöglich zu erklären, sie bleiben auch dem anderen Künstlertypus (wie Mozart und Schubert) fremd, ja unbegreiflich. Und so kann Wahrheit sprechen, wer aussagt: „Schaffen ist Leiden", aber ebenso, wer verkündet: „Schaffen ist höchster Genuß"... Beethovens Qualen finden manchmal Eingang in Briefe: „Ich will's, wenn's anders (nicht) möglich ist, meinem Schicksal *trotzen*, obschon es Augenblicke meines Lebens geben wird, wo ich das unglücklichste Geschöpf Gottes sein werde ...", schreibt er an die Bonner Jugendfreunde Carl Amenda und

Franz Gerhard Wegeler. Oder: „Ich will dem Schicksal *in den Rachen greifen*; ganz niederbeugen soll es mich gewiß nicht... o, es ist so schön, das Leben tausendmal (zu) leben! Für ein stilles Leben, nein, ich fühl's, ich bin nicht mehr dafür gemacht..."

Komponieren bedeutete für Beethoven, viele Stunden am Klavier zu verbringen: Er mußte Klänge zehn- und hundertmal anschlagen, um von ihrer Brauchbarkeit für sein Werk überzeugt zu sein. Mozart dagegen komponierte selten oder nie am Instrument, er konnte sich jeden Klang leicht im Kopf vorstellen. Beethoven mußte also hören, was er schuf, während er es schuf. Und hier, an diesem seinem Lebensnerv, traf ihn das Schicksal. Wer an eine Vorsehung glaubt – Beethoven glaubte daran, so fest und unerschütterlich wie Leonore in seinem „Fidelio" –, findet hier die Erklärung für alles Leid, das auf dem Höhepunkt seiner Wiener Glanzzeit über ihn hereinbrach. Das Schicksal mußte ihm das Gehör nehmen, ihn ganz in sein eigenes Inneres zurückzwingen, um ihn von einem guten Komponisten zum Meister des Unaussprechlichen zu machen, zum Musiker der tiefsten Leiden und der glühendsten Triumphe, zum Künder neuer Welten, dem Propheten neuen Menschentums.

1796 tritt mit Fürst und Fürstin Lobkowitz ein Paar großzügiger Mäzene und liebevoller Freunde in Beethovens Leben. „Mäzen" ist ein großes, schönes Wort in der Geschichte des Geistes und der Künste. Wir haben seine Bedeutung in Renaissancezeiten betont, haben das Verständnis und die Großzügigkeit hervorgehoben, mit denen Kaiser, Könige und Fürsten, Päpste und Kardinäle schöpferischen Menschen und ihren Werken den Weg ebneten. Nun finden wir viel von dieser Haltung in Beethovens Umgebung wieder.

Haydns Brotgeber Fürst Esterházy verstand sein Dienstverhältnis zum genialen Kapellmeister seines Hofes generöser, als der Vertrag es vorsah, wurde zum wahren Förderer. Mozart hatte unter den Mächtigen seiner Zeit manchen Verehrer, aber keinen Förderer und noch weniger einen Freund, der ein Mäzen letzten Endes doch immer sein muß. Beethoven aber, niemandes Diener, Beamter oder Angestellter – einer der ganz wenigen „Freischaffenden" seiner Zeit –, fand Mäzene. Ohne jede Verpflichtung komponierte er, und ohne jede Verpflichtung sorgten hochgestellte, wohlhabende Menschen seiner Umwelt für seinen gesicherten Unterhalt. Sie förderten, im Bewußtsein seiner Wichtigkeit für die Welt, den schaffenden Künstler und sein Werk. Bewogen sie dazu egoistische oder gar klassenbewußte Gründe, wie marxistische Theoretiker es später feststellen zu müssen glaubten? Von derartigen Absichten konnte bei den Waldstein, Kinsky, Lobkowitz, Rasumowskij und vielen anderen keine Rede sein. Sie liebten die Schönheit, den Geist, die edle Gesinnung, die aus Beethovens Werken sprachen. Daß sie damit der eigenen Kultur und so letzten Endes der Existenz ihrer Weltordnung dienten, war ihnen vermutlich nicht bewußt – trotz der Französischen Revolution, die eben vorüberbrauste wie ein Unwetter. Sie stellten dem Künstler keinerlei Forderungen, sie legten ihm nie ein bestimmtes Arbeitsprogramm nahe. Sie huldigten dem Genie, das außerhalb aller Regeln stand. Nur ein einziges Mal greifen sie, die Mäzene, in sein Leben ein, als sie Beethoven beinahe flehentlich bitten, nicht aus Wien, nicht aus Österreich fortzuziehen, um in Kassel einen Kapellmeisterposten anzunehmen!

Fürst Lobkowitz ist es, der Beethoven auf eine Reise über Prag nach Dresden, Leipzig und Berlin mitnimmt, wo er dem preußischen König Friedrich Wilhelm II. sowie dem musikalisch hochbegabten Prinzen Louis Ferdinand vorspielt, der bald, noch sehr jung, im Krieg gegen Napoleon fiel. In der entstehenden engen Freundschaft mit dem sehr namhaften Wiener Geiger Ignaz Schuppanzigh, der ein Vorkämpfer und Meister der Kammermusik war, findet Beethoven reges Interesse am Streichquartett, einer verhältnismäßig jungen Musikform, in der Haydn und Mozart die ersten Meisterwerke schufen.

Die Brüder Beethovens, Johann und Carl, treffen in Wien ein. Sie finden Ludwig überaus beschäftigt, aber in gefestigter Position. Das Klavierkonzert in C-Dur entsteht, ein Klavierquintett mit vier Bläsern, ein Bläsersextett, Septett für Streicher und Bläser, Klaviersonaten, eine Serenade für Streichtrio, die große Sopranarie mit Orchester „Ah, perfido!", dazu eine Fülle von „Unterhaltungsmusik" (die damals noch keinen Beigeschmack von Minderwertigkeit hat): Menuette, „Deutsche Tänze" und anderes.

Erste Anzeichen einer Gehörkrankheit

Spät im Jahr 1797 scheint Beethoven zum ersten Mal das beunruhigende Gefühl zu haben, ein Kartarrh wolle nicht weichen, der ihm zunehmendes Unwohlsein und Ohrenschmerzen verursacht. Seine Sorge wächst, als die Ärzte dieser an sich leicht scheinenden Erkrankung nicht Herr werden. Er fürchtet um sein Gehör, dessen Minderung er sich gar nicht vorzustellen wagt. Ist es Einbildung, wenn man aus den Werken dieser Epoche die steigende innere Unrast, die Beängstigung heraushört, die ihn ergreift? Oder ist es die Enttäuschung, die den wachen Zeitgenossen, den politischen Menschen in ihm angesichts des Verlaufs der Revolution befallen hat? Nicht an deren Idealen ist er irre geworden, sondern an der Fähigkeit des Menschen, sie jemals in die Wirklichkeit umsetzen zu können.

Wer Beethovens inneren Weg nachzeichnen will, höre vor allem auf seine Klaviersonaten und Streichquartette, die sich, mehr als die Sinfonien, über sein ganzes schöpferisches Leben hinziehen. Die ältere Musikwissenschaft hat versucht, Beethovens Schaffen in drei Perioden zu gliedern. Wir ziehen vor, es als eine einzige Entwicklung darzustellen, einen überwältigenden Reifeprozeß, wie er nicht vielen Menschen beschieden ist. Man höre die 32 Klaviersonaten, von den ersten, noch stark von Vorbildern beeinflußten, bis zu den letzten, op. 109, 110, 111, zwischen denen ein Lebensweg von dreißig Jahren liegt. Und man vergleiche die frühen Quartette op. 18 mit jenen erdfernen, nicht mehr ganz deutbaren, welche die Opuszahlen 127, 130,131, 132, 133, 135 tragen, die zugleich die letzten Kompositionen seines Lebens sind und wie Botschaften aus einer anderen Welt anmuten.

Erste Skizzen zu einer Sinfonie liegen knapp vor der Jahrhundertwende vor; der Hintergrund von Haydn und Mozart ist noch deutlich. Auch die Sinfonien, bekanntlich neun an der Zahl, sind Meilensteine auf dem

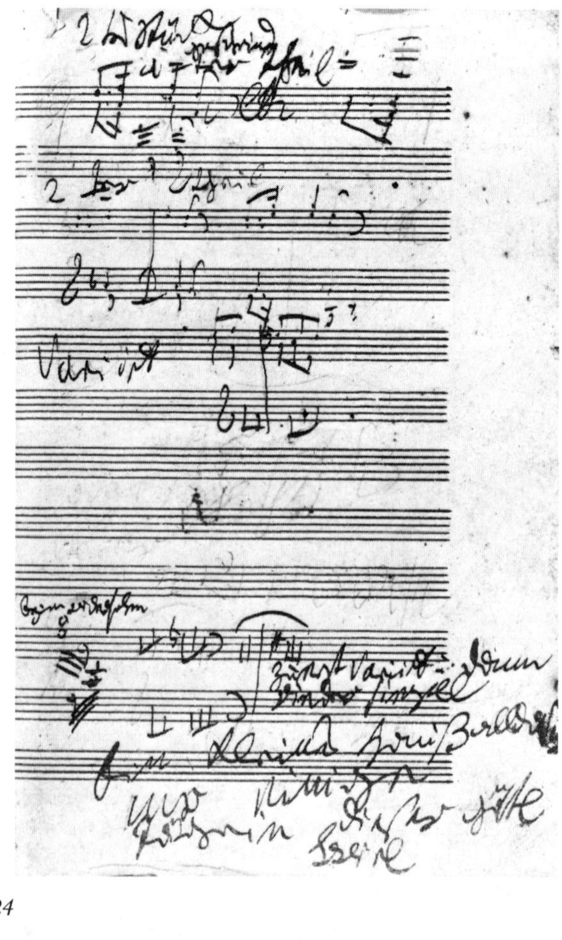

Weg eines Auserwählten. Von der Klassik führen sie zum ungeheuren Anruf an die Menschheit, wie nur die Weltseele der Romantik ihn ersinnen konnte. Ein weiter Weg liegt vor Beethoven, als die Glocken das 19. Jahrhundert einläuten. Er hört sie noch, aber sie klingen bereits gedämpft, wie hinter einem Vorhang. Nun kommt die Zeit, da er dem Schicksal trotzen, ihm in den Rachen greifen wird, wie er es sich vorgenommen hatte. Am 18. Dezember 1799 erscheint die Klaviersonate op. 13 in Druck, die den Beinamen „Pathétique" führt. (Es ist die einzige Bezeichnung, die vom Komponisten selbst stammt; denn andere häufig verwendete, wie „Mondschein", „Aurora", „Appassionata", haben geschäftstüchtige Verleger hinzugefügt.) Das Beiwort deutet romantische Gefühle an, kein Klassiker hätte es verwendet: Es weist auf feierliche Leidenschaft hin und bekommt von der Romantik noch einen Unterton von „schmerzlich, erregend, aus aufgewühlter Seele". Es ist Beethovens Vorstoß in romantische Gefilde. Sind dies auch die Dissonanzen, mit denen die erste Sinfonie beginnt? Sie waren bei Mozart angedeutet, sie sind im zur gleichen Zeit komponierten „Chaos" von Haydns „Schöpfung" härter. Aber als Sinfonieanfang, als mehrmals wiederholter Akkord, der eine Auflösung verlangt, darf ihnen wahrscheinlich doch eine fast programmatische Bedeutung zuerkannt werden. Beethoven sucht nach neuem Ausdruck; ein Musikwerk größeren Formats soll nicht mehr der reinen Unterhaltung dienen, es soll tiefer in das Gefühl des Menschen eindringen.

Wäre ein gesunder Beethoven diesen Weg so folgerichtig gegangen? Hätte er so bewußt nach neuen Ufern gesucht? Seine Krankheit zwang ihn zu neuer Weltschau. Die fortschreitende Schwerhörigkeit, die eines nicht fernen Tages in Taubheit übergehen mußte, trieb ihn in die Einsamkeit, errichtete Schranken zwischen ihm und seinen Mitmenschen. Bald war nur noch ein einziger Dialog für ihn möglich, der mit sich selbst. Er vertiefte ihn bis zur Qual. Seine Werke scheinen manchmal Streitgespräche mit sich selbst, ein Ringen entgegengesetzter Persönlichkeiten, die in ihm selbst wohnen. Nie wieder hören? Taub sein gegenüber dem vielfältigen Klingen der Natur, dem Gespräch der Freunde, den Liebesworten einer Frau, dem eigenen Werk! Also niemals hören, ob dieses Werk den eigenen Vorstellungen entspricht, ob es ausdrückt, was sein Inhalt sein sollte. Würde die Welt dadurch nur ein unvollkommenes Bild seiner Ideale erhalten? Der Gedanke folterte ihn, stört sein mühsam aufgerichtetes Gleichgewicht, macht ihn in den Augen der Mitmenschen launisch – „feindselig, störrisch, misanthropisch", wie er es selbst in jenem erschütternden Dokument zu Papier bringt, das als „Heiligenstädter Testament" in die Musikgeschichte eingegangen ist. Es stammt aus den ersten Oktobertagen 1802, wurde im Wiener Vorort dieses Namens niedergeschrieben und ist an seine Brüder gerichtet. Aber weder sie noch irgendein anderer Mensch hat es vermutlich zu Beethovens Lebzeiten gesehen. „... Welche Demütigung, wenn jemand neben mir stand und von weitem eine Flöte hörte und ich nichts hörte... solche Ereignisse brachten mich nahe an Verzweiflung, es fehlte wenig und ich endigte selbst mein Leben ... Nur sie, die Kunst, sie hielt mich zurück. Ach, es dünkte mich unmöglich, die Welt eher zu verlassen, bis ich alles hervorgebracht, wozu ich mich aufgelegt fühlte ..." Vielleicht hätte er schreiben sollen: „fähig fühlte" oder: „berufen fühlte". Denn er glaubte – und dies ist ein romantischer Zug – an die Berufung. Ein Vierteljahrhundert später wird er die Feder aus der Hand legen im stolzen Bewußtsein: „Mein Werk ist vollendet."

Napoleon und die Freiheits-Oper

Im Jahr 1802 beginnt Europas Jugend einen neuen Traum zu durchleben: Napoleon. Er wird auch zur Hoffnung Beethovens, der ihm begeistert seine dritte Sinfonie widmet, die später den Beinamen „Eroica", bekommt. Sie sollte ein tönendes Denkmal für den „großen Korsen" werden. Doch noch ehe sie veröffentlicht ist, erlebt ihr Komponist die schwere Ernüchterung der Kaiserkrönung des verehrten „Volksführers". Wütend radiert er die ursprüngliche Widmung „Bonarparte" aus, so daß noch heute das Loch auf dem

Linke Seite: Eine für jeden Betrachter unleserliche Seite aus einem Skizzenheft Beethovens.
Rechts: Beethovens Manuskript des Liedes „Ich liebe dich".

Links: Das berühmte Titelblatt von Beethovens dritter Sinfonie, der „Heroischen", deren Widmung an Napoleon auf dem Blatt so heftig ausradiert erscheint, daß das dicke Papier hier ein Loch aufweist. Der Überlieferung nach zerstörte der Komponist diese Zueignung, als er von Napoleons Kaiserkrönung (1804) Nachricht erhielt.
Rechte Seite oben: Die berühmte dramatische Sängerin Wilhelmine Schröder-Devrient (die noch Wagner glühend verehrte), war die bedeutendste „Fidelio"-Leonore ihrer Zeit.
Rechte Seite unten: Die Ankündigung der Uraufführung von Beethovens einziger Oper „Fidelio", die im ungünstigen Augenblick der Franzosenbesetzung von Wien am 20. November 1805 erfolgte.

Titelblatt im Wiener Museum zu sehen ist. An der Sinfonie selbst hat Beethoven nichts mehr geändert, sie blieb seine bewundernde Vision des Helden, der einer Welt „Liberté, Egalité, Fraternité" bringen sollte. Als man ihm siebzehn Jahre später die Nachricht vom einsamen Tod des Korsen auf St. Helena brachte, sagte er nur nachdenklich, den habe er ja längst komponiert. Seine dramatische Kraft, die gerade in diesem Werk überzeugend zutage getreten ist, sucht nun Betätigung dort, wohin sie ohnedies schon weist, beim Theater. Mit Schikaneder – der 13 Jahre zuvor für Mozart „Die Zauberflöte" geschrieben und sie im „Freihaustheater" aufgeführt hatte – schließt er für dessen neues „Theater an der Wien", einen Vertrag ab, der zur Vertonung von Schikaneders „Vestas Feuer" führen soll. Doch Schikaneder, Autor, Bariton, Schauspieler, Publikumsliebling, ist am Ende. Ehe er noch Wesentliches an dem römischen Stoff arbeiten kann, wird er von einem neuen Intendanten abgelöst, der den Vertrag mit Beethoven zwar übernimmt, aber als neuen Stoff das französische Revolutionsdrama „Léonore" vorschlägt, das, von Nicolas Bouilly verfaßt, zwar schon zweimal vertont wurde – vom Pariser Pierre Gaveaux, vom Italiener Ferdinando Paer, später nochmals vom Donizetti-Lehrer Simon Mayr –, aber im Zug der Zeit zu liegen schien. Es sollte Beethovens Schmerzenskind (und einziges Bühnenwerk) bleiben. Drei Fassungen und Anläufe – 1805, 1806, 1814 – waren nötig, die Oper durchzusetzen, zum großen „Befreiungs-, Rettungsdrama" zu machen, als das sie heute verehrt wird. Stärker als das Siegel der Französischen Revolution trägt „Fidelio" (wie das Musikdrama endgültig heißt, während seine ersten drei Ouvertüren den Namen „Leonore" beibehalten haben) die Merkmale von Aufklärung, Sturm und Drang, Humanismus, in denen sich die Umwälzungen der Zeit zeigten. Vorgänge, die zu denken geben sollten: Joseph II. gestattet die Vertonung der „Mariage du Figaro" (wenn auch mit Auflagen), ein Hoftheaterintendant fordert Beethoven auf, das „Hohelied der Freiheit", eine Hymne auf staatliche Gerechtigkeit zu singen, und begegnet damit dem Herzenswunsch des revolutionär gesonnenen Komponisten.

Trotz alledem wird Beethoven kein Opernkomponist. Die Singstimmen, wichtigster Faktor im Musikdrama, bleiben sein Problem, auch wenn er dies oft mit unglaublicher Anstrengung zu meistern versteht. Er erbittet Rat bei einem Meister, den er tief verehrt, bei Luigi Cherubini, dem Italiener, der seit langem in Paris sitzt und in seinen Ideen Glucks treuester Gefolgsmann wurde. Seine „großen", edlen Themen beweisen es, seine Sorgfältigkeit im Umgang mit dem Drama. Durch ihn, könnte man fast sagen, setzt Glucks musikdramatische Idee sich in Beethoven fort, der sie an Weber und Wagner weitergeben wird: ein ungewöhnlicher, aber nicht unlogischer Weg. Auf rein instrumentalem Gebiet jedoch fühlt Beethoven sich wohler, freier. Zwei seiner bedeutendsten Klaviersonaten entstehen: die dem Grafen Waldstein gewidmete (in außerdeutschen Ländern zumeist „Aurora" genannte) Sonate op. 53 sowie die „Appassionata" op. 57, deren genaue Geburtsstunde nicht mehr feststellbar ist. 1806 entstehen die vierte Sinfonie, das vierte Klavierkonzert, die dem bedeutenden Mäzen Fürst Rasumowskij, dem russischen Botschafter in Wien, gewidmeten Quartette op. 59 sowie das wundervolle Violinkonzert, Juwel der Gattung und bis heute Prüfstein aller Geiger. Fast jedes neue Werk bringt neue Elemente in Beethovens Stil. Die Sonatenform, von Haydn und Mozart zum Typus entwickelt, bricht auf, wird beweglicher, erhält Inhalte außermusikalischer Art, weitet Ausdruck und Gefühle. Es sind äußerst fruchtbare Jahre.

Denkt der schwerhörige Beethoven an einen eigenen Ehestand? Er schreibt nach Bonn wegen der Übersendung der notwendigen Papiere. Doch dann scheint er den Gedanken aufzugeben. Dagegen heiratet einer seiner Brüder, aber er trifft eine Wahl, die Beethoven aufs schärfste mißbilligt und die zur Quelle größter Bitterkeit für ihn wird. Er haßt seine Schwägerin – oder begehrt er sie, wie moderne Psychologen vermuten? „Der Mensch ist ein Abgrund, ein unergründlicher", schreibt Büchner in „Woyzeck". Es hat mehrere Frauen in Beethovens Leben gegeben, bei denen er an eine nähere Bindung gedacht haben kann. Scheuten sie zuletzt doch immer wieder vor dem Gedanken zurück, ihr Leben mit einem fast tauben Sonderling zu verbringen, der so unberechenbar, so heftig, so völlig in sich gekehrt, so ungerecht sein kann? Oder hielt der Standesunterschied sie zurück? Einige „Erwählte" Beethovens gehörten dem Adel an, aus dem die Mehrzahl seiner Schülerinnen kam, in die der Meister sich – und wohl immer unglücklich – verliebt zu haben scheint: Therese von Brunswick, Giulietta Guicciardi...

Die „Akademien" in Wien

Am 22. Dezember 1808 findet im Theater an der Wien ein denkwürdiges Konzert statt. Auf dem Programm stehen die Uraufführungen von Beethovens fünfter und sechster Sinfonie, des vierten Klavierkonzerts, der „Chorphantasie" sowie von Teilen aus der C-Dur-Messe. Ein monströses Konzert, vom Inhalt wie auch von der Dauer her. Drei-, vier-, ja fünfstündige „Akademien" waren damals keine Ausnahme. Die Hörer hatten mehr Zeit, kamen ausgeruhter in die Konzerte als im späteren Industriezeitalter. Doch bleiben Fragen offen: Die Programmfolge bestand durchwegs aus Novitäten, die noch dazu gespannteste Aufmerksamkeit und Konzentration erforderten, denn Beethovens Musik war keineswegs leicht verständlich für die Zeitgenossen. Dann bestanden die Orchester im damaligen Wien, tüchtige Musiker sicherlich, zum Teil aus Amateuren. Man kann ihre Spielqualität, was Technik und Klang anbelangt, unter keinen Umständen mit der heutigen Spitzen- oder auch nur guter Orchester vergleichen. Beethovens Werke waren schwer zu spielen, erforderten ungewohnte Fertigkeiten und höchste Musikalität – zudem natürlich ausgiebige Probenarbeit unter einem sehr fähigen, überlegenen Dirigenten. Doch von solchen Vorbereitungen war man damals weit entfernt. Die Verhältnisse hatten sich zwar seit Mozarts Auftritten gebessert (der vieles vom Blatt oder mit einer kurzen „Verständigungsprobe" leiten mußte), aber von wirklichem Eindringen in Inhalt und Geist neuer Werke konnte immer noch kaum die Rede sein, zumindest bei der Uraufführung. Wie mögen Beethovens Kompositionen, voll bepackt mit Neuerungen und nie gehörten Einzelheiten und Kombinationen, geklungen haben? Konnte sich selbst der aufmerksamste Zuhörer, der wohlwollendste Verehrer ein wahres Bild von den Absichten des Tonsetzers machen? Dazu waren obendrein die Noten handgeschrieben, und die Blätter steckten voll von Fehlern, die bei so neuen, komplizierten Werken auszumerzen viele Stunden Arbeit benötigen und einen gewandten Dirigenten mit scharfem Gehör. Den aber gab es damals noch nicht; es dirigierte, wer wollte und wer sich berufen fühlte. Beethoven versuchte immer wieder, sogar im Zustand fortschreitender Ertaubung, selbst zu dirigieren. Glaubte er wirklich, seine eigenen Werke – nur solche dirigierte er – besser darstellen zu können als jeder andere? Wir besitzen Zeugnisse, so eines des berühmten Geigers Louis Spohr, der selbst einer der frühesten wirklich professionellen Kapellmeister war und Jahrzehnte später dann, in seiner Selbstbiographie, sich erinnert: „Beethoven hatte sich angewöhnt, dem Orchester die Ausdruckszeichen durch allerlei sonderbare Körperbewegungen anzudeuten. Sooft ein *sforzando* vorkam, riß er beide Arme, die er vorher auf der Brust kreuzte,

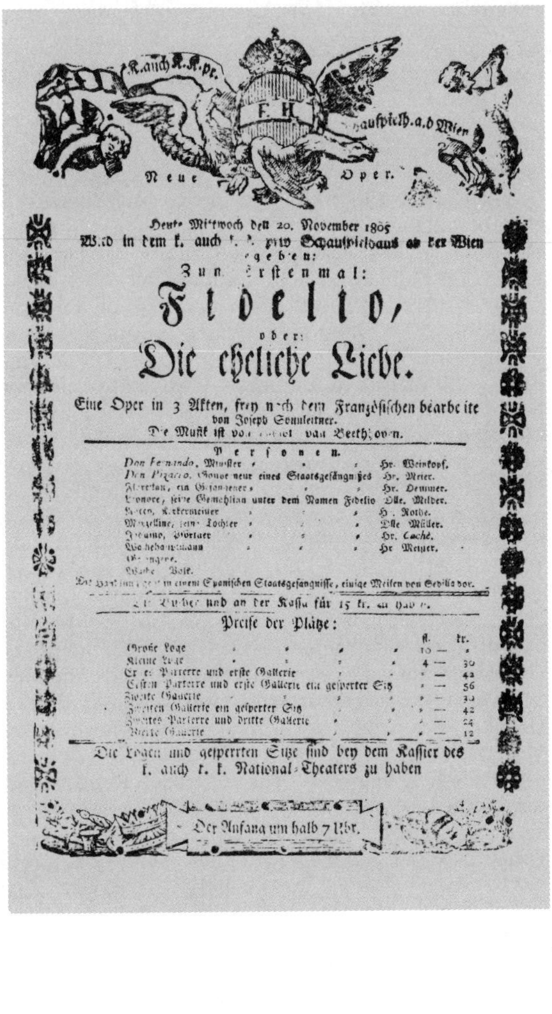

Heut Mittwoch den 20. November 1805

Zum Erstenmal:

Fidelio,

oder:

Die eheliche Liebe.

Eine Oper in 3 Akten, frey nach dem Französischen bearbeitet von Joseph Sonnleitner.

Personen.

Don Fernando, Minister — Hr. Weinkopf.
Don Pizarro, Gouverneur eines Staatsgefängnisses — Hr. Meier.
Florestan, ein Gefangener — Hr. Demmer.
Leonore, seine Gemahlinn unter dem Namen Fidelio — Dlle. Milder.
Rocco, Kerkermeister — Hr. Rothe.
Marzelline, seine Tochter — Dlle Müller.
Jaquino, Pförtner — Hr. Caché.
Wachehauptmann — Hr Meister.
Gefangene.
Wache. Volk.

Die Handlung geht in einem Spanischen Staatsgefängnisse, einige Meilen von Sevilla vor.

Preise der Plätze:

	fl.	kr.
Große Loge	10	—
Kleine Loge	4	30
Erstes Parterre und erste Gallerie	—	42
Ersten Parterre und erste Gallerie ein gesperrter Sitz	—	56
Zweite Gallerie	—	30
Zweiten Gallerie ein gesperrter Sitz	—	42
Zweites Parterre und dritte Gallerie	—	24
Vierte Gallerie	—	12

Die Logen und gesperrten Sitze sind bey dem Kassier des k. auch k. k. National-Theaters zu haben

Der Anfang um halb 7 Uhr.

mit Vehemenz auseinander. Bei einem *piano* bückte er sich nieder, um so tiefer, je schwächer er es wollte. Trat dann ein *crescendo* ein, so richtete er sich nach und nach wieder auf und sprang beim Eintritt des *forte* hoch in die Höhe ..." Bis hierher könnte man kaum etwas Absurdes feststellen, zahllose spätere Dirigenten sind im Prinzip nicht anders vorgegangen. Allenfalls übertrieben könnte das alles gewirkt haben und dadurch grotesk. Doch dann schildert Spohr Szenen aus jenem Konzert des Jahres 1808, wie Ignaz von Seyfried, ein Mozartschüler und namhafter Wiener Musiker, es miterlebt und ihm berichtet hatte: „... Beethoven spielte ein neues Pianoforte-Konzert von sich, vergaß aber schon beim ersten *tutti*, daß er Solospieler war, sprang auf und fing an, in seiner Weise zu dirigieren. Beim ersten *sforzando* schleuderte er die Arme so weit auseinander, daß er beide Leuchter vom Klavierpulte zu Boden warf. Das Publikum lachte, und Beethoven war so außer sich über diese Störung, daß er das Orchester aufhören und von neuem beginnen ließ. Seyfried, in Besorgnis, daß sich bei derselben Stelle dasselbe Unglück wiederholen werde, hieß zwei Chorknaben sich neben Beethoven stellen und die Leuchter in die Hand zu nehmen. Der eine trat arglos näher und sah mit in die Klavierstimme. Als daher das verhängnisvolle *sforzando* hereinbrach, erhielt er von Beethoven mit der ausfahrenden Rechten eine so derbe Maulschelle, daß der arme Junge vor Schrecken den Leuchter zu Boden fallen ließ. Der andere Knabe, vorsichtiger, war mit ängstlichen Blicken allen Bewegungen Beethovens gefolgt und es glückte ihm daher, durch schnelles Niederbücken der Maulschelle auszuweichen. Hatte das Publikum vorher schon gelacht, so brach es jetzt in einen wahrhaft bacchanalischen Jubel aus. Beethoven geriet dermaßen in Wut, daß er gleich bei den ersten Akkorden des Solos ein halbes Dutzend Saiten zerschlug. Alle Bemühungen der echten Musikfreunde, die Ruhe und Aufmerksamkeit wieder herzustellen, blieben für den Augenblick fruchtlos. Das erste Allegro des Konzerts ging daher ganz für die Zuhörer verloren. Seit diesem Unfall wollte Beethoven kein Konzert mehr geben ..." Diese Behauptung stimmt nicht ganz, 1814 wird es nochmals zu einem Versuch kommen, der aber schon in der Probe abgebrochen werden muß, da das Chaos durch Beethovens bis dahin nahezu vollständige Taubheit zu katastrophalen Szenen geführt hatte.

Im Jahr 1809 (das Wien die zweite Franzosenbesetzung und Haydns Tod bringt) lädt Jérome Bonaparte, Napoleons Bruder, Beethoven an seinen Hof nach Kassel, das er zu einem weitleuchtenden Kulturzentrum machen will. Wäre Beethoven zum „Hofkapellmeister" ernannt, wirklich Leiter eines Orchesters geworden, oder handelte es sich nur darum, dem verehrten Komponisten zu einer festen Bleibe zu verhelfen? Doch schnell sind drei Freunde zur Hand, die Beethoven eine sehr ansehnliche Rente aussetzen, damit er nur in Wien bleibt: Erzherzog Rudolf (des Kaisers Bruder, zweiter Mann im Reich und Schüler Beethovens), Fürst Lobkowitz und Graf Kinsky. Es fällt dem nun sechzehn Jahre in Wien weilenden Beethoven nicht schwer, auf Kassel zu verzichten.

Mit der fünften Sinfonie hatte er Neuland betreten. Es gibt hier thematische Bezüge durch alle Sätze hindurch, die dadurch erst zur unlöslichen Einheit zusammenwuchsen, von der die Vorgänger nur träumten. Das Werk schien auch eine „Erklärung" zu fordern, die Hörer empfanden, daß ihm ein geheimes „Programm" zugrunde liege. Beethoven soll den so packenden, schnell berühmt gewordenen Anfang mit den Worten erklärt haben: „So klopft das Schicksal an die Pforte!" Kann man hier einen gigantischen Kampf des Menschen gegen das Schicksal heraushören? Die anbrechende Romantik findet das Motto dafür: „Durch Nacht zum Licht." Viel leichter scheint die Frage eines künstlerischen Programms in der folgenden, der sechsten Sinfonie zu beantworten, die der Komponist selbst als „Pastorale" bezeichnet und deren einzelne Sätze er mit Überschriften versehen hat. Und doch warnt Beethoven: Es sei „mehr Ausdruck der Empfindung als Tonmalerei". Dabei wirken alle Einzelheiten fast plastisch der Natur nachgebildet; das Rauschen des Baches, der Gesang der Vögel (die Beethoven sogar namentlich angibt: Wachtel, Nachtigall, Kuckuck), das tänzerische Stampfen der Bauern, Blitz und Donner des aus der Ferne aufgezogenen Gewitters. Hat der Spätklassiker, der Erbe der absoluten Musik Haydns und Mozarts, noch Scheu vor dem Programm, vor einem musikalischen Realismus, vor der letzten Konsequenz der Tonmalerei? Er beschäftigt sich mit dieser Frage in einem Skizzenbuch: „Man überläßt es dem Zuhörer, die Situation auszufinden ... Jede Malerei, nachdem sie in der Instrumentalmusik zu weit getrieben, verliert ..."

Oben: Bildnis Beethovens (Kreidezeichnung von F. A. Klöber), vermutlich aus dem Jahre 1817.
Rechte Seite: Die letzte Seite des berühmten Liebesbriefs, den Beethoven am 6./7. Juli 1812 an die „unsterbliche Geliebte" richtete, die wahrscheinlich mit Josefine von Brunswick zu identifizieren ist.

Die unbekannte Geliebte

Die siebente Sinfonie entsteht 1811 – die beschwingteste von allen. Wagner wird sie eine Apotheose des Tanzes nennen, ein starker Kontrast zum dramatischen Kampf auf Leben und Tod in der fünften, zum lieblichen Wandertag in heller Frühlingsnatur der sechsten Sinfonie. Man suche nicht nach Erklärungen im äußeren Ablauf von Beethovens Dasein. Das Schaffen des Genies findet nur selten eine erkennbare Parallele zum Leben, entspringt kaum je einer als Quelle denkbaren Situation. Ganz andere, viel tiefer gelegene Wurzeln liegen den großen Schöpfungen zugrunde. Die Vollendung der siebenten Sinfonie am 13. Mai 1812 fällt mit jener wahrscheinlich einzigen Epoche in Beethovens Leben zusammen, die von einem starken und erfüllten Liebeserlebnis gezeichnet ist. Wenig später, am 6. und 7. Juli, entsteht der Brief (es sind genaugenommen drei, die zusammengehören), dieser geheimnisumwitterte Liebesbrief Beethovens an eine namentlich nicht erwähnte Frau (Mein Engel, mein Alles, mein Ich), der bei seinem Tod in seiner Wohnung gefunden wurde, und der wahrscheinlich an Josephine gerichtet war. Eine unvorstellbare, geradezu detektivische Kleinarbeit ist durch viele Jahrzehnte geleistet worden, um dieser „unsterblichen Geliebten“ (so wird sie genannt), auf die Spur zu kommen. Man fand heraus, daß das Briefdatum – Montag, 6. Juli – sich nur auf das Jahr 1812 beziehen könne, daß der Ort, an dem der Brief geschrieben wurde, zweifellos Teplitz, das bekannte Bad in Nordböhmen, sei, wo tatsächlich in den vorangegangenen Tagen Unwetter niedergingen, auf welche die Reiseschilderungen sich beziehen. Es steht fest, daß die Empfängerin in einem Ort mit Anfangsbuchstaben K weilte. Neuere Forschungen (vor allem die von S. Kaznelson) erkennen in „K“ den nachbarlichen Badeort Karlsbad, was auch die Bemerkung des Briefs, die Post gehe „Montags, Donnerstags“ dorthin, erklärt. Mit welcher Frau aber war Beethoven wenige Tage zuvor beisammen? War es Thereses Schwester Josephine von Brunswick, an die er schon 1805 einen Liebesbrief gerichtet hatte und über deren Gefühle für ihn in mehreren Briefen Thereses nachzulesen ist? Fand ihr Treffen in Prag statt, von wo aus, anscheinend nach mehreren Tagen, die Weiterreise nach Teplitz und Karlsbad erfolgte? Auch durch eine solche „Entdeckung“ käme man Beethoven nicht näher.

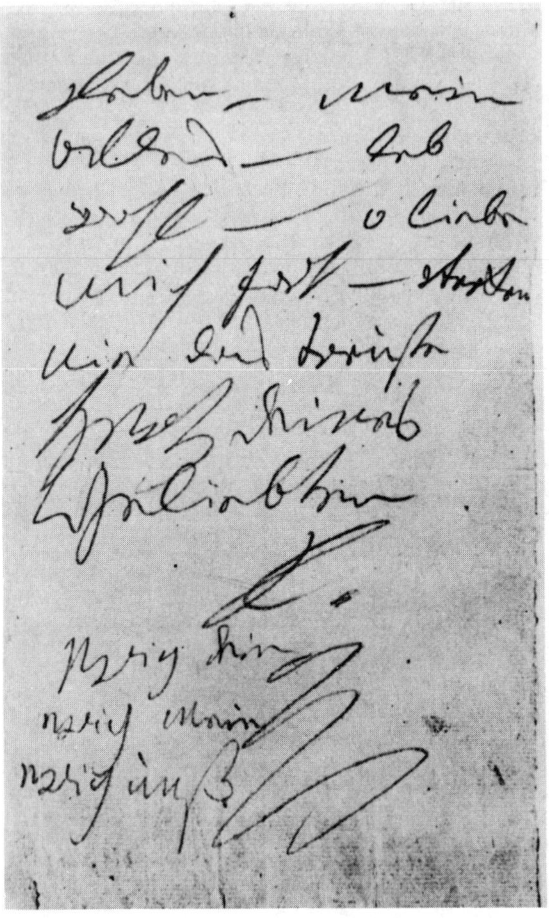

In Teplitz trifft Beethoven Goethe. Es war, so gering ihre geistige Ausbeute gewesen sein mag, eine welthistorische Begegnung. Der Musiker beklagt sich hernach bei der gemeinsamen Freundin Bettina Brentano über den „Fürstendiener“, doch versagt er ihm sowenig seine Anerkennung wie der Dichter ihm. Daß zwei Große einander nicht verstanden, war und ist nichts Ungewöhnliches.

Der Rest des Jahres 1812 bringt Beethoven die kleinere, durchwegs lebensfrohe, ja von Humor gewürzte achte Sinfonie, in deren zweitem Satz das eben erfundene Metronom (Taktmesser) des Freundes Mälzel gutmütig verspottet wird. Die Reihe der Klavierkonzerte schließt er mit dem großartigen fünften ab, das später in vielen Teilen der Welt „Empereur“ genannt wird, der Kaiser. Sonaten aber entströmen immer weiter Beethovens Feder. Die bedeutendste dürfte jene in Es-Dur-op. 81a sein, mit der es eine besondere Bewandtnis hat: Beim erneuten Einfall der Franzosen im Jahr 1809 hatte der Hof die Wiener Residenz verlassen, auch Beethovens Freund Erzherzog Rudolf hatte Abschied genommen, was Beethoven sehr naheging. Er gestaltete dieses Ereignis bewußt programmatisch im ersten Satz dieser Sonate, den er „Das Lebewohl“ nannte. Nur acht Monate später waren die Habsburger wieder zurück in Wien (und Napoleon hatte als wertvollste Siegestrophäe seines Lebens die Kaisertochter als Gattin nach Paris mitgenommen) und Beethoven vervollständigte sein Werk mit zwei weiteren Sätzen: „Die Abwesenheit“ und „Das Wiedersehen“.

Was die Oper betrifft, so hatte er nie aufgehört, nach weiteren Stoffen zu suchen. Er verhandelte mit Dichtern (Körner, Kotzebue, Treitschke), erhielt vom bedeutendsten österreichischen Dramatiker Grillparzer das Libretto einer „Melusine“, schrieb in deutsche Städte sowie nach Paris um Anregungen, aber es verlief alles im Sande. Nur Bühnenmusiken komponierte er mit oder ohne Gesang: zu Goethes „Egmont“, mit großartiger Ouvertüre und den „Klärchen-Liedern“, für ein Theater in Pest – Teil des heutigen Budapest – zu den (unbedeutenderen) „Ruinen von Athen“.

Ein welthistorisches Ereignis facht 1814 die ein wenig abflauende Schöpferkraft Beethovens neu an. Europa, zwölf Jahre zuvor euphorisch ob dem Erstehen des Freiheitsidols Napoleon, verfällt nun in einen ähnlichen

Taumel bei dessen Untergang. In Wien treffen sich die Siegermächte (und die es sein möchten), es geht hoch her mit Festen und Tanz. Beethoven tritt mit zwei Werken ins Rampenlicht dieses Kongresses. Objektiv beurteilt, wären beide besser ungeschrieben geblieben. Es handelt sich um das musikalische Kriegsgemälde „Wellingtons Sieg oder die Schlacht bei Vittoria", bei dem Kanonen abgeschossen und die Nationalhymnen geschmettert werden, und die Kantate „Der glorreiche Augenblick", in deren Text die Fürsten als „Retter Europas" hingestellt werden. Vergeblich fragt man sich, wie Beethoven sich zu solchen Ergüssen erniedrigen konnte. Hat der einstige Revolutionär abgedankt, ist er eines „Besseren" belehrt worden, hat Goethe ihn mit seiner Fürstenhörigkeit angesteckt? Wie konnte er einer Wiederkehr des Feudalsystems seine Töne leihen? Es ist nur ein schwacher Trost, daß es keine besonders guten Töne wurden. Die Massen aber erkennen das nicht, sie zeigen sich berauscht von so viel Pomp und Glanz, feiern Beethoven ob seines Schlachtengetümmels und seiner so hohlen wie trügerischen Zukunftsvision frenetischer als je. Beethoven erlebt Tage und Monate echter Popularität, wird auf den Straßen umringt und bejubelt. Seine Wahlheimat Wien ernennt ihn zum Ehrenbürger, wozu seine Sinfonien und Sonaten vermutlich nicht ausgereicht hätten ...

Doch bringt ihm gerade dieses Jahr 1814 auch einen echten künstlerischen Erfolg. Drei Mitglieder des Theaters an der Wien wünschen sich, ihre Pensionierung mit einer Wiederaufnahme des „Fidelio" zu feiern. Der Komponist findet sich bereit und stellt eine neue Fassung her (für die er die kleinere E-Dur-Ouvertüre schreibt, wodurch die grandiose „Dritte Leonoren-Ouvertüre" sozusagen heimatlos wird, was spätere Dirigenten oft veranlaßt, sie an anderen Stellen in das Werk einzubauen), die am 23. Mai einen großen Publikumserfolg erringt. Doch die Zahl seiner Werke – niemals sehr hoch, verglichen mit der Produktivität Mozarts und Schuberts – nimmt nun, da er noch nicht einmal die Mitte der Vierzig erreicht hat, auffallend ab. Der Kampf, der das Entstehen fast jedes seiner größeren Werke begleitete, hat ihn wohl ein wenig müde gemacht. Nur seine Nerven bleiben in dauernder Hochspannung, immer wieder führen sie zu unerwarteten Explosionen. Der modernen Psychiatrie müßte „der Fall Beethoven" ein dankbares Studienobjekt bieten. Damals akzeptierte man ihn, wie er war. Man nahm zur Kenntnis, daß der schöpferische Mensch, der schaffende Künstler, das Genie eine Ausnahmestellung in der Gesellschaft beanspruchen dürfe. Das war ein romantischer Standpunkt, dem wir im soeben begonnenen 19. Jahrhundert noch oft begegnen werden. Nur Genies dürfen ein Genie richten.

Auch Beethovens zweiter Bruder hat eine Gattin erwählt, die diesem nicht recht ist – aber welche wäre ihm recht gewesen? Am schlimmsten wird der Kampf um den Neffen Karl, den Beethoven nach des Bruders Tod, unter Umgehung der Mutter, in seine Erziehungsgewalt bekommen will. Streit, Beschuldigungen, Anrufung der Behörden, Klagen, Gegenklagen, Beethoven wird endlich Vormund des Halbwüchsigen, übt die Erziehungsgewalt aber so tyrannisch aus – wobei ihn sicherlich die besten Absichten leiten –, daß der arme Karl schließlich einen Selbstmordversuch unternimmt, was wiederum Beethoven in eine furchtbare Seelenkrise stürzt. Jahrelang sorgt diese Familienfehde für tiefgehende Erregung im ohnedies gestörten Gemüts- und Gesundheitszustand Beethovens. Zu den Darmbeschwerden, die, wahrscheinlich auf nervöser Grundlage, ihn fast sein Leben lang bedrängten, tritt eine Leberzirrhose, 1821 erleidet er einen Anfall von Gelbsucht. Heutige Mediziner (so Prof. Dr. Anton Neumayr) suchen Beethovens Gesundheitszustand zu rekonstruieren. Fest steht nur eines: Von einer wirklich „gesunden" Zeit kann kaum je die Rede sein. Ein klarerer Fall der Psychosomatik läßt sich nicht finden.

Beginn der „Konversationshefte"

Bis 1818 sucht er sein Gehörleiden zuerst zu verheimlichen, dann mit zum Teil unförmigen Gehörapparaten zu überwinden. Später resigniert er und streckt seinen Besuchern ein „Konversationsheft" entgegen, in dem sie ihre Fragen eintragen. Es gibt ihrer viele tausend Seiten. Tröstlich bleibt in diesem bedrückenden Panorama, daß Beethovens Klangbild, seine innere

Links: Das bis heute bespielte „Theater an der Wien", in dem Beethoven während seiner Arbeit am „Fidelio" eine Zeitlang wohnte, und in dem am 20. November 1805 die Uraufführung dieser Oper stattfand. Rechte Seite: Beethovens Besucher mußten, um überhaupt eine Verbindung zum tauben Meister herstellen zu können, ihre Fragen in ein „Konversationsheft" eintragen. Hier eine Frage der früheren Schülerin und heimlich verehrten Giulietta Guicciardi in französischer Sprache.

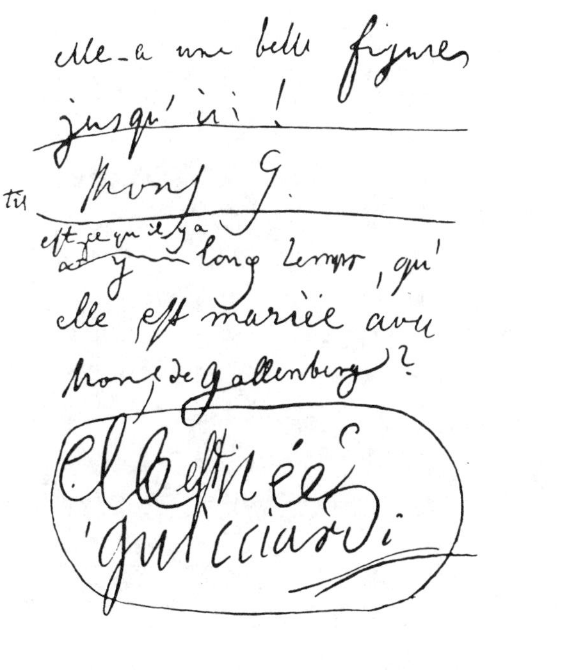

musikalische Vorstellungswelt, bis zuletzt ungetrübt bleibt (ganz im Gegensatz etwa zu Smetana, der vom Eintritt seines Gehörleidens an Musik nur noch in grauenhaft verzerrter Form vernahm).

Aus dem Jahr 1816 stammt der ergreifende Liederzyklus „An die ferne Geliebte", hinter dem mancher ohne zwingenden Grund ein persönliches Erlebnis wittert. Unbestreitbar hingegen bleibt die Wirkung, die dieses Werk auf Schubert ausübte, die ihn 1823 zu einem ähnlichen lyrischen Strauß („Die schöne Müllerin") ermuntert. In jedem nun verstreichenden Jahr wächst die Einsamkeit immer undurchdringlicher um Beethoven. Gelegentlich treten zu seinen seelischen Nöten noch materielle Sorgen – eingebildete oder auch wirkliche –, die ihn tief beunruhigen. Alle Kriegs- und Nachkriegszeiten sind Epochen der Geldentwertung. Selbst so riesige Vermögen wie jene von Beethovens Freunden und Mäzenen konnten da gelegentlich kleine Stöße erleiden. Aber von wirklicher Not, von drückenden Schulden, wie sie Mozarts letzte Lebensjahre begleiteten, kann bei Beethoven keine Rede sein. Es ging ihm nur alles sehr nahe. Aus seinen Tagebüchern geht hervor, wie oft er Köchinnen, Hausmädchen, Diener entließ und neue aufnahm, die es mit ihm sicher nicht weniger schwer hatten als er mit ihnen. Beethoven war mürrisch, mißtrauisch, reizbar, hypochondrisch. Doch das Leid, das sich hinter allen Diagnosen verbarg, war echt und schmerzte. Von Schopenhauer stammt das Wort, das Leid sei der Mutterschoß unsterblicher Werke. Bei Beethoven trifft dies in erschütternder Weise zu.

Im Jahr 1818 beginnt Beethoven mit der Komposition der „Missa solemnis", die zwar nicht genau den liturgischen Forderungen entspricht, die aber des Komponisten tiefe Gläubigkeit beweist. Zeiten freudigen Schaffens scheinen wiederzukehren, vier große Sonaten fehlen noch, die gewaltigste der Sinfonien, die der Gattung eine ebenso neue Bedeutung geben wird wie die letzten Quartette für die Kammermusik. Vom Erscheinen in der Öffentlichkeit ist kaum noch die Rede. Wien hat sich damit abgefunden, daß seine wohl berühmteste Persönlichkeit als Sonderling zurückgezogen lebt, taub und fast unnahbar, seltsam und schwierig, hochverehrt, aber nicht ganz verstanden. Besucher versuchen immer wieder, bis zu ihm vorzudringen. Der junge Carl Maria von Weber besucht ihn und empfängt ein unauslöschliches, wenn auch beklemmendes Bild. Schwieriger gestaltet sich der Besuch Rossinis, der es sich nicht nehmen läßt, eben in Wien angekommen, zuerst dem von ihm bewunderten Beethoven seine Aufwartung zu machen. Da steigt der wahrscheinlich umjubeltste Musiker der Welt fünf mühsame Treppen des Pasqualati-Hauses auf der Mölkerbastei aufwärts, um mit Hilfe eines Dolmetschers und der Konversationshefte den großen Einsamen wissen zu lassen, wie sehr er für ihn den Inbegriff der Musik darstelle. Rossini, viel zu sehr Mann von Welt, um sich über Beethovens Ausfälle gegen die italienische Oper zu kränken, hinterließ einen tieftraurigen Bericht dieses Besuchs: In welch sträflicher Vernachlässigung lebte dieses Genie! Ärmlichkeit, Unordnung, Schmutz, Einsamkeit, dies war der Eindruck, den der Italiener empfing. Daß Beethoven zwar den „Barbier von Sevilla" kannte, aber von Rossinis ernsten Opern keine Ahnung hatte, tat Rossini sicher ein wenig weh, aber sein Bericht ist voll Ehrfurcht und wärmster Anteilnahme. Hatte Beethoven je von Monteverdi gehört, von Palestrina, von Corelli und Vivaldi? Wir wissen es nicht.

Im Jahr 1822 beendet Beethoven seine letzte, die 32. Klaviersonate: op. 111. Vielleicht reicht sie an Bedeutung nicht ganz an die 1817/18 komponierte heran, der er den Titel gegeben hatte: „Große Sonate für das Hammer-Klavier", weswegen sie zumeist „Hammerklavier-Sonate" genannt wird. Hier ist offensichtlich, daß Cembalo und Clavichord ausgedient haben. Solche Klangvisionen waren nur auf dem Hammerklavier zu realisieren, der letzten Etappe vor dem modernen Flügel. Im Grund war dieses Instrument längst für Beethoven der notwendige Ausdruck seiner Klaviertechnik geworden. Auf den zirpenden Vorläufern wären die meisten seiner Sonaten undenkbar. Die letzten Klavierkompositionen des Meisters waren die Diabelli-Variationen (Variationen über einen Walzer des Wiener Musikers und Verlegers Anton Diabelli) und die „Bagatellen" op. 126. Die Bedeutung von Beethovens Klavierwerk kommt in einem Satz Ferruccio Busonis zum Ausdruck: „Für den Pianisten bedeutet Bachs ‚Wohltemperiertes Klavier' das Alte, Beethovens Sonatenwerk das Neue Testament."

Die neunte Sinfonie

Jahrzehnte vorher hatte Beethoven in ein Skizzenbuch geschrieben: „Laßt uns die Worte des unsterblichen Schiller singen!" Es wurde nie klar, was er damit meinte. Inzwischen hatte er acht Sinfonien vollendet, die sinfonische und die Sonatenform in alle Richtungen erweitert, in der „Pastorale" die Satzzahl auf fünf erweitert, in der Fünften eine thematische Querverbindung der Sätze anvisiert und eine leitmotivische Idee verwirklicht. Auf den Gedanken einer Verbindung instrumentaler und vokaler Elemente in der Sinfonik war er noch nicht verfallen. Und dann lesen wir plötzlich 1822: „Finale, Freude, schöner Götterfunken, Tochter aus Elysium ..."

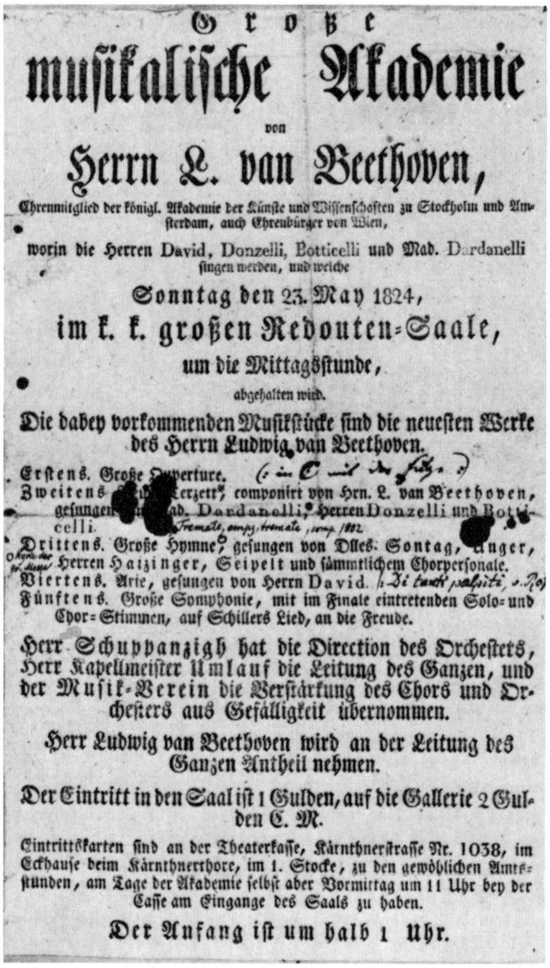

Große
musikalische Akademie
von
Herrn L. van Beethoven,
Ehrenmitglied der königl. Akademie der Künste und Wissenschaften zu Stockholm und Amsterdam, auch Ehrenbürger von Wien,
worin die Herren David, Donzelli, Botticelli und Mad. Dardanelli singen werden, und welche
Sonntag den 23. May 1824,
im k. k. großen Redouten-Saale,
um die Mittagsstunde,
abgehalten wird.

Die dabey vorkommenden Musikstücke sind die neuesten Werke des Herrn Ludwig van Beethoven.

Erstens. Große [illegible]uverture.
Zweitens [illegible] Terzett, componirt von Hrn. L. van Beethoven, gesungen [illegible] Mad. Dardanelli, Herren Donzelli und Botticelli.
Drittens. Große Hymne, gesungen von Dlles. Sontag, [illegible]nger, Herren Haizinger, Seipelt und sämmtlichem Chorpersonale.
Viertens. Arie, gesungen von Herrn David.
Fünftens. Große Symphonie, mit im Finale eintretenden Solo- und Chor-Stimmen, auf Schillers Lied, an die Freude.

Herr Schuppanzigh hat die Direction des Orchesters, Herr Kapellmeister Umlauf die Leitung des Ganzen, und der Musik-Verein die Verstärkung des Chors und Orchesters aus Gefälligkeit übernommen.

Herr Ludwig van Beethoven wird an der Leitung des Ganzen Antheil nehmen.

Der Eintritt in den Saal ist 1 Gulden, auf die Gallerie 2 Gulden C. M.

Eintrittskarten sind an der Theaterkasse, Kärnthnerstrasse Nr. 1038, im Eckhause beim Kärnthnerthore, im 1. Stocke, zu den gewöhlichen Amtsstunden, am Tage der Akademie selbst aber Vormittag um 11 Uhr bey der Casse am Eingange des Saals zu haben.

Der Anfang ist um halb 1 Uhr.

Da ist Schiller plötzlich wieder, sein Lied „An die Freude", die wunderbaren Worte von der brüderlichen Umarmung aller Menschen, vom Freundschaftskuß der ganzen Welt. Beethoven muß lang vorher den Entschluß zu deren Vertonung gefaßt haben. Was er in Opernstoffen nicht mehr hatte finden können, das stand nun als Hymne vor ihm. Ein Lied an die Freiheit, wie Schiller es vielleicht ursprünglich betitelt hatte, eine Freiheit, die Freundschaft und Liebe bedeutete, Freude im höchsten Sinn der Menschheit. Es war eine kühne Neuerung, die der ungefähr Zweiundfünfzigjährige hier plante. Für ihn war es eine Grundfrage der Musik. Stellte der Einschluß der Singstimme eine letzte Steigerung der Instrumentalmusik dar? Die Diskussion ist seither nie mehr verstummt. Viele Musiker billigten diesen Schritt nicht. Ihnen war das phantasievoll Ungewisse der Töne mehr Aussage als die Klarheit der Sprache. Selbst Wagner, der Beethoven tief verehrte, sprach von der „Neunten" als dem „Bankrott der Sinfonie", ohne allerdings ihre einmalige Größe zu verkennen.
Die neunte Sinfonie hat die Geschichte dieser Form in eine neue Richtung geleitet. In der Romantik werden wir immer wieder von Werken hören, welche die menschliche Stimme, sei es als Chor oder Solist, in das sinfonische Gefüge einbeziehen. Mit dieser Krönung seines Lebenswerks hat Beethoven der Sinfonie neue Aufgaben gestellt: Sprachrohr von Ideen und Gedanken zu sein. Er macht ein sinfonisches Finale zum Künder einer Botschaft, die er drei Sätze lang vorbereitet hat. Dabei setzt er Klangmassen ein, wie sie sonst nur Oper und Oratorium verwenden, eine Steigerung des Ausdrucks wird angestrebt, um einer gewaltigen Idee zum Durchbruch zu verhelfen. Ein solches Finale erforderte auch andere Umstellungen im Gesamtbau. Um den Jubel des letzten Satzes voll auskosten zu können, durfte kein hochdramatisches, dahinjagendes, in sich selbst atemberaubendes Scherzo vorangehen, wie es die Einhaltung der klassischen Form verlangte. Beethoven erkannte, daß diesen vorletzten Platz nur der langsame, empfindungsreiche, schwermütige, ergreifende Satz einnehmen dürfe, auf den dann die Hymne an die Freude wie eine den Himmel aufreißende Antwort folgen könne. So konnte der traditionelle „langsame Satz" an die dritte Stelle rücken, das aus dem Menuett des Rokoko entwickelte Scherzo an die zweite. Doch auch der erste Satz gibt sich hier ungewohnt: Sein Beginn schwebt eine Zeitlang zwischen den Tongeschlechtern Dur und Moll, so als schwebten Nebel über einer Landschaft, bevor der erste Sonnenstrahl durchbricht. Liegt ein riesiges Programm der ganzen Sinfonie zugrunde, ist auch sie, wie die fünfte, ein Aufstieg aus der Tiefe suchender, kämpfender Menschen in die reine Luft höchsten Einswerdens mit den Göttern?
An diesem Werk wie kaum an einem anderen läßt sich der weite Weg ermessen, den die Epoche und mit ihr die Musik seit dem Tod Mozarts, seit dem Verstummen Haydns zurückgelegt hat, seit etwa einem Vierteljahrhundert, seit dem Ende der Klassik. Nun spricht ein Komponist seine Mitmenschen als Brüder an, verkündet die alle Welt umspannende Freude, die ein Schwingenbreiten der Seele ist, ein tiefes Aufatmen in freier Luft. Wen hätte Haydn, wen Mozart „Brüder" nennen dürfen? Klassenschranken trennten alle. Die Französische Revolution mußte kommen, um viele Hindernisse niederzureißen, um das Verbrüderungswerk von Beethovens neunter Sinfonie möglich zu machen. „Seid umschlungen, Millionen!", das ist Schillers Traum, Beethovens Glaubensbekenntnis.
Die letzte Sinfonie Beethovens erklingt, wie alle ihre Vorgängerinnen, wie alle Konzerte, wie „Fidelio" und die „Missa solemnis", wie alle Quartette und die anderen größeren Kammermusikwerke, zum ersten Mal in Wien. Jeder Augenblick jenes denkwürdigen 7. Mai 1824 ist überliefert: die Spenden der alten Freunde, um eine solche gewaltige „Akademie" zu ermöglichen, die seltsame Anordnung auf dem Podium, wo zwar im Mittelpunkt der Dirigent Ignaz Umlauf stand, Beethoven aber in einem eleganten Lehnstuhl ihm zur Seite saß, um – wie es auf seinen Wunsch auf den Ankündigungen hieß – „am Ganzen Anteil zu nehmen". Schwer genug war es gewesen, ihn vom Gedanken abzubringen, er könne das äußerst schwierige Werk selbst dirigieren. Nun war er vollständig taub – so sehr, daß er den am Schluß losbrechenden Jubel nicht vernahm und von einer der beiden Solisten sanft am Arm genommen und zum Publikum gekehrt werden mußte, um das Meer von erhobenen Armen und geschwenkten Tüchern wahrzunehmen, das ihm Ovationen brachte. Diese beiden Solistinnen waren zwei junge, graziöse Mädchen, die durch einen „Akt der Kühnheit"

zu dieser historischen Ehre gekommen waren. Kurz zuvor hatten sie an Beethovens Tür geklopft, sich dem zuerst ein wenig verwirrten, dann entzückten Meister vorgestellt als Sängerinnen, die ihn verehrten. Schnell stand es für Beethoven fest, daß sie die besten Solistinnen für sein eben entstehendes Werk seien. Das Glück stand allen bei, beide wurden zu Berühmtheiten in der Geschichte der Gesangskunst: Henriette Sontag und Caroline Unger (die sich in Italien, wo sie eine steile Opernkarriere machte, der Aussprache wegen „Ungher" schreiben mußte). „Die Sontag" aber wurde als Primadonna legendär, zeitweise fiel nicht nur Wien, sondern ganz Europa in ein „Sontags-Fieber"!
Die Schwierigkeiten der neunten Sinfonie, heute noch fühlbar, sind sicher zum beträchtlichen Teil auf die Taubheit des Komponisten zurückzuführen, die es ihm seit Jahren unmöglich machte, am Musikleben, am lebendigen Musikhören teilzunehmen. Er realisierte seine Ideen auf dem Notenpapier; um die Möglichkeit ihrer Wiedergabe konnte er nicht mehr besorgt sein. Wahrscheinlich hätte er, mit Berufung auf das in ihm lebende Klangbild, Einwände gegen technisch kaum ausführbare Stellen gar nicht akzeptiert. Einmal schrie er selbst den guten Freund Schuppenanzigh, der es wagte, ihn auf ein derartiges Problem im Violinpart aufmerksam zu machen, heftig an: „Glaubt Er, ich denke an seine elende Geige, wenn der Geist über mich kommt?" Er dachte auch an die Sopranstimmen nicht, denen er eine um vieles zu lange hohe Note vorschrieb (bei denen die Chöre zu einen Trick Zuflucht nehmen müssen, um sie zu bewältigen), und ebensowenig an manches andere. Doch was sollen kleinliche Bedenken gegenüber einer solchen Genietat? Verstand das Publikum der Uraufführung die Größe dessen, was es vernommen hatte? Die Zeitungen äußerten sich nahezu durchweg ablehnend, sprachen von „gesundheitsbedingtem Niedergang" von Beethovens Schöpferkraft. Doch nichts konnte den Triumphzug der „Neunten" aufhalten. 1826 erklang sie in London (dem eigentlich das erste Erklingen gebührt hätte, da dessen Philharmonische Gesellschaft rechtzeitig mit einer Anzahlung ein neues sinfonisches Werk des Meisters bestellt hatte), 1831 in Paris, 1836 in Rußland, 1846 in Nordamerika, 1878 in Italien. Deutsche Städte mit leistungsfähigen Chören und Orchestern führten das Werk bald nach der Uraufführung in Wien ungezählte Male auf. Nicolai, Gründer der Wiener Philharmonie, dirigierte es 1842 in der zweiten Saison mit 450 Musikern und 750 Choristen. Seither wurde es Tradition, das Werk alljährlich zum Abschluß der hochberühmten philharmonischen Saison mit diesem Orchester und dem altbewährten Chor der „Gesellschaft der Musikfreunde" in deren prächtigem „Goldenen Saal" erklingen zu lassen. Spohr leitete es 1845 bei der Einweihung des Beethoven-Denkmals in Bonn (das Liszt stiftete, als eine „nationale Sammlung" nur klägliche Resultate brachte). Die zweite Hälfte des 20. Jahrhunderts erkannte die „Neunte" neu. Sie ist mehr als ein klassisches Meisterwerk, sie ist ein lebendiges, flammerndes Manifest der höchsten moralischen Ideale. Nicht durch Dekrete mußte sie zur Hymne europäischer, weltweiter Verbrüderung werden; die Jugend rund um den Erdball singt sie mit glühendem Ernst als Freiheitsgesang der Völker.
Seit 1826 hat Beethovens Zustand sich stark verschlechtert. Er erholt sich zwar von einer Gelbsucht, aber Blutungen erinnerten den Ängstlichen daran, daß seine Mutter an Schwindsucht gestorben war. Viele Organe scheinen angegriffen. Dennoch will er noch einmal dem Schicksal trotzen, wie er es sich vor Jahren vorgenommen hatte. Er reist zu Bruder Johann auf dessen Gut im niederösterreichischen Gneixendorf. Die anfangs versöhnliche Stimmung schlägt bald in heftige Szenen um. Anstatt mit der Familie – der Neffe Karl ist auch dabei – ein weihnachtliches Familienfest zu begehen, fährt Beethoven überstürzt am 1. Dezember 1826 ab. Eisige Winde dringen in seinen Wagen; der Gasthof, in dem er übernachten muß, ist ungeheizt. Schwer krank trifft er in Wien ein. Vor kurzem hatte er noch einen Satz seines Streichquartetts op. 132 „Heiliger Dankgesang eines Genesenden an die Gottheit" überschrie-

Linke Seite: Die Ankündigung eines Konzerts, das zu den größten Ereignissen der Musikgeschichte zählt: Am 7. Mai 1824 erklang Beethovens neunte Sinfonie zum ersten Mal.
Rechts: Skizzen scheinen zu beweisen, daß Beethoven nach der Uraufführung der Neunten noch an eine zehnte Sinfonie dachte, die aber nicht über die Anfänge hinausgeriet. Deren Premiere hätte in London stattfinden sollen, von wo aus Beethoven bereits eine Anzahlung erhalten hatte.

ben, auch die Worte „Neue Kraft fühlend" in die Partitur geschrieben. In einem anderen Quartett stehen die lakonischen Worte: „Muß es sein? Es muß sein!", über die viel gerätselt wurde. Niemand weiß, in welchen Regionen Beethovens Geist schwebte, als er seine letzten Quartette schrieb: weit von jedem Alltag jedenfalls, vielleicht schon weit von der Erde. Der treue Schuppanzigh vertiefte sich hinein und führte noch manches zu Beethovens Lebzeiten auf. Ist es noch Musik von dieser und für diese Welt? Es ist sein tönendes Testament, aber kaum jemand kann es lesen.

Am 23. März 1827 verfaßt er sein letztes materielles Testament. Ein paar Freunde sind nun ständig bei ihm, keine Frau ist darunter. Am 24. März werden ihm die Sterbesakramente erteilt. Kurz danach soll er in Bewußtlosigkeit gefallen sein, aus der er nicht mehr erwachen konnte. Der Tod trat am 27. März in den Nachmittagsstunden ein, während ein Schneesturm über Wien niederging. In der Todessekunde soll ein greller Blitz den düsteren Winterhimmel zerrissen haben. Der Beerdigung, zwei Tage später, wohnte eine unübersehbare Menge bei, zeitgenössische Stiche geben ein eindrucksvolles Bild. Unter den Fackelträgern, die den Sarg begleiten dürfen, geht Franz Schubert, der immer wieder in Schluchzen ausbricht. Am Grab auf dem alten Währinger Friedhof liest der Hofschauspieler Anschütz die Worte, die Grillparzer verfaßt hatte: „Ein Künstler war er, aber auch ein Mensch. Mensch in jedem, im höchsten Sinn. Weil er sich vor der Welt abschloß, nannte sie ihn feindselig, und weil er der Empfindung aus dem Wege ging, gefühllos... Er blieb einsam, weil er kein zweites Ich fand. Aber bis an sein Grab bewahrte er ein menschliches Herz allen Menschen, ein väterliches den Seinen, Gut und Blut der ganzen Welt..."

Vielleicht würde eine Gedenkrede von heute anders lauten, aber an zweierlei könnte auch sie nicht vorbeigehen: an seiner Größe und an seiner Einsamkeit. Beethoven selbst hatte vor Jahren in die Partitur seiner „Missa solemnis" über das „Kyrie" den Satz geschrieben, der alle Musik der Welt begleiten sollte: „Von Herzen – möge es wieder zu Herzen gehen."

Das Begräbnis Beethovens: eine unabsehbare Menschenmenge vor dem Sterbehaus in der Schwarzspanierstraße.

Kunst und Künstler in der Romantik

Kein geruhsamer Übergang, keine langsame, unmerkliche Verwandlung führte aus dem Rokoko in die Romantik. Ungewöhnlich heftig ging alles vor sich. Wild brach der „Sturm und Drang" in die sich vielversprechend entwickelnde Aufklärung; vereinzelte Vorboten neuen Fühlens und Strebens – wie Goethes „Werther", Schillers „Räuber" – ließen fast gewaltsam aufhorchen, weil im idyllischen Rokoko beinahe niemand auf sie gefaßt war. Kein Künstler des Jahres 1700 hätte geahnt, daß ihn spätere Geschichtsschreibung dem „Barock" zuordnen würde. Keiner des Jahres 1760 hätte sich dem „Rokoko" verbunden gefühlt. Um 1820 aber hätte sicher gar mancher, auf seine Geisteshaltung angesprochen, den Begriff „Romantik" ins Spiel gebracht. Es war ein modischer Ausdruck, den jeder verstand, bei dessen Definition aber wohl die vielfältigsten Aussagen zu erwarten gewesen wären.

Das Rokoko und die mit ihm musikalisch eng verknüpfte Klassik waren Epochen ausgeprägten Formsinns gewesen. Wer die linke Seite eines damaligen Gebäudes oder Kunstgegenstandes ansah, konnte erraten, wie die rechte beschaffen sein würde. Auch in der Musik wußte man nach einer Phrase mit ziemlicher Sicherheit, „wie es weitergehen würde". Symmetrie, die kein genaues Spiegelbild sein mußte, aber als Ebenmaß, als schöne Ausgewogenheit empfunden wurde, bestimmte weitgehend den Kunstgeschmack, der natürlich von den Lebensformen abgeleitet war. Spannend in einer solchen Periode der Symmetrie war nur, wie die wahren Meister doch immer wieder Möglichkeiten fanden, der öden Wiederholung zu entgehen. Neues – aus Altem entwickelt – zu schaffen, ohne das Bild einer wohlgeordneten Welt und Gesellschaft zu zerstören.

Dann zerbricht die Symmetrie. Der Sturm auf die Bastille ist nur ein äußeres Zeichen für die tiefergehende Revolution, die über die Völker geht, ihr Sinnen und Trachten verändert, ihnen neue Ideale zeigt, neue Lebensformen vorschlägt. Symmetrie hieß weitgehend Berechenbarkeit, Romantik aber lebt vom Gegenteil, von der Unberechenbarkeit, vom Abenteuer, vom Vorstoß ins Unbekannte, von der alle Rahmen sprengenden Sehnsucht. Dadurch mußte auch die Kunst in eine neue Richtung gelangen. Der Verstand mußte zugunsten des Gefühls, die Erfahrung zugunsten des Erlebens zurücktreten. Die Kunst, Verwirklichung ästhetischer Schönheit, wird Ausdruck des Gefühls, das schön sein kann, aber nicht sein muß, denn auch Häßliches, Spukhaftes kann Gefühle erwecken. Nicht mehr die Betrachtung edler, großer Taten und heroischer Ereignisse, wie sie noch im Barock den Ton angegeben, sich nicht selten ins Rokoko gerettet hatten, wird nun maßgebende Inspiration für den Künstler, sondern sein Ich-Gefühl, die persönliche Betrachtungsweise. Die Welt aus eigener Sicht zu betrachten und im Kunstwerk zu gestalten, wird des romantischen Schöpfers Aufgabe. Dadurch entwickelt sich ein Individualismus, ein Hervortreten der eigenen Persönlichkeit, wie sie wahrscheinlich seit Minnesängertagen kaum im Vordergrund standen. Richard Strauss, einer der letzten Romantiker, befragt, warum er in „Heldenleben", in der „Sinfonia domestica" sich selbst geschildert habe, antwortete nicht ohne Ironie, er fände sich genauso interessant wie Alexander den Großen oder Cäsar. Die Romantik bringt den „Ich-Roman" zur Geltung, die Musik schafft ein Pendant dazu in der „sinfonischen Dichtung", welche nun die Sinfonie verdrängt. Es wäre gar nicht abwegig, von ihr als von einer „Ich-Sinfonie" zu sprechen. Mehrere von Beethovens Sinfonien müßte man, wie wir sahen, dieser Gruppe zurechnen. Denn die Musik hatte begonnen, Eindrücke der Seele, Gefühle, Empfindungen zu schildern und sie an die Stelle ästhetischer, abstrakter Schönheit zu setzen. Der Kunst öffnet sich damit ein neues Feld von ungeahnter Weite. Es gilt nun, Träume zu materialisieren, Phantasiewesen zu realisieren. Oder aber realistischen Gestalten phantastische Züge zu verleihen.

Das wundervolle Gleichgewicht zwischen Inhalt und Form, das die Klassik auszeichnet und das nur in Sternstunden der Menschheit erreicht werden kann, geht durch die in der Romantik erfolgende steigende Belastung der Gefühlsseite, also des „Inhalts", verloren. Wie immer aber muß man sich fragen, ob hier nicht ebensoviel gewonnen wie verloren wird. Wie man sie auch bewerten will, die romantische Kunst ist neu, anders, wie auch die Menschen anders sind, die sie hervorbringen, und die, an welche sie sich wendet.

Die Macht der Gefühle

Die Romantik umfaßt gegensätzliche Gefühle. Sie gefällt sich im Kontrastreichtum, preist ihn, da er ihr Spannungselemente ohne Zahl verleiht. Die Romantik ist „Wanderlust und Heimatliebe zugleich" (wie Thomas Mann es formuliert hat), Sehnsucht nach der Ferne und Heimweh, der Zug nach fremden Gestaden und die Freude am häuslichen Herd. Die Unruhe des Herzens ist ihr Merkmal, die „Verwirrung der Gefühle" (Stefan Zweig), Unrast, unerfüllbares Streben. Wolfgang Rihm, Komponist des 20. Jahrhunderts, bekennt sich zu einer „Neoromantik", wenn man darunter etwa „Nervöses verstehe, eine Haltung, die stets auf dem Sprung sei, die ein behagliches Zurücklehnen nicht kenne". Die Sehnsucht und das Leid werden zu den großen Themen der Romantik. Um sie darstellen zu können, müssen sie stärker an die Oberfläche treten, als dies in Barock und Rokoko denkbar war. Je weiter sich der Mensch vom Mittelalter entfernte, desto wichtiger wird er für sich selbst – gegenüber Gott, der vorher das einzig Wichtige der frühchristlichen Jahrhunderte war. Damit traten auch Selbstverherrlichung und Selbstbemitleidung in das Leben des abendländischen Menschen. Sie werden Motive seiner Kunst. Menschliche Empfindungen werden in der Romantik der Maßstab für alles. An die Stelle des Lieblichen, Freundlichen, Faßbaren des Rokoko tritt das Riesenhafte, Bedrohliche, Geheimnisvolle der Romantik; an die Stelle der friedlich glitzernden Sterne über der schlummernden Landschaft tritt die Tiefe des Weltraums; die wohltätige Kühle spendenden Baumgruppen weichen dem wilden, von unheimlichen Wesen bevölkerten, düsteren Wald. Nixen, Undinen, Zwerge, Riesen, Gnome, Kobolde, Trolle leben überall, unsichtbar bis zum Augenblick, da sie hervortreten als Freunde oder Feinde. Lorelei lockt unwiderstehlich den Schiffer „in wildem Weh" (Heinrich Heine) in den tödlichen Strudel. Magier, von einer „aufgeklärten" Gesellschaft verbannt, gebieten wieder über geheimnisvolle Kräfte. Der Teufel vergangener Jahrhunderte ist wieder da, verheißt Alternden neue Jugend, neue Liebe, um im Jenseits um so sicherer ihre Seele beherrschen zu können. Traumgestalten werden lebendig, Grenzen zwischen Wirklichem und Unwirklichem lösen sich in Nichts auf, als hätte es sie nie gegeben. Auf Flügeln der Sehnsucht schwingt sich der Mensch in unbegrenzte Fernen, errichtet Zauberreiche in seiner Seele, erlebt sich selbst in immer neuer Gestalt, fühlt sich gespalten in zwei, drei, hundert Wesen und kann nie mehr zurückfinden in den Alltag, aus dem er aufgebrochen. Die Kunst aber findet ihre gewaltige Aufgabe darin, dies alles darzustellen, jedem Menschen erlebbar zu machen. Alle Scheu vor Selbstdarstellung, alle Angst

vor dem enthüllenden Blick in die eigene Seele muß zurücktreten, völlig überwunden werden, um romantischer Kunst den Weg zu öffnen. Wer Gemälde aus früheren Jahrhunderten betrachtet, wird Ähnliches, vielleicht mit Befremden, hier und da finden, zumeist als Unheimliches, als Vision von Dämonen. Zu allen Zeiten gibt es schöpferische Naturen mit romantischen Zügen. Doch erst jetzt, um die Wende zum 19. Jahrhundert, wird die gesamte Kunst romantisch. Wie eine gewaltige Welle schlägt die Romantik über dem Abendland zusammen. Sie dringt bis in die letzten Winkel, sie ergreift alle Gebiete.

Die blaue Blume – Symbol der Romantik

Sie ist – wenn wir ihrem unerklärlichen Wesen noch weiter nachspüren wollen – die Suche nach der „blauen Blume" (die sie zu ihrem Symbol erkoren hat), das Jagen nach dem „fernen Klang", den man einmal im Traum vernommen zu haben glaubt. Sie ist Verbrüderung und Einsamkeit zugleich, ist der Ausbruch aus hemmenden Fesseln und zugleich der innige Wunsch einer festen Bindung an einen geliebten Menschen. Sie ist der unbändige Wunsch nach Freiheit und zugleich die Bereitschaft, die Freiheit für das einzige aufzugeben, das größer ist als sie: die Liebe. Die Liebe zum Menschen, zur Weltseele (die für manchen mit Gott gleichbedeutend sein kann), zur kleinsten, ärmsten, unbedeutendsten der Kreaturen. Sie liebt das Starke, aber da sie stets auch dem Gegenpol gerecht zu werden sucht, empfindet sie tiefes Mitgefühl mit dem Schwachen, Zarten, Zerbrechlichen. Ein unaufhaltsames Strömen zwischen den Polen, ein stetiges Fließen erfüllt ihre Schöpfungen, eine unbändige Unrast treibt sie vorwärts, eine krankhaft schmerzende und doch beseligende Unruhe treibt ihr Schaffen an. Nichts scheint festgebannt an seinem Platz zu verharren, alles kreis und bewegt sich, das Licht wechselt unaufhörlich seine Farben, der Wechsel wird zur Norm. Darf man sagen, die Kunst der Klassik sei endlich, habe ein Ziel, ruhe erst, wenn alle Fragen gelöst seien, während die Romantik weiß, daß es nichts Endgültiges geben könne, daß jede beantwortete Frage drei neue aufwirft und nicht einmal der Tod einen Schlußpunkt setze, sondern einen Übergang bedeute? „Unendlich" wird zum Lieblingswort der Romantik. Im antiromantischen 20. Jahrhundert schreibt Michael Ende seine wundervolle „Unendliche Geschichte": die Romantik ist nicht tot, kann nie sterben. Gustav Mahler endet sein erschütterndes „Lied von der Erde" mit dem immer wiederholten, verhauchenden Wort „ewig... ewig... ewig... ewig", der letzte Blick eines scheidenden Menschen weitet sich in die Unendlichkeit. Und für die Romantik muß selbst der so klare, endliche Begriff „Melodie" keine Grenzen haben: Wagner erfindet für die Liebesgesänge Tristans und Isoldes das zwar paradoxe, aber prachtvolle Wort der „unendlichen Melodie".
Da die Romantik im Zug einer politischen Revolution und damit zusammenhängender Umdenkprozesse auf allen Gebieten aufkam, erschütterte sie alle Lebensformen gründlicher, als dies bei den meisten früheren Epochen der Fall gewesen war. „Seit der Gotik", schreibt der bedeutende Sozialforscher Arnold Hauser, „hatte die Entwicklung der Sensibilität keinen stärkeren Anstoß erfahren, und das Recht des Künstlers, der Stimme

seines Gefühls und seiner Natur zu folgen, wurde mit solcher Unbedingheit überhaupt noch nie betont." Ein Literaturkritiker (Robert Lavalette) zur Frage der Definition der Romantik: „Der Begriff ist so verwaschen und umnebelt wie die vielen Formeln vom ‚Enthusiasmus der Seele' und vom ‚Ahnen des Unendlichen' ... Es sei darum nicht versucht, etwas in begriffliche und zeitliche Schranken zu zwingen, dessen Wesen darin besteht, sich allen Begrenzungen zu entwinden. Dies allein ist allen Romantikern gemeinsam: Ihr Weltbild ist voll maßloser Bewegtheit und ihr Herz voll Sehnsucht nach Bewegung ..." Bewegung muß nichts Äußerliches sein. Gibt es etwas Unbewegteres als einen Wassertropfen? Doch man blicke ihn durch ein Mikroskop an und wird erschrecken, von welcher rasenden Bewegung sein anscheinend so stilles Wesen innerlich erfüllt ist. Die gewaltigsten Bewegungen spielen sich vom Menschenauge unbemerkt ab: im Makro-, im Mikrokosmos – und tief in der menschlichen Seele.

Beethoven hat uns in die Romantik geführt. Wir konnten beobachten, wie er sich fast mit jedem neuen Werk immer weiter aus der Formgebundenheit der Klassik löste und neuen Ufern zustrebte, die, noch lange nicht scharf umrissen, wie im Morgennebel vor ihm lagen. Doch er hatte Mitstreiter, von denen er allerdings kaum etwas ahnte. Der Franzose Héctor Berlioz wird nur knappe Zeit nach Beethovens Tod mit seiner „Phantastischen Sinfonie" ein weiteres Monument der frühen Romantik schaffen. Und der deutsche Dichter, Komponist, Maler, Bühnenbildner E. T. A. Hoffmann (1776–1822) wird in seinen vielseitigen Kunstäußerungen geradezu ein Herold der neuen Zeit werden. Für ihn allerdings liegen die Anfänge der Romantik bereits bei Mozart. Er sieht sie im Orakel des „Idomeneo", in der Geisterstimme des Komtur im „Don Giovanni", im Sarastro der „Zauberflöte", der ein fast unirdisches Reich der Weisheit und Menschenliebe präsidiert. Trotzdem werden wir Mozart im Rokoko und bei den Klassikern belassen. Zwar „atmete er Luft von anderen Planeten" (Stefan George), doch sein Stil bleibt klassisch. Er konnte nicht anders sein, denn in seiner Umwelt war noch lange nichts von kommenden Veränderungen zu spüren. Daß „Zauberflöte" und „Fidelio" einander näherstehen, als auf den ersten Blick zu erkennen, bestätigt die Richtigkeit von Hoffmanns Idee. Er selbst war – nur sechs Jahre jünger als Beethoven – in Fühlen und Schaffen ein reiner Romantiker. Die Literatur, die seine Talente in erster Linie formte, war den anderen Künsten – wie fast immer – zeitlich vorangegangen, sie brauchte keine technischen Hilfsmittel dem Gedankenflug anzupassen.

Die Romantik nimmt am Tagesgeschehen regen Anteil. Auf der einen Seite tritt sie – da sie die Französische Revolution als eine ihrer Quellen erkennt – für die Menschenrechte ein, für den Abbau der sozialen Schranken, für die Weltverbrüderung, andererseits träumt sie vom Idyll des stillen Glücks, von der Abgeschiedenheit, die zum Denken und Träumen einlädt. Aber nur das Extreme ist ihrer Beachtung wert, sie haßt nichts so sehr wie den farblosen Alltag. Mehr als den Dummen, Trägen, Gleichgültigen verachtet sie den Spießer, dem nichts über die einmal festgelegte Ordnung geht, den Philister, dem kein Fortschritt etwas gilt. Zum Kampf gegen diese Abarten des Menschengeschlechts wird Robert Schumann, einer der romantischsten, antreten. Die Romantik als Krieg gegen festgefahrene Strukturen – auch das gehört zu ihr.

Die Romantik verwirft alles Trennende, sucht das Verbindende. Die (allerdings viel ältere) Idee eines Gesamtkunstwerks gewinnt neue Bedeutung. Wagner wird sie krönen. In der Oper überwindet die Romantik die Teilung in geschlossene Nummern (Arien, Duette,

Linke Seite: „Klosterfriedhof im Schnee". Dieses Gemälde von Caspar David Friedrich kann Sinnbild für die Stimmung der Romantik sein. Rechts: E. T. A. Hoffmann, Urbild eines romantischen Künstlers – Dichter, Maler, Komponist, Bühnenbildner, dazu Beamter als Jurist (im Bild links) –, mit dem berühmten Schauspieler Ludwig Devrient in der traditionsreichen Berliner Weinstube Lutter und Wegner, in der die (viel späteren) Autoren der Oper „Hoffmanns Erzählungen" dieses Werk dann spielen ließen.

Ensembles, Chöre, Orchesterstücke) und gesprochenen Text oder (in Italien) Rezitative. Doch auch in der Instrumentalmusik strebt die Romantik zur Öffnung, zu neuen Formen, zur engen Verbindung mit der Schwesterkunst Poesie: Beethovens „Neunte" war, wir sahen es, das erste große Beispiel dafür. Und bald wird von Franz Schubert die Rede sein, der zur idealen Verschmelzung von Wort und Ton im Lied gelangt, das ein rein romantisches Geschöpf ist. Das wichtigste Wort im Begriffskatalog der romantischen Musik heißt Tonmalerei. Schon der Name weist auf eine Annäherung der Künste hin, auf interdisziplinäres Denken, wie wir heute sagen. Musik und Malerei werden zueinander in Beziehung gebracht, man malt mit Tönen, wie man mit Farben malt. Der Ton, der Klang hat also Qualitäten des Lichts und der Farbe, wie er rein musikalische besitzt. Schnell veralten die Formen früherer Epochen, bleiben nur dem Musiker feste Begriffe aus großen Tagen, sagen aber dem Publikum nichts mehr: Fuge, Chaconne, Partita, Suite, selbst Sonate und Sinfonie. Neue Begriffe tauchen auf, wie „Lied ohne Worte", „Miniature", „Nocturne", „Scherzo", „Träumerei" und viele andere, die auf „Inhalte" hinweisen und keinem festen Formschema mehr unterliegen. Das Menuett stirbt aus, weil es niemand mehr zu tanzen versteht. Die neuen Tänze im (rascher gewordenen) Dreivierteltakt, wie „Deutscher„, „Ländler", schließlich „Walzer", sind bedeutend weniger kunstvoll, derber, aber lustiger, und ihre Erotik – es gibt keinen Tanz der Welt ohne erotischen Sinn – weniger verhüllt. Aus der formstrengen Sinfonie wird das völlig freie Sinfonische Gedicht (oder „Sinfonische Dichtung"), in dem rein formale und technische Künste wie Themenverarbeitung, Durchführung, Verzahnung, Gegenbewegung, Kontrastwirkung usw. an Bedeutung verlieren und die Plastik der Schilderung, die Wirklichkeitsnähe, die gefühlsmäßige Darstellung des vorgegebenen Sujets zur Hauptsache werden. Nicht, daß Sinfonie und Sonate in der Romantik gänzlich verschwänden. Es sind doch zu gewichtige Elemente der Kunstmusik. Aber selbst die im 19. Jahrhundert geschriebenen Sinfonien und Sonaten können nur noch ausnahmsweise als „absolute" Musikstücke verstanden werden. Ihre Komponisten folgen eher außermusikalischen Motiven, so wenn Joachim Raff, ein lange Zeit geschätzter Romantiker, seine bekannteste Sinfonie „Im Walde" nannte, andere vier mit den Jahreszeiten in Verbindung brachte (was übrigens hundert Jahre zuvor Vivaldi schon getan hatte, ohne jedoch die Tonmalerei über die musikalische Form zu stellen, da er kein Romantiker war), wenn Dvořák seine erste Sinfonie „Die Glocken von Zloniče" betitelte und die letzte „Aus der Neuen Welt". Die Musik hat aufgehört, absolut, objektiv, ja autonom zu sein. Sie erhält ihren Sinn und Wert durch das Zusammenwirken mit anderen Elementen. Die können aus der Geschichte stammen, können literarischen Werken nachempfunden sein, Werke der bildenden Kunst musikalisch ausdeuten (mehrere Komponisten, wie Reger und Rachmaninow, haben Tongemälde über Böcklins „Toteninsel" gestaltet), Legenden, Sagen, Märchenfiguren tönendes Leben einhauchen, kurz, alles schildern, was in des Menschen Phantasie Platz hat, vom sublimsten Seelenzustand zum gewaltigsten Naturereignis, vom aufwühlendsten Erlebnis zum technischen Phänomen. Der „absoluten" Musik tritt nun die „Programm-Musik" entgegen. Welch gefährliche Klippen es bei dieser letzteren gibt, wird auf mancher Seite gezeigt werden müssen. Denn wo ein wahrer Meister glänzende Schilderungen durch rein musikalische, künstlerisch wertvolle Mittel erzielt, ist der mittelmäßige oder schlechte Musiker wie immer in Gefahr, in die billigste Banalität abzustürzen.

Wenig ist von den Tänzen des Barock und Rokoko übriggeblieben. Sie waren zumeist, so wie die Moden wechseln, denen sie eng verbunden sind, kurzlebig. Die Suitenbestandteile (Courante, Allemande, Sarabande, Gigue, Bourrée), typisch für das Barock, waren bereits im Rokoko nur noch historische Überreste, in der Romantik spielen sie keine Rolle mehr. Gavotte und Menuett hielten sich als Hoftänze länger, bedeuteten aber dem Bürgertum des 19. Jahrhunderts nichts mehr, außer sie kamen in Opern vor, wo sie eine längst vergangene Zeit charakterisieren. Das Bürgertum wird natürlich, wie jede Klasse, seine eigenen Tänze entwickeln, Walzer, Polka, Mazurka, Cancan sollen einige der bekanntesten werden. Von mehreren Jahrzehnten als von einer „Epoche des Walzers" zu sprechen, bekommt einen tieferen Sinn.

Volkslied und Gedankenfreiheit

Da die Romantik allem Gekünstelten abschwört, neigt sie in bisher ungewohntem Maß der „Natürlichkeit" zu. Das Zeitalter des Volkslieds bricht an. Diesem kommt

Unten: Titelblatt der Erstausgabe der Volksliedersammlung „Des Knaben Wunderhorn" aus dem Jahr 1806.
Rechte Seite: Joseph Freiherr von Eichendorff, einer der bedeutendsten und meistvertonten Dichter der deutschen Romantik.

das erwachende Nationalgefühl geradeso zustatten wie die mit der Romantik einsetzende musikalische Massenbewegung der Chöre. Fast alle Völker Europas besitzen Lieder und Tänze aus mittelalterlichen Zeiten. Doch das 18. Jahrhundert hat sie zurückgedrängt, lediglich im protestantischen Kirchenlied konnte sich, zumeist mit frommer Neutextierung, einiges erhalten. Nun gehen die Romantiker bewußt an die Sammlung und Pflege des Volkslieds: „Des Knaben Wunderhorn", von den Herausgebern Achim von Arnim und Clemens Brentano Goethe gewidmet, wird zu einem unerschöpflichen Born von Melodien und Poesien. Vieles ist echt, aber was bedeutet das? „Das Volk" hat nie gedichtet und noch weniger komponiert. Das haben seit jeher und in allen Breiten der Erde nur einzelne inspirierte Menschen getan. Nahm das Volk ihr Lied an, sprangen Wort und Weise über auf neue Generationen und weitere Regionen, dann wurde ein „Volkslied" geboren, dessen Schöpfer schließlich und endlich niemand mehr kannte. So stark wird der Wunsch nach dem Volkslied in der Romantik, daß niemand etwas dabei findet, wenn Musiker und Dichter der Zeit sich auf diesem Gebiet versuchen. Was hat Friedrich Silcher (1789–1860) nicht alles an Schönem geschaffen! Doch er ist nur ein einziger Name unter hundert, von denen mancher zu Unrecht in Vergessenheit geriet. Man sang daheim, bei Zusammenkünften, bei Festen, auf dem Land wie in der Stadt. Die ersten Chöre, ausschließlich für den Männergesang geschaffen, entstanden aus politischen Beweggründen. Was in der Metternich-Zeit, im „Vormärz" nicht gesagt werden durfte, wurde gesungen. Wer hätte gewagt, für Gedankenfreiheit offen zu plädieren? Doch „Die Gedanken sind frei, wer kann sie erraten?" zu singen, konnte kaum verwehrt werden. Da man schließlich nicht immer nur politische Lieder singen konnte, dehnte die Bewegung sich auf das Volkslied aus, erfaßte auch die Weiblichkeit, die außerhalb der großen Städte schon lange der sangesfreudigere Teil der Bevölkerung gewesen war. Hunderte von Melodien wurden Allgemeingut, das sich von Generation zu Generation vererbte, bis es im 20. Jahrhundert, aus Gründen, denen wir nachgehen werden, in eine neue Krise geriet. Die Romantik, das Zeitalter der nationalen Bewegungen in ganz Europa, ist auch die Epoche des Volksliedes, das ja, wie Trachten und Tänze, die um Selbständigkeit und politische Freiheit ringenden Volksgruppen charakterisiert. Als die Tschechen am Ende des Ersten Weltkrieges ihren eigenen Staat errichten können, wählen sie ein altes, ergreifendes Volkslied zu ihrer Hymne!

Weitgehend aus dem Volkslied heraus muß Franz Schubert verstanden werden, dem unser nächstes Kapitel gewidmet sein wird. Welch herrliche „Volkslieder" hat er geschaffen, ohne es zu ahnen! Jahrzehntelang reißt die Kette jener nicht ab, die „im Volkston" schaffen: Heine, Eichendorff, Mörike, Lenau bei den Dichtern, Weber, Mendelssohn Bartholdy, Schumann, Brahms bei den Komponisten. Zu diesen Großen gehören viele andere, die vielleicht nicht so berühmt wurden, aber doch Wertvolles geschaffen haben: Hoffmann von Fallersleben schrieb Verse, die hundert Jahre lang jedes deutsche Kind auswendig wußte; die dritte Strophe seines „Deutschlandliedes" („Einigkeit und Recht und Freiheit") drückt bis heute den Glauben an eine würdige Existenz der Deutschen aus. Der Komponist Kon-

radin Kreutzer, der in Lexika als Schöpfer der netten Oper „Nachtlager von Granada" vorkommt, wurde in Wahrheit unsterblich durch das „Hobellied" („Da streiten sich die Leut' herum") aus Ferdinand Raimunds Volksstück „Der Verschwender".

Melodie, Harmonie und Rhythmus in der Romantik

Wie zu Beginn unseres Kapitels über die Klassik müssen auch hier die musikalischen Grundbegriffe im Licht der Romantik neu definiert werden, denn sie ändern sich mit den Epochen. Die romantische Melodie ist länger, ausdrucksvoller, aber weniger symmetrisch und ebenmäßig wie die der Klassik. Sie schwingt oft weiter aus in die Höhe und in die Tiefe, birgt manchmal größere Tonsprünge (Intervalle) in sich. Sie scheint aufzublühen und wieder zu erlöschen, ist unregelmäßiger, aber ausdrucksvoller als die des Rokoko. Kann man sich diese in einem behüteten Schloßgarten blühend vorstellen, so lebt die romantische Melodie in der grenzenlosen Unbekümmertheit einer Bergwiese unter den ersten warmen Sommersonnenstrahlen. Noch größer als bei der Melodie ist der Unterschied in den Harmonien der Klassik und der Romantik. Die Romantik weitet die Harmonie stark aus, macht sie ungleich vielfältiger, spannender, aufregender. Zu den wenigen von der Klassik verwendeten Harmonien, den Grund-Akkorden, fügte die Romantik schrittweise neue Klänge hinzu, zuerst noch „schulmäßig" erklärbare, dann immer freiere und kühnere. Im gleichen Maße änderte sich ihr Verhältnis zur Dissonanz. Was für vorher ungeahnte, erregende Klänge gab es da zu entdecken! Doch: man muß nur weit zurückgehen, bis ins 13., 14., 15. Jahrhundert, um so harte, so dissonante Zusammenklänge zu entdecken.

Ein großer Unterschied darf allerdings nicht außer acht gelassen werden. Die damaligen Dissonanzen entstanden durch Polyphonie, durch sich reibende Entwicklungen von Melodielinien. Die romantischen Dissonanzen erwachsen aus bewußt gebildeten Harmonien, sie suchen bewußt die Spannung – je stärker, desto besser –, um sie zuletzt doch wieder in Konsonanzen auflösen zu können. Zaghaft erscheint – etwa bei Schumann – der Versuch, ein Musikstück auf einer Dissonanz enden zu lassen – ein Vorbote späterer Zeiten? Vielleicht könnte man eine Musikgeschichte verfassen, in der die Stellung der Dissonanz in jeder Zeit zur Grundlage gemacht wird. Der mexikanische Komponist Rodolfo Halffter hat versucht, für das Phänomen der Dissonanz eine einfache Erklärung zu finden. Je mehr sich der Gaumen des Menschen an Gewürze gewöhnt, desto stärker müssen diese angewendet werden, um die gleiche Wirkung zu erzielen. Geradeso müssen die Dissonanzen den Fluß der Musik in immer stärkerem Maß „würzen", um in ihrer Wirkung nicht zu erlahmen. So hat die Verwendung der Dissonanzen seit den frühen Zeiten ständig zugenommen, um das Ohr des Hörers in immer gleicher, vielleicht ein wenig gesteigerter Spannung zu erhalten.

Etwas Wahres ist an dieser Erklärung, aber einige historische Tatsachen stehen ihr doch entgegen. Wir nähern uns zu Beginn des romantischen Jahrhunderts den modernen Zeiten, in denen der Begriff der Dissonanz von gewissen Strömungen völlig außer Kraft gesetzt werden soll. Wenn es keinen Unterschied zwischen Konsonanz und Dissonanz mehr gibt, dann müssen die Spannungen, deren die Musik bedarf, aus anderen Quellen kommen. In der Romantik besitzt die Harmonie, „gepfeffert" mit steigend scharfen Dissonanzen, besonders starke Bedeutung. Es wäre nicht falsch, die Klassik als die Epoche der Melodie, die Romantik als das Zeitalter der Harmonie zu bezeichnen.

Natürlich nimmt die Romantik sich auch des dritten Grundelements der Musik an, des Rhythmus. Da sie ein Zeitalter der Bewegung ist, muß der Rhythmus (als ein Faktor der Bewegung) von Wichtigkeit sein. Jedoch kann man, zumindest in den Anfängen der Romantik, kaum eine umwälzende Neuerung auf diesem Gebiet sehen. Der Rhythmus wird vielfältiger, abwechslungsreicher – wie alles. Beethoven kompliziert die Rhythmik Mozarts, er verharrt weniger lang im gleichen Rhythmus, als dies etwa Haydn getan hatte. Doch die wichtigsten Änderungen im Übergang von der Klassik zur Romantik liegen sicherlich auf dem Gebiet der Harmonie. Hier darf das romantische Jahrhundert als „neue Welt" bezeichnet werden.

Die Entwicklung der Dissonanz, die natürlich am stärksten in der Harmonie zum Ausdruck kommt, weist wahrscheinlich auf komplexe seelische Vorgänge im Menschen sowie auf soziale Spannungen in der Gesellschaft hin. Da werden tiefe Zusammenhänge zwischen dem geistigen Zustand des Zeitalters und seiner Kunst erkennbar. Die abendländische Kultur nähert sich, ohne es zu ahnen, in raschem Tempo ihrer schwersten Krisenzeit, die als eine „Endphase" zu bezeichnen Beobachter nicht müde werden. Als beim Eintritt ins nächste, ins 21. Jahrhundert die Entwicklung des Geisteslebens und damit der Künste immer gebrochener, immer chaotischer wird, mehren sich die Kassandrarufe, und zwei Weltkriege scheinen die Prophezeiungen zu bestätigen. Oswald Spengler sagt den „Untergang des Abendlandes" voraus. Hans Sedlmayr spricht von einem „Verlust der Mitte", der folgerichtig jedes Gleichgewicht zerstören, jede Kultur in Abgrund und Zerstörung führen muß. Diese Entwicklung scheint, nachträglich betrachtet, in der Romantik ein-

Kammermusik in Bürgerhäusern der deutschen Romantik: „Quartettabend bei Bettina von Arnim", Aquarell von J. C. Arnold (Ausschnitt).

zusetzen, die nach außen hin noch als blühendes Zeitalter auftritt. Die Künste bringen ungeahnte Schönheiten hervor, die Technik öffnet den Blick in neue Welten. Und doch: Wer tiefer in die Musik der Romantik horcht, bemerkt eine steigende Melancholie, eine immer bohrendere Sehnsucht nach dem, was spätere Zeiten in wehmütigem, wenn auch schönfärberischem Rückblick die „heile Welt" nennen werden. Sind es die Strahlen untergehender Sonne, die alles zu vergolden scheinen? Die Feinfühligsten – Poeten und Musiker unter ihnen – fühlen das leise Beben, den schwankenden Grund, auf dem die Romantik ihre Welt errichtet. Die Mehrzahl aber genießt in vollen Zügen; und es gibt wahrlich viel zu genießen.

Das neue Selbstverständnis des Künstlers

Zum romantischen Kunstwerk gehört der romantische Künstler. Um das Jahr 1750 wäre keinem Bürger auf der Straße ein „Musikus" besonders aufgefallen. Weder Bach in Leipzig noch Händel in London oder Scarlatti in Madrid wären durch Habitus, Kleidung, Benehmen, Haartracht als Künstler erkennbar gewesen. Hundert Jahre später hat sich das Bild gewandelt. Liszt in Weimar, Wagner in Zürich, César Franck in Paris haben sich von ihren Mitbürgern abgesondert, ohne extravagant gekleidet oder von auffälligem Benehmen gewesen zu sein. „Romantische" Details verrieten sie als „Künstler": Eine „Künstlermähne" ersetzte die Perücke des Barock, den Zopf des Rokoko. Das offene Haar flatterte frei im Wind, gebärdete sich „unbürgerlich", weitab von Konvention und Rücksicht auf den Alltag. Auch die Farbzusammenstellung der im Biedermeier ohnedies recht bunten Männerkleidung signalisiert nicht die Gleichgültigkeit gegen die bürgerliche Sitte – wie sie vorspiegelt –, sondern viel eher den Wunsch, sich als ungewöhnlicher Mitbürger schon von weitem erkennbar zu machen. Bachs einziger Leitsatz, mit seiner Kunst „Gott zu ehren und den Nächsten zu lehren", ist in wenig mehr als einem halben Jahrhundert dem „Sendungsbewußtsein" gewichen, das in immer stärkerem Maß den Künstler auszuzeichnen beginnt. Inmitten einer nunmehr weitgehend bürgerlichen Welt, in der jedem Menschen eine Aufgabe zufällt, die zu lösen ist, erfüllt der Künstler eine ganz besondere Mission. Die ist jener des Hohepriesters vergangener Kulturen nicht unähnlich: Walter des Göttlichen zu sein, das allein Triebkraft des Menschlichen sein soll. Die Romantik wertet den Begriff der Kunst auf, sie erkennt in dem zum Künstler „berufenen" Menschen einen Vertreter höherer Mächte. Wenn Schumann notiert: „Licht zu senden in die Tiefe des menschlichen Herzens – des Künstlers Beruf", so drückt er die besondere Aufgabe damit aus, die ihm und seinesgleichen aufgetragen ist. Menschen stellen sie ihm, aber allein Gott kann ihn zu ihrer Lösung befähigen. Der romantische Künstler glaubt an Gott, nicht mit der ruhigen Zuversicht, die seinen Vorgänger im Barock auszeichnete: heftiger, leidenschaftlicher, wie er alles tut. Das hat nichts mit Kirchenglauben zu tun, nichts mit Konfession. Der romantische Künstler spricht mit Gott persönlich und verwendet dabei keine vorgeschriebenen Phrasen.

Gott ist es also, der einen winzigen Teil seiner eigenen Schöpferkraft den „Auserwählten" auf der Welt überträgt. Der Künstler ist ein Auserwählter, es ist sein gutes Recht, sich als solcher zu fühlen, sich vor den gewöhnlichen Mitmenschen als solchen zu kennzeichnen. Der Gedanke, der „Künstler soll mit dem König gehen, sie beide wohnen auf der Menschheit Höhen", konnte nur einem Romantiker einfallen (Schiller). Er erklärt, woher beide ihr Sendungsbewußtsein, die Idee eines „Gottesgnadentums" nehmen. Wer daraus ein Recht auf Stolz, Überheblichkeit, Eitelkeit ableitet, irrt völlig. Das Gegenteil wäre richtig und am Platze: Bescheidenheit, Demut, Dienstbereitschaft, Erkenntnis der schweren Aufgabe, das wäre die zu deren echter Erfüllung notwendige Einstellung. Und hier irrt ein großer Teil der romantischen Künstler: er läßt sich vom Bewußtsein seiner Fähigkeiten, vom Jubel des Publikums, von der überragenden Stellung innerhalb der neuen Gesellschaft nur zu leicht zu Attitüden der Überlegenheit, des Hochmuts hinreißen. Die frühere Zugehörigkeit zum Lakaienstand – noch Mozart beklagt sich darüber – hat sich schnell genug zum Eintritt in die Oberschicht gewandelt. Der Künstler ist zum hochgeehrten Mitglied der Gesellschaft aufgestiegen. Allerdings: Dies trifft nur auf den erfolgreichen Künstler zu. Die harte, „ewige" Zweiteilung zwischen den Erfolgreichen und den Erfolglosen – aller Stände mit Ausnahme der Aristokratie, in dem die „hohe Geburt" zur Ausnahmestellung genügt – gilt in der Romantik geradeso wie früher. Nur wird nun den Erfolgreichen eine persönliche Aufmerksamkeit, ein gesteigertes Interesse zuteil, von dem frühere Zeiten nichts ahnten. Die Zivilisation drängt zur Polarisierung, auch in der Stellung der Künste.

Der „freie" Künstler

Der bekannte, „berühmte" Künstler wird nun immer seltener jemandes Angestellter oder gar Diener. Selbst wo er in einem Dienstverhältnis steht, ist dieses viel freier gestaltet als noch ein halbes Jahrhundert zuvor. In Barock und Rokoko war der angestellte Musiker dies während aller Stunden seines Daseins; nun ist die Dienstzeit geregelt, in seiner Freizeit gehört der Künstler nur sich selbst. Allerdings beginnt ein Gesetz nun immer wirksamer zu werden, dessen Herrschaft er noch lange nicht empfinden wird: das eherne, kapitalistische, marktwirtschaftliche Gesetz von Angebot und Nachfrage. Es trifft den Künstler wie jeden Menschen der Gesellschaft, ja den Künstler womöglich am härtesten. Wessen „Produkt" gesucht, geschätzt wird – Gedicht, Drama, Komposition, Bild, Büste –, steigt aufwärts, „lebt im Wohlstand und angenehm" (wie Brecht es ein Jahrhundert später ausdrücken wird); doch wehe dem, der solches Interesse nicht erregen kann, er wird absinken bis an den unteren Rand der Gesellschaft und vielleicht noch darunter, tiefer also als seine Vorfahren, die als Lakaien lebten, vor allem ohne deren relative Sicherheit.

Der schöpferische Künstler früherer Jahrhunderte fühlte sich als Handwerker, wenn auch auf dessen höchster Stufe, als „Meister". Für den Künstler der Romantik tritt die Fertigkeit ein wenig zurück, ohne daß ihre Wichtigkeit verkannt würde. In den Vordergrund schiebt sich die andere Komponente des „Werks": die Inspiration. Sie erhebt der Romantiker zum göttlichen

Attribut. Ein berühmter Wissenschaftler des 20. Jahrhunderts wird seine Erfolgsformel als „1 Prozent Inspiration und 99 Prozent Transpiration" angeben, und viele Komponisten werden wohl ähnlich denken, wie wir sehen werden. In der Romantik aber denkt man eher an eine Umkehrung des Verhältnisses: Inspiration ist alles.

Der erste Künstler, der völlige „romantische" Freiheit des Schaffens für sich in Anspruch nahm, war wohl Beethoven. Es kam auch äußerlich zum Ausdruck. Er hatte die Perücke abgelegt, stürmte mit fliegendem Haar durch die Straßen, mißachtete gesellschaftliche Etikette, nahm sich in (häufigen) mißgelaunten Augenblicken kein Blatt vor den Mund, kannte im Schöpferischen nichts als sich selbst und sein Werk. Nach ihm gab es kaum einen romantischen Musiker, der sich nicht durch äußerliche Besonderheiten hervorgetan hätte, durch übergroße Empfindsamkeit, Launen, ungewöhnliche Ansichten, auffallende Gewohnheiten. Der schon erwähnte E. T. A. Hoffmann (so nannte sich der Ernst Theodor Wilhelm getaufte Mozartverehrer, weil er Wilhelm durch Amadeus ersetzte) zeichnete „den romantischen Musiker" in seiner Romanfigur des „Kapellmeisters Kreisler": extravagant, fanatisch in seinem Kunstwillen, dem Alltag entrückt, überempfindlich gegen jede auch nur vermeintliche Kränkung, „verrückt" in der Meinung der Alltagsmenschen. Dieser Typus war freilich außerstande, „im Auftrag" zu komponieren (zu dichten, zu malen), er mußte die Augenblicke der Inspiration abwarten, so selten sie vielleicht auch eintrafen. Es waren die Augenblicke, die von der Romantik als „der Besuch der Muse" bezeichnet wurden. Die Muse küßt den Künstler, und so bricht das Genie aus ihm hervor und schafft unsterbliche Werke – ein schöner Gedanke, über den sachliche Zeitalter (wie sie die Reaktion auf die Romantik sein werden) nur lächeln können.

Es lag nahe, dem romantischen Künstler Verbindungen mit der übersinnlichen Welt nachzusagen. Bereits die Muse gehört ja zu ihr, denn nur sehr selten – im Prinzip überhaupt nicht – ist sie aus Fleisch und Blut (wie vielleicht Clara Wieck für Schumann, Mathilde Wesendonck für Wagner, Giuseppina Strepponi für Verdi). Mit dem Herzblut getränkt sind nur die Werke der Genies, so will es der Glaube der Romantik. Zieht man das Metaphorische, das allzu Bildhafte von dieser Aussage ab, so ist sie natürlich wahr. Mögen auch andere Berufe echte Hingabe verlangen, in glücklichen Fällen zur Berufung werden oder aus ihr kommen – einzig der wahre Künstler schafft mit solcher Inbrunst, so fanatischem Willen, so ungeheurer, fast krankhafter Sensibilität, so verwundbarer Liebe. Zum Verständnis eines solchen Entstehungsprozesses von Meisterwerken reicht „gesunder Menschenverstand" niemals aus, und wissenschaftliche Analyse kann ihm nie gerecht werden. Zum ersten Mal in der abendländischen Kultur schenkt die Romantik dem Künstler Interesse, findet ihn interessant. Hat jemand Telemann oder Vivaldi für „fesselnd" gehalten, nur weil sie schöpferische Menschen waren? Wer hielt sie damals einer Biographie für wert? Das ändert sich in der Romantik. Nicht erst nach dem Tod – wie es bei Bach der Fall gewesen war – wird ihrer Werke, weniger ihres Lebens, in Schriften gedacht, schon zu Lebzeiten wird auf sie aufmerksam gemacht. Sie schenken der Welt bleibende Kulturwerte, und sie leben ein wenig außerhalb der bürgerlichen Gesellschaft. Genügt das eine nicht, so macht das andere neugierig, um Artikel in Zeitungen und Zeitschriften, Essays, Bücher über sie herauszubringen. Daß den Tatsachen dabei oft viel Phantasie beigemischt wird, versteht sich im romantischen Zeitalter von selbst. Die Erkenntnis der „Meisterwerke" schafft ganz von selbst den Begriff der Unsterblichkeit für ihre Schöpfer, den es kaum je zuvor gegeben haben dürfte. Perotinus, Philippe de Vitry, ja selbst Orlando di Lasso und Monteverdi haben ihn wahrscheinlich nicht gekannt, geschweige denn auf sich selbst angewendet. Nun wird Unsterblichkeit zum leuchtenden Ziel, mag das manchmal auch kaum etwas anderes sein als ein Selbstbetrug für Erfolglose.

Auch andere Begriffe verbinden sich mit dem Bild des romantischen Künstlers: Krankheit, Wahnsinn, Selbstmord und früher Tod sind darunter. Das 19. Jahrhundert sucht deren Ursachen auf seelischem Gebiet, unsere Zeit nüchtern auf rein medizinischem: Beides allein genügt nicht. Eine wirklich moderne Medizin weiß, welchen bedeutsamen Faktor im menschlichen Leben die seelische Widerstandskraft bildet. Die aber kann beim schaffenden Künstler durch den Glauben an sein Werk, seine „Mission" beträchtlich gestärkt werden. Sagt nicht schon Beethoven in dem von uns zitierten „Heiligenstädter Testament", nur die Kunst habe ihn davor zurückgehalten, Hand an sich selbst zu legen? Schumann mußte Wahnsinnsanfälle erleiden, um diesen Schritt zu tun. Die Krankheitsgeschichte vieler romantischer Künstler stellt ein tragisches Kapitel dar, das mit medizinischen Erkenntnissen nur ungenügend erhellt werden kann. Nur eines ist sicher: Es gab unter ihnen, wie wohl stets unter den Menschen, widerstandsfähige, deren angeborener Trotz gegen das Schicksal bei jedem erlittenen Schlag stärker wurde, und es gab schwache Naturen, die unter den Angriffen feindlicher Kräfte, seien es Menschen oder Krankheiten, zusammenbrachen. Und es gab Gottergebene, denen dieses Ruhen in einer höheren Macht zu einem ausgeglichenen Gemütszustand verhalf, sie wirksam schützte vor Verzweiflung, Alkohol, Drogen, Selbstaufgabe und so ihr Leben verlängerte. Doch die Liste der tragischen Musikerleben jener Zeit ist beängstigend. Zwar scheint die Zahl der Selbstmorde geringer als bei den Dichtern, aber der Wahnsinn hält unter ihnen entsetzliche Ernte: Donizetti, Schumann, Smetana, Duparc, Hugo Wolf, vielleicht auch Tschajkowskij gehören hierher, und dies sind nur die berühmtesten. Endlos ist die Aufzählung der jung aus dem Leben Geschiedenen: Der Spanier Arriaga starb mit 20 Jahren, Richard Nordraak, der erste skandinavische Romantiker, mit 24. Schubert wurde 31, Bellini 34, Hermann Goetz 36, Hugo Wolf 37, Mendelssohn 38, Chopin und Otto Nicolai 39. Schumanns Leben währte bis zum Selbstmordversuch 44 Jahre, jenes Donizettis nicht viel mehr, wenn man es mit dem Erlöschen seines Denkvermögens für beendet ansieht. Zwar hatten auch Barock und Klassik frühe Künstlertode gekannt (Pergolesi 26, Mozart 35 Jahre), aber die Häufung solcher Todesfälle in der Romantik muß auffallen. Um so mehr, als die stets wachsende Dauer der Lebenserwartung gegen unsere Zeit hin bereits – unauffällig gegenüber dem rasanten Anstieg im 20. Jahrhundert, aber doch statistisch erfaßbar – eingesetzt hat.

Franz Schubert

Als Franz Schubert am 31. Januar 1797 im damals noch grünen Lichtenthal vor den Toren Wiens zur Welt kommt, ist Mozart seit fünf Jahren tot, Haydn lebt hochbetagt und angesehen im eigenen Wiener Haus, und Beethoven ist vor vier Jahren in diese große Musikstadt gezogen, die das Vorstadtkind Schubert niemals wird erobern können. Viel später spazieren Schubert und Beethoven manchmal auf dem Glacis, dem Festungswall um die Innenstadt, aneinander vorbei, wie eine entzückende Zeichnung aus der Zeit zeigt: Schubert mit einem tiefen Bückling, den Hut ergeben schwenkend. Beethoven unberührt, wohl tief in Gedanken. Das Bild prägt sich ein. Schubert steht wohl immer unbeachtet am Weg, während andere vorbeischreiten, ohne auf ihn zu achten. Es ist übrigens ein ganz normaler Vorgang, daß die beiden größten Musiker des damaligen Wien einander nie kennenlernen. Zu verschieden waren ihre Kreise, zu taub und zurückgezogen Beethoven auch, als Schubert die kurzen fünfzehn Jahre seines Schaffens begann. Auch Händel und Bach waren einander nie begegnet; niemals werden Wagner und Verdi einander kennenlernen, die Operngiganten des 19. Jahrhunderts, sie haben wohl wenig Interesse an einer Begegnung: aber Schubert hätte viel darum gegeben, seinem Idol einmal nur sagen zu dürfen, wie sehr er es verehre.

Manchmal wird Schubert zu den „Wiener Klassikern" gerechnet (unter denen er übrigens der einzige gebürtige Wiener wäre), aber geistig steht er den Romantikern näher. Schuberts Formenwelt kann noch als klassisch angesprochen werden: Sinfonien, Sonaten, Streichquartette gehören zu seinem Werk, die weitgehend als absolute Musik anzusprechen sind. Programme – selbst wenn sie ihnen zugrunde liegen sollten – werden niemals erwähnt. Ein echter Romantiker aber wird Schubert in seinen über 600 Liedern, jenen wundervollen Miniaturen, die der Musik eine neue, unabsehbar reiche Welt öffnen. Auf diesem Gebiet seiner genialen Werke eilt er der Zeit voraus, läßt alle Zeitgenossen weit zurück und erschafft, nur auf sich gestellt, ein unendliches Universum.

Mit zahlreichen Geschwistern wächst er im heutigen neunten Bezirk in einem bescheidenen Lehrerhaus auf – es steht noch, klein und unscheinbar, an der Nußdorferstraße. Er tritt 1803 in die vom Vater geleitete Schule ein und beginnt 1805 mit intensivem Musikunterricht: Violine beim Vater, Klavier beim ältesten Bruder, Gesang beim Chorleiter der Lichtenthaler Pfarrkirche, Michael Holzer. Sehr bald singt er dort Sopransoli und übernimmt den Bratschenpart im Familienquartett. Seine schöne Stimme und auffallende Musikalität sichern ihm 1808 einen Freiplatz im Stadtkonvikt der Hofsängerknaben, einer damals bereits mehrhundertjährigen Institution. Die neuen Lehrer sind erstaunt, entzückt über diese ungewöhnliche Begabung. Einer von ihnen, Wenzel Ruzicka (gesprochen

Auf dem „Glacis", einem beliebten Spazierweg rund um die Wiener Innenstadt – einst Befestigungswall, später die Ringstraße – begegnen (links im Vordergrund) einander Beethoven, der mit auf dem Rücken verschränkten Armen ohne aufzublicken durch die Menge geht, und Schubert, der sein Idol ehrerbietig grüßt. Aquarellierte Tuschezeichnung von Leopold Kupelwieser um 1822.

„Rúsitschka“), findet für sie den schönsten Ausdruck: „Den kann ich nichts mehr lehren, der hat's vom lieben Gott.“ Mit 14 Jahren schreibt er höchst beachtliche, mit 15 hervorragende, mit 16 Jahren Meisterwerke. Sein Talent gleicht eher dem Mozarts als dem Beethovens. Die Melodien fliegen ihm zu, gestalten sich mit fesselnden Harmonien zu überraschend reifen Werken, in denen immer wieder genial Neues aufblitzt. Keine Anstrengung, kein Kampf ist je zu spüren, vielleicht hat auch er, wie Mozart einmal sagte, das Werk fertig im Kopf, bevor er an die Niederschrift geht. Mit 17 Jahren – äußerlich und geistig fast noch ein Kind – gestaltet er Goethes Seelengemälde „Gretchen am Spinnrad“ zu einem geradezu modernen Psychodrama. Ein paar Monate später entsteht, wieder auf einen Goethetext, „Der Erlkönig“, beklemmend, erschütternd die letzte poetische Feinheit in Klänge übertragend; der rasende Galopp des zu schweißtriefender Angst getriebenen Rosses, der gespensterbelebte nächtliche Wald, die unheimliche Gespensterstimme des Erlkönigs, die sich gewaltsam zur Ruhe zwingende des Vaters, des todkranken Kindes: ein atemberaubendes Geschehen in vier Minuten Musik. Wie komponiert der Jüngling Dinge, die er im Leben nicht kennt? Braucht das Genie Erfahrung?

Dabei bleibt Schubert ein ganz normaler junger Mensch, der mit den Kameraden tobt und lacht, der den großen Bruder „draußen“ um eine Spende von Taschengeld und ein paar Äpfeln anbettelt, da das Leben im Konvikt karg ist. Er ist klein, kurzsichtig und fällt niemandem auf – außer wenn er musiziert. Spät tritt der Stimmwechsel ein, was auch wieder beweist, daß er körperlich keineswegs frühreif ist. Auf einem Chorblatt notiert er am 26. Juli 1812, fünfzehneinhalbjährig: „Zum letzten Mal gekräht“.

Die Mutter ist gestorben, der Vater wird bald ein zweitesmal heiraten. Franz wird dem Hofkapellmeister Antonio Salieri in die Lehre gegeben, dem wohl neben Beethoven namhaftesten Musiker Wiens, der ihn liebevoll und ohne Honorar zu verlangen unterrichtet. Zum Schulaustritt macht Schubert dem Konviktsdirektor ein ungewöhnliches Geschenk: seine erste Sinfonie. Vielleicht hat das Amateurorchester, das sich in Lichtenthal regelmäßig zusammenfindet, sie einmal durchgespielt. Öffentlich gehört hat ihr Komponist sie geradesowenig wie die kommenden acht (oder neun), die er schrieb. Der sich ihm entfremdende Vater wirft ihm „Lebensuntüchtigkeit“ vor, was in seinem Sinn bestimmt zutrifft. Er will ihn zu seinem Schulgehilfen machen, aber die Kinder haben keinen Respekt vor dem seltsamen Lehrer, der gern ein Skizzenbuch aus der Tasche zieht und sich dann in Gedanken und Kompositionen verliert, anstatt sie zu unterrichten. Daß dabei einige prächtige Quartette herauskommen, interessiert noch niemanden. Auch Sätze für ein Bläseroktett entstehen, eine „Grande Sonate“ für Klavier, 30 Menuette, viele „Deutsche Tänze“, geistliche Musik, eine lange Reihe von Liedern.

Die Schubertiaden

Am 16. Oktober 1814 wird in der Lichtenthaler Kirche seine erste Messe gesungen. Schubert verliebt sich in das gleichaltrige Mädchen, dem das Sopransolo anvertraut ist. Es ist die erste unglückliche von sicherlich mehreren, durchwegs unglücklichen Lieben seines Lebens. Doch gute Freunde erwirbt er. Nach und nach treten sie in sein junges Leben, bewundern ihn, verwöhnen ihn, fühlen das Ungewöhnliche, aber auch Schutzbedürftige in ihm. Kaum ein zweiter Großer der Musikgeschichte hat einen solchen Freundeskreis besessen wie Schubert, eine fröhliche, dabei kunstsinnige Schar jüngerer Kameraden: Dichter, Maler, Beamte.

Die Freunde nennen sich „Schubertianer“, die Gesellschaften, die sie geben und bei denen die Musik im Mittelpunkt steht, erhalten wie selbstverständlich den Namen „Schubertiaden“. Es gibt Gemälde davon, mit Schubert am Flügel, vielen frohen Menschen im Lich-

Links: Goethes Gedicht „Gretchen am Spinnrad“ (aus „Faust“ I. Teil), vom siebzehnjährigen Schubert in ein großartiges musikalisches Seelendrama verwandelt. Rechte Seite: Von Schubert und seinem Freundeskreis gibt es zahlreiche Darstellungen: hier eine „Schubertiade“, Zusammenkunft der Freunde mit Musikdarbietungen, nach einem Gemälde von Julius Schmid.

terglanz rund um ihn. Er gibt neue Kompositionen zum besten, die beklatscht werden. Dann spielt er gern noch ein Stündchen oder zwei zum Tanz auf. Ob es wahr ist, daß sich ihm dabei einmal ein Mädchen mit der Frage nähert: „Herr Schubert, schreiben Sie immer nur traurige Musik?" und er darauf verwundert antwortet: „Gibt es denn eine andere?" Er schreibt auch lustige Weisen, Tänze, Märsche, und doch ist immer ein Hauch von Wehmut darin, von leiser Sehnsucht, von einer Art Heimweh, wie sie oft alte Städte, langgewohnte Gegenstände, geliebte Menschen umfangen. Doch Schubert ist ja gerade erst zwanzig, lebt im lustigen Wien, wo es am lustigsten ist, bei den Rebenhügeln, nahe der Donau, mitten unter Kameraden, die das Leben lieben und es zu genießen wissen.

Er hat eine zweite, eine dritte Sinfonie geschrieben, vier Opern, 15 Quartette, mehr als hundert Lieder. Da faßt sich (am 17. April 1816) der treue Freund Spaun ein Herz und sendet eine Auswahl der Melodien, die ihm die schönsten scheinen, an den Autor der vertonten Verse, den Geheimrat Johann Wolfgang von Goethe in Weimar: „... Diese Sammlung wünscht der Künstler Eurer Exzellenz in Untertänigkeit weihen zu dürfen. Selbst zu bescheiden jedoch, seine Werke der großen Ehre wert zu halten, einen, so weit deutsche Zungen reichen, so hoch gefeierten Namen an der Stirn zu tragen, hat er nicht den Mut, Euer Exzellenz selbst um die große Gunst zu bitten, und ich, einer seiner Freunde, durchdrungen von seinen Melodien, wage es, Euer Exzellenz in seinem Namen darum zu bitten ..." Es kam nie eine Antwort aus Weimar. Viel, viel später allerdings, Schubert deckte schon die Erde des Währinger Friedhofs (ganz nahe der Stelle, an der Beethoven beerdigt worden war), da erwähnt der altgewordenen Goethe diese Lieder, auf deren Empfang er nicht reagiert hatte. Er bemerkt zu seinem Chronisten Eckermann, er habe beim Anhören einer dieser Melodien den Eindruck eines „sichtbaren Bildes" empfangen ...

Eine andere Sendung Schubertscher Musik, darunter den „Erlkönig", adressiert Spaun an den namhaften Leipziger Musikverlag Breitkopf & Härtel. Der kennt Schubert nicht, begreiflicherweise, denn der Zwanzigjährige ist noch nie öffentlich hervorgetreten. Hingegen war ihm ein Dresdener Kirchenkomponist gleichen Namens bekannt, dem er, mit einer Rückfrage, den „Erlkönig" sendet. Der sächsische Schubert ist tief empört: „... niemals von mir komponiert... selbige in Verwahrung behalten, um zu erfahren, wer dergleichen Machwerk... übersendet hat, und um diesen Patron zu entdecken, der meinen Namen so mißbraucht ..." Ob er sich später dieses Briefes geschämt hat?

Ein Liederjahr

Es war im Jahre 1816, als Schubert in seiner unermüdlichen Suche nach Liedertexten das Gedicht eines unbekannten Georg Philipp Schmidt von Lübeck fand, das ihn tief ergriff. Es hieß „Der Wanderer", begann mit den Worten „Ich komme vom Gebirge her ..." schilderte dann: „Die Sonne dünkt mich hier so kalt, die Blüte welk, das Leben alt; und was sie reden, leerer Schall – ich bin ein Fremdling überall ..." und formte auf dem Höhepunkt das erschütternde Wort: „Dort, wo du nicht bist, dort ist das Glück." War das nicht sein eigenes

Leben? 1817 wird wieder ein Jahr gewaltiger, fast unbegreiflicher Leistungen: Die vierte, die fünfte Sinfonie entstehen, das elfte Quartett, viel Kammermusik, zahlreiche Klavierstücke (darunter 110 Tänze!), eine vierte Messe, Chormusik. Und 110 Lieder! Er weiß längst kaum noch, woher er die Texte zu ihnen nehmen soll; nicht selten müssen die Freunde einspringen und rasch etwas dichten. Welches Glück, daß sie alle musisch veranlagt sind!

Worin liegt die Größe und das Neue von Schuberts Liedschaffen? Die musikalischen Bestandteile waren längst vorhanden: die gesungene Melodie und die instrumentale Begleitung. Im Lied der Barockzeit begnügt die letztere sich damit, die Melodie zu stützen, sie mit Akkorden zu untermalen. Die Melodien waren zwar ausdrucksvoll gestaltet, aber ihr Bau entsprach den Modellen instrumentaler Melodien; Schubert hingegen paßt die vokale Liedmelodie genau dem Text an. Vor allem aber verleiht er der „Begleitung" eine fundamentale Bedeutung, die dieses Wort himmelhoch übersteigt. Gerade die „Begleitung" ist es nun, die dem Lied die charakteristische Stimmung, die individuelle Farbe gibt. Die „Begleitung" wird zu einem minuziös ausgeführten Klavierstück, und im Zusammenwirken der Singstimme mit dem bis ins einzelne ausgeführten Klavierteil beruht die Wirkung des neueren Liedes, das entscheidend Schubert zu danken ist. Fast gleichzeitig allerdings erprobte auch Beethoven (im Liederzyklus „An die ferne Geliebte") ähnliche Prinzipien, doch Schuberts Versuche sind ungleich vielseitiger.

Die Aufwertung des instrumentalen Teils zum ebenbürtigen Partner im Liedgesang erfolgte auf Grund der neuen Erfindungen, die das „moderne" Klavier auszeichneten. Nun konnte es hundert tonmalerische Aufgaben erfüllen, es ergänzte des Dichters Gedanken bis in letzte Nuancen hinein, Sänger und Pianist wurden einander restlos ergänzende Partner.

Natürlich gab es, als Schubert seine ersten Lieder schuf, keinen wirklich geeigneten Interpreten für sie. Und lange Zeit hielten die meisten Pianisten es für unter ihrer Würde, als „Begleiter" zu fungieren. Schubert selbst, ein hervorragender Klavierspieler, setzte sich gern selbst an den Flügel, erst viel später entdeckten die Pianisten die Wichtigkeit, den zauberhaften Reiz der neuen Aufgabe. Zum ersten vollgültigen Sänger von Schubertliedern wurde der Hofopernsänger Johann Michael Vogl, der 1817 zu den „Schubertianern" stößt. Es ist das Jahr, in dem Schubert endgültig aus des Vaters Schule scheidet. Er ist nun einmal nicht dazu geschaffen, einem „festen" Beruf nachzugehen. Die Inspiration überfällt ihn bei Tag oder Nacht, und dann muß er ihrem Drängen bereit sein. Er zieht zu Freund Schober, wo eine Fülle von Werken entsteht, darunter das ergreifende Lied „Der Tod und das Mädchen" (nach Matthias Claudius), „Die Forelle" (nach Christian Schubart) und, als der Komponist wieder einmal dringend Texte benötigt, die innige Hymne „An die Musik" auf Worte seines Gastgebers, der so gemeinsam mit dem geliebten Freund in die Unsterblichkeit dieses Liedes eingeht. Wer hätte es einem kaiserlichen Hofbeamten zugetraut, wundervolle Verse zu schreiben wie „Du holde Kunst, in wieviel grauen Stunden ..."! Den Sommer 1818 verbringt Schubert als Klavierlehrer zweier reizender Komtessen Esterházy auf deren ungarischem Gut Zelesz. Natürlich verliebt er sich – in beide –, natürlich komponiert er herrliche vierhändige Klaviermusik für sie. Sie bemerken wahrscheinlich das eine so flüchtig oder gar nicht wie das andere. Erstmals erklingt eines seiner Orchesterstücke („Ouvertüre im italienischen Stil") öffentlich; er hatte es, fast spaßeshalber, aufs Papier geworfen, um den Freunden zu zeigen, daß er durchaus imstande sei, des ungeheuer populären Rossini Art zu treffen. Am 28. Februar 1819 singt der Tenor Franz Jäger erstmals ein Schubertlied („Schäfers Klagelied") vor einem Konzertpublikum. Als Schober auf einen neuen Dienstplatz versetzt wird, heißt es von diesem vielleicht Vertrautesten für einige Zeit Abschied nehmen. Schubert zieht zu Freund Mayrhofer, einem ebenfalls getreuen „Schubertianer". Der Sommer 1819 gerät zum wohl schönsten in des Komponisten kurzem Leben. Der Sänger Vogl lädt ihn auf eine Reise in seine oberösterreichische Heimat. Begeisterte Briefe berichten nach Wien von den vielfältigen Natur-, menschlichen und musikalischen Eindrücken: Es ist, außer der Fahrt in das überaus nahe Zelesz, Schuberts erste wirkliche Reise.

Seine Werkliste vergrößert sich schnell, sie hält bei Opus 120, wobei Lieder nur in großen Bündeln zusammengefaßt gezählt sind. Das helle „Forellenquintett" (in dem diese Liedmelodie verarbeitet ist) spiegelt die blauen Seen, die freundlichen Berge, die lieblichen Dörfer dieser Fahrt.

Erfolglose Bühnenwerke

Das Jahr 1820 hätte zum endlichen Durchbruch führen können. Schuberts Oper „Die Zwillingsbrüder" wird im Hoftheater am 14. Juni aufgeführt, „Die Zauberharfe" am 19. August im Theater an der Wien. Doch beide verpuffen ohne Erfolg. Und ähnlich wird es mit weiteren Bühnenwerken gehen. Sind seine Opern zu undramatisch, von den Texten her zu uninteressant? Mancher stammt von Freundeshand; Dilettantenwerk mag bei Liedern manchmal ausreichen, auf dem Theater niemals. Doch genügt Schuberts Musik nicht, solche Werke zu retten? Er, der in seinen Liedern so atemberaubend dramatisch sein kann, der in Werken von zwei und drei Minuten Dauer die Menschen erschauern, erbeben machen kann, bringt es in längeren Bühnensteigerungen zu kaum einem echten Höhepunkt. Mit Sinfonien aber, Kammer- und Instrumentalmusik, mit Liedern ist kein Ruhm zu erwerben, und so bleibt Franz Schubert auch weiterhin ein Ungenannter, Unbekannter im Musikleben Wiens oder gar Europas. 1821 scheint sich wiederum gut anzulassen. Vogl singt den „Erlkönig" öffentlich, und das Lied erscheint als Opus 1 im Druck. „Das Dörfchen", damals höchst beliebte Form des Gesangsquartetts, entzückt das Publikum. Der Sommer verfliegt mit frohen Ausfahrten der „Schubertianer" in Wiens liebliche Umgebung; ist es ein Zufall, daß auf Zeichnungen, die uns solche Vergnügungen übermitteln, Schubert auf dem Rasen sitzt und dem Tanz der Gefährten zusieht, anscheinend zu schüchtern, eines der Mädchen um die Taille zu nehmen und mit ihr über den Rasen zu wirbeln? Moritz von Schwind hat seinen Freund immer wieder abgebildet, und so kommt es, daß wir am meisten lebenssprühende Dokumente gerade von jenem Meister besitzen, der als der seinerzeit unbekannteste von allen gelten muß. Schubert arbeitet an der Oper „Alfonso und Estrella", zu der Freund Schober den Text geschrieben hatte. Der Mißerfolg schmerzt besonders, weil jeder der beiden Freunde sich dem anderen gegenüber schuldig fühlt. Dieses Werk ist übrigens, was kaum jemand zu bemerken scheint, historisch bedeutsam: Es ist die erste deutsche Oper ohne gesprochene Dialoge, „durchkomponiert" also – und nicht, fünf Jahre später, Webers „Euryanthe". Eines Tages wird Liszt diese Schubert-Oper als Muster dramatischer Deklamation bezeichnen. Vogl kämpft für sie, es wird mit Dresden und Berlin verhandelt, aber niemand will sie. „Mir ginge es sonst ziemlich gut, wenn mich nicht die schändliche Geschichte mit der Oper so kränkte", schreibt Schubert an Freund Spaun.

In ruhigem Gleichmaß verlaufen die nächsten Jahre: In geborgten Räumen komponiert Schubert viele Stunden täglich. Des Abends kommen die Freunde, horchen entzückt seinem Klavierspiel, holen ihn zu lustigem Beisammensein in kleinen Schenken am Rand der Weinberge oder führen ihn „in die Stadt" zu Konzerten manches berühmten durchreisenden Künstlers, unter denen vor allem Paganini ihn tief beeindruckt. 1822 schreibt er an einer neuen Sinfonie, kommt aber nur zwei Sätze weit, die ihn viel zu wehmütig dünken. Wie

Linke Seite: Porträtskizze des jugendlichen Franz Schubert von dem Wiener Maler Leopold Kupelwieser.
Rechts: Moritz von Schwind zeichnete viele der Behausungen Schuberts, hier in der Wohnung Franz von Schobers, etwa 1821. Ein Bett, ein Klavier und Notenpapier, das waren die wesentlichen Bedürfnisse Schuberts während seines ganzen Lebens.

soll er denen nun einen frohen Teil im beschwingten, tanzartigen Rhythmus folgen lassen, wie es die Regel erfordert? Wäre er Beethoven! Der kümmerte sich wohl keinen Deut um Regeln, wo die Inspiration sprach. Er aber will lieber einen erfahrenen Kollegen um Rat fragen, schickt das Manuskript an Anselm Hüttenbrenner, der bis vor kurzem noch einer der Wiener Kameraden war und nun Leiter des Grazer Musikvereins wurde. Der aber hat zu viel zu tun; er verschiebt die Antwort immer weiter. 43 Jahre später wird der Wiener Musikdirektor Johann Herbeck in Hüttenbrenners Nachlaß kramen und finden, was er wohl am wenigsten suchte: zwei Sinfoniesätze Schuberts, eine „unvollendete Sinfonie" des inzwischen bald vierzig Jahre toten, berühmt gewordenen, zum „Klassiker" aufgestiegenen Meisters. Die Uraufführung wird zum Ereignis, niemand empfindet sie als „unvollendet", wohl aber als unvergängliches Dokument eines oft wehmütig Gestimmten.

Fast zugleich war 1822 die großartige „Wandererphantasie" entstanden, die ihren Namen vom so genannten Lied erhielt, das wir zitierten („... dort, wo du nicht bist, dort ist das Glück...") und aus dem Themen zitiert werden. Daneben aber, lustig, fast übermütig, 16 Ländler, zehn Ecossaisen, drei vierhändige Märsche; wie nah ist Schubert der Volksmusik! Oder: Wie nah stehen einander damals, zu Beginn der Romantik, Kunst- und Volksmusik! Auch die Männerquartette, die er schreibt, stehen der Volksmusik nahe. 20 Lieder gehören zur Ausbeute dieses Jahres: Es gibt in den ungefähr 16 oder 17 seines schöpferischen Lebens keines ohne Lieder. Die herrliche As-Dur-Messe entsteht: Wie innig singt sie zu Gott! Nicht so zur Kirche: Auch hier wieder, wie in allen seinen Messen, läßt Schubert das hier im Credo vorgeschriebene Glaubensbekenntnis in die „unam sanctam catholicam et apostolicam Ecclesiam" weg (Ist er, der so gar nicht rebellische Vorstadtjunge, im Schoß der Kirche erzogen, mit dieser „böse", oder weiß er sich hier mit seinem Idol Beethoven einig?)

„Die schöne Müllerin"

1823 zeigen sich Symptome einer Krankheit, die im Spital behandelt wird, aber deren Diagnose – wenn sie gestellt wurde – wir nicht wissen. Und in diesen Tagen und Wochen des Spitalaufenthalts schreibt Schubert anscheinend den ersten seiner beiden Liederzyklen, „Die schöne Müllerin", 20 Melodien, die seltsam zwischen Lebenslust und Todesahnung schwanken. Durch einen Zufall hatte er die Texte gefunden, die man nur als „ihm auf den Leib geschrieben" bezeichnen kann. Beim Besuch, den er einem Freund machen wollte, mußte er auf diesen warten, der ausgegangen war. Auf dem Tisch lag der Gedichtband eines ihm unbekannten Autors namens Wilhelm Müller. Kaum hatte er die ersten Seiten überflogen, stopfte er überstürzt den herrlichen Fund in die Tasche und stürzte davon. Wie in Trance, wie in einem wundervollen Schaffensrausch warf er die zwanzig Lieder aufs Papier – war es wirklich Zufall, daß er diese Verse gefunden hatte, die so natürlich dahinflossen? Die so klar für ihn bestimmt schienen, daß man von einem Wunder der Ergänzung sprechen muß?

Der Gedichtband war sehr neu, 1821 erschienen. Und er trug ein Vorwort, das unglaublich, prophetisch anmutet. Der Autor schrieb: „Ich kann weder spielen noch singen, und wenn ich dichte, so singe ich doch und spiele auch. Wenn ich die Weisen von mir geben könnte, so würden meine Lieder besser gefallen als jetzt. Aber getrost, es kann sich ja eine gleichgesinnte Seele finden, die die Weise aus den Worten heraushorcht und sie mir zurückgibt..." Die gleichgesinnte Seele fand sich; sie gehörte – in ihrer gegenwärtigen Inkarnation – einem Wiener Musiker mit Namen Franz Schubert. Der hatte keine Ahnung von jenem Poeten Wilhelm Müller, der im Kreise der Romantiker Uhland, Hauff, Rückert nicht unbekannt war und den Spitznamen „Griechen-Müller" führte, da seine Verse sich begeistert für die Sache der aufständischen Griechen einsetzten, die sich gegen die grausame, jahrhundertealte Tyrannei der Türken erhoben hatten in einem epischen Kampf, der für immer mit dem Namen Lord Byrons verknüpft bleiben wird. Dichter und Komponist – die später nochmals, in der tragisch umdüsterten „Winterreise", verbunden werden sollten – haben einander nie kennengelernt und nie eine Zeile miteinander gewechselt.

Dabei stimmen ihre Lebensdaten auffallend überein: Müller wurde 1794 in Dessau geboren und starb dort 1827, ohne – wie Schubert – jemals weit aus seiner Heimat hinausgekommen zu sein.

Am 20. Dezember dieses Jahres 1823 wohnt Schubert, aus dem Spital entlassen – ungeheilt, wenn es sich, wie heute angenommen wird, um Syphilis handelte –, im Theater an der Wien der Uraufführung seiner Bühnenmusik zu Wilhelmine von Chézys Schauspiel „Rosamunde" bei: die Chöre und Tänze haben überlebt, das Stück selbst nicht; es war so schwach wie leider alles, was der Feder dieser Wiener Lokaldichterin entfloß, darunter der Text zu Webers Oper „Euryanthe". Unbegreiflicherweise hatte Schubert selbst in sein so schönes Lied „Der Hirt auf dem Felsen" (für Singstimme, Klarinette und Klavier) einige schwache Zeilen dieser Autorin hineingenommen, ohne aber die Lebensfähigkeit dieser Komposition anzutasten. Der genannte Theaterabend, bei dem übrigens als Auftakt zu „Rosamunde" Schuberts Ouvertüre zu „Alfonso und Estrella" gespielt wurde, entfachte seine Begeisterung für das Musiktheater neu. Er schrieb „Die Verschworenen" (oder „Der häusliche Krieg") und begann – wieder auf dilettantische Verse eines Freundes, Josef Kupelwieser – die Vertonung des „Fierabras" (der vielleicht als am wenigsten mißlungenen seiner Opern der Beachtung sehr wert ist). Wieder gelingt Schubert hier eine echte Pioniertat, die kaum Beachtung findet: Es entsteht die erste deutschsprachige Oper (die er als „Operette" bezeichnet, als „kleine Oper" oder Singspiel) mit Leitmotiven, kurzen Erinnerungsmotiven also, die der Franzose Grétry zuerst in „Richard Löwenherz" angewendet hatte, denen später Richard Wagner höchste Bedeutung verleihen wird. Zu den Liedern, die 1823 (neben der „Schönen Müllerin") entstehen, gehört viel Unsterbliches: „Wanderers Nachtlied" („Über allen Gipfeln ist Ruh"), die wundervollen Verse Goethes (die vielen Poesiefachleuten als die vollendetsten deutscher Zunge gelten), Rückerts „Du bist die Ruh'", sein „Lachen und Weinen", Friedrich von Stolbergs „Auf den Wassern zu singen". Ferner die (achte) Klaviersonate in

Eines der bekanntesten Porträts Schuberts, von W. A. Rieder 1875 nach zeitgenössischen Zeichnungen verfertigt.

a-Moll, die der Verleger Felix Mendelssohn Bartholdy widmen wird, den Schubert nicht mehr persönlich erlebte. Und wiederum zahlreiche Tänze, darunter Walzer, deren große Zeit soeben anbricht: Lanner ist 22, Johann Strauß (Vater) 19 Jahre alt.

Wieder auf der Reise

Im Sommer 1824 geht Schubert zum zweiten Mal nach Zelesz, um die Komtessen Esterházy im Klavierspiel zu unterweisen. Für sie komponiert er wiederum vierhändige Stücke: die Sonate in C-Dur, die „Variationen in As-Dur", die 24 „Valses sentimentales", ein „Divertissement" mit ungarischen Themen, die ihm der laue Abendwind aus der Puszta zugetragen haben muß. Ein fast neues Genre, das in der Romantik in unzähligen Häusern blühen wird, erhält frühe Meisterwerke. Nach der Rückkehr zieht Schubert vorübergehend ins Haus seines Vaters, wo er das Oktett schreibt (mit fünf Streichern und drei Bläsern), die Streichquartette 13 und 14, deren letzteres den Namen „Der Tod und das Mädchen" führt, da es musikalisch mit diesem Lied verwandt ist; ein größeres Flötenstück mit Klavier über sein Lied „Trockene Blumen", eine Sonate für Klavier und Arpeggione, ein damals gern gespieltes, längst ausgestorbenes, der Gambe verwandtes Streichinstrument (das heute durch Bratsche oder Cello ersetzt werden kann), Lieder, Gesangsquartette, Chöre.
Im Sommer 1825 unternehmen Vogl und Schubert eine neuerliche Wander- und Kunstfahrt. Treffpunkt ist Steyr, wohin der Sänger vorausreiste, gemeinsam gehen sie über Gmunden nach Linz, wo sie Freund Spaun vergeblich suchen: Der ist inzwischen nach Lemberg versetzt worden, in einen der letzten östlichen Winkel der Monarchie. Dort traf er übrigens – es sei nur als Kuriosum vermerkt – Mozarts jüngeren (und keineswegs unbedeutenden) Sohn, der den Posten eines Musikdirektors innehatte. Mitte August befinden die beiden Wanderer sich im wildromantischen Gastein, das Schubert brieflich seinem Bruder tief beeindruckt schildert. Dann erregt Salzburg seine lebhafte Aufmerksamkeit, wenn auch hier manches „einen düsteren Eindruck" macht, trübes Wetter „die alten Gebäude noch mehr verfinstert" und „die Festung in alle Gassen ihren Geistergruß herabwinkt". Auf dieser Reise komponiert Schubert die (verlorengegangene) „Gasteiner Sinfonie", die er der „Wiener Gesellschaft der Musikfreunde" widmet, die ihm mit Geld dankt, „nicht als Honorar, sondern als Beweis, daß sie sich verpflichtet finde". Wer mag in deren Büro das Manuskript so gut aufgehoben haben, daß es nie mehr gefunden wurde?
Bei der Heimkehr die freudige Überraschung: Schober ist wieder in Wien! Sofort zieht Schubert zu ihm; hier entsteht ein (15.) Streichquartett, die (12.) Klaviersonate, die „Deutsche Messe". Unter neuen Liedern finden sich „Der Wanderer an den Mond" (aus Goethes „Wilhelm Meister"), zwei Shakespeare-Vertonungen. Im März 1827 stirbt Beethoven, Schubert ist tief erschüttert. Immer wieder hatte er davon geträumt, dem Titanen persönlich zu begegnen, vielleicht von seinen Lippen zu vernehmen, was er beim Anblick eines seiner Manuskripte gemurmelt haben sollte: „Der hat den göttlichen Funken ..." Er läßt es sich nicht nehmen, mit einer Fackel neben Beethovens Sarg zu schreiten. Nach der Beerdigung kehren die Freunde im Stammlokal ein: Dort soll Schubert den Trinkspruch ausgebracht haben: „Auf den nächsten unter uns ..." Konnte er an sich selbst gedacht haben – er war doch gerade erst 30 Jahre alt?

Die „Winterreise"

Als er im Herbst von einer kurzen Fahrt nach Graz heimkehrt, vollendet er den Liederzyklus „Die Winterreise", zu dem er wiederum ergreifende Verse Wilhelm Müllers zusammengestellt hat. Doch dieses Mal fehlen fast alle hellen Töne, die Freunde blicken einander tief erschüttert an, als Schubert ihnen das neue Werk am Klavier vorführt. In welchen Abgründen weilt seine Seele? Doch als er die Hände von der Tastatur hebt und sich ihnen zuwendet, ist er wieder heiter wie stets, sorglos, herzlich. Den Übergang ins neue Jahr 1828 feiern sie, wie immer. Am 26. März – es ist zufällig Beethovens erster Todestag – gibt Schubert, mit ihrer aller tatkräftiger Unterstützung, ein erstes Konzert mit eigenen Werken im Stadtzentrum. Ein übervoller Saal, Jubel nach jedem Stück, hocherfreulicher Geldüberschuß: Das Leben scheint zu strahlen. Doch im Sommer kann er plötzlich nicht mehr gehen, quälender Kopfschmerz weicht mit keinem Mittel. Im Oktober fährt er überraschend nach Eisenstadt, wo er lange sinnend an Haydns Grab verweilt. Nun wohnt er bei seinem Bruder Ferdinand in der Vorstadt „Neue Wieden" (im Haus, das die heutige Adresse Kettenbrückengasse 6 führt), wo er noch zwei seiner größten, genialsten Werke schreibt: die Sinfonie in C-Dur (genannt „die Große") und das Klavierquintett. Dazu die vierhändige f-Moll-Phantasie, die letzten drei Klaviersonaten, den 92. Psalm (den er

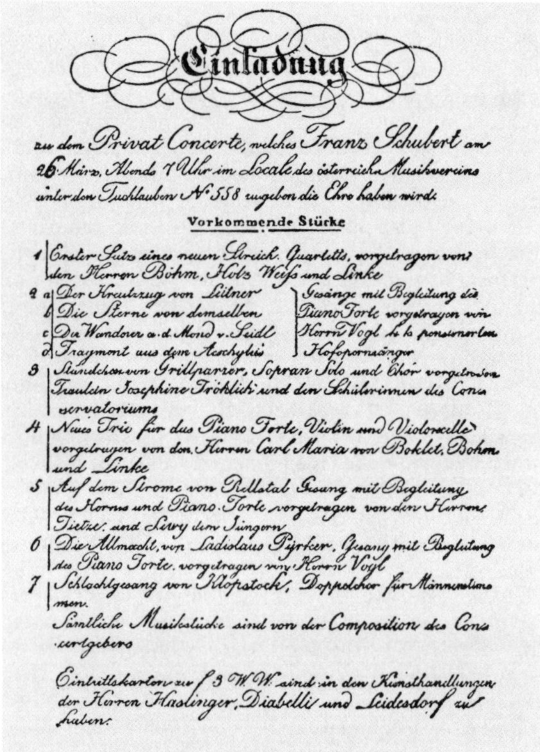

Einladung

zu dem Privat Concerte, welches Franz Schubert am 26. März, Abends 7 Uhr im Locale des österreich. Musikvereins unter den Tuchlauben N° 558 zu geben die Ehre haben wird.

Vorkommende Stücke

1 Erster Satz eines neuen Streich-Quartetts, vorgetragen von den Herren Böhm, Holz Weiss und Linke

2 a Der Kreutzzug von Leitner
b Die Sterne von demselben
c Der Wanderer a. d. Mond v. Seidl
d Fragment aus dem Aeschylus
Gesänge mit Begleitung des Piano Forte vorgetragen von Herrn Vogl k. k. pensionierten Hofopernsänger

3 Ständchen von Grillparzer, Sopran Solo und Chor vorgetragen von Fräulein Josephine Fröhlich und den Schülerinnen des Conservatoriums

4 Neues Trio für das Piano Forte, Violin und Violoncelle vorgetragen von den Herren Carl Maria von Boklet, Böhm und Linke

5 Auf dem Strome von Rellstab Gesang mit Begleitung des Horns und Piano-Forte vorgetragen von den Herren Tietze und Lewy dem Jüngern

6 Die Allmacht, von Ladislaus Pyrker, Gesang mit Begleitung des Piano Forte, vorgetragen von Herrn Vogl

7 Schlachtgesang von Klopstock, Doppelchor für Männerstimmen.

Sämtliche Musikstücke sind von der Composition des Concertgebers

Eintrittskarten zu f 3 W. W. sind in den Kunsthandlungen der Herren Haslinger, Diabelli und Leidesdorf zu haben.

Einladung zum (einzigen) Konzert Schuberts, das zufällig auf den ersten Jahrestag des Todes von Beethoven fiel.

hebräisch für den schönstimmigen jüdischen Kantor Salomon Sulzer aus Hohenems komponiert), die wuchtige Grillparzer-Kantate „Mirjams Siegessang“. Und Lieder, Lieder (die sein Verleger postum als Zyklus „Schwanengesang“ herausgeben wird).

Ende Oktober treten Anzeichen von Bauchtyphus auf. Trotzdem begibt Schubert sich zu Simon Sechter, dem namhaftesten Lehrer für Kontrapunkt: Er will zu ihm in die Lehre gehen! Ein Anzeichen tiefster Bescheidenheit oder beginnender Geistesverwirrung? Vom 11. November an hütet Schubert das Bett. Schober bringt ihm auf seinen Wunsch ein paar Bücher, betritt aber das Krankenzimmer nicht. Das tun erst am 16. Spaun, Bauernfeld, Lachner. Am 19. November 1828, gegen drei Uhr nachmittag, stirbt Schubert. In seinen letzten Stunden hat er immer wieder phantasiert und dabei den Namen Beethoven laut gerufen. So beschließen Vater und Bruder, ihn ganz nahe von Beethovens Grab auf dem Währinger Friedhof zu begraben. (Beide Gräber werden 1888 in den Ehrenhain des Zentralfriedhofs verlegt.) Wieder, wie bei Beethoven, hat Österreichs führender Dichter Franz Grillparzer die Trauerrede verfaßt, in der es unter anderem heißt: „Die Tonkunst begrub hier einen reichen Besitz, aber noch schönere Hoffnungen.“ Was noch hätte Schubert komponieren können, wenn er 50, 70 Jahre alt geworden wäre? Wahrscheinlich wäre dann der geradezu unheimliche Rhythmus seines Schaffens gemilderter, langsamer gewesen. Nach schöpferischen Stunden gerechnet, war sein Dasein vielleicht nicht kürzer als jenes der Langlebigen. Und sein Werk steht hinter keinem anderen zurück.

Schumann nannte ihn seinen „Bruder im Geist“ und sprach von den „himmlischen Längen“ seiner Musik. Das ergibt seinen Sinn, wenn wir den Ton nicht auf „Längen“, sondern auf „himmlisch“ legen. Und da trifft sich der Nachfahre mit dem Vertreter der vorherigen Generation, dem guten alten Professor Ruzicka im Internat: „Der hat's vom lieben Gott...“

Vom deutschen Singspiel zum Musikdrama

Nach der Rückkehr aus Venedig 1617 komponierte Sachsens Hofkapellmeister Heinrich Schütz in Dresden eine große Oper nach dem Muster jener, die er zum ersten Mal in Italien gehört hatte („Daphne"). Sie ging, einmal aufgeführt, verloren. Schlimmer aber war, daß sie keine Nachfolge fand. Deutsche Oper war in gebildeteren Kreisen noch nicht gefragt. Volkstümlichere Bühnen machten immerhin gelegentliche Versuche in dieser Richtung, wie wir, etwa am Beispiel der Freien Hansestadt Hamburg, aufzeigten. Und ein „Volkskaiser" mußte kommen, um diese Kunstgattung von oben herab zu fördern. Joseph II. gründete 1778, um das Kulturniveau „seiner" Wiener zu heben, das „Deutsche National-Singspiel": nicht ganz eine Oper, aber doch mehr als die üblichen Possen der Vorstadtbühnen. Und vor allem: in deutscher Sprache. Bei früheren ähnlichen (und ähnlich kurzlebigen) Versuchen waren immerhin einige Namen im Gedächtnis verblieben: J. Standfuss, J. A. Hiller, der junge Goethe hatte mit hübschen Singspieltexten seinen Beitrag geleistet („Erwin und Elmire", „Jery und Bätely"). Aber von einer wirklichen deutschen Oper konnte noch keine Rede sein. Im Grunde scheiterte auch Joseph II., aber seinem Versuch entsprangen doch gewichtigere Werke. Vor allem entdeckte man Mozarts Fähigkeit für dieses Genre: „Die Entführung aus dem Serail" schlug 1782 gewaltig ein, wenngleich Kenner – der Kaiser an der Spitze – am Singspielcharakter dieses Werkes zweifelten („Gewaltig viele Noten, mein lieber Mozart!"). Es war tatsächlich mehr als ein einfaches Singspiel, es war eine richtige Oper in deutscher Sprache. Aber es war bezeichnend, daß Mozart während ganzer neun Jahre nicht mehr zur deutschen Oper zurückkehrte und seine Werke als Beitrag zur italienischen „seria" und „semiseria" leistete: „Figaro", „Don Giovanni", „Così fan tutte", „Titus". Erst 1791 brachte die Aufforderung des Theaterdirektors Schikaneder ihn wieder zu deutschem Musiktheater zurück. Und wiederum wurde es kein „echtes" Singspiel, sondern viel eher eine Oper, allerdings mit einigen volkstümlichen Figuren und deren eingängigen Liedern: „Die Zauberflöte". Die läßt sich als alles mögliche klassifizieren: Zauberposse, Märchenoper, Singspiel, sie ist romantisch, bringt viel Übersinnliches auf die Bühne, ist zugleich possenreißerisch und voll erhabenethischer Forderungen. Sie enthält Material für Generationen künftiger deutscher Opern und wird 200 Jahre nach ihrer Premiere zu den meistgespielten Werken des internationalen Musiktheaters gehören.

Beethoven zieht es zum Musiktheater. Natürlich zum ernstesten, moralischsten. Aber da es deutsch kaum etwas anderes als den Singspieltypus gibt, nimmt er Gestalten wie Marzelline und Jaquino in seinem „Fidelio" in Kauf, trotz ihrer dramaturgischen Unnötigkeit und menschlichen Farblosigkeit. Dreißig Jahre zuvor (1776) hatte ein vergessener deutscher Komponist, Ignaz Holzbauer (1711–1783), eine ernste Oper („Günther von Schwarzburg") geschaffen und war damit eine Zeitlang auf den Spielplänen geblieben. Der einzige wirklich bedeutende Opernschöpfer aus deutschem Blut, Christoph Willibald von Gluck, der große „Reformator", hat nie eines seiner wichtigen Werke deutsch komponiert: Sie leben in italienischer und französischer Sprache. Als er 1787 in Wien starb – Mozart hatte ihn gerade wieder besucht –, glaubte er bestimmt immer noch nicht an einen deutschen Opernzweig, der sich neben dem italienischen Stamm und dem französischen Zweig hätte halten können.

Bewegte „Fidelio" die Gemüter, erwies er die Möglichkeit einer ständigen deutschen Oper? Immerhin mehren sich seit damals die Versuche in dieser Richtung. E. T. A. Hoffmann (1776–1822) errichtet mit seiner „Undine" 1816 einen Meilenstein auf diesem Weg; das Thema der Wasserjungfrau, des rätselhaften Geschöpfes aus dem „Zwischenreich", das Menschenliebe sucht und an ihr zugrundegeht, wird nicht nur die Romantik fesseln, es lebt bis zu Dvořáks „Rusalka" und Reimanns „Melusine". Und als Goethes „Faust" als Opernstoff erkannt wird – wobei begreiflicherweise die menschliche Seite des Gretchen-Dramas stets die philosophische des „Alles Vergängliche"-Aspekts in den Hintergrund drängt –, mehren sich seine Vertonungen von Jahrzehnt zu Jahrzehnt. Louis Spohr (1784–1859), der große Geiger, stellt die seine 1816 erfolgreich vor. 1823 erringt er mit „Jessonda" einen weiteren Triumph. Der Hang zum Übersinnlichen beherrscht die Romantik, und vor allem die deutsche; wo aber läßt sich Irreales, Spuk- und Zauberhaftes wirkungsvoller gestalten als im Musiktheater?

Carl Maria von Weber und die „Nationaloper"

Den entscheidenden Schritt zur deutschen Oper tat Carl Maria von Weber. Er muß den inneren Drang zu ihr wie ein unabweisbares Gebot der Stunde gehört haben. Eine echte Aufgabe lag vor ihm, die er zu lösen hatte und auf die er sich seit seinen Prager Kapellmeistertagen vorbereitet hatte. Das Schicksal ließ es sich angelegen sein, den „Freischütz"-Triumph recht dramatisch zu inszenieren. Nahezu gleichzeitig mit dieser Uraufführung ging in Berlin die Premiere einer höchst spektakulären Spontini-Oper in Szene: „Olympia" war ein riesiges Spektakel mit Massenszenen und Elefanten.

Links: Carl Maria von Weber war einer der frühesten Dirigenten, die ihre Orchester nicht mehr sitzend vom Cembalo aus leiteten. Um sichtbarer zu sein, führte er zumeist eine Notenrolle in der Hand. Lithographie von Hullmandel nach einer Zeichnung von I. Hayter, 1826.
Unten: Die gespenstische Szene des mitternächtlichen Gießens der Teufelskugeln in der Wolfsschlucht blieb stets das mit größter Spannung erwartete Bild in Webers „Freischütz". Kupferstich von J. G. A. Frenzel nach einer Zeichnung von Johann Heinrich Ramberg.

An nichts war dafür gespart worden, während für Webers „Singspiel" in jeder Hinsicht geknausert wurde. Die Überraschung war dementsprechend riesig, als „Der Freischütz" am 18. Juni 1821 in Berlin Spontinis Werk unter ungeheurem Jubel aus dem Felde schlug. Die Geschichte erwies: Seit jenem Abend gibt es eine deutsche Oper. An Webers persönlichem Schicksal änderte der Ruhm kaum etwas; seine materielle Situation blieb armselig bis zum (baldigen) Ende. Zwar nahm die Wiener Hofoper sein nächstes Werk, „Euryanthe", an, aber dessen Schicksal war bereits bei der Wahl des katastrophalen Textbuches der Wilhelmine von Chézy besiegelt. Dann folgt die Einladung nach London, die internationalen Ruhm bedeutet. Dort dirigiert Weber nicht nur den bereits glänzend eingeführten „Freischütz", sondern auch die mit Spannung erwartete Uraufführung seines „Oberon", dessen Stoff mit zahlreichen Zutaten von Shakespeare genommen ist. Mit übermenschlicher Energie hält Weber sich während der Proben aufrecht, seine längst schon angegriffene Lunge droht jeden Augenblick den Dienst zu versagen. Sein Tagebuch hält erschütternd die Wahrheit fest, während die täglich abgeschickten Briefe an seine Frau höchstens von „leichteren Hustenanfällen" berichten. Er erlebt den gewaltigen Erfolg noch, aber wenige Tage, bevor er die Heimfahrt antreten will, rafft ihn der Tod dahin: am 5. Juni 1826, im Alter von nur 39 Jahren. Fast 20 Jahre später wird der dann in Dresden wirkende Richard Wagner seine Reste heimholen, seines Vorbilds in einer gewaltigen Trauerfeier gedenken.

AUFSTIEG DER DEUTSCHEN OPER

Nun brach eine wahre Blütezeit der deutschen Oper an. Wie ein Jahrhundert zuvor sich die italienische in eine ernste (*opera seria*) und eine heitere (*opera buffa*) geteilt hatte, so erging es jetzt dem deutschen Zweig. Nach Weber folgten auf dem Weg der ernsten Oper vor allem Marschner und Wagner; zur deutschen Lustspieloper aber neigten immer mehr Komponisten: Nicolai und Flotow, Cornelius, Goetz und Lortzing gehören hierher, wobei sie sich jedoch eigentlich alle auch auf dem ernsten Gebiet versuchen, und mehrmals durchaus mit Erfolg.

DER WEG ZU LORTZING

Ungerecht vergessen liegen heute die beiden Opern Mendelssohns: „Die Hochzeit des Camacho" und „Die Heimkehr aus der Fremde", die jederzeit eine Aufführung lohnen. Vergessen auch das seinerzeit vielgespielte „Nachtlager von Granada", das 1834 Konradin Kreutzer uraufführte. Der darin gesungene Chor „Schon die Abendglocken klangen" erzielte stärkste Popularität, mit der Bühnenmusik zu Raimunds „Verschwender", dem „Hobellied" („Da streiten sich die Leut' herum") sang sich der gebürtige Schwabe endgültig in das Herz der Wiener. An der Donau war auch der Norddeutsche Otto Nicolai (1810–1849) mehrmals erfolgreich tätig. Er hatte lange in Italien gewirkt, wo seine Opern viel aufgeführt wurden; 1841 lehnte er das ihm von der Mailänder Scala angebotene Textbuch zu „Nabucco" ab, das dann Verdi vertonte, während er selbst als Kapellmeister nach Wien ging. Dort formierte er das Hofopernorchester zu einem selbständig konzertierenden Klangkörper, den „Wiener Philharmonikern". Seinem Andenken zu Ehren heißt auch heute noch das letzte Auftreten des Orchesters in jeder Saison „Nicolai-Konzert". In seinem Sterbejahr vollendete er die meisterliche Lustspieloper „Die lustigen Weiber von Windsor", deren Witz, Geist, Melodienfülle bis heute nördlich der Alpen bewundert wird, während der Rest der Welt sich eher an „Falstaff" hält, Verdis letzte Oper, zu der ebenfalls Shakespeares Komödie den Stoff gab. Zu den hochbegabten Schöpfern deutscher romantischer Opern gehört auch Friedrich von Flotow (1812–1883). Wo verläuft übrigens die Grenze zwischen Talent und Genie? Bei manchem Komponisten dieses Kapitels mag diese Frage durchaus am Platze sein. Wenn heute zahlreiche italienische Tenöre „Marta, Marta, tu sparisti" singen, ist noch nicht sicher, daß sie diese „entschwundene" Martha in einem deutschen Singspiel suchen würden; 1847 hatte Flotow mit „Martha" in Wien einen durchschlagenden Erfolg, nachdem er drei Jahre zuvor mit der ernsten Oper „Alessandro Stradella" Aufsehen erregt hatte. In „Martha" machte er eine irische Volksmelodie (*The last rose of*

Oben: Otto Nicolai, Komponist der „Lustigen Weiber von Windsor" und Gründer der Wiener Philharmonischen Konzerte.
Rechts: Carl Maria von Webers letzte Behausung in Hosterwitz bei Dresden. Von hier aus fuhr er 1828 nach London, um seinen „Oberon" uraufzuführen. Wenige Tage vor der geplanten Rückkehr starb er dort in der Fremde.

Oben: Albert Lortzing, Genie des deutschen Singspiels.
Unten: Einer der gelungensten Augenblicke aus Lortzings Werken: die Billardszene im „Wildschütz" bei der Uraufführung in Leipzig am Silvesterabend 1842.

summer) zu einem geschickt verarbeiteten Leitmotiv, von dessen Verwendung vielleicht sogar Wagner gelernt hat.

Die Krone des deutschen Singspiels aber gehört Albert Lortzing (1801–1851), dessen Werke mit unverminderter Beliebtheit auf deutschen Musikbühnen gespielt werden. Auf deutschen, dieses Wort muß unterstrichen werden; es ist keinem von ihnen je gelungen, die Sprachgrenzen zu überschreiten. Sind „Zar und Zimmermann", „Der Wildschütz", „Der Waffenschmied" schwächer, schlechter als Smetanas „Verkaufte Braut", Gershwins „Porgy and Bess"? Oder: Sind sie von ihrer Mentalität her so engstirnig „national"? Sie teilen das Los so mancher „Volksoper" verschiedenster Völker, die es nie zu internationaler Verbreitung brachten, ohne daß objektive Gründe dafür anzugeben sind.

Lortzing kam am 23. Oktober 1801 in Berlin zur Welt, entwickelte seine musikalischen Fähigkeiten in einem unsteten Wanderleben mit dem „Künstlertheater" seiner Eltern. Er wird zum Schauspieler, Dichter, Komponist, vielseitigen Sänger, der sowohl Tenor- wie Baßrollen gewachsen ist. Mit seiner jungen Frau läßt er sich schließlich in Detmold nieder. 1837 beginnt die Reihe seiner besten Singspiele mit „Die beiden Schützen", die in Leipzig Aufsehen erregen. Noch im gleichen Jahr kommt der Erfolg von „Zar und Zimmermann", 1840 folgt „Hans Sachs", eine beachtliche Vorahnung von Wagners „Meistersingern". Nach „Casanova" kommt 1842 „Der Wildschütz" auf die Bühne, Lortzings wohl sprühendstes Werk. Mit „Undine" begibt er sich vorübergehend auf das Gebiet der ernsten Oper, im gleichen Jahr 1846 entläßt ihn das Leipziger

Theater, das doch wahrlich auf ein solches Mitglied hätte stolz sein dürfen. Da es die segensreiche Institution der Tantiemen noch nicht gibt, wendet sich Lortzings Dasein rasch ins Tragische. Nach erfolgreichem Gastspiel winkt ihm ein Kapellmeisterposten in Wien, wo sein „Waffenschmied" glänzend uraufgeführt wird und damit drei seiner Werke gleichzeitig auf Spielplänen verschiedener Theater stehen. Viel Ehre und wenig Geld. Im Revolutionsjahr 1848 vollendet er sein vielleicht interessantestes, aber sicher unbekanntestes Bühnenstück „Regina", ein Zeitdrama packendster Aktualität, das man ihm, dem sonst so entzückend harmlosen Unterhalter, nicht zugetraut hätte. Ist es darum, daß er entlassen wird und zwei Jahre umherirren muß, bis er 1850, mit noch kleinerem Gehalt als zuvor, an ein neues Berliner Theater geholt wird? Not und Sorgen haben ihn so geschwächt, daß er nur Monate darauf, am 1. Januar 1851, stirbt. Wagner hatte kurz zuvor die tragischen Bitterkeiten eines deutschen Musikers in Paris geschildert; er hätte diese auch im eigenen Vaterland beschreiben können.

Peter Cornelius und Hermann Goetz

Peter Cornelius (1824–1874) stand im Bannkreis der „neudeutschen Schule" Liszts und Wagners. Er übersetzte des genialen Franzosen Berlioz' dramatische Werke und schrieb innige Lieder von tiefstem Gefühlsausdruck, wie die schönen „Brautlieder" und das romantische „Komm, wir wandeln zusammen im Mondschein". Welchen Humors dieser stille Künstler fähig war, beweist seine glänzende Komödie „Der Barbier von Bagdad", die Liszt 1858 an seinem Weimarer Theater zur Uraufführung brachte. Da ein Teil des Publikums dem weltberühmten Künstler seit langem feindlich gesinnt war, mußte Cornelius' feines, nobles Werk daran glauben: Liszt, seines Freundes wegen tief gekränkt, verließ Weimar, Cornelius aber folgte später Wagner nach Bayreuth, ohne noch einmal hervortreten zu können.

Hermann Goetz (1840–1876) übernahm mit 23 Jahren den Organistenposten in Winterthur (Schweiz), mußte ihn jedoch bald krankheitshalber aufgeben und siechte rettungslos an Schwindsucht dahin. Freunde besuchten ihn, Brahms unter ihnen, aber er ließ keinen an sein Krankenbett und sprach mit ihnen nur von Zimmer zu Zimmer, um ihre Sensibilität nicht zu verletzen. Wie er eine so gelungene Lustspieloper wie „Der Widerspenstigen Zähmung" in solchem Zustand schreiben konnte, gehört zu den unergründlichen Rätseln der Kunst. Die Uraufführung in Mannheim wurde 1874 zu einem seit damals oft wiederholten Triumph in seinem Schaffen. Wer heute einen Blick auf das internationale Repertoire der Opernhäuser wirft, wird unschwer feststellen können, daß die Zahl der „ernsten", der tragischen, dramatischen Werke jene der Lustspiele übersteigt. Es scheint – zumindest im Reich des Musiktheaters – schwieriger zu sein, das Publikum zum Lachen als zum Weinen zu bringen, zur vergnügten Unterhaltung als zum erschütterten Mitempfinden. Es wäre interessant, eine diesbezügliche Statistik aufzustellen und psychologisch auszuwerten. In der heranwachsenden deutschen Oper des romantischen Jahrhunderts aber muß uns bisher aufgefallen sein, daß die Zahl der Lustspielkomponisten überwiegt. Bei Lortzing, Goetz, Cornelius, Flotow überwiegt die „Spieloper". In deren Urbild, der „Zauberflöte", kommen nur „die Bösen" um, und das bedeutet Erleichterung, Aufatmen des Hörers, paßt also durchaus in das Gesamtbild des Frohen. Auch „Der Freischütz" streift nur die Region des Düsteren, Tragischen: Der voraussehbare Schluß wird zweifellos glücklich sein. Auch hier stirbt nur der Bösewicht, eine höhere Macht greift ein – Gott – und beseitigt dabei gleich eine alte Ungerechtigkeit. Die von uns erwähnten Singspiele gelangen zumeist nicht einmal in die Nähe tragischer Ver- und Entwicklungen, lachend und zufrieden geht das Publikum heim: Das Theater rückt manches zurecht, was „im Leben" unbefriedigender ausgeht. Und doch: Wer das Gesamtbild der romantischen Oper überblickt, erkennt das Überwiegen des Tragischen. Verdi scheitert jung mit einem Lustspiel und schreibt dann nicht weniger als 23 Dramen, bis er Leben und Laufbahn mit einer neuerlichen, diesmal aber glänzenden Komödie („Falstaff") endet. Sehr ähnlich liegen (in dieser Hinsicht) die Dinge bei Richard Wagner, der überragenden Gestalt des deutschen Opernjahrhunderts: Nur „Die Meistersinger von Nürnberg" entlassen den Hörer mit einem befreiten Lächeln – wenn auch nicht ohne tieferes Nachdenken. Frankreichs romantisches Musiktheater zieht die ernsten bis tragischen Stoffe vor: „Die Hugenotten", „Der Prophet", „Die Jüdin", „Die Trojaner", „Faust", „Romeo und Julia", „Mireille" (erste Fassung), „Mignon", „Hamlet", „Carmen", „Manon", „Werther"...

Heinrich Marschner

Es wäre also nun geraten, in der deutschen Oper die tragischen Werke zu suchen, die das Bild der eben geschilderten frohen Singspiele ein wenig auszugleichen vermöchten. Es gibt sie, und sie verdienen mehr als nur eine Erwähnung. Spohrs „Faust" und „Jessonda" wurden schon genannt, Hoffmanns und Lortzings „Undine" gehören hierher. Doch nun wäre noch von Heinrich Marschner (1795–1861) zu sprechen, einem bedeutenden Dramatiker, dem in späterer Zeit das undankbare Los zufiel, als „Vorgänger" zu gelten, als Anreger Wagners. Bei ihm tut dessen Musikdrama unleugbar einen wichtigen Schritt vorwärts. Auch die „Zwischenwelt", deren seine Stoffwahl sich vorwiegend annimmt, führt zu Wagner. „Der Vampyr" (1828) und „Hans Heiling„ (1833) setzen das Gespenstische des „Freischütz" fort, bringen viel Übersinnliches ins Spiel, Dämonie greift ins Menschenleben ein, wie noch nie in der deutschen Oper. Musikalisch aber wird die Brücke zu Wagner noch deutlicher – ja Wagner verdankt Marschner mehr noch als Weber. Aber es ist ungerecht, Marschner nur vom Nachfolger her zu werten; er ist weit mehr als eine Gestalt des Übergangs vom linearen Trauerspiel zum Psychodrama, seine Gestalten besitzen tiefes Eigenleben, auch musikalisch. Mögen Marschners Hunderte von Klavierstücken und Männerchören weitgehend vergessen sein, seine Dramatik gehört auf die Bühne; und nicht nur der Tatsache wegen, daß sie „durchkomponiert" ist und in starkem Maße „Leitmotive" verwendet, also unmittelbar zu Wagner führt, sondern weil sie Werke hohen Ranges hervorbrachte.

Die Epoche des Belcanto

Belcanto ist mehr als „schöner Gesang". Es ist die sublime Kunst einer völligen Stimmbeherrschung, die Summe aller technischen Fertigkeiten, mit der ein erfahrener Sänger sein Organ führen und zugleich zu höchster Wirkung bringen kann. Belcanto bedeutet das kunstvolle Singen mit vollendetem Können, das einer Stimme mit schönem Timbre die perfekte Geläufigkeit einer Flöte, die Süße einer alten Meistergeige, das sonore Legato eines Cellos zu verleihen weiß. Es ist eine echt italienische Kunst, von der heute wie von einer Legende gesprochen wird. Doch gerade in unserer Zeit regt sich wieder ein allgemeines Interesse in der Opernwelt für diese Stilrichtung, die an die Sänger hohe stimmliche Anforderungen stellt und nur bei einer begrenzten Anzahl von Komponisten – es sind dies vor allem Rossini, Donizetti und Bellini zu Beginn des 19. Jahrhunderts – voll zum Einsatz kommt. Was sollte Belcanto bei Verdi oder gar bei Wagner, bei Puccini oder Richard Strauss? Was die Musik dieser Meister verlangt, ist dramatischer Gesang, klare Diktion, Durchschlagskraft und noch manches mehr. Daß zudem Gesang schön sein soll, versteht sich von selbst. Aber Belcanto ist etwas anderes, ist mehr.

Durchlebte Italien eine Romantik? War seine Klassik durchsetzt mit romantischen Zügen – was nicht so paradox sein muß, wie es klingt? Die italienische Romantik war heller in ihren Grundfarben als die deutsche. Unheimliche Züge, gespensterhafte Gestalten lagen ihr ferner. Es ist auffallend, wie wenige übersinnliche Szenen in italienischen Opernwerken vorkommen. Selbst bei Verdi, dem wahrscheinlich romantischsten der italienischen Opernschöpfer, sind sie fast an den Fingern abzuzählen: Im „Maskenball" gibt es eine Zauberin, im „Don Carlos" eine „Stimme vom Himmel" und eine geheimnisvolle Mönchsgestalt, die mit der Stimme des verstorbenen Karl V. spricht, Jeanne d'Arc folgt den Stimmen „ihrer" Heiligen, und in „Nabucco" zerschmettert der Blitz vom Himmel ein Götzenbild. Ein Kapitel für sich allerdings bleibt „Macbeth", der Übersinnliches in stärkstem Maße heranzieht: Hexen- und Totenvisionen.

Eigentlich besteht zwischen Romantik und Belcanto kein Zusammenhang. Da aber Italiens romantische Oper wie kaum eine andere auf die Pflege des Belcanto ausging, da man die weiten Melodienbögen sich kaum anders gesungen vorstellen konnte als mit der hohen Technik, die dieser bedeutet, wird in den nachfolgenden Abschnitten über diese Opern der Romantiker Donizetti und Bellini natürlich viel von Belcanto die Rede sein. Und auch von der oft abenteuerlichen Geschichte seiner berühmten Vertreter.

Um zu ihnen zu gelangen, müssen wir um einige Jahrzehnte zurückgehen. In jene Zeit, in der wir den breitesten Raum den Großmeistern Gluck, Haydn und Mozart widmeten. Wie anders hätte dies jemand gesehen, der um 1780 gelebt hätte! Damals lagen die Gewichte völlig anders, als sie die Geschichte heute zu verteilen pflegt. Oder liegen hier „nationale" Gewichtsverteilungen vor? Wir bemühen uns um größte Objektivität, die es allerdings nicht gibt. Glucks Pariser Rivale war Niccolò Piccini (1728–1800). Seine „Buona figliuola" wurde in ganz Europa bejubelt, mehr als alle Gluck-Opern. Auch seine Landsleute Baldassare Galuppi, Pasquale Anfossi, Giuseppe Sarti, Antonio Maria Sacchini, Ferdinando Bertoni besaßen klingende Namen, die heute verblaßt sein mögen, aber jahrzehntelang in aller Munde waren, nicht etwa nur in Italien, sondern überall, wo italienische Oper gespielt wurde. Auch Mozart hatte Italiener, teils diese in Person, teils ihre Werke, als unmittelbare Rivalen in Wien: Antonio Salieri, Giuseppe Gazzaniga, Vincenzo Righini, den Spanier Vicente Martín y Soler, den alle Welt für einen Italiener hielt und Martini nannte. Auch in Wien spielte man, wie an allen anderen italienischen Opern in den Großstädten Europas, Werke von ihnen allen sowie von Domingo Terradellas (der ebenfalls Spanier war, aber, wie viele Ausländer, zur italienischen Oper gehörte), von Valentino Fioravanti, dessen „Cantatrice villane" ein Riesenpublikum entzückte – ein viel größeres als Mozarts Werke.

Giovanni Paesiello

Wie berühmt Giovanni Paesiello oder Paisiello (1740–1816) zu seiner Zeit war, erscheint uns heute kaum vorstellbar. Er war es bereits, als die musikliebende Zarin Katharina II. ihn nach St. Petersburg berief, wo er seinen „Barbier von Sevilla" komponierte. Er verließ Rußland des kalten Klimas wegen, hielt sich einige Zeit in Wien als Gast des Kaisers Joseph II. auf und verdiente dort mit einer Oper und einigen Instrumentalstücken mehr Geld als Mozart in Jahren. In Neapel erwarteten ihn höchste Posten, seine beiden bekanntesten Opern „La Molinara" (1788) und „Nina pazza per amore" (1789) wurden bejubelt. Aus den Wirren der 1799 ausgebrochenen Revolution holte Napoleon ihn nach Paris, wo er ihn mit hohen Honoraren überschüttete, zu denen noch ein eigenes Haus und eine elegante Kutsche kamen. Trotzdem zog es Paesiello einige Jahre später wieder heim, wo er abermals in politische Schwierigkeiten geriet und kurz vor seinem Tod sogar noch materielle Sorgen hatte. Er hinterließ ungefähr hundert Opern, viele geistliche Werke und einige Instrumentalmusiken.

Domenico Cimarosa

Und was wäre alles über den gefeierten Domenico Cimarosa (1749–1801) zu erzählen! Auch er war in erster Linie Komponist von Opern und hinterließ 75 Bühnenwerke. Die große Differenz zwischen der Anzahl dieser Kompositionen im 18. und im 20. Jahrhundert findet ihre Erklärung nur zum geringsten Teil in einer stärkeren oder schwächeren Arbeitsfreude der Komponisten und auch nur geringfügig im Druck von Arbeitsaufträgen der früheren Zeiten. Den Hauptgrund bildet die Tatsache, daß eine Oper des 18. Jahrhunderts im wörtlichen Sinn des Wortes um die Hälfte weniger Noten – oder noch weniger – enthielt als eine des 20., daß sie zur Hälfte aus schablonenhaft gefertigten Rezitativen bestand und ein viel kleineres Orchester benötigte. Nur so sind Kompositionszeiten von einem Monat für eine Oper überhaupt denkbar, mit Rekordzeiten von 20 Tagen oder noch weniger (wie von Rossini berichtet wird). Zum Vergleich: Verdi schafft (in mehr als fünfzigjähriger Tätigkeit) 26 Opern, Wagner (in etwa 40 Jahren) 13, Puccini (in ungefähr der gleichen Zeitspanne) elf, Richard Strauss (in einem halben Jahrhundert) 13 Bühnenwerke.

Cimarosa führte nach Studien in Mailand ein sehr unstetes Wanderleben und schuf Opern für Rom, Turin, Vicenza und Venedig – jede in der für sie bestimmten Stadt, um die Gesangspartien genau den Sängern anzupassen, die sie singen sollten. Natürlich äußerte jeder von ihnen, vor allem die „Primadonnen" und deren männliche Gegenstücke sowie die launischsten von allen, die Kastraten, ihre oft ausgefallenen, ja unverschämten Wünsche, denen jeder Komponist, im Maß seiner Berühmtheit, willfahren mußte: je berühmter, desto weniger. 1789 tritt Cimarosa in St. Petersburg die soeben von seinem Rivalen Paesiello aufgegebene Hofstellung an, verträgt das Klima aber nur drei Jahre lang. Auch er macht auf der Heimreise in Wien Station, wo er 1792 mit „Il Matrimonio segreto" (Die heimliche Ehe) einen der lautesten Erfolge der Epoche erzielt. Auch er gerät in Neapel, wo er 1794 mit „Astuzie feminili" (Weibliche Schlauheit) einen neuerlichen Triumph erringt, in die politischen Wirren von Revolution (der Napoleoniden) und Gegenrevolution (der Bourbonenanhänger). Er soll dort eingekerkert, zum Tode verurteilt worden sein. Doch niemals hätte das Volk es zugelassen, einen Opernkomponisten hinzurichten. Er scheint freigelassen worden zu sein und wollte nach Rußland zurückreisen. Aber er kam nur bis Venedig, wo er am 11. Januar 1801 starb.

Oben: Luigi Cherubini, aus Florenz stammender Großmeister der französischen Oper, eines der wenigen Idole Beethovens, Anhänger der Gluckschen Reformen.
Unten: Domenico Cimarosa, ein führender Opernmeister, schrieb sein bedeutendstes Werk „Il Matrimonio segreto" für Wien (1792).

Luigi Cherubini

Tiefer in die Romantik führt uns das Schaffen von Luigi Cherubini (1760–1842), wie schon aus seinem Todesdatum abzulesen ist. Paesiello und Cimarosa müßten noch – wie ihr Zeitgenosse Mozart – dem Rokoko zugerechnet werden; als sie die Französische Revolution (und ihre Auswirkungen auf Italien) erlebten, waren sie zu alt, in ihrem Stil zu sehr gefestigt, um sich noch wesentlich ändern zu können. Cherubini aber erfuhr diesen Einfluß in voller Stärke. Nach ersten Erfolgen in Italien wanderte der gebürtige Florentiner nach Paris, das er zu seinem dauerhaften Wohnsitz erkor und wo er in vielen Jahrzehnten harter, oftmals nicht unangefochtener Arbeit zu hohem Ruhm aufstieg. In seinen wohl bedeutendsten Bühnenwerken „Médée“ (1797) und „Les deux Journées“ (1800, deutsch meist „Der Wasserträger“) bekennt er sich nicht nur zu manchen Ideen Glucks, es gelingt ihm auch, Revolutionsopern zu schaffen, welche die Revolution überlebten, da ihnen tiefe menschliche wie musikalische Werte innewohnen. Bei einem Besuch Wiens im Jahre 1806 zeigen sich sowohl Haydn wie Beethoven begeistert von der dort aufgeführten (1791 in Paris erstmals gegebenen) „Lodoiska“ sowie von der für Wien deutsch komponierten „Faniska“. Von Beethovens Verehrung für Cherubini war bereits die Rede. Noch 1823 richtet Beethoven einen Brief voll höchster Bewunderung an Cherubini, dessen letzte Zeilen lauten: „... ich bin auch entzückt, so oft ich ein neues Werk von Ihnen vernehme, und nehme größeren Anteil daran als an meinen eigenen, kurz ich ehre und liebe Sie ...“ Solche Worte aus der Feder des „menschenfeindlichen“ Beethoven! Cherubini hatte sich, nach Schwierigkeiten mit Napoleon, auf das Gebiet der geistlichen Komposition verlegt. Seine Messe in F-Dur gehört zu den schönsten Werken romantischer Kirchenmusik, und ebenso bedeutend ist sein „Requiem“, das er 1836, gewißermaßen für die eigene Beerdigung, schrieb.

Paris als Zentrum der Opernwelt

Paris war zum stärksten Anziehungspunkt für Europas Musiker geworden. Die Liste der Komponisten, die sich hier zusammenfinden, enthält außergewöhnlich viele der großen und größten Namen ihrer Zeit. Die vielfachen politischen Umwälzungen und Erschütterungen, denen Frankreich während dreißig und mehr Jahren ausgesetzt ist – Revolution, Napoleons Kaiserreich, militärische Katastrophe in Rußland, überraschend bedeutende Rolle Frankreichs auf dem Wiener Kongreß (dank Talleyrand), Rückkehr der Bourbonen, Revolte von 1830 usw. –, können den kulturellen Aufstieg der *ville lumière*, der „Lichterstadt“, nicht hemmen.
Die alte, von der Revolution dezimierte Aristokratie spielt keine Hauptrolle mehr, das Großbürgertum ist entscheidend in den Vordergrund getreten. Seine Bastionen sind, neben der Oper, die weiterhin blüht, die Salons. Es gibt ihrer Dutzende in Paris, viele zeichnen sich durch die fast regelmäßige Anwesenheit bedeutender Gestalten aus. Hier werden Künstler vorgestellt, arrivierte wie junge unbekannte, hier werden Werke diskutiert, Komponisten gefördert, Karrieren gemacht, neue Richtungen lanciert. Wer hier Erfolg findet, steigt auf, kann auf allgemeines Interesse rechnen. Die damals in Paris lebenden und im dortigen Musikleben tätigen Ausländer sind Legion. Es sind zahllose Namenlose unter ihnen, Orchestermitglieder, Chorsänger, Klavier- und andere Lehrer, Kopisten, Bearbeiter berühmter Melodien für Verlage. Viele von ihnen sind mit wesentlich anderen Ambitionen in Frankreichs Hauptstadt gereist, in der es nicht selten kometenhafte Karrieren gab. Mancher aber ist bereits mit einem in Europa angesehenen Namen angekommen. Anton Reicha aus Böhmen, bis dahin nur Fachleuten bekannt, schuf sich einen großen Namen, das junge polnische Genie Frédéric Chopin sprang hier geradezu in den Weltruhm, wobei ihm allerdings der Meister aller Meister seines Fachs, Franz Liszt, im wahrsten Sinne des Wortes „die helfende Hand bot“. Hier wurden der junge Pole und der (noch um ein Jahr jüngere, aber längst berühmte) Ungar Freunde für immer.
Der gefeiertste Opernkomponist aller Zeiten, Gioacchino Rossini, war nach Paris gezogen, da es der einzige Platz für einen Weltmeister seiner Lebensart war; er zog den jungen Bellini nach, dessen Schönheit mindestens ebenso wie seine geniale Musik die Salons und damit die Stadt eroberte. Donizetti folgte gleichfalls dem Ruf Rossinis. Cherubini war längst hier und stieg zum gefeierten Meister auf, Spontini erzwang sich mit fesselnden Werken Aufmerksamkeit: eine mächtige Phalanx aus Italien. Mehr als einmal kann Verdi hier weilen, aber so sehr ihn und vor allem seine Gattin Giuseppina das brausende Leben der Weltstadt faszinieren wird, da es dem eigenen Stil gänzlich entgegengesetzt ist, so sehr stoßen ihn die Formen des Pariser Musiklebens ab, denen er sich nie wird anpassen können und wollen.
Äußerst zwiespältig ist Richard Wagners Haltung dieser Stadt gegenüber. Er glaubt ihr oberflächliches, seelenloses, gesellschaftssüchtiges Kunst- und Kulturleben verachten zu müssen, aber er wäre zu Opfern bereit, wenn sie seinen eigenen Werken eine Chance einräumte. Gerade daß zwei seiner Landsleute hier triumphale Karrieren machen können, verbittert ihn. Er weiß sich Meyerbeer und Offenbach weit überlegen – woher also der Riesenerfolg dieser beiden, während er ein Hungerjahr nach dem anderen verbringen muß? Er „entdeckt“ den vermeintlichen Grund: Die beiden sind Juden. Und so verfaßt er, anonym, in seinem nächsten Exil Zürich die berüchtigte Schmähschrift „Das Judentum in der Musik“, obwohl Meyerbeer es war, der seinen ersten vollgültigen Opern („Rienzi“, „Der Fliegende Holländer“) die Bühnen Deutschlands geöffnet hatte. Die romantische Welle des 19. Jahrhunderts bringt auch viele französische Komponisten zu angesehenen Positionen, zu bahnbrechenden Erfolgen: Charles Gounod ist Franzose wie Berlioz, so verschieden sie untereinander auch sein mögen; Halévy ist es, Auber, Adam, Thomas, Boieldieu, Hérold, Delibes, Bizet. Gibt es ein gemeinsames Merkmal für sie, sind sie in ihrer Musik einander irgendwie verwandt? Gibt es eine „französische Musik“? Die damalige Antwort auf diese Frage – wenn sie jemals gestellt wurde – war einfach: Französische Musik war jede in Frankreich, vor allem in Paris, komponierte Musik. Wenige Jahrzehnte später aber hatte sich diese Auffassung völlig geändert: Der Begriff der „nationalen“ Musik hatte seinen Einzug gehalten. Eine böhmische, polnische, russische, skandinavische, spanische, ungarische, griechische Musik war entstanden, und man erkannte jede an ihrem Klang, in jeder lebte ein Stück des Volkstums. Von diesem „musikalischen Erwachen der Völker“ wird noch viel die Rede sein müssen. Denn erst dadurch wurde die musikalische Landkarte so bunt, wie sie heute ist, so vielseitig, so faszinierend schillernd in unzähligen Farben.

Gioacchino Rossini

Rossini (1792–1868) war ein Vollblutitaliener, wie man ihn sich überzeugender nicht vorstellen kann. Gegen

Ende seiner Laufbahn wird er französische Opern schreiben, aber so sehr sich mancher Franzose (oder in Frankreich niedergelassene Ausländer) einen „Comte Ory", einen „Guillaume Tell" zum Vorbild nehmen wird, es sind im tieferen Sinn italienische Opern geblieben. Rossinis Ruhm und Popularität sind wahrscheinlich nie zuvor oder später von einem anderen Komponisten erreicht worden: Wo man eines musikalischen „Schiedsrichters" bedurfte, war sein Wort die höchste Autorität. Seine witzigen Sprüche, seine musikalischen Grundsätze, seine Kochrezepte machten den Weg durch die Welt. Er selbst aber bezeichnete sich bescheiden als höchst unvollkommenen Schüler Mozarts und Haydns, als Verehrer Beethovens, den er 1822 bei einem Aufenthalt in Wien sofort besucht. Rossini kam am 29. Februar 1792 in Pesaro zur Welt. Kaum dem Kindesalter entwachsen, versucht er sich auf allen möglichen Gebieten musikalisch und sprudelt von geistvollen Einfällen nur so über. Bis zu seinem 20. Lebensjahr führt er zahlreiche Werke auf. Ein Jahr später, 1813, entstehen vier Opern, darunter der bedeutende „Tancredi" und die witzige „Italiana in Algeri". So geht es weiter, die Leichtigkeit seines Schaffens wird sprichwörtlich. Sie verleitet manchmal zu kleinen Flüchtigkeiten, auch gelegentlich ein wenig Schablone; aber das ist der allgemeine Stil jener Zeit, in der die Opernhäuser, vor allem die italienischen, einen so enormen Bedarf an neuen Werken haben, daß den Komponisten keine Zeit zu minuziöser Ausführung bleibt. Als Rossini unter dem Premierendruck keine Ouvertüre zu seiner „Elisabetta, regina d'Inghilterra" schreiben kann, verwendet er einfach jene, die er zwei Jahre früher seinem „Aureliano in Palmira" mitgegeben hatte. Beides sind ernste Opern, also erscheint ihm dies kein sonderliches Vergehen. Doch als er dann auch für seinen umwerfend komischen „Barbiere di Siviglia" aus Zeitnot kein Vorspiel komponieren kann, verwendet er die gleiche Komposition noch einmal. Und da steigen dem heutigen Musikfreund doch leichte Zweifel auf, besonders wenn er im stürmischen Jubel, der diese Ouvertüre stets krönt, die Ansicht vernimmt, wie glänzend die Ouvertüre die turbulenten Ereignisse der Oper vorwegzunehmen wisse ... An dem Abend des 20. Februar 1816, als in Rom der „Barbier" erstmals über die Bühne ging, gab es einen der perfektesten Theaterskandale der Operngeschichte. Das Publikum schien von vornherein gegen Autor und

Oben: Gioacchino Rossini, Opernmeister von unvorstellbarem Ruhm, auch heute noch einer der Grundpfeiler des internationalen Repertoires, dessen völlig freiwilliger Rücktritt vom Schaffen zu den ungeklärten Fragen der Musikgeschichte gehört.
Unten: Einen der prächtigen Gesellschaftsräume der Wiener Staatsoper hat Moritz von Schwind mit Fresken ausgestaltet, die Opernszenen Rossinis darstellen: „Der Barbier von Sevilla", (Mitte), links „Othello", Desdemonas Harfenspiel, rechts „Aschenbrödel" (La Cenerentola).

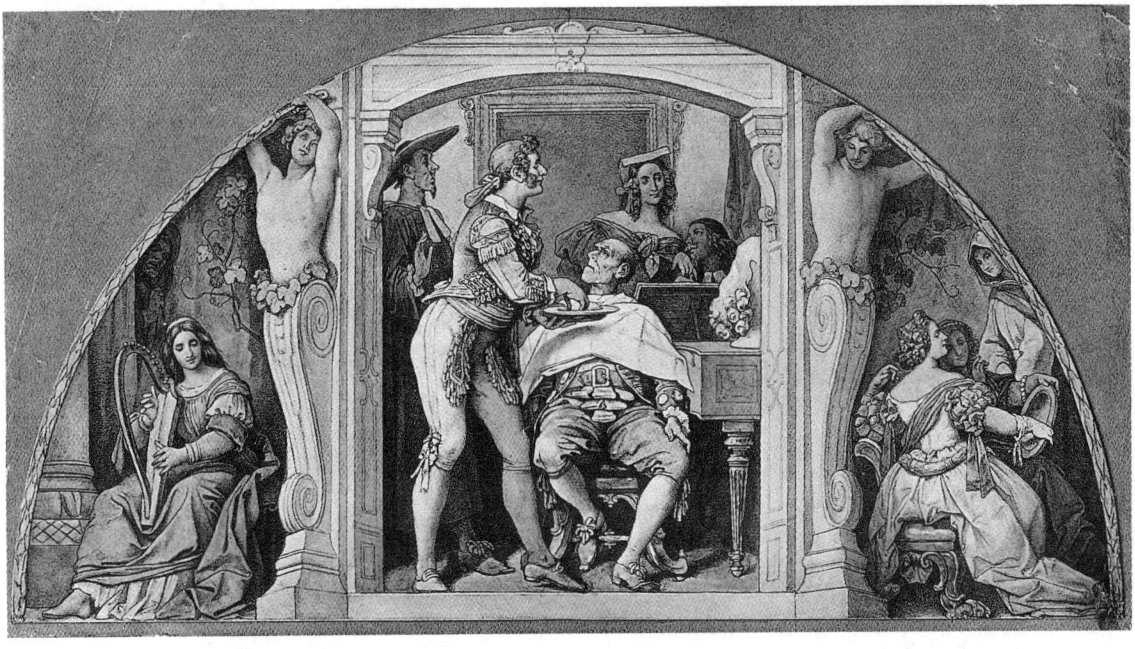

Werk eingestellt: Wie konnte ein Vierundzwanzigjähriger sich erdreisten, das gleiche Libretto nochmals vertonen zu wollen, das dreißig Jahre zuvor der große Meister Paesiello sozusagen „endgültig" komponiert hatte? Das Publikum wußte nicht, daß Rossini, damals schon ein „Mann von Welt", dem alternden Meister einen verehrungsvollen Brief geschrieben hatte, in dem er sozusagen um Erlaubnis zur abermaligen Vertonung ersuchte – deren er rechtlich nicht bedurft hätte – und von Paesiello eine herzliche, zustimmende Botschaft erhalten hatte. Dazu trat noch eine Reihe ungünstiger Vorfälle am Abend selbst: Ein stolpernd auftretender Sänger, eine Katze, die einfach „mitspielte" und sich nicht entfernen ließ, eine blutende Nase... Rossinis Freunde waren entsetzt, er selbst ruhig, gelassen, gut gelaunt. Es heißt, er hielt es am folgenden Abend gar nicht mehr für notwendig, das Theater zu besuchen. Um Mitternacht weckte ihn eine jubelnde, fackelbewehrte Menge aus dem Schlaf, die Stimmung war völlig umgeschlagen, aus dem Mißerfolg wurde einer der größten Triumphe der Operngeschichte, der sich bis heute in wahrhaft unzählbaren Wiederholungen äußerte. Die Geschichte der Ouvertüre, die wir erwähnten und die heute unlösbar zum Werk gehört, ist übrigens unklar: Es soll ein eigenes Vorspiel zum „Barbier von Sevilla" gegeben haben, das aber – ob mit oder ohne Aufführung, weiß niemand – spurlos verschwand. Von ihm wird erzählt, es hätte einige spanische Melodien enthalten, durchaus logisch, da das Stück ja in Andalusien spielt. Und der Rossini diese Melodien vorgesungen haben soll, war der später sehr berühmte Manuel Garcia, von dem wir einige interessante (und amüsante) Dinge erzählen wollen, wenn wir Rossinis Biographie beendet haben. Der „Barbier von Sevilla" ist bekanntlich der erste Teil einer Lustspiel-Trilogie des Franzosen Caron de Beaumarchais. Das Mittelstück daraus verwandelte Mozart in seine geniale „Hochzeit des Figaro". Doch während diese von vorneherein ein echtes Revolutionsstück war und es fast eines Staatsaktes bedurfte, um den revolutionären Urtext in eine harmlosere Opernfassung zu bringen, handelte es sich auch beim „Barbier" um ein „gereinigtes" Revolutionsstück, doch diese „Reinigung" verlief viel unbemerkter. Im gleichen Jahr, 1816 noch, brachte Rossini seinen „Otello" auf die Bühne, eine hervorragende Shakespeare-Vertonung, die erst siebzig Jahre später (1887) durch das gleichnamige Werk Verdis verdrängt wurde.

Auch in den kommenden Jahren reißt Rossinis Schöpferkraft nicht ab, wobei seine gleichmäßige Fähigkeit zu Opera seria und Opera buffa, zum Drama wie zum Lustspiel das wohl Erstaunlichste bleibt. 1817 entstehen die bezaubernde „Cenerentola", eine geistvolle Bearbeitung des Aschenbrödel-Stoffes, sowie „La Gazza ladra", die „Diebische Elster", die sozialkritische Töne anschlägt und keineswegs als Komödie zu bezeichnen ist. 1818 erscheint der großartige „Mosè in Egitto", der 1827, umgearbeitet für Paris, eine langanhaltende Bühnenlaufbahn beginnen wird, zu der das berühmte „Gebet" des Moses wesentlich beiträgt: eine herrliche Baßarie, die aufgrund eines erforderlichen Bühnenumbaus nachkomponiert wurde. Längst lebt Rossini in Paris, wo er zeitweise Direktor des Italienischen Theaters ist und mehr als seine eigenen Werke die seiner Landsleute Donizetti und Bellini fördert. Er hingegen arbeitet – wenn man dieses Wort angesichts der ungeheuer „leichten" Produktion Rossinis anwenden kann – für die Grande Opéra. „Le Comte Ory" (1828) und „Guillaume Tell" (1829) sind französisch komponiert, erzielen Erfolge, die uns heute unglaublich anmuten. Jedoch der Komponist verwirklicht seinen kurz vor der letzten Premiere bekanntgegebenen Entschluß, der Bühnenlaufbahn zu entsagen. Er ist 37 Jahre alt, hat ungefähr die gleiche Anzahl von Opern geschrieben, steht auf dem Gipfel der Popularität, hat Posten und Ehrenposten, so viele er will, erzielt gewaltige Honorare, wird gefeiert, geehrt, umjubelt.

Doch nichts hält ihn ab, seinen Entschluß eisern durchzuführen. Er hat nie einen Grund dafür angegeben, und kein Musikwissenschaftler hat je einen solchen aufzuspüren vermocht. Mutmaßungen gibt es viele. In einem Brief aus jener Zeit steht die seltsame Bemerkung: „...ich, der letzte Klassiker..." War es das, was ihn bedrückte? Daß sein Stil einer früheren Zeit angehörte, dem Rokoko, der „Klassik"? Daß er fürchtete, ein neues, romantisches Publikum könnte ihn veraltet finden? Kaum. Denn gerade mit seinem letzten Werk, dem schweizerischen Freiheitsdrama des Wilhelm Tell, wie Schiller ihn überliefert hat, hat Rossini ein Werk geschaffen, das sich durchaus als romantisch deuten läßt.

Das Haus, das Rossini sich im damaligen Pariser Vorort Passy kaufte, in dem er die letzten Jahrzehnte seines Lebens verbrachte und wo er mit Vorliebe für seine fast täglichen Gäste die Speisen kochte, die heute in den Restaurants der Welt immer noch mit seinem Namen angeboten werden.

Der „Rücktritt" Rossinis bleibt eines der großen Rätsel innerhalb der Operngeschichte, das wohl nie mehr aufgeklärt werden wird.
Er lebt noch fast vierzig Jahre lang! Komponiert ab und zu „Kleinigkeiten", hübsche geistliche Werke auch, führt das Leben eines Grandseigneurs, kocht für seine zahlreichen Freunde, die in der Prachtvilla in Passy bei Paris erscheinen; einige dieser Speisen sind ebenso „unsterblich" wie seine Musik: „Cannelloni à la Rossini", „Tournedos à la Rossini"... Er reist viel, ist überall Ehrengast, der noch dazu höchst amüsant, witzig und geistreich ist. Er stirbt am 13. November 1868 in Passy; 1878 wurde sein Sarg vom Père-Lachaise nach Santa Croce in Florenz überführt.
Seine Nachfolger vollzogen den Schritt in die Romantik aus voller Überzeugung. Mit ihnen, Gaetano Donizetti (1797–1848) und Vincenzo Bellini (1801–1835), erfährt die erste Welle südlicher Romantik ihren Höhepunkt. Zwei Rivalen, zwei Freunde, zwei tragische Gestalten der Operngeschichte: Bellini starb mit 34 Jahren, Donizetti verfiel mit weniger als 50 dem Wahnsinn. Die Werke beider verkörpern Vollkommenheit des Belcanto-Gesanges, jener höchsten Meisterschaft der Vokalmusik, die in ihnen zugleich ihre letzten Vertreter besaß. Vielleicht ließe sich die gesamte Operngeschichte als eine dauernde Wechselbeziehung zwischen Komponist und Sänger darstellen. Wahrscheinlich war schon Monteverdis Stil von den Sängern seiner Zeit geprägt. Mozart schrieb, wie er selbst sagte, manche Rolle für die „geläufige Gurgel" einer ganz bestimmten Sängerin. Um Wagners Musikdramen darstellen zu können, bedurfte es der – völlig neuen – Kaste der „Wagnersänger". So ist auch das Wechselspiel zwischen den Belcanto-Komponisten (Donizetti, Bellini, auch Rossini) und den Belcanto-Sängern besonders eng. Die „Auferstehung" von deren Werken an neuzeitlichen Bühnen ist an eine unerläßliche Bedingung geknüpft: an Sänger, die den alten Belcanto-Stil beherrschen, sich ihm mit der Liebe und Hingabe widmen wie jene legendären Sängerpersönlichkeiten, von denen es unseligerweise keine Schallplatte, kein Tonband gibt. Und mag die Technik so wunderbar fortschreiten, wie der heutige Mensch sie erlebt: Das wird den Belcanto nie aus der Vergangenheit heraufzuholen vermögen.

Die Familie García

Wir wissen nicht, wie sie sangen, die Grisi, die Pasta, die Malibran, die Jenny Lind, die Sontag, Rubini, García, Bassi ... Der schon vorher genannte Manuel García, Spanier von Geburt, jung nach Italien gekommen, muß ein ungewöhnlicher Mensch gewesen sein: Sänger mit über drei Oktaven gleichmäßig gebildetem Stimmumfang, Impresario, Komponist. Auch seine drei Kinder wiesen ungewöhnliche Fähigkeiten auf: Pauline Viardot-García war jahrzehntelang die bedeutendste Alt-Solistin der Pariser Oper, sein Sohn Manuel Rodriguez ein ausgezeichneter Sänger, dann einer der größten Gesangslehrer Europas, Erfinder des Kehlkopfspiegels, der es zum ersten Mal erlaubte, dem Singvorgang wissenschaftlich auf die Spur zu kommen, und Maria Malibran, die für die Sachverständigen bis zum heutigen Tag eine der begnadetsten Sängerinnen aller Zeiten ist. Während ihr Bruder 101 Jahre Lebensdauer erreichte, stürzte sie mit 28 vom Pferd und verstarb nach einem Konzert, das sie in höchster Pflichterfüllung nicht absagen wollte. Sie war 16jährig erstmals von ihrem sehr strengen Vater und Lehrmeister auf die Bühne gezwungen worden. Beim Gastspiel in New York, 1825, – der ersten Opernsaison in Amerika – war zuerst Rossinis „Barbier" gespielt worden, gleich danach desselben Komponisten „Otello". Die Sängerin der Desdemona war erkrankt, Vater García erklärte seiner bei ihm in Ausbildung stehenden Tochter Maria, sie müsse diese Rolle am gleichen Abend übernehmen. Er soll – und man glaubt es, wenn man seinen Charakter kennt – dem zitternden Mädchen erklärt haben, er würde sie als Otello im letzten Akt, wenn sie nicht tadellos gesungen hätte, wirklich erwürgen. Sie sang tadellos, heißt es. Aber sie lief ihrem Vater, der sich auf einen Abstecher nach Mexiko begeben hatte, begreiflicherweise bei der ersten Gelegenheit davon, heiratete den ersten Mann, der sie darum bat, einen völlig verkrachten belgischen Bankier namens Malibran, verließ auch diesen rasch, gelangte irgendwie nach Europa und begann eine märchenhafte Karriere. Sie wurde zur Idealinterpretin Bellinis, in dessen Hauptrollen sie, knapp nach seinem frühen Tod, weltweite Triumphe feierte. Als sie in einem Londoner Salon die rund um die Welt gefeierte Giuditta Pasta traf, erfüllte sie keineswegs den heimlichen Wunsch der Anwesenden nach einer Skandalszene. Sie knickste tief in ehrlicher Verehrung der großen Sängerin und zeigte sich sofort bereit zu einem Duett mit ihr, wobei sie spontan anbot, die zweite Stimme zu übernehmen. Ihre sprichwörtliche, bei damaligen Primadonnen seltene Bescheidenheit spricht aus dieser Geste, aber auch die erstaunliche Tatsache, daß sie, wie ihr Vater García, imstande war, stimmlich hohe, mittlere, ja tiefe Partien zu übernehmen, also über einen Tonumfang von annähernd drei Oktaven in gleichmäßiger Schönheit und Stärke verfügt haben muß.

Gaetano Donizetti

Die Stadt Bergamo hat benachbarte Straßen nach seinen berühmtesten Musikern benannt und ihnen Ehrengräber in der schönsten Kirche gewidmet: Simon Mayr und Gaetano Donizetti. Der erstere, 1763 in Ingolstadt geboren, war von den Jesuiten erzogen und zuerst nach Graubünden, dann nach Bergamo versetzt worden, wo er zum weithin bekannten Lehrer und Opernkomponisten wurde. In die von ihm geleitete Armen-Musikschule trat der neunjährige Donizetti ein, der mit 21 Jahren seine erste Oper schuf, die Mayr aufführte. In den folgenden 25 Jahren schreibt Donizetti 70 Opern. Von 1830 an beginnen sie Aufsehen zu erregen und halten sich auf den Spielplänen, was damals die Ausnahme, nicht die Regel darstellte, da das Publikum äußerst neuerungssüchtig war und fast immer nur „Premieren" hören wollte. „Anna Bolena" wird am 26. Dezember 1830 in Mailand, mit der Pasta, zum durchschlagenden Erfolg. Die Oper wird in Dutzenden von italienischen Städten aufgeführt, aber auch in London, Paris, Madrid, Brünn, Malta, Lissabon, Dresden, La Habana, Berlin, Athen, Konstantinopel, Smyrna, Kopenhagen, Rio de Janeiro, St. Petersburg, Philadelphia, Den Haag und New York. Donizetti war ein gemachter Mann. Man bewunderte sein vielseitiges Talent. Nach

Oben: Gaetano Donizetti, mit Rossini und Bellini einer der bedeutendsten Meister der Belcanto-Oper, endete sein Leben im Wahnsinn, wie die berühmteste seiner Bühnengestalten: Lucia von Lammermoor.
Unten: Ein kolorierter Bilderbogen aus jener großen Opernzeit zeigt einige Hauptgestalten der „Lucia" in damaliger Ausstattung.

drei ernsten Opern komponierte er ein bezauberndes Lustspiel: „L'Elisir d'amore" (Der Liebestrank), dessen schönstes Stück allerdings doch eine sehr ernste Arie darstellt: „*Una furtiva lagrima*". Nicht alle Werke gelingen gleichmäßig gut. Der Zeitdruck, unter dem Donizetti, seine Generation, ja alle italienischen Opernkomponisten des 18. und 19. Jahrhunderts schaffen müssen (noch Verdi wird von seinen „Galeerenjahren" sprechen!), zwingt oft zu Vereinfachungen, Formelhaftigkeiten, zu stereotypen Rhythmen. Wo er aber wirklich schöpferisch arbeitet, erstehen Prachtwerke von blühendem Klang: „Lucrezia Borgia" und „Maria Stuarda" bezeugen es. Seinen strahlenden Höhepunkt erreicht er mit „Lucia di Lammermoor", die erstmals am 26. September 1835 in Neapel in Szene geht. Im Publikum fehlt der Gast, den er am sehnlichsten erwartet hat: sein Freund Vincenzo Bellini, der war zwei Tage zuvor in Paris gestorben. Das Doppelgestirn Donizetti-Bellini hatte der italienischen Oper eine Belcanto-Epoche höchsten Glanzes beschert, da Rossini zurückgetreten und alle anderen Konkurrenten weit aus dem Feld geschlagen waren. Nun blieb Donizetti allein übrig. Unermüdlich arbeitete er, doch das Schicksal schlug ihn immer wieder mit harter Hand. Aus glücklichster Ehe war ihm seine geliebte Frau durch den Tod entrissen worden, und nun verlor er einen seiner engsten Freunde, der nur 34 Jahre alt werden durfte. In beängstigender Nähe aber lauerte der Wahnsinn. Doch noch rafft er sich zu Meisterwerken auf: „Roberto Devereux" (1837), die (französisch komponierte) „Fille du régiment" (Regimentstochter), die am 11. Februar 1840 in Paris uraufgeführt wurde, und „La Favorita", die wenige Monate später, am 2. Dezember 1840, ebendort gespielt wird, auf Wunsch Rossinis, der Donizetti in Paris eine künstlerische Heimstatt schaffen will. Doch nicht einmal der „König" der Oper vermag die intriganten und chaotischen Theaterzustände dieser Stadt zu bessern, die Donizetti ebenso unbarmherzig am Aufstieg hindern wollen wie viele andere zuvor und zu jener Zeit, sowie auch Verdi und Wagner danach. So reist Donizetti viel umher, kommt nach Wien, wo er 1842 am Kärntnertor-Theater, der kaiserlichen Bühne nahe der späteren „Hof"-, dann „Staatsoper", mit „Linda di Chamounix" bejubelt wird, jedoch einen glänzenden Anstellungsvertrag ablehnt, den hohen Titel eines Hofkapellmeisters mit Ehrensold freilich annimmt. Immer wieder zieht es ihn nach Paris zurück. Sein Gesundheitszustand gibt nun steigend Anlaß zu Besorgnis. Er verfällt in Melancholien, die geistigen Verwirrungen ähnlich sind. Doch dazwischen gibt es Monate höchster

Klarheit und ungetrübter Inspiration, so daß er die Ängste immer wieder verdrängt. Das *Théâtre Italien* in Paris bringt am 3. Januar 1843 sein Meisterlustspiel „Don Pasquale" und kann die besten Sänger dafür aufbieten: Giulia Grisi als Norina, Antonio Tamburini als Dr. Malatesta, Luigi Lablache – der weltberühmte Bassist mehrerer Jahrzehnte – in der Titelrolle. Es war Donizettis letzter Triumph, denn weder die (in Wien uraufgeführte) Oper „Maria di Rohan" noch „Dom Sebastien de Portugal" noch „Caterina Cornaro" konnten seine Erfolgsreihe fortsetzen. Und „Rita", erst 1860, lange nach des Komponisten Tod uraufgeführt, fand nur noch ein ehrerbietig gedenkendes, aber kein begeistertes Publikum mehr. Die große, die berauschende Belcanto-Periode der Opernkunst mußte zwangsläufig dem aufkommenden Realismus unterliegen.

Anfang 1846 muß Donizetti in eine geschlossene Anstalt bei Paris gebracht werden, da sich sein Geisteszustand immer mehr verschlechtert. Alle Behandlungen schlagen fehl, so daß seine Freunde beschließen, ihm vielleicht durch eine Heimkehr nach Bergamo Linderung zu verschaffen. Niemand erfuhr, daß im Innern des Wagens, der in die Stadt einrollte, Donizetti, Bergamos und der Welt Liebling, saß, von zwei Freunden begleitet, die ängstlich über den völlig Geistesabwesenden wachten, der da „heimkehrte". Noch wenige Monate eines Lebens, das keines mehr war, erwarteten ihn. Am 8. April 1848 erlöste ihn der Tod. Einer der österreichischen Militärärzte, die mit der Autopsie der sterblichen Überreste Donizettis beauftragt wurden (und Syphilis als Todesursache feststellten), nahm den Schädel mit nach Wien, ob aus medizinischen Gründen oder, wie es hieß, aus Verehrung für den Meister, ist unbekannt. Erst 1874 wurde das Fehlen des Kopfes entdeckt, als der Leichnam in ein endgültiges Ehrengrab in Santa Maria Maggiore gebettet wurde, wo der Chorknabe einst unter Simon Mayrs Führung unzählige Male gesungen hatte. Man eruierte die Nachkommen des Arztes in Wien, die der kostbaren Reliquie tiefste Verehrung erwiesen und nur schweren Herzens ihrer endgültigen Heimkehr zustimmten.

Vincenzo Bellini

Bellini steht heute – wie Rossini und Donizetti – hoch in der Gunst der Opernliebhaber der ganzen Welt. In Catania auf Sizilien kam er zur Welt, am 1. November 1801. Er studierte in Neapel und führte dort mit 24 Jahren seine erste Oper auf, „Adelson e Salvini". Der in jeder Beziehung ungewöhnliche Impresario Domenico Barbaja – der sich vom Kellner eines Cafés (angeglich durch die Erfindung des Eiskaffees) zum Leiter der Opernhäuser von Neapel, Mailand und Wien (gleichzeitig!) emporarbeitete, Neapels Theater nach einem Brand in nur neun Monaten schöner als je aufbaute, der Talente in großer Zahl entdeckte und die größten Meister seiner Zeit unter Vertrag hatte – bestellt bei Bellini eine, später viele Opern. Zum durchschlagenden Erfolg wurde am 30. Mai 1827 „Il Pirata" in Neapel, wobei der berühmte Tenor Giovanni Rubini die Titelrolle sang. Am 14. Februar 1829 wurde in Mailand „La Straniera" (Die Fremde) bejubelt, und am 11. März 1830 wurde in Venedig das Romeo-und-Julia-Drama „I Capuletti ed i Montecchi" zum Welterfolg. Durch Barbaja war Bellini zum besten Librettisten gekommen, den das damalige Italien hatte, zu Felice Romani, von dem zu seinen Glanzzeiten mehrere Dutzend Opern – vertont unter anderem von Donizetti, Rossini, Mayr, Mercadante u. a. – auf den Spielplänen standen. Seine Arbeit mit Bellini führte zu dessen bis dahin stärkstem Erfolg. „La Sonnambula" (Die Nachtwandlerin), die mit Giuditta Pasta in der Titelrolle am 6. März 1831 in Mailand erstmals erklang. In stetem Wettstreit mit seinem Freund Donizetti legte Bellini ungewöhnliche Sorgfalt an jedes neue Werk. Herrliche Jahre für die Opernliebhaber! Sie fieberten jeder Premiere entgegen, keines verging, ohne daß in einer der bedeutenden Städte Italiens ein neues, oft epochales Werk aus der Taufe gehoben werden konnte. Hinzu traten nun auch die Pariser Premieren italienischer Werke, über die gewissermaßen „König" Rossini seine schützende Hand hielt. Es war eine „operntolle" Zeit, die Konzert- und häusliche Kammermusik spielte nur in Mitteleuropa eine namhaftere, in London und Paris eine noch nennenswerte Rolle. Beethoven, eben erst gestorben, war den Kennern ein verehrungswürdiger Begriff, Schubert noch unbekannt, die erste Welle der romantischen Orchestermusik (Berlioz, Mendelssohn, Schumann, Chopin, Liszt) eben erst im Aufstieg. Nur Oper, Oper! Oper verhexte die Menge der Musikbegeisterten in jenen dreißiger Jahren. Und das bedeutete: Leidenschaft für den Gesang, den Belcanto und seine Künstler. Für Giuditta Pasta, „die Pasta", hatte Bellini seine „Nachtwandlerin" geschrieben, und sie erwies sich so sehr als Idealinterpretin in den verführerischen Melodien des Sizilianers, daß dieser auch „Norma" ihr zudachte; es wurde ein Werk für zwei Primadonnen, und so standen am 26. Dezember 1831 „die Pasta" und „die Grisi" (Giulia Grisi) gemeinsam auf der Bühne der Mailänder Scala, ein sicherlich unvergeßlicher Abend, der aber dem Werk unbegreiflicherweise nicht den verdienten Erfolg brachte. Erst allmählich erkannte man Vincenzo Bellinis höchsten Meisterrang (und Wagner gehörte zu seinen überzeugtesten Bewunderern). Als schon die unerbittliche Krankheit sich bemerkbar zu machen begann, trat die strahlende Primadonna Maria Malibran an Bellinis Seite.Es heißt, daß sie zu seiner Idealinterpretin wurde.

Nun konnte es nicht ausbleiben, daß Paris seine verführerischen Arme auch nach Bellini ausstreckte. Der junge Sizilianer spielte hier bald eine führende Rolle, die durch sein elegantes Auftreten in den Salons noch gefestigt wurde. Der deutsche Emigrant Heinrich Heine, mit seiner so glänzenden wie scharfen Feder, hat manches Fesselnde darüber geschrieben. Chopin wird Bellinis bester Freund: beide blaß, zart, überaus sensibel, höchst erfolgreich und von den Frauen umschwärmt. Für das italienische Theater schreibt Bellini „I Puritani" (Die Puritaner); sie werden am 25. Januar 1835 vom besten Sängerquartett gesungen, das vorstellbar war: Grisi, Rubini, Tamburini, Lablache. Es war Bellinis letzte Freude. Zum erwarteten Vergleich mit Donizettis „Lucia" kam es nicht mehr, Bellini starb, vierunddreißigjährig, in seinem Pariser Heim am 23. September 1835 und wurde auf dem alten Friedhof Père-Lachaise beerdigt, wenige Schritte von der Stelle, an der vierzehn Jahre später Chopin zur letzten Ruhe gebettet werden sollte. 1876 schließlich wurde sein Körper heim nach Catania geholt.

Berliner Bühnenbild von Karl Friedrich Schinkel zu Spontinis Oper „Die Vestalin" (1811). Die Partitur dieses Werkes widmete der Komponist dem Preußenkönig Friedrich Wilhelm III.

Gasparo Spontini

Gasparo Spontini (1774–1851) hielt sich wahrscheinlich für den größten Meister seiner Zeit. Der im Kirchenstaat geborene Komponist gehörte tatsächlich nach Stellung und Wirkung zu den führenden Männern des dichten Opernlebens. Erst die unbestechliche Zeit rückte die Wertungen in ein anderes Licht, das ihm immerhin die bleibende Anerkennung für seine „Vestalin" nicht versagte. Spontini ließ sich 1803 in Paris nieder, wo er 1807 mit dieser, seiner achtzehnten Oper sowie mit „Fernand Cortés" (1809) zwei durchschlagende Erfolge errang. Dessen letztere antispanische Tendenz verschaffte Spontini die Förderung Napoleons, was ihn schnell zum prominentesten Musiker des Kaiserreichs aufsteigen ließ. Seine Stellung war so sicher, daß nicht einmal der Sturz des Korsen sie zu erschüttern vermochte. Seine Werke zur Feier der Rückkehr der Bourbonen fanden nur geringes Echo, erst „Olympia" des nunmehrigen Hofkomponisten Ludwigs XVIII. schien an alte Zeiten anknüpfen zu können. Im Frühjahr 1820 ging Spontini nach Berlin, das der preußische König Friedrich Wilhelm IV. zu einer führenden Musikstadt auszubauen gedachte. Für den illustren Komponisten wurde der Titel „Generalmusikdirektor" geschaffen, dessen Position und Funktion er auch weidlich zu nutzen wußte. Mit der feenhaft aufgemachten „Olympia" suchte er nun das mächtig aufstrebende „Spree-Athen" zu erobern, aber die Berliner zogen die nahezu gleichzeitig uraufgeführte Oper Carl Maria von Webers, den „Freischütz", vor, der ungleich bescheidener und in einem kleineren Theater vorgestellt, einen unbeschreiblichen Sieg davontrug. Auch keine von Spontinis weiteren Opern („Lalla Rookh", „Agnes von Hohenstaufen" u. a.) konnte einstige Erfolge wiederholen. 1841 kehrte Spontini nach Paris zurück und mußte schmerzlich erkennen, wie sehr die Zeit über seine Musik hinweggegangen war. Nur noch seine Geburtsstadt Majolati empfing ihn herzlich. Dort starb er, musikalisch längst verstummt, am 14. Januar 1851. Meyerbeer hatte gewissermaßen seinen einstigen Ruhm geerbt, auch seine spektakuläre Art der Operngestaltung. Aus Italien kam einiges vom „neuen Mann" Verdi, aus Deutschland viel Gerede um einen Revolutionär namens Richard Wagner. Rossini ging, längst zur Legende geworden, durch die Straßen von Paris; er bereute seinen Rücktritt nicht, es war nicht mehr „seine" Zeit. Daß jede Zeit immer die seine bleiben würde, ahnte er vielleicht nicht.

Frankreichs Musik von der Revolution bis zur Romantik

Große Ereignisse der Menschheitsgeschichte haben wohl seit jeher ihren Niederschlag in der Kunst gefunden. Doch nur selten unmittelbar, von den Zeitgenossen herbeigeführt. Viel öfter bedurfte es einer gewissen Zeitspanne, in der die Wirkung der Umwälzungen fühlbar wird, in der schöpferische Geister sich in die neue Umwelt einleben. Der Umsturz in Frankreich schuf, wie immer, einen heftigen Konflikt zweier Strömungen: Die Meinung der Jungen, die eine neue, ersehnte Welt aus Blut und Flammen erstehen sahen, bekämpfte die der Älteren, die am Hergebrachten hingen und nicht nur das Ende ihrer eigenen Welt fürchteten, sondern das Ende „der Welt" schlechthin. Die fünf Sturmjahre der Französischen Revolution standen so stark unter dem Einfluß des Tagesgeschehens, daß das Kulturleben völlig in seinen Bann geriet. Doch von dem vielen, was da aus Begeisterung oder in bloßem Mitläufertum entstand, überlebte nur wenig die Ereignisse selbst. Ernest Grétry (1741–1813), ein bedeutender musikalischer Zeitzeuge, konnte seine Bedenken nicht verschweigen. In seinen „Memoiren" steht: „Es scheint, daß seit dem Sturm auf die Bastille in Frankreich nur noch Musik mit Kanonenschüssen komponiert wird. Das ist ein tragischer Irrtum, der die Erfindungsgabe, den Geschmack und die Aufrichtigkeit des musikalischen Ausdrucks zerstört. Wenn man nicht mit Vorsicht zu Werke geht, werden bald das Gehör des Volkes und sein Geschmack verdorben sein, und in wenigen Jahren gibt es nur noch Lärmmacher. Ohne Zweifel wird eine solche musikalische ‚Kunst' das Ende der wahren Kunst bedeuten ..." Wenig blieb an wahren künstlerischen Werten aus den welterschütternden Tagen. Die (großartige) „Marseillaise" klingt fort, heute mehr Nationalhymne als Sturmlied, seltener die Kampfmelodie „*Ça ira*". Die Literatur weist die Meistertrilogie des Caron de Beaumarchais auf, von dessen Mittelstück „Le Mariage de Figaro" Napoleon einmal sagte, mit ihm – und nicht mit dem Sturm auf die Bastille – habe die Revolution in Wahrheit begonnen. Mozarts Vertonung dieser ursprünglich so brisanten Komödie darf jedoch nicht als musikalisches Zeugnis für die Revolutionsepoche gelten: Textdichter da Ponte hatte das Werk, zwecks Aufführung am Wiener Hoftheater, „salonfähig" gemacht. Revolutionsopern sind nur die Vertonungen des „Leonore"-Stoffes, vor allem natürlich der „Fidelio" Beethovens sowie Cherubinis „Wasserträger" (Le deux journées). Und dann erst wieder „Die Stumme von Portici" (1828), deren erste Aufführung in Brüssel 1830 eine so aufrührerische Stimmung hervorrief, daß das Publikum unmittelbar danach den siegreichen Kampf um die Freiheit Belgiens (gegen die Niederlande) auf den Straßen aufnahm. Der Komponist Daniel François Auber (1782–1871) gehörte zu den vielgespielten seiner Zeit. Er vertonte Scribes Drama über den Mord am Schwedenkönig Gustav III., das Jahrzehnte später Verdi zum „Maskenball" gestalten wird; ferner den Stoff der „Manon Lescaut", den der Abbé Prévost lange zuvor aufgezeichnet hatte und der immer wieder neue Opernvertonungen hervorrufen wird (Massenet, Puccini, Henze). Als dauerhafteste von Aubers Bühnenstücken erwies sich das eher harmlose Lustspiel „Fra Diavolo", das bei sehr guter Aufführung den unverblaßten Vorzug besitzt, charmant und amüsant zu sein. Der früher zitierte André Ernest Grétry gehörte zu den wichtigsten Musikern seiner Zeit. Der gebürtige Lütticher ging auf Voltaires Rat nach Paris, wo er eine lange Reihe von Opern aufführte. Sein beachtenswerter „Richard Coeur-de-lion" (Richard Löwenherz) war 1784 wahrscheinlich das erste Bühnenwerk, in dem Erinnerungs- oder Leitmotive bewußt angewendet wurden. Den Text zu seiner „Caravane du Caire" schreibt ihm der Graf von Provence, der spätere Ludwig XVIII., im Jahr 1784. Sieben Jahre später vertont Grétry das Wilhelm-Tell-Thema, vierzehn Jahre bevor Schiller es dramatisiert und 38 Jahre vor Rossinis Oper. Napoleon zeichnet ihn besonders aus, er muß ihn als musikalischen Verkünder der Revolutionsideen angesehen haben. Seine letzten Lebensjahre verbrachte er in der „Erémitage" von Montmorency, in der einst Rousseau gelebt hatte.

Grétrys Sorge um die Zukunft der französischen Musik war unnötig. In seiner eigenen und der folgenden Generation gab es eine ganze Reihe von schöpferischen Musikern, die bereits den wünschenswerten Abstand zu den Wirren der Revolution besaßen und nur noch deren echte Errungenschaften hochzuhalten bereit waren.

Meyerbeers „grande opéra"

Die gewaltige Woge der Romantik, die mit dem aufstrebenden Bürgertum um die Jahrhundertwende nach der Französischen Revolution über Europa hereinbrach, fand gerade in Paris den günstigsten Nährboden. Berlioz wird ihr reinster Repräsentant, aber seine Landsleute verstehen und mögen ihn nicht. Und so wird ihr Bannerträger auf dem neuen Weg ein Ausländer, der sich restlos in jene erregenden Zeiten einfügt, die in einem wahren Sturmlauf Paris zur Welthauptstadt führen: Giacomo Meyerbeer. Seine Bühnenwerke spiegeln das Streben der Epoche nach Größe, Glanz

und Macht, riesige Szenarien, pompöse Schauplätze, menschliche Massenaufgebote, stimmgewaltige Ensembles höchster Dramatik geben dem von ihm geschaffenen und bald alle Bühnen beherrschenden Genre den Namen einer *grande opéra*, der GROSSEN OPER, deren Glanz nicht mehr zu überbieten ist. Sie ist das gigantische Schauspiel der *ville lumière*, der „Lichterstadt" Paris, die sichtbar wächst, erblüht, aufstrahlt in Festen und Weltausstellungen; hierher führen die Wege der Weltpolitik, hierher die spektakulärsten aller Künste, gleichgültig woher sie kommen und wer immer sie bringen mag. Zwei Männer aus Deutschland sind es, die sich zu musikalischen Herrschern aufschwingen: Giacomo Meyerbeer wird der König der Oper, Jacques Offenbach zu dem der Operette, des Vaudeville, des Unterhaltungstheaters.

Die Feinde nannten Meyerbeer „italienisch in der Melodik, deutsch in der Harmonik und französisch in der Rhythmik" (woran einiges wahr ist). Oder waren es die Freunde, die damit sein Weltbürgertum unterstreichen wollten, ausdrücken, daß er von überall das Beste in sich aufgenommen hatte? Schon seine Herkunft, sein Studienweg prädestinierten ihn zum Kosmopolitentum. Er war 1791 in Berlin als Jakob Beer zur Welt gekommen, trat eine reiche Erbschaft an, als er sich bereit erklärte, seinem Namen den eines Onkels Meyer hinzuzufügen. Er studierte Musik bei Muzio Clementi, beim Goethe-Berater Carl Friedrich Zelter, schließlich beim berühmten Abt Vogler in Darmstadt, wo Carl Maria von Weber sein Kollege und Freund wurde. Doch während dieser dem Ziel einer deutschen Oper zusteuerte, ließ Meyerbeer sich von Antonio Salieri in Wien den Weg nach Italien weisen, wo er nicht nur seinen Vornamen italienisierte, sondern auch seinen Stil änderte, internationalisierte. 1826 ließ er sich in Paris nieder, wie wenig später Offenbach auch; und bei beiden war es für immer. Nichts Gemeinschaftliches verband sie, außer der rasenden Karriere: nicht das Preußentum, dem sie innerlich schon abgeschworen hatten, nicht das Judentum, dem sie früh den Rücken kehrten. 1831 erfocht Meyerbeer seinen ersten großen Pariser Sieg mit „Robert dem Teufel", den er 1836 mit den „Hugenotten" (auf einen Text des bedeutenden Dramatikers Eu-

Oben: Giacomo Meyerbeer, durch Jahrzehnte der beherrschende Opernkomponist Europas, war gebürtiger Deutscher, hatte in Italien studiert und sich in Paris niedergelassen.
Links: Notenblatt aus der letzten Opernpartitur Meyerbeers, der „Afrikanerin", die erst nach seinem Tod uraufgeführt wurde.
Rechte Seite: Bühnenbild und ein Teil der Logen in der (alten) Pariser Oper während der Aufführung von Meyerbeers „Robert der Teufel".

gène Scribe) noch übertraf. Das Genre war erstanden, mit dem er für immer identifiziert werden sollte, die *grande opéra*, spektakulär, pompös, mit volltönendem Pathos, bühnenwirksamer Dramatik, im Gehör haftender Musik sicherer Effekte, mit rauschendem Orchester zu gewaltigen Stimmen: Oper als großes Schauspiel, als überwältigendes Zeitgemälde, als schicksalhafter Zusammenprall menschlicher und übermenschlicher Kräfte. Es war kein Wunder, daß Meyerbeer in mancher Beziehung des jungen Richard Wagner Vorbild war, als dieser aus Riga floh und Paris ansteuerte. Das Schicksal ließ die beiden Musiker, den weltberühmten und den unbekannten, bereits bei der Landung Wagners in Boulogne-sur-Mer zusammentreffen. Wagner wäre nicht Wagner, wenn er, dessen „Rienzi" ganz auf Meyerbeerschen Spuren wandelt, die Hilfsbereitschaft des großen „Kollegen" nicht weidlich ausgenützt hätte. Er verteidigt ihn allerdings auch in Deutschland, wo der „Franzose" eine schlechte Presse hat; an den einflußreichen Schumann schreibt er, er solle „Meyerbeer doch nicht so heruntermachen lassen". Die Begründung, die Wagner dafür gibt, ist von seltener Unverfrorenheit: „Denn ihm verdanke ich meinen baldigen Ruhm." So war es; „Rienzi" und „Der Fliegende Holländer" wurden in den führenden Opernhäusern von Dresden und Berlin dank Meyerbeers Empfehlungen angenommen. Wagners „Dank" war von ausgefallener Niedrigkeit; im Zürcher Asyl verfaßt er jene Schmähschrift „Das Judentum in der Musik", das in erster Linie gegen Meyerbeer und Mendelssohn gerichtet ist – allerdings anonym...

1849 erscheint „Der Prophet", in dem einige der packendsten Szenen Meyerbeers stehen. Der Welterfolg ist durchschlagend, wenn auch nicht unwidersprochen. Man wirft ihm immer wieder Oberflächlichkeit vor, an den Kitsch grenzende Effekte. Doch: Ist er nicht auch gerade darin ein getreues Abbild seiner Zeit und Umwelt? 1859 gibt es einen neuerlichen Sieg mit „Dinorah", deren sängerische Bravourstücke – der „Schattenwalzer" vor allem – immer noch nicht ganz verblaßt sind. Sein letztes Werk blieb unvollendet, aber es konnte doch ein Jahr nach Meyerbeers Tod (1864) in Paris eine glanzvolle Premiere erleben: „Die Afrikanerin" ging viele Male rund um die Welt, die darin enthaltene Tenorarie „*O paradis*" noch öfter. Daß im ganzen Werk keine Afrikanerin vorkommt, fiel niemandem auf.

Meyerbeer nahe schrieb Jacques Fromental Halévy (1799–1862) „La juive" (Die Jüdin), eine glänzende, wertvolle „Große Oper", ein packendes Zeitgemälde aus der Epoche des Konstanzer Konzils und ein ergreifendes Dokument gegen den Rassenwahn.

Héctor Berlioz

Zu den Propheten der Romantik gehört der seltsame Héctor Berlioz, den zu seinen Lebzeiten (1803–1869) wohl niemand „berühmt" genannt hätte und von dem doch nahezu alle Zeitgenossen lernten. Erst drei Jahre waren seit Beethovens Tod vergangen, sechs erst seit dessen bahnbrechender neunter Sinfonie, als abermals ein ganz neuartiges Werk den Kreis seiner Hörer überwältigt aufhorchen ließ: die „Symphonie fantastique", die den in Beethovens „Pastorale" angedeuteten Schritt zur Programm-Musik vollzog. Ihr Komponist, am 11. Dezember 1803 in La Côte-Saint-André (Isère) geboren und frühzeitig nach Paris gekommen, wuchs recht bewußt zu einem „Außenseiter" der Gesellschaft, zu einem *enfant terrible* des Musiklebens heran, zu einem betont romantischen, extravaganten und überspannten Künstler, der sich als „Originalgenie" gefiel – das er auch war –, womit er aber überall Anstoß erregte. Er lebte in Extremsituationen, im Himmel oder in der Hölle, niemals auf der Erde. Das Studium am Pariser Konservatorium trug ihm den begehrten Rom-Preis ein, nicht für die erwähnte Sinfonie, die schon geschrieben war, sondern für die viel weniger bedeutende Kantate „Die letzte Nacht Sardanapals".

In er „Phantastischen Sinfonie" beschritt der Sechsundzwanzigjährige völlig neue Wege. Beethoven ahnte sie, war aber noch zu tief in der Klassik verwurzelt, um den entscheidenden Sprung zu tun. Berlioz aber setzt die Schilderung an die oberste Stelle, ist bereit, mit den formalen Traditionen zu brechen, wenn Außergewöhnliches auszudrücken ist. Schon das Thema, das er zum Grundriß seines Werkes macht, bricht jede klassische Norm: das Schicksal eines Künstlers, den die Leidenschaft dem Alltag entrückt und dessen Visionen schließlich zu Halluzinationen werden, am Rande eines Abgrunds, aus dem es kein Entrinnen mehr gibt. Ein enttäuschendes Leben, eine unglückliche Liebe führen in die Verzweiflung, die auf ein kurzes ländliches Idyll mit der Geliebten folgt. Fieberträume, wahrscheinlich durch Rauschgift hervorgerufen, gaukeln Hochgericht und Weg zur Hinrichtung vor – 1829! Woher hat der junge Künstler das? Weit und breit gibt es nichts Ähnliches.

Das Leitmotiv

Eine *idée fixe* verbindet die einzelnen (fünf) Sätze miteinander, eine Melodie, die möglicherweise das Abbild der Geliebten ist – auch das hat es noch in keinem sinfonischen Werk gegeben: ein Leitmotiv in der Instrumentalmusik, eine fixe Idee, bohrend trotz ihrer Lieblichkeit, unheimlich, weil sie wie ein Ruf aus anderen Welten klingt. Berlioz setzte seiner Sinfonie erklärende Untertitel voran, strich sie aber wieder. Traum oder Wirklichkeit? In ihm gewann die gespenstische Seite der Romantik die Oberhand, seine Musik führt, nach kurzen Stunden des Glücks, durch Fegefeuer und Folterqualen, durch Schreckensbilder und dämonische Einbildungen, sie ist selbstquälerisch, gejagt, verworren, bedrohlich wie Angstträume, denen der Schlafende nicht entfliehen kann. Ein junger französischer Komponist eröffnet Neuland, das bisher wohl nur E. T. A. Hoffmann in seinen Phantasien geahnt hat. Er erprobt neue Klangfarben, von denen selbst Beethoven, der am weitesten in musikalisches Zukunftsland vorgestoßen war, nichts ahnte. Er findet Klänge für abseitige, alptraumartige, quälende Seelenzustände; eine wahrhaft neue Zeit ist angebrochen, und mancher spürt, daß weitere Entdeckungen bevorstehen.

Berlioz' Leben glich fast einem Roman. Er ließ sich von Impulsen treiben, war unvernünftig und unbeherrscht. Es ist allerdings unmöglich zu entscheiden, ob er seine wilden Leidenschaften erlebte oder zumindest teilwei-

Linke Seite: Sein bahnbrechendes Werk, die „Phantastische Sinfonie", widmete Berlioz, viele Jahre nach ihrem Erscheinen, dem russischen Zaren Nikolaus I., in dessen Land der unglückliche Komponist Triumphe feierte. Rechts: Héctor Berlioz, eines der unbestreitbaren Genies der Musikgeschichte, aber auch einer der unglücklichsten Charaktere, zu jeder Art des Zusammenlebens völlig ungeeignet, gefeiert und anerkannt nur im Ausland, in Paris zu einem Schattendasein gezwungen.

se nur „spielte". Allein in der Musik war er restlos aufrichtig. Im gern spöttelnden Paris nahm ihn kaum jemand ernst, da er sich stets darin zu gefallen schien, der allgemeinen Meinung entgegen zu denken und zu handeln. Als er sich begeistert für das vom belgischen Instrumentenbauer Sax erfundene Saxophon einsetzte, wollte niemand etwas davon wissen, nur die Militärkapellen verwendeten es. Mit seinen im „Journal des Débats" geäußerten Meinungen stand er nahezu immer allein. Wie konnte man ihn zum Musikkritiker machen? Daß es eine Überfülle von Anekdoten aus seinem Leben gibt, verwundert niemanden.
Heinrich Heine, der Berlioz in Paris oft beobachten konnte, schildert ihn eindringlich, oftmals boshaft, aber stets bewundernd. So z. B., wie er bei Aufführungen seiner „Phantastischen Sinfonie" nicht etwa dirigiert, sondern die Pauke schlägt, und das manchmal „mit besonderer Wut", wenn die von ihm angebetete englische Schauspielerin Harriet Smithson unnahbar und ohne ihn zu bemerken in ihrer Loge thront. Er erobert sie – allerdings erst, als ihr Stern zu sinken begonnen hat – durch so groteske Handlungen wie „Selbstmordversuch" vor ihren Augen, dessen Folgen er durch ein mitgebrachtes Gegengift abzuwenden weiß. Er macht sich ihr unentbehrlich, als sie durch einen Beinbruch längere Zeit der Bühne fernbleiben muß, er organisiert Konzerte zu ihren Gunsten, die sie allerdings finanziell kaum absichern können. Die besten Künstler von Paris – Liszt natürlich an der Spitze, dessen Großzügigkeit grenzenlos ist – wirken mit, Berlioz übergibt den nicht unbedeutenden Betrag. Endlich heiraten sie, doch wohl im gleichen Augenblick lassen Berlioz' Gefühle nach, schnell wird er der alternden Künstlerin überdrüssig, zu deren Ehren er sich seine „vorsintflutliche Mähne" hatte schneiden lassen.
Daß er immer in materiellen Schwierigkeiten steckte, ist nicht verwunderlich. Zu mehr als einer unbedeutenden Stellung am Konservatorium – nicht etwa als Lehrer, geschweige denn gar Professor, sondern als Bibliothekar – hat er es nie gebracht. Einmal soll nach dem Erklingen einer seiner Kompositionen unter eigener Leitung ein ganz in Schwarz gekleideter Mann das Podium betreten und niederkniend Berlioz die Hand geküßt haben, wobei er ihm ein Stück Papier überreichte. Bald wußte „tout Paris", dies sei Paganini, der „Hexenmeister", gewesen und das Stück Papier eine Anweisung auf die riesige Summe von 20 000 Franc. Es war nicht nur die Zeit des beginnenden Virtuosentums, es war auch die der beginnenden Reklame: Beiden, Paganini wie Berlioz, war eine solch spektakuläre Szene recht. Wahr ist jedenfalls, daß der Komponist darauf ein bedeutendes Konzertstück „Harold in Italien" für Paganini schrieb, das dieser aber nie spielte.

„Wäre ich gezwungen, mein ganzes Lebenswerk mit Ausnahme einer einzigen Partitur zu verbrennen, dann würde ich für die Totenmesse um Gnade bitten", schreibt Berlioz in späten Jahren. Die Totenmesse, die sein liebstes Werk darstellte, wird zumeist unter dem geläufigeren Namen „Requiem" aufgeführt. Sie ist wahrhaft grandios, und für ihre niederschmetternde Wirkung ist kein Wort zu stark. Sie benötigt zu ihrer würdigen Verwirklichung vier Orchester und gewaltige Chöre sowie einen Tenorsolisten. Der Auftrag zu diesem Werk kam 1837 von der Regierung, die es bei einer Trauerfeier für die Opfer der Julirevolution 1830 verwenden wollte. Schon sah es so aus, als würden die Auftraggeber ihr Wort nicht halten, als im nordafrikanischen Krieg bei Constantine General Damrémont ums Leben kam und im Invalidendom zu Paris geehrt werden sollte. So kam Berlioz' „Requiem" am 5. Dezember 1837 zur Uraufführung, die ungeheure Wirkung hervorrief. Aber kaum war diese verrauscht, breitete sich die alte Misere über Berlioz' Leben.

Nur im Ausland wird der in Paris fast unbeachtete Berlioz geehrt, ja stürmisch gefeiert. 1842 dirigiert er eigene Werke in acht deutschen Großstädten, 1845 geht es nach Wien und Budapest. Für Ungarns Hauptstadt bearbeitet er die traditionelle Melodie des „Rákóczy-Marsches" und legt sie, ein klein wenig unlogisch, in sein Oratorium „Fausts Verdammnis" ein. 1847 reist er nach Rußland, wo sein gesamtes sinfonisches Schaffen mit der stürmisch vom Publikum verlangten „Phantastischen Sinfonie" im Mittelpunkt erklingt. In London gibt es umjubelte Konzerte, in Weimar, wo Liszt ihm die Treue hält, eine ganze Berlioz-Woche. Nur Paris ist und bleibt ihm verschlossen, wie der Alternde feststellen muß: „Oper, Konservatorium, Kirche, Konzert." Sein Leben geht zu Ende zwischen blendenden Siegen im Ausland und beschämender Nichtbeachtung in Paris.

Berlioz war ein Pionier, mehr: ein Prophet. Die ungeheure Entwicklung des modernen Orchesters im 19. Jahrhundert ist in erster Linie sein Werk. Seine Klangphantasie war ungeheuer reich. In seiner prächtigen „Romeo und Julia"-Musik findet er Elfenklänge, ohne die viele romantische Klangfarben Mendelssohns und Wagners nicht möglich gewesen wären. Im „Requiem" hat er die Quadrophonie des 20. Jahrhunderts vorausgeahnt. Mit dem ergreifenden Liederzyklus „Nuits d'été" (Sommernächte) wird er zum Schöpfer des französischen Lieds, das in seinen schönsten Kompositionen neben Schubert und Schumann bestehen kann. Er soll ein phänomenaler Dirigent gewesen sein, vielleicht der erste in der Geschichte, der wirklich diesen Namen verdient. Er drang tief in Charakter und Möglichkeiten jedes einzelnen Instruments ein, erfand neue Klangkombinationen, von denen kein Zeitgenosse etwas ahnte. Seine Instrumentationslehre war ein bahnbrechendes Werk und ist heute noch das grundlegende Lehrbuch. Seine Memoiren geben uns Einblick in einen selbstquälerischen, mit allen Menschen zerfallenen, die Bitternisse seiner Laufbahn geradezu herausfordernden Charakter. Er war ein urechter Romantiker, der einer Dichtung E. T. A. Hoffmanns entstiegen scheint. Vieles aus seinem reichen Werk lebt und wird leben. Auch die Bühnenstücke? „Benvenuto Cellini" und „Beatrice und Benedict" sind Werke für Feinschmecker.

Aber „Die Trojaner"! Dieses gigantische Drama, das beinahe den Rahmen gewöhnlicher Bühnen sprengt, das ein riesiges Personal, übermenschlich leistungsfähige Chöre, einen genialen Regisseur erfordert, um in seiner ganzen Größe wirken zu können, wagnernah und doch eigenständig, mythisch, legendär. Berlioz wußte, es werde nahezu unaufführbar sein, aber er verweigerte die Konzession einer Teilung in zwei Dramen, die doch so naheliegt. Er wollte stets das Unmögliche, in der Musik und in der Liebe. Doch nun scheint, wenigstens für das erstere, die Zeit gekommen zu sein...

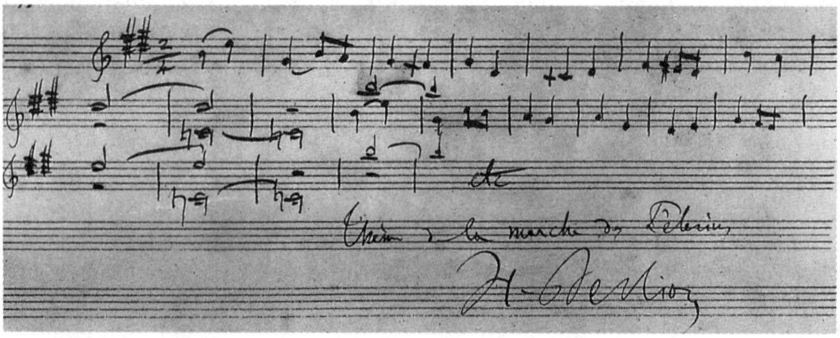

Oben: Berlioz scheint öfter karikiert als porträtiert worden zu sein. Hier vor einer fiktiven Ankündigung der Aufführung mehrerer seiner Werke.
Links: Ein Thema aus „Harold in Italien" mit einer Widmung von Berlioz.

Meister und „Kleinmeister"

Einer riesigen Flutwelle gleich durchbrach die Romantik die letzten Dämme, die Rokoko und Klassik errichtet hatten. Sie drang unaufhaltsam in das Geistes- und Kunstleben des ausgehenden 18., des beginnenden 19. Jahrhunderts; vielleicht verursacht, jedenfalls aber getrieben von der Französischen Revolution, der Aufklärung, dem Heraufkommen des Bürgertums, der berauschenden Freiheit eines neuen Wirtschaftslebens, in dem nach neuen frühkapitalistischen Grundsätzen allein die „Tüchtigkeit" entschied und theoretisch jedermann den „Marschallstab" des sozialen Aufstiegs im Tornister trug (um ein berühmtes Wort Napoleons zu variieren). Ein ungeheurer Schwung beflügelte die neue Entwicklung, eine Euphorie der Verbrüderung aller Klassen, einer neuen Freiheit auf allen Gebieten. Er erfaßte nicht nur Dichter, Maler, Musiker, sondern auch Denker und Philosophen, Politiker und Staatsmänner. „Vaterland", „Menschheit", „Kultur" wurden zu Schlagworten, die zu verwirklichen sich lohnte, zu neuen Idealen, denen nachzustreben Lebensinhalt sein konnte.

Diese starke Woge trug eine Unzahl schaffender Künstler verschiedenster Art, unterschiedlichen Talents und unvergleichbarer Schicksale. Die riesige Mehrzahl ist längst vergessen. Einige erleben eine bescheidene Renaissance in unserer Zeit, die – in der Notwendigkeit eines außerordentlich erweiterten Repertoires und einer gefährlichen Einengung der verwendbaren zeitgemäßen Produktion – „Neues" zu entdecken sucht, auch wenn es alt ist. Und angesichts mancher Perle, die da gefunden wird, muß die Frage auftauchen, was eigentlich ein Kleinmeister sei? Ein Meister, dem das Leben nicht genügend Zeit gab, voll auszureifen? Einer, dessen Kraft nur für wenige Werke reichte? Einer, der vielleicht auf neuen Pfaden als Pionier vorwärtsschritt, aber von den Nachdrängenden überrollt, übertroffen wurde? Dem Schaffen der „Großen" nachzuspüren, kann faszinierend sein, denn es führt geradewegs hinein ins Göttliche des Menschen, ins Wunder. Aber könnte es nicht ebenso interessant sein, dem Geheimnis jener „Sternstunde" (Stefan Zweig) auf die Spur zu kommen, die ein einziges Mal im Leben dem „Kleinen" beschieden sein kann?

Von Weber war ausführlich die Rede, einem „Großmeister" ohne Zweifel; Marschner und Lortzing wurde ihr Platz zugewiesen: zu wenig bedeutsam für die einen, zu gewichtig für manchen anderen. – Der fesselnde E. T. A. Hoffmann ist für den Psychologen so studierenswert wie für den Kunstbetrachter: Eine so vollendete Spaltung zwischen der bürgerlichen Existenz eines Justizbeamten und der genial beschwingten eines Malers, Bühnenbildners, Dichters und Musikers dürfte schwerlich ein zweites Mal zu finden sein. – Franz Danzi (1763–1826), Sohn eines italienischen Musikers und einer deutschen Mutter, Mitglied der berühmten Mannheimer Hofkapelle, mit der er 1788 nach München zieht, widerspricht in manchem wertvollen Kammerwerk der landläufigen Einschätzung eines „Kleinmeisters". – František Vincenz Krommer (1759–1831) aus Mähren bringt es zum Wiener Hofkomponisten und hinterläßt viel prachtvolle Musik, deren Interpretation heute noch den Ausführenden reich belohnt. Was fehlte ihm, unter die „Großen" vorzustoßen? – Bedeutend war der Ruhm, den Anton Reicha (1770–1836) errang, einer jener „böhmischen Musikanten", über die Mozart in helle Begeisterung ausbrach und ohne die Europas Musikleben durch Jahrhunderte kaum denkbar war, da sie in allen Orchestern ihren Platz hatten, Organisten vieler Kirchen wurden und unermüdlich für alle Musikstätten zu komponieren wußten. Reichas Weg kreuzte den seines genauen Zeitgenossen Beethoven bereits in Bonn, dann mehrmals in Wien, wo er auch von Haydn und Salieri eines kollegialen, achtungsvollen Umgangs gewürdigt wurde. Er ging 1808 nach Paris, wo er später an Stelle des verstorbenen Boieldieu zum Akademiemitglied ernannt wurde und hochgeachtet starb. – Ebenfalls 1770 – Beethovens Geburtsjahr wie das von Reicha (oder Rejcha, wie er sich ursprünglich tschechisch schrieb) – kam der heute vergessene Georg Abraham Schneider (1770–1839) auf die Welt, der als Hornist in Darmstadt begann, in Berlin Abonnements-Konzerte ins Leben rief, nach einem Abstecher in das hochkultivierte Musikleben von Reval – heute Tallinn, an der Ostsee – Berliner Hofkapellmeister wurde und mehr als 100 Kammermusikwerke hinterließ, darunter ein meisterliches Konzert für vier Hörner und Orchester, das die Komposition für Bläserensembles in der Romantik angeregt haben dürfte, so bei Schumann.

John Field

Weit mehr als die Abtragung einer Ehrenschuld bedeutet die eindringliche Erwähnung des Iren John Field (1782–1837), der nicht nur die Bezeichnung „Nocturne" als erster verwendet hat, sondern auch mit seinen besinnlichen, träumerischen Nachtstücken der romantischen Klaviermusik neue Wege wies, die vor allem für Chopin entscheidend wurden. Field, ein Schüler des glänzenden Pianisten Muzio Clementi, der auf Wunsch des österreichischen Kaisers zu einem Wettspeil mit Mozart angetreten war und dessen Lebenswerk „Gradus ad Parnassum" bleibende Bedeutung besitzt, durchlief von

Paris aus eine erfolgreiche Virtuosenlaufbahn, bevor er sich als gesuchter Klaviermeister in St. Petersburg niederließ. Dort zählte die Polin Maria Szymanowska zu seinen Schülern, die auch als eine der frühen Komponistinnen Erwähnung verdient und möglicherweise die Kleinform der NOCTURNES, die sie von ihrem Lehrer empfing, an Chopin weitergab, bevor dieser seinen Weg aus Warschau nach Westen antrat. Field erkrankte auf einer Konzertreise in Italien, wurde nach Rußland zurückgebracht, wo er bald in völliger Zerrüttung starb. Er soll auch als „Künstlertyp" ein echter Romantiker gewesen sein, undiszipliniert, launenhaft, allem Praktischen des Lebens gegenüber fremd, ja abweisend, nur in einer phantastischen Innenwelt lebend. Nicht nur seine kleinen Klavierstücke weisen über die Rolle eines „Anregers" hinaus: Auch seiner Klavierkonzerte sei gedacht, vor allem des zweiten in As-Dur.

WEITERE KLEINMEISTER

Zwischen Klassik und Romantik steht Johann Nepomuk Hummel (1778–1837), der als pianistisches Wunderkind noch Mozarts Schüler war. Er wurde Haydns Nachfolger am Hof der Fürsten Esterházy in Eisenstadt, später Kapellmeister in Stuttgart und Weimar, behielt aber seine Virtuosentätigkeit stets bei. Seine früher hochgeschätzten Kompositionen sind verblaßt, doch gilt sein Beitrag zur musikalischen Pädagogik („Ausführliche Anweisung zum Pianofortespiel", 1828) als beachtenswert. – Zwei Namen seien noch angefügt, deren Vergessen uns ungerecht dünkt: Johann Ludwig Dussek (1761–1812) aus Böhmen, der ein hervorragender Klaviervirtuose war, in vielen Ländern gute Stellungen bekleidete, eine „äolische Harfe" erfand, auf der Glasharmonika konzertierte, schließlich in den Dienst des ungewöhnlich begabten preußischen Prinzen Louis Ferdinand (1772–1806) trat. Auch der sei vor dem Vergessen bewahrt. Wahrscheinlich hat ihm nur der frühe Tod auf dem Schlachtfeld bei Saalfeld eine namhafte Komponistenlaufbahn verwehrt. Beethoven kannte ihn und nannte ihn einen „Musiker vom Fach".

JOHANN FRIEDRICH REICHARDT

Nicht nur auf dem Gebiet der Instrumentalmusik gibt es Kleinmeister (wenn wir diesen unglücklichen Begriff überhaupt anwenden wollen), auch das Liedschaffen kennt sie. Reichardt (1752–1814) vertonte vor allem Verse Goethes und fand damit den Beifall des Dichters. 116 Lieder auf dessen Worte tragen noch den Stempel der Klassik: die ein wenig schablonenhafte Strophenform, die sich um den Ausdruck des gefühlsmäßigen Inhalts kaum kümmert. Aber einige wenige sind schon von der Romantik berührt und führen uns zu Schubert (der sie wahrscheinlich gekannt hat). Reichardts Verdienste um das Berliner Musikleben sind bedeutend. Er gründete 1783 die „Spirituel-Konzerte" (die ihren Namen von den gleichnamigen Pariser Konzertzyklen nahmen), bevor er als Sympathisant der Französischen Revolution in Ungnade fiel. Dafür machte ihn Jérome Bonaparte zum Kapellmeister in seinem Königtum Kassel. Hier suchte er später Beethoven als seinen Nachfolger zu gewinnen, was bekanntlich fehlschlug. Er beendete sein Leben als Privatmann zu Giebichenstein bei Halle, wo sein Gut zum geschätzten Treffpunkt der führenden Dichter und Musiker geworden war.

CARL FRIEDRICH ZELTER

Noch näher zu Goethe führt uns Carl Friedrich Zelter (1758–1832), Maurermeister, der des Dichters musikalischer Berater blieb, als Reichardt wegen seiner „revolutionären" Gesinnung auch vom „Dichterfürsten" verstoßen wurde. Zelters Bedeutung beruht aber weniger auf seinen Kompositionen; er trat 1791 in Berlin dem von seinem Lehrer Carl Friedrich Fasch gegründeten „Singverein" bei, der nach der Verlegung seines Sitzes in die Königliche Akademie den Namen „Singakademie" erhielt und zum Ausgangspunkt des deutschen Männerchorwesens wurde. Zelter übernahm 1800 dessen Leitung und gründete 1808 die erste „Liedertafel", die als Modell für nun überall aus dem Boden schießende ähnliche Vereinigungen eine echt romantische Institution darstellt: Sie wollte die Kunst- und Volksmusik in enges Zusammenwirken bringen, dem Gedanken eines breiten Volksmusizierens mit vaterländischen und freiheitlichen Idealen nachstreben.

DAS VOLKSLIED

Die schnell entstehenden „Gesangsvereine" kann man als Brücke zu den mittelalterlichen Meistersingern sehen. Hier scheint die Romantik eine Renaissance alter Zeiten zu fördern, deren Zauber und Reiz den Menschen wieder begehrenswert dünkt: Sie wird folgerichtig in Wagners „Meistersingern von Nürnberg" gipfeln. Der Begriff „Volk" hat einen neuen, durchaus wertvollen Inhalt bekommen, der seelische Gesundheit und Idealismus einschließt. Wiederum wundern wir uns wahrscheinlich über die Fähigkeit der Romantik, Extreme in sich zusammenzuschließen, völlig Konträres zu vereinen: Die Morbidität der Romantik, ihre Lebensmüdigkeit, ihre unstillbare Sehnsucht – und andererseits eine geistige Erneuerung, Aufstieg einer starken neuen Klasse und Glaube an eine Gemeinschaft, an den „Bruder Mensch". Den Weg dazu schien das Volkslied zu weisen. Es sang von Liebe, Freundschaft, Frühling, Wiese und Wald, von Mond und Sternen, vom Menschen in den Veränderungen des Lebens und der Jahreszeiten. Dem Volkslied stand ja selbst Goethe sehr nahe. In elsässischen Jugendtagen sammelte er Volksmelodien und ihre Texte. Zu Beginn des neuen Jahrhunderts nahm er hocherfreut die Widmung der von Clemens von Brentano und Achim von Arnim zusammengestellten Sammlung „Des Knaben Wunderhorn" entgegen. Mit Perlen seiner Dichtung wie „Heideröslein" und „Über allen Gipfeln ist Ruh" trug er nicht wenig zur Entstehung neuer „Volkslieder"bei, zu der (vorübergehenden) Verbrüderung von „hoher Kunst" und „Volkskunst", die ein Merkmal der Romantik war. In diesen Kreis gehören Friedrich Silcher (1789–1860) und Hans Georg Nägeli (1773–1836). Silcher, in Württemberg geboren, muß als der vermutlich fruchtbarste aller Volkslied-Komponisten gelten – wenn es einen solchen Begriff überhaupt geben kann. Silcher schrieb unter vielen anderen Liedern „Ännchen von Tharau", „Morgen muß ich fort von hier", „Ich hatt' einen Kameraden", „Ich weiß nicht, was soll es bedeuten" (auf das Gedicht „Loreley" von Heinrich Heine), „Zu Straßburg auf der Schanz", „Das Lieben bringt groß' Freud", sei es als eigene Komposition, sei es als Auffrischung älterer Weisen. Er verbrachte sein Leben recht still als Musikdirektor in Tübingen, wo er auch starb. – Nägeli tat in der Schweiz, was Zelter in Berlin vollbrachte. Er wurde zum „Sängervater" seines Volkes, der auch gelegentlich eigene Melodien beisteuerte, wie wahrscheinlich das populäre „Freut euch des Lebens". Nägeli war zudem Verleger und hatte eine heftige Kontroverse mit Beethoven, als er in einer von dessen Kompositionen vor dem Druck eigenmächtig vier Takte wegstrich. Als Musikalienhändler in Zürich trat er mit der Verbreitung von Jugend- und Schulmusik gleichsam in die Fußstapfen des großen Pestalozzi.

Carl Loewe und Juan de Arriaga

Als einer der bedeutendsten Kleinmeister muß Carl Loewe (1796–1869) genannt werden, doch gerade an

Linke Seite: Johann Nepomuk Hummel, Mozart-Schüler, gefeierter Pianist, Komponist von Werken, die schon auf Chopin hinweisen, widmete Jugendsonaten der englischen Königin.
Oben: Mehr als ein „Kleinmeister": Carl Loewe, bedeutender Liedkomponist und Schöpfer der romantischen Ballade.
Unten: Die junge Romantik entdeckte das Volkslied, das eifrig gesammelt und in schönen Ausgaben, von bedeutenden Malern illustriert, herausgegeben wurde (wie hier von Ludwig Richter).

ihm scheitert dieser Begriff kläglich. Denn Loewe schuf Unvergängliches. Die Wucht, Stärke, Ausdrucksgewalt, melodische Qualität seiner Balladen ist kaum je erreicht, auch von Schubert nur ganz selten übertroffen worden. Es fällt schwer, aus ihrer Zahl einige auszuwählen: „Heinrich der Vogler", „Archibald Douglas", „Die Uhr", „Herr Oluf", „Die verfallene Mühle", „Die nächtliche Heerschau", „Edward", „Der Erlkönig", „Der Wirtin Töchterlein", sind nur einige Titel. Aus seinem Leben kann nicht viel berichtet werden: Von 1820 bis zu seinem Tode wirkte er, nahezu unbekannt, als Gesangslehrer an einem Gymnasium in Stettin.
Solche „Kleinmeister" gibt es überall. Wieviel Kostbarkeiten wären zu erwähnen, wie vieler ungerecht Zurückgesetzter, wieviel tragischen Geschicks zu gedenken! So soll nur noch ein einziges Beispiel angeführt sein: 1826 starb in seiner baskischen Heimat Juan de Arriaga, der nur zwanzig Jahre alt geworden war. Drei Streichquartette, Ouvertüren, eine Oper, vor allem aber eine glänzende Sinfonie zeugen für ein Genie von ungewöhnlichem Ausmaß, das bei seinen Studien in Paris alle Lehrer und Meister in höchstes Erstaunen versetzte. Ein unbegreifliches Schicksal hinderte Arriaga vielleicht daran, ein Großmeister zu werden. Doch niemand weiß dies mit voller Sicherheit: Welch unerforschliches Abenteuer ist das künstlerische Schaffen!

Blütezeit der deutschen Romantik

Wenn von Frühreife in der Musik gesprochen wird, vom unerklärlichen Phänomen des „Wunderkindes", so darf Mendelssohn Bartholdys Name nicht fehlen. Aber er kann auch für eine Reihe anderer Besonderheiten stehen, die nicht alltäglich sind. Wurde Berlioz in seinem Leben alles schwer, so fiel seinem deutschen Zeitgenossen alles geradezu in den Schoß. Und wo seinem Freund Schumann stets nur Probleme erwuchsen, schritt er ruhig und ausgeglichen von Triumph zu Triumph. Überwogen bei Richard Wagner die Feinde, so hatte Mendelssohn Bartholdy auf seiner kurzen Erdenbahn kaum etwas anderes als Freunde. Felix hieß er, das war nicht nur sein Name, das war das Leitmotiv seines Daseins: der Glückliche.

Felix Mendelssohn Bartholdy

Felix Mendelssohn Bartholdy kam am 3. Februar 1809 in Hamburg zur Welt. Schon drei Jahre später verließ die begüterte Bankiersfamilie die Hansestadt, um den Kindern in der aufstrebenden Weltstadt Berlin die bestmögliche Erziehung zu geben. Hohe Kultur lag in der Familientradition. Der Vater, kunstbegeisterter, vom Judentum zum Protestantismus seiner Umwelt konvertierter Sohn des hochbedeutenden Philosophen Moses Mendelssohn, sieht mit stolzer Freude das ausgeprägte musikalische Talent seiner beiden Kinder: Fanny (1805–1847) und Felix (1809–1847). Hier schien das Schicksal den „Fall Mozart" wiederholen zu wollen: zwei Geschwister von begnadeter Begabung, das Mädchen in beiden Fällen um ungefähr vier Jahre älter als der Knabe; doch weiter noch, das Mädchen, das zugunsten des Bruders auf die „große Karriere" verzichten wird. War dies so selbstverständlich, 1770 wie 1820? Die oft gestellte und nie befriedigend beantwortete Frage steigt auf: Warum gibt es in der Geschichte keine berühmte Komponistin? Warum müßte man hundert oder mehr männliche Musikschöpfer aufzählen, bevor man – im Musikleben – auf eine einzige Frau stößt, etwa auf Fanny Mendelssohn Bartholdy, auf Clara Wieck, die Gattin Schumanns, vielleicht auf die wenige Seiten zuvor erwähnte Maria Szymanowska als einer der vielen, die im Verlauf des 19. und 20. Jahrhunderts noch auftauchen werden? Waren es wirklich nur die „gesellschaftlichen Konventionen" oder gibt es noch andere Gründe?
Mozart und „das Nannerl" wuchsen zusammen auf, reisten jahrelang miteinander, waren innig miteinander vertraut, obwohl ihr Briefwechsel kaum je ein ernstes Wort aufweist, sondern aus „typisch mozartischen" Lausbübereien besteht; Fanny und Felix hingegen weisen eine tiefgehende geistige Verbundenheit auf, eine seelische Übereinstimmung, die ihresgleichen sucht. Wie tief sie reicht, wird 1847 klar: Fanny stirbt und zieht ihren eben erst achtunddreißigjährigen Bruder nach sich ins Grab. Die leere Stelle, die sie hinterließ, wog schwerer als Ruhm, Beliebtheit, erfülltes Schaffen.
Von Fanny Mendelssohn Bartholdy sind immerhin Werke überliefert: Lieder, Klavierstücke, Kammermusik. Ihr bedeutendstes, das 1831 geschaffene „Oratorium nach Bildern der Bibel", mußte mehr als anderthalb Jahrhunderte auf seine späte Uraufführung in Köln warten. Es ist ein ernstes, von starker Innerlichkeit getragenes, ausgezeichnet komponiertes Stück Musik. Warum blieb es das einzige derartige aus Fannys Hand?
Im Berliner Haus der Mendelssohns findet sich die geistige und künstlerische Elite der preußischen Hauptstadt zusammen. An den Musikabenden, bei denen ein Orchester zur Verfügung steht, erhält Felix Gelegenheit, seine frühen Kompositionen zu Gehör zu bringen. Er steht in der Lehre des schon erwähnten Carl Friedrich Zelter, dessen klassizistisches Formgefühl sich in dem aufgeschlossenen, der Romantik zugewandten Temperament des Jungen aufs glücklichste zu einem eigenen Stil verbindet. Obwohl diese jugendlichen Kompositionen – Sinfonien und Konzerte vor allem – starke Aufmerksamkeit erregen, will ihr Schöpfer sie nur als Übungsarbeiten verstanden wissen, denen er keine Opuszahl, keinen Platz in seinem Werkverzeichnis einräumt. Es wird fast 150 Jahre dauern, bis man sie entdecken und dem Musikleben zuführen wird.
In einem entscheidenden Punkt unterscheidet Mendelssohn Bartholdys Jugend sich von der Mozarts. Vater Leopold führt seine Kinder jahrelang quer durch Europa, da er meint, von Gott die Aufgabe erhalten zu haben, dieses Wunder der Welt bekanntzugeben. Vater Mendelssohn hingegen denkt zuerst an die menschliche, auch physische Entwicklung seines Felix, gibt ihm Zeit und alle Hilfsmittel zur besten Entfaltung seines Genies: keine anstrengenden „Musikreisen", nur Fahrten, um die Schönheit der Welt bestaunen zu können, um mit interessanten Menschen zusammenzukommen, von denen der Jüngling lernen kann. Ein Zeitzeuge hat beide beobachten können, trotz des großen Zeitabstandes zwischen ihnen: Der vierzehnjährige Goethe hatte den siebenjährigen Mozart in Frankfurt spielen gehört und wird sich bis an sein Lebensende an den kleinen Mann erinnern, der da so ernst auf dem Podium saß, im Galakleid, mit einem kurzen Degen an der Seite. Und sechzig Jahre später erlebt er in Weimar den jungen Mendelssohn Bartholdy, den sein Berater Zelter ihm vorführt und über den er kaum weniger staunt.

Die Entdeckung der Matthäuspassion

In die Zeit des Heranreifens tritt für Mendelssohn Bartholdy, gerade im richtigen Augenblick, das entscheidende musikalische Erlebnis: Er hört mit wachen, stets suchenden Sinnen die Musik Carl Maria von Webers, die durchbrechende Romantik, die sich in ihm mit dem Klassizismus, in dem er von Zelter erzogen wird, organisch verbindet. Mit siebzehn Jahren schreibt er sein erstes Meisterwerk, die Ouvertüre zu Shakespeares „Sommernachtstraum", der später weitere Stücke als Bühnenmusik zu dieser Komödie folgen werden, darunter so berühmte wie „Scherzo", „Nocturno", „Hochzeitsmarsch". Dann gelingt dem eben Zwanzigjährigen eine Entdeckung: Er findet in Leipzig die seit einem Jahrhundert nicht mehr gespielte und dem Bewußtsein der Welt entschwundene „Matthäuspassion" Johann Sebastian Bachs. Er leitet die Wiederaufführung in Berlin in einem der sicher aufsehenerregendsten Konzerte des Jahrhunderts. Eine Reise nach Schottland bringt starke Eindrücke – dunkle Landschaften unter tieffliegenden Wolken, Maria Stuarts düsterer Palast in Edinburgh, beklemmende Zeugnisse geschichtlicher, ja vorgeschichtlicher Vergangenheit –, die sich zur „Schottischen Sinfonie" verdichten. Ähnliches, wenn auch ungleich lichterer Natur, geschieht ihm bei einer Reise nach Süden, deren Frucht die „Italienische Sinfonie" wird. Eine Dozentur an der Berliner Universität lehnt der kaum dem Jünglingsalter entwachsene Komponist ab, da er sich für noch nicht reif genug hält.
Er hat begonnen, den musikalisch festgehaltenen Natureindrücken nun bildnerische hinzuzufügen. In seinem Skizzenbuch sind hervorragende Zeichnungen und Aquarelle zu finden, durch die seine Reisen ergänzend zu musikalischen Aufzeichnungen und ausführlichen Schilderungen für seine Schwester dokumentiert werden – am schönsten vielleicht bei einer Schweizer Reise: der Rheinfall, die Umgebung von Interlaken, der Vierwaldstätter See, das Berner Oberland. Die Vielfachbegabung dieses jungen Menschen ist verblüffend, seine Sensibilität nicht weniger. Sie läßt ihn, wo er urtümliches Volkstum antrifft, Volkslieder schaffen: „Wer hat dich, du schöner Wald, aufgebaut so hoch da droben?", „O Täler weit, o Höhen...", „Es ist bestimmt in Gottes Rat". 1832 stirbt – fast gleichzeitig mit seinem Freund Goethe – der verehrte Lehrer Zelter, den er künstlerisch seit langem hinter sich gelassen hatte. Die Singakademie Berlin sucht einen neuen Leiter. Zur größten Überraschung wird nicht Mendelssohn Bartholdy gewählt, sondern Zelters Stellvertreter Karl Friedrich Rungenhagen. Man hatte sich für die „Tüchtigkeit" entschieden und gegen das Genie.

Der Dirigent

Mendelssohn Bartholdy verläßt Berlin, denkt möglicherweise an London, wo man ihn als Komponisten wie als Dirigenten feiert, nimmt aber eine Berufung nach Leipzig an, wo ihn ein wichtiger Aufgabenkreis erwartet. Das Wort Dirigent fällt zum ersten Mal, ein Beruf, den es bis dahin als solchen noch gar nicht gab. Ein Komponist leitete seine eigenen Werke an der Spitze eines Orchesters, eines Chores; aber das Dirigieren fremder Werke begann erst jetzt zum Beruf zu werden, zu einem

Felix Mendelssohn Bartholdy, durch seine musikalische Inspiration, durch die technische Meisterschaft seines Schaffens auf nahezu allen Gebieten, durch seine überaus gewinnende, kameradschaftliche Persönlichkeit und seine überragenden Gaben ein unumstrittener Anführer der deutschen Romantik.

erlernbaren Handwerk, das irgendwann mit „Kunst" in Beziehung gebracht wurde. Natürlich hatte schon Haydn in Eisenstadt eine bunte Palette von verschiedensten Werken geleitet, so wie jeder Kapellmeister es eben zu tun hatte. Die Pariser *concerts spirituels*, die Londoner Abel-Bach- und Salomon-Konzerte brachten durchaus bunte Programme, aber die Position des Dirigenten war noch weit von ihrer späteren Bedeutung entfernt. Erst das Anwachsen der Orchester in der Frühzeit der Romantik machte es notwendig, dem Kapellmeister immer wichtigere Aufgaben zu übertragen, ihn auch sichtbar über seine musizierenden „Untergebenen" zu erhöhen. Die schnell wachsenden Komplikationen in der Kompositionsweise, die nicht mehr schablonenhaft ausgeführten Temporückungen, die dynamischen Abstufungen, die verschiedene Wertigkeit einzelner Stimmen – alles das schuf eine neue Technik der Orchesterleitung, rief den wahren „Dirigenten" auf den Plan, der sich bald zur führenden Gestalt des Musiklebens aufschwang. Wenn wir in Berlioz' Memoiren lesen, daß er selbst bei der Aufführung eines seiner Werke geistesgegenwärtig einspringen mußte, da der Dirigent gerade an der heikelsten Stelle eine Prise aus seiner Schnupftabakdose nahm, so mutet uns dies heute wie ein Witz an, dürfte aber wahr sein. Mendelssohn Bartholdy wurde zu einem der ersten Dirigenten seiner Zeit: Durchdringende Musikalität, glänzendes Gehör, aber auch

Links: Das Gewandhaus in Leipzig – ursprünglich Haus der Tuchmacherzunft – gehört zu den traditionsreichsten Musikstätten. Hier wurden um 1780 die Werke Haydns und Mozarts gespielt, Beethovens Sinfonien erklangen hier unmittelbar nach den Wiener Uraufführungen. Die berühmten Konzerte fanden in verschiedenen Sälen statt. Nach der Zerstörung im Zweiten Weltkrieg erfolgte der Neubau 1981 unter Kurt Masur, zu dessen berühmten Vorgängern Mendelssohn Bartholdy gehört hatte. Unser Bild stammt aus dessen Zeit.
Unten: Mit diesem Programm übernahm Mendelssohn Bartholdy 1835 mit Sechsundzwanzig die Leitung der Gewandhauskonzerte in Leipzig.
Rechte Seite: Originalmanuskript Mendelssohn Bartholdys: die Vertonung des Gedichts „Der Eichwald brauset" von Friedrich Schiller.

gelöste Zeichengebung und angeborene Bewegungsanmut prädestinierten ihn für diese in vieler Hinsicht neue Laufbahn. Daß diese Entwicklung weitgehend mit der des Virtuosentums auf instrumentalem Gebiet parallel verläuft, ist kein Zufall. Vieles von dem, was Mendelssohn Bartholdy nun einführte, hatte bereits kurz zuvor der achtzehnjährige Weber erdacht: Er hatte sich als Kapellmeister in Breslau aus der Masse der Ausführenden erhoben, hatte zum sichtbaren Zeichen seines Amtes eine Notenrolle in die Hand genommen, hatte Umgruppierungen unter den Musikern vorgenommen, um einen einheitlicheren, verschmelzenden Klang zu erzielen, und sehr genaue Probenarbeit durchgeführt. Mendelssohn Bartholdy setzt die Entwicklung fort, sie wird dann bei Wagner weitergehen. Mendelssohn Bartholdy war vielleicht der erste, der einen Dirigentenstab verwendete, allerdings noch schwer und klobig; bald erhält er den Symbolwert eines musikalischen Zepters.

Im Jahr 1835 leitet Mendelssohn Bartholdy ein Kölner Musikfest, 1836 wird er Ehrendoktor der Leipziger Universität. Er komponiert das tiefschürfende Oratorium „Paulus"und führt es 1836 in Düsseldorf erstmals auf, fast gleichzeitig mit Berlioz' „Requiem": zwei grundlegende Beiträge zur religiösen Musik in einer Epoche, in der dieser Musikzweig in eine deutliche Talsohle eingetreten war. Die Tätigkeit Mendelssohn Bartholdys an der Spitze des Leipziger Gewandhauses, einer der angesehensten Musikinstitutionen der damaligen Welt, brachte eine nahezu ununterbrochene Kette von Höhepunkten. In diese glückliche Zeit fällt auch Mendelssohn Bartholdys Hochzeit mit einer hugenottischen Pastorentochter. Es wurde eine der idealsten Künstlerehen, von denen die Geschichte berichtet.

König Friedrich Wilhelm IV. von Preußen sucht den schnell zum vielleicht berühmtesten Musiker Mitteleuropas Aufgestiegenen an Berlin zu binden, verleiht ihm den kurz zuvor für Spontini geschaffenen Titel eines Generalmusikdirektors, doch seine Kraft und sein Schwung gehören vorwiegend Leipzig. Diese bedeutende Musikstadt – in der nahezu alle Sinfonien Beethovens zum zweiten Mal unmittelbar nach den Wiener Premieren aufgeführt wurden – erlebt nun eine prachtvolle Blüte. Hier erklingt 1845, vom glänzenden Ferdinand David gespielt, Mendelssohn Bartholdys Violinkonzert zum ersten Mal, hier komponiert er den „Elias", eines der schönsten Oratorien nicht nur der Romantik, hier schafft, dirigiert, organisiert er unermüdlich, und hier gründet er das erste deutsche Konservatorium, an das er neben vielen anderen führenden Musikern seinen Freund Schumann als Klavierlehrer beruft. Mit Hunderten von Melodien wurde er zu einem der großen Liederschöpfer, ohne allerdings vielleicht ganz die Tiefe Schuberts, Schumanns und Brahms' zu erreichen. Für manche seiner bezaubernden Klavierstücke

Erstes

ABONNEMENT-CONCERT

im Saale des Gewandhauses,

Sonntag, den 4ten October 1835.

Erster Theil.

Ouverture, „Meeresstille und glückliche Fahrt," von Felix Mendelssohn-Bartholdy.

Scene und Arie von C. M. von Weber (in Lodoiska eingelegt), gesungen von Dem. Grabau.

Was hör' ich! Schaudern macht mich der Gedanke!
Weh mir! ihm droht Verrath —
Ihn spornt vielleicht sein Muth zu kühner That,
Indess ich muthlos schwanke.
Fern von ihm, in öden Mauern
Quälte mich der Trennung Schmerz;
Gram der Sehnsucht war mein Trauern,
Hoffnungslos erlag mein Herz.
Neu beseelt mich seine Nähe,
Freundlich lacht der Hoffnungsstrahl.
Doch dass ihn bedroht ich sehe,
Mischt die Freude noch mit Qual.
Sich're meines Retters Leben,
Schütz! o Gott ihn vor Gefahr!
Lautrem Glück dahin gegeben
Preis't dich dann ein seel'ges Paar.

Violin-Concert, (Nº 11), von Spohr, vorgetragen von Herrn Musikdirector Gerke.

Andante
sempre Pedale.
cresc.
sempre Pedale
senza Pedale.

schuf er den Namen „Lieder ohne Worte", der zwar paradox erscheint, sich aber für pianistische Miniaturen durchgesetzt hat. Acht solcher Hefte entstanden, jedes mit sechs Kompositionen, sechs zu seinen Lebzeiten, zwei posthum. „Venezianische Gondellieder", „Jägerlied", „Frühlingslied" sind einige Titel, die den Inhalt verraten, aber in den meisten soll die Phantasie des Hörers angeregt werden – ins Unendliche zu träumen, war eine Lieblingsbeschäftigung in romantischer Zeit; Stimmungen und Gefühle dominierten.

Der Repräsentant bürgerlicher Musikkultur

Mendelssohn Bartholdy ist der ideale Vertreter der bürgerlichen Musikkultur, die zu Beginn des 19. Jahrhunderts zur Erbin der feudalen, aristokratischen wird. Nicht nur Konzertsaal und Stadttheater werden zu sorgsam gehüteten musischen Pflegestätten und gesellschaftlichen Versammlungsorten, von ebenso hohem Wert ist die häusliche Musikkultur, in der Kammermusik und Liedgesang gedeihen, in der neue Werke vierhändig auf dem Klavier gespielt werden und die Achtung vor der Kunst in jeder Weise gepflegt wird. In diesen Kreisen, die dem wachsenden Materialismus des Geschäftslebens einen echten kulturellen Idealismus entgegensetzen, wird Mendelssohn Bartholdy als Idol verehrt. Aber es gibt auch Einwände gegen ihn: Seine Erfindungsgabe fließe zu leicht dahin und entbehre daher gelegentlich der für ein Kunstwerk erforderlichen Tiefe, es herrsche eine „zum Sentimentalen neigende Melodiosität vor, welche seine Epigonen einseitig nachahmen" (Hugo Riemann, „Musiklexikon"). Vieles von diesen Anwürfen geht daneben. Niemand kann für seine Epigonen verantwortlich gemacht werden, außer er selbst sei ihr Lehrer gewesen. Ein neueres Lexikon stellt fest, Mendelssohn Bartholdys Musik sei „nie heftig oder traurig, sondern von heiterer Grazie". Das aber reicht zur Charakterisierung seiner Oratorien nicht aus. Wohl erscheint in dieser großen Musik die Zeit um 1840 als ruhige, glückliche Periode voll Feingefühl und zarter Lebensfreude. Niemand aber wird behaupten wollen, damit sei diese Ära erschöpft. Ihre „Nachtseiten" zu malen, blieb anderen überlassen, Schumann etwa, Mendelssohn Bartholdys engem Freund und Kameraden. Doch Mendelssohn tat nicht etwa so, als sei die Welt ein schöner Traum voll Menschenliebe und Lebensfreude, für ihn war sie es wirklich. Hierin liegt keinerlei Leichtfertigkeit. Er nahm Freude und Glück so ernst wie andere Schmerz und Enttäuschung. Er arbeitete unermüdlich im Dienst der Musik. Als seine geliebte Schwester völlig unerwartet 1847 starb, unterhöhlte dieser tiefe Schmerz seine lange schon geschwächte Gesundheit so entscheidend, daß er ihr wenige Monate später ins Grab folgte. Er war am 4. November 1847 gerade achtunddreißig Jahre und neun Monate alt.
Selten ging eine so heftige, so einmütige Welle der Trauer durch die Musikwelt Europas wie in jenen Tagen. Selten auch waren so schnell Straßennamen, Gedächtnisstätten, Monumente zur Hand. Das Denkmal vor dem Leipziger Gewandhaus wurde 1933 von den nationalsozialistischen Herrschern niedergerissen. Das galt dem „Juden" Mendelssohn Bartholdy, der er, als Kind protestantisch geworden, in Denken und Fühlen nie war; ganz im Gegenteil: In ihm hatte die evangelische Kirchenmusik einen ihrer mächtigsten, ehrlichsten und gläubigsten Pfeiler.

Links: Das Leipziger Gewandhaus in seiner letzten Vorkriegsform. Das davor plazierte Mendelssohn-Denkmal war unter der nationalsozialistischen Herrschaft entfernt worden. Rechte Seite: Die frühesten bedeutenden Werke Schumanns sind alle für Klavier geschrieben. Hier die „Davidsbündlertänze".

Robert Schumann

Mendelssohn und Schumann gehören zusammen – nicht wie Zwillingsbrüder, die einander in vielem gleichen, eher wie Tag und Nacht, um den Zeitablauf, wie Sommer und Winter, um das Jahr zu runden. Dem heiteren Mendelssohn Bartholdy stand der schwermütige Schumann zur Seite, dem nachtwandlerisch Erfolgreichen der heftig Ringende, dem leichten, handwerklich vollendeten Schaffen der schmerzliche Kampf um das restlose Ausfeilen des Einfalls. Doch wäre es falsch, Schumanns Bemühen freudlos zu nennen. Er kannte die glückvollen Stunden der gelungenen Arbeit, kannte die Freude des Heims und des Erfolgs, es gab in seiner oft nächtigen Seele den hellen Streifen, wenn er den Volkston traf und für Kinder Melodien schuf.
Schumann wurde am 8. Juni 1810 im sächsischen Zwickau geboren, im kultivierten Heim eines Buchhändlers, der die musikalische Begabung seines Sohnes bald erkannte. Doch er setzte dessen Wunsch nach einer völligen Zuwendung zur Kunst die „praktische" Forderung entgegen, zuerst mit einem Studium der Rechte eine Lebensgrundlage zu schaffen. Robert versucht dies in Leipzig, dann in Heidelberg. Doch als er zu Ostern 1830 Paganini spielen hört, gibt es kein Entrinnen mehr. Er gibt die Studien auf und wird Schüler des namhaften Leipziger Klavierlehrers Friedrich Wieck. Damit tritt er in einen neuen Kreis, in ein anderes Leben. Die Kameraden sind viel weiter voran als er, da sie seit Jahren kaum noch anderes tun als üben. In seinem Ehrgeiz wird Schumann selbst besonders schwere Übungen erfinden, ja zur Erzielung der Unabhängigkeit der Finger Gewaltmethoden anwenden, die zu einer Lähmung führen. Der Traum von der Virtuosenlaufbahn zerrinnt, aber der Schicksalsschlag hat Schumann auf den richtigen, den ihm einzig vorbestimmten Weg gewiesen, zur Komposition. Er bleibt in Wiecks Obhut. Hier sieht er täglich dessen Tochter, fast ein Kind noch, Clara, die sich für eine erste Konzerttournee als Pianistin vorbereitet. Schumann beobachtet sie mit steigender Aufmerksamkeit und beginnt zu fühlen, daß hier die von ihm ersehnte Gefährtin seines Lebens heranwächst.

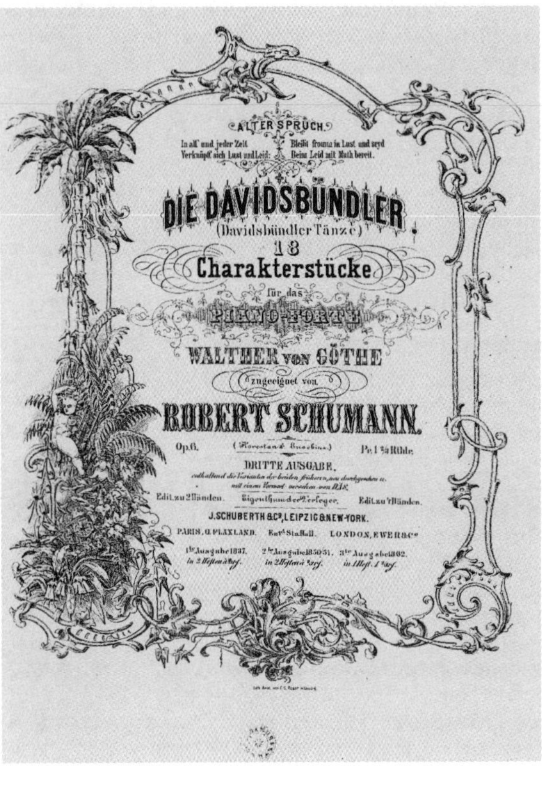

Der Davidsbündler

Schumanns erste Werke sind alle dem Klavier gewidmet: „Papillons", „Davidsbündlertänze", „Carneval", „Phantasiestücke", „Große Sonate", „Kreisleriana", „Kinderszenen", „Noveletten", „Nachtstücke". Oder widmet er sie in Gedanken schon Clara? Einige dieser Titel lassen aufhorchen: Wer sind die „Davidsbündler"? In seinem Inneren hat er einen Bund ins Leben gerufen, der sich den Kampf gegen die „Philister" auf die Fahnen geschrieben hat. Die Philister, das sind die Spießbürger, die zur Kunst nur ein kühles oder überhaupt kein Verhältnis besitzen. Bald wird er diesen Traum in die Wirklichkeit umzusetzen suchen. Aus einer Kaffeehausrunde von Freunden und Kameraden erwächst ein „Davidsbund" voll romantischer Ideen und mit idealistischen Statuten. Auch die Evozierung des Namens „Kreisler" fällt auf: Die großartig-gespenstische Gestalt des „Kapellmeisters Kreisler", die E. T. A. Hoffmann in die Welt gesetzt hat, läßt viele zeitgenössische Künstler nicht ruhen, die dessen Kampf gegen Unverständnis und Gefühllosigkeit nachzukämpfen suchen. „Nachtstücke" schließlich – ein guter Teil von Schumanns Schaffen könnte diesen Namen tragen. In seiner Seele überwiegt das Dunkle, das Unheimliche, das lastend Schwere. Er kann Angstgefühle, die ihn zuweilen überfallen, nicht zum Schweigen bringen. Noch kann er sich niemandem mitteilen, Wieck ist ein gänzlich anders gearteter Mensch, Clara viel zu jung, um die Existenz einer Gespensterwelt erahnen zu können. Doch ein viel späterer Brief an sie macht seinen Seelenzustand erschreckend deutlich, so als zerrisse ein grauenhafter Blitz den Himmel: „In der Nacht vom 17. zum 18. Oktober 1833 kam mir auf einmal der fürchterlichste Gedanke, den je ein Mensch haben kann, der fürchterlichste, mit dem der Himmel strafen kann, der, ‚den Verstand zu verlieren' – er bemächtigte sich meiner mit so einer Heftigkeit, daß aller Trost, alles Gebet wie Hohn und Spott dagegen verstummte. Diese Angst aber trieb mich von Ort zu Ort, der Atem verging mir beim Gedanken, ‚wie es würde, daß du nicht mehr denken könntest'. Clara, der kennt kein Leiden, keine Krankheit, keine Verzweiflung, der einmal so vernichtet war ..."

Clara Wieck

Schumann konsultiert einen Arzt, der – überraschend modern für jene Zeit – erkennt, daß „Medizin da nicht hülfe", daß aber „eine Frau ihn rasch heilen könne". Nun sehnt Schumann sich noch mehr nach dieser Frau, von der er nicht nur alles Glück der Erde erwartet, sondern auch Heilung und Gesundheit seiner leidenden Psyche. Aber die Verwirklichung seiner und Claras

Wünsche bekämpft, fast über Nacht, ein Feind, mit dem die Jungen, innerlich längst einander Versprochenen, nicht gerechnet haben: Vater Wieck verbietet jedes Zusammentreffen, jeden Briefwechsel, nimmt Clara auf weite Konzertreisen durch Europa mit. Hat er nicht kurz zuvor Schumann noch wie einen Sohn behandelt, sich schriftlich und mündlich begeistert über ihn geäußert, sein Talent, ja sein Genie erkannt, seinen lauteren Charakter und seinen menschlichen Wert? Und nun, ohne Erklärung, ohne Übergang, steht er ihm als grimmiger Gegner gegenüber. Ein jahrelanger Kampf entbrennt, der in Erbitterung und Haß vor den Gerichten einst enden wird. Vergebens hat man versucht, Wiecks Beweggründe aufzuspüren. Er habe für seine Tochter, in der er die beste Pianistin Europas heranreifen sah, eine „bessere Partie" gewünscht als den jungen, noch unselbständigen Musiker und Musikschriftsteller Robert Schumann – das hieße wohl zu gering denken von dem bedeutenden Mann und Künstler Wieck. Es bleibt als plausible Erklärung die Annahme, er habe von Schumanns unheilbarer Krankheit gewußt und seine Tochter vor dem Geschick retten wollen, ihr junges, hoffnungsfrohes Leben an der Seite eines Wahnsinnigen zu verbringen.

Clara aber hält nur um so fester zu Schumann. Sie muß manchmal erschrocken sein über seine seltsamen Zustände; aber nun, da sie auf Reisen ist und es zumeist nur mit größter Schwierigkeit möglich ist, den Kontakt aufrechtzuerhalten, sehnt sie sich danach, dem Unglücklichen Trost und Hilfe bringen zu können. Schumann gründet 1834 eine Musikzeitschrift, die zuerst „Neue Leipziger Zeitschrift für Musik" heißt, später aber das Wort „Leipzig" aus dem Titel streicht. Natürlich war klar, daß der Herausgeber den größten Teil der Beiträge selbst verfassen müßte. Um dies nach Möglichkeit zu vertuschen, tut er es unter verschiedenen Pseudonymen: Schumann unterzeichnet mit „Florestan", wenn er sich kraftvoll und mutig äußert (und denkt dabei zugleich an eine Huldigung für seine Lieblingsoper, Beethovens „Fidelio"), mit „Eusebius", wenn er zartere Gedanken ausspricht, und schließlich mit „Meister Raro", wenn er aus beiden Extremen eine mittlere Position machen möchte. Schumann ist nun einmal ein „Gespaltener", der den Astrologen das geradezu perfekte Beispiel eines „Zwillingsmenschen" bieten kann, ein „Zerrissener", wie Nestroy ihn malt – nur ungleich weniger lustig ... Er kämpft mit sich selbst, ist mit sich selbst uneins und zerfallen, kann wahrscheinlich nie vollständig glücklich sein, nie völlig ausgeglichen.

Die Heirat

In seiner Zeitschrift nimmt Schumann zu musikalischen Tagesfragen Stellung. Dem eben aufgetauchten polnischen Pianisten und Komponisten Frédéric Chopin ruft er das herzlichste Willkommen entgegen: „Hut ab, ihr Herren – ein Genie!", und zwanzig Jahre später wird er den jungen Johannes Brahms so begeistert als die stärkste Hoffnung der Romantik begrüßen, daß er damit die Aufmerksamkeit ganz Deutschlands erweckt. Clara konzertiert in halb Europa, feiert Triumphe wie kaum vor ihr eine Frau auf dem Konzertpodium. Heldenhaft kämpft sie um ihre Liebe, aber es schmerzt sie tief, daß Schumanns Worte in Erfüllung gehen: „Einen wirst du lassen müssen, ihn oder mich ..." Sie hängt am Vater, der sich frühzeitig hatte scheiden lassen und zu dessen zweiter Gattin Clara nie eine echte Beziehung finden konnte. „Der Schmerz über die Kränkungen vom Vater, das Glück, ein so edles Herz wie das deine zu besitzen – mit einem Worte: alle meine Gefühle drohen mich zu erdrücken", gesteht einer ihrer Briefe dem Geliebten. Die Lage wird unhaltbar. Zuletzt müssen Clara und Robert die Gerichte Leipzigs anrufen, um heiraten zu dürfen. Es wird ihnen bewilligt, und am 12. September 1840 reichen sie einander tief bewegt die Hände vor Gott und den Menschen: Robert ist dreißig Jahre alt, Clara einundzwanzig. Inniger dürfte ein Jawort selten ausgesprochen worden sein.

Sie beziehen ein Heim und treffen eine sympathische Abmachung: Um einander stets geistig, künstlerisch und kameradschaftlich nahe zu sein, wollen sie ein gemeinsames Tagebuch führen. Jeder von ihnen soll eine Woche lang getreulich alle Gedanken, Wünsche, Ereignisse verzeichnen, bis beim Frühstück am darauffolgenden Sonntag das „Sekretariat" in die Hände des anderen übergehen würde, wobei es „nicht verboten sein solle, dieser Übergabe einen innigen Kuß hinzuzufügen". Leider blieb die schöne Idee in den Anfängen stecken, sehr bald ging Schumann so sehr in seinen Kompositionen auf, daß Clara das Tagebuch fast allein führen mußte. In der Überfülle des Liebesglücks bricht Schumanns schöpferisches Genie nun mit aller Macht durch. Im Jahr der Hochzeit entsteht die Hochflut von 140 Liedern, die zur schönsten musikalischen Lyrik der Welt gehören: „Myrthen", „Liederkreis", „Frauenliebe und -leben" (auf die hochromantischen Verse Adalbert von Chamissos), „Dichterliebe" (nach den herrlichen Versen Heinrich Heines), eine erschütternde Fortsetzung der Zyklen Schuberts, pianistisch weitergebildet vor allem durch hochpoetische Nachspiele, in denen Ekstasen wie Träume in ein langnachhallendes Echo entrückt werden. Schumanns Liedkunst bildet einen Gipfel der romantischen Musik. Kein Würdigerer als er hätte im Haus von Schuberts Bruder das Manuskript von dessen letzter Sinfonie finden können, der „Großen in C-Dur" – eine Entdeckertat, die nicht weit von der seines Freundes Mendelssohn anzusiedeln ist, der ja der staunenden Welt Bachs „Matthäuspassion" zurückgegeben hatte, von deren Existenz sie nichts ahnte. Schuberts Tonmalerei ist bei Schumann noch weiter vertieft, sie ergibt Bilder von ungeheurer Ausdruckskraft. Es ist mehr als ein geistreicher Rat, wenn der amerikanische Historiker Hendrik van Loon seinen Lesern empfiehlt, anstatt Bücher über Napoleon zu lesen, einmal Schumanns Lied (mit dem packenden Text von Heinrich Heine) „Die beiden Grenadiere" zu hören: Da ist in wenig mehr als drei Minuten Musik das Drama des Korsen und seiner *grande armée* in Töne gefaßt; da erhellen zwei Deutsche, damit also „geborene Feinde" des Kaisers dessen Tragödie so ergreifend, daß man erstarrt vor deren Genie, nicht weniger aber auch vor der unbegrenzten Macht der Kunstgattung „Lied" als höchster Symbiose von Dichtung und Musik, wie sie nur die Romantik hervorbringen konnte.

Sinfonie, Kammermusik, Oratorium

1841 wird zum „Jahr der Sinfonie". Die erste entsteht und Teile der späteren vierten. Doch im Gegensatz zu Lied und Klavierstück geht die Orchesterkomposition Schumann nicht so leicht von der Hand. Er findet den Klang ein wenig zu „schwerfällig", weiß mit dem großen Orchester nicht so recht umzugehen. Doch wenn sein geliebtes Klavier hinzutritt, ist er wieder in seinem Element. Er schreibt den ersten Satz des wundervollen Klavierkonzerts in a-Moll, op. 54, das in den folgenden Jahren seine Ergänzung finden wird. 1842 könnte man das „Jahr der Kammermusik" nennen: drei Streichquartette, ein Klavierquartett, ein Klavierquintett sind seine reiche Ausbeute. An Mozarts oder Schuberts „nachtwandlerisch" leichtes und schnelles Schaffen darf man allerdings bei Schumann, ebenso wie bei Beethoven, nicht denken. Auch seine Kammermusik enthält eine überwältigende Stimmungsfülle: Herrlich herausgearbeitete Gegensätze schwärmerischen Schwungs und träumerischer Nachtgedanken werden lebendig, Kraft und Zartheit, Licht und Dunkel verbinden sich zu einem weiten, tiefromantischen Strömen.

1843 beschäftigt Schumann sich wieder mit einer für ihn neuen Kunstart, dem Oratorium. „Das Paradies und die Peri" wird „ein hochbedeutendes, edles Werk

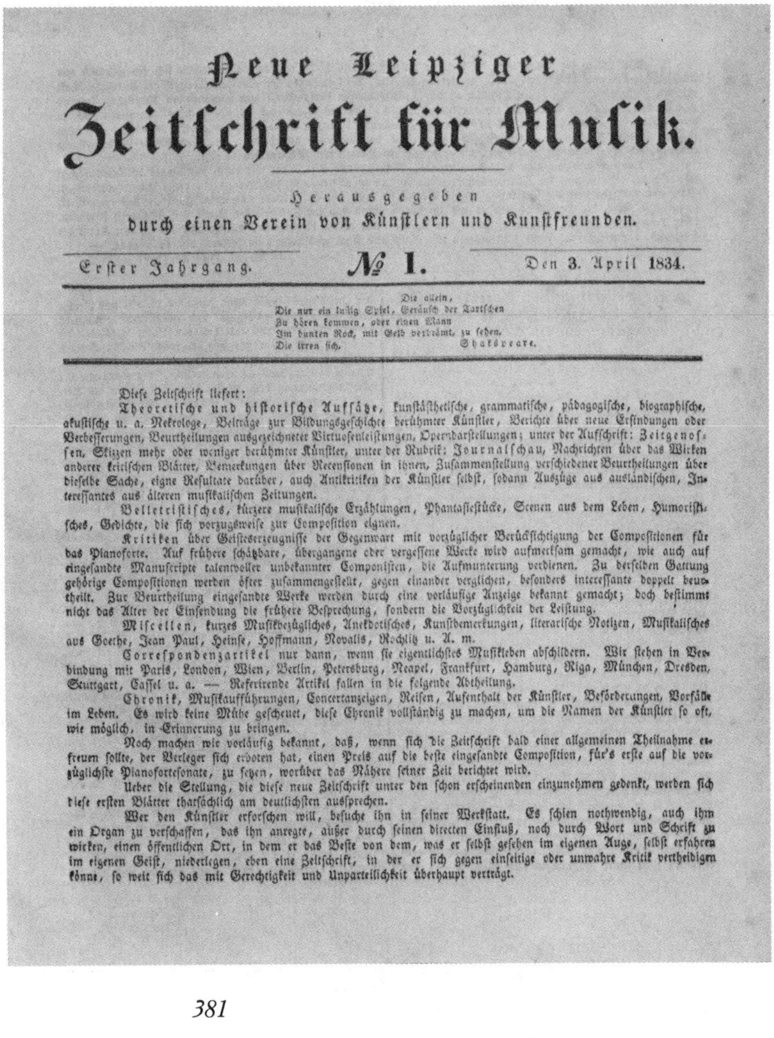

Neue Leipziger
Zeitschrift für Musik.

Herausgegeben
durch einen Verein von Künstlern und Kunstfreunden.

Erster Jahrgang. № 1. Den 3. April 1834.

Die allein,
Die nur ein lustig Spiel, Geräusch der Tartschen
Zu hören kommen, oder einen Mann
Im bunten Rock, mit Gelb verbrämt, zu sehen,
Die irren sich.
Shakspeare.

Diese Zeitschrift liefert:

Theoretische und historische Aufsätze, kunstästhetische, grammatische, pädagogische, biographische, akustische u. a. Nekrologe, Beiträge zur Bildungsgeschichte berühmter Künstler, Berichte über neue Erfindungen oder Verbesserungen, Beurtheilungen ausgezeichneter Virtuosenleistungen, Operndarstellungen; unter der Aufschrift: Zeitgenossen, Skizzen mehr oder weniger berühmter Künstler, unter der Rubrik: Journalschau, Nachrichten über das Wirken anderer kritischen Blätter, Bemerkungen über Recensionen in ihnen, Zusammenstellung verschiedener Beurtheilungen über dieselbe Sache, eigne Resultate darüber, auch Antikritiken der Künstler selbst, sodann Auszüge aus ausländischen, Interessantes aus älteren musikalischen Zeitungen.

Belletristisches, kürzere musikalische Erzählungen, Phantasiestücke, Scenen aus dem Leben, Humoristisches, Gedichte, die sich vorzugsweise zur Composition eignen.

Kritiken über Geisteserzeugnisse der Gegenwart mit vorzüglicher Berücksichtigung der Compositionen für das Pianoforte. Auf frühere schätzbare, übergangene oder vergessene Werke wird aufmerksam gemacht, wie auch auf eingesandte Manuscripte talentvoller unbekannter Componisten, die Aufmunterung verdienen. Zu derselben Gattung gehörige Compositionen werden öfter zusammengestellt, gegen einander verglichen, besonders interessante doppelt beurtheilt. Zur Beurtheilung eingesandte Werke werden durch eine vorläufige Anzeige bekannt gemacht; doch bestimmt nicht das Alter der Einsendung die frühere Besprechung, sondern die Vorzüglichkeit der Leistung.

Miscellen, kurzes Musikbezügliches, Anekdotisches, Kunstbemerkungen, literarische Notizen, Musikalisches aus Goethe, Jean Paul, Heinse, Hoffmann, Novalis, Rochlitz u. A. m.

Correspondenzartikel nur dann, wenn sie eigentlichstes Musikleben abschildern. Wir stehen in Verbindung mit Paris, London, Wien, Berlin, Petersburg, Neapel, Frankfurt, Hamburg, Riga, München, Dresden, Stuttgart, Cassel u. a. — Referirende Artikel fallen in die folgende Abtheilung.

Chronik, Musikaufführungen, Concertanzeigen, Reisen, Aufenthalt der Künstler, Beförderungen, Vorfälle im Leben. Es wird keine Mühe gescheuet, diese Chronik vollständig zu machen, um die Namen der Künstler so oft, wie möglich, in Erinnerung zu bringen.

Noch machen wir vorläufig bekannt, daß, wenn sich die Zeitschrift bald einer allgemeinen Theilnahme erfreuen sollte, der Verleger sich erboten hat, einen Preis auf die beste eingesandte Composition, für's erste auf die vorzüglichste Pianofortesonate, zu setzen, worüber das Nähere seiner Zeit berichtet wird.

Ueber die Stellung, die diese neue Zeitschrift unter den schon erscheinenden einzunehmen gedenkt, werden sich diese ersten Blätter thatsächlich am deutlichsten aussprechen.

Wer den Künstler erforschen will, besuche ihn in seiner Werkstatt. Es schien nothwendig, auch ihm ein Organ zu verschaffen, das ihn anregte, außer durch seinen directen Einfluß, noch durch Wort und Schrift zu wirken, einen öffentlichen Ort, in dem er das Beste von dem, was er selbst gesehen im eigenen Auge, selbst erfahren im eigenen Geist, niederlegen, eben eine Zeitschrift, in der er sich gegen einseitige oder unwahre Kritik vertheidigen könne, so weit sich das mit Gerechtigkeit und Unpartheilichkeit überhaupt verträgt.

Linke Seite: Clara Wieck, Gattin Schumanns, berühmteste Pianistin Deutschlands in ihrer Zeit und höchst beachtenswerte Komponistin.
Rechts: Am 5. April 1834 erschien die erste Nummer der von Schumann gegründeten und geleiteten „Zeitschrift für Musik", die im deutschen Musikleben (durch direkte Nachfolgeblätter) bis heute eine zeitweise bedeutende Rolle spielte. Schumanns letzter Artikel in ihr war die geradezu hymnische „Begrüßung" des zwanzigjährigen Brahms im Jahr 1853.

voll hervorragender Schönheiten", wie Mendelssohn Bartholdy seinem Freund bescheinigt, ein wahres Wort, wenn auch der „einstimmige Beifall", den er ihm voraussagt, nicht eintrifft. Sie bildeten beide, miteinander eng verbunden, den Mittelpunkt der Romantik schlechthin, sie stellten ihre Streitmacht dar. Mendelssohn, der ungleich erfolgreichere, trat überall für den Gefährten ein, machte ihn zum Professor des Leipziger Konservatoriums. Schumann und Clara verehrten den Freund, diesen leuchtendsten Exponenten der Zeit, aber sie blieben stets objektiv genug, auch dessen Schwächen zu bemerken, die gelegentliche „Flüchtigkeit", die aus allzu großer Leichtigkeit stammen kann. 1844 reisen Clara und Robert nach Rußland. Die Pianistin wird überschwenglich gefeiert, Schumanns Name aber ist noch nicht bis hierher gedrungen. Es schmerzt trotz aller Liebe ein wenig, wenn jemand die Virtuosin fragt, ob ihr Gatte auch musikalisch sei, oder wenn dieser, da Clara unter ihrem Mädchennamen konzertiert, Schumann als „Herrn Wieck" anspricht. Nach der Heimkehr verläßt das Ehepaar Leipzig, da Robert an seiner Klavierklasse weniger Freude hat als angenommen, und zieht nach Dresden, denkt auch zeitweise an eine Niederlassung in Wien oder Berlin. Die Familie wächst, wirtschaftliche Sorgen bleiben nicht aus. Zu manchen anderen Ängsten, an denen der Komponist chronisch leidet, kommt die vor einem Aufenthalt in höhergelegenen Stockwerken: In plötzlich

auftretender Panik sieht er sich aus dem Fenster stürzen. Mendelssohn Bartholdys früher Tod erschüttert ihn tief. Manchmal überfällt ihn die Zwangsvorstellung, an keinem Ort mehr leben zu können.
Da scheint 1850 die Berufung als Musikdirektor nach Düsseldorf eine wahre Befreiung. Es handelt sich um einen bedeutenden Posten, den zuvor Mendelssohn Bartholdy und nach dessen Tod der ausgezeichnete Ferdinand Hiller (1811–1885) innegehabt hatten. Doch was zum Glück, zur endgültigen Durchsetzung in der Öffentlichkeit hätte ausschlagen können, häuft neue Sorgen und Bedrängnis auf den Überempfindlichen. Er ist kein Dirigent, ihm fehlt die Freizügigkeit der Gesten, die Beredsamkeit von Mienen und Händen, die zwingende Ausstrahlung, die seinen Vorläufern in so reichem Maß beschieden war. Er wird unsicher, wenn er einem größeren Klangkörper gegenübersteht, fühlt sich von jedem einzelnen belauert, auf die Probe gestellt, seine Arme drohen den Dienst zu versagen, die Konzentration läßt ihn im Stich; die zunehmende Scheu vor schnellen Tempi verleitet ihn sogar dazu, die Metronomangaben in seinen eigenen Werken für falsch zu erklären. Selbst seine Sprache wird in solchen Stunden gehemmter, wie von feindlichen Mächten blockiert. Um ihm ein blamables Versagen zu ersparen, wird immer öfter sein Stellvertreter mit der Leitung von Konzerten betraut.

Die Krankheit kündigt sich an

Manchmal überkommt der ersehnte Rausch des Schaffens den Komponisten auch jetzt noch. 1850 hat er die schönen „Faust"-Szenen (nach Goethe) geschrieben, ein Violoncello-Konzert und die dritte, die „Rheinische" Sinfonie, 1851 Kammermusik, darunter die „Märchenbilder" für Bratsche und Klavier, ein drittes Klaviertrio sowie das bedeutende Chorwerk „Der Rose Pilgerfahrt". 1852 nimmt die Schaffenskraft fühlbar ab. Die „späten" Werke des erst Zweiundvierzigjährigen geben den Interpreten manches Rätsel auf. Oft scheinen sie unzusammenhängend, neben schönen, außergewöhnlich gelungenen Stellen stehen andere, die auf ein Nachlassen, ja völliges Aussetzen des kontrollierenden Geistes schließen lassen könnten. Das Jahr 1853 ist mit Ereignissen verschiedenster Art gefüllt. Schumanns Zustand scheint sich zu bessern, aber es kommt zu einer Krise zwischen ihm und der „Musikalischen Gesellschaft", seine Entlassung scheint zu drohen. Nur ein bevorstehendes Festspiel überbrückt zeitweise die Situation. Schumann steht am Pult, seine Wiedergabe von Händels „Messias" mißfällt, aber für seine „Rheinische Sinfonie" erlebt er langanhaltende Ovationen. Zwei Musiker treten in enge Beziehungen zum Künstlerehepaar Schumann. Im Mai dieses Jahres 1853 hören sie den großen Geiger Joseph Joachim zum ersten Mal: „... wie wir niemals Geige haben spielen hören ...", vertraut Clara dem Tagebuch an. Joachim, 1831 bei Preßburg, dem heutigen Bratislava, geboren, war über Mendelssohn Bartholdy ein begeisterter Anhänger von Schumanns Musik geworden und trat nun in den Freundeskreis des ungewöhnlichen Paares ein. Ende September klopft noch ein zwanzigjähriger Musiker aus Hamburg an die Pforte dieses Hauses, um seine bescheidene Aufwartung zu machen. Beim Anhören von

Linke Seite: Die erste Seite in Schumanns Originalmanuskript seiner vierten Sinfonie in d-Moll, geschrieben 1841, uraufgeführt unter seiner Leitung in Düsseldorf 1853.
Rechts: Robert und Clara Schumann, Daguerrotypie (früheste Form der Photographie), 1850.

dessen mitgebrachten frühesten Werken bricht Schumann in kaum je erlebte Begeisterung aus: Es war Johannes Brahms, der von nun an im Hause bleiben und Aufwühlendes dort erleben wird. Schumann greift – zum letzten Mal – zur Feder, um in seiner Musikzeitschrift eine Hymne auf den neuen „Auserwählten, Berufenen, Meister" zu schreiben.

Die letzte Konzertreise

Schließlich unternehmen Clara und Robert gegen Ende des Jahres eine Konzertreise nach Holland, die überaus erfreulich verläuft. Die „Signale für die musikalische Welt", die in Leipzig erscheinen, berichten darüber: „Robert Schumann und seine Gattin feiern große Triumphe in Holland, in Utrecht wurde er wiederholt nach Aufführungen seiner Kompositionen gerufen und mit Kränzen überschüttet", und einige Tage später: „Robert Schumann und seine geniale Gattin sind mit Enthusiasmus aufgenommen worden. Noch niemals habe ich Clara Schumann so schön spielen hören, als hier in Holland, Schumann fand überall die Konzerte vorbereitet und brauchte sich nur an das Pult zu stellen, um zu dirigieren. In Rotterdam und Utrecht kam seine dritte Sinfonie, in Amsterdam und im Haag die zweite und auch ‚Der Rose Pilgerfahrt'. Das holländische Publikum, dessen Bildung im ganzen dem Besten zugewendet ist und das neben den alten Meistern auch die neuen kennt und ehrt, hat das Künstlerpaar mit Freude bewillkommt und mit Ehren überhäuft."
Schumanns Briefe bestätigen den beglückenden Erfolg. Widersprechen seine Schriftzeichen den Worten? Sie sind kaum leserlich, Graphologen meinen, sie seien in dauernder, krankhafter Erregung geschrieben. Seltsam, daß Schumann selbst diese Frage anschneidet und einmal schreibt: „Die Musiken mancher Komponisten gleichen ihren Handschriften: schwierig zu lesen, seltsam anzuschauen; hat man's heraus, so ist's, als könne es gar nicht anders sein: die Handschrift gehört zum Gedanken, der Gedanke zum Charakter..."
Heute noch lohnt es sich, in seinen „Musikalischen Haus- und Lebensregeln" zu blättern. Da steht nicht nur der schöne Satz vom „Licht senden in die Tiefe des Herzens", das des Künstlers Beruf sei. Da steht auch, was jedem Musikerzieher als Grundregel mitgegeben sei:
„Die Bildung des Gehörs ist das Wichtigste."
„Bemühe dich, und wenn du auch nur wenig Stimme hast, ohne Hilfe des Instruments vom Blatt zu singen; die Schärfe deines Gehörs wird dadurch immer zu-

nehmen. Hast du aber eine klangvolle Stimme, so säume keinen Augenblick sie auszuüben, betrachte sie als das schönste Geschenk, das dir der Himmel verliehen!"
„Spiele immer, als hörte dir ein Meister zu!"
„Spiele, wenn du älter wirst, nichts Modisches. Die Zeit ist kostbar. Man müßte hundert Menschenleben haben, wenn man nur alles Gute, was da ist, kennenlernen wollte."
„Wenn alle erste Violine spielen wollten, würden wir keine Orchester zusammenbekommen. Achte daher jeden Musiker an seiner Stelle!"
„Höre fleißig auf alle Volkslieder, sie sind eine Fundgrube der schönsten Melodien und öffnen dir den Blick in den Charakter der verschiedenen Nationen."
„Ehre das Alte hoch, bringe aber auch dem Neuen ein warmes Herz entgegen, gegen dir unbekannte Namen hege kein Vorurteil."
„Urteile nicht nach dem Erstenmalhören über eine Komposition; was dir im ersten Augenblick gefällt, ist nicht immer das Beste. Meister wollen studiert sein..."
„Die Kunst ist nicht dazu da, um Reichtümer zu erwerben. Werde nur ein immer größerer Künstler, alles andere fällt dir dann von selbst zu..."
„Die Gesetze der Moral sind auch die der Kunst..."
Zuletzt noch drei Sätze, die zum Nachdenken anregen, aber von keinem schaffenden oder ausübenden Künstler mißachtet werden dürften:
„Es ist des Lernens kein Ende!"
„Vielleicht versteht nur der Genius den Genius ganz..."
„Ohne Enthusiasmus wird nichts Rechtes in der Kunst zu Wege gebracht!"
In dem nun ausschließlich von Clara verwalteten Tagebuch spiegeln sich die Ängste und Schrecken der Wintertage im Übergang zum Jahr 1854. In der Nacht vom 10. zum 11. Februar erleidet Schumann eine quälende Gehörstörung, er vernimmt einen immer wiederholten, bohrenden Ton, der sich nach einigen Tagen zu einer herrlichen Musik weitet. Doch auch diese wandelt sich bald und wird zu grauenhaften Klängen. Er schrie vor Schmerz und Verzweiflung, wie Clara festhält. Am Abend des 26. Februar drängt er fort, um in eine Irrenanstalt zu gehen. Herbeigerufene Ärzte und alle Hausbewohner können ihn nur mit größter Anstrengung zurückhalten. Am nächsten Tag reißt er sich in einem unbewachten Augenblick aus einem Freundeskreis los und stürzt sich in den eistreibenden, nahe seinem Haus vorbeifließenden Rhein. Er wird von Schiffern, die ihn beobachtet hatten, „gerettet" – wenn dieses Wort hier anwendbar ist – und in die Heilanstalt von Endenich bei Bonn gebracht.

Das Verlöschen des Geistes

In Endenich spielt sich das letzte, schmerzlichste Kapitel in Schumanns Leben ab. Des Künstlers Geist verdämmert, zweieinhalb Jahre lang, unrettbar. Es ist fraglich, ob man ihn noch zu den Lebenden rechnen soll. Er kann einige Worte mit Brahms wechseln, der ihn besucht und dann ausführliche Berichte an Clara schreibt, die in einem Zustand völligen Zusammenbruchs Unterkunft bei Freunden gefunden hat. Sie darf, so wollen es die Ärzte, ihrem Gatten nur schreiben, sie befürchten zu starke Emotionen in Schumanns Gemüt. Was befürchten sie noch? Wäre ein schneller Tod in ihren Armen nicht ungleich besser für alle Beteiligten gewesen? Hoffnung auf wesentliche Besserung oder Heilung dürfte wohl niemand mehr gehegt haben. 1855 rafft sich Clara – die materielle Lage erfordert es wohl auch – zu kleineren Konzertfahrten auf. Und Schumann, dem Brahms davon erzählt, erinnert sich daran, an einigen dieser Orte mit ihr gewesen zu sein, fragt, ob sie in Holland wieder die gleichen Zimmer bewohnt wie seinerzeit mit ihm. Brahms verneint, sagt, daß Clara das nicht über sich brächte. Schumann bittet um einen Atlas, den der junge Freund ihm bringt. Nun bereist er täglich stundenlang in seinen letzten noch zusammenhängenden Gedanken die Welt.
Am 23. Juli 1856 erhält Clara ein Telegramm des behandelnden Arztes, es bestehe unmittelbare Gefahr für Schumanns Leben. Sofort reist sie mit Brahms nach Endenich. Den Bericht lesen wir im Tagebuch, erfahren, daß der Arzt und Brahms Clara anflehen, den Kranken nicht mehr sehen zu wollen. „Ich reiste zurück... aber ich hielt es nicht lange aus, der Schmerz, das Sehnen nach ihm, ach, nur einen Blick noch von ihm zu erhalten, ihn meine Nähe fühlen zu lassen... ich mußte hin und reiste am Sonntag, den 27. (Juli 1856) wieder mit Johannes (Brahms). Ich sah ihn, es war abends zwischen 6 und 7 Uhr. Er lächelte mich an und schlang mit großer Anstrengung, denn er konnte seine Glieder nicht mehr regieren, seinen Arm um mich – nie werde ich das vergessen. Um alle Schätze der Welt gäbe ich diese Umarmung nicht wieder hin. Mein Robert, so mußten wir uns wiedersehen, wie mühsam mußte ich mir deine geliebten Züge hervorsuchen, welch ein Schmerzensanblick!... Alles um ihn war mir so heilig, die Luft, in der er, der edle Mann, atmete. Er sprach viel, immer mit den Geistern, wie es schien, litt auch nicht lange jemanden um sich, dann wurde er unruhig: verstehen konnte man fast nichts mehr. Nur einmal verstand ich ‚meine', gewiß wollte er ‚Clara' sagen, denn er sah mich freundlich dabei an, dann noch einmal ‚ich kenne' – ‚dich' wahrscheinlich. Montag, den 28. waren wir, Johannes und ich, den ganzen Tag draußen, immer ab und zu bei ihm, oft aber auch nur durch das kleine Fensterchen in der Wand nach ihm blickend. Er litt schrecklich, obgleich der Arzt es nicht meinte. Seine Glieder waren in fortwährendem Zucken, sein Sprechen oft heftig. Ach, ich mußte Gott bitten, ihn zu erlösen, weil ich ihn ja so lieb hatte... Dienstag, den 29. (Juli 1956) sollte er befreit werden von seinen Leiden – nachmittags vier Uhr entschlief er sanft..."
Clara hat Schumann um fast vierzig Jahre überlebt. Sie konzertierte in vielen Städten Europas, spielte Bach und Beethoven, vor allem aber und immer wieder Schumann. Lange Jahre unterrichtete sie am Hochschen Konservatorium in Frankfurt am Main. Über manche Schwierigkeit half ihr die enge Verbundenheit zum „Ziehsohn" Brahms, in dessen Biographie vieles über Claras weiteres Leben nachzulesen sein wird. Sie starb am 20. Mai 1896 im stolzen Bewußtsein, geliebte Gefährtin eines Unsterblichen gewesen zu sein.

Die Virtuosen

Noch im 18. Jahrhundert war das Wort VIRTUOS ungebräuchlich. Wurde es in irgendeiner Sprache verwendet, so bedeutete es „tugendhaft", „mit guten Eigenschaften ausgestattet". Doch dann bekommt es plötzlich den Sinn, den wir ihm heute im gesamten künstlerischen Bereich zuschreiben: den des hervorragenden Könnens auf einem der vielen Gebiete der Kunst. Man spricht von einem „virtuosen Maler" als von einem, der Farben, Licht, Zeichnung, Proportionen usw. mit glänzender Perfektion zu handhaben weiß, also gleichzeitig Schöpfer wie Interpret einer Idee ist. Man benennt so aber auch im Reich der Musik den „Nur-Interpreten", den „Nachschöpfer", den Pianisten, Geiger, Cellisten, Sänger usw., der mit untadeligstem Können Meisterwerke zu idealer Aufführung bringt. Ein Schauspieler kann zum „Virtuosen" seines Fachs werden, in späteren Zeiten auch ein Regisseur. Aus dem „Tugendhaften" von einst ist ein „überlegen über der Aufgabe stehender Könner" geworden, ein Gestalter oder Nachgestalter, der Maßstäbe setzt, wenn diese auch manchmal im Äußerlichen verharren mögen, ohne zum tiefsten Kern vorzudringen. Grenzt Virtuosität an Oberflächlichkeit? Im Prinzip sicher nicht, in der Praxis vielleicht manchmal. Verführt das „virtuose Können", das bis zu einem gewissen Grad erlernbar ist, zur gefährlichen „Leichtigkeit" der Kunstausübung? Solange die Virtuosität von starkem Verantwortungsgefühl getragen wird, ist sie für die Kunst unschädlich, kann sie nur nützlich und wertvoll sein. Hat „virtuos" also doch etwas mit „tugendsam" zu tun?

Die ersten Virtuosen der Musik – die wir als solche empfinden können – waren Schöpfer und Interpreten zugleich. Mozart war es, vielleicht schon ein halbes Jahrhundert vorher Bach – natürlich Domenico Scarlatti, Giambattista Viotti, Tartini und die anderen großen Geiger ihrer Zeit. Doch wahrscheinlich war ihr unsterblicher Teil, der Komponist, wichtiger als der Interpret. Damals flocht die Nachwelt dem Mimen keine Kränze: Der Interpret wurde nach seinem Tod zu Grabe getragen, spätestens vierzig Jahre später, wenn der letzte Zeitzeuge seine Augen schloß, entschwand er dem lebendigen Bewußtsein, wurde, wenn er nicht zur Legende taugte, vergessen.

Erst das 20. Jahrhundert speichert längst begrabenes Virtuosentum, erweitert damit das musikalische Gedächtnis der Welt praktisch ins „Ewige". Von dieser beinahe unfaßbaren Entwicklung wird von nun an des öfteren die Rede sein. Doch kehren wir zu den Anfängen des Virtuosentums zurück. Hier sei an einige Künstler erinnert, die noch in idealem Sinn die Personalunion zwischen Komponist und Virtuose verkörperten. Die großen Gestalten des Barock liegen weit hinter uns. Erblicken wir sie nochmals im Licht des „neuen" Virtuosentums, so erkennen wir, daß ihre Doppelbegabung kaum die gleiche Würdigung erfuhr, die sie später erfahren hätten. Den „Nur-Komponisten" gab es leider nicht. Jeder schaffende Musiker mußte in der Öffentlichkeit wirken, war Kapellmeister, Konzertmeister, Kammermusiker, Organist, Chorleiter oder was immer. So brachte er seine Werke zum Publikum. Ein nicht komponierender Musiker in einer solchen Stellung war kaum denkbar. Schaffen und Interpretieren waren unlösbar miteinander verbunden. Das ändert sich, löst sich im frühen Verlauf des 19. Jahrhunderts. Viele Faktoren tragen dazu bei: die außerordentliche Ausweitung des Konzertlebens, das dem „Nur-Virtuosen" viele und neue Chancen bietet; die gesteigerten Anforderungen an den Virtuosen, von dem rein technisch ungleich mehr verlangt wird als im 18. Jahrhundert; „freischaffende Künstler", die dem Komponisten einen eigenen, einen Sonderrang einräumen, der nicht mehr mit öffentlichem Auftreten verbunden sein muß. Beethoven kann hier als Vorbild herangezogen werden: Er hat, seit er mit zweiundzwanzig Jahren nach Wien übersiedelt, nie mehr an eine Anstellung gedacht. Zwar gibt er noch eine Reihe von Konzerten, aber mit steigendem physischen Leiden, mit dem unaufhaltsamen Verlust seines Gehörs, zieht er sich in die immer dichtere Einsamkeit zurück, der Weg zu seinen Werken muß nun nicht mehr über ihn selbst führen. Die Werke können durch Interpreten, durch „Virtuosen" übermittelt werden, soweit dies nicht, wie bei den Streichquartetten, schon immer der Fall war.

Nach Abklingen der Rokokoepoche finden wir im Musikleben natürlich auch noch weiterhin durch einige Zeit den Typus des Doppelkünstlers: Mendelssohn Bartholdy ist es in hohem Maße; er komponiert und dirigiert, wie wir sahen. Paganini und Spohr, zwei glänzende Namen, die sowohl mit dem Schaffen wie mit dem Violinvirtuosentum zu verbinden sind. Chopin und Liszt stehen am Anfang der so überreich befrachteten Geschichte der Klaviervirtuosen, deren wohl letzte große Vertreter – d'Albert, Rachmaninow – bis gegen die Hälfte des 20. Jahrhunderts reichen werden.

Niccolò Paganini

Paganini kam am 27. Oktober 1782 in Genua zur Welt, debütierte als Knabe und ging vierzehnjährig auf seine erste Konzertreise. Seine abenteuerliche Laufbahn führte ihn kreuz und quer durch Europa, machte ihn zum skurrilen, extravaganten, ja unheimlichen, von vielen als dämonisch empfundenen „Hexengeiger", der alle Vorstellungen sprengte, lebend zur Legende wurde. Er muß, neben seinem Können, eine unwiderstehliche Ausstrahlung besessen haben, eine geradezu hypnotische Wirkung auf seine Hörer, die einer späteren Epoche seltsam vorkommt, aber trotzdem immer wieder, wenn auch immer seltener auftaucht. In seiner eigenen Epoche konnte man Paganini mit Liszt vergleichen, der ebenfalls auf sein Publikum eine ungeheure Wirkung ausüben konnte. Nicht wenige Hörer schrieben Paganinis Spiel und Charisma allen Ernstes sogar einem Pakt mit dem Teufel zu – und er dachte gar nicht daran, solchen Gerüchten entgegenzutreten. Sie schufen ihm jenen Nimbus, mit dem er seine schärfsten Konkurrenten aus dem Feld schlug; zudem war die Macht der Kirche nicht mehr zu fürchten, die Zeiten der Inquisition waren längst vorüber. Paganini trat stets in schwarzer, seine hagere Gestalt eng umschließender Kleidung auf, die von Kopf bis Fuß keine noch so kleine Aufhellung duldete und schon in ihrer Düsterkeit von den farbenfrohen Gewändern des Biedermeier abstach, die vom Ende Napoleons bis in die Revolutionstage von 1848 die in Europa bevorzugte Mode darstellten. Das Gesicht, auffallend dunkel getönt von der Sonne oder der Schminke, war umrahmt von rabenschwarzem, auf die Schultern fallendem, wirrem Haar: So hat ihn Delacroix gemalt, und so lebt er in der Legende; sein Geigenspiel aber ist in die Nacht der Zeiten entschwunden, aus der es keine Wiederkehr gibt.

Die Pausen, die er gelegentlich zwischen seine Tourneen legte und während derer er nicht aufzufinden war, nährten den Glauben an geheimnisvolle Begebenheiten in seinem Leben. In Wahrheit erholte er sich wohl in seinem einsam gelegenen Landhaus, wo er nicht den Teufel zu Besuch empfing, wie man munkelte, sondern zweifellos ernsthaft studierte. Dort wird er auch eine ansehnliche Menge zum Teil sehr bedeutender Werke komponiert haben, die durchwegs seinem Instrument, also sich selbst gewidmet waren, manchmal zusammen mit Gitarre, Mandoline oder einem ganzen Orchester. Einige wenige Gesangsstücke ändern nichts Wesentliches am Gesamtbild dieses Schaffens, das in seiner Beschränkung auf ein einziges musikalisches Gebiet einige wenige Parallelen aufweist: Chopin, dem das Klavier, Hugo Wolf, dem die Singstimme Lebenselement und Ausdrucksfeld bedeuteten.

Über diesen Urtyp von Virtuosen zu sprechen, erscheint unmöglich, obwohl seinem Spiel eine Fülle von Untersuchungen gewidmet wurde, technische, auch psychologische Studien. Viel mehr Konkretes ist natürlich über sein Schaffen zu berichten. Es gibt Stücke von ihm, bei denen der Spieler nur eine einzige Saite zu verwenden hat. Das ist keineswegs seine Erfindung, sondern seit Barockzeiten überliefert. Der Schwierigkeitsgrad seiner Kompositionen ist ebenfalls nicht „einmalig": Sie waren manchem Zeitgenossen und einer Fülle späterer Geiger durchaus zugänglich und stehen seit langem im Ausbildungsplan jedes Violinstudiums. Hier geht es nicht anders als bei Liszts als „absolut unnachahmlich" geltendem technischen Anspruch, der längst Allgemeingut zahlloser Pianisten geworden ist. Doch bedeutet dies keineswegs, es gebe heute Legionen so „großer" Geiger und Pianisten, wie Paganini und Liszt es waren. Größe in der Kunst ist niemals – auch im Zeitalter der Technik nicht – gleichzusetzen mit technischer Fertigkeit. Diese bedeutet nur die notwendige Grundlage zur wahren Größe. Und Größe beginnt jenseits der Materie.

Es ist auch nicht entscheidend, ob jemand dem „Geheimnis" Paganinis auf die Spur kommen wird. Kürzlich behauptete ein Arzt, er habe die offenbar „unheimliche" Beweglichkeit seiner Finger einer sehr seltenen Krankheit verdankt, einer Erschlaffung der Seh-

Oben: Der sagenumwobene „Hexengeiger" Niccolò Paganini (Gemälde von G. Kersting).
Rechte Seite: Das erste Manuskriptblatt des vierten Doppel-Streichquartetts von Louis Spohr, einer äußerst seltenen Kompositionsart.

nen. Es ist unwichtig und außerdem unglaubhaft: Dann gäbe es heute Hunderte von Geigern mit dieser Krankheit, denn im Zeitalter der Geschwindigkeit sind auch die Finger aller Instrumentalisten rascher geworden; wäre das meßbar, wir verzeichneten einen Rekord nach dem anderen. Wesentlich ist nur, daß der Klang seiner herrlichen Guarneri del Gesù-Geige, wie ihn seine Meisterhand spielte, nie wieder zum Leben erweckt werden kann. Als Komponist steht Paganini genau dort, wo er seinen Lebensdaten nach hingehört: unter den frühen Romantikern, die noch ein vollendet klassisches Formgefühl ihr Eigen nennen.
Paganini starb 1840 in Nizza. Er scheint zuletzt seiner Zeit entrückt, irgendwo fast verborgen gelebt zu haben. Aber die Anregungen, die von ihm ausgingen, sind noch immer wirksam. Alle Geiger lernen heutzutage die von ihm verwendeten Kunstgriffe, die „Doppelflageolette“, die Gleichzeitigkeit von Pizzicati der linken mit Melodien oder „Springbögen“ der rechten Hand, die Umstimmung von Saiten (die als *Scordatura* bis ins frühe Barock zurückgeht). Der Einfluß Paganinis auf die Kompositionen seiner und der folgenden Generationen war stark. Schumann schreibt „Paganini-Etüden“, Liszt sechs Konzert-Etüden nach Paganinis „Capricci“, Brahms Paganini-Variationen, Rachmaninow eine „Rhapsodie über ein Thema von Paganini“, E. T. A. Hoffmann brachte wohl einige seiner Züge im dämonischen „Kapellmeister Kreisler“ unter, Lehár gestaltete sein Leben noch 1925 in einer vielgespielten Operette.

Louis Spohr

Bedeutend weniger geheimnisvoll ging es im Leben eines seiner bedeutendsten Rivalen zu, des deutschen Violinvirtuosen, Kapellmeisters und Komponisten Louis (oder Ludwig) Spohr (1784–1859). Von seinen Opern, Oratorien, Sinfonien, Messen schläft das meiste in Archiven, aber einige seiner sehr schönen Kammermusikwerke haben sein Andenken hundert Jahre nach seinem Tod wieder ins Gedächtnis gerufen. Zu Lebzeiten gehörte er zu den Prominenten. Seine Opern „Faust“ und „Jessonda“ sind Meilensteine der deutschen, der romantischen Oper, die Stimmungselemente zeigen eine starke Entwicklung, das Nummernsystem wird weitgehend aufgegeben, Leitmotive tauchen hier und dort auf. Die zehn Sinfonien sind vergessen, die vielen Konzerte – vor allem für Violine, aber auch für Klarinette – könnten wenigstens teilweise zum Leben erweckt werden, ebenso das Nonett und das Oktett. Seine Kapellmeisterlaufbahn brachte ihn jung nach Wien, 1817 nach Frankfurt, von 1822 bis 1857 war er Hofkapellmeister in Kassel. Weite Tourneen führten den Geigenvirtuosen durch Europa, wobei er einmal in Italien Paganini begegnete. Doch die Zeiten des Wettspielens waren vorbei.
Die beiden nächsten Komponisten-Virtuosen, Chopin und Liszt, sprengen den Rahmen eines Sammelkapitels. Sie gehörten zu den größten Pionieren des 19. Jahrhunderts und der Romantik.

Franz Liszt

Schumann schrieb über einen Auftritt Liszts in seiner „Zeitschrift für Musik": „Die schönen hellen Räume, der Kerzenglanz, die geschmückte Versammlung, dies alles erhöht die Stimmung... Nun rührt der Dämon seine Kräfte; als ob er das Publikum prüfen wollte, spielte er erst gleichsam mit ihm, gab ihm dann Tiefsinnigeres zu hören, bis er mit seiner Kunst gleichsam jeden einzeln umsponnen hatte und nun das Ganze hob und schob, wie er eben wollte. Diese Kraft, ein Publikum sich zu unterjochen, es zu heben, tragen und fallen zu lassen, mag wohl bei keinem Künstler, Paganini ausgenommen, in so hohem Grad anzutreffen sein... In Sekundenfrist wechselt Zartes, Kühnes, Duftiges, Tolles: Das Instrument glüht und sprüht unter seinem Meister... Man muß das hören und auch sehen, Liszt dürfte durchaus nicht hinter den Kulissen spielen. Ein großes Stück Poesie ginge dadurch verloren..." Über keinen Virtuosen der frühen Romantik ist so viel geschrieben worden – mit Ausnahme Paganinis – wie über Liszt, aber keiner ist als Schöpfernatur so verkannt worden wie er.
Eine blendende Laufbahn gilt es nun nachzuzeichnen, ein faszinierendes Auftreten, ein edles Herz zu schildern, einen Weltbürger, dem alle Kulturstätten Heimat bedeuteten. Musik war seine wahre Religion, auch wenn er während weiter Strecken dem Katholizismus zutiefst verbunden war und zuletzt die geistlichen Weihen nahm; innerer Adel zeichnete ihn aus, lange bevor Österreichs Kaiser ihm den äußeren verlieh. Und wenn auch Europas Frauen in Bewunderung seiner männlichen Erscheinung vergingen, die wahre Schönheit lag in seiner Seele. Als die gesamte Musikwelt dem Virtuosen zu Füßen lag, hatte er weit tiefere Bedeutung längst in seinen Kompositionen.
Franz Liszt wurde am 22. Oktober 1811 in Raiding geboren, einem Dörfchen im heutigen österreichischen Burgenland, an der Grenze Ungarns, in jener lieblichen Landschaft, in der Haydn lange Jahrzehnte im Dienst der dortigen Magnaten Esterházy verbrachte. In Liszt verstärken sich die magyarischen Züge; die Musik der weiten Puszta lebt in manchem Werk, wohl mehr als Sehnsucht denn als Erinnerung, denn sein Bleiben in der Heimat ist nur kurz, Liszt wird zum frühen, prächtigen Beispiel eines echten Kosmopoliten, eines Weltbürgers, der alle Grenzen mühelos sprengt.

Der junge Liszt in Paris

Mozart und Mendelssohn Bartholdy ähnlich, war auch Liszt ein pianistisches Wunderkind. Auf Grund eines frühen Konzerts in der Heimat verhalfen einige ungarische Magnaten dem Neunjährigen zu einem Studium bei Carl Czerny (1791–1857) in Wien, einem berühmten Lehrer, dessen tausend Kompositionen untergingen, der aber mit seinen pädagogischen Schriften („Schule der Geläufigkeit") bis heute wirksam blieb und

Links: In Raiding (im heutigen Burgenland) steht das Geburtshaus Franz Liszts, etwa an der deutsch-ungarischen Sprachgrenze, was auf Liszts bewegtes Künstlerleben nicht ohne Einfluß blieb.

Rechts: Auf dieser Lithographie Josef Kriehubers (1846) nimmt die Gestalt des fünfunddreißigjährigen Liszt die Mitte ein. Hinter dem Flügel stehen Berlioz (links) und Czerny, rechts sitzt der damals berühmte Geiger Heinrich Wilhelm Ernst, links hat Kriehuber sich selbst abgebildet. Auf den Noten glaubt man Werke von Beethoven und Liszt erkennen zu können.
Unten: Ein Autograph mit Widmung von Franz Liszt.

dessen Name von der Aura umschwebt ist, mehr als drei Jahre lang Beethovens Schüler gewesen zu sein. Mit zwölf Jahren war der kleine Liszt reif genug, um nach Paris zu gehen und im dortigen Konservatorium den letzten Schliff zu bekommen, vor allem aber, um auf den rechten Weg zur Welteroberung zu gelangen. Doch Direktor Cherubini weist ihn ab. Ausländer könnten nicht aufgenommen werden. Später wird er eingestehen, daß seine Abneigung gegen „Wunderkinder“ ihn zu diesem Schritt bewogen hatte. Und so steigt das „Wunderkind“ Liszt unmittelbar in das rege Konzertleben und gibt seine ersten, sofort sensationell einschlagenden *récitals*, ein Wort, das in jenen Jahren entstanden zu sein scheint, natürlich verwandt mit „Rezitation“, aber ausgedehnt auf einen Solovortrag musikalischer Art und vielleicht bei Liszts Klavierabenden (in London 1840?) erstmals gebraucht. In Paris wird er zum *petit Litz*, zum Lieblingskind der Gesellschaft, der bald aber zum „König der Pianisten“ heranwächst. Seinen Namen wird man hier nie aussprechen lernen, das z vor dem t ist ungewohnt, also warum nicht umgekehrt? Neunzehnjährig ist er der Glanzpunkt der begehrtesten Salons, in denen sich ein wesentlicher Teil des geistigen und künstlerischen Lebens abspielt. Dort liebt man, musikalische „Zweikämpfe“ auszutragen. Pianistik ist das Losungswort der Stunde, Sébastien Erard erfand bahnbrechende Neuerungen in der Technik des Klavierbaus (Repetitionsmechanik), die das moderne Klavierspiel ermöglichten. Liszt „besiegte“ die zahlreichen und keineswegs schwachen Rivalen Friedrich Kalkbrenner, Henri Herz, Felicité Pleyel, Theodor Döhler und den wohl bedeutendsten Sigismund Thalberg. Keiner kann zwar als „echter“ Franzose gelten, aber alle kämpfen, mit vielen anderen mehr, um die Krone der Pianistik von Paris. Liszt war herangewachsen, groß und schlank, von natürlicher Anmut und gepflegter Eleganz, vornehmer Haltung und echt ungarischem Stolz, der höchste Galanterie den Frauen gegenüber einschloß. Er hatte ein schmales, durchgeistigtes Gesicht mit sehr ausdrucksvollen Augen, auf die Schultern fallendes, seidenweiches, dunkelblondes Haar. Seinen feinen, langfingrigen Händen sah man nicht an, daß sie nicht nur Saiten, sondern gelegentlich ganze Klaviere zerschlugen, womit der Jubel des musikverständigen Publikums seinen Höhepunkt erreichte. Daß er überall Mittelpunkt war, wo immer er erschien, verstand sich bald von selbst. Er war in der deutschen, der französischen und italienischen Kultur gleichmäßig beschlagen, er beherrschte diese Sprachen, dazu das Englische vollständig, nur Ungarisch vergaß er allmählich. Als er viele Jahre später in Budapest für eine hohe Ehrung danken soll, kosten die wenigen Worte in seiner einstigen „zweiten Muttersprache“ (die erste, in seiner Familie vor allem gesprochene, war Deutsch) viel Mühe.

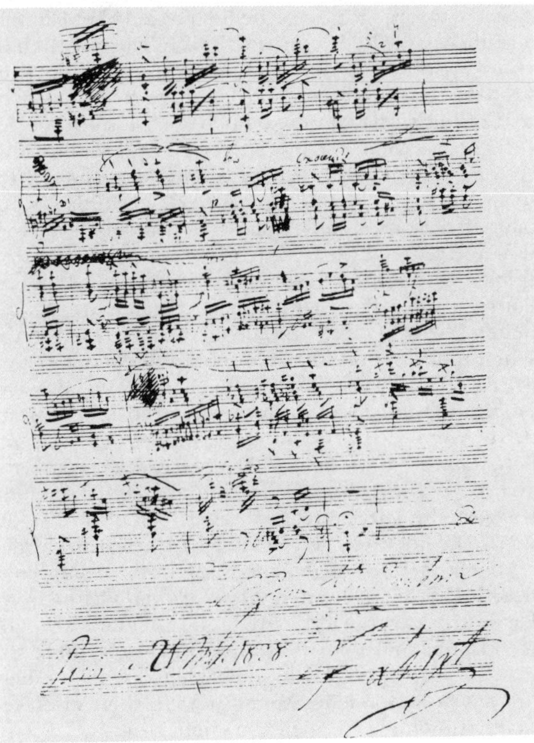

Frühzeitig trat auch seine Großzügigkeit zutage. Seine Hilfsbereitschaft wurde unendlich oft auf die Probe gestellt und versagte nie. Sie kam Künstlern ebenso zugute wie wohltätigen Unternehmen. Wagner erfuhr es nicht weniger als Smetana, Raff nicht minder als Grieg und Cornelius. Der erste war wohl Chopin, und da war Liszt gerade neunzehn Jahre alt. Der junge Pole war neu in Paris und ein wenig verloren in dem weltstädtischen Getriebe. Bei einem Verlegerbesuch lernte er Liszt kennen. Die Sympathie auf den ersten Blick erlosch nicht mehr bis zu Chopins frühem Tod, und Liszt war es, der seinem Freund ein wunderschönes Erinnerungsbuch widmete. Er war es aber auch gewesen, der ihm fast zwanzig Jahre zuvor den Weg zum Ruhm gebahnt hatte, ohne auch nur einen Augenblick an eine mögliche Rivalität zu denken. Er nahm den um ein Jahr älteren Fremden, dessen Genie er erkannt hatte, in einen illustren Salon mit, in dem er manchmal spielte. Dazu aufgefordert, erklärte er sich zwar gerne bereit, bat aber, es an diesem Abend im Finstern tun zu dürfen. Gern willfahrte man der „Laune" des Gefeierten. Um so größer waren Staunen und Überraschung, als beim Losbrechen des stürmischen Jubels die Lichter angezündet wurden und man am Klavier nicht den erwarteten Liszt, sondern einen unbekannten jungen Mann entdeckte: Frédéric Chopin.

Die Gräfin Marie d'Agoult

Sehr bald verlangte ganz Europa Liszt zu hören, die Epoche seiner weiten und langen Tourneen beginnt. Überfüllte Säle, Blumen und Kränze überall, fanatisierte Hörer. Das Urbild des Klaviervirtuosen wird geboren. Legenden ranken sich um seine Gestalt. Bei einer Abreise aus Paris folgt ihm die einer unglücklichen Ehe entrinnende Gräfin Marie d'Agoult. Sie beginnen ein gemeinsames Leben in Genf, wo Liszt sich für einige Jahre als Lehrer am Konservatorium verdingt. Später verbringen sie eine Zeitlang auf dem Gut der Schriftstellerin George Sand, von der im Kapitel über Chopin ausführlich die Rede sein wird. Dann ziehen sie für Jahre an den oberitalienischen Comer See, wo ihnen drei Kinder geboren werden. Von deren zweitem, der Tochter Cosima, wird in unserem Buch noch ausführlich gesprochen werden. Von hier aus reist Liszt zu seinen Konzerten in vielen Städten Europas, schreibt zahllose Briefe an Marie, aber wer sie genau verfolgt, fühlt das Erlahmen der Liebe; zuletzt handeln sie fast nur noch von ihm und seinen Erfolgen: „Ich fange an, wunderbar zu spielen. Ich wünschte zuweilen, daß Sie mich hören könnten" (das „Sie" ist die damals in hohen Kreisen, zu denen Liszt sich zählt, gebräuchliche Anrede selbst zwischen Kindern und Eltern und unter Liebenden), „es würde Ihnen dasselbe Vergnügen bereiten, das ich empfinde, wenn Sie ein hübsches Kleid anziehen ... werde (in Wien) noch zwei Konzerte im Redoutensaal geben, was mir mindestens 7000 bis 8000 Francs einbringen wird. Die gewöhnliche Nettoeinnahme meiner Konzerte bis jetzt beträgt jedesmal 1600 bis 1700 Gulden ... Die höchsten Persönlichkeiten ... die Schwärmerei der Frauen ist allgemein ..." Da wird verständlich, daß die Gräfin mit ihren Kindern Liszt verläßt und nach Paris zurückkehrt. Dort schreibt sie unter dem Pseudonym Daniel Stern einen kaum verhüllten Schlüsselroman, in dem der große Liszt recht klein erscheint. Auch der hat wohl, wie jeder Mensch, zwei Seiten, zwei Gesichter und mehrere Seelen in seiner Brust.

Liszt in Weimar

Bald begleitet den blendenden Künstler eine neue Frau. Auch sie, die russisch gebürtige Fürstin Karoline von Sayn-Wittgenstein, ist aus einer liebeleeren, zwangsmäßig vollzogenen Ehe ausgebrochen, um Liszt zu folgen. Die hochgeistige, künstlerisch versierte, wenn auch einer oft dunklen Mystik hingegebene Frau erkennt das Wesen des Geliebten tiefer als alle anderen Frauen zuvor, ahnt hinter dem weltumjubelten Pianisten den starken Schöpfer. Wahrscheinlich ist sie es, die ihn damit seiner wahren Aufgabe zuführt. Er nimmt die feste Stellung eines Musikdirektors in Weimar an. In Goethes und Schillers Stadt, deren Andenken noch nicht verblichen ist, schlagen sie ihr dauerndes Heim auf, und Liszts Leitung des herzoglichen Theaters bringt der Stadt eine neue, dieses Mal musikalische Hochblüte. Auf der „Altenburg", ihrem herrschaftlichen Haus, entstehen viele von Liszts bedeutenden Werken: die sinfonischen Dichtungen, darunter „Mazeppa", „Tasso", „Les Préludes", „Faustklänge", „Hungaria", „Hunnenschlacht", „Die Ideale". Und damit wird das Genre, das von Berlioz bewußt zum Ersatz der klassischen Sinfonie in hochromantischer Zeit ausersehen wurde, wesentlich gefestigt und durchgesetzt. Hinzu kommen noch die dreiteilige „Faust-Sinfonie", die beiden Klavierkonzerte, der „Totentanz", die „Ungarische Phantasie" für Klavier und Orchester sowie zahlreiche von Liszts schönsten Liedern wie „Es muß ein Wunderbares sein ums Lieben zweier Seelen". Hier verbringt Liszt die schöpferischsten, nach außenhin stillsten, aber vielleicht die glücklichsten Jahre.

Die Altenburg in Weimar wird zu einem neuen Zentrum der romantischen Musik. Mendelssohn Bartholdy ist tot, Schumann verlebt letzte tragische Jahre in Düsseldorf, doch Liszts Stern steht hell und ungetrübt. Seine künstlerischen Ansichten mögen mit denen der Mendelssohn-Bartholdy-Schumann-Schule nicht immer übereinstimmen, aber der Zwiespalt ist, als er aktuell schien, zu sehr hochgespielt worden. Brahms sondert sich deutlich von den „Neudeutschen", wie Liszts Kreis bald genannt wird, ab, aber für uns späte Nachkommen sind sie doch alle Romantiker gewesen, Anhänger gerade jener Grundidee, die niemals eng gefaßt und kaum je eindeutig definiert werden kann.

Die Weimarer Jahre zwischen 1848 und 1861 bringen Liszt auch auf dem Gebiet des Dirigierens unerwartete Lorbeeren. 1850 hebt er Wagners „Lohengrin" aus der Taufe, die Oper, die ein Jahr zuvor der aus Dresden Flüchtende ihm als wahres Vermächtnis ans Herz gelegt hatte. 1858 stellt er seines Schülers und Helfers Peter Cornelius bezaubernde Lustspieloper „Der Barbier von Bagdad" vor, bekommt aber hierbei erstmals einen starken Widerstand von Musikern und Publikum zu spüren. Das kann für den Stolzen nur das Ende seiner Weimarer Zeit bedeuten. Noch löst er sich nicht endgültig, aber vielerlei andere Interessen rufen ihn wieder in steigendem Maße in „die Welt". Er hat einen großen und wertvollen Freundeskreis um sich geschart, romantische junge Komponisten, die nach Weimar gezogen sind und in regem Gedankenaustausch mit dem Meister und untereinander leben und schaffen: Peter Cornelius, Joachim Raff, der kommende führende Dirigent Hans von Bülow, der Pianist Karl Tausig, der Geiger Joseph Joachim, der Komponist Felix Draeseke. Immer entschiedener wurden diese „Neudeutschen" zu Verfechtern der „Programm-Musik": Sie sind, im Gegensatz zu Mendelssohn Bartholdy und Schumann, bereit, den Regeln der Klassik weitgehend abzuschwören, den Inhalt, den Ausdruck, das Gefühl zur obersten Triebfeder der Musik zu machen, der auch, wenn nötig, die „reine Form" geopfert werden muß. Das aber ging Brahms ganz entschieden zu weit, während sein Zeitgenosse Anton Bruckner sich vor allem in Wagner-Verehrung zu den „Neudeutschen" bekannte, wie wir später sehen werden.

Linke Seite oben: Photographie der zweiten Lebensgefährtin Liszts, der Fürstin Karoline von Sayn-Wittgenstein.
Linke Seite unten: Bleistiftzeichnung (von Théodore Chasseriau) der Gräfin Marie d'Agoult, der ersten Lebensgefährtin Liszts und Mutter seiner drei Kinder (darunter Cosima, die zweite Gattin Wagners).
Rechts: Liszts Konzerte waren legendär, wurden aber auch oft recht boshaft karikiert (hier Berlin 1842).

Links: Liszt dirigiert 1865 in Budapest im Gewand eines Abbé die Uraufführung seines Oratoriums „Legende von der heiligen Elisabeth". 500 Mitwirkende und ein über dreitausendköpfiges Publikum gaben einen imposanten Rahmen.
Rechte Seite oben: Höhepunkt des Tonkünstlerfestes war das von Hans von Bülow geleitete Sinfoniekonzert am 6. August 1861 im Weimarer Hoftheater, bei dem zwei Werke Liszts zur Aufführung kamen.
Rechte Seite unten: Die Grabkapelle, in der Liszt am 4. August 1886 unter ungeheurer Anteilnahme der Welt in Bayreuth beigesetzt wurde. Diese Kapelle wurde 1945 zerstört, aber 1979 wieder in den ursprünglichen Zustand versetzt.

Liszts und der Prinzessin Bestreben, deren Ehe zu trennen, um sich auch gesetzlich miteinander verbinden zu können, scheitert nach zahllosen Versuchen; zuletzt erweist sich sogar der Papst, zu dem Liszt in guter Beziehung steht, als zu schwach, eine katholische Ehe selbst unter den gegebenen Bedingungen moralischer Unrechtmäßigkeit zu lösen. Die Jahre vergehen, und schließlich resignieren die Liebenden selbst. Liszt, der immer wieder auf die Altenburg zurückgekehrt ist, sagt Weimar nach einer letzten Enttäuschung adieu, als seine Bewohner der von ihm begeistert begrüßten und geleiteten Uraufführung von Cornelius' „Barbier von Bagdad" unfreundlich begegnen. Er nimmt die Konzerttätigkeit wieder auf, nun grauhaarig, langsamer in den Bewegungen, aber ungebrochen in seiner titanischen Kraft und seiner unvergleichlichen Ausstrahlung. Ein Schwarm von Anhängern, Schülern und „Jüngern", wie sie oft genannt werden, folgt ihm von Stadt zu Stadt; er ist ununterbrochen von tiefster Verehrung umgeben. Oft spielt oder dirigiert er nun in der Soutane: Er hat die niederen geistlichen Weihen genommen, ist der „Abbé Liszt" geworden. So leitet er vor allem die Aufführungen seiner geistlichen Kompositionen, das „Christus"-Oratorium, die „Legende von der heiligen

Weimar.

Großherzogl. Hof-Theater.

Dienstag den 6. August 1861.

Zweites Fest-Conzert

zur

Tonkünstler-Versammlung.

Erster Theil:

1. Fest-Spruch von Franz Dingelstedt,

Gesprochen von Hrn. Hofschauspieler Lehfeld.

2. Ouverture und Chöre zu

Herders „Entfesselter Prometheus“

von Franz Liszt.

Verbindender Text von R. Pohl.

Dirigent: Hr. Musikdirektor Carl Stör. — Mitwirkende: Solisten: Frau Wellig, Fräulein Lessiak, die Herren Hofopernsänger Meffert, Götze, v. Milde und Walleureiter — Declamation: Herr Hofschauspieler Lehfeld. — Chöre: Der Montag'sche Singverein unter Mitwirkung kunstgeübter Dilettanten, Das Großherzogl. Hofopernchor, Die akademische Liedertafel zu Jena, Die Liedertafel zu Weimar. — Orchester: Die Großherzogl. Hof-Kapelle unter Mitwirkung auswärtiger Künstler.

Zweiter Theil:

„Eine Faust Symphonie“ nach Goethe,

in drei Charakterbildern:

1. FAUST. 2. GRETCHEN. 3. MEPHISTOPHELES und Chorus mysticus

von Franz Liszt.

Dirigent: Herr Hans v. Bülow. Tenor-Solo: Herr Hofopernsänger Meffert.

Textbücher sind an der Kasse gratis zu haben.

Preise der Plätze:

Fremden-Loge	1 Thlr. — Sgr.		Parket-Stehplätze	— Thlr. 15 Sgr.
Balkon	— „ 20 „		Parterre-Loge	— „ 15 „
Parket-Sperrsitze	— „ 20 „		Parterre	— „ 10 „
Parterre-Sperrsitze	— „ 15 „		Gallerie-Loge	— „ 7½ „

Gallerie — Thlr. 5 Sgr.

Die Kasse wird um sechs Uhr geöffnet.

Anfang um sieben Uhr, Ende halb zehn Uhr.

Elisabeth“ die „Graner Festmesse“ für den herrlichen Dom von Estergom (Gran) am Donaustrand.

Die Spätwerke

Sein Werk erfährt noch einige Abrundungen. Der Klavierstil, aus Beethovens Erbe weiterentwickelt, ist seit den frühen Reisebildern („Années de pèlerinages“, die Pilgerjahre) bis zu den „Zypressen der Villa d'Este“ und den „Wasserspielen der Villa d'Este“ unaufhörlich, über Hunderte von Stücken, in die Tiefe gedrungen. Mögen die so volkstümlichen (19) „Ungarischen Rhapsodien“ auch die bekanntesten sein, es gibt wesentlich Wertvolleres: die „Balladen“, „Consolations“, „Elegien“, die 58 Etüden (unter welchen sich, wie bei seinem längst verstorbenen Freund Chopin, unter anspruchslosem Titel recht anspruchsvolle Werke befinden), die „Phantasie und Fuge über den Namen B-A-C-H“, die imposante h-Moll-Sonate, die „Harmonies poétiques et religieuses“, unter denen die eindrucksvollen „Funerailles“ zu finden sind, die „Liebesträume“, deren letzter (in As-Dur) lange zu den meistgespielten Melodien des Abendlandes gehörte, die Polonaisen, die Walzer. Hinzu kommt eine Kompositionsgattung, die seit damals ein wenig in Mißkredit geraten ist: die „Paraphrasen“, „Transkriptionen“, d. h. Bearbeitungen berühmter Stücke, meist aus erfolgreichen zeitgenössischen Opern, für Klavier, die oftmals in Liszts höchst virtuoser Spielweise erst richtig bekannt wurden: Es gibt Bearbeitungen für Klavier von Melodien von Schubert, Donizetti, Berlioz, Paganini, Mendelssohn Bartholdy, Schumann, Verdi und Tschajkowskij. Ab und zu taucht die eine oder andere noch in heutigen Konzerten, meist als Zugabe, auf. Ihre Wirksamkeit hat sich kaum vermindert, von der Liszt schon 1839 einmal an Marie d'Agoult geschrieben hatte, sie hätten „einen Bombenerfolg“, und er müsse sie „regelmäßig“ in jedem Konzert wiederholen... Liszts Konzertrepertoire zeichnete sich wohltuend vor allen seiner Zeitgenossen aus. Während diese weitgehend Stücke bevorzugten, die wir heute als „seichte Salonmusik“ einstufen müßten, spielte er, neben den eigenen, die Werke großer Meister, wie Beethovens gewaltige Sonate op. 106, die sogenannte „Hammerklavier-Sonate“, die von ihm erstmals seit Beethovens Tod vor 18 Jahren öffentlich vorgetragen wurde.

Zuletzt, nach fast zehnjährigem Aufenthalt in Rom, zieht Liszt nach Bayreuth, der „Residenz“ Richard Wagners, der inzwischen sein Schwiegersohn geworden war. Dessen Größe hatte er frühzeitig erkannt. Ein schweres Zerwürfnis trennte die beiden Männer lange Zeit, aber Cosima, Liszts Tochter und nun Wagners Gattin, bewerkstelligte die Versöhnung der beiden Großen. Freiwillig trat Liszt ein wenig in den Schatten, um Wagners Licht nicht zu trüben. Doch immer noch kamen Botschaften, Huldigungen, auch Schüler aus der ganzen Welt. In Bayreuth starb Liszt am 31. Juli 1886. Er überlebte Wagner um mehr als drei Jahre. Noch jahrezehntelang ließ kein Pianist es sich nehmen, auch wenn Liszt ihm vielleicht nur einmal die Hand geschüttelt hatte, zu seinem Namen auf Konzertankündigungen zu setzen: „Schüler Franz Liszts“.

Frédéric Chopin

Die traditionellen Musiknationen – Italien, die deutschen Lande, Frankreich, England, die Niederlande, Spanien – horchten auf, als im romantischen Zeitalter plötzlich neue Klänge aus den Randgebieten des Erdteils hörbar wurden. Sie tönten nicht nur exotisch, es klang nach „Volk", nach tanzenden Bauern auf blühender Erde. Es bewegte die Hörer in ganz neuer Form, sprach zugleich den Kenner wie auch den einfachen Hörer, den Laien an. Volksmusik und Kunstmusik, beide in allen Teilen Europas Hunderte von Jahren alt, näherten sich einander, vermischten sich, verstanden, ergänzten sich. Die Zeit besaß kein langes musikalische Gedächtnis, sonst hätte sie sich Bachs erinnert und seiner Zeitgenossen, die in Suiten und Partiten oft Melodien des Bürgertums, aber auch der breiteren Landbevölkerung hineingenommen hatten. Nun tat die Romantik ein gleiches, aber sie erweiterte den Kreis und machte auch auf deren Verse und Melodien, Trachten und Tänze, Bräuche und Feste die „Gesellschaft" Europas aufmerksam. So wird sie der eigenen Merkmale bewußt, während sie die der anderen entdeckt, erfühlt und bald auch zu verstehen beginnt. Man muß nicht in dem Land geboren sein, dessen Weisen man nachsingt. Bei Haydn mochte dies noch der Fall sein, wenn er ein südslawisches Thema in eine Sinfonie nimmt. Ob Beethoven diesen gleichen Ursprung noch kannte, als er den Wanderer seiner Pastoralsinfonie mit einer Melodie ähnlichen Ursprungs in den frohen Tag hinein wandern läßt? Aber er weiß es, wenn er Liederalben mit schottischen, englischen, walisischen Weisen anlegt. Die nächste Generation, die erste bewußt romantische, strebt dann in voller Absicht dorthin: Liszts Abstammung allein genügt kaum zur Erklärung des starken ungarischen Charakters vieler seiner Werke. Und bei Brahms kann für eine ähnliche Neigung das Blut überhaupt nicht verantwortlich gemacht werden. Noch im gleichen Jahrhundert wird das Musizieren in fremden Tönen zum Stilmerkmal der damals allgemeinen Begeisterung für alles Exotische. Puccini verwendet Japanisches in „Madame Butterfly", Pariserisches im „Mantel", Chinesisches in „Turandot"; Tschajkowskij schreibt das italienische Capriccio, ein leicht italianisiertes Streichsextett „Erinnerungen an Florenz", Rimskij-Korsakow taucht in die Volksmusik vieler Länder, in die ihn seine Reisen als Marineoffizier führen: Spanien, der Orient, Indien. Nicht nur ein musikalisches Zusammenwachsen, sondern auch eine kommende völkische und soziale Annäherung deuten sich an. Die Slawen sind die ersten, deren Musik sich in das „Konzert" des Abendlandes mischt: Tschechen, Slowaken, Polen, Russen. Später folgen die Skandinavier, die Ungarn, die Spanier, um die Wende zum 20. Jahrhundert, wenn auch wesentlich abgeschwächt, Nord- und Südamerika.

Links: Chopins Geburtshaus in Zelazowa Wola bei Warschau.
Rechte Seite: Das Gymnasium (Lyzeum) in Warschau, in dem Chopins Vater Französischlehrer war und er selbst zur Schule ging. Im rechts anstoßenden Haus wohnte die Familie bis 1827.

Der erste, der die Volksmusik seines Landes zu Weltgeltung brachte und in wundervoll feiner Bearbeitung ihre Eingliederung in die Kunstmusik erreichte, war ein Pole, Frédéric Chopin. In Zelazowa Wola kam er am 22. Februar 1810 zur Welt. Sohn eines französischen Vaters und einer polnischen Mutter, nahe von Warschau, aber doch in einer ländlichen Umwelt, deren Melodien seine starke Empfindsamkeit schon in frühester Kindheit stark berührten. Was liegt nicht alles in dieser Musik! Die ganze Trauer eines unglücklichen Volkes, bedrängt und unterjocht von den Russen auf der einen, den expansionsfreudigen Germanen auf der anderen Seite. Chopin saß am Klavier und phantasierte; verwundert betrachtete ihn sein Lehrer Joseph Elsner. In diesem Spiel war Mozarts Welt noch spürbar, zugleich aber die weiten, einsamen und dunklen Landschaften Polens, seine Melodien und Tänze, sein Herzeleid und sein Aufbegehren. Hatte Polen nicht immer zwei verschiedene Arten von Musik besessen, die der Oberschicht, deren Geschmack durch Meister aus Venedig und Wien fein gebildet worden war, und jene der Felder und Wälder, der Seen, Sümpfe und Moore? Nun kamen sie einander näher, in Chopins Klängen atmeten sie gemeinsam. Die Freunde lauschten gepackt und wußten plötzlich, daß ihr Kamerad fort mußte, ehe sie losschlugen, um mit den Waffen das russische Joch zu zerschlagen: Seine Musik mußte in Europa stärker für die polnische Sache werben, als seine Flinte dem Vaterland auf den Barrikaden hätte helfen können. Er selbst jedoch durfte nichts von dieser Absicht ahnen, er ginge sonst niemals fort aus Warschau. Erste Konzerte, frühe Kompositionen bestätigen das ungewöhnliche Talent des Jünglings. 1829 bricht er nach Westen auf, erringt in Wien große Erfolge, kehrt noch einmal heim, um ein eben komponiertes Klavierkonzert uraufzuführen. Dann bricht er neuerlich auf, ahnt aber nicht, daß es für immer sein wird. Der Abschied ist besonders herzlich, will ihn dünken: An der Stadtgrenze stehen die Freunde, umarmen ihn mit feuchten Augen. Ihr Geschenk, dem Äußeren nach klein, gewinnt bald schicksalhafte Bedeutung: eine kleine Urne voll polnischer Erde.

Wieder spielt er in Wien, überlegt, ob er sich hier für eine Zeitlang niederlassen soll. Doch fühlt er instinktiv, daß hier nicht mehr das musikalische Herz Europas schlägt, so wie es noch der Fall gewesen sein mußte, als Gluck, Haydn, Mozart, Beethoven hier wandelten. Chopin will weiter nach Paris. Während des Wiener Abschiedskonzerts – so erzählt die Legende – erhält er die Nachricht vom Aufstand der Freunde im fernen Warschau: In glühender Erregung weichen seine Finger vom vorgesehenen Programm ab und improvisieren einen wild dahinrasenden, aufbegehrenden Rhythmus, der das Publikum von den Stühlen reißt. Nach dem Konzert bannt er diese Musik als „Revolutionsetüde" aufs Notenpapier. Schon die nächste Botschaft aus der Heimat zerstört seine Hoffnungen: Polen ist besiegt, kaum einer der alten Kameraden hat die Kämpfe lebend überstanden. In Strömen von Blut ist die Hoffnung auf Polens Freiheit für lange Zeit untergegangen, Chopins Heimkehr unmöglich gemacht. Während sein Wagen nach Paris rollt, wird ihm bewußt, daß er im Exil ist. Wann wird er die Eltern wiedersehen, wann die geliebte Jugendfreundin Constancja Gladkowska?

Im Exil

Über München und Stuttgart gelangt er nach Paris, dessen Größe und dessen rasch pulsierendes Leben ihn verwirren. Doch schnell ist er in Kreisen junger Künstler, deren es hier zahllose zu geben scheint, heimisch. Er lernt deren Jüngsten und Berühmtesten kennen: Einem wichtigen Verleger bringt er gleich nach der Ankunft einige seiner Klavierstücke und geht einige Tage später – es muß in den ersten Januartagen 1832 gewesen sein – wieder dorthin, um nach deren Schicksal zu fragen. Als er den Laden betritt, hört er seine Musik so glänzend auf einem Klavier im oberen Stockwerk gespielt, daß ihm das Herz fast stehenbleibt. Niemand kann seine Stücke kennen! Er stürmt die Treppe hinauf, reißt eine Tür auf und findet einen jungen Mann, der ohne aufzublicken seine Manuskripte entziffert. Verblüfft setzt er sich an ein anderes Klavier, das im

George Sand, berühmte französische Schriftstellerin, bedeutende Erscheinung ihrer Zeit: die sicherlich wichtigste Frau in Chopins Leben in einer viele Jahre währenden, nie ganz geklärten Beziehung. Rechte Seite: Der neunzehnjährige Chopin konzertiert im Berliner Schloß der polnischen Fürsten Radziwil (1829).

Raum steht, und spielt mit. Nach einigen Augenblicken nimmt der Jüngling die linke Hand von der Klaviatur, reicht sie Chopin: „Wer diese herrlichen Stücke auswendig kann, muß wohl der Komponist sein ..." Darauf Chopin: „Wer diese unbekannten Stücke so hinreißend vom Blatt spielen kann, muß Franz Liszt sein!" Als das Stück zu Ende ist, springen sie auf und umarmen einander begeistert: Chopin ist knapp 22, Liszt 21 Jahre alt. Eine Freundschaft fürs Leben beginnt. Und in kürzester Frist ist Chopin, von seinem überall bejubelten Freund eingeführt, ein Liebling der Pariser Salons. Hier werden Karrieren geplant und verwirklicht, neue Literatur und Musik vorgestellt, Ausstellungen organisiert, Berühmtheiten „gemacht", Verbindungen geknüpft, Pressekampagnen gestartet. Liszt, längst der erste Klaviervirtuose der Welt, öffnet seinem Freund Chopin alle Tore. Bald sind dessen Konzerte ebenfalls von einem höchst sachverständigen Publikum besucht, die Schülerzahl wächst, die Kompositionen werden rasch bekannt. Vielleicht ist es gerade der Gegensatz der beiden nahezu Gleichaltrigen, der auf die Hörer so reizvoll wirkt: Liszt, der „Donnerer", der nicht nur Saiten, sondern ganze Klaviere zerschlägt, dessen stürmisches Temperament mitreißt und Menschen in Ekstase versetzt; Chopin, der Stille, Feine, dessen Haartracht so ruhig bleibt wie sein Körper, dessen Melodien träumerisch sind und von anrührender Melancholie... „Den Poeten des Klaviers" nennt man ihn.

George Sand – die Freundin

In einem der Salons steckt man ihm einmal ein Billett zu, und eine der seltsamsten „Affären" beginnt. Chopin schrickt zuerst zurück. Er, der das Urweibliche, Weiche, Zärtliche liebt, entdeckt in der Schreiberin eine überaus maskuline Frau, die in Männerkleidung gewandet ist und Zigarren raucht: George Sand, die bedeutende, feinsinnige Schriftstellerin ist entgegen dem ersten Eindruck zartfühlend und von echter Herzenswärme. Bald scheint das Band zwischen ihnen geknüpft, sie sehen einander täglich, ohne allerdings eine gemeinsame Wohnung anzustreben. Es gibt keinen Liebesbrief zwischen ihnen, Eingeweihte äußern die Vermutung einer Mutter-Sohn-Beziehung. Ein Schreiben der Sand an einen gemeinsamen Freund scheint es zu bestätigen: Sie beklagt sich über das Fehlen jeglicher Erotik von seiner Seite, wofür sie seine strenge religiöse Erziehung, seine nie vergessene Jugendliebe verantwortlich macht. Doch sie reisen miteinander: nach Nohant, wo George Sand – eigentlich Aurore Dudevant – einen Besitz hat, und im Herbst 1838 nach Mallorca, wo Chopin Erleichterung von seinem Lungenleiden sucht. In einem alten Kloster – *La cartuja* in Valldemosa – logieren sie. Während George halbe Tage bei Sturm und Regen mit ihren beiden halbwüchsigen Kindern durch die nun gar nicht „südliche" Landschaft streift, kerngesund und mit geröteten Wangen, sitzt Chopin, in Decken gehüllt, vor dem Klavier, das sie aus Paris kommen ließen, und komponiert mit frostzitternden Händen. Der auf das Blechdach klopfende Regen gibt ihm einmal das „Regentropfen-Prélude" ein, das die ganze Wehmut dieses Aufenthalts auszudrücken scheint: die Glocken, die im Mittelteil wie aus der Ferne zu läuten scheinen, hängen vermutlich in Warschau...

Einmal noch hat er die Eltern gesehen. Sie sind einander auf halbem Weg, in Nordböhmen, ein letztes Mal begegnet. Aber immer noch schreibt er polnisch in sein Tagebuch, spricht polnisch mit manchem Freund. Zahllose Kompositionen entstehen: Phantasien, Préludes, Polonaisen, Mazurken, Nocturnes, Balladen, Walzer, Impromptus, Scherzi, Rondos, Barcarolen, Berceusen, Sonaten, Tarantellas... Vieles klingt polnisch, und doch sind nirgends polnische Melodien hineinverarbeitet. Nur der Geist seiner Heimat lebt in diesen Melodien und Rhythmen. Doch eines verbindet alle seine Werke miteinander: Sie sind durchwegs für Klavier geschrieben. Kein anderer Komponist war so ausschließlich auf ein einziges Instrument eingestellt. Wollte man doch einen Vergleich suchen: Was für Paganini die Geige, für Hugo Wolf die Singstimme, das war für Chopin das Klavier. Mit seinen Tönen malte er immer wieder neue Bilder, die nichts Realistisches besaßen, sondern Bilder von Träumen waren und Träume von Bildern.

Und doch irrt, wer seine Musik als weltfern allein zu verstehen sucht. Der Schmerz, der tief in Chopins Seele lebt, bricht manchmal auch rebellisch hervor. Robert Schumann, ihm sehr nahe verwandt, hat von seinen Werken einmal gesagt, sie seien „Kanonen, unter Blumen versteckt". Ihre Spannweite ist groß, und doch ist er einer der Seltenen, die man nach wenigen Tönen erkannt hat. Ein leiser Hauch von Impressionismus wird hier und da fühlbar, aber niemand vermag zu sagen, woher er kommt. Manchmal rast es in seinen

Tönen wie ferner Aufstand, als stürme ein Volk – sein Volk – zum Kampf gegen die Unterdrücker. Doch öfter zieht eine stille Schwermut in ihnen dahin, eine unendliche Sehnsucht, wie es die Schuberts war, wie es die Mahlers sein wird. Eine Sehnsucht, wie nur Musik sie ausdrücken kann.

Die Krankheit

Chopin wird immer einsamer. Er wohnt sehr schön, sehr elegant, an der vornehmen Place Vendôme, wo die Schüler sich einfinden, manchmal Freunde, selten die Freundin, die sehr an ihm hängt und ihm helfen möchte. Sie sitzt dabei, während er komponiert, zeichnet ihn unbemerkt. Er wird immer blasser, sein Ausdruck immer leidender. Bleigewichte scheinen auf seiner Brust zu liegen, so daß er längst nicht mehr frei atmen kann. Es ist oft stundenlang still im Zimmer; nur seine Hände huschen über die Tasten. „Das Klavier ist mein zweites Ich", sagt er irgendwann leise zu ihr. Dann schüttelt der Husten ihn lange. Als der Vater 1844 in Warschau stirbt, schreibt George Sand an die Mutter einen schönen Brief, in dem sie versichert, sie weihe ihr Leben dem Sohn, den sie „wie ein eigenes Kind" liebe. Und in einem der ganz wenigen Briefe, in dem dieses Thema überhaupt angeschnitten wird, erwähnt die Schriftstellerin „das Ende ihrer körperlichen Beziehung zu Chopin" als Folge eines Ratschlags, den ihr „sein bester Arzt, zugleich einer seiner besten Freunde gegeben habe". Was ist wahr? Chopin, dessen Musik voll Zärtlichkeit ist, war wahrscheinlich kein erotischer und schon gar kein leidenschaftlicher Mann. Georg Sand wollte ihn, die ihn kannte und liebte wie vielleicht niemand sonst, der Welt gegenüber in Schutz nehmen, die sich einen großen Künstler am liebsten auch als großen Liebenden in jeder Beziehung vorzustellen wünscht.

Chopin muß die Konzerte einschränken. Sie strengen ihn zu sehr an, obwohl George Sand in einem Brief an ihren Bruder schreibt: „... ein Konzert, bei dem er in zwei Stunden aus dem Handgelenk mehr als 6000 Francs verdiente, unter begeisterten Bravorufen und dem wildesten Beifall der schönsten Frauen von Paris..." Anders als sein Freund Liszt gibt Chopin jedesmal ein Stück seiner Seele dran, besonders wenn er neue Werke aus eigener Feder spielt. Die aber kommen nicht so einfach „aus dem Handgelenk". Liszt ist der ungleich Robustere, Stärkere, seelisch wie körperlich Widerstandsfähigere. Im Sommer 1848 folgt Chopin der Einladung einer Schülerin nach England und Schottland. Wieder will er, wie einst in Mallorca, dem grauen Himmel entfliehen, in die Sonne reisen. Aber wieder flieht die Sonne ihn. Nachtgespenster martern ihn, er muß fast unaufhörlich an seinen Tod denken. Angst befällt ihn bei dem Gedanken, man könne ihn versehentlich für tot halten und scheintot begraben. Seinem Tagebuch vertraut er diese furchtbare Wahnidee an und zieht daraus den Schluß, man möge sein Herz durchbohren, bevor man ihn ins Grab senke. In jenem Augenblick ist er achtunddreißig Jahre alt...

Chopin stirbt am 17. Oktober 1849, mit neununddreißig Jahren, in seinem schönen Haus. Man durchbohrt sein Herz nicht, aber man nimmt es ihm aus der Brust, bevor der Körper im Mausoleum des Père-Lachaise-Friedhofs beigesetzt wird, wenige Schritte entfernt von seinem geliebten Freund, dem großen italienischen Komponisten Vincenzo Bellini. Sein Herz jedoch kehrt heim: Freunde legen es in einer Urne nahe dem Altar einer alten Warschauer Kirche nieder. Jene

Urne aber, die achtzehn Jahre lang, gefüllt mit polnischer Erde, seinen irdischen Werdegang Tag und Nacht begleitet hatte, wurde über seinem Sarg ausgeschüttet. Chopins Herz bleibt für immer mit Polens Schicksal verbunden. Während der deutschen Besetzung rettet es ein Patriot aus dem brennenden Warschau; 1945 kehrt es zurück.

Noch ein zweites ungewöhnliches Grab liegt dem Chopins nahe im alten Paris, das Heinrich Heines, der jene großartige Zeit in der französischen Hauptstadt so lebendig geschildert hat, wie kaum jemand. Er spottete, wie es seine Art war, über alle und alles, das Herz des verbitterten politischen Emigranten kannte wenig Respekt. Aber Chopin war seiner Verehrung sicher. Mit einem schönen Wort nannte er ihn den „Raffael der Musik". Die erste Biographie über den Jungverstorbenen schrieb Liszt: „Sein blaues Auge war mehr geistvoll als träumerisch", so beginnt sie. „Sein Lächeln fein und müd, nie bitter ... Wenn auch selten, so gab es doch Augenblicke, da wir ihn in tiefer Bewegung überraschten. Wir sahen, wie er sich verfärbte, das Aussehen einer Leiche bekam. Doch trotz der heftigen Erregung blieb er gefaßt. Er blieb auch dann, wie es seine Gewohnheit war, völlig gefaßt und verlor kein Wort über das, was ihn so arg bestürmte ..."

In George Sands Tagebuch lesen wir über sein Schaffen: „Sein Komponieren war spontan, staunenerregend. Die Gedanken kamen ihm ungesucht, unerwartet. Manchmal während er am Klavier saß, in vollständiger Form, großartig. Manchmal aber schienen sie in ihm zu singen während eines Spaziergangs, dann mußte er sich beeilen, nach Hause zu eilen, um sie festhalten zu können. Damit begann die genaueste Arbeit, die ich je gesehen habe. Ein Versuch folgte auf den anderen, ungeduldig suchte er alle Einzelheiten festzulegen, wie er sie innerlich hörte. Was er als Ganzes entworfen, wurde beim Niederschreiben voll Angst zergliedert, seine schmerzliche Angst, nicht alles zu Papier bringen zu können, wie er es wollte, stürzte ihn in einen Zustand wahrer Verzweiflung. Er schloß sich tagelang in sein Zimmer ein, weinte, lief auf und ab, zerbrach die Federn, änderte einzelne Takte wohl hundert Male, um sie schließlich doch wieder in die alte Form zurückzuversetzen, aber auch vielleicht diese wieder zu verwerfen. Er arbeitete oft sechs Wochen an einer einzigen Seite ..."

Mit Chopin trat Polen triumphal in die Reihe der großen musikschaffenden Nationen. Viel Neues in der pianistischen Technik und Schreibweise ist für immer mit seinem Namen verknüpft, auch beträchtliche Fortschritte in der Harmonik gehen auf ihn zurück. Doch war Chopin keine vereinzelte Erscheinung seiner Zeit: Neben ihm wirkte Stanislaw Moniuszko (1819–1872), dessen Ruhm zwar weniger in die Welt strahlte, dessen Melodien aber von gewaltiger Popularität im Vaterland sind. Viele seiner 400 Lieder sind in den Volksmund übergegangen, seine „Halka" ist zur „Nationaloper" geworden, sein „Geisterschloß" steht im ständigen Repertoire der slawischen Welt. Chopin war eine Ausnahmeerscheinung, einer jener seltenen Sterne, deren Leuchtkraft die Welt überstrahlt.

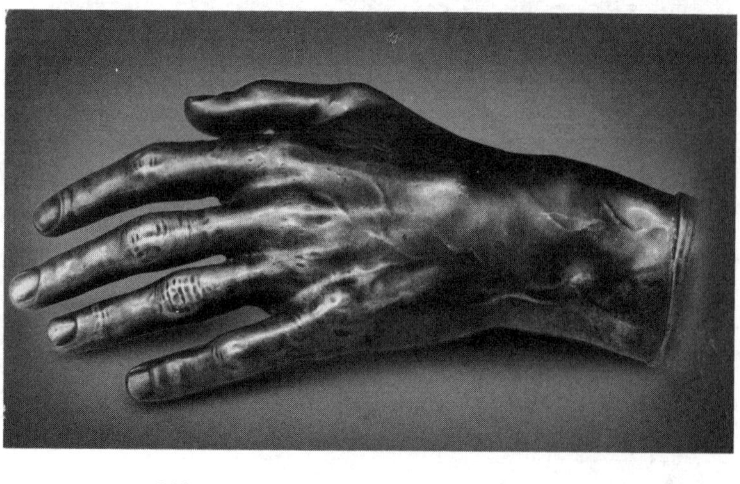

Oben: Das Monumentaldenkmal für Chopin im schönsten Park Warschaus.
Rechts: Abguß der linken Hand Chopins, des „Poeten unter den Pianisten".

Das bürgerliche Musikleben um 1850

Hundert Jahre früher stand das barocke Musikleben noch auf voller Höhe und ging soeben in das leichtere, graziösere, galante Rokoko über, dessen Heimat eindeutig in den Adelspalästen liegt. Es währte nicht lange, schon über seine zweite Generation raste die Revolution hinweg, die dem Abendland ein neues Antlitz verlieh, viel stärker noch aber seine inneren Strukturen veränderte. Das Bürgertum, an vielen Orten noch mit der Aristokratie eng verbunden, hatte nun die Reife erlangt, um Machtpositionen einnehmen zu können. Vor allem auf den beiden Gebieten, von denen es am meisten verstand: Wirtschaft und Kultur. Ein Querschnitt durch das Musikleben des Jahres 1850 mag uns ein anschauliches Bild bieten.

Um 1750 hatte es deutliche Unterschiede zwischen Norden und Süden gegeben. Italien durchlebte eine Glanzzeit seines Musiktheaters, in den Palästen spielten vielstimmige, vor allem aus klangschönen Streichinstrumenten zusammengesetzte Orchester. Der Gottesdienst in den Kirchen war prunkvoll. Viel schlichter ging alles nördlich der Alpen zu (wenn auch die zunächst dieser Scheide liegenden Großstädte – Wien und München vor allem – in ihrem Kultur- und Geistesleben oft stark südlich orientiert waren). Die Musik beruhte auf drei Grundpfeilern: der Kirche, der fürstlichen Hofhaltung, dem Bürgerhaus. Die protestantische Kirchenmusik blühte, täglich wurden ihr neue Lieder und Choräle zugeführt, die für eine lebhafte Verbreitung des Gesangs im Volk sorgten. Die Hofhaltungen, gering und bescheiden im Vergleich zu den politisch wichtigen Europas, musizierten gern, tüchtige Musiker standen den kleinen „Kapellen" vor. Und in vielen Bürgerhäusern wurde im engsten Freundeskreis Musik getrieben, mancher „Feierabend" wurde zur frohen musischen Betätigung genutzt.

1850 hat das Bild sich gewandelt. Die Kirche, zuvor im Süden wie im Norden wohl an erster Stelle des Musiklebens, tritt langsam, aber deutlich zurück. Das Opernwesen hat, in seinem dritten Jahrhundert italienischer Existenz, nun auch siegreich nach Norden übergegriffen. Hier hat das Bürgertum ihm einen festen Platz eingeräumt, der zu einem wahren Symbol seines Kulturlebens wird: das Stadttheater. Jedes größere Gemeinwesen, das auf eine angesehene Stellung im Kulturleben seines Landes Wert legt, hat eine Bühne errichtet, der wichtige Aufgaben zufallen: die Pflege der künstlerischen Güter aus der Vergangenheit und die Förderung des zeitgenössischen litararisch-musikalischen Schaffens. Beides ist wichtig und zeigt das Bürgertum auf der Höhe seiner Stellung: Seine politische Stellung festigt sich von Tag zu Tag. Hier überläßt es klugerweise dem Adel noch einige Positionen. Doch in der Kultur reißt es bald die Führung an sich, wie es seinem Bildungsstand entspricht. Das Bürgertum hat ein reiches Erbe angetreten. In seiner Tradition liegen die künstlerischen Schätze, die geistigen Errungenschaften der letzten Jahrhunderte. Es ist „klassisches" Kulturgut, das den Bürgern als neuer, staatstragender Klasse anvertraut ist. Es ist der Bürgerschaft hoch anzurechnen, diesen Wert, diese Größe rechtzeitig erkannt zu haben.

Städtische Theater und Orchester

Nach dem Krankenhaus, dem Friedhof, dem Altersheim, dem Waisenhaus, dem Beleuchtungswesen, der Müllabfuhr, diesen grundlegenden Verpflichtungen jedes Gemeinwesens, schwang die Stadt sich nun zu den höheren Regionen des Geistes und der Kultur auf, deren Wichtigkeit sie erkannt hatte. Die Mehrzahl der Theater wurde für einen „Dreisparten"-Betrieb eingerichtet: Sie sollten Schauspiel, Musiktheater (Oper und Operette) sowie Ballett pflegen. Keine leichte Aufgabe, denn dies erforderte drei Ensembles, Schauspieler, Sänger und Tänzer, wobei die letztgenannten Gruppen noch das Vorhandensein eines Orchesters notwendig machten. Das „Stadttheater" wurde eine kleine Welt für sich, ein äußerst lebendiger Organismus, der es zumeist verstand, im Mittelpunkt des öffentlichen Lebens zu stehen. Es pflegte das kulturelle Erbe der bedeutenden Theaterwerke aller Epochen und suchte, das „Neue" zu fördern, das sich, würdig der großen Tradition, anzuschließen vermochte. So lautete sein Auftrag, und diesem Ziel strebte das Stadttheater zu, jedes auf seinem eigenen Weg, den ihm die Finanzen der Stadt, die Führungsgabe seines Direktors oder Intendanten und die Fähigkeiten seiner künstlerischen Mitglieder wiesen. Wie unter den Städten selbst gab es auch unter deren Theatern eine natürliche Hierarchie, die aber manchmal durch eine (positive oder negative) Anomalie in einer der beiden Richtungen ins Wanken gebracht werden konnte. Es gab, zumeist durch besondere Theaterteilnahme der Bevölkerung, durch ungewöhnliche Begabung des Leiters oder unerwartetes Zusammentreffen fesselnder Künstler, glänzende Aufführungen in der „Provinz", wie die kleinen Bühnen genannt wurden. Sie führte den Anfänger auf den richtigen Weg, erprobte seine Begeisterung auch unter oft bedrückenden Umständen, lehrte ihn, was notwendig war, um der Kunst dienen zu können. Sie hielt ihre Welt, abseits der großen Kunststätten, in liebevoll gepflegtem Kontakt mit der Kultur, vergoldete Millionen grauer Alltage, führte zur Entdeckung wertvoller Begabungen. Das ist

das große Verdienst der kleinen Theater. Erst die elektronischen Massenmedien machten, 100 Jahre später, der „Provinz" den Garaus, wovon viel später noch zu reden sein wird.
Das Stadttheater erfüllte wichtige Aufgaben künstlerischer, kultureller, gesellschaftlicher, pädagogischer Art. Diese letzteren sogar in zweifacher Art: erstens in der Heranbildung von Schauspielern, Sängern, Tänzern, Kapellmeistern, Regisseuren, zweitens in der geistig-musischen Heranbildung der Jugend, in ihrer ästhetischen Sensibilisierung, in Ergänzung oder als Ersatz eines oft in dieser Beziehung sehr defizitären Schulwesens. Das wöchentliche, vierzehntägige, monatliche Zusammentreffen der Theaterfreunde im möglichst schön gestalteten Halbrund ihres Theaters stellte für viele Bewohner der Stadt den vielleicht stärksten Zusammenhalt ihrer Existenz dar. Zumal das Theater viel mehr war als Erlebnis eines einzigen, zwei- bis dreistündigen Abends. Es war Gesprächsstoff für Tage und Wochen, unter Freunden, bei Kaffekränzchen wie bei Klubabenden.
Neben das Theater trat, ein wenig später, der Konzertsaal. In Europas Süden wurden meist dem gleichen Gebäude beide Funktionen übertragen: die des Theaters und die des Konzerts. Der Norden aber machte ziemlich früh einen wesentlichen Unterschied. Die akustischen, baulich-technischen Differenzen spielten hier eine bedeutende Rolle. Das Orchester, das hier seine Heimstätte hat – wenn es auch an vielen Stellen dem gleichen Klangkörper unterliegt, Oper und Konzerte zu spielen –, ist meist auch im Besitz der Stadt. Seine Zusammensetzung ist ungleich stabiler als die des künstlerischen Personals des Theaters. Während „der erste Tenor", dic „Lyrische Sopranistin", die „Soubrette", der „Kavaliersbariton" danach trachtet, in jeder Etappe der Laufbahn nicht länger als drei oder vier Jahre zu verweilen, rechnet das Orchestermitglied mit einer Dauerbeschäftigung. Vielleicht mehr als beim Sängerensemble des Theaters liegt ein grundlegender Faktor der künstlerischen Qualität eines Orchesters in seiner Stabilität; langes Zusammenspiel der gleichen Musiker trägt zur Leistungssteigerung bei.

Neue Klänge

Das städtische Orchester weist die allen solchen Klangkörpern gleiche Zusammensetzung auf, aber seine zahlenmäßige Stärke schwankt je nach der Höhe der städtischen Finanzen: Es kann fünfzig, hundert oder hundertfünfzig Mitglieder umfassen. Wird das Orchester nur zur Aufführung von Opern oder Operetten gebraucht, so ist die Anzahl der Musiker noch viel geringer. Bei einem Konzertorchester aber spielen Größe und Akkustik des Saales eine wesentliche Rolle. Die Frage lautet nur: Was ist Ursache, was Wirkung? Wuchsen zuerst die Werke an, fiel es also zuerst Beethoven und Berlioz ein, „größere" Werke zu schaffen, und dann wurden, um sie aufzuführen, notwendigerweise die Orchester erweitert? Erforderten diese größeren Orchester geräumigere Säle oder führten die durch die wachsende Zahl der Konzertbesucher notwendig werdenden größeren Räume zur Verstärkung der Orchester? Tatsachen sind, daß mit dem Beginn der romantischen Musik die Orchester anwachsen, die Säle größer werden, die Zahl der Musiker ansteigt. Auch der alte Kapellmeister, der mitten unter seinen Musikern saß, um sie mit dem Klang seines Cembalos und einigen recht geringen Bewegungen zu leiten, hat seine Aufgabe verloren, da sein tonlich schwaches Instrument, dem eine „bindende", zusammenhaltende Funktion zukam, in der größeren Klangmasse unhörbar geworden war. Diese größere Masse aber macht eine deutliche Leitung viel not-

Linke Seite: Das Londoner Königliche Opernhaus „Covent Garden"; Stich aus der ersten Hälfte des 19. Jahrhunderts.
Oben: Eines der glanzvollsten Baudenkmäler der bürgerlichen Ära: die Wiener Hofoper, an der neugeschaffenen Ringstraße; eingeweiht 1869 unter tragischen Umständen, zerstört 1945, festlich wiedereröffnet 1955.

wendiger: Der „Dirigent" wird geboren. Das neue Ensemble – dem alle möglichen Namen gegeben werden (Städtisches, Konzert-, Sinfonisches, Philharmonisches Orchester usw.) – ist technisch ein „Sinfonisches Orchester" und hat als solches eine feste Zusammensetzung, der alle Komponisten „sinfonischer Musik" sich (mit sehr geringfügigen Ausnahmen) unterwerfen.

Das sinfonische Orchester

Das sinfonische Orchester besteht aus drei Gruppen von Instrumenten: den Streich-, Blas- und Schlaginstrumenten. Streichinstrumente sind: die Geigen, die Bratschen, die Celli, die Kontrabässe. Die Bläser werden (was heute vom Material her längst nicht mehr gerechtfertigt ist) in Holz- und Blechbläser geteilt, wobei zu den ersteren Flöten, Oboen, Klarinetten und Fagotte gehören, zu den letzteren Hörner, Trompeten, Posaunen und Tuben. Die Gruppe der Schlaginstrumente begann mit den Pauken, die Türkenmode fügte ihnen Triangel, kleine Trommel, Becken hinzu. Im Lauf des 19. Jahrhunderts vergrößert sich das sinfonische Orchester: Zur Flöte tritt das Piccolo, zur Oboe das Englischhorn, zur Klarinette die Baßklarinette und das Saxophon, zum Fagott das Kontrafagott; Wagner konstruiert eine Tuba, die seinen Namen trägt (aber nur von ihm und Bruckner verwendet wird). Eine wesentliche Erweiterung erfährt das Schlagzeug: Große Trommel, allerlei Arten von Xylophonen – aus Holz wie aus Metall (was eigentlich ihrem Namen widerspricht) – und anderes kommt hinzu bis zu Peitsche, ja selbst Windmaschine, die kaum noch als Musikinstrumente anzusprechen sind. Dies ist die maximale Ausdehnung des sinfonischen Orchesters, die erst zu Anfang des 20. Jahrhunderts erreicht sein wird. Nach Ende der Klassik (Haydn, Mozart) stehen Beethoven und Berlioz an der Wiege des sinfonischen Orchesters, dieser mit praktischen Neuerungen zu seiner „Symphonie phantastique", vor allem aber mit seinem Lehrbuch „Traité d'instrumentation", das, von Richard Strauss ergänzt, noch heute gültig ist. Mendelssohn Bartholdy muß als Pionier anerkannt werden: Seine „Sommernachtstraum"-Musik weist in neue Klangwelten. Richard Wagners Vorspiel zu „Lohengrin" öffnet mit der Vielfachteilung der Streicher ungeahnte Visionen von einem „fernen Land, unnahbar euren Schritten". Skrjabin, Richard Strauss, Mahler werden weitere Propheten sein, bis mit dem Ende der Romantik, dem Zusammenbruch der „Welt von gestern" auch das Zauberreich des sinfonischen Orchesters ein Ende finden wird.

Vom Dirigenten muß noch viel gesprochen werden. In gewissem Sinn ist er die Leitfigur des bürgerlichen Musiklebens. Den „Capellmeister“ hat es, wie wir sahen, schon lange gegeben, solange es eben schon „Capellen“ gab. Und diese waren die ersten Musikgruppen aus Sängern und Instrumentalisten an mittelalterlichen Fürstenhöfen. Je glanzvoller der Hof, je musikverständiger und musikliebender sein Herrscher, desto namhafter der Leiter der Kapelle, desto meisterhafter und höher bezahlt seine Mitglieder. Die vielleicht älteste Hofkapelle entstand um 1400 am polnischen Königshof zu Krakau. 1448 folgte der dänische Hof zu Kopenhagen. 1498 setzt die Tätigkeit der berühmten Wiener Hofkapelle ein; aber es ist möglich, daß zu dieser Zeit Kaiser Maximilian ihr nur neues Leben einhaucht, da in alten Chroniken schon viel früher von prächtigem Musizieren am Hof zu Wien die Rede ist. 1526 hat Stockholm seine Hofkapelle, 1548 Sachsen die seine in Dresden. 1669 erhielt die Pariser Oper ein Orchester, 1739 publiziert der hochgebildete Johann Mattheson in Hamburg seinen „Vollkommenen Capellmeister“, in dem alles Wissenswerte über die Musikpraxis seiner Zeit steht, die auch jene Bachs und Händels ist. 1720 nahm die Mannheimer Kapelle ihre bald weithin berühmte Tätigkeit auf.

1813 entstand das erste Orchester, das nicht mehr Hofkapelle ist, sondern versucht, von den Konzerteinnahmen zu leben: Die „Londoner Philharmonie“ wird von Adel und Bürgertum gemeinsam getragen und erhält 100 Jahre später den Beinamen „Königliche“. 1842 ist das Gründungsjahr der Wiener wie der New Yorker Philharmonie, Parallelen, die manchen Leser überraschen. Seit 1868 gibt es das Zürcher „Tonhalle-Orchester“, 1882 wird die private „Bilse'sche Kapelle“ in das „Berliner Philharmonische Orchester“ umgewandelt, 1888 nimmt Amsterdams „Concertgebouw-Orchester“ seine Tätigkeit auf.

Die alten „Capellen“ wurden von ihrem „Meister“ angeführt, der sie am Cembalo mit Akkorden leitete. Aber es gab doch Gelegenheiten, bei denen diese traditionelle Art nicht genügte. Friedrichs des Großen nachmaliger Hofflötist Johann Joachim Quantz erzählt in einem Brief aus dem Jahr 1723 von einer Reise nach Prag, wo zur Krönung Karls VI. zum böhmischen König die Oper „Constanza e Fortezza“ des Wiener Hofkapellmeisters Johann Joseph Fux uraufgeführt wurde. Es war ein Jahrhundertereignis, allein schon aufgrund der Zahl der Mitwirkenden: hundert Chorsänger, zweihundert Instrumentalisten, zahlreiche Solisten. Hier ein Zitat aus diesem Brief: „Wegen der Menge der Ausführer gab der Kaiserliche Kapellmeister Caldara den Takt an. Der alte Fux selbst aber, welchen, da er an Gicht litt, der Kaiser in einer Sänfte von Wien nach Prag hatte tragen lassen, hatte das Vergnügen, diese so

Linke Seite: Der Dirigent, seit ungefähr Mitte des 19. Jahrhunderts „König“ des Musiklebens, war oft (leichtes) Opfer der Karikatur: hier Hans von Bülow, „beim Dirigieren des ‚Tristan‘“.
Rechts: Joseph Joachim, einer der bedeutendsten deutschen Geiger, Berater Mendelssohn, enger Freund Schumanns und Brahms', Konzertmeister im Orchester Liszts; hier in einem Konzert mit Clara Wieck am Flügel, der Gattin Schumanns, 1854 von Adolph Menzel in Pastell porträtiert.

ungewöhnlich prächtige Aufführung seiner Arbeit, unweit des Kaisers, sitzend anzuhören.“
Wie also „gab Caldara den Takt“? Es muß von einem erhöhten Platz aus geschehen sein. War es ein Taktschlagen oder ein ausdrucksmäßiges Dirigieren? Geschah es mit den Händen oder mit einem Stab? Wir wissen es nicht. Es ist möglich, daß ähnliches schon bei anderen Riesenveranstaltungen geschehen war; sonst hätte Quantz vielleicht mehr darüber gesagt. Er erwähnt es lediglich im gleichen Maße, wie er des Kaisers Aufmerksamkeit hervorhebt, der seinem hochangesehenen Hofkompositeur Fux eine Sänfte für die weite Reise zur Verfügung stellt...

Der moderne Dirigent

Daß aus den Kapellen die Orchester wurden, lag nicht an der Anzahl der Mitglieder, sondern am Musikstil, den sie spielten. Der „moderne“ Dirigent ist ein Kind der Romantik. Schon Beethovens Sinfonien – zumindest von der dritten angefangen – erforderten feinziselierte Klangabstufungen, ja Mozarts letzte, 1788 komponierte Sinfonien, Haydns Oratorien waren in anderer, barocker Spielart undenkbar. Da muß es um 1800 schon den „Dirigenten“ gegeben haben. Vielleicht war die Etappe des „Konzertmeisters“ ein Zwischenstadium. Er war der erste, der wichtigste Musiker des Orchesters, Anführer der Streichergruppe. Er konnte gelegentlich sein Spiel unterbrechen, um mit Bewegungen seines Bogens Tempi zu übermitteln, Unsicherheiten auszugleichen. Bei den Uraufführungen der Beethoven-Sinfonien in Wien konnten die Veranstalter gelegentlich noch in des tauben Komponisten „Leitung“ einwilligen, da als Konzertmeister der großartige Schuppanzigh am ersten Pult saß – oder stand? Alten Berichten zufolge spielte nämlich der Konzertmeister oft stehend. Der moderne Dirigent setzte sich sehr schnell durch und übernahm die gesamte Verantwortung. Vor allem zwei Funktionen jedoch überließ er dem Konzertmeister: das Festlegen des einheitlichen Bogenstrichs und das Einstimmen des gesamten Orchesters, bevor der Dirigent das Podium betritt. Alles in allem kann man sagen, daß er in dessen Abwesenheit der legitime Stellvertreter des Dirigenten ist. Darüber hinaus obliegt dem Konzertmeister die Ausführung der Soli, die der Komponist in die Stimme der ersten Geige geschrieben hat. Einer der frühesten Dirigenten im neueren Sinn war Carl Maria von Weber. Während seiner Prager Zeit beschäftigte er sich viel mit Reformen des Orchesters, Änderungen der Sitzordnung usw. In Dresden stieß er dann auf Widerstände: Erst Wagner, der anderthalb Jahrzehnte später kam, setzte Webers Ideen durch. Auf alten Zeichnungen sehen wir Weber in „moderner“ Form dirigieren: ein wenig erhöht und eine große Papierrolle in der Rechten schwenkend. Bald wurde aus diesem Notbehelf ein Holzstab, zuerst von gut 2 cm Durchmesser und erheblichem Gewicht. Mendelssohn dürfte vielleicht die ersten Verfeinerungen des Stabes veranlaßt haben, der von Jahrzehnt zu Jahrzehnt dünner, länger, leichter, biegsamer, eleganter wird, zum Teil aus ästhetischen Gründen, zum Teil aus praktischen. Das Schwingen eines schweren Stockes während zweier oder dreier Stunden bedeutet eine beträchtliche körperliche Anstrengung, die nur durch eine gleichzeitige geistige Konzentration gemildert überhaupt möglich gemacht werden kann: ein interessantes Phänomen, dem in unserer Zeit manch eingehende Studie gewidmet wird.
Langsam steigt der Dirigent zum „König“ des bürgerlichen Musiklebens auf. Er leitet zuerst technisch den „Apparat“ des immer größer, immer komplizierter werdenden Orchesters, der immer schwierigeren Opern. Dann aber wird er zum geistigen Anführer dieser sechzig bis achtzig Musiker, denen er seinen künstlerischen Willen aufzwingt. Er wird Magier, Hypnotiseur, Diktator. Er denkt für sie, sie werden seine Werkzeuge zur Verwirklichung seiner Vorstellung der Musik, die er dirigiert. Es ist kaum anzunehmen, daß es im Barock so entgegengesetzte Auffassungen über die Interpretation einer Musik gegeben habe wie heutzutage. Gewiß

existierten temperamentale Unterschiede zwischen den Capellmeistern, die sich in schnelleren oder behäbigeren Zeitmaßen bei der Wiedergabe eines Werkes auswirken konnten. Aber die endlosen Diskussionen heutiger Fachleute über die „richtigen" Tempi, zum Beispiel von Beethoven-Sinfonien, sind eine im Grund sinnlose Spätfolge der bürgerlichen „Werktreue" und ihrer Lust an Polemik.

1850 war davon noch keine Rede. Das Bürgertum liebte Musik, es sah in ihren großartigen Leistungen auch die Rechtfertigung eines Zeitalters, mit dessen Materialismus und Egoismus allein es nicht glücklich werden konnte. Die erste Generation der musikalischen Romantik war ins Grab gesunken: Weber 1826, Beethoven 1827, Schubert 1828, Bellini 1835, Mendelssohn Bartholdy 1847, Donizetti 1848, Chopin 1849, Nicolai 1849, Lortzing 1851. Schumann beendete sein bewußtes Leben durch den Sprung in den Rhein 1854, bevor er 1856 auch physisch starb. Die mittlere Generation der Romantik, die der Hochromantik, übernimmt das Zepter. Wagners „Lohengrin" erklingt 1850, Verdis „Rigoletto" 1851, „Traviata" 1853, Brahms' erstes Klavierkonzert 1859, Berlioz' größtes dramatisches Werk „Les Troyens" wird 1856 begonnen. Liszt bricht in diesen fünfziger Jahren dem sinfonischen Gedicht die Bahn. In jeder größeren Stadt des Abendlandes erklingt allabendlich Musik. Hier wird eine Oper aufgeführt, dort gibt es ein Konzert: ein sinfonisches mit oder ohne Solist, ein Kammerkonzert, ein Liederabend, ein Solorezital. In der Kirche erklingt vielleicht ein Oratorium, zu dessen Einstudierung der örtliche Laienchor mit Hingebung monatelang gearbeitet hat. Es sind keine sehr beachtlichen Mengen, die den Abend dieser Art der Musik weihen. Tausend Menschen vielleicht im Theater, ein paar hundert im Orchesterkonzert, ein paar Dutzend im Liederabend. Hundert vielleicht, die in zwanzig Bürgerhäusern sich in Kammermusik vertiefen. Ein Bruchteil der Bevölkerung. Aber sie gehören zu den „Auserwählten", mit dem Sinn für das Schöne. Auch mit Interesse für das Neue. Denn um 1850 erwartet man Neues, wenn man ins Theater oder Konzert geht. Das Neue interessiert die Musikbeflissenen, denn es ist ja der Spiegel ihrer eigenen Welt. Manchmal bekommt man Beklemmendes zu hören, erlebt Bedrückendes. Die strahlende Welt, in der man lebt, hat eine düstere Rückseite. Der Naturalismus macht sich hier und dort schon bemerkbar, zeigt Armut, deren sich niemand annimmt, Ungerechtigkeit, die nicht bestraft wird. Die Jüngeren, voll Euphorie, beginnen nachzudenken, wie man des Bösen Herr werden könnte, bevor es das Strahlen auslöschen würde. Denn noch besteht kein Zweifel: Die bürgerliche ist die beste aller Welten, der Kapitalismus schafft allgemeines Wohlbefinden, der Liberalismus den Weltfrieden. Und die großartige Musik des Bürgertums bringt jedem, der an sie glaubt, das Glück. So herrscht ein fester Glaube an die Gegenwartskunst. Im Spielplan der Theater, im Repertoire der Konzerte ist die zeitgenössische Musik ein wichtiger, besonders interessanter Bestandteil.

Der berühmte „Goldene Saal" der (1812 gegründeten) „Gesellschaft der Musikfreunde" in Wien bei einem von Felix von Weingartner um 1900 dirigierten Festkonzert.

Richard Wagner

Weltweit wurde am 13. Februar 1983 seines 100. Todestages gedacht, und nicht nur Bewunderung war zu hören, auch Mißtöne kamen gegen den Operndramatiker, Textautor, Dichter und Philosophen auf, der der Welt elf gewaltige Musikdramen von höchster Wirksamkeit geschenkt hatte. Die Mißtöne galten nur zum kleinsten Teil dem Werk; sie richteten sich gegen den Menschen Wagner. Die Musik betreffend dürfen wir sie also überhören, denn wer darf das Leben eines Genies richten? Wer seine Handlungsweise im Alltag beurteilen? Die Anklagen, die man gegen ihn erhebt, sind unerheblich im Verhältnis zu dem, was er der Menschheit geschenkt hat. Wagner hat Schulden über Schulden angehäuft und sich den Gläubigern des öfteren durch die Flucht entzogen? Er hat die gleiche Partitur mehrmals an verschiedene Personen verkauft? Keiner der am schlimmsten Geschädigten hat je an eine Klage gedacht, jeder im Gegenteil seinem Glück Ausdruck gegeben, diesem Genie begegnet, vielleicht ein wenig seinen bitteren Kampf unterstützt zu haben: der Kaufmann Wesendonk, der König Ludwig II., der Verleger Schott. Wagner sei ein verbissener Nationalist gewesen? Nichts weniger als das. Von seinen elf Dramen spielen nur zwei in Deutschland, „Tannhäuser" nur zu etwas mehr als der Hälfte; von einem Erheben dieses Volkes über andere kann keine Rede sein. Die „Meistersinger" sind das liebevolle, fast spitzwegisch malerische Porträt einer mittelalterlichen Stadt und die Huldigung an ihren berühmtesten Bürger, der das Volk und dessen Sprache liebt, für die er seine Werke schuf. Warum erwähnt man seine Briefe (vor allem die an Liszt) nicht, in denen er wehmütig erklärt, kein Vaterland mehr zu besitzen, da Deutschland ihn so schmerzlich enttäusche? Warum sieht man seine Liebe zu Italien nicht, wohin es ihn immer zieht? Wagner sei Antisemit gewesen? Das stimmt, aber er hat keinen Juden geschädigt, dagegen viel Gutes getan. Unter jenen, die er besonders schätzte, waren seine treuen Helfer Karl Tausig, Joseph Rubinstein, Angelo Neumann, die berühmte Sängerin Lilli Lehmann. Einem Juden, Hermann Levi, vertraute er die höchste Aufgabe jener von der ganzen Welt bewundernd beachteten Stunde an: die Leitung seines letzten Musikdramas „Parsifal". Wie leicht hätte er dies vermeiden können, da diese Komposition, zumindest nach außenhin, ein betont „christliches" Werk war! Wagner schrieb 1850, kurz nach Beginn seines Exils in Zürich, anonym die Abhandlung „Das Judentum in der Musik", zu der er sich erst viel später bekannte. Sie gehört wahrscheinlich zu jenen Schriften, in denen der Revolutionär von 1848/49 sich viel alten Groll von der Seele schrieb, allerdings die einzige, der er seinen Namen nicht geben wollte. Warum? Da gibt es im Zusammenhang mit dieser Publikation einen dunklen Punkt, den niemand reinwäscht: der Angriff auf Giacomo Meyerbeer, dem ersten der großen Wohltäter Wagners, ja dem entscheidenden vielleicht überhaupt. Niemand aber kann behaupten, Wagner habe in seinem Werk oder auch in seiner persönlichen Haltung aus rassistischen oder ähnlich niedrigen Gründen eine Ungerechtigkeit verteidigt. Wäre er, wie seine Feinde behaupten, ein Verherrlicher „nationalistischen Germanentums", wie anders hätte er Wotans Rolle im „Ring des Nibelungen" gestaltet! Und wie unsinnig, von Unkenntnis strotzend, eines modernen Staates unwürdig ist Israels Verbot Wagnerscher Musik!

Doch mehr als beabsichtigt ist hier gerade über jene Dinge gesprochen worden, deren Präsenz bei Wagner-Gedenkstunden kritisiert werden sollte. Über sein Werk soll berichtet werden, über dessen Stellung im Bürgertum des 19. Jahrhunderts, über seine vielfache Deutbarkeit, die ihm auch heute noch glühendes Interesse zu sichern vermag. Er war umstritten, umkämpft wie kein anderer Künstler der Geschichte. Um ihn entzweiten sich Philosophen, Musiker, Dramatiker, beste Freunde, Familien, Lehrer und Schüler. Wer mit seiner Kunst in Berührung kam, wurde zum Wagnerianer oder Antiwagnerianer. Nicht etwa nur in Deutschland. Frankreichs Kämpfe um sein Werk waren um nichts weniger heftig und zeitigten mindestens ebenso skandalöse wie groteske Vorfälle, die wie überall von einer großen inneren Anteilnahme Zeugnis ablegen. Erst das 20. Jahrhundert wird wieder ähnliche Erregungen um künstlerische Prinzipien kennen.

Wagner und das Musikdrama

Wagner wollte, vom ersten Augenblick seines Schaffens an, kein Opernkomponist sein, sondern ein Musikdramatiker. Hier liegt der entscheidende Unterschied zwischen ihm und seinen Zeitgenossen, auch den besten wie Donizetti, Verdi, Gounod. Das Musikdrama ist kein Musikstück, keine Kette von Musikstücken, denen Texte unterlegt sind. Es ist ein Drama, dessen Wirkung durch eine genau dem dramatischen Ablauf angepaßte und diesen gefühlsmäßig steigernde Musik zum Doppelkunstwerk erhöht ist. Das bedeutet jedoch keine Neuerung: Von einem solchen Musikdrama träumten um 1590 die „Gründerväter der Oper", die Männer der *Camerata Fiorentina*"; davon wohl auch der „Reformator" Gluck, dessen Wirkung sich auf einen nur kleinen Teil der Opernwelt beschränkte. Wagner erkannte, daß alles, was die dramatische Einheit des Werkes gefähr-

Beginn von „Rheingold“:
das ruhige Strömen des Rheins, Symbol der Ewigkeit.

Motiv Walhalla, der Götterburg:
damit auch Symbol für Wotan und seine Macht.

Motiv von Wotans Speer, dem Symbol der Verträge und Pakte, deren Runen in das Holz gegraben sind; Symbol auch für Wotan als Schützer dieser Verträge.

„Die Walküre“: Motiv der Walküren – also auch von Brünnhilde; musikalischer Baustein des „Walkürenritts“.

Leitmotive bei Richard Wagner.

dete, ausgesondert werden mußte: die Zweiteilung zwischen Rezitativ (beziehungsweise gesprochenem Text) und Musiknummer vor allem, ja die Teilung in einzelne Musiknummern (Arien, Duette usw.) überhaupt. Der dramatische Strom mußte vom Beginn eines Aktes bis zu dessen Ende pausenlos fließen. Wagner, der größte Verehrer Mozarts, erkannte die Richtigkeit von dessen Opernkomposition natürlich für die Epoche des Rokoko voll an, hielt aber das Reich der absoluten Melodie bei Rossini schon für beendet und überholt und erklärte das Musikdrama als einzig gültige Form für seine Zeit. Die Zeit des reinen Schöngesangs, des Belcanto, der Vorherrschaft der Melodie war für ihn zu Ende. Auch der Gesang stand im Dienst des Dramas: Die Klarheit des Wortes stand im Vordergrund, der Ausdruck des Sinnes wurde zur Hauptforderung an den Sänger. Nach dem Belcanto wurde der Sprechgesang zum Hauptelement des Musikdramas. Allerdings – und hier beugte Wagner sich höheren ästhetischen Grundsätzen – durfte auch der Sprechgesang den elementaren Schönheitsregeln der Musik nicht zuwiderlaufen. Ja, er wünschte sich zu beweisen, daß auch seinem dramatischen Sprechgesang, sogar im höchsten Ausdruck des Sinnes, Schönheit innewohnen könne.

Das Leitmotiv

Diese Grundgedanken, die Wagner schon früh zu seinen großen Leitsätzen erhob, erforderten mancherlei Umstellungen in der üblichen Kompositionstechnik. Wagner wurde zum Revolutionär. Revolutionär ist die Technik seiner Dichtung, die Abschaffung der Endreime zugunsten von Alliteration und Stabreim, revolutionär die Auflösung der melodischen Gliederung in eine neuartige Motivzusammensetzung. Diese erlaubte ihm die Schaffung des sogenannten „Leitmotivs“, mit dessen Hilfe er ein gewaltiges Geistesgerüst bei der Errichtung des Wunderbaues seiner Dramen schaffen konnte. Das heute allgemein gebräuchlich gewordene Wort stammt von Hans von Wolzogen, dem Herausgeber der „Bayreuther Blätter“. Wagner hat es nicht gekannt, er sprach von „Erinnerungsmotiven“, was die Grundidee seiner Schöpfung zweifellos traf. Doch „Leitmotiv“ stellt eine besonders glückliche Schöpfung dar: Das musikalische Motiv, das sich leicht dem Gehör und Gedächtnis des Hörers einprägt, „leitet“, führt dessen Verständnis auf den Weg, den der Autor ihm weisen will. Freunde früherer Musik können einwenden, nun sei der Hörer nicht mehr zum reinen Genuß berufen, nun träte ein Verstandeselement in seine Aufnahmefähigkeit. Genau das ordnet Wagner der großen bürgerlichen Epoche des 19. Jahrhunderts zu. Noch herrscht die Hochromantik – romantischere Stoffe als die Wagners wurden nie erfunden, romantischer wurden nie dramatische Verknüpfungen gelöst –, aber gerade das bedeutet den Höhepunkt der Romantik, daß Wagners Stoffe ohne die Mitwirkung des Geistes, des Verstandes nicht erdacht werden können. Vielleicht ist es Wagners Größe, den Menschen in seiner Ganzheit ansprechen zu können, Seele und Geist, Herz und Verstand.

Die Leitmotiv-Technik ist im „Ring des Nibelungen“ am stärksten entwickelt. Das ist auch notwendig: Kein anderes Werk Wagners führt durch solche Zeiträume und derart gegensätzliche Schauplätze, konfrontiert den Hörer mit so vielen Welten, so vielen Wesen, so vielen Problemen. Alles dies zusammenzuhalten, ihm eine logische Ordnung in der künstlerischen Gestaltung zu geben, bedarf es des genialen Gerüsts der Leitmotiv-Technik. Diese ist deutlich genug, um unbewußt aufgenommen zu werden, und subtil genug, um nicht als plumper Wegweiser empfunden zu werden. Könnte man diese Technik mit der des Mosaiks in der bildenden Kunst vergleichen? Das Mosaik sollte auf zweierlei Art betrachtet werden: nahe genug, um die Vollendung des Steinchens zu bestaunen; weit genug entfernt, um die Zusammensetzung aus Einzelelementen nicht mehr wahrzunehmen, sondern nur noch die Größe des Ganzen. Die bewußte Wahrnehmung beiderlei Art ergibt erst die Ahnung der Meisterschaft des Werkes.

Nicht Wagner erdachte das Leitmotiv. Der Gedanke war zu der Zeit, da er es zum Bauelement seiner musikalischen Dramatik bestimmte, schon sehr alt. Wir kennen es von Grétry und seiner Oper „Richard Löwenherz“; wir wissen, daß Grillparzer und Beethoven, als sie einen Opernplan hegten, an eine (nie ausgeführte) „Melusine“ dachten, in der solche musikalischen Motive eine bedeutende Rolle spielen sollten. Und wir begegnen dieser Idee in einem der seltsam prophetischen Werke der Musikgeschichte: der „Symphonie phantastique“ von Héctor Berlioz. Da erhält die Traumgestalt der zum Wahn, zur Obsession, zur „fixen Idee“ werdenden Frau ein musikalisches Motiv, das immer wieder auftaucht, im Ballgetriebe wie in der ländlichen Stille, in der vermuteten Mordnacht wie auf dem Weg zum Schafott. Berlioz nennt es ganz folgerichtig eine „fixe Idee“, wie sie in der modernen Psychologie zum Verfolgungswahn wird. Bei der trotz aller geistigen Gegensätze zwischen Berlioz und Wagner doch vorhandenen künstlerischen Verwandtschaft kann man durchaus an einen Einfluß auf Wagner denken.

Abgesehen davon liegt die „fixe Idee“ des Leitmotivs genau auf der Entwicklungsbahn Wagners. Es bildet den extremsten Begriff der schildernden, der „Programm-Musik". Das Leitmotiv hat überhaupt keinen Sinn ohne seine außermusikalische Bedeutung. Wenn das Siegfried-Motiv nicht mehr die Gestalt und die Idee Siegfried bedeutet, sondern nur einen zerlegten Blechbläser-Akkord, dann ist es sinnlos. Mit Wagners voll entwickelter Leitmotiv-Technik erreicht die Musik einen Extrempunkt. Das Pendel, das stets zwischen den Polen der „absoluten" und der „Programm"-Musik hin- und herschwingt, das in der „klassischen" Epoche voll bei der absoluten Musik stand, ist nun beim anderen Extrem angelangt. Eine Mozartsche Melodie „bedeutet" vor allem und allein Musik. Vielleicht kann sie als Symbol der Schönheit (also eines abstrakten Begriffs) genommen werden, aber es wäre völlig falsch, in ihr vielleicht einen Sonnenuntergang, ein Liebesgeflüster hören zu wollen. Ein Leitmotiv Wagners aber – ja weitgehend seine ganze Musik – „bedeutet" etwas, drückt etwas aus, was auch mit Worten gesagt oder bildhaft gezeigt werden könnte – wenn auch auf jener Ebene, die Musik, bei aller Verwandtschaft, von den anderen Künsten unterscheidet.

Jedes der Wagnerschen Leitmotive – von denen es allein im „Ring des Nibelungen" mehrere Dutzend, nach anderen Aussagen sogar an die hundert gibt – ist von großer Einfachheit, Kürze und Prägnanz, denn es muß selbst dem musikalisch wenig Geübten im Gedächtnis haften, was durch ein melodisch, harmonisch oder rhythmisch hervortretendes Element geschehen kann. Einer der damaligen Kritiker, der Wagner besonders schwer treffen wollte, nannte ihn einen „Komponisten für Unmusikalische". Er ahnte gar nicht, wie recht er hatte und welche tiefe Genugtuung er Wagner damit eigentlich hatte bereiten können. Das Leitmotiv, auch dem „Unmusikalischen" erkennbar, ist viel mehr als das akustische Signal einer auf der Bühne erscheinenden Person. Gerade dazu wird das Leitmotiv sicher am wenigsten verwendet, das hieße zu gering gedacht von seinem wahren Wert. Das Leitmotiv soll dem Hörer Zusammenhänge verdeutlichen, die den handelnden Personen auf der Bühne vielleicht verborgen geblieben sind, gar nicht klar sein können, weil ihnen die Zusammenhänge fehlen. Als Sieglinde (im ersten Akt der „Walküre") von jenem unbekannten alten Mann berichtet, der bei ihrer erzwungenen Hochzeitsfeier ein Schwert in den breiten Baumstamm stieß, der das Haus trägt und das seit damals keiner der Männer, die dies versuchten, auch nur um weniges bewegen konnte, da erklingt im Orchester, leise wie ferne Erinnerung, ein Motiv, das der Hörer als das Motiv Wotans, des höchsten Gottes, in Erinnerung haben sollte. Und er weiß damit, was Sieglinde selbst kaum ahnt, daß Wotan es war und daß er vielleicht damit einen weitreichenden Plan in die Wege leitete, um sie aus ihrer unwürdigen Lage zu befreien. Im zweiten Akt des gleichen Dramas,

Siegmund und Sieglinde im 1. Akt der „Walküre", bei der Uraufführung des Gesamtzyklus in Bayreuth im August 1876, Bühnenbild von Josef Hoffmann, als Sieglinde Josefine Schefsky, als Siegmund Albert Niemann.

nach Siegmunds Tod, hat Sieglinde keinen anderen Wunsch mehr, als selbst zu sterben. Doch Brünnhilde, die Walküre, reißt die Vernichtete vom Boden auf: „Den herrlichsten Helden der Welt“ werde sie gebären. Liebespfand des ihr grausam entrissenen Mannes. Da erhebt Sieglinde sich aus dumpfer Betäubung. Der Hörer hat nicht nur die Worte gehört, er hat das Leitmotiv vernommen, auf das sie gesungen wurden: Es ist Siegfrieds strahlende Tonfolge. So ist Wagners Orchester nahezu ununterbrochen Vermittler von Botschaften, von Gedanken, von Kombinationen, welche die Phantasie des Hörers beschäftigen.

Die unendliche Melodie

Doch verkennt Wagner, wer in ihm nur den Leitmotiv-Techniker sucht. Er ist zugleich der Meister der weiten Bögen, der großen Linien, der ungeheuren Steigerungen bis zu atemberaubenden Höhepunkten. Er schafft eine neue Form der Melodie, denn die alte, klassische, symmetrisch gebaute, auf- und wieder absteigende kann seinen dichterischen Phantasien nicht mehr genügen; er läßt eine neue sich erheben, bevor noch die vorige ganz zur Ruhe gegangen ist, wie das immer bewegte Atmen des Meeres, ruhelos, unendlich. Wo er tiefe Gefühle schildert – in „Tristan und Isolde“ –, eine verzehrende Liebe, eine rasende Leidenschaft, die alles Irdische sprengt, da läßt er keine Melodie mehr verebben, keinen Bogen sich mehr vollenden, da türmt er Melodie über Melodie, Höhepunkt auf Höhepunkt, bis der Atem vergeht und dem Hörer die Welt zu versinken droht. Und doch sind es noch Melodien, auch wenn man nicht mehr an die klassische Bedeutung dieses Wortes denken darf. Wagner hat ein eigenes Wort dafür geprägt, scheinbar absurd, wie so oft bei ihm, und doch von einer ungeheuren Plastik: „unendliche Melodie“. Absurd, weil „Melodie“ der Name für ein endliches Gebilde ist, für eine ideal symmetrische Kurve, die Anstieg und Abstieg besitzt. Aber die „unendliche Melodie“ hat dies alles nicht, sie ist wohl auch keine Kette von Melodien und ist doch eine Melodie. Aber eben, wie Wagner sie nennt: eine „unendliche“.
Ließen sich Gefühle, wie Wagner sie vermittelt – Liebesraserei, Todessehnsucht, Untergangswehmut –, mit Mozarts Melodien ausdrücken? Niemals, obwohl es die vollendetsten sind, die man nur erdenken kann. Welchen weiten Weg hat die Musik in einem einzigen Jahrhundert zurückgelegt! Es ist wie bei zwei Sternen, die auf verschiedenen, einander nie angenäherten Bahnen durch das Weltall rasen, wenigen Menschen nur mit Mühe sichtbar und in ihrem wahren Ausmaß nur von einigen zu ahnen.
Wie die Melodik hat Wagner, der Revolutionär, auch die Harmonik gesprengt. Merkwürdigerweise hat er jedoch nie von einer „unendlichen Harmonie“ gesprochen. Und doch wäre sehr zu erwägen, ob es eine solche nicht geben könnte, ja ob Wagners berühmter „Tristan-Akkord“ nicht eine Etappe auf solchem Weg sei. Die Melodie ist wie eine Kette von Tönen, einer Perlenkette vergleichbar, deren Schönheit nur eindimensional sein kann. Die Harmonie fügt Akkorde aneinander, deren verschiedene Spannungskräfte dem Ohr das Gefühl mehrerer Dimensionen bieten. Als Wagner ein geeignetes Orchestervorspiel zu „Tristan“, seinem neuen Drama, das von allem Früheren so weit abwich, beginnen wollte, wurde ihm klar, daß schon der erste Klang aus allem Alltäglichen, Gewöhnlichen weit hinausführen müßte. Ein Klang mußte gefunden werden, der solcher ungeheuren Sehnsucht entsprach, solcher übermenschlichen Leidenschaft, solchem Todesbegehren. Er fand diesen Klang: F-H-Dis-Gis in aufsteigender Reihe. Ein dissonanter Akkord von seltsamer Bauart und nie gehörtem Klang, der – wie die Theorie rasch entdeckte – keine Auflösung finden konnte. Ein rätselvoller Zusammenklang, den selbst ein Musikforscher des 20. Jahrhunderts (Ernst Kurth) noch für so interessant hielt, daß er über ihn ein ganzes Buch schrieb. Der „Tristan-Akkord“ wurde zum Symbol für mancherlei: der jungen Musikgeneration zur Verheißung ersehnten Neulands, den Theoretikern zur Warnung; das war doch ein Weg in die Anarchie (den Namen „Atonalität“ hatte noch niemand gefunden), in ein Chaos? Für romantische Liebende der Ausdruck eines in Worte nicht mehr zu fassenden Weltschmerzes. Wie hundert Jahre zuvor Goethes „Werther“ eine Reihe von Selbstmorden auslöste, so geschah es nun im Zug von „Tristan und Isolde“. Nur wenige Menschen hörten ihn, bei drei überfüllten Aufführungen im Münchner Nationaltheater etwa 5000. Einer vierten Aufführung wohnte nur König Ludwig II. bei. Dann starb der Tenor, und lange fand sich niemand, der diese schwierige Rolle hätte übernehmen können. Der Klang aber war da, spukte im Gedächtnis der Menschen ... F-H-Dis-Gis, der Weg in ein weites, neues Land für die Musiker, in die unendliche Freiheit der Gefühle für die letzten Romantiker, die eine Flucht aus der täglich problemgeladenen Welt suchten.

Der „Tristan-Akkord“

Die Dissonanz bei Wagner

Dissonanzen nicht unmittelbar auflösen: Das war, einfach ausgedrückt, der neue Weg. Noch dachte vermutlich niemand daran – 1865 –, der Dissonanz die gleichen Rechte wie der Konsonanz einzuräumen oder gar den Unterschied zwischen beiden aufzuheben, der so viele Jahrhunderte die Grundlage der abendländischen Musik gebildet hatte. Haydn, viel fortschrittlicher als die meisten glauben, hatte im ersten Teil seiner „Schöpfung“, dem „Chaos“, kühnen Gebrauch von der Dissonanz gemacht, die er, sehr tonmalerisch, mit dem Chaos vor Erschaffung der Welt identifizierte: Der Donnerschlag des C-Dur-Klanges (Es ward Licht!) gehört nicht nur zu den großen Augenblicken der Musik überhaupt, er symbolisiert das Werden des tonalen Systems aus der Anarchie der Tonunendlichkeit im Weltall. Mozart läßt in den einleitenden Takten seines Streichquartetts KV 465 (Dissonanzen-Quartett) entfernt schon ein wenig an Wagner denken. Beethoven macht einen gewaltigen

Gebrauch von der Dissonanz im Finale der neunten Sinfonie, als er mit Hilfe eines überaus harten Vielklangs die Themen der vorangegangenen Sätze verwirft, um Raum für seine Schlußhymne zu schaffen. Experimente mit Dissonanzen hatte es also bereits gegeben. Was aber mit „Tristan" ins Leben tritt, ist doch etwas Neues, gewissermaßen der Gedanke eines Eigenlebens der Dissonanz. Hier als Ausdruck unendlicher Qual, unerlösbarer Sehnsucht im Herzen des Menschen. Aber bald wird die neue Bedeutung der Dissonanz sich vom Programmatischen, Schildernden lösen und musikalisch selbständig sein.

Wagner wird mit dieser Tat zum kaum mehr angefochtenen Wortführer der Romantik. Mendelssohn Bartholdy und Schumann, deren erste Wortführer, sind längst tot, Berlioz hatte der revolutionären Freizügigkeit der romantischen Harmonik manches hinzugefügt, Liszt aber war zu einem wahren Pionier geworden, ohne dessen Wirkung vieles der späteren Entwicklung – vor allem auch Wagners – nicht denkbar wäre. Alle erkannten, rundum in ganz Europa, die Bedeutung des Virtuosen Liszt, aber nur selten würdigte jemand seine geradezu prophetische Vorausschau als Komponist. Und wenn Wagner ihm, wie oft bei Feiern, gemeinsamen Huldigungen oder Auftritten, höchste Reverenz erwies, so nahmen die meisten es für ein Zeichen der Freundschaft, später der Verwandtschaft oder einer Bescheidenheit Wagners (die es nie gegeben hat).

Wagners Tristan-Akkord ist nur eines von vielen Symptomen der Unruhe, Unrast, Erregung der Zeit, die nun, seit den Tagen der Französischen Revolution, immer deutlicher spürbar werden. Die dauernde Erweiterung des Tonalitätsbegriffs rüttelt an dessen festen Grundlagen, wie sie der Klassik noch angeboren waren. Wer meint, der Mensch der Hochromantik, der Spätromantik, lebe innerlich wie äußerlich unruhiger als sein Vorgänger im 18., wenn auch ruhiger als sein Nachfahre im 20. Jahrhundert, hätte so unrecht nicht. Die Künste blühen wie selten, das Leben bietet täglich neue Reize. Es war begreiflich, daß die Jugend in Wagner den Anführer einer neuen Zeit erblickte. Ebenso begreiflich, daß Sachverständige in ihm eine heraufziehende Gefahr witterten, den völligen Bruch mit der Tradition befürchteten, die Zerstörung vieler Regeln zugunsten der angestrebten Seelengemälde. Hier lag ein echtes Motiv der Entzweiung, die nun unerbittlich eintritt. Niemand darf behaupten, der Kampf um Wagner sei oberflächlich vom Zaun gebrochen, aus modischen Gründen geschürt worden. Wagners härtester Widersacher, der Wiener Kritiker Eduard Hanslick, war ein sehr gebildeter und kluger Mann, der in der neuen Melodik und Harmonik seines Gegners die Gefahr der Auflösung jahrhundertealter Prinzipien ahnte, Anarchie und Chaos voraussah. Der Irrtum dieser fanatischen Gegnerschaft bestand nur darin, in Wagner einen Bahnbrecher zu sehen: Er war, wie vielleicht Siegfried in seinem „Ring des Nibelungen", nur der Erfüller eines längst geschriebenen Gesetzes. Die Entwicklung war nicht aufzuhalten. Alles trieb dem 20. Jahrhundert entgegen, der großen Auflösung. Doch so wie der Mensch die rasende Rotation seiner Erde nicht wahrzunehmen vermag, sowenig fühlt eine Gesellschaft den Abstieg, in dem sie sich vielleicht seit längerem befindet, und ist nicht bereit, auf die Warnungen ihrer Propheten zu hören. Es wäre hochinteressant zu untersuchen, ob und wieweit Wagner der musikalische Vertreter einer Dekadenzzeit sein könnte. Das hätte mit dem Ausmaß seiner Größe und Bedeutung nicht das mindeste zu tun, höchstens mit der Ausstrahlung auf seine Nachfolge. Wagner wird jedoch keine Nachfolger haben. Alle, die sich auf dieser Bahn versuchen, scheitern. Nur auf entgegengesetztem Weg gibt es eine unmittelbare Zukunft: im Realismus, Naturalismus, Verismus. Also ist Wagner ein „Letzter", was den Gedanken an eine Dekadenzzeit bestätigen könnte. Sein Lebensstil ist großbürgerlich, sein Denken unbewußt aristokratisch, aber seine Möglichkeiten laufen fast immer am Rand des materiellen Zusammenbruchs entlang: ein wahrhaft phantastisches Leben, eine zwei-, drei-, viergeteilte Seele, eine beinahe unfaßbare Persönlichkeit. Ein Magier, wie man ihn wohl nennen kann, auch wenn man meint, die Zeit der Magier sei längst abgelaufen. Als Strawinsky in den dreißiger Jahren des 20. Jahrhunderts eine Reihe von Vorträgen über seine musikalischen Auffassungen an einer führenden US-Universität hielt, widmete er mehr als die Hälfte der Zeit der Widerlegung Wagnerscher Konzepte! Wie mächtig muß dessen Geist ein halbes Jahrhundert nach dem Tod doch gewesen sein! Und wie stark ist er heute noch: Wie zu keinem anderen Komponisten strömt das Publikum der ganzen Welt zu ihm!

Der wichtigste Wiener Kritiker und Wagner-Gegner Eduard Hanslick kanzelt den Dichterkomponisten wieder einmal so heftig wie erfolglos ab. Satirischer Scherenschnitt von Otto Boehler.

Der junge Wagner

Wilhelm Richard Wagner wurde am 22. Mai 1813 in Leipzig geboren. Sehr früh verlor er den Vater, mit acht Jahren den Stiefvater Ludwig Geyer, Hofschauspieler in Dresden, unter dessen Namen er die ersten Schuljahre durchlief. Von der Kreuzschule in Dresden kam er auf das Nicolai-Gymnasium in Leipzig, ab 1831 besuchte er die Universität dieser Stadt. Seine Neigungen schwanken zwischen Dichtung und Musik, ohne daß er noch ahnt, daß beide zusammen seinen künftigen Weg bilden werden. Zu seinen Lehrern gehört der sehr gute Thomaskantor Theodor Weinlig, der ihn 1833 schon auf die übliche Musikerlaufbahn entläßt: Wagner wird Kapellmeister in Würzburg, am winzigen Som-

mertheater in Lauchstädt (bei Magdeburg), wo er sich in die Schauspielerin Minna Planer, seine zukünftige Frau, verliebt, in Magdeburg selbst, in Königsberg, in Riga. Sein Talent tritt schon sehr stark zutage, es ist schon seinen beiden Jugendopern nicht abzusprechen: „Die Feen", „Das Liebesverbot" (1836 in Magdeburg uraufgeführt). Aus Riga flüchtet Wagner Ende Juli 1839, mit Minna und seinem Neufundländerhund. Es ist die erste, aber längst nicht die letzte Flucht in seinem Leben. Sind es die beträchtlichen Schulden, die ihn hier drücken, der berufliche Überdruß des (sehr guten) Provinztheaters? Da er selbst von seiner Begabung, ja, sogar Bestimmung restlos überzeugt ist, nimmt er allen anderen Menschen übel, nichts davon zu ahnen. Im Ostseehafen Pillau (nahe der ostpreußischen Stadt Königsberg) besteigen sie den kleinen, von sieben Mann gesteuerten Segler „Thetis", der in einen schrecklichen Sturm gerät und erst in einem norwegischen Fjord mühsam ankern kann. Wagners Lektüre an Bord, Heinrich Heines „Memoiren des Herrn von Schnabelewopski", paßt seltsam gut zu diesem erregenden Abenteuer: Hier wird die gespenstische Geschichte des zu ewiger Irrfahrt verdammten Seemanns erzählt, wie sie wohl bei allen Ozeanküsten bewohnenden Völkern im Umlauf ist. Wagner beendet zwar noch den in Riga begonnenen „Rienzi" und gestaltet ihn zu einem großartigen Opernwerk im Sinn der damals bühnenbeherrschenden „grande opéra" Meyerbeers, aber sein Herz schlägt stark für das Musikdrama, das er nun unter dem ungeheuren Eindruck des soeben Durchlebten entwirft. Die Sage vom „Fliegenden Holländer" wird gesteigert durch den Einbau des Erlösungsgedankens, der Wagner nie mehr loslassen und in vielen seiner Dramen Ausdruck finden wird.
Nach einem kurzen, unergiebigen Aufenthalt in London, wo die „Thetis" endlich landet, fahren die Reisenden über den Kanal, und Wagner erlebt eine große Überraschung: Giacomo Meyerbeer, ungekrönter Herrscher der Pariser Oper und einer der mächtigsten Männer des internationalen Musiklebens, auf das der deutsche Flüchtling insgeheim große Hoffnungen gesetzt hat, befindet sich zufällig zur Kur in Boulogne-sur-Mer, wo Wagner französischen Boden betritt. Er ist nicht nur höflich zu seinem völlig unbekannten „Kollegen", er findet „Rienzi" wirklich interessant und sagt seine Unterstützung zu. Trotzdem beginnen in Paris, das Wagner am 17. September 1839 erreicht, böse Jahre für den Einwanderer. Zahllose Künstler von Rang und Namen weilen in der Seinestadt, sorgen für tägliche Sensationen in Oper, Konzert und Salon, so daß selbst mit gutem Willen niemand auf diesen Monsieur Wagner aufmerksam werden kann, der aus dem fernsten Winkel Deutschlands kommt, französisch nur sehr holprig und mit sächsischem Akzent spricht. So mußte er die untergeordnetste Brotarbeit verrichten: erfolgreiche Melodien für alle möglichen Instrumente „arrangieren", Klavierauszüge unbedeutender Werke herstellen und ähnliches, um für Minna, den Neufundländer und sich das tägliche Brot zu beschaffen. Gelegentliche Aufsätze für Zeitschriften jenseits des Rheins bilden seltene Lichtblicke. Minna bewährt sich als gute, treusorgende Gefährtin in schwerster Zeit, versucht immer wieder, Wagners Depressionen zu mildern, seine Launen zu ertragen. Er fühlt sich von ihr jedoch im Tiefsten unverstanden und kreidet ihr dies wortlos, aber bitter an. Eines Tages wird sie für die entsetzlichen Tage von Paris büßen müssen.
Gerechtigkeit ist Wagners Sache nie gewesen; die Frage ist nur, ob es dieses Wort im Vokabular eines Genies überhaupt gibt.
Unter Wagners Aufsätzen gibt es interessante Abhandlungen: über Beethoven, über die Bedeutung der Ouvertüre. Dazu kommt die pessimistische Novelle „Ein Ende in Paris", in der das Zugrundegehen eines deutschen Musikers geschildert wird. Das verkannte Talent ist er natürlich selbst; und in gewissem Sinn wird alles, was er später schreiben wird, einen autobiographischen Hintergrund besitzen. „Rienzi" ist fertig, und mit dieser Partitur sowie der Idee des „Fliegenden Holländers" besucht Wagner den Direktor der Pariser Oper. Das Meeresdrama soll wirklich aufgeführt werden – aber nicht mit der (übrigens noch nicht komponierten) Musik Wagners, sondern jener eines französischen Musikers, der gerade an der Reihe ist. Es ist ein gewisser Pierre Louis Dietsch, den das Schicksal auf mehrfache Art keineswegs glücklich mit Wagner verbinden wird. Zuerst vertont er den „Fliegenden Holländer" und fällt damit durch; 1861 wird er jene berüchtigten „Tannhäuser"-Aufführungen der Pariser Oper zu leiten haben, die zu den schändlichsten Skandalen der Theatergeschichte gehören. Wagner erhält für sein Textbuch fünfhundert Franc, das höchste Honorar, das ihm in Paris zuteil wurde. Die Episode deprimiert Wagner tief, veranlaßt ihn aber dann, beinahe aus Trotz, das soeben verkaufte Textbuch selbst noch einmal zu vertonen.
In einem Brief an den alten Leipziger Freund Heinrich Laube berichtet Wagner, die Pariser Tage wären „das Fürchterlichste, das überhaupt denkbar" sei. Er begegnet dem hochberühmten Franz Liszt, aber er kann noch nicht ahnen, welche Bedeutung diese Bekanntschaft, die später zur engsten Freundschaft gedeiht, in seinem Leben spielen wird. Endlich kommt, von langen Reisen, Meyerbeer nach Paris zurück, er-

Linke Seite: Minna Planer, hoffnungsvolle Nachwuchsschauspielerin, 1836 von Wagner nach längerer „Belagerung" überredet und geheiratet, Gefährtin seiner schweren Anfänge und der Hungerzeit in Paris, bald vernachlässigt und verlassen.
Rechts: Schlußbild – Sentas Freitod und der Untergang des Gespensterschiffs – in der Dresdener Uraufführung des „Fliegenden Holländers" am 2. Januar 1843. (Holländer: Johann Michael Wächter; Senta: Wilhelmine Schröder-Devrient).
Unten: Der Theaterzettel der Premiere von Wagners wahrscheinlich erstem vollgültigen Musikdrama, wenn auch nicht seinem stärksten Erfolg.

innert sich seines Versprechens und nimmt sich der beiden nun fertigen Bühnenwerke Wagners an. Die große Wende steht vor der Tür. Die beiden bedeutendsten deutschen Theater, die Opernhäuser von Dresden und Berlin, reagieren sofort auf die Empfehlungsbriefe, die Meyerbeer für Wagner an sie gerichtet hat. Dresden nimmt „Rienzi" zur Uraufführung an, Berlin will den „Fliegenden Holländer" spielen. Wagner schreibt an Robert Schumann in Leipzig, er solle doch in der deutschen Presse „Meyerbeer nicht so heruntermachen lassen"; nicht etwa, weil er es nicht verdiene – worauf Wagner gar nicht eingeht –, sondern weil Wagner ihm seinen „baldigen Ruhm verdanke". So kurios die Wortschöpfung vom „baldigen Ruhm" auch sein mag, Wagner behielt recht.

1ste Vorstellung im vierten Abonnement.

Königlich Sächsisches Hoftheater.

Montag, den 2. Januar 1843.
Zum ersten Male:

Der fliegende Holländer.

Romantische Oper in drei Akten, von Richard Wagner.

Personen:

Daland, norwegischer Seefahrer.	Herr Risse.
Senta, seine Tochter.	Mad. Schröder-Devrient.
Erik, ein Jäger.	Herr Reinhold
Mary, Haushälterin Dalands.	Mad. Wächter.
Der Steuermann Dalands	Herr Bielczizky.
Der Holländer.	Herr Wächter.

Matrosen des Norwegers. Die Mannschaft des fliegenden Holländers. Mädchen.
Scene: Die norwegische Küste.

Textbücher sind an der Casse das Exemplar für 2½ Neugroschen zu haben.

Krank: Herr Dettmer.

Einlaß-Preise:

	Thlr.	Ngr.
Ein Billet in die Logen des ersten Ranges und das Amphitheater	1	—
" " " Fremdenlogen des zweiten Ranges Nr. 1. 14. und 29.	1	—
" " " übrigen Logen des zweiten Ranges	—	20
" " " Sperr-Sitze der Mittel- u. Seiten-Gallerie des dritten Ranges	—	12½
" " " Mittel- und Seiten-Logen des dritten Ranges	—	10
" " " Sperr-Sitze der Gallerie des vierten Ranges	—	8
" " " Mittel-Gallerie des vierten Ranges	—	7½
" " " Seiten-Gallerie-Logen daselbst	—	5
" " " Sperr-Sitze im Cercle	—	20
" " " Parterre-Logen	—	15
" " das Parterre	—	10

Die Billets sind nur am Tage der Vorstellung gültig, und zurückgebrachte Billets werden nur bis Mittag 12 Uhr an demselben Tage angenommen.

Der Verkauf der Billets gegen sofortige baare Bezahlung findet in der, in dem untern Theile des Rundbaues befindlichen Expedition, auf der rechten Seite, nach der Elbe zu, früh von 9 Uhr bis Mittags 12 Uhr, und Nachmittags von 3 bis 4 Uhr statt.

Alle zur heutigen Vorstellung bestellte und zugesagte Billets sind Vormittags von 9 Uhr bis längstens 11 Uhr abzuholen, außerdem darüber anders verfuget wird.

Der freie Einlaß beschränkt sich bei der heutigen Vorstellung blos auf die zum Hofstaate gehörigen Personen und die Mitglieder des Königl. Hoftheaters.

Einlaß um 5 Uhr. Anfang um 6 Uhr.
Ende gegen 9 Uhr.

Neue Ideen

Mit Minna – der Neufundländer war kurz zuvor zu seinem tiefsten Schmerz spurlos verschwunden – trat Wagner die Heimfahrt an. Dabei sieht er zum ersten Mal den Rhein (den er eines Tages im „Ring des Nibelungen" in den Mittelpunkt großen Geschehens stellen wird) und fährt an der Wartburg vorbei (auf der sein nächstes Drama „Tannhäuser" spielen wird). In Dresden geht am 20. Oktober 1842 „Rienzi" unter allen Anzeichen eines bejubelten Erfolges in Szene. Sofort erwirbt die sächsische Hofoper nun auch den „Fliegenden Holländer", den Berlin kollegialerweise freigibt. Doch die Uraufführung in Dresden findet viel geringeres Verständnis als der „Rienzi"; das Publikum wollte „große Oper", auf Seelendramen war es noch nicht vorbereitet. Aber immerhin festigte auch diese Premiere am 2. Januar 1843 Wagners jungen Ruhm bedeutend. Dresden, eine der führenden Musikstädte Deutschlands, bietet ihm die Ernennung zum Hofkapellmeister. Vom kleinen Musiker in Riga zum Leiter eines in ganz Europa beachteten Opernhauses – welch ein meteorhafter Aufstieg! Für Minna bedeutet es ein gesichertes Heim, eine geachtete soziale Stellung, ein geruhsames Leben. So bat sie auch ihren Gatten, er möge doch „mehr Rienzis und weniger Holländer" komponieren. Wäre sie nicht in Wagners Herz vermutlich längst unwichtig gewesen, dieser Ausspruch hätte sie verurteilt. Denn was Wagner wollte, war ge-

nau das Gegenteil davon. Mit dem „Fliegenden Holländer" hatte er seinen wahren Weg gefunden.
Aber dieser Weg entfernt ihn unhaltbar von allem, was er jetzt ist und hat. Vom Stadttheater-Betrieb – der im Hoftheater lediglich gesteigert, aber nicht verändert wird –, der von Natur aus Meisterwerke unmittelbar neben mittelmäßigen Zeitvertreib stellen muß, vom Theater für eine „etablierte Bürgerschicht", von einem „breitgestreuten Repertoire", dessen künstlerisches Niveau sich im täglichen Schlendrian immer mehr verflacht und verschlechtert. So sieht Wagner das Theater seiner Zeit und träumt von einer Idealbühne, von einer Art von Festspielen, die nur höchsten geistigen und künstlerischen Anforderungen genügen dürfen. Hier sollen nur Werke zur Aufführung kommen, die wenige Male an wechselnden Spielstätten einer Gemeinde von „Gläubigen" kundgetan und dann „vernichtet" werden. Ein neues Theater für eine neue Gesellschaftsschicht, ein Idealpublikum, das Theater als eine Art von Religion ansieht. Das sind große Gedanken, aber es sind auch revolutionäre Gedanken. Fast ohne es zu wollen, gerät Wagner in den Kreis politischer Gruppen, er tritt anarchistischen Ideen nahe, die der aus Rußland geflüchtete Revolutionär Michail Aleksandrowitsch Bakunin in Dresden mit großer Ausstrahlung verkündet.
Im übrigen tut Wagner seine Pflicht. Am Abend dirigiert er in seinem schönen Theater, in den freien Stunden komponiert er, entwirft und vollendet „Tannhäuser" 1845 in einem einzigen Guß: die großartige Darstellung himmlischer und irdischer Liebe und zugleich ein malerischer Einblick in mittelalterliches Minnesängertreiben. Wagner hat seine Fähigkeiten entdeckt, mit teilweise geschichtlichen Gestalten alte Sagen und Legenden lebendig werden zu lassen und zu zeigen, daß die großen Gefühle der Menschen unverändert durch die Zeiten gehen. Noch hatte Schubert-Intimus Moritz von Schwind das große Wandgemälde nicht geschaffen, das heute den Festsaal der Wartburg mit einer Darstellung des „Sängerkrieges" von 1207 schmückt, da stellte Richard Wagner dieses Ereignis in den Mittelpunkt seiner Oper „Tannhäuser". Wie Wagner den historischen Gestalten – dem Landgraf von Thüringen, seiner Nichte, der später heiliggesprochenen Elisabeth, den Minnesängern Wolfram von Eschenbach, Walther von der Vogelweide, Reinmar und vielleicht sogar Tannhäuser selbst – die legendäre Liebesgöttin Venus gegenüberstellt, das erweist ihn als Dramatiker hohen Formats. Wie denn der tragische Ausgang sich in Erlösung und Apotheose löst, das bringt seine ureigenste visionäre Kraft so lebendig auf die Bühne, wie es wohl keinem anderen Komponisten des damaligen Musiktheaters erreichbar gewesen wäre.
Den Sommer vor der Uraufführung des „Tannhäuser" (19. Oktober 1845), verbringt Wagner mit Minna im nahen westböhmischen Kurort Marienbad, er ergeht sich in den weiten Wäldern und sinnt über neue Stoffe nach, zu deren Studium er interessante Bücher mitgebracht hat. Sein Weg scheint klar vor ihm zu liegen: Geschichte plus Phantasie, das wäre die Formel. Wobei seine Phantasie in erster Linie rund um Legenden kreist, die zum Teil seit vielen Jahrhunderten im Volk und in der Literatur bekannt sind. Die Sage vom Gral packt ihn und wird ihn bis an sein Lebensende nicht mehr loslassen:

Er stößt auf Erzählungen rund um einen von dessen Rittern, und es wird eine höchst romantische Oper daraus, „Lohengrin". Noch wagt er nicht, die Gralsburg selbst und ihre zu edlem Tun verschworenen Ritter auf die Bühne zu bringen: Er stellt ihren Abgesandten Lohengrin in den Mittelpunkt seines Dramas: Dessen Aufgabe ist die Befreiung der Thronerbin von Brabant vom schweren Verdacht des Brudermords, aber er fügt aus seiner eigenen Gedankenwelt die dramatische Fortsetzung und das tragische Ende hinzu: die verbotene Frage nach seiner rätselhaften Herkunft, die Elsa, vom göttlichen Ursprung ihres Retters angerührt, aber als irdische Gattin in tiefe Zweifel über die Zukunft gestürzt, nicht unterdrücken kann. Darauf Lohengrins unerläßliche Rückkehr, da kein Gralsritter, als solcher erkannt, unter den Menschen weilen darf. Seine Phantasie schafft in Wagner rund um konkrete Probleme und irdische Menschen Verknüpfungen, die weit ins Übermenschliche reichen, Visionen von wunderbarer Leuchtkraft und Überzeugungsstärke. Noch zwei weitere Werke skizziert Wagner in diesem glücklich ergiebigen Sommer: „Die Meistersinger von Nürnberg" und „Parsifal". Diese Figur des legendären Gralskönigs wird fünfunddreißig Jahre in Wagners Gedanken leben und bohren, bis ihr im letzten seiner Dramen reifste Gestaltung zuteil wird.
Vorläufig kehrt er mit „Lohengrin" zurück nach Dresden. Rasch fließt die Arbeit dahin und bedeutet Glück, wie er es selten genossen hat. Aber zur Uraufführung

kommt es nicht mehr: Der Intendant beobachtet mit wachsender Sorge die so ungewohnten Ansichten seines Hofkapellmeisters. Als dieser noch einen öffentlichen Vortrag hält, in dem er utopische Ansichten über ein „neues Theater", ein „neues Publikum" äußert, läßt er die Vorbereitungen für „Lohengrin" abbrechen. Die politischen Ereignisse überstürzen sich. In weiten Teilen Europas bricht die schon lange schwelende Revolution aus und erreicht Anfang Mai 1849 Dresden. Der Hofkapellmeister Wagner befindet sich, natürlich, bei den Revolutionären, wohl nicht auf den Barrikaden, aber anscheinend auf einem wichtigen Späherposten, von dem er nur noch fliehen kann, als das Geschick des Aufstands besiegelt scheint. Während die Polizei ihm einen Steckbrief nachschickt, nimmt er den Weg zu Franz Liszt nach Weimar. Der hilft tatkräftig mit einem falschen Paß, mit Geld und der Versicherung, „Lohengrin" persönlich im Weimarer Hoftheater dirigieren zu wollen. Wagners Flucht geht weiter, er gelangt am 28. Mai an den Bodensee, besteigt ein Schweizer Schiff, dessen Flagge für ihn Freiheit bedeutet. Ein paar Stunden später rollt sein Wagen die Straße nach Zürich hinab, dessen See im letzten Abendschein leuchtet, während auf den schneebedeckten Gipfeln dahinter noch die Sonne liegt. Ein wohliges Gefühl überkommt ihn (wie er in seinen Lebenserinnerungen erzählen wird), er glaubt, hier eine neue Heimat zu finden.

Das Exil in Zürich

In Zürich läßt sich alles sehr gut an. Er lernt den Stadtschreiber Dr. Jakob Sulzer kennen, der dem Flüchtling schon am nächsten Tag, dem 30. Mai, einen Schweizer Paß ausstellt. Zürich ist damals nicht gerade reich an künstlerischen Veranstaltungen, aber immerhin, es wird Konzerte und später auch einige Opernaufführungen für Wagner zu dirigieren geben. Mit Minna, die ihm so bald als möglich nachgereist ist, beginnt er sich hier einzurichten. Am 28. August 1850 – es ist Goethes Geburtstag, der in „seiner" Stadt Weimar auch 18 Jahre nach seinem Tod feierlich begangen wird – löst Liszt sein Versprechen ein und bringt „Lohengrin" zur Uraufführung. Der Komponist, freudig bewegt, unternimmt an diesem Tag mit Minna einen Ausflug in die Innerschweiz und sitzt am Abend auf der Terrasse des „Hotels zum Schwanen". Es dünkt ihn ein gutes Omen, derart einen Zusammenhang mit seinem Werk herstellen zu können, in dem dieses „magische" Tier eine so wichtige Rolle spielt. Mit der Uhr in der Hand weilen seine Gedanken im Weimarer Theater, in dem, wie sich später herausstellen wird, Liszt viel langsamere Tempi nimmt, als Wagner sich vorstellt.
Nun kommt es in Zürich, dessen „Actientheater" eine sehr bescheidene Existenz fristet, unter Wagners Leitung und mit vergrößertem Orchester zu Aufführungen von „Don Giovanni", „Zauberflöte", „Fidelio", „Freischütz", „Norma" und schließlich, unter gewaltigen Anstrengungen, zu Vorstellungen des „Fliegenden Holländers" und des „Tannhäuser". Im Konzertsaal erklingen Stücke aus „Lohengrin", die Stadt verfällt in einen wahren Wagnertaumel. Eine der entscheidenden Freundschaften im Leben Wagners bahnt sich an mit dem wohlhabenden deutschen Ehepaar Otto und Mathilde Wesendonk. Lange Zeit hindurch beschäftigt

Linke Seite: Idealisierte Zeichnung von Lohengrins Ankunft und Verabschiedung des Schwans („Nun sei bedankt, mein lieber Schwan"), von Julius Schnorr von Carolsfeld.
Oben: Der wohlhabende Textilkaufmann Otto Wesendonk, in den Züricher Exiljahren Wagners großzügiger Mäzen und Helfer, Gatte von Mathilde, der angebeteten Muse seines Schützlings.

Wagner sich nicht mit musikalischem Schaffen, sein Interesse gilt ausschließlich literarischen Arbeiten: „Oper und Drama", „Eine Mitteilung an meine Freunde", „Ein Theater in Zürich" und das eigentlich unerklärliche, unter Pseudonym publizierte Pamphlet „Über das Judentum in der Musik" erscheinen.
Schon in den letzten Dresdner Monaten hatte Wagner begonnen, sich mit dem Nibelungenstoff zu beschäftigen und vielerlei darüber gelesen. Das führte, wie immer bei ihm, zu unerwarteten Gedankenverbindungen. Im November 1848, noch in Dresden, war die Urschrift zu „Siegfrieds Tod" (später „Götterdämmerung") entstanden, der Keimzelle des gigantischen, schließlich vier Abende füllenden Bühnendramas, das eines Tages „Der Ring des Nibelungen" heißen wird. Natürlich hing der Entwurf mit Wagners damaliger revolutionärer Stimmung zusammen: Siegfried war der Vertreter einer neuen Klasse, der die Stricke einer veralteten Gesellschaftsordnung zerreißt, vom Schicksal gelenkt, nur durch Tücke besiegbar. Nun, in Zürich, nimmt Wagner diesen Entwurf wieder auf. Bald wird ihm klar, daß dieses Drama für sich allein nicht bestehen kann. Woher sollte dieser Siegfried kommen, diese ihre Umwelt weit überragende Lichtgestalt? Da mußte ein Drama vorangehen, in dem seine Jugend geschildert, seine Aufgabe erklärt würde. Und so entwarf er „Siegfrieds Jugend" oder „Der junge Siegfried", heute unter dem Titel „Siegfried" das dritte Teilstück des

Oben: Brünnhilde wird von Siegfried aus langjährigem Schlaf erweckt. Schlußbild von „Siegfried" in der Uraufführung: Bayreuth, 16. August 1876.
Rechte Seite: In der von Wagner nicht autorisierten und wütend bekämpften Uraufführung der „Walküre" im Münchener Hoftheater (1870) sang das Ehepaar Heinrich und Therese Vogl die Rollen von Siegmund und Sieglinde.

großen Werkes. Doch kaum hatte er auch dieses skizziert – wie stets zuerst den Text, hier und da mit Andeutungen musikalischer Motive, die bei der Komposition Verwendung finden sollten –, da empfand er die unabweisbare Notwendigkeit, auch diesem Drama noch ein weiteres voranzusetzen, in dem er die wundersame, tragische Geschichte von Siegfrieds Eltern, dem Geschwister- und Liebespaar Siegmund und Sieglinde, erzählen wollte. „Die Walküre" entstand, das zweite Teilstück des Riesenwerkes. Wagner erkannte, daß jene ungeheure Weltschau, die da unter seinen Händen heranwuchs, bis in Urzeiten zurückgeführt werden mußte, um den Bau seines ans Kosmische reichenden Dramas abzurunden. Mit der Entstehung der Götter- und Menschenwelt wollte er beginnen, mit deren Untergang schließen. So dichtete er „Das Rheingold", mit dessen Raub alles beginnen sollte: Habgier und Liebe standen einander unversöhnlich entgegen, die Wagner als die stärksten Triebfedern irdischen Geschehens erkannt hatte.

Der „Ring des Nibelungen" nimmt Gestalt an

Im Februar 1853 las Wagner in Zürich an vier aufeinanderfolgenden Abenden einem Freundeskreis die Dichtung vor, die nun, in richtige Reihenfolge gebracht, „Der Ring des Nibelungen" genannt wurde: Das Schicksal des vom Nibelungenherrscher Alberich geschaffenen allmächtigen Goldreifs wurde zum Symbol der Weltentwicklung. Der Eindruck auf die Hörer war gewaltig. Viele fühlten, daß hier etwas völlig Neuartiges entstand, eine Vision von beinahe unfaßbarer Größe. Die Kundigen erkannten, welche Quellen Wagner zu Rat gezogen hatte; die nordische „Edda", die „Völsunga-Saga", das germanische Nibelungenlied. Aber nichts war so übernommen, wie es die alten Bücher verzeichneten, manches war neu hinzugetreten, eine Phantasie wahrhaft großen Ausmaßes hatte Mythen, Sagen, Legenden eingeschmolzen, neu aus eigenem Geist erschaffen, Gestalten, Symbole, Ideen, Gleichnisse in umstürzende Zusammenhänge gebracht. Die märchenhaften Welten wurden zum packenden Theatererlebnis, der moderne Hörer erlebt Kämpfe, Wünsche, Träume, Schicksale „unwirklicher" Wesen, als wären es seine eigenen. Götter, Riesen, Zwerge, Nixen, Nornen, Fabelwesen werden so vermenschlicht und natürlich gemacht, daß wir glauben, ihnen jeden Augenblick begegnen zu können, und doch verlieren sie nichts von ihrer urweltlichen, mythischen Kraft.

Das Jahr 1853 bringt auch einige weitere Ereignisse von Bedeutung in Wagners Leben. Im April zieht das Ehepaar Wagner aus einer winzigen Wohnung am (heutigen) Zeltweg in eine etwas geräumigere im Nebenhaus. Am 18., 20., 22. Mai (dem 40. Geburtstag) dirigiert er drei Konzerte mit besonderem Erfolg, der ihm das Ehepaar Wesendonk näherbringt. Am 10. Oktober weilt Wagner in Paris und begegnet im Hause Liszt dessen heranwachsender, 1837 geborener Tochter Cosima. Bei einem Gegenbesuch Liszts und seiner Kinder in Zürich kommt es zu einer Szene, die man einem Romancier nur schwer zu glauben bereit wäre: Um einen Tisch sitzen Minna, Mathilde Wesendonk und Cosima Liszt, die drei – zu verschiedenen Zeiten – wichtigsten Frauen im Leben Wagners. Das ereignisreiche Jahr endet mit ersten Kompositionen seit langer Zeit: Der „Ring des Nibelungen" beginnt Gestalt anzunehmen. Mit Liszt und dem zu politischem Exil in die Schweiz geflüchteten deutschen Dichter Georg Herwegh durchwandert Wagner weite Teile der schönen Innerschweiz. Auf dem Rütli, dem historischen Schwurort der ersten Eidgenossen im Jahr 1291, trinken sie, ein wenig theatralisch aber romantisch, aus drei Bergquellen Bruderschaft. In flotter Arbeit vollendet Wagner das erste Werk der künftigen Tetralogie, das damals noch „Der Raub des Rheingolds" heißen soll. Sofort beginnt er mit der Skizzierung der Musik zur „Walküre". Es scheint, daß damals eine erste Ahnung des „Tristan und Isolde"-Stoffes durch seinen Kopf ging. Von März bis Juni 1855 dirigiert er acht Konzerte in London, wo Königshaus und Publikum ihm bedeutende Ehren erweisen. Von häufigen Anfällen einer schmerzhaften Gesichtsrose heilt ihn eine Wasserkur, der er sich in der Westschweiz im Sommer 1856 unterzieht. Im Oktober trifft Liszt wieder in Zürich ein, wo er seinen 55. Geburtstag mit dem Freund feiern will; sie tun es mit dem Erklingen des ersten Akts der „Walküre", wobei Wagner die männlichen Partien, die Sängerin Emilie Heim die Sieglinde interpretiert und Liszt meisterhaft am Flügel den Orchesterpart spielt. Einen Monat später erlebt St. Gallen ein musikhistorisches Ereignis, Liszt und Wagner dirigieren gemeinsam hier ein Konzert: Liszt bringt eigene sinfonische Dichtungen, Wagner Beethovens „Eroica" zu Gehör.

Mathilde Wesendonk – „Tristan"

1857 wird ein Entscheidungsjahr in Wagners Leben. Ende April zieht er mit Minna in das freundliche Landhaus, das Wesendonk ihnen auf dem prächtigen Grundstück zur Verfügung gestellt hat, wo auch sein eigenes Haus steht. Ein schöner Park verbindet die beiden Wohnsitze, die freundschaftlich-nachbarliche Beziehung verstärkt sich schnell zu einem geistig-künstlerischen Vertrauensverhältnis, das insbesondere zwischen Wagner und der schönen Mathilde zu einer engen Bindung führt. Der Komponist ist vom Gefühl erfüllt, von niemandem je so tief verstanden worden zu sein, die junge Frau erlebt an der Seite eines schöpferischen Genies Augenblicke tiefster Bewegung. Mathilde kommt täglich. Wagner liest und spielt ihr das Neugeschaffene vor. Wie tief der Eindruck ist, geht aus den Gedichten hervor, die Mathilde in jenen Wochen schreibt und die Wagner vertont. Ihre Worte und seine Musik ergeben den Eindruck geschwisterlicher Zusammengehörigkeit. Und Mathilde zuliebe unterbricht Wagner die Komposition des „Siegfried", um mit unsagbarer Begeisterung „Tristan und Isolde" zu beginnen. Tristan, das ist natürlich er selbst, Isolde seine schöne und trotz enger Verbundenheit unerreichbare Nachbarin. Auch die fertiggestellte „Walküre" trägt ein Dankeszeichen an Mathilde: In der Partitur finden sich, beinahe versteckt, drei Buchstaben: G. S. M.", die nur ihnen verständliche Abkürzung für „Gesegnet sei Mathilde". Doch „Tristan und Isolde" sollte eine viel tiefere Huldigung werden, ein Liebesepos, wie es in der Musik noch keines gab. Um die gleiche Zeit erreichte Wagner der seltsame Brief des brasilianischen Konsuls in Dresden, der dem Komponisten die herzliche Einladung seines Monarchen Dom Pedro II. übermittelte, in Rio de Janeiro Aufenthalt zu nehmen, wo ihn eine wahrhaft kaiserliche Rente, ein kleines Palais, die Bewunderung eines ganzen Volkes und jede gewünschte künstlerische Betätigungsmöglichkeit erwarte. Als einzigen Wunsch erhoffte Dom Pedro II. sich, Wagner würde eines Tages eine Volksoper schreiben, die in ihrer leichten Verständlichkeit und Aufführungsmöglichkeit dem Lande, ja dem Erdteil eine ersehnte Opernzukunft brächte. Wagners Antwort blieb unbekannt, sie muß wohl ablehnend gewesen sein. Erst sieben Jahre später wird er einer auffallend ähnlichen Einladung zu Bayerns König Ludwig II. Folge leisten. Doch der Gedanke einer einfacheren Oper, ohne größere Chöre, mit eingänglicher Musik könnte in seinem Kopf rumort haben. Daß daraus dann gerade „Tristan und Isolde" wurde, die am schwersten aufführbare Oper eines Jahrhunderts, gehört zu den Ironien der Geschichte.

Mathilde Wesendonk, die romantischste Liebe Wagners, feinsinnig, verständnisvoll, dichterisch begabt (Gemälde von J. K. Dorner).

Wagner schreibt wie ein Besessener – der er in jenen Monaten wohl auch ist – und teilt das unbeschreibliche Glück dieser Entrückung aus allem Irdischen mit Mathilde, der er in kurzen Briefchen fortlaufend Nachricht gibt über das Gelingen seiner Arbeit und der er immer wieder Stellen daraus vorlesen und vorspielen kann. Es wurde kein „leichtes" Werk für ein im Sonnenschein lebendes, naives Volk ferner Zonen; eher ein Abschiedsgesang des Abendlandes, schwer von herzzerreißender Wehmut. Der rauhe Alltag – der „öde Tag" des „Tristan" – holt die Liebenden aus ihrem Traum. Minna, ausgeschlossen, aus Wagners Werk und damit aus seinem wahren, innersten Leben, öffnet einen an sich unbedeutenden Brief ihres Mannes an Mathilde und erzwingt eine lärmende Aussprache. Und wieder einmal, wie einst aus Riga, später aus Dresden, flieht Wagner, dieses Mal aus einer rein privaten Not. Er verabschiedet noch die gerade im Haus befindlichen Gäste, den Schüler und Freund Hans von Bülow und dessen ihm eben angetraute Gattin Cosima Liszt. Ein alter Palazzo am Canale Grande von Venedig, von Wesendonk fürsorglich vorbereitet, nimmt ihn auf. Hier vollendet er den so schmerzlich unterbrochenen zweiten Akt des „Tristan". In langen Briefen und vielen kurzen Mitteilungen hält er Mathilde auf dem laufenden über dieses ihnen gewissermaßen gemeinsam gehörende Werk. Doch dem in mancher Hinsicht idyllischen italienischen Aufenthalt droht ein nahes Ende. Die sich zuspitzende politische Lage, der mögliche bewaffnete Aufstand der Italiener gegen die österreichische Fremdherrschaft, scheint auf Venetien überzugreifen. Der habsburgische Statthalter – der Wagner aufgrund des bald zehnjährigen Steckbriefes der deutschen „Bundesgenossen" eigentlich verhaften sollte – rät dem von ihm hochverehrten Meister zur Abreise. So betritt dieser nach ungefähr achtmonatigem Aufenthalt in der Lagunenstadt wieder Schweizer Boden. Abermals mit Unterstützung Wesendonks mietet er sich in einem Nebenhaus des Nobelhotels Schweizerhof in Luzern ein. „Tristan und Isolde" steht vor der Vollendung; erregte Botschaften an Mathilde berichten: „Dieser ‚Tristan' wird etwas Furchtbares..." Wagner fragt sich, ob so etwas „überhaupt auszuhalten" sei? „Nur mittelmäßige Aufführungen können mich retten! Vollständig gute müssen die Leute verrückt machen..."

Wie recht er hatte! Selbstmorde, Ehe- und Liebestragödien waren die Folge eines Werkes, dessen Paroxysmus die Nerven einer sentimentalen, hypersensiblen Zeit zum Zerreißen anspannen mußte. Auf dem Gipfelpunkt der Romantik wiederholte sich, was in der

Frühromantik durch Goethes Briefroman „Die Leiden des jungen Werthers“ hervorgerufen worden war. Daß zur Darstellung eines Seelendramas wie „Tristan und Isolde“ ein neuer musikalischer Stil gefunden werden mußte, versteht sich von selbst. Wagner gelangte zur „unendlichen Melodie“, schrieb Harmonien, die keine „Auflösung“ in schlichte Konsonanzen mehr erlauben, bei denen die Frage nach Konsonanz und Dissonanz überhaupt sinnlos wurde, da der Ausdruck aufgewühlter Seelen die Hauptaufgabe darstellte.
Dem mehr als zweijährigen Schaffensrausch folgt bald die Ernüchterung. Wieviel Bitternis und Enttäuschung wird gerade dieses in Hochstimmung geschaffene Werk seinem Schöpfer eintragen! Kein Theater will sich finden, „Tristan und Isolde“ zum ersten Erklingen zu bringen. Karlsruhe denkt ernsthaft daran, Wien gibt die Partitur nach Dutzenden von Proben als „unaufführbar“ zurück. Nur ein Bruchteil der Ablehnungen ist auf bösen Willen, Feindschaft, Intrigen zurückzuführen. Es gibt keine Sänger, die für diese Partien gerüstet sind, kein Orchester, das ähnlichen technischen Schwierigkeiten gewachsen wäre, keinen Dirigenten – außer Wagner selbst –, der sich in solche Klänge „einhören“ könnte, ohne im wogenden Meer dieser Musik das Steuer aus der Hand zu verlieren. Und es gibt, wie viele meinen, kein Publikum für ein künstlerisch so gewagtes, alle Schranken sprengendes Werk.
Es sind wirre Jahre im Leben Wagners. 1860 finden wir ihn wieder einmal in Paris, der Stadt seiner Haßliebe. Er dirigiert drei Konzerte mit eigenen Werken und erobert viele neue Freunde, darunter namhafte wie Gounod und Saint-Saëns, den Maler Gustave Doré, den Dichter Charles Beaudelaire. Das ebenso namhafte Defizit wird von einer Verehrerin getragen, wie Wagner sie zu jeder Zeit und an jedem Ort findet, einer Madame de Kalergis, bei der er sich mit einer Aufführung des zweiten „Tristan“-Akts in ihrem Haus bedankt. Auch in Brüssel dirigiert Wagner zweimal, und der künstlerische Erfolg bleibt ihm treu. Inzwischen haben mehrere deutsche Staaten die Revolutionäre von 1848/49 amnestiert, Wagner darf den heimatlichen Boden, mit Ausnahme Sachsens, wieder betreten. Aber er ist maßlos enttäuscht. „Glaub mir“, schreibt er an Liszt, „wir haben kein Vaterland! Und wenn ich ‚deutsch‘ bin, so trage ich sicher mein Deutschland in mir ...“ Und an Wesendonk im gleichen Sinn: „Von Ergriffenheit beim Wiederbetreten des deutschen Bodens habe ich auch nicht das Mindeste verspürt. Gott weiß, ich muß recht kalt geworden sein ...“
Mit dem Mainzer Verleger Franz Schott ist ein neuer Mäzen in Wagners Leben getreten. Er löst frühere Verpflichtungen sehr großzügig ab und vertraut voll auf ein Gesamtwerk, das erst zum kleineren Teil verwirklicht scheint und das in seiner Auswirkung auf die Öffentlichkeit zweifelhaft zu nennen ist. Wagner verkauft Schott Partituren, die er längst Wesendonk – gegen hohe Unterstützungen – „geschenkt“ hat; und einige werden später sogar nochmals den Besitzer wechseln, wenn Wagner sie, als Gegengabe für unendliche Begünstigungen, seinem Wohltäter Ludwig II. abermals „verehren“ wird. Wieviel noble Großzügigkeit hat Wagner in seinem Leben erfahren! Er nahm sie beinahe als schuldigen Tribut an sein Genie.

„Tannhäuser“ und der Skandal in Paris

Nach einer Rheinreise mit Minna, zu der Wagners Beziehungen höchst wechselvoll, aber doch fast immer bitter egoistisch sind, fährt er wieder nach Paris, wo die sehr einflußreiche Gattin des österreichischen Botschafters, die Fürstin Metternich, Kaiser Napoleon III. dazu gebracht hat, eine Aufführung des „Tannhäuser“ in der Großen Oper anzuordnen. Deren Direktion unterrichtet Wagner, daß jedes hier gespielte Werk ein Ballett zu enthalten habe. Wagner fügt sich zähneknirschend und erweitert die Anfangsszene im unterirdischen Liebesreich der Venus zu einem „Bacchanal“ (anstatt vielleicht den Einzug der Gäste auf die Wartburg im zweiten Akt zu einer großen höfischen Tanzszene auszubauen). Er ließ Albert Niemann, den

Die letzten Takte von „Tristan und Isolde“ schrieb Wagner im Luzerner Hotel Schweizerhof am 6. August 1859, nach mehr als zweijähriger intensivster Arbeit in Zürich, Venedig und Luzern.

besten deutschen Heldentenor jener Zeit, kommen, der die Titelrolle verkörpern sollte. Die Vorkommnisse um die Aufführungen im März 1861 sind als beschämendes Kapitel in die Operngeschichte eingegangen. Der von langer Hand vorbereitete Skandal machte es dem Dirigenten – es war der gleiche Kapellmeister Dietsch, dem man seinerzeit Wagners Textbuch zum „Fliegenden Holländer" zur Vertonung übergeben hatte – fast unmöglich, das Werk zu Ende zu führen. War es eine nationalistische Kundgebung? Ein Protest gegen „moderne" Musik? Eine Kundgebung gegen das eigene Regime, das diese Aufführungen angeordnet hatte? Oder einfach die Abneigung gegen ein Werk, das es sich erlaubte, das vorgeschriebene Ballett in die erste halbe Stunde zu verlegen, bevor die „vornehmen" Mitglieder des Jockey-Clubs zu Ende diniert hatten und im Theater erschienen waren? Die Sänger kämpften weiter, Niemann allerdings schleuderte einmal, auf dem Höhepunkt des Sturms, seinen Hut ins Parkett, was zu verdoppeltem Toben Anlaß gab. Nach drei derart schmachvollen Abenden zog Wagner das Werk zurück und reiste ab.

Wie ganz anders erging es ihm zwei Monate später in Wien! Dort hörte er am 11. Mai 1861 seinen „Lohengrin" bei einer Probe und scherzte, er sei sicher der einzige Deutsche, der diese Oper noch nie erlebt hätte. Sie war tatsächlich seit der Weimarer Premiere vor elf Jahren in vielen deutschen Städten gespielt worden, aber diese waren für den Geächteten unerreichbar. Der Probe folgte am 15. die ersehnte Aufführung, bei der Wagner erkannt und stürmisch gefeiert wurde. Der Direktor des Theaters, dessen hohes Niveau Wagner nicht genug bewundern konnte, glaubte diesem die Uraufführung des „Tristan" versprechen zu können. Hoffnungsvoll wie selten nimmt Wagner Abschied von Wien, in das er zur Einstudierung seines bis jetzt größten Werkes zurückzukehren gedenkt. Er fährt nach Paris, um den Haushalt aufzulösen, den er in der Aussicht auf einen Dauererfolg des „Tannhäuser" glänzend und mit viel Personal eingerichtet hat; in Karlsruhe dankt er dem Herzog für seine Bereitwilligkeit, den „Tristan" uraufzuführen, was nun das viel bedeutendere Wien übernommen zu haben scheint. Er besucht die Wesendonks in Zürich, Liszt in Weimar. Am 3. Dezember 1861 trägt er im Verlagshaus Schott am Weihergarten in Mainz den Prosaentwurf seines nächsten Bühnenwerks vor, der „Meistersinger von Nürnberg". Die Hörer staunen: Wie wandlungsfähig war dieser Künstler! Nun empfängt er sie mit der heitersten Komödie, einer lieblichen spätmittelalterlichen Stadt, einer feinersonnenen Fabel, die alle menschlichen Gefühle von der Bosheit zurLiebe, vom Witz zum tiefen Ernst enthält.

Wagner läßt sich 1862 in Biebrich nieder, um dem Verlag nahe zu sein; er holt wieder einmal Minna zu sich, die ihm das neue Haus einrichtet. Doch „nach zehn Tagen der Hölle" (wie er sich ausdrückt) schickt er sie wieder fort. Zwei Monate später ist eine andere Frau bei ihm, die junge, schöne Mathilde Maier, die gerne für die vielen Gäste die Hausfrau spielt. Da ist der alte Kampfgefährte August Röckel, endlich aus dem Dresdener Gefängnis entlassen (dem Wagner durch seine damalige Flucht knapp entkam), da ist das Ehepaar Hans und Cosima von Bülow, das Ehepaar Schnorr von Carolsfeld, Tenor und Sopran, mit denen Wagner beginnen will, die Titelrollen seiner Oper „Tristan und Isolde" einzustudieren. Er kennt sie aus Dresden und sieht in ihnen die wohl einzigen deutschen Sänger, denen die riesigen Partien seines Werkes zugemutet werden können. Am 12. September 1862 dirigiert Wagner in Frankfurt erstmals seinen „Lohengrin", am 1. November im Leipziger Gewandhaus das Vorspiel zu seinen „Meistersingern". Am 7. November gibt es in Dresden den endgültigen Abschied von Minna. Sie hatte das tragische Los der Gefährtin eines Genies bis zur Neige ausgekostet.

Zerwürfnis mit Hanslick

Mitte November 1862 trifft Wagner für längere Zeit in Wien ein. Mathilde Maier ist nicht mehr bei ihm, aber eine andere Geliebte fast des gleichen Namens, Friederike Meyer, begleitet ihn in die Stadt, die ihm nun als die seiner Zukunft erscheint. Er veranstaltet eine Lesung seiner „Meistersinger", zu der auch der wichtigste und gebildetste Kritiker, Eduard Hanslick, geladen ist, der sich bis dahin Wagners Kunst gegenüber aufgeschlossen gezeigt hat. Nun aber fühlt dieser sich schwer beleidigt, er glaubt in dem grotesken Stadtschreiber Beckmesser sich selbst abgebildet und verhöhnt zu erkennen. Von nun an sind sie Todfeinde; kein Kritiker hat jemals schärfer gegen Wagner geschrieben. Noch mehrmals unterbricht Wagner den Wiener Aufenthalt, dirigiert in Prag, St. Petersburg und Moskau mit großem Erfolg. Am 12. Mai 1863 kehrt er zurück und beginnt im noblen Wiener Vorort Penzing ein prächtiges Haus einzurichten, mit teuren Möbeln

und noch teueren Vorhängen und Teppichen, für die Wagner stets eine besondere Vorliebe hat. Bezahlen würde das alles, er zweifelte nicht daran, die Wiener Hofoper nach dem Triumph des „Tristan".
Da aber gibt die Hofoper dem Autor mit größtem Bedauern die Partitur zurück; diesem Werk war sie nicht gewachsen. Wagner, in tiefe Schulden geraten, stellt Wechsel über Wechsel aus, die er nicht einlösen kann. Am 22. März 1864 ergreift er, um nicht in „Schuld-

Linke Seite: Wagners gestochen klare Reinschrift vom Beginn der Partitur des 2. Akts von „Tannhäuser", der „Hallenarie" Elisabeths.
Oben: Ludwig und Malwine Schnorr von Carolsfeld (als Tristan und Isolde), während einer Probe in München, 1865.
Rechts: Dokument einer Schande: Am 13. März 1861 wurde „Tannhäuser" in der Pariser Oper gnadenlos niedergeschrien und ausgepfiffen, sicher nicht aus künstlerischen Gründen. Albert Niemann in der Titelrolle war der bedeutendste deutsche Tenor seiner Zeit.

haft" genommen zu werden, die Flucht, zum wievielten Mal im Leben? Doch immer noch nicht zum letzten Mal. Bei alten Freunden, dem Ehepaar Wille in Meilen am Zürichsee, findet er Unterkunft. Verzweiflung hat sich seiner bemächtigt, er sieht nirgends einen Ausweg. Bei Schott ist er arg verschuldet, dort soll mit dem Druck der „Meistersinger" nicht begonnen werden, bevor er das Werk nicht völlig vollendet hat. Nie kam er sich so arm vor, und noch nie war sein Gepäck dabei so schwer wie jetzt. Er schleppte die Partituren der längsten bis dahin überhaupt geschriebenen Opern mit sich herum: „Das Rheingold" und „Die Walküre", „Tristan und Isolde" dazu Teile des „Siegfried" und der „Meistersinger" und zahllose Skizzen. An den treuen Wiener Freund Peter Cornelius schreibt er aus der Schweiz, mit jenem Anflug von Ironie, den er nie verliert: „Nur ein gutes, wahrhaft hilfreiches Wunder kann mich retten..."

DAS ANGEBOT KÖNIG LUDWIGS II.

Genau dieses Wunder tritt ein. Es ist so unfaßbar, daß selbst ein Märchenerzähler Mühe hätte, es glaubhaft zu machen. Es verwandelt den Gescheiterten, Hoffnungslosen, Verlorenen in einen hochgemuten Sieger, den an vielen Stellen rettungslos Verschuldeten in einen Mann gesicherten Wohlstands, den von den Theatern überall Zurückgewiesenen in einem einzigen Augenblick in den mit größtem Interesse betrachteten Zukunftskomponisten Deutschlands. Und es gewinnt dem vielerorts mit Mißtrauen abgelehnten Mann einen edlen, uneigennützigen, liebenden und dazu noch mächtigen Freund, wie ihn besagter Märchenerzähler kaum hätte erfinden können. Am 3. Mai 1864 steht unvermutet ein elegant gewandeter Herr vor Wagner, der natürlich zuerst an einen Gläubiger denkt. Doch nein, es ist Baron Pfistermeister, persönlicher Vertrauter und Abgesandter des jungen Königs Ludwig II. von Bayern, der vor wenigen Tagen den Thron bestieg. Der Monarch, der durch Wagners „Lohengrin" den tiefsten Eindruck seines Lebens erhalten hatte, lädt den Urheber seines unvergeßlichen Erlebnisses an seine Seite, bietet ihm in München Haus und Hoftheater und jede Unterstützung. So wie sieben Jahre zuvor Brasiliens Kaiser es getan hatte, aber nun war es München, nicht Rio de Janeiro. Und Wagner nimmt an, freudig, dankbar, als der Bote ihm Bild und Ring des Königs überreicht, nachdem er ihn endlich nach vielem Suchen ausfindig gemacht hatte. Er staffiert das Idol seines Königs, das so gar nicht wie ein Idol aussieht, ein wenig aus, bevor sie die kurze Fahrt von Stuttgart, wo diese schicksalhafte Begegnung stattfand, nach München antreten können. Dort steht Wagner am 4. Mai 1864 zum ersten Mal dem jungen König gegenüber, und beide besiegeln den Freundschaftsbund, der bis zum Tod Wagners währen, hundert schwere Prüfungen überstehen, aber Überwältigendes für die Kunst hervorbringen sollte. Hat Wagner in diesem Augenblick Schillers Verse nachempfunden: „Arm in Arm mit dir fordere ich mein Jahrhundert in die Schranken!"? Des Königs erster Auftrag an sein Hoftheater lautet, den „Fliegenden Holländer" sofort aufzuführen und unverzüglich mit dem Studium von „Tristan und Isolde" zu beginnen. Und so kommt es am 10. Juni 1865

Oben: Seinerzeit viel geschmäht: Ludwig II. von Bayern, ohne den das „Wunder Wagner" sich wohl nie vollzogen hätte...
Rechte Seite links: Wagners Widmung der Riesenpartitur des „Ring" – „im Vertrauen auf den deutschen Geist entworfen".
Rechte Seite rechts: Hans von Bülow, getreuester Verehrer und Freund Wagners, Dirigent der Uraufführungen von „Tristan" (1865) und den „Meistersingern" (1868), verlor seine Gattin Cosima, die Tochter Liszts, an Richard Wagner.

zu jenem Markstein der Operngeschichte, der Uraufführung des bis dahin schwierigsten, erdentrücktesten und innerlichsten Dramas. Am Pult vollbrachte der zum Hofkapellmeister ernannte Hans von Bülow eine bewundernswerte Leistung. Das Ehepaar Schnorr von Carolsfeld übertraf wohl alles, was es bis dahin an hochdramatischem Gesang gegeben hatte. Drei Abende konnte das große Werk unter stärkster Anteilnahme des Publikums gespielt werden. Dann bat der König um etwas sehr Ungewöhnliches: Er wollte „Tristan und Isolde" für sich allein gesungen und gespielt hören. Es war selbstverständlich, daß Bülow und die Sänger dem „seltsamen" Monarchen – später werden seine Untertanen ihn „verrückt" nennen (bevor sie ihn dann, hundert Jahre später, zum „Märchenkönig" erheben werden) – seinen Wunsch erfüllten. War er so ausgefallen, so abwegig? Beim Erleben eines Werkes wie „Tristan" stört jede fremde Gegenwart, und sei sie noch so diszipliniert und diskret. Ludwig wohnt der Vorstellung bei, ins Dunkel einer Loge gedrückt, im völlig leeren Hoftheater. Er soll mehrmals laut aufgeschluchzt, des öfteren innig vor sich hingeweint haben. Ein „Seltsamer", ein „Verrückter" oder ein Mensch von äußerster Empfindsamkeit, von jener Gefühlsfähigkeit, die weitgehend verloren zu haben das wohl schlimmste Merkmal der Neuzeit darstellt?

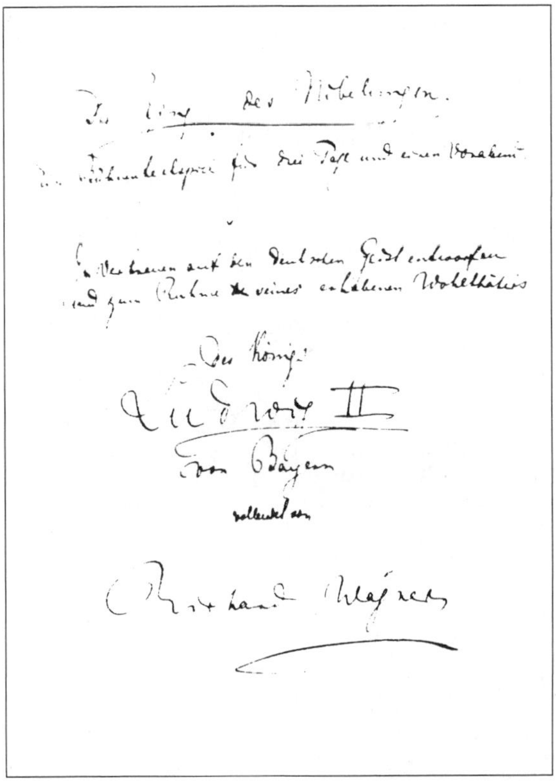

Cosima

Dieses Jahrhunderterlebnis des „Tristan" ist im Innersten von einer furchtbaren Tragödie gezeichnet. Zwischen Wagner und der Gattin Bülows, der Liszt-Tochter Cosima, haben sich Fäden gesponnen, die längst zu einer innigen Zugehörigkeit geführt haben, von der nur zwei Menschen nichts wissen: der Ehegatte und der König. Für sie beide bedeutete Wagner als Mensch wie als schöpferisches Genie das unantastbare Ideal. Nachdem Bülow die Wahrheit erfahren haben wird – unter der er fast zusammenbricht –, wird er noch die Kraft und Noblesse besitzen, die Vertuschungskomödie vor König Ludwig bis zum letzten möglichen Augenblick fortzuspielen.
Für Wagner aber gibt es kein Zurück; er fühlt mit leuchtender Klarheit, daß er die Frau seines Lebens gefunden hat, und er wird an dieser Erkenntnis bis zu seinem Tod keine Stunde mehr zweifeln.
Noch ein anderes Drama spielte sich rund um die „Tristan"-Premiere ab, welche die Musikwelt in Aufruhr gestürzt hatte. Das Ehepaar Schnorr von Carolsfeld reiste nach Ende der Aufführungsserie heim nach Dresden, um bis zur geplanten Wiederaufnahme im Herbst auszuruhen. Dort aber erkrankte der Tenor an einem rheumatischen Fieber und starb, knapp vier Wochen nach dem Münchener Ereignis, im Alter von 29 Jahren. Es war ein Triumph für alle Wagner-Feinde, deren es eine beträchtliche Menge gab. Hatten sie nicht seit langem auf die „mörderische" Beschaffenheit von dessen Rollen geradeso hingewiesen wie auf die seelengefährdende Wirkung dieses „Tristan"? Tatsächlich waren beide Vorwürfe nicht so unbegründet, wie es heute erscheinen mag. Der Typus des Wagner-Sängers, besonders des Tenors, mußte erst ausgebildet werden, da solche Anstrengungen für den Kehlkopf noch nie in der Operngeschichte gefordert worden waren. Es war gar nicht abwegig, daß Wagner König Ludwig das Projekt einer Sängerschule vorlegte, in dem besonders Interpreten für seine eigenen Werke herausgebildet werden sollten. Nach dem weltweit kommentierten frühen Ableben Schnorrs von Carolsfeld konnte „Tristan und Isolde" jahrelang nicht gespielt werden, da nun kein Sänger für die männliche Titelrolle mehr zu finden war – eine späte Rechtfertigung für die Theater, die eine Premiere des Werkes als „unmöglich" abgelehnt hatten. Nur der Befehl eines Königs konnte sie „möglich" machen.
Inzwischen begann die bayerische „Volksseele" zu kochen. Die nun stadtbekannte Beziehung der Dirigentengattin zum „fremden" Komponisten – Wagner war Sachse! –, der den König so umgarnt hatte, daß er „Unsummen" für ihn und seine Werke auszugeben bereit war, wurde zum Wasser auf die Mühle der Kleinbürger, die ihrem Monarchen bereits wegen seiner „wahnsinnigen" Verschwendungssucht beim Bau von Schlössern die Flügel stutzen wollten. Wiederholte sich die Geschichte? Ludwig den Ersten hatte man wegen seiner Favoritin, der Tänzerin Lola Montez, fortgejagt. Sollte dem zweiten Ludwig nun ein ähnliches Schicksal blühen? Ein politischer Sturm zog sich zusammen, der sich, nachdem der Komponist und seine Geliebte trotz zahlreicher Bosheiten und Nadelstiche des „Volkes" nicht das Feld räumen wollten, zu einem Ultimatum verdichtete: Der König möge wählen zwischen „der Liebe und Verehrung seiner Bayern" und der Anwesenheit

Wagners. Es waren bitterste Stunden für Ludwig, der wie ein Träumer durch die Welt ging und nun entdeckte, daß sein Abgott Wagner angefeindet werden konnte. Freunde rieten Ludwig zum Durchhalten, er selbst war zur Abdankung bereit, um mit Wagner irgendwo in der Welt nur für Musik leben zu können. Doch auch Wagner riet zum Ausharren: Nur die Stärke rette den monarchischen Gedanken in Bayern und, wer weiß, im übrigen Deutschland, ja Europa. Seit wann lag dem Revolutionär von 1849 die Monarchie so am Herzen? Oder muß diese Frage vor dem Hintergrund des nie geleugneten Wagnerschen Egoismus gesehen werden: Was könnte ihm ein abgesetzter König nützen? Ludwig folgt des Freundes Rat, läßt ihn unter Tränen gehen. Aber er verspricht ihm seine tätige Hilfe für alle Zeit. Als deren erste Tat mietet er für Wagner eine prächtige Villa am schweizerischen Vierwaldstätter See, im kleinen Tribschen, groß genug für alle Bequemlichkeit des Komponisten, und so verschwiegen, daß Ludwig ihn dort, sooft er es in München nicht mehr auszuhalten vermeint, inkognito besuchen kann.

„Die Meistersinger von Nürnberg“

Wieder einmal flieht Wagner, aber unter welchen angenehmen Bedingungen geschieht es diesmal! Keine materiellen Nöte bedrängen ihn, er muß sich nicht verschulden, wie so oft im Leben, und Cosima, die nicht mehr lange zögert, Bülow endgültig zu verlassen, ist da, um das neue Haus einzurichten. Sie kehrt noch gelegentlich nach München zurück, um vor dem König den Schein einer „Sekretärin des Meisters“ aufrechtzuerhalten. Sie bringt ihm gute Nachricht: Wagner arbeite mit ganzer Kraft an den „Meistersingern von Nürnberg“, die ein Lieblingsgedanke Ludwigs sind. Am 24. Oktober 1867 wird die Partitur abgeschlossen, die Wagner dem König unter den Weihnachtsbaum legen läßt. Der Monarch reagiert, wie Wagner es erwartet hat, er befiehlt die Uraufführung an seinem Hoftheater, so als wäre nichts geschehen.

Den Tag der Premiere festzusetzen, macht keine Schwierigkeiten. Das Werk spielt am „Johannistag“, der Sommersonnenwende, der zugleich der Namenstag

Die Ruhe nach vielen Stürmen: Richard Wagner mit seiner zweiten Gattin, Cosima, nach ihrer Eheschließung in Luzern am 25. August 1870. Man mag über Cosima denken, wie man will: Eine aufopfernde, mehr ihrem Gatten lebende Frau hat es selten gegeben, das beweisen ihre 50 Jahre nach ihrem Tod veröffentlichten Tagebücher.

Friedrich Nietzsche, der große Philosoph, aber auch Dichter und Musiker, der sich vom glühendem Wagnerianer – mit nicht weniger als 23 Besuchen in dessen Exil Tribschen bei Luzern – zum Todfeind wandelte, auf dem Krankenbett.

der Hauptgestalt des Werkes ist, des historischen Schuhmacher-Poeten Hans Sachs. Also erfolgt die Uraufführung am 21. Juni 1868. Wagner ist rechtzeitig angekommen, um bei den letzten Vorbereitungen mitzuwirken. Dem großen Abend wohnt er in der Königsloge bei, neben Ludwig.

Beide werden umjubelt. Was doch drei Jahre ausmachen können, besonders in der Gunst der Menge! Als schon nach dem ersten Akt und mit verdoppelter Kraft am Ende der Oper die Ovationen gewaltig aufbranden, durchbricht der König das Protokoll und gestattet Wagner, von der Brüstung der Hofloge aus zu danken, während er selbst unmerklich seinen Stuhl ein wenig in den Hintergrund zurücknimmt. Es ist mehr als ein Erfolg, es ist geradezu eine Verherrlichung. Sie hindert Wagner nicht, am nächsten Morgen abzureisen, heim nach Tribschen.

Eduard Hanslick hatte als Korrespondent der bedeutenden Wiener „Neuen Freien Presse" dem denkwürdigen Abend beigewohnt. Er fand die Monologe des Hans Sachs „unaussprechlich langweilig", das ganze Werk „in seinen Grundsätzen irrig, in seiner Durchführung unschön und unmusikalisch", eine „interessante musikalische Ausnahms- und Krankheitserscheinung". Die Zeit hat ihm unrecht gegeben, ja ihn jener Lächerlichkeit überantwortet, die das Schicksal seines vermeintlichen Abbildes, des sturen und pedantischen Beckmesser, in der Komödie wird. Doch so falsch eine einseitige Darstellung auf der Bühne wäre, so unrichtig ist es, Hanslick als einen „schimpflich Unterlegenen" zu sehen. Seine Sorge um die Zukunft der Musik war echt. Er sah sie in Wagners „freien Dissonanzen" gefährdet, fürchtete eine „Auflösung der Tonalität". Die trat ja wenig später tatsächlich ein, mit oder ohne Anteilnahme Wagners, aber mit ungeheuren Konsequenzen, gegen die Hanslicks Generation sich ohne Erfolg stemmte.

Im Mai 1868 war der junge Basler Universitätsprofessor Friedrich Nietzsche erstmals nach Tribschen gekommen. Rasch wird er zu einem glühenden Anhänger Wagners, in dem er den abendländischen Vollender des antiken Dramas erblickt. Sein Traktat „Die Geburt der Tragödie aus dem Geist der Musik" war eine starke Waffe der Wagnerianer im Kampf gegen Angriffe von vielen Seiten. Nietzsches späterer Abfall, der in eine unerbittliche Feindschaft gegen den einst Hochverehrten mündete, gehört zu den Rätseln der Musikgeschichte. Ist er allein mit dem ausbrechenden Wahnsinn des Philosophen zu erklären, oder spielt die Abneigung gegen „Parsifal", diesen „Fußfall vor dem Kreuz", eine entscheidende Rolle?

Wagner wendet sich nun seinem Hauptwerk zu, dem riesigen „Ring des Nibelungen". Er hat es mitten im „Siegfried" abgebrochen, dem dritten Drama, das des Helden Jugend besingt (und das damals noch „Der junge Siegfried" als Arbeitstitel trug). Mit dem königlichen Freund hat er oft von dieser Arbeit gesprochen. Ludwig drängt begeistert auf Vollendung dieses größten Werks der Operngeschichte. Wagner nennt immer wieder Termine, aber er hat die ungeheure geistige und musikalische Dimension dieser Menschheitstragödie unterschätzt. Er fühlt auch, er dürfe sich nicht drängen lassen, selbst vom besten Freund, ja gerade von diesem nicht. In Ruhe mußte alles reifen; und wenn dieses überlebensgroße Werk ihm beschieden war, dann würde er es auch vollenden können. Da begeht dieser beste Freund einen Treuebruch, aber er begeht ihn aus mächtiger Liebe. Ludwig, vielleicht aus innerer Angst, die Beendigung des Nibelungenringes nicht mehr zu erleben, verfügt, den ersten abgeschlossenen Teil „Rheingold" gesondert auf seine Hofbühne zu bringen. Ein ernstes Zerwürfnis – das eigentlich nie mehr ganz heilen sollte – ist die Folge. Wagner schleudert den Bannfluch gegen alle, die an dieser Aufführung des 22. September 1869 teilnehmen, erkennt sie nicht als echte Premiere seines Werkes an, erscheint nicht und wird sie nie erwähnen. Das Interesse der Musikwelt aber ist so stark, daß Ludwig den gleichen Vertrauensbruch nochmals begeht und am 26. Juni 1870 mit dem „Rheingold" auch „Die Walküre" aufführen läßt. Und trotz aller sachlicher Entzweiung schenkt Wagner dem Monarchen zu jedem Geburtstag die neuentstandenen Texte zu „Siegfried" und dann zur „Götterdämmerung" (dem einstigen „Siegfrieds Tod"), mit dem das Werk sein vorläufig noch fernes Ende finden sollte.

Die Idee eines Festspieltheaters

Am 25. August 1870 heiraten Wagner und Cosima in der (protestantischen) Kirche in Luzern, wobei die Tochter ihren sehr fromm katholischen Vater Liszt ein wenig kränken muß. Doch der ist längst ein glühender Anhänger Wagners und viel zu weise geworden, um konfessionellen Fragen entscheidende Bedeutung einzuräumen. Den folgenden Geburtstag Cosimas am 25. Dezember desselben Jahres feiert Wagner in besonderer Weise: Im Tribschener Treppenhaus dirigiert er das „Siegfried-Idyll", ein Orchesterstück, das er aus Melodien der gleichnamigen Oper zusammengestellt und nach ihrem ersten, dort geborenen Sohn genannt hat. Die Oper wird am 5. Februar 1871 vollendet, und Wagner wendet sich nun dem letzten Teilstück der „Tetralogie" zu, der „Götterdämmerung". Der Untergang einer Weltenära erscheint ihm nun wichtiger als der Tod des Helden, den er vor bald einem Vierteljahrhundert zum Ausgangspunkt eines einabendigen Dramas erwählt hatte. Nun sind vier Abende mit einer Gesamtspieldauer von annähernd 15 Stunden daraus geworden. Zweifel über die Ausführbarkeit eines solchen Werkes beginnen Wagner zu bedrängen. Kein „normaler" Theaterbetrieb, so gut organisiert und leistungsfähig er auch wäre, könnte diese Aufgabe bewältigen. In seinem Kopf spuken immer öfter – es begann in fernen Dresdener Tagen oder vielleicht noch früher – Gedanken an ein „Festspiel", an ein weiträumiges Theater auf griechische Art, zu dem das ganze Volk wie zu einer kultischen Handlung strömen soll.
In seinen geheimen Plänen hat er eine solche Weihestätte der Kunst schon an vielen Orten gegründet, vor allem am Rhein und in Zürich. Nun, da er mit Cosima in Tribschen ein Konversationslexikon durchblättert, fällt ihr Blick auf das fränkische Städtchen Bayreuth, „mit schönem altem markgräflichem Theater". Obwohl gerade eine solche Bühne ihn nicht interessieren kann – er träumt von einem idealen Halbrund-Theater ohne Logen und Ränge –, läßt ihn das Bild der idyllischen Lage in grünen Hügeln nicht mehr los. Und die Idee beginnt in ihm zu wachsen, wie es bei Menschen geschieht, die Träumer und Verwirklicher zugleich sind. Ein Besuch in Bayreuth verleiht der Idee reale Grundlagen. Ein Aufruf zur Errichtung eines „Deutschen Nationaltheaters" geht hinaus, Wagner-Vereine schießen aus dem Boden. Für sie besteht kein Zweifel daran, daß an der Spitze einer solchen „nationalen" Bühne nur Wagner stehen könne, der im weiten deutschen Sprachraum keinen Nebenbuhler mehr hat. Die Gemeinde Bayreuth spendet ein geeignetes Grundstück, den „Grünen Hügel". Am 22. Mai 1872, Wagners 59. Geburtstag, erfolgt die feierliche Grundsteinlegung des künftigen Festspielhauses. Zur Feier des Tages dirigiert Wagner Beethovens neunte Sinfonie im alten markgräflichen Opernhaus.
Die nächsten Jahre vergehen mit angespannten Vorbereitungen auf ein „Lebenswerk", das kein Vorbild kennt. Noch nie hat ein lebender Künstler ein Festspielhaus für sein eigenes Schaffen von einer Nation ins Leben rufen lassen. Es gibt Menschen, die Wagner „größenwahnsinnig" nennen, unkundig jeder Realität, jeder Proportion, jeder Möglichkeit. Mehr als einmal lassen Geldschwierigkeiten den Plan wanken. Aber König Ludwig ist noch da – und Bayreuth liegt in seinem Reich. Er bietet im Augenblick höchster Gefahr seine rettende Hand, wie so oft: „Nein, nein und wieder nein! So soll es nicht enden, es muß da geholfen werden! Es

darf unser Plan nicht scheitern!", schreibt er an Wagner und zeichnet die Bürgschaftssumme in beträchtlicher Höhe, offen, ehrlich und ohne jeden egoistischen Gedanken. Nicht ganz so offen und ehrlich handelt Wagner, der antwortet: „Oh, mein huldvoller König! Blicken Sie nur auf alle deutschen Fürsten, so erkennen Sie, daß nur Sie es sind, auf welchen der deutsche Geist noch hoffend blickt!" Wagner identifiziert wieder einmal den „deutschen Geist", die deutsche Kunst mit dem eigenen Werk. Schlimmer aber, er verschweigt, daß er sich wenige Monate zuvor an Bismarck gewendet hat, den deutschen Reichskanzler und schärfsten politischen Gegner Ludwigs, mit der Bitte um Übernahme des Protektorats über die künftigen Festspiele und um finanzielle Hilfe – und nie eine Antwort erhalten hat.

Wagner in Bayreuth

Seit dem 28. April 1874 sitzt Wagner mit seiner Familie im eigenen Haus. Natürlich hatte es der König in Bayreuth erbauen lassen. Wagner taufte es „Wahnfried", das Haus, wo „mein Wähnen Frieden fand", wobei er dem Wort „Wähnen" den Sinn gab, den Hans Sachs in den „Meistersingern" im „Wahn-Monolog" anspricht: Unruhe, Unrast, Wirrnis. Und am 21. November des gleichen Jahres vollendet Wagner hier, in seinen eigenen prachtvollen Räumen, die „Götterdämmerung" und damit den vor 26 Jahren begonnenen „Ring des Nibelungen". Vielleicht zitiert er für sich selbst die Worte Wotans beim ersten Anblick der in die Wolken gebauten Burg Walhall im „Rheingold": „Vollendet das ewige Werk." Er hat im Leben alles Wichtige vollendet, was er begann. Mehr: was er geträumt hat. Gedenkt er der Menschen, an deren ausgestreckten Händen er die steile Höhe erklimmen konnte, die ihn immer wieder stützten und auffingen, damit er die Abstürze überleben konnte: Minna und Mathilde, Wesendonk, Schott und König Ludwig? Dankbarkeit war Wagners Sache nicht. In Cosimas Tagebüchern lesen wir, daß „der Meister" (wie er nun fast überall genannt wurde) „vom König oft mit leisem Überdruß sprach, mit dem beinahe gönnerhaften Wohlwollen gegenüber einem allzu Überschwenglichen und fast Aufdringlichen."

Der Sommer 1876 rückt unter fieberhaften Vorbereitungen heran. Vielerlei Besetzungsmöglichkeiten werden ausprobiert, drei komplette Sängerensembles einstudiert, um dreimal den gesamten Zyklus spielen zu können. Gewaltige Mühe und Sorgfalt wird auf die „Maschinerie" verwendet, auf die technischen Erfordernisse, die ungewöhnlich hoch sind: der Regenbogen, auf dem die Götter Walhall betreten werden, das Feuer, das von Wotan um Brünnhildes Fels entfesselt wird, der Lindwurm Fafner, übermenschlich riesenhaft, die in Feuer und Wasser zusammenstürzende Götter- und Menschenwelt am Ende des Werkes. Wagner ist unermüdlich im Theater, das er nur kurz verläßt, um mit Konzerten und Versammlungen die Werbetrommel für Bayreuth zu rühren. Am 20. März 1876 leitet er in Berlin eine Festvorstellung des „Tristan", deren erheblichen Reinertrag Kaiser Wilhelm I. dem Festspielhaus spendet. Am 3. Juni beginnen die eigentlichen Proben. Die härteste Arbeit erwartet das Orchester, das aus besten Musikern Deutschlands zusammengestellt und dem Wiener Hofkapellmeister Hans Richter unterstellt ist. Am 6. August kommt König Ludwig II. an, tief in der Nacht, um von niemandem gesehen zu werden. Er ist noch menschenscheuer geworden. Versteckt sitzt er in den Proben und erlebt die Schauer, die Wagners Musik seit jeher in ihm ausgelöst hat. Am 10. verläßt er Bayreuth wieder, denn die Anreise der Festgäste beginnt: zwei Kaiser, Wilhelm I. von Deutschland und Pedro II. von Brasilien, mehrere Könige, zahlreiche Fürsten, prominente Staatsmänner, berühmte Männer aus Geistes- und Kulturleben. Dann hebt sich am 13. August 1876 zum ersten Mal der Vorhang des – provisorisch gestalteten und eigentlich nie ganz fertiggestellten – Festspielhauses, während aus dem verdeckten Orche-

Linke Seite: Das damals als Provisorium gebaute, aber bis heute glanzvoll bespielte Festspielhaus Wagners in Bayreuth; 1873 in dieser Form entworfen, 1876 eingeweiht. Rechts: Wagners ein Leben lang ersehntes, 1874 bezogenes, von König Ludwig geschenktes Heim „Wahnfried" („Wo mein Wähnen Frieden fand ..."). Auf dem Bild die ursprüngliche Form, nach dem Zweiten Weltkrieg kleiner restauriert.

stergraben die geheimnisvollen, langanhaltenden Es-Dur-Klänge des in Urzeiten still dahinströmenden Rheins dringen. Der Jubel des Publikums hält vier Tage lang an: Nach dem „Rheingold" am 13. erklingt „Die Walküre" am 14., „Siegfried" am 16. und „Götterdämmerung" am 17. August 1876. Das gewaltige, einzigartige Experiment hat seine Feuertaufe glänzend bestanden: der weite, an griechische Vorzeit gemahnende Saal, das unsichtbare Orchester, der frühe Nachmittagsbeginn, die langen, fruchtbaren Pausen, die zum Ergehen im Park und Gesprächen über das Erlebte laden.

„Parsifal" – ein Bühnenweihfestspiel

Den nächsten Winter frönt Wagner einer alten Leidenschaft: Er läßt sich für Monate in Italien nieder, wo Natur und uralte Kultur ihm immer wieder neue Erlebnisse bieten. Im Dom von Siena überfällt ihn eine erregende Vision: Er glaubt sich im Gralstempel. Er hat sich in letzter Zeit immer wieder mit der Legende beschäftigt, die ihn seit Jahrzehnten fesselt. Sein „Parzival" nimmt Gestalt an, den er bei sich nicht Oper, nicht Musikdrama nennt, sondern ein „Bühnenweihfestspiel" und den er von Anfang an jedem Zugriff des gewöhnlichen Theaterlebens entziehen will. Er skizziert sein – bewußt – letztes Werk. Altersweisheit von höchster Reife, doch immer noch blühendes Leben, Gralsbotschaft, Heilsverkündung, Gedanken um Seelenwanderung und Wiedergeburt, christliche Religion mit viel älterem Glauben unlösbar verschmolzen, Erlösung der Welt durch Mitleid und Mitleiden, Läuterung des ringenden Menschen in den Stürmen und Versuchungen der Welt, höchste Mystik und tiefstes Seelenverständnis, Verkündigung einer Liebesreligion vollendeter Läuterung. Ludwig II. erhält den Entwurf und erlebt ein letztes Glück. Am 19. April 1877 wird der Text vollendet und der erschütterten Cosima vorgelesen. Die ist nun, nach einem letzten glühenden Liebesabenteuer mit einer schönen jungen Französin während des Festspielsommers, die endgültige Alleinbesitzerin von Wagners Herz, dem so unsteten, unruhigen, wandelbaren und im Grund nur seinem Werk getreuen; sie besitzt es tiefer als je eine andere, sie ist zur Erbin im höchsten geistigen Sinn ausersehen.

Von einer triumphalen Konzertreise nach London heimgekehrt, arbeitet Wagner ruhiger, sicherer als je an „Parzival", dessen Orthographie er bald in „Parsifal" ändern wird. Er sieht in freundlichen Visionen den „reinen Toren" schon auf der Bühne wandeln, sich durch die Welt raufen, „durch Mitleid wissend" werden, sein Erlöseramt vollziehen. Täglich wird ihm klarer, daß dieses letzte Werk voll „heiliger" Motive ausschließlich seinem Festspielhaus vorbehalten bleiben dürfe. König Ludwig teilt diesen Gedanken voll und ganz, kommt er doch seinem eigenen Denken entgegen. Er stellt sein Münchener Hoforchester zur Verfügung, was Bayreuths noch von Bau und erstem Festspiel arg defizitäre Finanzen wohltuend entlastet. Mit der Hofkapelle kommt auf Ludwigs Empfehlung deren Leiter Hermann Levi. Nach einigem Naserümpfen Cosimas wird der Rabbinersohn aus Gießen seiner hohen Musikalität wegen und der persönlichen Lauterkeit, die er in echter Treue dem „Meister" und dessen bewundertem Werk entgegenbringt, zum wahren Freund. „Parsifal" bildet Mittel- und einzigen Programmpunkt der zweiten Festspiele im Sommer 1882. Wagners Werk stand nun, trotz vieler Feindseligkeit aus allen Richtungen, felsenfest. Die Premiere dieses seines letzten Werkes, am 26. Juli 1882, ergriff das Auditorium besonders tief. So tief, daß sogar, als handle es sich um eine sakrale Handlung, fast um einen Gottesdienst, der Beifall unterdrückt wurde, wozu eine mißverstandene Äußerung Wagners Anlaß gegeben hatte. Doch, um ein hübsches Wort Mozarts zu gebrauchen, „um so stärker war der innere Beifall". Bei der letzten Aufführung stieg Wagner unbemerkt hinab in den Orchesterraum, nahm leise Levi den Stab aus der Hand und dirigierte den feierlichen Schluß selbst, ein Augenblick unendlicher Verklärung. Doch was dann mit diesem Werk geschah, war sehr irdisch. Wagners Vermächtnis, „Parsifal" solle „für immer" allein Bayreuth gehören, wurde durch die Gesetze durchkreuzt, die solche Bestimmungen nur für die Dauer der „Schutzfrist" geistigen Eigentums zulassen. Und die betrug damals 30 Jahre nach dem Tod des Autors. 1913 wird das Wettrennen um das von der

Links: Das Schwimmen der drei „Rheintöchter", wie Wagner es sich so poetisch für den Anfang seiner Nibelungen-Tetralogie ersann, verursacht den Regisseuren stets schweres Kopfzerbrechen: Mit einer so einfachen Maschinerie wurde es bei der Uraufführung 1876 gelöst. Rechte Seite: Die Photographie hat Einzug gehalten, echte Dokumentation in modernem Sinn wird möglich: So sah der Gralstempel im ersten Akt des „Parsifal" bei der Uraufführung 1882 in Bayreuth aus.

gesamten Kulturwelt mit Spannung erwartete Werk entbrennen. Die New Yorker Oper macht rechtzeitig einen Vorschlag: Alle Theater sollten auf den „Parsifal“ freiwillig verzichten. Im entbrennenden Kampf siegten die materiellen Interessen, im Augenblick, da die Schutzfrist erlosch, stürzten alle Bühnen, die es sich leisten konnten, auf das begehrte Werk. „Parsifal“ wurde Repertoirestück, am liebsten in der Osterzeit, da seine Erlösungsidee an Tod und Auferstehung Jesu zu gemahnen scheint...

Wieder nach Italien. Am 18. September 1882 bezieht Familie Wagner den Palazzo Vendramin am Canal Grande in Venedig. Unweit von hier hatte Wagner vor einem Vierteljahrhundert am zweiten Akt des „Tristan“ geschrieben. Ein Flüchtling damals, vor dem keine Tür in eine helle Zukunft aufging; ein Sieger jetzt, der alle Träume verwirklicht hatte. Um Cosimas 45. Geburtstag zu feiern, dirigiert er im altberühmten Teatro Fenice ein Konzert, in dem seine weit zurückliegende Jugendsinfonie erklingt. Wieder eine Flut von Erinnerungen, nun aber verklärt: Was für ein Leben lag hinter ihm! In sonnigen Stunden zieht es ihn auf die Wasserstraßen der Stadt: Wohlig zurückgelehnt auf weiche Kissen, von Cosima in dicke Decken gehüllt, allein oder mit ihr oder umgeben von einer Schar junger Leute, die an seinen Lippen hängen. Ob es wahr ist, daß seine Gondel im sinkenden Abend des 12. Februar 1883 ein ähnliches Gefährt kreuzt, in dem Giuseppe Verdi allein sitzt? Wagner achtet nicht darauf, doch Verdi erkennt das scharfe Profil, das er im Leben nur auf Bildern erblickt hat. Am nächsten Abend, so schildert Franz Werfel es in seinem „Roman der Oper“, soll der italienische Maestro den Palazzo Vendramin aufgesucht haben, vielleicht im Gefühl, sie sollten einander kennenlernen, so grundverschieden in allem sie auch sein mochten, vor allem in ihrer Musik. Man hatte ihn einst gefragt, ob er gern der Autor des „Tristan“ sein wolle? Er war sehr ernst geworden, bevor er die Worte hervorbrachte, die im Grund besser als lange Abhandlungen alles klar machten: „Wie hätte ich, unter unserem Himmel, einen ‚Tristan‘ komponieren können?“

Im Eingang zum Palazzo, der offensteht, findet er nur weinende Menschen: Wagner war am Nachmittag dieses 13. Februar 1883 in Cosimas Armen entschlafen. An seinen Freund Ricordi schreibt Verdi: „Traurig, traurig! Er wird in der Geschichte eine mächtige Spur hinterlassen...“ Am 16. Februar tritt Wagners Leiche die Heimfahrt an. Auf allen Stationen nördlich der Alpen stehen traurige Menschen, singen Chöre, spielen Musikkapellen auf trauerflorumwundenen Instrumenten. Im Garten seiner Bayreuther Villa wurde er am 18. Februar in einem mächtigen Grab beigesetzt, das weder Kreuz noch Inschrift trägt. Die Kundgebungen der ganzen Kulturwelt sind unzählbar. Thomas Mann schrieb lange nachher: „Leidend und groß, wie das Jahrhundert, dessen vollkommener Ausdruck sie ist, steht die geistige Gestalt Richard Wagners mir vor Augen. Physiognomisch zerfurcht von allen seinen Zügen, überladen mit allen seinen Trieben, so sehe ich sie, und kaum weiß ich die Liebe zu seinem Werk, einem der großartig fragwürdigsten, vieldeutigsten und faszinierendsten Phänomene der schöpferischen Welt zu unterscheiden von der Liebe zu dem Jahrhundert, dessen größten Teil sein Leben ausfüllt, dies unruhvoll umgetriebene, gequälte, besessene und verkannte, in Weltruhmesglanz mündende Leben...“

Giuseppe Verdi

Einen „Bauer von Roncole" nannte sich der längst weltberühmte Verdi am liebsten, nach jenem winzigen Dörfchen in der lombardischen Tiefebene, nahe von Busseto, wo er am 10. Oktober 1813 zur Welt gekommen war. Könige und Minister huldigten ihm, das Volk vergötterte ihn, die Theater rissen sich um seine Werke. Er aber, Gutsherr auf dem von ihm geschaffenen Landsitz Sant' Agata, fühlte sich am wohlsten auf seinen Feldern, bei den Schwänen seines Teichs, unter den von ihm gepflanzten Bäumen in den schattigen Alleen seines Parks. Die tiefe Liebe zur Scholle war ihm angeboren, zu den Saaten und Ernten, zu den Tieren, zu Sonne und Regen. Angeboren auch die Wortkargheit, die unbedingte Redlichkeit, die Verschlossenheit, das Mißtrauen gegen den gesellschaftlichen „Glanz", gegen hochtönende Phrasen und Versprechungen, gegen Hohlheit jeder Art. Als Kind eines kleinen Dorfwirtepaares durchlebte er eine schwere, auch von den Franzosenkriegen gezeichnete Kindheit, bis den Jüngling ein wohlhabender Kaufmann aus Busseto, Antonio Barezzi, Präsident einer dortigen „Philharmonischen Gesellschaft", musikalisch entdeckte und ausbilden ließ. Früh spielte er die Orgeln in einigen umliegenden Kirchen. Sein Förderer läßt ihn gelegentlich eine Probe des Liebhaberorchesters leiten und schickt ihn schließlich, als er sich immer besser bewährt, auf seine Kosten nach Mailand, damit er ernsthaft Musik studieren kann. Doch das Konservatorium nimmt den jungen Verdi nicht auf, weil er das vorgeschriebene Aufnahmealter überschritten habe. Ein Kapellmeister der Scala, Vincenzo Lavigna, wird auf ihn aufmerksam, unterrichtet ihn und nimmt ihn oft ins Theater mit, wo er die beste Schule durchläuft: Werke der Meister zu hören, ja, im Orchesterraum verborgen, hautnah zu erleben. Er lernt Paesiello und Cimarosa kennen, am meisten beeindrucken ihn die Opern der neuen Generation Rossinis, Donizettis, Bellinis. Als seine Lehrzeit zu Ende geht, vertraut Barezzi ihm das Orchester in Busseto an – und seine eigene Tochter Margherita, die seine Klavierschülerin war und wenige Jahre später seine Gattin wird.

Sie ziehen nach Mailand, denn sehr bald wird klar, daß Verdis Zukunft nicht im Städtchen Busseto liegt, sondern in der „großen" Opernwelt, die in Mailand ein gewichtiges Zentrum besitzt. In der Scala erlebt der Sechsundzwanzigjährige seine erste Oper auf der Bühne: „Oberto, Conte di San Bonifacio" erringt einen bemerkenswerten Erfolg, der den mächtigen Impresario Bartolomeo Merelli veranlaßt, mit dem Neuling einen Vertrag abzuschließen. Die nächste Aufgabe soll ein Lustspiel sein. Man erwartet von den Komponisten – nur der inzwischen jung verstorbene Bellini wich von dieser Regel ab – Dramen und heitere Opern in bunter Reihe. Der sehr prominente Librettist Felice Romani hatte den

Verdis steiler Aufstieg zum meistgespielten Opernkomponisten beginnt im armseligen Geburtshaus im lombardischen Dorfflecken Le Roncole, nahe Busseto, unweit Parma (links). Immerhin besitzt Le Roncole eine Kirche, wo der Vierzehnjährige Orgel spielt (rechte Seite).

Text zu „Un Giorno di regno" (König für einen Tag) geschrieben, so daß dieser Auftrag eine Ehre für den Anfänger bedeutete. Doch diesen traf, kaum hatte er mit der Komposition begonnen, ein Schicksalsschlag nach dem anderen: In kürzestem Abstand starben seine beiden Kinder und zuletzt seine Gattin an einer Epidemie. Unter solchen Umständen eine fröhliche Musik zu komponieren, das überstieg wohl menschliche Kräfte. Doch Merelli wollte von einem Verzicht nichts wissen. Er meinte es wohl gut, hielt es für gefährlich, produktive Kräfte zu stark unter Gefühlseinfluß zu stellen. Verdi mußte seinen Vertrag erfüllen, das Ergebnis war verheerend: „Un Giorno di regno" fiel gnadenlos durch und mußte noch vor einer zweiten Aufführung zurückgezogen werden. Voller Verzweiflung sah Verdi keine andere Möglichkeit, als seine Laufbahn aufzugeben. Da traf er – er selbst erzählt es in einer kurzen autobiographischen Skizze – zufällig Merelli auf der Straße. Der nahm Verdi unter den Arm, schleppte ihn fast mit Gewalt in sein Büro, drängte ihm ein Libretto auf, das soeben der erfolgreiche deutsche Komponist Otto Nicolai zurückgegeben hatte.

Die „Galeerenjahre"

Gegen seinen Willen trug Verdi das Manuskript heim in seine öde und traurig gewordene Wohnung, wo er es auf den Tisch warf. Es blätterte sich auf, und im ziellosen Auf- und Abgehen fiel Verdis Blick auf eine Zeile von großer klingender Schönheit: *„Va, pensiero, sull' ali dorate"* (Flieg, Gedanke, auf goldenen Flügeln). Er konnte nicht wissen, daß mit dieser „Wendung" ein neues Leben begann, sein Weg zu Werk und Ruhm. Plötzlich war die Melodie zu diesen Worten da und in kürzester Frist der ganze Trauergesang der in Babylon gefangenen Hebräer. Rasch ging dann die Arbeit voran, und „Nabucco" – auf den starken Text von Temistocle Solera, der ein genialer Abenteurer war – ging am 9. März 1842 über die Bühne der Mailänder Scala. Die Begeisterung im Publikum war groß. Die Menschenmenge im Theater identifizierte sich mit den Gefangenen und Unterdrückten, sah in ihrer Befreiung den Ausdruck der eigenen Wünsche. Verdi wurde über Nacht zum „patriotischen" Komponisten, sein Name zum Symbol der Sehnsucht nach dem einigen, unabhängigen Italien; ja, die fünf Buchstaben seines Namens wurden umgedeutet in: „V(ittorio) E(manuele) R(e) D'I(talia)": Viktor Emanuel, König von Italien – ein Traum noch im Jahr 1842, ein Vierteljahrhundert später Wirklichkeit.

Verdi wurde nicht nur zum erfolgreichen Opernkomponisten, sondern auch, gleichsam über Nacht, zum Liebling des Volkes, der er bis zu seinem Tod blieb.

Mit dem nächsten Drama, „I Lombardi alla prima crociata" (Die Lombarden auf dem ersten Kreuzzug), befestigt der junge Maestro seine Stellung im Opernleben Italiens. Wieder sind es die Chöre, die am stärksten einschlagen, und wieder sind sie patriotisch umzudeuten und werden dadurch rasch Allgemeingut.

Im Gegensatz zu Wagner, der sich in Dresden mit neuen Dramen Zeit lassen kann, muß Verdi, italienischem Brauch folgend, rasch Werk auf Werk schaffen, um seine Stellung zu festigen. Es gilt die günstige Lage auszunützen, in der viele Theater seines Landes Opern von ihm fordern. Damit aber tritt er in seine „Galeerenjahre" (wie er sie später in bitterem Rückblick bezeichnet hat), in die Fronarbeit des ununterbrochenen Komponierens, Instrumentierens, Einstudierens, die ihm nun acht Jahre lang keine Ruhe gönnen wird, kaum Zeit zum Nachdenken und Ausfeilen der Werke. So leben Verdis frühe Opern zumeist nur von der sehr starken Inspiration, der natürlich fließenden Melodie, der ihm angeborenen Kraft und Wucht der Dramatik, dem ihm ebenfalls naturgegebenen Schwung der Singstimmen. Nicht wenig, aber ob es zum Weltruhm, zum Nachleben in der Geschichte gereicht hätte, bleibt fraglich. Auch manches sehr schwache Textbuch trug dazu bei, daß einiges aus Verdis Galeerenjahren bald von der Bühne verschwand.

Vieles wird jedoch gegen Ende des 20. Jahrhunderts wiederentdeckt, wie „Ernani", eine unleugbar starke Oper (nach einem Welterfolg Victor Hugos) aus dem Jahr 1844, und aus dem gleichen Jahr „I due Foscari" (nach einem Drama Byrons in der Textfassung von Francesco Maria Piave). Mit „Giovanna d'Arco" (Die Jungfrau von Orléans, nach Schillers Trauerspiel) und „Alzira" (nach Voltaire) erfüllt Verdi 1845 sein Pensum von zwei neuen Bühnenwerken jährlich. Mit Schiller wird er sich noch dreimal auseinandersetzen: Der deutsche Klassiker zählt nach Shakespeare, dem „Vater der abendländischen Dramatik", zu den dichterischen Lieblingen des sehr belesenen Verdi. Noch viele Jahrzehnte wird er schwer darunter leiden, daß Shakespeare „unvertonbar" sei: zu viele Personen, zu kurze Szenen, wie er meint, bis ihn eines späten Tages ein junges literarisches Genie eines Besseren belehren wird. „Attila" bringt 1846 in der letzten Zusammenarbeit mit Solera einen sehr starken Erfolg. „Macbeth", 1847 in Florenz uraufgeführt, ist Verdis großartigste Oper der Frühzeit. Textdichter Piave hat Shakespeare geschickt bearbeitet. Verdi erprobt dabei neue Ideen. Wenn der Impresario ihm die Rollenträgerin der Lady Macbeth mit den Worten anpreist, sie singe „wie ein Engel" und er darauf antwortet, er wolle im Gegenteil jemanden, der wie „ein Teufel" singe (was die Lady ja von Shakespeare her ist), so zeigt das, wie weit der Komponist auf dem Weg zu einem musikalischen Realismus fortgeschritten ist, der ersten Etappe des Naturalismus oder Verismus, des Musikdramas.

Auf dem Weg zum modernen Musiktheater

Das Jahr 1847 bringt wieder zwei Werke, die beide nicht zu den glücklichsten zählen: „I Masnadieri" (nach Schillers „Die Räuber") war die erste der (später häufigen) Auslandspremieren Verdis und wurde in Londoner Auftrag geschrieben. „Il Corsaro" (Der Korsar) kam erstmals in Triest auf die Bühne; er wurde nach einem Drama Lord Byrons von Piave schwach textiert und von Verdi leider als Pflichtaufgabe betrachtet. Seit „Macbeth" hatte er die Zweiteilung zwischen Rezitativischem und Ariosem weitgehend überwunden, den Gesang der dramatischen Wahrheit untergeordnet, Worte und Musik so eng verbunden wie keiner seiner Vorgänger.

Noch einmal gewinnen die „Galeerenjahre" Macht über Verdi: Das Jahr 1849 bringt wieder zwei Opern, die

eher unwichtige „Battaglia di Legnano" (Die Schlacht bei Legnano) und die schöne „Luisa Miller" (nach Schillers „Kabale und Liebe"). In diesem Jahr fallen in des Komponisten Leben zwei überaus wichtige Entscheidungen. Er kauft aus den ständig wachsenden Einkünften ein kleines Landgut, Sant'Agata bei Busseto, also in seiner engeren Heimat nahe dem Fluß Po in der lombardischen Tiefebene, an der er sehr hängt. Ihm ist, als sei er damit „aufs Land" zurückgekehrt, die einzige Umwelt, in der er sich ein Leben lang wohlfühlen kann. Seine Beziehungen zu Giuseppina Strepponi sind enger geworden. Sie haben zur Zeit seiner ersten Bühnenwerke begonnen. In der Premiere des „Nabucco" sang Giuseppina Strepponi die äußerst schwierige weibliche Hauptrolle der Abigail. Bald danach zog sie sich vom Theater zurück und verließ auch Merelli. Sie ging nach Paris, um dort von Gesangsunterricht zu leben. Ein Besuch Verdis in dieser Stadt im Jahr 1849 wird zur vollen Bestätigung der längst empfundenen Liebe geführt haben. Fünfzig Jahre lang sind sie dann vereint, in innigster Verbundenheit, in verständnisvollstem Vertrauen. Wenn es die ideale Gefährtin für ein Genie überhaupt gibt, Giuseppina war es für Verdi.

Mit dem erfolglosen „Stiffelio" – der von vorneherein an einem völlig ungeeigneten Opernstoff krankte – endet 1850 eine schwere Etappe in Verdis Leben. Von hier an wird es licht und frei in seinem Dasein. Die gewaltige Popularität des *maestro* springt vom Vaterland auf „die Welt" über. Der Ruhm dringt in exotische, ferne Winkel. Als in den kommenden Jahren Opernhäuser in Buenos Aires, in Kairo errichtet werden, ist die Einweihung mit Verdi-Opern nahezu selbstverständlich. Dazu trägt maßgeblich der Triumph von „Rigoletto" am 11. März 1851 in Venedig bei. Er ist nach Victor Hugos „Le Roi s'amuse" (Der König amüsiert sich) gestaltet und ruft den heftigen Zorn und Widerstand des berühmten Dramatikers hervor. Langwierige Prozesse folgen, doch kein Land, außer Frankreich, will die freie Textwahl bei Opern beschneiden: schon kennt fast ganz Europa Verdis Meisterwerk, da sperrt sich Paris immer noch gegen eine Aufführung der Oper. Als diese dann endlich doch durchgesetzt wird, besucht Victor Hugo die Premiere, macht gute Miene zum Spiel, das ihm zuerst so böse erschien, findet Verdis Musik großartig, umarmt ihn und spricht den bezaubernden Satz: „Ja, wenn ich in meinen Dramen vier Personen auf einmal reden lassen könnte...", womit er selbstverständlich auf das berühmte Quartett im letzten Akt von Verdis Oper anspielt. Man erzählt, daß über Victor Hugos Schreibtisch von nun an bis zu seinem Tod zwei Plakate hingen: das der Uraufführung seines Schauspiels und das der Pariser Premiere der Oper „Rigoletto", das er heimlich durch einen Freund nachts von einer Pariser Plakatwand hatte abnehmen lassen. Der Aufführung dieses Werkes ging ein heftiger Kampf mit der Zensur im damals österreichischen Venedig voraus, die ein Attentat auf ein gekröntes Haupt (Franz I. von Frankreich) in der Handlung nicht dulden wollte.

Linke Seite: 1776 spendete die Landesmutter Maria Theresia von Österreich der Stadt Mailand Terrain und Geld zum Bau der nachmalig so berühmten „Scala", die damals noch an einer engen Straße stand. Hier „lernte" der junge Verdi, als heimlicher Zuhörer, sein Handwerk.
Oben: Giuseppina Strepponi, gefeierte Primadonna, sang in „Nabucco" die Rolle der Abigail. Sehr bald wurde sie des verwitweten Verdi Lebensgefährtin – für ein halbes Jahrhundert.
Rechts: Die Uraufführung von Verdis Oper „Rigoletto" fand am 11. März 1851 in „La Fenice" statt, dem traditionsreichen Opernhaus Venedigs und großem Konkurrenten der „Scala".

Zuletzt willige Verdi ein, die Tenorpartie in einen „Herzog von Mantua“ umzuwandeln, aus dem Adelsgeschlecht der Gonzaga, das seit langem ausgestorben war. Der harte Streit mit der Zensur wird nur das Vorspiel zu weiteren, ähnlichen Kämpfen Verdis bilden.
Die beiden nächsten Werke festigen seinen internationalen Ruf bedeutend. Der am 19. Januar 1853 in Rom uraufgeführte „Il Trovatore“ (Troubadour) erzielt Ovationen außergewöhnlichen Ausmaßes. Der Textdichter Salvatore Cammarano hat hier wahrlich keine gute Hand bewiesen. Aus dem Drama des Spaniers Antonio García Gutiérrez hätte sich viel Besseres gestalten lassen. In der Oper bleibt die Handlung im wahrsten Sinn des Wortes dunkel, nahezu alle Szenen spielen bei Nacht, das Wesentliche geschieht nicht auf der Bühne, sondern gewissermaßen in den Pausen. Dem Titel wird in keinem Augenblick Rechnung getragen, da Manrico wohl als tapferer Krieger und temperamentvoller Liebhaber vorgeführt wird, nicht aber als Troubadour (für den es, nebenbei, um 1410 – die Zeit, um die das Drama aus den Nachfolgekriegen im nordspanischen Königreich Aragón spielt – schon reichlich spät wäre). Der Hörer, der sich nicht zuvor über die näheren Umstände dieser Schlachten und ihrer Kämpfer genauer informiert, geht ahnungslos aus dem Theater. Aber er hat Musik erlebt, wie sie ihm selten geboten wird! Ein Sturm von melodischem Geschehen, eine Ballung von Dramatik im Zusammenprall von Stimmen, die den Atem rauben.

Dem Gipfel entgegen

Weniger als fünf Monate vergehen, bis Verdi am 6. Mai 1853 in Venedig abermals ein neues Werk vorstellt, die Geschichte der „Kameliendame“ nach dem weltberühmten Roman und Theaterstück des Alexandre Dumas (Sohn). Vom Triumph geht es zur Niederlage innerhalb kürzester Zeit. Verdi ist stark genug, das auszuhalten. Er kennt die Wankelmütigkeit des Publikums, für die Presse hegt er nicht mehr als Verachtung. Der Mißerfolg der „Traviata“ jedoch bleibt ihm ein Rätsel. Er hält diese Oper für sein zweifellos bestes Werk. Warum diese heftige Ablehnung? Was will man von ihm? Wollte das Publikum nicht den Schritt vom „Mantel- und Degendrama“ zum modernen Sittenbild mit ihm vollziehen? Wollte es vielleicht überhaupt keinen Gegenwartsstoff? Und am wenigsten einen, der einer morbiden Gesellschaft die Maske vom Gesicht reißt? Oder gab es eine einfachere Erklärung: Lachte das Publikum über die hundert Kilo schwere Hauptdarstellerin mit rosigem und überaus gesundem Aussehen, die im letzten Akt an „Auszehrung“, an der Tuberkulose, der Krankheit des Jahrhunderts, stirbt?
Verdi ist sich bewußt, daß „La Traviata“ eine völlige Neuerung in seinem Schaffen darstellt, eine „moderne“ Oper, deren Handlung vollständig in der Gegenwart spielt. „La Traviata“ war ein Stück Sozialkritik, harte Kritik an einer Welt der Ausnützung des Menschen durch den Menschen, der schonungslosen Beurteilung aufgrund des äußeren Scheins und nicht der inneren Wahrheit. Es vergeht nur ein knappes Jahr, und eine Wiederaufnahme (in einem anderen Theater Venedigs) führt „La Traviata“ zum Erfolg und löst die warme Anteilnahme der Menschen rund um die ganze Welt aus.

Hat Verdi sein musikdramatisches Konzept geändert? Die Außenseiter stehen nun im Mittelpunkt seiner Opern: der bucklige Hofnarr Rigoletto – mit dem Doppelleben des skrupellosen Spaßmachers im Dienst eines hohen Herrn und des liebenden Vaters in Todesangst um seine Tochter; die Zigeunerin, die in völliger Sinnesverwirrung ihr eigenes Kind dem Flammentod überantwortet, nicht den Sohn des gehaßten Feindes; die Lebedame von Paris, die den Weg zu ihrer Rettung abbricht, um dem Geliebten und seiner Familie keinen Schaden zuzufügen. Das ergibt eine völlig neue Einstellung, eine vertiefte Psychologie, eine menschliche Anteilnahme, die der Musik neue Dimensionen erschließt. Ein neuer Verdi steht nun an der Schwelle seines vierten Lebensjahrzehnts vor uns.
Trotzdem bleibt Verdi nicht auf der Bahn des Realismus, des Musikdramas. Genaugenommen war schon der Schluß der Oper „La Traviata“ eine Konzession an die Romantik, im Gegensatz zu der Vorlage von Dumas. Wo das Leben und Dumas die historische Kameliendame einsam und verarmt haben sterben lassen, geben Opernlibrettist Piave und Verdi ihr einen verklärten Tod durch den im letzten Augenblick zurückkehrenden Geliebten.
Die Pariser Oper bittet Verdi um ein Werk zur Weltausstellung. Der prominente Dramatiker Eugène Scribe unterbreitet ihm einen Stoff, den man kaum als besonders geeignet bezeichnen kann: den Freiheitskampf der Sizilianer gegen die sie unterdrückenden Franzosen im Jahr 1282, sicherlich nicht ganz das beste Thema für ein Fest in Frankreich. Verdi vertont zum ersten Mal einen nichtitalienischen Text: „Les Vêpres siciliennes“ (Die sizilianische Vesper) wird ein Achtungserfolg bei der Pariser Uraufführung am 13. Juni 1855 und nicht viel mehr mit der dann ins Italienische übersetzten Fassung noch im gleichen Jahr in Italien. Einzelnes daraus, wie die herrliche Baßarie *„O tu Palermo“*, gehört trotzdem zu Verdis Glanzstücken.
Dann bittet *La Fenice* in Venedig den Meister um ein neues Werk. Verdi sagt ein wenig zögernd zu. Er findet den Zustand der italienischen Theater unbefriedigend, die Möglichkeiten ernster und ausdauernder Probenarbeit sehr vermindert. Nun hat er allerdings auch von Paris einen denkbar schlechten Eindruck erhalten, aber das ist kein Trost. Wo sind die Zeiten, als er in Florenz für „Macbeth“ hundert Proben machen, jedem Sänger seine Rolle intensiv vorspielen konnte? Er sucht einen Stoff – denkt er an einen „König Lear“ nach Shakespeare? Es wird immer wieder behauptet, aber konkrete Beweise fehlen. Die neue Oper für Venedig hieß jedenfalls nicht „Il Re Lear“, sondern „Simon Boccanegra“. Eine Dogengeschichte, wenn auch keine venezianische, sondern eine packende Episode aus der Rivalenstadt Genua: das Drama des aus dem Volk hervorgegangenen einstigen Piraten, der zum Friedensbringer wird, doch trotzdem einem Giftmord

zum Opfer fällt. Schiller hat bekanntlich (in „Fiesco") den gleichen Stoff behandelt, doch kannte Verdi dieses Werk nicht. Sein „Boccanegra" beruht auf einem Drama des Spaniers García Gutiérrez, dem Schöpfer des „Troubadour", das wieder von Piave bearbeitet wurde. Verdi hängt an ihm, obwohl er nicht immer mit ihm zufrieden ist. Piave ist dem Komponisten völlig ergeben, aber gerade das schätzt Verdi nicht sehr. Er liebt es eher, schwierige Textstellen bis ins kleinste und aufs heftigste diskutieren zu können. Doch bleibt ihm kaum eine Wahl: Solera ist fort, Cammarano tot. Auch „Simon Boccanegra" wird – wie „Il Trovatore" – reichlich dunkel, bietet aber musikalisch sehr schön verwertbare Szenen. Verdi hängt sein Herz in besonderer Weise an diesen alternden Volksführer voll Güte, Liebe und Edelmut. So sehr, daß er in späteren Jahren dieses Drama von seinem inzwischen entdeckten genialen Mitarbeiter Arrigo Boito wird neu bearbeiten lassen.
Die nächste Arbeit ist keine echte Premiere. Der unbefriedigende „Stiffelio" wird zu „Aroldo" umgearbeitet, am 16. August 1857 in Rimini ziemlich erfolglos gespielt, wenige Monate nach der ungleich wirkungsvolleren Uraufführung des „Boccanegra", die am 12. März des gleichen Jahres in Venedig stattgefunden hatte. Um diese Zeit beschäftigt Verdi sich bereits mit einem historischen Stoff, der zu seinem nächsten großen Werk heranreift, das Königsdrama Gustavs III. von Schweden, der am 15. März 1792 auf einem Maskenball in seinem Stockholmer Schloß ermordet worden war. Eugène Scribe setzte dem kunstliebenden Monarchen (dem auch das bis heute bespielte Sommertheater Drottningholm zu verdanken ist) ein literarisches Denkmal, dessen Vertonung der bereits ins Privatleben zurückgezogene Rossini ablehnte und die darauf der damals sehr prominente französische Frühromantiker Auber ausführte. Um die neue Oper Verdis bewarb sich die Stadt Neapel, aber sie hatte die Rechnung ohne die dortige (bourbonische) Zensur gemacht: Diese wendete sich scharf gegen einen Königsmord auf der Bühne. Wieder setzten langwierige Verhandlungen ein, die den bereits in Neapel anwesenden Komponisten sehr verärgerten. Schließlich wollte er mit seiner Partitur abreisen, aber die Behörden drohten ihm wegen Kontraktbruchs mit 50000 Dukaten Geldstrafe und Haft. Ein wahrer Volksaufstand rettete den beliebten Musiker. Man ließ Verdi nach Rom ausreisen, das sich freute, nach dem sechs Jahre zurückliegenden Triumph des „Troubadour" nun eine neue, erfolgversprechende Verdi-Oper spielen zu können. Neapel wurde mit „Simon Boccanegra" abgefunden, den man dort noch nicht kannte. Aber auch die päpst-

Oben: Der glanzvolle Innenraum des Theaters La Fenice in Venedig, gemalt 1837, bei der Wiedereröffnung nach dem Brand von 1836. Noch immer ist das gesamte Parterre traditionsgemäß nicht mit Stühlen versehen.

liche Zensur machte Auflagen, verhandelte aber anscheinend geschmeidiger. Verdi akzeptierte, an die Stelle eines Schwedenkönigs den eigentlich inexistenten „Gouverneur von Boston", einen angeblich hohen Kolonialbeamten Englands, zu setzen, einen „Graf Richard". „Un Ballo in maschera" (Ein Maskenball), wie der neue Titel lautet, wurde am 17. Februar 1859 stürmisch aufgenommen, dreißig Hervorrufe (oder „Vorhänge" im Theaterjargon) bestätigten den Jubel des Publikums, der auch heute dem Werk noch treu bleibt, wenn ein Theater für die musikalisch verschwenderisch ausgestatteten drei Hauptrollen über glänzende Sänger verfügt.

Die nächsten Monate gehören dem Privatmann und dem „Politiker" Verdi. Im kleinen Kirchlein von Collonges-sous-Salève, nahe dem Genfer See im damals noch italienischen Savoyen, heiratet er im April 1859 Giuseppina, von einem befreundeten Priester beinahe heimlich getraut. Er hält „von derlei Dingen" nicht viel, aber er erfüllt einen Herzenswunsch seiner Gefährtin, außer der er keinen wirklich nahestehenden Menschen auf der Welt hat. Die Zeiten sind bewegt, sein Vermögen wächst fast sichtbar: Wer könnte ihn beerben, wenn er vor Giuseppina aus der Welt müßte? Der ersehnte Tag eines italienischen Reichs unter König Viktor Emanuel II. rückte näher. Österreich, bei Magenta und Solferino besiegt, trat die Lombardei ab. Im September 1859 wird Verdi, beinahe gegen seinen Willen, von Busseto als Kandidat für die erste Nationalversammlung aufgestellt und natürlich glänzend gewählt. Er hat nie das Wort ergriffen, aber er hat in persönlichen Gesprächen mit führenden Männern – dem Grafen Cavour, dem König selbst – kulturelle Forderungen wirksam vertreten: die Gründung von Berufsorchestern, den Ausbau der Konservatorien, die Schaffung von Singschulen. Im noch österreichischen Venedig arbeitet im Jahr 1858 Wagner an seinem „Tristan". Der Polizeipräsident (der ihn eigentlich aufgrund des alten Steckbriefes verhaften sollte) rät ihm zur sofortigen Abreise, bevor die italienischen Truppen einrücken. So nahe waren die beiden größten Männer der romantischen Oper noch nie gewesen.

Premieren im Ausland

Der „Maskenball" blieb für fast dreißig Jahre Verdis letzte Uraufführung in Italien. Die drei bedeutenden Werke, die nun folgen, werden im Ausland ihre Premieren erleben: in St. Petersburg, in Paris, in Kairo. Zum Glück gab es ja in allen wichtigen Städten Europas italienische Opernbühnen mit italienischer Leitung, italienischen Sängern, Musikern, Kapellmeistern und Textdichtern. Die Oper in der Zarenhauptstadt hatte einen guten Ruf, ihre Einladung freute Verdi, zumal die Art des Schreibens und die Bedingungen, die das Theater ihm anbot, von tiefster Verehrung zeugten. Verdi schlug als Stoff das Drama „Don Alvaro o La Fuerza del sino" des Spaniers Angel Pérez de Saavedra, Herzog von Rivas, vor, das ihm bei der Lektüre einen starken Eindruck gemacht hatte. Hatte Verdi sich vom Ideal der packenden Seelendramen wieder abgewendet, die ihn (mit „Rigoletto" und „Traviata") auf neuen Bahnen geführt hatten und von denen im „Simon Boccanegra" noch viel zu spüren war? Diese „Forza del destino" – deutsch: Die Macht des Schicksals – wurde eine düstere und blutrünstige Oper alten Stils, eine Tragödie unschuldig Schuldiger, voll endloser haßerfüllter Verfolgungsjagden über Kriegsschauplätze in Italien und Spanien, durch Klöster und Eremitenklausen. Es ist Piaves letzte Arbeit für seinen geliebten Maestro. Man müßte lügen, bezeichnete man sie als gut; aber gar so schlecht, wie sie zumeist genannt wird, ist sie nicht. Das Libretto gibt Verdi immerhin Gelegenheit zu vielen schönen und glänzenden Melodien. Er beendet die Partitur im Januar 1862 und reist mit Giuseppina nach Rußland, das ihn wunderbar dünkt. Die Erkrankung der Hauptdarstellerin zwingt zur Verschiebung der Premiere, so daß der Komponist dem Wunsch seiner Regierung nachkommen kann, nach London zu reisen, wo er Italien bei der Weltausstellung vertritt. Er schreibt dafür eine „Hymne der Nationen", in die verschiedene Länderhymnen verwoben sind, und deren Textdichter, seinem Landsmann Arrigo Boito, er bei dieser Gelegenheit flüchtig begegnet. Dann geht es zurück nach St. Petersburg, wo am 10. November 1862 „La Forza del destino" enthusiastisch begrüßt wird. Ein Abstecher nach Moskau gibt den Besuchern einen kleinen Einblick in Größe und Möglichkeiten des ungeheuren Landes, das sich um einen Anschluß an Europa bemüht. Dann treten sie die lange Reise nach Madrid an, wo „La Forza" auf die spanische Erstaufführung wartet. Sie benützen die Gelegenheit, um Spanien kennenzulernen: den Escorial (in dem, Verdi weiß es noch nicht, seine nächste Oper spielen wird) und das südliche, schon stark morgenländische Andalusien. Dann muß er schnell heim: Der Gutsverwalter von Sant'Agata hat gekündigt, und Verdi übernimmt nun selbst voll Begeisterung Zügel und Verwaltung auf dem geliebten Besitz.

Eine neuerliche Einladung nach Paris liegt vor. Er nimmt sie an, obwohl er das Pariser Kunstleben für unernst und ausländerfeindlich hält. Er hat von skandalösen Vorfällen um Wagners „Tannhäuser" gehört, und es ekelt ihn an. Aber er möchte dort das Werk realisieren, das ihm am Herzen liegt: Schillers „Don Carlos". Doch das wurde schwieriger als er gedacht hatte. Sieben Fassungen dieses Musikdramas werden entstehen. Die erste bezieht die Vorgeschichte der Handlung ein: Don Carlos, Infant von Spanien, und Elisabeth von Valois treffen einander im Wald von Fontainebleau und verlieben sich, bevor der Friedensschluß zwischen ihren beiden Ländern es notwendig macht, Elisabeth nicht mit Carlos, sondern mit dessen Vater, König Philipp II., zu verheiraten. Zudem muß diese Fassung, da sie nur so den Regeln der Pariser Oper entsprechen kann, ein Ballett enthalten, das Verdi eher unwillig einschließt, aber in allen italienischen Versionen sofort streichen wird. Heute mag es unser Erstaunen hervorrufen, daß damalige Bühnenautoren sich so wenig um die historische Wahrheit ihrer Sujets kümmerten. Schiller, einer der gewissenhaftesten Geschichtsschreiber neuerer Zeiten, schuf in seinen Dichtungen großartige Phantasiegebilde, die der Wirklichkeit kraß widersprachen. Er läßt die „Jungfrau von Orléans" auf dem Schlachtfeld sterben (und sowohl Verdi als auch Tschajkowskij folgen ihm dabei in ihren Vertonungen), obwohl sie, wie jeder Mensch weiß, 1431 in Rouen verbrannt wurde. Und Don Carlos, einen seelischen, geistigen und körperlichen

Was für Wagner sein (spät gebautes) „Wahnfried“ in Bayreuth wurde, echtes Heim und idealer Arbeitsplatz, das war für Verdi das schon in den vierziger Jahren erworbene „Sant'Agata“, das allmählich zu einem prächtigen Herrensitz und weiträumigen Landgut wurde.

Krüppel, macht er zum edlen jungen Freiheitshelden. Im Pyrenäenbad Cauteret, das er seiner fast chronischen Halsbeschwerden wegen aufgesucht hat, und in Paris arbeitet Verdi am „Don Carlos“. Und in der Pariser Oper erlebt er am 11. März 1867 eine zwar sensationelle, aber künstlerisch eher mittelmäßige Premiere, die eine langjährige Entfremdung besiegelt.

Auf dem Landgut

Verdi lebt nun auf Sant'Agata, pflügt und sät und erntet, legt Wälder an, pflegt alles, was wächst, und fühlt sich ihm bis ins Innerste verbunden. Er mauert kleine Brücken über Wasserarme, die sein Gebiet durchqueren. Wenn man ihn für einen schlechten Komponisten hielte, so würde ihm das kaum nahegehen – so schreibt er, nicht so scherzhaft, wie es scheint, einem Freund –, doch wehe, hielte man ihn für einen unfähigen Landwirt!
Da erreicht ihn eine seltsame Anfrage aus Kairo, wo vor kurzem eine italienische Oper eröffnet wurde. Ägypten, damals noch von Konstantinopel abhängig, aber sehr „westlich“ orientiert, steht vor einem Weltereignis: der Einweihung des Suezkanals, dem eine ungeheure politische, militärische, wirtschaftliche Bedeutung zukommen mußte. Große Feierlichkeiten sind in Aussicht genommen, eine Festoper soll sie krönen. Bei Beratungen im engsten Kreis werden einige wenige Namen als denkbare Komponisten genannt. Die französische Kaiserin Eugénie plädiert für Gounod, Weltfremde bringen Wagner ins Gespräch. In Wahrheit aber kommt nur einer in Frage: Verdi. Der Theaterintendant Draneth Bey wird beauftragt, mit ihm in Verbindung zu treten. Inzwischen hat der einflußreiche Pariser Theatermann Camille du Locle eine Orientreise angetreten, die ihn mit dem berühmten Ägyptologen Mariette Bey in Kairo zusammenbringt, einem Landsmann, der von seinen neuen Ausgrabungen erzählt. Dabei scheint er auf ein uraltes Dokument gestoßen zu sein, das von der tragischen Liebe eines ägyptischen Feldherrn zu einer äthiopischen Sklavin erzählt, eine Geschichte, die der literarisch ambitionierte Mariette als Erzählung herausgab. Nur äußerst versierte Opernkenner hätten sich erinnern können, daß der große Barockdichter Metastasio einen Opernstoff („Nitetti“) verfaßt hatte, der mehrere Male vertont worden, aber seit langem völlig vergessen war. Auch darin war von einer solchen Liebe die Rede. Woher diese seltsame Übereinstimmung? Mariette kann Metastasios Werk nicht gekannt haben. Hat es diesen Feldherrn einmal gegeben? Die Pharaonentochter, die ihn liebt und in ihrer Eifersucht seinen und der äthopischen Sklavin Tod verursacht? Ist also „Aida“ ein historischer Stoff?
Verdi hat diesen Entwurf anonym erhalten. Ohne großes Interesse beginnt er zu lesen, zu viele Libretti hat er in seinem Leben zugeschickt bekommen. Doch er fängt Feuer, erkennt, wie nahe dieses Textbuch von Liebe und Tod seiner Kunst kommt. Die Lage klärt sich rasch, Ägypten und du Locle stehen hinter der Sendung. Verdi verlangt, vielleicht um einer Vertonung doch noch entgehen zu können, ein Riesenhonorar: 150000 Goldfranc, die nie einem Komponisten gewährt worden waren. Das Honorar soll ferner – der „Bauer von Roncole“ und Gutsherr von Sant'Agata ist mißtrauisch – beim Bankhaus Rothschild in Paris (dem Inbegriff von Solidität und Reichtum) deponiert und eine größere Summe sofort ausbezahlt werden, um dem von Verdi in Aussicht genommenen Textdichter Antonio Ghislanzoni einen Vorschuß zu bezahlen. Es gibt keinerlei Widerspruch, dem Vizekönig in Kairo, dem „Khedive“, ist die Mitarbeit Verdis jeden Betrag wert. Doch die Zeit ist knapp geworden, Verdi läßt sich nicht drängen. Ein neuer Termin wird zwischen Draneth Bey in Kairo, Camille du Locle in Paris, der den Text schreiben, Ghislanzoni in Mailand, der ihn ins Italienische übersetzen soll, und dem Komponisten in Sant'Agata vereinbart.
Da bricht im Juni 1870 der Deutsch-Französische Krieg aus. Der Auftrag für Dekorationen und Kostüme war nach Paris vergeben worden, wo die leistungsfähigsten Werkstätten lagen. Schnell mußte der Kanal einge-

weiht werden, bevor der Krieg sich ausweitete, mit viel kleineren Feiern und ohne Oper. Die Deutschen ziehen bis vor Paris und umzingeln die Stadt. Auch die Theaterrequisiten für Kairo bleiben eingeschlossen. Endlich geht mit dem Frieden von Versailles der Krieg im September 1871 zu Ende. Ein grotesker Wettlauf beginnt. Der Vertrag mit Verdi ist nur bis zum Ende dieses Jahres gültig: Wird „Aida" bis dahin nicht in Kairo uraufgeführt, erlischt das Recht darauf, ohne daß Verdi etwas zurückzahlen müßte. Mit Volldampf wird in Kairo gearbeitet, und am 24. Dezember 1871 – kein „heiliger Abend" in moslemischem Land – hebt sich der Vorhang über „Aida" zu einem wahrhaft denkwürdigen Abend, allerdings ohne die Anwesenheit des Komponisten. Noch in der Nacht laufen Telegramme bei ihm ein, aus denen er vom riesigen Eindruck erfährt, den seine neue Oper macht. Nicht nur die prunkvolle Szene des Triumphmarsches, bei der Trompeter des Heeres die rasch populär werdende Melodie schmettern, sondern auch der stille Schluß, das Todesduett der Eingemauerten, „*Oh terra addio...*" Und wenige Wochen darauf überzeugt er sich selbst davon. In der Mailänder Scala kommt am 8. Februar 1872 „Aida" zur stürmisch umjubelten europäischen Erstaufführung. Es ist ein Abend der Apotheose. Die Italiener feiern ihren Maestro, als glaubten sie, seinem letzten Werk beizuwohnen, mit einem Meer von Kränzen und Blumen, einem goldenen Taktstock mit diamantener Inschrift „Aida". Verdis lakonischer, zu den umstehenden Freunden geäußerter Kommentar: „Und gerade dieser Oper habe ich den kürzesten Namen geben müssen..."

Die daheim feuchtkalten Winter verbringen Verdi und Giuseppina nun meist im wärmeren Genua, wo sie den alten Palast der Doria gemietet haben. Verdi korrespondiert mit guten Freunden und beschäftigt sich, wie in seinen Briefen klar erkennbar, viel mit europäischer Politik. Der Sieg der Deutschen, der „neuen Goten", wie er sie bezeichnenderweise nennt (was in Italien kein schmeichelhaftes Wort ist), weckt Sorgen in ihm. Verdi ist ein brillanter und dabei doch einfacher Briefschreiber. Nicht selten wird er sarkastisch. So wenn er einem Minister den ihm verliehenen Orden zurückschickt. Hat dieser Minister nicht vor wenigen Jahren in einem Schreiben an Rossini geklagt, es würden in Italien keine wahren Opern mehr komponiert? Wofür dann die Auszeichnung? Gelegentlich wird er wütend, wenn irgendein Blatt gegen ihn den Vorwurf erhebt, er werde zusehends „wagnerischer". Da kann er seitenlang toben: Die einzige Frage sei, ob eine Musik gut sei oder nicht. „Wenn ein Stück schön ist, dann soll das Publikum klatschen, wenn es schlecht ist, pfeifen! Das ist seine ganze Aufgabe! Ich möchte, daß das Publikum von einem höheren Standpunkt aus urteilt, sich nicht von den elenden Ansichten der Journalisten, Professoren und Pianisten beeinflussen läßt..."

Das Requiem und Arrigo Boito

1873 stirbt Alessandro Manzoni, Italiens größter Dichter, Verdis Idol. Durch eine gemeinsame Freundin, die Gräfin Maffei, hatte Verdi ihm diese Botschaft geschickt: „Ich schätze und verehre Sie, wie man auf Erden nur schätzen und verehren kann, sowohl als Mensch wie auch als Künstler. Sie sind ein Heiliger, Don Alessandro." Dann treffen sie einander, und Verdi gesteht, er habe niederknien wollen, wenn es überhaupt denkbar wäre, einen Menschen anzubeten. Als Manzoni hochbetagt stirbt, kann Verdi seiner Erschütterung nur in Musik Ausdruck verleihen. Keine Oper entsteht, der ja letzten Endes mit dem Theatergeruch etwas Irdisches anhaften muß. Verdi schreibt ein Requiem. Der Gedanke zu einer solchen Komposition war Jahre zuvor in ihm aufgekeimt, wies aber damals ganz

andere Züge auf. Nach Rossinis Tod (im Jahr 1868) hatte Verdi den namhaftesten italienischen Komponisten den Vorschlag gemacht, gemeinsam mit ihm eine Totenmesse zu schaffen und sie am ersten Jahrestag aufzuführen. Er selbst behielt sich den letzten Teil, das „Libera me", vor. Zur Verwirklichung dieser Messe kam es nicht, und so ruhte dieser letzte Teil seitdem halb vergessen in Verdis Schreibtisch. Beim Tod Manzonis wird er nun zum Ausgangspunkt der von Verdi allein geschaffenen Totenmesse, einer der großartigsten, die je komponiert wurde. Der Tod in seiner ganzen Majestät, aber auch mit allen Schauern seiner Geheimnisse ersteht vor dem Hörer. Doch immer wieder löst der Schrecken sich in milde Verklärung, die schwarzen Abgründe werden von himmlischem Licht durchflutet.
Von neuen Opern aber will Verdi nichts mehr wissen. Die Jahre verrinnen, Verdi wird 60, 65. Sein Haar ist grau, sein Temperament ungebrochen, aber er wirft nun alle seine Kraft auf Sant'Agata. Schmerzlich empfindet das sein Verlegerfreund Giulio Ricordi, der ihn staunend in glühender Sommermittagshitze über die Felder reiten sieht, gesund und stark, wie er es früher nie war. Sooft Ricordi sich – geschickt, wie er meint – dem Thema neuer Opern nähert, lenkt „der Alte", noch viel geschickter, ab. Man muß zu einer List greifen, so viel ist dem weltgewandten Verleger klar. Und so arrangiert er, als Verdi und Giuseppina wieder einmal in Mailand weilen, ein beinahe „zufälliges" Zusammentreffen mit Arrigo Boito. Der einstige Anführer der *scapigliati* – der Ungekämmten, Zerrauften, der jugendlichen Rebellen – war ein bedeutender Künstler geworden: Sein „Mefistofele" war eine ausgezeichnete Oper, die besonders in ihrer zweiten Fassung (1875) tiefen Eindruck hinterließ. Boito war ein ungemein wissensreicher Literat, der vor allem seinen Shakespeare gut kannte, und darauf schien Ricordi zu vertrauen. Denn im Gespräch des Jüngeren – er war 1842 geboren, also fast 30 Jahre jünger – mit dem von ihm hochverehrten Maestro kam man auch auf Shakespeare. Wie schade, meinte Verdi, daß er nicht vertonbar sei, er hätte es so gerne getan: Worauf Boito,

höflich, aber mit großer Sicherheit widersprach, dies sei nur eine Frage der geeigneten „Bearbeitung".
Wie es „der Zufall" so wollte, hatte er gerade eine solche Bearbeitung des „Otello" bei sich... Verdi zögerte. Gefiel sie ihm nicht, so würde dies den jungen Mann kränken, gefiel sie ihm aber, dann würde er sie wohl komponieren und er wollte eigentlich nichts Neues mehr schaffen. Er nahm sie entgegen, war bei der Lektüre hell begeistert und begann mit der Arbeit, ohne jemandem etwas zu verraten. Außer natürlich Peppina, die es wiederum nur allernächsten Freunden mitteilte, mit denen sie dann die Angelegenheit stets unter dem Deckmantel „Schokoladenmann" behandelte, wohl wegen Othellos Hautfarbe. Schon bei der Arbeit fühlte Verdi, daß er Neuland betrat, die alte „Nummernoper" nun völlig abgestreift hatte und zu einem italienischen Musikdrama vorstoßen konnte, auf das er seit „Aida", wenn nicht schon viel früher, immer stärker gezielt hatte. Eines Tages erhält Boito das sehnlich er-

Linke Seite: „Aida"-Inszenierung der „Scala", Mailand, mit zwei großen Namen: Regie Luca Ronconi; Bühnenbild Mauro Pagano.
Oben: Giuseppe Verdi, der „große Alte", Idol seines Volkes.
Rechts: Othello hat die unschuldige Desdemona erwürgt und wird sich den Todesstoß versetzen. Letztes Bild aus Verdis Shakespeare-Vertonung, nach einem Gemälde von Dante Paolucci.

wartete Drei-Worte-Telegramm: *„Otello è finito"* (Othello ist fertig), und Ricordi einen am 1. November 1886 datierten Brief: *„Vi scrivo per dirvi che Otello è completamente finito!! Proprio finito!!! Finalmente!!!!!!!"* (Ich schreibe, um Dir zu sagen, daß Othello vollkommen fertig ist!! Wirlich fertig!!! Endlich!!!!!!!). Der Verleger und die Freunde kennen den temperamentvollen Meister sehr genau, wissen um seine impulsive Art des Diskutierens, die sich beim Schreiben in Ausrufezeichen umsetzt. Doch ein solches Crescendo dieser Zeichen hatten sie noch nie erlebt, das war ja wie die Stretta eines Opernfinales! Acht solcher Ausrufezeichen hinter einem einzigen Wort, dreizehn im ganzen, eine wahre Explosion. Sie drücken, mehr als Worte dies vermöchten, den Seufzer der Erleichterung aus, den Verdi beim Schlußpunkt gerade dieses Werkes ausgestoßen haben muß: Nach mehr als fünfzehn Jahren hatte er den Weg zum Schaffen zurückgefunden.

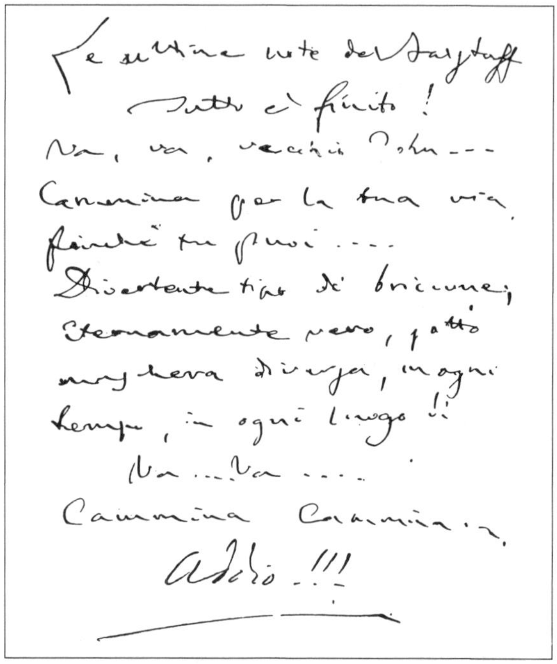
Le ultime note del Falstaff
Tutto è finito!
Va, va, vecchio John...
Cammina per la tua via,
finchè tu puoi...
Divertente tipo di briccone;
eternamente vero, sotto
maschera diversa, in ogni
tempo, in ogni luogo!!
Va... Va...
Cammina Cammina,
Addio!!!

Auf dem Gipfel

„Otello" (im Deutschen: Othello) verdiente die Ovationen, die am 5. Februar 1887 in der Mailänder Scala auf seinen Komponisten niederprasselten. Es wurde ein Festabend, wie ihn selbst die solche Jubelfeste gewohnte Kunstform der Oper nicht allzu oft erlebte. „Othello" ist ein Wunder an Dramaturgie (wofür Boito nicht hoch genug gepriesen werden kann), an Aufbau und Affektballungen, ein Wunder an Dramatik (wie in der Sturmszene im Hafen von Zypern, mit der das Werk furios einsetzt), an Innigkeit (wie im Liebesduett, das den ersten Akt krönt), an ergreifender Güte (wie sie Desdemona während des ganzen Stückes auszeichnet) und an Niedertracht (wie Jago sie in jedem Augenblick ausströmt). „Othello" zeigt, wie kaum ein zweites Werk des Musiktheaters, den Absturz eines

Links: Verdi mit seinem letzten Librettisten Arrigo Boito, der den Meister nach langer Pause zu neuem Schaffen begeisterte: „Otello" und „Falstaff". (Fotografie aus den späteren siebziger Jahren.)
Oben: Mit diesen humoristisch-wehmütigen Zeilen verabschiedet sich Verdi von seinem „Falstaff": „Alles ist vollendet! Geh deinen Weg, soweit du kannst, alter John! Ewiger Schelm, vergnüglich, wahr unter verschiedenen Masken, zu jeder Zeit und an jedem Ort! Geh, geh! Lauf! Mach dich fort! Addio!!!"
Rechte Seite: Verdi wurde, seinem Wunsch gemäß in aller Stille beigesetzt. Aber am 28. Februar wurden seine und Giuseppinas sterbliche Reste unter ungeheurer Beteiligung des gesamten Volkes in die von ihm gestifteten „Casa di riposo" überführt.

Menschen von sieghafter Klarheit zu grauenhafter Verwirrung der Gefühle, von tiefstem Glauben zum mörderischen Zweifel, unaufhaltsam, die Unterhöhlung der Seelengröße durch diabolische Niedertracht. Shakespeare hat, wie kaum ein anderer, „das Böse an sich" gezeichnet, Boito hat es voll zu erhalten gewußt, Verdi so meisterhaft vertont, wie Musik das Böse überhaupt nur auszudrücken vermag. Himmel und Hölle in einem einzigen Drama vereinigt: ein Höhepunkt des Musikdramas war geschaffen.
Wie immer hat Verdi sich nach der Premiere umgekleidet, fährt heim und schlüpft in sein „wahres" Gewand, in das des Landmanns. Viele Rufe nach seiner Autobiographie werden laut, er lehnt schroff ab. Im Brief an einen (französischen) Verehrer steht (in dessen Sprache): Lange genug habe er die Welt dazu verurteilt, seine Musik anzuhören, aber niemals werde er sie dazu veranlassen, seine Prosa zu lesen. Boito kommt immer wieder nach Sant'Agata. Nun fällt es ihm nicht mehr so schwer, den Maestro zu einem weiteren Werk zu überreden. Nun soll es ein Lustspiel werden! Zögert Verdi bei diesem Gedanken? Denkt er an den fernen „Giorno di regno", der ihm fast ein halbes Jahrhundert zuvor eine der schmerzlichsten Niederlagen seines Lebens bereitet hatte? Denkt er an den (oft kolportierten, nie erwiesenen) Besuch, den angeblich Rossini

ihm an jenem Abend in seiner Garderobe abgestattet haben soll? An dessen volle Anerkennung seiner Begabung, verbunden mit der Warnung, Lustspiele zu komponieren, für die sein Charakter nicht prädestiniert sei? Nur Dramen, Dramen! Reizte es ihn nun, ein Menschenleben später, den großen Altmeister zu widerlegen? Boito schlägt einen „Falstaff" vor, die so eigenartig komische Figur des herabgekommenen Junkers, den Shakespeare vor allem mit den listigen und lustigen Frauen von Windsor in eine entzückende Verbindung gebracht hatte. So hatte ihn 1849, vierzig Jahre vorher, der Deutsche, auch in Italien erfolgreiche Otto Nicolai – dem Verdi seinerzeit das „Nabucco"-Textbuch zu verdanken hatte – in den „Lustigen Weibern von Windsor" vertont. Boitos Textbuch ist ein Meisterstück: übermütig und menschlich zugleich, witzig, geistreich und mit Augenblicken zarter Poesie. Eine herrliche Gelegenheit für Verdi als Romantiker mit Witz und Geist, gereift in einem langen, vorbildlichen Berufsleben, Abschied zu nehmen. Er ist achtzig Jahre alt, als er „Falstaff" vollendet, mit einem lächelnden, einem weinenden Auge. Keiner seiner Vorläufer ist je so alt geworden, hat so lange komponiert. Und er steht in der Vollkraft seiner Inspiration, auf der Höhe einer bewundernswerten Meisterschaft.
Die Scala gleicht am Abend des 9. Februar 1893 einem Volksfest, an dem alle Gesellschaftsklassen begeisterten Anteil nehmen. Die Menge drängte nach vorne, als der letzte Vorhang fiel, schrie, winkte, raste. Immer wieder stand Verdi auf der Bühne, verneigte sich, blickte hinauf zu den Galerien, den Logenrängen bis unters hohe Dach. Die ihn jetzt manchmal befallenden Schwächezustände waren wie fortgeblasen. Das beglückendste Gefühl erfüllte ihn, sein Leben nicht unnütz verbracht zu haben.
Die Sommer in Sant'Agata, die Winter in Genua – das Leben ist ruhig geworden. Ganz ohne Musik geht es nicht: Verdi verabschiedet sich mit einem geistlichen Werk, den „Quattro pezzi sacre": „Ave Maria", „Stabat mater", „Laudi alla Vergine Maria", „Te Deum" für Chöre, teilweise mit Orchester.
Am 14. November 1897 verläßt ihn die Treueste: „Nun leb wohl, Verdi. Wie wir im Leben vereint waren, so möge Gott unsere Seelen im Himmel wieder zusammenführen", steht in Giuseppinas Testament. Und am 27. Januar 1901 geht Verdi dahin. Sein gewaltiges Vermögen vermacht er einem Heim für alte und kranke Musiker, das in seinem Namen in Mailand errichtet werden soll, die „Casa di riposo", im Volksmund „Casa Verdi" genannt. Nach einem provisorischen Grab werden Giuseppinas und Giuseppes sterbliche Überreste in eine schlichte Stätte an der Innenmauer des Altersheims gebettet. Die Trauerfeier, die in seinem Sinn ebenfalls einfach gehalten werden sollte, durchbrach aber jeden Plan. Die Hunderttausende, die gekommen waren, konnten nicht schweigen, als ein Chor unter der Leitung von Arturo Toscanini das Lied der hebräischen Sklaven aus „Nabucco" zu singen begann. Brausend fielen sie ein, denn es gab keinen, der das nicht aus tiefstem Herzen anzustimmen gewußt hätte: „Va, pensiero, sull'ali dorate ..." Es war eine Volkshymne geworden. Unzählige weinten, als „al patire virtù ..." leise verklang. Sie gedachten seines Wahlspruches, dem er ein langes Leben lang nachgestrebt hatte: „In der Kunst wie in der Liebe muß man vor allem aufrichtig sein ..."

Die Annäherung von Kunst- und Volksmusik

Neue Völker ziehen in die Musikgeschichte ein. Das mag ein nicht weiter aufregendes, äußerliches Ereignis bedeuten. Aber es ist viel mehr. Die gewaltige geistige Einheit, in der die wahre Größe des Abendlandes durch mehr als tausend Jahre bestand, erhält ihre ersten Sprünge. Im Verlauf der vorangegangenen Jahrhunderte hatte die Musik in vielen europäischen Zentren sich der einheitlichen Kunstform dieses Erdteils angeschlossen. Die Gründung neuer Hofkapellen, neuer Operntheater fügte dem imposanten Gebäude der europäischen Musik neue Bausteine hinzu. Ob Stockholm oder Lissabon, die Form, in der dies geschah, war vorgegeben. Die Männer, die es taten, kannten ihren Weg genau. Die meisten hatten in Wien, Paris, München, Venedig studiert. So und nicht anders wollten sie die Musik ihrer neuen Tätigkeitsstätten gestalten. Wer immer im 17. Jahrhundert irgendwo eine Oper schrieb, tat dies im barocken Geist Italiens; wer im 18. Jahrhundert eine Fuge komponierte oder eine Sonate, kannte die Spielregeln genau, die zu erfüllen waren. Nicht anders erging es den Malern, Dichtern, Bildhauern. Die gleichen Regeln galten in allen Zentren Europas; der Geist des Abendlandes war von erstaunlicher Einheit. Er ließ lokale Nuancen zu, die ihren Schöpfern wichtig schienen. Aber am Gesamtbild der geistigen Einheit rüttelten sie nicht. Der Einheit aber lag eine gewaltige Idee zugrunde, die „abendländische", die alle geistigen Menschen erfüllte, aber kaum je formuliert wurde. Sie war mehr als das Bekenntnis zum Christentum, das in ihr ruhte. Sie war zugleich ein Ausdruck höchster Politik, einer „Reichsidee" von übernationalen Dimensionen. Fand sie im „Heiligen Römischen Reich Deutscher Nation" ihre Erfüllung, in Bündnissen und Zusammenschlüssen, die ohne diese Grundidee nicht verständlich wären?

Die Französische Revolution rüttelt an diesem Gedanken. Ihr Wunsch nach Einheit der Völker ist im Grund schon ein ganz anderer als der, der so lang Europa zu einer geistigen Einheit gemacht hatte. Völkische Ideen brechen auf. Die alle Welt überschwemmende Romantik träumt von einer ganz anderen, neuen Einheit: nicht von der eines großen einheitlichen Weltbilds, sondern im Gegenteil von dem brüderlichen Zusammenschluß der ihrer Unterschiede sehr bewußten einzelnen Teile. Diese Einheit weckt das Bewußtsein der Unterschiede, fördert die Selbständigkeiten, weil sie auf solche Weise „gerechter" sein will, als es das Abendland je gewesen war.

Jedes Land hat seit jeher zwei verschiedene Arten von Musik gekannt: die „Kunstmusik" der oberen Schichten, ein Zeichen der Kultur, und die Volksmusik, in der sich, wie in jeder Art von „Folklore", die nationalen Eigentümlichkeiten deutlich manifestierten. Von der Kunstmusik sprechen die Lehrer der Kultur, ihre Meister gehören zu den geistigen Größen der Menschheitsgeschichte. Von der Volksmusik ist nirgends die Rede: sie wird in Reiseberichten erwähnt, dient zur Schilderung der Zivilisation. Kein fachliches Zeugnis wird über sie aufbewahrt.

Dann plötzlich – an der Schwelle dieses Kapitels stehen wir genau an dieser wichtigen Stelle – bricht sich diese bisher vernachlässigte Musikform Bahn. Die Romantik hat sich dem Volk zugewendet, sieht seine kulturellen Äußerungen nicht mehr als belanglos an, erkennt die Wichtigkeit, die sie in der Erkenntnis der Völker haben kann, ja oft sogar die Schönheit, die in ihr wohnt. Und nun, im Zeitraum eines halben Jahrhunderts oder wenig mehr, erlebt Europa die Musik neuer Völker. Nicht daß Polen, Rußland, Böhmen etwa in irgendeiner Weise „neu" gewesen wären. In der Geschichte haben sie oft genug eine bedeutende, oft tragische Rolle im Gefüge oder am Rand Europas gespielt. Ihre Kunstmusik aber hatte sich in nichts von der „abendländischen" unterschieden. Ein Komponist in St. Petersburg, Moskau, Warschau, Krakau, Prag hatte den gleichen Stil geschrieben wie seine Kollegen in anderen europäischen Hauptstädten. Dieses Prinzip aber wird nun durchbrochen. Vielleicht ist Chopin der erste gewesen, der nach Westen reiste und dort, halb unbewußt, von Heimweh überwältigt, Volksmusik in seine Werke mischte, Melodien und Rhythmen, die der Welt kündeten: So musiziert ein Volk. Die Wirkung muß gewaltig gewesen sein. Dann versuchten ein paar Böhmen, Klänge ihres Volkes in der Kunstmusik zu verarbeiten. Zuletzt wohl Rußland, wo eine neue Schicht von Musikern das Wagnis unternahm, den Melodien und Rhythmen des Volkes, dem sie selbst entstammten, Bahn zu brechen. Es waren keine theoretischen Überlegungen, die zu diesem Verschmelzen führten, es dürfte ein reiner Gefühlsakt gewesen sein. Viel Liebe zur Heimat plus einer kleinen Rebellion gegen die, welche sich da anmaßten, seit Jahrhunderten allein das Vaterland kulturell vertreten zu dürfen. Dazu die Sicherheit, selbst genug Wichtiges aussagen zu können. Die Zeit war gekommen, die Französische Revolution hatte den unteren Ständen der ganzen Welt die Binde von den Augen, die Fesseln von den Händen genommen. Der Gedanke, seiner eigenen Poesie und Musik den Weg zu den Nachbarvölkern zu bahnen, verstärkte den überall erwachenden Wunsch, dem eigenen Volk seine Werte und seine Kraft vorführen zu können. Bei der großen Verschmelzung zwischen Kunst- und

Prag, „slata Praha", das „goldene Prag", nennen nicht nur die Tschechen diese Stadt, die auch in der Musikgeschichte eine bedeutende Rolle gespielt hat: die „Kleinseite" zu Smetanas Zeiten.

Volksmusik, die nun einsetzt, ist die Volksmusik natürlich die schwächere; aber sie bringt neuen Geist, neue Schönheit in die Kunstmusik.

Böhmen, das seit den Anfängen der staatlichen Organisation in Europa stets ein wertvoller Teil des Abendlandes gewesen war, galt seit jeher als ein Land ungewöhnlicher Musikbegabung. Die Enge seiner Grenzen, die verhältnismäßig wenigen kulturellen Zentren machten es diesem Land unmöglich, der großen Zahl seiner musikalischen Talente auf eigenem Boden Brot zu geben. Böhmen wurde zum „Konservatorium Europas", wie man es mit Recht nannte. Die Menge seiner Musiker, die im 16., 17., 18. Jahrhundert auswanderte, ist kaum vorstellbar. Viele von ihnen brachten es zu führenden Stellungen überall in Europa, denn die Einheitlichkeit des abendländischen Stils wurde ihnen zum Segen. In Berlin schufen die Benda eine wahre Dynastie; in Mannheim wurden die Stamiče (zu Stamitz verdeutscht) bahnbrechend in der Orchestertechnik. Wien, förmlich von ihnen überschwemmt, nannte Wanhal (Vanhal), Koželuch, Gyrowetz (Jirovec) und manchen anderen ebenbürtigen Kollegen der großen Klassiker; Cernohorský und Mysliveček brachten es in Italien zu Rang und Ansehen, Reicha (Rejcha) in Paris, Jan Dismas Zelenka in Dresden, František Vincenc Krommer auf ungarischen Schlössern und anderen Posten. Wenzel Müller wurde in Wien eine Hauptgestalt des deutschen Singspiels, seine Raimund-Vertonungen werden heute noch gespielt. Jan Ladislav Dussek (Dušik) war Hofpianist und Musikdirektor vieler gekrönter Häupter in Europa.

Doch alle diese Böhmen (überwiegend tschechischer Muttersprache), die ausgewanderten wie die daheimgebliebenen, waren völlig in den abendländischen Musikströmungen ihrer Zeit aufgegangen; sie waren Vertreter des Barock, des Rokoko, der beginnenden Romantik. Vergeblich wird man bei ihnen Anklänge an die Volksmusik ihrer Heimat suchen, die sie als Böhmen, als Slawen auswiesen. Nun aber, in der fortschreitenden Romantik tauchen völlig neue Prinzipien auf. Die Geisteshaltung der Romantik weist zwei starke Strömungen auf, die nationale und die soziale. Nicht selten sind sie eng miteinander verwoben. Die Romantik liebt das Ursprüngliche, das Volkstümliche. Daher ihre Naturverbundenheit, die sich auf alles erstreckt, was es an „Echtem", „Natürlichem" gibt, sei es Berg oder See, Wald oder Meer, Baum oder Blüte, Frucht oder Tier. Auch den Menschen, aber nicht in seiner moralisch verdorbenen, dem Boden entfremdeten Art, sondern den naiven, den „Naturmenschen" aller Zonen und Breiten, kurz den mit wachen Sinnen des Genießens und Staunens, der Freude und des Leides fähigen Menschen. Die Romantik liebte den Menschen aus dem „Volk", dessen Instinkte „gesund" und dessen Lebensauffassung „positiv" waren. Seine Ausdrucksweise ist „Folklore" (wie ein englischer Wissenschaftler es nennen wird), ist Volkskunst, ohne daß er darin unterwiesen werden müßte.

Wie reich ist die Folklore der Tschechen! Wie vielseitig die des kleinen slowakischen Volkes, aus dessen mit ungarischen, russisch-polnisch gemischten Klängen ein geübtes Ohr Teile aus seiner Geschichte heraushören kann! Vielleicht beginnt die Geschichte der tschechischen Kunstmusik bei František Škroup (1801–1862), in dessen Singspielen „Dráteník" (Der Drahtflechter) und „Fidlovačka" (Frühlingsfest der Fiedler) manche schöne folkloristische Melodie verwendet wird, vor allem die spätere Nationalhymne der 1918 entstehenden tschechischen Republik „Kde domov můj" (Wo ist mein Haus? Text von Kajetan Tyl), welche die Kinder nicht lernen mußten, da sie diese von ihrer Wiege an gehört hatten. Und dann erfolgte der Durchbruch einer tschechischen, bald auch einer slowakischen „Nationalmusik".

Bedřich Smetana

Am Beginn steht Bedřich (Friedrich) Smetana (1824–1884), der zu einem der bedeutendsten Schöpfer der abendländischen Musikgeschichte wurde. Ein Leben voll Kampf, Leid und Schmerz liegt hier vor uns, gekrönt jedoch vom Licht einer erfüllten Aufgabe, nämlich seinem Volk die Tore zur Weltmusik geöffnet zu haben. In seinen Klängen lebt das grüne Land, erheben sich Hügel und Berge voll alter Geschichte, strömt die Moldau an hellen Dörfern vorbei, aus denen Polka und Furiant ertönen. Hier erklingt unverkennbar Böhmen. Smetana wird zum tschechischen Chopin, dessen prophetische Kunst eine Generation zuvor westlichem Gehör eine neue, weite Welt im Osten eröffnet hatte. Doch Smetanas Kunst ist noch volksnäher als die des großen Polen. Vielleicht war um 1830 und 1840 die „Musikwelt" noch nicht so der Volksmusik offen wie 1870.

Smetana kam am 2. März 1824 in Leitomischl zur Welt, einem Städtchen im Osten des damaligen Kronlands Böhmen der österreichischen Monarchie. Mit vier Jahren geigte er im Hausquartett, mit sechs gab er einen Klavierabend, 1843 kam er nach Prag. Ein bald einsetzender Briefwechsel mit Franz Liszt wurde – wie für so viele! – entscheidend: Der berühmte Pianist wird zu Smetanas lebenslangem Förderer. Er stellt die Beziehung zu einem deutschen Verlag her und ermöglicht mit einer sehr beträchtlichen Summe die Gründung einer Musikschule. 1848 wird Smetana „Vorspieler" des eben in den Revolutionswirren zurückgetretenen Habsburgerkaisers Ferdinand I., der sich auf den Hradschin, die altehrwürdige Prager Burg, zurückgezogen hat und nur noch Musik zu hören wünscht. Seinem blutjungen Nachfolger Franz Joseph I. und dessen schöner Gattin Elisabeth („Sissy") widmet Smetana eine „Triumphsinfonie", die aber zurückgewiesen wird.

Der Nationalitätenkonflikt innerhalb des weiten Reiches verschärft sich. Während es mit Ungarn einen bejubelten „Ausgleich" gibt, wird der Gegensatz zu den „Böhmen" härter. Smetana, der bis jetzt besser Deutsch als Tschechisch sprach und seine gesamte Korrespondenz – wie es die „Oberschicht" stets tat – in deutscher Sprache führte, wird sich seines tschechischen Volkstums immer bewußter, und seine Musik wird dadurch wesentlich beeinflußt.

Diese Wandlung bringt ihm wachsende Schwierigkeiten mit den österreichischen Behörden, und so nimmt er 1856 eine Berufung ins schwedische Göteborg an, wo er als Orchesterleiter und Klavierlehrer sich mehrere Jahre großer Sympathien erfreut, den Posten aber schließlich aufgibt, da seine Frau das nordische Klima nicht erträgt. Sie erreicht die Heimat nicht mehr, stirbt kurz vor der böhmischen Grenze in Sachsen. In Prag faßt Smetana erstmals den Gedanken zu einem Nationaltheater, das neben der Pflege des internationalen Repertoires vor allem die Aufgabe erfüllen soll, tschechischen Opernwerken zur Aufführung zu verhelfen. Er schreibt „Die Brandenburger in Böhmen", ein historisches Werk, dem seine Gegner zu starke wagnerische Einflüsse vorwerfen. Mehr „aus Trotz" (wie er selbst sagt) als mit hohen künstlerischen Absichten komponiert er eine Lustspieloper, die seine enge Verbundenheit mit der Volksmusik seiner Heimat zeigen soll. Es entsteht „Die verkaufte Braut", die nach anfangs zögernder Aufnahme schließlich solchen Erfolg erzielt, daß das Uraufführungsdatum des 30. Mai 1866 für die tschechische Musik die gleiche Bedeutung erhält wie jenes des „Freischütz" für das deutsche Musiktheater. Das bezaubernde Werk erlebte noch einige Umarbeitungen – für Paris kamen einige Tänze hinzu, 1871 wurden für St. Petersburg die gesprochenen Texte durch Rezitative ersetzt. Bei der festlichen Grundsteinlegung zum Nationaltheater ließ Smetana die Worte einmeißeln: „In der Musik liegt das Leben der Tschechen." Aber seine Oper „Dalibor", für diesen Tag geschrieben, kam nicht zur Aufführung. Ebensowenig die prächtige „Libussa", die er für die Krönung Franz Josephs zum böhmischen König geschaffen hatte. Anstelle dieser beiden Musikdramen, die man zu den besten ihrer Zeit zählen muß, spielte man zwei heitere Opern aus seiner Feder, „Zwei Witwen" und „Der Kuß", die außerordentlich gefielen. Jedoch die Premiere der letzteren am 7. November 1876 konnte Smetana nicht mehr hören: Nach längerer, sich dramatisch steigernder Krankheit seines Gehörs war völlige Taubheit über ihn hereingebrochen. Wirtschaftliche Schwierigkeiten treten hinzu, in äußerster Depression flieht Smetana aus der Stadt und zieht sich fern von Prag in ein einsames Försterhaus zurück. Doch seine Schaffenskraft lebt ungebrochen weiter. Er entwirft ein gewaltiges tönendes Bild seiner Heimat, den Orchesterzyklus „Mein Vaterland", der einen Höhepunkt der Programm-Musik bildet. Von dessen sechs „Sinfonischen Dichtungen" („Vyšehrad", „Die Moldau", „Šárka", „Aus Böhmens Hain und Flur", „Tábor", „Blaník") sind die zweite und vierte die beliebtesten geworden. Im Strömen des Flusses ist das Ideal eines romantischen Tongemäldes erfüllt wie in wenigen anderen. Von den zwei kleinen Quellen im Böhmerwald durch felsige Stromschnellen, unter nächtlichem Nixengesang, an frohen,

Linke Seite: Bedřich Smetana, der „böhmische“ Meister, versuchte als einer der ersten, Kunst- und Volksmusik zu verbinden.
Oben: Ankündigung der Prager Uraufführung von Smetanas sinfonischem Zyklus „Má Vlasť“ (Mein Vaterland).
Unten: In Smetanas „Verkaufter Braut“ spielen tschechische Volkstrachten eine wichtige Rolle. Ausstattung der Oper in Paris, 1930.

polkabelebten Dörfern vorbei, durch das herrliche alte „goldene“ Prag, wo sich Brücken und Türme aus heldenhafter Vergangenheit spiegeln, hinab in die weite Tiefebene, die sich in der Ferne verliert: eine Fülle von Stimmungen beglückendster Art.

In seinem tiefen Unglück wird der 11. Juni 1881 dennoch zum Tag seines innigsten Glücks: Das tschechische Nationaltheater wird eröffnet, wie er es erträumt. Doch es brennt nach nur zweimonatigem Betrieb ab. Eine sofort in die Wege geleitete Volkssammlung ermöglicht in bewundernswert kurzer Frist den Neuaufbau, dessen Einweihung am 15. November 1883 im Beisein Smetanas und mit der Aufführung seiner „Libussa“ stattfindet. Von seinem Seelenzustand gibt uns ein erschütterndes Werk Kunde. Im autobiographischen Streichquartett „Aus meinem Leben“ schildert ein langgehaltener, sehr hoher und schriller Ton die unfaßbare Qual des längst von allem Irdischen zurückgezogenen Komponisten. Sie führt zuletzt zum Wahnsinn. Als das gesamte Volk festlich Smetanas 60. Geburtstag am 2. März 1884 begehen will, fehlt der Jubilar im Konzertsaal. Aber nur wenige wissen, daß er in ein Irrenhaus eingeliefert werden mußte. Zur Tragödie Beethovens, der Taubheit, ist nun bei Smetana noch die Schumanns, der Irrsinn, getreten. Am 12. Mai 1884 erlöst ihn der Tod. Liszt fand das richtige Wort: „Er war ein Genie.“

Antonín Dvořák

Der Nachfolger stand bereit, der Meister selbst hatte ihm den Weg gewiesen. Antonín Dvořak, „der böhmische Erzmusikant“ (wie er oft genannt wird), kam am 8. September 1841 im Städtchen Nelahozeves zur Welt, das am Moldauufer liegt und seinerzeit den (offiziel-

len deutschen) Namen Mühlhausen trug. Den nach Familientradition zum Metzger bestimmten Jungen zog es frühzeitig zur Musik. Er spielte die Lieblingsinstrumente der Tschechen, die Klarinette, die Geige, den Dudelsack, wenig später auch die Orgel. Höhere Studien hat er nie durchlaufen, die frühe Praxis wurde seine Schule. Nach eigenen Worten ging er „bei den Vögeln, den Blumen, bei Gott und bei mir selbst" in die Lehre. Im Sommer 1857 fuhr der Sechzehnjährige mit dem Vater auf dem Heuwagen eines Bauern in die 72 Kilometer entfernte Hauptstadt Prag, wo er in eine Orgelschule eintrat. Er fand Zugang zum namhaften Cäcilienverein, in dem er ein weites Panorama europäischer Musik kennenlernte. Die Wiener Klassiker wurden zum Ideal des jugendlichen Tschechen, dann erwachte seine tiefe Liebe zu Schubert, der er nie mehr abschwor. Als Brahms' Werke bekannt wurden, fesselten sie Dvořák stark. Aber kaum weniger war er von Wagner gepackt, dessen musikdramatische Ideen trotz der Sprachschranke in Prag beträchtlichen Anhang gewannen. Doch alle diese Interessen überwog sein immer stärker werdender Drang zum Tschechischen. An dem Aufstieg seiner heimischen Volksmusik zu einem beachteten, vollgültigen Bestandteil der europäischen Musik wollte er teilhaben, hier fühlte er die wahren Wurzeln seiner Kraft.

So, zwischen deutscher Romantik und böhmischer Volkskunst, wächst das musikalische Genie Antonín Dvořák in Prag heran. Er fristet zuerst sehr bescheiden sein Leben als Mitglied eines Unterhaltungsorchesters, dann als Bratschist des Nationaltheaters. Begeistert spielt er Werke Schumanns und Mendelssohns, bald lernt er auch die Musik seines Zeitgenossen Brahms kennen, die ihm den tiefsten Eindruck macht. Und noch wird auch diese Neigung noch übertroffen von der zu den „Neudeutschen", Liszt und Wagner. Von Anfang an ist klar, daß er eine ungeheure Leichtigkeit des Schaffens besitzt. Melodien, die aus dem Herzen des Volkes zu kommen scheinen, fliegen ihm zu. Sie sind „tschechisch" gefärbt, ohne daß er sich dessen bewußt wird. Und ähnlich wie bei Schubert ist seine Begabung äußerst vielseitig: Lied, Instrumentalstück, Sinfonie, Kammermusik, Chor- und Kirchenmusik sprießen unter seinen Händen hervor. Schließlich beginnt (nach einem nie veröffentlichten Jugendversuch) ihn die Oper zu fesseln. Zuerst sind es Lustspiele („König und Köhler", „Der Dickschädel"), dann wechseln ernst und heiter in buntem Reigen: „Wanda", „Der Bauer ein Schelm", „Dimitri", „Der Jakobiner". Das Ausland beginnt aufzuhorchen. „Der Teufel und Käthe" wird übersetzt und in verschiedenen Ländern gespielt. Der große Erfolg aber läßt noch bis 1900 auf sich warten: Erst „Rusalka", eine tschechische Undine voll Poesie und Waldzauber, eine Nixentragödie, träumerisch und traurig zugleich, geht um die Welt, das „Lied an den Mond" wird zu einer vielgesungenen Arie voll Wohllaut und Schwermut.

Auf instrumentalem Gebiet stellen die Erfolge sich früher ein. Die mit zwanzig Jahren komponierte erste Sinfonie erhält den Titel „Die Glocken von Zlonice". Die 1876 entstandenen „Klänge aus Mähren" schickt er Brahms nach Wien, der entzückt ist und einen deutschen Verleger dafür findet. Zwei Serien „Slawische Tänze", zuerst für Klavier, dann für Orchester gesetzt, begeistern 1878 Europa, erobern die alten Musikländer für die herzerfrischenden neuen Klänge aus dem Osten. Aber es gibt auch Feinde und Neider, viele Kritiker finden derartige Musik „gewöhnlich", „billig",

Oben: Antonín Dvořák, Urbild des „böhmischen Musikanten", lehrte in den frühen neunziger Jahren als Leiter eines Konservatoriums in New York.
Unten: Dvořáks Geburtshaus im böhmischen Nelahozeves (Mühlhausen).
Rechte Seite: Beiheft zur Uraufführung von Dvořáks Neunter Sinfonie („Aus der Neuen Welt" betitelt und zuerst als Nr. 5 bezeichnet) in New York am 15. Dezember 1893.

„kunstlos“. Brahms wehrt einen solchen Angriff mit der Bemerkung ab, er selbst würde sich glücklich fühlen, wenn ihm als Hauptthema einfiele, was Dvořák so nebenbei zufliege. Hans von Bülow, einer der berühmtesten Dirigenten Europas, rechtfertigt den Einschluß einer Dvořák-Sinfonie in eines seiner Konzertprogramme mit den energischen Worten, Dvořák gelte ihm, neben Brahms, als der bedeutendste sinfonische Meister jener Tage.

Dvořák in der Neuen Welt

1892 fuhr Dvořák nach Nordamerika. Er sollte die Leitung des größten New Yorker Konservatoriums übernehmen, junge Amerikaner in die Kompositionskunst einführen. Dazu aber wollte er die Gelegenheit wahrnehmen, die Musik der Neger und der Indianer kennenzulernen. So wurde Dvořák während dreier Jahre (mit einem Heimaturlaub dazwischen) Lehrer und Lernender zugleich, ein von Amerika Entzückter und gleichzeitig schwer unter Heimweh Leidender. In New York entstehen einige seiner genialsten Meisterwerke: die „Sinfonie aus der Neuen Welt“, das Cellokonzert, das „Amerikanische Streichquartett“.

Nach der Heimkehr aus den USA häufen sich die Ehrungen. England hatte schon vor der Amerikareise wahre „Dvořák-Feste“ mit imposanten, vom Komponisten geleiteten Konzerten veranstaltet. Die Universität Cambridge hatte ihn 1890, jene von Prag 1891 zum Ehrendoktor gemacht.

Er schuf unermüdlich. Das Unterrichten macht ihm Freude. Die Schüler lieben ihn, auch wenn sie sich manchmal über den „komischen“ kleinen Mann lustig machen, der stets ein wenig bäuerlich wirkt, sicher seinem Zeitgenossen Bruckner nicht unähnlich. Er kann sie wild anfahren, wenn er eine Beethoven-Sonate mit ihnen analysiert: „Warum kniet ihr nicht nieder?“ Und es hatte sich längst herumgesprochen, daß er auf seine Frage „Was ist Mozart?“ nur eine einzige Antwort als richtig anerkannte: „Die Sonne!“ Schrullig, kauzig, war er doch liebenswert, und an seiner bewundernswerten Meisterschaft zweifelte niemand. Seine tiefe Religiosität ließ ihn Leid und Kummer der Welt ertragen und Gott dafür dankbar sein, daß ihm eine solche Aufgabe zugefallen war, die Freude, Glück und Arbeit zugleich bedeutete. Dvořáks geistliche Werke sind von tiefer Innerlichkeit: eine Messe, ein Te Deum, ein erschütterndes Requiem, das den sublimsten (Mozart, Berlioz, Verdi) getrost an die Seite gestellt werden darf. Zu den innigsten aller Lieder der Welt gehören die seinen, gerade dort, wo sie einen ergreifenden Volkston anschlagen: „Zigeunerlieder“, „Liebeslieder“, „Biblische Lieder“.

Gleich seinem einstigen Lehrmeister Smetana zieht es ihn immer stärker in die Einsamkeit der böhmischen Wälder, wo er sein Lebenswerk vollenden will. Der Abschied vom Theater und Konzerten, von manchem lieben Freund in Prag fällt ihm schwer; gar nicht leicht auch die Trennung von seinem leidenschaftlichen Hobby, den Eisenbahnen, den Zügen, die er jeden Tag auf dem Hauptbahnhof beobachtet, deren Nummern, Routen, Fahrpläne er genau kennt und die als Lokomotivführer zu bedienen er sich im stillen stets gesehnt hat. In Vysoká setzt er sich zur Ruhe. Als er „Rusalka“ plant, geht er jeden Morgen noch tiefer in die Wälder zu einem verschwiegenen Weiher. Dort haben ihm die Nixen ihre Melodien vorgesungen.

PHILHARMONIC SOCIETY OF NEW YORK

FIFTY-SECOND SEASON, 1893-1894.

Synopsis of Compositions

TO BE PERFORMED AT THE

Second Public Rehearsal and Concert

ON DECEMBER 15th and 16th, 1893, AT

MUSIC HALL

ANTONIN DVORAK:

Symphony No. 5, E minor, op. 95 (Manuscript.)

"FROM THE NEW WORLD."

Der Kampf zwischen „absoluter“ und „Prgramm-Musik“, der damals die Musikerkreise lebhaft bewegte, ja oft spaltete, hat in Dvořáks Werk kaum hohe Wellen geworfen. Die Farbigkeit seiner Klänge, ihr mitreißender Erlebnischarakter führt sie stets in die Nähe der schildernden Musik, läßt im Hörer unzählige Male ungewollt Bilder in der Seele aufsteigen. Auch dort, wo der Komponist vielleicht an solche gar nicht dachte, wie in der Mehrzahl seiner Sinfonien und Konzerte. Programmatisch aber sind seine sinfonischen Dichtungen und Ouvertüren, die solches bereits im Titel besagen: „Der Wassermann“, „Die Mittagshexe“, „Das goldene Spinnrad“, „Heldenlied“, „Karneval“, „Die Waldtaube“, „Othello“ usw. Hier nähert sich Dvořák besonders gern der Sagen- und Märchenwelt seines Volkes. Wer hier verwandte Geister in zeitgenössischer Musik sucht, findet sie leicht: Mit Tschajkowskij besteht eine echte innere Verbundenheit, auch mit Glasunow, etwas entfernter mit Sibelius. Aber so individuell seine Musik auch klingt, so unverwechselbar sein urmusikantischer Überschwang, er ist doch das geworden, wonach er sich stets gesehnt hatte: ein europäischer Komponist tschechischer Herkunft, ein Repräsentant des Slawentums innerhalb des völkerumspannenden europäischen Konzerts, das um 1900 auf einem reich gegliederten und weitgehend einheitlichen Höhepunkt angelangt ist.

Der „böhmische Erzmusikant“ Antonín Dvořák starb, nachdem er ein Leben ohne Krankheiten geführt hatte, in Prag am 1. Mai 1904. Die Trauerfeier auf dem Friedhof am Vyšehrad, wo seine sterbliche Hülle nahe der Smetanas ruht, wurde zu einer überwältigenden Kundgebung der Liebe und Verehrung.

Rußland findet seine eigene Melodie

Rußlands religiöse Musik gehört zur ältesten des Christentums. Die Gesänge der orthodoxen Kirche entstammen hörbar dem orientalischen Teil des Abendlands. Über Byzanz strömten sie nach Norden, wo der Boden dem mystischen Gefühl geneigter war als im materialistischen Rom. Ebenso alt dürfte manches aus Rußlands Volksmusik sein, durch hundert Einflüsse aus dem Osten vielgestaltiger als sonst wohl irgend eine Musik Europas – Spanien vielleicht ausgenommen, das ebenfalls im Einflußbereich eines anderen Weltteils liegt. Kunstmusik aber besaß Rußland nicht bis ins 19. Jahrhundert. Als Peter der Große um 1700 die Tore seines Reichs nach Westen aufstieß und „Anschluß an Europa“ die Parole wurde, drängte die herrschende Oberschicht zur abendländischen Musik, die um jene Zeit im Zeichen des Barock stand. Rasch strömte italienische Oper ein, wurde zur Modekunst der Gesellschaft; Paesiello und Cimarosa wurden eingeladen und mit reich dotierten Verträgen gelockt, wie sie wohl nirgends sonst angeboten worden wären. Die berühmtesten Sänger unterließen es nie, Tourneen

durch Rußland zu unternehmen, wo sie in St. Petersburg und Moskau, bald auch in einigen anderen größeren Städten, eines stürmischen Empfangs und goldgefüllter Börsen sicher sein konnten. Wie anders hätte die herrschende Klasse, die in Umgangsformen überraschend schnell den Anschluß an Europas Aristokratie gefunden hatte, erste Versuche, Oper in russischer Sprache aufzuführen oder Volksmelodien in die Kunstmusik einzuführen, anders bewerten können denn als „plebejisch“ und „Kutschermusik“?

Das war denn auch das Wort, das die Aristokratie der ersten russischen Oper entgegenschleuderte, dem „Leben für den Zaren“ (ursprünglich „Iwan Sussanin“) des Michail Glinka (1804–1857). Dessen erklärter Wunsch war eine „russische Oper“, deren Musik den breiten Schichten seines Landes zu Herzen gehen sollte. Nicht dem Bauer, nicht dem dienenden Personal, die Leibeigene waren und kulturell nicht zählten. Nein, den immer größer werdenden städtischen Massen, den Beamten und Händlern, den Handwerkern und Soldaten, die, wenn ihr eigener Bildungsstand auch oft nicht dazu ausreichte, ihren Kindern einen Abglanz von der Kultur der Oberschicht erschließen wollten. Der Protest der Herrschenden ging unter im Jubel der Menge. Der 9. Dezember 1836 glich in St. Petersburg der „Freischütz“-Premiere in Berlin und der Uraufführung der „Verkauften Braut“ in Prag: Eine „nationale Kunst“ war geboren worden. Die eingestreuten Volkslieder wurden bejubelt, und wo sie sich zu vielstimmigen Massenchören verdichteten, stieg die Bewunderung auch der Verständigeren im Publikum aufs höchste. Glinka hatte den Gedanken an eine russische Oper, „bei der jeder Russe sich wahrhaft daheim fühlen solle“, im Ausland gefaßt: in Berlin, wo er Jahre des Studiums zubrachte. Vielleicht trug die Distanz zum ruhigen Durchdenken des großen und doch so natürlichen Plans bei. Hernach schritt Glinka mit der Märchenoper „Ruslan und Ludmilla“ auf der gleichen Bahn fort. Rußland feierte in ihm den Begründer seiner „nationalen“ Musik, den Schöpfer eines eigenen Klangs im Weltkonzert. Eine Revolution war gelungen, eine soziale und eine nationale, wie sie beide dem Geist der Romantik entsprachen. Der aristokratischen Gesellschaft, die allein den Stil der Kunst im Land bestimmt hatte, war einer ihrer stolzesten Stützpunkte, die Oper, streitig gemacht worden. Durch die siegreich geschlagene Bresche drang nun die „nationale“ Kunst vor. Kein anderes Volk wird in so kurzer Zeit eine solche Fülle starker Talente hervorbringen. Fast über Nacht schwingt Rußlands ureigene Kunst sich auf die kulturelle Höhe Europas. Dichter, Romanciers, Dramatiker

*Linke Seite: Titelblatt zu „Ruslan und Ludmilla" von Michail Glinka, einer der frühesten „nationalrussischen" Opern.
Rechts: Der Zarenpalast „Ermitage" in St. Petersburg, eines der schönsten Kunstmuseen der Welt.
Unten: Anton (von) Rubinstein, namhafter russischer Komponist, Direktor des Petersburger Konservatoriums und Hort westlicher Traditionen.*

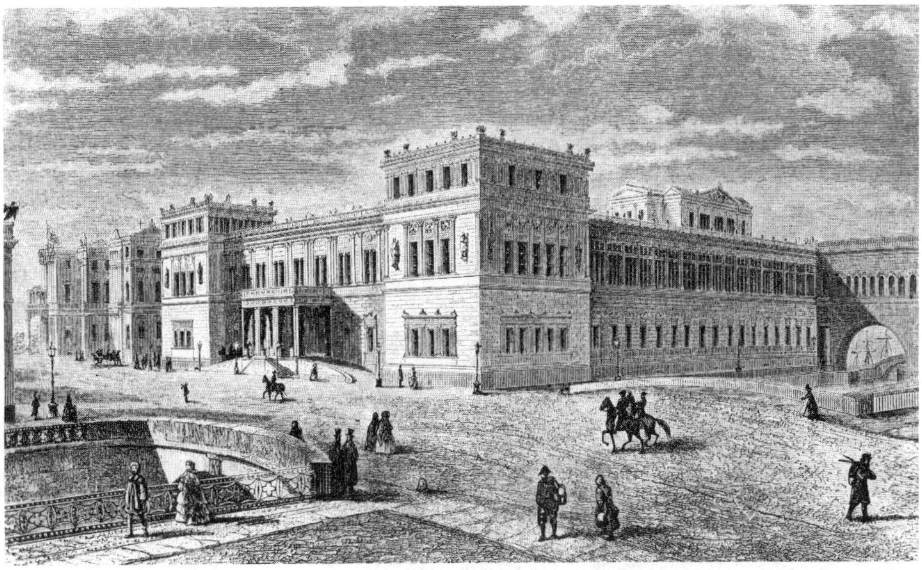

erstehen wie aus dem Nichts. Maler tauchen auf und wenden sich russischen Themen zu. Instrumental- wie Vokalmusik brechen mit gleicher Wucht hervor. Wo zweihundert Jahre lang nur italienische, deutsche, französische Namen und Klänge vorgeherrscht hatten, erheben sich russische Stimmen. Ein dichterisches Genie, Aleksandr Puschkin (1799–1837), wird zum wirkungsvollsten Verbündeten der einheimischen Musiker in Oper und Lied. Glinkas „Ruslan" entstand ebenso nach einem Puschkin-Text wie die Opern seines Mitstreiters Aleksander Dargomyschskij, „Rusalka" und „Der steinere Gast", und wie Tschajkowskijs „Eugen Onegin" und „Pique Dame". Noch viele weitere bedeutende Opern Rußlands gäbe es ohne Puschkin nicht, vor allem nicht Mussorgskijs monumentalen „Boris Godunow".

Die Spaltung

Die zweite Generation bringt nicht nur eine ungewöhnliche Zahl künstlerischer Schöpfernaturen hervor, sie führt – wie zweite Generationen so oft – zur Spaltung der Kräfte. Konservative „Westler" (wie sie von ihren Gegnern bezeichnet werden), stehen „Revolutionären", „national-russisch" empfindenden Künstlern, gegenüber, namentlich auf dem Gebiet der Musik. Die Anhänger der europäischen Tradition und Verbundenheit werden von den Brüdern Rubinstein angeführt, Anton (1829–1894) und Nikolaj (1835–1881). Sie leiten die wichtigsten Konservatorien in St. Petersburg und Moskau, werden vom Zaren geadelt, vertreten Rußland erfolgreich im Ausland, wo Anton als Komponist von Opern, Oratorien, sinfonischen Werken einen bedeutenden Ruf besitzt, beide als glänzende Klaviervirtuosen konzertieren und Nikolaj zu den namhaften Dirigenten zählt. Ihnen, den international Orientierten, steht eine seltsame Gruppe gegenüber, fünf Freunde, fünf „national" eingestellte Komponisten. „Sonntagsmusiker", wie einer von ihnen sie nennen wird. Ihren Lebensunterhalt müssen sie sich auf prosaischere Weise verdienen: als Chemiker, Ingenieur, Beamter, Marineoffizier. Sie sind also Amateure – oder Dilettanten, ein heute völlig zu Unrecht gering geschätztes Wort. Der genialste Autodidakt war Mussorgskij, Rimskij-Korsakow hingegen so versiert wie der beste der Berufsmusiker. Es war eine recht bunt zusammengewürfelte Schar, diese „Gruppe der Fünf", die sich „Das mächtige Häuflein" nannte. Der Name stammt von dem vielleicht einzigen wahren Freund, den sie unter den namhaften Kritikern und Sachverständigen des russischen Musiklebens besaßen, von Wladimir Stassow, der ihren Wert erkannt hatte und sie zu verteidigen suchte, wo immer er nur konnte.

Ein Glinka-Schüler hatte die Gruppe begründet: Milij Balakirew (1837–1910). Um ihn scharen sich Aleksander Borodin (1833–1887). César Cui (1835–1918), Modest Mussorgskij (1839–1881), Nikolaj Rimskij-Korsakow (1844–1908). Von Balakirew, der ein hervorragender Klaviervirtuose war, blieb die sinfonische Dichtung „Rußland" erhalten, die volkstümliche Themen von eindringlicher Schönheit verarbeitet, das Orchesterstück „Tamara", die oft gespielte, exotisch reizvolle Klavierphantasie „Islamej". Borodin schuf drei fesselnde Sinfonien, die farbenreiche Orchesterdichtung „In den Steppen Zentralasiens". Neben seiner besonders schönen Kammermusik steht als Hauptwerk die Oper „Fürst Igor", die auch in das Repertoire des Westens gedrungen ist. Sie enthält nicht nur eine Fülle prächtiger Arien, sondern auch eine Massenszene von niederwerfender Wucht: die Polowetzer Tänze, die in urtümlicher Wildheit ein faszinierendes Bild ferner Völker bieten (und sicher auf ähnliche Werke Strawinskys und Chatschaturjans im 20. Jahrhundert eingewirkt haben). Leider blieb diese Oper bei Borodins Tod unvollendet. Daran trug nicht so sehr die kurze Lebensdauer des Komponisten die Schuld, als die Schwierigkeiten, die mangelnde Technik ihm bereitete. Bei der Niederschrift großer Partiturseiten, auf denen Solostimmen, Chöre und die Instrumente eines sinfonischen Orchesters zu verzeichnen waren, stieß der ungeübte Komponist an die Grenzen seines Könnens. Dies ist im allgemeinen der Grund, warum manches Werk der „Fünf" unvollendet blieb. Dessen nahmen sich Rimskij-Korsakow und Aleksandr Glasunow an, über deren Tätigkeit als „Bearbeiter" noch zu sprechen sein wird. Am wenigsten blieb von César Cui übrig: Seine Puschkin-Oper „Der Gefangene des Kaukasus" ist nur innerhalb der slawischen Welt zu hören, lediglich seine „Orientalische Weise" drang über die Grenzen.

Modest Mussorgskij

Modest Mussorsgskij gehört zu den genialsten Schöpfern der Musikgeschichte, aber zugleich zu ihren tragischsten Gestalten. Sein Leben mutet an wie ein Roman seines Landsmanns Fjodor Dostojewskij, der von den „Erniedrigten und Beleidigten" erzählt, von den innerlich Zerrissenen, mit der Umwelt Zerfallenen, die oft in tiefster Verzweiflung gegen sich selbst wüten, da sie es gegen die Welt nicht tun können. Ein Sonderling, ein Außenseiter, von Dämonen gejagt, von Alpträumen verfolgt, so taucht er hinab in eine dumpfe Existenz, um „die nackte Seele Rußlands" zu besingen. Mussorgskij kam in Karewo, Gouvernement Pskow, am 21. März 1839 zur Welt und wurde, wie üblich bei den Spätgeborenen des kleinen, durch die Sklavenbefreiung verarmten Landadels, zur militärischen Laufbahn bestimmt. Doch in seinem Innern lebt, wahrscheinlich von der Mutter her, die Musik. Als Kind improvisiert er Auffallendes auf dem Klavier, zehnjährig tritt er öffentlich auf, nachdem die Familie vom Land in die Hauptstadt St. Petersburg gezogen ist. Der Jüngling schreibt kleine Stücke, die ganz dem Salonstil seiner Umgebung angepaßt sind. Der junge Offiziersanwärter verkehrt in lustigen Kreisen und ist mit seinem gewinnenden Wesen und dem unterhaltsamen Klavierspiel ein Liebling der Gesellschaft. Doch in ihm nagt eine steigende Unzufriedenheit, er beginnt die Hohlheit seines künftigen Berufs zu erkennen. Seine wahre Berufung tritt, vorerst in matten Umrissen, an ihn heran: Er fühlt, daß nur die Musik sein wahres Leben bedeuten kann. Er lernt Dargomyschskij kennen, dann Borodin und Cui. Durch

Linke Seite oben: Milij Balakirew, Gründer des „Mächtigen Häufleins" der fünf jungen Musikrevolutionäre Rußlands.
Linke Seite unten: Das Titelblatt von Aleksandr Borodins Oper „Fürst Igor".
Rechts: Fjodor Schaljapin, der legendäre russische Bassist, in der Rolle des Zaren Boris Godunow in Mussorgskijs Oper, mit eigenhändiger Widmung vom Juni 1919.

Stassow, ihren „Generalissimus", kommt er zu Balakirew, zum „Mächtigen Häuflein". Nur noch eine kurze Weile, dann zieht er den Waffenrock aus, nimmt Quartier in einer ärmlichen Behausung und versenkt sich ganz in seine Musik. Angeregt von Glinka, Berlioz und Liszt, gelangt er zu einer freien musikalischen Form, die für ihn die einzige Ausdrucksweise darstellt. Allerdings machen sich nun schmerzlich technische Mängel bemerkbar, da er nie gründliche musikalische Studien betrieben hat. Hier greift Rimskij-Korsakow helfend ein. Lange teilen beide das gleiche Zimmer. Mussorgskij versucht, halbe Tage in einem Ministerium zu arbeiten, der Freund kann seine Tätigkeit als Marinekapellmeister weitgehend nach seinem Gutdünken einteilen. Wenn er heimkehrt, findet er den Gefährten zumeist über Notenblättern eingeschlafen oder in betrunkenem Zustand. Dann beginnt er, die Skizzen durchzusehen, die im Lauf vieler Stunden entstanden sind, sucht sich in die Gedanken des Freundes einzufühlen und ihnen Gestalt zu verleihen. Es werden Opernszenen daraus, wie sie packender kaum je erdacht wurden, Orchesterwerke von reizvoll neuartigen Klängen. Rimskij-Korsakow opfert Stunden, Wochen, Monate seines eigenen Lebens und Schaffens.

So entsteht „Boris Godunow", die Geschichte des Zaren, der über die Ermordung des rechtmäßigen kindlichen Thronfolgers die Krone an sich reißt, aber unter Gewissensbissen wahnsinnig wird und stirbt. Mussorgskijs Klänge verdeutlichen mehr: In ihnen ersteht das Bild des gegeißelten, rechtlosen russischen Volkes, Elend und Unterdrückung erleben eine schaurig realistische Darstellung. In dieser Musik ist eine neue Zeit angebrochen. Während weite Teile des Abendlands noch in einer reifen, späten Romantik verharren, ist hier ein Schöpfer allein zu einer neuen Kunstauffassung durchgedrungen: der Realismus, in den anderen Künsten – vor allem der Literatur – vorangegangen, hält durch Mussorgskij in der Musik Einzug. Sicher glaubt Rimskij-Korsakow manchmal seinen Augen nicht trauen zu können, denn seinen Ohren erscheint die Musik des Freundes unvorstellbar. Er sucht sie zu glätten, ein wenig näher an die Tradition zu rücken: in bester Absicht, denn er sieht die Ablehnung voraus, die das Werk im Musikleben erfahren wird. Tatsächlich weist die Petersburger Oper „Boris Godunow" zurück, „verblüfft durch die Modernität und Ungewöhnlichkeit dieser Musik" (wie Rimskij-Korsakow sich später in seinen Memoiren erinnern wird). Der Komponist findet sich zu einer teilweisen Umarbeitung bereit. In das ohne Liebesszene, ja sogar ohne wichtige Frauengestalt abrollende politische und psychologische Drama wird der „Polenakt" eingebaut, das leidenschaftliche Duett zwischen der schönen Marina, die es in Wahrheit nur auf den Zarenthron (und, im Auftrag der Jesuiten, auf einen Übertritt der Russen zum Katholizismus) abgesehen hat, und dem „falschen Demetrius", der sich als den seinerzeit nicht umgekommenen Thronerben ausgibt. Aber wieder wird das Werk abgelehnt; erst die eindrucksvolle Aufführung einiger Szenen in privatem Kreis bringt die Opernleitung zu einer Sinnesänderung. Am 24. Januar 1874 erklingt „Boris Godunow" zum ersten Mal im Kaiserlichen Theater zu St. Petersburg. Die Jugend jubelt, doch der Leidensweg des Werkes ist noch nicht zu Ende. Nach Mussorgskijs Tod wird Rimskij-Korsakow eine neuerliche, einschneidende Bearbeitung vorlegen, um der Oper den Weg auf die Weltbühnen zu ebnen. Er

selbst erklärt sein Vorgehen: „... um die fast unüberwindlichen Schwierigkeiten, die Härten der Harmonie und der Modulationen, den fehlerhaften Kontrapunkt, die technische Armut der Instrumentation und die allgemeinen Schwächen des Werkes zu beseitigen." Harte Worte, als stammten sie nicht von einem Freund, sondern von einem unerbittlichen Gegner. Hätte aber Rimskij-Korsakow nicht eingegriffen, wäre Musorgskijs Hauptwerk, wären vielleicht alle seine Kompositionen untergegangen. Der Freund ist für seine Arbeit schlecht belohnt worden. Das 20. Jahrhundert hat durch den Mund zahlloser Kritiker und vieler Theaterdirektoren seine Bearbeitungen verdammt. Schostakowitsch, einer der führenden Meister neuer Zeit, fertigte eine völlig andere Neufassung des „Boris Godunow" an, weit weniger „gefällig" und „geglättet" (so lauten einige Vorwürfe gegen Rimskij-Korsakow). Aber auch Mussorgskijs Originalfassung wird heute zur Aufführung gebracht, was die prophetische Kraft dieses visionären Genies beweist. Sie hätte ihm aber wahrscheinlich – wir wiederholen es – ohne die aufopfernde Hilfe Rimskij-Korsakows nichts genützt. Die damals so unzeitgemäße Partitur wäre längst ungespielt vermodert, die Möglichkeit einer späteren Rehabilitierung wäre ausgeschlossen gewesen. So aber besitzen wir dieses Musikdrama, das gleich fern von Wagner wie von Verdi ist, bewundern es nicht nur als Kunstwerk in sich, sondern ebenso als Durchbruch des Realismus, Vorläufer von Naturalismus und Verismus: das psychologisch tiefgehende Auskomponieren einer unheimlich scharfen Sprachmelodie, ohne die wir uns weder Debussy noch Janáček vorstellen können, die packende Dramatik lebendiger Volksszenen, die ergreifende Schilderung des Verfalls einer machtvollen Persönlichkeit.

Nur eine echte Liebe fehlt. Auch im späteren Schaffen Mussorgskijs wird dieses Urgefühl, Triebfeder der meisten Werke des Musiktheaters, eine auffallend zurückgesetzte Stellung einnehmen. Hat er selbst keine wahre Liebe erlebt? Die Nachrichten über sein Leben fließen spärlich. Eine verehrte Frau soll jung gestorben und mit seinen Briefen bedeckt beerdigt worden sein. Ein späteres Verlöbnis dauerte länger, aber endete ebenfalls mit dem Tod der Geliebten. Von anderen ist dann keine Rede mehr. Manchmal begleitet er seinen Freund Rimskij-Korsakow in das Haus von dessen Braut, deren menschliche und künstlerische Gaben er bewundert, aber er bleibt allein – und verfällt immer mehr dem Alkohol. Unter Schmerzen und Qualen beginnt er eine neue Oper; auch an diese „Chowantschina" muß der Freund Hand anlegen, worüber er später in seinen Memoiren Rechenschaft ablegt.

Bilder einer Ausstellung

Im Frühling 1874 besuchte Mussorgskij in St. Petersburg die Gedächtnisausstellung des kurz vorher in Paris verstorbenen russischen Malers Viktor Hartmann, mit dem er eng befreundet gewesen war. Die Bilder inspirierten ihn zu einem Zyklus von Klavierkompositionen, dem er den Titel „Bilder einer Ausstellung" gab. Mit einer einleitenden und oft die Einzelstücke verbindenden „Promenade" schlendert er gewissermaßen durch die Räume und verweilt vor einzelnen Bildern, die er musikalisch mit glänzendem Realismus wiedergibt: Da hüpft ein ungelenker, kläglicher Zwerg umher, da singt vor einem mittelalterlichen Schloß ein Troubadour sein sehnsüchtiges Lied, da rumpelt ein schwerer, hochrädriger polnischer Ochsenkarren über holprige Land-

Linke Seite oben: Modest Mussorgskij, einer der genialsten Musikschöpfer aller Zeiten, Komponist des „Boris Godunow", Mitglied des so unmächtigen „Mächtigen Häufleins", auf einem Meisterporträt des russischen Malers Ilja Repin, in dem der Säuferwahnsinn deutlich zutage tritt, der Mussorgskijs Leben so tragisch verkürzte.
Linke Seite unten: Mussorgskij schuf Klavierstücke (die später oftmals, vor allem durch Ravel, orchestriert wurden) auf Bilder seines jungverstorbenen Malerfreundes Viktor Hartmann: hier „Die Hütte der Baba Yaga", einer russischen Hexenfigur.
Rechts: Nikolaj Rimskij-Korsakow, der jüngste, aber technisch versierteste des „Mächtigen Häufleins", dessen Bearbeitungen viele Werke seiner Kameraden ihr Überleben verdanken und der selbst ein bedeutender Komponist von Musik mit stark exotischem Einschlag war.

straßen, da tanzen behend eben ausgeschlüpfte Küken in den Eierschalen, da streitet ein reicher und wichtiger Jude mit einem armen und unscheinbaren Glaubensgenossen, da schwatzen und keifen die Weiber auf dem Markt von Limoges, da hält in den Katakomben der nachdenkliche Besucher vor einer Schädelstätte Gespräche mit den längst Verstorbenen, da fliegt die Zauberin Baba Yaga aus ihrer Kuckucksuhr, und da ersteht das Große Tor von Kiew vor unseren Augen. Hier schreitet Mussorgskij auf dem schmalen Grat zwischen Romantik und Realismus. Es ist begreiflich, daß ein so farbenprächtiger Klavierzyklus viele Musiker zur Orchestrierung gereizt hat. Mit den Russen Sergej Tanejew und Tuschmalov, dem Franzosen Cailliet, den Deutschen Oscar von Pander und Walter Goehr, den Engländern Leopold Stokowski und Henry Wood, dem Finnen Leo Funtek ist die Liste sicher nicht abgeschlossen. Die meistgespielte (und wahrscheinlich unübertreffliche) Instrumentation stammt von Maurice Ravel, dem Meister moderner Instrumentationskunst, aus dem Jahr 1922. Im Jahr 1875 beginnt Mussorgskij mit der Komposition der Oper „Der Jahrmarkt von Sorotschinsk", die er aber nicht mehr vollenden kann. Sie enthält das phantastische Orchester-Intermezzo „Eine Nacht auf dem kahlen Berge", ein Stück voll unheimlicher Stimmung und gespenstischer Angstträume.
Besonders Wertvolles hat Mussorgskij auf dem Gebiet des Liedes geschaffen. Die „Lieder und Tänze des Todes" spiegeln unendliche Düsterkeit, aber er hat doch in „Szenen aus der Kinderstube" ein helles und frohes Gegenstück, in Goethes „Flohlied" ein Kabinettstück beißenden Humors geschaffen. Ergreifend ist der Zyklus, dessen Titel als Motto über seinem Leben stehen könnte: „Ohne Sonne".

Dieses Leben war arm an äußeren Ereignissen. Einmal nahm eine gute Konzertsängerin ihn als Klavierbegleiter auf eine Tournee in den Süden mit, dessen Eindrücke er in mehreren Klavierstücken festhielt: „An der Küste der Krim", „Sturm auf dem Schwarzen Meer". 1881 malt ihn der bedeutende Portätist Ilja Repin. Ein von Leid und Trunk zerstörtes Antlitz sieht uns an, ein menschliches Wrack von 42 Jahren. Nur die hellen Augen leuchten noch voll Güte und Verständnis, aber es wird nicht klar, ob sie in die Welt blicken oder ins eigene Innere zurück, wo letzte Blumen in einem Trümmerfeld sprießen. Es heißt, man habe ihn eines Tages auf der Straße liegend bewußtlos aufgefunden. Niemand kannte ihn, man schaffte ihn ins Spital, weil noch ein Funken Leben in ihm atmete. Dort liegt er, umgeben von Unbekannten, Vergessenen, Verkommenen, Ausgestoßenen. Sie halten ihn für ihresgleichen, für einen alten, vom Leben zerstörten Landstreicher. Sie ahnen nicht, daß er ihnen, gerade ihnen in seiner Musik Stimmen verliehen hat. Seine Kameraden finden ihn endlich, sitzen noch an seinem Bett. Am 28. März 1881 entrückt der Tod ihn in jene Ferne, der er sich seit Jahren immer sehnsüchtiger und verzweifelter genähert hat.

Rimskij-Korsakow

Rimskij-Korsakow aber steht mitten im Leben. Als Marineoffizier reist er mehrere Male rund um den Erdball, tritt mit den verschiedensten Kulturen in Verbindung. Exotische Klangwelten schlagen sich in seinem reichen kompositorischen Werk mit betörenden Tönen nieder: in den Opern „Sadko", „Zar Saltan", „Schneeflöckchen", „Die Legende von der unsichtba-

ren Stadt Kitesch", in Sinfonien und Tondichtungen wie „Die großen russischen Ostern", „Weihnachtsabend", „Scheherazade", in klangschönen Liedern auf zumeist russische Dichtungen, einmal auch auf Verse Heinrich Heines. Besonders erwähnt sei eine Oper „Mozart und Salieri", in der, nach den Versen Puschkins, der italienische Meister bezichtigt wird, Mozart bei einem Abendessen vergiftet zu haben – eine tausendmal diskutierte, aber unannehmbare Vermutung, die keine reelle Basis besitzt. Er hat die Klänge vieler Völker eingefangen, die der Südslawen in der „Serbischen Phantasie", die Iberiens im „Spanischen Capriccio", und immer wieder die des geheimnisvollen Orients („Scheherazade", Sinfonie „Antar"), die er auf vielen Reisen tief in sich aufgenommen hat.
Rimskij-Korsakows Lebenswerk erschöpft sich nicht in seinen Kompositionen. Er verfaßte eine Instrumentationslehre, die neben dem Berliozschen Traktat der beste Führer in die Klangwelt der Hochromantik sein dürfte, aus der aber schon Hinweise auf den bald anbrechenden Impressionismus herauszulesen sind. Er hinterließ die früher zitierte Selbstbiographie „Annalen meines musikalischen Lebens", die in ihrer auffallend nüchternen Betrachtungsweise ein sehr objektives Bild des damaligen russischen Musiklebens zu geben imstande ist. Seine Revisionstätigkeit, die wir an dem Werk Mussorgskijs beobachteten, erstreckte sich auch auf andere seiner Kollegen, vor allem auf Borodin. Auch hier hat er Eingriffe vorgenommen, vielleicht manchen Genieblitz zu sehr ins Schulmäßige zurechtgebogen, manche revolutionäre Neuerung zu akademisch verändert, aber schon durch die Tatsache dieser zweifellos liebevollen Arbeit hat er den Dank der Nachwelt verdient. Nach einem äußerlich sehr bewegten, durch die Liebe einer ungewöhnlichen Frau – der Pianistin Nadjeschda Purgold – tief erfüllten Leben und im stolzen Bewußtsein, als Lehrer einer kaum übersehbaren Anzahl junger Musiker einen weiten geistigen Horizont und ein glänzendes technisches Rüstzeug auf den Weg mitgegeben zu haben, starb Rimskij-Korsakow am 21. Juni 1908 in der Nähe von St. Petersburg.

Aus der Fülle bedeutender russischer Komponisten seien hier noch zwei herausgegriffen: Anatoij Ljadow (1855–1914) und Sergej Ljapunow (1859–1924). Ljadow war Schüler Rimskij-Korsakows im Petersburger Konservatorium, wo er später selbst Lehrer wurde. Einige seiner feinfühligen Werke tauchen heute noch im internationalen Musikleben auf. Ljapunow studierte bei Tschajkowskij in Moskau und schrieb Sinfonien, Konzerte, Klaviermusik. Er gab die interessante Korrespondenz zwischen Balakirew und Tschajkowskij heraus, durch die Tschajkowskijs Stellung zum „Mächtigen Häuflein" unerwartete neue Aspekte gewann. Rußlands Bedeutung in der Musikgeschichte wird von hier an nie mehr erlöschen. Die nächste Generation steht vor allem im Zeichen Rachmaninows und Glasunows, die übernächste enthält die Namen Strawinsky, Prokofjew und Schostakowitsch. Von ihnen allen wird bald die Rede sein. Tschajkowskijs, des Vollblutromantikers Leben und Schaffen soll hier folgen.

Das Bolschoi-Theater in Moskau, 1821/24 erbaut, eine der großen Opernbühnen der Welt, berühmt vor allem auch durch die Glanzzeiten seines Balletts.

Pjotr Iljitsch Tschajkowskij

Zwischen den Konservatorien der Brüder Rubinstein und dem „Mächtigen Häuflein" steht Tschajkowskij, berufen, Rußlands Musik weiter in die Welt zu tragen als irgend einer seiner Zeitgenossen. Er steht beiden Gruppen nahe, geht aber eigene Wege. Sein Leben gleicht einem Roman; er ist ein Einzelgänger, ein Einsamer. Pjotr Iljitsch kam am 7. Mai 1840 im kleinen Ort Wotkinsk im Ural zur Welt. Bald zog die angesehene Beamtenfamilie noch weiter nach Osten, in das sibirische Alapajewsk, wo der Vater Minendirektor wurde. Um die Söhne für eine solide Laufbahn im Staatsdienst vorzubereiten, schickt er sie auf die angesehene „Rechtsschule" im fernen St. Petersburg. Hier zeigt sich bald Pjotrs starke musikalische Begabung, aber auch eine übergroße Empfindsamkeit. Das „Porzellankind" (wie das Kindermädchen ihn genannt hatte) wird zeitlebens ein „Porzellanmensch" bleiben. Der Junge erhält Musikunterricht und wird Schüler Nikolaj Rubinsteins. Als dieser Konservatoriumsdirektor in Moskau wird, nimmt er Tschajkowskij als Lehrer dorthin mit. Der Unentschlossene, Schüchterne hatte sich von der Beamtenlaufbahn losgesagt. Nun unterrichtet er 27 Wochenstunden Musiktheorie und verbringt seine freie Zeit komponierend in dem winzigen Gemach, das Rubinstein ihm in seinem Hause eingeräumt hat. Der ist ein großer Mann, ein blendender Klaviervirtuose, dazu ein „Salonlöwe". In regelmäßigen Abständen besucht er das Haus der Witwe Nadjeschda von Meck, die, unermeßlich reich, völlig zurückgezogen in ihrem Palast und einzig der Musik lebt. Rubinstein spielt der Frau Stücke neuer Musik vor, die sie sehr interessieren. An einem Abend läßt er den Salon unter einer sinfonischen Dichtung erzittern, die der Hausfrau besonders nahegeht. Nicht ohne Stolz erklärt er sie für eine Komposition des bei ihm angestellten Lehrers Tschajkowskij, mit dem Titel „Der Sturm". Noch in der gleichen Nacht schreibt Frau Nadjeschda, ansonsten ängstlich und äußerst zurückhaltend, dem unbekannten Komponisten einen Brief voll Anerkennung und mit der Bitte, ihr gelegentlich ein Werk widmen zu wollen. Tschajkowskij antwortet, dankt, schickt auch bald die gewünschten Noten. Nun entwickelt sich eine Korrespondenz einmaliger Art; Briefe kommen und gehen, in immer engeren Zeitabständen, später auch manchmal mehrmals an einem Tag, von Nadjeschdas Dienern gebracht und geholt. Auch der Inhalt wandelt sich allmählich. Bald gibt es kein Thema, das von den Verfassern nicht aufgegriffen und mit größtem Interesse abgehandelt wird: Gott, die zeitgenössische Kunst, die Frage der russischen Musik innerhalb des europäischen Kulturlebens, das Geheimnis der Inspiration, Erzählungen über die beiderseitigen Familien. Längst ist aus „Sehr geehrter Herr Pjotr Iljitsch" „Geliebter Freund" geworden. Eine absurde Ehegeschichte von nur wenigen Tagen Dauer im Leben des Komponisten hat Frau Nadjeschda weltgewandt überspielt und ihrem Freund die schnelle Flucht aus dieser „Hölle" ermöglicht. Er reist mit seinem Bruder in die Schweiz, erholt sich, erhält von Frau Nadjeschda eine beträchtliche Jahresrente zugesichert, so daß er an eine Rückkehr ins Konservatorium nicht mehr zu denken braucht. Er kann nun seinen Arbeitstisch aufstellen, wo immer er will: in Wien, am Genfer See, in Italien. Mit ungeheurer Macht strömen die musikalischen Gedanken aus seinem Gehirn und Herzen: Die Oper (er nennt sie „Lyrische Szenen") „Eugen Onegin" entsteht und wird in seinem Beisein am 29. März 1879 in Moskau uraufgeführt. Erfreut und verwundert bemerkt er, mit welcher Verehrung man ihm begegnet. Alle Ereignisse, über die er Getuschel und anzügliche Bemerkungen fürchtet, scheinen vergessen. Er muß auf eine huldigende Rede seines einstigen Direktors mit ein paar Worten entgegnen, was ihm ungeheuer schwerfällt. Am nächsten Morgen reist er ab, wie von einer Zentnerlast befreit. Er vollendet seine vierte Sinfonie, die er Nadjeschda widmet. Sie ist begeistert und tief bewegt. In seitenlangen Briefen fragt sie, und er erläutert ihr den inneren Werdegang dieses Werks und die Bedeutung jeder einzelnen Melodie.

Alles steht in diesen Briefen, nur eines nicht: „Komm!" Tschajkowskij ist ein sehr gut aussehender Mann Ende der Dreißig, Nadjeschda eine eher unscheinbare Großmutter anfang der Vierzig. Ein Blick in den Spiegel überzeugt sie davon, daß sie diesem genialen, hochinteressanten Mann keinerlei erotisches Interesse einflößen könnte. Also ist sie mit der Gegebenheit des überaus herzlichen, tiefschürfenden Briefwechsels einverstanden, ja glücklich, und begehrt nicht mehr. Bei Tschajkowskij aber liegt der Fall anders. Er ist seit den Internatsjahren homosexuell und fürchtet darum einen persönlichen Kontakt mit der von ihm hochverehrten Frau. Keiner von beiden kennt wohl die Motive des anderen, aber keiner will an dem herrschenden Zustand etwas ändern.

Nur ein einziges Mal erschrickt der Komponist: In einem der Briefe Nadjeschdas schlägt sie eine „gemeinsame Reise" nach Florenz vor, aus dem russischen Winter in den italienischen Frühling. Doch schon im nächsten Schreiben, es kommt nur wenige Stunden später, erklärt Frau Nadjeschda ihren Plan: Sie würde vorausfahren und in der Nähe ihrer Villa, ungefähr einen Kilometer entfernt, ein zweites Haus für den Komponisten

mieten, so daß sie einander nahe sein könnten. Freudig stimmt er zu. Bei seiner Ankunft erwartet ihn ein schönes Landhaus, behaglichst eingerichtet, ein prachtvoller Flügel, ein bequemer Schreibtisch mit dem Notenpapier, das er liebt und für größere Werke verwendet, ein goldener Füllhalter und Schreibzeug, eine goldene Statuette der Jungfrau von Orléans, die er gerade zur Operngestalt macht. Dazu einige überaus herzliche Begrüßungszeilen, in denen besonders ein Nachsatz bemerkenswert ist: Da sie ihn als passionierten Spaziergänger kenne, freue sie sich, ihm diese Gegend als besonders schön vorstellen zu können. Sie selbst werde wohl täglich mit dem Wagen so zwischen zwölf und zwei Uhr ausfahren. Welche feinfühlige Frau ist diese Nadjeschda! Ohne Aufdringlichkeit warnt sie den „geliebten Freund" davor, zu dieser Zeit auf der Straße zu sein, um jede mögliche Begegnung zu vermeiden.

Kaum ein anderer großer Komponist hat wohl je unter angenehmeren, freieren Bedingungen schaffen können. Nadjeschdas Rente, dazu eine Fülle weiterer Zuwendungen bewahrten ihn vor jeder Notlage. Tschajkowskij wußte nicht, daß seine Gönnerin des öfteren ausländischen Dirigenten größere „Spenden" übergab, damit sie in ihren Konzerten Werke Tschajkowskijs aufführten. Er fühlte nur, daß er, wie im Märchen, eine gute Fee besaß, die über seinem Leben und Schaffen waltete, ohne jemals zudringlich zu werden oder auf eine Gegenleistung zu warten. Und so mehrten sich seine großen Werke und ihre Beliebtheit in der Welt. Nur noch wie von fern erinnert er sich jener Episode zu Weihnachten 1877, als er seinem Direktor Nikolaj Rubinstein das erste Klavierkonzert vorgespielt und dieser es in Grund und Boden verdammt hatte. Damals konnte Tschajkowskij nichts anderes tun, als still die Partitur unter den Arm zu nehmen und aus dem Saal zu schleichen. Jetzt war Rubinstein zu einem der wirkungsvollsten Interpreten gerade dieses Stücks geworden. Doch Hanslick, der Wagner-Feind, verfolgte ihn mit seinen bösen Kritiken. Über sein Violinkonzert hatte er geschrieben, es läge der Verdacht nahe, daß es „stinkende Musik" gäbe. Wie viele große Geiger spielten nun gerade dieses Werk überall in der Welt! Kaum eine Tanzgruppe konnte an seinen abendfüllenden Balletten vorübergehen, die zu Lieblingsstücken des Publikums geworden waren: „Schwanensee", „Dornröschen", „Der Nußknacker". Erfolgreich hatte er auch zur Form der Orchesterphantasie, des sinfonischen Gedichts gegriffen: „Francesca da Rimini" (1874, nach Dante), „Italienisches Capriccio" (1880, ein wirkungssicheres, äußerst schwungvolles Ansichtskarten-Italien), der russische Freiheitsgesang „1812", der Napoleons Armee vor den Toren des brennenden Moskau und unter dem jubelnden Klang von Glocken und hymnischen Gesängen untergehen läßt (1880, als „lärmendes" Gelegenheitswerk, wie er selbst sagt, zu einem patriotischen Fest), „Manfred" (1885, nach Lord Byron) und, als wohl schönstes, „Romeo und Julia" (letzte Fassung 1880, nach Shakespeare). Tschajkowskij liebt den rauschenden Orchesterklang, die erregende Klangsinnlichkeit, die gewaltigen Steigerungen bis zu brausenden Höhepunkten, daneben aber auch die nachdenklichen, schwermütigen Passagen, in denen die dunkle russische Seele singt und weint. Eine besondere Zuneigung führt ihn immer wieder zum Dreivierteltakt, und oftmals werden richtige schwungvolle, fast wienerische Walzer daraus, so in den Balletten, im „Eugen Onegin", in der fünften Sinfonie und in der vielgespielten Streicherserenade op. 48. Seine Marschrhythmen, gewaltig und mitreißend, zeigen einen Tschajkowskij, den im Leben niemand gesehen hat; vielleicht überspielen sie – wie im dritten Satz seiner letzten „pathetischen" Sinfonie – einen qualvoll erregten Seelenzustand, den er, wie stets in seinem Leben, in seine innersten Herzkammern einschließen wollte.

Das Ende einer Freundschaft

Die Jahre vergehen. Überraschend früh ziehen sich graue Fäden in Tschajkowskijs dunkles volles Haar, vor Ende der Vierzig ist sein Kopf weiß. Sein Selbstvertrauen ist gestiegen, seine Menschenangst hat abgenommen, nur seine Einsamkeit ist geblieben. Nun kann er vor ein Orchester treten, um eigene Werke mit überlegener Selbstsicherheit zu dirigieren. Er wird nun zu Tourneen eingeladen, deren weiteste ihn 1891 nach Amerika führt. Er lebt zurückgezogen, am liebsten ist ihm die Gesellschaft seiner Brüder Anatol und Modest. Nach der „Jungfrau von Orléans" (1881), „Mazeppa" (1887), der „Zauberin" (1887) erringt „Pique Dame", nach Puschkin von Bruder Modest geschickt dramatisiert, in St. Petersburg einen stürmischen Erfolg. Immer noch gehen Briefe zwischen Nadjeschda und ihm hin und her, doch sie sind seltener geworden, mag sein auch ein wenig kühler oder gewohnheitsmäßiger. Die Ausbrüche spontaner Leidenschaft, die Nadjeschdas Zeilen während der ersten Zeit gekennzeichnet hatten, finden sich kaum noch. Sie greift auch nicht mitten in der Nacht noch zur Feder, wenn ein Werk des Freundes sie in einem Konzert besonders tief erschütterte. Aber ihre Briefe atmen immer noch den ruhigen, gleichbleibenden Ausdruck einer durch nichts ins Wanken zu bringenden tiefen Zuneigung. Als er 1888 an seine fünfte Sinfonie geht, scheinen seine melodische Inspiration und technische Meisterschaft neue Höhepunkte erreicht zu haben; doch er selbst ist von diesem Werk tief enttäuscht, nennt es „mißlungen", „zu bunt und zu massiv, zu künstlich und zu lang, überhaupt unsympathisch". Nur sein Schüler, Sergej Tanejew, findet es gut. „Ist das der Anfang vom Ende? Es wäre entsetzlich!" Die Welt hat der Meinung des Komponisten widersprochen, der fünften Sinfonie einen Vorzugsplatz zugewiesen. Ein Thema, das aus düsterster Keimzelle in dunkler Tiefenlage durch alle Sätze geleitet wird, bricht am Ende in vollem Blechglanz zu strahlender Apotheose durch. Ein elegisches Horn gibt dem zweiten Satz unvergeßliches Gepräge, ein Walzer voll Schwung und Eleganz ersetzt das klassische Menuett. Höhenflüge und jähes Zurückweichen in die lastende Schwermut bilden dramatische Kontraste. Weist dieses Werk einen „Inhalt" auf, wie die vierte Sinfonie, die der Komponist elf Jahre zuvor der „geliebten Freundin" auf ihren Wunsch genau erläutert hatte? Aber dieses Mal fragt sie nicht mehr.

Nach langen Reisen im Ausland kehrt Tschajkowskij nach Rußland zurück. Er hat sich in Klin, zwischen Moskau und St. Petersburg, ein Haus in weiten Gärten gekauft. Ein Ehepaar, das ihn betreut, bewohnt das Erdgeschoß, seine Zimmer im ersten Stock bieten einen ruhigen Blick über Gärten und Wald. Er ist, vielleicht zum ersten Mal im Leben, daheim. Während eines Konzerts in Tiflis erhält er einen unbegreiflichen Brief Nadjeschdas; es ist, als habe eine Fremde ihm geschrieben, aber es ist doch unverkennbar ihre Schrift. Sie spricht von „ernsten Verlusten", die eine weitere Unterstützung unmöglich machten. Alles klingt wie diktiert, wie unter Zwang geschrieben. In seltsamem Kontrast zu dem ernüchternd sachlich gehaltenen Schreiben steht der offenkundig von erregter Hand hinzugefügte Nachsatz: „Vergessen Sie mich nicht und gedenken Sie meiner zuweilen!" Was bedeutet das alles? Tschajkowskij antwortet sofort, aber sein Brief kommt ungeöffnet zurück. Er wendet sich an einen ehemaligen Schüler, der im Hause Nadjeschdas als „Vorspieler" lebt, aber dessen verlegene Zeilen enthalten nur nichtssagende Ausflüchte. Eine Schranke steht nun für immer zwischen den beiden Menschen, die so innig verbunden waren. Es ist viel gerätselt worden über diesen unbe-

Linke Seite: Der Komponist und seine großzügige Mäzenin: Tschajkowskij und Nadjeschda von Meck, die einander nie begegneten, aber tausend Briefe wechselten.
Rechts: „Schwanensee", Tschajkowskijs wohl meistaufgeführtes Ballett, hier auf der Bühne der Stuttgarter Oper mit den berühmtesten Tänzern ihrer Zeit: Margot Fonteyn und Rudolf Nurejew.

greiflichen Bruch: Ist Nadjeschda von ihrer Familie entmündigt worden und lebt fortan als Gefangene im eigenen Palais? Unwillkürlich wird man an den Bayernkönig Ludwig II. erinnert. Auch er hatte einen Meister erkannt und ihn mit den reinen Kräften seiner Seele und mit seinem Vermögen entscheidend gefördert, auch er mit Entmündigung und dunklem Ende gebüßt. Da wird sich Tschajkowskij in ganzer Schwere seiner Einsamkeit bewußt. Er klammert sich in plötzlicher Aufwallung an einen Neffen, nicht anders als Beethoven es getan hat. Und auch Tschajkowskijs Neffe, vom Übermaß der ihm übertragenen Verantwortung erdrückt, unternimmt einen Selbstmordversuch. Im Jahr 1892 geht Tschajkowskij daran, ein neues Werk zu beginnen: die sechste Sinfonie. Wieder steigt ein düsteres Thema aus geheimnisvollen Tiefen langsam zum Licht empor. Ein helles Motiv senkt sich in den Geigen wie aus Himmelshöhen herab, so zart und innig wie weniges in der weiten Weltliteratur. Der zweite Satz verharrt in einem schwebenden Fünfvierteltakt von tiefer Melancholie. Der dritte ballt titanische Kräfte in einem wild dahinrasenden Siegesmarsch, der den Atem verschlägt, als stürmten überirdische Heerscharen in einen unfaßbaren Triumph. Der letzte Satz aber bricht mit allen Regeln der Sinfonik, er gerät zu einem einzigen, erschütternden Abschied vom Leben. Noch einmal singen Tschajkowskijs Geigen in voller, schwerer Süße, die tiefen Instrumente pochen den langsam stockenden Herzschlag dazu, es klingt wie unterdrücktes Schluchzen, ein letzter Blick fällt aus tränenumflortem Auge auf die entschwindende Welt. Der Komponist äußert, das Werk trage die Stimmung eines Requiems, es sei eine Selbstbiographie, deren Inhalt nie jemand erfahren werde.

Die sechste Sinfonie – Bruder Modest hat vorgeschlagen, sie „Pathetische" zu nennen – ist wirklich zum Requiem geworden. Als Tschajkowskij sie in St. Peterburg am 28. Oktober 1893 zum ersten Mal dirigierte, erntete sie so wenig Applaus, wie er vorausgesagt hatte. Bei der folgenden Zusammenkunft mit einigen Freunden trank er ein Glas ungekochten Newawassers. Das war in einer von der Cholera beherrschten Stadt eine Frage an das Schicksal. Tschajkowskij erkrankte und starb am 6. November 1893. Bei der stark besuchten Trauerfeier stand die Sinfonie abermals auf dem Programm. Nun verstand man ihre Abschiedsbotschaft.

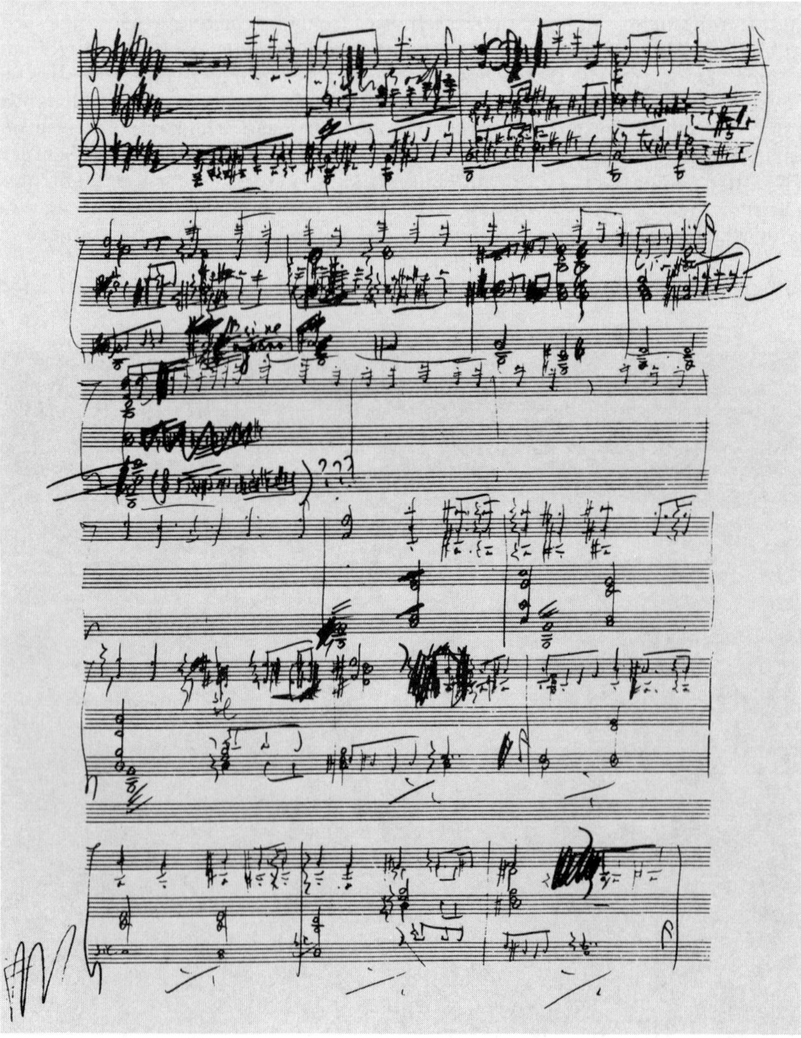

Skizze Tschajkowskijs zu seiner sechsten Sinfonie („Pathétique"); in der ersten Zeile deutlich erkennbar das lyrische Seitenthema des ersten Satzes.

Paris – Sammelpunkt der Romantik

Die Musik der „Klassik" war in Wien zu Hause. Hier waren ihre größten Musiker zusammengeströmt – Gluck, Haydn, Mozart, Beethoven –, von hier gingen ihre Werke in alle Welt hinaus. Und hier vollzog sich am deutlichsten der Übergang zur Romantik; nicht so heftig wie im Frankreich der Großen Revolution, sondern langsamer, organischer. E. T. A. Hoffmann, einer der ersten und klügsten Wegbereiter der neuen Geistesrichtung, erblickte die frühen Vorboten dieser Strömung schon in Mozarts „Don Giovanni"; in Haydns Volksoratorien werden sie fühlbar, und Beethoven beschreitet, von der dritten Sinfonie angefangen, bewußt ihre neuen Wege. In Schuberts Liedern singt die Romantik schon ihre neue Melodie. Doch dann stürmt Frankreich dem übrigen Europa voraus, Berlioz räumt die letzten Reste der Klassik fort. Auf deutschem Boden kommt die Romantik zur ersten Blüte: in Berlin durch die Uraufführung des „Freischütz", in Leipzig durch das Wirken Mendelssohn Bartholdys und Schumanns. Doch alle drei Herolde – Weber, Mendelssohn Bartholdy, Schumann – sterben früh; das erdrückende Übergewicht der Romantik verlagert sich nach Paris, das in kurzer Frist zur leuchtendsten, schillerndsten, bewegtesten Weltstadt der Romantik aufsteigt. Zuerst sind es in erster Linie Fremde, die hier überraschend schnell geistig und seelisch eingebürgert werden und in deren Händen der Aufschwung des Musiklebens liegt: Cherubini, Spontini, Rossini, Donizetti, Bellini, Chopin, Meyerbeer, Offenbach. Hier finden sich Klassiker und Romantiker bunt gemischt, und wer da die Romantik definieren wollte, hätte größte Schwierigkeiten. Weitgehend galt sie immer noch als „deutsche" Geistesrichtung. Deutsch war der „Sturm und Drang" gewesen, in dessen Zeichen Goethe und Schiller groß wurden, deutsch der „Weltschmerz", die undefinierbare Sehnsucht – im französischen „mal du siècle" nur sehr unvollkommen übersetzt –; deutsch die „Sehnsucht" selbst, für die es in den meisten Sprachen kaum eine völlig deckende Übersetzung gibt.

Trotz oftmals verworrener politischer Zustände profiliert sich um und nach 1830 Paris immer deutlicher als das geistige und auch künstlerische Zentrum Europas. Eine außerordentliche Generation von Dichtern und Schriftstellern lenkt das Augenmerk der Welt dorthin: Victor Hugo, Alexandre Dumas (Vater), Prosper Mérimée, Alfred de Musset, Henri Murger, Honoré de Balzac, eine wahrhaft glanzvolle Reihe, die nicht selten auch in der Musikgeschichte Bedeutung erlangte. Paris wurde zur wichtigsten Uraufführungsstadt der Oper: Rossinis „Guillaume Tell" (1829), Meyerbeers „Robert le diable" (1831), Bellinis „I Puritani" (1835), Halévys „La Juife" (1835), Meyerbeers „Les Huguenots" (1836), Berlioz' „Benvenuto Cellini" (1838), Donizettis „La Fille du régiment" (1840) sind nur eine kleine Auswahl. Nur zwei dieser Werke stammen von gebürtigen Franzosen, aber dies hatte in der kosmopolitischen Stadt wenig Bedeutung. Trotzdem schmeichelte es dem beträchtlichen Nationalstolz der Franzosen, als nun sichtbar eine Generation eigener Künstler heranwuchs. Berlioz mochten sie nicht so recht dazurechnen, zu unbeliebt war dieser Außenseiter während seines ganzen Lebens. Viel Beachtung aber schenkten sie Ferdinand Hérold (1791–1833), Adolphe Adam (1803–1856) und besonders Jacques Fromental Halévy (1799–1862), dessen reiches Werk von der Oper „La Juife" (Die Jüdin) überstrahlt wird, die, dramatisch wie musikalisch äußerst stark, immer wieder ins Weltrepertoire zurückkehren kann, wenn für ihre männliche Hauptrolle ein überragender Sänger zur Verfügung steht.

Charles Gounod

Dann wurde Charles Gounod (1818–1893) zum führenden Opernmeister Frankreichs. Frühreif vorzeitig ins Konservatorium aufgenommen und mit Halévy als Lehrer, gewann er den Rompreis, näherte sich in der Ewigen Stadt der geistlichen Kunst Palestrinas und wollte Priester werden. In Wien führte er erfolgreich seine in Rom komponierte Messe auf, kurz danach ein Requiem, das seinen kirchlichen Weg zu bestätigen scheint. Bei der Durchreise durch Leipzig erregt er die Aufmerksamkeit des an geistlicher Musik stark interessierten Mendelssohn Bartholdy. Doch Paris verwandelt ihn. Während er einen Organistenposten innehat und Schriftstücke gelegentlich sogar als „Abbé Charles Gounod" unterzeichnet, zieht es ihn immer stärker zum Musiktheater. Frühe Opern („Sappho", „La Nonne sanglante") finden wenig Erfolg, eine Cäcilien-Messe scheint ihn nochmals zur religiösen Musik zurückzuführen. Doch dann fasziniert ihn Goethe, dessen „Walpurgisnacht" er konzertant vertont, und 1858 findet er für seinen „Le Médecin malgré lui" (Der Arzt wider Willen, nach Molière) ein geneigtes Publikum.

Da spielt ein Pariser Theater eine Faust-Vertonung, und Gounod ist von dem Stoff stark berührt; er wagte sich an Goethes Drama: Es wurde sein Meisterstück und eine vielgespielte Oper in allen Theatern der Welt. Die Premiere am 19. März 1859 ließ dies allerdings nicht ahnen, sie verlief lau und eher gleichgültig. Urteilsunfähiger als das Pariser Publikum jener Zeit dürfte kaum ein anderes gewesen sein. Es empfing hintereinander Gounods „Faust", Wagners „Tannhäuser", Verdis „Don Carlos"

und Bizets „Carmen" unfreundlich, vom gerade noch höflichen „Achtungserfolg" bis zu undiskutablen Formen der Vernichtung.
Deutschland konnte sich mit Gounods Werk lange nicht befreunden, das man als „Goethe-fern" bezeichnete, als Umgestaltung eines weltbedeutenden Stoffes in das Liebenswürdig-Unterhaltende ablehnte und nicht unter seinem Originaltitel „Faust" spielt, sondern als „Margarethe". Die Diskussion über „Faust als Opernstoff" ist nie verstummt, Arrigo Boito („Mefistofele") und Busoni („Dr. Faust"), nebst vielen anderen weniger Prominenten, haben sie immer wieder mit wertvollen Werken angefacht.
Mehrere schwache Opern folgen („La Colombe", „Philémon et Baucis", „La Reine de Saba"), bis mit „Mireille" (1864) endlich wieder ein Werk gelingt, das von feinfühligen Kennern sogar über „Faust" gestellt wird. Um dem provenzalischen Stoff näherzukommen, zieht Gounod für einige Zeit nach Arles, wo Frédéric Mistral sein Dorfepos „Mireio" angesiedelt hatte. Der dritte langanhaltende Erfolg – in manchen Ländern bis heute – ist die 1867 uraufgeführte Oper „Roméo et Juliette". Jules Barbier und Michel Carré, ausgezeichnete Pariser Librettisten, waren wieder, wie bei Faust, Gounods literarische Mitarbeiter. Wie in romantischer Zeit üblich, gestalteten sie nun auch Shakespeares Drama wesentlich um: Romeo und Julia müssen vor dem Tod noch ein sehr schönes Liebesduett anstimmen.
Die restlichen Bühnenstücke Gounods finden keinen Erfolg mehr, aber mit immerhin drei vielgespielten Repertoire-Opern wird Gounod zum Oberhaupt der französischen romantischen (oder „lyrischen") Opernschule. Als in Kairo beraten wurde, wen man mit einer Festoper zur Eröffnung des Suezkanals betrauen könnte, stand neben Verdi der Name Gounod an zweiter Stelle. Der mit hohen Stellungen und Ehrungen überhäufte Komponist starb in St. Cloud bei Paris am 18. Oktober 1893, als die Hochromantik, die er vertrat, längst in Nachfolgeströmungen zerfallen war.

Oben: Charles Gounod zu der Zeit, als er an eine geistliche Komponistenlaufbahn dachte und sich eine Tonsur hatte rasieren lassen.
Links: Plakat der Pariser Grande Opéra (Théâtre National) von 1875 mit der Anzeige berühmter französischer Opern: „La Juive" (Die Jüdin, Halévy), „Hamlet" (Thomas), „Faust" (Gounod), „La Muette de Portici" (Die Stumme von Portici, Auber), von der allerdings hier nur die Ouvertüre angekündigt wird.
Rechte Seite: Camille Saint-Saëns, einer der bedeutendsten Musiker Frankreichs.

Ambroise Thomas

In Gounods Nähe wird oft Ambroise Thomas (1811–1896) genannt, dessen Nachruhm auf nur zweien seiner zahlreichen Opern beruht. Auch er griff zu Goethe: Aus dessen „Wilhelm Meister" wurde „Mignon", ein schönes Stück, dessen Hauptrolle ein dunkeltimbrierter Mezzosopran ist. Die Arie vom „Land, wo die Zitronen blühn" hat sich tausendfach in alle romantischen Herzen gesungen. Es gibt zwei Fassungen dieser Oper: die „französische", in der Mignon zuletzt Ruhe und Glück an der Seite von Vater und Geliebtem findet, und die „deutsche", in der Mignon, viel Goethetreuer, an gebrochenem Herzen stirbt, als der heimlich geliebte Wilhelm Meister sich endgültig der koketten Philine zuzuwenden scheint. Die Uraufführung in Paris am 17. November 1866 brachte den bis dahin wenig beachteten Komponisten mit einem Schlag in eine erste Position, die er zwei Jahre später, 1868, mit seiner Shakespeare-Vertonung „Hamlet" verteidigte. 1871 wurde er Nachfolger Aubers als Direktor des Pariser Konservatoriums.

Camille Saint-Saëns

Camille Saint-Saëns (1835–1921) gehört zu den interessantesten Persönlichkeiten seines Zeitalters. Als Wunderkind erinnert er an Mozart und Mendelssohn Bartholdy: Er komponiert mit fünf Jahren und gibt als Zehnjähriger Klavierabende; mit Siebzehn schreibt er seine erste Sinfonie. Auf dem Pariser Konservatorium gewinnt er zwar den ersten Preis der Orgelklasse, nicht aber den begehrten Rompreis. Er wird 1858 Organist an der angesehenen Madeleine, die einst Napoleon als Dom des französischen Ruhms erbaut hatte. Über Liszt, der in so vielen Musikerleben seiner Zeit eine bedeutende, oft ausschlaggebende Rolle gespielt hat, kommt Saint-Saëns in Berührung mit der „neudeutschen" Romantik. Zwar verläßt er die von ihm hochgehaltenen Ideale der französischen Musik – Klarheit, Eleganz, Verehrung der Form – nicht, aber er nähert sich gedanklich dem Musikdrama. Deutschland öffnet sich dem jungen Franzosen. Seine Oper „Samson und Dalila" wird 1877 in Weimar uraufgeführt.
Die Breite von Saint-Saëns' Schaffen ist bewundernswert, selbst wenn man vieles daraus als „zu leicht" bewertet. Seine Klavierkonzerte sind nicht nur „dankbar", seine Sinfonien nicht nur „interessant", die Kammermusik birgt viel Schönes. Zu den Klavierstücken greift heute noch jeder Pianist mit Gewinn. Seine sinfonischen Dichtungen (u. a. „Phaëton" und „Le Rouet d'Omphale", die das Spinnrad der lydischen Königin Omphale besingt) stehen Liszt nahe und sind wertvoller als der jahrzehntelang immer wieder gespielte „Danse macabre" (Totentanz), in dem das Klappern der Skelette durch den hölzernen Klang der Xylophone so „realistisch" nachgeahmt wird, daß darüber Mystik und Großartigkeit des Themas fast verlorengehen. Bedeutend ist sein Oratorium „Le déluge" (Die Sintflut), in dem das unaufhörliche Fallen des Regens ein musikalisches Bild von großer Eindringlichkeit ergibt. Saint-Saëns war ein hervorragender Parodist. Das beste Beispiel dafür ist der oft gespielte „Carnaval des animaux" (Karneval der Tiere), eine geistreiche Spottkomposition auf viele zeitgenössische Gestalten des Musiklebens. Sie als harmloses Salonstück oder gar für die Kinder zu spielen, heißt die böse Satire völlig verkennen. Ein Stück kommt darin vor, das den Komponisten als Meister, als Genie ausweist: „Le cygne", der Schwan. Zu dieser wundervollen Cello-Melodie tanzte einst die legendäre Anna Pawlowa ihren „Sterbenden Schwan".
Nach weniger als zwanzig Jahren Berufstätigkeit wurde Saint-Saëns durch eine reiche Erbschaft in die glückliche Lage versetzt, nur noch seinem Schaffen leben zu können. Seine Werke wachsen so selbstverständlich und zahlreich „wie die Äpfel auf einem Baum" (wie er selbst über seine Kompositionen sagt), aber sie füllten ihn doch nicht völlig aus. Er beschäftigte sich viel mit Literatur und war oft mit echt gallischem Temperament in Polemiken um brennende Aktualitäten verwickelt. 1871 gründete er die wichtige *Société Nationale de Musique,* der unter anderen César Franck, Georges Bizet, Edouard Lalo angehörten und die Romain Rolland, der am engsten mit der Musik verbundene Schriftsteller Frankreichs, als „Wiege und Heiligtum der französischen Tonkunst" bezeichnete. Während des Ersten Weltkriegs wandte er sich scharf gegen das in seinem

Land ausgesprochene Verbot, deutsche Musik zu spielen. Hier traf er sich mit manchem Humanisten der eigenen wie der anderen Seite: Meisterwerke dürften niemals und nirgends in das Kampfgetümmel des chauvinistischen Patriotismus gezogen werden. Kunst – so kämpferisch sie auch sein möge – müßte in jeder Situation ihren überparteilichen Rang beibehalten.

Die fast Vergessenen, einst Erfolgreichen

Um die ganze Reichhaltigkeit des damaligen Pariser Musiklebens aufzuzeigen, müßte man an heute vielfach Vergessenes erinnern. Seit etwa 1850 feierte das Drama lyrique, mit geschlossenen Nummern und Ballett-Einlagen, Triumphe. Immer wieder wurde „La Dame blanche" (Die weiße Dame) von François Adrien Boieldieu (1775–1834) gespielt. Wer kennt heute noch „Zampa"? Damals galt es als eines der führenden romantischen Musikwerke Frankreichs. Sein Komponist Ferdinand Hérold (1791–1833) traf auch den Geschmack seiner Landsleute mit dem heute noch erfolgreichen Ballett „La Fille mal gardée". Adolphe Adam (1803–1856) stammte wie Hérold aus dem Elsaß. Obwohl er es nicht zum Rompreis brachte, überflügelte er alle, die ihm bei dieser Gelegenheit vorgezogen wurden, durch fast sagenhafte Aufführungsziffern seiner Opern „Le Postillon de Lonjumeau" und „Si j'étais roi", aber auch seines heute noch weltweit beliebten Balletts „Giselle". Daniel François Auber (1782–1871) blieb mit der „Muette de Portici" (Die Stumme von Portici) und „Fra Diavolo" bis in neueste Zeiten auf den Spielplänen. Das Drama des stummen Fischermädchens wurde 1830 ein flammender Aufruf zur Revolution und besiegelte Belgiens Unabhängigkeit von den Niederlanden. Mit „Gustav III." nahm Auber sehr erfolgreich Verdis „Maskenball" voraus. Louis Maillart (1817–1871) erlebte mit dem „Glöckchen des Eremiten" einen nur noch in der Erinnerung lebenden Erfolg. Léo Delibes (1836–1891) erzielte Dauererfolge mit seinen Balletten „Coppélia" und „Sylvia", während seine Oper „Lakmé" untergegangen ist, nachdem sie mit ihren Bravourstücken für Koloratursopran mehrere Generationen entzückt hatte. Edouard Lalò (1823–1892) lebt auf heutigen Konzertprogrammen fast nur mit seiner „Symphonie espagnole", in der das spanische Blut seiner Ahnen zur Geltung kommt. Nachdem sein Ballett „Namouna" ungerechterweise erfolglos geblieben war, brachte es seine schöne Oper „Le Roi d'Ys" zu hohen Aufführungsziffern.

Mit Spanien befaßte sich auch Emanuel Chabrier (1841–1894), von dessen vielen Kompositionen ebenfalls nur eine Orchester-Rhapsodie überlebt hat, „España". Doch es gibt noch eine Reihe wertvoller Werke Chabriers, die es vor ungerechtem Vergessen zu retten gilt, vor allem seine Oper „Gwendoline", die voll romantischer Schönheiten steckt. Die Uraufführung brachte 1886 einen guten Erfolg, aber erst einige Jahre später wurde man sich ihres vollen Wertes bewußt.

Georges Bizet

Für den Schluß des Kapitels haben wir Georges Bizet aufgespart, das unbestrittene Genie der französischen Musik. Er kam am 25. Oktober 1838 in Paris zur Welt, hieß in der Urkunde seiner Geburt César Alexandre Léopold und wurde bei der Taufe plötzlich zu Georges. Er studierte am Konservatorium bis zum Rompreis, der ihm aber nicht für die mit siebzehn Jahren komponierte, bezaubernde Sinfonie verliehen wurde, sondern für eine heute vergessene Kantate. In Rom arbeitet Bizet eifrig und berichtet seiner Mutter über alle seine Eindrücke. Er bestätigt mit einer kleinen, Rossini nacheifernden Oper („Don Procopio") seine Neigung zum Theater, die ihm bereits als Schüler einen frühen Erfolg eingebracht hatte. Jacques Offenbach schrieb für sein winziges Theater einen Wettbewerb aus, den Bizet mit dem einaktigen „Le Docteur Miracle" gewann. Niemand ahnte noch, daß Jahrzehnte später Offenbach selbst dieser dämonischen Figur E. T. A. Hoffmanns in seinen „Hoffmanns Erzählungen" eine wichtige Rolle zuweisen würde. Die Laufbahn Bizets verlief nicht ganz so leicht, wie Kollegen und Freunde es ihm voraussagten. Als er am 30. September 1863 seine erste große Oper, „Les Pêcheurs de perles" (Die Perlenfischer) im Théâtre Lyrique uraufführte, gibt es kaum mehr als einen „Höflichkeitserfolg", der nicht lange anhält. Dabei stecken bereits in diesem Werk Schönheiten und Werte genug, um einen Komponisten berühmt zu machen: exotisches Kolorit, leidenschaftliche Kantilenen, starke melodische Kraft, besonders in einem Duett der beiden Männerstimmen sowie in zwei ihnen zugeteilten Arien. Immerhin beginnt die Musikwelt ihn nun zu kennen, er wird Mitglied der Jury des Rompreises und erhält den Auftrag, die Bühnenmusik zu Alphonse Daudets Schauspiel „L'Arlésienne" zu komponieren, das 1872 in Paris seine glänzende Premiere erlebt. Mit klugem Instinkt löst er eine Reihe von musikalischen Nummern daraus und verbindet sie zu einer Konzert-Suite, die um die Welt geht. Eine zweite derartige Suite, mit weiteren Stücken aus diesem Werk, wurde nach seinem Tod zu-

Unten: Léo Delibes' Ballett „Sylvia" wird heute noch gern getanzt: Zeichnung (von Knut Ekwall) nach einer Aufführung in der Berliner Königlichen Oper (jetzt Staatsoper).
Rechte Seite oben: Georges Bizet.
Rechte Seite unten: Die Schlußszene aus Bizets „Carmen" wurde oft gezeichnet, bevor es die Bühnenfotografie gab.

sammengestellt. Auch eine Art sinfonische Dichtung, genannt „Roma“ – Erinnerungen an die glücklichen italienischen Jahre –, fand freundliche Aufnahme. Dann erhält er einen Auftrag der Opéra Comique, ohne vorerst den Stoff der von ihm verlangten Oper zu kennen; der entpuppt sich dann als Entwurf der namhaften Librettisten Meilhac und Halévy über die 1845 erschienene Novelle „Carmen“ des Prosper Mérimée. Eine Flut wunderbarer Inspirationen erfüllt ihn, es entsteht eine Meisterpartitur, wie sie nur wenige Male in der gesamten Opernliteratur geschaffen werden konnte. Frei von Wagner, aber auch frei von Verdi entsteht ein mitreißendes Werk, in dem es keinen schwachen Takt gibt. Den Forderungen der Komischen Oper mußte Rechnung getragen werden: Die „Ur-Carmen“ besteht aus einzelnen Musiknummern, die durch gesprochenen Text verbunden werden. Meilhac und Halévy haben mit großartigem Bühneninstinkt Mérimées dichten Entwurf zu vier äußerst plastischen Bildern zusammengefaßt, sie haben zwei bedeutende Gestalten dazu erfunden, die als Gegenspieler zu Carmen und Don José unerläßlich wurden, das liebliche Bauernmädchen Micaela und den siegesbewußten Stierkämpfer Escamillo. Carmen selbst haben sie zu einer der faszinierendsten Frauengestalten der Operngeschichte gemacht. Die Librettisten haben viel in der Novelle vorhandenen Ballast abgeworfen, haben Carmen aus der Nachbarschaft von Verbrechen und Prostitution gerückt und sie zur Verkörperung von Freiheit und Selbstbestimmung gemacht, unbestechlich und unbedingt in ihrer Liebe, kompromißlos aufrichtig und verführerisch nicht nur für den kleinen Unteroffizier José, der einer solchen Frau nicht gewachsen sein kann und erbarmungslos untergehen muß. Ein wahrhaft tragisches Geschick wird in einen bunten, lärmenden, oft lachenden Rahmen gestellt, so daß es in seinen Gegensätzen ergreift und erschüttert durch seine Unerbittlichkeit, aus der es kein Entrinnen gibt. Fast von Anfang an steht der Tod über dieser ungleichen Verbindung, „zuerst für mich, dann für ihn“, wie Carmen aus den Karten liest. Bizet findet Töne und Zwischentöne für jeden Augenblick des Dramas, für jede Stimmung, Melodien von überwältigendem Ausdruck zwischen jubelnden Festfanfaren und auswegloser Einsamkeit, für hundert Nuancen der Liebe, des Begehrens, der Eifersucht, der Verzweiflung. Nietzsche, der musikschöpferische Philosoph, der eben von Wagner abgefallen war, erkannte die ganze Größe dieses einmaligen Werkes, das temperamentvoll, klar, geistreich und empfindungsstark war. Leo Blech, ein großer Dirigent des 20. Jahrhunderts, sprach vom „Wunder einer Partitur“.

Die Uraufführung von „Carmen“ am 3. März 1875 brachte Bizet kein Glück. Das Publikum begriff nichts. „Carmen“ wurde nicht ausgepfiffen – was vielleicht vorzuziehen gewesen wäre, da es immerhin von innerer Anteilnahme, Stellungnahme gezeugt hätte –, sie wurde unter wachsender Gleichgültigkeit zu Ende gespielt. Das Werk hielt sich mit langsam steigendem Erfolg bis zum Sommer auf dem Spielplan. Im Herbst übernahm es die Wiener Hofoper, und es errang, mit den nachkomponierten Rezitativen von Ernest Guiraud, den verdienten Welterfolg. Bizet aber erlebte ihn nicht mehr. Er starb, genau drei Monate nach der Pariser Uraufführung, am 3. Juni 1875, im Alter von nur 37 Jahren im Vorort Bougival bei Paris. Die Ärzte schrieben den Tod, medizinisch einwandfrei, einem der Anginaanfälle zu, an denen Bizet stets gelitten hatte, und lächelten überlegen, als sie die „romantische Deutung“ vernahmen, Bizet habe sich von der Niederlage seiner „Carmen“ nicht erholen können. Heute wissen wir, wie stichhaltig diese Annahme ist, denn Bizet hätte die eitrige Angina, die er schon zehnmal überwunden hatte, auch dieses Mal besiegt, wenn es den 3. März 1875 nicht gegeben hätte. Er hatte seine gesamten Kräfte, sein „Herzblut“, wie es die Romantik nannte, für diese Oper hergegeben. So hatte er der Krankheit nichts mehr entgegenzusetzen. Wer daran zweifelt, weiß nichts vom Herzen eines wahren Künstlers, eines Genies.

CH. FICHOT
AMPHITHEATRE

Gründerjahre und Belle Époque

Die Romantik ist die Epoche des Bürgertums. Der dritte Stand hatte allen Grund zum Jubel. Die spätmittelalterlichen Staaten waren aufgegangen, in jahrhundertelanger, zäher, zielbewußter Arbeit hatte er sein Ziel der Weltherrschaft verwirklicht. Nicht mit der Gewalt der Waffen war er dorthin gelangt, er hatte subtilere Mittel angewendet, den Kapitalismus entwickelt, dessen eherne Gesetze seine Pläne begünstigten, seine Entwicklungen förderten. Nun stand man an der Pforte des Industriezeitalters. Die kolonialen Reichtümer, die zu dessen Aufbau nötig waren, lagen in der Macht des Bürgertums. Seine Flagge hieß „Liberalismus", sein Lebensprinzip war die Freizügigkeit der Wirtschaft bei geringster Einmischung des Staates; es glaubte an die gesunden Kräfte der Gesellschaft, an den Verstand und die Planung, aber auch an das moralische Gefühl des Menschen, an sein Verantwortungsbewußtsein. Man glaubte an Freiheit, Ordnung und – vor allem – Fortschritt.

Auf dem abendländischen Festland waren Österreich und Frankreich die Bollwerke des Bürgertums. Nicht, daß sich dieses stets und unangefochten an der Spitze des Staates befunden hätte, dort saß noch oft genug ein Aristokrat, aber die Macht der Adelsklasse reichte längst nicht mehr zur Herrschaft aus. Sie ging alle erdenklichen offenen und geheimen Bündnisse mit dem Bürgertum ein, dessen Geld, dessen internationale Verbindungen, dessen Klugheit der Adel brauchte. Im Kult der Kunst und der Wissenschaft, in der Verehrung der Schönheit trafen sie einander zwanglos. Die so entstehende Glanzzeit – die weitgehend mit der Romantik zusammenfällt – läßt die tief verborgenen Risse und Sprünge noch lange nicht ahnen, die manche ihrer hochtönenden Phrasen als hohl erweisen werden. Die „Welt von gestern", wie Stefan Zweig wehmütig das ausgehende 19. Jahrhundert, die Epoche vor dem Ersten Weltkrieg, genannt hat, galt nachkommenden Geschlechtern als „gute alte Zeit", die sie in Wahrheit nur für einen Teil der Gesellschaft gewesen war. Aber das war ja zu allen Zeiten so gewesen. Das Bürgertum war überzeugt, seine Herrschaft biete den geistig von ihm angeführten Klassen ein Höchstmaß an Wohlstand und Gerechtigkeit.

Am verblüffendsten ist der Aufstieg wirtschaftlich und kulturell in Frankreich, und dies bei den denkbar unstabilsten politischen Verhältnissen. Vielleicht deshalb, weil schließlich in Republik, König- oder Kaisertum doch das Bürgertum führend blieb und alle Veränderungen schadlos überstand. Wien und Paris platzten aus allen Nähten. In der Donaumetropole ließ der junge Kaiser Franz Joseph die Festungswälle rund um die Stadt abtragen und an deren Stelle und dem davorliegenden „Glacis" eine Prunkstraße erbauen, an deren wohl schönstem Platz das neue Opernhaus erstehen sollte. Wie gut, daß seit bald drei Jahrhunderten alle Gesellschaftsklassen sich einmütig um die Oper scharten! Nun war sie zum Bollwerk des Bürgertums geworden, das den „anderen", oben wie unten, Gastrecht gewährte und stolz war, wenn der Kaiser selbst sie einmal mit seinem Besuch beehrte. Ganz Ähnliches geschah, nur sechs Jahre später, in Paris.

Die neue Pariser Oper erstand an einem Kreuzungspunkt der prächtigen Boulevards, ein Prunkgebäude, bei dem fast die Repräsentationsräume den eigentlichen Theatersaal in den Schatten stellten. Paris, die *ville lumière*, die Lichterstadt, wie sie sich mit Stolz nannte, hatte auch in früheren Zeiten Opernhäuser besessen, manchmal sogar vier: die „Große" Oper, die im Lauf ihrer langen Geschichte alle möglichen Namen geführt hatte, die „Komische Oper", das „Italienische Theater" (das einige Jahre hindurch Rossini geleitet hatte) und die „Lyrische Oper". Nun gründete 1860 Pasdeloup die *Concerts populaires*, die den Rang der längst verschwundenen *Concerts spirituels* einnehmen sollten, in denen Mozart gespielt hatte. Die neue Institution, deutlich bürgerlich geprägt, wird zwanzig Jahre lang wertvolle Werke ins Volk tragen. 1873 wurde der vielbeachtete Zyklus des *Concert National* durch Edouard Colonne ins Leben gerufen, und 1881 entstand unter der Leitung von Charles Lamoureux eine Reihe sinfonischer Konzerte mit vorwiegend zeitgenössischer Musik. Für die Pianisten wurde Paris zu einem Mekka. Die wichtigen technischen Vervollkommnungen des Klaviers durch Ignaz Pleyel und Sébastien Érard führten das Instrument schon nahe an den Zustand heran, der den Spätromantikern alle klanglichen Möglichkeiten gewähren wird. Die Blasinstrumente wurden ebenfalls technisch vervollkommnet, wenn auch die Einführung des vom Belgier Sax erfundenen Saxophons keine Sensation auslöste und im sinfonischen Orchester kaum merkbar wurde; nur die Militärkapellen gebrauchten das klangschöne und vielfach verwendbare Instrument während vieler Jahrzehnte. Besonders liebevoller Pflege erfreute sich in Paris die Orgelkunst. Würdige Nachfolger der großen Barockmeister wurden César Franck (1822–1890) und Charles Marie Widor (1844–1937),

Die bürgerliche Kultur auf ihrem Höhepunkt. Der prunkvolle Treppenaufgang der Pariser „Großen Oper", 1875 eingeweiht und nach ihrem Erbauer oft „Palais Garnier" genannt.

die beide am St. Sulpice tätig waren und von ihrem Lehrstuhl am Konservatorium aus für eine wahre Weltgeltung der französischen Opernkunst sorgten.
Das Bürgertum lebt während der „Gründerjahre“, der *Belle Époque* oder der „guten alten Zeit“, wie später diese Jahre um die Jahrhundertwende genannt werden, in einem unbeschreiblichen Hochgefühl. Glück und Stolz sind nur zwei stark hervortretende Bestandteile, hinter denen vieles auf den ersten Blick im Dunkel bleibt. Die Warner sind vor allem Ibsen, der die Verlogenheit demaskiert, Dostojewskij, der die Schattenseiten an die Öffentlichkeit zerrt, die Franzosen, welche die Fäulnis in den Fundamenten entdecken. Doch das europäische Bürgertum feiert weiter, genießt weiter und verdrängt das Negative. „Glücklich ist, wer vergißt, was doch nicht zu ändern ist“, lautet ein bejubelter, zutiefst mitgefühlter Satz aus der „Fledermaus“. Wer gab dem Bürgertum jener Zeit, der „Welt von gestern“ die Fähigkeit des Vergessens, des Verdrängens? Gott oder der Teufel?
Im weiten Panorama der damaligen Kultur und Künste gab es neben den Warnern auch eine Gruppe von Satirikern und Parodisten, die dazugehören wie Vorder- und Rückseite zu einer Münze. Oftmals schildern sie genau das gleiche, aber die Übertreibung, der sie sich bedienen, verdreht alles ins Gegenteil. Dieses macht die Menschen lachen, manchmal vielleicht ein wenig nachdenklich, obwohl gerade das Nachdenken nicht eben die Stärke jener euphorischen Zeit zu sein scheint. Wir müssen von einigen dieser großen Spötter sprechen, die so charakteristisch für die Epoche sind wie die Objekte ihres Spotts. Von Offenbach etwa, der zu Meyerbeer gehört wie ein Zwillingsbruder, wenn er sich von ihm auch längst gelöst und eine entgegengesetzte Richtung eingeschlagen hat.
Doch noch eine dritte Gruppe ist da, und ihre Bedeutung ist riesengroß, übersteigt beinahe die der beiden anderen. Sie hat teil am allgemeinen Hochgefühl, verherrlicht und stützt diese Epoche durch jubelnde, beseligende, mitreißende Musik: der Musik der „leichten Muse“, der sogenannten „Unterhaltungsmusik“, oft um nichts weniger kunstvoll als ihre „ernste“ Schwester. Dazu gehört Johann Strauß und seine Welt.

JACQUES OFFENBACH

Das hat keiner so erfaßt wie Jacques Offenbach (1819–1880), der mit 15 Jahren aus dem heimatlichen Köln nach Paris kam, sich zum Cellisten heranbildete und zu komponieren begann. Man erkannte seine satirische Ader, seine glänzende Gabe zur Parodie. Bald löste er sich aus den Orchesterdiensten und begann, kleine Unterhaltungsstücke zu schaffen, ein melodiöses Volkstheater mit schwungvollen Rhythmen, stadtbekannten Typen, mit Verulkung der Mächtigen und ungeniertem Aufdecken von Mißständen. So schuf er aus Chanson, Couplet und Tänzen, den alten Bestandteilen des populären Theaters, eine neue Kunstform, die im

Jacques Offenbach, der durchschlagende Begründer der französischen, bald überall nachgeahmten Operette, überraschte die Welt mit der nach seinem Tod aufgefundenen romantischen Oper „Les Contes d'Hoffmann“. Links: „Barcarole“, anonyme Karikatur auf das so genannte berühmte Musikstück dieser Oper, mit deutlicher Anspielung auf die wiegende Bewegung venezianischer Gondeln. Rechte Seite: Joseph Lanner, feinsinniger Walzerkomponist der ersten Stunde, mit Johann Strauß (Vater) Begründer der „Wiener Walzerkapellen“.

Lauf der Zeit den Namen „Operette" annehmen wird, „kleine Oper" also, aber in Wirklichkeit etwas wesentlich anderes. Offenbach komponiert im Lauf seines Lebens einhundertundzwei solcher Werke, von der winzigen Komödie, in der höchstens drei Personen auftreten dürfen, bis zum abendfüllenden lustigen Schauspiel mit Chor und Ballett. „Fortunios Lied", „Die beiden Blinden", „Die Verlobung bei der Laterne", „Die Insel Tulipatan", zumeist einaktig und mit einer einzigen „großen" Melodie ausgestattet, erweitern sich zu „Orpheus in der Unterwelt", zur „Schönen Helena", „Périchole", „Blaubart", „Pariser Leben", zur „Großherzogin von Gerolstein", abendfüllenden „Operetten" voll Geist und Parodie in Text und Musik. Gelegentlich hatte er sich auf ernsterem Gebiet versucht („Barkouf" 1860, „Die Rheinnixen" 1864), war aber gründlich gescheitert. Doch gehörte es anscheinend zu seinen Lieblingsideen, eine romantische Oper zu hinterlassen. Ende der siebziger Jahre macht sich der unumstrittene Herrscher des Pariser musikalischen Vergnügungslebens daran, einen fesselnden Stoff zu vertonen, der ihn schon zwanzig Jahre früher gepackt hatte: „Les Contes d'Hoffmann" (Hoffmanns Erzählungen), äußerst geschickt zusammengestellt nach verschiedenen Novellen des deutschen romantischen Dichters E. T. A. Hoffmann durch Barbier und Carré.

Offenbach, der die Arbeit immer wieder unterbrach, um vertragsmäßig Operetten für verschiedene Pariser Theater fertigzustellen, konnte seine Oper nicht mehr vollenden. Nach längerem Zögern übertrugen die Erben diese Arbeit Ernest Guiraud, der wenige Jahre zuvor die Rezitative zu Bizets nachgelassener „Carmen" hinzugefügt hatte. Offenbach starb am 5. Oktober 1880, und am 10. Februar 1881 erfolgte die Premiere an der Pariser Opéra Comique. Der Eindruck war stark, obwohl der Regisseur aus Zeitnot einen ganzen Akt weggelassen hatte; um die später weltberühmt gewordene „Barcarole" nicht weglassen zu müssen, verlegte er sie in einen anderen Akt, den er, entgegengesetzt seiner ursprünglichen Bestimmung, in Venedig spielen ließ. Noch im gleichen Jahr, am 7. Dezember 1881, gelangte das Werk auf die Bühne des Wiener „Ringtheaters", wo sich bei der zweiten Aufführung, am 8. Dezember, eine der schlimmsten Theatertragödien der Geschichte abspielte. Im Venedig-Akt fingen Gewänder an einer Fackel Feuer, die Flammen schlugen in den Zuschauerraum, in dem viele hundert Personen ums Leben kamen. Der Vorfall hatte vielerlei Folgen: Der Intendant wurde für vier Jahre in den Kerker geschickt, der „Eiserne Vorhang" wurde überall eingeführt – und die Unglücksoper wurde verboten, als trage sie Schuld an der Katastrophe. „Hoffmanns Erzählungen" wurde während des kommenden Vierteljahrhunderts in Mitteleuropa nicht mehr gespielt, bis Max Reinhardt mit einer glänzenden Inszenierung das inzwischen vergessene Stück ins Repertoire der ganzen Welt holte.

Rund um Offenbach scharte sich eine ganze Reihe von „Unterhaltungs"komponisten von wesentlich lokalerer Bedeutung. Der Ruhm, die Operette „erfunden" zu haben – was bei der hundertjährigen, weltweiten Popularität dieses Genres eine bedeutende Tat war –, soll Florimond Ronger (1825–1892) gebühren, dem Organisten der Pariser Kirche St. Eustache, der ein amüsantes

Doppelleben geführt hat: Kirchenmusiker bei Tag, Leiter eines Boulevard-Theaters bei Nacht, in dem ironische, burleske, frivole Operetten gespielt wurden, meist aus eigener Feder. Es gibt mehr als achtzig Werke von ihm, aber sie tragen nicht seinen Namen, sondern das Pseudonym „Hervé". Die bekannteste ist „Mam'zell Nitouche". Es gibt jedoch zu denken, daß die französische Operette niemals die ungeheure Verbreitung rund um die Welt erreichte, deren die wienerische sich mühelos erfreute. War sie zu lokal, zu französisch, ja zu pariserisch, war der Cancan, der den Höhepunkt bildete, zu professionell, zu anstrengend, zu sportlich, während der Walzer längst jedermanns Tanz geworden war, einfach beschwingter oder ruhiger, je nach dem Temperament der Tänzer und dem gesellschaftlichen Niveau der Gastgeber. Nur Offenbach eroberte die Welt, wenn er den breiten Massen auch nie so sehr ins „Gemüt" ging wie die wienerische Operette.

Der Walzer

Vater Johann Strauß (1804–1849) versetzte, gemeinsam mit seinem Freund Joseph Lanner (1801–1843), an der Spitze eines kleinen Tanzorchesters ganz Wien in Taumel. Der „Freischütz"-Weber hatte eine „Aufforderung zum Tanz" im flotten Dreivierteltakt geschrieben, und Schuberts ursprünglich gemächliche Ländlerweisen hatten sich schwungvoll beschleunigt. Der allererste, der in Wien bewußt Walzer spielte – der „zum Tanz aufspielte", wie man hier sagte –, war ein Altwiener Original gewesen, namens Michael Pamer (1782–1827). Man faßt sich dabei nicht mehr sanft an den Fingerspitzen wie im Menuett, man packt einander um die Hüften, dreht und stampft, schwitzt und johlt. Aber das ist nur eine Übergangsphase. Man wollte doch die Aristokratie beerben? Und so schliff der Walzer sich ab, verlor an Derbheit, gewann an Grazie. Als Johann Strauß 1838 in Paris gastierte, schrieb Berlioz eine Hymne auf ihn, die in den Worten gipfelte, daß, wer eine Lektion über Rhythmus zu erhalten wünsche, den Wiener hören müsse. Und Wagner nannte ihn „den musikalischsten Schädel", der ihm je untergekommen war.

Der Walzer war dazu ausersehen, zum Symbol der neuen Epoche zu werden. Im Umschlingen, Umfassen der Paare, im wirbelnden Drehen und ausgelassenen Durchtoben eines weiten Saales, Seite an Seite mit hundert anderen Paaren, im Gleiten und Wogen, zeitweise in Benommenheit, drücken sich revolutionäres Gefühl, Siegesbewußtsein, Daseinsfreude einer neuen Klasse deutlicher – und ungefährlicher – aus als in Aufrufen, Büchern, Plakaten. Das Bewußtsein einer neuen Freiheit und der erträumten Gleichheit liegt im Walzer. Was im Menuett Vorspiel zum erotischen Abenteuer war, wird im Walzer zum Spiel der Geschlechter selbst. Hier fühlt man Leidenschaft, Rausch, Ekstase, Sprengung von Grenzen, Überbrückung von Unterschieden für die kurzen Stunden einer rauschenden Ballnacht. Aber auch Vergessen und Flucht werden hier, oft unbewußt, ausgedrückt, denn der Walzer vereint alle: Sieger und Besiegte.

Nach Vorbereitungsstadien, die zumeist „Ländler" heißen, womit ein bäuerlicher Ursprung angedeutet werden sollte, oder „Deutscher" (abgekürzt von „Deutscher Tanz"), bricht gegen 1820 der Walzer überall mit voller Kraft durch. Ländler und Deutscher sind schneller geworden, zügelloser, stürmischer in den Bewegungen, rascher in den Schritten. Die ersten, die ihn spielen, die ersten, die ihn tanzen, ahnen noch nicht, daß sie dereinst als Begründer einer neuen „Kunst" gelten würden. Denn zu Kunst kann alles werden, was auf solidem handwerklichem Boden den Ausdruck einer neuen Zeit trifft.

In Pamers Kapelle trat Lanner als erster Geiger ein; als Jüngster mußte er in den Pausen mit dem Zinnteller „absammeln". Etwas später kam Johann Strauß als Bratschist hinzu. Lanner verließ bald den trunksüchtigen Pamer, um mit den zwei böhmischen Brüdern Drahanek ein Trio zu gründen, und bald hielt es auch Strauß, gerade fünfzehnjährig, nicht mehr bei Pamer aus und ergänzte das Drahanek-Lanner-Trio zum Quartett. Diese Gruppe wurde rasch populär, aber die „Musikwelt" nahm natürlich keine Notiz von ihr. Seine ersten Tänze im Dreivierteltakt nannte Lanner noch „Ländler", erst den größeren, mehrteiligen gab er den Namen „Walzer", der sich dann schnell einbürgerte. Aus dem Quartett wurde ein Orchester mit Lanner an der Spitze. Der stille, feine, allem Aufsehen abholde Mann wurde zum erklärten Wiener Liebling; seine besten Werke („Die Werber", „Die Schönbrunner", „Hofballtänze") spiegeln seinen noblen und feinsinnigen Charakter: Es sind Konzertstücke so gut wie Tänze, mit einer langsamen Einleitung und einer schnelleren, krönenden Coda versehen; das Urbild des bald so berühmten Wiener Walzers.

Johann Strauss Vater

Dieser Ruhm allerdings, der Europa und die Welt eroberte, ging nicht mehr von Lanner aus, sondern von seinem Jugendfreund Johann Strauß, der aus ganz anderem Holz geschnitzt war. Er trennte sich 1825 vom Gefährten, denn der Unstete, Temperamentgeladene, Ungestüme war zum Anführer geboren, nicht zum Gefolgsmann. Er gründete seine eigene Kapelle, und rasch spaltete sich das tanzende Wien in zwei Gruppen: hie Lanner – hie Strauß! Doch es lag dem Jüngeren gar nicht so sehr daran, den Kameraden in der Gunst der Stadt auszustechen; der dunkelhäutige, schwarzhaarige Strauß – „merkwürdig zigeunerhaft" fanden ihn die Wiener – hatte größere Pläne im Kopf. Ihn zog es „in die Welt", er unternahm weite Reisen, verhexte Paris, wo er alle ähnlichen Orchester glatt aus dem Feld schlug, und spielte 1838 bei der Krönung der jungen Königin Victoria in London, was den endgültigen Triumph des neuen, bis dahin leicht anrüchigen und keineswegs hoffähigen Tanzes besiegelte. Der hatte sich allerdings ebenso gemäßigt und „verfeinert" wie das Bürgertum selbst, wie wohl jede neue Klasse, wenn sie zur Macht kommt. Den ruhelosen Strauß scheint jedoch ein Dämon zu jagen. Alles, was er tut, ist von ungeheurer Intensität. So geigt und dirigiert er, so lebt er, so rast er von Stadt zu Stadt. Er reist wie ein Fürst, mietet für seine Kapelle ganze Hotels, speist an der Spitze der Musiker in feinsten Restaurants und bleibt doch irgendwie

Linke Seite: „Tanz in Bougival", Gemälde von Auguste Renoir: mit Sicherheit ein Walzer (1883).
Oben: Aus dem „Volk" stammte Johann Strauß, der Vater, Begründer einer der erfolgreichsten „Dynastien" der Welt, dem „Kaiserreich des Walzers".

distanziert, schwer zugänglich, unberechenbar. Seine Musiker, Wiener Kleinbürger, wollen heim zu Frau und Kind, ins „Stammcafé", wo sie durch sensationelle Zeitungsberichte längst zu „Helden" geworden sind. Strauß hingegen hat kein Heim mehr: Er hat seine Frau verlassen und ihr die Obhut der drei „Buben" anvertraut. Wenn er in Wien ist, so wohnt er bei einer Geliebten, spielt nahezu jeden Abend in überfüllten Lokalen unter dem frenetischen Jubel großer Massen. Dann fährt er, so bald und oft es nur geht, wieder in die Welt hinaus, die seine wahre Heimat ist. Um sein Podium scharen sich allabendlich zahllose Menschen, die nicht wissen, ob es schöner ist, nach seinen Klängen zu tanzen oder ihm zuzuschauen, wenn er dirigiert und dann immer wieder die Geige unters Kinn reißt, um ein faszinierendes Solo zu spielen. Eines Abends bricht er in einer französischen Stadt zusammen und wird, gegen seinen Willen, nach Wien in seine alte Wohnung gebracht. Dort erfährt er, daß seine „Buben" nun doch Musiker werden wollen, was er ihnen ausdrücklich verboten hatte. Was mag ihn bewogen haben, seinen Söhnen gerade jenen Beruf verwehren zu wollen, in dem er selbst weltberühmt geworden war? Glaubt er, sie könnten ihm Konkurrenz machen? Will er sie, wie er einmal geäußert haben soll, in „geordneten", „bürgerlichen" Berufen wissen, als Beamte oder Handelsherren, nicht dem ungewissen Brot des Musikers ausgesetzt, das er selbst in seiner Jugend gegessen hatte? Hat er nie daran gedacht, sie in seine Kapelle aufzunehmen? Er tobt und schreit, läßt alle Instrumente aus dem Haus schaffen, und ist schon wieder fort. Doch der Älteste, Johann getauft wie er selbst, genannt „Schani", ist schon viel zu weit fortgeschritten, um seinen Traum aufzugeben.

Johann Strauss Sohn

Und dann kommt der 15. Oktober 1844. Seit Tagen hängen in ganz Wien Plakate: „Johann Strauß (Sohn)" werde sich die Ehre geben, einem verehrlichen Publikum... Johann Strauß (Vater) hat es gelesen und ist außer sich vor Wut. Hat er darum vertraute Freunde in alle Wiener Lokale geschickt, sie dürften diesem neuen Orchester niemals einen Saal vermieten? Nun hatte der „Mistbub" es doch fertiggebracht, mit achtzehn Jahren seine eigene Kapelle zu besitzen und mit ihr zu debütieren, im nobelsten Lokal Wiens dazu, dem „Dommeyer" in Hietzing, den die Freunde natürlich nicht besucht hatten, denn an diese Möglichkeit hatte keiner gedacht. Tausende strömen dorthin, um dem völlig unbekannten Sohn des großen Strauß zu lauschen, der von seinen Kindern nie gesprochen hatte. Dem Vater blieb nichts übrig, als alle seine Musiker an diesem Abend „strategisch" im Saal zu verteilen, um den erwarteten Mißerfolg durch lautes Lachen und Pfeifen zu schüren. Das Publikum würde, wie der erbitterte Vater annahm, sicherlich einstimmen, und der Junge wäre, ein wenig schmerzlich, aber deutlich, kuriert für immer. Doch es kam ganz, ganz anders. Vom ersten Augenblick an wußte der junge Johann Strauß sein Publikum in Bann zu schlagen: als Dirigent zuerst, dann als Geiger, zuletzt als Komponist. Aber das geschah erst in den frühen Morgenstunden des 16. Oktober, denn in seiner Bescheidenheit hatte der junge Musiker ein eigenes Stück erst an den Schluß des Programms gesetzt. Die Vertreter der Presse hielten „die qualvolle Hitze und das lebensgefährliche Gedränge" nicht länger aus, und so erlebten sie es nicht, daß der Sohn, zu Zugaben herausgefordert, mit ernster Miene die Geige nochmals an das Kinn legte und unter dem alle Bande sprengenden Jubel ein Werk seines Vaters spielte. Am gleichen Morgen lasen die Wiener die Berichte vom sensationellen Debüt. Das Schönste schrieb der Kritiker Franz Wiest: „Gute Nacht, Lanner! Guten Abend, Johann Strauß Vater! Guten Morgen, Johann Strauß Sohn!" Im Morgengrauen noch waren die getreuen Musiker zum Vater geeilt: „Der Mistbub... hat gefallen!" war alles, was sie angesichts der düsteren Miene ihres Chefs hervorbrachten. Vom Ausmaß des Triumphes sagten sie, von dessen Folgen für die ganze Zukunft ahnten sie nichts. Nun gab es zwei Johann-Strauß-Orchester in Wien: das des „alten" und das des „jungen", der an diesem Abend ein langes Leben endlos sich wiederholender Siege begonnen hatte. Johann Strauß Sohn (1825–1899), der „Walzerkönig", wurde zum Symbol einer Zeit und einer Stadt. Feuilletonisten stellten bald fest, daß Österreich ein halbes Jahrhundert hindurch zwei Herrscher hatte: Kaiser Franz Joseph I. (seit 1848) und „König" Johann Strauß II. Der Vater hatte einzulenken versucht, seinem Sohn den Posten eines Stellvertreters in der aus beiden Orchestern zu bildenden großen Kapelle angeboten. Doch der lehnte ab. Das Sturmjahr 1848 kam, in den revolutionären Wirren standen Vater und Sohn in verschiedenen Lagern; aber bald glätteten sich die Wogen wieder, Österreich hatte einen neuen Kaiser bekommen, der liberale Reformen versprach. Bald danach starb, jung noch, aber abgekämpft, Vater Strauß. Seine Musiker erschienen in der Wohnung des Sohnes, um diesem auf einer kunstvoll gestickten Samtdecke des Vaters Geige zu überreichen: Dies war eine „Thronbesteigung", eine dynastische Ablösung an höchster Stelle. Mit ihr übernahm der Sohn die nun vereinte Kapelle und die liebevolle Pflege der väterlichen Werke, der „Loreley-Rhein-Klänge", des „Sorgenbrecher-Walzers", vor allem des zündenden „Radetzky-Marsches", der so seltsam unmilitärisch echtestes „Alt-Österreich" war.

Die Geschichte des jüngeren Strauß mag weniger spektakulär verlaufen sein als die seines Vaters. Dessen Aufstieg aus den Tiefen des „Volks" in den von Herrschern anerkannten Weltruhm konnte sich nicht wiederholen; der Sohn begann seine Laufbahn bereits um eine Stufe höher. „Schani" hatte sich eine Zeitlang in Studien der Kirchenmusik versucht, doch sein Lehrer Josef Drechsler hatte ihn seufzend entlassen, denn aus ihm könne ja nie ein „ernster" Komponist werden. Dabei hätte der gute alte Musiker sich nur zu erinnern brauchen, daß er selbst seine Popularität der reizenden Melodie „Brüderlein fein" verdankte, der heute noch gesungenen Vertonung Raimundscher Verse. „Schani" Strauß arbeitete hart an sich selbst und lehrte auch bald seine beiden Brüder: Josef (1827–1870) und Eduard (1835–1916). Sein handwerkliches Können wurde überragend, seine Inspiration unübertroffen: Als Brahms einmal auf einem Ball um ein Autogramm gebeten wurde, schrieb er die ersten Takte des Strauß-Walzers „An der schönen blauen Donau" nieder und setzte darunter: „leider nicht von mir..." Und wenn eines Tages der berühmte Dirigent Hans von Bülow behaupten wird, „bei Strauß immer noch etwas lernen zu können", so ist das mehr als ein nettes Kompliment. Dahinter steht eine ganze musikalische Philosophie, daß nämlich die Grundgesetze der „ernsten" wie der „leichten" Musik die gleichen sind...

Der „Walzerkönig" tat viel mehr, als die überaus lebenslustige Stadt Wien mit Unterhaltungsmusik zu versorgen. Er schickte den von ihm geleiteten Ballnächten einstündige Konzerte ernster Musik voraus, eine seltsame Verbindung, deren kultureller Wert kaum in wenigen Sätzen zu schildern ist. Er vermittelte seinem Publikum überraschend viel Kenntnis neuer, wertvoller Werke. So wurde er zum Verkünder Wagners in Wien, und als niemand sich an „Tristan und Isolde" wagte, war sein technisch glänzend beschlagenes Orchester imstande, Stücke daraus vorzutragen. Täglich leitete er seine Kapelle in einem anderen Lokal, das die Hörermenge kaum fassen konnte. An Samstagaben-

Die grosse Galoppe von Joh: Strauß.

Linke Seite: Mit „großem Galopp“ pflegten die Konzerte von Johann Strauß (Vater) zu schließen. (Radierung aus der „Wiener Theaterzeitung“ 1839) Rechts: Johann Strauß (Sohn) „spielt auf“, Zeichnung von Theodor Zasche, manchmal – wohl fälschlich – als Bild seines glanzvollen Debuts beim „Dommeyer“ am 15. Oktober 1844 genommen.

den gab es drei oder vier Bälle, auf denen sein „persönliches“ Erscheinen angekündigt war. Der Fiaker stand vor der Tür, und nach drei, vier flotten Tänzen warf Strauß seinem Stellvertreter den Taktstock zu und sich selbst in den Wagen. So hatte er oft mehrere Auftritte in einer Nacht, bis er wieder im ersten Lokal landete. Erst im Morgengrauen kehrte er völlig erschöpft heim, aber gegen Mittag warteten bereits seine Vertrauten, um zumindest eine neue Komposition für den nächsten Abend zu kopieren und die Stimmen herauszuschreiben. Da wendete Johann sich an seinen Bruder Josef, der einen anderen Beruf ergriffen hatte und dabei glücklich geworden war. „Du bist der Begabteste von uns allen“, rief er ihm entgegen, und das war ein Befehl. Traurigen Herzens mußte Josef Strauß zum Taktstock und zur lange nicht mehr gespielten Geige wechseln. Aber auch beide Brüder gemeinsam konnten die Aufgaben der Strauß-Kapelle, die auf über hundert Musiker angewachsen war, nicht meistern. Eduard wurde als dritter herangezogen, so daß drei Formationen an jedem Abend unter Leitung eines der drei Brüder „aufspielen“ konnten. Johann erkannte immer deutlicher, daß seine wahre Lebensaufgabe in der Komposition bestand. Und als er eines Tages Offenbach gegenübertrat, der zur Aufführung seiner Oper „Rheinnixen“ nach Wien gekommen war, und der Gefeierte ihm auf die Schulter klopfte mit den Worten: „Strauß, Sie sollten Operetten schreiben“, geriet sein Leben auf eine völlig andere Bahn. Er traute sich zwar solche Werke nicht zu, glaubte mit der Behandlung von Singstimmen nicht genügend vertraut zu sein, aber seine Frau Jetty, eine sehr gute Sängerin, ließ ihn nicht mehr in Ruhe, bis er sein Glück damit versuchte: Auf „Indigo“ im Jahr 1871 folgten weitere fünfzehn Bühnenwerke, von denen „Die Fledermaus“ (1874), „Eine Nacht in Venedig“ (1883) und der „Zigeunerbaron“ (1885) die berühmtesten wurden. So erfolgversprechend waren sie, daß noch nach seinem Tod viele seiner Melodien zusammengestellt und als Operette „Wiener Blut“ aufgeführt wurden. Die Premiere der „Fledermaus“ am 5. April 1874 fiel auf einen denkbar ungünstigen Augenblick: Ein gewaltiger Bank- und Börsenkrach hatte (vorübergehend) den maßlos aufgeblähten „Gründerjahren“ ein jähes Ende bereitet. Fachleute rieten zur Verschiebung, aber es blieb beim festgesetzten Datum. Und bei den Worten „Glücklich ist, wer vergißt, was doch nicht zu ändern ist“, hätte am liebsten das gesamte, nun plötzlich fröhliche Publikum mitgesungen. Johann Strauß komponierte unermüdlich, es gab kaum einen unproduktiven Tag in seinem Leben. Zu den ungefähr fünfhundert berühmt gewordenen Tänzen gehören „Wiener Blut“, „Rosen aus dem Süden“, „G'schichten aus dem Wienerwald“, „Frühlingsstimmen“, „Kaiserwalzer“, „Tausend und eine Nacht“, „Künstlerleben“, „Wein, Weib und Gesang“, „Wiener Bonbons“. Der Walzer „Morgenblätter“ stellte ein Gegenstück zu den „Abendblättern“ dar, die Offenbach für einen Wiener Presseball geschaffen hatte. Zum Symbol Wiens, zur „heimlichen Nationalhymne“ Österreichs wurde „An der schönen blauen Donau“.

Josef Strauß dirigierte, erfüllte getreulich die ihm auferlegte Pflicht. Er war am Pult keine mitreißende Persönlichkeit, aber er war, was im blendenden Glanz seines Bruders Johann oft übersehen wurde, ein großartiger Komponist: „Mein Lebenslauf ist Lieb und Lust“, „Sphärenklänge“, „Transaktionen“, „Aquarelle“ ist nur eine kleine Auswahl seiner stets zu Herzen gehenden Walzer. Die Hauptmelodie seiner „Dynamiden“ diente Richard Strauss als Anregung für den Walzer aus dem „Rosenkavalier“. Die reizende „Pizzicato“-Polka gilt als gemeinsames Werk der beiden Brüder. Als Johann seine Konzertreisen aufgab, fuhr Josef für ihn nach Pawlowsk, wo die von Paul I. erbaute Sommerresidenz der Zaren lag, und wo der Ältere stürmische Erfolge gefeiert hatte. Auf der Heimreise konzertierte er noch in Warschau. Dabei stürzte er übermüdet vom Podium und

Josef Strauß, der mittlere der Strauß-Söhne, Schöpfer feinster Kompositionen, „der Begabteste von uns allen", laut Bruder Johann.

starb, mühsam heimgeleitet, 43jährig 1870 in Wien. Das war der Augenblick, in dem der dritte der „Strauß-Buben", Eduard, „der schöne Edi", seine musikalische Tätigkeit verstärken mußte. Er stand 1859 zum ersten Mal auf einem Podium, eigentlich nur hingestellt, weil an diesem Abend ein „Karnevals Perpetuum mobile oder Tanz und kein Ende" mit drei Kapellen versprochen war, bis zuletzt die drei Orchester sich vereinigten und Johann die Leitung übernahm.

Mehr und mehr verzichtete der Walzerkönig auf die weiten Reisen. Die innere Unrast, die den Vater getrieben hatte, kannte der Sohn nicht. Er übertraf in London und Paris noch die Triumphe des Vaters, Rußland huldigte ihm bedingungslos. Im Jahr 1872 fuhr er, vielleicht als erster der berühmten Komponisten – Tschajkowskij und Dvořák sollten folgen –, nach Amerika, wo er zu Bostons Unabhängigkeitsjubiläum ein Monsterkonzert von 20000 Sängern und mehreren Tausend Musikern dirigierte. Er schlug von einem Turm aus mit weit ausgreifenden Armen den Takt, und 20 Subdirigenten hatten die Aufgabe, seine Zeichen genau abzunehmen und an je tausend Sänger weiterzugeben. „An der schönen blauen Donau" wurde zum Höhepunkt. Strauß, halb betäubt, wie er später in Wien immer wieder erzählte, war überglücklich, alle Mitwirkenden zu gemeinsamem Schluß geleitet zu haben, genoß Riesenjubel und Riesenhonorar. Anläßlich der Weltausstellung 1889 in Paris kam es wieder zu einer aufsehenerregenden Veranstaltung, die eines gewissen musikhistorischen Beigeschmacks nicht entbehrte. Gegen ihn trat die ebenfalls berühmte amerikanische Kapelle des hochbegabten John Philip Sousa (1854–1932) an, der glänzende Märsche komponierte („Stars and Stripes", „Washington Post"). Eine unüberschaubare Menschenmenge verfolgte dieses „Duell" zwischen „alter" und „neuer" Welt, das mit der ehrenvollen Niederlage des Amerikaners und mit einer herzlichen Umarmung des „Altmeisters" aus Wien endete. Der „Walzerkönig", längst zur Legende geworden und von unvorstellbarer Popularität, starb am 3. Juni 1899. Kaiser Franz Joseph überlebte ihn um siebzehn, Österreich-Ungarn um neunzehn Jahre. Dann brach alles zusammen, was seine Welt ausgemacht hatte. Und doch lebt die Erinnerung an ihn in einer gewaltigen Welle der Nostalgie. Die Epoche mag vergehen, ihre Meisterwerke aber bleiben gültig.

Zur Musik der Gründerzeit gehört die Operette. Johann Strauß war nur ihr leuchtendster Exponent, doch gab es eine Reihe ausgezeichneter Komponisten an seiner Seite: Franz von Suppé (1819–1895) war ihm mit mehreren großen Erfolgen vorausgegangen: „Zehn Mädchen und kein Mann" (1862), „Flotte Bursche" (1863), „Die schöne Galathee" (1865), „Leichte Kavallerie" (1866, mit einer blendenden Ouvertüre) führten über zahlreiche Bühnenarbeiten zu den Meisterstücken „Fatinitza" (1876) und „Boccaccio" (1879). Karl Millöcker (1842–1899) erfocht seine bedeutendsten Siege mit „Gräfin Dubarry" (1879), „Der Bettelstudent" (1882) und „Gasparone" (1884). Karl Zeller (1842–1898) war eine Existenz, wie man sie wohl nur im damaligen Wien antraf: Bei Tag Hofrat im Unterrichtsministerium, am Feierabend und am Wochenende ein einfallsreicher Operettenkomponist, dem der Großerfolg des „Vogelhändlers" (1891) gelang, mit einer ganzen Reihe volkstümlich gewordener Melodien: „Schenkt man sich Rosen in Tirol", „Grüß euch Gott, alle miteinander!", „Ich bin die Christel von der Post", „No amol, no amol, no amol..." Auch sein „Obersteiger" schlug (1894) ein, aber Zeller durfte sich niemals für den Applaus von der Bühne herab bedanken: Österreichs strenges Beamtengesetz verbot das. Auch Karl Michael Ziehrer (1843–1922) gehört hierher. Er war der letzte „Hofball-Musikdirektor"-Nachfolger von Strauß Vater und Sohn, die beide dieses hohe Amt bekleidet hatten. Auch Richard Heuberger (1850–1914) tat dies, ein vielseitiger Komponist, besonders erfolgreich mit dem „Opernball" (1898). Sie alle faßt man unter der Bezeichnung „goldene Wiener Operetten-Ära" zusammen. Fast nahtlos wird an sie die „silberne" Epoche anschließen, von der später die Rede sein soll. Von der französischen Operette haben wir erzählt, vielleicht war sie die Anregerin der Wiener, die sich dann allerdings völlig anders entwickelte. Es gab auch eine glänzende englische Operette mit Arthur Sullivan (1842–1900) und seinen überaus erfolgreichen Werken auf Texte von William Gilbert („H. M. S. Pinafore", „Der Mikado") sowie Sidney Jones „Geisha". Spanien erlebte gleichzeitig eine neue Hochblüte seiner Zarzuela, die der Operette eng verwandt ist und die sich in vielen Werken dem Singspiel nähert.

Über Johann Strauß und seine Zeit ist unendlich viel geschrieben worden. Wer in dieser Musik nur den Frohsinn, die Heiterkeit, die überschwengliche Lebensfreude hört, irrt und hat sie nicht verstanden. In ihr klingt „lächelnd schalkhafte Wehmut" (Arthur Schnitzler), eine seltsame, wohl echt wienerische Mischung aus Lust und Schmerz, wie sie Schubert, Nestroy und Raimund zu eigen war, aber auch noch Wildgans und Hofmannsthal.

Die Spätromantiker Franck und Bruckner

Die „Musikanten Gottes" wurden sie genannt; ein Name, den sie wahrlich verdienten, wie Palestrina und Bach ihn verdient hatten. Nicht nur dies verband die beiden Meister: Ihre Weltabgewandtheit, ihr Schaffen im stillen, die späte Erkenntnis ihrer Werke, stellen eine auffallende Parallele dar. Die Geburtsdaten, 1822 für Franck, 1824 für Bruckner, scheinen sie der Hochromantik zuzuordnen, aber ihre volle Reife tritt erst ein, als die Spätromantik sich auf eine zusehends unruhiger werdende Welt zubewegt. Franck und Bruckner werden sich nicht mehr ändern; sie sind ein volles Leben lang ihren romantischen Grundsätzen treu geblieben. In ihrem Charakter zeigen sie sich als Außenseiter, aber ihre Welt ist doch die bürgerliche, für die sie schaffen.

César Franck

Man rechnet César Franck oft zu den französischen Komponisten, da er den größten und wichtigsten Teil seines Lebens in Paris verbrachte und sich selbst als Franzose fühlte. Seine Ahnentafel weist auch deutsche Vorfahren auf, und bei seiner Geburt am 10. Dezember 1822 gehörte die Stadt Lüttich, in der sein Vaterhaus stand, zu den Niederlanden, die diese Region wenige Jahre später dem jungen Königreich Belgien abtraten. Mit zwölf Jahren kam der junge Belgier nach Paris, um sich dem Orgelstudium zu widmen, das ihm sein ganzes Leben lang Beruf und Berufung sein sollte. In mehreren Kirchen, wie Notre-Dame de Lorette, Sainte Clotilde, verdiente er sich sein oft kärgliches Brot, geschätzt von einem engen Kreis wahrer Musikverständiger, aber weit entfernt vom „Musikleben" der rasenden Weltstadt, ihren Opernhäusern, Konzertsälen und Salons, als lebte er auf einem anderen Planeten. Nietzsches tiefes Wort geht einem durch den Sinn: „Abseits vom Markte begibt sich alles Große, abseits vom Markte schufen von je die Erfinder neue Werte." 1872 wurde Franck überraschend Orgelprofessor des Konservatoriums,was aber auf seine Geltung so gut wie keinen Einfluß hatte. Ein wichtiger Teil seiner Kompositionen war bereits geschrieben: die bedeutenden Oratorien „Ruth" (1846) und „Rédemption" (Erlösung, 1872). Im sinfonischen Werk „Le Sermon de la montage" (Die Bergpredigt) folgt er eher der Lehre Liszts als der klassischen Sinfonik. Geistliche Kompositionen (eine Messe, der 150. Psalm) geraten ihm besonders innig. Zehn Jahre lang arbeitet er am Oratorium „Les Béatitudes" (Die Seligpreisungen), das 1880 vollendet wird. Dann bricht, als er über sechzig ist, die Epoche seines stärksten Schaffens an. Auch sie verläuft, wie alles bisher, in völliger Stille und Zurückgezogenheit. Nur sehr selten war eines seiner Werke zu hören, viele der schönsten hat er selbst nie aufgeführt erlebt. Immerhin scharte sich um seine überaus einfache und bescheidene Persönlichkeit allmählich ein treuer Kreis von Schülern, die beschlossen, sich für sein Lebenswerk einzusetzen. In nichts änderte sich die Haltung der Behörden; man verlieh ihm zwar, wie es nach einer gewissen Zahl von Dienstjahren der Brauch war, das Kreuz der Ehrenlegion, aber im Dekret ist nur von der „Anerkennung vorbildlicher Pflichterfüllung" des Lehrers Franck die Rede. Die Kompositionen werden nicht erwähnt. Seine Anhänger protestieren dagegen mit einem Konzert seiner Werke, aber der Saal bleibt beschämend leer.
Franck schafft unermüdlich weiter. 1885 entstehen die „Sinfonischen Variationen" für Klavier und Orchester, ein oft gespieltes, schönes Werk. 1888 vollendet er die „Sinfonie in D", die zu den bedeutendsten Schöpfungen dieser Gattung in der Hochromantik gehört. Weniger glücklich sind seine Bemühungen um die Oper: „Hulda" und „Ghisèle" sind kaum lebensfähig. Hervorragend hingegen gelingen ihm ein Streichquartett, viele Klavier- und noch mehr Orgelstücke. Vier weitere sinfonische Gedichte werden in manchen Ländern gelegentlich gespielt: „Les Éolides" (1876), „Le Chasseur maudit" (Der verfluchte oder wilde Jäger, 1882), „Les Djinns" (mit Klavier, 1884), „Psyché" (mit Chor, 1888). Doch dann kam, von niemandem mehr erwartet, der späte Ruhm. Der weltweit gefeierte belgische Geiger Eugène Ysaye nahm Francks soeben komponierte, herrliche Violinsonate auf seine Welttournee mit und erspielte dem fernen Komponisten stürmischen Beifall und Lobeshymnen der Kritiker. Zum ersten Mal drang der Name des nun siebzigjährigen Musikers über Grenzen und Meer. Seine Musik klang jung, war schwungvoll und doch innig, war romantisch, ließ aber bereits den Impressionismus ahnen, der soeben in Paris aufkam. Niemand ahnte, unter welchen Mühen Franck auch dieses Werk dem mit Fronarbeit ausgefüllten Alltag abringen mußte: Nur die Zeit von fünf bis sieben Uhr morgens stand ihm für die schöpferische Tätigkeit zur Verfügung. Anschließend kamen die ersten Schüler, mußte er den Gang ins Konservatorium antreten und in seiner Kirche manchen Orgeldienst verrichten. Anfang 1890 konnte er sich von einem Verkehrsunfall nicht mehr erholen. Bei der Arbeit an drei Orgelchorälen legte er am 8. November dieses Jahres die unermüdliche Feder für immer aus der Hand. Bei der Beerdigung fehlten zwar viele französische Musiker, aber es waren mehr Bewunderer gekommen, als er selbst wohl gedacht hätte. Chabrier, der ihm von jeher zugetan war, sprach er-

greifende Worte über den „bewundernswertesten Künstler" und „geliebtesten Lehrer". Und Liszt, der ihm einmal lange beim Orgelspiel zugehört hatte, sagte ergriffen: „Ich glaubte, Johann Sebastian Bach zu vernehmen ..."

Anton Bruckner

Anton Bruckner teilte vielerlei in Charakter und Schicksal mit Franck: die unscheinbare Existenz, das späte Erkanntwerden, das Außenseiterleben in einer Weltstadt, die ungreifbar an ihm vorüberging, die stille Art des Schaffens, der feste Rückhalt in Gott, dem er im Geist alle Werke zueignete.

Doch eine seiner Sinfonien spricht es deutlich aus: „Dem lieben Gott", steht darüber. Wenn einer seiner frühen Biographen, Ernst Decsey, ihn einen „Musikanten Gottes" nannte, so darf dieses Wort als glückliche Prägung fortleben.

Im kleinen oberösterreichischen Flecken Ansfelden kam Bruckner am 4. September 1824 als erstes Kind eines Schullehrers zur Welt. Nach dem Tod des Vaters wird der Zwölfjährige Sängerknabe im nahegelegenen Stift St. Florian, dessen prachtvoller Barockbau weithin in die grüne Landschaft leuchtet. Zeit seines Lebens wird diese Hochburg des Glaubens Bruckners geistige Heimat, das Sehnsuchtsziel seiner Seele bleiben. Winston Churchill sagte einmal, daß zuerst Menschen Bauwerke errichteten und hernach die Bauwerke den Menschen formen, der in ihnen und mit ihnen lebt. Wer Bruckners Werke zutiefst erfühlen will, gehe nach St. Florian; dort nur kann er die seltsame Synthese von erdfremdem Leben und überwältigender Klangmacht nachempfinden, die Bruckners Musik auszeichnet. Sie ist das tönende Abbild St. Florians. Und wie in dieser Landschaft alles geruhsam und zeitlos dahinfließt, so entwickelt sich Bruckners Talent ohne Hast und in grenzenlosem Vertrauen auf eine göttliche Vorsehung, die allein des Menschen Weg bestimmt.

Mit siebzehn Jahren kommt er als „Schulgehilfe" (auch Schubert war ein solcher) in das winzige Dörfchen Windhaag, mit neunzehn in das kaum größere Kronstorf bei Steyr. Mit 21 Jahren kehrt er nach St. Florian zurück, wird Lehrer, dann Organist. Als solcher fällt er auf und wird 1856 in gleicher Eigenschaft an den Dom der oberösterreichischen Hauptstadt Linz berufen. An freien Tagen reist er nach Wien – wohin es ja nun eine Eisenbahnlinie gibt –, um mit 35 Jahren ein Studium bei dem bedeutenden Theoretiker Simon Sechter zu beginnen. Dreißig Jahre früher hatte Schubert, kurz vor seinem Tod, dreißigjährig, noch bei Sechter Kontrapunkt studieren wollen, aber es kam nicht mehr dazu. Jetzt unterrichtet der altgewordene Theoretiker Bruckner im sogenannten „strengen Satz", der „Bibel" jedes gutbeschlagenen Musikers in jedem Zeitalter. Und alles scheint seinen ruhigen Pfad weitergehen zu wollen, als im Sommer 1865 ein ungeheures Erlebnis Bruckners Seele in tiefste Tiefen hinein erschüttert. Er hört in München Wagners „Tristan und Isolde". Bruckners Leben erfährt an diesem Abend eine ungeahnte Wendung. Diese verstärkt sich noch, als er wenig später Wagner seine Aufwartung machen darf und un-

Links: César Franck, Zeitgenosse von Bruckner: Beide waren unübertreffliche Organisten, Schöpfer gewaltiger Meisterwerke, ein wenig weltfremd und spät erkannt.

Unten: Anton Bruckner, der Antipode Brahms' im Wiener Musikleben des Jahrhundertendes.

Rechte Seite: Die große Orgel der Stiftskirche St. Florian (bei Linz), die zeit seines Lebens Bruckners geistige und seelische Heimat blieb.

erwartete Aufmunterung erfährt. Wagner liebt es, „Jünger" um sich zu sammeln, und dieser merkwürdige, weltfremde und ungeheuer naive Österreicher sticht so völlig von allen anderen Anhängern ab, daß es den „großen Zauberer" reizte, ihn in seinen Bann zu ziehen. Bruckner gewinnt zu seinem göttlichen Leitbild ein menschliches dazu, dem er, ebenso wie dem himmlischen, sein Leben lang die Treue bewahren wird.
Nun geht er an die Arbeit, Sechters „strenger Satz" wird mit Wagners hochromantischer Chromatik verbunden. Wagners erotische Sinnlichkeit wird bei Bruckner zur religiösen Mystik. Nach zwei ihm nun mißraten dünkenden Versuchen gelingt ihm 1866 – mit 42 Jahren – die erste Sinfonie. Sie erklingt zwei Jahre später in Linz, wird aber von ihrem Komponisten in den kommenden Jahren noch gründlich umgearbeitet werden. 1868 wird er nach Wien berufen, wo er Orgelspiel, Harmonielehre und Kontrapunkt am Konservatorium unterrichten soll. Dazu gesellt sich 1875 ein sehr bescheidener Lehrstuhl an der Universität. Sein Leben wird dem Francks noch ähnlicher. Er bleibt ein Fremder in der fröhlichen Weltstadt, unbeholfen in ihrem Getriebe. Er erfüllt gewissenhaft seine Lehrpflicht, wirkt schrullig – wie Dvořák –, bäuerlich in seinem Gehabe. Gustav Mahler ist einer der wenigen, die hinter dem oft hilflos dem Alltag Ausgelieferten das Genie ahnen.
Von mönchischer Einfachheit und Einsamkeit umgeben, entfaltet Bruckners wahres Dasein sich in seiner bescheidenen Behausung. Da bedeckt er Notenblätter mit Melodien, Stimmen und Gegenstimmen, da entsteht in ekstatischer, ja besessener Arbeit Sinfonie auf Sinfonie. Da zerbricht seine freigewordene Phantasie die engen Wände. Es ist, als entweiche der gefesselte Geist aus einer schmalen Flasche und recke sich gewaltig zum Himmel auf. Bruckner fühlt, daß eine höhere Macht ihm die Feder führt. Wer dürfte ihn jetzt noch einsam nennen, ihn, der von brausenden Klängen umgeben ist, Bruder einer himmlischen Gemeinschaft, die keine Grenzen kennt? Doch dann ruft ihn die Pflicht, er tritt aus seinem Reich hinaus auf die Straßen der lärmenden, fremden Stadt und sehnt sich danach, so bald wie möglich zu seiner Musik zurückzukehren. 1869 wird er in Nancy als überragender Organist gefeiert, spielt mit größtem Erfolg in Paris und London. „The Morning Advertiser" nennt ihn hier „würdig des Vaterlands eines Mozart und Haydn". Besonders bewundert wird überall seine „ideenreiche Improvisation", wie er sie in den meisten Konzerten an den Schluß seiner Programme setzt. Die ausländischen Erfolge lassen schließlich auch die Heimat aufhorchen: Der Geburtsort Ansfelden macht ihn 1870 zum Ehrenbürger, der oberösterreichische Lehrerverein zum Ehrenmitglied. 1873 nimmt Richard Wagner aus seinen Händen die ihm gewidmete dritte Sinfonie entgegen und dankt mit anerkennenden Worten. In Wien wächst der Kreis seiner Anhänger, aber alle Antiwagnerianer – und deren gibt es an der Donau viele, vor allem in den „maßgebenden Kreisen" – übertragen ihre Abneigung gegen den Bayreuther Meister auch auf seinen bedingungslosen Gefolgsmann. Als die „Wagner-Sinfonie", Bruckners dritte,

Verlag der kais. kön. Hof-Musikalien-Handlung
Albert J. Gutmann in **Wien.**

Siebente Symphonie (E-dur)

von

Anton Bruckner.

Dieses Werk wurde mit ausserordentlichem Erfolge aufgeführt: in Leipzig (Capellmeister Nikisch), München (Hof-Capellmeister Levi), Karlsruhe (beim Musikfeste des Deutschen Tonkünstler-Vereins, Dirigent Hof-Capellmeister Felix Mottl), Köln (Capellmeister Dr. Wüllner), Hamburg (Capellmeister Bernuth), Graz (Capellmeister Muck), Wien durch die **„Philharmoniker“** unter Hof-Capellmeister Hanns Richter's Leitung.

Kernsprüche aus kritischen Referaten.

Das Werk fordert die höchste Bewunderung heraus.
„Leipziger Nachrichten“ vom 1. Januar 1885. **Bernhard Vogel.**

Bruckner ist ein Genie, das sich an Beethoven herangebildet hat und in der That Züge zeigt, die Beethoven's würdig wären.
Referat über das Karlsruher Musikfest des Deutschen Musikvereins.
„Frankfurter Zeitung“ vom 1. Juni 1885.

Das ist endlich einmal ein Tondichter, welcher nicht mit sorgsamer Klügelei kleine und nichtige Themen zu etwas Grossem zu erheben sich abmüht, sondern der schon ursprünglich wahrhaft gross empfindet.
Münchener „Neueste Nachrichten“ vom 12. März 1885.

Die ersten drei Sätze sind hochbedeutend, die Themata des Adagio von ergreifender Schönheit, der Aufbau imposant. Durch das Ganze geht ein grosser Zug.
Berliner „Tageblatt“ vom 13. März 1885.
Dr. Paul Marsop.
(Bericht über die Münchener Aufführung, mitgetheilt durch H. Ehrlich.)

Wie wohl thut es, einmal wieder einem im besten Sinne naiven Tondichter zu begegnen, der nicht grübelt, sondern aus innerstem Bedürfnisse schafft.
„Deutsche Zeitung“ vom 25. März 1886. **Dr. Theodor Helm.**

Wie die früheren symphonischen Arbeiten dieses Componisten ist auch sein neues Werk durch wahrhaft schöpferische Kraft ausgezeichnet.
„Morgen-Post“ vom 23. März 1886. **Dr. Oskar Berggruen.**

Die neueste Symphonie ist von einer Macht der Empfindung, wie sie nur den grössten unserer deutschen Tondichter nachgerühmt werden kann.
„Neues Wiener Tagblatt“ vom 30. März 1886. **W. Frey.**

So steht die 7. Bruckner'sche Symphonie als ein unvergängliches Tonbauwerk vor uns. Die Zeit ist ganz nahe, in welcher die symphonischen Werke Bruckner's die Programme aller Concerte erfüllen und in das Herz aller Musikmenschen eindringen werden. Vorurtheil und Indolenz können quälen, aber niemals hindern
„Wr. Abendpost“ vom 27. März 1883. **Dr. Hans Paumgartner.**

Ich bekenne unumwunden, dass ich über Bruckner's Symphonie kaum ganz gerecht urtheilen könnte, so antipathisch berührt mich diese Musik, so unnatürlich aufgeblasen, krankhaft und verderblich erscheint sie mir.
„Neue Freie Presse“ vom 30. März 1886. **Dr. Eduard Hanslick.**

Oben: Bruckner als gelegentlicher Dirigent seiner Werke; es ist leichter, das unbeholfene, bäuerliche Gehaben zu zeichnen, als das Genie…
Rechts: Verlagsanzeige zum Erscheinen von Bruckners siebenter Sinfonie, mit Auszügen aus Zeitungskritiken – selbst der negativen des „Todfeindes“ Hanslick.
Rechte Seite: Festtag im Himmel: der herzliche Empfang Anton Bruckners durch die Engel und die Großmeister der Musik, ganz vorn Liszt in der Soutane und Wagner.

endlich auf ein Programm der Wiener Philharmonischen Konzerte gesetzt wird, stirbt der vorgesehene Dirigent Johann Herbeck kurz vor dem anberaumten Termin. Trotzdem wird die Programmfolge beibehalten, als das Konzert am 16. Dezember 1877 durchgeführt wird, und endet in einem Skandal, bei dem ein Teil des Publikums den Saal während des Bruckner-Werkes verläßt.

Der Durchbruch

Bruckner ist über sechzig, als ihm die Aufführung seiner siebenten Sinfonie in München ein stärkeres Echo aus der Musikwelt verschafft. Dann erst erfolgt ein Durchbruch in Wien: Hans Richter dirigiert ein ganz seinen Werken gewidmetes Programm. 1891 verleiht die Wiener Universität Bruckner die Würde des Ehrendoktors, wobei der Rektor Dr. Adolf Exner die bemerkenswerten Worte spricht: „Wo die Wissenschaft haltmachen muß, wo ihr unüberwindliche Schranken gesetzt sind, dort beginnt das Reich der Kunst, welche das auszudrücken vermag, was allem Wissen verschlossen bleibt. Ich, Rektor Magnificus der Wiener Universität, beuge mich vor dem ehemaligen Unterlehrer von Windhaag…“ Auch Kaiser Franz Joseph ehrt den Komponisten. Doch als Bruckner in der bei solchen Fällen üblichen Spezialaudienz für den Orden dankt und dabei seinen höchsten Landesherrn bittet, ihn „vor den bösen Kritiken des Herrn Hanslick in Schutz zu nehmen“, muß der Monarch bedauernd lächeln und eingestehen, daß seine Macht nicht so weit reiche…

Von 1887 an arbeitet Bruckner an seiner neunten Sinfonie; es war, genau genommen, die elfte, denn zwei Frühwerke wurden in die endgültige Zählung nicht aufgenommen. Von allen Sinfonien gibt es mehrere, oft sehr unterschiedliche Fassungen, die von den Forschern stark umstritten sind. Die dritte Sinfonie zählt drei Fassungen aus den Jahren 1872/73, 1876/77 und 1888/89. Ebenfalls drei Versionen gibt es von der vierten, der sogenannten „Romantischen Sinfonie", die in einem ähnlich langen Zeitraum entstanden ist. Die achte Sinfonie wurde 1884/87 komponiert, aber unmittelbar darauf, 1887/90, der zweiten Bearbeitung unterzogen. Da hatte Bruckner bereits die ersten Skizzen zur neunten, der „dem lieben Gott" gewidmeten Sinfonie zu Papier gebracht. Die restlichen Jahre seines Lebens hat er an ihr gearbeitet, aber ihre Vollendung war ihm nicht mehr vergönnt. Vor seinem Tod empfahl er, bei Aufführungen dieses Werks sein „Te Deum" als Finale zu verwenden; damit rückt dieses Abschiedswerk in die Nähe der letzten (ebenfalls neunten) Sinfonie Beethovens, die ja auch mit einem gewaltigen Vokalsatz endet. Bei Beethoven steht der Mensch im Mittelpunkt, er läßt ihn auf die Knie sinken: „Ihr stürzt nieder, Millionen, ahnest du den Schöpfer, Welt? Such ihn überm Sternenzelt..." Bruckner hingegen richtet seine Hymne an Gott selbst: „Te Deum laudamus..." und endet sein Lebenswerk mit der Bekenntnis, das dem Inhalt aller seiner Musik zugrunde liegt: Dich loben wir, Gott!

Das Te Deum stellt, gemeinsam mit dem „150. Psalm", wohl den Höhepunkt in Bruckners reichem geistlichem Chorschaffen dar. Es entstand nach Beendigung der siebenten Sinfonie, war am 28. September 1883 im Entwurf fertig und wurde bis zum 7. März 1884 ausgefeilt. Die erste Aufführung fand am 2. Mai 1885 im Wiener „Musikverein" statt; merkwürdigerweise in dessen kleinem Saal, der weder einen großen Chor noch ein sinfonisches Orchester fassen kann. Dieses wurde denn auch durch zwei Klaviere ersetzt, den wahrscheinlich nicht sehr stark besetzten Chor stellten die Wiener Akademischen Wagner-Vereine. So kann man eher den 31. Mai 1891 als den wahren Uraufführungstag des Te Deum bezeichnen, an dem Siegfried Ochs mit seinem großartigen „Philharmonischen Chor" das Werk in Berlin vor dem anwesenden Komponisten zu einem wahren Triumph führte. Nun folgte rasch hintereinander eine Reihe von Aufführungen: Wien, Amsterdam, Christiania (Oslo), Stuttgart, Dresden, Hamburg, Cincinnati. Anton Bruckner starb, ohne seine neunte Sinfonie im Zusammenhang mit dem Te Deum als letztem, krönendem Abschluß gehört zu haben, in Wien am 11. Oktober 1896. Seine Leiche wurde nach St. Florian überführt, wo seine Seele so oft Frieden und neue Schaffenskraft gesucht und gefunden hatte. Im unteren Gewölbe – gerade unter seiner geliebten Orgel, der wohl einzigen wahren Liebe seines Lebens – steht Bruckners Sarkophag auf hellem Sockel vor einem düsteren Hintergrund.

Johannes Brahms

Brahms war, schon vom Geburtsdatum 1833 her, ein „Hochromantiker", den man später nicht ganz ohne Grund einen „Neoklassiker" genannt hat. Mit starkem Formgefühl suchte er trotz des charakteristischen „Überschwangs" der Romantik seinen Werken feste klassische Gerüste zu bauen, um ein Zerfließen der großen Formen – Sinfonie, Konzert, Sonate, zyklische Kammermusik – zu verhindern. Über sein reiches Gefühlsleben herrschte doch stets der klare Verstand, und so wie er sich im Leben nie an eine übermäßige Leidenschaft verlor, so gab es auch in seiner Musik eine unsichtbare Grenze, die zu überschreiten ihm eine angeborene Disziplin unmöglich machte. Seine musikalischen Strukturen blieben fest und tragfähig; nie wird er zum Programm-Musiker, immer schreibt er absolute Musik und wird darum oft als ein der Klassik zugehöriger Meister empfunden.

Brahms gilt als Nachfolger der Richtung Mendelssohn Bartholdy – Schumann innerhalb der Romantik. Darin folgte er seinen natürlichen Anlagen, die bereits mit zwanzig Jahren überraschend gefestigt waren. Wäre er auf jener jugendlichen Wanderung nicht in Schumanns Düsseldorfer Haus gelangt, sondern in Liszts Weimarer Altenburg, so hätte sich wohl einiges in seinem Leben, kaum aber etwas Grundlegendes in seinem Schaffen verändert. Er wird, wie Schumann es in seinem berühmten Artikel vorausgesagt hatte, zur führenden Gestalt des klassizistischen Zweiges seiner Generation, also zum Gegenspieler der „Neudeutschen" unter Franz Liszt. Er erweitert die ihm von Mendelssohn Bartholdy und Schumann überkommenen, noch von Schubert stammenden romantischen Formen, aber er sprengt sie nicht. So bleibt bei aller Fortschrittlichkeit doch stets etwas von Tradition in seinem Schaffen.

Als Musikersohn, wie Mozart und Beethoven, kam Johannes Brahms am 7. Mai 1833 in Hamburgs ältestem, ärmstem Stadtteil zur Welt. Mit fünfzehn Jahren komponierte er beachtlich und kann als Pianist öffentlich auftreten. Ein Konzertagent will ihn zu einer Amerika-Tournee überreden, aber sein Lehrer Eduard Marxsen weiß dies vorsorglich zu verhindern. Mit diesem Schüler hat er höhere Pläne, er spürt, daß dessen Zukunft in der Komposition eigener, nicht in der Wiedergabe fremder Musik liegt. Der Zwanzigjährige geht mit dem ungarischen Geiger Eduard Reményi auf „Kunstfahrt". Wie romantische Handwerksburschen ziehen die beiden auf Wanderschaft, spielen in Sälen, wo es solche gibt, oder in Gasthäusern weit umher im norddeutschen Raum. Am 30. September dieses Jahres 1853 klopft Brahms an die Tür von Schumanns Haus in Düsseldorf. Der zeitweise schon recht kranke Meister fühlt wohltuend die Gegenwart des ihn verehrenden Musikers, die Begegnung wird zu einer der Sternstunden der Musikgeschichte. Die Manuskripte, die Brahms in seinem einfachen Ranzen mitgebracht hat, genügen Schumann und seiner Frau, der meisterlichen Pianistin Clara Wieck, die Freude einer echten Entdeckung zu empfinden. Tief überzeugt greift Schumann noch einmal zur Feder, und so lesen Deutschlands musikinteressierte Kreise schon in der Oktobernummer der „Neuen Zeitschrift für Musik" die prophetischen Worte: „... Ich dachte, es würde und müßte einmal plötzlich einer erscheinen, der den höchsten Ausdruck der Zeit in idealer Weise auszusprechen berufen wäre ... Und er ist gekommen, ein junges Blut, an dessen Wiege die Grazien und Helden Wache hielten. Er heißt Johannes Brahms ... Er trug, auch im Äußern, alle Anzeichen an sich, die uns ankündigen: das ist ein Berufener. Am Klavier sitzend fing er an, wunderbare Regionen zu enthüllen. Wir wurden in immer zauberischere Kreise hineingezogen. Dazu kam ein ganz geniales Spiel, das aus dem Klavier ein Orchester von wehklagenden und laut jubelnden Stimmen machte ... Möchte ihn der höchste Genius stärken, wozu die Voraussicht da ist, da ihm auch ein anderer Genius, der der Bescheidenheit, innewohnt. Seine Mitgenossen begrüßen ihn bei seinem ersten Gang durch die Welt, wo seiner vielleicht Wunder harren werden, aber auch Lorbeeren und Palmen; wir heißen ihn willkommen als starken Streiter ..."

Die neuen Freunde

Der Wanderbursch zieht nicht mehr weiter, denn das Ehepaar Schumann nimmt ihn, gewissermaßen als ältesten Sohn, ins Haus auf. Doch nur wenige glückliche Wochen sind der neuen Gemeinschaft vergönnt. Bei einem Besuch im Haus des großen Geigers Joseph Joachim in Hannover erhält Brahms die Nachricht von Schumanns Selbstmordversuch. Sofort eilt er zurück, um seiner „Ziehmutter" beizustehen. Er besucht den Meister in der Irrenanstalt zu Endenich und erlebt in unsäglichem Schmerz den völligen Verfall dieses einst so hochgemuten, stürmisch schwärmenden Romantikers. Aus der fast zwanghaft wachsenden Vertrautheit zwischen Clara und ihrem jünglingshaften Schützling erwächst ein ungeahntes Zusammengehörigkeitsgefühl. Die um vierzehn Jahre ältere berühmte Pianistin und immer noch bezaubernde Frau wird zur Freundin, zur Vertrauten und möglicherweise zur Geliebten. Nach Schumanns Tod am 29. Juli 1856 reisen sie gemeinsam in die Schweiz, und Clara erwägt eine dauernde Bindung. Brahms aber kann sich zu einem solchen Schritt nicht entschließen. Sicherlich steht ihm das eigene Elternhaus vor Augen, in dem eine erbittert alternde Frau ihrem viel jüngeren Gatten das Leben zur Hölle machte. Brahms wird sich während seines ganzen Lebens zu einer solchen Entscheidung nicht durchringen können. Er will seine künstlerische Unabhängigkeit gewahrt wissen und fürchtet alles, was seine Freiheit einschränken könnte.

Als Clara und Brahms ihre kurze Liebe beenden, die in eine lebenslange Freundschaft übergeht, erkennt der junge Komponist, daß die beiden Jahre dieser Schwärmerei ihm keine einzige große Komposition geschenkt haben. Und das gibt wohl letzten Ende den Ausschlag. Er nimmt einen Antrag nach Detmold an, wo er Hofpianist, Dirigent des Hofchors und Musiklehrer der Prinzessin wird. In der Stille der kleinen Residenz komponiert er sein erstes Klavierkonzert und viele schöne Lieder, die er in schnell aufflammender Zuneigung Agathe von Siebold widmet, einem wohlbehüteten Professorentöchterlein aus Göttingen. Seit einigen glücklichen Begegnungen im Sommer 1858 betrachtet sie sich als Brahms' Braut. Der im folgenden Jahr eintreffende Brief reißt sie aus allen Himmeln: Er könne ihr die Ehe mit einem „gescheiterten Musiker" nicht zumuten. Nimmt er die Ablehnung, die sein Klavierkonzert in Hamburg und Leipzig erfahren hat, so ernst oder bietet sie ihm nur den innerlich ersehnten Vorwand, um „frei" bleiben zu können?

Zwei Hamburger Jahre folgen auf Detmold. Er tritt viel in Konzerten auf, leitet einen Frauenchor, für den er schöne Melodien (auch mit Harfen- und Hörnerbegleitung) schreibt, aber heimisch kann er in der Vaterstadt nicht mehr werden. So entschließt er sich im September 1862, nach Wien zu reisen. Siebzig Jahre zuvor hatte Beethoven das gleiche getan, und so wie Beethoven ließ auch Brahms sich in Wien nieder, wurde dessen Bürger und Ehrenbürger, hochverehrt und populär, und schließlich in Wiener Erde bestattet. In Wien mußte er auch dem „Problem Wagner" nähertreten. Er mochte Mitte der Dreißig sein, als er „Tristan und Isolde" kennenlernte, und wäre kein Musiker gewesen, hätte er darin nicht sofort das Genie gefühlt. Aber er sah zugleich das Flammenzeichen, die Schrift an der Wand, die Umsturz und Chaos zu künden schien, wo andere nur den Triumph des Neuen sahen. Er hatte es nicht schwer, Wagner aus dem Wege zu gehen: Zu verschieden war ihr Schaffen. Jener war kein Sinfoniker und noch weniger ein Kammermusiker (trotz einer jugendlichen Sinfonie und des fast kammermusikalischen „Siegfried-Idylls"), Brahms kein Musikdramatiker (obwohl er diese Möglichkeit lange Zeit nicht ausschließen wollte). Wien riß ihn, gegen seinen Willen, in den Kampf um Wagner. Die mächtige Anti-Wagner-Partei erhob ihn auf ihren Schild. Er aber besucht am 6. Februar 1864 den in Wien weilenden Wagner. Er gerät nicht unter den Einfluß des um zwanzig Jahre Älteren, so wie es ungefähr zu gleicher Zeit Bruckner ergeht. Brahms geht seinen eigenen Weg, der vorläufig noch jene „großen" Formen scheut, die Schumanns Prophezeiung ihm als Ziel gewiesen hat. Mit 33 Jahren gelingt ihm mit der Vollendung des ersten Teils des „Deutschen Requiems" eine imposante Meisterleistung. Trotz des klaren Mißerfolgs, den drei Sätze dieses Werks im Jahr 1867 in Wien erleben, baut er die Totenmesse, die in bewußtem Ge-

Der zwanzigjährige Brahms in der Zeit, als er zu Schumann nach Düsseldorf kam.

gensatz zum katholischen Requiem auf nichtliturgischen, wenn auch tiefreligiösen Texten beruht, immer weiter aus: zuerst auf sechs Sätze, die am 10. April 1868 im Bremer Dom unter seiner Leitung aufgeführt werden, schließlich auf sieben, die am 18. Februar 1869 in Leipzig erstmals erklingen und die sich rasch mit Erfolg verbreiten. Eines der bedeutendsten Werke tiefreligiöser Art hat hier seinen Lauf angetreten, fern von jedem Dogma, unabhängig von allen Konfessionen. Als wollte er sich so viele schwere Gedanken an Tod und Jenseits von der Seele schreiben, komponiert Brahms nahezu unmittelbar darauf die bezaubernden „Liebeslieder-Walzer", ganz im Geist Schuberts, wienerisch melodieselig, dreivierteltaktbeschwingt und doch mit einem ganz leisen Anflug „ortsansässiger" Melancholie. Wie nahe, wie verwandt erweist er sich – zur Überraschung vieler, die ihn nicht gut genug kennen – dem Walzerkönig Johann Strauß, den er freudig und stolz zu seinen besten Freunden zählt. Er hat einen kleinen geselligen Kreis um sich geschart: den großen Arzt Theodor Billroth, den in der Schweiz lebenden Wiener Schriftsteller Josef Victor Widmann. Mit Billroth unternimmt er manche Italienfahrt, Widmann besucht er in Bern. Längere Konzertreisen halten den nun überall begehrten Komponisten fern von Wien. 1870 fährt er nach München, wo er die von Wagner nicht autorisierten und heftig bekämpften Aufführungen von „Rheingold" und „Walküre" besucht. Ihn stört die überdeutliche Motivtechnik Wagners, die ihn wie ein Anbiedern der Musik an die breite Masse dünkt. Er hat auch nichts für ein Malen in Tönen übrig, das die Musik auf ihr fremde, nicht gemäße Bahnen locken muß. Und doch packt ihn wieder Wagners Genie.

Die Sinfonien

Im Dezember 1871 bezieht er nahe der Karlskirche seine endgültige Wohnung. Das neue Haus der „Musikfreunde" liegt in seiner Nachbarschaft; in dessen herrlichem und akustisch ideal gelungenem „Goldenen Saal" wird er nun drei Jahre lang als Dirigent der altehrwürdigen Gesellschaft amtieren, zu deren Gründern im Jahr 1812 auch Beethoven gehört hatte. Zugleich wird er immer öfter in anderen Städten ans Pult gebeten, wenn es sich um Aufführungen seiner eigenen Werke handelt. Zum „virtuosen" Kapellmeister wird er allerdings nie werden. Der häufige Kontakt mit guten Orchestern aber führt ihn schließlich zur „Sinfonie, die einmal kommen mußte", wie es im regen Briefwechsel mit der in Frankfurt als Klavierlehrerin tätigen Clara steht. Er hat lange gezögert, sich an diese größte Form der Instrumentalmusik zu wagen, hatte einzelne Sätze skizziert; dann wich er auf das erste Klavierkonzert aus, das ihm, dem hervorragenden Pianisten, weniger Klippen entgegenzustellen schien als die Klangmassen des Orchesters. Einen ersten Versuch wagte er mit den „Haydn-Variationen" über den schönen alten St.-Antoni-Choral, den der Eisenstädter Meister in einem Divertimento verarbeitet hatte. Die Uraufführung in Wien erzielte am 2. November 1873 einen nachhaltigen

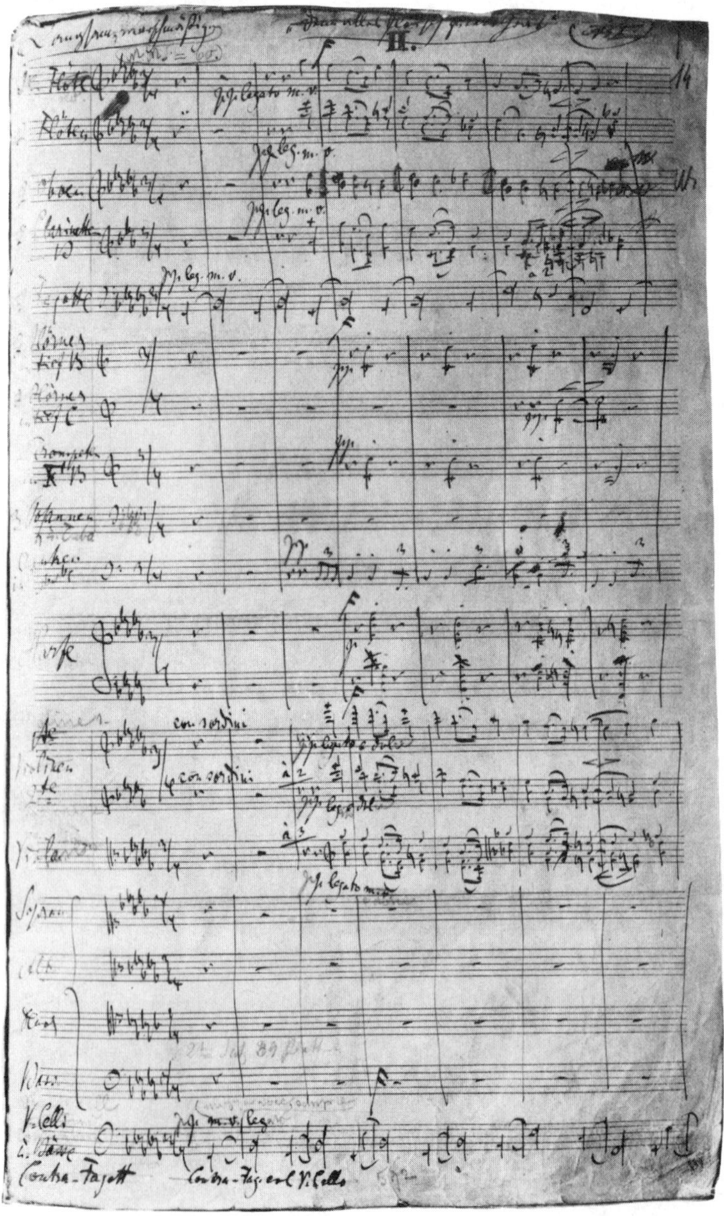

Links: Beginn des zweiten Satzes („Denn alles Fleisch, es ist wie Gras") aus der handschriftlichen Partitur des „Deutschen Requiems" von Johannes Brahms.

Rechts: Glanzvolles Chor-Orchesterkonzert im „Goldenen Saal", dem 1870 eingeweihten Konzerthaus der Wiener Gesellschaft der Musikfreunde, zu deren Gründern Beethoven gehört hatte und zu deren Vorstandsmitgliedern Brahms zählte.

Erfolg. Nun drängten ihn alle, seine sinfonischen Fähigkeiten auszuweiten. Nach langer, schwerer Arbeit vollendete er im Sommer 1876, während die Musikwelt wie gebannt nach Bayreuth blickte, auf der friesischen Insel Sylt seine erste Sinfonie. Im Oktober spielte er sie Clara vor, die sich vorsichtig, eher sogar ablehnend äußerte. Von Zweifeln bedrückt dirigiert er die Sinfonie, gleichsam zur Probe, am 4. November 1876 in Karlsruhe, bevor er sie in Mannheim, München und (am 17. Dezember) in Wien vorstellt. Dann steht der Sieg unumstößlich fest. Anders als die Erklärungen Tschajkowskijs über seine vierte Sinfonie an Nadjeschda von Meck bewegen sich die Erläuterungen Brahms' an Clara Schumann über seine erste Sinfonie auf streng musikalischem Gebiet: Proportionen der einzelnen Abschnitte, Verarbeitung der Themen, Wirksamkeit instrumentaler Kombinationen. Eines der Themen hatte er ihr übrigens schon vor einiger Zeit vorausgesandt. Bei einem Aufenthalt im Berner Oberland notierte er eine Alphornweise und schickte sie der Freundin auf einer Postkarte mit dem launigen Vermerk: „So blus das Alphorn heut." Da ahnte er sicher noch nicht, daß dieser majestätische Ruf aus den hohen Bergen an einer entscheidenden Stelle des letzten Sinfoniesatzes Verwendung finden würde.

Hatte es zum Entstehen dieser ersten Sinfonie Jahrzehnte gebraucht, so genügte zum Reifen der zweiten ein einziger, besonnter, glücklicher Sommer. Wie liebte Brahms die blühenden Monate der Natur, wie befreiten sie ihn von den Zwängen der Großstadt, wie entfaltete sein schöpferischer Atem sich in Feldern, Wiesen, Wäldern und an blauen Seen! Im Jahr 1877 zog Brahms bei Anbruch der warmen Jahreszeit nach Süden. Auf eine erste beglückende Italienfahrt folgte ein Kärntner Aufenthalt in Pörtschach am Wörthersee, wo die Luft fast mittelmeerisch lind weht und der Blick in dämmerigen Fernen den Höhenzug der Karawanken streift. Die zweite Sinfonie bindet heitere Sommerbilder in lichte Töne, Freunde von Vergleichen sprachen von einer „Pastorale". Doch auch diese Sinfonie hat kein Programm, sie ist ein Stück absoluter Musik. Einige Kommentatoren haben von einer „Wiener Sinfonie" gesprochen, weil Grazie, Schwung und Leichtigkeit einiger Themen die gern vollzogene Anpassung des Komponisten an seine Wahlheimat beweisen könnten. „Kärntner Sinfonie" wäre wohl zutreffender, ja ein Anklang an Italien ist nicht auszuschließen. Ein größerer Gegensatz zur dunklen ersten, über die ständig die tiefen Wolken des Nordlands zu ziehen scheinen, ist kaum denkbar. Doch auch die zweite Sinfonie ist nicht frei von schwerblütigen Augenblicken. Es gibt nur sehr wenige Werke von Brahms, in denen immer die Sonne scheint. Dem Wiener Volksmund war dies längst aufgefallen; selbst gegenüber seinen Lieblingen nie um ein ironisch-treffendes Wort verlegen, hieß es da: „Wenn Brahms gut gelaunt ist, vertont er ‚das Grab ist meine Freude!'"

Nach dreijähriger Tätigkeit legt Brahms die Leitung der „Gesellschaftskonzerte", die als Veranstaltungen der bereits traditionsreichen „Gesellschaft der Musikfreunde" in Wien eine bedeutende Rolle spielten, nieder. Der volle Rückzug ins Privatleben bedeutete eine wahre Befreiung für ihn: So konnte er sich ganz und uneingeschränkt der Komposition widmen. Die Anerkennung, die seine Musik frühzeitig gefunden hatte, drückte sich in guten Verlagsverträgen und hohen Einnahmen aus. Sie machten ihn, der auf Geld wenig Wert legte, in Kürze zum reichen Mann. Für sich selbst benötigte er nicht viel; einiges verbrauchte er auf insgesamt acht Italienreisen und alljährlichen Sommeraufenthalten in verschiedenen Landschaften Europas. Vor allem aber wollte er bedürftigen Menschen helfen, ohne daß die Öffentlichkeit es je erfuhr. Zu diesen gehörte immer häufiger Clara.

1879 erfolgte die Uraufführung des Violinkonzerts, das seine Entstehung einem zweiten Pörtschacher Sommer verdankt. Und wieder ist es ein helles Werk geworden, für dessen Solopart Joseph Joachim wertvolle Ratschläge beigesteuert hat. Das Jahr 1880 bringt Konzertreisen durch den Westen Deutschlands mit Abstechern nach

Schwerin und Königsberg. Den Jahresabschluß bildet die in Wien am 20. Dezember erstmals erklingende „Tragische Overtüre“, ein düsteres Tonwerk, das uns an altgriechische schicksalhafte Tragödien denken läßt. Als wollte Brahms sich wiederum nach einem dunklen Musikstück durch ein froheres lösen und befreien, komponiert er fast gleichzeitig die „Akademische Festouvertüre“, eine höchst vergnügliche Zusammenstellung bekannter Studentenlieder, mit der sich Brahms – der nie Student gewesen war – am 4. Januar 1881 persönlich in Breslau für die Ehrendoktorwürde der Universität bedankt. Schon fünf Jahre früher hatte ihm Cambridge die gleiche Auszeichnung zugedacht, doch konnte er sich zu der dafür notwendigen Englandreise nicht aufraffen. In das Jahr 1881 fallen nicht nur eine Konzerttournee durch Holland, eine zweite Italienfahrt, ein Sommeraufenthalt im Wien benachbarten Preßbaum, sondern auch ein fruchtbarer Besuch in Meiningen. Hier leitete der glänzende Dirigent Hans von Bülow eines der besten Orchester Europas, das Brahms die Möglichkeit gab, in beliebig langen Proben eigene Werke einzustudieren. So war es die Meininger Hofkapelle, die am 9. November 1881 das großangelegte zweite Klavierkonzert mit dem Komponisten am Flügel zum ersten Erklingen brachte und später zwei Monate lang in 19 Aufführungen in Deutschland, Österreich und der Schweiz verbreitete. An vielen Orten griff Brahms noch außerdem zum Dirigentenstab und führte eine seiner beiden Sinfonien, eine Ouvertüre oder die Haydn-Variationen auf. In Zürich kam es am 6. Dezember 1881 zur Uraufführung der „Nänie“, einer ergreifenden Totenklage auf Schillers Worte „Auch das Schöne muß sterben“, die Brahms in Trauer um den ihm so manches Jahr verbundenen Maler Anselm Feuerbach geschaffen hatte.

Beim Rheinischen Musikfest in Köln hinterläßt er 1883 mit der zweiten Sinfonie und dem zweiten Klavierkonzert starke Eindrücke. Anschließend findet er in Wiesbaden Muße, die dritte Sinfonie zu Papier zu bringen. Sie ist aus vier stark unterschiedlichen Sätzen zu einer zwingenden Einheit gestaltet; das grüblerische, verträumte Element wiegt vor, doch die in seinem Herzen verborgene scheue Innigkeit läßt immer wieder Stellen von großer lyrischer Schönheit erblühen. Die Uraufführung fand in Wien unter Hans Richters Leitung am 2. Dezember 1883 statt. Fast unmittelbar danach geht er an die vierte Sinfonie, die seine letzte werden sollte. Sie entsteht im steirischen Mürzzuschlag: die ersten beiden Sätze im Sommer 1884, die beiden übrigen ein Jahr später zur gleichen Zeit. Brahms' Befürchtung, die Sinfonie werde nach dem Klima des Entstehungsortes schmecken, in dem die Kirschen nicht reif und eßbar werden, hat sich nicht erfüllt. Zwar kann manches als „herb“ bezeichnet werden, so etwa die enge, fast mittelalterliche Polyphonie des zweiten Satzes; großartig ist der Aufbau des letzten Satzes, der sich, einer barocken Chaconne gleich, über eisern wiederholten Harmonien zyklopisch auftürmt, in dem kontrapunktische Meisterschaft mit tiefem Gefühl verschmilzt und der erregend und doch formgebannt eine gewaltige Synthese zwischen Klassik und Romantik bedeutet. Auch dieses Werk wird wieder in Meiningen einstudiert. Am 25. Oktober 1885 erklingt es dort unter der Leitung des Komponisten, vierzehn weitere Aufführungen in deutschen Städten folgen im Lauf eines einzigen Monats. Eine neue Sinfonie von Brahms – das ist zu einem bedeutenden Ereignis in Europas Musikwelt geworden. Im Sommer 1886 erfüllt sich Brahms einen langgehegten Wunsch: Er fährt zum Sommeraufenthalt ins Berner Oberland, nach Thun an den gleichnamigen malerischen See, „ganz nahe den Eisriesen“, von denen er seit seiner weit zurückliegenden Schweizer Reise mit Clara stets geschwärmt hatte. In Thun entstehen zahlreiche Werke, die Cellosonate op. 99, die

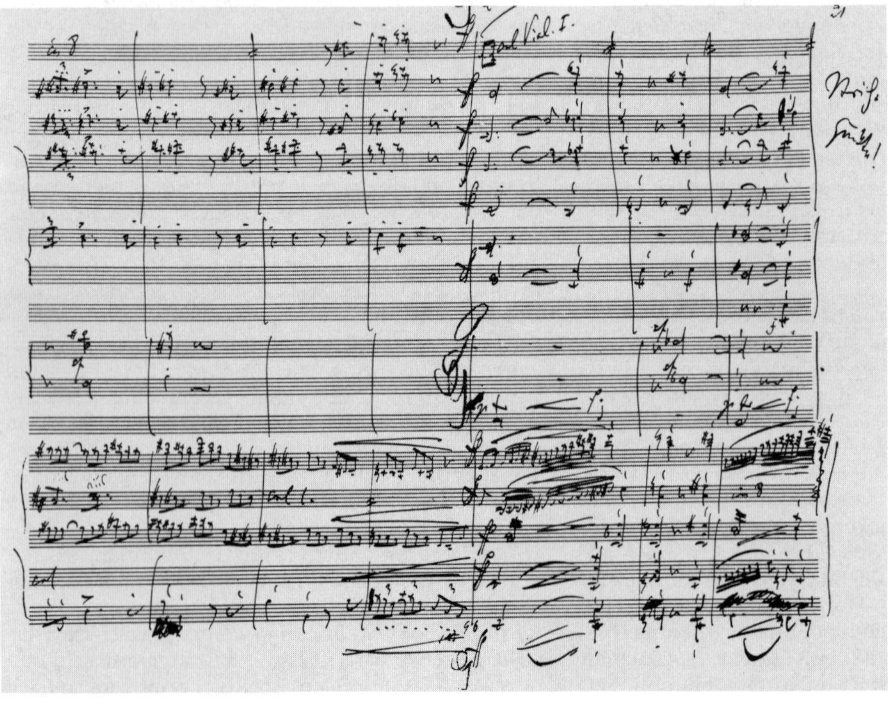

Links: Ausschnitt aus der handschriftlichen Partitur der vierten Sinfonie von Brahms.
Rechte Seite: Brahms war kein Frauenfeind, er hatte nur Angst vor „zu engen Bindungen“. Hingegen währten einige seiner Männerfreundschaften jahrzehntelang, bis zum Tod. Hier Brahms mit einem seiner besten Freunde, Johann Strauß, dem „Walzerkönig“, auf dem Balkon von dessen Villa in Bad Ischl.

Violinsonaten op. 100 und 108, das Klaviertrio op. 101. Als ein besonders lieber Gast sich ankündigt – die junge Sängerin Hermine Spies, die „zufällig durch Thun kommt", in Wahrheit aber dem längst schwärmerisch verehrten Meister nachgereist ist –, erwartet er sie mit zwei Sträußen: einem vergänglichen aus Wald- und Wiesenblumen und einem unvergänglichen von herrlichen Liedern: „Komm bald", „Wie Melodien zieht es mir", „Immer leiser wird mein Schlummer" (in dem eine ergreifende Melodie aus dem zweiten Klavierkonzert verwendet ist). Aber dies bleibt vermutlich die einzige Herzlichkeit, deren er nach außenhin fähig ist. Seit er sich altern fühlt, ist er Frauen gegenüber noch scheuer geworden als zuvor. Bei aller Freundlichkeit ist er so unnahbar, daß Hermine einem Brief anvertraut: „Wenn ich ihm nur sagen könnte, wie glücklich es mich macht, daß er so gut gegen mich ist! Die Courage fehlt einem halt immer, wenn man ihn sieht..." Nur Kinder kennen diese Scheu nicht, und ihnen gegenüber kann der rauhe Mann herzlich werden; für sie trägt er immer die Taschen voll Süßigkeiten, und selten ist er so glücklich, wie wenn sie auf ihn zulaufen und ihn umdrängen. Aus dem Berner Oberland bringt Brahms immer eine reiche Ernte mit, darunter das Doppelkonzert für Geige und Cello mit Orchester, das am 18. Oktober 1887 in Köln seine Uraufführung erlebt und anschließend in Frankfurt, Wiesbaden und Basel erklingt. Auch 1889, im letzten der Thuner Sommer, kommt Hermine Spies wieder zu Besuch. Mit wachsender Traurigkeit beobachtet sie den Verfall des Meisters: „Ich war so erschreckt, daß ich gar nichts sagen konnte. Wenn er nicht die herrlichen blauen Jungenaugen hätte und das frische liebe Wesen, wahrlich, er wäre ein Greis...", vertraut sie einer Freundin an. Ein Greis: Brahms ist eben 55 Jahre alt geworden.

Im März 1891 hört Brahms bei einem erneuten Aufenthalt im kunstsinnigen Meininger Schloß den hervorragenden Klarinettisten Richard Mühlfeld. Sofort komponiert er für ihn in rascher Folge ein Klarinettentrio, ein Quintett und zwei Sonaten, die er mit Mühlfeld gleich in Meiningen und später in Wien aufführt. „Herbstliche Spätlese" haben Biographen diesen letzten Strom seiner Inspiration genannt. Mehrere Orden werden ihm verliehen, die Ehrenbürgerschaft seiner Vaterstadt Hamburg, für die er sich mit den Fest- und Gedenksprüchen bedankt, vielenorts Huldigungen, Feste, Feiern. Der Tod beginnt im Freundeskreis Ernte zu halten. 1893 stirbt die noch junge Hermine Spies, eine der schönsten „versäumten Gelegenheiten" im Leben des Meisters, Anfang Februar 1894 einer seiner besten Freunde, der Arzt Theodor Billroth, und wenige Tage später Hans von Bülow, ein „Wagnerianer", der aber Brahms' Werke liebte und immer wieder aufführte.

Das Jahr 1895 bringt zwei wichtige künstlerische Ereignisse: Ende September steht er im Mittelpunkt eines dreitägigen Meininger Musikfestes; und im Oktober lädt ihn Zürich zur Eröffnung seines neuen Konzerthauses ein, der schönen „Tonhalle" am Seeufer. Sein „Triumphlied" leitet das Fest ein. Brausende Ovationen haben ihn auf das Podium begleitet, wo er unter dem soeben enthüllten Deckengemälde steht: Große verstorbene Meister sind darauf abgebildet und ein Lebender, er selbst. Und als er in einer noch warmen Herbstnacht aus dem Gebäude ans Ufer tritt, erstrahlt der Himmel unter einem Feuerwerk, in dem immer wieder sein Name aufleuchtet.

Vier ernste Gesänge

Am 21. Mai 1896 reißt der Tod Clara aus Brahms' Leben, in dem sie doch die wahrscheinlich größte Rolle von allen gespielt hatte. Sofort reist er nach Frankfurt, kommt aber zu spät zur Beerdigung. Da zelebriert er an ihrem Flügel in der leeren Wohnung seine eigene

Als 1895 die Zürcher „Tonhalle" eingeweiht wurde, erlebte der Ehrengast Brahms eine Überraschung. Vom Deckengemälde über dem Podium grüßte, neben Beethoven und Wagner, sein eigenes Bild.

Totenfeier. Tiefbewegt improvisiert er die erschütternden „Vier ernsten Gesänge" als Nachruf für Clara und zugleich, in dunkler Vorahnung, seines eigenen Abschieds von der Welt. Als er nach dieser nur dreitägigen Abwesenheit nach Wien zurückkehrt, ist er ein todkranker Mann. Noch einmal wohnt er im März 1897 einer Aufführung seiner vierten Sinfonie bei. Man hat ihn behutsam die Treppe in den herrlichen Saal hinauf geleitet, fast getragen. Nun neigt er sein bleichgewordenes, eingefallenes Gesicht über die Brüstung in den festlichen Raum mit den goldenen Karyatiden. Das Publikum hat sich erhoben, in den Jubel mischt sich Ahnung um die Letztmaligkeit dieser Begegnung. Der Leberkrebs, wohl lange Zeit unentdeckt, wütet in seinem Körper, der länger widerstand, als die Ärzte angenommen hatten. Doch am 3. April 1897 schließt er seine blauen Augen für immer. Wien bereitet ihm ein würdiges Totenfest. Der Sarg wurde an einem winterlich düsteren Morgen durch die von Gaslaternen erleuchteten Straßen rund um den „Musikverein" im feierlichen Schritt schwarzer Rosse gefahren, rund um den Saal, dem er als Pianist wie als Dirigent so oft den Glanz seiner Werke geliehen hatte. Hunderte von Wiener Musikliebhabern winkten ihm zum letzten Abschied zu, bevor seine Leiche hinausgefahren wurde zu den Ehrengräbern seiner Vorfahren, zur unauffindbaren Grabstätte Mozarts, zu Beethoven und Schubert, zu denen er nun für alle Zeiten gehört.

Vieles von dem, was er schuf, ist in den ewigen Besitz der Musik eingegangen: die Sinfonien, die Konzerte, die Lieder, die Kammermusik. Er ist ein „Klassiker" geworden, auch wenn er im Herzen ein Romantiker war. Hat recht, wer ihn manchmal „kühl" nennt? Kaum. Brahms hielt nur die Leidenschaft, die in seinem Herzen lebte, gewaltsam nieder, so als scheue er sich, sie mitzuteilen. Gelegentlich ist er dem Selbstzwang einer zu strengen Disziplin fast erlegen; er hielt seinen Überschwang im Zaum, er schuf strenge Formen: Toccata, Fuge, Variation. Gerade so wie er im Leben oft zurückhaltend schien, um das Lodern seines Herzens zu unterdrücken. Er blieb regungslos, wenn er doch am liebsten die Menschen umarmt hätte. Und er beherrschte seine Melodien, wenn er am liebsten mit ihnen in grenzenlose Fernen geflogen wäre.

Das Lied – die blaue Blume der Romantik

Mit der Kraft der Sehnsucht macht sich die Romantik auf die Suche nach der „blauen Blume“, nach dem „fernen Land, unnahbar euren Schritten“ (Wagner, „Lohengrin“), nach dem „Fernen Klang“ (Operntitel von F. Schreker) und dem „Glück“, das dort ist, „wo du nicht bist“ (Schubert „Der Wanderer“), nach einem unerreichbaren Traumziel.
Jede Epoche übernimmt aus der vorangegangenen, was ihrer eigenen Gefühls- und Gedankenwelt entspricht. Die Romantik behält die „großen“ Formen der Klassik: Oper, Oratorium, Sinfonie und Konzert; aber sie entwickelt neue Formen, um dem neuen, stark gefühlshaften Inhalt Ausdrucksmöglichkeiten zu schaffen. Neben die Sinfonie tritt die sinfonische Dichtung, neben die Sonate das Charakterstück, in dem die Tonmalerei zur Hauptsache wird. Die Oper neigt, neuer dramatischer Inhalte wegen, zum Musikdrama. Vieles von dem, was das Rokoko aus dem Barock übernahm, endet in der Romantik, so vor allem die Formen, die als rein verstandesgemäß (wenn auch mit starker Inspiration) galten und letzte Hochburgen der Polyphonie waren, nämlich Fuge und Passacaglia. Der reinen Aufeinanderfolge ganz verschiedener Einzelstücke, der Suite, bringt die Romantik immer geringeres Interesse entgegen. Ihre Bestreben ist es, geistige Zusammenhänge zu schaffen, scheinbar Entferntes im Gefühlserleben zu umfassen. Ihr Wunsch, die Gegensätze auszugleichen, führt zu einer möglichst engen Zusammenarbeit der Künste. Was liegt näher, als die Poesie mit Hilfe der Musik noch zu vertiefen? Dichtung und Tonkunst, das ist eine natürliche Verbindung, die seit uralten Zeiten besteht, aber nun mit romantischen Vorzeichen eine nie gekannte Intensität erreicht. Wollte man nur eine einzige, besonders charakteristische Musikform für jede Epoche nennen, dann wäre es vielleicht die Fuge für das Barock, die Sonatenform für Rokoko und Klassik, das Lied für die Romantik.
Die Geschichte des Liedes ist uralt. Bevor ein Mensch auf einem Instrument zu musizieren begann, hatte eine Mutter ihr Kind mit einem Wiegenlied in den Schlaf gesungen, mit oder ohne Worte. In sämtlichen alten Kulturen, die wir überblicken können, finden sich Spuren von Liedgesang zu religiösen oder profanen Zwecken. In der Geschichte des Abendlands hat das Volkslied seit jeher „mitgespielt“. Troubadours und Minnesänger setzen nur fort, was Skalden und Barden an Liederkunst vorgebildet hatten. Das Madrigal der Renaissance, die Motette der beginnenden Neuzeit entwickeln sich aus dem Lied, aus der gefühlvollen Melodie zu einem gedankenbetonten Text. Die Meistersinger suchen das Lied in Regeln zu fassen, doch das Lied nicht zu reglementieren. Zeitweise werden die Verbindungen zwischen Volkslied und Kunstlied enger, manchmal entfernen sie sich voneinander. Das Rokoko stand dem höfischen, dem gesellschaftlichen Lied nahe, aber eine Scheu vor der Mitteilung innigster Gefühle läßt die gemüthaften Tiefen des Liedes nicht zu. Erst in der Romantik führt der Wunsch nach Ausdruck persönlicher Gefühle auch beim Lied zu neuen Gestaltungsformen. Voraussetzung dafür ist allerdings die große Wende der Dichtkunst, die „Sturm- und Drangzeit“, die der Romantik vorausging. Beethoven, der sich vielleicht als erster Musiker den Übergang von Klassik in Romantik als seelisches Problem bewußt machte, wird auch hier entscheidend. Sein Lieder-Zyklus „An die ferne Geliebte“ ist im Jahr 1816 eine völlige Neuheit. Es ist hochinteressant, daß zur selben Zeit Schuberts Durchbruch zum neuen Lied gelingt. Keinerlei persönliche Beziehung bestand zwischen den beiden Meistern. Diese Neugestaltung des Liedes lag im romantischen „Geist der Zeit“, also wurde wieder einmal Gleiches an mehreren Stellen zugleich entdeckt. Schubert, der Urheber des neuen lyrischen oder dramatischen Liedes, verband das dichterische Wort, die ausdrucksstarke Melodie und die stimmungstragende, subtil ausgearbeitete Klavierbegleitung zur bewundernswürdigen Einheit des Kunstlieds. Ihm gelang damit eine Steigerung, Sublimierung der aus dem Volk stammenden Form.

Das Lied – ein internationaler Begriff

Vor Schubert hatte jedes Volk seinen eigenen Namen für die alte Kunstform: Die Engländer sprachen von *song*, die Franzosen von *chanson*, die Italiener von *canzone*, die Spanier von *canción*. Nach Schubert setzt sich einheitlich auf der ganzen Welt das deutsche Wort *Lied* für dessen neue Form durch: *the lied, le lied, il lied, el lied* sind „ein Begriff“. Diese heute überall geltende Bezeichnung dürfte tatsächlich mit den ersten Schöpfungen Franz Schuberts den endgültigen Sinn bekommen haben, Begriff schlechthin geworden sein.
Starke Gegensätze vereinen sich hier: lyrische, epische, dramatische, balladenhafte Inhalte, kurze und ausgedehnte Formen, heitere und ernste, volksliedhafte und kunstvoll gebaute. Der Grundgedanke jedoch bleibt ihnen allen gemeinsam: Eine menschliche Stimme singt ihre Gefühle und Gedanken; dabei verwendet sie Worte, die man etwa sehr lose mit einem Gedicht identifizieren könnte. Im Lied treffen sich, genau genommen, Gefühle und Gedanken zweier Menschen: des Dichters und des Musikers. Je enger sie sich verbinden können,

Oben: Schuberts Manuskript seiner Goethe-Vertonung „Der du von dem Himmel bist", die als eines der schönsten Lieder gilt.
Rechte Seite: Gabriel Fauré, einer der Meister der französischen Liedkunst.

desto besser wird das Lied. Der Komponist hat sich mit dem Poeten eins zu fühlen, um ein wirklich vollendetes Lied schreiben zu können; zwischen beiden muß es eine Art Seelenverwandtschaft geben. Ein Seltenes, Wunderbares kann entstehen, das man oft mit jener berühmten „blauen Blume der Romantik" verglichen hat, dem weltentrückten Symbol des Traums und der romantischen Sehnsucht. Das Lied wird zum Ideal der Romantik; in ihm drückt sich stärker als in allen anderen Kunstformen das Denken und Fühlen dieser Epoche aus.

Zur endgültigen Ausgestaltung des Liedes bedurfte es der Vervollkommnung der Klaviermechanik. Die bahnbrechenden Fortschritte im Klavierbau führen also nicht nur zum ungeahnten Ausbau der pianistischen Literatur, sondern auch zur völlig neuen „Technik" des Liedes. So wird es möglich, daß Schubert, Schumann, Brahms, Hugo Wolf, Mahler, Richard Strauss, Fauré, Duparc, Debussy und Ravel, Mussorgskij und Rimskij-Korsakow die pianistische Tonmalerei im Lied differenzieren. So kann das Klavier vom Begleiter zum ebenbürtigen Partner der Singstimme werden, die ja auch über ungezählte Klangnuancen verfügt.

Die „Geschichte des Liedes" müßte ein vielbändiges Werk darstellen; doch könnte es kaum auf „Gerechtigkeit" Anspruch erheben. Denn wenn es Tausende von verschollenen Sinfonien und Zehntausende vergessener Opern gibt, wie hoch muß die entsprechende Zahl erst bei den Liedern sein? Zur Komposition größter musikalischer Formen – Opern, Oratorien, Sinfonien, Instrumentalkonzerte – sind viele Kenntnisse und die sehr gute Ausbildung technischer Fertigkeiten unumgänglich; um ein schönes Lied zu schaffen, kann vielleicht ein einziger inspirierter Augenblick genügen. Es gibt also wohl unzählige Lieder. Im 19. Jahrhundert sprossen sie buchstäblich aus allen Winkeln des Abendlandes.

Zu Schuberts Nachfolgern gehören nahezu alle Romantiker. Weber, Mendelssohn Bartholdy, Schumann, Liszt, Robert Franz, Carl Loewe, Peter Cornelius gelten als wichtige Vertreter des „deutschen Liedes", das in seiner ganzen Fülle kaum übersehbar ist. Selbst Wagner, der Dramatiker, schrieb einen kleinen Zyklus von fünf Melodien auf Texte seiner Freundin Mathilde Wesendonk.

Frankreich erlebt das Aufblühen der Liedkunst nahezu gleichzeitig mit Deutschland. Hier haben Héctor Berlioz' (1803–1869) starke innere wie äußere Beziehungen zu seinen deutschen romantischen Zeitgenossen eine ausschlaggebende Rolle gespielt. Meisterhafte Lieder gelangen ihm, manchmal zu Zyklen voll feinsinniger Poesie gebündelt.

Die französische Spätromantik gab der Liedkunst breiteren Raum, sie erwies überzeugend, daß auch in der

lateinischen Seele die subtilsten, nur in der intimen Liedkunst ausdrückbaren Gefühle schlummern. Gabriel Fauré (1845–1924), in manchen seiner wundervollen Kompositionen Debussys Impressionismus nahe, war ein feinfühliger Lyriker, der sich vielleicht am innigsten in Lied und Kammermusik mitteilte. Doch soll auch seine Oper „Pénélope" genannt werden, die in der Heimat fast unbekannt blieb und im Ausland kaum ein verständnisvolles Ohr erreichte. Seine Schauspielmusik zu Maeterlincks „Pelléas et Mélisande" wurde von Debussys Oper verdrängt. Sein „Requiem" gehört zu den innigsten Werken geistlicher Musik. Aber es läßt den zumeist erregendsten Satz, das „Dies irae", fort (aus dem Berlioz wie Verdi wahre Dramen gestalteten): Sein weiches, sanftes, unendlich gütiges Herz weigert sich, die abschiednehmenden Seelen mit den Schrecken des Jüngsten Tages zu konfrontieren; Fauré gestaltet die Partien von Verzeihung, Vergebung, Erlösung zu erdentrückender Entschwebung aus. Aus den vielen schönen Liedern, die er schuf, sei eine kleine Auswahl geboten: „Après un rêve", „Les Berceaux", „Mandoline", „Les Roses d'Isphahan", „Claire de lune", „D'une Prison", „Le Soir", „Automne", „Au Bord de l'eau" sowie das dreiteilige „Poème d'un jour".
Henri Duparc (1848–1933) gehört zu den bewegenden Außenseitern des Musiklebens. Er verbrannte die Mehrzahl seiner Werke, da er sie für ungenügend hielt; aber selbst der Großteil des Erhaltenen ging kurz nach seinem Tod durch einen Brand zugrunde. Sein den Jahreszahlen nach langes Leben währte in Wahrheit nur wenig über 30 Jahre. Dann setzte die Krankheit ein, ein Nervenleiden, das ihn jeder Möglichkeit einer Betätigung, auch der Komposition, beraubte. So blieb von ihm nichts anderes als die sinfonische Dichtung „Léonore" (nach Bürgers deutscher Ballade) sowie 13 Lieder. Aber jedes von diesen spiegelt das reiche Innenleben, das tiefe Gefühl und die musikalische Meisterschaft eines ungewöhnlichen Menschen. Nennen wir einige der über die ganze Welt verbreiteten Melodien: „Chanson triste", „L'Invitation au voyage", „La Vie anterieure", „Elégie".
Ernest Chausson (1855–1899), als César-Franck-Schüler und Debussy-Freund ein Anhänger des Impressionismus, gehört zu den großen Lyrikern Frankreichs. Sein klangschönes „Poème" für Violine und Orchester gehörte lange Zeit zu den vielgespielten Werken des internationalen Konzertlebens. Mehrere Opern enthalten mehr, als man aufgrund ihrer Vergessenheit annehmen sollte. Als seine Meisterwerke muß man einige Lieder bezeichnen: „Le Temps des Lilas", „Apaisement", „Serres chaudes", „Les Heures", „L'Oraison" können dem unvergänglichen Schatz der 1000 schönsten Lieder der Welt zugerechnet werden. Gehört zu diesen vielleicht eine Melodie von Benjamin Godard (1849–1895), von Cécile Chaminade (1861–1944), die zu ihren Lebzeiten sehr erfolgreich waren? Was in der Kunst untergeht, muß nicht auch gestorben sein.
In Skandinavien, das sich musikalisch zumeist nach Deutschland orientiert, gehört das Lied seit langem zu den meistgepflegten Musikgattungen. Von Grieg gibt es herrliche Melodien – übrigens deutsche wie norwegische –, in Sibelius' Werk finden sie sich, und Yrjö Kilpinen sei besonders erwähnt, der – ein finnischer Schubert – seinem Volk mehr als 700 Melodien vermachte.

Wuchtig wie auf allen musikalischen Gebieten tritt das slawische Musikleben mit großartigen eigenständigen Liedern auf den Plan. Dvořáks Lieder gehören zum Wertvollsten seines Schaffens: Die „Zigeunermelodien" und die „Biblischen Lieder" gehören dem Weltrepertoire an. Besonderer Beliebtheit erfreut sich das Lied in Rußland. Es ist, als wolle hier die slawische Seele ihre tiefsten Gefühle aussingen, die heftige Freude geradeso wie die schmerzliche Melancholie. Wie in der Oper muß auch im Lied Michael Glinka als der prophetische Vorläufer genannt werden. Ihm folgen auf diesem Gebiet nahezu alle Komponisten seines Landes. Mit der Textauswahl hatten sie es leicht, denn kaum ein westliches Land konnte solchen Reichtum an wertvoller, ausdrucksstarker, wohlklingender Poesie darbieten wie Rußland. Wie in der Oper spielt auch hier der geniale Puschkin die wichtigste Rolle, aber es wäre ungerecht, neben ihm die Fülle echter Dichter zu vergessen, die der slawischen Romantik zu einem bewundernswerten Eigenleben verhalfen. Die Russen, träumerischer, empfindungsstärker als viele andere Völker, nahmen Glinkas Anregungen gerne auf und fanden in der engen Verbindung von Dichtung und Musik ein reiches Ausdrucksfeld.
Von Mussorgskij besitzen wir ungefähr 60 Lieder, die einen ungewöhnlich weiten Empfindungskreis durchschreiten. Auch in dieser Kleinform geht der Komponist eigene, oft kraß naturalistische Wege. Manchmal dehnt er in packender Schilderung derartige Balladen fast zu kleinen Dramen, etwa bei den „Liedern und

Links: Was wäre Rußlands Opern- und Liedkunst ohne den illustren Poeten Aleksandr Puschkin, der nach nur 38jährigem Leben den unsinnigen Duelltod fand (wie der Lenski seines Versromans „Eugen Onegin")? Die Vertonungen seiner herrlichen Verse sind kaum zu zählen.
Rechte Seite: Brahms' Lied „Mainacht" (nach einem Gedicht von Ludwig Hölty) gehört zu den wertvollsten Perlen der Liedkunst.

Tänzen des Todes" nach Texten von zum Teil unbekannteren Dichtern wie A. Golenischew-Kutusow, aber auch von Puschkin, Gogol, Tolstoj. Für einige seiner Lieder schrieb er selbst oft überraschend starke Verse. Wenige Komponisten haben die Kinderseele so eindringlich und zärtlich in der Musik sich aussprechen lassen wie Mussorgskij: Er läßt nicht, wie Schumann und viele andere, den Erwachsenen für das zuhörende Kind musizieren – er scheint das Kind selbst zum Singen zu bringen.
Tschajkowskij hat ungefähr 100 Lieder hinterlassen, davon 16 für Kinder, denen auch er (z. B. im Ballett „Der Nußknacker" sowie in einigen Klavierstücken) sehr nahestand. Manche seiner Lieder, wie die Goethe-Vertonung „Nur wer die Sehnsucht kennt" sowie „Mitten im Balle", wurden weltbekannt. Noch mehr Lieder hat Rimskij-Korsakow geschaffen, darunter 140 von ihm bearbeitete russische Volksweisen.
Auch die nächste Generation Rußlands zeichnet sich durch starke Neigung zur Liedkunst aus. Aleksandr Glasunow (1865–1936) vertont viel Puschkin („Östliche Romanze", „Bacchus-Lied", „Der Traum", „Die Schöne") und Heine, der das Liedschaffen der Welt inspiriert haben dürfte wie wenige. Rachmaninows ungewöhnlich schöne Lieder werden bei der Gesamtbetrachtung seiner Persönlichkeit besprochen. Aleksandr Gretschaninow (1864–1956) hingegen war in erster Linie ein prächtiger Lyriker; mehrere seiner Melodien („Heimat mein", „Vor mir die Steppe", „Wiegenlied") gehören zum Liedschatz der Welt. Sein Leben zerfiel in zwei völlig verschiedene Abschnitte: Nahezu alles, was er an Bleibendem schaffen konnte, entstand in seiner frühen Zeit, in der russischen Heimat. In der Emigration, seit 1925 in Paris und New York, wollte ihm kaum noch Bleibendes gelingen. Hier wird ein Problem angesprochen, das im Kunstleben des 20. Jahrhunderts eine große, oftmals tragische Bedeutung erlangen sollte.
Chopin, der Großmeister des Klaviers, hinterließ einige „Polnische Lieder" in reizendem Volkscharakter. Sein bedeutender Landsmann Stanislaw Moniuszko (1819–1872) schrieb mehr als 400 Lieder, die viel Schönes enthalten, denen aber keine internationale Ausstrahlung beschieden war.

Text und Musik

In den deutschsprachigen Gebieten reißt die romantische Liedkomposition nicht mehr ab. Aus der zweiten Welle, die unmittelbar der Gründergeneration folgt, ragt Johannes Brahms (1833–1897) als gewaltiger Liedmeister heraus. Sein besonderer Hang zum Volkstümlichen wird stark fühlbar, ebenso seine Neigung zur Schwermut, seine oft brennende Traurigkeit, für die er ergreifende Melodien findet. Daß schöne, zur Liedvertonung besonders geeignete Verse nicht immer von berühmten Dichtern stammen müssen, kann gerade an Brahms' Schaffen leicht aufgezeigt werden; mancher sonst vergessene Lyriker steht hier neben unsterblichen, wird durch den Komponisten ebenfalls unsterblich. „O wüßt' ich doch den Weg zurück", „Dein blaues Auge" von Klaus Groth, „Mainacht", „An die Nachtigall" von Ludwig Hölty, „Immer leiser wird mein Schlummer" von Hermann Lingg, „Sapphische Ode" von Hans Schmid, „Liebestreu" von Robert Reinick, „Feldeinsamkeit" von Hermann Almers, „Der Jäger" von Friedrich Halm, „Waldeseinsamkeit" von Karl Lemcke, „Wie bist du, meine Königin" von Georg Friedrich Daumer, „Von ewiger Liebe" wurde von Josef Wenzig einem alten slawischen Volkslied nachgedichtet, „Sonntag" von Franz Kugler. Eine Sonderstellung nimmt der „Magelone-Zyklus" (1862) ein, nach Ludwig Tieck („Die schöne Magelone").

Die romantische Ballade

In die Geschichte der Liedkunst gehört auch die Balladenform. Sie stammt aus mittelalterlichen Zeiten, war aber ursprünglich ein Tanzlied, worauf der Titel schon hindeutet, der vom lateinischen *ballare* kommt, das im Italienischen seine Bedeutung behalten hat. Nach jahrhundertelanger Pause tauchte das Wort „Ballade" um 1700 wieder auf und wurde allmählich zum längeren, eine episch-dramatische Geschichte erzählenden Gedicht. Die Vertonung lag nahe; die konnte entweder strophisch geschehen (wobei manchmal Lieder mit 20 und mehr Strophen herauskamen) oder „durchkomponiert", wodurch musikalische „Schilderungen" des Inhalts möglich wurden. Im 18. Jahrhundert schufen André, Reichardt, Zelter und andere gesungene Balladen, oft auf Texte von Goethe, Schiller, Bürger.

Sie alle überragt Carl Loewe (1796–1869), den man, wahrlich nicht mit Unrecht, den „Vater der Ballade" genannt hat. Gleichgültig, wie die heutige Einstellung zu diesem zu seiner Zeit ungeheuer populären Mann sein mag, auch jetzt noch greifen bedeutende Liedsänger zu seinen Werken und ersingen sich stärkste Wirkung damit: Ist er wirklich so hoffnungslos veraltet, wie moderne Lexika behaupten? Ist er „süßlich-biedermeierlich", „höchst mittelmäßig", hat die Ballade „als Dichtungsgattung ihre Wirkung eingebüßt"? Loewe stammte aus Sachsen. Fast ein halbes Jahrhundert lang wirkte er als Kantor und Organist in Stettin, wo auch sein gesamtes, reiches Werk entstand: vor allem Balladen, die es zu größter Volkstümlichkeit und Verbreitung brachten. In manchem Text traf er sich, ohne es zu ahnen, mit Schubert (z. B. im „Erlkönig"). Loewe war zweifellos ein „Kleinmeister", aber nicht zuletzt seine Gestalt bewegt uns dazu, über diese unselige Spezies der Komponisten ein wenig nachzudenken (und ihnen eines der nächsten Kapitel zu widmen).

Die Liedkunst, einmal durch Schubert bis zu ihren äußersten Möglichkeiten geführt, erweist sich als dauernder Bestandteil der abendländischen Musik. Sie ist mehr als die „blaue Blume" der Romantik: Sie wird an alle Stile angepaßt werden, einschließlich dem der Atonalität. Denn nichts kann den tausendfältigen Inhalt einer Seele so vollständig und kurz ausdrücken wie ein kleines Lied.

Hugo Wolf – Genie und Wahnsinn

Menschen von der Grenze weisen oft ungewöhnliche Eigenschaften, aber auch ungewöhnliche Fähigkeiten auf. In der Musikgeschichte wäre dies leicht nachzuweisen, aus dem Elsaß ebenso wie aus den österreichischen Regionen, die an Ungarn, an die slawische Welt grenzen. Von dort kamen Haydn und Liszt. Von dort her stammt Hugo Wolf, der geniale Liedmeister. Eine psychologische Studie seiner Persönlichkeit ergäbe so interessante wie erschreckende Resultate: Er war fanatisch, jähzornig, sprunghaft, liebesunfähig, aggressiv, kindisch, aber genial begabt, wenn „der Geist über ihn kam". Und sein Genie war imstande, alle erdenklichen Gefühlsregungen, einschließlich der Liebe und Zärtlichkeit, in Tönen ergreifend zu malen. Er kam am 13. März 1860 in Windischgräz zur Welt, einem Flecken in der österreichischen Untersteiermark, der heute als Slovenj Gradec zu Slowenien gehört. Wolf wird nie einen Zweifel daran lassen, der deutschen Volksgruppe zuzugehören. Wenige Musiker sind so der Sprache verbunden wie er, und keiner hat sich wie er nahezu ausschließlich der Liedkunst gewidmet, in der die Musik das engste Bündnis mit der Sprache eingeht. Mehr als bei jedem anderen auch gilt sein stärkstes Anliegen der sinnvollen, der bis ins feinste sprachbewußten Deklamation. Fast zwangsläufig mußte er auf Richard Wagner stoßen, mußte ihn zu seinem Idol erheben. Fünfjährig schon erhält er vom Vater Violinunterricht. In Graz, der Hauptstadt der Steiermark, besucht er das Gymnasium, ein mehr als knappes Tagebuch unterrichtet uns: „1871: Im Stift St. Paul Gymnasialstudien fortgesetzt. Sommer in Windischgräz. Hand gebrochen. 1872: Wieder St. Paul. Während des Gottesdienstes Orgel gespielt. 1873 und 1874: Gymnasium in Marburg besucht. Haydnische Symphonien im vierhändigen Klavierauszug zum ersten Male kennengelernt – kolossal begeistert gewesen und allsogleich eine Klaviersonate componiert. Kurz darauf Variationen, später Lieder." Dann folgt die entscheidende Eintragung: „1875: Im September nach Wien gereist. Conservatorium besucht. Zum ersten Male ‚Tannhäuser' gehört – Wagner im Hotel Imperial aufgesucht und empfangen worden. Kindische Freude. Zum ersten Mal auf Wagners Berathen Chöre komponiert." Aus dem folgenden Jahr aber berichtet er in diesen „Daten aus meinem Leben": „Plötzlich Conservatorium verlassen", ohne den mindesten Kommentar. Auch von seinem gleichaltrigen Kameraden Gustav Mahler ist keine Rede. Den führte das Schicksal auf ganz anderen Bahnen zu jenem Punkt, an dem sich ihre Wege wieder kreuzen sollten. Die Eintragungen der nächsten Jahre berichten nur über zweierlei: über dauernden Wohnungswechsel in Wien und über rege Kompositionstätigkeit.

Was immer Wolf nun in diesen Jahren schreibt, es werden nahezu ausnahmslos Lieder. Nach einer ersten Klavierkomposition (Rondo Capriccioso, 1876) folgen 18 Lieder (auf Heine-, Lenau-, Rückert-, Hebbel-Texte), dann wieder ein Klavierstück „Schlummerlied" und darauf 28 Lieder, in denen Goethe, Hoffmann von Fallersleben, Eichendorff zu den vorherigen Dichtern treten. Dann schreibt Wolf (1881) „Sechs geistliche Lieder" für gemischten Chor a cappella. So wird es ein (kurzes) Leben weitergehen. Die Reihe von 300 Liedern wird nur durch ein Streichquartett d-Moll (1874–84), die sinfonische Dichtung „Penthesilea" (nach Kleist, 1883–85), die Bühnenmusik zu Ibsens „Fest auf Solhaug" (1890), die „Italienische Serenade" (für kleines Orchester, 1892), die Oper „Der Corregidor" (1896) unterbrochen. Zahlreiche Lieder sind in zwei Zyklen zusammengefaßt: das „Spanische" und das „Italienische Liederbuch".

Wolfs Inspiration fließt seltsam unregelmäßig. Es gibt Tage, an denen er zwei, sogar drei Lieder beenden kann, andererseits aber lange, jahrelange Epochen, in denen ihm kein einziger Text gelingen will. Entsprechend sind seine Stimmungen. In einem brieflichen Rückblick auf das Jahr 1888 schreibt er an seine Mutter: „Es war das fruchtbarste und deshalb auch glücklichste meines Lebens. In diesem Jahr komponierte ich nicht weniger als 92 Lieder und Balladen, und zwar ist mir unter diesen nicht ein einziges mißlungen." Doch auch die gegenteilige Stimmung bemächtigt sich seiner: „In mir ist alles wie erstorben, nicht der leiseste Ton will erklingen, still und öde ist es in mir geworden, wie auf einem beschneiten Leichenfelde. Gott weiß, wie und wann das enden wird" (26. April 1893). „Äußerstes Unbehagen" und „drückendste Melancholie" bemächtigen sich seiner nun immer öfter. Ist in seinen Lieder etwas von diesen sprunghaften Seelenzuständen zu spüren? Diese Frage läßt sich weder bejahen noch verneinen. Welch unbegreiflicher Vorgang ist doch das künstlerische Schaffen! Ist es nicht wie eine dauernde Gratwanderung zwischen Tag und Traum, zwischen Bewußtem und Unbewußtem?

Nach der langen Lethargie folgen ab 1896 wieder Jahre überwältigenden Schaffens, vulkanartig bricht das lang Verschüttete aus ihm hervor. 1897 lesen wir in einem seiner Briefe über die eben entstandenen Michelangelo-Lieder, das zweite aus diesem Zyklus sei „das Beste, was ich bis jetzt gestümpert habe. Es ist wahrlich, um dabei verrückt zu werden, dabei von einer verblüffenden, wahrhaft antiken Einfachheit... Ich fürchte mich förmlich vor dieser Komposition, weil mir dabei um meinen Verstand bange wird …" Eine seltsame Aussage für ein Werk höchster Vollkommenheit! Ahnt Hugo Wolf etwas von dem entsetzlichen Schicksal, das ihm bevorsteht?

Eine etwa vierjährige Rezensententätigkeit hat Wolf 1887 hinter sich gebracht. Diese Jahre hatten genügt, viel Porzellan zu zerschlagen. In Wien war er in den unseligen Kampf um Wagner hineingezogen, war einer der heftigsten Parteigänger des Bayreuther Meisters geworden. Während Bruckner, weltfremd und überaus bescheiden, viel Bitternis für seine Anhängerschaft an Wagner erlitt, setzte Wolf sich zur Wehr, übertraf an Bösartigkeit noch die seiner Feinde; ja übertrumpfte an Unsachlichkeit wohl alles, was auf diesem Gebiet gesündigt wurde.

Dann blieb nur das Schaffen. Am 7. Juni wird in Mannheim seine Oper „Der Corregidor" uraufgeführt. Der Text aus dem Spanischen des Pedro Alarcón wurde von Rosa Mayreder als Opernlibretto bearbeitet, mit Witz und Geist, wenn auch wenig dramatischem Leben. (Manuel de Falla hat diesen Stoff zum Ballett „El Sombrero de tres picos" / „Der Dreispitz" gestaltet.) Der Erfolg ist freundlich. Zur erhofften Aufführung an der Wiener Oper kommt es hingegen nicht. Die beiden Freunde aus Studientagen sprechen darüber: Gustav Mahler, der 1897 Direktor der Hofoper wurde, und Hugo Wolf, der in Wien keine große Rolle spielte und

227

Großherzogliches Hof- und Nationaltheater in Mannheim.

Sonntag, den 7. Juni 1896.

94. Vorstellung im Abonnement A.

Zum ersten Male:

Der Corregidor.

Oper in 4 Akten von Hugo Wolf. Text nach einer Novelle des Alarcon von Rosa Mayreder-Obermayer.
In Scene gesetzt vom Intendanten. — Dirigent: Herr Hofkapellmeister Röhr.

Personen:

Don Eugenio de Zuniga, Corregidor	Herr Rüdiger.
Juan Lopez, Alkalde	Herr Döring.
Pedro, dessen Sekretär	Herr Erl.
Tonuelo, Gerichtsbote	Herr Hildebrandt.
Repela, Diener des Corregidors	Herr Marx.
Tio Lukas, Müller	Herr Kromer.
Ein Nachtwächter	Herr Starke.
Donna Mercedes, Corregidora	Frau Sorger.
Frasquita, Gattin des Müllers	Frl. Hohenleitner.
Duenna, im Dienste der Corregidora	Frau Seubert.
Manuela, Magd bei Juan Lopez	Frl. Wagner.

Ein Nachbar. Bischof und geistliches Gefolge. Gesinde des Corregidors. Algnacils. Musikanten.
Schauplatz: Gegend in Andalusien. — Zeit: 1804.
Dekorative Einrichtung: Herr Auer. — Malerei: Herr Remmler.

Der Text der Oper ist beim Portier, am Kiosk und an der Kasse für 50 Pfennige zu haben.

Kassenöffnung 6 Uhr. Anfang 1/2 7 Uhr. Ende nach 9 Uhr.

Nach dem zweiten Akt findet eine größere Pause statt.

Die Freibillets sind für heute aufgehoben.

Eintritts-Preise:

Ganze Logen:

Loge II. Rangs	Mk. 2.50	per Platz

Einzelne Logenplätze:

Reserveloge I. Rangs, 1. Reihe	„ 6.—	„ „
2. 3. u. 4. Reihe	„ 5.50	„ „
Reserveloge II. Rangs, 1. Reihe	„ 4.—	„ „
2. u. 3. Reihe	„ 3.50	„ „
Reserveloge III. Rangs, 1. Reihe	„ 2.50	„ „
2. u. 3. Reihe	„ 2.—	„ „
Loge II. Rangs, 1. Reihe	Mk. 3.50	per Platz
2. u. 3. Reihe	„ 3.—	„ „
Loge III. Rangs, 1. Reihe	„ 2.50	„ „
2. u. 3. Reihe	„ 1.50	„ „
Sperrsitz im Parquet	„ 4.—	„ „
Stehplatz im Parquet	„ 3.—	„ „
Parterre	„ 2.—	„ „
Prosceniums-Loge III. Rangs	„ 1.50	„ „
Gallerieloge	„ 1.—	„ „
Gallerie	„ —.50	„ „

Die Tageskasse (Concertsaal-Eingang) ist geöffnet: Vorm. von 11—1 Uhr.
Stehplätze im Parquet werden erst 5 Minuten vor Beginn der Vorstellung ausgegeben.

Vormerkungen für die Sonntagsvorstellung werden jeweils von Donnerstag Vormittag 10 Uhr an während der üblichen Kassenstunden an der Hoftheaterkasse entgegengenommen.
Die Abgabe der vorgemerkten Eintrittskarten erfolgt für die Sonntagsvorstellung Samstag Vormittag von 10–12 Uhr an der Hoftheaterkasse.

Für Auswärtige nehmen Bestellungen an: die Bahnverwaltung in Ludwigshafen durch Vermittlung sämmtlicher Stationen der Pfälzer Bahnen und in Heidelberg Herr Carl Hochstein (vorm. G. Guttenberger) Hauptstr. 122.

Letzte Eisenbahn-Fahrten:

Von Mannheim:

Nach Heidelberg	10 Uhr 53
(Dieser Zug wartet bis spätestens 11 Uhr 15.)	
Nach Heidelberg, Bruchsal, Karlsruhe, Stuttgart	12 Uhr 08
(Schnellzug.)	
Nach Weinheim, Heppenheim	10 Uhr 40
(Dieser Zug wartet bis spätestens 11 Uhr 20.)	

Von Ludwigshafen:

Nach Schifferstadt, Speyer, Neustadt, Germersheim, Landau	10 Uhr 50
(Dieser Zug wartet bis spätestens 11 Uhr 00.)	
Nach Schifferstadt, Neustadt, Landau, Straßburg	1 Uhr 00
(Schnellzug.)	
Nach Frankenthal, Worms	11 Uhr 30

Ein Lokalzug von Mannheim nach Neckarau, Schwetzingen geht 1/2 Stunde nach Beendigung der Theatervorstellung, frühestens 11 Uhr ab.

Montag, den 8. Juni 1896. 94. Vorstellung im Abonnement B.

Rosenkranz und Güldenstern.

Lustspiel in 4 Aufzügen von Michael Klapp.

Anfang 7 Uhr.

An jenem Abend waren im Nationaltheater Mannheim die „Freibilletts aufgehoben" (wie bei Premieren üblich). Leider ist dies bei heutigen Aufführungen von Hugo Wolfs bezauberndem „Corregidor" kaum mehr der Fall: Das Werk wurde fast nirgends zum kassenfüllenden Erfolg und blieb jenseits der deutschen Sprachgrenzen beinahe unbekannt.

dessen geniale Lieder Mühe hatten, sich durchzusetzen. Mahler scheint Wolfs Begabung durchaus erkannt zu haben, riet ihm aber, dem Werk eine gründliche dramaturgische Bearbeitung angedeihen zu lassen, zu der er sich anscheinend sogar selbst erbietet. Doch es kommt nicht dazu, und niemand weiß so recht, warum. Vielleicht spielt dabei auch Wolfs Geisteszustand eine Rolle, der sich 1897 sehr verschlechtert. Eines Tages überrascht er Freunde, die seine Wohnung betreten, mit der Mitteilung, er sei soeben zum Direktor der Hofoper ernannt worden. Er war bereits im Frack und bereit, sofort in die Oper zu fahren, um sein Amt anzutreten. Nur mit List gelingt es den entsetzten Vertrauten, den Wagen umzuleiten: Er bringt Wolf in eine Heilanstalt. – Von dort stammt der erschütternde Brief: „Offengestanden graut es mir vor meiner ganzen Vergangenheit, abgesehen die seeligen Stunden des Produzierens. Wie froh bin ich, alle meine bisherigen sogenannten ‚Freunde' durch mein Unglück losgeworden zu sein. Ach, wie freue ich mich auf mein kommendes Einsiedlerleben! Der Gedanke, ganz allein in der Welt zu stehen, beseeligt mich bis zum Schwindel. Keine Enttäuschungen mehr zu erleben, weil ich von der Welt nichts mehr erhoffe, welche Wonne!"

Aber es ist noch nicht die letzte Etappe. Anfang 1898 wird Wolf aus der Klinik entlassen, da sein Zustand gebessert erscheint. Eine Italienreise soll ihn aufheitern. Doch im Salzkammergut springt er in einen See, um sich zu ertränken. Dann bittet er selbst, wieder interniert zu werden. Die Landesirrenanstalt Steinhof bei Wien nimmt ihn auf. Die Berichte über seine letzten Jahre sind grauenhaft zu lesen. Am 22. Februar 1903 macht die Paralyse dem gemarterten Dasein Hugo Wolfs ein Ende. Die meisten seiner Lieder aber gehören zum unsterblichen Besitz der Tonkunst. Wer vermag dieses Rätsel zu erklären?

Die Wissenschaft hat viel über die geheimnisvollen Zusammenhänge zwischen Genie und Wahnsinn geforscht. Hugo Wolf bietet einen der „interessantesten" der tragischen Fälle in der Geschichte der Musik. Von der Nachwelt erhielt er ein Ehrengrab im Wiener Zentralfriedhof.

Größe in der Kunst

Kunst ist nicht meßbar, und damit müssen wir uns abfinden. Wo ein Maß festgelegt werden kann, ist ein Streit um Rangordnungen überflüssig, die meßbare Leistung bestimmt alles. Wer hundert Meter in zehn Sekunden läuft, ist besser als derjenige, der es in elf schafft. Wer in der Schachwelt sich durch eine größere Zahl von Siegen hinaufarbeitet, wird Landes-, Europa-, Weltmeister. Die Tennis-Ranglisten werden aufgrund höchst komplizierter, aber kaum bestreitbarer Ergebnisse festgestellt. Die Kunst kennt keine Ranglisten. Und wo durch Wettbewerbe versucht wird, etwas Derartiges doch herzustellen, begibt man sich auf unsicheres, anfechtbares Terrain und erfährt das so bittere Gefühl möglicher Ungerechtigkeit. Der Sport paßt genau in die heutige Leistungsgesellschaft, deren Wahlspruch „Siegen oder verlieren" heißt. Die Kunst aber wird nur dort richtig bewertet, wo sie ihren wahren Sinn erfaßt hat: unendlicher Tummelplatz von Talent, vielleicht Genie zu sein, zur Freude und inneren Bereicherung der Menschheit. Darum kennt der Sport strenge Regeln, wer nicht „einwandfrei" kämpft, wer etwa des „Dopings" überführt wird, scheidet erbarmungslos aus der Konkurrenz. Wer wollte Mussorgskij disqualifizieren, weil er „Boris Godunow" im Alkoholrausch schrieb, wer Berlioz in eine Untersuchung ziehen, weil seine „Phantastische Sinfonie" wahrscheinlich unter Drogeneinwirkung entstand?

Zur Größe in der Kunst scheint es recht verschiedene Wege zu geben. Vielleicht führt der eine über die Schule, die Prüfungen, das Lehren, zur Meisterschaft. Der Meister muß alles beherrschen, was es auf seinem Gebiet gibt. Der Maler kann einen Menschen auf der Leinwand „getreu" abbilden, vielleicht „lebensecht". Doch ein malendes Genie fängt etwas von des Menschen Seele ein, das möglicherweise neunundneunzig von hundert Vorübergehenden nie gesehen hatten, ja das sogar der „Meister" der Malkunst in längeren Porträtsitzungen nicht bemerkte. Ein Meister muß kein Genie haben. Und ein Genie muß kein Meister sein. In der Musik muß ein Meister in jedem Augenblick sofort eine tadellose vierstimmige Fuge schreiben können, die das Entzücken seiner Kollegen hervorruft; die Fuge eines Genies mag Mängel aufweisen, aber es findet einen neuen Klang, einen seltsamen Akkord, der den Hörer noch lange Zeit später aus dem Traum auffahren macht.

Vielleicht ähneln die Meister dem gestirnten Himmel, der sich über der Welt der Kunst wölbt. Der Astronom kennt sie alle, weiß, welche Bahn sie ziehen werden, bis sie am Morgen erlöschen. Aber dann saust plötzlich ein leuchtender Punkt über das Firmament, von irgendwo kommend und ins Dunkle rasend, ein Komet, eine Sternschnuppe, ein Irrstern. Das sind die Genies. Sie kreuzen den Weg der Meister, ohne ihn zu berühren oder ihn zu verändern, ohne sich von ihm ablenken zu lassen. Es ist, als kämen sie aus einer anderen Welt.

In jeder Epoche gibt es sie alle: die Meister, die ihre verschiedenen Helligkeitsgrade haben, und die Genies. Der Mensch – der sensible Mensch, der manchmal zum Sternenhimmel emporblickt, im Gegensatz zur Mehrzahl der anderen, die nur auf die Straße und ihre möglichen Hindernisse schauen – bobachtet sie alle, freut sich an ihnen und macht sich seine Gedanken darüber. Er weiß, daß die Größenordnung, die er den beobachteten Himmelskörpern zuordnet, unrichtig ist, daß oft, was kleiner erscheint, ungleich größer sein kann als das groß Scheinende und umgekehrt. Und so ist es in der Kunst. Komponisten, die es zu hohem Rang und Ansehen gebracht haben, verblaßten im Angedenken späterer Generationen; andere, die unscheinbar, unbemerkt gelebt und geschaffen hatten, werden erst von den Nachfahren richtig erkannt. Die Wertungen richten sich nach vielerlei Kriterien, sie sind vom „Zeitgeist" abhängig. Vielleicht findet sich in der Bibliothek einiger unserer Leser ein altes Musiklexikon. Darin zu blättern, Komponisten des 19. Jahrhunderts nachzuschlagen, bedeutet mehr als oft verblüffenden Zeitvertreib: Da werden manche „Große", die heute unangefochten repertoirebeherrschend sind, mit wenigen, eher geringschätzigen Worten abgetan, da verfügen andere, deren Namen im heutigen Musikleben nur noch ganz selten auftauchen, über mehrspaltige Lobeshymnen.

Schon auf früheren Seiten erwähnten wir die Menge von überlieferten Komponisten einer Ära; sie formten, bildlich gesprochen, das breite, imposante Bergmassiv, aus dem die höchsten Spitzen der genialen Meister herausragten. Nie reckt sich ein Mount Everest aus der Tiefebene in seine sturmumbrausten Höhen. Tausend Kleinere, Niedrigere bilden das Gebirge, aus dem er ragt. Dürfte man sie „Kleinmeister" nennen? Das Wort stammt aus der bildenden Kunst, bedeutete ursprünglich etwas ganz anderes: So nannte (und nennt) man die Miniaturisten, die Künstler des Kupferstichs, des Holzschnitts. Demnach wären in der Musik etwa Hugo Wolf oder Chopin „Kleinmeister", weil sie sich den formell „kleinen" Werken zuwendeten, den Liedern, den Klavierstücken, weil sie sich kaum den Opern, Sinfonien, Oratorien widmeten, die – rein vom Aufwand der Mittel her – als „groß" gelten. Doch nehmen wir, es ist ja nur ein Vorschlag, die Bezeichnung der „Kleinmeister" in anderem Sinn: Verstehen wir darunter die Fülle jener Komponisten, die nicht die Spitzen, wohl aber das Massiv darstellen. Sie sind notwendig, um den unerläßlichen Unterbau zu bilden, ohne den es die Spitzen eben nicht geben kann. Sie sind aus ihrer Zeit nicht fortzudenken. Heute setzt niemand Zelenka mit Bach gleich, Koželuch mit Mozart, Reicha mit Beethoven, aber zu ihren Lebzeiten mag mancher Liebhaber, ja sogar Kenner den einen geradeso gern gespielt oder gehört haben wie den anderen. Erst die Zeit hat entschieden. Ob sie dabei immer völlig gerecht verfuhr? Wer kann das sagen?

Die Lust am Unechten

Wir halten hier einen Augenblick im Gang durch die Jahrhunderte inne. Das hat mehrere Gründe. Einmal, weil die Romantik uns noch nahe genug dünkt, um auch ihre tieferen Gefilde beleuchten zu können. Zum anderen, weil ihr Überschwang an Gefühlen die Unterschiede zwischen Groß- und Kleinmeistern besonders leicht verschwimmen ließ. Die Romantik erscheint uns heute im Rückblick ganz besonders als eine Epoche, in der viel „Unechtes" sich unter das Echte mischte und in der es vielleicht schwierig war, beides stets zu trennen. Das Wort vom „Kitsch" taucht auf, das nicht leicht zu definieren ist. Es ist stets schwerer, Gefühle vorzutäuschen als Tatsachen. Egon Friedell nennt in seiner klugen „Kulturgeschichte der Neuzeit" die „Lust am Unechten" einen der Hauptzüge der Spätromantik: „Jeder verwendete Stoff will mehr darstellen, als er ist... Getünchtes Blech maskiert sich als Marmor, Papiermaché als Rosenholz, Gips als schimmernder Alabaster, Glas als künstlicher Onyx. Die exotische Palme im Erker ist imprägniert oder aus Papier, das leckere Fruchtarrangement im Tafelaufsatz aus Wachs oder Seife..." Den Musikern ergeht es ähnlich: Es gibt viel vorgetäuschten Tiefgang, viel gespielte Melancholie. Gründerzeit und Belle Époque sind kaum denkbar ohne eine Dosis von Selbstbetrug, von äußerlichen Wirkungen. Jede nicht aufgelöste Dissonanz will Weltschmerz vorspiegeln, jede gewöhnliche Dreiklangsharmonie naturhaftes Empfinden. Die Kleinmeister finden ein überreiches Betätigungsfeld, denn im Äußerlichen gleichen sie oft genug den Großen, glauben auch selbst ehrlich an eigene Größe. Ja, sie pochen sogar manchmal an die Pforte der Großen. Es gibt nicht nur Kleinmeister, die ihre Stunde der Größe haben; es gibt sie sogar mit einer einzigen Stunde Genialität im Leben. Wer oder was hindert sie am Eintritt in das Reich der Großmeister? Es ist eine fesselnde, zumeist unbeantwortbare Frage: Fehlte ihnen die „Persönlichkeit", die unerläßliche geistige Statur? Die Willenskraft, sich durchzusetzen gegen Gleichgültigkeit oder Mißgunst der Umwelt? Der ausstrahlungsfähige Wirkungskreis? Der Mut zur persönlichen, rahmensprengenden Leistung, im Alleingang gegen die herrschende Richtung? Ein stützender Freundeskreis voll Überzeugung und innerer Begeisterung? Die seelische Hilfe einer liebenden, verständnisbereiten Gefährtin? „Mir war auf dieser Erde das Glück nicht hold", singt Gustav Mahler. Gibt es das, das Glück? Oder ist es ein wenig von alledem, was wir aufzählten? Fehlte es ihnen vielleicht an körperlicher Gesundheit und Stärke? Lag es an der kurzen Zahl von Lebensjahren, die ihnen vergönnt war? Doch: Pergolesi, Mozart, Schubert? Kommt es

nicht, eher als auf die Lebensjahre, auf die Schaffenskraft an, die jeder schöpferischen Stunde innewohnt und deren es in einem kurzen Leben geradeso viele geben kann wie in einem langen?

Die „Kleinmeister"

Groß oder klein im Reiche der Kunst, das ist die Frage. Wahre Bedeutung wird zumeist erkannt, und sei es auch nur von wenigen. Wo liegt die untere Grenze der Größe? Gehört Schmidt von Lübeck nicht vielleicht zu den Großen, nur weil er die eine Zeile schrieb: „Dort, wo du nicht bist, dort ist das Glück", Rouget de l'Isle für die eine geniale Stunde, in der er die „Marseillaise" sang, tausend andere für dies und jenes, was in Archiven schlummert oder nicht einmal das? Und darum findet der vielleicht überraschte Leser hier dieses Kapitel, das überschrieben sein möge: „Eine Lanze für die Kleinmeister". Er möge in ihm keine Auseinandersetzung mit der Geschichte suchen; die wäre so unmöglich wie sinnlos. Höchstens ein paar Gedanken für Neubewertungen, die Berufenere vielleicht eines Tages vornehmen könnten.
Wer denkt nicht an Friedrich Silcher (1789–1860), der sein Leben lang über eher bescheidene Lehrämter, vor allem in Tübingen, nicht hinauskam, ja wahrscheinlich gar nicht hinauswollte? An die glänzenden Karrieren manches Kollegen, an Konzerte mit europäischer Resonanz und Tourneen durch Weltstädte dachte er kaum. Wo er wirkte, konnte er seinem Ideal näher-

kommen, einer musischen Volksbildung im Geiste Pestalozzis, einer liebevollen Pflege des deutschen Volksliedes, von dem er sich eine moralisierende, gesundende, reinigende Kraft versprach, wie die Völker des Abendlandes sie in den Zeiten beginnender Dekadenz zu brauchen schienen.
Neben Silcher gehört dazu, vergessener als dieser, der seltsame Florentin von Zuccalmaglio (1803–1869), dem nicht nur die Erhaltung zahlreicher alter Volkslieder zu danken ist, sondern auch viele Kompositionen in diesem Geist, die zu Volksliedern wurden: „Kein schöner Land", „Der Jäger längs dem Weiher ging", „Da drunten im Tale", „Es fiel ein Reif in der Frühlingsnacht", „Es saß ein schneeweiß Vögelein", „Feinsliebchen, du sollst mir nicht barfuß geh'n" und viele andere, zu deren Autorenschaft er sich aber nie bekannte. Seine Beiträge in Schumanns Musikzeitschrift publizierte er unter Pseudonymen, von seinem längeren Wirken in Warschau weiß kaum noch jemand.
Ganz im Gegenteil konnte die Romantik sich für das Wirken von Louis Spohr (1784–1859) nicht genug begeistern. Als Geiger stand er Paganini nahe, besonders unter den Deutschen, die sich für dessen „Hexenkunststücke" nie ganz erwärmen konnten. Als Dirigent gehört er zu den frühesten Meistern dieses Berufs. Es ist hier nicht der Platz, seine Laufbahn nachzuzeichnen, aber unzählige Zeugnisse lassen vermuten, daß er zu seiner Zeit in vielen Kreisen als „Großmeister" galt, viele seiner Werke (die Opern „Faust" und „Jessonda", zehn Sinfonien, fünfzehn Violinkonzerte, schöne Kammermusik, Lieder usw.) waren ungemein verbreitet. Doch im späteren Verlauf des Jahrhunderts und auf die „Neuzeit" zu verblaßte sein Ruhm, weit über Erwarten und wohl auch entgegen seinem Verdienst. Deutlich zum Kleinmeister

Linke Seite: Rouget de l'Isle, das „Genie einer Stunde", dem in einem inspirierten Moment die „Marseillaise" gelang, bis heute die Hymne der Franzosen.
Rechts: Der hochverdiente „Volkslied"-Silcher mit seiner ihm eben angetrauten achtzehnjährigen Gattin.

geworden, erlebte sein Name doch zu Ende des 20. Jahrhunderts eine fast überraschende Renaissance.
Nicht ganz so kraß verlief das Andenken Max Bruchs (1838–1920). Ist er wirklich den Kleinmeistern zuzuzählen, wie es zumeist geschieht, oder stellt die allgemeine Schätzung seines ersten Violinkonzerts, das nun seit weit über einem Jahrhundert zu den beliebtesten Werken der Konzertsäle in der ganzen Welt gehört, ihn nahe zu den „Großen"? Höchste Bewunderung verdient auch seine Bearbeitung des hebräischen Kol-Nidrei-Gebets für Cello und Orchester, das vielleicht auch als einer der genannten „Geniestreiche einer Stunde" zu erwähnen wäre.
Joachim Raff (1822–1882) war ein hochangesehener Musiker seiner Zeit, doch heute ist der kleine Lehrer vom Zürichsee, der eines Tages aufbrach, um Franz Liszt zu folgen, fast vergessen. Seine elf Sinfonien, zahlreiche Kammermusik voll romantischen Überschwangs waren lebende, vielgespielte Zeugnisse seiner Zeit, die es an Ehren für ihn nicht fehlen ließ und ihn zum Direktor des Hoch'schen Konservatoriums in Frankfurt machte, wo Clara Wieck und viele andere Bedeutende Professoren waren. Ein Musiklexikon von 1877 räumt Raff den enormen Raum von mehr als zwei Seiten ein, gegenüber einer knappen halben, die es Brahms gewährt.
Auch von Robert Volkmann (1815–1883) sagt dieses Lexikon aus, er sei „ein sehr bedeutender Komponist, hochgeschätzt und verehrt" und stehe „in der vordersten Reihe der zeitgenössischen Tonschöpfer, besonders seit der Herausgabe der 1863 publizierten Sinfonie, eines Meisterwerks ersten Ranges". Wo ist diese jetzt? Wer entsinnt sich ihrer noch? Höchstens greift eines der zahlreichen Kammerorchester unserer Tage zu einer seiner Serenaden, die ein wenig an Schumann gemahnen.
Ebenso vergessen ist Karl Goldmark (1830–1915), der seinerzeit durch seine glutvoll-exotische Oper „Die Königin von Saba", durch seine Ouvertüre „Sakuntala", seine Sinfonie „Ländliche Hochzeit" in glänzendem Ruf stand. Wer hat den Namen Friedrich Kiel (1821–1885) je gehört? „Der Riemann", das Jahrzehnte hindurch führende Musiklexikon Deutschlands, billigte ihm einen „unzweifelhaften Anspruch auf einen Platz unter den Ersten" zu. Die Ersten, das waren ja Brahms und Bruckner, Smetana und Tschajkowskij, Liszt und Dvořák...
Aus dem kleinen Liechtenstein stammte Joseph Rheinberger (1839–1901), hochgeschätzt als Lehrer, viel-

Unten: „Kammermusik im Hause Spohr", Zeichnung um 1840 von Carl Heinrich Arnold (in Privatbesitz Donaueschingen).
Rechte Seite oben: Joachim Raff, gebürtiger Schweizer, zu seinen Lebzeiten vielgespielter Sinfoniker und Kammermusikkomponist, Sekretär Liszts.
Rechte Seite unten: Joseph Rheinberger, unter dessen romantischen Kompositionen noch einige Orgelsonaten am Leben sind.

fach ausgezeichnet, Mitglied der Berliner Königlichen Akademie, seine Werke viel gespielt: Ist wirklich die Gedenktafel in Vaduz das letzte, was an ihn erinnert? Carl Reinecke (1824–1910) erwarb sich einen großen, europaweiten Namen: Hofpianist in Kopenhagen, Lehrer am Konservatorium in Köln, Musikdirektor in Barmen, Leiter der Singakademie in Breslau und ein Vierteljahrhundert lang Dirigent der Gewandhaus-Konzerte in Leipzig; seine Opern, Sinfonien, Instrumentalwerke standen auf vielen Programmen. Man zählte Reinecke, obwohl eine gewisse epigonale Nähe zu Wagner spürbar ist, doch eher zur Schumann-Mendelssohn-Brahms-Linie der Romantik. Während die neuere Musikliteratur ihn fast nur noch als Lehrer Griegs nennt, erinnert sich die Schallplatte (unter dem Zwang, ununterbrochen „Neues" auf den Markt zu bringen) gelegentlich auch eines Kleinmeisters. Und dabei erwies sich der Rückgriff auf Reineckes Kammermusik in verschiedenen Besetzungen als prächtiger Fund echt romantischen Wohlklanges.

Ludwig Thuille (1861–1907), ein Südtiroler, der in München wirkte, stand an der Spitze einer vielbeachteten „Tonschule", die an ihrer zu orthodoxen Wagner-Nachfolge scheitern mußte. Heute ist nichts mehr von seinen Opern („Theuerdank", „Lobetanz"), seinen Orchesterstücken („Romantische Ouvertüre", „Traumsommernacht") und Kammermusik lebendig. Seine „Harmonielehre" sucht noch 1907 die Herrschaft der – allerdings freizügig erweiterten – Tonalität zu retten, die schon stark in Frage gestellt wurde.

Robert Fuchs (1847–1927) war Hoforganist und angesehener Konservatoriumslehrer in Wien, aus dessen international bekannter Schule drei Große der nächsten Generation hervorgingen: Gustav Mahler, Alexander von Zemlinsky, Frank Schreker. Seine eigenen Werke aber sind vergessen.

War Theodor Fröhlich (1803–1836) ein „Kleinmeister" oder nicht einmal das? Er gehört zu den tragischen Musikern der Geschichte, bei denen jede Eingliederung versagt. Nach Studien in Berlin ging Fröhlich in seinen Heimatkanton Aargau zurück, wo er sich jung das Leben nahm. Seine vielen Lieder und Chöre blieben unbeachtet oder wenn sie, wie es seiner erfolgreichsten Melodie geschah, volkstümlich wurden, brachte niemand sie mit ihm in Verbindung: „Wem Gott will rechte Gunst erweisen…" Eichendorff dichtete das. Haben mehr als ein Dutzend Menschen je gewußt, daß ein Tiefunglücklicher es vertont hat?

Wir haben im Kapitel über die deutsche Spieloper eine Reihe von Namen aufgezählt: Lortzing, Flotow, Cornelius, Goetz, Nicolai. Jeder einzelne von ihnen scheint genug geleistet zu haben, um nicht den Kleinmeistern zugerechnet zu werden, sie gehören wohl zweifellos zu den unangreifbaren Meistern. Ob mit nur einem Werk oder mehreren, ob ihrer Kompositionen willen oder anderer musikalischer Taten und Leistungen, mag gleichgültig sein. Was wäre an Flotow „klein", was gar an Lortzing, außer dem geographischen Gebiet seiner Ausstrahlung? Vielleicht könnte man allenfalls von „Meistern der kleinen Formen" sprechen. Doch ist nicht die Miniatur eine hochwertige Kunstform, in der vollendete Meisterschaft sich vollgültig erweisen kann? Sie adäquat zu gestalten, erfordert nicht weniger Kraft und Können als ein gewaltiges Wandgemälde. Hätte Schumann nichts anderes geschaffen als die „Träumerei", man sollte bedenken, ob man ihn nicht allein deswegen Großmeister, ja Genie nennen müßte.

Romantische Musik aus dem Norden

Eines der hervorstechendsten Merkmale des 19. Jahrhunderts ist der Aufbruch der europäischen Randstaaten zur eigenen Identität in Kunst und Kultur. Ziemlich gleichzeitig werden solche Strömungen in Polen, Rußland, Böhmen fühlbar. Chopins Auftauchen im Westen muß wie ein Paukenschlag gewirkt haben. Man ahnte vermutlich gar nicht, daß es sich hier um den Vorboten einer neuen Strömung handelte und betrachtete ihn als einzelnes Genie, das neue Töne anschlug. Massiver erfolgte der Auftritt des „Nationalen" in Böhmen, der späteren Tschechoslowakei. Smetana und Dvořák folgten rasch aufeinander, von Gefolgsleuten begleitet. Stark war die Phalanx Rußlands, wie wir sahen. Auf den Propheten Glinka folgte bald eine starke Gruppe, die als „Mächtiges Häuflein" es wagen konnte, den Kampf gegen Konservativismus und „Konservatorium" aufzunehmen. Um 1875 sind in der gesamten slawischen Welt die Weichen zum Neuen gestellt. Die Zeit zum Aufbruch ist nun in allen Randgebieten Europas gekommen. Das überall erwachende Nationalgefühl verlangt den Aufbau völkischer Kulturen. Es ist eine Bewegung gegen das nun tausendjährige Abendland, das zu verfallen beginnt. Voran gehen Dichtung und Literatur, im starken Gefühl der eigenen Sprache, sowie – und ganz besonders – die Musik, die auf altem Fundament aufbauen kann, nämlich dem Volkslied, dem Volkstanz, die, von den oberen Schichten unbeachtet, seit Jahrhunderten existiert hatten. Daß diesen Strömungen zugunsten des Nationalen, des „Völkischen", das man bald beginnen wird „Folklore" zu nennen, ein unübersehbarer sozialer Grundzug anhaftete, wurde schnell klar. Sie stammten letzten Endes aus der Französischen Revolution, die Europa nicht mehr zur Ruhe kommen ließ bis 1830, 1848, ja bis 1905, 1917, 1918, 1945 und weiter. Das Zeitalter der Technik war angebrochen, die Eisenbahnen, die Dampfschiffe ließen die Völker näher aneinanderrücken, sie zeigten den armen Klassen aber auch, wie in den Zentren der Länder und Kulturen die Oberschichten unvergleichlich besser lebten als sie selbst. Folklore wurde zur Kunst der Unterprivilegierten, die, je mehr sie einander kennenlernten, das Gefühl ihrer Macht durch revolutionären Zusammenschluß erhielten. Solange, und wo die Bewegung friedlich vor sich ging, schlug sich ein nicht zu unterschätzender Teil des Bürgertums zu ihnen: Mochte es aus angeborenem Gerechtigkeitssinn sein, der die Jugend stets beseelt, oder mochte es sein, daß stärkere Naturen hier eine Chance witterten, Führerposten zu ergattern, die ansonsten unerreichbar blieben. Selten hat Sozialgeschichte sich so deutlich in der musikalischen Entwicklung gespiegelt. Mussorgskijs „Boris Godunow", die so harmlos wirkende „Verkaufte Braut" Smetanas, die große Europatournee des friedfertige Lieder singenden Negerchors aus den USA, die ersten Ragtimes und Cakewalkes, die lächelnd-bissigen Parodien Offenbachs: In alledem (und in noch vielem mehr) schlummerte sozialer Sprengstoff, von dem seine Träger selbst kaum etwas ahnten.

Dänemark

Die Strömungen der musikalischen Selbstidentifikation erreichten den Norden Europas. Dänemark, ein Land alter Musikkultur, war stets unter deutschen Einflüssen gestanden. Seine Hofkapelle, eine der frühesten der Geschichte, ähnelte den ersten auf deutschem Boden, besaß des öfteren deutsche Kapellmeister, spielte deutsche Barockmusik, sandte seine begabten Söhne nach Süden, um sich in der Musik ausbilden zu lassen, sei es nach München oder Wien oder Venedig. Dänemark war ein selbstverständlicher Teil des Abendlandes. Aber schon frühzeitig erstand Dänemark ein Musiker, der mit „nationalen" Klängen seinem Land eine eigene Musik zu geben vermochte. Christopher Ernst Weyse (1774–1842), in Altona geboren, aber Organist in Kopenhagen, sammelte skandinavische Volkslieder, mit deren Hilfe er versuchte, seinen Schülern, neben technischer Versiertheit, ein musikalisches Heimatgefühl zu vermitteln. Seine „Dänischen Romanzen" sind vielleicht der Ausgangspunkt einer eigenen nordischen Musik. Sein bedeutendster Schüler Niels Wilhelm Gade (1817–1890) errang europäischen Ruhm. Er ging, nachdem seine Ouvertüre „Nachklänge aus Ossian" in Kopenhagen 1840 preisgekrönt worden war, nach Deutschland, wo Mendelssohn Bartholdy in Leipzig nicht nur dieses Werk, sondern auch die erste seiner (später acht) Sinfonien aufgeführt hatte. Der junge Däne wurde Mendelssohn Bartholdys Assistent, bald Mitdirigent und schließlich Nachfolger im hohen, traditionsreichen Amt des Gewandhaus-Dirigenten. Beim Ausbruch des Schleswig-Holsteinischen Krieges kehrte er in die Heimat zurück, zu deren musikalischer Entwicklung er Außerordentliches beitragen konnte. Ohne noch folkloristische Einflüsse in seiner Musik spürbar werden zu lassen, wird eine nordische Grundhaltung doch spürbar. Zu dieser mochte auch sein Schwiegervater Peter Emil Hartmann (1805–1900) beigetragen haben, von dem früheste dänische Opern stammen: „Ravnen", „Korsarerne". Kopenhagen war, wie nahezu alle namhaften Zentren im 18. und 19. Jahrhundert, eine rege Opernstadt, anfänglich mit rein italienischem Repertoire, dann aber

immer mehr auch mit dänischem. Hier ist Peter A. Heise (1830–1879) mit „Die Tochter des Paschas“, „König und Marschall“ zu nennen, Asger Hammerik (1843–1923) mit „Der Wanderer“, „Die Rache“, „Oper ohne Worte“, August Enna (1859–1939) mit „Die Hexe“, „Kleopatra“, „Aucassin und Nicolette“ sowie mehreren Vertonungen von Märchen seines genialen Landsmannes Hans Christian Andersen.
An Gades Schüler Carl Nielsen (1865–1931) haben Musikgeschichtsschreibung und Musikleben viel gutzumachen. Um an das vorhergehende Kapitel anzuschließen: Es fällt schwer, Nielsen nicht als Großmeister zu betrachten. Er stammte aus einer Handwerkerfamilie der Insel Fünen, wirkte zumeist als Orchestergeiger in Kopenhagen und litt bis zu Tränen unter dem bitteren Zwang des Broterwerbs, der ihn oftmals bei inspiriertesten Schaffensstunden unterbrach. Der Spätromantiker mit vielen Merkmalen eines modernen Visionärs, ein „Seismograph ferner Erdbeben“ (Robert Simpson) schuf Opern („Saul und David“, „Maskerade“, „Aladin und die Wunderlampe“), sechs Sinfonien – die zum festen Repertoire aller Orchester gehören sollten –, viel Instrumentalstücke und Konzerte. Den Sinfonien liegt zwar kein „Programm“ zugrunde, aber doch deutlich außermusikalische Ideen. So etwa den erregenden Schlagzeugpassagen des „Das Unauslöschliche“ betitelten Werkes. Die fünfte Sinfonie steht unter dem ergreifenden Eindruck des eben beendeten Ersten Weltkrieges, dessen wilde Zerstörungswut erschütternd in Töne übertragen scheint. „Nie mehr nach Mahler ist eine Sinfonie von derart unerbittlicher Größe geschrieben worden: Menetekel einer zerstörten und doch nicht aufgegebenen Welt“ (Mario Gerteis).
Zu den Dänen gehört auch der zumeist in Wien tätige Paul von Klenau (1883–1946), Schüler Bruchs und Schillings', unter dessen zahlreichen Kompositionen (nach Kleist, Rilke usw.) vor allem das Ballett „Klein Idas Blumen“ langjährigen Anklang fand.

Schweden

Ungleich bewegter ging es in Schwedens Musikgeschichte zu. Das kriegerische Land, das durch Jahrzehnte Europa und Rußland mit wilden Feldzügen bedrohte, spielt in der Kultur eine zwiespältige, aber hochinteressante Rolle. Hier fanden wir mit den Barden und Skalden in frühchristlicher Zeit Anzeichen von Dichtung und Musik volkstümlichen Ursprungs. Und dort gelingt, etwa tausend Jahre später, der große Umschwung: Ein König erscheint und faßt die nun verfeinerten Regungen seines Volkes zusammen, veranlaßt die Gründung wissenschaftlicher Akademien und bedeutender Opernhäuser, die Schweden bis zum heutigen Tag als Pflegestätten hoher Kultur auszeichnen. Gustav III., 1792 ermordet, ist oft besungen worden, am dauerhaftesten wohl in Verdis schöner, wenn auch geschichtsfälschender Oper „Der Maskenball“. Das von ihm gebaute Sommertheater Drottningholm (vor den Toren Stockholms) wird heute noch bespielt.
Schweden besaß in Franz Berwald (1796–1868) einen frühen Sinfoniker von Bedeutung. Adolf Lindblad (1801–1878), Zelters Schüler in Berlin, schuf Lieder, die von der „Schwedischen Nachtigall“ Jenny Lind um die Erde getragen wurden und die ihm den ehrenden Beinamen eines „schwedischen Schubert“ eintrugen.

Oben: Niels Wilhelm Gade, der dänische Assistent, später Nachfolger von Mendelssohn Bartholdy am Leipziger Gewandhaus.
Rechts: Die erste Seite von Carl Nielsens bedeutender fünfter Sinfonie im Autograph des Komponisten (Königliche Bibliothek Kopenhagen).

Ivar Hallström (1826–1901), Andreas Hallén (1846–1925), Wilhelm Stenhammar (1871–1927) widmeten sich vor allem dem jungen skandinavischen Musiktheater, wobei sie eine große Vorliebe für altschwedische Sagenstoffe an den Tag legten, nicht unbeeinflußt von Wagner. Von der Spätromantik her kam Edvin Kallstenius (1881–1967), der dann die Entwicklung des 20. Jahrhunderts zu Impressionismus und „Zwölfton" mitmachte und mit 30 Hörspielmusiken sich der neuen Medien bediente. Kurt Atterberg (1887–1955) hatte 1928 seine große Stunde, als er überraschend den Wiener Wettbewerb zum 100. Todestag Schuberts mit seiner sechsten Sinfonie (von später insgesamt neun) gewann. Im übrigen wird gerade bei ihm ein besonderes Verständnis für die skandinavische Folklore fühlbar. Auf diese stützt Hugo Alfvén (1872–1960) sich besonders in den Orchesterstücken „Midsommarvaka" und „Dalarapsodi". Sein imposanter Werkkatalog umfaßt von Festspielen und fünf Sinfonien bis zu volkstümlichen Liedern und Chören alle Gattungen.

Norwegen

Norwegen, stets ein wenig auf der Schattenseite der europäischen Musik, war es vergönnt, den größten skandinavischen Romantiker hervorzubringen, eine Gestalt von hoher Weltgeltung, eine Symbolfigur von umfassender Popularität: Edvard Grieg (1843–1907). Sein Klavierkonzert, seine Bühnenmusik zu Ibsens „Peer Gynt", seine Streichersuite „Aus Holbergs Zeit", die „Norwegischen Tänze" für vierhändiges Klavier, manches Lied („Der Schwan", „Ich liebe dich") und manche Melodie aus den „Lyrischen Stücken" (wie der „Hochzeitstag auf Troldhaugen") sind frisch (fast) wie am ersten Tag. Sie sind norwegisch und sind doch auch Weltmusik. Davon hatte der junge Grieg nichts geahnt, als er dem gleichaltrigen Kameraden Richard Nordraak (1842–1866) begegnete, einer jener singulären Gestalten der Kunstgeschichte, die, kaum zu großen Plänen erwachend, das Schicksal aus dem Leben holt. Nordraak war es, der Griegs Ohr für die vielfach verborgenen musikalischen Schätze der Heimat öffnete. Er zitierte Chopin und wies dem Freund den Weg zur Folklore weit abgelegener Landstriche. Wenn Grieg sich später seiner musikalischen Herkunft aus der deutschen Romantik entsann, vergaß er nie hinzuzusetzen, Nordraak habe ihn angewiesen, den reichen Volksliederschatz seiner Heimat auszuschöpfen und aus dieser damals noch unerforschten Quelle eine „nationale" Kunst zu schaffen.

Links: Die vielgelesene „Wiener Allgemeine Theaterzeitung" beschenkte 1846 ihre Abonnenten mit einem Huldigungsblatt an die gefeiertste Primadonna jener Zeit, Jenny Lind, „die schwedische Nachtigall", die – vor allem in den Opern Bellinis (wie aus der Umrahmung des Porträts hervorgeht) – nun auch Wien erobert hatte und sich anschickte, auf ihre legendäre Amerikatournee zu gehen.
Rechte Seite oben: Norwegens größter Komponist, Edvard Grieg.
Rechte Seite unten: Sein Porträt haben wenige gesehen, aber sein „Frühlingsrauschen" viele gehört: Christian Sinding.

Seine eingehenden Musikstudien absolvierte Grieg in Leipzig, wo er des verehrten Mendelssohn Bartholdys Geist in sich aufnahm, der ja dem Volkstümlichen stets geneigt gewesen war. Als er heimkehrte, forderte sein berühmter Landsmann Henrik Ibsen ihn auf, Musik zu seinem neuen Schauspiel „Peer Gynt" zu schreiben. So entstanden einige von Griegs verbreitetsten Stücken: „Anitras Tanz", „Solvejgs Lied", „Ases Tod", „In der Halle des Bergkönigs", „Morgenstimmung". Die Uraufführung in Christiania – dem heutigen Oslo – ging 1876 als Festtag in die skandinavische Literatur- wie Musikgeschichte ein. Grieg übernahm die Leitung einer Orchestergesellschaft in der Hauptstadt, zog sich aber schon 1880 von jeder öffentlichen Tätigkeit zurück, um ganz seinem Schaffen leben zu können. Gelegentlich nur trat er als Liedbegleiter seiner Gattin Nina Hagerup hervor, die eine gute Sängerin und eine hervorragende Interpretin seiner Melodien war. Zum 200. Geburtstag Ludwig Holbergs, des bedeutenden „skandinavischen Molière", komponierte Grieg eine Kantate, die er bei der nationalen Huldigung für den großen Dichter und Schriftsteller auf dem Marktplatz ihrer gemeinsamen Heimatstadt Bergen dirigierte, wo er sich nun niedergelassen hatte. Seine spätere „Holberg-Suite" ist als Synthese aus Barock – der Zeit Holbergs – und Romantik, Griegs eigener Epoche, ein Streichorchesterwerk von besonderem Reiz.
Immer deutlicher wurde jedoch mit der Zeit, daß die „großen Formen" Grieg nicht so nahe lagen wie die „kleinen". Von bleibendem Wert erwies sich zweifellos sein frühes Klavierkonzert, das noch deutlich aus der Schumann-Schule kommt; die „Sinfonischen Tänze über norwegische Motive", die Bühnenmusik zu Björnsons „Sigurd Jorsalfar" und anderes sind weniger verbreitet. Grieg kannte seinen Platz in der Welt der Musik: „Meister wie Bach und Beethoven haben auf den Höhen Kirchen und Tempel errichtet, ich aber will in den Tälern Wohnstätten für Menschen bauen, in denen sie sich heimisch und glücklich fühlen sollen", sagte er einmal.
Rund um Grieg sind zu nennen: Johannes Haarklou (1847–1925), ebenfalls in Leipzig ausgebildet, Organist und seit 1885 Leiter volkstümlicher Konzerte in Christiania (Oslo), Komponist von Opern, Sinfonien, Kirchenmusik, dessen Oratorium „Skapelsen" noch gespielt wird. Catherinus Elling (1858–1942) widmete sich seit 1908 der Sammlung heimischer Volksweisen und verfaßte Biographien namhafter Musiker seines Landes (Grieg, Bull, Kjerulf, Svendsen). Ole Bull (1810–1880) war ein europaweit gefeierter Geiger, der zu den frühesten auch in Amerika erfolgreichen Virtuosen gehörte. Seine Spezialität, die Kunst der Improvisation, ging bald nach ihm verloren. Halfdan Kjerulf (1815–1868) schrieb populär werdende Lieder und Chöre. Johann Svendsen (1840–1911) wurde 1883 Hofkapellmeister in Kopenhagen und hatte zeitweise auch als Komponist bemerkenswerten Erfolg. Christian Sinding (1856–1941), in Deutschland ausgebildet, hatte das Glück oder Pech, die Komposition „Frühlingsrauschen" zu schreiben, das jahrzehntelang eines der meistgespielten Klavierstücke der Welt war: Glück, weil sein Name frühzeitig berühmt wurde, Pech, weil man ihn für immer nur mit diesem Stück identifizierte, das, vielleicht durch den zehntausendfachen Gebrauch, zum „Salonstück" herabgesunken war. Niemand fand seine anderen Werke – Sinfonien, eine deutsche Oper, Kammermusik usw. – einer Prüfung wert, nur das „Frühlingsrauschen" erklang überall.

Finnlands Größe: Jean Sibelius

Selten findet sich die Größe eines Volkes so sehr in einer einzigen Künstlergestalt verkörpert wie die Finnlands in Jean Sibelius. Das alte, als staatliche Einheit aber junge Land erwacht erst um die Mitte des 19. Jahrhunderts zur Kunstmusik; doch seine Volksmusik dürfte bis in legendäre Vorzeit zurückreichen. Die geographische Lage zwischen Rußland und Schweden, jahrhundertelang zwei der stärksten und aggressivsten Kräfte des europäischen Kontinents, behinderte eine eigenständige kulturelle Entwicklung während langer Zeiträume. Doch immer wieder brachen eigene Kraftquellen auf, in raschem Fortschritt wurde Finnland zu einem Land weltbedeutenden Bauens und ein international hochangesehenes Musikland. Zu dessen frühesten Meistern zählen Martin Wegelius (1846–1906), der 1882 das Konservatorium von Helsinki gründete und zum Lehrer der entscheidenden Generation wurde, Ilmari Krohn (1867–1960), der drei Bände finnische Volkslieder herausgab, Musikwissenschaftler und Komponist war; Oskar Merikanto (1868–1924), der in seinen Opern („Das Mädchen von Pohjola", „Der Tod Elinas") zum ersten Mal die finnische Sprache verwendete. Viele seiner Lieder sind volkstümlich geworden. Erkki Melartin (1875–1937) gilt mit „Aino" als Klassiker des heute hochbedeutsam gewordenen Musiktheaters seines Landes: Vier Sinfonien, mehrere sinfonische Gedichte, Konzerte, Klaviermusik und um 200 Lieder schufen ihm europäischen Rang; Levi Madetoja (1887–1947), ein im Musikleben des Landes sehr namhafter Komponist und Lehrer, war mit Robert Kajanus Gründer des Tonkünstlerverbandes; Armas Launis (geb. 1884) studierte erstmalig die Folklore der Lappen, Ostkareliens und Ingermanlandes, gründete Volksmusikschulen in acht Städten und schuf ein umfassendes kompositorisches Werk; Yrjö Kilpinen (1892–1959) ging als „finnischer Schubert" in die Geschichte ein, da er mehr als 700 Lieder hinterließ, viele mit tiefinnerlicher Melodik und klangschönem Satz auf finnische, deutsche und schwedische Texte.

Linke Seite: Sibelius bei seiner jahrzehntelangen Wohnstätte „Ainola" in Järvenpää bei Helsinki.
Oben: Das Denkmal, das Finnland seinem größten Komponisten in Helsinki errichtete, zeigt die Form einer gewaltigen Orgel.

Sie alle, ein „Gebirgsmassiv" von beträchtlicher Höhe – wie wir es früher nannten – werden von Jean Sibelius (1865–1957) überragt, dem Großmeister seines Landes, dem bedeutendsten Sinfoniker Skandinaviens, einer der patriarchalischen Musikergestalten Europas. Sibelius, Jan oder Jean, eigentlich Johann Julius getauft, kam in Hämeenlinna am 8. Dezember 1865 zur Welt, studierte bei Wegelius in Helsinki, bei Fuchs und Goldmark in Wien, dann noch in Berlin, erhielt nach ersten Erfolgen im eigenen Land ein Stipendium, das sehr bald in eine lebenslängliche Rente der Regierung umgewandelt wurde. Sehr früh drangen seine ersten Werke ins Ausland, vor allem nach England und Nordamerika, wo sein Weltruf begründet wurde. 1893 wurde er Professor am Konservatorium in Helsinki, 1900 unternahm er mit dem Philharmonischen Orchester dieser Stadt eine ausgedehnte Tournee durch Deutschland, Frankreich, Belgien und Holland. Dabei erklangen seine „Karelia-Suite", die erste Sinfonie und später zu einer Art Nationalepos gewordene „Finlandia" (1899). Innerhalb weniger Jahre brach eine gewaltige Flut sinfonischer Musik aus Sibelius' Seele: sieben Sinfonien, ein Violinkonzert, zahlreiche sinfonische Dichtungen, die sich fast ausschließlich mit der Natur, den Sagen und Legenden seines Vaterlandes und historischen Ereignissen des hohen Nordens befassen. Zum großen Teil gehören seine frühen Werke der Programm-Musik an, sein Stil ist deutlich malend, plastisch schildernd mit starken Klangeffekten. „Der Schwan von Tuonela" (1893), die zweite der vier Legenden „Lemminkäinen", verkörpert im herrlichen Gesang eines Englischhorns das ruhige Dahingleiten des legendären Vogels, der in einer Barke die Seelen der Toten über das dunkle Wasser in deren Reich zieht. Zu gewisser Volkstümlichkeit hat es der „Valse triste" (1903) gebracht. Dies beruht jedoch auf dem Mißverständnis, in dieser schwermütig getragenen Melodie „Unterhaltungsmusik" zu vernehmen; in Wahrheit zeigt sie den tragischen Versuch eines Toten, sich noch einmal mit den soeben verlassenen Menschen in Verbindung zu setzen.
Etwa ab Mitte der zwanziger Jahre erlischt Sibelius' Inspiration oder seine Freude am Schaffen. Harte Jahre stehen seinem Land bevor: der heldenhafte Krieg gegen Rußland, die Verwicklung in den Zweiten Weltkrieg, Gebietsverluste, endlich die Freiheit, die staatliche Unabhängigkeit, die Sibelius zum lebenden Symbol der Finnen macht. In seinem Heim in Järvenpää bei Helsinki erlebte er sowohl Kriegshandlungen wie begeisterte Huldigungen ohne Zahl. Er war, Verdi vielleicht nicht unähnlich, zum Patriarchen seines Volkes geworden, das in fast jedem Werk sein eigenes Leben, seine eigene Umwelt, die dunklen Seen und unendlichen Wälder fühlt.
Sibelius starb am 20. September 1957, mit 92 Jahren, längst nicht mehr musikalisch tätig, aber wohl für alle Zeiten einer der Großen der Musikwelt. Finnland errichtete ihm ein gewaltiges Denkmal in Helsinki. Es stellt eine riesige Orgel dar, aus der seine Werke ertönen werden, wenn wieder einmal Notzeiten über das Land kommen sollten.
Wie Grieg hat auch Sibelius den Sinn seiner Musik in einen kurzen Satz gefaßt: „Wo andere komplizierte Getränke brauen, habe ich den Menschen nichts anderes reichen wollen als einen Trunk frischen Wassers."

Das musikalische Wiedererwachen Spaniens

Politische Weltmacht geht oft mit kultureller Blüte Hand in Hand! Es wäre faszinierend, solche Zusammenhänge aufzuzeigen, aber dies überstiege den Rahmen unseres Buches. Jedenfalls bietet Spanien ein sehr klares Beispiel. Als Karl V. das Reich regierte, in dem „die Sonne nicht unterging“, quollen Spaniens Städte von Theatern über, aus allen Dörfern scholl Musik, hervorragende Maler hatten alle Hände voll zu tun, die Großen des Reichs abzukonterfeien. Weit über ein Jahrhundert stand die Iberische Halbinsel in der Hochblüte der Künste, und das ist eine lange Zeit. Spaniens Künstler standen mit ihresgleichen im übrigen Abendland in enger Verbindung, sie wanderten von den Niederlanden nach Kastilien, von Madrid nach Wien, wo ja auch Habsburger saßen und bei Hof dem spanischen Zeremoniell gehuldigt wurde. Merkwürdig, fast ist es, als seien damals die Pyrenäen beträchtlich niedriger gewesen als in der darauffolgenden Zeit, in der Spaniens Kultur abzubröckeln begann und in gleichem Maß das große Gebirge im Norden sich höher aufzurecken schien, so daß die Verbindungen schwieriger und damit seltener wurden.

Auf die gewaltige Zeit der Encina, Hidalgo, Morales, Tomás Luís de Victoria, auf das gloriose 16. und 17. Jahrhundert folgt ein viel farbloseres 18. und 19. Nur sehr wenige Musiker erreichten europäische Geltung, die vielleicht bedeutendsten – der Cembalomeister Domenico Scarlatti und der Kammermusikmeister Luigi Boccherini – sind aus Italien gekommen und im musikalisch herabgekommenen Madrid fast gescheitert. Immerhin, der „Padre“ Soler (1729–1783) war ein würdiger Kapellmeister im Königsschloß Escorial, dessen Tradition noch hochgehalten wurde. Zwei spanische Opernkomponisten verließen das Vaterland, da sich das Musikleben ganz auf die lustspielartige Zarzuela beschränkte. Domingo Terradellas (1713–1751) war in Italien erfolgreich und angesehen, breitete seine Tätigkeit auch auf andere Opernstädte aus (wie z. B. London), scheint aber mit 38 Jahren aus unbekannten Gründen in Rom freiwillig aus dem Leben geschieden zu sein. Erfolgreich und angesehen war auch Vicente Martín y Soler (1754–1806), den das Schicksal nach Wien führte, wo er in Mozarts Nähe geriet: nicht etwa aus Freundschaft – es ist nicht einmal erwiesen, ob die fast gleichaltrigen Musiker einander kannten, obwohl dies über den gemeinsamen Textdichter Lorenzo da Ponte sehr wahrscheinlich ist –, sondern durch eine zufällige Verkettung, die nicht so lustig ist, wie sie auf den ersten Blick zu sein scheint. 1786 hatte Mozarts „Figaro“ bekanntlich sehr wenig Resonanz. Die im gleichen Theater kurz darauf gespielte Lustspieloper des Spaniers, „Una cosa rara“, erlebte einen jubelnden Erfolg, der sich in über hundert Aufführungen gegenüber einem Dutzend Mozarts niederschlug. Der Hauptschlager der „Cosa rara“ soll ein sehr buntes Ballett gewesen sein, das zum ersten Mal einen flotten Walzer – der noch lange nicht so hieß – auf die Bühne gebracht haben soll. Mozart „rächte“ sich – natürlich sehr nobel – an Martín, den die ganze Stadt italienisiert „Martini“ nannte und für einen Italiener hielt, da man sich einen spanischen Opernkomponisten kaum vorstellen konnte. In Mozarts nächster Oper spielt bekanntlich eine Bühnenkapelle bei Don Giovannis Abendessen im vorletzten, im berühmten Bild der Höllenfahrt. In diese Tafelmusik fügte Mozart nun eine der bekanntesten Melodien aus „Cosa rara“ ein. Um den Spaß noch deutlicher zu machen – heute wissen nur noch ganz wenige Hörer, daß diese Weise nicht von Mozart selbst ist und noch weniger, woher sie stammt –, ließ Mozart Leporello ein wenig ironisch kommentieren: „Bravo! Cosa rara“, was aber zumeist abgewandelt wird in: „Bitte lieber etwas von Mozart, Herr Kapellmeister!“ Ein Scherz, bei dem schwerlich noch festzustellen ist, ob er aus Mozarts Zeit stammt.

In Spanien aber blühte um jene Zeit gerade noch die Orgelkunst und die Zarzuela, der im übrigen Europa am ehesten Vaudeville, Singspiel, Operette vergleichbar sind. Sie verfügte über viele glänzende Musiker, die durch die Popularität des Genres eine beträchtliche Einnahmequelle fanden, dazu über einen unversiegbaren Strom von Volksmelodien aus nahezu allen Landesteilen. Wo gab es im damaligen Europa – außer vielleicht in Rußland – eine solch blühende Vielfalt von Volksmusik wie hier? Die Komponisten von Zarzuelas schöpften aus dem vollen; ihre Stücke spielten dort, wo lebendigste Rhythmen und gefühlvolle Melodien sowohl die Hörer der großen Städte wie die der kleinsten Dörfer die Weite und Buntheit ihres Landes mitempfinden ließen.

Francisco Asenjo Barbieri (1823–1894) schrieb über 70 Bühnenstücke und ist heute noch mit den Stücken „Pan y toros“ sowie dem „Barberillo de Lavapiés“ lebendig. An Popularität schlug Amadeo Vives (1871–1932) alle seine Konkurrenten. „Maruxa“, „Los Bohemios“, besonders aber „Doña Francisquita“ wurden zehntausende Male aufgeführt; unbegreiflich bleibt nur, warum sie nur ganz selten die Landesgrenze überschreiten konnten. Das ist das Schicksal des „Waffenschmieds“, aber wahrlich nicht der „Fledermaus“, und „Doña Francisquita“ ähnelt Strauß' Werk weit mehr als dem Lortzings. Ist der Walzer „internationaler“ als Jota, Seguidilla, Sardana? Wohl auch das,

aber das Hauptmotiv dürfte im Textbuch liegen. Zwar hat noch nie jemand behauptet, die Gestalten der Wiener (oder der Pariser) Operette seien lebensecht, aber kosmopolitischer sind sie als die der Zarzuela, die gar zu spanisch sind, um der „Welt" zuzusagen.
Tomás Bretón (1850–1923) war ein ungewöhnlich guter Komponist. Daß er ungeheuer populär wurde, verdankte er nicht seinen ernsten Werken, wie den Opern „Los Amantes de Teruel" und „La Dolores", sondern einer einaktigen Zarzuela „La Verbena de la paloma" (die nach einem Madrider Volksfest alter Zeiten heißt). Sie durchlief nicht nur Spanien bis in den fernsten Winkel, sie wurde zu Anfang des 20. Jahrhunderts im (ebenfalls spanischsprachigen) Buenos Aires in fünf Theatern gleichzeitig gespielt. Ihr Hauptcouplet „Dónde vas con mantón de Manila?" (Wohin gehst du mit dem langgefransten Schal?) hätte Jahrzehnte später alle Hitparaden der Welt monatelang angeführt. Da es Hunderte sehr beliebter Zarzuelas im Repertoire der spanischen Theater gab und gibt und da in jeder mindestens ein zur Volksmelodie avanciertes Lied steht, kann man sich vorstellen, daß lange Zeit hindurch Spaniens Musikleben fast ausschließlich aus Zarzuelas bestand.
Doch als überall rund in Europa das musikalische Interesse im Zuge der „nationalen" Bestrebungen wieder zu erwachen begann, als jedes Volk unbewußt den Wunsch hegte, im Konzert der Nationen vertreten zu sein, Werke zu besitzen, die es identifizieren, charakterisieren konnte, da streiften diese Winde auch Spanien. Und fast wäre man versucht, die große Rückkehr Spaniens in das Musikleben Europas als Werk eines einzigen Mannes zu preisen. Felipe Pedrell (1841–1922) war Musikwissenschaftler, Komponist, Lehrer, vor allem eine Persönlichkeit von visionärer Kraft und prophetischem Willen. Über seine gewaltige Opern-Trilogie „Els Pirineus" – zweifellos an Wagners „Ring der Nibelungen" gewachsen – sei hier wenig gesagt, denn sie gelangte nie in den Spielplan der Welt, ja mit geringen Ausnahmen nicht einmal in den Spaniens. Entscheidend hingegen wurde seine „Schule". In ihr befanden sich die begabtesten jungen Musiker des Landes; der Lehrplan bestand darin, daß sie Pedrells Worten lauschten: Er sprach zu ihnen von den Geschehnissen in der Welt, von der neuen Idee, Kunstmusik auf wertvollen Elementen der Volksmusik aufzubauen, um ihr eine nationale Identität zu verleihen; er erzählte von Smetana und Mussorgskij, von Grieg und Liszt. Chopin kannten sie alle. Das waren Vorbilder! Und so ging aus Pedrells „Schule", aus seinen zahlreichen Aufsätzen und Schriften jene Generation hervor, mit der Spanien in die Welt der großen Musik zurückkehrte, nach fast zweihundert Jahren des Verfalls.

Isaac Albéniz

Isaac Albéniz (1860–1909) war der erste, dem der Durchbruch gelang. Mit ihm steht fast eine Romangestalt vor uns. Ein Wunderkind, das vierjährig seinen ersten Klavierabend gab, wenig später dem Elternhaus in der Provinz Gerona entlief, abenteuernd umherzog, von der Polizei immer wieder gesucht, bis er schließlich einen Ozeandampfer bestieg, der ihn als blinden Passagier nach Buenos Aires brachte. Er konzertierte von Argentinien bis Kuba, spielte eigene Stücke, nichtssagende Salonmusik. Zurück in Europa, soll er 1878 ein wenig Unterricht bei Liszt genommen haben. Dann begegnet er Pedrell und erkennt seine wahre Aufgabe. Die Heirat mit einer klugen Frau trägt zu seiner Seßhaftigkeit bei. Nun beginnt er tiefer in Landschaft und Charaktere seines Vaterlands einzudringen, mit täglich wachsender Meisterschaft malt er nun in Tönen, leise vom Impressionismus beeinflußt, jedoch realistischer, lebensnah den Rhythmen der Heimat verbunden: „Córdoba", „Granada", „Sevilla", „Cádiz", „Castilla", „Aragón", „Asturias", zwölf meisterhafte Stücke, die er unter dem Namen „Iberia" zusammenfaßt. Ähnlich Chopin bleibt er lebenslang ein Klavierkomponist, der, obwohl er auch Bühnenstücke verfaßt, zu Singstimme und Orchester keine engere Beziehung herstellen kann. Doch sein Klavier scheint zu singen und zu gei-

Oben: Francisco Asenjo Barbieri, wichtiger Musiker in der Frühgeschichte der modernen spanischen Zarzuela, Volksliedforscher. Rechts: Isaac Albéniz fand auf dem Klavier leuchtende Farben für Landschaften, Städte und Menschen Spaniens.

Links: Enrique Granados, dessen schönste Musik sich ins alte Madrid zurückträumte.
Unten: Eines der berühmten Bilder von Francisco Goya aus dem Madrid des 18. Jahrhunderts, die Granados inspirierten: „El ciego de la guitarra“ (Der blinde Gitarrist).

gen, läßt Gitarrenserenaden aufrauschen, Dudelsack und Kastagnetten ertönen. Als Albéniz nach Paris kommt, wo sich mit Dukas und Ravel, mit Manuel de Falla und Strawinsky eine echte Künstlergemeinschaft bildet, zeigt sich Debussy von den Werken des Spaniers entzückt und begrüßt ihn als nahen Verwandten. Doch bevor Albéniz noch weitere Entwicklungen durchmachen kann, ereilt ihn der Tod.

Enrique Granados

Ganz anders Enrique Granados (1867–1916). Reisen verlockt ihn nicht. Am liebsten träumt er sich in die Zeit zurück, weit in jenes frühromantische Madrid, das der große Maler Goya so liebevoll gemalt hat: die Straßen und Plätze, die Menschen, die Feste, die Spiele, die Galanterien, die Ehrenhändel und Zweikämpfe. In Klavierstücken sucht Granados diese Bilder zu tönendem Leben zu wecken: „Goyescas“. Ein Klavierzyklus entsteht, prächtige Programm-Musik, feinsinnig und doch virtuos, national und übernational, wie Pedrell es ihn in Barcelona lehrte. Eine Tages interessiert die Pariser Oper sich für die Musik von Granados: Könnte man nicht aus Goyas Bildern und Granados' Stücken ein Bühnenwerk machen? Der Schriftsteller Fernando Periquet unterzieht sich dieser Aufgabe, die ihm zwar notgedrungen eher lyrisch als dramatisch, aber mit gut geschauten Einzel- und Volksszenen gelingt. Da bricht der Erste Weltkrieg aus, Paris muß verschieben oder absagen; doch die New Yorker Metropolitan Opera, die schon lange einmal gern ein spanisches Werk spielen würde, springt ein. Sie lädt den Komponisten zur Premiere im Januar 1916 ein. Der überwindet seine Scheu vor Seereisen, erlebt fesselnde Tage in der Neuen Welt, komponiert im letzten Augenblick, um die Unterbrechung bei einem Szenenwechsel zu überbrücken, ein „Intermezzo“, das zum erfolgreichsten Stück der Oper werden sollte, läßt sich vom entzückten Publikum herzlich feiern, wie er es in seinem stillen Leben noch nie erlebt hatte. Als er mit seiner Gattin die Heimreise antritt, verläuft bis London alles ruhig. Doch das Kanalschiff „Sussex“ wird kurz vor Erreichung des Kontinents durch ein deutsches Unterseeboot torpediert. Schon scheint Granados auf ein Boot gerettet, da erblickt er seine Gattin auf den eiskalten Wogen treibend. In Panik stürzt der des Schwimmens Unkundige sich nochmals ins Meer; gemeinsam, innig umarmt, versinken beide in den Fluten.

Zwei weitere „Jünger“ Pedrells, Manuel de Falla und Joaquín Turina, gehören mit ihren wichtigsten Schöpfungen dem 20. Jahrhundert an. Dort soll von ihnen – mit de Falla als einem der Großmeister – die Rede sein.

Neues musikalisches Leben in England

Zweihundert Jahre lang findet sich kein bedeutender Musikschöpfer in der Geschichte, der aus England kommt. Und diese Zahl stimmt nur, wenn man Georg Friedrich Händel – Handel müßte man in diesem Fall sagen – als Engländer betrachtet, wie er es in der zweiten Hälfte seines Lebens selbst zweifellos tat. Ohne ihn ist die Lücke noch größer: Sie reicht von Purcells Tod am Ende des 17. Jahrhunderts bis zum Zweiten Weltkrieg; das sind nicht weniger als 250 Jahre, ein Vierteljahrtausend. Natürlich begeht eine schwere Ungerechtigkeit, wer England in dieser Zeit, wie es so oft geschieht, ein „land without music" nennt. Das war es keineswegs. Ganz im Gegenteil gab es wenige Länder mit so intensivem Musikleben. Musikpflege ist nicht dasselbe wie kompositorische Fähigkeit. An der letzteren hat es England in ganz auffallender Weise gefehlt, an ersterer nie. Wir haben im vorangehenden Kapitel festgestellt, wie oft in der Geschichte des Abendlandes weltpolitische Macht und Geltung mit Höhepunkten des Kulturlebens zusammenfielen. Für England gilt dies nicht. Denn gerade im 19. Jahrhundert, das so recht ein englisches genannt werden muß, ist das Musikschaffen des weltumfahrenden, weltbeherrschenden Inselreichs überaus dürftig. Und doch hielt London die Position einer echten Musikstadt aufrecht, seine Orchester und Chöre waren führend, die Zahl seiner musikalischen, öffentlichen wie privaten, Zusammenkünfte übertraf vermutlich die von Wien, Paris, Venedig und Rom. Alles was in Europa Rang und Namen besaß, strömte hier zusammen. Englands Oberschicht, Adel und Großbürgertum, war hier bereit, mehr Geld als irgendwo anders für Musik auszugeben, und das Publikum der öffentlichen Konzerte zeichnete sich durch echte Begeisterung aus. Man lese nur in Haydns Erfahrungen nach: Da bleibt vom Schlagwort der „unmusikalischen" Insel der „kühlen" Engländer nichts übrig.

Komponistennamen, die aus dem Land selbst stammten, sind allerdings selten. Thomas Moore (1779–1852) wäre zu erwähnen, der irische Romantiker, dessen Doppelbegabung eines Poeten und eines Musikers einige Spuren hinterlassen hat. Sein Epos „Lalla Rookh" wurde – als „Das Paradies und die Peri" – von Schumann vertont, sein schönes Lied „The last rose of summer" vom deutschen Komponisten Friedrich von Flotow zu einer Art Leitmotiv der Oper „Martha" gemacht. John Field (1782–1837) wurde genannt, dessen „Nocturnes" für Klavier in Stil und Namen Chopin anregten. Michael Balfe (1808–1870), ein irischer Sänger, verschrieb sich der italienischen Oper, zu der er ein erfolgreiches englisches Pendant beisteuerte: „The bohemian Girl". Hubert Parry, Charles Stanford und die seinerzeit hochgeehrte, von der Königin geadelte Ethel Smyth seien genannt, über die letztere noch einiges hinzugefügt. Sie galt als die namhafteste der komponierenden Frauen ihrer Zeit, zumal Clara Wieck nur als „Anhängsel" ihres Gatten Robert Schumann, Fanny Mendelssohn Bartholdy nur im Zusammenhang mit ihrem Bruder Felix gewertet wurden. Ethel Smyth übernahm, nach der äußerst erfolgreichen Aufführung ihrer Messe in D 1893 in der Albert Hall Londons, eine führende Rolle in der aufkommenden Frauenbewegung, für die sie unter anderem einen zündend kämpferischen Marsch komponierte. Ihre Opern weisen bedeutende Züge auf, wurden aber aus politischen Gründen stets bekämpft. Die Mehrzahl ihrer Werke mußte Ethel Smyth in Deutschland uraufführen, wo sie dem Kreis um Brahms nahestand. Der „Männerrechtler" aus tiefster Überzeugung (oder aus Mangel an näheren Kontakten zu nur aus der Ferne verehrten Frauen) empfand eine komponierende Frau zwar fast als Monstrum, ließ ihr Können aber voll gelten. Heute spielt niemand mehr Ethel Smyths Musik, über die blaustrümpfigen „Suffragetten" von damals machen sich nur noch die dümmsten Witzblätter lustig. Die Frage aber, warum es so wenige weibliche Komponisten von Weltrang gibt, bleibt unbeantwortet.

Dann bricht plötzlich eine Renaissance des britischen Musikschaffens auf breiter Front an. Eine Reihe hervorragender Komponisten formt jenes Bergmassiv, das wir des öfteren im Vorfeld der Genies beobachten konnten. Die Generation, die England wieder zurück unter die bedeutendsten musikschaffenden Nationen bringen sollte, weist vor allem vier Namen auf: Edward Elgar, Frederick Delius, Ralph Vaughan Williams, Gustav Holst. Dreien von ihnen ist das Todesjahr 1934 gemeinsam, Vaughan Williams überlebt sie um fast ein Vierteljahrhundert und wird damit Zeitgenosse der wichtigsten Nachfolger (Britten, Walton, Tippett), die völlig dem 20. Jahrhundert angehören, einem der in vieler Beziehung stärksten der englischen Geschichte.

Edward Elgar und Frederick Delius

Edward Elgar (1857–1934) wurde der Weg zur Spitze nicht leichtgemacht. Erst über vierzigjährig eroberten seine bis dahin nur in der Provinz erfolgreichen Werke die Hauptstadt. Sein Ruhm kam vor allem mit den „Enigma-Variationen" für großes Orchester und dem Oratorium „Der Traum des Gerontius". Dann fanden auch sein Violinkonzert, sein Cellokonzert, die wirkungsvollen „Pomp and Circumstances"-Märsche große Verbreitung. Dem ersten dieser Märsche ist die Melodie zu

„Land of Hope and Glory" entnommen, einer feierlichen Ode zur Krönung Eduards VII. Dann folgten zwei Sinfonien sowie die Ouvertüre „Cockaigne", eine brillante Schilderung Londons. Elgar wurde 1904 geadelt, England feiert ihn heute noch als den großen Erneuerer des lange verschütteten britischen Musikschaffens, das durch ihn eine typisch „nationale" Klangfarbe erhielt. So ist auch er ein echtes Mitglied jener Epoche des völkischen Erwachens, das jedem Land Europas eine „eigene, charakteristische" Musik beschert.

Frederick Delius (1862–1934) war ein Einzelgänger, ein zutiefst Einsamer. Die deutsche Abstammung, die englische Geburt, die französische Wahlheimat prägen ihn nicht. Er ist ein Spätromantiker voll von Weltschmerz, der in der Natur und der Menschenliebe beheimatet ist. Sucht man Geistesverwandte: Die kurz nach 1860 Geborenen sind ihm eher Gefährten als Vorbilder, Debussy seines erdfernen Impressionismus wegen, Mahler in seiner Suche nach dem Sinn des Lebens, Richard Strauss in seinen rauschenden Orchesterklänge. Den schon früh leidenschaftlich Reisenden verschlägt es 1884 in den Süden der USA, wo er zwei Jahre lang erfolglos Orangen pflanzt, bis ihm der Vater endlich ein ernstes Musikstudium in Leipzig gewährt. Dann folgen Jahre in Paris, wo erste größere Werke entstehen. Mit 37 Jahren folgt in London ein Konzert mit seinen Werken, doch trotz des starken Eindrucks, den es macht, zieht er sich in ein malerisches Dörfchen Frankreichs zurück, nach Grez-sur-Loing, das nun bis an sein Lebensende eine idyllische, aber weltentlegene Heimstatt wird. Die schöne Oper „Romeo und Julia auf dem Dorfe" (nach Gottfried Keller), die „Messe des Lebens", das 1916 den Toten des Weltkriegs gewidmete „Requiem", die Chorstücke „Appalachia" und „Seadrift" sind seine Hauptwerke, doch bleibt noch vieles von ihm Komponierte – vor allem wohl die Oper „Fennimore und Gerda" – außerhalb des Musiklebens, dem er selbst so grausam entrissen wurde. Eine Nervenkrankheit ließ ihn erblinden und fesselte ihn, ungefähr seit 1924, an den Rollstuhl. Noch suchte er seinem getreuen Helfer und Sekretär Eric Fenby zu diktieren, aber die Zeit seiner bedeutendsten Schöpfungen war mit einem Violin- und einem Cellokonzert vorbei. In Sir Thomas Beecham hatte seine Musik einen mächtigen Fürsprecher gewonnen; dessen Delius-Festival im Oktober 1929 wirkte weit über London hinaus und verbreitete den so gut wie unbekannten Komponistennamen in der Musikwelt Europas. Doch bei seinem Tod erlosch die lebendige Anteilnahme wieder, und der große Komponist geriet in nahezu völlige Vergessenheit.

Gustav Holst, Ralph Vaughan Williams und Cyril Scott

Gustav Holst (1874–1934) stammt aus einer schwedisch-baltischen Familie, die nach England eingewandert war. Er studiert in London, wird Organist und Pianist, wirkt als Chorleiter und interessiert sich für die Erneuerung der Volksliedpflege. Eine Nervenlähmung im Arm zwingt ihn zum Wechsel zur leichter spielbaren Posaune. Er betätigt sich mit Vorliebe als Musikerzieher und komponiert Werke für junge Menschen, für deren gemeinschaftliches Musizieren damals noch wenig Material zur Verfügung stand („St. Paul's Suite"). Sein Durchbruch zum internationalen Ruf gelang ihm mit dem glänzenden Orchesterwerk „Die Planeten", in dem jedem dieser Himmelskörper ein astrologisch fundiertes Klangbild zugeordnet wird. Mars, der Kriegsbringer; Venus, die Friedensbringerin;

nalitäten zu verfallen, die dritte setzt eine vokalisierende Frauen- oder Männerstimme ein („Pastoral Symphony"), die beiden letzten wurden von dem nun über Achtzigjährigen komponiert, wobei die letzte das Tonmaterial verwendet, das er einem Film über den Südpolforscher Scott unterlegt hatte („Antarctic Symphony").
Mit Gustav Holst hatten wir uns der Mystik genähert. Und nun begegnen wir in Cyril Scott (1879–1970) einem weiteren englischen Komponisten mit okkultistischen Neigungen, die allerdings viel stärker ausgeprägt scheinen als beim Autor der „Planeten". Diese Wendung zu einem exotischen Mystizismus trat erst um 1910 ein, angeblich unter dem Einfluß des Malers Melchior Lechter. Bis dahin hatte Scott als Pianist konzertiert, mit der Oper „Der Alchemist" und zahlreichen anderen Werken – so auch zwei Sinfonien – auf sich aufmerksam gemacht und die Beinamen eines „englischen Debussy" und eines „englischen Grieg" erhalten. Seine Stärke lag in kleinen, ungemein klangvollen Klavierstücken mit einzigartigsten Dissonanzen. Nach der Wandlung schrieb Scott nichts „Verständliches" mehr. Was in ihm vorgegangen sein mag, ist unergründlich. Infolgedessen entziehen sich seine späteren Werke jeder menschlichen Beurteilung. Es ist durchaus denkbar, daß sie in übertragenem Sinn aus einer „anderen Welt" stammen, einer exotischen oder überirdischen. Was aber vor dem Wandel geschrieben wurde, verdient unbedingt Beachtung, es gibt bewegende Musik darunter.

Linke Seite oben: Der zu seiner Zeit berühmteste Komponist Englands: Sir Edward Elgar (um 1910).
Linke Seite unten: Der Klavierauszug der Oper „Fennimore and Gerda" von Delius wurde (deutsch) in Wien gedruckt.
Oben: Frederick Delius, Engländer deutscher Abstammung, lebte die letzten Jahrzehnte seines Lebens zurückgezogen in einem französischen Dorf, gelähmt und blind.
Rechts: Gustav Holst, bedeutender englischer Komponist der Generation Elgar-Delius. Sein sinfonisches Hauptwerk: „Die Planeten".

Merkur, der geflügelte Bote; Jupiter, der Freudenträger; Saturn, der Planet des hohen Alters; Uranus, der Zauberer; Neptun, der Geheimnisvolle – sieben Sätze, die ein meisterliches sinfonisches Gedicht imposanten Ausmaßes ergeben. Seine Oper „The perfect Fool" erscheint gelegentlich auf englischen Spielplänen, die „Ode to Death" (1919), auf einen Text des großen Walt Whitman komponiert, können als außergewöhnlich angesprochen werden. Der Gesamtkatalog von Holsts Werken ist ungewöhnlich reichhaltig und umfaßt sämtliche Genres, einschließlich des Kindertheaters.
Ralph Vaughan Williams (1872–1958) war der letzte Überlebende aus Englands spätromantischer Musikergeneration. Er studierte bei Max Bruch in Leipzig, später bei Ravel in Paris. Sieben Sinfonien, die frühen „Norfolk-Rhapsodien", die „Phantasie über ein Thema von Thomas Tallis" (einem englischen Meister des 16. Jahrhunderts) sind seine wichtigsten Werke auf dem Gebiet des Orchesters, „Hugh the Drover" und „Riders to the Sea" vielleicht die besten unter seinen sechs Opern. Seine Musik neigt zum Volkstümlichen im besten Sinn, sie ist stark tonmalerisch und programmatisch. So heißt die erste Sinfonie „Sea Symphony", die zweite schildert die Weltstadt London („London Symphony"), ohne in Ba-

Der lange Abschied von der Romantik

Das Bürgertum befand sich auf einem Höhepunkt. Jede Stadt war ein Zentrum, ein Bollwerk der Kultur. Theater, Konzerte, Musikvereinigungen, Unterrichtsanstalten für alle Künste waren vorhanden, ein blühender Markt für Literatur, starke Unterstützung durch die Presse, Bildung als selbstverständliche Forderung für den Eintritt in die führenden Schichten. Die soziale Abgrenzung nach oben verwischt sich. Adel und Geld suchen ihre Stellung durch Bildung und Kultur zu untermauern, die in ihrem Aufstieg vor allem durch das obere Bürgertum getragen werden.
Dagegen verbreitert sich der Graben an des Bürgertums unterer Grenze, wird zur Kluft, die zur Arbeiterschaft, zum Proletariat hin immer größer wird. Dessen Zahl schwillt schnell an, die kapitalistische Weltordnung braucht Arbeitskräfte. Doch dem Proletariat erstehen Anführer – sie stammen zumeist aus dem Bürgertum –, die bald erkennen, daß der ersehnte Aufstieg nicht nur eine Frage der Zahl und des Zusammenschlusses ist, sondern der Kultur. Diese Bastion muß erreicht, muß genommen werden, wenn die Zukunft in einer Machtteilung mit dem Bürgertum oder gar, wie die Radikalen es träumen, in einer Diktatur des Proletariats bestehen soll. Arbeiter-Bildungsvereine erstehen, Arbeiterchöre bilden sich. Erste interne Kämpfe entbrennen. Besteht die nächste Etappe aus der Eroberung bürgerlichen Musikgutes oder muß diesem von Beginn an Eigenes entgegengestellt werden? Sollen Arbeiterchöre das romantische Liedgut pflegen, in dem das bürgerliche Musikleben soeben schwelgt? Sollen sie mit der klassischen Musik Gefilde betreten, zu denen ihnen der Zugang durch Bildung fehlt? Neues Liedgut entsteht, revolutionäre Dichter schaffen Texte, die nach „neuer" Musik rufen. Doch die neue Musik gibt es kaum: Welcher Vertreter der Unterschicht besitzt das musikalische Können, sie zu schaffen? Die Frage taucht auf, ob es eine „proletarische" Musik gibt, geben kann, die nicht Volksmusik ist? Diejenigen Arbeiterführer setzen sich vorläufig durch, die einen Aufstieg des Proletariats durch Lernen fordern. Theatervorstellungen werden „erobert", Eintritt in sinfonische Konzerte und andere Errungenschaften des bürgerlichen Musiklebens. Dieses erfährt auf diese Weise weitere Ausdehnung. Arbeiterbildung wird zu „Volksbildung", von beiden Seiten lebhaft begrüßt: vom Proletariat als Aufstiegsmöglichkeit, vom Bürgertum als Ausgleichsmöglichkeit zwischen den Klassen.
Die Kunst des Bürgertums steht auf der Höhe der weltumspannenden Romantik. Doch schon an vielen Stellen wird gegen die Romantik Sturm gelaufen. Genaugenommen besteht diese zu Ende des 19. Jahrhunderts nicht mehr aus jener einheitlichen Lebenshaltung, mit der sie vor einem Jahrhundert angetreten war und vor einem halben Jahrhundert ihren Gipfel erreichte. Die Zeit hatte sich verändert. Was um 1820 als legitimer Zukunftstraum schien, wurde immer mehr als Illusion entlarvt. Die Kunst, ihrer ewigen Aufgabe bewußt, Abbild, Erhöhung, Sinngebung des Lebens zu sein, mußte, wollte sie ehrlich bleiben, immer mehr solchen Illusionen abschwören. An vielen Stellen hatte der Realismus sein Haupt erhoben, „aus dem Leben gegriffene" Romane verdrängten romantische Träumereien, im Theater stehen nun immer mehr „wirkliche", realistische, naturalistische Gestalten im Vordergrund, erleben ihr Drama. Für die Malerei tritt das Bild der herrlichen, unberührten, frühlingshaft aufknospenden Natur in den Hintergrund, das Elendsviertel, die Kinderarbeit, die Versklavung des Menschen durch den Menschen kommt in das Blickfeld. Die Musik wird sich diesem Zug als letzte anschließen müssen und am längsten brauchen, Möglichkeiten auf dem Gebiet des Klanges zu entdecken.
Doch die Romantik ist keineswegs zu sterben bereit. Sie weiß um ihre tiefe Verwurzelung in der menschlichen Seele, um die Macht der Illusionen, den Zauber der Träume. Ihr Verteidigungskampf ist vielfältig, wird auf verschiedensten Schlachtfeldern gekämpft. Im Grund war bereits die Entstehung der frohen Unterhaltungsmusik, der bewußt fiktiven Operette ein Verteidigungsakt. Je „ernster" die „große" Kunst im Verlauf des Jahrhunderts wurde, desto mehr zog ihre heitere Schwester die Menschen in ihren Bann. Andere spätromantische Kreise sahen die Rettung ihres Ideals in einer Flucht nach vorne: Der Impressionismus wurde, obwohl er in seinen Anfängen Wunsch nach Realismus war, teilweise zu einer Über-Romantik, und dies wohl vor allem in der Musik. Debussys Klangträume von den Tempeltänzerinnen in Delphi, von den Schritten im Schnee, von den Glocken der im Meer versunkenen Kathedrale: was anderes sind sie als eine Flucht in Traumwelten, also in eine Romantik, wie es sie romantischer nie gegeben hat.
Schlagworte tauchen auf: „Décadence" und „Elfenbeinturm", um nur zwei zu nennen. Gegen beide wird der „Jugendstil" ausgespielt werden, eine schnell verblühende, noch einmal in leuchtenden Farben und bewegten Formen wiedererweckte Spätromantik vor dem allgemeinen Kulturzusammenbruch rund um den Ersten Weltkrieg. Müdigkeit ist kein negativer Charakterzug. Sie überfällt den Menschen am Ende intensiver Tätigkeit; so ist auch die Müdigkeit der Kultur kein negativer Zug. *Décadence* ist Kulturermattung, erst die viel härtere Ver-

deutschung zu „Dekadenz" gibt ihr einen negativen, ablehnungswerten Beigeschmack. Wie schön ist die Vorstellung vom Elfenbeinturm! Ein hoher Turm, ganz aus edlem Elfenbein, ein Refugium der Träume, der Illusionen, der Weltflüchtigen vor den tiefen Enttäuschungen der Wirklichkeit. Ein letzter Rettungspunkt, wenn eine neue Sintflut Erde und Menschheit für Millionen Jahre vernichtet. Ein tröstender Gedanke oder eine wahnsinnige Utopie? Bewahrung der Kunst, der Kultur im luft-, im lebensleeren Raum? Ein typisch spätromantischer Gedanke, bei aller Schönheit sinnlos.
Endzeiten lassen oft alle Farben noch einmal aufleuchten, lassen mit einem letzten Sonnenstrahl durch eine Bergeslücke den Kirchturmhahn im Dorf noch einmal aufflammen, bevor auch er in die Nacht der Schatten gerissen wird. Überall rühren sich noch einmal Kräfte, aber sie haben keine gemeinsame Richtung mehr. Wieviel Schöpferkraft wird lebendig, trägt ihr Licht gläubig vor sich her, wähnt, es werde eines Tages die verschwindende Sonne neu entfachen! Versuchen wir ein Panorama um die Wende des 19. zum 20. Jahrhundert zu entwerfen; so „objektiv" es möglich sein kann, aber sehr bewußt, daß dies unmöglich ist. Treten wir unseren Gang im Osten an und führen wir ihn im Sinn des Uhrzeigers durch.

Russland

Zwei bedeutende russische Meister halten an der Romantik fest, gegen die gerade in ihrem Land scharfe Vorstöße auf allen Gebieten geführt wurden. Dostojewskij und Tolstoj – um nur diese zu nennen – gehören zu den führenden Schriftstellern des neuen Realismus, Mussorgskij wurde zum Bahnbrecher des musikalischen Naturalismus durch seinen „Boris Godunow". Doch Aleksandr Glasunow (1865–1936) hält an der Romantik Tschajkowskijs fest, vollblütig, inspiriert, kraftvoll. Mit sechzehn Jahren schrieb er die erste seiner neun Sinfonien; Balakirew dirigierte sie 1882 in St. Petersburg. Sie begeisterte Franz Liszt bei ihrem Erklingen in Weimar so sehr, daß er dem jungen Komponisten eine Weltkarriere eröffnete. 1909 wurde Glasunow, Schüler Rimskij-Korsakows, Direktor des Petersburger Konservatoriums und blieb es nominell bis zu seinem Tod. 1928 zum Schubertfest in Wien geladen,

Oben: Büste Aleksandr Glasunows, die das ursprüngliche Grab im Todesort Neuilly schmückte. Sie wurde bei der Überführung der Leiche (1972) zum Aleksandr-Newskij-Kloster in St. Petersburg, der Begräbnisstätte vieler großer russischer Meister, dort aufgestellt.
Unten: Das Konservatorium von St. Petersburg, eine der bedeutendsten Musikerziehungsanstalten Europas.

unternahm er anschließend weite Tourneen durch Europa und die USA, wobei er mit aufsehenerregendem Erfolg eigene Werke dirigierte und seine Tochter Elena Solistin seiner Klavierkonzerte war. Gesundheitlich angeschlagen zog er sich in die Nähe von Paris zurück, wo er 1936 starb. Aus seinem großen Werk überlebten ihn vor allem die Tondichtung „Stenka Rasin" (für Orchester), das Violinkonzert in a-Moll, das Ballett „Raimonda" sowie hervorragende Kammermusik, auf die sich der Beiname eines „russischen Brahms" bezieht, was nicht unzutreffend erscheint.
Einen Weltbedeutenden und Weltberühmten muß man Sergej Rachmaninow (1873–1943) nennen, der einer der größten Pianisten seiner Zeit und einer der inspiriertesten Komponisten aller Zeiten war. Er stammte aus dem Departement Nowgorod, war von 1904 bis 1906 Dirigent am Bolschoi-Theater in Moskau, verließ Rußland nach der Revolution von 1917 und lebte in der Schweiz, in Paris und zuletzt in den USA, wo er in seinem Wohnort Beverly Hills starb. Seine Tourneen, von großen Hörermassen bejubelt, ließen ihm dennoch Zeit genug für ein reiches Schaffen, das sein Zentrum im Klavier hatte: Die Präludien sind Virtuosenstücke in würdiger Nachfolge Chopins, wobei jenen in cis- und in g-Moll eine selten erreichte Popularität zuteil wurde. Sein zweites Klavierkonzert – von insgesamt dreien – entzückt in seiner spätromantischen Wehmut immer wieder jedes Publikum. Seine drei Sinfonien, einige sinfonische Dichtungen – darunter die über Böcklins Gemälde „Die Toteninsel" –, die „Rhapsodie über ein Thema von Paganini" tauchen immer wieder im Musikleben auf, während seine Opern sich nie durchzusetzen vermochten („Aleko" und „Der geizige Ritter" nach Puschkin, „Francesca da Rimini" nach Dante). Er war einer der letzten Meister der romantischen Melodie.

Unten: Sergej Rachmaninow, einer der führenden Pianisten seiner Generation und spätromantischer Komponist bedeutender Werke.
Oben: Ignaz Paderewski, berühmter polnischer Pianist, während des Zweiten Weltkriegs Präsident der Exilregierung seines Landes in London.
Rechte Seite: Vincent d'Indy – Gründer der „Schola" Cantorum" in Paris.

Polen

Aus Polen (wo man Joseph Elsner, den Lehrer Chopins, nicht vergessen sollte, wenn auch von seinen fast 30 Opern, seinen Sinfonien und seiner Kammermusik nichts mehr lebt) drang die romantische Stimme Henri Wieniawskis (1835–1880), dessen Violinkonzerte viel gespielt wurden und dessen „Legende" von ihm selbst, mit Anton Rubinstein am Klavier, rund um die Welt getragen wurde. Ignaz Paderewski (1860–1941), ein Grandseigneur als Pianist, warb auf weiten Tourneen weniger für seine eigene Musik als für die Freiheit Polens, die so oft Musik und Musiker dieses unglücklichen Landes inspiriert hatte. Nach Erringung der Unabhängigkeit am Ende des Ersten Weltkrieges wurde Paderewski der erste Ministerpräsident im neuen Polen. Und während des Zweiten Weltkrieges stellte in ähnlicher Unterdrückungslage der weltberühmte Musiker sich an die Spitze des polnischen Exilparlaments in London, erlebte aber den Tag der Freiheit nicht mehr. Von seinen Kompositionen (eine Oper, eine Sinfonie, Klavierstücke) blieb nur ein Menuett.
Der stärkste polnische Musikschöpfer dieser Generation dürfte Karol Szymanowski gewesen sein, der bei Besprechung des Impressionismus ausführlich behandelt werden soll.

UNGARN

Ungarns Rhythmen und orientalisch gefärbte Harmonik und Melodik hatten schon in „klassischen" Zeiten begonnen, Europas Musiker zu interessieren. Wie oft schreibt etwa Haydn „All'ongarese" (auf ungarische Art) über bewegte Stücke, die er in seinem Tätigkeitsgebiet, an der ungarischen Sprachgrenze, täglich erlebt und gern weitergibt! Beethoven, stets der Musik fremder Völker aufgeschlossen, verwendet den schneidigen Rhythmus mit Vorliebe, Schubert schreibt ein „Divertissement à l'hongroise", Brahms' „Ungarische Tänze" wurden ungemein populär. Doch neben diesen Annäherungen gab es viel originale ungarische Musik, die im Lauf der nationalen Bestrebungen zu Kunstmusik erhoben werden sollte. Ist hier in erster Linie Liszt zu nennen? Die Frage ist schwer zu beantworten: Liszt gehörte Ungarn wie auch der deutschen Kultur in gleichem Maß an und war darüber hinaus Weltbürger in vollstem Sinn des Wortes. Er war zu seinen berühmten „Ungarischen Rhapsodien" voll legitimiert, aber doch jenem Kulturkreis schon entwachsen, als er sie schrieb. Was nur zeigen soll, wie schwierig „nationale" Zuordnung bei kosmopolitischen Künstlern oft ist. Als ersten rein ungarischen Komponisten würden wir Ferenc Erkel (1810–1893) bezeichnen, dessen Opern „Hunyadi Laszlo" (1844) und „Bank Ban" (1861) als Nationalopern gelten, im Ausland aber so gut wie unbekannt blieben. Daß sie dem Geist der italienischen Oper – also Verdi zu jenem Zeitpunkt – nahestehen, versteht sich von selbst.

In Erkels Nachfolge gehört der große Geigenmeister Jenö von Hubay (1858–1937), der den Kontakt zum westlichen Europa nie abreißen ließ; sowie Ernö von Dohnányi (1877–1960), gefeierter Klaviervirtuose, Komponist zweier Sinfonien, der Ouvertüre „Zrinyi" (Bild eines ungarischen Nationalhelden, der von den Türken enthauptet wurde), der Pantomime „Der Schleier der Pierette" (nach Arthur Schnitzler) und ausgezeichneter Kammermusik mit vielfachen ungarischen Elementen.

DER SÜDOSTEN

Rumänien erwacht spät zu einer nationalen Kunstmusik, doch tritt es mit einer überaus starken Persönlichkeit in den Kreis europäischen Kunstschaffens: George Enesco oder Enescu (1881–1955) ist ein international noch längst nicht genügend anerkannter Komponist, bedeutender Geiger, Dirigent und Dozent. Seine „Rumänischen Rhapsodien" verbreiteten sich weit, während seine fesselnde Oper „Oedipus" ein Außenseiter der Theater geblieben ist und sein wichtiges sinfonisches Schaffen kaum irgendwo auftaucht.
Bulgarien ist im Besitz sehr alter (orthodoxer) Kirchenmusik, zu deren Pflege es eine wahre Tradition hervorragender Männerchöre gibt. Die Brüder Miladinow und Wassil Stoin gaben 1861 rund 11 000 Volksweisen heraus und verstärkten damit das Interesse an nationaler Musik auf solcher Grundlage. Der bedeutendste Komponist des Landes dürfte Pantscho Wladigerow (1899–1978) gewesen sein, Mendelssohn-Preisträger, unter Max Reinhardt Dirigent in Berlin.
Die sehr bewegten Regionen der südlichen Slawen brauchten lange, um mit ihrer vielfältigen Musik nach Europa vorzudringen. Erst im 19. Jahrhundert begannen national-folkloristische Klänge in die überall herrschende Romantik einzufließen. Erste Musikschöpfer (Vatroslav Lisinsky, Davorin Jenko, Stefan Stojanovic) drangen nicht über die Landesgrenzen der einstigen Teile Serbien, Kroatien, Slowenien, die staatlich noch keine Einheit bildeten. Erst Josip Slawenski (1896–1955) ließ aufhorchen, obwohl sein Hauptwerk unvollendet blieb: „Orientalische Sinfonie", in der mit klanglichem Riesenaufwand und Lichteffekten alle Weltreligionen musikalisch dargestellt werden sollten. Über die Grenzen drang Jakov Gotovac (1895–1982) mit der reizenden Lustspieloper „Ero der Schelm" und dem mitreißenden „Sinfonischen Kolo", dem Nationaltanz seiner Heimat.

SPÄTROMANTIK IM WESTEN EUROPAS

Deutlicher als in den östlichen Staaten, in denen der Abschied von der Romantik zusammenfällt mit dem Aufbruch einer nationalen Musik, wird diese Etappe in Westeuropa, in den Kernländern des Abendlandes. In Frankreich gründet Vincent d'Indy (1851–1931), ein Schüler César Francks, ein Gegeninstitut zum Konservatorium, die Schola Cantorum, als seine Reformvorschläge wenig Anklang finden. Hier erlebt die Spätromantik, einschließlich Wagner, intensive Pflege, an die das offizielle Frankreich nicht denkt. D'Indy war 1876 bei den ersten Festspielen in Bayreuth, arbeitete 1887 an der ersten französischen Aufführung des „Lohengrin“ mit, schuf 1885 die sinfonische Trilogie „Wallenstein“ nach Schiller. Am schönsten aber ist seine Musik, wo auch er folkloristischen Einflüssen nachgibt, Schulmeisterliches und Barockes hinter sich läßt und Gesänge aus seiner engeren Heimat, den geschichtsträchtigen Cevennen, aufgreift; vor allem in der „Symphonie sur un chant montagnard“ (auch „Symphonie cevenne“ genannt), im „Jour d'été à la montagne“ und im „Poème des rivages“.

Seit den großen Tagen der „Niederländer“ im 16. und 17. Jahrhundert ist es in diesem Teil des Abendlands musikalisch stiller geworden, aber die erreichte hohe Musikkultur blieb erhalten. Das 19. Jahrhundert, die Epoche des anbrechenden Nationalismus in den Künsten, belebt auch diese – nun aus Holland und Belgien bestehende – Region neu. Die Musikwissenschaft verdankt dem Belgier Joseph Fétis (1784–1871) viele wichtige Anregungen. Fétis gründete in Paris die damals einzige einschlägige Zeitschrift der Epoche („Revue musicale“) und wurde 1833 Direktor des Brüsseler Konservatoriums, das unter seiner Leitung zu hoher Bedeutung aufstieg. François Auguste Gevaert (1828–1908) führte in Brüssel „historische Konzerte“ ein, in denen der damals noch wenig bekannte Johann Sebastian Bach gepflegt wurde. Pieter Benoit (1834–1901), Gründer einer Flämischen Musikschule (1867) in Antwerpen, verfaßte unter vielen Werken auch zwei geistliche („Te Deum“ und „Requiem“) und setzte sich für die flämische Sprache in der Musik ein. Wie er gewann auch Edgar Tinel (1854–1912) den Rompreis, den es nach Pariser Muster nun auch in Brüssel gab. Tinel wurde 1909 Gevaerts Nachfolger, sein „Franciscus“-Oratorium fand starke Verbreitung. Guillaume Lekeu (1870–1894) war nur eine Lebenszeit von 24 Jahren bestimmt, die aber für eine ganze Reihe wertvoller Werke reichte. Joseph Jongen, Sylvain Dupuis, Lodewijk Mortelmans seien genannt, Paul Gilson schrieb zehn Jahre vor Debussy eine Tondichtung „Das Meer“, Jean Verhulst (1816–1891) war ein Romantiker der Mendelssohn-Schule. Bernard Zweers (1854–1924) steht zwischen der Spätromantik und nationalen Einflüssen. Am wirkungsvollsten sind seine Arbeiten dort, wo er das holländische Vaterland besingt. Das gelingt ihm am schönsten in der dritten Sinfonie, die diesen Titel führt und auffallend stark an Smetanas Orchesterzyklus gemahnt (selbst in den Untertiteln des für damalige Begriffe äußerst langen Werkes): „In Hollands Wäldern“, „Auf dem Lande“, „Am Strande des Meers“, „In der Hauptstadt“. 1862 wurden die beiden wichtigsten der spätromantischen Komponisten Hollands geboren: Alphons Diepenbrock (1862–1921) ging von Wagner aus, fand aber einen persönlichen Stil, der Geistliches wie Weltliches umschloß. Johann Wagenaar (1862–1941) ist spürbar der Zeitgenosse von Mahler und Strauss. „Saul und David“ (nach Rembrandts berühmtem Gemälde) sowie „Cyrano de Bergerac“ sind sinfonische Dichtungen von Rang, die Opern „Der Doge von Venedig“, „Der Cid“, „Jupiter amans“ haben trotz ihrer weltumspannenden Thematik kaum mehr als lokales Interesse erwecken können.

François Joseph Fétis, bedeutender belgischer Musikwissenschaftler, Neuerer auf vielen Gebieten, Gründer und Organisator.

Gustav Mahler – das große Heimweh

Scharfes Denkvermögen paart sich in beiden mit überströmendem Gefühlsleben. Beide erleben den Zusammenbruch einer Epoche, einer Welt, aber beide erblicken das Neuland, das sich vor ihnen dehnt und in dessen ungeheure Weite sie mutig vordringen: Beethoven, hundert Jahre zuvor, und nun Gustav Mahler. Beethoven überwand die Klassik, ahnte die Reichweite der Französischen Revolution, die er leidenschaftlich vom anderen Ufer des Rheins aus als junger Mensch miterlebte, und ging mit offenen Augen und Armen der Romantik entgegen, die ihn, den Demokraten und Republikaner, Freiheit dünkte. Nun steht Gustav Mahler vor dem Ende dieser Romantik und ahnt das Heraufkommen einer neuen Zeit, die ihm die größte aller Fragen beantworten soll: die nach dem Sinn des Lebens.

Sie haben noch vieles gemeinsam: die tiefe Gottgläubigkeit, die der üblichen Massengläubigkeit der Religionen zu widersprechen scheint und die im tiefsten Grunde ein einsames Suchen ist. Volkstümlich Schlichtes steht in beider Werk neben metaphysisch Versponnenem, einfach Achttaktiges neben kompliziertesten Formen, ruhevoll aus der Seele Strömendes neben vulkanischen Eruptionen, kindlich Naives neben mißtrauisch Zerrissenem. Bei Mahler, dem Triumphator, steht ein eigenes Wort über allem Wirken und Schaffen: „Mein ganzes Leben ist ein großes Heimweh."

Er kam am 7. Juli 1860 im Dörfchen Kalischt zur Welt, im damaligen Kronland Mähren der alten Habsburger-Monarchie, das später zur Tschechoslowakei geschlagen wurde. Er entstammt bescheidensten, ja armen, aber nicht unkultivierten Verhältnissen; seine frühesten musikalischen Eindrücke waren die Gesänge der Bauernmädchen auf den Feldern und die Trompeten einer nahen Garnison. Als er schon dreißig und mehr Jahre von alledem entfernt sein wird, klingt es immer noch in seinen Sinfonien nach. Mit Fünfzehn kommt er ans Wiener Konservatorium, wo Hugo Wolf sein Mitschüler, Bruckner ihr Lehrer wird. Ihn, den er verehrt, auch wenn die Kameraden über den schrulligen Musiker spotten, bittet er auch um Privatunterricht. Dann, kaum fühlt er sich im Besitz seiner Kräfte, beginnt sein Sturmlauf durch die Theater, von den kleinsten angefangen immer höher hinauf: Laibach (das heute slowenische Ljubljana), Olmütz (Olomouc im heutigen Tschechien gelegen), Kassel, Prag, Leipzig, Budapest, Hamburg. Überall hinterläßt er starke Eindrücke, denn es gibt nichts Gleichgültiges für ihn, mit geballten Energien geht er an alles, selbst das scheinbar Unwichtige. Sie nennen ihn einen Fanatiker, aber sein einziges

Gustav Mahler, der große Prophet des modernen Musiktheaters.

Streben ist es, der Kunst, der wirklichen Kunst am reinsten zu dienen. Und dann beruft die Wiener Hofoper, das renommierteste Musikinstitut Mitteleuropas, den Siebenunddreißigjährigen. Ein Probedirigat ist wohl nur noch Formsache, Mahler wird Direktor, „Gott der südlichen Zonen", wie er selbst einem Freund mitteilt.

Mahlers modernes Musiktheater

Mahler verwirklicht in zehn äußerst arbeitsreichen Jahren seinen Traum von einem modernen Musiktheater. Nie gab es so enge Zusammenarbeit zwischen Dirigent, Regisseur, Bühnenbildner, Beleuchter, Choreograph, nie wurde der (nicht nur Wagnersche) Gedanke des Gesamtkunstwerks so nahe zur Vollendung geführt. Er geht an die Gründung eines Ensembles, in dem der „Nur-Sänger" dem Sänger-Darsteller weichen muß. Doch er zieht auch gegen allgemeine Übelstände des Theaterbetriebes in den Kampf, läßt Zuspätkommende erst in der Pause in den Zuschauerraum, schafft die übliche „Claque" ab, die von einigen Sängern bezahlt wird, um ihren persönlichen Erfolg zu steigern. Viele Inszenierungen, die er mit dem genialen Maler Alfred Roller gestaltet, machen Theatergeschichte.

Oben: Gustav Mahler hat seine 8. Sinfonie nicht mehr gehört. Sie wurde, zehn Monate nach seinem Tod, durch Bruno Walter zur Uraufführung gebracht und erhielt wegen ihrer ungewöhnlichen Zahl von Ausführenden den, vom Impresario erfundenen, Beinamen „Sinfonie der Tausend".
Rechte Seite unten: Mahlers Grab auf dem Grinzinger Friedhof in Wien.
Rechte Seite oben: Alma Mahler, geb. Schindler, „das schönste Mädchen Wiens" (und hochbegabte Komponistin), faszinierte große Männer ihrer Zeit: Gustav Mahler, den Maler Oskar Kokoschka, den Architekten Walter Gropius und den Dichter Franz Werfel.

Seiner wahren Berufung kann er wegen des Theaterbetriebes nicht so nachkommen, wie er möchte: Das Komponieren muß auf die kurzen Sommerwochen zusammengedrängt werden, die er am liebsten fernab dem Alltag an den Ufern eines der idyllischen Seen Österreichs verbringt. Die volksnahe Lyrik der von Arnim und Brentano herausgegebenen Sammlung „Des Knaben Wunderhorn" führt ihn zu den frühen, überraschend reifen, schönen „Liedern eines fahrenden Gesellen". Zwei von diesen Melodien legt er in die erste Sinfonie ein, deren Grundgedanken er aus Jean Pauls romantischem Roman „Der Titan" empfängt, der ihn tief aufwühlt. Zwanzig Jahre noch nach der (Budapester) Uraufführung im Jahr 1888 ist er beim Dirigieren dieses Werkes so erregt, daß er seinem Freund, dem später berühmten Dirigenten Bruno Walter, schreibt: „Es kristallisiert sich eine brennend schmerzliche Empfindung. Was ist das für eine Welt, welche solche Klänge als Widerbild auswirft! So was wie der Trauermarsch und der darauf ausbrechende Sturm erscheint mir wie eine brennende Anklage gegen den Schöpfer..." Zweimal das Wort „brennend": Das bleibt für Mahlers Gemütszustand bezeichnend. Sein Inneres lodert ohne Unterbrechung, steht in Flammen wie Brünnhildes Felsen in Wagners „Walküre".

Neuerungen im sinfonischen Werk

Fast sieben Jahre nimmt die Arbeit an der riesigen zweiten Sinfonie in Anspruch, die 1895 in Berlin erklingt. Drei Sätze sind rein orchestral, zwei schließen Chor- und Sologesang ein, darunter das „Urlicht", eine der ergreifendsten Melodien Mahlers auf schlichte, mittelalterliche Worte. Im fünften Satz schildert ein entfesseltes Orchester den Jüngsten Tag, das letzte Gericht, das Aufspringen der Gräber, die kreatürliche Angst vor dem „großen Appell". Dann setzt machtvoll der Chor ein mit Klopstocks zuversichtlichen Worten: „Aufersteh'n, ja aufersteh'n wirst du, mein Staub, nach kurzer Ruh", was dem abendfüllenden Werk den Beinamen einer „Auferstehungs-Sinfonie" verliehen hat. Mahler fügt dem Text noch eigene Gedanken hinzu, gleichsam sein Glaubensbekenntnis: „Sterben werd ich, um zu leben!" Zur dritten Sinfonie (1896 vollendet, uraufgeführt 1902) hatte der Komponist ein Programm verfaßt, danach aber wieder verworfen, „wie man ein Gerüst entfernt, wenn das Haus fertig ist" (Bruno Walter). In deren viertem Satz intoniert eine Solostimme Nietzsches Worte „O Mensch! Gib acht! Was spricht die tiefe Mitternacht?" Und Chöre antworten: „Es sungen drei Engel einen süßen Gesang."
Die zweite und die dritte Sinfonie sprengen den Rahmen der klassischen, auch den der romantischen Orchesterwerke der Sonatenform. Mahler sucht Neuland, jedes seiner großen Werke folgt einem anderen formalen Gedanken. Die Zeit neigt zur Übersteigerung, zur Euphorie, in weniger talentierten Händen zur Übertreibung, zum Schwulst. Die Werke erreichen kaum noch ertragbare Längen, das Anwachsen der orchestralen Medien führt zu wahren Klangorgien. Mahlers zweite, dritte, achte Sinfonie, Schönbergs „Gurrelieder", Richard Strauss' „Alpensinfonie" kommen diesen Gefahren nahe; nur ein klug disponierender Dirigent kann sie bannen. Die Gigantomanie ist ein Zug der Spätromantik, deren Kunst auch in dieser Beziehung ein Abbild des Lebens ist.
Die vierte Sinfonie ist Mahlers sonnigste, froheste geworden. Auch sie enthält ein wenig Gesang: hier im letzten Satz, der die entzückende Vertonung eines mittelalterlichen Textes bringt: „Wir genießen die himmlischen Freuden" aus Mahlers Lieblingsbuch „Des Knaben Wunderhorn". Die Münchener Uraufführung 1901 löste krasse Meinungsverschiedenheiten im Publikum aus, und bei der ersten Wiener Wiedergabe kam es fast zur Saalschlacht. Dann aber wurde gerade die Vierte zu Mahlers verbreitetster Komposition. Ungleich schwieriger ist das Verständnis der nächsten drei Sinfonien. Für sie gibt es keine anerkannte Erklärung, keinen vokalen Teil, der durch Worte doch stets den Grundgedanken erläutern kann. Die schildernde Kraft des großen, spätromantischen Mahler-Orchesters ist so stark, daß es schwer wird, nicht hinter jedem gespannten Akkord, jedem ungewöhnlichen Rhythmus an außermusikalische Bedeutungen und Vorgänge zu denken. In der Fünften läßt der Komponist auf einem Höhepunkt einen Hammer mit Urgewalt auf einen Amboß niedersausen. Wie sollte man da nicht an ein übermächtiges Schicksal denken, an tobende Kämpfe in der

Seele des Komponisten? Doch Mahler läßt auch die furchtbarsten Gewalten nicht unbegrenzt toben, immer wieder fällt auch aus tiefstem Dunkel ein milder Lichtstrahl und erleuchtet eine Oase voll lyrischem Wohlklang, von ergreifender Schönheit. Eine der berühmtesten ist das Adagietto aus der fünften Sinfonie geworden, in dem Harfe und Streicher voll Sehnsucht singen.

Die Trennung von Wien

Nach zehnjähriger aufreibender Tätigkeit scheidet Mahler mit viel Bitterkeit im Herzen von Wien. Ein Herzspezialist warnt ihn vor zu großen Anstrengungen, doch Mahler, noch weit von Fünfzig entfernt, nimmt einen glänzenden Vertrag nach Amerika an, der dem Unermüdlichen reiche Tätigkeit verspricht. Seine schmerzlichste Komposition entsteht, die „Kindertotenlieder" auf Verse Friedrich Rückerts, die wie ein Ausblick auf eigenes Schicksal anmuten: Kurz danach stirbt eines seiner eigenen Kinder aus der Ehe mit der bedeutenden Alma (Schindler), die, selbst eine gute Musikerin, mehrere außergewöhnliche Männer zu fesseln vermochte: Sie wird nach Mahlers Tod den Bauhaus-Architekten Walter Gropius heiraten und zuletzt den Dichter Franz Werfel.

Mahler beginnt mit der Komposition seines gewaltigsten Werkes, der achten Sinfonie, der ein geschäftstüchtiger Impresario für die Uraufführung den Beinamen „Sinfonie der Tausend" gab, um den nötigen Aufwand anzudeuten: riesige Chöre, Kinderchor, acht Gesangssolisten, mindestens 200 Instrumentalisten. Zwei recht verschiedene Teile sind hier verbunden, der alte lateinische Pfingsthymnus „Veni creator spiritus" und die letzten Verse aus Goethes „Faust": „Alles Vergängliche ist nur ein Gleichnis." Es wurde ein fast kosmisch zu nennendes Werk und blieb doch ein zutiefst menschliches. Etwa gleichzeitig geht Mahler an das „Lied von der Erde", das er eine „Sinfonie in Gesängen" nennt. Sechs sehr schöne, altchinesische Texte sind hier (in deutscher Nachdichtung des Gedichtbandes „Die chinesische Flöte" von Hans Bethge), zum Teil in Anklängen an fernöstliche Melodik und Harmonik, vertont: „Trinklied vom Jammer der Erde", „Der Einsame im Herbst", „Von der Jugend", „Von der Schönheit", „Der Trunkene im Frühling" und „Der Abschied" sind die sechs Teile betitelt. Der Grundzug ist Traurigkeit, abgrundtiefe Melancholie, auch wenn es freundliche, helle Töne, ja eine heitere Szene gibt. Am ergreifendsten klingt der letzte Gesang, zu dem Mahler zwei Gedichte (von Mong Kao Yen und Wang Wei) zusammengezogen hat. Hier singt ein Mensch, dem „auf dieser Welt das Glück nicht hold war", seinen Abschied, sein „letztes Lebewohl". Doch zuletzt hellt die Luft sich auf, wie wenn die Sonne auf fernen Berggipfeln erglänzt und dem Tod alle Angst und Bitternis nimmt, denn „ewig blauen licht die Fernen ... allüberall und ewig ... ewig ..." Unter träumerischen Akkorden, die eine schwebende, sanfte Vorhaltsdissonanz nicht mehr auflösen, öffnet sich der Blick ins Unendliche. Es war Mahler nicht mehr vergönnt, sein „Lied von der Erde" noch zu hören.

Ebensowenig hörte er seine letzte, die neunte Sinfonie. 1909 abgeschlossen, singt sie nun ohne Worte vom Abschied und schließt, wie die Partitur es verlangt, „ersterbend". 1910 beginnt Mahler eine zehnte Sinfonie, vollendet den ersten, sehr ausgedehnten Satz, der wie ein Gruß aus dem Jenseits anmutet, skizziert den zweiten (von fünf geplanten). Sie gehört zu seinem wertvollsten Nachlaß. Als inmitten zahlreicher amerikanischer Konzerte und Opernvorstellungen der Fünfzigjährige den Tod kommen fühlt, sehnt er sich „heim". Und Heimat ist für ihn – immer noch und trotz allem – Wien. Die Reise des Schwerkranken ist äußerst mühsam. In Wien ist er am 18. Mai 1911 gestorben, ein letzter Romantiker, ein Sinfoniker von epochaler Bedeutung.

Der Aufruf zum Verismus

Annähernd hundert Jahre lang hatte die Epoche der Romantik gewährt, eine der großen, der Hauptepochen der abendländischen Kulturgeschichte. Drei Generationen lang hatte romantisches Fühlen und Denken den europäischen Menschen und seine Gesellschaft geprägt. Hie und da war diese Strömung schon durchlöchert worden, aber erst gegen Ende des 19. Jahrhunderts wurden Regungen fühlbar, die an eine Ablösung denken ließen. Im allgemeinen wiesen diese Regungen, so verschieden sie voneinander sein mochten, doch gemeinsam in die Richtung verminderter Träumereien, verstärkten Wirklichkeitsstrebens. Zur Wahrheit zielte die allgemeine Tendenz; sie war bereit, dem neuen Ideal sogar ein wenig von der Schönheit zu opfern, die so lange das ersehnte Ziel der Kunst dargestellt hatte. Von allen Künsten war in der Musik die Wandlung wohl am wenigsten spürbar. Wie sollte denn eine „wahrheitsgetreue" Musik klingen, was könnte sie von der romantischen unterscheiden? Ein paar rauhe Dissonanzen mehr, ein Aufgeben der rein symmetrischen Bauart, die noch weitgehend aus der Klassik übriggeblieben war? Nur die Oper konnte der neuen Richtung folgen, ihr dichterischer, literarischer Anteil konnte der Wahrheit nachstreben. Es wird also keinen Leser in Erstaunen versetzen, daß die neue Strömung auf dem Gebiet der Oper einsetzt. Hier gab es, lange bevor sie als solche hervortrat, ein illustres Beispiel: Verdi, der Großmeister der italienischen Romantik, hatte 1853 ein überaus aktuelles, „modernes" Thema aufgegriffen („La Traviata"), das in schärfstem Gegensatz zu allen seinen anderen Werken stand. Doch nur der Text ging in die neue Richtung, die man vage Realismus oder Naturalismus nannte, die Musik des Maestro aber blieb so seelenvoll, melodisch und romantisch, wie es stets sein Merkmal war. Langsam verstärkte die neue Strömung ihr Streben nach neuen Idealen. Irgend jemand begann die neue musikalische Richtung als „Verismus" zu bezeichnen. Sicherlich in Italien, denn das Wort war deutlich lateinischen Ursprungs: *verum* heißt „wahr", *veritas* die Wahrheit (*verité* im Französischen, *verità* im Italienischen, *verdad* im Spanischen usw.). So bekam die neue Richtung der Musik den Namen „Verismus", der das gleiche bedeutet wie Naturalismus in den anderen Künsten, einen gesteigerten Realismus.

Im Jahr 1890 schrieb der namhafte Mailänder Musikverleger Sonzogno einen Wettbewerb zur Gewinnung neuer Opern aus, die allerdings besonderen Bedingungen entsprechen mußten: Sie durften vor allem nur einen einzigen Akt haben und mußten in ihren Grundzügen veristisch sein. Kurzopern hatte es seit je gegeben: Pergolesis „La Serva Padrona" war vor anderthalb Jahrhunderten das Muster einer Opera buffa geworden, allerdings nur als „Intermezzo" bezeichnet, nicht als Oper. Nun war die kurze Dauer eines musikalischen Bühnenstücks zu einer wichtigen Forderung geworden: Wagners vier- bis fünfstündige Musikdramen erwiesen sich für alle, vornehmlich die nichtdeutschen Theater als echte Gefahr, und hatte nicht sogar Verdi nahezu vierstündige Opern geschaffen? Das beginnende Industriezeitalter hatte eine neue Beziehung zur Zeit, die immer mehr mit dem Geld in Zusammenhang gebracht wurde. Sicher würden die Herren der neuen Oberschicht nicht mehr ungezählte Stunden im Theater oder Konzert zubringen. Für die Fällung des Schiedsspruchs hatte Sonzogno sich etwas Originelles einfallen lassen: Die Jury mußte drei Stücke wählen, die dem Publikum vorgeführt werden sollten: Und dieses bestimmte dann die Reihenfolge der ersten drei Preise. Ganz ungefährlich war dieses Verfahren nicht, denn die ausschlaggebende Stärke des Applauses war leicht zu manipulieren. Doch die Entscheidung im Mailänder Teatro dall' Verme fiel gerecht aus. Ein unbekannter Musiker, Kapellmeister der „Banda", der Blasmusik, im unbedeutenden Städtchen Cerignola in Apulien und gelegentlich Leiter mittelmäßiger Operettentourneen, Pietro Mascagni mit Namen, wurde am Abend des 17. Mai 1890 von einer begeisterten Menge in den Sieg, in den Ruhm gejubelt.

Pietro Mascagni

Am 7. Dezember 1863 in Livorno geboren, begann an jenem Abend ein neues Leben für Mascagni. Ein glückliches, wie man annehmen könnte: Er schrieb nach dieser „Cavalleria rusticana", einem Meisterwerk ohne schwachen Punkt, eine lange Reihe weiterer Opern („L'Amico Fritz", „Iris", „Il piccolo Marat"), durchwegs beachtenswert, teilweise brillant, aber keine einzige schlug mehr ein. Mascagni starb am 2. August 1945 in Rom als „Komponist der ‚Cavalleria rusticana'", verarmt und vergessen. Dabei war dieses Werk voll Neuheiten gewesen: keine Orchester-Ouvertüre – woraus der Verismus seine Norm ableitete, gedrungenen Opern keine langen Vorspiele voranzuschicken –, sondern durch ein gesungenes Liebeslied hinter dem Vorhang ersetzt, das unmittelbar in die Handlung einführte; ein instrumentales, sehr berühmt gewordenes „Intermezzo", das den Zeitraum einiger Stunden zu überbrücken hat, eine rein veristische Handlung von Giovanni Verga, die für keine Minute Lyrik Raum gibt. Müßten wir unter den großen Komponisten eine Ein-

Oben: Pietro Mascagni, dessen Triumph mit „Cavalleria rusticana“ 1890 das Zeitalter des „Verismus“ einleitet.
Rechts: Ruggero Leoncavallo, Dichter-Komponist des „Bajazzo“, wird heute des Literarischen Plagiats verdächtigt.

teilung nach „tragischen“ und „glücklichen“ treffen, wir glauben fast, Mascagni – dessen Werk Hunderte Male um die Erde ging – gehöre zu den tragischen.

Ruggero Leoncavallo

Viel anders erging es auch Ruggero Leoncavallo nicht, der fast immer in einem Atem mit Mascagni genannt wird. Ihm gelang der Sprung in den Weltruhm zwei Jahre später mit seinen „Pagliacci“ (Der Bajazzo). Mascagnis Erfolg hatte ihn – so erzählt er selbst – nicht ruhen lassen. Auch er war nicht berühmt, doch ehrgeizig. Er hatte in Kaffeehäusern Klavier gespielt, unbekannte Sänger begleitet, war durch die Hilfe eines Verwandten Militärkapellmeister in Ägypten geworden, bis er, 1857 in Neapel geboren, nun 35jährig an eine veristische Oper ging. Zum Unterschied von Mascagni schrieb er sich das glänzende Textbuch selbst. Er behauptete stets, einen Mordfall dramatisiert zu haben, der in seiner Jugend in dem Städtchen vorkam, in dem sein Vater, Richter von Beruf, dann den Täter zu richten gehabt habe – eine nette Erzählung, die er im „Prolog“ seiner Oper gebührend unterstreicht, die sich aber leider fast hundert Jahre später als unwahr herausstellte. Leoncavallo hatte ein französisches Theaterstück verarbeitet, aber als es bekannt wurde, waren alle Beteiligten längst tot und Leoncavallo so berühmt, daß kaum noch jemand daran dachte, die Wahrheit zu verbreiten. „Der Bajazzo“ ist eine großartige Oper, vom erwähnten „Prolog“ angefangen, der – siehe Mascagni – die Ouvertüre ersetzt und ein glänzendes Solostück für Bariton darstellt. Die Idee des „Theaters auf dem Theater“ war ja nicht gerade neu, aber sie ist selten so atemberaubend verwendet worden. Und den berühmten Tenören hat der Komponist in *„Vesti la giubba“* (Hüll dich in Tand) mit dem Höhepunkt *„Ridi, pagliaccio“* (Lache, Bajazzo) eine Arie geschenkt, die seit Carusos Zeiten unfehlbares Glanzstück des Repertoires ist. Leoncavallo erging es ähnlich wie Mascagni: Nie wieder gelang ihm ein ähnlicher Erfolg, ein vergleichbares Meisterwerk: Weder „Zazà“ noch die deutsche Auftragsoper „Der Roland von Berlin“ gefielen, die sehr gute „Bohème“ wurde von jener Puccinis, die ein Jahr früher gespielt wurde, in den Schatten gestellt. Auch er starb als der Komponist eines einzigen bleibenden Werkes 1919 in Montecatini.

Das Streben nach Wahrheit

Überraschend schnell war damit der Verismus durchgesetzt. Auch andere Werke trugen dazu bei: Zwar gehörte die wirkungsvolle „Gioconda“ von Amilcare Ponchielli (1834–1886) noch der Verdischen Romantik an, doch eine ganze glänzende Generation von Veristen wuchs bereits heran. Die beiden Meisterwerke Mascagnis und Leoncavallos hatten den neuen Typus der veristischen Oper festgelegt. Was wollte der Verismus? Vor allem betraf er natürlich den Text: Der Stoff sollte „aus dem Leben gegriffen sein“. Man muß hinzusetzen: dort wo es am „gewöhnlichsten“, am „typischsten“, aber auch am „ungeschminktesten“, sogar „grausamsten“ war. Das waren Forderungen des Naturalismus, der in Literatur, Theater (und Malerei) dem Verismus vorangegangen, als Vorbild gedient hatte. Es müßte in einer Spezialstudie nachzuweisen sein, daß eine ununterbrochene Steigerungslinie vom Realismus über den Naturalismus zum Verismus verläuft, zumindest in der Geschichte der Oper. Vielleicht sogar, daß auch der Verismus keine Endstation darstellt, sondern weitergeführt werden kann in den Expressionismus, von dem wir bald sprechen werden. „Cavalleria rusticana“ (deren Titel nie in einer Übersetzung zitiert wird, da es keine kurze und völlig geeignete gibt) und „Der Bajazzo“ (wie „I Pagliacci“, eine Form der Mehrzahl, im Deutschen anfechtbar genannt wird: Alle in diesem Stück vorkommenden Personen sind „Bajazzos“), zumeist als Urbilder der veristischen Oper genannt, sind keineswegs aus dem Nichts entstanden. Bizets „Carmen“ und Mussorgskijs „Boris Godunow“ müssen als Vorbilder oder zumindest Vorläufer gelten, beiden Komponisten müssen „wirklichkeitsnahe“ Opern vorgeschwebt haben. Und der schwache Erfolg, der beiden zu Beginn beschieden war, könnte sehr wohl mit dieser naturalistischen Einstellung zusammenhängen, der das Publikum um 1875 noch fremd gegenüberstand. Darum redeten die Freunde Mussorgskij zu, in das ursprünglich als reines Männerstück ausgeführte Zarendrama eine Frauengestalt einzufügen; damit wurde ein Liebesduett möglich, ein Stück Romantik.

Das veristische Zeitalter bricht erst einige Jahre später an, 1890 wird „Cavalleria rusticana“ bejubelt. Nur wenige Monate später allerdings das Werk des hochbegabten, jungverstorbenen Alfredo Catalani (1854–1893), „Loreley“, das aus dem deutschen Sagenkreis stammt, von Wagner beeinflußt ist und doch unüberhörbar starke Wirkungen aus der entstehenden Klangwelt des *verismo*“ zieht. Sehr klar erweist diese Tendenz sich dann 1892 bei der umjubelten Uraufführung der „Wally“, einem Hochgebirgsdrama aus Tirol, das den Durchschnittsroman einer Wilhelmine von Hillern zur packenden Oper gestaltet und veredelt. Nachdem das mitreißende Werk in Italien nie völlig verschwunden war, ermöglichte eine glückliche Aufführung der Bregenzer Festspiele 1990 wohl auch eine unausbleibliche deutsche Renaissance, der nur eine gute Übersetzung zu wünschen wäre. Umberto Giordano (1867–1948) gelang der Sprung in den Ruhm mit einer einzigen, allerdings großartigen Oper, dem Revolutionsdrama „Andrea Chénier“ (1896), das am ehesten als Übergang von Verdi zum Verismus verstanden werden sollte. Es enthält packende naturalistische Szenen, aber auch mehrere blühende Arien fast belcantistischer Faktur. Francesco Cilèa (1868–1950) müßte unter die vielversprechenden Talente des Verismus gezählt werden, seine „Arlesianerin“, vor allem aber seine „Adriana Lecouvreur“ weisen ihm einen hohen Rang zu. Beide aber stammen aus seinen jungen Jahren; der wenig über dreißigjährige Komponist erlebt ein plötzliches, tragisches Schwinden seiner schöpferischen Kräfte, wie es in diesem Ausmaß wahrscheinlich einmalig ist. Trotzdem blieb Cilèa im Musikleben tätig, widmete sich dem Unterricht wie einem wahren Apostolat und hinterließ Vermögen und Tantiemen zur Gänze der von Verdi gestifteten Casa di Riposo, dem Altersheim für Musiker in Mailand. Das dichte Panorama der veristischen Jahrzehnte Italiens wurde durch eine Reihe weiterer Meister bereichert: Italo Montemezzi (1875–1952), Riccardo

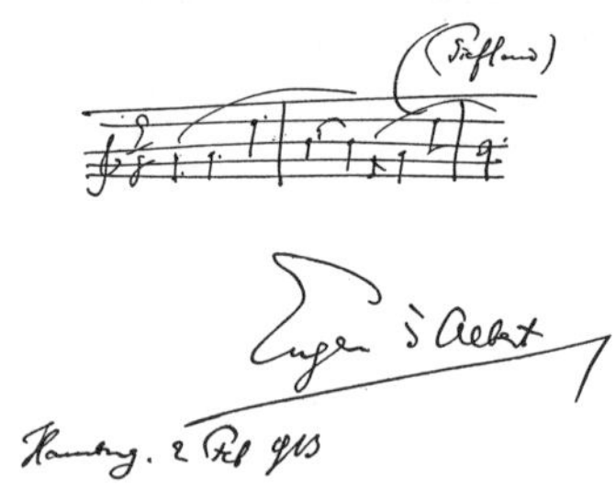

Oben: Eugen d'Albert, nach einer Fotografie von 1928. Links: Handschriftliches Zitat eines „Tiefland“-Themas mit eigenhändiger Unterschrift d'Alberts vom 2. Februar 1913.

Zandonai (1883–1944), Alfredo Casella (1883–1944), dem eine bedeutende geistige Führerrolle in Italiens Musik zukommt. Sie alle sind dem Verismus verwandt, zugleich aber Fortführer der traditionellen italienischen Opernkomposition, die ohne Stimmenglanz und eine Spur Romantik nicht denkbar erscheint. Sie zeigen auf, wie viele Nuancen innerhalb des *verismo* möglich sind, ohne seine realistische Grundtendenz zu verleugnen. Bald werden wir zum stärksten der Veristen gelangen, zum größten Nachfolger Verdis, zu Giacomo Puccini. Mit ihm geht der Verismus, nach den blendenden Höhepunkten von „Bohème“, „Tosca“, „Butterfly“ seinem Ende entgegen. Puccini wird zu seinem Überwinder. Doch die Nachfolger kehren nicht mehr zur Spätromantik zurück, wie er es in „Turandot“ vorzuschlagen schien. Eine neue Zeit war angebrochen und stürzte, auch in der so festgefügt scheinenden Opernwelt Italiens, alles über den Haufen. Seltsam, wie kurz eigentlich der Verismus währte; und nicht einmal während der zwei oder drei Jahrzehnte seiner Herrschaft regierte er ungeteilt auf den Weltbühnen, er mußte seine Stellung zumeist mit dem Impressionismus, mehr noch mit dem Expressionismus und mit romantischen Ausläufern teilen, die sich hartnäckig hielten.

VERISMUS IN DEUTSCHLAND?

Was hat Deutschland, hat Nordeuropa dem *verismo* Italiens an die Seite zu stellen? Gerade hier wäre ein Umsturz nach dem Tod Wagners (1883) besonders wichtig gewesen. Doch sein Erbe war noch zwanzig Jahre lang so mächtig, daß alle schwächeren Begabungen ihm zum Opfer fielen. Hans Pfitzner (1869–1949), ein Musiker reinsten Wollens und größten Könnens – wenn auch sehr schwierigen Charakters –, ging mit seinen ersten, völlig wagnerisch-romantischen Opern („Die Rose vom Liebesgarten", „Der arme Heinrich") unter. Es gibt zu denken, daß Werke nicht nur scheitern können, weil sie die erforderliche Qualität nicht besitzen, sondern auch darum, weil sie unzeitgemäß sind, dem Zeitgeist zuwiderlaufen. Fast zwei Jahrzehnte später traf Pfitzner sich dann mit dem Zeitgeist – er war kein Wagnerianer mehr, der Zeitgeist nicht mehr veristisch, impressionistisch, expressionistisch – und erlebte mit (dem spätromantischen) „Palestrina" den verdienten Triumph seines Lebens. Auch Richard Strauss ging auf der Opernbühne zuerst unter, da „Guntram" und „Feuersnot" wohl ebenfalls dem Zeitgeist zuwiderliefen. Aber er wird wenige Jahre später glanzvoll auferstehen mit den expressionistischen Dramen „Salome" und „Elektra", die zwar auf der einen Seite an den Jugendstil grenzen, auf der anderen aber auch Elemente des Verismus enthalten. Der viel biederere Engelbert Humperdinck (1854–1912), Mitarbeiter Wagners in dessen letzter Zeit, rettete sich durch die an sich nicht undiskutable Idee, die Grundsätze seines Meisters auf Kindermärchen anzuwenden: „Hänsel und Gretel" (1893) wurde geradezu ein Musterbeispiel für die Gattung und äußerst erfolgreich (so sehr wir auch heute von dieser Art des Kindertheaters aus vielerlei Gründen entfernt sein mögen).
Doch endlich gelangte der Verismus auch in den Norden. Das „klassische" Werk dieser Richtung wurde „Tiefland" von Eugen d'Albert (1864–1932), der einer der führenden Klaviervirtuosen seiner Zeit war und sich nun als starker Musikdramatiker erwies, der aus der katalanischen Vorlage des naturalistischen Schauspiels „Terra baixa" unter geschickter Verwendung folkloristischer Anklänge einen lang anhaltenden Erfolg erzielte. Auch seine folgenden Stücke „Die toten Augen", „Der Golem", „Die schwarze Orchidee" könnten sich möglicherweise als lebensfähig erweisen. Wilhelm Kienzl (1857–1941) entging der von Wagners Erbe drohenden Gefahr durch einen starken Hang zum Volksstück. Sein „Evangelimann" (1895) war jahrzehntelang im Repertoire der deutschsprachigen Bühnen, die Arie „Selig sind, die Verfolgung leiden" gehörte zu den Lieblingsstücken in Theater wie Konzert. Der deutschen Spielart des Verismus muß schließlich Max von Schillings (1868–1933) zugerechnet werden, dessen „Mona Lisa" höchsten Vergleichen standhält; auch Emil von Reznicek (1860–1945), dessen „Donna Diana" Können und hohe Inspiration vereint; der bedeutende Dirigent Leo Blech (1871–1958) erzielte mit „Versiegelt" verdienten Erfolg. Joseph Haas (1879–1960), ein „Spitzweg der Musik", verträumt, idyllisch, befindet sich, obwohl seine volkstümliche Art noch vom Verismus herkommen könnte (der allerdings vom Tragischen ins Freundliche umgebogen ist), auf einem heute recht vergessenen Nebengleis („Tobias Wunderlich", „Die Hochzeit des Jobs"). Walter Braunfels (1882–1954), hochgeschätzt, doch nie genügend gepflegt, ist der Komponist der ausgezeichneten Opern „Die Vögel" (nach Aristphanes) und „Don Gil von den grünen Hosen" (nach Tirso de Molina, dem Urheber der Don-Juan-Figur). Was von diesen Werken noch dem Verismus zuzurechnen sein könnte, ist schwer zu entscheiden. Auch dieser Stilbegriff hat, wie alle anderen, in sich eine Wandlung durchgemacht. Doch strenggenommen war und blieb der *verismo* eine italienische Kunstrichtung.

Oben: Engelbert Humperdinck, Wagner-Apostel, Komponist der erfolgreichsten Kinderoper: „Hänsel und Gretel".
Rechts: Szene aus „Hänsel und Gretel"; Die Hexe schürt den Ofen… zum Verbrennen der Kinder; eine Kinderoper?

Jules Massenet und Giacomo Puccini

Wir nannten den Abschied von der Romantik lang. Und nun wird mit jedem Kapitel klarer werden, wie lang er eigentlich ist. Andere Stilrichtungen kommen und gehen, wir haben den Einbruch des Verismus erlebt, stehen vor dem Auftauchen des Impressionismus, bald werden Expressionismus und Jugendstil in die Musik eindringen, bald wird – bei Richard Strauss vor allem – von „Neoklassik" die Rede sein. Aber wenn diese Richtungen auch eine Zeitlang das Geschehen bestimmen werden, so bleibt doch die Romantik immer gegenwärtig, vielleicht nicht mehr als bestimmende Kraft, wie sie es einst von 1800 bis 1870 war, aber doch unübersehbar, unüberhörbar präsent. Das vorliegende Kapitel handelt von zwei Großmeistern der Oper, die ohne romantische Einflüsse nicht denkbar gewesen wären. Jules Massenet kommt von der *Opéra lyrique*, Giacomo Puccini vom *verismo*, aber es fällt schwer, bei beiden nicht in wohltuende Erinnerung an die Spätromantik zu verfallen.

Jules Massenet

Massenet (1842–1912), in Montaud bei St. Etienne geboren, studierte bereits neunjährig am Pariser Konservatorium und gewann 1863 den Rompreis. Die Stilrichtung der *grande opéra*, die monumentale Oper der gewaltigen Massenszenen, der spektakulären Ballette, der farbenprächtigen Exotik, der theatralischen Übersteigerung der legitimen Dramatik war im Abklingen, die *Opéra lyrique* gewann an Geltung und Verbreitung, jene Gattung der zarteren, lyrischen Stimmungen, der Verinnerlichung, der erhöhten Bedeutung des literarisch anspruchsvollen Textes, dessen Nuancen mit starkem Gefühl erfaßt werden. Mit seinem dritten Bühnenstück, dem „König von Lahore" (1877), beginnt eine lange Reihe von Opern, die wechselnde, zumeist aber starke bis sensationelle Erfolge zeitigen. Nicht weniger als 35 Jahre lang wird Massenet einer der meistbeachteten Komponisten seiner Zeit sein. Gehörte er einem „Stil" an? Er hatte seinen eigenen geschaffen, der aus einer wundervoll dosierten Mischung von lyrischer Oper, Verismus, Romantik, moderner Psychologie, zärtlichen Melodien, pikanten Harmonien und glänzender Orchestertechnik bestand. Höchst erfolgreich war 1881 „Hérodiade" (Herodias), ein Vorläufer der Oscar Wilde/Richard Strauss'schen „Salome" um den biblischen Propheten Johannes den Täufer, gefolgt vom Welterfolg „Manon" (1884). Der über ein Jahrhundert alte Stoff des Abbé Prévost, die immer wieder erlebnisstarke Geschichte der schönen jungen, aber leichtsinnigen Manon Lescaut, die sich und den herzensreinen, ihr rettungslos verfallenen Chevalier des Grieux ins Verderben stürzt, hat immer wieder die Komponisten gereizt. Sie steckt voller Situationen, die vielleicht erst mit Musik ihr volles Leben erreichen. Massenet findet für jede Nuance genau den Ton, der das Publikum seiner Zeit aufzuwühlen weiß. Paris jubelt, aber Wien, wo das Werk bald danach gespielt wird, jubelt noch mehr. Auch „Der Cid" (1885) wird wieder zum Erfolg, wenn er auch thematisch einem Durchschnittspublikum ferner liegt. Dann brennt die Pariser Opéra Comique ab, kurz bevor dort „Werther" aufgeführt werden kann. Massenet zögert keinen Augenblick, das ihm so gewogene Wien soll – in deutscher Sprache – diese Premiere erhalten. Seit dem Erscheinen von Goethes Jugendroman, in dem er sich ein schmerzliches Jugendabenteuer von der Seele schrieb, ist mehr als ein Jahrhundert vergangen, die starke Gemütsbewegung, die er hervorrief, längst abgeklungen. Doch nun ruft Massenets Oper dies alles erneut in Erinnerung, sogar ohne dem Musiktheater zu große Opfer am illustren Text bringen zu müssen. Die Verehrer Goethes ließen allerdings auch diese Gelegenheit nicht verstreichen, ohne die „Veroperung" seiner Dichtungen anzuprangern – mit denen in zahllosen „Faust"-Vertonungen manchmal ein wenig respektlos umgegangen worden war –, doch hält sich dieser „Werther" recht eng an das Original, abgesehen vom hinzugefügten Weihnachtstreiben und daß Werther nicht einsam in seinem Zimmer sterben darf, ohne daß Charlotte ihn einen letzten Augenblick in den Armen hält und ihm ein einziges Mal die Worte zuflüstern kann, auf die er vergeblich im Leben gewartet hat: „Ich liebe dich." Hier kommt zu allen Klangfarben, die Massenet in „Manon" gefunden hatte, noch die der tiefen Wehmut hinzu, der hoffnungslosen Melancholie, aus der es keinen Weg in die Freude gibt. Die Wiener Premiere (am 16. Februar 1892) wurde ein Höhepunkt im Leben des Komponisten und in der Operngeschichte. Erfolgreich ging es nun weiter: 1894 feiert Paris „Thaïs", dessen instrumentales Bruchstück „Méditation" lange Zeit zu einer der populärsten Melodien wird. Dann fanden „Cendrillon" (1899) und „Grisélidis" (1901) weniger Erfolg, doch mit den beiden Hauptrollen vergrößert Massenet die Galerie der lieblichen Frauengestalten, die ihm zu schaffen gelang und von der man in Paris behauptete, jede von ihnen hätte ein lebendes Vorbild im Dasein des Meisters gehabt. Wollte nun Massenet seinen Kritikern beweisen, er könne eine wirkungsvolle Oper auch ohne weibliche Rollen schreiben? Er tat es mit dem „Spielmann unserer lieben Frau" (Le Jongleur de Nôtre-Dame), indem er einer mittelalterlichen Legende von Anatole France ergreifendes Bühnenleben einhauchte. Die Uraufführung fand am 18. Februar 1902 statt, dieses Mal in Monte Carlo, wo der geniale Impresario Raoul Gunsbourg sich das Recht auf alle künftigen Werke Massenets gesichert hatte. Und so erklang hier auch die letzte Oper des Erfolgreichen, „Don Quichotte", am 19. Februar 1910, ein Werk von höchster schwermütiger Schönheit über Cervantes' unsterblichen „Ritter von der traurigen Gestalt, Don Quijote". Mit diesem Abschiedsgruß eines reinen Idealisten an eine Welt, die es im Grund längst nicht mehr gibt, legt auch Massenet die Feder aus der Hand. Am 13. August 1912 stirbt er in Paris. Zahllose Menschen beweinten ihn, aber kaum einer ahnte, daß der Erfolg des im Augenblick so ruhmvollen Komponisten sein Jahrhundert überdauern werde.

Giacomo Puccini

Giacomo Puccini (1858–1924) entstammte einer Musikerfamilie in Lucca, die ihrer Heimatstadt in einer langen Reihe hervorragender Kirchenkomponisten auch einige ungewöhnliche Talente geschenkt hatte. Der junge Giacomo entschied sich, als er mit einem Stipendium in Mailand studierte, für die Oper. Bei einem Wettbewerb erhielten seine „Villi" (1884), eine romantische Vertonung des Undine-Stoffes, zwar keinen Preis, erregten aber die Aufmerksamkeit des Verlegers Ricordi, der mit ihm einen langfristigen Vertrag abschloß und ihn so der Sorge um das tägliche Brot enthob. Auch das nächste Werk, „Edgar", fand noch keinen rechten Zugang zum Publikum, als es 1889 über die Bühne der Mailänder Scala ging. Erst die dritte Oper kam an, obwohl Puccini das Wagnis unternommen hatte, den soeben in zahlreichen Theatern umjubelten Stoff der „Manon" Massenets nochmals zu vertonen. Er gab der Oper den ganzen Namen des Mädchens: „Manon Lescaut" und half selbst bei der Neutextierung. Die Premiere am 1. Februar 1893 in Turin erzielte einen durchschlagenden Erfolg. Damit eröffnete sich eine

Linke Seite: Jules Massenet, ein letzter, melodiengewaltiger Spätromantiker.
Oben: Jugendstil-Plakat für die Uraufführung der Oper „Thaïs" von Massenet (Paris, 1894).

der glanzvollsten Musikerlaufbahnen neuerer Zeit. „Manon Lescaut“ half dem neuen Verismus, sich Bahn zu brechen. Die Gleichzeitigkeit dieses Datums mit dem glorreichen Abschied des achtzigjährigen Verdi, dessen „Falstaff“ 1893 einer verklungenen Zeit einen frohen Abschiedsgruß nachsandte, ist ein sinnvolles Spiel des Zufalls: Der Altmeister geht, der Junge, der seine Stellung einzunehmen berufen sein wird, pocht zum ersten Mal unüberhörbar an die Pforte. Der Durchbruch der Jugend ist unaufhaltsam: „Cavalleria rusticana“, „Der Bajazzo“, „Manon Lescaut“, Catalanis „Loreley“ und „La Wally“ innerhalb von knapp drei Jahren bewiesen den radikalen Umschwung, der in der Opernwelt vor sich ging. Eine wahrhaft starke Generation ergriff hier das Steuer. Eine veristische Generation? Vielleicht können die Italiener nicht wirklich naturalistisch oder veristisch sein, ihr Drang zur singbaren Melodie schlägt immer durch. Puccini hat wenig später für sich den Titel eines „Komponisten der kleinen Dinge“ in Anspruch genommen, nichts hätte ihn treffender kennzeichnen können. Er besaß die Kraft, diese „kleinen Dinge“ zusammenzusetzen, bis sie ein Großes ergaben, einen Charakter, ein Leben, ein Schicksal, das er mit einem weiten melodischen Bogen überspannen konnte. Und so wurde Puccini vielleicht nach einer kurzen Phase in der neuen Richtung deren Überwinder. Noch nicht in „La Bohème“ (1900), die wohl am allermeisten „kleine Dinge“ enthält: den kalten Ofen, die erloschene Kerze, den Frühlingstraum über den Dächern von Paris, das Häubchen, den leisen Schneefall, den Husten, den alten Mantel. Aber nirgends wie hier erwacht Puccinis einmalige Meisterschaft der innigen Detailmalerei und die unendliche Zärtlichkeit seiner Melodie. „La Bohème“, auf den romanhaften Stoff des Henri Murger, liebevolles Porträt einer Stadt und ihrer seltsamen Menschen, überstieg an Innigkeit alles, was seit Mozart auf der Opernbühne gesungen worden war. Der 1. Februar 1896 schenkte der Welt ein Werk von liebenswertem Zauber, von ergreifender Poesie, die es verstand, sich unpoetisch zu gebärden. Verismus? Die Armut, der Alltag, die Eifersucht, der Schwindsuchtstod, all das und noch mehr deuten darauf hin. Aber die süße Melodik, die alles überglänzt? Kommt sie aus der Wirklichkeit oder ist sie ein Gruß aus anderen Sphären, also ein Stück später Romantik? Man soll Glück nicht analysieren wollen.

Schade nur, daß dieser Glücksfall von Puccinis „Bohème“ das Unglück eines anderen Komponisten verursachte, der im Grund völlig unschuldig an den Ereignissen war. Viele Jahre zuvor hatte Leoncavallo seinem Kameraden und guten Freund Puccini einmal von Henri Murgers „Vie de Bohème“ als Grundlage für eine Oper gesprochen. Puccini zeigte sich uninteressiert. Als er Jahre später doch auf diesen Stoff stieß, hatte er das Gespräch längst vergessen. Nun stürzte er sich mit Begeisterung in diese Geschichte. In den Straßen von Mailand treffen die alten Kollegen zufällig zusammen, sie beglückwünschen einander herzlichst, denn beide sind seit der letzten Begegnung nichts weniger als berühmt geworden: durch den „Bajazzo“ der eine, durch „Manon Lescaut“, ein Jahr später, der andere. Die unvermeidliche, freundlich gemeinte Frage springt auf: „Woran arbeitest du jetzt?“ Und die Antworten zerreißen das jahrealte Freundschaftsband, denn beide schreiben an einer „Bohème“. Puccini ist näher der Vollendung, er gewinnt das Rennen, das beiden das

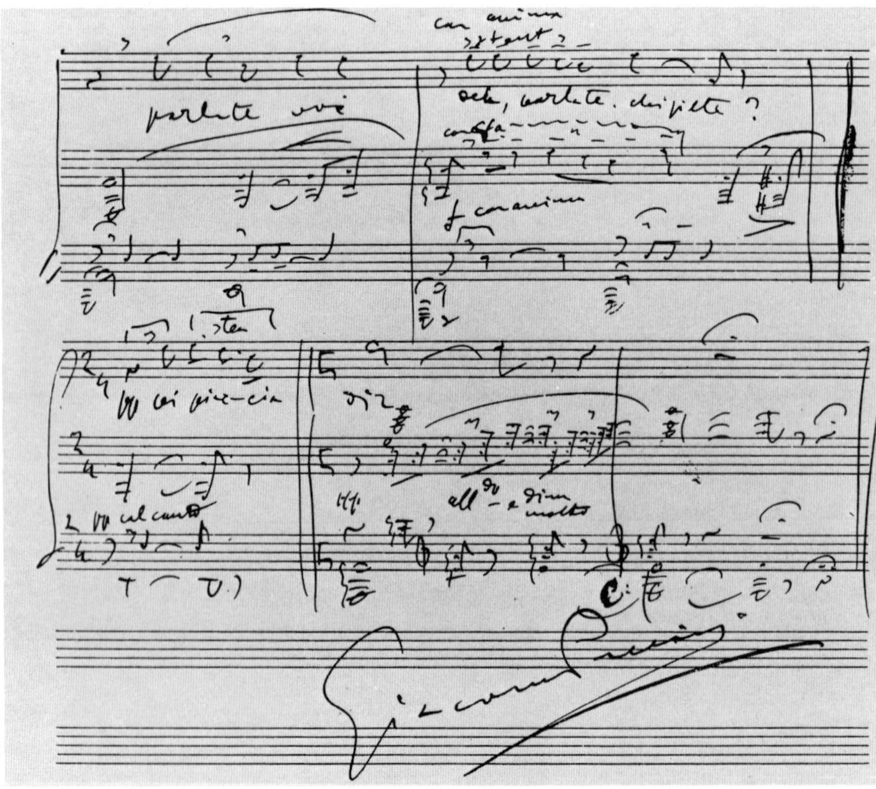

Links: Handschrift und Signatur Giacomo Puccinis auf einem Blatt der „Bohème“.
Rechte Seite oben: Puccini, wie immer in der Pose des eleganten Lebemannes (der er in Wirklichkeit gar nicht war), mit seinem Textdichter Luigi Illica (links).
Rechte Seite unten: Plakat für Puccinis „Madame Butterfly“ mit Andeutung der damals hoch in Mode stehenden „Exotik“.

Äußerste an Anstrengung abpreßt. Leoncavallo bleibt über ein Jahr im Hintertreffen, ein vielleicht entscheidendes Jahr. Seine „Bohème" ist ein schönes, gutes Werk geworden, doch nur wenige Theater interessieren sich für sie. (Unter ihnen befindet sich die Wiener Hofoper, deren Direktor Gustav Mahler nach Italien fuhr, um beide Werke anzuhören, und sich für jenes von Leoncavallo entschied.) Bis zum heutigen Tag gibt es im Weltrepertoire zwei „Manon"-Vertonungen – die Massenets und die Puccinis –, warum kann es nicht ebenso zwei „Bohème"-Opern geben?
„Tosca", am 14. Januar 1900 in Rom uraufgeführt, wurde Puccinis am stärksten dem Verismus angenähertes Werk. Seine schon in zwei entscheidenden Werken bewährten Textdichter Luigi Illica und Giuseppe Giacosa wußten aus dem damals vielgespielten Bühnenreißer gleichen Namens des Erfolgsautors Victorien Sardou ein äußerst wirkungsvolles Textbuch zu schreiben, das dem Hörer an Grausamkeit und menschlicher Verworfenheit nichts erspart. Ohne die Musik Puccinis wäre das Ganze kaum erträglich. Doch diese schafft selbst inmitten der Häufung atemberaubender Szenen kleine Oasen lyrischer Süße, Atempausen voll Wohlklang einschmeichelnder Melodien. Dann vergehen wieder vier Jahre. Am 17. Februar 1904 erklingt in der Scala „Madama Butterfly", die ergreifende Tragödie einer Japanerin, das Drama einer echten Liebe, die an der Herzlosigkeit zugrunde geht. Das Publikum aber versteht nichts, pfeift gnadenlos. Doch wenige Monate genügen, bis dieses Fehlurteil in Brescia gründlich korrigiert wird. Auch dieses dramaturgisch schwache, aber menschlich wie musikalisch schöne Werk steht dem Verismus nahe. Puccini hat allerdings seine eigene Spielart dieses Stils geschaffen. Der Drang zur Kurzoper ist überwunden, die Arien sind weitgehend ins dramatische Geschehen integriert und an Zahl stark reduziert. Eine neue italienische Oper ist entstanden, Abkömmling des Verismus, aber doch eingedenk der besten Gesangstradition. Giordanos „Andrea Chénier", ein mitreißendes Revolutionsdrama, Francesco Cilèas „L'Arlesiana" und „Adriana Lecouvreur", immer neue Opern von Mascagni und Leoncavallo neben vielem schnell Vergehenden. Das Mutterland der Oper erlebt eine blühende Phase, die Altmeister Verdi noch von seinem Landgut Sant'Agata aus miterlebt. Wer Melodien schreiben kann, der ist sein Mann. Puccini kann es in hohem Maß.
Nun vergehen sechs Jahre. Lange hat Puccini nach einem neuen Stoff Ausschau gehalten: Die Wahl wird ihm immer schwerer, ja quält ihn zusehends. Am liebsten wählt er ihn aus eigenem Erleben: Ein Stück, dessen Handlung ihn in einer fremdsprachigen Stadt packen kann, muß ein gutes Libretto ergeben. Denn wie der Opernhörer selbst bei bester Aufführung nur einen Bruchteil des Textes verstehen kann, so entnimmt auch er den Sinn der Handlung aus dem Spiel der Personen. So war Puccini zu „Tosca" gekommen, zu „Madama Butterfly", und so kommt er nun zur „Fanciulla del West", dem „Mädchen aus dem goldenen Westen", das bei seiner Uraufführung am 10. Dezember 1910 „The Girl of the golden West" heißen wird. Diese Premiere findet auf der anderen Seite des Atlantiks statt, in der „Neuen Welt", an der Metropolitan Opera von New York. Das mag dem heutigen Betrachter nicht ungewöhnlich erscheinen, war es aber in damaliger Zeit doch. Amerika, in allem ein Kind Europas, war dies besonders auf dem Gebiet der Musik. Man lernte von

Europa, von Europäern. Deren Stil war das Vorbild, dem nachzustreben der einzige Weg war, eines Tages vielleicht zu eigener Bedeutung zu kommen. New Yorks Opernhaus – es war das einzige erwähnenswerte in den ganzen USA – war stolz auf seine Fortschritte. 1907 war Gustav Mahler zu Gast gekommen, neben ihm dirigierte Arturo Toscanini. Und nun kommt es zum ersten Mal zur Uraufführung der Oper eines anerkannten, berühmten europäischen Komponisten. Europa nimmt ungern – wenn überhaupt – davon Kenntnis. Nähme man sich die Mühe nachzusehen, welche Gesangskräfte dieses Haus der Emporkömmlinge besaß, man wäre verstummt: Da standen die größten Sänger der Zeit. Carusos Stammhaus war längst nicht mehr die Scala oder Neapels Oper, es war die „Met", wie man sie nannte. Schaljapin, der berühmteste Bassist der Welt, sang an der „Met". Und die Reszkes, Nellie Melba, Lillian Nordica, Emma Eames, Geraldine Farrar, Antonio Scotti, Lucrezia Bori, Luisa Tetrazzini, Frieda Hempel, Emmy Destinn, Leo Slezak... Es war um 1910 nicht mehr schwer, Puccini von der Bedeutung der „Met" zu überzeugen und von ihrer Finanzkraft noch weniger. Er versprach ihr sein nächstes Werk, sah des US-Autors David Belascos Theaterstück von dem großartigen „Girl" Minnie auf der Bühne, bewunderte ihre Persönlichkeit, die inmitten der wilden Goldgräber Kaliforniens die schütteren Reste von Anständigkeit und Nächstenliebe hochzuhalten wußte, und komponierte das – vielleicht erste – „Drama des Wilden Westens". Manches der lieblichen Süße Mimis und Butterflys mußte geopfert werden, aber auch Minnie blieb eine echte, liebende Frau. Puccini schuf eine neue Musiksprache, die wohl veristischeste von allen, denn nie hatte er eine „echtere" Umwelt rauhester Gestalten zu vertonen gehabt. Nicht alle Opernliebhaber mögen die „Fanciulla", so wie sie etwa „Manon Lescaut" und „La Bohème" lieben, aber vielleicht ist Puccini gerade in dieser Umstellung, in diesem Verzicht auf leichten Erfolg besonders bewundernswert.

Die nächste Anfrage kam aus Wien: Wollte der Meister eine Operette schreiben? Die Aufgabe lockte ihn, und er schuf „La Rondine" (Die Schwalbe). Doch zur Premiere kam es nicht wie vorgesehen, Österreich und Italien sahen sich plötzlich durch einen furchtbaren Krieg entzweit. Monte Carlo sprang 1917 ein, dort begann die „Schwalbe" ihren Flug, der nie weit führte. Puccini aber suchte bereits neue Stoffe, begreiflicherweise für die „Met", von der er die allerbesten Eindrücke heimgebracht hatte. Für sie schien ihm das Experiment geeignet, das er seit sehr langer Zeit in sich trug: War es noch aktuell, mehrere Kurzopern miteinander zu einem Zyklus zu verbinden? Fast drei Jahrzehnte waren seit den Tagen von „Cavalleria" und „Bajazzo" vergangen. Puccini wählte mit starkem Theaterinstinkt einen veristischen Stoff („Il Tabarro", Der Mantel), das dumpfe Eifersuchtsdrama auf einem Schleppkahn unter den Brücken von Paris, einen mystischen („Suor Angelica", Schwester Angelica), in dem die Himmelskönigin in lichter Vision eine verzweifelte Nonne erlöst, und einen komischen („Gianni Schicchi"), der aus einer Idee des großen Dante das lustigste Spiel macht, das im Opernrepertoire zu finden ist. Diesem „Triptychon" wurde in der „Met" am 14. Dezember 1918 ein freudiger Empfang bereitet, nur vier Wochen später erklang das Trittico in Rom. Seitdem haben sich die Gewichte verschoben: „Gianni Schicchi" startete zum Höhenflug. „Der Mantel" wird oft gespielt. „Schwester Angelica" äußerst selten. Komik bleibt immer gefragt, zumal die Tendenz in der Stoffwahl der neueren Oper zusehends ernster geworden ist. „Der Mantel" hat sich als guter Partner für Leoncavallos oder Mascagnis Kurzdramen erwiesen, außerdem stellt er einen starken Schlußpunkt für den Verismus dar. Oder bildet den Janáčeks „Totenhaus"? Darüber wird noch zu reden sein.

Die Abstände zwischen den Bühnenwerken Puccinis werden immer länger. Gesundheit wie Nervenzustand lassen das intensive Schaffen von einst nicht mehr zu. Zwischen „Manon Lescaut" und „Bohème" liegen drei Jahre, dann kamen die vierjährigen Intervalle, aber zum „Mädchen" waren es sechs, von dort zum Triptychon wurden es acht. Und nun, zum letzten Drama reichen die verbleibenden sechs Lebensjahre nicht mehr aus: „Turandot" bleibt unvollendet. Dieses Mal war die Stoffwahl allerdings besonders schwierig. Der Verismus lag – mit dem „Mantel" – hinter ihm, und dessen letzte Phase, nennen wir sie einfach die „politische" („Dreigroschenoper"), interessierte ihn nicht. Schließlich entschloß er sich für eine „große" Oper mit Chören, Massenszenen, Staatsaktionen, einem triumphalen, glücklichen Ausgang (über Leichen), Kostümgepränge, Riesenorchester. Wo war der „Komponist der kleinen Dinge" geblieben? Er war noch da, in der Gestalt der Sklavin Liu und ihrer selbstlosen Liebe, die sich aufopfert für den Geliebten: Da ist Puccini noch einmal, ein letztes Mal. Daß er „große Oper" auch kann, wird im übrigen Werk klar, auch wenn wir die stolze chinesische Prinzessin nur zögernd unter die liebenswertesten Frauengestalten Puccinis einreihen würden. Ihre Wandlung von der eiskalten Rachegöttin zur hingebungsvollen Frau hat Puccini nur noch skizzieren, nicht mehr voll ausführen können. Die Raucherleidenschaft, die seit Jahren seinen Gesundheitszustand verschlechterte, führte 1924 zur Krise; ein letzter Versuch, in einer Brüsseler Spezialklinik den Kehlkopfkrebs operieren zu lassen, scheiterte und führte dort wenige Tage später, am 29. November 1924, zum Tod. Den musikalischen Nachlaß, vor allem zahlreiche Notizen zum Schluß von „Turandot", legte die Familie in die Hände des Freundes und guten Musikers Franco Alfano (dessen Oper „Risurrezione", Auferstehung, nach Tolstojs Roman bemerkenswert ist), der dann das Werk vollendete. So ging „Turandot" anderthalb Jahre nach ihres Komponisten Tod erstmals über die Bühne der Scala. Die von der ganzen musikalischen Welt erwartete Sensation traf an jenem 25. April 1926 ein. Kurz nach Lius Todesszene legte Toscanini den Stab leise nieder, das Orchester verstummte, die Bühne versteinerte. Und dem vor Erschütterung bebenden Dirigenten entrangen sich die mühsamen, zum Publikum gesprochenen Worte: „Hier endet das Werk des Meisters." Still und langsam senkte sich der Vorhang, niemand mehr dachte an eine Fortsetzung. Nach minutenlangem Schweigen löste ein Ruf von der Galerie herab das kaum erträgliche Schweigen im Saal: „Evviva Puccini!" So paradox es sein mochte, alle fühlten seine innere Wahrheit: Puccini lebte und würde noch lange Generationenreihen überleben mit seiner Musik. „Turandot" wurde am nächsten Abend zu Ende gespielt, nahtlos und prunkvoll, so wie seit damals immer. Doch wollen Gerüchte nicht verstummen, Alfanos Arbeit sei wesentlich umfangreicher gewesen als der Schluß, den Toscanini spielen ließ und damit für die künftige Praxis festlegte. Sie sollte auch länger sein, denn Turandots Bekehrung zur Liebe geschieht dramaturgisch etwas zu schnell und ist dadurch nicht recht glaubhaft. Die Ergänzungsarbeit nach Puccinis Skizzen dürfte doppelt bis dreimal so lang gewesen sein, doch Toscanini soll diese Version als Puccinis Idee gegenüber nicht getreu genug abgelehnt haben.

Linke Seite: Puccini hatte auch sportliche Ambitionen: Gruß vom Lago Massaciuccoli aus dem Jahr 1909; er gehörte auch zu den ganz frühen Automobilisten Europas, nach einem Unfall wurde seine Zuckerkrankheit erkannt.
Oben: Der legendäre Dirigent Arturo Toscanini, der über sechs Jahrzehnte lang das Musikleben der Welt beeinflußte.
Unten: In seiner eigenen Villa in Torre del Lago wurde Giacomo Puccini beigesetzt.

Der Impressionismus: Claude Debussy

Der Strom fließt vorüber. Am Ufer steht ein Mensch und blickt auf das ziehende Wasser hinaus, das keine Konturen zu bilden scheint. Gleichmäßiges Licht liegt auf den Wellen. Und der Mensch, ein Maler, geht in sein Atelier und malt den Fluß. Doch eines Tages, nachdem er ihn oft gemalt hat, dünkt ihn das Bild unbefriedigend, falsch. Er nimmt die Staffelei und trägt sie an den Rand des Wassers und sieht genauer hin. Da kräuseln sich Wellen, da fällt das Licht nicht so einförmig auf die Oberfläche, wie er immer geglaubt hat, da sieht er auf einmal hundert winzige Einzelheiten. Er beginnt sie zu malen. Neben dem Maler steht ein Musiker. Dieser vernimmt das leise Rauschen des Stromes, einförmig, unendlich. Dann, als sein Malerfreund am Ufer verharrt und den Fluß naturalistisch zu erleben beginnt, vernimmt auch er Neues, winzige Tonfolgen, jede anders als die vorige, in sich unbedeutend und doch ein Klangteppich ohne Pause. Als des Malers Bild – er hieß Claude Monet – in einer Ausstellung hängt, antwortet er auf die eher belustigte als neugierige Frage, was das sei: „C'est une impression", das ist ein Eindruck. Eine gescheite Antwort? Vielleicht, wenn auch nicht als solche gemeint. Eine Antwort, die große Bedeutung erlangte: Eine Kunstrichtung war geboren, der Impressionismus. Der Musiker, der sie am stärksten fühlte, der die langen Melodien der Spätromantik aufriß und durch unzählige winzige Teile ersetzte, die insgesamt eine neue Melodie ergaben, war ein anderer Claude: Debussy. Beide waren Franzosen. Natürlich, wird sagen, wer die französische Seele und den Impressionismus zutiefst kennt. Doch neben Dukas, Ravel, Duparc, Fauré, Satie wird man den Deutsch-Engländer Delius, den Spanier de Falla, den Polen Szymanowski, den Italiener Respighi, die Russen Mussorgskij und Skrjabin finden, einige stärker, einige schwächer oder gar nur andeutungsweise. Träumer und Realisten zugleich mußten sie sein. Vom Realismus her kommt dieser Stil, ist auch irgendwie dem Naturalismus verwandt, so entfernt auch beide von einander zu sein scheinen. Beide wollen die „Wirklichkeit", die „Wahrheit". Der Verismus sieht sie vordergründig, fotografisch, getreu, der Impressionismus blickt ins Innere der Dinge. Und so werden ihre Bilder eben verschieden, gegensätzlich, und doch sind beide „echt". So taucht die ewig unbeantwortbare Frage auf: Erleben wir die Welt als Realität oder träumen wir sie?
Um 1875 gibt es in der Malerei erste Anzeichen für das neue Sehen, das neue Malen, das „Impressionismus" heißen wird. Um diese Zeit kann man die ersten Vorboten oder Anzeichen einer neuen, in Einzelheiten zerlegten und in meist weiche Zusammenklänge neu gefügten Musik hören. Unmerklich beinahe, von keiner Überlegung oder gar Theorie gestützt. Ein flüchtiger Eindruck von irgend etwas, kaum deutlich genug, um realisiert zu werden. Es ist, als streiche das kreisende Licht eines Leuchtturms über die Umgebung und hole mit jeder Sekunde einen anderen Sektor aus ihr hervor, der gleich darauf wieder in der Nacht versinkt. Das könnte ein Bild des Impressionismus sein. Vorüberhuschende Impressionen, eine Kunst des Angedeuteten, das in Einzelheiten der sogenannten Wirklichkeit sogar widersprechen mag und doch einen Augenblick lang völlig der Wahrheit entspricht. Im Impressionismus ist alles flüchtig, das Vorbeiziehende ersetzt das Bleibende. Die Melodie wird immer wieder unterbrochen, zerlegt, doch sie wirkt wie eine Einheit. Die Harmonien sind angedeutet, kleine Farbflecke, die man zusammenhanglos wähnt. Claude Debussy (1862–1918) sagt: „Die Musiker sind dazu ausersehen, den ganzen Zauber einer Nacht oder eines Tages, der Erde oder des Himmels einzufangen, sie allein können deren Atmosphäre oder ewigen Pulsschlag erwecken ..."
Claude Debussy verkörpert wie kein zweiter den musikalischen Impressionismus. Weiß er, was er tut? Sicher ist ihm seine Musik so selbstverständlich, wie Wagner die Tristan-Harmonik erschien, als er sie niederschrieb. Zwei Schöpfer, die sich nicht auf Gedankengänge oder Theorien stützten, als sie Neues schufen, sondern auf ein inneres Erlebnis. Mit seiner neuen Art, die Welt zu hören, wurde Debussy ein Bruder der Maler Manet, Monet, Renoir, Cézanne, Sisley, van Gogh, der Dichter Verlaine, Mallarmé, Baudelaire, Maeterlinck. Sie bildeten Gruppen, waren Kameraden, aber Debussy stand allein, immer einsam, sein ganzes Leben lang als verlachter junger Komponist oder als bewunderter fünfzigjähriger „Claude de France".

Eric Satie

Seit einiger Zeit pflegt man Eric Satie (1866–1925) als Vorläufer, ja als den Propheten des Impressionismus zu verstehen. Der typisch pariserische Musiker, der erst Musik studierte, als er längst bekannt, ja fast legendär war, ist schwer zu beurteilen. Auf alle Fälle war er ein Original, wie es wenige gab, am ehesten dem damals noch völlig unbekannten Charles Ives aus den USA zu vergleichen. Männer, die sich um keine Regeln kümmerten, Musik schrieben, wie sie ihnen gefiel, fast dilettantisch, doch voller Ideen. Der skurrile, teils belächelte, teils bewunderte Mann begann als Mystiker autodidaktisch mit einer Reihe religiöser Tänze für die Riten des Rosenkreuzer-Ordens, dem er damals an-

Ein belächeltes Original, das zum vielseitigen Anreger wurde: Eric Satie.

hing. Seinen Lebensunterhalt verdiente er als Pianist in Cafés, vor allem auf dem Montmartre. Paris verließ er 1898, um sich in Arceuil niederzulassen, wo sein Haus bald Sitz junger Musikergruppen wurde, die von ihm lernen wollten. Da war Debussy schon sehr bekannt, der Impressionismus hatte sich durchgesetzt, und Satie begann sich nach neuen Zielen umzusehen: So wird er noch Einfluß auf den Expressionismus haben und schließlich noch die „Gruppe der Sechs" beraten, die „Schule von Arceuil", die in der Nachkriegszeit europäische Bedeutung gewann. Stets war Satie an der Spitze, allen anderen voran. Nicht als Komponist, da war es zumeist sehr schwer, ihn ernst zu nehmen, doch als Original. Das wäre die rechte Berufsbezeichnung für ihn gewesen. Jean Cocteau, der im Pariser Geistesleben Hochgeachtete, nannte ihn „ein seltsames, wie vom Himmel gefallenes Etwas". Seine zumeist verblüffend primitiven „Werke" erregten schon durch ihre Titel Aufsehen: „Schwächliche Präludien für einen Hund", „Morgendämmerung zur Mittagszeit", „Stücke in Form einer Birne" usw. Auch seine Vortragsbezeichnungen waren sehr unüblich: „In der Art einer Nachtigall, die Zahnschmerzen hat" etwa. Nachdem er seinen Anhängern stets die völlige Unabhängigkeit von allen Regeln gepredigt hatte, wurde er plötzlich, ein Mann von neununddreißig Jahren, Schüler d'Indys an der Schola Cantorum. Hier fesselten ihn besonders der Gregorianische Gesang und die frühe Mehrstimmigkeit, der er sich verwandt fühlte. So entwickelte sich sein Stil in sehr interessante Richtungen, ohne die frühere Primitivität völlig zu verlieren. Sergej Diaghilew, der Erneuerer der Tanzkunst im Vorkriegs-Paris und von weltweiter Bedeutung, der zusammen mit Cocteau und Picasso zu seinen besten Freunden gehörte, führte 1917 sein Tanzstück „Parade" auf, ein Jahr später „Socrate", eine Art Kantate für 4 Stimmen mit Kammerorchester auf Texte Platons, zwei heute noch stark zum Nachdenken anregende Werke. Hier war in Wahrheit antiromantische Musik, so romantikfern wie sie Verismus und Impressionismus nie gelungen war: emotionslose, stilistisch reduzierte, „entschlackte" Musik, die Beethovens Motto „Von Herzen, möge es wieder zu Herzen gehen" völlig in ihr Gegenteil zu verwandeln wußte: nüchterne, glasklare, verstandesgemäße Musik, die zahllose Nachahmer finden sollte. Debussy aber befand sich nie unter diesen. Wenn Satie je sein Vorbild war, dann hatte er längst aufgehört, es zu sein. Debussy war vom ersten bis zum letzten Tag seines Lebens ein Impressionist, dessen Weg immer weiter von der verstandesgemäßen Realität wegführte, fort von der „Welt", in den Traum.

Claude Debussy

Claude Achille Debussy kam am 22. August 1862 in Saint-Germain-en-Laye nahe bei Paris zur Welt. Von seiner kleinbürgerlichen, ein wenig provinziellen Herkunft entfernt er sich bald, äußerlich wie innerlich, und entwickelt die „Neigungen eines Aristokraten und die Ansichten eines Revolutionärs" (H. H. Stuckenschmidt). Mit sieben Jahren spielt er geläufig Klavier, tritt mit elf ins Konservatorium ein. Madame Nadjeschda von Meck, die Seelenfreundin und Förderin Tschajkowskijs, lernt auf einer ihrer Reisen den hochbegabten Studenten kennen und nimmt ihn als „Vorspieler" neuer Musik und Partner für das von ihr leidenschaftlich betriebene Vierhändigspiel in ihren musikalischen „Hofstaat" auf. Als er der Studien halber nach Paris zurück muß, legt er die fehlenden Prüfungen ab, gewinnt 1883 den zweiten, 1884 den ersten Rompreis, den er im Grund gar nicht will. Denn er bedeutet eine mehrjährige Entfernung von Paris, der einzigen Stadt, die ihm lebensmöglich erscheint, und von seiner ersten Geliebten. Er flieht zweimal aus Rom, das zweite Mal endgültig. Musikalisch bildet sich seine Hinneigung zu Wagner immer stärker aus, 1888 erlebt er Bayreuth, aber erkennt trotz seiner Ergriffenheit, daß dies keine Musik für einen französischen Komponisten sei. Mussorgskij wird nun sein neues Idol, dessen wilde Regellosigkeit ihm der richtige Weg erscheint, auf dem ihn auch Satie bestärkt. 1889 nehmen ihn völlig neue Klänge, von deren Existenz er auch im Konservatorium nichts gehört hatte, gefangen: Auf der Weltausstellung (1889 in Paris) hört er eine Musikergruppe aus Indonesien (dem damaligen Niederländisch-Indien), einen „Gamelang", dessen Dutzende verschieden gestimmter Gongs seine Seele in die Welten entführen, von deren

Links: Der Großmeister des musikalischen Impressionismus: Claude Debussy.
Unten: Programmheft zur Uraufführung des Balletts „Prélude à l'après-midi d'un faune", Musik von Debussy, Choreographie von Vaclav Nijinsky.

Musik er seit Jahren träumt. Er verläßt die herkömmlichen Pfade westlicher Klänge und begibt sich in den „Elfenbeinturm" einsamer und tief persönlicher Kunst. Er vertieft sich in Verlaines schwermütige Verse und vertont sie in einem neuartigen, von ihm selbst erfundenen Stil. Eines der Lieder ist „En sourdine" betitelt. So gedämpft wie eine aus der Ferne oder im Traum gehörte Geige klingt nahezu alle seine Musik. Alles Vulgäre, Laute ist ihm fremd, er liebt die zarten Zwischentöne, die Andeutungen, die nur von verwandten Seelen verstanden werden.
Seine Klänge sind wie ein Spiel der Farben, sind wie zarte Malereien, schildern wechselnde Lichteindrücke, huschende Bewegungen von Menschen in wechselnder Beleuchtung. Wasser und Wolken bieten ihm unendliche Gelegenheiten der Vertonung. In „Nuages" (Wolken) malt er „das langsam und ein wenig wehmütige Ziehen der Wolken, das in einem zart weiß getönten, Grau erstirbt". Auch Feste gehören zu seiner Welt, aber er lebt nicht mitten in ihnen, ihr Treiben dringt nur wie von fern an sein Ohr, man ahnt die Masken, die kurz in den Lichtschein treten und sofort wieder verschwinden, Fackeln, die für einen Augenblick aufleuchten unter den ewig still ziehenden Sternen der Nacht, die unzähligen Farben des verglühenden Sonnenuntergangs (von dem er sagt, der Maler lerne mehr von ihm als durch sein Studium an der Akademie). Die unaufhörliche, aber kaum merkbare Bewegung fesselt ihn, und er findet hundert Arten, sie wiederzugeben. Und doch ist er kein Realist, kein Naturalist, denn alles, was er aus dem wirklichen Leben nachzuahmen sucht, verwandelt sich unter seiner Musik in Traum, wird unwirklich und bleibt doch lebensecht. Seine Lieder sind denen Mussorgskijs und Hugo Wolfs verwandt durch die restlose Verschmelzung der Worte mit dem musikalischen Ausdruck, durch die natürliche Deklamation, durch die intensive Seelenschilderung, an der Stimme und Instrument gleichen Anteil haben. Das Tiefste aber vertraut er dem Klavier an, zu dessen wichtigsten Komponisten aller Zeiten er gehört. „Danseuses de Delphes" (Tempeltänzerinnen in Delphi), „Le Vent dans la pleine" (Der Wind in der Ebene), „Les Sons et les Parfums tournent dans l'air du soir" (Klänge und Düfte kehren in der Abendluft wieder), „Les Collines d'Anacapri" (Die Hügel von Anacapri), „Des Pas sur la neige" (Schritte im Schnee), „Ce qu'a vu le Vent de l'Ouest" (Was er Westwind gesehen hat): Das ist Debussys Welt, in Klavierklängen hat er sie hundertfach eingefangen, Programm-Musik in höchster Ausdruckskraft.

„DER NACHMITTAG EINES FAUNS"

Der 22. Dezember 1892 kann als Geburtstag des musikalischen Impressionismus angesehen werden. In Paris erklingt Debussys „Prélude à l'après-midi d'un faune", eine Tondichtung für sehr großes Orchester nach dem Gedicht von Stephan Mallarmé. Die Verwirrung, die sie auslöst, ist ungeheuer. Eine neue Klangwelt tut sich auf, sinnlich, erregend, wie außer Wagners „Tristan" nichts Vorangegangenes – und den kennen nur wenige Pariser. Der Komponist ahnt solches im voraus und wendet sich im Programmheft an die Hörer: „Benützen Sie keine wohlgemeinte Anleitung, Sie kommen damit zu gar nichts. Ich will Stimmungen in Ihnen erwecken, und denen sollen Sie sich hingeben. Nur wer sich völlig hingeben kann, wird meine Musik begreifen ..."
Im gleichen Jahr beginnt er an seinem größten Werk zu arbeiten. Maurice Maeterlincks symbolistisches Drama „Pelléas et Mélisande" hatte ihn tief beeindruckt,

es war vieldeutig, tiefgründig, mit herrlich poetischen Worten geschrieben. Es gab kein Vorbild für eine so verinnerlichte Oper, außer wiederum „Tristan", deren Handlung so beinahe unbewegt, unbemerkt abläuft. Nur eine ganz neue Tonsprache konnte einer solchen Dichtung gerecht werden: Debussy fand sie. Er brauchte zehn Jahre dazu. „Pelléas und Mélisande" ging am 30. April 1902 in Szene, die so überaus schwierige Synthese zwischen einem tief dichterischen, aber nahezu bewegungslosen Text und einer ebenso irrealen Musik, die nur Stimmungen malt, war gelungen. Aber es blieb ein Werk für „Eingeweihte".

Echt impressionistische Tongemälde werden die drei „Nocturnes" (1897–1899). Ursprünglich Geigenstücke für den großen Eugène Ysaye, verwandelte Debussy sie in klangschöne Orchesterbilder, deren letztem, „Sirènes", er sinngemäß einen Frauenchor hinzufügte, denn Sirenen müssen singen. Am 15. Oktober 1905 erklingt „La Mer" (Das Meer), das Hohelied des Ozeans, das Debussys ganze Liebe zu Wellen, Wind und Wolken, seine unüberbietbare Fähigkeit der Tonmalerei zeigt. Auch er ist, wie seine Generation überall, zu einer weitgehend freien Tonalität gelangt. Es ist das Jahr der revolutionären „Salome" von Richard Strauss, aber die Dissonanzen des Franzosen klingen viel weicher als die messerscharfen des Deutschen. Zur Lockerung der Tonalität gelangt Debussy nicht zuletzt durch die „übermäßigen" Akkorde, die aus seiner Neigung zur Exotik stammen (als ostasiatisches Klangelement hat auch Puccini sie, nur ein Jahr zuvor, in seiner „Madame Butterfly" verwendet). Die Anhängerschar Debussys wächst von Werk zu Werk, er sucht sie jedoch nicht und geht weiter seinen einsamen Weg. Er, der oft als Komponist ohne feste Form und Struktur angesehen wird, sagt für sich selbst: „Man muß die Zucht in der Freiheit suchen."

Schließlich geht auch er, wie alle berühmten Komponisten (und das ist er inzwischen geworden, ohne es zu wollen), auf Tourneen mit eigenen Werken. 1908 und 1909 ist er in London, 1910 in Wien und Budapest, 1911 und 1913 in Rußland. Die Briefe, die er von dort an seine Frau und seine kleine Tochter schreibt, sind bezaubernd humorvoll, klug beobachtend und von echter Natürlichkeit. Sein bewegtes Privatleben, in dem es an Dramen nicht gefehlt hat, ist bei einer klugen Frau zur Ruhe gekommen, zum echten Glück geworden. Die materiellen Schwierigkeiten, die er oft zu überwinden hatte, haben sich aufgelöst. Unter den vielen Aufträgen sucht er jene aus, die ihn fesseln. Für den genialen Tänzer Nijinsky komponiert er das Ballett „Jeux" (1911), für die bedeutende Ida Rubinstein „Das Martyrium des heiligen Sebastian" (1911). Die enge Geistesverbindung zwischen dem neu erstehenden künstlerischen Tanz und dem Impressionismus packt auch ihn, so wie sie sich der bedeutendsten Zeitgenossen bemächtigt hat. Picasso wie Ravel, Satie und Falla, um nur wenige zu nennen.

Seine letzten Sommer verbringt Debussy in Saint-Jean-de-Luz, in einer einsamen Villa am Atlantik, nahe der spanischen Grenze. Das Völkermorden bedrückt ihn tief, zu größeren Werken kann er sich nicht mehr aufraffen. Am 5. Mai 1917 tritt er in Paris zum letzten Mal vor die Öffentlichkeit, blaß und abgezehrt, aber immer noch voll jener überlegenen Distinktion, die ihn stets auszeichnete. Er spielt den Klavierpart seiner Violinsonate. Am 23. März 1918 beginnen die Geschütze der vordringenden Deutschen Paris mit schweren Granaten zu beschießen; man muß den Schwerkranken in den Keller tragen. Zwei Tage später stirbt er. Nur wenige Menschen erfahren von seinem Tod und begleiten seine Leiche auf den alten Friedhof Père Lachaise, wo so viele Große der französischen Kulturgeschichte ruhen. Später überführt man ihn nach Passy, errichtet „Claude de France" Denkmäler und erkennt ihn als

Rechts: Stimmungsvolles Debussy-Denkmal in Paris.

Herold des inzwischen in der Welt siegriechen Impressionismus.

Die Gleichgesinnten

„Pelléas et Mélisande" lebt heute als einziges Bühnenwerk dieses Stils auf den Theatern der Welt. Paul Dukas' schöne „Ariane et Barbe-Bleue" (Ariane und Blaubart), „Romeo und Julia auf dem Dorfe" von Delius, „La Fiamma" (Die Flamme) von Respighi, „König Roger" von Szymanowski sind seltene, wenn auch hochgeschätzte Gäste geblieben. Die Domäne des Impressionismus ist die Lyrik. So wie das Idyll, nicht das Schlachtengemälde, uns dem Wesen des malerischen Impressionismus am nächsten zu stehen scheint – die Seerosen, die Sonnenblumen, der alte Dorfbriefträger, das Ährenfeld, die kleine Brücke über den Kanal –, so steht das stille Stimmungsstück und nicht das dramatische Bühnengeschehen dem musikalischen Impressionismus am nächsten. Wer die Kontraste trotzdem zu verbinden weiß, ist ein echter Poet, ob er nun mit dem Pinsel, mit dem Wort oder mit dem Klang arbeitet.
Paul Dukas (1865–1935) war ein solcher Poet. Von César Franck geprägt, war er Lehrer am Konservatorium, Debussy freundschaftlich verbunden. Er lehnte Epigonales ab, technisch Minderwertiges war ihm unerträglich. 1897 wurde er mit dem sinfonischen Scherzo „L'apprenti sorcier" (Der Zauberlehrling), einer glänzenden, witzigen und geistvollen Vertonung von Goethes tiefsinnigem Gedicht, in der ganzen Welt bekannt. Man müßte, um dieser Komposition gerecht zu werden, an den zwei Jahre zuvor komponierten „Till Eulenspiegel" von Richard Strauss erinnern, in dem ebenfalls ein scheinbar lustiges Thema mit großer Nachdenklichkeit und tiefem Sinn Musik geworden ist. Nachdem 1907 seine prächtige Oper „Ariane et Barbe-Bleue" nicht den ersehnten – und verdienten – Erfolg gefunden hatte, schrieb Dukas nur noch weniges, oder er gab, überaus gewissenhaft, nur noch das Beste bekannt.
Albert Roussel (1869–1937) bereiste, wie einst Rimskij-Korsakow, als junger Marineoffizier die Welt, bevor er bei d'Indy studierte und von Debussy beeinflußt wurde. Wie dieser hing auch Roussel sehr stark östlicher Exotik und Mystik an, Indien wird zeitlebens seine seelische Heimat bleiben. Davon spricht die glühend sinnliche „Evocation" und vor allem die großartige Ballett-Oper „Padmavati" (1923), die man zu einem Pflichtstück aller Bühnen der Welt machen sollte. Auch die frühere Ballett-Pantomime „Le Festin de l'araigne" (1913, Das Festmahl der Spinne) und die daraus kristallisierte Orchester-Suite sollten viel öfter auch außerhalb Frankreichs zu hören sein.
Ottorino Respighi (1879–1936) war einer der wenigen bedeutenden nichtfranzösischen Impressionisten. Fast könnte man ihn einen „Sänger Roms" nennen, denn die meistgespielten seiner Orchesterwerke schildern die Brunnen, die Pinien, die Feste der Ewigen Stadt: „Le Fontane di Roma" (1916), „I Pini di Roma" (1924), „Feste romane" (1928). In den Pinienwäldern wird der italienische Impressionist plötzlich zum Realisten: Die Nachtigall, die da ihr Lied anstimmt, ist keine Stilisierung, sondern die Tonaufnahme einer echten römischen Nachtigall (was 1924 keine kleine Sensation war). Respighi, in Bologna geboren, studierte in seiner musi-

Ottorino Respighi, der „Sänger Roms".

kalisch illustren Heimatstadt – Padre Martini wirkte dort, Mozart wurde vierzehnjährig Akademiemitglied –, dann bei Rimskij-Korsakow in St. Petersburg und bei Max Bruch in Berlin. 1913 wurde er Professor, 1923 Direktor des Conservatorio di Musica Santa Cecilia in Rom. Zuletzt widmete er sich nur seinem kompositorischen Schaffen, aus dem neben sechs Opern – „La Bella addormentata nel bosco" (1922, Dornröschen), „La Campana sommersa" (1927, Die versunkene Glocke, nach Gerhart Hauptmann), „La Fiamma" (1934, Die Flamme) u. a. – mehrere schöne Orchestersuiten „Antiche arie e danze per liuto" (1917–1931), ein „Gregorianisches Violinkonzert" (1921), „Vetrate di chiesa" (Kirchenfenster, für kleines Orchester, 1925) herausragen. Konzertreisen führten ihn in viele Länder, in seinem Todesjahr bis nach Südamerika.
Karol Szymanowski (1882–1937), in der polnischen Ukraine geboren, studierte in Warschau und gelangte zu einem eigenen impressionistischen Stil. Er hinterließ vier Sinfonien, deren dritte „Das Lied der Nacht" (1914–1916) betitelt ist, eine „Konzertante Sinfonie", sinfonische Dichtungen, Konzerte, Ouvertüren, Oratorien, Kantaten, Kammermusik, Klavierstücke, Lieder. Von seinen Opern steht seltener „Hagith" (1922), öfter „König Roger" (1926) auf östlichen Spielplänen.
Der Impressionismus ist noch bei vielen anderen Komponisten zu spüren, er wirkt bis tief ins 20. Jahrhundert hinein. Szymanowski war der erste bedeutende polnische Komponist nach Chopin. Mit seinen impressionistischen Werken wurde er zum Wegweiser für die auf ihn folgende Komponistengeneration.

Ausklang des Impressionismus: Ravel und Falla

Maurice Ravel (1875–1937) kam im baskischen Ciboure, am französischen Nordhang der Pyrenäen, am 7. März 1875 zur Welt. Als er drei Jahre alt war, zog seine Familie nach Paris, siebenjährig spielte er beachtlich Klavier, mit vierzehn trat er ins Konservatorium ein, wo Fauré ihn zum auffallend frühreifen Komponisten heranbildete; das Klavierstück „Jeux d'eau", die Gesangsszene „Scheherazade" (1898) und die vom Publikum sofort zum Lieblingsstück erkorene „Pavane pour une infante défunte", zuerst für Klavier (1899), dann für Orchester (1910), beweisen es. Entscheidend wird für Ravel die Bekanntschaft mit Debussys „Prélude à l'après-midi d'un faune", diesem impressionistischen Manifest, das so starke Wirkung in Frankreichs Musikleben hervorrief. Eine frohe Künstlergemeinschaft nimmt Ravel auf, Satie, Dukas und die Spanier Albéniz und Falla sind dabei, und alle stehen mehr oder weniger stark unter dem Einfluß Debussys, komponieren in zarten Klangfarben mit vielen fremdländischen Sujets. Ravels Klavierstücke „Miroirs" (1904–1905) entstehen, die „Fünf griechischen Volksmelodien", die „Rhapsodie espagnole" für Orchester (1907–1908). Die reizenden „Histoires naturelles" bringen einen neuen, humoristischen Zug in sein Schaffen, der ihn befähigt, ein Jahr später eines der entzückendsten Opernlustspiele neuerer Zeit zu komponieren: „L'Heure espagnole" (1907–1909), eine pikante, amüsante, wohl im Geist Boccaccios erfundene Komödie von Franc-Nohain. Weitere Meisterwerke folgen: die schönen, stark impressionistisch beeinflußten Kinderszenen „Ma Mère l'oye" (1908–1910, für vierhändiges Klavierspiel), die großartigen, sehr schwierigen drei Klavierstücke „Gaspard de la nuit" (1908), die vielgespielten „Valses nobles et sentimentales" (1911).

Unten: Seiner ungewöhnlich kleinen Gestalt wegen ließ Maurice Ravel sich, wo immer möglich, nur sitzend fotografieren.
Rechts oben: Zitat aus dem „Bolero" mit dem Namenszug Ravels.

Dann tritt Diaghilew in Ravels Leben, der große Anreger, der in russischem Geist den künstlerischen Tanz in Paris revolutioniert. Er hat in der Wahl seiner Mitarbeiter eine überaus glückliche Hand. Nun hält er Ravel zum Ballett „Daphnis und Chloé" an, das 1912 einen nachhaltigen, bis heute nicht verblaßten Triumph erzielt. Die fortlaufend tänzerische Bewegung, der starke rhythmische Impuls werden für den Komponisten lebenswichtig, denn sie befreien ihn endgültig aus der im späten Impressionismus lauernden Gefahr einer gewissen träumerischen Statik. „La Valse" (1920) ist eine Huldigung an Wien, aber die tiefen Schatten, die Spuren des Ersten Weltkriegs fallen über das einst so strahlende Bild der früheren Kaiserstadt, rücken Ravels musikalische Vision in nachdenkliche, zeitweise fast gespenstische Regionen, machen aus dem freundlichen Tanz ein inhaltsreiches sinfonisches Gedicht. Dann choreographiert und tanzt Ida Rubinstein am 20. November 1928 in der Pariser Großen Oper den „Boléro",

Oben: George Gershwin (stehend rechts) bei der Geburtstagsfeier von Maurice Ravel (am Klavier) in Paris.
Rechte Seite: Manuel de Falla, gezeichnet von Pablo Picasso.

eines jener Orchesterstücke, die den Hörer in unentrinnbare Erregung versetzen. Es ist nicht abwegig, von einer „hypnotischen Musik" zu sprechen, einem Phänomen aus Urzeiten, als Musik und Magie noch eins waren. Ein ostinates, trommelgestütztes Crescendo, dessen melodisches Material der spanischen Folklore entnommen ist, führt das Publikum zu einem tranceähnlichen Zustand. Ravel selbst erzählt, bei der Premiere sei eine Frau schreiend aus dem Saal gestürzt mit dem Ausruf: „Ein Wahnsinniger, ein Wahnsinniger!" und setzt lakonisch hinzu: „Das war die einzige, die die Sache verstanden hat..."
Ravels Werkkatalog ist nicht sehr umfangreich, aber jeder seiner Kompositionen muß Bedeutung beigemessen werden: den „Hebräischen Melodien" (1914), der Violin-Rhapsodie „Tzigane" (1914), der Klaviersuite „Le Tombeau de Couperin" (1917), der lyrischen Phantasie (oder Kinderoper) „L'Enfant et les sortilèges" (1925, auf ein Libretto der berühmten Schriftstellerin Colette), der Violinsonate (1927), den beiden Klavierkonzerten von 1931. Deren eines ist für die linke Hand allein geschrieben: Der österreichische Pianist Paul Wittgenstein hatte im Weltkrieg den rechten Arm verloren und setzte seine Laufbahn einarmig fort. Daher bestellte er Werke bei vielen bedeutenden Komponisten seiner Zeit für die linke Hand allein. Ravel gilt als einer der blendendsten Instrumentatoren der Neuzeit. Dies beweist er besonders mit der Orchestrierung des genialen Klavierzyklus „Bilder einer Ausstellung" von Mussorgskij, einem wahren Lehrgang der Instrumentenkunde, an dem kaum ein Musiker vorbeikommt.

Von keinem anderen Komponisten des 20. Jahrhunderts sind so wenige persönliche Einzelheiten bekannt geworden wie von Ravel. Er hat sich jeder Annäherung an sein Privatleben von unberufener Seite erfolgreich widersetzt. Man weiß weder von einer Frau noch von einem Mann, die darin eine nennenswerte Rolle gespielt hätten. Von außerordentlich kleiner Gestalt, vermied er es, stehend neben anderen Personen fotografiert zu werden. Er muß unter dieser Benachteiligung der Natur gelitten haben. Im Ersten Weltkrieg setzt er all seinen Einfluß ein, um für „diensttauglich" erklärt zu werden, doch zu mehr als zum Kraftfahrer in der Etappe reicht es nicht. In seiner Villa zu Montfort l'Amaury, nahe von Paris, richtete er alles mit kleinstdimensionierten Möbeln ein, in seinem Garten gab es nur Zwergbäume. Erst spät überwand er eine gewisse Menschenscheu und erschien als Dirigent eigener Werke auf dem Podium: 1920 in Wien, 1923 in Amsterdam, Venedig, London, 1928 in Nordamerika und Kanada, in Spanien und wiederum in England. 1920 lehnte er das Kreuz der Ehrenlegion ab, 1931 nahm er das Ehrendoktorat der Universität von Oxford an. Vorboten einer Nervenkrankheit hatten ihn schon in frühen Jahren erschreckt. Im Oktober 1932 erleidet er einen leichten Autounfall, in dessen Folge sich sein Zustand verschlechtert. Er kann noch seine „Don-Quichotte-Lieder" (1932–1933) beenden: hymnisch, jubelnd nimmt seine Musik Abschied. 1933 beginnt eine Apraxie sich geltend zu machen, eine Behinderung der gezielten Bewegungen. Er reist an den Genfer See, nach Spanien, schließlich nach Marokko, ohne Heilung zu finden. Den Sommer 1935 verbringt er in Saint-Jean-de-Luz, wohin es seinerzeit auch den kranken Debussy gezogen hatte. 1937 wird ein Gehirntumor entdeckt, am 19. Dezember operiert. Am 28. Dezember 1937 stirbt Ravel und wird am 30. in Levallois beerdigt. Er begann als Impressionist, ging durch die Spätromantik und gelangte in eine Art von Neo-Klassik. Expressionistische Züge leben in seiner Musik ebenso wie spanische und baskische Einflüsse, Elemente der Zigeunermusik; alles ist durchwegs von Spielfreude und Sinnlichkeit angetrieben. Der später geprägte Ausdruck „Klassiker der Moderne" wird auf ihn zutreffen. Ein klärender Wind durchweht manches seiner Werke und vertreibt die Nebel und Schleier, die sich so manches Mal über die Musik Debussys gesenkt hatten.

Manuel de Falla

Manuel de Falla (1876–1946) ist der dritte jener Spanier, denen der Prophet Felipe Pedrell auferlegt hatte, das Land – einst so weltbedeutend in Kunst, Literatur und Musik – nach zweihundertjähriger Abwesenheit in die Musikgeschichte zurückzuführen. Falla wurde am 23. November 1876 in Cádiz an der andalusischen Atlantikküste geboren, dort wo Abendland und Morgenland, jenseits der Säulen des Herkules sich in Geschichte, Landschaft, Bauten, Brauchtum und Musik begegnen. Als er mit sieben Jahren in einer der ältesten Kirchen der Stadt am Karfreitag Haydns Orchesterwerk „Die sieben Worte des Erlösers am Kreuz" hört, wird dies zum prägenden Erlebnis. Der reife Musiker wird immer wieder sagen: „Wunderbar! Nicht eine Note zuviel, nicht eine Note zuwenig!" Er ist fast zwanzig Jahre, als die Familie, mit ihm, nach Madrid umzieht. Hier findet er in einem Antiquariat das vergessene Buch, die „Neue Akkustik" eines verschollenen Louis Lucas, vergilbt, aber in seinen Erkenntnissen verblüffend modern, ja geradezu seherisch: Die Polytonalität war auf dem Weg über die „natürliche Resonanz" erreicht, genau das Ziel, das Falla seit einiger Zeit vorschwebte. Dazu fand er in einer Zeitschrift den aufrüttelnden Artikel von Felipe Pedrell, der den Wiederaufstieg Spaniens durch die künstlerische Auswertung seiner reichen Volksmusik predigte. Dieser große Lehrmeister, dessen entscheidenden Einfluß schon die Biographien von Albéniz und Granados gezeigt hatten, Komponist und Musikforscher von hohen Graden, unterrichtete seit 1894 am Konservatorium in Madrid. Sein Streben war, die aktuelle spanische Musik, die stark unter den Einfluß der italienischen Oper geraten war, zu ihren Traditionen zurückzuführen. Bei ihm studiert Falla bis 1904. Im Jahr darauf gewinnt er zwei Wettbewerbe, einen pianistischen und einen kompositorischen mit der Oper „La Vida breve" (1905, Das kurze Leben). Doch diese Siege zeitigen keine sichtbaren Erfolge, Spanien ist weder ein Konzert- noch ein Opernland. Daher geht er 1907 nach Paris, wo der frohe Kreis jüngerer Musiker um Albéniz, Ravel und Strawinsky ihn freudig aufnimmt. Dukas zeigt sich überaus hilfsbereit, Debussy erteilt kleine, aber stets treffende Ratschläge. Es entstehen die „Vier spanischen Stücke" (1906–1908) für Klavier, die „Sieben spanischen Lieder" (1915); in beiden Werken schlägt hörbar das Herz Spaniens, obwohl Falla nie eine Volksmelodie wörtlich verwendet. Unter dem Einfluß des Impressionismus schreibt Falla das Orchesterwerk mit obligatem Klavier „Noches en los jardines de España" (1911–1915, Nächte in Spaniens Gärten). Frankreich bringt Falla nun den ersten entscheidenden Erfolg. Seine 1905 in Madrid preisgekrönte Oper wird 1913 in Nizza, am 7. Januar 1914 in der Pariser Opéra Comique mit größtem Erfolg aufgeführt.

Der hereinbrechende Krieg zersprengt im Sommer 1914 die herzliche Künstlergemeinschaft. Die Spanier traten überstürzt die Heimreise an, niemand denkt mehr an Musik in Paris. Im Haus seiner Eltern findet Falla Unterkunft, und seine Rückkehr bringt ein wenig Bewegung in das schläfrige Musikleben der Stadt. Das Teatro de la Zarzuela spielt am 14. November 1914 „La Vida breve". Die Begeisterung ist groß und führt zu einer Tournee durch mehrere spanische Städte. Die hochberühmte Zigeunertänzerin aus Andalusien, Pastora Imperio, gleich mitreißend im Tanz, dem *flamenco,* und im Gesang, dem *cante jondo,* schlug dem Komponisten das Ballett mit Gesang „El Amor brujo" (Zauberin Liebe oder Liebeszauber) vor, das Falla 1915 zu einem Meisterstück gestaltete. Nie zuvor war spanische Zigeunermusik, war andalusisches Volkstreiben so nahtlos in europäische Kunstmusik verwoben worden. Glanzstück darin ist der äußerst beliebte „Feuertanz", der jedoch, fern seiner andalusischen Quelle, oft bedauernswert mißverstanden wird: Ein Zauberritus ist es, eine uralte Zeremonie aus heidnischer Zeit, eine Beschwörung der Geister, der nichts äußerlich Effektvolles anhaften soll. Vier Jahre später ist Fallas neues Werk beendet. Der Krieg ist vorbei, Diaghilew hat seine Tanzgruppe wieder zusammenrufen können und

sich des begabten Spaniers erinnert, den er in Paris kennengelernt hatte. Es ist wieder ein andalusisches Thema, diesmal aber ein heiteres: Die vergnügliche Novelle des Pedro Antonio de Alarcón, in der die erfolglosen Annäherungsversuche eines hohen Regierungsbeamten, eines Corregidors, an die bezaubernde Müllerin, die nicht die leiseste Absicht hegt, ihrem Gatten untreu zu werden, geschildert werden. (Den gleichen Stoff hat, Jahre zuvor, Hugo Wolf in seiner Oper „Der Corregidor" gestaltet.) Nun macht Falla sein Ballett „El Corregidor y la molinera" (1917) daraus, das in zweiter Fassung den endgültigen Titel „El Sombrero de tres picos" (Der Dreispitz) erhielt. Der Theaterzettel der Londoner Uraufführung vom 22. Juli 1919 weist eine Reihe berühmter Namen auf: Dekorationen und Kostüme stammen von Pablo Picasso, Dirigent ist Ernest Ansermet, die Hauptrolle tanzt Leonid Massine. Der Erfolg ist überwältigend. Nur Falla ist nicht zugegen, aus den letzten Londoner Proben wurde er heim nach Madrid zu seiner sterbenden Mutter gerufen.

Ähnlich wie bei seinem Freund Ravel blieb auch bei Falla die Zahl der Werke verhältnismäßig klein; er war ein langsamer, überaus gewisserhafter Komponist. Jedes größere Werk – kleine gibt es bei ihm auffallend wenige – weist eine Entstehungszeit von mehreren Jahren auf. Und dies, obwohl er nur dem Schaffen lebt, mit äußerster Konzentration arbeitet, das gesellschaftliche Leben meidet und nur wenige Privatschüler unterrichtet. Im Jahr 1919 verlegt er seinen Wohnsitz nach Granada, in das alte arabische Herzstück Andalusiens. Hier kommt er mit Federico García Lorca in Verbindung, einem der genialsten Menschen seiner Generation, dem großen Dichter und Dramatiker, der auch ein begeisterter Puppenspieler ist. Gemeinsam veranstalten sie Feste andalusischer Musik, gemeinsam gehen sie an eine kleine Oper heran, in der Puppen neben Opernsängern auf der Bühne agieren sollen. Mit dem Thema einer Szene aus dem „Don Quijote" des Cervantes entsteht „El Retablo de maese Pedro" (1919–1922, Meister Pedros Puppenspiel). Sie probieren das entzückende Stück in Granada aus, bevor es im Pariser Palais der Fürstin Polignac zur offiziellen Uraufführung am 25. Juni 1923 gelangt.

Drei Jahre lang, bis 1926, schrieb Falla am letzten seiner vollendeten Werke, dem Cembalokonzert. Drei Jahre Arbeit an einem Stück von wenig mehr als zehn Minuten Dauer und mit nur sechs Instrumenten! Aber es wurde ein Werk geballter Synthese, fesselnder Stimmungsdichte und technischer Meisterschaft. Falla hat hier seinen Reifestil gefunden. Auch er ist vom Impressionismus zu einer Art Neo-Klassik gelangt, in der ein spanischer Einschlag stets unverkennbar bleibt. Man könnte dieses Konzert als ein Stück absoluter Musik, ja als deren modernes Musterbeispiel bezeichnen, wenn da nicht der zweite Satz wäre: Denn den muß man wohl als Schilderung der großartigen Fronleichnams-Prozession in Sevilla auffassen. Der Datums- und Ortsvermerk an seinem Ende bestärkt diese Annahme noch. Es ist, als zögen Pilgerscharen durch verschiedene Straßen singend zur Kathedrale. Tiefer Realismus und zugleich vollendete Stilisierung haben hier ein seltsames Stück Musik hervorgebracht, das überaus modern an den Grenzen der Tonalität steht und doch archaisch die klingende Wiedergabe einer Zeremonie darstellt, die unverändert durch die Jahrhunderte geht. Wanda Landowska, die bedeutende Pariser Cembalistin, spielte den Solopart bei der Uraufführung Ende November 1926 in Barcelona. Falla dirigierte, was damals, trotz der geringen Zahl der Musiker, durch die Schwierigkeit des Werks gerechtfertigt schien. Bei späteren Aufführungen liebte der Komponist es, das kurze Stück zweimal hintereinander zu interpretieren, einmal auf dem Cembalo, das zweite Mal auf einem modernen Flügel, beides mit ihm als Solisten.

Der Spanische Bürgerkrieg, grausam wie nur je einer, schreckt den unpolitischen, tief religiösen, ein wenig weltfremden Falla aus seinem Schaffen. Der Freund García Lorca wird 1936 im Alter von siebenunddreißig Jahren durch die Soldaten Francos erschossen, manche andere ihm Nahestehende sind verschollen. Schweren Herzens nimmt Falla die Einladung nach Südamerika an und landet im Oktober 1939 in Buenos Aires. Eine Reihe von Festkonzerten wird, seines schlechten Gesundheitszustands wegen, von dem namhaften argentinischen Dirigenten und Komponisten Juan José gewissenhaft vorbereitet und führt zu herzlichen Huldigungen. Er hat die von den Gastgebern gewünschten Programme abgeändert und neben seine eigenen Werke viele andere der spanischen Musikliteratur gesetzt. Da der heiße Hochsommer naht, zieht Falla sich ins Innere Argentiniens zurück, in die milde Mittelgebirgslandschaft von Córdoba, wo er im Dorf Alta Gracia noch einige Jahre ein nur dem Schaffen gewidmetes Einsiedlerdasein führt. Aber er kann das riesige Oratorium „L'Atlántida" (Atlantis), an dem er seit bald zwanzig Jahren arbeitet, nicht vollenden. Das gleichnamige Versepos des Katalanen Jacinto Verdaguer erzählt in Form einer riesigen Saga aus legendären Tagen vom Untergang des rätselhaften Erdteils, der, wohl als Folge der auch in der Bibel beschriebenen Sintflut, ins Meer versank. Der Dichter verknüpft episch breit erzählend in mystischer Weise die untergegangene Insel mit der Urgeschichte Spaniens und dessen heroischem Drang zu dem westlichen Weltmeer. Tausende von Skizzen und zahllose Partiturseiten reichten nicht aus, dieses vielleicht größte moderne Opern-Oratorium fertigzustellen. Als Manuel de Falla, eine Woche vor seinem siebzigsten Geburtstag, am 14. November 1946 starb, werden seine sterblichen Überreste geradeso wie sein künstlerischer Nachlaß nach Spanien gebracht. Nach dem Staatsakt der Beerdigung in der Kathedrale von Cádiz bleibt es lange Zeit still um das Manuskript von „Atlantis". Es war Fallas früherem Schüler Ernesto Halffter übergeben worden, der viele Jahre mit der Fertigstellung verbrachte. 1961 erklang das Werk konzertant in Barcelona, 1962 als szenisches Oratorium an der Scala in Mailand. Mit Manuel de Falla hat Spanien eine neue Epoche musikalischer Blüte erreicht und von neuem den Weg in das Konzert der Weltnationen gefunden.

Aufführung von Manuel de Fallas Marionettenoper mit Sängern „El Retablo de maese Pedro" (Meister Pedros Puppenspiel) in der Kleinen Scala von Mailand. Spielzeit 1955/56, Ausstattung von Nicola Benois.

Zwei Antipoden: Skrjabin und Reger

Überall bricht Gegensätzliches auf. Nicht was gemeinsam ist, nur das Widersprüchliche tritt zutage, wird zu extremer Polarisierung getrieben. Das ist die Entwicklung, die das Abendland am Ende des 19. Jahrhunderts zeigt. Kein Gebiet bleibt ausgenommen. Die Musik, keineswegs weniger sensibel als etwa die Literatur, ist stark beunruhigt. Die großen Alten sind tot: Wagner starb 1883, Bruckner 1896, Brahms 1897, Verdi 1901, Dvořák 1904. Alles scheint einer deutlich geahnten, aber unerkennbaren Krise zuzustreben. In der einbrechenden Dämmerung fühlt jeder Kulturschaffende sich berufen, ein eigenes Licht zu entzünden, aber jeder leuchtet in eine andere Richtung. Stünden wir nicht auf dem Standpunkt, nichts geschähe zufällig in unserer Welt, und jedem Zusammentreffen läge ein wenn auch oft verborgener Sinn zugrunde, wir würden der gleichzeitigen Erscheinung zweier musikalischer Antipoden wie Skrjabin und Reger kaum Bedeutung schenken. So aber wollen wir ihre Symbolkraft hervorheben, wenn sie auch nur eines von unzähligen Symptomen einer zu Ende gehenden Epoche ist. Was zu Ende geht – die Romantik –, ist mehr als eine Richtung, ist mehr als ein ereignisreiches Jahrhundert, an dessen Beginn Beethoven die „Eroica" komponierte und Haydn Abschied vom Rokoko nahm. Es vollzieht sich der Sturz eines über tausendjährigen Grundprinzips der abendländischen Musik, die rasch um sich greifende Schwächung und schließliche Auflösung der Tonalität als Grundlage des abendländischen Musikhörens. Dieser entscheidende Punkt bewegt alle Komponisten, wenn auch in verschiedener Weise und Stärke. So auch Skrjabin und Reger, zwei Meister, wie keine Phantasie sie gegensätzlicher erfinden könnte.

Sie haben nichts miteinander gemein, außer ihrer Lebenszeit, die in ihrer nahezu genauen Übereinstimmung das Phänomen noch unterstreicht. Sie stehen fremd nebeneinander, dürften einander nie begegnet sein und hätten einander auch kaum etwas zu sagen gehabt. Sie wirken auf Betrachter ihrer Persönlichkeiten, auf Hörer ihrer Musik wie zwei Bewohner weit auseinanderliegender Zeiten oder Kulturen oder gar Welten. Gerade darum sollen sie hier nebeneinander stehen, um im Leser das Gefühl der Zerrissenheit noch zu verstärken, welches die Betrachtung dieser Zeit längst in ihm hervorgerufen haben muß: Aleksandr Skrjabin (1872–1915), der Mystiker, der Visionär, der Umstürzler, der grenzenlose Phantast, und Max Reger (1873–1916), der strenge Traditionalist, der unerschütterlich in Bach die noch längst nicht ausgeschöpfte Quelle aller abendländischen Musik sieht und nur Wege vorschlägt, wie sie ohne Gewalt bis aufs Äußerste genutzt und der neuen Zeit angepaßt werden kann. Ihrer beider entscheidende Schaffensperiode fällt in die innerlich so angespannten zehn bis fünfzehn ersten Jahre des neuen Jahrhunderts, die wie ein Seismograph die kommenden Bewegungen und Erschütterungen anzeigen, auch die musikalischen: Busoni, Richard Strauss („Salome", 1905; „Elektra", 1909), Schönberg (Kammersinfonie, 1906; zweites Streichquartett, 1907), Strawinsky („Sacre du printemps", 1913).

Aleksandr Skrjabin

Skrjabin, in Moskau am 10. Januar 1872 geboren und am dortigen Konservatorium ausgebildet, beginnt jung weite Tourneen als Pianist zu unternehmen. Seine frühesten Kompositionen sind von Chopin beeinflußt. Dann lernt er Debussys schwebende Harmonien kennen, die wie von selbst in eine träumerische, von allen Regeln gelöste, freie Tonalität führen. Liszt beeindruckt ihn immer stärker, nicht nur der Komponist, nicht der König der Pianisten, sondern der tiefschürfende Mystiker. Immer deutlicher tritt sein Hang zum Okkultismus hervor, zu den Welten hinter der Welt. Immer klarer wird ihm, daß der Weg dorthin mit dem vorhandenen, einfachen Tonmaterial nicht zu finden sei. Nicht am Klang, ja nicht einmal am Ton zweifelt er (wie die nächste Generation es tun wird), sondern er sucht auf gleicher mathematischer, physikalischer Grundlage eine neue Tonwelt. In langen Studien und Versuchen bildet er neue Tonleitern, aus denen ein neuer Akkord hervorwächst, den er den „mystischen" nennt. Seine Berechnungen führen ihn zur Skala C-Fis-B-E-A-D, oder, der Höhe nach aufgereiht: C-D-E-Fis-A-B) die den Obertönen 8,9,10,11,13,14 entsprechen). Sein Vorschlag fand zwar wenig Beachtung und ist längst vergessen. Aber er beweist, wie suchende Geister in jener Zeit immer wieder trachteten, mit Experimenten in neue Tonwelten vorzustoßen. Dem analysierenden Musiker wird in Skrjabins Tonleiter eine Tendenz zur Quart als grundlegendem Bauelement nicht entgehen. Wieder einmal müßte man den „Tristan"-Akkord als Vorbild nennen, der sehr deutlich auf Quarten (statt auf den „klassischen" Terzen) aufgebaut ist: F-H-Dis-Gis. F-H und Dis-Gis sind Quarten und, bei enharmonischer Schreibweise (Es für Dis, As für Gis) wären es alle verwendeten Intervalle. Das bedeutet einen scharfen Angriff auf die herrschende Tonalität. Im 20. Jahrhundert werden einige Theoretiker ähnliche Waffen gegen das immer noch lebendige traditionelle Tonsystem einsetzen, so etwa Hindemith.

Dem Laien leichter verständlich sind andere revolutionäre Gedanken Skrjabins. Er träumt, weit über Wagner hinaus, von einem Gesamtkunstwerk, das sich gleichzeitig an alle Sinne des Menschen richten soll. Vielleicht hat ihm Liszt dazu einen Anstoß gegeben, dieser möglicherweise stärkste Anreger des Jahrhunderts: Er hatte einmal einen Maler mit der Herstellung von Gemälden beauftragt, die in Überlebensgröße während der Aufführung seiner „Dante-Sinfonie" auf der Wand über dem Orchester zu zeigen wären. Doch Skrjabin denkt nicht an Bilder, er geht zu deren Grundelement zurück, zur Farbe. Es sind die Jahre, in denen das „Farbenhören", die *audition colorée*, ein umstrittenes, aber fesselndes Gebiet der Musikforschung wird. Die Anhänger einer solchen Theorie suchen Übereinstimmungen zwischen Tönen und Farben festzustellen; ein Unternehmen, das sich natürlich auf wissenschaftliche, auf mathematische Grundlagen wie Schwingungszahlen berufen kann. Es konnte aber nicht ausbleiben, daß die Verfechter dieser Verwandtschaft in immer größere Meinungsverschiedenheiten geraten mußten. War der „himmelblaue" Eindruck, den Wagners „Lohengrin"-Vorspiel auf viele Hörer zweifellos ausüben konnte, wirklich eine Folge der darin hauptsächlich verwendeten A-Dur-Tonart, oder wurde er durch die vielfach geteilten Streicher in den höchsten Lagen hervorgerufen? Wirkt Webers „Wolfsschlucht"-Szene tiefviolett, weil sie gespenstisch ist, oder bewirkt dies ihre Grundtonart fis-Moll? Die vehementesten Vertreter des „Farbenhörens" bemühten sich, jeder Tonart eine Farbe zuzuteilen. Skrjabin wollte praktische Konsequenz aus diesen Ideen ziehen: Er ließ ein „Farbenklavier" konstruieren, auch „Lichtorgel" genannt, und nach einer minuziös ausgearbeiteten „Partitur" die Farbeffekte auf eine große Leinwand projizieren, die, seiner Meinung nach, visuell die musikalischen Eindrücke verstärken mußten. Der Versuch, den er in seinem „Prometheus" (Poème du feu, 1909/10) unternahm, erregte gewaltiges Aufsehen, wenn auch keineswegs einmütige Zustimmung.

Zum ersehnten Gesamtkunstwerk fehlte Skrjabin noch etwas: zu Klang und Farbe der Duft. Doch der Bau eines Instruments, das in jedem gewünschten Augenblick bestimmte Düfte in Saal oder Theater verbreiten könnte, wurde nicht verwirklicht. Was hätte ein solcher erst für Kontroversen hervorgerufen! Da würden Rosendüfte versprüht, während auf der Bühne des zweiten „Rosenkavalier"-Akts Octavian die silberne Rose überreicht und auf Sophies verwunderte Frage hinzufügt, es sei „ein Tropfen persischen Rosenöls darein getan". Hätte man auch die viel schlechteren Gerüche im Raum verbreitet, wenn in einem Werk, wie im „Wozzeck", ein Elendsviertel auf der Bühne sichtbar wird? Doch immer noch war Skrjabins Phantasie nicht auf ihrem Höhepunkt angelangt. Er dachte an ein „kultisches Mysterienspiel", in dem er das Zusammenwirken von Poesie, Drama, Musik, Gestik, Tanz, Farben und Düften verwirklichen wollte. Und immer noch stand die übergroße Gestalt des „Magiers von Bayreuth" so lebendig über seiner und den folgenden Generationen, daß Skrjabin die Errichtung eines Tempels ins Auge faßte. Sein „Über-Bayreuth" sollte in Indien stehen:

Links: Das seltene Bild Skrjabins am Klavier bei einem Sinfoniekonzert in Moskau, das von Sergej Kussewitzkij, dem berühmten (russisch gebürtigen) Chef des Bostoner Orchesters, dirigiert wird.
Rechte Seite: Max Reger, Neoklassiker in zerfallender Zeit.

fernöstlich, mystisch, geheimnisvoll, jeder Zeit und jedem Raum entrückt. Aber ihm fehlte Wagners Durchschlagskraft und dessen zupackender Realismus – oder einfach Ludwig II.
Skrjabins Klavierwerke tauchen immer wieder in Konzerten auf, die Sonaten, Préludes, Poèmes (darunter „Poème satanique" und „Poème tragique"), eine „Weiße Messe" und eine „Schwarze Messe". Viel seltener sind seine großen Orchesterwerke zu hören: die erste Sinfonie („Hymne an die Kunst") mit zwei Gesangssolisten und gemischtem Chor; die zweite Sinfonie („Poème de l'extase") und schließlich das bedeutende bereits erwähnte „Poème du feu" („Prometheus"). Und doch haben sie zu ihrer Zeit die Menschen aufgerüttelt, auf viele stärkste Wirkung ausgeübt. Ein fanatischer Rebell war erschienen, ein neuer Prometheus, der sich sehnte, der Menschheit ein ungekanntes Glück zu bringen, ungeahnte Ekstasen. Was hat er mit seiner Ekstasen-Sinfonie gewollt, diesem 1907/08 entstandenen sinfonischen Gedicht, das so viele Deutungen erlebte? Ist es eine Liebesschilderung vom ersten Begehren bis zum Delirium der Erfüllung? Ein ungeheurer Höhenflug des Geistes? Eine Ausweitung der Seele ins All? Der russische Schriftsteller und Nobelpreisträger Boris Pasternak erinnert sich dieses jugendlichen Eindrucks: „... dann wurde die Musik losgelassen. In unzählige Fragmente zersplitternd, blitzschnell anwachsend, setzte sie in kurzen Sprüngen über das Podium. Sie wurde gebändigt, sie stürmte in fiebriger Hast zur Harmonie, erreichte den donnernden Gipfel einer unerhörten Verschmelzung von Tönen, brach auf dem Höhepunkt ihres strömenden Wirbelsturms jäh ab und erstarb ..."
Igor Strawinsky, der diese Musik als „revolutionäre Unordnung" empfand, will über der ersten Fassung der Partitur die Worte gelesen haben: „Wacht auf, Verdammte dieser Erde!" War Skrjabin ein Sozialrevolutionär, der die 1871 vom Pariser Kommune-Mitglied Eugène Pottier geschaffenen Worte kannte, die längst in sozialistischen Kreisen umgingen und von einem verschollenen P. Degeyter, angeblich einem Arbeiter aus Lille, zur „Internationale" vertont worden waren, dem bewegenden Kampflied des Proletariats und später eine Hymne der Sowjetunion?
Ist Skrjabins Musik in diesen groß angelegten Werken heute noch gültig? Er verwendet, manchmal ein wenig überladen, das spätromantische Riesenorchester, wie gleichzeitig auch Mahler, Richard Strauss und Schönberg. Allerdings entsprechen gelegentlich seine Wirkungen nicht ganz den Absichten des Komponisten, der seine Ziele sehr hoch gesteckt hat: Höhere Ansprüche sind nicht denkbar. Vielleicht kommen nur vollendete Aufführungen an seine Träume heran. Skrjabin starb in Moskau am 14. April 1915, vermutlich bevor er sich ganz mit seinen Idealen vereinigen konnte.

Max Reger

Max Reger ist nicht nur kühl, sachlich, mit „deutscher Gründlichkeit" ordnungsheischend, bis zur letzten Perfektion ausarbeitend, gelegentlich ein wenig pedantisch, er kann auch plötzlich ins Gegenteil umschlagen. Humor, Witz, ja sogar Grazie offenbaren, musikantisch schwungvoll sein, aus der „absoluten" Musik ausbrechend, spätromantisch tonmalend werden. Betrachtet man sein insgesamt überaus reichhaltiges Werk, dann überwiegt doch der erstgeschilderte Reger: der „beste Kontrapunktiker seiner Zeit" (die längst keine kontrapunktische Zeit mehr war), der „absolute" Musiker, der Fugen baut wie im Barock, Variationen wie in der Klassik, nur viel komplizierter. War Reger also ein Unzeitgemäßer, ein Zeitfremder? Er war es nicht. Man könnte eher sagen, er sei ein Zeitloser gewesen. Nicht wenige Musikliebhaber würden gern den Satz unterschreiben: Wehe einer Zeit, in der Reger unzeitgemäß ist! Viel eher wird ein Komponist wie Skrjabin unzeitgemäß als einer von der Art Regers. Die Hochachtung für das vollendete, untadelige Handwerk und Können erlischt nie. Können ist es, was letzten Endes die Welt zusammenhält.
Reger verleugnet dieses Können nie, es wird auch durch plötzliche Genieblitze nicht in Frage gestellt. Wo Skrjabin und andere leidenschaftszerrissene Musiker bereit sind, alle Regeln zu durchbrechen, bleibt er verstandesregiert, sucht (und findet) er einen regelkonformen Ausweg, unanfechtbar von der Seite der Theorie und doch erstmalig erprobt, sein geistiges, künstlerisches Eigentum. Ein solcher Mann ist der ideale Lehrer und Professor. Die offiziellen Leiter des Musiklebens hofften ja immer noch, dem drohenden Chaos zu entgehen, die atonalen Neigungen erfolgreich zu bekämpfen und, mit möglichst kleinen Konzessionen, besiegen zu können. Dazu konnte es keinen besseren Meister geben als Reger.
Max Reger wird am 19. März 1873 in Brand (Oberpfalz) geboren, studiert bei dem jahrzehntelang führenden Theoretiker Hugo Riemann, beginnt jung eine vielver-

sprechende Pianistenkarriere und lehrt in Wiesbaden, in München, in Leipzig, wo er auch zum Universitätsmusikdirektor berufen wird. 1911 übernimmt er die Leitung der hervorragenden Meininger Hofkapelle, mit der er auch auf Tourneen geht. Seine Kompositionen breiten sich, vor allem in Deutschland, ungewöhnlich stark aus und werden bald von vielen Lehranstalten als Studienmaterial verwendet. Er weitet, ohne Anstrengung oder Willkür, die Tonalität beträchtlich aus, findet ungeahnte Möglichkeiten im tonalen System, das viele seiner Zeitgenossen für erschöpft halten. Was er tut, ist „modern", ohne revolutionär zu sein; im Prinzip folgt er stets seinem Grundsatz, in der Musik „nur eine folgerichtige Weiterbildung über Bach. Beethoven und Brahms anzustreben". Besonders häufig führt ihn seine ausgeprägte Gewandtheit in der eleganten Lösung schwieriger musiktechnischer Formprobleme zur Variation, die ähnlich geartete Komponisten stets interessiert hatte, zuletzt Brahms. Eine lange Reihe glänzend klingender Orchesterstücke („Sinfonietta", „Serenade", „Variationen und Fuge über ein lustiges Thema von Hiller", „Konzert im alten Stil", „Vier Tondichtungen nach Arnold Böcklin", darunter auch die von Rachmaninow vertonte „Toteninsel", „Variationen und Fuge über ein Thema von Mozart", ein Violin- und ein Klavierkonzert), zahlreiche prächtige Kammermusikwerke (Quartette, Trios, viele Sonaten für verschiedene Instrumente) gehören, trotz ihres verhältnismäßig seltenen Erscheinens im Musikleben der Welt, zu den Klassikern ihres Genres. Klavier- und Vokalmusik fehlen ebenfalls nicht in seinem Gesamtwerk. Jedoch seine Orgelstücke muß man als den unvergänglichsten Teil seines Schaffens bezeichnen. Hier steht er bei den größten Meistern dieses Instruments durch viele Jahrhunderte. Fast unbeachtet blieb bisher Regers geradezu visionärer Beitrag zur heute weltweit angewendeten Musiktherapie. Das Diplom seines Ehrendoktorats der Berliner Universität zitiert seinen Gedanken, daß „Musik kranken Gemütern Heilung bringe", was damals allerdings kaum mehr als Heiterkeit und Spott hervorruft. Doch wenige Musiker werden schon so früh in ihrer Laufbahn gefeiert und geehrt wie Reger. Es gibt Musikfeste, die nur seinen Werken allein gewidmet sind, es gibt Orden und andere Auszeichnungen. Akademien machten ihn zum Präsidenten oder Ehrenmitglied. Er zeigt der Harmonie – gerade jetzt, da sie in ihrer Existenz tödlich bedroht ist – neue Wege und Hoffnungen. Es heißt, er könnte in einem einzigen Tag eine gewaltige Doppelfuge so perfekt komponieren, daß keine Korrektur mehr anzubringen sei. Verblüffend ist auch, in wie hohem Maß bei ihm Kontrapunkt und Harmonie verschmelzen: der Wunschtraum aller Musiker früherer Jahrhunderte, Polyphonie und Harmonie in einem! Aber es ist zu spät. Eine neue Zeit überrennt alle diese Begriffe, zumindest soweit sie innerhalb der klassischen Tonalität verstanden werden.

Ob Regers Welt noch einmal wiederkehren kann? Sein Leben war kurz, von überraschend gleicher Dauer wie das seines Antipoden Skrjabin: Es endete am 11. Mai 1916 in Leipzig.

Das berühmte Gemälde „Die Toteninsel" von Arnold Böcklin (im Kunstmuseum Basel), Thema zweier musikalischer Werke von Sergej Rachmaninow und Max Reger.

Der einsame Prophet Leoš Janáček

Leoš Janáček kam am 3. Juli 1854 im kleinen Hukvaldy in Mähren, in der alten Donaumonarchie (heute Tschechien) zur Welt, das den Flecken „Hochwald" nannte. Aus der gleichen Landschaft stammte der um sechs Jahre jüngere Gustav Mahler, der aber bereits tot war, als dort kaum jemand etwas von Janáček wußte. Es gibt viele bedeutende Gestalten der Musikgeschichte, die ihre Ernte früh genug einbringen konnten, um als Vierzig- oder Fünfzigjährige nur noch der Bestätigung zu leben. Und es gibt viel seltener andere, die Können und Anerkennung erst spät erringen. Janáček war einer dieser „Späten". Er mußte fünfzig werden, um sein erstes Meisterwerk zu schaffen, mehr als sechzig, um es von der Welt anerkannt zu sehen.
Der Lehrerssohn studierte in Prag, Leipzig und Wien, blieb aber unbefriedigt, fand die Spätromantik überlebt und nur Wagner nachahmenswert, da er in starkem Maß von der Deklamation ausging. Von Jugend an war er ein Fanatiker der Sprache und begann bald, ihr bis in kaum geahnte Einzelheiten nachzugehen. Den eher scheuen, schüchternden Musiker sah man zumeist auf belebten Plätzen. Wo viel geredet, gerufen, gestritten wurde, notierte er in einem Notizblock mit von ihm erfundenen Schriftzeichen den genauen Tonfall seiner eigenen, der tschechischen Sprache, die unzähligen Variationen, das ruhige Gespräch, den erregten Zuruf, die scherzhafte Frage, das Kindergeplapper, den Ausdruck der Liebe. Wußte er schon, daß er diese tausend Nuancen eines Tages in seinen Bühnenwerken verwenden würde? So wurde er zum Realisten unter den Musikern, eine naturalistischere Textgestaltung als die seine hat es in der Oper nie gegeben.
In seinen späten Jahren schrieb Janáček in einem Brief einem Freund: „Für mich hat die Musik so, wie sie aus den Instrumenten klingt... wenig Wahrheit. Töne, der Tonfall der menschlichen Stimme, jedes Lebewesen überhaupt, hatten für mich die tiefste Wahrheit... Sprachmelodien... das sind meine Fensterchen in die Seele – gerade für die dramatische Musik hat dies große Bedeutung." Dies ist die Erklärung seines Schaffens, dieser ganz einzigartigen Opern, die wie erratische Blöcke aus dem hundertstimmigen Meer des Musiktheaters im 20. Jahrhundert hervorragen.
Sucht man nach Vorbildern, so gelangt man am ehesten zu Mussorgskij und Debussy, bei denen der natürliche Tonfall ebenfalls eine wesentliche Rolle spielte. Daß er mit diesen beiden auch menschlich einiges gemein hat, mag überraschen. Alle drei waren Einzelgänger, „seltsame Käuze" im Blickwinkel der Welt. Die Leitung von Chören und einer in Brünn neu gegründeten Orgelschule sind seine ersten Tätigkeiten. Er befaßt sich viel mit theoretischen Studien, um Wege zu einer neuen Musik zu finden. Das Volkslied fesselt ihn sehr. Seit 1888 durchwandert er regelmäßig seine mährische und böhmische Heimat, sammelt Melodien und Tänze, über die er Wertvolles publiziert, die er aber auch in seine frühen Kompositionen einarbeitet („Lachische Tänze", „Orchestersuite"). Auf dieser Grundlage unternimmt er auch erste Versuche auf dem Gebiet des Musiktheaters, das schließlich den Hauptteil seines Lebenswerkes bildet. „Anfang eines Romans" entsteht im Sommer 1891, gelangt aber erst nach dem Tod Janáčeks an die Öffentlichkeit. Plötzlich steht er in „Jenufa" als Meister da. Lange Jahre hatte er daran gearbeitet. Hier ist das Volkstümliche eng mit dem Ergebnis seiner Sprachstudien verknüpft. Das Publikum im Nationaltheater Brünn am 21. Januar 1904 ist durch die Modernität der Tonsprache eher befremdet als abgestoßen, aber weit von offener Zustimmung entfernt.
Zum Durchbruch Janáčeks fehlen noch viele Jahre. An eine auswärtige Aufführung ist nicht zu denken, zu eng scheint seine Musik mit der heimischen Sprache verbunden, als daß sich jemand eine Übersetzung in andere Sprachen vorstellen kann. Dies ist ein Hemmnis in der Verbreitung von Janáčeks Werken bis heute geblieben. Jede Sprache hat ihren eigenen Tonfall, und ist eine Musik so stark auf dessen Akzentuierung eingestellt wie hier, so bleibt eine genaue Umsetzung in ein anderes Idiom so gut wie unerreichbar. Bei der geringen Verbreitung der tschechischen Sprache in der Welt wird auch das Spiel der Meisterwerke dieser Literatur (Smetana, Dvořák, Janáček, Martinů, Cikker u. a.) in der Originalsprache nur sehr begrenzt sinnvoll. Eines steht fest: Bei den vielen Problemen, die der Übersetzung von Opern im Weg stehen, nehmen die Janáčeks den höchsten Schwierigkeitsgrad ein. Dies bekommt auch die deutsche Übertragung durch den verdienstvollen Max Brod zu spüren: Bald wird sie als stark verbesserungswürdig erkannt, besitzt aber doch das Verdienst eines ersten Durchbruchs. Max Brod, namhafter deutschsprachiger Schriftsteller aus Prag, wird zum Propheten Janáčeks. Dessen Stern geht auf, als „Jenufa" 1916 in der Landeshauptstadt Prag einen bleibenden Erfolg erringt.

Der Durchbruch

Der Erste Weltkrieg nähert sich seinem Ende. In Wien stirbt Kaiser Franz Joseph und mit ihm erlischt eines der stärksten Symbole des Zusammenhalts der Donaumonarchie. Die slawischen Regimenter der k. u. k. Armee waren kaum noch zum Kampf gegen ihre „rus-

Janáčeks Oper „Die Ausflüge des Herrn Brouček, Aufführung in der Staatsoper München.

sischen Brüder" zu bewegen. Eine freundliche Geste Wiens gegenüber den Tschechen tut not: „Jenufa" wird glanzvoll in der Wiener Hofoper aufgeführt, die Rolle des schönen mährischen Dorfmädchens singt die blendend aufblühende Maria Jeritza, die ein solches ja im Grund selbst war. Der Komponist, auf einmal ins Bewußtsein der musikalischen Welt getreten, entpuppte sich nicht als junger Mann, wie die meisten erwartet hatten, sondern als grauhaariger, ein wenig linkischer Meister in der Mitte der Sechzig.

Der Krieg ist zu Ende, die Habsburgermonarchie in Trümmern, Europa aus den Fugen; aber Janáčeks Name ist nicht mehr auszulöschen. Seine Zeit war nun angebrochen. Man spielt seine Werke in allen Städten, auf Musikfesten, im erstehenden Rundfunk. Gruppen junger Musiker scharen sich um ihn, in einer Epoche vieler aufbrechender Neuerungen wird er, gleichsam als Fixstern unter zahlreichen vagen Versuchen, zu einer Hoffnung. Auch sein Inneres scheint aufzubrechen: Meisterwerk auf Meisterwerk entströmt dieser seltsamen Schöpfernatur, die jung und neu wirkt. Auf die nahezu unbekannt gebliebene Oper „Schicksal", die 1906 – also noch in Janáčeks „dunkler" Zeit – entstanden war (und erst 1958 uraufgeführt wurde), folgt 1920 im Nationaltheater Prag „Die Ausflüge des Herrn Brouček" auf einen vergnüglichen, wenn auch vor allem den Tschechen zugänglichen Text von Svatopluk Čech. Zum weltweit hochbedeutenden Werk gerät „Katja Kabanowa", nach Ostrowskijs starkem (russischem) Drama „Der Sturm" (nach dem, ein halbes Jahrhundert zuvor, Tschajkowskij eine für ihn schicksalhafte sinfonische Dichtung gestaltet hatte). Die Uraufführung am 23. November 1921 verschafft der kleinen, aber guten Opernstadt Brünn internationale Bedeutung. Hier war eine Oper von schuldloser Schuld, Selbstanklage und Sühne entstanden, wie sie packender kaum gedacht werden kann. Nicht geringer ist der Triumph, den Janáček mit dem „Schlauen Füchslein" am 6. November 1924, wieder im Nationaltheater Brünn, erringt. Das bezaubernde Werk löst die immer äußerst problematische Verbindung von Menschen- und Tierwelt auf der Bühne. Der Text des tschechischen Schriftstellers Rudolf Tĕsnohlídek vereint tiefen, beinahe philosophischen Sinn mit beglückender Schilderung des Waldlebens und seiner zwei- und vierbeinigen Bewohner. Der Komponist, eben siebzigjährig, steht auf dem Höhepunkt seiner Schöpferkraft. Nun erobert er auch die Konzertsäle mit seiner „Sinfonietta" (1926) und beschwört in einem einmalig zu nennenden geistlichen Werk, der „Glagolytischen (altslawischen) Messe", das frühgeschichtliche Slawentum. Auf der Bühne folgen zwei weitere Werke: „Šárka", Umarbeitung eines früheren Versuches, und „Die Sache Makropulos" (Brünn, 1926) auf einen geistvollen, aber im Musiktheater schwer umzusetzenden Stoff von Karel Čapek. Zuletzt noch ein unvergängliches Bühnenwerk: „Aus einem Totenhaus", die nahezu epische und doch von innerer Dramatik getriebene Vertonung der sibirischen Verbannungsjahre Dostojewskijs, eine „schwarze Oper" (so der Komponist), und doch mit einem Lichtblick versehen, dem Janáček im Motto ergreifenden Ausdruck verliehen hat: „In jeder Kreatur ein Funke Gottes."

Als Janáček am 12. August 1928 in Ostrava (Mährisch-Ostrau) seine Augen für immer schließt, sind alle seine Träume in Erfüllung gegangen: das Vaterland frei, die künstlerische Ernte eingebracht und die letzten Jahre besonnt von einer stillen, innigen Liebe.

„Die Welt von gestern“: Richard Strauss

Stefan Zweigs Buchtitel trifft für viele Werke dieses großen „Letzten“ genau zu. Blickt man aus der Distanz eines halben Jahrhunderts auf Richard Strauss (1864–1949), so wächst die Bewunderung ins Überlebensgroße. In seiner Jugend war er der „Mann von morgen“, umdrängt von der Generation, die Neues kommen fühlte, und er durchlief den weiten Weg von der Spätromantik zum Expressionismus, zum Jugendstil bis zu einer Neoklassik, die ihn selbst zum unangefochtenen Neoklassiker, zum Klassiker machte. Denn ein Klassiker ist, wer die Merkmale aller großen Epochen in sich aufnimmt und so gültig verbindet, daß eine Einheit entsteht. Wer so denkt, dichtet, malt, komponiert, daß nichts an seinem Werk „unmodern“ werden kann, veraltet wirkt oder verbesserungsbedürftig, ist klassisch. Klassik bedeutet ewige Gültigkeit.

Richard Strauss, Sohn eines führenden Hornisten, kam in München am 11. Juni 1864 zur Welt. Den frühmusikalischen, aufgeweckten Jungen nimmt der Vater 1882 zur Uraufführung des „Parsifal“ nach Bayreuth mit, wo er selbst im Orchester der besten Musiker Deutschlands einen Ehrenplatz einnimmt. Zwar warnt der Vater den Sohn ausdrücklich vor dem übermächtigen Einfluß des „Magiers“, doch welcher junge Mensch jener Zeit wäre imstande gewesen, den „Grünen Hügel“ zu verlassen, ohne „Wagnerianer“ geworden zu sein? Debussy sogar war anfangs fasziniert von ihm, Mahler hinterließ die Worte, er sei nach dem mystischen, weltentrückten Ende des Bühnenweih-Festspiels ins Freie getreten und habe gewußt, daß er „das Höchste“ erlebt habe und es nun „unentweiht durch sein Leben tragen würde“. Auch Richard Strauss verfiel dem „Zauberer“. Gleichzeitig wußte er, daß es einen Weg an ihm vorbei nicht gab. So widmete er sich, als die Unruhe des Komponierens über ihn kam, nicht der Bühne, auf der er unweigerlich dem erdrückenden Vorbild begegnen mußte, sondern dem Lied und der sinfonischen Dichtung, wie Berlioz und Liszt ihr vielversprechend das Tor geöffnet hatten.

1886 entsteht „Aus Italien“, 1887 „Macbeth“, 1888 „Don Juan“, 1889 „Tod und Verklärung“, 1895 „Till Eulenspiegel“, 1896 „Also sprach Zarathustra“, 1897 „Don Quichotte“, 1898 „Ein Heldenleben“, 1903 „Sinfonia domestica“. Strauss ist noch nicht vierzig Jahre alt. Zählt man zu diesen Orchesterstücken noch mehr als 200 Lieder hinzu, so gäbe es bereits genug Anlaß zum Ruhm. Zumal jedes dieser Werke nicht nur von einer blendenden Beherrschung des Klangapparates spricht, sondern oft von großem seelischem Tiefgang. Wie malt ein Fünfundzwanzigjähriger das Verschweben der Seele in die Ewigkeit, wie ein wenig über Dreißigjähriger den tiefen Schmerz eines Träumers, der in einer längst verschwundenen Welt vergeblich seinen Platz sucht! In seinen Liedern stehen viele der schönsten Melodien, die seit der späten Romantik gesungen worden sind: Nur „Morgen“, „Traum durch die Dämmerung“, „Die Nacht“, „Zuneigung“, „Cäcilie“, „Heimliche Aufforderung“ seien unter vielen vollendet schönen, gefühlsstarken, ergreifenden Liedern genannt.

Dieser junge Musiker hatte es in der gleichen Zeit auch zu einem der führenden Dirigenten gebracht, wirkte in München, seit 1898 auf führendem Posten in Berlin, stand in Weimar, Meiningen, Dresden am Pult, wohin nur anerkannt erste Meister berufen wurden. Längst verlangt das Ausland nach ihm. An einem solchen Abend in Paris geschieht es, daß ein junger österreichischer Dichter schüchtern an ihn herantritt, um die Möglichkeit einer Zusammenarbeit anzudeuten: Hugo von Hofmannsthal. Es wird noch einige Jahre dauern, bis der Gedanke reifen und herrliche Früchte tragen wird.

Richard Strauss war mit 24 Jahren schon ein namhafter Dirigent und ein erfolgreicher Komponist.

Zuerst versucht es Strauss mit einem Minnesängerdrama: „Guntram". Aber das gerät so wagnerisch, daß es keinen Erfolg haben kann. Das böse Scherzwort taucht erstmals auf: „Wenn Strauss, dann Johann; wenn Richard, dann Wagner!" Das Werk enthält große Schönheiten, und der Komponist, ein Mann von starker Selbstironie (wie er in der „Sinfonia domestica" bewiesen hat), spottet sehr lustig und doch ein wenig wehmütig noch ein Jahrzehnt später über diesen eigentlich einzigen schweren Mißerfolg seines Lebens, als er im Garten seiner Villa, die er soeben in Garmisch errichtet, ein „Marterl" setzt. So nennen Bayern und Österreicher ein kleines Wegkreuz an Stellen, an denen irgendein tragisches Ereignis stattgefunden hat, etwa der Blitz einen Bauern erschlug oder die Pferde eines Wagens durchgingen. Strauss' Marterl trägt eine Inschrift, dort ruhe der Minnesänger Guntram, den „seines eigenen Vaters sinfonisches Orchester erschlug".
Erst sieben Jahre später, 1901, kehrt er zur Bühne zurück, die ihn trotz aller anderen Erfolge doch stets lockt. Auch in „Feuersnot" hat er seinen eigenen dramatischen Stil noch nicht entdeckt. Das an sich bezaubernde Werk, in dem er vor allem den Spießbürgern Münchens die Leviten liest, verschwindet ebenfalls schnell von den Bühnen. Der Traum vom Opernerfolg scheint ausgeträumt. Zwei Jahre zuvor hat er im „Heldenleben" (1899) eine Art sinfonischen Abschieds genommen, merkwürdig früh für einen so vitalen, kraftstrotzenden Mann, der gerade in der Mitte der Dreißig steht!
Wäre sein Leben in jener Zeit zu Ende gegangen, er gehörte trotzdem zu den Großen. Gerade umgekehrt, wie es bei seinem Zeitgenossen Leoš Janáček der Fall ist: Wäre der mit Dreißig, ja mit Fünfundvierzig gestorben, keine Spur wäre von ihm in der Musikgeschichte verblieben...

„Salome"

In Berlin sieht Strauss 1903 die berühmte Schauspielerin Gertrud Eysoldt in Oscar Wildes „Salome"; das Stück packt ihn ungewöhnlich. Da war ein wahrhaft neues Drama, erotisch, grausam bis zur Perversität, in seelische Abgründe leuchtend. Hier schien „sein" Stoff zu liegen, der gebieterisch eine neue Musik verlangte. Hatten die Italiener vielleicht recht mit ihrem Verismus? Gab es eine musikalische Parallele zum eigentlich so unmusikalischen Naturalismus der Literatur, gab es Klänge zum „Jugendstil", der in Mitteleuropas Malerei aufbrach, den Expressionismus zur goldenen Fratze verzerrte, um in Wahrheit Abgründe aufzureißen, in welche die Kunst sich nie vorgewagt hatte? Strauss stürzte sich, noch während er von der Bühne Wildes Worte vernahm, die zugleich messerscharf und hochpoetisch sind, in das erregende Abenteuer von deren Vertonung in einem grundlegend neuen Stil. Er schuf ihn mit der rasenden Geschwindigkeit der Gedanken, er beherrschte ihn sofort, wie er alles sofort konnte, was er anpackte. Ein neues Musiktheater erstand vor seinem inneren Auge und Ohr, wilddramatisches Geschehen ohne Atempause, geheimnisvolle seelische Vorgänge von schicksalhafter Unentrinnbarkeit. Ein einziger geballter Akt; knappste Exposition, Entwicklung, Katharsis, ineinander unlösbar verzahnt, ohne eine einzige Minute der Ruhe, der Stille, ein ununterbrochenes Toben der Sinne in einer schwülen Mondnacht am Rand der Wüste. Strauss zögerte keinen Tag, hier galt es, durch Musik geahnte, aber nie erforschte Tiefen der Seele bloßzulegen, Menschen in wenig mehr als einer Stunde durch Himmel und Hölle zu führen, in unentrinnbares Verderben zu stürzen. Die Hoftheater erschraken, mußten erschrecken vor der beispiellosen Kühnheit der Problemstellung und der Musik, die, als wäre sie aus Papier, die Grenzen der Tonalität hinwegfegte, pulverisierte mit ungeheuerlichen Dissonanzen, wie sie vorher nie erklungen. Dazu ein Heiliger auf der Bühne, Objekt wilden sexuellen Begehrens, hitzige Diskussionen über Religion, ein lasziver Tanz, der in seinem Verlauf eine Frauengestalt völlig entkleidete. Tobende Skandale waren vorauszusehen. Dresden findet sich zum Wagnis bereit. Die Premiere am 9. Dezember 1905 wird von tobenden Ovationen begleitet. Eine begeisterte Jugend bekennt sich zu dieser neuen Musik, die so vielversprechend das 20. Jahrhundert eröffnet. Nach Dresden, das nun das „Stammtheater" von Strauss' Opern wurde, fuhren Extrazüge aus ganz Deutschland, denn alle Opernliebhaber wollen „Salome" sehen. In Wien setzt sich Gustav Mahler für das Werk ein, aber es war undenkbar, diese Oper gegen den Willen der Hoftheaterverwaltung aufzuführen. Auch der deutsche Kaiser Wilhelm II. wiegte bedenklich den Kopf: „Schade um den Strauss! Die ‚Salome' wird ihm noch gewaltig schaden..." prophezeite er. Strauss hatte es dann leicht mit der Ironie, wenn er auf seine schöne Villa in den Bergen wies und damit zeigte, wie sehr „Salome" ihm „geschadet" habe. Die wurde nach der Dresdener Premiere überall gespielt, ein Fanal der modernen Musik.

Linke Seite: Jugendstil-Zeichnung von Aubrey Beardsley zur „Salome" von Oscar Wilde, Vorwurf der Oper von Richard Strauss.
Rechts: „Salome" und „Elektra" fanden ein begeistertes, vor allem junges Publikum, aber auch auffallend viele Karikaturisten. Der Münchner A. Schmidhammer sieht so das riesige Orchester der „Elektra"...

DER PARTNER HUGO VON HOFMANNSTHAL

Nun liegt der Weg offen für das Musiktheater. Die klassische Atridentragödie hat Strauss gepackt, so wie sie von den griechischen Dramatikern überliefert und von Hofmannsthal in eine moderne Form gegossen war: der Mord an dem von Troja heimkehrenden König Agamemnon und die Rache seiner Kinder Elektra und Orest an den Mördern, der Gattin und deren Geliebten. In Berlin sah Strauss das von Max Reinhardt inszenierte Drama und tritt mit Hugo von Hofmannsthal in Verbindung, der noch immer freudig bereit ist, die Zusammenarbeit aufzunehmen; er ist inzwischen in Wien ein angesehener Literat. Zuerst beruhigt Hofmannsthal seinen musikalischen Partner, der eine zu starke Ähnlichkeit des „Elektra"-Dramas mit jenem der Salome fürchtet: Wieder ist es die Tragödie einer Frau, die in eine mit Schrecken ersehnte extreme Krisensituation gerät, die sie nur noch in einer todbringenden Katastrophe bewältigen kann. Hofmannsthal gelingt ein meisterhaftes Libretto, das er dem Komponisten vorlegt. Strauss ist so begeistert, daß er dem Dichter schreibt: „Jedenfalls bitte ich Sie dringend, mir in allem Komponierbarem von Ihrer Hand das Vorrecht zu lassen. Ihre Art entspricht so sehr der meinen, wir sind füreinander geboren und werden sicher Schönes zusammen leisten, wenn Sie mir treu bleiben ..." Sie bleiben einander 23 Jahre lang treu, bis zu Hofmannsthals Tod im Jahr 1929. Und dies, obwohl sicher jeder Psychologe daran gezweifelt hätte, daß sie wirklich zueinander paßten. Doch das wirkliche Leben ist stets anders als jede seiner Theorien. Der überaus feine, sensible Wiener Edelmann und der bajuwarisch derbe, geniale, zudem offene und ehrliche Strauss: Das heißt beinahe einen edlen Araberhengst und ein starkes, ausdauerndes Zugpferd zusammenzuspannen. Doch ob sie einander bis ins letzte verstehen oder nicht, gemeinsam wissen sie stets, worauf es ankommt und wie es zu gestalten ist. „Elektra" wiederholt am 25. Januar 1909 in Dresden den Triumph der „Salome". Im Mittelpunkt steht wieder eine seelische Außenseiterin, eine „Süchtige" – eine Tragödie von überdimensionalem Ausmaß. Doch gibt es einen wesentlichen Unterschied: Hofmannsthal, der lyrischen Ader seines Partners gewiß, legt eine wundervolle, erschütternd menschliche Szene in den rasenden Ablauf des Geschehens ein, als Elektra und ihr in fernem Land aufgewachsener Bruder einander wiedersehen, zum Zweck der Rache, aber

durchströmt von innigster Geschwisterliebe, der sie nie zuvor Ausdruck verleihen konnten.
Abermals gerät Strauss einen Schritt näher an eine nie theoretisch durchdachte Freitonalität, deren Dissonanzenballung allein imstande ist, die Schrecken dieses Dramas musikalisch auszuloten. Um so aufwühlender wirkt die Szene der Geschwister, in der überquellender Wohlklang für wenige Augenblicke alle Härte, alle Schärfe vom Klanggeschehen nimmt. Diese Klangoase beweist, wie hundert andere Momente und doch nicht tiefer als alles Vorhandene, das dramatische Genie des Komponisten. Aber auch die plötzlich aufgebrochene Vielfalt der Musik in der Zeit vor und um den Ersten Weltkrieg im zersplitterten Abendland. Man versuche, wenige Werke aus dem ersten Dezennium des 20. Jahrhunderts gegeneinanderzuhalten, um es lebendig zu spüren: 1900 Puccinis „Tosca“, 1902 Debussys „Pelléas“, 1905 Strauss' „Salome“, 1909 seine „Elektra“: Verismus, Impressionismus, Expressionismus stehen hart nebeneinander. Die Frage stellt sich: Wo wird Strauss' Ziel sein, in welche Richtung geht die nächste neue Oper? Die Antwort, die Strauss und Hofmannsthal geben, überrascht die Welt: zurück! Wie Wagner nach dem tonal überaus kühnen „Tristan“ nicht weiterschritt und in die C-Dur-Klarheit der „Meistersinger“ zurückkehrte, nicht anders macht es sein größter Nachfahre Richard Strauss nun nach der extremen „Elektra“. Er ahnte die Folgen, die unausweichlich vor ihm lagen, die Trennung von der Tonalität, des Abstoßens ins offene Meer? Oder war es einfach der Wunsch nach Melodien, nach wohltuender Harmonik? Sicher ist es kein Drang zum „Erfolg“, den braucht Strauss wahrlich nicht mit billigen Mitteln herbeizuzwingen.

„Der Rosenkavalier“

Während Hofmannsthal und er, noch vor der Premiere der „Elektra“, nach neuen Stoffen Ausschau halten, teilt der Dichter mit, er habe „in drei ruhigen Nachmittagen“ eine wienerische Komödie aus der Maria-Theresia-Zeit entworfen, und dies in Weimar, bei seinem engen

Hans Liska zeichnete Szenen aus „Rosenkavalier“: Der unausstehliche „Bräutigam“ Ochs von Lerchenau begutachtet die unglückliche Braut Sophie: „Schultern wie a Henderl...“

Linke Seite oben: Der kongeniale Librettist: Hugo von Hofmannsthal.
Rechts: Bühnenentwurf von Ernst Stern zu Max Reinhardts Inszenierung der „Ariadne auf Naxos", Stuttgart 1912. Die „Wüste Insel mit Höhle der Ariadne" auf der Bühne im Palais des „reichsten Mannes von Wien".

Freund Harry Graf Keßler. Dieser hochkultivierte, ungewöhnlich vielseitige Mann war von Beruf Diplomat und spielte eine sehr wichtige Rolle bei der Entstehung des „Rosenkavaliers", was viel zuwenig beachtet wird. Hoffmannsthal schreibt den Text, mit wundervollen, witzigen, geistreichen Pointen, in einer Sprache, die Wiens Dialekt der gehobenen Gesellschaft um 1740 nachzuahmen sucht. Das Ergebnis war ein Libretto, wie es an Meisterschaft, Amüsement und Lebensechtheit kaum seinesgleichen hat. Und dabei ist eigentlich nahezu alles unecht: Die Zeremonie der Überreichung einer silbernen Rose „an die hoch- und wohlgeborene Jungfer Braut" in Wiens Aristokratie ist eine wundervolle Erfindung Hofmannsthals (oder Keßlers), Walzer hat es 1740 noch lange nicht gegeben ... Doch was tut's? „Der Rosenkavalier" wurde zur schärfsten Waffe gegen den Verismus, gegen dokumentarische Echtheit, ja gegen jede Art von Logik in der Oper. Wenn nur die Musik „schön" ist. Und die ist schön. Für Schönheit gibt es zwar kein einheitliches Kriterium, aber es gibt eine Schönheit, die vielen Menschen in die Seele dringt.
Und diese haben die Autoren des „Rosenkavaliers" gefunden. Ermanno Wolf-Ferrari, ein liebenswert feinsinniger Zeitgenosse des Werks, kommt uns hier zu Hilfe: In einer seiner Opern steht der Satz, schön sei nicht, was von allen bewundert würde, sondern was man lieb habe ... Es gibt vermutlich keine Oper des 20. Jahrhunderts, die einem breiten Publikum so ans Herz gewachsen ist wie „Der Rosenkavalier".
War diese Oper eine Rückkehr zu schwelgerischer Hochromantik, zum Theater des sentimentalen Genießens in einer Zeit der kraß aufbrechenden künstlerischen Probleme? Wieder jubelte das Dresdener Publikum am 26. Januar 1911, wie es bei „Salome" und „Elektra" gejubelt hatte. War es das gleiche Publikum, oder war dieses Mal eine andere Schicht des Bürgertums ins Theater gekommen, vielleicht jene, die über diese Rückkehr zur besonnten, melodienseligen Vergangenheit sehr froh war? In der vielfältigen Gesellschaft des Abendlands und besonders in neuerer Zeit gibt es ja nicht nur eine Art von Publikum, sondern mehrere oder viele. Die radikal gesinnte, zum Aufbruch in neue Zeiten gerüstete Jugend wendet sich von Strauss ab und anderen Propheten zu, die Skrjabin, Strawinsky, Bartók heißen: Die größte Gruppe der Opernliebhaber aber nimmt diese jüngste Entwicklung mit Freude zur Kenntnis. Sie glaubt, das Rad der Zeit lasse sich zurückdrehen.
Ein Mann, der nicht auf den Programmen verzeichnet war, hat allerdings entscheidend zum Erfolg des „Rosenkavaliers" beigetragen. Kurz vor der Premiere war Hofmannsthal nach Dresden gereist, sein verzweifeltes Telegramm störte Richard Strauss auf. Der Hausregisseur hatte vom Stück und seiner altösterreichischen Atmosphäre nichts begriffen, ein unvermeidliches Debakel schien sich anzubahnen. Da gab es nur einen einzigen, der die Lage vielleicht noch retten konnte: der junge Regisseur Max Reinhardt, der in Berlin soeben eine sensationelle Karriere machte. Auf den Hilferuf der beiden Autoren eilte er nach Dresden und übernahm die szenische Leitung, obwohl der Intendant ihm das Betreten der Bühne verboten hatte. Und so probten die Sänger bei Tag die „sächsische" Version des Hausregisseurs, bei Nacht hingegen die „wienerische", längst entschlossen, dem Publikum nur diese letztere zu zeigen, an der nie wieder gerüttelt wurde.
Strauss und Hofmannsthal fühlten sich Reinhardt gegenüber zutiefst verpflichtet. Sie dachten daran, ihm ihr nächstes Stück zu widmen, dessen Kunstfertigkeit den großen Theatermann begeistern mußte. Es wurde „Ariadne auf Naxos", die geistreiche Verbindung von Molière-Komödie mit barocker Oper. Das Unternehmen wäre jedoch beinahe mißglückt. Bei der Premie-

re am 24. Oktober 1912 im Stuttgarter Hoftheater gab es zu wenig Feinschmecker, die dieses hochartifizielle, überaus kluge, unter rokokohafter Verspieltheit abgründig tiefe Stück voll zu genießen vermochten. Zudem erwies es sich als schwer realisierbar, brauchte man doch an jedem Abend zwei komplette Ensembles an Schauspielern und Sängern. Um diese echte Perle abendländischer Theaterkunst zu erhalten, wurde eine Umarbeitung nötig. Die neue, endgültige Fassung (in der die kleine Komödie Molières durch ein von Hofmannsthal gedichtetes Vorspiel ersetzt wurde) ging als durchgehend musikalisches Spiel am 4. November 1916 in Wien über die Bühne.

Das nächste Gemeinschaftswerk von Strauss und Hofmannsthal wurde „Die Frau ohne Schatten". Es hätte ein Märchen nach Art der „Zauberflöte" werden sollen, geriet aber zu einer der kompliziertesten, mystisch-dunkelsten Opern aller Zeiten, musikalisch voll wunderbarer Szenen, textlich schwer verständlich, mit Symbolen überfrachtet. Die Partitur war 1917 beendet, sie erklang erstmalig in der Wiener Staatsoper am 10. Oktober 1919. In die Entstehungsjahre des bei aller inhaltlichen Problematik in reiner Schönheit erstrahlenden Werkes fällt die letzte von Strauss' großen Orchester-Dichtungen, die „Alpensinfonie", an der er genau hundert Tage, bis zum 8. Februar 1915, gearbeitet hatte. Hier hat das Strauss-Orchester seinen Höhepunkt erreicht. Die Hochromantik feierte noch einmal klangliche Orgien, so wie sie es, ziemlich gleichzeitig in Mahlers achter Sinfonie, in Schönbergs „Gurreliedern" getan hatte. Tonmalerei in Reinkultur, das riesige Fresko eines Tages im Hochgebirge. Hundert Jahre waren ungefähr seit Beethovens sechster Sinfonie, der „Pastorale", vergangen. Mit wie wenig technischen Mitteln war Beethoven ausgekommen! Strauss verlangt vier Flöten und Piccoli, zwei Oboen, Englischhorn und Heckelphon (eine tiefe Bariton-Oboe), vier verschieden gestimmte Klarinetten, drei Fagotte und Kontrafagott, vier Hörner, vier (Wagner-)Tuben, vier Trompeten, vier Posaunen, vier Baß-Tuben, zwei Pauken, Orgel, Celesta, Glockenspiel, große und kleine Trommeln, Triangel, stärkstmögliche Streicherbesetzung (mindestens achtzehn erste, sechzehn zweite Geigen, vierzehn Bratschen, zehn Celli, acht Kontrabässe), vier Harfen; ferner unsichtbar aufgestellt zwölf Hörner, zwei Trompeten, zwei Posaunen, und dazu noch weitere Klangerreger, die sonst nicht im Orchester anzutreffen sind: eine Windmaschine, eine Donnermaschine und Kuhglocken.

Strauss in Wien

1919 übernimmt Strauss gemeinsam mit dem Dirigenten Franz Schalk die Direktion der nun Staatsoper genannten ehemaligen Wiener Hofoper. Wenig später wird er, zusammen mit höchstrangigen Künstlern aus Literatur und Musik, Mitbegründer der Salzburger Festspiele. Doch die Zeit zum Komponieren wird nun knapp. Immerhin schreibt er ein neues Ballett, „Schlagobers", nachdem er sich bereits 1914 auf diesem Gebiet mit „Josephslegende" für Diaghilew erfolgreich betätigt hatte. 1923 unternimmt er mit den Solisten und dem gesamten Personal der Wiener Oper eine denkwürdige Südamerika-Tournee, eines der frühesten Gastspiele dieses Ausmaßes. In Buenos Aires setzt er den

Oben: Karikatur zur Führungskrise in der Wiener Oper, in der die Doppeldirektion Richard Strauss (dirigierend) – Franz Schalk zugunsten des letzteren aufgelöst wurde.
Rechte Seite oben: Stefan Zweig, der bedeutende Wiener Dichter, war nach Hofmannsthals Tod von R. Strauss zum neuen Librettisten ausersehen, doch die Politik verhinderte es.
Rechte Seite unten: Das Ensemble der Dresdener Staatsoper nach der Premiere von „Arabella" am 1. Juli 1933: Richard Strauss, ganz oben zwischen Viorica Ursuleac (Arabella) und dem Dirigenten Clemens Krauss, neben diesem Alfred Jerger (Mandryka).

Schlußpunkt unter die Partitur einer Oper nach eigenem Text: „Intermezzo", eine harmlose Ehekomödie mit netter Musik, die am 4. November 1924 in Dresden erstmals erklingt. Das nächste Bühnenwerk „Die ägyptische Helena", vereint die beiden miteinander so vertrauten Autoren von neuem, aber mehr als einen Achtungserfolg kann das textlich sehr dunkle, unter der üppigen Musik vollends unverständlich bleibende Stück bei der Uraufführung in Dresden am 6. Juni 1928 nicht erzielen. Zur geplanten Umarbeitung kommt es nicht mehr. Hofmannsthal kann vor seinem frühen Tod im Sommer 1929 nur noch die bezaubernde Komödie „Arabella" niederschreiben. Mit ihr knüpft er, anhand einer jugendlichen Geschichte („Luzidor"), ein wenig an den nun bald zwanzig Jahre zurückliegenden „Rosenkavalier" an: Altwiener Milieu (1860), lebensvolle Gestalten, ein von Hofmannsthal völlig frei erfundenes Symbol, ein Glas Wasser zum Zeichen inniger Liebe und immerwährender Zugehörigkeit. Die Musik fließt fast noch so strahlend und abwechslungsreich wie damals, an zwei ihrer Höhepunkte setzt Strauss zum ersten Mal Volkslieder aus der südslawischen Welt, aus der Mandryka kommt, der siegreiche Bewerber um Arabellas Hand und Herz, die wohl prächtigste Liebhabergestalt aus Strauss' Opernschaffen.

Die Nachfolger Hofmannsthals

Die Suche nach einem neuen Librettisten höchsten Formats führt Strauss zu Stefan Zweig. Die beglückende Zusammenarbeit an der Komödie „Die schweigsame Frau" (nach Ben Jonson) erfüllt beide mit großer Hoffnung. Doch das „Dritte Reich" verbietet die Nennung des „Nichtariers" Zweig bei der Dresdener Uraufführung. Strauss – in diesem ersten, aber lange noch nicht letzten Zusammenstoß mit den neuen Machthabern – setzt die Gerechtigkeit durch. Doch an ein weiteres gemeinsames Schaffen war nicht mehr zu denken. Zweig erkennt dies früher als sein Komponist, er verabschiedet sich mit einem edlen Brief, der ein trauriges Zeitdokument darstellt, geht in die Emigration und verübt im Frühjahr 1942 Selbstmord in Petropolis, oberhalb von Rio de Janeiro.

Die nächsten drei Bühnenwerke Strauss' werden nun von dem hochgebildeten Wiener Theatermann Joseph Gregor textiert. „Der Friedenstag“ spielt zu Ende des Dreißigjährigen Krieges. Er stellt ein packendes Manifest für den Frieden dar (das noch Zweig entworfen hatte), dessen Wirkung bei der Münchener Premiere am 24. Juni 1938 gespenstisch gewirkt haben muß inmitten einer Umwelt, die sich längst fieberhaft auf einen Angriffskrieg vorbereitete. Knapp danach entsteht „Daphne“, eine „bukolische Tragödie“ rund um eines der ältesten Opernthemen der Welt: die Legende von Apollo und der keuschen griechischen Schäferin Daphne, von der Ovid erzählt. Um sie rankte sich bereits die erste (verlorengegangene) Oper, die Peri und Caccini 1594 für den Herzogspalast von Mantua komponierten und die übrigens auch von Heinrich Schütz zur ersten deutschen Oper (1627) gestaltet worden war. Die Uraufführung der „Daphne“ am 15. Oktober 1938 in Dresden wird die letzte sein vor Vernichtung und Zusammenbruch. „Die Liebe der Danae“ entsteht – nach einem frühen Entwurf Hofmannsthals – als „heitere Mythologie“, zu der Strauss 1940 schönste Musik beisteuert. Milde Abgeklärtheit liegt nun über seinen Klängen, die nicht mehr aus dieser Welt zu kommen scheinen, deren wirrste Jahre begonnen haben. Der Krieg verhindert die für die Salzburger Festspiele 1944 geplante

Premiere, eine Art geschlossene Generalprobe vor wenigen geladenen Gästen kann noch in München stattfinden. Die richtige Uraufführung (Salzburg, 14. August 1952) wird der Komponist nicht mehr erleben.

Während rundherum der Zweite Weltkrieg in vollstem Grauen entfesselt ist, Städte in Flammen aufgehen, das Elend ungezählter Millionen auf Schlachtfeldern, im Hinterland und in Konzentrationslagern seinem Höhepunkt zustrebt, sitzt Altmeister Richard Strauss in seiner Garmischer Villa und entwirft gemeinsam mit seinem Freund und Lieblingsdirigenten Clemens Krauss (der nun auch sein letzter Librettist wird) die Oper „Capriccio“, das geistreiche, feinsinnige Spiel um die Liebe einer schönen, verwitweten Gräfin zwischen einem Dichter und einem Musiker. Deren Rivalität

Oben: Richard Strauss mit seiner Gattin Pauline bei der Münchner Feier zu seinem 85. Geburtstag (1949).
Unten: Aus dem Manuskript von „Vier letzte Lieder“: „Im Abendrot“, nach den Versen von Eichendorff: Die Notenschrift des Vierundachtzigjährigen ist noch gestochen klar.

wird hier zum Symbol für einen anderen Wettstreit, dem des Textes und der Musik als den Grundelementen der Oper. Wie oft ist in der Geschichte der Tonkunst das Problem aufgetaucht, welchem von beiden die größere Bedeutung zukommt! Und nun ist hier die Frage auf menschliche Beziehungen reduziert. Doch so, wie sie im großen nicht entschieden werden kann, da nur Gleichwertigkeit von Drama und musikalischer Komposition dem Ideal nahekommen, so wenig kann die Gräfin sich zwischen ihren Bewerbern entscheiden. Alles bleibt in der Schwebe. „Verlieren wir nicht immer, wenn wir gewinnen?“ fragt sie sich selbst, während sie gedankenvoll in ihren mondbeglänzten Park hinausblickt und Strauss die verklärteste Musik seines langen Lebens erklingen läßt. Nun ist er endgültig zu einem „Neoklassiker“ geworden. Die Münchener Uraufführung am 28. Oktober 1942 ist die letzte, in der ein gealterter Meister Strauss sich mit unbewegtem Gesicht vor einem ehrfurchtsvoll beglückten Saal verneigt.
Dann sinkt München in Trümmer, Strauss gibt seiner Erschütterung in den „Metamorphosen“ für dreiundzwanzig Solostreicher Ausdruck: „Trauer um München“ steht auf der Skizze. Die „Vier letzten Lieder“ nach Gedichten von Eichendorff und Hesse sind sein musikalisches Testament von tiefwehmütiger Schönheit. Fast siebzig Jahre lang ist Strauss seinen künstlerischen Glaubenssätzen treu geblieben. Das bedeutet keinesfalls, daß er die umwälzenden Neuerungen, die in dieser Zeitspanne vor sich gingen, nicht mit wachen Sinnen erlebt hätte. Er begrüßt alles, was ihm fortschrittlich und gesund scheint. Aber mit „Verstandesmusik“, mit „Papiermusik“ kann er nichts anfangen; er hält sie für unnatürlich, für eine krankhafte Verirrung. Wahre Musik kommt aus dem Unbewußten, dem Einfall, der Inspiration; sie nimmt Gestalt an durch den bewußten Schaffensprozeß des schöpferischen Geistes. Dann strömt sie wieder zurück ins Tiefste, Unbewußte des Hörers.
Strauss glaubte unerschütterlich an die Tonalität als eines der Grundgesetze des Menschen. Er selbst hatte dieses Gesetz mehrmals gebrochen, aber stets im Sinn des Ausdrucks seelischer Krankheit und Chaotik, als künstlerisches Hilfsmittel, das von Logik und Gefühl her völlig, wenn auch nur vorübergehend, gerechtfertigt war. „Konstruktive“ Musik, errechnete Musik verabscheute er, „Zwölfton“ war für ihn „Wahnsinn“. Er schrieb: „Dem armen Schönberg kann nur noch ein Irrenarzt helfen. Er täte besser daran, Schnee zu schaufeln, anstatt Notenpapier zu bekritzeln.“
Zur Feier des fünfundachtzigsten Geburtstags gibt es weltweites Gedenken und eine unvergeßliche Feststunde in München. Ein Filmdokument hält fest, wie er noch einmal mit kaum merklichen Bewegungen den Walzerschluß des zweiten Akts seines „Rosenkavalier“ dirigiert. Als er wenig später, am 8. September 1949, in Garmisch friedlich stirbt, war Pauline, die Gefährtin eines ganzen Lebens, bei ihm. „Sie ist manchmal ein bißchen ruppig, aber ich brauch' sie.“ Das war das Höchste, was der an Worten so karge, in Musik so überströmende Meister über sie, die längst anekdotenumwobene Gattin, sagte; aber wie nur wenige Frauen – wie Clara von Schumann, Mathilde von Wagner – hat Pauline klingende Liebeserklärungen von ihrem Gatten erhalten: im „Heldenleben“, in der „Sinfonia domestica“ und in allen Liedern, die von Liebe handeln. Ruppig – sie war es, und originell dazu. Sie erfüllte das ganze Gefühlsleben ihres Mannes. Pauline überlebte ihn nur wenige Monate.

Carl Orff

Zweifellos wird es künftigen Lehrern der Musikgeschichte schwerfallen, die Gleichzeitigkeit des Schaffens von Richard Strauss und Schönberg, von Puccini und Strawinsky, von Webern und Orff erklären zu wollen, es ist fast so, als käme um die Wende zum zwanzigsten Jahrhundert jeder künstlerische Schöpfer von einem anderen Stern. Anton von Webern: die Askese, Carl Orff: die Ekstase. Die strengste Askese und die jubelndste Ekstase berufen sich beide auf ihr Zeitalter, das voll zu verkörpern sie glauben. Möglicherweise, und das ist das Erstaunlichste, haben beide recht. Carl Orff (1895–1982) gehört keiner Gruppe an, zu keiner Schule, er ist ein Einzelgänger, oft nachgeahmt, aber unnachahmbar. Seine Ekstase entspringt einer urtümlichen Lebenskraft, einer unbändigen Lebensfreude, einem überwältigenden Lebensgefühl, das von den stärksten Kräften der Natur getragen wird. Orff ist Augen- und Ohrenmensch zugleich, Urmusikant und Urdramatiker, er besitzt elementare Inspiration und hohe Geistigkeit in eigenartiger Verbindung. Er ist aus dem rein Musikalischen nicht zu erfassen. In mancher seiner Szenen lebt ein schelmenhafter, fast kindlicher Spieltrieb, in anderen die Gewalt magischer Beschwörungen. Absolute Musik hat ihn nie interessiert, man kann sich kaum eine Sonate, ein Quartett, eine Sinfonie von ihm vorstellen. Seine Klänge sind stets gestisch erfunden und empfunden, sie leben nur aus dem Impuls körperhafter Bewegung. Nur wo er Musik mit Wort und Gebärde, mit Tanz und körperlich erlebtem Rhythmus verbinden kann, dort packt ihn die Eingebung. Man hat seine Kunst oft „primitiv" genannt: Ja, sie ist es, aber dieses Wort hat neben seinem negativen Beiklang eine viel stärkere, positive Bedeutung. Primitiv heißt ursprünglich; wer ursprünglich ist, ist ein Mensch, von dem neue Kräfte ausgehen. Ein solcher Mensch war Orff in höchstem Maß. Knüpft Orff irgendwo an Monteverdi, die Ursprünge der Oper, knüpft er an noch Früheres an, ist er zeitlos, weil die Zeit spurlos an ihm vorübergegangen zu sein scheint? Von den Grundelementen der Musik steht bei ihm klar der Rhythmus im Vordergrund, seine Melodien, eingängig und kurz, kennen weder Modulationen noch Entwicklung. Seine Harmonien sind von ungeheurer Einfachheit. Die Wiedergeburt des Rhythmus, bei Orff auf einem Höhepunkt, ist ein Zeichen der Zeit. Als ihr Pionier muß der äußerst verdienstvolle Emile Jaques-Dalcroze (1865–1950) gelten, der Schöpfer der „Rhythmischen Gymnastik", die in einer Zeit wachsender körperlicher Lethargie den Menschen das Gefühl der Bewegung als unabdingbarem Lebenselement zurückgeben wollte. Von seinem Institut in Hellerau bei Dresden, und dessen späterem Nachfolger in Genf, gingen mächtige Impulse aus. In der darauffolgenden Generation gab es unter den bedeutendsten Komponisten bereits „geborene" Rhythmiker: Strawinsky, Bartók, Milhaud und Orff, bei dem selbst die Behandlung der Stimme stets im Bann des Rhythmischen steht, wodurch der Übergang von der Sprech- zur Gesangsstimme bei ihm natürlicher, zwingender wirkt als bei den meisten anderen.

Orff ist ein Bühnenmensch, er denkt in Dimensionen des Welttheaters, aber den Volksszenen der engeren bayerischen Heimat gehört ebenso seine ganze Liebe. Er geht auf die altgriechische Tragödie zurück, fühlt sich in das mittelalterliche Mysterienspiel ein, überspringt mühelos Zeiträume wie Sprachgrenzen, nicht um intellektuell zu scheinen, sondern um durch Neutralisierung des Wortes allgemeinverständlich zu sein. Er komponiert Texte in griechischer, lateinischer, mittelhochdeutscher, altfranzösischer Sprache so natürlich wie auf Hochdeutsch oder in urbayerischem Dialekt. Er macht Urtheater, totales Theater. Ein chinesischer Hörer seiner Werke soll in seinem Tagebuch vermerkt haben: „Wundervoll! Genau wie in Peking vor fünftausend Jahren!"

Carl Orff kam in München am 10. Juli 1895 zur Welt, wurde Kapellmeister, interessierte sich früh für das Schauspiel, das Puppentheater, den Tanz. Die „Carmina Burana" bringen 1937 seinen so plötzlichen wie überwältigenden Durchbruch. Man kann dieses Werk, das kaum eindeutig einzuordnen ist, als Kantate bezeichnen, aber es ist auch szenisch darstellbar, schreit förmlich nach tänzerischer Gestaltung. Zu altdeutschen und spätlateinischen Texten von fahrenden Scholaren, Bet-

Die Hände von Carl Orff bei der musikalischen Arbeit.

telmönchen und Goliarden, die im bayerischen Kloster Benediktbeuern gefunden wurden, schrieb Orff orgiastische Musik voll berauschender Lust an Frühling, Lebensfreude und Liebe, die immer wieder zartlyrische Oasen zauberhafter Stimmung enthält. Nach dem Zweiten Weltkrieg geht der Triumphzug dieses Chor-Orchesterwerkes mit Gesangssolisten durch die ganze Welt. Orff verbindet die „Carmina Burana" mit zwei ähnlichen Werken, „Catulli Carmina" und „Il Trionfo di Afrodite", zum abendfüllenden Triptychon („Trionfi" (1953). Zwei liebenswerte Märchenopern (nach den Brüdern Grimm) zeigen Orffs enge Verwandtschaft mit dem Volkstheater: „Der Mond" (1939) und „Die Kluge" (1943). Hier findet Orff nicht nur zu einem neuen Märchenstil, der im absoluten Gegensatz zu Humperdinck („Hänsel und Gretel", „Die Königskinder") steht, der Komponist streut auch eigene Poetik ein, hinreißende „Rüpelszenen", wie sie lebensvoller auch bei Shakespeare nicht vorkommen. Zu dessen „Sommernachtstraum" komponiert Orff eine Musik, die wahrhaftig klingt, als wäre sie um 1600 gemeinsam mit dem Theaterstück erfunden worden. Natürlich kann jeder Komponist eine eigene Musik zu jedem Stoff schreiben. Aber der Anlaß zu dieser Orffschen Komposition erweckt Unbehagen: Das „Dritte Reich" hatte die wunderschöne Musik Mendelssohn Bartholdys verboten und Orff mit der Neukomposition beauftragt. Ein nur bedingt musikalisches Stück schuf Orff mit der bayerischen Geschichte „Die Bernauerin" (1947): Die tragische Episode der offiziellen Ermordung der unschuldigen Agnes durch die Schergen des Herzogs Ernst gipfelt im gespenstischen „Hexenchor" von unheimlicher Wirkung. Dann taucht Orff in die Antike ein. Mit „Antigone" (1949) setzt er die von Strawinsky („Oedipus Rex") erfolgreich angebahnte „epische" Oper fort, findet für den sprachlich archaischen Stoff eine nahtlos angepaßte, eindringliche Tonsprache. Ist es noch Oper? Mit dem Zweiten Weltkrieg sind letzte aus romantischer Zeit stammende Konzepte gefallen, eine unbändige Lust am Experimentieren, an kühnen Versuchen auf allen Gebieten ist ausgebrochen. Auch Orff experimentiert mit der Dramaturgie, der musikalischen Form, dem Klang. Sein Orchester der „Antigone" verlangt sechs Klaviere, die als Rhythmuselemente eingesetzt werden, vier Harfen, je sechs Flöten, Oboen mit Englischhörnern, Trompeten, sehr stark besetzte Kontrabässe und ein riesiges Schlagzeugensemble mit Steinspielen, Xylophonen, Schlitztrommeln, Glocken, Ambossen, Kastagnetten, einem Dutzend javanischer Gongs. Was ist aus dieser Gruppe des Instrumentariums geworden, seit die Klassik mit einem einzigen Paar Pauken musiziert hatte!

„Oedipus der Tyrann" (1959) ist ein Schritt weiter „auf dem Weg, der am weitesten von allen geläufigen Formen und Spielarten der szenischen Kunst wegführt und das Theater wieder unter die kultischen Gesetze stellt, die seinen abendländischen Anfang beherrschen" (K. H. Ruppel). Mit „Prometheus" erreicht Orff einen Höhe-, aber auch Endpunkt. Er hat das Drama um den von den Göttern bestraften Revolutionär, der

den Menschen das Feuer brachte, in altgriechischer Sprache vertont. Die fast monologisierende, in schnellstem Sprechgesang rhythmisch vorzutragende Titelrolle dürfte zu den anspruchsvollsten Aufgaben des Musiktheaters gehören. Sein letztes Bühnenwerk, „De Temporum fine comoedia" (Spiel vom Ende der Zeiten), eine apokalyptische Weltschau, zeigt Orff auf einsamen Pfaden innerer Vollendung.

Linke Seite: Szenenbild von der Uraufführung der „Carmina Burana" am 8. Juni 1937 in Frankfurt/Main.
Oben: Cark Orff.
Unten: Freude an Musik: Auch in der Musikerziehung wies Orff neue, vielversprechende Wege. Sein „Schulwerk" (mit einem die Phantasie anregenden Instrumentarium) wird zahllosen Kindern zum Erlebnis.

Sein Lebenswerk aber ist damit noch längst nicht erschöpft. Nicht von den kleineren, wenn auch liebenswerten geistlichen Spielen, noch von der bayerischen Komödie „Astutuli" soll hier die Rede sein, sondern von seiner epochalen Tätigkeit für die Musikerziehung, vom sogenannten „Schulwerk", begonnen bereits 1930. Hierfür entwickelte Orff unter Beratung von Curt Sachs und der erfindungsreichen Mitarbeit des Klavierbauers Carl Maendler ein Instrumentarium, das die musikalische Einbildungskraft und Kreativität jedes Kindes anregt und fördert. Da tauchen Klangkörper aus der Vergangenheit auf, aus der Folklore exotischer Völker, aus kindlichen Spielen, und erzeugen ein im wahrsten Sinn „phantastisches" Klingen. Ungeahnte Kombinationen und Möglichkeiten ergeben sich „spielend" auf den Instrumenten und Klangerregern, für die Orff viel eigene Stücke geschrieben hat. Der höchste Zauber ergibt sich aus einer (fast unmerklich gelenkten) Improvisation im Ensemble. Hier liegen für die musikalische Zukunft ungeheure Chancen. Es gehört zu den erfreulichsten Anzeichen neuerer Musik, daß Meister wie Bartók, Kodály, Hindemith und Orff den vielfältigen Möglichkeiten neuartiger Musikerziehung ihre liebevolle und sachkundige Aufmerksamkeit widmen. Sie fördern das Gemeinschaftserlebnis der Musik, sie regen die Phantasie zu Spiel, Gesang und Tanz an, sie stellen das Gehör über die theoretischen Kenntnisse, sie erschließen die oft verschütteten seelischen Fähigkeiten in Kindern und heranwachsenden Menschen.

Carl Orff, dem es nach eigener Aussage „nie um musikalische, sondern stets um geistige Auseinandersetzung ging", starb in München am 29. März 1982.

Vielfältiges Frankreich

Paris war nach dem Ersten Weltkrieg das Zentrum des geistigen und künstlerischen Lebens. Wie stets bei großen geschichtlichen Einschnitten waren alle Begierden auf Neuigkeiten gerichtet. Die Kunstregeln schienen aufgehoben, neue Gesetze aber noch nicht vorhanden oder anerkannt. Debussy war kurz vor Kriegsende gestorben, d'Indy und Saint-Saëns wirkten wie übriggeblieben aus einem fernen Zeitalter, Ravel, Roussel, Dukas waren als Fixpunkte den Diskussionen längst entrückt. Es gab zahlreiche Konzerte der „Avantgarde", die an Radikalismus jenen anderer Länder in nichts nachstanden. Nach einem solchen Konzert mit Werken von Milhaud, Honegger, Poulenc, Auric, Durey und Germaine Tailleferre veröffentlichte der Kritiker Henri Collet eine Besprechung, die er „Fünf Russen und sechs Franzosen" betitelte. Die Anspielung auf Rußlands „Mächtiges Häuflein" war klar, das vor einem halben Jahrhundert wie ein Wirbelsturm in die traditionelle Musik eingebrochen war. Und die „sechs Franzosen" waren einfach die, welche an diesem Abend durch Zufall auf dem Programm zusammengeweht worden waren. Darius Milhaud (1892–1974), der bald ihr geistiges Zentrum werden sollte, berichtete, daß es eigentlich nichts Gemeinsames unter ihnen gab, weder im Charakter noch im Temperament oder in der künstlerischen Zielsetzung: „Auric und Poulenc waren Verfechter der Ideen Cocteaus, Honegger kam von den deutschen Romantikern und ich von einer Art mediterraner Liedhaftigkeit. Ich war grundsätzlich gegen eine gemeinsame Erklärung über ästhetische Doktrinen

Unten und rechte Seite: Die berühmte französische Musikergruppe der „Six" (Sechs) im Verlauf von fast dreißig Jahren. Am Klavier der „Mentor" Jean Cocteau, hinter ihm Darius Milhaud, Arthur Honegger, Germaine Tailleferre, Francis Poulenc und Louis Durey. In der neueren Aufnahme hat sich Georges Auric (zwischen Milhaud und Honegger) hinzugesellt.
1. Aufnahme 1925, 2. Aufnahme 1952.

und empfand sie als Behinderung, als unvernünftige Beschränkung der Phantasie von Künstlern, die für jedes neue Werk andere, häufig entgegengesetzte Ausdrucksmittel suchen mußten. Doch es war sinnlos zu protestieren ... Die ‚Groupe des Six' war gegründet und ich wohl oder übel ein Teil von ihr. Zwei Jahre lang trafen wir uns jeden Samstag in meiner Wohnung, nicht nur Komponisten ..." Zu dieser Keimzelle junger französischer Musik gehörten auch Eric Satie, Jean Cocteau, Pablo Picasso.

Die „Gruppe der Sechs": Darius Milhaud

Darius Milhaud, in Aix-en-Provence am 4. September 1892 geboren, fühlte sich als ein vom Mittelmeer geprägter Mensch und zeigte sich in dessen geographischer Begrenzung nicht kleinlich: Seine Heimat reichte von Konstantinopel bis Buenos Aires. Er war zu sehr „Lateiner", zu sehr auch Realist, um dem Zauberer Wagner zu verfallen, wie so viele seiner Generation. Er suchte vielmehr, wie seine Gefährten der Gruppe, einen Weg in die Atonalität und glaubte ihn in der Polytonalität zu entdecken, in der parallelen Entwicklung und Verarbeitung verschiedener Tonarten. Dieser – im Grund absurden – Idee hingen in jener Zeit nicht wenige Komponisten an. Strawinsky wie Debussy und Ravel, und selbst die Richard Straussischen Dissonanzen in „Salome" und „Elektra" finden so eine theoretische Erklärung. Was kurz zuvor noch wie ein Scherz oder das Mißverständnis unter Musikern eines Ensembles gewirkt hatte, war zu einem ernstgenommenen Stilmittel geworden. Die rechte Hand eines Pianisten spielte eine Melodie in C-Dur, die linke die Begleitung in Cis-Dur; die Streicher eines Orchesters musizierten in einer anderen Tonart als die Bläser. Das war eine radikale Form, zur Atonalität zu gelangen. Auf jeden Fall schien es den Jungen um 1920 wie eine Befreiung von alten tonalen Banden, und das galt schon viel.

Der neuernannte Botschafter Frankreichs, Paul Claudel, lud Milhaud ein, ihn als Kulturattaché in Brasiliens damalige Hauptstadt Rio de Janeiro zu begleiten. Hier lernte er eine faszinierende Volksmusik kennen, eine Mischung aus schwarzen, indianischen und europäischen Elementen. Das schönste Ergebnis dieser berückenden Bekanntschaft wurde vielleicht „Saudades do Brasil" (1921, „Sehnsucht nach Brasilien"). Der Aufenthalt in Südamerika erwies sich als doppelter Glücksfall, denn er befreite Milhaud von der Teilnahme am Ersten Weltkrieg. Doch er revanchierte sich dem Schicksal gegenüber auf noble Weise mit einem unbezähmbaren Schaffensdrang. Landschaft, Klima und Menschen der gewinnenden neuen Welt entlockten ihm Hunderte von Kompositionen aller Art. Die Liste seiner Werke umfaßt Opern, Sinfonien, Konzerte für nahezu alle Instrumente, Ballette, Kammermusik, Bühnenmusiken, Vokales und Instrumentales, vom Kabarettistischen bis zum Musikdrama, vom musikalischen Scherz bis zur antiken Tragödie. Milhaud muß zu jeder Stunde schreiben, es ist, als hätte er einen Vulkan von Musik in sich. Er komponiert den „Catalogue des Fleurs" (1920), die „Machines agricoles" (1920) – nüchternste kommerzielle Kataloge, die sich in heitere, unbeschwerte, fast duftende Musik verwandeln, lächelnd, grotesk. Dann wieder, ganz ernst, vertont er

die dreiteilige „Orestie" und das gewaltige Drama „Christophe Colomb", ein fast überdimensionales Opernwerk in 27 Szenen. Historisch höchst anfechtbar, aber von tiefem mystischem Glauben bewegt, hat hier Paul Claudel die Entdeckung Amerikas zur Erfüllung einer heiligen christlichen Mission gestempelt. Das überaus schwierige Werk, das 50 Rollen enthält und zum ersten Mal den Film in eine dramatische Bühnenfassung einbezieht, wurde am 5. Mai 1930 von Erich Kleiber in Berlin uraufgeführt.

Keine Musik Milhauds ist ins ständige Repertoire gedrungen, am ehesten noch „Les Malheurs d'Orphée" (1926), die Ravel für das schönste französische Werk seit „Pelléas" hielt, dann „Le pauvre Matelot" (1927) und die „Operas-minutes" (1927). Weniger Anklang fanden die großen Opern: „Bolívar" (1950), die dem Befreier Südamerikas gewidmet ist; die biblische Oper „David" (1954) zur Dreitausendjahrfeier der Stadt Jerusalem komponiert. Vorher waren bereits entstanden: „Maximilian" (1932), die Tragödie des Habsburgers auf dem mexikanischen Kaiserthron, und „Esther de Carpentras" (1938), in der er mit einer Episode aus dieser französischen, aber bis zur Revolution direkt dem Papst unterstellten Stadt zur christlich-jüdischen Versöhnung aufruft.

Während des deutschen Vormarsches im Zweiten Weltkrieg flüchtet Milhaud aus Paris in die USA. In Kalifornien wohnt er in der Nähe von Arnold Schönberg, dessen Theorie ihn einmal vorübergehend interessiert hatte. Nach Europa zurückgekehrt, arbeitet er noch bis ins hohe Alter. Unter vielem anderen entsteht die Oper „La Mère coupable" (1966), womit die gesamte Beaumarchais-Trilogie vertont war: „Le Barbier de Seville" durch Rossini, „Le Mariage de Figaro" durch Mozart und nun, am wenigsten erfolgreich, „La Mère coupable" durch Milhaud. Nach langer Krankheit und während der letzten Jahre an den Rollstuhl gefesselt, starb Milhaud am 22. Juni 1974 in Genf. Die Frage des Überlebens seiner manchmal genialen Werke ist noch nicht endgültig zu beantworten.

Wenn auch ein gewisser äußerer Zusammenhang zwischen den „Sechs" bestehen blieb, so entwickelte sich doch jeder von ihnen in eine andere Richtung. Eine echte Vergleichsmöglichkeit mit den „Fünf" Rußlands, dem „Mächtigen Häuflein", ist im Grunde nicht gegeben. Doch etwas unterscheidet sie: Die Russen waren eine revolutionäre Kämpfergruppe, die in der Öffentlichkeit nur sehr geringes Echo fand; die Franzosen hingegen wurden frühzeitig akzeptiert und spielten im bunten Musikleben von Paris eine stark beachtete Rolle. Der entscheidende Unterschied zwischen den beiden Gruppen ist jedoch: Die Russen bleiben trotz ihres Genies Amateure, während die Franzosen absolut den „Profis" zuzurechnen sind.

Arthur Honegger

Arthur Honegger (1892–1955), aus deutschschweizerischer Familie, kam am 10. März 1892 in Le Havre zur Welt, besuchte von 1909 bis 1911 das Konservatorium in Zürich, vollendete seine Studien in Paris bei d'Indy und dem namhaften Organisten Charles-Marie Widor. Als er sich dort endgültig niederließ, war er nach eigenen Worten „gesättigt mit Klassik und Romantik", beeindruckt von Reger und Richard Strauss sowie begeisterter Besucher Bayreuths. Trotz dieses geistigen und musikalischen Abstands, dieser kulturellen Neigung zu mitteleuropäischem Geschehen, freut ihn die Kameradschaft der jungen Pariser Musiker, deren Einfluß auf ihn unverkennbar bleibt. Er komponiert „Hommage à Ravel" (1915), Lieder auf Texte Guillaume Apollinaires und das erste Streichquartett (1917). 1921 schreibt er in kürzester Frist für das „Lichttheater" in Mézières nahe dem Genfer See die Musik zu dem szenischen Oratorium „König David" auf den Text des Schweizer Dichters René Morax, ein glänzendes Werk, das rasch um die Welt geht. Im gleichen Jahr vollendet er aber auch die völlig andersgeartete „Pastoral d'Eté", ein an Debussys verträumte Klangfarben erinnerndes Orchesteridyll, dem Rimbauds Vers „Ich habe des Sommers Morgenröte umschlungen" vorangestellt ist.

1923 beweist Honegger die außerordentliche Spannweite seines Schaffens mit dem aufsehenerregenden Orchesterwerk „Pacific 231", das als Symbol der Zeit, eine Art Hymne an das Maschinenzeitalter verstanden wurde. Es ist das tönende Bild einer jener gewaltigen Lokomotiven, die allnächtlich ihre unendlichen Lastzüge durch die nordamerikanische Prärie ziehen. Hatte der stille Honegger sich etwa den „Bruitisten" angeschlossen, die in jenen hektischen Nachkriegsjahren viel von sich reden machten? War er ein Parteigänger des (heute vergessenen) Italieners Luigi Russolo geworden, in dessen damals viel kommentiertem Manifest zu lesen ist: „Wir werden viel größeren Genuß durch die ideale Kombination von Geräuschen der Straßenbahn, von Verbrennungsmotoren und geschäftigen Menschenmassen erleben als beim Wiederhören der ‚Eroica' oder der ‚Pastorale', wir werden uns damit beschäftigen, Geräusche von Metallrolläden, zuschlagenden Türen, dem Hasten der Menge, der Unruhe der Bahnhöfe, Stahlwerke, Fabriken, Druckerpressen, Kraftwerke und Untergrundbahnen zu orchestrieren ..."? Im Gegenteil. Honegger will sein heftig diskutiertes Maschinenstück als „großen, figurierten Choral" aufgefaßt wissen, der sich „in der Form an Bach anlehnt"; zugleich aber als Lösung einer musikmathematischen Aufgabe, der „rhythmischen Beschleunigung bei sich verlangsamender Bewegung" – nur nicht als realistische Programm-Musik!

Die schildernde, malende Programm-Musik stand, nachdem sie bereits hundert Jahre zuvor schon Beethoven leicht suspekt gewesen war, nach langer, glänzender Blüte (Berlioz, Mendelssohn Bartholdy, Liszt, Smetana, Richard Strauss) bei den Musikern des 20. Jahrhunderts neuerlich in Verruf. Im kommunistischen Osten allerdings wurde sie als musikalischer Flügel des „sozialistischen Realismus" zur Staatsmaxime erhoben. Aber auch viele Komponisten des Westens beschäftigten sich doch immer wieder mit ihr und versuchten, Maschinenlärm zu Maschinenmusik zu gestalten. Zuerst Musik, die Maschinen verherrlicht: Prokofjews „Pas d'acier", des Mexikaners Carlos Chávez „HP", des Ungarn Eugen Zador „Technische Sinfonie", des Russen Aleksandr Mossolow „Eisengießerei" usw. Dann Musik mit Hilfe von Maschinen, von elektrischen Instrumenten (Trautonium, Theremin, Neo-Bechstein, Ondes Martenot), dann die *musique concrète* des

Franzosen Pierre Schäffer, endlich die elektronische Musik, von der noch ausführlich die Rede sein wird. Dies ist ein weiter, wenn auch äußerst schnell durchlaufener Weg, der musikalisch das hochtechnisierte 20. Jahrhundert in Klang umzusetzen versucht.
Honeggers „Pacific 231" (1923) gehört nur sehr bedingt in diesen Kreis, denn im allertiefsten Grund ist dieses Stück gar nicht weit von der Romantik entfernt: Da singen die Telegraphendrähte, da erklingt die stille Sternennacht, während die stampfende Maschine auf dem scheinbar ins Endlose führenden Schienenstrang dahinrast. Die zwanziger Jahre scheinen Honeggers zeitgemäße Epoche zu sein. 1928 entwirft er in „Rugby" ein Bild der Massenbegeisterung für den amerikanischen Volkssport. Auch das ungeheure fanatische Ausufern des Sports gehört zu den typischen Symptomen des Jahrhunderts; warum sollte es als Thema möglicher Kunst ausgeschlossen bleiben? Verwunderlich bleibt eigentlich nur, daß es bisher zu keiner stärkeren Annäherung von Sport und Kunst gekommen ist.
Auf dem Gebiet des Musiktheaters jedoch bleibt Honegger, entgegen vielen seiner Zeitgenossen, die sich an modernsten Stoffen versuchen, im Rahmen von Antike und Klassik. Das biblische Drama „Judith" wieder von Morax textiert, hat 1925 seine konzertante, 1926 seine szenische Uraufführung erlebt, 1927 folgt „Antigone". Mit „Jeanne d'Arc au bûcher" erreicht Honegger den bewundernswerten Gipfel in Form einer szenischen, dramatischen Kantate. Der oft vertonte Stoff der „Jungfrau von Orléans" (wie Schiller ihn geschrieben hatte), die Geschichte des Dorfmädchens von Domrémy, das durch innere Stimmen geleitet in die Weltereignisse eingriff und von den Großen der Welt schmählich verraten und ermordet wurde, wird hier in einer fesselnden, neuartigen Gestaltung von Paul Claudel dargestellt: Der auf den Holzstoß gefesselten Johanna wird von dem zu ihren Füßen sitzenden Pater die Geschichte ihres Lebens vorgelesen, während dessen wichtigste Stationen noch einmal vor ihrem Blick erscheinen. Mit höchster Inspiration verwendet der Komponist alle Formen und Mittel, die ihm zur Verfügung stehen: vom Kinderlied zum Jazz, von Gregorianik zur Atonalität, elektronische Klänge neben volkstümlicher Einfachheit, ein riesiges Zeitgemälde, poetisch und realistisch, träumerisch und dramatisch. Wie immer man es aufführen will – als konzertantes Oratorium oder als bewegungsreiches Theaterspiel –, „Johanna auf dem Scheiterhaufen" hat seit dem ersten Erklingen (konzertant 1938 in Basel, szenisch in Zürich am 13. Juni 1942) einen unbestrittenen Platz unter den Meisterwerken aller Zeiten gefunden.
1930 setzt Honeggers sinfonisches Schaffen ein. Die erste Sinfonie erklingt in Boston (1931) erstmals, wird aber selten gespielt; die zweite (1941) steht deutlich unter dem düsteren Eindruck des Krieges. Das nur für Streicher und Trompete komponierte Werk findet erst am Ende mildere, hoffnungsvollere Töne des Glaubens. In der dritten Sinfonie, „Liturgique", deren Entstehen mit dem Höhepunkt und Ende des Weltkrieges (1945) zusammenfällt, wird der Einfluß des tragischen Zeitgeschehens noch deutlicher; Sätze dieser „liturgischen Sinfonie" tragen Überschriften wie „Dies irae" und „De profundis clamavi". Diesem aufwühlenden Werk folgt ein helles, frohes. Die vierte Sinfonie (1947)

Honeggers „Johanna auf dem Scheiterhaufen" bei der deutschsprachigen Erstaufführung am 13. Juni 1942 in Zürich. (Johanna: Maria Becker; Bruder Dominik: Heinrich Gretler; Regie: Hans Zimmermann; Bühnenbild: Roman Clemens).

steht zu ihrer Vorgängerin in stärkstem Kontrast; sie nennt sich „Deliciae Basilienses" (Basler Freuden, oder vielleicht ein wenig genauer, wenn auch unüblicher: Basler Entzücken) und verarbeitet zwei in dieser Stadt verwurzelte Themen, die zum Volkslied gewordene Melodie Franz Abts „Z'Basel a mim Rhy" und den „Morgestraich", den traditionellen, äußerst populär gewordenen Auftakt zur Fastnacht. Auch die fünfte Sinfonie trägt einen Namen, der aber nur besagt, daß in ihr der Ton Re (D) bedeutungsvoll hervortritt: „Di tre re" (1951). Und doch hat dieses anscheinend kleine unwichtige Detail eine tieferen Sinn, denn einen solchen Titel hätte eine atonale oder gar zwölftönige Komposition kaum führen können. Für kurze Zeit hatte Honeggers Gemüt sich nach Beendigung des Krieges aufgehellt; auch persönliche Freuden erlösen ihn von dem schweren Druck der vielen düsteren Jahre inmitten von Kampf und grausamen Diktaturen. 1946 erhält er den höchsten Schweizer Musikpreis, 1947 unternimmt er eine erfolgreiche Tournee durch Nord- und Südamerika, 1948 wird er Ehrendoktor der Zürcher Universität. Er verbringt schaffensreiche Sommer in den Berner Alpen, wo der bedeutende Mäzen (und Dirigent) Paul Sacher ihm sein Haus zur Verfügung stellt. Wie viel Musikgeschichte des 20. Jahrhunderts hat sich in dessen Räumen abgespielt!
Man muß dem Mäzenatentum der Neuzeit einige Worte widmen: In feudalen Epochen verstand es sich von selbst, daß Könige und Fürsten die Förderung der Kunst in ihren Aufgabenbereich einbezogen. Das 19. Jahrhundert übertrug dies hauptsächlich der öf-

Links: Olivier Messiaen (am Flügel), einer der großen Komponisten, besten Organisten und gesuchtesten Lehrer seines Jahrhunderts. Rechte Seite: Wie wohl kein zweiter Musiker kennt Messiaen den Gesang von Hunderten von Vögeln, hat ihn musikalisch aufzuzeichnen versucht und verwendet ihn in Kompositionen, am schönsten wohl in seiner Oper „Franziskus von Assisi".

fentlichen Hand wie Staat, Städten und Gemeinden. Deren Kräfte aber sind im 20. Jahrhundert dem großen Aufblühen der Kultur, vor allem nach dem Zweiten Weltkrieg, kaum noch gewachsen. Der private Mäzen springt oft in überraschend großzügiger Weise ein. Max Egon Fürst zu Fürstenberg, kein Landesherr mehr, gründet die Donaueschinger Musiktage (1921), der englische Industrielle John Christie ruft 1934 das Festspiel von Glyndebourne ins Leben, in der Schweiz unterstützen die Winterthurer Brüder Reinhardt sowie der Basler Paul Sacher zahlreiche, darunter sehr bedeutende Künstler, in den USA wurde Sergej Kussewitzkij zum Anreger und Förderer von Musikern und Werken, Mrs. Elizabeth Sprague Coolidge stiftete viele hilfreiche Musikpreise. Andrew Carnegie baute Konzertsäle im ganzen Land – die Liste ließe sich fast grenzenlos verlängern, ohne alle jene aufzunehmen, die es vorziehen, im stillen zu wirken.
Honegger jedoch erblickt die wenigen Lichtstreifen am Horizont nicht. Seine grüblerische, im Grund pessimistische Lebenseinstellung macht sich immer deutlicher bemerkbar. Schwere und bedrückende Gedanken legt er 1951 in seinem Buch „Je suis compositeur" nieder, in dem er nichts weniger als den Untergang der abendländischen Kultur voraussieht. Er starb in seinem Pariser Heim am 27. November 1955.

Francis Poulenc und die anderen

Francis Poulenc (1899–1963) war das jüngste Mitglied der „Six". Ein Späterkannter, der in seinen Anfängen mit Ballett- und Zirkusmusik nicht recht ernstgenommen wurde. Der gebürtige und typische Pariser war ein Meister der kleinen Form, ein geistreicher Musiker, dessen Tiefe oft unter dem witzigen, parodistischen Ton versteckt lag. Ein Kritiker charakterisierte ihn recht zutreffend als „Mittelding zwischen Mönch und Lausbub". Er schuf prächtige Chöre, innige Kirchenmusik, Lieder voll Wohlklang, virtuose Instrumentalstücke. Erst sechs Jahre vor seinem Tod gelangen ihm die größten Werke, die seinen Namen unter die Bedeutenden der Geschichte einreihten. „Dialoge der Karmeliterinnen", von Georges Bernanos nach dem Roman „Die Letzte am Schafott" von Gertrud von le Fort, für das Musiktheater dramatisiert, gab den packenden Rahmen für das erschütternde Seelenporträt der jungen, ängstlichen Nonne, die sich in innerer Läuterung zum freudigen Opfertod durch die Guillotine an der Seite ihrer klösterlichen Mitschwestern emporsteigert. Die Uraufführung an der Mailänder Scala am 26. Januar 1957 schenkte dem modernen Musiktheater eines seiner schönsten Werke. Als Meisterleistung ist auch „La voix humaine" (1959) anzusehen, der Monolog einer verlassenen Frau, die ein letztes Mal mit ihrem Geliebten spricht; ein psychologisch großartiges Einpersonendrama von Jean Cocteau, ein Kabinettstück musikalischer Gestaltung, eine Herausforderung hohen Ranges für eine bedeutende Sänger-Schauspielerin. Poulenc starb in Paris am 30. Januar 1963. Erst nach seinem Tod erlangte er internationale Bedeutung.
Vom Rest der „Musketiere" – wie sie sich manchmal nannten, obwohl eines ihrer Mitglieder eine Frau war – ist weniger zu berichten. Louis Durey (1888–1979) schrieb Lieder, Klavier- und andere Instrumentalstücke; Georges Auric (1899–1983) ist ein vielgespielter Ballettschöpfer und zählt zu den führenden Filmkomponisten („Moulin rouge", „Rififi", „Die ehrbare Dirne", „Der Lohn der Angst"), Germaine Tailleferre (1892–1984) schrieb Konzerte in neoklassischem Stil. Lange schon sprach niemand mehr von der „Gruppe der Sechs". Ihre künstlerischen Ansichten hatten sich weit voneinander entfernt. Wenn es überhaupt je ein einigendes Band zwischen ihnen gab, so hatte es sich längst aufgelöst. Es wird künftiger Musikgeschichtsschreibung schwerfallen, die „Six" einer einheitlichen Gruppe zuzuordnen. Sie waren zum Teil wichtige An-

reger, durchwegs aber am Ende ihres Schaffens nicht annähernd so umstürzlerisch, wie sie begonnen hatten. Zu diesem Zeitpunkt allerdings war hier, überall in den musikalisch aktiven Ländern und Städten, bereits eine neue Generation am Werk, die andere, nie geahnte Bahnen einschlagen wird. An ihrer Spitze steht ein Genie: Olivier Messiaen.

Olivier Messiaen

Olivier Messiaen (1908–1992) ist ein Komponist von einzigartiger Bedeutung, ein Lehrer von beflügelnder Ausstrahlung, ein Organist vom Rang der größten Meister, ein kaum zu erfassender Musikphilosoph, ein Kosmos und Natur tief verbundener Mensch. Es erscheint ein ohnmächtiges Unterfangen, ihn in Zeilen, in Seiten darstellen zu wollen. Der argentinische Musikschriftsteller N. Cabrera nannte ihn (um 1980) den „ersten Musiker des 21. Jahrhunderts". In Messiaens Brust leben – um Goethes Wort zu variieren – viele Seelen, aber sie streben nicht auseinander, sondern verbinden sich in wunderbarer Weise zur Einheit. Er ist der scharfe Analytiker, der sich wie kaum ein anderer mit den mathematischen Problemen und Möglichkeiten der Musik befaßt, er ist der tiefe Mystiker, der seinen christlichen Grundglauben durch asiatische, vor allem indische Elemente ins Unendliche erweitert, er versteht die Musik als Teil der Natur, ihn fesselt alles, was klingt: von den Sternen bis zu den Vögeln. Er hat die Stimmen von Tausenden der gefiederten Sänger bis ins letzte studiert und aufgezeichnet und immer wieder versucht, sie in menschliche Klangwerke einzubringen. Dutzende seiner Werke beschäftigen sich mit Vogelstimmen. Als Rolf Liebermann, damals Direktor der Pariser Oper und einer der großen Anreger der Zeit, ihn endlich zur Komposition einer Oper motivieren konnte, war das Thema gewissermaßen vorgegeben: Es wurde ein „Franz von Assisi", in dessen Mittelpunkt ein mehr als einstündiges „Vogelkonzert" steht, eine Szene, die in der Geschichte des Musiktheaters kein Vorbild hat. Messiaens Musik zu schildern, erscheint unmöglich. Sie ist dem Gregorianischen Gesang ebenso verbunden wie der frühen Polyphonie des Mittelalters, näheren Vorbildern wie Mussorgskij, Debussy, Strawinsky und exotischen Musikformen wie den indischen Talas. Messiaen ist ein Schwärmer in mitreißenden Klängen, seine glühende Sinnlichkeit widerspricht niemals seinem tiefreligiösen Glauben. Er analysiert messerscharf innerste Zusammenhänge und weiß sie zum lebendigen Erlebnis zu gestalten. Über die von ihm verwendeten Kompositionstechniken zu sprechen, hat hier wenig Sinn; sie sind dem Laien nicht zugänglich, sind auch nur, wie es sein soll, Gerüst, ohne die kein Werk bestehen kann, die aber, einmal vollendet, hinter diesem zurückzutreten haben. Es ist auch kaum möglich, aus seinem reichen Schaffen einzelnes herauszugreifen, da eigentlich alle seine Kompositionen bedeutsam genannt werden müssen, wie das 1941 in deutscher Kriegsgefangenschaft geschriebene Streichquartett „Quatuor pour la Fin du temps", das Klavierwerk „Vingt Regards sur l'Enfant Jésus" (1944), die „Pfingstmesse" (1950) und das „Orgelbuch" (1951), der Liederzyklus „Harawi" (1944), die gewaltige Sinfonie „Turangalila" (1946/48) mit Klavier und elektronischen „Ondes Martenot" und immer wieder hundertfach verschiedene Werke mit den Vogelstimmen der Welt.

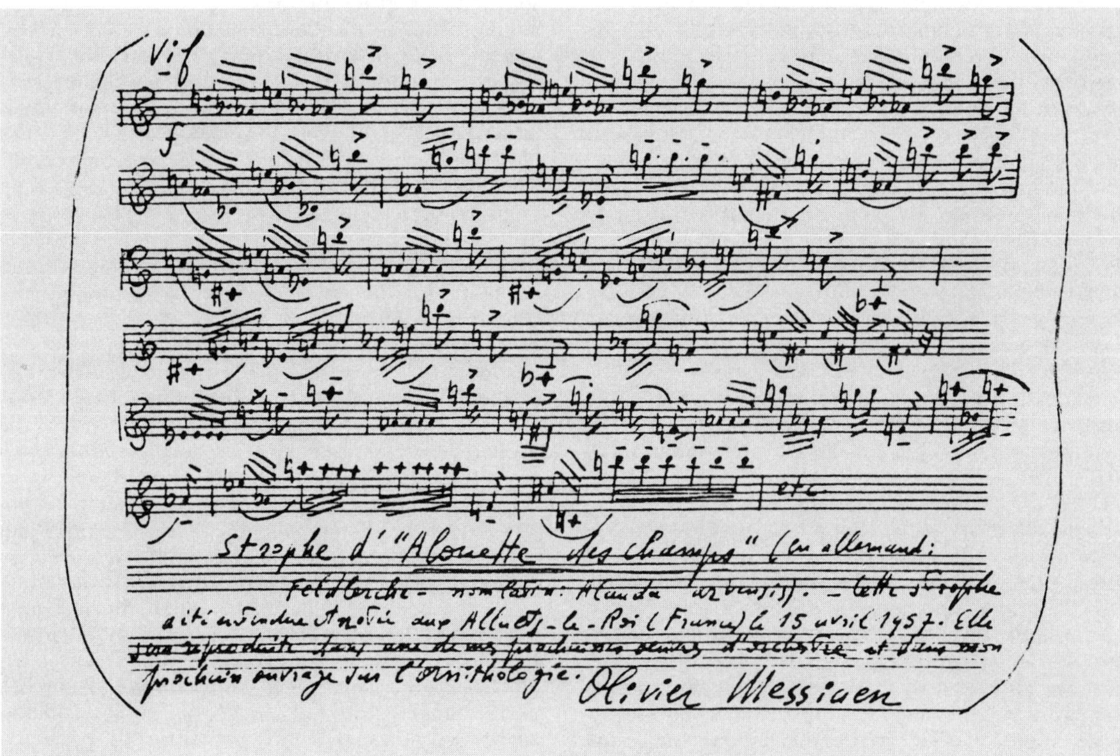

Musiktheater im Wandel

Die Zersplitterung der Künste ist im 20. Jahrhundert so groß, daß Stilbezeichnungen, Schlagworte, Identifikationsmerkmale nur jeweils für kleine Gruppen Gültigkeit haben. Diese Entwicklung aber ist nichts anderes als die Ankündigung des bevorstehenden Zerfalls aller menschlichen Beziehungen. Theodor Hetzer hatte beobachtet, „daß die Kunst seit der Französischen Revolution dazu neigt, Gegensätze bis zur Unversöhnlichkeit auseinanderzutreiben". Adolf Muschg hatte vom „Frühwarnsystem der Künste" gesprochen, Ortega y Gasset die schwerwiegende Beobachtung von der beginnenden „Entmenschlichung der Kunst" gemacht, Oswald Spengler den „Untergang des Abendlandes" prophezeit. Zwei große Musiker schlossen sich den düsteren Vorahnungen an: Richard Strauss meint, seine Generation sei „Zeuge eines ungeheuren Abstiegs", und Arthur Honegger schreibt in seiner Autobiographie: „Dem Ende unserer Musikkultur, das dem Ende unserer Kultur nur um weniges vorausgehen wird, muß man mit klarem Auge, gerade wie dem Tod, entgegensehen..."
Es ist kein frohes Bild, das große Geister vom Ende des zweiten Jahrtausends entwerfen. Aber es gibt auch gegenteilige Ansichten. Der Dichter Christian Morgenstern sieht keinen Untergang voraus, sondern einen leuchtenden Anfang, und vielleicht widerspricht diese Prophezeiung jenen anderen nicht einmal. Muß nicht alles zusammenstürzen, damit Neues aus Asche und Trümmern erwachsen kann? Rodet man nicht mit vernichtendem Feuer, um neue Äcker für Menschen zu schaffen? Der Funke des Ersten Weltkriegs fiel in ein Pulverfaß. Die scheinbar so festgefügte Welt erwies sich als brüchig und untergangsreif. Für die nach 1880 Geborenen stellen die Probleme der neuen Zeit sich heftiger als je zuvor. Sehr jung erleben sie Umsturz und Zusammenbruch der „Welt von gestern" (Stefan Zweig), die Auflösung überkommener Werte und die verzweifelte Suche nach neuen Idealen.
Wundert es jemanden, daß das 20. Jahrhundert nicht mit der zielstrebigen Helligkeit komponieren konnte, mit der die Mozart-Zeit es getan? Nicht mit dem Weltschmerz und der Melancholie der ausgehenden Romantik? Die Dissonanzen, die an Mozarts Himmel kaum mehr waren als leichte Wölkchen, die über einen Sommerhimmel zogen und die Sonne nur für fast spielerische Augenblicke verdunkeln konnten, waren in der Romantik gewichtiger geworden, drohten Spannungen an, die nicht mehr so leicht zu überwinden sein würden. Immer wieder muß Wagners „Tristan" erwähnt werden: Hier erreicht die Ballung von Dissonanzen einen ersten Höhepunkt, aber der Weg zu ihnen führte keineswegs über Gedanken und Theorien. Die zum Zerreißen gespannten Klänge schildern den zum Zerreißen gespannten Seelenzustand zweier Menschen. Konsonanz und Dissonanz sagen hier etwas über „Ruhe" und „Unrast" des Gemüts aus. Je unruhiger der Mensch im tiefsten Innern wird, desto stärker häufen sich die Dissonanzen in seiner Musik.
Der Augenblick kam – wir haben ihn mehrfach beobachtet –, in dem die Dissonanzen sich so sehr häuften und so vielschichtig wurden, daß an eine „Auflösung" nicht mehr zu denken war. Die problemlos konsonante Zeit war nur noch eine Erinnerung, und kluge Betrachter entdeckten, daß sie einem völlig anderen Weltbild entsprochen hatte. Das Überwuchern der Dissonanzen führte von selbst zur Schwächung, dann zur Auflösung der Tonalität. Die Musik glitt durch eine Epoche von „Freitonalität" in die „Atonalität". Das bedeutete, daß alle Gesetze der Zugehörigkeit von Tonstücken zu bestimmten Tonarten aufgehoben, die Grundsätze der „Auflösung" von Dissonanzen annulliert, die Unterschiede zwischen Konsonanz und Dissonanz beseitigt waren. Gegen diese Entwicklung, die auf dem Papier verhältnismäßig einfach zu vollziehen war, gab es Widerstände im menschlichen Ohr. War es nur die tausendjährige Gewöhnung an das tonale System, die sich gegen dessen Beseitigung auflehnte, oder ist die Tonalität ein Grundgesetz des – zumindest abendländischen – Lebens, das ebensowenig außer Kraft gesetzt werden kann wie etwa die Schwerkraft? Jedenfalls waren nicht alle Musiker und nur ein geringer Teil des Publikums geneigt, diesen Schritt zu vollziehen. Vielen schien er den Weg zu Anarchie und Chaos zu öffnen, andere beraubte er einfach des sinnlichen Genusses am Musikhören. Ein Kampf entbrannte, der bis zum heutigen Tag nicht entschieden ist.
Besonders schwierig ist diese Entscheidung auf dem Gebiet des Musiktheaters, denn dieses ist mit Gesang verbunden. Die Instrumentalmusik findet den Zugang zur Atonalität leichter: Zwar ist ein außerordentlich geschärftes Gehör die Voraussetzung, um „richtig" oder „falsch" bei atonaler Musik sofort und einwandfrei unterscheiden zu können, aber die Erzeugung der Töne erfolgt bei atonaler Instrumentalmusik nicht anders als bei tonaler. Der Singstimme hingegen stellt die Atonalität außergewöhnliche und bis dahin nie verlangte Schwierigkeiten entgegen. Sie verliert ihren Halt in der Begleitung, an den sie stets gewohnt war. Und so wird die Oper zum großen Schlachtfeld zwischen tonaler und atonaler Musik. Auf kaum einem anderen Gebiet läßt dieser Zwiespalt sich so genau verfolgen wie bei dem Musiktheater. Als Musterbeispiel einer atonalen

Oper erwähnen wir Alban Bergs „Wozzeck". Dessen dramatische Handlung ist allerdings so naturalistisch, so abstoßend, so bedrückend, so hoffnungslos, daß eine andere Musik als die unlösbar gehäufter Dissonanzen fast undenkbar wird. Über diesem hervorstechenden Beispiel dürfen die Komponisten zahlreicher anderer Werke der Epoche nicht vergessen werden, die mit starker Freizügigkeit in der Tonalität arbeiten, aber den letzten Schritt in die totale Atonalität nicht vollziehen. Aber auch jener Musikschöpfer sei gedacht, die in ihren Bühnenwerken immer noch die Prinzipien von Wohlklang und Schöngesang hochzuhalten suchten.

Ferruccio Busoni

Zwei Komponisten stehen an der Schwelle des 20. Jahrhunderts, die als Deutschitaliener das Musiktheater beider Länder zu einer glücklichen Vereinigung führen können, Ferruccio Busoni und Ermanno Wolf-Ferrari. Ferruccio Busoni (1866–1924) war eine der führenden geistigen Persönlichkeiten seiner Zeit. In diesem ideensprühenden Künstler vereinten sich italienischer Verismus mit deutscher Sachlichkeit, Gefühl, Verstand, strömende Melodik und sinngemäße Deklamation, Ursprünglichkeit und scharfer Intellekt. Der charismatische Künstler stand mit dem Herzen Italien, dem Land seines Vaters, mit dem Kopf Deutschland, der Heimat seiner Mutter, nahe. Er war einer der großen Pianisten und ein mißreißender Lehrer. Er komponierte, einige Jahre vor Puccini, eine Oper „Turandot", hielt sie aber in den Grenzen der altitalienischen *commedia dell'arte*, nach deren Vorbild auch die Kurzoper „Arlecchino" geriet. Die Titelrolle des Harlekins ist, fast wie in einer Stegreifkomödie, einem sehr beweglichen Schauspieler zugedacht und wurde bei der Zürcher Uraufführung (1917) von Alexander Moissi dargestellt.
Busonis Hauptwerk, die Oper „Doktor Faustus", blieb unvollendet. Sein Schüler Philipp Jarnach ergänzte das bedeutsame Werk, das nicht auf Goethe, sondern auf das ältere Volksstück zurückgeht. In seinen dramatischen Ideen, weit von der Spätromantik vieler seiner Zeitgenossen entfernt, nähert Busoni sich der Konzeption von Bertolt Brechts „verfremdetem Theater". Er verlangt, die Oper müsse „eine Scheinwelt schaffen, die das Leben entweder in einem Zauberspiegel oder einem Lachspiegel reflektiert, und bewußt das geben, was im wirklichen Leben nicht zu finden ist..." Den Theatermachern ruft er zu: Laßt Tanz und Maskenspiel und Spuk miteingeflochten sein, auf daß der Zuschauer der anmutigen Lüge auf jedem Schritt gewahr werde und sich ihr nicht hingebe wie einem Erlebnis!" Ein auffallender Gegensatz zum Programm des Verismus, wie Leoncavallo es im Prolog seines „Bajazzo" verkündet hatte, nämlich der Oper als Schilderung von Erlebnissen aus dem wirklichen Leben.
Busonis Leben verlief bewegt. 1866 in Empoli bei Florenz geboren, gab er in Wien neunjährig seinen ersten Klavierabend, wurde mit fünfzehn „philharmonischer Akademiker" in Bologna, mit derselben feierlichen Aufnahmezeremonie, die ungefähr ein Jahrhundert zuvor dem fast gleichaltrigen Knaben Wolfgang Amadeus Mozart zuteil geworden war. Der war und blieb sein Abgott, zu dessen 150. Geburtstag Busoni kluge Aphorismen

Ferruccio Busoni, der bedeutende Musikdenker und -schöpfer, übte großen Einfluß auf die Tonkunst mehrerer Jahrzehnte aus.

beisteuerte. Die glanzvolle Virtuosenkarriere führte ihn mehrmals rund um die Welt, seine Lehrtätigkeit ließ ihn in Helsinki, Moskau und Boston verweilen. 1894 nahm er in Berlin Wohnsitz. Während des Ersten Weltkriegs lebte er im neutralen Zürich, kehrte aber 1920 in das musikalisch führende Berlin zurück, wo er am 27. Juni 1924 starb. Busoni hinterließ fünf Opern, ein Klavierkonzert mit unsichtbarem Männerchor, ein Concertino für Klarinette und kleines Orchester, eine „Indianische Phantasie" (zu der er in den USA angeregt worden war), Ouvertüren, sinfonische Dichtungen sowie ein reiches pianistisches Werk, in dem Bearbeitungen alter Meister (vor allem Bachs) eine wesentliche, wenn auch in späteren Jahren stark umstrittene Rolle spielen. Sehr lebendig war seine Beteiligung an der Entwicklung der Musikstile. Er kam aus der Spätromantik, verkündete dann ein neues Tonsystem (das sich nie durchsetzte und in mancher Idee Skrjabin nahestand) und strebte zuletzt einem neoklassischen Ideal zu.

Ermanno Wolf-Ferrari

Ermanno Wolf-Ferrari (1876–1948), Sohn eines deutschen Malers und einer venezianischen Mutter, kam in Venedig am 12. Januar 1876 zur Welt. Lebenslang blieb er der Heimat eng verbunden, viele Male vertonte er Werke des venezianischsten aller Dichter, Carlo Goldoni. Für ihn gab es den überall aufbrechenden Konflikt zwischen Tradition und Moderne nicht, seine Musik fließt so natürlich dahin, daß sie nie zum Streit über Prinzipien und Stile herausfordert. Mit der Oper „Die neugierigen Frauen" hatte er 1903 in München einen ersten entscheidenden Erfolg, den die nächsten Werke vollauf bestätigten: „Die vier Grobiane" (1906), „Susannes Geheimnis" (1909), „Der Schmuck der Madonna" (1911)

blieb ein einmaliger Ausflug in das Gebiet des Verismus. Einen besonderen Hinweis verdient „Sly" (1927), eine seltsame Mischung von grotesken und tiefsinnigen Szenen, deren ganze Bedeutung kaum je voll erkannt wurde. Mit „Il Campiello" (1936) feierte er einen letzten Sieg; hier steht auch der Satz: „Schön ist nicht, was allen gefällt, sondern nur, was man lieb hat." Als Aufgabe seiner Kunst sah Wolf-Ferrari „nicht die Probleme der Zeit zu mehren, sondern sie vergessen zu machen".
Damit stellte er sich in bewußten Gegensatz zur damaligen Forderung einer aktiven Teilnahme der Künstler an den brennenden Fragen der Zeit. Doch ein treues Publikum folgte ihm, so wenig zeitgemäß er auch sein mochte. Vieles aber von dem, was er seine Schüler lehrte, ist bedenkenswert: „Es ist leicht, unverständlich zu schreiben, sehr schwer hingegen, leicht zu schreiben, ohne Dummheiten zu sagen. Den Jungen würde ich raten, so zu komponieren, wie man ein Telegramm aufsetzt: kurz, weil die Worte teuer sind, und klar, weil man verstanden sein will!" Immer wieder tauchen seine Opern auf den Spielplänen auf, wenn auch die Entwicklung in ganz anderen Bahnen weiterlief.

Hans Pfitzner

Von Hans Pfitzner (1869–1949) sprachen wir schon, jenem Meister, der im aufgeregten Meer der Wagner-Nachfolge unterzugehen drohte. Doch er war zu bedeutend, um sich schließlich nicht selbst siegreich behaupten zu können. Dazu trugen vielleicht weniger seine sinfonischen Werke bei, wohl aber zahlreiche herrliche Lieder und vor allem die Oper „Palestrina" (1917), eines der eigenständigen, unbestrittenen Meisterwerke des Jahrhunderts. Diese „musikalische Legende" zeichnet mit ergreifender Einfühlung die Gestalt des großen römischen Komponisten der polyphonen Kirchenmusik und ein pralles Bild des Konzils von Trient, das sich tiefgehend mit dem Schicksal der Musik in der Kirche befaßte. Besonders ergreifend gelang die große Szene, in der die Meister der Vergangenheit den seit dem Tod seiner Frau völlig vereinsamten Palestrina an seine Aufgabe erinnern und die Engel ihm in den Stunden einer einzigen Nacht seine größte Schöpfung, die „Messe des Papstes Marcellus" (Missa Papae Marcelli) diktieren. Im Oratorium „Von deutscher Seele" zeigt sich Pfitzner als Spätromantiker, der er sein ganzes Leben lang blieb. Daß er seinen Glauben an Tradition und Tonalität mit politischen Ansichten verquickte, die bis zum chauvinistischen Nationalismus gingen, steht auf einem anderen Blatt. Aufgrund seiner politischen Ansichten geriet er immer wieder in heftige Meinungskämpfe. Diese führten ihn zur Abfassung polemischer Schriften („Die neue Ästhetik der musikalischen Impotenz", 1920) und in den Kreis rechtsradikaler Strömungen, haben aber mit der Güte und Lauterkeit seiner Musik nichts zu tun. Beim Zusammenbruch des „Dritten Reiches" und seiner Ideale floh er nach Österreich. Er starb vereinsamt am 22. Mai 1949 in Salzburg.

Alexander von Zemlinsky

Eine Häufung stärkster Operntalente ergab sich im Wien der Vor- und Zwischenkriegszeit. Alexander von Zemlinsky (1871–1942) begann seine Laufbahn als Kapellmeister in seiner Heimatstadt, ein Jahr davon an der Hofoper, die Mahler soeben verlassen hatte. Von ihm hatte der um elf Jahre Jüngere viel gelernt. Zur vollen Reife seines überragenden Dirigiertalents gelangte er in Prag, wo er von 1911 bis 1920 das Deutsche Landestheater leitete. Nicht nur Strawinsky meinte, es gebe bei ihm den besten „Don Giovanni" der Welt zu hören. In den musikalisch so reichen Berliner Zwanziger Jahren findet man ihn unter den prominenten Dirigenten und Lehrern dieser Stadt, neben Blech, Kleiber, Klemperer, Walter, Stiedry usw. Auch ihn vertreibt das nationalsozialistische Regime; 1934 geht er über Wien nach Nordamerika, wo er, nahe bei New York, am 15. März 1942 stirbt, ohne zu ahnen, daß nach einem halben Jahrhundert ungerechten Vergessens seine meisterhaften Opern Auferstehung feiern würden. Den frühen „Traumgörge" hat er selbst nie gehört; aber „Kleider machen Leute" (1910, nach Gottfried Keller) stand lange auf den Spielplänen. „Eine florentinische Tragödie" (1917, nach Oscar Wilde), „Der Zwerg" (1922, ebenfalls nach Wilde), „Der Kreidekreis" (1933, nach Klabund) sicherten ihm eine führende Stellung im zeitgenössischen Opernleben, da seine Werke echte Inspiration und höchstes technisches Können verbanden. Sein Stil, der bis zu einer wohlklingenden Freitonalität gehen kann, bleibt doch der Tradition verpflichtet.

Franz Schreker

Ein ähnliches Schicksal war Franz Schreker (1878–1934) beschieden. Die Popularität seiner Bühnenwerke erreichte in der Zwischenkriegszeit das höchste Ausmaß, dessen sich moderne Opern im 20. Jahrhundert erfreuen konnten. Alle deutschsprachigen Theater erzielten, vor allem mit dem „Fernen Klang"

(1912), den „Gezeichneten“ (1918) und dem „Schatzgräber“ (1920) künstlerische und finanzielle Erfolge, die notgedrungen abrissen, als das neue Regime auch Schreker auf seine schwarze Liste setzte. Der in Monaco geborene Österreicher war zuerst in Wien als Dozent und Dirigent tätig. Er gründete dort 1908 den Wiener Philharmonischen Chor, leitete die Uraufführung von Schönbergs schwierigen „Gurreliedern“ und erlebte erste Kompositionserfolge. Seine selbstgeschaffenen Libretti voll ekstatischer Bilder, sehnsüchtiger Erotik und abenteuerlicher Phantasie setzte er in üppige, fast trunkene, oft innige, oft orgiastische Klänge um. Seine orchestrale Palette erreichte eine unvergleichlich sinnliche Intensität. Schreker starb am 21. März 1934, noch in Berlin, das er kurz danach hätte verlassen müssen, um in eine ungewisse Emigration zu gehen. Nach dem Zweiten Weltkrieg erfolgte die Renaissance seiner Bühnenwerke nur schleppend, die ersten „Wiedergutmachungen“ galten der „Wiener Schule“, die inzwischen alle Machtpositionen des mitteleuropäischen Musiklebens besetzt hielt. Doch die oft mitreißende, unmittelbar das Gefühl des Hörers ansprechende Musik Schrekers brach sich schließlich doch wieder Bahn und scheint allmählich dem Rang „klassischer“ Werke zuzustreben.

Erich Wolfgang Korngold

Auch Leben und Werk von Erich Wolfgang Korngold (1897–1957) sind stark von den Zeitereignissen gezeichnet. Der junge Wiener, Schüler Zemlinskys, von außergewöhnlicher kompositorischer Frühbegabung, erregte vierzehnjährig mit der Pantomime „Der Schneemann“, neunzehnjährig mit den höchst beachtenswerten Opern „Der Ring des Polykrates“ und „Violanta“ in Fachkreisen Aufsehen. Mit der 1920 gleichzeitig in Hamburg und Köln uraufgeführten „Toten Stadt“ erfolgte der große Durchbruch. Das phantastische Werk nach einem Roman des belgischen Dichters Georges Rodenbach mischt in seiner melodiösen Musik (in der es sogar zwei arienähnliche Lieder gibt) Elemente verschiedener Stilrichtungen zu völliger Einheit. Einflüsse des Expressionismus, des Jugendstils, aber auch des Verismus wie der Spätromantik sind in dieser glänzend klingenden Partitur ebenso auszumachen wie im Werk Schrekers. Diese Oper war eine bewunderswerte Talentprobe für einen Dreiundzwanzigjährigen, der damit aber leider auch seinen Höhepunkt erreicht und überschritten hatte. „Das Wunder der Heliane“ (1927) bedeutete einen Abstieg, den die prunkvolle Premiere der Wiener Staatsoper nicht zu bemänteln vermochte. Nach der Emigration in die USA im Jahr 1934 schrieb Korngold Filmmusiken, später einige Konzertwerke, die Beachtung verdienen: ein Cellokonzert, ein Violinkonzert, eine sinfonische Serenade und anderes. „Die tote Stadt“ kehrte auf deutsche Bühnen zurück, wo sie wahrscheinlich einen ständigen Platz behalten wird.

Linke Seite: Hans Pfitzner, der Schöpfer von „Palestrina“, nach einem Gemälde von Will Geiger.
Oben: Franz Schreker, Dichter-Komponist glutvoller und überaus erfolgreicher Opern der Zwischenkriegszeit.
Rechts: Erich Wolfgang Korngold erlebte in jungen Tagen den Welterfolg der Oper „Die tote Stadt“.

MUSIKLÄNDER „BÖHMEN“ UND „MÄHREN“

Sie vereinigten sich, als sie 1918 selbständig wurden, zur „Tschechoslowakei“ und, siebzig Jahre später, trennten sie sich in zwei Länder. Aber beide behielten ihren Rang als führende Musikzentren bei. Prag ist mit drei Musiktheatern eine bedeutende Opernstadt und Bratislawa die Wiege hervorragender Sänger. Wenn auch keiner Janáčeks Weltgeltung erlangte, so seien doch genannt: Zdenko Eibich (1850–1900), Joseph Bohuslav Foerster (1859–1951), Karel Kovařovič (1862–1920), Otokar Ostrčil (1879–1935) und Bohuslav Martinů, von dem gesondert die Rede sein wird.

DIE OPERETTE AUF DEN LETZTEN GIPFELN

Die „goldene Ära“ war zu Ende. Viele Werke lebten, aber die Meister des Genres (Johann Strauß, Millöcker, Suppé) hatten das neue Jahrhundert nicht mehr erlebt. Doch 1905: ein neuer Name, ein mitreißendes Werk, „Die lustige Witwe“ von Franz Lehár (1870–1948). Zwei Jahre später schon erstand ein Rivale: Oskar Straus (1870–1954) mit dem bezaubernden „Walzertraum“. Lehár konterte: „Der Graf von Luxemburg“ (1909). Und als 1915 der melodiös schwungvolle Emmerich Kálmán (1882–1953) mit der „Csárdásfürstin“ erscheint, wird es klar, daß es sich nicht um vereinzelte Talentproben handelt, sondern um eine neue, glanzvolle Ära: die „silberne“. Die Triumphe folgen einander ohne Unterbrechung und übertönen für viele glückliche Stunden im „Theater an der Wien“ Krieg, Niederlage, Revolution. Der geniale Leo Fall (1873–1925) bringt „Madame Pompadour“, Kálmán „Gräfin Mariza“ und „Zirkusprinzessin“, Lehár „Paganini“, „Zarewitsch“, „Land des Lächelns“. Ihn zieht es zur Oper, mit „Giuditta“ betritt er erfolgreich ihr Gebiet. Ralph Benatzky (1884–1957) verfaßt das vergnügliche „Weiße Rößl“, zu dem auch Robert Stolz (1880–1975) Melodien beisteuert, Schöpfer zugkräftigster Schlager und der schönsten modernen Wienerlieder. Edmund Eysler (1874–1949) singt sich mit der „Goldenen Meisterin“ in alle Herzen. Die Berliner Operette bringt Paul Lincke (1866–1946) mit „Frau Luna“ starken Erfolg, Eduard Künneke (1885–1953) mit dem „Vetter aus Dingsda“ und der „Glücklichen Reise“, Walter Kollo (1878–1940) mit „Wie einst im Mai“. Nicht vergessen werden darf des Tschechen Oskar Nedbals (1874–1930) feines „Polenblut“.

Die 1961 in Zürich erfolgte Uraufführung der dramatischen Oper „Griechische Passion“ des Tschechen Bohuslav Martinů. (Regie Herbert Graf, Bühnenbild Teo Otto).

Musik im Schatten der Politik

Das 20. Jahrhundert gehört zu den politisch ereignisreichsten Epochen der europäischen Geschichte. Nicht nur zwei Weltkriege erschüttern Europa, ein nahezu ununterbrochener Klassenkampf läßt die Menschen nicht zur Ruhe kommen. Die Kunst ist der Spiegel dieser Kämpfe und Entwicklungen der Gesellschaft. Bewußt oder unbewußt schafft jeder Künstler für die Gesellschaft seiner Zeit. Er bestätigt oder bekämpft sie. Besonders deutlich wird der Einfluß der Politik auf die Kunst dann, wenn die gesellschaftliche Obrigkeit direkt durch Steuerung der Kulturinstitute oder durch Zensur eingreift, am gefährlichsten aber durch Indoktrinierung der Jugend in Schulen oder staatlich gelenkten Gruppierungen.
Was war in unserem Buche nicht schon alles ein „politisches Lied“ (wenn auch nicht immer, nach Goethes Mephisto, ein „garstig Lied“)! Bachs, Haydns, Mozarts widerspruchslose, selbstverständliche Zugehörigkeit zur feudalen, jahrhundertelang eingesessenen Weltordnung bestimmt den Stil ihrer Werke, ohne den mindesten Zweifel aufkommen zu lassen. Beethoven aber durchlebt eine revolutionäre Epoche, und nur so ist seine neunte Sinfonie voll zu verstehen. Sie ist ein Anruf an die Menschheit, die sich (wieder einmal) anschickt, soziale Gegensätze auszugleichen. Der Aufruf zur Verbrüderung aller Menschen, die hier besungen wird, muß den Hörern von 1824 zutiefst politisch geklungen haben. Verdi bekommt mehrmals den Einfluß der Politik auf seine Werke zu spüren. Die Zensur verbietet Stoffe wie „Rigoletto“ und „Maskenball“, in denen Attentate gegen Herrscher vorkommen. Der Weltberühmte muß nachgeben, um sein Werk zu retten: Aus einem König von Frankreich wird ein anonymer „Herzog von Mantua“, aus einem König von Schweden ein „Gouverneur von Boston“. Aber keine Zensur kann es verhindern, daß das Volk auf allen italienischen Straßen „Va pensiero, sull'ali dorate“ singt und den Sehnsuchtsgesang der gefangenen Hebräer aus „Nabucco“ zu einem Freiheitslied für das einige Italien umdenkt. Und was ist schließlich die immer revolutionärer werdende Auflösung der Künste um die Jahrhundertwende anderes als ein Politikum? Regeln und Gesetz werden unterminiert und damit sturmreif gemacht: Perspektive und Farbgesetze in der Malerei, dramatische Regeln im Theater, literarische im Roman, das tonale System in der Musik. Ist es Zufall, daß erste Aufstände an vielen Punkten Europas auftreten – jener der Weber in Schlesien, der Petersburger Matrosen –, während Skrjabin, Busoni, Schönberg gegen die Tonalität anrennen, Hauptmann, Sudermann, Wedekind, Hasenclever von der Bühne herab den Sturm auf Ungerechtigkeit und Unfreiheit predigen? Um „Freiheit“ geht es allen: den ausgebeuteten Webern, den mißhandelten Matrosen wie den Vorkämpfern unter den Künstlern. Schranken sollen fallen, Zwänge verschwinden, die Entfaltung aller Menschen gewährt werden. Und so ist der Erste Weltkrieg viel mehr als eine Folge von Schlachten zwischen Heeren und Nationen: Eine sehr alte Ordnung, morsch geworden, bricht zusammen, und mit ihr stürzen alte, morsch gewordene künstlerische Gesetze. Wer glaubt, das eine könne ohne das andere bestehen bleiben, hat die Geschichte nicht verstanden. Ein derartig radikaler Umsturz führt zuerst ins Chaos, auf seiten der Sieger wie der Besiegten. Deren musikalisches Zeichen ist die hektische Suche nach neuen Klängen, die Atonalität, die teilweise anarchischen Experimente in Richtung auf eine völlig neue Tonwelt. Hierbei ergibt sich nun etwas Seltsames, geeignet, das Chaos noch zu verschlimmern. Die aufsteigende untere Klasse, der Arbeiterstand, das Proletariat, wird nun in seiner „Eroberung der Kultur“ mit den „modernsten“ Strömungen der Künste konfrontiert und steht ihnen fremd gegenüber. Diese Klasse müßte wohl den gesamten Werdegang des Bürgertums in geraffter Form wiederholen, um die Experimente verstehen zu können. Man kann wohl Picasso nicht begreifen, wenn man Tizian nicht kennt, Strawinsky nicht, wenn man Schubert nicht im Ohr hat. Die am radikalsten veränderte Gesellschaftsordnung, die der kommunistischen Sowjetunion, verwirft – völlig folgerichtig von ihrem Standpunkt aus – die Mehrzahl dieser Experimente und sucht nach vereinfachten, allen ihren Bürgern verständlichen Kunstformen. Selten wird der Zusammenhang zwischen Politik und Kunst so klar wie hier.

Die Musik der „Goldenen zwanziger Jahre“

Im Berlin der ersten Nachkriegszeit prallten die politischen Gegensätze besonders hart aufeinander; sie wurden nicht nur auf den Barrikaden und mit brutalsten Mitteln ausgefochten, sondern auch, kaum weniger heftig, auf geistigem und kulturellem Gebiet, im Schrifttum, in den Theatern und in der Musik. Vielleicht nie zuvor waren die Menschen politisch so engagiert, aber auch kaum je künstlerisch so stark interessiert. Vom künstlerischen Standpunkt aus war die Bezeichnung der „Goldenen zwanziger Jahre“ durchaus vertretbar, die jene Jahre damals erhielten und bis heute behalten haben. Ein merkwürdiger Gegensatz zum Namen, den jenes Jahrzehnt in weiten Teilen der Welt, vor allem in den USA bekam: *the roaring twenties*, die brüllenden, tobenden, wilden Zwanziger. Viele linksgerichtete Theater stellten sich in den Dienst des Klassenkampfes, der aus der Intellektualität starke Bundesgenossen erhielt. Auch das Musiktheater geriet in diesen Sog. Zweifellos war „Wozzeck" ein politisches Stück, auch wenn sein Text hundert Jahre zuvor von Georg Büchner geschrieben worden war. Die von Erich Kleiber dirigierte, weites Aufsehen erregende Uraufführung der Oper Alban Bergs bildete 1925 ein Streitobjekt, bei dem die feindlichen Parteien sich fast ebensosehr politisch wie musikalisch gruppierten.

Kurt Weill und Bertolt Brecht

Dann aber warf Kurt Weill (1900–1950) stärksten Zündstoff in die Schlacht. Er hatte mit Kurzopern debütiert („Der Protagonist", 1920, „Royal Palace", 1927) und mit dem „Songspiel" genannten „Mahagonny" (1927) einen neuen Stil geschaffen. Der „Song" wurde zum Baustein einer revolutionären Art von Musiktheater, ein liedartiger Schlager alltäglichen, zumeist politischen Inhalts in volkstümlicher Form. Aus solchen Songs setzte Weill die „Dreigroschenoper" zusammen, die bei der Uraufführung in Berlin am 30. April 1928 das Publikum förmlich von den Sitzen riß und in einen wahren Taumel stürzte. „Und der Haifisch, der hat Zähne", „Nur wer im Wohlstand lebt, lebt angenehm", „Erst kommt das Fressen, dann kommt die Moral": Jahrelang erklangen diese Melodien gepfiffen und gesungen auf allen Straßen, in allen Lokalen. Was der Textdichter Bertolt Brecht und sein Komponist Kurt Weill hier geschaffen hatten, war im Grund nur eine Modernisierung der gerade vor zweihundert Jahren in London aufgeführten „The Beggars' Opera" (Bettleroper) von Pepush und Gay, einer bitteren sozialen Satire, die gleichzeitig eine Parodie auf die Oper darstellte. Zweihundert Jahre später ließen demokratische Verfassungen dieses Kampfstück neuerlich Besitz vom Theater ergreifen: Benjamin Britten erneuerte die alte „Beggar's Opera", Brecht und Weill verschärften sie als „Dreigroschenoper". Die Geschichte eines gefährlichen Gangsters und seines Rivalen, des Bettlerkönigs, der dem Polizeipräsidenten von London droht, seine tausendköpfige Untergebenenschar dem Krönungszug entgegenzustellen, ist mit so viel Bosheit als Persiflage und Parodie erzählt, daß das Stück gleichzeitig aufreizt und unterhält. Nicht Stoff und Thema, sondern das technisch perfekte Können erheben dieses Werk in den Rang der Kunst. Wie vor zwei Jahrhunderten die Autoren der überlebten Opernform Händels spotteten (und ihr den Garaus machten), so geriet auch Brecht und Weill das Ende ihres Stücks zur bissigen Satire auf veraltetes Musiktheater: Der Verbrecher, schon unter dem Galgen, wird begnadigt, in den Adelsstand erhoben und mit einer reichlichen Pension ausgestattet.

Auf die Zukunftschancen seines aus Kabarett, Gassenhauer und Moritat gemischten Stils angesprochen, antwortete Weill: „Man komme mir nicht mit der Nachwelt, heute schreibe ich für heute." Dieser Satz, den wohl auch Mozart, Rossini und mancher andere der großen Komponisten hätte unterschreiben können, unterstrich im Falle Weills seinen unbedingten Willen zur bewußten Zeitnähe. Sozialkritik schien ihm als wesentliche Forderung der Kunst seiner Zeit. Sie mußte plakativ, aggressiv populär, ja derb und bisweilen gewöhnlich und ordinär sein, um ihre Wirkung zu tun. Die Musik muß „ins Ohr gehen", die Melodie so einfach wie möglich sein, die Harmonie primitiv, der Rhythmus aber stark und mitreißend: eine Mischung vom Maschinenrhythmus einer neuen Welt, vom Marschrhythmus revolutionärer Arbeiterbataillone, die zum „letzten Kampf" schreiten, wie die „Internationale" es besingt. Es war Singspiel, Volksstück, Manifest, politisches Theater, Pamphlet, Kabarett, und alles getrieben vom Schwung des Jazz: ein „Zeitstück". Vielleicht werden im 21. Jahrhundert Geschichtslehrer diese Stücke der Jugend vorspielen und ihnen damit einen Einblick über einen wirren Abschnitt früherer Zeiten vermitteln, besser als viele Bücher es vermöchten.

Linke Seite oben: Kurt Weill, dessen Melodien zu „Dreigroschenoper" und „Mahagonny" es über Nacht zu unbeschreiblicher Popularität brachten.
Linke Seite unten: Das groteske Finale der „Dreigroschenoper": Schwerverbrecher Mackie Messer (hier Harald Paulsen) vor der Hinrichtung – die nie vollzogen wird.
Rechts: Der in der Zwischenkriegszeit am meisten vertonte deutsche Dichter und Dramatiker Bertolt Brecht mit dem Komponisten Hanns Eisler (am Klavier). Aus Herbert Sandbergs „Mein Brecht-Skizzenbuch" 1967.

Brecht und Weill mußten auf diesem Weg weitergehen. So entstand „Aufstieg und Fall der Stadt Mahagonny", Ausgestaltung und Umformung des früheren Songspiels. Am 9. März 1930, diesmal in Leipzig uraufgeführt, wiederholte sich der ganz Deutschland erregende Riesenerfolg. Wieder ein heftiger Angriff gegen die mit Geld herrschende Oberschicht, gezeigt am grausamen Beispiel einer (erfundenen) Stadt in den USA, in der es nur ein einziges Verbrechen gibt: kein Geld zu besitzen. Wieder schlagkräftige Songs („Und wie man sich bettet, so liegt man"), wieder Jazzrhythmen, und wieder der Totentanz einer zum Untergang verurteilten Gesellschaft. Inmitten dieser „amüsant" grauenhaften, gnadenlos harten Welt, fast unbemerkt ein kleines, geradezu romantisches Lied: „O Mond von Alabama". Eine Konzession an jede Art von Publikum? Weill schreibt noch ein drittes Werk dieser Richtung, dieses Mal auf ein Libretto des vielseitigen Theatermannes Caspar Neher: „Die Bürgschaft". Doch dieses Stück geht 1932 im bereits ausgebrochenen politischen Tumult unter. Wenig später muß der Komponist Deutschland verlassen. Selten in der Geschichte ist ein Jahrhundert von so massenhafter, so tragischer Emigration gezeichnet gewesen wie das zwanzigste. Die durch politische Umstände erzwungenen Auswanderungswellen begannen 1917 mit der russischen Revolution, Italien folgte bei Beginn des faschistischen Regimes, 1933 Deutschland, 1936 Spanien, 1938 Österreich, 1939 die Tschechoslowakei und anschließend jedes einzelne Land, über das Deutschlands Armeen marschierten. Zumeist wandeln sich diese Auswanderungen in überstürzte Flucht, in ein verzweifeltes „Rette sich, wer kann!" Wieviel Begabung, wieviel echte Hingabe an die Kunst ist unter tragischen Umständen verlorengegangen! Auch Kurt Weills Leben, erst dreiunddreißigjährig, erleidet den fast unvermeidlichen Bruch; es scheint, als gehöre dessen zweite Hälfte einem anderen Menschen. Kurt Weill wurde am 2. März 1900 in Dessau geboren, studierte bei Humperdinck, später bei Busoni in Berlin. Nach seiner Vertreibung aus der Heimat traf er Brecht noch einmal in Paris, gemeinsam schufen sie das Ballett mit Gesängen „Die sieben Todsünden des Kleinbürgers", in dem der *american way of life* (die amerikanische Lebensart) scharf gegeißelt wird. Aber es bleibt Weill nichts anderes übrig, als eben in dieses Land weiter zu fliehen. Er widmet sich zuerst Schauspielmusiken – darunter Franz Werfels Emigrationsdrama „The eternal Road" –, um sich dann dem typisch amerikanischen Musical zuzuwenden. „Lady in the dark", „One Touch of Venus", Street scene", „Down in the valley" enthalten viel schöne Musik, Anklänge an Jazz und Folklore und werden mit Erfolg an Broadwaybühnen gespielt. Der Krieg ist zu Ende, das Musical erobert Europa, aber Weills Werke sind nicht dabei. Die letzte Partitur vor dem frühen Tod (New York, 3. April 1950) gehört der Oper „Lost in the stars" (1949), die das Rassenproblem Südafrikas zum Thema hat, wie es der dortige Dichter Alan Paton in seinem Roman „Cry, the beloves country" („Denn sie sollen getröstet werden") ergreifend schilderte.

Hanns Eisler

Mit Hanns Eisler (1898–1962) muß eines betont politischen Künstlers gedacht werden. Nach Studium bei Schönberg brach er aus der Wiener Schule aus und begann für Arbeiterchöre revolutionäre Lieder von großer Wirkungskraft zu schreiben. In Zusammenarbeit mit Bertolt Brecht entstanden zahlreiche Theatermusiken zu dessen Dramen, ferner Kantaten wie das Lehrstück „Die Maßnahme". Auch Hanns Eisler emigrierte (1934) in die USA, lehrte Musiktheorie in verschiedenen Städten und komponierte für Hollywod Filmmusiken, über deren Technik er sogar ein Buch schrieb. Er kehrte 1948 nach Europa zurück, war ab 1950 Lehrer für Komposition an der Akademie der Künste in Ost-Berlin, dann an der neu gegründeten Hochschule für Musik, die bis heute seinen Namen trägt. Eisler schrieb auch die Musik der sehr wirkungsvollen Hymne der ehemaligen DDR.

Musik und Politik in der Sowjetunion

Ganz anders gestaltete sich das Verhältnis zwischen Musik und Politik in der Sowjetunion. Die zahlreichen Zusammenstöße, die es hier gab, waren, gegenüber dem nationalsozialistischen Regime, gemildert und theoretischer. Es ging dabei nicht mehr um Ausschluß aus dem Kunstleben oder gar um Vertreibung aus der Heimat. Aus der Generation Lenins waren bei Beginn des

Bühnenentwurf von Mauro Pagano für die entzückende Märchenoper „Die Liebe zu den drei Orangen" von Sergej Prokofjew (Opéra comique Paris, 1983).

„Großen vaterländischen Krieges" nur noch wenige Musiker im Land tätig. Rachmaninow und Glasunow lebten im Ausland. Eines der stärksten Talente, Wassilij Kalinikow (1876–1900) war blutjung gestorben. In der Sowjetunion arbeiteten Nikolaj Miaskowskij (1881–1950), Kabalewskij, Schebalin, Muradeli, durchwegs höchst beachtenswerte Musiker, von deren Werken aber nur wenig nach Westen drang außer jenen des Armeniers Aram Chatschaturjan (1903–1978). Dessen Ballette „Gajaneh" (mit dem hinreißenden „Säbeltanz") und „Spartacus" begeisterten weltweit das Publikum. Zu den Emigranten gehörte der angesehenste Komponist seiner Generation, Igor Strawinsky, der nie wieder in die Heimat zurückkehren wollte, wobei ihn in erster Linie, wie auch die anderen Emigranten, politische Gründe motivierten.

Sergej Prokofjew

Stärker als bei Strawinsky wird die Politik das Leben seines großen Zeitgenossen Sergej Prokofjew (1891–1953) beeinflussen. Prokofjew studiert am St. Petersburger Konservatorium bei Rimskij-Korsakow, dem letzten der „Fünf". Bereits 1908 tritt er als glänzender Pianist eigener Kompositionen auf, trifft 1910 an den „Abenden zeitgenössischer Musik" den um neun Jahre älteren Strawinsky, 1913 Debussy. Sein erstes Violinkonzert (1913) erregt Aufsehen durch seinen besonderen Sinn für Melodie, aber auch für eine gewisse Fähigkeit zu Scherz und Ironie, die ihn nie verlassen wird. Die nächsten Werke klaffen weit auseinander: Die „Skythische Suite" (1914), auch „Ala und Lolli" genannt, gemahnt in ihrer wilden Orgiastik an Strawinskys „Sacre", die „Klassische Sinfonie" (1918) hingegen sucht ihr Ideal im 18. Jahrhundert. „Es schien mir", erklärte er, „daß Haydn, wenn er jetzt lebte, seinen Stil beibehalten und zugleich mit Neuem ergänzt hätte. Ein solches Werk wollte ich versuchen ..." Gewollter Anachronismus? Absage an die westlichen „Neutöner", deren Atonalismus er nicht nachahmen wollte? Fröhlicher Streich eines musikalischen Spitzbuben oder einfache Stilübung in Rokokomusik, mit einigen dissonanten Akkorden durchsetzt? Auf jeden Fall ein entzückendes Stück voll Geist und Grazie. Es ist sein Abschied von der Heimat. Die nächsten fünfzehn Jahre wird Prokofjew in Deutschland, Frankreich, Nordamerika leben. Er ist ein gesuchter Pianist, besonders wenn er eines seiner eigenen Klavierkonzerte spielt. Sein Kompositionsstil wandelt sich, er gelangt zu einer freieren Behandlung der Tonalität, ja er wird zu einem Avantgardisten mit großem Namen. Die reizende Lustspieloper „Die Liebe zu den drei Orangen", 1921 für Chicago geschrieben, wird zum Welterfolg.

Aber Prokofjew ist, trotz Ruhm und glänzenden Einnahmen, nicht glücklich. Einem Brief in die Heimat vertraut er schließlich seine wahre Stimmung an: Ein Russe – und er ist es durch und durch geblieben – könne nicht in der Fremde leben und schaffen. Ein bewegendes Dokument, das in der Geschichte der Wanderungen des 20. Jahrhunderts nicht fehlen darf. Der „verlorene Sohn" wird mit offenen Armen empfangen, keine Bedingungen werden ihm auferlegt. Der innere Jubel, wieder auf Heimaterde zu stehen, bringt eine Schaffenskraft ohnegleichen. Das Ballett „Romeo und Julia" (1936) gehört zu den schönsten, empfindungsreichsten, edelsten Tanzdramen aller Zeiten, das Kinderstück „Peter und der Wolf" (1936), musikalisch wie pädagogisch gleich wertvoll, ist auch moralisch vorbildlich, da es hier ohne die Tötung des gar nicht so „bösen" Wolfes abgeht. Die großartige Kantate „Aleksandr Newskij (1939) ist ein imposantes Tonstück dramatischer wie lyrischer Klänge. Neben seinen hervorragenden sieben Sinfonien, von denen einige zu den Spitzenwerken der Zeit gezählt werden müssen, sind vor allem – fast wie bei Beethoven – die Klaviersonaten wichtig, die als eine Art Selbstbiographie in Tönen betrachtet werden können. Unermüdlich ist Prokofjew auch für die Bühne tätig: Es entstehen „Der feurige Engel" (in den zwanziger Jahren komponiert, uraufgeführt in umgearbeiteter Form 1955), „Semjon Kotko" (1940), „Die Verlobung im Kloster" (1946) und zuletzt die mehr als fünfstündige Oper „Krieg und Frieden", die Geschichte des russischen Sieges von 1812 über Napoleon, nach dem Roman von Leo Tolstoj. Lange Kriegsjahre arbeitete Prokofjew an diesem gigantischen Werk, dessen erste vollständige Aufführung schließlich 1957 erfolgen konnte.

Die Kritik der Partei an Prokofjew

Mitten im Schaffen, am 10. November 1948, ereilt den Komponisten, gemeinsam mit einer Gruppe von Gefährten, der Bannstrahl der allmächtigen Kommunistischen Partei. Sie wirft ihm konkrete Mängel seiner Musik vor: „Negierung der klassischen Tradition, Mißbrauch der Dissonanz, Atonalität, Mangel an Verständlichkeit, Neigung zu bourgeoisem Geist". Einzelne Werke, wie das Ballett „Pas d'acier", die Oper „Der feurige Engel", die dritte und vierte Sinfonie, das fünfte Klavierkonzert, einige Sonaten, werden als „der sozialistischen Ideologie abträglich" besonders angeprangert. Sie stammen teilweise noch aus der Emigrationszeit. Gewichtige Fragen ergeben sich aus der Maßregelung, die in Form einer Kritik im Parteiblatt „Prawda" publiziert ist. Hat der Staat ein Recht oder gar die Pflicht, Kultur und Konzert zum Wohl seiner Bürger zu beeinflussen oder zu steuern? Unbestritten ist zumeist seine Aufgabe „das Gute" zu fördern, aber im Fall von Verboten für „Schlechtes" beginnen die Diskussionen, die unentscheidbar bleiben. Schutz soll nur dort gewährt werden, wo es Schutzlose gibt. Aber ist nicht ein viel größerer Teil der Menschen schutzlos, als man für gewöhnlich annimmt? Kultur – und damit Kunst – sollte als lebenswichtiges Gut eingestuft und wie das Leben selbst, wie Hab und Gut, als unbedingt schützenswert erklärt werden. Wovor? Nennen wir die Gefahr einfach Unkultur. Wer ist aber berufen, diese zu erkennen, da es ihrer tausend Spielarten gibt? Ist der Kampf gegen die „Unkultur" etwa gleichzusetzen dem gegen die schlimmen Feinde Nikotin, Alkohol, Rauschgift, denen gegenüber die Gesellschaft nahezu machtlos ist? Gibt es eine Toleranzgrenze, hinter jener selbst der liberalste Staat zum Eingreifen gezwungen wäre?
Der Nationalsozialismus dekretierte, alle Geistes- und Kunsterzeugnisse seiner politischen und rassischen Feinde seien „entartet", daher auszumerzen, zu vernichten. Er verbrennt Bücher, zerstört Bilder, verbietet Aufführungen von Theaterstücken und Musikwerken, beraubt ihre Urheber der Freiheit, der Heimat, oft des Lebens. Die kommunistischen Regime wollen nur die „sozialistische Idee" schützen und fördern. Aber auch das bedeutet die Ausmerzung der anderen, die ihr nicht dienen wollen oder können. Hier wie dort ist die Partei allmächtig. Ihr zuwiderhandeln heißt zumindest seine Existenz zu gefährden und, schlimmer noch, gegen das eigene kulturelle oder künstlerische Gewissen handeln zu müssen. Immerhin läßt es der Kommunismus in der Regel mit dem Einsehen und Abschwören der „falschen" Wege bewenden.
Und das tut dann Prokofjew. Sein „Fall" – wie der seines Gefährten Schostakowitsch, von dem bald die Rede sein wird – wird wohl nie ganz geklärt werden können. Geschah es nur unter Druck, in Gefahr, aus Furcht um Stellung und Werk, daß er „abschwor", wie es in früheren Jahrhunderten die Ketzer aus Angst vor dem Flammentod der Inquisition praktiziert hatten, oder betrafen die Rügen doch auch einiges, worüber er mit sich selbst im unklaren war, worauf er also durchaus verzichten konnte? Auf jeden Fall zeigte sich bei diesen geistigen und künstlerischen Glaubenskämpfen etwas Merkwürdiges, daß nämlich der „fortschrittliche" Sozialismus genau das ächtete, was der westliche Liberalismus für Fortschritt hielt und förderte. Der Sozialismus suchte eine Tradition zu wahren, die bürgerlich, ja aristokratisch war. Bleiben wir auf musikalischem Gebiet: Der Westen baute Opernhäuser in radikal modernem Stil, der Osten knüpfte an hergebrachte Bauweisen an. Der Westen experimentierte, offiziell gefördert, mit der Spaltung des Halbtons, mit neuen Tonsystemen, Elektronik und anderen umstürzenden Neuerungen, der Osten aber setzte die klassisch-romantische Linie fort und wandte sich energisch gegen „intellektuelle" Musik, Atonalität, Zwölfton, serielle Experimente usw. Die sogenannte Avantgarde, die revolutionären Stoßtrupps moderner Musik waren im Westen, die „reaktionären" Kunstauffassungen aber waren im Osten zu Hause. Die soziale Revolution schien der künstlerischen zuwiderzulaufen: Ein Punkt, zu dessen Überdenken wir den Leser einladen.
Prokofjew verteidigt sich. Er räumt dem Staat das Recht ein, die Künste zu überwachen. Er begrüßt, zumindest offiziell („so schmerzlich es für einige Komponisten, darunter auch mich, sein mag"), die „Trennung des Kranken vom Gesunden". Er gibt zu, vor Jahren „formalistische Abwege" gegangen zu sein; es sei die Folge des Kontakts mit einer Reihe „westlicher Strömungen" gewesen, von denen er sich nun befreit zu haben hoffe. „In einigen meiner Werke der letzten Jahre sind einige wenige atonale Elemente zu finden. Ohne die mindeste Sympathie für sie zu hegen, bediente ich mich ihrer, um durch die Kontrastwirkung die tonalen Stellen deutlicher hervorzuheben. Ich glaube, dieses Verfahren in Zukunft völlig ablegen zu können." Am ausführlichsten und mit spürbarer Anteilnahme läßt Prokofjew sich über den Vorwurf mangelnder Verständlichkeit aus, die er mit „Fehlern in der Melodik" begründete. „Für mich gab es aber über die Frage des Melodischen nie einen Zweifel. Ich liebe die Melodie und halte sie für das wichtigste Element der Musik... Eine Melodie zu finden, die auch den nichtgeschulten Hörer anspricht und zugleich doch originell ist, stellt die schwerste Aufgabe für den Komponisten dar..."
Prokofjew machte seinen Frieden mit dem offiziellen Musikleben, in dem er längst eine führende Stellung einnahm und das er kaum zu fürchten brauchte. Leicht

Die drei berühmtesten Komponisten der UdSSR um 1950: Prokofjew (links), Schostakowitsch, Chatschaturjan.

fand seine Musik, ohne deshalb einen gesucht populistischen Zug anzunehmen, den Zugang zu den breiten Schichten, die in der Zwischenkriegszeit das Verständnis der „ernsten" Musik suchten. Schon 1937 hatte er geschrieben: „Es ist heute nicht mehr an der Zeit, Musik für einen kleinen Kreis von Ästheten zu schreiben. Unsere Gegenwart erlebt die entscheidende Begegnung weitester Volkskreise mit ernster Musik. Die Aufgabe des Komponisten besteht darin, diese Entwicklung aufmerksam zu verfolgen. Fühlt der neue Hörer sich nicht angesprochen, so läßt er sich von seichten Schlagern einfangen ..." Bei nicht wenigen Werken Prokofjews steht ein deutliches soziales Bewußtsein im Vordergrund.

Seine Musik zu definieren fällt, wie bei den meisten Komponisten bewegter Zeiten, schwer. Er selbst hat einmal versucht, sie in fünf Kategorien zu ordnen, aber diese Einteilung überzeugt nicht ganz. Daß er selbst der lyrischen Komponente eine Vorzugsstellung einräumt, erscheint verständlich, besonders da er sie von den Kritikern zu wenig beachtet findet. Im Gegensatz dazu wehrt er sich gegen die Überbetonung der grotesken, witzigen Seite in seiner Musik, wie sie vor allem von westlichen Beobachtern unterstrichen wird. Er möchte sie lieber „scherzohaft" nennen. In allem bleibt der russische Klang unverkennbar, das „Mächtige Häuflein" sein Vorbild. Als er nach sieben Jahren frei gewählter Ferne von den Städten und ihrem Musikbetrieb am 5. März 1953 in Nikolina Gora, einer Waldsiedlung sechzig Kilometer von Moskau entfernt, stirbt, ist seine Anerkennung als Großmeister auf der ganzen Welt unangefochten.

Dmitrij Schostakowitsch

Allseits bewundert und verehrt ist auch Dmitrij Schostakowitsch (1906–1975), dessen vielseitiges Werk in seiner ganzen Fülle kaum zu überblicken ist. Weit mehr als Prokofjew kann er als bewußt sozialistischer Künstler eingestuft werden, viele seiner Kompositionen besingen unbestreitbar große Leistungen der Sowjetunion, wie die Aufforstung von Wäldern, die Gewinnung neuen Ackerlands, die Nutzbarmachung von Wasserkräften, alles das in riesigen Dimensionen und zum Besten der Menschen. Und doch wahrte er seine völlige geistige und künstlerische Unabhängigkeit, so daß auch er – ja wohl mehr als jeder andere – in harte Konflikte mit der Führung der Staatspartei geriet. Doch seine Leistungen waren auch von der Partei nicht zu übersehen, und so erhielt er 1940 den Stalinpreis, 1954 den Friedenspreis, 1956 den Leninpreis. Widersprüchliches findet sich in diesem Leben und Werk, aber aus der Distanz rundet sich alles zu bewundernswerter Einheit. Schostakowitsch wird in St. Petersburg am 25. September 1906 geboren, spielt frühzeitig Klavier und bezieht als Dreizehnjähriger das Konservatorium seiner nun in Petrograd (bis 1924) umbenannten Vaterstadt. Er ist erst Mitte der Zwanzig, als seine erste Oper „Die Nase" (nach Gogols amüsantem Text) erfolgreich über die Bühne geht. Sie wird erst später offiziell gerügt, im Zug der staatlichen Kritik und des Verbotes, das vor allem seine zweite Oper, „Lady Macbeth von Mzensk", 1933 trifft. Musikalisch mehr als textlich, als zu „westlich intellektuell und volksfremd" verurteilt, bleibt das Werk dreißig Jahre lang in den Schreibtisch des Komponisten verbannt. Inzwischen wächst die Zahl anderer Werke erstaunlich schnell. 1926 läßt die erste Sinfonie aufhorchen; die zweite feiert in einem Schlußchor den zehnjährigen Bestand der Sowjetunion (1927), die dritte ist (1932) dem Festtag des 1. Mai gewidmet, die vierte wird nicht veröffentlicht (und erst 1962 in Moskau gespielt). Von echter Bedeutung ist die fünfte Sinfonie (1937), die „das Werden der Persönlichkeit" schildert, also einen klingenden Erziehungsroman von starker Eindringlichkeit darstellt. Die sechste Sinfonie (1939) fällt dagegen wieder ab, die siebente aber wird weltberühmt. Der während der heroischen Verteidigung von Leningrad der Brandwache zugeteilte Schostakowitsch findet im Bombenhagel und Dröhnen der Kampfflieger immer wieder Augenblicke der Muße, um an dieser „Leningrader Sinfonie" (1942) zu arbeiten. Sie weitet sich über ein Schlachtengemälde des Zweiten Weltkriegs zu einer großartigen Vision des noch fernen Sieges und Friedens aus. Nicht nur im Thema denkt man an Tschajkowskijs Ouvertüre „1812". Sein Nachkomme liebt wie er den rauschenden Orchesterklang, die gewaltig angelegten Steigerungen, die auf tosende Höhepunkte führen. Nach der begeisterten Premiere in Moskau am 1. März 1942 wird das auf Mikrofilmen in den Westen gebrachte Werk bereits am 19. des gleichen Monats von Arturo Toscanini in New York dirigiert und führt zu einer bewegenden Huldigung des Publikums an den fernen, stündlich in Todesgefahr schwebenden Komponisten. Programm-Musik um die Mitte des 20. Jahrhunderts? Schostakowitsch hat sich zu dieser Frage sehr deutlich geäußert: „... Ohne einen bestimmten Ideengehalt kann Musik nicht wertvoll, lebendig und schön sein. Der Komponist einer Sinfonie, eines Quartetts oder einer Sonate muß ihr Programm nicht ankündigen, er muß es aber als ideelle Grundlage seines Werkes vor Augen haben... Bei mir und vielen anderen Komponisten von Instrumentalmusik geht immer der Programmgedanke dem Schaffen eines Werkes voraus. Werke mit einem konkreten Thema, das sich durch Worte ausdrücken läßt und von lebendigen Bildern unserer Zeit inspiriert wird, sind möglich und notwendig." Das bedeutet keine musikalische Ansichtskartenmalerei (zu der es allerdings manchmal ausarten kann), es bedeutet auch kein unbedingtes Bekenntnis zum Naturalismus. Eher läge es nahe, hier Spuren einer Neo-Romantik zu suchen. Ein scharfer Gegensatz zwischen den beiden zu jener Zeit deutlich getrennten Welten in Ost und West scheint sich hier aufzutun und den nach außen plakatierten politischen Strömungen kaum zu entsprechen.

Verhältnis zur Partei

Noch vor Ende des Krieges entsteht 1943 die weniger spektakuläre achte Sinfonie; die neunte spiegelt den Sieg, gibt sich leicht, graziös, spielerisch. Ein ungeheurer Druck ist von Schostakowitsch, von den Menschen Europas genommen. Die noch folgenden Sinfonien – Schostakowitsch komponierte ihrer fünfzehn – zeigen wachsende Reife, Selbstkritik, Neigung zu Klarheit und Einfachheit des Stils. In einigen stehen Vokalteile mit gehaltvollen Texten von Rilke, Apollinaire, García Lorca, Jewtuschenko. Im Jahr 1962 gibt der Komponist die völlig neu bearbeitete Oper „Lady Macbeth" unter dem Titel „Katerina Ismailowa" heraus und erringt nun einen starken, internationalen Erfolg, der auch den heimatlichen Behörden recht ist. Trotzdem ist das Verhältnis Schostakowitschs zur allmächtig herrschenden Partei zwiespältig. Er glaubt an den Sozialismus als an eine überlegene Lebensform, aber er ist bei weitem nicht mit allem, was in seinem Land geschieht, einverstanden. Obwohl er vieles für dieses Land schreibt (1948 „Das Lied von den Wäldern", 1952 „Die Sonne scheint über unsere Heimat", die Filmmusiken „Die junge Garde", „Der Fall von Berlin"), obwohl er sogar Deputierter des Obersten Sowjets und Sekretär des Sowjetischen Komponistenverbandes wird, bleibt er keineswegs von scharfen Rügen verschont. Die Vorwürfe sind gleich oder ähnlich jenen, die auch Prokofjew getroffen hatten: „Formalismus", „bourgeoise, dekadente Haltung". Das kann sich bei reinen Musikwerken ohne Text nur auf die Musik beziehen. Die „Obrigkeit" greift hier in Fragen von mehr oder weniger „Tonalität" ein, in das Verhältnis von Konsonanzen und Dissonanzen, in Gebiete, die eigentlich ausschließlich in das Ermessen des Komponisten gehören. Die Partei schützt damit, nach ihrer Ansicht, die „Verständlichkeit" der Musik für die breite Masse. Die sowjetischen Behörden allerdings versäumen die Gelegenheit nicht, die „Unverständlichkeit" der Künste dem Klassengegner, dem Bürgertum anzulasten, gerade wie der Nationalsozialismus solches dem Kommunismus und dem Judentum gegenüber getan hatte. Kunst und Musik als politische Waffe: sicher eine uralte Erscheinung, aber kaum je so deutlich geworden wie im 20. Jahrhundert. Schostakowitsch, längst auf der ganzen Welt – diesseits und jenseits des damaligen „Eisernen Vorhangs", dem in vielen Fällen so große künstlerische wie politische Bedeutung zukam – begeistert aufgenommen, starb am 9. August 1975 in Moskau. Sein Sohn Maksim, Dirigent in namhaften sowjetischen Stellungen, setzt sich während einer Tournee in den Westen ab und publiziert hier eine Biographie seines berühmten Vaters. Sie ändert nichts an dessen Werk, überläßt aber vieles, vor allem über die wahre Stellung seines Vaters gegenüber der offiziellen Politik der Sowjetunion, späteren Untersuchungen.
Prokofjew und vor allem Schostakowitsch polarisierten das Weltinteresse an der sowjetischen Musik. Aber man sollte jene nicht vergessen, die vor allem für das Musikleben der riesigen Sowjetunion gute und wirkungsvolle Musik schaffen konnten: Dmitrij Kabalewskij (1904–1987), von dem der Westen kaum mehr als die funkelnde Ouvertüre zu Romain Rollands „Colas Breugnon" kennt; der ungeheuer temperamentvolle (schon erwähnte) Aram Chatschaturjan (1903–1978); Iwan Dserschinskij (1909–1978), dem die zum echten Volksstück gewordene Oper „Am stillen Don" gelang; Nikolaj Miaskowskij (1881–1950), aus dessen umfangreichem Werk von 27 Sinfonien zweifellos manches eine Bereicherung des Weltrepertoires sein könnte.
Musik und Politik bilden, je nach der Einstellung des Verfassers, ein mehr oder weniger wichtiges Kapitel, ein entscheidendes oder weniger beachtetes, ein erregendes oder langweiliges. Welch starke Aufmerksamkeit die Wechselwirkung von Musik und Politik im politisch äußerst sensibilisierten 20. Jahrhundert einnimmt, beweist die (in der Österreichischen Musik-Zeitschrift) im November 1990 veröffentlichte Einladung zu einem „Musik und Politik" betitelten Kongreß in Wien, in der zu lesen steht: „Wieso waren die beiden Arien des Figaro von politischer Brisanz? Was ist an Schuberts ‚Winterreise' eine Kampfansage an das Metternich-Regime? Warum fürchtete sich das zaristische Rußland so sehr vor den Etüden, Mazurken und Polonaisen Chopins, daß es deren öffentliche Aufführung verbot? Wie kam es zur Politisierung der Musik Richard Wagners? In welchem Maß mißbrauchten Hitler und Stalin die Musik für ihre politischen Ziele? Welche Rolle spielte der amerikanische Folk-Song bei der Beendigung des Vietnamkrieges? War der Liedermacher Wolf Biermann der Anfang vom Ende der DDR? Wie wurde die erste Rock-Welle zum Vorboten des Prager Frühlings von 1968, und welche Rolle spielten Rock und Pop bei der sanften Revolution im Prag des Jahres 1989?"

Amerika – ein musikalisches Kind Europas?

Gehört ein Kapitel über amerikanische Musik in ein Buch, das die abendländische Kulturentwicklung zum Thema hat? Im Jahr 1500 wäre diese Frage noch bedingungslos zu verneinen gewesen; um das Jahr 2000 aber muß sie, ebenso bedingungslos, bejaht werden. Im erstgenannten Zeitpunkt stießen zwei Kulturen aufeinander, zwei Weltenkreise, die, Gott weiß wie lang, nebeneinander auf dem Erdenrund gelebt hatten. Klammern wir frühere Begegnungen aus unserer Betrachtung aus, sie haben bestimmt keinerlei Spuren hinterlassen. Die Reise des Wikingers Erik des Roten vor tausend Jahren grub sich nirgends mit nordeuropäischer Folklore, mit Skalden- und Bardengesängen ins Eis des nördlichsten Amerikas. Erst die Fahrt des Kolumbus im Jahr 1492 schlug kulturelle Wurzeln. Die Musik des Abendlands traf auf die der eingeborenen „Indios", von der wir sehr wenig wissen, denn sie war vom ersten Augenblick des Zusammenstoßes an dem Untergang geweiht. So primitive Eroberer die Spanier auch sein mochten, ihre geistlichen Ratgeber ließen sie die entscheidende Bedeutung der Musik für den politischen Widerstand ahnen. Sie selbst kündigten der einheimischen Musik den Kampf aus anderen Gründen an. Für sie waren Musikinstrumente der Indios, die hauptsächlich bei religiösen Zeremonien verwendet wurden, Werkzeuge heidnischer Gottheiten. Und so finden sich im Tagebuch eines katholischen Priesters der frühen Kolonialzeit stolze Hinweise darauf, wie viele solcher Instrumente von ihm fortlaufend entdeckt und vernichtet werden konnten.
Mit dem Eindringen der überlegenen spanischen Kriegerscharen begann die Dezimierung der Einheimischen. Um die „Neue Welt" beherrschen zu können, mußte vor allem ihre Oberschicht ausgemerzt werden; die war aber auch Trägerin der Kultur, der Musik. Ausnahmen verbessern das blutrünstige, grausame Bild nicht wesentlich. Immerhin soll angemerkt werden, daß die Kirche sich vieler Verfolgter annahm, wenn diese sich zum Christentum bekehrten oder sich gar in der Ausübung christlicher Gesänge interessiert und anstellig zeigten. Vielleicht liegen in alten kirchlichen Archiven noch Angaben über besonders bemerkenswerte Fälle, bekannt sind sie nie geworden. Da taucht etwa zu Ende des 20. Jahrhunderts in einem Konzertprogramm der Name Juan de Llenas auf, und alles scheint darauf hinzuweisen, daß dieser Komponist ein nach Mexiko ausgewanderter spanischer Priester gewesen sein muß. Doch plötzlich entdeckt jemand, daß es sich hier in Wahrheit um einen Indio gehandelt habe, sogar um einen Häuptling, der um 1620 in den Dienst der Kirche getreten und für sie kompositorisch tätig geworden sei. Natürlich hatten er und viele andere seiner Rasse Europas Tonwelt in sich aufnehmen müssen, nichts Bodenständiges blieb in ihrer Musik. Indianische Elemente überlebten nur in der Volksmusik, und in dieser wohl nur dort, wohin der gewalttätige Arm der Besatzungsmacht nicht gereicht hatte. Dort singen und tanzen die Indios noch heute nach ihrer alten Weise, ihrer oft vielhundertjährigen Tradition. Aber auch die schwächte sich im Lauf der Zeit unerbittlich ab.
Mit der Einschleppung schwarzer Sklaven aus Afrika komplizierten sich die rassischen, politischen, kulturellen Probleme des nun endgültig „Amerika" genannten Erdteils. „Schwarze" Volksmusik trat nun an die Seite der „roten" und vielerlei Arten von „weißer", in dem Maß, als Angehörige europäischer Stämme in die „Neue Welt" gelangten. Die größte Blutvermischung, deren die Menschheitsgeschichte sich entsinnen kann, begann. Sie wird sich auch auf musikalischem Gebiet vielfach und interessant manifestieren.
In den letzten Kapiteln unseres Buches ist immer öfter von Amerikareisen bedeutender europäischer Musiker die Rede gewesen. Um die Mitte des 19. Jahrhunderts begannen die nun selbständigen Staaten jenseits des Atlantiks in den Ruf eines musikalischen Eldorados zu gelangen. Die Tourneen namhafter Geiger, Pianisten, Sänger nach Amerika mehrten sich, schließlich reisten auf den neuen Dampfschiffen auch Komponisten von Ruf: Johann Strauß, Tschajkowskij, Dvořák. Der tschechische Meister blieb sogar einige Jahre, brachte jungen Amerikanern die Grundlagen der abendländischen Musik bei und interessierte sich für die Musik der eingeborenen „Roten" und „Schwarzen". Er ahnte zweifellos, daß aus der Vermischung so verschiedener Musikkulturen eine neue Tonkunst entstehen, daß hier eine echte Aufgabe für Amerikas Musikschaffende erwachsen könnte. Doch war die Zeit dafür noch nicht gekommen.

Europas Musik in der Neuen Welt

Immer noch war die Kunstmusik der Neuen Welt allein von europäischen Einflüssen gezeichnet. Ab und zu waren europäische Komponisten, besonders aus geistlichem Stand, nach Amerika gelangt und hatten es fast als eine Art Mission verstanden, den neuen Ländern Europas geistiges Gut zu bringen. Ein Beispiel aus der Frühzeit stehe hier für viele. Domenico Zipoli (1688–1726) war ein hervorragender Organist aus der Toskana, zwanzigjährig an der Jesuitenkirche in Rom tätig und bereits als Komponist geschätzt, als er den Entschluß faßte, in die Kolonien zu gehen. Er schiffte sich im April 1717 ein, gelangte nach Buenos Aires und brach ins Innere des Landes auf, zu dessen musikalischer Entwicklung im Sinn der neuen Religion er beitragen wollte. Er kam nach Córdoba, wo er anscheinend die Priesterweihe empfing. Dann trat er die Fahrt in den Jesuitenstaat am Oberlauf des Paraná an, wo einige Patres eine halbe Million Guaraní-Indianer in einem idealen Gemeinwesen vereinigt hatten. Sie kannten weder Alkohol noch Geld: auf meist selbstgebauten Instrumenten wurde hier europäische Musik gespielt, eine Insel barocker Tonkunst tief im südamerikanischen Urwald, von der das Abendland nichts wußte. Zipoli allerdings, dessen Musik hier erklang, erreichte sein Ziel nicht mehr. Er starb auf dem Weg aus unbekannter Ursache mit 38 Jahren, während frühe Chronisten den nun als verschollen geltenden Organisten und Komponisten unter die namhaften Musiker seiner Zeit einzureihen begannen.

Einiges über die – selbstverständlich europäische – Musik in den Kolonien findet sich auch in Berichten von der Hofhaltung der damals in Lateinamerika residierenden Vizekönige Madrids und Lissabons. Aus Lima wird der Name José Díaz überliefert, der geistliche Musik komponierte, während zwei andere Spanier, Durón und Torrejón, Begleitstücke zu Komödien schrieben, die am Hof aufgeführt wurden. Zu beachtlicher Blüte gelangte das frühe, aus Europa kommende Musikleben in Brasilien. In Rio de Janeiro war der Priester José Mauricio Nuñes García (1767–1830) Hofkomponist: ein Mulatte, der nicht nur empfindsame Lieder, sondern auch ein sehr bemerkenswertes Requiem schrieb, das in seinen besten Partien dem bewunderten Vorbild Haydn sehr nahe steht. Am intensivsten wurde rund um die Goldgräberstadt Ouro Preto musiziert, wo F. C. Lange um 1950 eine Fülle wertvoller Manuskripte zutage förderte. Die hier anscheinend gutbekannten Vorbilder liegen stets im europäischen Barock und Rokoko, in der beginnenden Wiener Klassik. Die Region (im heutigen Minas Gerais) wies jahrzehntelang ein bewundernswertes kulturelles Leben auf, an dem Dichtung, Malerei, Bildhauerei und Musik gleichen Anteil hatten und von dem in Europa niemand etwas ahnte. Wer weiß, daß ein voll ausgebildeter Musiker namens Joâo de Sousa Carvalho (1745–1798) hier wirkte, ein Schüler Porporas, ein Kamerad Paesiellos gewesen war, dessen hervorragendes „Tedeum" dem Vergessen entrissen werden sollte? Eine sehr alte Sammlung von Weihnachtsliedern fand sich in der Kathedrale von Bogotá; in Santo Domingo landete schon 1597 ein Schiff voll Noten aus Europa. Ein in Kolumbien verfertigter Notendruck wurde in Cartagena entdeckt; er gehört, um die Mitte des 16. Jahrhunderts entstanden, zu den frühesten des Erdteils. Bei der Gründung der Universität Caracas im Jahr 1725 wurde das Studium der Musik in den Lehrplan aufgenommen. Es ist also anzunehmen, daß das Musikleben bereits Musiker in verschiedenen Funktionen benötigte. Nordamerikas erster Notendruck, das „Bay Psalm Book", ist von 1698. Von zwei frühen Orchesterkonzerten wird 1731 aus Boston berichtet. Durch eifrige Musikpflege ragt die pennsylvanische Siedlung Bethlehem hervor, eine Gründung ausgewanderter Böhmen, sowie Stoughton, wo von sehr frühen Chören die Rede ist. Die ersten Programme ähneln jenen Europas genau; nur Haydn wird hier mit seinem „englischen" Doktortitel genannt, den er selbst kaum führte. New York spielte 1750 die „Bettleroper", die zwei Jahrzehnte zuvor den Londonern so gut gefallen hatte. Aber was sollten die Amerikaner mit dieser Parodie auf die Barockoper, die sie ja nie gesehen hatten?

Amerikanische Komponisten

Das 18. Jahrhundert überliefert zum ersten Mal nordamerikanische Komponisten, aber ihre Musik ist von der europäischen nicht zu unterscheiden: James Lyon (1735–1794), Francis Hopkinson (1737–1791), William Billings (1746–1800). Sie erleben die Gründung der Vereinigten Staaten von Nordamerika, und es fehlt nicht an Kompositionen, die dieses Ereignis feiern. Hopkinson, einer der Unterzeichner der Unabhängigkeitsakte, widmete den ersten Band seiner Lieder „seinem Freund George Washington". Mehrere Musiker im lateinischen Amerika sind in die Freiheitskämpfe ihrer Länder verwickelt. In Venezuela werden J. A. Caro de Boesi und Juan José Landaeta, Komponist eines später zur Nationalhymne erhobenen Liedes, wegen „Teilnahme an der Rebellion" erschossen, zwei mexikanische Komponisten, José Mariano Elizaga und José Maria Bustamante, verbüßen lange Haftstrafen. Ein kleiner chilenischer Junge lief dem siegreich vordringenden Befreiungsheer nach, um immer wieder seine schneidigen Märsche zu hören. Später schrieb dieser José Zapiola (1807–1885) nicht nur den populärsten Marsch seines unabhängig gewordenen Landes („Marcha de Yungay"), sondern als Kapellmeister an der Ka-

Der gefeiertste Sänger seiner Zeit, Manuel García, führte die erste Operntruppe nach Amerika und sang 1825 dort Rossinis „Barbier", 1826 Mozarts „Don Giovanni".

thedrale von Santiago und Leiter des neuen Konservatoriums auch Messen und ein „Christus"-Oratorium. Erst 1825 schlug, nachdem es in vielen Städten des Nordens wie des Südens bereits Orchester und ziemlich regelmäßig Konzerte gab, für Amerika die Stunde der Oper. In New York landete der berühmte spanische Sänger Manuel García (von dem wir erzählten) an der Spitze einer italienischen Truppe und führte zuerst Rossinis „Barbier von Sevilla" auf. Nach der Vorstellung erschien ein uralter Mann in seiner Garderobe: „Ich bin Lorenzo da Ponte!" Der ehemalige Mozart-Librettist war, nach einem abenteuerlichen Leben, in der Neuen Welt gestrandet. Auf seinen Rat spielten die Europäer 1826 Mozarts „Don Giovanni". Doch selbst die damals kaum sehr sachverständigen New Yorker Presse fand an dieser ersten Vorstellung einer Mozart-Oper mehr auszusetzen als zu loben. García aber, ausgestattet mit einem guten Schuß Abenteuerblut in den Adern, blieb noch in der Neuen Welt. Er führte seine Sänger auf einen „Abstecher" nach Mexiko, wo sie in den Siedlungen (man kann kaum von Städten sprechen) der Silberminenarbeiter mit Arien und Opernszenen überraschend viel Geld verdienten. Sie wurden auf dem Weg zum Hafen Veracruz von Banditen überfallen, die ihnen aber, angeblich nach mehreren Liedern Garcías, begeistert die Hälfte des Geraubten zurückgaben: sicherlich ein „Honorar", wie es ein Sänger kaum je erhalten haben dürfte.

Durch eine Laune des Schicksals begann auch das Opernspiel in Lateinamerika im gleichen Jahr 1825 und mit dem gleichen Stück, Rossinis „Barbier", und zwar in Buenos Aires. Die noch recht unbedeutende Hafenstadt nahm aber mit der Unabhängigkeit Argentiniens einen raschen Aufschwung, vor allem auch in kultureller Hinsicht. Hier wurde am Staatsfeiertag, dem 25. Mai 1857, ein schönes Opernhaus eingeweiht und nach dem Entdecker Amerikas Teatro Colón (Columbus) genannt. Eröffnungsoper war Verdis „Traviata", also ein modernes Werk, dessen Uraufführung gerade erst vier Jahre zurücklag. Diese Bühne blieb bis 1887 in Betrieb, doch erzwang die Musikbegeisterung der aufstrebenden Weltstadt die gleichzeitige Einrichtung mehrerer Theater. So gingen an manchen Abenden drei Opern, oft mit prominenten Gästen aus Europa, gleichzeitig über die Bühne.

Das neue Teatro Colón wurde am 25. Mai 1908 als eines der großartigsten und akustisch besten Opernhäuser der Welt in Betrieb genommen. Das nördliche Gegenstück, die New Yorker Metropolitan Opera (kurz Met genannt), eröffnet am 22. Oktober 1883 und ersetzte die seit 1854 tätige „Academy of Music". Die „old Met" wurde 1966 durch das neue Haus abgelöst, das nun ein Bestandteil des großartigen „Lincoln Center" ist, wo schon die beiden ebenfalls klassizistischen Bauten des New York State Theatre (1942) und der Philharmonic Hall (1962) standen.

Nationalopern in Lateinamerika

Latein- wie Nordamerika begannen nun „nationale" Opern zu schaffen. Die aber waren im eigenen Land nicht leicht durchzusetzen, geschweige denn gar im fernen Europa. Das Publikum verlangte nach den großen Opern des Weltrepertoires, und diesen gehörte, von möglichst prominenten Gästen ausgeführt, der Hauptteil der jährlichen Spielzeit. Nur sehr allmählich kamen einheimische Opern in der Landessprache zu Gehör; um sie aufführen zu können, mußten auch einheimische Sänger herangebildet werden, denn nur selten fanden sich berühmte Künstler bereit, argentinische, brasilianische, mexikanische, US-Opern zu studieren, die sonst nirgends gespielt wurden. Die großen Theater Europas zeigten noch sehr lange kein Interesse, „exotische" Opern zu spielen, und zu diesen gehörten automatisch alle von jenseits des Ozeans. So ist die Liste früher Opern aus amerikanischen Ländern kurz und nur von historischer Bedeutung.

In Mexiko schrieb 1711 der einheimische Komponist Manuel Zumaya die Oper „Partenope", die aber vermutlich nur ein einziges Mal vor geladenen Gästen im Palast des Vizekönigs erklang. In Chile taucht 1846 „Telesfora" von Aquinas Ried auf. Es ist merkwürdig: Gerade wie in der europäischen Operngeschichte, beginnt auch jene Amerikas mit Stoffen aus der klassischen Sage und Legende. Erst Aniceto Ortega (1823–1875) schlägt mit „Guatimotzin" ein einheimisches, nationales, ja sogar indianisches Thema an und weist damit, von Mexiko aus, den Weg in eine national betonte Zukunft der Musik. 1868 gelangt die Oper des Mexikaners Melesio Morales „Ildeconda" bis nach Florenz. Argentiniens Beiträge zum Musiktheater beginnen bei Demetrio Rivero (1855) und erreichen wahre Bedeutung bei den Brüdern Pablo und Arturo Berutti. Eine Oper des letzteren, „Yupanki", erlebt in Buenos Aires die Uraufführung mit Caruso in der Titelrolle des indianischen Freiheitshelden. Alle genannten Werke sind zwar in Amerika entstanden, aber sie sind nicht in dessen Sprachen abgefaßt. Auch hier ist noch sehr lange das Italienische vorherrschend. Dabei ist es sicher nicht so wichtig, ob indianische Freiheitskämpfer wie Guatimotzin und Yupanki in italienischer oder in spanischer Sprache singen – beide Versionen liegen gleich weit von den eigenen indianischen Muttersprachen entfernt –, wesentlicher aber ist, daß auch ihr musikalischer Stil völlig italienisch ist. Erst der argentinische Komponist Felipe Boero (1884–1959) komponiert mit „Tucumán" (1918) die erste Oper in der spanischen Landessprache und 1928 im Gauchodrama „El Matrero" die Einführung folkloristischer Rhythmen.

Brasilien besaß eine Nationaloper bereits seit mehr als einem halben Jahrhundert; doch auch sie war zunächst in italienischer Sprache komponiert worden: Carlos Gomes (1836–1896) war der erste lateinamerikanische Komponist, der es zu Weltruhm brachte. Er studierte

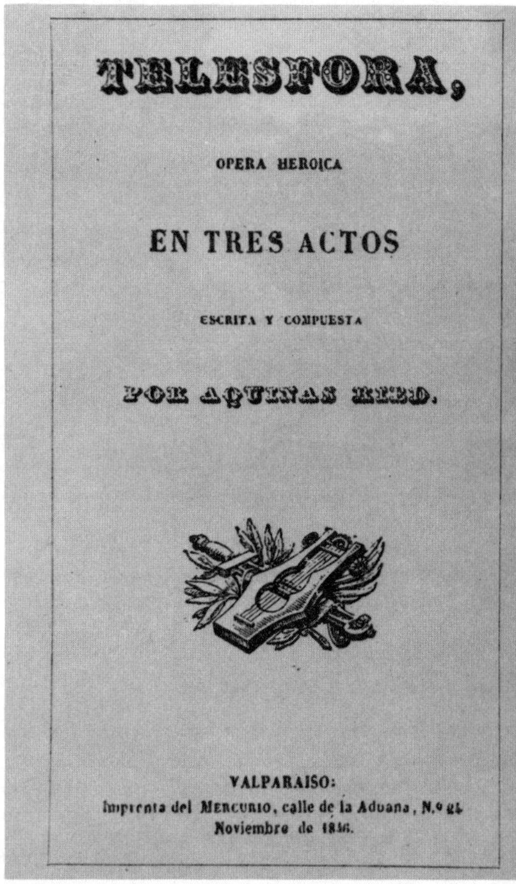

TELESFORA,

OPERA HEROICA

EN TRES ACTOS

ESCRITA Y COMPUESTA

POR AQUINAS RIED.

VALPARAISO:

Imprenta del Mercurio, calle de la Aduana, N.º [illegible]

Noviembre de [illegible].

Linke Seite: In den letzten Jahren der „alten"legendären Metropolitan Opera von New York, hier mit dem großen Dirigenten Dimitri Mitropoulos am Pult.
Oben: Der wahrscheinlich früheste Operndruck Amerikas: eine längst vergessene „Telesfora" von Aquinas Ried (Chile, 1846).

mit einem Stipendium seines Kaisers Dom Pedro II. in Italien, wo ihn Verdis Musik tief beeindruckte. Und so klingt seine erfolgreichste Oper „Der Guarani" wie ein (beachtlich guter) Verdi, voll Schwung und Kraft, Stimmung und Dramatik. Die Uraufführung an der Mailänder Scala (1870) machte Gomes über Nacht bekannt. Der stolze Kaiser veranlaßte sofort Aufführungen in Brasilien. Dazu mußte das von José de Alencar portugiesisch geschriebene, aber italienisch vertonte Libretto ins Portugiesische rückübersetzt werden. Gomes kehrte heim, erzielte auch mit der Oper „Der Sklave" einen weiteren starken Erfolg, ging aber nach dem Sturz des Kaiserreichs in das ferne Belém do Pará, wo er starb. Heute stehen seine Büsten in allen Städten des Landes, viele Theater sind nach ihm benannt.

Neben der immerhin sporadisch gepflegten Oper – nur Buenos Aires mit seiner starken italienischen und deutschen Einwanderung bildet mit bereits bemerkenswertem Musikleben eine rühmliche Ausnahme – gibt es im Lateinamerika der letzten Jahrzehnte des 19. Jahrhunderts nur wenig Kunstmusik. Am ehesten war sie noch in vereinzelten Privathäusern der Oberschicht zu finden, wo, nach mitteleuropäischem Vorbild, regelmäßig Hausmusik gepflegt wird. In größeren Städten existie-

ren, nach Pariser Vorbild, „Salons", wo kleine Kreise gebildeter Bürger sich zusammenfinden, um Lesungen zu veranstalten, Pianisten und anderen Instrumentalsolisten oder Sängern zu lauschen, vielleicht sogar Theaterstücke einzustudieren. Die meisten Komponisten, die aus jener Umwelt bekannt wurden, waren „Salonmusiker", die Chopin zu kopieren versuchten.
Ernster zu nehmen sind zumeist die Kirchenmusiker jener Welt, denen weltliches Ansehen fernlag. Immerhin aber gelang einigen Amateuren der ersteren Gruppe manches Hübsche, und ihre Namen verblieben in der Geschichte der frühen lateinamerikanischen Musik: Amancio Alcorta, Salustiano Zavalìa, Juan Pedro Esnaola, Juan Bautista Alberdi. Hier handelte es sich allerdings um Männer, die in Politik und Staatsführung bereits angesehen waren. Ihre musikalische Bildung stammte aus Europa, stilistisch gehörten sie der Romantik an, und keine Note ließ auf Amerika als Ursprungsland schließen. In Argentinien lag alles, was mit Kultur zusammenhing, ausschließlich in „weißen" Händen. Die Reste der noch vorhandenen Indios hausten in Randgebieten fern der Hauptstadt, und ihre Folklore war unerforscht und unerkannt. Da auch die Musik der hier lebenden Neger so gut wie nie aus den eigenen Kreisen trat, war hier ein ferner Ableger Europas, zweifellos ein Stück Abendland. Das gleiche galt für Chile, aber die Verhältnisse änderten sich stark, wenn man nach Norden, in wärmere Landstriche und Gegenden mit stärkerer indianischer Urbevölkerung reiste. In Brasilien, Bolivien, Paraguay, Peru, Ecuador, Venezuela, Kolumbien, wie in Mittelamerika bis hinauf nach Mexiko, bleibt die Kunstmusik, soweit sie überhaupt zu registrieren ist, in den Händen der Weißen; aber daneben ist die indianische wie die Negermusik gerechterweise nicht zu überhören. Ihre Verschmelzung mit jener der Weißen beginnt. Gegen das Jahrhundertende gibt es erste Mischformen von ethnischem, folkloristischem, kulturellem Interesse.
Recht schwach bleibt lange Zeit noch die Pflege von Orchester-, mehr noch von Kammermusik. 1825 hören wir vom Funktionieren sinfonischer Ensembles in Buenos Aires und Mexiko. Doch erst 1870 erklingt eine vollständige Beethoven-Sinfonie. Mexiko erlebt 1869 die erste Aufführung eines heimischen Orchesterstücks. Der schon genannte Melesio Morales verherrlicht die neue Eisenbahn, und die Zeitungen schreiben von einer „Hymne auf die Zivilisation des 19. Jahrhunderts". Darin soll man das Fauchen der Lokomotive, ihren Pfiff, ihr Dahinfahren vernommen haben: mehr als ein halbes Jahrhundert vor Honeggers „Pacific 231", wenn auch zweifellos viel einfacher.

Musik in Nordamerika

Im 19. Jahrhundert beginnt sich die kulturelle Entwicklung zwischen Nord und Süd im weiten amerikanischen Kontinent zu spalten, in den englischen und den lateinischen (spanisch-portugiesischen) Teil. Zu Beginn der kolonialen Zeiten schien der südliche Halbkontinent raschere Fortschritte zu machen. Damals war in den europäischen Mutterländern die Musik Iberiens jener Englands ebenbürtig, wenn nicht sogar voraus. Wichtiger aber dürfte die Zusammensetzung der Emigranten gewesen sein: Nach der „Mayflower" landeten in der Neuen Welt recht verschiedene Gruppen und Individuen, viele Abenteurer mit Gold als einzigem Ziel, viele Bauern mit der Sehnsucht nach weitem Land und wenig umliegenden Siedlungen. Dies waren Gruppen, denen an einem öffentlichen Musikleben wenig gelegen war. Im Süden brauchten die Kolonialmächte ihrer Struktur nach kompliziertere Beamtenapparate, unter denen es noch Familien gab, die in Spaniens „goldenem" Jahrhundert an Musik und Theater gewöhnt waren. Doch mit der Unabhängigkeit begann in den USA ein starker kultureller Aufstieg, der Lateinamerika innerhalb weniger Jahrzehnte hinter sich ließ. Im Norden setzt man mit wachsendem Wohlstand und Selbstvertrauen, mit viel Idealismus Geld für kulturelle Zwecke ein. Man hat die Wichtigkeit der Kultur erkannt, mit deren Hilfe man eines Tages nach der Weltführung greifen könnte. Weitblickende Männer fördern nicht nur den „Import" von Künstlern, sondern suchen Kultur-, Kunst-, Musikerzieher für künftige Generationen. Hier gebührt Lowell Mason (1792–1872) eine besondere Erwähnung. Er besuchte 1837 Deutschlands Musikschulen und gab dann eine Reihe grundlegender Singbücher für die Jugend der USA heraus.

Auch von frühen Komponisten dieser Ära ist zu berichten. Der englische Violinvirtuose James Hewitt (1770–1827; zufällig genau die gleichen Daten wie Beethoven) kam zweiundzwanzigjährig nach Amerika, das seine zweite, echte Heimat wurde (die kuriose Parallelität geht weiter: Zum gleichen Zeitpunkt, zu dem Beethoven in Wien seine zweite Heimat findet, gelangt Hewitt nach New York). 1794 komponiert er eine der frühesten amerikanischen Opern „Tammany", obwohl es, außer vielleicht in Laienkreisen, kaum Aufführungsmöglichkeiten gab. Der Puritanismus wirkte sich in seiner Theaterfeindlichkeit stark gegen das öffentliche Musikleben aus. Erst die folgende Generation von John Knowles Paine (1839–1906), George W. Chadwick (1854–1931) und Horatio William Parker (1863–1919) fand günstigere Bedingungen vor. Parkers „Mona" und sein Oratorium „Hora novissima" wurden – immer noch stark der deutschen Romantik, vor allem der Mendelssohn-Richtung verpflichtet – die

vielleicht frühesten populären Musikwerke amerikanischen Ursprungs.
Etwa zur gleichen Zeit, zu der der lateinamerikanische Komponistenname Carlos Gomes nach Europa drang, wurde der erste bedeutende Komponist der USA, Edward MacDowell (1861–1908) bekannt. Er war in Paris Mitschüler des fast gleichaltrigen Claude Debussy und stand völlig unter dem Einfluß des Impressionismus. Zum weitaus interessantesten Komponisten der USA, bis hin zu Gershwin und Bernstein, wurde das „Originalgenie" Charles Ives (1874–1954), ein Enfant terrible ähnlich Eric Satie, völlig unorthodox trotz beachtlichem theoretischem Können, das er an der Yale-Universität erworben hatte. Er war chaotisch phantasievoll, obwohl er im Hauptberuf als Versicherungskaufmann arbeitete. Erst der über Sechzigjährige fand internationale Anerkennung als faszinierende Erscheinung, die in keinem Stil oder System unterzubringen war. Ives war atonal vor der Atonalität, polytonal und polyrhythmisch, bevor solche Ideen ins Bewußtsein der Musiker drangen. Er ging den „Neuerern" des 20. Jahrhunderts – etwa Strawinsky und Milhaud – um Jahre, manchmal um Jahrzehnte voraus, aber er kümmerte sich nie um eine Veröffentlichung seiner Werke. Heute haben seine vier Sinfonien, seine sinfonischen Dichtungen („Three Places in New England", „Washington's Birthday", „Holidays" u. a.), seine Kammermusik sowie mehr als 200 Lieder eine zahlreiche und begeisterte Anhängerschaft in allen Ländern.
Wer an Nordamerikas Musik des ausgehenden 19. Jahrhunderts denkt, der verbindet ihre Erscheinungsformen vor allem mit drei Phänomenen: dem sogenannten Volkslied des Stephen Collins Foster, der Marschmusik des John Philip Sousa und dem noch weitgehend unbeachteten Beginn des Jazz. Foster (1826–1864) schuf mit seinen ungefähr 150 Melodien das „echt amerikanische" Lied, das in Ermangelung von echter Folklore (die es in typischen Einwanderungsländern niemals gibt) die Rolle des Volkslieds übernehmen mußte. Vielleicht war Foster so etwas wie ein amerikanischer Friedrich Silcher, wenn auch bei weitem kein Franz Schubert; aber auch das ist viel, und die USA verdanken ihm ungewöhnlich Liebenswertes. Er stammte aus Pennsylvania, aber die Heimat seiner Seele lag weit, weit südlicher, dort wo die Schwarzen ihre tiefe Traurigkeit besingen, ihr Heimweh nach Afrika, aus dem ihre Ahnen vor Generationen gewaltsam verschleppt worden waren, ihre Sehnsucht nach Liebe in einer feindlichen Umwelt, nach Erlösung in einem naiv christlichen Sinn: „My old Kentucky home", „Old folks at home", „Massa's in the cold ground", „Old black Joe", „Beautiful dreamer", „The camptown races", „Uncle Net", „Oh Susanna". Sie sind überaus volkstümlich geworden, weltweit verbreitete Gegenstücke zu „Onkel

Linke Seite: Edward MacDowell, früher US-Komponist impressionistischer Schule.
Rechts: John Philip(p) Sousas Märsche begleiten den Aufstieg der USA zur Weltmacht, (Deutsche Ausgabe von 1897 aus Hamburg).

Toms Hütte", sicherlich verharmlosende, aber doch ernstzunehmende, symbolkräftige Bilder aus dem „tiefen Süden". Vielleicht kann man sogar sagen, daß die echte Negerfolklore sich erst ans Licht der Öffentlichkeit wagte, als die überaus freundliche Aufnahme von Fosters Liedern in der ganzen Welt offenbar wurde.
Im Jahr 1889 schrieb John Philip Sousa (1854–1932), damals Dirigent einer Marinekapelle, seinen Marsch „Washington Post" zu einem Fest dieser Zeitung, ohne zu ahnen, daß er damit den klingenden Inbegriff des machtvoll aufstrebenden Amerika in Töne gebracht hatte. Bei der Pariser Weltausstellung im gleichen Jahr trat er zum Wettkampf gegen Johann Strauß an, den „Walzerkönig" aus Wien. Besser hätte man die Gegner nicht wählen können: Nicht nur zwei Musikstile, zwei Welten standen einander gegenüber – hier der Meister der feinen Zwischentöne, des musikgewordenen Charmes, der Erbe jahrhundertealter Kultur, dort der Vertreter eines jungen, kraftvollen Eroberertums, in dessen Märschen die Hufe der galoppierenden Pferde dröhnten, mit denen Trapper westwärts in wilde Abenteuer ritten, Siedlerkolonnen Triumphlieder anstimmten angesichts unendlicher fruchtbarer Ebenen. Mit Sousas Rhythmen zog der junge Staat in seine langen siegreichen Kriege. Fast niemand konnte des Komponisten tiefe Enttäuschung verstehen, als er gegen Ende seines Lebens sagte, man habe nur seine Märsche geschätzt, seine sinfonischen Werke, Bühnenstücke, Kantaten, Suiten und Lieder, die ihm viel mehr am Herzen lagen, aber nicht hören wollen.
Zwei große Pioniere des rasch aufsteigenden Musiklebens der USA kamen aus Deutschland. Leopold Damrosch (1832–1885) war ursprünglich Arzt, wurde Musiker im Wagner-Liszt-Kreis und Kapellmeister ist Breslau, als er 1871 als Leiter eines Gesangsvereins nach New York gerufen wurde. Dort gründete er 1874 die „Oratorio Society", 1878 die „New York Symphony Society" und übernahm 1884 die Direktion der ersten Saison der deutschen Oper. Seine Kompositionen sind vergessen, nicht aber die Impulse, die er dem New Yorker Musikleben gab. Sein Sohn Walter Damrosch konnte sein Werk fortsetzen und noch ausdehnen. Der Ostfriese Theodore Thomas (1835–1905) kam mit zwölf Jahren nach New York, gründete (als Autodidakt) 1869 ein ausgezeichnetes Orchester, das mit der seit 1841 bestehenden Philharmonie in ernste Konkurrenz trat. Sein Hauptverdienst aber liegt in der Ausbreitung des Konzertwesens auf zahlreiche andere Städte des unermeßlichen Landes. In New York wurde 1891 die Carnegie-Hall erbaut, einer der traditionsreichsten Säle der Welt.
Immer noch geht, auch zu Anfang des 20. Jahrhunderts, der Strom der reisenden Musiker eindeutig westwärts über den Ozean, aus dem „alten" Europa, das sich als lehrend und gebend versteht, in das „junge" Amerika, das sich als unbegrenzt aufnahmefähig erweist. Und doch gibt es ab und zu Ausnahmen: US-Künstler ziehen ostwärts, um in den großen Musikzentren Europas Bestätigung zu finden. Louis Moreau Gottschalk (1829–1869) muß eine ungemein fesselnde Persönlichkeit gewesen sein. Er stammte aus New Orleans, studierte in Paris, unter anderem bei Berlioz. Chopin, stark von ihm beeindruckt, rief ihn zum „König der jungen Pianisten" aus. Er interessierte sich früh für „afroamerikanische" Musik – die noch nicht Jazz genannt wurde –, lebte zeitweise im folkloristisch überreichen Kuba. Von ausgedehnten Tourneen kehrte er immer wieder nach New York zurück, wo er allein im Winter 1855/56 nicht weniger als 80 Klavierabende gegeben haben soll. In Rio de Janeiro stellte er ein Orchester von weit über hundert Musikern zusammen, gab Monsterkonzerte und dirigierte in bunten Programmen auch eigene Kompositionen, eine seltsame Mischung aus Romantik und Exotik. Er starb auf einer seiner umjubelten Konzertreisen, nur vierzigjährig, in Brasilien.
Zu den bedeutendsten amerikanischen Dvořák-Schülern in New York gehörte Rubin Goldmark (1872–1936). Als einer der ersten suchte er Themen im eigenen Land: „Negro-Rhapsody", ein „Requiem" auf Lincolns berühmte Gettysburger Worte („Regierung des Volkes durch das Volk für das Volk"). Er wurde zum Lehrer Gershwins und Coplands, den beiden wichtigsten US-Komponisten des 20. Jahrhunderts, die dadurch eigentlich „Enkelschüler" Dvořáks, der europäischen Spätromantik sind. Jahrelang studierte in Europa sein Zeitgenosse Henry Hadley (1871–1937), der Opern und programmatische Sinfonien schrieb. Als Dirigent des Manhattan Symphony Orchestra rief er erstmals Konzerte mit betont amerikanischem Inhalt ins Leben. Jazzeinflüsse werden bei John Alden Carpenter (1876–1951) fühlbar, einem Großindustriellen, der 1921 die Pantomime „Crazy Cat" schrieb und daraufhin von Diaghilew zur Ballettmusik „Skyscrapers" (Wolkenkratzer) veranlaßt wurde, die seinen Erfolg noch steigerte. Großen Erfolg hatte auch der Autodidakt Deems Taylor (1885–1966), Komponist der Opern „The King's Henchman" (Des Königs Gefolgsmann, 1927, als Auftrag der „Met"), „Peter Ibbetson" (1931), „Ramuntcho" (1942) und Autor des stark verbreiteten Buchs „Of Men and Music". Vielleicht wäre es ungerecht, Ethelbert Nevin (1862–1901) ungenannt zu lassen, der es mit Liedern und Klavierstücken primitivster Struktur zu beneidenswerter Popularität brachte. Zum Impressionismus neigte der Humperdinck-Schüler Charles Griffes (1884–1920), während bei einer Reihe seiner Altersgenossen (Arthur Farwell, Charles Skilton, Charles Wakefield Cadman) wachsendes folkloristisches Interesse, besonders an indianischer Musik, erkennbar wird.
Im gesamten Abendland, zu dem beide Teile Amerikas nun immer entschiedener gehören, ist die große, national wie sozial erklärbare Revolution der Folklore um die Jahrhundertwende ihrem Höhepunkt nahe. In Nordamerika gibt es zur Erlangung eines authentischen klingenden Bildes nur die Möglichkeit einer Synthese zwischen Schwarz und Weiß. Zu schwach sind die Reste indianischer Musik, um mehr als einem Spezialinteresse zu genügen. Ganz anders ist die Lage in Lateinamerika, wo in einigen Ländern (Mexiko, Guatemala, Peru, Bolivien) noch reiches indianisches Leben und damit eine autochthone, sehr eigenständige und charakteristische indianische Musik zu beobachten ist. Es wäre hochinteressant, eine Landkarte dieser Regionen herzustellen, auf der der Prozentsatz von „weißer", „roter" und „schwarzer" Musik für jede von ihnen verzeichnet stünde. Der Leser möge verzeihen, wenn hier die Indios, völlig unsinnig wie üblich, als „rot", als „Rothäute" bezeichnet werden. Dies geschieht nur, um im verwendeten Bild zu bleiben.

Jazz – die Musik aus der Neuen Welt

Plötzlich war sie da, diese meistverbreitete, diese magische Musik des 20. Jahrhunderts. Plötzlich trat sie heraus aus den hell sonnenbestrahlten und doch elend düsteren Kaschemmen, zweifelhaften Tanzlokalen, verrufenen Höhlen von Laster und Verbrechen im „tiefen Süden" der USA, der einem verwundeten Löwen gleich die tiefen Wunden leckte, die der Sezessions-, der Bürgerkrieg ihm geschlagen hatte und der kaum ernsthaft daran dachte, der grausamen Unterdrückung der Schwarzen ein Ende zu bereiten. Wie und wann aber war die später „Jazz" genannte Musik in diese bedrückende Umwelt geraten? War das wirklich ihre Heimat? Woher stammte sie? Wer hatte ihr schließlich den Namen „Jazz" gegeben? Wer in die Vergangenheit dieser Musik eindringen will, sieht sich vor Fragen über Fragen gestellt. Sie sind oft beantwortet worden und doch unbeantwortet geblieben. Niemand hat sie verschleiert, aber was von einem unterdrückten Volk, einer geknechteten Klasse stammt, hat es überaus schwer, seinen Weg in die Geschichte zu finden. Es lebt höchstens als Legende im Volksmund, mit ihrer eigenen Art von Helden und deren kühnen Taten. Eines nur ist sicher (wie eine amerikanische Jazzgeschichte feststellt): Ohne die Sklaverei der Neger in den USA gäbe es keinen Jazz.

Diese unumstößliche Tatsache bringt ein wenig Klarheit in die Ursprünge dieser Musik. Sie stammt von den Negern. Ihre Anfänge sind unzweifelhaft „schwarz". Sie fallen in die Zeiten der Sklaverei, des zweiten Völkermords, den die weiße Rasse, „das Abendland" – nach der Dezimierung der Indios durch die Spanier –, beging. Und mit dieser Feststellung wird das eingebürgerte Wort von der „afro-amerikanischen" Musik ernsthaft erschüttert. Als Louis Armstrong, Jazzidol langer Jahrzehnte, kurz vor seinem Tod 1971 nach Afrika reiste, in das Land seiner Ahnen, wurde er zwar als „amerikanischer Musiker" ebenso stürmisch bejubelt wie überall, aber keiner seiner Zuhörer fand sich „verwandtschaftlich" angesprochen, keiner hörte aus seinen Klängen afrikanische Musik heraus. Diese Wurzeln waren, wenn es sie je gab, längst verschüttet. Generationen von Menschen in neuer Umwelt hatten, was einst ihre Basis war, unwiederbringlich verloren.

Was die Ursprünge des Jazz auszeichnet, ist also etwas typisch Amerikanisches. Das bedeutet etwas, das nur aus dem Schmelztiegel vieler Rassen und Völker stammen

„The old Kentucky home": Gemälde von E. J. Johnson (und Liedtitel von Stephen Collins Foster), das Leben im alten „deep South", den „malerischen" Elendsvierteln der Schwarzen im Süden der USA, wo die ersten Regungen der Jazzmusik aus Blues und Spirituals aufkeimten.

Oben: Auf den Mississippidampfern gelangte die frühe Jazzmusik aus New Orleans und anderen Städten des Südens nordwärts (kolorierte Kreidelithographie von Francis F. Palmer, die eine „Wettfahrt der Champions" darstellt).
Rechte Seite: Die legendäre frühe Gospelsängerin Ines Andrews mit ihrem Ensemble, den „Andrewettes", deren religiöse Gesänge in der Entstehung des Jazz eine bedeutende Rolle spielten.

kann. Gerade auf dem verhältnismäßig kleinen Gebiet, das vermutlich als Heimat des Jazz bezeichnet werden kann, konnte die einzigartige Verschmelzung von Schwarz und Weiß in der Musik stattfinden, während sie auf allen anderen Gebieten verboten war und bestraft wurde. Anderswo war von einer rassischen Abgrenzung nur wenig oder gar nicht die Rede. In Brasilien entstanden zahlreiche musikalische Mischformen, bei denen ab und zu auch indianische Elemente in das weißschwarze Konglomerat kamen. Aber Jazz wurde nicht daraus. Anders verlief die Entwicklung auf den karibischen Inseln. Wer hier Spuren älterer Volksmusik nachgeht, kann Zusammenhänge mit Vorformen des Jazz finden. Und seitdem gibt es immer wieder lebendige Verbindungen (Kalypso, Reggae), die ein wenig Heimatrecht des Jazz auf die Karibikinseln zurückholen. Viel mehr davon liegt jedoch auf dem Festland. Es gibt ein paar geographische Begriffe, die so fest mit der „Jazz-Saga" verknüpft sind, daß sie, auch wenn eines Tages ihr „historischer" Anspruch ins Wanken geraten sollte, mit ihr verbunden bleiben werden: New Orleans, Sedalia, St. Louis, „Dixieland" und „Mississippi" wurden zu Symbolen. Das erste steht für den „deep South" im allgemeinen, zu dem der Jazz so unlöslich gehört wie der Walzer zu Wien. Der majestätische Mississippi aber – „Vater aller Gewässer" im Indianischen – hat im Lauf der Zeiten nicht nur Millionen von Schicksalen von Süd nach Nord, von Nord nach Süd getragen, er hat auf seinen Show-Boats den Jazz mit sich geführt und in allen seinen Häfen verbreitet. Und je kälter es auf dieser Fahrt nach Norden wurde, desto konstruierter, kommerzieller, weißer, berechneter wurde er. Was an der Mündung noch heißer Lebensausdruck gewesen war, Rausch, Trance, Sehnsucht nach Vergessen. Heimweh nach einem Gelobten Land, wurde auf Tausenden von Kilometern Fahrt umgestaltet, kühler, selbstbewußter, seiner Welteroberung immer gewisser.

Die Ursprünge des Jazz

Wie weit lassen sich die Ursprünge des Jazz verfolgen? Sucht man sie, wie es zweifellos richtig ist, auf den Baumwollfeldern und anderen Arbeitsstätten der Schwarzen in den Südstaaten, so muß man bis tief ins 19. Jahrhundert zurückgehen, manchmal wohl noch weiter. Zum wenigen, was den Negersklaven erlaubt war, gehörte das Singen. Nicht aus Menschenfreundlichkeit, die den weißen Farmern und Industriellen mit seltenen Ausnahmen ein unbekannter Begriff war: nein, es zeigte sich, daß die Resultate der Arbeit stiegen, wenn die Sklaven dabei singen durften. Im Lauf mehrerer Generationen hatten die Schwarzen verschiedene Gruppen von Gesängen entwickelt.
Da gab es Negro-Spirituals, religiöse Gesänge, deren Texte oft der Bibel entnommen waren. In der Form sind sie weitgehend den Kirchengesängen der Weißen nachgebildet, ursprünglich einstimmig, doch mit Soli von Vorsängern durchzogen, im Ausdruck von tiefster,

oft naiver Gläubigkeit erfüllt. Die häufige Anspielung auf das Leid des Volkes bezieht sich nur scheinbar auf Israel und seine Exiljahre in Babylon. In Wahrheit sind es die Schwarzen selbst, die hier ihr Leiden in einem durch und durch feindlichen Land beklagen. Der Wunsch nach einem „Gelobten Land", einer „Heimkehr" ist nicht wörtlich gemeint und steht symbolhaft für die Sehnsucht nach Freiheit. Doch nie ist von Erhebung die Rede, keine Drohung, kein Wunsch nach Rache wird laut: Der Glaube an Jesus ist unerschütterlich, der den Armen und Unterdrückten Trost und Hilfe bringen wird. Wenige Kirchenlieder der Weißen besitzen diese Innigkeit der Negro-Spirituals. Berühmte farbige Sänger des 20. Jahrhunderts haben sie um die Welt getragen.

Eine zweite Gruppe in den alten Gesängen der Neger bildeten die WORKSONGS. Sie entstanden aus Arbeitsrhythmen, im Prinzip nicht anders, als es bei den mittelalterlichen europäischen Handwerkerliedern der Fall war. Der regelmäßig wiederholte Arbeitsvorgang hat seinen eigenen Rhythmus und jeder Rhythmus kann in Musik umgesetzt werden.

Die dritte Gruppe der Gesänge stellt den BLUES. Er könnte sogar der älteste Ausdruck selbständiger Negermusik in den USA sein, denn er wurde ursprünglich als COUNTRY-BLUES von umherziehenden Negersängern durchs Land getragen. Sein Name ist nicht eindeutig erklärt, hängt aber mit der Nebenbedeutung von „blue" in der Bedeutung von traurig zusammen. Wehmütig, melancholisch ist diese Musik immer. Zumeist sind es Liebeslieder, und diese können in der damaligen Gesellschaftsordnung nicht anders als traurig sein: Heiraten war den Sklaven verboten, und jeder der beiden Partner eines Liebesverhältnisses konnte vom „Herren" jederzeit verkauft werden. Wie könnte da von glücklicher Liebe gesungen werden? „Den Blues haben", das ist ein Zustand unheilbarer Melancholie. Und so besingt der Blues immer das gleiche: das Ausgestoßensein von der Welt, das Keinen-Platz-in-ihr-Haben, wo man die schmerzenden Glieder zur Ruhe betten könnte.

Was da begann, mit Arbeitssongs, mit Spirituals (auch GOSPELS genannt), mit Blues, wurde zur weiten Welt des Jazz. Dem aber war eine instrumentale Seite hinzugewachsen. Der Neger singt gern, aber viel lieber musiziert er, bläst, streicht, trommelt. Was immer er zum Klingen zu bringen weiß, macht ihm unbändige Freude. Der Neger erkannte die natürliche Tanzbarkeit seiner Rhythmen, es entstand mit dem frühen Jazz eine riesige Tanzwelle. Es ist ein Vorurteil der Weißen, daß Tanz an sich etwas Frohes und Fröhliches bedeute. Man sehe die Tänze vieler fremder oder exotischer Völker an – auch Trauer macht tanzen. Gerade dem Traurigen wird Musik zur ersehnten Entlastung, zum tröstlichen Entspannen aus dem Schmerz. JAZZ-DANCE wird zu einer der erfolgreichsten Therapien in der Verkrampfung des modernen Menschen im 20. Jahrhundert.

Off-Beat und Synkopen

Jeder Tanz setzt voraus, daß die Musik dazu einen durchgehenden, festen Rhythmus besitzt. Was zeichnet den Jazz-Rhythmus vor allem aus? Was läßt einen heutigen Menschen unmittelbar ausrufen: „Das ist ja Jazz!"? In der abendländischen Musikgeschichte haben sich im Lauf eines Jahrtausends viele Dinge geändert, aber seit Taktarten eingeführt und lange Stücke das Grundschema eines geraden (Zweier-) oder ungeraden (Dreier-) Taktes durchhielten, hatte sich in der abendländischen Musik ein recht starres Betonungssystem herausgebildet, das sich ohne weitere Angaben von selbst verstand. Die erste Zählzeit jedes Taktes erfuhr automatisch eine Betonung durch den Vortrag. Im Zweiertakt folgte also stets eine unbetonte auf eine betonte Zählzeit. Besaß der Takt vier Viertel (was ebenfalls zu den Zweiertakten gehört), so folgte die unbetonte Zwei auf die betonte Eins, die unbetonte Vier auf die betonte Drei. Die Regel besagt, daß die Betonung auf Eins stärker sein solle als die auf Drei. Die Praxis hält sich nicht immer daran. Beim ungeraden Takt aber, dem Dreiertakt, gibt es eine einzige Betonung auf die Eins. Zwei und Drei bleiben unbetont. So lautet das Gesetz der abendländischen Musik. Die Musik des Jazz aber kennt dieses Gebot nicht. Sie betont ganz im Gegenteil die bisher unbetonten Zählzeiten. Sie verlagert die Betonungen, so daß ein schwebendes Gefühl entsteht, dem jede Erdenschwere genommen ist. In der Jazzsprache heißt diese Art des Musizierens Off Beat; *Beat* ist das englische Wort für Taktschlag, Zählzeitregel. Und *off* bedeutet deren Außerkraftsetzung. Die abendländische Musik bezeichnet diese Verlagerung der Betonungen vom „guten" oder „starken" Taktteil auf den „schwachen" als „Synkopen". Der Jazz ist also prinzipiell eine Musik der Synkopen, vor allem in der Melodiebildung.
Wenn wir nun einige der wichtigsten Etappen der Jazzmusik schildern wollen, so müssen wir um die Wende zum 20. Jahrhundert beginnen. Was vorher lag, bleibt Legende: Blues, Spiritual, Worksong gehen viel weiter zurück. Nach dem Bürgerkrieg durften Schwarze sich hier und dort zu Chören zusammenfinden, vor allem in kirchlichen Gemeinschaften. Der Chor der Fisk-Universität unternahm in den siebziger Jahren eine Konzerttournee, die vielen Menschen in den USA und Europa die erste Ahnung einer eigenständigen „Negermusik" brachte. Man reihte sie wohl nicht mit Unrecht unter „Folklore" ein; aber so klar war diese Zuteilung nicht, denn die Formen der meisten Lieder wiesen auf abendländische Vorbilder hin. Da hatte also eine ethnische Gruppe mit eigenen Stoffen und Themen vom formalen Klangbild ihrer Umwelt gelernt.
Das abendländische Vorbild verstärkte sich in den folgenden Jahrzehnten noch sehr. Die schwerwiegendste Frage, ob ein solches Kapitel in den Rahmen eines Buches gehört, das den großen Epochen der abendländischen Musik gewidmet ist, kann nun mit gutem Gewissen positiv beantwortet werden. Es wäre heute, an der Schwelle zum 21. Jahrhundert, wohl kaum möglich, es wegzulassen oder ihm einen geringfügigeren Platz anzuweisen. Der Jazz blieb vermutlich am Leben, weil sich in ihm Schwarzes mit Weißem verbinden konnte, weil Randgebiete zur abendländischen Kultur stießen, die sich ebensogut auf die andere Seite hin hätten entwickeln können. Wieviel um den Jazz gerungen wurde, ist heute kaum noch begreifbar. Die Frage einer positiven oder negativen Einstellung zu ihm erhitzte zahllose Gemüter. Der Jazz wurde zu einer echten Lebensfrage der abendländischen Kultur. George Gershwin verteidigte den Jazz, der „seine" Musik war: „Jazz ist Musik. Er verwendet dieselben Töne wie Bach ..." Das ist ein Bonmot – und ein sehr hübsches dazu –, aber kein Beweis, höchstens dafür, wieviel Arten verschiedenster Musik sich mit den zwölf Tönen unseres Systems komponieren lassen. Gershwin verteidigte den Jazz vor allem mit Werken, in denen sich eine ungeahnte Synthese abendländischer Musik mit Jazzelementen vollzog.

Woher kommt der Name „Jazz"?

Immer noch harrt eine wichtige Frage der Beantwortung: Woher stammt der Name dieser Musik? Niemand weiß es genau, und alle Untersuchungen haben nur zu vagen Vermutungen geführt. Einige davon seien hier mitgeteilt. Jazz könnte vom englischen Wort „chase" kommen, das der Aussprache zwar nahe kommt, aber inhaltlich so gut wie keine Verwandtschaft aufweist. Es soll allerdings schon um 1890 in New Orleans diesem Wort, das wie „chasse" oder „jass" klang, der Nebensinn von „beschleunigen", „schneller werden" innegewohnt haben, aber gerade das ist kein musikalisches Kennzeichen des Jazz. Die malerische Küstenstadt New Orleans sprach damals wohl mehrheitlich französisch, und es ist anzunehmen, daß das schwarze Proletariat sich eher in dieser Sprache unterhielt. Das im französischen Dialekt der Gegend gebräuchliche „jaser" bedeutet soviel wie „spaßen", „Unfug treiben", eventuell auch „allzu gesprächig", „geschwätzig" sein. Im Sommer 1915 spielte ein gewisser Tom Brown, den alle Welt nur „Jasbo" nannte, in einem Lokal von Chicago. Bei den Höhepunkten feuerte das Publikum die *band* mit Rufen „Jasbo! Jasbo!" immer wilder an, bis zuletzt nur die erste Silbe übrigblieb: „Jas! Jas!". Eine ähnliche Erklärung gibt das „Dictionary of Word Origins". Demnach entstand „Jazz" aus Charles, dem Vornamen des Leaders eines Ragtime-Orchesters, Charles Alexander, das eben in Vicksburg gastierte. Auch hier soll das Publikum in höchster Begeisterung „Charles! Charles!" geschrien haben, was bei jedem Mal ein wenig verkürzt bald wie „Chas! Chas!" geklungen haben soll. Die Schreibweise war schließlich eine Frage der Konvention.
Als der Jazz mit den amerikanischen Truppen nach Europa kam und der Erste Weltkrieg für die Alliierten entschieden wurde, war Jazz gerade das rechte Modewort, einen kampfmüden, völlig heruntergekommenen Erdteil zu betäuben und ihm mit einer sensationellen Neuheit Kraft und Begeisterung einzuflößen. Die Welteroberung des Jazz begann, und kaum je dürfte eine Musikart, eine Tanzform sich so blitzartig verbreitet haben, wie es dem Jazz in den zwanziger und dreißiger Jahren rund um die Erde gelungen war.
Die Geschichte des Jazz ist mehr als die Erzählung einiger reich bewegter, oft abenteuerlicher Leben. Sie bilden gewissermaßen die Stützpunkte dieser Chronik: Louis Armstrong, King Oliver, Fats Waller, Kid Ory, Count Basie, Bessie Smith, Jelly Roll Morton, Duke Ellington, Bix Beiderbecke, Benny Goodman, Dizzy Gillespie, Charlie Parker, Dave Brubeck, Ella Fitzgerald

„Cabaret Excelsior", Ölgemälde (1929) von J. Mompou: Schwarz spielt Weiß zu modernen Tänzen auf.

und viele andere, Schwarze wie Weiße. Wer aber sagt, ob sie wirklich „die Größten" waren, bedeutender als mancher, der in den Slums von New Orleans, von Memphis und Kansas City nie dazu kam, sein Talent, vielleicht sein Genie der Welt zu zeigen? Gewiß, es ist die gleiche Frage, die uns in den abendländischen Jahrhunderten öfter beschäftigte; doch liegt sie hier noch näher, da alle Jazzmusiker, und besonders in den ersten Zeiten, aus dem tiefsten Proletariat stammten. Oft gab es Beweise rührender Solidarität unter ihnen; die hatten sie in den furchtbaren Zeiten der Sklaverei und der ungestraften Lynchjustiz gelernt.

Doch wie hilft einer, der nichts besitzt, einem andern, der noch weniger hat und dazu noch krank ist? Das „Leben" manches Jazzmusikers der Anfangszeiten gehört zu den finstersten Kapiteln neuzeitlicher Sozialgeschichte. Doch im Verlauf der nun etwa ein Jahrhundert umfassenden Entwicklung ändert das Bild sich stark. Die bekanntesten der „Unterhaltungsmusiker" steigen wirtschaftlich und damit sozial bis in die höchste Schicht auf, ihr Lebensstandard gleicht dem von Wirtschaftskapitänen, denen sie sich auch in ihrer Lebensführung anzupassen suchen. Doch einem solchen Aufstieg ist nicht jeder Charakter gewachsen. In kaum einer anderen Gruppe sind krankhafte Außenseiter so zahlreich. Der unaufhörliche Streß übersteigt an Intensität den der allermeisten anderen Berufe. Die Trance, in die er immer wieder bei jedem Auftritt zu fallen sucht, die „Entrückung", der zeitweise Fall in eine Art von Bewußtlosigkeit, zehrt an der psychischen Substanz. Diesen Verlust auszugleichen, greift der Liebling der Massen zu den stärksten und zerstörendsten Giften, die eine hart am Abgrund selbstmörderischen Untergangs tanzende Zivilisation erfinden konnte, zu extremen Mengen von Nikotin, Alkohol und steigenden Dosen von Rauschgiften aller Art. Ließe sich eine umfassende Untersuchung durchführen, sie zeigte, wie eng ineinander verschlungen „show-business" (um den amerikanischen Ausdruck zu verwenden) und tödliche Droge sind.

Die „anderen" Musiker

Mit dem Jazz trat eine neue Gruppe von Menschen ins Rampenlicht. Der Jazzmusiker unterschied sich vom Musiker eines sinfonischen Orchesters, einer Volksmusikkapelle, eines Operettentheaters oder einer Militärmusik grundlegend. Es gab jedoch Berührungspunkte. Zweifellos hätte Benny Goodman mit seiner Klarinette in jedem Augenblick vom Jazz, von dem mit ihm siegreichen Swing, auf die schwierigsten Soli in Oper und Konzert „umsteigen" können, in denen gerade das verpönt war, was seine Stärke ausmachte. Aber wären durch einen Irrtum in der Musikergewerkschaft an einem Abend ein Dutzend Jazzmusiker zur Vervollständigung eines sinfonischen Klangkörpers entsendet worden, die Katastrophe wäre komplett. Die Jazzmusiker würden Mozart, Verdi, Tschajkowskij „verjazzen", ohne es zu bemerken, da es ihnen „im Blut liegt". Sie würden „off beat" spielen, würden selbstverständlich wichtige Töne nicht in direkter „Attacke" genau ansteuern, sondern

um eine Spur zu tief ansetzen, um erst dann auf die gewünschte Höhe zu gelangen, sie würden „synkopieren“, was alle „klassischen“ Melodien verzerren müßte; sie würden *glissandi* in der Verbindung von Tönen anwenden, gleichgültig ob bei der Geige oder bei Posaune und Kontrabaß – wenn sie den Kontrabaß überhaupt auf „klassische“ Art spielen könnten, denn im Jazz hat er lediglich die Rolle eines Zupfinstruments.
Eine ganz neue musikalische Welt ist mit dem Jazz in die Geschichte der tönenden Kunst gekommen. Sie ist reich gegliedert. An ihrer Spitze steht seltener der Komponist als der Dirigent, der *band-leader*. Der steht im Rampenlicht, ob er, inmitten seiner Musik plaziert, mitspielt oder ob er, bei einer *big-band*, eine wirklich kapellmeisterartige Rolle innehat. Der Komponist bleibt meist im Hintergrund; bei der Mehrzahl der Stücke, die zur Aufführung gelangen, kennt oder nennt man ihn kaum. Auf dem Gebiet des Jazz gibt es eine seltsame Erscheinung, die auf allen Sektoren der klassischen Musik unvorstellbar wäre, nämlich Komponisten, die kaum Noten schreiben können. Nun sind ja musikalische Ideen eine Sache und ihre Niederlegung im Notensystem eine andere. In der sogenannten ernsten Musik haben Menschen, die über musikalische Ideen verfügten, stets versucht, sich das technische Rüstzeug zu ihrer Formulierung und Niederschrift anzueignen. Doch gab es, etwa auf dem Gebiet der Operette, mehrmals Ausnahmen. Recht bekannte Komponisten konnten ihren Helfern oft nicht mehr als Melodien übermitteln, sei es vereinfacht auf dem Klavier oder gar nur gesungen oder – gepfiffen. Der Helfer besorgte dann alles andere. Und damit sind wir beim Jazz. Der frühere „Helfer“ stieg zum „Arrangeur“ auf und wurde zum wichtigsten Mann im Reich der neuen Musikgattung. Unglaublich, was so ein Arrangeur aus ein paar Noten machen kann, die ihm der Komponist übermittelt!

Ragtime

Ein stark verblichenes Foto, vermutlich zwischen 1890 und 1895 aufgenommen, zeigt eine der ersten, wenn nicht sogar die erste namhaft gewordene *jazz-band*, die des legendären Buddy Bolden, der in New Orleans spielte: sechs Musiker, nahezu alle schwarzer Hautfarbe, mit Klarinette, Gitarre, Kontrabaß, Posaune und zwei Trompeten. Noch ging das Jahrhundert nicht zu Ende, als in Sedalia (im Bundesstaat Missouri) sowie in St. Louis der Ragtime aufgetaucht war, dessen Name wahrscheinlich von „ragged time“, zu deutsch „zerrissener Takt“, stammt und dessen Anfänge manche Forscher schon in einer um 1880 populären Art von Klavierstücken zu erkennen glauben. Der Ragtime gehört zu den Vor- oder Urformen des Jazz und erregte nicht nur in Amerika, sondern auch bei vielen namhaften Musikern Europas großes Interesse. Melodisch wie harmonisch weisen seine Quellen sogar dorthin, doch rhythmisch überwiegen bereits die amerikanischen Off-Beat-Synkopen. Mit ihm verschmolz der Cakewalk, „schwarzer“ Abkunft und ursprünglich stark erotisch, der doch später, eben als „Kuchentanz“, ein Salonstück der Weißen wurde, bei dem das besttanzende Paar eine Torte erhielt. Debussy, exotischer Folklore stets aufgeschlossen, schuf in seinem „Golliwogs Cakewalk“ (aus „Children's Corner“) das vielleicht erste „Jazz“-Stück Europas im Jahr 1908. Strawinsky begeisterte sich für den Ragtime: „Ragtime für elf Instrumente“ schrieb er 1918, „Piano rag music“ 1919, beides also lange bevor er in den USA lebte. In den zwanziger Jahren, den „wilden“ *roaring twenties*, droht die Jazzinvasion Europas Musikleben völlig zu überfluten. Es gibt unter den namhaftesten Komponisten nur wenige, die diesem Druck standhielten und Jazzeinflüsse standhaft ablehnten. Kurt Weills „Dreigroschenoper“ und „Mahagonny“, Kreneks „Jonny spielt auf“ sind nur die bekanntesten Beispiele, Paul Abrahams Operetten gehören ebenfalls hierher.

„Romantischer“ Mississippi

In Sedalia spielte ein interessanter Mann, Scott Joplin. 1893 nannte man, was er vorführte, noch „Jig Piano“, ein wenig verächtlich „Nigger-Klavier“, aber Chicago horchte bei der Weltausstellung bereits auf. Doch Joplins Zeit war noch nicht gekommen. Zwar komponierte er 1899 den populärsten aller Ragtimes, „Maple Leaf rag“, und erhielt wohl irgendwann zu seinen (kurzen) Lebzeiten (1868–1917) den ehrenden Beinamen eines „King of Ragtime“, aber zu wahrem „Ruhm“ reichte es nicht. Und doch war Joplin ein Visionär. Er ahnte wohl als einer der ersten – Gershwin wird ihm eine Generation später folgen –, welche Kräfte im Jazz stecken, um auf andere Musikgattungen einzuwirken. Er vollendete 1903 die Oper „A Guest of honour“, 1911 die bedeutender „Treemonisha“ in Ragtime-Rhythmen (vergleichbar vielleicht der um Jahrzehnte späteren Tango-Oper des Argentiniers Astor Piazzola, „Santa Maria de los Buenos Aires"), aber erlebte nur deren äußerst armselige Aufführung ohne Dekorationen, Kostüme und Orchester 1915, die in Schwarz-Harlem – natürlich – keinen Erfolg hatte. Erst die bedeutende Tänzerin Katherine Dunham ließ das faszinierende Werk 1972 in Atlanta inszenieren: Es wurde zur wahren Entdeckung.

Der Mythos will die Heimat des Jazz in New Orleans sehen. Man soll es der bezaubernden Kolonialstadt im Mündungsgebiet des Mississippi gönnen, sich in diesem Ruhm zu sonnen. Sie gehört zwar seit 1803 zu den USA, aber wurde 1718 von den Franzosen gegründet und war einige Jahre lang spanisch, was beides im Charakter ihrer ältesten Gäßchen und Lokale noch spürbar ist. Denn hier lebt noch ein wenig Romantik, nach der man sonst im weiten Land sehr mühsam suchen muß. Natürlich spielten auch andere Städte der USA frühzeitig Jazz, so Chicago und New York: beide sicher schon vor dem Ersten Weltkrieg. Hätte man Jazz nur in New Orleans gespielt, vielleicht noch in Sedalia, wo Scott Joplin am Klavier saß, in Memphis, Kansas City, St. Louis, seine Stoßkraft bei der Eroberung Europas wäre nicht annähernd so stark gewesen. Aber der Jazz war gerade zu jenem Augenblick zum gewaltigen Strom durch die USA geworden, hatte die Jugend mitgerissen, als sie stark und voll Schwung auf den Schlachtfeldern der Alten Welt erschien, dem weltweiten Krieg ein überlegenes Ende bereitete und dann, vielbewundert und vielumworben, ihre „Gaben" auszustreuen begann, nicht zuletzt den Jazz.

Die Vermarktung

Der Jazz hatte sich um diese Zeit schon wesentlich verändert, besser gesagt vereinheitlicht. Wie die großen Automobilfabriken alles taten, um „rationeller" zu produzieren, kostensparender zu vermarkten, so versuchte man es auch mit dem anderen gigantischen Geschäft des 20. Jahrhunderts, mit völlig kommerzialisiertem Jazz. Die „Heldenzeit" von New Orleans war vorbei, zu Ende der Idealismus früher Jazzpioniere, die freie ungebundene Improvisation, in der starke kreative Kräfte steckten. Zu Ende auch das Chaos, das an hundert Punkten gleichzeitig Jazz entstehen ließ, überall ein wenig anders und unendlich reichhaltig. Die berufsmäßigen Arrangeure hatten sich eingeschaltet und bestimmten weitgehend den Stil, die Schallplattenfirmen, die Verleger. Jazz wurde zum Business. Das war häßlich, aber es konnte in der Luft des 20. Jahrhunderts nicht anders sein. Musik aus reiner Freude, Musik aus Idealismus, Musik um ihrer selbst willen wurde immer mehr zur Seltenheit, zur leise belächelten und doch heimlich bewunderten Ausnahme, die sich viele nur noch in der

Linke Seite: Benny Goodman und seine Klarinette sind aus der „klassischen" Epoche des Jazz nicht wegzudenken.
Rechts: Katherine Dunham war eine begnadete Ausdeuterin und Choreographin schwarzer Tanzrhythmen.

Links: Louis Armstrong, von der ganzen Welt „Satchmo" genannt, wurde als Trompeter wie als Sänger zum Symbol der „klassischen" Jazz-Ära, hier bei einem Konzert in Berlin 1962.
Rechte Seite: Bessie Smith, „die Königin des Blues" (um 1894–1937). „The greatest blues singer in the world will never stop singing", steht auf dem Grabstein der früh Verstorbenen in Philadelphia.

karger werdenden und sorgenerfüllten Freizeit leisten konnten. Aber waren die Anfänge des Wiener Walzers anders verlaufen, sein Aufstieg von Lanner und dem Strauß-Vater zum großen Sohn, dem „König"? Nur der Umfang des Geschäfts war kleiner gewesen, weil der Kapitalismus noch in einem frühen Stadium steckte, in dem er noch menschliche Züge aufwies, menschliche Dimensionen hatte. Erst als das europäische „Geschäft" zum amerikanischen „business" wurde, veränderte sich die Welt innerlich wie äußerlich – so sehr wie ein Wiener Tanzmusikverleger von 1850 zum Präsidenten eines Multimediakonzerns der USA von 1990.

Louis Armstrong

Doch die New-Orleans-Saga war noch nicht zu Ende. Ihr Höhepunkt kam erst und hieß Louis Armstrong. Der war als kleiner Junge zum Jazz gekommen, „besaß" 1907 – da war er sieben Jahre alt – ein Vokalquartett, das alles nachsang oder -pfiff, was Buddy Bolden gerade spielte. Sehr früh bekam er den Spitznamen „Satchmo", der eigentlich gar nicht schmeichelhaft war, da er sich auf seinen damals schon riesigen Mund bezog. Nur ahnte noch niemand, wie sehr dieser „Satchelmouth" ihm zu den beiden wichtigsten Dingen seines Lebens verhelfen würde, nämlich zum Trompetenblasen und zum Singen. Mit beidem eroberte er die Welt wie kein Schwarzer vor ihm. Aus einem Erziehungsheim entlassen, schaufelte er Kohle, tat unwichtige Handgriffe in kleinen Betrieben, bis einer der Großen des Jazz ihn zufällig entdeckte, Joe „King" Oliver. Die kaum minder wichtigen Kid Ory und Fletcher Henderson holten Louis in ihre Ensembles, er fuhr mehrere Male den Mississippi, den Missouri, den Ohio auf- und abwärts, sah erstmals seinen Namen als „Kornettist" auf einem Plakat – zur eigentlichen Trompete ging er erst später über – und eilte nach Chicago, als sein Entdeckerfreund „King" Oliver ihn in seine hochberühmte „Creol Jazz Band" berief. 1924 trennen sie sich, nachdem sie kreuz und quer durch die weiten USA gereist waren. Dann läßt Armstrong sich für längere Zeit in Chicago nieder und spezialisiert sich mit klugem Instinkt auf die Schallplatte, deren bald einsetzende wirtschaftliche Bedeutung er erkennt. Er stellt seine legendären „Hot Five" zusammen, erweitert sie zu den ebenso berühmt gewordenen „Hot Seven". Inzwischen ist auch der Jazzgesang in Schwung gekommen; auf mancher Satchmo-Platte ist Bessie Smith zu hören, die erste „Königin des Blues", eine außerordentlich ausdrucksvolle Sängerin, die weit über hundert Plattentitel hinterließ, als sie 1937 mit nur 42 Jahren an den Folgen eines Autounfalls starb. Zu jener Zeit war ihr Stern bereits im Sinken, und sie befand sich in einer sehr labilen psychischen Verfassung, wie es so oft bei berühmten Persönlichkeiten auf dem Höhepunkt ihrer Karriere geschieht. Sicher war der fehlende Lebenswille mit ein Grund ihres Todes.
Louis Armstrongs Leben weiterzuerzählen, hat wenig Sinn. Es war angefüllt mit Triumphen, enthielt einige wenige Niederlagen, umspannte zahllose Stilwechsel, da für ihn, wie einmal jemand sagte, „alles zu Jazz wurde": Dixieland, Blues, Spiritual, Swing, Folksong, Marsch, Bebop: er spielte „hot jazz" wie „cool", und man merkte, wie nahe eigentlich alles beisammenlag, wenn er es interpretierte. Seine Trompete war keineswegs virtuoser als die mancher anderer, doch ihr Ton war unverwechselbar, besonders in Armstrongs Improvisationen, in denen sich bis zuletzt sein ganzes, ungebundenes Musikantentum zeigte. Wieso man ihn als

Sänger ernst nehmen konnte, erscheint eigentlich rätselhaft. Er hatte eine rauhe, jedes Schmelzes, jedes Timbres entbehrende Stimme, die krächzte und röhrte wie ein brünstiger Hirsch. Sie schien nicht von Stimmbändern zu kommen, sondern viel tiefer aus gutturalen Regionen. Sie enthielt absolut nichts, was bei Gesang auf jedem anderen Gebiet, sei es Konzert, Oper, Operette, Schlager, selbst Musical, gefordert wird. Und doch drang dieser „Gesang", der technisch, musikalisch keiner war, in Millionen von Herzen. Als Armstrong 1971 in New York starb, war die Welt um ein seltenes Phänomen ärmer geworden.

Längst waren die Rassenschranken im Jazz eingestürzt. Eigentlich hatte es auf diesem außer dem Sport wohl einzigen Gebiet frühzeitig eine Verbrüderung von Schwarz und Weiß gegeben – dank der schwarzen Musiker. Denn die ursprünglichen „Besitzer" des Jazz waren sie gewesen; die frühesten Bands waren nahezu schwarz, aber sie öffneten ihre Reihen bereitwillig, wenn ein guter weißer Spieler Aufnahme suchte.

Bezeichnend erscheint uns heute allerdings, daß der erste Neger, der in der Hauptrolle eines Films als Jazzsänger auftreten sollte, 1927 nicht durch einen Schwarzen dargestellt werden durfte, sondern durch den schwarz eingefärbten Al Jolson („The Jazz Singer") ... Als der Jazz Europa erobert hatte und kurz darauf die ganze Welt, rissen die Bemühungen nicht mehr ab, ihn mit abendländischer Musik zu verschmelzen. Das konnte auf vielerlei Art geschehen und vor allem in recht verschiedenen „Dosierungen". Das echt amerikanische, in seinem Ursprung dem Jazz stark verpflichtete Musical konnte vieler Züge seines Vorläufers Operette nicht entbehren. Auf der anderen Seite des Atlantiks lockerten die letzten Operettenkomponisten ihre Werke mit Jazzelementen auf. Und doch war, was sich der Bigband-Leader Paul Whiteman in New York zu Anfang der zwanziger Jahre einfallen ließ, neu und interessant, wenn man es eigentlich auch absurd hätte nennen können. Er wollte Jazz mit einem Sinfonieorchester spielen! Das hieß Wasser und Feuer miteinander zu verbinden. Denn Sinfonik bedeutet höchste Präzision, ein bis ins kleinste abgestimmtes Räderwerk, das nirgends Raum für Improvisation, für individuelle Freiheiten einzelner Spieler zuläßt. Jazz hingegen ist weitgehende Freizügigkeit, Gelegenheit zu inspirierter Improvisation des Einzelspielers, dem die Gemeinschaft bereitwillig „begleitend" folgt. Doch dieses seltsame Experiment, das erwartungsgemäß an sich scheiterte, brachte einige höchst bemerkenswerte Werke hervor. Besonders eines, das immer wieder Begeisterung hervorruft: George Gershwins „Rhapsody in Blue". Keine „blaue" Rhapsodie, wie mancher annehmen würde, sondern ein Musikstück aus dem Blues, aus den melancholischen Negerliedern, deren lange Geschichte in den Anfängen des Jazz wir besprochen haben.

George Gershwin

George Gershwin (1898–1937), im New Yorker Stadtteil Brooklyn als Sohn mittelloser russischer Einwanderer geboren, hatte sich früh zu einem geschickten Klavierspieler herangebildet, der bald in der „Tin Pan Alley", der Straße der Musikverleger, als „song plugger", als Vorspieler neuer, von Komponisten eingereichter Lieder und Tänze, gesucht war. Doch bald begann er selbst zu schreiben. Er kannte die Musik der namhaften einheimischen Komponisten gut: Victor Herbert (1859–1924), Rudolf Friml (1879–1972), Sigmund Romberg (1887–1951) waren die Vorläufer des Musicals – das als echt amerikanisch gelten kann, obwohl gerade viele seiner Pioniere aus den verschiedensten Teilen Europas gekommen waren –, Jerome Kern (1885–1945) und Irving Berlin (1888–1989) wurden zu seinen unmittelbaren Vorbildern. Seine frühen Songs fanden in Theatern des Broadway, der sich zum Zentrum der Unterhaltungskunst in New York und damit der damaligen Welt aufschwang, starken Widerhall, sie wurden als Einlagen in fremden, bald auch als Bestandteil eigener „Shows" bejubelt und damit zum großen Geschäft. Der wenig über Zwanzigjährige schien sein Glück gemacht zu haben. Doch das Schicksal hatte ihm Größeres vorbehalten.

Eines Tages traf er auf der Straße Paul Whiteman, der ihn ersuchte, ein Stück für sein neues sinfonisches Jazzorchester zu komponieren. Das Angebot interessierte ihn, aber gegen die Durchführung sprach bei Gershwin vor allem die Tatsache, daß sein technisches Können für das „große" Genre der Klassik einfach nicht ausreichte. Als er Whiteman ein wenig später wiedertraf und der ihn an sein Versprechen erinnerte, wiederholte der junge Komponist in größter Verwirrung seine Zusage, während er zum Bahnhof weitereilte, um einen Zug nach Chicago zu erreichen. Beim Rattern des Zuges überfielen ihn erste musikalische Ideen. Und zum Glück war da Freund Ferd Grofé, ein ebenfalls junger, doch glänzend geschulter Musiker, der ihm seine technische Hilfe zusagte. In Windeseile komponierte Gershwin, instrumentierte Grofé. Es wurde ein „klassi-

sches" Stück in Jazzrhythmen oder ein Jazzstück für „klassisches" Orchester (mit zusätzlich drei Saxophonen) und einem geradezu konzertanten Klavierpart.

Der Titel „Amerikanische Rhapsodie" gefiel Gershwins Bruder Ira (der oft mit ihm zusammenarbeitete) nicht. Er schlug den endgültigen Titel vor: „Rhapsody in Blue", nachdem ihm kurz zuvor in einer Whistler-Ausstellung ein „Nocturne in Blue and Green" aufgefallen war. Zudem meinte er, im zweiten Satz von seines Bruders Werk Anklänge an den alten Blues vernommen zu haben. Die Uraufführung dieser „Rhapsody" fand unter Whitemans Leitung am 12. Februar 1924 in New Yorks Carnegie Hall statt; Gershwin saß am Flügel. Es wurde ein epochaler Erfolg. Ob auch Grofé in gebührendem Maß an ihm teilhatte, ist nicht bekannt. Es war das häufige Schicksal von Arrangeur und Bearbeiter, im Hintergrund zu bleiben, selbst im Jazz, wo diese Zurückstellung besonders ungerecht ist. Nur die „Branche" kennt und schätzt sie, was den Betroffenen dauernde und lohnende Beschäftigung bedeutet. Doch auch Grofé bekam seine große Chance. Er nutzte sie und schrieb die „Grand Canyon Suite", die geradezu malerische Schilderung einer der großartigsten amerikanischen Landschaften.
Auf einer Europareise im Jahr 1928, während der auch das Musical „Ein Amerikaner in Paris" entstand, schloß Gershwin verschiedene interessante Freundschaften: In Wien trat er durch Kálmán in den Kreis der Operette, in Paris durch Ravel, Milhaud, Poulenc und Strawinsky in den Kreis der zeitgenössischen ernsten Musik. Er war beglückt, von ihnen allen geschätzt und in seiner Musik bestätigt zu werden.
Gershwin, seit 1934 auch mit Arnold Schönberg befreundet, entwickelte sich stetig weiter: Nach dem „Kla-

vierkonzert in F“ und weiteren glänzenden Braodway-Shows konzentrierte er sich auf die bedeutendste Aufgabe seines Lebens, die Oper „Porgy and Bess“. Es wurde ein Meisterwerk, aus dem nicht zuletzt eine tiefe Liebe zu den Unterdrückten spricht, ein Bekenntnis zu den Armen und Vergessenen. Eingehende Studien der „schwarzen“ Musik in den Südstaaten, aber auch der höheren musikalischen Technik, ließen Gershwin hier ein unvergängliches Stück Musiktheater schaffen. Mögen Jazz-Fanatiker es mißverstehen (obwohl die Oper nie echter Jazz sein wollte), es bleibt doch, wie der italienische Jazzchronist Arrigo Polillo sagte, „die schönste Huldigung eines weißen Musikers an die Kultur der amerikanischen Neger“, eine ausgestreckte Hand zur Rassenversöhnung und eine tausendfach fällige Wiedergutmachung.
Gershwin war bei der überwältigenden Uraufführung in Boston am 30. September 1935 dabei. Die wahre Weltverbreitung erlebte das Werk jedoch erst nach dem Zweiten Weltkrieg, als eine schwarze Sängertruppe „Porgy and Bess“ rund um die Welt trug. Doch ihr Komponist war bereits 1937 mit 39 Jahren an einem Gehirntumor in Hollywood gestorben.

Der Jazz nach dem Zweiten Weltkrieg

Jazz nach dem Zweiten Weltkrieg ist ein verworrenes Kapitel Kulturgeschichte. Aber auf welchem Gebiet war dies anders? Überall reißen Gegensätze auf, stehen Meinungen und Strömungen radikal gegeneinander; vieles wird chaotisch, wobei unter diesem Wort keineswegs nur Negatives verstanden werden soll. Im Chaos gibt es Genie, genau wie in der Ordnung, gibt es Glauben an Zukunft und Entwicklung. Aber der Zusammenprall ungeheurer Gegensätze kann für einige Zeit kaum anderes hervorrufen als ein Chaos. Wie beim Ineinanderstürzen von Feuer und Wasser chaotischer Aufruhr der Elemente entstehen muß, so entsteht Chaotisches auch in den geistigen Strömungen an Wendepunkten der Geschichte. Chaotisch war die Weltliteratur, chaotisch die bildende Kunst, chaotisch die Mode und Architektur, chaotisch die politische Entwicklung, die Sozialordnung, manche religiösen Strömungen. Doch auf wenigen Gebieten zeigt die steigende Unrast sich deutlicher als in der Musik und hier wiederum auf dem weiten Gebiet der Jazznachfolger. Wieviel Wandlungen hatte das einstige „Dixieland“ schon durchgemacht! Nun brach Neuerung auf Neuerung herein, die meisten so kurzlebig, wie Veränderungen in Nachkriegszeiten zu sein pflegen. Es hat kaum viel Sinn, Namen aufzuzählen: Der Swing war zu einem allgemeinen Charakteristikum geworden. Er näherte europäische an amerikanische Elemente an und umgekehrt, begrenzte aber immer stärker das improvisatorische Element, das in Frühzeiten zu den wertvollsten und lebendigsten Bausteinen des Jazz gehört hatte. Nun wurden dessen Werke immer mehr jenen der klassischen Musik angeglichen, genau niedergeschrieben von Anfang bis

Linke Seite oben: George Gershwin: von Show und Revue zu Sinfonik und Oper, vom Broadway in die Carnegie Hall.
Linke Seite unten: Szene aus George Gershwins Oper „Porgy and Bess“: Catfish-Row im „tiefen Süden“.
Rechts: New Yorks weltberühmter Konzertsaal, die „Carnegie Hall“, gestiftet vom Mäzen Andrew Carnegie.

Schluß. Und das bedeutete wiederum Verminderung der kreativen Möglichkeiten für jeden Musiker, ein Durchlaß für die Unbegabteren: Seltsam, zur gleichen Zeit, in der die klassische Musik „aleatorische" Elemente zu fördern sucht, namhafte Meister ganze Passagen ihrer Stücke dem „freien" Spiel, der Improvisation freigeben, geht der Jazz in die umgekehrte Richtung. Bebop und Rock'n'Roll, Freejazz, Cool Jazz, Modern Jazz, Reggae, Blues, das sind nur einige der Namen. Wie viele aber in der Geschichte des Jazz mit allen seinen Randgebieten müssen in unserem Kapitel ungenannt bleiben! Hundert echte Musiker aus der „alten Zeit": Count Basie, Sidney Bechet, Bix Beiderbecke, Dave Brubeck, Miles Davies, Duke Ellington (mit seinen weit über tausend Melodien, Filmmusiken usw.), Erroll Garner, Dizzy Gillespie, Coleman Hawkins, Stan Kenton, John Lewis, Thelonious Monk, Jelly Roll Morton, Gerry Mulligan, Charlie Parker, Oscar Peterson, Django Reinhardt, Art Tatum, Jack Teagarden, Fats Waller, Lester Young. Jeder einzelne ein phänomenaler Interpret auf „seinem" Instrument: Klavier, Gitarre, Trompete, Posaune, Klarinette, Kontrabaß, Schlagzeug, die in verschiedenen Zusammensetzungen eben Jazz spielten, und durchwegs auch komponierten. Vielleicht „nur" improvisierten, bis es jemand aufschrieb und zu einem Stück, einem „Titel" machte. Und da ist an die Jazzsängerinnen noch gar nicht gedacht, unter denen es nicht wenige gab, die das Beiwort „genial" in ihren besten Zeiten ebenso verdienten wie mancher der eben Genannten. Bessie Smith, Ella Fitz-

Die dank der Schallplatte „Unsterblichen" aus der großen Jazz-Epoche: Ella Fitzgerald (links oben), Count Basie (links unten), Duke Ellington (unten).
Rechte Seite: Die Massenidole der Unterhaltungsmusik in der zweiten Hälfte des 20. Jahrhunderts: Elvis Presley, der Rocksänger (oben), und Tina Turner (unten), eine ernstzunehmende Sozialrevolutionärin.

nicht nur Nebensache, sondern im Gegenteil bekämpfenswert, ja verhaßt erscheint. Es sind Schreie. Wer aus existentieller Angst protestiert, wer eine morsche Welt einreißen will, singt nicht, er schreit. Ist es noch Musik? Oder ein Seelenzustand?
Den nicht von dieser Welle erfaßten Betrachter eines „Rock"-Festivals kann nur die soziologische Seite interessieren: Der sich in Zuckungen auf der Bühne bewegende „Sänger" überträgt seinen (echten oder gespielten) Trancezustand auf die Menge, deren hocherregter, angriffslustiger Aggressionstrieb nach einem solchen „Konzert" in jedem Polizeibericht nachzulesen ist. Fälle von Massenhysterie, hervorgerufen durch Worte oder Musik, sind in der Geschichte nicht unbekannt. Zur Lautstärke verhelfen der extrem konzessionslosen Rockmusik vor allem elektroakustische Verstärker. Sämtliche Instrumente sind an den Stromkreis angeschlossen und erreichen Stärkegrade, die in jeder Fabrik und auf jedem Flugplatz als gehörschädigend gelten. Daß unter diesen Umständen von „Gesang" im allgemein üblichen Sinn keine Rede sein kann, versteht sich von selbst. Hier wird die menschliche Stimme zu dauerndem Geschrei gewaltsam gesteigert, das ebenfalls über Mikrophon und Lautsprecher in musikalisch unverwertbare Grenzregionen gerät.
Zwei Namen, die keine künstlerische Auslese bedeuten soll, wären Elvis Presley, jungverstorbenes Millionenidol, und Tina Turner, eine Künstlerin mit stärkster persönlicher Suggestionskraft.

gerald, Billie Hollyday und Mahalia Jackson. Letztere ist eine einmalige, wahrhaft „wundervolle" Gestalt, eine Sängerin der Gospel-Songs, jener tiefreligiösen, urgläubigen Liedform der Schwarzen, die mit dem Spiritual eng verwandt sind und in deren Stimme eine solche reine Menschlichkeit lebt, wie man sie fast nur noch bei Vertreterinnen anderer alter Rassen erlebt (der indianischblütigen Mercedes Sosa etwa). Hier ist Musik, Natur und Kunst zugleich, in höchster Synthese und völliger Zeitlosigkeit. Wer Mahalia Jackson gehört hat, darf nicht mehr sagen: „Ich mag Jazz nicht." Er muß nur in dieser Form, wie in jeder anderen auch, das suchen, was in ihr bleibend ist, um nicht zu sagen ewig.

Rock

Eine ursprünglich dem Jazz entsprossene Strömung macht sich nach dem Zeiten Weltkrieg selbständig: der Rockn' Roll, ein aggressiver Tanz mit hartem Rhythmus, ein Konglomerat afro-amerikanischer Musikstile. Seit den fünfziger Jahren in den USA ungebrochen etabliert, verbreitet sich der „Rock" wie ein Lauffeuer um die Erde, als Massenbewegung mit unverkennbar politischem Einschlag. Entgegen kommt dieser Musikrichtung, auch in weiten Teilen Europas eine soziale Unruhe, die sich dann 1968 schmerzhaft entlädt. Die „Bewegung 1968", nebulos aber vorhanden, ungreifbar zumeist, aber ideologisch keineswegs wirkungslos trotz ihrer Niederlage, findet im „Rock" ihre „Widerstandsmusik". Diese schafft eine deutliche Verbindung zum Körperlichen: Kein Rocksänger steht auch nur eine Sekunde lang still auf dem Podium, sein Körper vibriert in Zuckungen, in oft rasenden Bewegungen schreit er seine Texte heraus, wobei ihm Tonschönheit

Der Pop

Weicher zumeist, gefühlvoller auch, gibt sich die etwa gleichzeitig entstandene, in ihren Anfängen mit der Rockmusik eng verwandte Popmusik. Abstammung, Ursprung und Namen liegen im dunkeln. Ein Zusammenhang mit dem amerikanischen Begriff „popular" ist zweifellos vorhanden, besagt aber nichts. Auch die heute keineswegs bedeutungslosen „Liedermacher" gehören in dieses Kapitel. Man tut den besten unter ihnen nicht zu viel Ehre an, wenn man sie mit ihren fast tausend Jahre zurückliegenden Vorgängern, den Troubadours und Minnesängern, verbindet. Hier ist mancher schöne Vers gelungen, manche einschmeichelnde, ja bewegende Melodie entstanden. Auf jeden Fall besteht ein deutlicher Abstand zu den meisten „Schlagern" oder „Schnulzen" der Zwischenkriegszeit: Man merkt eine leichte Tendenz zur europäischen Kunstmusik.

Zu weltweit umjubelten Idealinterpreten des „Pop" wurden die „Beatles". Da entsteigen eines Tages vier junge Musiker einer der verelendetsten Städte Englands – Liverpool – und singen sich hinauf in den Weltruhm, in ein unvorstellbares Vermögen, in den Adelsstand. Märchen des 20. Jahrhunderts: Ausverkaufte Stadien – Säle sind ihnen längst zu klein –, Millionen Schallplatten, eine Popularität von unbekanntem Ausmaß auf der ganzen Welt. Dabei sind ihre Melodien einfach, fast volkstümlich, ihre Texte menschlich, oft zu Herzen gehend. Die ungeheure Bewegung, die von den Beatles (und den ihnen folgenden Rolling Stones) ausgeht, setzt man gleich mit Pop. Der Ausdruck wird sehr bald auf viele Gebiete übertragen: Selbst Maler können so malen, und Mode kann so sein. Ein bedeutendes Musiklexikon „erklärt", daß die Silbe „Pop" nicht als bloße Abkürzung von „populär" verstanden werden dürfe, sondern in ihrem lautmalerischen Eigenwert als Zeichen für jeden Bedeutungsspielraum zwischen Protest, Scherz, Schock, Absurdem und seriösem Kunstanspruch.

Doch Rock und Pop, längst abgenabelt von ihren Quellen im fernen, idealistisch durchsetzten Urbild Jazz, gehören zu den einträglichsten „Geschäften" des Jahrhunderts, bei dem gigantische Summen im Umlauf sind. Der stark merkantile Zug, der sich zumindest seit dem Ersten Weltkrieg durch den gesamten „Kunstbetrieb" zieht, erlebt in diesen Massenbewegungen nie geahnte Kulminationspunkte.

Die legendäre Popmusikgruppe der „Beatles" (John Lennon, Paul Mc Cartney, George Harrison, Ringo Starr) nimmt ihre letzte „Single" auf: „Hello, Goodby".

„Klassiker der Moderne“

Strawinsky, Bartók, Hindemith könnte man „Atonalisten“ nennen, aber der Sinn ihrer Kompositionsart wäre mit diesem rein technischen Detail nicht getroffen. Es würde höchstens ihre Teilnahme an einer umfassenden Bewegung bezeichnen, die zu Ende des 19. Jahrhunderts sichtbar wurde und die sich gegen den Ersten Weltkrieg hin immer deutlicher artikulierte, bis sie im Zug des großen Umsturzes auf allen Gebieten im Vordergrund des Musikschaffens stand. Diese Bewegung war ein Teil jener Befreiung, die eine idealistische Jugend um 1900 auf ihre Fahnen geschrieben hatte: Freiheit von „gottbegnadeter“ Obrigkeit, von ungerechtem Kastenwesen, von Meinungsknebelung, von Ungleichheit der Lebenschancen, von jeder „Ungerechtigkeit“, von Vorurteilen auf allen Gebieten, vom Würgegriff des Kapitals, von der Unterjochung fremder Völker. Befreiung also auch von den starren Regeln der Künste, die zwar in einem langen romantischen Jahrhundert längst aufgeweicht worden waren, aber in den offiziellen Lehranstalten immer noch unterrichtet wurden. Das Mittel gegen diese Barrikaden war die Dissonanz. Ihr ständig zunehmender Gebrauch mußte die vorherrschende Konsonanz auf Dauer erschüttern und aus den Angeln heben. „Es lebe die Dissonanz“, war die zwar nirgends niedergeschriebene, aber in zahllosen Hirnen junger Musiker lebende Kampfparole. Wer so empfand, wurde zum „Neutöner“, zum „Atonalisten“, natürlich zum „Modernen“. Als aber Neuland errungen schien, fehlte es doch an Ausdrücken, die „Sieger“ zu bezeichnen. Vermutlich in böser Vorahnung der weiteren Konsequenzen ihres Sieges empfanden sie eine gewisse Scheu vor dem Wort „Atonalität“, das nach ihrer Meinung eigentlich das „Fehlen jedes Klanges“ signalisiert hätte. Das 20. Jahrhundert geht aufs Ende zu, und immer noch haben die Musikstile, die sich in übergroßer Fülle darin ausgebreitet hatten, keinen Namen. Dabei sind ihre ersten großen Pioniere bereits restlos akzeptiert, viele ihrer Mitläufer (gerecht oder ungerecht) vergessen. Etwa um das Jahr 1980 kam irgendjemand auf die (unglückliche) Idee, die anerkannten Meister des Jahrhundertbeginns „Klassiker der Moderne“ zu nennen. Aus lauter Freude, die undefinierbaren Schöpfergenerationen von 1900 bis 1950 endlich unter einen Hut gebracht zu haben – der ihnen zwar nicht paßte, aber bequem war –, warf man nun alles, was um jene Zeit an Bemerkenswertem geschaffen worden war, in diesen Hut, trotz aller Gegensätze und Widersprüchlichkeiten. Was nützt es, diesen Namen unakzeptabel zu finden, er wird kaum mehr auszurotten sein. Besonders, da kein besserer zur Hand ist.

Igor Strawinsky

Die von uns gewählte Einteilung will, daß dieses Kapitel einigen Meistern der Moderne gewidmet ist, denen das große Wort „Klassiker“ gar nicht so übel entspricht. Igor Strawinsky (1882–1971), in Oranienbaum bei St. Petersburg geboren, wandte sich der Musik endgültig zu, als er Rimskij-Korsakow begegnete, dem Freund des genialen Mussorgskij und letztem Überlebenden des legendären „Mächtigen Häufleins“. Von Rimskij-Korsakow nimmt er, was der ihm bieten kann: Ein glänzendes akademisches Handwerk, das in seiner Hand so geschmeidig sein wird, daß es der Fülle von Stilen übergeworfen werden kann, die er, der größte Experimentator seiner Zeit, ausprobieren wird. Jugendarbeiten weisen ihn als hochbegabt aus, der Talentefinder Sergej Diaghilew, Chef des Ballets Russes zieht ihn in seinen Kreis. Strawinsky macht dessen Übersiedlung in das erfolgversprechende Paris mit. 1910 wird dort sein „Feuervogel“ uraufgeführt, eine zauberhaft irisierende Musik erlesenster, ein wenig dem Impressionismus nahestehender Musik. „Petruschka“, die Lieblingspuppe der russischen Kinder, erwacht 1911 in seinem gleichnamigen, hinreißend schwungvollen Tanzstück, dem Vaclav Nijinsky – das vielleicht größte Tanzgenie aller Zeiten, das frühzeitig in geistiger Umnachtung unterging – all seine erschütternde Ausdruckskraft verlieh. Am 29. Mai 1913 erlebten Musikwelt und Musikgeschichte eine Erschütterung, wie sie nur alle paar Jahre einmal erfolgen kann. (Das letzte Mal war es wohl am 10. Juni 1865 gewesen, als Wagner seinen „Tristan“ in München hatte erklingen lassen.) Nun ging Strawinskys „Le Sacre du printemps“ erstmals über eine Bühne. Honegger wird vierzig Jahre später die Wirkung mit jener einer Atombombe vergleichen und berichten, seit jenem Abend habe „Zar Igor“ über die Musikwelt geherrscht. Das Zepter war eben frei geworden: Richard Strauss, der es von der begeisterten Musikjugend nach „Salome“ erhalten und bis über „Elektra“ als kühner Neuerer besessen hatte, wurde 1911 entthront – oder entthronte sich selbst – mit dem „Rosenkavalier“, der, so herrlich er auch sein mochte, ein Schritt zurück in Romantik und Neoklassik war. Dieses „Frühlingsopfer“ aber, diese tellurisch wilden „Szenen aus dem heidnischen Rußland“ waren genau die Stufe, die zur völligen Zertrümmerung der Tonalität noch fehlte. Nicht theoretisch, aus einer fanatischen Musizierlust heraus wurde hier der „Weg ins Freie“ gebrochen. Das Publikum johlte vor Mißvergnügen, der Tumult ließ über weite Strecken nichts von der Musik vernehmen, aber hier war eines jener Werke, an denen öffentliche Meinung und Kritik abprallen, als gäbe es sie nicht. Der Ruhm war da, über Nacht, und sollte fast sechzig Jahre lang nicht mehr in Zweifel gezogen werden, obwohl Strawinsky es seinen Anhängern keineswegs leichtmachte, von seinen Feinden ganz zu schweigen.

Der Krieg war ausgebrochen, Strawinsky durchlebte ihn vor allem am Schweizer Ufer des Genfer Sees, wo er mit dem Dichter Charles Ferdinand Ramuz eine französische Fassung seiner „Noces“ erstellte, dieser Tanzszenen mit Gesang (1914–1923), dem „Sacre“ verwandt, und wo er ein seltsames Werk schrieb: Nach einer alten russischen Legende (sein Geist weilte immer noch in der Heimat) entstand „L'Histoire du soldat“ (1918), die Geschichte vom heimwandernden Soldaten, der in einer rätselhaften, „kurzen“ Begegnung mit dem Teufel Jahrzehnte seines Lebens verliert. Der schweizerische Mäzen Werner Reinhart hatte ihm vorgeschlagen, mit einem Kammerwerk auf Tournee zu gehen, um so den Kriegsnöten zu entfliehen. Es wurde ein Spiel für einen Vorleser, den (tanzenden) Teufel, eine (tanzende) Prinzessin, den (sprechenden) Soldaten und sieben Instrumente, ein revolutionäres Werk, bewußt antiromantisch, nüchtern; Zeittheater, das fühlen ließ, daß die üppigen Klänge, die weiten Melodien vorbei sind. Der Versuch machte Schule, zahllose Werke aller Art entstanden, die ähnlichen „Kammercharakter“ tragen, das leicht „durchhörbare“ kleine Ensemble verdrängte die Klangmassen, selbst Richard Strauss schrieb seine „Ariadne auf Naxos“ (zwischen „Rosenkavalier“ und „Frau ohne Schatten“) für kleines Orchester. Die Jazzwelle aus den USA, von der wir sprachen, fasziniert den rhythmisch ohnedies stets auf der Suche befindlichen Strawinsky: „Rag-Time“ (für elf Instrumente, 1918) und „Piano-Rag-Music“ (1919) entstehen, daneben allerdings das klassische Ballett „Pulcinella“ (1920) nach Musik von Pergolesi: eine erste Liebeserklärung an die alte italienische Musik, der viele folgen werden. Russisch-asiatische Tonsysteme in den Frauen- oder Kinderchören „Unterschale“, den „Vier russischen Liedern“, der einaktigen Puschkin-Oper „Mavra“ (1922), Einflüsse aus der Neuen Welt (lange bevor er sie betritt), italienische Melodienseligkeit und dankbare Erinnerungen an große Vorbilder (eine Bläsersinfonie im Gedenken an Debussy, das Ballett „Le Baiser de la Fée“, inspiriert von Tschajkowskij), ein neues Ballett für den alten Freund Diaghilew („Apollon Musagète“, 1928), in dem beide die revolutionären Vorkriegsprinzipien lächelnd beiseite schieben: Das sind Strawinskys Werke in den nächsten Jahren. 1928 gibt es wieder eine epochale Komposition, das Opern-Oratorium „Oedipus Rex“, das in Konzertform 1927 in Paris, szenisch 1928 in Berlin aufgeführt wurde. Der Chor steht, zumeist unter riesigen Masken, unbeweglich auf der Bühne, die wenigen Solisten treten auf und gehen wieder ab. Sie singen ihren Part, ohne zu agieren, in lateinischer Sprache. Auf der Vorbühne hat sich ein Sprecher postiert, der in der Landessprache (und im Frack) eine moderne, durchaus bewegliche Erklärung des Ablaufs gibt. Inmitten einer Zeit zahlloser, ähnlicher Versuche zur Neugestaltung des Musiktheaters war dies ein fesselndes Experiment, zumal die Musiksprache, vor allem die der Chöre, archaisch, in strengster, fast eisiger Polyphonie abläuft und dennoch packt.

Strawinsky war ein Musiker, der sich ständig weiterentwickelte, der unaufhörlich nachdachte über den Weg der Kunst in seinem vielfältigen Jahrhundert. Er berührte dabei viel Vergangenes, um in Neuland vor-

Links: Eine seltene Aufnahme des alternden Strawinsky: Am Dirigentenpult bei einer Probe in der Staatsoper Hamburg (1962).

Oben: Ein originelles Manuskript Strawinskys („Der Feuervogel“), durchsetzt mit Zeichnungen von Valentine Hugo.

zustoßen, war heute bei Bach, morgen in der Gregorianik oder bei ihrem östlichen Gegenpol in der russisch-orthodoxen Liturgie, die seine Jugend begleitet hatte, dann wieder im Belcanto, der seinem Traum von der Perfektion der Melodie nahekam, und anschließend bei den verstandesmäßigen Überlegungen seiner Generation über Gültigkeit oder Ungültigkeit der Tonalität in einer neuen Welt. In seinem Drang, alles kennenzulernen, berührte er manches Extrem, aber es wäre falsch, ihn irgendeinem zuzurechnen. Welche Abstände bestehen zwischen der „Psalmensinfonie“ (1930), der „Zirkuspolka für einen jungen Elefanten“ (1942), einem „Tango“ (1940) für Klavier und den Jazzstücken für Paul Whiteman, dem „Ebony Concerto“ (1945) für den virtuosen Jazzklarinettisten Woody Herman. Und doch scheint für Strawinsky alles gleichermaßen wichtig zu sein. So schafft er Synthesen, die in der Formentwicklung innerhalb der Musik, in der Annäherung der Genres wichtig sein können. Erst mit den Werken seines späteren Alters scheint er manchmal ins Leere zu greifen – oder nur in jenen Raum, der „gewöhnlichen Menschen“ leer erscheint?

Nach dem Ersten Weltkrieg war Strawinsky Bürger Frankreichs geworden, des Landes, das seinen Durchbruch erlebt hatte. Zahlreiche Reisen führten diesen Kosmopoliten um die Erde. Nach dem Zweiten Weltkrieg wurde er Bürger der USA, wo er sich in den Stürmen der Zeit rein äußerlich am sichersten fühlte. Von seinem Lieblingswohnsitz Hollywood aus unternahm er 1962 einen Besuch in der Heimat, aus der er vor bald einem halben Jahrhundert ausgezogen war. Mit unbeschreiblichem Jubel gefeiert, entrang sich seinen Lippen, über die so selten ein gefühlvolles Wort gekommen war, der Abschiedsruf: „Sie sehen einen glücklichen Menschen!“ 1969 zog er nach New York, wo er am 6. April 1971 starb. Sein Letzter Wille enthielt eine Überraschung: Er, der sich manchmal, scheinbar scherzhaft, den „heimlichen Bräutigam der italienischen Musik“ genannt hatte, wollte in Venedig beerdigt sein. Dort hatte er zuletzt am 8. September 1951 die Huldigungen der internationalen Musikwelt entgegengenommen, als das altberühmte Teatro Fenice seine Oper „The Rake's Progress“ spielte, jenes seltsame Werk, das an Rossinis Zeiten anzuknüpfen scheint, klassischen Kupferstichen Hogarths folgt und von den bedeutenden modernen Dichtern Wystan Hugh Auden und Chester Kallman psychologisiert worden war. Und so trug eine Gondel seine Leiche zur Toteninsel San Michele, wo er in Diaghilews Nähe ruht, der ihn sechzig Jahre zuvor entdeckt hatte, auf daß er alles erlebe und gestalte, was eine chaotische Epoche einem unermüdlichen Sucher bereithielt.

Béla Bartók

Neben Strawinsky – es gibt kein „über“ oder „unter“ in der wahren Rangordnung der Kunst – steht ein anderer „Klassiker der Moderne“, auf den das (absurde) Wort ebenfalls voll zutrifft: Béla Bartók (1881–1945). Sein Werk ist zahlenmäßig kleiner, nicht nur durch die wesentlich kürzere Lebensdauer bedingt. Strawinsky schien dem leicht schaffenden Typus Mozarts anzugehören, Bartók neigte eher zum schwerringenden Typus Beethovens, obwohl es auch bei ihm (wie bei Beethoven) Gegenbeispiele gab. Bemerkenswert ist wohl, daß heute von Bartóks Werk ein beträchtlicher Teil im ständigen Repertoire der Interpreten steht, was sonst auch bei „Vielgespielten“ der Moderne sehr selten der Fall ist. Bartók kam in einer kleinen ungarischen Provinzstadt, im (schwer auszusprechenden) Nagyszentmiklos (etwa Natch-Sent-Miklosch), 1881 zur Welt, studierte in Budapest und begann früh mit dem Kameraden und Freund Zóltan Kodály den Balkan auf der Suche nach echter Volksmusik zu durchforschen. In der Region so vieler Völker (auch eingewanderter wie der Zigeuner) gab es einen unerschöpflichen Schatz, dessen nähere Kenntnis wir den beiden jungen Musikern verdanken. Dann beginnt Bartók eine vielversprechende Pianistenlaufbahn, aber der Drang zur Komposition wird immer stärker. Die zehntausend Melodien und Rhythmen, die er aus allen Gauen Ungarns, Rumäniens, Transsilvaniens, aus Moldau, Walachei, Slowakei, auf Tonträgern, Papieren und im Kopf mitgebracht hat, verdichten sich in ihm zur eigenen Tonsprache, die nichts Folkloristisches mehr an sich hat und doch in höherem Sinn „aus dem Volk“ kommt. Diese Melodien erleichtern ihm auch, da

sie selbst nur am Rand dazugehören, den weitgehenden Ausstieg aus der abendländischen Tonalität. In seinem „Allegro barbaro“ für Klavier erzielt er 1911 – es ist fast genau das Jahr von Strawinskys Durchbruch mit dem Ballett „Feuervogel“, zwei Jahre vor dem „Sacre“ – eine ungeheure, ja eine Schockwirkung auf Europas Jugend: Hier rast eine Vitalität, die begrenzende Mauern einreißt, und wären sie selbst so organisch gewachsen wie das Dur-Moll-System und die Hierarchie der Tonstufen. Um die gleiche Zeit suchen hundert junge Musiker nach solchen Auswegen, ohne voneinander zu wissen. Beginnender Gedankenaustausch wird brutal abgeschnitten, der Erste Weltkrieg beginnt. Als er unter viel Blut, Tränen, geistiger wie materieller Zerstörung zu Ende geht, bricht auch der aufgestaute Haß gegen Mauern aller Art wild hervor, die Atonalität scheint das Feld erobert zu haben. Aber Bartóks im Jahr des staatlichen Zusammenbruchs herauskommende Oper „Herzog Blaubarts Burg“ scheint mehr Debussys Impressionismus nachempfunden, als das Klangbild einer revolutionären Welt zu sein. Auch in den beiden bedeutenden Balletten „Der holzgeschnitzte Prinz“ (1914–1916) und „Der wunderbare Mandarin“ (1918–1919) überwiegt der Eindruck einer expressionistischen Sinnlichkeit bei weitem den der Atonalität. Es ist eher, als suche der Komponist seine eigene Tonalität. In seinen wegweisenden Streichquartetten (die zu den wichtigsten des Jahrhunderts gehören) ist diese Bahn nachvollziehbar, von 1908 bis 1939 zeigt sich eine ununterbrochene innere wie äußere Entwicklung von imposanter Konsequenz. Das fünfzigjährige Jubiläum der Vereinigung von Buda und Pest zur neuen Landeshauptstadt wird auch musikalisch gefeiert. Bartók steuert die „Tanzsuite“ für Orchester (1923) bei (Kodály den großartigen „Psalmus hungaricus“). Am 1. Juli 1927 spielt Bartók in Frankfurt (unter dem Dirigenten Wilhelm Furtwängler) sein „Klavierkonzert No. 1“, ein „motorisches“ Stück voll ungebändigter rhythmischer Kräfte, das die Geister einer Kampfepoche scheidet. In Bartók geht danach eine wichtige Entwicklung vor sich; es ist, als führe ihn eigenes Reifen zu ausgewogeneren Lösungen, und so klingt die „Musik für Saiteninstrumente, Schlagzeug und Celesta“ aus dem Jahr 1937 wesentlich anders: abgeklärter (was nicht unbedingt „älter“ bedeuten muß), formal gelöster, klanglich vollendeter. Paul Sacher dirigiert sie in Basel und tritt nun entscheidend in das Leben Bartóks. Nicht nur werden seine Kammerorchester in Zürich und Basel weitgehend der zeitgenössischen Komposition geöffnet (und damit Wegbereiter u. a. auch von Honegger, Frank Martin, von Martinů) als prominente Aufführungsorgane seiner Werke, auch sein Ferienhaus in den idyllischen Berner Alpen wird zum wohl glücklichsten Domizil Bartóks in den nächsten, bewegten Jahren.

Oben: Béla Bartók, einer der genialsten und wichtigsten Musiker in der ersten Hälfte des 20. Jahrhunderts.
Unten: Letzte Seite aus dem „Divertimento“ von Béla Bartók, beendet kurz vor dem Zweiten Weltkrieg, der ihn zum freiwilligen und unglücklichen Exilanten in New York machte.
Rechte Seite: Zóltan Kodály, der bedeutende ungarische Folkloreforscher und Komponist, Erfinder einer ausgezeichneten Musikerziehungsmethode.

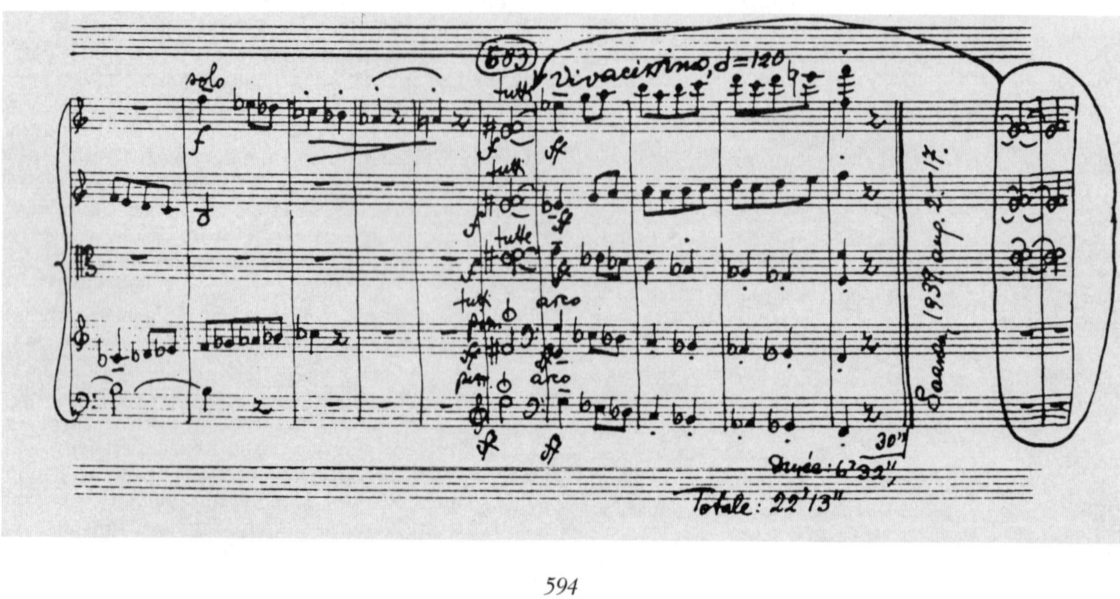

Europas Horizont verdüstert sich unaufhaltsam. Der freiheitsliebende ungarische Komponist ahnt die Katastrophe voraus, die nicht lange mehr auf sich warten läßt. Er lebt unter unaufhörlichem Druck, kann sich aber trotzdem zur Emigration nicht entschließen, in die ihm viele Gefährten aus Deutschland und Italien vorangegangen sind. Zu tief ruhen seine Wurzeln in Ungarn. Wer genau in das 6. Streichquartett (1939) hineingehört, erkennt den furchtbaren inneren Kampf um Heimat und Exil, der zu der schlimmsten Krankheit der Epoche wird. Doch schließlich rückt mit dem Fall Österreichs und der Tschechoslowakei in den Jahren 1938 und 1939 die übermächtige Bedrohung der Freiheit bis in Bartóks unmittelbare Nähe.
Schon vorher flieht er, einer von den unzähligen Gleichgesinnten und Leidensgenossen, die auf die „endlose Straße" der erzwungenen Emigration (wie Franz Werfel sie genannt hat) geworfen werden. Wieder findet er in Saanen bei Paul Sacher freundschaftliches Asyl. Wie in Euphorie entstehen die „Sonate für zwei Klaviere und Schlagzeug" (1937) und das „Divertimento für Streichorchester" (1939), zwei seiner bedeutenden Werke.
Obwohl der Krieg vor den Schweizer Grenzen halt macht, flieht Bartók weiter, wie von Furien gehetzt. Am 29. Oktober 1940 kommt er in New York an, wo er die „ungeheuren Schwierigkeiten und die seelische Pein" durchleben muß, die er vorausgesehen hatte.
Gelegentliche Erfolge vermögen ihm weder den moralischen noch den materiellen Halt zu geben, den er im fremden Land benötigt. Er schreibt im Auftrag Kussewitzkijs (auch er Dirigent und wohlhabender Mäzen in einem, wie Sacher) das großartige „Konzert für Orchester" (1943), das am 1. Dezember 1944 erstmals erklingt, das aber trotz stärkster Zustimmung keine Wende in das triste Leben des Komponisten bringt. Freunde besuchen Bartóks kleine Behausung in New York, aber er ist viel zu stolz, um von seinen Nöten zu sprechen. Er arbeitet unermüdlich am „Konzert für Bratsche und Orchester" (1945) für den Meisterinterpreten dieses Instrumentes William Primrose, sowie am dritten Klavierkonzert (1945). Beide werden von Bartók nicht mehr ganz vollendet, aber vom getreuen Schüler Tibor Serly aufführungsreif gemacht. Als endlich die Bartók in tiefster Seele verhaßten Diktaturen zusammenbrechen, reicht seine Kraft zur Heimkehr nicht mehr aus, er stirbt am 26. September 1945 in New York.
Im Gegensatz zu vielen Zeitgenossen hat Bartók keine neuen Theorien aufgestellt, keine Bücher mit Lebensschilderungen abgefaßt. Schönberg schrieb eine Harmonielehre, Hindemith eine „Unterweisung im Tonsatz", Honegger das autobiographische „Je suis compositeur", Strawinsky legte seine Gedanken in der Vortragsreihe „Musikalische Poetik" nieder. Bartók äußerte sich nur einmal, 1920, in „Melos", einem Sprachrohr der damaligen „Neutöner", und suchte die Entstehung der Atonalität zu erklären. In späteren Jahren nahm er einiges davon stillschweigend zurück: „In der Kunst gibt es keine Revolutionen. Mein eigener Lebensweg ist eine stetig fortlaufende Entwicklung, die mit der Reife den Wunsch nach möglichst großer Einfachheit mit sich brachte..." War das „Allegro barbaro" keine Revolution, war Strawinskys „Sacre" ein Sturm im Wasserglas gewesen? Revolutionäre pflegen ein schlechtes Gedächtnis zu haben.

Zóltan Kodály

Darf nicht auch Zóltan Kodály (1882–1967) den Titel eines „Klassikers der Moderne" tragen? Die treue Freundschaft zu Bartók wurde nur durch dessen in tiefster Gewissensnot erfolgte Emigration äußerlich zerrissen. Kodály erlebte nicht wenige glänzende künstlerische und einen gewaltigen pädagogischen Erfolg: Sein Musikerziehungssystem – die „Methode Kodály" – hat, neben jenem Carl Orffs, wichtige Teile der Welt erobert und Millionen Kindern den frohen Zugang zur Musik geöffnet. Beiden Meistern wurde übrigens, sicherlich versehentlich, der Nobelpreis vorenthalten: nicht jenen für Musik, den es nicht gibt, sondern jenen des Friedens, der durch eine weltweite Verbreitung und Förderung der Musik stärker gefestigt würde als durch irgend etwas anderes!
Kodálys „Psalmus hungaricus" (1923) gehört zu den wichtigsten Oratorien der Zeit, die schwungvollen „Maroszéker Tänze" (1930), die ebenso glanzvollen „Tänze aus Galánta" (1933) sind erfreuliche praktische Folgen der durchaus nicht theoretischen Folkloreforschungen mit Bartók. Bezaubernd sind die Bühnenwerke „Spinnstube" (1924–1932) und „Háry János" (1926), das von umwerfender Komik strotzt. Manches Orchestrale und Kammermusikalische von hohem Wert harrt im Ausland noch der Entdeckung.

Paul Hindemith

Eigentlich paßt Paul Hindemith (1895–1963) nicht recht zu den Vorgenannten. Aber das einstige „Enfant terrible" ist ebenfalls zum „Klassiker" befördert worden. Mit Bartók und Strawinsky verbindet ihn die Tatsache der Emigration aus künstlerisch-ethisch-moralisch-geistigen Gründen (anstelle der häufigeren politischen und rassischen Motive). Hindemith gehörte in der Zwischenkriegszeit zu den meistgenannten, vielgespielten, hart umstrittenen Musikern seiner kontroversen Zeit. In erstaunlicher Vielseitigkeit und verblüffender Leichtigkeit schuf er zahllose Beiträge auf allen Gebieten der Tonkunst, vom kindlichen Kanon bis zum „Philharmonischen Konzert", vom instrumentalen Übungsstück für Anfänger bis zur Oper. Er war ein Verächter der Romantik, des geordneten Musiklebens, oft ein wenig äußerlich, plakativ, provokativ. Um so eindrucksvoller gestaltete sich seine „Läuterung", seine Erkenntnis der Kulturaufgaben einer verantwortungsbeladenen Epoche.

Die Donaueschinger Musiktage

Hindemith kam in Hanau am Main am 16. November 1895 zur Welt, stürzte sich früh in die Musik, spielte Geige im noch stummen Kino und auf Dorfhochzeiten, wurde Bratschist an der Frankfurter Oper und stand mit dem von ihm gegründeten Amar-Hindemith-Streichquartett am Beginn der 1921 ins Leben gerufenen Donaueschinger Musiktage. Das Städtchen an der Donau pflegte seit 1499 die Musik, als Kaiser Maximilian hier als Gast der Grafen (späteren Fürsten) von Fürstenberg weilte. Nach dem Ersten Weltkrieg kamen dann alljährlich hier die experimentierfreudigsten jungen Musiker zusammen, und viele fruchtbare Ideen wurden in diesem Ort geboren.

Als Hindemith 1924 in die Leitung der Donaueschinger Musiktage berufen wurde, verzichtete er auf Aufführungen eigener Werke, denn die Veranstalter stellten fest: „... einige Begabungen, auf die wir hinweisen konnten, sind heute als repräsentativ erkannt", weshalb eine Förderung nicht mehr nötig sei. Zu den zahlreichen hier Gespielten gehörten Krenek, Hába, Berg, Jarnach, aber auch mit Bartók und Honegger einige bereits „Halbarrivierte".

Nach dem Zweiten Weltkrieg wurden die Musiktage fortgesetzt, nun mit der mächtigen Unterstützung des Rundfunks. Inzwischen waren andere, ähnliche Veranstaltungen erwachsen – Darmstadt vor allem, mit seinen Internationalen Ferienkursen für Neue Musik und den Kranichsteiner Musikwochen –, aber jenes frühe Unternehmen in Donaueschingen hat inzwischen historische Bedeutung erlangt. Ab 1950 wurde es wieder zum Experimentierfeld neuester Musik, stellt wie ehedem neue Ideen, neue Komponisten vor. Mochte damals auch vieles schnell wieder untergehen, so war doch eine Aufbruchsstimmung vorhanden, der interessante Neuerungen entspringen konnten.

Die vorwärtsjagende Nachkriegszeit ließ keine Muße zur Sichtung des Gebotenen, für deren Beurteilung es außerdem keine berufene Instanz gegeben hätte. So stand Ernstes neben Absurdem, Begabtes neben Erschwindeltem, Ehrliches neben Bluff. Ein Pariser Kritiker nannte die jungen Maler, die einmal gemeinsam ausstellten, „les fauves", die Wilden. Es gab sie auch unter den Musikern rund um den Ersten Weltkrieg. Bartóks „Allegro barbaro" war wild, Strawinskys „Sacre", wild erfolgte der Einbruch des Jazz in Europa. Wild waren die zwanziger Jahre, die nicht zu Unrecht „the roaring twenties" benannt wurden. Und ganz wild war der junge Hindemith. Über eine Bratschensonate jener Tage setzt er: „Rasendes Zeitmaß. Wild. Tonschönheit ist Nebensache!" Eine andere „Gebrauchsanweisung" gibt er einem Klavierstück mit auf den Weg: „Nimm keine Rücksicht auf das, was du in der Klavierstunde gelernt hast. Überlege nicht lange, ob du Dis mit dem vierten oder sechsten Finger anschlagen sollst. Spiele dieses Stück sehr wild, aber stets sehr stramm im Rhythmus wie eine Maschine. Betrachte hier das Klavier als eine interessante Art Schlagzeug und handle dementsprechend." Immer wieder das Wort „wild", ein Merkmal der Zeit, aber hier auch das Wort „Maschine". Ihr Zeitalter ist mit voller Wucht angebrochen. Die Maschine erzeugt Lärm, französisch „bruit". Der „Bruitismus" wird für eine (kurze) Zeit zum Modewort, zum Synonym einer musikalischen Richtung. Diese erklärt das Stampfen von Preßlufthämmern, das Dröhnen von Flugzeugen, das Kreischen von Straßenbahnen für „interessanter" als die immer wiederkehrenden Wiederholungen einer Mozart-Sonate, einer Beethoven-Sinfonie. Viele Komponisten begeben sich auf den Weg, Maschinenlärm in Musik zu verwandeln. Honegger komponiert die (übrigens hervorragende) Hymne auf eine Lokomotive („Pacific 231"), der Sowjetrusse Mossolow das Orchesterstück „Eisengießerei", das von der Tonbandaufnahme einer solchen Fabrik kaum zu unterscheiden ist. Der Mexikaner Carlos Chávez besingt (in „HP") die Pferdestärken von Motoren und Prokofjew (in „Pas d'acier") das Zeitalter. Nur Chaplin erkennt (in „Modern times") die tödliche Gefahr: umwerfend komisch, aber im Grund tragisch.

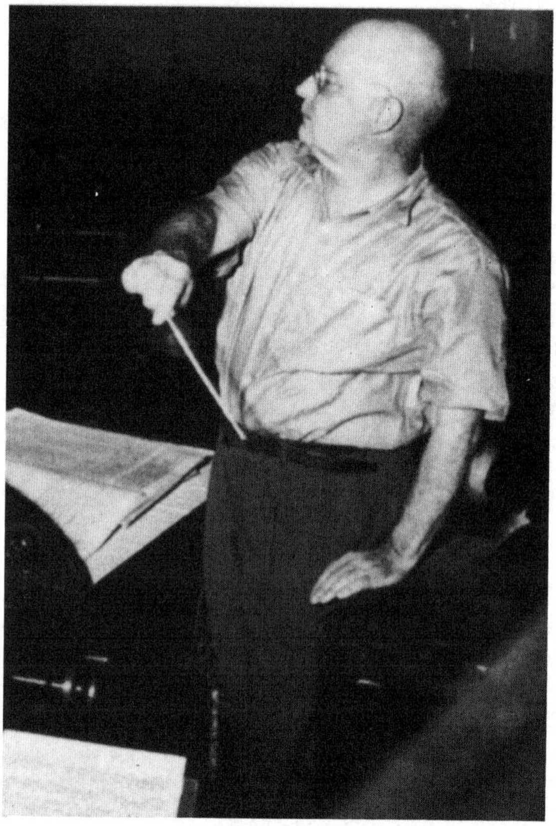

Oben: Paul Hindemith war einer der Anführer des „Modernismus" in den revolutionären zwanziger Jahren, später Autor bleibender Werke.
Rechte Seite: Szenenbild aus Hindemiths Oper „Mathis der Maler" (Bayerische Staatsoper München, 1960).

Die Gegensätze bei Hindemith

Unter Hindemiths massenhaft ausgestoßenen Frühwerken zeigt sich hie und da ein echter Edelstein: der auf Rilke-Verse komponierte Liederzyklus „Marienleben“ (1923), die großartige Oper „Cardillac“ (1926), in der, nach E.T.A. Hoffmanns gespenstischer Novelle „Das Fräulein von Scuderi“, ein von seiner Kunst besessener Goldschmied die Käufer seiner schönsten Schmuckstücke ermordet, um sich nicht von letzteren trennen zu müssen. Neben diesen ernsten Werken lebt in Hindemith eine unbändige Musizierlust, die bei Zusammenkünften mit der Jugend zu mitreißenden Improvisationen führt: Musik wird Gemeinschaftserlebnis wie in alten Zeiten, kreative Kräfte erwachen, Freude an unerwartetem Schaffen regiert die Stunde. Da kann Hindemith gleichzeitig barock und maschinenbesessen sein, er ist Kenner und Könner, belebt Altes und findet Neues, ein Erzmusikant wie Anno dazumal und ein Revolutionär des Maschinenzeitalters. Er packt alles an, komponiert alles, von dem er glaubt, es werde gebraucht. Das häßliche Wort „Gebrauchsmusik“ entsteht, aber der tiefere Sinn dieses Wortes ist eigentlich gar nicht häßlich.

Natürlich wird ein solcher Mann zum Politikum an sich. Wo immer seine Werke auftauchen, gibt es Kämpfe, Skandale, Rufe nach Verboten. Und sehr bald wird der Streit politisch. Die Uraufführung des „Cardillac“ (Dresden, 9. November 1926) ruft heftigste Polemiken hervor. Die Anhänger (der Regisseur der Premiere, Otto Ehrhardt, die prominenten Dirigenten Erich Kleiber und Otto Klemperer) verteidigen das Werk und vor allem die Freiheit der Kunst, die Gegner begnügen sich mit Beschimpfungen, in denen die schon damals sehr gebräuchlichen Wörter wie „zersetzend“, „dekadent“ und „entartet“ immer wieder auftauchen.

Als Hindemith 1927 eine Professur an die Berliner Hochschule annimmt, gerät er vollends ins Kreuzfeuer des heftigsten Kulturkampfes. Trotzdem findet er noch zu einigen seiner bedeutendsten Kompositionen die Ruhe: das textlich angreifbare Oratorium „Das Unaufhörliche“ (1931), die Oper „Mathis der Maler“ (1934–1935) auf einen eigenen Text rund um das Leben des Malers Mathias Grünewald, seines Isenheimer Altars und die Bauernkriege sowie die prächtige Tanzlegende „Nobilissima visione“ (1938). Über seinem Furtwängler und den Berliner Philharmonikern gewidmeten „Philharmonischen Konzert“ (1932) bricht der offene Kampf aus. Der Nationalsozialismus zwingt Hindemith ins Exil, dessen erste Etappe die Schweiz ist. Deren Theater haben ihre kulturelle Aufgabe erkannt und helfen mehrfach dort, wo politische Leidenschaften in anderen Ländern wichtige Werke zu unterdrücken drohen. In Zürich war am 2. Juni 1937 Alban Bergs nachgelassene „Lulu“ gespielt worden, nun folgte am 28. Mai 1938 Hindemiths „Mathis der Maler“. Dreimal war Hindemith schon in Nordamerika gewesen, die vierte Reise zu Anfang des Jahres 1940 wird zur Auswanderung. Vieles Lebendige und Temperamentvolle gefällt ihm, der Musikbetrieb in der lebensprühenden Sommeruniversität von Tanglewood begeistert ihn. Neue Werke fließen aus seiner Feder: das Ballett „Die vier Temperamente“ (1940), die „Symphonie in Es“ (1940), die „Symphonia serena“ (1946), ein Klavier-, ein Cello-, ein Hornkonzert, die „Symphonischen Metamorphosen über Themen von Carl Maria von Weber“ (1943). Weber? Huldigung an einen Romantiker? In einem Dutzend von welterschütternden Jahren, die auch zu seiner entscheidenden Zeit geworden waren, hatte Hindemith die Wildheit abgelegt und seinen Frieden mit der Tradition gemacht: „Ich habe den Übergang aus konservativer Schulung in eine neue Freiheit vielleicht gründlicher erlebt als irgendein anderer. Das Neue mußte durchschritten werden, sollte seine Erforschung gelingen. Daß diese weder harmlos noch ungefährlich war, weiß jeder, der an der Eroberung beteiligt war. Weder wurde die Erkenntnis auf geradem Weg errungen, noch ging es ohne Störungen ab. Heute scheint es mir, als sei das Gebiet übersichtlicher geworden, als sei die geheime Ordnung der Töne erlauscht.“ Nach dem Krieg will Hindemith nicht endgültig in die sich neu ordnende Heimat zurückkehren. Jahrelang teilt er nun seine Tätigkeit zwischen der Alten und Neuen Welt, wo 1952 sein interessantes Buch „A Composer's world“ erscheint, das vom Mittelalter bis zu aktuellen Problemen des Musiklebens reicht. In Zürich hält er Gastvorlesungen und erlebt große Aufführungen seiner Werke in Basel. Er arbeitet an einer neuen großen Oper, „Harmonie der Welt“, in der die Gestalt des genialen Astronomen Johannes Kepler vor dem düsteren Hintergrund des Dreißigjährigen Krieges steht. Die Uraufführung in München (1957) verläuft eher enttäuschend. Zum Abschiedswerk vom Musiktheater wird die Vertonung von Thornton Wilders Schauspiel „The long Christmas Dinner“ („Das lange Weihnachtsmahl“, 1961). 1953 hatte Hindemith sich im schweizerischen Blonay, oberhalb des Genfer Sees, niedergelassen. Dieses Haus wurde, als der Komponist am 28. Dezember 1963 in Frankfurt am Main starb, zum Sitz einer Stiftung, die schon vielen jungen Musikern wertvolle Unterstützung gewährt hat.

Atonalität, Dodekaphonie, die „Wiener Schule“

Wollte man den Übergang vom tonalen Musikhören eines Jahrtausends in die Atonalität darstellen und in ihrer musikalischen, geschichtlichen und psychologischen Bedeutung erklären, könnte man einen eigenen Band füllen. Die Erschütterung, die von diesem Phänomen ausging, spaltete die Musikwelt wie nichts zuvor und zittert, hundert Jahre später, immer noch fühlbar nach. Das zeitliche Zusammenfallen der großen Umwälzung mit dem Ersten Weltkrieg war kein Zufall. Je näher die Welt diesem entscheidenden Augenblick rückte, desto unruhiger wurden die Künste. Wenn der Kunsthistoriker und Kulturphilosoph Hans Sedlmayr in seinem 1948 erschiene Buch „Verlust der Mitte“ verwundert fragt, wie man nur die ins Auge springenden Symptome der Unrast und des Verfalls in den bildenden Künsten seit etwa 1800 unbeachtet lassen konnte, hat er so unrecht nicht. Und wenn er nachweist, wie sehr der Mensch mit allem zerfiel, was ihm Stütze und Hilfe war – mit Gott, den Menschen, mit sich selbst –, so hätten seine Alarmrufe nicht ungehört verhallen dürfen.

Der Zerfall musikalischer Prinzipien, die zumindest seit dem frühen Mittelalter festgestanden hatten, passen sich durchaus in diesen Rahmen ein. Europas Musik hat in langer Entwicklung viele Wandlungen durchgemacht, sanfte und eruptive, aber nie ihre Substanz in Frage gestellt, die Töne und die einfachsten Gesetze ihrer Zusammensetzung. Das 19. Jahrhundert beginnt daran zu rütteln; allmählich und fast unbemerkt zuerst, dann immer heftiger, bis zum Augenblick der Sprengung, der mit dem Ersten Weltkrieg und den folgenden chaotischen Jahrzehnten zusammenfällt. Wir haben versucht, dieser großen Entwicklung zu folgen, Gründe für die Häufung oder Seltenheit von Dissonanzen aufzuspüren. Die Musik erschien uns stets als zweipolig, so wie alles auf Erden und im menschlichen Leben. Weder konnten die Konsonanzen für sich allein die ganze Musik bedeuten, noch die Dissonanzen. Erst ihr Zusammenwirken wurde Musik. Ihre Mischung in irgendeinem Verhältnis, das sich ständig veränderte, ergab den Klang der verschiedenen Epochen im Ablauf der Kultur. Eine völlig konsonante, dissonanzenfreie Musik kann keineswegs als ideal gelten – höchstens im Paradies, wo sie das Ende aller Kämpfe, aber auch allen Strebens symbolisieren könnte. Die auftretenden Dissonanzen haben ihre Wurzeln nicht in der Musik allein, sie sind im Leben vorhanden, in der Seele der Menschen, bevor sie in die Tonkunst Eingang finden. Je härter und zahlreicher sie in der Musik auftreten, desto unruhiger, zerrissener, vielleicht auch hoffnungsloser ist die Epoche, die sie in ihren Werken zutage treten läßt oder die sie benötigt.

Wenn die Romantik sehr selten ein kleines Lied oder Klavierstück mit einer Dissonanz enden ließ, so empfand man dies als eine bewußt gesuchte Besonderheit des Ausdrucks, als eine unbeantwortete Frage, vielleicht an einen geliebten Menschen, vielleicht an das Schicksal. Innerhalb der Werke mochten die Dissonanzen sich häufen, mehr oder weniger einfach aufgelöst werden, aber am Ende mußten sie stets einer Konsonanz Platz machen; sie allein war es, die Beruhigung und Befriedigung vermittelte. Als das Mittelalter begann, sehr vorsichtig zuerst, gegen einen Cantus firmus eine Gegenstimme zu führen, verstand es sich bald als selbstverständlich, daß diese zuletzt auf den Schlußton der Grundmelodie einbiegen mußte.

Das tonale Gebäude konnte nicht durch Häufung von Dissonanzen in Frage gestellt werden, solange am Ende jedes Werkes die Harmonie wiederhergestellt wurde. Die Angriffe gegen die Tonalität führten also erst dann zu deren „Abschaffung“, als versucht wurde, Konsonanz und Dissonanz völlig gleichartig zu behandeln und damit jedes harmonischen Sinnes zu berauben. Man hat versucht, die Auflösung der Tonalität mit der Abschaffung des herrschenden sozialen Systems zu vergleichen. So wie die Oberschicht zu jeder Zeit Privilegien gegenüber den unteren Ständen besaß, so konnten gewisse Vorrechte der Konsonanz gegenüber der Dissonanz als „Ungerechtigkeit“ erscheinen. War der Ruf nach der Gleichberechtigung aller Töne und Intervalle wirklich der Forderung nach der Gleichmachung aller Sozialpartner in der menschlichen Gesellschaft gleichzusetzen? Fühlten sich die Kämpfer um Atonalität als Fahnenträger einer Art neuer musikalischer Freiheit? Eine Bejahung liegt nahe, denn der Jubel nach Erreichung ihrer Ziele wird dem von Revolutionären gleichen, welche die letzte Bastion ihrer Unterdrücker erobert haben. Doch eine zuerst leise, dann immer unüberhörbarere Frage wird bald auftauchen: Läßt sich die Tonalität überhaupt auflösen? Oder ist sie ein Grundgesetz (wie etwa die Schwerkraft), mit der die Menschheit zu leben hat? Die Musiktheoretiker, die Komponisten von „Kunstmusik“, ließen sich auf das gewaltige Wagnis ein. Keine der anderen Sparten der Musik zog mit. Die so entstandene oder sich verschärfende Spaltung der Musik wurde damit zum unlösbaren Problem des modernen Menschen.

Nicht aufgelöste Dissonanzen

Wahrscheinlich war Richard Wagner der erste Komponist, der dissonante Akkorde nicht mehr auflöste, vor allem in seinem Werk „Tristan und Isolde“. Seit damals, also gegen Ende des 19. Jahrhunderts, beginnen die

Dissonanzen steigende Bedeutung zu erlangen. Ihre Schärfe wächst, ihre Häufigkeit, aber vor allem ihr Sinn. Ist es, weil immer mehr unlösbare Probleme im Leben der Zeit auftauchen, im Verhältnis des Menschen zu Gott, zu den Mitmenschen und zu sich selbst? Technisch bietet die Bildung von Dissonanzen ja keinerlei Schwierigkeit; sie ist in jeder Harmonielehre vorgesehen. Wer auf zwei übereinanderliegenden Terzen eine weitere errichtet, stößt in das Reich der Dissonanz vor.

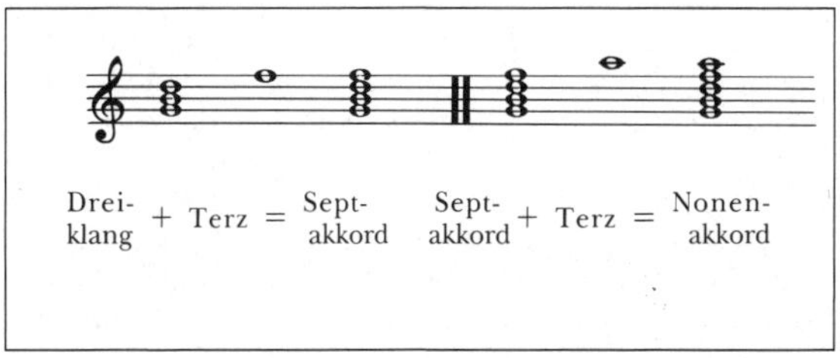

Mit der dritten Terz wird ein „Septakkord“ errichtet, mit dem jeder Klassiker gearbeitet hat und dessen „Auflösung“ eine der einfachsten Aufgaben der Harmonielehre darstellt. Wagner – das heißt die späte Romantik – kommt mit Hilfe einer vierten Terz zum „Nonenakkord“, der ein wenig erdentrückter klingt und so des Impressionismus liebes Kind wird, den aber „aufzulösen“ ein wenig umständlicher ist. Doch der Impressionismus will ja kaum noch „auflösen“, ihm ist der Klang wichtiger als alles. An den Grundregeln der Harmonie rütteln, bewußt oder unbewußt, die meisten Komponisten am Ende des Jahrhunderts. Besonders Meister, die in ihrer Musik „Ungeheures“ darstellen wollen, Metaphysisches, Unirdisches (Skrjabin, Mahler), suchen nach neuen musikalischen Ausdruckswelten. Es ist verständlich, daß sie so simple Fragen wie „Konsonanz“ und „Dissonanz“ nur sehr am Rande interessieren. Sie tun den Schritt in die Atonalität noch nicht – Mahlers „Lied von der Erde“ endet in einem unaufgelösten Vorhalt –, doch die nächste Generation kennt keine Hemmungen mehr, die letzte Stufe in das Reich der Atonalität wird im Sturm genommen. Bartóks „Allegro barbaro“ und Strawinskys „Sacre du printemps“ leiten euphorisch die neue Ära ein. Zwei Meisterwerke stehen am Beginn der Atonalität. Daß beide den Hörer in Urzustände der Menschheit führen, fiel (und fällt) wohl niemandem auf. Doch es kann bedeuten, daß die Atonalität sich erst später, gewissermaßen in den Lauf des Alltags eingegliedert, wird beweisen müssen.
Doch dann überstürzen sich die Ereignisse, in der Musik geradeso wie auf allen anderen Gebieten. Die letzten Dämme brechen, die letzten tonalen Zusammenhänge werden zerrissen. Noch sprechen manche Musiker von „freier Tonalität“. Diese hätte nur eine starke Lockerung der tonalen Beziehungen bedeutet. Doch die neue Bewegung ließ sich nicht mehr bremsen: Sie raste in das Chaos eines in keiner Weise mehr gezügelten oder gebundenen Zustands. Alles war erlaubt, was vorher verboten war. Die „Atonalität“ war voll ausgebrochen, der Name, im Sinn von frei von jeder Tonalität, setzte sich durch. Die Parallelität zum politischen Geschehen sowie zu den Vorgängen in den anderen Künsten liegt auf der Hand. Aber auch in der Musik reichte es nur zu einem vorübergehenden, ja zu einem Pyrrhussieg. Die Besten wendeten sich noch rechtzeitig ab, als sie die Auswirkungen überschauten. Viele Besonnene waren längst abgefallen, da sie verhängnisvolle Folgen voraussahen, so der radikalen Neuerungen durchaus aufgeschlossene Richard Strauss, der nach den gezielten und meisterhaft beherrschten Dissonanzenhäufungen in „Salome“ und „Elektra“ zurückkehrte in die Tonalität.
Die Fülle der „neuen Musik“ zwischen 1910 und 1930 ist unvorstellbar groß. Die Zeit scheint außer Rand und Band gekommen, alle Einfälle werden in die Tat umgesetzt. Hektisch und ohne Kontrolle läuft alles ab, viel Wertvolles wird unter Schund begraben, Eintagserfolge sind die Regel, der Radikalismus triumphiert auf allen Gebieten. Da die Künste auf einmal ohne Regel dastehen und es bei den meisten Jungen verpönt ist, denen „von früher“ zu folgen, gibt es keine Richtlinien mehr, alles gilt als erlaubt, was Erfolg verspricht. Nie war es so leicht zu dichten, zu malen, zu komponieren, es mußte nur „neu“ sein. Das tiefe Mißtrauen, das sich allem gegenüber ausbreitete, was mit der Generation der Väter zu tun hatte – sie war es ja gewesen, die alles in die Katastrophe, den Zusammenbruch geführt hatte –, wandelte sich in blindes Vertrauen, wo es um Neues ging. Viele Begabungen wurden in den Strudel gerissen. Doch einige tauchten aus ihm wieder empor, konnten ihren Weg auf verschiedenen Pfaden fortsetzen. Die hart am Chaos vorbeigegangene Generation wird uns größtenteils noch beschäftigen: Zemlinsky, Schreker, Schönberg, Korngold, Berg, Webern, Krenek, Wellesz, Janáček, Martinů, Milhaud, Honegger, Poulenc, Weill, Eisler, Dallapiccola, Frank Martin, Schoeck, Prokofjew, Schostakowitsch ... zwanzig Namen unter zweihundert, zweitausend vielleicht, die durch den Hexenkessel mußten oder hart seinen Rand gestreift hatten.
Während nach außen immer noch das hektische Klima der „ungezügelten Freiheit“, der Atonalität herrschte, während sich ihm gegenüber bereits eine scharfe Reaktion aufzubauen begonnen hatte, zerbrachen sich viele verantwortungsbewußte Musiker den Kopf, einen Ausweg zu finden, der dem Zusammenbruch einen Sinn geben konnte, ohne daß man in das Alte zurückfiel. Wenn die früheren Gesetze zertrümmert lagen, so mußten eben neue geschaffen werden. Der gesetzlose Zustand mußte aufhören. Unter den zahlreichen theoretischen Versuchen, die überall angestellt wurden, lenkte sich starkes Interesse auf das Experiment einer radikalen Neuordnung, wie sie, völlig unabhängig voneinander, von zwei österreichischen Musikern vorgestellt wurde: von dem eigenbrötlerisch veranlagten, sektiererischen und an Persönlichkeit schwachen Joseph Matthias Hauer (1883–1959) und dem expansiven, mit starkem Charisma ausgestatteten, durch glänzende Jugendwerke ausgewiesenen Arnold Schönberg (1874–1951). Als sie ihre einander ähnlichen Bestrebungen bemerkten, trafen sie einander, aber die Einigungsversuche scheiterten. Die in der Folge sich durchsetzende und zu einem wichtigen Faktor im Musikleben werdende „Kompositionsmethode mit zwölf nur aufeinander bezogenen Tönen“ trägt nur noch die Handschrift Schönbergs. Sie hat „Schule gemacht“ (im wahrsten Sinn des Wortes), allerdings auch die Musikwelt gespalten wie wenige Bewegungen zuvor.

Chromatische Tonleiter (12tönig)

Die Idee der Zwölftonmethode

Die Zwölftonmethode, wie sie genannt wird, griechisch „Dodekaphonie", legt der Komposition, die durch Atonalität jeder Kontrolle entglitten war, neue Fesseln an, die strengsten, die sie je tragen sollte. Die neue Melodiebildung wird einer eisernen Regel unterworfen, die auch für das vertikale Gerüst jedes Werkes – das früher „Harmonie" genannt worden war – Gültigkeit besitzt: Die einstige Melodie wird durch die „Reihe" ersetzt, in der sämtliche in unserer Musik existierenden zwölf Töne (die der chromatischen Skala) vorkommen müssen, ohne Auslassung und ohne Verdoppelung. Was hier wie harmloses Konstruktionsprinzip aussieht, ist in Wahrheit ein strenges System, das nicht mehr von der Phantasie gesteuert wird, vom „Einfall", von der „Inspiration", sondern vom Verstand. Nicht einmal das kontrapunktische Zeitalter hatte derartige Einschränkungen der kompositorischen Freiheit gekannt. Der Widerstand erwachte schnell, der Zusammenprall von Anhängern und Gegnern wurde heftig und unerbittlich. Hier ging es um mehr als einige Verbote wie bei den liberalen Regeln der Klassik und Romantik. Ein Wortführer der Gegner (Alois Melichar) schrieb ein wohlbegründetes Buch: „Musik in der Zwangsjacke".

Arnold Schönberg

Arnold Schönberg (1874–1951) wuchs in seiner Vaterstadt Wien im Bann Wagners und Mahlers auf. Den einzigen Musikunterricht erhielt er vom fast gleichaltrigen Alexander von Zemlinsky (1871–1942), einem der genialen Meister seiner Zeit. Frühwerke Schönbergs atmen den Geist der ausgehenden Romantik. Das klangüppige, leidenschaftliche Streichsextett „Verklärte Nacht" (1899), dem ein bedeutsames Jugendstilgedicht Richard Dehmels vorangestellt ist, atmet den Geist des „Tristan". Die sinfonische Dichtung „Pelléas und Mélisande" (1903) nach Maeterlinck ist expressionistisch klangvoll. Zu einem Höhepunkt der Musik im beginnenden Jahrhundert wird der oratorienhafte Zyklus der „Gurrelieder", der, 1911 vollendet, am 23. Februar 1913 unter der Leitung von Franz Schreker in Wien uraufgeführt wird: ein riesiges Werk auf schöne Worte des Dänen Jens Peter Jacobsen, eine ergreifende Totenklage. Es ist die Zeit der überdimensionalen Werke auf allen Gebieten: der achten Sinfonie von Mahler, der „Alpensinfonie" von Richard Strauss, des „Poème du feu", des „Poème de l'extase" von Skrjabin. Doch es beginnt der Abschied von euphorischer Monumentalität. Schönberg verlangt für die „Gurrelieder" noch drei vierstimmige Männerchöre, ein Instrumentalensemble von 25 Holz-, 25 Blechbläsern, zehnfach geteilte Geigen bei insgesamt 37 Streichergruppen. Das Publikum jubelt, aber der Komponist ist nicht glücklich; er steht nicht mehr zu diesem tonalen, spätromantischen Werk. Schon 1908 hat er die „Grenze" überschritten, die ihn von der überall ausbrechenden Atonalität trennt, hat mit dem „Buch der hängenden Gärten" (Lieder von Stefan George) jenes Neuland betreten, das zur Aufgabe seines Lebens werden wird. 1910 schreibt er, es sei ihm „zum ersten Mal gelungen, einem Ausdrucks- und Formideal nahezukommen, das mir seit Jahren vorschwebt. Es zu verwirklichen, gebrach es mir bis dahin an Kraft und Sicherheit. Nun ich aber diese Bahn endgültig betreten habe, bin ich mir bewußt, alle Schranken einer vergangenen Ästhetik durchbrochen zu haben; und wenn ich auch einem mir sicher erscheinenden Ziel nachstrebe, so fühle ich dennoch schon jetzt den Widerstand, den ich zu überwinden haben werde." Die Ahnung trog nicht. Bald werden keine Werke aus dem Schönberg-Kreis mehr aufgeführt werden können, ohne daß sich die Gemüter der Anwesenden bis zur Siedehitze erregen. Zwei Bühnenwerke, „Erwartung" (1909–1924) und „Die glückliche Hand" (1908–1913), zeigen Schönberg als Expressionisten, verwandt mit Oskar Kokoschka, dem er auch als angehender Maler nahesteht. Besonders radikal gibt er sich im Liederzyklus „Pierrot lunaire" (1912), in dem eine rhythmisierte und genau auf Tonhöhen festgelegte Sprechge-

GURRE-LIEDER

VON

JENS PETER JACOBSEN

DEUTSCH VON ROBERT FRANZ ARNOLD

FÜR

SOLI, CHOR UND ORCHESTER

VON

ARNOLD SCHÖNBERG

UNIVERSAL-EDITION A.G.

WIEN LEIPZIG

COPYRIGHT 1920 BY UNIVERSAL-EDITION

U.E. Nr. 6300.

No 100

Linke Seite unten: Abschied von der Romantik: Schönbergs auf lange Zeit letztes „tonales“ Werk, das Oratorium „Gurrelieder“. Vom Komponisten numeriertes und signiertes Exemplar: eine manchmal geübte Praxis, um die Verkäufe besser kontrollieren zu können...
Oben: Arnold Schönberg, der umstrittenste Musiker neuerer Zeit.

sangsstimme mit fünf Begleitinstrumenten Texte von Ernest Giraud (verdeutscht von Otto Erich Hartleben) vorträgt. Das hatte mit den „Melodramen“ nichts zu tun, die um jene Zeit in Mode waren und auch von ersten Meistern gepflegt wurden (Richard Strauss' „Enoch Arden“, Max von Schillings „Hexenlied“). Man könnte Schönbergs Absicht am ehesten negativ ausdrücken: der Romantik weiter das Wasser abzugraben, ihr eine neue Kunst entgegenzusetzen. Darius Milhaud und andere avantgardistische Zeitgenossen hielten diese Ausdrucksformen für „einen grundlegenden Irrtum“ Schönbergs. Ein berühmter Maler, Wassily Kandinsky, aber glaubt zu erkennen: „Diese Musik führt uns in ein neues Reich, in dem die musikalischen Erlebnisse nicht mehr akustischer, sondern rein seelischer Art sind.“
Eine entscheidende Rolle in Schönbergs Entwicklung spielen die Klavierstücke op. 19 (1911), die nur wenige Takte, wenige Sekunden lang sind. Der scharfe Analytiker erkennt, daß hier ein Denkprozeß stattgefunden hat, daß diese Kompositionen nicht mehr dem Gefühl, sondern dem Verstand entspringen, vielleicht auch, daß der Komponist hier auf der Suche nach einer „Neuordnung“ der Töne ist. „Nur noch Klangfetzen, die zu uns herüberwehen, ein Thema ist nicht mehr zu erkennen, weshalb es auch keine motivische Arbeit mehr gibt“, urteilt F. Herzfeld: „Es sind sozusagen einzellige Lebewesen.“ Schönberg gibt auch weiter Rätsel auf. In der 1911 veröffentlichten (und Mahler in dessem letzten Lebensjahr gewidmeten) „Harmonielehre“ ist von Auflösung der Tonalität, von einer neuen Kompositionsmethode keine Rede. Es geht recht traditionell zu, nur die Worte über die Schönheit lassen aufhorchen. „Es gibt sie erst vom Moment an, in dem die Unproduktiven sie zu vermissen beginnen. Früher existiert sie nicht, denn der Künstler hat sie nicht nötig. Ihm genügt die Wahrheit...“
Schönberg gehört keineswegs zu den Bahnbrechern der Atonalität, und es dauerte verhältnismäßig lang, bis er sich ihr anschloß. Dafür legt ein Scherzwort Zeugnis ab, das er bei der militärischen Musterung zur Antwort gab, als er gefragt wurde, ob er zufällig „jener Musiker Schönberg“ sei: „Einer hat es ja sein müssen, und so habe ich mich dafür hergegeben...“ In diesen Worten steckt neben dem Scherz auch das hohe Sendungsbewußtsein, das ihn stets erfüllte. Er glaubte täglich stärker daran, zur „Neuordnung“ der Musik berufen zu sein. Ungefähr um die gleiche Zeit gab es eine ganze Reihe von Musikern, die den gleichen Fragen nachgingen. Neben dem bereits genannten Joseph Matthias Hauer steht, längst vergessen, der interessante Russe Jef (Jefim) Golyscheff (1897–1970), der bereits 1914 eine komplette Zwölftonreihe bewußt zur Grundlage eines Streichquartetts machte. Und als Vorläufer der neuen Kompositionsmethode „mit zwölf nur aufeinander bezogenen Tönen“ (wie Schönberg seine Theorie definieren wird) kann sicher auch der zeitweise vielgenannte Edgar Varèse (1885–1966) gelten, der auf klanglichem wie auf strukturellem Gebiet interessant experimentierte.
Im Grund versuchten alle dasselbe, nämlich die Atonalität, die Aufhebung der viele Jahrhunderte alten Gesetze der Zusammenhänge zwischen Tönen, Tonleitern, Harmonien aus der Uferlosigkeit, in die sie geraten war, herauszuholen. Die „freie Tonalität“, die völlige Ungebundenheit in der Zusammensetzung von Klängen hatte in die völlige Verwirrung geführt. Man darf allerdings nicht sagen, sie habe nicht auch Meisterwerke hervorgebracht. Strawinskys „Sacre du printemps“ ist ein solches, zehn weitere ließen sich finden. Aber das beweist nichts. Ein Genie kann mit jeder oder ohne Technik etwas Großes schaffen. Aber ohne Regeln, und seien es die primitivsten, kann nichts von Dauer bestehen. Alle denkenden Musiker suchten nach einem Ausweg aus der Atonalität, nach neuen Gesetzen, die einer „neuen Welt“ angepaßt werden könnten. Denn am Heraufkommen einer „neuen Welt“ zweifelte zu jener Zeit niemand.

Technik mit zwölf Tönen

Die letzten Jahrhunderte hatten mit Motiven, Themen, Melodien gearbeitet. Was könnte man, wenn dies alles veraltet wäre, an ihre Stelle setzen? Schönbergs Theorie ging vom Einfachsten aus, von der „chromatischen Tonleiter“, also der Folge aller zwölf existierenden Halbtöne, die in ihrer Gesamtheit das alte Tonmaterial der abendländischen Musik bilden. Im Ausgangspunkt ist Schönberg also viel weniger revolutionär als etwa Hába oder Carrillo, die durch Spaltung der Halbtöne neues Klangmaterial schaffen wollten. Dann aber entwirft er Regeln, die seine und die Musik seiner Anhänger, soweit sie sich zur „Dodekaphonie“, zum „Zwölfton“ bekennen, auf einen äußerst gefährlichen Weg führen. Er dekretiert, die zwölf Töne hätten die Grundlage jedes Tonwerks zu bilden: Alle zwölf müßten es sein, in beliebiger Reihenfolge, aber ohne Auslassung und ohne Verdoppelung. Das mag noch recht gemäßigt klingen, aber bei näherer Erklärung wird sofort klar, wie recht Alois Melichar hatte, der diese Kunst „Musik in der Zwangsjacke" nannte. Jeder musikalische Mensch besitzt Dutzende oder Hunderte von Melodien im Gedächtnis. Sie sind so gegliedert, daß ihr Behalten leicht ist. Die Beziehung ihrer Töne zueinander ist „melodisch", „logisch". Keines der Motive, aus denen sie gebildet, zusammengesetzt sind, umfaßt alle zwölf existierenden Töne, nur der allerseltenste Zufall könnte es einmal so fügen. Schönberg aber will aus diesem höchst unwahrscheinlichen Zufall ein Gesetz machen. Der Komponist in seinem Sinn muß, bevor er ein Werk beginnt, die „Reihe" aufstellen, die dessen Grundlage bilden soll. Er kann melodisch beginnen, dem Ohr ein paar leicht zu verfolgende Töne vorsetzen; vielleicht kommt er bei diesem Vorgehen auf sechs Töne, auf sieben, vielleicht gar auf acht. Auf jeden Fall muß er nun, um die „Reihe" zu komplettieren, vier, fünf oder sechs Töne hinzufügen, denn die Reihe muß ja alle zwölf bestehenden Töne enthalten. Die „Hörbarkeit" dieser Reihe aber, die wichtige Grundbedingung, sie im Kopf behalten zu können, sinkt. Aus jedem Musikstück der Vergangenheit konnte der Hörer wenigstens kleine Bruchstücke im Gehör nach Hause tragen. In einem Zwölftonwerk ist das praktisch ausgeschlossen. In jedem Musikstück der Vergangenheit „arbeitete" der Komponist mit dem Thema, dem Motiv, der Melodie. Der Hörer empfand Freude, wenn er dieser Entwicklung folgen konnte. Die Zwölftonreihe macht dies unmöglich. Denn wenn man die „Reihe" an sich schon nicht klar hören oder gar behalten kann, wie soll dies erst mit den Varianten möglich sein, deren der Komponist sich bedienen kann: der „Umkehrung" (die „Reihe" von hinten nach vorne), den „Spiegel" (in der „Reihe" verwandeln sich Anstiege in Abstiege und umgekehrt, so als unterlege man ihrem Notenbild einen „Spiegel"), die „Umkehrung des Spiegels". Das Ergebnis ist Musik, die niemand beim Hören „verstehen", ja auch nur gehörsmäßig in sich aufnehmen kann. Der zweite Einwand ist ebenso schwer oder

Auch wer keine musiktechnischen Kenntnisse besitzt, erkennt im Bild der Partituren die fortschreitende Komplikation der Werke im 20. Jahrhundert. Edgar Varèse war einer der Umstürzler der „modernen" Musik: hier das Notenbild seiner äußerst komplizierten „Ionisation" für 2 Schlagzeuggruppen (1931).

noch schwerwiegender. Es handelt sich hier nicht um Musik, die aus einem Einfall, einer Eingebung geboren werden kann. Komplizierte Berechnungen werden notwendig, um ein Musikwerk ins Leben zu rufen. Wer dies mit dem Beispiel Bachs rechtfertigen will, zeigt nur, daß er Bach nie verstanden hat, denn dessen Motive und Themen können im Gehör haften, infolgedessen können auch deren Verarbeitungen – Umkehrung, Spiegel usw. – es tun. Bachs Musik, so „mathematisch“ sie manchem Hörer erscheinen mag, entstammt nicht dem Verstand – der sie allerdings lenkt und gestaltet –, sondern dem Gefühl. Sie kommt aus dem Einfall, den alle Schöpfernaturen aller Zeiten stets hoch gepriesen, als Grundlage ihrer Kunst erkannt haben.

Nur die Dodekaphoniker, die Zwölftöner nicht. Einer ihrer wichtigsten Vertreter rief bei einem Wiener Vortrag in den zwanziger Jahren wörtlich aus: „Wir haben uns von der Diktatur des Einfalls befreit!“ Daß diese Aussage die Anerkennung einer Kunst ohne Inspiration bedeutet, ist klar. Die Dodekaphonie entsprang dem Kopf, nicht dem Gefühl: infolgedessen konnte sie sich auch wieder nur an den Kopf des Hörers wenden, nicht an sein Gefühl. Man spricht von „Papiermusik“ – einem Ausdruck, der übrigens bereits einmal vor Jahrhunderten verwendet wurde, als komplizierte polyphone Werke nur noch beim Lesen in der Partitur ihre Wirkung ausübten und kein Hörerlebnis boten. Die Zwölfton- und die aus ihr ein wenig später entwickelte serielle Musik boten vielerlei Anlaß, als „Papiermusik“ bezeichnet zu werden. Sie bietet dem Theoretiker den Anreiz, auf dem Papier seine Technik zu erweisen, eine perfekte Konstruktion zu liefern, die das Bild hohen Könnens zeigt. Musik aber ist eine Sache des Gehörs und des Gefühls: Beide werden durch die Dodekaphonie nicht angesprochen. Schönbergs kunstvolle Theorie konnte die atonale Musik nicht aus der – zugegeben: verlockenden – Sackgasse herausführen, in die sie während der ersten Jahrzehnte des 20. Jahrhunderts immer tiefer geriet.

Daß eine nicht unbedeutende Zahl von Musikern der ganzen Welt in den Bann des Zwölftons geriet, hat verschiedene Gründe, wobei wir die einfachste – daß jeder Mensch, musikverständig oder nicht, instand gesetzt wird, mit dieser Methode zu „komponieren“ – nicht als die wichtigste ansehen wollen, obwohl die Gefahr einer „Bluff-Musik“ hier so groß war wie kaum je in der Geschichte dieser Kunst. Die Versuchung der Unredlichkeit lag übrigens um die gleiche Zeit auch in der Malerei nahe, deren Regeln ebenfalls pulverisiert, außer Kraft gesetzt worden waren.

Die „Wiener Schule“

Schönberg verließ Wien, wo die Widersprüche gegen seine Theorie zu heftig waren, nahm eine prominente Stellung im damals allem Neuen besonders aufgeschlossenen Berlin an und wich erst dem aufkommenden Nationalsozialismus. Der trieb ihn zuerst nach Wien zurück, dann in das nordamerikanische Exil, aus dem er nicht mehr heimkehren sollte – oder wollte, trotz der goldenen Brücken, welche die Heimat ihm zu bauen bereit war. In Wien hatte sich um ihn ein beträchtlicher Kreis von Schülern und Freunden gebildet, denen der Name einer „Wiener Schule“ zufiel. Die frühere Bezeichnung einer „Zweiten Wiener Schule“ wurde bald fallengelassen, da Haydn, Mozart, Beethoven und Schubert der zumeist zeitlichen und räumlichen Distanzen wegen kaum als „Schule“ zu verstehen sind. Die Schönberg am nächsten standen, gewannen Eigengewicht: Alban Berg (1885–1935), Anton von Webern (1883–1945), Ernst Krenek (1900–1991), Egon Wellesz (1885–1974). In Paris wußte René Leibowitz (1913–1972) ein westliches Zentrum der Dodekaphonie aufzubauen, in der späteren DDR wirkte Hanns Eisler (1898–1962), der neben zwölftönigen Kompositionen vor allem eine Reihe revolutionärer Chöre (und die Hymne der DDR) schrieb, in Italien vor allem der hochinteressante Luigi Dallapiccola (1904–1975). Ein sehr starkes Talent zeigte sich hie und da fähig, die sterile Wirkung einer „berechneten“, einer reinen Verstandesmusik zu überwinden – wofür besonders Alban Berg deutliches Zeugnis ablegt –, doch ist die Bilanz zum Jahrhundertende bedenklich: In das Repertoire des Musiklebens, Oper und Konzert, ist aus einem halben Jahrhundert Dodekaphonie sehr wenig übergegangen. Daß ihre Zeit überhaupt so lange dauern konnte, hängt im wesentlichen mit außermusikalischen Erscheinungen zusammen. Die Zeit nach dem Zweiten Weltkrieg war, vor allem in Mitteleuropa, von der Reaktion auf die furchtbaren Erlebnisse der Hitler-Ära geprägt. Alles, was damals verfemt, verfolgt, vertrieben worden war, erhielt nun großzügigste Wiedergutmachung (wobei allerdings betont werden soll, daß es für viele, für die meisten schwerwiegenden Dinge des Lebens eine solche gar nicht geben kann), die Anhänger verbotener Richtungen wurden in Amt und Würden eingesetzt. So auch die des Zwölftons. Und von diesen Posten der Rundfunkdirektoren, Verlagschefs, Musikjournalisten, Spitzenbeamten in Kultusministerien aus setzten sie nun ihren schwerwiegenden Einfluß auch zugunsten der Dodekaphonie ein, die im „Dritten Reich“ (ebenso wie bei deren Gegenstück, dem stalinistischen Rußland) unterdrückt gewesen war. Es ist durchaus möglich, daß durch diese oftmals geradezu blinde Förderung überlebter oder schwacher Werke auf Kosten neuer, lebendiger Musik mancher Schaden angerichtet wurde.

Das Exil

Doch wir wollen Schönbergs Lebensweg bis zum bitteren Ende im Exil verfolgen. In der Neuen Welt, besonders in Kalifornien, seinem endgültigen Wohnsitz, setzte er das Lehren wie das Komponieren fort. Auf ein Violinkonzert (1936) folgten ein Klavierkonzert (1942), die „Ode an Napoleon“ (mit den Worten Lord Byrons, gedanklich auf Hitler umgemünzt, um die Diktaturen zu geißeln) im gleichen Jahr, die tief erschütternde Kantate „Ein Überlebender aus Warschau (1947), in der die grauenhaften Vorgänge im Warschauer Getto während der Vernichtung der Juden durch die Deutschen geschildert werden. Unvollendet blieb das Chorwerk „Die Jakobsleiter“, und unvollendet vor allem die einzige große Oper Schönbergs, „Moses und Aron“, die noch in Europa bis zum Ende des 2. Aktes gediehen war und deren dritter nicht mehr gelingen wollte. Das biblische Geschehen ist von Schönberg mit eigenen Gedanken ausgebaut, die Musik aus

Links: Schönbergs biblische Oper „Moses und Aron" wurde in Zürich am 6. Juni 1957 in der Inszenierung von Karl Heinz Krahl und unter der musikalischen Leitung von Hans Rosbaud uraufgeführt. Rechte Seite oben: Alban Berg, dessen „Wozzeck" eine der ganz wenigen publikumswirksamen „modernen" Opern darstellt. Rechte Seite unten: „Lulu", Bergs zweite (und letzte) Oper, unvollendet hinterlassen (Deutsche Oper, Berlin).

einer einzigen Zwölftonreihe entwickelt, ein technisches Kunstwerk, das dem Hörer allerdings nicht zum Bewußtsein kommen kann. Trotz dieses fragmentarischen Zustandes wurde die Oper 1954 in Hamburg konzertant gespielt und am 6. Juni 1957, ebenfalls durch Hans Rosbaud, im Züricher Stadttheater (später Opernhaus) unter allen Anzeichen einer Weltsensation szenisch uraufgeführt.
In Amerika stand Schönberg vor einem Dilemma. Er erkannte schnell, daß seine Zwölftonreihe hier keine Anhängerschaft gewinnen konnte. Mancher Auftrag, den er erhielt, stammte von Schulen und war für ein junges, weitgehend musikunberührtes Publikum bestimmt. Er war andererseits auf Gelderwerb angewiesen, was nur mit Werken traditioneller Art denkbar war. Er mußte seine dodekaphonischen Lehren über Bord werfen, ob schweren Herzens oder nicht. „Es gibt noch eine ganze Reihe von Dingen in C-Dur zu sagen", fand er sich ab. Wahrscheinlich irren im 20. Jahrhundert die „Unbedingten", die meinen, ein Prophet müsse eher sterben, zumindest aber hungern, bevor er seine Grundsätze opfere. So finden wir unter Schönbergs späteren Werken einander völlig entgegengesetzte, dodekaphonische und solche „in C-Dur", friedlich nebeneinander. In einer Artikelserie, die er (1949–1952) in der mexikanischen Zeitschrift „Nueva Música" veröffentlichte, wendet er sich dagegen, Atonalität und Zwölfton zu Dogmen zu erheben. Gerade das aber hatten lange Zeit hindurch er und seine Anhänger getan. Nun aber meint er, jeder Komponist hätte das Recht, für jedes Werk die ihm gemäße Tonsprache zu wählen. Hatte er erkannt, auf wie schwachen Füßen seine Theorie stand? Er erlebte deren völlige Widerlegung durch Ernest Ansermet nicht mehr, der in einem riesigen, streng wissenschaftlichen Werk („Die Grundlagen der Musik im menschlichen Bewußtsein") die Dodekaphonie in ihren Prinzipien zu Staub zerstampft, sie mathematisch, physiologisch, ästhetisch, musikalisch vernichtet.

Arnold Schönberg – in den USA änderte er die Schreibweise in Schoenberg – starb in Los Angeles am 13. Juli 1951. Es gab Trauerfeiern in der ganzen Welt; dabei wurde viel Musik gespielt und gesungen – am wenigsten die seine. Über die zukünftige Stellung Schönbergs in der Musikgeschichte kann man nur rätseln.

Alban Berg

Unter Schönbergs Weggenossen war Alban Berg (1885–1935) die stärkste schöpferische Persönlichkeit. Der Buchhändlerssohn, zum Staatsbeamten ausersehen, begegnet 1904 Schönberg und wird sein Schüler. Seine frühen Lieder auf romantische Texte wandeln klangschön und gefühlvoll auf den Spuren von Hugo Wolf, Mahler, Richard Strauss. Dann lernt er Impressionismus und Expressionismus kennen, die, so entgegengesetzt sie auftreten, beide zur Lockerung der Tonalität führen. 1910 endet das eigentliche Studium, aber nicht die enge Verbundenheit Bergs mit Schönberg. Der Freundeskreis erweitert sich durch Oskar Kokoschka, den großen Repräsentanten des Wiener malerischen Expressionismus, durch den Komponisten Franz Schreker, zu dessen aufsehenerregender Oper „Der ferne Klang" Berg den Klavierauszug herstellt, ferner durch den Literaten Peter Altenberg, der seine oft aphoristischen Gedanken am liebsten auf Ansichtskarten schrieb. Berg fühlt sich zu diesen skurrilen Dichtungen hingezogen und verbindet einige davon zu einem Liederzyklus. Schönberg, der am 31. März 1913 ein Orchesterkonzert leitet, stellt zwei Stücke davon in sein Programm, das zudem die „Sechs Stücke für Orchester" von Webern, vier Orchesterlieder von Zemlinsky, Schönbergs „Kammersinfonie" op. 9 und zuletzt die „Kindertotenlieder" Gustav Mahlers enthält. Zu diesen letzteren sollte es allerdings nicht mehr kommen, denn während der „Lieder nach Ansichtskartentexten von Peter Altenberg" Alban Bergs brach das bereits durch Schönbergs

Werk gereizte Publikum in offene Empörung aus. Die Polizei trennte die Kämpfenden, untersagte aber schließlich die Fortsetzung des Konzerts. Berg befand sich in guter Gesellschaft: Fast gleichzeitig ging in Paris Strawinskys „Sacre du printemps“ im Tumult unter.
Alban Berg, durch eine frühe Erbschaft dem Zwang eines ungeliebten Broterwerbs enthoben, reifte mehr in intensiven Studien als durch viele Kompositionen seinen großen Werken entgegen. 1914 sah er das geniale Drama „Woyzeck“ des mit 24 Jahren verstorbenen Georg Büchner, das seine brennende Aktualität, die Erniedrigung des Menschen durch den Menschen, die Sklaverei der Armen, in fast hundert Jahren nicht verloren hatte. Sofort ging Berg an die textliche Bearbeitung, faßte die vierundzwanzig Szenen des Originals in fünfzehn zusammen, die er auf drei Akte verteilte. Die Oper „Wozzeck“ (diese Form wählte der Komponist) wurde zu einem der stärksten Musikdramen des Expressionismus und zum ersten Musikdrama der Atonalität. Jede „schöne“ Melodie im alten Sinn wäre in diesem düsteren und brutalen Schauspiel fehl am Platz gewesen: die kreatürliche Angst, die seelische und körperliche Not des geschundenen, geprügelten, ausgenützten, betrogenen Soldaten hätte in romantischen Harmonien falsch geklungen, die Darstellung der Niedrigkeit, Eitelkeit, Bösartigkeit und Grausamkeit der Stärkeren, die Malerei eines grauen, drückenden Kleinstadtmilieus, in das kein Schimmer von Hoffnung fällt, wäre einer anderen Musik als der hier von Berg gefundenen unzugänglich geblieben. Inmitten des Meeres harter, naturalistischer Klänge überraschen in dieser Partitur immer wieder Angaben barocker Formen (wie Passacaglia, Invention, Sonate, Variation, Suite u. a.), von denen der Hörer nichts zu vernehmen in der Lage ist: Hier handelt es sich nur um einen formalen Rahmen, mit dem der Komponist dramaturgisch seine Szenen zu umklammern sucht. Daß die Uraufführung in der Berliner Staatsoper unter Erich Kleiber am 14. Dezember 1925 tiefgehende Erregungen hervorrief, ist verständlich; doch der starke Erfolg sprang unmittelbar auf viele Bühnen der Welt über. Das „Dritte Reich“ verfemte auch Bergs Werke, wie alle atonalen Kompositionen, als „entartet“. Seine Wende zu Schönbergs Dodekaphonie konnte den Abgrund zwischen ihm und den Machthabern im Nachbarland (dessen Einkünfte aus Tantiemen und Notenverkäufen fürs Bergs wirtschaftliche Lage wichtig waren) keinesfalls verkleinern. Der letzte Schritt, die wohl unvermeidliche Emigration, blieb ihm seines frühen Todes wegen erspart.
Berg wurde nie ein so konsequenter Zwölftöner, wie sein Lehrer Schönberg und sein Freund Webern es waren. Das wird im Violinkonzert besonders deutlich. Berg unterbricht die Arbeit an seiner zweiten Oper „Lulu“ (die ganz im Zwölftongeist gehalten ist) und schreibt dieses Konzert als Requiem für die sehr jung verstorbene Manon Gropius, die Tochter Alma Mahlers aus deren zweiter Ehe mit dem Bauhaus-Architekten Walter Gropius: „Dem Andenken eines Engels“. „Im Lager der orthodoxen Dodekaphoniker erregte schon das erste Thema dieses Werkes Widerstand: Es umfaßt zwar die von Schönberg vorgeschriebenen zwölf verschiedenen Töne, erweckt aber einen tonalen Eindruck, da es als Aufeinanderfolge „normaler“ Dreiklänge aufgefaßt werden kann und sich so dem Hörer einprägt. Das Werk wurde Bergs eigenes Requiem. Am Weihnachtsabend, dem 24. Dezember 1935, starb der gerade Fünfzigjährige an einer Blutvergiftung. Er hinterließ die nahezu vollendete Wedekind-Oper „Lulu“, die am 2. Juni 1937 in Zürich erstmals über die Bühne

ging. Nach der kriegsbedingten Unterbrechung bürgerte es sich ein, bei ihren Aufführungen die fehlenden Takte auf verschiedene Weise zu überbrücken: durch gesprochenes Wort, durch eine Filmsequenz, durch Lichtbilder usw, bis 42 Jahre später, am 24. Februar 1979, Paris eine „vervollständigte“ Fassung gab, Werk des österreichischen Komponisten Friedrich Cerha, der, in minuziöser Arbeit und völlig mit Bergs Stil vertraut, die Lücke geradezu authentisch füllen konnte.
Berg hat weder „Lulu“ noch das Violinkonzert mehr gehört (das in Barcelona am 19. April 1937 durch den nordamerikanischen Geiger Louis Krasner erstmals gespielt wurde), gerade noch seine „Lyrische Suite“ (für Streichquartett, eventuell Streichorchester) trug seinen Namen in einige wenige aufgeschlossene Städte, die nicht unter dem täglich härter werdenden politischen Druck der Epoche standen. Die Verquickung von Politik und Kunst nahm ein unerträgliches Ausmaß an. Berg muß es bei der Komposition gerade des Violinkonzerts schmerzlich empfunden haben. Nicht zufällig hat er darin, neben einem ihm besonders lieben Kärntner Volkslied, den Bach-Choral „Es ist genug“ verwoben. „Seine Musikalität war stärker als der Zwang, den die Zwölftonreihe auf ihn ausübt“, urteilt Ansermet mit Recht. Berg ist ein bedeutender Musiker, nicht weil, sondern obwohl er sich zur Dodekaphonie bekannte. Er lockerte sie, wenn sie den Flug seiner Phantasie zu hemmen drohte. Vielleicht schwor er ihr nicht offen ab, wie es später Hans Werner Henze tun wird, weil ihn langjährige, verehrungsvolle Kameradschaft mit Schönberg davor zurückhält.

Anton von Webern

Ganz anders, ungleich komplizierter präsentiert sich Anton von Webern (1883–1945). Der stark introvertierte, grüblerische Wiener war der Weltfernste dieser drei, die den innersten Kern der „Wiener Schule“ bildeten. Auch er kam wie Berg (und eigentlich auch Schönberg selbst) über die Atonalität in den Zwölfton. Er spielte eine Doppelrolle, von deren einer Seite, nämlich der Komposition, lange Zeit nur wenige wußten. Mit der anderen stand er in der Öffentlichkeit, widmete sich der Arbeiterbildung, leitete deren Spitzenchor, den er auf hohes Niveau brachte, dirigierte deren sinfonische Konzerte mit dem ambitiösen (wenn auch höchst fragwürdigen) Ziel, es dem hochentwickelten „bürgerlichen“ Musikleben gleichzutun. In den zehn bewegten Jahren zwischen 1924 und 1934 – bis ein Bürgerkrieg Österreichs politisches Klima grundlegend veränderte – stand das „rote Wien“ zweifellose an der Spitze der Arbeiterkultur, die es zu bewundernswerten Leistungen brachte. Webern stand gewissermaßen an ihrem sichtbarsten Platz, füllte ihn als Musiker von hohen Graden glänzend aus, blieb aber als der überfeinerte Ästhet, der hochintellektuelle Denker, der er mit der anderen Hälfte seines Seins war, stets ein wenig fern von der „Basis“, die heranzubilden eigentlich seine Hauptaufgabe gewesen wäre. Keine seiner Kompositionen konnte der Arbeiterschaft jemals auch nur nahekommen; er beabsichtigte dies auch nicht und ahnte, mit Stolz oder Traurigkeit, das bleibe dahingestellt, daß seine Kunst elitär sei, gewissermaßen „Luft von anderen Planeten“, wie sein Lehrer Schönberg komponiert hatte.
Schönberg hatte in seinen manchmal miniaturhaften Klavierstücken den Weg gewiesen, auf dem Webern dann zur höchsten Konzentration kam, zur völligen Entmaterialisierung, zur extremsten Klangaskese, die je erreicht worden war. Auch hier wird jede Analyse, wie Herzfeld es bei Schönbergs Klavierstücken op. 19 festgestellt hatte, sinnlos. Webern stößt weit ins Esoterische, vielleicht ins Mystische vor. Als wenige Jahre nach seinem tragischen Tod die Versuche mit elektronischer Musik einsetzten, entdeckten die damit befaßten Musiker (Stockhausen, Nono, Boulez u. a.) in ihm ihren Propheten. Die charakteristischsten seiner Stücke enthalten nur gezählte Klänge, sind nur wenige Sekunden lang. Pausen besitzen in dieser „Musik der Stille“ starkes Gewicht. Musik zur Besinnung, des In-sich-Gehens, so könnte man sie nennen; aber gerade dafür läßt ihre Kürze dem Hörer wenig Zeit. Wenige Jahrzehnte später werden andere Komponisten ähnliche Ziele der Innerlichkeit anstreben (Arvo Pärt, die „Minimalmusiker“ Philip Glass, Steve Reich), die Sehnsucht nach inneren Werten scheint im Wachsen.
Zu den „Sechs Bagatellen für Streichquartett“ seines Schülers und Freundes Webern schrieb Schönberg 1924: „... Diese Stücke wird nur verstehen, wer dem Glauben angehört, daß sich durch Töne etwas nur durch Töne Sagbares ausdrücken läßt. Einer Kritik halten sie sowenig stand wie dieser oder jener Glaube. Kann der Gläubige Berge versetzen, so kann der Unglaube sie nicht vorhanden sein lassen. Gegen solche Ohnmacht ist der Glaube ohnmächtig. Weiß der Spieler nun, wie er diese Stücke spielen, der Zuhörer, wie er sie annehmen soll? Können gläubige Spieler und Zuhörer verfehlen, sich einander hinzugeben? ... Möge ihnen diese Stille klingen!“ Hier ist viel ausgesagt. Schönberg, und mit ihm Webern, scheiden Musiker wie Hörer in „Gläubige“ und „Ungläubige“. Ist es nicht seltsam, daß sie beide, die schärfsten Analytiker der tönenden Kunst, nicht an den Verstand appellieren, sondern an den „Glauben“? Schon in seinen jungen Jahren hatte Schönberg davon geträumt, die zeitgenössische (vor allem die seine und die seiner Kameraden) Musik dem Streit der Öffentlichkeit zu entziehen. Er gründete einen „Verein für Privataufführungen“, dessen Veranstaltungen nur Mitgliedern zugänglich waren. Aber selbst diese mußten sich verpflichten, den Konzerten ohne Beifall oder Mißfallensäußerungen beizuwohnen und über sie außerhalb des Vereins strengstes Stillschweigen zu bewahren. Ein musikalischer Geheimbund, eine verschworene Glaubensgemeinschaft also. Musik für „Eingeweihte“?
Um solche Musik zu verstehen, ja um überhaupt an ihr teilhaben zu können, muß der Hörer sich zu vollendeter musikalischer und vor allem geistiger Konzentration durchringen. Das vielfältige „moderne“ Leben, die hundertfältige Gedankenzerstreuung, der es unterliegt, ist der stärkste Feind solcher Musik, zeitgenössischer Kunst im allgemeinen. Ließen sich die Gehirnströme heutiger Konzerthörer messen, das Ergebnis wäre, mit großer Sicherheit, niederschmetternd. Ihre wirre Zerstreuung erwiese, daß von einem echten „Zuhören“ nur selten gesprochen werden kann. Vielleicht erzielte König Ludwig II. solches noch, wenn er sich eine Wagner-Oper allein im finsteren Theater vorspielen ließ. Vielleicht Schönbergs indoktrinierter Ver-

ein. Vielleicht kleine Gruppen, die sich (mehr als man glaubt) irgendwo zu gemeinsamem Hören zusammenfinden. Bei den allgemeinen Veranstaltungen sieht es mit der inneren Sammlung der Hörer, der Grundlage jedes wirklichen Erfassens, Beurteilens und Genießens, schlecht aus.

Elitäre Kunst?

Bei viel zeitgenössischer Musik, jener Weberns und mancher Schönbergs zum Beispiel, gilt es nicht mehr, Klängen zu folgen (von Melodien und Harmonien früherer Art kann ohnedies keine Rede sein), sondern hinter jedem der Töne einer dem Nichteingeweihten verschlossenen Klangwelt. Hier ist jeder Ton ein Konzentrat für sich, ein subtiles Klangphänomen, in dem eine Fülle von Leben und Bewegung verborgen sein kann, wie im Molekül, im Atom, im Wassertropfen. Doch wer vermag es mit unbewaffnetem Auge zu erkennen? Wer kann dieser Musik ihren wahren Wert zusprechen ohne intensivste Beschäftigung, ohne kompliziertteste Studien? Die Schwesterkünste kennen ähnliche Entwicklungen zu jener Zeit. Auf die Parallelentwicklungen haben wir oft genug hingewiesen, die einer gemeinsamen geistigen Grundströmung entfließen, dem Zeitgeist, wie er oft genannt wird. Es gibt Gedichte, die nur wenige, anscheinend unzusammenhängende Worte enthalten, Bilder, auf denen vereinzelte Zeichen sich als Konzentrat eines oft figurenreichen Komplexes ausgeben. Seltsames Jahrhundert, das gleichzeitig eine elitäre, entmaterialisierte Kunst hervorbringt, wie sie ebenfalls nie angestrebt, nie erreicht worden war! Webern ging auf sehr schmalem, sehr einsamem Pfad. Und doch bemühen sich seit seinem Tod überraschend viele Menschen darum, ihn zu verstehen. Die Schallplatte widmete ihm – als erstem aller Komponisten, viele Jahre vor Mozart in dessen Gedenkjahr 1991 – eine Gesamtaufnahme sämtlicher seiner Werke. Deren Spieldauer beträgt allerdings nur drei Stunden. Bücher suchen seiner Musik nachzuspüren, Studierende in seine Tonwelt einzudringen. Den meisten erscheinen komplexe mathematische Rechnungen notwendig. Vielleicht gibt es aber doch einen rein gefühlsmäßigen Zugang zu seinen Werken? Dem aber widerspricht so mancher Zwölftöner selbst. So Erwin Stein: „Gegen die neuen Prinzipien wird sicherlich der Einwand erhoben werden: „Das ist ja alles konstruiert!“ Gewiß, es ist konstruiert, aber nicht von der Theorie, sondern von der Praxis, nicht im Kopf, sondern in Tönen. Zeigt uns doch ein Menschenwerk, das nicht konstruiert wäre! Oder meint man, daß die Fuge oder die Sonatenform gewachsen sind wie die Lilien auf dem Felde? Daß Beethoven die neunte Sinfonie ‚eingefallen' ist wie einem Feuilletonisten ein schlechter Witz? Schaut euch doch seine Skizzenbücher an!“ Diese „Argumente“ sind leicht zu entkräften. Beethoven sind die Grundgedanken der „Neunten“ (wie bei jedem seiner Werke) sehr wohl eingefallen, bevor er diese Ein-

Oben: Anton von Webern, der „Radikalste“ der „Wiener Schule“. Rechts: Das Manuskript des Chors „Entflieht auf leichten Kähnen“ op. 2 des Fünfundzwanzigjährigen.

Oben: Egon Wellesz, Komponist der „Wiener Schule“ und bedeutender Musikwissenschaftler, Erforscher der byzantinischen Musik. Unten: Der Saxophonspieler in der Oper „Jonny spielt auf“ von Ernst Krenek (1927), aus der Gegner fälschlicherweise den Triumph des Jazz über die „klassische“ Musik herauslesen wollten.

fälle eben in Formen verarbeitete, was stets ein gedanklicher, verstandesgemäßer Prozeß ist. „Zwölfton“ aber bedeutet, mit ganz geringfügigen Ausnahmen, von vorneherein eine Konstruktion, ist also dem wundervollen Wachsen der „Lilien auf dem Felde“ unendlich fern.
Webern gab seine Mitarbeiterschaft am Österreichischen Rundfunk 1934 im Zug der politischen Wirren auf und lebte von da an ganz dem Unterricht und der Komposition. Seine Werke wurden immer unverständlicher, immer schwieriger auszuführen. Er behandelte die Singstimmen wie Instrumente, bevorzugte Sprünge in weiten Intervallen. Zwischen seinen Tonreihen und den ihnen zugrunde liegenden Texten besteht kein für den Außenstehenden erkennbarer Zusammenhang. Die Frage mag heute nicht mehr sein, ob Spitzenchöre oder -orchester technisch in der Lage seien, solche (oder andere zeitgenössische) Musik auszuführen, sie sind es. Entscheidend ist nur, ob es hier eine sinnvolle, künstlerisch wertvolle Aufgabe zu lösen gilt.
Gegen Ende des Zweiten Weltkriegs wurde bei Luftangriffen auf Wien Weberns Sohn getötet. In Panik flüchtete der Vater nach Mittersill, einem stillen Städtchen im salzburgischen Land. Dort ereilte ihn eines Abends, als er das Ausgehverbot der Besatzungsbehörde übertrat, die Kugel eines amerikanischen Soldaten. Es geschah am 13. September 1945, vier Monate nach der Einstellung des Feuers in Europa.

Egon Wellesz und Ernst Krenek

Zur „Wiener Schule“ wird auch Egon Wellesz (1885–1974) gerechnet, ein Musikwissenschaftler hohen Ranges, gleichzeitig der wohl beste Kenner altbyzantinischer Gesänge. Er schuf, teils in Wien, teils im spätern englischen Exil, eine Reihe von Opern, Kantaten, Messen, Orchester- und Kammerwerken von oft wertvoller Inspiration, zu deren Gunsten er die orthodoxe Zwölftontechnik häufig aufgab.

Die erfolgreichsten Werke von Ernst Krenek (Křenek) liegen, wie die seines Meisters Schönberg, vor seinem Bekenntnis zu dieser damals gerade entstehenden Theorie. Seine Jazzoper „Jonny spielt auf“ wurde zu einer Sensation der zwanziger Jahre, überstand aber Wiederbelebungsversuche nach dem Zweiten Weltkrieg nicht. Wertvoll ist sein „Reisetagebuch aus den österreichischen Alpen“ (1929), das zur besten Liedkunst seiner Zeit gehörte. Aus der enormen Zahl seiner Kompositionen ragt die große Oper „Karl V.“ zu imposanter Höhe auf. Tiefe Gedanken um die geistigen und christlichen Grundlagen des Abendlandes verleihen ihr, trotz schwieriger zwölftöniger Konstruktionen, überzeitlichen Wert. Die mögliche Uraufführung an der Wiener Staatsoper rief heftige Kämpfe hervor, nicht nur die üblichen musikalischen, sondern, stärker noch, die politischen: Zu sehr widersprach das im Werk ausgesprochene alte Reichsideal dem im deutschen Nachbarland zur Herrschaft gekommenen „großdeutschen“ Gedanken. Auch Krenek nahm den Weg ins – nordamerikanische – Exil, wo er unermüdlich weiterarbeitete und aus dem er in späteren Jahren oft zurückkehrte, um sich als letzter der „Wiener Schule“ feiern zu lassen. Sie war längst Geschichte geworden, aber um ihre Stellung darin besteht auch heute keine Einigkeit. Ansermet meint, sie habe deren natürlichen Lauf eher abgelenkt und aufgehalten als gefördert. Es hat den Anschein, als sei die Atonalität, dem menschlichen Gehör widersprechend, ein gefährlicher Irrweg gewesen, auf dem nur die stärksten Talente zu überragenden Leistungen gelangten. Der „Zwölfton“ aber ist eine Sackgasse.

Auf der Suche nach neuen Klängen

Vor und rund um den Ersten Weltkrieg war, wie nahezu alles andere, auch die traditionelle Musik von vielen Seiten her angegriffen, ihre ausschließliche Gültigkeit bezweifelt worden. Aber die Erneuerungsbestrebungen bezogen sich auf Konventionelles, auf die Zusammensetzung der Töne zu Akkorden, zu Harmonien, an der Melodiebildung, die durchaus verschiedene Auffassungen zuließ, da sie ja weitgehend Spiegel von Gefühlen ist – und Gefühle ändern sich im Lauf der Zeiten oder lassen sich verschieden präsentieren. Alle Epochen der Musik seit Beginn des Abendlands hatten mit dem gleichen Tonmaterial gearbeitet. Im Mittelalter wurden diese Töne nicht einmal selbst erfunden, man übernahm sie aus vorchristlicher Zeit, denn sie waren ein Erbe der griechischen Kultur gewesen. Dadurch konnte sich ein in sich geschlossenes Tonsystem mit zwölf Halbtönen entwickeln. Tausend Jahre lang wurde im Abendland aufgrund dieses „chromatischen" Systems musiziert. Man hatte gelernt, die Tonabstände als „gleich" zu betrachten, so daß Transpositionen und Modulationen von einer Tonart in jede andere möglich und selbstverständlich wurden. Das war mehr als eine Vereinfachung gewesen, es war ein Weg zur Allgemeingültigkeit und sogar Schönheit der abendländischen Musik. Reformen und Neuerungen aller Art bezogen sich auf die verschiedensten Prinzipien innerhalb des Musikgebäudes, so auf das Halbtonsystem. Es entstanden Skrjabins mystischer Akkord, die Atonalität, Schönbergs Zwölfton-Methode, Hindemiths Quartentheorie. An genauer Intonation zu rütteln, blieb dem Jazz vorbehalten, und dies instinktiv, nicht wissentlich oder willentlich. In dieser Musik werden Töne nicht auf „geradem" Wege intoniert – gleichgültig ob gesungen oder gespielt –, sondern sie werden erst von einem etwas tieferen Ansatzpunkt her durch „Aufwärtsziehen", mit einem kleinen *Glissando* erreicht. Vielleicht war es gerade diese indirekte Intonation, die den Jazz als „nicht-abendländisch" oder „nur bedingt abendländisch" auswies. Diese Technik verstand (und versteht) sich bei allen Jazzmusikern der Welt als so selbstverständlich, daß es niemandem einfiel, sie in der Notenschrift besonders zu bezeichnen. Dies erwog hingegen die Kunstmusik, als einzelne Komponisten gelegentlich versuchten, durch Hinaufstimmen einer Saite um einen Viertelton neue Effekte, zumeist tonmalerischer Art, zu erzielen. Man gewöhnte sich an, ein kleines stehendes Kreuz über eine solche Note zu setzen, da es ja keinen Platz gab, in einem Halbtonsystem Vierteltöne vorzuschreiben. Ein solches Zeichen über einer Note C bedeutete also, daß der Streicher diese Note um einen Viertelton höher spielen solle, in der Mitte zwischen C und Cis. Das war im einzelnen keine wichtige Angelegenheit, klang am ehesten „verstimmt", „unrein", rief aber vielleicht die gewünschte Wirkung hervor: die einer Wirtshauskapelle in nicht mehr ganz nüchternem Zustand oder das gespenstische Geigenspiel des Todes. An einem Angriff auf das abendländische Halbtonsystem dachte noch niemand.

Ein heute vergessener englischer Musiker, John Herbert Foulds (1880–1939), Universitätsmusikdirektor in London, soll zu den ersten gehört haben, die bewußt Vierteltöne in ihren Werken anwendeten. Er drang mit seiner Methode nicht durch, doch wenige Jahre später war die Zeit für diese Idee gereift. Zwei weit voneinander entfernte Musiker – Praktiker wie Theoretiker zugleich – gingen systematisch an die Spaltung des Halbtons. Das bedeutete eine gewaltige Vergrößerung des Tonmaterials: Ein Vierteltonsystem hatte automatisch die doppelte Zahl von Klängen wie das traditionelle Halbtonsystem. Damit aber endete die Entwicklung keinesfalls. Konnte man ein Intervall halbieren, so konnte es auch in andere Fraktionen geteilt werden, in Achtel-, Sechzehnteltöne, es gäbe der Teilungen theoretisch keine Grenze. Praktisch allerdings war eine Begrenzung gegeben, das menschliche Ohr. Die zu kleinen Intervalle waren nicht mehr unterscheidbar. Ein neues Gebiet für heftige Kontroversen war entstanden. Ihnen wird erst die Erfindung und Anwendung der elektronischen Musik ein Ende bereiten.

Julián Carrillo

Die Unterteilungen des Halbtones konnten natürlich nicht nur durch jeweilige Halbierungen vorgenommen werden. Warum sollte nicht das Halbtonintervall in drei Dritteltöne gleichmäßig geteilt werden? Und dann so weiter in Sechstel-, Zwölfteltöne? Kaum hatte jedoch die Praxis einen vernünftigen Weg eingeschlagen, tobte sich die Theorie aus. Auf jeden Fall war es eine Revolution. Einer ihrer Stammväter, der Mexikaner Julián Carillo (1875–1965), wußte dies und nannte seine erste Publikation (1895) über die ihn schon früh intensiv beschäftigende Idee *La revolución del sonido 13*, die Revolution des dreizehnten Tones. Durchaus folgerichtig, denn er hatte soeben – zu den zwölf Halbtönen der traditionellen Tonleiter – den symbolisch „dreizehnten Ton" gefunden oder konstruiert. Ausgehend vom Vierteltonsystem „konstruierte" Carrillo Achteltöne, Sechzehnteltöne, Zweiunddreißigsteltöne. Pioniergeist oder Wahnsinn? Carrillo war ein scharfer Denker, ein konsequent handelnder Mann;

und er fand in seinem Land, später in den USA kräftige Unterstützung. Er legte den Sechzehntelton als Grundlage seines Systems fest, was eine Gesamtzahl von 96 Tönen innerhalb einer Oktave bedeutet. Selbstverständlich mußten die bisherigen Tonnamen über Bord geworfen werden. Carrillo schlug an ihrer Statt Zahlen von 0 (für die Note C) bis 95 (für den letzten Ton vor Erreichung des nächsthöheren C) vor. Striche über und unter den Zahlen gaben die gewünschte Oktave an. Eine neue „mikrotonale" Tonwelt war geboren, aber war sie verwendbar? Carrillo, überaus hartnäckig (vielleicht von seiner teilweise indianischen Abstammung her), erreichte die Konstruktion von Instrumenten, darunter Klavieren, mit den kleinsten, Sechzehntel- und Zweiunddreißigstelfraktionen, was vielfache Probleme hervorrief beim Bau und beim Stimmen. Carrillo fand namhafte Künstler, die sich in den Dienst seiner Sache stellten. Der berühmte Leopold Stokowski dirigierte an der Spitze seines Philadelphia-Orchesters (das damals als eines der besten der Welt galt) am 4. Mai 1927 Carrillos „Kleines Konzert", das für Geige und Gitarre in Vierteltönen, Piccoloflöte in Achteltönen, Celli in Viertel- und Achteltönen, Englischhorn und Harfe in Sechzehnteltönen sowie einem Orchester in Normalstimmung geschrieben war. Stokowski schrieb dem Komponisten begeistert: „Mit den Sechzehnteltönen eröffnen Sie eine neue Epoche der Musik. Ich wünsche mir, einer so schönen Idee zu dienen!" In Pittsburgh führte er dann Carillos „Horizonte" auf, die vom Publikum zur sofortigen Wiederholung verlangt wurden. Heute ruhen die Instrumente im Museum – vor allem in jenem, das die Stadt Mexiko ihrem denkwürdigen Sohn errichtet hat. Gespielt werden sie nicht mehr. Das System der geteilten Halbtöne scheint wirklich tot zu sein, denn die Elektronik tötete es, indem sie es weit übertraf. Doch gerade dadurch, daß die Entwicklung die Pioniertat Carrillos hinter sich ließ, gibt dessen Versuchen Bedeutung und Gewicht. Der Einbruch in das tausendjährige Tonsystem des Abendlandes war gelungen.

Alois Hába

Brauchbar oder nicht? Damit muß auch der europäische Alois Hába (1893–1973) kämpfen, der in der Zwischenkriegszeit einiges Aufsehen erregte. Er stammte aus Wisowitz in Mähren, studierte in Wien bei Schreker und lehrte am Prager Konservatorium. Hába grübelte über die Teilung des Halbtones nach, aber nicht aus theoretischem Interesse, sondern vor allem angeregt durch Klänge seiner heimischen slawischen, tschechischen Folklore, in der vor allem Geiger nicht selten „Zwischentöne" gebrauchen. Als gebildeter Musiker hatte er sich wohl auch mit dem damals vielzitierten Busoni auseinandergesetzt, der die Gewinnung neuen Tonmaterials durch andere Verarbeitungsmöglichkeiten des alten durchaus nicht ausgeschlossen hatte. Hába erwog, den Halbton, das Grundintervall der abendländischen Musik, zu spalten. Gerade wie Carrillo es ein wenig früher getan hatte, aber eher auf empirischer, nicht rein mathematischer Basis wie jener. Hába war Praktiker, Komponist. Er wußte, daß neues Tonmaterial nur sinnvoll und erstrebenswert ist, wenn man es auch anwenden kann.

Bis zum Viertelton ging er mit Carrillo zusammen. Dann aber, sicher im Zusammenhang mit der Volksmusik seines Landes, gelangte er zu Fünftel- und Sechsteltönen, die der Mexikaner nicht beachtet hatte. Hába schrieb die erste Viertelton-Oper „Die Mutter", die 1931 in München (1947 dann tschechisch in Prag) aufgeführt wurde und die zu zahlreichen Diskussionen führte, während Carrillos Experimente in Europa beinahe völlig ignoriert wurden. Auch Hábas Orchesterwerke fanden einige Verbreitung in interessierten Kreisen; Kammermusik wurde aufgeführt, die Publikationen rund um die Frage der Mikro-Tonalität oder „Ultra-Chromatik" schwollen an und griffen auf andere Gebiete über, da Hába sie mit anthroposophischen Lehren verband. Doch alles, was auf diesem Feld der Halbton-Zertrümmerung geschah, wurde von den viel weitergehenden Erfahrungen der „konkreten" und vor allem der elektronischen Musik überrascht, überholt, zu Vorläufern gemacht.

Neuartige Instrumente und Schallträger

Seit dem Beginn des Jahrhunderts wurde an vielen Stellen der westlichen Welt mit neuen Klangerregern experimentiert, mit „Elektrophonen" und elektrischen Musikinstrumenten. Herkömmliche mechanische Instrumente wurden nun elektrisch verstärkt. Deren typischstes Beispiel wird die Elektrogitarre, ohne die der enorme Aufschwung der volkstümlichen Unterhaltungsmusik, von Rock und Pop, undenkbar wäre. Die neukonstruierten Instrumente gehören meist zu den Tasteninstrumenten, sind also Klavier und Orgel verwandt. Schon früher erreichten mechanische Instrumente imposantes Ausmaß, so das „Orchestrion", das ganze Sinfonien spielte und dabei den Klang der einzelnen Orchesterinstrumente nachzuahmen suchte. Für das „Panharmonium" des (Metronom-Erfinders)

Linke Seite: Der tschechische Musiker Alois Hába, einer der frühesten Experimentatoren mit Mini-Intervallen.
Rechts: Die erste elektronische Orgel baute der Amerikaner Thaddeus Cahill um 1900. Er benutzte Wechselstrom-Dynamos als Schwingungserzeuger. Diese „Orgel" benötigte an Platz etwa ein halbes Maschinenhaus. Das hier gezeigte Instrument ist eine bereits weiterentwickelte Form, die auch schon viel weniger Platz einnimmt.

J. N. Mälzel komponierte dessen Freund Beethoven seine Schlachtensinfonie.
1904 entstand als eines der frühesten Instrumente im Übergang der Mechanik zur Elektrizität und zur Elektronik das „Welte-Klavier", 1913 die „Welte-Orgel" nach dem „Welte-Mignon-System", die recht brauchbare Klangaufnahmen ermöglichten, wobei die Anerkennung einer Pioniertat als solcher gebührt und das Wort „brauchbar" keinen Vergleich mit späteren Ergebnissen nahelegen soll. Von heute längst gefestigten Fortschritten (LP, Hi-Fi, Dolby, Stereophonie, CD usw.) darf gerechterweise noch lange keine Rede sein. Aber die Kühnheit der Phantasie war jenen Vorläufern mindestens ebenso zu eigen wie den späteren Vollendern. Klänge, seit jeher Sinnbild des Flüchtigen, Entgleitenden, Nicht-Konservierbaren, werden nun in die Materie gebannt, reine Geistes- und Phantasieprodukte werden sozusagen greifbar, geliebte Musik kann in ihrem Klang aufbewahrt, immer wieder reproduziert werden. Im Grunde ist dies ein Wunder. In welcher phantastischen Zeit lebt man! Beinahe jeden Tag wird ein Wunder möglich.
In der Folgezeit gibt es ungeahnte Mengen an Erfindungen neuer Klangmittel. Große Meister nähern sich ihnen, neugierig wie Kinder die einen, die Zukunft ahnend die anderen. Sie wollen dem Wunder dienen oder dieses Wunder sich dienstbar machen. Mahler, Debussy, Reger, Grieg, Busoni, Paderewski und viele andere zeigen sich freudig bereit, ihre Kunst den frühen Schallträgern anzuvertrauen.
Da ist das Theremin, das ein russischer Physiker dieses Namens um 1920 konstruierte, ein elektroakustisches Instrument mit gleitender Tonskala, das man als geniale Vorahnung der elektronischen Musik verstehen kann. Anfang der zwanziger Jahre entwickelt in Berlin der Ingenieur Friedrich Trautwein das „Trautonium", ein Elektrophon, das zuerst nur für einstimmiges Spiel eingerichtet ist, dann aber von O. Sala für Zweistimmigkeit ausgebaut wird. Komponisten wie Hindemith und Genzmer komponieren für dieses Instrument, mit dem auch subharmonische Teiltöne erzeugt werden können. Von Bedeutung werden die in Paris gefundenen „Ondes Martenot" (des Musikpädagogen Maurice Martenot in Neuilly bei Paris), die zwar nur einstimmige Melodien hervorbrachten, aber in der Klangfarbe zu variieren waren und sich dem Orchester integrieren ließen. Das tat in vielleicht prominentester Form Honegger in seinem Oratorium „Jeanne d'Arc au bûcher". Auch Milhaud, Messiaen, Jolivet, Varèse versuchten sich in Kompositionen für die neuartigen Klangwelten. Des „Neo-Bechstein-Flügels" sei gedacht, 1932 von W. Nernst vorgeführt, des „Elektrochords" von O. Vierling, das mit Verstärker und Lautsprecher anstelle des Resonanzbodens recht fortschrittlich anmutet. Die hunderttausendfach verbreitete „Hammond-Orgel" (vom Nordamerikaner L. Hammond erfunden) kam in den dreißiger Jahren auf, eine gelungene, leicht spielbare Mischung aus Orgel und Klavier. Sie wurde in Europa vor allem für Unterhaltungsmusik, in den USA aber auch für Kirchenmusik eingesetzt und verdrängt auf der ganzen Welt das gute alte Harmonium. Technisch arbeitete sie bereits mit „modernen" Mitteln wie Elektromagneten, Verstärker, Mischeinrichtungen, Filtern und erreichte auf diese Weise einen vielfach modulierfähigen Klang.
Die dunkle Kulisse des Zweiten Weltkriegs schiebt sich nun vor diese rege Tätigkeit der Klangsucher. Sie unterbricht viele Versuche, die vielversprechend im Gang sind. Kaum wird das grauenhafte Ringen vorbei sein, so werden Entwicklungen hervorbrechen, die vorher zurückgedämmt oder vielleicht unbewußt vorhanden waren. Für die „neuen Klänge" der Musik wird das Tonband entscheidend. Es ermöglicht zuerst die „konkrete", rasch darauf die umwälzende elektronische Musik. Doch bevor wir die Hürde des Zweiten Weltkriegs endgültig überspringen, müssen wir noch einen letzten Blick zurückwerfen auf die bewegte Zwischenkriegszeit mit ihren hundert Erscheinungen, Strömungen, Problemen. Eine Nachlese sozusagen, ohne die wir ungern in die Bahn zum 21. Jahrhundert einbiegen wollen.

Nachlese

Das Wesentliche, das wahrhaft Große ereigne sich abseits der belebten Märkte und begangensten Straßen, hat einmal ein bedeutender Philosoph gemeint. Und die Gefahr besteht, daß mancher dieser wahren Werte erst spät, vielleicht gar nicht erkannt wird. In Umbruchszeiten, wie die ersten Dezennien des 20. Jahrhunderts sie darstellen, werden Entwicklungslinien unterbrochen; Neues setzt nicht mehr Altes nahtlos fort, sondern steht hart gegen alles Frühere. Die „Neutöner" um den Ersten Weltkrieg haben eine besonders radikale Parole auf ihr Panier geschrieben: die Atonalität. Die aber bedeutet den Untergang tausendjähriger Grundprinzipien. Es ist nur natürlich, daß der Kampf sehr lang und sehr heftig entbrennt. Die Behauptung der anstürmenden Avantgarde, die Tonalität sei erschöpft, von vielen Generationen verbraucht, wird von den Verteidigern scharf bekämpft und mit zahlreichen bedeutungsvollen Werken widerlegt. Die Angreifer zögern nicht, die Schlagworte „modern" und „zeitgemäß" für sich in Anspruch zu nehmen, die alten und traditionsbewußten Glaubenssätze aber mit „altmodisch" zu identifizieren, lächerlich zu machen und abzuwerten. Die rasch zu Weltmächten aufsteigenden Wirtschaftsimperien, dazu die Massenmedien leisten ihnen unschätzbare Schützenhilfe: Presse, Verlagswesen, beginnender Rundfunk.

Nur die Atonalität bedeutet ihnen Fortschritt, und alles, was sich im Lauf des Jahrhunderts aus ihr entwickeln wird: Zwölfton, Serielle Musik, Aleatorik und manches andere. Ein sehr gewichtiger Teil des Publikums aber verweigert sich entschieden diesem deklarierten Fortschritt. Die große, sich immer mehr vertiefende Spaltung tritt ein, die jeden Betrachter mit ernsthafter Sorge erfüllt. Der unüberbrückbare Graben zwischen „moderner Musik" und Hörerschaft verbreitet sich stündlich, als rückten zwei Welten auseinander. Untrügliches Zeichen einer Endzeit? Normales Krisenmerkmal einer umstürzenden Epoche? Wie immer künftige Geschichtsschreibung das tausendfältige Geschehen des 20. Jahrhunderts beurteilen wird, unsere Aufgabe ist es, möglichst viele seiner Erscheinungen zu verzeichnen. Und darum ist dieses Kapitel einer „Nach- oder Spätlese" geboten, nachdem die auffallendsten Gestalten des „vielstimmigen Jahrhunderts" (Kurt Honolka) bereits ihre heute gültigen Plätze eingenommen haben. Nicht um ein Abwägen kann es sich hier handeln, das unter so verwirrend vielfältigen Kriterien unmöglich ist, sondern um ein Feststellen, Festhalten, Erinnern. Nationale Komponenten verlieren nach Ausklang der Romantik sehr rasch an Bedeutung; unsere Aufzählung stellt in keiner Weise irgendeine Art der Bewertung dar.

Österreich

Wer würde dem in Preßburg (dem heutigen Bratislava) geborenen Wahlwiener Franz Schmidt (1874–1939) einen Ehrenplatz verweigern, dem glänzenden Cellisten der Philharmoniker und Rektor der Musikhochschule, Komponist von vier Sinfonien, prächtiger Kammermusik und der klangschönen Oper „Notre Dame", dem mit dem „Buch mit sieben Siegeln" eines der packendsten, großartigsten Oratorien moderner Zeiten gelang, eines zeitlosen Meisterwerks, das weit Zurückliegendes zusammenfaßt und zugleich weit in die Zukunft vorstößt? Der bald ausbrechende Zweite Weltkrieg verhinderte viele Jahre die gebührende Verbreitung der am 15. Juni 1938 in Wien uraufgeführten, abendfüllenden apokalyptischen Vision. Wer dürfte den Grazer Joseph Marx (1882–1964) ungenannt lassen, dessen Lieder zu den schönsten der Epoche gehören, würdige Nachfolger jener von Brahms und Hugo Wolf, ebenbürtige Zeitgenossen der Melodien Richard Strauss', Pfitzners, der Russen Rachmaninow und Gretschaninow, des Finnen Kilpinen, des Schweizer Othmar Schoeck, von dem in diesem Kapitel noch mehr zu lesen sein wird? Wie reich war Wiens bewegtes Musikleben in den dreißiger Jahren. Aber mit seltener Schroffheit standen hier „Traditionelle" gegen „Neutöner". Alban Berg und Webern, Ernst Krenek und Egon Wellesz, Hanns Jelinek und Hans-Erich Apostel vertraten vor allem Schönbergs Richtung. Ihnen gegenüber, neben Schmidt und Marx, Johann Nepomuk David (1895–1977, Deutsche Messe, „Ezzo-Lied", sieben Sinfonien, Motetten), Hans Gal (1890–1987, mit vier Sinfonien, drei Konzerten, Kammermusik, einer Brahms-Biographie und den Opern „Der Arzt der Sobeide", „Die heilige Ente"), Karl Weigl (1881–1949, fünf Sinfonien, deren fünfte, die „Apokalyptische", 1968 durch Leopold Stokowski uraufgeführt wurde; acht Streichquartette, deren drittes 1910 den „Beethoven-Preis" der Wiener „Gesellschaft der Musikfreunde" erhielt: die Kantante „Weltfeier", nach Heine, ausgezeichnet 1924 mit dem Preis der Stadt Wien), Ernst Toch (1887–1964, dessen Oper „Die Prinzessin auf der Erbse" Zemlinsky und Wolf-Ferrari nahesteht, dessen Sinfonien, Orchester- und Kammerwerke, Klavierstücke und Chöre zur wertvollsten Musik der Zeit gehören). Ebenso Felix Petyrek (1892–1951) und Egon Kornauth (1891–1959). Wer sie als konservativ im Sinn von fortschrittsfeindlich bezeichnen wollte, wäre im Irrtum. Vielleicht wären sie als Verwandte Regers zu erkennen, denn auch sie holten immer noch neue Möglichkeiten aus der Tonalität,

Zwei Komponisten aus Österreich: Hans Gal (links), der 1938 emigrieren mußte, und Johann Nepomuk David (rechts), ab 1942 Leiter der Leipziger Konservatoriums.

neue Kombinationen aus den Harmonien der Väter. Ein ungewöhnliches Talent gehört auch dazu, Erich Zeisl, dessen Spur im wirren Geschehen von Krieg, Vertreibung, Exil zu suchen wäre.

Deutschland

Auch in Deutschland prallen die Gegensätze hart aufeinander. Hier arbeiten Richard Strauss, Schönberg, Hindemith, Orff, Weill gleichzeitig, und nichts Verwandtes verbindet sie. Die Jungen von 1930 können unter zahllosen Vorbildern und Lehrern wählen, ohne wissen oder auch nur ahnen zu können, in welche Richtung ihr eigenster Weg sie führen wird. Zu den „Altmeistern" gehören Paul Graener (1872–1944), mit den seinerzeit beachteten spätromantischen Opern „Don Juans letztes Abenteuer", „Hanneles Himmelfahrt", „Friedemann Bach" und anderen Werken, Joseph Haas (1879–1951), dessen Opern „Tobias Wunderlich", „Die Hochzeit des Jobs" und Oratorien eine Mittellinie zwischen weltlicher und geistlicher Musik mit volkstümlichem Einschlag zeigen und der einer der Begründer der später von den Radikalen vereinnahmten Donaueschinger Musiktage war. Zu jenen gehören auch Armin Knab (1881–1951), dessen Talent sich am stärksten im Lyrischen äußerte (Lieder nach Stefan George, Dehmel, Mombert, Eichendorff, Goethe) und der an eine Annäherung zwischen Kunst und Volksmusik glaubte. Walter Braunfels (1882–1954), eines der vielen Regime-Opfer bei Machtergreifung des Nationalsozialismus, ist einer der wertvollsten Spätromantiker, die erfolgreich Brücken zu neuer Musik schlugen und dessen Opern „Die Vögel" (nach Aristophanes) und „Don Gil" (nach Tirso de Molina) sowie das Mysterium „Verkündigung" (nach Paul Claudel) ungerecht vernachlässigt werden. Heinrich Kaminski (1886–1946), von echter Frömmigkeit beseelt, war musikalisch dem Barock Bachs verpflichtet. Seine tiefe Abneigung gegen Hitlers Herrschaft zwang ihn früh in eine innere Emigration, in der er sein vielleicht wertvollstes Werk, die Oper „Das Spiel vom König Aphelius" schrieb: ein Schöpfergeist von beispielhaft ethischer Größe. Fritz Jöde (1887–1970) steht hier vor allem als bahnbrechender Musikerzieher, der dem jungen Menschen der zwanziger Jahre mit der intensiven Pflege von Volkslied, Volkstanz, „offenen Singstunden", „Gemeinschaftsmusizieren" usw. Ideale gab, die seit Jahrhunderten verschüttet schienen. Zugleich führte seine intensive und lebhafte Tätigkeit in allen Kreisen zu einer verstärkten Beschäftigung und Rückbesinnung auf fast vergessene musikalische Vergangenheit – ein echter Wohltäter der Menschheit. Philipp Jarnach (1892–1982), französisch-spanisch-flämischer Abstammung und „moderner" Einstellung, kam 1915 in den Kreis Busonis, mit dem er später nach Hamburg ging und dessen unvollendet gebiebene Oper „Dr. Faust" er sachkundig und einfühlsam vollendete. Unter den eigenen Werken dürfte die Kammermusik am bedeutendsten sein. Ottmar Gerster (1897–1969) hielt hingegen am alten Erbe fest. Mit zwei volkstümlich-melodischen Opern („Enoch Arden", „Die Hexe von Passau") erlebte er in den dreißiger Jahren einen verdienten Durchbruch.

In der Nachkriegszeit steht er in der Arbeiterkultur der damaligen DDR an führender Stelle (die zweite Sinfonie, genannt „Thüringische", die dritte „Leipziger" und die unvollendete vierte „Weimarer" Sinfonie). Hugo Distler (1908–1942) ist ein wichtiger Chorkomponist, dem eine schöne Verbindung von Neobarock und gemäßigter Moderne gelang. Der beseelte evangelische Kirchenmusiker zerbrach am nationalsozialistischen Regime: Sein Cembalokonzert wurde 1936 als vernichtungswürdiges Beispiel „entarteter Kunst" vorgeführt, worauf er 1942 freiwillig aus dem Leben schied (siehe auch Seite 635). Hermann Reutter (1900–1985), an der Schwelle des neuen Jahrhunderts geboren, gehörte in seinen Anfängen zur Donaueschinger Avantgarde, vollzog aber dann die Wendung zu klaren Gesangslinien, volkstümlicher Dramatik von Liedern und Tänzen. Reutter gelangte in seinem langen, erfolgreichen Leben, das sich meist im Stuttgarter Raum abspielte, zu neuartigen Formen des Musiktheaters, durchwegs nach dramatisch und psychologisch fesselnden literarischen Vorlagen: „Dr. Johannes Faust", „Don Juan und Faust", „Die Witwe aus Ephesus"; alle von Ludwig Andersen (Pseudonym für Dr. Ludwig Strecker), „Odysseus" von Rudolf Bach nach der „Odyssee" Homers, „Die Brücke von San Luis Rey" nach Thornton Wilders Roman; (siehe auch Seite 634).

Besonderes ist auch von Karl Amadeus Hartmann (1905–1963) zu berichten. Der bedeutsame Komponist von acht vorwiegend expressionistischen Sinfonien und der äußerst beachtenswerten Oper „Des Simplicius Simplicissimus Jugend" spielte durch die Gründung der Musica-viva-Konzerte in München eine führende Rolle für die zeitgenössische Musik in Deutschland. Der Zeitpunkt – 1945 – ist kein Zufall: Alles, was in den letzten zwölf Jahren politisch verfemt war, drängt nun ans Licht. Hartmanns eigene Werke, Spiegel einer kraftvollen Persönlichkeit, erweisen sich deutlich als Zeugen eines inneren Widerstands gegen das Gewaltregime. Wer will, könnte sie in unser Kapitel „Musik im Schatten der Politik" einreihen.
Wahrscheinlich werden sich künftige Jahrhunderte erstaunt fragen, warum es im 20. Jahrhundert vorkämpferische Menschen und Institutionen für zeitgenössische Musik gegeben habe. Was sich im Barock, Rokoko und Romantik als vollkommen natürlich gezeigt hatte – das Verständnis für die zeitgenössische Kunst –, wird dem 20. Jahrhundert zu einem vielfach kaum noch lösbaren Problem. Ein Zeitalter, das seine eigene Kunst nicht versteht oder sogar ablehnt, muß eigentlich sehr krank sein.

Schweiz

Wertvolles bringt die Nachlese in der Schweiz zutage. Trotz ihrer zentralen Lage, abseits von den heftigsten politischen Strömungen der Zeit, steht ihre musikalische Entwicklung doch in unmittelbarem Zusammenhang mit jener der sie umgebenden Kulturen. Von Arthur Honegger, der vielleicht umfassendsten Begabung der Zwischenkriegszeit, sprachen wir schon. Gerade sein Werk spiegelt das Zeitgeschehen in starkem Maß. Othmar Schoeck (1886–1957) gehört zu den begnadeten Lyrikern der Liedgeschichte. Mehr als 430 Lieder, zumeist in Zyklen zusammengefaßt („Lebendig begraben", nach Gottfried Keller, 1927, „Elegie", nach Lenau und Eichendorff, 1923; „Wandsbeker Liederbuch", nach Matthias Claudius, 1938; „Unter Ster-

nen", nach Gottfried Keller, 1943; usw.) sind musikalisch ein romantischer Nachhall, aber mit neuzeitlichen technischen Mitteln gestaltet. Unter den Bühnenwerken dürften „Venus" (1922) und „Penthesilea" (1927) die stärksten sein, von eindringlicher und lebensvoller, expressionistischer Dramatik.
Willy Burkhard (1900–1955) schuf zwei Sinfonien, zwei Violinkonzerte, eine Messe, Orgelwerke und das Drama „Die schwarze Spinne" sowie, besonders eindrucksvoll, die Oratorien „Das Gesicht des Jesajas" und „Die Versuchung Jesu".
Zu den unbestreitbaren Meistern der Zeit gehört der Französisch-Schweizer Frank Martin (1890–1974), der im Jacques-Dalcroze-Institut in Genf, dann an der Kölner Musikhochschule lehrte und schließlich sehr lange Zeit in Nordholland lebte, wo er auch starb. Es ist schwer zu entscheiden, ob seine stärksten Leistungen auf dem Gebiet des Oratoriums („In terra pax", „Golgatha") liegen, ob in der halbszenischen Kantante „Le Vin herbé" (einer archaisierenden und doch modernen Vertonung der Tristan-Legende), ob in den sinfonischen, konzertanten und kammermusikalischen Schöpfungen oder in den Bühnenstücken („Der Sturm", nach Shakespeare; „Monsieur de Pourceaugnac", nach Molière). Hervorragend ist die Perfektion der „Petite symphonie concertante" (1945).
Ungewöhnlich und erfolgreich waren viele der Opern von Heinrich Sutermeister (1910–1995), so „Romeo und Julia", „Raskolnikoff" und „Titus Feuerfuchs".
Ernest Bloch (1880–1959) wandte sich (nach einer Sinfonie an sein Schweizer Heimatland) leidenschaftlich dem Gedanken der Schaffung einer jüdischen Kunstmusik zu. Hier („Schelomo", „Nigun", „Baal Schem") liegen die wohl stärksten Wurzeln der Kraft des interessanten Musikers, der in späteren Jahren die amerikanische Staatsbürgerschaft annahm.
Vielleicht verdanken auch alle eben Genannten (und weitere Dutzende Schweizer Komponisten) viel dem Patriarchen Friedrich Hegar (1841–1927), der Säule des Zürcher Musiklebens. Er war ein Komponist in Brahms-Nähe, was sich besonders zeigt in dem vollblütigen Oratorium „Manasse".
Aber auch an Paul Burkhard (1911–1977) soll gedacht werden, der nicht nur ausgezeichnete Operetten schrieb („Feuerwerk", „Dreimal Georges") und die

Linke Seite oben links: Karl Amadeus Hartmann
Linke Seite oben rechts: Frank Martin.
Linke Seite unten: Othmar Schoeck.
Oben: Szene aus Frank Martins „Das Mysterium von der Geburt des Herrn" im Stadttheater (Opernhaus) Zürich 1961/62.
Rechts: Szenenbild aus der Münchner Aufführung (im Theater am Gärtnerplatz) des erfolgreichen Musicals „Feuerwerk" von Paul Burkhard.

Oper „Ein Stern geht auf aus Jaakob", sondern der seine vielleicht liebenswerteste Leistung mit zahlreichen Jugend- und Dialektstücken vollbrachte, die echte Volkstümlichkeit errangen und die Grenzen zwischen Volks- und ausgezeichneter Kunstmusik verschwinden ließen.

Italien

Viel ist aus Italien nachzutragen. Früher als erwartet verblaßte der Verismus. Die auf ihn folgende Generation versucht sich in allen erdenklichen Stilen und eigenen Experimenten. Gian Francesco Malipiero (1882–1973), Venezianer von Geburt, dessen Leitbild stets Monteverdi und die alte venezianische Schule blieben, bearbeitete unzählige Werke früherer Jahrhunderte und komponierte selbst ungefähr zwanzig Opern, von denen „Giulio Cesare" und „Antonio e Cleopatra" die lebensfähigsten sein dürften. Ildebrando Pizzetti (1880–1968), Direktor der Konservatorien in Florenz und Mailand, stand, wie so viele seiner Generationen, in enger Beziehung zu Gabriele d'Annunzio, dessen schwungvolle Verse er oft in Musik setzte: ein Spätromantiker, der an Verdi anknüpft sowie impressionistische und neoklassische Einflüsse aufweist („Debora e Jaele", „Lo Straniero", „L'Assassino nella cattedrale"). Alfredo Casella (1883–1947) war einer der großen Anreger in der italienischen Musik. Er begann als Neoklassiker mit der Bearbeitung alter Meister (Monteverdi, Vivaldi, Bach), hatte mit Opern („La Favola d'Orfeo", „La Donna serpente") starken Erfolg und lehrte an Italiens bedeutendsten Musikinstituten. Mario Castelnuovo-Tedesco (1895–1968) war ein vielseitiger Komponist (drei Violin-, zwei Klavier-, zwei Gitarrenkonzerte), wanderte 1939 in die USA aus, wo er sich stark der Filmvertonung zuwandte.

Luigi Dallapiccola (1904–1975) war einer der wenigen italienischen Komponisten, die Schönbergs Zwölftonmethode in Anwendung brachten. Da er es aber in sehr liberaler Form tat, schuf er sich Freiräume für echte melodische Kreativität. Seine Opern „Volo dei notte" (Nachtflug), 1940 in Florenz uraufgeführt (Text nach einem Buch des französischen Dichters Antoine de Saint-Exupéry) und „Il Prigioniero" (Der Gefangene, 1944–1948) sind überaus packend tragisch aktuelle Zeitdokumente.

Frankreich

Den zahlreichen in verschiedenen Kapiteln genannten französischen Komponisten der ersten Jahrhunderthälfte sei Florent Schmitt (1870–1958) hinzugefügt, dessen „La Tagédie de Salomé" 1907 Aufsehen erregte. Des völlig vergessenen Albéric Magnard sei auch gedacht, der seit seinem frühen Besuch in Bayreuth glühender Wagnerianer war. Er begnügte sich jedoch nicht mit Kopien, und es gelang ihm, starken eigenen Ausdruck in seine zahlreichen Werke zu legen. Um so tragischer ist es, daß nur Vereinzeltes von ihm übrigblieb. Er starb, als er 1914 in seinem ländlichen Anwesen den deutschen Invasoren mit der Waffe in der Hand entgegentrat. Sein Gut ging daraufhin mit allen Manuskripten in Flammen auf.

Tschechien

1927 errang eine volkstümliche tschechische Oper einen europäischen Sensationserfolg: „Svanda dudák" (Schwanda, der Dudelsackpfeifer). Ihr Komponist Jaromir Weinberger (1896–1967) stand nie vorher derartig im Rampenlicht und konnte diesen Triumph auch nie mehr wiederholen. Er emigrierte, einer von zehntausend verängstigten oder verfolgten Künstlern, nach Amerika: ein typisches Schicksal der Zeit, dem hier, zum Abschluß dieses Kapitels, einige gebührende Zeilen gewidmet seien.

Die Epoche der Verfolgungen

Die Künstler, und vielleicht unter ihnen besonders die Musiker, waren wohl von jeher ein unruhiges Völkchen. Der Flame Orlando di Lasso fand in München die Krönung seines Lebenswerks, Händel in London die Erfüllung seiner Aufgabe, der Rheinländer Beethoven in Wien seine wahre Heimat. Freiwillig durchzogen sie alle Europa, auf der Suche nach dem Glück, nach einem Ideal, nach einem „fernen Klang" (wie Schreker es in seiner Oper so schön nannte). Was sie trieb, war aber keine Verfolgung, keine Bedrohung, weder Angst noch Gefahr, noch kaum Not.

Doch die Massenflucht des 20. Jahrhunderts steht unter dem Zeichen der unmittelbaren, panischen Angst vor Kerker, Folter und Tod. Meist ist die Wahl des Weges nicht mehr frei. Die erste offene Türe dient als Fluchtmöglichkeit ins Unbekannte. Das Schicksal im Exil wird oft zum Drama. Kaum eine andere Menschengruppe leidet so sehr unter diesen bedrückenden Umständen wie der schöpferische Künstler.

Sicher haben nur wenige Leser sich einmal Gedanken darüber gemacht, mit welcher Stärke und Häufigkeit sich dieses Problem im 20. Jahrhundert bemerkbar machte. Weltberühmte wurden von ihm betroffen, die Zahl der Namenlosen ist Legion. Sie aufzuzählen, kann nicht unsere Aufgabe sein, aber die Nennung einiger Dutzende von Betroffenen läßt vielleicht die tragische Dimension ahnen. Emigranten, Exilierte, Vertriebene, Heimatsuchende, Gefährdete in verschiedensten Graden – von der Ermordung bis zur seelischen, geistigen, materiellen Errettung – waren u. a.: Strawinsky, Prokofjew, Bartók, Falla, Schönberg, Hindemith, Milhaud, Weill, Eisler, Toch, Braunfels, Weinberger, Bloch, Britten, Weigl, Zeisl, Rathaus, Krenek, Dessau, Korngold, Zemlinsky, Wellesz, Gal. Dazu die Vertreter der „leichten" Muse Kálmán, Fall, Eysler, Granichstaedten, Stolz, Abraham, Benatzky usw.

Die Bedeutung dieser hier nur andeutungsweise erstellten Liste – es dürfte kaum mehr als die oft zitierte „Spitze des Eisbergs" sein – kann kaum angedeutet, geschweige denn untersucht werden. So zum Beispiel wirtschaftlich: Eine zweifellos bedeutende Summe von Tantiemen fließt – durch emigrierte Komponisten – in die Kassen von ursprünglich nicht dazu bestimmten Ländern. Künstlerisch findet oft eine Hebung des Niveaus in den Empfängerländern der Migration statt. Vor allem aber schlägt die seelische Belastung für jeden Betroffenen zu Buche. Die Emigration ist, selbst im reibungslosesten Fall, ein tragisches, aufgezwungenes Schicksal.

Von der „konkreten" zur elektronischen Musik

Nachdem wir im Kapitel von den „neuen Klängen" über die rasch aufgebaute Klangkonservierung und Wiedergabe gesprochen haben, muß nun auf die völlig revolutionäre Erzeugung von Tönen hingewiesen werden, die unter dem Stichwort „elektronische Musik" ins Leben tritt.
Bevor wir jedoch mit den rein musikalischen Betrachtungen nach dem Zweiten Weltkrieg fortfahren, müssen einige Sätze über den äußeren und inneren Zustand des erweiterten Mitteleuropas niedergelegt werden.

Die Stunde Null und ihre Chancen

Die Zeit unmittelbar nach dem totalen Zusammenbruch des Geistes- und Wirtschaftslebens nennen wir die Stunde Null. Ruinen, Trümmer und Schutt beherrschten das Bild der Städte. Die Menschen waren belastet von dem millionenfachen, unsinnigen Tod während des Krieges, dem Mord in den Konzentrationslagern und dem täglichen Mangel am Allernötigsten, um diese Phase auch nur zu überleben. An eine Anknüpfung oder Fortsetzung des Früheren, Vergangenen war überhaupt nicht zu denken. Nur ein vollständiger Neubeginn stand als einziger Ausweg aus Verzweiflung, Nacht, Leiden, Vernichtung, Entmenschlichung und Untergang vor den Menschenmassen eines Kontinents, die Unsägliches erduldet hatten. Dichten nach Auschwitz? So wird eine erschütternde Stimme fragen, als die unbeschreiblichen Greueltaten ans Tageslicht kamen, die je von Menschengeist ersonnen worden waren. Musizieren nach Stalingrad? Malen nach Conventry und Dresden?
Doch nach den ehernen Gesetzen der Natur mußte das Leben weitergehen, und für einen Weltenaugenblick fühlten die Völker den Anruf der Stunde und waren bereit, den Weg neu zu beschreiten, in eine friedliche, versöhnte und menschenwürdige Zukunft. Es begann der Wiederaufbau in allen Bereichen des äußeren und inneren Lebens.
Die Künste, stets Spiegelbild, durchlebten eine Epoche raschen Aufstiegs. Allen voran die Musik. Doch keines ihrer Probleme der Zwischenkriegszeit hatte sich gelöst. Härter als je prallte der Gegensatz zwischen der ernsten, künstlerischen „klassischen" Musik und einer immer niedrigere Instinkte ansprechenden Unterhaltungsmusik aufeinander. Und im Rahmen der Kunstmusik erweiterte sich der Graben immer mehr, den die vorangegangene Jahrhundertwende aufgerissen hatte: Das Publikum begnügte sich mit dem angehäuften Schatz aus großen Zeiten und wendete allem Neuen, allen Experimenten, die Musik des 20. Jahrhunderts zu finden, zu erfinden, schroff und beharrlich den Rücken. Das verstärkte Interesse und Bedürfnis nach klassischer Musik überstieg alle Erwartungen. Je mehr ein Volk, eine Stadt, eine Region gelitten hatte, desto deutlicher trat ein wahrer Hunger nach seelischen und geistigen Gütern auf, je größer der innere Gehalt der ersehnten Werke war, desto stärker wurde der Wunsch, sie zu hören. Kein Zweifel, das Wort von der „Trösterin Musik" erhielt neue Berechtigung. Die Konzertsäle waren in den meisten Orten zerstört, ungezählte Musiktheater waren zerbombt oder verbrannt. Doch kaum schwiegen die Waffen, kaum war der Krieg zu Ende, wurden Ersatzsäle gesucht, leergewordene Fabrikhallen notdürftig eingerichtet, ehemalige Militärgebäude einer edleren Verwendung zugeführt. Die Musiker, soweit sie Krieg, Gefangenschaft und die Verwüstungen in der Heimat überlebt hatten, fanden sich wieder zusammen und spielten mit größter innerer Anteilnahme vor dem andächtigsten Publikum der Welt.
Doch die Menschen sehnten sich auch danach, der Musik nicht nur als Hörer nahezukommen, sondern sich aktiv an ihrer Wiedergabe zu beteiligen. Die vielen nach dem Ersten Weltkrieg gegründeten Singkreise, Musikvereinigungen, Volksliedergruppen schienen sich nun, nach der zweiten Katastrophe des Jahrhunderts, zu vervielfältigen: Die Menschen drängten sich in Laienmusiken zu Volkschören und Jugendorchestern, deren Ziel nicht die künstlerische Vollkommenheit war, sondern die Freude an der Musik als völkerversöhnendem Band im Zeichen eines erdumspannenden Verständnisses, eines neuen Humanismus.
In diesem Zeichen begannen hier und dort die Grenzen zwischen „klassischer" und „Unterhaltungsmusik" sich zu verwischen. Ungezählte junge Menschen lernten berühmte Melodien der „ernsten" Musik kennen (und lieben), als sie mit Rhythmen der neuen Zeit verschmolzen wurden, mit „Swing" und ein wenig Schlagzeugzusatz, wie er der neuen Jugend entsprach. Es war keine Verballhornung, keine Herabsetzung, nicht einmal eine Veräußerlichung „klassischen Gutes", ja es konnte sogar als dessen Rettung und Überlebenschance gewertet werden. Bewies es nicht auch den starken, überraschend lebendigen Wunsch, Musik endlich wieder Musik sein zu lassen?
Doch die sogenannte ernste Musik, vor dem Zweiten Weltkrieg in ihre wirklichkeitsfernste Epoche gerückt, hat den sie spaltenden Graben nicht überbrückt; unversöhnlich stehen die Gruppen einander gegenüber. Zusätzlich findet jetzt, nach der Stunde Null, eine große Generationenablösung statt.
Richard Strauss, längst ein „Klassiker", grüßt seine

spätromantische Durchbruchszeit noch einmal mit „Vier letzten Liedern", die aus einer anderen Welt zu kommen scheinen und die keine Fortsetzung mehr finden können.
Béla Bartók, in vielen seiner Werke ebenfalls auf dem Weg zum „Klassiker", stirbt in seinem einsamen, unbeachteten New Yorker Exil am 26. September 1945 fast genau in der Stunde Null, die für ihn ein sorgenfreies Alter – nach einem sehr sorgenvollen Leben – eingeleitet hätte.
Hindemith kehrte aus freiwilliger Verbannung nach Europa zurück und hatte „seiner", einst Aufsehen erregenden Revolution abgeschworen.
Strawinsky experimentierte immer noch, um „den" Stil seines Jahrhunderts zu finden. Er war längst des Chaos' in der zeitgenössischen Musik müde. Mit der Oper „The Rake's Progress" (Der Wüstling, Text von Auden und Kallman, 1951), die in Richtung der italienischen Belcanto-Oper zielte, hatte er einen überwältigenden Erfolg. Doch in seinen späten Instrumental- und Chorwerken, beginnend etwa mit „Cantata" (1952), wandte er sich der Reihentechnik in den verschiedensten Varianten zu, wie auch anderen Kompositionsmethoden der jüngsten Avantgarde.
Die Zwölftontheorie als Kompositionsprinzip, von den zwanziger Jahren in eine neuheitenbesessene Musikwelt geworfen, wurde beim Anbruch des nationalsozialistischen Regimes (ab 1933) verfemt und verboten und in der Welt auf vereinzelte Stützpunkte ohne wesentliche Ausstrahlung zurückgedrängt. Die Stunde Null machte die Bahn für eine versuchte Renaissance der Dodekaphonie frei. Aber sie geriet über gewisse Wiedergutmachungsbestrebungen nicht hinaus. Selbst die thematisch fesselnde, dramatisch packende Oper „Moses und Aron" von Schönberg wurde kaum mehr als ein Prestigegewinn für leistungsfähige Musiktheater, als eine Erinnerung an den vor seinem Tod noch hoch gefeierten Komponisten Arnold Schönberg, der aus seinem kalifornischen Exil nicht mehr heimgekehrt war. Gering war die Schar der Musikfreunde, die bewundernd vor der Tatsache standen, daß dieses abendfüllende Musikdrama einst aus einer einzigen Zwölftonreihe entwickelt worden war.
Nach jener Stunde Null trat nun eine neue, junge Generation in ihr schaffensfähiges Alter. Aber kein Vorbild schien vorhanden, das ihrem Wunsch nach einem Leitbild hätte genügen können. Die noch zumeist in der Dodekaphonie ausgebildeten Stürmer und Dränger jenes Augenblicks empfanden alles, was zuvor an „neuer Musik" auf irgendwelches Interesse gestoßen war, als hoffnungslos veraltet: Wo gab es eine Alternative? Doch da gab es einen seltsamem Propheten, der einst im Zwölfton begonnen, dann aber auf ein Gebiet vorgestürmt war, auf das ihm bisher kaum jemand hatte folgen können: Anton von Webern. Soeben erst hatte ihn im salzburgischen Städtchen Mittersill die Kugel eines amerikanischen Besatzungssoldaten aus seinem hermetisch verschlossenen Schaffen gerissen. Hier waren Ansatzpunkte, schwierig zu interpretieren, aber verheißungsvoll für hochintellektuelle, zu jedem Umsturz bereite Musiker. Und so wurde Anton von Webern, ohne es wohl je geahnt zu haben, zum Stammvater einer völlig neuen Richtung. Hochbegabte Komponisten aus verschiedenen Ländern fanden sich bei seiner Musik zusammen.

Links: Pierre Schaeffer, der Pariser Pionier der „konkreten Musik", einer Vorläuferin der elektronischen Musik.
Rechte Seite oben: Herbert Eimert; Anfang der fünfziger Jahre einer der frühesten Experimentatoren der elektronischen Musik im WDR-Studio (Köln).
Rechte Seite unten: Eine dem Laien (und den meisten Musikern) völlig unverständliche „Musikschrift" von Karlheinz Stockhausen.

Pioniere der elektronischen Musik

Der 1910 in Nancy geborene französische Toningenieur Pierre Schaeffer begann während der vierziger Jahre mit Experimenten, die aus „konkreten" Klängen wie Straßenlärm, Sirenen, Stimmengewirr, tropfenden Wasserhähnen, Naturgeräuschen aller Art eine Klangwelt schufen – jener der „Bruitisten" eine Generation zuvor nicht ganz unähnlich –, die man mit Hilfe der Elektronik mischen und nach Belieben manipulieren konnte, was eine neuartige *musique concrète*, konkrete Musik ergab. Kurt Honolka berichtet von einer Vorführung bei den Donaueschinger Musiktagen von 1953, bei denen Schaeffer und Pierre Henry ein „lyrisches Spektakel", genannt „Orphée", so qualvoll tosend und dilettantisch vorführten, daß es um ein Haar zu gewalttätigen Ausschreitungen gekommen wäre. Trotzdem interessierten sich bedeutende Musiker, wie Messiaen und Boulez, ernsthaft für die neuen Klangmöglichkeiten. Ganz neu waren sie ja nicht: Ähnliches fand seit bald einem Vierteljahrhundert bei Tonfilmen und Hörspieluntermalungen recht interessante Verwendung.
Alles aber, was bisher auf diesem Gebiet versucht worden war, wurde plötzlich blaß, ja sinnlos, als die „elektronische Musik" auf den Plan trat. Mehrjährige Experimente führten zum eigentlichen „Geburtstag", dem 19. Oktober 1954, an dem im Kölner Funkhaus deutsche Musiker und Techniker die Neuheit einem wahrlich verblüfften Publikum vorführten. Eine Elektronenröhre erzeugte jeden gewünschten, nach Höhe, Dauer und Stärke genau festgelegten Klang oder Ton mit der Präzision einer Maschine. Hier gab es kein C, D, E, kein As oder B mehr, hier ergab jede Schwingungszahl zwischen 50 und vielen Tausenden „ihren" eigenen Klang oder Ton. Die Stärkegrade waren nicht mehr in vagen Begriffen angegeben, wie *mezzoforte* oder *pianissimo*, und das unlösbar scheinende Problem einer guten Tempoangabe – *Andante, Moderato, Allegro* – war einwandfrei gelöst. Die neue Klangwelt übertraf die bisherige um ein Mehrfaches. Den Umfang betreffend, setzte sie bei Tönen in wahrnehmbarer Tiefe ein und verlor sich in Höhen, die dem menschlichen Ohr ins

Unhörbare entschwinden. Die Lautstärke reichte von der untersten Reizschwelle des kaum Wahrnehmbaren bis in ein Trommelfell zerreißendes Donnern. Beide Entwicklungen erfolgten ohne merkbare Absätze und Übergänge, die aber trotzdem meßbar waren. Der wichtigste Unterschied gegenüber allem vorigen bestand darin, daß der neue Klang völlig „rein" war, sozusagen „unirdisch". Es war der „Sinuston", den es zwar theoretisch, aber kaum praktisch gegeben hatte, ein Klang, dem jede Farbe fehlt, dem aber jede Klangfarbe beigemischt werden kann. Doch ist die Nachahmung traditioneller Klänge nicht das Hauptanliegen der elektronischen Musik.

Technik als Musik

Die neue Klangwelt soll eigenen, spezifischen Zwecken dienen. Schon bei ihrer Geburt herrschen völlig neue, nie gekannte Bedingungen vor. Da ist kein Komponist am Schreibtisch, kein Musiker am Klavier seines Hauses, der die Harmonien ausprobiert und sie immer wieder verändert, bevor er sie für richtig hält. Der Komponist elektronischer Musik – er nennt sich tatsächlich immer noch so – sitzt vor Maschinen, handhabt Regler und Hebel, ist zugleich, vor allem sogar, ein Techniker. Er überträgt seine Ideen, die nicht mehr in Noten festgehalten werden können, sondern technischen Zeichnungen ähneln, hinter deren geometrischen Linien und zahlreichen Ziffern man alles eher als Musik ahnen würde, direkt auf ein Tonband. Der Interpret, ohne den früher Musik nicht auskam, ist bei elektronischer Musik völlig ausgeschaltet. Das bedeutet auch, daß das auf dem Tonband von berufenster Hand fachkundig eingespielte Musikwerk immer, so oft es abgespielt werden wird, völlig gleich klingt, da es durch keine Vermittlerseele, keine Interpretenhand mehr geht. Musik ähnelt nun der Malerei, der Literatur, die der „Wiedergabe" seitens einer Zwischeninstanz nie bedurften, um vom Schöpfer zum Betrachter zu gelangen. Es war natürlich, daß die Musiker der ersten Stunde – Eimert, Stockhausen, Krenek, Nono, Berio, Dallapiccola – von den Möglichkeiten der elektronischen Klangwelt berauscht waren – recht ähnlich wohl jenen, die an den ersten Weltraumflügen beteiligt waren. Herbert Eimert sah es zwar sachlich kühl: „Es gibt keinen Vorgang, der nicht vom Komponi-

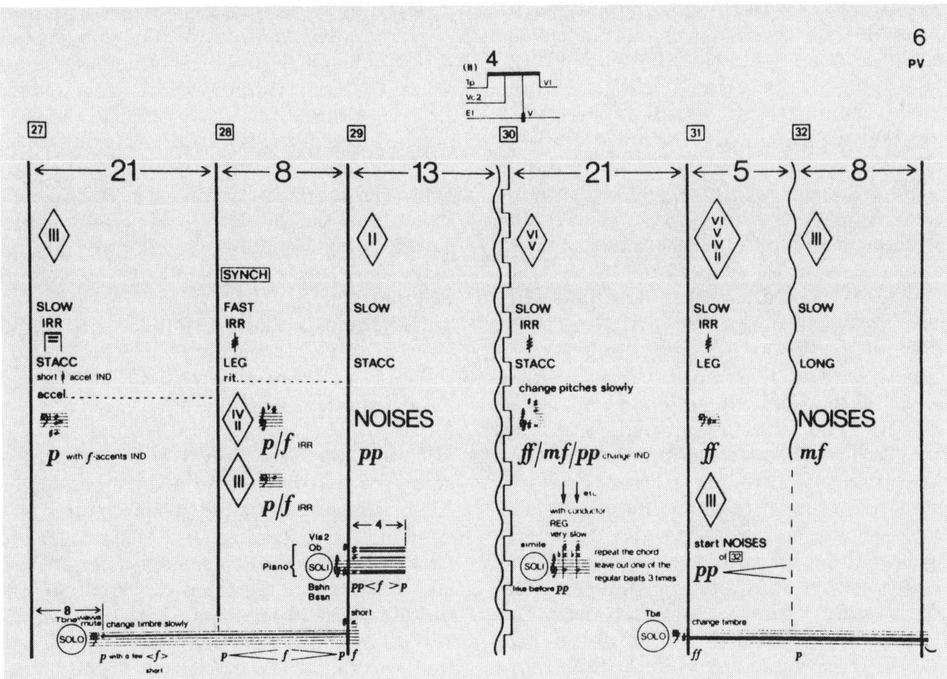

sten auf das genaueste bestimmt und festgelegt ist. Der Ausgangspunkt ist der einfachste, den es in der Musik gibt: der Ton, der durch seine Höhe, Lautstärke und Dauer genau definiert ist. Die traditionelle Instrumentalmusik verwendet zwölf Töne, die sich in sechs bis sieben Oktaven wiederholen. Der elektronischen Musik stehen die Frequenzen von 50 bis 15 000 Schwingungen zur Verfügung. Dieser Vielfalt des Klanglichen entsprechen die Möglichkeiten des Rhythmischen und der Lautstärke: Zwischen einer Viertel- und einer halben Note lassen sich 20 und mehr verschiedene Tondauern unterbringen, und statt der sechs bis sieben Stärkegrade der Instrumentalmusik kennt die elektronische Musik 30 bis 40 exakt gemessene Lautstärken ...“

Ein prominenter Hörer jener ersten Vorführung (der Kritiker H. H. Stuckenschmidt) gerät ins Schwärmen: „Es war, als stiegen aus dem Reich des Mineralischen tönende Projektile empor in die Menschenwelt. Metalle schienen zu singen, technische Formen wie die Spirale zu Klang zu werden. Eine ganze Kettenreaktion von ineinanderschießenden Sinneseindrücken war entfesselt, eine drohende Über- und Unterwelt der Assoziationen zog in panoramischer Vision vorbei ...“ Die elektronische Musik öffnete dem Menschen unbestreitbar eine neue Klangwelt. Die uralte Einteilung der Klangerreger oder Instrumente in „Blas-“, „Saiten-“ und „Schlaginstrumente“ wurde durch Curt Sachs und Erich von Hornbostel zu Anfang des 20. Jahrhunderts wissenschaftlich neu geordnet in „Selbstklinger“ (Idiophone), „Fellinstrumente“ (Membranophone), „Saiteninstrumente“ (Chordophone), „Luftinstrumente“ (Aerophone). Mit der Elektronik trat jedoch ein völlig neuer Klangerzeuger ins Leben, der frühere Einteilungen umstieß.

Traditionelle Musik und elektronische Klänge

Die elektronische Musik schien, wie so viele andere Entdeckungen und Erfindungen auch, einen völligen Umsturz zu bedeuten, den Beginn einer neuen Ära ungeahnter Entwicklungen, eine neue Musikwelt. An zahllosen Orten der abendländischen Kultur schossen Studios aus dem Boden; Musiker, Mathematiker, Physiker fanden sich zusammen, um das neue Gebiet zu durchforschen, das noch keine Regeln, keine Gesetze kannte. Doch statt Lösungen tauchten immer neue Fragen und Probleme auf. Gab es Berührungspunkte zwischen dem Phänomen, das von Anbeginn einer zivilisierten Menschheit „Musik“ genannt worden war, und dem, was nun eine Elektronenröhre, von einem „Regiepult“, einem „Mischpult“ aus gesteuert, hervorbringen konnte? Gewiß, sagten die Verteidiger: Beide sind akustische Phänomene. Und sie träumten von einer engen Verbindung, in der es eine Reihe von Zwischenstufen geben konnte. Traditionelle Musik wurde in verschiedenster Weise mit elektronischer Musik verbunden. Wurde sie traditionell hervorgebracht durch einen Pianisten, einen Geiger, einen Sänger, so ergab sich die Notwendigkeit, daß der Interpret sich restlos dem Tonband der elektronischen Musik anpassen mußte, da diese unveränderlich und unflexibel war. Oder man nahm auch die traditionelle Musik auf Tonband auf und suchte eine Übereinstimmung zwischen den beiden Tonbändern herzustellen. Diese und zahllose andere Versuche ergaben ein Experimentierfeld ohne Grenzen. Dabei tauchen immer mehr Fragen auf. Herbert Eimert, einer der Gründerväter, kommt in der Suche nach dem „Sinn“ oder gar „Zweck“ der elektronischen Musik (der bei wissenschaftlichen Problemen allerdings keine Bedeutung besitzt) zur Formulierung: „... Das alles ist aber von geringer Bedeutung gegenüber der Frage, ob das Allklang-Universum der elektronischen Musik eine zusammenhaltende, formtragende, der Tonalität entsprechende Kraft in sich birgt. Sie dürfte am ehesten in der Richtung einer Klangfarbenordnung zu vermuten sein ...“ Das erste halbe Jahrhundert der elektronischen Musik ist vorüber. Aber zu der vielfach erwarteten engen Verbindung mit der traditionellen Musik ist es nicht gekommen. Die Verwendung der neuen Klänge beschränkt sich fast ausnahmslos auf die in „Geräuschkulissen“ bei Horror- oder Science-fiction-Filmen oder -Hörspielen. Das bedeutet, daß diese Klänge – man zögert, sie „Musik“ zu nennen – im Hörer vor allem unheimliche, gespenstische, unirdische Eindrücke hervorrufen, „unmenschliche“ Klänge gewissermaßen. Eines steht fest: Die elektronische Musik ist der letzte Schritt zur absoluten Atonalität. Sie annulliert von vorneherein alle tonalen Zusammenhänge. Vor Urzeiten gingen Menschen daran, aus dem unendlichen Meer von Klängen Töne zu kristallisieren, diese allmählich in ein erfaßbares System zu bringen. Es entstanden feste Zwischenräume von Ton zu Ton, Ketten von Tönen, die ein System bildeten. Nun, nach Tausenden von Jahren, löst der Mensch all diese Konstruktionen wieder auf, kehrt zum Meer von Klängen zurück und sucht mit ihnen ganz neue akustische Phänomene zu erforschen, die aber die Möglichkeiten des Menschen weit zu übersteigen scheinen. Die „elektronischen Musiker“ rund um den Erdball sind inzwischen so etwas wie eine Sekte geworden. Sie glauben an ihre Experimente, leben in ihrer eigenen Klangwelt, der die Faszination keineswegs abgesprochen werden soll. Sind sie der „Weltraum-Musik“ auf der Spur, die es sehr wahrscheinlich gibt? Werden sie uns eines Tages mit Lebewesen anderer Himmelsgestirne in Verbindung bringen? In unserem Buch über irdische, menschliche Musik sind sie jedenfalls fehl am Platz. Alle Bemühungen kluger Theoretiker haben keine echte Verbindung herstellen können. Höchstens haben sie es vermocht, die Erkenntnis des modernen Menschen, daß es „mehr Dinge zwischen Himmel und Erde gibt, als unsere Schulweisheit sich träumen läßt“ (Shakespeare), stark zu untermauern.

Um die Mitte des 20. Jahrhunderts hat die Musik eine Grenze überschritten, die wahrscheinlich für dauernd, für ewig galt. Die elektronische Musik ist der letzte Schritt auf dem Weg, der in unserem Kapitel „Auf der Suche nach neuen Klängen“ begann. Die Spaltung des Halbtons, die Schaffung von Viertel-, Achtel-, Sechzehnteltönen, die Auflösung von melodischen, harmonischen, rhythmischen Regeln und Gesetzen durch die Atonalität, den Zwölfton, die (bald zu besprechende) Aleatorik: All das sind Schritte auf dem Weg, der in das „Allklang-Universum“ der elektronischen Musik geführt hat, wie Eimert mit einer schönen Wortbildung jenen Zustand nennt, der gleichzeitig vollständige Organisation oder absolutes Chaos ist ... Wie soll, wie könnte man dies unterscheiden? Glauben ist alles.

Die serielle Musik

Aus Frankreich kam Pierre Boulez (geb. 1925), aus Italien Luigi Nono (1924–1990), aus Deutschland Karlheinz Stockhausen (geb. 1928). Sie wuchsen, obwohl sie nicht nur geographisch, sondern auch musikalisch sehr verschiedenen Landschaften entstammten, zu einer echten „Internationale“ zusammen, als sie einander, weniger als dreißigjährig, an verschiedenen Treffpunkten junger Musiker, vor allem bei den damals im Mittelpunkt avantgardistischer Experimente stehenden Darmstädter (oder Kranichsteiner) Ferienkursen begegneten. Ihr Anspruch war nicht gering, er ging, totalitärer als es in der Musik je etwas gegeben hatte, auf einen geradezu messianischen Glauben hinaus. Im ersten Heft ihrer „Die Reihe“ betitelten Publikation heißt es: „Nachdem die Phase der ‚Neuen Musik' im wesentlichen abgelaufen ist, präsentiert sich das Neue, das nicht mehr ‚Neue Musik' ist, in der normalen Entwicklungsform des allmählichen Werdens, Wachsens und Sichausbreitens... Lange hat in der jüngsten Entwicklung die Frage offengestanden, wie es ‚weitergehen' soll. Heute wissen wir, wie es weitergeht, denn das Serielle ist nicht eine von außen hergeholte Komponiermethode, es bezeichnet vielmehr eine nicht mehr tilgbare, in sich stimmende Situation des Kompositorischen, die einzige, die nach dem Abschluß der Neuen Musik akut ist...“ Die „Neue Musik“ – „abgeschlossen“? Welche neue Musik? Schönbergs Zwölfton? Einverstanden, aber warum dann die Anleihe bei der Namengebung? Denn „die Reihe“ war Schönbergs Begriff. An die Stelle aller früheren Kompositionselemente – des Motivs, des Themas, der Melodie, der Harmonie – hatte er „die Reihe“ gesetzt, die unbedingt und immer aus den zwölf bestehenden chromatischen Halbtönen der traditionellen Skala bestand. Die Starre der „Reihe“ hatte seinerzeit das Wort Alois Melichars von der „Musik in der Zwangsjacke“ hervorgerufen, an dem, von den Schönbergianern heftig widersprochen, so viel Wahres haftet. Die Zwölfton-Reihe hatte ausgedient, ohne je mehr als einige wenige bleibende Werke hervorgebracht zu haben. Aber auch die neue Richtung bekannte sich zum Grundgedanken einer „Reihe“, einer *série* (im Französischen). Und so entstand der Ausdruck „serielle Musik“. Der Begriff allerdings hatte sich verändert. Er bedeutete eine Lockerung der Dodekaphonie, da vom Grundgedanken der zwölftönigen Reihe nichts übriggeblieben war. Zugleich war er ins Maßlose gesteigert worden: „Reihen“ sollte es in jedem musikalischen Parameter geben, in der Tonhöhe, der Tondauer, der Tonstärke, der Klangfarbe usw. Eines war allerdings gleich geblieben. Von einer phantasievoll freien Gestaltung war auch hier keine Rede. Es wurde wiederum eine genau errechnete, mathematisch festgelegte, bis in die kleinste Einzelheit vorausbestimmte Musik. Im Mittelalter hatte es einmal ähnliche Versuche gegeben, denen der abschätzige Name „Papiermusik“ verblieb. Der Einwand störte die Serialisten nicht im geringsten, ebensowenig wie er ihren Stammvater Webern gestört, ja schon dessen Lehrer Schönberg nicht von seinem Irrweg abgehalten hatte. Von allen undurchhörbaren Gebilden ging der Serialismus am weitesten in Extreme, die den oft erwähnten Graben im Musikleben des Abendlands endgültig unüberbrückbar machten. Die Theorie der seriellen Komposition ist dem Laien nicht mehr erklärbar. Der Musiker aber, der in sie eindringen will, muß nicht nur einen Höchstgrad professioneller Ausbildung haben, er muß auch in mindestens gleichem Maß in höherer Mathematik Bescheid wissen. Eines der frühen Fotos zeigt Luigi Nono vor einer Hörerschaft, der er seine Gedankengänge erläutert. Hinter ihm steht eine große Kreidetafel, die er soeben mit mathematischen Formeln, Gleichungen, Wurzelrechnungen bedeckt hat: Schlüssel zu seiner Musik. Wer ihm auf dieses Gebiet nicht folgen kann, steht ratlos, wenn diese Musik ertönt.

Pierre Boulez – Ordnung oder Chaos?

Ein Zeitzeuge, der hervorragende Stuttgarter Musikgelehrte Kurt Honolka, dem man keinerlei prinzipielle Ablehnung „moderner“ Kunst nachsagen kann, hat die

Pierre Boulez gilt als einer der bahnbrechenden Theoretiker und Komponisten der seriellen Musik.

Uraufführung des Stückes „Polyphonie X" von Pierre Boulez im Herbst 1951 so erlebt: „Die 17 Instrumente, die sich da mehr solistisch als orchestral produzierten, schienen keine wichtigere Aufgabe zu haben, als alle Ansätze zu greifbaren Tongestalten im Keim zu ersticken. Wenn eben eine Klarinette im extremsten Diskant gequiekt hatte, so konnte man sicher sein, daß im nächsten Augenblick die Posaune aus dem tiefsten Keller die Antwort grunzte, und dann wiederum das Klavier zwei abgerissene Fetzen der Mittellage beisteuerte. Die Töne, mit Vorliebe in den abwegigsten Lagen der Instrumente, sprangen scheinbar wild durch die Oktaven. Jede melodische Linie, selbst winzige Gruppen, die man hätte als Motive auffassen können, wurden absichtsvoll vermieden. Von tonalem Zentrum selbstverständlich keine Spur. Metrum und Rhythmus waren nur als stammelndes Zucken wahrzunehmen, den gleichen Eindruck vermittelte die Dynamik, die von Ton zu Ton in brüsken Laut-Leise-Gegensätzen schwelgte. Hätte das Stück statt seines abstrakten den programmatischen Titel ‚Das Chaos' getragen, man hätte es als wahrhaftig beredte Illustration respektieren müssen ..."
Aber es war kein Chaos, es war höchste mathematische Konstruktion und Ordnung, in langwierigen Rechnungen festgelegt. Doch wer hatte diese nachvollzogen, ja wer war auch nur imstande, dies zu tun? Wer auf den klaren, sternenübersäten Nachthimmel hinausblickt, kann von der Fülle des Geschauten überwältigt sein, aber seinem Verständnis hilflos gegenüberstehen: Es ist Abbild höchster Weisheit, aber dem Nicht-Eingeweihten ein Chaos. War das die „serielle Musik"? Würde sie eines Tages von ihren Propheten offenbart werden, oder würde endlich ein Kind auf „des Königs neue Kleider" angesprochen, zum Jubel vieler rufen: „Er ist ja nackt!"? Die Schlußpointe allerdings bedeutete in der Zeit des entzückenden Märchens eine Entlarvung, heute aber würde sie eine ernsthafte Kontroverse hervorrufen. Gibt es Dinge, die nicht sichtbar, hörbar, fühlbar, wahrnehmbar sind? Zu deren Kenntnis und Erkenntnis eine besondere Fähigkeit, eine besondere Gabe notwendig sind? Dreißig Jahre lang wird die serielle Musik nun von einem kleinen Häuflein auf Tod und Leben verteidigt. Aber sie ist ebenso zum Untergang verurteilt wie zuvor die Zwölftonmusik, die als ihre Vorgängerin gelten kann, und der sie in ihrer Zwanghaftigkeit ähnelt.
1973 stellt die sechzehnbändige Enzyklopädie „Die Musik in Geschichte und Gegenwart" (MGG) fest: „Pierre Boulez ist eine der wenigen wirklich faszinierenden Erscheinungen der Musik nach der Mitte des 20. Jahrhunderts. Als schulebildender Komponist, als geistvoller Schriftsteller, als begehrter Lehrer und überlegener Organisator, als hinreißender Pianist und schließlich als unkonventioneller Dirigent ist er ein so origineller wie eigenwilliger, vielfältig anregender schöpferischer Geist..." Der ursprünglich zum Ingenieurberuf Bestimmte, der in Lyon *Mathématique spéciale* studierte, begann sich 1943 in Paris ganz der Musik zu verschreiben, ging aber, außer einem Jahr in der Kompositionsklasse Messiaens und einem kurzen Kurs des Schönberg-Apostels René Leibowitz, keinem geregelten Studium nach. Seine ungewöhnliche, jede Konvention verleugnende Begabung fiel bald ebenso auf wie sein Radikalismus, für den sein oft zitierter Satz charakteristisch ist: „Sprengt die Opernhäuser in die Luft!" Als Merkmal seiner Kompositionen darf gelten, daß er sie beinahe nie als vollendet ansieht, immer wieder Neufassungen vornimmt und diese im Zeitraum vieler Jahre stets als „Uraufführungen" vor ein kleines, stark auf ihn eingeschworenes Publikum bringt. 1954 gründete er im Pariser Théâ-

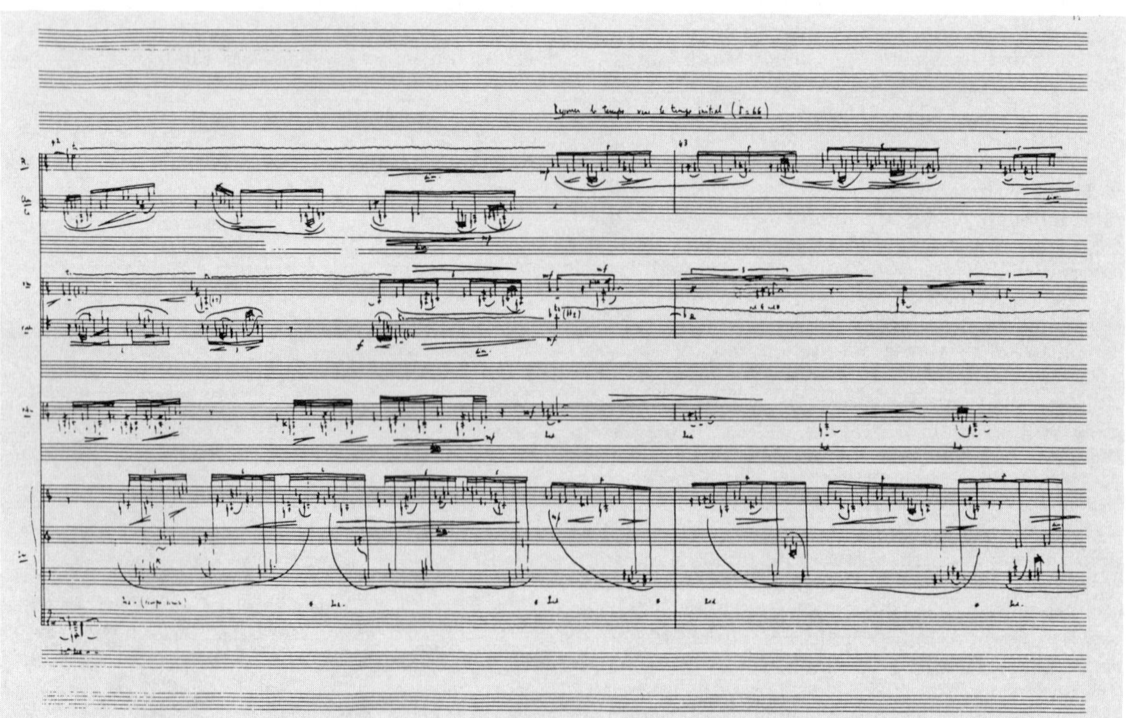

Linke Seite: Seite aus dem Werk „Dérive" von Pierre Boulez (1984), eine schwer zu lösende mathematische Aufgabe.
Rechts: Ohne mathematische Formeln kommt auch Luigi Nono bei den Darmstädter Internationalen Ferienkursen für Neue Musik im Juli 1957 nicht aus.

tre Marigny, wo er musikalischer Leiter der berühmten Schauspieltruppe Barrault-Renaud war, einen Zyklus für zeitgenössische Musik („Concerts du Petit Marigny", später „Concerts du Domaine musical"), vollendete 1957 die wahrscheinlich endgültige Version von „Le marteau sans maître", neun Sätze auf drei Dichtungen von René Char für Singstimme und sechs Instrumente. Im gleichen Jahr begann er „Pli selon pli", eine Art Mallarmé-Porträt auf einige von dessen unverständlichsten Versen, das seinen serialistischen Gefolgsleuten als richtunggebend gilt.
Nach 1960 versiegt Boulez' Produktion (wie sein Anhänger Theo Hirsbrunner feststellt). Um so glanzvoller entwickelt sich seine Dirigentenkarriere in Konzert und den glücklicherweise doch nicht in die Luft gesprengten Opernhäusern. Höhepunkte sind in Bayreuth und bei den New Yorker Philharmonikern. Ende 1990 widmet die Neue Zürcher Zeitung (in ihrer Literatur- und Kunst-Beilage vom 24./25. November) eine Doppelseite dem „Serialismus, Musikalische Avantgarde gestern und heute", deren redaktionelle Einleitung diese beachtenswerten Sätze enthält: „Boulez, Nono, Stockhausen: Die Namen der drei Komponisten werden gerne in einem Atemzug genannt. Die Trias stand an der Spitze jenes Musikdenkens, das sich in den frühen fünfziger Jahren unter der Bezeichnung ‚serielle Musik' vorab von den Darmstädter Ferienkursen aus verbreitete und das in Bestimmung dessen, was unter musikalischer Avantgarde zu verstehen sei, in militanter Weise für sich in Anspruch nahm... Heute gehören die drei Komponisten einer Vatergeneration an: Boulez an einflußreichen Positionen des Musiklebens. Nono, bereits 1990 verstorben, als Leitfigur für manchen Komponisten jüngerer Generation, Stockhausen als argwöhnisch beobachteter Schöpfer eines Opernkonzepts von Wagnerscher Dimension. Wo stehen sie? Ist Boulez als Komponist gescheitert? Hat Nono nach dem Streichquartett seine Grundideen verraten? Ist Stockhausen in seinen kosmischen Entwürfen zum Reaktionär geworden?..." Schon die Möglichkeit dieser Fragezeichen sagt alles aus: Der „alleinseligmachende" Serialismus ist 1990 – wahrscheinlich schon lange – tot. Auf ihn folgt, in hundert Formen, der „Post-Serialismus", dem man noch nicht wagt, eine Prognose zu stellen. Hie und da taucht auch die Bezeichnung „Post-Moderne" auf, die vorläufig nur unsinnig erscheint und auf die vielleicht unsere letzten Zeilen zurückkommen werden.

Luigi Nono

Luigi Nono (1924–1990) war eine tragische Gestalt. Nicht daß man sein Werk als unverstanden oder erfolglos bezeichnen dürfte (freilich nur innerhalb der engen Zirkel, die sich für serielle Musik interessierten und für die er eine verehrte Kultfigur geworden war), sondern weil er sich in reinstem Wollen und hingebender Liebe gerade an jene zu wenden sehnte, die er nie erreichen konnte und denen er fremd bleiben mußte, als spräche er eine andere Sprache. Denn in seiner stärksten Zeit war Nono ein klassenkämpferischer, revolutionärer, zutiefst sozialistischer Komponist, der innig mit den Unterdrückten, Leidenden, Kämpfenden fühlte und litt, dessen Feder geführt wurde von Entsetzen über die Zerbombung der wehrlosen Stadt Guernica durch deutsche Kampfflieger im Spanischen Bürgerkrieg, über die Hinrichtung von Widerstandskämpfern, über den Abwurf der ersten Atombombe und über die Grausamkeiten des Algerienkriegs. Aber die Worte zeitgenössischer Dichter, die

Oben: Karlheinz Stockhausen gilt seinen Anhängern als der Prophet einer völlig neuen, oft mit astronomischen Erkenntnissen verbundenen Musik.
Unten: Eine „Partitur“ Stockhausens: „Studie II“. Im oberen Teil die Tonhöhen; im mittleren die Tondauern (Angaben in cm bei einer Tonbandgeschwindigkeit von 76,2 cm/s); im unteren Teil die Lautstärke.

solches Grauen anklagten, die Briefe der revolutionären Kämpfer in ihrer Todesstunde ließ Nono nicht ins Bewußtsein der Hörer treten: Wie er die Töne zerhackte, so tat er es auch mit den Worten, die er silbenweise, ja sogar lautweise vertonte. War dies nicht alles, ein Vierteljahrhundert zuvor, das Drama Anton von Weberns gewesen, der einerseits Arbeiterchören Wiens große Musikkultur nahebrachte, ihnen jedoch in seinem eigenen Schaffen völlig unverständlich bleiben mußte? Der Zwiespalt wuchs bei Nono ins Unlösbare: Was er als flammenden Aufruf an die Massen gewünscht hatte, blieb ein Geisterspiel für die musikalische Intellektualität. Nono schritt durch viele Wandlungen hindurch; ist es Resignation, was aus seinen späten Werken hervorbricht? Seine „Suche“ ging über den Rand des Klingenden hinaus. Die Stille als Fortsetzung des Klanges wurde Bestandteil seiner Musik. „Zur großen Geste war sein Komponieren nicht mehr fähig, aber im mikroskopischen Bereich des einzelnen Tonereignisses, des Augenblicks, gab es für Nono Unendliches zu entdecken“ (Friedrich Spangemacher). Als 1986 die „Frankfurter Allgemeine Zeitung“ Nono in einem Fragebogen nach seinem Gemütszustand fragte, antwortete er, rätselhaft wie so oft: „Zweifel, Hoffnungen, Verzweiflung, Seelenruhe in jedem Augenblick.“

Karlheinz Stockhausen

Der dritte der Gründerväter der umstürzlerischen Musik, Karlheinz Stockhausen (geb. 1928) ist weitaus der am schwierigsten zu beschreibende oder gar bewertende. Ein Halbgott für die Anhänger seiner über das Musikalische hinausgehenden Lehren, ein kühner Neuerer Beethovenschen oder Wagnerschen Formats für die einen, ein kaum glaubwürdiger Sensationshascher für die anderen, auf jeden Fall ein Aufwiegler, der kein noch irgendwie in musikalische Bezirke zu ziehendes Problem unangetastet ließ. Mit seinem „Gesang der Jünglinge“ schuf er das „klassische“ Werk der elektronischen Musik (wenn es das überhaupt gibt). Er trieb die Stereophonie voran, nicht auf dem Gebiet der elektronischen Wiedergabe, sondern als Konzertprinzip, das bei Berlioz vor mehr als hundert Jahren vorausgeahnt war. Er schrieb Musik für mehrere Orchester, die gänzlich Verschiedenes gleichzeitig im gleichen Raum spielten, er komponierte „Musik für ein Haus“ mit Einzelstücken für jeden Raum und ein umherwanderndes Publikum, das so die variabelsten Klangkombinationen erlebte. Was zu Beginn des Jahrhunderts jedem Musikliebhaber absurd erschienen wäre, sinnlos und undiskutabel, wurde von Stockhausen zu grundlegenden Versuchen über das Raum- und Zeitproblem erklärt. Mit vielen der abstrusen Experimente, die Stockhausen einem skeptischen abendländischen Publikum vorführte, erreichte er 1970 begeisterte Massen im eigens für ihn errichteten Pavillon der Weltausstellung in Osaka (Japan). Aus dieser Tatsache ließen sich viele und sehr verschiedene Schlüsse ziehen: Ist er einer „Weltmusik“ nahe? Ist der Ferne Osten, gerade erst vor einer Generation westlicher Musik geöffnet, also auf diesem Gebiet traditionslos und unkonventionell, für jede Art von Klängen offener? Stockhausen, heftig umkämpft, doziert an vielen Hochschulen und ist Stargast an zahlreichen Treffpunkten neuzeitlicher Musik. Über den Gipfel seines Lebenswerks, die siebenabendige Oper „Licht“, wird die Zukunft urteilen müssen. „Licht ist das Ziel, das man nach dem Tode erreichen muß, die Substanz selbst des universalen göttlichen Seins“ (Stockhausen, 1984). Eine seiner vielen unter seinen Jüngern verbreiteten Erklärungen, die im Grunde nichts erklären und nur geglaubt werden müssen.

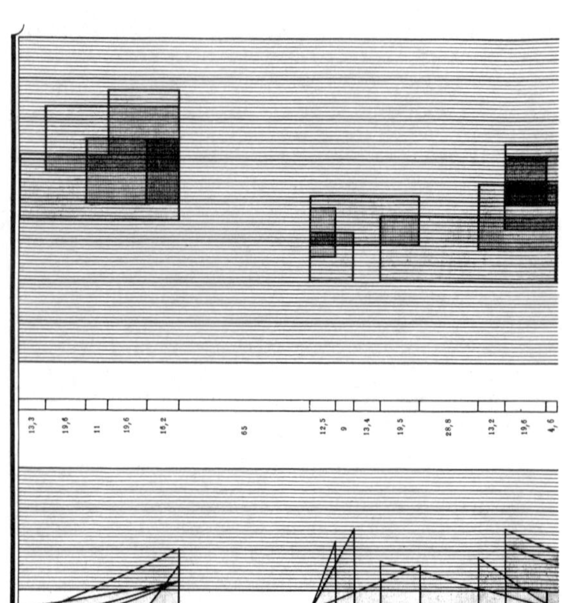

Hundert Persönlichkeiten, kein eindeutiger Stil

Als Bach komponierte, schrieben Händel und Telemann, aber auch Corelli und Vivaldi, Couperin und Charpentier aufgrund gleicher Regeln und ähnlicher Ästhetik. Wer kein minuziöser Kenner ist, mag beim ersten Hören eines ihrer Werke dem falschen Autor zuschreiben. Der Zeitstil ist der gleiche, nur der Personalstil – verbunden manchmal mit einem Nationalstil – weist jedem von ihnen die musikalische Persönlichkeit zu. Wer vermöchte, zwei Generationen später, jedes Werk der Zeit ohne Zögern Mozart zuweisen oder Haydn, Dittersdorf, Johann Christian Bach, einem seiner Brüder oder dem jungen Beethoven? Niemals wird ähnliches über die Musikschöpfer des 20. Jahrhunderts zu sagen sein. Grundlegende Unterschiede, Abgründe liegen zwischen ihnen; der Persönlichkeitsstil konnte sich ins Grenzenlose erweitern, da der Zeitstil nicht definierbar war.

Aleatorik

Wenn die Aleatoriker verschiedene Klangquellen in völlig zufälliger Weise zusammenbringen, so kann kein geordneter Klangablauf entstehen. Das Ergebnis muß zwangsweise ein gänzlich zufälliges sein, das sich in dieser Form nie wiederholen kann. Welchen Sinn kann dieses Vorgehen – ein einmaliges, momentanes Klangbild zu produzieren – für sich beanspruchen? Man könnte diese zufällige Gleichzeitigkeit und Verschiedenheit musikalischen Zusammentreffens als das genaue Gegenteil serieller Musik bezeichnen: Was bei dieser bis in die letzte Einzelheit mathematisch genau festgelegt ist, bleibt bei jener dem unberechenbaren Zufall überlassen. So lautet auch ihr Name, Aleatorik, abgeleitet vom lateinischen *alea*, dem „Würfel", in übertragenem Sinn, dem Zufall. Die Aleatorik fesselt eine ganze Reihe avantgardistischer Komponisten; es ist nicht zu leugnen, daß sie faszinierende Resultate ergeben, aber auch in Anarchie und Chaos führen kann. Ein Experiment der sechziger Jahre, auf dem Höhepunkt der Aleatorik, war dieses: Vor zehn Radioapparaten, die auf zehn verschiedene Klangwellen synchronisiert waren, saßen zehn „Spieler", die nach genau ausgeführten Partituren den Ablauf des Spiels zu regeln hatten. Natürlich enthielten die Partituren keinerlei Noten, sie verzeichneten die Zeitdauern, innerhalb derer sie dynamische Veränderungen vorzunehmen hatten. Da stand etwa: zwei Sekunden *pp (pianissimo)*; dann folgte etwa eine *Crescendo*-Verordnung für die nächsten vier Sekunden, die – also in der siebenten Sekunde – auf einem *ff (fortissimo)* gipfelten. Jeder Spieler konnte mit einer Stoppuhr ausgerüstet sein oder es konnte ein „Dirigent" bestellt werden, der mit dem Arm ein genaues Sekundenzeitmaß angab. Auf seinen „Einsatz" drehten die zehn Spieler den Startknopf ihrer Apparate. Zehn völlig verschiedene Programme liefen nun gleichzeitig ab, unsteuerbar, aber mit unterschiedlichen dynamischen Schattierungen. Das war Aleatorik in höchstem Grad. Spielerei, Unsinn, musikalische Möglichkeiten? Jedenfalls bauten ernstzunehmende Komponisten ähnliche Abläufe in ihre Stücke ein: Sie gaben an gewissen Punkten eines Werkes einige Instrumente zur völligen Improvisation frei. Jedem dieser Musiker war es dann während einer bestimmten Zahl von Sekunden in voller Freiheit überlassen, was, in welcher Geschwindigkeit, Tonhöhe und Stärke, in welchem Rhythmus er spielen wollte.

John Cage

Zu den radikalsten Aleatorikern gehört John Cage (1912–1992), doch ist der amerikanische Schönberg-Schüler sehr extrem auch in vielen anderen Richtungen der zeitgenössischen Musik. Er „erfand" das „präparierte Klavier", d. h. ein Klavier, zwischen dessen Saiten er Gummi- und Holzstücke klemmte, um Klanghöhen und Klangfarben zu verändern, zu „verfremden". Er verfremdete nach und nach alle Instrumente, ließ sie in kaum noch möglichen und keine musikalischen Klänge mehr produzierenden Lagen spielen, was ihm oft Protest und Weigerung professioneller Musiker eintrug. Widerstand oder auch augenzwinkerndes Lächeln erregte sein oft zitiertes Anti-Opus 4′33″, ein „Tacet in drei Sätzen für beliebige Instrumente" aus dem Jahr 1952, das von einem prominenten Musiklexikon „ein zentrales Werk der neueren Musik" genannt wird, in Wirklichkeit aber kaum mehr als ein sehr guter Gag ist: Im ganzen Werk kommt keine einzige Note, kein einziger Klang Musik vor. Wird es etwa mit Klavier aufgeführt, so erscheint ein frackgewandeter Pianist, grüßt das Publikum nach Konzertart, setzt sich an den Flügel und spielt nicht; völlige Stille während 4 Minuten 33 Sekunden, worauf der „Pianist" aufsteht, sich verneigt und abgeht. Dieses Schweigen ist vielleicht doch des Nachdenkens wert, so grotesk auch dieses „Musikstück" zuerst erscheinen mag. Das Klingen der Stille sollte es für jeden Menschen geben. Wer weiß, ob die wahren Fortschritte des Menschen – die geistigen – nicht vorwiegend von jenen gemacht werden, denen das Schweigen schöpferisch wird, die in ihm Gedanken und Gefühle hören können, die im Getriebe des Tages untergehen. Cage hat überraschend viele Anhänger. Es wäre überaus interessant, jeden von ihnen nach dem

Grund dieser Gefolgschaft fragen zu können. Da wäre die Ausstrahlung seiner Persönlichkeit genannt, die Ideenfülle, die er in jedem Augenblick an den Tag legt, das stets Überraschende, das ihn auszeichnet, der ungewöhnliche Grad von Intelligenz, der ihn Motive für das scheinbar Absurdeste finden läßt, eine angeborene (gute) Theatralik, die Abstraktes sichtbar und Alltägliches dramatisch zu gestalten weiß. Und schließlich noch eines, das Cage mit den meisten seiner Generation teilt: die entschiedene Wendung zum *work in progress*. Für alle, die sich aus der engen Starre des Serialismus frei machen und zur Ansicht durchringen, ein „Werk" müsse nicht notwendigerweise etwas Fertiges, Vollendetes sein, an dem, wie an einem Meisterwerk früherer Zeiten, nie mehr etwas zu ändern sei, sind Männer wie Cage, Boulez, Nono und mancher andere Wegweiser, Vorbilder. Das Werk entsteht gewissermaßen vor dem Hörer, nur eine Ausgangssituation liegt vor, eine „Eröffnung" wie beim Schachspiel, die Hunderte von Fortsetzungen zuläßt, vielleicht sogar ganz neuartige ...

Witold Lutoslawski

Im Jahr 1960 hörte der polnische Komponist Witold Lutoslawski (1913–1994) das zwei Jahre zuvor komponierte Klavierkonzert John Cages. Dieses erschloß ihm, ohne lange Reflexionen, einen völlig neuen Zugang zur Komposition, die er bis dahin im Geist Strawinskys, Bartóks, vorübergehend auch der dodekaphonischen Reihentechnik ausgeübt hatte. Vor allem empfand er die Möglichkeiten der Aleatorik als wertvolle Bereicherung. So entstanden die „Jeux vénitiens" (für kleines Orchester), die seinen sehr persönlichen Stil im Zusammenfluß mehrerer Kompositionsarten festlegten. Nie ging Lutoslawski den Weg ins Extreme, eine lose Bindung zur Tradition blieb stets bei ihm fühlbar. Er sieht die Quellen der Musik des 20. Jahrhunderts einerseits in der „Wiener Schule", andererseits bei Debussy, und er läßt keinen Zweifel daran, daß er aus dieser zweiten Richtung kommt. Seine Klangwelt verbindet Konstruktion mit Inspiration. Einmal nach der Bedeutung des Einfalls gefragt, der im 18. und 19. Jahrhundert alles, im 20. Jahrhundert wenig oder nichts mehr bedeutet, antwortet er mit Tschajkowskijs Worten, die Inspiration besuche keine Faulpelze, man müsse ständig hart arbeiten, dann könne hie und da die Inspiration hinzukommen und ein gutes Werk schaffen ...

György Ligeti

Durch viele Etappen ging auch, wie nahezu alle Zeitgenossen, der gebürtige Ungar György Ligeti (geb. 1923), der nach dem Aufstand in seiner Heimat zuerst im elektronischen Studio Köln arbeitete und sich dann in Wien niederließ. Für viele Hörer moderner Musik gehören seine Werke der sechziger Jahre zu den charakteristischsten, ja „schönsten" (ein seltenes, zumeist sinnleer gewordenes Wort dieser Epoche) seines reichen, äußerst kontroversen Schaffens. Von den „Atmosphères" (1961) vorbei am „Requiem" zu „Lontano" (1967) gelang ihm ein sehr eigener Klang, der seltsam gemischt aus Elektronik und Debussy zu sein scheint, zauberhaft, traumhaft alle Melodien, allen Rhythmus auflöst in ein Klangmeer, das nahezu unbeweglich wirkt und nur noch innere Bewegung ahnen läßt. Man glaubt tatsächlich ein Meer zu erleben, das still im Sonnen- oder Mondesglanz liegt, unter dessen Oberfläche aber Strömungen zu ahnen sind, die das Bild unmerklich, aber fortgesetzt verändern. Die Klangfarben sind zum konstruktiven Element geworden, die melodischen Bewegungen, stets viele gleichzeitig, erfolgen in kleinsten Intervallen, Harmonik und Rhythmik scheinen aufgehoben. Ligeti „komponiert den Klang in seiner Dichte, Struktur und Farbe, mit fließenden Übergängen von hell-dunkel, dicht-locker" (dtv-Atlas zur Musik). Das Wort „Klangfarben-Komposition" taucht auf. Auch, wohl zum ersten Mal bewußt, der Ausdruck *cluster*, zu deutsch Tontraube, den wahrscheinlich der nordamerikanische Komponist Henry Cowell um 1916 zu verwenden begann und den u. a. Ligeti ausbaut für beliebig vieltönige Akkorde mit durchwegs nebeneinander liegenden Klängen, die auf einer Klaviatur nicht mehr mit den Fingern, sondern mit dem Unterarm gespielt werden müssen. Spätere Werke Ligetis scheinen berechneter, konstruierter, auch kälter. Hier seien vor allem seine Musiktheater-Versuche „Aventures", „Nouvelles aventures" und „Le grand macabre" genannt, aber auch die thematisch-experimentellen „Poème symphonique" für 100 Metronome (eine Parallele zu Rolf Liebermanns „Les échanges" für 156 Büromaschinen) und „Mikropolyphonie", der Verschmelzung zahlreicher Singstimmen in eine Klangmasse. Von Ligeti, einem bedeutenden Anreger, hat ein Musikologe das kluge Wort geschrieben, er pendle, häufig ganz bewußt, zwischen dem Konstrukteur und dem Poeten in ihm hin und her (A. Roeseler). Beides scheint tatsächlich in seiner Seele zu ruhen.

Luciano Berio

Luciano Berio (geb. 1925) hätte einerseits in die Nähe seines Landsmanns Nono, vielleicht auch in die von Boulez gehört, aber andererseits zählt er nicht zu den „seriellen" Komponisten. Seine Experimente sind anderer Natur. Er sucht, oft auch mit Hilfe der Elektronik, die er als Leiter des Mailänder Studios der Rund-

funk- und Fernsehanstalt RAI beherrscht wie wenige, neue Klänge auf allen nur erdenklichen Wegen. In seiner Gattin Cathy Berberian, einer Amerikanerin armenischer Herkunft, hatte er bis zu ihrem Tod 1982 die vollendete Interpretin, deren Fähigkeiten sich nicht im Vokalen erschöpften, sondern bis in die kompliziertesten Ausdrucksformen des Gestischen, Sprachlichen und Geistigen gingen. Berios Werke gehören zu den abstraktesten, den unverständlichsten, den intellektuell fanatischsten, die je geschrieben wurden. Und doch ersehnt Berio „die Umwandlung der Natur in Kultur und eine Gestaltung der Kultur, als sei sie Natur" – ein wunderschönes Ziel, wie wir in den jüngsten Kapiteln schon einigen begegnet sind. Aber werden sie in der Musik ihrer Verkünder verwirklicht?

Bernd Alois Zimmermann

Bernd Alois Zimmermann (1918–1970) schied mit 52 Jahren freiwillig aus dem Leben. Er ist kaum einem der in diesem Kapitel behandelten Komponisten beizuordnen, mag er auch Verwandtschaft mit vielen von ihnen aufweisen. Sein Werk ist in wenigen Zeilen nicht darstellbar. Seine Musik spiegelt den höchsten Grad geistiger Gestaltung, ist von kaum erfaßbarer Dichte, steht im Einklang mit eigenen philosophischen Grundsätzen und verfügt über ein unbegrenztes technisches Können, das Gegensätzliches von den Uranfängen der Musik bis in die neueste Multimedia-Epoche logisch und erlebnisreich packend zu verknüpfen weiß. Sein Hauptwerk, die Oper „Die Soldaten", ist ein schwer ergründliches Meisterstück, möglicherweise – und bei völlig ebenbürtiger Realisation – den tiefsten Manifestationen des abendländischen Geistes gleichwertig. Die restlose Verschmelzung eines Sturm- und Drangstoffes (nach Jakob Lenz) über hundert Jahre hinweg mit den modernsten Möglichkeiten der technisch avancierten Musik hat hier ein gewaltiges Werk hervorgebracht. Zwölfton, Elektronik, Jazz, Serialismus, Simultanszenen, Projektionen und vieles andere mehr sind hier unauflösbar verbunden. Ein dramatischer wie musikalischer Feueratem durchglüht jedes Bild, doch es ist eher die Inspiration als die dem Ganzen zugrunde liegende Tonreihe, die dieses Musikdrama zusammenschweißt. Zimmermanns Orchesterstücke sind größtenteils zu komplex und schwierig, um je in ein normales Konzertrepertoire aufgenommen zu werden. Die wichtigsten sind „Lingual – Requiem für einen jungen Dichter", für Sprecher, zwei Vokalsolisten, drei Chöre, elektronische Klänge, großes Orchester, Jazz-Combo und Orgel: „Ich wandte mich und sah an alles Unrecht, das geschah unter der Sonne", eine „ekklesiastische Aktion" für zwei Sprecher, Singstimme und Orchester. Sein letztes Werk (1970), die Orchesterskiz-

Linke Seite: György Ligeti
Oben: Bernd Alois Zimmermann
Rechts: Zimmermanns schwer aufführbares Meisterwerk, die Oper „Die Soldaten" (Aufführung des Nationaltheaters München).

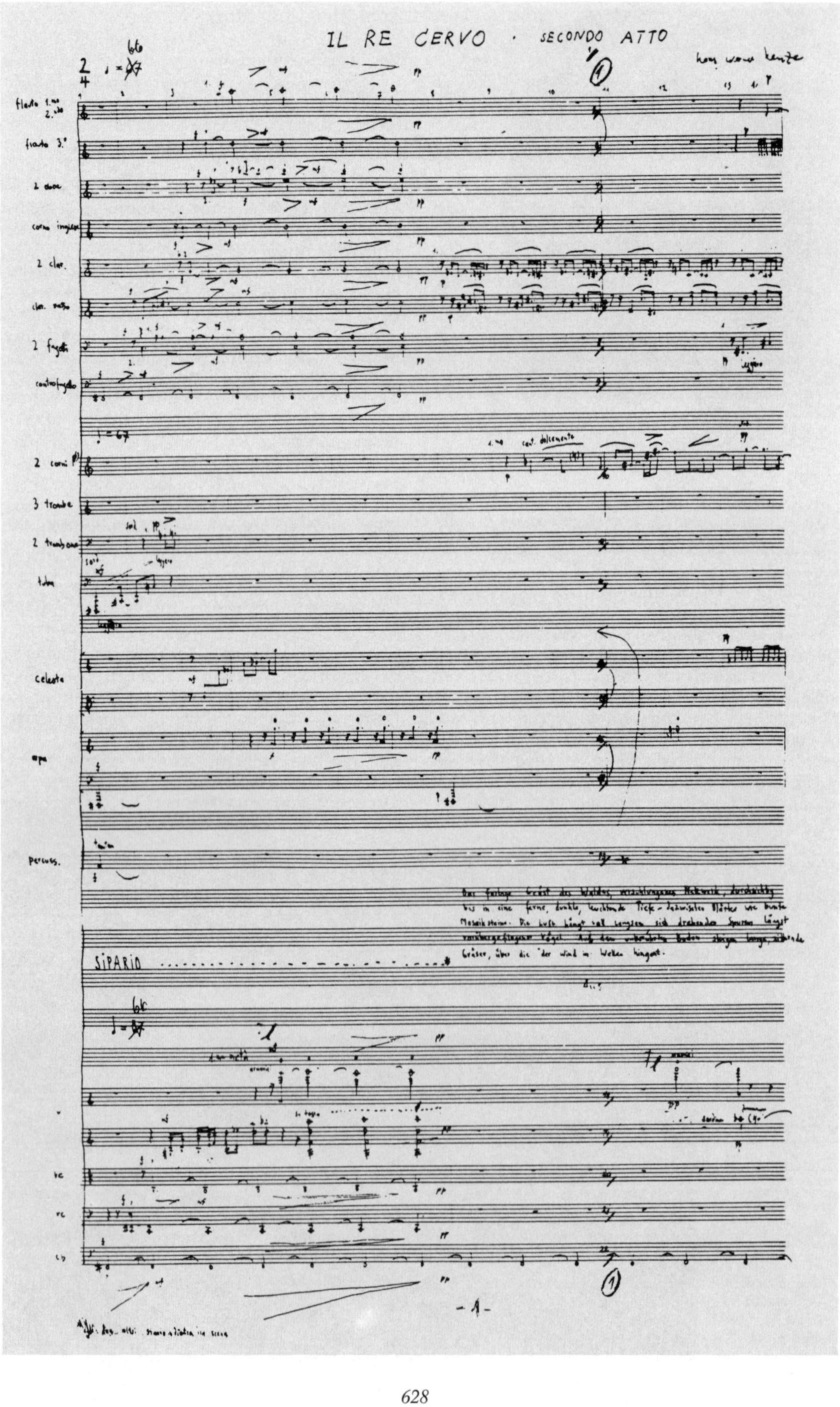
IL RE CERVO · SECONDO ATTO
hans werner henze
flauto 1.mo 2.do
flauto 3.°
2 oboe
corno inglese
2 clar.
clar. basso
2 fagotti
controfagotto
2 corni
3 trombe
2 tromboni
tuba
celesta
arpa
percuss.
SIPARIO

zen „Stille und Umkehr", weist, so könnte man annehmen, auf schwerwiegende innere Erlebnisse hin. Vielleicht bieten sie Erklärungen für seinen tragischen Tod.

Hans Werner Henze

Mit dem außergewöhnlich zwiespältigen Komponisten Hans Werner Henze (geb. 1926) soll dieses Kapitel schließen. Keiner der Genannten hat so viele kontrastreiche Etappen durchschritten, keiner ist so akzeptiert worden von einer breitgefächerten Publikumsschicht, hat so viele Erfolge errungen, die sich nicht nur auf einen engen Kreis Eingeweihter beschränken. Dieser „begabteste Musiker seiner Generation", „Nachwuchsstar der avantgardistischen Musikfeste und designierte Kronprinz der deutschen Moderne" (K. Honolka) durchlief eine wildbewegte Durchbruchszeit mit Zwölfton, Strawinsky, italienischer Kantabilität, sinnlicher Klangüppigkeit (die verblüffte Fachleute nach der Salzburger Festspielpremiere der „Bassariden" von einem „neuen Richard Strauss" sprechen ließ), trotzdem klug berechneter Sachlichkeit oder gar Berechnung, die in eine radikal politische Wendung und schließlich eine (vielleicht allzu bewußte) Neu-Klassizität mündete. Henze hat sich in allen Kompositionsarten getummelt, schien heute Wegbereiter der Elektronik, morgen Gefolgsmann Schönbergs, übermorgen ein Spätromantiker mit starken Dissonanzen. Aber er sagte Mitte der fünfziger Jahre den „Darmstädtern", der seriellen Musik schriftlich ab, weil er nicht „in das Grau trockener Algebra" geraten wollte. Ungefähr um diese Zeit verlegte er seinen Wohnsitz nach Italien, wo er endgültig alle Einflüsse und Schulweisheiten abstreifte, vor allem wohl die seines langjährigen Lehrers und Mentors Wolfgang Fortner (1907–1987), der zu den führenden Theoretikern Deutschlands gehörte, dessen Werke aber zu blutarm, zu trocken waren, um ihn zu überleben, trotz der mit großem Feingefühl gewählten literarisch hochwertigen Stoffe wie „Bluthochzeit" und „In seinem Garten liebt Don Perlimplin Belisa", beide nach García Lorca, „Elisabeth Tudor" nach Braun. Henze erregte Aufmerksamkeit mit „Boulevard Solitude" (1952), einer Modernisierung des Manon-Lescaut-Themas, das schon Auber (1856), Massenet (1884), Puccini (1893) gefesselt hatte. „König Hirsch" (nach Gozzi) folgte 1955; „Der Prinz von Homburg", Text von Ingeborg Bachmann nach Kleist, 1960; „Elegie für junge Liebende", Text von W. H. Auden und Ch. Kallmann, 1961; „Der junge Lord", Text von I. Bachmann nach Hauff, 1965; „Die Bassariden", Text von W. H. Auden und Ch. Kallman, nach Euripides, 1966; „Das Floß der Medusa", Text von E. Schnabel, 1968; „Wir erreichen den Fluß", Text von E. Bond, 1976; „Die englische Katze", Text von E. Bond nach Balzac, 1983; „Das verratene Meer", 1990. Zu seinen besten Werken gehört das Ballett „Ondine" (1958). Seine zahlreichen Orchesterwerke, dazu die Kammermusik sind in den Konzertsälen der Welt selten zu hören. Für die Kinder des Dorfes Montepulciano, wo er lange niedergelassen war, schrieb er die Oper „Pollicino" nach Texten von Collodi, Grimm und Perrault. Er studierte dieses Stück auch selbst mit ihnen ein. Damit zeigte Henze einen weiteren Weg des Musiktheaters für Kinder auf, das im deutschen Sprachraum viel zuwenig beachtet wird. Davon abgesehen wächst der Eindruck, als habe Henzes Talent sich größtenteils in jungen Jahren „ausgeschrieben". In der Gegenwart hilft ihm fast nur noch das ungewöhnliche Können und der Mangel an jüngeren Gestalten, die seine Vorrangstellung von einst ersetzen könnten.

Linke Seite: Handschriftliche Partiturseite aus Hans Werner Henzes Oper „Il Re cervo".
Oben: Hans Werner Henze, erfolgreicher Komponist des neuen Musiktheaters.
Rechts: Wolfgang Fortner, dessen dodekaphonische Musik sich nur selten mit den blutvollen Texten von Federico García Lorca verbindet.

Viele Wege ins dritte Jahrtausend

Vielgleisig geht das 20. Jahrhundert zu Ende. Die Zerklüftung der Künste hat ihren bisher zerrissensten Zustand erreicht. Noch nie aber ist so viel musiziert, noch nie so viel Musik gehört worden. Zu den technischen Medien tritt um die Mitte des Jahrhunderts das stärkste von allen, das Fernsehen, hinzu. Sein Einfluß auf Zivilisation und Kultur kann gar nicht hoch genug eingeschätzt werden. Er ist jenem des Schießpulvers und des Buchdrucks, der Eisenbahn und des Flugzeugs weit überlegen. Wenn im Jahr 3000 noch Menschheitsgeschichte geschrieben werden sollte, so würde deren wichtigste Einteilung wohl lauten: vor und nach der Erfindung des Fernsehens. Auf dem Gebiet der Musik wird dieser Einschnitt als besonders entscheidend erkannt werden. In der zweiten Hälfte des Jahrhunderts schnellt die Beteiligung an irgendeiner Form des Musiklebens weltweit auf ein Vielfaches des früheren Zustands hinauf. Übertragungen von Konzerten und Opernvorstellungen wecken Neugier und Interesse, bringen neue Schichten in Kontakt mit Manifestationen, von denen bisher vielseitige Schwellenangst sie fernhielt. Die Möglichkeit eines völlig ungestörten Musikgenusses in den eigenen vier Wänden, ermöglicht durch die großartigen technischen Verfeinerungen der Klangreproduktion, öffnet dem Musikleben neue Dimensionen.

Unsere letzten Kapitel haben sich mit den radikalen Strömungen neuzeitlicher Musik beschäftigt, mit konkreter Musik, elektronischer Musik, Serialismus. Vielleicht meint mancher Leser, diese im Rahmen des Musiklebens kaum bemerkbaren Tendenzen seien mit dem hier zugestandenen Raum überbewertet worden. Wir halten dies für unsere Pflicht; niemals war die Kenntnis der „klassischen", der „romantischen" Meister so groß gewesen wie heute, niemals ihre Musik so verbreitet und beliebt, aber niemals waren die „modernen" Richtungen der eigenen Zeit so vernachlässigt, so unverstanden ihre Bestrebungen, so abgelehnt ihre Experimente. Sie selbst führen vor allem ein Motiv zur Erklärung dieses Zustands an: Das Hören ihrer Musik stelle wesentlich höhere Ansprüche, als die Mehrzahl des „Publikums" üblicher Konzerte zu befriedigen gewillt oder imstande sei.

Th. W. Adorno, zeitweise führend unter den Theoretikern der Moderne, hat ein Schema des Musikhörens aufgestellt: Expertenhören, gutes Zuhören, Bildungshören, emotionales Hören, Ressentimenthören (besonders bei alter Musik), Unterhaltungshören, gleichgültiges Hören. Das Hören neuer Musik bleibt demnach nur den drei erstgenannten Kategorien vorbehalten, und gerade diese Hörer sind zahlenmäßig wahrscheinlich in der Minderheit. Ist dies in jeder Gesellschaft der Fall, oder wird es besonders deutlich in der sogenannten Wohlstandsgesellschaft, deren gefährlich wachsender Hang zur Bequemlichkeit einem wahren Verständnis der Kunst im Wege steht?

Echte Kunst in komplizierten Zeiten erfordert zum wahren Verständnis auch eine bedeutende Dosis intellektueller Anstrengung, die nur wenige Hörer zu bieten bereit sind. Diese Gedankengänge rühren an die Grundfrage aller Musik, aller Kunst, nämlich nach deren tiefstem Sinn. Liegt dieser auf dem Gebiet der Sinne oder des Verstandes, der Seele oder des Geistes? Die Beantwortung dieser Frage ändert sich von Epoche zu Epoche. Die Musik des 20. Jahrhunderts führte von dem stark gefühlsmäßig orientierten Klang der Spätromantik, des Jugendstils, des Impressionismus innerhalb nur einer oder zweier Generationen in das andere Extrem, zu einer überwiegend verstandesgemäßen Kunst. So radikal geschah diese Entwicklung, daß zugleich eine Protestbewegung erstehen und groß werden konnte, innerhalb des Jazz und seiner Nachfolgerichtungen wie Pop, Rock, Folk usw.

Die Kunstmusik wurde bis in nie gekannte Extreme getrieben. Die zu erklären, fühlten wir uns verpflichtet, sie sollen zur Diskussion gestellt werden. Im Lager der extremen „Modernisten", besser ausgedrückt im Lager der Radikalen – dieser Ausdruck gebührt ihnen und stellt keine Bewertung dar, weder positiv noch negativ –, finden sich hervorragende Persönlichkeiten, die auch den Hörer, der ihre Musik ablehnt, zur höchsten Achtung zwingen. Sie in gebührender Weise hervorzuheben, empfindet der Autor als seine – vielleicht mehr menschliche als musikalische – Pflicht.

Da ist etwa Bruno Maderna, dessen Werk inmitten seiner kompositorisch vielleicht stärkeren Gefährten untergehen mag, dessen Geist aber vielen von ihnen den Weg wies, bevor er als Chefdirigent des Symphonieorchesters der italienischen Rundfunkgesellschaft RAI in Mailand knapp über fünfzigjährig starb. Da ist Luigi Nono mit seinem tiefen Humanismus, seinem verinnerlichten Streben nach Menschenliebe und Gerechtigkeit, seinem ungewöhnlichen Idealismus, vor dem sich auch der sachliche Gegner seiner Musik zu beugen hat. Wer dürfte sie heute als „abwegig", absurd, jeder Realität fern beurteilen, anstatt vielleicht in ihr die prophetische Tat zu ahnen, deren Verständnis wie von selbst aufgehen wird? Liegt hier nicht die früher erwähnte „hohe geistige Anforderung" vor, verbunden mit ethischem, moralischem Gebot, die seine Werke der eigenen Zeit so sehr entfremden?

Die gemässigte Moderne

Wie immer es sei, der Gründe für die verhältnismäßig ausführliche Behandlung der „Radikalen" in unserem Buch gibt es genug und, wie wir glauben, achtenswerte. Dieses Kapitel ist nun der „anderen Seite" gewidmet. Wie soll man ihre Vertreter nennen? „Traditionalisten"? „Gemäßigte"? Etwas Richtiges mag an jeder dieser Bezeichnungen haften, aber keine trifft voll zu. „Konservative"? Auch daran wäre etwas Wahres, würde dieses Wort nicht fälschlich so oft mit rückschrittlich gleichgesetzt. Vielleicht könnte das Begriffspaar „Musik ohne Mathematik" und „Musik auf mathematischer Grundlage" uns weiterhelfen. Aber Denkende könnten natürlich einwenden, Musik ohne Mathematik könne es nicht geben, da jeder Klang auf mathematisch festlegbaren Schwingungen beruhe. Nur Cage war hier ausgebrochen, als er sein „Musikstück", das die Zeitbezeichnung 4'33", im Titel führt, aus lauter Pausen „komponierte" und damit seinem Gag einen tiefgründigen Sinn gab. Immerhin, dieses Kapitel wird „Musik ohne Mathematik" enthalten, Stücke, deren Verständnis keine mehr oder weniger schwierigen Berechnungen erfordert, zu deren Genuß die Sinne genügen.
Noch ein Begriffspaar gibt es, das uns durch den Zeitraum von der Stunde Null bis zur Jahrtausendwende führen kann: tonale und atonale Musik. Dem Laien mag diese Unterscheidung nicht immer leichtfallen, denn „atonal" ist nicht unbedingt mit „dissonanzenreich" oder gar „mißtönend" gleichzusetzen, „tonal" noch lange nicht mit dem Gegenteil. Doch die weitaus größere Mehrheit der nun zu betrachtenden Komponisten gehört dem „tonalen" Flügel der zeitgenössischen Musik an. Mag ihre Musik auch recht bewegt die Grenzen der Tonalität hinausschieben, sie erweitern, zeitweise überschreiten, die „Heimkehr" in den tonalen Bereich am Ende des Stückes ist vorprogrammiert und gibt dem Ohr des Hörers das ersehnte Gefühl der Ruhe, des Gleichgewichts, das jahrhundertelang Grundlage aller Musik war. Schließlich könnte man noch diese Art von Musik in zwei Gruppen teilen: in die eine, zu deren Verständnis keinerlei theoretische Voraussetzungen notwendig sind, und in die andere, bei der dies unbedingte Notwendigkeit ist. Damit sind wir wieder bei der „Musik der hohen Anforderungen", der zwölftönigen, der seriellen Musik vor allem.
Was nun folgen soll, ist also die Musik „ohne Mathematik", ohne Notwendigkeit theoretischer Kenntnisse, die „gemäßigte", die (überwiegend) tonale Musik. Sie zu ordnen, ist fast unmöglich. Man kann ihre Komponisten nach Ursprungsländern zusammenfassen, was mancherlei Zusammenhänge, aber auch einige Ungereimtheiten ergeben wird. Eine Einteilung nach dem Schaffensstil wäre denkbar, ist aber sehr anfechtbar. Eine rein chronologische Reihung nach Geburtsdaten ergibt keinen Zusammenhang. Bleiben wir also bei der Geographie, die am leichtesten vorzustellen ist.

England: Benjamin Britten

Wichtige Kunde kommt aus England. Dort war mit dem Anfang des 20. Jahrhunderts, genau zweihundert Jahre nach dem Verstummen, die Ära des Wiedererwachens musikschöpferischer Leistungen angebrochen:

Benjamin Britten, unter dessen Führung das englische Musiktheater nach jahrhundertelanger Pause eine glanzvolle Auferstehung feierte.

Elgar, Holst, Vaughan Williams, Delius setzten nach langer Pause dort fort, wo Purcells Tod (1695) ein überreiches Blühen jäh unterbrochen hatte. Und nun, zur Stunde Null, die 1945 mit einem der wichtigsten Siege der britischen Geschichte zusammenfiel, erobert das Land einen führenden Platz in der internationalen Opernszene. Es ist das Verdienst Benjamin Brittens (1913–1976), der am 7. Juni 1945 in London mit „Peter Grimes" (Text von M. Slater nach G. Crabbe) einen Welterfolg errang, nachdem er schon vor dem Krieg mit Konzert- und Kammermusikwerken sein starkes Talent gezeigt hatte. Das Drama des Sonderlings, verwoben in die düstere Atmosphäre des allgegenwärtigen Meeres – Brittens Heimat an der Ostküste –, kündet einen eigenen Stil an, einen modernen „Verismus", voll packendster, rauher Klänge und beinahe traumhafter Zartheit. Ohne impressionistische Klänge malt Britten Wasser und Wolken als äußere Spiegelungen tragischen inneren Geschehens. Dann folgen Jahr für Jahr weitere bedeutende musikdramatische Neuerungen: 1946 „The Rape of Lucretia" (Der Raub der Lucretia, Text von R. Duncan), bei der ein antikisierender Chor durch zwei Solostimmen symbolisiert wird; 1947 „Albert Herring" (Text von E. Crozier), eine harmlose, aber witzige Kleinstadtkomödie; 1948 die Bearbeitung von „The Beggar's Opera", der zweihundertjährigen „Bettleroper" von Pepush und Gay, die seinerzeit Händels hochtrabende Barockoper in den kommerziellen Ruin getrieben hatte und der im

20. Jahrhundert die in Berlin uraufgeführte „Dreigroschenoper“ von Brecht und Weill zwanzig Jahre vorher als viel radikalere Erneuerung des gleichen Originals vorangegangen war; 1949 das bezaubernde Kinderstück „Let's make an Opera!“ (Machen wir eine Oper!, Text von E. Crozier), als wertvoller Beitrag zu einem neuen, schnell an Bedeutung zunehmenden Genre, dem Musiktheater für Kinder, dessen ferner Vorläufer Humperdincks „Hänsel und Gretel“ gewesen war; 1951 das Matrosendrama „Billy Budd“ (Text von Forster/Crozier nach Melville), in dem es keine Frauenrolle gibt; 1953 die Krönungsoper für Königin Elisabeth II., „Gloriana“ (Text von W. Ploner); 1954 die unheimliche Gespensteroper „The Turn of the Screw“ (Text von M. Piper nach H. James) mit typisch britischem Thema und ebensolchem, kaum zu übersetzendem Titel; 1960 der zauberhaft poetische „Midsummer Night's Dream“ (Sommernachtstraum, Text von Britten/Pears nach Shakespeare), 1971 die wenig bekannt gewordene Fernsehoper „Owen Wingrave“ (Text nach H. James) und schließlich 1973 „Death in Venice“ (Tod in Venedig, nach der Novelle von Thomas Mann), die an viele seelische Probleme rührt. Die psychologisch fesselnde Hauptrolle ist „für einen alternden Tenor“ geschrieben, was in der Opernliteratur nur selten vorkommen dürfte, in diesem Fall für Brittens Freund, den englischen Tenor Peter Pears, der (seit „Peter Grimes“) viele für ihn geschriebene Hauptrollen bei der Uraufführung der Werke übernommen hatte. Von besonderer Bedeutung ist Brittens Wiederbelebung des lang vernachlässigten Genres der Kirchenoper: „Die Jünglinge im Feuerofen“ und „Der verlorene Sohn“. Sie werden auf Bühnen, bei Festspielen, vor Kirchenportalen, in Schulen ungezählte Male aufgeführt. Seine Orchesterwerke, unter anderem die „Simple Symphony“ (1934), die „Variationen über ein Thema von Frank Bridge“ (1937), der sein Lehrer war, „Les Illuminations“ (Texte von A. Rimbaud) für Tenor und Streichorchester (1939), „The Young Person's Guide to the Orchestra“ (1946), ein brillantes Lehrstück für die Instrumentenlehre, sowie prächtige Vokalmusik für Chöre und Solostimmen (darunter auch Weihnachtsgesänge von hohem Rang) erweisen Britten als einen Großmeister des 20. Jahrhunderts. Als sein größtes Werk, ein klingendes Monument der Zeit, muß das „War Requiem“ (1961) bezeichnet werden. Zur Wiedereinweihung der im Weltkrieg von deutschen Fliegern zerstörten Kathedrale von Coventry am 30. Mai 1962 erklang dieses erschütternde Stück Musik für Chor, Kinderchor, Solisten und Orchester, wobei Britten die wundervollen Verse eines jung gefallenen Offiziers aus dem Ersten Weltkrieg (Wilfried Owen) neben der Liturgie vertonte: eine schmerzliche Anklage gegen die Sinnlosigkeit des Krieges.

William Walton

Wie so oft in der Geschichte, blieb Englands Renaissance nicht auf eine einzelne Gestalt beschränkt. An Brittens Seite trat William Walton (1902–1983), im Orchestralen am stärksten (Sinfonien, Sinfonia concertante, Violakonzert), aber auch Komponist der glänzenden Oper

Shakespeares „Sommernachtstraum“ wurde von Britten in eine zauberhafte Oper umgewandelt; hier die (sehr ungerecht) „Rüpelszene“ genannte Theaterprobe der Athener Handwerker in einer Aufführung des Londoner Covent Garden Opera House (1964).

„Troilus and Cressida" (1954). Sein Entwicklungsgang führte ihn von der Frei- zur Atonalität und schließlich zurück zu klangvoller Spätromantik, ein oft zu beobachtender Weg vieler, die sich der zerstörenden Kraft der Atonalität rechtzeitig bewußt wurden.

Michael Tippett

Michael Tippett (geb. 1905) wurde fast über Nacht berühmt, als er 1944 in dem Oratorium „A Child of our time" (Ein Kind unserer Zeit, dessen Text er selbst schrieb), eine glühende Anklage gegen das nationalsozialistische Regime in Deutschland schleuderte und der die Geschichte jenes unglücklichen Herschel Grynszpan zum Vorwurf hatte, dessen Attentat in Paris für die Nationalsozialisten willkommener Anlaß zum großen Pogrom der „Reichskristallnacht" wurde. Die interessantesten Werke Tippetts liegen auf dem Gebiet des Musiktheaters: „The Midsummer Marriage" (Die Mittsommer-Hochzeit, 1955), „King Priam" (wie Brittens „War Requiem" 1962 als Festgabe für Coventry komponiert), „The Knot Garden" (Der Irrgarten, 1970), „The Ice Break" (Wenn das Eis bricht, 1977), Tippetts jüngste Werke sind „New Year" (Neues Jahr, 1989) und „Sailing to Byzantium" (Segelfahrt nach Byzanz, nach W. B. Yeats, 1991).

Peter Maxwell Davies

Der nächsten Generation gehört Peter Maxwell Davies (geb. 1934) an, was auch an seiner Tonsprache fühlbar wird. Die wilde Umwelt, die ihn an seiner Wohnstätte auf den Orkney-Inseln im höchsten Norden Schottlands umtobt (wo er in Kirkwall das St.-Magnus-Festival ins Leben rief, sicher das entlegenste der Welt), übt einen faszinierenden Einfluß auf sein Schaffen aus. Mit dem (im gleichen Jahr geborenen) Harrison Bartwistle gründete er das Ensemble *Fires of London* zur Pflege zeitgenössischer Musik. Von seinen (teilweise kurzen oder monodramatischen) Bühnenstücken blieben die meisten auf örtliche Wirkung beschränkt: „Eight Songs for a Mad King" (Acht Gesänge für einen verrückten König, 1969), „Miss Donnithorne's Maggot" (Miß Donnithornes Grille, 1974), „The two Violinists", „Resurrection" (Auferstehung, 1988) „Taverner" (eigenes Libretto, 1972), „The Martyrdom of St. Magnus" (Das Martyrium des heiligen Magnus, 1977). Die Oper „The Lighthouse" (Der Leuchtturm, nach eigenen Texten) brachte ihm 1980 internationalen Ruhm. Dieser Oper liegt das rätselhafte Verschwinden dreier Leuchtturmwächter auf den Flannan-Inseln in den Äußeren Hebriden zugrunde, eines der nie geklärten Dramen des Meeres, aus dem Davies textlich wie musikalisch ein überaus packendes Werk schuf.

Deutschland

Besonders dicht gestaltete sich das Musikleben Deutschlands in der zweiten Nachkriegszeit, denn zu zahlreichen rein musikalischen Problemen trat die politische Trennung mit zwei einander entgegengesetzten Gesellschaftssystemen, die zusätzliche Unterschiede und Abgrenzungen schufen. Während der sozialistische Osten für die Zeit seiner gesamten, mehr als vierzigjährigen Dauer versuchte, durch einen Druck von oben den in der Sowjetunion führenden „sozialistischen Realismus" durchzusetzen, führte die uneingeschränkte Handlungsfreiheit der westlichen Demokratie in einen ungehemmten Pluralismus auch auf dem Gebiet der Musik, den zu ordnen so gut wie unmöglich scheint. Viel war in Europa vernichtet, aber wohl nirgends war so viel neu aufzubauen wie hier. Zur materiellen Rekonstruktion nahezu aller Städte trat, wohl noch gebieterischer, die Forderung nach einem geistigen Neubau, nach einer seelischen Erneuerung, die Gewissensknebelung, Terrordruck, Kriegserlebnis und Zusammenbruch lindern und verarbeiten könnte. Der Wunsch nach Musik wuchs ins Gigantische, so wie es immer in den schwersten Zeiten der Menschheit gewesen war. Nach der tröstlichen, in tiefstem Leid noch beglückenden Musik der Meister und nach dem befreienden Selbstmusizieren, dem Gemeinschaftssingen, der Urkraft der Volkslieder. Nie ist so viel verschüttet geglaubte Musik ausgegraben, nie so viel Neues komponiert worden. Doch nahezu keiner dieser zahllosen Musikschöpfer geht den gleichen Weg wie die anderen, keiner strebt demselben Ziel zu, es gibt keinen Zeitstil mehr, es ist, als sei nicht nur der Graben zwischen Konservativen und Avantgardisten weiter aufgerissen als je, sondern so, als gäbe es eine Unzahl neuer Gräben zwischen denen, die sich um Musik bemühten nach der Stunde Null.

Paul Dessau suchte in enger Zusammenarbeit mit Bertolt Brecht den Stil Kurt Weills fortzusetzen.

Paul Dessau

Paul Dessau (1894–1979) verbrachte die Jahre des Nationalsozialismus im Exil. In den USA begann er mit Bertolt Brecht zusammenzuarbeiten, kehrte heim in die damalige DDR, wo er neben Eisler zum führenden Musiker wurde. Unter seinen Opern wurde besonders „Das Verhör des Lukullus" (später: „Die Verurteilung des Lukullus", Text von B. Brecht, 1951) erfolgreich, die folgenden „Puntila" (Text von B. Brecht, 1961), „Lanzelot" (Text von H. Müller nach H. Ch., Andersen, 1969), „Einstein" (Text von K. Michel, 1974) und „Leonce und Lena" (Text von Büchner/Körner, 1979) fielen eher ab, keine erreichte die Durchschlagskraft des Vorbildes Kurt Weill.

HERMANN REUTTER

Hermann Reutter (1900–1985), zu Recht hochgeachteter Komponist im süddeutschen Raum, Schöpfer eines reichen Werkes, den Opern „Dr. Johannes Faust" (1936), „Odysseus" (1942), „Die Brücke von San Luis Rey" (1954) und vielen anderen; Ballette, Oratorien, Chorwerke, Orchestermusik, wandelte sich nach dem Krieg vom stark Hindemith-beeinflußten Modernisten zu einem persönlichen Stil der Einfachheit und Verständlichkeit.

WERNER EGK

Werner Egk (1901–1983) zählt zu den stärksten Musikdramatikern seiner Zeit. Ohne je in extreme Richtungen zu gehen, ohne sich je einer der Strömungen mathematischer oder intellektueller Musik anzuschließen, bleibt er stets lebendig, urwüchsig, musikantisch, manchmal seinem Freund Orff nicht unähnlich. Bei einem näheren Zusammenschluß Europas könnten seine Stücke sich durchaus für einen Einbau in ein gemeinsames abendländisches Opernrepertoire eignen: „Columbus" (1933), „Die Zaubergeige" (Text nach Pocci, 1935), „Peer Gynt" (Text nach Ibsen, 1939), „Circe" (Text nach Calderón, 1945), „Irische Legende" (Text nach W. B. Yeats, 1955), „Der Revisor" (Text nach Gogol, 1957) und die „Verlobung in San Domingo" (Text nach Kleist, 1963). Das sind alles Themen von weltumspannender Weite und einer in bestem Sinne kosmopolitischen Musik.

BORIS BLACHER

Boris Blacher (1903–1975) gehört zu den interessantesten Gestalten des Musiklebens. Ganz ohne Mathematik geht es in der Betrachtung seines Stils nicht ab: Er fand ein Prinzip der „variablen Metren", bei dem gesetzmäßig verschiedene Taktarten miteinander abwechseln bis zu einem sehr komplizierten System. Hier liegt, wie bei Schönbergs Theorie, der Wunsch zugrunde, das hereinbrechende Chaos durch ein strenges Reihengesetz zu bändigen. Blacher neigte auch in seinen Kompositionen zu Berechnung und Verstand, wurde aber zu seiner Zeit viel gespielt, da er des öfteren seine eigenen Theorien durchbrach und recht spontan musizieren konnte. So auch in mehreren Opern (vor allem wohl dem „Preußischen Märchen" nach Zuckmayers „Hauptmann von Köpenick", 1950). Er wurde Egks Nachfolger in der Leitung der Berliner Musikhochschule und Lehrer einiger prominenter Komponisten, so Gottfried von Einems. Mit Egk schuf er eine „Abstrakte Oper No. 1" 1953, der zwar keine weitere mehr folgte, die aber sehr beachtenswerte Ideen zur Aktualisierung des Musiktheaters entwickelte. Blacher war stets der Experimentelle, Egk hingegen der Erzmusikant, doch hätte vielleicht gerade auf der Basis zweier solcher Gegensätze noch mehr Wertvolles entstehen können.

KARL HÖLLER

Karl Höller (1907–1987) sei zumindest noch erwähnt, der, wie viele der nun folgenden Komponisten, aus starker Tradition, vom Gregorianischen Gesang über Bruckner zu Hindemith kommt, stets ein Kontrapunktiker bleibt und ein reiches instrumentales Werk schafft.

IN DEN WIRREN DER PARTEIIDEOLOGIE

Ottmar Gerster (1897–1969) kam jung mit sozialistischen Kreisen in Berührung, leitete Arbeiterchöre, schrieb volkstümlich und wurde einer der vielgespielten DDR-Komponisten. Die Oper „Enoch Arden" (1936) dürfte sein dauerhaftester Erfolg sein.

Ähnlich begann der Weg von Ernst H. Meyer (geb. 1905), der die Jahre des „Dritten Reichs" im englischen Exil verbrachte, der 1948 in die DDR zurückkehrte und zahlreiche sinfonische Werke schuf und leitende Stellungen im Musikleben einnahm.
Als einer der wichtigen Lehrer dieser Generation sei Max Butting (1888–1976) nachgetragen, Schöpfer von zehn Sinfonien, 19 Streichquartetten und zahlreichen anderen Instrumentalstücken, die oft das tragische Zeitgeschehen zu spiegeln scheinen und durchaus nicht ins Museum der Musikgeschichte relegiert werden sollten. Butting war auch einer der Pioniere des musikalischen Rundfunks, ein Vorkämpfer der sozialen Belange der Musikerschaft und ein „innerer Emigrant" zu Zeiten des Nationalsozialismus. In der in der zweiten Dekade des Jahrhunderts geborenen Generation finden sich Komponisten von bleibendem Wert.
Ernst Pepping (1901–1981) ist ein an Hindemith orientierter Komponist. Abgesehen von seinen beeindruckenden sinfonischen Werken hat er sich vorwiegend der evangelischen Kirchenmusik gewidmet. Viele seiner A-cappella-Werke, nicht zuletzt die „Deutsche Messe" aus dem Jahr 1938, sind Perlen der deutschen Kirchenmusik. Pepping war ein Meister der modernen Polyphonie.
Für Hugo Distler (1908–1942), den wir als führenden protestantischen Kirchenmusiker schon nannten, Domchordirigent in Berlin, Schöpfer prächtiger religiöser Chöre, geriet der Zusammenstoß mit den Machthabern des Nationalsozialismus zum Drama: Distler nahm sich das Leben.

Günther Bialas

Günther Bialas (1907–1995) kommt ebenfalls aus Hindemiths Schule, streifte den Zwölfton und suchte vieles mit barocken Grundlagen zu verbinden. Mit seinen Opern „Hero und Leander" (Text nach Grillparzer und Musaios, 1966), „Aucassin und Nicolette" (Text von Dorst, 1969) und der komischen Oper „Der ge-

Linke Seite oben: Werner Egk, neben seinem Lehrmeister Carl Orff einer der meistgespielten Bühnenkomponisten der zweiten Jahrhunderthälfte.
Linke Seite unten: „Columbus", eines der fesselnden Opernwerke von Werner Egk.
Oben: Boris Blacher, Komponist mit eigenen Theorien und namhafter Lehrer.
Rechts: Der Komponist Günther Bialas mit Sergiu Celibidache, dem Dirigenten der Münchener Philharmoniker, bei einem Festkonzert am 21. Juni 1987.

Links: Zwei vielgespielte deutsche Komponisten: Harald Genzmer (ganz links) auf dem Gebiet der Konzertmusik, Giselher Klebe auf dem des Musiktheaters.
Rechte Seite: Wolfgang Rihm wußte sich ungewöhnlich jung in die vorderste Reihe der „neutönerischen" Komponisten zu stellen.

stiefelte Kater oder Wie man das Spiel macht" (Text von Dorst nach Tieck, 1973/74) hatte er große Erfolge. Ebenso großen Anklang hatte er jedoch mit zahlreichen Frühwerken, von denen nur die „Indianische Kantate" (1947) und das „Concerto lirico" (für Klavier und Orchester, 1967) genannt seien. In seinem Spätwerk gibt es etwa ab 1971–1974 eine deutliche Zäsur: Bialas hat eine starke Begegnung mit der japanischen Haiku-Dichtung, von der er selbst sagt, sie sei mit ihren „wenigen und kargen Worten Lyrik, Bild, Musik und Philosophie zugleich". Diese Dichtungen waren gleichsam Modelle für viele, bis ins äußerste ausgefeilte Musikwerke, Meisterstücke der Andeutungen. Beispiele dafür sind „Haiku-Folge I" (für Sopran und Flöte, 1972) und „Haiku-Folge II" (für Bariton und Klavier, 1972). Bialas Erfahrungen mit dieser Dichtung wirken in seinen Kompositionen stark nach. Nur einige seien genannt: „Introitus-Exodus" (für Orgel und Orchester, 1976) und „Lamento di Orlando" (Texte nach Jean Paul und der Frührenaissance, 1984).

Harald Genzmer (geb. 1909) ist als Hindemith-Schüler stark von seinem Lehrer beeinflußt. Er verbindet Künstlerisches mit pädagogischem Kompositionstalent. Unter seinen Werken finden sich Konzerte für Trautonium, Klavier, Mixtur-Trautonium, Viola, Violoncello, Orgel, Schlagzeug.

Isang Yun

Zu den deutschen Komponisten der zweiten Nachkriegszeit gehört auch der Koreaner Isang Yun (1917–1995) mit deutscher Staatsangehörigkeit. Er lebte in verschiedenen Städten des Westens, vor allem aber in Berlin, wo er bis zum Tode arbeitete. Abgesehen von seinen Orchesterwerken versuchte er hier sehr erfolgreich auf dem Gebiet des Musiktheaters fernöstliche Themen mit moderner abendländischer Musik zu verbinden. Sein Schaffen wurde 1967 jäh unterbrochen, als ihn der südkoreanische Geheimdienst aus West-Berlin verschleppte, um ihn unter die Anklage der Spionage zu stellen. Eine weltweite Bewegung rettete ihn, und 1969 kehrte Isang Yun wieder nach Berlin zurück. Nach seinen Erfolgen „Der Traum des Liu Tung" (1965), „Die Witwe des Schmetterlings" (1967) und „Geisterliebe" (1971) erhielt er den Auftrag, eine Festoper zu den Münchener Olympischen Spielen 1972 zu komponieren: „Sim Tjong". Faszinierend ist auch seine „Fünfte Sinfonie" mit Gedichten von Nelly Sachs (1987). – Die musikalische Sprache Yuns zeigt das Ergebnis der Auseinandersetzung westlicher, avantgardistischer Stilmittel mit den Traditionen koreanischer Kunstmusik. Yun war in Berlin Professor für Komposition.

Giselher Klebe

Giselher Klebe (geb. 1925) fand mit einer langen Reihe von Opern Beachtung, viele Aufführungen, aber nie den völlig durchschlagenden Erfolg. Dazu ist sein aus Zwölfton, Blachers „variablen Metren", einem persönlichen Stil und einiger Kantabilität gemischter Stil wohl zu kühl, abgesehen davon, daß er auf die Karte der „Literatur-Oper" gesetzt hat, die von zwiespältiger Wirkung ist. Sie befriedigt den Literaturfreund nicht, da sie durch die Musik das Drama zu einem wesentlichen Teil unverständlich macht, und sie treibt die Musik ununterbrochen zur Eile, da der gesamte Text eines abendfüllenden Theaterstückes vertont werden muß. Musik aber braucht Ruhepunkte, lyrische Oasen, ein sich empfindungsvoll entfaltendes Sich-Aussingen. Klebes wichtigste Werke, zu denen er die Libretti selbst entwirft, sind: „Die Räuber" (Text nach Schiller, 1957), „Die tödlichen Wünsche" (Text nach Balzac, 1959), „Alkmene" (Text nach Kleist, 1961), „Figaro läßt sich scheiden" (Text nach Horváth, 1963), „Jakubowsky und der Oberst" (Text nach Werfel, 1965), „Das Mädchen aus Domrémy" (Text nach Schiller, 1976), „Der jüngste Tag" (Text nach Horváth, 1980), „Die Fastnachtsbeichte" (Text nach Zuckmayer, 1983). Die Überlebenschancen dieser Opern können allerdings heute, zu Beginn der neunziger Jahre, noch nicht beurteilt werden.

Wilhelm Killmayer

Wilhelm Killmayer (geb. 1927) war Schüler von Carl Orff. Als erstes wurden seine Liederzyklen bekannt, wie die „Lorca-Romanzen" (1955), „Shakespeare-Lieder" (1955) und „Sappho-Gesänge" (1960). Neben zahlreichen Orchesterwerken, zum Teil mit Jazzeinschlag, hatte er seinen größten Erfolg 1961 mit der Ballett-Oper „La Buffonata".

Aribert Reimann

Zwei der stärksten Begabungen der deutschen Nachkriegsmusik, Schöpfernaturen von ungewöhnlicher Persönlichkeit, sind Aribert Reimann (geb. 1936) und Wolfgang Rihm, von dem später noch die Rede sein wird. Reimann, ein Blacher-Schüler, wirkte als feinsinniger Liedbegleiter, bevor das Musiktheater ihn in seinen Bann schlug. Bei Günter Grass fand er die Sujets zu zwei Balletten, dann schrieb ihm Peter Weiß den Text zur Oper „Ein Traumspiel" (nach Strindberg, 1965), und 1971 erfolgte im intimen Rahmen der Schwetzinger Festspiele die Premiere der „Melusine", die stärkste Wirkung hervorrief. Bei aller Modernität der Mittel: Eine Liebesszene, wie die zwischen Melusine und dem Grafen, die im Mittelpunkt der Partitur steht, dürfte seit sehr langem nicht mehr komponiert worden sein; sie ist von einer klanglichen Schönheit, einer atmosphärischen Dichte, daß man fast an eine Rückkehr zur Romantik denken könnte. Kein Wunder, daß danach die Münchener Premiere des „Lear" (Text nach Shakespeare, 1978) mit höchster Spannung weltweit erwartet wurde. Das Operntheater war, inmitten vieler Jahre der Dürre, der Probleme, Experimente, Mißgriffe um ein großes Werk reicher, das es seinen Hörern zwar nicht leicht machte, aber – irgendwie in der Fortsetzung von Zimmermanns „Soldaten" – ihnen doch den Eindruck hinterließ, es sei noch nicht aus mit dem Musiktheater. 1984 folgte „Gespenstersonate" (nach Strindberg) und 1986 die großartige, aber äußerst problematische Oper „Troades" voll grandios packender Szenen.

Die junge Generation – Wilfried Hiller

Als starke Individualität mit einem packenden neuen Stil stellte sich Wilfried Hiller (geb. 1941) vom ersten Werk an vor. Orffs Schule ist fühlbar, nicht nur in der virtuosen Behandlung des Schlagzeugs. Jedes seiner Werke bringt Neues, Überraschendes, Packendes: „Katalog für Schlagzeug" mit dem faszinierenden Stück „Totem" (1966–1974), „An diesem heutigen Tage" (die Briefe Maria Stuarts aus dem Kerker, 1970–1973), „Ijob" (nach Texten von Martin Buber als „Monolog eines Tenors von 60 bis 80 Jahren", 1979), „Trödelmarkt der Träume" (1979–1985) und vieles mehr, vor allem entzückende Kinderopern.

Volker David Kirchner

Volker David Kirchner (geb. 1942) ist ebenfalls ein Einzelgänger, wenn auch vorwiegend auf makabrem Pfad. „Die fünf Minuten des Isaak Babel" und „Die Hochzeit (nach dem polnischen Dramatiker Witold Gombrowicz) sind anrührende Werke, Zeitbilder entsetzlicher Einsamkeit und Verlorenheit; musikalisch sehr ausdrucksvoll, trotz modernster Klänge unmittelbar, nicht über den Intellekt, nahegehend. Seine letzte Oper ist „Belshazar" (1986).

Wolfgang Rihm

Wolfgang Rihm (geb. 1952) verteilt seine nicht geringe Schöpferkraft auf viele musikalische Gebiete: Er schreibt auch für die Bühne, die ausgezeichneten Kammeropern „Faust und Yorik" (1977), „Jakob Lenz" (1979), ferner „Die Hamletmaschine" und „Oedipus" (beide 1987), doch ist er auf sinfonischem und instrumentalem Gebiet ebenso stark und persönlich. Erschütternd und unvergeßlich für den Hörer steht dafür das Werk „Dies" (nach Texten von Leonardo da Vinci, aus dem Graduale und der Vulgata, 1984). Einmal äußerte er, er strebe nach „neuer Einfachheit", und das Wort machte die Runde. Eindringliche Beispiele dafür sind die „Lowrey-Lieder" (Texte nach Wondratschek, 1988) und ein Orchesterstück mit dem Titel „Mein Tod. Requiem in memoriam Jane S." (Text von Wondratschek, 1990).

Komponisten der ehemaligen DDR

Vor dem Zeiten Weltkrieg zeigte sich im abendländischen Musikleben, daß das Interesse am Genre Oper im Sinken war. Nach dem Krieg erlebte jedoch gerade das Musiktheater einen ungeheuren Aufschwung. Am ausgeprägtesten war dies an den Theatern der ehemaligen DDR zu beobachten, gleichsam um ein dringendes Bedürfnis zu stillen. Paul Dessau sagte darüber noch kurz vor seinem Tod 1979, daß die Kunstgattung Oper offenbar eine große Anziehungskraft auf die Komponisten ausübe. „Sie ist das ausdrucksstärkste Genre, um die großen gesellschaftlichen Probleme unserer Zeit künstlerisch zu beleuchten." Von daher gesehen haben die Kompositionen jener Gebiete einen verstärkt gesellschaftspolitischen Anspruch.
Fritz Geißler (geb. 1921) wurde mit seinem höchst beachtenswerten sinfonischen Werk vor allem in der ehemaligen DDR oft gespielt. Seine Technik stammt aus der Dodekaphonie, ist aber wesentlich phantasiereicher. Die „Reihen" werden zum „Skelett", zur „Grund-

gestalt", die nach außen unfühlbar werden sollen. Geißler legt ein modernes Glaubensbekenntnis zur Sinfonie ab, die auch in der neuen Zeit „von der inhaltlichen Aussage leben" und stets „die Tonsatztechnik der inhaltlichen Aussage unterordnen" soll.

Die starke Komponistengeneration ab den sechziger Jahren war sehr produktiv. Der Verbreitung ihrer Werke im Westen standen allerdings die größten politischen Hindernisse entgegen.

Siegfried Kurz (geb. 1930), ein bedeutender Dirigent, ist auch ein Komponist von Rang, vor allem auf sinfonischem Gebiet.

Günther Kochan (geb. 1930) hat in seinem (vor allem sinfonischen) Schaffen eine ungewöhnliche Spannweite. Seine Werke reichen von humoristischen Stücken und heiter gelöster Spielfreude bis hin zur erschütternden Kantate „Die Asche von Birkenau", mit der er der im dortigen Konzentrationslager Vergasten und Verbrannten gedenkt.

Mit Siegfried Matthus (geb. 1934) hat der mitteldeutsche Raum, in dem das Opernwesen von Anbeginn außerordentlich gefördert worden war, einen vielbeachteten, wenn auch umstrittenen eigenen Musikdramatiker (u. a. „Omphale", „Graf Mirabeau") von europäischer Ausstrahlung.

Ihm folgt Rainer Kunad (1936–1996) mit „Vincent" (1982), „Der Meister und Margarita" (nach Bulgakow, 1985), dazu ein reiches sinfonisches und kammermusikalisches Werk.

Udo Zimmermann

Die größte internationale Verbreitung hat Udo Zimmermann (geb. 1943). 1973 kündete sich sein Talent mit „Levins Mühle" deutlich an und bot ein Meisterstück (1986), wieder mit einem mehrmals umgearbeiteten Zeitdrama, der „Weißen Rose", der tragischen Geschichte der Geschwister Scholl, die während des Krieges heldenmütig versuchten, an der Münchener Universität eine Widerstandsgruppe gegen Hitler aufzubauen und die dieses Unterfangen mit dem Tod büßen mußten. Dies ist eine Kammeroper von engsten Maßen: „15 Instrumente, zwei Sänger, wenig szenarischer Aufwand, zwei Schweinwerfer", wie Zimmermann es ausgedrückt hat. Mühelos überwand diese Kurzoper die damals noch bestehende Mauer und wurde an unzähligen Theatern vieler Länder gespielt. Überall erzielte die Musik von atemberaubender Dichte und gespenstischer Aussagekraft mit der beklemmenden Überhöhung der sehr schönen Worte von Wolfgang Willaschek stärkste Wirkung.

Zimmermann hat in etwa fünfzehn Jahren fünf Opern, zahlreiche sinfonische Werke, Kammermusik und Vokalwerke geschaffen. Ob er jedoch eine „Ode an das Leben" (nach Texten von Pablo Neruda und Lucretius Carus, 1974) oder die Oper „Die wundersame Schustersfrau" (nach Texten von García Lorca, 1980) oder das Oratorienwerk „Pax Questuosa" (nach Texten von Franz von Assisi, 1982) schreibt, immer versucht er, eine Brücke zu schlagen von dem Leben, in dem wir sind, und der anderen Welt, in der wir unser Glück suchen, wie er es einmal selbst ausgedrückt hat.

Österreich

Es dauerte nicht lange nach Kriegsende 1945, bis Österreich wieder einen führenden Platz unter den Musiknationen der Welt einnahm. Wien wurde abermals zu einer der wichtigsten Musikstätten: zwei Opernhäuser, mehrere glänzende Orchester (darunter die weltberühmten Wiener Philharmoniker), weitere Musiktheater mit Studiocharakter oder für „leichtere" Musik ausgerichtet (was die Stadt in den siebziger Jahren zum europäischen Zentrum des Musicals – neben London – erhob), eine Fülle von Chören, Kammermusikvereinigungen, gute Lehranstalten, Rundfunk und Fernsehen mit ausgeprägtem Kulturbewußtsein. Dann lebte auch hier eine große Anzahl von Musikschöpfern, die allen nur erdenklichen Stilrichtungen nachstrebten. Hier war die große Klassik beheimatet gewesen, hier war mit Bruckner, Brahms, Hugo Wolf, Gustav Mahler, Franz Schmidt die Romantik ausgeklungen, hier hatte mit Johann Strauß, Millöcker, Suppé, Ziehrer die „goldene", mit Lehár, Kálmán, Oscar Strauss, Fall, Granichstaedten, Heuberger, Stolz die „silberne" Operettenära der Welt die überwältigende Mehrheit ihres völkerverbindenden Operettenrepertoires geschenkt, von hier waren die ersten, expressionistisch „modernen" Opernströmungen ausgegangen (durch Zemlinsky, Schreker, Korngold, Richard Strauss in seiner langen Wiener Tätigkeit). Hier hatte Schönberg mit der „Zwölfton-Methode" den Anbruch einer neuen Musik verkündet, die so viel Unruhe in die Welt bringen sollte.

Nach dem absoluten Zusammenbruch 1945 gibt es noch einige „Zwölftöner", auch in Wien: Hanns Jelinek (1901–1969), der als Spätromantiker und Schüler Schmidts begonnen hatte, und Hans Erich Apostel (1901–1972), der den großen Malern Kubin und Kokoschka künstlerisch wie persönlich nahestand, und nicht zuletzt Ernst Krenek (1900–1991), der alle über-

Linke Seite: Aufsehen und ungewöhnliche Erschütterung rief Udo Zimmermann mit „Die weiße Rose" hervor, einem Zweipersonen-Kammerdrama um die tragische Heldentat der Geschwister Scholl im Widerstand gegen Hitler. Rechts: Der junge Gottfried von Einem wenige Jahre nach seinem Durchbruchserfolg „Dantons Tod", damals im Vorstand der Salzburger Festspiele. Aufnahme in Salzburg 1953 mit dem Regisseur Oskar Fritz Schuh (links), den Dirigenten Karl Böhm (zweiter von links) und Ernst Märzendorfer (sitzend).

lebte und in seinem langen, bewegten Leben zahllose Stile durchwanderte, der aber wohl den stärksten Erfolg mit dem seinerzeit aufsehenerregenden, frechen Avantgardewerk „Jonny spielt auf" in den dreißiger Jahren erzielt hatte. Wenige waren es, die in der Überfülle eines nun wahrhaft weltumspannenden Musikschaffens die Grenzen des Stammlands überschreiten konnten. Nach dem Zweiten Weltkrieg gelang dies nur vereinzelten.

Gottfried von Einem

Die größte Wirkung erzielte vielleicht Gottfried von Einem (1918–1996), der mit seiner Oper „Dantons Tod" (Text nach Büchner) 1947 bei den Salzburger Festspielen einen durchschlagenden Triumph erlebte. Die düstere Oper „Der Prozeß" (Text nach Kafka, 1953) fiel ab, doch „Der Besuch der alten Dame" (1971) schenkte den Bühnen mit der Vertonung des großartigen Dürrenmatt-Dramas gleichen Namens ein interessantes Werk. Die Oper „Kabale und Liebe" (Text nach Schiller, 1976) fand nur wenig Publikum, und auch „Jesu Hochzeit" (Text Lotte Ingrisch, 1980) gefiel nicht. Erst „Der Tulifant" (Text von Lotte Ingrisch, 1990), ein nachdenkliches Kinderstück, erinnerte an die Zeiten der starken Erfolge.

Cesar Bresgen

Der andere Österreicher mit weiter Verbreitung war Cesar Bresgen (1913–1988), ein feinsinniger Musiker, der dem Volksgesang nahestand und selbst in seinen Opern „Das Urteil des Paris" (1943), „Der Wolkensteiner" (1952), „Der Engel von Prag" (1978), seinen Oratorien, Kinderstücken, Chorwerken usw. stets einen Ton traf, der zugleich „modern" und an Altes anklingend, schlicht und doch wirkungsvoll war. Seine Musik, für die er oft selbst die Texte verfaßte, ist handwerklich hervorragend, aber vor allem geht sie zu Herzen, was man von wenig Musik dieses Jahrhunderts sagen kann. Dazu gibt es Melodien von Bresgen („O du stille Zeit", „Aus den hellen Birken steigt"), die in wenigen Jahrzehnten zu echten Volksliedern geworden sind.

Die Basis der österreichischen Moderne

Die alte Tradition der „Volksopern" starb in Österreich mit Wilhelm Kienzl (1857–1941), Komponist des äußerst populären „Evangelimann" (1895) und der Revolutionsoper „Der Kuhreigen", mit Julius Bittner (1874–1939), Komponist des „Bergsee", der „Roten Gred", des „Lieben Augustin" u. v. a. aus.
Zur großen barocken Hochpolyphonie hielt der bedeutende Johann Nepomuk David (1895–1977), dessen stärkste Leistungen auf kirchenmusikalischem Gebiet liegen. Als würdiger Nachfolger Bruckners hat er an der Weiterentwicklung der großen kirchenmusikalischen Tradition gearbeitet.
Man könnte den großartig begabten Organisten und Komponisten Anton Heiller (1923–1979) als seinen geistigen Nachfolger bezeichnen; neben Messiaen dürfte er zu den besten Orgelvirtuosen seiner Zeit gehört haben.
Auch Karl Schiske (1916–1969), Komponist wertvoller, traditioneller Werke (fünf Sinfonien, Konzerte, Kammermusik, das prächtige Oratorium „Vom Tod").
Alfred Uhl (geb. 1909) weist eine humoristische Ader auf, schuf mit seinem „Gilgamesch"-Oratorium ein sehr ernstes, profundes Werk und ließ sich nie von Tagesströmungen aus seiner Bahn drängen.
Franz Salmhofer (1900–1975) wird weniger mit seinen spätromantischen Opern und Sinfonien in die Musikgeschichte einziehen, denn als der verdienstvolle Wiederaufbauer des Wiener Opernwesens nach der Stunde Null.
Marcel Rubin (geb. 1905), aus dem mexikanischen Exil heimgekehrt, und Robert Schollum (1913–1987) bereicherten die österreichische Sinfonik durch eine Reihe wertvoller Werke.

Helmut Eder (geb. 1916) hat sich in ununterbrochenem Schaffen einen führenden Platz im Musikleben des Landes erobert: Neben Sinfonien, Konzerten für verschiedenste Instrumente, „Präludium und Choral über ein altes Adventlied", einer Serenade für sechs Hörner und 46 Streicher, stehen beachtenswerte Opern wie „Der Kardinal", „Der Aufstand", „Georges Dandin", „Mozart in New York" (1991) usw.
Eine ganze Reihe nicht in Österreich geborener Komponisten sind durch langen Aufenthalt in Wien längst zu „einheimischen" geworden: die Ungarn Jenö Takacs (geb. 1902), der (bereits ausführlich behandelte) György Ligeti und Ivan Eröd (geb. 1936), der Engländer Francis Burt (geb. 1926), mit den Bühnenerfolgen „Der Golem" und „Volpone", der Grieche Anestis Logothetis (geb. 1921). Viel zu wenig beachtet wird die kompositorische Begabung des namhaften (Philharmoniker-) Klarinettisten Alfred Prinz (geb. 1930), der mehrere Sinfonien schrieb, aber zumeist nur mit seinen witzigen Parodien zu Wort kommt.
Gerhard Wimberger (geb. 1923) besitzt in hohem Maß den geistreich-österreichischen Humor („Schaubudengeschichte", 1954; „Der Handschuh", 1955; „La Battaglia oder Der rote Federbusch", 1960) schuf aber auch ernste Bühnenwerke („Hero und Leander", 1963) sowie Konzertwerke von Rang.

Friedrich Cerha – Kurt Schwertsik

Friedrich Cerha (geb. 1926) gründete mit Schwertsik das Ensemble „die reihe", das zum Vorkämpfer für neue Musik seit 1958 tätig ist. Seine Kompositionen experimentieren mit Elektronik, Serialismus usw. in fesselnder Weise. Er vollendete den dritten Akt der Oper „Lulu" von Alban Berg, so daß die bereits mehr als vierzigjährige Oper, stets mit verschiedenen Notbehelfen gespielt, 1979 erstmals in Paris in der wahrscheinlich vom Komponisten geplanten Form gespielt werden konnte.
Kurt Schwertsik (geb. 1935) experimentiert, oft sehr amüsant, mit neuen Formen des Musiktheaters oder „instrumentalen Theaters", verläßt aber einen letzten Rest der Tonalität nie.

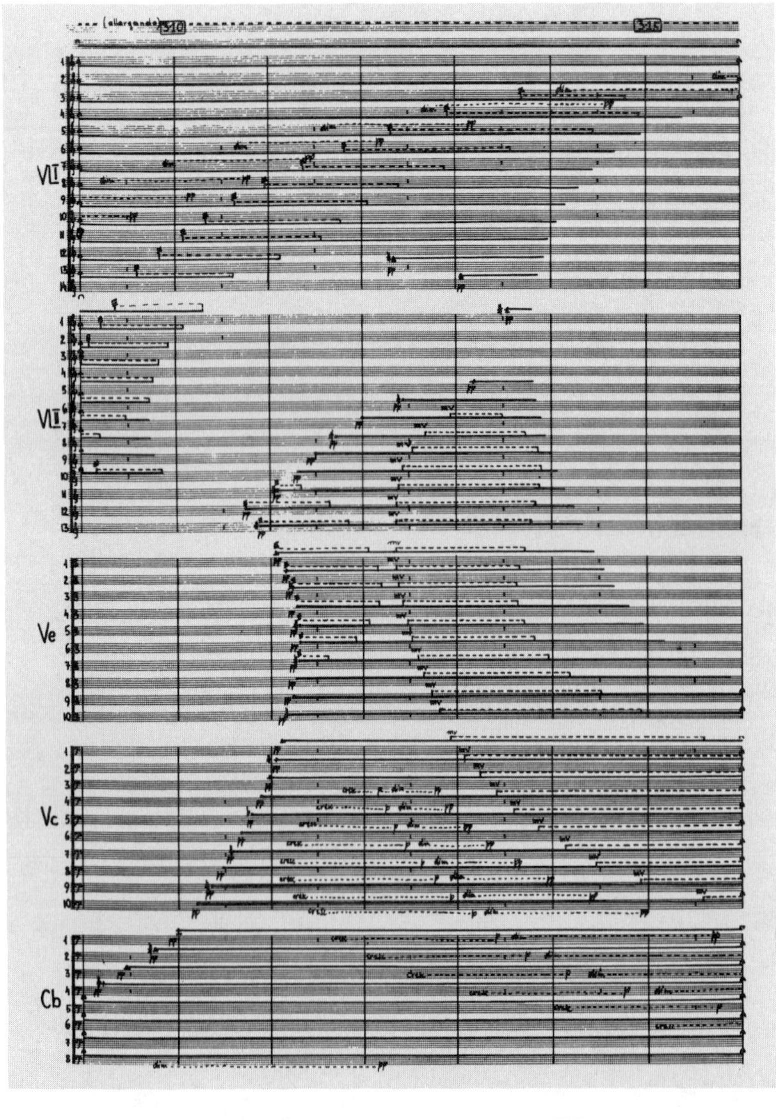

Links: Das Bild der Partitur von Friedrich Cerhas „Spiegel" erscheint als optische Ausdeutung des Namens. Rechte Seite: Bohuslav Martinů, der bedeutendste tschechische Opernkomponist der jüngsten Vergangenheit (Foto von 1928).

Heinz Karl Gruber (geb. 1943) bildete mit Schwertsik (und O. M. Zykan) eine avantgardistische Gruppe, deren Produkte man je nach eigenem Standpunkt als vielversprechend oder verrückt einstufen kann; an seiner musikalischen Begabung aber sind Zweifel nicht möglich. Wer eine Woche in Wien verweilen will, um die „dortige Musik" kennenzulernen, kann ein unüberschaubares Panorama erleben, das von der großen Oper über Musical und Kabarett und Heurigenmusik bis zu den kühnsten Experimenten der Avantgarde reicht...

Ungarn

Ungarn, ein starkes Musikland des 20. Jahrhunderts, hat viele Aderlässe erlebt. Schon der „Begründer" seiner Musik, der illustre Franz Liszt, ist schwer dort einzuordnen. Erkel eher, aber vielleicht ist Ernö von Dohnányi der stärkste Vorläufer, bevor mit Bartók und Kodály die erste Generation einer „echten" ungarischen Musik ersteht. Doch schon die nächste weicht von dieser Linie in alle Gebiete der neuen Stile ab. Gemeinsam aber ist ihnen die Emigration, in die fast alle begabten Musiker während der endlosen Nachkriegszeit bis in das Zerbrechen des Kommunismus im Jahr 1989 – flüchteten. Einige der namhaftesten seien aufgezählt: Erwin Lendvai, Pal Kadosa, F. Farkas, Sandor Véress, György Kurtág, Tibor Harsányi und (der ausführlich besprochene) Ligeti. Eugen Zador, ein glänzender Orchestertechniker von starker Kreativität in Oper und Sinfonik, lebte lange, fast unbeachtet in Wien, zuletzt in Kalifornien, und wäre noch zu entdecken.
Hingegen Mátyás Seiber (1905–1960, durch Autounfall in Südafrika ums Leben gekommen) schuf in Frankfurt eine der frühesten Konservatoriumsklassen für Jazz, ging 1935 nach London, wo er als freischaffender Komponist Zwölfton mit Jazzelementen verband und stark kompositorisch tätig war. Zu seinem Andenken schufen Kodály das Chorwerk „Media vita..." und Ligeti das Orchesterwerk „Athmosphères" (beide 1961).
An den vergessenen Pianisten und Komponisten Alexander László sei auch erinnert, der 1925 (in Chicago) ein Farblichtklavier konstruierte, das Skrjabins Gedanken weiterentwickelte, wobei der Spieler gleichzeitig mit dem Spielen der Töne die Farben auf eine Leinwand projizierte.

Musik des Balkan

Dalmatien hatte in Jakov Gotovac (1895–1982) einen international erfolgreichen Komponisten. Sowohl seine reizende, stark folkloristische Oper „Ero der Schelm" (1935) wie der „Sinfonische Kolo" (1927) der diesen Nationaltanz zu einem blendenden Orchesterstück verarbeitet, wurden oft aufgeführt.
Aus Rumänien wäre George Enescu oder Enesco (1881–1955) ausführlich zu besprechen, denn mit ihm steht einer der bedeutendsten Musiker seiner Epoche vor uns. Seinen Ruhm verdankte er dem blendenden Virtuosentum auf der Geige, später seiner pädagogischen Tätigkeit, über denen seine Kompositionen zu kurz kamen. Seine lyrische Tragödie „Oedipe" (1920–1931) gehört zu den wichtigsten Werken des Jahrhunderts. Von den Orchesterwerken sind nur die

beiden „Rumänischen Rhapsodien" lebendig, keine seiner acht Sinfonien, drei Suiten, nichts von der Fülle seiner Kammer- und Klaviermusik.

Die westlichen Slawen

Einst Böhmen, jetzt Tschechien, „das Konservatorium Europas" durch Jahrhunderte, hat in seiner musikalischen Produktivität auch im politisch so entscheidenden 20. Jahrhundert nicht nachgelassen. Die „Väter" ihrer nationalen Musik waren noch „Böhmen", Smetana und Dvořák, der glühende Nationalist Janáček erlebte die Gründung des eigenen Staates. Alois Hába wurde bereits als einer der „Erfinder" der Vierteltonmusik näher behandelt. Jaromir Weinberger (1896–1967) hatte 1927 einen Riesenerfolg mit seiner Oper „Swanda dudák" (Schwanda der Dudelsackpfeifer, 1927), der sich schnell von Prag über die ganze Welt verbreitete. Spätere, zumeist schon im US-Exil geschriebene Werke konnten keine größere Verbreitung mehr erzielen.

Bohuslav Martinů

Zum bedeutendsten Opernkomponisten der Tschechoslowakei wurde der 1941 in die USA emigrierte und seit 1956 in der Schweiz lebende und dort verstorbene Bohuslav Martinů (1890–1959), dessen ganze Bedeutung erst allmählich und spät erkannt wurde. Hier war ein „böhmischer Musikant" am Werk, ein Mann virtuoser Kunstfertigkeit und großer Spannweite, der nicht wenig Ähnlichkeiten mit seinem französischen Zeitgenossen Poulenc aufwies. Vielleicht nicht zufällig, denn Martinů lebte zur interessantesten Entfaltungszeit der „Six" in deren Stadt Paris, wohin er nach seinen Prager Studien ausgewandert war. Hier kam er mit dem Jazz und der Atonalität in Berührung, experimentierte mit vielen Stilen, fand aber sehr bald einen eigenen Weg, den er nach 1941 in den USA fortsetzte. Er schrieb mit leichter Hand, aber nie oberflächlich, schuf sechs Sinfonien, die sinfonische Dichtung „Gedenken an Lidice" (1943) – jenes tschechische Märtyrerdorf, das im Zweiten Weltkrieg von den Deutschen im Zug einer „Strafexpedition" mit fast allen Bewohnern völlig vernichtet wurde –, fünf Klavier-, zwei Cellokonzerte, Kammermusik. Seine Bühnenwerke, in mehrere Sprachen übersetzt, gehören zu den wertvollsten seiner Zeit: „Die drei Wünsche" (1929), „Die Stimme des Waldes" (1935), „Komödie auf der Brücke" (1937/1951), „Julietta" (1938), „Mirandolina" (1959) – insgesamt zwanzig, bis hin zum bedeutendsten: der „Griechischen Passion" (1961) nach dem Roman „Der wiedergekreuzigte Christus" von Nikos Kazantzakis. Vier Jahre nach dessen und zwei nach dem Tod Martinůs wurde das nachgelassene Werk in Zürich am 9. Juni 1961 uraufgeführt. Von hier aus verbreitete es sich rasch über weite Teile der Welt.

Zwei weitere Komponisten von europäischem Rang entstammen dem slowakischen Raum: Eugen Suchon (1908–1993) war besonders auf sinfonischem Gebiet tätig („Psalm des Karpatenlandes", 1938), erzielte aber auch mit Opern (vor allem „Krutnava", 1949, deutsch oft „Katrena" genannt) nachhaltigen internationalen Erfolg. Der Grund dafür ist nicht zuletzt seine stark mit slawischer Folklore durchsetzte Musik gemäßigt moderner Faktur.

Der gleiche slowakische Dichter, Stefan Hoza, der diese Oper textete, schuf auch das Libretto von „Juro Janoschik", des Erstlingsdramas von Ján Cikker (1911–1990), der mit späteren Werken die schlimme politische und kulturelle Grenze des „Eisernen Vorhangs" überwinden konnte. Es folgten „Fürst Bajazid" (1957) und „Abend, Nacht und Morgen" (1963). Schließlich kam der entscheidende Bühnenerfolg: „Auferstehung" (nach Tolstojs Roman, 1962), den zuvor schon mehrere Musiker vertont hatten. Dann folgten die Opern „Ein Spiel von Liebe und Tod" (Text nach Romain Rolland, 1969), „Das Erdbeben in Chile" (1978), „Die Belagerung von Bystrica" und weitere, die sich, ebenso wie viele schöne sinfonische Werke kaum nach Westen verbreiteten. Die scharfe politische Trennung, die vom Zweiten Weltkrieg an bis ins Jahr 1989 Europa spaltete, schuf auch unerträgliche kulturelle Zustände, durch die – wie sich eines Tages herausstellen wird – ungezählte kreative Kräfte in ihrer Wirkung beschnitten wurden. Unser früheres Kapitel „Musik im Schatten der Politik" müßte nach seinem damaligen Schluß leider noch viel weiter geführt werden.

Polen

Nur Polen durchbrach frühzeitig die geistige Trennung: Mit einem einzigen Mann eroberte es den Westen wie den Osten. Doch bevor wir uns diesem Mann zuwenden, sei vorher etwas über Polens Situation gesagt. Das Land mit der tragischen Geschichte, den Glanzepochen und den blutigsten Zwischenstadien, war wieder einmal, nach dem Zweiten Weltkrieg, wie so oft in tausend Jahren, aus einer Epoche tiefster Erniedrigung neu erstanden, ein Frühling der Künste brach an, den in dieser Stärke wohl kaum jemand erwartet hatte. Auf eine „verlorene" Generation, die zur Zeit ihrer Entfaltung fast nur Krieg, Elend, Okkupation durch unmenschliche Feinde, Flucht, Exil, Untergang kannte – Alexander Tansman (der von Paris aus doch mit gewissem Erfolg gegen völliges Vergessen kämpfte), A. Panufnik (der in England Fuß fassen konnte) –, folgte jene Generation der „Befreiung" aus der, für viele, herausgegriffen seien: Grazyna Bacewicz (1909–1969), zweifellos eine der bedeutendsten Frauen der Musikgeschichte, Kazimierz Serocki (1922–1981), der Mitgründer des „Warschauer Herbstes" (1956), eines brückenschlagenden Festivals neuzeitlicher Musik, sowie Tadeusz Baird (1928–1981).

Von dem Neutöner Witold Lutoslawski und seiner Aleatorik war bereits ausführlich die Rede. Auch er war längere Zeit hindurch ein hochgeschätzter Name der Moderne, der sich in unermüdlichem Ringen durch einige Meisterwerke international Bahn brach, ohne sich dem breiten Publikum ganz erschließen zu können.

Krzysztof Penderecki

Krzysztof Penderecki (geb. 1933) hingegen erschien wie ein Meteor am Himmel und war über Nacht in aller Musikfreunde Mund, eine Sensation ging durch die Welt, die aller natürlichen und künstlichen Grenzen spottete. Penderecki gewann in einem polnischen Kompositionswettbewerb gleichzeitig die ersten Preise aller Kategorien, knüpfte erste Verbindungen mit Kreisen junger Avantgardisten in Westdeutschland an, ging nach Darmstadt, das in der Nachkriegszeit Ausstrahlungspunkt radikaler Ideen war. Mit einem einzigen Werk wurde er 1959 weltberühmt: „Threnos, Den Opfern von Hiroshima", für 52 Streicher und starkes Schlagzeug. Das apokalyptische Ereignis hatte sich 1945 tief in das Gedächtnis und Gewissen der Menschheit eingegraben, unzählige Male wurde um Sühne in künstlerischer Form gerungen. Penderecki findet hierfür eine ganz neue Musik. Die Vision von Schrecken, Todesangst, Panik erreicht ungeahnte Grade des Grauens. Sind die Grenzen der Musik nicht überschritten, nicht gesprengt? Die Untergangsminuten von Hiroshima werden zu einer Generalprobe des Weltuntergangs, des

Jüngsten Tages, den niemand mehr überleben kann, an dem das vernichtende Feuer ungehemmt vom Himmel stürzen wird. Die technischen Mittel, deren der Komponist sich hier bedient, reißen eine neue Ära des Klangs auf: Cluster von Vierteltönen, Klangflächen mit bewegtem, oszillierendem Untergrund, Glissandi und Vibrati, die in dieser Form nie verwendet worden waren; eine unerhörte Musik von atemberaubender Dichte und beinahe tödlicher Wucht. Wenig darauf folgte ein zweiter Schlag, der die Wirkung des ersten noch wesentlich verstärkte und vertiefte: die „Lukaspassion" (1962–1965), die am 30. März 1966 zur Siebenhundertjahrfeier des Doms von Münster/Westfalen uraufgeführt wurde. Wieder ertönen Klänge von nie gehörter Art, diesmal nicht nur im instrumentalen, sondern ebenso stark im vokalen Bereich: Effekte wie in tausend Alpträumen, wie sie bis dahin noch niemand niederzuschreiben gewußt oder gewagt hatte. Sie stehen nicht um ihrer selbst willen, sondern sind – wenn man diesen Begriff aus romantischen Zeiten hier gelten lassen will – in extremster Weise tonmalerisch eingesetzt und von ungeahnten Wirkungen. Als Bachs Matthäuspassion am Karfreitag des Jahres 1729 das erste Mal erklang, sollen nur wenige der Hörer tiefer beeindruckt gewesen sein; nach Pendereckis Lukaspassion dauerte es lang, bis die Anwesenden sich von ihren Plätzen erheben konnten. Die Frage taucht auf, ob ein solches Werk unbegrenzt wiederholbar ist, wie es die „klassischen" Passionen sind. Schwächt der traumatische Eindruck sich bei Wiederholungen ab? Die Zeit wird es lehren. Die stärkste Schaffensperiode des genialen Polen aber schien zu Ende. Viele andere Werke – so „Dies irae" (1967) zum Gedenken an das nationalsozialistische Vernichtungslager Auschwitz-Birkenau; „Utrenja" (1969), eine slawische Messe von gigantischen Klangmassen (so zwei 48stimmige Chöre): „Tedeum" zur Papstwahl Johannes Pauls II. (1978): „Kosmogonia" (1970) für die Vereinten Nationen, ein Hohelied des Raumflugs, im Gedenken an Gagarin und Glenn – die ersten Astronauten – erreichten, trotz teilweise gewaltiger oder mystischer Eindrücke, die beklemmende Wirkung der frühen Werke nicht mehr. Ähnlich erging es den Opern Pendereckis „Die Teufel von Loudun" (Text nach Huxley, 1969) waren neuartig, unheimlich, gespenstisch, angsteinflößend. „Paradise Lost" (1978), auf Miltons immer wieder vertontes „Verlorenes Paradies" wirkte wie ein Abguß jenes Erstlings. Der bei den Salzburger Festspielen 1986 uraufgeführten Oper „Schwarze Maske" (Text nach Gerhart Hauptmann) war kein dauerhafter Erfolg beschieden. Doch schrieb er zwei umstürzende Meisterwerke! Wer dürfte in rasender, umwälzender Zeit mehr von einem Komponisten erwarten?

Man kann von Penderecki nicht sprechen, ohne von „moderner Notation" zu reden. Denn die Klangwirkungen, die seine Werke enthalten, sind mit der traditionellen Notenschrift nicht mehr wiederzugeben. Zwar gibt es Passagen, oft sogar seitenlange Klangbilder in seinen Werken, die J. S. Bach, Beethoven, Wagner genauso geschrieben hätten: die „gewohnte", an Klanghöhe wie an Klangdauer seit Jahrhunderten unveränderte Schreibweise. Aber dann folgen plötzlich neue Klänge, Cluster in Vierteltönen, Zwischentöne, verschiedene Glissandi, Vibrato, wie es vorher nie verwendet wurde: Da reicht die klassische Notenschrift natürlich nicht aus. Ansätze zu einer neuen „Noten-Orthographie" gab es schon gelegentlich im 20. Jahrhundert, aber Penderecki, seine Interpreten und Gesinnungskameraden gaben entscheidende Anstöße zu Neuerungen, die in der Zeit nach 1945 bekannt wurden.

Es mag interessant sein, daß gleichzeitig – wie so oft und wie bei so vielem in diesem Jahrhundert – Entwicklungen in entgegengesetzte Richtungen gingen. Die elektronische Musik erforderte und schuf mathematisch genaue Aufzeichnungen, der Interpret mit seiner stets respektierten Freiheit war verschwunden, alles lag fest bis ins kleinste Detail, es gab keine vagen Angaben mehr (wie „Andante" usw.), alles war in Ziffern ausgedrückt, die Abweichungen naturgemäß nicht kannten. Gleichzeitig tauchte eine andere Schreibweise auf, die bis heute auf eine weitgehende Mitarbeit des Interpreten angewiesen ist. Die vielerlei Elemente der „modernen Notation" bedürfen der Deutung. Es sind Kurvenlinien, Spiralen, Zeichnungen voll Phantasie, die in ein Klangbild umzusetzen sind. Ist es nicht beinahe ein Rückfall um tausend Jahre in die Zeiten der Neumen? Tonstücke, die der Komponist weitgehend oder ausschließlich mit „moderner Notation" niedergelegt hat, können bei der Wiedergabe recht verschiedene Klangbilder ergeben: Die Phantasie des Interpreten wird herausgefordert, eigene Gedanken einzubringen, selbst schöpferisch, mitschöpferisch zu werden. Unsere Zeit, die wissenschaftlichste und phantastischste zugleich, erweitert durch diesen Dualismus das Weltbild in entgegengesetztester Weise. Auf der einen Seite: das Werk als genau feststehendes Gebilde, das Dogma unantastbar; auf der anderen das *work in progress*, der „Weg als Ziel", der Schaffensakt als höchster Augenblick, bei dem noch alles nach allen Seiten offen ist, der brodelnde Akt der Genesis als Idealzustand, in dessen Schoß die gesamte Zukunft liegt...

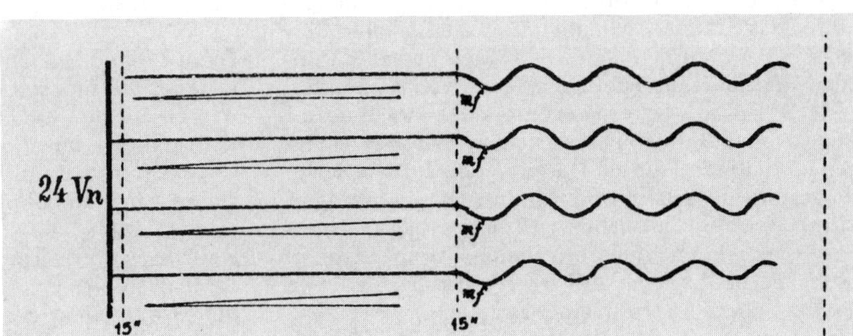

Linke Seite: Krzysztof Penderecki, dessen Trauerode für die Opfer von Hiroshima und Lukaspassion zu den stärksten Werken der Nachkriegszeit zählen.
Rechts: Das sehr ungewohnte „Notenbild" von Pendereckis Hiroshima-Musik.

ARVO PÄRT

Kein Zweifel, auch das 20. Jahrhundert hat seine Genies und seine Propheten. Einer von ihnen kommt aus Estland, Arvo Pärt. Seine Musik hebt sich leuchtend und klar vom dem meisten ab, das nervös und gequält auf vielen Wegen und Abwegen zu suchen scheint, sich um Aussagen angestrengt bemüht, die diesem Musiker von einer höheren Macht gegeben sind. Er wurde am 11. September 1935 in Paide geboren, einer geschichtsträchtigen Region an der Ostsee, in der viele Völker, viele Kämpfe ihre Spuren hinterlassen haben. Er studierte in der alten Landeshauptstadt Tallinn (früher Reval), wo er Tonmeister beim Rundfunk wurde und so komponierte, wie es eben die damaligen Jungen versuchten: zwölftönig, seriell, mit viel Mathematik. Doch dies entsprach seinen inneren Visionen nicht. Er legte eine längere Denkpause ein, um zur Klarheit zu kommen. Eine neue schöpferische Persönlichkeit ging aus diesem inneren Kampf hervor. Pärt, durch die Eingliederung der baltischen Staaten in das östliche Riesenreich seit früher Jugend Bürger der Sowjetunion, wanderte aus, gelangte 1980 nach Wien und 1982 nach Berlin. Zugleich ging ein völliger Wandel in seiner Musik vor. Als verfolge er Ahnenspuren in früheren Jahrhunderten, tauchten mittelalterliche Klänge in ihm auf, Einfachheit und Stille nahmen von seinem klingenden Gefühl Besitz, Urharmonien wie aus fernen Welten. Ein zeitloser Klangstil erstand in ihm, der sowohl an Leoninus in Notre-Dame gemahnt wie an Palestrina, der doch so modern und zugleich archaisch wirkt. Mit „Fratres", „Tabula rasa", „Arbos" beginnt die neue Phase und gipfelt in der Johannespassion (1982), genannt „Passio". Ein an Klangaufwand äußerst bescheidenes, ganz in sich selbst zurückgenommenes Werk, beispiellos verinnerlicht, tief eindringlich, voller Stille, wie Arvo Pärt es ersehnt. Es ist unfaßbar, wie die beiden wahrscheinlich bedeutendsten Passionswerke der Zeit so völlig unterschiedlich, so entgegengesetzt ausfallen konnten wie Pendereckis Passion nach Lukas und Pärts Passion nach Johannes; wieder ein deutlicher Beweis für das Fehlen eines Zeitstils, für die Zerrissenheit der Epoche, wie sie sich überscharf in den Künsten äußert. Vielleicht könnte man den Polen einen „Super-Realisten" nennen, den krassesten Naturalisten, den es in der Musik je gab. Der Estländer aber ist ein Mystiker, der seine „Passio" vor allem eine „demütige Schöpfung" nennt. Beide sind fromm im echten Sinn des Wortes, beide tief gläubig und beide suchen das Wort Gottes zu verkünden. Doch es klingt anders bei jedem: als Donnerwort, als brausender Weltatem bei Penderecki, als unendliche Stille bei Pärt. Stille, eine fast übermenschliche Forderung inmitten des lautesten, betäubendsten aller Jahrhunderte. Aber Pärts Musik umfängt den Hörer mit einer wundersamen Stille, einer tief in der Seele widerklingenden Stille. „Für mich", sagt er, „ist komponieren wie Ein- und Ausatmen, es ist mein Leben, so natürlich wie das Singen eines Kindes, dessen Harmonie noch nicht verlorengegangen oder zerstört ist ..." Und den vielen jungen Musikern, die ihn aufsuchen, weil sie in seiner Musik ein fernes, immer ersehntes, erträumtes Paradies ahnen, rät er: „Verweile, versenke dich in die Sekunde, halte sie fest und lebe in ihr wie in einer Ewigkeit ..." Oder: „Die Klangfarbe ist nicht das Wichtigste der Musik. Die Musik muß aus sich selbst, durch sich selbst leben. Zwei, drei Noten: Das Geheimnis muß aus ihnen kommen, unabhängig von jedem Instrument. Der Gregorianische Gesang hat mich gelehrt, daß hinter der Kunst, zwei, drei Noten zu kombinieren, ein kosmisches Geheimnis liegen kann ..." Ein Musiker am Ende des 20. Jahrhunderts erkennt die Musik wieder als das, was sie den Größten stets war: ein Stück Weltall, ein Mysterium.

NEUE MUSIK IN RUSSLAND

Die „große" Generation der russischen, der sowjetischen Musik war am Abtreten. Strawinsky, jahrzehntelang Anführer der Weltmusik, war aus dem Exil nicht mehr heimgekehrt. Prokofjew und Schostakowitsch hatten der Sowjetunion eine führende Stellung in der Weltmusik erhalten, mühelos war ihre Stimme in alle Länder gedrungen, und mühelos werden ihre Werke sich im Rang von „Klassikern" zu behaupten wissen. Eine gewaltige Zahl weiterer Komponisten hielt im Land selbst ein bewundernswertes Musikleben in Gang. Hunderte größerer und kleinerer Städte, Tausende von Dörfern und Kolchosen waren musikbegierig wie nie zuvor; die materielle Enge, der politische Druck, die einseitig orientierte Geistesentwicklung ließen, wie immer und überall unter solchen Umständen, den Wunsch nach Musik riesengroß anwachsen. Unter den vielen Musikschöpfern des Riesenreiches, die kaum ins Ausland dringen, sei – neben den früher erwähnten – Tibor Chrennikow (geb. 1913) genannt, der, zumeist mit Einbau folkloristischer Elemente, mehrere Sinfonien, zahlreiche Konzerte (für Klavier, Geige, Cello), Opern und Kinderopern schrieb.
Der Familie Tscherepnin sei gedacht, Nikolaj, des Vaters (1873–1945), von dem Ballette erhalten blieben, mit denen Diaghilew in Paris starke Erfolge hatte („Narcisse et Echo"), Aleksandrs, des Sohnes (1899–1977), eines glänzenden Pianisten und Schöpfers von Opern, Balletten, vier Sinfonien, Hunderten von Klavierstücken, auch solchen für Kinder. Bemerkenswert waren seine Versuche, zu einem neuen Tonsystem zu gelangen. Er kreierte eine Neuntonleiter, ließ gleichzeitig Dur- und Moll-Akkorde auf der gleichen Stufe erklingen, experimentierte mit Volksmusik verschiedenster Völker (russischer, georgischer, ägyptischer, chinesischer). Auch weitere Mitglieder der Familie Tscherepnin wurden Komponisten und tauchen noch gelegentlich im Musikleben der Welt auf: Die meisten verließen jedoch die Heimat, so Aleksandr, der lange in den USA lebte und in Paris starb.

ALFRED SCHNITTKE

Dann erstand Rußland wieder eine mächtige Persönlichkeit, die sich seit den achtziger Jahren stark und schnell auf der Welt durchsetzte und zu den bedeutendsten, zukunftsweisenden Komponisten gezählt wird: Alfred Schnittke (geb. 1934), der aus der wolgadeutschen Republik stammt. Er nennt sich selbst „halb deutsch, halb Jude, und in der Sowjetunion aufgewachsen und zu Haus", seine Musik bezeichnet er als „polystilistisch": Und wirklich ist er durch alle modernen Strömungen gegangen, bevor er ihre Sterilität entdeckte. Während seiner Studienjahre in Wien wirkten

Mozart und Schubert am stärksten auf ihn ein, er begann von einer weiten Synthese zu träumen, in die auch Jazz und Rock einbezogen werden müßten. Sein Freund, der Geiger Gidon Kremer, nahm ihn mit nach Lockenhaus im österreichischen Burgenland, wo er mit dem musikliebenden Ortspfarrer ein ganz eigenartiges allsommerliches Musikfest gegründet hatte, bei dem Proben und Musizieren unzähliger Künstler und Ensembles im Vordergrund stehen und beinahe Tag und Nacht Musik erklingt. Von dort strahlte Schnittkes Ruf schnell aus, von Menschen getragen, die seine Werke von ihm selbst erklärt gehört hatten und von ihnen gefesselt wurden wie von wenig anderem. In seiner vierten Sinfonie (1984) versucht Schnittke – der sich selbst als gläubigen Katholiken bezeichnet – eine „Handlung" zu komponieren: die Verbindung der drei christlichen Hauptrichtungen (der katholischen, der protestantischen, der russisch-orthodoxen) mit ihrer Stammutter, der jüdischen. Ein Baum mit drei Ästen, erklärt der Komponist. Er überrascht bei jedem neuen Werk, bringt immer Stile und Ideen zusammen, die man kaum im Bereich der Musik gesucht hätte, ist aber kein Eklektiker, kein Kopist, kein Berechnender, der provozieren will, kein Bürgerschreck. Eher das Gegenteil, so daß die Kritik, die recht ratlos dem Phänomen Schnittke gegenübersteht, auf ihn das sinnlose Wort „postmodern" geprägt hat, das sich rasch verbreitete. Er ist kein Epigone, er wirkt nicht als Zusammenfassung von Gewesenem, eher als Grundpfeiler einer Startrampe zum Flug in Kommendes, das noch keinen Namen hat. Weist Schnittke einen Weg zu dem, was mancher seiner Zeitgenossen als „neue Einfachheit" (Rihm) ersehnt? Das Publikum, objektiver, sensibler, erkenntnisstärker als man ihm oft nachsagt – und dies nicht nur im speziellen Fall von Lockenhaus –, scheint in Schnittke (wie in Pärt und äußerst wenigen anderen) eine Zukunft zu ahnen, einen Weg – einen gangbaren Weg „ins Freie"! Er selbst ist weit davon entfernt, sich für einen Messias zu halten. Schnittke komponiert Werk auf Werk, überbrückt Gegensätze, die in ihm, wie in jedem, leben und rumoren, und scheint gar nicht das Gefühl zu haben, daß es Gegensätze sind oder sein müssen.

Frankreich

Frankreich besaß, neben der unbestrittenen Autorität Messiaens, eine Reihe hervorragender Musiker. Jacques Ibert (1890–1962) überlebt mit der reizenden Oper „Angélique" (1927) mit Orchester- und Instrumentalwerken neoklassischen Stils.

Marcel Mihalovici (1898–1985), rumänischer Abstammung, ist ein vielseitiger Komponist, der mit „Krapp ou La dernière bande" (1961) einen geistvollen „Dialog" für einen alternden Mann und seine zu allen Jahresenden aufgezeichneten Tonbänder schrieb.

Jean Françaix (geb. 1912), einer der einfallsreichsten und witzigsten Musiker seiner Zeit, ist ein glänzender Techniker auf allen Gebieten, ein würdiger, viel zuwenig erkannter Ravel-Nachfolger.

André Jolivet (1905–1974) gründete mit Varèse, Messiaen, Lesur und anderen 1936 die Avantgardistengruppe *La Jeune France*, spielte im Pariser Musikleben eine beachtliche Rolle und schuf, in vorwiegend atonalem Stil, zahlreiche Kompositionen, so Konzerte für Ondes Martenot, Flöte, Klavier, Schlagzeug, Cello, Violine u. a., Opern, Sinfonien usw.

Henri Dutilleux (geb. 1916) kommt aus der Roussel-Schule, schreibt virtuos und gilt bei vielen Musikern der Welt als (noch längst nicht voll erkanntes) Vorbild. Er schrieb Sinfonien, Instrumentalstücke, erzielte auch mit Balletten („Reflets d'une belle époque", 1948) Erfolge. An Edgar Varèse sei erinnert, den französischen Musiker (italienischer Abstammung), der seit 1915 in New York lebte (wo er 1965 starb), der meist als Amerikaner angesehen wird. Er war, in vielem ein Vorläufer von Cage, ein unermüdlicher Experimentierer mit neuen Klangmöglichkeiten, mit allen Arten von Schlagzeugeffekten und elektronischen Instrumenten, jedoch stets nach strengen Strukturprinzipien.

Die Schweiz am Ende des Jahrhunderts

Die Schweiz, für viele Jahrhunderte abendländischer Kultur ein steiniger Boden vor allem für das Musische, erlebt im 20. Jahrhundert ein Aufblühen seltener Stärke. Nicht nur im Musikleben, das sich, beinahe über Nacht, vervielfältigt, sondern auch im Musikschaffen. Es gab bedeutende Vorläufer (Hegar und Hermann Suter vor allem), es war die Rede von der eigentlichen „Gründergeneration", so von Othmar Schoeck, dem gewaltigen Lyriker fast Schubertscher Größe, von Arthur Honegger, dem nach Frankreich weisenden Sinfoniker und Schöpfer des richtungweisenden Oratoriums „Jeanne d'Arc an bûcher", von dem vielleicht echtesten schweizerischen Komponisten Willy Burkhard. Vom (ausgewanderten) Ernest Bloch war die Rede, der sein Leben auf der Suche nach „der" jüdischen Musik verbrachte und dabei wertvolle Werke in dieser Richtung schuf. Dann Frank Martin, der Westschweizer, der eines nahen Tages zu den wichtigsten Komponisten des Jahrhunderts gezählt werden wird. Seine Werke „Le Vin herbè" (ein Tristan-Oratorium) und „Der Cornet" (für Solostimme und Kammerorchester nach Rilke) sowie „Golgatha", „In terra pax" und die „Petite symphonie concertante" gehören zu den bleibenden Werten.

Wladimir Vogel (1896–1984), in Rußland geboren, lange in Berlin tätig, nach Italien emigriert und schließlich seit 1964 in Zürich lebend, mit durchaus eigener Tonsprache, übernahm einige Gedanken von Schönberg: die Verwendung der Sprechstimme – solistisch wie chorisch – in das Klanggeschehen und eine Art „Zwölftontheorie", jedoch freier und flexibler. Zu seinen bedeutendsten Werken gehören die abendländischen Oratorien „Wagadus Untergang durch die Eitelkeit" und „Thyl Claes".

Sándor Veress (1907–1992), Mitarbeiter Bartóks bei dessen volksmusikalischen Arbeiten, dann über Stockholm und Rom nach Bern, wo er als Professor und Komponist ein reiches Betätigungsfeld fand.

Heinrich Sutermeister

Heinrich Sutermeister (1910–1995) stieg in jungen Jahren zu einer führenden Gestalt der neuzeitlichen Oper auf. Nach dem Gotthelf-Stoff „Die schwarze Spinne" (den auch Willy Burkhard in Oper „verwandelte") brach mit „Romeo und Julia" (1940) und „Raskolnikow" oder „Schuld und Sühne" (1948), in Dresden bzw. Stockholm uraufgeführt, die Zeit der internationalen Erfolge an. „Der rote Stiefel" (nach Hauff, 1951) vereint Sänger, Tänzer und Schauspieler, „Titus Feuerfuchs" ist eine echte *opera buffa* (1958) auf Nestroys Text. 1960 schuf Sutermeister die eindrucksvolle Bühnenmusik zum Einsiedler „Großen Welttheater" nach Calderón mit den schönen deutschen Worten Eichendorffs, 1966 entstand die Fernsehoper „Das Gespenst von Canterville" (nach Oscar Wilde, 1964), 1967 spielte Zürich die Oper „Madame Bovary" (nach Flaubert), 1970 das Zweite Deutsche Fernsehen den „Flaschenteufel", 1985 die Münchener Staatsoper „Le Roi Béranger", während in Bern 1990 ein urheberrechtlich lange zurückgehaltenes Klavierkonzert die Reihe sinfonischer Werke vervollständigt.

Rolf Liebermann, lange Zeit die dynamischste Kraft des Musiktheaters, Intendant in Hamburg und Paris.

Rolf Liebermann

Ebenfalls 1910 geboren, bringt Rolf Liebermann es zur höchsten musikalischen Geltung, die – neben Honegger – je einem Schweizer international bestimmt war. In seiner Person vereinigt sich der fesselnde Komponist, der glanzvolle Impresario und Intendant, der unermüdliche Anreger und Organisator. Sekretär des Zürcher Rundfunkorchesters, Leiter der Musikabteilung im Norddeutschen Rundfunk, Intendant der Hamburger, Direktor der Pariser Oper: eine Stufenleiter unaufhaltsamen Aufstiegs, der in Wiederentdeckungen, in Auftragswerken, in kühnen Neuerungen reiche Früchte trägt. Nach langer Pause, die auf Liebermanns Frühopern folgte („Leonore 40/45", 1952; „Penelope", 1954; „Die Schule der Frauen", 1955), erschien in Genf, in französischer Sprache, „La Forêt" (Der Wald, 1987). Im notwendigerweise eher kleinen Katalog der Kompositionen Liebermanns stehen ernste Werke („Streitlied zwischen Leben und Tod", 1950) neben geistvoll witzigen, wie ein Trommel-Konzert als Huldigung an die trommeldurchdröhnte Basler „Fastnacht" (1958) und „Les Echanges", eine Komposition für 156 Büromaschinen (1964). Das „Konzert für Jazzband und Sinfonieorchester" (1954) kann sicherlich beiden Sparten zugerechnet werden.

Armin Schibler und die Stilleren im Land

Armin Schibler (1920–1986) hingegen weist eine kaum überschaubare Zahl von Werken auf, kein Genre fehlt darunter, wozu noch literarische Arbeiten von hohem Engagement kommen. Schibler war ein Kämpfer für die großen Ziele seiner Zeit. Er durchlief alle Stile, näherte sich dem Zwölfton Schönbergs, der Darmstädter Schule, der seriellen Musik, aber er verließ alle enttäuscht, um nach seinem eigenen Stil zu schaffen. Als Hauptwerke gelten das aus Liedern zusammengesetzte Oratorium „Media in vita" (nach Conrad Ferdinand Meyer, 1958) und das „Concert pour le temps présent" (1960), ein „Konzert für Jazz- und großes Orchester".
Franz Tischhauser (geb. 1912) ist dort am stärksten, wo sein Witz und Geist sich ausleben können. Er hat eine Reihe höchst humorvoller Kompositionen geschaffen wie „Kontertänze" mit dem absurden Untertitel „Typophonische Szenen zur Kretschmerschen Lehre von schizuthymen und zyklothymen Temperamenten", Morgenstern-Lieder, 50 Sprichwörter für Männerchor, „Eve's Meditation on Love" für Sopran, Tuba (!) und Streicher (nach Mark Twain) usw.
Ernst Widmer (geb. 1927) war ungefähr dreißig Jahre im Norden Brasiliens tätig, wo er in der schönen Stadt Bahia do Salvador ein musikalisches Zentrum aufbaute. Eine ganze Reihe von Komponisten dieses Landes verdankt ihm viel. In seinen eigenen Werken lebt eine interessante Verbindung zwischen der Musik seiner Heimat und seiner Wahlheimat.
Rudolf Kelterborn (geb. 1931) kam mit mehreren Opern zu Wort: „Die Errettung Thebens" (1963), „Ein Engel kommt nach Babylon" (auf einen Text von F. Dürrenmatt, 1977), „Der Kirschgarten" (nach Tschechow, 1984), u. a., auch sinfonische Werke erklangen, doch die Trockenheit der angewendeten, vorwiegend „mathematischen" Stile, das Experimentieren mit der seriellen Musik und der Aleatorik standen echter Verbreitung im Weg.
Ähnliches gilt auch von Heinz Holliger (geb. 1939), dem berühmtesten Oboisten der Welt, dessen Kompositionen in den Kreisen ultramoderner Eingeweihter hochgeschätzt, dem breiten Publikum jedoch unbekannt und fremd bleiben.
Zu den stärksten Begabungen seiner Generation gehört Rolf Urs Ringger (geb. 1935), der über ungewöhnliche Klangsensibilität verfügt und in fast postimpressionistischer Weise irreale Stimmungen hervorzurufen versteht. Zu seinen besten Werken gehören die Ballette „Narziss" (1980) und „Ikarus" (1990), die Kantaten „Souvenirs de Capri" (1977) und „Aufbruch" (1989).

Finnland

Richten wir unseren Blick nun nach Norden, so erwarten uns, namentlich in Finnland, unerwartet positive Überraschungen. Nach seiner staatlichen Unabhängigkeit im Jahr 1917 erfolgte der kulturelle Aufstieg mit nationaler Sprache und Musik. Der große Sibelius war wie ein Prophet vorangegangen, nun holte die sich rasch entwickelnde eigene Tonkunst das europäische

Niveau bald ein. Joonas Kokkonen (geb. 1921) schuf Sinfonien, Konzerte, Liederzyklen, geistliche Musik. Dann kam es 1975 zur erfolgreichen Uraufführung seiner Oper „Die letzten Versuchungen", die heute zu den „Klassikern" des finnischen Repertoires gehört. Im gleichen Jahr erschien die Oper „Der Reitersmann" (Ratsumies) von Aulis Sallinen (geb. 1935), mit der eine neue, moderne und äußerst interessante Epoche der finnischen Oper begann. Doch wäre es ungerecht, nicht die Vorläufer zu erwähnen: Pacius (erste Oper 1852, „König Karls Jagd"), O. Merikanto, Melartin, Launis, Krolin, Madetoja, A. Merikanto, Raitio.
Die siebziger Jahre des 20. Jahrhunderts brachten der finnischen Oper eine wahre Blütezeit: Vierzehn neue Werke wurden uraufgeführt, teils in Helsinkis Opernhaus, teils in der Wasserburg Olavinlinna, wo sich allsommerlich das prächtige Opernfestspiel von Savonlinna abspielt. Kuusistos „Rippe des Mannes" und „Der Krieg um das Licht", Panulas' „Jaakko Ilkka", Ahos „Schlüssel" gehören in diese Jahre, Sallinen schrieb mit „Der König geht nach Frankreich" 1984 neuerlich ein Werk von internationaler Bedeutung.

Schweden

Von Schwedens Musiktradition, die bis in seine Großmacht-Zeiten zurückreicht und Stockholm zeitweise zur bedeutenden Musikstadt gemacht hatte, war bereits die Rede. Deutsche und italienische Einflüsse rangen um die Vormacht, letztere vor allem auf dem Gebiet der Oper. Der Abt Vogler – Lehrer Webers und Meyerbeers – wirkte und komponierte 13 Jahre lang hier, der Dichter-Komponist C. M. Bellman spielte eine bedeutende Rolle, Franz Berwald, ein höchst beachtenswerter Sinfoniker, stand der jungen deutschen Romantik nahe. In neuerer Zeit traten W. Stenhammar, H. Alfén, T. Rangström, K. Atterberg, E. Kallstenius, D. Wirén hervor. Nach dem Zweiten Weltkrieg, in dem es Schweden gelang, unbeteiligt zu bleiben, brach, wie überall, ein starker Aufschwung im Musikleben ein. Hier seien unter vielen vor allem zwei Namen hervorgehoben. Allan Petterson (1911–1980), der sechzehn hochinteresseante Sinfonien schrieb, Konzerte und Kammermusik und, ein Prophet im eigenen Land, dort nie gebührende Beachtung fand. Er kann am ehesten der Entwicklungslinie (Mahler–)Nielsen–Schostakowitsch zugerechnet werden, obwohl er mit zunehmendem Alter immer persönlicher im Stil, immer einsamer im Leben wurde.
Lars Johan Werle (geb. 1926), unglaublich vielseitig, experimentierfreudig und einfallsreich, ging von Webern aus, doch sein musikantisches Temperament verlangte bald nach Expressivität. Er zog das Mittelalter heran, Mozart, Jazz und Elektronik und schuf logische, fesselnde Verbindungen zwischen scheinbar unversöhnlichen Kontrasten. Sowohl im instrumentalen Bereich („Summer Music"), im vokalen „Canzone 126 di Petrarca", vor allem aber wohl im dramatischen („Die Reise", „Animalen", „Therese, ein Traum") weist er wahrscheinlich in die Zukunft. Vielleicht sollte man da nicht vergessen, daß sein Lehrer Karl-Birger Blomdahl (1916–1968) es war, der in seiner Oper „Aniara" 1959 zum ersten Mal sinnvoll traditionelle mit elektronischer Musik verbunden hatte.

Norwegen

Norwegen, als Land der Kunstmusik jünger als Schweden, als ethnographische und folkloristische Fundstätte aber wesentlich älter, gebar mit Grieg den Ahnherrn einer „nationalen" skandinavischen Musik. Er war Vertreter jener in Europa ausbrechenden, die Völker charakterisierenden Tonkunst, zu der Glinka, Chopin, Smetana gehörten, stark umstritten auch Liszt (dem moderne Forscher, Bartók vor allem, die Vermengung des Ungarischen mit dem Zigeunerischen vorwerfen). Mit der Erschließung Norwegens zum modernen Industriestaat drangen alle zeitgenössischen Musikstile ein, ohne bisher herausragende Leistungen hervorgebracht zu haben.

Dänemark

Dänemark ist uralter musikalischer Boden. Lieder, Balladen, Tänze – besonders auf den Färöern – weisen auf das früheste Mittelalter, wenn nicht auf noch Älteres. Kopenhagen wird im 16. Jahrhundert ein wichtiges und viele fremde Musiker anziehendes Kunstzentrum. Schütz wirkte zeitweise hier, Buxtehude war Organist in Helsingör und Helsingborg, schon 1688 entstand eine (allerdings nahezu ausschließlich italienische) Oper, die erst unter Christopher Weyse und D. F. Kuhlau – die beide Deutsche waren, aber zu dänischen „Nationalkomponisten" wurden – zu Beginn der Romantik einheimische Sprache, Züge und Folklore annahm. Niels W. Gade und (sein Schüler) Carl Nielsen waren wohl die bedeutendsten dänischen Musiker der Geschichte. Gade (1817–1890) brachte es als Dirigent wie als Komponist zu internationalem Ansehen. Er war Mendelssohns Stellvertreter und Nachfolger als Leiter der berühmten Leipziger Gewandhauskonzerte, kehrte aber schon 1848 nach Kopenhagen zurück, in dessen Musikleben er jahrzehntelang die führende Rolle spielte. Seine Sinfonien, Ouvertüren, Suiten, Kantaten, im Stil der deutschen Romantik, mögen zeitweise verblaßt sein, an ihrer Meisterschaft ändert dies nichts.
Carl Nielsen (1865–1931) ist nie in seinem vollen, ungewöhnlichen Wert anerkannt worden, die verständnisvolle Renaissance seiner Werke steht fast überall noch aus. Man müßte ihn in die Nähe Mahlers rücken, mit dessen Nostalgie und Schwermut ihn zumindest im Wesen und auch in der Musik viel verbindet. Hätte Schumann 60 oder 70 Jahre später gelebt, er hätte Nielsen in seiner Musikzeitschrift vielleicht mit den berühmt gewordenen Worten begrüßt (die er Chopin gewidmet hatte): „Hut ab, ihr Herren, ein Genie!"

Die Niederlande

Großartig – wie kaum bei einem anderen Volk – ist die musikalische Tradition der Niederländer. Viele Seiten dieses Buches sind ihr gewidmet. Die Hochblüte währte mehrere Generationen lang, die intensive Musikpflege im Land erlosch nie. Von 1400 an bis heute gehören die Niederlande seit mehr als einem halben Jahrtausend zu den Kernländern der abendländischen Musik. Um die Wende zum 20. Jahrhundert brachte die Mahler-Verehrung des niederländischen Meisterdirigenten Willem Mengelberg die Komponisten seines

Landes in Kontakt mit den neuen Strömungen in Mitteleuropa, mit spätromantisch erweiterter Tonalität, mit beginnender Atonalität, mit Polytonalität usw. Alphons Diepenbrock (1862–1921), Johan Wagenaar (1862–1941), Cornelis Dopper (1870–1939), Jan van Gilse (1881–1944), Sem Dresden (1881–1957), Daniel Ruyneman (1886–1963), Matthijs Vermeulen (1888 bis 1967), Willem Pijper (1894–1947): Dies war eine starke Generation, mit der die Niederlande von der letzten Romantik Abschied nahmen. Dann erfolgte auch hier die Zersplitterung. Nach dem Zweiten Weltkrieg hielten alle erdenklichen Stile Einzug. Neu für die Niederlande war der starke Zug zum Musiktheater, das vorher offenkundig weit hinter der sinfonischen und vokalen, vor allem der kirchlichen Kunst zurückgestanden war.
Nach dem Zweiten Weltkrieg wurden fast alljährlich einheimische Musiktheater-Werke zu Uraufführungen gebracht. Aus der Komponistenschar sei vor allem die Familie Andriessen hervorgehoben, der Vater Hendrik, die Söhne Jurriaan und Louis, der Bruder Willem, der Konservatoriumsdirektor in Amsterdam und ein bedeutender Pianist war. Ferner Ton de Leeuw, Guillaume Landré, Jan Mul, Ton de Kruyf; Peter Schat (geb. 1935) schuf experimentelle Opern von starkem Interesse, mit betonter Elektronik und origineller Einbeziehung des Publikums.
Besonders zu nennen wäre der Niederländer Jan Koetsier (geb. 1911), der Dirigent am Concertgebouw Amsterdam, dem Residenzorchester Den Haag, dem Orchester des Bayerischen Rundfunks war sowie Professor der Musikhochschule in München. Bemerkenswert ist seine Kammermusik, namentlich jene für Bläser, aber auch die Orchesterstücke (Sinfonie, Konzerte), die Chorwerke (nach Goethe, Angelus Silesius u. a.) verdienen größte Beachtung, die dem Komponisten bisher in viel zu geringem Maß zuteil wurde.

Belgien

Belgiens Geschichte geht auf das Jahr 1830 zurück, doch ein nicht geringer Teil der großen flämischen Musikgeschichte, die zumeist „niederländisch“ genannt wird, spielte sich auf Gebieten ab, die sich erst in jenem Jahr von den Niederlanden abspalteten. Zu den frühen Gründungen gehören Konservatorien, von denen vor allem jenes von Brüssel berühmt wurde. Belgien brachte hervorragende Geiger (Vieuxtemps, Bériot, Ysaye) und bahnbrechende Musikgeschichtler (Fétis, Gevaert) hervor; sein Musikschaffen gipfelte in César Franck, der in Paris wirkte. Auf ihn folgten: G. Lekeu, J. Jongen, J. Absil, P. Gilson, von denen keiner entscheidend die Landesgrenzen überwinden konnte. Die avantgardistische, besonders die elektronische Musik vertritt vor allem Henri Pousseur (geb. 1929).

Spanien

Auf die Großmeister des 16. und 17. Jahrhunderts folgte ein Niedergang, der Spaniens Kunstmusik weitgehend austrocknete. Nur das volkstümliche Musiktheater, die „Zarzuela“, setzte Höhepunkt auf Höhepunkt und näherte sich nicht selten der Oper. Erst gegen Ende des 19. Jahrhunderts besonders durch die inspirierende und führungsstarke Persönlichkeit Felipe Pedrells kam neues Leben in Spaniens Musikschaffen. Seinen Jüngern – vor allem Albéniz, Granados, de Falla, Turina – gelingt der lang ersehnte Durchbruch zu Europas Spitze. Joaquín Turina (1882–1949) überlebt im internationalen Repertoire mit sinfonischen Dichtungen, die gleichzeitig die Merkmale seines heimatlichen Andalusiens und der Pariser Schule d'Indys tragen. Bedeutend sind Zahl und Schaffen neuerer spanischer Musiker, aber deren weltweiter Verbreitung standen oftmals zwei Hindernisse im Wege: das ewige der Pyrenäen und das temporäre des Bürgerkriegs. Kaum ein anderes Land verlor so viele schöpferische Musiker durch Emigration in jenen tragischen Jahren. Rodolfo Halffter nach Mexiko, Jaime Pahissa und Manuel de Falla nach Argentinien, Joaquín Nin nach Kuba, Ernesto Halffter nach Portugal. Nach Fallas Tod wurde Ernesto Halffter, der sein Schüler gewesen war, beauftragt, des Meisters „L'Atlántida“ aus Tausenden von Manuskriptseiten aufführungsbereit zu machen, eine Aufgabe, deren Schwierigkeit an Unausführbarkeit grenzt. Fernando Obradors melidiöse, das Volkstümliche streifende Lieder seien ebenso erwähnt wie Federico Mompous feinfühlige Klavierstücke, die den Pianisten der Welt ans Herz gelegt seien. Conrado del Campo (1879 bis 1953) und Federico Moreno Torroba (1891–1982), der in späten Jahren die Oper „El Poeta“ schrieb, die mit Plácido Domingo in der Titelrolle uraufgeführt wurde – zwei hervorragende Musiker – seien nicht übersehen.

Italien

Über das Mittelmeer ostwärts streifen wir nochmals Italien. Dessen 19. Jahrhundert hatte „Verdi“ geheißen, so stark und ausschließlich, wie es kaum je zu beobachten war. Wir haben seiner Folgegeneration den breiten Raum eingeräumt, der ihr an der Wende zum 20. Jahrhundert zukam, der Spätromantik und dem Verismus. Dann brachen die bewegten Zeiten herein, die Europas Musik umstürzten. Alles geriet ins Wanken, und das „Mutterland der Melodie“ machte alle Entwicklungen mit, war oft sogar führend in einigen der radikalsten Methoden. Da gab es um 1910 eine Bewegung der „Futuristen“, Vorläufer aller jener, die im Lauf des Jahrhunderts die Grenzen der Musik auf das Gebiet hinausschoben, das vorher als Lärm und Geräusch deutlich von ihr getrennt gewesen war. Gewiß hatten vorher schon vereinzelte Komponisten – Tschajkowskij mit dem Einschluß von Kanonen, Richard Strauss mit der Verwendung von Kinderratschen und Windmaschinen, ja schon Lortzing mit dem motivisch ausgewerteten Flintenschuß im „Wildschütz“ und gar Adam mit dem Peitschenknallen in seinem „Postillon von Lonjumeau“ – bereits Geräusche in eine enge Verbindung zur Musik gebracht, aber F. B. Pratella und L. Russolo dachten mit ihrem „Bruitismus“ an eine völlige Umwälzung in der Musik: Ihr „Manifest“ paßt genau in jene Zeit um den Ersten Weltkrieg, die in weiten Teilen Europas revolutionäre Strömungen auf allen Gebieten ausbrechen ließ. Obwohl sie oft recht isoliert schienen, muß ein gemeinsamer Zeitgeist sie alle berührt haben, die Skrjabin, Busoni, die Propheten der Atonalität, der gespaltenen Töne, die Sucher nach Verbindungen zwischen allen Künsten. Die

Die neuen Massenmedien machten Mikis Theodorakis weltberühmt: Als er seine Filmmusik zu „Alexis Sorbas" als Ballett in der Arena von Verona dirigierte, konnte der Riesenbau die Zahl der Hörer kaum aufnehmen.

Generation der letzten Nachfolger einer traditionellen Oper: Busoni, Casella, Pizzetti, Malipiero, Zandonai, Dallapiccola, durchwegs hochbedeutende Könner voll echter Inspiration, wichen in der erdbebengleichen Stunde Null den Serialisten und radikalsten Avantgardisten, deren italienische Vorkämpfer (Maderna, Nono, Berio) wir bereits besprachen. Neben ihnen gilt es, an Wolf-Ferrari zu erinnern, der an ihrer Seite allerdings wie der Bote aus einer anderen Welt wirkt, problemlos die Kontinuität der Oper wahrt und mit bezaubernden Werken den geplagten Musiktheatern spielbare und erfolgssichere zeitgenössische Stücke liefert, denen niemand ihren Wert absprechen kann. Erwähnt sei Goffredo Petrassi (geb. 1904), dem sehr bedeutende Werke (für Orchester, Chor, auch Bühne) in neoklassischem Stil gelangen und der in späteren Jahren mit einer sehr persönlichen Form von Dodekaphonie experimentierte. Unter die radikalsten der Neutöner muß Sylvano Bussotti (geb. 1931) gezählt werden, der sich mit „totalem Theater" beschäftigt, in dem Aktion, Musik, Malerei, Gestik, Farbe usw. alle erdenklichen Verbindungen eingehen. Um derartige Manifestationen niederzulegen, muß Bussotti weit in das Gebiet der „neuen Graphik" oder „neuen Notation" vorstoßen, über die wir schon gesprochen haben. Zuletzt sei auf einen italienischen Komponisten hingewiesen, den nicht einmal bedeutende Musiklexika erwähnen und der vermutlich zu den wahrhaft großen Komponisten des Jahrhunderts gehört, Giacinto Scelsi (1905–1988), ein genialer Musiker, der zahlreiche Orchesterkompositionen, Werke für Klavier, Lieder, Chor- und Kammermusik geschaffen hat.

Die neue Musik im Südosten Europas

Im Südosten Europa, wo Abend- und Morgenland in vielerlei Durchdringung zusammentreffen, mischt sich auch die Musik in verschiedenen Formen. Hier herrscht in weiten Teilen die Folklore noch nahezu unbestritten. Von ihrem Reichtum kann sich der Außenstehende kaum einen Begriff machen. Von einer Kunstmusik im europäischen Sinn ist wenig zu berichten. Nicht, weil es sie nicht gäbe, sondern weil es für sie, selbst in den Zeiten von Rundfunk und Fernsehen, kaum Wege in die Musikzentren der Welt gibt.

Aus Bulgarien drang in der Zwischenkriegszeit der Name Pantscho Wladigerow (1899–1978) nach Westen. Der junge Kapellmeister wurde an Reinhardts Berliner Theatern angestellt und komponierte, stark von seiner heimatlichen Folklore beeinflußt, Opern, Schauspielmusiken, Lieder u. a.

In Paris und München studierte Martin Goleminow (geb. 1908), wurde Lehrer, später Rektor des Konservatoriums Sofia und komponierte Sinfonien, das Tanzdrama „Nestinarka" und eine Reihe Konzerte.

Von der Insel Chios, also aus Griechenland, kommt Mikis Theodorakis (geb. 1925), der zu den populärsten Musikern der Erde gehört: Seine Filmmusik zu „Alexis Sorbas" (oder Zorbas, der Grieche), später von ihm zum Ballett umgestaltet (und mit gewaltigem Erfolg in der Arena von Verona aufgeführt), muß zu jenen Phänomenen gerechnet werden, die nahtlos zwischen Kunst- und Volks-, ja sogar Unterhaltungsmusik stehen. Seine extrem linke politische Einstellung trug ihm mehrmals ein Asyl in Paris ein, zeitweise Inhaftierungen in Griechenland, manchmal Abgeordnetenmandate.

Er steht (musikalisch) in scharfem Gegensatz zu Yannis Xenakis (geb. 1922), der in Rumänien geboren, in Frankreich 1965 eingebürgert wurde und der als griechischer Komponist zu den Avantgardisten intellektueller Art gehört. Ingenieur und Architekt, Schöpfer und Mitschöpfer bedeutender öffentlicher Bauten in mehreren Ländern, Assistent von Le Corbusier, Komponist auf völlig neuen, von ihm entworfenen Bahnen nach mathematischen Rechnungen, fernab jeder laienhaften Verständlichkeit.

Ein tragisches Los war Nikos Skalkottas (1904–1949) beschieden. In Berlin bei Schönberg ausgebildet, wandte er sich von dessen Theorie ab, entwickelte eine hochdifferenzierte, aber lebendig klingende eigene Musiksprache. 1931 begann sein Gemüt sich zu umdüstern, 1933 kehrte er aus Berlin in die Heimat zurück, wo er, als Orchestermusiker, von allem isoliert in einer Traumwelt lebte, überzeugt, von niemandem verstanden zu werden. Er starb mit 45 Jahren, die Zahl seiner Werke ist gewaltig, sie verteilen sich, mit Ausnahme des Theaters, auf alle Sparten. Neben einigem Schwerverständlichen gibt es blendende „Griechische Tänze", deren Kenntnis allen Kammerorchestern der Welt dringend nahegelegt sei.

Das Erbe des Abendlandes in aller Welt

Gegen Ende des 20. Jahrhunderts, an der Schwelle des 3. Jahrtausends, gehören weite Gebiete der Welt geistig und kulturell zu Europa. Die wachsende Verflechtung der Weltwirtschaft, die enge Verknüpfung durch die Massenmedien, die jede Distanz aufheben, vereinheitlichen Denken und Fühlen über Meere und unvorstellbar weite Gebiete. Kaum eine andere Kunst ist so tief in die Gemüter aller Rassen gedrungen wie die Musik des Abendlandes. An ihr haben heute weite Gebiete Amerikas, Afrikas, Asiens, Australiens Anteil. Unser Buch wäre sehr unvollständig, wollten wir nicht einen Blick auf diese „Erweiterung" des Abendlandes werfen. Schon früher haben wir Amerika in unsere Betrachtungen einbezogen. Die Vereinigten Staaten Nordamerikas lebten weit mehr als ein Jahrhundert nach der Unabhängigkeit im Bann Europas. Erst mit dem Ende des 19. Jahrhunderts erwachte der Gedanke, das Riesenland sei zu eigenem Schicksal berufen und fähig. Amerika begann, seine eigene Musik zu entwickeln. Drei Rassen leben auf dem Boden dieses Erdteils: die Ureinwohner, Indios oder Indianer genannt, die Weißen vieler Nationen und die Schwarzen. Afrikas Neger, die von den Eroberern zu Sklavendiensten in die „Neue Welt" verfrachtet worden waren. Alle drei Gruppen besaßen Musik, die sich wiederum in vielerlei Arten spaltete.

Das Aufstreben der Musik in den USA

Wir sind den Spuren der „schwarzen" Musik in Nordamerika nachgegangen, denn hier liegt der Ursprung des Jazz. Wir haben den Aufstieg der USA auf musikalischem Gebiet beobachtet, haben gesehen, wie New York um das Jahr 1950 zur an Ereignissen (und Geld) reichsten Kulturmetropole der Welt aufstieg. Nun beginnt sich die Musik der verschiedensten Rassen des vorwiegend angelsächsischen Nordens und überwiegend „lateinischen", „iberischen" Südens zu mischen. Es sollte ein gigantisches musikalisches Experiment werden.

Was musikalisch und kulturell in irgendeiner Form zum Abendland gehört, Grundelemente von ihm bezogen hat oder dorthin ausstrahlen konnte, muß in diesem Buch Erwähnung finden. Aber wo beginnt, wo endet das? Die musikalische Entwicklung der USA in der Zeit kurz vor dem Zweiten Weltkrieg und in den Jahrzehnten danach ist in so rasendem Tempo vor sich gegangen, daß jeder Ausschnitt daraus unvollständig, ungerecht bleibt. Wir müssen es auf uns nehmen. Immerhin waren es schon um 1930 mehrere tausend Orte, wo es ein reges kulturelles Leben gab. Die breiten Massen waren allerdings, je nach Ursprungsländern, mehr damit beschäftigt, möglichst rasch den sozialen Aufstieg zu schaffen, um genügend Geld zu besitzen. Mit dem steigenden Wohlstand der nordamerikanischen Staaten kam auch die Frage nach Musik. Europa hatte sie, also mußte Amerika sie ebenfalls haben. Was mit kleinen Gruppen begonnen hatte, eroberte schnell die Gesellschaft. Hundert Sinfonieorchester wuchsen aus dem Boden, und mit erstklassigen Dirigenten aus Europa wurde der Vorsprung der Alten Welt schritt-, ja sprungweise aufgeholt: Leopold Stokowski machte das Philadelphia-, Toscanini das New Yorker, George Szell das Cleveland-Orchester zu Spitzenensembles, die durch ungewöhnliche Gagen die besten Musiker der Welt anzogen, deren technische Leistungen – auch dank der besten und vor allem einheitlicher Instrumente – unüberbietbar waren und die an den einheimischen Schallplattenfirmen eine entscheidende Stütze hatten.

Die Oper hingegen blühte erst in der zweiten Jahrhunderthälfte auf, dann aber mit „amerikanischem" Tempo. Zwar war New Yorks Metropolitan Opera bereits eine ehrwürdige Institution und an sängerischer Tradition den berühmtesten Häusern der Alten Welt ebenbürtig, aber ansonsten gab es im riesigen Land keine einzige weitere Oper, lediglich Gastpiele durchbrachen die Öde. Waren es die Tourneen der „Met" und deren Rundfunk- und später Fernsehübertragungen, war es die allgemeine Renaissance des Musiktheaters, die zu den erstaunlichsten Kulturphänomenen der zweiten Nachkriegsepoche gehört: Opernhäuser mit kürzeren oder längeren, aber nun regelmäßigen Betrieben schossen aus dem Boden: San Francisco, Chicago, Denver, Seattle, Houston, Dallas, Santa Fe. Natürlich war es „große Oper", die gespielt werden mußte, das Repertoire, das man aus den nun regelmäßigen Fernsehübertragungen aus Londons Covent Garden, aus der Mailänder Scala, aus Wiens Staatsoper kannte. Aber sehr schnell – wie jede Entwicklung der USA vor sich ging, also auch die künstlerische – tauchten einheimische Komponisten auf, zu Dutzenden und mit glänzendem technischen Rüstzeug, mit genauer Kenntnis der herrschenden Strömungen: Zwölftöner, Serialisten, Elektroniker. Den Zusammenhang mit dem eigenen Land schuf zumeist ein stärkerer oder schwächerer Einschlag des Jazz.

Die Theater übernahmen, was jahrzehntelang an den Universitäten gefördert wurde, was nicht genug lobend hervorgehoben werden kann: Jede der zahlreichen Hochschulen besaß ein *Music Department* mit mehreren Studentenorchestern (wie sinfonischen, Bands, Jazz,

Leopold Stokowski, der (in London geborene) US-Dirigent, war einer der ersten, die sich bewußt der Medien bedienten.

Combos etc.), Chören verschiedener Art, Kammermusikabteilungen usw. Wer ihre Leistungen beobachtete, kam aus dem Staunen kaum heraus. Die meisten besaßen sogar *workshops* für Musiktheater, in denen ungezählte Novitäten einheimischer Komponisten zu hören waren. Nach dem Zweiten Weltkrieg war ein breites Reservoir sehr guter musikalischer Kräfte im ganzen Land vorhanden, aus denen der gigantische musikalische Aufstieg des Landes gespeist werden konnte. Es ist völlig unmöglich, auf unseren Seiten auch nur einen Bruchteil jener Komponisten zu nennen, die in der zweiten Hälfte des 20. Jahrhunderts in den USA tätig sind, wobei es nicht uninteressant sein dürfte zu erwähnen, daß die überwältigende Mehrheit dieser Musikschöpfer in diskretester Weise von der Öffentlichkeit erhalten werden: Sie sind Lehrer an den Tausenden von guten Anstalten, sie erhalten Stipendien, sind *composer in residence.* Damit steigt das kulturelle Niveau des Landes. Für Historiker, Wirtschaftswissenschaftler, Soziologen zeichnet sich gegen Ende des Jahrhunderts eine schwere, geradezu dramatische Situation ab. Die „Supermacht" USA hat ihren Höhepunkt – den man wohl zwischen 1940 und 1970 ansetzen kann – überschritten, die innere wie die äußere Situation läßt schwerste Gefahren ahnen, jenen des römischen Weltreichs vor fast zweitausend Jahren nicht unähnlich. Aber die hohe kulturelle Stufe, die inzwischen erreicht wurde, wirkt noch als (viel zuwenig beachtete) Bremse vor einem Zusammenbruch ...

Das Musical

Auf New Yorks Broadway, vorher eine Vergnügungsstraße, wie es kaum je eine gegeben haben dürfte, entsteht eine neue Kunstgattung – nicht so bewußt und gezielt, wie dreieinhalb Jahrhunderte zuvor (in wesentlich anderen Kreisen) in Florenz die Oper, aber doch auch hier im Wunsch, etwas Neues zu schaffen, das die Menschen der Zeit zu fesseln verstünde: das „Musical". Man kennt nicht einmal genau den Ursprung des Namens, kommt er von *musical play, musical comedy?* Man kann keinen auch nur annähernden Geburtstag angeben. Der Ort steht allerdings fest: die USA, New York. Die Broadway-Shows gelten als Vorgänger, aber sicher führt auch von einigen frühen amerikanischen Operetten ein Weg zum neuen Genre. Die Ideen dazu stammten allerdings von eingewanderten Europäern, vom Iren Victor Herbert, vom Ungarn Sigmund Romberg, vom Tschechen Rudolf Friml. Aber wer fragt bei amerikanischen Produkten nach dem wahren Ursprung? Was wäre dann noch „amerikanisch"? Die Musikwerke dieser drei hochbegabten Komponisten – Frimls „Indian Love Song" ist, um im Bild zu bleiben, ein *Evergreen,* und ein schöner dazu, wenn auch kein indianischer. Das Erscheinen von etwas Neuem lag 1924 in der Luft, als Friml seine „Rose-Marie" uraufführte, in der festen Meinung, es sei eine Operette. Aber dieses Genre hatte, vielleicht mit dem Untergang der Donaumonarchie, seinen Todesstoß erhalten. Noch überlebte die „silberne" Ära, große Lehár-, Kálmán-, Stolz-Premieren standen noch bevor, aber es lag ein Hauch von „Letztem" darüber, von Nostalgie und echt wienerischem Charme. Der Slogan: „Die Operette ist tot, es lebe das Musical", ist aber falsch oder zumindest anfechtbar, denn das Musical will grundlegend etwas anderes sein als die Operette. Einmal textlich, stofflich: keine Scheinwelt romantischer Prägung, keine k. u. k. Grafen, die sich, am liebsten unstandesgemäß, verlieben, keine Welt *en rose.* Harte Wirklichkeit, Alltag, normale Menschen, „gewöhnliche" Situationen. Es treten möglichst keine professionellen Sänger, sondern Schauspieler auf, die singen können. Höchste, oft geradezu akrobatische Beweglichkeit ist erforderlich, und wenn Ballett, dann kein „klassisches", sondern *modern dance,* in dem ja Amerika die höchste Virtuosität entwickelte. War Al Jolsons „Jazz singer" (1927), sein „Singing Fool" (1928, mit dem Schlager „Sunny Boy") schon ein Musical? Jerome Kerns (1885–1945), „Show Boat" (1927) mit dem großartigen (nicht ganz echten) Spiritual „Ol' man river"? Am wichtigsten wurde die Frage bei Gershwins genialem „Porgy and Bess" (1935): amerikanische Volksoper? Musical? Doch wirklich wichtig ist nicht, wie etwas heißt, sondern wie es ist. Es ist echtes amerikanisches Musiktheater (wenn auch des Komponisten Eltern gerade vor dessen Geburt aus Rußland eingewandert waren). In Europa könnte man hier bei der Frage nach der Nationalität in Zweifel geraten, in Amerika wird man aber höchstens staunend sagen: „Wie schnell assimiliert diese Erde!" Brecht-Weills „Dreigroschenoper", ein Vierteljahrhundert zuvor eine „Revolutionsoper" in Berlin, wird nun zu einer Broadway-Serie von mehr als 2000 triumphalen Abenden, zu einem Musical also. Sieht man das Stück genauer an, so findet man alle Vorbedingungen gegeben. Weill blieb in seinem US-Exil beim Musical, wenn auch nicht mehr mit dem durchschlagenden Erfolg („Lady in the Dark", 1942; „Down in the Valley", 1948; „Lost in the Stars", 1949). Zu Königen der neuen Gattung wurden Cole Porter (1891–1961) mit „Kiss me, Kate" (1948, nach Shake-

speare), „Cancan" usw., Richard Rodgers (1902–1979) mit „Oklahoma" (1943), „South Pacific" (1949), „The King and I" (1951), „The Sound of music" (1959), Irving Berlin (1888–1989) mit „Annie get your gun" (1946). Zu den erfolgreichsten Musicals gehören „Anatevka" (1964, von Jerry Bock), „Hello, Dolly" (1964, von Jerry Herman), „The Man of La Mancha" (1965, von Mitch Leigh), „Cabaret" (1966, von Jerry Kander), „Hair" (1968, von Galt MacDermot), durchwegs Werke aus dem ersten „klassischen" Vierteljahrhundert des Musicals, vom Zweiten Weltkrieg bis in die siebziger Jahre.

Frederick Loewe und Leonard Bernstein

Zwei Werke ragen aus dieser Zeit hervor und dürfen als vollendete Meisterwerke des Genres gelten. Sie entstanden nahezu gleichzeitig und liegen, abgesehen von ihrer musikalischen Perfektion und textlichen Vollendung, weltenweit auseinander. Am 15. März 1956 erschien in New York „My Fair Lady" von Frederick Loewe (1904–1988), am 26. September 1957, ebenfalls in New York, „West Side Story" von Leonard Bernstein (1918–1990). Loewe, in Wien geboren, österreichischer Pianist, Schüler Busonis und d'Alberts, ging 1924 nach Amerika, wo er lange Zeit erfolglos als Broadway-Komponist sein Glück versuchte. Wieso ihm, nach mehr als dreißig Jahren, noch ein so beispielloser Triumph gelang, gehört zu den Rätseln des Musikschaffens. Alan Jay Lerner bearbeitete mit außerordentlichem Geschick die bezaubernde Komödie von George Bernard Shaw „Pygmalion" (von der allerdings wenige gedacht hätten, sie eigne sich für ein Musical). Loewe aber quoll vor Inspiration förmlich über: Zwei Dutzend glänzender Einfälle, viele davon hinreißend, geistreich, melodisch beglückend, bilden ein Werk, das, bald mit Meisterdarstellern verfilmt, ungezählte Millionen Menschen so begeisterte wie einst „Fledermaus", „Lustige Witwe", „Gräfin Mariza". Noch im gleichen Jahr, 1956, erschien von Loewe und Lerner die reizende Filmmusik zu „Gigi", die später die Grundlage zum gleichnamigen Musical bildet. Aus wesentlich anderem Holz geschnitzt ist die „West Side Story" des Leonard (Lenny), Bernstein, der Dirigent, Pianist, Komponist, Jugendmusikerzieher sowie bei seinen Universitätsvorträgen und in seinen Büchern eine Art Musikphilosoph und -soziologe weltbedeutenden Ranges war. 1918 in Lawrence/Massachusetts geboren, gelang ihm eine schnelle Dirigentenlaufbahn, die ihn an die Spitze der New Yorker Philharmoniker führte. Seine kommentierten, im Fernsehen ausgestrahlten Konzerte, besonders für Kinder, ließen das ganze Land aufhorchen. Er schuf drei Sinfonien, Orchesterwerke, das Oratorium „Chichester Psalms" (mit hebräischem Text), hatte mit Bühnenstücken Erfolg („On the Town", 1944; „Wonderful Town", 1953; „Candide", 1956; „Trouble in Tahiti", 1952, umgearbeitet zu „A quiet Place") und die hochinteressante „Mass" (Messe für Sänger, Instrumentalisten, Tänzer und Tonband, 1971) zum Tode John F. Kennedys. Die „West Side Story" jedoch, dieses zugleich grausame und doch hoffnungsvolle Stück über jugendliche Bandenkämpfe im Dschungel von New York – das an die Tragödie von Romeo und Julia gemahnt –, gehört zu den Werken, die ihr Jahrhundert überleben werden.

Andrew Lloyd Webber

Im letzten Vierteljahrhundert vor dem 3. Jahrtausend entstand eine zweite, ein wenig veränderte Welle des Musicals. Die äußere Aufmachung nimmt gigantische Ausmaße an, die musikalische Ökonomie der Einfälle wird gestrafft, oft genügt ein einziger, das Publikum faszinierender, um ein Stück zu „tragen". Der Beherrscher dieser neuen Welle des Musicals heißt Andrew

Lloyd Webber (geb. 1948), dessen Erfolge in den achtziger Jahren unbeschreiblichen Umfang annehmen: „Jesus Christ Superstar" (1971), „Evita" (1978), „Cats" (1981), „The Phantom of the Opera" (1986) beherrschen seit Jahren die Theater aller Kontinente, die sich auf die Gattung spezialisierten oder ihr jenen Rang zuerkannten, den sie früher der Operette gegönnt hatten. Die Kommerzialisierung des Musicals hat, wie alles in dieser auf ihr drittes christliches Jahrtausend zustrebenden Welt, ungeahnte Dimensionen angenommen. Aufführungen sind zu „Produktionen" geworden, bei denen die individuelle künstlerische Arbeit nur noch am Rand ihre Wichtigkeit bewahrt. Ein Team besorgt alles, die Komposition wird von Instrumentatoren, Assistenten, Bearbeitern weitgehend mitgestaltet; für die textliche Seite stehen mindestens ebenso viele Mitarbeiter zur Verfügung und unter Vertrag – die Propagandisten gehören dazu, als wären sie Mitautoren. Und was nicht am Broadway gespielt wird, stößt auf beinahe unüberwindliche Schwierigkeiten, das zählt für die meisten Chronisten kaum oder nicht. Dennoch entstehen gute Musicals in vielen anderen Ländern. Ein französisches Stück „Irma la Douce" (1956) von Marguerite Monnot, machte die Runde um die Welt, beim deutschen Musical stand der überaus einfallsreiche Ralph Benatzky (1884–1957) Pate („Meine Schwester und ich", 1930; „Bezauberndes Fräulein", 1933; „Axel an der Himmelstür", 1936). An vereinzelte deutschsprachige Musicals sei erinnert, deren künstlerische Qualität ein Comeback – bleiben wir im amerikanischen Jargon – durchaus möglich macht: „Katharina Knie" (1957) von Mischa Spoliansky, dem hervorragenden Kabarettisten (nach Carl Zuckmayers Schauspiel über die berühmte Schweizer Zirkusfamilie), „Helden, Helden" (von Udo Jürgens nach George Bernard Shaws Komödie, 1972), „Das Lächeln einer Sommernacht", von Stephen Sondheim, 1973, nach einem poetischen, feinen Ingmar-Bergmann-Film. Sondheim schrieb auch die Texte zu Bernsteins „West Side Story".

Die neue Musik in den USA

Unüberschaubar ist das Musikschaffen der USA geworden. Wen nennen? Leonard Bernstein (1918–1990)

Linke Seite oben: Das Musical ist in der Wahl der Themen ungleich „moderner", lebensechter als die Operette: Nie hätte diese sich den armen Milchmann eines polnisch-jüdischen Dörfchens zur Hauptgestalt erwählt. (Shmuel Rodensky als Tewje in „Anatevka".)
Linke Seite unten: Auch „Cats" ist ein typisches Musical von stärkster Anziehungskraft auf die Massen. (Foto aus der Hamburger Aufführung.)
Oben: Leonard Bernstein, Dirigent, Pianist, Musikerzieher mit unerschöpflichen Ideen, Schriftsteller und bedeutender Komponist.
Rechts: Ein gewagtes Thema, das keinen Augenblick an Blasphemie denken läßt: Webbers „Jesus Christ Superstar".

gehörte zu den Größten. Er starb im gleichen Jahr wie Aaron Copland (1900–1990), dem „großen alten Mann“ der amerikanischen Musik, der nicht nur mit mehreren Werken (Oper „The Tender Land“, Balletten „Billy the Kid“, „Rodeo“, „Appalachian Spring“; sinfonischen Dichtungen „El Salón México“, „Letter from Home“) im Spielplan vorwiegend amerikanischer Orchester bleiben, sondern einst wohl zu den „Klassikern“ des Landes gehören wird. Neben ihm stehen Roy Harris, Roger Sessions, Virgil Thomoson, Randall Thompson, George Antheil, Walter Piston, Douglas Moore, Louis Gruenberg, William Schuman, Norman dello Joio, Carlisle Floyd, Marvon David Levy, Jack Beeson.
Samuel Barber (1910–1981) wurde jung von Toscanini entdeckt, der sein „Adagio für Streicher“ um die Welt trug; er hatte mit der Oper „Vanessa“ (1958) internationalen Erfolg und schrieb eine Festoper zur Eröffnung der neuen Met 1966 („Antonius und Cleopatra“). Sein melodiöser, ein wenig spätromantischer Stil war mit Jazz und „amerikanischen“ Elementen durchsetzt. Kann man sich vorstellen, daß John Cage und Samuel Barber Zeitgenossen und Kinder des gleichen Landes sind?
Natürlich fehlt es auch in den USA an Neutönern aller Richtungen und Schulen nicht. Eine avantgardistische Strömung nahm hier sogar ihren Ursprung: Es handelt sich um die seltsame, aber recht interessante *minimal music.* Hier wird der überaus komplexen, intellektuellen Avantgarde der Kampf angesagt. Die in den späten fünfziger Jahren aufgetauchte Musik geht parallel mit europäischen Richtungen wie etwa der „Neuen Einfachheit“, die plötzlich wieder auf romantische Vorbilder zurückgehen, der Konsonanz einen neuen Wert einräumen will und gelegentlich eine Brücke zur Meditation, zur Verinnerlichung indischer Gebetsstunden schlagen möchte: Rückführung der Musik auf magische Ursprünge? 1970 standen einige der jungen Amerikaner dieser Richtung in enger Verbindung mit einem indischen Gelehrten oder „Eingeweihten“. Auch die bildende Kunst kannte in jenem Zeitpunkt Amerikas eine *minimal art,* die mit ganz wenigen Elementen arbeitete. Analog kommt auch die Musik mit „minimalen“ Entwicklungen und Veränderungen aus, wirkt ungeheuer einfach, ist jedermann „verständlich“ und wirkt durch ihre (vermeintliche) Statik unendlich ruhevoll. In einer gewissen Phase Ligetis sprachen wir von Klangfarbenkompositionen: Technisch besteht eine Ähnlichkeit, denn der sehr dichte Klangteppich verändert sich nur durch innere Verschiebungen, durch endlose Wiederholungen kleinster Motive mit minimalen Varianten. Die Wirkung ist fast hypnotisch und mystisch, auf jeden Fall stark verinnerlicht. Dabei greift ein sehr eigenartiges Phänomen Platz: E- und U-Musik fließen auf einmal ineinander, zumal die *minimal music* Farbeffekte, Lichtspiele zu integrieren sucht. Ihre Gründer waren La Monte Young (geb. 1935), Terry Riley (geb. 1935), Steve Reich (geb. 1936) und der auch in Europa bekannte, mehrfach aufgeführte Philip Glass (geb. 1937). Seine Opern „Einstein on the beach“ (1977), „Satyagraha“ (1981), „Echnaton“ (1984), „Der Fall des Hauses Usher“ (nach E. A. Poe, 1988) fanden in Stuttgart, Avignon, Wien ein fasziniertes Publikum und eine ratlose „Fachwelt“, ein gutes Zeichen!

Indo-Amerika, Ibero-Amerika, Latein-Amerika, Süd- und Mittelamerika

Mehrere Namen für einen geographischen Begriff: für die Reste der Ureinwohner; immer noch und für alle Zeiten: Indo-Amerika. Für die Erben derer, die hier den größten Völkermord aller Zeiten begingen: Ibero-Amerika.
Für die Verfechter einer „lateinischen“ Kultur, die einst das größte Reich der Welt gründeten: Latein-Amerika. Für die „Objektiven“, die sich nur nach der geographischen Lage richten wollten: Süd- und Mittel-Amerika.
Nichts wissen wir von den Kulturen Indo-Amerikas. Gerade noch ein paar Namen von Völkern aus uralter Vorzeit: Chibchas, Chimus, Inkas, Tolteken, Azteken, Mayas... Daß viele von ihnen sangen und musizierten wissen wir aus Legenden. Und aus Chroniken der Eroberer und ihrer Priester, die verschiedene Gründe hatten, die Kultur der Besiegten auszurotten. Wahrscheinlich ist keine einzige der angeblich indianischen Melodien „echt“. Südamerikas früheste Musik ist die der Sieger, Echo der Hofmusik aus Madrid und Lissabon. Nun war die Kultur Iberiens zur Zeit der Eroberung keineswegs minderwertig. Es war die Blütezeit der Literatur und der Musik, von der in unserem Buch ehrenvoll die Rede war. Es gab in der „Neuen Welt“ sehr bald Orgeln, Musikschulen, Notendruck. Daß wesentlich mehr vorhanden war, blieb allerdings jahrhundertelang unbekannt: in den „Missionen“ der Jesuitenpatres an der heutigen Grenze von Argentinien und Paraguay gab es regelrechte Orchester, in denen Indios unter Leitung von Priestern Werke europäischer Barockkomponisten spielten. Auf selbstverfertigten Instrumenten und aus Noten, die, selten genug, aus Europa in die Kolonien gebracht wurden. Eines wie das Andere wurde vernichtet, als der Papst zur Zerstörung dieser „Missionen“ aufrief und Spanien wie Portugal zur Vernichtung dieser „Kultur im Urwald“ nur zu gern einen neuen Völkermord begingen.
Der starke Zuzug aus Europa förderte entscheidend die musikalischen Bestrebungen. Noch bewegten sich diese nur im Geleise Europas. Doch unter den ersten Musikern des neuen Erdteils befanden sich in steigendem Maße „Einheimische“. Vor allem in Brasilien, wo es zur

stärksten Blutmischung des Kontinents kam. Zu den Indios und den Weißen traten immer mehr Schwarze, die aus Afrika als Sklaven eingeschleppt wurden, sich aber bald als hochbegabte Musiker erwiesen. Eine brasilianische Region war es auch – die malerische Minenlandschaft von Minas Gerais – die im Hochbarock Europas glänzende Musik pflegte: Werke einheimischer Künstler gerade wie solche aus der „Alten Welt". Der Hof des Vizekönigs in Rio de Janeiro war eine Pflegestätte bester Musik. Ähnliches ließe sich aus anderen Hauptstädten berichten, aus Lima, México, Buenos Aires. Trotzdem hätte jeder objektive Beobachter den Kontinent im Urzustand noch lange einen Erdteil ohne Kultur genannt. Zwischen den wenigen Städten, in denen Musik gepflegt wurde, lagen Tausende von Kilometern, in denen es nur ein wenig Volksmusik gab, nirgends aufgezeichnet, nirgends bewußt betrieben.

1825 erstand in Buenos Aires, der Hauptstadt Argentiniens, ein erstes sinfonisches Orchester – wenn man von jenem schmählicherweise verschollenen des „Jesuitenstaates" absieht – dem es nach einigen Jahren gelang, eine der leichteren Beethoven-Sinfonien zu spielen. Und ebenfalls im Jahre 1825 erklang in derselben Stadt die erste Oper: Rossinis „Barbier von Sevilla". Es war das gleiche Jahr und das gleiche Werk, mit dem in New York zum ersten Mal Oper gespielt wurde. In den folgenden Jahren versuchen musikalische Kreise es Europa nachzutun. Nach Argentinien, aber auch Uruguay und Chile beginnt eine geradezu heftige Einwanderungswelle. Die Mehrzahl der ankommenden Emigranten aus Europa entfliehen der Not, Enge und Bedrückung, aber im bunten Völkergemisch gibt es doch auch Kulturträger. 1857 errichtet Buenos Aires ein stattliches Opernhaus, das ungefähr dreißig Jahre lang erfolgreich bespielt wird, wozu immer mehr namhafte Sänger zu Gastspielen aus Europa kommen. Als in Brasilien ein junger Musiker Aufsehen erregt, gewährt Kaiser Dom Pedro II. diesem Carlos Gomes ein Stipendium, um sich in Mailand fertig ausbilden zu lassen. Und in dessen altberühmter Scala feiert Gomes mit seiner Oper „Il Guarani" einen wahren Triumph, den er bald in der Heimat wiederholen kann. Obwohl die Musik auf Verdis Spuren wandelt, ist hier doch eine „südamerikanische" Oper geschaffen worden.

Der Aufstieg der Musik geht an vielen Punkten Süd- und Mittelamerikas überraschend schnell voran. Er verläuft Hand in Hand mit dem anderer Künste. Vielleicht ist er am interessantesten in Mexiko. Hier schlagen sich die politischen Ereignisse und Kämpfe am deutlichsten nieder. Das Land ist von 1910 bis 1917 durch eine blutige Revolution gegangen. Nirgends sind die Klassengegensätze so scharf wie hier. Sie schlagen sich in der Literatur, der Malerei, der Musik nieder. In den zwanziger Jahren des 20. Jahrhunderts ersteht hier die revolutionäre Richtung der Wandmaler. An die Stelle der Salons und Museen setzen Rivera, Siqueiros, Orozco die Freiluft-, die Volkskunst, die die nackten Häuserwände der werdenden Großstadt mit Kolossalgemälden klassenkämpferischen, sozialistischen Inhalts bedecken, ein lebendiges Museum mit volksbildnerischer Idee. Zugleich erwachsen Mexiko glänzende Dichter und Schriftsteller, die langsam in die „Welt" dringen und Nobelpreise einheimsen. Von gleichen Ideen sind Mexikos Musiker jener Zeit beseelt. Carlos Chávez (1899–1978) träumt von einer bewußt „proletarischen" Musik, zu der er selbst eine Reihe interessanter Werke beiträgt. Der Begabteste dieser Generation dürfte der unglückliche Sivestre Revueltas (1899–1940) gewesen sein, von dem manche Parallele zu Mussorgskij führt, und der niemals den Erfolg seiner so regellosen wie genialen Werke erlebte. Wenig weiß die Welt von Julián Carrillo (1875–1965), der lange vor allen anderen die Unterteilung des Halbtons verkündete. Seine Kompositionen, in denen Viertel-, Achtel-, Sechzehnteltöne und noch kleinere Einheiten verwendet werden, wurden, unter anderem durch den berühmten Dirigenten Stokowski, in großen Städten gespielt, sind aber heute völlig vergessen. Carillo, Halbindianer, könnte seine Theorie für einen Angriff auf das traditionelle Musiksystem gehalten haben, sie ist auf jeden Fall ebenso interessant wie die ähnlich gelagerte des Tschechen Alois Hába, von dem in den 1920er Jahren viel gesprochen wurde.

Linke Seite: Samuel Barber, US-Komponist. Arturo Toscanini führte sein jugendliches „Adagio für Streicher" in vielen Städten auf. Oben: Mitten im brasilianischen Urwald steht in Manaus (Manaos) ein großartiges Opernhaus, in dem während der ersten hundert Jahre seiner Existenz wohl nie Oper gespielt wurde.

Im Jahre 1908 wurde in Buenos Aires das wohl schönste Opernhaus der Welt eröffnet, das wie sein Vorgänger „Teatro Colón" heißt. Seine Akustik ist sprichwörtlich, seine Tradition bewundernswert. Kein Sänger, kein Dirigent, kein Choreograph oder Regisseur der Weltspitze, der hier nicht gewirkt hätte. In Argentinien wäre eine große Zahl hervorragender Komponisten zu nennen. Lange Zeit galt mit Recht der Brasilianer Heitor Villa-Lobos (1887–1959) als bedeutendster Komponist seines Landes und ganz Südamerikas. Vieles von seinen nahe an 2000 Werken kann als höchst begabt, einiges als genial bezeichnet werden. Seine Phantasie war grenzenlos, seine Extravaganz nicht viel weniger. Zur Erziehung der Jugend im Geiste der Musik organisierte er riesige Veranstaltungen im Stadion von Rio de Janeiro und ließ 40000 Kinder Volks- und Kinderlieder singen, Kanons erfinden und Freude an Musik erleben. Seine umfangreichsten Werke – Sinfonien und Opern – hatten am wenigsten Erfolg. Aber seine „Bachianas Brasileiras" und „Choros" fanden stärkste Resonanz in der ganzen Welt.

Nach Villa-Lobos' Tod stieg der Argentinier Alberto Ginastera (1916–1983) auf den freigewordenen Thron. Er gelangte schnell zu Ruhm in seiner Heimat, vor allem mit zwei Balletten, die glänzend Folklore mit technisch hervorragender Kunstmusik verbanden. Um der Avantgarde näher zu sein, der er sich geistig eng verbunden fühlte, zog er nach Europa, komponierte, nun ohne Nähe zur Volksmusik, hochintellektuelle Werke aller Genres, und starb in Genf. Neben ihm wirkten viele Talente innerhalb der argentinischen Musik: Carlos Lopez Buchardo, Floro Ugarte, Luis Gianneo, Gilardo Gilardi sind nur einige Namen. Als „Klassiker" der argentinischen Oper gilt Felipe Boero, dessen „Matrero" den Rang einer volkstümlichen Nationaloper einnimmt.

Heute ertönt in nahezu allen Staaten Süd- und Mittelamerikas sehr viel Musik. Orchester, Chöre, Kammermusikvereinigungen, Ballette gehören zu den aktivsten, unternehmungsfreudigsten und begabtesten der Welt. Der Austausch internationaler Spitzenkünstler hat längst ein Dutzend südamerikanischer Städte in die Route ihrer Tourneen eingeschlossen. Aber auch umgekehrt: zahlreiche weltbekannte lateinamerikanische Künstler wirken seit langem regelmäßig in den großen Hauptstädten der Musik.

Der Tango

Zwei argentinische Phänomene müssen besprochen werden. Beide gehören in das Bild ihrer Epochen. Das erste ist der Tango. Ziemlich genau ein Jahrhundert nach dem Walzer entsprang er einem recht ähnlichen Milieu wie jener – wenn auch fast 10000 Kilometer von dessen Wiege Wien entfernt –, der kleinbürgerlichsten Unterhaltungswelt von Buenos Aires. Wie der Walzer war auch der Tango ein Ausdruck des sozialen Protests. Zuerst nur als Tanzmusik mit abgehacktem, herausforderndem Rhythmus und gewalttätig anmutender Choreographie, wurde ihm zu Anfang des 20. Jahrhunderts ein Text beigefügt, alles eher als salonfähig, aus dem Leben der untersten Schicht gegriffen, frauenverachtend, mit Ausnahme der Mutter, der einzigen „reinen" Gestalt in dieser Unterwelt. Eine Fundgrube für Soziologen und Psychologen. Woher kam er? Auch er hat eine Genealogie, wie der Walzer, dessen Vorläufer Menuett, „Deutscher" und Ländler hießen. Aber der Ursprung des Tangos ist wesentlich komplizierter: Die in Kuba beheimatete Habanera, ein spanischer Tanz, der ähnlich klang und längst „Tango" hieß, ein argentinischer Tanz der ländlichen Gauchos namens Milonga: Von jedem kam etwas, aber alles zusammen war noch kein Tango. Eines Tages kam irgendein Musiker und improvisierte ihn, mit seinen harten Ecken, seinen pantherartig schleichenden, seinen ruckartigen, bedrohlich wirkenden Bewegungen, die der Unterwelt angepaßt schienen. Dieser Tango verbreitete sich in Außenbezirken, in verrufenen Vierteln. Doch die jungen Herren der „Hautevolée" hatten längst Gefallen an diesem Tanz gefunden und besuchten inkognito seine Lokale. Bei der festlich begangenen hundertjährigen Unabhängigkeitsfeier Argentiniens im Jahr 1910 begleiteten diese jungen Herren heimlich ihre zahlreichen Gäste, die Delegationen der ganzen Welt, „zum Tango", dem sicher Originellsten, was Buenos Aires damals zu bieten hatte. So kam der Tango in die „Welt", eroberte Paris, wo sein glänzendster Sänger, der heute legendäre Carlos Gardel (der noch jung 1936 bei einem Flugzeugabsturz starb), neben der Mistinguett auftrat. Er hatte sich abgeschliffen, die Sitten der Zeit und seine Urformen waren einander entgegengekommen: Der Tango war gesellschaftsfähig geworden, wie hundert Jahre zuvor der Walzer, als die junge Königin Victoria ihn in London bei ihrer Krönung getanzt hatte. Er ist immer noch, international, einer der beliebtesten lateinamerikanischen Tänze. Allerdings scheiden sich seine Anhänger in die Gruppe der *guardia vieja*, die ihn in alter Form beibehalten, wie ihn die „Großen des Tangos" spielten, Francisco Canaro an ihrer Spitze, und in die Gruppe des „modernen" Tangos, die in dem hervorragenden Musiker Astor Piazzola ihr Idol sieht.

Die Misa criolla

Als zweites Phänomen möchten wir die Misa criolla vorstellen, die heute in unzähligen Aufführungen und Millionen Schallplatten ein Weltbegriff geworden ist. Sie verdankt ihre Existenz dem Zweiten Vatikanischen Konzil (1962–1965), das sich bekanntlich stark mit der Liturgie der katholischen Kirche befaßte und deren Durchführung in den Landessprachen gestattete. In

Linke Seite: „Tango", gesehen von einem bedeutenden Künstler: Héctor Basaldúa (Chefausstatter des Opernhauses Teatro Colón in Buenos Aires).
Oben: Das „Cuarteto de los Andes", die Interpreten der „Misa criolla" von Ariel Ramírez mit ihren (z. T. indianischen) Instrumenten.

mehreren Weltteilen entstanden daraufhin Messen und Gesänge, die von der neuen Erlaubnis Gebrauch machten: Eine afrikanische „Luba-Messe" war vielleicht die erste, dann traten in Lateinamerika solche Werke an das Licht: in Mexiko, in Chile, vor allem aber die „Misa criolla" (wörtlich die „einheimische", die „im Land geborene" Messe) des populären volkstümlichen Komponisten Ariel Ramírez (geb. 1921), der damit über Nacht weltberühmt wurde. Sie verwendet zu den ins Spanische übersetzten Messetexten Rhythmen und Weisen der Volksmusik des südlichen Südamerika, von Volksinstrumenten intoniert, wie dem CHARANGO (einem Zupfinstrument aus dem Panzer eines Gürteltieres) der QUENA oder KENA (einer Hirtenflöte aus den Anden), der ZAMPOÑA (einer indianischen Panflöte) und natürlich der Gitarre. Als die *Misa criolla* dem Papst im Vatikan vorgespielt wurde, schrieb der „Osservatore Romano": „Wir sahen den Papst tief bewegt, wie wir alle waren. Dieses Werk ist unvergeßlich und lebt weiter in allen Herzen, gleichgültig, welches ihr Glaubensbekenntnis sein möge."
Als der berühmte Tenor José Carreras von einer eigentlich unheilbaren Leukämie durch ein Wunder Gottes (und das an ein Wunder grenzende Können einiger Ärzte) geheilt wurde und Leben und Stimme neugeschenkt erhalten hatte, war es einer seiner ersten Wünsche, die Misa criolla (die sonst stets von Chören gesungen wird) für eine Schallplatte einzuspielen.

KARNEVAL, SAMBA, TAVARES.

Brasilien, das Riesenreich mit unvorstellbaren neun Millionen Quadratkilometern, ist voll von Musik: indianischer Musik, Negermusik, gemischter Musik jeder nur erdenklichen Art. Die einzige Frage, die der Leser sich hier stellen muß, lautet: Gehört diese Musik in unser Buch, das dem abendländischen Musikgeschehen gewidmet ist? Hierher würde allenfalls das Musikleben der großen Städte gehören, das weitgehend von Weißen beherrscht wird. Aber was in den Urwäldern des Amazonas, dem „Sertao" des Mato grosso und vielen anderen Orten des Landes erklingt – und es erklingt viel mehr als der Europäer ahnt – gehört in eine andere Welt, einen anderen Kulturkreis. Der Tango gehörte zum Abendland: er ist eine „rein weiße" Musik, eine Großstadtpflanze fragwürdigster Herkunft, aber glänzender Entwicklung. Ein Phänomen, sagten wir. Auch Brasilien besitzt ein Phänomen: den Karneval. Auch er ist ein Phänomen und ein enorm musikschöpferisches dazu. Für ihn leben und sparen die Ärmsten in den Favelas, für ihn dichten und komponieren Tausende von Textern und Musikern, gerade wie vor hundert Jahren für den Fasching in Wien, – nur ins Gigantische vergrößert – und vergröbert. Im brasilianischen Karneval – nicht nur in Rio de Janeiro – werden tausende neue Lieder geboren. Hier entsteht, gegen alle Definitionen und Regeln, Folklore, Volkskunst. Das meiste im Rhythmus der Samba, die von ungeheurer Popularität ist: weicher, geschmeidiger, sinnlicher als der Tango, gepflegt in „Schulen", auch sie ein wahres Phänomen. Schwarz oder weiß – das ist hier die Frage. Welches Glück, daß sie hier in Brasilien kein Problem darstellt.
Weiß ist zum größsten Teil die Komponistengarde Brasiliens; sie enthält hervorragende Namen: Lorenzo Fernandez, Francisco Mignone, Camargo Guarnieri, Claudio Santoro, die eines Tages zu den „Klassikern" des Landes gezählt werden dürften und denen eine neue Generation gegenübersteht, die den Eingang ins dritte Jahrtausend bilden werden. Eines Genies sei gesondert gedacht: des Amazonas-Musikers Hekel Tavares und seiner Melodien. Sie führen in die phantastische Welt, in der er sein ganzes Leben verbrachte und deren Lieder zu singen er von einem höheren Schicksal wohl berufen wurde. Sollte ich dazu ausersehen sein, eine Liste mit den hundert faszinierendsten Liedern der Welt auszuwählen, Hekel Tavares stünde darauf, am ehesten vielleicht „Xangò".

Ausblick und Aufbruch

Kaum je dürfte der Übertritt in ein neues Jahrtausend so dicht von Nebeln verhangen gewesen sein, wie jener, den zu durchschreiten wir uns anschicken. Auf allen Gebieten des Lebens wird dies deutlich. Stehen wir vor einem Untergang oder einer völlig neuen Welt? Wie könnte die Musik eines solchen Zeitalters klar, leicht erkennbar, vielleicht gar lieblich und freudig klingen? Die schrillen Dissonanzen, die heute zum führenden Merkmal geworden zu sein scheinen, haben ihre tiefe Begründung im Leben, das uns umgibt. Wir könnten ihnen – in der Musik – aus dem Wege gehen, nur in der Nostalgie leben. Aber es wäre unwahr, denn jede Zeit hat ihre eigene Kunst, unabdingbar miteinander verbunden wie Leben und Tod.
Komponieren heißt „zusammensetzen“, Klänge zusammensetzen. Zehntausend „Komponisten“ tun dies heute in der ganzen Welt, mehr als wohl je vorher zu irgendeiner Zeit. Sie tun dies zum Teil auf alte Weise, zum Teil unter Zuhilfenahme modernster Elektronik. Sie sind mit der Technik so beschäftigt, daß sie das Wichtigste vergessen. Was sie tun, ist nur ein äußerer Vorgang, kein wahres „Werk“ kann so entstehen. Der Materie, den zusammengesetzten Klängen Seele einzuhauchen, das ist die wahre Aufgabe der Musik. In einer sich rasend schnell wandelnden Zeit ist es auch den Künsten nur selten vergönnt, Dauerndes hervorzubringen, Werte zu schaffen, die den Tag überleben.
Den zahllosen Suchenden, Kämpfenden, oft Verzweifelnden hat Gustav Mahler im Abschiedsgesang seines „Lieds von der Erde“ einen tiefen Trost gesungen: „Die liebe Erde allüberall blüht auf im Lenz und grünt aufs neu, allüberall und ewig blauen licht die Fernen ... ewig ... ewig ... ewig ... ewig ...“ Dorthin, in diese Ewigkeit strebt der Mensch, oft ohne von ihr zu ahnen, heute wie vor tausend Jahren, wie in tausend Jahren. Denn ewig ist das Leben, auf unserem oder auf irgendeinem anderen Stern, in irgendeiner seiner Millionen Ausprägungen, als Pflanze, Stein, gestalteter oder gestaltloser Geist. Und über alles hin weht wohl Musik, die Musik der Seele, die Verkündigung eines höheren Lebens, das Einswerden mit dem Göttlichen.
Die großen Schöpfernaturen, von denen unser Buch erzählt hat, sind in ihren höchsten Augenblicken eins geworden mit dem Göttlichen, mit dem Ewigen, mit dem All. Es muß sie auch heute geben, aber in unserer schnelllebigen Zeit findet keiner mehr die Muße, sie zu suchen. Das kann das Merkmal aller unruhigen Zeiten sein. Vor vielen tausend Jahren erkannte dies ein chinesischer Philosoph: Verworrene Zeiten haben eine verworrene Musik, sagte er; sie würde wieder ruhiger, wenn die Zeit sich beruhigte, auf feste Ziele richtete ...
Auf meinen weiten Fahrten bin ich auf hunderte Komponisten gestossen: War ein „Auserwählter“ unter ihnen? Zum Ausklang will ich ein paar Namen nennen von jenen, die es vielleicht sind. Vielleicht. Ich maße mir keine Richterrolle an. Aber ich möchte doch, um dieses Buch abzuschliessen, einige wenige Namen nennen, die ich mit starken Eindrücken verbinde. Es mag auffallen, dass sie durchwegs aus dem „Osten“ stammen. *Ex Oriente lux*? Hat hier der alte Satz noch Sinn und Bedeutung, kommt das Licht aus dem Osten? Nur drei Namen seien hier aufgeführt, von denen der Leser vielleicht bisher noch keinen kennt. In den Werken dieser drei Musiker scheint etwas Bedeutendes mitzuschwingen. Aus Estland stammt Arvo Pärt, über den im Buch nachzulesen ist. Viel Musik, die ich seitdem von ihm hörte, bestätigt ihn immer wieder aufs Neue. Sie scheint so alt wie die Menschheit und so neu wie der tägliche Sonnenaufgang. Einfach, klar, keiner Gruppe, keiner Sekte, keiner Schule zugehörig, jedem Menschen verständlich, jedem empfindsamen Wesen ins tiefste Innere dringend. Eine stille Musik, eine Musik der Stille. Aber eine Musik, die wie mächtiger Orgelklang in unserem Inneren anzuschwellen vermag, als erfülle sie das All mit unendlichem Klingen. Ihm ein wenig verwandt ist der Georgier Giya Kancheli. Es ist, als suche er in der „geheimnisvollen Stille“ den Weg ins Universum. „Aus Musik entsteht Stille“, hat er gesagt, „und bisweilen wird dann die Stille selbst zur Musik. Eine solche Stille zu erreichen ist mein Traum ...“
Der Dritte ist ein Pole: Henryk Mikolai Górecki. Irdischer als die anderen, erdverbundener, aber lebensecht, glühend wie eine Feuersbrunst und lächelnd wie ein Kinderantlitz. Der Japaner Toru Takemitsu, die Russin Sofia Gubaidulina ...
George Bernard Shaw läßt seinen sterbenden Maler Louis Dubedat im „Arzt am Scheideweg“ die schönen Worte sprechen, die ich – ins Musikalische gewendet – zitieren will: „Ich glaube an die Macht der Melodie, an das Mysterium der Harmonie, an die Gewalt des Rhythmus, ich glaube an Palestrina, Beethoven und Schubert, an die Erlösung von allen Übeln durch die ewige Schönheit und an die Sendung der Kunst ...“

Den hier erwähnten Opern liegen Theaterstücke oder Ereignisse zugrunde, die in der folgenden Zeittafel unter den entsprechenden Nummern aufgeführt sind.

① Wagner, Richard: Tristan und Isolde
② Wagner, Richard: Lohengrin
③ Orff, Carl: Carmina burana
④ Massenet, Jules: Le Cid
Wagenaar, Johan: Der Cid
⑤ Wagner, Richard: Lohengrin, Parsifal
⑥ Händel, Georg Friedrich: Riccardo I.
Grétry, André Ernest: Richard Coeur-de-Lion
⑦ Wagner, Richard: Der Ring des Nibelungen
⑧ Wagner, Richard: Parsifal
⑨ Wagner, Richard: Tannhäuser
⑩ Verdi, Giuseppe: Les vêpres siciliennes
⑪ Honegger, Arthur: Jeanne d'Arc au bûcher und mit (nach Schiller) unhistorischem Schluß:
Tschaijkowskij, Pjotr Iljitsch: Die Jungfrau von Orléans
Verdi, Giuseppe: Giovanna d'Arco
⑫ Wagner, Richard: Parsifal
⑬ Rossini, Gioacchino: Guillaume Tell
⑭ Stieber, Hans: Der Eulenspiegel
Reznicek, Emil Nikolaus von: Till Eulenspiegel
⑮ Franchetti, Alberto: Cristoforo Colombo
Milhaud, Darius: Christophe Colomb
Egk, Werner: Columbus
Zador, Eugen: Christoph Columbus
⑯ Meyerbeer, Giacomo: L'Africaine
⑰ Lortzing, Albert: Hans Sachs
Wagner, Richard: Die Meistersinger von Nürnberg
⑱ Donizetti, Gaetano: Maria Stuarda
⑲ Benda, Georg: Romeo und Julia
Bellini, Vincenzo: I Capuleti ed i Montecchi
Gounod, Charles: Roméo et Juliette
Sutermeister, Heinrich: Romeo und Julia
Blacher, Boris: Romeo und Julia
⑳ Thomas, Ambroise: Hamlet
Reutter, Hermann: Hamlet
㉑ Rossini, Gioacchino: Otello
Verdi, Giuseppe: Otello
㉒ Verdi, Giuseppe: Macbeth
㉓ Reimann, Aribert: Lear
㉔ Massenet, Jules: Don Quijote
Falla, Manuel de: Meister Pedros Puppenspiel
㉕ Mozart u. v. a.: Don Giovanni
㉖ Jarno, Georg: Der Richter von Zalamea
㉗ Rossini, Gioacchino: Tancredi
㉘ Mattheson, Johann: Boris Godunow
Mussorgskij, Modest: Boris Godunow
㉙ Weinberger, Jaromir: Wallenstein
㉚ Lully, Jean Baptiste: Le bourgeois gentilhomme
Strauss, Richard: Ariadne auf Naxos (Vorspiel)
㉛ Gluck, Christoph Willibald: Iphigenie in Aulis
㉜ Lortzing, Albert: Zar und Zimmermann
㉝ Cilèa, Francesco: Adriana Lecouvreur
㉞ Mozart, Wolfgang Amadeus: La Clemenza di Tito
㉟ Puccini, Giacomo: Turandot
㊱ Goldmark, Karl: Götz von Berlichingen
㊲ Massenet, Jules: Werther
㊳ Rossini, Gioacchino: Il Barbiere di Siviglia
㊴ Auber, François: Gustave III.
Verdi, Giuseppe: Un Ballo in maschera
㊵ Klebe, Giselher: Die Räuber
Verdi, Giuseppe: I Masnadieri
㊶ Einem, Gottfried von: Kabale und Liebe
Verdi, Giuseppe: Luisa Miller
㊷ Verdi, Giuseppe: Don Carlos
㊸ Mozart, Wolfgang Amadeus: Le Nozze di Figaro
㊹ Giordano, Umberto: Andrea Chénier
㊺ Donizetti, Gaetano: Maria Stuarda
㊻ Tschajkowskij, Pjotr Iljitsch: Die Jungfrau von Orléans
Verdi, Giuseppe: Giovanna d'Arco
㊼ Gounod, Charles: Faust
Boito, Arrigo: Mefistofele
㊽ Geißler, Fritz: Der zerbrochene Krug
Jarno, Georg: Der zerbrochene Krug
㊾ Schoeck, Othmar: Penthesilea
㊿ Graener, Paul: Der Prinz von Homburg
Henze, Hans Werner: Der Prinz von Homburg
(51) Donizetti, Gaetano: Lucia di Lammermoor
(52) Offenbach, Jacques: Les Contes d'Hoffmann, Ballade von Klein-Zack
(53) Glinka, Michail: Ruslan und Ludmila
(54) Mussorgskij, Modest: Boris Godunow
(55) Rimskij-Korsakow, Nikolaj: Mozart und Salieri
(56) Tschajkowskij, Pjotr Iljitsch: Eugen Onegin
(57) Tschajkowskij, Pjotr Iljitsch: Pique Dame
(58) Verdi, Giuseppe: Ernani
(59) Schmidt, Franz: Notre Dame
(60) Verdi, Giuseppe: Rigoletto
(61) Einem, Gottfried von: Dantons Tod
(62) Dessau, Paul: Leonce und Lena
(63) Berg, Alban: Wozzeck
(64) Bizet, Georges: Carmen
(65) Verdi, Giuseppe: La Traviata
(66) Puccini, Giacomo: La Bohème
Leoncavallo, Ruggero: La Bohème
(67) Janáček, Leoš: Aus einem Totenhaus
(68) Egk, Werner: Peer Gynt
(69) Prokofjew, Sergej: Krieg und Frieden
(70) Janáček, Leoš: Kátja Kabanová
(71) Liebermann, Rolf: La Forêt
(72) Delius, Frederick: A Village Romeo and Juliet
(73) Strauss, Richard: Salome
(74) Puccini, Giacomo: Tosca
(75) Berg, Alban: Lulu
(76) Britten, Benjamin: Death in Venice
(77) Février, Henri: Monna Vanna
(78) Debussy, Claude: Pelléas et Mélisande
(79) Wolf, Albert: Der blaue Vogel
(80) Strauss, Richard: Elektra
(81) Strauss, Richard: Der Rosenkavalier
(82) Strauss, Richard: Ariadne auf Naxos
(83) Strauss, Richard: Die Frau ohne Schatten
(84) Loewe, Frederick: My Fair Lady (Musical)
(85) Krenek, Ernst: Orpheus und Eurydike
(86) Einem, Gottfried von: Der Prozeß
(87) Strauss, Richard: Arabella
(88) Spolianskij, Mischa: Katharina Knie (Musical)
(89) Levy, Marvin David: Mourning becomes Elektra
(90) Fortner, Wolfgang: Bluthochzeit
Castro, Juan José: Bodas de sangre (Bluthochzeit)
(91) Sessions, Roger: Das Verhör des Lucullus
Dessau, Paul: Die Verurteilung des Lukullus
(92) Weill, Kurt: Dreigroschenoper
(93) Dessau, Paul: Puntila
(94) Kelterborn, Rudolf: Ein Engel kommt nach Babylon
(95) Einem, Gottfried von: Der Besuch der alten Dame

Vergleichende Zeittafel

von Rosmarie König

Zeit	Weltgeschehen	Wissenschaft/tägliches Leben
Um 400	Der Westen des seit 395 geteilten Römerreiches zerfällt durch innere Zermürbung und im Kampf gegen anstürmende Germanenstämme. Das Oströmische (Byzantinische) Reich (Hauptstadt Konstantinopel) besteht weiter und räumt der Kirche (Christentum seit 324 Staatsreligion) bedeutende Machstellung ein.	Die Kirche ist Träger aller kulturellen Funktionen. Sie pflegt Wissen in jeder mit ihrem Glauben vereinbaren Form, so auch die Musik in Theorie und Praxis. Der patriarchalischen Gesellschaftsordnung gemäß ist der Gesang reine Männersache. Das Fehlen jeder hierarchischen Abstufung, das Ablegen jeder Identität bei Eintritt in einen Orden, macht ausschließlich einstimmigen Gesang (Homophonie) möglich. Weiterhin liegt alle Bildung und Kultur bei der Kirche.
Um 600	Die Kirche verweltlicht sich und strebt politische Herrschaft an. Im Lauf der Jahrhunderte erheben sich immer wieder Gläubige gegen diese Entwicklung. Mohammed schafft eine neue Religion (Islam), die die Wüstenvölker begeistert und zu Eroberungszügen anspornt. Selbst Mittelmeerinseln (Zypern, Rhodos und Kos) verfallen ihr; Konstantinopel widersteht, aber die Meerenge von Gibraltar öffnet ein Einfallstor ins Abendland. In kurzer Zeit steht die ganze Iberische Halbinsel unter der Herrschaft der Araber; erst Karl Martell bringt sie jenseits der Pyrenäen [732] zum Stehen.	
800–1000	Das arabische Reich erlebt eine kulturelle Blüte, deren geistige und künstlerische Vorboten sich auch über die ganze Iberische Halbinsel erstrecken (Weisheitsschulen, hochentwickelte Musiktheorie). Das Frankenreich eint Mitteleuropa. Die Normannen (aus Nordeuropa) breiten sich im Raum Frankreich, England und Rheinland aus. Keimzellen zukünftiger europäischer Staaten werden gelegt: Russisches Reich von Nowgorod oder Kiew, Königreich Norwegen und Ungarisches Reich.	Die Ausübung der Kultur liegt immer noch zum großen Teil in den Händen des Klerus, doch die Bildung kleinerer politischer Gemeinschaften fördert den sozialen Aufstieg gewisser Führernaturen, aus denen der junge europäische Adel hervorgeht. Gegen seine immer krasseren Machtansprüche ersteht in langsamem aber stetigem Wachstum die Organisation von Ballungszentren: die Städte. Auch sie streben, sich ihrer Position bewußt, nach Kulturträger-Funktionen.
1000	In allen Lebensbereichen macht sich eine Aufbruchstimmung bemerkbar: erste Entdeckung Amerikas durch den Normannen Leif Eriksson. Venedig wird Beherrscher der Adria. England gerät unter dänische Herrschaft (Knut der Große) [1017], die bis 1042 dauert.	Das Lateinische, das bis zu dieser Zeit als Sprache der Kirche und ihrer Vertreter ein einheitlicher abendländischer Kulturträger war, wird immer stärker von „Vulgärsprachen" durchsetzt: den sich bildenden Volkssprachen des europäischen Kontinents.
1025	Durch innere Machtkämpfe und das Emporkommen selbständiger Dynastien ist das Araberreich geschwächt und kann die Vorstöße im Norden Spaniens nicht mehr abwehren. Die Reconquista (langsame christliche Rückeroberung) setzt ein. Die Normannen dringen tief nach Süden vor, nehmen Byzanz Apulien ab [1043]...	

Künste (ohne Musik)	Musik	Epoche
Zur höheren Ehre Gottes beginnt die Kirche ihre Heiligtümer auszuschmücken. Erste bildliche Darstellungen der Geschichte Jesu entstehen; als übersinnliches Element werden geflügelte Engel eingeführt. Farbige Glasstückchen werden zu Kirchenfenstern zusammengesetzt. Wo die Kirche diese Entwicklung nicht mit eigenen Handwerkern fördern kann, erteilt sie einer beginnenden Künstlerklasse solche Aufträge. In Europa werden viele Klöster gegründet: Luxeuil in den Vogesen, Bregenz (erstes Kloster auf deutschem Boden), Bobbio im Apennin, St. Gallen, Westminster in London, Salzburg.	Hilarius de Poitiers versucht westliche und östliche Liturgie einander anzunähern. Ambrosius (ca. 340–397) führt verschiedenartiges, auch orientalisches Musikgut in seinem Bistum Mailand zusammen (Ambrosianischer Gesang) und versucht eine frühe Ordnung der Kirchengesänge. Boethius (um 480–524) verfaßt seine fünfbändige „De institutione musicae", eine Musiktheorie mit Festlegung der Kirchentonarten, die deutlich aus der griechischen Musikpraxis stammen.	Frühchristlicher Gesang
	Papst Gregor der Große vereinheitlicht im »Antiphonarium Gregorianum" die Liturgie (Gregorianischer Gesang) und fördert zu deren Pflege die *Schola Cantorum*, in der vor allem auch Missionare ausgebildet werden. Der Gregorianische Gesang bleibt ausschließlich Mönchen vorbehalten, ist einstimmig und wird ohne jede instrumentale Stütze ausgeführt, wie er seinerseits aus dem jüdischen Tempelgesang übernommen wurde.	Gregorianischer Gesang
Ganz Südeuropa wird von den arabischen Ausstrahlungen auf künstlerischem und wissenschaftlichem Gebiet (auffallende Fortschritte z. T. alter Wissenschaften, deren Kenntnisse bis zu den Ägyptern, Persern und Griechen zurückreichen) geprägt. In der Folge erste Universitätsgründungen. Großartiges Erwachen früher literarischer Bestrebungen; Anstöße von den Kelten (Mythen und Sagen, u. a. „Tristan und Isolde" ①, „Schwanenritter" ② usw.) und vom Islam (Märchensammlung „1001 Nacht").	Im Kloster St. Gallen wirken zwei bedeutende Musiker: Notker Balbulus (um 840–912) unternimmt zielbewußte Schritte zur allgemeingültigen Notenschrift. Notker Labeo (950–1022) übersetzt griechische Musiktheoretiker ins Althochdeutsche und zeigt großes Interesse für den Orgelbau. Einem der beiden ist wahrscheinlich die Hymne „Media vita" (Mitten wir im Leben sind") zuzuschreiben (Ursprung eher volkstümlich als gregorianisch). Erste Versuche zur Bildung einer Notenschrift: die (aus dem Altertum stammenden) Neumen werden durch zunehmende Fixierung auf Tonhöhen andeutende, waagrechte Linien zu immer deutlicherer Aussagefähigkeit entwickelt. Über Hucbald geht der Weg zu Guido von Arezzo (um 992–1050), der mit Hilfe von vier Linien dem später endgültigen System schon recht nahekommt. Von ihm stammt auch die Solmisation, mit der Tonleiter Ut(Do)-Re-Mi-Fa-Sol-La-Si. Von der Volksmusik des ersten Jahrtausends, wie sie Barden und Skalden (Dichter und Vorsänger) sowie Spielleute (Trommler und Pfeifer als Begleiter stehender Heere) pflegten, ist nichts überliefert.	Erste Mehrstimmigkeit
Um die Jahrtausendwende ist in den Künsten eine große Umwälzung bemerkbar. Der Blick, der vorher nach innen gerichtet war, wird nun auch außen, auf die Schönheit der Natur, der Welt gelenkt. Die Troubadour- und Minnesängerlyrik wendet sich neben dem Gotteslob weltlichen Themen zu: dem Frauendienst (der Verehrung einer höhergestellten Frau in Minne) und dem Herrendienst (Vasallentreue, Männerfreundschaften mit bedingungsloser Kameradschaft). Auch in der Malerei ist diese Blickänderung bemerkbar: In die frommen Darstellungen von Jesus und Maria wird langsam die Natur miteinbezogen. Frühromanische Kirchen: massig, horizontal betont. Vierungstürme. Allmähliche Überwölbung von Mittel- und Seitenschiffen. Baubeginn bedeutender Festungen: Hohensalzburg, Tower in London.	Für die ersten vier Jh. des zweiten Jahrtausends ist ein lebendiger Zusammenhang zwischen Volksmusik und Kunstmusik anzunehmen. Die Kirche beharrt in ihren liturgischen Formen, aber dennoch werden Verbindungen zur Volksmusik auffallend häufiger *(Media vita).* Rein aus dem Volkstum stammen die weltlichen Bestrebungen, die Gesänge der Troubadoure und Minnesänger, die sich immer deutlicher zu eigenen Musikformen zu entwickeln suchen. Volksnähe weisen auch die sich entfaltende Hofmusik und die noch in bescheidenen Anfängen stehende Musik der Zünfte und Bürgergruppen in den Städten auf. So wie das Individuum sich immer mehr in den Vordergrund schiebt, der Einzelne sich aus der Gemeinschaft zu lösen beginnt, treten einzelne Stimmen aus dem Gesang der Masse. Langsam gewöhnt sich das abendländische Ohr an die klangliche Präsenz mehrerer gleichzeitiger Melodielinien: Die Mehrstimmigkeit (Polyphonie) entsteht und beherrscht bald in verschiedenartigsten Formen das musikalische Geschehen.	Romanik

Zeit	Weltgeschehen	Wissenschaft/tägliches Leben
1050	... beginnen in Unteritalien ihr Reich zu errichten. Gleichzeitig erstreben sie auch im Norden die Herrschaft: Wilhelm der Eroberer wird nach der Schlacht bei Hastings König von England [1066].	(Griechische) Ostkirche und (lateinische) Westkirche, beide überzeugt, das „echte" Christentum zu vertreten, trennen sich im Streit 1054 und schaffen damit eine bis zum heutigen Tag nicht beseitigte Spannung. Inmitten der rasch pluralistisch werdenden Gesellschaft erläßt Venedig eine erste Zunftordnung. Wenig später früheste Zunft auf deutschem Boden: die der Schiffer in Worms.
1075	Investiturstreit: Papst beschränkt Recht des Kaisers zur Bischofswahl. Heinrich IV. setzt Papst Gregor VII. ab. Papst bannt den Kaiser, der mit Gang nach Canossa büßt [1077]. Nachdem Venedig beim Zurückwerfen der Normannen half, wird es von Byzanz als gleichberechtigte Macht anerkannt [1085]. Darauf folgt wachsende Rivalität der beiden Städte. Normannen vertreiben Araber aus Malta und Sizilien [1090]. Adel und Kirche verbünden sich zum großen Gemeinschaftsunternehmen der (äußerst fragwürdigen) „Kreuzzüge". Es gelingt ihnen, die Begeisterung der Massen zu erwecken, aber die politischen Folgen dieser „Kämpfe gegen den Unglauben" stehen zu den Opfern in keinem Verhältnis. 1. Kreuzzug führt zur Bildung des Königreiches Jerusalem unter Gottfried von Bouillon [1096].	Gregor VII. legt einen der umstrittensten Grundsätze der römischen Kirche fest: den Zölibat für alle Priester. Constantinus Africanus bringt medizinisches Wissen in arabischen Schriften nach Salerno, wo ebenso wie im gleichzeitigen Spanien arabische Weisheitsschulen bahnbrechendes Wissen aus östlichen Quellen schöpfen. Stärker ist die Wirkung der Kreuzzüge auf kulturellem Gebiet, da ein noch recht mittelalterliches Ritterheer auf eine weit überlegene Zivilisation stößt, von der es nicht wenig lernt.
1100	Aragón schlägt die Araber in Nordwestspanien [1118].	
1125	Süditalien und Sizilien geeint unter dem Normannen Roger II., „Königreich beider Sizilien" [1130]. 2. Kreuzzug scheitert vor Erreichen Jerusalems nach Niederlage gegen die Türken bei Damaskus [1147].	Roger II. bringt die arabische Seiden-Kunstweberei nach Sizilien; ein früher Hinweis auf das Streben nach verfeinerter Lebensqualität. Das stark wachsende Wissensbedürfnis fördert die Papierherstellung (Ersatz für Pergament), die von den Arabern nach Spanien gebracht wurde.
1150	Kaiser Friedrich I. Barbarossa fordert die Wiederherstellung der kaiserlichen (politischen und steuerlichen) Rechte in Italien, die seit Jahrhunderten bestehen [1158]. Daher unternimmt Friedrich I. mit seinem deutschen Heer einen Feldzug gegen die freien Städte Oberitaliens. Ausbruch einer Seuche zwingt das Heer zum Rückzug.	Aus dem Zusammenschluß geistlicher Schulen entsteht die Universität Paris, die das europäische Universitätswesen einleitet. Mit den Kreuzfahrern kommen schwarze Ratten nach Europa, deren Flöhe, begünstigt durch die mangelnde Hygiene, die Pest verbreiten.
1175	Erfolgreiche Erhebung norditalienischer Städte gegen Friedrich I. Schlacht von Legnano [1176] bringt ihnen Unabhängigkeit. Jerusalem wird durch die Eroberung Sultan Saladins wieder arabisch [1187]. Um diesen Zustand zu ändern, bricht ein 3. Kreuzzug auf, der scheitert: Friedrich I. Barbarossa ertrinkt bei Silifke, Richard Löwenherz wird auf der Burg Dürnstein an der Donau in der Wachau gefangengehalten. ⑥	Neben gewachsene Städte treten Neugründungen durch Adlige an Orten, die durch ihre günstige Lage an Schnittpunkten von Handelswegen aufstiegsversprechend sind. Damit Hamburg bei dem zunehmenden Handel mithalten kann, erhält es von Friedrich I. Schiffahrtsprivilegien.
1200	Ein 4. Kreuzzug soll Erfolg bringen: Durch neue Aspekte gelenkt wird Konstantinopel gestürmt und „lateinisches Kaisertum" [1204].	Venedig fühlt sich in seinen Interessen am östlichen Mittelmeerhandel durch Konstantinopel gestört; es kann das vierte Kreuzfahrerheer gegen diese Stadt lenken. Der aufkommende Handel erfordert von den italieni-

Literatur: Rolandlied in Frankreich, Spiel von den klugen und törichten Jungfrauen.

Bedeutende romanische Kirchenbauten: San Marco in Venedig, St. Sernin in Toulouse, Peter-Pauls-Kirche in Hirsau (romanischer Musterbau der Hirsauer Bauschule).

Normannische Eroberung Siziliens ergibt eigentümlichen normannisch-arabisch-byzantinischen Mischstil in der Baukunst.

Neben umherziehenden Troubadours, reisenden Kaufleuten, finden sich auf den Landstraßen auch Überreste von Heerhaufen sowie Vaganten, Goliarden, deren charakteristische Lieder u. a. im Kloster Benediktbeuren gefunden werden (Carmina burana) ③.

Augustiner-Chorherrenstift in Klosterneuburg bei Wien gegründet.
Bedeutende abendländische Kulturerscheinungen: Ur-Tristan ① (keltische Sagengestalt).
Briefe Abaelards an Heloise.
Spanisches Gedicht vom „Cid" ④.

Während in der Romanik Frankreichs eine stärkere Plastizität der Figuren und eine Wiederbelebung antiker Formen auftritt, werden an der Kathedrale von St. Denis in Paris zum ersten Mal Spitzbogen angebracht; erstes Anzeichen der Gotik.

Der erste bekannte Troubadour ist Wilhelm von Aquitanien (1071–1126). Er tritt mit einem „Ménéstrel" (dt.: Spielmann) auf, der ihn auf einem Instrument (üblich sind Leier, Fidel oder Harfe) begleitet.
Das 12. Jh. wird von der Notre Dame-Schule in Paris beherrscht. Ihr bedeutendster Vertreter zu Beginn ist Leonin oder Leoninus. Er versieht den Gregorianischen Gesang mit einer Begleit- oder Gegenstimme und weitet die Kirchenmusik sogar bis zur Dreistimmigkeit aus. Leoninus' wichtigster Nachfolger ist Perotin oder Perotinus (um 1200), der seine Gesänge vierstimmig setzt, wobei dies meistens vier hohe Männerstimmen sind. Der *cantus firmus*, die Hauptmelodielinie kann dabei in irgendeiner der vier Stimmen liegen, so daß Gegenstimmen darüber und darunter gesetzt werden können.
Aus dieser Mehrstimmigkeit (Polyphonie) entsteht die Motette.
Am Hof von Zaragoza und in der Stadt leben im 12. Jahrhundert 600 Musiker, Spanier und Ausländer; gehören der sich eben bildenden Kaste der Berufsmusiker an.
Die immer anspruchsvoller und komplizierter werdende Polyphonie ist nicht mehr rein vokal auszuführen, sie erfordert eine Stütze: die Orgel. (Zu Beginn des 2. Jh. wurde sie von Ktesibios in Alexandria als Wasserorgel erfunden und seither stetig weiterentwickelt). Deshalb werden in den Kirchen Orgeln eingebaut (in der Markuskirche in Venedig sogar eine zweite auf der gebenüberliegenden Seite).

Romanik
Französische Frühgotik

Chrétien de Troyes, Begründer der nordfranzösischen Trouvèreskunst: Tristan ①, Gralsage ⑤.
Verschiedene Baustile nebeneinander: in deutschem Gebiet noch romanisch, in Frankreich frühgotisch, in Spanien arabisch-gotischer Mudejar-Mischstil.

Angeblicher Sängerkrieg auf der Wartburg zwischen Minnesängern unter Landgraf Hermann I. von Thüringen ⑨, 1207.

Das Nibelungenlied ⑦ erhält seine endgültige Form (ca. 1205).
Gottfried von Straßburg: „Tristan" ①.
Wolfram von Eschenbach: „Parzival" ⑧.

Wirken der Troubadours Bertran de Born, Guiraut de Borneil, Peire Vidal und der Minnesänger Dietmar von Aist, „der von Kürenberg", Heinrich von Morungen, Walther von der Vogelweide, Gottfried v. Straßburg und Wolfram von Eschenbach.

Zeit	Weltgeschehen	Wissenschaft/tägliches Leben
	Mongolenkrieg 1207–1279: Dschingis-Khan durchzieht mit den Mongolen ganz Asien, gelangt bis Ungarn, Mähren, Polen und Schlesien. Schließlich endgültiger Rückzug nach China. Kinderkreuzzug [1212]. Tausende von Kindern werden von Betrügern in die Sklaverei verkauft.	schen Städten, im Mittelmeerraum ein Konsulatswesen einzurichten. Die Konsuln haben vorwiegend richterliche Aufgaben. In deutschen Städten gibt es erste Apotheken.
1225	50 000 seldschuckische Türken fliehen vor den Mongolen von Nordostpersien nach Westen. Sie bilden den Kern des 1288 entstehenden Osmanischen Reiches. Der 5. Kreuzzug erreicht für kurze Zeit sein Ziel. Kaiser Friedrich II. erhält durch Vertrag vom ägyptischen Sultan Jerusalem, Bethlehem und Nazareth und wird König von Jerusalem [1228/29]. Ferdinand III., der Heilige, erobert mit Córdoba den Süden Spaniens [1236]. Granada kann sich als letzter arabischer Staat auf europäischem Boden halten und erlebt im 14. Jh. eine kulturelle Blütezeit. Jerusalem kommt endgültig unter die Herrschaft des Islam [1244] (ab 1517 türkisch). 6. mißlungener Kreuzzug, der Ägypten, die Hauptmacht der Moslems, hätte vernichten sollen [1248–1254].	Friedrich II. macht Zulassung von Ärzten von einer Prüfung an der medizinischen Fakultät in Salerno abhängig. Anerkennung der Fakultäten der Theologie, Rechtswissenschaft, Medizin und (etwas später) freien Künste an der Universität von Paris. Weitere Universitätsgründungen in diesem Jh.: Oxford, Montpellier, Salamanca, Padua, Neapel, Cambridge, Toulouse, Tunis, Lissabon. Verwendung von (in China erfundenen) Pulvergeschützen beginnt in Europa und leitet damit eine neue Art der Kriegsführung und vor allem einen bis zum heutigen Tag dauernden unaufhaltsamen Rüstungswettbewerb ein. Araber bringen Baumwolle nach Europa; ergibt neue Möglichkeiten für Bekleidung.
1250	Nach dem Tod König Konrads IV. folgt bis 1273 ein Interregnum, das durch die Wahl Rudolfs von Habsburg zum deutschen König beendet wird. 7. Kreuzzug unter Ludwig IX. von Frankreich nach Tunis. Er und der größte Teil seines Heeres sterben an einer Seuche [1270].	Die politische Freiheit der norditalienischen Städte bringt ihrem Handel und Gewerbe eine Blütezeit. Der Orienthandel wird durch die Wünsche der Kreuzfahrer, die Errungenschaften und Lebensweise der islamischen Gebiete in ihrer Heimat einzuführen, mächtig angeregt. Die am Meer gelegenen Städte im Süden Europas nehmen durch diesen Handel einen großen Aufschwung. Es entsteht ein reiches Bürgertum. Erfindung geschliffener Augengläser (Brillen) in Italien zeigt die hohe Entwicklung der Glaskunst.
1275	Königreich Aragón erobert Sizilien und vertreibt die Franzosen (Sizilianische Vesper) [1282] ⑩. Damit hat Spanien seine Macht über die Iberische Halbinsel hinausgetragen, hat aber immer noch das arabische Granada auf seinem Boden. Uri, Schwyz und Unterwalden (heutige Schweizer Kantone am Vierwaldstätter See) schließen „Ewigen Bund" gegen Habsburg. Gründung der Schweizer Eidgenossenschaft durch den Rütlischwur [1291].	Marco Polo kommt nach 20jährigem Aufenthalt in China nach Venedig zurück. Sein Reisebericht entsteht. Durch das Erstarken des Bürgertums in Handel und Gewerbe weicht die feudale Gesellschaftsordnung immer mehr einer ständischen.
1300	Der Papst verlegt Residenz von Rom nach Avignon [1309], da er in Abhängigkeit von Frankreich geraten ist. Johanniter besiegen Türken auf Rhodos. Die Insel fällt ihnen zu. Schweizer Bauernheere schlagen am Morgarten österreichische Ritterheere und erringen damit endgültig ihre Unabhängigkeit [1315].	Die Neugier und Entdeckungslust des Menschen läßt ihn neue Gebiete und Landteile finden. Die Genuesen stoßen auf ihren Fahrten nun auf Madeira und die Azoren (nachdem sie 1299 die Kanarischen Inseln erreicht hatten). Ende des Sklavenhandels in Europa (mit Ausnahme von Spanien). Erster öffentlicher Botanischer Garten in Venedig. Die Janitscharen bilden eine Militärmusik mit typischen Instrumenten. Schlägt sich in der Kunstmusik der 2. Hälfte des 18. Jh. nieder („Türkenopern" und mit „alla turca" bezeichnete Instrumentalstücke).
1325	Türken siegen an mehreren Orten über die Heere Byzanz'. Machen Brussa in Kleinasien zu ihrer Hauptstadt [1326]. Aus christlichen Gefangenen, die zum Islam übertreten mußten, wird die türkische Fußtruppe „Janitscharen" gebildet [1329].	

Künste (ohne Musik)	Musik	Epoche
In England breitet sich, wie schon fast 75 Jahre früher in Frankreich, die Frühgotik aus, während die deutschen Gebiete noch in der Spätromanik verbleiben. In Italien entsteht die Gedichtform des Sonetts, die sich über ganz Europa ausbreiten und bis in unser Jahrhundert erhalten wird (Meister: Petrarca, Shakespeare, Rilke). Franz von Assissi: „Cantico del Sole“ (Sonnengesang), gilt als früheste italienische Poesie.		Franz./Engl. Frühgotik Deutsche Spätromanik
Durch den Mongoleneinfall gelangen persische Einflüsse in die russische Baukunst (Kielbogen, Zwiebel- und Birnenkuppel).	Dresdner Knaben-Kreuzchor entsteht.	
	Geburt von Adam de la Halle, dem letzten Troubadour und Komponist von französischen Singspielen. „Sumer is icumen in“ (englischer) frühester Kanon für sechs Stimmen entsteht.	
Mit der Gotik beginnt ein Streben zur Höhe, zum Licht. Die Linie, die lastende Gerade löst sich in viele Verstrebungen auf; es wird mit Formen gespielt, die alle aufwärts gerichtet sind, so wie die Neugier des Menschen sich in immer entferntere Gebiete vorwagt.	Auf die Notre-Dame-Epoche folgt die Ars antiqua, die erste Blüte der Mehrstimmigkeit. Beide Epochen entwickeln die Mensuralnotation weiter und pflegen die Motette. Die Ars antiqua dauert bis ca. 1320. König Alfonso von Kastilien erweist sich als großer Kulturförderer. Er führt die Musik an der Universität von Salamanca als eines der wichtigsten Lehrfächer ein [1254].	Gotik
Dante (* 1265) ersetzt in der Dichtung Latein durch die Volkssprache. Giotto (* 1266) gibt der Malerei neue Impulse durch Einschluß der Natur in seine Gemälde. Die Wirkung der Kreuzzüge auf die abendländische Kultur ist sehr groß. Die Berührung mit der überlegenen byzantinischen und arabischen Welt gibt dem Abendland neue Anregungen. Ein gewisser „Luxus“ wird kennengelernt. Lohengrin-Dichtung ② entsteht.	In Mainz wird die erste Meistersingerschule gegründet. Mit dabei ist Heinrich von Meißen, der als „Frauenlob“ unter den letzten Minnesängern zu finden ist. Geburt von Giovanni da Cascia (1270), ein Hauptvertreter der Madrigalkomposition, der Ars nova. In Wien wird die St.-Nikolai-Bruderschaft gegründet, [1288] (erste Zunft von Spielleuten, sorgt für musikalische Ausbildung und widmet sich der sozialen Fürsorge).	
Boccaccio (* 1313) erstrebt zusammen mit Petrarca (* 1304) die Erneuerung des klassischen Altertums in der Dichtung.	Philippe de Vitry (* 1291) verkündet in einem Traktat die Idee der Ars nova (der neuen Kunst). Dieses Werk muß fast als Lehrbuch der Polyphonie betrachtet werden. (Seine Kompositionen sind nur z. T. erhalten.) – In Verbindung mit ihm schafft möglicherweise der Theoretiker Johannes de Muris den Begriff „Kontrapunkt“.	Gotik
Manessische Liederhandschrift (Werke von 140 verschiedenen Minnesängern und 138 Miniaturen) entsteht in Zürich. Weiter entstehen die Jenaer, Kolmarer, Ebenseer (Österreich), Weingartner (Bodenseeraum) Liederhandschriften sowie die von Alfonso X. el Sabio zusammengetragenen Cantigas de Santa Maria.	Der Papst verbietet die Polyphonie in der Kirchenmusik; in der weltlichen Sphäre wird sie mit Begeisterung aufgenommen und verdrängt alles Vorherige. Gerade in der Hofmusik bietet die Ars nova ungeahnte Möglichkeiten; bewirkt ein Aufblühen der Gesellschaftsmusik.	
Dichterkrönung Petrarcas in Rom.	Die Ars nova erweitert und verbessert das System der Mensuralnotation und bildet neue Kunstformen aus: Motette (nicht mehr auf einen geistlichen Text beschränkt), Refrainformen wie Ballade, Rondeau und Virelai beim mehrstimmigen Lied.	

Zeit	Weltgeschehen	Wissenschaft/tägliches Leben
	König Eduard III. von England beansprucht gegen das Haus Valois den französischen Thron und eröffnet den Hundertjährigen Krieg gegen Frankreich [1339] (bis 1453).	Hungersnöte und Seuchen infolge der Kriegswirren führen zu Intoleranz und Aberglauben. Erst 1575 wird wieder die gleiche Bevölkerungszahl erreicht.
	Entscheidender Sieg der Engländer über die Franzosen bei Abbeville (Crecy), so daß große Teile Frankreichs England zufallen [1346].	Große Pestepidemie in Europa 1348–1350. Geißlerzüge zur Erlangung der Sündenvergebung kommen auf. 1349 vom Papst verboten.
1350	Bern tritt als letzter der „acht alten Orte" dem eidgenössischen „Ewigen Bund" von 1291 bei: Uri, Schwyz, Unterwalden, Luzern, Zürich, Glarus und Zug [1353].	Übergang von der mittel- zur neuhochdeutschen Sprache durch Einfluß der Kanzleisprachen (frühneuhochdeutsch bis ca. 1625).
	Osmanen besetzen Kleinasien und Gallipoli und fassen damit auf europäischem Boden Fuß [1354].	Frankreich übernimmt Führung in der europäischen Kleidermode. Gründung verschiedener Universitäten: Prag (erste deutsche Universität, 1348), Pavia, Krakau, Wien, Heidelberg, Köln, Erfurt entstehen bis zum Ende des Jh.
	Hansestädte erringen im Krieg gegen Dänemark die Ostseeherrschaft [1370].	
	Haus Stuart kommt auf den schottischen Thron [1371] (1603 auf den englischen).	
1375	Wahl von zwei Päpsten. Urban VI. residiert in Rom, Klemens VII. in Avignon [1378]. Dieses Schisma bedeutet den Tiefpunkt der päpstlichen Macht.	Die Ohnmacht der katholischen Kirche leistet Irrlehren und Aberglauben mit Hexenverfolgungen Vorschub.
	Venedig gewinnt den „Hundertjährigen Krieg" (seit 1256) gegen Genua um die Seeherrschaft, die für den Orienthandel wichtig ist [1381]. Türken erobern Sofia, Serbien (bis 1495), Byzanz wird von ihnen abhängig.	Dank der Beherrschung des Orienthandels blühen in Venedig Handel, Gewerbe, Wissenschaft und Künste auf.
	Bulgarien wird türkische Provinz (bis 1878) [1393].	Zur Vereinfachung des Handels wird der Elbe-Trave-Kanal mit einfachen Schleusen gebaut.
1400	Staatsrechtliche Union zwischen Polen und Litauen unter den Jagellonen [1401] (Polen umfaßt Litauen, Weißrußland, Ukraine).	Altfranzösische Sprache wird durch mittelfranzösische abgelöst, die bis ca. 1600 herrscht. Klimaverschlechterung (Nordpolareis stößt vor). Kleine Eiszeit dauert bis ca. 1850.
	Heinrich V. von England erneuert den Hundertjährigen Krieg gegen Frankreich. Besetzt Paris und den größten Teil Frankreichs [1415]. Die Anhänger des tschechischen Reformators Johann Hus (verbrannt 1415) erheben sich. Mit dem ersten Prager Fenstersturz [1419] beginnen die Hussitenkriege bis 1433/36.	Anbau und Genuß des Kaffees gelangen von Abessinien nach Arabien (nach Europa durch Venedig im 17. Jh.).
	Türken belagern Konstantinopel [1422], erobern Smyrna [1424], Saloniki [1430].	Stärkere Ausweitung der Anwendung des Schießpulvers. – Entwicklung der Geschützgießerei.
1425	Jungfrau von Orléans (Jeanne d'Arc) erreicht Krönung des französischen Königs in Reims [1429]. Damit entscheidende Wendung zugunsten Frankreichs im Hundertjährigen Krieg gegen England. Jeanne d'Arc in englischer Gefangenschaft als Hexe verbrannt [1431] ⑪. Ende der Hussitenkriege: König Sigismund wird als König von Böhmen anerkannt, aber es kann kein tschechischer Nationalstaat geschaffen werden [1436].	Nach den Hussitenkriegen wird die zerstörte Kleinseite von Prag wiederhergestellt und von neuem Sitz zahlreicher Deutscher. Erster Druck mit beweglichen, gegossenen Buchstaben von Gutenberg in Mainz, der auch die Druckerschwärze verbessert, so daß ein Blatt Papier beidseitig bedruckt werden kann.
	König Alfonso V. von Aragón erobert Königreich Neapel und vereinigt es mit Königreich Sizilien. Macht seinen Hof zu einem Zentrum des Humanismus [1442].	

Künste (ohne Musik)	Musik	Epoche
Die Hauptteile der Alhambra entstehen in der Blütezeit Granadas. Das älteste, ganz in deutscher Sprache abgefaßte Passionsspiel ist dasjenige von St. Gallen (unter ca. 130 Stücken, die zwischen dem 11. und 15. Jh. verfaßt wurden). „Totentanz" wird Thema in der bildenden Kunst (von Frankreich ausgehend). Christlicher Flügelaltar entsteht. In den Klöstern des Brigittenordens entsteht eine reiche, religiöse Dichtung in schwedischer Sprache. In der englischen Volksballade taucht die Gestalt des edelmütigen Räubers Robin Hood auf.	Ein weiterer französischer Vertreter der Ars nova ist Guillaume de Machault (oder Machaut). Geboren zwischen 1300–1305, nimmt er die geistlichen Weihen und begibt sich in den Dienst hoher Herren, wo er weltliche und geistliche Kompositionen schafft. Er setzt in seinen Werken den cantus firmus, die Hauptmelodie, immer in die oberste Stimme. Guillaume stirbt 1377 in Reims. In Florenz findet sich eine Gruppe zusammen, die sich den Namen Ars nova gibt und das Madrigal schafft (eine vielgestaltige Liedform, in der jeder Inhalt ausgedrückt werden kann). Die bedeutendsten Vertreter sind Giovanni da Cascia und Jacopo da Bologna sowie der blinde Francesco Landino (oder Landini), der zu einem der berühmtesten Meister auf der Orgel, der Laute, Gitarre und Flöte wird. Auf die erste Gründung einer Meisterschule erfolgen weitere in Nürnberg, Frankfurt, Straßburg, Würzburg, Ulm, Augsburg, Colmar, Regensburg, Zwickau, Prag, Freiburg, Danzig und Breslau. Bald darauf in unzähligen Städten des deutschen Sprachraums. Ihre Tätigkeit erstreckt sich über das 14. und das 15. Jh.	
In der deutschen Plastik macht sich eine stärkere Porträtähnlichkeit bemerkbar.		
Der Holzschnitt entsteht in Europa aus antikem und orientalischem Stempeldruck.		
Verschiedene Stile: Spätgotik in Deutschland (bis 1500), stilistisch ziemlich einheitlich gegenüber der politischen Zerrissenheit; Frührenaissance in Italien „Quattrocento" (bis 1500); französische Spätgotik entwickelt den „style flamboyant" (Flammen- oder Fischblasenstil). Brunelleschi (* 1377) entdeckt Grundgesetze der Perspektive. Die Brüder van Eyck vervollkommnen die im 14. Jh. aufgekommene Ölmalerei. Die in den Niederlanden entstehende Tafelmalerei zeigt bürgerlich genrehafte Züge und bildet damit einen Gegensatz zur italienischen Frührenaissance.	Geburt von Johann Dunstable (nach 1380–1453), der die englische Musik einleitet, und der Niederländer Guillaume Dufay (um 1400–1474) und Gilles Binchois (um 1400–1460). Dufay wird zum führenden Kopf der älteren niederländischen Schule.	Spätgotik in Deutschland Frührenaissance in Italien
	Geburt von Johannes Ockeghem oder Okeghem, deutsch Ockenheim (um 1423–1496/7). Er führt die zweite niederländische Generation an. Der Minnesänger Oswald von Wolkenstein komponiert zwei- und dreistimmige Kanons.	
Brunelleschi baut an S. Croce in Florenz die Pazzi-Kapelle (erster reiner Renaissancebau). Das Trinitätsfresko von Masaccio (* 1401), eines der frühesten Bilder mit vollkommener Raumperspektive. Der seit 1400 aufgekommene Humanismus verbreitet sich immer mehr; fördert die Künste. Die Erfindung des Buchdrucks erlaubt eine weitere Vermittlung kultureller Werte. Um die Jahrhundertmitte wirken in Italien die Maler Fra Angelico, Uccello, Fra Filippo Lippi, die Bildhauer della Robbia und Verrocchio; der Maler Botticelli und der Universalgelehrte Leonardo da Vinci werden geboren.	Die Niederlande (die flämischen Regionen) erleben im 15. und 16. Jh. eine großartige Periode kultureller Blüte. Getragen von einem in Handel und Gewerbe erstarkten Großbürgertum bestimmen flämische Malerei und flämische Musik die Epoche. Die niederländischen Musiker bauen die Polyphonie weiter aus, machen den Kontrapunkt zu einem Kunstgebilde; nicht mehr rein theoretische Konstruktionen liegen vor, sondern von Gefühl und Leben durchdrungene Kompositionen. Sehr viele der nördlichen Musiker zieht es nach Süden, vor allem nach Italien, wo sie sich zum Teil ausbilden	

Zeit	Weltgeschehen	Wissenschaft/tägliches Leben
	Türken besiegen Ungarn in mehreren Schlachten und erobern Griechenland [1446].	
1450	Konstantinopel wird von den Türken erobert [1453], das Byzantinische Reich vernichtet. Türken erobern Königreich Trazepunt [1461], Bosnien [1463] und Krim [1472].	Die gotische Schrift wird durch lateinische Lettern ersetzt. Griechische Gelehrte fliehen aus Konstantinopel nach Italien und fördern dort den Humanismus. Diese Kulturepoche fordert die Erziehung des Menschen zum verantwortungsbewußten Staatsbürger, zu höheren Idealen, will geistige Werte und künstlerisches Schaffen vorantreiben.
1475	Eidgenossen schlagen Karl den Kühnen von Burgund bei Murten. Burgund fällt an Frankreich [1476]. Durch Heirat kommen die Niederlande an Habsburg [1477]. Aragón und Kastilien schließen sich zum Königreich Spanien zusammen [1479]. Nach der Eroberung Granadas [1492], dem letzten arabischen Stützpunkt auf europäischem Boden, bemächtigen die Spanier sich Melillas und Orans in Nordafrika. Kolumbus, auf der Suche nach dem Seeweg nach Indien, entdeckt Amerika [1492] ⑮. Durch Heirat des Habsburgers Philipp des Schönen mit der spanischen Erbtochter Johanna der Wahnsinnigen fällt die spanische Krone ans Haus Habsburg [1496].	In Rußland beginnt die byzantinische Tradition, da Iwan III. Prinzessin Sophia, die Nichte des letzten Kaisers von Konstantinopel, heiratet. Entstehung erster Waisenhäuser in den Niederlanden und Italien; werden zur Pflege der Musik verpflichtet. Komponisten (z. B. Vivaldi) schreiben anspruchsvolle Werke für sie. Die Juden und Mauren werden aus Spanien vertrieben. Unter dem Großinquisitor Torquemada wird in fanatischer Religiosität die Inquisition erneuert. Landarbeit und Gewerbe werden als unter eines Christen Würde angesehen. Der Papst verteilt die überseeische Welt an Spanien und Portugal, das sich auch in Afrika angesiedelt hat. Syphilis breitet sich als neue Seuche über ganz Europa aus.
1500	Iwan III. vereinigt die übrigen russischen Fürstentümer mit Moskau [1505]. Papst Julius II. schließt mit Spanien, Venedig, Schweiz, England und Kaiser „Heilige Liga zur Befreiung Italiens" gegen Frankreich, das Mailand besetzt hatte. – Der habsburgisch-französische Kampf um Italien dominiert bis ins 18. Jh. die europäische Politik. Bauernkrieg 1524/25: Bauern fordern unter dem Eindruck der falschverstandenen Reformation die Aufhebung der Standesunterschiede. Nach anfänglicher Vermittlung wendet sich Luther gegen die plündernden und mordenden Bauern. Sieg der Fürsten.	Luther (1507 Priesterweihe, Professor und Doktor der Theologie) veranlaßt durch die Veröffentlichung seiner Thesen den Beginn der Reformation in Deutschland [1517]. Zuerst nur gegen den Ablaß gerichtet, wendet die Bewegung sich dann gegen viele katholische Dogmen, weitet sich aus und führt schließlich zur Spaltung der Kirche. – In der Schweiz verwirklichen Zwingli, v. a. in Zürich, und Calvin in Genf ihre reformatorischen Ideen. Durch ihre Niederlage erreichen die Bauern keine Erleichterung ihrer sozialen Lage, dagegen wird die Macht der Landesfürsten gefestigt. Indien ist fester an Europa gebunden, da der Portugiese Vasco da Gama, der den Seeweg dorthin fand, als Vizekönig dieses Landes herrscht. ⑯
1525	Angriff türkischer Heere scheitert vor Wien [1529]. Karl V. befreit 20000 christliche Sklaven aus Tunis nach Kampf gegen Seeräuber [1535]. Frankreich verliert Mailand an Spanien. Vorherrschaft Spaniens nun auch in Italien [1535]. Türken erobern Teile Ungarns mit Ofen (Buda) [1541] und rücken immer weiter in Europa vor. Schmalkaldischer Krieg 1546/47. Karl V., von Papst und Frankreich unterstützt, besiegt die protestantischen deutschen Fürsten. Auch der Augsburger Religionsfriede schafft keine Klarheit.	Verbreitung des Spinnrads. Erste Irrenhäuser (ohne ärztliche Pflege). Anfänge von Börsen in den größten Städten Europas, ein Hinweis für die immer stärker werdende Geldwirtschaft. Entdeckung der Silberminen in Peru und Mexiko ermöglicht Europa die allgemeine Geldwirtschaft.

Künste (ohne Musik)	Musik	Epoche
In Deutschland werden erste bebilderte Bücher hergestellt. „Parzival" ⑧ und „Titurel" ⑫ gedruckt. Ältestes Lied von Tell, ⑬ dem Schweizer Helden im „Weißen Buch" von Sarnen niedergeschrieben. „Eulenspiegel" ⑭ (niederländisches Volksbuch) entsteht. „Tristan und Isolde" ① als deutscher Prosaroman gedruckt. Geburt der Maler Tizian, Giorgione und Raffael sowie Michelangelos, Maler, Bildhauer, Architekt und Dichter. In Deutschland wirken die Maler Matthias Grünewald, Tilman Riemenschneider und Albrecht Dürer.	lassen, zum Teil auch bleiben und gute Posten übernehmen. Geburt von Josquin Després, auch Deprez und Des Prés (um 1440–1521 oder 1524), ein Vertreter der dritten niederländischen Generation, und der Deutschen Adam von Fulda (1445–1505), Heinrich Finck (1445–1527), Thomas Stoltzer (1450–1526), Heinrich Isaak (um 1450–1517). Lochheimer Liederbuch, verfaßt 1460. Geburt von Juan del Encina (1468–1529). Mit ihm tritt auch Spanien in den Kreis der führenden Musiknationen. Parallel zur politischen Entwicklung (Bildung des Königreichs Spanien, Vertreibung der Araber vom europäischen Festland und Übergreifen nach Nordafrika) erlebt die Kultur auf allen Gebieten einen großen Aufschwung: zuerst Musik, dann Malerei und Literatur. Im Gegensatz zu den frühen Niederländern, die vor allem Kirchenmusik und Madrigale komponieren, sind die ältesten Spanier Hofmusiker, die ihre Werke für ein prachtliebendes Publikum, die Hofgesellschaft, schreiben. Noch ist Juan del Encina der einzige, so wie es auch Dunstable in England war, ein früher, einsamer Exponent, doch folgen in beiden Ländern bald viele und ebenso bedeutende. Geburt des Baslers Ludwig Senfl (um 1486–1543), des Niederländers Adrian Willaert (gegen 1490–1562), der Spanier Luís Milán (1500– nach 1561), Cristóbal de Morales (um 1500–1553), Luis de Narváez (nach 1500 bis nach 1555).	Renaissance
In fast allen Gebieten Europas setzt ein großer literarischer Aufschwung ein: In Deutschland entstehen Schwänke, in Frankreich Moralitäten und Narrenspiele, englische Kirchendramen werden zu Moralitäten und Zwischenspielen, in Spanien beginnt sich weltliches Drama zu entwickeln. Hans Sachs ⑰ (1494–1576) verfaßt seine ersten Werke. Er hinterläßt nach einem langen Leben als „Schuhmacher und Poet dazu" neben vielem anderem 100 Dramen und Komödien, Hunderte von Fastnachtsschwänken und über 6000 Lieder (Gedichte). Von seinen (wenigen) Vertonungen hat sich nur ein Bruchteil erhalten. Neues Testament erscheint in der Übersetzung Luthers 1522. Er gibt mit Johann Walther das „Geystlich Gesangk-Buchleyn" heraus, das den vierstimmigen Choral begründet. Wirken der Maler Altdorfer, Brueghel d. Ä., Cranach, Correggio, Holbein d. J. Rebhun: „Hochzeitsspiel auf die Hochzeit zu Kana" (deutsches Versdrama nach antikem Vorbild) [1538]. Erbauung von Schlössern: Grunewald bei Berlin, Moritzburg in Sachsen, Fontainebleau, Hohenschwangau, Villa d'Este. Baubeginn am Louvre (bis 1868).	Der Stil der deutschen Musiker ist ebenfalls mehrstimmig. Sie zeigen jedoch eine besondere Vorliebe für das Lied. Die Linie kommt von den Minnesängern über die Meistersinger zu ihnen. Sie lieben es, Volkslieder mehrstimmig zu setzen; eine Trennung zwischen Volks- und Kunstmusik scheint damals kaum bestanden zu haben. Melodien aus jenen Tagen sind inzwischen in den Volksmund übergegangen. Bald nach der Reformation bildet sich in den protestantischen Gebieten eine besondere Gruppe von Musikern heran: die Kantoren. Ihr Leben ist bescheiden, auf ihre Aufgaben im Gottesdienst ausgerichtet; Gegensatz zu den Stellungen an den prachtliebenden Fürstenhöfen. Geburt der Niederländer Jacob Arcadelt (1500–1568), Clemens non Papa, der eigentlich Jacob Clemens oder Jacques Clément hieß (1510–1556/58), Cyprian von Rore (1516–1565), Philipp de Monte (1521 bis 1603). des blinden Spaniers Antonio de Cabezón (um 1510–1566), des Engländers Thomas Tallis (um 1505 bis 1585), des Italieners Andrea Gabrieli (um 1510–1586). In Venedig begründet Willaert die venezianische Schule und nutzt die Möglichkeiten, die ihm die zwei Orgeln von San Marco bieten, um die Polyphonie auf die höchste Stufe zu führen. Zu „maestro Adriano" pilgert ganz Europa. Aber auch als Theoretiker ist Willaert angesehen. Sein Schüler auf diesem Gebiet ist Gioseffo Zarlino (1517–1590): Langsam verschwinden die Kirchentonarten, während sich Dur und Moll immer mehr durchsetzen. Der wichtige Schritt von der Mehrstimmigkeit zur harmoniebegleiteten Melodie beginnt sich abzuzeichnen.	(Renaissance)

Zeit	Weltgeschehen	Wissenschaft/tägliches Leben
1550	Kaiser Karl V., in dessen Reich „die Sonne nicht untergeht", dankt ab. Sein Bruder Ferdinand wird deutscher Kaiser, sein Sohn Philipp II. König von Spanien [1556]. Dadurch herrscht das Haus Habsburg mit zwei Linien in Europa. Elisabeth, Tochter Heinrichs VIII., wird Königin von England. Hugenottenkrieg in Frankreich 1562–1598: Spanien unterstützt die Katholiken, England die Hugenotten. Mit dem Edikt von Nantes wird den Hugenotten eine gewisse Duldung zugestanden. Maria Stuart erhebt Anspruch auf den englischen Thron. Flieht zu Elisabeth wegen Verdachts auf Gattenmord [1568]. Hingerichtet 1587 ⑱. Spanischer Seesieg über die Türken in der Schlacht von Lepanto. Dadurch Vormachtstellung Spaniens im Mittelmeer [1571]. Freiheitskampf der Niederlande 1572–1581: Wilhelm von Oranien führt die große Volkserhebung gegen Herzog Alba, den spanischen Generalkapitän in den Niederlanden. Aufständische erringen den Sieg.	Augsburger Religionsfrieden bringt Deutschland beschränkte Religionsfreiheit. In Genf siegt die Reformation Calvins. Das Elisabethanische Zeitalter führt England an die Spitze des Abendlandes. Politisch erreicht das Inselreich eine Vormachtstellung; führt zu einer Blüte der Künste: Neben der Architektur sind es vor allem Literatur und Musik. 3. Tridentinisches Konzil legt katholisches Glaubensbekenntnis fest, stärkt Papststellung, verbietet mehrstimmige Kirchenmusik wegen Verschleierung des Textes, aber ohne Erfolg. In England führt das neue calvinistische, gereinigte Bekenntnis zur anglikanischen Staatskirche und infolgedessen zu einer Verfolgung der Katholiken. In Frankreich „Bartholomäusnacht". Ermordung von 2000 Protestanten (Hugenotten) auf Befehl der Königinmutter Katharina von Medici.
1575	Elisabeth beauftragt den Piraten Drake, den spanischen Handel im Pazifik zu stören; dabei vollbringt er eine Erdumsegelung [1577]. Spanien will das mit ihm rivalisierende England erobern. Untergang der Spanischen Armada (130 Schiffe) teils durch Artilleriegefechte, teils durch Stürme [1588]. Damit löst die englische die spanische Seeherrschaft ab. Boris Godunow läßt Zarewitsch Demetrius ermorden und wird Zar bis 1605 [1598] ㉘. Hatte vorher die russische Kirche vom Patriarchen von Konstantinopel unabhängig gemacht.	In Österreich Höhepunkt des Protestantismus. In Deutschland Reformations- und Gegenreformationsbestrebungen. Naturwissenschaften nehmen Aufschwung durch den Dänen Tycho Brahe (widerlegt die Lehre von den unbewegten „Fixsternen"), den Italiener Galilei (Gesetze des freien Falls) und den Deutschen Kepler (Planetenbewegungen). Kartoffeln und Tabak (aus Amerika) verbreiten sich in Europa. Der Schwund der spanischen Macht wird von wirtschaftlichen Schwierigkeiten begleitet: Machtlose Herrscher überlassen den Staat ihren Günstlingen, die sich zum Teil maßlos bereichern. Die rücksichtslose Vertreibung der Araber führt zu Gewerbe- und Bevölkerungsrückgang. England dagegen wird zur führenden Großmacht mit eigener Staatsreligion; die Grundlagen zum Kolonialreich werden gelegt und mit der Eröffnung der Londoner Börse die Kapitalwirtschaft angeregt.
1600	Europäer gründen ostindische Handelskompanien und fassen Fuß in Übersee. Niederländer: Kapkolonie in Südafrika; Frankreich: Kanada; England: erste Kolonie in Virginia; Jesuiten: Staat mit Indianerschutzgebiet in Paraguay bis 1768. Dreißigjähriger Krieg 1618–1648; ursprünglich Glaubenskrieg: Katholisches Habsburg gegen protestantische Länder, dann Kampf um Vormachtstellung in Mitteleuropa.	Die schon seit langem stetig wachsende Geldwirtschaft setzt sich nun ganz gegen die Naturalwirtschaft durch. Seit 1609 erscheinen verschiedenen Orts erste Wochenzeitschriften, die dem gesteigerten Informationsbedürfnis des kleinen Kreises Gebildeter entsprechen. Einführung der Allongeperücke, die dem Wunsch des Kostümierens, des Theaterspielens entgegenkommt. Wirtschaftliche Schwäche Deutschlands geht parallel mit politischer Zersplitterung. Die Bevölkerung der Kriegsgebiete leidet furchtbar unter den Wirren. Die Heere plündern, und das besetzte Land wird verwüstet; dennoch hat es alle Kriegslasten zu tragen. – Die Bevölkerungszahl Deutschlands nimmt um mehr als die Hälfte ab.
1630	Zur Unterstützung der Protestanten, aber auch zum Schutz der schwedischen Machtstellung und der Abrundung seiner Besitzungen greift Gustav Adolf II. in den Krieg ein [1630]. Er stirbt in der Schlacht von Lützen gegen Wallenstein. Axel Oxenstierna setzt seine Politik fort. Ermordung Wallensteins [1634] ㉙.	Erstes Kaffeehaus in Mitteleuropa: Venedig 1647, nachdem zehn Jahre zuvor die erste Ladung Rohkaffee in Amsterdam gelöscht wurde. Deutschland zerfällt nach 1648 in fast 1800 mehr oder weniger souveräne Gebiete.

Die Renaissance mit ihrer Idee der Wiedererweckung des Altertums, der Epoche der hochentwickelten griechischen Kultur, schafft auf allen Gebieten Glanzvolles: Die prachtvollsten Bauten des Abendlandes entstehen, Malerei und Bildhauerei müssen den Vergleich mit dem Altertum nicht scheuen. Die Literatur entfernt sich immer weiter von derjenigen des Mittelalters, indem sie Persönlichkeit und Natur ins Zentrum setzt.

Der Maler und Baumeister Vasari regt die Errichtung einer Malerschule in Florenz an.

Erste Schauspielhäuser in London; danach Aufschwung der dramatischen Literatur mit Shakespeare (37 Bühnenstücke, darunter „Romeo und Julia“ ⑲, „Hamlet“ ⑳, „Othello“ ㉑, „Macbeth“ ㉒, „König Lear“ ㉓), Marlowe (Tragical History of Dr. Faustus), Jonson, Ford, die nach der Jahrhundertmitte geboren werden.

Spanische Literatur erlebt Blüte mit Cervantes („Don Quijote“ ㉔, Lope de Vega (mehr als 1000 Bühnenstücke), Tirso de Molina (Schöpfer des ersten „Don Juan“ ㉕) und Calderón („Der Richter von Zalamea“ ㉖, „Das große Welttheater“).
In Italien wirkt Torquato Tasso. Sein „Gerusalemme liberata“ (Das befreite Jerusalem ㉗) wird Vorlage für viele spätere Bearbeitungen.

Blüte der spanischen Malerei mit Domenikos Theotokopulos, genannt El Greco (griechischer Abstammung) und seinen Nachfolgern Velázquez und Murillo.

Geburt der Spanier Francisco Guerrero (1528–1599), Tomás Luís de Victoria oder Ludovico de Vittoria (1548–1611), des Engländers William Byrd (1543–1623), der Italiener Claudio Merulo (1533–1604), Giovanni Pierluigi da Palestrina (um 1525–1594) und des aus dem heutigen Belgien stammenden Orlando di Lasso oder Rolandus Lassus (wahrscheinlich 1532–1594).
Cyprian von Rore versucht in seinen Madrigalen außermusikalische Vorgänge in Tönen zu malen und verwendet eine frühe Chromatik. Ein noch deutlicherer Programm-Musiker ist der Franzose Clément Jannequin oder Janequin (um 1480–1559), der mit rein vokalen Mitteln eine königliche Jagd, aber auch verschiedene Schlachten darzustellen versucht. Noch weiter auf dem Gebiet eines persönlichen Stils werden es die beiden in dieser Zeit zur Welt kommenden Italiener Luca Marenzio (1533/54 bis ca. 1598) und Carlo Gesualdo (ca. 1560–1613) bringen. Marenzios Kompositionen sind durch dramatische Deklamation gekennzeichnet, so wie sie die Camerata Fiorentina bei ihrer neugeschaffenen Oper fordern wird. Noch kühner wirken die Werke Gesualdos. Die Chromatik viel späterer Zeit, sogar Ahnungen von der Auflösung der Tonalität sind bei diesem Genie anzutreffen.
Geburt des Niederländers Jan Pieterzoon Sweelinck (1562–1621), der Engländer Thomas Morley (1557–1602), John Dowland (1562–1626), John Bull (1562/3–1628), der Italiener Giovanni Giacomo Gastoldi (um 1550–1622), Giovanni Gabrieli (1554/57–1612/3), Salomone Rossi (um 1570– etwa 1630).
Der Aufschwung Englands unter Königin Elisabeth zeigt sich nun auch in der Musik. Die Meister machen sich als Virginalisten und Komponisten einen Namen.
Eine letzte Blüte der Hochpolyphonie erscheint in den Kompositionen Palestrinas und Orlando di Lassos. Der letztere schon erfolgreich im neuen Stil, der Homophonie. Ihren besten Ausdruck findet sie in der Oper, die wahrscheinlich in dem Jahr zum ersten Mal erklang, als die beiden Großmeister der frühen Zeit starben, 1594.
Die Camerata Fiorentina erfindet, in der Meinung, das antike griechische Theater neu zu beleben, die Oper. Die erste Aufführung findet im Palazzo Pitti in Florenz statt.
Geburt des Engländers Orlando Gibbons (1583–1625), dessen „Masques“ als Vorläufer der Oper anzusprechen sind, der Italiener Marco da Gagliano (1582–1643), Girolamo Frescobaldi (1583–1643), der Deutschen Heinrich Schütz (1585–1672), Johann Hermann Schein (1586 bis 1630) und Samuel Scheidt (1587–1654).

Barock

Der Barock ruft nach großer Gestaltung, nach Pomp, nach dem Monumentalen. Die Architektur fordert weite Räume großartig zu formen, in der Malerei nimmt das Licht in einem bis dahin nie gekannten Ausmaß einen Platz ein, die Dichtung strebt nach ausgedehnten Gattungen.

Blüte der niederländischen, flämischen Malerei mit Rubens, Hals, vyn Dyck, die von Rembrandt weitergeführt wird.

Aufführung des „Hamlet“ von Shakespeare durch eine englische Schauspieltruppe in Dresden.
Erstes Passionsspiel in Oberammergau.

In Venetien Herstellung von Lüstern und Spiegeln, die dem barocken Prunkbedürfnis entsprechen.

Das Ohr, das Hören des Menschen hat sich verändert. Es verfolgt in einem Ablauf nicht mehr die einzelnen waagrechten Linien, sondern nimmt eine vertikale Dimension wahr; der Hörer entdeckt das gleichzeitige Zusammenklingen, den Akkord. Akkorde stützen die Melodie, die im stile recitativo, dem Kompositionsprinzip der Oper, der Stimme zugeteilt ist. Giulio Caccini (um 1550–1618) und Jacopo Peri (1561–1633) sind die neuen Komponisten, Ottavio Rinuccini (1563–1621) der Dichter. Monteverdi (1567–1643) schafft das erste Meisterwerk: „Orfeo“ [1607]. Geburt von (Pier-)Francesco Cavalli (1602–1676), Heinrich Albert (1604–1651), Marc'Antonio Cesti (1623–1669).
Fast gleichzeitig mit der Oper ist das Oratorium entstanden. Auch dies verwendet den stile recitativo, aber im Gegensatz zur Oper, die auf die Bühne strebt, zieht es den Kirchenraum vor und behandelt vorwiegend geistliche Themen. Die ersten Komponisten des Oratoriums: Emilio de Cavalieri (um 1550–1602) und Giacomo Carissimi (1605–1674).

Ende des Dreißigjährigen Krieges [1648]: Neue Aufgliederung Europas durch den Westfälischen Frieden. In Europa herrscht religiöse Toleranz, und es sind neue Großmächte entstanden: Frankreich, Schweden, Niederlande.
Cromwell führt englisches Volk siegreich gegen König, Adel und Priestertum und wird Lordprotektor [1653]. England bleibt bis 1660 Republik.

1650 Schwedisch-polnischer Krieg 1655–1660: Polen erhebt Anspruch auf den schwedischen Thron. Im Frieden von Oliva bleibt Schweden Großmacht, Polen behält Westpreußen.

Erster/Zweiter Seekrieg 1663–1667: Niederlande werden eine England mindestens ebenbürtige Seemacht.

Holländischer Krieg 1672–1679: Machtkampf in Europa: Frankreich, Schweden und England gegen Niederlande, Österreich, Spanien und Brandenburg ohne klaren Sieger.

Der Mensch des Barock fühlt sich ins Zentrum gerückt, er hat die Bedeutungslosigkeit, die ihn während der Gotik noch charakterisierte, völlig vergessen. Der Begriff des „Gottmenschen" schleicht sich in Huldigungen an führende Gestalten ein. Und diese Vorbilder wollen alle Unbedeutenderen nachahmen, sie sind gewissermaßen immer in Pose. Die Pose der Kleinen kopiert die Haltung der Großen.

Barock und Theater stehen einander nahe. Das Theater greift ins Leben über. Zum Theater wird das Zeremoniell, der Tanz, alles, ja sogar die Konversation an einer Tafel. – Doch das Wesen des Nordens, des Protestantismus, steht diesen Theatermenschen fern. (So komponiert J. S. Bach, typisch deutscher, protestantischer Musiker, keine Opern.)
Der Barock ist Ausdruck einer feudalen, absolutistischen Lebensweise und Gesellschaftsordnung. Alles wird mit Pracht und Pomp ausgestattet, mit Zierat beladen, manchmal auch überladen.

Im Steintheater in Hellbrunn/Salzburg spielt eine italienische Operntruppe; erstes Gastspiel 1619; Uraufführung der ersten deutschen Oper „Dafne" von Heinrich Schütz [1627]; erstes öffentliches Opernhaus in Venedig [1637]; damit glückt langsam der Versuch, die Oper aus Italien und aus den Palästen heraus unter das Volk zu bringen. Geburt von Robert Cambert (1628–1677), Louis Couperin (um 1630–1665), François Couperin (1631–1698), Jean-Baptiste Lully (1632–1687), Arcangelo Corelli (1635–1713), Charles Couperin (1638–1679), Marc Antoine Charpentier (um 1634–1704), Alessandro Stradella (1644–1682), Heinrich Ignaz Franz Biber (1644–1704). In Spanien begründet Juan Hidalgo (um 1612–1685) die Zarzuela, eine singspielartige Form der Oper, Cambert und der aus Italien eingewanderte Lully die französische, die erste nationale Oper.

(Barock)

Mazarin gründet Kunstakademie in Paris [1648].

Öffentliches Komödienhaus in Wien [1651].
In der Literatur beginnt die französische Klassik mit Corneille (1606–1684) (u. a. „Medea", „Der Cid" ④), Lafontaine (1621–1695) (Fabeldichter), Molière (1622–1673) (u. a. „Tartuffe", „Der Misanthrop", „Der Geizige", „Der Bürger als Edelmann" ㉚) und geht zu Racine (1639–1699) (u. a. „Iphigenie in Aulis" ㉛, „Phädra").

Überall in Europa entstehen Theater und Opernhäuser: Opernhaus in Wien, erstes englisches Operntheater in London, Komödienhaus in Dresden, erstes festes Theater in Stockholm, Theater in Nürnberg, Opernhaus in Paris, Hoftheater in Moskau, Comédie française.

Grimmelshausen: „Der abenteuerliche Simplizissimus". Milton vollendet sein Epos „Paradise lost" (Vorlage für Haydns „Schöpfung".

Das protestantische Deutschland bringt eine Reihe von Meistern hervor, die im Orgelspiel und in der Komposition von Kirchenmusik Hervorragendes und Fortschrittliches leisten: Franz Tunder (1614–1667), Johann Jakob Froberger (1616–1667), Johann Rosenmüller (1619 bis 1684), Johann Adam Reinken (1623–1722), Johann Kaspar Kerll (1627–1693), Dietrich Buxtehude (1637–1707), Johann Philipp Krieger (1649–1725), Georg Muffat (1653–1704) und Johann Pachelbel (1653–1706). Froberger bildet zusammen mit Champion de Chambonnière die endgültige Form der Suite aus.
Erste Ansätze von öffentlichen Konzerten: „Abendmusiken" in der Lübecker Marienkirche, die ab 1668 durch Buxtehudes Orgelspiel besonders berühmt werden. John Banister gründet 1672 in London eine Konzertreihe (nur sieben Spielzeiten), und in Paris werden die Concerts spirituels ins Leben gerufen [1725].
Der Barock erstrebt ein Gleichgewicht zwischen Vokal- und Instrumentalmusik; nach und nach werden die Instrumentalformen geschaffen: die Intrada/Sinfonia/Ouvertüre, die Sonatenform, die Suite mit ihren Tänzen, die Toccata, das Concerto grosso. Zu dem Aufschwung der Instrumentalmusik tragen die stark verbesserten Instrumente mit ihren größeren Möglichkeiten viel bei; das hervorragendste Beispiel dafür ist die Entwicklung des Geigenbaus, besonders in der Schule von Cremona durch die Dynastien Amati, Guarneri und Stradivari seit Mitte des 16. Jh. Die neue Instrumentalmusik bringt einen Aufstieg der Hofmusiken und das Entdecken der Klangfarbe mit sich.
Geburt von Philipp Heinrich Erlebach (1657–1714), Giuseppe Torelli (1658–1709), Henri Purcell (1659 bis 1695), Johann Sigmund Kusser (getauft 1660–1727), Alessandro Scarlatti (1660–1725), Johann Joseph Fux (1660–1741), André Campra (1660–1744), François Couperin, le Grand (1668–1733), Louis Marchand (1669–1732), Alessandro Marcello (1669–1747), Antonio Caldara (1670–1736), Tommaso Albinoni (1671–1750), André Destouches (1672–1749), Reinhard Keiser (getauft 1674–1739).

Zeit	Weltgeschehen	Wissenschaft/tägliches Leben
1675	Großer Türkenkrieg, 1683–1699: Vordringen der Türken zur Eroberung Südosteuropas. Belagerung Wiens ohne Erfolg. „Glorious Revolution" 1688: Der protestantische Wilhelm III. von Oranien stürzt seinen katholischen Schwiegervater Jakob II. von England und wird König bis 1702. Prinz Eugen von Savoyen schlägt die Türken an der Theiß (Zenta), drängt sie auf den Balkan zurück. Ungarn und Siebenbürgen fallen an Österreich [1699].	Große Entdeckungen in der Medizin: Bluttransfusion, Blutkreislauf in den Haargefäßen. Beginn der mikroskopischen Anatomie. Wiener Kaffeehäuser entstehen, nachdem das erste im deutschsprachigen Gebiet in Hamburg geführt wurde. Durch die Aufhebung des Ediktes von Nantes flieht fast eine halbe Million Hugenotten: schwere Gewerbekrise; Kritik am Absolutismus setzt sein. Österreich-Ungarn wird nach dem Türkenkrieg europäische Großmacht.
1700	Nordischer Krieg 1700–1721: Anstelle des besiegten Schweden wird Rußland unter Zar Peter I. europäische Großmacht. Spanischer Erbfolgekrieg, 1701–1713: Versuch Ludwigs XIV. Spanien unter französische Gewalt zu bringen, scheitert nach Anfangserfolgen an der Übermacht Englands, der Niederlande, Österreichs, Preußens, Portugals und Savoyens. Türkenkrieg, 1714–1718: Türkischer Angriff auf Venedigs Besitz veranlaßt Österreich unter Prinz Eugen zum siegreichen Vorgehen. Sieg bei Peterwardein, Eroberung von Belgrad.	Zar Peter I. hat in England und den Niederlanden Schiffbau gelernt, um russische Flotten gründen zu können. Zurück in Rußland, führt er dort Reformen nach europäischem Muster durch. August der Starke erstellt in Meißen die wahrscheinlich erste Porzellanmanufaktur in Europa, nachdem erst kurz zuvor die Kunst des Herstellens in Europa bekannt wurde. Weidewirtschaft, als Lieferant der Wolle für die Textilwirtschaft, drängt die Ackerwirtschaft in England immer mehr zurück. Blüte der Aufklärungsphilosophie: Anfang mit den Deutschen Leibniz, Wolff, dem Italiener Vico, den Franzosen Montesquieu und Voltaire sowie dem Engländer Hume und den Deutschen Kant und Moses Mendelssohn.
1725	Polnischer Erbfolgekrieg 1733–1738: Der russische Kandidat kommt auf den polnischen Thron, Lothringen fällt an Frankreich, Neapel und Sizilien an Spanien, Parma und Piacenza an Österreich. Türkenkrieg gegen Rußland und Österreich 1735–1739: Österreich verliert seine Eroberungen von 1718.	Kautschuk kommt nach Europa und eröffnet Möglichkeiten für neue Materialien. Der Kautschuk-Boom läßt allerdings noch etwa 100 Jahre auf sich warten. Schwedische wissenschaftliche Akademie gegründet. Beginn des Freimaurertums in London 1717, rasche Verbreitung, in Amerika bereits 1730. Logen in Frankreich verboten. In Österreich können auch fromme Katholiken den Logen beitreten (z. B. das Kaiserhaus, Mozart Vater und Sohn).

Le Nôtre verwirklicht im Park von Versailles vorbildlich den französischen symmetrischen Gartenstil. Dieser wird wie der ganze französische Hof mit seinem Hofleben von allen, auch den kleinsten Fürsten kopiert.

Wien wird politischer, wirtschaftlicher und kultureller Mittelpunkt des Reiches. Fischer von Erlach baut prachtvolle Adelspaläste, Karlskirche, Hofbibliothek, entwirft Schloß Schönbrunn. Lukas von Hildebrandt errichtet Schloß Belvedere für Prinz Eugen, Jakob Prandtauer Sift Melk.
Im Barock diktiert die Oberschicht den Lebensstil und erreicht so, daß dieses Zeitalter sich besonders einheitlich präsentiert. Überall werden gleiche Paläste gebaut, gleiche Malerei und Musik geliebt, gleiche Formen der Literatur bevorzugt und gleiche Kleidung getragen.

In Hamburg wird eine deutsche Oper gegründet, deren bedeutendste Komponisten Kusser und Keiser werden. Wegen „obszöner Texte" wird sie allerdings 1738 wieder geschlossen.
Die Barockmusik hat den „Generalbaß" herausgebildet; die Begleitung in der Baßstimme wird mit Hilfe von Zahlen notiert, die den Akkord bezeichnen.
Geburt von Jean Baptiste Anet (1676–1755), Antonino Vivaldi (1678–1741), Johann Disman Zelenka (1679–1745), Francesco Saverio Geminiani (1680–1762), Johann Mattheson (1681–1764), Georg Philipp Telemann (1681 bis 1767), Jean Philippe Rameau (1683–1764), Francesco Durante (1684–1755), Bohuslav C(z)ernohorsky (1684 bis 1740), Johann Sebastian Bach (1685–1750), Georg Friedrich Händel (1685–1759), Domenico Scarlatti (1685 bis 1757), Francesco Feo (um 1685–1761), Benedetto Marcello (1686–1739), Nicola Porpora (1686–1768), Giuseppe Tartini (1692–1770), Leonardo Leo (1694–1744), Leonardo Vinci (1694–1730), Pietro Locatelli (1695–1764), Jean Marie Leclair (1697–1764), Johann Joachim Quantz (1697–1773), Nicola Logroscino (1698– ca. 1765), François Francoeur (1698–1787), Johann Adolf Hasse (1699–1783), Giovanni Battista Sammartini (um 1700–1775).

(Barock)

In London wird der Bau des Buckingham-Palastes begonnen [1703].
Gründung des prachtvollen, barock-klassizistischen St. Petersburg durch Zar Peter I. [1703], um seinen Zugang zu den Meeren zu bekräftigen.
Die arabische Märchensammlung „1001 Nacht" wird ins Französische übersetzt und verbreitet sich über ganz Europa.

Gründung des ersten amerikanischen Theaters (mit englischen Schauspielern) in Williamsburg.
Adrienne Lecouvreur, Freundin Voltaires, wird Schauspielerin an der Comédie française (ihr Opernschicksal ist erfunden) ㉝.
Englischer Abenteuerroman: „Robinson Crusoe" von Defoe [1719].

Ludwig Holberg schreibt dänische volkstümliche Lustspiele (Titelheld von Griegs Suite).

Andreas Werckmeister (1645–1706) fordert die „gleichschwebende Temperatur" (die Einteilung der Oktave in zwölf Halbtöne, von denen jeder zu den übrigen im gleichen Verhältnis steht). Wird von J. S. Bach im „Wohltemperierten Klavier" ausgenutzt.
Händel geht 1712 nach England, wo nach dem Tod von Purcell (1695) ein Vakuum entstanden war, und schreibt für London 36 Opern, bis durch die Aufführung der „Beggar's Opera" (Opernparodie) sein Unternehmen ruiniert wird. Wendet sich der Oratorienkomposition zu.
Alessandro Scarlatti bildet die Da-capo-Arie und das recitativo accompagnato (Sprechgesang mit Orchesterbegleitung anstelle von bloßer Stützung durch das Cembalo) für die Oper aus.
Hammerklavier von Bartolomeo Cristofori.
Anfänge einer deutschen Musikkritik durch Johann Mattheson.
Harmonielehre von Rameau entsteht.
Geburt von Graun († 1759), Martini († 1784), Benda († 1786), Richter († 1789), Pergolesi († 1736), W. F. Bach († 1784), Holzbauer († 1783), Jomelli († 1774), Gluck († 1787), C. P. E. Bach († 1788), Wagenseil († 1777), Monn († 1750), Stamitz († 1757), L. Mozart († 1787), J. W. Benda († 1752), G. A. Benda († 1795), C. F. Abel († 1787).

Eröffnung weiterer Theater, die in barockem Prunk erbaut wurden: Wiener Burgtheater (ab 1776 Nationaltheater), Berliner Opernhaus, Markgräfliches Opernhaus Bayreuth, Residenztheater von Cuvilliés in München.
In der Architektur zeigt sich ein gewisser Überdruß an dem Monumentalen des Barock und ein Trend zum Zierlicheren, Eleganteren, Verspielteren: Der Übergang zum Rokoko zeichnet sich ab (v. a. Fassade von St. Roche in Paris).

Giovanni Battista Sammartini leistet Entscheidendes im Ausbau der Sonatenform, die dann von der Mannheimer Schule und Haydn in die klassische Form gebracht wird.
Vivaldi: „Die vier Jahreszeiten".
Händel: „Messias".
Bach: „Musikalisches Opfer" nach dem Besuch bei König Friedrich II. von Preußen.
Mannheimer Schule mit ihrem Leiter Stamitz entwickelt den neuen Orchesterstil (Crescendo–Descrescendo) und wird damit führend in Europa.

Zeit	Weltgeschehen	Wissenschaft/tägliches Leben
	Österreichischer Erbfolgekrieg 1741–1748: Vergeblicher Versuch Bayerns, die Erbschaft der österreichischen Krone anzutreten; Bayern und Österreich werden von mehreren Staaten unterstützt, aber erst das Eingreifen Rußlands bringt Maria Theresia den Sieg.	Großes vollständiges Universallexikon aller Wissenschaften und Künste erscheint in Halle und Leipzig 1731–1754; 68 Bände. Euler, Schweizer Naturwissenschaftler, schafft seine bahnbrechenden Arbeiten in Mathematik und Physik.
1750	Englisch-französischer Kolonialkrieg 1755–1763: England setzt sich in Nordamerika und Indien gegen Frankreich durch. Siebenjähriger Krieg 1756–1763: Friedrich II. beginnt den Kampf um Schlesien gegen Österreich. Der Frieden ergibt keine territorialen Änderungen, aber die fünfte Großmacht Preußen entsteht. Erster russisch-türkischer Krieg 1768–1774: Bringt dem russischen Heer klare Siege; die türkische Galeerenflotte wird vollständig vernichtet. Erste Teilung Polens [1772]: Polen muß große Grenzgebiete an Preußen, Österreich und Rußland abtreten.	Das Leben wird immer schneller, im persönlichen und im allgemeinen Bereich. Die Postkutsche des Rokoko wird bald von sehr viel schnelleren Verkehrsmitteln überholt. Von den bevorstehenden Umwälzungen bemerkt die Aristokratie nichts. Sie spielt unbekümmert in Schäferspielen, tanz unbeschwert ihre Tänze, v. a. das Menuett, das zum typischen Tanz des Rokoko wird. Erkenntnisse über Elektrizität führen nun zu ihrer Nutzung auch in der Medizin. Bezeichnung „positive" und „negative" Elektrizität eingeführt. Volta beschreibt ihr Wesen, 1792. Erscheinen des Briefromans „Werther" löst „Werthertracht" (v. a. ungepudertes Haar) und Selbstmordepidemie aus. Eisenverwendung: Gußeisernes Gleis in Deutschland und Erbauung der ersten Eisenbrücke in England, 1779.
1775	Unabhängigkeitserklärung Nordamerikas [1776] und Erklärung der Menschenrechte löst den Freiheitskampf aus [1783]. Unabhängigkeit wird im Versailler Frieden von England anerkannt. Reformen Kaiser Josefs II., „Toleranzkaiser", Sohn und Nachfolger Maria Theresias: Leibeigenschaft und Folter werden aufgehoben. Zweiter russisch-türkischer Krieg 1787–1792: Küste zwischen Dnjestr und Bug wird russisch. Beginn der Französischen Revolution [1789]: Sturm auf die Bastille (politisches Gefängnis); das Volk siegt über die Feudalherrschaft. Erklärung der Menschenrechte (Liberté, Egalité, Fraternité). Sturm auf die Tuilerien. Frankreich wird Republik [1792]. Hinrichtung Ludwigs XVI. und Marie Antoinettes. Zweite [1793] und dritte [1795] Teilung Polens: Das Land wird zwischen Preußen und Rußland völlig aufgeteilt. Revolutionskriege 1792–1795: Österreich, Preußen, Holland, England und Spanien kämpfen gegen revolutionäres Frankreich.	Freimaurisches Gedankengut von einer idealen Herrschaft, vom Durchbruch des Rechts macht sich besonders in Amerika breit und schlägt sich dann in der Verfassung der USA nieder; erste moderne Demokratie. Im Schweden Gustavs III., der 1792 ermordet wird (39), Kulturblüte und Verschwendung. Religionsfreiheit in Österreich. Watt baut Dampfmaschine mit Drehbewegung (Schwungrad). Hungersnot und Furcht vor Gegenrevolutionen hetzen die Massen in Frankreich zu Gewalt auf. Die Jakobiner organisieren sich straff über das Land und stehen im Konvent den Girondisten gegenüber. – Die Jahre 1793/94 sind durch die Schreckensherrschaft gekennzeichnet: Terror, Bespitzelung, Hungersnöte, Inflation. Herrschel entdeckt Bewegung unseres ganzen Sonnensystems. Erziehung: Leibesübungen als Schulfach am Philanthropinum in Dessau. – Campe: „Allgemeine Revision des gesamten Schul- und Erziehungswesens". – In der Schweiz wirkt Pestalozzi. Schulgründungen in Burgdorf und Yverdon, 1804.

Künste (ohne Musik)	Musik	Epoche
Pietro Metastasio schreibt mehr als hundert Gesangstexte im schwülstigen, überladenen Barockstil, darunter „La Clemenza di Tito“ (34). Der Italiener wirkt bis 1782 als Hofdichter in Wien. Erste Schauspiele Lessings erscheinen. Goldoni schreibt seine Lustspiele.	Geburt von Traetta († 1779), Piccini († 1800), Aspelmayr († 1786), Adlgasser († 1777), Solér († 1783), Cannabich († 1798), J. C. Friedrich Bach († 1795), J. Haydn († 1809), J. C. Bach († 1782), Albrechtsberger († 1809), M. Haydn († 1806), Ditters von Dittersdorf († 1799), Vanhal († 1813), Paisiello († 1816), Grétry († 1813), Boccherini († 1805), Gazzaniga († 1818), Stamitz († 1801), K. Umlauff († 1796), Cimarosa († 1801), Salieri († 1825).	
Die Aristokratie ist immer noch der wichtigste Träger der Kultur. Der Künstler arbeitet für die Aristokraten. Das Volk hat seine eigene Dichtung und Musik, die aber nicht aufgezeichnet werden. Unter dem Einfluß von Thomas Chippendale entsteht der nach ihm benannte englische Möbelstil, der vom Rokoko herkommt. Rousseau: „Gesellschaftsvertrag“, „Emile“. Winckelmann: „Geschichte der Kunst des Altertums“. Lessing: „Minna von Barnhelm“. Gozzi: „Turandot“ (35). Wieland übersetzt Shakespeares Dramen ins Deutsche. Wirken Goethes beginnt: „Götz von Berlichingen“ (36), „Urfaust“, „Die Leiden des jungen Werthers“ (37). Beaumarchais: „Der Barbier von Sevilla“ (38).	Durch die Aufführung von Pergolesis „La serva padrona“ in Paris [1752] bricht der Buffonistenstreit zwischen Anhängern der italienischen Opera buffa und Vertretern der französischen Tradition aus. Telemann komponiert über 40 Opern und mehr als 1000 Instrumentalwerke. Glucks „Orfeo ed Euridice“ ist die erste italienische Reformoper. Der deutsche, aber in italienischer Art komponierende Musiker wendet sich gegen das stimmliche Virtuosentum und gegen die Vernachlässigung des Textes. Gründung eines Orchesters in Leipzig, 1763, das ab 1781 im Gewandhaus spielt und bis heute als Gewandhausorchester auftritt. Damit wird der Konzertbetrieb mit einem nicht mehr in aristokratischen Diensten stehenden Orchester aufgenommen. Geburt von Clementi († 1832), Martín y Soler († 1806), W. A. Mozart († 1791), Wranizky († 1808), Righini († 1812), Pleyel († 1831), Zelter († 1832), Cherubini († 1842), Danzi († 1826), Gyrowetz († 1850), Süßmayr († 1803), Kreutzer († 1831), Weigl († 1846), Müller († 1835), Beethoven († 1827), Reicha († 1836), Paer († 1839), Rode († 1830), Spontini († 1851), Boieldieu († 1834).	Rokoko
Sturm und Drang: erste romantische Strömungen in der Literatur. Mit der Französischen Revolution schafft die Romantik den Durchbruch endgültig. Lessing: „Nathan der Weise“. Eröffnung der Mailänder Scala, 1778. Maria Theresia schenkte „ihren“ Mailändern den Boden, um das Haus zu errichten. Goethe wird geadelt; schreibt: „Erlkönig“ (von Schubert vertont), „Iphigenie auf Tauris“, „Egmont“ (Musik von Beethoven), „Torquato Tasso“. Schillers Wirken beginnt: „Die Räuber“ (40), „Die Verschwörung des Fiesko zu Genua“, „Kabale und Liebe“ (41), „Don Carlos“ (42). Beaumarchais: „Figaros Hochzeit“ (43). Casanova schreibt seine Erinnerungen. Knigge: „Ueber den Umgang mit Menschen“. André Chenier (antirevolutionärer Dichter) hingerichtet in Frankreich [1794] (44). Goethe: „Wilhelm Meisters Lebensjahre“, „Herrmann und Dorothea“. Freundschaft Goethes und Schillers; gemeinsam: „Xenien“, 1797. Wirken der Maler Gainsborough († 1788), Canaletto († 1780), Goya († 1828), Tischbein († 1812).	Die strengen Formen wie Kanon, Fuge, Chaconne, Passacaglia verschwinden immer mehr. Der Orchesterklang wird weicher durch die Einführung des von Mannheim übernommenen Crescendos, wodurch das blockweise laut-leise Musizieren ersetzt wird. – Unter friedlicher Musik existieren Spannungen, die immer größeren Raum einnehmen. Haydn wirkt beim Fürsten Esterházy und entwickelt dort den klassischen Stil. Ausbau der Sonatenform und Einfügen eines Tanzsatzes. Opernstreit zwischen Gluckisten und Piccinisten (Anhänger der beiden Komponisten) in Paris. Umlauff führt mit „Die Bergknappen“ zum deutschen Singspiel. Mozart lebt nach dem Hinauswurf aus dem Dienste des Fürsterzbischofs von Salzburg in Wien. Komponiert u. a. „Die Entführung aus dem Serail“, „Figaros Hochzeit“, „Don Giovanni“, „Così fan tutte“, „Titus“, „Die Zauberflöte“, drei letzte Sinfonien und unvollendetes Requiem. Haydn: sechs Pariser Sinfonien, Oxfordsinfonie (von ihm dirigiert bei Verleihung der Ehrendoktorwürde in Oxford), zwölf Londoner Sinfonien, „Kaiserquartett“ (mit Melodie des Deutschlandliedes); „Die Schöpfung“, 1798.	

Zeit	Weltgeschehen	Wissenschaft/tägliches Leben
	Frankreich wird von Direktorium geleitet. Bonaparte beginnt seine Feldzüge: Italien [1796], Ägypten [1798]. Stürzt das Direktorium und wird erster Konsul [1799].	
1800	England und Irland schließen sich zum „Vereinigten Königreich“ zusammen [1800]. Bonaparte wird lebenslänglich Konsul [1802]. Napoleonische Kriege bis 1815: Bonaparte als Napoleon I. französischer Kaiser [1804], König von Italien [1805]. – Zur See geschlagen von Nelson, zu Land weiter siegreich. – Fordert zur Erhaltung seiner Dynastie Heirat mit der Habsburgerin Marie Louise. – Rußlandfeldzug scheitert. Napoleon zur Abdankung gezwungen. – Herrschaft der Hundert Tage nach seiner Rückkehr von Elba. Bei Waterloo wird er von den vereinigten Heeren Europas vernichtend geschlagen [1815]. Franz II. legt Kaiserkrone nieder [1806]. Ende des „Heiligen Römischen Reiches Deutscher Nation“. Als Franz I. Kaiser von Österreich. Dritter russisch-türkischer Krieg 1806–1812: Rußland siegt über die von Frankreich unterstützte Türkei und gewinnt Bessarabien. König Karl XIII. von Schweden adoptiert den französischen Marschall Bernadotte als schwedischen Kronprinzen [1810]. Freiheitskampf Lateinamerikas, 1811–1826: Erhebung der farbigen Bevölkerung Mittel- und Südamerikas gegen Kolonialmächte Spanien und Portugal. Unter ihrem geistigen Führer Miranda und den politischen Bolivar und San Martin siegen die Aufständischen. Wiener Kongreß der fünf Großmächte Österreich, England, Rußland, Preußen und Frankreich [1815]. Stellt politischen Zustand von 1792 wieder her. – Erklärung der „Ewigen Neutralität“ der Schweiz. Griechischer Freiheitskampf, 1821–1829: Mit ausländischer Hilfe gelingt die Befreiung des griechischen Volkes von türkischer Besetzung.	Durch die Revolution ist das Bewußtsein des Bürgers als „Ich“ erwacht, er ist zu einer beachtenswerten Persönlichkeit geworden, die sich so gibt, wie sie ist: Die Perücke wird abgelegt, Gefühle, die man früher scheu verborgen hielt, werden offen bekannt. – Die Romantik ist eine widersprüchliche Epoche; der Mensch sehnt sich nach der Ferne, liebt aber ebenso seine ihm vertraute Heimat. – Seine größten Wünsche richten sich auf Freiheit und Verbrüderung aller Menschen. Mit Dampfenergie und Textilmaschinen beginnt eine sozial tiefgreifende Veränderung des Lebens: technische und industrielle Revolution. Code civil (Bürgerliches Gesetzbuch) in Frankreich eingeführt, 1804. – Napoleon stiftet Orden der Ehrenlegion und Rompreis für Musiker. Der Engländer Owen verkündet in seinen Werken einen frühen Sozialismus und fordert kleine nach kommunistischen Idealen lebende Gemeinden. Wirken der deutschen Philosophen Hegel und Fichte. Napoleonische Besatzungsmächte in Wien sind Publikum bei Beethovens „Fidelio“ und somit für den Mißerfolg 1805 mitverantwortlich. – Vor Haydns Haus werden sie 1809 als Ehrenwache aufgestellt. Beginn der Altertumsforschung: Lord Elgin kauft Bildschmuck des Parthenon in Athen [1801]; größere Ausgrabungen im zerstörten Pompeji, Entdeckungen im Tal der Könige in Ägypten, Champollion entziffert die ägyptischen Hieroglyphen, Begründung der wissenschaftlichen griechischen Inschriftenkunde. Walzer wird Gesellschaftstanz und ist der erste in höheren Kreisen, der in enger Umfassung getanzt wird. Erste Atomtheorie der Kristalle von Seeber.

Beethoven kommt nach Wien und wird (erster?) freier Künstler. 1. und 2. Klavierkonzert, 1. Sinfonie, Pathétique.
Dichtung und Komposition der „Marseillaise" durch Rouget de Lisle, 1792.
Geburt von Hummel († 1837), Neukomm († 1858), Diabelli († 1858), Paganini († 1840), Spohr († 1859), Weber († 1826), Czerny († 1857), Meyerbeer († 1864), Rossini († 1868), Marschner († 1861), Loewe († 1869), Schubert († 1828), Donizetti († 1848), Halévy († 1862).

Die Französische Revolution entmachtet in ihrem Kampf gegen Absolutismus und Feudalherrschaft den Adel. An seiner Stelle als Kulturträger tritt nun das Bürgertum, ein anonymer Auftraggeber. Das bedeutet, daß der Künstler sein Publikum, den Raum für sein Werk nicht mehr kennt. – Der Künstler ist nicht mehr Angestellter eines Aristokraten, sondern er lebt als Freier, Freischaffender mit allen Vor- und Nachteilen.
In Frankreich entwickelt sich unter Napoleon der klassizistische Empirestil, in Deutschland das bürgerliche Biedermeier.
Erbauung der Glyptothek in München 1816–1830.
Schinkel baut Schauspielhaus in Berlin 1818–1821.
Nationaltheater in München 1818, neueröffnet 1825.
Baubeginn am Schloß Windsor in englisch neugotischem Stil 1824.
Schiller: „Lied von der Glocke", „Maria Stuart" (45), „Wallenstein" (29), „Die Jungfrau von Orléans" (46), „Die Braut von Messina", „Wilhelm Tell" (13). Tod Schillers 1805.
Erste Gesamtausgabe Schillers 1815.
Goethe: „Faust" (47), „Die Wahlverwandtschaften", „Dichtung und Wahrheit", „Die italienische Reise".
Kleist: „Der zerbrochene Krug" (48), „Penthesilea" (49), „Das Käthchen von Heilbronn", „Prinz Friedrich von Homburg" (50).
Von Arnim und Brentano: Des Knaben Wunderhorn (Volkslieder).
Scott: „Das Fräulein vom See", „Waverley", „Die Braut von Lammermoor" (51), „Ivanhoe".
Gebrüder Grimm: Kinder- und Hausmärchen, Deutsche Sagen.
Hoffmann: „Klein-Zaches" (Märchen) (52).
Puschkin: „Ruslan und Ludmila" (53), „Boris Godunow" (54), (erste russische Tragödie).
Manzoni: „Die Verlobten".
Tod von Chodowiecky (Illustrationen für Werke Lessings, Goethes, Schillers) 1801.
Wirken der Maler: J. A. Koch († 1839), Thorwaldsen († 1844), Friedrich († 1840); Turner († 1851), Constable (†1837), Runge († 1810).

Das „Ich" gilt auch für den Musiker. Er stellt ebenfalls den Anspruch, freischaffend zu sein und erwartet, daß man sein Genie respektiert, auch wenn er sich außerhalb der bürgerlichen Norm benimmt. „Inspiration" ist alles für ihn.
Das Bürgertum, das die Stelle des Mäzens übernommen hat, wird nun Publikum in den von ihm geforderten und durchgeführten Konzerten. Das bedingt, um den drängenden Massen gerecht zu werden, größere Säle, die ihrerseits wieder größere Orchester verlangen. Ein Orchesterleiter wird notwendig: Der Beruf des Dirigenten beginnt sich auszubilden, als dessen erster Vertreter wohl Weber zu bezeichnen ist.
Ausgehend von Mozarts „Entführung aus dem Serail" und der „Zauberflöte" über Beethovens „Fidelio" entsteht mit Webers Werken die deutsche Oper; nach der französischen die zweite nationale Ausbildung in dieser Gattung.
Das Menuett als (meistens dritter) Satz in Sinfonien oder Sonaten verschwindet. An seine Stelle tritt oft ein Scherzo.
Haydn: „Die Jahreszeiten".
Beethoven: Klavierkonzerte Nr. 3–5, Symphonien 2–9, „Fidelio" (3. Fassung, 1814), Klavier- und Kammermusik.
Zelter gründet 1809 1. „Liedertafel" in Berlin (dichtende und komponierende Musikfreunde).
Londoner Philharmonische Gesellschaft 1813.
Weber: „Abu Hassan", „Freischütz", „Euryanthe", „Oberon".
Schubert: 8 Sinfonien, über 600 Lieder, Liederzyklen: „Die schöne Müllerin", „Die Winterreise", „Schwanengesang", Opern und Bühnenmusiken, Klavier- und Kammermusik.
Rossini: „Die Italienerin in Algier", „Der Türke in Italien", „Der Barbier von Sevilla", „Othello", „La Cenerentola", „Semiramide".
Geburt von Lortzing († 1851), Bellini († 1835), Berlioz († 1869), Glinka († 1857), J. Strauß (Vater) († 1849), Mendelssohn Bartholdy († 1847), Chopin († 1849), Nicolai († 1849), Schumann († 1856), Liszt († 1886), Flotow († 1883), Dargomyschskij († 1869), Wagner († 1883), Verdi († 1901), Gounod († 1893), Moniuszko († 1872), Offenbach († 1880), Vieuxtemps († 1881), Raff († 1882), Franck († 1890), Bruckner († 1896), Cornelius († 1874), Smetana († 1884), J. Strauß (Sohn) († 1899).

Romantik

Zeit	Weltgeschehen	Wissenschaft/tägliches Leben
1825	Polnischer Aufstand gegen Rußland mißlingt. Belgien wird nach Revolution selbständiger Staat [1830]. Königin Victoria besteigt Englands Thron [1837]. Opiumkrieg, 1838–1842: England besiegt China, das sich gegen den illegalen britischen Opiumhandel wandte. Hongkong fällt an die Engländer, China muß fünf Häfen öffnen. Später weitere Öffnung Chinas. Dardanellen-Vertrag [1841] verbietet nichttürkischen Schiffen die Durchfahrt der Meerengen. Aufhebung der Kornzölle begünstigt den Freihandel in England [1846]. Revolutionen erfassen ganz Europa außer England und Rußland: Februarrevolution in Paris [1848], Frankreich wird (2.) Republik. Märzrevolution in Deutschland und Österreich [1848]. Deutschland beruft Nationalversammlung ein. – Ferdinand I. von Österreich dankt zugunsten von Franz Joseph I. ab. Ungarn wird Kronland Österreichs [1850]. Wirren in Berlin und Dresden (Wagner muß flüchten). Preußen verzichtet formell auf deutsche Einheit und erläßt neue Verfassung. Die liberalen und nationalen Kräfte unterliegen.	Soziale Frage bestimmt die Zeit: Wachsende Notlage der Handwerker bis zur Jahrhundertmitte, danach Lage der Industriearbeiter im Vordergrund. Nach Thronbesteigung der Königin in England Viktorianisches Zeitalter des Bürgertums. Erfindung der Fotografie durch Niepce, 1826. Entdeckung des Zellkerns, 1830. Aufhebung der Sklaverei im britischen Reich, 1833. Ende der Inquisition in Spanien, 1834. Verkehr: Eisenbahn Liverpool–Manchester gilt als Beginn des modernen Eisenbahnwesens, 1830. – In London 26 Straßen-Dampfwagen. – Gotthardstraße für Wagenverkehr geöffnet, 1830. – Deutsche Eisenbahnstrecke Leipzig–Dresden, 1837. – Zunehmender Reiseverkehr des Bürgertums führt zu Ausbau des Eisenbahnnetzes. – 1838 erster britischer Dampfer nach New York. Baedeker: „Handbuch für Reisende durch Deutschland und das österreichische Kaiserreich". Wie schon 1789 (die Revolution erfaßte nur Frankreich) sind auch jetzt die Auswirkungen der Wirren in Frankreich am bedeutendsten: Mit dem Sturz des Bürgerkönigs Louis Philippe wird neuerlich der Adel entmachtet und eine bürgerliche Republik eingeführt. In Österreich, das bei der ersten Revolution überhaupt keine Folgen spürte, läßt sich auch jetzt die ganze Angelegenheit durch einen Wechsel auf dem Thron beilegen. Die Herrschaft des Adels, der nie so unnahbar und machtbesessen wie der französische war, wird in keiner Weise angetastet. Die (geradtaktige)Polka entsteht in Böhmen und wird bald neben dem (ungeradtaktigen) Walzer zum beliebtesten Gesellschaftstanz. „Kommunistisches Manifest" von Marx und Engels [1848] führt zum Sozialismus und weiter in Richtung Kommunismus. In England, wo seit den Napoleonischen Kriegen Wirtschaftskrisen herrschen, werden erste Gewerkschaften gegründet. – Kongreß von Arbeitervereinen in Berlin schließen sich zur „Arbeiterverbrüderung" mit Sitz in Leipzig zusammen, 1848. Goldfunde in Kalifornien lösen Massenwanderungen aus; ab 1848. Erste Briefmarken in England [1840]. Erard baut modernes Pianoforte mit Repetitionsmechanik.
1850	Staatsstreich des französischen Präsidenten Karl Ludwig Napoleon geglückt. Wird als Napoleon III. Kaiser von Frankreich, 1852–1870. Krimkrieg zwischen Rußland und der von Westeuropa unterstützten Türkei, 1853–1856. Russische Niederlage bei Sewastopol, Verlust des Donaudeltas; Schwarzes Meer wird neutralisiert. Befreiungskampf Italiens, 1859–1861: Italienisches Volk unter Garibaldi und Cavour siegt über Österreich und Kirchenstaat. Viktor Emanuel II. wird König des vereinten Italien (außer Rom und Venetien), 1861. Sezessionskrieg in USA, 1861–1865: Sieg der Nordstaaten unter Lincoln über elf abgefallene Südstaaten. Abschaffung der Sklaverei. Deutscher Krieg, 1866: Preußen, verbündet mit Italien, siegt über Österreich und annektiert die gegnerischen	Aufkommende Industrialisierung (von England ausgehend) führt zu Zentrenbildung. Handwerk und Kleinbauerntum werden zurückgedrängt, die Klassenunterschiede vergrößert. Das besitzende Bürgertum entfaltet sich, die Arbeiter schließen sich in Gewerkschaften zusammen. Lasalle gründet den „Allgemeinen deutschen Arbeiterverein" in Leipzig (erste sozialistische Partei), 1863. Gründung der „Ersten Internationale" aller Sozialisten durch Marx in London 1864; scheitert an inneren Kämpfen. Marx: „Das Kapital" (Ausbeutung der Arbeiter), 1867. – Die staatliche Sozialpolitik setzt ein: Kinderarbeit wird verboten. 10-Stunden-Tag für Frauen und Jugendliche. Große Auswanderung aus Europa in die USA. Erste Weltausstellung in London [1851], danach in Paris [1855] (Verdi wird mit der Komposition der Festoper betraut), in Wien [1873].

Künste (ohne Musik)	Musik	Epoche
Im künstlerischen Selbstbewußtsein wird die Ich-Form in Roman und Lyrik gebräuchlich. Die frühere Objektivität verschwindet zugunsten persönlichster Bekenntnisse und einer Darstellung subjektiven Empfindens. Goethe: „Wilhelm Meisters Wanderjahre", „Faust II". Tod Goethes 1832. Puschkin: „Mozart und Salieri" (55), „Eugen Onegin" (56), „Pique Dame" (57). Tod Puschkins 1837. Hugo: „Hernani" (58), „Notre Dame de Paris" (59), „Le roi s'amuse" (60). Büchner: „Dantons Tod" (61), „Leonce und Lena" (62), „Woyzeck" (63). Cooper: „Lederstrumpf". Prosper Mérimée: „Carmen" (64) (Novelle). Dumas (Sohn): „Die Kameliendame" (65) (Roman, 1852 als Schauspiel). da Ponte: Viele Opernlibretti. Ausgewiesen aus mehreren Städten Europas, begibt er sich nach Amerika, wo er seine Memoiren schreibt. Wirken der Dichter: Eichendorff († 1857), Raimund († 1836), Grillparzer († 1872), Scribe, unzählige Opernlibretti († 1861), von Droste Hülshoff († 1848), Gotthelf († 1854), Heine († 1856), Hoffmann von Fallersleben († 1874), Balzac († 1850), Grabbe († 1836), Lenau († 1850), Büchner († 1837). Wirken der Maler Delacroix, Gemälde von Chopin u. a. († 1863) und Spitzweg († 1885).	In New York und Buenos Aires wird 1825 zum ersten Mal Oper gespielt von Truppen aus Europa. Früher war die Kunst in Europa einheitlich. Aus dem Werk eines Komponisten war nicht herauszuhören, aus welchem Land er stammte. Die Romantik aber bringt das Erwachen der Nationen, die im Abwehrkampf gegen Napoleon ein Nationalitätsgefühl entwickelt hatten. Barock und Rokoko hatten ein Gleichgewicht zwischen Form und Inhalt angestrebt. Im Trend, die persönliche Aussage in den Vordergrund zu stellen, wird die Form zugunsten des Inhalts geopfert. Sonate und Sinfonie treten etwas zurück, es entstehen freiere Formen wie Sinfonische Dichtung, Phantasie usw. Programm-Musik mit ganz bewußt außermusikalischem Thema wird bevorzugt. Mendelssohn Bartholdy: Ouvertüre zu „Sommernachtstraum". Durch Wiederaufführung von Bachs „Matthäuspassion" Bach-Renaissance eingeleitet. Fünf Sinfonien, Orchesterwerke. Auber: „Die Stumme von Portici" 1828. Aufführung in Brüssel wird zum Auslöser für die belgische Revolution 1830. Rossini: „Comte Ory", „Wilhelm Tell" 1829. Danach Rückzug als Opernkomponist. Bellini: „Somnambula", „Norma", „Puritaner". Donizetti: „Liebestrank", „Lucia di Lammermoor", „Regimentstochter", „Don Pasquale". Berlioz begründet mit „Symphonie fantastique" die Programm-Musik, 1832. Glinka: „Das Leben für den Zaren", erste russische Oper, 1836. Lortzing: „Zar und Zimmermann", „Wildschütz", „Waffenschmied". Paganini: Violinvirtuose und Komponist. Chopin: Klaviermusik. Kreutzer: Opern und Lieder. Nicolai: Opern, Gründer der Philharmonischen Konzerte in Wien. J. Strauß Vater: Walzer und Märsche. Erste Erfolge Verdis: „Nabucco", „Ernani", „Macbeth". Erste Erfolge Wagners: „Rienzi", „Holländer", „Tannhäuser", „Lohengrin". Weihnachtslied „Stille Nacht", 1818 in Salzburg entstanden, geht 1831 in die Welt hinaus. Geburt von Goldmark († 1915), Brahms († 1897), Borodin († 1887), Wieniawski († 1880), Cui († 1918), Saint-Saëns († 1921), Delibes († 1891), Balakirew († 1910), Bizet († 1875), Bruch († 1920), Mussorgskij († 1881),Tschajkowskij († 1893), Dvořák († 1904), Massenet († 1912), Grieg († 1907), Rimskij-Korsakow († 1908), de Sarasate († 1908).	(Romantik)
Nach der Biedermeierzeit und dem kurzen politisch gefärbten Zwischenspiel der Vormärz-Lyrik (der bedeutendste Vertreter war wohl Hoffmann von Fallersleben) geht Deutschland nun auf den Weg, auf dem ihm Europa schon vorangegangen war, in den poetischen Realismus, der sich zum Naturalismus verschärfen wird. Mit klarem Blick soll die Wirklichkeit und das alltägliche Geschehen erfaßt und unbeschönigt dargestellt werden. Erbauung der Pariser Oper durch Garnier, 1862–1875. Semper baut Burgtheater in Wien, 1873 (vollendet von Hasenauer, 1888). Murger: „Scènes de la vie de Bohème" (66) (Erzählung). Beecher Stowe: „Onkel Toms Hütte". Brüder Grimm beginnen „Deutsches Wörterbuch" 1854–1960 (!), 16 Bände. Dostojewskij: „Aufzeichnungen aus einem Totenhaus" (67) (aus sibirischer Verbannung).	Bach-Gesellschaft gegründet, 1850. Nachdem Polen mit Chopin eine nationale Färbung hervorgebracht hatte, schafft Rußland eine eigene Musik, die von der ganz westlich ausgerichteten Oberschicht als „Kutschermusik" bezeichnet wird. Glinka begründet diese russische Musik mit seinen Opern „Leben für den Zaren" und „Ruslan und Ludmila". Dennoch besteht in Rußland noch lange ein Kampf zwischen eigenständiger und westlicher Musik, wie sie die Brüder Rubinstein vertraten und als deren Exponent man noch Tschajkowskij in Verkennung seiner Ziele ansehen wird. Die Tschechen, schon lange als „böhmische Musikanten" in ganz Europa geschätzt, bekommen in Smetana ihren eigenen Schöpfer. Auch die Nordländer finden zu ihrer nationalen Musik. Köchel verfaßt chronologisches Werkverzeichnis Mozarts [1852], zitiert mit: KV.	

Zeit	Weltgeschehen	Wissenschaft/tägliches Leben
	Staaten nördlich der Mainlinie. Aus Furcht vor dem preußisch deutschen Hegemonialstreben: Deutsch-französischer Krieg 1870/71: Frankreich wird besiegt. Napoleon III. gefangen; Proklamation der (3.) französischen Republik, Gründung des (2.) deutschen Kaiserreiches: Wilhelm I. deutscher Kaiser.	Henri Dunant gründet nach der Schlacht von Solferino das Rote Kreuz [1864]; Pflege der Verwundeten im Krieg. Vollendung des Suezkanals durch Lesseps, 1859–1869. Die französische Hauptstadt ist völlig eingeschlossen durch die deutschen Truppen; es kann nichts hinein- und nichts hinausgebracht werden. Aus diesem Grund verzögert sich die Uraufführung von „Aida" in Kairo, da die Kulissen in Paris hergestellt werden mußten. Durch die Zahlung der französischen Kriegsentschädigung an Deutschland blühen dort Industrie, Handel und Großbanken auf, die Gründerjahre. Diese Euphorie wird durch den Wiener Börsenkrach gebrochen und schlägt 1873 in eine Wirtschaftskrise um.
1875	Ausdehnung Englands: Aktienmehrheit des Suezkanals; Victoria wird Kaiserin von Indien [1876]; England erhält Zypern [1878], besetzt Ägypten [1882]. Russisch-türkischer Krieg, 1875–1878: Rußland besiegt die Türkei. Befreiung der Balkanstaaten. Rußland über die Bestimmungen des Berliner Kongresses verstimmt. Dreibund Deutschland-Österreich-Italien geschlossen, 1882. Beginn der deutschen Kolonialpolitik [1884] mit Erwerbung von Deutsch-Ostafrika. Burma fällt an Britisch Indien [1886], Britisch-Ostafrika entsteht [1887], Rhodesien wird britischer Besitz, 1889. Nach dem Abessinienkrieg 1894–1896 (seit 1885 versucht Italien das Land zu unterwerfen), wird Abessinien unabhängig. Krieg Griechenlands gegen Türkei um Kreta [1897]. Die Insel bleibt bei Griechenland. Kuba besiegt die spanische Besatzung und wird selbständig [1899]. Burenkrieg, 1899–1902: Englische Truppen besiegen weiße Bevölkerung Südafrikas (Buren). Südafrika wird englische Kolonie.	Die Industrienationen erleben einen großen wirtschaftlichen Aufschwung, der durch neue Energiequellen, Nachrichtenwesen und steigende Kapitalinvestitionen ermöglicht wird. Durch die Fortsetzung der Kolonialpolitik erhofft man sich eine politische und wirtschaftliche Aufteilung der Welt. Der Imperialismus verbreitet westliche Zivilisation über die ganze Welt. Gründung der sozialdemokratischen Parteien in Österreich, der Schweiz, Deutschland und der „Zweiten Internationale" in Paris; erste Maifeier in Paris, 1889. Telefon in technisch brauchbarer Form von Bell 1876; Phonograph [1877] und Glühlampe [1879] von Edison. Elektrische Lokomotive und elektrische Straßenbahn [1881] von Siemens. Gotthard-Tunnel, 15 km, eröffnet (1872–1881). Erstes Elektrizitätswerk von Edison in New York, 1882. Entwicklung des Autos mit Benzinmotor (1883–1887). Erfolgreiches U-Boot, 1885. Freiheitsstatue im Hafen von New York, 1886. Pariser Weltausstellung mit Eiffelturm, 1889. Begründung der Psychoanalyse durch Freud und Breuer, 1895. Erste neuzeitliche Olympische Spiele in Athen, 1896. Entdeckung der Röntgenstrahlen durch Röntgen [1895], der radioaktiven Strahlung des Urans durch Becquerel [1896], des Radiums durch Pierre und Marie Curie [1898]. Erste Filmvorführung in Berlin, [1895]; erster farbiger Film [1909]; erster Tonfilm [1922]. Erste Segelflüge [1891], erste Zeppelinfahrt [1900].

Ibsen: „Peer Gynt" ⑱.
Tolstoj: „Krieg und Frieden" ⑲, „Anna Karenina".
Ostrowskij: „Gewitter" ⑳, „Der Wald" ㉑.
Nietzsche: „Die Geburt der Tragödie aus dem Geiste der Musik".
Busch: „Max und Moritz".
Wirken der Literaten Nestroy († 1862), Mörike († 1875), Andersen († 1875), Stifter († 1868), Gogol († 1852), Hebbel († 1863), Storm († 1888), Turgenjew († 1883), Keller († 1890), Fontane († 1898), Baudelaire († 1867), Flaubert († 1880), Dostojewskij († 1881), C. F. Meyer († 1898).
J. Burckhardt: „Cicerone" (Kunstführer für Italien), 1855.
Pariser Ausstellung mit Gemälden von Courbet und Manet, 1867. Beginn des französischen Impressionismus.

Die Romantik interessiert sich auch für Volksmusik, v. a.Volkslieder, und legt ganze Sammlungen davon an.
Schumann: 4 Sinfonien, 3 Konzerte und Klaviermusik, Selbstmordversuch 1854.
Gounod: „Faust".
Bizet: „Perlenfischer", „Carmen", „Arlésienne-Suite".
Smetana: „Die verkaufte Braut".
Verdi: „Rigoletto", „Troubadour", „Traviata", „Simon Boccanegra", „Maskenball", „Macht des Schicksals", „Don Carlos", „Aida".
Wagner: „Tristan und Isolde", „Die Meistersinger von Nürnberg", „Rheingold", „Walküre".
Mussorgskij: „Boris Gudunow".
Johann Strauß: „Die Fledermaus".
Geburt von Janáček († 1928), Elgar († 1934), Leoncavallo († 1919), Puccini († 1924), Mahler († 1911), Wolf († 1903), Debussy († 1918), Delius († 1934), Mascagni († 1945), Weingartner († 1942), d'Albert († 1932), R. Strauss († 1949), Sibelius († 1957), Busoni († 1924), Satie († 1925), Pfitzner († 1949), Skrjabin († 1915), Vaughan Williams († 1958), Rachmaninow († 1943), Reger († 1916), Schönberg († 1951), Ravel († 1937).

Mit dem Fortschreiten der Industrialisierung schrumpft das kulturelle Interesse; ein Großteil des Bürgertums bevorzugt als Lektüre die „Gartenlaube", und die Arbeiterklasse ist vom kulturellen Leben ausgeschlossen.
In den achtziger Jahren fordert die junge Generation eine Kultur, die mit der verstaubten Gartenlaubenromantik aufräumt und sich mit der Wirklichkeit, der Wahrheit befaßt; der Naturalismus bricht sich Bahn. Daneben beginnt aber der Impressionismus der Malerei, das Einfangen eines Augenblicks, einer Stimmung, sich auch auf die Literatur auszudehnen.
Schloß Herrenchiemsee für Ludwig II. von Bayern erbaut, 1878–1885.
Twain: „Tom Sawyer", „Huckleberry Finns Abenteuer und Fahrt".
Keller: „Romeo und Julia auf dem Dorfe" ㉒.
Spyri: „Heidis Lehr- und Wanderjahre".
Wilde: „Lady Wintermeres Fächer", „Salome" ㉓.
Sardou: „Tosca" ㉔.
Schnitzler: „Anatol", „Der Reigen".
Wedekind: „Erdgeist" ㉕.
Wirken der Dichter: Verne († 1905), Ibsen († 1906), Tolstoj († 1910), Daudet († 1897), Zola († 1902), Verlaine († 1896), Spitteler († 1924), Strindberg († 1912), Maupassant († 1893), Wilde († 1900), Tschechow († 1904).
Deutsche Goethe-Gesellschaft gegründet, 1885.
Wirken des Bildhauers Rodin († 1917) und der Maler Böcklin († 1901), Cézanne († 1906), Makart († 1884), Gauguin († 1903), Van Gogh († 1890), Hodler († 1918), Segantini († 1899), Klimt († 1918), Kandinsky († 1944), Kollwitz († 1945), Nolde († 1956), Matisse († 1954).
Wirken der Impressionisten Degas († 1917), Slevogt († 1899), Monet († 1926), Renoir († 1919), Liebermann († 1955), Corinth († 1925), Sisley († 1899).

Auch in der Musik entwickelt sich ein Nebeneinander von verschiedenen Stilrichtungen, die sich teils aus der Romantik heraus, teils als Gegenbewegung zu ihr bilden und den Einfluß Wagners, der nach der Mitte des Jahrhunderts die Musik mehr und mehr zu dominieren beginnt, zu überwinden suchen. Richard Strauss und Mahler sind Spätromantiker; in Italien entwickelt sich im Opernwesen der Naturalismus: Mascagni „Cavalleria rusticana", Leoncavallo „Der Bajazzo", Giordano „Andrea Chénier"; Debussy begründet mit „Prélude à l'après-midi d'un Faune" den musikalischen Impressionismus.
Eröffnung des Bayreuther Festspielhauses mit erster Aufführung des gesamten „Ring des Nibelungen" von Wagner 1876.
Dvořák bringt aus Amerika von dort beeinflußte Werke mit: „Sinfonie aus der Neuen Welt" 1893, „Amerikanisches Streichquartett".
Smetana: „Mein Vaterland" (sechs sinfonische Dichtungen, darunter „Die Moldau").
Wagner: „Parsifal".
Verdi: „Othello", „Falstaff".
Richard Strauss: Tondichtungen entstehen.
Puccini: „Manon", „Bohème", „Tosca".
Offenbach hinterläßt bei seinem Tod 1880 nach vielen Operetten die einzige Oper unvollendet: „Hoffmanns Erzählungen".
Liszt: Klaviervirtuose, Orchester- und Klaviermusik.
Tschajkowskij: Opern und Orchestermusik.
Bruckner: neun Sinfonien.
Brahms: Orchester- und Klaviermusik.
Johann Strauß Sohn: „Walzerkönig" und Operettenkomponist.
Geburt von de Falla († 1946), Wolf-Ferrari († 1948), Schreker († 1934), Respighi († 1936), Bloch († 1959), Stolz († 1975), Bartók († 1945), Enescu († 1955), Villa-Lobos († 1959), Strawinsky († 1971), Kodály († 1967), von Webern († 1945), Berg († 1935), Schoeck († 1957), Martin († 1974), Martinů († 1959), Prokofjew († 1953),

Beginnender Zerfall der Stile:
Naturalismus, Impressionismus, Expressionismus, Jugendstil, wachsende Auflösung der Tonalität

1900 Russische Sozialisten spalten sich in Bolschewiki (Mehrheit) und Menschewiki (Minderheit).
Schwere Judenpogrome in Rußland 1903 und 1906.
Französisch-britische „Entente cordiale" [1904] durch Rußland zur „Triple-Entente" [1907] erweitert.
Matrosenaufstand in St. Petersburg: Vorbote der Revolution. Zar erläßt konstitutionelle Verfassung. Lenin geht bis 1917 ins Exil.

Lybischer Krieg, 1911/12: Italien besiegt Türken in Nordafrika. Wirft dabei erste Fliegerbombe.
Balkankriege, 1912/13: Kämpfe der Balkanstaaten gegen die Türkei und untereinander.
Erster Weltkrieg, 1914–1918: England, Frankreich, Rußland und USA besiegen mit ihren Alliierten Deutschland, Österreich, Bulgarien und Türkei. Totaler Krieg unter Einsatz aller Mittel. 30 Millionen Tote und Verletzte.
Donaumonarchie Österreich-Ungarn zerfällt.
Armenische Bevölkerung der Türkei vertrieben oder getötet (1 Million) [um 1915].
Russische Revolution, 1917–1922: Russische Arbeiter und Bauern siegen über Zaren. Gründung der UdSSR. Lenin sucht mit der Verwirklichung „marxistischer" Glaubenssätze eine klassenlose Gesellschaft zu schaffen (Kommunismus).

Bürgerkriegsähnliche Zustände in Deutschland; Putschversuche gegen die junge Republik; gewalttätige, oftmals chaotische Zustände; Organisationen rechtsradikaler Milizen, v. a. SA und SS innerhalb der neugegründeten NSDAP [ab 1921].
Mit der Vereinigung nationalistischer, imperialistischer und sozialistischer Thesen führt Mussolini Italien nach dem Marsch auf Rom zum Faschismus [1922].
Kemal Pascha (Atatürk) macht Türkei zur Republik und führt tiefgreifende Reformen durch [1923].

Revolution des täglichen Lebens durch Elektrizität, Erdöl, Automobil, Telefon, Telegraphie, Kino, Schallplatte ab 1904, Radio ab 1921.
Beginn der Erdbohrungen auf persischen Ölfeldern, 1901.
Carl Lindström AG für Grammophone und Schallplatten in Berlin gegründet, 1904.
Erster Motorflug der Brüder Wright, 1903. – Italien beschließt die Schaffung einer Luftschiff-Flotte, 1910.
Neonlicht erfunden, 1910.
Bau des Panamakanals, 1906. Die 81 km lange Wasserstraße wird 1914 eröffnet. – Lesseps, der Erbauer des Suezkanals, scheiterte hier 1889 nach achtjähriger Bauzeit. Der Kanal wird vom Amerikaner Goethals vollendet.
England entwickelt Panzerkampfwagen, 1914.
Forschungen Einsteins bringen Relativitätstheorie, 1916.
Der englische Physiker Rutherford schafft die Grundlagen der modernen Atomphysik; 1919 erste künstliche Atomumwandlung.
Alcock und Whitten-Brown überfliegen als erste den Atlantik von Neufundland nach Irland, 1919. Lindbergh überquert ihn 1927 im Alleinflug von New York nach Paris.
Versailler Friedenskonferenz, die den Ersten Weltkrieg beendet, beschließt auf Vorschlag des amerikanischen Präsidenten Wilson die Schaffung des Völkerbundes.

Honegger († 1955), Dessau († 1979), Orff († 1982), Hindemith († 1963), David († 1977), Korngold († 1957), Gershwin († 1937), Burkhard († 1955), Krenek († 1991), Weill († 1950).

Gegen den Naturalismus erhob sich Opposition. Der Wille, in der Kunst wieder Schönheit darzustellen, wurde bestimmend. Von Nietzsche war diese Anregung ausgegangen, und die meisten Künstler folgten ihr. Als Neuromantik, Neuklassizismus oder Symbolismus werden die neuen Richtungen bezeichnet. Vor dem Ersten Weltkrieg verkündet der Expressionismus ein Brudergefühl in einer leidenschaftlichen Sprache; der bedeutendste Vertreter ist Trakl. – Der Roman erlebt mit Thomas Mann einen Aufschwung.
Max Reinhardt beginnt seine große Laufbahn als Regisseur, eröffnet 1919 das umgebaute Große Schauspielhaus für Masseninszenierungen; schafft im Theater in der Josefstadt (Wien) eine Stätte für modernes Theater.
T. Mann: „Die Buddenbrooks", „Der Tod in Venedig" ⑯, „Der Zauberberg".
Maeterlinck: „Monna Vanna" ⑰, „Pelléas und Mélisande" ⑱, „Der blaue Vogel" ⑲.
Wedekind: „Die Büchse der Pandora" ⑮.
Hofmannsthal: „Elektra" ⑳, „Der Rosenkavalier" ㉑, „Jedermann", „Ariadne auf Naxos" ㉒, „Frau ohne Schatten" ㉓, „Der Schwierige", „Das Salzburger Große Welttheater".
H. Mann: „Professor Unrat".
Shaw: „Der Arzt am Scheideweg", „Pygmalion" ㉔, „Die heilige Johanna".
Kokoschka: „Orpheus und Eurydike" ㉕.
Salten: „Bambi".
Schnitzler: „Fräulein Else".
Kafka: „Der Prozeß" ㉖.
Wirken der Literaten Schnitzler († 1931), G. Hauptmann († 1946), Huch († 1947), Rolland († 1915), Pirandello († 1936), Claudel († 1955); George († 1933), H. Mann († 1950), Maugham († 1965), T. Mann († 1955), Rilke († 1926), Kafka († 1924), Trakl († 1914).
In der bildenden Kunst herrschen verschiedene Stile gleichzeitig, unter denen sich Jugendstil und Expressionismus besonders profilieren; es herrschen wirre Richtungskämpfe.
Wirken der Maler Kirchner († 1938), Klee († 1940), Kokoschka († 1980), Chagall († 1985), Miró († 1983).
Picasso durchläuft verschiedene Stilrichtungen: Blaue Periode (1901–1905), Kubismus (ab 1907), Neoklassizistische Periode (ab 1917–1923), Übergang zu Surrealismus und Expressionismus. Tod Picassos 1973.

Im Bestreben, den kulturellen Rückstand gegenüber dem Bürgertum aufzuholen (wie es 100 Jahre früher das Bürgertum gegenüber dem Adel ausführte), wird das Arbeiterchorwesen gegen Ende des Jahrhunderts gegründet. Die Entwicklung führt weiter zu den Arbeitersinfoniekonzerten (um 1920), die besonders in Wien großes Interesse erregen. Dort werden sie von (dem in seinen Kompositionen schwer verständlichen) Anton von Webern geleitet.
In Paris hält sich bis zum Ersten Weltkrieg die Gruppe der jungen Impressionisten auf, eine Künstlergemeinschaft, die sich ihren Durchbruch hart erkämpfen muß. Starke Anregungen erhalten sie von Diaghilew, der das Ballett wiedererweckt hat und ständig neue Werke für seine Ensembles braucht.
Der Weg der jungen Generation führt immer weiter von der Tonalität weg, der letzte, entscheidende Schritt bleibt aber noch aus.
Blüte des klassischen New-Orleans-Jazzstils. – Jazz kommt nach Europa und verbindet sich langsam mit der Tanzmusik, 1920.
In Frankreich bildet sich die Groupe de Six: Durey († 1979), Milhaud († 1974), Tailleferre († 1983), Honegger († 1955), Auric († 1983), Poulenc († 1963).
Gründung der Salzburger Festspiele durch Reinhardt, Hofmannsthal und R. Strauss, 1920.
Erster Musiktag in Donaueschingen zur Diskussion moderner Musik, 1921.
Schönberg beginnt mit seiner Zwölftonmusik, 1922.
Puccini: „Madame Butterfly", „Mädchen aus dem Goldenen Westen", „Triptychon".
Dvořák: „Rusalka".
Debussy: „Pelléas und Mélisande".
d'Albert: „Tiefland" (deutscher Beitrag zum Verismus).
Schönberg: „Gurrelieder".
Janáček: „Jenufa", „Kátja Kabanová", „Das schlaue Füchslein".
de Falla: „La Vida breve".
R. Strauss: „Salome", „Elektra", „Rosenkavalier", „Ariadne auf Naxos", „Frau ohne Schatten".
Strawinsky: „Feuervorgel", „Petruschka", „Sacre du printemps".
Gershwin: „Rhapsody in blue" (sinfonisches Jazzstück).
Berg: „Wozzeck".
Gustav Mahler: neun Sinfonien, „Lied von der Erde".
Operetten von Lehár, Fall, Kálmán, Benatzky.
Geburt von Egk († 1983), Chatschaturjan († 1978), Blacher († 1975), Dallapiccola († 1975), Hartmann († 1963), Tippet, Schostakowitsch († 1975), Fortner († 1987), Messiaen († 1992), Sutermeister († 1995), Liebermann, Barber († 1981), Cikker († 1990), Menotti, Burkhard († 1977), Lutoslawski († 1994), Bresgen († 1988), Britten († 1976), Pizzetti († 1968), Eder, Blomdahl († 1968), Ginastera († 1983), Bernstein († 1990), von Einem († 1996), Zimmermann († 1970), Schibler († 1986), Xenakis, Ligeti, Wimberger, Nono († 1990), Kelemen, Huber, Berio, Boulez, Klebe.

Zeit	Weltgeschehen	Wissenschaft/tägliches Leben
1925	Chinesische Revolution, 1925–1949: Erhebung der Bauern und Arbeiter gegen die Regierung Tschiang Kai-scheks. Unter der Führung von Mao Tse-tung setzen sie sich durch: China wird kommunistisch. Hindenburg wird deutscher Reichspräsident [1925]. Stalin stellt Trotzkis Plan einer sofortigen Weltrevolution zurück [1927]. Hitler wird Reichskanzler [1933]. Spanischer Bürgerkrieg 1936–1939: Die faschistische Falange unter dem „Caudillo“ Franco übernimmt die Regierungsgewalt. Einmarsch deutscher Truppen in Österreich [1938]; die rasch einberufene Münchner Konferenz (Abtretung der sudetendeutschen Gebiete an Deutschland) zwischen Chamberlain (GB), Daladier (F), Mussolini (I) und Hitler (D) glaubt den Frieden gerettet zu haben. Kurz darauf überfallen die deutschen Truppen die „Rest-Tschechei“ [1938] und dann Polen [1939]. Beginn des Zweiten Weltkrieges. Zweiter Weltkrieg, 1939–1945: Reiner Eroberungskrieg von Deutschland, Italien und Japan gegen fast die ganze übrige Welt. Nach ersten Erfolgen vernichtende Niederlage der Angreiferstaaten (fast doppelt soviele Tote und Verletzte wie im Ersten Weltkrieg). USA werfen Atombomben auf Japan [1945] (110 000 Tote und ebenso viele Verletzte). Nach Kriegsende sind alle Ostblockstaaten kommunistisch. Erhebung in Südostasien, die zum Vietnam- und Koreakrieg führt [1945]. Griechischer Bürgerkrieg, 1946–1949: Kampf der Republikaner und Kommunisten gegen von den USA unterstütztes Königtum scheitert. Gründung des Staates Israel [1948]. BRD und DDR konstitutionieren sich.	Nach einem trügerischen Aufschwung der Weltwirtschaft, der v. a. durch eine rasende Inflation angetrieben wird, häufen sich in der Wirtschaft immer schwerere Krisen, die im Oktober 1929 zu deren vollständigem Zusammenbruch führen: Die Kurse an allen Weltbörsen stürzen fast über Nacht ins Bodenlose, Staatsbankrotte sind abzusehen. Der 1933 zum Reichskanzler ernannte Hitler beseitigt die Arbeitslosigkeit in Deutschland durch schrankenlose Rüstungspolitik und den gigantischen Bau (strategischer) Autobahnen. Der USA neuer Präsident F. D. Roosevelt versucht die Rettung der Wirtschaft durch das neue System (New Deal). Die UdSSR wird Industriestaat mit Planwirtschaft. Entdeckung der Neutronen entscheidend für weitere Entwicklung der Kernphysik, 1932. Sobald Hitler an der Macht ist, geht er daran, seine in „Mein Kampf“ ausgedrückten Grundsätze in die Praxis umzusetzen. Brutale Unterdrückung jeder „linken“ Gesinnung, des Sozialismus., Liberalismus, der Demokratie usw., die Entrechtung, Vertreibung, später massenweise Ermordung „fremder Rassen“, wie Juden, Zigeuner. Anerkennung der absoluten Neutralität der Schweiz durch den Völkerbund, 1938. Fernsehen kommt auf: Vorführung von drahtlosem Fernsehen in Berlin auf der Funkausstellung, 1928; BBC eröffnet offiziellen Fernsehdienst, 1936. (Großprojektion [1952], Farbfernsehen in USA, 1954.) Künstliche Kernspaltung durch Hahn, 1938. Politiker und Militärs setzen den Bau von Atombomben in Amerika durch: Erster Atomreaktor [1942], erste Atombombe, 1945. Bei Kriegsende 1945 liegt die Welt in Trümmern. Trotzdem beginnt mit eigentlich bewunderswerter Schnelligkeit ein umfassender Neuaufbau, zu dem die USA entscheidend durch die weitreichende Hilfsaktion des Marshallplans beitragen (1948). Aber auch die Siegermächte sind schwer angeschlagen, tief verschuldet und politisch zerrissen. Einen Lichtblick inmitten des allgmeinen Chaos stellt die Gründung der Vereinten Nationen (UNO) in San Francisco dar, die sehr bald nach Kriegsende erfolgt (1945). Doch fast unmittelbar danach beginnt die Welt sich von neuem zu spalten: Nun steht West gegen Ost, Kapitalismus gegen Sozialismus. Eine vorläufig imaginäre, bald aber reale Grenze („Eiserner Vorhang“) teilt die Welt in zwei Gebiete, die einander täglich feindlicher gegenüber stehen. Der Westen schließ sich 1949 zum Militärbündnis NATO zusammen, der Osten antwortet mit dem Warschauer Pakt (1955).

Die bürgerliche Welt ist brüchig geworden, bietet dem Menschen keinen Halt mehr. So lehnt der Künstler alle Übereinkünfte ab, sogar die Gesetze von Sprache und Form. – Andere suchen in einer religiösen Bindung eine Stütze. Reine Lyrik steht neben solcher, die ihre Zeitgenossen aufrütteln will; erzählende Literatur, die den Abgrund aufzeigt, neben solcher, die in der Humanität die Rettung sieht.
Eine ebenso große Vielfalt der Ausdrucksformen besteht in der bildenden Kunst, in der alle Formen von exakter Gegenstandsbetonung bis zu abstrakter Kunst möglich sind.
Der Nationalsozialismus bezeichnet moderne Kunst als entartet und erzwingt damit die Emigration der Ausübenden oder ihre Anpassung.
Hofmannsthal: „Arabella" (87) (nach „Lucidor").
Baum: „Menschen im Hotel".
Zuckmayer: „Katharina Knie" (88), „Der Hauptmann von Köpenick", „Des Teufels General".
Musil: „Der Mann ohne Eigenschaften".
Hesse: „Narziss und Goldmund", „Das Glasperlenspiel".
Buck: „Die gute Erde".
Kästner: „Fabian", „Das fliegende Klassenzimmer".
O'Neill: „Trauer muß Elektra tragen" (89).
García Lorca: „Die Bluthochzeit" (90).
Fallada: „Wer einmal aus dem Blechnapf frißt".
Brecht: „Das Verhör des Lucullus" (91), „Dreigroschenoper" (92), „Mutter Courage und ihre Kinder", „Herr Puntila und sein Knecht Matti" (93).
Hochwälder: „Das heilige Experiment".
Sartre: „Die Fliegen".
St. Exupéry: „Der kleine Prinz" (postum 1946).
Borchert: „Draußen vor der Tür".
Deutscher Künstlerbund wird verboten, 1936 (1950 neu gegründet).
NS-Bildersturm verbannt moderne Kunst, 1936.
Kulturelles Leben kommt in Deutschland völlig zum Erliegen, 1944. Neuanfang kurz nach Kriegsende.
Wirken der Schriftsteller und Dichter Hesse († 1966), Zweig († 1942), Joyce († 1941), Giraudoux († 1944), O'Casey († 1964), Pound († 1972), Mauriac († 1970), Benn († 1956), O'Neill († 1953), Eliot († 1965), Tucholsky († 1953), Pasternak († 1960), Werfel († 1945), Cocteau († 1963), Buck († 1938), Pagnol († 1973), Priestley († 1984), Zuckmayer († 1977), Baum († 1975), Wilder († 1975), Brecht († 1956), Hemingway († 1961), Remarque († 1970), García Lorca († 1936), Saint Exupéry († 1944), Borges († 1986).
Wirken von Le Corbusier († 1965) durch seinen konstruktiven Eisenbetonbau.
Dali, Max Ernst, de Chirico sind Hauptvertreter des Surrealismus in der Malerei.

In der Folge des Ersten Weltkrieges treten hektische Entwicklungen auf allen künstlerischen Gebieten ein. Die seit Jahrhundertbeginn immer fühlbarer gewordene Atonalität durchbricht nun die letzten Schranken und verkündet um 1920 die restlose Abschaffung jeder tonalen Bindung. Die Folgen zeigen sich unmittelbar, die chaotischen sozialen und politischen Zustände übertragen sich sogleich auf die Kunst; die Atonalität kennt im Melodischen wie im Harmonischen nun keine Gesetze mehr. Nur allerstärksten Talenten gelingen in dieser Regellosigkeit bleibende Werke (etwa Bartók, Strawinsky, Honegger u. a.).
Um der wachsenden Verwirrung Einhalt zu gebieten, versuchen verantwortungsbewußte Musiker neue Regeln zu finden, um der Musik Gerüste zum Bau von Werken zu geben. Um 1925 tritt in Wien Arnold Schönberg mit seiner „Zwölftontheorie" hervor und erregt damit einen noch viel stärkeren Sturm als ihn die Atonalität hervorgerufen hatte. Die Dodekaphonik legt der Kompositionstechnik sehr strenge Fesseln an, die in erster Linie mathematisch, also verstandesgemäß festgelegt sind. Eine Reihe jüngerer Musiker wird zu Parteigängern dieser Richtung, besetzt wichtigste Posten im Musikleben und strebt nach einer totalen Herrschaft ihrer Richtung. Versuchen wir, die Werke der Komponisten in drei Gruppen zu teilen: Konservative, Freitonale und Dodekaphonische.
Konservative:
Puccini: „Turandot" (Uraufführung 1926 postum).
Krenek: „Jonny spielt auf" (Jazzoper; komponiert vor dem Übertritt zum Zwölfton).
Weill: "Dreigroschenoper".
Ravel: Erstes Klavierkonzert, zweites Klavierkonzert für die linke Hand allein.
R. Strauss: „Araballa", „Schweigsame Frau", „Capriccio".
Gershwin: „Porgy and Bess".
Orff: „Carmina burana", „Der Mond", „Die Kluge".
Egk: „Peer Gynt".
von Einem: „Dantons Tod".
Freitonale:
Strawinský: „Oedipus Rex", „Apollon Musagète".
Hindemith: „Mathis der Maler".
Honegger: „Jeanne d'Arc au bûcher".
Bartók: Violinkonzert.
Britten: „Peter Grimes", „Raub der Lucretia", „Albert Herring", „Bettleroper".
Dodekaphonische:
Schönberg: „Moses und Aron".
Berg: Violinkonzert, „Lulu" (unvollendet).
Experimente mit kleineren als Halbtonschritten:
Der Mexikaner Carrillo arbeitet mit Drittel-, Viertel-, Achtel- und Sechzehnteltönen (seine Versuche gelangen aber nicht nach Europa), und der Tscheche Hába mit Viertel-, Fünftel- und Sechsteltönen, 1927.
Prokofjew kehrt 1933 in die Sowjetunion zurück, die er 1918 verlassen hatte.
Seit 1930 wandern unter vielen anderen nach Amerika aus: Strawinsky (der Rußland schon 1910 verlassen hatte), Schönberg, Bartók, Hindemith, Milhaud, Martinů, Krenek, Weill, Zemlinsky.
Moskauer Führungsgremien verurteilen Werke von Schostakowitsch und Prokofjew als „formalistisch" und „volksfremd", 1948.
Pop und Rock ziehen außerordentliche Massen (besonders jugendlichen Publikums) in ihren Bann. Ihre Sänger erfreuen sich, wie die des seit dem Ersten Weltkriegs populären „Schlagers", großer Volkstümlichkeit, zu der seit den fünfziger Jahren u. a. das Fernsehen entscheidend beiträgt.

„Moderne", Atonalität

Dodekaphonik, Serialismus

Zeit	Weltgeschehen	Wissenschaft/tägliches Leben
1950	Koreakrieg, 1950–1953: Krieg zwischen dem von China unterstützten Nordkorea und dem von den USA gehaltenen Südkorea. Das Land bleibt geteilt. Tod von Stalin [1953]: Hatte die UdSSR mit diktatorischer Macht zur zweitgrößten Industrienation und zum mächtigen Kontrahenten der USA gemacht (Kalter Krieg). Aufstände in Ostberlin [1953], in Argentinien und Zypern [1955], in Ungarn und Polen [1956]; z. T. sehr blutig niedergeschlagen. Unruhen in Afrika (seit 1954): Befreiungskämpfe, Bürgerkriege, verschiedene Machtübernahmen. Kubanische Revolution, 1956–1959: Erhebung des kubanischen Volkes unter Fidel Castro gegen die von den USA abhängige Herrenschicht endet mit Sieg. Vietnamkrieg, 1954–1975: Vietnam wird geteilt [1954]. Der kommunistische Norden kämpft gegen den von den USA unterstützten Süden. Guerilla- und Luftkampf. Vollständiger Sieg des kommunistischen Nordens [1975]. Die Kriegshandlungen werden nach Kambodscha verlagert, wo sie noch über zehn Jahre weiterdauern. Unruhen in Zypern, 1963–1967: Kampf der türkischen Zyprioten gegen griechische Zyprioten führt zur Teilung der Insel, 1975. Fünf Tage dauernder Nahostkrieg mit großer Überlegenheit Israels [1967]. – Neuer Angriff Syriens und Ägyptens gegen Israel [1973] zieht Eingreifen der UNO-Friedenstruppe nach sich. – Israel zieht seine Truppen über den Suezkanal zurück. Der seit 1967 geschlossene Kanal wird wieder geöffnet. Prager Frühling, 1968: Der Versuch, Freiheit mit Kommunismus zu vereinen, wird durch Truppen der UdSSR in der Tschechoslowakei blutig unterdrückt.	Hunger und Flüchtlinge werden zu den gewichtigsten Problemen der neuen Zeit. Hunger weitet sich mehr und mehr aus und wird bald ca. 2/3 der Menschheit betreffen. – Neben die wirtschaftlich stärksten Nationen tritt die Dritte Welt, deren Notlage sich von Jahr zu Jahr verschlechtert. Die Vertreibung ganzer Volksgruppen nimmt in weiten Teilen der Welt riesige Ausmaße an; die Menschen fliehen vor grausamen Diktaturen, politischer Verfolgung, wirtschaftlicher Notlage, geistiger Unterdrückung. Ab 1957 entscheidende Fortschritte in der Raumfahrt; Russland: Sputnik (Satellit 1957), Wostok I (erster bemannter Raumflug durch Gagarin, 1961), Woschod II (Leonow fliegt als erster Mensch frei im Weltraum, 1965). *Amerika:* Mondlandung (Armstrong betritt als erster Mensch den Mond, 1969). Frankreich, BRD, Italien und Benelux-Staaten schließen sich zu einem gemeinsamen Markt zusammen, EWG 1958. Zum Schutz davor bilden Großbritannien, Dänemark, Norwegen, Schweden, Österreich, Schweiz und Portugal die EFTA, 1959. Bau der Berliner Mauer. Dadurch völlige Teilung der Stadt, 1961. Gründung der europäischen Gemeinschaft EG, 1966. 1973 Produktionsdrosselung der arabischen Staaten: verursacht künstliche Erdölkrise; bringt alle Verbraucherstaaten in eine schwierige Situation. Die Weltschulden wachsen gefährlich an, die Besitzverhältnisse verlagern sich alarmierend auf immer kleinere Gruppen. Die Rezession ist vorübergehend; neue Hochkonjunktur in den siebziger Jahren.
1975	Bürgerkrieg in Beirut zwischen verschiedenen Gruppierungen (seit 1978). Nach Unruhen verläßt der Schah den Iran, 1979. – Der religiöse Volksführer Khomeini kehrt aus dem Pariser Exil zurück. Bürgerkrieg in Afghanistan (seit 1979). – Sowjetunion inszeniert Staatsstreich, russischer Truppeneinmarsch. Nach dem Truppenabzug 1988 andauernder Bürgerkrieg. Polen erreicht als erster kommunistischer Staat die Bildung einer freien Gewerkschaft, 1980. Das Militär unternimmt einen letzten Versuch diese Entwicklung zu unterdrücken. Krieg zwischen Irak und Iran, 1980–1988: Irakischer Überfall auf Iran zeigt fundamentale Gegensätze im arabischen Raum auf. Unruhen auf Sri Lanka (seit 1983). Gorbatschow wird Parteichef der UdSSR [1985]. Verkündet „Perestroika“ und „Glasnost“. Nationalitätenunruhen: Armenien, Aserbeidschan [1988], Georgien [1989], im Süden des Kaukasus [1990], Kasachstan [1990]. Baltische Staaten unternehmen Versuche, Unabhängigkeit zu erlangen. Neue Ausweitung der Gewalt in Nordirland [1988]: seit	Nukleare Aufrüstung der Großmächte und gleichzeitig Verhandlungen zur Begrenzung der strategischen Rüstung SALT. Die dominierenden Probleme sind weiterhin Hunger und Flüchtlinge. – Hungersnöte in Afrika, v. a. Uganda und Äthiopien. Wegen Dürre und Bandenkriegen Flüchtlinge aus diesen Gebieten und anderen Regionen, wo 3–6 Millionen vom Krieg bedroht sind. Medizinische Fortschritte: Organverpflanzungen, Gehirnoperationen, Retortenbabys (1. Geburt 1978). – Erfolge in der Gentechnologie. Erforschung des Weltraums: Europäer sind mit Ariane-Rakete (1979) nun neben Russen und Amerikanern beteiligt; wiederverwendbare Raumfähren der Amerikaner. In Japan wird Fernseh-Uhr entwickelt (Gerät so klein wie eine Uhr), 1981. Ungarn arbeitet Richtung Liberalisierung der Wirtschaft, 1983. Auftreten der Krankheit AIDS [1983], die sehr viele Menschen bedroht. Computer und Industrieroboter gewinnen immer mehr an Einfluß. Katalysatorauto [1984], Autos mit Sonnenenergie, 1985.

Geburt von Henze, Stockhausen, Baird, Halffter, Kagel, Kelterborn, Penderecki, Reich, Reimann, Glass, Holliger, Lloyd Webber.

In der Kunst müssen die schweren Erfahrungen der Kriegs- und Nachkriegszeit verarbeitet werden, und vor allem muß die gegenseitige Auseinandersetzung mit der Literatur der Kriegsjahre stattfinden, die weitgehend unbekannt geblieben ist.
Beckett: „Warten auf Godot".
Frisch: „Don Juan oder die Liebe zur Geometrie", „Homo Faber", „Andorra", „Mein Name sei Gantenbein".
Dürrenmatt: „Ein Engel kommt nach Babylon" (94), „Der Besuch der alten Dame" (95), „Die Physiker", „Der Meteor".
de Beauvoir: „Memoiren einer Tochter aus gutem Hause".
Uris: „Exodus".
Grass: „Die Blechtrommel".
Ionesco: „Die Nashörner".
Anouilh: „Beckett oder die Ehre Gottes".
Böll: „Ansichten eines Clowns", „Gruppenbild mit Dame", „Katharina Blum".
Hochhuth: „Der Stellvertreter".
García Marquez: „Hundert Jahre Einsamkeit".
Solschenizyn: „Krebsstation", „Archipel Gulag".
Wirken der Schriftsteller und Dichter Horvath († 1938), Kaschnitz († 1974), Greene († 1991), Neruda († 1973), Sartre († 1980), Canetti († 1994), Beckett († 1989), Schaper, Anouilh († 1987), Habe († 1977), Hochwälder († 1986), Williams († 1983), Frisch († 1991), Rinser, Seifert († 1912), Ionesco († 1994), Camus († 1960), Simon, Heim, Andersch († 1980), Hildesheimer († 1991), Böll († 1985), Solschenizyn, Borchert († 1947), Dürrenmatt († 1990), Capote († 1984).
Weitverbreitete Unterhaltungsliteratur: Simmel, Konsalik.
Chagall gestaltet die Glasfenster des Fraumünster in Zürich, 1970.
Der Bildhauer Calder macht vor allem durch seine Mobile (schwebende Gebilde) von sich reden.

Der orthodoxe Zwölfton hat noch zu Schönbergs Lebzeiten an Bedeutung verloren. Er wird z. T. ersetzt durch die „serielle" Musik, die ebenfalls mit mathematisch vorausbestimmten „Reihen" arbeitet. Die Werke von Weberns werden trotz ihrer bis an die äußersten Grenzen gehenden Schwierigkeit zum Ausgangspunkt verschiedener neuer „Schulen".
Als wichtigste Neuerung tritt die elektronische Musik auf den Plan. Sie wird unmittelbar in der Elektronenröhre erzeugt und kennt keinen der hergebrachten Parameter mehr: Die Tonhöhen werden nur noch in Schwingungszahlen ausgedrückt, die Stärkegrade vervielfacht und mathematisch festgelegt, das Timbre jeden Tones maschinell bestimmt. Nach dem ersten Rausch einer so umwälzenden Erneuerung macht sich Ernüchterung breit; vergeblich wartet die Welt auf die „neue Musik", die auf elektronische Weise erzeugt wird.
Versuchen wir auch hier, die Werke der Komponisten in drei Gruppen zu teilen.
Konservative:
Strawinsky: „The Rake's Progress".
Bernstein: „Westside Story", „Messe".
Freitonale:
von Einem: „Der Prozeß", „Der Besuch der alten Dame".
Britten: „The Turn of the Screw", „War Requiem", „Der Tod in Venedig".
Poulenc: „Gespräche der Karmeliterinnen".
Penderecki: „Lukaspassion", „Die Teufel von Loudun".
Reimann: „Melusine".
Dodekaphonische:
B. A. Zimmermann: „Die Soldaten".

Metropolitan Opera erhält neues Haus im Lincoln Center.
Geburt von Rihm (* 1952) und Müller-Siemens (* 1957).

Elektronik, Aleatorik, Postserialismus

Das Theater gerät in eine gefährliche Krise: Die Regisseure erachten es als ihre Pflicht, alle klassischen und romantischen Werke neu zu überdenken und der Mentalität des „modernen" Menschen anzupassen. Dadurch entstehen arge Verzerrungen, die den Bestand des Theater selbst in Frage stellen.
Eine Reihe zeitgenössischer Autoren (Handke, Bernhard, Turrini, Kroetz u. a.) schreiben ihre Bühnenstücke nach gänzlich veränderten dramatischen Gesichtspunkten, deren Gültigkeit erst erwiesen werden muß.
Auch die Literatur ist zersplittert, es gibt keine vorherrschende Richtung, aber die Zahl stärkster Talente (Eco, Ende, Süsskind, Onetti) scheint keineswegs geringer als in früheren Zeiten zu sein.
Christie: Viele Bühnenstücke und Kriminalromane, † 1976.
Bernhard: Viele Schauspiele, darunter „Der Weltverbesserer" und „Heldenplatz", † 1989.
Eco: „Der Name der Rose", „Das Foucaultsche Pendel".
Ende: „Die unendliche Geschichte", † 1995.
Wirken von Lenz, Bachmann, Grass, Walser, Osborne, Bernhard, Hochhuth, Johnson, Bichsel, Havel, Handke, Fassbinder († 1981).

Auffallende Symptome deuten auf eine unklare Rückkehr zur Tonalität, wenn auch in wesentlich erweiterten Grenzen. Nicht nur im Publikum, das weit über ein halbes Jahrhundert den zeitgenössischen Strömungen der radikalen Atonalität und des Zwölftons sichtbaren Widerstand geleistet hat, sondern auch in den Kreisen jüngerer Komponisten zeigt sich die deutliche Abkehr von jeglicher „seriellen" Schreibweise. Aus den USA kommt die neue Richtung der „Minimal-Music" (Steve Reich, * 1937, Philip Glass, * 1936). In Mitteleuropa Versuche mit „neuer Einfachheit" (Wolfgang Rihm). Gleichzeitig gibt es Bewegungen, die eine Annäherung der verschiedenen Musikarten anzustreben scheinen.
Klebe: „Das Mädchen aus Domrémy".
Kelterborn: „Ein Engel kommt nach Babylon".
Penderecki: „Pardise lost", Tedeum.
von Einem: „Jesu Hochzeit".
Reutter: „Hamlet".
Cerha: „Baal".
Henze: „Orpheus".
Reimann: „Lear", „Troades".
Messiaen: „Franz von Assisi".
Aufführung der „Lulu" (von Cerha vollendet) in Paris, 1980.

„Minimalmusik", „Moderne Einfachheit", Postmoderne

1969 dauernde Unruhen und Anschläge wegen religiöser und sozialer Unterschiede zwischen Katholiken und Protestanten.

Ungarn beginnt mit dem Abbau des „Eisernen Vorhangs" gegen Österreich. Gründung der sozialistischen Partei und Absage an den Kommunismus [1989].
Flüchtlingsströme aus den Ostblockstaaten [1989]. Viele suchen Zuflucht in den Botschaften des Westens, um Ausreise zu erlangen.
Öffnung der Grenze der DDR nach Westen [9. November 1989]. Beginn der Entwicklung, die in wenigen Wochen zur Demokratisierung Osteuropas führt. Einführung der Marktwirtschaft mit Hilfe aus dem Westen.
Fall der Berliner Mauer, Währungsunion und Vereinigung Deutschlands [3. Oktober 1990].
Golfkrieg 1990/1991: Irak annektiert Kuwait; USA führt Koalition von 28 Staaten gegen Irak; Waffenstillstand [2. März 1991].
Zerfall der Sowjetunion [8. Dezember 1991]. Gorbatschow tritt zurück. Zwölf Republiken bilden die GUS (Gemeinschaft unabhängiger Staaten). Jelzin wird Präsident Rußlands.
Anerkennung der Unabhängigkeit der baltischen Staaten.
Zerfall Jugoslawiens [1991], Slowenien kann sich friedlich lösen.
Bosnienkrieg 1991–1995: Serben (Traum von Groß-Serbien) gegen Kroaten und Muslime. Untätige Ohnmacht des Westens. Bosnien-Friedensabkommen von Dayton [14.12.1995] steht auf wackligen Füßen.
Israel und die PLO anerkennen sich gegenseitig [1993].
Trotz blutigen Geschehens Grundsteinlegung zur Autonomie der Palästinenser als Vorstufe zu einem eigenen Staat. Friedensvertrag zwischen Israel und Jordanien [1994].
Ernsthafter Versuch für eine friedliche Lösung in Nordirland [seit 1993].
Südafrika kommt durch das Ende der Apartheid zur Ruhe [1994].
Rußland geht mit militärischer Gewalt gegen die Sezessionisten in Tschetschenien vor [1994]. Wackliger Waffenstillstand [1996].

Erstes Gipfeltreffen Gorbatschow–Reagan über Abrüstung, 1985.
Große wirtschaftliche und versorgungstechnische Schwierigkeiten in den Ostblockstaaten mit Einführung der Marktwirtschaft.
Die Erfindung der Laserabtastung revolutioniert die Tonträger (Compact Discs, Bildplatten).
Die großen Industriestaaten (Wohlfahrtsstaaten) sinken durch Umgestaltung des modernen Lebens (Computer, Roboter usw.) in eine immer stärkere Krise ab, die sich in Arbeitslosigkeit, immer höheren Staatsdefiziten etc. ausdrückt.
In den einzelnen Religionen äußert sich bei einigen Angehörigen immer tiefere Strenggläubigkeit (Orthodoxe, Fundamentalisten), die bei den Extremisten zu Terrorakten führt.
Die Europäische Gemeinschaft wandelt sich zur EU, die Wege für eine politische, wirtschaftliche und währungstechnische Union ebnen soll [seit 1993].
Die NATO will ihren Mitgliederkreis nach Osten erweitern und schafft die „Partnerschaft für den Frieden" [1994].

Künste (ohne Musik)	Musik	Epoche
Tod Sperbers 1984. Bild „Guernica“ von Picasso wird nach Spanien gebracht. Es sollte nach des Malers Willen in New York bleiben, bis in Spanien demokratische Verhältnisse herrschen, 1981. Wirken des Bildhauers Moore († 1986), der Maler Dubuffet († 1985) und Hundertwasser (Wohnhaus in Wien) sowie des Popkünstlers Warhol († 1987). Chisto verhüllt den Reichstag in Berlin [1995].	Neues Leipziger Gewandhaus eröffnet mit der 9. Sinfonie von Beethoven. Bastille-Oper in Paris eröffnet, 1989 (symbolisch zur 200-Jahr-Feier der Französischen Revolution). Neuer Höhepunkt des Musicals durch Werke von Webber („Jesus Christ Superstar“, „Evita“, „Cats“, „Phantom of the Opera“, usw.) Durch vermehrte Verbreitung großer Ereignisse über international zusammengeschlossene Fernsehkanäle erfolgt eine musikalische Kulturverbreitung ungeahnten Ausmaßes (Opernübertragungen, Neujahrskonzert der Wiener Philharmoniker, Konzert der drei weltbesten Tenöre usw.).	

Personen-Register

Sach-Register

Bildnachweise

Archiv für Kunst und Geschichte, Berlin: S. 39, 100 oben, 101, 102 (2), 106, 155, 170, 171, 178, 181, 182 (2), 187 (2), 188, 189, 190, 192 (2), 196 unten, 197, 198, 199 unten, 202, 204, 206 oben, 207, 211 unten, 236, 242, 244, 250, 251, 253, 254, 255, 258, 261, 263, 264, 265, 267, 269, 291, 297, 303, 337, 346, 347, 352 (2), 355, 357 unten, 359 unten, 362 unten, 364, 367, 372, 373 oben, 379, 382, 386, 397, 400, 401, 402, 403, 410, 412, 413, 415, 416, 422, 423, 424, 425, 426, 427, 428, 429, 430, 431 oben, 433, 435, 436, 437 unten, 439, 441, 443 unten, 447 (2), 448 unten, 451, 452, 454 links, 460, 461 unten, 468, 469, 486, 493, 494, 495 (2), 497 oben, 498, 499 unten, 503 (2), 504 oben, 506 (2), 507 unten, 510 (2), 512, 514, 515 oben, 517 (2), 518 oben, 519, 522, 523 unten, 525 oben, 528 unten, 530, 531 oben, 536, 641, 547 (2), 550, 551 oben, 552, 559, 560, 561 (2), 564 unten, 565, 566, 568, 571, 572, 574, 575, 577, 578, 581, 584, 586 (2), 593, 594 oben, 595, 600 unten, 601 oben, 602, 607 (2), 608 unten, 610, 629 unten, 631, 632, 633, 634 oben, 635 oben, 636 (2), 646.
W. E. Baur, Zürich: S. 604.
Bavaria, Gauting/Dr. Bahnmüller: S. 19.
Bayerische Staatsgemäldesammlungen, München: S. 177.
Joachim-Ernst Berendt, Baden-Baden: S. 579, 585, 588 oben.
Rudolf Betz, München: S. 597, 634 unten.
Bibliothèque Nationale, Paris: S. 68.
Bildarchiv Preußischer Kulturbesitz, Berlin: S. 36, 88 oben, 89, 312, 336.
Ilse Buhs, Berlin: S. 605
Sammlung Ernst Burger, München: S. 357 oben, 390 oben.
Deutsches Theatermuseum, München: S. 125, 165, 172 unten, 173.
Franco Fainello, Verona: S. 649.
Foto Fayer, Wien: S. 626.
Guggenbühl/Prisma Press, Zürich: S. 555.
Fotoarchiv Hirmer, München: S. 13.
Historia-Photo, Hamburg: S. 295.
Kestner Museum, Hannover: S. 243.
Keystone, Hamburg: S. 582, 583, 588 unten (2), 589 (2), 590.
Anne Kirchbach, Starnberg: S. 629 oben.
Kunstgewerbemuseum Prag (Drmkol): S. 641.
Kunsthistorisches Museum, Wien: S. 270.
Kunstmuseum Basel, Gottfried-Keller-Stiftung: S. 538.
Landesbildstelle Rheinland, Düsseldorf: S. 203
Alfred Linares, Wien: S. 642, 653 oben.
Hans Liska, Scheßlitz bei Bamberg: S. 544 unten.
Louvre, Paris: S. 390 unten.
Museum of Fine Arts, Boston: S. 466.
National Optical Astronomy Observatories, Kitt Peak: S. 8.
Werner Neumeister, München: S. 635.
Archiv der Gemeinde Oberammergau. S. 88 unten.
Stefan Odry, Köln: S. 627 oben.
Österreichische Nationalbibliothek, Wien: S. 153.
Orff-Schulwerk-Gesellschaft, Lochham b. München: S. 551 unten.
Charlotte Oswald, Wiesbaden: S. 637.
Winfried Rabanus, München: S. 615 unten, 652 oben.
Hertha Ramme, Zürich: 562, 615 oben.
Richard-Strauss-Archiv, Garmisch: S. 548 oben.
Scala, Antella bei Florenz: S. 9, 14, 94, 162.
Roger Seitz, München: S. 11, 18, 21, 22 unten, 24, 27, 29, 30, 34, 40, 50, 51 oben, 53, 58, 63, 65, 66, 73, 75, 76, 77, 78 (2), 79 (2), 80 (2), 81 oben, 83, 84, 85, 91 unten, 92 (2), 95, 99, 100 unten, 108, 109, 112, 114, 117, 121, 124, 129, 131, 132, 135, 137, 139, 141, 142, 143, 206, 208, 210 unten, 212 unten, 217, 237, 238, 311, 319, 320, 321, 331, 366 unten, 373 unten, 377, 387, 542, 546.
Bilderdienst Süddeutscher Verlag, München: S. 509 unten, 652 unten, 653 unten.
Sabine Toepffer, München: S. 627 unten, 638.
Fürst zu Waldburg-Wolfegg, Schloß Wolfegg: S. 41 unten.
Ein großer Teil der oben genannten Abbildungen sowie sämtliche weiteren, hier nicht aufgeführten Fotos wurden uns vom Autor zur Verfügung gestellt, dem wir hierfür herzlich danken.

Umschlaggestaltung des umlaufenden Bilderfrieses von hinten nach vorne:
Alfred Linares, Wien; Germanisches Nationalmuseum Nürnberg; Richard Wagner-Museum, Tribschen b. Luzern; Universitätsbibliothek, Jena; British Museum, London; Pinacoteca Vaticana, Rom; Sabine Toepffer, München; Hans-Peter Rasp, München; Universitätsbibliothek, Jena; Franco Fainello, Verona.